国学经典文库

图文珍藏版

大师手笔的民俗传承读本 群众分享的国粹视觉盛宴

中国民俗文化精粹

第一册

王丽娜◎主编

民俗文化

线装书局

图书在版编目（ＣＩＰ）数据

中国民俗文化精粹：全4册 / 王丽娜主编. —— 北京：
线装书局, 2016.3
　ISBN 978-7-5120-2143-3

　Ⅰ.①中… Ⅱ.①王… Ⅲ.①风俗习惯 – 中国 – 通俗
读物 Ⅳ.①K892-49

中国版本图书馆CIP数据核字(2016)第019404号

中国民俗文化精粹

主　　编：王丽娜
责任编辑：高晓彬
装帧设计：博雅圣轩藏书馆 Boyashengxuan Cangshuguan
出版发行：线裝書局
　　　　　地　址：北京市西城区鼓楼西大街41号（100009）
　　　　　电　话：010-64045283（发行部）　64045583（总编室）
　　　　　网　址：www.xzhbc.com
经　　销：新华书店
印　　制：北京彩虹伟业印刷有限公司
开　　本：710mm×1040mm　1/16
印　　张：112
字　　数：1360千字
版　　次：2016年6月第1版第1次印刷
印　　数：0001 – 3000套

定　　价：598.00元（全四册）

民俗礼仪

家庭礼仪

社交礼仪

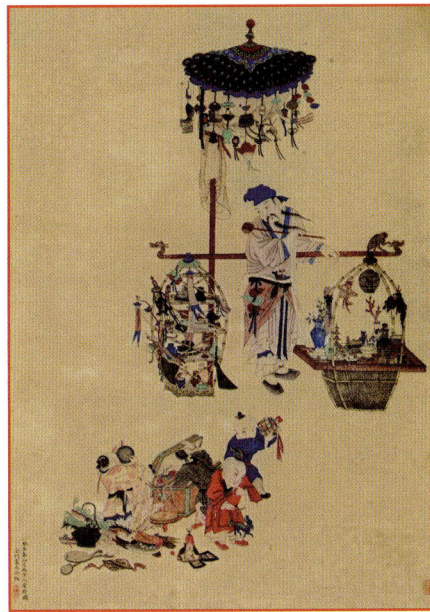

商务礼仪

礼仪大全

　　礼仪是在人际交往过程中按照一定约定俗成的方式来表现律己敬人的过程，是人类文化的一个重要组成部分，是人类文明进步的标志。它不仅是社会生活的要求，也是一个人甚至一个民族文明程度的体现。在漫长的人类历史长河中，礼仪的内容和形式一直发生着变化，但它始终是人类社会生活不可或缺的要素和一种能力，具体包括民俗礼仪、家庭礼仪、社交礼仪、商务礼仪、个人礼仪、职场礼仪以及国际交往礼仪等。

除夕

元宵节

端午节

中秋节

节日风俗

　　节日风俗是展现一个民族文化的窗口，比如春节、元宵、清明、端午、七夕、中秋、重阳、腊八等等，这些传统节日和人民的生活紧密相联，其中，有许多优美动人的传说和故事，有无数奇妙风趣的习俗和逸闻。它源远流长，博大精深，闪民族之光于眼前，寓社会人生于瞬间；它从各个不同的角度和侧面，反映着民族的历史风貌和社会生活，具有鲜明的民族特色和浓郁的乡土气息，随着人类社会的嬗递演进，节日风俗也在不断地变化发展。

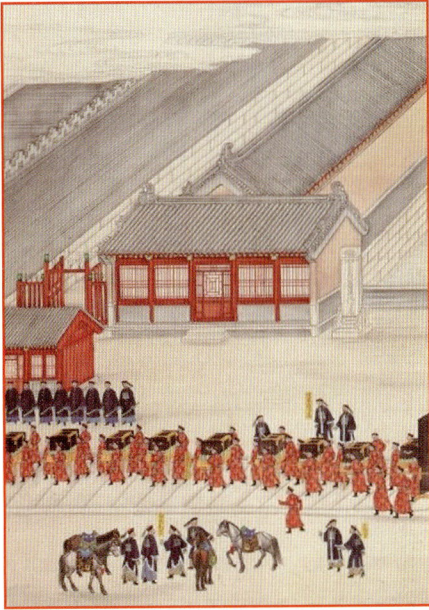

过大礼

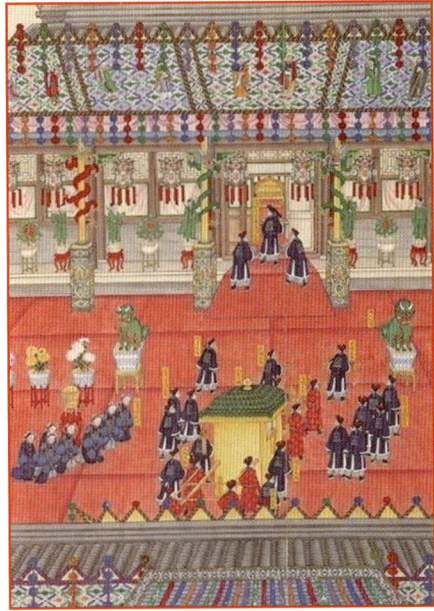

坐花轿

拜天地

闹洞房

婚姻俗制

　　婚姻，从原始状态起，便是世界上最动人的故事，可理解为是因结婚而产生的夫妻关系，是对两个人结合在一起共同生活的一种社会现象的表述。婚姻，古时又称"昏姻"或"昏因"。一般而言，婚姻一词的起源有不同的说法：汉朝的郑玄说，婚姻指的是嫁娶之礼；在我国古代的婚礼中，男方通常在黄昏时到女家迎亲，而女方随着男方出门，这种"男 以昏时迎女，女因男而来"的习俗，就是"昏因"一词的起源。换句话说，婚姻是指男娶女嫁过程。

治丧

入殓

吊唁

下葬

丧葬礼节

　　丧葬，指办理丧事和埋葬死者，它是举行丧事，让死者有归宿，生者有悼念等相关事宜的仪式，是人类特有的感情。丧葬以祭祀、缅怀等感情为基础，民间丧葬形式在不同地区有不同形式（土葬、火葬、水葬等），各地兴起了不同的丧葬文化和习俗。丧葬既成文化，与传统的孝道祭祖、死者为大、思想感情有关，目的是前传后教而约定俗成。随着社会的发展，文明不断进步，殡葬制度的改革，长期形成的丧葬形式也在不断注入新的内容。

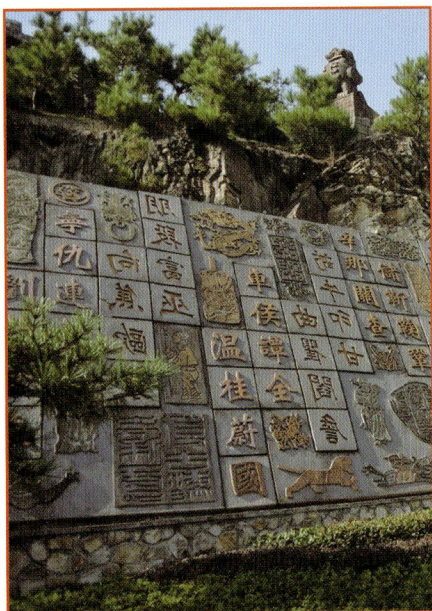
百家姓文化墙

中华姓氏树

姓氏图腾

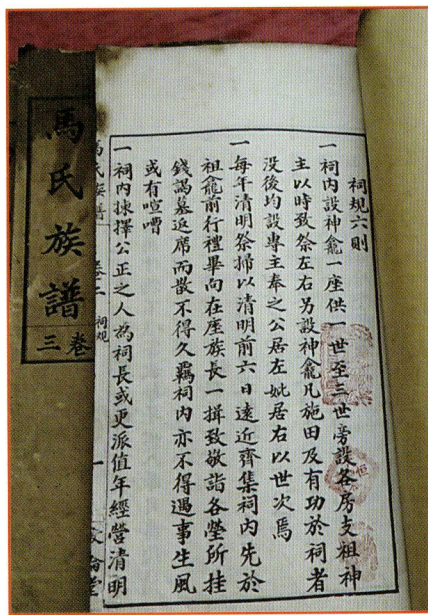
姓氏族谱

姓氏文化

　　姓和名一样，都是代表每个人及其家族的一种符号。从它的形成、发展、演变的漫长历史过程来看，它却是构成中华民族文化的一个重要内容，也是人们进行社会交往的首要条件，涉及到千家万户的每一个成员。通过这个符号，每个人都可以把自己和历史文化联系起来，这种联系无疑就是一个姓氏悠长、神秘而又扣人心弦的寻根隧道，探讨这种联系的过程不仅是一次意义重大的寻根之旅，更是对中华姓氏文化的一次学习和巡礼。

食疗养生

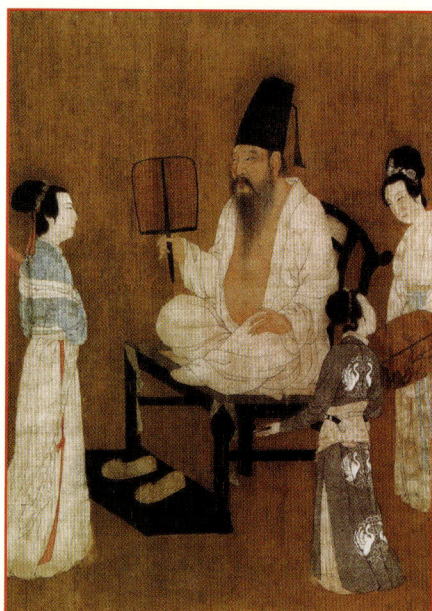
房事养生

气功养生

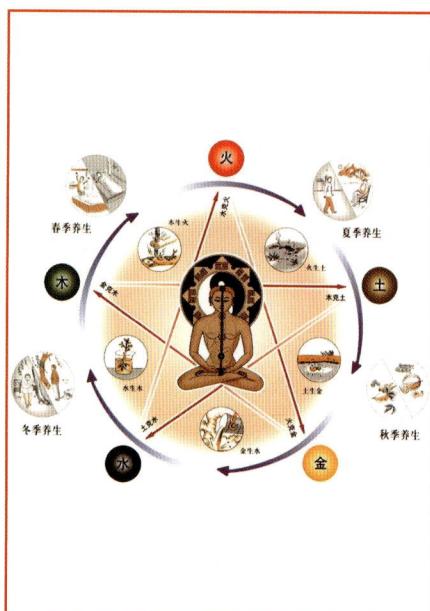
四季养生

养生秘笈

　　养生是研究人类衰老和寿命的科学，养生，又称摄生、道生、养性、卫生、保生、寿世等。所谓生，就是生命、生存、生长；所谓养，即保养、调养、补养。总之，养生就是根据生命的发展规律，达到保养生命、健康精神、增进智慧、延长寿命目的的理论和方法。"养生秘笈"汇集了儒、释、道、医及诸子百家各种文献中的养生精粹，汇集了古往今来全国各地域、各民族养生保健的宝贵经验和有效方法，集养生资料、秘方经验之大全。

前　言

中华传统文化源远流长,千百年来流传积淀下来的民俗就是其中的重要组成部分。民俗,乍一听好像离我们挺遥远,眼睛看不见,伸手也摸不着。其实不然,从先民那儿开始,民俗就一直在你我的身边。可以这样说,民俗是在一个国家或民族中,经过一代又一代民众的创造、享用和传承的生活文化,它来源于人民、规范着人民、传承于人民,是整个民族行为、语言和内心的基本力量。

民俗是社会生活的生动体现,其内容和范围非常广泛,包括物质生活方面,如衣、食、住、行;精神生活方面,如方言、艺术、信仰;社会生活方面,如社会组织以及岁时节日。这些都关系到我们生活中的方方面面。翻开国学经典《管子·正世》,可以发现这样一句话:"古之欲正世调天下者,必先观国政,料事务,察民俗,本治乱之所生,知得失之所在,然后从事。"这足以说明民俗于人民,于一个民族、一个国家有多么重要的作用和意义。

民俗,是依附人民的生活、习惯、情感与信仰而产生的文化。由于民俗文化的集体性,说到底,民俗培育了社会的一致性。民俗文化增强了民族的认同,强化了民族精神,塑造了民族品格,集体遵从,反复演示,不断实行,这是民俗得以形成的核心要素。

民俗文化,是指民间民众的风俗生活文化的统称。也泛指一个国家、民族、地区中集居的民众所创造、共享、传承的风俗生活习惯。是在普通人民群众(相对于官方)的生产生活过程中所形成的一系列物质的、精神的文化现象。它具有普遍性、传承性和变异性。民俗既是社会意识形态之一,又是一种历史悠久的文化遗产。民俗文化是民族传统文化的重要组成部分,是一个国家本土文化的标志。中国自古就有"入国问禁,入乡随俗"的民间传统,民俗是最贴近身心和生活、并世世代代锤炼和传承的文化传统。一个人从在胎中孕育直到死去,甚至到死去很久很久,都始终处于民俗的环境中。民俗像空气一样是人们须臾不能离开的,对于民众社会来说民俗又是沟通情感的纽带,是彼此认同的标志,是规范行为的准绳,是维系群体团结的黏分剂,是世世代代锤炼和传承的文化传统。在民俗中凝聚着民族的性格、民族的精神、民族的文化创造、民族的真善美。

当今世界民族林立,各民族最值得拿出来"炫耀"的就非民俗莫属了。一方水土养一方人,在不同的自然地理环境里,各民族创造了风格迥异、色彩斑斓的民情

1

风俗。我们常常说越是民族的,就越是世界的。流光溢彩的中国传统民俗好似一张名片,向世界展示着中华民族传统文化的独有特色。

尽管国内采取了一系列的措施保护民俗文化,但仍主要集中于非物质文化保护国家制度的确立与学术界发起的"救亡图存"式的田野调查工作,而对于民俗文化的产业化开发及其在整体文化产业结构中的转化机制等方面的研究则明显不足。老艺人人衰艺绝、老作坊推倒碾碎、老工艺失传掺假等现状层出不穷,即便是幸存的年画、皮影、剪纸等经典民间民俗文化艺术,也已日渐衰落。我国所开发的文化产业,多是针对自然与历史文化遗产、传媒文化、时尚文化而进行,以乡土社会为主要阵地的民俗文化尚未引起足够重视。与此形成鲜明对比的是,民俗文化产业在全国各地兴起,早已超出传统意义上的展演制销模式以及"文艺搭台,经贸唱戏"的简单框架,初步显现出一定的规模化发展与自觉性追求。

如今,在中国传统的民俗文化中,有这样一类"学说",他们自成体系,与众不同。她们穿过高不可测的外衣,也戴过封建迷信的帽子;她们包含有盲目的信奉,也隐藏着伟大的真理 她们有令人惊叹的神奇巧合,也有屡试不爽的箴言哲理;她们有时会成为人们认识客观世界的壁垒,同时也是打开神秘世界的钥匙……她们也许不是科学,但她们却比科学更加深奥和神秘。

千年文化,传承中华传统民俗精粹;百年运程,为你人生发展指点迷津。在源远流长的中国历史文化长河里,中华传统民俗犹如一颗璀璨的明珠闪亮在世界的东方。这是一种摸不着看不到的文化,却通过世世代代口口相传的方式流传了下来,人们又对其进行了艺术加工,形成了今天多种多样的艺术形式。我们将这些传统民俗文化汇集起来,取其精华中的精华,并对其深入挖掘和边缘探索,分门别类地编排出此套《中国民俗文化精粹》丛书,将我国珍贵的传统民俗文化遗产图文并茂地呈现在读者面前。本套丛书用简洁明了、通俗而又生动的语言,介绍了中华民族的传统礼仪、节日风俗、婚丧嫁娶、姓氏文化、健康养生等诸多民情风俗。书中每一部分都精挑细选,非常具有代表性,还穿插了许多精美的图片,旨在立体形象地展示博大厚重的中华民俗。捧起这本书,就好像端起了盛有各种民俗"鲜果"的果盘,让您好好品尝中华民俗那无法替代的"美味"。

中国民俗文化精粹

礼仪节俗

卷一

导　读

　　我国素有"礼仪之邦"的美称,讲礼仪是我们民族的优秀传统。随着社会的进步,人类文明的发展,人们的社会交往日益频繁,礼仪作为联系沟通交往的桥梁,显得更为重要。但是随着国际交往的日益频繁,东西方文化之间产生了密切的交流与激烈的碰撞,这就促使了世界各地的礼仪与习俗不断地融合与发展。因此,我们就要了解符合时代精神的礼仪知识,正确地应用礼仪。

　　现代社会是一个注重仪表的文明社会。从一个人的整体形象,不仅能看出一个人的审美水平、文化修养以及综合素质,更能体现他对别人的一种礼貌! 同时,礼仪所体现的不仅仅是一个人的素养,而且还影响人生的发展。因为一个崇尚礼仪的人不仅能够抓住人生的机遇,更能为自己的发展开辟道路,获得用之不尽的人脉资源。

　　中华民族历史悠久,文化灿烂。有许多具有民族特色的传统节日。比如春节、元宵、清明、端午、七夕、中秋,重阳、腊八等等,这些传统节日和人民的生活紧密相连,其中,有许多优美动人的传说和故事,有无数奇妙风趣的习俗和逸闻。几乎每一个节日都有一个甚至多个起源故事,并且因节日风俗的盛行而使之广为流传,节日风俗也因故事的影响而蒂固根深,有时令人难以分辨到底是先有故事后有风俗,还是先有风俗尔后才有故事附会的。这些饶有趣味的风俗和故事,褒贬人们关注的历史事件和人物,传播生活的甘苦悲欢,反映人民的喜怒哀乐,动情而感人,所以经千百年而流传,为人们所喜闻乐道,历久而弥新。

　　让我们一起走进传统,亲和传统,去领略传统礼仪和节俗文化的魅力,体味它的厚重,寻找民族自信的力量吧!

目 录

国学经典文库

中国民俗文化精粹

·目录·

图文珍藏版

国学经典文库

中国民俗文化

精粹

·目录·

图文珍藏版

国学经典文库

中国民俗文化精粹

·目录·

图文珍藏版

第一章　礼仪溯源

中国人自古尚礼,素以"礼仪之邦"的盛誉而著称于世。中国古代因有礼仪之大、服章之美,故美称华夏。礼仪在中国传统文化领域的重要地位不言而喻。孔子曰:"不学礼,无以立。"正说明了礼仪的重要性。

《仪礼》《周礼》《礼记》不仅是古代文人必读的经典,而且是历代王朝制礼的基础,对于中国文化和历史的影响之深远,自不待言。毋庸置疑,要了解中国传统文化,就必须了解中国礼仪文化。

一、礼仪概述

中国是传承千年的礼仪之邦,声名播于海外。她的几个鼎盛时期也曾是世界学习的典范。但是今天我们却无奈地看到,中国人在礼仪方面的缺失与落后几乎无法再与曾经的华夏相媲美。

"礼仪"一词,由"礼"和"仪"组成。为此,要解"礼仪"必先释"礼"。

"礼",在世界其他民族一般指礼貌、礼节,而在中国乃是一个独特的概念,有多重含义。古人对"礼"的解释甚多,归纳起来大致上包括这样几点:

其一,礼是最高的自然法则,是自然的总秩序、总规律。"夫礼,天之经也,地之义也,民之行也。天地之经,而民实则之。则天之明,因地之性,生其六气,用其五行。气为五味,发为五色,章为五声。淫则昏乱,民失其性。是故为礼以奉之。"将天地万物的生长、位置、秩序、相互关系,都解释为礼所安排的。

打拱是最常见的见面礼,边打拱边寒暄

其二,认为礼是治国的大纲和根本,尤指我国奴隶社会和封建社会的等级制度和与之相关的礼仪。《左传·隐公十五年》:"礼,经国家,定社稷,序民人,利后嗣

者也。"《国语·晋语》:"夫礼,国之纪也,国无纪不可以终。"《论语·先进》:"为过以礼。"《礼记·礼器》:"先王之立礼也,有本有文。忠信,礼之本也。义理,礼之文也。无本不立,无文不行。礼也者,合于无时,设于地财,顺于鬼神,合于人心,理万物者也。"

其三,"法度之通名",清代纪昀有言:"盖礼者理也,其义至大,其所包者至广。"国家的法律,诸如礼仪法甚至行政法都可以通称为礼。礼又分为"本"和"文"两个方面,即所谓"先王之立礼也,有本有文"。"本"指礼的精神和原则,"文"指礼的具体表现形式,也就是礼仪。

综上所述,先秦时代的人们把礼看成是高于一切的,认为礼是天地人统一的规律和秩序。对统治者来说,只要抓住礼,也就等于抓住了治国的根本;对于老百姓来说,守礼合礼,就是最大的本份。

其四,礼是"中国文化之总名",与政治、法律、宗教、哲学、礼仪乃至文学、艺术等结为一个整体,是中国文化的根本特征与标志。礼是这一切的根本。

其五,认为礼就是理。统治者以礼治理国家,当然首先要强调这个礼的合理性。《礼记·仲尼燕居》:"子曰:'礼也者,理也。乐也者,节也。君子无理不动,无节不作。'"《疏》:"理,谓道理,言礼者使万事合于道理也。"《广韵》云:"礼,体也,得其事体也。"指的是道理,天经地义的法则。

其六,认为礼是对人的尊敬和礼貌。《礼记·月令》:"勉诸侯,聘名士,礼贤者。"《吕氏春秋·慎大览·下贤》:"故贤主之畜人也,不肯受实者其礼。"

其七,礼物也。《礼记·表记》:"子曰'无辞不相接也,无礼不相见也,欲民子毋相亵也。'"礼尚往来,可以说是自古相传的风俗习惯。

其八,指为了表示敬重或隆重而行的仪典、仪式。一般所谓的"五礼"即吉、凶、军、兵、嘉,制的是具有一定规模、规格、程度的仪式行为规范。

中国古代的"礼",涉及范围极其广泛,正如柳治征所说:"故中国古代所谓'礼'者,实无所不包,而未易以一语说明其定义也。"

接下去我们来了解一下"仪"。

其一,指法度、准则。《国语·周语下》中记载"所以宣布哲人之令德,示民诡

阿倍仲麻吕来华学经图

仪也。"《管子·形势解》中"怵度者,万民之仪表也。"《淮南子·修务训》有"设仪立度,可以为法则。"《史记·秦始皇本纪》:"普施明法经纬天下,永为仪则。"

其二,礼节、规矩。《晋书·祖逖传》:"逖性豁荡,不修仪检。"

其三,仪式、仪典、议礼。《仪礼》即为"三礼"之一。

其四,容貌、举止。《诗·大雅·蒸民》:"令仪令色,小心翼翼。"《梁史·椽承信传》:"承信身长八尺,美仪表,善持论,且多艺能。"

其五,礼物。在不同的仪式上赠送的礼物。

礼仪是一种文化现象,文化现象往往是诸多文化因素相互作用而产生的一种综合。由于礼仪起源于无声的手势动作语言,频繁行礼的实践培养了中国人行重于言的心理。哑剧取得了中国礼仪的地位,而手势语同时又帮助演说家获得了成功。《庄子·天下》论百家短长优劣,深不以惠施善辩为能,说他"日以其知与人之辩……不辞而应,不虑而对,篇(遍)为万物说,说而不休,多而无已,犹以为寡,益之以怪……是以与众不适"。司马迁描写韩非"为人口吃,不能道说",似乎也是伟大的人格,因为在中国人看来,不善言辞是忠厚诚实的表征。诸子百家的政治主张尽管千差万别,而在言行关系上却如此一致,说明这种言行观来自一个更早的文化传统,这个传统就是礼乐文明。

二、礼仪的起源与发展

礼仪的起源,可以追溯到原始社会。可是原始社会究竟是怎么一回事? 毕竟离今天太遥远,再加上那时候还没有文字,不可能留下可靠的典籍。后人讨论,难免出现歧义。孔子如此博学,尚且十分谨慎地说:"夏礼,吾能言之,杞不足徵也;殷礼,吾能言之,宋不足徵也。文献不足故也。足,则吾能徵之矣。"意思是说:"夏、商二代的礼仪,我是可以说出一些来的。杞国,是夏的后裔;宋国,是殷商的后裔。用杞、宋的礼仪作为依据来讨论夏、商的礼仪,这不可靠。问题出在文献材料不够。如果有足够的文献材料,我就可以说夏、商二代的礼仪了。"孔子的治学态度至今仍然值得我们学习。他说的还不过是夏礼,商礼,比起原始社会来毕竟又迟了许多,尚且如此,可见我们要追溯原始社会的情景,实在是很困难的。

中华民族是人类文明的发祥地之一,文化教育传统源远流长。礼仪作为中华民族文化的基础,也有着悠久的历史。我们虽然无法再现原始社会的情景,然而考古发掘为我们提供了原始人类曾经使用过的劳动工具、武器、装饰品、器皿,以及他们的住所、坟墓,无疑都是些可靠的实物史料;文化人类学者则利用现代世界上一些尚处于原始社会发展阶段的民族的活生生的史料来印证我们祖先当年的情景,曾经称之为"活的化石",这在许多时候都是可以使人茅塞顿开的;此外,民俗学、语言学、历史学的成果同样不容忽视。而将多学科的成果结合到一起,又必将把我们的认识大大向前推进,这就使得我们的探索成为可能。

礼仪究竟何时何故而起,自古以来,人们做过种种探讨,归纳起来,大体有五种礼仪起源说:一是天神生礼仪,二是礼为天地人的统一体,三是礼产生于人的自然本性,四是礼为人性和环境矛盾的产物,五是礼生于理,起于俗。

礼仪的形式,我们一般把它分作两个阶段:

第一阶段可称为原始礼仪,它完全是史前的初民处理生活中各种关系的一些习惯性行为,通常也叫风俗习惯,不过它不是风俗习惯的全部,而只是风俗习惯中有固定仪式的部分。

第二阶段就是文明时代的礼。随着等级制度的形成,它较之于原始礼仪已经灌注了浓厚的等级意识,它是国家产生后借助原始文化、改造原始文化而形成的国家制度;二者有本质的不同。文明时代的礼起源于原始礼仪已是不需要讨论的问题了,所以关键在于原始礼仪是如何产生的。

礼仪的起源,可以追溯到久远的过去。应当说,中华民族的历史掀开第一页的时候,礼仪就伴随着人的活动,伴随着原始宗教而产生了。礼仪制度正是为着处理人与神、人与鬼、人与人的三大关系而制定出来的。

中国古代礼仪形成于"三皇五帝"时代,到尧舜时,已经有了成文的礼仪制度,就是"五礼"。这"五礼"指的是吉礼、凶礼、宾礼、军礼和嘉礼。作为人类祖先的圣贤唐尧、虞舜、夏禹等,他们本身都是讲究礼仪的典范。传说尧年轻的时候十分敬重老年人,同辈之间,礼让三分。每次都把打回的猎物平分给众人,自己拿最少的一份,有时还把那最少的一份猎物再分送给年迈体弱的老者。他的德行受到众人的称颂,所以大家都推选他为首领。

虞舜讲究礼仪是历代的楷模。我国的《二十四孝图说》中第一篇《孝感动天》,就是讲他躬耕历山,任劳任怨;供养父亲、继母和同父异母之弟的故事。舜帝还统一了觐见礼仪。

为了进一步加强团结,迅速提高诸侯国之间的凝聚力,舜帝又明确规定了公、侯、伯、子、男朝觐天子时必须严格遵守的五种礼仪。《尚书·尧典》云:"望秩与山川,肆觐东后,协时月正日,用律度量衡。修五礼、五玉、三帛、二生、一死贽。如五器,卒乃复。"记载了舜在第一巡狩中调正历法、音律,统一度量衡,以及定五种朝觐礼仪的史实。

这些礼仪的规定和切实执行,对于加强中央政府与各诸侯国之间的高度信任,齐心合力,共赴浩大的治水工程,最终取得治水胜利,意义十分深远。

尧舜时期制定的礼仪经过夏、商、周这三个奴隶制社会国家一千余年的总结、推广，日趋完善。周朝前期历经文王、武王、成王三个君主，重新"兴正礼乐，度制于是政，而民和睦，颂声兴"。周公还在朝廷设置礼官，专门掌管天下礼仪，把我国古代礼仪制度推向了较为完备的阶段。

春秋时期的孔子(前 551 ~ 前 4791)，他把"礼"推向了一个至高无上的地位。他要求所有的人都要"克己复礼"，教育他的弟子们做到"非礼勿视""非礼勿听""非礼勿食"。总之，为了"礼"的需要，可以舍弃一切。为了宣扬古代礼制，他不远千里，从鲁国到西歧向老子(李耳)学礼。

到了汉武帝时期，"罢黜百家，独尊儒术"的治国方略确立后，礼仪作为社会道德、行为标准、精神支柱，其重要性提高到了前所未有的高度。此后历朝历代都在朝廷设置掌管天下礼仪的官僚机构，如汉代的大鸿胪、尚书礼曹，魏晋时的祠部(北魏又称仪曹)，隋唐以后的礼部尚书(清末改为典礼院)等。同时，礼仪学著述越来越重要。汉代把《周礼》《仪礼》列为五经之一，是读书人的必修之课。西汉人戴圣在研究前人礼书著作基础上，编纂《礼记》一书，也被列为十三经之一。

尔后，历代礼学研究者再在这些礼书的基础上进一步研究，先后出现了《周礼注疏》《仪礼注疏》《礼记正义》《礼说》《礼记集解》《礼记集说》《礼书通故》《礼书纲目》等数以千卷的礼学著作，成为中国历史文化中一门重要学科，对人类文明进步起着特有的作用。

礼仪的本质是治人之道，是鬼神信仰的派生物。人们认为一切事物都有看不见的鬼神在操纵，履行礼仪即是向鬼神讨好求福。因此，礼仪起源于鬼神信仰，也是鬼神信仰的一种特殊体现形式。

中国是礼仪之邦，上下五千年，从西周视礼为"国之大柄"到现代的"五讲四美"；从荀子的"国无礼而不宁"到今天的精神文明建设，礼仪一直是传统文化的核心。宋代时，礼仪与封建伦理道德说教相融合，即礼仪与礼教相杂，成为实施礼教的得力工具之一。直到现代，礼仪才得到真正的改革，无论是国家政治生活的礼仪还是人民生活礼仪都改变成无鬼神论的新内容，从而成为现代文明礼仪。中国礼仪在中国文化中起着"准法律"的作用。

第二章　古代五礼

关于礼仪的分类,历来说法甚多。《周礼·春官·大宗伯》有"五礼"之说,即"吉、凶、宾、军、嘉"五礼。《礼记·王制》则提出有"冠、昏、丧、祭、乡、相见"六礼。《大戴礼记·本命》又说是"冠、婚、朝、聘、丧、祭、宾主、乡饮酒、军旅"九礼。而《仪礼》今本十七篇,自然是把礼分成了十七种。可见并不划一。不过从历代朝廷礼制的实际情况看,"五礼"之说最为通用;而《礼记》所说的"六礼"则偏重于民间礼俗,跟老百姓的日常生活关系更为密切些。

一、吉礼

吉礼是五礼之冠,主要是对天神、地祇、人鬼的祭祀典礼。《礼记·祭统》说:"礼有五经,莫重于祭。"按照《周礼·春官·大宗伯》的说法,吉礼用以"事邦国之鬼神示(祇)",是祝福祈祥之礼。

中华先民依靠祭祀等古代宗教礼仪,为沟通鬼神的工具。祭祀时,巫以歌舞降神,将鬼神的意旨传达于人;祝以言辞悦神,将人的愿望向鬼神祈祷。

吉礼就是祭祀之礼,向神鬼祈求,希望神鬼保佑人们吉祥安康、诸事如意,所以称为吉礼。《周礼·春官·大宗伯》云:"以吉礼事邦国之鬼神祇:以禋祀祀昊天上帝,以实柴祀日月星辰……以血祭祭社稷五祀五岳,以貍沉祭山林川泽……以祠春享先王,以尝秋享先王,以烝冬享先生。"可见祭祀的对象范围极广,天神、地祇、人鬼,无所不有;由于祭祀对象不同,祭祀季节不同,也就得用不同的祭法,于是出现了许多名目。

祭天神,包括日月星辰、风雨雷电在内,这里提到的禋祀、实柴、槱燎,大都是燔柴燃烧,或在火上加牲体、玉帛之类,以为烟气上升,可以被天神享用。祭地祇,则要改换祭法:血祭是将牲血或人血滴入地里,貍沉是把牲体或玉帛埋在地下或沉入河中以作为对山林川泽的回报。所谓人鬼,是指祖先神,在当时则是指宗庙中祀奉的祖先。祭祖先,祭法更多,肆礼,是进献刀解煮熟的牲肉;献礼,是进献已杀未煮的牲肉;祼礼,是灌酒于地;馈食,是用黍稷煮饭以食尸;春天用祠祭;夏天用礿祭;秋天用尝祭;冬天则用烝祭。那时候的祭祀,不但祭法古怪,仪式过程也繁复隆重,参加的人数少则几十,多则数百,还要配以乐舞。周代还有用活人扮演被祭祀对象的做法,称为"尸",让"尸"来接受祭享。后来大概觉得不妥,才改为后世常见的神主牌位,或是画像、塑像一类。《周礼》所述吉礼的一些具体仪节,后世都没有保留下来,不过要祭祀天神、地祇、人鬼这样三大类鬼神的模式,则在整个封建社会里都没有变。

中国古代社会的祭祀仪式,大致又可分成两大类。一类是由皇帝主持的祭祀,一般称为国家祀典,大多被列入朝廷礼制;另一类则是民间世代相传的种种祭祀仪式,属于礼俗的范畴。

历代的国家祀典不胜枚举,主要有封禅、郊祀、祭社、腊祭、五祀、高禖、宗庙祭祀、傩祭等样式。

封禅,是皇帝祭天地的大典。古人以为泰山最高,祭礼就必得去那里举行。在泰山筑坛祭天,称为"封";在泰山下的小土山建台祭地,称为"禅"。秦始皇、汉武帝都曾兴师动众,到泰山去举行过这种大典。封禅大典满足了帝王的虚荣心,但毕竟耗资巨大,变成了老百姓的一场灾难。

天坛祈年殿

郊祀,也是皇帝祭天地,不过不必去泰山,而是在国都的郊外举行。《诗经·周颂·昊天有成命》就是西周时郊祀天地时的一首乐歌。秦汉以后,历代皇帝都要亲自去郊祀。宋郭茂倩《乐府诗集》中就辑集了许多郊祀的乐歌。时至今日,北京的天坛、地坛、日坛、月坛,就是明清朝廷郊祀所留下的古迹。

祭社,是专祭大地的,此外还包括作物神、高山大川在内。《风俗通·社神·稷神》引《孝经》云:"社者,土地之主,土地广博,不可遍敬,故封土以为社而祀之,报功也。""稷者,五谷之长,五谷众多,不可遍祭,故立稷而祭之。"说得很清楚,社是土地之神,稷是作物之神。我国自古以农立国,离开了土地和作物,人民就活不下去,国家也就不成其为国家了。所以历代帝王都重视对社稷的祭祀。祭坛,有的分成社、稷二坛,有的合为一坛,在北京中山公园里,如今还保存着一个当年皇帝祭社留下来的稷坛。社稷相连,表示农业,同时在古代又成为国家政权的代名词,其重要性不言而喻。

社的规格很多。《礼记·祭法》云:"王为群姓立社,曰大社。王自为立社,曰王社。诸侯为百姓立社,曰国社。诸侯自为立社,曰侯社。大夫以下成群立社,曰置社。"说明社的重要,所以从上到下大家都要祭祀它。在民间祭社的基础上,后来又衍化出对城隍和土地的崇拜和祭祀,那就属于礼俗的范畴了。

腊祭,是在农历十二月庆祝丰收,祭祀先祖和百神的一次大典。《史记·秦本纪》正义云:"十二月腊日也……猎禽兽以岁终祭先祖,因立此日也。"《说文·肉部》则云:"腊,冬至后三戌,腊祭百神。"周代除了腊祭之外,还有一种蜡祭,《礼记·郊特牲》云:"天子大蜡八。伊耆氏始为蜡。蜡也者,索也,岁十二月,合聚万物而索飨之也。"说明蜡祭更为古老。据《礼记·郊特牲》载,所祭神有百种,包括农神、作物神、田间亭舍道路诸神、兽神、水利设施神等等,可见也是丰收之后对神灵的报谢。秦汉以后,腊与蜡合二为一,称为腊祭。腊祭起初是朝廷大祭,由国君主持。后来也下沉到民间。有的地方建八腊庙,佛教传入中国,有献粥供佛的习俗,二者融合,就又有了十二月初八吃"腊八粥"的风俗习惯。

再说五祀。《礼记·曲礼下》云:"天子祭天地,祭四方,祭山川,祭五祀。"注云:"五祀,则春祭户,夏祭灶,季夏祭中霤,秋祭门,冬祭行。"汉魏时,又将"行"改成"井","中霤",则指宅神,说明这"五祀"都是些家宅之神。古时是国家祀典,后来则成为民间礼俗。直至近现代,民众对门神、灶神、井神、厕神、床神一类的崇拜和祭祀也还十分普遍。

高禖,是古代的生育神。《礼记·月令》载:"(仲春之月)是月也,玄鸟至。至之日,以大牢祠于高禖。天子亲往,后妃帅九嫔御。乃礼天子所御,带以弓韣,授以弓矢,于高禖之前。"天子带了他的妃嫔们到高禖祠去祭祀,说到底是为了求子。古人不知道受孕的真实原因,就产生了图腾崇拜和性崇拜,随之而来的一系列祭祀仪式自然不可避免。这类祭祀同样下沉到民间,成为礼俗的重要内容,只是后世一般已忘记了高禖是何方神灵,他们往往转向观音、张仙、金花夫人等神灵求佑。

宗庙,是古代天子、诸侯祭祀祖先的地方。《礼记·祭义》云:"建国之神位,右社稷而左宗庙。"郑玄注:"周尚左也。"说明在周人眼里,宗庙比社稷更为重要。古人也常常以宗庙的存亡来作为国家存亡的标志。周以前,天子宗庙实行五庙制,就是父、祖父、曾祖父、高祖父各设一庙,合称"四亲庙",再加一个"太祖庙",又称太庙,祀始祖以及始祖以下、高祖父以上的所有祖先。后来又增加周文王、周武王二

太庙是明清两代皇家祭祀祖先的地方

庙,成为七庙制。七庙的布局十分严格,随着世系下延,还要发生更迭,迁移神主牌,具体来说,离活着的人辈分越近的越受到尊敬,五代以上的祖先也就不太受重视了。宗庙祭祀的祭法和仪式程序一向隆重而繁复,按照孔子的说法,那就跟同外国盟会一样的不可掉以轻心。宗庙祭祀是天子、诸侯的特权,影响到民间,则形成了祭祖的礼俗。民间祭祖的礼仪要比宗庙祭礼简单得多。祭祖的礼俗绵延至今,在许多地方,人们在逢年过节的时候仍然忘不了祭祀自己的祖先,清明节和七月十五则要扫墓,这也是一种祭祖的礼俗,凡此种种,用以表达活着的人对祖先的感谢和缅怀之情,以求得某种心理的慰藉和平衡。

傩祭,是以驱逐疫鬼为目的的一种仪式。古代又有国傩、军傩、寺院傩、乡人傩之分。国傩是朝廷大典。《周礼·夏官·方相氏》载,用狂夫四人蒙以熊皮,以黄金为四目,率百隶行傩礼以驱疫。乡人傩则是民间的礼俗。随着中原地区文明程度的不断提高,大规模的傩仪逐渐消失,而民间风俗习惯中的燃放爆竹、龙舟竞渡、秧歌等事象,则还残存着古代傩仪的种种痕迹。另一方面,我国南方各民族至今还保存着各种傩文化样式,诸如黔西北彝族的"撮衬姐";贵州土家族、苗族的傩堂戏;广西壮族的师公戏、毛南戏;湖南的傩愿戏、傩堂戏;湖北的傩戏;云南的关索戏、端公戏;江苏的僮子戏……则无疑是古代乡人傩的历史延续,而被人们称为我国戏剧的活化石,它在文化史研究中的重要价值不言而喻。

民间礼俗中的祭祀仪式,除了上面已经提到的一些事象之外,还可以举出许多样式来,诸如历来的祈龙求雨仪式;旧时遍及全国城乡的文庙、武庙和由此而来对孔子、关帝的祭祀仪式;各种行业对各自行业祖师爷的祭祀仪式;民间对财神、喜神及各种俗神、地方保护神的祭祀仪式等,都曾经成为民众生活的重要组成部分。传统祭祀的仪式格局千姿百态,各具特色,我们无法在此细加描述,不过凡是祭祀仪式,一般总是要按照"迎神——酬神——送神"这样一个总体模式来加以安排的。

首先是恭恭敬敬地把人们在这次祭仪上所需要请的神灵——请到祭坛之上,让他们按照一定座次排列入座,这就是迎神。然后让神灵好好地吃喝,一边由主持此次祭仪的人(巫师、祝司等)在神灵面前说一番好话,同时在神前作各种歌舞戏曲表演,尽量讨得神灵的欢心,称为酬神。最后,神灵酒醉饭饱、心满意足,再客客气气地把神灵——送走,临走前还得重申一遍举行祭仪的目的,祈求神灵保佑,这就是送神。不难看出,这一切正是人世间宴请长官的翻版。连同人们在祭仪上向神灵跪拜磕头的这一动作,也表达了人们的这一心情。跪拜磕头的姿势是我们的祖先向动物学来的。动物濒死,无不匍匐在地,以额触地,人们模仿这个姿势,表示也要把自己的一切呈献给神灵。而事实上这一切又总是虚幻的,毕竟谁也没有看见过所谓的神灵。

彝族火把节

如果按祭祀仪式规模大小和仪式主持人情况来区分,民间礼俗中的祭仪大致上又可分成三种类型:其一,是以家庭为单位,由家庭成员在家中自行主持、随时随地皆可举行的小型祭仪。比如人们早晚焚香祷告、通常的祭祖,都属于这种样式。其二,是以家庭或一部分家庭联合为单位,请当地专门从事主持祭仪职业的人(巫师、祝司等)来主持的大型祭仪。比如东北地区的萨满跳神、南方的傩仪、吴越一带的神歌等,都可归入这一类。其三,则是以一个相当规模的地域为单位的,吸引了千百人乃至数万人参加的大型祭祀仪式。这种仪式在许多地方被称之为庙会,以某个庙宇为中心,以某个神灵的诞辰或纪念日为节日,汇集四面八方的民众,迎神赛会。衍变至后世,则集祭祀、社交、商贸、娱乐于一体,成为当地民众的一个传统节日。其实推而广之,如今在各兄弟民族中盛行的传统节日,许多也源起于古代的祭祀仪式，诸如蒙古族的"敖包"、西南地区的火把节、泼水节、盘王节等，无不是如此。

二、凶礼

当别人遭遇不幸的时候，表示同情，给予必要的帮助，或是吊唁哀悼，这就是古代的凶礼。《周礼·春官·大宗伯》云："以凶礼哀邦国之忧，以丧礼哀死亡，以荒礼哀凶札，以吊礼哀祸灾，以桧礼哀围败，以恤礼哀寇乱。"这就告诉我们，凶礼是国家大事，所针对的都是国家的忧患。具体来说，凶礼又分成了丧、荒、吊、桧、恤五种。

（一）丧礼

丧礼，某国诸侯新丧，则兄弟亲戚之国要依礼为之服丧，以志哀悼，还要派使者前往吊唁，赠送助丧用的钱物等，都有特定的礼仪。丧礼是古代礼仪中最为重要的礼仪之一，其核心是通过对死者遗体的处理，来表达对死者的敬爱之情。与丧礼密不可分的是丧服制度，根据与死者的亲疏关系，有斩衰（cui）、齐衰、大功、小功、缌麻等五种丧服，以及从三年到三月不等的服丧时间。我国古代对于丧葬礼仪一向十分看重，认为这是子孙尽孝的重要表现，国君和贵族在这方面的要求更严格，形成了许多繁文缛节，是礼制的一种。影响到民间，虽然有所简化，也仍然是人们生活中的一件大事。诸如服丧的时间、丧服的样式、举哀的程序、殡葬的格局等等，历来都有严格而琐细的规范要求。

（二）荒礼

荒是指年谷不熟，也就是通常说的荒年。《逸周书·籴匡》将农业丰歉分为成年、年俭、年饥、大荒等四种情况。《周礼》所说的荒，还包括疫病流行在内。当邻国出现灾荒或传染病，民众面临生存危机时，应该用一定的方式表示同忧，如《礼记·曲礼》所载："岁凶，年谷不登，君膳不祭肺，马不食谷，驰道不除，祭事不县，大夫不食粱，士饮酒不乐。"或者直接贷给饥民粮食，《国语·鲁语》："国有饥馑，卿出告籴，古之制也。"《左传》襄公二十九年，郑国发生饥荒，郑子皮"饩国人粟，户一钟"。或者移民通财，《孟子》梁惠王说："河内凶，则移其民于河东，移其粟于河内。河东凶亦然。"

荒礼也是指国内发生自然灾害，诸如饥荒、瘟疫等变故，国家所采取的救灾礼仪措施。当时所采取的有关做法包括救济、薄征、缓刑、减力役、开放禁区让百姓采集捕捞、废除关税、减省礼节仪式、节哀薄葬、停止娱乐活动、鼓励人口繁殖、祭祀、除盗贼、移民、救病、掩埋无主尸骸等。用今天的话来说,这都是救荒的政府行动,与礼仪无涉,然而在当年则也被称为礼了。

(三)吊礼

吊礼是对遭受水旱灾害、地震、日月蚀等灾害地区所表示的哀悼和慰问,除了减省礼节和民众负担之外,往往还会加入祈禳的内容,以求祛祟除祸。邻国遭遇水火之灾,应该派使者前往吊问。鲁庄公十一年秋,宋国发生大水,鲁君派人前往吊问,说:"天作淫雨,害于粢盛,如何不吊?"《谷梁传》:"三日哭,哀也,其哀礼也。"《汉书·成帝本纪》,河平四年三月,对因"水所毁伤困乏不能自存者,财振贷。其为水所流压死,不能自葬,令郡国给檦椟葬埋。已葬者与钱,人二千。"《宋史·徽宗本纪》,崇宁三年二月丁未,置"漏泽园",瘗埋人骨,无使暴露。

(四)桧礼

是会合财货的意思。指别国遭受侵略或动乱,造成重大损失时,与之结盟的国家要派出使臣,筹集财物去救助。《春秋》襄公三十一年冬,"会(榆)干澶渊,宋灾故"。《谷梁传》云:"更宋之所丧财也。"意思是说补充宋国因灾祸而丧失的财物,使之尽快恢复正常的社会生活。

(五)恤礼

恤礼也是指对遭受不幸的国家表示慰问、抚恤的礼仪。恤是忧的意思。邻国发生外患内乱,应该派遣使者前往存问安否。儒家对荒礼提出的"散礼""薄征""缓刑""劝分""移民通财"等一系列原则,两汉政府曾具体加以运用。汉高祖二年六月,关中大饥,米价每斛万钱,民人相食,政府移民通财,"令民就食蜀汉"。汉文帝颁令,凡遇大灾,百姓可蠲免租税,称为"灾蠲"。成帝又开入粟助赈者赐爵的先例。光武帝建武五年夏四月,旱灾、蝗灾并起,迫于饥饿而触犯法律者甚多。五月丙子下诏:"非犯殊死,一切勿案,见徒免为庶人。"宽赦缓刑,以示哀矜。后汉顺帝永建三年正月,京师地震,乃下诏散利,年七岁以上的受伤害者,每人赐钱二千。经过历代政府不断完善,救荒赈灾成为重要礼制之一。

以上五种礼仪中,桧、恤是国家事务,只有国王和宰臣才可施行此礼;丧、荒、吊则不仅可由国王施行,各级贵族也都举行。而沿袭至后世,此类礼制同样下沉到民间礼俗之中。普通民众之间的哀悯抚恤救助慰问,无处不在,尤其表现在亲友邻里之间,虽然在仪节上要比朝廷礼制大大简化,而其中充溢着的真实感情却更为动人。

三、宾礼

《周礼·春官·大宗伯》云："以宾礼亲邦国:春见曰朝,夏见曰宗,秋见曰觐,冬见曰遇,时见曰会,殷见曰同,时聘曰问,殷覜曰视。"这段话的意思是说,周礼的宾礼是邦国间礼遇亲善的礼节。具体来说,也就是各路诸侯朝见天子、诸侯间相互会见以及使臣往来的种种礼节,

由于时间不同、形式不同,宾礼又分成了八种。春夏秋冬四季的朝见分别称之为"朝""宗""觐""遇";平时有事,天子随时召见诸侯,称为"会";天子大会诸侯,称为"同";天子派使者去询问诸侯,称为"问";诸侯的使者一起去拜见天子则称为"视"。由于礼仪名目不同,具体的程序、规格和礼物也都不同。对于这八种宾礼的种种细节,历来的学者多有争议。好在这种刻板的仪节并未能持久,到了春秋战国时,礼崩乐坏,也就乱了套。所以除了专门研究礼学的人在那里考据之外,一般人对其礼仪规范的细节大都不再深究。

不过,周代的宾礼对后世还是有很大影响的。秦汉以后,在朝廷礼制方面它主要演变为群臣朝觐皇帝时的礼仪、皇帝出巡时的礼仪、王朝与周边国家使臣之间的交往礼仪等等。后者则又演化为外交礼仪。另一方面它又下沉为民间礼俗,成为各级官员之间涉及的交际礼仪。而这一方面的内容则要比朝廷宾礼生动活泼得多。

(一)朝礼

朝礼包括天子的五门(皋门、库门、路门、雉门、应门),三朝(外朝、治朝、燕朝)、朝位(三公、孤、卿、大夫等在朝廷中站立的位置)、朝服(冠冕、带、黼黻、佩玉等)等,以及君臣出入、揖让、登降、听朝等的礼仪。

西周时,王每日视朝,与群臣议政。汉宣帝每五日一上朝。后汉减省为六月、十月朔朝,其后又以六月盛暑为由而去之。所以一年仅十月朔临朝。魏晋南北朝有朔望临朝的制度。朔、望日的上午,公卿在朝堂议论政事;午后,天子与群臣共议。隋高祖勤于政事,《隋书·高祖本纪》说:"上海旦临朝,日昃忘倦。"唐代的视朝制度,九品以上的官员每月朔、望上朝;文官五品以上每日上朝,故称常参官;武官三品以上三日一朝,称九参官;五品以上五日一朝,号六参官。

到唐代,开始在京师为外地的官员设置邸舍。唐初,各地都督、刺史、充考使到京师等候朝见,都是各自租赁屋舍而居,往往与商人杂处,不成体貌。贞观十九年,

唐太宗下诏,就京城内的闲坊,建造邸第三百余所,对官员上朝的服装也有了严格的规定。朝廷的礼仪规范也日益细密。

(二)相见礼

古代人际交往的礼仪,并非局限于天子、诸侯之间,在士与士之间也有相应的礼仪,《仪礼》有《士相见礼》记载上古时代士相见,以及士见大夫、大夫相见、大夫庶人见于君、庶见于君、言视之法、侍坐于君子、士大夫侍食于君等等的礼节。以此为基础,历代的相见礼有所变化和发展。

(三)蕃王来朝礼

据《明集礼》,洪武初年制定蕃王来朝礼。蕃王来朝,到达龙江驿后,驿令要禀报应天府,再上达中书省和礼部。应天知府奉命前往龙江驿迎劳。蕃王到达下榻的驿馆后,省部设宴款待。然后由司仪导引,到奉天殿朝见天子,到东宫拜见皇太子。朝见完毕,天子赐宴。接着,皇太子、省、府、台——设席宴享。蕃王返回,先后向天子、皇太子辞行,然后由官员慰劳并远送出境。其间的每一个程序都有"仪注"加以规范。

四、军礼

军礼,顾名思义,是指军队里的操练、征伐的行为规范。军队的组建、管理等,也都离不开礼的原则。例如军队的规模,天子为六军,根据礼有等差的原则,诸侯的军队不得超过六军,而必须与国力相称,大国三军,次国二军,小国一军。当时的军力往往用战车的多少来衡量,所以又有天子万乘、诸侯千乘、大夫百乘的说法。军队必须按照礼的原则来严格训练,严格管理,《礼记·曲礼》说:"班朝治军,莅官行法,威严不行。"

上古有《司马法》一书,记述当时的军礼,可惜已经失传,研究者只能退而从《周礼》的记载来推求其概貌。《周礼·春官·大宗伯》云:"以军礼同邦国:大师之礼,用众也;大均之礼,恤众也;大田之礼,简众也;大役之礼,任众也;大封之礼,合众也。"意思是说以军礼的威严统一邦国的制度,使下面的人不敢僭越。郑注云:"同谓威其不协僭差者。"也就是说如果有哪个诸侯不听话,敢于抗上,天子就调动军队去镇压,迫其就范。可见这只是一种政治手段,美其名曰"礼",与通常意义上的礼似乎不太协调。这与后世所说的军队礼仪其实也不是一回事。

（一）大师之礼

大师之礼，是指天子亲自出征的礼仪。天子御驾亲征，威仪盛大，是为了调动国民为正义而战的热情，所以《周礼》说："大师之礼，用众也。"郑玄注说："用其义勇也。"

天子亲征是一件重大的事件，《礼记·王制》说，出征前要举行"类乎上帝""宜乎社""造乎祢""祃于所征之地""受命于祖""受成于学"等礼仪。类、宜、造、祃都是祭名，祭祀上帝、社、祢（父庙）和所征之地，是为了祈求各方神灵的保佑，确保战争的胜利。受命于祖是为了告庙，并将神主请出，奉于军中。受成于学是为了决定作战的计谋。

春秋时期战车

此外，军队的车马、旌旗、兵器、军容、营阵、行列、校阅，乃至坐作、进退、击刺等，无不依一定的仪节进行。军队的日常训练，包括校阅、车战、舟师、马政等，都有严格的礼仪规定。得胜之后，又有凯旋、告庙、献俘、献捷、受降、饮至等仪节。

（二）大均之礼

据《周礼·地官·小司徒》，古代的军队建制，以五人为一伍，五伍（二十五人）为一两，四两（一百人）为一卒，五卒（五百人）为一旅，五旅（二千五百人）为一师，五师（一万二千五百人）为一军。国家根据这一建制"以起军旅"（征兵），同时"以令贡赋"（分摊军赋），也就是说，应征的士兵必须自备车马、盔甲等。这种做法，是由与当时兵农合一的社会状况相适应的，出则为兵，入则为民。大均之礼意在平摊军赋，使民众负担均衡。唐宋以后，随着社会的变化，军礼中不再有这一条。

（三）大田之礼

古代诸侯都亲自参加四时田猎，分别称为春蒐、夏苗、秋狝、冬狩，故称大田之礼。田猎的主要目的，是检阅战车与士兵的数量、作战能力，训练未来战争中的协同配合。

（四）大役之礼

大役之礼，是为了营造宫邑、堤防等而役使民众。大役之礼要求根据民力的强弱分派任务，这也就是孔子所说的"为力不同科"的思想。

（五）大封之礼

大封之礼诸侯相互侵犯，争夺对方领土，使当众流离失所。当侵略一方受到征讨之后，要确认原有的疆界，聚集失散的居民。古代疆界都要封土植树，故称大封之礼。

《周礼》所说的军礼又分成五种：大师礼是天子出征讨伐时军队调度、进退有序的一系列礼仪规范。大均礼是指王者为了校正户口、调节赋税，也得依靠军队撑腰，方能实施。大田礼是天子、诸侯定期田猎和军事演习时施行的军礼。大役礼是指国家大兴土木工程，诸如开河、筑城、造宫殿陵墓等，要征用民工，需要军队弹压。大封礼则指诸侯国之间的疆域纠纷、士大夫之间的封地纠纷，也需军队参与勘定。由此可见，先秦时军礼的范围是很广泛的，不仅用在战场上，更多的时候则用在内部治安。秦汉以后，军礼的范围开始缩减，主要表现为帝王率军亲征前的出师礼、帝王任命大将出征的礼仪、大军凯旋而归时的献捷献俘礼、大阅礼、田猎礼等。

五、嘉礼

嘉礼，主要是用来沟通人际关系的。《周礼·春官·大宗伯》云："以嘉礼亲万民：以饮食之礼亲宗族兄弟，以婚冠之礼亲成男女，以宾射之礼亲故旧朋友，以飨燕之礼亲四方之宾客，以脤膰之礼亲兄弟之国，以贺庆之礼亲异姓之国。"说明这些礼仪都是美好的，充溢着吉祥、欢乐的气氛。通过这些礼仪，让人们知礼遵礼，相互间的关系更加融洽和睦，故有"以嘉礼亲万民"之说。

嘉礼名目甚多，《周礼》列了六项，其中有的一项中又包含了二项。沿袭至后代，名目更多。按照《周礼》的说法简略介绍如下：

(一) 饮食礼

饮食礼,是天子宗族内部的宴饮礼仪,用来融洽宗族兄弟间的感情,一般总是逢祭、逢节设宴。国君通过宾射、燕享之礼,与宗族兄弟、四方宾客等饮酒聚食,以联络和加深感情,所以说"以饮食之礼亲宗族兄弟"。

还有一种乡饮礼,是地方官敬老尊贤的宴饮礼仪,《仪礼·乡饮酒礼》记述甚详。这种礼仪在提倡敬老良风、为国家选拔人才、改善官民关系等方面可以起一定的作用,所以历来颇受重视。

(二) 婚冠礼

婚冠礼,是指婚礼和冠礼两种,这是人生礼仪中的重要内容。古代男子二十而冠,女子许嫁,十五而笄,有冠笄之礼,表示成年。成年男女用婚礼使之恩爱相亲,所以说"以婚冠之礼亲成男女"。

《周礼》所述主要指天子的婚礼、冠礼。秦汉以后,皇家在这方面的礼仪也一向极其隆重。下沉到民间礼俗,则无论是诞生礼、成年礼、婚礼、寿礼、丧礼,都十分讲究。人们不仅借此庆祝、纪念人生通过的每一个阶段,还借此进一步融洽与亲友、邻里间的人际关系。

(三) 宾射礼

宾射礼,是射礼的一种。古代射礼有五种:大射、宾射、燕射、乡射、泽宫之射。其中宾射是诸侯朝见天子时,大家射箭比赛,作为宴饮的助兴。射礼主要目的为亲近旧知新友,所以说"以宾射之礼,亲故旧朋友"。

《仪礼》有《大射》《乡射礼》二节,记述仪式程序甚详。后来又有了一种"投壶"礼,用箭来投壶,以投中多少决胜负,负者则罚饮酒,成为宴会上的一种礼仪,也极流行。

(四) 飨燕礼

飨燕礼,可分为飨礼、燕礼两种。飨礼是天子大宴,要在太庙举行,格外隆重些。燕,通宴,指天子举行的小型宴会,在寝宫举行,只招待少数人,不太讲排场,主要用来融洽君臣关系。这就和后世的招待宴会比较相近了。四方前来朝聘的诸侯,是天子的宾客。天子要通过燕飨的方式,与之相亲。所以说"以燕飨之礼,亲四方之宾客"。

(五) 脤膰礼

脤膰礼,也是两种礼。脤,是祭社稷的肉;膰,是祭宗庙的肉。脤膳就是宗庙社稷的祭肉。在祭祀结束后，将脤膰分给兄弟之国，借以增进彼此的感情，所以说"以脤膰之礼，亲兄弟之国"。

古人以为祭祀仪式上供奉过的肉不同寻常，能够吃到是一种福分，所以要把祭肉分开来，赐给周围的人吃。还有一种说法，说脤是生肉，膰是熟肉。不管怎么说，脤膰礼是指分享祭肉的礼仪。这种礼仪也下沉到了民间，历来民间社祭，祭肉也都是要平均分给每户人家的。一直到近现代，江南民间做社，仍然要举行会餐，大家吃的也主要是社祭时供奉的祭品。

(六) 贺庆礼

贺庆礼，是指对于有婚姻甥舅关系的异姓之国，在他们有值得祝贺、庆祝的喜庆之事时，要亲自或派人去表示庆贺，并馈赠一定规格的礼物，以相庆贺。所以说"以贺庆之礼，亲异姓之国"。

(七) 巡守礼

《礼记·王制》说"天子五年一巡守"，《周礼·大行人》则说天子十二年"巡守殷国"。《易·观卦》说，王者要"省方、观民、设教"，意思是说，天子要巡省方国，以观民俗而设教。据文献记载，上古时代帝王有定期巡守的制度。《尚书·尧典》

岱庙是历代商王祭祀泰山的地方

说，舜在巡守之年的二月，东巡守到达岱宗(泰山)；五月，南巡守到达南岳；八月，西巡守到达西岳；十一月，北巡守到达北岳。舜所到之处，要祭祀当地的名山大川，观察风俗民情，并听取诸侯的述职，考论政绩，施行赏罚。秦始皇曾到各地巡守。

《后汉书·世祖本纪》说，光武帝曾经于十七年南巡守、十八年西巡守、二十年东巡守。

（八）即位改元礼

古人把甲子年、甲子月、甲子日、子夜为冬至之时称为初元（或者上元）。政权的更迭，往往选择元日，据《尚书》记载，唐虞禅让，就选择在"正月上日"，上日就是朔日。《春秋》新君即位，必称元年，《公羊传》隐公元年解释说："元者何，君之始年也。"意在"体元居正"。一般来说，《春秋》遭丧的当年，无论在哪个月，新君都继续沿用旧君的纪年，而到次年正月元日才告庙即位，这既是为了使新君从"新元"开始纪年，也有整齐王年的意义。汉武帝根据有司的提议，顺序使用建元、元光、元朔、元狩、元鼎、元封的年号，成为最早使用年号的帝王。后汉光武帝是第一位举行即位大典的君王，从此，帝王即位必有盛典，典礼的仪式也日益繁复。

嘉礼的范围很广，除上述诸礼外，还包括正旦朝贺礼、冬至朝贺礼、圣节朝贺礼、皇后受贺礼、皇太子受贺礼、尊太上皇礼、学校礼、养老礼、职官礼、会盟礼，乃至观象授时、政区划分等等。

第三章　民俗礼仪

一、拜访礼

孔子说："有朋自远方来,不亦乐乎?"朋友上门拜访,主人总会笑脸相迎。如何登门拜访,又如何接待客人,在传统社会里有着许多礼仪的规范。

士大夫阶层里登门拜访时是先要投递名片的,早期的名片用竹木制成,称为谒、刺,所以拜访又称拜谒。有的大人物摆架子,递进名片去他拒不接见,要连递三四次,并在名片上写明求见缘由,方才得以接见的。至于平民百姓之间的交往,就不会有此类礼节。但也是不可擅自闯入的。一般必得先敲敲门,让主人出来开门,才可进入。《礼记·曲礼上》里记载了许多到别人家中做客的规矩,比如登堂入室要高声探问,看到门外有两双鞋子,听到屋内说话声,才可进屋,没听见说话声只能在门外等候。进屋后目光下垂,不可东张西望。房门原先开着的仍让它开着,原先关上的也要关上。主人不先问,客人不可先开口说话。如此等等。

登门拜访,尤其是初次拜见,还必须携带礼物,称为贽,《左传·庄公二十四年》云:"男贽,大者玉帛,小者禽鸟,以章物也;女贽,不过榛栗枣修,以告虔也。"根据客人身份不同,带不同的贽。这和后世的馈赠礼物还有些不同,贽主要用来表示对主人的尊敬,所以成为一种礼仪规范,不可随意而必须遵照严格的等级区分,来决定带什么贽礼,否则就会被人批评为"有失身份"。另一方面,在拜访结束时,主人一般都会把贽退还给客人,或在回拜时把原贽带去退还。只是尊长可以受贽不退,或是求婚的纳彩礼、学生拜师的贽见礼等,也不退。迎接客人,古代有拥彗之礼。彗就是扫帚,客人到了,家中的仆人双手拿着扫帚,躬身在门口迎接,表示家中已经打扫干净了。对于尊敬的客人,还要到郊外去远迎。主客相见,主人要说一些欢迎的套话,诸如"欢迎大驾光临""有失远迎"等等。在一些地方,还有燃放鞭炮迎接客人的礼俗。历代礼书上,则有关于迎接客人的许多详细的礼节记载。比如说,主人和客人一起进门,每到一个门口都要让客人先进。对于贵客,主人往往侧身相迎,甚至在客人前边倒退着走,把客人引进屋。上台阶更有讲究,谁走东阶,谁走西阶,都有一定的安排;主客之间还得推让几次,然后是主人先登阶,客人再登。

请客人入座前，主人要拂拭座席上的尘埃，即使座席刚擦过，也非得象征性地拂拭一下不可，然后恭敬地请坐。座席有尊卑之分，主人得根据客人的身份，恭请上坐。有时候客人觉得按礼自己不该这么坐，就又要谦让一番。

客来敬茶，这大概是唐以后开始流行的礼俗。客人就座后，适时端上一杯芳香扑鼻的清茶，以表示对客人的尊重和欢迎。反之，不敬茶则被认为是失礼。第一杯茶一般只斟至三分之二处，民间有"浅茶满酒"的说法。敬茶要双手奉上，笑吟吟地说："请用茶！"客人也应微微欠身，双手接茶，说声："谢谢！"在许多地方则有"敬三道茶"的规矩。第一道茶，客人略略品尝一下即可放下。第二道茶，茶味充分散发，则可边品边谈，进入拜访的正题。等到主人为客人斟第三道茶时，客人就应该起身告辞了。古代一些达官贵人，又有"端茶送客"的规矩。客人起身告辞时，主人要端起自己的茶杯以示欢送。后来有的主人要下逐客令，也举杯作为示意，下人马上会喊一声"送客"，客人就更该知趣地离开了。

迎宾图

在别人家中做客，言谈举止都要有所约束，不可像在家时那么随便。比如在陕西吴堡一带，就有"做客十忌"的说法："一忌开门不进家，在门口探头探脑；二忌上炕不脱鞋(小脚老太太例外)；三忌笑声不开朗，用鼻子冷笑；四忌衣帽不整洁；五忌自傲不尊老；六忌孤僻不爱小；七忌晚辈吃饭坐上席；八忌抢先动碗筷；九忌问人悲伤事；十忌走时不告辞。"根据主客间的亲密程度和此次拜访的性质区分，主人将决定是否留客人吃饭。吃饭也有讲究，或是吃家常便饭，并不特地设宴，显得亲密无间；或是安排宴饮，显得格外隆重。

客人起身告辞时，主人一般都要婉言相留；客人执意要走，主人则应该起身送客，根据与客人的关系不同，或送到门口，或送到村口、路口，甚至有"长相送"的。《三辅黄图·桥》云："霸桥在长安东，跨水作桥，汉人送客至此桥，折柳赠别。"可见汉代就有送客到霸桥才分手的礼俗。"折柳"后来成为典故，历代吟咏不绝。

回访，也是一种礼节。来而不往，非礼也。在送走客人之后，主人也应该在适当的时候去客人家中拜访，又称"回拜"。

二、节日往来礼

传统的岁时节日往往与礼仪有着千丝万缕的关系。一方面是因为许多节日都以某个特定的祭祀礼仪活动作为主要标志;另一方面则是因为传统节日总是充满着浓厚的伦理观念和人情味,是阖家团圆的日子又是亲友往来的契机,传统节日历来是维系中国社会人际关系的重要的感情纽带。

首先要提到的,自然是拜年。元旦,也就是今天所说的春节,因为是一岁之首,所以格外被看重。南朝梁宗懔《荆楚岁时记》:"(元旦)长幼悉正衣冠,以次拜贺。"说的是家中的人要相互拜年。宋施宿《嘉泰会稽志》:"元旦男女夙兴,家主设酒果以奠,男女序拜,竣乃盛服,诣亲属贺,设酒食相款,曰岁假,凡五日乃毕。"说得就更完整了,先要祭奠,首拜天地神祇,再拜列祖列宗,然后家中人依次序拜年;再是穿上时新衣服,走出家门,到亲友家去拜年,对方则还要设宴招待。宋吴自牧《梦粱录》卷一:"(元旦)官放公私僦屋钱三日,士夫皆交相贺,细民男女亦皆鲜衣,往来拜节。"可见这是个举国同庆的日子,无论当官的还是平民百姓,都要相互拜年。也有来不及走遍亲友的,则用投送拜帖来代替。上门拜年的,主人往往要宴请,称为"吃年酒"。在许多地方,因为亲友实在太多,请吃年酒是要预约的,一天一天排过去,一般要从年初一吃到元宵节,足足吃半个月,才能尽兴。

立春,周代就已有迎春的礼仪,天子亲率三公九卿、诸侯大夫到东郊迎春,祭祀太皞、芒神,祈求丰收。唐宋时又有鞭打春牛、送小春牛等礼俗,以示劝农春耕。清代江南一带,"士庶交相庆贺,谓之拜春。"

清明,民间有"清明大如年"的说法。主要内容是扫墓。白居易诗:"乌啼鹊噪昏乔木,清明寒食谁家哭。风吹旷野纸钱飞,古墓累累春草绿。"正是当年清明节风俗的生动写照。唐代,皇帝有在清明节赐侍臣"细柳圈"的习惯,说是戴了可以免蛊毒。五代时又有清明折柳条插门上的风俗。从扫墓则又引出踏青的活动来。大江南北,清明节前后又会有很多庙会,人们借着逛庙会的机会走亲访友,热闹的程度往往超过了过年。

端午节也是个群体性活动特征较突出的节日,给人们留下深刻印象的当数龙舟竞渡。关于龙舟竞渡的起源和流变,早在二三十年代,闻一多、江绍原等前辈就已做过深入的考辨。一般认为,端午节正值季节转换,虫毒蠢动,疫病滋生,古人试图用种种巫术行为禳解,而用船送灾疫驱傩便在水乡逐渐流行。后来,各地域的人群逐渐聚居,各自的送疫船只出现竞渡。久而久之,送灾的民俗本意淡化而终于消失殆尽，只留下了龙舟竞渡的娱乐活动，绵延至今。除了人们参加龙舟竞渡的群体性娱乐活动之外，人们还要在这一天裹粽子分赠亲友，借此联系感情。

中秋节，民间以合家团聚、赏月为礼俗的主要内容。《周礼·春官·衡章》："中秋夜迎寒"已露端倪。《荆楚岁时记》记节日风俗颇详而独无中秋赏之说。不过到了唐明皇中秋夜游月宫的传说盛传之时，大概在士大夫中已有中秋赏月之举了。明田汝成《西湖游览志余·熙朝乐事》："中秋，民间以月饼相遗，取团圆之义。是夕，人家有赏月之燕，或携植湖船，沿游彻晓。苏堤之上，联袂踏歌，无异白日。"说明在明代的杭州，已有向亲友分赠月饼的节日礼俗。各地大致相仿。

九九重阳，盛行登高。《荆楚岁时记》："九月九日，四民并籍饮宴……登高饮酒，妇人带茱萸囊。"说明在南北朝时就形成了有关的礼俗。唐王维《九月九日忆山东兄弟》诗："独在异乡为异客，每逢佳节倍思亲。遥知兄弟登高处，遍插茱萸少一人。"一向脍炙人口，更增添了重阳节的无穷魅力。如今，人们又将重阳当作老人节，借此节日，进一步发扬中华民族尊老的传统美德。

冬至，又称过小年。《周礼·春官·神仕》："以冬日至，致天神人鬼。"说明从周代开始，就把它作为一个祭祀鬼神的节日。绵延至今，在一些地方还保留着冬至祭祖的礼俗。宋孟元老《东京梦华录·冬至》："十一月冬至。京师最重此节，虽至贫者，一年之间，积累假借，至此日更易新衣，备办饮食，享祀先祖。官放关外，庆贺往来，一如年节。"清顾禄《清嘉录·十一月》："郡人最重冬至节。先日，亲朋各以食物相馈遗，提筐担盒，充斥道路，俗呼'冬至盘'……至日为冬至朝，士大夫家拜贺尊长，又交相出谒。细民男女，亦必更鲜衣以相揖，谓之'拜冬'。"可见冬至犹如过年，亲友间也是要相互拜贺的。此节内容我们将在第六章详细介绍。

迎客松

三、宴饮礼

许多人在一起吃饭,他们不仅仅是为了吃饭,而更主要地是为了交际,为了满足参与者渴望与外界加强联络、与别人保持融洽关系的一种愿望。这就是通常所说的宴饮。

一般认为宴饮起源于古代的祭祀仪式。殷商时代的祭祀十分频繁,要安排精致的礼器,盛放丰盛的祭品,奏乐唱歌,顶礼膜拜。祭祀之后,必得将祭品分给大家吃掉,这就是宴饮的雏形。殷人宴饮无度,过于挥霍。到了周代,周公加以变革,把一部分宴饮从祭仪中剥离出来,专门成为人们在一起宴饮所需要遵循的礼仪规范。

其实,在传统社会里,宴饮的名目是举不胜举的。朝廷设宴,往往称国宴;各级官员则设官宴、军宴和各种公私宴席;民间的各种婚丧典礼,如前所述的只要家中发生稍为值得庆贺一下的事,就马上会想到邀请宾客,设宴款待了;朋友聚会,首先想到的也是安排各种名目的宴饮;客人光临要接风;客人远行要饯别;各种节日则有阖家团圆的家宴;乡里社会的社日,则有社祭之后的聚餐;宗族活动,又有祠堂祭祖之后的合族聚餐;地方官长则要定期举行乡饮酒礼以团结乡绅名流,表示对礼教的尊崇。如果要说可以设宴的场所,那就更加多了,宫殿、厅堂自然可以设宴;酒楼茶馆也可以随意请进;此外,在大路边的长亭里,在园林里,在游船上,在寺院中,甚至在农民的场院里,在市镇的大街上,照样可以摆开各种宴席,开怀畅饮。

主人设宴,首先要做的事是邀请宾客。士大夫阶层一般要恭送请柬,写明缘由;一般百姓也必得派人专程传话,口头邀请。俗话说"三天为请,两天为叫,一天为提",越是邀请得早越表示虔诚,过些日子再提醒一次,到了设宴的当天有的还要再去催请,或是派人接客。赴宴也有礼节,不可空手去,总要带上礼物。去迟了主人会不高兴,去得太早又有失风度,以适时到达为宜。

届时,主人要在门口欢迎宾客的到来,并为宾客安排座次。对于宾客来说,主人在没有指明座次之前一般是不宜贸然入座的。或可在边上的座次稍事休息。古代强调男女不同席,一般都为女客专门安排酒席。如果客人不注意,男女杂坐,非但主人不高兴,连别的客人也会生气的。

宴席的座次是礼仪的重要内容,主要是为了区分尊卑上下。古代皇帝总是坐北朝南,所谓"南面为王"就是这个意思。所以通常都把朝南的座位当作尊位。不过也有一种说法,认为东向为尊。这又跟古代贵族活动的场地布局有关。通常贵族的宅院都是堂室结构,前堂后室。堂是坐北朝南的,在堂上聚会就以朝南为尊。

堂的后面是室,中间隔着墙,墙东侧有门,过了堂才能进入室。如在室内聚会,就以坐西向东为尊了。《史记·项羽本纪》写到"鸿门宴"上的座次,项羽妄自尊大,安排自己朝东坐,让刘邦朝北坐,张良则朝西坐,是末位。可见"鸿门宴"就是一种室内聚会的格局。但是到了后世,一般宴饮大都在厅堂中举行,所以基本上都采用以朝南为最尊的格式。如果是八仙桌,要坐 8 个人,朝南有 2 个座位,怎么决定尊卑?则有两种说法,较多的场合以右为上,那么右边是第一位,左边是第二位,以下朝东、朝西的座次也依次类推,最后的是朝北。也有的地方实行以左为上的规矩,那就颠倒一下,在朝南的两个座位中,以左边为第一位,右边为第二位,以下类推。总之,要让此次宴会中地位最高的,或是辈分最长、年纪最大的人坐在首位,以下论资排辈,安排座次。主人则坐在末位陪客。圆桌,可以稍稍随便一些,不过在一些讲究礼仪的家庭中,仍有尊卑之分,尊者仍要安排在正面朝南的位置上。

在传统社会里,由于强调尊卑有序,所以一向对座次的排列十分计较,常常因为座次安排的不当而引起矛盾冲突,甚至酿成生杀灾祸。所以在一般情况下,客人就座前总要再三辞让,不敢唐突上坐,生怕引起非议。凡被推让到尊位的人,在入座前也总要对在座的所有人都一一拱手致意,表示感谢众人的抬举,然后才可安然入座。一般情况下,客人先入座,主人最后入座。如果是尊长宴请卑幼者,则仍为尊长者先入座,然后卑幼者才敢入座。

宴席上,主人以酒敬宾客,称为"献";宾客回敬,称为"酢";主人劝饮,称为"酬"。所以通常把宴饮之礼称为"酬酢之礼"。宴饮时不陪饮而让客人自酌自饮,会被人指责为失礼。当宾客很多,主人无法分身时,每桌都还得安排一个人代表主人陪饮,好让客人吃好喝好。旧时豪富之家还会叫来艺人在旁演唱,以助酒兴。《金瓶梅词话》中,西门庆设宴,常让海盐子弟在一旁演唱,就是很好的例证。

有关宴饮时的行为规范,许多礼书上都有详细的记载。仅以《礼记·曲礼上》为例,那里就提道:带骨的肉要摆在左边,切好的大块肉要摆在右边;饭摆在左边,羹汤摆在右边;细切的烤肉摆远些,酱醋摆近些;和别人一起吃饭,不要只顾自己吃饱;要把手洗干净,不要把手中的剩饭放回饭器之中;不要不停地喝酒;不要发出难听的声响;不要大口喝汤以至于汤从口角流出来;不要啃骨头;不要当众剔牙齿……可以说达到了不厌其烦地地步。不过仔细分辨,其中也含有不少合理的成分。

四、敬老尊贤礼

在我国的传统社会里,敬老是和"孝"的观念紧密联系在一起的。人们敬老,首先就是敬重自己的祖先、自己的父母,也就是对祖先亡灵的祭祀和对活着的父母以及祖辈的赡养和尊敬。在此基础上,"老吾老以及人之老",再扩大到所有的老人,要求人们像尊敬自己家庭里的老人那样去尊敬社会上所有的老人。

关于老人在社会生活中的重要作用以及敬老的礼仪,《礼记·曲礼上》有过明确的论述,文云:"人生十年曰幼学;二十曰弱,冠;三十曰壮,有室;四十曰强,而仕;五十曰艾,服官政;六十曰耆,指使;七十曰老,而传;八十、九十曰耄;百年曰悼。悼与耄虽有罪,不加刑焉。百年曰期,颐。"这是说,人是随着年龄的增长而逐渐成熟起来的。儒家认为,五十岁较为成熟,可以主政;六十岁可以指导别人;百岁以后则应该受到后辈的供养。

关于古代敬老养老的礼制,《礼记·王制》中有着大段记述,我们不可能一一迻录,其中就说道:五十岁的人可以吃细粮;六十岁要有常备的肉食;七十岁要为他另外储备一份膳食;八十岁可以常吃时鲜货;九十岁的人,饮食要常放在他的居室里,出外时也随时能得以供应。五十岁可以在家中扶杖;六十岁可以在乡里扶杖;七十岁可以在国内扶杖;八十岁则可以在朝廷上扶杖;对于九十岁老人,天子想去请教也要到他家去,并且带上礼物。八十岁的老人,家中可以有一人不服徭役;九十岁老人,全家不服徭役,以便好好照顾老人。路上与老人同行,年轻人要帮老人挑担、提重物;士大夫阶层的老人出门要为他安排车马;庶民中的老人吃饭要有肴馔……从以上说到的这些规定中,我们已经可以大致上体会到当时敬老养老的风气是何等浓郁。当然,这些记述可能也有理想的成分在内,不过总的说来,作为一种敬老的传统,在我国古代则是确实存在着的。近现代的各地礼俗中往往有许多敬老爱老的内容,这在许多地方志中都有所记载。

除了在日常生活中照顾老人之外,古代还有一种专门把老人集中起来赡养,并且随时向老人请教的礼制,这就是《礼记·王制》中所说的:"有虞氏养国老于上庠,养庶老于下庠。夏后氏养国老于东序,养庶老于西序。殷人养国老于右学,养庶老于左学。周人养国老于东胶,养庶老于虞庠,虞庠在国之西郊。"这里的有虞氏是指舜的时代,显然是后人对当时历史的一种追述,不过估计还是有一定根据的。这里提到的庠、序、学、东胶、虞庠,都是指的一种高级学校;国老是有爵位的老人;庶老是庶人死于国事者家中的老人。把他们请到专门的学校里赡养起来,一是便于向他们请教,二是让他们向学生们传授知识经验。可见那时候的学堂和后世的学堂还有所不同。《礼记·王制》又提道:"五十养于乡,六十养于国,七十养于学,达于诸侯。"则说明当时各级政府官员都要把老人请到相应的学校里赡养,已经成为普遍的礼制。

《周礼·秋官·伊耆氏》:"共(供)王之齿杖。"说的是当时天子向老人赏赐王杖的礼制。齿,是年龄的意思,只有高龄官员才能得到。《周礼·夏官·罗氏》又提道："献鸠以养国老。"说罗氏是专管捕鸟的官，把捕来的鸠鸟交给天子，再由天子赏赐给国老。有一种说法，说鸠是不噎之鸟，给老人吃了可以进食通畅。关于周代的王杖，典籍记载还不太多，不过肯定是已经有了。而到了汉代，关于王杖的记载就多了起来。我们可以知道那时已形成制度，每年秋天，地方官员都要普查户口，年满七十的，由皇帝赐给王杖。这是一种顶端刻着斑鸠模样的手杖，老人拄着出门，享有特权，通行无阻，谁也不敢欺侮他，犹如今天的特别通行证、优待卡一般。此后，历代帝王也都会做出一些敬老养老的表示。比如年老官员上朝不必步行，可以在宫中乘车轿。年迈官员不辞退而总是让其本人提出申请，皇帝则一再挽留，最后恩准回乡，还得让地方官员按期给其一定数额的退休金。平时，也常常会给老人发放一些粮食、布帛，改善老人的生活。汉代，皇帝还举行三老五更之礼，把官员中的耆老当作自己的长辈一样，让他们坐上位，给他们夹菜、敬酒。

唐宋以后，或是政府出面，或是作为一种民间慈善事业，各地都曾建有福田院、养济院、普济院、普济堂、孤老院一类的机构，用来赡养一些无人照顾的孤贫疾老。做法也有所不同，有的是把老人接到那里去集中赡养，照料饮食起居，使之安度晚年；也有的用来按期向老人发放钱粮和生活必需品。这种传统一直被沿袭了下来。

清代，尤其是在康乾盛世，曾经大做敬老养老的文章。一是借着给皇帝做寿的机会，大摆千叟宴，邀请地方上的老人赴京，进宫参加宴会。千叟宴之后，又御赐鸠杖，在全国范围内造成很大的轰动。二是朝廷下诏，给百岁老人赐匾额，建牌坊，称百岁老人为"人瑞"，这种牌坊也就称之为"人瑞牌坊"。这无疑也在社会上有着较大的表率作用。当然，我们也应该客观地指出，封建社会里的敬老养老无可奈何地有着它的时代局限性，真正得到优惠待遇的只能是少数豪门中的老人，至于底层社会中老人的悲惨遭遇实在是不可能有什么改变的。

五、尊师重教礼

尊师和敬老，在精神实质上是相通的。形成尊师敬老的风尚无疑是人类文明的一大进步，说明人类开始重视知识经验，从而也必然进一步重视起知识经验的传授者，从心底里感激他们敬仰他们，尊重他们，并在社会生活中形成了一系列与此相关的行为规范。

在中国古代，很早就已经认识到了尊师的重要性。《尚书·泰誓》云："天佑下民，作之君，作之师。"把君与师相提并论。荀子则进一步把"天地君亲师"相提并论，他说："礼有三本：天地者，生之本也；先祖者，类之本也；君师者，治之本也。无

图文珍藏版

天地恶生,无先祖恶出,无君师恶治。三者偏亡,焉无安人。故礼上事天,下事地,尊先祖而隆君师,是礼之三本也。"他还进一步指出:"国将兴,必贵师而重傅。贵师而重傅则法度存。国将衰,必贱师而轻傅。贱师而轻傅则人有快,人有快则法度坏。"这里的"快"是指放肆的意思。总之,荀子把尊师提到了国家兴亡的高度上去认识,不能

天地君亲师礼

不说是很有战略眼光的。后代儒生大都遵循荀子的教诲,在家中供奉"天地君亲师"的牌位,一刻也不敢忘怀。这种风气还蔓延到了社会各阶层,直至近现代,即使在穷乡僻壤的百姓家中,也常会看到"天地君亲师"的牌位,可见这种观念确实已经浸润到了中华民族的传统之中。"一日为师,终身为父"的俗语同样深入人心。民间称老师,如果是旁人口中说出,称"师傅";如果是学生口中说出,则称"师父"。他们还把老师的妻子称为"师娘"。这都说明在传统社会里人们确实是把自己的老师当成"父亲"一样来尊敬的。人们普遍认识到:父母只是养育了子女的身体;而使孩子们具有一定的知识经验和道德修养,真正学会"做人",成长为一个有用的人,那是全靠了老师的栽培和教诲。正因为如此,乡里社会同样有着尊师重教的好风气。

　　这种风气的形成与历代帝王的提倡也不无关系。《礼记·学记》云:"君之所不臣于其臣者二:当其为尸,则弗臣也;当其为师,则弗臣也。大学之礼,虽诏于天子,无北面,所以尊师也。"是说只有两种人,连皇帝也不能将他当成臣子来看待的,一种是在古代祭祀仪式中代表祖先的"尸",一种就是皇帝的老师。"尸"的习俗后世早已被淘汰,而老师则永远是有的。历代皇帝对于曾经教导过自己的老师一般都优礼有加。皇帝接见臣下都是朝南坐的,但是见了自己的老师却不敢朝南坐,而要让老师朝南坐了。孔子,历来被当作老师的代表性人物,被称为"先师",历代皇帝往往就把祀孔当作他们尊师的一种象征。皇帝到国子监去祭孔,照样要向孔子的神位下跪。凡此种种,也就在臣民中间留下了极深的印象。一句话,连九五之尊都如此尊重自己的老师,普通人岂不更加应该尊师了?

　　在传统社会里,关于老师的概念其实要比今天的理解宽泛得多。古代的读书人一向把向自己传授知识的人称为老师,在这一点上,和今天的理解基本上倒是一致的。但是除此之外,古代还有两类人也被称为老师,一是为帝王出谋策划的军师、高参,比如伊尹、姜太公、周公旦、管仲、范蠡这样一些著名人物,都被当时的帝

王尊称为老师;二是在手工业、商业、医药业、戏曲杂艺业、武术界、宗教界,也都一概把向自己传授技艺的人尊称为老师。由于这样一种宽泛的概念,所以在传统社会里师生(师徒)关系也就成了一种十分普遍而又十分重要的人际关系。一个人在社会上做出了一些成就,有了一定的名气,别人提到他时总会连带着提到他的老师。而他自己在讲起自己的成功之路时也决不会忘记了自己的老师。说自己是某某人的学生,师承何人,这就跟说自己祖籍何地,是某某人的后代一样地成了习惯。各行各业,都还特别重视自己的祖师爷,表明自己的技艺是从祖师爷那里传下来的。比如木匠祀奉鲁班为祖师爷,医生祀奉华佗为祖师爷等等,就是一种流质极广的礼俗。三百六十行,几乎行行都有祖师爷。有的行业一时记不起谁是祖师爷了,也非得找出一个来不可。哪怕是神话传说人物,拉一个过来为自己的行业树一面"旗帜",以增加号召力和凝聚力,人们也认为是非常必要的。人们对祖师爷顶礼膜拜,祈求祖师爷保佑本行业的兴旺发达。在这一点上,不难看出传统社会尊师已经发展到了将老师神圣化、偶像化的地步,又走向了一个极端。

历来的尊师礼俗,大致上又可以分成拜师、侍师、敬师、报师、祭师这样几个方面。

古代学生入学,要行拜师礼。值得一提的是束脩礼和释菜礼。孔子说:"自行束脩修以上,吾未尝无诲焉。"古人相见,必执赞以为礼。束脩是赞礼中非常薄的一种。脩,就是干肉,一条干肉为一腿,十腿为一束,束脩,也就是十条干肉。学生带了十条干肉去送给孔子,孔子就收下这个学生,并且认真地去教诲他。束脩礼一直沿袭至明清,虽然后世送的礼物已不尽相同,人们却始终把送给老师的酬劳称为束脩。比如,《通典》载唐代的学生入州、县学校,就要缴纳帛一匹、酒一壶、干肉五条,作为给老师的见面礼,并有一定的仪节。

释菜礼,有两种说法。《礼记·月令》:仲春之月"命乐正习舞释菜"。《周礼·春官·大胥》:"春,入学,舍采合舞。"舍采,即释菜,似可理解为古代读书人入学时以苹、蘩这一类的菜来祭祀先圣先师的典礼。又见《明会要·先师孔子》:"古者,士见师,以菜为赞。"则说明学生入学时是拿着菜作为进见礼的。

侍师,是指学生在学习期间对老师的侍奉。在传统社会里,这种侍奉不仅仅指态度上的恭敬,甚至还进一步发展到对老师生活起居的照料。这在《管子·弟子职》中就有详细规定。从老师起床盥洗开始,到吃饭,到夜晚入睡,学生都得在边上恭恭敬敬地侍奉,"朝益暮习,小心翼翼",这是今天的学生们所无法想象的。这种礼俗在某些行业中表现得尤为突出,比如旧时商店和手工业工匠对待学徒,就往往会立下非常苛刻的规矩。比如师徒在一起吃饭,学生要给师父盛饭,一定得等师父动筷吃了之后才可以动筷,而且又必须在师父吃完之前就先放下碗筷。学徒在平时不但要侍奉师父,还要侍奉师娘以及师父的一家人,学徒和佣人几乎没有什么区别。这都不能不说是传统礼仪的弊端。

敬师，则主要是指学生对老师的敬重。首先表现在称呼上，称师父，称恩师，称"再生父母"，都表达出学生的敬意。在行为规范上，也是如此，遇见老师，必得作揖行礼；老师提问，必得起立回答；向老师提问，要举手；老师坐着时，学生应该侍立一旁；老师站着，学生就不可以坐；路上相遇，要趋行敬礼，要等老师走过之后再走；老师在场，学生不可高谈阔论，等等。当然，上述行为规范要做到也并不难，关键还在于学生发自内心的敬师。历史上，常有老师获罪蒙难，学生冒死营救的动人事迹被记载下来。东汉时，欧阳歙被判罪，弟子千余人伏阙哀求；明代李时勉被诬陷，枷

国子监孔子像

号于国子监前，学生石大用上疏，要求代枷。这样的师生情谊实在是值得大书特书的。

尊师重教的礼俗在传统社会里一直绵延不绝。比如在浙江金华一带，直至近现代，逢年过节，学生必以时果礼品敬献给老师。他们把端午节称为"敬师节"。学生家办喜事，老师的贺联贺幛总是被挂在最上首。喜宴中，老师必坐尊位。乡里社会重视教育，山区专辟"学堂山"，平原专辟"学堂田"，山、田的收入全部用作学校的开支，凡此种种，无疑是一种好传统。

报师，是指学生离开老师之后，如果取得了什么成就，或是遇到老师生日，或是逢年过节，仍要向老师汇报，送礼，表示不敢忘记老师的栽培之恩。

祭师，是指对老师亡灵的祭祀。这首先表现为对祖师的祭祀上，读书人祭祀先圣先师，各行各业也分别祭祀各自的祖师爷。许多地方，还家家户户设立"天地君亲师"的牌位。这都在一定程度上增强了人们的尊师意识。此外，凡是老师去世，他的学生都得参加为老师举行的一系列丧葬礼仪。也就是说，学生确实是像对待自己的父母那样去对待老师的，老师活着的时候要恭敬地侍奉他；老师死了，则要像祭祀父母一样地去祭祀他。岳飞拜周同为师，周同死后，岳飞"朔望设祭于其冢"。历史上有许多人都为老师守过孝。按照礼制要求，师生关系不是亲属关系，守孝不必穿丧服，而只是在心中哀悼，故称为"心丧"。当年孔子逝世，他的弟子守丧三年，才各自离去。

尊师重教，无疑是传统礼仪中闪烁着璀璨光芒的部分。不过我们也必须指出，旧时强调师道尊严，也在一些方面走向极端，成为一种沉重的包袱。古人强调继承

师法，不许学生标新立异。如果学生在学问的探索上提出与老师不同的见解，甚至另立门户，则被认为"大逆不道"。这在很大程度上扼杀了创新精神，最终成为时代进步的阻碍。

六、乡里社会礼

古代，乡村百姓安土重迁，世代聚居。因为商品经济不甚发展，交通工具不发达，与外界往来较少，故交往较多的是本乡本里之人。在这乡里社会圈内，乡民们为了共同的利益，提倡患难与共、文明交往、和睦相处，有的头面人物或热心乡里事情的乡绅还订立"乡约"召集乡民入约，制订乡约规条，要求大家共同遵守。如北宋吕大钧、吕大忠所撰的《吕氏乡约》又名《蓝田乡约》，明朝黄佐的《泰泉乡礼》，其中都有关于同约乡民互相交往及其礼节的规条。

《泰泉乡礼》中关于乡民往来及应讲究的礼仪称为"礼俗相交"，这部分共分四个方面：尊幼辈行、造请拜揖、请召迎送、庆吊赠遗。

"尊幼辈行"方面规定，乡民按年齿来分别长幼尊卑关系，对每个乡民来说，凡年长于自己30岁以上在父行者，为尊者；年长于自己10岁以上在兄行者，为长者；与自己年纪相差不满10岁为敌者（敌者，匹敌、相当之义），其中长于己者谓稍长，少于己者谓稍少；比自己小10岁以下者，为少者；年少于自己20岁以下者，为幼者。每个乡民应以这一区分原则，来摆正自己与其他乡民的长幼尊卑关系，以便因

衣锦还乡

人施礼及如何礼尚往来。

"造请拜揖"。乡民凡少者、幼者,于元旦、冬至及四孟月(即四季的第一个月)的初一日,以及辞见、庆贺、拜谢等事,皆应礼见尊者、长者。去时,有官者应着冠带官服,诸生(即有秀才身份者)着儒巾,其他人戴角巾,服青直领装。携帖拜访,名帖之字应楷书,即工笔正楷,少者具名为"侍生姓名某某再拜"、幼者为"晚侍生姓名某某顿首拜"等等。拜谒尊者长者,在门外下马等候,若年少而居显官乘轿首,下轿等候。遇门人,应问其主人吃饭与否、有其他客人否、有其他事情否,估计无所妨碍,然后令通报递帖。有妨碍,则稍候,或暂且退去。主人迎客,先命人出去迎接。客人趋入,先被安排在庑间。主人从堂中出,下台阶迎接,客人趋向前去,主人揖让登阶入堂。堂中行礼,幼者跪拜,尊者长者跪而扶之,少者拜,则跪扶且还半礼。如果尊者长者"齿德殊绝"即在乡里德望素重、与行礼者年纪相差较大,则行礼的少者幼者应坚决请求受礼,尊者答应他,则站立而受礼,长者许之,则跪而扶之。行礼后主人命坐,则作揖谢坐然后坐。如果是敌者或稍敌即乡里身份大致相当,双方对行两拜礼,稍少者应先拜。以上是指较郑重的拜访时应行的礼节,若平时问候、告知事情、请教及赴请召等,则礼可简略。谈话中,称呼尊长曰老先生,敌者相称曰先生,对少者称其字,对幼者可称其名。尊长有官爵者称呼其老大人,敌者少者有官爵称之大人。谈话完毕,或主人有倦色,或等着干什么事情,则应告退。主人送至庑下,客人再三请回,作揖告辞。若主人坚持再送,则从其命,让尊长在前边走,自己在后随行,不要并排走。

尊者长者到少者幼者家去,作为主人的少者幼者得通报后,应衣冠齐整趋出迎接,堂中行两拜礼,客人止之则止。送客时,一直送到客人上马。如果客人徒步而来,则送出大门外,在后随行而送。出门后随行数步,客人劝止,再作揖止步,望其走远,再回去。

在路上遇到尊长,若双方皆步行,应趋行上前作揖。尊长搭话,则与之对话,不搭话,则立于道侧,等尊长走过,作揖而后行。若都乘马,对尊者应让道回避;对长者,则立马道侧。作揖,等长者乘马过,再作揖而行。如果自己徒步而尊长乘马或坐轿,则回避。若自己乘马,尊长徒步而行,望见后就应下马,向前作揖,等尊长走远,再上马。若尊长令上马,也应坚持不上,直至尊长走后再上马。遇敌者且皆乘马,则分道,互相作揖而过。有一方徒步者,应回避,若来不及回避,乘马者应下马。双方作揖,等步行者走后再上马。遇少者幼者,若皆乘马,对方来不及回避,则互相作揖而过,对方想下马,应劝止。若对方步行,来不及回避,是少者,则下马互行作揖礼,是幼者,可不必下马。

"请召迎送",说的是乡民如何互相请客宴客。乡礼规定,凡宴请尊长,须亲自去请,尊长答应赴宴,则在宴客之日的黎明,再派子弟迎接。如果是专门宴请其他某位客人，则不可兼请尊长，这一规定，大概是因为专门宴请某人，应敬之为上宾，再请尊长赴宴，显然已把尊长降为陪客，使其"屈尊"，也不具备宴请尊长的敬意。接受尊长的宴请，若被请的人多，应相约同去，见到主人行拜谢礼，主人劝止则止。被宴请的次日，还应亲自去拜谢主人，主人预先劝止，则以书信感谢。如果自己不是被专门宴请，可免去这一礼节。赴敌者宴请之召，见面作揖行礼，次日具名帖谢之。赴少者召，见面言语谢之，次日传言致谢即可。

宴席上，如果全部是乡人，则按年齿序座次，其中有亲属关系者另序。若有外乡客人，身份地位高者应安排较尊的座次，大致相当者也按年齿。乡人中若有有功名者及较重要官位者，不与乡人论齿，应坐于较尊的座位。专门被宴请者，不论其年齿，应为上宾，其他人为众宾。如婚礼，主人家的姻家就应为上宾，不论年齿、有无功名官职。

宴席开始，主人应洗杯斟酒先献上客（即上宾），上客接受，斟酒让主人，主人再举杯献客，客接受放于桌子上，行谢礼后，再跪祭，起来后遍告同席者而饮，饮毕拜主人，主人答拜。主人向上客敬酒后，再向众宾敬酒。众宾中有身份地位高者，主人也应与对待上客那样向他敬酒，对方不需回敬。上客为少者，饮毕答拜主人，主人受礼，如果姻家为上客，则虽是少者，主人也要答拜。

乡人远出、远归，应为其饯别、迎接。尊长远出而归，少者幼者还应至其家问候。

"庆吊赠遗"。乡人吉事相贺，携带礼物，视与对方情分薄厚及自己能力而定。其家籍办喜庆之事有困难，则应在物力、人力上帮忙。

同乡乡民家有丧事，约众人同往哭吊。吊祭尊者，为首者致悼辞，众人同拜。吊敌者以下则不拜。主人叩头则答拜，对少者以下则不答而扶之。不识生者不吊，不识死者不哭。对丧家以钱、帛、酒食等助其丧事。主人穿孝后，同乡乡民素巾素衣装束，带供品前去祭奠。死者是敌者以上则拜奠，以下奠而不拜。出殡时素服送葬。因路远或不能亲去者，派人致奠，至亲笃友，所派之人应穿吊丧之服祭拜送葬。

《蓝田乡约》《泰泉乡礼》自问世后，一直为乡绅士大夫及官方所重视，南宋朱熹对吕氏的乡约进行修订，成《增损吕氏乡约》，明人又在内容上加以补充，由原来的一卷增至四卷，成《增修蓝田乡约》。

黄佐所撰的《泰泉乡礼》，在清乾隆年间被收入《四库全书》中的经部礼类。士绅及官方这样做，是认为这些规约有提倡的价值，希望它在乡间百姓中推广。这种乡约乡礼，主要靠乡绅自发推行。

七、见面礼

作为礼仪之邦的我国，古代人们相互见面时，有许多不同的礼节。下级向上级拜见时要行拜见礼，官员之间行揖拜礼，公、侯、驸马相见行两拜礼，下级居西先行拜礼，上级居东答拜。平民相见，依长幼行礼，幼者施礼。远别时行四拜礼，近别时行揖礼。民间又有人三鬼四之说，即为上司、长辈行叩拜之礼时要磕三个头，而为死去的亲人行叩拜之礼时要磕四个头。如此繁杂的礼仪就这样支撑着整个封建社会。

在一些反映古代历史的戏剧和电影中，我们经常看到古代人们行跪拜礼。为什么会产生这样的生活礼节呢？这要从古代人们的物质条件和生活习惯谈起。我国在汉以前，还没有正式的凳椅。人们在进食、议事、看书时，只是在地上铺一条用芦苇、竹篾等编成的铺垫用具，即席子，人就坐在席子上，故称"席地而坐"。如果请客人坐正席，则多垫一重席子，表示恭敬。就连朝廷的最高统治者也是"席地而坐"，不过，所坐的东西比普通老百姓好一些，如周代每次举行大朝觐时，王者所坐的席位，设有绣着黑白斧形的屏风，屏风前面南向铺设着莞草编成的席子，上面再加上五彩蒲席和桃枝竹席，左右摆设玉儿，给王者凭依。

因此，古代所谓"坐"的姿势，和我们现代人的"坐"完全不一样。坐时要两膝着地，然后将臀部坐于后脚跟之上，脚掌向后向外。古人的"坐"，实际上就是我们现在的跪。在接待宾客中，每当"坐"着向客人致谢时，为了表示尊敬，往往伸直上半身，也就是"引身而起"，使坐变成了跪，然后俯身向下，就这样，逐渐形成了日常生活中的跪拜礼。

古人认为，不跪不叫拜。拜，在古代就是行敬礼的意思。按照周代礼仪的规定，当时对跪拜的动作和对象，作了严格的规范，共分稽首、顿首、空首，称为"正拜"。行稽首礼时，拜者必须屈膝跪地，左手按右手，支撑在地上，然后，缓缓叩首到地，稽留多时，手在膝前，头在手后，这是"九拜"中最重的礼节。一般用于臣子拜见君王和祭祀先祖的礼仪。（后来，用于僧人举一手向人们行礼，也称"稽首"。）

跪拜礼是古代见面时的礼仪。古人席地而坐，臀部紧靠脚后跟。伸腰并使臀部离开脚后跟，用两膝着地则为跪，跪着行礼则为跪拜。根据《周礼》的记载，古人的跪拜礼大致可分九种：稽首、顿首、空首、振动、吉拜、凶拜、奇拜、褒拜、肃拜。

稽首拜时，头俯伏至地，抱拳相握，左手按住右手。拜的时候，头先俯伏至手，然后拱手下至于地，头也随着俯伏于地。拱手至地时，手仍不松开。手的位置在膝盖前,头的位置又在手前。稽首是臣对君的拜礼。稽首、拜手共成一拜之礼,以表示极大的敬意。

顿首、叩首,九拜之一。古人席地而坐,姿势和跪差不多,行顿首拜时,取跪姿,先拱手下至于地,然后引头至地,便立即举起。因为头触地时间很短,只是略做停顿,所以叫顿首。顿首是平辈之间的拜礼。稽首是称扬之辞,顿首是请罪之辞。后来,又因其拜礼至重,人们在有重大的事情请求时也用"顿首"。如《左传》记楚人申包胥因为国家危亡,在秦适九顿首于赵宣子,以求秦国援兵。

空首拜时,头至于手,所以也叫"拜手"。行空首礼时,跪而拱手,头俯伏至于手,与心平,也就是说,拜时,头不至于地,所以称"空首"。空首是男子常用的拜礼,上下尊卑均可使用。

吉拜施用于宾、祭、嘉好之事的礼节。拜时拱手,右手在内,左手在外。凶拜与吉拜相对,拜时拱手,左手在内,右手在外。

振动之拜。关于此礼,有两种猜测:①用于凶事,振就是"踊",也就是跳脚哭;动就是恸。②在行拜礼时,应和着音乐的节奏。

奇拜即一拜,"奇"读为奇偶之奇。

褒拜指的是再拜"两次拜"以上。褒是大的意思。如《左传》僖公十五年所说的"三拜稽首",定公四年所说的"九顿首",都是"褒拜"。古人行礼,多用一拜。有的再拜以加敬,三拜以示周遍,都是褒大之拜。

肃拜妇人之拜,跪而俯首下手。比空首拜手的礼节都轻,肃拜是跪而微俯其首,手垂下,这样,头虽然俯伏下来,但未至于手,手虽然垂了下来,但没有着地。

凡是吉拜,拜时拱手,左手在内,右手在外,刚好妇与男子相反,这也就遵从了"男左女右"的习俗。妇人吉事,即使国君有赏赐,也只是肃拜就可以了。妇人之拜,在上古时都是这样的,如苏秦将游说楚王,路过洛阳时,全家人在郊外三十里外迎接他,"妻侧目而视,侧目而听;嫂蛇行匍伏,四拜,自跪而谢"。《隋志》记皇帝册封皇后,皇后先拜后起,皇帝后拜先起。到了唐朝武则天时,为了尊崇妇人,妇人始拜而不跪。

肃拜是九拜中最轻的一种,军队中也用肃拜,因为将士披甲,不便于拜。

再拜就是拜两次,表示礼节隆重。再拜之礼,用于平辈之间。如果是臣对君,再拜之外,还要行稽首礼。

拱手合抱以表示敬意。合抱,一般是左手在外,右手在内。如遇凶丧,则右手在外,左手在内。

揖拱手为礼。现称"作揖",是宾主相见时的礼节。拱、揖一般用于非正式场合,平素十分熟悉的人也往往用此礼节。

长揖是比拜较轻的一种敬礼,不分长幼卑尊皆可使用。拱手高举,自上而下。

这是站立时最表示敬意的一种姿势。

鞠躬两脚并拢，两手下垂于大腿两侧，弯曲上身以表敬意。现仍用于某些集会及祭扫亡灵的场合。

唱诺是旧时男子给人作揖的同时出声致敬的一种礼节。宋代已很流行。

官老爷出巡

投刺就是投名片（帖）求见或代为拜贺道万福是旧时女子礼节。唐宋时妇女与人见面行礼的同时常口道"万福"，意为祝对方多福。行礼时双手手指相扣，放至右腰侧，弯腰屈身以示敬意。

坐，古人席地而坐，姿势是：两膝着地，两脚背朝下，臀部落在脚后跟上。坐姿像跪，但有不同，主要是跪时身体要挺直，臀部须离开脚后跟。

踞，古代一种较为省力的坐法，即带踞。姿势是脚板着地，两膝耸起，臀部向下而不贴地，和蹲一样。

箕踞，最不恭敬的一种坐法。姿势是臀部贴地，两腿张开，平放而直伸，像箕一样。在他人面前箕居是对对方的极不尊重。但有时又可作为不拘小节的表现。

长跪，耸身而跪。古人席地而坐，两膝着地，臀部紧靠脚后跟。伸腰及臀而两膝柱地为跪。挺直腰板以示敬意和庄重则为长跪。最初称"跽"，因为跪时挺身直腰，身体似乎长长了，所以又称"长跪"。

席次席位的次序。古代室内席次以东向（坐西面东）的最尊，其次是南向，再次是北向，最后是西向。堂上席次与此不同，以朝南为尊。

寒暄是问候起居寒暖的客套话。旧时多在拱手的同时说"久仰久仰"或"幸会幸会"，然后询问对方家人是否安好等。古人把自己的姓名、籍贯、官爵和要说的事项刺在削好的竹片上或写在纸上，叫"谒"或"名帖"。唐宋以后，"名帖"的使用相当盛行。学生、下属拜谒老师和上级，都得先投递"名帖"，然后方能谒见。但到了明清之际，又盛行只投刺、不见面的陋习。拜客者并不是真的想拜客，只在门口投刺,表明"来过了",于礼不失。所拜之人,有的根本就不认识;甚至连马都不下,只让仆人带着自己的名片到处"投刺"。古书中曾描述这种投刺拜客者心情,坐在马背上在人家家门投刺,又唯恐主人出来,主人也担心客人进去。

见面执挚为周代见面礼仪,挚通贽,即礼品。周代人拜谒尊长及走亲访友必须携带见面礼物,天子以黑黍酿成的酒为礼,诸侯以玉为挚,卿以小羊为挚,一般老百姓多以家鸭为挚,但也因男女长幼之别而有多种,如学生以一束干肉为挚,妇女以水果为挚等。

古人的"执挚"不同于今天走亲访友时的馈赠。一是不能无挚;二是不能根据自己的经济条件随意选择以何为挚,什么样的人以什么样的物品为挚是一定的;三是挚并非馈赠之物,除表示礼貌外,主要作用是表明身份,在一般情况下,都应在第二天回拜时原物送还。

回拜也称"回访"。客人来访后,主人也应前往复见客人,俗称回拜。若有来而无往,则为失礼。古时回拜以异日为敬,后世则以同日为肃,至近代可根据情况随意确定回拜日期。

古时,客人来访必须带见面礼,回拜时应送还客人带来的礼物。但后世回拜时忌原物送还,只有在拒绝对方时才用这种不受礼的方式表明态度。

以趋示敬。趋即小步疾走。卑幼拜见尊长,或经过尊长面前,都不得大摇大摆或慢腾腾地踱步,而应低头弯腰,小步疾走,以示敬意。后世相沿成俗,现在与久别的亲友和尊长见面,仍要快步走向对方,然后握手问候,否则为失礼。

前行示敬即卑幼与尊长同行,不可率先走在前头,应请尊长前行,以示尊敬,陪同客人也是如此。主人需引路时,应说"那我就先走了"诸如此类的话,以示歉意。

握手则古代人以石块、棍棒等为武器,若遇陌生人,彼此无恶意,即放下手中的东西,伸开手掌让对方抚摸手掌心,表示手中没有武器。这种摸手习惯沿袭下来,成为今天表示友好的礼节。

中国民俗文化精粹

·礼仪节俗·

图文珍藏版

第四章 家庭礼仪

一、礼仪使家庭更幸福和睦

　　一般的家庭,通常是由几个性格完全不同的人组成的,要使他们和睦幸福的秘诀是:以礼相待,互相适应,取长补短,相互体谅,用真诚的爱和恰当的礼仪营造美满和谐的家庭。

　　有一对普通的小夫妻,婚后生活异常美满和谐,令周围的所有朋友都羡慕不已。大家纷纷询问他们家庭幸福和睦的秘诀。这对夫妻的回答既出乎众人的意料,却又在情理当中——家庭礼仪一直是他们幸福的守护神。

　　夫妻双方都尽量做到为共同的幸福而约束自己。丈夫知道妻子温柔贤淑,但气量比较小,稍微不合心意就有可能使她不悦,因此丈夫十分注意说话、交谈的口气和方式。一次做晚饭时,妻子把鸡蛋炒咸了,丈夫并没有直接指明,而是风趣地调侃道:"亲爱的,今晚你炒的鸡蛋比昨天还好吃,你今天肯定比昨天更爱我了,我从你放的盐当中就能感觉到。"这种委婉的指责,妻子听了不仅没生气,反而会心地笑了。

二十四孝——扇枕温衾

　　当然,男人和女人一样,也需要得到妻子的理解,夫妻双方互敬互爱,才能使爱情永远保鲜,家庭和睦美满。有位青年说:"我和太太既是夫妻,又是恋人,而且还是最知心的朋友。善意的包容,顺畅的沟通,彼此真诚的爱意让我们的家庭充满了温馨与幸福。"不过,也有许多妻子误解丈夫的愿望和请求。很重要的原因就是大部分男人不愿意主动将自己的真实想法告诉妻子,认为那样太没有男子汉的气魄。于是,天长日久,原本很相爱的夫妻也会出现一些隔阂。

　　一位研究已婚夫妇性格差别的心理学家认为:"态度和脾气改变最大的经常是丈夫。这不仅在于性别的不同,还在于年龄的差异。男人一般在 20～35 岁时达到心理成熟。而女人则在 40 岁左右。"在这种情况下,怎样才能建立起一种和谐的家庭关系呢? 重要的一点是,遵循家庭生活礼仪,互相之间理解体贴。

　　有这样一对夫妻:

　　年轻的妻子爱丽丝含着泪给丈夫乔治开了门。

　　"我被侮辱了,"她哽咽着说,"你妈侮辱了我。"

　　"我妈?"他十分惊讶,"她离这儿有 100 里远呢。"

　　"是的,今天早上有一封寄给你的信。我拆开看了。"

　　"这和侮辱有什么联系?"

　　"在信末附言中,你妈写道:'亲爱的爱丽丝,别忘了把信给乔治。'"

　　"是吗? 依我看倒是妈侮辱了我。她称呼你为亲爱的,我称呼你什么?"

　　爱丽丝一听乔治说完,转眼破涕为笑。

　　乔治就这样把矛盾引向另一端,无形之中把妻子的尴尬场面化解开来,也使家庭生活避免了一场危机。

　　常言道:"金无足赤,人无完人。"普天之下的家庭,不可能每时每刻都是风平浪静的。家庭成员之间对待彼此身上的缺点,或性格上的特点、生活上的习惯,都要做到关怀、体贴、谅解。让家庭礼仪围绕着你,伴随着你,让你的家庭更加温馨甜蜜。

二、夫妻相处礼仪

　　《礼记·昏义》所说:"男女有别,而后夫妇有义;夫妇有义,而后父子有亲;父子有亲,而后君臣有正。故曰:昏礼者,礼之本也。"这里虽然说的是婚礼,其实也说到了夫妻之礼。习惯上,把结婚的仪式称为婚礼,而把婚后夫妻相处时应遵循的行为规范称为夫妻之礼。夫妻之礼在传统礼仪中的重要地位由此可见。

传统的夫妻之礼内容很多，有关仪节也颇为琐细，其总纲则可用"夫为妻纲"四字来概括。也就是说，在家庭中的地位，丈夫尊贵，妻子卑贱；丈夫为主，妻子为从；享受要尽先让给丈夫，劳作则妻子必须多做。儒家提倡的这样一种夫妻之礼的格局产生于父权制社会，充分表现出父权制和私有制社会的固有特征，只是把妇女看作是家庭中的一种私有财产而已。在那个时代里，妇女得不到起码的人格尊重，连孔子也认为"唯女子与小人为难养也"，把妇女当成是难养的家畜一般，妇女在家庭中的地位也就可想而知了。

通常把夫妻之礼又概括为"夫义妻顺"四个字。所谓"夫义"，是对丈夫行为的约束和规范，历来在这方面并不太强调；而对于"妻顺"，却有着种种约束和规范，在封建社会里，甚至是愈演愈烈，发展到了无以复加的地步。

什么是"妻顺"呢？顺，就是柔顺。历来强调女人以柔为美，以柔为德，认为妇女柔顺是家庭关系和谐的关键。具体来说，也就是"三从四德"。"三从"指"未嫁从父，既嫁从夫，夫死从子。""四德"指"妇德、妇言、妇容、妇功"。前者明确规定女子在不同时期里应该分别服从于谁；后者则在女子的品德、辞令、仪态和手艺方面做出规范。汉班昭《女诫》对此有进一步的解释，文云："夫云妇德，不必才明绝异也；妇言，不必辩口利辞也；妇容，不必颜色美丽也；妇功，不必工巧过人也。清闲贞静，守节整齐，行己有耻，动静有法，是谓妇德。择辞而说，不道恶语，时然后言，不厌于人，是谓妇言。盥浣尘秽，服饰鲜洁，沐浴以时，身不垢辱，是谓妇容。专心纺绩，不好嬉笑，洁齐酒食，以奉宾客，是谓妇功。此四者，女人之大德，而不可乏之者也。"此后，唐宋若莘《女论语》、宋司马光《温公家范》等书，又在此基础上进一步发挥。这中间虽然也有一些合理的内容，可以作为女子自我修养的参考，但更多的则是站在男子的立场上苛刻地要求女子。比如说，"举案齐眉"常被人们作为女德的典范来宣扬，其实说的是汉代梁鸿的妻子孟光每天端饭给丈夫吃时，总要把盘子举到齐眉的部位，以示恭敬。今人看来，当然是很不以为然的。再说丈夫如果发怒，妻子只可退身相让，忍气吞声，而决不可与之相争；即使丈夫做了天大的错事，妻子也只可婉言相劝，只可宽恕而不可谴责。特别是在丈夫纳妾和寻花问柳等事情上，传统礼仪更是走到了极端，总认为丈夫的上述行为是完全被允许的，而妻子的干涉则被斥之为"嫉妒"，是妇德不端的表现，可谓荒唐之极。

传统家礼还特别强调女子的贞节，在女子的心灵深处打下深深的烙印。所谓贞节，首先是要求女子在婚前维持贞操，不可与任何男子发生性关系。这种观念在宋以后格外盛行，新婚夜，新郎按照礼俗要求，要用一块白手帕来检验新娘是否是处女，如果性生活后因处女膜破裂流血而染红了手帕，就十分高兴，次日还要专门为此去女家报喜。女家也以此炫耀，说明自家门风可嘉。反之，万一手帕上没有"落红"，男家往往会以此为理由而当场休妻。这种做法显然是很不合理的。我们且不说婚前性行为是否允许，即使有的女子婚前并未有过性行为，但因其他原因，也可能发生处女膜破裂的意外。所以，以新婚夜是否"落红"来判断女子品行是不科学的。传统礼仪还提倡什么"宁为玉碎，不为瓦全"，如果女子被别人强暴，她只有自杀才能表白她的贞节，这就更加惨无人道了。

宋以前，所谓的贞节主要还是指婚后的行为。女子结婚之后，如果与别的男人发生性关系，会被认为是伤风败俗。奇怪的是当时人对这种婚外恋的指责也不公平。人们从来不指责男方，而总是指责女方，说是女子不贞，女子淫荡，引诱男子。特别是当丈夫死了以后，女子是不能再改嫁他人的。汉班昭《女诫》说："夫有再娶之义，妇无二适之文。"宋司马光《温公家范》则说："忠臣不事二主，贞女不事二夫。"甚至在民间谚语中，也广为流布着"好马不配双鞍，好女不嫁二男"，"生为丈夫的人，死为丈夫的鬼"等说法。在传统社会里，男子可以再娶，女子不可再嫁，这就是所谓的贞节。历代统治阶级大力宣扬这种贞节观，将许多孀居守节乃至殉身守节的所谓"烈女"事迹载入各种史书方志，还在各地树起一座座贞节牌坊，以此作为女子的楷模。而这一切，显然是以牺牲妇女利益为前提来维护夫权制的不道德行为，是对妇女的极不公正的待遇，说是"礼教吃人"，确实一点也不过分。

历朝历代的正史、野史、方志中，都有所谓《烈女传》。在《烈女传》中除了孝女、节妇之外，大都是为守贞洁而"捐躯"的"烈女"。在这些"烈女"中，绝大部分是已婚妇女，她们在面临暴力胁迫时，毫不犹豫地选择以死守贞的道路。

《明外史·列女传》：柴氏，夏县人，孙贞之妻。崇祯四年冬，有"贼"沿途烧杀奸淫，迫近夏县。孙贞夫妇逃往山中避"贼"，"贼"搜山时，抓住了这一对夫妇，见柴氏年轻貌美，十分高兴。一个人上前握了握柴氏的手，柴氏立刻用牙将被摸的肉咬了扔掉，说："贼污我身！"另一个人又扳了一下她的胳膊，她也用牙咬掉胳膊上的那块肉说："贼污我肱！"她的行为激怒了众"贼"，将她活活砍死。

《上蔡县志》：某氏，不知姓名，年轻有美色。崇祯十五年，天下大乱，各起义军纷纷起义，反抗明廷。也有一些乌合之众，趁机掠夺奸淫。这个妇女与其他人一起奔逃避难，在路上与一伙强盗遭遇。强盗见她长得漂亮，故意先杀死几个周围的妇女来恐吓她，逼她马上随他们去，她坚决不从。强盗连拖带拉，硬要把她拖上马，她扑倒在地，放声大骂。强盗用小刀刺她的脖子，她骂得更厉害。强盗大怒，遂用小刀从她的下身刺进，剖开胸腹，她被活活杀死。

《太平县志》：周氏，夫死，守寡三十年。清兵入境时，她逃进马鞍山，被清兵抓住，要奸污她，她死死抱着一棵树哭道："我守志垂三十年，今惟头可断耳。"清兵大怒，用刀刺之，胸膈肝肺皆出而死。

这里列举的仅仅是明清之际发生的事。单从这些事件本身来看，为了免遭污辱，宁死不屈，是无可非议的壮烈行为。

国学经典文库

中国民俗文化精粹

·礼仪节俗·

图文珍藏版

然而,当我们把这些事件放在当时的社会环境和文化背景中去考察,就可以看到:她们以死守节最重要的不是为了维护自己的人格不受污辱,而是为了维护丈夫对自己的绝对占有。因此,在封建社会,判断一个不屈而死的妇女是否"烈女",并不在于看她拼死搏斗的程度和誓死不从的决心,而在于看她生前是否守住了贞节。

在夫妻离异的问题上,也同样表现出这种不公平。在传统社会里,女子无权提出离婚,而男子则在对其妻不满时可以不经过法律程序而将妻子休掉。据《大戴礼记·本命》载,有"七出三不去"的规定。"七出"是:"妇有七去:不顺父母,去;无子,去;淫,去;妒,去;有恶疾,去;多言,去;窃盗,去。"丈夫及其家族可以找出其中一条或几条理由,就轻而易举地写一份休书,把该女子赶出家门。显然,其中许多理由都是经不起推敲的。这里没有一条理由提到夫妻感情不和。在传统礼仪看来,夫妻感情合不合似乎并不重要,倒是不顺父母、无子等这一类原因更为重要。还有"三不去",这是对男子的约束,也就是通常所说的"夫义"。《大戴礼记·本命》云:"妇有三不去:有所娶无所归,不去;与更三年丧,不去;前贫后富,不去。"意思是说,该女子如果已经无家可归,不可休;与丈夫一起为公婆守过三年丧的,不可休;和丈夫一起吃过苦,如今丈夫富贵了,也不可休妻,这就是谚语中常说的"糟糠之妻不可弃"。如果弃了,这个丈夫就是"不义"。许多民间传说和戏曲也往往抓住这一点大做文章,为天下的苦难女子出一口怨气。比如著名的《琵琶记》和《秦香莲》,都是因为男主人公由穷变富而要休弃糟糠之妻,人们便不约而同地站在了女主人公这一边。诚然,当时的百姓也只能在民间文艺作品中伸张正义,而在现实生活中则仍然是无可奈何的。所谓"七出三不去",在现实生活中一直是向着"七出"倾斜,成为约束女子行为,维护夫权的一张王牌。

除了休妻的做法之外,传统礼仪中还存在着另外一些夫妻离异的做法。其中一种是协议弃妻,又称"和离",就是由男子首先提出离婚,强迫或哄诱女方同意,然后协议离弃。还有一种称为"义绝"的,那是因为夫妻双方所在的家族发生严重斗殴事件,不管夫妻双方是否恩爱,他们也必须离异。有关这种"义绝"的规定,甚至载入了历代的朝廷法律。总之,传统家礼中有关夫妻离异的种种规范,并不尊重婚姻当事人的意愿,当然也不保护婚姻当事人的正当权益,往往是从家族或家长的意愿出发,就可蛮横无理地拆散一个美满的家庭。而当这个家庭确实发生裂痕时,解决的方法又总是以牺牲妇女利益为前提。仅此两点,就足以看出它的弊端来了。

夫妻关系是家庭关系的核心,夫妻相处是否融洽,是家庭和睦与否的关键所在。

爱是连接夫妻之间感情的"纽带"。要保持夫妻关系长久和睦,应该在生活中的各个方面互相关心,互相尊重,互相体谅。

一位姑娘在出嫁前的一天晚上问自己的母亲:"亲爱的妈妈,请您告诉我,怎样才能使自己的丈夫永不背叛自己?"她的母亲告诉她,对于这个问题,从来也没有什么特别的办法。女儿显然不满足:"那您是怎样使爸爸忠实于您的呢?您一定有自己的见解吧!"母亲听了女儿的话,什么都没说,双手从地上捧起一把沙子。女儿在一旁仔细观看。母亲细心地把沙子捧在手里,那些沙子一粒也没有掉下来。当她开始把双手攥紧,慢慢地使劲时,沙子开始从指缝里漏出来,而当她双手越握越紧时,掉在地上的沙子也就越来越多。最后,她把双手攥成拳头。然后再松开给女儿看,沙子已经所剩无几了。

这个故事中包含的夫妻相处之道,非常浅显,却最易被人们忽视。

(一)夫妻相处应遵循的礼仪原则

1.生活中要以礼相待

夫妻之间平等对待,相互信任,这是最基本的相处礼仪。有关家庭方面的决断,事无巨细,夫妻之间都应该态度友好地相互商量沟通,营造和谐民主的家庭氛围。独断专行,我行我素对发展夫妻感情是十分有害的。家庭生活中,即使是日常琐事也要以礼相待。外出时友好道别,回来时亲切问候,这样虽朴素之至,却能唤起夫妻间崇高的爱情。

2.记住对方的生日

尤其是女性,对自己的生日或结婚纪念日记得特别准,此时一束鲜花、一件小礼品都会令妻子激动不已。忙碌的生活也会因对方的一句温存、一件薄礼而变得多彩多姿。

3.外出回归莫空手

女人的需求欲很强,但女人又是最容易满足的。只要丈夫心里有妻子,外出购回一套衣服、一盒化妆品、一件工艺品就会换来妻子更多的感动与体贴。

4.爱子女但不冷落对方

不少妻子一旦做了妈妈,就将自己所有的爱都倾注到孩子身上,对于自己的言行举止、装饰容貌都不再顾及。其实,夫妻感情的融洽、家庭气氛的和谐是孩子顺利成长的首要条件。作为处于家庭核心的夫妻双方,首先要学会协调平衡各种关系。

5.多一点赞赏

人人都有自尊,夸奖和鼓励能满足对方的虚荣心,夫妻间也一样,彼此都有优点。当妻子有所成绩,丈夫就应该真诚地赞美几句,虽不费太大的事,效果却不可估量。

6.相互谦让

比如看电视,妻子喜欢看戏剧,丈夫喜欢看体育,如果能把两个"我"融合在一

国学经典文库

中国民俗文化精粹

·礼仪节俗·

图文珍藏版

起,相互谦让,相互照顾各自的兴趣,就会使对方体会到一种爱、一种理解和支持,夫妻关系就会变得密切、和谐。

（二）夫妻间应注意处理的问题

1.对待配偶的旧恋人问题

虽然婚姻需要坦诚,但对于旧情,夫妻间应腾出一些距离和位置来容纳个人的独立和自由,留一些双方个性发展回旋的余地,并允许保留各自的一些秘密。

2.经济问题透明化

家中钱物归谁保管并无所谓,关键是双方都应享有理财权,切不可一方独揽大权。家庭重大消费决策需双方共同协商、共同决定,家庭生活开支提高透明度,使双方都有责任花好钱、理好财。

"好妻子是一所好学校","每一个成功男人的背后都有一位贤惠的女人"。家庭,就好比是夫妻双方组成的一个圆,缺了半边就不圆满,当你失去对方的时候,往往正是你失去自己的开始。家庭生活中,夫妻间意见不一致、步调不协调的事是常有的。只要双方注意礼节,学会宽容,相互尊重,求同存异,夫妻共同培育的这棵幸福花就能够永葆芬芳。

（三）互尊互爱让夫妻关系更亲密

尽管夫妻是世界上最亲近的两个人,但对于两个具有不同思想、经历和背景,而且相互独立的人来讲,彼此间不可避免地存在许多差异。因此在家庭生活中仍然需要夫妻间互尊互爱,这样才能避免误会和不愉快发生。

通常来讲,夫妻间的互尊互爱要遵循以下两个原则:

1.为人妻者,一忌"泼",二忌"醋"。

"泼"者往往缺乏耐心,肝火旺盛,夫妻间细小琐碎的问题都有可能成为其暴跳如雷的导火索,缺乏女性应有的温柔之美;而"醋"者则嫉妒成性,疑神疑鬼,总是毫无根据地怀疑丈夫对自己不忠,没有女人天生的善良之德。相信哪位不幸的男人失足娶了这样一位既"泼"又"醋""河东狮吼"型的女人为妻,所有有同情心的男人都会为他投去同情的一瞥。作为一个妻子,既缺乏温柔之美,又缺乏善良之德,很难把夫妻关系处理好。

2.为人夫者,一忌霸道,二忌粗心。

有些丈夫喜欢在妻子面前耍大男子主义,脾气暴躁,态度蛮横,不知道敬之以礼,亲之以情,有的人甚至会完全无视妻子的自尊与人格。有些男人粗心大意,对妻子的健康不闻不问,不知体贴、关心妻子,习惯了衣来伸手、饭来张口的生活,毫不体谅妻子操持家务的辛苦。如果一个女人嫁给一位既霸道又粗心的男人,这个女人就是最不幸的。在现代这种快节奏的生活中，女性除了工作和料理家务之外，还需要得到男人的理解与关爱。很多女人由于得不到丈夫的关心，心理忧郁，最终与丈夫分道扬镳。造成夫妻间"劳燕分飞"的残局。作为丈夫，应该懂得尊重妻子、关心妻子、积极主动地减轻妻子的负担。

因此，夫妻双方一定要相互尊重，千万不可在别人面前指责对方，让对方难堪。有些人当着他人的面随意发脾气，完全不顾自己爱人的脸面，这最容易伤害对方的自尊。互尊互爱，才是共同创造和谐家庭生活的"灵丹妙药"。

(四) 妻子永葆魅力的五大秘方

魅力是一种无形的力量，能够增强家庭凝聚力。大凡做丈夫的，总希望妻子永远具有魅力，妻子更期望利用自己的魅力吸引丈夫。

妻子展示自身的魅力时不妨运用以下秘方：

1.适当的逞强

妻子适当逞强，也会在丈夫眼前展现自己不同于以往的另一种个人魅力，同样能够让丈夫产生眼前一亮的感觉。尤其是与撒娇交替使用时，效果会更佳。众所周知，同样一件事，大人做了很平常，引不起什么反应，而幼稚的孩子做了，则因其年少而显出一种稚气美。女性虽不是天生的弱者，但与男性相比，大家都有一种固定思维存在，在日常生活中如果妻子要执意做一件明知难以胜任的事，成功后会给丈夫一个意外的惊喜，不成功也会博得善意怜爱的戏谑，给生活增添情趣。妻子内心示弱，嘴上逞强的立体交叉情趣，既显示一种童稚气，又带点豪爽，丈夫也会为之怦然心动。

2.适时的撒娇

若说羞涩是女性惹人怜爱的天性，那么娇嗔则是妻子对丈夫表达绵绵爱意的特殊形式。通常在恋爱中，撒娇能取得恋人的愉悦，婚后撒娇同样能调节夫妻之间平淡的感情生活。娇媚的妻子在丈夫面前不失时机地撒娇一番，顿时会在对方心里激起爱的涟漪，使丈夫产生爱恋之情。因为撒娇是妻子对丈夫的一种依恋，一种感情的寄托，丈夫也会因此感觉到自己在家庭中的价值和责任，从而使夫妻间的亲密升华到一个更深的层次。

3.适宜的羞涩

羞涩是妻子展示温柔的艺术。它本身可能是平静的，却饱含着含情脉脉的情调。羞涩不仅是情窦初开的妙龄少女传递情愫的委婉语言，也是夫妻婚后传达彼此情感不可或缺的无声语言。然而，现实生活中不少妻子往往忽略了这一点，一经洞房花烛，特别是自己当了妈妈之后，在丈夫面前羞颜尽扫，赤诚代替了神秘。久而久之，爱情变得单调乏味，甚至会给人一种窒息的感觉。因此，妻子要时常注意

图文珍藏版

用羞涩来激发丈夫的爱恋之情,丰富夫妻生活情趣。

4.朦胧的遮掩

衣服是女性的第二皮肤,虽然赤裸具有一种自然的魅力,但遮掩是对身体不可缺少的修饰和美化,可以引起丰富的想象,增加神秘的诱惑力。"合适的衣服比裸体有更多的诱惑力。"因此,妻子在家庭生活中,欲对丈夫保持经久不衰的美感,就要学会朦胧的艺术,创造朦胧的美感,尤其在内衣的选择上,无论是品牌还是颜色都要动一番心思,哪怕是老夫老妻,也应尽量避免淋漓尽致地暴露无遗。这不仅是一种审美的艺术,还是一种生活的艺术。

5.必要的整洁

妻子整洁,可以证明她的生活能力。整洁的外表是青春和活力的体现,是对自身和家庭有信心的表露,这不仅能博得丈夫的爱,同时也是一种自尊自爱。洁净卫生不单是家庭生活的需要,对于加深夫妻之间的感情也是不可或缺的。试想,如果妻子刚结婚时还收拾一下房子,装扮自己,一旦有了孩子便蓬头垢面,衣帽油污。那么,即使有一副美丽容颜,不修边幅也会让她黯然失色,失去对丈夫的吸引力。如果因一味追求整洁,把丈夫搞得小心翼翼,不敢随意乱动的地步,做妻子的也要自我反省了,因为过于讲究,事情做过了头,不仅对夫妻关系不利,也显得有失整洁的意义。

当然,妻子展示自己魅力的方法还有很多。只要注意火候与场合灵活运用,定能够使他们魅力永驻,家庭和睦。

(五)夫妻交谈有禁忌

爱情是"上苍"赋予一对伴侣的神圣使命,真正的爱情不仅需要甜言蜜语来点缀陪衬,还需要彼此双方的语言尊重。"言有所弊,口有所忌",一句伤害夫妻感情的话,可能会为你的幸福生活涂抹上一层可怕的阴影。

夫妻之间,对方是自己的另一半,双方亲密无间,说起话来,顾忌自然少了许多。但问题往往是两方面的。从另一方面来看,有些话是不能说的,否则,就会伤害夫妻间的感情。那么哪些话是夫妻间不宜说的呢?

1.分手话

轻易地对方说分手,其实心中并没有分手的意思,无非是想吓唬、降服对方。这是最令人心灰意冷的话题。对方在这样的话语面前常会以同样的"分手"话语来回应。一旦你一言我一语,"分手"成了口头禅,最后只能假戏真做,双方分道扬镳了。很显然,这一时逞强的方式是不明智的,由此造成的人生挫折也是很大的。

2.挑拨离间的话

有些人喜欢在爱人面前说一些挑拨对方朋友、亲戚、家人之间关系,激起相互间的怨愤情绪的话语,从而达到离间对方与这些人关系的目的。"你那些朋友只是酒肉朋友,在一起吃吃喝喝还行,在紧要的时候只怕就没谁在你的身边了。""别人的亲戚是靠山,你家的亲戚把我们当靠山。只怕哪一天我们这山被挖空了,就连影子都找不着了。"

孔雀东南飞

爱情、亲情、友情对每个人都十分重要,不可或缺。不管出于何种目的,肆意贬斥亲情、友情,挑拨这些关系,只能让对方大失所望,痛心疾首。久而久之,离间的却是你们之间的关系。

3.伤害夫妻感情的话

夫妻间讲话也要讲求"度"。超越了这个"度"的话,就会变为伤情话,从而伤及对方感情深处。比如双方争争吵吵本无大碍,但对方动不动就说:"今生今世我最大的失败,就是找上了你!""你这种人天下稀有,我怎么就稀里糊涂撞在你的枪口上?"语气之中明显流露出对婚姻的反悔之意和对配偶的厌恶之情,使人听后,不禁备感心寒。夫妻双方由争执而争吵,由争吵而争骂……最终会使夫妻感情一落千丈。

婚姻的基础是爱情,爱情是在万般呵护下才发展起来的。如果不想让神圣的婚姻毁于一旦,就千万别说伤害夫妻感情的话。

4.挑剔话

无中生有或夸大其词,斥责对方,这也不对那也不合心意。你本想表现自己,而且表现尚可,你正为此暗暗得意,可对方却肆意向你泼冷水。总之,你永远没有对的时候。

家里来了客人,你露一手,忙了一桌子菜,可对方却当着客人面说不是咸了,就是淡了,让你十分扫兴。你做对方的后勤部长,把家里收拾得干干净净。把一日三餐料理得周周到到,本以为对方会为你而欣慰、得意、自豪。可对方却表现得十分冷淡,甚至对你采取蔑视态度,说你是市井中人,胸无大志。

挑剔不是对对方的高要求、高标准,而是一种嫌恶和蔑视。要丢掉挑剔话,关键要学会欣赏对方,善于接纳对方的不足和劣势,多看对方的长处和优势。

5.揭短语

夫妻双方闹别扭是很正常的事情。但有的人口不择言,喜欢揭对方伤疤,甚至当众让对方出洋相,让人家感到无地自容,从中获得快感,以降服对方。比如:丈夫对妻子说:"女人嘛,做得好不如嫁得好。你不但不'会做',就是会做,若不是嫁给我,你今天能活得这么滋润、这么尊贵吗?"或者对对方说:"别以为你拿了大本文凭就有什么了不起的。蒙得了别人,蒙不了我,不就是拿钱买来的吗?"这样的话太伤人自尊心,听后会让人感到无地自容。但偏偏有人十分喜欢说,这倒不见得是一种敌对,意在取得更优越的地位。

只有尊重别人,才能得到别人尊重。你必须尊重对方,多看对方的长处,多肯定对方,夸赞对方的"闪光点",这才会赢得对方的尊重和爱戴。

问世界什么最美丽?爱情绝对是个奇迹。大千世界,茫茫人海,两个人走到了一起实属缘分,你要珍惜这份感情,不要让它随波逐流。

三、与父母相处的礼仪

父母与子女之间的感情是人类的天性。家庭之所以得以稳定,这两代人之间的血缘关系是极其重要的因素。历史上一般把这两代人之间的礼仪称为"父子之礼"。

父子之礼又可分成两层。子女对父母,主要是"孝";父母对子女,则是"慈""严""教"这些内容。这两层之中,历来更强调的是"孝"。

先说"孝"。父母养育了子女,子女长大之后要报答父母的恩惠,对父母尊重,并且在父母年迈时担负起赡养父母的责任来,这就是"孝"。显然,这是中华民族的传统美德。然而传统家礼所强调的"孝",也有许多过头的地方。我们知道,历来在"孝"的后面一般总还要连着一个"顺"字的。何谓"顺"?《论语·为政》云:"生,事之以礼;死,葬之以礼,祭之以礼。"《论语·学而》云:"父在,观其志;父没,观其行。三年无改于父之道,可谓孝矣。"也就是说,要一切按照父母的意愿去办,而不管这些意愿是对是错;甚至父亲死了三年,做儿子的也还不可违背父亲的意愿。父亲犯了罪,儿子要替他隐瞒。这就是"顺"。用今天的观念去评判,这显然是行不通的。

传统家礼对做子女的行为有种种约束,大致归纳起来有以下几种:

尊重父母,顺从父母。传统家庭有家长,一般由父亲或祖父担任。家长在,家中小辈凡事均不可擅自做主,一概要请示家长。小辈还不可有私有财产,不可私设小灶等等。不过这一条后世也多有突破,比如在近代的江南农村,小辈不可有私有的房产、田产,但可以有私房钱。一些大家庭,虽然同住一个大宅,却各房分灶;村中一些公共事务，不以家宅为户，而以灶为户，称为"灶户"。这正是大家庭向小家庭变迁的一种过渡形式。

家中卧室分配，父母住最好的，小辈不可僭越。座位，同样有尊卑高下之分。走路，小辈不可挡道，要自觉靠边、落后。小辈出门要禀告，回家也要禀告。父母吩咐办的事要用心记下，不时检查是否办妥。办不了的要婉言解释，一般情况下即使父母的吩咐有所不妥，也得曲从，一概照办。父母有过错，小辈不可指责，要劝说也得低声下气。反过来，父母发怒要打骂子女，那是家常便饭，做小辈的自然不可顶撞。有个民间故事说，舜小时候，他的后娘常打他，他从不喊痛，也不哭。有一次，舜却哭了。后娘问他为什么哭？他说："娘平常打我都很痛，今天打上去一点也不痛。我哭娘年纪大了，打不动了，都是儿子不孝之故。"所以传统社会里就流传着这样一句话："天下无不是的父母。"父母有过错，子女要帮着隐瞒，更不可在外人面前非议父母。

舜

在子女的婚姻大事上，历来有"父母之命，媒妁之言"的成规。不是自由恋爱，而是父母包办。父母喜欢的子女就得喜欢，父母不喜欢的子女就得不喜欢。汉乐府民歌《孔雀东南飞》中焦仲卿和他的妻子刘氏的悲剧，南宋大诗人陆游和他的妻子唐琬的悲剧，都不是他们自己造成的。他们夫妻相爱，就是因为父母不喜欢这个媳妇，才把他们拆散了。这样的例子在传统社会里是举不胜举的。

昏定晨省，也是一种重要的传统家礼。天刚亮，小辈要先起床，穿戴整齐，到父母卧室去问安。有时还得为父母按摩搔痒，并帮助老人起床，侍候他们盥洗、饮食，然后才可以退下来自己吃早饭。傍晚，又要为父母安顿好床铺。

父母生了病，又有侍疾之礼。做子女的在父母生病期间要少喝酒吃肉，不可弹琴唱歌，更不可放声大笑，一举一动都得有忧心忡忡的样子。子女要把别的事都暂时搁在一边，自己一直陪在父母病榻边上，为之请医生治病，做到衣不解带，亲尝汤药，尽可能满足病人的要求。"二十四孝"中就说到了许多这样的故事，诸如"王祥卧冰""孟宗哭竹"，都是说孝子为了给病中的父母弄吃的，而居然感动上苍，出现了奇迹。发展到后来，更有孝子为了给父母治病而割下自己身上的肉来给父母当药吃的，就更加有些荒唐了。

父仇子报，是传统家礼中的特殊内容。《礼记·曲礼上》云："父之仇，弗与共戴天。"通常所说的不共戴天之仇，起初指的就是杀父之仇。春秋战国时候，子报父仇的事例特别多。著名的元杂剧《赵氏孤儿》就说了这样一个故事:晋国权臣屠岸贾残杀赵盾全家,还要斩草除根,四处搜捕孤儿赵武。赵家门客程婴和公孙杵臼冒死定计救出赵武,抚养成人。后来由赵武报了这杀父之仇。又如,伍子胥的父亲被楚平王杀死,伍子胥逃到吴国,带兵伐楚,占领了楚国都城。这时楚平王已死,伍子胥还要挖开坟墓,鞭尸三百,这又是一个子报父仇的故事。历代统治者为了提倡孝道,在法律上也开了口子,认为孝子杀死了杀父的仇人,应该表扬而可以不定罪,这就更加助长了这种风气。传统社会里宗族之间的械斗,也常常是与此有关的,冤冤相报,世代不绝,又成为一种弊端。

此外,礼书上对父子之道还有许多繁缛的要求,比如说:父母在,为子的不可远游,外出不可登高,不可临渊,不可走小路,乘小舟,不能在暗处办事,更不能为朋友卖命。之所以有这些要求,据说是出于这样的考虑:一则,子女的身体是父母给的,不可轻易受伤,受伤了就对不起父母;二则,如果做了丑事,会给父母丢脸;三则,自己有了三长两短,今后谁来侍候父母?

古代,父母把家族香火的延续寄托在儿子身上,做儿子如果不生男孩,就等于绝了种,断了根。所以不生男孩就是最大的不孝,比损毁自己的身体还要严重。孟子说:"不孝有三,无后为大。"孙绰也说:"三千之责,莫大无后。"

总而言之,那时候的孝道一切都是为父母这一方考虑的。发展到极端,父母杀死了子女,居然也不算犯法;而如果子女杀死父母,那当然是大逆不道,非但要判以极刑,社会舆论也是会大加挞伐的。

父母恩深,儿女情长。正确处理与父母的关系,是人生的一件大事。处理欠妥当,就有可能留下终生的遗憾。

与父母相处,有一些基本礼仪是必须遵循的:

(一) 孝敬父母

孔子的一位学生曾经问他:"老师,你经常讲孝敬父母,是不是指在衣食住行方面供养父母,并且经常让他们高兴?"孔子摇头答道:"不是。如果说供养和宽慰父母就是孝敬,那我问你:忠实的仆人为主人劳作,讨主人欢心。是不是也是孝敬?"孝敬父母不是因为要报答父母,而是一种淳朴而又真挚的情感。

提倡孝敬父母,并不是要人愚孝。知道父母的错误,最好是委婉含蓄地加以暗示,引导他们自己去发现问题。如果这种方式不能奏效,就应该非常礼貌、和颜悦色地直接指出,或者请他们信得过的长辈来劝说。总之,父母有错误,千万不能采取强硬措施,更不能伤害父母的情感和身体。

(二) 关心父母

父母养育子女,并不是为了将来子女如何报答自己。但是,和所有的人一样,父母也需要关心,尤其需要子女的关心。

有一个流传很广的故事:有一位老人,辛苦了一辈子,把儿子养大成人,并且还帮助儿子把孙子也养大了。然而,自己却病倒了,躺在床上,下不了地。有一天,儿子进来对他说:"爹,你现在只吃饭,不干活,对这个家没有什么用处了,我看还不如把你扔了吧!"儿子不顾老人的苦苦哀求,把老父亲装在筐子里。背到后山的悬崖边,要把老人从悬崖上推下去。这时,老人的孙子在后面提醒道:"爹,筐子得留着,将来你老了,我还要用它来装你呀!"老人的儿子吓了一跳,他只好又把老人背回家,好生奉养。谁都有衰老的一天,谁都有需要子女关心的日子。人一辈子有两件大事:养儿育女,养老送终。这是社会的规律,谁都不应该回避。

关心体贴父母。尤其要留心老人的健康状况,这是对父母最大的关心。疾病是老年人最大的麻烦。越是身体不好的人,越需要子女的关心。对有病的父母。一定要悉心照料他们的衣食起居,随时嘘寒问暖,给予老人更多的关心。成年的子女,除了完成自己的工作外,还要主动挑起家庭的重担,为父母分忧,尽量减轻父母的负担。让辛苦了大半辈子的父母享受一下清闲。

(三) 体谅父母

父母为了事业和家庭,为了子女而辛勤地工作。随着年龄的增长,身体会逐渐衰老,可能就没有过多精力关注自身的穿着修饰,或许还会产生某些不良的生活习惯。作为晚辈,要设身处地地替他们考虑,充分理解和体谅父母,时时注意关心父母的健康和生活。

有些人不知道年老多病的痛苦,嫌弃父母的节俭小气,对父母耍态度,这样的子女,必会遭到他人的鄙视。

作为子女,孝敬父母,关心父母,体谅父母,帮助父母,是最基本的礼仪要求。让父母生活幸福,自己也会感到无比快乐。能够做一个使父母幸福的子女,你的人生也就成功了一半。

(四) 问候父母的礼仪

在家庭生活里,子女对父母及时、关切的问候,是尊重和体贴父母的实际表现,也传达了晚辈对长辈的牵挂之情。

父母在忙碌纷繁的日常生活之余,如果能得到儿女一个充满爱心、温馨甜蜜的问候,父母的疲惫、烦恼,甚至病痛,都会在像春风一般的亲情关怀中消失殆尽。

1.每天起床后,一声问候不能省

"爸,早安!""妈,早上好!"晚上睡觉前,也别忘了向父母说:"妈,睡个好觉!""爸,时间不早了,早点休息吧!"

2.当父母生病的时候,在悉心照顾、端药送水的同时,更应该注意问候

"爸,好点了吗? 好好休息,很快就会好的。""妈,你想吃点什么? 家里有我呢,您就放心吧!"用儿女的亲情和关爱缓解父母的病痛,减轻他们的心理压力。

3.逢年过节时,在向同学、亲友祝福的同时,可别忘了自己的父母

每个人都应向父母说上一声:"爸、妈,新年好!"融洽的家庭关系更增加了节日的喜庆气氛,让父母享受到生活的美好,品味到人生的天伦之乐。

4.每逢父母亲的生日或母亲节、父亲节时,应送上一件有意义的小礼物,献上深切的祝福

"爸,祝您工作顺利、事业成功!""祝妈生日快乐,永远年轻、漂亮!"等等,这些问候语会让父母感到快乐和安慰。

(五)规劝父母的礼仪

家庭生活中,有时发生一些矛盾是不可避免的。问题是我们应该怎样得体地去处理、化解这些矛盾。

家庭矛盾,有时来自父母之间,有时是父母与自己产生矛盾。而这些矛盾的产生有的是由于自己的过错,而有的却是父母的过错。由于父母的过错而出现矛盾时,应当怎样规劝父母呢?

1.处处为父母着想

俗话说:"家家都有一本难念的经。"生活工作的艰辛,人情世故的复杂,使每个家庭都承受着不同程度的压力。父母也是普普通通的人,面对繁杂琐碎的生活,也有心情烦躁的时候,当然免不了发脾气或发生摩擦。作为子女,要学会调和矛盾,遇上父母有失误时切不可得理不让人,与父母大吵大闹或对其不理不睬。这样做只会适得其反,深深伤害父母的心。

2.运用委婉的方式规劝父母

作为儿女,无论何时都应该对父母保持足够的尊重,即使是长辈由于一时的疏忽,言行有所失误时,同样应该使用委婉商量的方式规劝父母,以帮助他们改正错误,解决矛盾。当然,假如家庭出现矛盾确实是因为家长的行为过失所致,这时候,问题可就不是靠耐心或解释所能解决的。但父母毕竟是长辈,学识和经验都比我们丰富,对他们进行规劝,便要特别讲究礼仪,不可说得太直太露,咄咄逼人。

有的父母通情达理,有了过失时,容易接受儿女的规劝;有的父母比较固执,明明错了,却硬是不肯承认,或是知错却不愿悔改。碰上这种情况,又该怎么办呢? 这个时候,我们更不应和父母吵闹,则应开动脑筋,想出巧妙的办法,有策略地提醒、规劝父母。不论我们采取什么样的策略,只要我们的动机是关心和爱护老人的,做法是礼貌和婉转的,终究会奏效。

四、与子女相处的礼仪

传统家礼对父母这一方的约束和规范要求。这主要可用"慈""严""教"三个字来概括。"慈""严""教"是父母对待子女的行为准则。慈爱能使子女感受到家庭的温暖,严、教能使子女成材。

慈,就是父母对子女的慈爱。父母爱子女,这是人类的天性。儒家提倡仁爱,孟子说:"幼吾幼,以及人之幼",是要人们把爱自己子女的心推广开去,爱天下的孩子,可见他认为人们爱自己的亲生子女是天经地义的,根本不必怀疑。民间谚语用"十指连心"来比喻这种亲情,也是非常形象的。"可怜天下父母心"这句话所表达的感情就更为深沉了。这种慈爱的行为,在子女幼小的时候表现得尤为充分。

严、教,是连在一起的。《三字经》云:"养不教,父之过。"历来都十分重视家教,而且还突出一个"严"字,称为"严于家教"。北齐颜之推所撰《颜氏家训》在历史上是很有名气的,其中就有《教子》篇,他主张"父子之严,不可以狎;骨肉之爱,不可以简。简则慈孝不接,狎则怠慢生焉。"就代表了传统社会里相当一部分人的观点。所谓"严父慈母"的说法也十分普遍。一般认为,母亲可以慈爱多些,父亲则必须威严。不威严就很难教育。当然,这其实也是个误区。当今不少家庭,并不强调威严,不也把子女教育得蛮好的吗?不过在我国的传统社会里,更多的人还是主张以严为主,以慈为辅的。谚语"宠子不发""不打不成才",说的也就是这个意思。生活中,由于过分溺爱,反而影响了子女成长的例子也确实很多。

有关家教的一些细则,《礼记·内则》记载得很详尽。比如说,孩子能自己吃饭时就要教他用右手,会说话时要教他们怎么回答,男孩答"唯",女孩答"俞"。到了6岁,教孩子识数和四方之名。7岁,男女孩坐不同席,不在一起吃饭。8岁,教他们懂得谦让,进出要跟在长者后面。9岁,教他们懂得朔望和用天干地支来记日子。10岁开始,男女分开教育,男孩出外去读书,学习礼仪;女孩则养在深闺,学习妇道。男子20岁加冠,开始学习成人之礼;30岁成家;40岁以后可以出仕,做事要深思熟虑,与道相合的就听从,不合的就放弃;50岁受命为大夫,参与国政大事;70岁告老……以上是《礼记》作者的理想,体现了循序渐进的原则,当然在具体年龄的实施上历来也都不是这么刻板,这里说30岁成家,其实历史上结婚的年龄一般都是比较早的。《礼记·内则》还说女子二十而嫁,而在生活中结婚也往往早于20岁。

古代教子的内容十分广泛,从日常起居、行为举止一直到琴棋书画、各种实用技艺,都离不开教育。而古代教子的核心则在于教育子女怎样做人,也就是向他们灌输仁、义、礼、智、信、忠、孝、悌、恕这一整套的伦理道德规范和与之相应的行为礼节。为了使得家教切实有效,传统家礼还要求做父母的以身作则,谨守礼法,给子孙后辈一个好的榜样。明袁衷《庭帏杂录》说:"《传》称:'孔子家儿不知骂,曾子家儿不知怒。'生而善教者也。"就很有道理。有的家庭,父母动辄打骂子女,子女看样学样,上行下效,长大以后也就性格粗鲁,行为不端。《韩非子·外储说左上·说六》还记载了曾子家教的一个故事。说一次曾子的妻子要进城赶集,他家的小儿子哭着要跟去。曾子妻骗他说要杀猪烧肉给他吃,才算把儿子留在了家里。谁知道妻子回来,曾子真的把家中的猪给杀了。妻子说,这是骗骗孩子的呀。曾子却认真地对她说:"婴儿非与戏也。婴儿非有知也,待父母而学者也,听父母之教。今子欺之,是教子欺也。母欺子,子而不信其母,非以成教也。"曾子终于还是杀了猪,给孩子吃上了肉。曾子在这里所说的一番话很有道理,父母如果欺骗子女,也就是在教孩子学会欺骗,实在后患无穷。

历史上不少名人教子有方,流传着许多佳话,其中"孟母三迁"的故事就很值得一提。汉刘向《列女传》卷一说,孟子小时候,家住坟墓附近,孟子常在那里玩殡葬的游戏,孟母毅然搬家。搬到市场附近,孟子又玩开了吆喝买卖的游戏,孟母还是觉得不妥,再搬。第三次搬到学堂边上,小孟子就跟着学生们学习礼仪,孟母这才放了心。该书还记载了"孟母断织"的故事。孟子日后成为大学者,闻名天下,与他母亲从小就对他精心教育是分不开的。

此外,许多名人所撰写的"家训",也是传统家礼中的瑰宝。近代民间广为流传的《朱柏庐治家格言》,就是明末清初江苏昆山人朱柏庐用来教育子女的教科书,全文仅500余字,切于实用,亲切具体,读来琅琅上口,后来成为启蒙教育的重要读本之一。不少上了年纪的人至今都还能背诵其中的一些字句,比如"黎明即起,洒扫庭除,要内外整洁;既昏便息,关锁门户,必亲自检点。""一粥一饭,当思来之不易;半丝半缕,恒念物力维艰。""祖宗虽远,祭祀不可不诚;子孙虽愚,经书不可不读。""勿贪意外之财,勿饮过量之酒。""施惠无念,受恩莫忘。"等等,在今天看来,也仍然有许多可取之处。

由于家长注重教育,更由于家庭成员世代传承、身体力行、潜移默化,就又形成了"家风"。家风一旦形成,往往要影响好几代人。历史上的杨家将、岳家军,就是英勇善战、精忠报国的典范,满门忠勇、世代良将,一向为人们所称道。传统社会十分重视道德荣誉,一个家庭不管有多富贵,如果家风不好,仍然会遭到众人的唾弃。一个人犯了过失,社会舆论总是要将他与他的家庭联系起来,指责他的父母"家教不严""家风不正"。而家长对子女的过失也看得很重,会提到"败坏家风"的高度去看待,而不认为只是他个人的事。

为了保证家教的实施,许多家庭、家族又都制定了家法、家规、族规。在传统社会里,家法族规曾经成为国家法律的补充,在维持社会秩序方面起过一定作用。同时它又有着许多弊端,许多家规、族规其实都是灭绝人性的酷制。

父母对子女的爱,是天下最神圣的感情。没有什么感情比这种感情更真挚、更无私、更伟大。

生育子女,抚养子女,教育子女,关心爱护子女;子女不在身边,为子女担心,子女在眼前,为子女操心。这份情怀,只有做过父母的人,才能感受得到。但是,怎么爱,怎么与子女相处,其中还有一些礼仪讲究。

(一)既要做父母,又要做朋友

为人父母要想处理好与子女的关系,不能简单地放任自流,任其自由发展,而应该巧妙地加以引导,既不能违背子女的兴趣,又要有利于他们的健康成长。因此。作为父母,不能仅仅以高高在上的长辈自居,还应该更进一步,学着做孩子们的朋友,与子女平等交流。

2000年,湖南省的一位中学生设计了一种多功能课桌,并且获得了专利权。他的这项专利很快被一家教学设备厂购买,已经有大批量的产品上市。这位少年因此获得了一笔可观的收入,并且获得了一项嘉奖。这个普通的孩子之所以能够取得成功,在很大程度上,得益于他的父母。他的父母从他很小的时候起,就给他充分的自由,不是做他的家长,而是做他的朋友,凡是跟他相关的事情,都要与他商量。有的时候,父母犯了错误,就会在孩子的书桌上放上一张字条,通过书面的形式向孩子认错。父母和孩子之间经常交流,他们把孩子当作一个有独立思考能力的人来看待,而不仅仅是一个每天只会捣蛋的淘气鬼。孩子在这样的家庭环境里,形成了很强的独立意识,有决断,善于思考。当那位小发明家对着电视摄像机说"我的爸爸妈妈是我最好的朋友"时,相信许多孩子一定会羡慕不已。

严格管教和平等交流,都是为了帮助孩子健康成长。但是,采用平等交流的方式,要比训斥或者拳头更加有效,而且更容易受到孩子们的欢迎。放弃呵斥和"棍棒",不但不会减少孩子们对父母的尊重,相反还会提高父母在孩子们心中的地位。

(二)多鼓励,少批评

批评会激起逆反,而表扬和鼓励则会激发兴趣和主动。父母要想让子女认真干好某一件事,就应该想方设法激发他们的兴趣。而表扬和鼓励,则是激发兴趣的最好方式。表扬和鼓励能够让子女感到自己的努力得到肯定,内心感到快乐。为了让孩子们做一些值得做的事情,父母可以采用"选择性鼓励"的方法对之加以引导。这样,孩子的兴趣就会不知不觉地被你的表扬引导到少数事情上。这是一件非常重要的工作,它可能会决定孩子长大后的职业——因为许多人会根据自己从小就有的兴趣和爱好选择自己的职业。

(三) 以理服人是教育子女的关键

古人云:"养不教,父之过,教不严,师之惰。"不在子女教育方面倾注心血与汗水的父母是不称职的。

二十四孝——哭竹生笋

有些家长面对自己调皮的孩子,常常手足无措,要么严加训斥,要么棍棒相加……在新的时代,那种"棍棒底下出孝子"的方法肯定是行不通的,教育孩子也要讲求以理服人。

三娘教子的故事在我国民间广泛流传。明代学士薛礼外出征战,几年杳无音信,家人以为他已经死去。他的两位夫人张夫人、李夫人相继改嫁。只把一个刚满五岁的小孩(二夫人所生)薛英哥甩给了三夫人王春娥。春娥女坚贞如雪,誓死不嫁。含辛茹苦抚养英哥长大成人。每日里她教给英哥四书五经,习文舞墨。

时光飞逝,不知不觉薛英哥已长到八岁,王春娥便送他到私塾读书。私塾的一切都是那么新鲜,开始他学习劲头很高,但是日复一日地背书讲书,他渐渐感到枯燥无味了。有一天,尚未放学,他就偷偷溜回了家。正在织布的王春娥发现了,便问道:"你这么早回家,该不是逃学吧?"薛英哥满不在乎地说:"没有逃学,今天先生有事提前放学了。"王春娥一听,感觉不对头,转而问道:"你将今天所学的书背上一段。"薛英哥一听背书,这下可急了,他连忙说道:"三娘您让我背个开头儿,还是背个结尾呢?若从开头背起半天也背不完一篇文章,如果背个尾,一会儿就完了。"王春娥闻听此话,一股无名火涌上心头,大声骂道:"你这个不成器的奴才!"说话间,一边用教鞭打断机头,一边语重心长地对他说:"你看,这布是用一根根丝织起来的,这织机是咱们谋生的工具,人的学问也是一点点积累起来的。你不好好读书,半途而废,就像我打断了这织布机的机头一样,成了废品。你年纪这么小就不好好读书,长大后没有才华怎么养家糊口呢?"薛英哥听着觉得言之有理,羞愧地低下了头。王春娥看到薛英哥有悔错之意,接着对他说道:"先前古人哪个不是立志成名的,有志不在年高迈,无志枉活百年春。秦甘罗十二岁封卿拜印,周公瑾十三岁统率三军,王摩诘十二岁高中进士,寇平仲十二岁身为翰林,牧牛童中状元名叫李密,头悬梁锥刺股孙敬、苏秦,砍柴人读书成名是车买臣,这些人并非是天资上乘,都是由于刻苦用功才成名的!"

王春娥的一番情真意切的话,深深打动了薛英哥的心。从此后,他牢记三娘的教诲,奋发图强,励志,求学,最终状元及第。

从这个故事我们可以领悟以理教育子女的必要性。王春娥只不过是中国封建社会的一个传统妇女的典型代表,在当时的社会能有这种观念是难能可贵的,它正好成为我们现代为人父母的教子榜样。要想让你的子女出人头地,必须让他们在你仁爱的胸怀与言之有理的语言氛围中茁壮成长。

当今社会,教子问题成为一个人们备受关注的问题,要想将自己的孩子培养成新世纪有用的人才,需要在教育方面下大功夫。

(四)教育子女的"千金方"

父母是孩子的第一任老师,父母的言行无时无刻不在潜移默化地影响着孩子。因此,父母与孩子的关系虽然亲密,但是父母与孩子相处也并不能随随便便。

孩子与父母在年龄、阅历、心理等方面存在着很大差异,如果父母教育孩子时不注意这一点,教育孩子时伤了他们的自尊,势必不利于孩子的健康成长。父母在与孩子交往时应掌握必要的技巧。

父母与孩子交往要讲究方法。概括起来,父母与孩子交往忌讳以下几点:①忌损伤孩子自尊心

有些性格急躁的父母,对孩子恨铁不成钢,动不动便奚落孩子。这样无疑会损伤孩子的自尊心。

父母应这样教育子女:"我知道你担心你的成绩不如姐姐好。我要你记住:你俩各有所长。我们也很看重聪明的孩子,你们各有惹人疼爱的优点。"②忌吓唬孩子

"如果你不立刻跟我走。我就把你一个人抛在这里!"你真会这么做吗?孩子当然希望你不会当真,因为小孩子最怕单独待在一个陌生的地方,但可能他听多了类似的威胁。已对此充耳不闻了。这种争执往往发生在公共场所,一旦失去控制,孩子就赢了。比较有效的方法是:当他太出格时,你把他抱起来。这样他就会明白

你不允许他在公共场所胡闹。③忌命令孩子

有些父母在孩子面前耍家威，没有一点民主空气。有的家长对孩子一味地限制，什么也不准做，说话就如同给孩子下禁令这样，孩子就会变得没有创造力，这些扼杀孩子成长的禁令，应该去掉。④忌拿孩子出气

有些文化素质较低的父母，心情不好就无端地责骂孩子，拿孩子撒气。在家没好脸，说话没好气。孩子不敢接近，又躲避不了。这是父母们应该忌讳的。⑤忌污辱孩子人格

有的父母不理解孩子心理，当发现孩子有什么"不端"，则认为大逆不道，不是冷静地把情况弄清楚，而是凭主观臆断，弄得孩子反驳不好反驳，解释不好解释，只好在内心默默地忍受着。

有伤孩子心理的侮辱性话题，也是做父母的与孩子交往时应忌讳的。⑥忌埋怨孩子

当孩子犯错误之后，他会感到很无助。"我怎么会这样？我真傻。"他后悔当初没听从父母的话。

父母应该劝导他："孩子，你试过自己的方法了，可没成功，对吗？真为你难过。妈妈也是这么过来的。"⑦忌欺骗孩子

有些言行不一的父母，说了不做，许愿不还。久而久之，孩子便会对父母失去信任。

五、兄弟姐妹相处的礼仪

《礼记·中庸》云："君臣也，父子也，夫妇也，兄弟也，朋友之交也，五者天下之达道也。"传统礼仪将兄弟之间的关系与上述的四种关系并列，可见其重要。人们认为，兄弟之间有着天然的血缘关系，如果不能很好地相处，如何设想你能够和外人和睦相处呢？所以历来把父子之礼中的"孝"和兄弟之礼中的"悌"相提并论，称之为"孝悌"，提到"万善之本"的高度去认识。"四海之内皆兄弟也"这句话，则又从另一个侧面反证了人们对兄弟之礼的重视。人们要求对待任何人都要像对待自己的亲兄弟那么团结友爱，这说明大家都认为兄弟友爱是天经地义的，毋庸置疑的，人人都能做到的，而人们对道德的理想追求则是要把这种天然亲密关系扩大到对待所有的人。

晋代有王祥、王览两个兄弟，母亲朱氏偏爱王览，厌恶王祥。王祥在母亲面前动辄得咎，轻则挨骂，重则遭受鞭挞。每次母亲打王祥时，王览就抱着哥哥不放，暗

自流泪。王览长大后,经常劝母亲不要这样对待哥哥。朱氏为了刁难王祥,总是让他做一些难办到的事,如果他做不到,就以此为借口痛加责罚。遇到这种情况,王览总是与哥哥一起去做,迫使溺爱王览的母亲不便责罚。朱氏对王祥的妻子也倍加虐待,经常大打出手。王览常让自己的妻子为嫂嫂求情。父亲死后,王祥治丧尽孝,颇有名声,朱氏十分嫉恨,企图害死王祥。一次,她在酒里下了毒,送给王祥喝,王览发现母亲神色异常,估计酒中可能有毒,夺过酒杯就要喝。王祥也醒悟过来,抓住酒杯不放。兄弟二人你争我夺,谁也不肯撒手。朱氏见状不妙,只好拿过酒杯一走了之。此后,朱氏给王祥的一切食物,王览都要先尝一尝。朱氏唯恐王览遭殃,再也不敢产生杀子的恶念了。王祥和王览的行为就已经达到了兄仁弟悌的道德标准。

传统家庭中的兄弟关系,以同父同母的兄弟为最多,也最为亲密。除此之外,还有同父异母、同母异父、异父异母的情况,也可以成为兄弟,与前者相比,在亲疏上则有了区别。古人往往实行妻妾制,生下许多儿子,于是在家庭财产和权力的继承上就会产生纠纷。为了解决这些纠纷,传统礼仪做出了许多规范。

西周时,规定正妻的长子为嫡长子,由他继承父权,他的子孙后代的系统称为大宗。而他的弟弟们则要分出去,另立系统,称为小宗。妾所生的儿子称为庶子,一般也把正妻所生的嫡长子以外的儿子都称为庶子。庶子在家庭中的地位要比嫡长子低。嫡长子生了许多儿子,他也要按这种规范来划分大宗、小宗。这就是通常所说的宗法制。宗法制的核心是嫡长子继承。这对于统治者尤为重要,嫡长子所拥有的权力绝对超过了他所有的同胞兄弟。在宗法制度下,嫡长子甚至拥有对胞弟的生杀权。西周时确立的宗法制到了春秋战国时就已有所衰退,不过这种嫡长子继承的原则却始终没有变,一直成为我国二千年封建宗族制度的核心。表现在对兄弟之礼的规范上,也就始终强调了长幼有序、亲疏有别的这样一个原则。

在长幼有序、亲疏有别的前提下,传统家礼对兄和弟分别提出了规范要求,这就是"兄友弟恭",也称为"兄仁弟悌"。也就是说,做哥哥的要对弟弟友爱、关怀、照顾;做弟弟的要对哥哥恭敬、顺从。

《大戴礼记·曾子事父母》要求弟对兄的态度是:"尊事之,以为己望也;兄事之,不遗其言。"也就是说要尊敬地侍奉兄长,把他看成自己的榜样;兄长的吩咐和教诲,一句也不叫忘记。究竟怎样侍奉才算尊敬呢?《大戴礼记》说,吃东西要让兄长先吃,干活要弟弟抢着去做;走路时,弟弟不能抢在兄长前面;看见兄长走过来,弟弟要起立迎候;弟弟不可冒犯兄长;不可在兄长面前表现出倦怠松懈的神情。到了宋司马光的《书仪》里,则又添加了不少内容,要求做弟弟的一一认真去做。旧时的宗族,特别强调孝悌,凡是不孝不悌的后辈子弟,宗族有权将他拉到祠堂里去,当众处罚。

《大戴礼记·曾子事父母》同时又对做兄长的提出了要求,要他在弟弟成年时,及时为弟弟举行冠礼;到了结婚年龄,又要张罗好弟弟的婚事,表现出对弟弟的友爱和关怀。如果弟弟的行为合乎正道,就称赞他;如果不合正道,就要用礼来管教他,帮助他;如果弟弟实在不可救药,就只好抛弃他了。

传统家礼强调兄弟友爱,和睦相处,有一个重要方面是表现在对待分家的态度上。总的说来,传统家礼主张累世同居,众兄弟同住一家,共有财产,而不主张动辄分家的。南朝梁吴均《续齐谐记》里记载了一则有名的传说故事,说田真三兄弟准备分家,唯堂前一棵紫荆树,美茂花叶,无法均分,于是他们决定把树锯作三段。第二天去锯,却见紫荆树已经自己枯死。他们十分感动,说连树木都不愿分开,更不用说人了。如果我们再要分家,岂不是人不如木!他们发誓不再分家,那紫荆树居然又复活过来。这则传说显然有虚构的成分,却真实地反映了当时人们的心态。"紫荆树"从此成为兄弟团结的典故,历代文人诗词多有吟咏。直至前不久,香港回归祖国,香港人把紫荆花定为市花,把紫荆花图案印在港币上以取代原先的伊丽莎白头像,也同样是要借此表达骨肉同胞永不分离的深情。

然而在实际生活中,对于一个家庭而言,分家又是不可避免的。在传统社会中,分家涉及兄弟的实际利益,往往很容易引起纠纷,而官府在一般情况下又总是不做干预的,所以分家时所遵循的一些原则和规范,大多属于礼仪范畴。在民间,兄弟分家,如果父亲健在,一般由父亲做主;如果父亲亡故,一般由族长做主,或是由舅父做主。分家原则,总的说来是平均分配,有几个兄弟就分作几份。具体来说又有几种例外,一是要给父母留出一份;二是如果父母亡故,因为嫡长子要主持祀

孔融让梨千古传诵

祖等一应事务,有权多分一些;三是对家中姊妹的财产分配处置,一般说来,姊妹如已出嫁,则考虑到她已不属于这个家族,所以不能参与分财;但如果年幼未嫁,则要

给她预留一份嫁妆;如果有姊妹已嫁又遭离弃,或丈夫亡故又无子女并且回到娘家的,则也可适当分给一些财产;再就是如果家中无男丁而招赘女婿进门或领养儿子顶门户的,也可参加分财。总之,因为分家涉及每个人的既得利益,常会把传统礼仪中温情脉脉的面纱撕得粉碎,引起各种纠纷,这也是个不争的事实。传统民间故事中有一种流传极广的"两兄弟"型故事,往往是从两兄弟分家说起的,而大量的故事又总是说哥嫂如何霸道,欺侮幼小的弟弟。这正可以从一个侧面反映出当时的社会生活真相。许多通俗小说又喜欢以兄弟分家造成的案例作为素材,加以敷演,也表明分家问题历来是人们关注的一个焦点。

应该指出,兄弟间的相互尊重和团结友爱,是中华民族传统美德中应该继续发扬的部分。谚语:"亲不亲,手足情""三兄四弟一条心,门前泥土变黄金""千朵桃花一树生,兄弟姐妹莫相争""长兄为父,长嫂为母",都十分形象地说出民众对兄弟之礼的评判和要求。历史上,兄弟相爱、相让的动人故事层出不穷,令人感动。西汉人卜式和弟弟分家,把田宅财产都分给弟弟,自己进山放羊。后来他弟弟把家产挥霍光了,卜式却靠着放牧又积蓄起一笔家产,他又把自己的财产分给弟弟。东汉末年,孔融和他的哥哥孔褒因为保护一个被官府追捕的人而同时被捕,他们兄弟俩争着承认罪责,而要保护亲人出狱,害得郡县无法判决,只好上报朝廷裁决。赵孝家中贫困,自己夫妻吃蔬菜充饥,却把粮食留给弟弟和弟媳妇吃。这些动人事例都给人们留下了深刻印象。

而另一方面,我们又必须指出,传统家礼过分强调了兄长的特权和弟弟对兄长的顺从,则必然造成家庭关系中的不等,并由此引发出一系列弊端。

一个家庭,能否愉快和幸福,兄弟姐妹的相处占据了举足轻重的地位。如果兄弟姐妹之间能互相体贴关心,互相帮助,产生矛盾时不争不吵,互谅互让,这样的家庭,必然十分幸福。

在生活中,兄弟姐妹都是年龄相仿的人,朝夕相处,要做到处处符合礼仪,也并不是一件易事。

如果你希望与兄弟姐妹之间能够和睦相处,那么就要努力做到以下三点礼仪:

(一)兄弟姐妹之间要和睦礼让

我们传统的礼仪讲究兄友弟恭。在家里,假如你是哥哥姐姐,那就应时时以身作则,努力成为父母的得力助手;遇事要宽宏大量,不与弟妹斤斤计较,更不要以为他们比自己小就随意指挥他们干活;弟妹有错时,不要在父母或他人面前斥责他们,以免伤害他们的自尊心,更不能经常在父母面前"告状"而引起他们的反感;万一与弟妹发生争吵,应当着弟妹的面,在父母面前做自我批评。

假如你是弟弟妹妹,重要的一点,就是尊重哥哥姐姐。不能抱有优越感,更不能骄蛮无理,干什么事都不把哥哥姐姐放在眼里,为所欲为,不为他人着想。与兄姐发生争执时,不要利用自己的得宠地位到父母面前去"告状",以免加深兄弟姐妹间的隔阂。

(二)兄弟姐妹之间要热情体谅

兄弟姐妹间相互体谅,友好相处,不但是处理好家庭生活的需要,而且是处世为人的重要原则。这些看来是小事,但对彼此的感情影响是巨大的,能使人在失意的时候振作起来,在高兴的时候快乐倍增。

有一个年轻人做生意,由于判断失误受到很大损失,他失魂落魄地从外地回来。第二天,他听到敲门声,打开门一看,弟弟、妹妹、表弟、表妹等人排成一大排,每个人都捧着礼物,热情地说:"祝大哥精神愉快!"他看到这些带着稚气、充满热情的"娃娃脸",一股暖流涌上心头。有人说"打虎亲兄弟,上阵父子兵",这些八九岁、十多岁的孩子们虽然还不能陪他去"上山打虎",但他们已经以自己的方式给大哥以支持,为这位在商场中失意的人增添了无穷的力量。他把这些弟弟、妹妹们请进屋,一边欣赏他们的礼物,一边回答他们七嘴八舌提出的问题。等他把这些弟弟妹妹们送走以后,一个重整旗鼓的方案似乎已经构思成熟了。第二天他又满怀信心地扬帆远航了。

这些十来岁的孩子们也许并不知道怎样关心他人,更不会想到关心他人会产生多大力量,孩子们送的礼品就更不会有多贵重了。但他们知道大哥回来了,知道了大哥生意并不顺利,于是他们一齐来了,分别带来了微薄的礼品……他们这种做法温暖了大哥的心田。

(三)兄弟姐妹之间应相互关心

兄弟姐妹之间相处要诚恳热情,相互关心。注意在兄弟姐妹受到奖励、考上学校或者过生日等喜庆场面时送上一张小小的贺卡;在他们生病、失意的时候,写一封短信,送一束鲜花表示慰问;当弟妹求教或请求帮忙时,应耐心帮助和解答,切忌不耐烦或不屑帮忙,在家庭生活中学会随时关心他人。

总之。兄弟姐妹之间要相互谦让,彼此爱护。长爱幼,幼尊长,情同手足,共同创造温馨和睦的家。

六、婆媳相处的礼仪

婆媳之礼是扩大家庭的产物。如果一结婚就分开住,成为独立的核心家庭,虽然仍有婆媳关系，但也就没有如此多的婆媳之礼了。正因为传统社会中大量存在着几代人共同生活的扩大家庭，婆媳朝夕相处，事情才变得复杂起来。

一方面婆与媳之间的尊卑上下关系是和父与子一样的；但另一方面婆与媳之间却并没有血缘关系，这就和父与子不一样了。父子关系如果发生危机，还可以用亲情来缓和，来调适，俗语说"打断骨头连着筋"，就是这个意思。而婆媳关系则不同，非但没有天然的亲情，反倒是由于媳妇这个"外人"的进入，而分去了儿子对母亲的好大一部分爱，使得做婆婆的心理上很难平衡。所以，婆媳关系一旦发生裂痕，通常较难弥合。在中国的传统家庭中，婆媳关系大概是最难处的一种关系。俗语说：丑媳妇最怕见公

陆游在沈园留下的《钗头凤》

婆。所以在传统社会里，受委屈的也就必然是做媳妇的这一方。

陆游与他的前妻唐婉的爱情悲剧就是由陆游的母亲一手造成的。陆游二十岁（绍兴十四）与唐婉结合，不料唐婉的才华横溢和与陆游的亲密感情，引起了陆母的不满（古代认为女子无才便是德），在封建礼教的压制下，虽异常恩爱，终归走到了"执手相看泪眼"的地步。孰料，缘深情浅的这一对恋人竟在绍兴二十年，与城南禹迹寺的沈园意外邂逅，陆游"怅然久之"，于沈园内壁上题一首《钗头凤》，怆然而别。唐婉见了这首《钗头凤》词后，感慨万千，亦提笔和《钗头凤·世情薄》词一首。不久，唐婉竟因愁怨而死。

《钗头凤》——陆游

红酥手，黄縢酒，

满城春色宫墙柳。

东风恶，欢情薄，

一杯愁绪，几年离索。

错！错！错！

春如旧，人空瘦，

泪痕红悒鲛绡透。

桃花落，闲池阁，

山盟虽在，锦书难托。

莫，莫，莫！

《钗头凤·世情薄》——

世情薄,人情恶,

雨送黄昏花易落。

晓风干,泪痕残,

欲笺心事,独语斜阑。

难!难!难!

人成名,今非昨,

病魂常似秋千索。

角声寒,夜阑珊,

怕人寻问,咽泪装欢。

瞒!瞒!瞒!

多么艳丽的色彩,多么清新的画面,可它演绎给我们的却是一出哀婉凄楚的爱情悲剧。封建礼教摧毁了陆游和唐婉的纯真爱情,但它无法阻止他们对爱情的向往和歌唱。面对严酷的现实,他们无力回天,只能把一怀愁绪、一腔悲愤倾泻在于事无补的词中。两首《钗头凤》挽回不了他们的爱情世界,但却成了千古绝唱。

传统家礼中的婆媳之礼主要有以下几种:首先是新媳妇嫁到男家时的谒拜礼,一般都很讲究。通常安排在婚礼下一天的清晨,媳妇要由人领着,去拜见公婆,仪式很是繁琐,表示公婆对新媳妇的接纳和承认,也表示新媳妇进入这个家庭的诚意,对于双方都是很重要的。中国古代的新媳妇一过门,公婆就先给她一个下马威的。《仪礼·士昏礼》载:婚礼第二天早上,拜见公婆,媳妇要给公公婆婆端饭,公公婆婆象征性吃一下,媳妇儿要端过来他们的剩饭,也象征性的吃一下,这一象征不要紧,象征着媳妇儿一进门就是个吃剩饭的地位和待遇。

在民间礼俗中,则往往还要包括让新媳妇上灶,做几道菜肴给公婆品尝等内容,作为对她的一种考验。在以后的日常生活中,则大量地表现为侍养礼。要求媳妇像侍养自己的父母那样侍奉公婆,在这一方面,甚至比儿子侍奉父母要求得还要严格。每天晨昏定省,媳妇要陪同丈夫去做,如果丈夫外出,就全是媳妇的责任了。一日三餐,要小心侍奉;公婆吃饭,要奉座席,问清公公婆婆脚往哪个方向伸;公婆走动,要跟着;公婆洗脸,要端水;公婆有使唤,要立即答应,声音要轻;公婆面前行走,要庄重,俯身拱首而行,不打呔嗝,不打喷嚏,不哈欠,不伸懒腰;站时不得偏倚一足,身体斜靠,不能流口水,不能淌鼻涕;公婆不让回自己的房间,不得私自回,有事,请示公婆;媳妇不得私自接受财物,即使回娘家得到的礼物,回来后也要上交公婆。公婆如果不收,就好比是公婆赏赐给她的那样,暂时收藏起来;公婆生了病,媳妇更要尽力侍疾……

家礼把"侍疾"作为媳妇事婆婆的一项重要内容。封建社会不少被统治者大力推崇的"孝妇",就是靠"侍疾"于婆婆博很好名声的。明代怀章有一妇女洪氏,丈夫早死,守寡十年,侍奉婆婆十分殷勤,从不懈怠。婆婆经常患病,一天,她的病情又加重了。为了给婆婆治病,洪氏居然剜下自己的乳房,做成鲜汤给婆婆喝。为了不让人知道割乳的事,她将剩下的肉扔进池塘中。不料被鸭子衔出。小孩捡到后告诉婆婆,婆婆才知道真相。

《二十四孝》中有一个故事为《涌泉跃鲤》:姜诗,东汉四川广汉人,娶庞氏为妻。夫妻孝顺,其家距长江六七里之遥,庞氏常到江边取婆婆喜喝的长江水。婆婆爱吃鱼,夫妻就常做鱼给她吃,婆婆不愿意独自吃,他们又请来邻居老婆婆一起吃。一次因风大,庞氏取水晚归,姜诗怀疑她怠慢母亲,将她逐出家门。庞氏寄居在邻居家中,昼夜辛勤纺纱织布,将积蓄所得托邻居送回家中孝敬婆婆。其后,婆婆知道了庞氏被逐之事,令姜诗将其请回。庞氏回家这天,院中忽然喷涌出泉水,口味与长江水相同,每天还有两条鲤鱼跃出。从此,庞氏便用这些供奉婆婆,不必远走江边了。

《女诫》更是规定:"姑云不尔而是,固宜从令,姑云尔而非,犹宜顺命,勿得违戾是非,争分曲直……"一句话,婆婆就是核心,婆婆不是也是,是更是是,不得与婆婆辩论,要二话不说地旋转在以婆婆为核心,以丈夫为半径的圈圈之内。媳妇对婆婆要绝对无条件地顺从,婆婆可以随意支使媳妇,而媳妇只能唯命是听,不得争辩或抗拒,甚至连商量的余地都没有。

传统家礼还特别强调媳妇的曲从。婆婆若有过失,不可直接指责,不可到处乱传,更不可告发。做媳妇的稍有不妥之处,婆婆和丈夫就都可以以此为理由将她遗弃。虽然传统家礼也强调婆婆要爱护媳妇,媳妇也可以规劝婆婆等,但在当时的情况下面,封建的纲常原则已经决定了媳妇遭受婆婆压迫的必然命运,这是问题的主要方面。婆婆对媳妇的虐待又是个很复杂的社会问题。大凡婆婆也都是从媳妇这个身份变过来的,俗话说:"二十年媳妇熬成婆",她前半辈子受虐待,后半辈子一旦名分改变,就加倍地发泄,去虐待别人,这正是主奴根性的一种表现形式。

封建社会有许多甘心忍受婆婆打骂凌辱的"好媳妇"。王氏,慈溪人。还未出嫁时,未婚夫得了重病。为了给病人冲喜,夫家父母将王氏娶来。王氏一过门,就伺候病人。不久,丈夫病死,王氏还没有过一天夫妻生活就守了寡。在礼教观念的支配下,年仅十七岁的王氏就矢志守节。然而,婆婆并不愿意她留在家里,因为她要占一份口粮,因此经常责骂她,两个小姑子也把她当婢女使唤,稍有不顺,就拳打脚踢。王氏竟然毫无怨言,每晚就睡在小姑子的床下。天长日久,染上风湿病,背都伛偻了,但仍然任劳任怨地留在夫家,侍奉公婆,照顾小姑。

按照家礼的原则,婆婆若有过错,媳妇还必须为她隐瞒,不得告发。否则,给婆婆带来灾难,那将是最大的不孝。

图文珍藏版

明代贵池有一个妇女唐贵梅,嫁给同里的朱家,丈夫十分懦弱,婆婆却十分凶悍。婆婆与徽州一个富商私通,富商来往做生意,经常住在朱家。富商见了唐贵梅,贪其美貌,也想占有她,就拿出很多金帛贿赂朱母。朱母贪图钱财,劝说唐贵梅与富商奸宿。唐氏不从,朱母就用皮鞭打她,用烧红的铁器烙她,她仍然不肯。朱母大怒,以不孝罪诉之官府。官府的通判受朱母之贿,对她严刑拷打,打得昏死数次,但她始终不肯向官府讲出真相。出狱后,有知情者问她为什么不讲真情,她却说:"讲了真情,我的名声保全了,但婆婆却要遭到不幸。做媳妇的让婆婆吃苦怎么行呢?"多么可悲,又多么愚蠢!

如果说夫妻之礼是男性对女性的压迫,那么婆媳之礼则是女性对女性的压迫。这使本来就受夫权压迫的媳妇们,又套上了一具沉重的枷锁。婆婆任意驱使媳妇,任意控制媳妇命运的不平等权利,在封建社会漫长的岁月里,拆散了无数恩爱夫妻,害死了多少温顺的媳妇!类似陆游和唐琬的悲剧,早在汉代就出现了。《汉乐府诗》中的《孔雀东南飞》一篇,生动地叙述了蛮横霸道的婆婆随意赶走儿媳,造成夫妇双双自尽的悲惨故事。

焦仲卿的妻子十七岁被娶来,每天"鸡鸣入机织,夜夜不得息",但仍不能讨得婆婆的欢心。恶婆婆对她常常恶语相加,使她"不堪驱使",并要将她赶走。焦仲卿听到这个消息,急忙回家劝说母亲:

> 儿已薄禄相,幸复得此妇。
> 结发同枕席,黄泉共为友。
> 共事二三年,始而未为久。
> 女行无偏斜,何意致不厚。

可他的母亲,可恶的婆婆说:

> 此妇无礼节,举动自专由。
> 吾意久怀忿,汝岂得自由。
> 东家有贤女,自名秦罗敷。
> 可怜体无比,阿母为汝求。
> 便可速遣之,遣去慎莫留。

焦仲卿无法舍弃至爱的妻子,但又无法顶撞母亲,只好长跪在地,向母亲求情道:

> 今若遣此妇,终老不复娶。

千古爱情绝唱《孔雀东南飞》,是我国文学史上第一首最伟大的长篇叙事诗,被誉为"长诗之圣"。它通过焦仲卿、刘兰芝的婚姻悲剧有力地揭露了封建礼教、封建家长制的罪恶,但是不知道有多少善良、温顺的媳妇被凶狠的婆婆摧残过啊。

婆媳之间往往是家庭矛盾的焦点,要想使家庭和睦,必须做到双方互相谦让,以礼相待。婆媳之间的礼仪虽不多,但十分重要。

在家庭生活中,婆媳之间和睦相处,应该遵循以下要点:

(一)真心交流

媳妇上班前,要跟婆婆道别。有的媳妇只顾和自己的丈夫、孩子道别,却忽视了这个问题,婆婆也不会说什么,只是觉得你心里没有她。下班后,先向婆婆问候,诸如"这一天您辛苦了"等等,婆婆听了这话会感觉到舒服。当媳妇的朋友来了,首先要把婆婆介绍给客人,婆婆也觉得受到了尊重。还要提醒当儿媳的,就是一定要喊"妈",不要没有称呼,动不动只说"您"如何如何,你这样做本身就没有把婆婆当成自己的母亲,因此,即使你再有诚意也让人表示怀疑。媳妇的一声"妈"可暖婆婆的全身,喊声"妈"比你做什么努力都更能讨婆婆的欢心。

婆婆要尊重媳妇的人格和职业,不能在什么场合都议论媳妇的不是。同样,媳妇也不要在邻居和妯娌、同事之间议论自己的婆婆,说婆婆的坏话。因为互相议论长短,只能使矛盾更加尖锐,更加难于化解,相互之间的误会也就会加深。

(二)相互同情

婆媳间贵在相互了解、相互尊重。媳妇到婆家之后也要入乡随俗,要克制自己,逐渐适应婆家的生活,凡事不能由着性子来。婆婆也是如此,媳妇年轻,许多家务事婚前没有做过,需要边学边做,也许出点差错,闹点笑话,当婆婆的要理解并给予帮助。

人人都有自尊,女人的虚荣心特强,你挑剔她的毛病,她即认为这是有意和她过不去,要她"难堪",因而必然"以口还口,以牙还牙",这样势必两败俱伤,所以,婆媳间切忌挑剔。

凡是婆媳关系相处好的,当丈夫的都起了很好的作用。有些丈夫很聪明,争脸的事儿让妻子去做,不讨好的事自己去做。妻子和自己的母亲都希望你站在她那边。这时,你只好两边说点谎话,装装糊涂,虽个人受点委屈,却换来了整个家庭的宁静与幸福。

七、与岳父母相处的礼仪

一般说来,岳父母与女婿之间,关系是比较好相处的。岳父母对待女婿的态度同婆母对待媳妇不同,但也不是所有的女婿都受岳父母的喜欢。

女婿们若想取得岳父母的好感和喜欢,最为有效的办法,就是需要掌握其中的

(一)岳父母面前夸妻

世间的女婿们,你想获得岳父母的好感吗?请不要忘记,在岳父母面前夸妻子,这是岳父母与女婿和睦相处的第一个秘诀。

夸奖妻子,说你爱其女儿,夫妻关系融洽,岳父母对女儿的未来放心满意,夸的是妻子,高兴的却是岳父母。在岳父母看来,女儿是自己一手抚养大的,女儿身上的优点都是自己培养教育的结果,因而看起来你在夸妻子,实质是在夸岳父母。另外,还要想到,做女婿的在岳父母面前夸奖妻子,不是你的需要,而是岳父母的需要,是你与岳父母和睦相处的需要,也是你妻子的需要。

女婿对岳父母夸些什么呢?不妨夸妻子手巧、夸妻子善良、夸妻子聪明,会为人处世、夸妻子孝道、夸妻子会过日子等。

在岳母面前夸妻子"言过其实"些也不要紧,岳父母会认为这是在开玩笑,心里却愿意听,这总比当面指责她的女儿要好得多。

(二)把握当女婿的"贵"与"忌"

贵在嘴甜,忌"多嘴"。评论女婿的依据,就是看女婿的嘴甜不甜。女婿嘴甜,意味着亲近,岳父母在外人面前也"有脸";女婿嘴懒,意味着"生分",不仅别人骂你缺少家教,岳父母脸上也无光。所以,嘴甜是一个好女婿的必备品质。

嘴甜,不等于"多嘴"。多嘴是指女婿干涉岳父母的"家政"。这也是女婿的一大"忌"。

贵在奉献忌索取。女婿要博得岳父母的爱,与妻子家的兄弟姐妹搞好关系,必须明确岳父母的开支是他们自己的事,妻子没有权力干涉。作为女婿更无权让妻子回娘家要钱、物等。

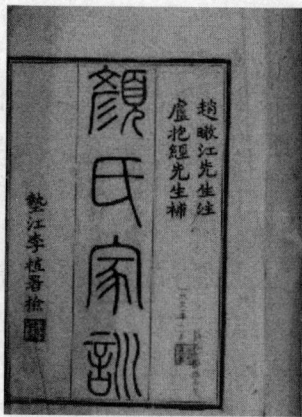

《颜氏家训》书影

(三)执半子之礼

岳父母花了半辈子心血把女儿抚养成人,刚刚长大,就给你做媳妇,这也是一种大恩大德,做女婿的应该铭记在心,加以报答。

女婿对岳父母尊敬、孝道,妻子也会对公婆孝道,和公婆和睦相处。一个不关心岳父母的人,妻子同公婆的关系一定好不了。

赡养父母,是法律赋予子女的义务。因而,妻子的义务,也就是女婿的义务。

平时多到岳父母家去探望,遇到节日、生日,买点礼品前去祝贺,这都是女婿应尽的义务。人都有老的时候,不失时机地把岳父母请到家住几天,尽尽孝道,不但岳父母心里高兴,就连妻子也高兴,更能巩固和发展夫妻间的爱情。

八、妯娌融洽相处的礼仪

妯娌关系是家庭中很难处理好的关系,一个家庭常常因妯娌之间的矛盾,闹得全家不得安宁,闹得兄弟之间伤感情。

为搞好妯娌关系,有几种方法可供借鉴:

(一)不传话

家庭是个小社会,同样存在各种矛盾。作为妯娌,看见家庭的矛盾和问题应积极地去化解,把问题摆在桌面上谈开,问题也就会迎刃而解。倘若当面不说,背后瞎嘀咕,有时本来没有多大的事,妯娌间一嘀咕,反而把问题闹大了,结果成了"家庭战争"的导火线。

(二)不拆台

妯娌之间通常嫉妒心很重,生怕别人比自己强。妯娌是家庭的新成员,她一进家门就想得到多方面关照,自己做事也总想让家里人知道,让家里人赞扬,说自己是个能干的好媳妇。妯娌们都是带着这样的心理组成一个家庭的,这就为和睦带来了障碍,因为都想自己好,自己压过别人。这样一来,做事时就喜欢拆对方的台,使别人的好事办不成。

(三)不计较小事

一个家庭琐事过多,也很难都满足每个人的要求,特别是妯娌之间小事更多,如果整天为小事去斤斤计较,那么家庭的矛盾也就没完没了。爱计较小事的人,就连吃饭时你多吃一点,她少吃了一些,也会打仗。在一些大问题上更常以小人之心度君子之腹,因私心过重瞎猜忌而闹矛盾。

(四)不给丈夫出难题

妯娌之间不和睦的因素较多,有时为一些事情弄得兄弟之间不团结。作为妯娌不要在丈夫面前搬弄是非,为妯娌之间的一点鸡毛蒜皮的小事使丈夫难堪。

(五)不要总想占便宜

妯娌之间要谦让,要多为别人着想,不要遇事总想自己,一有什么好事自己就往头里抢,总想多占点便宜,占上风,不吃亏,这样是搞不好妯娌关系的。只有你敬我一尺,我敬你一丈,相互感化才能处理好妯娌间的关系。

(六)遇事多商量

妯娌之间应当遇事多商量,这种商量不是客气的商量,而是真心诚意地相互协商,这样做一可以表示相互尊重,二可以交流感情,三可以增进友谊,四可以统一认识、便于合作。因为一个家庭的琐事乱如麻,一旦有什么情况,只有妯娌们同心协力,兄弟之间才能产生一种合力。

(七)要有共患难的思想

俗话说:"天有不测风云,人有旦夕祸福。"一个家庭不可能总是一帆风顺,总会遇到这样或那样的问题,作为妯娌应在困难中鼎力相助,要知道患难中的友情最深。千万不要眼见一方有困难,另一方不伸手、不出力相助,这是最伤妯娌感情的事。

(八)要多讲别人好的地方

妯娌之间都想让家里人说自己好,说自己是个能干的好媳妇,谁也不愿听别人说自己的坏话。因此,妯娌之间应多讲对方的长处、优点,这样时间一长双方自然会相互尊重,有什么不愉快的小事也会不了了之。

(九)要学会宽容

妯娌之间要有宽厚之心,同是家庭成员,都有为自己的小天地做贡献的心理,都有自己的丈夫和孩子,难免相互间会有碰撞的地方。不能一有相碰的地方就揪住不放、耿耿于怀,要度量大一些。家庭琐事无真理可求,"让三分海阔天空,忍一时风平浪静"。

九、与老人相处的礼仪

"老吾老以及人之老,幼吾幼以及人之幼。"长幼之间的礼仪其实就是指长辈与晚辈之间的礼仪。

处理好长辈和晚辈的关系,主要责任在于晚辈如何对待长辈。与老人相处中,主要有以下"三忌":

(一)忌不尊重老人

上了年纪的人,自尊的需求明显地突出起来。许多老人随着自己生理上的衰老而产生心理上的自卑感,担心晚辈会觉得他们年老不中用,会看不起他们。所以,他们会强烈地"计较"自己在家中、在晚辈心中的地位。对于老人这种自尊需求,晚辈不能漠视和反感,而应当尽力满足。首先要在人格上尊重老人,不能有亲疏厚薄之分,更不能歧视老人。家里重要事项的决定,应该征求老人的意见,涉及老人的事情,就更要与他们商量,采纳他们提出的合理意见。发现老人有不对之处,不能当众训斥。发生意见分歧,不要粗暴地顶撞老人。对老人在家负担的家务劳动,应该经常表达出感激之情,使老人处处受到尊重。否则,不受尊重,常受责备、训斥,老人的心情是不会舒畅的,老少之间的关系也就不会融洽。

(二)忌不关怀老人

老年人随着年龄的增大和健康状况的退步,劳动能力和自理能力都会下降,因此十分希望得到晚辈的关心和照顾。对于老人的这种需要,理应予以满足。比如,要经常了解老人的健康情况,问寒问暖,照顾饮食起居,陪伴治病、检查身体等。而且,还应尽可能地安排好他们的精神生活,切忌对老人的生活不闻不问,让老人产生寂寞感和孤独感。

(三)忌不体谅老人

有些家庭,因为老人说话啰唆唠叨,遇事倔强固执,喜欢追忆往事,因而与晚辈谈不拢,合不来,而造成关系紧张,双方都感到苦恼。要处理好这一层关系,晚辈一定要从老人的心理特征来客观地分析他们的言行,用满腔热情和尊重体谅的态度感动老人。实际上,只要年轻一代能够体谅老人的心境,问题就容易解决了,否则,越闹越僵,关系会越来越紧张。

第五章 个人礼仪

个人礼仪包括仪容、表情、举止、服饰等方面的礼节规范。在社交过程中,每个人的仪表都会引起交往对象的特别关注,是评价一个人的重要因素。因此,学习礼仪,运用礼仪,将有益于人们更规范地设计个人形象,更充分地展示个人的良好教育与优雅的风度。

一、个人形象礼仪

每个人都是通过外在形象来展示自己的特点的,一个人的眼神、说话的方式就是最基本的信息,并通过衣着、声音和举止表现出其基本特性。一般在初次见面的几分钟内就能初步判断一个人的素质、背景和能力。所以一个良好的形象会令你在任何场合中神采奕奕、信心非凡,会让别人更愿意接近你,使你更快得到周围的人的认可。

小丽是某通信公司的客户服务员,精通化妆,对服饰搭配也很有心得体会,同事都说她是时尚的指南针,走在大街上回头率很高,但小丽在公司并不受同事欢迎。作为客户服务员,小丽还经常被客户投诉,客户的反映是最怕看见小丽的脸,无论对新客户还是老客户,小丽总是面无表情,以一张冷冰冰的脸示人,客户问急了,小丽还不时冒出几句粗话。现在,小丽正面临着失去工作的危险。

上文所提及的小丽的外在仪表不能说不美,但为什么客户却反映最怕看见她的脸呢?可见个人形象的塑造不仅仅是外在的仪表,更重要的还是要具有深刻的内涵。

(一) 个人的气质与修养

仪表美是内在美与外在美的和谐统一。内在美是美的升华,是美的极致,是人的内在精神世界的美,是人的思想、品德、情操、性格等心理文化素质的具体体现。一个人如果没有内在美作为基础,那么,再好的先天条件、再精心的打扮,也只能是一种肤浅的装饰,缺少丰富而深刻的内涵美,不可能产生魅力。因此,一个人的外在美是其内在美的一种自然展现,良好的个性修养、渊博的知识、高尚的道德情操才是外在美的真正源泉,由此而产生的美才可以给人留下深刻的印象,打下深刻的烙印。所以内在美比外在美具有无可比拟的深度与广度。

(二)个人的装扮与审美方式

一般来说个人的仪容、举止、表情、服装、佩饰等要素会促使他人对自己的第一印象的构成,这是良好的个人形象中外在美的具体表现。人的外在美能给本人以极大的心理满足和心理享受,又能使他人赏心悦目,是人自身美的凝聚和显现。有的人天生体格健美匀称、五官端正秀丽,这些人幸运地拥有自然美。但无论一个人的先天条件如何,都可以通过化妆、服饰、外形设计等方式使自己拥有容貌的美丽,也可以通过形体的锻炼使自己拥有更完美的体态,天生丽质这种幸运并不是每个人都能够有的,而美好的个人形象却是每个人都可以去追求和创造的。因此,每个人都可以通过一定的形式把自己的美丽更加充分地展现出来。

(三)气质礼仪包括以下几方面

1.品德高尚。心地善良,有同情心,在别人困难之时懂得伸出援助之手,不贪图私利,更不损人利己。做人要有度量,对别人的过错能够容忍,待人不能刻薄。

2.富有情趣。面对人生要幽默风趣,而不能擅自搞恶作剧,喜好高雅文明、健康向上,充分享受生活的情趣。

3.勤奋好学。刻苦好学,用知识武装自己的头脑,充实自己的人生。

4.身体健康。拥有强壮结实的体魄,就拥有了成功的资本。没人愿意同一个丧失希望、没有前途的人合作。所以,一个人需要多做体育运动,促进身体健康。

二、着装礼仪

服饰作为一种礼仪,从外表上,能反映一个人的社会地位、文化修养和审美情趣等多种信息。也能表现一个人的内在情感及其对生活的态度。正如莎士比亚所说:"服饰往往可以表现人格。"得体的服饰穿戴对于美化人的仪表、改善人的气质、完善人的形象有着极为重要的作用。

(一)服饰搭配的原则

1.色彩的搭配

一般来说,色彩搭配可以根据色彩明暗度的不同来搭配,把同一颜色按深浅不同进行搭配,造成一种和谐的美感。但应注意深浅颜色的衔接不能太生硬,要尽量过渡得自然。用互相排斥的对比色来搭配时,要注意在明暗度、鲜艳度上加以区别,以便对比鲜明而不刺眼。色彩搭配大多是就服装自身而言的,此外还要和配件、季节、年龄、场合等协调。

2.与自身条件的搭配

如果个子过于高大或高且瘦,就要选择线条流畅的服装,但不宜用垂直线条,也不宜搭配高卷的发型或高帽子、紧身的衣服,否则会显得更高瘦,避免使用黑色、暗色等,要用明色或对比色的腰带切开。而矮个子,则用垂直线条增加身高,避免使用水平线条,否则将会使你显得更矮。选择合体的服装,避免大或粗笨、宽松悬垂的款式;选用单色组合,最好选择从鞋、袜到裤或裙为同一颜色。避免使用对比色的腰带和衣裤来分割身体的高度。

3.与所处环境的搭配

服饰与活动场合是否协调,直接影响人的内在形象,交往的效果。一般来说,娱乐、休闲、运动对服装的选择最为宽松,只要简单、整洁、舒适即可。工作场所的着装要整齐、严肃,一般都要按规定穿着。社交活动对服装的限制最为严格。

4.穿出自己的个性

服装能体现内在气质,因而应注意个性原则,要穿出自己的特色来,这样才能在交往中给人留下深刻、美好的印象。但要避免着奇装异服或衣冠不整。奇装异服或衣冠不整所表现出的标新立异不会收到突出个性的效果,在社交中也不会给人留下好的印象。如果这样穿戴打扮去求职,除了极个别的职业以外,结果可以肯定是失败的。

5.与时节的搭配

服饰的穿戴还要注意时节的变化。春秋季节适合穿中浅色调的服饰;冬季服饰色调以偏深色为宜;夏装可以选择丝棉织物,色调以淡雅为宜。

(二)男士穿西装的礼仪

长度。西装的长度包括衣长和袖长。上衣的长度宜于垂下手臂时与虎口平行,衣袖应以垂下手臂时,袖口在手腕上 1~2 厘米为宜。肥度以穿一件羊毛衫感到松紧适中为宜。下衣的长度以裤角接触脚背为妥。

衬衣。正式场合穿西服套装,内应穿单色衬衣,最好是白色衬衣。衬衫的领子大小要合适,领头要挺括、洁净,扣子要系好,领口的扣子不系领带时应解开。袖扣则无论如何都要扣好,不可把西装和衬衫的袖子卷起来。衬衫的下摆要塞在裤子里,袖长应稍长于西装袖,衣领应稍高于西装领,以显示出穿着的层次,同时,可防止西装的磨损和脏污。

领带。领带是西装的重要装饰品,对西装的美观起着至关重要的作用。选择领带首先是长度、宽度要适中。适当的长度以打好领带时,其尖端正好垂到皮带扣处为宜,所以每个人需要的领带长度完全由自己的身高决定。选择领带要注意其花色与服装、衬衫搭配得当。领带宽度应该与西装翻领的宽度相协调。穿上一件鸡心领羊毛衫时,领带应放在羊毛衫内。起固定领带作用的领带夹一般夹在衬衫的从上往下数第四粒纽扣为宜。西装上衣扣上扣子以后,领带夹应当是看不见的。

领子。对于领子的选择,长脸型宜选用短驳头,圆脸型、方脸型宜选用长驳头西装。领子应紧贴衬衣领,并低于衬衣领,衬衣白领露出的部分与袖口露出的部分的长度应相等。

扣子。穿着西装,扣子的扣法也很讲究。穿双排扣西服,不管在什么场合下,一般都应将扣子全部扣上;单排扣西服,一粒扣西装可扣也可不扣,两粒扣西装扣上边一粒,三粒扣西装扣中间的一粒。

口袋。上衣两侧的两个衣袋不可装东西,只作装饰用,不然会使衣服变形。西装上衣胸部的衣袋可以装折叠好的花式手帕,其他东西不宜装入。物品可以装在上衣内侧衣袋里,左胸内侧衣袋一般装票夹和笔,右胸内侧衣袋一般装名片、香烟和打火机。为以求臀围合适、裤型美观,裤袋也和上衣袋一样不可装物。

鞋和袜子。穿西装也要注意鞋袜的搭配。穿西装一定要穿皮鞋,最好是黑色皮鞋,而不能穿布鞋或旅游鞋。如果是米色、咖啡色调的西装配深褐色皮鞋也可以,但是浅色皮鞋只适宜配浅色西装,而不能配深色西装。同时,穿皮鞋还应注意鞋面的干净光亮,不要蒙满灰尘。袜子一般应穿与裤子、鞋子颜色相同或较深颜色的袜子。在正式、半正式的场合,男性宜穿中长筒的袜子,这样可以避免坐下谈话时露出皮肤或较重的腿毛。

(三)男士休闲装的着装礼仪

休闲服多在一般的场合穿着。在工作之余,穿夹克衫、运动服等休闲系列都是可以的,虽然职业便装可以随便些,但仍反映了个人形象和职业素质。因此,不要过分地追求式样或过于随便。应考虑不同的场合、年龄与身份。可以穿长裤配衬衫、有领带的棉T恤衫或毛衣,或穿平底鞋和无扣便鞋。

(四)女士着装礼仪

女士着装的样式很多,在正式场合女士穿着的裙子至少应长及膝。普通的长裙适用于一切场合,性感服装绝对不能穿。比较正式的场合应穿西服套裙。超短裙、无袖式或背带连衣裙只适用于居家或度假,如果穿到交际场合是失礼的。领边、肩头和袖口等处也要注意,不使内衣外现。穿裙子一定要穿长丝袜,袜口切忌露在裙摆之下。

女性的职业便装包括衬衫、裙子、套裙或合体的长裙、衬衫配夹克等。一般情况下，除了参加体育运动外，不要穿运动鞋或凉鞋，应穿平底鞋。

出席社交活动，着装选择的范围比较大，可以根据自身的特点和喜好以及社交活动的要求选择合适的服装。一般情况下，我国女性在社交活动，特别是涉外活动中，可以穿西装套裙、中式上衣配长裙或长裤、连衣裙、旗袍以及其他民族服装。

在我国，女士在正式的社交场合的礼服是旗袍。穿旗袍时，鞋子、饰物要配套，应当佩带金、银、珍珠、玛瑙等质地的项链、耳坠、胸花等。宜穿与旗袍颜色相同或相近的高跟鞋或半高跟鞋。

(五)肥胖者穿衣小窍门

肥胖者本来身材就臃肿，再配上一件不合体的衣服就更加显胖了。因此肥胖者在衣服的选择搭配上就显得尤为重要。

一般在花色选择上应选用竖条纹、中等大小花型、颜色较深的衣服，可以给人一种轮廓模糊的朦胧感觉。

许多肥胖的人不喜欢穿颜色明亮的衣服，其实大可不必这样，将较明亮的颜色放于上身，会使人不注意您体态较差的下半身。

夹克类的上衣大小要合身，特别是袖圈部分，长度最好在臀部以下，加上长而窄的衣领，可以掩盖形体的不足。

肥胖者服装的样式采用垂直分割法，把胸围、腰围、臀围分割为几部分，利用装饰缝使人产生挺拔秀丽之感。

肥胖者不要穿过于贴身的毛织服装，夹克切忌紧束于腰间。不宜戴对比颜色太鲜明的配件，如腰带、鞋等。同时，应避免选择打褶的或过短的裙子。总之，肥胖者选衣服尽管很难，但只要稍动点儿脑筋，多留意些，定会穿上满意的服装。

三、佩戴首饰的礼仪

近年来随着生活水平的提高，各类饰品越来越受到人们的青睐。优雅得体的穿着，如果再加上富有个性的饰品，会使你增添无穷的魅力。但若想让首饰在服装搭配上锦上添花，就要注意很多的细节问题。首先，首饰的佩戴应当遵从有关的传统和习惯。其次，在社交场合中不戴首饰也可以，戴就不要佩戴粗制滥造之物，最好不要靠佩戴的首饰去标新立异。如果佩戴，总数不宜超过三件。另外，在一般场合，女士们可以样样首饰都戴一戴，而男士佩戴最多的只有结婚戒指一种。场合越正规,男士戴的首饰就应当越少。

(一) 佩戴戒指的礼仪

购买戒指时,须选戴与手指形状、肤色相配的戒指。手指多肉者,适合佩戴一些镶有大蝴蝶或宝石之类没有花纹的戒指;手指短小者,佩戴不粗不大的指环最为合适;手指过长者可戴一朵有花纹或两枚重叠形戒指。如果手背的皮肤呈褐色,戴上金戒指有高雅感,显得比较协调;如果手背肤色偏黑,可选暗褐色或黑色宝石戒指。戒指一般戴在左手上,最多不要超过两个,但当代人戴在右手上也可以。但要注意的是,若戴两个戒指要在左手连着戴或左右对称。

(二) 佩戴项链的礼仪

项链是戴于颈部的环形首饰,男女均可使用,是佩戴时间长、范围广泛的重要首饰,种类十分繁多。但男士所戴的项链一般不应外露且不应多于一条,但可将一条长项链折成数圈佩戴。戴项链时,要与服装、颈部和肤色相协调。夏天因衣着单薄,佩戴金、银、珠宝项链都很美。浅色的毛衫要佩戴深色或艳一些的宝石类项链;深色的毛衫可配紫晶或红玛瑙项链。项链的粗细,应与脖子的粗细成反比。脖子较粗的人应选择较细的项链,脖子较细的人则应选粗一些的。从长度上区分,项链可分为四种:一是短项链,适合搭配低领上装;二是中长项链,可广泛使用;三是长项链,适合女士用于社交场合;四是特长项链,适合女士在隆重的社交场合佩戴。

(三) 佩戴手镯、手链的礼仪

手镯是女性的装饰物,因纤丽精巧,很受现代女性青睐。戴手镯和手链很有讲究。在普通情况下,手链应仅戴一条,并应戴在左手上。在一只手上戴多条手链、双手同时戴手链或手链与手镯同时佩戴,一般是不得体的。在一些地方,所戴手镯、手链的数量、位置,可用以表示婚否。手镯戴在右臂上,表明佩戴者是自由而不受约束的;如果戴在左臂上,表明已经结婚。一般来讲,手链与手镯均不应与手表同戴在一只手上。如果戴手镯、手链和耳环等首饰,一般可以省去项链,或只戴短项链为宜,以免三者在视觉上重复,影响美感。

(四) 佩戴耳环的礼仪

耳环也叫耳坠,是女性耳垂的特殊饰物,种类繁多。在一般情况下,它仅为女性所用,并且讲究成对使用,即每只耳朵均佩戴一只。不宜在一只耳朵上同时戴多只耳环。在国外,男子也有戴耳环的,但习惯做法是只戴左耳,右耳不戴;双耳都戴者,会被人视为同性恋。

佩戴耳环,首先要依据脸型而定。因为利用人的视觉原理,对比耳环的长度,可以改变脸的轮廓。圆脸型适宜戴有坠耳环。长脸型宜佩带大耳环、贴耳式或短坠耳环。方脸型可选择心型、椭圆形、花形的贴耳式耳环。三角形脸可佩带星点状的贴耳式耳环。另外梳长直发型的女性,适合佩戴长链子形的耳环;梳辫式发型的女性,宜佩戴悬垂式的钻石耳环。佩戴耳环还要与服装的样式、面料、色彩相协调。丝绸、轻缎等轻薄面料,应配以贵重、精致的耳环,但与旅游服、休闲服、运动服搭配时,就可以随便些。

(五)佩戴胸针与胸花的礼仪

胸针可别在胸前,也可别在领口、襟头等位置。胸针式样要注意与脸型协调。长脸型宜佩戴圆形的胸针;圆脸型应配以长方形胸针;如果是方脸型,适宜用圆形胸针。

胸花的佩戴有一定的讲究,应根据服装的色彩、面料、款式来选用。白色衣裙配上天蓝色或翠绿色胸花,形成冷调的协调美;红色衣裙配以黄色、本色胸花,形成暖调的和谐美。

(六)其他应注意的问题

佩戴饰品应与穿着相协调,尽量发挥首饰对服装所起的衬托作用。饰品佩戴还应考虑个人的年龄、肤色、身材、身份等特点。身材矮小者,不宜佩戴过多的首饰,可以用一两样点缀一下;身材肥胖者不要佩戴小巧的首饰;头大者不要戴过多的头饰;颈长者宜佩戴项链;颈短者,只宜戴单串的金属项链,或不戴项链而在胸前佩戴光彩夺目的胸花,将人的注意力转移。

从服装上看,色彩艳丽的服装适合与淡雅的首饰相配,色彩深沉单色的服装适合与一些明亮、款式精巧的首饰搭配。编织类的毛衣可选配用玛瑙、紫晶、虎石等制成的项链;穿真丝衬衫或裙装时,佩戴金项链最佳。另外,年纪大的女士要戴一些贵重的、精致的首饰,年轻女士应选择质地好、色泽好、款式新潮的时装首饰。

从环境协调上看,佩戴首饰得分场合和季节。工作时,尽量少佩戴首饰,可选用样式简朴的胸针、耳环、项链等。外出参加重要社交活动时,可佩戴大型胸针、项链和带坠子的耳环等闪光的饰品。年轻的女士在夏季可戴鲜艳的工艺仿制品,冬季则可戴一些宝石、珍珠、金银饰品。

(七)婚礼中佩戴胸花的礼仪

基本上,重要正式场合中的司仪、特别来宾、颁奖人,才有资格戴胸花。在婚礼中,新郎、伴郎、招待、司仪及新娘的父亲都需要佩戴胸花。新郎的胸花,通常是新娘捧花中的主花,这是在选择新娘捧花时,也需要列入考虑的要件之一。传统上,新郎将捧花送给新娘,然后新娘自捧花中摘下一朵,别在新郎的胸前。其他来宾的胸花,以简单、小巧为原则。一般一朵花再加上一些搭配的满天星类的小花就够了,不要让胸花变成一束花,胸花的花梗也不可太长。胸花一般都是别在西装外套的左领。不过现在胸花别在右领也不算失礼。如果没有现成的扣眼可放,胸花置于西装领上,花梗垂直向下,对准鞋子的位置别好即可。

四、仪容的礼仪

"内正其心,外正其容"。个人礼仪的首要要求就是仪容美,它是仪表问题的重中之重。在人际交往中,一个人的仪容不仅会引起交往对象的特别关注,还会影响到交往对象对自己的整体评价。因此,我们必须时刻不忘对自己的仪容进行必要的修饰和整理。这既是对他人的尊重,也是对自己的尊重。

1960年9月,肯尼迪和尼克松在电视上举行他们竞选总统的第一次辩论。当时,大多数评论员预料,尼克松素以经验丰富的"电视演员"著称,一定可以击败比他缺乏电视演讲经验的肯尼迪。但事实并非如此。原因是肯尼迪事先进行了练习和彩排,还专门跑到海滩晒太阳,养精蓄锐。结果他在屏幕上满面红光,精神焕发,挥洒自如。而尼克松除了没有听从电视导演的规劝和十分疲劳之外,更失策的是面部化妆用了深色的粉,因而在屏幕上显得精神疲惫,声嘶力竭。竞选结果出人意料,肯尼迪胜出。肯尼迪的仪容仪表起了非常大的作用,可见,仪容仪表的作用是不容忽视的。

(一) 操持面部的清洁干净

脸部。要做到仪容整洁干净,就要注意细节的修饰和长年累月的坚持不懈。若一个人脸上常有灰尘、污垢,难免会让人感觉又脏又懒。因此,除了早晚洗脸之外,只要有必要,就应随时随地抽出一点时间洗脸净面。值得注意的是要对各个不同的部位进行修饰,这样才能达到最佳的效果。

眼睛。眼屎给人的印象很不雅,应及时将其清除。如果觉得自己的眉毛不雅观,可以进行必要的修饰,但不要剃去所有的眉毛。另外,戴眼镜不仅要美观、舒适,而且还应随时对其进行清洗,保持镜面的干净。

耳朵。耳垢虽然不易看到,但却不要忘记对其清除,在洗澡、洗脸时,不要忘了顺便清洗一下耳朵。必要时,还须清除耳孔之中不洁的分泌物,但不要在他人面前这么做。有些人,特别是上了年纪的人,耳毛长的较快,甚至还会长出耳孔之外。因此在必要之时,应对其进行修剪。

鼻子。在人际交往中,偶尔有一两根鼻毛露出,是很会破坏他人对自己的印象的,因此,应当注意经常检查和修剪鼻毛,但当众拔鼻毛是很不雅的行为。除此之外,还应保持鼻腔清洁,不要让异物堵塞鼻孔,或是让鼻涕任意流淌。不要随处吸鼻子,更不要在他人面前挖鼻孔。

嘴及其他部位。修饰上的基本要求就是要牙齿洁白,口腔无味。要做到这一点,就要坚持每天饭后漱口,以除去异物、异

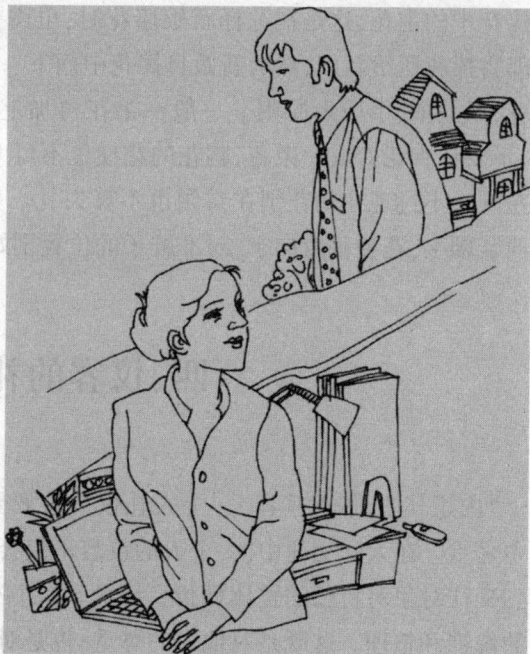

仪容的礼仪

味。还要经常采用爽口液、牙签、洗牙等方式方法保护牙齿。在重要应酬之前应忌食葱、蒜、臭豆腐之类气味刺鼻的东西。在交际场合,男士若无特殊宗教信仰或民族习惯,最好不要留长须,应经常注意定时剃须,使自己容光焕发,充满活力。女士若因内分泌失调而长出类似胡须的汗毛,则应及时治疗,并予以清除。

(二)保持发型的清爽、美观

头发是构成仪容的重要内容。美观的发型能给人一种整洁、庄重的感觉。根据自身的条件修饰头发,选择合适的发型,可以扬长避短,增加人体的整体美。

保持头发的整洁是首要的问题,所以应当自觉地做好日常护理。弄得自己蓬头垢面,满头油味,发屑随处可见,是很损坏个人形象的。因此不论有无交际活动,平日里都要对自己的头发勤于梳洗。

头发从礼仪角度和审美角度看,仍受到若干因素的制约,不可以一味地只讲自由与个性,而不讲规范。职业对头发的长度影响很大。商界对头发的长度大都有明确限制:女士头发不宜长过肩部,必要时应以盘发、束发作为变通;男士不宜留鬓角,发帘最好不要触及衬衫领口。

在社会生活里,人们的身份不同、工作环境不同、职业不同,发型也应有所不同。在工作场合抛头露面的人,发型应当传统、庄重、保守一些;在社交场合频频亮

相的人,发型则应当个性、时尚一些。

(三)修饰手臂的礼仪

手臂是人际交往中动作最多的一个部位,其中手是接触其他人、其他物最多的部位,因此出于清洁、卫生的考虑,应当勤于洗手。另外,手指甲应当定期修剪,如果在指甲周围产生死皮,应立即将其修剪掉,不要用手去撕,或用牙去咬。若手上长癣、生疮,应避免与他人接触,否则会令他人产生不快或反感。

因个人生理条件的不同,手臂上的汗毛生长得过浓、过长,会有碍观瞻,最好采取适当的方法进行脱毛。根据现代人着装的具体情况,腋毛是不应该为对方所见的,女士特别要注意这一点。在正式场合,不要穿着会令腋毛外露的服装,而在非正式场合,若想穿着暴露腋窝的服装,则务必先行脱去或剃去腋毛。

(四)修饰腿部的礼仪

在正常情况下,应注意保持腿部的卫生。鞋子、袜子要勤洗勤换,脚趾甲要勤于修剪,除去死指甲,脚指甲不要留有污垢,或是长于脚趾趾尖。在正式场合,不允许男士的着装暴露腿部,女士可以穿长裤、裙子,但不得穿短裤,或是暴露大部分大腿的超短裙。在正式场合,女士的裙长应过膝部以下,不允许光着大腿不穿袜子,尤其不允许将光着的大腿暴露于裙子之外。

(五)职业女性发型的选择

短直发:要稍微长一点,不要太辣妹了,前面的刘海要小心,切忌蓬乱。

长直发:注意保持长发的干净和光亮。否则的话,会显得非常邋遢。

短卷发:选用适合你发质的护发产品,保持头发的整洁和服贴。

长卷发:给头发一点蓬松感觉,但要注意,通过将头发分层剪,既便于整齐,又便于收拾。

协调你的发型风格和办公环境。从事不同职业的人,可以有不同的风格。如果你在网站工作的话,年轻些、狂野些的发型就不会受到指责;但如果是在律师事务所或银行的话,你的发型最好就老实点、专业点。

短发给人干练的感觉,不过,长头发收拾好了,也一样有职业化的感觉。只要干净、没有披散在脸上或肩上,一样非常干练。例如,你可以把美丽的长发编起来,再配上雅致的发卡装饰。

放弃那些闪亮的发饰,把那些可爱的亮色的美丽装饰品留给 Party 吧。选用一些自然色或深色的发饰,而它们的功能也只是在于帮助维持你头发的整洁。发带和工作场所也不太协调,总给人天真和没有经验的感觉。

（六）化妆的礼仪

化妆，是修饰仪容的一种高级方法，它可以使自己的容貌变得更加靓丽。在人际交往中，进行适当的化妆是必要的。恰到好处的化妆，可以更加充分地展示女性容貌上的优点。

（七）女性在化妆时要注意的问题

1.化妆浓淡要适宜

化妆的浓淡要视时间、场合而定。工作时间，一般以化淡妆为宜。如果白天也浓妆艳抹，香气四溢，难免给人的印象欠佳。但在夜晚的休闲时间，不论浓妆还是淡抹，都是比较适宜的。化妆的浓淡还应当考虑到场合问题。人们在节假日大多是要化妆的，但是在外出旅游或参加游乐活动时，最好不要化浓妆。

2.化妆要注意场合

一般情况下，女士不要在公共场所化妆。但有些女士对自己的装饰和形象十分在意，不论是在什么时候，一旦有了空闲，就抓紧时机补妆。殊不知在众目睽睽之下修饰面容是没有教养的行为，是十分失礼的，既有碍于人，也不尊重自己。如真有必要化妆或补妆，一定要到洗手间去或化妆间完成，切莫当众化妆。

3.不要评论他人的妆容

由于民族、肤色的差异，每个女士的妆容都不尽相同。因此，不要非议他人的妆容，更不要以为自己的妆容才是最好的。对外宾的妆容不要指指点点，也不要同外宾切磋化妆技巧。有的女士强人所难和热情过了头，以打扮别人为一大乐事，主动为人家化妆、改妆或修饰，会让他人感到非常的为难。

4.不要借用他人的化妆品

女性平时不要去借用他人的化妆品，因为这既不卫生又不礼貌。除非有时可能忘了带化妆盒，却偏偏需要化妆，在这种情况下，在他人自愿为你提供方便的前提下，才可以借用他人的化妆品。

5.给皮肤做好基础的保养

众所周知，任何化妆品都有一定量的化学物质，这些化学物质对皮肤多少都会有不良的刺激。面部的皮肤是很娇嫩的，任何不科学的外部刺激都会使它受到不同程度的损伤。所以职业女性还应该懂得一些基本皮肤护理知识，给皮肤做好基础保养。

（八）妆容与整体效果的搭配

妆容与服饰的色彩和风格相协调。粉底霜、眼影色、腮红、口红等颜色是以未化过妆的皮肤颜色为基础添加上去的。在设计面部彩妆时,应该和服装、首饰一起进行整体考虑,才能相得益彰。

妆容要与场合气氛统一。参与不同的活动,出席不同的场合,对女士的妆容有不同的要求。职业女性的工作妆应以淡雅、清新、自然为宜。工作中在脸上涂一一层厚厚的粉底,嘴唇鲜红耀眼,让人觉得格格不入。因此,在办公室及商务会谈的场合,不太适合浓妆艳抹。而在宴会中女性不化妆或过于淡妆素裹会让人觉得不能融入环境,会被认为不懂礼貌。另外,随着时间的改变,女性化妆应有相应的变化。白天自然光下,一般女性略施粉黛即可;浓妆,多为参加晚间娱乐活动的女性的装扮。

办公室的化妆礼仪。职业女性在上班前淡淡地化一下妆,不仅给生活增添光彩,而且能使自己更充满活力和信心。当然化妆的效果要与办公室的工作环境相称,给人理智明快的印象。办公室的女性,要求仪容大方得体,衣着打扮、妆容发型,无论色彩还是式样,都不应显得过于活跃,应与性格、修养、气质和工作环境相统一。另外,女士最好不要使用大量浓香型的香水和香粉,把自己搞得香气四溢,这样会让人在电梯和会议室等通风不良的地方感到难受、憋闷。

(九)不同脸型的化妆技巧

脸部化妆不仅要突出面部五官最美的部分,使其更加美丽,还要掩盖或矫正有缺陷或不足的部分。

1.圆形脸

对于圆形脸,胭脂的涂抹可从颧骨起涂至下颌部。上嘴唇可用唇膏涂成浅浅的弓形。可用暗色调粉底,沿额头靠近发际处起向下窄窄的涂抹,至颧骨部下可加宽涂抹的面积,造成脸部亮度自颧骨以下逐步集中于鼻子、嘴唇、下巴附近部位。眉毛可修成自然的弧形,可做少许弯曲。

2.椭圆形脸

对于椭圆形脸,化妆时宜注意保持其自然形状。胭脂应涂在颊部颧骨的最高处,然后向上向外揉化开去。唇膏应尽量按自然唇形涂抹,眉毛可顺着眼睛的轮廓修成弧形,眉头应以内眼角为齐,眉尾可稍长于外眼角。

3.方形脸

胭脂的涂抹宜与眼部平行,不要涂在颧骨最突出处。可用暗色调粉底在颧骨最宽处造成阴影。下颚部宜用大面积的暗色调粉底制造阴影,从而改变面部轮廓。唇膏可涂丰满一些,增加柔和感。眉毛宜修得稍宽一些,眉形可稍带弯曲,不宜有角。

4.长形脸

胭脂的涂抹应注意离鼻子稍远些,从而可以在视觉上拉宽面部。涂抹时,可沿颧骨的最高处与太阳穴下方所构成的曲线部位,向外、向上抹开去。双颊下陷或者额部窄小者,应在双颊和额部涂以浅色调的粉底造成光影,使之看起来丰满一些。在修正眉毛时应令其成弧形。

5.倒三角形脸

胭脂的涂抹应在颧骨最突出处,而后向上、向外揉开。可用较深色调的粉底涂在过宽的额头两侧,而用较浅的粉底涂抹在两腮及下巴处,造成掩饰上部、突出下部的效果。宜用稍亮些的唇膏来加强柔和感,唇形宜稍宽厚些。眉毛应顺着眼部轮廓修成自然的眉形,眉尾不可上翘,描时从眉心到眉尾宜由深渐浅。

6.三角形脸

胭脂的涂抹可由外眼角处起,向下抹涂,令脸部上半部分稍做拉宽。可用较深色调的粉底在两腮部位涂抹、掩饰。眉毛宜保持自然状态,不可太平直或太弯曲。

(十)参加舞会或文艺比赛的化妆礼仪

化妆最重要的是在于根据自身的职业性质、年龄、场合对化妆技巧进行选择和取舍。在办公室、舞会等重要的仪式上的妆容应该是不一样的。但是现在,很多女士常常是以一个妆容示人,这是不可取的。一般的舞会应该采用淡妆。淡妆的特点是自然、大方。当你参加文艺比赛时,为了适应舞台强烈的灯光就必须化浓妆了。化浓妆时一定要慎重,要掌握住深浅、浓淡的程度,不要太夸张了。浓妆与淡妆只是相对而言,如果掌握不好就将破坏比赛效果。化妆前,首先注意舞台灯光亮度,然后确定妆容色调的深浅。一般这样的场合,最好能够邀请专门的化妆师来帮忙,以免妆容欠佳,影响比赛效果,如果没有这样的条件,就应当首先注意灯光亮度。

五、微笑的礼仪

笑是眼、眉、嘴和颜面动作的集合,是一种令人感觉愉快的面部表情,它是最美好的形象。在千变万化的面部表情中,微笑是最美的,它可以缩短人与人之间的心理距离,为深入沟通与交往创造和谐的氛围。在人们越来越渴望得到他人尊重的今天,微笑成为人际交往中不可缺少的礼节。因此,我们在工作与生活中,若想营造良好的交际氛围,获得良好的人际关系,就要尽量地把真诚友好的微笑奉献给他人。

美国"旅馆大王"希尔顿于1919年把父亲留给他的1.2万美元连同自己挣来的几千元投资出去，开始了他雄心勃勃的旅馆经营生涯。当他的资产从1.5万美元奇迹般地增值到几千万美元的时候，他欣喜自豪地把这一成就告诉母亲，想不到，母亲却淡然地说："依我看，你跟以前根本没有什么两样，事实上你必须把握比5100万美元更值钱的东西。除了对顾客诚实之外，还要想办法使来希尔顿旅馆的人住过了仍流连忘返，你要想出这样的简单、容易、不花本钱而行之久远的办法去吸引顾客。这样你的旅馆才有前途。"母亲的忠告使希尔顿陷入迷惘:究竟什么办法才具备母亲指出的"简单、容易、不花本钱而行之久远"这四大条件呢？于是他逛商店、串旅店，以自己作为一个顾客的亲身感受，得出了准确的答案:"微笑服务。"这实实在在的同时具备母亲提出的四大条件。从此，希尔顿实行了微笑服务这一独创的经营策略。每天他对服务员的第一句话是:"你对顾客微笑了没有？"他要求每个员工不论如何辛苦，都要对顾客投以微笑，即使在旅店业务受到经济萧条的严重影响的时候，他也经常提醒职工记住:"千万不要把自己的冷面孔摆在脸上，无论旅馆本身遭受的困难如何，希尔顿旅馆服务

微笑的礼仪

员脸上的微笑永远都是最灿烂，最温暖的。"因此，经济危机后幸存的20%的旅馆中，只有希尔顿旅馆服务员的脸上带着微笑。当经济萧条刚过，希尔顿旅馆就率先进入新的繁荣时期，跨入黄金时代。其中微笑服务是他们的制胜法宝。

(一) 微笑的方式

微笑的方法是以额肌收缩，眉位提高，眼轮匝肌放松;两侧颊肌和颧肌收缩，肌肉略隆起;两面侧笑肌收缩，稍微下拉，口轮匝肌放松;嘴角微微上提，嘴唇呈半开半闭状，不露齿为最佳。

微笑的基本做法是不发声、不露齿、肌肉放松，嘴角两端向上略微提起，面含笑意，使人如沐春风。微笑须发自内心。当一个人心情愉快、兴奋或遇到高兴的事情

时,都会自然地流露出这种笑容。这是一种内心情感的自然流露。发自内心的微笑既是一个人自信、真诚、友善、愉快的心态的表露,同时又能营造明朗愉快和亲切的交际氛围。而矫揉造作的微笑,给人一种不真诚、不友善的感觉,也会给我们的工作与交往带来阻碍与阴影。

微笑是人们交往中最富有吸引力、最有价值的面部表情,但也要注意区分场合,要笑得得体、笑得适度,这样才能充分表达最美好的感情。与人初次见面,给对方一个亲切的微笑,会拉近双方的心理距离,消除双方的拘束感;与朋友同事见面打招呼,带点微笑,显得和谐、融洽;上级给下级一个微笑,会让人感到平易近人。正式场合的笑容要适度,故意遮饰笑容、抑制笑容不但有损美感,而且有碍身体健康。而放声大笑或无节制的笑同样不雅,无原因的边看别人边哈哈大笑,更为无礼。在各种场合只有恰如其分地运用微笑,才能达到传递情感的目的。

(二)笑容的禁忌

忌冷笑。有讽刺、不满、不以为然的意味,容易让人产生敌意。

忌假笑。违背笑的真实性原则,不但毫无价值还让人厌烦。忌怪笑。这种笑多含有恐吓、嘲讽之意,让人十分反感。

忌窃笑。多表示洋洋自得、幸灾乐祸或看他人的笑话。

忌狞笑。多表示惊恐、愤怒或吓唬他人。

(三)面试中的微笑礼仪

微笑表明自己心底坦荡,善良友好,待人真心实意,而非虚情假意,使人在与其交往中自然放松,不知不觉地缩短了心理距离。面带微笑,表明对自己的能力有充分的信心,以不卑不亢的态度与人交往,使人产生信任感,容易被别人真正地接受。若面露平和欢愉的微笑,说明心情愉快,充实满足,乐观向上,善待人生,这样的人才会有吸引主考官的魅力。主考官会认为你能在工作岗位上保持微笑,说明你热爱本职工作,乐于恪尽职守。由此可见,笑容是所有身体语言中最直接有利的一种。在面试中,只要把握每个机会展露自信而自然的笑容,就会获得更多的成功机会。

六、站姿的礼仪

站姿无论是在社交场合,还是在日常交往中,都是一种最基本的举止。站立是静态造型的姿态,是优美仪态的起点,因此,站姿不仅要挺拔,还要优美典雅。站姿的基本要求是"站如松",基本要领是头平正,双肩平,两眼平视,下颌微收,面带微笑,挺胸,收腹,立腰,双肩放松,双臂自然下垂,双手在背后交叉或体前交叉,双腿直立。

(一)站姿的规范方式

两脚跟靠拢,身体重心主要落于脚掌、脚弓上。脚尖开度为 45 度至 60 度,两脚并拢立直,髋部上提。

两肩放松,气下沉,自然呼吸。两手臂放松,自然下垂于体侧,虎口向前,手指自然弯曲。

腹肌、臀大肌微收缩并向上挺,臀、腹部前后相夹,髋部两侧略向中间用力。脊椎、后背挺直,胸略向前上方挺起。

脖颈挺直,头顶上悬。下颌微收,双目平视前方。

(二)站姿的注意事项

(1)站立时,以鼻子为中线的人体应大体成直线,使竖看有直立感;肢体及身段应给人舒展的感觉,使横看有开阔感;从耳至脚踝骨应大体成直线,使侧看有垂直感。

(2)站立交谈时,身体不要倚门、靠墙、靠柱。双手可随说话的内容做一些伴随手势,但动作不能太多、太大,以免显得粗鲁。不要将手插入裤袋或交叉抱在胸前,更不能下意识地做小动作。

(3)站立时不应东倒西歪、两脚间距过大、耸肩驼背、左摇右晃。

(三)不同场合的站姿要求

在升国旗、接受奖品、致悼词等庄严的仪式场合,应采取严格的标准姿态,而且神情要严肃。

主持文艺活动、联欢会时,可以将双腿并拢站立,女士可以站成丁字步,让站姿显得更加优美。

礼仪小姐的站立,一般采取丁字步或立正的姿势。若是双手端物品时,上手臂应靠近身体两侧,但不必夹紧,下颌微收。

侍应人员因站立时间很长,因此双腿可以平分站立,双腿分开不宜超过肩。双手可以交叉或前握垂放于胸前,但要注意收腹。

(四)优美站姿的练习方法

单人训练法:背靠墙,脚跟离墙 3 厘米,臀、肩及头贴着墙,用力吸气、收腹,腹部肌肉有力缩回,使腰背贴墙。每次坚持训练 15~20 分钟。

双人训练法:两人为一组,背靠背站立,要求两人脚跟、小腿、臀部、双肩、后脑勺都贴紧,每次训练坚持 15~20 分钟。要使身体的形态完美,反复练习比什么都有效,贵在坚持。

七、坐姿的礼仪

坐姿往往是人们采用最多的姿态,坐相的好坏直接影响到你在他人心目中的形象。优雅的坐姿传递着自信、友好、热情的信息,同时也显示出高雅庄重的良好风范。

(一)就座时的礼仪

入座时走到座位前,转身后把右脚向后撤半步,轻稳坐下,然后把右脚与左脚并齐,坐在椅上。上体自然挺直,头正,表情自然亲切,目光柔和平视,嘴微闭,两肩平正放松,两臂自然弯曲放在膝上,也可以放在椅子或沙发扶手上,掌心向下,两脚平落地面,起立时右脚先后收半步然后站起。

一般来说,在正式社交场合,要求男性两腿之间可有一拳的距离,女性两腿并拢无空隙。两腿自然弯曲,两脚平落地面,不宜前伸。在日常交往场合,男性可以跷腿,但不可跷得过高或抖动,女性大腿并拢,小腿交叉,但不宜向前伸直。

要想坐姿更加的优美,入座时就要轻柔和缓,就座时不可以扭扭歪歪,两腿过于叉开,不可以高跷起二郎腿,若跷腿时悬空的脚尖应向下。坐下后不要随意挪动椅子、腿脚不停地抖动。女士着裙装入座时,应用手将裙装稍稍拢一下,不要坐下后再站起来整理衣服。在正式场合与人会面时,不可以一开始就靠在椅背上。就座时,一般至少坐满椅子'的三分之二,不可坐满椅子,也不要坐在椅子边上过分前倾。

(二)离座时的礼仪

1.礼貌声明

离开座椅时,身边如果有人在座,应该用语言或动作向对方先示意,随后再站起身来。

2.注意次序

和别人同时离座,要注意起身的先后次序。要优先尊长,即地位低于对方时,应该稍后离座。地位高于对方时,可以首先离座。双方身份相似时,可以同时起身离座。无论如何,抢先离座都是失态的表现。

3.动作轻缓

离座时要注意礼仪序列,不要突然起身离座时,惊吓他人,最好要动作轻缓。不要因为不注意而弄出响声或将椅垫、椅罩弄掉在地上。

4.从左离开

"左出"是一种礼节。不论是从正面、侧面还是背面走向座位,通常都讲究从左侧一方离开自己的座位。

(三)座位高低不同时的坐姿礼仪

正常的座位:两脚尽量向后左方,让大腿和你的上半身成 90 度以上角度,双膝并拢,再把右脚从左脚外侧伸出,使两脚外侧相靠,这样不但雅致,而且显得文静而优美。

较高座位:上身要正直,但可以跷大腿。其方法是将左腿微向右倾,右大腿放在左大腿上,脚尖朝向地面,不要右脚尖朝天。

较低座位:轻轻坐下,臀部后面距座椅背约 2 厘米,背部靠座椅靠背。若穿的是高跟鞋,坐在低座位上,膝盖会高出腰部,应当并拢两腿,使膝盖平行靠紧,然后将膝盖偏向对话者,偏的角度应根据座位高低来定,但以大腿和上半身构成直角为标准。

(四)最为常用的坐姿礼仪

1.正襟危坐

上身与大腿、大腿与小腿、小腿与地面,都应当成直角。双膝双脚完全并拢。这种坐姿是最基本的坐姿,适用于最正规的场合。

2.大腿叠放

两条腿的大腿部分叠放在一起。叠放之后位于下方的一条腿垂直于地面,脚掌着地。位于上方的另一条腿的小腿则向内收,同时脚尖向下。这种坐姿多适用男士在非正式场合采用。

3.垂腿开膝

上身与大腿、大腿与小腿都成直角,小腿垂直于地面。双膝分开,但不能超过肩宽。这种坐姿较为正规,多为男士所使用。

4.双腿叠放

将双腿完全地一上一下交叠在一起,交叠后的两腿之间没有任何缝隙,犹如一条直线。双腿斜放于左或右一侧,斜放后的腿部与地面呈 45 度角,叠放在上的脚尖垂向地面。这种坐姿适合于身份地位高的人士,或穿短裙子的女士采用。

5.双脚交叉

双膝先要并拢,然后双脚在踝部交叉。交叉后的双脚可以内收,也可以斜放,但不宜向前方远远直伸出去。这种坐姿适用于各种场合,男女都可选用。

6.双腿斜放

双膝先并拢,然后双脚向左或向右斜放,力求使斜放后的腿部与地面呈45度角。这种坐姿适用于穿裙子的女士在较低处就座使用。

7.前伸后屈

大腿并紧之后,向前伸出一条腿,并将另一条腿屈后,两脚脚掌着地,双脚前后要保持在同一条直线上。这种坐姿是适用于女性的一种优美的坐姿。

8.双脚内收

两大腿首先并拢,双膝略打开,两条小腿分开后向内侧屈回。在一般场合采用,男女都比较适合。

(五)女人坐姿的讲究原则

女人坐着的时候,怎样让人看上去是充满了吸引力呢?坐是以臀部做支点,借此减轻脚部对人体的支撑力,坐是日常生活、社交的姿势之一。因此,端庄、优雅、舒适的坐姿对女人很重要。

那么什么样的坐姿可使女性显得稳重端庄、落落大方呢?以下是优美坐姿的要领:

1.面带笑容,双目平视,嘴唇微闭,微收下颌;

2.立腰、挺胸,上身自然挺直;

3.双肩平正放松、双臂自然弯曲放在膝上,亦可放在椅子或沙发扶手上,掌心朝下;

4.双膝自然并拢,双腿正放或侧放,双脚并拢或交叠;

5.谈话时,可能有所侧重,此时上身与腿同时转向一侧。

正确的坐姿与正确的站姿一样,关键在于腰。不论怎么坐,腰部始终应该挺直,放松上身,保持端正坐姿。另外,优美坐姿要与场合、环境相适应。

八、行走的礼仪

古人有言:"中国有礼仪之大,故称夏;有服章之美,故称华。"中国,素有礼仪之邦的美誉,中国人遵守礼仪亦是源远流长。在公共场所步行时,需自尊自爱,以礼待人。走路是一项必不可少的举止行为,因此走路不但要遵守交通规则,还有一些基本的礼仪要求应当遵守。

(一)走姿的基本要求

1.脊背与腰部要伸展放松,脚跟要首先着地,并走出直线。靠道路的右侧行走,遇到同事要主动问好。

2.走路时上身自然挺拔,双目向前平视,微收下颌。挺胸、收腹、立腰,重心稍向前倾,大臂带动小臂自然前后摆动。

3.步行时,跨出的步子应是全部脚掌着地,膝和脚腕不可过于僵直,应该富有弹性,膝盖要尽量绷直,双臂应自然轻松摆动,从而使步伐有节奏感。

(二)根据着装的变化掌握不同的步态

1.穿西装时要注意挺拔,保持后背平直,两脚立直,走路的步伐可略大些。手臂放松,伸直摆动,不能晃肩,髋部不要左右摇摆。

2.穿旗袍时要求身体挺拔,下颌微收,走路幅度不要过大,两手臂在体侧摆动不宜过大。

3.穿长裙时走路要平稳,步幅可稍大些,保持裙摆的摆动与脚步协调。

(4)穿短裙时,行走步幅不宜过大,速度可稍快。

(三)行走的礼仪

在公路上行走时,要自觉地走人行道,不要走行车道,还应自觉让出专用的盲道。无人行道时,应尽量走路边。在道路上行走时,按惯例应自觉走在右侧一方,不可逆行左侧一方。

走路时切不可做一个失礼的莽汉。多人一起步行,尤其是与尊长、异性一起在较为正式的场合步行时,一定要注意位置的具体排列应符合礼仪。多人并排行走时,其规则是:两人时,以右为尊,以内侧为尊;以左为卑,以外侧为卑。并行者多于三人时,以居中者为尊。多人单行行走时,以前为尊,以后为卑。所以,要尽量让尊长者或女性走中间和内侧。

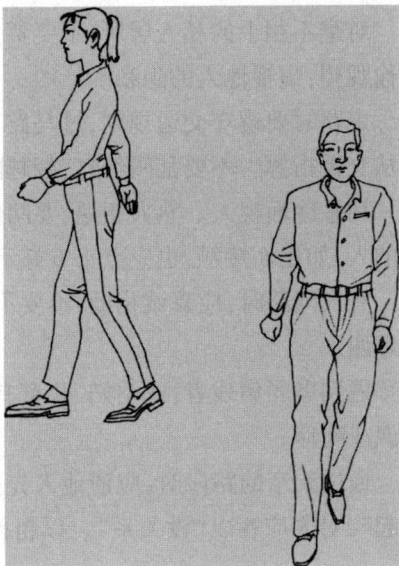

行走的礼仪

中国民俗文化精粹

·礼仪节俗·

图文珍藏版

走路时忌多人携手并肩前行,那样会阻碍别人行走,而且还不利于交通安全,当走在狭窄的道路时,很容易被来往的车辆剐到。

在道路上行走时,行动不要太慢,应该保持一定的速度,以免阻挡身后的人,更不要在路上停留、休息或与人长谈。

走路时不要吃零食,这样不仅吃相不雅,也不卫生,而且,还有可能给其他行人造成不便,妨碍他人。不要认为走路吸烟是一种帅气的行为,那样其实会令人望而生厌。

走路时不要随手乱丢废弃物,应将废弃物品投入专用的垃圾箱。

走路时需要清嗓子、吐痰,应在旁边无人时,将痰吐在纸巾里包好,然后投入垃圾箱,不要将其咽下,更不能随地乱吐,也不能直接吐入垃圾箱。

恋人或夫妻一起走路时,不应有勾肩搭背、搂搂抱抱等不雅举止,不能表现得过分亲密。因为这种行为极不自重,而且令旁人鄙视。

街头发生冲突时,切莫围观、起哄,应劝阻。对于陌生的异性,不要频频回首顾盼,更不能尾随其后进行骚扰。

对公共场所的各种设施、物品,要自觉爱护。不要攀折树木、采折花卉,践踏绿地、草坪,或在墙壁上信手涂鸦、划痕。

对毫不相干的私人居所,不要贸然上前打扰,不要在别人家的门口、窗口、墙头偷偷观望,窥视他人的隐私。

走路时要遵守交通规则,过马路要走人行道、天桥或地下通道,要看红绿灯或听从交警指挥。不要乱闯红灯,翻越隔离栏,或在马路上随意穿行。

切忌冷面视人。熟人相遇,要问候,要用适当的方式与对方打个招呼。对不相识的人,如正面接触,也应点头友好示意。

有人问路时,应真诚相助,不要不理睬。向他人问路,事先要用尊称,事后要微笑致谢。

遇到老弱病残者,或孕妇、儿童有困难时,应主动上前帮忙,不要歧视,更不要讥讽或呵斥。

通过狭窄的路段时,应请他人先行。在拥挤处不小心碰到别人,要立刻说"对不起",对方应答以"没关系"。以粗鲁的态度予以回复,是非常不礼貌的行为。

(四)女性优美走姿的禁忌

最忌内八字和外八字;

忌弯腰驼背、歪肩晃膀、头部前伸;

走路时不扭腰摆臀,左顾右盼;

忌脚蹭地面,上下颤动;

忌边走路边指指点点,对别人评头论足。

以上这些禁忌动作既有失大雅,又不礼貌。如果想做一个有魅力的女性,就要留意自己的姿态。

九、手势的礼仪

手是人的身体上最灵活自如的一个部位,所以手势是举止仪态礼仪之中最丰富、最有表现力的。不同的手势所构成的手势语也不尽相同,千变万化,十分复杂。在不同国家、不同地区、不同民族,由于文化习俗的不同,手势的含义也有很多差别,甚至同一手势表达的含义也不相同。因此,手势的运用只有合乎礼仪,才不至于无事生非。

(一)几种常用的手势语

前摆式手势语。五指并拢,手掌伸直,自身体一侧由下向上抬起,以肩关节为轴,手臂稍曲,到腰的高度在身前右方摆到距身体 15 厘米处时停止。若右手拿着东西或扶着门时,这时要向宾客做向右"请"的手势时,可以用这种手势语。

直臂式手势语。手指并拢,掌伸直,屈肘从身前抬起,向应到的方向摆去,摆到肩的高度时停止,肘关节基本伸直。需要给宾客指方向时,可采用这种手势语。

横摆式手势语。五指伸直并拢,手掌自然伸直,手心向上,肘微弯曲,腕低于肘。以肘关节为轴,手从腹前抬起向右摆动至身体右前方,并与身体正面成45度角时停止。同时,脚站成右丁字步。头部和上身微向伸出手的一侧倾斜,另一只手下垂或背在背后,面带微笑。在商界场合中在表示"请""请进"时常用这种手势语。

双臂横摆式手势语。当来宾较多时,表示"请"可以动作大一些,这时候可采用双臂横摆式手势语。即两手从腹前抬起,手心向上,同时向身体两侧摆动,摆至身体的侧前方,上身稍前倾,微笑施礼,向大家致意,然后退到一侧。

斜摆式手势语。手先从身体的一侧抬起,到高于腰部后,再向下摆去,使大小臂成一斜线。请客人就座时,手臂摆向座位的地方时,可使用这种于势语。

(二)几种手势的不同解释

掌心向下的招手动作。在我国,向别人招手,并要求他向你走过来,一般为掌心向下,手掌上下轻微晃动;但在美国这是叫狗的动作。

跷起大拇指手势。在我国和一些国家,这一手势一般都表示顺利或夸奖别人。

但也有很多例外:在美国和欧洲部分地区,表示要搭车;在德国表示数字"1";在日本表示"5";在澳大利亚就表示骂人。与别人谈话时将拇指翘起来反向指向第三者,即以拇指指腹的反面指向除交谈对象外的另一人,是对第三者的嘲讽。

V型手势。这种手势表示"胜利"。在我国过去表示"二";在英国、新西兰等国家,手心向外的"V"型手势是表示胜利。若手心向内,就变成骂人的手势了。

举手致意。举手致意也叫挥手致意,用来向他人表示问候、致敬、感谢。当你看见熟悉的人,又无暇分身的时候,就举手致意,可以立即消除对方的被冷落感。要掌心向外,面对对方,指尖朝向上方,伸开手掌。

OK手势。拇指、食指相接成环形,其余三指伸直,掌心向外。这种手势在美国表示"了不起、顺利"的意思;在日本、韩国,则表示金钱;在泰国表示"没问题";在法国表示"零"或"毫无价值"。

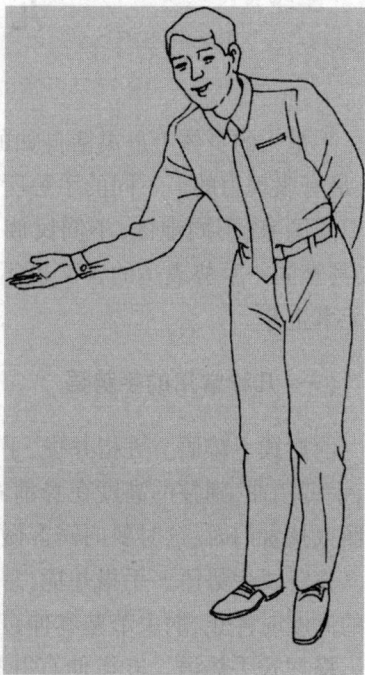

手势的礼仪

(三)手势语中的禁忌

掌心向下挥动手臂,勾动食指或除拇指外的其他四指招呼别人,用手指指点他人等,这是非常失敬于人的手势。

在他人面前掏耳朵、搔头皮、抠鼻孔、剜眼屎、剔牙齿、摸脚丫、抓痒等手势很不卫生,不仅是不当之举,而且也极为令人反感。

在公共场合,双手小动作过多,或是咬指尖、抬胳膊、折衣角、挠脑袋、抱大腿等手姿,都是不稳重的手姿。

(四)足球裁判的手势礼仪

单臂侧平举。直接任意球,明确指向踢球方向。

单臂上举,掌心向前。间接任意球,此手势应持续到球踢出后,并被场上其他队员触及或成死球时为止。

单臂向前斜下举。球门球,指向执行球门球的球门区。

单臂斜上举。指向执行角球的角球区。

单臂向前斜下举。罚点球,明确指向执行罚点球的罚球点。

双臂前举,手臂向前稍做连续挥动。示意继续比赛,队员犯规后,裁判员运用有利条款而不判罚时,应给以继续比赛的手势。

十、表情的礼仪

表情在非语言符号中,是最丰富的,也是最具有表现力的。人们通过面部表情的变化,来表达出内心的真实感受,它能生动充分地展现人类的各种情感。因此,在交际中应根据特定场合和需要,恰当地运用表情的礼仪。

(一) 眼神的礼仪

眼睛是人类面部的感觉器官之一,最能有效地传递信息和表情达意。社交活动中,眼神运用要符合一定的礼仪规范,不了解它,往往被人视为无礼,给人留下坏的印象。

在与人交谈时,目光应该注视着对方。但应使目光局限于上至对方额头,下至对方衬衣的第二粒纽扣,左右以两肩为准的方框中。如果对对方的讲话感兴趣,就要用友善的目光正视对方的眼区。另外,不能将目光长时间地集中在对方的脸上或身体的某一部位,特别是初次见面或与异性见面。在不太亲密的交往对象之间,长时间地直盯着对方,是一种失礼行为。

自己若想要中断的话,可以有意识将目光稍微转向他处。当对方说了错误的话显得拘谨时,不要马上转移自己的视线,相反,要继续用柔和理解的目光注视对方,否则,被别人误解为嘲笑他。当双方缄默不语时,不要再看着对方,以免加剧尴尬局面;谈得很投入时,不要东张西望,否则别人会误认为你已经不耐烦了。

当你被介绍与人认识时,眼睛要看着对方脸部,但不能将对方上下打量。有求于对方或者等待对方回答时,眼睛略朝下看,以示谦恭和恳请。

上台讲话时,要先用目光环顾四周,以示对到会人的尊重。在社交场合,最忌讳和别人眉来眼去和使用满不在乎的眼神,这是没有礼貌和修养的表现。

进入上级的办公室时,不要把目光落在桌上的文件。走进陌生人的居室,也不要东张西望。和长辈说话时,最好走近他,用尊敬的目光直视对方。

(二) 眉毛传递的信息

眉毛与眼睛离得最近它同眼睛一样能传递信息,表露人的真情实感。所以,为了体现良好的形象和修养,在日常交往中,双眉要经常保持自然平直的状态,不要随便皱眉,挑眉梢,改变眉的位置。

1.双眉平展。表示内心的平和。

2.眉头紧皱。表示内心的不满、为难、厌烦或者思索、考虑。

3.眉梢微挑。对眼前的事物表示询问和怀疑。

4.双眉向上斜立。表示非常地生气、愤怒和仇恨。

5.眉梢耷拉。代表无奈、遗憾或毫无兴趣。

(三) 嘴传递的信息

不同的嘴部动作通常表示不同含意。嘴传情达意的能力仅次于眼睛。在社交活动中,谈话时上下唇应自然开合,尽量少努嘴和撇嘴。站立、静坐或与他人握手时,嘴可以微闭,不要露出牙齿,保持微笑状。

1.噘嘴。表示轻微的不高兴或不满。

2.微露牙齿的双唇。表示对对方的友善。

3.努嘴。表示怂恿或支持、撺掇、嘲讽。

4.咂嘴。表示赞叹或惋惜。

5.撇嘴。表示轻蔑或讨厌。

6.紧闭的双唇。表示严肃认真思考和对待,或者对某人某物不感兴趣。

(四) 鼻子传递的信息

皱鼻。多表示好奇或吃惊。

挺鼻。多表示倔强或自大。

摸鼻。多表示亲切或重视。

缩鼻。多表示好奇或吃惊。

抬鼻。多表示歧视或轻视。

(五) 下巴传递的信息

收起下巴。表示忍耐。

收缩下巴。表示听从、驯服。

耷拉下巴。表示无精打采、困乏。

突出下巴。表示有敌意,有攻击的可能性。

前伸下巴。表示目中无人,自大。

(六) 女人微笑的礼仪

笑容,尤其是女人迷人的微笑最让人心动。女人在微笑的时候,一定要表现出温馨、关切的表情,这样能有效地缩短与对方的距离,给对方留下美好的心灵感受,从而形成融洽的交往氛围。

在各种场合、各种情况下，应该学会随机应变，用微笑来容纳每一个人，可以让人觉得你有着高超的修养、待人至诚。

微笑有一种魔力，它可使强者变得温柔，使困难变易，它是人际交往的润滑剂。

微笑是一门学问，又是一门艺术，学会巧妙地运用它，这样，你在异性的心中就会魅力大增。

一定要记住的是，微笑要发自内心，不要假装。要自然、美好、真诚，切忌虚假造作的微笑。微笑时把对方当成自己最真挚的朋友，这样你会笑得更开心。

十一、戴手套的礼仪

手套不仅御寒，而且还是衣服的重要饰件。由于时代的变迁，现在，手套的使用范围小了许多，一般情况下只有穿正式礼服时才会戴。但佩戴是否合乎礼仪规范将决定着装饰效果。如果不懂得戴手套的礼仪，即使所戴手套非常漂亮也无法发挥其修饰作用。因此，戴手套时不得不将礼仪考虑在内。

(一) 男士戴手套的礼仪

按照礼仪的规范，握手时男士必须脱下手套。进入室内，男士须脱去手套，一般情况下，男士在室内是不戴手套的，因为，有时需要为女士服务，如果男士戴着手套为女士服务，女士会认为这样的男士对她很不尊敬。在正式场合不戴手套时，手套的正确拿法应该是：把手套左右对齐，手指部分放前，左手轻轻握住中间部分。用哪只手拿手套并没有特殊规定，也有人用右手拿手套，这取决于男士用哪一只手来为女士服务。

(二) 女士戴手套的礼仪

手套颜色应与衣服的颜色和款式相一致。穿深色大衣时，适合戴黑色手套；女性穿西服套装或夏令时装时，适合戴薄纱的手套、网眼手套和涤纶手套。在正式的晚宴中，如果选择无袖礼服，应佩戴过肘部的长手套。手套和短袖礼服很不搭配，所以着短袖礼服时，就最好不要戴手套。在与人握手时，女士可以依情况而定。与身份、地位、年龄比自己高的人握手时，应脱掉手套；而与年龄、地位、身份与自己平等或低于自己的人握手时，就不必脱手套。当喝茶、吃东西时，最好提前脱掉手套。

(三) 手套与婚戒的搭配礼仪

有些人在戴手套的同时，还戴着手镯、戒指，认为这种装饰十分时尚、流行。其实,这违背了国际礼仪规范。在戴订婚戒指和结婚戒指时座遵守佩戴婚戒的礼仪,先脱下手套,然后再将戒指戴在手指上,这才是正确的佩藏方法。但因有些时候,新娘所选择的是无袖或袖子非常短的婚纱,这种婚纱的手套一般与袖口连接,脱起来非常麻烦。因此,在选择婚纱前,新娘不要仅仅只考虑到婚纱的样式,还要考虑到细节问题。最好选择左手无名指可以伸出来的结婚专用手套。

十二、佩戴丝巾、皮包的礼仪

佩戴丝巾的礼仪。围巾原是围在脖子上用来起保暖或保护衣领的作用的,随着时尚潮流的不断进步,围巾的装饰作用变得越来越突出,其中以丝巾的佩戴最为讲究。丝巾属于围巾的一种,从外观上看,分为长巾、方巾、三角巾和领围。女士可以根据场合、服装和当天的化妆、发型来选配丝巾的色泽和款式。身高者,适合选择宽大、色彩柔和、花型小的丝巾;体型纤弱者,适合选择花色繁杂艳丽、短小一些的丝巾;若是新潮的服装可以选择样式素雅的丝巾陪衬。丝巾的扎法各种各样,如蝴蝶结,显得婉约典雅;披肩式,体现轻松自然,有动态轻快的感觉。

佩用皮包的礼仪。手提包的颜色要与服装的颜色、季节、场合相协调。女性穿银灰、奶白色的套装,适合佩用白、黄、棕色的提包;穿黑、咖啡色等套装,适合佩用棕、灰色的提包;日常上下班可选用草编、草制或绒布提包。参加舞会或宴会,可以选用颜色鲜艳的羊皮小包或缎面小包;在严肃的社交场合,可以选用颜色较暗、形状较方正的提包。

丝巾的选择和佩戴

丝巾是女士的钟爱。确实,不管什么场合,利用飘逸柔媚的丝巾稍做点缀,一下就能让你的穿着更有味道。

挑选丝巾重点是丝巾的颜色、图案、质地和垂坠感。

可以用丝巾调节脸部气息,如红色系可映得面颊红润。但佩带丝巾要注意:如果脸色偏黄,不宜选用深红、绿、蓝、黄色丝巾;脸色偏黑,不宜选用白色、有鲜艳大红图案的丝巾。

十三、戴帽子的礼仪

帽子是装饰品中的一种,在整体形象中起着画龙点睛的作用。合理地佩戴帽子,不仅可使女人散发出无限魅力,还可将成熟稳重的男人味展现得一览无余。因此,要想使其点睛之效彻底地发挥出来,就要在戴帽子时掌握一些礼仪,完善个人的整体形象。

(一)戴帽子的礼仪

在通常情况下,进入教堂、剧院等公共场合时都应该注意戴帽子的礼仪。如果需要脱掉帽子,该场所应该有存放帽子的地方。取帽子的时候,不要忘记向管理员说声"谢谢"或给些小费,感谢他们的工作。

唱国歌、升降国旗时,男士必须将帽子摘掉以表敬意,但女士不必脱帽。被他人介绍给另一方时,女士同样不必脱帽,男士则必须脱帽致意。与女士、长辈、上级谈话或打招呼时,男士同样需要脱帽。如果向陌生女士道谢、道歉时,可以轻抬帽子表示敬意。当其他人向与你同行的女士打招呼时,也可轻抬帽子表示敬意。向他人问路时,无论得没得到回答都要向对方脱帽行礼,以表谢意。

值得注意的是,戴手套可以不戴帽子,但戴帽子不戴手套就不行了。这在正规场合是失礼的行为。

(二)选择帽子时应注意的问题

1.脸形与帽子

瓜子脸形的人要选择微露头发的帽子,使整体感觉比较均衡。脸型稍长的人,适合选择矮圆形帽子,这样可以使脸形看起来圆一些。圆脸型人适合各种款式不同的帽子。

2.身高与帽子

身材娇小的女性,不适合戴高帽子或圆冠帽;身材高大的女性,要避免选择帽檐太小的帽子。

3.服装与帽子的搭配

一个会戴帽子的人,在选择帽子时讲究与服装搭配,无论是款式还是颜色都要与服装协调统一,使服装与帽子达到一致的效果。

4.季节与帽子的搭配

春、夏以戴草、麻、尼龙等材料制成的帽子为主,这种类型的帽子可起到遮阳的作用;冬天最好选择毛、呢绒、毡等材料制成的帽子,这种类型的帽子除了可以起到保暖的作用外,还具有很强的修饰性。

(三)帽子趣谈

很久以前,帽子对于法国女人几乎没有什么意义,它很难被纳入日常生活。因为只有在遇到雨雪等坏天气的时候,人们才会使用它。而处于足不出户时代的法国女人更没有使用它的机会了。后来,帽子作为一种充满想象力的作品,逐渐有了适用的场合:在婚礼上,在洗礼上,以及在圣餐中,母亲、姑妈、姨妈、表姐妹们,都戴着她们的遮阳软帽,为这份美丽竞相媲美、暗暗较劲。到了18世纪,法国人甚至把女人戴帽子这种行为称为艳后玛丽·安托万的生活方式。因为她的帽子不计其数,她将其称为"表达感情的小东西"。如今的时装展上,帽子被运用到了极致,观赏性极强。设计师们不仅采用平常的羽毛、雪纺或绢花等材料,更会采用一些高科技的新材料,使帽子变得愈加令人寻味。

十四、使用香水的礼仪

不同的心情、场合要选择不同的香水,不仅可以突出自己的个性,还可以体现出女人的品位、修养,给他人留下良好的第一印象。但如果香水类型选择不好,不但魅力会大打折扣,还可能破坏社交气氛,这是很失礼的行为。因此,注重香水的礼仪是非常重要的。

(一)使用香水的礼仪

在喷洒香水时一定要注意量的多少。香味以淡雅清香为宜,尤其是长时间处于一个固定空间,在办公室上班,如果喷得太多,势必会发出刺鼻的香味,这样很可能弄巧成拙,引起周围人的反感。千万不要在全身各部位都搽上香水,仿佛洗香水浴般,这样,不仅不能为你的魅力加分,反而会令人生厌。因此在使用香水时,要注意香味的时间变化。

在探望病人时,尤其是探望患有呼吸系统疾病的人,更要把握好香水的浓度,千万不要太过刺鼻,否则可能使病人产生不适的感觉。在探望病人之前,只要在耳后根、胸前、手肘、手腕内侧及膝盖关节后面稍微搽些香水就可以了,在这些部位搽香水不会发出刺鼻的香味。

(二)男士使用香水的礼仪

1.抽烟的男士最好不要用香水,因为混合了烟味的香水,会散发出很怪的味道。

2.男士不要使用女上的香水,尤其是那种甜甜的香型,最不适合用于男人。

3.喷香水的男人一定不能光着脚穿凉鞋,否则会如同穿西装的人穿运动鞋一样让人无法习惯。

4.男士用香水切忌太浓,过浓的香水味道会让他人感到不适。

5.用香水的男人切忌用太多的发油或香喷喷的发胶、摩丝,否则身上的香水味道和头上的发油味道混在一起,气味会很怪异。

(二) 香水使用技巧

喷洒香水的先后顺序。香水应该是首先接触到你身体的一件东西,当你洗完澡后,第一件事就是先喷洒它,然后再穿上衣服。

喷洒香水要因气候而定。若气候湿润时,略以少用一点儿,因香水散发较快,应经常重复使用。气候干燥可稍微多洒一些,这样会慢慢散发且维持长久。

经常更换香水类型。香水不能总用一种,那样会产生嗅觉疲劳,自己都厌倦了自己身上散发出来的味道,就可想而知他人的感受了。经常更换一下香水类型还可以调节心情。

(三) 使用香水禁忌

1.香水和汗混合在一起,容易产生变化的味道,因此头发、腋下等汗多的部位应尽量避免使用。

2.若将不同的香水混合,会破坏每种香味的个性及调味感。因此不要混合使用香水。

3.香水通常具有化学成分,若碰到宝石或皮革会使宝石及皮革的颜色产生化学变化。因此香水要避免使用在宝石或皮革上。

4.香水中含有的麝香成分,对婴儿会产生不良的副作用。因此孕妇应避免用香水。

(五) 不同类型香水的使用

花香型。它是最能给人以亲切感的香水类型,特点是自然而清爽。它适合于任何人使用,喷洒上这种类型的香水,可以使女性具有强烈的亲和力。

东方香型。它可以散发出香甜、浓烈、令人回味无穷的香味,适用于比较正式的宴会上。

西方香型。具有多种不同香味。这种香水具有复杂而神秘的色彩,典雅成熟并具有知性美的女性适合选用这种类型的香水。

植物香型。这种香水给人以回归自然的清新感受,就连不喜欢香水的人遇到这种香味也会不由自主地爱上它。而且这种香水可以从早到晚,不分时间、地点地使用。

冷香型。最大的特点是香味复杂,耐人寻味。适合用于参加晚宴,把女人娇艳、柔美的性格彰显得淋漓尽致。

第六章　职场礼仪

在复杂多变的职场中,无论是求职者与面试者,还是下级与上级、同事之间的交往,都离不开职场礼仪,它是现代社交礼仪的主体之一。因此职场礼仪已经成为能否处理好与同事之间的人际关系,能否顺利进行工作的关键要素。

一、求职材料的礼仪要求

现在企业的招聘,大多数安排面试的依据是有关反映求职者情况的书面材料,通过这些书面材料来判断和评价求职者的学习成绩、工作潜力。因此,作为求职者,特别是刚刚毕业的大学生来说,若想迈好走出校园的第一步,在众多的求职者中脱颖而出,就要懂得求职材料的礼仪要求。

(一) 求职信外观的礼仪要求

求职信若外观设计新颖别致、富有创意,就很可能吸引招聘者的视线,并留下良好的第一印象,争取面试的机会。因此,最好选择会令人为之一振的独特的信封,另外,收信人的地址和名称要准确、清楚。信封上最好贴上精美的特种邮票,吸引招聘者的视线,悦人眼目。如果有些美术功底,在信封适当的位置显示一下,也许会被人欣赏。

求职信要选用质地好的信纸,用钢笔按正确的格式书写。字体大小合理,四周空白,行间不要过分拥挤,也不要太稀疏。布局要给人舒适的感觉,不要随便涂改,写错了最好重写。另外,字迹要清楚,确保无错字及标点错误。否则会给人缺乏诚意的感觉。求职信的篇幅不宜过长,要用精练的语言表达丰富的内容,冗长的求职信只能让人反感,但也不能太短,否则说不清问题,没有影响力。

(二) 毕业生就业推荐表

毕业生就业推荐表是反映毕业生综合情况并附有学校书面意见的推荐表。毕业生就业推荐表一般包括毕业生基本资料、照片、学历、社会工作、获奖情况、科研情况、个人兴趣特长等,一般还应附有教务部门出具的成绩单。其中,该表的综合评定及推荐意见部分是由最了解毕业生全面情况的辅导员填写,并且是以组织负责的形式向用人单位推荐,具有较大的权威性和可靠性,所以,大多数用人单位历来把该表作为接收毕业生的主要依据。毕业生就业推荐表正式,只有一份,必须用正式表签订就业协议。

(三)简历的设计原则

1.主次分明

简历最好简单明了。如果简历内容过多,又缺乏层次感,会给人以琐碎的感觉。必要信息如姓名、性别、出生年月、联系电话和地址等一定要写上。其他的辅助信息,可要可不要,至少不应占据重要位置。可以将自己认为重要的信息全部浓缩到第一页上,然后把认为次要的信息列在后面。这样的简历主次分明,非常有效。

2.内容真实

简历从内容上讲必须真实,没有的就不要写。兼职工作更是如此,因为在面试时,面试官会就简历上的任何问题提出疑问。如果你学了或做了,你就能答上来,否则你和考官都会很尴尬,你在其眼里的信誉也就没有了,这是很不利的。

3.书写无错

简历应该没有错误,尽可能在寄出简历之前,一个字一个字地检查一遍,即使标点符号也不能落下。否则会被认为是一个粗心的人,在激烈的竞争中就可能被淘汰。

(四)简历的设计礼仪

多数求职者希望有一份个性突出、设计精美、能给用人单位留下深刻印象的简历。将相关经验、业绩、能力、性格等简要地列举出来,以达到推荐自己的目的。

现在的社会是一个注重形象的社会,还可选一张可人的、端正大方的彩色或黑白证件照片郑重地、小心地贴在简历的右上角。姓名必须跟其他资料,如身份证、毕业证、推荐信上的姓名保持一致。以免引起招聘单位的误解。

不要填写招聘者在办公时间很难找到你的电话号码。最好填家里、学校系办公室的电话及自己的手机,也可填熟悉的亲戚朋友家的电话。健康状况只说明健康就可以了,如果招聘者有特殊要求,可将身高、体重等情况详细列出。家庭成员不要忘了填父母,凡直系亲属中有海外关系也要如实填写。用人单位主要通过学历情况了解应聘者的智力及专业能力水平,一般应写在前面。习惯上书写学历的顺序是按时间的先后,但用人单位更重视现在的学历,最好从现在开始往回写,写到中学即可。学习成绩优秀,获得奖学金或其他荣誉称号是学习生活中的闪光点,可一一列出,以加重分量。

另外,毕业文凭和奖励证书是求职者辛勤耕耘的收获,是在某一方面有突出表现的证明,是复合型人才的素质能力的最佳物质载体。包括各种技能、英语水平证书、资格证、培训证。如果不是应届毕业生,切忌用假证去求职,否则会弄巧成拙。

近几年来,越来越多的用人单位渴望招聘到具有一定应变能力、能够从事各种不同性质工作的大学毕业生。学生干部和具备一定实际工作能力、管理能力的毕业生颇受青睐。社会工作对于仍在求学的毕业生来说,主要包括社会实践活动和课外活动,在应聘时相当重要。特长是指你拥有的技能,特别是指中文写作、外语及计算机能力。兴趣爱好与性格特点能够展示你的品德、修养、社交能力及团队精神,它与工作性质关系密切。所以用词要贴切。

(五)自荐信书写的礼仪

信函求职是求职者最常用的、最主要的方式。求职信由开头、正文、结尾和落款组成。在开头,要有正确的称呼和格式,在第一行顶格书写,并加一句问候语以示尊敬和礼貌。正文部分主要是个人基本情况即个人所具备的条件。求职信的核心部分要从专业知识、社会实践能力、专业技能、性格特长等方面使用人单位确信,他们所需要的正是你所能胜任

求职材料的礼仪要求

的。结尾部分可提醒用人单位回复消息,并且给予用人单位更为肯定的确认的话。结束语后面,写表示敬意的话。落款部分署名并附日期。如果有附件,可在信的左下角注明。

自荐信应写明用人信息的来源及自己所希望从事的工作岗位,否则,用人单位将无法回复。说明自己要求竞争所期望的职业的理由和今后的目标、所学专业与特长。将大学所学的重要专业课程写入,但不要面面俱到,以免使主要的专业课程"淹没"在文字之中。对自己熟悉的、有兴趣的,特别是与用人单位所需人才职业关系紧密的,可多写一些。兴趣和特长,要写得具体真实。最后,应提醒用人单位留意你附带的简历,请求给予同意等。

(六)面试的主考官一般由什么人担任

面试应由何人主考,通常由单位的情况和招聘职位的性质而定。有的单住人

事部门设有专职面试的主考官,有的单位规定由各部门自行招聘,则主考官多由各部门负责人自任。有的单位由人事部门负责应征人员的初审和筛选,而复选及决策则由各部门的负责人担任。但倘若招聘人员为本单位、本公司的重要职位,则面试工作一般由本单位负责人或公司高级主管,甚至总经理亲自担任。

二、求职时的仪表形象

在求职面试活动中,主考官首先是通过求职者的仪表来认识对方的。在最初的交往中,仪表往往比一个人的简历、介绍信、证明、文凭等书面材料的作用更直接,更能产生直觉的效果。主考官往往通过仪表来判断求职者的身份、学识、个性等,并形成一种特殊的心理定势和情绪定势,这种心理定势和情绪定势是非常重要的。因为一个人对另一个人的印象和观感,在初次见面时的短短几分钟内已经形成,这个印象无形中左右着主考官的判断。因此,求职者一定要注重求职时的外表形象。

(一)面试时的着装礼仪

面试时的着装,对于面试者来说很重要,因此,应当穿着正式的服装。但对于应届毕业生来说,允许有一些学生气的装扮,即使是去知名企业面试,也可以穿休闲类套装。它相对正规套装来说,面料、鞋子、色彩的搭配自由度更高。但要注意的是,应聘时不宜佩戴太多的饰物,这不仅容易分散考官的注意力,还可能给考官留下不成熟的印象。

另外,面试时服装的选择应该与职位要求相匹配。应聘银行职员、公务员、文秘,应穿着正规的职业服装,显现出精明、干练的气质;应聘公关、时尚杂志等休闲职业,则可以适当地在服装上加些流行元素,显示出自己对时尚信息的敏感度。仪表修饰最重要的是干净整洁,不要太标榜个性,除了应聘娱乐影视广告这类行业外,最好不要选择太过突出、奇异的穿着。

(二)面试时的化妆礼仪

以现在的交际学来看,以一张不加修饰的脸孔见人是不尊重人的表现。尤其是面试时更应该注意。清新的淡妆会给人一种舒适、靓丽的感觉,而且还可以弱化个性、巧妙地遮盖不足之处,使装束自然而不露痕迹。女性可以用薄而透明的粉底营造健康的肤色,用浅色口红增加女性的自然美感,用棕色眉笔调整眉形,用睫毛膏让眼睛更加有神。男性可以用点清洁类的化妆品,给人干净、阳光的感觉。为了给面试官留下更好的印象，面试时的化妆还要注意以下几个问题：女性切忌浓妆艳抹；男性最好不要有夸张纹身；在香水的使用上要格外谨慎，避免使用浓烈或者味道怪异的香水。

（三）面试时的发型

要想达到整体形象的清新、靓丽，就要着眼于每一个细节。其中发型的修饰是最为关键的一环，它直接影响着整体形象的搭配效果。求职者不要有颜色夸张怪异的染发，男性忌长发、光头。发型要根据衣服正确搭配，并善于利用视觉错觉来改变脸形，如脸型过长的人，可留较长的前刘海，并且尽量使两侧头发蓬松，这样长脸看起来不太明显；脖颈过短的人，则可选择干净利落的短发来拉长脖子的视觉长度；脸型太圆或者太方的人，一般不适合留齐耳的发型，也不适合中分头路，应该适当增加头顶的发量，使额头部分显得饱满，在视觉上减弱下半部分脸型的宽度；另外，根据应聘的不同职业，发型也应有所差异。比如应聘空姐，盘发更加适宜；而艺术类工作对发型的

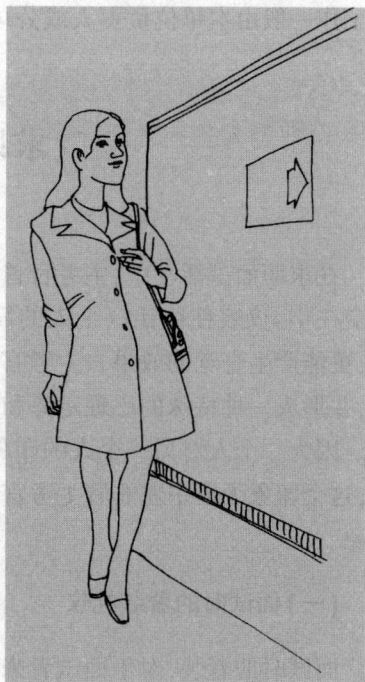
求职时的仪表形象

要求更宽泛一些，适当染一点色彩或者男生留略长一点头发也可以接受。但不管梳理什么发型，都应保持头发的清洁。

（四）男士面试时应当注意的仪表问题

男士面试时应注意头发修整，如果稍嫌过长，应修剪一下。避免穿着过于老旧的西装，颜色以素净为佳。正式面试时，要穿长裤并熨烫笔挺。衬衫最好穿白色的，并尽量选择颜色明亮的领带。佩带领带时应尽可能别上领带夹，因为领带不平整会给人一种衣冠不整的感觉，会影响面试官对自己的印象。西装和皮鞋的颜色以保守为原则，面谈时最好避免穿着过分突异的颜色。如果面试者戴眼镜，则镜框的佩戴最好给人稳重、调和的感觉。

（五）女士面试时应注意的仪表问题

女士面试时应穿着具有职业装扮的衣服，裙装套装是最合宜的装扮。裙装长度应在膝盖左右或以下，太短有失庄重。面谈时应穿高跟鞋，最好避免穿平底鞋。

服装颜色以淡雅或同色系的搭配为宜,颜色勿过于花哨,形式亦不宜暴露。面试者的头发要梳理整齐,勿顶着一头蓬松乱发应试,这样显得很不礼貌。

(六)求职时鞋袜的搭配和注意事项

穿西服一般都要穿皮鞋,夏天也是如此,只是可以穿镂空的。皮鞋的款式提倡传统的有带皮鞋。深色的西服搭配黑、棕色皮鞋,夏天穿浅色西服可以穿白色皮鞋。牛仔服可以搭配皮鞋,但如果运动装搭配皮鞋就显得不伦不类了,休闲装只适合搭配轻便的皮鞋。有光泽的皮鞋四季都可以穿,翻毛皮鞋只有冬季穿才合适。皮靴一般在冬天穿,一般的服装也可以把裤脚塞到靴筒里;穿西服时只能把靴筒塞到裤筒里,要么就换穿皮鞋,否则会破坏整体效果。女士在穿呢绒或毛织、皮革裙装时,穿靴子也是一种不错的选择。

三、求职面试中的礼仪

有句话叫细节决定成败。通知面试就等于获得了这个岗位百分之五十的机会。最后的成功就掌握在面试时的表现上。因此求职者不仅要展现出自己的才华,还要遵循面试时的礼仪,留心每一个细节,争取给面试官留下最好的印象,从而获得工作的机会。

(一)入座的礼仪

进入考官办公室时,必须先敲门再进入,经主考官示意允许后,才可以就座。如果有指定座位,则坐到指定的位子;但如觉得座位不舒适或光线正好直射,可以对主考官说明原因。若无指定位置时,可以选择主考官对面的位子坐定,这样方便与主考官面对面交谈。

面试时的坐,是细节的关键问题。正确的坐姿从入座开始,入座的动作要轻而缓,不要随意拖拉椅子,发出很大的声音。身体不要前后左右晃动,背部要与椅背平行,沉着地安静地坐下。落座后,上身要保持直立状态,既不前倾,也不后仰。双手自然下垂,肩部放松,五指并拢。男女的坐姿还有一定的区别:男士可以微分双脚,这样给人以自信、豁达的感觉,双手可以随意放置;女士一般要并拢双膝,或者小腿交叉端坐,这样,给人端庄、矜持的感觉,双手一般要放在膝盖上。

一般在入座后,别人会给你用塑料杯或纸杯倒一杯水。这些杯子比较轻,而且给你倒的水也不会太多,加上你面试时往往会比较紧张,不小心碰倒杯子的情况难免发生。你的水杯放的位置不好,就很容易把水弄洒。一旦洒了水,心里一慌,不

·礼仪节俗·

图文珍藏版

是语无伦次就是手忙脚乱,很长一段时间都调整不过来。虽然对方通常会表现得很大度,但也会留下你慌慌张张、局促不安的印象,所以要非常小心。杯子放得远一点儿,水喝不喝都没有关系。

(二)自我介绍的礼仪

当主考官要求你做自我介绍时,因为一般情况下都已事先附在自荐信上,所以,不要像背书似的发表长篇大论,那样会令主考官觉得冗长无趣。因此作自我介绍时,要简洁,尽可能地节省时间,以半分钟左右为佳。进行自我介绍时,态度一定要自然、友善、亲切、随和。应落落大方,彬彬有礼。既不能唯唯诺诺,又不能虚张声势,轻浮夸张。

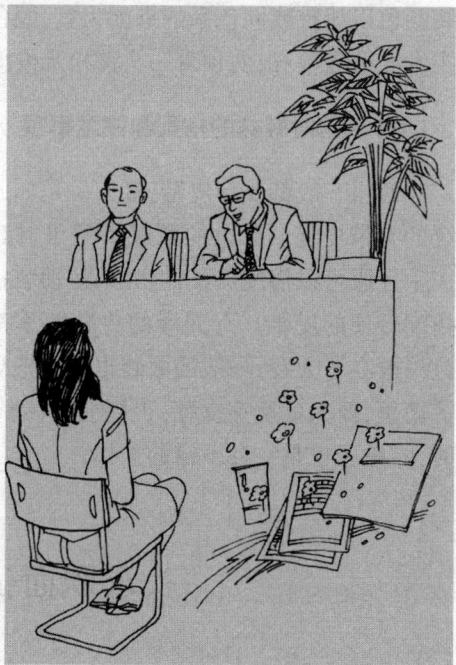

求职面试中的礼仪

语气要自然,语速要正常,语音要清晰。内容一定要实事求是,真实可信,切忌自吹自擂,夸大其辞。

(三)面试中言谈礼仪

交谈时恰当的眼神能体现出智慧、自信以及对公司的向往和热情。因此,应当礼貌地正视对方,但应避免长时间凝视对方,否则易给人咄咄逼人之感。目光可三秒钟移动一下,注视的部位最好是考官的鼻眼三角区,目光平和而有神,专注而不呆板,眼神不要因紧张而飘忽不定。切忌斜视、下视、仰视,更不能有飘荡、心不在焉甚至挑逗的眼神。另外,说话时手势宜少不宜多,多余的手势,会给人以装腔作势、缺乏涵养的感觉。反复摆弄自己的手指,要么活动关节,要么捻响,要么攥着拳头,或是手指动来动去,往往会让人感觉你很无聊,让人难以接受。

(四)面试结束后的礼仪

谈话结束后,面试者应当向面试官道谢,也可以握手表示感谢。出门时一并把喝茶的纸杯拿走,并轻轻地关上门。除了主考官,主动地向单位的其他同事告别,他们没准是你以后的同事,因此要留下良好的印象。

(五)面试中的一些礼仪细节

面试者在面试时不可要求茶点,除非是咳嗽或需要一杯水来镇定自己。不嚼口香糖、不抽烟,尤其现在提倡禁烟,更不要在面谈现场抽烟。与人谈话时,口中吃东西、叼着烟都会给人不庄重的感觉,也显得不尊重对方。不要随便乱动办公室的东西。不要谈论无关紧要的事而独占谈话时间。自己随身带的物品,例如,公文包、大型皮包不可放置面试考官办公桌上,也不可挂在椅背上。可将它们放置于座位下右脚的旁边,小型皮包则放置在椅侧或背后。离座时记住椅子要还原,并向主考官行礼以示谢意。

四、求职面试的后续礼仪

许多求职者只留意应聘面试时的礼仪,认为面试结束就意味着求职过程的结束,因此就袖手以待聘用通知的到来,而忽略了应聘后的礼仪。其实面试后的礼仪也非常的重要,能使主考官在做决定之时加深对求职者的印象。

1.整理心情

面试回来后,你已经完成一次面试,但这只是完成一个阶段。如果你向几家公司求职,则必须调整心情,全身心投入第二家的面试准备工作,因为,未有聘书之前,仍未算成功,你不应放弃其他机会。

2.不要过早打听面试结果

在一般情况下,考官组每天面试结束后,都要进行讨论和投票,然后送人事部门汇总,最后确定录用人选,这个过程可能要等3~5天。求职者在这段时间内一定要耐心等候消息,不要过早打听面试结果,以免让招聘者产生不好的印象。

3.打电话表示感谢

求职者为了加深主考官对自己的印象,增加求职成功的可能性,不妨给主考官打个电话表示感谢,打电话表示感谢可以在面试后的一两天之内,电话感谢要简短,最好不要超过两分钟。电话里不要询问面试结果。因为这个电话仅仅是为了表现你的礼貌和让对方加深对你的印象而已。

4.写面试感谢信

主考官对面试人的记忆是短暂的。感谢信是你最后的机会,它能使你显得与其他求职者有所不同。面试感谢信包括电子邮件和书面感谢信。如果平时是通过电子邮件的途径和公司联系的话,那么在面试结束后,发一封电子感谢信,是既方便又得体的方式。但大多数的情况下还是写书面感谢信,特别是面试的公司非常传统的情况下,更应如此。

感谢信要简洁,最好不超过一页。书面感谢信最好用白色的 A4 纸,字的颜色要求是黑色。感谢信的开头应提及你的姓名及简单情况。然后提及面试时间,并对招聘人员表示感谢。中间部分要重申你对该公司、该职位的兴趣,或增加一些对求职成功有用的新内容。结尾可以表示你对能得到这份工作的迫切心情,以及为公司的发展壮大做贡献的决心。

在书写方式上有手写和打字两种。打印出来的感谢信较为标准化,表示你熟悉商业环境和动作模式,但有时难免给人留下千篇一律的印象。如果想与众不同,或足想对某位给予你特别帮助的主考官表示感谢,手写则是最好的方式,这个前提是你的字写得要比较正规而好辨认。

什么时间不适宜打电话询问面试结果

1)周一上午。因为周一是新的一周的开始,往往还处于适应期,而且还有工作上的事宜需要安排。这是很繁忙的时间,因此不适宜打扰。

2)周五下午。周五下午一般都会安排会议,而且又要面临着周末,职员在这一天都很疲怠,所以不适合打扰。

3)每天刚上班的第一个小时和下班前的一个小时。这个时间段内不是要忙着安排一天的工作就是没法再集中精力处理公事。

4)休息时间。一般是指工作日的中午一小时左右的时间,其他私人时间,特别是节假日时间。这些时间打电话是很失礼的行为。

5)用餐时间。在用餐的时间,给人打电话是不礼貌的。而且往往在这个时间打电话会找不到人,当然影响打电话的效果了。

五、领导对下属的礼仪

掌握好平等地与下属相处之方法,也就掌握了公司快速成长的捷径。上司是公司的领导核心,是权力的拥有者,在有些场合,出于工作需要,确实可以强调自己的身份、地位,以利于充分发挥权力的职能作用。但是,作为上司,千万不能因为自己拥有一定的权力就处处高人一等,处处以严肃的面孔出现,给人以居高临下的感觉,这样你的下属就会觉得你面目可憎,从而不愿接近你,你也就难以与下属建立融洽的上下级关系。

(一)讲究批评的艺术

批评是让人改正错误的方式,但是批评也要讲究艺术。恰当的批评会为对方敲响警钟,改正错误。反之,则会适得其反,弄巧成拙。在工作中,员工免不了会犯错误,因此领导要想纠正错误、批评员工一定要注意场合,最好是在没有第三者在场的情况下进行,否则,再温和的批评也有可能会刺激受批评人的自尊,因为他会觉得在同事面前丢了面子。他或许以为你是有意让他出丑,或许认为你这个人不讲情面,不讲方法,没有涵养,甚至在心里责怨你动机不善。因为批评人不注意场合,带来这么多的副作用,受批评者心生怨恨,批评人、改变人的目的就很难达到。

(二)鼓励下属

老板是整个公司的核心,因此必须具有别人所不及的洞察力,懂得适时地鼓励你的员工,这才是一个成功老板的明智之举。如果你的下属工作勤恳,十分卖力,长期默默地为你工作,使你的公司蒸蒸日上;如果你的到下属经常给你提出一些合理化建议,使你深受启发;如果你的下属具有良好的表现、给公司带来收益、为公司做出贡献,那么你作为领导,千万不要吝啬自己的腰包,要不失时机地送一个红包。这会让所有的员工都感觉到,领导的眼睛是雪亮的,认为自己的努力不会白费,多流出一滴汗水就会多一份收获。

(三)关心下属

作为领导不仅要在工作上给予下属帮助,还要在生活上给予关心、照顾。对一些在工作上认真努力,而家庭贫困的下属,领导应当主动到家里慰问,表达自己的关心,同时给予下属适当的帮助,减轻下属的负担。这样,下属也会竭尽全力地为公司工作。

领导对下属的礼仪

(四)肯定下属的成绩

身为一位管理者,最重要的工作之一,就是成为一个为下属喝彩的领导人。这个意思是说,一个管理者必须是第一个注意下属优秀表现的人,并且称赞他们。在公司里,无论他们是管理人员也好,还是普通工作人员也好,都希望自己的工作能被肯定。谁也不愿意自己辛辛苦苦地干了半天,却得不到领导的一点肯定。假如一个员工老是得不到肯定的话,那么他今后肯定会失去对工作的兴趣,失去工作的主动性。领导如果了解了人的这一心态的话,可以随时给员工必要的鼓励,达到激励士气、鼓舞人心的效果。

(五)与员工分享利益

利益与员工分享,这是市场经济条件下企业利益的可取的分配原则,是对员工劳动价值的承认,让员工共享企业的发展成果,也是现代企业管理的重要意义。关心、爱护员工,尊重、理解员工,努力营造企业的良好环境,把每个员工都当作家庭一员对待,营造家的温馨,才能形成亲和力和向心力。反之,只顾企业利益,只顾自己多获利,只愿员工拼命多干活,却不让员工分享利益,那么这样的企业的发展是不会有什么前景的。

(六)尊崇有才干的下属

领导不可能在各方面都表现得出类拔萃,而下属在某些方面也必然会有某些过人之处。作为领导,对下属的长处应及时地给以肯定和赞扬。如接待客人时,将本单位的业务骨干介绍给客人;在一些集体活动中,有意地突出一下某位有才能的下属的地位;节日期间到为单位做出重大贡献的下属家里走访慰问等,都是尊重下属的表现。这样做,可以进一步激发下属的工作积极性,更好地发挥他们的才干。相反,如果领导嫉贤妒能,压制人才,就会造成领导和下属的关系紧张,不利于工作的顺利开展。

(七)培养领导的人格魅力

作为领导,除了拥有权力外,还应有自己的人格魅力。如良好的形象、丰富的知识、优秀的口才、平易近人的作风等,这些都是与领导的权力没有必须联系的自然影响力,但这种自然的影响力会拉近领导与员工的距离。

(八)办公室里的六大身体礼仪

1.进出电梯时为需要帮助的人按住电梯门。

2.在同事需要帮助的时候伸出援助之手。

3.在开会或同事聚集的场合,不对任何不同意见做出轻蔑的举止。

4.与来访者握手时做到大方得体,不卑不亢。

5.与他人交换名片,双手送出以示恭敬。

6.不在办公室里脱鞋或者将脚伸到桌上。

六、下属对领导的礼仪

与领导相处的好坏直接影响着一个人在公司的发展前途。因此,职场中人都为怎样与领导相处伤透脑筋。其实,与领导相处并没有那么困难,只要掌握了一定的礼仪规范,与领导相处便轻松自如。

(一) 与领导相处的礼仪

公司的领导,一般具有较高的威望、资历和能力,有很强的自尊心。作为下属,应当维护领导的威望和自尊。在领导面前,应有谦虚的态度,不能顶撞领导,特别是在公开场合,尤其应注意,即使与领导的意见相左,也应在私下与领导沟通。下属对领导在工作方面的安排,必须服从,即便有意见或不同想法,也应执行,对领导指挥中的错误可事后提出意见,或者执行中提出建议。值得注意的是,在工作中给领导提建议时,一定要考虑场合,注意维护领导的威信。要根据领导的个性特点确定具体的方法。不要急于否定原来的想法,而应先肯定领导的大部分想法,然后有理有据地阐述自己的见解。

(二) 与领导称呼的礼仪

对上级的称呼应该严肃、认真,要分清场合,称呼领导时最忌讳使用简称,如对"李处长"称其为"李处",这是不礼貌、不尊敬的称呼。正式场合还需使用正式称呼。如果你是公司新成员,还不清楚各位领导的职务、姓名,在称呼领导前应向老同事请教,他们都会非常愿意地告诉你。

(三) 与领导握手的礼仪

与上级握手时,首先要注意的是,一定要等上级伸手后你再伸出手迎合领导。另外,与领导握手时,不要迅速将手抽出来,也不能过于用力,而要让领导掌握时间和力度。不论上级是男性还是女性,上级欲和你行握手之礼,都必须热情予以迎合。你可以用双手与上级握手,但异性之间最好不要这样。

(四) 与领导打招呼的礼仪

上下级见面时,打招呼是必要的,按照打招呼的先后顺序,下级应该先与上级打招呼。如果上级与其他人在一起,应从级别最高的人开始问候。

打招呼的目的是向对方表达一种敬意,如果态度不好会起到适得其反的作用。

与领导见面时,首先应热情主动地与领导打招呼,面带微笑、热情大方,不要夸大表情或扭捏作态。其次,不要等领导先跟你打招呼,而要主动向领导问好,否则领导会觉得你很自大、目中无人。当你想与领导打招呼时。刚好赶上领导与其他人谈话。此时,你应该向他微笑点头以示敬意。

(五)不要开上司的玩笑

上司永远是上司,不要期望在工作岗位上能和他成为朋友。即便你们以前是同学或是好朋友,也不要自恃过去的交情与上司开玩笑,特别是在有别人在场的情况下,更应格外注意。

七、下属汇报工作的礼仪

向领导汇报工作情况,是下属的一项重要工作内容。在汇报工作时,若想与领导有良好的沟通,并让领导认同你的工作想法,就必须以严肃而正确的态度对待汇报工作,讲究汇报工作时的礼仪。

遵守时间是汇报工作最基本的礼仪。下级向上级汇报工作,务必准时按约定的时间到达。过早或过晚的到达都是不礼貌的行为。如果过早到达,会让领导因准备不充分而显得难堪;超过约定时间到达,则又会因让领导等候过久而失礼。因此,就算万一因为有事而不能及时赴约,也要尽可能有礼貌地及早告知领导,并以适当方式表示歉意。到领导的办公室去汇报工作,还要讲究敲门的礼仪,不能急于破门而入,而应该先轻轻地敲门,等听到招呼后再进去。即使在夏天,办公室的门是敞开着的,也不要贸然闯入,而应以适当方式让领导知道有人来

下属对领导的礼仪

了。汇报期间,应该注意自己的仪表、姿态,要站有站相,坐有坐相,做到文雅大方,

彬彬有礼。

　　向领导汇报工作的最终目的是为了让领导领悟你汇报的内容,因此,一定要让领导听清楚你讲的每一句话。对一些次要问题可以说得稍微快些,但在重要问题上一定要慢,必要时还应重复,以便让领导记录和领会你的意思。值得注意的是,整个汇报速度也不宜太慢,因为这容易让对方精力分散,而忽略了某些细节的问题。同时,在汇报工作时,还要把握好音量。若音量太大,会缺乏交流思想的气氛,让领导感到不舒服。若音量太低,则容易被认为汇报者心理恐惧、胆怯,这样会直接影响汇报的说服力。另外,要注意汇报工作时的语言。因为如果口头汇报的语言用词不当,词序不妥,语言结构残缺甚至混乱,领导就不可能清楚明白地表达自己的观点和思想感情。因此汇报工作虽然不像书面文章那样讲究,但原则上还是要做到准确、简练。

　　做任何事情都要有一个时间掌控的概念。尤其是汇报工作,不宜时间太长。因为领导大都工作很忙,时间有限。所以汇报的时间要尽可能的简短,最好限定在半小时内。这样就可以多一些时间和领导沟通,领导也可以有时间提问。而且领导还会认为你是一个很懂礼貌的人。

秘书的礼仪

　　秘书工作是办公室工作中一项重要的内容,因此,作为秘书应当在各个方面注意自己的礼仪。秘书在个人仪表上应做到服饰整洁,穿着适宜,既不要过分修饰,也不要不修边幅。在言谈上要注意谦虚谨慎,待人热情,处理好上下级关系。对任何人都要平等对待。在纪律方面要加强保密观念,对于接触到的各种保密文件,都要严格遵照保密规定去处理,不能随意扩大范围外传。更不能随便向外透露领导人对某文件的批复情况及领导之间传阅的东西。

八、同事之间的礼仪

　　同事间的相处是一种学问。与同事相处,太远了当然不好,人家会认为你不合群、孤僻、不易交往;太近了也不好,容易让别人说闲话,而且也容易令上司误解,认为你是在搞小圈子。与同事相处得如何,直接关系到自己的工作、事业的进步与发展。因此,掌握同事之间相处的礼仪是很重要的。

　　1.互相尊重

　　相互尊重是处理好任何一种人际关系的基础,同事关系也不例外,同事关系不同于亲友关系,它不是以亲情为纽带的社会关系,亲友之间一时的失礼,可以用亲情来弥补,而同事之间的关系是以工作为纽带的,一旦失礼,创伤难以愈合。所以,处理好同事之间的关系,最重要的是尊重对方。

2.有好事要通报

单位里发物品、领奖金等,你先知道了,或者已经领了,不要一声不响地坐在那里,应该向大家通报一下,有些东西可以代领的,也应帮人领一下。这样几次下来,别人就会对你有了更好的印象,觉得你有共同意识和协作精神。以后他们有事先知道了,或有东西先领了,也就会告诉你。

3.热情地帮同事传话

同事出差去了,或者临时出去一会儿,这时正好有人来找他,或者正好来电话找他,如果同事走时没告诉你,但你知道,你不妨告诉他们;如果你确实不知,那不妨问问别人,然后再告诉对方,以显示自己的热情。明明知道,而你却直通通地说不知道,一旦被人知晓,那彼此的关系就势必会受到影响。外人找同事,不管情况怎样,你都要真诚和热情,这样,即使没有起实际作用,外人也会觉得你们的同事关系很好。

4.主动帮忙

同事的困难,通常首先会选择亲朋帮助,但作为同事,应主动问讯。对力所能及的事应尽力帮忙,这样,会增进双方之间的感情,使关系更加融洽。

5.外出要互相告知

你有事要外出一会儿,或者请假不上班,虽然批准请假的是领导,但你最好要同办公室里的同事说一声。即使你临时出去半个小时,也要与同事打个招呼。这样,倘若领导或熟人来找,也可以让同事有个交代。互相告知,既是共同工作的需要,也是联络感情的需要,它表明双方互有的尊重与信任。

6.接受同事的小吃

同事带点水果、瓜子、糖之类的零食到办公室,休息时分吃,你就不要推,不要以为难为情而一概拒绝。人家热情分送,你却每每冷漠拒绝,时间一长,就会有理由说你清高和傲慢,觉得你难以相处。

7.对每一个人都保持平衡

同办公室有好几个人,你对每一个人要尽量保持平衡,尽量始终处于不即不离的状态,也就是说,不要对其中某一个特别亲近或特别疏远。在平时,不要老是和同一个人说悄悄话,进进出出也不要总是和一个人。否则,你们两个也许亲近了,但疏远的人可能更多。

不要在同事面前过多地炫耀

和同事交往的礼仪之一就是要谦虚、谨慎。日常工作中很容易发现这样的同事,他们虽然思路敏捷,口若悬河,但刚说几句就令人感到狂妄,所以别人很难与他苟同。这种人多数都是因为太爱表现自己,总想让别人知道自己很有能力,处处想显示自己的优越感,以为这样才能获得他人的敬佩和认可,其实结果只会在同事中失掉威信。因此,在同事面前应该保持谦卑的态度,不要过多地炫耀自己。

九、办公室语言的礼仪

语言是彼此沟通的桥梁,是表情达意最好的方式,在交际中起着不可忽视的作用。办公室是人与人交往最频繁的地方,同事之间的相处更是靠语言来沟通,因此,掌握办公室语言的礼仪非常重要。其中,高雅的语言、尊敬用语、谦虚用语是办公室内必不可少的礼仪性语言,掌握了它们不仅可以增强个人魅力,在职场中广结人缘,还可以获得更多的朋友。

在办公室内讲高雅的语言是十分必要的。它能消除彼此之间隔阂,增进彼此之间的感情。但所谓讲话要高雅,并不是要求人们咬文嚼字,而是要人们懂得文明用语,倘若在与同事交往过程中,讲话粗俗、脏话连篇,一定会遭到他人耻笑,不仅会认为你不懂得礼仪规范,没有涵养,甚至还会怀疑你的工作能力,对自身的发展是没有好处的。

也许有些人会认为,同事间使用高雅的语言会显得生疏,天天在一起工作,朝夕相处,没有必要顾虑这些小节。但这种想法大错特错了,同事之间存在着利益冲突,友谊并不像朋友间的友谊那样简单、纯洁。何况,就算是朋友间也会注意一些细节问题,更不用说是同事之间了。

敬语,也就是恭敬、礼貌性言语。它是社交场合不可缺少的沟通方式。敬语一般使用在比较正规的社交场合或公共场所。与长辈或身份、地位比自己高的人交谈时需要使用敬语。与陌生人打交道或与不太熟识的人相处要使用敬语。同事间使用敬语也非常重要,它不仅可以表现出你的文化修养,还可以体现出你对对方的尊重。

谦语与敬语一样,也是一种礼貌性语言,而谦语大多是自称,如:"愚""家严"等。在日常生活中这种称呼虽然不多,但是这是社交过程中不可或缺的一部分。在办公室内虽然没有必要这般谦卑,但适当地使用一些谦语会提升你的形象,给同事留下一个谦虚、诚恳的印象,从而赢得办公室的好人缘。

敬语包括哪些内容

在使用敬语过程中,"您""请""先生""尊夫人""令堂"等这些词语不能少,与人初次见面时应称"久仰";打扰对方称"抱歉";向别人询问称"请教";请求他人原谅称"包涵";请求他人帮助称"拜托";很长时间没有见面称"久违";征求他人意见称"高见"等。

十、办公室的礼仪禁忌

在漫长的职业生涯中,不得不与形形色色的人打交道,若想有一个和睦的工作环境,和同事愉快地相处,就要了解办公室里忌讳的事情,懂得和同事相处的礼仪。

1.不在办公室里打私人的电话

很多人有占小便宜的心理,常常在工作时间利用公司的电话给亲朋好友打长途。这样做不仅占用了工作的时间,影响工作效率,浪费了公司的资源,还大大影响了其他同事对你的印象。也许还会传到老板的耳朵里,万一因为这小小的原因而丢了工作,这样就得不偿失了。

2.不在办公期间化妆、打扮

有些女同事在办公期间非常注重自己的形象。经常拿起化妆盒补妆。这样做不仅没有维护好自己的形象,反而让别人产生不好的印象。认为你只知道注重打扮,而不用心工作。

3.掌握与同事谈话的分寸

在办公室里,同事每天见面的时间最长,谈话可能涉及工作以外的各种事情,"讲错话"常常会给你带来不必要的麻烦。同事与同事间的谈话,如何掌握分寸就成了人际沟通中不可忽视的一环。

4.不要在办公室里辩论

有些人喜欢争论,一定要胜过别人才肯罢休。假如你实在爱好并擅长辩论,那么建议你最好把此项才华留在办公室外去发挥,否则,即使你在口头上胜

办公室忌讳的事情

过对方,但其实是你损害了他的尊严,对方可能从此记恨在心,说不定有一天他就

会用某种方式报复你。

5.不向同事倾吐苦水

有许多爱说话、性子直的人,喜欢向同事倾吐苦水。虽然这样的交谈富有人情味,能使你们之间变得友善,但是研究调查指出,只有不到1%的人能够严守秘密。所以,当你的个人危机发生时,你最好不要到处诉苦,不要把同事的"友善"和"友谊"混为一谈,以免成为办公室的注目焦点,也容易给老板造成问题员工的印象。

6.不做办公室里的"包打听"

包打听,就是在别人背后说的话,只要人多的地方,就会有闲言碎语。有时,你可能不小心成为"放话"的人;有时,你也可能是别人"攻击"的对象。这些耳语,比如领导喜欢谁,谁最吃得开,谁又有绯闻等等,就像噪音一样,影响人的工作情绪。聪明的你,要懂得该说的就勇敢地说,不该说就绝对不要乱说。

7.不做讲大话的吹嘘者

有些人喜欢与人共享快乐,但涉及你工作上的信息,譬如,即将争取到一位重要的客户,老板暗地里给你发了奖金等,最好不要拿出来向别人炫耀。只怕你在得意忘形中,忘了某些人眼睛已经发红。

8、不要总和同事开玩笑

开玩笑要掌握尺度,不要大大咧咧总是在开玩笑。这样时间久了,在同事面前就显得不够庄重,同事们就不会尊重你;在领导面前,你会显得不够成熟,不够踏实,领导也不能再信任你,不能对你委以重任。这样做实在是得不偿失。

十一、办公室用餐礼仪

有些单位没有统一的食堂,因此通常要把饭菜买回来在办公室里吃。与同事一起用餐是一件令人愉快的事情,大家在一起有说有笑。但是公司毕竟是工作的地方,无论是上班时间还是休息时间都要注意自己的形象。因此,在办公室里用餐也要讲究相应的礼仪。

在办公室用餐时,不要将有强烈味道的食品带到办公室。即使你喜欢,也会有人不习惯的。这种强烈气味不仅会弥散在办公室里,而且还会损害办公环境和公司形象。也不要食用那种弄得乱溅以及吃的声音很响的食物,以免影响他人。

用餐时最好事先准备好餐巾纸,如果吃饭时嘴上不小心沾满了油腻,应该用餐巾纸及时擦拭,而不用手擦拭。如果嘴里含有食物时,不要贸然和同事讲话,如果在说话时不小心将食物喷出,就有失大雅了。同样也要记住,在他人嘴里含食物时,最好等他咽完再对他讲话。如果食物掉在地上,要马上捡起来扔掉。

值得注意的是,在办公室吃饭的时间,不要拖延得太长。他人可能按时进入工作,也可能有性急的客人来访,如果发现还有没吃完饭的人,双方都会有点不好意思。

吃完饭后必须做的事情,就是将桌面和地面打扫一下。一次性餐具最好立刻扔掉,不要长时间摆在桌子或茶几上。如果突然有事情耽搁,也记得礼貌地请同事代劳。容易被忽略的是饮料罐,只要是开了口的,长时间摆在桌上总是有损办公室雅观。如果不想马上扔掉,或者想等会儿再喝,府把官藏在不被人注意的地方。

办公室用餐礼仪

用筷十忌

第一忌:忌迷筷,举筷不定。

第二忌:忌翻筷,从碗底拣食。

第三忌:忌刺筷,以筷当叉使。

第四忌:忌拉筷,持筷撕口中正咀嚼的鱼肉。

第五忌:忌泪筷,夹食带汤,滴答乱流。

第六忌:忌吸筷,将筷子放入口中吮吸。

第七忌:忌别筷,把筷子当牙签。

第八忌:忌供筷,把筷子竖直插入碗中。

第九忌:忌敲筷,以筷击碗或桌子。

第十忌:忌指筷,持筷指人说话。

第七章　社交礼仪

"有礼走遍天下,无礼寸步难行"。社交礼仪看似简单,其实是一门很深的学问,它包含了很多方面的内容。了解并很好地应用社交礼仪,不仅有利于建立广泛的人脉关系,更能使你在人际交往中游刃有余。

一、自我介绍的礼仪

介绍是人际交往中与他人进行沟通、增进了解、建立联系的一种最基本、最常规的方式,是人与人进行相互沟通的出发点。根据社交礼仪的具体规范,进行自我介绍,应注意自我介绍的时机、自我介绍的内容、自我介绍的要求等方面的问题,才能使自我介绍恰到好处、不失分寸。

(一) 自我介绍的时机

1.因业务关系需要相互认识,进行接洽时可自我介绍。

2.第一次登门造访,事先打电话约见,在电话里应自我介绍。

3.参加大型聚会时,与不相识的与会者或同席的人互相自我介绍。

4.在出差、旅行途中,与他人不期而遇,并且有必要与之建立临时接触时,可适当自我介绍。

5.初次前往他人居所、办公室时,要自我介绍。

6.应聘求职时应先做自我介绍。

7.利用大众传媒,向社会公众进行自我推介、自我宣传时。

8.应试求学时向主考官进行自我介绍。

(二) 自我介绍的类型

1.工作式自我介绍

它又叫公务式的自我介绍,工作式的自我介绍,主要适用于工作中。它是以工作为自我介绍的中心。工作式的自我介绍的内容,应当包括本人姓名、供职的单位及其部门、担负的职务或从事的具体工作三项,缺一不可。其中,姓名应当一口气报出,不可有姓无名,或有名无姓。供职单位及其部门,最好全部报出,但具体工作部门有时也可以暂不报出。另外,有职务最好报出职务,职务较低或者无职务,把目前所从事的具体工作报出即可。

2.交流式自我介绍

也叫社交式自我介绍或沟通式自我介绍。交流式的自我介绍主要是为了达到与交往对象进一步交流与沟通的目的,希望对方认识自己,并有可能与自己建立关系的自我介绍,主要适用于社交活动中。交流式的自我介绍的内容,应当包括自我介绍者的姓名、工作、籍贯、学历、兴趣以及与交往对象的某些熟人的关系等等。但有些时候不一定非要面面俱到,而应按具体情况而定。

3.应酬式自我介绍

应酬式的自我介绍,适用于各种公共场合和一般的社交场合。它的对象,主要是进行一般接触的交往对象。对自我介绍者来说,对方属于泛泛之交,或者早已熟悉。进行自我介绍的目的只不过是为了更明确身份而已,因此,这种自我介绍内容要短小精悍。应酬式的自我介绍的内容一般只包括姓名与供职单位。

4.礼仪式自我介绍

礼仪式自我介绍,适用于报告、演出、仪式等一些正规而隆重的场合,它是一种表示对交往对象友好、敬意的自我介绍。礼仪式的自我介绍的内容包含姓名、单位、职务等项,但是还应多加入一些适当的谦辞、敬语,以表示自己真诚交往的态度。

5.问答式自我介绍

问答式的自我介绍,讲究有问有答,一般适用于应试、应聘和公务交往。在普遍性交际应酬场合,也会出现此类方式的问答。

(三) 自我介绍的要求

注意时间。进行自我介绍一定要力求简洁,尽可能地节省时间,所用时间越短越好,以半分钟左右为佳,如无特殊情况最好不要长于一分钟。为了节省时间,在做自我介绍时,还可利用名片、介绍信加以辅助。自我介绍应在适当的时间进行。进行自我介绍的适当时间指的是对方有兴趣、有空闲、情绪好、干扰少、有要求时。

实事求是。进行自我介绍时所表述的各项内容,一定要实事求是、真实可信。没有必要过分谦虚,一味贬低自己去讨好别人,但也不可自吹自擂,夸大其辞,在自我介绍时掺水分,会得不偿失。

讲究态度。进行自我介绍,态度务必要自然、随和。应显得落落大方,不要矫揉造作。在做自我介绍时,要充满信心和勇气。千万不要因胆怯而临场发挥失常。在进行自我介绍时,一定要显得胸有成竹、不慌不忙。这样做,将有助于自我放松,并使对方对自己产生好感。在自我介绍的过程之中,语气要自然、语速要正常、语音要清晰,这对自我介绍的成功将大有好处。

要懂礼貌。在引发对方做自我介绍时应避免直话相问,这样显得很没有礼貌。因此,应尽量用敬词,表现出良好的个人素质。

(四)自我介绍的禁忌

1.不让别人说话。

2.语言的反复。

3.确定性的两个极端。

4.语言呆板、重复使用某种句式或词语。

5.随便扩大指代范围。

6.口头禅和伴随动作。

7.言行虚假。

(五)他人介绍的礼仪

在社交或商务场合,如能正确地利用介绍,不仅可以扩大自己的交际圈,广交朋友,而且有助于进行必要的自我展示,并且替自己在人际交往中消除误会,减少麻烦。介绍他人认识,是人际沟通的重要组成部分。良好的合作,可能就是从这一刻开始。他人介绍,又称第三者介绍,它是经第三者为彼此不相识的双方引见介绍的一种介绍方式。在一般情况下,为他人介绍都是双向的,即第三者对被介绍的双方都做一番介绍。有些情况下,也可只将被介绍者中的一方向另一方介绍。但前提是前者已知道、了解后者的身份,而后者不了解前者。在他人介绍中,为他人做介绍的人一般有社交活动中的东道主、社交场合中的长者、家庭聚会中的女主人、公务交往活动中的公关人员等。

(六)他人介绍的时机

他人介绍的时机包括:在家中,接待彼此不相识的客人;在办公地点接待彼此不相识的来访者;与家人外出,路遇家人不相识的同事或朋友;陪同亲友,前去拜会亲友不相识者;本人的接待对象是不相识的人士,而对方又跟自己打了招呼;陪同上司、长者、来宾时,遇见了其不相识者,而对方又跟他们打了招呼;打算推荐某人加入某一社交圈;受到为他人做介绍的邀请。

(七)他人介绍的顺序

1.介绍长辈与晚辈认识时,先将晚辈介绍给长辈。

2.介绍年长者与年轻者认识时,先将年轻者介绍给年长者。

3.介绍老师与学生认识时,先将学生介绍给老师。

4.介绍已婚者与未婚者认识时,应将未婚者介绍给已婚者

5.介绍女士与男士认识时,应先将男士介绍给女士。

6.介绍同事、朋友与家人认识时,应先将家人介绍给同事、朋友。

7.介绍社交场合的先至者与后来者认识时,应先将后来者介绍给先至者。

8.介绍来宾与主人认识时,应先将主人介绍给来宾。

9.在公务场合,要先将职位低的介绍给职位高的。

10.在向别人介绍自己的家庭成员时,应该谦虚地说出对方的名字,这不仅是出于礼貌,而且介绍自己的家庭成员也比较的方便。

自我介绍的礼仪

(八)他人介绍的类型

1.标准式

内容以双方的姓名、单位、职务等为主,适用于正式场合。

2.简介式

其内容往往只有双方姓名一项,甚至可以只提到双方姓氏为止。接下来,则要由被介绍者见机行事。适用一般的社交场合。

3.引见式

做这种介绍时,介绍者所要做的是将被介绍者双方引导到一起,而不需要表达任何具有实质性的内容。适用于普通的社交场合。

4.强调式

其内容除被介绍者的姓名外,往往还会刻意强调一下其中某位被介绍者与介绍者之间的特殊关系,以便引起另一位被介绍者的重视。适用于各种交际场合。

5.礼仪式

是一种最为正规的他人介绍。其内容略同于标准式,但语气、表达、称呼上都更为礼貌。适用于正式场合。

6.推荐式

多是介绍者有备而来,有意要将某人举荐给某人,因此在内容方面,通常会对前者的优点加以重点介绍。适用于比较正规的场合。

(九)他人介绍时的细节

在进行他人介绍时,介绍者与被介绍者都要注意自己的表达、态度与反应。介绍时的细节包括:介绍者为被介绍者作介绍之前,要先征求双方被介绍者的意见;当被介绍者在介绍者询问自己是否愿意认识某人时,一般不应加以拒绝或扭扭捏捏,应欣然表示接受。如果实在不愿意,应向介绍者说明缘由,取得谅解;当介绍者走上前来为被介绍者进行介绍时,被介绍者双方均应起身站立,面带微笑,并恭敬地目视介绍者或者对方;当介绍者介绍完毕,被介绍者双方应依照合乎礼仪的顺序进行握手,并且彼此使用友好的语句问候对方。不要在此时此刻有意拿腔拿调、硬端架子,显得瞧不起对方。

(十)介绍后双方应行使的礼节

介绍后双方要互相问候,如果是两位男士,通常握手以示相识。如是一男一女,应等女方伸出手,男方才可伸手相握,若女方不伸手,男士是不应该主动伸手的。握手时用力要适中,太重了表现得过于热情,太轻了使对方感到不受尊敬。介绍客人时切勿漏掉一人,应该介绍的人而未被介绍,视为不礼貌的行为,并认为没被介绍的人是不受欢迎的人。此外,向外国朋友介绍中国同事或上级时,应注意:我国介绍客人时习惯用官衔、职务或职业名称等冠于姓氏之前,但有些名称词在英语用法上却不用于姓氏前。介绍已婚女士时,要考虑到西方人的习俗:女士婚后改用其丈夫姓,而我国女士婚后仍保持娘家姓氏。总之,向外宾介绍我国人士要入乡随俗。

二、使用电话的礼仪

电话不仅仅是一种传递信息、获取信息、保持联络的通信工具,而且也是单位或个人形象的载体。在人际交往中,普普通通的接打电话,实际上是在为通话者所在的单位、为通话者本人绘制一幅深刻的电话形象。假如不注意在使用电话的过程中讲究礼貌,失敬于人,无形之中将会使自己的人际关系受到损害。因此,懂得使用电话的礼仪是十分必要的。

（一）拨打电话的基本礼仪

1.注意打电话的时间

当需要给别人打电话时，有关工作的电话最好在上班时打。不要轻易更改双方约定的通话时间。要想使通话效果好一些，使之不至于受到对方繁忙或疲劳的影响，则通话不应该选在周末，而且尽量不要在对方用餐、睡觉、过节、度周末的时候打。与人通电话时，须顾及对方在作息时间上的特点。打电话到国外，还应考虑到时差。

2.如何准备打电话的内容

打电话的人务必要有一个明确的指导思想，特别是在商界，除非万不得已，每次打电话的时间不应超过三分钟。因此，商界人士在打电话之前，为节省时间，一定要条理清晰地预备好提纲。然后，应根据腹稿或文字稿来直截了当地通话。若拨通电话时对方正忙，则不应强人所难。可以约一个时间，过一会儿再打。此外，与不熟悉的单位或个人联络，对对方的名字与电话号码应当弄明白，免得因为弄错而浪费时间。私人电话的通话时间则应视具体事情和自己与通话对方的交流程度而定。

3.打电话的恰当方式

打电话时，每个人开口所讲的第一句话，都事关自己给对方的第一印象，所以应当慎之又慎，不能毫无礼貌地随便开口。正式的商务交往中，要求礼貌用语与双方的单位、职衔一同说出。在使用礼貌性问候语以后，应同时准确地报出双方完整的姓名。不要还不知道对方是谁，一上来就跟人家拉近关系，这样可能会让接电话的人一头雾水。

如果电话是由总机接转，或双方的秘书代接的，在对方礼节性问候之后，应当用礼貌用语应对，不要对对方粗声大气，出口无忌，或是随随便便将对方呼来唤去。得知要找的人不在，可请代接电话者帮助叫一下，也可以过后再打。在通话时，若电话中途中断，按礼节应由打电话者再拨一次。拨通以后，须稍做解释，以免对方生疑，以为是打电话者不高兴而挂断的。一旦自己拨错了电话，切记要向被打扰的对方道歉。

4.不打没有意义的电话

当遇到某些特殊情况时，如需要通报信息、祝贺问候、联系约会、表示感谢的时候，有必要利用一下电话。但毫无意义、毫无内容的电话，最好不要浪费时间去打。如果想打电话聊天，也要尊重对方的意愿，先征询对方同意，然后选择适当的时间。切忌在单位打私人电话，或在公用电话亭肆无忌惮地打电话，毫不顾及其他等候打电话的人的感受，这是极不自觉的表现。

(二) 接听电话基本礼仪

1. 接听及时

电话铃一旦响起,应当尽快去接,不要让对方等得太久,因为等待中的人特别容易变得焦急。如果因各种原因不能及时去接,就应在拿起话筒后先表示你的歉意并适当解释一下。

如果是单位的工作电话,应在铃声响两下之前去接,否则会让人怀疑你单位的工作效率,并进一步影响单位的形象。如果足在家里接电话,尽管没有必要像在单位里那样及时,但尽快去接是对对方的尊重。如果是在电话铃响了五下以上才去接的,也应向对方表示歉意,向对方解释一下延误接电话的原因是非常必要的。

2. 应对得当

在工作场所接电话,当你拿起电话后,首先应问候对方,然后自报家门;或是先自报家门再问候对方。这样做一是出于礼貌,二是说明有人正在认真接听,三是万一打错电话就可以少费很多口舌。因为在工作场合,效率总是被首先考虑的事,规范的电话应对体现的不仅是对对方的尊重,雨且还是本单位高效率和严格管理的体现。

在私人寓所接听电话时,为了自我保护,可按照国外做法以电话号码作为自报家门的内容,也可以只报姓氏,不必留名,或者干脆不介绍自己。拿起电话后的问候语应当礼貌,切不可拿起话筒,毫无礼貌地直接问答。

3. 通话时的姿态

在通话时,即使有急事,也要聚精会神地接听电话,不能三心二意或是把电话置于一旁。接电话时,态度应当殷勤、谦恭。虽然表面上看,接电话时的态度与表情对方是看不到

使用电话的礼仪

的,但在实际上对于这一切对方其实完全上可以在通话过程中感受到。在办公室里接电话,尤其是外来的客人在场时,最好是走近电话,双手捧起话筒,以站立的姿势,面含微笑地与对方友好通话;不要坐着不动,一把把电话拽过来,抱在怀里,夹在脖子上通话。不要拉着电话线,走来走去地通话;也不要坐在桌角、趴在沙发上或是把双腿高抬到桌面上,大模大样地与对方通话。

4. 态度良好

打电话时态度要认真,这是对对方的尊重。尽管对方看不见你打电话时的姿态和表情,但你的声音会把你此时此刻的姿态、表情、心境在不知不觉中传递给对方,从而让对方感受到你此刻对他的态度。因此,最好从拿起电话筒就开始注意自己的言行举止,直至结束通话。打电话前应保持平静的心境。在与对方电话交谈时,不应穿插与他人的谈话。另外,还要注意避免一边与朋友说笑,一边拿起话筒接电话;也不要在结束电话交谈至挂机前的间隙里急于与旁人讲话,更不要谈及与对方无关的话题。如果万不得已,有急事要处理,应向对方说明。

5.通话时语音语调要适合

由于双方处于互相看不见的两地,人们往往通过对方的声音来揣摩对方的情绪、心境甚至长相,并形成关于对方的电话形象。因此,电话交谈时,使用合适的语音语调非常重要。电话交谈时,语调应尽量柔和,以此来表达自己的友善,生硬的语调容易让人觉得不大友好。吐字应当准确,句子应当简短,语速应当适中,语气应当亲切、和谐、自然。

6.认真倾听,及时记录

电话交谈时,双方都要集中精神仔细倾听对方的讲话,为了表示自己在专心倾听并理解了对方的意思,需要用一些简单的字作礼貌的反馈。办公室的业务电话通常需要做记录。记录的内容包括五个方面,来电人的姓名、单位、来电时间、主要内容以及联络方式。如果有重要的内容也需及时做记录。

(三)中止通话的礼仪

正常结束通话的礼仪。结束通话时,要礼貌地道别,别忘了向对方道一声"再见",或是"晚安"。而且要等对方先放下电话,而不要先把电话挂掉。按照惯例,电话应由拨电话者先挂断。挂断电话时,应当双手轻放,不要重重地放下。否则让人感觉很不礼貌。

中止通话的礼仪。在通话时,接电话的一方不宜率先提出中止通话的要求。万一自己有特殊情况不宜长谈,或另有其他电话挂进来,需要中止通话时,应说明原因,并告之对方回复电话的时间,免得让对方觉得不受尊重。如遇上不识相的人打起电话没完没了,应当说得委婉、含蓄,不要让对方难堪。

(四)代接电话的礼仪

1.代接电话时要注意态度

代接电话时应该注意礼节。因为,打电话的人看不见发生了什么事,要向他作充分解释,而不能简单地应对。能亲自接的电话,就不要麻烦别人。尤其是不要让自己的孩子代替自己接电话。

2.录音电话的礼仪

商务往来比较多的人,可请秘书代为处理电话,也可在本人不在时使用录音电话。不过本人在场时,一般是不适合使用录音电话的。万一需要用录音装置时,则必须使自己预留的录音听起来友好、谦恭。

3.尊重隐私

在代接电话时千万不要热心过度,向发话人询问对方与其所找之人的关系。当发话人有求于己,希望转达某事给某人时,要严守口风,切勿随意扩散。当发话人所找的人就在附近时,不要大喊大叫,闹得众人皆知。当别人通话时,要根据实际情况,做自己的事情,千万不要故意旁听,更不能没事找事,主动插嘴。

4.传达及时

若发话人所找之人就在附近,应该立即去找,不要拖延时间。若答应发话人代为传话,则应尽快落实。不到万不得已时,不要把代人转达的内容,再托第二人代为转告。否则,可能使转达内容变祥,或耽误时间。

(五)电话预约的礼仪

业务员在访问顾客之前用电话预约,是有礼貌的表现,而且,通过电话事先预约,可以使访问更加有效率。打电话预约看似简单,但里面却很有学问。电话拨通后,要简洁地把话说完,尽可能省时省事,否则容易让顾客产生厌恶感,影响预约的质量以至推销的成功。因此,电话预约的语言要力求简洁,但要抓住重点。同时,考虑到交谈对方的所处环境,要使对方有被尊重、重视的感觉,而不是强迫对方的意思。成功的电话预约,不仅可以使对方对你产生好感,也便于业务工作的进一步开展。

三、使用手机的礼仪

近年来,随着移动电话的日益普及,手机成为人们随身必备、使用最为频繁的电子通信工具。有关专家指出,随着手机的日益普及,无论是在社交场所还是工作场合毫无顾忌地使用手机,都会成为社会礼仪的最大威胁。因此,在很多的工作场所,人们都强烈地反对使用手机。为了避免打扰他人,又不妨碍自己正常使用手机,应该严格遵守使用手机的礼仪。

(一)使用手机的基本礼仪

1.手机置放到位

在一切公共场合，手机在没有使用时，都要放在合乎礼仪的常规位置。尽量不要在并没使用的时候握在手里或是挂在上衣口袋外，手机的使用者，应当将其放置在适当之处。按照惯例，公文包里和上衣口袋内是外出之际随身携带手机的最佳位置。切勿将其挂在衣内的腰带上；否则撩衣取用时，不仅不雅观，还会因此举而惊吓对方。也可以放在不起眼的地方，但不要放在桌上。

2.在公共场合使用手机应遵守公德

公共场合特别是电梯、路口、人行道、影剧院等地方，不可以旁若无人地使用手机。如果非要在公共场合使用手机，应寻找无人之处，切勿当众自说自话，尽量把自己的声音压低，绝不能大声说话。公共场所乃是公众共享之处，在那里最得体的做法，是人人都要自觉地保持肃静。当手机处于待机状态时，应调至静音或振动。显而易见，在公共场所手机铃声响个不停，或是在那里与他人进行当众的通话，都是侵犯他人权利、不讲社会公德的表现。在参加宴会、舞会、音乐会，前往法院、图书馆，或是参观各类展览时，尤须切记此点。

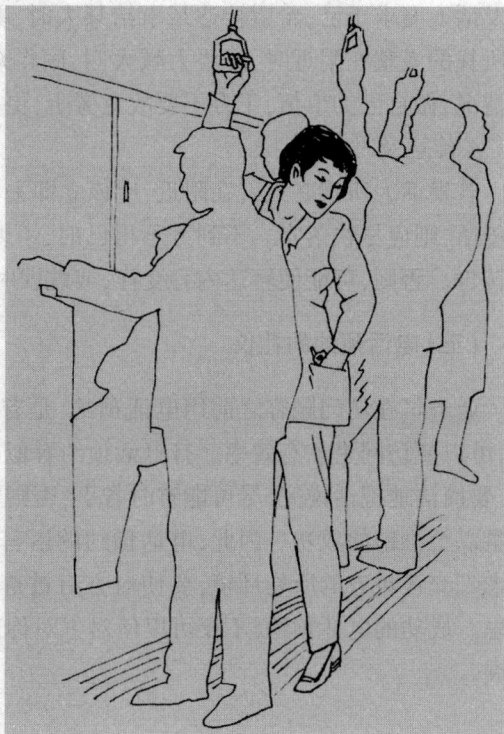

使用手机的礼仪

3.工作时间尽量少用手机

在工作岗位，亦应注意使用手机不要有碍于工作、有碍于别人。在办公时，尽量不要让手机大呼小叫。尤其是在开会、会客、上课、谈判、签约以及出席重要的仪式、活动时，必须自觉地提前采取措施，不要让自己的手机响个不停。在必要时，可暂时关机，或者委托他人代为保管。这样做，表明自己没有一心二用，因而也是对有关交往对象的一种尊重和对有关活动的一种重视。

4.保证手机通信畅通

使用手机主要的目的是为了保证自己与外界的联络畅通无阻，对于此点不仅必须重视，还需为此而采取一切行之有效的措施。告诉交往对方自己的手机号码时，务必力求准确无误。如果是口头相告，应重复一两次，以便对方进行验证。若自己的手机改了号码，应及时通报给重要的交往对象，免得双方的联系一时中断。

5.接听手机的礼仪

接听手机时,如果没有特殊的原因,与对方进行通话的时间不应当超过五分钟。拨打他人的手机之后,也应保持耐心,一般应当等候对方十分钟左右。在此期间,不宜再同其他人进行联络,以防电话频频占线。不及时回复他人电话,拨打他人手机后迅速离去,或是转而接打他人的电话,都会被视作恶意的犯规。在暂时不方便使用手机时,可在语音信箱上留言,说明具体原因,告之来电者自己的其他联系方式。有时,还可采用转移呼叫的方式与外界保持联系。

6.尊重私密

通讯自由是受到法律保护的。在通讯自由之中,秘密性是其中最重要的内容之一。因此,使用手机,应对此予以重视。通常情况下,两者的号码,尤其是手机号码,不宜随便告之于人。即便在名片上,也不宜包含此项内容。因此,不应当随便打探他人的手机号码,更不应当不负责任地将别人的手机号码转告他人,或是对外界广而告之。一般不宜随意将本人的手机借与他人使用,或是前往不正规的维修点对其进行检修。考虑到相同的原因,随意借用别人的手机也是不适当的。

7.注意安全

(1)使用手机时,对于有关的安全事项绝对不可马虎大意。在任何时候,都切不可在使用时有碍自己或他人的安全。按照常规,在驾驶车辆时,不宜忙里偷闲使用手机通话。驾驶车辆时接移动电话一定要用免提,以减少精力分散,避免发生交通意外的可能性。当然在车上最好不要使用手机,就算要用免提,也最好是把手机天线连接到汽车的外置天线,这样可以降低干扰。

(2)不要在飞机上使用手机。在飞机上使用手机有可能导致空难。手机在使用或备用状态,都会有无线信号发出,尤其在开机、打出电话或搜寻网络时信号最强。这类信号有可能影响到飞机上灵敏的电脑及导航系统,从而危及机上乘客的安全。正确做法是登机前要关掉手机。虽然现在中国未有法律规定这样做,但一般航空服务人员都会提醒乘客关闭手机。

(3)不要在医院使用手机。手机所发出的电波,会干扰到医院的设备,扰乱医疗仪器设备的正常使用,影响病人的安全。如果撞上正有病人做紧急手术,仪器受到干扰,情况便非常危险。好多人到医院都会因一时心急,打手机通知家人,但这样做可能会影响到医院仪器的操作。无论你在医院的任何地方,都应该把手机电源关掉,以免造成干扰。

(4)在一般加油站,或者有潜在爆炸性气体的地区,也不允许使用手机。这是因为手机产生的小量火花,也可以引发爆炸。手机在按下电话开关时会产生微量火花,如果手机电线短路或老化,也有可能产生火花。如果当时空气中积聚了相当浓度的易燃气体便会产生爆炸。有学者指出,手机所发出的电波,更有可能与加油站的输油设备发生共振现象,产生热力而爆炸。

(二)使用手机短信的礼仪

1.使用手机短信的基本规范

(1)发短信一定要署名。短信署名既是对对方的尊重,也是达到目的的必要手段。

(2)短信祝福不易冗长。节日期间,接到对方短信回复后,一般就不要再发致谢之类的短信,因为对方一看,又得回过来,很是麻烦。

(3)有些重要电话可以先用短信预约。

(4)及时删除自己不希望别人看到的短信。

(5)上班时间不要没完没了发短信。

(6)发短信不能太晚。

(7)提醒对方最好用短信。

(8)短信内容的选择和编辑要健康。

2.短信的内容分类

工作交流的短信:同事间一些简单的工作交流或感情沟通可用短信进行,但除非是上司主动要求或事先征得其同意,否则,下级不能以短信方式和上级谈工作。

利用短信拜年:对长辈不宜采取短信拜年的方式,而应该亲自登门或电话问候。最亲密朋友间用短信拜年应该自己编辑内容,而不要利用他人的短信进行转发。

短信提醒:对于一些重要事情,用短信方式婉转地提醒对方,比用电话多次确认要礼貌得多。但值得注意的是,在发短信之前一定要进行电话或当面的邀请或确认。

转发短信信息:转发短信要注意礼貌,一定要特别注意短信内容,不要发送调侃、无聊、有失大雅的短信。

(三)使用手机彩铃的注意事项

彩铃的使用应注意场合。尤其是在办公室、在拜会客人时应当注意,若在办公室和一些严肃的场合,这种铃声不断响起的话,会对周围的人产生干扰,尤其是那些富有个性化的铃声。如果确实喜欢用,就应当适时将铃声调到振动上。另外,铃声内容要文明。从铃声内容来说,不能有不文明的内容。否则,不仅显得不雅,还会让拨打者尴尬。铃声要和身份相匹配。相对来说,过于个性化的铃声与年轻人的身份比较匹配,一些长者或者有一定身份的人如果选择与自己身份不太匹配的铃声,会损害自己的形象。铃声音量不能太大,无论是座机还是手机铃声,都不能调得过大,以离开座位两米可以听见为宜。有些人的铃声非常大,在大家埋头干活时突然刺耳地响起,让人心跳都会加快。在医院、幼儿园等场所,过响的铃声会成为一种公害。

四、握手的礼仪

握手是一种无声的动作语言。今天,握手在许多国家已成为一种习以为常的礼节,其应用的范围越来越广。它是人与人交际的一个部分。握手的力量、姿势与时间的长短往往能够表达出不同礼遇与态度,显露自己的个性,给人留下不同的印象,也可通过握手了解对方的个性,从而赢得交际的主动。因此,在日常交际中,我们必须要注意握手的基本礼节。

(一) 握手的基本规范

握手的次序。被介绍之后,最好不要立即主动伸手。年轻者、职务低者被介绍给年长者、职务高者时,应根据年长者、职务高者的反应行事,当年长者、职务高者用点头致意代替握手时,年轻者、职务低者也应随之点头致意。和女性握手,男士一般不要先伸手。军人戴军帽与对方握手时,应先行举手礼,然后再握手。

握手的力度。握手时的力度要适度。如果手指轻轻一碰,刚刚触及就离开,或是懒懒的慢慢地相握,缺少应有的力度,会给人勉强应付、不尊重的感觉。一般来说,手握得紧是表示热情,男人之间可以握得较紧,甚至另一只手也可以加上,包括对方的手大幅度上下摆动,或者在手相握时,左手又握住对方胳膊肘、小臂甚至肩膀,以表示热烈。但是注意既不能握得太使劲,使人感到疼痛,也不能显得过于柔弱。对女性或陌生人,重握是很不礼貌的,尤其是男性与女性握手。

握手的时间。要紧握双方的手,时间一般以 1~3 秒为宜。通常是握紧后打过招呼即松开。在亲密朋友相遇时,或衷心感谢难以表达等场合,握手时间就长一点,甚至可以紧握不放。在公共场合,如列队迎接外宾,握手的时间一般较短。握手的时间应根据与对方的亲密程度而定。切记在任何情况拒绝对方主动要求握手的举动都是无礼的,但手上有水或不干净时,应谢绝握手,同时必须解释并致歉。

(二) 握手的禁忌

1.不要戴着手套握手,在社交场合女士的晚礼服手套除外。

2.不要在握手时争先恐后,而应当遵守秩序,依次而行。

3.不要在握手时戴着墨镜。

4.不要在握手时另外一只手依旧拿着香烟、报刊、公文包、行李等东西而不肯放下。

5.不要在握手时将另外一只手插在衣袋里。

6.不要在握手时面无表情,好似纯粹是为了应付。

7.不要在握手时把对方的手拉过来、推过去,或者上下左右抖个没完。

8.不要在握手时长篇大论,没完没了,让对方不自在,不舒服。

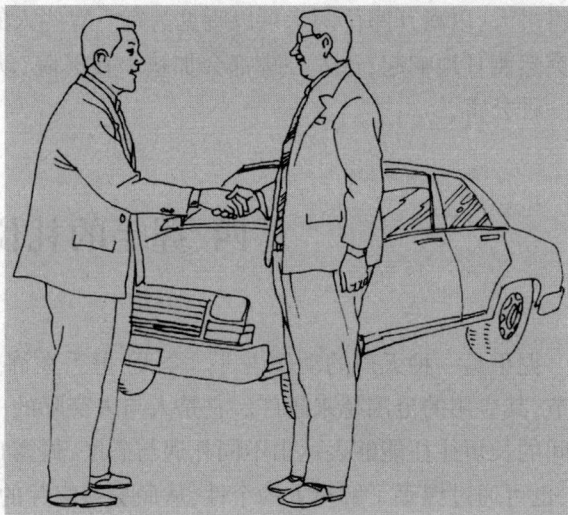
握手的礼仪

9.不要在与人握手之后,立即擦拭自己的手掌,这样做是很不礼貌的。

10.除非是年老体弱或者身体有残疾的人,握手双方应当站着而不能坐着握手。

(三)握手的技巧

1.主动与每个人握手。在正式场合,如谈判开始之前,双方都要互相介绍认识一下。这时候,最好表现得主动一些,表示你很高兴与他们认识。为了表达你的这种善意,你可以主动地与他们每一个人握手。因为你主动,就说明你对对方尊重,只有在你尊重别人时,才会受到别人的尊重。

2.要想让对方出来讲话,握手时不要松开。如果你想找对方谈一些事情,不巧的是里边还有其他人在,你想与对方单独谈,耐心等了很久以后仍没有机会,只好想办法让对方出来说。你可以在起身告辞时,与对方边交谈边向外走。如果对方无意起身,你就走近他,很礼貌地与他握手。这时,对方出于礼貌,也会站起身离开自己的座位,然后边说边往外走,说话时,眼睛也要看着对方,不要只顾走。走到门口对方要与你告辞,你要主动伸手与他握手,握手之后不要马上松开,要多握一会儿,并告诉对方还有事情,对方也就意识到了,他也就会主动走出来了。

(四)握手礼仪的由来

握手最早发生在人类"刀耕火种"的年代。那时,人们经常拿着石块或棍棒等武器用来狩猎和战争。他们遇见陌生人时,如果大家都无恶意,就要放下手中的东西,并伸开手掌,让对方抚摸手掌心,表明手中没有隐藏武器,以示友好。这种习惯逐渐演变成今天的"握手"礼节。现如今,握手已成为社交中最为普遍的一种礼节。

五、接送名片的礼仪

名片主要是人们在交往时,作为自我介绍之用,也可作为简单的礼节性通信往来,表示祝贺、感激、介绍等。名片是现代社会中必不可少的社交工具。在国际业务中,名片的用途十分广泛。甚至在某些文化中,交换名片具有一定的特殊性。在人际交往中,熟悉和掌握名片的有关礼仪是十分重要的。值得人们去好好研究一番。名片的接、送、放、用都要讲究礼仪,它能体现出一个人的修养。

(一)交换名片的时机

1.需要交换名片的时机
(1)因自身的需要而初次拜访时,应交换名片,以加深印象。
(2)希望认识对方时,可以通过名片进行初步的沟通。
(3)与他人接触时,为了表示自己重视对方,应该交换名片。
(4)当你被作为第三人被介绍给对方时,应当主动递名片。
(5)当对方主动提议交换名片,应立即做出回应,交换名片。
(6)对方向自己索要名片。
(7)自己的情况有所变更时,应交换名片予以通知。
(8)打算获得对方的名片时,应主动交换名片。

2.不必交换名片的时机
(1)当对方是从不相识的陌生人时,不必交换名片。
(2)对某人没有认识或深交的意愿时,不必交换名片。
(3)察觉对方对自己没有兴趣时,不必交换名片。
(4)经常和对方见面,已经是非常熟识的人时,不必交换名片。
(5)双方之间地位、身份、年龄差别太大时,不必交换名片。

(二)递交名片的礼仪

递交名片的姿势。递交名片要双手递过去,以示尊重对方。将名片放置手掌中,用拇指夹住名片,其余四指托住名片反面,名片的文字要正向对方,以便对方观看,如果对方是外宾,最好将名片上印有对方认得的文字的那一面面对对方,同时讲些友好客气的话。名片的持有者在递交名片时动作要从容,表情要亲切、自然。

·礼仪节俗·

图文珍藏版

而且,应当事先将名片放在身上易于掏出的位置,取出名片握在手里,然后再在适当的时机得体地交给对方。

递交名片的时间。递交名片的时间,应当根据实际情况而定。如果双方只是偶然相遇,可在相互问候后,得知对方有与你交往的意向时,再递交名片。如果名片持有者与他人事先有约,一般要在告辞时再递上名片。

递交名片的顺序。与多人交换名片时,一定要注意讲究先后次序,

接送名片的礼仪

这是基本礼仪的体现。切不可像散发传单似的乱发一气,这种名片往往被认为没有价值。

(三)接受名片的礼仪

接受他人名片时,应起身、面带微笑注视对方,用右手去接对方的名片,然后说"谢谢"。接受名片者应当首先认真地看看名片上所显示的内容,必要时可以从上到下,从正面到反面重复看一遍,也可把名片上的姓名、职务读出声来,以表示对赠送名片者的尊重,同时也加深了对名片的印象。千万不要把名片随便弃之一旁,应把名片细心地存放好。

在别人给了名片后,如果发现不认识或读不准的字要虚心请教。这样做不仅不会降低你的身份,反而会使人觉得你是一个对待事情很严谨的人,从而增加对你的信任。当然在收了别人的名片后,也要记得把自己的名片交换给对方,因为只收别人的名片,而不拿出自己的名片,被视为无礼拒绝之意。

(四)索取名片的礼仪

除非有特殊的原因,否则不要强索他人名片。如果想要索取他人名片时,不宜直言相告,而应委婉表达,或可向对方提议交换名片,并主动递上本人的名片,这样出于礼貌,对方也会拿出自己的名片。反过来,当他人向自己索取名片时,自己不想给对方,不应直截了当地拒绝,而应以委婉的方式表达,可以说:"抱歉,我忘带名片了。"或"对不起,我的名片用完了。"

(五) 名片的存放

存放名片的方法大体上有四种,它们还可以交叉使用:按姓名的外文字母或汉语拼音字母顺序分类;按专业或部门分类;按姓名的汉字笔画的多少分类;按国别或地区分类。在参加社交活动之前,要提前准备好名片,并进行必要的检查,以免漏掉。随身所带的名片最好放在专用的名片夹里,也可放在上衣口袋里。千万不要把名片放在裤袋、手提包、钱包里,那样既显得不正式,又感觉杂乱无章。另外,在自己的公文包以及办公桌抽屉里,也应经常备有名片,以便随时使用。在社交场合,如果感到要用名片,就应当事先预备好,不要在使用时再去盲目翻找。

在社交活动结束后,应立即对所收到的他人名片加以整理收藏,以便今后使用方便。不要将它随意夹在书刊中,或是扔在抽屉里面。若收藏的名片很多,还可以编一个索引,这样使用起来就更方便了。

(六) 名片的由来

名片又称名刺。早在汉朝时,人们为了拜见长官或名人,就用竹片、木片制成简,再用铁器将自己的名字刺在上面。这种简当时叫作"刺",又称为"名刺"。后来纸发明了,于是便改用纸书写,并改称为"名纸"。"名纸"上除写姓名外,也有的写官衔名。在古代,官场中官员拜谒时必须使用名刺。访问人先将名刺送到被访人的门房,等门人通报主人并得到允许后,才能入内相见。现在人们所用的名片是从古代的"名刺"逐步发展演化而来的。现在的"名片"一般采用白色纸片,上面印有姓名、职务、地址、电话号码、邮政编码等内容,在探访亲友或互相结识时,用来介绍自己的身份,便于日后的联系。

六、称呼的礼仪

称呼,就是对他人的称谓。怎样称呼他人,既能体现出个人的礼貌修养,又能体现出对待他人的态度,同时也反映出两者间关系的远近。一个得体的称呼,会令彼此如沐春风,为以后的交往打下良好的基础,否则,不恰当或错误的称呼,可能会令对方心里不悦,影响到彼此的关系,乃至社交的成功。所以,在交际中一定要重视称呼的礼仪。

（一）几种称呼的正确使用

1.同志

在我国,同志这个称呼流行于新中国成立后,这一称呼不分男女、长幼、地位高低,除了亲属之外,所有人都可以称同志。但是现在,这一称呼的使用逐渐减少,对军人和国内的普通公民,都可以使用。但对于儿童,对于具有不同的政治信仰、不同国家的人,应尽量地少使用或不使用。

2.先生

在我国古代,一般称父兄、老师为先生。在现代,先生一词泛指所有的成年男子。在西方国家,对成年的男子一般都称呼先生。但在美国,对12岁以上的男子就可以称先生了,而在日本,对身份高的女子也称先生。在我国知识界,也喜欢对有学问的女子称先生。

3.老师

在现代社会,这一称呼一般用于学校中传授知识的老师。但目前,这一称呼在社会上也比较流行,尤其在文艺界比较常见。

4.师傅

这一词原指对工、商、戏剧行业中传授技艺的人的一种尊称,后来泛指对所有艺人的称谓。因为师傅这一词大多用于非知识界的人士,所以一般不用于称呼有职称、有学位的人,否则可能会产生误解。但是在我国北方这一称呼使用比较频繁,人们对不认识的人都称为师傅。

（二）对熟人称呼的礼仪

依照关系的密切程度,可按照亲属的性别、年龄、身份等来确定称呼,可用"姓加亲属称谓""名加亲属称谓""姓名加亲属称谓"。在正规场合,可称呼熟人的职务、职业。

对于长辈来说,如果直呼其名就不太礼貌了,亲属间的关系也会因此受到影响,因此要用亲属称谓去称呼他们。但对平辈来说,可互称姓名或用亲属称谓,年龄稍大的可直接称年少者的名字。夫妻间,可互称姓名,还可以用昵称,但要注意场合,在父母、孩子面前和公开场合最好不要使用,称呼晚辈,可称其亲属称谓,当然直呼其名也是可以的,这样显得更加亲切。当晚辈成了家并有了自己的子孙后代时,再直呼其名就显得有些失礼了。

（三）对陌生人称呼的礼仪

陌生人之间的称呼,一般有以下两种方式:

1.根据人的具体年龄、性别、职位称其为"同志""朋友""先生"或"小姐"等。对男人可称为"先生"。对未婚女性可称为"小姐",已婚女性可称为"夫人""太太"。

2.对陌生人可以互称亲属称谓。根据双方的亲属关系、双方的年龄差距、性别可互称亲属称谓。如"大伯""阿姨""老爷爷""叔叔""大嫂""大哥""大姐"等。

(四)称呼对方的技巧

在交谈中,称呼对方时要加重语气,称呼完了停顿一会儿,然后再谈要说的事,这样能引起对方的注意,他会认真地听下去。如果你称呼的很轻又很快,不仅让对方听着不太顺耳,还会听不清楚,就引不起听话者的兴趣,让人感觉你不太注重对方的姓名,而过分强调要谈的事情。所以,一定要把对方的完整称呼,认真、清楚、缓慢地讲出来,以显示对对方的尊重。

(五)称呼的不当用法

1.使用错误的称呼。念错被称呼者的姓名,或对被称呼者的年纪、辈分、婚否以及与其他人的关系做出了错误判断。

2.使用不通行的称呼。有些称呼,具有一定的地域性,因此要入乡随俗。比如,北京人爱称人为"师傅",山东人爱称人为"伙计",而在南方人听来,"师傅"等于"出家人","伙计"肯定是"打工仔"。

3.使用过时的称呼。有些称呼,具有一定的时效性,若再采用,难免贻笑大方。如"老爷""大人"。

4.使用不当的行业称呼。这样让人感觉不尊重。

5.使用绰号作为称呼。对于关系一般者,切勿自作主张给对方起绰号,更不能随意以听来的绰号去称呼对方,更不要随便拿别人的姓名乱开玩笑。

6.使用庸俗低级的称呼。如"哥们儿""姐们儿"等此类的称呼,就显得档次不高。

(六)中国古代亲友间的礼貌称呼

父母同称高堂、椿萱、双亲、膝下。

父母单称家父、家严;家母、家慈。

父去世称:先父、先严、先考。

母去世称:先母、先慈、先妣。

兄弟姐妹称家兄、家弟、舍姐、舍妹。

兄弟代称昆仲、手足。

夫妻称伉俪、配偶、伴侣。

同辈去世称:亡兄、亡弟、亡妹、亡妻。

别人父母称:令尊、令堂。

别人兄妹称:令兄、令妹。

别人儿女称:令郎、令媛。

妻父称:丈人、岳父、泰山。

别人家庭称:府上、尊府。

自己家庭称:寒舍、舍下、草堂。

男女统称:男称须眉、女称巾帼。

夫妻一方去世称:丧偶。

老师称:恩师、夫子。

学生称:门生、受业。

学校称:寒窗、鸡窗。

同学称:同窗。

七、迎送客人的礼仪

迎来送往,是社会交往接待活动中最重要的环节,是表达主人情谊、体现礼貌素养的重要方面。热情友好地欢迎来客,可以给客人留下良好的第一印象。周到、礼貌地送别宾朋,可以给客人留下美好的回忆,为以后的往来奠定基础。因此,懂得迎来送往的礼仪非常重要。

(一) 迎接客人的礼仪

1.对前来访问、洽谈业务、参加会议的外国、外地客人,应首先了解对方到达的车次、航班,安排与客人身份、职务相当的人员前去迎接。若因某种原因,相应身份的主人不能前往,前去迎接的主人应向客人做出礼貌的解释。

2.主人到车站、机场去迎接客人,应提前到达,恭候客人的到来,决不能迟到,让客人久等。客人看到有人来迎接,内心必定感到非常高兴,若迎接来迟,必定会给客人心里留下阴影,事后无论怎样解释,都无法消除这种不守信用的印象。

3.接到客人后,首先要问候,然后再向对方作自我介绍,如果有名片,可送予对方。注意送名片的礼仪。

4.迎接客人应提前为客人准备好交通工具,不要等到客人到了才匆匆忙忙准备交通工具,那样会因让客人久等而误事。

5.主人应提前为客人准备好住宿,帮客人办理好一切手续并将客人领进房间,同时向客人介绍住处的服务、设施,将活动的计划、日程安排交给客人,并把准备好的地图或旅游图、名胜古迹等介绍材料送给客人。

(二)会见结束时的礼仪

很多人在会见结束时不知道如何启齿,因为怕说得不恰当而伤了双方的和气,所以,即使会见结束了,也不好意思对客人说"再见"。但当你发现客人的

迎送客人的礼仪

举动不符合安排的事宜,你可以以工作繁忙为借口,结束会见。如果此人纠缠不休,在会见过程中应尽量缩短会见时间,以委婉的借口,提前终止会见。如果双方的主要问题已经解决,而对方还没有告辞的意思,你可以这样说:"和你聊天非常的愉快,可是我现在还有很重要的事情要去做,既然咱们已经达成了共识,下次有机会我们再促膝长谈吧。"这种做法是一个两全其美的办法,既没有得罪客人,又达到了自己的目的。

(三)送客的礼仪

(1)主动问好。为了表达与客人间的深厚感情,客人临行前,应该主动向客人的家人问好,并请其帮忙转达。根据关系亲密程度,还可以赠送一些特产或纪念品,以增进双方感情。

(2)礼貌相送。当客人执意要离开时,身为主人应该真诚地挽留,无论双方是多年熟识的朋友,还是一般性的业务往来,主人都应该亲自相送。等客人走远后,再回房。千万不要在客人还没走远的时候,就转身回房,这样是很失礼的,如果客人礼貌性地回首与你再次道别,却看不到你,心里的滋味肯定不会好受。

(3)尽地主之谊。对于远来之客,在送别前应为客人定好飞机票或火车票,并派专车将客人送往机场或车站。客人乘坐的飞机、火车尚未离开视线时,即使有很重要的事情,主人也不能离开,如果在这个时候提前离开,难免让客人产生想法。

·礼仪节俗·
图文珍藏版

（四）迎送语

迎送语是指当对他人表示欢迎或告别时，常使用的语句。常用的迎送语有：欢迎您下次光临、很高兴您能来、请慢走、请走好等，使用迎送语时要态度自然、亲切、大方，声音柔和，面带微笑，生硬的语气和表情都是不礼貌的。如果在家里迎客和送客，一般要到门口迎送，表示礼貌和尊重。但是值得注意的是，如在机场送人时要说"一路平安"，而不能说"一路顺风"。

八、舞会的礼仪

无论国际还是国内的舞会，都是一个讲究礼仪的社交活动，也是展示个人魅力的场所。舞会是现代社会交往的重要形式之一，是高雅的社交娱乐活动，因此，我们在参加舞会时一定要懂得舞会礼仪，使自己成为舞会中的佼佼者。

（一）舞会着装礼仪

1.参加大型舞会的着装礼仪

男士参加正式舞会的传统着装是白色领结和大燕尾服。没有什么装束比这更漂亮的了。但是，很少有人拥有一套大燕尾服，而且很少有人租用它们参加晚会。人们通常穿着正式程度稍逊一筹的小燕尾服。黑领结和小燕尾服一样能够被各种舞会所接受。男士还要把头发梳理整齐，胡子刮干净，皮鞋擦亮。因为跳舞时两人的距离较近，保持口腔卫生，最好用口腔清新剂。

女士的装束应该是长款的，并做到穿着起来显得很精致。舞会也是一个最好的首饰佩戴的机会。穿裤子通常是不允许的，除非这种女裤的设计非常精致，看起来和正式的舞会女裙一样得体。即使是最年轻的女士也应当打扮起来和从前完全不同。舞会的吸引力在于它的特别和精致。每个参与者都应当努力在装束、举止以及言谈上表现得体，以保持舞会的特别和精致。

初次参加社交活动的女士应尽量穿白色衣裙。穿无袖或无肩带的女裙的女士，可以戴长手套，这种手套可以一直戴到舞会开始以后。但是开始跳舞或者晚餐开始时，应当脱掉手套。手袋的装饰作用非常重要，配合服装的缎子或丝绸做的小手袋必不可少。同时，小手袋也是晚礼服的必须配饰。舞会大都在晚上举办，所以要化晚妆，再洒上宜人的香水。这一切都会使你增添自信，增添光彩。

2.参加其他类型舞会的着装礼仪

如果是亲朋好友在家里举办的小型生日 PARTY 等活动，要选择与舞会的氛围协调一致的服装,女士则最好穿便于舞动的裙装或旗袍,搭配色彩协调的高跟皮鞋。作为男士,一定要头发干净,衣着整洁。一般的舞会可以穿深色西装,如果是夏季,可以穿淡色的长袖衬衣,打领带。如果参加随意、休闲的舞会,装扮就不必受以上约束。T恤、牛仔裤等休闲的服饰都可以穿,人们只求在扭摆中宣泄得酣畅淋漓,领带、高跟鞋反倒成了累赘。

(二) 舞会的邀请礼仪

舞会是非常受人们欢迎的一种交际活动。舞会时间约为3小时,遇有重大喜庆节日可延长至5~6小时。舞会的组织者若定好舞会的时间,应提前向客人发出邀请,并说明起止时间,以方便客人安排时间。邀请的男女客人的人数要大致相等,对已婚者,一般要请夫妇二人。舞会开始时,女主人要在门厅或客厅迎接每一位到会的宾客,并将新来的客人向就近来宾做介绍。

(三) 舞会上男士的礼仪

在舞会上最能体现一个人的绅士风度。每位男宾应首先邀请坐在自己左侧的女宾跳舞,然后再邀其他女宾。初进社交界的女子即使没有坐在父亲左侧,通常也由父亲首先邀她跳舞。在私人舞会上,每位男士都应当同举办舞会的女主人,以及他在餐桌上座位两侧的女士跳舞。当然,他必须同他带来的女士跳第一支和最后一支舞。

舞曲奏响以后,一般由男士邀请女士跳舞。如果一个女士同一位男士单独坐在一起,其他男士最好不要上前请她跳舞。同时,尽量不去邀请恋人中的一方跳舞,因为恋人大都不愿被别人打扰。男子邀请已婚女子跳舞时,应先请求其丈夫,得到许可后再与之跳舞。当自己的恋人被别人邀请时,要大度一些,不要阻止,也不要一脸不悦。当男士带着女士跳舞时,无论舞步娴熟与否,男士都应带领舞伴与舞场中其他人的舞蹈方向保持一致,一般按逆时针方向绕行,而不要在舞场中横冲直撞。跳舞时不小心踩了对方的脚,应马上说声"对不起"。男士要保持良好的风度和正确的舞姿,整个身体要始终保持平、正、直、稳。男方的右手应在女方腰部正中,双方距离两拳。进退移动,都要掌握好身体的重心,不要让身体左右摇晃,胳膊不要大幅度上下摆动。脸部朝正前方保持微笑,神态自若,声音轻细,给人以美感。

男士不要因为紧张而把舞伴搂得太紧,或把舞伴的手握得太牢,这样容易引起误会。女士也要放松,不要把全身的分量都压在舞伴身上。尤其在旋转的时候,男士一定要舞步稳健,动作协调,同舞伴一起享受舞姿的优美。万一发现女士晕眩,男士一定要把女士护送回原位。一曲终了,男士应把女士送回原来的座位,并向她表示感谢或称赞她舞跳得真好。然后再去邀请另一位女士。不要高声谈笑,随意喧哗,不要随意穿越舞场,更不要同别人争抢舞伴,要始终做到礼貌谦和,有礼有节。

如果男宾携女宾同来,进舞厅时,应女子在前,男子在后,不要双双挽臂而行。在跳舞进行中,允许插入换舞伴,但绝不能两个男子或两个女子共舞。当女子不愿和自己跳舞时,男士不可勉强。舞厅提供饮食时,男子应陪同女伴进餐,并负责照顾她。男宾应主动邀请女主人或主人的女儿跳舞,以表敬意。正在跳舞时,不要晃动你的肩膀,那样,会让人觉得轻佻、不庄重。跳舞时,不要讨论或争辩某些事情,更不要在散会时对舞伴做详

舞会的礼仪

细的身家调查。如果你想提早离开会场,仅悄悄向人招呼一声即可,千万不可在大众面前言明要早走之意,以免破坏他人的玩兴,而使主人难以控制舞场的气氛。但如正值主人在附近,就应向主人表示感谢,然后告别。当女伴打算回家时,男舞伴应立即允诺,并略略送行。如果男子先行,则应向女舞伴说明理由,请求原谅。参加舞会后的一周之内,应给主人打电话或写信表示谢意。

(四)舞会上女士的礼仪

女士在舞会中也应体现出自身的风度。在舞会中,女士遇到两位男士同时发出邀请,往往会觉得左右为难。其实从国际礼仪的角度考虑不难解决,女士面对两位或者两位以上的邀请者,最能顾全他们面子的做法,是全部委婉地谢绝。要是两位男士一前一后走过来邀请,则可以先来后到为顺序,接受先到者的邀请,同时诚恳地对后面的人解释,并约他跳下支舞,就可以完美地解决了。

舞会是通过跳舞交友、会友的场合,结伴而来的一对男女,只要一同跳第一支舞曲就可以了。从第二支曲子开始,大家应该有意识地交换舞伴,认识更多的朋友。所以在舞会上女士不能轻易拒绝他人的邀请。女士由于个人原因可以拒绝个别的男士的邀请,但要注意分寸和礼貌用语,要委婉地表达。跳舞时,对方问你的姓名时你可以告诉他,如果不想让他知道,只告诉他你的姓便可以。如果对方向你询问一些有关你的事情时,大可坦白地告诉他,如果你不愿意让他知道的话,你可

以拒绝回答,但不可编造谎言。注意你的坐姿,舞会中的灯光通常是比较暗,而且朦胧,男士只能看见你的形态,所以你要随时注意保持优美的仪态。

如果你与男朋友坐在一起,此时有人向你邀舞,礼貌上必须征得他的同意。一旦接受邀请,就应同对方跳至一曲终了,不要半途单方退场。对不熟的舞步,不要贸然地去跳,否则会出洋相,有损形象。两人共舞时,如果有另外男士插进来时,这位正在跳舞的女士不可以转换舞伴。传统舞会观念认为,女士应该在舞会中与插入的舞伴共舞,但是现在,插入者被认为是极不礼貌的行为,女士完全可以加以拒绝。

舞会正在进行中,不可因音乐、气氛的感染而表现得太过放肆,尤其是在跳舞时,不要闭上眼睛。除非你们已是一对被公认的情侣,不然不要在跳舞时把面颊靠在对方肩上。当你一个人坐在角落时,不要做出傻里傻气的动作。参加任何性质的舞会,在服装和首饰上都不能喧宾夺主。更不要把口红沾染在男伴的衣襟上或领带上。无论是参加朋友的私人舞会,还是参加正式的大型舞会,遵守时间都是首要的礼仪,要准时到达。至于什么时间离开舞会较为合适,朋友的私人舞会最好要坚持到舞会结束后再离去,这也是对朋友的支持。至于其他的舞会,只要不是只跳了一支曲子显得应酬的色彩过浓就可以了。

即使有别的男士要送你回家,而你又是和另一位同伴前来,这时不要撇下原来的同伴不管。假如没有男伴同行,而在舞会中有男士要送你回去而你又不愿意时,如果都是相熟很久的人,就可以用幽默的方式回绝对方。如果是刚刚认识的,可礼貌地说声对不起,并告诉他你已经有人送了。但说话时要婉转得体,不要使对方难堪。

(五) 舞会的种类

1.私人舞会。这种舞会可以在家中举行,也可以在旅馆或俱乐部租场地举行。时间和地点确定后,应该联系乐队。确定客人名单和发送请柬。舞会的请柬通常以女主人的名义发出。独身男子也可以举办舞会,发送请柬。

2.正餐舞会。正餐舞会通常于傍晚举行。舞会开始约一小时后吃晚饭。参加正餐舞会的客人最迟应于舞会开始后半小时内到达,一般按座位姓名卡就座。

3.晚餐舞会。晚餐舞会约在晚上10点到11点开始,次日凌晨结束。晚餐舞会上并不正式吃饭,而是从午夜12点或翌晨1点开始供座一些简单的食物。

4.募捐舞会。募捐舞会是一种靠组织舞会来赚钱的商业性活动。西方国家许多慈善组织和基金会都靠举行募捐舞会来增加收入。此舞会是他们积累基金的主要途径之一。

·礼仪节俗·

图文珍藏版

第八章　商务礼仪

在商务活动中,礼仪是人们交流感情、建立友谊和开展各种活动的桥梁和纽带,举止是否得体在很大程度上直接影响到活动的成败。因此,商务人员若能懂得并能够得体地使用商务礼仪,将会给事业的成功带来理想的效果。

一、开业仪式的礼仪

开业仪式,也称开业典礼,是指在公司开业、项目完工、某一建筑物正式动工,或是某项工程正式开始,为了表示庆祝,而按照相应的程序所举行的一项专门的仪式。开业仪式一直非常受商界人士的青睐,主要是因为通过它可以因势利导,对于商家自身事业的发展帮助很大。它既有助于扩大本公司的社会影响力,吸引社会各界的重视与关心,还能塑造出本公司的良好形象,提高自己的知名度与声誉度,从而为自己的事业创造出一个新的起点。

(一)开业仪式的筹备原则

开业仪式的筹备很重要,是整个仪式最为关键的一环,应遵循删繁就简,但却不失热烈、隆重的原则。在举办开业仪式以及为其进行筹备工作的整个过程中,在经费的支出方面要节制、偷省,量力而行,反对铺张浪费,不该花的钱千万不要乱花。另外,主办单位在筹备开业仪式时,既要遵行礼仪惯例,又要具体情况具体分析,认真策划,注重细节,分工负责,一丝不苟。力求周密、细致,严防临场出错。而且要想方设法在开业仪式的进行过程中营造出一种欢快、喜庆、隆重但又令人激动的氛围,而不应令其过于沉闷、乏味。

(二)开业仪式的舆论宣传

举办开业仪式的主旨在于塑造本单位的良好形象,因此要对其进行必不可少的舆论宣传,以吸引社会各界人士对自己的注意,争取社会公众对自己的认可或接受。为此一定要选择有效的大众传播媒介,进行集中性的广告宣传。宣传的内容上应包括:开业仪式举行的具体时间、地点、开业之际对顾客的优惠、经营特色等。

另外,进行舆论宣传还可以邀请有关的大众传播界人士在开业仪式举行之际进行现场采访、现场报道等活动,以便对本单位进行进一步的正面宣传。

(三)邀约来宾的礼仪

开业仪式影响的大小,实际上大部分取决于来宾的身份高低以及数量的多少。因此,要在力所能及的条件下,争取多邀请一些来宾参加开业仪式。邀请时应优先考虑的重点有:地方领导、上级主管部门与地方职能管理部门的领导、合作单位与同行单位的领导、社会团体的负责人、社会贤达、媒体人员等富有影响力和号召力的人员。为了慎重起见,用以邀请来宾的请柬应认真书写,并应装入精美的信封,由专人提前送达对方手中,这样,既显示了对对方的尊重,又便于对方早做安排。

(四)开业仪式的现场布置

开业仪式多在开业现场举行,因此,开业的场地可以是正门之外的广场,也可以是正门之内的大厅。按照惯例,举行开业仪式时宾主都要站立,所以一般不用布置主席台或座椅。但如果为了显示现场的隆重与主人的敬客,可在来宾特别是贵宾站立之处铺设红色地毯,并在场地四周悬挂标语、横幅、彩带、气球等。另外,还应当在显眼的地方摆放来宾赠送的花篮、牌匾。本单位的宣传材料、来宾的签到簿、待客的饮料等,也要提前准备好。对于音响、照明设备以及开业仪式举行时所需使用的用具、设备,必须事先认真进行检查、调试,以防其在使用时出现差错。

(五)开业仪式的服务礼仪

在举行开业仪式的现场,一定要有专人负责来宾的接待服务工作。除了要求本单位的全体员工在来宾的面前,要以主人翁的身份热情待客,主动协助之外,更重要的是分工负责,各尽所能,做好工作。在接待贵宾时,本单位主要负责人需要亲自出面。在接待其他来宾时,则可由本单位的礼仪小姐负责。若来宾较多,则须事先准备好专用的停车场、休息室,并提前为来宾准备饮食,力求为来宾提供最佳的服务。另外,举行开业仪式时馈赠来宾的礼品,一般具有很强的宣传性,所以若能选择得当,一定会产生很好的效果。作为馈赠来宾的礼品,应当与众不同,具有本单位的鲜明特色和独特性,使人有一目了然之感,并且可以令人过目不忘。可选用本单位的产品,也可在礼品及其外包装上印上本单位的企业标志、产品图案、广告用语、开业日期等。使礼物具有一定的纪念意义,使拥有者对其珍惜、重视。

(六)开业仪式的总体程序

从总体上来看,开业仪式大都由开始、过程、结束三大基本程序所构成。

·礼仪节俗·

图文珍藏版

1.开场

开场时要奏乐,邀请来宾就位,随后,宣布仪式正式开始,并介绍主要来宾。

2.过程

开业仪式的过程通常包括本单位负责人讲话、来宾代表致辞、启动某项开业标志等。它是开业仪式的核心内容。

3.结束

结尾包括开业仪式结束后,宾主一起进行现场座谈、参观、联欢等。这些都是开业仪式必不可少的程序。

(七)不同开业仪式运作的礼仪

1.开幕仪式

开幕仪式是开业仪式中最常见的形式之一。当仪式宣布正式开始时,要全体肃立,介绍来宾。然后邀请专人进行揭幕或剪彩。礼仪小姐要用双手将开启彩幕的彩索递交给对方。揭幕者要目视彩幕,双手拉启彩索,使彩幕展开。此时,全场要目视彩幕,鼓掌并奏乐。之后,主人要致答谢辞,并由来宾代表发言祝贺。礼毕,主人要陪同来宾进行参观,并开始正式接待顾客或观众。

2.开工仪式

开工仪式是指工厂准备正式开始生产产品或矿山准备正式开采矿石时,所专门举行的庆祝性、纪念性的活动。当开工仪式宣布正式开始时,要全体起立,由主持

开业仪式的礼仪

人介绍各位到场来宾,并奏乐。在司仪的引导下,由主要负责人陪同来宾行至开工现场,然后请代表来到机器开关或电闸旁,对其躬身施礼,并动手启动机器或合上电闸。此时,全体人员应鼓掌致贺,并奏乐。之后,全体职上岗进行操作,并且全体来宾在主人的带领下参观生产现场。

3.奠基仪式

奠基仪式是指一些重要的建筑物,在动工修建之初,所举行的正式庆贺性活动。由主人宣布仪式正式开始,介绍到场来宾,此时要全体起立,奏国歌。之后,主人要对该建筑物的功能以及规划设计进行简要介绍,来宾致辞道喜。在正式开始

进行奠基时,应锣鼓喧天,演奏喜庆的乐曲。并由奠基人双手持系有红绸的新铁锹为奠基石培土。随后,再由主人与其他嘉宾依次为之培土,直至将其埋没为止。

4.竣工仪式

竣工仪式是指本单位所属的某一建筑物或某项设施建设,以及某种意义重大的产品生产成功之后所专门举行的庆贺性活动。当竣工仪式宣布开始时,由主持人介绍来宾,全体起立,奏国歌,并演奏本单位标志性的歌曲。然后由本单位的负责人发言,发言结束后,进行揭幕或剪彩,全体人员向刚刚竣工的建筑物恭敬的行注目礼。礼毕,来宾致辞,致辞后负责人安排其进行参观。

礼仪英语

(1) Take care.保重。

(2) See you late.回头见。

(3) Have a nice drive! 一路平安!

(4) Bye-bye.Mind your steps.再见,慢走。

(5) Thank you for your coming.good-bye.感谢您的光临,再见。

(6) Good-bye and good luck! 再见,祝你好运!

(7) Have a nice evening.真是个美好的夜晚。

二、庆典仪式的礼仪

商务庆典仪式是指围绕重大、特殊事件或重要节日而举行的既隆重又热烈的纪念庆祝活动。这些庆祝仪式,都要求务实而不务虚。因而,商务人员在筹备与运作的具体过程中,应当遵循有关的商务礼仪与惯例。既能由此而增强本单位全体员工的凝聚力与荣誉感,又能使社会各界人士对本单位重新认识、刮目相看。就其内容而言,在商界举行的庆祝仪式大致分为:周年庆典、业绩庆典、荣誉庆典、发展庆典四类。

(一) 组织庆典的礼仪

1.确定出席人员名单

确定出席人员的名单是商务典礼中非常重要的一环,所以应当始终以庆典的宗旨为指导思想,精心准备庆典出席人员的名单。一般来说,庆典的出席人员通常应包括:上级领导、大众传媒记者、社会名流、合作伙伴、社会实体负责人、单位员工。

2.庆典仪式的现场布置

举行庆祝仪式的现场,是庆典活动的中心地点。对它的安排、布置是否恰如其分,往往会直接关系到庆典留给人们的印象好坏。因此,在选择具体地点时,应结合庆典的规模、影响力以及本单位的具体情况来决定。不过在室外举行庆典时要慎重,切勿因地点选择不慎,从而制造噪声、妨碍交通或治安,顾此失彼。

另外,在反对铺张浪费的同时,应当量力而行,致力于美化举行庆典现场的环境。为了烘托出热烈、隆重、喜庆的气氛,可在现场悬挂彩灯、彩带,张贴一些宣传标语,并且张挂标明庆典具体内容的大型横幅。同时,在举行庆典之前,要把音响准备好。并认真检查,避免在现场出错。在庆典举行前后,要播放一些喜庆、欢快的乐曲。但是对于播放的乐曲,应先期进行检查。切勿届时让工作人员自由选择,或播些凄惨、哀怨的乐曲,大大破坏现场的气氛。

3.接待来宾

与一般商务交往中来宾的接待相比,对出席庆祝仪式的来宾的接待,更应突出礼仪性的特点。不但应当热心细致地照顾好全体来宾,而且还应当通过主办方的接待工作,使来宾感受到主人的真情厚意,并且想方设法使每位来宾都能心情舒畅。

最好的办法,是庆典一经决定举行,即成立对此全权负责的筹备组。在庆典的筹备组内,应根据具体的需要,下设若干专项小组,各管一段。其中负责礼宾工作的接待小组,大都不可缺少。庆典的接待小组,原则上应由年轻、精干、身材与形象较好、口头表达能力和应变能力较强的男女青年组成。接待小组成员的具体工作包括:来宾的迎送、来宾的引导、来宾的陪同、来宾的接待。主要的具体工作是负责到场来宾的迎接、引导和送别。为来宾送饮料、上点心以及提供其他方面的照顾。对于某些年事已高或非常重要的来宾,始终陪同,以便关心与照顾。

4.庆典的具体程序

(1)介绍来宾;

(2)宣布庆典正式开始;

(3)由本单位主要的负责人致辞;

(4)嘉宾讲话;

(5)安排文艺演出;

(6)来宾参观。

(二)出席庆典的礼仪

1.注重仪容仪表

在举行庆祝仪式之前,主办单位应对本单位的全体员工进行必要的礼仪宣传。

对于本单位出席庆典的人员,还须规定好有关的注意事项,并要求大家在临场时务必严格遵守。所有出席本单位庆典的人员,事先都要做好个人的清洁工作,整理好个人的形象。若有统一式样制服的单位,应要求以制服作为本单位人士的庆典着装。无制服的单位,应规定届时出席庆典的本单位人员必须穿着礼仪性服装。

庆典仪式的礼仪

2.遵守仪式的时间

遵守时间是基本的商务礼仪之一。对本单位庆典的出席者而言,更不得小看这一问题。无论是本单位的最高负责人,还是级别最低的员工,都不得迟到或无故缺席,更不能中途退场。如果庆典的起止时间已有规定,则应当准时开始,准时结束。从而证明本单位的信誉度。

3.保持会场的秩序

在庆典举行期间,不允许嬉闹,或是无精打采,这样会破坏单位的整体形象,使来宾产生很不好的想法。在举行庆典的整个过程中,都要表情庄重、聚精会神。假若庆典之中安排了升国旗、奏国歌、唱本单位之歌的程序,一定要依礼行事:起立、脱帽、立正,面向国旗或主席台行注目礼,并且态度认真、表情庄严肃穆地和大家一起唱国歌、唱本单位之歌。

4.主方人员的礼仪

当来宾在庆典上发表贺词时,或是随后进行参观时,要主动鼓掌表示欢迎。即使个别来宾在庆典中表现得对主人不够友好,或说了几句不中听的话时,主方人员也应当保持礼貌,不要有过激的行为。不允许打断来宾的讲话,向其提出挑衅性质疑,或是对其进行人身攻击。

5.发言人的礼仪

倘若商务人员有幸在本单位的庆典中发言,走向讲坛时,应不慌不忙,在开口讲话前,应平心静气。在发言开始,不要忘说一句"大家好"或"各位好"。在提及感谢对象时,应目视对方。在表示感谢时,应郑重地欠身施礼。对于大家的鼓掌,要以自己的掌声来回礼。在讲话结束时,应当向大家道谢。

6.外单位人员应当遵守的礼仪

外单位的人员在参加庆典时,同样有必要遵守礼仪,以自己良好的临场表现,来表达对主人的敬意与对庆典本身的重视。倘若在此时此刻表现失礼,对主人是一种伤害。另外,当外单位的人员在参加庆典时,若是以单位而不是以个人名义来参加的话,则要特别注意自己的临场表现,不可举止粗俗或放纵不羁。

(三)商务庆典仪式的程序

依照常规,一次庆典大致上应包括下述几项程序:

预备:请来宾就座,出席者安静,介绍嘉宾。

第一项,宣布庆典正式开始,全体起立,奏国歌,唱本单位之歌。

第二项,本单位主要负责人致辞。其内容是,对来宾表示感谢,介绍此次庆典的缘由,等等,其重点应是报捷以及庆典的可"庆"之处。

第三项,邀请嘉宾讲话,大体上讲,出席此次的上级主要领导、协作单位及社区关系单位,均应有代表讲话或致贺辞。不过应当提前约定好,不要当场当众推来推去。对外来的贺电、贺信等等,可不必一一宣读,但对其署名单位或个人应当公布。在进行公布时,可依照其"先来后到"为序,或是按照其具体名称的汉字笔画的多少进行排列。

第四项,安排文艺演出。这项程序可有可无,如果准备安排,应当慎选内容,注意不要有悖于庆典的主旨。

第五项,邀请来宾进行参观。如有可能,可安排来宾参观本单位的有关展览或车间等等。当然,此项程序有时亦可省略。

三、交接仪式的礼仪

交接仪式,就是指在商务往来中用以庆贺商务伙伴之间合作成功而举行的,是一种热烈而隆重的活动形式。举行交接仪式有着重要的意义,它既是商务伙伴们对于所进行过的成功合作的庆祝,并对给予过自己支持、帮助和理解的社会各界的答谢,又是接收单位与施工、安装单位巧妙地利用时机,为双方各自提高知名度和美誉度而进行的一种公共宣传活动。

(一) 交接仪式准备的礼仪

1.邀约来宾的礼仪

来宾的邀约,一般应由交接仪式的施工、安装单位一方负责。在具体拟定来宾名单时,施工、安装单位也应主动征求接收单位的意见。但合作伙伴对于施工、安装单位所草拟的名单不要过于挑剔,不过可以根据自己的实际情况提出一些合理化的意见。在通常情况下,参加交接仪式的来宾人数应越多越好。如果来宾太少,会场的气氛会显得过于冷清。但是,值得注意的是,确定参加者的总人数时,应该考虑到场地的条件和本身的接待能力。

当邀请上级主管部门、当地政府、行业组织的有关人员参加仪式时,切记不要勉强对方,以努力争取为原则,并持着诚恳的态度。因为利用举行交接仪式这一机会,可以使施工、安装单位、接收单位,与上级主管部门、当地政府、行业组织进行多方接触,这样既可以宣传自己的工作成绩,又有助于有关各方之间进一步地相互理解和相互沟通,从而为自己创造更多的机会。

2.交接仪式的现场布置

应视交接仪式的重要程度,对举行交接仪式的现场进行布置。举行仪式的主要因素由全体出席者的具体人数、交接仪式的具体程序与内容以及是否要求对其进行保密等几方面而定。根据举行交接仪式的规则,一般可将交接仪式的举行地点安排在已经建设、安装完成并已验收合格的工程项目或大型设备所在地的现场。有时,也可根据具体的情况,安排在东道主单位本部的会议厅或者由施工、安装单位与接收单位双方共同认可的其他场所。

3.交接仪式的物品准备

在交接仪式上,应由东道主提前准备需要使用的物品,其中作为交接象征之物的物品包括:验收文件、一览表、钥匙。另外,主办交接仪式的单位,要为交接仪式的现场准备一些用以烘托喜庆气氛的物品,在举行交接仪式的现场四周,尤其是在正门入口处、干道两侧、交接物四周,可悬挂一定数量的彩带、彩旗、彩球,并放置一些色泽艳丽、花朵硕大的盆花,不仅烘托了气氛,也美化了环境。在仪式上赠送礼品是必不可少的,其中礼品应突出其纪念性、宣传性。

通常,来宾都会赠送一些祝贺性花篮,若这些花篮较多,可依照约定俗成的顺序,将其呈一列摆放在主席台正前方,或是分成两行摆放在现场入口处门外的两侧。但若来宾所赠的花篮甚少,就不用这样做。

(二)交接程序的礼仪

交接仪式的程序,具体是指交接仪式进行的各个步骤。不同内容的交接仪式,其具体程序往往各有不同。主办单位在拟定交接仪式的具体程序时,必须遵守惯例执行原则和实事求是的原则。

交接的基本程序包括:

1.宣布交接仪式开始。在宣布交接仪式开始之前,主持人应邀请有关各方人士在主席台上就座,宣布交接仪式正式开始后,全体应进行较长时间的鼓掌。

2.奏国歌。全体人员必须肃立,奏国歌,并演奏东道主单位的标志性歌曲。

3.进行交接。由施工、安装单位的代表,将有关的工程项目、文件及象征物品正式递交给接收单位的代表。此时,双方应面带微笑,双手递交、接受有关物品,之后,应该热烈地握手。

4.代表发言。这些发言,一般均为礼节性的,原则上讲,每个人的发言时间应以三分钟为准。

5.仪式结束。此时,全体人员应再次进行较长时间的鼓掌。

交接仪式的礼仪

(三)参加交接仪式的礼仪

在交接仪式中,不论是东道主,还是到场来宾,都存在一个表现是否得体的问题。如果有人在仪式上表现失当,不仅会使交接仪式黯然失色,还会影响到有关各方的相互关系。

1.东道主的礼仪

(1)仪容仪表。东道主一方参加交接仪式的人员,代表本单位的形象。所以要求其妆饰规范、服饰得体、举止大方有礼。在交接仪式举行期间,不允许东道主一方的人员交头接耳,或嬉笑、打闹。

(2)待人友好。东道主一方的全体人员都应当自觉地树立起主人翁意识。一旦来宾提出问题或有需求时,都要全力相助。即使自己力不能及,也要向对方说明原因,并且及时向有关方面进行反映,使相关问题得以解决。

2.来宾的礼仪

(1)准时到场。若无特殊原因,接到邀请后,应正点抵达,为主人捧场。若不能出席,则应尽早通知东道主,以防在仪式举行时来宾甚少,使气氛冷淡。

(2)致以祝贺。接到正式邀请后,被邀请者即应尽早以单位或个人的名义发出贺电或贺信,向东道主表示热烈祝贺。有时,被邀请者在出席交接仪式时,将贺电或贺信面交东道主,也是可行的。不仅如此,被邀请者在参加仪式时,还须郑重其事地与东道主一方的主要负责人分别握手,并口头道贺。

(3)预备贺词。如果来宾与东道主关系密切,还须提前预备一份书面贺词。贺词的内容应当简明扼要,主要是为了向东道主一方道喜祝贺。

(4)准备贺礼。为表示祝贺之意,可向东道主一方赠送一些贺礼,如花篮、牌匾、贺幛等。

(四) 交接仪式的注意事项

在参加交接仪式时,不论是东道主一方还是来宾一方,都存在一个表现是否得体的问题。

1.仪表整洁。东道主一方参加交接仪式的人员,必须要求他妆容规范、服饰得体、举止大方。

2.保持风度。在交接仪式举行期间,不允许东道主一方的人员东游西逛、交头接耳、打打闹闹。在为发言者鼓掌时,不允许厚此薄彼。

3.热情友好。不管自己是否专门负责接待、陪同或解说工作,东道主一方的全体人员都应当自觉地树立起主人翁意识。一旦来宾提出问题需要帮助时,都要鼎力相助。不允许一问三不知、借故推脱、拒绝帮忙,甚至胡言乱语、大说风凉话。即使自己力不能及,也要向对方说明原因,并且及时向有关方面进行反映。

四、签约仪式的礼仪

在商务交往中,签约极受商界人士的重视。它不但可以促使有关各方的相互关系取得更大的进展,还可以消除彼此之间的误会或抵触,从而达成一致性见解的。因为在具体签署合同之际,往往会依照惯例举行一系列的程式化的活动,这就是所谓的签约仪式。签约仪式的具体操作过程包括草拟阶段与签署阶段两大部分。

(一)草拟合同的礼仪

从格式上讲,合同的写作有相应的规范。它的首要要求是目的明确、内容具体、用词标准、数据精确、项目完整、书面整洁等。从具体的写法上来讲,合同大体上有条款式与表格式两类。条款式合同是指以条款形式出现的合同;表格式合同是指以表格形式出现的合同。条款式合同与表格式合同,在写法上都有各自的具体规范,因此,在实践中应当严格遵守。

在草拟合同时,除了在格式上要标准、规范之外,同时还必须遵守以下四个方面的原则:遵守法律的原则、符合惯例的原则、合乎常识的原则、顾及对方的原则。因此,商务人员在草拟合同的具体条款时,既要优先考虑自己的切身利益,又要替他方多多着想,并且尽可能照顾他方的利益。这是促使合同被对方所接受的最佳途径。

(二)签署合同的礼仪

一般地讲,合同的成立生效,需要履行一定的手续。依照我国的有关法律规定,当事人就合同条款的书面形式达成协议,并且签字,即为合同成立。仪式礼仪规定,为了使有关各方重视合同、遵守合同,在签署合同时,应举行郑重其事的签字仪式。此即所谓签约。

1.签署合同的准备礼仪

(1)布置签字厅。一间标准的签字厅,应当室内铺满地毯,除了必要的签字用桌椅外,其他陈设都不需要。正规的签字桌应为长桌,其上最好铺设深绿色的布料。在签字桌上,应事先安放好待签的合同文本、签字笔及吸墨器等。按照仪式礼仪的规范,签字桌应当横放于室内。签字人在就座时,一般应面对正门。

(2)签字的座次。签字时各方代表的座次,应由主方代为先期排定。合乎礼仪的做法是:在签署双边性合同时,应请客方签字人在签字桌右侧就座,主方签字人则应同时就座于签字桌左侧。双方各自的助签人,应分别站立在各自一方签字人的外侧,以便随时对签字人提供帮助。双方的随员,可以按照一定的顺序在己方签字人的正对面就座。也可以依照职位的高低,依次自左至右(客方)或是自右至左(主方)地排列成一行,站立于己方签字人的身后。当一行站不完时,可以按照以上顺序并遵照"前高后低"的惯例排成两行、三行或四行,原则上,双方随员人数应大体上相近。

(3)预备合同文本。在正式签署合同之前,应由举行签字仪式的主方负责准备待签合同的正式文本,这是商界的习惯。在决定正式签署合同时,就应当拟定合同的最终文本。它应当是正式的不再进行任何更改的标准文本。按常规,应为在

签约仪式的礼仪

合同上正式签字的有关各方,均提供一份待签的合同文本。必要时,还可再向各方提供一份副本。待签的合同文本,应以精美的白纸精制而成,按大八开的规格装订成册,并以高档质料,如真皮、金属、软木等作为其封面。

2.签署合同程序的礼仪

签字仪式的程序一共分为以下四项:

(1)仪式的开始。仪式开始之后,有关各方人员进入签字厅,坐在既定的位次上。

(2)正式签署合同文本。首先签署己方保存的合同文本,然后再签署他方保存的合同文本。要求每个签字人在由己方保留的合同文本上签字时,按惯例应当名列首位。所以,每个签字人都要首先签署己方保存的合同文本,然后再交由他方签字人签字。

(3)交换各方正式签署的合同文本。在签字人正式交换有关各方正式签署的合同文本时,各方签字人应热烈握手,互致祝贺,并相互交换各自一方刚才使用过的签字笔,以作纪念。全场人员鼓掌,表示祝贺。

(4)互相道贺。交换已签的合同文本后,按照国际上通行的用以增添喜庆色彩的做法,有关人员,尤其是签字人要当场干上一杯香槟酒。并且,在商务合同正式签署后,应提交有关方面进行公证,此后才正式生效。

(三)签字人员的服饰礼仪

按照签字仪式的礼仪规定,签字人、助签人以及随员,在出席签字仪式时,应当穿着具有礼服性质的深色西装套装、中山装套装,并且要搭配白色衬衫与深色皮鞋。男士还必须配上单色领带,以示正规。在签字仪式上露面的礼仪人员、接待人员,可以穿自己的工作制服,或是旗袍一类的礼仪性服装。

五、展览会的礼仪

展览会主要是为了推销本单位的产品、技术或专利,而组织的宣传性聚会。展览会在商务交往中具有很强的说服力和感染力,不仅可以打动观众,为主办单位广交朋友,而且还可以借助各种传播形式,达到更好的广告效应,从而提高知名度。正因为如此,几乎所有的商界单位都对展览会倍加重视。

(一) 组织展览会的礼仪

1.确定参展单位

按照商务礼仪的要求,主办单位事先应以适当的方式,向参展的单位发出正式的邀请。邀请参展单位的主要方式有:寄发邀请函、刊登广告、召开新闻发布会等。对于报名参展的单位,主办单位应根据展览会的主题与具体条件进行必要的审核。当参展单位的正式名单确定之后,主办单位应及时地以专函进行通知,使被批准的参展单位尽早有所准备。

2.展览内容宣传

宣传展览会的主要方式有:

(1)公开刊发广告。

(2)张贴有关展览会的宣传画。

(3)举办新闻发布会。

(4)邀请传媒界人士到场进行参观采访。

(5)散发宣传性材料和纪念品。

(6)在举办地悬挂彩旗、彩带或横幅。

3.展位的布置

布置展览现场的基本要求是:展示陈列的各种展品要围绕既定的主题,进行互为衬托的合理组合与搭配。要在整体上显得井然有序、浑然一体。展览会的组织者要尽最大的努力,满足参展单位关于展位的合理要求。如果参展单位较多,并且对于较为理想的展位竞争较为激烈的话,那么,展览会的组织者可依照展览会的惯例,采用抽签、竞拍、投标、依照参展单位正式报名的先后顺序的方法对展位进行合理的分配。

值得注意的是,所有参展单位都希望自己能够在展览会上拥有理想的位置。一般理想的位置,除了收费合理之外,应当面积适当,客流较多,处于较为醒目之处,并且要设施齐备,采光、水电的供给良好。

4.其他注意事项

无论展览会举办地的社会治安环境如何,组织者对于有关的安全保卫事项均应认真对待。在举办展览会前,必须依法履行常规的报批手续。此外,组织者还须主动将展览会的举办详情向当地公安部门进行通报。为了预防天灾人祸等不测事件的发生,应向声誉良好的保险公司进行数额合理的投保。以便利用社会的力量为自己分忧。

在展览会入口处或展览会的门票上,应将参观的具体注意事项正式成文列出,以方便观众。在举办规模较大的展览会时,最好从合法的保卫公司聘请一定数量的保安人员,将展览会的保安工作全权交予对方负责。展览会组织单位的工作人员,均应自觉树立良好的安全意识,尽自己最大的努力,保证展览会的安会。另外,展览会的组织者,有义务为参展单位提供必要的辅助性服务,从而为展览会画上完美的句号。

(二) 参加展览会的礼仪

1.形象的礼仪

(1)工作人员的形象。在一般情况下,要求在展位上工作的人员应当统一着装。最得体的着装是身穿本单位的制服,或者是穿深色的西装、套裙。在大型的展览会上,参展单位若安排专人迎送宾客时,最好请其身穿色彩鲜艳的单色旗袍,并胸披写有参展单位或其主打展品名称的大红色绶带。为了说明各自的身份,全体工作人员应在左胸佩戴胸卡,但礼仪小姐可以除外。

(2)展示物的形象。展示之物的形象主要由展品的外观、展品的质量、展品的陈列、展位的布置、发放的资料等构成。用以进行展览的展品,外观上要力求完美无缺,质量上要优中选优,陈列上要既整齐美观又讲究主次,布置上要兼顾主题的突出与观众的注意力,而用以在展览会上向观众直接散发的有关资料,则要印刷精美,并且注有参展单位的主要联络方式。

2.展会服务的礼仪

在展览会上,参展单位的工作人员都必须热情地为观众服务。展览会一旦正式开始,全体参展的工作人员都应各就各位,站立迎宾。

当观众走进自己的展位时,工作人员都要面带微笑,主动向观众打招呼。当观众在本单位的展位上进行参观时,工作人员可随形予其后,对观众进行讲解。当观众离去时,工作人员应当真诚地向对方告别,并欠身施礼。

(三)展览会的分类

按照展览品的种类分为:单一型展览会、综合型展览会。

按照展览会的目的分为:宣传型展览会、销售型展览会。

按照展览会的时间分为:临时展览会、定期展览会、长期展览会。

按照展者的区域为标准分为:国际性展览会、洲际性展览会、全国性展览会、全省性展览会和本地性展览会。

按照展览会的场地分为:露天展览会、室内展览会。

按照展览会的规模分为:小型展览会、中型展览会、大型展览会。

六、新闻发布会的礼仪

新闻发布会,简称发布会,有时也称记者招待会。它是一种主动传播各类有关的信息,谋求新闻界对某一社会组织或某一活动、事件进行客观而公正报道的有效的沟通方式。

(一)新闻发布会筹备礼仪

1.主题的确定

新闻发布会的主题,指的是新闻发布会的中心议题。主题确定是否得当,往往直接关系到预期目标能否实现。

2.确定发布会的时间与地点

发布会的时间选择尤为重要,要避开节日与假日、避开其他单位的新闻发布会、避开新闻界的重点宣传与报道、避开本地的重大社会活动。举行新闻发布会的最佳时间,在周一至周四的上午 10~12 点,或是下午的 3~5 点。在此时间内,绝大多数人都是方便与会的。而且一次发布会所用的时间,应当限制在两个小时以内。

举行新闻发布会的现场,应交通方便、条件舒适、面积适中,本单位的会议厅、宾馆的多功能厅、当地最有影响的建筑物等,都可酌情予以选择。

3.举行发布会的人员安排

在准备新闻发布会时,主办者一方必须精心做好有关人员的安排工作。按照常规。新闻发布会的主持人都应当由主办单位的公关部部长、办公室主任或秘书长担任。新闻发布会的发言人是会议的主角,发言人通常由本单位的主要负责人担任。除了在社会上口碑较好外,与新闻界关系也要较为融洽。此外,还须精选一些本单位的员工,主要负责会议现场的礼仪接待工作。依照惯例,他们最好是由品貌端庄、工作负责、善于交际的年轻女性担任。

在新闻发布会上，代表主办单位出场的主持人、发言人，是主办单位的代言人。因此，主持人、发言人对于自己的外表，尤其是仪容、服饰，一定要事先进行认真的修饰。按照惯例，主持人、发言人要进行必要的化妆，并且以化淡妆为主。发型应当庄重而大方，男士以深色西装套装、白色衬衫、黑袜黑鞋，并且打领带，女士则宜穿单色套裙，肉色丝袜，高跟皮鞋。服装必须干净、挺括，一般不宜佩戴首饰。在面对媒体时，主持人、发言人都要做到举止自然而大方。要面含微笑，目光炯炯，表情松弛，坐姿端正。

4.材料的预备

在筹备新闻发布会时，主办单位通常需要事先委托专人预备好宣传提纲、发言提纲、问答提纲、辅助材料四个方面的主要材料。另外，在会前或会后，有时也可安排与会者进行一些必要的现场参观或展览、陈列参观。但值得注意的是，这些安排要符合实际，不可弄虚作假或泄漏商务秘密。

(二) 新闻发布会过程中的礼仪

在新闻发布会正式举行的过程之中，往往会出现难以预料的情况或变故出现。要应付这些难题，确保新闻发布会的顺利进行，除了要求主办单位的全体人员齐心协力、密切合作之外，最重要的是要求代表主办单位出面的主持人、发言人，要善于沉着应变、把握会议的全局。

在新闻发布会上，主持人、发言人的一言一语，都代表着主办单位。因此，必须对自己讲话的分寸予以重视。不论主持人还是发言人，都是以办好新闻发布会为宗旨的，因此二者之间的一定要做到分上明确、彼此支持，做到有默契的相互配合。

(三) 新闻发布会结束后的礼仪

新闻发布会结束之后，应对照一下现场所使用的来宾签到簿与来宾邀请名单，核查新闻界人士的到会情况。了解与会者对此次新闻会的意见或建议，尽快找出自己的缺陷与不足。并统计出与会的新闻界人士中有多少人为此次新闻发布会发表了新闻稿。由此可大致推断出新闻界对本单的重视程度。

整理、保存会议资料是新闻发布会必不可少的后续工作，需要主办单位认真整理、保存新闻发布会的有关资料。这样不仅有助于全面评估会议效果，而且还可为此后举行同一类型的会议提供借鉴。需要整理、保存的有关资料包括会议自身的图文声像资料、新闻媒介有关会议报道的资料两种。

另外，在听取了与会者的意见、建议，总结了会议的举办经验，收集、研究了新闻界对于会议的相关报道之后，对于失误、过错或误导，都要主动采取一些必要的对策。尤其是对在新闻发布会之后所出现的不利报道,要注意具体分析,慎重对待。

(四)如何协调主办单位与新闻界人士的相互关系

1.要对所有与会的新闻界人士一视同仁。

2.尊重新闻界人士的自我判断。

3.尽可能地向新闻界人士提供对方所需要的信息。

4.要尊重新闻界人士,并友好、坦诚地相待。

5.保持与新闻界的联系。

七、谈判的礼仪

谈判又叫作会谈,指从事商务活动的人,因为工作需要,进行有组织、有准备的协商活动,就某些问题达成一致,实现各自利益。在任何谈判中,礼仪都是必不可少的,它不仅体现出一个人的素质、涵养,还有利于激发与谈判对手之间的感情。促使谈判迅速、顺利进行。

(一)谈判的准备

1.个人形象的礼仪

参与正式的商务谈判时,与会人员一定要注重外在形象,把整洁、得体、端庄的外表展现在众人面前。男士着装一律以深色西装、白色衬衫、素色或条纹领带、深色袜子、黑色皮鞋为主。女士着装应本着高雅、规范的原则,切勿过于暴露、时尚、摩登。以穿深色套裙、白衬衫、肉色长筒或连裤式丝袜、黑色浅口高跟鞋为主。适当的化些淡妆,披头散发是女性出席谈判场合的大忌,应将头发梳理整齐。

2.言谈举止的礼仪

谈判之初,谈判双方接触的第一印象十分重要,言谈举止要尽可能营造出友好、轻松的良好谈判气氛。做自我介绍时要自然大方,不可露傲慢之意。被介绍到的人应起立并微笑示意。询问对方要客气,如有名片,要双手接递。介绍完毕,可选择双方共同感兴趣的话题进行交谈。稍做寒暄,以沟通感情,创造温和气氛。

谈判之初的姿态动作也对谈判气氛起着重大作用,目光注视对方时,应停留于对方双眼至前额的三角区域正方,切忌双臂在胸前交叉。谈判之初的重要任务是摸清对方的底细,因此要认真听对方谈话,细心观察对方举止表情,并适当给予回应,这样既可了解对方意图,又可表现出尊重与礼貌。

3.谈判地点的选择

按照谈判地点的不同可分为四类：

（1）主体谈判。将谈判地点安排在主体方，可以使东道主拥有较大的主动性。

（2）客体谈判。将谈判地点安排在客体所在单位，这样可以使客体具备了一定的优越性，掌握了谈判的主动权。

（3）地点既不安排在主体方也不设在客体方，这样可以避免了外界因素干扰。

（4）将谈判地点主客互换，这种谈判对双方都比较公正。

4.谈判座次的摆放

（1）双方进行谈判的座位摆放。如果谈判桌的摆放采取横放制，主方人员应面对门而坐，客方应背对门而就座。双方主谈判者可居中就座，其他人员按照职位、级别，以先右后左的顺序分别在各自方就座。双方主谈者的右侧之位，在国内谈判中可坐副手，而在涉外谈判中则可视为译员的专座。如果谈判桌的摆放采取竖放制，具体排位时以进门的方向为准，客体方应在左侧方就座，而主体方选择右侧方就座。双方主谈判和其他人员的具体座次安排与谈判桌横放制相仿。

（2）多方同时进行谈判的座位摆放。多方同时进行谈判时，各方谈判人士可自由就座或设立一个主席台。主席台应设立在面对正门的位置，是专门为各方发言人讲话时准备的。其他人员一律面对主席台就座。各方人士发言后应自动离开主席台。

（二）谈判的原则

商界人士在准备商务谈判时，应当遵守以下原则：

客观原则。指商界人士在准备商务谈判时，要掌握资料和决策态度。

谈判的礼仪

预审原则。指商界人士在准备谈判时，应当将自己的谈判方案预先反复审核，并将自己提出的方案上交有关人员进行审核，使方案更加完善。

自主原则。指商界人士在准备谈判时以及在洽谈进行中，发挥自己的主观能动性,在谈判中为自己争取到有利的位置。

兼顾原则。指商界人士在准备谈判时,在不损害自己根本利益的前提下,主动为对方保留定的利益。

(三)谈判过程中的礼仪

商务谈判是促进经济发展的一种活动,所以方方面面都受礼仪的束缚,也唯有礼仪能促使企业形象提升。因此,尊重谈判礼仪也是对企业发展负责。

在商务洽谈进程中,应始终如一地与洽谈对手以礼相待,事事表现出真诚的敬意。坚持平等协商,没有高低、贵贱之分,双方应相互尊重。不允许仗势压人、以大欺小。如果在谈判的开始有关各方在地位上便不平等,那么是很难达成让各方心悦诚服的协议的。同时,要求洽谈各方在洽谈中要通过协商,即相互商量,求得谅解,而不是通过强制、欺骗来达成一致。要明确双方之间的关系,要做到人与事分别而论,谈判桌上是对手,谈判桌外是朋友。

在谈判过程中,要将"礼仪"摆在首位。在任何情况下,都应本着心平气和、彬彬有礼、互敬互爱的原则与谈判对手和平相处。即使产生利害冲突,也要时刻保持绅士风度。最好是站在对方立场上考虑问题,这样对出现双赢的局面有很大帮助。

(四)生活中的微妙谈判小技巧

有一位教徒问神甫:"我可以在祈祷时抽烟吗?"他的请求遭到神甫的严厉斥责。而另一位教徒又去问神甫:"我可以吸烟时祈祷吗?"后一个教徒的请求却得到允许,悠闲地抽起了烟。这两个教徒发问的目的和内容完全相同,只是谈判语言表达方式不同,但得到的结果却相反。由此看来,表达技巧高明才能赢得期望的谈判效果。

谈判的语言技巧在营销谈判中运用得好可带来营业额的高增长。某商场休息室里经营咖啡和牛奶,刚开始服务员总是问顾客:"先生,喝咖啡吗?"或者是:"先生,喝牛奶吗?"其销售额平平。后来,老板要求服务员换一种问法,"先生,喝咖啡还是牛奶?"结果其销售额大增。原因在于,第一种问法,容易得到否定回答,而后一种是选择式,大多数情况下,顾客会选一种。

八、茶话会的礼仪

茶话会是社交色彩很浓的一种社交性集会,举办茶话会主要是为了与社会各界沟通信息,创造良好的外部环境,因此,在所有的商务性会议中不可小视。

(一)茶话会准备的礼仪

1.确定茶话会的中心议题

在一般情况下,可以分为以下几类:

(1)专题茶话会。指在某一特定的时刻,或为了某些专门的问题而召开的茶话会。

(2)联谊茶话会。指为了联络主办单位同应邀与会的社会各界人士的友谊而举办的茶话会。

(3)娱乐茶话会。指在茶话会上安排一些文娱节目或文娱活动,增加热烈而喜庆的气氛,调动与会者人人参与的积极性。并且以此作为茶话会的主要内容。

2.确定与会者

茶话会的与会者,除主办单位的会务人员外,均为来宾。邀请哪些方面的人士参加茶话会,往往与其主题存在着直接的因果关系。因此,主办单位在筹办茶话会时,必须围绕其主题,来确定与会人员,尤其是确定好主要的与会者。在一般情况下,茶话会的主要与会者,大体上可分为五种情况:本单位的顾问、本单位代表、合作的伙伴、社会的贤达、各方面人士。

3.确定茶话会的时间

根据国际惯例,举行茶话会的最为合适的时间是下午4点钟左右。有些时候,也可将其安排在上午10点钟左右。对于一次茶话会到底举行多久的问题,可由主持人在会上随机应变,灵活掌握。在一般情况下,一次成功的茶话会,大都讲究适可而止。若是将其限定在一个小时至两个小时之内,效果会更好一些。

4.确定茶话会的地点

按照惯例,适宜举行茶话会的大致场地主要有以下几种:

(1)主办单位的会议厅。

(2)主办单位负责人的私家客厅。

(3)主办单位负责人的私家庭院或露天花园。

(4)宾馆的多功能厅。

(5)高档的营业性茶楼或茶室。

5.茶话会座次的安排

安排茶话会与会者具体的座次,可参照以下方法:

环绕式。就是不设立主席台,把座椅、沙发、茶几摆放在会场的四周,不明确座次的具体尊卑,而听任与会者在入场后自由就座。这一安排座次的方式,与茶话会的主题最相符,也最流行。

散座式。散座式排位,常见于在室外举行的茶话会。它的座椅、沙发、茶几四处自由地组合,甚至可由与会者根据个人要求而随意安置。这样就容易创造出一种轻松、惬意的社交环境。

圆桌式。圆桌式排位,指的是在会场上摆放圆桌,请与会者存周围自由就座。圆桌式排位又分下面两种形式:一是适合人数较少的,仅在会场中央安放一张大型的椭圆形会议桌,而请全体与会者在周围就座。二是在会场上安放数张圆桌,请与会者自由组合。

主席式。在茶话会上,这种排位是指在会场上,主持人、主人和主宾被有意识地安排在一起就座,并且按照常规就座。

另外,茶话会的会场布置要尽量雅致一些,应设颜色淡雅、品质高贵的花,让来宾感到清新、雅致。

6.预备茶点

商务礼仪规定,在茶话会上,不必上主食,不安排品酒,只向与会者提供一些茶点。

(二)茶话会议程的礼仪

在宣布会议正式开始之前,主持人应当提请与会者各就各位,并且保持安静。而在会议正式宣布开始之后,主持人还可对主要的与会者略加介绍。其中,主办单位负责人的讲话是很重要的一个环节。因此主办单位主要负责人的讲话,应以阐明此次茶话会的主题为中心内容。为了确保与会者在发言中直言不讳、畅所欲言,通常,主办单位事先均不对发言者进行指定与排序,也不限制发言的具体时间,而是提倡与会者自由地进行即兴式的发言。在茶话会结束之前,主持人可略做总结。随后,即可宣布茶话会至此结束并散会。

(三)茶话会现场发言的礼仪

茶话会上,主持人应在现场上审时度势,因势利导地引导与会者的发言,并且控制会议的全局。现场发言在茶话会上举足轻重。茶话会假如没有人踊跃发言,或者是与会者的发言严重脱题,都会导致茶话会的最终失败。当大家争相发言时,主持人决定先后。当没有人发言时,主持人引出新的话题;或者恳请某位人士发言。会场发生争执时,主持人要出面劝阻。在每位与会者发言前,主持人可以对发言者略做介绍。发言的前后,主持人要带头鼓掌致意。

茶话会与会者的发言以及表现必须得体。在要求发言时,可以举手示意,但也要注意谦让,不要争抢。不管自己有什么高见,都不要打断别人的发言。肯定成绩时,要力戒阿谀奉承。提出批评时,不能讽刺挖苦。切忌当场表示不满,甚至私下里进行人身攻击。

(四) 茶话会上茶点的讲究

对于用以待客的茶叶与茶具,必须要精心进行准备。选择茶叶时,在力所能及的情况下,应尽力挑选上等品,不要以次充好。在选择茶具时,最好选用陶瓷器皿,并且讲究茶杯、茶碗、茶壶成套,千万不要采用塑料杯、不锈钢杯、搪瓷杯、玻璃杯或纸杯,也不要用热水瓶来代替茶壶。值得注意的是,在茶话会上向与会者所供应的点心、水果或地方风味小吃,品种要对路、数量要充足,并且要便于取食。因此,最好同时将擦手巾一并上桌。

九、商务拜访礼仪

在商务交往过程中,相互拜访是经常的事,约好去拜访对方,无论是有求于人还是人求于己,都要从礼节上多多注意,才能不有损自己和单位的形象,从而为拜访增添色彩。

(一) 拜访的准备礼仪

1.预约

最基本的礼仪是在拜访之前提前预约。通常情况下,应提前三天给被访者打电话,简单说明拜访的原因和目的,确定拜访时间,经对方同意以后才能前往。拜访必须明确目的,出发前对此次拜访要解决的问题应做到心中有数。

2.仪容仪表

拜访者的仪容仪表,对拜访效果有直接影响。一般情况下,登门拜访时,女士应着深色套裙、中跟浅口深色皮鞋配肉色丝袜;男士最好选择深色西装配素雅的领带,外加黑色皮鞋、深色袜子。

3.准备礼物

礼物可以联络双方感情,缓和紧张气氛。所以在礼物的选择上要慎重。要有针对性地选择礼物,尽量让对方满意。

(二) 拜访中的礼仪

1.守时践约

拜访他人可早到却不能迟到,这是拜访活动中最基本的礼仪之一。值得注意的是,如果因故不能如期赴约,必须提前通知对方,以便被拜访者重新安排工作。通知时一定要说明失约的原因,态度诚恳地请对方原谅,必要时还需约定好下次拜访的日期、时间。

2.要进行通报

进行拜访时，倘若抵达约定的地点之后，未与拜访对象直接见面，或是对方没有派员在此迎候，则在进入对方的办公室或私人居所的正门之前，有必要先向对方进行一下通报。

3.要登门有礼

拜访时，应先轻轻敲门或按门铃，当有人应声允许进入或出来迎接时方可入内。敲门不宜太重或太急，一般轻敲两三下即可。

商务拜访礼仪

切不可不打招呼擅自闯入，即使门开着，也要敲门或以其他方式告知主人有客来访。

4.进门后的礼仪

进门后，拜访者随身带来的外套、雨具等物品应搁放到主人指定的地方，不可任意乱放。对室内的人，无论认识与否，都应主动打招呼。如果你带孩子或其他人来，要介绍给主人，并教孩子如何称呼。主人端上茶来，应从座位上欠身，双手捧接，并表示感谢。吸烟者应在主人敬烟或征得主人同意后，方可吸烟。和主人交谈时，应注意掌握时间。有要事必须与主人商量或向对方请教时，应尽快表明来意，不要东拉西扯，浪费时间。见面后，打招呼是必不可少的。如果双方是初次见面，拜访者必须主动向对方致意，简单地做自我介绍，然后热情大方地与被拜访者行握手之礼。如果双方已经不是初次见面了，主动问好致意也是必要的，这样可显示出你的诚意。

5.拜访时间的控制

在拜访他人时，一定要把握好在对方的办公室或私人居所里进行停留的时间。从总体上讲，应当具有良好的时间观念。不要因为自己停留的时间过长，从而打乱对方的既定的其他日程。在一般情况下，礼节性的拜访，尤其是初次登门拜访，应控制在一刻钟至半小时之内。最长的拜访，通常也不宜超过两个小时。有些重要的拜访，往往需由宾主双方提前议定拜访的时间和长度。在这种情况下，务必要严守约定，绝不单方面延长拜访时间。自己提出告辞时，虽主人表示挽留，仍须执意离去，但要向对方道谢，并请主人留步，不必远送。在拜访期间，若遇到其他重要的客人来访，或主人一方表现出厌客之意，应当机立断，知趣地告退。

国学经典文库

中国民俗文化精粹

·礼仪节俗·

图文珍藏版

168

(三)拜访时敲门、按门铃礼仪

最得体的敲门做法是敲三下,隔一小会儿,再敲几下。敲门的响度要适中,太轻了别人听不见,太响了别人会反感。敲门时不能用拳捶、用脚踢,不要乱敲一气。按门铃时也要有礼貌,慢慢地按一下,隔一会儿再按一下。否则,若房间里面是老年人,会惊吓到他们。即使别人家的门虚掩着,也应当先敲门,得到主人的允许才能进入。进入别人的办公室也应该敲门。

十、商务接待礼仪

中国是礼仪之邦,自古以来都讲求以礼相待,随着经济的快速发展,礼仪在商务活动中显得尤为重要。而其中的接待礼仪就将成为决定商务活动成败的因素之一。

(一)商务接待准备的礼仪

要想做好提前准备,方便制订接待方案,就要了解来客人数、工作单位、级别、性别、姓名、职业、客人来访的目的、要求等。根据客人的基本情况,决定接待人员的分组,详细地列出陪同人员及迎送人员名单。事先准备好即将启用的交通工具,预算支出费用,从而方便日后的工作。并制订出接待过程中的活动方式及日程安排。在接待方案制定好以后,报送企业领导予以审批。

良好的服务是必不可少的,在客人到来之前,按照客人的具体情况安排食宿。要求为客人准备的住宿环境必须整洁、安静。

(二)商务接待人员的礼仪

接待人员在商务接待中起着非常关键的作用,因此,商务接待人员的礼仪非常重要。接待人员要求品貌端正,举止大方,口齿清楚,具有一定的文化素养,受过专门的礼仪、形体、语言、服饰等方面的训练。而且服饰要整洁、端庄、得体、高雅。女性应避免佩戴过于夸张或有碍工作的饰物。化妆应尽量淡雅。

(三)商务接待的礼仪

1.迎接客人的礼仪

要按照客人身份、职务等级安排不同人士迎接,级别较高、身份较高的客人,企业有关领导应亲自迎接,对于一般客人,可以由部门经理或总经理秘书代为迎接。

2.招待客人的礼仪

客人抵达后,因旅途劳顿,不宜立即谈公事。最好先将其安顿在待客厅或会议室休息,并端上茶水或饮料等,然后告诉客人就餐地点、时间,并将自己的联系方式留下,以便及时联络。也可以陪客人聊一会儿,介绍一下当地的名胜古迹、人文趣事。但时间不宜过长,稍做介绍后,就应转身离开,给客人留下充足的休息时间。

3.组织活动的礼仪

客人食宿问题安排好以后,应该按照接待方案组织客人参与一系列活动,如商务洽谈、参观游览等。客人在商务洽谈、游览等活动中所提出的意见必须及时向有关领导反馈,尽可能满足客人需求。活动结束后,安排时间让有关领导和客人见面,以示对客人的尊敬。倘若整个活动过程中,客人都没有见到公司领导,必然会对公司产生看法,影响公司整体形象。如果客人有意要走,则应按照客人要求,为其安排返程时间,尽快为其预订机票、车船票,安排专门人员和车辆为客人送行。

(四)接待人员的引导方法和引导姿势

1.在走廊的引导方法。接待人员在客人两三步之前,配合步调,让客人走在内侧。

2.在楼梯的引导方法。当引导客人上楼时,应该让客人走在前面,接待人员走在后面,若是下楼时,应该由接待人员走在前面,客人在后面,上下楼梯时,接待人员应该注意客人的安全。

商务接待礼仪

3.在电梯的引导方法。引导客人乘坐电梯时,接待人员先进入电梯,等客人进入后关闭电梯门,到达时,接待人员按"开"的钮,让客人先走出电梯。

4.客厅里的引导方法。当客人走入客厅,接待人员用手指示,请客人坐下,看到客人坐下后,才能行点头礼离开。

十一、商务请帖礼仪

请柬,也叫请帖,请柬是人们举行吉庆活动或某种聚会时,为表示对客人的尊重,专门向邀请对象发出的邀请文书。它既是我国的传统的礼仪文书,也是国际通用的商务社交文书。

某单位举行庆功联谊会,给一些公司发送了请柬,邀请大家参加,并准备了精美的礼品,用来感谢平时对自己公司的帮助。结果有些公司没有接受邀请,活动不太成功。公司主要领导很困惑,经和有关人士接触,方知所送请柬有问题。一是落款时间用阿拉伯数字写,中间用顿号来代替年、月、日的汉字,给人以活动不正式、主人本身就不够重视的感觉;二是请柬中的事由没有表达清楚,使人误以为是该公司的内部活动,别人可有可无,当然就不肯应邀前来了。

由此可见,懂得请帖的礼仪是非常重要的,为了方便人们对请帖正确的使用,以下是对请帖的简单介绍,希望能对您有所帮助。

(一)请帖的形式

1.折叠式

折叠式请柬一般为一方纸的对折,对折后形成四面,封面印一些适当的图案,并印请柬二字,封底连封面印图或素白,内面则写请柬的具体内容。

2.正反式

正反式是比较简朴的一种请柬,形同一张卡片,正面写"请柬"二字,背面则是请柬的具体内容。这种简朴的请柬现在较少使用。

3.竖式、横式

从书写或印刷格式看,请柬又可分为竖式和横式。竖式是传统的,与传统的竖行书写方法相应;横式则与横行书写的方式相应。虽然现在横、竖两种形式已经通用,但也要适当做一些选择。从邀请对象考虑,邀请港台朋友,则以竖式为妥,而一般大众化的,尤其是以集体名义发出的,则以横式为佳;传统、民族特色浓的活动可用竖式,现代、西方特色浓的活动可用横式;若是纯外文(除日文等)或中外文并用的,则以横式为宜。

(二)请柬的设计

横式的请柬应把被请人姓名顶格书写,其下正文写邀请内容,第三部分是落款、地址和电话。

竖式请柬一般都用比较文雅的语言。长久以来,我国形成了一整套此类传统用语,比如请人前来叫"敬请光临",如果是请人为自己办某些事情,则用"指教""指导"等;根据请客来的不同目的,也可以有不同的用语,如果是请人来参加因某事而设的宴会,就用"特备薄酒""洁樽治酒""淡酌"等,如果仅是一般茶点,则可用"粗布茶点"等。

有的请柬除其本身以外,还要有其他的附件。比如,除了写清地址之外,另附一张路线图,这对于难找的地址或方便来客来说,也是必要的。再如请人参加婚庆舞会而附舞会入场券,请人参观画展附参观券等。画展、音乐会、报告会等一类活动的请柬,如能同时附上节目单、报告目录或其他资料,当最为妥帖,因为这样可以给人更明确的信息,以供人选择是来还是不来。

(三)请柬的回执

很多时候,接到请柬的人并不一定都来,活动的组织者对此也要有一定的准备,应多发一些请柬,以邀请到预计的人数。不过,为了更准确地把握来客情况,有的请柬应请被邀请人回复某些情况,即回执。回执的要求是被邀请人明确是否光临,有的则还要求回答其他情况,如是否自带舞伴,外地来的客人要求不要求解决住宿问题等。回执可以是另外印制附于请柬的,也有是请柬自带的。接到带回执的请柬,应将回执填好寄回,或者打电话回复有关情况。

(四)其他应当注意的礼仪

有的请柬只能在对方同意应邀的前提下才能发出。比如,请人做某行业方面的知识、技术讲授,做报告或为自己做其他事情等,请柬要在征得对方同意的前提下发出,否则就是"先斩后奏""下命令",就可能违背别人的意愿,显然,这些都是不礼貌的。同样是这种情况,征得了对方同意,但也应将请柬及时送上,否则也是不礼貌的。

另外,无论是递交还是寄交,都应该把握请柬发出的时间。寄交的则必须估计到足够的邮递时间,否则就可能使被邀人接到请柬时,活动已经开始了,或是根本来不及准备。对于有回执的请柬来说,发出时间更应该提前,给被邀人留出足够的回复时间来。需要对方准备的邀请,也应如此。

值得注意的是,一般的请柬都应该加封,寄出的尤应如此,递交的则可不封口。这方面草率了,就会给人家不那么郑重其事的感觉。

(五)请帖的学问

请帖最好亲笔写明请帖内容,这样可以表达自己的最大诚意。在请帖左上角最好再告诉客人,不论能不能来,都请尽快答复,最周到的方式是附上回帖,说明回帖地址、电话号码或联系人的姓名。客人收到请帖之后,应尽快答复,以方便主人进行安排或调整。若以口头方式邀请,主人最好不要在第三者面前邀请客人,这样会伤害他人的自尊心。身为客人,收到请帖之后,不要到处炫耀。

十二、商务中餐宴会的礼仪

中餐宴会是指具有中国传统民族风格,遵守中国人的饮食习惯和礼仪规范的宴会。宴会筵席作为礼仪的表现形式之一,历来为人们所重视。在日常社交生活中,为了使自己的举止形象符合个人礼仪,举行宴会时一定要注意各个方面的细节。

(一)宴会的准备

1.确定人员

宴会之前,应按照宴请所要达到的目的,列出被邀请宾客的名单。确定主宾、副主宾以及陪同客人。宴请时间应以主宾最合适的时间来确定,以多数宾客能来参加宴会为准则。宴会场所的选定,要考虑生活习惯、民族差异及宗教信仰等方面的因素。

2.座位的安排

排座次是整个中国饮食礼仪中最重要的一部分。通常情况下,家宴首席为辈分最高的长者,末席为辈分最低者。敬酒时自首席按顺时针方向一路敬下,若是圆桌,则正对大门的为首席。如夫人出席,通常把女方安排在一起,即主宾坐男主人右上方,其夫人坐女主人右上方。若为八仙桌,如果有正对大门的座位,则正对大门一侧的右位为主客。如果不正对大门,则面东面一侧右席为首席。如果为大宴,桌与桌间的排列讲究首席居前居中。

(二)主人的礼仪

1.邀请

宴会的成功是与主人的热情好客、慷慨招待和细致周到的组织安排分不开的。主人的职责就是使每一位来宾都感到自己受欢迎。主人宴请,无论是出于什么原因和目的,都应提前对客人发出口头或书面邀请,并依照客人的习惯、特点安排好请客时间、地点等事宜。若是礼仪性宴请,礼节更讲究。

2.迎客

在宴会开始前,主人应该站立门前笑迎宾客,晚辈在前,长辈居后。对每一位来宾,都要依次招呼,待客人大部分到齐之后,再回到宴会场所中来,分头跟客人招呼、应酬。主人对宾客必须热诚恳切,平等对待,不可只注意应酬一两个而冷落了其他的客人。

3.地主之仪

入席前主人应尽可能地亲自递烟倒茶。上菜后,主人要先向客人敬酒。此后每一道菜上来,都要先举杯邀饮,然后请客人"起筷"。要照顾到客人的用餐方便,及时调换菜点或转动餐台,遇到有特殊口味的客人更要及时调换。

主人在给客人敬菜时,要注意以下几点:当一道菜端上桌时,主人可简单介绍一下这道菜的色、香、味等特色。如果是家宴,当客人对一道菜表示特别的兴趣时,主人还可简单介绍这道菜的烹饪方法;当餐桌上的客人有主次、长幼之分时,每一道菜上来,主人应先请主客或老者品尝;当客人相互谦让、不肯下筷时,主人可站立起来,用公筷、公匙为客人分菜。在分菜时,一要注意首先分给在座的主客或长者,然后按照就座的秩序依次分下去;有些菜肴可能用筷子分不开,这时也可借助于刀叉,或请在座的客人协助,千万不要用手去撕扯;当客人对某道菜表示婉谢时,应予以谅解,不强人所难。不管客人口味如何,将菜硬堆到人家碗里,是不礼貌的。

4.送客

席散后,主人要亲自到门口恭送客人离去。对那些在宴请中照顾不周的客人,应说几句抱歉和感谢之类的话。并等客人上车走远以后,方可离去。

(三)做客的礼仪

1.服饰礼仪

客人赴宴前应根据宴会的目的、规格、对象、风俗习惯或主人的要求考虑自己的着装,着装不得影响宾主的情绪,影响宴会的气氛。

2.点菜礼仪

如果主人安排好了菜,客人就不要再点菜了。如果你参加一个尚未安排好菜的宴会,就要注意点菜的礼节。点菜时,不要选择太贵的菜,同时也不宜点太便宜的菜,太便宜了,主人反而不高兴,认为你看不起他,如果最便宜的菜恰是你真心喜欢的菜,那就要想点办法,尽量说得委婉一些。

3.用餐礼仪

主人举杯示意开始,客人才能用餐。面对一桌子美味佳肴,不要急于动筷子,须等主人动筷,说"请"之后才能动筷,进餐时举止要文明礼貌。如果酒量还能够承受,对主人敬的第一杯酒应喝干。同席的客人可以相互劝酒,但不可以任何方式强迫对方喝酒,否则便是失礼。自己不愿或不能喝酒时,可以谢绝。在夹菜时,要使用公筷,不要取得过多,吃不了剩下不好。在自己跟前取菜时,不要伸长胳膊去夹远处的菜。更不能用筷子随意翻动盘中的菜。另外,进食时尽可能不要咳嗽、打喷嚏、打呵欠、擦鼻涕,万一不能抑制,要用手帕、餐巾纸遮挡口鼻,转身,脸侧向一方,低头,尽量压低声音。

4.敬酒礼仪

宴会上互相敬酒,能表示友好、活跃气氛,但切勿饮酒过量。作为主宾参加宴会,一定要懂得宴会上祝酒的礼节,即了解对方祝酒的习惯,为何人祝酒、何时祝酒等,以便做必要的准备。碰杯时,主人和主宾先碰杯,人多时可举杯示意,不一定碰杯。祝酒时不要交叉碰杯。在主人和主宾祝酒时,应暂停进餐,停止交谈,注意倾听,且不应借此机会抽烟。主人和主宾讲完话与上席人员碰杯后,往往要到其他各桌敬酒,客人应起立举杯,碰杯时,要目视对方致意。

如果你不善于饮酒,当主人或别的客人向你敬酒时,可以婉言谢绝;如主人请你喝一些酒,则不应一味推辞,可选些淡酒或饮料,喝一点作为象征,以免扫兴。宴会饮酒切忌猜拳行令。

5.中途道别的礼仪

客人在席间或在主人没有表示宴会结束前离席是不礼貌的。如果席间就已经准备中途告别,最好在宴会开始之前就向主人说明理由,并表示歉意,届时向主人打个招呼便可悄悄离去。如临时有事需要提早告别,同样应向主人说明理由,并表示歉意。但值得注意的是,中途道别应选好时机,不要选择在席间有人讲话时或刚讲完话之后。这容易让人误以为告辞者对讲话者不耐烦。最好的告别时机是在宴会告一段落时,如宾主之间相互敬了一轮酒或客人均已用完饭后。

(四)中餐宴会中使用筷子的礼仪

筷子虽然用起来简单、方便,但也有很多规矩。比如:不能举着筷子和别人说话,说话时要把筷子放到筷架上,或将筷子并齐放在饭碗旁边。不能用筷子去推饭碗、菜碟,不要用筷子去叉馒头或别的食品。不要用舌头去舔筷子上的附着物,也不要举着筷子却不知道夹什么,在菜碟间来回游移,更不能用筷子拨盘子里的菜。如果夹菜时滴滴哒哒流着菜汁,应该拿着小碟,先把菜夹到小碟里再端过来。另外,筷子通常应摆放在碗的旁边,不能放在碗上。在用餐时如需临时离开,应把筷子轻轻放在桌子上碗的旁边,切不可插在饭碗里。现在很多宴席实行公筷公匙,则不能用个人独用的筷子、汤匙给别人夹菜、舀汤。

十三、商务西餐宴会的礼仪

随着经济全球一体化的不断发展、对外交流的日益增加,参加西餐宴会必不可少。吃西餐时,座位的排列、餐具的使用和用餐方法必须符合西餐礼仪。

(一) 安排座位的礼仪

西餐座位比较讲究礼仪。非正式宴会座位中排遵守女士优先的原则,男士要主动为女士移动椅子让女士先坐,坐右座、靠墙靠里坐。不管正式宴会还是非正式宴会,入座或离座均应从座椅的左侧走为宜。正式宴会以国际惯例为依据,桌次的高低依距离主桌位置的远近而定,右高左低,桌次较多时一般摆放桌次牌。吃西餐均使用长桌,同一桌上座位的高低以距主人座位的远近而定。西方习俗是男女交叉安排,以女主人的座位为准,主宾坐在女主人的右上方,主宾夫人坐在男主人的右上方。

(二) 用餐的礼仪

1.餐具礼仪

西餐宴席上使用的餐具主要是刀、叉、匙、盘、碟、杯等。餐具一般在就餐前都已摆好。放在每人面前的是食盘或汤盘。盘居中,左边放叉、右边放刀。刀叉的数目与菜的道数相当。一般是左手拿叉,右手拿刀。拿叉的姿势是用左手拇指、食指、中指拿住叉。拿刀的姿势是用右手食指压在刀背上,其余手指拿住刀把。使用刀叉的顺序是按上菜的顺序,由外至里排列。吃鱼、肉、菜的刀叉都有区别,盘子上方放匙,小匙吃冷饮,大匙喝汤用。再上方为酒杯,从左到右排成一排,顺序由小到大,分别用于饮各类酒。面包碟放在匙的左方,匙的右方是黄油碟,碟内有专用小刀。如果你暂时不会用西式餐具没关系,跟着主人或他人学就行了。叉子若不与刀并用,可用右手持叉取食。右手持刀时,则用左手持叉。进餐期间,刀叉尽量不要发出声音。如临时离座,刀叉在盘内摆成"八"形,表示尚未用完。用毕,并排横斜放盘内,柄朝右。

2.用餐时的行为举止

参加正式西式宴会一定要注意仪容仪表和行为举止,符合礼仪要求。最得体的入座方式是从左侧入座。当椅子被拉开后,身体在几乎要碰到桌子的距离站直,领位者会把椅子推进来,腿弯碰到后面的椅子时,就可以坐下来。用餐时的姿势要优雅大方,坐姿端庄稳重,腰背挺直,上臂和背部要靠到椅背,腹部和桌子保持约一个拳头的距离，不要跷起小腿，手要放在膝盖上，不要把胳膊支在桌子上。取食时不要站立起来，坐着拿不到的食物应请别人传递。用餐时打嗝是最大的禁忌，万一发生此种情况，应立即向周围的人道歉。另外，在进餐过程中，不要解开纽扣或当众脱衣。如主人请客人宽衣，男客人可将外衣脱下搭在椅背上，不要将外衣或随身携带的物品放在餐台上。在餐桌边化妆，或用餐巾擦鼻涕，都是不礼貌的行为。

3.就餐时的礼仪

小雅约李凯来参加自己举办的西餐宴会。在就餐时李凯发现有根鱼骨头塞在牙缝中，让他不舒服。李凯心想，用手去掏太不雅了，所以就用舌头舔，舔

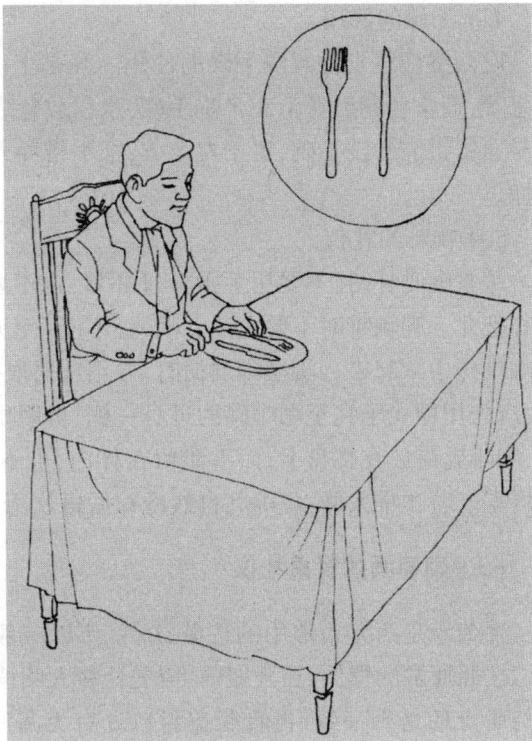

商务西餐宴会的礼仪

也舔不出来，还发出喷喷喳喳的声音，好不容易将它舔吐出来，就随手放在餐巾上。之后他在吃虾时又在餐巾上吐了几口虾壳。小雅对这些不太计较，可是李凯想打喷嚏，就拿起餐巾遮嘴，用力打了一声喷嚏后，餐巾上的鱼刺、虾壳随着风势飞出去，其中的一些飞落在小雅和其他宾客的盘子里，这下小雅有些不高兴了。接下来，小雅的话也少了许多，其他宾客的饭也没怎么吃。

就餐时，每次送入口中的食物不宜过多，在咀嚼时不宜说话，更不可主动与人谈话。对自己不愿吃的食物也应要一点放在盘中，以示礼貌。有时主人劝客人添菜，如有胃口，添菜不算失礼，相反主人也许会引以为荣。饮酒干杯时，即使不喝，也应该将杯口在唇上碰一碰，以示敬意。当别人为你斟酒时，如不要，应以手稍盖酒杯，表示谢绝。在用餐过程中自己够不着的调味品，可以请别人帮忙递过来，我们也可应别人的要求传递给他们，传递要用右手。吃鱼、肉等带刺或骨的菜肴时，不要直接外吐，可用餐巾捂嘴轻轻吐在餐巾上再放入盘内。如盘内剩余少量菜肴时，不要用叉子刮盘底，更不要用手指相助食用，应以小块面包或叉子相助食用。吃面条时要用叉子先将面条卷起，然后送入口中。进食时，骨头、肉屑、果皮等应放在食盘的右角。果核则吐在餐巾纸里，不可随便抛在桌上或地上。

4.洗手碟的使用

吃西餐应特别注意洗手碟的使用。凡是上一道用手取食的食品,如鸡、龙虾、水果等,通常会同时送上一个洗手碟,水里放置玫瑰花瓣或柠檬片,但它不是饮料,而是西餐讲究的洗指碗,置于左上方,把手指浸入水中,轻轻洗一下,然后用餐巾擦干净。

5.喝咖啡的礼仪

端拿咖啡杯时,不要用手指穿过杯耳,也不要双手握杯,而是用拇指和食指捏住杯把儿。喝咖啡时不要大口吞咽,更不能发出响声。添加咖啡时,不要把咖啡杯从咖啡碟中拿起来。给咖啡加糖时,要用匙舀取砂糖,直接加入杯内。如果加入方糖,应先用糖夹子夹至咖啡碟的近身一侧,再用咖啡匙把方糖放入杯内。饮用咖啡时,咖啡匙应放在杯盘上,而不能留在杯内,也不能用咖啡匙舀着咖啡一匙一匙地慢慢喝。若咖啡太烫,应等其自然冷却后再饮用,千万不要用嘴去把咖啡吹凉。

(三) 葡萄酒的餐桌礼仪

葡萄酒是西方人常用的佐餐饮料,所以一般都是先点菜,再根据菜的需要点酒。按照通常的惯例,在开瓶前,应先让客人阅读酒标,确认该酒在种类、年份等方面与所点的是否一致,再看瓶盖封口处有无漏酒痕迹,酒标是否干净,然后开瓶。开瓶取出软木塞,让客人看看软木塞是否潮湿,若潮湿则证明该瓶酒采用了较为合理的保存方式,否则,很可能会因保存不当而变质。客人还可以闻闻软木塞有无异味,或进行试喝,以进一步确认酒的品质。在确定无误后,才可以正式倒酒。请人斟酒时,客人将酒杯置于桌面即可,如果不想再续酒,只需用手轻摇杯沿或掩杯即可。需要注意的是,喝酒前应用餐巾抹去嘴角上油渍,否则不仅会影响对酒香味的感觉,还会有碍观瞻。

十四、商务馈赠礼仪

人们相互馈赠礼物,是人类社会生活中不可缺少的交往内容。中国人一向崇尚礼尚往来。馈赠是商界人士交往的重要手段之一,因此在选择作为馈赠的礼品时,每个人都要十分仔细、认真。

(一) 馈赠的目的

一般来说送礼品应该有明确的目的性,大多根据不同的馈赠目的选择礼品。送礼的目的多种多样,如以交际为目的,以酬谢为目的,以公关为目的,以沟通感情、巩固和维系人际关系为目的等等。馈赠的目的不同，送礼的方式、选择的礼品、遵循的礼节都有所不同。公务性送礼的目的多以交际和公关为主。这种性质的送礼，针对交往中的关键人物和部门赠送礼品，达到为组织带来经济效益或发展机会的目的。有些企业利用送礼的机会达到轰动性的广告宣传效应。个人间送礼，则是以建立友谊，沟通感情，巩固和维系人际关系为目的。这种性质的送礼，一般讲究"礼尚往来"。所送礼品，不一定价格昂贵，重在送礼的方式。一般节日送礼，要及时回赠，但婚丧嫁娶、生日礼品则不要马上回赠，待到对方有类似情况时再回赠比较合适。

（二）馈赠的时机

1.传统的节日

春节、中秋节、圣诞节等，都可以成为馈赠礼品的黄金时间。

2.喜庆之日

晋升、获奖、厂庆等日子，应考虑备送礼品以示庆贺。

3.企业开业庆典

在参加某一企业开业庆典活动时，要赠送花篮、牌匾或室内装饰品以示祝贺。

4.酬谢他人

当自己接受了别人的帮助，事后可送些礼品表示谢意。

（三）礼品的选择

送礼也应创意出新，要能在把握对方心理需求的基础上尽量送一些受礼者意想不到的礼物，体现出礼品的个性色彩和文化品位。礼品应有前瞻性和艺术性。送礼宜顺时尚潮流而动，切忌送一些过时的礼品，那样还不如不送。现代的社会潮流趋势，越来越讲究礼品的外在包装。包装精美的礼品，其本身的属性也决定了人们对包装的追求。因此，包装与礼品价值应大体相称。有些礼品如小家电、工艺钟表等，与普通商品一样有售后服务等问题。商界人士在选购礼品时应主动索取票据、说明书等一并放在礼品中，以免除受礼者的后顾之忧，从而让对方感到你的一份细心和周到。

（四）礼品的种类

1.鲜花

鲜花是一种高雅的礼品，它是商界人士以花为礼、联系情感、增进友谊的有效途径。按照我国民间流传的心态，凡花色为红、橙、黄、紫的暖色花和花名中含有喜庆吉祥意义的花，可用于喜庆事宜；而白、黑、蓝等寒色偏冷气氛的花，大多用于伤感事宜。因此在通常情况下,喜庆节日送花要注意选择艳丽多彩、热情奔放的;致哀悼念时应选淡雅肃穆的花;探视病人要注意挑选悦目恬静的花。

2.食品

(1)健康类。健康保健类食品,如虫草、花旗参、燕窝等这些花花绿绿的滋补品往往是商界人士送礼的选择之一。

(2)洋酒类。洋酒的外包装通常都很漂亮,里面的小赠品也非常精致,瓶子还可以摆在室内做装饰品,所以,如今送礼品,洋酒备受青睐。

(3)茶叶类。送茶伴随着高雅这一含义,很容易受人青睐,不落俗套。因此,商界人士常常以茶作为馈赠的礼品,同时还显现着个人的文化修养。

(4)其他食品类。另外,其他类的食品如糖果、巧克力、蛋糕、面包、甜饼、外来的咖啡、新鲜的水果、冷冻食物、坚果、果酱和果冻等也是送礼选择的对象。

3.实用品

实用品的选择可以以体现对方的爱好和兴趣为准则,选择适合私人使用的礼品,也可以以有益于对方职业的实用品为选择准则。办公用的礼品也可以作为实用品来馈赠,如袖珍日历、相框、套笔、名片盒、办公文具盒、开信的工具、商业杂志或商务书籍等。

(五)赠礼礼仪

1.注意礼品的包装。精美的包装不仅使礼品的外观更具艺术性和高雅的情调,并显现出赠礼人的文化和艺术品位,既有利于交往,又能引起受礼人的兴趣、探究心理及好奇心理,从而令双方愉快。

2.注意赠礼的具体时间。一般说来,应在相见或道别时赠礼。

3.注意赠礼时的细节。只有那种平和友善的态度、和落落大方的动作并伴有礼节性的语言表达,才是令赠受礼双方所能共同接受的。

4.注意赠礼的场合。赠礼场合的选择,是十分重要的。尤其那些出于酬谢、应酬或有特殊目的的馈赠,更应注意赠礼场合的选择。通常情况下,当众只给一群人中的某一个人赠礼是不合适的。因为那会使受礼人有受贿和受愚弄之感,而且会使没有受礼的人有受冷落和受轻视之感。给关系密切的人送礼也不宜在公开场合进行,只有礼轻情重的特殊礼物才适宜在大庭广众面前赠送。既然关系密切,送礼的场合就应避开公众而在私下进行,以免给公众留下你们关系密切完全是靠物质的东西支撑的感觉。只有那些能表达特殊情感的特殊礼品,方能在公众面前赠予。因为这时公众已变成你们真挚友情的见证人。

(六)不宜赠送的礼品

1.涉及国家和商业秘密,涉黄、涉毒一类的物品,不能赠送于人。

2.假烟、烈酒以及低级庸俗的书刊等有害物品,对人们的学习、生活、工作和身体健康有害无益,不能赠送于人。

3.被视为垃圾的废弃物品,不能做礼物送人。

4.带有广告标志或广告语的物品,不可送人。

十五、沙龙的礼仪

人们将主要在室内进行的专门的社交性聚会称之为沙龙。沙龙在我国,尤其是在商界也非常流行。商界人士看中沙龙这种社交的形式,主要是因为它形式自然、内容灵活、品位高雅,可以使渴望友谊、注重信息的人们,既正规而又轻松愉快地与其他人进行交际。

(一)交际型沙龙的礼仪

1.组织的礼仪

(1)形式。举办交际型沙龙的形式,应根据具体目的,选择较为轻松、随便的同乡会、联欢会、聚餐会、节日晚会或家庭舞会、茶话会、座谈会、讨论会等形式。在具体操作上,这几种形式也可以彼此交叉,或同时使用。有时,不确定交际型沙龙的具体程序,而听凭参与者们任意发挥,也是可行的。

(2)时间。举办交际型沙龙的时间,一般应为2~4小时。在具体执行上,则不必过分地"严守规章"。只要大家意犹未尽,那么将其适当地延长一些也是完全有必要的。

一般情况下,为了不影响正常工作,交际型沙龙以在周末下午或晚间举行为好。

(3)地点。举办交际型沙龙的地点,应当选择条件较好的某家客厅、庭院,也可以是饭店、宾馆、餐馆、写字楼内的某一专用的房间。其地点应当做到面积大、通风好、温度适中、照明正常、环境幽雅、没有噪音、不受外界的其他任何干扰。

(4)主人。如果交际型沙龙是在某家私宅内举行,其主人自然就是此次沙龙的主人。如果是在外租用场地举行,则一般应由其发起者或组织者担任主人。通常按照惯例,沙龙的主人应当有男有女,以便分别照顾男宾、女宾。

(5)参加者。沙龙的既定参与者,按规定可以携带家人或秘书出席。而临时邀请其他人同往,则是不适宜的。若无明确的要求,未成年人的家人,尤其是幼童、婴儿,有时会影响沙龙的氛围。最好不要带着他们前往参加沙龙。

2.参加者的礼仪

（1）遵守时间。商务人员在参加沙龙时，要遵守时间、按时赴约，不得无故迟到、早退或是失约。在社交场合，无故迟到、早退或失约，不仅浪费了他人的时间，也是失敬于人的。商界人士惜时如金，守时守约更是立身之本，在这一点上，商界人士绝不能无原则地宽容自己。另外，需要特别说明的是，参加交际型沙龙，通常不宜早到。准时到场或迟到三五分钟，是比较规范的。万一临时有事难以准点到达或不能前往，需提前通知主人，并表示歉意。迟到太久了，一定要向主人和大家道歉。而制造任何借口为自己开脱，有时反而会弄巧成拙。

（2）礼貌做客。参加沙龙之初，不要忘了去问候主人。在沙龙举办期间，可以找机会向主人询问一下"我能做一些什么"。在沙龙结束时，在向主人道别之后，方可告辞。在沙龙举办期间，即使有些事情不一定尽如人意，也要保持克制。不要对主人所做的安排品头论足、说三道四。不要当着他人的面让主人难堪，或是指责、非议、侮辱主人。

在主人家中参加沙龙时，不要自以为与主人关系甚密，便可以不讲公德，从而有一些诸如吸烟、随地吐痰或乱扔东西等不良举止。更不允许擅自闯入非活动区域，如主人的书房、卧室、阳台、储藏室等处"参观访问"，更不能翻箱倒柜，乱拿或乱动主人的物品。

（3）注意交流。参加非专题性的交际型沙龙时，同样需要自己主动与他人进行交流。可以主动地同身边的人进行攀谈，可以旁听他人的交谈，也可以加入他人的交谈。在同他人交谈时，应当表现得诚恳虚心。同时，有可能的话，还应当扩大一下自己的交际范围。除了与老朋友交谈之外，还应尽量借此良机，认识更多的新朋友。要注意在与他人接触时，不要使自己的交往对象"一成不变"。特别是不要奉行"排他主义"，不要一味盯住熟人、上司、嘉宾等不放，而又不准其他人介入。介入异性的交际圈时，一般不应不邀而至。

（二）休闲型沙龙的礼仪

1.形式

休闲型沙龙有多种多样的具体形式。为人们所常见的有：游园联欢会、远足郊游会、家庭音乐会、小型运动会、俱乐部聚会，等等。它们与交际型沙龙相比，同样也具有社交的功能，只不过休闲性、娱乐性相对来说较为突出。

2.礼仪规范

商务人员在休闲型沙龙里，应当脱下西装套装、西装套裙、时装、礼服和磨人夹脚的皮鞋，卸下表明地位与身份的首饰，换上与休闲型沙龙的具体环境相般配的牛仔装、运动装、休闲装，穿上运动方便的运动鞋，实实在在地投入自己此时此地的角色之中。反之,如果在休闲型沙龙里露面时,依旧一本正经,男的穿西装、打领带,女的着套裙、蹬高跟皮鞋,那就未免会让人觉得道貌岸然,装腔作势,破坏别人愉悦的心情。

在休闲型沙龙所玩的内容,应当既高雅脱俗,又使人轻松、愉快。而且还要力争做到大家大都会玩。一般来讲,打桥牌、下象棋、打网球、打高尔夫球,或是举办小型音乐演奏会,都是休闲型沙龙宜于优先选择的玩的内容。商务人员去休闲型沙龙里玩,当然意在使自己和一同前去的伙伴们开心和放松。不过有一条必须坚守的界限不容逾越,那就是大家在玩的同时,必须严守国家法律,严守社会公德,绝对不可以为图一时的快感,而去冒险。

商务人员在休闲型沙龙里,应当以玩为主。不要表现得过分急功近利,那边请来的客人刚刚玩得渐入佳境,心情甚好,这里的主人就立即原形毕露,摊牌叫价了,那只会欲速而不达。该办的事自然要办,该说的话当然要说,只不过一定要选择最佳的时机。要是结束之后或是过上一两天再谈正事,往往可能比在玩的时候更易于奏效。

(三)沙龙的类型

社交性沙龙。由较熟识的朋友、同事结成的定期或不定期的聚套,如同乡联谊会等。

学术性沙龙。由职业、兴趣相同或相近的人组成的,以探讨某一学术问题为主要目的。

应酬性沙龙。以接待来访者、谋求增进了解和友谊为目的,如接待客人来访的座谈会、茶话会、舞会等。

文娱性沙龙。以联络感情和相聚娱乐为目的,如家庭音乐会等。

综合性沙龙。兼有多种目的,促进人们自由交谈,增进了解,如酒会、家庭晚宴等。

十六、剪彩仪式的礼仪

剪彩仪式,严格地讲,指的是商界的有关单位,为了庆贺公司的设立、企业的开工、宾馆的落成、商店的开张、银行的开业、大型建筑物的启用、道路或航线的开通、展销会或展览会的开幕等等,而隆重举行的一项礼仪性程序。因其主要活动内容,是邀请专人使用剪刀剪断被称之为"彩"的红色缎带,故此被人们称为剪彩。剪彩仪式上有众多的惯例、规则必须遵守,其具体的程序也有一定的要求。剪彩的礼仪,就是此项仪式要遵循的基本规范。

(一)剪彩准备的礼仪

1.新剪刀

新剪刀是专供剪彩者在剪彩仪式上正式剪彩时所使用的。它必须是每位现场剪彩者人手一把,而且必须是崭新、锋利的和顺手的。剪彩之前,一定要逐个把剪刀检查一下,看看是不是好用。务必要确保剪彩者在正式剪彩时,可以一举成功,要避免出现一再补剪的情况。

2.红缎带

红色缎带,即剪彩仪式之中的"彩",是由一整匹未曾使用过的红色绸缎,在中间结成数朵花团而组成。一般来说,红色缎带上所结的花团,不仅要生动、硕大、醒目,而且其具体数目往往还与现场剪彩者的人数直接相关。

3.手套

白色薄纱手套是专为剪彩者所准备的。在正式的剪彩仪式上,剪彩者剪彩时最好每人戴上一副白色薄纱手套,以示郑重其事。在准备白色薄纱手套时,除了要确保其数量充足之外,还须使之大小适度、崭新平整、洁白无瑕。

4.托盘

托盘要求托在礼仪小姐手中,用作盛放红色缎带、剪刀、白色薄纱手套等。在剪彩仪式上所使用的托盘,最好是崭新的、洁净的。它通常首选银色的不锈钢制品。在剪彩时,可以两只托盘依次向各位剪彩者提供剪刀与手套,并同时盛放红色缎带。

5.红色地毯

在剪彩现场铺设红色地毯,主要是为了营造一种喜庆的气氛。红色地毯,主要用于铺设在剪彩者正式剪彩时的站立之处。红色地毯的长度可视剪彩的人数而定,宽度不应在一米以下。

(二)剪彩人员的礼仪

1.剪彩者

依照惯例,在剪彩仪式上担任剪彩者,可以是一个人,也可以是几个人,但是一般不应多于五人。通常,剪彩者多由上级领导、合作伙伴、社会名流、员工代表或客户代表等来担任。在一般情况下,确定剪彩者时,必须尊重对方的个人意见,切勿勉强对方。需要由数人同时担任剪彩者时,应分别告知每位剪彩者。必要时,可在剪彩仪式举行前,将剪彩者集中在一起,并告之有关的注意事项,允许的话可做相应的排练。按照常规,剪彩者应着套装、套裙或制服,将头发梳理整齐。不允许戴帽子或者戴墨镜,也不允许穿着便装。

值得注意的是,若剪彩者仅为一人,则其剪彩时居中而立即可。若剪彩者不止一人时,则应同时上场,剪彩时位次的高低也必须予以重视。

2.助剪者

在剪彩者剪彩的一系列过程中,从旁为其提供帮助的礼仪小姐称为助剪者。一般而言,助剪者多由东道主一方的女职员担任。礼仪小姐的基本条件是相貌较好、气质高雅、善于交际;化淡妆、盘起头发,除戒指、耳环或耳钉外,不佩戴其他任何首饰。

迎宾者主要是在活动现场负责迎来送往;引导者主要是在进行剪彩时负责带领剪彩者登台或退场;拉彩者主要是在剪彩时展开、拉直红色缎带;捧花者主要是在剪彩时手托花团;托盘者主要是为剪彩者提供剪刀、手套等剪彩用品;服务者主要是为来宾尤其是剪彩者提供饮料、安排休息之处等。

(三)剪彩程序的礼仪

助剪登台。当主持人宣告进行剪彩之后,礼仪小姐即应先登台。在上场时,礼仪小姐应排成一行行进。从两侧同时登台或从右侧登台均可。登台之后,拉彩者与捧花者应当站成一行,拉彩者处于两端拉直红色缎带,捧花者各自双手手捧一朵花团。托盘者须站立在拉彩者与捧花者身后,并且自成一行。

剪彩者登台。在剪彩者登台时,引导者应在其左前方进行引导,使剪彩者各就各位。剪彩者登台时,宜从右侧出场。当剪彩者均已到达既定位置后,托盘者应前行一步,到达前者的右后侧,以便为其递上剪刀、手套。

进行剪彩。在正式剪彩前,剪彩者应首先向拉彩者、捧花者示意,待其有所准备后,集中精力,右手持剪刀,表情庄重地将红色缎带一刀剪断。若多名剪彩者同时剪彩时,其他剪彩者应注意主剪者动作,要与其动作协调一致,力争大家同时将红色缎带剪断。

礼貌退场。不管是剪彩者还是助剪者在上下场时,都要注意井然有序、步履稳健、神态自然。在剪彩过程中,更是要表现得不卑不亢、落落大方。

十七、赞助会的礼仪

赞助会礼仪,一般指的是筹备、召开赞助会的整个过程中所应恪守的有关礼仪

·礼仪节俗·

图文珍藏版

规范。赞助活动是商界单位重点进行的公共关系活动之一,对于商界而言,积极地、力所能及地参与赞助活动,本身就是进行商务活动的一种常规的形式,而且也是协调本单位与政府、社会各界的公共关系的一种重要的手段。所以,赞助一向颇受商界的重视,并投入大量的人力、物力和财力。

(一) 赞助会准备的礼仪

1.研究论证

在正式决定进行赞助之前,赞助单位首先有必要进行前期的研究,并且对赞助活动的必要性与可能性进行详尽的论证。通常情况下,商界的单位在接到其他单位、组织或个人的赞助请求后,对于是否应当进行赞助、在赞助时应当采取何种具体形式、具体赞助的财物的数量等,都要进行认真的研究,做好充分的准备。

2.预期的计划

商界单位一旦决定进行赞助活动之后,即应着手制订详尽的赞助计划,以确保其成功。在制订赞助计划的过程中,必须要树立正确的指导思想。保证活动同本单位的经营策略、公共关系目标相一致,同时要认识到赞助活动的终极目标应当是赞助单位、受赞助者和社会三方同时受益。

3.核定与审查

赞助项目的审核,在此主要是指赞助单位事先对自己所参与的赞助项目所进行的核定与审查。在正常的情况下,它是赞助单位专门负责赞助活动的部门所负责进行的。在审核赞助项目时,有关人员必须抱有高度的责任心。对赞助活动的各个具体环节逐一进行细致的分析研究,力争发现问题及时有效地进行解决,做到防患于未然。

4.获得影响力

凡重大的赞助活动在正式实施以前,赞助单位与受赞助者双方均应正式签订赞助合同或赞助协议,并且经公证机关进行公证。在赞助的实施过程中,赞助单位必须处处审慎而行。对于受赞助者一定要平等相待,争取社会的理解与被赞助者的支持。在可能的情况下,赞助单位在实施赞助计划的过程中,在法律法规允许的前提下,对自己进行适度的宣传,以求扩大本单位的社会影响力,提高自己的知名度与美誉度。

5.赞助会地点的选择

赞助会的举行地点,一般可选择受赞助者所在单位的会议厅,也可租用社会上的会议厅。用以举行赞助会的会议厅,除了其面积的大小必须与出席者的人数成比例之外,还需打扫干净,并且略加装饰。通常来讲,赞助会的会场不宜布置得过度豪华张扬。否则,极有可能会使赞助单位产生不满,由此可能产生受赞助单位不务正业、华而不实的感觉。

6.赞助会人员的选择

参加赞助会的人员,既要有充分的代表性,又不必在数量上过多。除了赞助单位、受赞助者双方的主要负责人及员工代表之外,赞助会应当重点邀请政府代表、社区代表、群众代表以及新闻界人士参加。在邀请新闻界人士时,特别要注意邀请那些在全国或当地具有较大影响力的电视、报纸、广播等媒体的人员与会。

(二)赞助会的过程中应注意的礼仪

1.宣布开始。在宣布正式开始前,主持人邀请贵宾到主席台上就座。奏国歌前,全体与会者须一致起立。在奏国歌之后,还可奏本单位标志性歌曲。有时,奏国歌、奏本单位标志性歌曲,也可改为唱国歌、唱本单位标志性歌曲。

2.赞助单位正式实施赞助。赞助单位的代表首先出场,口头上宣布其赞助的具体方式或具体数额。随后,受赞助单位的代表上场。双方热烈握手。接下来由赞助单位的代表正式将标有一定金额的巨型支票或实物清单双手捧交给受赞助单位的代表。

3.赞助单位代表发言。

4.受赞助单位代表发言。

5.来宾代表发言。

(三)如何进行赞助活动的评估工作

将实施效果与先期计划相对照。重点研究赞助单位是否真正实现了自己的赞助意图,赞助活动的预定目标是否已经达到。掌握社会各界对赞助活动的认同程度。并通过各类调查,了解各类公众,包括受赞助单位、地方政府、新闻媒介对此次活动的真实评价与看法。及时发现赞助活动的所长与所短。要认真总结赞助活动因何而成功,或者因何而受挫。对于己方与其他各方的问题,都不应当讳疾忌医。并且了解赞助活动在实施过程中所出现的问题。不管这些问题是否已在意料之中,不管原因在于何方,均应认真地总结和正确地看待,并引起重视。

十八、商务信函的礼仪

信函也就是平时所说的公函,是为开展各项商务活动而用的,因此又称之为商务信函。它在现代社会的运用极为广泛。

(一) 商务信函的基本礼仪

1.信封的使用礼仪

应根据我国标准信封的具体规定,并结合单位自身的形象特征设计和制作带有单位标志的信封。信封不要用订书机加封,宜用胶水封口,邮票贴在右角,若需多枚邮票,可贴在信封背面。航空标签应贴在信封正面右下角。还须注意的是,印刷了单位名称的信封,不能用来寄递国际及港澳台邮件。

2.信笺的选择

在颜色方面,可以是白色、乳色、蓝色等,彩色镶边的信笺也日益流行起来。商务活动中的信函最好不用带有彩饰的信笺。如果是写文言信,那么最好用竖行信笺。不要使用有折痕污迹的信纸。写英文信,应使用信纸质地较好的,如用打字机,字迹一定要清楚。

3.书写的礼仪

书信字迹要规范,最好用楷体字或行书。可用蓝色、黑色钢

商务信函的礼仪

笔书写,用圆珠笔或毛笔书写也可,不宜用铅笔书写,忌用红色书写。书写时要确认收信人、邮政编码、地址、姓名准确,称呼恰当。信封上收信人的称谓后一般有"启",也可用"亲启"。若寄给旅居某地或旅馆的人,要写上"请留交";当需转交时可写"烦交"或"转交"某人。发信人地址也要写清楚,一旦信交不到收信人,可便由邮局将信退回。海外信函的信封正面,收信人姓名、地址居中书写,第一行写收信人的姓名,姓名前就加上称呼,第二行写门牌和路名,第三行写城市名和邮政编码,最后一行写国名。可以各行开头对齐,也可以每行往右后缩五个字母。应用寄达国通晓的文字书写,寄达国国名应用大写字母。寄件人姓名、地址写在信封正面左上角或信封背面上半部,顺序同收件人姓名、地址一样。

3.信纸的折叠

信纸的一般折叠法是文字向外,先直后横,或先横后直。文字面内的折法,一般是丧家凶信折法。信笺顺折向上最为适合,因为收信人拆信后,抽出信笺便看见自己的名字。写文言书信时,最好注意这一点。寄往欧美国家的信函,信纸折叠方式为一分为三地横折。先折信纸的下端,后折信纸的上端,以便收信人拆信后,打

开信纸便可看到自己的名字。

（二）几种常用商务信函的礼仪

（1）邀请信礼仪。这是用于邀约的一种社交信函。邀请信一般内容比较简单，但措辞要诚恳，受到邀请的人无论应邀与否，都要及时回复。

（2）聘任信礼仪。在一般情况下请柬和聘书可代替聘任信，不过，对于单一的或特殊的对象来说，信函的样式显得更为郑重。为了表示对受聘者的器重和敬仰，则可由单位的负责人发聘任信。当今的外企、合资企业用聘任信较多，其他机构使用不多，但随着我国尊重人才风气的兴起和行政首长负责制的形成，聘任信会逐步普遍起来。

（3）推荐信礼仪。这是单位或个人介绍某人担任某项职务或负责某项工作的信函。推荐信的发出者可以是和被举荐人有交情或业务关系的人，也可以是有某种关系的组织单位。推荐信要尽可能介绍被推荐人的详细情况，需实事求是，态度也要适当，不可强人所难。

（4）商洽信礼仪。这是单位或个人因业务关系而用的一种信函。这种信函旨在就某一问题进行书面商讨。无论是个人还是组织，第一次就问题商洽，要就这一事项的缘起、目的等阐明，提出具体的意见和建议，乃至具体计划。如果是商业方面的商洽函，有关数据、指标等都要明确无误。

（三）题词的格式礼仪

依据我国文字书写的形式，题词可以分为横竖两种格式。竖式的一般从右向左写，横式自左向右写。题词一般都有三部分内存：一是题词正文；二是题词的对象，即给谁题写的；三是落款。常见的情形是题词居中，对象在右或在上，落款在左或在下，落款除题词者的姓名外，还应有题词的时间。有的也把题目的对象放在正文之后。有一些带有号召性的、对象不确指的题词，大多省略题写对象。一些题写于山水实物上的题词，则多是上不写题词对象，下不写落款。

十九、商务传真礼仪

传真，又叫传真电报。主要优点是，操作简便，传送速度非常之迅速，而且可以将包括一切复杂图案在内的真迹传送出去。在现代的商务交往中，经常需要将某些重要的文件、资料、图表即刻送达身在异地的交往对象手中。传统的邮寄书信的联络方式，已难于满足这一方面的要求。因此，传真已经成为商务交往中必不可少的办公工具之一,但若想有效、快捷的发挥传真的效用,还必须要掌握传真的礼仪。

(一)使用传真的礼仪

发送传真时,用户若是长途直拨有权用户,可使用直拨电话,若是普通人工挂号长途电话用户应向长途台挂号后使用。电话接通后听到传真信号,表示即可发送传真,如有人按电话,应通知对方有传真待发,等听到对方发出传真信号后才可发送传真。若无人在场时,可将传真机设置成自动收录状态。为了保证传真传输质量,书写规格要求严格。相片传真使用面积长宽不能超过 18 厘米×18.5 厘米,每个汉字、字母、数码均要求不小于 0.8 厘米×0.8 厘米。文件书写面积不能超过 16 厘米×22 厘米,报纸传真不超过 55 厘米×39 厘米。字迹要求清晰,以黑白两色为限。

(二)利用传真对外通讯的礼仪

1.在安装、使用传真设备前,须经电信部门许可,并办理相关的一切手续,不准私自安装、使用传真设备。如欲安装、使用自国外直接所带入的传真设备,必须首先前往国家所指定的部门进行登记和检测,然后方可到电信部门办理使用手续。使用自备的传真设备期间,按照规定,每个月都必须到电信部门交纳使用费用。否则即为非法之举。

2.本人或本公司所用的传真机号码,应被正确无误地告之自己重要的交往对象。一般而言,在商用名片上,传真号码是必不可少的一项重要内容。对于主要交往对象的传真号码,必须认真地记好,为了保证万无一失,有必要在向对方发送传真前,通报一下对方。

3.商界人士在使用传真时,必须牢记维护个人和所在单位的形象问题。不可缺少必要的问候语与致谢语。

4.人们在使用传真设备时,最为看重的是它的时效性。因此在收到他人的传真后,应当在第一时间内即刻采用适当的方式告知对方。需要办理或转交、转送他人发来的传真时,更不可拖延时间,以免耽误重要的要事。

二十、商务电报礼仪

电报是公司必不可少的通信工具,如有紧急事情,或重要的商谈都会以电报的形式发送出去,通知对方。而掌握发电报的礼仪对发电报方式尤为重要的。因为对商业往来来说,电报有可能是和对方第一次的接触,从电报的书写格式和内容就能看出这个公司的整体形象。因此掌握发电报的礼仪是十分必要的。

(一) 书写格式的礼仪

1.电报稿纸

目前我们使用邮电部统一印制的、有统一格式的电报稿纸。如果电文较长,一张拍发电报稿纸容纳不下,可另取电报稿纸续写,一并交邮电局营业人员。注意续写的稿纸不必再写与内容无关的其他各项。拍发电报时,应首先向邮电局购取上述电报稿纸,然后按规定填写。电报稿纸顶端左、右两小栏,以及大框内的第一栏,由邮电局的营业员、值机员填写,与发报人无关。从第二栏起,由发报人按规定填写。

2.第二栏特别业务与收报人姓名地址

第二栏有两个内容,即"特别业务"与"收报人姓名地址"。发报人可根据实际需要写明特别业务的种类,普通电报可不填写。收报人姓名地址这一栏,是指收报人的具体地址和姓名。发往城镇的,应详细写明区、路(街)、巷(弄)、门牌、楼房号、单元号、室号及收报人姓名;发往农村的电报,应具体写明县、镇(乡)、村的名称和收报人姓名。书写收报人地址姓名时,应从"特别业务"后第二格起填写。

3.第三栏收报地名

电报稿纸的第三栏,即居中一栏,这里的"收报地名",指的是收报人所在的大地名,也就是省、市、县。由于我国不同省内有同名县(市),我国省内设同名县、市,如江苏省有南通市、南通县,安徽省有华阳县、四川省也有华阳县,江西省有东乡,甘肃省也有东乡,因此这一栏的填写不可忽视。

4.第四栏电文

电报稿纸的第四栏是电文。首先应写上对收报人要说的话,紧接着写上发报人的姓名。电报内容要写得明晰、准确,否则达不到发报目的。电报不同于一般信件,每个字都要收费,因此措辞要简单扼要,可有可无的字应略去。电报稿纸中的每格写一字,标点符号占一格。阿拉伯数字 2 个占一格,计费 5 个数字按一字计算。发报人的署名不可省略,否则会使对方丈二和尚摸不着头脑。当然,确认对方不会误解者,也可不署名。

(二) 不同种类型的电文

1.加急电文。这种电报的特点是时间性强,发报人往往是事情急迫,要求电报局分秒必争,迅速传递。这一类电报一般应发加急电报,提前加快处理,加急电报适合于各大城市市区投送范围内。

2.舟车旅馆电文。这一类电报必须说明车次、航次,电文还须写明是启程还是抵达,以免对方将发车和抵达的时间搞错,以便接送。

3.情报电文。此类电文多用于个体户、专业户个人间的经济交易关系。由于双方交往中已有某种默契,所以电文中常使用一些代号略语,只要彼此能懂即可。

4.礼仪电报。在私人交际活动中,婚丧庆吊无疑是个重要内容。在进行这类活动时,电报便是一种常用工具,这是因为电报使用简便,传递迅速、准确。

5.用户电报。用户电报是目前国内、国际上普遍采用的一种通信方式,它具有使用方便、迅速、正确、收费低廉等优点。各大宾馆、饭店均可安装公众用户电报设备,以供外宾、旅客使用。对安装海事卫星终端设备的船舶也可使用海事用户电报业务。

(三)国际电报礼仪

1.拍发国际电报首先要注意对方国家使用何种语言。一般拍发英文电报较为普遍。目前收受使用中文四角编码电报的有日本、朝鲜、新加坡等国以及中国的香港、九龙、澳门、台湾等地区。

2.国际电报的电报资费与国内不一样,计算方式也不一样,它以每 10 个数码或字母符号算一个字的报费,缩写字组可节约费用。

3.拍发国际电报应将收报人姓名地址详细书写清楚。收报人名址必须包括收报人姓名、街道、大道、路等名称以及门牌号、楼层、室号。收报地名要写明国名、省名或州名。

二十一、业务员的礼仪

讲究礼仪是业务员的行为准则,为了在竞争中立足,在礼仪上下功夫是最好的选择。虽然,礼仪不一定能促成一桩买卖,但可以肯定地说,不注重礼仪规范,生意一定会失败。

(一)服装服饰

衣着在当今人们的日常生活中占有很重要的部分了,但我们并不是要求业务人员在衣着上怎样搭配,怎样华丽耀眼,但最起码一点要穿着得体、大方、干净、整洁,显得有内涵,这样才能开始你从事行业的第一步。在现实生活中,有许多业务员自认为水平高超,就忽略了服装服饰问题,殊不知,这是导致失败的直接因素。客户第一眼看不出你的水平,他看见的首先是你的衣服和鞋子。一系列的交往过后,才能领教你的业务水平。所以,业务员一定要注重自己的仪表。

(二)言谈举止

言谈举止是衡量一个业务员综合素质的标准,也是塑造个人形象的重要因素。所以,讲话时一定要有分寸,时刻注意语言,尤其是开场前一分钟里讲的话,是决定成败的重要依据。一个合格业务员必须随时留心对方的话,从中提取有用的信息,分析对方想要得到的信息,不失时机地输送过去。如果客户有不清楚的地方,还应热情、大方、有礼地为其讲解。

(三)气质修养

气质不是与生俱来的,受外界环境影响颇深。作为一名业务员,要注重培养自身气质,结合自己的心理、性格特征,塑造理想的气质形象。将干练、富有亲和力的一面展现在客户面前,让人心甘情愿与你合作。

(四)自信的心态

自信是一切行动的原动力,没有了自信就没有行动。我们要对自己服务的企业充满自信,对我们的产品充满自信,对自己的能力充满自信,对同事充满自信,对未来充满自信。我们将优良的产品推荐给我们的消费者,去满足他们的需求,我们的一切活动都是有价值的。很多销售人员自己都不相信自己的产品,又怎么样去说服别人相信自己的产品呢?很多销售人员不相信自己的能力,不相信自己的产品,所以在客户的门外犹豫了很久都不敢敲开客户的门。

(五)相应的礼仪

尊重他人不仅表现在表面上的礼貌,而且要知道客户需要什么,并及时奉上才是对别人最大的尊敬。认识到这一点,并采取相应的行动,就能在合作中占优势地位。值得注意的是见客户之前要准备好材料,不要等客户要的时候才去找,这样自然显出你的失礼。合作就是为了实现某种利益,任何人都明白这一点,因此在与客户洽谈过程中,没有必要掩饰这一点,否则会给人以虚伪、做作的感觉。

(六)贵在坚持

业务工作之所以不容易做,是因为许多客户不太明白,做成业务双方都可以受益,是一举两得的事情。因此,在洽谈的时候客户对业务员百般刁难,如果业务员承受不住这样的考验,结果只有失败。所以,当你遇到这样的客户时,不妨委婉地提示一下对方,让他意识到业务谈成后,对他也有好处。这并不是失礼的行为,而是一种策略。做成业务本是两个公司合作的结果,也是你与对方谈判代表之间的个人合作。商务活动中，许多合作都不可能仅仅一次就能达到目的，双方应本着长期合作的原则，与对方结成合作伙伴。

(七)建立友谊

为了能长期合作，应该与对方谈判代表建立起私人关系，力求成为好朋友。这样对双方结成长期的合作伙伴是有帮助的。

(八)公私分明

在合作过程中，业务员与客户之间的关系很微妙，即使双方已经成了好朋友，但其中还涉及各自的利益问题，要知道，你与客户之间是通过生意才成为朋友的，彼此间的友情并不是单纯的、没有任何利益关系的。所以，在与客户交往时，不要拿对待朋友的礼节来对待客户。除非彼此间的友情已经升华到金钱之上了。否则，会有冒犯或者怠慢之嫌，破坏双方感情，影响业务往来。

(九)业务员打电话的礼仪

打电话目标是获得一个约会。你不可能在电话上销售一种复杂的产品或服务，而且你当然也不希望在电话中讨价还价。电话销售应该持续大约三分钟，而且应该专注于介绍你自己、你的产品，大概了解一下对方的需求，以便你给出一个很好的理由让对方愿意花费宝贵的时间和你交谈。最重要的别忘了约定与对方见面。

第九章　国际交往礼仪

　　我国是举世闻名的礼仪之邦。讲究礼仪是我们的优良传统。改革开放以来,我国的对外交往和外事活动日益增多,尤其是在公务和商务领域更是如此。在外事活动中,每个人都代表着国家的形象和民族的尊严。所以,在对外交往中对外方人员应以"礼"相待,处处体现"礼仪之邦"的风范和气节。

一、涉外工作人员的仪容仪表

　　我国是一个具有悠久历史和文明传统的礼仪之邦,很久以来就十分关注和重视礼仪礼节。随着经济社会的发展和对外交往的增多,礼仪问题越来越受各界人士的重视。因此,作为涉外人员更应该增强礼仪观念、提高礼仪素养。

(一)涉外工作人员的仪容仪表

　　涉外工作人员要注意个人的形象,给外宾留下良好的印象。涉外工作人员的仪容、服饰要整洁,头发、胡须、指甲、鼻毛等都要加以修整;穿西装应系领带,衬衫应塞在裤腰内,袖口不要卷起,内衣裤、衬衣不要露出来。着装应注意场合,参加正式活动一般应穿深色服装,参加丧葬吊唁活动一般应穿黑色服装。进入室内应脱大衣以及其他相应饰物,并存放于衣帽间。在公开场所不能穿背心、拖鞋。

涉外工作人员的注意事项

国学经典文库

中国民俗文化精粹

·礼仪节俗·

图文珍藏版

（二）涉外作人员的言行举止

涉外工作人员的一言一行都代表了国家的形象，因此，对涉外人员的举止言行的要求十分严格。涉外人员的坐姿要端正，不要跷二郎腿或摇晃双腿，也不要靠在椅背或沙发背上伸直双腿，更不可把脚或腿搭在椅子上，女士坐时不可叉开双腿，站立时不要倚靠墙或柱；在外宾面前，不要修指甲、剔牙齿、掏鼻孔、揩鼻涕、伸懒腰等，打喷嚏、打呵欠就用手巾捂住嘴、鼻，朝向另一侧，避免发出声音；在外宾面前讲话应文雅，不可争吵或争论，不可大声呼喊、喧哗或大笑。

在公共场所应注意保持环境卫生清清，不随地吐痰、不吸烟、不乱扔杂物。参加活动前，不吃葱、蒜等带刺激味道的食物。不私自收受外宾礼品，更不可向外宾暗示及索要礼品。服务要热情周到，遇到自己解决不了的问题时，应主动、及时向有关部门和领导汇报。谈话要实事求是，不要允诺或答应没有把握的事，但已经答应的事应说到做到。要注意内外有别，严守国家机密。参加外事活动要严守时间，不能迟到早退，有特殊事情应事先请假。

（三）涉外工作人员的工作要求

接待外宾是一项重要的工作，要严格要求自己，严谨对待。在工作中严格遵照上级和政策办事，不掺入个人的兴趣和感情。尽可能避免发表不必要的个人意见。做事要积极主动，谨言慎行，对工作要有计划地进行，对对方可能提出的问题，要事先做必要的请示。要严守国家机密，不在外宾面前谈内部问题。除非因为工作关系，否则文件资料、工作口记本等不得随身携带。未经上级批准，不得自行接受外宾的馈赠，但如果外宾坚持赠送小纪念品时，可先收下，并立即报告上级组织，并把礼品提交组织处理。另外，工作人员要及时、准确地向上级汇报外宾工作情况和生活要求以及对每种活动与事件的反应。若对外宾反应搁置不理，隐匿不报，是无组织无纪律的表现。

（四）涉外驾驶人员的礼仪

驾驶人员在每次参加涉外活动前，都要对车辆进行检修，以确保车辆的行驶安全，并事先弄清行驶路线，必要时可事先熟悉路线，仔细观察路上情况，有所准备，以免误时误事。招待外宾时，驾驶人员应热情、主动，以优质的服务礼貌待客。外宾准备乘车时，驾驶员应将车门打开，并用手示意，防止客人头部碰撞车门上端的车篷。待外宾坐好后再关车门，注意防止夹客人的手足；如果接待外国代表团，在主宾车上的人员上齐后，前卫车即可开始缓行，以免主宾车等候过久，防止后面的车辆掉队。车辆之间要保持一定的距离。驾驶人员在未结束当天活动前，不得离车,以确保安全。

(五)如何安排礼宾的次序

1.按身份与职位的高低排列。由于各国的国家体制不同,部门之间的职位高低不尽一致,所以,首先要熟悉各国的规定,然后按相应的级别和官衔进行安排。

2.按通知代表团组成的日期先后排列。有时在国家间举行的多边活动中,采用通知代表团组成的日期先后排列礼宾次序的方法。

3.按字母顺序排列。多边活动中的礼宾次序有时按参加国国名字母顺序排列,一般以按英文字母排列居多,少数情况也有按其他语种的字母顺序排列。

二、外宾的迎送与接待礼仪

涉外礼仪是人们在国际交往中形成的一种行为规范。它在一定意义上反映着一个国家的文明、文化和社会风尚。迎送是最常见的社交礼节,这不仅是整个社交活动的开始和结束,而且是对不同身份的外宾表示相应尊重的重要方式。

(一)迎宾的准备

对外国来访的客人,通常要视其身份、访问的性质和目的、国际惯例以及两国关系等因素,安排相应级别的领导人前往机场、车站、码头迎送。各国对外国国家元首、政府首脑的正式访问,往往都举行隆重的迎送仪式。对军方首脑来访也举行一定的欢迎仪式,如安排检阅三军仪仗队等。对其他人员的来访一般不举行欢迎仪式,但对应邀来访的任何代表团,无论官方的或民间的,在他们抵离时,都要安排有关人员前往机场迎送。

按照国际上通常的做法,国宾来访,自入境之时起,其安全保卫的责任,就落在东道国肩上。保护计划包括警察护送、现场控制、近身保卫、食物品尝、交通安全以及其他一切必要的技术和预防性措施。礼宾部门在考虑日程和活动现场的安排时,也应将安全因素考虑在内。

(二)迎接外宾的礼仪

迎送人员如职位较高时,应在机场安排休息室。如果客人首次来访,双方又不认识,可事先联系好或做一特定标识牌,方便对方辨认。行李票的交接、行李的运输要有专人负责。团长和重要外宾的行李要先取,及时派人专送,方便客人更衣。

迎宾时,客人初次到访,一般较为拘谨,主人应主动与客人寒暄。所以,当客人下机后，迎接人员要主动迎上前去表示欢迎，由礼宾官或迎接人员首先将中方前来欢迎的主要领导介绍给来宾，其他领导可简明扼要地介绍。主要翻译必须时刻紧随中方主要领导和主宾。礼宾官或迎接人员在介绍其他中方领导时要始终照顾好主宾，不要因忙于介绍别人而冷落了主宾。如遇外宾主动与我方人员拥抱时，可做相应表示，不要退却或勉强拥抱。主要领导人与客人握手之后可以献花。

在乘车时，应先请客人从右侧上车，陪同主人再从左侧上车。待外宾与陪同人员全部上车后，再驱车去宾馆。在途中，陪同人员应择机将沿途所见的欢迎标语、人文景观等对外宣传的事物向外宾介绍。重要外宾和大型团体来访，应安排专人、专车提取行李并及时送到客人房间。外宾抵达住处后，不宜马上安排活动，应稍事休息，给对方留下更衣时间。

（三）接待外宾的礼仪

在外宾抵达以前，就应做好充分的准备工作。弄清楚来访外宾或代表团的总人数，是否包括主宾和其他人员的配偶，来访人员的职务、性别、礼宾次序等情况，这些都可请对方事先提供。重要国宾来访，其随访人员中，有正式随行人员和工作人员之分，而正式随行人员中有的还是政府的高级官员。此外，有的国家领导人来访，随行的还有企业家、记者以及专机的机组人员等。这些都应在事先了解清楚，以便由有关单位做好相应的接待准备。

外宾来访期间的住房、坐车、生活起居，要尽量使其舒适、方便、安全，饮食应当可口。住地应当选择在环境优美安静的地段，以便使来宾在繁忙紧张的活动之后得到适当的歇息。国事访问一般以住国宾馆、高级饭店为多，这些地方设备好，服务周到有经验。也有的国家为了讲究礼仪规格而安排来宾住在王宫、别墅等地方。元首住地应升来访国的国旗或元首旗。秘书、译员、近身警卫和服务人员等应住在靠近主宾的房间。对代表团中的高级官员亦应妥善安排。除非不得已的情况，单身汉亦应安排单独房间，而不要安排单身汉两人合住。住房可由东道主安排分配后，再征求客人意见；也可将房间位置图提前交给对方，请对方自行安排。

常年有外宾居住的高级宾馆、饭店，都应把搞好生活接待、不断提高服务质量作为其孜孜不倦的奋斗目标，不但要配备先进的生活设备，而且要有优质的服务。

（四）乘车安排和注意事项

介绍结束后，速引导客人上车。如安排主人陪车，则请客人从车的右侧门上车，中方主人从车的左侧门上车。有时客人上车后先坐到了当地主人的座位上，一般不必请客人挪动座位。国宾车队和大型代表团的车队要事先编号。国宾车队的主车要挂两国国旗。多国使节代表团同团时，可以轮流乘坐一号车，轮流当团长。

三、涉外仪式中的礼仪

在涉外交往中,有关国家的政府、组织或企业单位之间的重要内容就是中外双方举行的各种仪式。因此,掌握仪式中的礼仪是十分必要的。

(一)涉外幕仪式

1.确定人员

开幕式通常由主办单位的负责人主持。隆重的涉外开幕式除双方有关人员参加外,还可邀请各国驻当地的使节、外国记者出席。如果是高规格的开幕式,东道国的国家领导人往往出席。出席仪式者对题词应事先有准备。

2.场地及布置

开幕式一般选在宽敞的场地举行,室内室外均可,会场正面要悬挂开幕式的横幅,隆重的开幕式需悬挂有关各方的国旗。会场周围可插上彩旗。常常要准备好三个话筒,供主持人、致辞人和翻译使用。准备好剪彩用的彩带。有些开幕式现场还应备有签名簿,请领导人和来宾题词或签名留念。

3.宣布开始及开始后的相应礼仪

双方出席开幕式的人员入场后,宾主面向外分左右两边排开。主持人宣布大会开始,首先请开幕式主办单位的主要负责人或代表团团长致辞。若是双方合作,一般请一方负责人致开幕词,请另一方致贺词。致辞后即开始由代表团中身份最高的官员剪彩。若是双方合作,则可各推举一位负责人同时剪彩。剪彩结束后,主人可陪同宾客参观。有时还举行执行会。

(二)涉外签字仪式

1.确定人员

签字人由缔约各方根据文件的性质和重要性协商确定。可由国家领导人出面,也可由政府有关部门负责人出面,但各方签字人的身份应该大致相当。按惯例,参加签字仪式的,应是双方参加会谈的全体人员;如一方要求让某些未参加会谈的人员出席,另一方应予以同意,但双方人数最好大体相等。

2.仪式准备

举行签字仪式之前,要准备好文本。文本的定稿、翻译、印刷、校对、装订、盖印等,均要确保无误。同时还要准备好签字时用的国旗、文具。确定助签人员,事先与对方就有关细节问题洽谈。

3.现场的布置

签字的现场布置各国不尽相同。有的国家在签字厅内设置两张方桌为签字桌,双方签字人各坐一桌,双方的小国旗分别悬挂在各自的签字桌上,参加仪式的人员坐在签字桌的对面;也有的安排一张长方桌为签字桌,签字人分坐左右,国旗分别悬挂在签字人身后,参加签字仪式的人员分坐签字于桌前方两旁。

我国的做法是在签字厅内设一长桌,桌面覆以深绿色的台呢为签字桌。桌后放两把椅子,为双方签字人座位,主左客右。座前摆放本国保存的文本,文本前面放有签字文具。桌子中间摆一旗架,悬挂双方国旗。双方参加仪式的其他人员,按身份顺序排列于各自签字人员的座位之后,双方助签人员分别站在各自签字人员的外侧。

4.仪式开始后的礼仪

签字仪式开始,双方人员进入签字厅。签字人员首先入座,其他人员按宾主身份顺序就位。助签人员分别站立在各自签字人的外侧,协助翻译文本,指明签字处。签字人在本国保存的文本上签字后,由助签人员传递文本,再在对方保存的文本上签字。签毕,双方签字人交换文本,并互相握手。此时,可上香槟酒,宾主双方共同举杯庆贺。多边签字仪式与双边签字仪式大体相似。若只有三四个国家,一般只相应地多配备签字人员座位、签字文具、国旗等物。如

涉外仪式中的礼仪

果签字国家众多,通常只设一个座位,由文本保存国代表先签字,然后由各国代表按礼宾次序轮流在文本上签字。

(三)涉外谒墓仪式

在涉外丧葬礼仪中,谒墓、献花圈是对被访国人民友好亲善的表示,也是对已故领导人或先烈的敬意。因此,一般地说,只要被访国安排,都要前往。在决定谒墓之前,应先了解该国的政治历史背景。

谒墓的整个过程充满庄严肃穆的气氛,现场安排有仪仗队和军乐队,并派高级官员陪同。参加仪式的人员应穿着深色或素色服装,有的要求着礼服,谒墓时应脱

帽。军人若不脱帽应行举手礼。仪式开始时,乐队奏乐,东道国礼兵或谒拜者随行人员,抬着花圈走在前面。谒墓(碑)人由陪同人员陪同,随行于后。卫士分列两旁,持枪致敬。当礼兵将花圈放于碑前时,谒墓人往往要上前扶一扶,整理一下花圈上的飘带。而后稍退几步,肃立默哀。默哀毕,绕陵墓(纪念碑)一周。

(四)三种常见的外交用语

国事访问:国家元首或政府首脑应他国元首或政府首脑的邀请对他国所进行的访问。

仪仗队:执行礼节性任务的武装部队。用来迎送外国元首、政府首脑和高级将领等。由海、陆、空三军人员组成的或由陆军人员单独组成的。

鸣礼炮:是一种向对方致敬的表示。鸣放炮数的多少,代表友好诚意和对对方的尊敬程度。礼炮响数的多少依据受礼人的身份高低而定。

四、涉外社交中的忌讳

礼仪不仅表现为一种精神文明,而且是我们扩大交流、增进友谊、促成合作的重要手段。因此,我们在涉外交往中不仅要求以礼待人,还要求人们对世界各国的传统文化、风土人情、民俗禁忌有广泛的了解,以通晓异国的礼仪来增进友谊,促进经济的合作。

(一)颜色的忌讳

棕黄色:巴西人认为棕黄色意味着凶丧,因此非常忌讳。

绿色:日本人大都忌用绿色,认为绿色是不吉利的象征。

黑色:欧美许多国家以黑色为丧礼的颜色,表示对死者的悼念和尊敬。

淡黄色:埃塞俄比亚人、叙利亚人以穿淡黄色的服装表示对死者的深切哀悼,因此视为死亡之色。在巴基斯坦黄色是僧侣的专用服色,所以普通的民众基本上都不穿黄色的衣服。而委内瑞拉却用黄色作医务标志。

蓝色:比利时人最忌蓝色,如遇有不吉利的事,都穿蓝色衣服。埃及人也同样忌讳蓝色,因为蓝色在埃及人眼里是恶魔的象征。

另外,印度人喜爱红色、蓝色和黄色等鲜艳色彩,不欢迎黑色和白色。伊拉克人视绿色代表伊斯兰教,黑色用于丧事,客运行业用红色,警车用灰色,丧服用黑色。尼日利亚人视红色、黑色为不吉祥色。马达加斯加视黑色为消极色,喜好鲜明色彩。

(二) 数字的忌讳

"13"：西方人认为 13 是不吉利的,应当尽量避开,甚至每个月的 13 日,有些人也会感到忐忑不安。

"5"：西方人也避谈星期五,如果星期五出了事,就归罪于这是个黑色星期五。尤其是逢到 13 日又是星期五时,最好不举办任何活动。有些人就会因此而闭门不出,唯恐发生不吉利的事情。

"4"："4"在中文和日文中的发音与"死"相近似,所以在日本与朝鲜等东方国家将它视为不吉利的数字,因此这些国家的医院里没有四号病房和病床。在韩国,昔日的旅馆没有 4 层楼,门牌没有 4 号,几乎什么东西都不用"4"字,一些家庭生了第 4 个儿子或女儿,也被认为不吉利,孩子常常受虐待。

"9"：在日语中"9"发音与"苦"相近似,属忌讳之列。

(三) 花卉的忌讳

荷花：对于中国、泰国、印度等国家来说,对其评价极高,而对于日本,荷花却被认为是不祥之物。

菊花：在法国,当你应邀到朋友家中共进晚餐,切忌带菊花,菊花代表哀悼,因为只有在葬礼上才会用到;意大利人和西班牙人同样不喜欢菊花,认为它是不祥之花,但德国人和荷兰人对菊花却十分偏爱。

郁金香：德国人认为它是没有感情的花,所以德国人大都不喜欢送郁金香。

另外,巴西人忌讳黄色和紫色的花,认为紫色是妨碍的色调,视黄色为凶丧的色。

(四) 赞比亚的忌讳

赞比亚人忌讳别人从自己背后穿过,认为这样是不礼貌的,从面前穿过才是合乎礼仪的举止。他们忌讳"13",认为"13"是预兆厄运的数字,会给人们带来灾祸。他们忌讳他人用手指着自己说三道四,认为这是让人不能容忍的举动,是对人的一种蔑视和侮辱。他们忌讳有人以右手握拳挥动着手臂对待他们,这种动作在赞比亚是表达对人的"诅咒与谩骂"。

五、港、澳、台的礼仪习俗

团结、友爱、和平、亲近是大陆与港、澳、台同胞相处的重要原则,大家同处中华人民共和国这个大家庭里,要相互了解,相互交流,为了达到这一目的,还需了解港、澳、台同胞的一些生活礼仪。

(一) 香港

香港位于广东省珠江口外东侧,地处世界航道要冲,被视为我国华南的门户。香港是中国领土的一部分,我国从 1997 年 7 月 1 日开始对香港恢复行使主权,并于当日成立香港特别行政区。

香港人在社交场合与客人相见时,一般是以握手为礼。亲朋好友相见时,也有用拥抱礼和贴面颊式的亲吻礼的。他们向客人表达谢意时,往往用叩指礼。香港人在接受别人斟酒或倒茶时,总喜欢用几个指头在桌上轻叩。香港人十分注重礼节,与人见面前先电话预约,去人家家里做客可以准备一些水果饼食作为礼物,千万不要空手去。对一般的男士称"先生",女士称"小姐",如果是对年纪大的男子可称"阿叔"或"阿伯",年长的女子称"阿婶";对男侍应生和售货员可称"伙计",对女侍者仍称"小姐"。

香港人忌讳别人打听自己的家庭地址。因为他们不欢迎别人去他家里做客,一般都乐于到茶楼或公共场所。他们忌讳询问个人的工资收入、年龄状况等情况,认为个人的私事不需要他人过问。他们对"节日快乐"之语很不愿意接受。因为"快乐"与"快落"谐音,是很不吉利的。他们忌讳"4"字。因为"4"与"死"谐音,故一般不说不吉利的"4"。送礼等也避开"4"这个数,非说不可的情况下,常用"两双"或"两个二"来代替。在香港,酒家的伙计最忌讳首名顾客用餐选"炒饭",因为"炒"在香港话中是"解雇"的意思。开炉闻"炒"声,被认为不吉利。

(二) 澳门

澳门邻近广东,居澳的广东人占绝大多数。因此,广东人的生活习惯和风土习俗在澳门的影响最为深远。

澳门没有实施外汇管制,资金可以自由进出。澳门元由于与港元实行联系汇率,而港元与美元也实行联系汇率机制,因而澳门元间接成为硬货币。同时,由于澳门与香港交往密切,港元在商业交往中广泛使用。澳门是自由港,除毒品等违法物品外,其他物品均可自由出入,因此出入澳门除例行检查外,一般无须填写海关申报单。澳门的经济结构主要由出口制造业、旅游博彩业、金融业和房地产建筑业等构成。此外,旅游业也是澳门赚取外汇的主要行业之一。

(三) 台湾

台湾是我国最大的海岛,位于祖国大陆架的东南海面上,西隔台湾海峡与福建相望,最近之处仅70海里;东北临近日本琉球群岛,东濒太平洋;南隔巴士海峡与菲律宾相对。

台湾人在社交场合与客人见面时,一般都以握手为礼。在亲朋好友相见时,也惯以拥抱为礼,或吻面颊的亲吻礼。台湾的高山族雅美人在迎客时,一般惯施吻鼻礼,以示最崇高的敬意。台湾信奉佛教的人的社交礼节为双手合十礼。与熟人或亲密朋友见面时,习惯上握一下手。初次见面时只需点头打招呼,微微弯腰鞠躬是表示敬意。

按台湾民俗,丧事办完,送手帕给吊唁者留念,意为让吊唁者与死者断绝来往,所以台湾俗语有"送巾断根"或"送巾离根"之说。刀剪是伤人的利器,含有"一刀两断"之意。以刀剪赠人,会让受赠者觉得有威胁之感。因此,台湾人基本上不会用剪刀送人。另外,他们一般不会用甜果送人,因为民间逢年过节,常以甜果为祭祖神之物,如果以甜果赠人,会使对方有不祥之感。镜子也是不能当礼物送的,因为镜子容易打破,破镜难圆,还好像有嫌人丑陋,让你照镜子看看自己的意思。相互间送礼,也不能送钟,因为送钟会引起"送终"的意思。

六、部分亚洲国家的社交礼仪

(一)新加坡的社交礼仪

新加坡的全称是新加坡共和国,在世界上有"花园之国"的美称。新加坡的主要宗教为伊斯兰教。除此之外,信徒较多的宗教还有佛教、印度教和基督教。在新加坡,马来语被定为国语,马来语、英语、华语和泰米尔语四种语言同为官方语言,英语则为行政用语。

在社交场合,新加坡人所行的见面礼节多为握手礼。在商务活动时一般穿白衬衫,着长裤,打领带即可。访问政府办公厅仍应着西装、穿外套。新加坡人非常讨厌男子留长发,对蓄胡子者也不喜欢。在一些公共场所,常常竖有一个标语牌:"长发男子不受欢迎"。由于新加坡居民中华侨多,人们对色彩想象力很强,一般红、绿、蓝色很受欢迎,视紫色、黑色为不吉利,黑、白、黄为禁忌色。在商业上反对使用如来佛的形态和侧面像。在标志上,禁止使用宗教词句和象征性标志。喜欢红双喜、大象、蝙蝠图案。数字禁忌4、7、8、13、37和69。

(二)朝鲜的社交礼仪

朝鲜的全称是朝鲜民主主义人民共和国。朝鲜国的民族是单一的朝鲜族,朝鲜的国语是朝鲜语,它是朝鲜人民的单一民族语言。

朝鲜人在公共场合非常注重礼仪。按照民族传统,朝鲜人与外人相见时所行的见面礼节是鞠躬礼。在行鞠躬礼时,同时问候对方。在行礼时,通常不准戴帽子。在一般情况下,主人要先向客人施礼,晚辈、下属要先向长辈、上级施礼。对方也必须鞠躬还礼。

目前朝鲜人在社交场合大多以鞠躬礼、握手礼并用。在行礼时,他们一般是先鞠躬,后握手。在握手时,可用双手,也可以单用右手。在一般情况下,朝鲜妇女不与男子握手,而是以鞠躬为礼。朝鲜男子与外国妇女握手,则是许可的。在日常交往中,称呼朝鲜人时最好采用尊称或其职务、职称,尽量不要直呼其名。

(三)日本的社交礼仪

日本,正式名称为日本国,是位于亚洲东部的岛国,领土由北海道、本州、四国、九州四个大岛和 3900 多个小岛组成,西临日本海,与朝鲜半岛隔海相望,东面是太平洋。

日本人见面多以鞠躬为礼。鞠躬弯腰的深浅不同,表示的含义也不同,弯腰最低是最有礼貌的鞠躬。男性鞠躬时,两手自然下垂放在衣裤两侧,若对对方表示恭敬时,多以左手搭右手上,放在身前行鞠躬礼,特别是女性。在国际交往中,日本人也习惯握手礼。在日本,名片的使用相当广泛,名片交换是以地位低或者年轻的一方先给对方。递交名片时,要将名片正对着对方。在与日本人交谈时,不要边说边指手画脚,别人讲话时切忌插话打断。三人以上交谈时,注意不要冷落大部分人。在交谈中,不要打听日本人的年龄、婚姻状况、工资收入等私事。对年事高的男子和妇女不要用“年迈”“老人”等字眼。除非事先约好,否则不要贸然到家里拜访日本人。在日本饮酒是重要的礼仪,客人在主人为其斟酒后,要马上接过酒瓶给主人斟酒,表示出主客之间的平等与友谊。

(四)韩国的社交礼仪

韩国的全称是大韩民国。韩国的官方语言是韩语,也即朝鲜语。韩国素有“礼仪之国”的称号,韩国人十分重视礼仪道德的培养,尊敬长者是韩国民族恪守的传统礼仪。

韩国人见面时的传统礼节是鞠躬,晚辈、下级走路时遇到长辈或上级,应鞠躬、问候,站在一旁,让其先行,以示敬意。男人之间见面打招呼互相鞠躬并握手,握手时或用双手,或用左手,并只限于点一次头。鞠躬礼节一般在生意人中不使用。和韩国官员打交道一般可以握手或是轻轻点一下头。女人一般不与人握手。在社会集体和宴会中,男女分开进行社交活动,甚至在家里或在餐馆里都是如此。

在韩国,如有人邀请你到家吃饭或赴宴,你应带小礼品,最好挑选包装好的食品。席间敬酒时,要用右手拿酒瓶,左手托瓶底,然后鞠躬致祝辞,最后再倒酒,且要一连三杯。敬酒人应把自己的酒杯举得低一些,用自己杯子的杯沿去碰对方的杯身,敬完酒后再鞠个躬才能离开。做客时,主人不会让你参观房子的全貌,不要自己到处看。你要离去时,主人送你到门口,甚至送到门外,然后说再见。同他人相见或告别时,若对方是有地位、身份的人,韩国人往往要多次行礼。行礼三五次,也不算其多。在一般情况下,韩国人在称呼他人时爱用尊称和敬语,但很少会直接叫出对方的名字。

(五)马来西亚的社交礼仪

马来西亚的全称即为马来西亚。马来西亚籍华人和华侨占马来西亚全国总人口的二分之一以上,除此之外,还有少量的印度人和巴基斯坦人。马来西亚是一个以伊斯兰教为国教的国家,全国总人口的一半以上都信奉伊斯兰教。马来西亚的官方语言是马来语,英语和华语则是通用的语言。

在马来西亚,人们见面的时候采用的礼节因民族不同而不同。马来人传统的见面礼节是所谓"摸手礼"。它的具体做法为:与他人相见时,一方将双手首先伸向对方,另一方则伸出自己的双手,轻轻摸一下对方伸过来的双手,随后将自己的双手收回胸前,稍举一下,同时身体前弯呈鞠躬状。与此同时,他们往往还会郑重其事地祝愿对方。马来西亚的华人与印度人,则大多以握手作为见面礼节。现在,马来西亚人的常规做法是向对方轻轻点头,以示尊重,除男人之间的交往以外,马来人很少相互握手,男女之间尤其不会这么做。

(六)个别亚洲国家习俗禁忌

朝鲜:在朝鲜,递东西以用双手接为佳。在他人面前不得吐痰、擤鼻涕、掏耳朵。

韩国:与韩国人交谈时,发音与"死"相似的"私""师""事"等几个词,最好不要使用。

新加坡:新加坡人对"恭喜发财"极其反感。认为这句话有教唆别人去发不义之财的意思。

马来西亚:马来西亚人不喜欢别人在他们面前跷腿、露出脚底,或用脚去移动物品,他们认为在人体上,脚的地位最低下。

七、部分欧美国家的社交礼仪

(一) 美国的社交礼仪

美国的全称是美利坚合众国。地处北美洲中部,东临大西洋,北靠加拿大,南接墨西哥及墨西哥湾。所属阿拉斯加州位于北美洲西北部。美国的主要宗教是基督教和天主教。美国的官方语言是英语。

美国人的见面礼节,一般情况下,以点头、微笑为礼。不是特别正式的场合,美国人甚至连国际上最为通行的握手礼也略去不用了。若非亲朋好友,美国人一般不会主动与对方亲吻、拥抱。在商务往来中,他们尤其不会这么做。

美国人在穿着上大都喜深色西装配着黑色皮鞋,深色袜子,切忌白袜黑鞋。正式场合或上班时,女性以裙装为宜,男性应打领带,穿深色西服。着晚礼服裙摆应长及脚踝,并着高跟鞋。行路一般以右为尊,女士同行,男士应走左边,出入应为女士推门。搭车时,车主驾车,前座为尊,反之则以后座右侧为尊。自己开车时须先为客人开车门,等坐定后始上车启动。在美国社会中,人们的一切行为都以个人为中心,个人利益是神圣不可侵犯的。这种准则渗透在社会生活的各方面。人们日常交谈,不喜欢涉及个人私事。有些问题甚至是他们所忌谈的,如询问年龄、婚姻状况、收入多少、宗教信仰、竞选中投谁的票等等都是非常冒昧和失礼的。

(二) 加拿大的社交礼仪

加拿大的全称即为加拿大。加拿大国民的主体是英法两国移民的后裔所构成的。一般而言,英裔加拿大人大多信奉基督教,讲英语。而法裔加拿大人则大都信奉天主教,讲法语。加拿大的基本国情是地广人稀,特殊的环境对加拿大人的待人接物有一定影响。加拿大的主要宗教是天主教和基督教。加拿大官方语言是英语和法语并用,实行的是"双语制"。

在加拿大,人们相遇时,都会主动向对方打招呼、问好。即便彼此双方不相识,通常也往往会这么做。要是见过一次面的人再度相逢时,则双方通常都会显示出更大的热情。他们除了要互致问候之外,彼此一定还要热烈地握手。加拿大人跟外人打交道时,只有在非常正式的情况之下,才会对对方连姓带名一同加以称呼,并冠以尊称。在一般场合里,加拿大人在称呼别人时,往往喜欢直呼其名,而略去其姓。

(三)德国的社交礼仪

德国的全称是德意志联邦共和国。德国的主体民族是德意志人,此外,在德国还生活着少量的丹麦人、吉卜赛人、索布人等。德国的主要宗教是基督教和天主教。德国的官方语言是德语。

德国人在人际交往中对礼节非常重视。在社交场合,德国人通常都采用握手作为见面礼节。与德国人握手时,要注意务必坦然地注视对方,并且握手的时间宜稍长一些,晃动的次数宜稍多一些,握手时所用的力量宜稍大一些。对于初次见面的成年人以及老年人,务必要称之为"您"。对于熟人、朋友、同龄者,方可以"你"相称。在德国,称"您"表示尊重,称"你"则表示地位平等、关系密切。

德国人极度厌恶"13"与"星期五"。他们对于四个人交叉握手,或在交际场合进行交叉谈话,也比较反感。因为这两种做法,都被他们看作是不礼貌的。德国人认定,在路上碰到了烟囱清扫工,便预示着一天要交好运。在德国,星期天商店一律停业休息。在这一天逛街,自然难有收获。向德国人赠送礼品时,不宜选择刀、剑、剪、餐刀和餐叉。以褐色、白色、黑色的包装纸和彩带包装、捆扎礼品,也是不允许的。与德国人交谈时,不宜涉及纳粹、宗教与党派之争。在公共场合窃窃私语,德国人认为是十分无礼的。

(四)意大利的社交礼仪

意大利的全称是意大利共和国。意大利的主要宗教是天主教。根据 1929 年意大利政府与罗马教廷签订的《拉特兰条约》的规定,天主教为意大利的国教。官方语言是意大利语。在个别边境地区,也有一些人讲法语和德语。

意大利人的时间观念极为奇特。在外人眼里,他们似乎来去匆匆,却又不很守时,至少在社交活动中是这样的。一般来说,与别人进行约会时,许多意大利人都会晚到几分钟。据说,意大利人认为,这既是一种礼节,也是一种风度。意大利人在正式社交场合一般是着西式服装,尤其是参加一些重大的活动十分注意着装整齐,喜欢穿三件式西装。意大利人说话时喜欢靠得近些,有时几乎靠在一起。他们不喜欢在交谈时别人盯视他们,认为这种目光是不礼貌的。他们喜欢用手势来表达个人的意愿。意大利人在社交场合与宾客见面时常施握手礼,亲朋好友久别重逢会热情拥抱,平时熟人在路上遇见,则招手致意。意大利人请客吃饭,通常是到饭馆里去,有时也会在家中宴请亲朋好友。他们请客时往往茶少酒多,在正式宴会上,每上一道菜便有一种不同的酒。

(五)英国的社交礼仪

英国是近代工业革命的发源地,全称"大不列颠及北爱尔兰联合王国"。英国居民大多数信基督教。一些英国人还信奉罗马天主教、伊斯兰教、佛教、印度教、锡克教、犹太教等。

英国人不善于夸夸其谈,感情不大外露,也不喜欢在公共场合引人注目。在交际应酬中,他们轻易不会与别人一见如故,更不会立即称兄道弟,推心置腹。与外人进行交往时,英国人一般都非常善解人意,懂得体谅人、关心人、尊重人。在一般情况下,他们都不爱跟别人进行毫无意义的争论,而且极少当着外人的面使性子、发脾气。

英国人待人十分客气。"请""谢谢""对不起""你好""再见"一类的礼貌用语,天天是他们不离口的。在进行交谈时,英国人,特别是那些上年纪的英国人,喜欢别人称呼其世袭爵位或荣誉的头衔。至少,也要郑重其事地称之为"阁下"或是"先生""小姐""夫人"。在交际活动中,握手礼是英国人使用最多的见面礼节。在一般情况下,与他人见面时,英国人既不会像美国人那样随随便便地"嗨"上一声作罢,也不会像法国人那样非要跟对方热烈地拥抱、亲吻不可。英国人认为,那些做法,都有失风度。

(六)中世纪时期贵族礼仪

中世纪时期贵族礼仪基本是法国人和法国宫廷倡导,并为其他各个宫廷所普遍效仿的。贵族无论是敌是友,在见面时候必须相互致意,男子规定为左手扶右胸,右手脱帽,身体稍微前躬,同时点头。女子规定为双腿略微屈膝同时两手稍提裙摆两侧,点头致意。双方如若在马背上,男子礼节不变,女子只需点头。贵族晋见国王和王后礼仪中才有吻手礼。贵族革膝跪下,低头吻国王、王后的手表示崇敬。国王和一般贵族见到负责本国教务的红衣主教时也吻手,他们躬身吻主教左手中指佩带的表示主教身份的大宝石戒指。在吃饭时候必须主人先入座,客人才能入座,主人有义务提议喝第一杯酒,第一杯酒之后,主客就可以相互敬酒了。客人和主人都不允许身穿全套铠甲入席,铁手套、上臂甲、前臂甲和前后胸甲以及头盔都不可以穿着进入饭厅,因为这样的穿戴明显表示自己在防备周围有暗杀,是一种对他人名誉的公然冒犯。

八、其他国家的礼仪

(一)埃及的社交礼仪

埃及的全称是阿拉伯埃及共和国。埃及由阿拉伯人、科普特人、贝都因人、努比亚人等多个民族所构成。埃及的主要宗教是伊斯兰教。阿拉伯人普遍信奉伊斯兰教。国语是阿拉伯语。

在人际交往中，埃及人所采用的见面礼节，主要是握手礼。与其他伊斯兰国家的人士打交道时的禁忌相同，同埃及人握手时，最重要的是忌用左手。在社交活动中，跟交往对象行过见面礼后，双方往往要互致问候。为了表示亲密，埃及人只要当时有时间，问候起交往对象来，往往会不厌其烦。除了个人隐私问题之外，当时所能想到的人与事，他们几乎都会问候一遍。他们的这种客套，有时会长达几分钟，甚至十几分钟。跟埃及人打交道时，除了可以采用国际上通行的称呼，倘若能够酌情使用一些阿拉伯语的尊称，通常会令埃及人更加开心。

(二) 澳大利亚的社交礼仪

澳大利亚的全称是澳大利亚联邦。人口主要是外国移民的后裔。在外国移民后裔里，欧洲各国的移民后裔，尤其是英国移民的后裔占绝大多数。澳大利亚的主要宗教是基督教。官方语言是英语。

澳大利亚人在第一次见面或谈话时，通常互相要称呼为先生、夫人或小姐，熟悉之后就直呼其名。人们相见时喜欢热情握手，并喜欢和陌生人交谈。澳大利亚人言谈话语极为重视礼貌，文明用语不绝于耳。他们很注重礼貌修养，谈话总习惯轻声细语，很少大声喧哗。在他们的眼里，高声喊叫是一种不文明的粗野行为。在澳大利亚，要注意使自己的穿着打扮得体。在一般场合，不必西装革履或浓妆艳抹，只要穿一些便服即可。但在诸如典礼、仪式、宴会、婚礼、剧院等正式场合，却非着西装不可。初次见面不要直接询问个人问题，如年龄、婚姻、收入等，特别不要问原国籍的问题。澳大利亚人还有个特殊的礼貌习俗，他们乘出租车时，总习惯与司机并排而坐，即使他们是夫妇同时乘车，通常也要由丈夫在前面，妻子独自居后排。他们认为这样才是对司机的尊重，否则会被认为失礼。他们时间观念非常强，对约会是非常讲究信义的，有准时赴约的良好习惯。

(三) 南非的社交礼仪

南非的全称是南非共和国。南非的主要宗教是基督教。白人、有色人的绝大多数和大约60%的黑人，都信仰基督教。官方语言为英语和南非荷兰语。

南非曾一度为英属殖民地，当地种族观念根深蒂固，礼仪也因此而不同。白种人的社交礼仪基本是英国社交礼仪的延承，见面握手，尊称"先生""夫人""小姐"，这些已被世人所熟知。而在一些黑人的部族中，则保留着当地特殊的礼仪，比如以鸵鸟毛或孔雀毛赠予贵宾，贵宾要立即把这些珍贵的羽毛插入头发或帽子，以示回礼。官方或商务交往时，需着样式保守、颜色偏深的套装或正装，以表尊重。做客于南非人家,当地人会盛情地拿出家中自制的啤酒招待客人,客人需多喝,最好能一饮而尽,以表谢意。

(四) 新西兰的社交礼仪

新西兰的全称即为新西兰。新西兰的畜牧业极度发达,国民经济以其为主,因此,又有"畜牧之国""牧羊之国"之称。新西兰由欧洲移民后裔、毛利人、华人等民族构成。新西兰的主要宗教是基督教和天主教。新西兰的通用语为英语,但毛利人依然习惯于讲本民族的语言毛利语。

在新西兰社会中,欧洲移民的后裔,其中特别是英国移民的后裔,不仅占了人口的绝大多数,而且其待人接物的具体做法也居于主导地位。握手礼是新西兰人所用最多的见面礼节。不过与新西兰妇女握手时,必须由其首先伸出手来。新西兰人在向尊长行礼时,有时会采用鞠躬礼。他们行鞠躬礼的做法与中国人鞠躬时低头弯腰有所不同的是,新西兰人鞠躬时是抬着头,挺着胸的。新西兰人路遇他人,包括不相识者时,往往会向对方行注目礼,即面含微笑目视对方,同时问候对方。在普通的交际场合,新西兰人非常反对讲身份、摆架子。在新西兰,各行各业的人都会对自己的职业引以为荣,并且在彼此之间绝对不分三六九等。称呼新西兰人时,直呼其名常受欢迎,称呼头衔却往往令人侧目。

(五) 向外国人送花的禁忌

在国外,给中年人送花不要送小朵,意味着他们不成熟。不要给年轻人送大朵大朵的鲜花。

在印度和欧洲国家,玫瑰和白色百合花,是送死者的虔诚悼念品。

日本人讨厌莲花,认为莲花是人死后的那个世界用的花。送菊花给日本人的话,只能送品种只有 15 片花瓣的。

在拉丁美洲,千万不能送菊花,人们将菊花看作一种"妖花",只有人死了才会送一束菊花。

在巴西,绛紫的花主要是用于葬礼,看望病人时,不要送那些有浓烈香气的花。

墨西哥人和法国人忌讳黄色的花。

与德国、瑞士人交往,送朋友妻子或普通异性朋友,不要送红玫瑰给他们,因为红玫瑰代表爱情,会使他们误会。

德国人视郁金香为"无情之花",送此花给他们代表绝交。

意大利、西班牙、德国、法国、比利时等国,菊花象征着悲哀和痛苦,绝不能作为礼物相送。

在俄罗斯、南斯拉夫等国家若送鲜花的话,记住一定人要送单数;因双数被视为不吉祥。

在法国,黄色的花是不忠诚的表示。

罗马尼亚人什么颜色的花都喜欢,但一般送花时,送单不送双,过生日时则例外,如果您参加亲朋的生日酒会,将两枝鲜花放在餐桌上,那是最受欢迎的。

百合花在英国人和加拿大人眼中代表着死亡,绝不能送。

第十章 除夕

儿童强不睡，
相守夜欢哗；
坐久灯烬落，
起看北斗斜。

这是苏东坡的一首诗，描写的主题就是在除夕夜守岁的孩子。儿童那种异于常日作息时间，兴奋地来回奔跑，起来看北斗星的欢乐情形跃然纸上。你可能在每年的除夕夜都曾经亲身体验过这种情形，或者这种除夕欢乐的记忆一直伴着你长大。只不过是，我们现在的除夕夜很少再去看北斗星了，大多数家庭都是在观看中央电视台举办的春节联欢晚会节目，听着电视里新年钟声的敲响中度过的。虽然随着时间的流逝，社会的发展，除夕守岁的外在形式发生了很大改变，但是我们在除夕守夜的习惯却是始终如一的。我们接下来要说的，就是这个"一夜连双岁，五更分二年"。

按照我国的传统习俗，春节有广义和狭义之分。广义的春节是指从腊月初八的腊祭，或者腊月二十三的祭灶到正月十五元宵节；狭义的春节则是指正月初一。如果从广义上讲，除夕是我们中华民族最为隆重的传统节日——春节当中的一个重要组成部分。如果从狭义上讲，除夕是农历腊月的最后一天，它与春节首尾相连，所以说是与春节最为接近的一个节日。在腊八那一部分中，我们曾经提到过，十二月因腊祭而得名腊月。因此腊月的最后一天，民间也称为"腊月三十"。在我国的某些地区，人们更熟悉"三十"这一说法。

一、除夕起源

除夕中的除字有"去、易、交替"的含义，因此除夕的意思就是"月穷岁尽"。如果换成现在的语言就是，在农历全年最后的一个晚上，过去的一年到此为止了。人们都要除旧布新，来年是另一个新年。所以，除夕前后的活动都以除旧布新、祈福消灾为中心。你知道除夕是怎么来的吗？

（一）疯癫说

传说，在远古的时候，玉皇大帝派灶神菩萨下基层了解民情。有一年的腊月二十三日，灶神菩萨向玉帝汇报说："不得了了，百姓一年三百六十五天都吃粗茶淡饭，每天都辛苦劳作，长此以往，我担心老百姓的身体会吃不消。"玉帝听了汇报，就让大家商议良策。太白金星想了一下，就说："玉帝可以让药王菩萨下凡，来办这件事情"。玉帝准奏，让药王菩萨领命。

在腊月初八的早上，药王菩萨偷偷在人家的饭锅里丢下了疯人药。那药说来奇怪，人们吃完之后，慢慢地"疯"了起来。在药的作用下，人们不大愿意到地里干农活了，整天待在家里，女的缝新衣，男的杀猪、宰羊。到了腊月二十四日以后，人们疯得更厉害了，相互请吃饭，请喝酒，谁也不提干活的事儿。腊月三十的中午，人们纷纷拿出好吃的食物，围在桌旁，大吃大喝起来。从正月初一起，老百姓不仅光吃好的，而日穿上新衣到处玩耍。有的人家画上大花脸，敲锣打鼓地四处游街；有的人家相约去拜年。

到了正月十三日，灶神菩萨又上天奏道："玉帝，大事不好了，百姓们全疯了。他们只知道吃吃喝喝，一样活也不干，这样下去，怎么办哪？"玉帝听后，十分惊诧，再令群臣商议。太白金星又站出来说，"解铃还须系铃人，想要治好百姓的疯病，还得让药王菩萨去。"玉帝准奏，即令药王菩萨再次下凡治理。在正月十五的晚上，药王菩萨将人们的晚饭变成汤圆，里面放些芝麻、核桃、白糖等作清醒之用。百姓们吃后，第二天早上，照旧男耕女织，恢复了往常的劳动，疯病一下全好了。

（二）点灯说

从前，有个刁蛮的公主，经常出宫到民间去玩。有一次，她又外出游玩，晚上在一家客栈中住下来。谁知半夜的时候，城隍老鬼来到客栈中，吃掉了公主的心。第二天早上，客栈老板看到后，大惊失色，急忙报到官府。可是查了很久，也没有个头绪。

有一年，有位公子带着书童进京赶考，夜晚就住到这家客栈里。自从出了案子以后，这家客栈的生意一直不好。客栈老板有些欺生，就把他们安排到出事儿的那间屋子里。公子书童二人晚饭后早早就关门休息，到了半夜的时候，那间屋里突然有一声响动，接着就有人开门走进来。公子被惊醒，点亮灯，坐起来看看发生了什么事情。发现铺前跪着一位漂亮的小姐在哭哭啼啼，一边哭一边说："三年前，我背着父母私到民间，晚上就住在这间屋子里，哪曾想城隍老鬼钻了进来，把我的心吃掉了，我无法还生。没想到今晚公子带着书童过来，我只好借着书童的心复还正身。可是书童的阴魂不干，要我还他心，还望公子帮忙，把我引见给父王。说明来龙去脉,好捉住城隍老鬼,还我的心。到那时,我再把书童的心归还给他。"公子见姑娘哭得这样伤心,心生怜爱,就答应了下来。

第二天正好是大年三十,一大清早公子就带着小姐上路了。书童的阴魂哭着一路追上来,公子上前挡驾,给劝回了客栈,嘱咐客栈老板好好照看书童,三年后一定把心还给他,让他重返人世。接着,公子做了一盏红灯挂在店门正中,让邪魔不敢进到客栈中欺负书童的阴魂。从那以后,人们每逢过年都要在门口挂一盏红灯避邪。这样点年灯的习俗就传开了。

(三)妖怪说

传说,远古时候出了一个妖怪,名字叫"夕"。这家伙品行不端,专门害人,特别是看见哪家有漂亮的姑娘,就会心生邪念。老百姓恨他恨得咬牙切齿,但又苦于没办法。

有个叫七郎的猎人,力大无穷,箭射得特别好。他还有一条狗,勇猛无比。七郎见"夕"作恶多端,百姓深受其苦,就想除掉它。他带着狗四处寻找"夕",始终没有找到。"夕"的行踪诡秘,白天不出来,太阳落山它才出来害人,半夜以后又不见了,所以没有人知道它住在哪儿。

竹报平安

七郎找"夕"找了一年之久,还不见它的踪影。这一天已是腊月三十,他来到一个镇上,看见人们都在欢欢喜喜准备过年,心想说不定"夕"会到这儿来。他就找镇上的人们商量,说"夕"最怕响声,大家相约天黑了也不睡觉,免得"夕"偷袭。另外,大家商议多找些敲得响的东西放在家里,一听到有动静就使劲敲,好把"夕"吓出来除掉。

这天晚上"夕"果然出来了。大家的工夫没白费,它刚闯进一户人家就被发现了。这家人马上敲起了饭盆,这家一敲,整个镇子也跟着敲起来了。"夕"吓得四处乱跑,结果被七郎看见了。七郎放狗咬住它,"夕"就跟七郎和狗打了起来。人们一听外头有厮杀的声音,都拿起东西敲得震天响。这时"夕"有些蒙了,想逃跑,哪晓得腿被狗咬着不放。七郎趁机搭弓射箭,一箭射出去就把"夕"给解决了。

从那以后,人们就把腊月三十叫除夕。这天晚上,家家户户都要守岁,放火炮以祛除不祥。

(四)驱灾说

相传,古时候有个叫韩文玉的人,家里很穷。有一年腊月三十,他家里穷得没肉下锅。邻居家的小孩儿拿着鸡腿儿出来玩,他家的孩子见了,哭着闹着回家向他要肉吃。韩文玉的妻子没办法,只好硬着头皮到邻居家借了两坨肉来煮。哪知肉刚下锅,邻居的当家人回来了,怕韩家日后还不起肉,黑着脸让韩夫人把肉还回去。韩文玉一看也只能这样了,就哄着孩子,一家人勉勉强强地过了个年。

天快黑了,邻居们纷纷点亮年灯,一家人高高兴兴地围着火堆开始守岁。这时,韩文玉在山上砍柴,准备烧火守岁之用。他的妻子去房后捡一些煮饭的柴,一位好心的婆婆看见了,就对她说:"我们家还有一堆辣椒秆,拿去吧,够煮几天饭了。"她谢过这位婆婆,把辣椒秆背回了家。韩文玉在山上挖了一个大树根,这时也拖回了家。韩夫人开始烧辣椒秆生火做饭,吃过饭后生火守岁,她又用辣椒秆做引火柴。

正值亥时,天上的凶神来到人间降灾,无常鬼也来凑热闹,给人们定生死。凶神刚出了南天门,就被辣椒味呛得泪水长流,于是就转回头去。无常鬼也被辣椒味呛得难受,躲在阴间不出来。

韩文玉拖回来的那个大树根,是一棵沉香树的树根,点燃以后,香气四溢,直冲天庭。玉帝闻到沉香后很是受用,赞扬凡人舍得烧如此好的香敬奉。高兴之余,派善神下凡,减免了天下人的七分罪,并且降福于人间。然后又派文曲星下凡,帮助韩文玉考上状元。

第二年,天下风调雨顺,五谷丰登,人们都过上了好日子,韩文玉也考中了状元。从此以后,人们每逢过年守岁,到了亥时总先要烧一阵辣椒秆,然后再烧沉香树根,希望能驱逐凶神,让喜神将福人间。

除夕虽然只是腊月的最后一天,但是有关除夕的民俗活动并不只限于这一天,早在腊八人们就开始置办年货,筹备除夕了。遵照这种民间习惯,我们的除夕要从腊八开始说起,但是腊八在上一部分中已经介绍过,所以我们就从腊月二十三谈起吧。

二、过小年

腊月二十三,民间称之为"过小年""小岁"或"小年夜"。"小"的说法是与除夕的大年相对而言的。你可能不大清楚,过小年的日期在不同地区也不尽相同。有一则民谣讲,"官三民四船家五",意思是说官府过小年是在腊月二十三,普通百姓家庭在腊月二十四,渔民过小年则是在腊月二十五。据说,安徽淮北地区的小年定在正月十五,山东的某些地区定在六月的初一,也有的地区将腊八定为小年。从总体上看,我国的大多数地区还是以腊月二十三为小年。

过小年除了要放鞭炮以外,最主要的活动就是祭灶。民谣"二十三,糖瓜粘",指的就是祭灶活动。在我国,祭灶是一项影响较大、波及范围较广的风俗习惯。过去的时候,几乎每家的灶间都设有灶神爷的龛位。龛位大多数都安放在灶房的北面或东面,在中间位置上供有灶王爷的神像。神像上写有"东厨司命主""一家之主""人间监察神"的字样,两旁贴有"上天言好事,下界保平安"的对联,告诉人们灶王爷的官位级别、职称以及主管的主要工作。当然,有的人家没有摆放灶王神龛,替代方法是将神像直接贴在墙上的。就像现在,我们过年时将财神像直接贴在墙上一样。

如果看过灶王爷的神像,你就会问,为什么有的神像中只有灶王爷一人,有的神像中有两个人,而在有的神像中,竟然有三个人。这是为什么呢? 两个人的神像,是很好理解的,一个是灶王爷,一个是灶王奶奶,与人间的家庭构成没有太大的差别。可是,这三个人的头像,怎么来解释呢? 我们先从灶王爷是怎么来的说起。

三、灶王爷

有关灶王爷的来历,说法有很多种。在中国的民间诸神中,灶神的资格算是很老的。据说,灶神的神格早在夏朝的时候就定下来了,那时候民间就开始供奉他。一些历史文献记载:黄帝、炎帝、祝融、燧人氏、神农氏的"火官"、苏吉利等,这些大神仙都曾经兼职做过灶神。到了春秋的时候,灶神出现了世俗化的倾向,传说灶神摇身一变,成为一个老妇人。唐代的时候,又传说灶神是一个姓张,名单,字子郭的浪子。总之,有关灶王爷是怎么来的? 众说纷纭。对于灶王爷究竟是谁这个问题,我们就不去追究了。这里主要集中于人们对于灶王爷的职能以及人们为什么要祭灶的解释。

（一）《淮南子》说

西汉时期的一部书《淮南子》上说，有一位长住人家的神灵，是玉帝派往人间基层的神灵，这位神就是灶神，就是民间常说的灶王爷。从上一年的除夕那天开始，灶王也就一直留在家中，高踞灶坛之上，监察一家的一言一行。对于每个家庭的言行，灶王爷详细地记录下来，以便汇报之用。到了腊月二十三日，灶王爷收拾停当，把一年的工作记录整理好，升到天上，直接向上司玉皇大帝汇报这一家人的善恶。这还不算，灶王爷的汇报直接影响到这一家未来一年的命运。对于一家人来说，灶王爷的那张嘴实在是太厉害了，实在是怠慢不得。灶王爷升天那天，更应庄重而隆重的对待。这么做，无非是给灶王爷临走时留下一个好印象，汇报时多说点好话，忘掉这一年平日里做错的事情。所以，无论从哪种角度说，举行仪式都是必要的，这一送灶神的仪式称谓，就成为"祭灶""送灶"，或者"辞灶"。这就是人们为什么要在过小年时祭灶的来历。

（二）张灶王显灵说

传说，古代的时候有一户人家，姓张。这家有兄弟俩，哥哥是个泥瓦匠。弟弟呢，是个画匠。按照现在的职业分工，哥哥怎么也算是个建筑工人，再厉害一点就是个建筑师，弟弟算是个画家。哥哥最拿手的是垒灶，盘锅台的手艺远近闻名。哥哥不仅手艺好，人也好。遇到邻里纠纷，妯娌打架，婆媳争端，哥哥就像一个老长辈那样，都要上前劝一劝。后来，不管是谁家吵架，都找他去说一说，天长日久哥哥在村子里就成了个有威望的人，大家都很尊敬他，称他为张灶王。所以，只要他一出面，大家都会给面子，把事情平息下去。

可是，再好的人也有去世的那一天。在一年的腊月二十三，张灶王离开了人世，正好活到七十岁。哥哥这一去世，张家就像天塌了一样，乱了套。从前都是大家庭，不像现在这样结婚以后出去单过。张灶王是一家之主，主管家里所有的事情。大事小情的都是张灶王过问，家里人也都听他的吩咐。现在大哥撒手人寰，弟弟只会赋诗作画，其他的事情一窍不通，一时间不知该怎么办。

家里的事情就像一团乱麻，几房儿媳妇一看张灶王去世嚷着要分家，弟弟虽然已经年过六旬，却没有任何办法。他绞尽脑汁，终于想出了个好办法，很快他就付诸行动了。第二年的腊月二十三，是张灶王一周年的祭日，在民间要举行祭祀。在这一天的深夜，弟弟突然大声喊叫，把全家人从梦中惊醒。弟弟说，大哥显灵了，快来看。于是，儿子媳妇全家老小都跟画匠来到厨房，发现黑漆漆的灶壁上，烛光摇曳，若隐若现地现出张灶王与已故妻子的面容，家里人一下都惊呆了。画匠弟弟接

国学经典文库

中国民俗文化精粹

·礼仪节俗·

图文珍藏版

着说:"我梦见大哥和大嫂已经成了神仙,玉帝给封了个'九天东厨司命灶王府君',你们平日里好吃懒做,妯娌不和,不敬不孝,闹得鸡犬不宁。大哥知道你们在闹分家,非常生气,准备上天禀告玉帝,晚上下界来惩罚你们呢。"儿女侄媳们听了后,惊恐不安,忙不迭地取来张灶王生前爱吃的甜食供在灶上,跪地连连磕头,恳求灶王爷不计前嫌,饶恕他们的罪过。

就这样,从前经常吵闹的叔伯兄弟和媳妇们再也不敢为所欲为了,一家人住在一块儿,平安相处,再也不提分家的事了。没有不透风的墙,这事一传十,十传百,街坊邻居都知道了,跑来张家打探事情的原委。画匠弟弟心里明白,腊月二十三日夜灶上的灶王,是自己预先画好贴在上面的。他想假借大哥显灵来镇吓儿女侄媳,没想到这个点子还真管用。当乡邻们打听情况时,这事儿又不能说破,只好把戏演下去,假戏真做吧。为了表明真实性,它还把画好的灶王像分送给左邻右合。如此一来,家家户户的灶房也都贴上了灶王像。后来,腊月二十三给灶王爷上供、祈求合家平安的习俗就流传了下来。

(三)张郎休妻说

在山东等地,还有一则关于灶王爷来历的传说。说是有一个叫张郎的人,家道殷实。张郎和丁香女两个人生活得挺好,街坊邻居都很羡慕。丁香女,就是张郎的媳妇,有个姨表妹,名叫李海棠。李海棠总去丁香女家串门,一来二去的老串,就起坏心了。她看上她姐夫了,张郎也看好李海棠了。

渐渐地张郎就看不惯丁香女了,于是就把丁香女给休了。他倒是很客气地说,丁香女你要什么,我给你什么,你走就是了。丁香女是个很有骨气的人,她说我别的啥都不要,你给我一辆破车,给我一个老牛。张郎一听,心里高兴,就说我答应你,那你就走吧。于是,丁香女就走了。

早晨起来的时候,丁香女坐在一头老牛拉着的一辆破车上,离开了她一手经营的家。牛车一边走,她一边生气。她说:"前门儿走了丁香女,后门就进来了李海棠。我这里不把别人骂,骂声海棠你心太狠。走二里望二望,我合不得张郎好模样。走三里望三望,合不得张郎凤凰庄。走四里望四望,我合不得婶子和大娘……"说完了伤心事以后,就对老牛说道:"老牛哇,哪里天黑哪里歇着"。老牛"哞"了一声,就继续拉着丁香女走。

牛车走到了一个叫杨小的家门前,天就黑了。杨小的家里挺穷,是个卖豆腐的。家里还有一个老娘,闹眼病闹得眼睛什么都看不见了。他家住在一个场院屋子,场院里有点儿草。那老牛走一天了,已经饿了,看见场院里有草,就停在在那儿吃草。杨小的娘让丁香女到屋里炕上暖和暖和。

杨小在外面卖完豆腐回来了,发现怎么这场院里还有一头牛和一辆破牛车呢?

就过去抱了一点儿豆秆给牛吃。一进屋，又看见炕上还坐一个姑娘呢，人长得这么美，像个神仙似的，杨小觉得不好意思。杨小的家里虽然很穷，但人挺孝顺，平时给他妈豆腐吃，他自己吃豆腐渣。这样一来二去，丁香女就住在了杨小家，与杨小一块儿过日子。过了一年多，丁香女就有孩子了，杨小十分高兴。

回过头来说张郎和李海棠。刚开始时，凭着丁香女过日子攒下的东西，两个人过得挺好。但李海棠是个不会过日子的人，很快那些积蓄就花光了。一看没有钱了，李海棠就很着急。张郎劝她说："没钱了没事儿，丁香女还在后花园里埋了一大缸金子呢，刨开一缸金子咱们一辈子也够花了。"两个人去后花园里，刨开了大缸，揭开盖子，满心欢喜。谁知一看，那缸里不过是黄泥汤子，哪有金子？张郎又说："没事儿，前花园里还有一缸银子，刨出来咱们也够花了"。两个人急忙跑到前花园刨开大缸，揭开盖儿一看，哪有什么银子，全是白泥汤子。天上的神仙看到这里，就含着一口天火，腾地弹到张郎的房子上，把房子烧得片瓦全无，什么也没了。李海棠被这场大火烧死了，张郎虽然保住了命，眼睛却瞎了，什么也看不见。

没有办法张郎只好要饭度日。可是在凤凰庄要饭，谁都不给他。庄里的人都寻思张郎太坏了，凭丁香女这样的女子你都不要，你给休了，所以什么也不给他。他只好端个破瓢上别的地方要饭了，走着走着就走到杨小家那个村子里去了。

正巧丁香女刚生完孩子不久，张郎要饭要到她家去了。张郎就哀求说，"大娘给点什么吃吧。"他瞎了眼睛，看不到丁香女。可丁香女一下子就认出了张郎，心里很不舒服。但丁香女为人善良，没有狠心，她心里想张郎你瞎了眼，你管你前妻叫大娘。老婆婆在给丁香女擀的面条里放了两只鸡蛋。丁香女没舍得吃，把头发薅下一根搅和在面条里，就给了张郎。张郎饿坏了，接过面条就扒拉着吃，一下就吃到了一根头发。头发搅和在面里，怎么拽也拽不出来了。他吃完鸡蛋后一直拽这根头发。丁香女的头发有三尺二寸长，张郎心里嘀咕，除了丁香女别人没有这三尺二寸长的头发。这时那小孩在炕上哭闹，张郎知道这就是丁香女生的孩子。他越寻思，心里就越愧疚，寻思对不起人家，后悔不该当初。他朝着灶台，一头就撞死了。丁香女穿上衣服，也撞死在灶前。后来，人们为了纪念他们，就贴灶王爷的头像。灶王爷像有两个脑袋的，其中就有丁香女。要是有三个脑袋的，除了丁香女以外，还有李海棠，这就是三头灶的来历。

（四）民间祭灶

传说，祭灶风俗流传以后，就被列入到官方的祭典，在全国立下祭灶的规矩，成为固定的仪式了。民俗学有个专门的术语描述这种现象，称为民俗的上升。那么，民间怎么祭灶呢？

古传腊月二十四，

灶君朝天欲言事。

云车风马小留连，

家有杯盘丰典祀。

猪头烂熟双鱼鲜，

豆沙甘松米饵圆。

男儿酌献女儿避，

酹酒烧钱灶君喜。

婢子斗争君莫闻，

猫犬触秽君莫嗔。

送君醉饱登天门，

勺长勺短勿复云，

乞取利市归来分。

　　这首宋代诗人范成大的《祭灶词》，对当时民间祭灶的情节和气氛作了非常生动的描写。读了这首诗后，你就会对祭灶仪式有了初步体会。祭灶仪式，也称为送灶仪式，一般选在腊月二十三的黄昏入夜时举行。一家人到灶房中，摆好桌子，并把用饴糖和面做成的糖瓜摆放好，然后向神龛中的灶王爷上香。用糖瓜来祭祀灶王爷，是为了让他甜甜嘴。有些地区祭祀灶王爷时，还要将糖涂在灶王爷嘴的四周，一边涂糖一边念叨，"好话多说，不好话别说"。这里的意思表达得更为明显，用糖堵住灶王爷的嘴。民间常有"吃人家的嘴短，拿人家的手短"的谚语，显然拿糖涂嘴的行为潜藏着互惠的相互约定。有的地方祭灶更有意思，拿酒糟涂在灶上，好让灶王爷醉酒。头脑一糊涂，当然在汇报时就记不得要说的事情了。然后就将神像揭下焚烧，灶王就与纸、烟一道升天了。

　　相比之下，有些地区的祭灶仪式要复杂一些。人们晚上在院子里堆上芝麻秸和松树枝，再将上一年的灶王爷神像请出神龛，连同纸马和草料一同燃烧。一家人围着火磕头，边烧边祷告：

今年又到二十三，教送灶君上西天。

有壮马，有草料，一路顺风平安到。

供的糖瓜甜又甜，请对玉皇进好言。

　　在某些地区，各家举行祭灶仪式时，乞丐会乔装打扮，挨家挨户地唱送灶君歌，并跳送灶君舞。每到一家，乞丐都会得到人们送给的食物。于是，送灶神就成了乞丐乞讨的一个重要手段。

　　好多地区都有祭灶歌，例如吉林永吉地区的祭灶歌，地方特色十分浓厚：

灶王爷，本姓张，

今天是腊月二十三。

骑着马，挎着筐，

秫秸草料备停当，

送你老人家上西天，

人家好事要多说，

明年下界降吉祥。

祭灶歌里"骑着马，挎着筐，秫秸草料备停当"，以及"送你老人家上西天"的歌词，具有直白、质朴的语言特色。

湖北的祭灶仪式比较简单，一般在灶前放一个大萝卜，上面插三炷香、两根葱、一匙糖。人们一边祭灶一边说：

一个萝卜两棵葱，

我送灶爷上天宫。

你爷对着玉皇说，

就说我家真是穷。

多带皇粮少带灾，

再带财宝下界来。

多带福禄喜寿财，

少带瘟病世间来。

这个祭灶词，怎么看怎么像一个贫困地区的诉苦报告。人们怎样看待灶神，以及对灶神的角色期望淋漓尽致地表达在祭灶词中，读起来朗朗上口，饶有趣味。

（五）女子不祭灶

祭灶仪式看起来，似乎并不那么严肃而庄重。如果它只留给你这样一个印象，那你就错了。实际上，它也有一定的规则需要人遵守，例如"男不拜月，女不祭灶"的说法。为什么呢？说来话长。

据说，灶神原为女性。有一本书，叫《酉阳杂俎》，里面说灶神是一位美女。灶祭原先在腊日里举行，主祭人也是家中的老妇人。后来不知为什么，男性抢夺了老妇人的位置，转而成为主祭人。所以，就有了"男不拜月，女不祭灶"的习惯。前面是说男子不可以祭拜月亮，后面是说女子不可以祭祀灶神。但是，有些地区也不遵守这一规则，例如在福建和台湾地区。

据说，祭灶为男性的原因有三种：第一种是说，灶神的神格不大公正，而且还容易受贿赂，人又好色，所以女子应当回避。第二种是说祭灶的时候，灶王正在沐浴清洁，即将拜见玉皇大帝当然要拾掇拾掇，穿上好一些的衣服，所以不准女性参与。第三种是说中国一些重要的祭祀多由男子主持，女子只能拜次要的神，像送灶神这样的家庭庆典，一定要由男子主持。后一种解释，看起来十分符合中国祭祀的规则。

四、扫尘

腊月二十四，
掸尘扫房子。

民谚告诉我们，祭灶过后，就要扫房子。这也就意味着，祭灶过后人们正式地开始做迎接新年的准备。每年从农历腊月二十三日起到除夕止，我国民间把这段时间叫作"迎春日"，也叫"扫尘日"。扫房子是北方对扫尘的说法，南方则称为"掸尘"。尽管南北的说法不同，但是做法和意义都是相同的。那就是彻底清扫室内外环境，清洗衣被用具，即使平时很少光顾的犄角旮旯，也要打扫干净。人们这样形容扫尘达到的理想情形：

柴有柴样，炭有炭样。
清水洒街，黄土垫厕。
院里院外，喜气洋洋。

对于扫尘，你可能经历过，甚至参与过，所以一点也不会觉得奇怪。但是，你知道人们为什么要在除夕前扫尘吗？

这个故事还与三尸神有关。什么叫"三尸神"呢？在道教中，把在人体内作祟的神称为三尸神。在人头中作祟的彭倨，是上尸神；在人腹中作祟的彭质，是中尸神；而在人脚中作祟的彭矫，是下尸神。传说，三尸神像影子一样，常跟随着人的行踪。三尸神的神格也不好，喜欢阿谀奉承、搬弄是非。这样说起来也有些摸不着头脑，我们还是从腊月二十三祭灶说起吧。

人们送灶神上天以后，他总是为人间说好话。时间长了，玉帝就有些怀疑，人间真的就那么好吗？比天上还好？灶神是个和事佬吧？但灶神也是资深官员，为玉帝辛辛苦苦干了这么多年，没有功劳还有苦劳呢。玉帝碍于情面，没有当面挑明，可是心里一直琢磨着另派其他神到人间去看看，兼督灶神是否谎报军情。这个暗访的任务，就交给了三尸神。交代他们说，每年的年底回天庭向玉帝汇报。

三尸神领到任务后，刚开始还很有热情，挨家挨户地去巡视。日子久了，三尸神就有些烦。于是就选了几户有钱人家呆了下来，一天天享用珍馐美味的祭品，养得脑满肠肥。转眼之间，马上就到年底了，怎么交差呀？赶紧看看吧，三尸神着急忙慌地各处视察。他走了一天又一天，总是听人们在埋怨，说什么老天爷怎么不睁眼睛，年景不好，这日子怎么过呀？三尸神一想，你们还敢埋怨玉帝，看我不告诉他,有你们好看的,于是就在几家人家的房子外胡乱地做了个记号。然后,他们就上天去汇报了。

三尸神见了玉帝之后,底气不足地说:"尊敬的玉帝,我们这一年来走遍了千山万水,磨破了鞋底,听到的却是不好的消息。"说到这里,他们故意卖关子,停了下来。玉帝接下来问道:"是些什么消息? 又怎么不好?"三尸神说:"他们私下里骂您,说您不睁眼睛。"玉帝听后,不禁怒火中烧,"那些人是谁? 给我报上名来。"三尸神连忙说:"我早就查清楚了,我特意在那些人家做上记号了。"玉帝想了一下,决定在除夕那天去惩罚那些人。

灶神听了三尸神的汇报以后,心里十分着急。退朝后,他连忙回到人间想办法。灶神查看一番后,果然发现了三尸神所做的记号。他心想,"这些可怜的庄稼人,一定是遭受了不平才会抱怨,我一定要去救他们。"灶神主意已定,摇身一变成为一个老汉。他告诉人们说:"快把墙上的灰尘掸去,把地上的垃圾清扫干净,把墙刷干净。"人们都照做了。

除夕那天,天兵天将下凡来,找遍了人间也没找到三尸神所说的记号。玉帝知道后,生气地问三尸神究竟是怎么回事儿。三尸神本来就没有认真巡视,一时间慌了神。盛怒之下,玉帝将三尸神撤职查办。

后来这事传到了民间,人们知道后后怕极了。每年腊月二十三过后,就急忙扫尘,生怕三尸神做上记号,被玉帝惩罚。这就是民间扫尘的来历。

五、贴门神

除了扫尘以外,人们还要置办年货,购买过年的物品,其中就包括门神、年画等等。你知道人们为什么在过年时贴门神吗? 门神上的那两个头像又是谁呢?

(一)门神荼神荼郁垒

传说远古的时候,有一座仙山,名叫座度朔。山上有一棵桃树,枝繁叶茂,绵延三千里。树上有一只雄鸡,唱于黎明。山上住着神荼和郁垒兄弟俩,他们每天早上站在树下检阅百鬼,如果有不检点的鬼作恶人间,他们就用绳索将鬼捆绑起来扔给老虎吃。后来,人们就把神荼、郁垒的画像刻在两块桃木板上,挂在大门的两边用来驱鬼避邪。后来,神荼、郁垒两兄弟就成了门神。

(二)门神荼秦叔宝和尉迟敬德

传说有一位算命先生占卜非常准,泾河的龙王不服气,就与他打赌,结果触犯

门神

了天条,问罪该斩。玉帝任命魏征为监斩官,泾河龙王为了活路,向唐太宗求情保住性命。唐太宗答应了,并想出了一条妙计。到了斩龙王的那个时刻,召魏征进宫与他下棋。原以为这样可以保住龙王,没料想魏征下着下着,就打了个盹儿,魂灵升上天庭,就把龙王给斩了。龙王的冤魂抱怨唐太宗不遵守诺言,日夜在宫外呼号讨命,闹得太宗整夜整夜睡不好觉。手下大将秦叔宝说,他愿意与尉迟敬德一道为太宗守夜。那天夜里,龙王果然没有来,太宗于是睡了个好觉。可是,太宗又不忍心看这两员大将日日为其守夜,于是就命画匠为两个人画像,并将画贴在门上。这种习惯代代相传,于是,秦琼与尉迟敬德就成了门神。

有位日本学者永尾龙造认为,上面这个故事映射出玄武门事变。在这次事变中,唐太宗除掉了自己的两个兄弟建成和元吉,泾河的龙王可能就是指他们。而秦叔宝和尉迟敬德在玄武门事变中立下大功,帮助李世民坐上皇位,因此李世民成为唐太宗以后,就封其为门神。中国人讲究对称,所以就有了白脸门神秦叔宝与黑脸门神尉迟敬德之分。

当然,你也可能听到过别的传说。例如,钟馗、《淮南子》中的古代人物、勇士成庆以及荆轲和秦舞阳等,都是门神传说中的主要人物。这里就不再细说了。

六、贴春联

进入新年,贴春联也是一件十分重要的活动。你一定见过许多的春联,例如,"天增岁月人增寿,春满乾坤福满门","一元复始,万象更新",等等。从前的时候,人们要请人来写春联,北方通常称为"写大字"。写大字的时候,通常要根据各家的实际情况、从事的职业来编写春联,例如要是做买卖的,就写"财源滚滚来"之类的吉利话;要是读书人家,就写"忠厚传家久,诗书继世长",等等。如此看来,春联被定义为文学与书法相结合的艺术,这么说一点儿也不为过。

还有短一点的春联,在春节的时候写满吉利话儿,往往贴在家里的器具和角落上。例如在大门上贴"恭喜发财";在米缸上贴"五谷丰登";在猪圈和鸡合上贴"六畜兴旺"等字样的红纸条。

你知道春联的来历吗？为什么人们在春节的时候贴春联呢？据说，春联是由桃符演变而来，演变的过程极为复杂。所谓的桃符，就是悬挂在大门两旁的长方形桃木板，桃木板上有神荼和郁垒的画像。后来不知怎么的，大概是出于简化的目的，就改成了在桃木板上书写神荼、郁垒四个字。桃符为什么要用桃木呢？董勋解释说，桃是五行之精，可以治百鬼，所以桃木又称仙木。中国人十分喜爱桃，传说西王母蟠桃会中的蟠桃，吃了可以长生不老。

后来桃符中的四个字就变为其他字了。一般认为，五代后蜀的孟昶书写了中国的第一副春联。这副春联就是"新年纳余庆，嘉节号长春"。到了宋代，桃符由桃木板改为纸张，名称改为"春贴纸"。明代的时候，桃符改称春联。关于为什么要贴春联，还有一则传说呢。

传说，明太祖朱元璋十分喜欢春联。有一年的除夕，他下令无论文武百官还是平民百姓，家家户户都要用红纸写春联。然后，他就微服出访，看看他颁布的政策是否落实。他走到南京城里，看到大街小巷各家各户的门上都贴满了春联，红光耀眼，很是得意。突然，他发现一户人家没有贴春联，甚为显眼，心里一股怒气陡然升起。他走到这家前去询问原委，才知道这是一家阉猪的，正在为没有人写春联而发愁。于是朱元璋就兴致勃勃地写了一副春联："双手劈开生死路，一刀割断是非根"，然后赐给那家人贴上。经过明太祖的提倡，贴春联就成为民间的一种习惯，一直流传至今。

七、贴年画

据说年画的兴起还是与门神的传说有关，桃木上的门神图像后来沿着两个方向改变：一种是沿着文字的方向发展，成了后世春联的前身；另一种沿着图画的方向发展，成了年画的前身。

印刷术普及以后，年画的内容得到了扩展，财神、福禄寿神等相继走进了年画中。前面我们曾经提到过朱元璋喜欢贴春联，年画也就水涨船高地盛行起来。据说我国最早的年画，是南宋时期的木刻年画《四美图》，画中有王昭君、赵飞燕、班姬和绿珠四位古代美人。

苏州桃花坞、天津杨柳青、山东潍坊是出产年画最为著名的三个地方，我国的年画也以此为基础形成了三大流派。三大流派各具特色：天津杨柳青年画细巧典雅;山东潍坊年画朴实泼辣;苏州桃花坞年画细腻朴实。

　　年画除了点缀卧室,烘托过年的气氛以外,大多含有一种或多种寓意,如画中的大胖娃娃抱鲤鱼,象征着来年生子和吉庆有余;画中的大胖娃娃抱只大公鸡,象征来年兴旺吉祥;如果画中有一棵摇钱树和聚宝盆,则象征着招财进宝。人们正是利用谐音或者其他的象征意义,把自己的理想与祝福映射到年画中。

八、倒贴福字

　　每逢春节,家家户户都要在房屋的许多地方贴上福字,这是我国民间由来已久的风俗。福字有福气与福运的含义,用现在的话说就是幸福。为了更好地表达心愿,民间喜欢将福字倒过来贴,表示"福气已到"。有关福字为什么倒贴,民间还有一则传说来解释呢?

　　当年朱元璋曾经用福字做记号准备杀人,好心的马皇后为了解救这些人,就下令全城在天亮之前在门上贴上福字,于是遵照指令家家门上都贴了福字。由于不识字,有一户人家在忙乱中不小心把福字贴倒了。第二天一大早,朱元璋就派人上街查看记号,却吃惊地发现家家都贴了福字,而且还有一家把福字给贴倒了。皇帝听了以后,龙颜大怒,立即下令把那家满门抄斩。马皇后一看事情不妙,连忙出来解围,她对朱元璋说:"那家人知道您今日来访,故意把福字贴倒了,这不就是'福到了'的意思吗?"朱元璋一听果然有道理,便收回成命,下令放人,一场死到临头的大祸终于消除了。从此以后,为了求吉利,更为了纪念马皇后,人们就将福字倒贴起来,久而久之,就成了习惯。

　　说完了除夕前的准备工作,我们接下来就说说除夕。

九、守岁

　　我们中国有在除夕之夜守岁的习俗,吃过晚饭后,大人小孩都不能睡觉。可是为什么要守岁呢?

　　据说,除夕晚上如果彻夜不眠,精神抖擞,来年里人们就会精力充沛,事业有成。还有一种说法,说老天爷在三十晚上会打开天门,将金银财宝撒往人间,所以人们要等着。实际上,守岁有两种不同的含义:对于年长的人来说,守岁是辞旧岁,就是珍惜光阴的意思。现在上了年纪的人也不愿意过年,原因是过一年就长一岁。

·礼仪节俗·

图文珍藏版

有一首《守岁》诗中就表达了珍惜光阴的含义：

> 相邀守岁阿戎家，
>
> 蜡炬传红向碧纱；
>
> 三十六旬都浪过，
>
> 偏从此夜惜年华。

而对于年轻人来说，守岁又有为父母延年益寿的含义。所以，父母健在的人，儿女都要尽孝心守住父母的年华。

上海人的守岁是比较有特点的。家家都要点起红蜡烛，然后在香炉里插上香。等到蜡烛与香燃完的时候，也就到了五更天了。人们围坐在桌子旁，观看红蜡烛的烛芯结出的各种样式，称之为"如意"，等等。小孩则提着各色兔子灯和点燃的小蜡烛，跑来跑去地玩。在农村里，除夕还要在田间点亮烛炬。

十、压岁钱

小孩子特别喜欢过年，压岁钱也是一个重要原因。压岁钱是指长辈给晚辈的钱，可以当众赏给，也可以在除夕夜孩子睡着时，由家长偷偷地放在孩子的枕头底下。后一种与西方的圣诞节有些相似，它们也是等孩子睡着后，父母向孩子的袜子中装礼物。不同的是，孩子们认为那是圣诞老人的礼物。

为什么要给压岁钱呢？民间认为，长辈分压岁钱给孩子，当妖魔伤害孩子时，孩子可以用这些钱贿赂它们。另一种说法认为，"岁"与"祟"谐音，所以压岁钱可以压住邪祟。因此，晚辈得到压岁钱就可以平平安安度过一岁。清朝有个叫吴曼云的人，写了一首《压岁钱》，诗中说：

> 百十钱穿彩线长，
>
> 分来再枕自收藏，
>
> 商量爆竹谈箫价，
>
> 添得娇儿一夜忙。

看来，孩子才不管压不压祟呢？他们关心的是可以用压岁钱买自己喜欢的东西，鞭炮、玩具或者是糖果等许多平时就想要的东西。

十一、放鞭炮

爆竹声声辞旧岁，更是过年的一个重要特征。有谁不记得童年的时候放爆竹的经历呢？我们现在称爆竹为鞭炮，有什么"二踢脚""闪光雷""吐火球""穿天猴"等等，种类繁多。可是你知道为什么在过年的时候放鞭炮吗？

传说，很久以前，在西方的一座大山中，住着一个叫山魈的怪物，他只有一条腿。如果有人冒犯了它，就会身染寒热病，不久就会痛苦地死去。

有一年的冬天，一位农民在山上砍完竹子回家。一路上觉得天气冷，随手就折了一些竹子点燃，竹子烧得噼啪作响。正在这时，他看见山魈，吓得拔腿狂奔。没想到，那山魈看到噼啪作响的火堆之后，跑得比这人还快，一眨眼的工夫就没了影。结果，人们发现了山魈的弱点，它怕火光和响声。于是，人们就在除夕的晚上燃起竹子，吓退山魈，使它再也不敢来了。这就是过年燃放爆竹的来历。

十二、除夕夜

除夕的年夜饭，全家老少要一起吃。这顿饭不同以往，既包含有辞别旧岁的意义，又含有迎接新年的特殊意义，所以家家都非常重视。

除夕的晚上，全家人围坐在一起，桌子上要摆满茶点瓜果，苹果当然是不可缺少的，人们称作"平平安安"。北方的年夜饭比较有特点，三十晚上要做好一锅饭，留着过年的时候吃，民间称"隔年饭"，取其年年有剩余，一年到头吃不完的意思。隔年饭一般用大米和小米混合起来煮，人们称为"有金有银，金银满盆"的"金银饭"。吃团圆饭时，一定要有鱼，取其"年年有余"的含义。东北地区的年夜饭还要有猪爪，取其"挠钱"的含义；此外芹菜也是不可少的，这样在来年里人就会很勤快。

不少地区在守岁时准备的糕点瓜果，也都有寓意。例如吃枣代表"春来早"的意思，吃柿饼代表"事事如意"的意思，吃杏仁代表"幸福人"的意思，吃年糕代表"一年要比一年高"的意思。

第十一章 元宵节

俗话说"三十的火，十五的灯"，元宵是热热闹闹中国年的"压轴戏"。

这一天，一切活动的主题强调一个"闹"字。

这个有着两千多年传统的节日，其节俗在当今中国仍然相当盛行，不仅盛行于海峡两岸，就是在海外华人的聚居区也年年欢庆不衰。现在，每届元宵前后，无论乡村还是市镇，人们都要张灯结彩。观灯游赏，烟火也多是必不可少的。当代元宵节除灯火之外，更为突出的活动是各种社火，诸如舞狮子、耍龙灯、跑旱船、踩高跷、打腰鼓、扭秧歌。海外华人居住区也是年年上演、盛行不衰。

元宵节，真可以算是中国的"狂欢节"。

一、元宵节起源

元宵节已有两千多年的历史，元宵节又名"灯节"或"灯夕"。北魏时期，道教笃信"三元神"，其中包括"上元天官（天官大帝）""中元地官（地官大帝）"及"下元水官（水官大帝）"三位神灵，他们的生日，分别为正月十五、七月十五及十月十五，所以正月十五又称为"上元节"。也有人认为，它是汉代宫廷的一种祭典演变而来。

正月十五是民间多姿多彩的节日，也是春节最后的一天，自此以后一切恢复常态，所以民间热烈庆祝，故有"小过年"之称。

元宵节在中国已经有两千多年的历史，也称"元夕节"。按照中国古代的习惯，"元"指月亮正圆，一年之中有所谓"三元"，"宵"即夜也，所以元宵亦有一年之中第一个月圆之夜的意思。

根据考证，元宵节的来历，有说与祭祀"泰一神"有关。泰一神亦称"太乙神"，主宰人间的风雨、饥馑和瘟疫。最早的元宵节，起源于秦汉年间。据有关史料记载，秦末就有"正月十五燃灯祭祀道教太乙神"之说。可见元宵是从"敬神送年"这一民族风俗演变而来的。

相传，汉文帝（前179—前157）为庆祝周勃于正月十五勘平诸吕之乱，大赦天下，普天同庆。每逢此夜，必出宫游玩，与民同乐。在古代，正月又称"元月"，汉文帝就将正月十五定为元宵节，这一夜就叫元宵。一时间，各式各样、千奇百怪的彩灯布满了大街小巷。相传到了东汉明帝永平年间，开始有了街头放灯的习惯，从那时开始，正月十五元宵节也被称之为"灯节"。

元宵节

汉武帝创建了"太初历"，进一步肯定元宵节的重要性。据说，汉朝武帝曾久病不愈，求助太乙神后竟奇迹治愈，乃于元鼎五年(前122)开始建太乙祠坛祭祀，每逢正月十五通宵达旦以盛大的灯火祭祀，从此便形成元宵节张灯结彩的习俗了。隋、唐、宋以来，更是盛极一时。《隋书·音乐志》曰："每当正月，万国来朝，留至十五日于端门外建国门内，绵亘八里，列戏为戏场，参加歌舞者足达数万，从昏达旦，至晦而罢。"

南北朝时期，元宵欢庆活动比汉代更热闹，梁简文帝曾作《列灯赋》，描写元宵张灯景象："南油俱满，两漆争燃。苏征安息，蜡出龙川。"

隋朝初年，有大臣向隋文帝提议禁止元宵节庆活动，原因是盛大的闹元宵活动浪费财力，男女杂伴有损教化。文帝出于天下初定国力有限，也出于礼教方面考虑，下诏禁止元宵节庆活动，还有官员因禁绝元宵不力而被罢免官职。可是文帝的儿子，历史上有名的暴君隋炀帝却大力提倡元宵，并大肆铺张元宵的张灯、游玩活动。隋炀帝还多次微服观赏元宵灯市。据《隋书·炀帝记》上说："六年春正月，丁丑，角抵大戏于端门街，天下奇伎异艺毕集，终月而罢。帝数微服观之。"

到唐玄宗时，每逢正月十五就在宫廷中用绢丝扎成20节、高150丈的灯楼，上面悬挂珠玉金银穗坠，铮铮有声。

宋朝城市生活进一步发展，元宵灯火更为兴盛。帝王为了粉饰太平，与民同乐，元宵节亲登御楼宴饮观灯。张灯的时间也由三夜扩展到五夜，新增正月十七、十八两夜，最初只限于京师开封府，后来地方州郡纷纷效法，成为通例。

宋元易代之后，元宵依然传承。不过灯节如其他聚众娱乐的节目一样受到政府限制。明代全面复兴宋制，元宵放灯节俗在永乐年间延至十天，京城百官放假十日。民间观灯时间各地不一，一般三夜、五夜、十夜不等。明代中期以后城市经济有较大的发展，作为市井生活重彩的元宵节，在当时有着生动的表现。

清代的元宵灯市依旧热闹，只是张灯的时间有所减少，一般为五夜，正月十五

中国民俗文化精粹

·礼仪节俗·

图文珍藏版

日为正灯。据富察敦崇《燕京岁时记》所载,北京元宵的灯火以东四牌楼及地安门为最盛。其次是工部、兵部、东安门、新街口、西四牌楼"亦稍有可观"。花灯以纱绢、玻璃制作,上绘古今故事,"以资玩赏"。冰灯是清代的特殊灯品,由满人自关外带来。这些冰灯"华而不侈,朴而不俗",极具观赏性。

元宵节期间,民间多吃元宵(汤圆)来应节,象征家人团圆。此外还有挂花灯、猜灯谜、迎紫姑、踩高跷、舞狮、舞龙等民间娱乐活动。流传至今,这一连串充满热闹欢乐的庆典活动称为"闹元宵"。

中国古代妇女,三步不出闺门,平时在白天亦难出门,更何况是夜晚,难得元宵节当晚可以破禁,自然会尽享欢娱,等待异性来结识,所以不少中国古代的爱情故事,都以元宵佳节为题材。

二、夜赏花灯

元宵节的传说与灯有关。尽管传说不见得是历史上真有其事,但元宵节却是的的确确离不开灯。观花灯是元宵节的重要内容,要不,人们怎么会在元宵节的夜晚狂欢一个通宵呢?

正月十五日是一年中第一个月圆之夜,也是一元复始,大地回春的夜晚,人们对此加以庆祝,也是庆贺新春的延续。元宵节又称为"上元节",按中国民间的传统,在元宵节皓月高悬的夜晚,人们要点起彩灯万盏,以示庆贺,出门赏月,燃灯放焰。

因此,元宵节又称"灯节",所以赏花灯是元宵节的中心活动。民间称花灯为"鼓子灯",因为过去小朋友所提的灯型似鼓锣。元宵花灯种类很多,如寺庙的彩灯、店铺的走马灯及儿童的鼓仔灯等。式样种类很多,基本上可分为两类:一是形象灯,如关刀灯、兔灯、水果灯、半灯等;另一是活动灯,是根据民间故事编制,现在多为电动花灯,如状元游街、八仙贺寿、桃园结义等表现忠孝节义的民族传统。

关于元宵灯节的由来,民间还一直流传这样一个神话故事:传说在很久以前,凶禽猛兽很多,四处伤害人和牲畜,人们就组织起来去打它们,有一只神鸟因为迷路而降落人间,却意外地被不知情的猎人给射死了。玉帝知道后十分震怒,立即传旨,下令让天兵于正月十五日到人间放火,把人间的人畜通通烧死。玉帝的女儿心地善良,不忍心看百姓无辜受难,就冒着生命危险,偷偷驾着祥云来到人间,把这个消息告诉了人们。众人听说了这个消息,犹如头上响了一个炸雷,吓得不知如何是好。过了好久,才有个老人家想出个法子,他说:"在正月十四、十五、十六日这三天,每户人家都在家里张灯结彩、点响爆竹、燃放烟火。这样一来,玉帝就会以为人们都被烧死了。"大家听了都点头称是,便分头准备去了。到了正月十五这天晚上,玉帝往下一看,发觉人间一片红光,响声震天,连续三个夜晚都是如此,以为是大火燃烧的火焰。人们就这样保住了自己的生命及财产。为了纪念这次成功,从此每到正月十五,家家户户都悬挂灯笼,放烟火来纪念这个日子,一直流传到今天。

花灯

　　这个神话只是民间的传说而已,关于元宵灯节的由来,是有历史依据的。

　　元宵燃灯的风俗起自汉朝,汉明帝永平年间(58～75年),因明帝提倡佛法,适逢蔡愔从印度求得佛法归来,称印度摩喝陀国每逢正月十五,僧众云集瞻仰佛舍利,是参佛的吉日良辰。汉明帝为了弘扬佛法,下令正月十五夜在宫中和寺院"燃灯表佛"。在汉文帝时,已下令将正月十五定为元宵节。汉武帝时,"太乙神"的祭祀活动定在正月十五。司马迁创建"太初历"时,就已将元宵节确定为重大节日。此后,元宵放灯的习俗就由原来只在宫廷中举行而流传到民间。即每到正月十五,无论贵族还是庶民都要挂灯,城乡通宵灯火辉煌。

　　另有一说是元宵燃灯的习俗起源于道教的"三元说":正月十五日为上元节,七月十五日为中元节,十月十五日为下元节。主管上、中、下三元的分别为天、地、人三官。天官喜乐,故上元节要燃灯。

　　元宵放灯的习俗,在唐代发展成为盛况空前的灯市,当时的京城长安已是拥有百万人口的世界最大都市,社会富庶。在皇帝的亲自倡导下,元宵灯节办得越来越繁华。中唐以后,已发展成为全民性的狂欢节。唐玄宗时的开元盛世,长安的灯市规模很大,燃灯五万盏,花灯花样繁多,皇帝命人做巨型的灯楼,广达20间,高150尺,金光璀璨,极为壮观。唐代,赏灯活动更加兴盛,皇宫里、街道上处处挂灯,还要建立高大的灯轮、灯楼和灯树,唐朝大诗人卢照邻曾在《十五夜观灯》中这样描述元宵节燃灯的盛况:"接汉疑星落,依楼似月悬。"

　　宋代更重视元宵节,赏灯活动更加热闹,赏灯活动要进行五天,灯的样式也更丰富。元宵灯会无论在规模和灯饰的奇幻精美都胜过唐代,而且活动更为民间化,民族特色更强。以后历代的元宵灯会不断发展,灯节的时间也越来越长。唐代的灯会是"上元前后各一日",宋代又在十六之后加了两日。

明代则延长到由初八到十八整整十天,这是中国最长的灯节了。

到了清代,满族入主中原,宫廷不再办灯会,但民间的灯会却仍然壮观,赏灯活动规模也很大,盛况空前,除燃灯之外,还放烟花助兴。日期缩短为五天,一直延续到今天。

观花灯一般从正月十三就开始了。这一天叫"上灯",市面上挂出了各式各样的花灯,供人采买。正月十四叫"试灯",到处都扎起了彩灯。正月十五元宵节,这一天就叫"正灯",扎好的彩灯全部点亮,连出来观花灯的人们手里也提着一盏灯笼,那真是火树银花不夜天。这种热闹的场面一直要延续好几天,直到十八这一天才基本结束,因此正月十八就叫"落灯"。

观花灯既是一场美的享受,也是一次情的放纵,因此自古以来许多诗人都在元宵节观灯之际写下脍炙人口的诗句。在唐代的时候,唐中宗有一年过元宵节时下令让文人都来写诗赞美京城元宵节花灯的盛景。这就相当于现在的诗歌比赛,数百位文人参加写诗比赛,最后中书侍郎苏味道等三个人的诗被评为"绝唱"。苏味道的诗是这样写的:"火树银花合,星桥铁锁开。暗尘随马去,明月逐人来。游妓皆秾李,行歌尽落梅。金吾不禁夜,玉漏莫相催。"这首诗非常生动地描述了元宵观灯的盛景。你看满目辉煌的彩灯就像是"火树银花",像一座"星桥",也像地上的"明月"。彩灯簇拥着人流,游人就像是浓艳的桃李,而空气中流荡着"梅花落"的动听旋律。"金吾"是古代执行宵禁的官吏,玉漏则是古代计算时间的装置。诗人面对观灯的盛景感慨道,在这么欢快的节日里,真希望金吾大天都不来执行宵禁,也希望玉漏不要把时间催促,让人们留住更多的快乐时光。唐代诗人留下了很多吟咏元宵观灯的诗篇,通过这些诗篇也可以想见当时元宵节的热闹非凡。如:"光随九华出,影共百枝新。歌钟盛北里,车马沸南邻。"(韩仲宣《上元夜效上庚体诗》)又如:"春风来海上,明月在江头。灯火家家市,笙歌处处楼。"(元稹《灯影》)又如:"千门开锁万灯明,正月中旬动帝京。三百内人连袖舞,一时天上著词声。"(张祜《正月十五日夜灯》)又如:"玉漏铜壶且莫催,铁关金锁彻夜开。谁家见月能端坐,何处闻灯不看来。"(崔液《上元看灯诗》)又如:"十万人家火烛光,门门开处见红妆。"(张萧远《观灯》)又如:"月色灯光满帝都,香车宝马隘通衢。"(李商隐《上元夜闻京有灯恨不得观》)

观花灯不仅流传着许多美好的故事,也留下了一些批判丑恶的典故。"只许州官放火,不许百姓点灯"就是其中之一。在宋朝有个叫田登的人做了州官,这个人一当上官就大发淫威,因为他的名字叫登,所以他就下了一个禁令,不准全州的人随便说"登"字,点灯也只许说是点火。元宵节到了,大家都要放灯观灯,可是"灯"

与"登"同音,如果说放灯观灯就会犯了田登的禁令,田登就喜欢观灯,他要布置全州的人出来点灯,怎么办呢,他就只好下了这样一道告示:"本州依例,元宵放火三日。"于是人们就把这个州官称作为"放火州官"。"只许州官放火,不许百姓点灯"就成了批判和讽刺统治者欺压百姓、为非作歹的警句。

还有一首无名少妇写的诗,既表现出古人的机智,也记录了宋代元宵节观灯的习俗。宋徽宗每年元宵节之夜都要登上宣德楼观灯,他为了体现"与民同乐",就下令凡是来到楼底下观灯的百姓,不问富贵贫贱,老少尊卑,都可获得徽宗恩赐的一杯御酒。有一对夫妇也来观灯,在人流涌动中,两人走散。妻子挤到了端门前,正遇徽宗赐酒。她喝完御酒顺势偷了一只金杯。卫士发现之后,立即把她扭送到宋徽宗跟前。这少妇急中生智,当即吟诗一首,为自己的行为辩解:"月满蓬壶灿烂灯,与郎携手至端门。贪看鹤阵笙歌舞,不觉鸳鸯失却群。天渐晓时感皇恩,传宣赐酒脸生春。归家恐被翁姑责,窃取金杯作照凭。"她的意思是说,因为灯会太热闹拥挤,她和她的丈夫在观灯时走散了,她担心回家后会遭到公婆的责怪,只好拿了这只金杯回去,用这只金杯证明她在端门前喝了皇上赐给的酒,并没有到别的地方去。宋徽宗观灯正在兴头上,听了这位少妇机智的应对,不禁不气恼,反而很欣赏,就把金杯赏赐给她了。

元宵观灯的诗歌最有名的还是辛弃疾的《青玉案·元夕》。这是一首词,"青玉案"是这首词的词牌,"元夕"是这首词的题目,就是指的元宵夜。这首词是这样写的:"东风夜放花千树,更吹落,星如雨。宝马雕车香满路。凤箫声动,玉壶光转,一夜鱼龙舞。蛾儿雪柳黄金缕,笑语盈盈暗香去,众里寻他千百度。蓦然回首,那人却在,灯火阑珊处。"你看,元宵的灯火就像是千树花开,又如同吹落天上的星星,洒下一片星雨。道路上华丽的马车驶过,使整个道路溢满了香气,在排箫声声中,舞灯人翩翩起舞,真是盛况空前。妇女结伴上街观灯,她们装扮入时,头戴蛾儿雪柳等装饰品,一个个笑逐颜开,带着阵阵香气向人群中走去。唯独那意中之人,"众里寻她千百度"都没有找到,忽然回头一看,却在灯火稀落的僻静之处发现了她。近代的著名思想家王国维在谈到人生理想追求时,认为人生要历经三种境界,而人生最高的境界就是:毕生执着追求的事情在不知不觉之间获得了成功。王国维挑出辛弃疾词中的最后几句"众里寻她千百度。蓦然回首,那人却在,灯火阑珊处",说这几句所表达的意境正可以代表人生追求的最高境界。

冰灯则是北国风光了。明代诗人写过一首《元夕咏冰灯》的诗,诗中说:"正怜火树斗春妍,忽见清辉映夜阑"。可见早在四百多年前就有了冰灯。

元宵节观灯自然有趣,但最有趣的还应该是制作灯笼。

古代制作花灯的技艺也非常高。比如在宋代的时候,人们为歌舞百戏搭建起山棚,然后又在棚上张灯结彩,叠成山形,谓之"灯山"。点燃之后,万盏明灯大放

·礼仪节俗·

图文珍藏版

光华，"金碧相射，锦绣交辉"。灯山上画有神仙故事。在灯山的左右还扎有菩萨像，菩萨的五个手指喷出汩汩水流。这是因为工匠们先把水绞送到灯山高处，贮于水柜中，按时输放，水即通过菩萨之手臂喷涌而出。在长年的实践中，花灯的样式和造型变化多端，制灯工艺发展成了一门富有民族特色的综合艺术。比如以架设方式分，就有楼灯、山灯（或称鳌山灯）、水灯（摆放在河湖中）、天灯（架在空中）等花样。每个地方又有每个地方的特长，如北京的宫灯，上海的绢灯、龙灯，江苏的伞花灯，福建的通草灯，苏杭的琉璃花灯，广州的走马灯，云南的料丝灯，河北的云母瓶灯，南京的夹纱灯，哈尔滨的冰灯，等等。浙江的硖石灯彩曾在1913年的南洋劝业会和1934年的巴黎赛会上获得过奖状，驰名中外。早在宋代，就有了不少记载元宵花灯制作的书籍。如南宋周密写的一本《武林旧事》中专有"灯品"一节，书中介绍了"无骨灯""鱿灯""珠子灯""羊皮灯""罗帛灯"等各种灯型的制作。

走马灯为古代制灯工艺的一大发明。走马灯外面的罩子上画有各种人物图案，将灯点燃后，罩子就旋转起来，罩子上画的人物和马匹仿佛在不停地行走奔驰，因此人们就叫它"走马灯"。这是古人利用了热力学的原理。走马灯的中间有一根轴，轴的上部装一个纸质的叶轮，把灯点燃后，就有热气往上升，热气带动叶轮旋转。英国历史学家写了一部《中国科技史》，他就把走马灯的发明写进书中，他认为中国的这项发明比西方早了十个世纪。

元宵节也是一个浪漫的节日。元宵灯会在封建的传统社会中，也给未婚男女相识提供了一个机会，传统社会的年轻女孩不允许出外自由活动，但是过节却可以结伴出来游玩。元宵节赏花灯正好是一个交谊的机会，未婚男女借着赏花灯也顺便可以为自己物色对象。元宵灯节期间，又是男女青年与情人相会的时机。欧阳修云："去年元夜时，花市灯如旧；月上柳梢头，人约黄昏后。"辛弃疾写道："众里寻她千百度，蓦然回首，那人却在灯火阑珊处。"就是描述元宵夜的情境，而传统戏曲陈三和五娘也是在元宵节赏花灯时相遇而一见钟情，所以说元宵节也是中国的"情人节"。

元宵节的节期与节俗活动，是随历史的发展而延长、扩展的。与春节相接，白昼为市，热闹非凡，夜间燃灯，蔚为壮观。特别是那精巧、多彩的灯火，更使其成为春节期间娱乐活动的高潮。至清代，又增加了舞龙、舞狮、跑旱船、踩高跷、扭秧歌等"百戏"内容。

三、巧对灯联

元宵佳节，观灯游园热闹非凡，更离不开文人雅士的赋灯诗、对灯联。在我国的文学宝库中,留下了许多关于元宵节的诗句、词曲和对联,无不再现了当时元宵节的盛况。

"一曲笙歌春如海,千门灯火夜似昼"。历代文人墨客赞美元宵花灯的诗句数不胜数,如今读来仍趣味无穷。

唐代时,元宵放灯已发展成为盛况空前的灯市。京城"作灯轮高二十丈,衣以锦绮,饰以金银,燃五万盏灯,簇之为花树"。唐代诗人苏味道的《正月十五夜》诗云:"火树银花合,星桥铁锁开。暗尘随马去,明月逐人来。"描绘了灯月交辉,游人如织,热闹非凡的场景。唐代诗人张悦也曾用诗赞道:"花萼楼门雨露新,长安城市太平人。龙衔火树千灯焰,鸡踏莲花万岁春。"把元宵节赏灯的情景描述得淋漓尽致。李商隐则用"月色灯光满帝城,香车宝辇溢通衢"的诗句,描绘了当时观灯规模之宏大。值得称道的,还应首推唐代诗人崔液的《上元夜》:"玉漏铜壶且莫催,铁关金锁彻明开;谁家见月能闲坐,何处闻灯不看来。"这里虽没有正面描写元宵盛况,却蕴含着十分欢乐愉悦热烈熙攘的场景。

宋代的元宵夜更是盛况空前,灯市更为壮观。苏东坡有诗云:"灯火家家有,笙歌处处楼。"范成大也有诗写道:"吴台今古繁华地,偏爱元宵影灯戏。"诗中的"影灯"即是"走马灯"。大词人辛弃疾曾有一阕千古传诵的颂元宵盛况之词:"东风夜放花千树,更吹落,花如雨。宝马雕车香满路,凤箫声动,玉壶光转,一夜鱼龙舞。"

明代更加铺张,将元宵放灯从三夜改为十夜。唐伯虎曾赋诗盛赞元宵节,把人们带进迷人的元宵之夜。诗曰:"有灯无月不误人,有月无灯不算春。春到人间人似玉,灯烧月下月似银。满街珠翠游春女,沸地笙歌赛社神。不展芳樽开口笑,如何消得此良辰。"

清代元宵热闹的场面除各种花灯外,还有舞火把、火球、火雨等。阮元有羊城灯市诗云:"海鳌云凤巧玲珑,归德门明列彩屏。市火蛮宾余物力,长年羊德复仙灵。月能彻夜春光满,人似探花马未停。是说瀛洲双客到,书窗更有万灯青。"清代诗人姚元之写的《咏元宵节》诗:"花间蜂蝶趁喜狂,宝马香车夜正长。十二楼前灯似火,四平街外月如霜。"更是生动、精彩别致。

充满诗情和浪漫色彩的元宵节,往往与爱情连在一起。历代诗词中,就有不少诗篇借元宵抒发爱慕之情。北宋欧阳修词:"今年元夜时,月与灯依旧;不见去年人,泪满春衫袖。"抒写了对情人的思念之苦。

元宵张灯是我国人民的传统习俗。古往今来,不仅有大量脍炙人口的元宵咏灯诗,而且也留下了无数情趣盎然的元宵吟灯联。

北宋时,有个叫贾似道的人镇守淮阴(今扬州)时,有一年上元灯节张灯,门客中有人摘唐诗诗句作门灯联曰:"天下三分明月夜,扬州十里小红楼。"据说,此联为我国最早的灯联。此后历代都有人争相效仿,在大门或显眼的柱子镶挂壁灯联、

中国民俗文化精粹

·礼仪节俗·

图文珍藏版

门灯联,不仅为元宵佳节增添了节日情趣,也为赏灯的人们增加了欣赏的内容。

被称为"父子双学士,老小二宰相"的清代安徽桐城人张英、张廷玉,皆能诗善对。有一年元宵佳节,张府照例张灯挂彩,燃放鞭炮。老宰相出联试子:"高烧红烛映长天,亮,光铺满地。"小廷玉思索时听到门外一声花炮响,顿时领悟,对曰:"低点花炮震大地,响,气吐冲天。"对仗工整,天衣无缝,堪称妙对。

最为人津津乐道的恐怕是北宋王安石妙联为媒的故事了。王安石 20 岁时赴京赶考,元宵节路过某地,边走边赏灯,见一大户人家高悬走马灯,灯下悬一上联,征对招亲。联曰:"走马灯,灯走马,灯熄马停步。"王安石见了,一时对答不出,便默记心中。到了京城,主考官以随风飘动的飞虎旗出对:"飞虎旗,旗飞虎,旗卷虎藏身。"王安石即以招亲联应对出,被取为进士。归乡路过那户人家,闻知招亲联仍无人对出,便以主考官的出联回对,被招为快婿。一副巧合对联,竟成就了王安石两大喜事。

传说明成祖朱棣于某年元宵节微服出游,遇一秀才,谈得颇投机。朱棣出上联试他才情,联云:"灯明月明,灯月长明,大明一统。"那秀才立即对出下联:"君乐民乐,君民同乐,永乐万年。""永乐"是明成祖年号,朱棣大喜,遂赐他为状元。

传说,有一年元宵节,乾隆皇帝带着一群文武大臣,兴致勃勃前去观看灯会。左看各种灯笼五颜六色,美不胜收;右瞧各种灯笼别致风趣,耐人寻味。看到高兴时,乾隆皇帝给陪他的大臣们也出了一谜联,让大家猜一猜。随同的学士纪晓岚稍思片刻,就挥笔在宫灯上写了一副对联:

"黑不是,白不是,红黄更不是。和狐狼猫狗仿佛,既非家畜,又非野兽。

诗不是,词不是,论语也不是。对东西南北模糊,虽为短品,也是妙文。"

乾隆皇帝看了冥思苦想,文武大臣一个个抓耳挠腮,怎么也猜不出来,最后还是纪晓岚自己揭了谜底:猜谜。

四、喜猜灯谜

元宵赏灯还有一项高雅的游戏——猜灯谜,又叫"打灯谜",是从古代就开始流传的元宵节特色活动。每逢农历正月十五,各家各户都要挂起彩灯,燃放焰火,后来有好事者把谜语写在纸条上,贴在五光十色的彩灯上供人猜。因为灯谜能启迪智慧又迎合节日气氛,所以响应的人众多,而后猜谜逐渐成为元宵节不可缺少的节目。

玩灯是元宵节的一个重要项目。"猜灯谜"是元宵节派生出来的一种文字游戏，是古代"元宵"节活动之一，也叫"灯虎"，出现在宋朝。谜语有猜字、短句、历史人物等等，种类繁多，包罗万象。将谜面贴在花灯上供人猜射，谜底多着眼于文字意义，并有谜格24种，常用的有卷帘、秋千、求凤等格，已形成了一种独特的民俗文化。

猜灯谜，是我国独有的富有民族风格的一种文娱形式。

古代，每届元宵节，人们总要分曹射覆，引为笑乐。灯谜最早是由谜语发展而来的，起源于春秋战国时期。它是一种富有讥谏、规诫、诙谐、笑谑的文艺游戏。谜语悬之于灯，供人猜射，开始于南宋。《武林旧事·灯品》记载："以绢灯剪写诗词，时寓讥笑，及画人物，藏头隐语，及旧京诨语，戏弄行人。"

元宵佳节，帝城不夜，春宵赏灯之会，百姓杂陈，诗谜书于灯，映于烛，列于通衢，任人猜度，所以称为"灯谜"。猜谜变成"灯谜"，还有个有趣的故事。相传很久以前，有个财主，人称笑面虎。他见了衣着体面的人，就拼命巴结；见了粗衣烂衫的穷人，就吹胡子瞪眼。有个叫王少的青年，曾因衣服穿得破烂，一次去借粮时，被他赶出大门。王少回去后越想越气，于元宵之夜，扎了一顶大花灯，来到笑面虎家门前。这大花灯上题着一首诗。笑面虎上前观看，只见上面写着：

> "头尖身细白如银，
> 称称没有半毫分；
> 眼睛长到屁股上，
> 光认衣裳不认人。"

笑面虎看罢，气得面红耳赤，暴跳如雷，嚷道："好小子，胆敢来骂老爷。"便命家丁去抢花灯，王少忙挑起花灯，笑嘻嘻地说："哎，老爷莫犯猜疑，我这四句诗是个谜，谜底就是'针'，你想想是不是。这'针'怎么是对你的呢？莫非是'针'对你说的，不然你又怎么知道说的是你呢？"笑面虎一想，可不是。只好气得干瞪眼，灰溜溜走了，周围的人都乐得哈哈大笑。这事传开后，越传越远。第二年元宵，人们纷纷仿效，将谜语写在花灯上，供人猜射取乐，所以就叫"灯谜"。以后相沿成习，猜灯谜、打灯虎成了元宵佳节的重要活动内容。

猜灯谜由猜谜语而来，到宋代谜语与赏灯相结合，丰富了灯节的娱乐活动。在京师、苏州、扬州这样的繁华城市，每到元宵则建上元灯篷，文人雅士前往聚观猜灯谜，名曰"灯虎"（射虎极难，猜中灯谜犹如射虎一样难，故称）凡猜中者可得谜赠。当时的不少文学家都是制谜高手。

宋代，游乐场所"瓦舍"兴起，给灯谜发展创造了物质条件，人们聚集在"瓦舍"里猜谜，将猜谜发展成了一种专门技艺，涌现出一大批职业猜谜家，仅《武林旧事》记载，就有十三位之多。由于当时谜社的建立，猜谜的花样越翻越新，越翻越多。有"正猜""下套""贴套""向因""横下""调爽"等。南宋时，首都临安每逢元宵节时制迷，猜谜的人众多。

明清两代是灯谜发展的极盛时期，民间猜谜已不限于元宵、中秋、七夕。有的地方平时朋友相聚也会猜上一阵子灯谜。由于灯谜活动频繁，新灯谜供不应求，特别是灯谜不比别的游戏，它一经猜破，如果再挂出来猜就如同嚼蜡一样。因此大量创作者，从诗词格律中寻求创业，拓宽路子，这时期创造出许多迷格。明代有个叫马苍山的，他首创了"广陵十八格"。谜格的出现标志着灯谜已发展到成熟阶段。

《红楼梦》里有好几个章回都描绘了清人制猜灯谜的情景。灯谜活动，一直传至今天。春灯谜语，虽属艺文小道，然上至天文，下至地理，经史辞赋，现代知识，包罗无遗，非有一定文化素养，不易猜射。而其奥妙诙奇，足以抒怀遣兴，锻炼思维，启发性灵，是一种益智的娱乐活动。

过去灯谜都在寺庙里举行，因为寺庙乃民众闲暇时聚集的场所。而且有花灯竞赛与展示，所以从前都在花灯下榜上一个谜面，到元宵夜由庙里相关人员主持猜灯谜，场面热闹而温馨。因为可以得个奖品回家，算是小过年的吉祥兆头。现代猜灯谜的形态有揭诸在报章、杂志上的，有电视转播某个寺庙的灯谜大会，也有在某些节目中穿插的灯谜，形态多样化，可满足民众不同的需要。这也反应现代社会中传统节庆的多元形态。

猜灯谜又叫"找灯谜"，这是一项充满趣味的智力游戏。谜语古代又叫"庾词""隐语"。谜语分为谜面和谜底，谜面通过隐喻、形似、暗示或描写特征等方式让人可以联想到谜底所指的事物，猜谜语就是要从给出的一个谜面猜出它所指的谜底来。猜谜语需要动脑筋，有些谜语特别难猜出，由于老虎很难射中，所以古人就把"灯谜"也叫作"灯虎"，猜谜语就叫作"射虎"。

在花灯上写上各种谜语，人们不仅可以观赏花灯之美，还能通过猜灯谜获得智力考验的快感，的确是一举两得。而花灯为什么会与谜语联系到一起呢？民间还流传着一个有趣的故事。说是有一个财主老爷，特别势利，看到富贵人就点头哈腰，看到穷人就态度蛮横。元宵节时，有人做了一盏花灯，在花灯上写了一首诗："头尖身细白如银，论秤没有半毫分。眼睛长到屁股上，光认衣裳不认人。"把这盏花灯挂到这个财主老爷的门上，财主老爷念了这首诗，恼怒万分，就要找挂灯的人算账。挂灯的人不慌不忙地说："老爷不要发怒，灯上的四句诗是一个谜语，谜底就是'针'。"围观的人一齐说妙，财主老爷无可奈何，只好躲起来了。第二天，许多人都把谜语写在灯上，供大家猜谜取乐。从此，灯谜就成了元宵节里必不可少的游戏。

中国早在春秋战国时期就流行猜谜的活动。春秋战国时期，各诸侯国之间交往频繁，这种交往有时就是一场斗智斗勇的活动。一方说出几句隐语，让对方猜，猜不中的就会觉得在智力上被对方占了上风。有的诸侯还专门养了猜隐语的高手。曹操就是一名爱猜谜的人。有一次，曹操在新修的门上写了一个"活"字，众人不解，唯有杨修猜出了曹操的意思，他马上派人把门改小了。别人问为什么，他解释道，在门上写一个"活"字，不就是一个"阔"字吗？曹操嫌这个门太阔了，所以我就把门改小。果然这就是曹操的意思。又有一次，曹操给群臣送来一个糕点盒，盒子上写着一个"合"字，大家见了不知怎么处理，就只有一盒糕点，到底该给谁呢？又是杨修猜中了曹操的用意，他打开盒子，吩咐大家都来吃一口。众人问为什么，他说，"合"字拆开来，就是"人一口"，这是曹操让我们每人吃一口呀。宋代的苏东坡也是一位制谜和猜谜的高手。有一次他在一座寺庙里看见一个住持虐待小和尚，很不高兴，住持后来请他题字，他就为住持写了一副对联："一夕化身人归去，千八凡夫一点无"。这副对联就是一个字谜，上联猜的是"死"字，下联猜的是"秃"字，合起来就是"死秃"，狠狠地骂了这个虐待小和尚的住持。还有一次，苏东坡派使女去佛印和尚那儿取一件东西，使女问取什么东西，苏东坡却不说，而是让使女戴上一顶草帽，脚穿一双木屐去找佛印和尚，佛印和尚看见使女的这身打扮，马上明白了苏东坡要的是茶叶。头上戴草帽是个草字头，脚下穿木屐是个木字底，中间还有一个人字，叠起来就是一个"茶"字。

《红楼梦》中描写了贾府在元宵节时猜灯谜的活动，从中可以看出猜灯谜是很有趣味的。小说写到元宵节这一天，招进宫里的元春回来省亲，她回到贾府就拿出了几个灯谜，差人给贾宝玉、薛宝钗、林黛玉等送去，让每个人猜一个灯谜，大家都猜出了元春的灯谜，特别高兴。贾母看到大家都喜爱猜灯谜，就命人赶快做了一架小巧精致的围屏灯，摆在屋子当中，又叫大家各自想出一个灯谜，贴在屏上，"然后预备下香茶细果及各色玩物"，作为奖品奖给猜中者。

灯谜在发展中成了一种富有特色的文化样式，猜谜活动也不限于在元宵节进行。猜灯谜也就得越来越复杂，光是制谜的方式就有四十多种，制谜的方式被称为谜格，不同的谜格就有不同的猜谜规则。比方说"脱靴格"，猜这类谜语的规则就是要在猜出来的答案后面再加上一个字，才是真正的谜底，因为谜面里把谜底的最后一个字隐去了，就像是脱掉一个人的靴子一样。比如有个脱靴格的谜语是"个人独走"，这是猜一种交通工具，个人独走的意思就是"自行"（自己行走），再在这个后面加上一个"车"字，变成"自行车"，这就是真正的谜底了。

五、踩高跷

高跷，亦称"扎高脚"。踩高跷或扎高脚，扭秧歌，实为秧歌的一种，是民间盛行的一种群众性春节技艺表演。高跷历史久远，六朝以前称"跷技"；宋代称"踏桥"；清代始称高跷。天津方言谓高跷表演为"踩高跷"。

踩高跷是民间盛行的一种群众性技艺表演，也是我国许多地方流行的另一种节日舞蹈形式。高跷本属我国古代百戏之一种，早在春秋时已经出现。我国最早介绍高跷的是《列子·说符》篇："宋有兰子者，以技干宋元。宋元召而使见其技。以双枝长倍其身，属其胫，并趋并驰，弄七剑迭而跃之，五剑常在空中，元君大惊，立赐金帛。"从文中可知，早在公元前五百多年，高跷就已流行。

关于踩高跷的来历还有一个传说：相传很早以前，天下一连三年大旱，颗粒无收，饿死的黎民百姓成千上万。皇帝闻之，即下了一道圣旨，开仓放粮，并令家有存粮者开仓赈济灾民。但有一知府存粮百石而一粒不放，非但如此，还拼命抬高粮价，抢发灾荒财。当地有一青年，姓高名跷，天生一副侠义心肠，见知府如此凶狠，决心偷其粮食救济灾民于饥饿之中。然而，知府粮仓周边尽筑高墙，怎样才能进去？一日高跷上山砍柴，忽见一棵树梢上有一团冬青，而冬青则是治冻疮之良药，他决心取下。苦于树高，如何上去，寻思再三，见树干上有不少枝枝杈杈即踩踏而上。于是，他也悟出用树杈用作攀缘高墙之用。他砍下两根树杈在山上勤学苦练，终于练就树丫绑

踩高跷

在脚上行走自如、蹦跳如飞的本领。此后，他日复一日在夜间翻过知府粮仓高墙窃取粮食救济受饿村民。终一日，被知府护卫发现，用绳索将其绊倒抓获投入监牢，并要斩首。

消息传到乡邻中，大家寻思搭救高跷良策。一老者提议，全村青壮年学成高跷踩树杈的本领，行刑之日营救高跷。数月后，知府扬威耀武将高跷押赴刑场。谁料，午时三刻未到，场外涌进一大群踩着高跷的青壮年把高跷紧紧围在中间，一边与刽子手搏斗，一边掩护高跷逃离刑场。知府见状，气得七窍生烟，无可奈何。

此后，人们为纪念高跷，即将踩树杈，取名为"踩高跷"。每逢节日村村寨寨都踩高跷，扭秧歌，玩杂耍，热闹一番。踩高跷庆节日之风俗世代相传，久演不衰。而陆河"踩高跷"是随先民南迁时携带而来的。此传说来自民间，"高跷"的形成及命名也可说是入情入理的吧。总之，春节是一个象征兴旺发达、催人发奋图强的节

日，是一个充满希望、充满活力的节目。

据古籍中记载，古代的高跷皆属木制，在刨好的木棒中部做一支撑点，以便放脚，然后再用绳索缚于腿部。表演者脚踩高跷，可以做舞剑、劈叉、跳凳、过桌子、扭秧歌等动作。北方的高跷秧歌中，扮演的人物有渔翁、媒婆、傻公子、小二哥、道姑、和尚等。表演者扮相滑稽，能唤起观众的极大兴趣。南方的高跷，扮演的多是戏曲中的角色，关公、张飞、吕洞宾、何仙姑、张生、小丑皆有。他们边演边唱，生动活泼，逗笑取乐，如履平地。据说踩高跷这种形式，原来是古代人为了采集树上的野果为食，给自己的腿上绑两根长棍而发展起来的一种跷技活动。

高跷会一般由群众自发串联组织起来的。正月十一、十二开始踩街，寓意告知人们在众多的民间花会中，今年挂个号。正月十五正式上街，一直到十八方告结束。在过会时，沿途的大商号在门前设八仙桌，摆上茶水、点心，放鞭炮道辛苦，表示慰劳。高跷队在此稍做逗留，或表演答谢。

六、舞龙舞狮

龙在中华民族传统文化中所处地位非常重要，我们也自称是龙的传人。自古以来，我们的祖先把龙看作是"四灵"之一，是能给人们带来风调雨顺、四季平安的神物。因此，人们在元宵之夜舞龙以祈求平安和丰收。

狮为"百兽之王"，自古也被视为吉祥的象征，舞狮也是我国一项民间艺术，表达人们欢乐的情怀。

全国各地在元宵节都有龙灯，龙是一种吉祥的神话动物，也是民族的图腾。

舞龙，又名"耍龙灯""龙灯舞"，是汉民族传统的舞蹈形式之一，也是我国独具特色的民间娱乐活动。从春节到元宵灯节，我国城乡广大地区都有耍龙灯的习俗。经过千百年的沿袭、发展，耍龙灯已成为一种形式活泼、表演优美、带有浪漫色彩的民间舞蹈。耍龙灯起源于人们对龙的迷信，距今已有两千多年的历史。在古代人们用舞龙祈祷龙的保佑，以求得风调雨顺，五谷丰登。每逢喜庆节日，各地都有舞龙的习俗。早期的龙灯，长约七八丈，在竹鼓上贴纱，作为龙形的灯龙，在龙头和龙身里，点上十几支蜡烛，然后绑在木棒上，由十几个人抬着走，由龙头追逐龙珠而起舞，姿态优美，称为"弄龙"。

关于舞龙的来历，民间有这样一个传说：一天，龙王腰痛难忍，龙宫中的所有药物都吃了，仍不见效。只好变成老头来到人间求医。大夫摸脉后甚觉奇异，问道："你不是人吧！"龙王看瞒不过去，只好说出实情。于是大夫让他变回原形，从腰间

舞龙祈福

的鳞甲中捉出一条蜈蚣。经过拔毒、敷药,龙王完全康复了。为了答谢治疗之恩,龙王向大夫说:"只要照我的样子扎龙舞耍,就能风调雨顺,五谷丰登。"这件事传出后,人们便以为龙能兴云布雨,每逢干旱便舞龙祈雨,并有春舞青龙、夏舞赤龙、秋舞白龙、冬舞黑龙的规矩。

　　舞龙起源于汉代,经历代而不衰。舞龙最初是作为祭祀祖先、祈求甘雨的一种仪式,后来逐渐成为一种文娱活动。汉代的《春秋繁露》等史籍就有舞龙的记载。

　　到了唐宋时代,舞龙已是逢年过节时常见的表现形式。唐代文学家张说有"龙街火树千灯艳"的诗句,南宋爱国词人辛弃疾有"风萧声动,玉壶光转,一夜鱼龙舞"的名句,都是描写节日舞龙灯的盛况的。宋代吴自牧的《梦粱录》中也有关于龙灯的记载,元宵之夜"以草缚成龙,用青幕遮草上,密置灯烛万盏。望之蜿蜒,如双龙飞走之状"。

　　到清代,制作龙灯的技艺更加成熟,舞龙的场面也更加盛大。据清代《沪城岁事》记载,元宵节龙灯形状是:"环竹箔作龙状,蒙以络,绘龙鳞于上,有首有尾,下承以木柄旋舞,街巷前导为灯牌,必书'五谷丰登,官清民乐'。"

　　耍龙灯的主要道具是"龙"。龙用草、竹、木纸、布等扎制而成,龙的节数以单数为吉利,多见九节龙、十一节龙、十三节龙,多者可达二十九节。十五节以上的龙就比较笨重,不宜舞动,主要是用来观赏,这种龙特别讲究装潢,具有很高的工艺价值。还有一种"火龙",用竹篾编成圆筒,形成笼子,糊上透明、漂亮的龙衣,内燃蜡烛或油灯,夜间表演十分壮观。

　　舞龙之所以又称"舞龙灯",是因为舞龙和花灯是分不开的。有的地方,龙头本身就是一盏灯;不少的地方,在舞龙的同时,周围设有不少的彩灯助威。如果是

国学经典文库 中国民俗文化精粹 ·礼仪节俗· 图文珍藏版

晚上，除了周围灯火辉煌之外，还要"放花"。所谓放花，就是将装在若干竹筒或铁管中可以点燃的礼花，在不同的方向，同时喷射在龙身上，舞龙者则以最敏捷的身手和蜿蜒盘旋的动作，将四面八方喷射而来的火花挡在龙身之外。沾在身上的火花越少，表明舞龙者技艺越高。这种火花如果是大量地集中在龙衣的布幅上，会把整条龙烧得千疮百孔，表演者如果动作不协调，或技艺较差，或是掌握时间没有恰到好处，最后此龙就被烧得只剩下一个骨架。每到此时，舞龙者乃是个个精神焕发，被观众视为英雄一般。正因为如此，所以有的地方干脆就把它叫作火龙或烧龙灯。

舞龙的习俗在海外华人那里得到了发扬光大。每逢中国人的传统节日和重大庆典活动，他们就会舞起狮子，耍起龙灯，呈现出一片浓浓的东方气概。

十五夜各地的狮阵也一起出动，称为"弄狮"，并表现功夫，其目的在于驱邪祈安，并有贺年贺节的喜庆意义。

舞狮，也叫"耍狮子""狮子舞"，它与舞龙一样，是我国的传统舞蹈形式，也是一种流行很广的民间体育活动，又是一种春节的庆典活动。舞狮子是我国优秀的民间艺术，每逢元宵佳节或集会庆典，民间都以狮舞前来助兴。这一习俗起源于三国时期，南北朝时开始流行，至今已有一千多年的历史。

关于舞狮的来历，民间也有一个传说：相传很古的时候，大地上风和日丽，泉水叮咚，山花烂漫，灵芝遍地，佳果纷呈，一如仙境，百兽和睦共处，彩凤翔集，它们餐果饮泉，自由自在。一天，忽然从天上飞来一只金毛狮子，独霸大地，伤噬万类，飞禽走兽遂饥渴待毙，花萎果落，欢乐的大地顿时陷于死寂。大慈大悲的西天佛祖见状，为了普救众生，指派沙和尚下凡，施展神通，制服金狮，命令它皈依佛法，为众生造福。金狮依法，与灵猴为友，每年春节前夕即至，为众生驱除灾病瘟疫，岁岁如是，万众皆乐，遂成风俗。

在一千多年的发展过程中，狮舞形成了南北两种表演风格。北派狮舞以表演"武狮"为主，即魏武帝钦定的北魏"瑞狮"。小狮一人舞，大狮由双人舞，一人站立舞狮头，一人弯腰舞狮身和狮尾。舞狮人全身披包狮被，下穿和狮身相同毛色的绿狮裤和金爪蹄靴，人们无法辨认舞狮人的形体，它的外形和真狮极为相似。引狮人以古代武士装扮，手握旋转绣球，配以京锣、鼓钹，逗引瑞狮。狮子在"狮子郎"的引导下，表演腾翻、扑跌、跳跃、登高、朝拜等技巧，并有走梅花桩、窜桌子、踩滚球等高难度动作。南派狮舞以表演"文狮"为主，表演时讲究表情，有瘙痒、抖毛、舔毛等动作，惟妙惟肖，逗人喜爱，也有难度较大的吐球等技巧。

狮子为百兽之尊，形象雄伟俊武，给人以威严、勇猛之感。古人将它当作勇敢和力量的象征，认为它能驱邪镇妖、保佑人畜平安。所以人们逐渐形成了在元宵节时及其他重大活动里舞狮子的习俗，以祈望生活吉祥如意，事事平安。

舞龙舞狮时锣鼓喧天,鞭炮声不绝,更为元宵节带来热闹的气氛。

七、元宵节的"闹"

人们常说"闹元宵",一个闹字,概括出元宵节的气氛。我们可以想见古代的情景,由于宵禁的严厉执行,人们在新春到来之际一到夜晚就憋在屋里不能外出,好不容易到了正月十五这一天开禁,人们终于能够放心大胆地走出去了,心情会是何等的舒畅,还不痛痛快快地娱乐一番? 于是正月十五这一天的娱乐活动越来越丰富起来,不仅有彩灯烟火,还有各种表演,人们尽情闹腾。

到了隋代,元宵节就是一个民众欢腾的盛大节日了。这时候,有一位叫柳彧的官员却为元宵的热闹忧心忡忡,他上书皇帝奏请禁止元宵活动。他的理由就是元宵节如此热闹,不仅浪费财产,而且人们纵情娱乐,有伤风化,有损民俗。那么,当时的元宵节热闹到什么程度呢? 柳彧在他的奏折中是这样描述的:"充街塞陌,聚戏朋游。鸣鼓聒天,燎炬照地,人戴兽面,男为女服,倡优杂技,诡状异形。以秽嫚为欢娱,用鄙亵为笑乐,内外共观,曾不相避。"隋文帝是一位崇尚节俭的皇帝,马上批准了柳彧的奏请,所以在隋代一度禁止过元宵节。当时有一位地方官吏长孙平因为没有制止百姓在正月十五这一天演大戏,就以禁绝元宵节不力为理由罢免了他的官职。但是隋文帝有一个耽于享乐的儿子,这个儿子就是隋炀帝,他即位后就对元宵节开禁,还要大肆铺张过元宵节。史书上记载说,元宵节,隋炀帝要把各地的最高官员都集中到京城洛阳一起闹元宵。这一天,洛阳处处张灯结彩,特别是从皇宫前的端门到建国门这个地段,沿路搭棚,召集全国各地的演艺人员三四万人,表演各种节目,当时是叫演"百戏"。那些戏台连接起来足足有八里长,锣鼓声演唱声喝彩声,几十里路都能听见。也就是从这时候开始,元宵节最初祭祀神灵的内容逐渐消失,纯粹成为一个娱乐的节日。可见人们说"闹元宵"是再确切不过的了。

历史上有不少故事都是元宵节中"闹"出来的。比如有一个"薛刚反唐"的故事就与闹元宵有关。薛刚是唐朝大功臣薛仁贵的后代,在正月十五这一天看到皇亲国戚在灯会上为非作歹,他路见不平,大闹花灯,打死了皇亲国戚,也闯下了大祸,薛家一百多口都被皇帝下令杀死,薛刚被逼无奈,干脆举起了反唐的义旗。《水浒传》里,宋江想走后门见皇上,就是利用正月十五元宵节万民齐乐的机会,偷偷来到京城,找到京城名妓李师师,因为李师师和皇帝有来往,宋江求李师师在皇帝面前为他说好话,将他招安。谁知李逵听到这个消息大发雷霆,他举着一对板斧大闹花灯,梁山泊的众英雄好汉也涌入京城,闹个天翻地覆,宋江招安的如意算盘也就彻底粉碎了。类似闹元宵的历史事件还有:李自成的起义军利用元宵大放花灯采取军事行动明末清初,郑成功利用元宵节打丰州城。

八、元宵节的"情"

有的人把元宵节称作为中国的"情人节",这是有道理的。中国古代的妇女,尤其是待字闺中的姑娘,由于旧礼教的束缚,平日是不许踏出闺门的,即便是白天也难得外出,更不用说夜晚了。只有到了元宵节这一天晚上,可以打破这一拘禁,男女都可以出来一起玩乐,一起观灯赏月。唐代诗人张萧远的《观灯》诗,描绘了妇女赏灯的情景:"十万人家火烛光,门门开处见红妆。歌钟喧夜更漏暗,罗绮满街尘土香。星宿别从天畔出,莲花不向水中芳。宝钗骤马夕遗落,依旧明朝在路旁。"诗歌为我们描绘出这样一幅图画:在十万人家点起万盏灯光时,各家的女子纷纷打扮得鲜艳夺目出门来,满街都是耀眼的罗绮,四处都飘浮着暗香。女子们兴奋地观赏着身边美丽的花灯,连宝钗挤落了也无心顾及,直到第二天早晨依旧在路旁丢弃着这些宝钗,也无人拾取。足见这些女子们从家门放出来后真是像飞出牢笼的小鸟,尽情欢乐了。正因为如此,元宵节留下许多动人的爱情故事。有一首《生查子》的词就浓缩着一个爱情故事。这首词是这样写的:"去年元夜时,花市灯如昼。月上柳梢头,人约黄昏后。今年元夜时,月与灯依旧,不见去年人,泪湿春衫袖。"这首词一般都认为是欧阳修写的,但有人考证,它的真正作者应该是宋代的女诗人朱淑真。朱淑真才貌双全,却嫁给了一个庸俗的市侩,双方根本没有什么情感。这时,朱淑真特别怀念她旧日的情侣,她曾在元宵节夜与情侣相约在黄昏时的柳梢头。可是如今又是元宵夜,灯与月依旧那么亮,却再也见不到自己的心上人了,不觉泪水湿透了衣衫。可为什么朱淑真的一首表达自己真诚爱情的诗却被人们安到了一位男诗人的头上了呢?香港的著名作家梁羽生分析道:"这可能是古代文人囿于礼法的观念,想为朱淑真洗脱'不贞'的嫌疑,故而把这首《生查子》词说成是欧阳修所作。"

九、团团圆圆吃汤圆

元宵节不仅是娱乐的节日,也是吃的节日。元宵节要吃汤圆,因为汤圆是在元宵节吃的,人们慢慢地就把汤圆直接叫成元宵。汤圆也有一个很古老的传说。相传春秋时期楚昭王在正月十五那天经过长江,发现江面上漂着一种圆圆的白色物体,拾起来一尝,味道很甜美。昭王不知这是什么物体,就去请教孔子,孔子说:"此浮萍果也,得之主复兴之兆。"昭王一听大为欢喜。大概就因为这一传说,汤圆在南方的一些地方被称作"浮圆子"和"水圆"。汤圆到了近代还闹出了一个政治笑话。那是二十世纪初,袁世凯阴谋篡权当上了大总统,因为"元"与"袁"同音,"宵"与"消"同音,元宵听上去就像是"袁消"。心怀鬼胎的袁世凯觉得不吉利,就下令不准叫"元宵",一律叫"汤圆"。结果袁世凯很快就倒台了,人们照样该叫元宵的叫元宵,该叫汤圆的叫汤圆。

汤圆用糯米制成,白晶透亮,软和圆润,恰好与正月十五的月亮相对应,这也是古代人的一种讲究。中国传统文化很注重月圆月缺的象征意义,人们往往在月圆的时刻寄寓亲人团圆的心愿。所以在传统节日中与月亮发生关系的节日就有好几个,中秋节自然是最重要的一个,而元宵节也离不开圆圆的月亮。正月十五夜是新年中第一个月圆之夜,古人说"一年明月打头圆",天上一轮圆月朗照,人们则在亲人团聚的时刻同食形如满月的元宵,感受到合家团聚的亲情和喜悦。台湾的民歌《卖汤圆》就唱道:"一碗汤圆满又满,吃了汤圆好团圆。"

成语"破镜重圆"就来自元宵节的团圆习俗。隋代的乐昌公主才貌双全,她嫁给太子舍人徐德言为妻,夫妻俩和和美美,相亲相爱。尽管家庭和睦,但当时的南陈政权腐败透顶,国事凋敝。徐德言深感这个政权的灭亡之日不远,忧心忡忡,他既无力挽救国家的衰亡,也觉得自己的家庭幸福难以维系。他对妻子乐昌公主说:"以你的才貌,亡国后必入权贵之家,那时我们如何相见?"于是夫妻二人商量,打破一面铜镜,各拿一边,并约定一旦亡国,二人离散,他日在正月十五卖镜子的街市,以此破镜为凭,互相寻访。南陈政权很快就被隋文帝灭掉,徐德言和乐昌公主在逃亡中也互相离散。乐昌公主落入了越国公杨素家。到了正月十五这一天,乐昌公主就托人将半边铜镜拿到集市中摆着。逃散到千里之外的徐德言风尘仆仆地赶在正月十五这一天来到京城,他在卖镜子的集市上寻找,终于发现了一块破镜,他拿出随身带着的另一块破镜,拼合在一起严丝合缝,就知道是自己的妻子留在这儿的。徐德言就在破镜上面题诗一首:"镜与人俱去,镜归人未归。无复嫦娥影,空留明月辉。"乐昌公主见诗后,几天都伤心地哭泣,不吃饭。杨素问清了原因后,被他们的爱情打动,便召来徐德言,让他们夫妻团圆了。这段佳话给元宵节增添了不少诗意。

汤圆的种类繁多,一般分为有馅和无馅两种。从口味分,又有甜、咸、香、酸、辣的区别。从馅的材料分,又有以糖为主和以菜为主两大类。在以糖为主的馅中又有芝麻、桂花、枣泥、豆沙等若干种。宋代以前基本上是无馅的,在下汤圆的汤里配以蜜枣、桂花、桂圆肉等制成各式甜味的汤圆羹。汤圆的馅是怎么包进去的呢?有两种包法。一种是像包饺子一样,名为"包汤圆";一种是叫"滚汤圆",先用各种果料拌糖做成一颗颗的馅粒,放在盛有干糯米粉的大箩筐里,然后摇晃箩筐,在不断的滚动中,筐中的馅粒沾上一层又一层的糯米粉,汤圆也就做成了。在旧时的北京城,店伙计们摇晃箩筐,边摇边跳,俨然是在舞蹈,逛灯人不免要驻足围观,人越多,摇元宵的伙计们越起劲,有的还即兴唱起了小曲,制作汤圆也成为元宵灯会上的一大风景。古人在诗中专门描述了汤圆的制作与美味:"桂花香馅裹胡桃,江米如珠井水淘。见说马家滴粉好,试灯风里卖元宵。"(清代符曾《上元竹枝词》)汤圆在制作的历史中还创造出一些传统的品牌,比如四川的"赖汤圆"、安徽安庆的"韦家巷汤圆"等。汤圆不仅是元宵节的必备食品,而且也成为一年四季老少咸宜的美味小吃。

十、娱乐中不忘敬神灵

元宵节最初是一个宗教性的节日,与敬神祭祀有关,后来才逐渐演变成一个主要是娱乐性的节日。正因为它最初的宗教性,所以至今在不少地区还保留着一些与宗教祭祀有关的习俗。

(一)请紫姑

在元宵节,民间要祭祀一位奇特的神灵,这位神灵叫紫姑。她是一位厕神,这就是说,这位紫姑平时所在的地方是厕所,而元宵节这一天人们要在厕所旁边或者猪栏旁边迎候紫姑。相传紫姑本来叫何媚,在家人的逼迫下,成了山西寿阳刺史李景的小老婆,但李景的大老婆心地歹毒,她见何媚年轻美貌,十分忌妒,就在正月十五这一天,趁何媚上厕所之际,将何媚杀害了。何媚死后阴魂不散,李景一上厕所,就听到有啼哭声,还有军士吆喝的声音。当时是武则天当皇上的时期,武则天听到了这件事,深为感叹,就封何媚为厕神。从此人们就在正月十五这一天供奉起厕神紫姑。

因为紫姑是一位受到迫害的妇女,所以敬紫姑的事尤其需要妇女来做。妇女敬紫姑的方式也很奇特,她们要为紫姑制作一个人形偶。有的是用草扎一个人形,再给这个草人穿上衫裙,用纸画一个脸面贴上。还有一种更简单的办法,就是给一把扫帚穿上一件衣服,以此当作紫姑的人形。妇女们拿着紫姑的人形到厕所边或猪栏边,口念咒语,说是这样的话,紫姑的魂灵就会附到人形上,为人们占卜凶吉。人们还说,敬紫姑时虽然是在厕所边,但要求四周环境安静、洁净,这样,紫姑才会

紫姑呈瑞

出来。所以,在敬紫姑之前必须把厕所、猪栏等处打扫得干干净净,这种祭祀习俗其实也具有提醒和提倡养成清洁卫生习惯的作用。

(二)走百病

走百病是元宵节中妇女们为避灾求福而举行的另一项活动。这项活动在明、清时代尤其盛行。方法就是到了元宵节期间,妇女们联袂行游街市,说是如此一走,就可以消除百病。所以也称为"走百病""游百病""散百病""除百病"。出游时妇女们多半穿着葱白米色绫衫,成群结队,兴致高昂。有一首诗描述了走百病的情景:"春场三市接松坛,有女如云不避官。都说闲行消百病,先拼今夜试轻寒。""有女如云"可见人数之多。她们不避官吏,不怕夜寒,为"消百病",要豁出去"闲行"一遭。信而不疑,必欲一游的态度相当坚决。走百病在南京演变为登上城墙行走,所以南京人说"正月十六爬城头"。在苏州则变成了走桥,叫"走三桥"。

还有与走百病相似的习俗"烤百病"。烤百病又叫跳火。十六日入夜之后,一家人燃起一小堆火。大家都要从火堆上跳过去,孩子先跳,大人后跳,即使不会走的幼儿也要象征性地烤一下。人们认为,火堆能把百病烤去,这一年就可以免去灾病。

在清代的北京,妇女们在元宵节中还有摸钉的习俗,说是摸了正阳门的大门钉后,有利于生男孩。

(三)听香

在南方,元宵节里还有听香的特殊风俗:先向神前焚香礼拜,掷杯以卜听香的方向,然后循着所卜得的方向寻去,密听路上行人所说的第一句话,再掷杯以卜好坏,这就是俗语所说的"听香卜佳婿"。

(四）求子

民间在元宵节有求子的习俗。求子的方式则多种多样，各地不同。

送灯求子。那些年老无子或成婚多年不育者，就会有亲戚好友送来纸糊的小红灯。一般要送灯的人会预先通知对方，到时候，对方就会请一批人敲锣打鼓表示欢迎。送来的灯要悬挂在望子者的床中，将来若真的得子，还要重重酬谢送灯的人。

打妇求子。在江苏泰安农村，正月十五早晨，妇女已婚两年不育者，往往被拖出大门，绕着烘坑前拉后推，不断奔跑，人们边走边以竹枝、扫帚、木棍追打妇女，这个妇女的丈夫只好以烟糖感谢众人，大家才放过妇女。

拜桥梁求子。在广东吴川地区，正月十五这一天把桥装饰一新，挂许多纸花，白花为男孩，红花为女孩，人们拜桥求花，祈求生子。

(五）元宵节的"偷"

元宵节中还有一些与"偷"有关的习俗。在南方一些地方，未出嫁的姑娘在元宵节这天晚上必须到菜园偷得葱蒜，因为"偷得葱，嫁好公"。清代的时候，广州地区的妇女要在元宵节夜晚去偷摘人家的莴苣吃，因为广州人把莴苣叫做生菜，偷吃生菜就能生子。有的地方，新媳妇要在元宵这天偷灯，因为偷回点着的灯就会生男孩。偷的时候，主人看见了也不阻拦，偷灯的人偷着灯后赶紧跑，人们认为，如果跑的时候灯还不灭就能灵验。

(六）烧元宵

湖南宁乡在元宵节期间有一种叫烧元宵的习俗，就是在田中焚烧，然后人们边舞边喊："正月十五元宵节，害虫蚂蚁高山歇，嘿！"江苏兴化地区在元宵节时不玩灯，人们点上火把，到田间、场院欢歌跳舞。有的农家在竹竿上挂一盏灯笼，然后插在田间，以此祈盼驱虫驱灾，确保丰收。

·礼仪节俗·

图文珍藏版

第十二章　寒食节

寒食节以其奇特的寒食习俗引起了古今中外学者的广泛关注。在滴水成冰的隆冬或是乍暖还寒的春季，在这正是需要热食的时节，人们却选择了寒食的生活方式。究竟是什么原因使得人们自讨苦吃呢？对这一饶有趣味的文化之谜的探讨如果从现知的最早资料算起，已有近两千年的历史，然而问题并没有得到最终解决。总结以往的研究成果，辩明众说的是非长短，在前人的基础上将这一问题的研究推向深入，避免陈相低层次重复，这是摆在我们面前的当务之急。

寒食节

一、寒食节起源

古来对寒食节起源的各种解释主要可以概括为两派，我们不妨称为介推派和改火派。

（一）介推派

介推派认为寒食节是为了纪念春秋时期晋国被火烧死的贤人介子推（也叫"介之推""介推""子推"等）而兴起的，这是历史上最先提出的寒食起源说。从现

有资料来看,这一说法最早见于两汉之际桓谭(公元前23~约公元50年)的《新论》。其文云:

> 太原郡民以隆冬不火食五日,虽有疾病缓急("疾"字据《北堂书钞》卷一百四十三所引而补),犹不敢犯,为介子推故也。(《艺文类聚》卷三)

其后我们在三国魏周斐《汝南先贤传》所记述的周举(?~公元149年)事迹中也见到类似的说法:

> 周举为并州刺史。太原一郡,旧俗以介子推焚骨,有龙忌之禁,至其亡月,咸言神灵不乐举火,由是土人每至冬中,辄一月寒食,莫敢烟爨,老少不堪,岁多死者。举既到,乃作吊书以置子推之庙,言盛冬止火,残损人命,非贤者之意。以宣示愚民,使还温食。于是众惑稍解,风俗颇革。
> (《太平御览》卷二十六)

接下来我们在曹操(公元155~220年)的《明罚令》中又看到同样的解释:

> 闻太原、上党、西河、雁门,冬至后百有五日皆绝火寒食,云为介子推。夫子推,晋之下士,无高世之德。子胥以直亮沈水,吴人未有绝水之事。至于子推,独为寒食,岂不偏乎?又云有废者,乃致雹雪之灾,不复顾不寒食乡亦有之也。汉武时京师雹如马头,宁当坐(因)不寒食乎?且北方沍寒之地,老小羸弱,将有不堪之患。令书到,民一不得寒食。若有犯者,家长半岁刑,主吏百日刑,令长夺俸一月。(隋杜台卿《玉烛宝典》卷二)

东晋以后虽然不时有学者出来申辩寒食节原本与介子推无关,但只是搁置在书卷上。在民间,寒食节是为了纪念介子推的说法深入人心,代代相传,书生们的笔墨官司对老百姓的信念并无多大影响。

(二) 改火派

改火派认为寒食节跟周代的改火习俗一脉相承,它是远古以来就有的改火习俗的一个组成部分。东晋陆翙在《邺中记》中就已提出寒食节不是为介子推而设的观点。他说(《玉烛宝典》卷五引):

> 俗人以介子推五月五日烧死,世人为其忌,故不举火食,非也。北方五月五日自作饮食,祠神庙,及五色缕、五色花相问遗,不为子推也。

虽然陆氏既没有拿出有说服力的证据将旧说推翻,也未能提出新的解释,但率先发难,自有其启疑诱思之功。

南朝梁宗懔的《荆楚岁时记》对寒食节的记述只是寥寥数语(据台湾商务印书馆影印的文渊阁《四库全书》):"去冬节一百五日,即有疾风甚雨,谓之寒食,禁火三日,造饧大麦粥。寒食挑菜、斗鸡、镂鸡子、斗鸡子。"没有谈及起源问题。但隋代的杜公瞻在为此作注时做了一番辩说:

·礼仪节俗·

图文珍藏版

按历合在清明前二日，亦有去冬至一百六日者。介子推三月五日为火所焚，国人哀之，每岁暮春为不举火，谓之禁烟，犯之则雨雹伤田……据《左传》及《史记》，并无介推被焚之事。《周礼·司烜氏》："仲春以木铎修火禁于国中。"注云："为季春将出火也。"今寒食准节气是仲春之末，清明是三月之初，然则禁火盖周之旧制也。

这段注语一方面指出介推被焚乃后起传说，从而否定了传统的介推说，另一方面又据《周礼》的记载将寒食推源于周代的禁火旧制，有破有立，为后世的禁火说奠定了基础。

其后唐代李涪在《刊误》卷上《火》中又补充了两条改火习俗自古就有的书证（据文渊阁《四库全书》）：

《论语》曰："钻燧改火。"春榆夏枣秋柞冬槐。则是四时皆改其火。自秦以降，渐至简易，唯以春是一岁之首，止一钻燧。而适当改火之时，是为寒食节之后。既日就新，即去其旧。今人持新火曰："勿与旧火相见。"即其事也。又《礼记·郊特牲》云："季春出火，为禁火。"此则禁火之义昭然可征。俗传禁火之因皆以介推为据，是不知古。故以钻燧证之。

《论语》例见《阳货篇》。原文是这样的："宰我问：'三年之丧，期已久矣。君子三年不为礼，礼必坏；三年不为乐，乐必崩。旧谷既没，新谷既升，钻燧改火，期可已矣。'"宰我的意思是说，子女为父母守孝三年为期太久，钻燧改火也只是一年一个轮回，守孝一年也就可以了。这条材料用来说明周代有一年一度的改火礼俗是可以成立的。《郊特牲》的例证今本作："季春出火，为焚也。"与李涪所引有异。郑玄在"焚"下注云："谓焚莱也。"可知郑玄所见本旧作焚字。《经典释文》及阮元《十三经注疏校勘记》皆未言焚有异文。疑李氏当是误记。所以《郊特牲》的这条材料用来作为"禁火之义昭然可征"的依据是有问题的。

杜公瞻和李涪只是指出寒食与周朝的禁火改火礼俗有关，但没有进一步说明禁火的原因。这个缺环由唐代的李贤给补上了。李贤在《后汉书·周举传》"太原一郡旧俗以介子推焚骸有龙忌之禁"句下解释说："龙星，木之位也，春见东方。心为大火，惧火之盛，故为之禁火。俗传云子推以此日被焚而禁火。"龙星即二十八宿中的东方苍龙。心是苍龙七宿中的一宿，又称大火。大火星出现之时若不禁火，无异火上浇油，火势将会更盛，将会造成灾难，人们"惧火之盛，故为之禁火"。李贤将"子推以此日被焚而禁火"只是视为"俗传"，并没有当作真正的起因。在前引周斐《汝南先贤传》的材料中，将子推焚骨与龙忌之禁两种解释杂糅在一起，事实上二者是风马牛不相及的两回事。不过这也表明寒食起于龙忌之禁的说法至少在周举生活的时代就已存在。

南宋罗泌《路史》卷三十二《发挥一·论遂人改火》在前人的基础上对寒食源

于改火说作了更为详赡的论证（据文渊阁《四库全书》）：

> 昔者遂人氏作，观乾象，察辰心，而出火，作钻燧，别五木，以改火。岂惟惠民哉，以顺天也。予尝考之。心者，天之大火，而辰戌者，火之二墓，是以季春心昏见于辰而出火，季秋心昏见于戌而纳之。卯为心之明堂，心至是而火大壮，是以仲春禁火，戒其盛也。成周盛时，每岁仲春命司烜氏以木铎修火禁于国中，为季春将出火，而司爟掌行火之政令。四时变国火，以救时疾。季春出火，季秋纳火，民咸从之。时则施火令。凡国失火，野焚莱，则随之以刑罚。夫然，故天地顺而四时成，气不愆伏，国无疵疠，而民以宁。郑以三月铸刑书，而士文伯以为必灾，六月而郑火。盖火未出而作火，宜不免也。今之所谓寒食一百五者，熟食断烟，谓之龙忌，盖本乎此。而周举之书、魏武之令与夫《汝南先贤传》、陆翙《邺中记》等，皆以为为介子推，谓子推以三月三日燔死，而后世为之禁火。吁，何妄邪！是何异于言子胥溺死而海神为之朝夕（潮汐）者乎？予观左氏、史迁之书，曷尝有子推被焚之事。况以清明寒食初靡有定日，而《琴操》所记子推之死乃五月五，非三日也。夫火，神物也，其功用亦大矣。昔隋王劭尝以先王有钻燧改火之义，于是表请变火。曰："古者周官四时变火，以救时疾。明火不变则时疾必生。圣人作法岂徒然哉！在昔有以洛火度江，代代事之，火色变青，而晋师旷食知劳薪。今温酒炙肉，用石炭与柴火竹火草火麻荄火，气味各自不同，是新旧火理应有异，顾于五时取五木以变火。"若劭可谓知所本矣。夫火恶陈，薪恶劳，自开世然者。晋代荀勖进饭，亦知薪劳，而隋文帝所见江宁寺晋长明灯，亦复青而不热。传记有以巴豆木入爨者，爰得泄利，而粪臭之草炊者，率致味恶。然则火之不改，其不疾者鲜矣。泌以是益知圣人之所以改火修火正、四时五变者，岂故为是烦文害俗、得已而不已哉！

这段论证主要谈了三点。一是说寒食源于燧人氏时代就有的禁火改火礼俗。二是说心宿至卯而火大壮，故人间禁火以戒其盛。三是说旧火不改，则必生时疾。其中二、三两点前人早就指出过；第一点则是罗泌的新见，这将寒食的源头从周代旧制进一步上溯到遥远的燧人氏时代。

现代学者几乎都认为寒食的兴起跟介子推无关，而跟古代的改火习俗不可分割。

李玄伯1935年写的《希腊、罗马古代社会研究序》中比较我国与古代希腊、罗马的祀火习俗时说：

> 希罗每家所祀的火，每年须止熄一次，重燃新火。燃新火的日月，各家不同，各邦不同。燃时不准用铁石相敲，如我国乡间的用火链取火，只

寒食节古画

准取太阳火，或两木相摩擦所生的火。木质亦有限制，有准用的木头，有不准用的木头，错用认为渎神。这些细节，亦与我国古制相同。每年重燃新火，即我国古代所谓"改火"。（《论语·阳货篇》）宰我说："钻燧改火。"上边两句说"旧谷既没，新谷既升"，下边又说"期可已矣"，这明明说钻燧改火亦是每年的。因为改火，新者不与旧者相见，所以中须停若干时候（当然不能出一天）。这停火的时间与改火的时间，各家各邦不一定相同，其中之一即寒食的起因……子推被焚之说起始甚晚。后人对寒食之说，去古已远，不能了解，遂附会到介子推身上。其实改火、寒食的制度，较古不知若干年也。

50 年代，李氏又在此基础上写了《祀火续论》，进一步指出改火习俗不但存在于古代的中国、希腊和罗马，而且"一直传到近代的欧洲，可以说是相当的普遍，佛莱则（Frazer）在他的书中（琳按：指《金枝》）收集了不少的材料，读者可以参阅。"李氏将寒食节置于世界普遍存在的改火习俗这一广阔的古代文化背景之中进行观察，大大拓宽了人们的研究视界，启发人们对寒食的起源加以更为全面更为深入的思索。

庞朴先生也是一位改火派。他认为殷代以前人们以大火星为授时星象。"它（琳按：指大火星）于季春时节的黄昏重见于东方晴空。为了迎接大火星的出现，有一整套仪式；随着大火星的出现，人们要改用新火。从中春禁火到季春改火，为时一个月。这无火的一个月中，势必靠冷食为生，是为寒食。"迎接大火星何以要改火呢？庞先生在尾注中解释说："古人相信，火种久传，则易滋生毒气。"不难看出，庞先生的解释吸取了前人的龙星之忌说与火久生疾说。其独到之处在于将龙星之忌说发展成为以大火昏见为岁首的"火历"时代的人们迎接大火星出现的一种仪式,这样寒食节就成了远古时代的人们迎接新年的礼俗的一个组成部分。

在中国学者中对寒食节考辨最详的大约要算是裘锡圭先生两万多字的长篇论文《寒食与改火》。裘先生也赞同寒食起源于改火的观点。他提出的新见主要有三点:

1.在远古时代人们的心目中,改火"不但能去除疾病,而且还能达到防止自然灾害、促进作物生长等目的","改火无疑是为保证农业收成所必须进行的一件事"。

2.介子推焚死的故事是为了解释寒食节的起源"以跟改火有关的古老习俗为背景而编造出来的"。在古代改火习俗中,有把活人当作树精或谷精的代表烧死于篝火的仪式,以促进庄稼生产,获得丰收。"焚死的介子推的原型应该是改火中被当作谷神的代表而烧死的人牺。"传说中介子推割股以食文公或割肉以续军粮的情节是以在祈求丰收的祭祀中分吃人牺的习俗为背景的。

(三)寒食节与介子推的无关系

介子推能入主寒食节关键得力于他被焚死的情节,然而这一情节却出现很晚。介子推的事迹最早见于《左传》僖公二十四年,文中说:

> 晋侯赏从亡者,介之推不言禄,禄亦弗及……其母曰:"亦使知之,若何?"对曰:"言,身之文也,身将隐,焉用文之?是求显也。"其母曰:"能如是乎,与女偕隐。"遂隐而死。晋侯求之不获,以绵上为之田。曰"以志吾过,且旌善人。"

"以绵上为之田"是什么意思,杜预和孔颖达未置一辞,大约在他们看来文意明了,无烦辞费。事实上问题并没有那么简单。自汉代以来,这句话至少有三种不同的理解。

1.《史记·晋世家》云:"(文公)遂求所在,闻其入绵上山中,于是文公环绵上山中而封之,以为介推田。"这是说晋文公得知介之推隐居绵上山中,便在绵上山中封树界标,将界内土地赐予介之推作为其采地。照此理解,当文公"以绵上为之田"时介之推还活着。顾炎武在《左传杜解补正》卷上中据《楚辞·九章·惜往日》:"封介山而为之禁兮,报大德之优游。思久故之亲身兮,因缟素而哭之。"认为既然晋文公穿着丧服(缟素)为介之推悲哭,"明文公在时,之推已死。《史记》则云'闻其入绵上山中,于是环绵上山中而封之,以为介推田,号曰介山。'然则受此田者何人乎?于义有所不通矣。"而且《左传》未言隐于何处,《史记》则理解为"入绵上山中"。梁玉绳在《史记志疑》中说:"以绵上为之田,非入绵上山中。若隐在绵上山中,则求之即得,何不获之有?"看来采地说是难以成立的。

2.顾炎武认为:"之推既隐,求之不得,未几而死,乃以田禄其子尔。"将"以绵上为之田"理解为把绵上作为介推子女的禄地。然而介推之有子女,古来未闻。若真有子女,介推遁隐之时母且偕从,岂能留子女于人境?顾氏之说亦有未安。

3.《楚辞·惜往日》王逸注云:"言文公遂以介山之民封子推,使祭祀之。"后世遂释作以绵上为介推祭田。《古文观止》吴楚材、吴调侯注:"绵上,西河地名。以此为介推供祭之田。"《先秦文学史参考资料》(中华书局1978):"为之田,作为介之推的祭田。"朱东润主编《中国历代文学作品选》(上海古籍出版社1984):"为之田,作为他的祭田。"祭田有两层含义。一是说此田收入用于祭祀,二是说此地即为祭祀介推之地。这种理解最近事理,宜若可从。《国语·越语下》云:范蠡知勾践为人,可与共患,难与处安,"遂乘轻舟以浮于五湖,莫知其所终极。王命工以良金写范蠡之状而朝礼之,浃日(韦昭注:'从甲至甲为浃')而令大夫朝。环会稽三百里者以为范蠡地。曰:'后世子孙有敢侵蠡之地者,使无终没于越国,皇天后土、四乡地主正(征)之。'"勾践还会稽以为范蠡之地时亦不知范蠡所往,这跟晋文公不知介推所隐而"以绵上为之田"正好相同,可资比证。《史记·越王勾践世家》中说:"于是勾践表会稽山为范蠡奉邑。"这回史迁又理解错了。梁玉绳《史记志疑》曰:"蠡已去越,何奉邑之有?《国语》云'以为范蠡地',不言奉邑也。""以为范蠡地"自然也是以为范蠡祭田,这是古代诸侯以"旌善人"的一种做法。

可见在最早记载介子推的文献中,子推只是与其母"偕隐",并无焚死之事。其后《楚辞·九章·惜往日》《吕氏春秋·介立》乃至《史记·晋世家》,虽然也都叙及介子推之事,但都无介子推被焚死的情节。

先秦典籍中只有《庄子·盗跖篇》提及焚死之事:"介子推至忠也,自割其股以食文公。文公后背之,子推怒而去,抱木而燔死。"《盗跖》属《庄子》杂篇,《经典释文》中说《庄子》中有"后人增足"的内容,"其内篇众家并同,自余或有外而无杂。"从先秦其他典籍不见焚死一事来看,《盗跖》当出汉人的依托附益,故有汉代才见流行的情节。《史记》不载焚死这样重要的事件说明当时可能还没有这一传说,或者虽有而流传不广。

汉代最早提到子推焚死的是韩婴(生活在文帝、景帝时代)的《韩诗外传》。该书卷七第六章云:

　　子以知者为无罪乎?则王子比干何为刳心而死?子以义者为听乎?
　则伍子胥何为抉目而悬吴东门?子以廉者为用乎?则伯夷叔齐何为饿于
　首阳之山?子以忠者为用乎?则鲍叔何为而不用,叶公子高终身不仕,鲍
　焦抱木而立,子推登山而燔?

这"登山而燔"可能指的就是焚死一事。不过考虑到(1)晚于韩婴的司马迁不载其事;(2)《汉书·艺文志》著录的《韩诗外传》只有六卷,而今本则有十卷,必经后人

增益修改;(3)与上面引文相同的内容亦见《荀子·宥坐》及《孔子家语·在厄》,皆不及子推焚死,我们不得不怀疑今本《韩诗外传》中的"子推登山而燔"句未必为原书所有。试比较:

> 女以知者为必用邪?王子比干不见剖心乎?女以忠者为必用邪?关龙逢不见刑乎?女以谏者为必用邪?伍子胥不磔姑苏东门外乎?(《荀子·宥坐》)

> 汝以仁者必信也?则伯夷叔齐不饿死首阳?汝以智者为必用也?则王子比干不见剖心?汝以忠者为必报也?则关龙逢不见刑?汝以谏者为必听也?则伍子胥不见杀?(《孔子家语·在厄》)

最早明确无疑地说子推焚死的应该是晚于司马迁的西汉末年的刘向(约公元前77~公元前6年)。《新序·节士》云:"文公待之不肯出,求之不能得,以谓焚其山宜出。及焚其山,遂不出而焚死。"《说苑·杂言》亦云:"子以忠者为必用乎?则鲍庄何为而肉枯,荆公子高终身不显,鲍焦抱木而立枯,介子推登山焚死?"因此顾炎武在《日知录》卷二十五《介子推》条中说:"今当以左氏为据,割股燔山,理之所无,皆不可信。"其言是矣。

焚死情节一出现还没有跟寒食节产生联系,但它无疑为介子推入主寒食节架起了桥梁。到了两汉之际桓谭的时代,寒食节是为了纪念介子推的说法才流行于世。由此看来,子推焚死是后人编造出来的情节,学者们大都认为介子推与寒食节没有起源意义上的联系是有道理的。

侯思孟是现代学者中唯一一位冒天下之大不韪而主张维持传统介推说的人士。至于寒食节为什么要纪念介子推,侯氏认为我们目前不得而知,也许考古学有朝一日能揭示其中的民俗内涵。

侯氏的基本观点我们是不能苟同的。将发生在不同时期不同地域的相同的人类现象进行类比,从而得出某些正确结论,这并不是不可能的。事实上在科学研究当中这种类比推理在广泛应用着,许多结论被实验或事实证明是完全正确的。侯氏简单地排斥这种方法,实不可取。不过侯氏的意见也提醒我们,要想确认寒食与改火的真实联系,二者之间必须有真正的共同点。那么改火派找到的共同点究竟是什么呢?寒食禁火,改火也要禁火,如果依据是真实的,这一结论也应该是可信的,至少可备一说。遗憾的是恰恰在改火需要禁火这一联系寒食的关键环节上改火派们没有拿出确凿的证据。他们常引的是下面这些材料:

> (司烜氏)中春以木铎修火禁于国中。(《周礼·秋官·司烜氏》)

> 司爟掌行火之政令,四时变国火,以救时疾。季春出火,民咸从之。季秋纳火,民亦如之。时则施火令,祭祀则祭爟。凡国失火,野焚莱,则有刑罚焉。(《周礼·夏官·司爟》),

当春三月，荻室熯造(灶)，钻燧易火，杼(抒)井易水，所以去兹(滋)
毒也。(《管子·禁藏》)

这些材料无一能证明中国古代曾有过改火需熄火若干天甚至一月的事实。第一条
材料下郑玄注云："为季春将出火也。火禁谓用火之处及备风燥。"可知"修火禁"
是说季春时节大火星将昏见东方，在此之前的一个月内(即仲春)用火之处及通风
干燥的地方应加戒备，以防发生火灾。《汉语大词典》"火禁"条"防火的禁令"义项
下即举此为例，而没有列在"指寒食禁火"的义项下，这是完全正确的。这里的"修
火禁"跟我们今天在春季发布文告要大家小心失火的情况颇为相似，它既没有不准
人们生火做饭的意思，更与钻燧改火风马牛不相及。《周礼·天官·宫正》还有一
条"修火禁"的记载，不知何故很少有人征引。其文云："春秋以木铎修火禁。"郑玄
注："火星以春出，以秋入，因天时而以戒。"贾公彦疏："此施火〔令〕，谓宫正于宫中
特宜慎火，故修火禁。"郑注以"修火禁"为戒备，贾疏以"修火禁"为"慎火"，都理解
为防火之意。我国是季风气候显著的国家，从仲春到季春，从仲秋到季秋，是季风
换向的时节，风比其他时节要大，容易发生火灾，这大约就是春秋修火禁的真正原
因。但在古人看来火灾是火神作祟的结果，因而将火禁跟大火星崇拜联系起来，把
免除火灾的希望寄托在对大火星的敬畏、祈祷及顺应之中。后两条材料最多只能
说明古代曾有过改火的礼俗，其中并不包涵需要熄火若干日的信息。而且《夏官》
的"四时变国火"正如许多学者所指出的，是在系统化的阴阳五行思想支配下产生
的政治理想，事实上未见实行过，用这样的材料来证明改火礼俗的存在也是缺乏说
服力的。

由此可见，由于改火说者未能正确理解《周礼》中"火禁"的含义，使得他们在
寒食与改火之间铺设起来的只是一条虚幻的彩虹，而不是真实可行的沟通桥梁。
这样看来侯氏对改火的否定不是没有理由的。

二、"寒食"的起因

走了好长一段路我们又回到问题的起点:古人为什么要寒食呢?

法国学者斯特劳斯将寒食归因于冬春之际食物的匮乏，这是没有多少道理的。
南宋陈元靓《岁时广记》卷十五引《提要录》云："秦人呼寒食为熟食日，言其不动烟
火，预办熟食过节也。"又《畜食品》条引宋吕原明《岁时杂记》："京都寒食多畜食
品，故谚有'寒食十八顿'之说。又云:'馋妇思寒食，懒妇思正月。'盖正月禁忌女
工也。"《玉烛宝典》卷二引陆翙《邺中记》、北魏贾思勰《齐民要术》卷九《煮醴酪第

八十九》等都有类似的记载。可见寒食并不等于节食，更不是不食，只是在禁火前就把其间的主食做熟存放起来罢了。而且寒食节期间的食物比平时还要讲究一些，故有"馋妇思寒食"之语。可见寒食跟食物的匮乏是没有什么关系的。施特劳斯用抽象的所谓共同思维结构来解释寒食节的起源，难以令人接受。寒食的出现无疑跟奉行该俗的人们认为的现实利害有直接的关系，抽象的思维结构不可能成为古人行为的动因。这种解释颠倒了思维与存在的关系，不足取信。

晋文公宴客

改火派大都认为寒食是禁火与改火之间不得已而为之的饮食方式。如汪宁生先生说："盖旧火既灭、新火未生之际，人们无法举火，自不得不寒食。"庞朴先生说："从中春禁火到季春改火，为时一个月。这无火的一个月中，势必靠冷食为生，是为寒食。"古代曾有过改火习俗是可以肯定的，但改火是不是要留下一段不得不寒食的时间间隔，中国古代典籍中未见有明确的记载。《周礼》的春秋"修火禁"我们上面已经说过，与改火无关。从后世其他民族的类似习俗来看，熄火与升火有两种情况。

一种是熄火与升火之间没有留下必须寒食的时间间隔。云南沧源佤族在每年过旧历年期间选择一天举行改火仪式。"当天早晨，先由一人手持一鸡巡行全寨，另一人背口袋随行，每到一家取火炭一小块放入口袋中，将口袋送出寨外，杀鸡举行简单祷祝仪式，表示送走了火鬼。这时放爆竹三声为号，各家一齐灭去火塘中的旧火。同时(请注意'同时'二字)村寨头人('达改')在他家用原始的锯竹取火法来升新火。火升好后，各户备米一小碗到'达改'家，取火种而回。此为沧源佤族过年时重要仪式之一，他们认为若不举行此仪式，则当年即会发生火灾，人畜也易死亡。""景颇族在每年春天选择一天，各户均把火塘内的火熄灭，通过祭祀，以两块竹子锯磨取火。""东普鲁士的马苏仁地区,住着一支波兰族的人,在仲夏节的晚上,有一个全村熄火的风俗。熄火以后在地上钉一个橡木桩,桩上装一个轮子,像装在车轴上一样。村人轮流的快速推着这一轮子,直到摩擦生出火来。每人都从新火上点一个火把拿回家去,点燃家中炉灶的火。"在苏格兰地区,五月一日是贝尔坦节。节日的"头天晚上,人们把所有的火都小心地熄灭,第二天早上",用木头互相猛烈摩擦的办法取得圣火。"这个火好像是直接从天上来的,人们认为它有各种各样的神性。他们认为这个火能防止魔法,是治恶病的灵药,不论是人的病还是牲口的病都能治好,甚至最烈性的毒药也能用这个火来改变它们的毒性。"非洲的一些民族在一年的最后一天熄灭所有的火,次日元旦重新获得火种。在上面这些改火仪式中,有的灭掉旧火之后接着就升起新火,有的头天晚上熄灭旧火,第二天早上即升新火,这都无需寒食。

另一种情况是熄火与升火之间有若干无火的日子。孟加拉国的孔德人一般在他们的主要庄稼下地的时候举行祈求丰收的祭祀活动,活动后的"三天内人家都不打扫,有的则严格保持沉静,不许点火,不许砍伐树木,不接待生人"。北美洲的克里克印第安人每年七八月期间旧年终结新年开始的时候,要过尝新节。"为了准备仪式,村里全部的火都熄灭掉,灰都清除干净。"妇女们要"刷新旧炉灶,洗净所有的厨房用具,准备接受新火新谷"。然后开始庄严的斋戒,严格戒食两天一夜。戒食结束的那天下午最高祭司摩擦两块木头取得新火,放在祭坛上,然后"宣布新的神火已经清洗了去年的罪过,并认真地告诫妇女,如果她们有人没有熄掉旧火,或染上了任何不干净的东西,她们必须离开,'否则神火会伤害她们和别人'。这时就拿一些新火放在广场外面,妇女们高高兴兴地带回家去,把它放在她们清洁的炉灶上。"孔德人三天不许点火,自然只能寒食。印第安人在熄火与升火期间采取了比寒食更为严酷的两天一夜的戒食方式。

中国幅员辽阔,古代社会部落林立,设想有些部落在改火仪式中留下若干天无火的日子并不是没有可能的。李涪在《刊误》中谈到唐代的寒食习俗时说:"今人持新火曰:'勿与旧火相见。'"这正是古代改火仪式的要求。如果某些地区为表示特别慎重而将新火与旧火不得相见的时间拖长,这就出现了寒食现象。这种设想除了有其他民族类似的改火习俗可以作为参证外,它还能很好地说明为什么中国古代改火习俗比较普遍而寒食现象却或有或无。从最早提到寒食的桓谭《新论》、周斐《汝南先贤传》及曹操《明罚令》等材料来看,东汉时期寒食习俗似乎只存在于太原郡,其他地方文献无征。南北朝时期的典籍中提到寒食习俗"中国(中原地区)流行"(《齐民要术》卷九《煮醴酪第八十九》),而且荆楚之地亦复有之(见《荆楚岁时记》)。"中国流行"大约是太原郡的地区文化传播的结果,犹如今日中国受西方文化的影响也有过圣诞节的现象一样。荆楚寒食是外来的还是固有的,难以断言。无论如何,寒食在汉代只是个别地方流行的风俗,绝无唐宋时期"普天皆灭焰,匝地尽藏烟"(唐李崇嗣《寒食诗》)的盛况。这种寒食习俗在早期或有或无的现象跟改火仪式中升火间隙的长短是相对应的,间隙短的地区无寒食,间隙长的地区有寒食。

由此看来我们还不能像侯思孟那样把改火说给彻底地否定了。平心而论,虽然改火说目前还只能认为是一种推测,但它毕竟要比虚构的介推说合理得多,在没有提出更具说服力的解释之前,改火说自有其存在的价值。

裘锡圭先生虽然也属于改火派,但在为什么要寒食的解释上他与"不得不寒食"的消极说有所不同。他认为"寒食恐怕不仅仅是由于停火而产生的消极结果,它原来应该有哀悼在改火中代表神而死的牺牲者的意义……此外,寒食原来甚至还可能有其他宗教或巫术上的意义。"裘先生似乎并不否认消极寒食说,但更倾向于从积极的角度说明寒食的意义,这一思路应该说是更有合理性。毫无疑问,人是不会无缘无故自讨苦吃的,消极寒食说的缺陷就在于未能揭示熄火与升火之间何以要留出一段寒食日子的缘故,事实上正如我们在前面所指出的,改火仪式当中不一定非得留出必须寒食的日子不可。不过说寒食是为了哀悼改火中被焚的人牲,尚有疑难之处。

首先,在中国古籍中未见有改火需焚烧人牲或人牲偶像的记载,这就使得哀悼人牲的说法缺乏直接的证据。日本学者中村乔把介子推与祈雨仪式中被焚的巫觋等量齐观(焚巫祈雨中国古代确有其俗,卜辞中就有不少记载),未免类比失当。祈雨是祈雨,改火是改火,完全是两回事。

其次,虽然在世界其他民族中确曾有过篝火节中焚烧人牲(也有焚烧动物或偶像的)以期获得丰产的做法,但从一些记载来看,被焚的人牲往往是邪恶的代表。例如苏格兰的克尔特人常将判处死刑的罪犯用作人牲烧死。他们认为这样的人牲越多,土地的增产力就越大。如果没有足够的罪犯可充人牲,就把战争中的俘虏拿来凑数。在卢森堡的厄契特纳奇地区,四旬斋(复活节前四十天的斋戒期)的头一个星期天人们要焚烧一个草人,叫"烧巫婆"。在斯瓦比亚,四旬斋的头一天也有"烧巫婆"的活动。人们把"巫婆"的灰拿回家去当夜埋在田里,认为它能驱走害虫。德国有些地方在复活节前夕要烧掉一个称为"犹大"的木制偶像。把这种焚烧偶像的仪式看作是历史上曾有的焚烧人牲习俗的演变,应该说是符合历史真实的。弗雷泽分析说:"鉴于一般都认为点燃篝火的目的是烧死巫蛊,在篝火中焚化的偶像有时就叫作'巫婆',我们自然会得出结论说,这些节日里在篝火中焚烧的一切偶像都是表示巫婆或男巫的;焚烧巫觋偶像完全是焚烧这些邪恶男女的替身。根据顺势或模拟巫术的原理,烧毁了偶像,也就烧毁了那些巫觋本人。"烧毁了阻碍动植物繁殖的巫妖,动植物的丰产就有了保证。

将篝火中烧死的人牲或其偶像当作树精或谷精的代表,这种理论虽不能说毫无根据,但正如弗雷泽所说的,"比之认为在篝火中烧死的人和动物是被当作巫妖而处死的那种理论,符合真实的可能性要小一些,这后一种观点得到庆祝篝火节的人们的有力佐证。譬如民间把点燃篝火的习俗叫作'烧巫婆',有时把巫婆的偶像放在篝火中烧化,并且认为篝火的余炭和灰能够防御巫妖魔法。另一方面,能够表明被人们当作植物精灵代表的偶像或动植物被烧死于篝火之中,并且篝火又是作为太阳巫术,这样的证据却不多。""鉴于民间认为巫婆变形为动物的信念十分广泛,根深蒂固,并且对它们又非常害怕,我们假定猫和其他动物是巫婆的化身而非植物精灵被烧死在篝火中,大概要比较稳当些。"既然谷精说不大能站得住,以此来说明寒食的意义可能性就不是很大,从而焚死的介子推是以改火中被当作谷神的代表而烧死的人牲为原型的观点也就难以成立。我们前面说过,介推被焚是汉代才出现的传说,因此,即便中国古代的改火仪式上有焚死人牲的做法,那也是蛮荒时代的事,及至汉代已渺无踪影,不为世人所知,人们也就无从编造出介子推这样一个人牲来。

那么改火习俗中究竟为什么要寒食呢?我们认为这是一种斋戒仪式。它有两层含义:一是让旧火完全熄灭以免死灰复燃,与新火相见,造成灾害。周密《癸辛杂识·别集卷下·绵上禁火》云:"绵上禁火,升平时禁七日,丧乱(琳按:指北宋被金所灭)以来犹三日。相传火禁不严,则有风雹之变。社长辈至日就人家以鸡翎掠灶灰,鸡羽稍焦卷则罚香纸钱。"可知新火只有在旧火彻底熄灭之后才能点燃。古代改火仪式中对此讲究特别慎重的地区自然会采取寒食的形式来表现和强化这种慎重的意识。

寒食的第二层含义是用来表现迎接新火的庄严敬重,以期博得新火神的欢心,保佑人们新年平安。古人在举行重大活动前往往要采取一定的斋戒仪式,以示敬重。如欧洲复活节前有四旬斋(Lent),信仰伊斯兰教的民族在开斋节前要守斋一个月等。我国古代对斋戒十分重视,凡是需要慎重对待的事情在从事前往往要先行斋戒,正如孔子所说的,"斋戒以事鬼神,择日月以见君,恐民之不敬也。"(《礼记·表记》)《国语·周语上》:"王即斋宫,百官御事各即其斋三日。"这是周宣王及其百官为即将举行春季的籍田礼而斋戒。《吕氏春秋·孟春纪》:"先立春三日,太史谒之天子曰:'某日立春,盛德在木。'天子乃斋。"这是天子为迎接立春的到来而斋戒。又《仲夏纪》云:"是月也,日长至(琳按:即夏至)。阴阳争,死生分。君子斋戒,处必掩,身欲静,无躁,止声色,无或进,薄滋味,无致和(无极滋味之调和),退嗜欲,定心气。"这是说仲夏是阴阳相争的重要时节,君子都应斋戒。《韩非子·外储说左上》:"宋人有请为燕王以棘之端为母猴者,必三月斋然后能观之。"此虽寓言,亦可见古人斋戒之频繁。《史记·廉颇蔺相如列传》载蔺相如奉和氏璧入秦,知秦昭王无用城换璧之意,便对秦昭王说:"赵王送璧时斋戒五日,今大王亦宜斋戒五日,设九宾于廷,臣乃敢上璧。"秦王只好斋戒五日,以示重视。改火对古人来说是一件辞旧迎新的大事,关系到一年的吉凶福祸,所以要先行斋戒。湖南《祁阳县志》载:"社日,民间多重社斋,自朝至暮不食,但啜水、生果,夙有所祈于社神也。"为了表示对社祭的重视,采用了寒食的斋戒方式。阿拉伯半岛信奉伊斯兰教的民族中有割礼的习俗。在举行割礼仪式前,"甘加"(接受割礼的人)要住在远离村庄的密林中安扎的营地,并且必须戒食三天。这些事例对我们理解寒食节的寒食习俗的起因无疑是很好的参证。

三、"改火"的缘由

改火既为寒食的源头,我们就得进一步弄清古人改火的缘由。从上面的综述可以看到,改火的动机古来有龙忌之禁和除疾去毒两种说法。

如果说古人的改火只在大火昏见(即所谓"出火")的时候举行,龙忌之禁或许可备一说,然而事实并非如此。《管子·轻重己》中说:"以冬至日始,数四十六日冬尽而春始……教民樵室钻燧,墐灶泄井,所以寿民也。""钻燧"即钻燧改火,其时间是"春始"。《论语·阳货》中说:"旧谷既没,新谷既升,钻燧改火,期可已矣。"其时间是"新谷既升"的秋末。对这些时间的改火龙忌之禁说就不适应了。而且世界上还有许多民族也曾实行过改火的礼制,这种人类早期较为普遍的文化现象应该有基本相同的发生动因,龙忌之禁说是远不能涵盖的。

对除疾去毒说汪宁生在《改火的由来》一文中论之较详。文中说:

> 在远古人类心目中,万物有灵,火自不能例外。火焰的不断跳动,小火迅速变成大火,再加上火种的长年不灭,使火更像一种有生命之物。故世界上拜火的习俗普遍流行,凡是人类遭受与火灾有关的灾难,都认为是火的精灵作祟。而由于火种长年不灭,又使人们认为作祟者多是这些旧火……人们为了免除旧火的危害,除了平常对火要小心地供奉献祭及恪守一系列禁忌外,还要举行禳解仪式,定期改火即其中的一种。

火久燃不改就会生疾滋毒的说法在先秦文献中就已提出,说明是一种相当古老的信念。这种信念是怎样产生的呢?火的作祟主要就是指火灾,云南盈江一带的景颇族、西盟佤族及沧源佤族都有"送火鬼"的改火仪式,这些仪式都是在失火后或为预防失火而举行的。在现实生活中,无论是旧火还是新火,都有可能造成焚屋毁财甚至烧杀人命的灾难,何以人们偏偏归咎于旧火而必欲除之?下面我们就来探

·礼仪节俗·

图文珍藏版

究一下这个问题。

民俗资料表明,原始民族大都有必须处死衰老的神或王的做法。非洲有很多部族认为,首领是宇宙的中心动力,他的身体应该永远健康,如若衰弱,必然影响全世界。但首领的年老体弱是件无法阻止的事,解决的办法就是不等他年老体弱,而是在他达到若干年岁之时,就将他处死而另立年轻体健的首领,以保持宇宙的不变。例如乌尼欧罗(Unyoro)王当他感到体弱之时,就自己向王后要杯鸩酒而自杀。若王已疾,无力自鸩,处死国王就是王后的职责。在柬埔寨,神秘的火王和水王是不许自然死去的,因而他们二人如果有谁得了重病,长老们认为不能康复时,就得刺死。刚果人认为如果他们的大祭司奇多姆自然死去,世界将要毁灭,因此在他生病可能要死的时候,他的继任者就带一根绳子或一根棒子将他勒死或打死。神王初露体力衰弱或年老的迹象即被处死,这个风俗直到晚近还在白尼罗河的西卢克族中流行着。希卢克人认为国王是尼阿康神灵的再世肉身。尼阿康是个半人半神的英雄,是他建立了这个王朝。只有尼阿康的灵魂附着在现任国王身上,人们才能安然无恙。他们相信如果国王病了或是老了,牲口就会害病,不能增殖,庄稼就会烂在地里,人们将会受到疾病的折磨,死得越来越多。为了防止这些灾难的发生,当国王表现出健康不佳或精力衰退的状况时,希卢克人就将国王处死。祖鲁人也有这种国王一旦有了皱纹或灰发就被处死的风俗。

我们认为这种处死衰老人神的做法跟除掉旧火的习俗其思想基础是一致的。衰老则没有生命力,容易产生疾病,不但于人无益,而且还会带来灾难。《北史·王慧龙传》中说:"在晋时,有人以洛阳火度江者,世世事之,相续不灭,火色变青。""火色变青"的说法跟前引罗泌《论遂人改火》中所说的"江宁寺晋长明灯亦复青而不热"意思一样,都是说火久燃则没有生命力,无益于人。《日知录》卷五《用火》条云:"《素问》黄帝言壮火散气,少火生气。季春出火,贵其新者,少火之义也。"壮火尚且散气,老火只能使人竭气了。煮食要用火,老病之火将会通过食物把疾病传染于人,所以必须除旧更新,让健壮的有蓬勃生机的生命代替衰老的生命。这就是改火习俗赖以形成的思想基础。

四、寒食节的日期

在文献记载中寒食节的日期异说很多。《艺文类聚》卷四引范晔《后汉书》说是"春中寒食一月";曹操《明罚令》《荆楚岁时记》等说是冬至后一百零五日,后者还说"禁火三日";西晋孙楚《祭介子推文》(《北堂书钞》卷一百四十三)中说是"至三月清明,断火寒食,甚者先后一月";蔡邕《琴操》卷下《龙蛇歌》及《玉烛宝典》卷五引《邺中记》说是五月五日;桓谭《新论》中说是"隆冬不火食五日";《汝南先贤传》中说是"每至冬中辄一月寒食";在山西定襄县,"寒食日旧俗十二天内不准动烟火,都吃冷食。"从期限来看,有一天、三天、五天、十二天、一月等差别。从季节来看,有春中、冬至后一百零五日、清明、五月、隆冬、冬中等异说。我们该怎样理解寒食节日期的这种差异呢?

庞朴先生试图从授时星象的变化来说明这种差异。他认为季春寒食(即冬至后一百零五日或六日)是季春改火的结果,而季春改火是为了迎接大火星季春时节昏现东方,以此作为一轮农事的起点,亦即一年的开始。冬中寒食是汉武帝太初元年改用太初历的结果。他说:

> 太初历重冬至,以冬至为一阳来复之期;相应地,改火的日子也从原来的季春大火昏见之时,改到了冬至太阳北归之日。这从《后汉书·礼仪志中》所记的"故事,日冬至,钻燧改火"可得证明。这样,我们也就找到了《周举传》中所说的"士民每冬中辄一月寒食"的道理。太原一郡人为什么不在原先的"中春修火禁"到"季春出火"的一个月里寒食,要把它改在"冬中"呢?只因为太初以后对改火的日期有了新规定。太原人也许并不一定知道介子推的忌辰究竟是在哪一天。

那么其他寒食日期是怎样形成的呢?庞先生解释说:

> 可以这样猜想:周举禁民冬中寒食以后,人们不忘介子推之贤,将寒食改到五月五日;嗣因与屈原重叠,再改到清明时节,那一个总祭亡灵的良辰。在这里,具体的日子已不重要了,重要的是人民要找到一种最佳方式,寄托自己的哀思;他们终于找到了,清明前夕进行寒食显然要比冬中更为文明,而且基本接近天上"改火"时期,又保留了真切的古老记忆和模糊的宗教感情。

裘锡圭先生都用改火来解释寒食日期的不同。他认为我国古代曾有过春季、夏至、冬至三种改火时间,春季的改火与"春中"或清明前的寒食相应,冬至的改火与"冬中"的寒食相应,夏至的改火是五月五日寒食的由来。

庞、裘两位先生都是用改火时间的不同来解释寒食日期的差异。不同之处是庞先生想在改火的基础上进一步说明为什么要在此时改火,以做到穷源尽委,这当然是一个引人入胜的问题。不过庞先生对这一问题给出的答案并不能令人满意。比如将"冬中"寒食的由来解释为汉武帝太初元年改用太初历的结果,就不能不叫人生疑。按照庞先生的意见,寒食习俗早在汉代以前就已流行,其时间是季春,既然如此,汉武帝太初元年突然将寒食改至冬中,世人岂能"不知道改火的日期曾有过古今不同"?当时的著作中怎么会对这一突然发生的传统习俗的变化毫无记载呢？又比如猜想周举禁民冬中寒食后人们将寒食改至五月五日，嗣因与端午重叠又改至清明，这些说法没有根据，难以信从。裘先生只说寒食日期的不同是由改火时间的不同造成的，这当然是比较稳妥的说法，但这没有给寒食日期的纷杂做出终极的说明。

我们认为尽管对寒食日期的理据我们一时还不能做出终极的说明，但以下几点是值得考虑的：

（1）寒食期限的长短是由改火仪式中熄火与升火之间间隙的长短决定的，而间隙的长短是由奉行改火仪式的人们对该仪式的敬重程度所决定的。敬重程度在不同地区的人群中有深浅之别。浅者旧火一熄即燃新火，这就没有寒食之俗，较深者寒食一至五日，更深者寒食十几日，最深者寒食一月。前引孙楚《祭介子推文》中说："甚者先后一月"，可知即使在太原郡，不同地区也有深浅之别。

（2）前人的记载不一定都与现实相符，其中有误传、误记、误抄等讹误的可能。试举二例予以说明。罗泌在《论遂人改火》中说："周举之书，魏武之令与夫《汝南先贤传》、陆翙《邺中记》等，皆以为为介子推，谓子推以三月三日燔死，而后世为之禁火。"这里又把寒食的日期说成三月三日，而事实上周举之书、魏武之令等材料中并没有子推以三月三日燔死的文字。显然，三月三日这一日子是由罗泌的误记造成的。《后汉书·周举传》云："太原一郡，旧俗以介子推焚骸，有龙忌之禁，至其亡月，咸言神灵不乐举火。由是士民每冬中辄一月寒食，莫敢烟爨，老小不堪，岁多死者。举既到州，乃作吊书以置子推之庙，言盛冬去火，残损民命，非贤者之意，以宣示愚民，使还温食。"这段文字无疑抄自《汝南先贤传》，二者几乎全同。然而《玉烛宝典》卷二、《艺文类聚》卷四、《初学记》卷四及《太平御览》卷三十等在引范晔《后汉书》上面这段话时在寒食的时间上就有较大差异。其文云："举移书于子推庙云：'春中寒食一月，老小不堪，今则三日而已。'"季节由"冬中"变成了"春中"，要求由"使还温食"变成了"今则三日而已"。这种异文是怎样形成的呢？裘锡圭先生推测说："疑三书（琳按：指《宝典》《类聚》和《御览》）所引本为他家《后汉书》，'范晔'二字是误加的。但《御览》此文虽似抄自《类聚》，《类聚》却不大可能抄《宝典》。为何二者同误呢？所以也不能排除范晔《后汉书》曾有别本流传的可能性。"我们认为与其将异文归因于有他家《后汉书》或范晔《后汉书》有别本的猜测，不如归于讹误来得实在。古人引征多凭记忆，所以与原文常有出入。而类书资料"经常是辗转抄录而来，多未经查对原书"，因而造成多书同误的现象。《宝典》编者杜台卿误记范晔《后汉书》，致使"冬中"成了"春中"。杜台卿之所以发生这样的误记，也许是受了当时的寒食节就在春季的影响。《宝典》卷二在引用《后汉书》周举改寒食之事后加注说："今世常于清明节前二日断火。"可知隋代的寒食节就在春季。至于"今则三日而已"语看上去不像是周举吊书中的话，可能是杜台卿的注语混入了引文。隋代寒食节从清明前二日开始,至清明结束,正是三日。后来的《类聚》《初学记》《御览》等书辗转相抄,造成一误俱误。裘先生说《类聚》不大可能抄《宝典》,不知出于怎样的考虑。

由此看来,文献记载中寒食日期的纷杂不能排除其中有讹误的因素存在,因此,试图对所有寒食日期给出之所以此时的理据,有可能要犯郢书燕说的错误。

(3)后世记载中的寒食日期不可能都是从古代的改火仪式一直因袭下来的,物换星移,时代变迁,会使原有的传统发生变化。周举禁寒食,使长达一月的寒食传统"颇革"。北宋禁火七日,南迁后变为三日。这表明后世记载中的寒食日期不可能都能从古代的改火那儿得到合理的说明。例如清明的寒食显然是冬至后一百零五日的寒食延续至清明的结果,与古代的改火毫无关系。裘锡圭先生认为五月五日的寒食与夏至的改火有关,此说尚有考虑的余地。夏至改火只见于居延汉简中西汉宣帝时丙吉的奏书,丙吉向宣帝建议说:元康五年(公元前61年)五月二日为夏至,"别火官先夏至一日以除隧取火,授中二千石、二千石官在长安、云阳者,其民皆受,以日至易故火……臣请布,臣昧死以闻。"不难看出,当时的夏至并无改火的礼制,否则丙吉用不着上书"请布"了。再说丙吉也只是建议先夏至一日取火,到次日夏至即易故火,恐怕没有寒食的机会。将这样一条提议中的改火材料跟汉代已在流行的寒食习俗联系起来,不是没有问题的。法国学者 Groot 认为五月五日是指周历,相当于夏历的三月。我国有些学者也持此见。按这种说法,五月五日的寒食记载就跟流行的清明前的寒食一致了,不无道理,可备一说。

·礼仪节俗·

图文珍藏版

第十三章　清明节

一、清明节起源

　　清明是我国的二十四节气之一。由于二十四节气比较客观地反映了一年四季气温、降雨、物候等方面的变化，所以古代劳动人民用它安排农事活动。按《岁时百问》的说法："万物生长此时，皆清洁而明净。故谓之清明。"清明一到，气温升高，雨量增多，正是春耕春种的大好时节。这个节气与农业生产有着密切的关系。

　　在二十四个节气中，既是节气又是节日的只有清明（冬至在历史上也是一个节日，但现在各地大多不再过此节）。清明节的名称与此时天气物候的特点有关。西汉时期的《淮南子·天文训》中说："春分后十五日，斗指乙，则清明风至。""清明风"即清爽明净之风。《岁时百问》则说："万物生长此时，皆清洁而明净。故谓之清明。"虽然作为节日的清明在唐朝才形成，但作为时序标志的清明节气早已被古人所认识，汉代已有了明确的记载。

　　二十四节气是中国古代天文学家和民众在生活和生产实践中总结出来的气候规律，比较适宜地反映了一年四季气温、物候、降雨等方面的变化，对人们依时安排农耕、蚕桑等活动有不可或缺的指导意义。到了清明，气温变暖，降雨增多，正是春耕

唐人诗意图——清明

春种的大好时节。所以清明对于古代农业生产而言是一个重要的节气。农谚说"清明前后，点瓜种豆""植树造林，莫过清明"，正是说的这个道理。东汉崔寔《四民月令》记载："清明节，命蚕妾，治蚕室……"说的是这时开始准备养蚕。其中的

"清明节"还只是一个节气,不是节日。

此外,清明时处早春三月,春光明媚,万物复苏,气候宜人而到处生机勃勃,是春游和郊外娱乐的好时光,所以清明前后自然成为人们乐于到户外、郊野嬉游的好时光。

虽然清明节主要指节日而不是节气,但是清明节气在时间和天气物候特点上为清明节俗的形成提供了重要条件,该节气应看作清明节的源流之一。

我国传统的清明节大约始于周代,已有二千五百多年的历史。汉魏以前清明主要指自然节气,它是与农事活动密切相关的一般节令,后来清明成了祭祀祖先的重要节日,但此时由另一民俗节日承载,这就是寒食节。寒食节在清明之前一两天。

关于寒食节禁火习俗的形成,民间有一种广为流传的说法,说它起源于人们对著名忠臣义士介子推的纪念和祭奠。介子推是春秋时期跟随晋公子重耳流亡的一个大臣,曾割自己腿上的肉为晋公子充饥。后者做国君(即晋文公)后要封赏介子推。介子推却带老母到绵山隐居,不受封赏。晋文公为逼介子推出山,就放火烧山。结果介子推被烧死在山中。晋文公便把烧山的这一天定为介子推的祭日,这一天禁火。《荆楚岁时记》注中说:"子推三月五日为火所焚,国人哀之,每岁暮春,为不举火,谓之'禁烟',犯则雨雹伤田。"实际上禁火之俗早在周代已是惯制,为怀念和祭祀介子推而禁火的说法纯属附会。这种附会在汉代发生后,传播渐盛,在寒食节的形成和传承过程中影响越来越大。

汉代以前寒食节禁火的时间较长,以一月为限。汉代确定寒食节为清明前三天。南朝时《荆楚岁时记》载:"去冬节一百五日,即有疾风甚雨,谓之寒食,禁火三日。"唐宋时期减为清明前一天。从先秦到南北朝,寒食都被当作一个很大的节日。唐朝时它仍然是一个较大的节日,但已开始式微,逐渐为清明节所兼并。禁火冷食,墓祭及巫术性游戏等构成了寒食节俗的特殊景观。

后来,由于清明与寒食的日子接近,而寒食是民间禁火扫墓的日子,渐渐的,寒食与清明就合二为一了,而寒食既成为清明的别称,也变成为清明时节的一个习俗。清明之日不动烟火,只吃凉的食品。

清明节的起源还与上巳节有关。上巳节形成于春秋末期,开始日期在农历三月上旬的巳日,魏晋以后改为三月三日。从先秦到汉代,上巳节的习俗活动有三种:一是到水边举行祭祀仪式,并到水中洗浴,以被除过去一年中的污渍与秽气;二是招魂续魄,在野外或水边召唤亲人亡魂,也召唤自己的魂魄苏醒、回归。先人认为自己的灵魂也如同万物一样随四季的变化经历发芽、成长到凋零的过程,故在初春要招魂;三是春嬉,青年男女到野外踏青嬉戏,并自由择偶。

上巳节的早期节俗最重要的内容是被禊。在上古时期,这种活动就不仅是一

中国民俗文化精粹

·礼仪节俗·

图文珍藏版

种祛邪求祥的巫术仪式,而且更是一种自由快活的春游。《诗经·郑风·溱洧》中描写了水边人群聚集、青年男女交游示爱的场景:"溱与洧,方涣涣兮,士与女,方秉兰兮。女曰:'观乎?'士曰:'既且。且往观乎?洧之外,洵訏且乐。'维士与女,伊其相谑,赠之以芍药。"

《韩诗注》解释说:"今三月桃花水下,以招魂续魄,祓除岁秽。"从以上的描述和解释,我们可以知道,上巳节就是在郊外水边举行避邪求吉的宗教仪式之后快乐地春游、男女自由交往的节日。这样,上巳节的气氛就有两种:一是肃穆的祓除和招魂,二是欢快的嬉游和交往。虽然祓禊、招魂的仪式很重要,但是人们投入时间和精力更多的是快乐的春游和交往。

魏晋以后,水中沐浴、招魂续魄之俗逐渐消失,临水祓除转为临水酒会。南朝时期的《荆楚岁时记》记载:"三月三日,四民并出江渚池沼间。临清流,为流杯曲水之饮。"这段文字里的上巳节习俗主要是一种水边交游、宴饮的活动。唐朝时,三月三仍然是一个全国性的重要节日。每逢此节,皇帝都要在曲江大宴群臣,所谓"曲水流觞",不少文人写有诗文描述这种盛景。民间男女也踊跃来到水边饮宴交游。刘驾《上巳日》写道:"上巳曲江滨,喧于市朝路。相寻不见者,此地皆相逢。"这天,长安还流行斗百草游戏等。

由于时间与清明临近,又都是在郊外的活动,上巳节的踏青饮宴与清明扫墓后的春游娱乐开始尚分头而行,后来逐渐合而为一。上巳节重交游踏青的特点就被整合到清明节习俗之中。也可以说,清明节盛行春游的习俗主要是继承上巳节的传统。

综上所述,根据现有资料,清明在唐朝之前还没有成为节日;从唐代开始,清明节逐渐成为一个融合了寒食节与上巳节习俗的重要民俗节日。王维在《寒食城东即事》一诗中说:"少年分日作遨游,不用清明兼上巳。"这是寒食、清明与上巳三者融合为一体的有力佐证。在唐朝前期,虽然这一段时间的习俗多被称为"寒食",但在实质上其主体部分已经是今天所说的清明节。到宋代以至明清,清明节发展到最盛行的时期,其后绵延不绝。

二、扫墓祭祖

清明节是中国三大鬼节之一(另外两个鬼节是七月十五、十月一)。"鬼节"即是悼念亡人之节,是和祭祀天神、地神的节日相对而言的。清明作为节日,与纯粹的节气又有所不同。节气是我国物候变化、时令顺序的标志,而节日则包含着一定的风俗活动和某种纪念意义。

清明节是我国传统节日，也是最重要的祭祀节日，是祭祖和扫墓的日子。中国祭祀祖先的历史由来已久，早在上古时代就有帝王、诸侯祭祀宗庙的仪式，到春秋时代孔子的墓祭，这些都属于贵族所特有的。到了秦汉以后，贵族制度没落，才有一般民众到祖先坟墓去祭祀的习俗。

扫墓大致有如下内容，一是为死者烧香三炷，摆放水果等供品，烧纸钱，鸣鞭炮。纸钱是一种特制的钱币，叫冥币，意思是送给死者在阴间使用的钱。又称光明钱、往生钱。除了烧纸钱外，还流行一种压钱的习俗，就是把纸钱压在坟墓的四角和坟顶。然后扫墓者在香火袅袅中向死者祭奠，晚辈一般要行跪拜大礼。二是在祭奠完毕后要整修坟墓，给坟墓培土、除草。民间信仰认为，坟地是死者的世界，他们在那里进行生产劳动，衣食住行，无一不有，而墓穴就是死者的房屋，房屋长年日晒雨淋，会有破旧开裂的地方，所以生者要为死者把房屋修好。更为重要的是，祖先如果在坟墓里住得安稳，其子孙后代才会繁荣兴旺。祖先的墓地联结着今天的生命和情感，正因为这样，古代十分重视祭祖扫墓。

过去，清明扫墓主要是为亲友扫墓。进入现代社会以来，清明扫墓被赋予了新的内容，比如缅怀先烈和为国捐躯的英雄人物。有些学校在清明节前后就组织学生们到革命烈士的墓地扫墓，同时进行一次英雄主义和爱国主义的教育。有一些人就对形成清明节的新风俗提出了具体建议，他们说，长期以来，清明节祭奠的主要对象是离世的亲人和祖宗。随着革命传统教育的开展，祭奠的对象应扩展到革命先烈，借清明节祭扫烈士陵园。对祖宗的家族性私祭应发展到对中华民族共同祖先黄帝、炎帝的群体性公祭。祖国的大小城乡遍布英杰的足迹，清明节时组织青少年到陵园或墓地扫墓，到英杰人物的纪念碑、纪念馆、故居、遗迹瞻仰献花，举行入队、入团、成年礼等仪式，这是非常生动具体的爱国主义和民族精神教育，也是凝聚全世界中华儿女的文化举措。

清明扫墓可以分成两种仪式：一是挂纸，又称"压纸"，一般用石头或砖块将长方形的黄白纸，或红黄蓝白黑的五色纸压在坟上，以示子孙已祭拜祖坟；二是培墓，是把祖坟修饰一下，并向祖先祭拜的活动。每年一度将祖先坟上的杂草清除，并加以修整，然后准备一些牲礼、酒、菜、蔬果和粿类作为供品。一般都在坟前和后土前摆放祭品，祭品有韭菜、鸡蛋、鱿鱼、甜饭、芋、笋等。

按照旧的习俗，扫墓时，人们要携带酒食果品、纸钱等物品到墓地，将食物供祭在亲人墓前，再将纸钱焚化，为坟墓培上新土，折几枝嫩绿的新枝插在坟上，然后叩头行礼祭拜，最后吃掉酒食回家。唐代诗人杜牧的诗《清明》："清明时节雨纷纷，路上行人欲断魂。借问酒家何处有？牧童遥指杏花村。"写出了清明节的特殊气氛。

·礼仪节俗·

图文珍藏版

273

清明扫墓,谓之对祖先的"思时之敬"。其习俗由来已久。明《帝京景物略》载:"三月清明日,男女扫墓,担提樽榼,轿马后挂楮锭,粲粲然满道也。拜者、酹者、哭者、为墓除草添土者,焚楮锭次,以纸钱置坟头。望中无纸钱,则孤坟矣。哭罢,不归也,趋芳树,择园圃,列坐尽醉。"其实,扫墓在秦以前就有了,但不一定是在清明之际,清明扫墓则是秦以后的事,到唐朝才开始盛行。《清通礼》云:"岁,寒食及霜降节,拜扫坟茔,届期素服诣墓,具酒馔及芟剪草木之器,周胝封树,剪除荆草,故称扫墓。"并相传至今。

清明祭祀在清明前后,各地有所差异。旧时,北京人祭扫坟墓不在清明当天,而在临近清明的"单日"进行。只有僧人才在清明当天祭扫坟墓。浙江丽水一带则在清明节的前三天和后四天的范围内扫墓,称为"前三后四"。在山东,旧时,多数地区在清明当天扫墓,少数地区如诸城,在寒食这天扫墓,有些地方在清明前四天内扫墓。现在,一般都在清明这天去扫墓。晋南人则将扫墓的时间分为两次:一次在清明前几天,是各家分头去扫墓。第二次是在清明当天,一个村里同姓的各家派出代表,同去墓地祭祀共同的祖先。上海人扫墓时间,新坟旧坟有别。凡是新近过世的,过了七七四十九天而没做过超度法事的,要在清明节这天请僧道诵经做法事或道场。如果是老坟并已做过法事或道场,扫墓不一定在清明当天,可以前后放宽些,但不能超出前七天后八天的范围,俗谓:"前七后八,阴司放假。"意思是过早或过迟都会失灵。

清明祭扫仪式本应亲自到茔地去举行,但由于每家经济条件和其他条件不一样,所以祭扫的方式也就有所区别。

"烧包袱"是祭奠祖先的主要形式。所谓"包袱",亦作"包裹"是指孝属从阳世寄往"阴间"的邮包。过去,南纸店有卖所谓"包袱皮",即用白纸糊一大口袋。有两种形式:一种是用木刻版,把周围印上梵文音译的《往生咒》,中间印一莲座牌位,用来写上收钱亡人的名讳,如:"已故张府君讳云山老大人"字样,既是邮包又是牌位。另一种是素包袱皮,不印任何图案,中间只贴一蓝签,写上亡人名讳即可。亦做主牌用。

关于包袱里的冥钱,种类很多。一是大烧纸,九开白纸,砸上四行圆钱,每行五枚;二是冥钞,这是人间有了洋钱票之后仿制的,上书"天堂银行""冥国银行""地府阴曹银行"等字样,多系巨额票面,背后印有佛教《往生咒》;三是假洋钱,用硬纸作心,外包银箔,压上与当时通行的银圆一样的图案;四是用红色印在黄表纸上的《往生咒》,成一元钱状,故又叫"往生钱";五是用金银箔叠成的元宝、锞子,有的还要用线穿成串,下边缀一彩纸穗。

旧时,有的富户要携家带眷乘车坐轿,亲到坟茔去祭扫。届时要修整坟墓,或象征性地给坟头上添添土,还要在上边压些纸钱,让他人看了,知道此坟尚有后人。

祭罢,有的围坐聚餐饮酒;有的则放起风筝,甚至互相比赛,进行娱乐活动。妇女和小孩们还要就近折些杨柳枝,将撤下的蒸食供品用柳条穿起来。有的则把柳条编成箩圈状,戴在头上,谓"清明不戴柳,来生变黄狗"。

水墨画——清明扫墓祭祖图

此即是扫墓又是郊游,兴尽方归。

清明祭祀的参与者是全体国民,上至君王大臣,下至平头百姓,都要在这一节日祭拜先人亡魂。从唐朝开始,朝廷就给官员放假以便于归乡扫墓。据宋《梦粱录》记载:每到清明节,"官员士庶俱出郊省墓,以尽思时之敬。"参加扫墓者也不限男女和人数,往往倾家出动。这样清明前后的扫墓活动常成为社会全体亲身参与的事,数日内郊野间人群往来不绝,规模极盛。

作为鬼节,清明之祭主要祭祀祖先和去世的亲人,表达祭祀者的孝道和对死者的思念之情。清明节属于鬼节而通常不被冠以鬼节之名,就在于它所祭祀的主要是善鬼、家鬼,或亲近者的亡魂,重在表达孝思亲情。另外两个鬼节则连恶鬼、野鬼也一并祭祀,重在安抚鬼魂,不让它们作祟。

清明祭祀按祭祀场所的不同可分为墓祭、祠堂祭。以墓祭最为普遍。清明祭祀的特色就是墓祭。在墓地祭祀,祭祀者离祭祀对象最近,容易引起亲近的感觉,使生者对死者的孝思亲情得到更好的表达和寄托。清明祭祀被称为扫墓,主要是由于采取墓祭方式。另一种形式是祠堂祭,又称庙祭,是一个宗族的人聚集在祠堂共祭祖先,祭完后要开会聚餐等,这种祭祀是团聚族人的一种方式。还有一种情况是家在外地工作的人不能赶回家乡扫墓,就在山上或高处面对家乡的方向遥祭。

三、踏青郊游

清明节,又叫踏青节。踏青是古代文人对野外郊游的一种典雅表达方式。春天来了,野外的土地都长出了青青的小草,人们来到郊外,踏着青青的小草,欣赏美好的春光。你看,踏青二字是多么形象。清明在阳历每年的 4 月 4 日至 6 日之间,这个时节,寒冷逐渐远去,春光明媚,草木吐绿,人们整个冬季窝在屋子里躲避寒冷,已经憋屈得很了,早就想出来呼吸呼吸清新的空气,而清明时节正是出去的好时候,所以古人有清明踏青的习俗。现在,我们不说踏青了,用了一个新词:春游。

人类最早就是与大自然融为一体的,与野外的绿色有一种天然的亲近感。后来人类创造了文明,能够自己造屋子,屋子能够抵御冬天的寒冷,但只要春暖花开,人们就到野外去活动,因为人们的生产和生活都与野外有密切的关系。中国人的祖先最早形成的踏青的习俗并不是在清明节,而是在清明前的三月三,古人称之为上巳节。上巳节主要是祈求人类繁衍。到了上巳节,人们纷纷从家中走出,集体举行祭祀主管婚姻和生育的神灵,这时候也是男女相会求偶的时刻,往往两个氏族之间就是在上巳节这一天在野外相聚,互相对歌、跳舞,彼此沟通感情,于是郊外成了热闹浪漫的地方。踏青的习俗就是这么来的。

踏青,又称踏春、游春、寻春。清明节这一天,男女老幼携手到郊外散步,领略风和日丽、鸟语花香的好光景。他们或者采摘花草,或者洗浴春水,或者吟诗放歌,或者饮酒猜拳,或者开展踢球、荡秋千、放风筝、拔河等体育活动。女人们尤其是年轻女性在清明节这一天应该是最为高兴的,因为女子平时被束缚在家,她们得按照三从四德的要求言行小心谨慎,但到了清明节,她们也可以穿上最艳丽的服装出来踏青,观赏大自然的美丽,尽情地玩耍。所以古代有一句俗语说:"女人的清明男人的年。"

清明时节,万物花开,春和景明,人们来到野外踏青赏春,自然心情舒畅,因此这也是诗人墨客诗兴大作、尽抒情怀的时刻。而清明节扫墓,让人们回忆起往昔的亲友和岁月,更止不住要吟咏诗句。唐代诗人杜牧的《清明》一诗恐怕在今天仍是家喻户晓。这首诗通俗易懂,朗朗上口:"清明时节雨纷纷,路上行人欲断魂。借问酒家何处有,牧童遥指杏花村。"杜牧为我们描绘了一个情感充沛的清明节,这一年的清明节下起了绵绵细雨,诗人看到一路上的行人神色凝重,他们将去祭扫先人的墓地,先人的音容笑貌此刻正萦绕在心,他们的灵魂仿佛追随着先人的身影而去,所以一个个像"欲断魂"一般,诗人受到感染,心情也变得肃穆起来,于是想找一个酒家,喝杯温酒,以酒解愁,可是哪里有酒家呢,牧童抬手指去,只见远远的飘着一幅"杏花村"的酒帘。唐代诗人崔护在清明踏青时还留下了一个感人的浪漫故事。有一年清明,崔护游到城南庄,因为口渴就向一位村姑讨了一杯水喝。第二年的清明,崔护又来到城南庄,才听说那位给他水喝的村姑因为思念崔护而抑郁死去。崔护大为感动,便写下一首《游城南》的诗:"去年今日此门中,人面桃花相映红。人面不知何处去,桃花依旧笑春风。"

在春光明媚的清明前后,尽情地亲近自然、到郊外踏青游玩,是清明节俗的另一项重要活动。旧时,清明时节的郊野之中,众人春游的场景是非常盛大热闹的。

当时游乐活动在清明节俗中占有很重要的位置,差不多与祭祀平分秋色。至少不像今人这样一提到清明节,就把主要注意力都放在清明扫墓上。有学者认为清明节主要是一个快乐的节日,此话不无道理。

清明前后,荡秋千、放风筝、驰马、踢球、踏青,凡此种种,都是我国古代民间颇为盛行的活动。尤其是踏青,更是男女老幼最为喜爱而又易行的项目。清明踏青,不仅可欣赏大自然的美好景色,而且是锻炼身体、增强抗病能力的最好活动。

踏青,又叫"探春""寻春""郊游",其含义,就是脚踏青草,在郊野游玩,观赏春色。清明时节,风和日丽,绿草如茵,花香扑鼻,正是春游踏青的大好时光,所以成为清明节俗的一项重要内容。宋代欧阳修在《阮郎归踏青》词中写道:"南国春半踏青时,风和闻马嘶。青梅如豆柳如眉,日长蝴蝶飞。"古时妇女平日不能随便出游,清明扫墓是难得的踏青的机会,故妇女们在清明节比男人玩得更开心,民间有"女人的清明男人的年"之说。

清明踏青,最早的源头应是古人游春习俗。清明节又称之为踏青节。《论语·先进》中记载了孔子与其弟子子路、曾皙、冉有等谈论志向的一段对话。当孔子问到曾皙的志向时,曾皙回答:"暮春者,春服既成,冠者五六人,童子六七人,浴乎沂,风乎舞雩,咏而归。"曾皙的话,说明上古之人早就有季春三月野浴、踏青的习俗。后来的清明踏青,应该是发源于上古而又继承上古遗风的结果。

西汉时,汉武帝在清明赐宴群臣于曲江,倾都人士于江头置亭游赏。

清明节踏青的习俗盛行于唐代。从唐代起,我国将寒食和清明两个节日合二为一。由于这个节日"既有祭扫新坟生死离别的悲酸泪,又有踏青游玩的欢笑声,是一个富有特色的节日",所以,深受历代帝王和劳动人民的重视。顾非熊在《长安清明言怀》诗中,曾记载了唐玄宗春游踏青的情景,诗云:"明时帝里遇清明,还逐游人出禁城,九陌芳菲莺自啭,万家车马雨初晴"。在唐代清明时节,朝野盛行禁火、扫墓、踏青、荡秋千、蹴鞠、打马球,插柳条等习俗。著名诗人杜甫就有"江边踏青罢,回首见旌旗"的绝句。清明节,人们一定会想到崔护的那首诗,讲的是崔护清明游春到城南,因口渴而向村姑讨了一杯水喝。第二年,崔护又来到城南庄,可那女子却因思念崔护而死,于是崔护写了《游城南》一诗:"去年今日此门中,人面桃花相映红。人面不知何处去,桃花依旧笑春风。"

宋代时,围绕扫墓、踏青形成了大型的娱乐活动。宋代孟元老的《东京梦华录》记载汴京清明的娱乐活动时说:"四野如市,往往就芳树之下,或园囿之间,罗列杯盘,互相劝酬。都城之歌儿舞女,遍满园亭,抵暮而归。各携枣锢……"宋代吴自牧的《梦粱录》记载临安清明节俗时说:"宴于郊者,则就名园芳圃,奇花异木之处;宴于湖者,则彩舟画舫,款款撑驾,随处行乐。此日又有龙舟可观,都人不论贫富,倾城而出,笙歌鼎沸,鼓吹喧天,虽东京金明池未必如此之佳。"宋代大画家张择

·礼仪节俗·

图文珍藏版

端所画的《清明上河图》描绘了宋代汴京汴河两岸的景物以及清明人们游乐的情景。画面人物多达五万五千人，牲畜五十多头，船二十多艘，车轿二十多乘，人来人往，熙熙攘攘，各行各业集于游市，充分反映了清明日踏青娱乐的情景。

明代的清明踏青，有些人就是扫墓之后接着春游的。明人刘洞、于亦正《帝京景物略》中说："清明来到，是日牵柳，游高粱桥，曰踏青。多四方客未归者，祭扫日感念出游。"

清明祭祀是肃穆或悲伤的，而踏青游玩则是轻松快活的，二者岂不矛盾？其实不然。民间自古以来就有在庄重的仪式之后纵情欢乐的节日文化传统，而清明节的源头之一上巳节正是一个这样的节日，何况魏晋之后上巳节就已演变为一个纯粹郊游宴饮的节日。上巳节在郊野纵情游乐的传统必然在清明节俗中得到体现。民间对生死向来有一种流传广泛的旷达观念，认为人出自黄土又归于黄土，是一个自然的过程，只要是尽寿而终，不是早夭，就不是很令人悲伤的事情，甚至老人的高寿而亡是一件喜事，所谓"红白喜事"。这样，祭奠正常寿终的亲人和祖先，就不是一件真正悲伤的事情，只是表达孝敬和思念之情，在完成一个郑重的仪式。一些女性的哭坟也是按礼法所为的仪式的一部分，或者是发泄自己情感的一种方式。仪式完成之后的游春就是自然的事情。所以，人们能普遍地将扫墓与春游结合起来。

四、插柳戴柳

清明前后，春阳照临，春雨飞洒，种植树苗成活率高，成长快。因此，自古以来，我国就有清明植树的习惯。有人还把清明节叫作"植树节"。植树风俗一直流传至今。清明对农业生产来说是一个很重要的节气，清明正是春天来到的时候，气温逐渐升高，大地复苏，万物生长，它提醒人们，现在是春耕春种的大好时光。古人为什么要把清明这个节气称之为"清明"呢？古人的回答是："万物生长此时，皆清洁而明净。故谓之清明。"可见古人非常喜爱这个节气，也非常重视这个节气，在这样一个"清洁而明净"的时刻，人们的心情也会明快起来，大家争先恐后地忙碌起各种农业生产。在这方面还留下了很多有关清明的农谚，如"清明前后，种瓜种豆"，"植树造林，莫过清明"等。

清明节植树也与清明节期间插柳的习俗有关系。清明节插柳是为了纪念"教民稼穑"的农事祖师神农氏的。因为柳树极易成活，只要截取一段枝条栽在任何土壤里，浇上点儿水就能生根发芽。所以自古以来，人们常在门前、庭院、路边、荒地栽植柳树。俗话说："有心栽花花不发，无心插柳柳成荫。"柳条插土就活，插到哪里,活到哪里,年年插柳,处处成荫。清代光绪年间,左宗棠以钦差大臣的身份督办新疆军务,车辆载着军火、物资,从潼关西进,这时是大漠孤烟,一片荒凉的景象,左宗棠就率领他的部下一边修路一边向西推进。左宗棠不仅修一条宽宽的道路,还在道路两旁栽植柳树,少的栽一到两行,多的栽四到五行,形成一条柳树林带,这条林带长达600里。这就是被后人称道的"左公柳"。当时还有人写诗赞颂道:"大将筹边尚未还,湖湘子弟满天山。新栽杨柳三千里,引得春风度玉关。"

柳树是清明节的一种节日象征。无论是清明扫墓还是清明踏青,我们都会走到野外。三月的大自然刚刚吐出新绿,而那一株株柳树最是引人注目,袅袅婀娜的柳枝在风中摇曳,满树嫩绿的柳芽就像一笼绿色的轻雾,人们也就乐于把心情寄托在生机勃勃的柳树上面。这就是为什么在清明节的习俗和仪式里,总也离不开柳树的缘故。

古人踏青的时候,人们坐的轿子和马车都会插着柳枝,妇女的头上和儿童的衣服上也会插着柳枝。清明节不仅是踏青时要插柳,人们到了这一天都有折柳的习俗,或者把柳条编成圈戴在头上,或者把柳枝插在房前屋后,或者将柳枝插在先人的坟头。另外,有的地方还把柳芽掺入面食里,做成柳芽饼吃。东汉末年黄巢揭竿起义,议定以清明这一天为起义日期,起义军都带柳条为标志。当时就流行两句谚语:"清明不带柳,死后变黄狗","清明不带柳,死在黄巢手"。总之,柳枝从此就与清明有着千丝万缕的联系。柳条依依,绵绵之中有无尽的思念,也有生生不息的象征。柳

清明柳

虽属平常之树,却有极强的生命力,落地便可生根,春风一吹,便绿上枝头。清明折柳,大抵是有些积极意味的。所以古人说:"清明不戴柳,红颜成皓首"。意思是说,若在清明的时候不戴柳的话,年轻人就会一下子变成白发老人。

清明插柳戴柳的传说也有好几种。一种传说就是前面提到的晋文公重耳祭介子推的故事。介子推被烧死的第二年,晋文公领着群臣,登山祭奠,行至坟前,只见那棵老柳死而复活,绿枝千条,随风飘舞。晋文公望着复活的老柳树,就像看见了介子推一样,便把复活的老柳树赐名为"清明柳"。还有一种说法是,柳枝在人们

眼里是有灵性的,可以避邪,所以人们愿意用来当作装饰物。史书上记载,唐玄宗曾于阴历三月三日在渭水边上举行祭仪,赐群臣柳圈,并说戴上它可免虿毒,因为柳在人们的心目中有辟邪的功用。佛教中的观世音,手中就是拿着一根柳枝,他用柳枝沾水普度众生。还有一种说法是,在屋檐上插柳,是给自己的住宅立一个标志,这样祖先的亡灵就能找着亲人的住宅。不管怎么说,这些说法足以说明柳的某些特质是很受世人推崇的,比如平凡可亲、生命力蓬勃旺盛。纵观古今,爱柳之人大有人在。"碧玉妆成一树高,万条垂下绿丝绦。""沾衣欲湿杏花雨,吹面不寒杨柳风。"这样的诗句只要从口中吟诵出来,便让人觉得柳条儿已经带着春意扑面而来了,心神俱醉。在世人的眼中,清明柳是春,是画,是情丝,是细节,是思念,是生机,是坚韧,是俗世的烟火,也是希望。或许,正因为春柳含着这么多美好的特质,所以清明时节,手持细柳追思先人的时候,心底便可多一分亮色,少一分悲戚。

在清明柳的传说里,还有一个告诉人们要爱惜粮食同情穷人的传说。相传古时候,那些财主老爷们过着花天酒地的生活,粮食吃不了,霉烂了,就倒在河里。而穷人们连肚皮都填不饱,忍饥挨饿,四处逃荒要饭。这天,土地神到人间巡查,看见河里有许多倒掉的霉烂五谷,于是上天禀报说:"土地长出的五谷都被人给糟蹋了。"玉皇大帝闻奏,立即令火光菩萨到人间去降天火。这天正是清明节,火光菩萨带着火龙火柱,脚踏白云来到人间,只见三五成群的人出去讨饭。火光菩萨想:既然把粮食倒在河里,为什么这些人又没有吃的呢?先看看再说。于是他就变成个讨饭的叫花子,来到一家穷人门前。那穷人见他可怜,将端到自己嘴边的一碗野菜给他吃。火光菩萨才知道把五谷倒在河里的是财主们。他便叫这家穷人转告贫寒人家:这一天都在门前插上柳条。这天晚上,财主们的房屋突然都燃起了熊熊大火,而穷人家插了柳条,都平安无事。后来,人们为了防火避灾,每年清明节这一天,就在门前插上青青的柳条了。多少年来一直如此。

清明插柳甚至还与古代的一位诗人有关。宋代的大诗人柳永虽然才华横溢,却一直考不上功名,得不到官府的赏识,只好替卖唱的歌女们写歌词,他的词受到人们的欢迎,歌女们都争着唱柳永写的词。柳永一生贫困,死后连墓葬的费用都没有,还是仰慕他的歌女们集资为他解决了墓葬费用。每年清明节,歌女们还相邀来到他的坟前祭奠,因为柳永姓柳,她们就在柳永的坟前插上柳枝以示纪念,久而久之就成了清明插柳的习俗。

在长久的历史演变中,清明柳承载了越来越多的文化意义,人们常常借柳表达自己的情感。所以,柳枝常常被古代诗人们写进诗词作品中。古人特别还有"折柳赠别"的风俗:汉代的京城长安,出城有一座灞桥,桥两岸堤长十里,一步一柳,由长安东去的人多到此地惜别,折柳枝赠别亲人,因"柳"与"留"谐音,以表示挽留之意。杨柳是春天的标志,在春天中摇曳的杨柳,总是给人以欣欣向荣之感。"折柳赠别"就蕴含着"春常在"的祝愿。古人送行折柳相送,也喻义亲人离别去乡正如离枝的柳条,希望他到新的地方,能很快地生根发芽,好像柳枝之随处可活。它是一种对友人的美好祝愿。古人的诗词中也大量提及折柳赠别之事。明代诗人郭登在诗中写道:"年年长自送行人,折尽边城路旁柳。"你看,路边的柳枝都被离别人折尽了,这友情可见有多深厚。欧阳修的《踏青》:"南国春半踏青时,风和闻马嘶,青梅如豆柳如眉,日长蝴蝶飞。"北宋诗人张先有"芳草拾翠莫忘归,秀野踏青来不定"的佳句,描绘郊野踏青游人往来不绝,妇女乘春游之际采撷花草,时已黄昏仍流连忘返的盛况。而宋代诗人吴惟信则更生动地勾画出人们游春的动人场面:"梨花风起正清明,游子寻春半出城。日暮笙歌收拾去,万株杨柳属流莺。"古代的清明节,在民间还进行踢球、射柳、放风筝、荡秋千等有益的体育活动。宋人黄峪的"未到清明先焚火,还依桑下系秋千"道出了荡秋千成风。清代高鼎的"草长莺飞二月天,拂堤杨柳醉春烟;儿童散学归来早,忙趁东风放纸鸢。"成为吟咏风筝之绝唱。宋代王禹偁的《清明》诗,不写踏青饮酒,而写一贫士乞得邻家烟火、借火读书的发奋精神:"无花无酒过清明,兴味萧然似野僧。昨日邻家乞薪火,烧窗分与读书灯。"宋代黄庭坚的《清明》诗:"佳节清明桃李笑,野田荒郊自生愁。雷惊天地龙蛇蛰,雨足郊原草木柔。人乞祭余骄妄妇,士甘焚死不公侯。贤愚千载知谁是,满眼蓬蒿共一丘。"诗人以清明扫墓想到人的生死问题,进而有感于人生的价值,表现了诗人旷达之中包含郁勃、不愿与俗沉浮的兀傲之气和对仕途贤愚混杂的愤慨之情。

正因为清明节有插柳戴柳之俗,所以有些地方清明日有卖杨柳之俗。今人《芜湖古今》:清明,"清晨,街市叫卖杨柳,家家折一枝绿柳蘸上清水,插上门楣,妇女则结杨柳球,戴在鬓边"。据清顾禄《清嘉录》记载,江苏吴地一带"清明日,满街叫卖杨柳。人家买之,插于门上。农人以插柳日晴雨占水旱,若雨主水"。谚语"檐前插柳青,农夫体望晴",说的就是这个意思。吴地的"妇女结杨柳球戴鬓畔,云红颜不老",也促进了卖杨柳之风。

汉人有"折柳赠别"的风俗。李白有诗云:"年年柳色,灞陵伤别。"古代长安灞桥两岸,堤长十里,一步一柳,由长安东去的人多到此地惜别,折柳枝赠别亲人,因"柳"与"留"谐音,以表示挽留之意。这种习俗最早起源于《诗经·小雅·采薇》里"昔我往矣,杨柳依依"。用离别赠柳来表示难分难离,不忍相别,恋恋不舍的心意。杨柳是春天的标志,在春天中摇曳的杨柳,总是给人以欣欣向荣之感。"折柳赠别"就蕴含着"春常在"的祝愿。古人送行折柳相送,也喻义亲人离别去乡正如离枝的柳条,希望他到新的地方,能很快地生根发芽,好像柳枝之随处可活。它是一种对友人的美好祝愿。古人的诗词中也大量提及折柳赠别之事。宋代姜白石诗:"别路恐无青柳枝",明代郭登诗:"年年长自送行人,折尽边城路旁柳。"清代陈维崧词:"柳条今剩几?待折赠。"人们不但见了杨柳会引起别愁,连听到《折杨柳》

曲,也会触动离绪。李白《春夜洛城闻笛》:"此夜曲中闻折柳,何人不起故园情。"其实,柳树可以有多方面的象征意义,古人又赋予柳树种种感情,于是借柳寄情便是情理中之事了。

五、放风筝

春天来了,春风习习,这是放风筝的最佳季节。因此,人们在清明节时愿意外出放风筝。

风筝,是中华民族向西方国家传播的科学发明之一,它同我国古代"四大发明"一样,曾为人类的科学事业做出重要贡献,已被英国学者李约瑟编入《中国科学技术史》。追寻风筝的起源,可上溯到两千多年前的春秋战国时期,由于战争的需要,古人以鸟为形,以木为料,制成可在空中飞行的"木鸢"。《韩非子》记载,大约在公元前400年,思想家墨子就做过"木鸢"。墨子是木匠出身,传说鲁班就是他的学生。《墨子·鲁问篇》有这样的记载:"公输子(即鲁班)削竹木以为鹊,成而飞之,三日不下。"《淮南子·齐俗》也记载:"鲁班墨子,以木为鸢而飞之。"可见其做的风筝是最早的风筝。放风筝是清明节习俗,在我国,"放风筝"游戏据史书记载始于五代。

木鸢产生于战争之中,用于战争之时,它随着我国丝织业和造纸术的发明,不断演变、发展。相传,公元前203~202年,在楚汉相争对峙的最后阶段,汉兵先包围楚营,汉将张良借大雾迷蒙之机,从南山之隐放起丝制的大风鸢,并让吹箫童子卧伏其上,吹奏楚歌,同时命汉军在四面唱起楚歌,使楚营官兵思乡心切,不战而散。楚王项羽也自刎于乌江边。至今留下张良"吹散楚王八千子弟兵"的传说。据《诚斋杂记》载:韩信准备谋反时"约陈稀从中起,乃做纸鸢放之,以量未央宫远近,欲穿地入宫中"。《独异志》载:"梁武帝太清三年(公元549年),侯景围台城,简文缚纸鸢,飞空告急,搬取救兵解围。"

西汉时期,木鸢改用竹子和丝绸来制作,后又改用纸张。于是,"木鸢"也改名叫"纸鸢"。

在我国古代,风鸢一直是战争时通讯和侦探的重要工具,并能带上"火药"用作战争进攻的武器。

唐代建立后,社会很快走向安定和繁荣,成为我国古代文化经济全面发展的时期。社会的安定、文化经济的发展,带来了中国传统节日的盛行,而节日的盛行又促进了各种文化娱乐活动的发展。作为一直被用于军事上的纸鸢,随着传统节日清明的兴起,用途上有了新的转折,开始向民间娱乐型转化。在这时期,儿童放纸鸢始在民间流行,唐代诗人唐采在《纸鸢赋》中记载:"代有游童,乐事末工。饰素纸以成鸟,象飞鸢之戾空;翻兮将度振沙之鹭,杳兮空光渐陆之鸿,抑之则有限,纵之则无穷,动息乎丝纶之际,行藏乎掌挥中……"此时纸鸢的制作技艺、放飞效果,已有较高的水平,人们"以纸为风鸢",可放到"高百余丈"的天空中去(见《唐书》)。谈到唐时期风筝,有必要提及一下有关唐代诗人所写的风筝诗,唐代诗人高骈写有《风筝》一诗:"夜静弦声响碧空,宫商信任入来风;依稀似曲才堪听,又被风吹别调中。"风筝真正的命名,《询刍录》记载:"风筝,即'纸鸢',又名'风鸢'。五代时李邺于宫中做纸鸢,引线采风为对,后于鸢首以竹为笛,风入笛管发出悦耳之声,好似'筝'鸣,俗称'风筝'。起初只限于皇宫贵族中的公子佳人玩赏。"

宋代是我国风筝的发展阶段。据潍县真武词中苏东坡文记载:"郭忠恕,洛阳人,善书画,尤善山水。因与监察御史争朝堂,被贬乾州司户……有富家于喜画,日给美酒,待之甚厚,久乃以情言,且致匹素。郭忠恕先为画小童持线车放风鸢,引线数丈满之……"苏轼不仅记述了郭忠恕刚正不阿的性格,而且将其善于以风筝为题材进行创作的事迹,如实地记录下来,这为研究宋代画家如何将风筝作为创作题材提供了宝贵材料。北宋宰相寇准也曾作《纸鸢》诗:"碧落秋方静,腾空力尚微,清风如可托,终共白云飞。"由此可见,北宋时期民间放风筝已是一项群众喜闻乐见的活动,也是文人墨士艺术创作中的一种题材。风筝既是一种美丽的民间工艺品,又是大众娱乐品,历来爱到文学家的传唱。

及至南宋时期,其"制度礼文,犹足仿佛以东京之盛"。封建帝王"不思恢复中原,整日花天酒地,沉酗于湖山之乐",宫廷提倡奢靡的节日风俗,临安豪绅相互斗富,致使清明等传统节日更加盛行,放风筝成为宫廷和民间一种不可缺少的活动。

清朝时,风筝已在扎、糊、绘、放四艺上发展到相当精致的程度。曹雪芹在北京西山"穷居著书"时,细究风筝扎糊之法,还写了《南鹞北鸢考工志》一书。书中详细介绍了翼燕、双鲤、彩蝶、螃蟹、宠妃、双童等四五十种风筝的扎、糊、绘、放等技法和工艺。清人潘荣陛所著《帝京岁时纪胜》记载:"清明扫墓,倾城男女,纷出四郊,提酌挈盒,轮毂相望。各携纸鸢线轴,祭扫毕,即于坟前施放较胜。"古人还认为清明的风很适合放风筝。《清嘉录》中说:"春之风自下而上,纸鸢因之而起,故有'清明放断鹞'之谚。"

此外,在古人那里,放风筝不但是一种游艺活动,而且是一种巫术行为,他们认为放风筝可以放走自己的秽气。《红楼梦》中有这样一段描写:林黛玉不舍将制作精巧的风筝放掉。李纨劝她:"放风筝图的就是这一乐,所以叫放晦气,你该多放些,把病根儿带去就好了。"而当紫鹃要去拾断了线的无主风筝时,探春又劝阻:"拾人走了的,也不嫌个忌讳?"可见古时放风筝是人们消灾祛难的手段,不能去拾

中国民俗文化精粹

·礼仪节俗·

图文珍藏版

别人的风筝，以免沾上别人的晦气。也有很多人在清明节放风筝时，将自己知道的所有烦恼、灾病都写在纸鸢上，等风筝放高时，就剪断风筝线，让纸鸢随风飘逝，象征着自己的烦恼、疾病、秽气都让风筝带走了。还专门写过一本研究风筝制作工艺的书籍《南鹞北鸢考工志》。他在《红楼梦》中还多次写到了风筝。

风筝作为一种民间工艺品，形成了各种流派，主要有天津的"风筝魏"、北京的"风筝哈"、江南的"蝴蝶风筝"和潍坊的龙头蜈蚣风筝四大流派。"风筝魏"的创始人叫魏元泰。1914年，他制作的14只风筝参加巴拿马博览会，获得了金奖。"风筝魏"的特点是采用中国古建筑重彩"退晕"绘法，创出了独家技艺——折叠式。"风筝哈"的创始人哈国梁。这个流派的特点是以花草虫鱼为主，摹绘图案。江南的"蝴蝶风筝"奇巧百出，最有代表性的是一种叫"荡鹞灯"的风筝，风筝上挂着许多鹞灯，多的数十只，少的也有五六只，夜晚的时候，将风筝上的鹞灯点亮，再放飞到天上，"鹞灯"在夜空中飘曳，如明星闪烁，分外好看。潍坊的龙头蜈蚣风筝则是以龙头风筝和蜈蚣风筝为代表。

六、荡秋千

秋千这两个字的意思是揪着皮绳而迁移。荡秋千的历史同样很古老，最早叫千秋，后为了避忌讳，改为秋千。据说荡秋千最早是北方少数民族的一种游戏，目的是培养人们的灵巧性。春秋战国时的齐桓公攻伐少数民族，就把这种游戏带到了中原大地。云南的拉祜族则流传着一个更为神奇的秋千传说。说是从前每逢过年，人们就要把猪吊在木架上宰杀。猪为此愤愤不平，就跑到天神那里去告状，说不能光把猪吊在木架上，应该把人也吊在木架上，让人也尝尝吊在木架上的滋味。天神觉得猪的申诉合情合理，就下令每年人类也必须有一次把自己吊在木架上。人类不敢违抗天神的旨意，可是又不想把自己像猪一样吊在木架上。一个聪明人就想出了一个好办法，他在广场上竖起一个木架，用两根强索吊起一块木板，让人站在木板上面。天神派员来检查，觉得人已经执行了命令，就回去禀告天神了。这样一来，人既没有违抗天神的旨意，又没有失去人的尊严，于是高兴地站在木板上荡了起来。从此，人类就有了荡秋千的习俗。

古时的秋千多用树桠枝为架，再拴上彩带做成。后来逐步发展为用两根绳索加上踏板的秋千。唐代的时候，荡秋千十分盛行，特别是在清明节期间，要以荡秋千取乐。荡秋千更是年轻女性喜爱玩的一项活动。唐代诗人韦庄就描写了姑娘们在清明节时荡秋千的情景："满街杨柳绿似烟，画出清明三月天。好似隔墙红杏里，女郎撩乱送秋千。"唐代的皇帝唐玄宗是一个沉湎于玩乐的皇帝，自然也爱荡秋千，每到清明节，他就要在皇宫里竖起许多秋千架，当他看到宫女们在秋千架上凌空起舞，宛如仙女从天而降时，就把荡秋千称之为"半仙之战"，这意思是说，荡秋千荡到半空中，有如神仙似的飘荡快活。到了北宋，还出现了水上秋千，即从秋千上翻身跳水。

荡秋千不仅可以增进健康，而且可以培养勇敢精神，至今为人们特别是儿童所喜爱。

清明节这天，男女老幼，身着新衣在杨树下，或在街前广场，立木为架，上架横木，下悬二绳，绳下横系一板，人在板上可坐可立，手握两绳可前后上下飘荡，极富乐趣。

荡秋千

因为清明节处处荡秋千，也有人把它叫作"秋千节"。

清明时节，桃红柳绿，风和日丽，此时踏足郊野，摇荡秋千，飘飘欲仙，别有情趣。荡秋千，是我国古老的民间体育活动。《通俗编》中载："秋千本山戎之戏，自齐桓公北伐山戎，此戏始传中国。"

汉武帝时，宫中以"千秋"为祝寿之词，取"千秋万寿"之意，且"千秋"在汉语包含有人虽死去但永垂不朽的意思，以后为避忌讳，将"千秋"两字倒转为"秋千"。

南朝时，秋千已传到了我国长江流域，成为每年寒食清明前后的一种游戏，从此，相沿成俗。秋千已发展为用两根绳子加上一块横板，悬于木架或大树上，人或坐或站，双手握绳，前后起伏晃动。南朝人宗懔的《京楚岁时记》中记载："春时悬长绳于高木，仕女衣彩服坐立其上而推引之，名曰打秋千。"

到了唐宋时代，秋千成为专供妇女玩耍的游戏，以练习轻捷、矫健。打秋千时，人在空中荡来荡去，翩翩若飞，很有趣味。《开元天宝遗事》记载："宫中至寒食节，竞竖秋千，令宫嫔辈笑以为宴乐，帝呼之为'半仙之戏'。"在唐宋文人的作品中，有许多关于秋千的描述。唐诗人韦庄曾有《长安清明》诗云："紫陌乱嘶红叱拨，绿杨高映画秋千。"清明春风拂柳之际，女郎三五成群荡秋千于郊野树下，确实充满诗情画意。荡秋千在当时是非常普遍的游戏，宋代女词人李清照在《点绛唇》有描述："蹴罢秋千，起来慵整纤纤手。露浓花瘦，薄汗轻衣透。"民间多爱在清明踏青时节，在郊外用竹子架成一种临时性的"竹笋秋千"，舞荡嬉戏。

明代李祯在《剪灯余话·秋千会记》中描写了一段秋千姻缘。元宣徽院使孛罗家住北京积水潭,屋后有杏园。每年春天,家中女眷就在杏园打秋千游戏,谓之"秋千会"。有一个叫拜住的公子骑马经过园外,听到墙内欢声笑语,探身张望,被一美艳女子吸引,窥望良久,后被看园的发现,仓皇而走。公子回家就犯了相思病,其母只好遣媒人到宣徽府求婚。宣徽倒也通情达理,命公子以秋千为题,《菩萨蛮》为调,赋词一阕。公子吟曰:"红绳画板柔荑指,东风燕子双飞起。夸俊与争高,更将裙系牢……"宣徽赏识其才,遂将女儿许配给他。

荡秋千之所以深受人们喜爱,因为它不仅是一种情趣盎然的游戏,而且是一项强身健体的体育活动。现代科学认为,常荡秋千对增进人体五脏六腑以及肌肉、骨骼等器官的生理机能,提高免疫功能,都具有显著作用,可收到健脑益智、灵活四肢、畅通气血之功。况且荡秋千大都在郊野或公园里进行,人们沐浴着和煦的阳光,呼吸着清新的空气,更为心旷神怡,难怪民间有"打一回秋千,平安三百六十天"之说。

七、斗鸡蹴鞠拔河

清明节的习俗是丰富有趣的,除了讲究禁火、扫墓、踏青、荡秋千、插柳,还有斗鸡、蹴鞠、拔河等一系列风俗体育活动。相传这是因为清明节要寒食禁火,为了防止寒食冷餐伤身,所以大家来参加一些体育活动,以锻炼身体。因此,这个节日中既有祭扫新坟生离死别的悲酸泪,又有踏青游玩的欢笑声,是一个富有特色的节日。

斗鸡也是清明时节的应景游戏,而且正如春节的赌博一般,是必须拿钱作为输赢的。古代清明盛行斗鸡游戏,斗鸡由清明开始,斗到夏至为止。斗鸡起源于春秋战国时代,我国最早的斗鸡记录,见于《左传》。

《荆楚岁时记》:"(寒食)斗鸡,镂鸡子(鸡蛋),斗鸡子。"可见南朝时就有斗鸡与斗鸡蛋之戏了。斗鸡今多见,斗鸡蛋多是乡间小儿互相撞碰鸡蛋作为游戏。在古代,用作碰撞争斗的鸡蛋多是染色、雕镂过的,十分精美。画蛋、镂蛋之俗,源于《管子》中所记的"雕卵",无疑它是由古代食卵求生育的巫术发展而来。成了寒食的节俗。今天民间亦有清明吃蛋之俗。

到唐朝时,斗鸡之风十分盛行,不仅在民间设有斗鸡场,让群鸡相互攻斗,就连皇上也喜欢玩斗鸡。据说唐明皇十分喜爱斗鸡,曾经不惜重金,在宫廷中设置一个豪华的鸡坊,还派人专门养鸡,作为斗鸡之用,可见唐代宫廷中斗鸡风气之盛。至宋朝之后，斗鸡的风俗才逐渐转微，但是目前台湾仍尚有斗鸡的风尚。

蹴鞠也是清明时期主要的活动内容。鞠是一种皮球，球皮用皮革做成，球内用毛塞紧。蹴鞠，就是用足去踢球。这是古代清明节时人们喜爱的一种游戏，相传是黄帝发明的，最初目的是用来训练武士。

扬雄《法言·吾子》卷第二：或问："公孙龙诡辞数万以为法，法与？"曰："断木为棋，挽革为鞠，亦有法焉。不合乎先王之法者，君子不法也。"

又据《史记·苏秦列传》亦有类似的记载，苏秦为联合齐国抗秦，出使齐国临淄，对齐宣王曰：齐国是一个大国，地理位置优越，有两千里土地，数十万军队，仅临淄城就有七万户，人民富庶殷实，其民无不以"吹竽鼓瑟，弹琴击筑，斗鸡走狗。六博蹴鞠"为乐。这样富强的国家，怎么能俯首听命于秦呢？《史记，集解》引刘向《别录》曰："蹴鞠，兵势也，所以练武士，知有材也，皆因嬉戏而讲练之。"

蹴鞠

唐代时，蹴鞠之风更浓。在帝王、贵族中，爱好蹴鞠者不乏其人。如唐文宗于开成四年二月戊辰，"幸勤政楼观角抵、蹴鞠"。唐懿宗咸通中，有蒙万赢者善"蹴鞠，步打毬过驾幸处，拳弹鸟，以此应幸"。又唐僖宗"好蹴鞠，斗鸡"。在杜甫的诗篇中，有《清明》诗二首，其中一首诗中有"十年蹴鞠将雏远"一句，写他自己的一段踢球生活。从中可知，当时蹴鞠在文人中间亦流行。《剧谈录》记载，唐时有一个十七八岁的女子，当军中少年在大街上蹴鞠时，她在旁边接到踢过来的球，"接而送之，直高数丈。于是观众渐众"。这说明，在民间有习练蹴鞠的女子。唐代女子踢球大都不用球门，采用个人独踢或多人互踢的形式，即所谓"白打"。王建《宫词》中的"寒食内人长白打"句即指此。《酉阳杂俎》续集中还有荆州百姓郝惟谅"武宗会昌二年寒食日，与其徒游于郊外蹴鞠"的记载。于寒食节在郊外蹴鞠，可见当时民间有此风俗。

　　宋元民间蹴鞠十分盛行,爱好蹴鞠的帝王与大臣亦不在少数。北宋时,开封的百戏活动中就有表演蹴鞠的艺人,初春有"举目则秋千巧笑,触处则蹴鞠狂"的景象。胡廷晖所绘《宋太祖蹴鞠图》,上绘太祖、太宗、赵普、郑思、楚昭辅、石守信六人,图中不见球门,故这种"六人场"当是"一般场户"中的"大出尖"。北宋宣和时的宰相李邦彦就颇能蹴鞠,自言:"赏尽天下花,踢尽天下球,做尽天下官,而都人亦呼邦彦为'浪子宰相'。"王朝清《挥尘后录》卷七记载,高俅本是苏东坡门下一个小吏,就是因为球艺高超才成为宋徽宗的宠臣。统治者在祝寿、宴乐之时,常以蹴鞠活动为娱乐内容之一,胜者往往得赐"银碗锦彩",不胜者"球头吃鞭"。

　　南宋时期,除宫廷教坊乐部设置有专门的"筑球"(即蹴鞠)32 人外。民间出现了专以蹴鞠为娱乐的"齐云社",亦称"圆社""蹴鞠社"。参加者多为富室郎君、风流子弟与闲人。此社还有"社规",这种民间蹴鞠组织产生于南宋,其活动方式也是以不交争竞逐的非对抗竞赛为主,反映了壮大的市民阶层以蹴鞠为娱乐的特点。

　　元代,市民的蹴鞠活动亦很兴盛。关汉卿就会围棋和蹴鞠。《录鬼簿续编》记载:"陈伯将,元锡人……打球蹴鞠,举世服之。""宣庸甫,晋陵人……蹴鞠、吹箫,诚一代人物也。"元曲中有很多描写当时市井闲人蹴鞠活动的情况,如关汉卿的《女校尉》:"茶余饭饱邀故友,谢馆秦楼,散闷消愁,唯蹴鞠最风流,演习得踢打温柔。"邓玉宾《仕女园社气球双关》:"随园社常将蹴鞠抱抛,占场儿陪伴了英豪"等等。这说明,元代市民的蹴鞠继宋之后仍非常普遍。

　　明清时代的蹴鞠活动是各种球戏活动中的一种,最为流行。其运动方式大都沿用宋元时期的单球门竞赛和不设球门的比赛,但也有一定的变化,这从明汪云程所著《蹴鞠图谱》可以看出。《明史纪事本末》有明武宗朱厚煦踢球的记载,文安县的张茂,因太监张忠的关系"出入禁中",在专供武宗娱乐的"豹房"中,看见武宗正在"蹴鞠"。王誉昌作的"崇祯宫词"里有一首诗写道:"锦罽平铺界紫庭,裙衫风度压娉婷,天边自结齐云社,一簇彩云飞便停。"这首宫词,描写的是宫女们陪伴着明末皇帝的宠妃进行蹴鞠的情景。

　　拔河也是清明时期人们进行的一项体育活动。拔河发明于春秋战国时代,当时叫作"牵钩"。主要使用的设备是一条粗麻绳,两头还分有许多小麻绳,在古代比赛时,以一面大旗为界,视哪一方先把另一方拔过中线(代表河流)就算是胜利。拔河的目的是为了增强体质,最初是在军队中盛行,后来才流行于民间。唐玄宗时,曾在清明节时举行大规模的拔河比赛,从此以后,清明拔河遂成习俗。唐朝中宗在清明节时,命令群臣作拔河之戏,以大麻绳两根再绑上十余条小绳,叫他们分执一端,以力弱者为输。延迁至今,变为大规模拔河比赛,在运动上来说,颇有意义。

八、清明食俗

清明节是我国传统节日之一,距今已有 2500 多年的历史。清明节除扫墓祭祖外,其食俗也是丰富多彩的。清明节是由寒食节而来,故又称"禁烟节""熟食节""冷节",相传是源于春秋时代的晋国。这一天,民间禁止生火,只能吃备好的熟食、冷食,故而得名。

清明节承接了古代寒食节的传统,寒食节因为不能生火,所以备有很多可以冷食的食品。这些冷食的食品也就成了清明节的特色。这类冷食的食品有糯米酪、麦酪、杏仁酪以及馓子、麻花等。

在寒食节的传统食品中还有一种"青精饭",据《琐碎录》记载:"蜀人遇寒食日,采阳桐叶,细冬青染饭,色青而有光。"明代《七修类稿》也说:"古人寒食采杨桐叶,染饭青色以祭,资阳气也,今变而为青白团子,乃此义也"。清代《清嘉录》对青团有更明确的解释:"市上卖青团熟藕,为祀先之品,皆可冷食"。这种青团子是在糯米中加入雀麦草汁舂合而成,馅料多为枣泥或豆沙。把新芦叶垫在蒸笼底,再放入青团子蒸熟,出笼时,一个个青团子翠绿可爱,又带有芦叶的清香。人们用它扫墓祭祖,但更多的是应令尝新,青团作为祭祀的功能日益淡化。因此,一些卖青团子的店家洞察到这一点,前些年曾出现过多种甜咸馅料的青团子,如猪油玫瑰青团、黑洋酥青团、金针耳鲜肉青团等。

台湾民众的扫墓习俗,一般可分为两种:一种是一般祭扫,仪式及祭祀的东西比较简单,大都只供一些米糕、粿类和糕饼;二是修整祖墓,祭礼相当隆重,供祭的祭礼一般包括各种祭礼品十二种蔬菜及粿类、糕饼等。扫墓时一定要在坟墓的四周献置"墓纸"(用五色纸剪成长方形)每张纸压上小石头,还得放一沓在墓碑上。这个仪式俗称"挂纸",是献给祖先的钱。如果是培墓即修整祖墓,全家人要围在坟墓四周吃红蛋,蛋壳就撒在墓地上,含有新陈代谢、生生不息的吉祥意思。

清明节还有一些节令食品,各地各不相同。如山东一些地方还保留着清明节吃冷食的习惯。上海清明节有吃青团之俗,蒸熟出笼的青团色泽鲜绿,香气扑鼻,是当地清明最有特色的节令食品;也有的人家爱吃桃花粥。在浙江湖州,清明节家家裹粽子,可作上坟的祭品,也可作踏青带的干粮。清明前后,螺蛳肥壮,江浙一带农家有清明吃螺蛳的习惯,吃后将螺蛳壳扔到房顶上,据说屋瓦上发出的滚动声能吓跑老鼠,有利于清明后养蚕。四川成都一带习惯用米粉做成团,用线串起来,在清明这天拿到欢喜庵前来卖,称之为"欢喜团"。北京人在清明时节除了香椿拌面

国学经典文库

中国民俗文化精粹

·礼仪节俗·

图文珍藏版

筋、嫩柳叶拌豆腐等凉菜外,还喜欢到天坛附近采集一种龙须菜洗净后生吃。

古人为适应寒食禁火冷食的需要,还创造了一些食品。如蜀人逢到寒食,用麦草捣汁和糯米作青粉团,乌桕汁染乌饭作糕,北京人用香椿芽拌面筋、嫩柳叶拌豆腐,作寒食食品。

旧时寒食节主要吃粥。据《荆楚岁时记》记载:"去冬节一百五日,即有疾风甚雨,谓之寒食。禁火三日,造饧大麦粥。"另外还有"桃花粥",这是唐代汉族寒食节的食物,流行于河南洛阳地区。《广群芳谱》中说:当地民间在寒食节,采摘鲜桃花,配上好米煮成粥,味道鲜美,富于营养。这个风俗一直流行到明末。清代孔尚任的《桃花扇·寄扇》一出就有这样的唱词:"三月三刘郎到了,携手儿下妆楼,桃花粥吃个饱。"

宋朝的清明节,除了街市上所卖的稠饧、麦糕、乳酪、乳饼等现成的食品之外,人家也自制一种燕子形的面食,称为"枣锢飞燕",据说是从前用来祭拜介子推的祭品。明朝人还会留下一部分的枣锢飞燕,到了立夏,用油煎给家中的孩童吃,据说吃了以后,可以不蛀夏。

陈元靓的《岁时广记》卷十五引《零陵总记》记载了另一种寒食节食品"青精饭":"杨桐叶、细冬青,临水生者尤茂。居人遇寒食采其叶染饭,色青而有光,食之资阳气。谓之杨桐饭,道家谓之青粳饭、石饥饭。"寒食清明染青饭的习俗似乎在南方较为流行。

这些清明节的食品都有共同特色,就是皆可冷食。顾禄的《清嘉录》卷三按语中说:"今俗用青团、红藕,皆可冷食,犹循禁火遗。"潘荣陛的《帝京岁时纪胜》中所记的"寒食佳品"有香桩芽拌面筋、嫩柳叶拌豆腐,也都是凉拌菜。就连后来在闽粤流行的清明节薄饼,也都是以冷食为原则。由此可以看出,即使寒食的习俗已经转微,它的精神仍保留在清明的食俗上,历久不衰。

汉代还有一种名菜,叫"五侯鲭"。唐代有一首《寒食》诗:"春城无处不飞花,寒食东风御柳斜。日暮汉宫传蜡烛,轻烟散入五侯家。"这五侯是汉成帝母舅王谭、王根、王立、王商、王逢。《西京杂记》上说,这五个人互不和睦,他们的门客之间不得往来。只有一个人叫娄护的,很会说话,五侯都很喜欢他,纷纷送给他新奇的食品。娄护把五侯送给他的食物调和在一起,结果成了难得的美味,人们称之为"五侯鲭"。其实,这所谓的"鲭"不过是鱼和肉的杂烩,只因由美味的食品调和而成,味道自然就格外鲜美了。

清明时节,江南一带有吃青团子的风俗习惯。青团子是用一种名叫"浆麦草"的野生植物捣烂后挤压出汁,接着取用这种汁同晾干后的水磨纯糯米粉拌匀揉和,然后开始制作团子。团子的馅心是用细腻的糖豆沙制成,在包馅时,另放入一小块糖猪油。团坯制好后,将它们入笼蒸熟,出笼时用毛刷将熟菜油均匀地刷在团子的表面,这便大功告成了。青团子油绿如玉,糯韧绵软,清香扑鼻,吃起来甜而不腻,肥而不腴。青团子还是江南一带人用来祭祀祖先必备食品,正因为如此,青团子在江南一带的民间食俗中显得格外重要。

我国南北各地清明节有吃馓子的食俗。"馓子"为一油炸食品。香脆精美,古时叫"寒具"。《齐民要术》记载:"环饼一名寒具……以蜜水调水溲面。"北宋著名文学家苏东坡曾作《馓子》诗云:"纤手搓来玉色匀,碧油煎出嫩黄深。夜来春睡知轻重,压扁佳人缠臂金。"清明节禁火寒食的风俗在我国大部分地区已不流行,但与这个节日有关的馓子却深受世人的喜爱。现在流行的馓子有南北方的差异:北方馓子大方洒脱。以麦面为主料。南方馓子精巧细致,多以米面为主料。在少数民族地区,馓子的品种繁多,风味各异,尤其以维吾尔族、东乡族和纳西族以及宁夏回族的馓子最为有名。

浙江南部有清明吃"清明果"的习俗。清明果形状有些像饺子,但味却截然不同。清明果的皮是一种叫艾叶的植物做成的。也有人采摘田野里的棉菜(又称鼠曲草),中草药书上称"佛耳草",有止咳化痰的作用,拌以糯米粉捣柔,馅以糖豆沙或白萝卜丝与春笋,制成清明果蒸熟,其色青碧,吃起来格外有味。

清明节在古代也是祭祀性节日。一般人家要用四碟六碗时馐清酒祭奠祖先。祭毕,家人和应邀来的亲戚共享酒食,叫作"吃清明"。江南田野,清明时节荠菜花香,人们要挑荠菜做馄饨过节。浙江绍兴人清明扫墓时要做黄花青果糕作供物,这种食品是采用一种菊科野草的嫩叶捣烂去汁和粉做成,儿童喜食。绍兴人扫墓时候,喜欢在田间采取草紫(野菜)的嫩茎煮食,味似豌豆苗,是一种田家菜。

清明正值阳春三月,桃红柳绿百草青。旧俗这天城市仕女要到郊外作踏青、放风筝等活动,他们最后的节目是野餐,在芳树园圃之间,杯盘狼藉,尽兴而去。

第十四章　端午节

　　农历五月初五,是中国民间的传统节日——端午节,它是中华民族古老的传统节日之一。

　　两千多年来,端午节一直是一个多民族的全民健身、防疫祛病、避瘟驱毒、祈求健康的民俗佳节,更是纪念伟大爱国诗人屈原的日子。

　　汨罗江水,历经两千余年涛声依旧,淳朴的端午民风依然。到底是一份怎样的怀念,可以在人间延续千年?

一、端午节起源

屈原

　　端午节是中国古老的传统节日,始于春秋战国时期,至今已有 2000 多年历史。端午节是春末夏初之交最盛大的一个节日。据统计端午节的名称在我国所有传统节日中叫法最多,达二十多个,堪称节日别名之最。如有端午节、端五节、端阳节、重五节、重午节、天中节、夏节、五月节、菖节、蒲节、龙舟节、浴兰节、粽子节等等。“端”的意思和“初”相同,称“端五”也就如称“初五”;端五的“五”字又与“午”相通,按地支顺序推算,五月正是“午”月。又因午时为“阳辰”,所以端五也叫“端阳”。五月五日,月、日都是五,故称“重五”,也称“重午”。

　　端午节是我国二千多年的旧习俗,每到这一天,家家户户都悬钟馗像,挂艾叶菖蒲,赛龙舟,吃粽子,蚀雄黄酒,游百病,佩香囊,备牲醴。

　　关于端午节的来源,时至今日至少有五六种说法,诸如:起于三代夏至节说;恶月恶日驱邪说;吴越民族图腾祭说;迎涛神说;纪念曹娥说;纪念屈原说等等。

　　夏至说。持这一看法的刘德谦在《“端午”始源又一说》和《中国传统节日趣谈》中,提出三个主要理由:(一)权威性的岁时著作《荆楚岁时记》并未提到五月初五日要吃粽子的节日风俗,却把吃粽子写在夏至节中。至于竞渡,隋代杜台卿所做的《玉烛宝典》把它划入夏至日的娱乐活动,可见不一定就是为了打捞投江的伟大诗人屈原。(二)端午节风俗中的一些内容,如"踏百草""斗百草""采杂药"等,实际上与屈原无关。(三)岁时风物名著《岁华纪而》对端午节的第一个解释是:"日叶正阳,时当中夏。"也即端午节正是夏季之中,故端午节又可称为天中节。由此看来,端午节的最早起源当系夏至。

端午节源于对恶日的禁忌一说。这和夏商周三代的兰浴说是基本相符的。

端午节起源的说法还有一种是与恶月恶日有关的。五月正是夏季的酷暑来临,在烈日和高温的催促下,不仅花草茂盛,而且各种病菌也迅速繁殖,各种瘟疫也有了适宜的土壤,频频袭击人与牲畜。于是在古人眼里,五月是一个得倍加小心提防的恶月。古人在探索自然奥秘时特别注意研究太阳星辰的变化。太阳在一年四季的运行中不断变化,造成昼夜的更替,从夏季的昼长夜短到冬季的昼短夜长,古人发现,在二十四节季中,夏至和冬至这两天分别是白昼最长和白昼最短的两天,因此古人就认为,夏至以后是阳气开始衰退,阴气逐渐占优势,所以白昼越来越短。在古人的心目中,那些妖魔鬼怪、瘟病灾难,都是与阴气有关的,既然从五月的夏至起,阳气走向衰退,阴气逐渐兴盛,人们怎能不警惕起来,大家通过送瘟、佩符、浴草汤、喝苦水等方法,保佑自己免遭阴气的侵袭。

可能有人会问,既然古人认为夏至以后阴气越来越强,那么就应该把夏至这一天定为恶日,可为什么没有定在夏至这一天,而是定在五月初五这一天呢?有的学者给我们做出了解释,因为夏至的概念出现在比较晚的时候,在这之前,古人只是感觉到五月是白昼逐渐变短的月份,便把五月视为恶月。既然五月是恶月,五这个数字就是一个不祥的数字,因此五月初五这一天是两个五字重叠,就被人们视为是阴气开始旺盛的日子,于是在这一天就要举行送瘟除灾的活动,这些送瘟除灾的活动就成了端午节的习俗。比如系"长命缕",缝制香包、佩香囊等。

尽管现在的考古已经证明,早在屈原去世之前,端午节的习俗就流行开了,但人们更愿意把端午节看成是纪念屈原的节日,这是因为诗人屈原的精神受到广泛的景仰。所以学者闻一多虽然经过严密考证,得出结论,端午节是与远古的龙图腾崇拜有关,早在屈原去世之前就存在了,但他仍然主张保留屈原与端午节的传说,他认为,保留端午节中的诗人屈原的内容有着"深远的意义"。一个诗人,每一年有专门的一天让全民族的人都来纪念他,世界上大概还没有另一个诗人能够得到屈原这么高的荣誉。中国是一个诗歌的国度。在端午节时,我们纪念诗人屈原,也是在为中国的诗歌而自豪。在端午节这一天,我们不妨过一个诗人节。还在中国的抗日战争初期,不少知识分子为了振奋全民族的爱国精神,一致决议将端午节定为中国的"诗人节"。

因为是纪念诗人,民间过端午节时也有很多诗歌民谣来表达他们的心情。比如在湖南民间就搜集到这样一些民谣：

"五月五日是端阳，龙船下水闹罗江。朝拜屈原一炉香，年年五谷用船装。"

"端午节，划龙船，汨江两岸笑语喧。赛龙船，吊屈原，屈原投江在今天。屈原投江在今天，粽子撒向水深渊。划起龙船来竞赛，招来英魂返人间。"

"杉木船子溜溜尖，龙船划向前。三闾大夫是屈原，投江在今天。我和你来划龙船，河里捞屈原。粽子撒到深水里，捞了两千年。"

历代的诗人在端午节这一天景仰中国诗歌的先驱屈原，自然会触景生情，写下新的诗篇。唐代大诗人白居易在端午节曾写过一首"竞渡"的绝句："竞渡相传为汨罗，不能止遏意无他。自经放逐来憔悴，能校灵均死几多。"白居易在这首诗中以屈原的伟大品格为楷模，反省了自己的思想。开头两句是说，现在端午节举行竞渡活动，都是为了纪念屈原。第三句想到自己在官场上因为得罪了权贵遭到贬职放逐，变得越来越憔悴，第四句则是面对屈原（灵均是屈原的字），感到很惭愧，他说，像屈原那样以死殉国的伟大人物又有多少呢？宋代的大诗人陆游则写过一首"端午"的绝句："楚人遗俗阅千年，箫鼓喧呼斗画船。风浪如山鲛鳄横，何心此地更争先？"陆游非常形象地描绘出当年端午节龙舟竞渡的热烈场面：又是箫鼓喧呼，又是画船争斗，龙舟竞渡掀起了像山一般高的波浪，连水底的鲛鳄都横在水面上。最后一句是点睛之笔，陆游说，要知道当年人们是为了救投江的屈原，才如此争先恐后地划船，那么，今天的人们是不是还保持着这样一种爱憎分明、团结一致的精神呢？

诗人屈原使端午节变得庄严神圣，诗歌也使得端午节充满了诗意，那么，我们就把端午节当成一个诗人节吧，希望端午节能够催生出更多优美的诗篇。

屈原是我国古代的一位伟大诗人。他的爱国主义情操，他的虽九死犹不悔的崇高人格，通过他的诗篇《离骚》《九歌》《天问》等影响着世世代代。1953年，世界和平理事会推举屈原为世界四大文化名人之一，在屈原诞生的日子里，全世界的人民都在纪念他。因为屈原走进了端午节，从此端午节就充满了崇高的气氛。

屈原生活在战国后期的楚国。当时的社会各诸侯国相互竞争吞并，思想活跃、百家争鸣。屈原出身于贵族，具有高度的文化修养，知识渊博，才学非凡。他年轻时受到楚怀王的高度信任，是楚国内政外交的核心人物。当时楚国北边的秦国越来越强大，楚国在外交上形成了亲秦和抗秦两派，屈原坚决主张联合齐国抗秦。但楚怀王身边的小人太多，他听信小人的谗言，逐渐疏离了屈原，屈原忧愤而作《离骚》，希望感动怀王。楚怀王听不进屈原的忠言，被骗到秦国，最后屈死在秦国。楚怀王的儿子楚顷襄王继位后，屈原耿耿忠心上书襄王，劝他联齐抗秦，为怀王报仇雪恨。谁知襄王更不把屈原放在眼里，在令尹子兰等小人的唆使挑拨下，楚顷襄王将屈原放逐到洞庭湖边。在屈原多年流亡的同时，楚国的形势愈益危急，秦军步步逼近楚国腹地。屈原眼看自己的一度兴旺的国家已经无望，也曾认真地考虑过出走他国,但最终还是不能离开故土,于悲愤交加之中,自沉于汨罗江。在屈原沉江之前,曾遇到过一位在江上打鱼的渔父。渔父问屈原:"您不是楚国的大夫吗?怎么会弄到这般地步呢?"屈原说:"许多人都是肮脏的,只有我是个干净人;许多人都喝醉了,只有我还醒着(注:这是屈原诗《惜诵》中'举世浑浊兮吾独清,众人皆醉兮吾独醒。'的意思)。所以我被赶到这儿来了。"渔父不以为然地说:"既然您觉得别人都是肮脏的,就不该自命清高;既然别人喝醉了,那么您何必独自清醒呢!"屈原反对说:"我听人说过,刚洗头的总要把帽子弹弹,刚洗澡的人总是喜欢掸掸衣上的灰尘。我宁愿跳进江心,埋在鱼肚子里去,也不能拿自己干净的身子跳到污泥里,去染得一身脏。"果然几天后的五月初五的那一天,他抱着一块大石头,跳进了滔滔的汨罗江。附近的庄稼人,得到这个信儿,都划着小船去救屈原。可是一片汪洋大水,哪儿有屈原的影儿。大伙儿在汨罗江上捞了半天,也没有找到屈原的尸体。渔父很难受,他对着江面,把竹筒子里的米撒了下去,算是献给屈原的。到了第二年五月初五那一天,当地的百姓想起这是屈原投江一周年的日子,又划了船把竹筒子盛了米撒到水里去祭祀他。后来,他们又把盛着米饭的竹筒子改为粽子,划小船改为赛龙船。这种纪念屈原的活动渐渐成为一种风俗。到了宋代,朝廷追封屈原为忠烈公,并把五月初五定为端午节,以此纪念这位伟大的爱国诗人。

据《史记》记载,孟尝君田文生于五月初五,其父曾令其母遗弃田文,理由是这一日生的孩子要害父。东汉《风俗通义》也有"五月五日生子,男害父,女害母"的说法。东晋大将王镇恶五月初五生,其祖父便给他取名为"镇恶"。宋徽宗赵佶五月初五生,从小寄养在宫外。可见,古代以五月初五为恶日,是普遍现象。这样,在此日插菖蒲、艾叶以驱鬼,薰苍术、白芷和喝雄黄酒以避疫,就是顺理成章的事。《楚荆岁时记》说:"五月五日,士民并踏百草,又有斗百草之戏。采艾以为人,悬门户上,以禳毒气。"《风俗通》中说:"五月五日以彩系臂者,辟兵及鬼,令人不病瘟"。至今东北农村还保留着端午节清晨到野外采摘艾蒿挂在门旁和在儿童的臂上系五彩线的习俗。

古代吴越民族的图腾祭说。今天我们过端午节,首先会想到诗人屈原。但真正要追本溯源的话,早在屈原生活年代之前,就有了端午节的习俗。这就是说,纪念诗人屈原的内容是后来被加进端午节里去的,这也说明了广大人民对爱国诗人屈原的爱戴之情非常深切。不过,认真的学者一定要搞清楚最初是什么原因过起了端午节的。同样是一位爱国诗人闻一多,就是这么一位认真的学者。他通过翔实的考证,得出结论说,端午节是古代吴越民族举行龙图腾崇拜祭祀的节日。

我们先得明白什么是图腾和图腾崇拜。图腾是原始人对世界万物的一种认识结果,而图腾崇拜则表现了原始人对万物生灵的信仰。在原始社会,人们对世界万物的认识还是很幼稚的,他们面对自然界的电闪雷鸣、春荣冬枯、生老病死等等,无

·礼仪节俗·

图文珍藏版

法做出科学的解释,在当时生产力低下的条件下,他们就认为自然万物的生和死一定是有一个人们看不见的神灵在主宰着,在这样的思想推导下,原始人就把人的生命与某种自然现象或动物、植物联系在一起,并认定那些东西就是自己民族部落的祖先和保护神。这种被当成祖先和保护神的自然现象或动物、植物就是这个民族部落的图腾,这个民族部落会对自己的图腾顶礼膜拜,这便是图腾崇拜。

闻一多认为,古代吴越族是以龙为图腾的,为了表示自己是龙的子孙,吴越族就有了"断发纹身"的风俗。每年五月初五这一天,要举行一次盛大的图腾祭祀活动。其中两项活动即为后来端午节活动的主要内容。一是将食物装在竹筒里或裹在树叶里,投入水中,献给图腾神吃。二是用龙形独木舟进行竞渡游戏。近代大量出土文物和考古研究也证实了这一点。在长江中下游广大地区发掘出越来越多的新石器时代的文物,其中有一种几何印纹陶,据专家推断这是一个崇拜龙的图腾的部族留下的陶器。专家通过对陶器上的纹饰的分析,可以断定这个部族有断发纹身的习俗,生活于水乡,自比是龙的子孙。端午节就是他们创立的、用于祭祖的节日。所以闻一多说:"端午是个龙的节日,它的起源远在屈原以前——不知道多远呢!"

近代大量出土文物和考古研究证实:长江中下游广大地区,在新石器时代。有一种几何印纹陶为特征的文化遗存。该遗存的族属,据专家推断是一个崇拜龙的图腾的部族——史称百越族。出土陶器上的纹饰和历史传说示明,他们有断发纹身的习俗,生活于水乡,自比是龙的子孙。其生产工具,大量的还是石器,也有铲、凿等小件的青铜器。作为生活用品的坛坛罐罐中,烧煮食物的印纹陶鼎是他们所特有的,是他们族群的标志之一。直到秦汉时代尚有百越人,端午节就是他们创立用于祭祖的节日。

在数千年的历史发展中,大部分百越人已经融合到汉族中去了,其余部分则演变为南方许多少数民族,因此,端午节成了全中华民族的节日。

人们原始宗教的植物崇拜说。如《诗经·大田》中有"与其黍稷,以享祭祀"的记载,以及《风土记》中"仲夏端午,烹鹜角黍(粽子)"的记载。据晋周处《风土记》记载:"端者,初也。"即每月初五这一天,唐玄宗的生日是八月初五,当时的宰相为了讨好皇帝,避"五"字的讳,于是把"端五"改为"端午"。这一改意思更加明确,古代以地支纪月,正月建寅,二月为卯,顺次五月为"午",因此端午即五月初五。

迎涛神说,此说出自东汉《曹娥碑》。春秋时吴国忠臣伍子胥含冤而死之后,化为涛神,世人哀而祭之,故有端午节。这一说法在江浙一带流传很广,是纪念春秋时期(前770—前476)的伍子胥。伍子胥名员,楚国人,父兄均为楚王所杀,后来子胥弃暗投明,奔向吴国,助吴伐楚,五战而入楚都郢城。当时楚平王已死,子胥掘墓鞭尸三百,以报杀父兄之仇。吴王阖庐死后,其子夫差继位,吴军士气高昂,百战百胜，越围大败，越王勾践请和，夫差许之。子胥建议，应彻底消灭越国，夫差不听，吴国大宰，受越国贿赂，谗言陷害子胥，夫差信之，赐子胥宝剑，子胥以此死。子胥本为忠良，视死如归，在死前对邻舍人说："我死后，将我眼睛挖出悬挂在吴京之东门上，以看越国军队入城灭吴。"便自刎而死，夫差闻言大怒，令取子胥之尸体装在皮革里于五月五日投入大江，因此相传端午节亦为纪念伍子胥之日。

端午节源于纪念孝女曹娥，是为纪念东汉（23~220）孝女曹娥救父投江。曹娥是东汉上虞人，父亲溺于江中，数日不见尸体，当时孝女曹娥年仅十四岁，昼夜沿江号哭。过了十七天，在五月五日也投江，五日后抱出父尸。就此传为神话，继而相传至县府知事，令度尚为之立碑，让他的弟子邯郸淳作祭词颂扬。

孝女曹娥之墓，在今浙江绍兴，后传曹娥碑为晋王义所书。后人为纪念曹娥的孝节，在曹娥投江之处兴建曹娥庙，她所居住的村镇改名为曹娥镇，曹娥殉父之处定名为曹娥江。

纪念屈原说。最早的记载可见南朝时梁朝人吴均的《续齐谐记》和南朝时梁朝人宗懔的《荆楚岁时记》。据唐代文秀《端午诗》记载："节分端午自谁言？万古传闻为屈原，堪笑楚江空渺渺，不能洗得直臣冤。"这实际上是后人给端午节的一个美丽的传说，但这也反映了我国历代人民对屈原的无限热爱和怀念，表达了人们的爱国情操。

旧日的端午节有四种非常独特的习俗。一是插艾蒿据说满城人一大早就奔赴四周的郊野采摘艾蒿。这种植物有去热解毒的作用，因此人们把它们挂在门口、插在头上。二是喝雄黄酒，雄黄是一种红黄色的粉状物，也有驱毒的作用。成年人和酒吃下，儿童则涂在额头上，有的还写上一个"王"字，这样，夏日的暑毒便不能为害了。据说屈原投江的那天是五月五日，从此以后，每年到了五月五日，人们都要划龙舟、吃粽子、喝雄黄酒来纪念屈原。有些地区，则在端五节插菖蒲或艾草于门上。三是拴五色丝。古俗名称"避兵缯""朱索"等。系在蚊帐、摇篮上的又叫"宛转绳""健绳"。早在东汉应劭著《风俗通义》中就已经记载说把它系在臂上可避除兵鬼、不染病瘟。四是佩戴香囊，又称"荷包""香包""香袋"，是由五色丝习俗衍生出来的。小孩佩戴于身，不但有避邪驱瘟之意，而且有襟头点缀之风。现在，此俗在北方农

伍子胥

中国民俗文化精粹

·礼仪节俗·

图文珍藏版

村仍很流行。

迄今为止,影响最广的端午起源的观点是纪念屈原说。在民俗文化领域,我国民众把端午节的龙舟竞渡和吃粽子都与屈原联系起来。

二、竞渡龙舟

在五月初五的艳阳天里,人们汇聚到江河湖边,一艘艘轻巧的龙舟下水,一个个剽悍的小伙子、一个个俊美的大姑娘上船了,岸边上人声鼎沸,彩旗招展,水中的龙舟一字儿排开,整装待发。随着一声令下,只见万桨齐动,船如离弦之箭划过水面破浪前行,一艘艘龙舟你追我赶,斗智斗勇,最先冲过终点的胜利者欢欣鼓舞,而落后者也毫不气馁。这就是端午节上赛龙舟的一个场景,它的规模和气势不亚于召开一场体育运动会。所以有人把端午节看作是民间的体育节。

竞渡之习,盛行于吴、越、楚。据闻一多的《端午考》之说,四千五百年前,划龙舟的习俗便已存之于江南吴越水乡一带。其目的是通过祭龙,以祈求免遭水旱之灾。据《经纂渊海》记载,赛龙舟这种水上竞技活动起源于越王勾践。

隋朝的龙舟竞渡已变为"竞渡之戏",并有"棹歌乱响,喧振水陆",岸上"观者如云",可见是一种竞渡的比赛。

赛龙舟是人民喜爱的活动,历史悠久,明陈天资《东里志》云:五月五日"水乡竞渡,大城所结彩为龙舟,或以彩纸糊之,各扮故事。"

杨嗣昌的《武陵竞渡略》详细记载了明朝沅湘一带的竞渡习俗。当地俗传竞渡是为了禳灾,因此划龙舟前要举行种种祭祀,还要聘请巫师来作法以祈求胜利。划过龙舟后,居民会舀取龙舟中的水,加入百草用来洗澡,用意也在于辟恶。

有人说龙舟水经久不变质,格外清甜,饮后消灾祛病。清光绪《潮阳县志》曰:"端午酿角黍……且有汲龙船水饮之者。"清乾隆《揭阳县志》云:端午,"汲江水,储之谓之节水,经久不败。"清乾隆二十九年(1736),台湾开始举行龙舟竞渡。当时台湾知府蒋元君曾在台南市法华寺半月池主持友谊赛。现在台湾每年五月五日都举行龙舟竞赛。

每年过端午节的时候,靠近江河的地方,则在端午举行龙舟竞渡。张岱的《陶庵梦忆》卷五记金山竞渡:"瓜州龙船一二十只,刻画龙头尾,取其怒;傍坐二十人持大楫,取其悍;中用彩篷,前后旌幢绣伞,取其绚;撞钲挝鼓,取其节;艄后列军器一器取其锷;龙头上一人足倒竖,其上,取其危;龙尾挂一小儿,取其险。自五月初一至十五日,日画地而出,五日出金山,镇江亦出。惊湍跳沫,群龙格斗,偶堕洄涡,则百捷,蟠蝥出之。金山上人团簇,隔江望之,附蜂屯,蠢蠢欲动。晚则万齐开,两岸汩汩然而沸。"

江浙地区划龙舟,兼有纪念当地出生的近代女民主革命家秋瑾的意义。夜龙船上,张灯结彩,来往穿梭,水上水下,情景动人,别具情趣。贵州苗族人民在农历五月二十五至二十八举行"龙船节",以庆祝插秧胜利和预祝五谷丰登。云南傣族同胞则在泼水节赛龙舟,纪念古代英雄岩红窝。不同民族、不同地区,划龙舟的传说有所不同。直到今天在南方的不少临江河湖海的地区,每年端节都要举行富有自己特色的龙舟竞赛活动。

龙舟竞渡的习俗古已有之,而且具有广泛的群众性。唐代诗人张建封就写过一首《竞渡歌》,诗歌描写了端午节时赛龙舟的热烈场面:

"五月五日天晴朗,杨花绕江啼晓莺。使君未出郡斋外,江上早闻齐和声。使君出时皆有准,马前已被红旗引。两岸罗衣扑鼻香,银钗照日如霜刃。鼓声三下红旗开,两龙跃出浮水来。擢影斡波飞万剑,鼓声劈浪鸣千雷。鼓声渐急标将近,两龙望标目如瞬。坡上人呼霹雳惊,竿头彩挂虹霓晕。前船抢水已得标,后船失势空挥桡。疮眉血首争不定,输案一明心似烧。只将输赢分罚赏,两岸十舟互来往。须臾戏罢各东西,竞脱文身请书上。吾今细观竞渡儿,何殊当路权相持。不思得岸各休去,会到擢舟折楫时。"

划龙舟最主要的目的就是比谁划得最快,但除此之外,人们还在龙舟比赛中加进了更多的内容,使得赛龙舟更富有刺激性。比如在终点设置优胜标,龙舟不仅要到达终点,还要把标抢到手,才能成为最后的胜者。这就叫作"抢标"。标可分为色标、鸭标、铁标,因为在标上面系有红锦缎,所以也叫锦标。有的地方还以钱和活的鸭子作为标,这就比较难抢了,因为钱扔到水里后会沉没,而鸭子扔到水里后可不会老老实实地等人来抓,要夺取这样的优胜标,就得跳到水中争夺,谁的水上本领高超,谁才能成为最后的胜利者。

赛龙舟的活动不仅在神州大地上流行,而且还传到了日本、越南等邻国,甚至远在欧洲的英国也喜欢上这项活动。1980年,赛龙舟被列入中国国家体育比赛项目,并每年举行"屈原杯"龙舟赛。1991年的端午节,在屈原的第二故乡中国湖南岳阳市,举行了首届国际龙舟节。所以,将端午节说成是体育节,的确是名不虚传。

龙舟是一种以龙为标志的竞赛船只,不同于普通的船只,它是狭长的造型,龙舟的船头和船尾都要雕成龙头和龙尾的模样,龙头在前面高高昂起。龙舟的大小也不一样,有的龙舟长30多米,可以容下划桨的手80多人。到了端午节赛龙舟的时候,船上还要配有更多的装饰,如神楼、神位、旗帜、彩灯等,把龙舟装饰得富丽堂皇。龙船竞渡前,先要请龙、祭神。如每年在屈原故乡举行的国际龙舟节上,就要举行既保存传统仪式又注入新的现代因素的"龙头祭"。"龙头"被抬入屈子祠内,

图文珍藏版

由运动员给龙头"上红"(披红带)后,主祭人宣读祭文,并为龙头"开光"(即点睛)。然后,参加祭龙的全体人员三鞠躬,龙头即被抬去汨罗江,奔向龙舟赛场。

赛龙舟是一种竞赛式的体育活动,但除了竞赛之外,划龙舟还有其他一些活动。比如龙舟游乡,是在龙舟竞渡时划着龙舟到附近熟悉的村庄游玩、集会。有时龙舟还有各种花样的划法,具有表演的成分。如广州的龙舟,桡手用桨叶插入水中,再往上挑,使水花飞溅;船头船尾的人则有节奏地顿足压船,使龙舟起伏如游龙戏水一般。还有的是让人把龙尾踩低,使龙头高翘,船头的急浪便从龙嘴中喷吐出来,如龙吞云吐雨一般。

赛龙舟是中国人以及海外华人华裔端午节的"重头戏",在具有中国特色的端午节期间,我国江河湖海较多的南方地区,特别是台湾、海南、香港、澳门等地都流行赛龙舟活动。顾名思义,龙舟就是龙与船的结合,是一种以龙为标志的竞赛船只。龙的传人尤其喜欢龙舟,如今赛龙舟已不限于端午节,它已成为中华民族独特的体育赛事,从这一活动衍生出许多与龙船有关的文化,令人感到耳目一新。

关于龙舟活动的起源,历史学家说法不一:有起于纪念吴臣伍子胥尸沉钱塘江之说;有起于越王勾践为报越国被灭之耻,借嬉水竞舟之名训练水军之说;有起于纪念东汉孝女曹娥五月五日沉江寻父之说。而较为通常的说法是纪念楚国诗人屈原自投汨罗江而死,《东周列国志》载"里人稳原自溺,争棹小舟,出以彩线,恐为蛟龙所樱食也。有龙舟竞渡之戏之,亦因拯救屈原而起,至今自楚至吴,相沿成俗。"南朝梁懔《荆楚岁时记》也有此说:"五月五日竞渡,俗为屈原投汨罗江日,伤其死,故命舟楫以拯之。"《金陵岁时记》云:"龙舟竞渡,吊屈原之溺水,楚俗也,吾乡亦沿用之,秦淮河一带,观者如蚁。"现今南京江宁秦淮河流域的乡镇,都有龙舟竞渡的民俗活动。尤以湖熟镇的赛龙舟活动最为壮观。龙分乌龙、黄龙、白龙、青龙、火龙等,分组轮番竞技。除划船速度外还要求龙尾"吊梢"的青少年做出轻捷惊险的技巧动作。竞舟时,河两岸围观的人数多达数万人。

今天的社会已经进步,过去一些封建迷信色彩的活动,已被历史潮流所淘汰,人们只是把赛龙舟作为一项有益于身心健康的文体娱乐活动。此项活动几乎遍及大江南北、黄河上下。汨罗江的赛龙舟风俗,最看重一个"拼"字,看重奋斗精神和昂扬向上的朝气。当地一句俗话说:"宁荒一年田,不输五月船。"赛龙舟之前,年轻小伙们还必须抬着精雕细刻的"龙头",虔诚地到屈子祠中祭拜,祖祖辈辈们的传统就这样传了下来。

三、端午粽子

端午节前后,满街都在出售一种奇特的食品,这种食品呈圆锥体,里面是糯米、红枣等,外面由一张深绿色宽边植物叶包扎而成,人们都叫它粽子。

粽子是端午节的节日食品,世界各地的华人,无论是中国,还是海外的唐人街,都会按传统,在农历五月初五前准备各式粽子应节。

粽子是端午节特定的节日食物,也是端午节的标志,如果不吃到粽子,端午节就过得不圆满。为什么在端午节要吃粽子呢!这也有一个传说,据说屈原死后,人们为了纪念他,每年的五月初五都要来到汨罗江边,把米撒入江中,以这种方式祭祀屈原。到了东汉初年,长沙有个名叫区曲的人,在梦中遇见了屈原,屈原对区曲说:"多年来人们祭我的米,都让蛟龙吃掉了。今后你们要把楝叶和米塞在竹筒里,

粽子

或用芦叶包裹好,再用五彩丝线缠好。因为蛟龙是害怕楝叶、芦叶和五彩丝线的。"区曲把自己的梦告诉了大家,大家都相信这是真的。从此,人们到五月初五要祭祀屈原时,就把米包裹在芦叶里,再用五彩丝线缠紧,这就有了端午节做粽子、吃粽子的习俗。不过,还有另一种说法,端午节往河里扔粽子就是扔给龙吃的,龙吃了糯米做的粽子,粘住了牙齿,就不会去伤害屈原了。

粽子是将糯米及配料包在几片粽叶里,看似很简单,却在漫长的历史过程中发展出丰富多样的品种。先就造型而言,有三角、四角、锥形、枕头形、小宝塔形、圆棒形等。粽叶的材料则因地而异。南方因为盛产竹子,就地取材以竹叶来缚粽。一般人都喜欢采用新鲜竹叶,包出来的粽子有一股浓郁的竹叶清香。北方人则习惯用苇叶来绑粽子。苇叶叶片细长而窄,所以要用两三片重叠起来使用。粽子的大小也差异甚大,有达两三斤的巨型兜粽,也有小巧玲珑,长不及两寸的甜粽。就口味而言,粽子馅荤素兼具,有甜有咸。著名的有桂圆粽、肉粽、水晶粽、莲蓉粽、蜜钱粽、板栗粽、辣粽、酸菜粽、火腿粽、咸蛋粽等等。各地的粽子也有各地的风味。广东粽子个头大,外形别致,除鲜肉粽、豆沙粽外,还有用鸡肉丁、鸭肉丁、叉烧肉、蛋黄、冬菇、绿豆蓉等调配为馅料的什锦粽。浙江宁波粽子为四角形,有碱水粽、赤豆

图文珍藏版

粽、红枣粽等品种。其代表品种碱水粽,是在糯米中加入适量的碱水,用老黄箬叶裹扎。煮熟后糯米变成浅黄色,可蘸白糖吃,清香可口。华北地区另有一种以黄黍代糯米的粽子,馅料用的是红枣。蒸熟后,只见黄澄澄的粘黍中嵌着红艳艳的枣儿,有人美其名为"黄金裹玛瑙"。四川的椒盐豆粽也别具特色。先将糯米、红豆浸泡半日,加入花椒面、川盐及少许腊肉丁、包成四角的小粽。以大火煮三个小时,煮熟再放在铁丝网上用木炭烤黄。吃起来外焦里嫩,颇具风味。

为什么后来又用艾叶或苇叶、荷叶包粽子呢?《初学记》中有这样的记载:汉代建武年间,长沙人晚间梦见一人,自称是三闾大夫(屈原的官名),对他说:"你们祭祀的东西,都被江中的蛟龙偷去了,以后可用艾叶包住,将五色丝线捆好,蛟龙最怕这两样东西。"于是,人们便以"菰叶裹黍",做成"角黍"。世代相传,逐渐发展为我国端午节食品。

清代乾隆皇帝于端午节在宫中吃了九子粽后,龙颜大喜,赞不绝口,欣然赋诗一首:"四时花竞巧,九子粽争新。"九子粽:是粽子的一种,即为九只粽连成一串,有大有小,大的在上,小的在下,形状各异,非常好看。并且九种颜色的丝线扎成,形成五彩缤纷。九子粽大多是作为馈赠亲友的礼物,如母亲送给出嫁的女儿、婆婆送给新婚儿媳的礼物等,因为"粽子"谐音"中子",民间有吃了"粽子"能得儿子的风俗,故"九子粽"便是多子多福的象征。

清代诗人吴曼云也写有一首赞美九子粽的诗篇:"裹就连筒米宿春。九子彩缕扎重重。青菰褪尽云肤白,笑说厨娘藕复松。"

粽子的由来已久,又叫"角黍""筒粽",前者是由于形状有棱角、内裹粘米而得名,后者顾名思义大概是用竹筒盛米煮成。早在公元2世纪时便流行这种食品了。最早是用新竹筒盛米煮成"筒粽",后来才改用楝叶、菰芦叶、竹叶、苇叶裹粘米成尖角心形状,煮熟后食用。

据传最早流行于长江、汉水流域,与端午节投粽入江中祭屈原或饲蛟龙的习俗相合,流传为节日食品。

据记载,早在春秋时期,用菰叶(茭白叶)包黍米成牛角状,称"角黍";用竹筒装米密封烤熟,称"筒粽"。东汉末年,以草木灰水浸泡黍米,因水中含碱,用菰叶包黍米成四角形,煮熟,成为广东碱水粽。

晋代,粽子被正式定为端午节食品。这时,包粽子的原料除糯米外,还添加中药益智仁,煮熟的粽子称"益智粽"。时人周处《岳阳风土记》记载:"俗以菰叶裹黍米……煮之,合烂熟,于五月五日至夏至啖之,一名粽,一名黍。"可见这种食品是在每年端午和夏至两个节日里食用。汉代许慎的《说文解字》一书中,已有"粽子"的记载,是一种用芦叶裹米的食品。南北朝时期,出现杂粽。米中掺杂禽兽肉、板栗、红枣、赤豆等,品种增多。粽子还用作交往的礼品。

唐宋以来粽子成为举国上下最流行的节日美食和馈赠礼品。不仅家家争做，而且市场上也出售各种各样的米粽，节日期间供祭神佛和祖先也都用米粽。一千七百多年以来，粽子的花样繁多，随着华人在全球各地移居，把粽子也带到世界各地成为中餐美食、快餐珍品。粽子早已脱离了祭屈原、饲蛟龙的古俗文化束缚，成为当代广泛流行于世的传统食品。唐代，粽子的用米，已"白莹如玉"，其形状出现锥形、菱形。日本文献中就记载有"大唐粽子"。

宋朝时，已有"蜜饯粽"，即果品入粽。诗人苏东坡有"时于粽里见杨梅"的诗句。这时还出现用粽子堆成楼台亭阁、木车牛马作的广告，说明宋代吃粽子已很时尚。元、明时期，粽子的包裹料已从菰叶变革为箬叶，后来又出现用芦苇叶包的粽子，附加料已出现豆沙、猪肉、松子仁、枣子、胡桃等等，品种更加丰富多彩。

明代李时珍《本草纲目》中，清楚说明用菰叶裹黍米，煮成尖角或棕榈叶形状食物，所以称"角黍"或"粽"。

明清以后，粽子多用糯米包裹，这时就不叫"角黍"，而称粽子了。

因地区不同，由材料以至粽叶，都有着很大的差别，连"裹"的形状，也有很大的不同，如早期人们盛行以牛角祭天。因此汉晋时的粽子，多做成角形，作为祭祖用品之一。此外，一般还有正三角形、正四角形、尖三角形、方形、长形等各种形状。

唐代时，长安街有许多粽子铺，有多种果仁馅。粽子的产地不同味道也不一样。广式粽子吃口松软而味道浓烈，外形为底平，呈正方形、五角形，一角向上，其余伸向四方。广式粽子品种很多，有栗子、鲜肉、蛋黄、香菇；裹枕粽有烤鸭、香菇、栗子、鲜肉、蛋黄、米仁，其他还有碱水粽、豆沙粽、鲜肉粽、鲜肉蛋黄粽、赤豆粽等。

粽子还是一种节日往来的礼品。到了唐宋时期。粽子已极为有名，市场上常有粽子卖。现在，我们过端午节仍然免不了要吃几只粽子。北京的小枣粽子、山东的黄米粽子、上海的猪油夹豆沙粽子、嘉兴的鲜肉粽、湖州猪油豆沙粽、陕西的蜂蜜凉粽子、四川的椒盐粽子等都是很有名气的，历来为美食家所称道。

一直到今天，每年五月初，中国百姓家家都要浸糯米、洗粽叶、包粽子，其花色品种更为繁多。从馅料看，北方多包小枣韵北京枣粽；南方则有豆沙、鲜肉、火腿、蛋黄等多种馅料，其中以浙江嘉兴粽子为代表。

粽子有不少花样，有南北之别，东西之分。南方常用红枣、花生、咸肉等混在糯米中制成，也多见不杂别的食品，而去品味粽叶的清香的；北方多以枣、果脯等作为粽子的馅心。粽子成为节日及民间的食品，粽子品种繁多，有小脚粽、筒粽、锥粽、菱粽等；后来粽子用菰叶、芦叶或竹箬瓣做成，形状有三角形、斧头形、牛角形、枕头形等；品种有咸肉粽、鲜肉粽、火腿粽、枣肉粽、豆沙粽等。现今各地的粽子，一般都用箬壳包糯米，但内涵花色却根据各地特产和风俗而定。著名的有桂圆粽、肉粽、水晶粽、莲蓉粽、蜜饯粽、板栗粽，以及川渝两湖的辣粽、贵州的酸菜粽、浙江的火腿

·礼仪节俗·

图文珍藏版

粽、苏北的咸蛋粽等等,都各有各的风味。

现在人们都是买现成的粽子吃,但最有节日气氛的还是家人自己包粽子。过去的人家过端午节时少不了包粽子的节目。进入五月,家家都为包粽子忙开了,浸糯米,洗粽叶,然后一家人围坐在一起,包出一个个漂亮的粽子,体会着家庭的温馨。

小小的粽子,似乎已经成了中国传统的象征,在人们心中占据着一定的位置。就像人们中秋节一定要吃月饼一样。吃粽子的风俗,千百年来,在中国盛行不衰,由于饮食文化的传播,早在古代时,我国制作粽子的技术就传到朝鲜、日本及东南亚诸国。因而世界上许多国家也都有吃粽子的习俗。

四、写符会咒和悬钟馗像

除了用艾、菖蒲和蒜这"端午三友"驱鬼外,还有一种重要的驱鬼方法,是在室内挂避邪驱鬼的符咒。

另外,钟馗捉鬼,也是端午节的重要习俗。在江淮地区,家家都悬挂钟馗画像,用以镇宅驱邪。钟馗的画像在民间流行,最初是作为年末驱鬼纳福的图符,与门神的作用是相同的。

中国古代将五月视为"恶月",所以端午驱鬼在民间非常盛行。驱鬼的方法有许多,常见的一种,是在节前五月初一晚上插桃树枝。当时,人们认为桃木能避邪,所以日落之前折些桃树枝,插在门前、窗上,以达驱祟的作用。另一种重要的方法,是在室内挂避邪驱鬼的符咒。当时,挂驱鬼符也有一些严格的仪式。如有的要求必须在端午日出或正午时书写,书写材料用生朱,砚内、书写人口中必须放上硝石等。较为通行的符咒有:"五月五日天中节,赤口白舌尽消灭"之类。另外,类似于此的祛鬼降魔的习俗,还在儿童额上点雄黄酒。节日一早,便将儿童耳上夹艾蒿,头上戴菖蒲,然后用雄黄酒在额上写一个"王"字,据说,这样可使百鬼畏惧,保命长生。如今,人民生活水平提高,驱鬼逐邪的迷信风俗逐渐减少,但在偏僻农村则尚未绝迹。

端午节前后,不少人家的显要位置,便挂着一张钟馗的画像,恶形恶色的,据说是可以避邪甚至驱邪。这钟馗何许人也,竟有如此大的能量。他是中国民间俗神信仰中最为人们熟悉的角色,贴于门户是镇鬼魅邪的门神,悬在中堂是禳灾祛魅的灵符,出现于傩仪中是统鬼斩妖的猛将,由此派生出形形色色的钟馗戏、钟馗图。连《本草纲目》里。也收录用钟馗像烧灰以水冲服或配合其他药面成丸以治疗难产、疟疾等症的"秘方"。据中国《民俗》杂志报道,时至二十世纪九十年代,甚至还有人为治病延请巫师举行所谓"镇钟馗"捉鬼驱妖、安宅保太平的仪式(施汉如、杨问春《"镇钟馗"傩仪记》)。

明代以后钟馗不知何时又被加封为"五月石榴花之神",兼司端午克制五毒之任。民俗有端午节挂艾蒲、涂雄黄、缠五色丝以祛五毒的说法。五毒之说各地不同,大抵是蛇、蝎、蟾蜍、蜈蚣、蜘蛛之类。钟馗既能灭鬼,抵御五毒自然不在话下。传为元人所做的《天中佳景》就是把怒目仗剑的钟馗和四道诡异的灵符并列一起,悬于蜀葵、石榴、苍蒲等五月花卉之上,表明这位可敬的神明正保佑着人们的平安。同样传为元人所做的《夏景戏婴》则把这种庄严的仪式化作童子的嬉戏。画面中垂扬文石,风流吹荡,儿童嬉戏,亲切动人,浑然一幅意趣天成的童趣图。只有画中童子手持的五毒宫扇和端坐几案一角的玩偶钟馗才将这祛邪除毒的主旨轻轻点破。这种构图方式从另一个角度说明,钟馗辟邪的寓意早已融入当时人们日常生活的细节之中。

有关钟馗的来历,北宋沈括的《梦溪笔谈·补笔谈》有这样的记载:唐明皇开元,自骊山讲武回宫,疟疾大发,梦见二鬼,一大一小,小鬼穿大红无裆裤,偷杨贵妃之香囊和明皇的玉笛,绕殿而跑;大鬼则穿蓝袍戴帽,捉住小鬼,挖掉其眼睛,一口吞下。明皇喝问,大鬼奏曰:"臣姓钟名馗,是终南进士,曾经参加科举考试未被录取,就一气之下,将头撞到了台阶上。愿为陛下除妖魔。"明皇醒后,疟疾痊愈,于是令画工吴道子,按照梦中所见画成钟馗捉鬼之画像,玄宗在画上批曰:"灵祇应梦,厥疾全瘳,烈士除妖,实须称奖;因图异状,颁显有司,岁暮驱除,可宜遍识,以祛邪魅,益静妖氛。仍告天下,悉令知委。"并将其封为"驱邪斩祟将军"。有司奉旨,

钟馗

将吴道子《钟馗捉鬼图》镂板印刷,广颁天下,让世人皆知钟馗的神威。也有材料说,这钟馗的"驱邪斩祟将军"是玉帝所封。关于钟馗的传说很多,关于钟馗的画像也有很多。

《钟馗百图》有许多名家画的钟馗的画像。比如陈洪绶在某年的五月五日画的《唐进士钟公像》,钟馗手里拿着菖蒲皱着眉头;齐白石先生画的《终南进士》"乌纱破帽大红袍,舞步安闲扇慢摇,人叹终南钟进士,鬼符文字价谁高";任伯年的《钟馗捉鬼》图,倒是有一些"将军"的本色。

端午

五月五，端午节，
夕产婆叫我去做客。
舅妈叫我包粽子，
舅舅叫我编竹船。
竹船好，粽子多。
粽子坐船飘过河。
飘过河，做什么？
把屈原爷爷救上河。

小时候过端午节时，我们高兴地唱起了这样的歌谣，长大了才慢慢明白了这首歌谣里的很多东西都是大有来头的。不说别的，就说"五月五"，两个五字叠在一起就成了不一般的数字，古人对这样的数字格外重视。

我们的生活离不开数字。数字使我们清晰地分辨了时间的先后，数字也让岁月的记忆能够刻录在我们的心中。中国文化对神秘的数字十分重视，因此在年节习俗中也会包含进数字的特殊性。像月与日是同一个数字的这一天往往会成为一个节日，一月初一是新年的第一天，自然是一个重要的日子，人们在这一天过年。二月初二则是龙抬头，要过中和节。三月初三则是上巳节，民间要吃荠菜煮鸡蛋，民谚还说："三月三，荠菜花赛牡丹，女人不插无钱用，女人一插米满仓。"五月初五是端午节。六月初六是晒衣节，家家都把衣服搬出来翻晒，所以这一天最忌天阴下雨。七月初七是乞巧节。九月初九是重阳节。在这几个月日同数的节日里，流传最广的有春节、端午节和重阳节，春节我们在前面已经说过了，重阳节将在后面介绍，这里我们就来谈谈端午节。

农历五月初五是端午节。大家可能都知道端午节要吃粽子，赛龙舟，但要问"端午"这两个字的意思是什么，恐怕多数人都说不太清楚了。先说"端"字，"端"就是开端、最初的意思。再说"午"字。中国古代发明了一套用以纪时的方式，叫天干、地支。天干是由甲、乙、丙、丁、戊、己、庚、辛、壬、癸十个代号组成，地支是由子、丑、寅、卯、辰、巳、午、未、申、酉、戌、亥十二个代号组成。农历的计月方式是以地支的排序来纪月，有意思的是，每年的第一个月正月不是以"子"开头，而是将正月称为寅月，依此类推，五月自然就是午月了。在古代，"五"字又与"午"字是相通的，午既表示五月，也可表示五日，五月里有三个以五结尾的日子：五、十五、二十五，排在第一个的自然就可以叫端五，既然五和午相通，所以五月初五叫成端午就是顺理成章的事了。在唐代以前，端五和端午都可以叫，但到了唐玄宗当皇上时，就因为他的生日是八月五日，所以就不准人们再把五月初五叫作端五。

端午节还有很多种叫法,如端五节、端阳节、重五节、重午节、天中节、夏节、五月节、菖蒲节、龙舟节、浴兰节、粽子节,等等。叫"端阳节",是因为五月正是仲夏,古人很重视五月太阳的变化,它的第一个午日正是登高顺阳天气好的日子,所以就把端午也称为"端阳节"。叫"重五节",是因为农历五月为午月,五、午同音,五、五相重,所以又把端午节叫作"重午节"或"重五节",有些地方也叫"五月节"。叫"天中节",是因为古人认为,五月五日时,太阳重人中天,故称这一天为"天中节"。叫"沐兰节",是因为五月开始是皮肤病多发季节,古人就在端午节时以兰草汤沐浴去污为俗。所以也把端午节叫作"沐兰节"。叫"解粽节",是因为古人在端午节吃粽子时,爱做一个一个游戏,人们解下粽叶以后,要比较粽叶的长度、谁的粽叶长谁就是胜者。于是有人又把端午节叫作"解粽节"。叫"女儿节",是因为端午节这一天家家都要精心打扮装饰自家的女儿,嫁出去的女儿这一天也要头上插着榴花回娘家。所以人们就叫它"女儿节"。叫"菖蒲节",是因为古人认为"重午"是犯禁忌的日子,此时五毒尽出,因此端午风俗多为驱邪避毒,如在门上悬挂菖蒲、艾叶等,故端午节也称"菖蒲节"。端午节的叫法都有这么多,足见这个节日包含的文化内涵特别丰富,下面我们就一一介绍这些有意思的文化内涵。

五、端午采药

这是最古老的端午节俗之一。古书上就有这样的记载:"五月五日,竞采杂药,可治百病。"后来很多地方还保留着五月捉蛤蟆的习俗,捉蛤蟆就是用来制药的。杭州人还给小孩子吃蛤蟆,说是可以消火清凉、夏无疮疖。有的地方家家要在端午节早晨天亮前,去抓一只蛤蟆,然后把墨从嘴中塞进肚子里至尾处,再悬挂起来晾干,做成蛤蟆锭(也叫蛤蟆墨),可以当药用,皮肤红肿发炎时,涂上一些蛤蟆锭,就可以消炎去肿毒。有的地方要在端午节清早太阳出来之前到地里挖带露水的车前子,晾干后泡茶喝。车前子是一味很好的中草药,有利尿、止泻、清肝、明目、清脑、化痰、解毒等功效。端午节采草药的习俗也是有科学道理的。因为端午前后草药茎叶成熟,药性好,所以就形成了这一风俗。

六、洗沐兰汤

端午节洗沐兰汤是在春秋战国时期的古籍上就记载有的习俗。当时的兰不是现在的兰花，而是菊科的佩兰，有香气，可煎水沐浴。所以古代也把端午节称作为沐兰节。这种习俗发展到后来就变成煎蒲、艾等香草来洗澡了。在广东，则用艾、蒲、凤仙、白玉兰等花草；在湖南、广西等地，则用柏叶、大风根、艾、蒲、桃叶等煮成药水洗浴。不论男女老幼，全家都洗，此俗至今尚存，据说可治皮肤病、去邪气。

七、喝雄黄酒

　　雄黄是一种含有硫化砷物质的结晶体，古人早就认识到它的药用功能，用雄黄来杀虫消毒。端午节既然是恶日，雄黄肯定是不能少的武器，人们将雄黄泡在酒里做成雄黄酒，它在避邪去恶方面具有强大的威力。有一个美丽的民间故事《白蛇传》，说的是一位忠厚老实的青年男子许仙遇见了由白蛇精变的白娘子，白娘子一见钟情爱上了许仙，许仙肉眼凡身看不出她是一条蛇，就欢天喜地地与白娘娘入了洞房。端午节那天因为到处都在辟邪驱毒，白娘子就只好装病躲到房中，心地善良的许仙以为自己的娇妻得了风寒病，就劝她喝了雄黄酒，谁知雄黄酒威力大发，使她显出了白蛇的原形，差点把许仙吓死。到了端午节这一天，人们泡上雄黄酒，在屋里屋外洒上一些，又在孩子们的额头上用雄黄酒画上一个大大的"王"字，雄黄酒挥发后，显出特别明亮艳丽的黄色，孩子们额头上顶着醒目的黄色"王"字，俨然一只只威武的小老虎出山了，那些恶魔毒虫哪里还敢近身！过去人们还要喝雄黄酒，但现在科学证明，雄黄浸泡在酒里会生成三硫化二砷，饮入体内会使人慢性砷中毒，不仅不能防病，反而会危害健康。但雄黄酒有杀毒功能，外用可以起到驱瘟除毒的作用。

八、挂艾叶和菖蒲

　　端午节驱恶的习俗还有挂艾叶和菖蒲。

　　艾叶是艾草的叶子，艾草又名家艾、艾蒿。它的茎、叶都含有挥发性芳香油。它所产生的奇特芳香，可驱蚊蝇、虫蚁，净化空气。中医学上以艾入药，有理气血、暖子宫、祛寒湿的功能。中医里还有一种治疗方法叫"热灸"，就是将艾叶做成艾条，点燃艾条放置在身体的相应穴位上，艾条的熏烤热灸，刺激了身体的穴位，将艾叶的药用功效更好地传递到体内，达到治病的目的。艾灸的疗法在我国已有数千年的历史。《孟子》这本书中还有"七年之病求三年之艾"的记载，可见古人很注重艾叶的神奇作用，他们认为三年长的艾叶会有更大的药效。既然如此，端午节要避邪去毒就会请来艾叶了。过去人们把艾叶编成人形或者虎形悬挂在门上，妇女们也在头上插上艾叶做装饰，这就是挂艾叶的习俗。

除了挂艾叶外，还要挂菖蒲。菖蒲也是一种中草药，它的叶子长长的，像一把剑。菖蒲的根茎提炼出精油，具有提神、通窍、杀菌等作用，所以人们也把菖蒲视为辟邪之物。到了端午节，在大门两旁插上菖蒲，就像插着除魔的利剑，各种恶魔毒虫都不敢进来了。古人说："端午佳节，菖蒲作剑，悬以辟邪。"人们就把插菖蒲也叫作插蒲剑。

菖蒲既然是一种中草药，民间也用它来浸在酒中做成菖蒲酒。现在虽然不喝菖蒲酒了，但在宋代的时候，菖蒲酒可是端午节必不可少的东西。宋代有名的诗人梅尧臣在诗中多次提到菖蒲酒，他在《端午日》这首诗中说："有酒不病饮，况无菖蒲根"意思是说，没有菖蒲酒，他过节这天宁肯不喝酒。而当他傍晚得到菖蒲时，却喜不自胜，于是他又写了另一首诗《端午晚得菖蒲》："薄暮得菖蒲，犹胜竟日无。我焉能免俗，三揖向尊壶。"诗人在傍晚时终于得到菖蒲了，欢天喜地，一下子就弥补了白天的缺憾，竟向酒壶三揖致谢。从梅尧臣的诗中我们看到，在宋代的端午节中，菖蒲酒

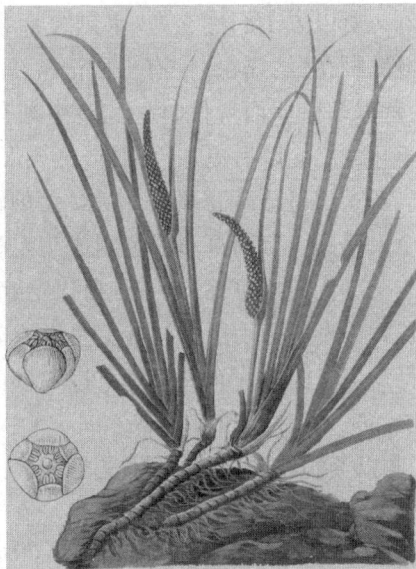

菖蒲

是众人少不了的驱瘟辟邪的节物，所以诗人说他也不能免俗，一定要喝菖蒲酒。

关于挂艾叶还保留着一个民间传说。唐代黄巢领兵造反，与官兵血战，四处不得安宁，老百姓纷纷逃难。这年五月，黄巢的军队攻进河南，兵临邓州城下，黄巢骑马到城外勘察地形，只见一妇人背着包袱，手里抱着个男孩像是在逃荒，感到很奇怪，就上前询问。那妇人说："听说黄巢杀人不眨眼，不日就要攻进邓州。城里的男人都被征调去守城，我只好带着孩子逃命去了。"黄巢就对这妇人说："黄巢造反是要杀富济贫，爱的就是天下百姓，怎么会伤害百姓呢？这都是官府造谣惑众。"他看见路边长着的艾草，就伸手拔了起来，交给妇人，对她说："这样吧。你回家后，就把这棵艾叶挂在门上，黄巢的部队看见了这个记号，保证不会进屋去伤害你们。"妇人听了，将信将疑，不过她还是回到城里，把这个消息告诉了父老乡亲。第二天正是五月端阳，黄巢的军队攻进城里，凡是门上挂着艾叶的人家他们都不去惊动，倒是

国学经典文库

中国民俗文化

精粹

·礼仪节俗·

图文珍藏版

那些富贵人家没有得知这一消息，都遭殃了。为了纪念这次幸免于难，每到端午节，大家就会在门口挂艾叶。

在端午节，家家都以菖蒲、艾叶、榴花、蒜头、龙船花，制成人形称为艾人。将艾叶悬于堂中，剪为虎形或剪彩为小虎贴以艾叶妇人争相佩戴，以避邪驱瘴。用菖蒲作剑，插于门楣，有驱魔祛鬼之神效。

端午节在门口挂艾草、菖蒲（蒲剑）或石榴、胡蒜，都有其原因。通常将艾、榕、菖蒲用红纸绑成一束，然后插或悬在门上。因为菖蒲天中五瑞之首，象征祛除不祥的宝剑，因为生长的季节和外形被视为感"百阴之气"，叶片呈剑型，插在门口可以避邪。所以方士们称它为"水剑"，后来的风俗则引申为"蒲剑"，可以斩千邪。清代顾铁卿在《清嘉录》中有一段记载："截蒲为剑，割蓬作鞭，副以桃梗蒜头，悬于床户，皆以却鬼。"而晋代《风土志》中则有"以艾为虎形，或剪彩为小虎，帖以艾叶，内人争相裁之。以后更加菖蒲，或做人形，或肖剑状，名为蒲剑，以驱邪却鬼。"

各家门口插菖蒲及艾，俗称"蒲剑斩千妖，艾旗招百福"，有的还在艾旗下面挂一个大蒜头。有用菖蒲根削制成艾人孩，悬于床。

艾草代表招百福，是一种可以治病的药草，插在门口，可使身体健康。在我国古代就一直是药用植物。针灸里面的灸法，就是用艾草作为主要成分，放在穴道上进行灼烧来治病。有关艾草可以驱邪的传说已经流传很久，主要是它具备医药的功能而来。像宗懔的《荆楚岁时记》中记载："日鸡未鸣时，采艾似人形者，揽而取之，收以灸病，甚验。是日采艾为人形，悬于户上，可禳毒气。"一般人也有在房屋前后栽种艾草，求吉祥的习俗。

民谚说："清明插柳，端午插艾。"在端午节，人们把插艾和菖蒲作为重要内容之一。家家都洒扫庭院，以菖蒲、艾条插于门楣，悬于堂中。并用菖蒲、艾叶、榴花、蒜头、龙船花，制成人形或虎形，称为艾人、艾虎，或制成花环、佩饰。美丽芬芳，妇人争相佩戴，用以驱瘴。

可见，古人插艾和菖蒲是有一定防病作用的。端午节也是自古相传的"卫生节"，人们在这一天洒扫庭院，挂艾枝，悬菖蒲，洒雄黄水，饮雄黄酒，激浊除腐，杀菌防病。这些活动也反映了中华民族的优良传统。端午节上山采药，则是我国各个民族共同的习俗。

采茶、制凉茶

北方一些地区，喜于端午采嫩树叶、野菜叶蒸晾，制成茶叶。广东潮州一带，人们去郊外山野采草药，熬凉茶喝，这对健康也有好处。

九、五毒五黄五瑞

既然端午节是五月初五,人们就要在"五"字上做文章。

五月是恶月,恶月里有毒虫,人们就列出了"五毒",这"五毒"是毒蛇、蜈蚣、蝎子、蜥蜴、癞蛤蟆。各地对"五毒"说法大同小异,如有的把蜘蛛列为五毒之一。到了端午节,就要预防五毒之害,一般在屋中贴五毒图,再用五根针刺于五毒之上,即认为毒物被刺死,再不能横行了。有的地方还在端午节时做一个叫"炒五毒"的菜,"炒五毒"就是将韭菜、金针菜、木耳、银鱼、虾米放在一起炒,大概是以这五种菜来象征五毒吧。

吃的东西则有"五黄",雄黄酒是黄色的,再配上另外四种黄色的食品就成了"五黄",这就是雄黄酒、咸蛋黄、黄鱼、黄鳝、黄瓜,古人认为,端午节时吃"五黄",可以消病强身。

辟毒的东西则有"五瑞"。五瑞都是用来悬挂辟邪的香草类植物,除了艾叶和菖蒲外,还要加上榴花、蒜头、龙船花,这五种植物被称作"天中五瑞"。这五瑞都有相同的辟邪毒的功效。鲜红的石榴花在五月开放,艳丽夺目,它的根皮可以做驱虫剂,端午节时妇女往往把石榴花戴在头上。蒜头杀菌效果很强,俗话说:"大蒜有百利一害",一害就是指吃多了大蒜会有口臭。龙船花本名山丹花,也是在五月开放,具有辟邪除瘴的作用。端午节时,人们也将蒜头、龙船花系在蒲剑上悬挂在门边。

因为五月是恶月,人们就还要设法避开"五"。古代忌讳在五月生孩子,特别是五月初五这一天生的孩子有大不吉利。古人以为这一天生的孩子,各种毒气、鬼怪都会附着到婴儿体内,以后对父母和家庭带来灾难。可是人的出生既然不可能提前又不可能推后,真要在五月初五这一天出生了又怎么办呢?宋代的皇帝赵佶就是这一天出生的,为了避忌,就把他的生日改为了十月十日。至于一般家庭,有的竟然就把出生的孩子杀死了。可见有些不科学的习俗也会害死人的。其实,五月初五出生的人里面有不少以后还成了卓有成就的人物,但其中有些人却差点被这个习俗扼杀了生命。比如春秋战国时有一位很有名的诸侯孟尝君,就是在五月初五出生的,他刚一出生,他的父亲就对他的母亲说,不能留下这个孩子。但母亲心疼自己的骨肉,就偷偷地将他养大,等孩子长大后,才让他的兄弟陪着去见父亲。

·礼仪节俗·

图文珍藏版

十、端午的佩饰

过去人们为了在端午节辟邪驱恶,不仅要在屋前屋后悬挂辟邪物,自己也要随身带上各种辟邪的物品,久而久之,就形成了带各种饰物的习俗。端午节佩戴的饰物还真多。

(一)五彩缕

五彩缕又叫五色丝、长命缕、续命缕、延年缕、长寿线,等等。它其实就是五种颜色的丝线,将它们缠在一起,在端午节时,将五彩缕悬挂在门上,或者戴在孩子的颈上,或者系在孩子的手臂上,或者挂在床头帐前和小孩的摇篮前,五种颜色交织在一起,非常好看。更有做得复杂一些的,用五彩丝缀上金银饰物当项链戴,用五彩丝线绣出各种图案当礼品。人们认为,五种颜色的丝线分别象征着东南西北中五个方位,蕴含着五方神力,能够驱除邪魔。将五彩丝线系在孩子的手臂上是最简单的,也是流行得最广泛的,但别看它简单,还是有很多讲究的。端午节的清晨,大人们起床后第一件大事便是在孩子手腕、脚腕、脖子上拴五色线。系线时,禁忌儿童开口说话,五色线不可任意折断或丢弃,只能在夏季一场大雨或第一次洗澡时,抛到河里。因为扔到河里,就意味着让河水将瘟疫、疾病冲走,儿童由此可以保安康。

(二)香包

戴香包也是端午节特别流行的一种习俗。香包又叫香袋、香囊、荷包等,有用五色丝线缠成的,有用碎布缝成的,内装香料(用中草药白芷、川芎、芩草、排草、山奈、甘松、高本行制成),佩在胸前,香气扑鼻。戴香包颇有讲究。老年人为了防病健身,一般喜欢戴梅花、菊花、桃子、苹果、荷花、娃娃骑鱼、娃娃抱公鸡、双莲并蒂等形状的,象征着鸟语花香,万事如意,夫妻恩爱,家庭和睦。小孩喜欢的是飞禽走兽类的,如虎、豹子、猴子上竿、斗鸡赶兔等。青年人戴香包最讲究,如果是热恋中的情人,那多情的姑娘很早就要精心制作一二个别致的香包,赶在节前送给自己的情郎。

戴香包的习俗其实早在先秦时期就开始了。那时候叫作"香缨",是女子佩戴在头上的一种饰物,头上戴着香缨,就表示自己是已经结婚了的妇女。因为香包里装有香料,带来清香,有净化空气的作用,所以后来不仅妇女佩戴,连那些达官贵族也佩戴,戴上香包,就显得自己更为高贵和儒雅了。

(三)艾虎

我国古代视虎为神兽，以为可以镇祟辟邪、保佑安宁。所以民间的很多辟邪镇灾的器物都做成虎的形状。端午节的艾虎就是很有特色的避邪之虎，艾虎的用料离不开艾叶，有的是以艾叶编剪而成，有的是在剪的彩虎上粘以艾叶，做好的艾虎就可以佩戴在发髻或身上。端午节饰戴艾虎的风习已经有千年以上的历史。

(四)健人

健人是端午节妇女佩戴的一种饰物，一般用金银丝或铜丝金箔做成，形状为小人骑虎。将这种饰物插在妇女的发髻上，走路时在头上摇来晃去，煞是好看。所以人们也叫它是"步摇"。

第十五章 七夕节

一、七夕节起源

七夕节是我国民俗节日之一,七夕在农历七月初七。在汉代以前,七夕不一定是在七月初七,它大约在七月朔日。

七夕的时间在上古是根据织女星的位置确定的,与织女星相对的牵牛星是在古代同样被作为确定天文时间的标志。

七月满天的星辰,而与劳动人民关系最密切的是牛郎星、织女星。男耕女织的小农经济也反映到星辰上,相反星辰又主宰了人间的命运。

七夕节,主要是庆贺天上牛郎与织女的一年一会。来源于神话故事,民间习惯称为天河配。

旧历七月初七日晚,为"七夕节",也叫"乞巧节""女儿节",是汉族传统的节日。其来源于中国古代民间四大传说之一的《牛郎织女》(其他三个传说故事是《孟姜女》《白蛇传》《梁山伯与祝英台》)。这是从原始的日月星辰神话发展而来的。

这个节日源于古代神话牛郎织女天河相会的故事。这个故事最早记载见于孔子校订的《诗经·小雅·大东》中:"维天有汉,监亦有光。跂彼织女,终日七襄。虽则七襄,不成报章起。皖彼牵牛,不以服箱。"这是譬喻银河两岸的星汉徒有织女、牵牛之名,却织不成有文采的织物,拉不了备有车厢的车子。由此可见,春秋以前牛郎织女故事的雏形就产生了,但没有七夕渡河之说。

到了汉代,在《诗品·汉古诗十九首》里就有了:"迢迢牵牛星,皎皎河汉女,纤纤擢素手,札札弄机杼。终日不成章,泣涕寒如雨。河汉清且浅,相去复几许。盈盈一水间,脉脉不得语。"由此可见,到了汉代虽然它们仍为"二星",但人物的形象己跃然纸上,还出现了"天河"的情节。并且在汉代的《淮南子》一书中也出现了"乌鹊填河成桥而渡织女"的说法。

到了南朝梁的文学家殷芸的《小说》一书里则有了:"天河之东有织女,天帝之子也。年年机杼劳役,织成云锦天衣,容貌不暇整。帝怜其独处,许嫁河西牵牛郎,嫁后遂废织纴(右为壬)。天帝怒,责令归河东,但使一年一度相会。"梁吴均《续齐谐记》指出了相会日期:"桂阳成武丁有仙道,忽谓其弟曰:'七月七日,织女当渡河暂诣牵牛。'至今云织女嫁牵牛。"从此,天河两岸就有了两颗明亮的星,据说那就是牛郎和织女变的。牛郎星旁边还有两颗小星,这便是牛郎挑着的两个孩子。牛郎织女平时不能见面,只能在每年七月七夜里会一次面。天下的喜鹊为让牛郎、织女于七夕相会,便密集于天河之上,成为一道"鹊桥"。故民间老人盛传"七月七,喜鹊稀。"旧俗认为,如七月初七下雨,则是织女的眼泪。牛郎、织女一年相见一次,又由于天气不好,喜鹊搭不了桥,相见成了泡影,确实让人同情。后世,民间据此出现了拜银河、乞巧等许多民俗活动,从而形成一个具有神话传奇色彩的节日。

这一故事经历代演变,在民间传说过程中不断充实完善,遂成了动人的神话传说。至此,牛郎织女相会故事的梗概已具完备。在民间,使它更为丰满、多彩、动人,逐渐成为一个扣人心弦的纯朴而又坚贞的爱情故事,深受人们的喜爱。

二、牛郎织女

七夕节自古就与牛郎织女的传说相连,这个动人、美丽的爱情故事被人们传了一代又一代,成为我国民间四大爱情传说之一。牛郎织女的传说深刻反映了人们对有情人终成眷属的祝福与期盼。

相传牛郎父母早逝,又常受到哥嫂的虐待,只有一头老牛相伴。有一天老牛给他出了个计谋,要娶织女做妻子。到了那一天,美丽的仙女们果然到银河沐浴,并在水中嬉戏。这时藏在芦苇中的牛郎突然跑出来拿走了织女的衣裳,惊慌失措的仙女们急忙上岸穿好衣裳飞走了,唯独剩下织女。在牛郎的恳求下,织女答应做他的妻子。婚后,牛郎织女男耕女织,相亲相爱,

牛郎织女

生活得十分幸福美满。织女还给牛郎生了一儿一女。后来,老牛要死去的时候,叮嘱牛郎要把它的皮留下来,到急难时披上以求帮助。老牛死后,夫妻俩忍痛剥下牛皮,把牛埋在山坡上。

织女和牛郎成亲的事被天庭的玉帝和王母娘娘知道后,他们勃然大怒,并命令天神下界抓回织女。天神趁牛郎不在家的时候,抓走了织女。牛郎回家不见织女,急忙披上牛皮,阻了两个小孩追去。眼看就要追上,王母娘娘心中一急,拔下头上的金簪向银河一划,昔日清澈的银河一霎间变得浊浪滔天,牛郎再也过不去了。从此,牛郎织女只能泪眼盈盈,隔河相望,天长地久,玉皇大帝和王母娘娘也拗不过他们之间的真挚情感,准许他们每年七月七日相会一次。相传,每逢七月初七,人间的喜鹊就要飞上天去,在银河为牛郎织女搭鹊桥相会。此外,七夕夜深人静之时,人们还能在葡萄架或其他的瓜果架下听到牛郎织女在天上的脉脉情话。

后来,每到农历七月初七,相传牛郎织女鹊桥相会的日子,姑娘们就会来到花前月下,抬头仰望星空,寻找银河两边的牛郎星和织女星,希望能看到他们一年一度的相会,乞求上天能让自己像织女那样心灵手巧,祈祷自己能有称心如意的美满姻缘,由此形成了七夕节,这个节日也是我国的"情人节"。人们把这个故事一代又一代地讲述着,寄托了人们对牛郎织女不幸遭遇的同情和向往美好生活的愿望。

三、穿针乞巧

乞巧是七夕节的主要活动,七夕节也叫"乞巧节",因为在这一天,民间要进行乞巧活动,即向织女乞求智巧。传说织女聪颖美丽,多才多艺。她不仅会织云锦,而且还能缝无边的天衣。七月七日织女与牛郎重逢相聚,心情格外舒畅,如果在此时向她乞求夺天工之技,她定会将自己的技艺毫无保留地传授给人们,人们从此就可以除去笨拙,求得心灵手巧。乞巧习俗反映了劳动人民要向织女学习劳动技能的强烈愿望。

七夕节除"乞巧"名称外,又叫"七夕节""女节""女儿节""少女节""巧节"。所谓"乞巧",就是七月初七的夜间向织女星乞求智巧的意思。因此,在旧时这一天大都是妇女进行活动。《荆楚岁时记》记载:"七月七日,为牵牛织女聚会之夜。是夕,人家妇女结彩楼,穿七孔针,或以金银玉石为针,陈几筵酒脯瓜果于庭中以乞巧。有喜子网于瓜上,则以为符应。"这儿的穿针是少年女子集在一起比赛穿针。夜间,借着香头的微光,从老太太的手中接过一根针、七根线,谁穿上线,谁就算是乞得巧了,穿得快者最巧。从"穿针乞巧"又发展到"浮针乞巧"。过去在北京地区就有这一习俗。《宛署杂记》就有"七月浮巧针"的记载:"七月七,民间有女家各以碗水暴日下,会女自投小针泛之水面,徐视水底,日影或散如花,动如云,细如线,粗如槌,因此卜女之巧。"这一风俗又叫"丢针儿"。

《西京杂记》曾记载："汉宫中彩女常以七月七日穿七孔针于开襟楼"，这说明在汉代就有了乞巧风俗。到了南北朝时，宗懔记述当时的风俗说："七月七日为牵牛织女聚会之夜，是夕，人家妇女结彩缕穿七孔针，或以金银玉石为针，陈瓜果于庭中以乞巧。"《舆地志》还记载齐武帝修了一座右铭城观，每到七月七日，宫女们都登上城楼来观穿针，世人称之为"穿针楼"。崔颢的《七夕》诗："长安城中月如练，家有此夜持针线。仙裙玉佩空白如，天上人间不相见。"及林杰"家家乞巧望秋月，穿尽红丝几时条"的诗句都生动描绘了唐代长安穿针乞巧的风俗。

乞巧时所用的针，多为"七孔"或"娥九尾"，为乞巧时专用，平常能用来缝衣。

穿针乞巧古画

宁人金盈之在《醉翁谈录》卷四中说："其实此针不可用也，针褊而孔大。"元人陶宗仪在《元氏掖庭记》一卷中说："七夕时，妇女们用五彩线穿九尾针，以先穿完者为'得巧'，迟者为'输巧'。"

人们在乞巧的同时，还要用瓜果袋子祭拜织女。民间传说织女除了管理妇女纺织外，还主宰瓜果的生长。在七夕的供品中，除了茶、酒、乞巧果等外，还要有新鲜的瓜果。《开元天宝遗事》《就宝遗事》就有"七月七日，宫女陈瓜果酒馔，列于庭中"的记载。

七夕乞巧，这个节日起源于汉代，东晋葛洪的《西京杂记》有"汉彩女常以七月七日穿七孔针于开襟楼，人俱习之"的记载，这便是我们于古代文献中所见到的最早的关于乞巧的记载。后来的唐宋诗词中，妇女乞巧也被屡屡提及，唐朝王建有诗说"阑珊星斗缀珠光，七夕宫娥乞巧忙"。据《开元天宝遗事》载：唐太宗与妃子每逢七夕在清宫夜宴，宫女们各自乞巧，这一习俗在民间也经久不衰，代代延续。

唐朝乞巧之风十分盛行，流传有许多关于乞巧的故事和传说。唐肃宗时，有一女娥郑采娘，在七夕夜陈瓜果香案向织女乞求智巧。织女问采娘乞求什么，采娘答曰乞巧。织女便送她一枚寸余长的金针，缀在纸上，并嘱三日不得告人，如此便可得巧，不久还可以变成男子。两天后采娘将此事告知母亲，母亲深感奇异，执意要看个究竟，结果金针不见了，只有一张有针迹的空纸。后来，采娘死后托生成了一个男孩。这就是流传甚广的"金针度人"的故事，后人用来比喻传授某种秘法绝技。

唐朝皇帝对乞巧风俗十分重视。唐玄宗曾建"乞巧楼",楼高百尺,可以坐数十人。对宫中妃嫔各赐九孔针、五色线,在月光下穿过者为得巧。乞巧后,演奏清商妙曲,欢喜宴达旦。《开元天玉遗事》还记载了唐玄宗与杨贵妃在华清宫游宴举行乞巧活动:"七月七日……各捉蜘蛛,闭于小盒中,至晓,开视蛛网稀密,以为得巧为侯。密者言巧多,稀者方巧少,民间便效之。"这是汉代蜘蛛卜吉凶之后,用蜘蛛卜巧。

七夕穿针习俗从南朝时开始盛行。穿针分为两种,一种是七夕晚上,手拿丝线,对着月光穿针,看谁先穿过就是"得巧"。另一种是在七夕的中午将针投入水面,观察针影的形状,以卜女红之巧拙,称为浮针、投针。河南开封地区《祥符县志》曾记载相当有趣的习俗:"七月七日之午,妇女多乞巧。以碗贮水曝烈日中,顷之水膜凝面,举绣针投之则浮,谛视水底针影,有云成物花鸟之影者为上,有成剪刀牙尺之影者为次,谓乞得巧,女伴相贺;其影粗如槌、细如丝、直如矢则拙矣,幼女尤忌,或至垂涕泣,其母每曲慰之。"这不仅使我们了解何谓得巧,也仿佛看到一群女性相与嬉戏,幼女的天真、母亲的慈爱,尤其彰显这一习俗的女性特色。

南朝七夕穿针系在月下行之,后代的浮针、投针也有在月光下进行的,但似乎有演变为日午行之,就太阳光的投影观察的趋势。早先的月下穿针,尚有穿五孔针、七孔针、九孔针的传说,充满了竞技的意味,将女红才艺与游戏化的竞赛结合在一起,因此而得"巧",颇为"实至名归"。而后代的浮针、投针,则近似占卜的行为,完全靠运气来判定是否得"巧",游戏的意味更浓厚,也难怪少不更事的小女孩会因此而患得患失。

宋元之际,七夕乞巧相当隆重,京城中还设有专卖乞巧物品的市场,世人称为乞巧市。宋罗烨、金盈之辑《醉翁谈录》说:"七夕,潘楼前买卖乞巧物。自七月一日,车马嗔咽,至七夕前三日,车马不通行,相次壅遏,不复得出,至夜方散。"在这里,从乞巧市购买乞巧物的盛况,就可以推知当时七夕乞巧节的热闹景象。人们从七月初一就开始办置乞巧物品,乞巧市上车水马龙、人流如潮,到了临近七夕的时日,乞巧市上简直成了人的海洋,车马难行,观其风情,似乎不亚于最盛大的节日——春节,说明乞巧节是世人最为喜欢的节日之一。

宋代以后的乞巧活动较之以前更为丰富。东京潘楼出现了民间乞巧市,专卖乞巧物。从七月一日起,乞巧市就车水马龙,游人如织。七夕节前夕,更是"车马相次拥遏",一般百姓亦用竹木或麻秆编成"乞巧棚"。民间的乞巧制品充分体现了劳动人民的聪明才智和朴素的审美情趣。

明朝时除了沿袭唐宋的旧俗,还出现了一种新的卜巧形式——丢巧针。《帝京景物略》记载:"七月七日之午丢巧针。妇女曝盎水日中,顷之,水膜生面,绣针投之则浮,则看水底针影,有成云雾、花朵、鸟兽形者,有居鞋及剪刀,水茄形者,谓乞得巧。"

　　清朝在沿袭明朝丢巧针乞巧习俗的基础上,发展成"掷花针",所投之物为松树的叶子,即松针。在民间,七夕乞巧的方式有很多种,除了以上所说的月下穿针、蜘蛛卜巧、丢花针、掷松针外,还有在井边、葡萄架下静听牛郎织女哭泣,以麦豆嫩投放水中等多种乞巧方式。

　　在七夕乞巧活动中,妇女们不仅可以向织女乞求技艺,还可以根据自己的不同情况和心愿,向织女乞富、乞寿、乞子、乞爱情;经济不富足的乞求财富;身体羸弱的乞健康长寿;没有儿子的可以乞求贵子;没有婚嫁的可以乞求长得更漂亮以获纯真爱情。在诸多的愿望中,每人只得乞求一样,且连乞二三年方显心诚。在乞巧之前,要事先祭拜牛郎织女,祭拜之后跪地祈祷,心中默念自己的心愿。乞巧活动结束时,妇女们一般将供奉的瓜果等供品一半投于房上供天女享用,另一半留给自己,与大家分食。亦有的地方将所用花粉一半投于房顶,一半留作自用,以求长得像织女一样聪颖可爱。

图文珍藏版

第十六章　中秋节

八月十五是中国的传统节日——中秋节。中秋节有悠久的历史,和其他传统节日一样,也是慢慢发展形成的。在中秋时节,人们对着天上又亮又圆的一轮皓月,观赏祭拜,寄托情怀。

中秋节的传说是非常丰富的,嫦娥奔月。吴刚伐桂,玉兔捣药之类的神话故事流传甚广。

随着时代的变迁,中秋节更多地被人们赋予了思念亲人的色彩,"但愿人长久,千里共婵娟"这一家喻户晓的名句就贴切地反映了人们对月圆的祈盼和对相思之人的牵挂。

一、中秋节起源

还记得李白描写小时候看月亮的那首诗吗?

小时不识月,唤作白玉盘,
又疑瑶台镜,飞在青云端。
仙人垂两足,桂树何团团,
白兔捣药成,问言与谁餐。

诗中那个悬挂在云端,里面有桂树与白兔,像白玉一样的圆盘,说的就是中秋节那晚的月亮。而我们接下来要讲述的,就是与月亮有着千丝万缕联系的中秋节。

每年农历的八月十五日,民间起名为中秋。当然,在你的家乡可能会听到不同的名称,例如"仲秋""月夕""八月节""团圆节""女儿节",等等。虽然名称稍微有些差别,但说的都是同一个节日。为什么中秋节会有这么多不同的名称呢? 这首先与人们对时间的划分有关系。农历通常将一年分为四季:春季、夏季、秋季、冬季,以前的人们就是依靠四季来体验一年的流转,我们经常听到的春去秋来就表明了这种时间的交替。人们按照时间顺序,又将每一季细分为三个单元:孟、仲、季。按照这种季节的分类方法,中秋进入到秋季的第二个月,正是三秋之中,因而称为"仲秋"。

与其他月份中的十五相比,八月十五这一天晚上的月亮更大、更圆、更明亮,因而中秋又有"月夕"的说法。中秋又是八月份中的一个非常重要的节日,因此又称为"八月节"。在我国东北的一些地区,人们更愿意使用这一名称。中国的许多传统节日都以团圆为主题,中秋更强调团圆。在这一节日里,远在外地的家人要尽量赶回来,与家里人团聚,共赏明月。不能团聚的游子,也会通过各种形式表达自己对远方亲人的思念。中国古人注重天人合一,在中秋月圆这天,要求人要团圆,因此中秋又称为"团圆节"。在有的地区,中秋这一天,出嫁的女儿要回到娘家与家人团聚,因此也称为"女儿节"。无论是"团圆节"还是"女儿节"的名称,都说明中秋节是中国人一个相当重要的家庭节日。

中秋之夜

如果你听到或看到"果子节""后生节""南瓜节"的说法,不要以为说的是什么现代时髦节日,或者是西方传到中国的节日。其实,这些节日都是不同地区的人们用来称呼中秋节的名称。例如,侗族就把中秋称为"南瓜节";仫佬族则称中秋为"后生节"。

不管中秋节有多少不同的称呼,有一点是共同的,那就是离不开月亮。一个没有月亮的中秋节是无法想象的,中秋节的许多活动都与月亮相关。月亮是与地球最为接近的天体,也是人们肉眼可以观测到的主要天体之一。面对着夜空中的月亮,人们一直想知道,那里面究竟有什么?人类的好奇心,直到1969年7月16日才得到满足。那一天,美国的阿波罗号登上了月球,在上面留下了人类的脚印,从此揭开了月亮的秘密。今天我们大家都知道,月球表面有环形山、平原、山脉与峭壁。由于没有大气和水,月亮上不可能有生命存在。但是,我们的先人在遥望月亮时,还没有阿波罗号,也没有太空飞船,甚至没有望远镜。如果你以为他们没有自己的答案,而是等着后人来发现,那你就错了。他们不仅以自己特有的方式回答了这个问题,而且答案充满了离奇和幻想。

中秋节是我国仅次于春节的第二大传统节日,节期为农历八月十五,在中国的农历里,一年分为四季,每季又分为孟、仲、季三个部分,是日恰逢三秋之半,故名"中秋节",也叫"仲秋节";八月十五的月亮比其他几个月的满月更圆,更明亮,所以又叫作"月夕""八月节"。此夜,人们仰望天空如玉如盘的朗朗明月,自然会期盼家人团聚。远在他乡的游子，也借此寄托自己对故乡和亲人的思念之情。所以，中秋又称"团圆节""女儿节"。因中秋节的主要活动都是围绕"月"进行的，所以又俗称"月节"。在唐朝，中秋节还被称为"端正月"。关于中秋节的起源，大致有三种：起源于古代对月的崇拜、月下歌舞觅偶的习俗、是古代秋收拜土地神的遗俗。

中秋节是远古天象崇拜——敬月习俗的遗痕。据《周礼·春官》记载，周代已有"中秋夜迎寒""中秋献良裘""秋分夕月（拜月）"的活动。汉代，又在中秋或立秋之日敬老、养老，赐以粗饼。晋时亦有中秋赏月之举，不过不太普遍。直到唐代才将中秋与嫦娥奔月、吴刚伐桂、玉兔捣药、杨贵妃变月神、唐明皇游月宫等神话故事结合起来，使之充满浪漫色彩，玩月之风方才大兴。

北宋，正式定八月十五为中秋节，并出现"小饼如嚼月，中有酥和饴"的节令食品。孟元老《东京梦华录》说："中秋夜，贵家结饰台榭，民间争占酒楼玩月"；而且"弦重鼎沸，近内延居民，深夜逢闻笙竽之声，宛如云外。间里儿童，连宵婚戏；夜市骈阗，至于通晓。"吴自牧《梦粱录》说："此际金凤荐爽，玉露生凉，丹桂香飘，银蟾光满。王孙公子，富家巨室，莫不登危楼，临轩玩月，或开广榭，玳筵罗列，琴瑟铿锵，酌酒高歌，以卜竞夕之欢。至如铺席之家，亦登小小月台，安排家宴，团围子女，以酬佳节。虽陋巷贫篓之人，解农市酒，勉强迎欢，不肯虚度。此夜天街卖买，直至五更，玩月游人，络绎不绝。"更有意思的是，《新编醉翁谈录》记述拜月之俗："倾城人家子女不以贫富……登楼或中庭焚香拜月，各有所朝；男则愿早步蟾宫，高攀仙桂。女则愿貌似嫦娥，圆如皓月。"

明清两朝的赏月活动，盛行不衰。"其祭果饼必圆"；各家都要设"月光位"，在月出方向"向月供而拜"。陆启泓《北京岁华记》载："中秋夜，人家各置月宫符象，符上兔如人立；陈瓜果于庭，饼面绘月宫蟾兔；男女肃拜烧香，旦而焚之。"田汝成《西湖游览志余》云："是夕，人家有赏月之宴，或携柏湖船，沿游彻晓。苏堤之上，联袂踏歌，无异白日。""民间以月饼相邀，取团圆之意"。富察敦崇《燕京岁时记》称："中秋月饼，以前门致美斋者为京都第一，他处不足食也。呈供月月饼到处皆有。大者尺余，上绘月宫蟾兔之形。""每届中秋，府第朱门皆以月饼果品相馈赠。至十五月圆时，陈瓜果于庭以供月，并祀以毛豆、鸡冠花。是时也，皓魄当空，彩云初散，传杯洗盏，儿女喧哗，真所谓佳节也。唯供月时男子多不叩拜。"同时这五百多年中还推出"烧斗香""走月亮""放天灯""树中秋""点塔灯""舞火龙""曳石""卖兔儿爷"等节庆活动；其中的赏月，吃月饼、团圆饭等习俗，一直流传到今天。

二、中秋话月

古人虽然没有机会到月亮上去看一看,但是他们将日常生活的经验与丰富的想象相结合,创造了瑰丽的神话故事。在这些至今仍在流传的神话故事中,他们表达了探索月亮的渴望,以及对月亮上有什么的各种猜测。例如,古人认为,月亮上有着与人间一样的宫殿,里面住着嫦娥;月亮上还有桂花树,可以酿造芳香四溢的桂花酒;月亮上还有可爱的动物,玉兔或者是别的什么动物,等等。于是,民间就有了许多关于嫦娥与这些动物,如何从人间来到月亮上的各种解释。这些解释集中于下面的几个传说中。

传说之一:嫦娥奔月

相传在远古的时候,天上同时出现了十个太阳,结果晒得庄稼枯死,鸟兽逃散,民不聊生,给人间带来无尽的灾难。当时有一个英雄,名叫后羿,据说力大无穷。他同情百姓遭受的苦难,决心为民除害。后羿登上了昆仑山顶,运足神力,拉弓引箭,一口气射下九个太阳。剩下的一个太阳,后羿要求它为人间照明,并严令它按时起落,为民造福。后羿射日的行为得到了百姓的尊敬和爱戴。

后来,有一个美丽、温柔、善良的女子嫁给了后羿,这个女子名叫嫦娥。嫦娥经常把后羿打到的猎物分给周围百姓,人们都很喜欢她。

一天,后羿到昆仑山求道,碰巧遇到由此经过的王母娘娘。王母娘娘念及后羿射日救民的功劳,便赐给他一包不死药。传说,服下不死药就可成仙。后羿舍不得撇下妻子,也不愿意与友邻分离,所以就把不死药交给嫦娥收藏。

由于后羿的箭术高超,不少仁人志士慕名前来拜师学艺,后羿也因此收了不少徒弟。其中有一个徒弟,叫蓬蒙,十分忌妒后羿的技艺,一心想超越师傅,始终都没有成功。得知不死药的情况以后,蓬蒙认为如果自己吃了不死药,就会成仙,就会在后羿的之上了。有了这样的想法以后,他就一直寻求机会。

机会终于来了。这一年的八月十五,后羿率领徒弟外出打猎。蓬蒙谎称生病,留了下来。在确信师傅已经走远之后,蓬蒙闯入后羿的家里,逼迫嫦娥拿出不死药。在万分紧急的情况下,嫦娥灵机一动,将不死药吃下。没想到嫦娥吞下不死药以后,身轻如燕,立刻飘升,很快就飘离地面,一直向天上飞去。嫦娥不得以成仙,但她还是留恋人间,也十分挂念后羿,于是就选择了离人间较近的月亮住了下来。

当天晚上,后羿打猎后回到家,却不见了嫦娥。在一再追问之下,才知道发生了什么事情,但为时已晚。蓬蒙见事已败露,害怕师父怪罪,早已逃之夭夭。后羿报仇未成,伤心欲绝,仰天长叹。他突然发现,今天的月亮比常日的格外皎洁、明亮,里面有个身影在晃动,那个身影看起来非常熟悉,酷似嫦娥。后羿知道,那不是别人,那肯定就是嫦娥,于是他朝月亮追去。可是,不管他怎么努力,都追不到月亮。后羿明白了,他不可能追上月亮。为了表达对嫦娥的怀念,后羿在嫦娥往日喜爱的后花园里,摆上香案,在香案上放上她平时爱吃的水果和糕饼。后来,每年的八月十五晚

嫦娥奔月

上,他都在家中摆上嫦娥喜欢吃的东西,遥祭妻子。百姓们知道嫦娥奔月消息后,纷纷在月下摆设香案,一方面纪念嫦娥,另一方面也向嫦娥祈求平安。这一行为代代相传,就形成了中秋节拜月的风俗。

传说之二:吴刚伐桂

月亮上除了有嫦娥以外,人们在仰望时还可以看到斑驳的树影。那不是一棵普通的树,而是桂花树。传说这棵桂花树有五百丈之高,生长繁茂。每到中秋节时,桂花香飘万里。在桂花树下,有一个人在不停地工作,酿造桂花酒。据说这个人叫吴刚。吴刚原是汉朝河西人,他的人生理想就是得道成仙。为了能够成仙,他抛开家跟随仙人去修道。吴刚走后,剩下妻子缘妇一个人,生活十分艰苦。这时太阳神炎帝的孙子伯陵来到了缘妇家,与她一起生活。后来,缘妇生了三个儿子,分别叫鼓、延、殳。

吴刚回来以后,看到家里发生了变化,非常生气,一怒之下打死了伯陵。炎帝闻讯后,心疼孙子,惩罚了吴刚,结果就把他发配到月亮上去砍那棵桂花树。每次吴刚砍下去后,桂树的伤口随即就愈合了。他再砍,桂树再长,因此吴刚只好不停地砍那棵永远也砍不倒的树。几千年来,吴刚就这样一直在砍树,默默承受着自己所犯的错误。

当然,吴刚也不只是砍树。在砍树之余,他还用桂花酿造桂花酒,自己消遣,也请别人喝。

由于月亮上有这棵桂树,桂树又结桂子,所以人们也称月亮为"桂月""桂轮"。

古代实行科举制度以后,进京赶考的日子一般定在八月,人们常常把考中状元的人称为"蟾宫折桂"。蟾宫指的就是月亮,而折桂的意思是说登科如登月一样值得庆贺。在如今的日常生活中,人们也用"蟾宫折桂"来预祝或庆贺考上大学的人。毕竟很少有人像嫦娥与吴刚那样,可以登上月球,住在那里。

传说之三:玉兔捣药

在民间传说中,月亮上还有只玉兔。这只玉兔是怎么跑到月亮上的呢?我们还从吴刚伐桂的故事说起。吴刚受到炎帝的惩罚以后,他的妻子缘妇心里十分难过,就叫二儿子延和三儿子殳升到月亮上陪伴吴刚,把大儿子鼓留在身边照顾自己。但延和殳升到月亮上以后,不能保持在人间的人形,于是就变成了蟾蜍和玉兔。蟾蜍后来做什么,传说中没有交代。

但这只玉兔好像非常忙碌,不停地在石臼里为神仙捣药,那石臼里的药就是长生不老药。后来民间过中秋时,总是供奉一只"兔儿爷"。有一首诗就描写了民间过中秋买兔儿爷的热闹景象:

中秋月色净无瑕,洒扫庭前列果瓜。

儿女先时争拜礼,担边买的兔儿爷。

所谓的兔儿爷,就是塑成兔状的泥偶人,也有用布扎成的,或者用纸画成的,一般都是人首兔身。兔儿爷的面孔和身体都

兔儿爷

做成人的模样,只是比人多了两只长耳朵和一张三瓣嘴。有的做成当官的模样,有的穿着铠甲,像个将军,有的做成骑老虎的模样,还有的稳稳坐在椅子上。

人们之所以供奉兔儿爷,就是因为玉兔捣药,可以确保祛病强身,长生不老。《京师乐府诗》中有一首诗,对人们为什么敬拜兔儿爷做了详细的说明:

中秋分外月华明,领宴归来夜色清。

不共嫦娥怜危影,为侬捣药祝长生。

据说,兔儿爷起源于明末,那时候的兔儿爷一副很庄严的模样,摆在香案上,接受人们的祭拜。到了清代以后,兔儿爷变成了儿童手中的玩具,制作也开始精致起来,尤其以北京地区最为著名。那里的兔儿爷千姿百态,十分乖巧,惹人喜爱。

有关月亮里面有什么的神话传说,我们就讲到这。接下来要说的一个问题是,中秋节是怎么来的呢?你觉得奇怪吗?我们为什么要在八月十五这一天过中秋节

呢？或许你已经问过这个问题了。

三、中秋节的由来

关于中秋节来历的说法有很多，流传比较广泛的主要有三种：秋报、祭月与纪念。秋报、祭月都是古代的仪礼制度流传到了后世，演变为中秋节；而纪念的说法则是在唐代以后。我们就按照这个顺序讲述中秋节的来历。

（一）中秋节起源于秋报

这是有关中秋节来历的说法之一。我国是个农业大国，农业活动又与时令节气密不可分。你可能十分熟悉"二十四节气歌"，我们多用它来说明季节的变化，日常生活也多以此为参考，例如增添衣物，等等。而二十四节气在古人的生活中却具有更加重要的意义，他们用它来指导农业生产，什么季节种植什么样的庄稼，都是根据节气来完成的。有了节气的指示，备耕、播种、防灾、田间管理、收获与储藏都变得有规律可遵循。正因为如此，古人非常重视节气。每年在春天播种之前，古人都要进行"春祈"活动，祭拜土地神以求五谷丰登。到了秋季八月中旬，正是庄稼收获的季节，人们还要祭祀土地神，汇报收成情况，感谢土地神的保佑，这就是"秋报"。八月十五日是稻子成熟的季节，各家各户祭拜的是土地，后来就演化成了中秋节。

（二）中秋节起源于祭月

还有一种解释，认为中秋节起源于古代帝王祭月的礼制。早在先秦时期，就有帝王春天祭日、秋天祭月的制度。而祭祀的具体日期，一般选在春季二月十五日的清晨，和秋季八月十五的晚上。显然前者是祭祀太阳的时间，后者是祭祀月亮的时间。"祭日祭月不宜迟，仲春仲秋刚适时"说的就是祭祀日月的具体时间。据文献记载，西周时期的国都镐京就设有月坛。当时的帝王常常身穿白衣，骑着白马前往月坛祭祀。月坛多在西郊，明清两代在北京修建的月坛，也是位于西郊。帝王亲临祭祀时，要奏乐、跳六佾舞，帝王还要献上白色的玉璧、丝帛，用以象征月亮的光洁。后来，不仅是帝王祭拜，达官贵人也纷纷仿效。再后来，祭拜月亮的官方习惯下沉到了民间，历代沿袭，就形成了今天的中秋节。

（三）中秋节起源于纪念

此外，还有一种解释，说人们过中秋节是为了纪念嫦娥。虽然被纪念的那个主

国学经典文库

中国民俗文化精粹

·礼仪节俗·

图文珍藏版

角是嫦娥,但是民间对于谁来纪念却有着不同的传说。第一种就是我们在上面曾提到过的嫦娥奔月中的后羿。第二种是说唐明皇为了纪念遇见嫦娥的那天,才有了后世的中秋节。唐朝的这个皇帝是怎么遇见嫦娥的呢?我们先从唐明皇八月十五游月宫的故事说起。

有一年的八月十五,道人罗公远陪同唐玄宗在皇宫中赏月。玄宗抬头凝视月亮,十分向往,并说如果能去月亮上看一看有多好。罗公远听后,取出一根拐杖抛向空中。一道白光过后,那个拐杖化作一条银桥出现在唐玄宗的面前。两个人一同登上银桥,走了几十里之后,突然觉得光彩夺目,寒气逼人,仔细一看,两人已经来到了一座宫殿。宫殿门口有一棵高大的桂花树,树下有一只玉兔正忙着捣药。再往前走,发现宫殿的门口上方悬挂着一个巨大的匾额,上面写着"广寒清虚之府"。罗公远对唐玄宗说,这就是月宫了。两个人随后进了广寒宫,宫中满是奇花异草,十分气派。嫦娥等人身着白衣乘白鸾翩翩起舞,乐声清丽动人。唐玄宗素通音律,觉得曲子极为美妙,就问罗公远这是什么曲子,这般好听?罗公远回答说,这是《霓裳羽衣曲》。唐玄宗暗暗将曲子记在脑海中,然后取回拐杖,回到人间。根据记忆,唐玄宗编制了《霓裳羽衣曲》。据说这首曲子流传了很久。为了纪念这一天,唐明皇便把八月十五定为节日,后来就成了中秋节。

从以上有关中秋节来历的传说中,我们可以发现,不管中秋节起源于礼制,还是起源于风俗习惯,它都离不开人,人是节日里重要的组成部分。节日最终是人的节日,节日不会自己过,而是要由人来过。正是人的活动,才构成了节日。中秋怎样过,主要是看人,要看是什么时代的人,要看哪里的人。那么,人们是怎么过中秋的呢?让我们一一道来。

四、欢度中秋节

夏天热、冬天冷,八月十五正好不冷也不热,温度最为适宜。天文常识还告诉我们,中秋是太阳经过秋分点最接近的一个满月日。此时太阳光线垂直照射在赤道上,南北半球的昼夜长短恰好相等。这一天的月亮在黄昏时就会出现。届时云雾稀少,月亮又大又圆,极为明亮,最适合人们赏月。当一轮明月悬挂于夜空,月辉洒满大地时,也正是一家人团聚的好时机。亲人们围坐在一起,庆祝中秋、共赏明月、祭拜神仙、游戏娱乐,等等。首先,我们来介绍中秋祭月活动。

(一) 祭月

正如前面所说的那样,月亮是中秋的重头戏。先民敬重自然,而月亮又是自然的一个重要组成部分，当然也受到先民的崇拜。那时候先民顶礼膜拜的只是月亮，后来月亮逐渐演化成人格化的神。这个人格化的神就代表了月亮，当人们祭拜月神时，就表示祭拜了月亮。人们给人格化的神起了很多名称，例如皇家称为"夜明之神"，道教称为"太阴星君"，而民间的名称就起的比较通俗、实在，称月神为"嫦娥""月姑""月姐"。你们看，与夜明之神和太阴星君的名称相比，月姑、月姐的称呼是多么亲切呀！有一首民间的童谣，就模仿儿童的语言，在月姐后又加了一个叠字，名称就叫《月姐姐》，说起来觉得更有韵味，回味起来更有意思：

> 月姐姐，多变化，初一二，黑麻麻，
> 初三四，银钩样，初八九，似龙牙，
> 于一二，半边瓜，于五银盘高高拦。
> 中秋月，净无瑕，圆如镜子照我家，
> 打麦场边屋檐下，照着地上小娃娃。
> 娃娃牵手同玩耍，转个圈儿眼昏花，
> 一不留神摔地下，连声喊痛叫妈妈。
> 云里月姐说他傻，引得大家笑哈哈。

关于人们为什么在中秋祭月，除了上述的说明以外，民间还有几则传说。其中的一则说，相传古代齐国有个女子，名叫无盐，相貌甚为丑陋。无盐小的时候，拜月十分虔诚。长大以后，虽然相貌依然丑陋，但是品行超群。后来她被选入皇宫，因为相貌的原因皇上一直不喜欢她。在一年的八月十五，皇上突然在月光下见到她，觉得她非常漂亮，从此开始喜欢她。后来，皇上立无盐为皇后。人们认为，无盐就是因为拜月虔诚才变得越来越漂亮，最后竟然做了皇后。因此，少女在中秋祭月时虔诚地向月亮祷告，希望将来长得貌似嫦娥，面如皓月。

另一则传说，发生在一个长工的身上。说是从前有个长工，从小就给地主放牛，拼死拼活地干了二十多年，还没有娶上媳妇儿，孤身一人。有一次，他不幸身患重病，无法干活。自己又身无分文，无法医治。在一个八月十五的晚上，老财主不雇长工患病，一脚将他踢出门外。他无家可归，看到山坡上有一棵桂花树，就走到树下躺着，望着明月发愁。他不禁想起自己的处境，十分难过。忽然，从月亮上飞下一位美得无法形容的仙女，转眼之间就到了长工的眼前。长工向她诉说了自己的不幸经历后，仙女表示同情，长袖一挥，茅屋、田地、犁、锄头等就奇迹般地出现了。后来，长工才知道，那个仙女就是月宫娘娘。于是，长工就依靠月宫娘娘的恩赐，过上了幸福生活。长工的奇遇一传百、百传千，越来越多的人每逢八月十五的晚上便在室外摆供品祭月，祈盼"八月十五天门开"的天门重开一次，月宫娘娘再次出现，满足自己的愿望。

说完了祭月的来历，我们再说说人们如何祭月。中秋节的晚上，人们将神祃挂在月出的方向，或者供奉木质的月姑神像。所谓神祃，通常以玉兔、广寒宫、桂树等神话为主要题材。《燕京岁时记》有一段关于神祃的记载，上面说"京师谓神像为神马儿，不敢斥言神也。月光马者，以纸为之，上绘太阴星君，如菩萨像，下绘月宫，及捣药之玉兔，人立而执杵，藻彩精致，金碧辉煌，市肆间多卖之者，长七八尺，短者二三尺，顶有二旗，作红绿色，或黄色，向月而供之。焚香行礼，祭毕，与千张、元宝等一并焚之。"这段话的意思是说，神祃就是绘有月神、月宫、玉兔的纸张，祭月以后就烧掉。也有的地方，既不挂神祃也不供奉神像，而是直接朝向月亮跪拜。

祭月

然后，人们摆上大香案，在香案上放上月饼、清茶、时令水果、糖等。至于香案上具体摆放什么类型的水果，南北方不大相同。北方常常供奉苹果、梨、红枣、李子、西瓜、葡萄。当然还要有毛豆，据说玉兔尤其喜欢吃。山西西部地区在祭月时，一定要有西瓜和毛豆。民间解释说，当地人之所以选择西瓜，是取西瓜的谐音"喜"，取西瓜的形"圆"，取西瓜的瓤"红"，取西瓜的子"多"，因此人们就把西瓜寓意为欢欢喜喜、团团圆圆、红红火火、多子多福。一个中秋节的西瓜，竟然包含有这么多的希望和企盼，这是你没想到的吧？玉兔喜欢的东西也不一定就是毛豆，例如有的地方就认为，玉兔更喜欢煮熟的玉米。而南方多供奉柚、芋头、香蕉、柿子、菱角、花生、藕，等等。你可能看出，中秋祭月的水果类型与南北方的生态环境有着很大关系，人们供奉的就是当地所生产的水果。

虽然神祃、神像以及香案都准备好了，可人们还是不能祭月，因为要等月亮出来以后才可以。月亮升起后，由主拜者叩头敬献。你知道吗？不是所有人都可以祭月的，男子就不可以。俗语说得好，"男不拜月，女不祭灶"，讲的就是祭月应遵守的规矩。当然，祭灶王爷的时候，也是不准女性参与的。人们祭月叩头的时候，口中念念有词：

八月十五月儿圆，西瓜月饼敬神仙。

有吃有喝还有穿，一家大小都平安。

有的地方还有不同的念词，但大意都是相同的。例如接下来这首：

八月十五月正圆，

西瓜月饼敬者天。

敬的老天心欢喜，

一年四季保平安。

妇女拜完之后，再让儿童来拜。给神仙磕头一番之后，烧去神祃，通过缕缕香烟将人间的愿望送往天上的月神，让她知道。下一个步骤就是撤去供品了，全家人享用月饼与果品，因为这时神仙已经享用过。在有些地方，祭月时还要挂起灯笼，点上香和蜡烛，放到家门口。苏州等地拜月还要燃箔香以"熏月"。

在中秋的晚上，老人还会给儿童讲述有关月亮的故事。例如，前面所说的嫦娥奔月、吴刚伐桂、玉兔捣药，等等。古时候是没有电视的，人们靠讲故事来度过晚间的休息时光。要是现在的话，我们就可以观看中央电视台转播的中秋晚会了。但是讲故事的作用，电视是达不到的。讲故事需要双方的合作，要有讲述者，也就是心里装着许多故事的老人。同时还要有听故事的人，或者是儿童，或者是其他人。不管怎样，讲故事让几代人集合在一起共同做一件事，密切了老人与儿童的关系。而电视却创造不出这样的氛围，我们在享受科学技术带来的方便时，却在不经意间失去了很多人与人之间最为宝贵的东西。

中秋节正值丰收季节，人们除了祭拜月神以外，还感谢土地神。每逢中秋时，人们将稻谷堆成高高的谷堆，用烧过的稻草灰在上面写"五谷丰登""年年有余"等，企盼来年丰收。有的地方在中午祭神祭祖，晚上才过中秋。例如，在台湾的某些地区以牛羊猪和润饼来祭祀土地神。当然有些地区还祭祀其他神灵，例如祭潮神保航运平安等等。

民间传说，中秋为众神下凡的日子，会有许多神灵降临到人间。因此，有的地方还有一些降神占卜活动，请篮神就是其中之一。

(二) 请篮神

篮神又名篮姑，同月神一样，也是民间的一个女神。请篮神时，由女人主持祭祀。一般在屋里选择一个比较黑暗的角落，然后放置一个竹篮，在竹篮外围一件女性的上衣，在竹篮内放一个椰子壳儿，以此代表篮神。在竹篮前放一只矮凳子，然后由女性唱"请篮歌"，好像是述说篮神的身世。

请篮姑，请蓝姑，

你系佛山人氏女，

你系省城人氏家，

家婆严今吞金死，

丈夫严令早辞阳。

人们认为,如果篮神降临,竹筐就会向矮凳叩头。这时,围观的人就可以问篮神自己所想的问题,篮神向矮凳叩头来回答问题。

(三)听香

在台湾地区,还有听香(听响)的习俗。在中秋的夜晚,女性在家中神像前点香祷告,说明想要预测什么事情,并向神请示出门后向哪个方向走。然后女性拿着点燃的香走出家门,收集路上听到的谈话和歌声等,凭借这些来占卜事情是否顺利。

上述活动都包含有人与神的关系,表明了人对中秋的重视。实际上中秋还有许多习俗,是发生在人与人之间的,这些活动就表现得比较轻松、愉快,也是儿童最为喜欢的,例如,吃月饼就是其中之一。

(四)吃月饼

"八月十五月正圆,中秋月饼香又甜"。我们在过中秋节时,都有吃月饼的习俗。不仅如此,人们还通过相互赠送月饼来传递和密切感情。可是你知道吗?月饼最初的形状并不像我们今天所看到的那样。那又是什么样的呢?据历史文献记载,月饼只是一种像菱花饼一样的饼形食品,后来品尝月饼就与中秋联系到一块儿,成了中秋赏月时必备的食品了。这种联系是如此的紧密,以至于好像月饼就是中秋节的象征了。不知道你有没有这种感觉,在中秋节里没有吃到月饼,就如同没有过中秋节一样。

到底月饼是怎么出现的呢?民间有好几种解释。第一种的情节比较简单,是说在秦汉的时候,人们在中秋里举行敬老活动,送给老人糍粑饼。这种糍粑饼,可能就是后来的月饼。第二种与唐明皇游月宫有关。据说在月宫中嫦娥还给他吃了酥甜的仙饼,回到人间以后,唐明皇命下属仿造了仙饼。由于这种饼源自月宫,形状又好似圆圆的月亮,所以人们就把它称为月饼。第三种还是与唐朝的皇帝有关,不过这次不是唐明皇,而是唐高祖李渊。传说有一次,李渊与群臣欢度中秋时,吐蕃商人献上了一种装饰华美的圆饼。李渊就一手拿着圆饼,一手指着天上的圆月,兴高采烈地说,"应将圆饼邀蟾蜍",然后就把圆饼分给群臣吃。从那以后,吃月饼的习俗就流传开来。

第四种说月饼的起源与明代开国皇帝朱元璋有关。元朝时期,中原人民不堪忍受强权统治,揭竿而起。朱元璋联合各路反抗力量,准备起义。但当时朝廷搜查得非常严格,传递起义的消息就成为一件十分困难的事儿。军师刘伯温一筹莫展,彻夜不眠,终于想出一条妙计。他命令属下把藏有"八月十五夜起义"的纸条藏到饼子里面,再派人分头传送到各地起义军中,通知他们在八月十五日晚上起义。到了八月十五,各路义军纷纷响应,抗元之势势不可挡。很快,元朝的大都就被攻下,起义成功了。消息传开以后,朱元璋十分高兴,传下口谕,在即将来临的中秋节,让全体将士与民同乐,并将当年起兵时用来传递信息的"月饼",作为节令糕点赏赐群臣。此后,中秋节吃月饼的习俗便在民间流传开来了。

第五种是说,有一段时间,人们生活在鞑子的统治中。(鞑子:即指鞑靼,古时汉族对北方各游牧民族的统称。)为了更方便地剥削人们,防止人们反抗,统治者在各家各户里都安插一个鞑子,监视每个住户。住在家里的鞑子骑在人们的头上,作威作福。人们不胜其苦,便商量怎么除掉他们。后来,大家约定在八月十五的晚上,一起动手杀掉鞑子。主意是好,可是怎么通知大家呢?有个人便想出办法,把这个秘密约定写在纸条上,夹在月饼里面,相互赠送。这个办法果然奏效,大家齐心合力杀掉了鞑子。于是,八月十五吃月饼的习俗就流传了下来。有的地区,例如龙岩人在吃月饼时,还保留一种习惯。一家之长在月饼中央挖出一个直径约二、三寸的圆饼,留给长辈吃,意思是说,月饼中央藏有的秘密事不能让晚辈知道。据说,这种吃月饼的习俗就是源于上面那个传说。

说完月饼的来历,我们再说说月饼的制作。刚开始的时候,人们在家中制作月饼。近代以后就有了作坊,专门生产月饼。月饼的制作也越来越精细化,不仅外形美观,而且馅料也很考究。在月饼上还印有各种图案,例如嫦娥奔月、二泉映月等等。如今的月饼制作方法更是花样翻新,有京式、广式、苏式等类型的月饼。苏式月饼里面包有芝麻、椒盐、玫瑰、五仁等,吃起来口感很好。广式月饼的种类很多,枣泥核桃、莲蓉蛋黄、火腿五仁、凤梨等。一般来讲广式月饼的油多、糖也多,口感较重,吃的时候最好是切成小块,配上铁观音之类的浓茶。台式月饼多选用绿豆馅,饼皮酥而易碎,香甜可口。

(五)吃芋头

过中秋节时,某些地区还有吃芋头的风俗。例如,广东潮汕地区就是这样。该地区有一句谚语,就叫:"河溪对嘴,芋仔食到"。八月十五,正是芋头成熟的季节。人们都习惯以芋头来祭拜祖先。当地还流传一则民间传说,说是蒙古贵族建立元朝以后,对汉人进行了残酷的统治,人们处于水深火热之中。在蒙古人的大举进攻之下,潮州城陷落,百姓惨遭杀害。由于芋头与"胡头"谐音,而且形状酷似人头,人们为了警醒后世,提醒后人不要忘了胡人(胡人:我国古代泛称北方和西方的少数民族)的罪过,以吃芋头来祭奠祖先。吃芋头的风俗历代相传,一直流传到今天。

(六)烧塔

中秋夜烧塔的风俗也与人们反抗元朝的统治有关。据传,人们相约在八月十五举火为号,同时起义,后来就演变成今天的烧塔习俗。这种风俗在某些地区十分盛行。一般而言,人们多用碎瓦片堆成高塔,塔的高度从一公尺到三公尺不等。更大一些的塔底座部分用砖块砌成,然后再用瓦片叠砌。塔的顶端预留一个塔口,以备投放燃料之用。在中秋节的晚上,人们点火引燃木、竹、谷壳等燃料。等到火旺时还要泼松香粉,让火焰更为壮观。有的时候,人们还举行烧塔比赛,把瓦塔烧得全座红透的就是赢家,燃烧不旺盛,或者在燃烧过程瓦塔倒塌的则输掉了比赛。

(七)走月亮

在某些地区,还有中秋节夜晚走月亮的习俗。例如,江苏地区的女性在中秋节的夜晚,可以借着月光外出游玩,或者互相拜访,或者相约结伴去佛寺尼庵,或者是参加盛大的文艺晚会。总之,女性在这一天晚上可以不必辛辛苦苦地工作,怎么玩耍人们都觉得不过格,即便是玩到四更鸡鸣还不回家也是允许的。当地将这一风俗称为"走月亮"。上海的女性在中秋节的夜晚也享受这样的休假待遇,所不同的是,女性外出游玩时必须要走过至少三座桥,因而当地叫作"走三桥"。

(八)摸秋

摸秋在某些地区又称为"偷瓜送子",江苏、安徽、贵州、四川、湖南等地都有类似的风俗。摸秋以贵州乡村的最为典型。在民间信仰中,月属阴,因此月圆之夜,认为妇女最容易怀孕。于是,一些人在中秋夜晚,月亮升起来的时候,就蹑手蹑脚地摸进邻家的菜园,偷摘人家的冬瓜。当然,这里说偷并不算确切,因为摘冬瓜时,要故意弄出响声,好让人家知道。偷来冬瓜以后,要将事先准备好的小孩衣服套在冬瓜上,再用笔画上小孩子的眉眼,打扮成一个小孩子的模样,当地人称为"瓜娃"。装扮好了,就敲锣打鼓地送到盼子人家,祝他家早生贵子。接受瓜娃的人家要回报月饼,请来人品尝。

民间还有另外一种中秋习俗,是关于小孩子的,也叫"摸秋"。中秋节夜里,小孩子手拿火炬,结队走到田地里,摘取瓜果和豆类加以识别。这样做一方面可以检验庄稼的收成情况,另一方面也教给小孩子有关庄稼的知识,培养他们对栽培植物的兴趣,真是一种寓教于乐的游戏。

(九)竖中秋

在广州地区,有一种习俗非常有趣,叫作"竖中秋"。在中秋节以前,挨家挨户用竹条和彩纸扎成各种各样的花灯,有花鸟鱼虫的,还有新鲜水果的,或者用彩灯排列成"花好月圆"的字样。在八月十五的晚上,家家户户把扎好的灯笼系在竹竿上,然后将竹竿插在瓦檐上,或者放在高树上。这样满城灯火通明,与月亮交相辉映,俗称"竖中秋"。

(十)骂中秋

为什么要骂中秋呢？你一定会觉得奇怪,好好的过节谁愿意遭人骂呢？可是在广西驮娘江流域,人们过中秋节时一定要找人骂,当地称为"骂中秋"。在中秋节的夜晚,青年人多组织小分队,惹是生非,不是放走人家的牛,就是解开人家拴船的缆绳,要不就偷人家的铜盆使劲敲打。结果闹得鸡犬不宁,这样的讨人厌当然不会有好回报了,气得人们高声叫骂。据说,中秋节被骂就像傣族的泼水节被水泼一样是一种吉祥的象征,可以令人长寿。

(十一)夺状元饼

在台湾中部和东部地区,还流传一种中秋节夺"状元饼"的习俗。状元饼按照旧时科举制度的名称,按广式、潮式、苏式和宁式月饼等进行配套,大大小小共计六十三块月饼。每套月饼里分别包括一块状元饼、榜眼饼、探花饼,八块进士饼、十六块举人饼、三十二块秀才饼,另外还有若干块贡生、童生和白丁饼。在中秋节里,大家庭欢聚一堂,就此开始"夺状元"的家庭月饼竞赛。比赛的规则是大家轮流掷骰子,根据点的大小决定谁能夺得状元饼。据说,得到状元饼的人来年会好运当头照。

五、大办歌墟

在广西少数民族地区,中秋节有举办歌墟的习俗。这个习俗还有个来历,相传广西某地有一位老者,他有三个女儿,一个赛一个的漂亮,因此,上门求亲的人很多。老者一时难以选择,就与大家约定好,说在中秋节里通过对歌选择夫婿。就这样,每到中秋节的时候,广西都要办歌墟,届时青年男女互相对歌。

广西的少数民族是在歌墟中度过中秋节的,那么,我们来看看,其他少数民族是否过中秋节呢？

(一)追月

在中秋之夜,蒙古族人喜欢"追月"。人们在皎洁的月光下,骑上骏马,追随月亮,奔驰在草原上。在月亮升起时,蒙古的骑手就放马狂奔,直到月亮西下。

(二)寻月

西藏一些地区的人们欢度中秋佳节时,喜欢"寻月"。在中秋的夜晚,男女青年沿着河流寻找月亮在江中的倒影,直到找遍了周围河塘中的月影以后,他们才肯回家吃月饼。青年人常常通过寻月的机会互相来往,加深感情,因此,藏族的寻月有些像交际活动。

(三)偷月

说起来湖南侗乡中秋节的"偷月"也饶有趣味。相传,月亮仙女在中秋节夜里下凡,把甘露洒满了人间。因此在这天晚上,侗族姑娘打着花伞,悄无声息地

寻月

跑到自己心上人的菜园里,借着月光采摘瓜果。希望通过偷月让月宫仙女为他们牵红线,托月做媒。如果姑娘能摘到一个并蒂生长的瓜果,那就更好了,因为并蒂的瓜果预示着两个人能够永结同心。

(四)闹月

每到中秋节,苗族人都喜欢举行"闹月"活动。在中秋之夜,青年吹响悠扬的芦笙,跳起苗家舞蹈。他们还在"闹月"中寻找意中人,表白说心地要像月亮一样,纯洁明亮,永结百年之好。

(五)跳月

阿细人过中秋节时,举行"跳月"活动。在中秋节的夜里,人们从各个村寨聚集到山村中的开阔地点,载歌载舞。披纱的姑娘跳起来,小伙子们肩背大三弦也随着音乐跳起来。姑娘和小伙子对歌时,要唱起互相表达爱慕之情的情歌。

第十七章　重阳节

中秋刚过了,又为重阳忙。

巧巧花花糕,囡囡女想娘。

这是一首民谣,它讲述了一个故事。故事大体上说,在紧接着中秋节的那个特殊的节日里,娘家妈忙碌地做着花糕,然后送给出嫁的女儿。这个特殊的女儿想娘的节日,就是重阳节。为什么把这一天称为重阳节呢?

一、重阳节起源

与其他的传统节日一样,重阳节也有许多古老的神话和传说。这些神话和传说,解释了重阳节的来历,它同时也告诉我们传统节日是有故事的。

(一)桓景避灾说之一

相传后汉时期有一位远近闻名的仙人,名叫费长房。他后来收了一位徒弟,人称桓景。春去秋来,斗转星移,桓景已经跟师傅学了许多年。突然有一天,费长房将桓景叫到身边,吩咐说,"九月九日你们家将有一场大灾难,如果你带着全家老小,人人用红色的囊袋盛上茱萸,挂在手臂上,登高山饮菊花酒,就能够避祸消灾了。"桓景按照师父所说的,带领全家上山游玩。等到傍晚时候,回家一看,家里所有的鸡狗牛羊等家禽和牲畜全部暴死。这时桓景才明白,原来这些家禽和牲畜做了他们全家大小的替死鬼。此事很快流传开来,并且代代相传。每逢九月初九,人们就去登高辟邪,相沿成俗,最终演化成重阳节。

(二)桓景避灾说之二

这个传说的主角还是桓景,但是在避灾的主题之外,还增加了除魔的情节。据说,东汉时期,汝南县出现了一个瘟魔。这个瘟魔暴烈无比,只要它一现身,挨家挨户都会有人病倒,每天都有人死去。在一场瘟疫中,桓景失去了双亲,自己也差一点丢掉性命。大病初愈后,桓晋离开家乡,准备拜师学艺,为民除害。他走遍千山万水,不断打听名山高人。终于有一天,有人告诉他,东方有一座高山,山上住着一位仙长,道行极高,法力无边。桓景不顾路景不顾路途的辛劳,在仙鹤的指引下,找到了那座高山,见到了那位仙长。仙长被桓景的精神打动,后来就收留了他。仙长送给他一把宝剑,并交给他一套降服妖怪的剑术。

一天,仙长对桓景说,"明天就是九月初九了,瘟魔又会出来作恶。你的本领已经学成,应该回去为民除害了"。桓景向师父辞别时,仙长送给桓景一包茱萸叶,一壶菊花酒,并且秘密传授了避邪的用法,然后就让桓景骑着仙鹤赶回家去。

桓景回到家乡的时候,正值九月初九的清晨。他遵照仙长的叮嘱,把所有的乡亲们都领到了附近的一座山上,发给每人一片茱萸叶,

桓景

一盅菊花酒。桓景告诉人们,把茱萸带在身上,瘟魔就不敢走近了;喝了菊花酒就不会染上瘟疫了。他把人们安置到山上以后,带上宝剑,返回家中,等着瘟魔前来。

中午时分,在几声毛骨悚然的怪叫之后,瘟魔冲出汝河,奔入村庄,却不见人们的踪影。抬头一看,村子里的人都聚在高山上,它就扑到山下。突然,它闻到阵阵的茱萸香味,还有菊花的酒香,脸色突然大变,意识到大事不妙,不敢登山,又转回村中。它看到村子东头的一间屋子里有一人端坐不动,心想正好,就咆哮着向前扑去。桓景眼看瘟魔扑来,举剑相迎。经过几个回合的恶战,瘟魔终于死于桓景的剑下,汝南再也不用受瘟魔的害了。从此以后,重阳节登高避邪的风俗就年复一年地流传了下来。

(三)桓景避灾说之三

不用说,这个传说的主角仍然是桓景,但是指点桓景除魔避灾的人却不是费长房,而是一个古里古怪的红孩子。这是怎么回事儿呢?红孩子又是谁?让我们仔细道来。

从前有个名叫桓景的读书人,一直跟随老师费长房四处游学。有一年暴雨不断,从正月里就开始下,洪水泛滥,冲垮了房屋和稻田。洪水过后,又出现了旱灾,庄稼地里片草不生,更不说粮食了。费长房看不过去,就对徒弟说,"你快回家看看吧,不知道会不会发生瘟疫"。桓景本来十分担心家里,师傅又这么体谅他,于是就与老师道别,急急忙忙赶回家中。

以前没有喷气式飞机,没有快速列车,甚至连马车都没有,只能靠步行。桓景

中国民俗文化精粹

·礼仪节俗·

图文珍藏版

走了三天三夜,才走了路途的一半。此时天已暗下来,黑灯瞎火的桓景不知道往哪里走,于是想找个人家留宿一夜。现在,我们有路灯,还有商店的灯箱,照得马路灯火通明,即便在深夜也体会不到黑夜的黑。但如果你走到乡村,走到荒野中,你就会理解桓景当时的处境,就会明白什么是伸手不见五指的黑,什么是没有经过人工雕琢的大自然的夜色。桓景不知道自己身在何处,也不知道附近哪里有村庄,就想找个人打听打听情况。这时,他发现有个小孩儿,坐在前面的一棵大树旁。等桓景靠近时,却不由得倒吸一口凉气。那个小孩子十分可怕,倒不是因为他的长相有什么特别,而是全身上下一片通红,脸蛋儿、手臂、脚丫都是不正常的红色,像发了高烧一样。

一时间,桓景不知道应当怎么办。红孩子却先开口了,他说"求求你了,大叔,我走不动了,你能不能背着我走?"桓景问了一下孩子的家在哪?红孩子指指前面。桓景心想还是送孩子要紧,于是背起孩子就走。可是走了很远的路,孩子的家还没有到。桓景问道:"你家还有多远?"那孩子只是说,"不远,就在前面。"就这样,桓景走啊走啊,累得两条腿已经迈不动步了,打算放下孩子,歇一会儿。可是,桓景一停下脚步,那孩子就不停地大哭。桓景心里琢磨,一个大人怎么能跟孩子过意不去呢,于是就背着孩子不停地走。那个红孩子在人家的背上,感觉真是快活,一会儿就唱起了歌谣:

九月九,厄当头,绣个五彩百花球。红香袋,菊花酒,登高望远乐悠悠。

桓景听到了,就问:"什么叫九月九,厄当头?"红孩子不理他,自己继续唱歌,"九月九,厄当头,采棵茱萸插在头。"不一会儿,小孩子趴在桓景的背上就睡着了。桓景发现没了动静,回头一看,红孩子已经睡熟。就想反正孩子也睡着了,就想把他放下来,自己歇一会儿。哪曾想那孩子一点也不好对付,刚放下来,就醒了,哭闹不已。没办法,桓景只好背上孩子继续走。

就这样,一直走到了天亮。红孩子跟桓景说,"太好了,我的家到了。你背我走了这么远的路,谢谢你!"说完,就一溜烟跑没影了。桓景此时已经累得不行了,眼皮也直打架,稀里糊涂的不知道在哪里就睡着了。

也不知睡了多久,桓景被一阵吵闹声惊醒。睁眼一看,自己竟然站在大门外,于是推门进来。家人看到桓景时,就说,"早就听说你要回来,果然今天就到了。"桓景感到十分惊讶,问道,"你们是怎么知道的?"家人说,"三天前,有个红孩子路经咱家大门口时说的呀。""他还说什么了?"桓景接着问。家人回答说,"没说什么?唱着歌就走了。""唱的什么歌?是九月九的歌吗?"桓景越发感到事有蹊跷,接着追问。家人说,"对,就是什么九月九的歌"。桓景突然想起了什么,就问"今天是什么日子?"家人说,"今儿个是九月九哇,怎么了?"桓景急忙说,"快点,跟我走,这地方不能呆了,快点跟我采茱萸,再摘些野菊花泡在酒坛中。"家人丈二金刚摸不到头脑,连忙问,"做什么?"桓景说,"别问了,快跟我走。"于是桓景拽着一家老小,直奔附近的高山。

一直闹到傍晚,桓景才让家人回去。还没到家,就听到路上哭声不断。仔细一问,才知道今天闹瘟疫,每家都有人染上死去。等到回到家中,一推开大门时,就发现家里的鸡鸭猪犬全部倒在地上,死了已经多时了。就这样,桓景一家避去了瘟疫,一家老小得以保全。尽管这样,桓景还是难过不已,责怪自己这么自私,只顾自己家,不顾其他人的死活。事情过后,桓景不再跟随师傅去游学了,而是成了一个社会活动家。他四处动员人们采茱萸,泡菊花酒,帮助人们从瘟疫中走出来。人们感谢桓景的救命之恩,所以每到九月九,就登山、喝菊花酒、佩香囊,在后来就成了一种风俗习惯,世代传承。

接下来出场的重要人物就不是桓景了,而是楚昭王熊轸和楚国的祖先祝融,当然还有那个开天地的盘古。在这个传说中,重阳节起源于楚国人登天拜谒先祖的活动。

(四)绝地天通说

这个故事的开头有些特别,说的好像是一件史实。说是楚昭王熊轸虽然身处显位,却具有读书人的气质,虚心好学。有一天,他看了一本书,书名是《周书》。看来看去竟然把楚昭王看糊涂了,于是他就请教大夫一个问题。这个问题是,"书上说我们楚国的祖先祝融,断绝了天和地之间的通道,这究竟是怎么回事儿呢?如果不是这样的话,人们就可以登天了吧?"

大夫回答说,古时候天和地是相通的。巫师是天地之间的媒介,可以通天地,他们的本领很大,可以在天地之间自由往来,引导世间的百姓向天表示尊敬之意,也就是通过我们所说的祭祀。那时候,天上与人间各守规则,一切都是和谐有序的。可是到了黄帝的儿子少皋掌权时,南方有一个叫"九黎"的部落却打破了天上与人间的秩序,对天上的神一点儿也不敬畏。后来黄帝的继承者帝高阳,就命令主管天和地的大臣祝融切断地上的百姓与天庭往来的通道,从而恢复天地之间原有的秩序。

大夫的回答是有道理的,也符合当时人们对天地的认识。还记得盘古开天地的神话吗?据说天地最初是混混沌沌地粘在一起的,像个圆球。盘古就在圆球中,睡得很香。突然有一天,也不知道为什么,盘古就醒来了。他发现什么也看不见,就拿板斧朝着黑暗中一砍,结果那个圆球就裂开了。清的东西开始上升,成了天。浊的东西开始下降,就成了地。天地终于分开了,可是好像还要恢复到从前粘在一起的模样,盘古一看不好,就顶天立地地撑着。天每天增高一尺,地每天加厚一尺,盘古就每天长一尺。后来盘古实在撑不住了,终于死去。他的左眼变成了太阳,右眼变成了月亮,手脚与身躯变成大地和高山,血液变成江海,肌肉变成田土……于是,盘古的身躯创造了我们的世界。

盘古开天地以后,天地之间的距离越来越大,地上的人再到天上就比较困难了。古人认为,应当有通往天庭的高山或大树,沿着像昆仑山那样的仙山,或者像扶桑那样的参天大树,一步步就可以爬到天上。那时候,神仙和巫师都可以来往自由。可是,到了帝高阳的时候,就像大夫所说的那样,断绝人间与天上的通道。从此,只有神仙可以偶尔下凡来看看人间,地上的人却无法登天了。例如,牛郎织女的传说中,织女原来不就是天上的仙女吗?人们不甘心,十分怀念从前来去自由的日子,于是就把登天的向往寄托在大树、山丘和高地上了。

这样,古人就把登山视为一种神圣的事物。既然这么重要,登山的时间当然要好好选择选择。春夏的时节忙于耕种,冬天又过于寒冷,不利于登山,所以想来想去,只有秋季比较不错,是最适合的,那时候秋高气爽。于是,秋季的某一天,就成为人们登高的固定日期。楚人选在了夏历的九月九日,后来影响到了长江流域,再后来影响范围逐渐扩展,最后就演化成重阳节。

这种登天的理想不仅中国的先民有,西方人也有。传说,西方的古人想登天,也想像中国人那样在天地间自由通行,于是就集合商议,想出来的办法也没有什么新鲜花样儿,与中国人的老办法一样,建造一座高塔,就是那座特别有名的、流传到后世的巴比伦塔。就这样,那些蓝眼睛的人们齐心协力,巴比伦塔一天比一天高,眼看就要接近天上了,不料惊动了天上的神。他们严肃地思考了后果,一想到世间的人以后就可以随便打扰他们,就觉得接受不了。强行拆除高塔又没有什么正当的理由,于是想出一条妙计:让这些建搭的人们彼此之间听不懂对方的话。结果可想而知,各个地方的人说着属于自己的方言,人们之间突然听不懂对方的话,也不明白对方要干什么,建塔的事情就这样不了了之了。

与西方的巴比伦神话相比,中国的绝地天通神话更为强调世间的人,是主管人间的帝王为了恢复天地之间的秩序才人为的隔断了天地之间的联系。而西方的神话中,是神而不是人中断了天地之间的联系。在这一点上,中西方的神话有很大不同。

(五)宫习外传说

与前几个故事比,这个故事要更世俗化一些,而且里面少去了神秘成分,听起来也很好理解。

据说,重阳节的起源,最早可以推衍到汉朝初年。汉高祖刘邦十分宠爱妃子戚夫人,引起了吕后的忌妒,吕后终于找到借口除掉了戚夫人。那些伺候戚夫人的宫女们也被逐出了宫门,下嫁给贫民为妻。我国古代择偶时讲究门当户对,宫女怎么也得找一个在皇宫里做事的人才符合这种标准，因此这里的下嫁是一种惩罚。就像当初潘金莲下嫁给武大郎一样，以前人们总是愿意通过这种方式来惩罚做错事的女子。

这些宫女中，有个名叫贾佩兰的女子，嫁给了扶风人段儒为妻。既然是宫里出来的人，与乡间的女子见识就会有很大不同。闲暇时间里，她常说一些宫里的事情给人听。例如，在皇宫中，每年的九月九日，宫里人都要佩茱萸、食蓬饵、饮菊花酒，以除妖邪，等等。结果就把宫里的习俗传到了民间，这就是重阳节的来历。对于这种情形，民俗学给了一个专门的术语，叫民俗的下沉，大意就是说从官方传到了民间的风俗习惯。

二、重阳节史话

我们知道，重阳是一个以九为定时标准的节日。那么，接下来你可能要问，重阳是在什么时候成为一个节日的呢？一开始就是一个节日，还是历经了时代的发展累积而成今天的节日？

第一种说法认为，重阳与屈原有关。那天是战国时期楚国诗人屈原被流放的日子，他的学生宋玉专程来为老师送别。不过这时的重阳只是一个特殊日期，到了西汉的时候，重阳才拓展成为一个固定的节日。魏晋时期，重阳节已经十分盛行。

第二种说法认为，重阳节早在战国时期就已经演化成为民间节日。西汉时期，重阳节走向繁盛。但是，这时的重阳节还没有经过官方的正式认定。根据历史记载，直到唐代重阳节才有了官方合法的身份。史传唐代的李泌曾经奏请皇帝，请求批准民间的"三令节"。其中，就包括重阳节，它与中和、上祀并称为三令节。

不管重阳节是否起源于战国时期，还是与屈原的流放有关，或许这些都是猜测，除了零星的文献记载以外，已经无从考察了。我们所需了解的是，重阳原来并不是一个节日，而是经过了一个逐渐发展的过程，后来才转变为一个固定的民间节日。正是这种历时经久的文化积淀，使得中国的传统节日与西方节日有着很大的差别。

龙应台在这篇文章中说，"节庆的热闹可以移植，节庆里头所蕴含的意义却是移植不来的"，因为凡是"节庆都必定联系着宗教或文化历史的渊源"。西风东渐以后，我们对待中西方节日的方式矛盾重重。一方面，对西方节日充满了向往，过情人节却不知道情人是什么；过感恩节吃火鸡却不明白要对谁感恩。另一方面，将自己传统的节日抛在脑后，全然不顾其中的季节流转、祛邪、驱鬼、祈福的丰富内涵,而是转化为空洞的物质消费。龙应台总结说,"将别人的节庆拿来过,有如把人家的祖宗牌位接来祭拜,却不知为何祭拜、祭拜的是何人"。

而我们现在讲的是一个中国的传统节日,因此应当知道我们为何祭拜、祭拜的又是何人。这是接下来我们要回答的一个问题。

三、九九重阳

原来,中国的许多传统节日来源于农事节令,历史非常悠久。你知道吗,有的节日可以上溯到先秦时期。有的甚至更为古老,可以追溯到几千年前。既然是农事节令,当然就离不开农历纪年的方式,就是以月亮围绕地球旋转制定的纪年方法。在春节那部分已经介绍过,民间称为阴历。在我们的日常生活中,阴历与阳历纪年的方式同时并行,所以在一年中你可以过两次生日。

也许你已经注意到了,我们今天的许多法定节日多以阳历为准,例如"五一劳动节""三八国际妇女节""六一儿童节""八一建军节""十一国庆节",等等。而那些有着深厚历史渊源的传统节日,都是阴历为纪时标准的,例如五月初五的端午节,八月十五的中秋节。说到这里,你可能推断出重阳节的纪时标准了,就是阴历的九月初九。可是,知道农历的计时标准又有什么意义呢? 九月初九与重阳之间到底有什么联系呢? 显然,问题说到这里还是一头雾水。

唐人诗意图重阳诗

在学习数学课程的时候,你会了解到数有奇数与偶数,有理数与无理数的区分。可是在古人那里,数字还有其他的含义。在他们看来,从一到九的数字中,一三五七九属乾,为阳数;二四六八属坤,为阴数,这里的阳就是指万物赖以生长的太阳。按照这种逻辑,一年中会有五个重阳日,一月初一、三月初三、五月初五、七月初七,与九月初九。为什么单单将九九称"重阳"呢?

这与中国古代的崇九习俗有着很大的关系。在十进制里,九为阳数中最大最后的那个数,于是就成了数的极致。人们赋予了数字九极大、极高、极多、极久的含义,表明事情的规模接近极致。例如,九霄云外、九泉、"月儿弯弯照九州"等等。人们还利用九的倍数来表达更多更大的状态,例如,"十八般武艺样样精通",说的不一定就是十八般武艺;还有孙悟空的"七十二变",民间所说的"三百六十行,行行出状元"也是借用了九的极致含义。一个九的含义尚且如此,两个九相加就更了不得了。这样,农历的九月初九,月份和日子相重,民间称为"重九"。而九为那个具有神秘色彩的阳数,所以重九也称为"重阳"。

中国又是一个非常注重利用谐音的国家,不言而喻,九九的谐音为"久久"。这样一来,重阳又有了宜于长久的意义。人们往往又把九九与活得长久联系到一起,因此在重阳节中又增添了祈求健康与长寿的期望。不仅如此,在重阳节中人们还对那些长寿的老人表示尊重和庆贺。1989 年,我国把每年的九月九日定为"老人节",于是重阳节又成了一个尊老、爱老、敬老、助老的节日。每到这一天,各地都要组织老人外出游玩,或者登山,或者临水。老人节的制定顺应了我国的伦理传统,结合了重阳节的长久含义,是运用传统节日进行文化创新的一个典型例子。

早在尧舜禹时期,文献就有了敬老的相关记载。据文献记载,因为舜有"事亲"的德行,人又很能干,于是尧就把帝位让给他来做。在成汤的时候,帝王也很注重尊老。在西周之后,敬老开始作为一种制度而存在。许多王朝都颁布了一些具体规定,用以实施敬老养老的制度。例如,在汉文帝的时候,每月供给 80 岁以上老人 1 石大米、20 斤肉、5 斗酒。当时还规定,凡是孝敬亲人的人都可以得到五匹帛。这一时期 80 岁以上老人的社会福利是相当可观的,可见能够如此长寿的人还是比较少。

到了唐朝时期,享受福利待遇的老人年龄下调,70 岁以上的男性、75 岁以上的女性,都要有一个儿子专门服侍。唐宋时期还将敬老写进法律,凡是虐待祖父母、父母的属于"不孝",并将"不孝"列在"十恶"之中。明代的政策对老人也十分有利,只是待遇不如汉文帝那时候。清朝的康熙皇帝在他 69 岁生日那天,举办了"千叟宴",曾经邀请全国 70 岁以上老人到北京参加宴会,据说当时的规模达到 2400多人。这些都说明,我国自古就有尊重老人的传统。1989 年以后,我国将九月初九这一天定名为"老人节",突出了重阳节中的祈求长寿、尊敬老人的主题。所以,重阳节也称为老人节。有了这样的说明,相信你以后看到电视中提到老人节,或者在日历中看到老人节的字样,就不会感到困惑不解了。

在某些地区,人们也将重阳节称为"女儿节"。其实,我们在中秋节中也介绍过"女儿节",说在那一天,出嫁的女儿要回娘家。据明代的文献记载,九月九日那一天,娘家一定要接出嫁的女儿回家吃花糕。在文献中,用了一个词,就是"归宁",但没有明确的说明是女儿节。这种情形在《大兴县志》中出现了变化,那就是除了描写归宁的字句外,还特意提出了"女儿节"的称呼。也就是说,这时候的北

·礼仪节俗·

图文珍藏版

京已有女儿节的说法了。通过这些叙述,你也许还会发现一些规律,一到节日的时候,例如中秋节、重阳节等,就会重复提到女儿与娘家的关系,两者之间的关系似乎比往日更为紧密了。这是怎么回事呢?

这可能与我们汉族的婚后居住制度有关系。婚后居住制度是一个人类学的术语,看起来有些深奥。用平常的话说,就是两个人结婚以后住在哪?是住在婆家呢?还是住在娘家?或者是独自居住?我们以前通常采用的是前者,用一个词语来形容,就是从夫居。因此,女儿在婚后要与婆家住在一块儿,服侍夫家老人。婆家人对儿媳妇享有很大的权力,已经出嫁了的女儿就是人家的儿媳妇,不能随便地回到娘家。于是,一些节日就为回娘家提供了较大的机会,好不容易等到了这一天,女儿与娘家怎么能轻易放过呢?当然要借助于这些特殊的日子,让女儿好好休息休息,给女儿做些好吃的,密切母女之间的感情了。这就是为什么有些节日都有女儿节的称呼了。开头提到的那首民谚"巧巧花花糕,囡囡女想娘",说的不就是母女之间的思念吗?

四、重阳节习俗

以上说明了重阳节的来历,接下来要说的就是人们怎样过重阳节,这也可能是你最关心的话题吧。在上面几则故事中,虽然故事的人物、情节有些差异,但是过重阳节的主要活动却一再地重复,估计你也看到了。有一首民谣,将重阳节的活动概括得十分清楚:

> 九月里,
> 九月九,
> 爬山登高饮菊酒,
> 戴上茱萸避邪恶,
> 吃了花糕多长寿。

(一)登高

绝地通天的神话,不仅回答了重阳节的来历,而且直接讲述了登高的起源。在某些地区,人们将重阳节称为登高节。

在古代的重阳节里,民间就有登高的习俗。除了避邪的起源以外,还有种解释说,文人墨客喜欢登高是为了游览,而普通百姓又不用写诗来抒发情感,所以民间登高可能与秋收有关。在重阳时节,秋收已经完毕,农事出现了闲暇。这时候,又

图文珍藏版

登高祈福

是收山的好时机,各种野果、药材均已成熟。百姓正好趁着农闲的时候登山采摘,人们把上山采集形象地比喻为"小秋收"。也许,重阳节就是起源于这种"小秋收"吧。

重阳时节天高气爽,正好适合登高望远,这也可能是后来游览活动成为重阳节主要内容的原因。登高除了避难消灾之外,还有步步高升的含义,这也是从前人们重视重阳节登高的一个重要原因。久而久之,登高就成了重阳节的标志性活动。

虽然旧时的人们在九月九里成群结队地去爬山,但让后人印象深刻的还是那些诗人登高的作品。这些作品历经不同的时代,直到今日仍然传递着重阳节的节日情怀。唐朝著名诗人王维的《九月九日忆山东兄弟》就是其中的一首,相信你还记得:

> 独在异乡为异客,每逢佳节倍思亲。
> 遥知兄弟登高处,遍插茱萸少一人。

重阳节里的思乡之情跃然纸上,登高的主题也得到渲染。

登高的高,并没有整齐划一的规定,一般是就近的高山、高塔。例如,北京人登香山,广州人登白云山,台北人登阳明山,新竹人登飞凤山,等等,不一而足。高山和高塔都是相对较高的地方,适合登高望远。要是没有高山高塔怎么办?城镇有城楼,通常都修建得比较高大雄伟,也可以凑合,不至于影响登高的情趣。要是城楼也没有呢?没关系,反正是登高,又不是明确的登山,总会有什么亭台楼阁一类的建筑,众人去登临一番,也是过重阳节的意思。再抬点儿杠,要是连亭台楼阁都没有,无山可登,无高可爬的地方,就不过重阳节了吗?你还真就别说,有办法,那就是吃重阳糕,效果是一样的。

(二)吃重阳糕

重阳登高的适应性是非常强的,山区的人民可以过,住在平原地区的虽然无山可攀,却一样可以过。重阳糕正好满足了平原地区登高的心理诉求,你别忘了,中国是一个特别擅长用谐音的国家。"糕"与"高"同音,人们通过糕借用了高的含义,于是吃重阳糕就成了登高的另一种表达。这还不算,有人还锦上添花,想出了一个更好的主意,在重阳糕上插上一面带旗杆的小三角旗,将糕打扮得更像高山上的制高点。有的地区在吃重阳糕时,还要点上蜡烛灯,"灯"的谐音为"登","糕"的谐音为"高",正好点出了重阳节登高的主题。

不同时期的重阳糕有不同的名称,汉朝时叫蓬饵,前面说过的贾佩兰就提到过食蓬饵的习俗。唐朝的时候重阳糕称为麻葛糕和米锦糕,宋朝的时候称为菊花糕,据说上面不仅插小旗,还有石榴子、银杏、松子等。明清时期,人们过重阳节时所吃的花糕已经有好多花样了。

不同地域重阳糕的制作也不尽相同。北方的重阳糕以面粉为主料,其中尤以花果蒸糕最为著名,人们称之为发糕。它的制作方法是:在小碗底部放上各种花果,例如果仁、大枣、蜜饯等,将面粉发酵后,扣入小碗中,上笼蒸熟后将发糕倒出,花果正好均匀地分布在馒头状的发糕上面。发糕口感松软,十分好吃。

南方重阳糕以糯米为主,加水搓揉后放糖上笼蒸。蒸熟以后,冷却,然后切成菱形小块儿。它的颜色有五种:白色、红色、黄色、赤色与黑色。白色是糯米的本色,红色由红米调制,黄色由南瓜调制,赤色由赤豆调出,黑色则用芝麻调出。通常还要在上面撒上一些蜜饯、红丝、绿丝等,吃的时候口感细软,有糯米的香味。

这是总体上南北方重阳糕的不同。你知道吗?许多地区都有代表性的重阳糕,比如,黑龙江的黄米切糕、陕西的泡泡油糕、天津的耳朵眼儿炸糕、江苏扬州的千层油糕、浙江湖州的双林子孙糕、台湾的芝麻奶层糕、广东的鸡油马拉糕、广西的马蹄糕、四川成都的果酱白蜂糕,等等,都是当地人们喜爱的重阳节食品。

如此精巧、美味的糕点,在节日里人们不仅自己吃,而且还可以用来馈赠亲友,甚至用作祭祖。上面曾经提到过,重阳节在某些地区称为女儿节。在这一天里,娘家要出嫁的女儿回来团圆,目的是很明确的,"九月九,搬回闺女息息手"。女儿回家,吃重阳糕是必不可少的。如果女儿就居住在附近,每天都能看到,不用回家,或者有事情回不了娘家,民间也有补救措施,给女儿送重阳糕。在某些地区,直到今天依然保留着娘家给女儿送重阳糕的习俗,寓意"步步登高"。一般要送两个大的,九个小的,取其"二九相逢"的意思。更为讲究的重阳糕一定要做成九层,像座宝塔般模样。有趣的是,还要在宝塔上做两只小羊,以重羊喻重阳。这样的重阳糕,民谚说成"巧巧花花糕"一点都不为过。

据说，从前民间的九月九日，父母要早起，将重阳糕切成薄片，贴在尚未出嫁的女儿额头上，一边祝福说，"愿儿百事俱高"。也有的祝福女儿事事如意，将来找一个如意郎君的。我们汉族从前的传统，一贯的重男轻女。没想到在传统节日中，女儿也可以享受这样优厚的待遇，就算是补偿吧。

(三) 吃柿子

在重阳节里，有些地区还有吃柿子的风俗。说起来，吃柿子还有个故事呢。有一年，明太祖朱元璋微服出访，碰巧这一天赶上重阳节。朱元璋两天来也没怎么好好吃东西，又饿又渴。他走到一个村子里时，只见兵火所到之处，房屋被烧，树木凋零，一片衰败的景象，心里十分不好受。他又向四周看了看，发现东北角有一棵树，上面结满了柿子。于是朱元璋就摘了几枚柿子，吃完后便离开了。后来，朱元璋途经于此，看到那棵柿子树尤在，便将从前微服私访的事情告诉了侍者，并且降旨说："封柿子为凌霜侯，令天下人在重阳节均食柿子，以示纪念。"于是，就形成了九月九吃柿子的习惯。

(四) 戴茱萸

在重阳节里，还有把茱萸插在头上或佩戴在手臂上的习惯。你也许曾经亲眼见过，或者在描写重阳节的古诗里读过。那么，茱萸究竟是什么呢？它有什么作用？人们为什么要佩戴它呢？我们先来说茱萸是一种怎样的植物。茱萸是一种小乔木，树干可以有一丈多高，树叶为羽状复叶，初夏时节开绿白色的小花，一般在秋后成熟。茱萸的果实形状类似椒子，未成熟时果实呈黄色，成熟后转变成紫红色。古时候人们认为吴地生产的茱萸质量最好，所以茱萸也称为越椒。吴茱萸原生长在河北的易县和山东曹县一带，明代的时候扩展到长江流域和淮河流域一带，其中尤以四川、武汉一带产量最多。除了吴茱萸以外，还有山茱萸、食茱萸等几种类型。

茱萸具有很高的药用价值，花、叶、果实均可以入药。据史书记载，茱萸最适合栽种在水井旁，这样茱萸的叶子就可以落入井中，人们饮用井中的水，就可以不生病。《本草纲目》上也有相关的介绍，说茱萸的气味芳香、辛辣，性温热，可以用来治寒驱毒。古人认为，茱萸的作用很大，将它插在发髻上，可以防止邪气的侵袭;燃熏之

茱萸

后,又可以防止蚊虫叮咬;将它放在香囊里佩带在身,又可以避邪去灾。就这样,戴茱萸成了重阳节里重要的驱邪活动。

有一种解释说,九月九戴茱萸与天气有关,听起来十分有道理。重阳节一过,就是十月小阳春了,届时天气回暖。而重阳以前的天气,既潮湿又热。在这样的天气里,衣服很容易发霉,招虫来咬。所以防虫、防霉就成了当务之急。茱萸恰好有除虫的作用,正好填补了空档,久而久之,就形成了佩茱萸的风俗。

(五)饮菊花酒

菊花是我国的十大名花之一,据文献记载,迄今已有三千多年的种植历史了。菊花的花期较长,可以从农历八月一直开放到十一月,多达四个月之久。我国的菊花有很多品种,例如,黄色的"亚半球"、白色的"天河洗马"、粉色的"太真图",等等。观赏菊花,饮菊花酒,也是重阳节中必不可少的活动,所以民间也将九月称为"菊月"或者"菊节"。在重阳节里,古人将菊花酒视为祛灾祈福的"吉祥酒",足见其在节日食品里的重要性。

人们不会因为菊花开在九月里,而且好看就拿它做酒,它可能还有别的作用。明代的李时珍认为,菊花具有治百病的功效。民间偏方上说,菊花能够疏风除热、养肝明目、消炎解毒。在炎炎夏日里,人们也喜欢用菊花直接泡水或者放在茶中,喝起来清凉可口,估计你也曾品尝过。不知道你是否听说过杭白菊,它有黄、白两个品种,是菊花茶中的精品。据说不仅可以祛风明目、清热解毒,还可以治疗头痛目眩、风热感冒、眼结膜炎等病症,疗效十分神奇。菊花还有"长寿花""寿客""黄华"的别名,估计也同它的药用价值有关吧。

有一则故事说,在南阳的郦县,有一个山谷。山上长有菊花,山泉流经那些菊花,因而山下的泉水甘美异常。这还不算,山谷中有三十多户人家,长期饮用山泉,年龄最长的可以活到一百二三十岁。在南阳做官的人,听到了这件事后,下令郦县每月送水给他们饮用。据说,饮用了山泉以后,他们所患的疾病不治而愈。不管这则故事是否真实,有一点非常重要,那就是人们相信菊花可以使人延年益寿。

人们对菊花的认识有一个过程。史传汉代的时候,重阳节里就有采菊花的活动。魏晋时期,已经用菊花来烘托重阳节的节日气氛了。到了汉朝末年,菊花摇身一变,成为重阳节的观赏花卉了。唐宋时期,民间以戴菊为美,号称"九日黄花插满头",甚至到了无菊不重阳的地步。你想想,将菊花插满头,走在大街上,那情景够壮观吧。不仅女子与孩子可以戴菊花,在某些地区男子也可以堂而皇之地佩戴菊花,这一点与现在的风俗不大一样。要是现在大街上走来个男子,头戴菊花,一定会引起路人侧目。宋代的店家很会利用菊花做广告,在重阳节里,他们把菊花扎成拱门的形状,让客人从拱门下走过,真是有情趣。现在的节日里,商店摆放氢气球或者圆拱门,道理不也是一样吗?到了清代,在重阳节里,甚至可以举办类似于现代花市一样的菊花展了。

在山东滕县、临沂和日照等地区,目前重阳节还留有酿造菊花酒的习俗。当地的民谣十分形象地说:

> 九月九,九重阳,
> 菊花做酒满街香。

菊花不仅可以用来观赏,用来酿酒,还可以吃。食谱上说,菊花入菜的此法有很多种,可凉拌,可炒着吃,也可以做馅,还可以做汤、做糕、做饼、煮粥,等等。食谱上还说,菊花吃起来鲜美可口。在广东中山市,有个小杭镇,养菊、赏菊、食菊已经有近千年的历史了。以后有机会去那里旅游,就可以尝尝菊花的味道了。

(六) 放风筝

重阳节里,有些地区还有儿童放风筝的习惯。这时的风筝有些特别,主要是各种动植物的造型。放风筝源于古时候的一种巫术“放晦气”。在节日里,人们将自己的名字写在纸上,让其放到天空中,随风飘去。意思是说,自己的灾难凶祸一去不复返了。重阳节里放风筝可能也是取其放晦气的原意。

(七) 放养牲畜

在我国的某些地区,重阳节里还有将牲畜散放在野外的习惯。例如,安徽的怀宁县,有“九月重阳,散放牛羊”的说法。在广西的隆安县,也有类似的“九月九日,牛羊放纵”的民谚。在吉林的桦甸市,重阳节里要祭祀胡、黄二仙,然后放养牛马等牲畜,任其自然,当地人形象地称为“撒群”。人们为什么要放牲畜于野呢?

桓景避灾说中,人的祸已避开,然而却将灾祸转移到了牲畜的身上。为了避免灾祸再次发生,就将牲畜放生于野,以逃避灾祸。于是,在重阳节这天就出现了上述活动。

(八) 添寿粮缸

在今天的广西壮族地区,人们将九月九日称为“祝寿节”。当壮族老人满六十岁时,子孙都要前来祝寿,同时要为老人添置一个寿粮缸。从此以后,每到九月九日,晚辈都要给寿缸添粮,一直到添满为止。缸里的粮食平时不可以吃,只有老人生病时才能够让老人食用。据说,之所以这么做,是因为寿粮缸的米能消灾祛病,延年益寿。

第十八章　腊八节

> 小孩儿小孩儿你别哭,
>
> 过了腊八就杀猪;
>
> 小孩儿小孩儿你别馋,
>
> 过了腊八就是年。

　　这是一首在北方地区广为流传的童谣,大意是说过了腊八这一天,接着就要紧锣密鼓地准备过年了。童谣中有些安慰儿童的含义,同时又给予他们希望,勾起他们对春节的渴望。就像你平时欣赏音乐时,首先听到的是一首曲子的前奏那样,腊八就是春节的前奏。为什么这么说呢? 这是因为腊八是离春节最近的一个节令,过了这一节令,年的味道就越来越浓了,春节也离人们越来越近了。

　　对于这样一个节日名称,你感到奇怪吗? 无论是春节、中秋,还是清明、重阳,好像与我国传统的农业二十四节气多多少少都有些关联。清明的关联最为密切,本身就是二十四节气中的一个。可是,腊八的腊字是怎么回事呢,为什么用它作为一个节日的首字呢?

一、腊八节起源

　　农历的十二月初八,民间称为腊月初八。对于腊八名称的来历,有两种不同的解释:一种说是腊来源于祭祀;另一种说是腊有新旧相接的含义。而腊八的八,也是经过时间的发展,后来才固定下来的。我们按照顺序,先来说说腊。

(一) 腊原为祭祀的名称

　　这种解释认为,腊的含义同"猎",原意就是捕禽兽来祭祀。那么捕来的禽兽献给谁呢? 古代时候,农时按照春夏秋冬通常分为四季:春耕、夏耘、秋收、冬藏。前三个农时,人们都是比较繁忙的。到了冬藏的季节,人们就有了闲暇时间。现在我们可以用闲暇时间去旅游、健身、看电影,等等。古代人用闲暇时间做什么呢?

　　他们在这段时间中,举行大规模的祭祀活动。祭祀活动一般分为两种:祭祀祖先;祭拜八种神灵。这些神灵分别为:先啬神(神农)、司啬神(后稷)、农神(田官之神)、邮表畷神(始创田间庐合、开道路、划疆界的人)、猫虎神(吃野鼠、保护禾苗的野兽)、坊神(堤防)、水庸神(水沟)、昆虫神。祭祀祖先的目的,在于辟邪求吉。祭祀八种神灵的目的,当然是为了祈求来年天地保佑、庄稼丰收、多福多寿、免去虫害、免去水灾、六畜生长,等等。这种祭祀活动,就称为腊祭。由于腊祭通常在十二月举行,所以人们就把十二月称为腊月,这就是腊月的来历。

据地方志文献记载,如果腊祭之前猎取的野兽有了剩余,一时又吃不完,人们就把野兽的肉清洗干净后,抹上盐,风干起来,留着以后再吃。因为是腊祭时剩下来的,这种肉就成为腊肉。现在我们餐桌上的腊肉,代表着一种经过特殊处理的肉,可能谁也没想到它竟然起源于腊祭吧,而且它还与腊八有着很大关系呢。

腊八节喝豆粥

(二)腊原意为新旧相接

另一种说法认为,腊的含义同"接",就是新年与过去一年相交接的意思。一听到这里,你可能觉得糊涂了,不是除夕夜才是新的一年与过去的一年相交接的日子吗?怎么又变成了腊呢?其实,我们中国人最早过的年就是腊。而农历的一月初一是官方所定的节日,在这一天里,百官要上朝庆贺新年,后来这一天就演变成一个世俗化的节日——春节。在腊里面,人们要举行驱傩的仪式,后来在仪式中加入了阴阳的观念,这样腊就具有了"扶阴抑阳,逐衰迎新"的含义。

(三)腊八的八原为戌日

据说在汉代以前,腊祭的月份是固定的,都定在十二月,但是究竟在哪天举行却没有固定下来。有时候选在月初,有时候又赶到月底。后来,人们大多在戌日举行腊祭,而戌日正好是腊月第八天,与祭祀八神的八相符。于是,到了六朝的时候,人们就把行祭的日子定在腊月初八这一天了,这就是我们今天的腊八。

我们知道了腊八的来历,也知道它有着悠久的历史传统,那么原来的腊八是什么样的呢?

图文珍藏版

二、腊八的历史

前面已经提到过，人们在腊八里举行腊祭。除了祭祀诸位神灵以外，还有一些其他的活动。腊八与西方的圣诞节一样，也有一个热闹的前夕。在腊七的半夜，人们戴上假面具，举行一种神秘的舞蹈，这个舞蹈就叫作"傩"，原意为"赶鬼"，也称为"逐除"，是一种驱鬼避疫的仪式。《礼记》上有一段看腊祭时的描写，说子贡看到当时"一国之人皆若狂"后，就问孔子说："人们怎么这样疯狂？"现在我们无法回到过去，不过也可以想象得到当时的景象一定十分狂热，要不然的话子贡怎么会这样说呢？

据文献记载，六朝的时候，每逢腊日，人们都要敲鼓、戴上假面具，举行驱逐邪神的仪式。南朝的时候，人们在腊八敲击一种细腰鼓，打扮成金刚力士的模样，保护来年五谷丰登和平安吉祥，驱除罪障。如今，湖南新化等地区仍然保留着腊月击鼓驱疫的习俗。

东汉时期，佛教传入中国以后，腊八又加入了"佛祖成道纪念日"的成分。于是，腊八就成为普通百姓与僧人共享的一个节日。要是这样说来的话，腊八就成为本土宗教与外来宗教相耦合的产物了。

三、喝腊八粥的缘由

提到腊八，人们最先想到的就是腊八粥了。就像在除夕里吃饺子，中秋吃月饼，重阳吃糕一样，腊八粥已经成为腊八节日里最为标志性的食品了。但是，人们为什么要在腊八喝粥而不是吃其他的美食呢？以下的几则传说回答了这个问题。

（一）纪念佛祖说

有关"腊八粥"来历的传说有很多，各地的解释也都不一样。其中，流传较为广泛的是纪念佛祖说。传说释迦牟尼成佛之前，本是一位王子。他为了寻找人生的真谛，曾经遍访印度的名山大川，绝欲苦苦修行了六载，身体因此变得骨瘦如柴，十分虚弱。有一天，他来到了北印度摩揭陀国，当地人烟稀少、气候炎热。王子又累又饿，体力不支，昏倒在地。恰好有一位牧羊女经过，看到了昏倒在地的王子，就用随身所携带的杂饭泡上泉水煮成粥，喂给释迦牟尼吃。释迦牟尼喝完粥后，苏醒过来,很快恢复了元气。于是,就到一棵菩提树下苦思静修,终于在十二月八日觉悟成佛。后人对于释迦牟尼所遭受的苦难念念不忘,于是就在腊月初八这天做粥吃以示纪念。后来,佛家将这一天定为"佛成道日",并且举行盛大的法会。

(二) 勤俭告诫说

为什么要喝腊八粥,民间还流传着一则传说。说是西晋时有个年轻人,好吃懒做,游手好闲。结婚以后,他的妻子不堪忍受他坐吃山空的习气,多次劝他改掉,他都不以为然,一如既往。有一年的十二月初八,家里已经无米可下锅。那个年轻人饥肠辘辘,没办法只好自己动手搜集家里米缸和面袋。他连拣带刮地把剩下的米粒和面粉放在一起,急急忙忙地煮了一碗粥喝下。经过这次饥饿的体验,他从此悔过自新,下决心痛改前非。后来,当地人们便用这件事当作反例子讲给孩子听,以此教育子女,并在腊八时煮粥喝以示警诫。据说,喝粥的意义有两个:一是表示腊祭日不忘祖先勤俭的美德;二是祈盼神灵保佑来年丰衣足食。

(三) 阿二首创说

很久以前,有个名叫阿二的和尚,四十出头,身上背着一个红布做的乾坤袋,风尘仆仆地从天台山清国寺投奔到苏州西园戒幢律寺。西园寺的方丈一见阿二,就问:"大师是精通佛经,还是擅长说法?"阿二十分诚实,摇头说两个都不擅长。方丈听后面露难色,阿二看到后连忙说:"小僧是种田出身,无论什么粗活,都会做。"方丈一看他人很老实,身体又好,心想斋堂里正缺一个干杂活的,于是就把阿二留下了。这样,阿二就做了一名"伙头僧"。

阿二从前一心向往西园寺,所以干起活来十分卖力气。一有空闲的时候,他就去看看稻草,只要发现还有剩余的谷粒儿,就捡起来,剥去谷壳儿,放到乾坤袋中。洗碗、淘米时,也将剩下的米粒捡起来。平时见到豆子,或者菜叶什么的,也弯腰捡起来,收拾干净后放到乾坤袋中。天长日久,阿二拣拾的各种食物竟然有很多了。

一年的十二月初八,西园寺里来了许多施主,寺里的许多和尚都到大殿念经,做道场去了。主管钱粮的和尚也去了,由于当天寺里非常热闹,以至于他竟然忘了开仓取米。到了做饭的时间,仍然没有人来开粮仓,阿二十分着急。到大殿里去找他吧,擅自闯经堂又会触犯佛法,阿二不敢。正在烦恼的时候,突然他看到了身边的乾坤袋,心想用平时积攒下来的米可应一时之急,管它呢,先做饭再说。于是,他开始生火做饭。

等开饭的时候,寺里的和尚进入斋堂。大伙心想今天是个特殊的日子,佛祖成道日,一定会改善伙食。可是,等进入斋堂一看,都极其失望。锅里是什么?看不出来。粥不像粥,饭不像饭,菜不像菜,反正是粘粘糊糊的一大锅。不吃吧?寺里的规矩又不允许,只好硬着头皮坐下来吃。没想到,饭一吃到嘴里,就觉得味道好

图文珍藏版

极了,大伙争相来盛饭。方丈问道:"这是什么饭?"阿二如实道来。方丈听后,称赞阿二的节俭。后来,和尚便商定,平时要节约粮食,等到每年的十二月初八都要煮这种粥吃。后来,这种习惯传到了民间,就演变成了吃腊八粥的习俗。

(四)纪念岳飞说

传说,岳飞遭到奸臣的陷害,结果军粮被扣下。百姓听到消息后,纷纷给岳家军送去粥饭,岳家军就将粥饭混合而食。据说,这天恰好是腊月初八。以后在这个日子里,老百姓都要煮食腊八粥,纪念岳飞和岳家军。还有类似的一种解释,说岳飞于腊月初八在杭州遇害,所以人们煮食腊八粥来纪念岳飞。例如,江苏溧阳人就是这样认为的。

(五)皇帝御赐说

这种说法与明太祖的经历有关。传说朱元璋年幼的时候,家里贫穷,不得以靠给财主放羊维持生活。谁知财主是个吝啬的人,朱元璋还是衣食不保,经常挨饿。有一次,由于做错事被关在屋子里,三天没吃到饭。他饿得头昏眼花,不经意间在屋子里发现了一个老鼠洞。朱元璋想抓只老鼠烧熟后填饱肚子,于是就伸手去掏老鼠洞。没掏到老鼠,反倒掏出了大米、玉米、豆子等老鼠平日的积粮。他看到后十分高兴,饥不择食,很快就把这些杂粮煮成了一锅粥,吃起来十分香甜。后来,朱元璋辗转当了皇帝,天天吃山珍海味,就觉得很是厌烦。在腊月初八这一天突然想起当年的一锅杂粮粥,就命令大内御厨将五谷杂粮煮成一锅粥,大宴群臣,并赐名为"腊八粥"。朝中的大臣纷纷效仿,后来就传入了民间,成为一种节日民俗。

(六)民间习得说

在河南南阳地区,人们称腊月初五为五豆节。在节日里,人们用绿豆、黄豆、红豆、蚕豆、豌豆等五种豆熬成一锅粥。据当地人说,这种做法是欧阳修所创造,后来不知什么原因就传到了民间,成为民间的一种风俗。

四、腊八的习俗

不管腊八是怎样的一个节日,佛祖成道日式的宗教节日,还是纪念先祖和百谷之神的祭祀节日,总之,人们在这一天里都要吃腊八粥。这一节日风俗,有着悠久的历史。

(一) 吃腊八粥

一千多年前,我国人民就开始喝腊八粥了。据历史记载,早在宋朝时期,每逢腊八这一天人们都要做这种食品过节。在腊八节里,全国各大寺院纷纷举行浴佛会,煮七实五味粥献给佛祖,也赠给施主。不只官方如此,就连普通百姓家里也要将果子杂料煮成粥吃,足可见这种习俗波及的范围。明朝的时候,腊八这一天皇宫内要煮食用料考究的腊八粥,皇帝还要将腊八粥赏赐给文武百官。

清朝的时候,吃腊八粥的风俗就更为盛行了。家家户户都在腊八这一天做粥喝,不仅如此,富人家的腊八粥还要用果料在粥面上做装饰。如此精巧的食品,当然可以作为礼品相互赠送了。从乾隆年间开始,清朝还形成一种惯例,即皇帝要赐给文武百官腊八粥。腊八粥都是在雍和宫内煮成的。雍和宫内有一口很大的铜锅,专为用来煮粥。据说,每年雍和宫都要煮六锅腊八粥,分别有不同的用途:前三锅,用料精美,特意添放奶油等食品,主要用来供佛、献给皇家以及大臣们享用;第四、五锅是送给百官还有喇嘛吃的;等到第六锅时,才是施舍给老百姓的。没想到,腊八粥还可以体现出等级差别来。

中国的腊八粥种类繁多,其中以北京的用料最为考究。红枣、莲子、核桃、栗子、杏仁、松仁、桂圆、榛子、葡萄、白果、菱角、青丝、玫瑰、红豆、花生等等,都可以一齐放在白米中,据说能有二十多种。腊八粥不仅用料讲究,而且人们在制作上也颇费时间。一般在腊月初七的晚上,人们就开始忙于洗米、泡果、剥皮、去核、精拣。然后,在半夜时分开始煮食,等开了之后,再用微火炖,要一直炖到第二天的清晨,腊八粥才算熬好了。花费了如此心血和功夫的食品,怎么能不好吃呢?

这不算什么,还有更为讲究的做法呢。例如,将果子精心雕刻成人物、动物、花朵的模样,然后再放在锅中熬煮。其中,在腊八粥中放果狮是最有特色的。果狮是一种用好几种果子做成的狮形物,一般用剔去枣核后烤干的脆枣作为狮身,半个核桃仁作为狮头,桃仁作为狮脚,甜杏仁做狮子尾巴。然后,再用糖将这些果实粘在一起,放在粥碗中。依照碗的大小,可以摆两只,甚至四头小狮子。小狮子放在碗中,一定很可爱。还有比小狮子更为精巧的,是用枣泥、豆沙、山药、山楂糕等食物,捏成神仙的形状。例如,八仙人、老寿星、罗汉像,等等。

由于地理上接近,天津人煮食腊八粥的方式与北京相似。讲究一些的家庭,还要在粥里加上莲子、百合、珍珠米、薏仁米、大麦仁、粘秫米、粘黄米、芸豆、绿豆等粮食;桂圆肉、龙眼肉、白果、红枣及糖水桂花等水果。近年来,人们还在腊八粥里加入黑米。据说天津的这种腊八粥具有健脾、开胃、补气、安神等功效,是用来食疗的一种好食品。

山西的腊八粥,有个别名,称为八宝粥。它的特点是以小米为主,在粥里加入豇豆、小豆、绿豆、小枣、粘黄米、大米、江米等。

陕北地区的腊八粥是很有特点的,熬粥时还要加入各种干果、豆腐和肉。这种粥可以是甜的,也可以是咸的,主要看人们喜欢什么口味。如果在中午吃腊八粥,还要在粥内煮上些面条,这一点恐怕是其他地区的腊八粥所没有的。最有意思的是在吃完腊八粥后,还要将粥抹在门上、灶台上及门外树上,据说这样就可以驱邪避灾,来年就会五谷丰登。在陕北地区,腊八这天忌吃菜,如果吃了,庄稼地里就会杂草多。与陕北相比,陕南人的腊八粥有些不同。当地人要吃"五味"或者"八味"的杂合粥,所谓"五味",是指大米、糯米、花生、白果、豆子。所谓"八味"是"五味"加上大肉丁、豆腐、萝卜,以及一些调味品。

青海的西宁人,在节日里不吃腊八粥,要吃麦仁饭。做法是将新碾的麦仁,与牛羊肉一块儿煮食,再加上青盐、姜皮、花椒、草果、茴香等佐料,而且要经过一夜的文火煮熬。

宁夏人的腊八粥也是比较有特点的,一般喜欢用豆子,例如扁豆、黄豆、红豆、蚕豆、黑豆等,再加上土豆;还有用麦面或荞麦面切成菱形柳叶片的"麦穗子";或者是做成小圆蛋的"雀儿头"。宁夏人的腊八粥在出锅之前,还要加入葱花油。

甘肃人在煮腊八粥时加入蔬菜,煮好的腊八粥不仅给人吃,还喂给家畜。在甘肃武威地区讲究过"素腊八",当地称为"扁豆粥泡散"。其食法是,吃大米稠饭或者扁豆饭,煮熟后配上炸馓子、麻花一同吃。

腊八粥熬好之后,不能自己先吃,要敬神祭祖。赠送亲友时,还有一种默认的规则:一定要在中午之前送出去。等这些事情办完之后,全家人才能坐在一块儿吃。由于做了很多,当天吃不完,可以在接下来的几天继续吃。民间认为这是一个好兆头,这意味着年年有余。这一点与我们过春节吃饺子的习俗是一样的,一定要多留一些,都含有"有余头"的意思。

(二)晒制腊八豆腐

除了吃腊八粥以外,在节日里有些地区还有晒制"腊八豆腐"的习惯。例如,安徽黟县就是这样。你知道吗?"腊八豆腐"还是这个地区的风味特产呢。在十二月初八前后,黟县的家家户户都要晒制豆腐,当地把这种自然晒制的豆腐称为"腊八豆腐"。

(三)泡腊八蒜

在华北地区,还有泡腊八蒜的习俗。具体做法是在腊八这天,将大蒜剥皮后放到一个密封的罐子里,然后倒入米醋,把罐子封上口放到比较冷的地方。过一段时间后,蒜瓣儿就会变绿。泡制得比较好的腊八蒜,通体碧绿,让人看后有食欲。腊八蒜是吃饺子的最佳佐料,还可用于拌凉菜。据说,食用腊八蒜,还有驱疾病、避瘟邪的作用。

据说腊八蒜是有来历的。腊八蒜的"蒜"字，发音与"算"字相通。将近年底的时候，各家商号都要盘点，在这一年中挣了多少钱，亏了多少钱都要算清楚。当然，其中也包括别人欠商号的钱。欠钱一定要收回来，可是邻近过年了，总不能当着人家的面直接让人家欠债还钱吧。中国人讲究委婉，于是就会泡上一些腊八蒜送给欠债人，意思是说"已到年底，一年的债务该清算了"。欠债的人收到腊八蒜之后，心里也就明白了。北京有句古语说得好："腊八粥、腊八蒜，放账的送信儿，欠债的还钱。"利用腊八蒜来清账，是应用谐音的一个很好的例子，我们中国人很擅长。在节日里，你会经常遇到。

(四)酿腊八酒

所谓腊八酒，就是在节日里用糯米酿制的酒。这种酒酿好后呈暗红色，晶莹剔透，酒香浓郁。腊八酒一般都是民间自己酿制，所以产量很小，一般只是用于家庭饮用，或者赠送友邻。

(五)煮"五豆"

有些地方过腊八节时，煮"五豆"，即五种豆制品。煮的时间也有差别，有的是在腊八当天煮，有的更早，在腊月初五就开始煮了。在煮"五豆"时，人们还要用面捏些"雀儿头"，放在一块儿煮。据说，在腊八里人们吃了"雀儿头"，就会令麻雀头痛，这样来年庄稼就不会受到麻雀的危害了。

(六)吃腊八面

在我国北方一些不产大米或大米产量较少的地区，人们吃腊八面。隔天用各种果实、蔬菜做成臊子，然后把面条擀好，到腊八早晨起来全家吃腊八面。例如陕北地区，过腊八是一定要用八种菜做腊八臊子面的。而在陕西潼关、临潼地区，人们则吃腊八辣椒汤面。

(七)涂腊八粥

腊八粥不仅可以用来吃，在民间还有巫术的作用。例如，人们相信，将腊八粥涂在院子的花卉和果树的枝干上，来年它们就可以多结果实。

(八)冬至大如年

腊月，各地气候都进入最寒冷的阶段。因为腊八和冬至很接近，《通纬·孝经援神契》说："大雪后十五日，斗指子，为冬至。"如同寒食与清明很相近一样，说到腊八时，往往少不了要说到冬至。腊月从冬至起就开始进入"数九寒天"了。冬至往昔也是民间的一个重要节日，古代，人们对冬至非常重视。我国从殷周到秦朝，都以冬至为岁首。汉朝以冬至为"冬节",官府要举行祝贺仪式称为"贺冬",例行放假。宋朝以后,冬至是祭祀祖宗的日子,人们在这一天要向父母尊长拜节。皇帝在这天要到郊外举行祭天大典。故冬至历来有"亚岁"之称。民间则有"冬至大如年"的说法,民间呼为"冬至节"。

为什么说冬至大如年呢?

这是一种历史推移的现象。远古的时候,推行另一种历法,大概是以冬至为元旦,所以人们庆祝相当隆重。改用阴历以后,冬至才退居次位,不再是过年的日子。以后时间长了,便渐渐淡漠了。时至今天,已少为人知了。这犹如我们今天既有阳历的新年元旦,同时又有农历的春节一样。由于实行阳历时间还不长,民间对于过农历年重视程度还胜过阳历年。

冬至是早在两千多年前的春秋时代,我国用土圭观测太阳测定出的二十四个节气中最早订出的一个。冬至是一年当中白天最短、黑夜最长的一天。民间有"爱玩夏至日,爱眠冬至夜"的谚语,就是指日子长短来说的。过了冬至,阳气上升,白昼一天比一天长。如用日晷测量,每日要长一分,所以有"冬至一阳生"的说法。古代谚语有"干净冬至邋遢年"的说法,意谓冬至日如是晴天,过年就会阴雨连绵或大雪纷飞。这一气象的占验,大约也是古人的经验之谈。

过去,民间有"若要富,冬至吃块热豆腐"的俗话。在农村,冬至是一年农事告一段落的时节,同时也是明年农耕开始准备之日。在气候比较暖和的南方,农村习惯在冬至日选种。为了迎接新的耕作,在冬至菜肴中吃碗热豆腐,心里暖乎乎,好在冬耕时干得更出色。

古时有句谚语:"冬至馄饨夏至面。"《燕京岁时记》说:"冬至,民间不为节,唯食馄饨而已。"冬至讲究吃馄饨相传有这样一个故事:春秋战国,吴王夫差打败越国,得到了绝代美女西施后,得意忘形,终日沉湎歌舞酒色之中。冬至节到了,饮宴之中,吃腻山珍海味的吴王竟心有不悦,搁箸不食。西施看在眼里,跑进御厨房,和面又擀皮。皮子在她手中翻了几个花样后,终于包出一种畚箕式的点心。放入滚水里一氽,点心便一只只泛上水面。她盛进碗里,加进鲜汤,撒上葱、蒜、胡椒粉,滴上香油,献给吴王。吴王一尝,鲜美至极,一口气吃了一大碗,连声问道:"这为何种点心?"西施暗中好笑:这个无道昏君,成天浑浑噩噩,真是混沌不开。听到问话,她便随口应道:"馄饨。"从此,这种点心便以"馄饨"为名流入民间。吴越人家不但平日爱吃馄饨,而且为了纪念西施的智慧和创造,还把它定为冬至节的应景美食。冬至吃馄饨还有一个传说:汉朝时,北方匈奴经常骚扰边疆,百姓不得安宁。当时匈奴部落中有浑氏和屯氏两个首领,十分凶残。百姓对其恨之入骨,于是用肉馅包成角儿,取"浑"与"屯"之音,呼作"馄饨"。百姓吃"馄饨",恨"浑屯",以祈求平息战乱,而能过上太平岁月。因最初制成馄饨是在冬至这一天,后来百姓约定俗成,在冬至这天家家户户吃馄饨。冬至这一天,有的地方还有"冬至夜吃冻狗肉"的口头

拖床冰嬉

禅和"冬至喝老白酒"的习俗。也有人说冬至吃萝卜可以治嗓子痛等疾病。这些民间风俗是劳动人民在社会生活中总结积累下来的经验,萝卜和狗肉有丰富的营养价值,冬季常吃对身体健康确有裨益。流行。梁代宗懔《荆楚岁时记》中就写道:"俗用冬至日数及九九八十一日,为寒尽。"数九寒天,就是从冬至算起,每九天算一"九",一直数到"九九"八十一天,"九尽桃花开",天气就暖和了。劳动人民经历了千百年与风雪严寒的搏斗,根据长期的实践经验,创造出许多记叙数九期间寒暖变化规律的"九九歌"。如北方流行的九九民谣:

> 未从数九先数九,
>
> 一九二九冰上可行走。
>
> 三九四九掩门叫黄狗。
>
> 五九六九开门缩颈走。
>
> 七九河开,八九雁来。
>
> 九九又一九,犁牛遍地走。

顾禄《清嘉录》上记载有一首"数九歌",十分风趣地描写了古代人们过冬的情形:

一九二九,相唤弗出手(手都因怕冷而缩在棉袍里);三九二十七,篱头吹觱篥(寒风刮在篱笆头上,像吹觱篥一般);四九三十六,夜眠如露宿(睡在被窝里像睡在野地里一样);五九四十五,穷汉街头舞。不要舞,不要舞,还有春寒四十五(穷人衣薄,起舞取暖);六九五十四,苍蝇垛屋枕(透露出一点暖意了);七九六十三,布衲两肩摊(天暖,厚衣服可以披在肩上了);八九七十二,猫狗躺凉地;九九八十一，穷汉受罪毕，刚要伸脚眠，蚊虫跳蚤出。

在古代社会里，穷人过冬尤其受罪。

我国地域广阔，各地"九九歌"不尽相同；但大同小异。有一首较通俗的民谣是这样的：

> 一九二九，伸不出手。
> 三九四九，冻死猫狗。
> 五九六九，隔河看柳。
> 七九河开，八九雁来。
> 九九寒尽，春暖花开。

（九）九九消寒图

除了"数九"之外，古代民间还流行"画九"的习俗。就是用许多有趣的图或文字来记录"九九"的进程和天气变化的方法。有的画素梅一枝，共画八十一朵梅花，把画挂在墙上，每天用红笔涂一朵，涂完，便是冬尽春来了。明朝刘侗《帝京景物略》中记载："日冬至，画素梅一枝，为瓣八十有一，日染一瓣，瓣尽而九九出，则春深矣，曰'九九消寒图'。"不过，这种方法多在文人雅士中流行，一些茶馆酒肆也张贴这样的图画。在一般百姓中，则是画圈圈的，就是在一张纸上印上九九八十一个圆圈，写好日期，每天依序在一个圆圈里记下天气好坏。如果是阴天就把上半个圆圈涂黑，晴天就把下半个圆圈涂黑，下雪则在当中点一点。遵照如下方法：

> 上点天阴下点晴，
> 左风右雨雪当中。
> 九九八一全画尽，
> 花草萌芽起春风。

按此口诀逐日填染，以从"九九"的阴晴雨雪变化来预测来年农作物的丰歉。在《帝京景物略》里，也提到了这种"九九消寒图"。明代，官府司礼监还印制了"九九消寒诗图"，每九天四句诗，从"一九初寒方是冬"迄至"日月星辰不住忙"为止。过去，市上专门有卖刻印的消寒图，两边印着一副对联，写道："但看图中梅黑黑，便是门外草青青。"九九数完，就已经是第二年春分，到了春暖花开的时候了。

不少节令风俗，往往和历史上的著名人物连在一起。像清明节和介子推，端午节和屈原，重阳节和陶渊明等，都是这样。有些是古籍上有记载的，有些只是民间传说。这都是表示老百姓为纪念历史上的好人和名人，便把一些节令风俗说成和他们有关，好叫人念念不忘。据说，消寒图是南宋民族英雄文天祥第一个画出来的。他被元朝统治者关在北京的监狱里，搞出了这种图，以后就风行开来了。

"写九"习俗产生于清代道光初年。道光皇帝亲手绘制了一幅《九九消寒图》，上面书写着"亭前垂柳珍重待春风"九个双钩空心字，每个字都是九画。道光皇帝让大臣们逐日描绘填写,并注明阴晴雨雪的情况。这种方法传到民间后,逐渐衍化,有作"春前庭柏风送香盈室"的,也有作"雁南飞柳芽茂便是春"的,每个字繁体都是九画(雁字作省去两笔的草体),合起来正好八十一画。每天用红笔描一画,等到九个字都描完,春天便来临了。这类文句被称作为"九九消寒句"。还有的人创作九体对联,每联九个字,每个字也是九画,如:

故城秋荒屏栏树枯荣

庭院春幽挟苔草重茵

全联填完,春暖花开,称为"九九迎春联"。

累积无数世代的经验,中国人发现如果起头九天暖和,则跟着来的整个冬天都会特别冷。俗谚有"头九暖,九九寒","第一莫贪头九暖,连绵雨雪到冬残"。《燕京岁时记》中说:"冬至三九则冰坚。"意思是,在数九寒天这个阶段,只有三九是最冷的。后来,一般人们都认为三九天是最冷的,但是事实上,四九才是寒冬中一段最冷的时间。只不过刚进三九的头几天,寒暖变化大,一下爆冷,身体不太适应,显得格外寒冷,而到四九,虽然温度比三九低,但与三九比,温差变化小,便感觉不如二九进入三九时这么冷了。《京房易占》说:"冬至之后,三十日极寒。"也就是说:"冬至后第三戌,为腊月最冷者。"

(十)腊鼓和迎春

民间有"腊鼓鸣,春草生"的俗谚。这句俗谚反映了当时农民敲打腊鼓,载歌载舞,兴高采烈地迎接新春的欢乐情景。固然,腊月过后就是新春,确实有腊鼓催春之意;但也不尽然。这句谚语见之于梁宗懔《荆楚岁时记》:"十二月八日为腊日。谚语:'腊鼓鸣,春草生。'村人并击细腰鼓,戴胡头,及作金刚力士以逐疫。"这里所说的"细腰鼓",就是腊鼓;"戴胡头"指的是戴一种有胡人头饰的假面具。北方民间打腰鼓的风俗即发源于此。自南北朝以降,民间每逢腊八和冬至,都有打腰鼓的习俗。乡里的人们打腰鼓,戴面具,扮作金刚力士,为的是驱逐疾疫,祈求吉祥。古时舞台上有一种鼓点子,通常叫"急槌",牌子名叫"击鼓催花"。据说,是女皇武则天腊月里硬要御花苑里百花齐开,击鼓催促,这才有了这谱子。此后,人们更多地将"腊鼓鸣,春草生"看成为腊鼓和迎春有关。

冬季腊月里有趣的活动,反映出中国人民期盼春天来临的心境。哪怕寒冬有围炉取暖、赏雪滑雪、腊鼓迎春之乐,又怎能比得上轻风和煦、春暖花开的时节呢?

图文珍藏版

附录

二十四节气

立春

　　立春是一年中的第一个节气,"立"开始之意,立春揭开了春天的序幕,表示万物复苏的春季的开始。天气回暖,万物更新,是农事活动开始的标志。

　　春季养生要顺应春天阳气生发,万物始生的特点,注意保护阳气,着眼于一个"生"字。根据中医阴阳五行学说肝属木,木有生发的特性;春属木,与肝相应。肝喜调达,有疏泄的功能,肝的生理特点是主疏泄。要戒暴怒,忌忧郁,要心胸开阔,乐观向上,保持心境恬愉的好心态。

立春风俗

东郊迎春

　　立春日迎春,是中华先民于立春日进行的一项重要活动,是从天子到庶民都要参加的一项活动。在周代,立春时天子亲率三公九卿诸侯大夫去东郊迎春,祈求丰收。回来之后,要赏赐群臣,

立春景色图

布德和令以施惠兆民。这种活动必然影响到庶民,使之成为后来世世代代的全民的迎春活动。古时的迎春活动,开始时在东郊,因为迎春活动中祭拜的句芒神是东方之神。后来,迎春活动的地点就不止是在东郊了,宫廷内、府衙门前等地都有迎春的活动,活动的内容也越来越丰富。在宋代,"立春日,宰臣以下,入朝称贺"(宋吴自牧《梦粱录》),这种立春的贺节,也是一种迎春活动。在清代,还有所谓"拜

春"的习俗:"立春日为春朝,士庶交相庆贺,谓之'拜春'。粉为丸,祀神供先,其仪亚于岁朝,埒于冬至"(清顾禄《清嘉录》"拜春")。这种"拜春"的活动,与元旦的"拜年"相似,也是迎春活动的一种。迎春仪式,又称行春。

春帖子

又称春帖、春端帖、春端帖子。这是一种在"立春"日剪贴在宫中门账上的书有诗句的帖子。诗体近于宫词,多为绝句,文字工丽,内容大都是歌功颂德的,或者寓规谏之意。"立春"日贴春帖、作春帖词,在宋代很盛行。

咬春

立春日吃春饼称为"咬春"。民间在立春这一天要吃一些春天的新鲜蔬菜,既为防病,又有迎接新春的意味。唐《四时宝镜》记载:"立春,食芦、春饼、生菜,号'菜盘'。"可见唐代人已经开始试春盘、吃春饼了。所谓春饼,又叫荷叶饼,其实是一种烫面薄饼,用两小块水面,中间抹油,擀成薄饼,烙熟后可揭成两张。春饼是用来卷菜吃的,菜包括熟菜和炒菜。昔日,吃春饼时讲究到盒子铺去叫"苏盘"(又称盒子菜)。盒子铺就是酱肉铺,店家派人送菜到家。盒子里分格码放熏大肚、松仁小肚、炉肉(一种挂炉烤猪肉)、清酱肉、熏肘子、酱肘子、酱口条、熏鸡、酱鸭等,吃时需改刀切成细丝,另配几种家常炒菜(通常为肉丝炒韭芽、肉丝炒菠菜、醋烹绿豆芽、素炒粉丝、摊鸡蛋等,若有刚上市的"野鸡脖韭菜"炒瘦肉丝,再配以摊鸡蛋,更是鲜香爽口),一起卷进春饼里吃。

雨水

雨水不仅表示降雨的开始,也表明雨量开始增多。根据雨水节气对自然界的影响,养生着重强调"调养脾胃"。因为中医认为,脾胃为"后天之本","气血生化之源"。《图书编·脏气脏德》指出:"养脾者,养气也,养气者,养生之要也"。可见,脾胃健旺是人们健康长寿的基础。

春季气候转暖,应多吃新鲜蔬菜和多汁水果,补充水分。

雨水节拉保保

拉干爹:旧社会,人们迷信命运,为儿女求神问卦,看自己的儿女好不好带,尤独子者更怕夭折,一定要拜个干爹,按小儿的生辰年月日时同、金、木、水、火、土,找算命先生算算命上相合相克的关系,如果命上缺木,拜干爹取名字时就要带木字,才能保险儿子长命百岁。此举一年复一年,久而盛开一方之俗,传承至今更名拉"保保"。

什邡,在农历正月初九日,传说是玉皇大帝的生日,办"上九会",民谣云:"上九上九,活到九十九。"这天拉干爹最吉祥,也有在正月雨水节拉干爹,意取"雨露滋润易生长"之意,还有不择时日地址所谓"拜拉路干爹""上门拜干爹"者。是日,罗汉寺山门前,古柏森森的道路上人流如潮,巫卜星相、低钱香蜡、小食摊点、流动商贩,云集道旁善男信女,大家闺秀、公子哥儿、山民村姑,三五成群,拉拉扯扯,挤来拥去,欢声笑语,热闹非常。要拉干爹的父母手提装好酒菜香蜡纸钱的箢箢、背着、抱着、牵着娃娃在人群中穿来穿去找准干爹对象,如果顾娃娃长大有常识就拉一个知书识礼有字墨的文人为干爹;如果娃娃身体瘦弱就拉一个身材高大强壮的人作干爹。一旦有人被拉着当"干爹",有的扯脱就跑,有的扯也扯不脱身,大都爽快的应允,认为这是对自己的信任,相信自己的命运也会好起来。

拉者连声叫道:"打个干亲家",就拉在古柏树脚下,摆好下酒的"干盘子"樽酒、焚香点蜡,以"古板为证"寓意:"古柏长表",叫声娃娃"快拜干爹,叩头";"请干爹喝酒吃菜","请干亲家给娃娃取个带木字的名字,因为命上缺木",干爹想一阵后,就取名"和森",有的干爹还逗娃娃"干儿子和森,叫一声干爹",围观者也喊:"快叫、快叫……",娃娃一叫"干爹",干爹答:"唉!"围观者拍手叫好,显得亲亲热热。分手后有礼尚往来者谓"常年干亲家",无来往者谓"过路干亲家"。而今,雨水节这天由公园举办"拉保保",已成为游园中一项特具风趣的活动。

惊蛰

惊蛰,是"立春"以后天气转暖、春雷初响、惊醒了蛰伏在泥土中冬眠的各种昆虫的时候,但真正使冬眠动物苏醒出土的,并不是隆隆的雷声,而是气温回升到一定程度时地中的温度。惊蛰节气的养生也要根据自然物候现象、自身体质差异进行合理的精神、起居、饮食的调养。

这个季节应该多吃健脾利湿、化痰祛湿的食物,如白萝卜、扁豆、包菜、蚕豆、洋葱、紫菜、海蜇、荸荠、白果、枇杷、大枣、薏苡仁、红小豆等。少食肥甘厚味、饮料、酒类之品,且每餐不宜过饱。

最好长期坚持散步、慢跑、各种舞蹈、球类等活动,活动量逐渐增强,让松弛的皮肤逐渐转变成结实的肌肉。

春分

春分日是春季九十天的中分点,南北半球昼夜相等。一个"分"字道出了昼夜、寒暑的界限。

由于春分节气平分了昼夜、寒暑,人们在保健养生时应注意保持人体的阴阳平衡状态。从立春到清明前后,是草木生长萌芽期,人体血液也正处于旺盛时期,激素水平也处于相对高峰期,此时易发常见的非感染性疾病,有高血压、月经失调、痔疮及过敏性疾病等。饮食调养上,禁忌偏热、偏寒的食物。

藏族射箭节

射箭节是云南德钦藏族的民间传统节日,每年农历二月举行,历时 2~3 天。这个节日据说是藏民为了纪念英勇善战、打败侵略者的民族英雄格萨尔王而发起的。

民风民俗

节日期间,成年男子都必须到场参加比赛,老人和孩子可以找人代替参加。比赛的人分成两组,每人一次只能射两箭,以每组射中靶的箭数来计算胜负,成绩最好的由主持人敬献哈达。比赛之前每个人还要准备好一根 1 尺长手指粗的小木棍,每输一轮,主持人就给他做一个记号,直到节日结束之时,谁的木棍上记号刻得多就意味着输得惨,那么这位失败者就要在明年的射箭节前为节日准备好青稞酒、肉、蛋、酥油及面食。

三月三

农历三月三,我国大部分地区是大地回春,春阳萌动的日子。秦汉时期,每年三月上旬巳日(称上巳日)人们就有到水边举行招魂禳灾仪式的风俗。魏晋以后改"上巳节"为三月三,这是汉族的节日。然而,"三月三",也是黎族、壮族、苗族、畲族、侗族、布依族等少数民族的节日。各民族都有自己的古老传说,也都有独特的欢度形式。

由来传说

苗族的三月三

"三月三"自古以来是苗族人民纪念祖先、喜庆新生、赞美生活的传统吉祥盛日。传说远古之时，天下暴雨，大地被洪水淹没，人间只幸存兄妹两人。为了繁衍后代，兄妹两人请天地作婚证，天地神以"万物复生"为兄妹婚配为证。兄妹把山竹砍断，第二天，山竹一节一节地复生了，形成今天竹子有节；山龟被砍成了13块，山龟不久也复生了，形成今日龟背上留下的裂痕；他们砍倒大树、点燃山火，大地被山火散发的香气缭绕着，青山盛开了美丽的鲜花，百鸟欢歌，鱼儿欢跳，万物都为他们的婚配作证。两人对歌叙忠诚，山歌唱了7天7夜，正是三月初三。哥哥用树木筑起了新房，妹妹用各种植物汁煮成了多彩米饭，他们请来山龟、山鸟、山牛做宾客，八哥鸟为他们主持了婚礼，兄妹俩打着葵叶伞相拜，万物抒情共祝他们结成夫妻。婚后，男耕女织，生儿育女，生息繁衍众苗民。

壮族的三月三

这一天，壮族人家的家家户户都用嫩绿的枫树叶、红兰草和黄杞子等蒸成红、黄、蓝、紫、白五色糯米饭来做壮乡的"拜山"祭品。

相传，在很久以前，在壮乡有一个名叫韦达桂的人，在土皇帝的手下当臣相。达桂年纪不大，但学识渊博，才智过人，而且十分关心壮家百姓的疾苦，王朝赐给他的俸禄，他将一大半拿回家乡济贫救困。达桂为了贫苦的壮族人不断与土皇帝斗智斗勇，最终土皇帝决意害死达桂。

乡亲们得知消息后，把达桂送到山上的枫树林里躲藏起来。皇兵上山搜山，搜了7天7夜，就是找不到人，只在山林里发现吃剩的糯米饭。土皇帝就下令放火烧山，那天正好是农历三月初三。火灭了以后，乡亲们进山去寻找达桂，找呀找，最后在一棵大枫树的树洞里发现达桂的尸体，大家含泪把这个和土皇帝斗智斗勇的良臣葬在大枫树底下，男女老少跪在大枫树旁放声大哭，泪水如同串串珍珠洒在坟上，坟上顿时长出一棵棵嫩绿的小枫树，一丛丛翠蓝的红兰草和一株株翠绿的黄杞子树。为了纪念达桂，乡亲们还在他的墓旁建了一座庙宇，起名叫"达桂堂"，每年的农历三月初三这一天，村村寨寨都带上了米酒和五色糯米饭等供品到山上去祭奠达桂的亡灵。

黎族的三月三

黎族"三月三"节的起源和苗族相近，是个古老而心酸的传说。古时候聚居五指山区的黎族人，遭受一次特大洪水袭击，只剩下孤零零的天妃和观音兄妹俩，他们抱着一个葫芦瓜在洪水中漂泊到了五指山脚下。洪水退后，兄妹俩决定分头去寻找亲人，并相约每年夏历三月三回到五指山脚下相会。两人分手后走遍天涯海角，始终见不到一个人，年复一年，妹妹眼看两个人快要衰老了，为了民族繁衍，在又一年三月三到来之前，她横下一条心，以昌化江为镜子，用竹针在脸上刺了一道道花纹，才回到五指山脚下。兄妹相会时，哥哥认不出妹妹，这年三月三两人便结为夫妻生儿育女,黎族又得到新生繁衍。

不知过了多少个春秋,夫妻俩沉睡在五指山脚下的一个石洞里,黎族的后代称石洞为娘母洞,"三月三"就成为黎族纪念祖先,庆祝本民族再生繁衍的传统节日。

畲族的三月三

畲族重农耕,希望一年四季风调雨顺,五谷丰收,几乎每个季节都有祈福节。乌饭节是春季祈福的节日。每年三月三,畲族家家户户都煮乌糯米饭祭祖,然后全家共餐,并以乌糯米饭馈赠亲友。三月三乌饭节还有一个来历,相传畲家古代英雄雷万兴(一说蓝天凤)被官府抓去,乡人为了让他在牢中吃上饭,便把米饭用树叶汁染黑,狱卒见米饭乌黑以为肮脏,不敢扣留,这样保住了英雄的生命。他出狱后,于农历三月初三带领大家下山复仇,胜利后又煮乌米饭庆贺,于是三月三吃乌饭成了一大节日。据说因乌饭渗进了中草药,吃了可以避寒。

布依族的三月三

是一个传统的节日,节日来源与活动内容,因居住地区不同有所区别。

祭地蚕。传说古时有一庄稼汉,发现年年春播之后都有许多地蚕将幼苗咬死。经过反复观察,他认为地蚕是天神放到大地的"天马"。为避免幼苗遭受虫害,他用了许多方法祭拜都不灵验,后来,他在春播时炒玉米花去喂地蚕,结果保住了幼苗。后来,人们每到春播时,沿田边土坎边走边唱山歌,并把玉米花撒向田土中。人们认为,地蚕吃了玉米花,既能让它们迷糊,又能封住它们的嘴巴,田里的禾苗就免遭虫害。

会歌采枫叶。人们到山野踏青游春,儿童们摘嫩枫叶做成圆球抛打,妇女们则摘几枝嫩枫叶插在头髻上。此外,家家把糯米染成五颜六色,做花糯米饭吃。青年们到山坡上吹木叶、唱山歌。如遇上称心如意的对手,晚上便相邀到布依村寨,通宵达旦地对歌。临别时,主人家用芭蕉叶包着花糯米饭和鸡腿肉分送歌手,作为节日的礼物。

壮族的三月三歌会

众多三月三,以壮族的三月三歌会最为盛大隆重。

每到农历三月初三,壮乡处处就成了歌的海洋。少者上百人,多则成千上万,从早到晚,通宵达旦,持续数日。以唱山歌为主,男女青年对唱情歌:包括见面歌、赞歌、初交歌、深交歌、赠礼歌、约会歌、分别歌;唱盘歌:邀歌、答歌、入座歌、赞歌、花果歌、农季歌、谜语歌;还有故事歌等,有独唱、对唱、领和的多声部等形式。除对歌外,常伴有抛绣球、放球、还球、舞龙、舞狮、唱采茶等歌舞,以及斗蛋、放花炮等活动。

由来传说

关于刘三姐的传说很多，有民间口头流传的，也有古籍和地方志所记述的，文字记载见于宋代。广西的《浔州府志》《宜山县志》《苍梧县志》等，都有刘三姐传说的记载。

传说刘三姐是唐朝人，出生在罗城与宜山交界的天洞之滨，是壮族农家女儿。她年幼时聪颖过人，12岁能通经传，指物索歌，开口立就。被视为"神女"。自编自唱，歌如泉涌，优美动人，不失音律，故有"歌仙"之誉。刘三姐美丽、善良、聪明、勤劳、善歌。她热爱生活，追求自由，不畏强暴，以山歌为武器与财主、州官的禁歌迫害作不屈不挠斗争。广西很多地区都立有刘三姐的塑像或刘三姐庙。每当有新的壮歌集问世，必先捧一本供在她的像前。有些地方的歌圩，第一项议程是抬着她的像游行。壮乡至今还有"如今广西歌成海，都是三姐亲口传"的传颂。关于刘三姐被逼出走以后怎样，有4种说法。一是抗拒林氏逼婚，与情人张伟望出奔，不知所终。二是遭到流氓恶霸的嫉恨，后被害于柳州，传说她死后骑鲤鱼上天成了仙。三是出走后，在贵县（今贵港市）的西山与白鹤少年对歌七日化而为石。四是说财主莫怀仁欲娶她为妾，三姐坚决反抗，莫怀仁买通官府迫害三姐，三姐乘船飘然而去。

无锡的三月三

古时候说，这一天是真正的清明，但要很多年才能遇上。无锡的习俗是人们把荠菜花铺在灶上和坐的、睡的地方，认为这样可以去除蚂蚁和害虫。又把荠菜花、桐花、芥菜等藏在衣物内，认为这样衣物可以不蛀。为此谚语有"三月三，蚂蚁上灶山"的说法。无锡还有一个特别的风俗，即不生孩子的妇女常在这一天吃南瓜，因南与男同音，认为吃了南瓜会生男孩子。

台湾的三月三

据说，郑成功据守厦门、金门等地，为实现"反清复明"的愿望，与当地军民同仇敌忾，矢志不移，甚至连听到一个"清"字，都感到逆耳。当时有人把"喝茶"说为"喝清茶"，他听了很气恼，立即予以训斥纠正。特别对于"清明节"，把"清"字压在"明"字上头，更使他恼火，因此他下令所在地人民不要在"清明节"扫墓，而改在"三月三"祭祖。

新郑的三月三

传说中华民族的文明始祖轩辕黄帝出生在河南新郑，因而新郑称为轩辕故里。多年以前，在新郑县城北关曾立有高约6尺的石碑一通，上刻"轩辕故里"四个大字。因此碑被一古槐所抱，故俗称"槐抱碑"，后来下落不明。该碑所立之处原有轩辕庙,为祭奠轩辕之所。而今,虔诚的炎黄子孙在原碑所立之处又立起了一通高大的"轩辕故里"标志碑,修复了轩辕黄帝庙。不少海内外的炎黄子孙来这里寻根问祖,拜谒轩辕黄帝。传说,黄帝由此带领群臣于三月三登鸿堤受神芝图,拜华盖童子。时至今日,每到农历三月三,附近的人们还要到此朝拜祖先,久而久之,形成了三月三的古刹大会。

道教的三月三

三月三,道教圣地——武当山张灯结彩,万人聚集在玉虚宫,举办一年一度最具盛况的"三月三庙会"。

农历三月三是武当山主神——北方水神"玄天上帝"(即真武大帝——民间俗称祖师爷)的诞辰日,武当山又是中国道教的发祥地,故三月三全国各地道教名流、信士都会不远万里,跋山涉水前来武当山寻根祀祖、祈求玄武神保佑,武当山各宫观亦张灯结彩,举办盛大的祈祷国泰民安斋醮(大法会)仪式,千百年来这一传统习俗沿袭不衰。

瑶族干巴节

"干巴"节是瑶族人民的丰收节。

每年农历三月初三举行,而农历二月下旬,各村寨的瑶族人民便忙碌起来了。首先商定节日的这天,哪些村寨上山打猎哪些村寨下河捕鱼,然后分头准备。

上山狩猎的村寨,负责修理枪支、冲火药、做弓弩等。下河捕鱼的村寨准备渔网、鱼叉等器物。老年人和妇女则在家中杀鸡宰鸭,染制各种糯米饭,舂粑粑,准备酒菜。节日的凌晨,狩猎和捕鱼的人们便带着火枪、弓弩、渔具、食物等,分头行动。捕得的野物、鱼虾拿回来分配时,人人有份。要是捕不到野物,就会被人们取笑。尤其是"门胞"(小伙子)要被"门煞"(姑娘)所轻视,因此上山狩猎的"门胞"总是不辞艰险,千方百计地捕获野物。

傍晚,人们回到寨中,互相串门,互相祝贺,取出香甜的米酒,喷香的糯米饭,配着当天的劳动成果,美美地饱餐一顿。但或多或少要留下一部分,挂在火炉边上,烤成野味干巴,用以招待最亲近的人。晚上,青年男女还围在火炉边,唱起动人的瑶歌,跳起欢快的铜鼓舞。

苗族杀鱼节

每年的清明前后举行,苗语叫"停米",原意是用石块、木棒打鱼的活动。届时,苗族的男女老幼都会来到河边,燃起篝火烧煮鲜鱼。同时吹起芦笙,唱起山歌,祭天求雨,欢度节日。

由来传说

天帝有一个非常宠爱的公主,有一年她得了怪病,天上的仙丹、昆仑山的灵芝、长白山的人参都无法让她痊愈,最后还是喝了人间江河中百种鱼熬成的鲜汤,才得以康复。天帝于是下令把雨水全部下到江河里,让鱼儿得以畅快的游玩。这样一来,江河水上涨,陆地上却是田干苗枯,庄稼颗粒无收。苗家人杀光了所有的牲畜祭祀求雨,但是不见一点效果。最后牲畜都杀光了,人们没办法,只好捕鱼,杀了用来祭祀。天帝看见人间杀了许多他爱女的"救命恩人",伤心得大哭起来。这一哭却是"泪飞顿作倾盆雨",直下了三天三夜,缓解了旱情。苗家人欣喜不已,便将这天定为杀鱼节。

民风民俗

杀鱼节是苗族一个隆重而盛大的活动,带有浓厚的原始群居狩猎的生活遗风。在每年杀鱼节前,先要推举"约头"。约头一定是苗寨中有威望的人,他的责任是确定活动日期、时间,制定并执行活动纪律,号令沿河两岸(贵州南明河下游开阳段称清水江)的苗族同胞参加活动,并主持杀鱼仪式等等。杀鱼节没有固定的日子,但是,是在每年清明前后,请"约头"按12生肖属相来推算决定日辰。规定日子之后,风雨无阻,到期必来参加,不得失约。青壮男子每人一杆鱼叉,一包由化香树叶捣成的药泥。规定活动中如有遇险者要众人抢救;如两人同时叉着一条鱼,无论大小,从中两段,各得一半。杀鱼节前,家家户户上山采摘化香树叶,将其用碓捣成药鱼的药泥,男子汉们修整五齿倒钩鱼叉,老人们烧香燃烛祭祖,妇女们则忙着磨豆腐,做面肉,准备好第二天的"亚米"(鱼饭)。

节日当天,四县苗乡全部出动,男人们肩扛鱼叉和药包,妇女们身穿盛装,挑着米酒和鱼饭,从条条山路汇集到江边。沿河两岸人头攒动,叉杆如林。将成千上万包药泥分别堆码在河中的礁石上,下午3点左右,举行仪式。这时"约头"手抓药泥,口中念念有词,念一段咒语,一把药泥抛向江中,仪式完毕,"约头"高呼一声"放",几万斤药泥同时推入江中,清水江瞬间变成一条"黑龙"奔腾而下。江水中的鱼被轻度麻醉的药水药昏,失去自控能力,漂浮水面,此时早已守候在江岸上手持钢叉的男子汉们飞叉而去,一条条大鱼被叉中,此时,群情激昂,欢呼四起。杀鱼者追逐着"黑龙"逢岩爬岩,逢坎跳坎,如履平地。十里河滩,如十里战场,杀声震天,壮观异常。傍晚,杀鱼的人们肩挑大鱼,来到秀美的姊妹岩下。这里,媳妇和姑娘们早已摆好了鱼饭和米酒,举行盛大的野餐会。人们相互敬酒祝福,热闹非凡,年轻小伙子和姑娘们则尽情地对山歌,叙衷肠。夜幕降临时,满河的火把亮光闪烁,是余兴未尽的人们还在杀"火把鱼"呢。

傣族泼水节

傣族是个爱水、恋水、惜水、敬水的民族,以水表示洁净,每年傣历六月中旬是傣历的新年,也叫"泼水节"。节日期间人们互相泼水祝福,泼水节的水代表着吉祥、幸福和健康,因此被泼得越多越预示着新年的好运。

傣族泼水节

泼水节源于印度,曾经是婆罗门教的一种宗教仪式。后为佛教所吸收,经缅甸传入云南傣族地区。傣语称作"桑罕比迈"或"棱贺比迈",届时人们先至佛寺浴佛,然后互相泼水,用飞溅的水花表示真诚的祝福。主要活动有龙舟比赛、燃放孔明灯、放焰火、放高升、丢包、跳孔雀舞等等。

由来传说

传说人间的气候本来由一位名叫捧玛乍的天神掌管。他把一年分为旱季、雨季、冷季,为人间规定了农时,让一位名叫捧玛点达拉乍的天神掌管施行。捧玛点达拉乍自以为神通广大,无视天规,为所欲为,乱行风雨,错放冷热,弄得人间雨旱失调,冷热不分,禾苗枯死,人畜遭灾……。有位叫帕雅晚的青年,以四块木板做翅膀,飞上天庭找到天神英达提拉,诉说人间的灾难。帕雅晚欲到最高一层天去朝拜天塔一塔金沙时,不慎撞在天门之上,一扇天门倒塌,将他压死在天庭门口。帕雅晚死后,天神英达提拉开始用计惩处法术高明的捧玛点达拉乍。他变成一位英俊小伙子,佯装去找捧玛点达拉乍的七个女儿谈情。

七位美丽的妙龄女郎同时爱上了他。姑娘们从小伙子的嘴里了解到自己的父亲降灾人间之事以后,既惋惜又痛恨。七位善良的姑娘为使人间免除灾难,决心大义灭亲。她们想尽办法探明了父亲的生死秘诀。在捧玛点达拉乍酩酊大醉之时,剪下他的一束头发,制作一张"弓赛宰"(心弦弓),毅然割下了为非作歹的捧玛点达拉乍的头颅抱在怀中,不时轮换,互用清水泼洒冲洗污秽,洗去遗臭。

民风民俗

傣历新年一般是 3 天或 4 天,傣语分为"宛麦""宛恼""麦帕雅宛玛"三个阶段。"宛麦"相当于汉族春节的除夕,辞旧迎新,各家各户打扫卫生,准备干干净净迎接新年。"宛恼"要举行泼水和隆重的佛事活动。凌晨,所有人皆沐浴更衣,到佛寺拜佛。妇女把井水、清泉水挑到佛寺里,太阳出来时给佛像洗尘,即浴佛。然后人们互相泼水,表达祝福之情。"麦帕雅宛玛"这天是傣族新年的元旦,傣家人要举行盛大的划龙舟、放高升、跳孔雀舞和象脚鼓舞。

特色饮食

除了杀鸡、杀猪、酿酒以外,傣家人还要用糯米粉、红糖、芝麻、花生和石梓树花粉做成年糕,叫作"毫诺索",吃了这种年糕就意味着长了一岁。

特色食品

菠萝紫米饭

菠萝紫米饭是西双版纳一种独具风味的食品,既是主食,又是菜肴,以新鲜菠萝和紫米为原料制成。

菠萝饭的外型是一只完整的菠萝,十分美观大方。而壳内则是菠萝肉与紫米饭紧密结合的柔软饭团,米饭带有明显的菠萝味,甜而不腻,吃起来非常爽口。

白族三月街

白族是一个历史悠久、文化发达的民族。白族先民很早就生息在云南大理的洱海地区。公元 2 世纪,汉武帝就在苍洱地区设置了郡县。8 世纪~13 世纪,这里先后出现了以彝、白先民为主体的奴隶政权——南诏国和以白族段氏为主体的封建领主制政权大理国,白族人民居住在云南省大理白族自治州,其他分布于云南省各地及贵州省毕节市、四川省凉山彝族自治州、湖南省桑植县。三月街是白族最盛大的节日,每年农历三月十五至二十在点苍山麓举行,其宗旨是祈盼五谷丰登。

由来传说

白族佛教故事集《白国因由》中说:隋末唐初,有恶魔罗刹久踞大理,人民深受其苦;至唐贞观年间,有观音从西天来到大理,在点苍山中和峰下施法术制服罗刹,从此百姓得以安居乐业。百姓为感激观音,每年三月十五,聚于中和峰下,"以蔬食祭之,名曰祭观音处"。因此,三月街又叫观音街。

三月街早期是佛教的讲经庙会处,这一佛教庙会特色一直保持到清末民初。后来随社会发展的需要而逐渐演变为具有浓厚民族特色的集市和盛会,在大理白族人民的社会经济文化生活中产生着越来越重大的影响。

　　还有一个传说是大理国的三公主爱上了一个渔民小伙子,两人在三月十五这天去月亮上赶会,没买到农具,也没买到渔网,便回到家乡。众乡亲把月亮上的街子移到地上,于是大理便出现了赶街的盛会。从这个传说可以看出,三月街作为规模宏大的物资交流会由来已久。

民风民俗

　　明嘉靖《大理府志·市肆》记载说:"府观音市,在城西校场,以三月十五日集,至二十散,十三省商贾咸至,始于唐永徽年间,至今不改,以民便故也。""三月街"也叫"观音市",是白族人民的传统佳节,每年在大理县的中和峰麓,中溪河畔的空旷地上举行,它是滇西商品交易的最大聚集地。每到"三月街"期间,远至千里,近到邻县的人们都赶来进行交易,商品从药材到食品、家具、牲畜,应有尽有。现在的"三月街"期间,除了交流物资,还表演对歌、民族歌舞、传统赛马、射弩等活动。特别是参加赛马会的各族骑手,云集苍山脚下,扬鞭策马,腾云驾雾似的向洱海边奔去,情景煞是壮观。

寒食节

由来传说

　　寒食节在每年农历清明节的前一天,寒食是为纪念介子推的。介子推的故事出于《左传》,《东周列国志》第三十七回"介子推守志焚绵山"中也做了叙述。说的是春秋时代,晋献公死后,众子争帝,相互残杀。公子重耳为躲避后母陷害,带着介子推等人流亡国外十九年。重耳在逃亡的路上病了,野菜、树根让他无法下咽。介子推给他端来了一碗肉汤,重耳吃下去后赞不绝口,病痛减少了许多,便问介子推说:"这么鲜美的肉,你从哪里找到的?"介子推回答说:"这是我的大腿肉。"重耳听后痛哭流涕,发誓一定要报答介子推。介子推却说:"孝子为了父母可以死,忠臣为了国君也可以放弃生命,只要公子能够重掌晋国,让我死都行,还在乎这一块肉吗?"后来,重耳终于夺回了晋国国君的宝座,对当初在落难之时跟随他的臣子们都进行了封赏。介子推见狐偃等人居功自傲,目中无人,心里非常鄙视他们,觉得和他们一起做官简直就是对自己人格的侮辱,便推说身体不好,隐居在深山之中,甘受清贫,侍奉母亲。有一个叫解张的人,认为介字推这样做很不值得,会让他的功劳被世人遗忘,就去告诉了晋文公。晋文公非常内疚,因为他确实很长时间没想过介子推了,便和解张一起去深山寻找。但是只看见山峦重叠,流水潺潺,就是看不见介子推的影子。晋文公有些生气,认为介子推是在怨恨自己。想到介子推是个孝子,如果放火烧山,他一定会背着母亲出来,于是就下令放火烧山。结果大火一下子蔓延了数十里,连烧了3天,可介子推却始终没有出来。大火熄灭后,大家进山察看,发现介子推和他的老母亲相抱在一起,被烧死在一棵枯树下。晋文公后悔不已,伏地痛哭。

这事传出之后,人人尊敬和怀念介子推,便在他被烧死的这天纪念他,这天就在每年四月清明节的前一天。后人为纪念这位"士甘焚死不公侯"的贤者,不动烟火,只吃冷食,喝凉水,因此谓之寒食。

清明

清明,乃天清地明之意,有祭祖扫墓踏青的习俗。在这个节气中,是高血压的易发期。高血压是指体循环内,动脉压持续增高而言,并可伤及血管、脑、心、肾等器官的一种常见的临床综合征,发病率有随着年龄的增加而增加的特征。保持心情舒畅,选择动作柔和,动中有静的锻炼方式;饮食须定时定量,不暴饮暴食。肥胖者,减少甜食,限制热量摄入,多食瓜果蔬菜。对老年高血压者应特别强调低盐饮食,相应增加钾的摄入。

清明节

古谚语"清明前后一场雨,强如秀才中了举"。作为节气,清明时期正是我国大部地区,万木凋零的寒冬已经过去,春天真正来到了。风和日丽,莺飞草长,柳绿桃红,生机勃勃故称之为清明。宋陈元靓《岁时广记》引《三统历》曰:"清明者,谓物生清净明洁"。

由来传说

扫墓

有关清明扫墓的故事是这样的:相传在秦朝末年,汉高祖刘邦和西楚霸王项羽,为天下之归属而大战,刘邦终于取胜得天下。他光荣返回故乡的时候,想要到父母亲的坟墓上去祭拜,却因为连年的战争,使得一座座的坟墓上长满杂草,墓碑东倒西歪,有的断落,有的破裂,而无法辨认碑上的文字。刘邦非常难过,虽然部下也帮他翻遍所有的墓碑,可是直到黄昏的时候还是没找到他父母的坟墓。最后刘邦从衣袖里拿出一张纸,用手撕成许多小碎片,紧紧捏在手上,然后向上苍祷告说:"爹娘在天有灵,现在风刮得这么大,我将这些小纸片,抛向空中,如果纸片落在一个地方,风都吹不动,就是爹娘的坟墓。"说完刘邦把纸片向空中抛,果然有一片纸片落在一座坟墓上,不论风怎么吹都吹不动,刘邦跑过去仔细瞧一瞧模糊的墓碑,果然看到他父母的名字刻在上面。

刘邦高兴得不得了，马上请人重新整修父母亲的墓，而且从此以后，每年的清明节一定到父母的坟上祭拜。后来民间的百姓，也和刘邦一样每年的清明节都到祖先的坟墓祭拜，并且用小土块压几张纸片在坟上，表示这座坟墓是有人祭扫的。按照旧的习俗，扫墓时，人们要携带酒食果品、纸钱等物品到墓

清明扫墓

地，将食物供祭在亲人墓前，再将纸钱焚化，为坟墓培上新土，折几枝嫩绿的新枝插在坟上，然后叩头行礼祭拜，祭毕，席地而饮，薄暮而还。这些古代旧时的遗风保留至今。

民风民俗

插柳

插柳的风俗，有说是为了纪念"教民稼穑"的农事祖师神农氏的。柳有强大的生命力，柳条插土就活，插到哪里，活到哪里，年年插柳，处处成荫。有说柳在人们的心目中有辟邪的功用。受佛教的影响，人们认为柳可以却鬼，而称之为"鬼怖木"，观世音以柳枝蘸水普度众生。北魏贾思勰《齐民要术》里说："取柳枝著户上，百鬼不入家。"直此柳条发芽时节，人们便纷纷插柳戴柳以辟邪了。还有折柳枝赠别亲人的说法，因"柳"与"留"谐音，以表示挽留之意。这种习俗最早起源于《诗经·小雅·采薇》里"昔我往矣，杨柳依依"。用离别赠柳来表示难分难离，不忍相别，恋恋不舍的心意。杨柳是春天的标志，在春天中摇曳的杨柳，总是给人以欣欣向荣之感。"折柳赠别"就蕴含着"春常在"的祝愿。

荡秋千

这是我国古代清明节习俗。秋千，意为揪着皮绳迁移。它的历史很古老，最早叫千秋，后为了避忌讳，改为秋千。古时的秋千多用树桠枝为架，再拴上彩带做成。后来逐步发展为用两根绳索加上踏板的秋千。打秋千不仅可以增进健康，而且可以培养勇敢精神，至今为人们特别是儿童所喜爱。

放风筝

每逢清明时节，人们不仅白天放，夜间也放。夜里在风筝下或风筝拉线上挂上一串串彩色的小灯笼，像闪烁的明星，被称为"神灯"。过去，有的人把风筝放上蓝天后，便剪断牵线，任凭清风把它们送往天涯海角，据说这样能除病消灾，给自己带

中国民俗文化 **精粹**

·礼仪节俗·

图文珍藏版

来好运。郑板桥曾有诗曰："纸花如雪满天飞,娇女秋千打四围。飞彩罗裙风摆动,好将蝴蝶斗春归。"就是描绘了清明时节人们放风筝、游乐的美丽景象。

山东潍坊是我国著名的风筝产地,主要有三种基本造型:串、硬翅和筒形,其中以龙头蜈蚣最突出,据说是受了龙骨水车的启发而制造的。现在已发展成许多品种,小的可放在手掌上,大的有几百米长,造型、色彩也各不相同,从很简单的白纸糊身、红纸糊头、不画一笔、不染一色的蜈蚣风筝,到色彩缤纷、绘金描银的九头神龙风筝;从构思奇妙的二龙戏珠到三条巨龙在空中呈"y"字形飞行的"哪吒闹海",千变万化,奇巧百出。潍坊的长串风筝除了蜈蚣之外,还有各种不同的题材。如"梁山一百单八将",是把梁山的一百零八位好汉做得个个形态不同,栩栩如生,放上天去排成一队,各持兵刃,随风飘动,让人隐约地感到身边有战鼓在催阵,好像他们正要出发打仗一般。

苗族挑葱会

每年清明,苗族的女孩子们都会穿上节日的盛装,带上蒸好的"清明粑粑",手拿挑葱刀,来到山坡上与手拿沙刀的小伙子们相聚,他们尽情对歌,在歌声中寻找心上人。这就是挑葱会。

由来传说

苗族土官的女儿阿达诺爱上了贫苦的放牛郎岩诺。土官异常气愤,说:"凤凰鸟怎么能和钉钉雀共窝?"把阿达诺锁在吊脚楼里。岩诺家的老人也对岩诺说:"金银花与地巴菜是同不了一个心的!"但岩诺每天放牛时都要去看阿达诺,阿达诺就用歌声来表达她的心情:"翠鸟关在竹笼里,牵挂山上花蓬蓬,鸟盼花,花盼鸟,清明踩青才相逢。"清明踩青是苗族姑娘的传统活动,姑娘们这天要上山挑葱,求山神保佑,父母是不管的。岩诺明白了阿达诺的意思,两人都盼望着清明早点来到。清明终于到了,二人在山葱茂密的坡上相逢,相互倾诉爱慕之情。山葱仙姑被他俩忠贞的爱情所感动,促成了他们美好的姻缘。

民风民俗

节日早晨,晚辈将做好的美味佳肴虔诚地摆在火塘边的灶上祭祖。在牛鼻子上抹些酒以示对其辛苦耕作一年的酬谢。姑娘们身着色彩鲜艳、风格各异、刺绣镶边或挑花的蜡染衣裤或长短百褶裙,佩戴着引人注目的耳环、手镯等多种银饰物,与英俊的小伙子们跳起踩堂舞(男的吹芦笙,女的排成弧形翩翩起舞)。入夜,大铜鼓声传遍整个村寨。

谷雨

谷雨,有"雨水生百谷"的意思,也是春季的最后一个节气。从这一天起,雨量开始增多,其丰沛的雨水使初插的秧苗、新种的作物得以灌溉滋润,五谷得以很好地生长。谷雨以后是神经痛的发病期,如肋间神经痛、坐骨神经痛、三叉神经痛等等。谷雨的膳食调养应体现天人相应,食药一体的营养观,尤其对患有上述病症的人在选择食疗时不可错用食谱。

苗族爬山节

每年阳春三月,苗族青年男女都以极其欢快的心情,欢度一年一度的爬山节。"爬山节"是苗族青年男女"游方",即以谈情说爱为主要内容的节日。通过爬山活动,达到婚姻自主、得到如意的终身伴侣的目的。

由来传说

在很久以前,香炉山半坡长满了云雾茶树。一个夏天的晚上,忽然由香炉山半坡传来了一个姑娘的歌声。这歌声那样清脆、甜蜜、传情。正在山脚坡对歌的男女青年听到歌声,都闭上了嘴巴,屏住了呼吸,侧耳静听。人们一口气跑上了半坡,可是唱歌的人不见了。大家只好垂头丧气地走下坡来。一连3天,人们都没看到唱歌人。可是每夜三更,飞歌照样传来,人们总是怀着神秘的心情听歌。众人的脸朝着半坡,众人的心向着半坡,都想第一个解开唱歌人是谁这个谜。原来,玉帝的小女儿阿别非常向往人间自由自在的生活,每天夜里,她都偷偷地分开白云,向下观看。时间长了,她也学会了唱歌。于是就背着爸爸、妈妈,瞒着哥哥、姐姐,私自从天上飞了下来,落在香炉山顶,停了一会儿,又飘下半坡来。不久,她和青年阿补相识相爱,结为夫妻,并生下一个可爱的女儿,取名叫阿彩,过着幸福的生活。一天清晨,阿别听见天上的公鸡叫了起来,玉帝规定鸡叫3遍即为朝拜的时刻。阿别急忙向天空飞奔,慌忙中把香炉山的山顶登塌了。香炉山没了山顶,玉帝因此不能享用人间的香火,便惩罚阿补变为香炉,供烧香之用,阿别与阿补这对恩爱夫妻从此分别。为了纪念阿别和阿补的爱情,苗家人便把这天定为爬山节。

民风民俗

农历三月十九这天,苗族人都聚集在香炉山下,对歌斗雀。青年男女边唱歌边向山顶攀登,最先到达山顶的被誉为"爬山英雄",会受到大家的尊重,特别是姑娘们的青睐。

瑶族红衣节

每年农历三月十五或四月初八是泗水乡红瑶同胞的会期,亦是红瑶同胞一年一度的红衣节。古老而美丽的红衣节,是广西龙胜红瑶的传统节日。每年这天,往日清幽静谧的山城就会变成欢乐的海洋。

因红瑶姑娘那绣工精巧、色泽红艳的衣裳而得名的红瑶,世世代代居住在龙胜这块土地上,因为古老而美丽的红衣闻名遐迩,在红衣节上,红瑶姑娘都穿上自己最新最漂亮的"红衣"来参加活动,点点红衣流淌着动人的旋律。她们胸挂银牌,轻轻地摆动着褶裙,身上的红衣就像一朵红云。

红瑶姑娘心灵手巧,擅长飞针走线,她们用自织自染的黑色土布做好上衣后,再用红线按衣服布纹的经纬线采取十字法精心挑出花色,挑花时全凭想象力,没有现成的图案,针脚落处都是图案的妙处。她们一针一线地绣,完成一件美丽的红衣,往往要花上一年的时间。绣衣服是快乐的事情,因为飞针走线的红瑶姑娘,常常是情歌伴着针线走,花色绣出心里甜,没有一件自绣的漂亮红衣的姑娘,很难会得到小伙子的喜欢。红瑶姑娘从12~13岁就开始学针绣,从走针、用线学起,到工艺精湛时就悄悄地为自己准备嫁衣。绣嫁衣比制作其他衣裳更加精工细作,图案十分精巧,胸部和背部都绣上山花怒放、并蒂莲花、双飞蝴蝶、双鹿呈祥……衣襟镶着花边,裙子是伞式百褶裙,那花纹或绣或蜡染而成,黑底中点缀绿色,图案相得益彰,透出既古朴又现代的气息。除衣裳外,还有腰带、头巾。腰带上的七彩线搭配得错落有致,扎在腰间极富装饰效果。头巾为黑色方巾,头巾的四个角都绣有一个别致的小菱形。未婚的红瑶姑娘,头发交叉、盘桓、平绕在头上,包头巾时要在前额露出菱形。已婚的女子,头发则交替盘绕,在额前盘一个发髻,菱形藏在头巾里。有了这头饰上的菱形标志,男女青年交往时就不会找错对象了。

盘发的传说

红瑶姑娘们瀑布般的长发,梳盘着一个古老神秘的盘瓠文化。

古时候,瑶族分盘瑶和红瑶。盘瑶为盘古第一瑶,红瑶为第二瑶。红瑶是继父生的,与盘瑶同母异父。传说盘瑶的先祖在打仗时,打不过敌人,于是寨老就许愿谁砍死敌寨头领就把女儿嫁给他。结果是一条狗把敌寨头领的首级咬下带回来了。寨老没法就把女儿嫁给了狗。并在深山里给他们安了家。多年后,母亲想女儿,便把女儿一家接回来住,看到女儿生的孩子是人,好生奇怪。半夜,母亲偷偷窥视,发现女婿到晚上脱下狗皮竟是一位英俊的后生。于是母亲把狗皮烧了。女婿无法返回原形,便死了。所以盘瑶至今不吃狗肉;红瑶是盘瑶母亲与继父生的后代。盘瑶和红瑶妇女过去盘好头发,都要包上帕子不能让外人看到。盘瑶妇女死后,棺材要加长 3 寸,头上要安两个角才能下葬。红瑶妇女不论穿便装还是盛装,都必须系腰带,腰带有穗,代表狗尾巴。因为先祖历史为盘瓠文化,所以瑶家人很忌讳外人说三道四,盘根问底。这也是瑶家妇女不在人前梳洗的历史渊源。

妈祖生日

"妈祖"是世界上拥有两亿之众信徒的海上女神。我国东南沿海的客家人大多信奉妈祖,妈祖庙比比皆是,香火十分旺盛。尤其是每年三月廿三妈祖生日这天,朝拜妈祖的人更是将妈祖庙挤得水泄不通。

由来传说

妈祖,是人们对海上女神的亲昵称呼。传说,她的故乡在湄洲,是福建巡检林愿的小女儿。相传,观音托梦给她的母亲王氏说:"你家行善积德,今赐你一丸,服下当得慈济之赐。"不久王氏便怀孕了。北宋建隆元年(公元 960 年)三月廿三日傍晚,王氏分娩时,西北处一道红光射入屋中,并伴有雷鸣之声,妈祖降生了。她从出生到满月,一声都不哭,所以,父母给她取名默,亦称默娘。她的生平传说很多,有菜屿长青、祷雨济民、解除水患、救父寻兄、驱除怪风、铁马渡江等等十几种。其中,解除水患的故事是这样的:妈祖 26 岁的那一年,暴雨连连,江河泛滥,福建与浙江两省备受水灾之害。当地官吊上奏朝廷,皇帝下旨就地祈风,但祈求毫无改观。当地请求妈祖帮助解害,妈祖说,灾害其实是人积恶所致,既然皇上有意为民解害,我应当祈天赦佑。于是焚香祷告,突然天开始起大风,并见云端有虬龙飞逝而去。接着天晴地干,百姓忙着整地补种,居然获得了好收成。人们感激妈祖,省官于是向朝廷为妈祖请功并得到褒奖。

但是,宋代史料中的记载是,大约距今 1000 多年以前,地处台湾海峡西岸中部的福建莆田湄洲屿,有一位姓林的青年女子,平素急公好义,尤其热心扶危济困,救助海难,受到人们的敬重。她为救海难捐躯之后,乡亲们便在岛屿上给她修了一座庙宇奉祀。从此以后,出海的人们纷纷传说在狂风恶浪中,常见到有位红衣女子闪现在桅杆导航,直到化险为夷。于是,人们就称她为"通灵神女"。这就是关于海上保护神妈祖传说的最初形态。后来的人们就按自己的愿望和理想,进一步把她塑造成为一位慈悲博爱、护国庇民、可敬可亲的女神,其目的仍是为了化育子孙后代和弘扬民族精神。明成祖永乐皇帝曾亲题"扶危济弱俾屯亨,呼之即应祷即聆"诗句亦说明了皇家重视发挥妈祖的教化功能,希望使这一民间信仰成为促进国家昌盛、民族团结、民生富饶的推动力。从这个意义上说,妈祖精神无疑是中华民族的优秀文化遗产之一。

彝族赛衣节

彝族的赛衣节又叫服装节,在农历三月廿八举行。

相传这个节日是为了纪念一位叫米波龙的彝族姑娘,她舍身除霸,死后变为美丽的小鸟。

民风民俗

节日期间,彝族姑娘们会身带数套花衣,齐聚在歌场,围成圆圈,在小伙子的月琴、唢呐伴奏下挽手起舞。跳一会,退出跳舞场,换套新装,再来跳,以此比试姑娘的灵巧、美丽和富足。

到彝族赛衣节上观光,是一种赏心悦目的享受。赛衣场上色彩缤纷,满眼都是花花绿绿的鲜艳服饰,令人目不暇接。心灵手巧的彝族姑娘不仅在帽子、衣服、围腰上绣花,挎包、鞋子、鞋垫上也绣满了各种图案。并且工艺、构图、用色都互不相同,各有千秋。风雨雷电,日月星辰,山水木石,花鸟禽兽,各种人物都可以入绣。构图上繁简虚实,搭配得十分巧妙,形象有的逼真,有的夸张甚至变形,色调上的对比反差,令人叹为观止。

蒙古族鲁班节

鲁班节是云南省通海县西城一带蒙古族人民的传统节日。居住在这里的蒙古族人是草原马背民族的后裔。公元 1253 年,一支由忽必烈率领的蒙古大军从一望无际的大草原跃马挥戈,横跨 20 多个纬度,乘革囊渡过金沙江,浩浩荡荡进入了山高水险的云南高原。多民族的云南从此打破了唐宋以来南诏、大理各踞一方的局面,成为中国的一个行省。公元 1381 年,30 万明军进军云南,结束了元朝在云南128 年的统治。驻守云南的大部分元军将士希望回到草原的愿望,因山高水险和明军压境,阻断了北归的道路,被迫落籍云南。渐渐地,他们在云南定居下来,并从其他兄弟民族那里学会了建筑技术,他们修建的房屋,不仅造型别致、美观,而且经久耐用,颇受附近各族人民的称赞。为了纪念鲁班和庆祝在土木建筑方面取得的成就,就把农历四月初二定为鲁班节。

民风民俗

节日这天,也称"做鲁班会"。据说鲁班是木、石、泥水诸工匠的祖师,蒙古族的建筑手艺就是从鲁班那里学来的。每年四月初二是鲁班师傅收徒弟的日子。每逢这一天,出门在外的泥、木、石工,不论路有多远均要赶回来过节,不回来的人则会受到舆论的谴责,被视为不尊师、不敬贤、不懂礼仪的人。村中要杀鸡宰羊,搭台唱戏,请出大佛殿内檀香木雕刻的鲁班像,用神轿抬着周游各村,一路上锣鼓喧天,鞭炮齐鸣。然后汇集在一起唱歌跳舞。他们最喜欢的舞蹈叫"跳乐"。跳时,先由男青年作为先导,怀抱龙头四弦琴,边弹边跳,后面的人群分成两行,有时围成圆圈,有时互相穿插,队形多变,且歌且舞,场面十分活跃。同时,各村还要举行传统的文艺活动。节日共 3 天,第二天最热闹。鲁班节过后,正值五月农忙季节,工匠留在家中帮忙,至栽插结束,工匠才外出做工。

立夏

立夏表示即将告别春天,是夏天的开始。早在古代的君王们也在夏季初始的日子,到城外去迎夏,迎夏的日子就是立夏日。这时天气渐热,植物繁盛,有利于心脏的生理活动,人在与节气相交之时故应顺之。所以,在整个夏季的养生中要注重对心脏的特别养护。

立夏之季,忌暴喜伤心。可食葱头少许,宜饮少量红酒,以畅通气血。具体到膳食调养中,提倡低脂、低盐、多维、清淡为主。

浴佛节

浴佛节在农历四月初八,是佛祖释迦牟尼的诞辰日。

由来传说

据《佛陀本生传》所载,在 3000 年前,恒河的支流上有一个小王国叫作迦毗罗卫国,国王净饭王和王妃摩耶夫人都很受国民尊敬。然而,有一件事特别使他们苦闷:结婚多年,仍未有子嗣,王位的继承人成了问题。

有一天,摩耶夫人在后花园小憩时,忽然梦见云端出现一只长着六根长牙的大象,四周有五彩祥云围绕,徐徐降下,瞬间从王妃的胁下钻进去,于是王妃便有了身孕。在快近十个月的一天,王妃估计快要分娩了,按当时印度风俗,妇女临产时必须回娘家分娩。当她们一行经过城外的蓝毗尼花园时,夫人一时兴起,打算游园,便停轿而下,步入园中。当她走到无忧树下时,忽然胎气动了,夫人右手攀枝,佛陀便从右胁下诞生了。佛陀初生时,于四方各行七步,右手指天,左手指地,说:"天上地下,唯我独尊。"并且步步生莲花,显示日后普度众生的志愿。同时,上空天女散花,天使奏乐,且有九龙喷泉,为太子"沐浴"。

后来,太子修成正果,成佛,即释迦牟尼。随着佛教的兴盛,这一天便成为佛教信徒庆祝佛祖诞生的重要节日,所有佛教徒都要到寺院以净水浴佛。

浴佛的意义

净化个人的身、口、意,手持净水向释迦牟尼像沐浴时,内心应当诚恳祝祷,愿去除贪欲、怨恨、愚痴的污垢,让身行、语言、心意都能保持洁净,希望社会清净安宁,没有暴力、欺诈、邪恶等事件,环境能够优美清静,并且借着浴佛的功德,净化自己的烦恼尘垢,美化社会国土,转五浊恶世为清净的净土,导邪曲人心为善良菩提,这就是浴佛的真正意义。

牛王节

这是土家族、布依族、壮族、瑶族等少数民族共同的节日,相传,"四月八"是"牛王"的生日,因此,把这一天称为"牛王节"。在这一天,他们都让耕作了一年的牛休息一天,并举行各种活动,感谢牛一年到头无偿地为人们辛勤劳动。因南方水田若用人力耕作,要比北方旱地艰苦得多。自从学会使用牛耕后,南方人民对耕牛特别爱护甚至崇拜,从而专门设置一个节日来庆祝它的生日,以示感激之情。据史书记载,汉族直至南北朝时仍规定严禁宰杀耕牛,违者以犯法论处,这说明爱惜耕牛就是保护生产力。

由来传说

古代土家人在一次战斗中溃败,土家各氏族伤亡惨重,退却时忽然被前面的大河挡住了去路,形势危急。人们正在准备以死相拼时,密林中突然窜出一条野牛,人们有的跳上牛背,有的抓住牛尾,有的抓住牛角,野牛将他们驮过了河,免除了灭族灭种的灾难,后人得以在新的土地上开拓、繁衍生息。为了不忘野牛的救命之恩,后来土家族便把这天作为牛王菩萨生日,让牛免耕一日,饲以上好草料。凡这天病死的耕牛也要整尸掘墓而葬,不得食用。

还有传说很久很久以前,盘古开天不久,凡间种的丝瓜藤儿一直长到天宫,人们常攀藤上天游玩。玉帝得知后大怒,一边命令斩断瓜藤,把天宫升到九霄云外,一边命牛王星取来百草籽,洒在人间。结果人间成了一片荒草世界,百姓挨饿,哭声震天。牛王星闻声后感到内疚,便在四月初八那天背着天犁翻耕。从此,大地又长出了庄稼,人们脸上又露出了欢笑。这事后来让玉帝知道了,便惩罚牛王星永远留在凡间,过吃草耕地的清苦生活。人们感激天牛,就把它下凡的那天定为牛日,每年定时庆贺,像祝贺人的生辰那样对待耕牛。届时,耕牛一律放假。人们先是把牛牵到河边,用毛刷把它上上下下洗净。牵回来后,人们待牛如上宾,用准备好的乌饭麻糍饲牛,灌以黄酒,喂以鸡蛋,欢度它的生辰。

民风民俗

壮族

每年秋后,壮族人民都要举行传统的"牛王节"活动,视牛为"功臣"与"劳动的模范",拥有至高无上的地位和尊严。在这一天,不准打牛和骂牛,也不准骑牛,更不准拉牛去犁田。人们不仅给牛喂食好料，还要给牛戴花。在"牛戴花"的仪式上，人们毕恭毕敬地将牛牵到厩前拴好，在牛栏的面前，摆上桌子，点燃三炷香，将备好的糯米饭和糯粑粑摆好，由男主人虔诚地向牛作揖鞠躬，向牛神祷告，祈求保佑自家的牛无病无灾、长得又肥又壮。祈祷来年风调雨顺、五谷丰登。然后，给牛吃点糯米饭拌糠的精饲料，又将新春的糯粑粑，一团一团塞进牛的嘴里。一边塞，一边说："牛王菩萨，你辛辛苦苦劳累一年，让我们有饱饭吃。现在，尝新啦！你先尝尝你劳动得来的粑粑吧！"然后在牛角上粘上粑粑，又将金灿灿的鲜花插在牛角头上，这时，粘满鲜花的"有功之臣"十分神气。

布依族

这一天要吃白、黑、黄、紫四色糯米饭，还用枫香树叶泡水给牛洗澡。人们盛装聚集在牛王庙，以酒、肉、米粑上供，还要吹唢呐、放鞭炮、跳摆手舞以娱乐牛王。

瑶族

煮甜饭以表祝贺，祈求小牛快快长大。上山采集乌桕等树叶，用煮出的水做一锅糯米饭，呈紫红色，叫作乌饭。人们盛一碗这样的饭，并放上几块煮好的腊肉，先端去喂给牛吃，然后自己才吃饭。不管地里的活有多少，这一天都要忌耕牛犁田耙地，免除其一切劳役。小孩清早就把牛放出栏，送到绿草如茵的牧场。老人告诫孩子们不准挥鞭甩打牛群，好让牛愉快地度过它的生日。人们还将牛栏内的粪便清除掉，撒上石灰，做到栏干草足。有的人家采割新鲜草料饲养耕牛；也有的用盐水淋湿草料喂养；还有的泡制甜酒或杂粮酒，或者在酒里敲几个鸡蛋，用竹筒喂灌耕牛；更有细心人用篦子梳去牛虱，用茶油擦涂伤口，做到精心护理，使耕牛保持强健的体魄和持久的精力。

仫佬族

于农历四月十八日这天都要做粑粑敬祖先及牛王菩萨，对耕牛倍加关照，要将这一天最好的食品给牛吃；仫佬族于农历十月初一过节，除了用饭、肉、酒敬牛王外，各家要用两个糍粑和嫩草喂牛，以示酬劳耕牛终岁劳役之苦；部分仫佬族地区也在十月初一过节。这天，人们先将糍粑粘在牛角上，然后再粘野菊花；还有的地方给牛挂上红绸和其他饰物，把牛打扮得威风凛凛。

藏族萨噶达瓦节

"萨噶达瓦"，藏语意为氐宿月（氐宿是藏历星象二十八星宿之一）。传说是佛祖释迦牟尼诞生、圆寂和成化的日子，又是文成公主到达拉萨的日子。届时，全国各地的藏族群众都要进行转经朝佛活动。久而久之，这些活动汇集成了规模盛大的转经。

所谓转经,就是按一定的线路做环形行走,是进行祈祷的一种形式。全拉萨的转经线路有三条,一条是囊廓,在大昭寺中环绕主殿一周,全程立满法轮,长约500米,是内环线,藏语"囊廓"意即内环;第二条是八廓街,环绕大昭寺一周,全长约1000米,是中环线,藏语"八廓"即为中环的意思;第三条是林廓路,绕拉萨老城区一周,全长5000米,是外环线,藏语"林廓"即外环的意思。在囊廓和八廓街转经的人流每天都不断,林廓路则是人们在重要日子转经的线路。萨嘎达瓦节,林廓转经最为壮观。从萨嘎达瓦的第一天开始,林廓路上就出现了成群结队的转经人流。到藏历四月十五这天,转经达到高峰,从凌晨2点直到晚上,人群如潮,川流不息。

特色工艺品

唐卡

唐卡是西藏文化中一种独特的艺术形式,它的起源可以追溯到吐蕃时期。在藏语中,唐卡的原意是印章,后来演变成藏式卷轴画的名称。在西藏任何一座寺庙、佛堂、僧合乃至信徒家中,都供有唐卡,这既是皈依佛门的标志,也是顶礼膜拜的对象。唐卡具有很高的艺术价值,据说,最早的一幅唐卡是7世纪时,由法王松赞干布用鼻血绘成的一幅白拉姆女神像,此画已无从寻找。唐卡有以下几个种类:

1. 绘画

唐卡这类唐卡,大多绘在布面上,也有少数绘在纸面上。绘制前,艺僧或画匠均要卜择吉日,焚香祷告,然后才一面诵经,一面备料,先把白垩粉掺进骨胶,调成糊状,均匀地刷涂在棉白布上,使布面细孔被填塞,再用贝壳或圆石磨光,使之平整并易于着色。

2. 堆绣唐卡(也称剪贴唐卡或贴花唐卡)

堆绣是运用"堆"的技法形成的一种刺绣艺术。艺僧或画匠在纸上绘好法像,按各部位的需要,选择各种颜色或带花纹图案的绸缎按样剪好,然后组合绣制在一起。整个图案是由一块块绸缎拼合而成的。由于中间凸起,产生了较强的立体效果,犹如一幅丝质的浮雕。此类唐卡均由男性制作,教化之意远大于本身的艺术价值,是修行者供奉的上佳选择。

3. 高绣唐卡

一种濒临失传的唐卡艺术,走遍整个藏区,只能在塔尔寺见到这种唐卡。这类唐卡采用各种彩色绸缎剪成佛像、景物等形状,充塞羊毛或棉花,使中间凸起,然后用丝线绣制而成,具有极强的立体感。画中的佛、菩萨、罗汉等大都由深色背景衬托、呼应,宛如一幅幅精美的浮雕。

4. 织锦唐卡

这类唐卡以丝绸经为底，用各色丝线为纬，采用提花工艺制作而成。

白族蝴蝶泉会

蝴蝶泉会是大理白族人民的传统盛会，每年蝴蝶最多的时候，白族青年男女相聚在蝴蝶泉边，用歌声寻找自己的意中人。

由来传说

相传古时候，在蝴蝶泉边住着一户白族人家，有父母女儿三人，女儿名叫雯姑，一家靠打柴为生。一天，雯姑救了一只身带箭伤的小鹿，不期与追捕小鹿的猎人霞郎相遇，二人一见钟情。不幸的是，后来榆城世袭主榆王仰慕雯姑的美貌身材，杀死雯姑的双亲，将她抢进宫中霸为姬，雯姑抗拒不从，被关在宫中。霞郎冒死，于深夜翻墙入宫救出雯姑，骑上稚鹿逃到蝴蝶泉边，后榆王家的打手也追至蝴蝶泉，二人走投无路，紧紧相抱着跳入了泉中。后来从泉中飞出一对彩蝶，栖息在蝴蝶泉边的合欢古树上，四面八方的彩蝶飞来朝贺，首尾相连，从树上直垂到泉中，形成奇观。从此以后，每逢农历四月蝴蝶最多的时候，白族的青年男女都会相聚在蝴蝶泉边，用歌声寻找自己的意中人。

小满

从小满开始，大麦、冬小麦等夏收作物已经结果，籽粒渐见饱满，但尚未成熟，所以叫小满。

小满节气正值五月下旬，气温明显增高，如若贪凉卧睡必将引发风湿症、湿性皮肤病等疾病。小满节气是皮肤病的高发期，应以清爽清淡的素食为主，常吃具有清利湿热作用的食物，忌食甘肥滋腻、生湿助湿的食物，如动物脂肪、海腥鱼类、酸涩辛辣、性属温热助火之品及油煎熏烤等物。

小满时古人的户外活动

端午节

端午也称端五、端阳，此外，端午节还有许多别称，如：午日节、重五节、五月节、浴兰节、女儿节、天中节、诗人节、龙日等等。虽然名称不同,但总体上说,各地人民过节的习俗和食物都是差不多的。

由来传说

农历五月初五端午节,是夏季里最重要的一个节日。一般传统的说法,都认为端午节源自纪念屈原的活动。然而,许多盛行于世的端午习俗,历史却比屈原的传说还要悠久。有学者据此推测,端午节或许另有起源。其中一种说法是端午节源于对恶日的禁忌。端午时值农历五月,正是仲夏疠疫流行的季节,俗称"恶月"。所以《大戴礼》上说:"蓄兰,为沐浴也。"沐浴的目的在于清洁,以禳除毒气,这是针对五月这个恶月所采取的积极预防的措施。在这期间的一切行事,也以安息静养为原则。

纪念屈原说

据《史记》"屈原贾生列传"记载,屈原,是春秋时期楚怀王的大臣。他倡导举贤授能,富国强兵,力主联齐抗秦,遭到贵族子兰等人的强烈反对,屈原遭谗去职,被赶出都城,流放到沅、湘流域。他在流放中,写下了忧国忧民的《离骚》《天问》《九歌》等不朽诗篇,独具风貌,影响深远(因而,端午节也称诗人节)。公元前278年,秦军攻破楚国京都。屈原眼看自己的祖国被侵略,心如刀割,但是始终不忍舍弃自己的祖国,于五月初五,在写下了绝笔《怀沙》之后,抱石投入汨罗江。

屈原死后,楚国百姓哀痛异常,纷纷奔到汨罗江边去凭吊屈原。渔夫们划起船只,在江上来回打捞他的尸身。有位渔夫拿出准备好的饭团、鸡蛋等食物丢进江里,说是让鱼、龙、虾、蟹吃饱了,就不会去咬屈大夫的身体了。人们见后纷纷仿效,一位老医师则拿来一坛雄黄酒倒进江里,说是要药晕蛟龙水兽,以免伤害屈大夫。后来为怕饭团为蛟龙所食,人们想出用楝树叶包饭,外面缠上彩丝,就发展成今天的粽子。以后,在每年的五月初五,就有了龙舟竞渡、吃粽子,喝雄黄酒的风俗,以此来纪念爱国诗人屈原。

千百年来,屈原的爱国精神和感人诗篇,已深入人心,所以人们把端午节的龙舟竞渡和吃粽子等,与纪念屈原联系在一起。

民风民俗

我国民间过端午节是较为隆重的,庆祝的活动也是各种各样,比较普遍的活动有以下几种形式:

赛龙舟

赛龙舟是端午节的主要习俗,相传起源于古时楚国人因舍不得屈原投江死去,许多人划船追赶拯救,他们争先恐后,追至洞庭湖时却仍不见踪迹,之后每年农历五月初五划龙舟,驱散江中之鱼,以免鱼吃掉屈原的身体。后来,赛龙舟除了纪念屈原之外,人们还赋予了这个活动不同的寓意。江浙地区划龙舟,有纪念近代女民主革命家秋瑾的意义。夜龙船上,张灯结彩,来往穿梭,水上水下,情景动人,别具情趣。贵州苗族人民在农历五月举行"龙船节",庆祝插秧胜利和预祝五谷丰登。云南傣族同胞则在泼水节赛龙舟,纪念古代英雄岩红窝。不同民族、不同地区,划龙舟的传说有所不同。直到今天,在南方的不少临江河湖海的地区,每年端午节都要举行富有自己特色的龙舟竞赛活动。

1980年,赛龙舟被列入中国国家体育比赛项目,并每年举行"屈原杯"龙舟赛。1991年6月16日(农历五月初五),在屈原的第二故乡中国湖南岳阳市,举行首届国际龙舟节。在竞渡前,举行了既保存传统仪式又注入新的现代因素的"龙头祭"。"龙头"被抬入屈子祠内,由运动员给龙头"上红"(披红带)后,主祭人宣读祭文,并为龙头"开光"(即点睛)。然后,参加祭龙的全体人员三鞠躬,龙头即被抬去汨罗江,奔向龙舟赛场。

吃粽子

粽子又叫"角黍""筒粽",用菰叶(茭白叶)包黍米成牛角状的,是"黍";用竹筒装米,密封烤熟,称"筒粽"。东汉末年,以草木灰水浸泡黍米,因水中含碱,用菰叶包黍米成四角形,煮熟,成为广东碱水粽。晋代,粽子被正式定为端午节食品。这时,包粽子的原料除糯米外,还添加中药益智仁,煮熟的粽子称"益智粽"。到了南北朝时期,出现杂粽,即在米中掺杂肉、板栗、红枣、赤豆等,品种很多。现代的粽子大多是用芦苇叶子包的,北方多是包小枣的北京枣粽;南方则有豆沙、鲜肉、火腿、蛋黄等多种馅料,其中以浙江嘉兴粽子为代表。

吃粽子的风俗,千百年来,在中国盛行不衰,而且流传到朝鲜、日本及东南亚诸国。

饮酒

人们为了辟邪、除恶、解毒,有在端午节饮菖蒲酒、雄黄酒的习俗。同时还有为了壮阳增寿而饮蟾蜍酒,为了镇静安眠而饮合欢花酒的习俗。

佩香囊

端午节小孩佩香囊,传说有避邪驱瘟之意,实际是挂在衣襟上作为点缀的装饰品。香囊内装有朱砂、雄黄、香药,清香四溢,再以五色丝线扣成索,做各种不同形状,结成一串,形形色色,玲珑可爱。

悬艾叶菖蒲

民谚说:"清明插柳,端午插艾"。在端午节,人们把插艾和挂菖蒲作为重要内容之一。家家都要洒扫庭除,把菖蒲、艾叶插在门上,悬于堂中。并用菖蒲、艾叶、榴花、蒜头、龙船花,制成人形或虎形,称为艾人、艾虎;制成花环、佩饰,美丽芬芳,妇人争相佩戴,用以驱瘴。

艾,又名家艾、艾蒿。它的茎、叶都含有挥发性芳香油。它所产生的奇特芳香,可驱蚊蝇、虫蚁,净化空气。中医学上以艾人药,有理气血、暖子宫、祛寒湿的功能。将艾叶加工成"艾绒",是灸法治病的重要药材。菖蒲是多年生水生草本植物,它狭长的叶片也含有挥发性芳香油,是提神通窍、健骨消滞、杀虫灭菌的药物。

可见,古人插艾、挂菖蒲是有一定防病作用的。端午节也是自古相传的"卫生节",人们在这一天洒扫庭院,挂艾枝,悬菖蒲,洒雄黄水,饮雄黄酒,涤浊除腐,杀菌防病。

挂钟馗像

钟馗是捉鬼的,他的画像经常被画成怒目圆睁,狰狞可怕,腰挂宝剑,做凌空欲擒鬼的姿势,或是双手掰鬼欲啖的样子。挂钟馗像寓意驱鬼祈福。

芒种

芒种是种植农作物时机的分界点,过了这一节气,农作物的成活率就越来越低。这时天气炎热,已经进入典型的夏季。夏季气温升高,空气中的湿度增加,体内的汗液无法通畅地发散出来,即热蒸湿动,湿热弥漫空气,人身之所及,呼吸之所受,均不离湿热之气。所以,暑令湿胜必多兼感,使人感到四肢困倦,萎靡不振。

芒种的养生重点是根据季节的气候特征,调养精神。精神轻松、不恼怒忧郁,这样气机得以宣畅,通泄得以自如。可用五枝汤浸浴。五枝汤即桂枝、槐枝、桃枝、柳枝、麻枝各等量,先用纱布包好,加十倍于药物的清水,浸泡20分钟,然后煎煮30分钟,再将药液倒入浴水内,即可浸浴。有条件的可每日一次,这种药浴方法适用全身浸浴液亦可用于局部泡洗。饮食调养,历代养生家都认为夏三月宜清补。

夏至

夏至，此时太阳直射北回归线，是北半球一年中白昼最长的一天。夏至曾是我国最早的节日。清代之前的夏至日，全国放假一天，回家与亲人团聚畅饮。从中医理论讲，夏至是阳气最旺的时节，养生要顺应夏季阳盛于外的特点注意保护阳气，着眼于一个"长"字。嵇康的《养生论》对炎炎夏季有独到之见，认为夏季炎热，"更宜调息静心，常如冰雪在心，炎热亦于吾心少减，不可以热为热，更生热矣。"即"心静自然凉"，这里所说是夏季养生法中的精神调养。此时宜多食酸味，以固表，多食咸味以补心。不可过食热性食物，以免助热；不可过食冷食瓜果，以免损伤脾胃；厚味肥腻之品宜少勿多，以免化热生风，激发疔疮之疾。

苗族龙船节

龙船节在每年农历五月廿四举行。是古时赛龙舟求雨的古老风俗的沿袭。苗族的龙船很有特点，它是由 3 条独木船组成的。当中的是母船，有 6 丈多长；连在两边的是子船，有 5 丈左右。龙船用杉木制成，母船的船中心前后共六舱，其中四舱装载着龙船节期间亲友馈赠的猪、羊、鹅和竞渡水手食品，两侧子船则为水手划桨之地。苗族的水手是站立着划桨的，不同于汉族的坐着划桨。划船者在子船上，指挥者位于母船。等装束完毕的水手和鼓师各就各位后，就要抖擞精神出发了。到时候，几十条龙船宛如活的彩龙，箭一般向宽阔的江面驶去，锣鼓声震耳欲聋，欢呼声和加油声此起彼伏。

由来传说

在远古的时候，代天降雨的龙王有一次行错了雨步，下雨时间违反天意。天公大怒，令雷公把龙王劈成数段抛入江中。从此，天大旱，土地干裂，禾苗枯死。苗民即造龙船沿清水江划渡，象征被雷公劈死的龙王复活了，又按常规降雨人间。从此形成了一种赛龙舟求雨的古老风俗。

民风民俗

农历五月廿四至廿七为苗家龙船节的正日，而早在五月十八九日，就得将龙船洗刷一新。至廿二、廿三两天，将母船子船系为一体并安上龙头，廿四日隆重举行开划仪式。在河边或有龙神之位的井边、沟边，置方桌一张，桌脚要绑上去掉树叶和树皮的树枝，绑雨伞一把，绑红布、纸钱和一把青草。桌上供米一升，去毛白公鸡一只,以扫邪敬神。

参加龙舟竞渡的苗民,每船水手多达30多名,由头面人物当"龙船头",这里指船上的鼓手,全船水手听从鼓手指挥,按鼓声节奏挥桨竞渡。还需一小男孩扮女装头戴苗家女银饰敲锣。由最懂水性的掌舵当艄公,由气力好的壮汉站在船头撑篙。还有专人负责在离寨时、开赛时、归寨时在船上放土炮。更有能书会算的"文化人"在船上专记下三亲六戚所送礼品。在节日期间,水手每天三餐享用的酒肉,皆由村民及沿江各村寨的亲友所赠。龙船节结束后,还需享受一鹅或一鸭。水手的挑选很严格,若家中有妇女生小孩的均不得当水手。

各村寨在龙船节结束时,必须挑全村最肥大的猪,宰后请全寨聚餐一次,以酬谢全村对龙船节的支持。龙船节期间,清水江两岸人山人海,除竞船外,还有踩鼓、吹笙等民俗活动,这期间更是男女青年游方对唱、谈情说爱的佳节。

瑶族达努节

"达努"是不要忘记的意思,达努节是瑶族民间最盛大的节日。又名祖娘节、二九节、瑶年。每年农历五月廿九举行。是为了永远铭记祖神密洛陀创世的功绩而进行的祭祀节日。

由来传说

在遥远的蛮荒时代,在万山丛中有两座高大的宝山,两山对峙相望,左边那座山叫布洛西,威武雄壮,像个武士;右边那座山很像一个拖着裙服的姑娘,名叫密洛陀。每年这两座山互相移近一点儿,经过999年,两山就要挨在一起了。这年的五月廿九,天空突然响起惊天动地的霹雳,这两座山同时裂开一条缝,走出一男一女。高大的男人叫布洛西,美丽的一个女人叫密洛陀,他俩结成了夫妻,后来生3个女儿。时间年复一年地过去,密洛陀的头发花白了,一天夜晚,她想起布洛西死时说的话,便对3个女儿说:"孩子们,如今你们长大了,应该各自谋生啦!"

第二天早晨,大女儿扛着犁耙,到平原犁地耙田。后来,她和她的子孙就是汉族。二女儿挑起一担书走了,她和她的子孙就是壮族。三女儿拿着小米和锄头到山里开荒种地并在那里安居乐业,成为瑶族的祖先。三女儿在山里辛勤的耕耘,禾苗长得十分粗壮,籽粒饱满。眼看就要收割了,不幸庄稼被野兽、地鼠和鸟雀偷吃光了,她含着眼泪返回家里向妈妈诉苦,密洛陀安慰女儿,鼓励再去生产,并给她一面铜鼓和一只猫。第二年庄稼长得更好,贪馋的鸟兽又来偷食,三女儿按母亲的话,敲响铜鼓,惊走了野兽和飞鸟,放出猫吃尽了地鼠,获得了丰收。为了报答母亲的恩情,在五月廿九密洛陀生日这天,姑娘带着丰盛的礼物,返回家里向密洛陀祝福,并庆贺丰收。后来,瑶族人民就将这天作为民族节日。

民风民俗

这一天,瑶族男女老少杀肥猪、做糯米饭。户户备好佳肴美酒,人人盛装打扮,吹起芦笙,敲起铜鼓,跳起传统的舞蹈,到预定的场地吃团圆饭。在村寨摆歌台,敲起铜鼓跳起舞。出嫁的女儿也带上儿女回娘家过节。至晚,青年人双双对歌去了,老人们则集体唱起密洛陀颂歌。他们你问我答,歌声充满了对密洛陀的敬意。听歌的男女老少从密洛陀创世中吸取力量。除了唱密洛陀,他们还唱醉酒歌,饮酒欢呼,直到三星西斜仍不肯离去。

仡佬族吃虫节

仡佬族散居在贵州省西部的织金、黔西、六枝、关岭等二十多个县,少数分布在广西壮族自治区的隆林和云南省文山壮族苗族自治州的广南、文山、富宁、马关等县。仡佬族有自己的语言,但各地的仡佬语差别很大。如今会讲仡佬话的人不多了,汉语已成了他们的通用语言。仡佬族主要从事农业、手工业,打铁业也很发达,所以仡佬族也被称为"打铁仡佬"。

每年农历六月初二,是仡佬族的吃虫节。这天,仡佬人的饭桌上摆上几碟别具风味的菜肴——油炸蝗虫、酸蚂蚱、糖炒蝶蛹等,全家人团团围坐,家长说一声:"吃,嚼它个粉身碎骨,吃它个断子绝孙。"随即,一家人就一齐举筷,痛痛快快地吃起来。这就是仡佬族过吃虫节的场景。

由来传说

传说古时候,仡佬山虫灾连年,五谷歉收。人们面对虫灾无可奈何。寨里的老人们经过商议,悬下重赏:谁能除掉虫害,赏三头肥猪。红榜一出,首先是公鸡前来揭榜,它说:"我起得最早,我能除掉害虫。"谁知,公鸡到了田里,没吃到几个虫子,就被露水打湿了羽毛,打着哆嗦败下阵来。接下来,鸭子揭榜,它说:"我的羽毛不怕水,我的嘴也大,一定可以消除虫害。"可是,鸭子在水里游,害虫在禾苗上飞,它脖子伸得很长,就是吃不到几只虫子。最后,一个道士揭榜,他说:"我的法术可以治虫害。"他奋力施法,只是虫子哪里听得懂法咒,道士也败下阵来。

村里一个叫甲娘的女子带着孩子回娘家,因为婆家穷,无法给父母带礼物,甲娘心里非常难过。离家越近,她心情就越不好,越走越慢,快到家门口时,甲娘索性就坐在田埂上不走了。孩子见妈妈不走了,便到田里捉虫子玩,不一会儿就捉了好多。甲娘灵机一动,就把虫子包好作为礼物带回家,炒了给大家吃。家里人一吃,都觉得美味可口,非常高兴。这样一传十、十传百,大家都到田里捉虫子回来炒了吃,结果虫害大减,粮食获得了大丰收。甲娘得到三头肥猪的奖励,就把猪杀了分给乡亲们。后来,甲娘死了,人们在田中间立庙,纪念甲娘,这座庙就叫"吃虫庙"。

中国民俗文化精粹

·礼仪节俗·

图文珍藏版

民风民俗

吃虫节这天，仡佬族所有出嫁的姑娘都要回娘家，一路走一路捉虫。全寨人都要杀猪炒虫子，有油炸、腌酸、甜炒等吃法。吃过虫子，人们会到"吃虫庙"唱歌跳舞，然后排好队，敲锣打鼓在田里游行，边走边捉虫，还把洒有鸡血的小白旗插在田里。

雪顿节

这是西藏最重要、最隆重的节日。雪在藏语里面是酸奶的意思，顿是宴，顾名思义，雪顿节也就是酸奶节。

由来传说

雪顿节在17世纪以前是一种纯宗教的节日活动，佛教忌杀生，因此每年藏历六月十五到七月三十，喇嘛们都在寺院关门静修，以免伤害草木蚊虫，称为"雅勒"，意即"夏日安居"。农牧民将牛奶制成酸奶，孝敬喇嘛活佛，以解决寺院食物的短缺。11世纪中期，藏传佛教后宏期祖师阿底峡晚年定居拉萨西南的聂当平野。他很爱吃酸奶，夏日安居期间，农牧民给他送来酸奶，他做了这样的加持：凡献酸奶的人家，牲畜将不得传染病，不走失，野兽也不吃。到藏历七月初一寺院开禁的日子，喇嘛们纷纷下山，这时农牧民要拿出准备好的酸奶子敬献，这就是雪顿节的由来。

公元1642年，黄教掌权，五世达赖登上法王宝座，哲蚌寺甘丹颇章宫，成了这个王朝政治宗教文化中心。每年藏历六月三十，成千上万的人涌进寺院，给五世达赖和哲蚌寺的僧人们献酸奶，请求摸顶祝福给予长寿、丰收，死后不下地狱的加持。七世达赖晚年身患多种疾病，医师们建议他到西郊罗布林卡（宝贝园林）洗浴，用流水养身。因此，雪顿节的主会场也转移到罗布林卡。

民风民俗

五世达赖形成政教合一的局面，雪顿节的内容丰富起来，并逐渐形成现在这种形式：展大佛，藏戏表演，逛林卡等。哲蚌寺的展大佛，在清晨第一缕阳光里展开巨幅唐卡，接受朝觐。为了看大佛，有些旅行者傍晚便出发到哲蚌寺周围的山上安营扎寨，为的是占据一个看展佛的最佳位置；一些藏民也通宵达旦守在展佛台，为的是能在天明展佛时亲近佛祖。雪顿节上演藏戏，雪顿节五天中，噶厦政府放假，全体官员要集中到罗布林卡陪达赖看戏，每天中午噶厦设宴招待全体官员，席间要吃酸奶子。

现在，从雪顿节的第二天开始，布达拉宫背后的龙王潭公园内，藏戏每天不停歇地从上午 11 点直唱到暮色降临。据说,因为时间有限,这已经是提取剧目中的精华部分,否则一出戏会唱上几天,表演者自得其乐,观赏者更是乐此不疲。

藏戏

14 世纪末,佛教高僧唐东杰布为了修建大铁桥,四处募捐,但收效甚微。他的诚心感动了一位女神。这位女神就托梦让他到山南寻找七姐妹。唐东杰布找到她们,并教她们歌舞,还改编了许多佛经故事来演出。传说中七姐妹是仙女所变,所以人们称藏戏为"拉姆"(汉语译为仙女)。

姑姑节

"六月六,请姑姑"。这个姑姑可不是指爸爸的姐姐或妹妹,而是指嫁出门去的老少姑娘,到了六月六这一天,按规矩家家户户是要把自家嫁出去的老少姑娘请回来的,好好招待一番再送回去。

由来传说

传说春秋战国的时候,晋国宰相狐偃的生日是六月六,他是保护和跟随文公重耳流亡列国的功臣,又精明能干,为官勤政,晋国上下对他都很敬重。这样一来就得了不少吹捧,这一捧不打紧,他就飘飘然起来,做事也就不那么地道了。狐偃的亲家是当时的功臣赵衰,他对狐偃的作为很反感,直言相劝。但狐偃听不进这些苦口良言,当众责骂亲家。赵衰年老体弱,不久就气死了。赵衰的儿子恨岳父不讲仁义,决心为父报仇。

第二年,晋国遭灾,狐偃出京放粮,临走时说,六月初六一定赶回来过生日。狐偃的女婿得到这个消息,决定六月初六大闹寿筵,杀狐偃,报父仇。他见到妻子,问她:"像我岳父那样的人,天下的老百姓恨不恨?"狐偃的女儿对父亲的作为也很生气,顺口答道"连你我都恨他,还用说别人?"她丈夫就把计划说出来。他妻子听了,脸上变色,说:"我是你家的人,顾不得娘家了,你看着办吧!"

从此以后,狐偃的女儿整天心惊肉跳,既恨父亲狂妄自大,又不能见死不救。最后,她在六月初五跑回娘家告诉了母亲,母亲大惊,连夜给狐偃送信。狐偃的女婿见妻子逃跑了,知道机密败露,闷在家里等狐偃来收拾自己。

六月初六一早,狐偃亲自来到亲家府上,见了女婿就像没事一样,翁婿二人一同回家,在寿宴上,狐偃当众向女婿赔礼道歉。从此以后,狐偃真心改过,翁婿比以前更加亲近。为了永远记取这个教训,狐偃每年六月六都要请回闺女、女婿团聚一番。这件事情张扬出去,老百姓纷纷仿效,也都在六月六日接回闺女,应个消仇解怨、免灾去难的吉利。年长日久,相沿习成,流传至今,人们称为"姑姑节"。

花儿会

花儿是起源于甘肃、青海、宁夏、新疆一带的少数民族情歌。花儿,又叫作"少年"，具有高亢嘹亮、挺拔明快、激越动听、情感真切、乡土气息浓郁的特色，早在清乾隆年间就享有盛名。每年农历六七月间，甘、青、宁、新都要举行盛大的花儿会，吸引着各地花儿爱好者。

在这些"花儿会"中，影响最广、规模最大的是甘肃省康乐县莲花山"花儿会"。莲花山海拔 3700 多米，万木滴翠，风景瑰丽，从远处望去，一排挺拔的石峰，插入茫茫云海，宛如初绽的莲花。前来参加"花儿会"的歌手，一般由男女 10 人左右组成临进"花儿班子"，由一个才思敏捷、出口成诗的"串把式"负责现场编词；由两三个歌喉嘹亮的歌手轮流领唱，待唱到"花呀，莲叶儿"时，所有的人都同声合唱。在问答中，回答得很好的，听众就以红绫一匹相赠，俗称"挂红"。如果回答不好，或回答不上来，那就输了，自动退场，让别的歌手上场对答。六月初六，莲花山"花儿会"达到高潮，各地群众登山会歌，常聚有数万人，整个"花儿会"包括拦路、对歌、游山、敬酒、告别等程序，都是在优美的歌声中进行的，许多男女青年亦多借此机会表示倾心爱慕之情。

花儿会敬酒习俗

莲花山花儿会，与酒文化关系十分密切。歌手一见面，首先敬酒问候，以酒传情："钢二两米心钢，曲子不好酒不香，水酒一杯表心肠"；对方双手接住一饮而尽，"香香香实在香，亲手敬来味更长，渗在心上永不忘"。

酒是五谷的精华，歌手喝了酒，才思敏捷、妙语如珠；歌手喝了酒，嗓音嘹亮、情思勃发，技压群芳。

莲花山花儿会最大的特点是对唱赛歌，双方既答又问，看谁答得妙、问得巧。当一方词穷歌尽、甘拜下风时，另一方穷追不合地唱道："唱了一声不唱了，唱羞了吗唱忘了？唱了一声停下了，好像洋蜡浸哈了！"这会惹得观众哈哈大笑，大伙为优胜者披红挂彩，燃放鞭炮，敬酒祝贺。这是花儿会上至高无上的荣誉，气氛热烈、酒味飘香，花儿泡酒情醉人，荡气回肠味无穷。

由来传说

古代，广成子云游到莲花山，莲花仙女跟随而来。由于仙女爱上一个在民间劳动的青年，被广成子打落凡间，化为莲花山一座。当地各族群众怀着敬慕之心，为莲花仙女修庙纪念，当庙宇刚刚建成，人们商议怎样进行庆贺时，忽闻天上传来歌声，莲花山后的姐妹峰上出现一对情人，小伙子手摇彩扇，姑娘手拿莲花，在青山白云间歌舞。因为山风吹落了莲花叶儿，所以他们的唱曲中都拖着"花呀，莲叶儿"的尾声。这天正是农历六月初一，于是人们决定：每年六月初一到初六作会期，届时，当地的回、藏、东乡、保安、汉等各族人民陆续前来莲花山唱歌祝贺，迄今歌手们登山对歌，还保留着执伞摇扇，以来莲花山唱歌祝贺。迄今歌手们登山对歌，还保留着执伞摇扇，以及每曲终了总要唱"花呀，莲叶儿"之句。

小暑

农历七月初七，天气已经很热，但还不到最热的时候，所以叫小暑。但是，气候已经炎热，人容易感到心烦不安，疲倦乏力，在自我养护和锻炼时，应该按五脏主时，夏季为心所主而顾护心阳，平心静气，确保心脏机能的旺盛，以符合"春夏养阳"之原则。夏季又是消化道疾病多发季节，在饮食调养上要改变饮食不节，饮食不洁，饮食偏嗜的不良习惯，应以适量为宜。

吃新节

七月十三，是苗岭山区、清水江畔苗族人民欢度"论戛先"的日子，论戛先意为吃新节的日子。南方其他少数民族如侗族、仡佬族、基诺族、景颇族、阿昌族、佤族、哈尼族、拉祜族等，也都有吃新的习俗，这节日是为了庆贺丰收并希望来年丰收的节日，一般在庄稼成熟时节过。

由来传说

每个民族都有自己的传说，传说虽不相同，但是很相近。苗族的传说故事最具代表性。

相传远古时候，人间没有谷子，只有天上告呼（雷公）掌管的谷子国才有谷子。人们摘树果、采野菜、打猎，日子苦得很。为了得谷种，苗族老祖先告劳拿了9999种珍禽异兽到谷子国去调换得9斗9升9碗谷种，放在木板仓库里，等春天播种。没想到，一天晚上起了火，越燃烧越大，没法扑灭。谷种在仓里乱蹦乱闯，哭喊连天，最后乘着火烟一飞上天，跑回告呼家去了。

告劳去找告呼苦苦哀求，再换一些谷种，但是，告呼死活不肯。没有办法，告劳只好动了9天9夜的脑筋，想出了一条妙计，等谷子成熟时节，让一只狗到谷田里去打几个翻滚，让谷粒粒粘在毛上带回来。到七月十三早上，狗正要出发时，告劳又交代：要取谷子秆秆有5尺高，穗穗有五尺长的谷种。但狗因忙于取谷种，心情太急，走到南天门槛下，不小心绊倒石头，跌了一跤，待狗起来时，却把告劳交代的话记错了。结果，狗跑到一块穗穗只有5寸长的谷田里便赶忙打几个滚就往回跑，所以，今天的谷穗也只有5寸长。当狗跑回到天桥时，告呼早派了99个彪壮的武士把守在桥头，把狗打落天河里。武士们都以为天河宽，深得没底，狗只有死路一条，量它有12条命浮过河回去，谷子粒也早被水冲洗光了。他们万万没想到，狗落入天河后赶紧把尾巴高高地翘在水面上,然后费了九牛二虎的力气,浮过了天河,回到了人间,尾巴上恰恰还粘有9颗谷种。有了谷种,告劳欢喜得不得了,便把原先准备拿去换回谷种的所有珍禽异兽给狗吃,以作酬谢。狗吃了9年才完,从那以后,狗才学会了吃肉食。告劳赶紧犁田撒种,到第二年六月六日这天,秧尖上抽出了一串狗尾巴一样的谷穗,一个月后,谷穗变成金闪闪、黄澄澄、胀鼓鼓的了。为了记住这个日子,告劳便把这天定为吃新节,一直相传下来。在这天,人们总要把新饭先给狗吃:谷子是狗尾粘回来的,谷穗长得很像狗尾巴。现在的狗只要一落水,总是记住保住谷种,尾巴会一直翘在水面上。

民风民俗

苗家迎客酒

如果有客人来到苗家山寨,村民们便在崎岖的田坎路上设置拦路酒。苗家的拦路歌、拦路酒,少则3至5道,多有12道。最后一道在寨门口,门通常是座小巧玲珑的木楼,一对牛脚酒杯悬于门楼正中,两位身着盛装的村姑和身穿古装的寨老双手捧牛角杯,一起向来客敬酒,客人这时千万不能用手接牛角杯,否则主人一松手,满满一牛角杯酒就全归客人了。

大暑

大暑,是一年中最热的节气。夏季气候炎热,酷暑多雨,暑湿之气容易乘虚而入且暑气逼人,心气易于亏耗,尤其老人、儿童、体虚气弱者往往难以将养,而导致痁(音 zhu 祝,夏季长期发烧的病)夏、中暑等病。夏季预防中暑的方法是合理安排工作,注意劳逸结合;避免在烈日下暴晒;注意室内降温;睡眠要充足;讲究饮食卫生。养生保健中常有"冬病夏治"的说法,所以,对于那些每逢冬季发作的慢性疾病,如慢性支气管炎、肺气肿、支气管哮喘、腹泻、风湿痹症等阳虚症,是最佳的治疗时机。夏季养生,食疗药膳以清热解暑为宜。

火把节

火把节是云南许多民族的共同节日,尤以彝族的火把节最为隆重。每年农历六月廿四前后举行,一般历时3天。彝族火把节的历史十分悠久,早在《太平广记》等文献中已有记载。当时火把节称为"星回节",这一称呼与古代彝族十月太阳历有关。彝族将一年365天分成10个月,每月36天,余下5天(或6天)为过年日。

火把节便是上半年的过年日。彝族、纳西族、基诺族在农历六月廿四举行,白族在六月廿五举行,拉祜族在六月二十举行,节期3天。

由来传说

在远古的时候,有一个名叫波补勒伙的恶魔到人间破坏人们的幸福生活,惹怒了地上的一位叫嚷夸迪叽的大力士,双方相约在农历六月廿四以摔跤来分输赢。他们搏斗了三天三夜仍不分胜负,于是人们吹着短笛,拍手跺脚为地上的大力士助威,终于打败了恶魔。

大暑景色图

恶魔发怒,放出各种害虫来吃地上庄稼,人间面临着饥饿和死亡,人们于是纷纷举起火把去烧害虫,最后把害虫全部烧死了。后来人们为了纪念这一胜利,每到这一天,都要宰羊,举行火把节的各种活动。后人以此祭火,驱除家中、田野的鬼邪,以保人畜平安。

民风民俗

佳节之前,家家要磨制苦荞粑粑,宰牲烹肉,准备佳酿,祭献祖先神灵,邀请亲朋好友欢聚。白天举行赛马、斗牛、摔跤、打"磨儿秋"等民族传统娱乐活动;夜间人人高举大、小火把,成群结队,巡游于山岗田野。远远望去,火龙映天,蜿蜒起伏,十分动人。最后人们会聚在广场上,将许多火把堆成火塔,火焰熊熊,人们围成一圈,唱歌跳舞,一片欢腾。

彝族饮酒规矩

过节就要喝酒,彝族饮酒可是有一定规矩的。通常彝族家中酿好的酒,第一杯敬神,第二杯敬老人,晚辈不得先喝。凉山彝族人一起饮酒时,要按年龄大小、辈分高低分先后次序摆杯斟酒,并由在场的英俊聪明的小伙子先给老人敬酒。敬酒者双手捧杯,右脚向前跨一大步,弯腰躬身,头稍向左偏,不得直视被敬者。被敬酒的老者则谦和地说:"年轻人啊,对不起了,老朽站不起来了",或者说"借给你这一杯",表示回敬,小伙子便立身饮尽,否则为不敬。民间谚语说:"酒是老年人的,肉是年轻人的",所以敬酒献客时,必须从老人或长辈开始,如此才合乎"耕地由下(低)而上(高),端酒从上而下"的传统规矩。

特色饮食

苦荞粑粑

这是彝族人民的主食,苦荞粑粑讲究蘸着蜂蜜吃。苦荞清凉爽口,蜂蜜味甜,有生津化痰、清热解毒的功效。每当春暖花开,盛产蜂蜜的季节,人们把苦荞粑粑烧好或煎好后,从蜂蜜桶里取下蜂蜜,用牛耳大的叶子包好,蘸食苦荞粑粑。荞麦中富含蛋白质、脂肪和具有保健功能的多种矿物质元素及多种维生素、氨基酸。芦西是荞麦(尤其是苦荞)的特有成分,有软化血管、降低血脂的功能,对心血管疾病和高血压有较好的预防、治疗作用,对控制和治疗糖尿病总有效率达 93%。另外,它还有健胃、化滞、清热等功效。

坨坨肉

它在彝语里为"乌色色脚",意思是猪肉块块。彝族人吃坨坨肉的历史几乎和彝族文化本身一样古老。坨坨肉可说是彝族人饮食文化中最具代表性的一道菜。凡猪、牛、羊、鸡都可以做成坨坨肉。各种坨坨肉中,以崽猪坨坨肉最负盛名。坨坨肉的特点是肥肉不腻,瘦肉脆嫩,肉质香鲜可口。坨坨肉味道特别,又是天然少污染的民族特色食品。在讲究吃的今天,坨坨肉显现出猪肉的原汁原味,体现了彝族传统的饮食文化。特别讲究的人家,要选用按照传统放牧方式自养的、凉山地方品种"乌金猪"的仔猪为原料。这种猪的肉质比较好,放养的猪其肌肉较为紧密结实,又多以山上的高寒植物为主食,肉质也带着自然的醇香。

做一顿好吃的坨坨肉,在用料、宰杀、火候各方面都要特别讲究。传统的做法是:选用二三十斤左右重的崽猪,宰杀放血后置于干净处,用清水浇透崽猪全身,再用晒干的厥鸡草覆盖,然后点燃。火灭时用木滚去掉草灰,用刮片或刀刮猪身。皮毛湿透又经烧烤后,猪身一刮能去掉猪毛和污垢。然后再用厥鸡草烧烤全身,使其呈焦黄色脆皮并再刮洗干净,然后剖开砍成 2 寸见方的肉块,最后用冷水下锅煮。掌握煮肉的火候是关键,要用强火,切忌文火。坨坨肉放入锅的冷水中,煮时放些木姜子入汤,一般不再放入其他调料,锅架在锅庄上用柴烧煮,煮到待水面的泡沫消失就行了,肉此时还有弹性。现在也有放进大盆内趁热加盐、辣椒、木姜子、花椒及蒜末的。这样,坨坨肉就做好了。另外,彝族讲究主食肉食搭配。如猪肉配米饭,羊肉配荞饭,鸡肉配燕麦等等。

哈尼族苦扎扎节

苦扎扎节,也叫六月年,是哈尼族人盛大的传统节日,犹如汉族过春节一样热闹隆重。哈尼"苦扎扎"节始于每年五月的第一个申猴日,历时 3 天~5 天,是预祝五谷丰登,人畜康泰的隆重节日。届时,哈尼族山寨到处兴高采烈,热气腾腾,人们穿上五彩缤纷的节日盛装,成群结队地相聚到磨秋场,欢度节日。

由来传说

远古时候,哈尼族聚居的地方出现了一次罕见的虫灾。当时,满山遍野都爬满了这种害虫,谷物被吃光了,树叶也被吃光了。害虫飞进楼,蛀食人们的衣物。在灾害面前,人们想了许多办法,先用棍打,后用水淹和火烧,但哪种办法都无法消灭这种害虫,最后又用祭鬼、送鬼的办法,也不灵验。最后,只好派人去神仙寨向阿培明耶请教,阿培明耶便派他的儿子耶苦来为人们灭虫。

耶苦来到哈尼族居住的地方以后,观察了一番害虫的情况。决定用药灭虫。他从山上采来许多毒药,熬出药汤,割破自己的手臂,以自己的鲜血拌药去喂那些害虫。他不知熬了多少盆药,也不知割了多少次躯体,取了多少鲜血拌药。终于,害虫被毒死了,耶苦的鲜血也流完流尽。为了灭虫,年轻的耶苦献出了自己的生命。人们为纪念耶苦为民除害的功绩,设苦扎扎节以示纪念,使这个节日流传至今。

民风民俗

磨秋杆

磨秋杆就是荡秋千。节日即将来临之时,全寨男子满怀喜悦地自动集合在一起备办节日期间的娱乐用品。按照哈尼族人的规矩,磨秋杆必须是黑夜砍好后,在黎明前扛回来。小伙子们带上柴刀斧头从深山里砍回又高又直的栗木,扯来几丈长的红山藤,挑选一块开阔地搭起一架又高又结实的秋千。男孩们忙着劈陀螺,搓打陀螺用的细麻绳。妇女们则忙着蒸糯米饭、舂糍粑,备办吃食。必不可少的是备有三样菜:沟边的水芹菜、田埂上的鱼腥菜、山上的柴花菜。此外还有凉拌生鱼和拌蚯蚓两样名菜。

下午,穿着绚丽服装的哈尼族人摩肩接踵地聚到磨秋场,请一位长者主持仪式,一手端酒,一手握秋千绳,唱上一段歌。

长者唱完歌,说完祝词后,人们才开始荡秋千。

荡秋千又叫打磨秋,是一项充满情趣的体育活动,要求磨秋两边的人数要对等,骑坐的人用脚蹬地,时而飞速旋转,时而升降起伏,反复转动,悠悠荡荡。甩秋人的速度越来越快,围观的人也显得更加开心,为其加油助兴,气氛十分热烈。那些艺高胆大,身手不凡的小伙子,往往成了姑娘们爱慕的对象。

等到夕阳西下,磨秋场上响起了一排清脆的枪声,通知人们前来唱歌跳舞,那些躲到树林里谈情说爱的青年男女成双成对的聚拢来,老人们围坐在场上喝酒取乐,孩子们追逐戏耍,青年人则围成圈子,跳起了节日的舞蹈。夜里,男女青年云集在寨场上,跳咚叭舞、竹筒舞、互相对歌,尽情欢乐。

土家族赶年

土家族主要分布在湖南、湖北等地,织绣艺术是土家族妇女的传统工艺。土家族的传统工艺还有雕刻、绘画、剪纸、蜡染等,土家织锦又称"西兰卡普",是中国三大名锦之一。赶年是其独特的习俗:若腊月大则廿九过年;腊月小则廿八过年。土家人把提前一天过年称之为"赶年"。

由来传说

相传明嘉靖三十三年(公元 1554 年),由于朝政腐败,倭寇在我国东南沿海地区不断大肆袭扰,朝廷曾多次派大军抗倭,都惨败告终。尚书张经上奏朝廷,请征湘鄂西土兵平倭,明世宗准奏,派经略使胡宗宪督办。永定卫茅岗土司覃尧之与儿子覃承坤及桑植司向鹤峰、永顺司彭翼南、容美司(今湖北鹤峰)田世爵等奉旨率士兵出征。时值阴历年关,覃尧之深知一去难返,决定与亲人过最后一个年,于是下令:"蒸甑子饭,切坨子肉,斟大碗酒,提前一天过年再出征。"

因时间紧,来不及做许多菜,就来个腊肉、豆腐、萝卜一锅炖,叫作"合菜",吃了好上路。这道菜以后演变成"三下锅"。士兵上前线后,很快打败倭寇,收复失地,世宗亲赐匾额,上书"东南战功第一"。有关史书记下了这段历史:"于十二月廿九大犒将士,除夕,候不备,遂大捷。后人沿之,遂成家风。"

"赶年"的习俗体现了土家人民识大体顾大局,甘愿为国捐躯的博大胸怀,是土家人民的骄傲。

民风民俗

"赶年"时,有的地方禁止杀鸡、杀猪,晚上禁点油灯,只能点烛,并通宵不熄。有的地方清晨由男子做饭。饭做好,祭祀祖先完毕,再喊女人、孩子起床。饭后,全家出门游玩。土家人平日用鼎罐做饭,过年饭是将肉切成片,加上作料,一层米一层肉,加上萝卜等,合煮一锅。"年饭"做好,要先祭祀祖先。祭祀时,焚香燃烛,烧钱化纸,三跪九叩,怀念祖先功德,祈求祖先保佑。

团年时,要先给果树和犁铧、牛栏、猪圈、鸡舍喂饭,给碓、磨、锄等贴"压岁钱",以求五谷丰登、六畜兴旺、瓜果丰硕、财源兴隆。

七夕节

秦观的一首《鹊桥仙》讲述了一个美丽哀婉的爱情故事,描绘出天长地久的爱情,打动了无数人。七夕就是这样一个充满浪漫色彩的节日,它是我国传统的情人节。

由来传说

七夕节始终和牛郎织女的传说相连,这是一个既美丽又忧伤,千古流传的爱情故事,是我国四大民间爱情传说之一。

古时候,南阳城西牛家庄里有个聪明忠厚的小伙子,名叫牛郎,父母早亡,只好跟着哥哥嫂子度日。嫂子经常虐待他,逼他干很多的活。一年秋天,嫂子叫他去放牛,给他9头牛,却让他等有了10头牛时才能回家,牛郎无奈,只好独自一人赶着牛进了山,非常伤心。这时,有位须发皆白的老人出现在他面前,告诉他在伏牛山里有一头病倒的老牛,只要好好照顾它,等老牛病好以后,就可以赶着它回家了。

牛郎翻山越岭,终于找到了那头有病的老牛,细心照料它。这头老牛本是天上的灰牛大仙,因触犯了天规被贬下来,摔坏了腿。一个月后,老牛的病好了,和牛郎一起高高兴兴地回家了。一天,天上的织女下凡游戏,在河里洗澡,牛郎在老牛的帮助下认识了织女,二人互生情意,后来织女便偷偷下凡,来到人间,做了牛郎的妻子。织女还把从天上带来的天蚕分给大家,教大家养蚕、抽丝,织出又光又亮的绸缎。

牛郎和织女结婚后,非常幸福,他们生了一男一女两个孩子。但是好景不长,因为神仙和凡人的结合是不被允许的,所以王母娘娘亲自下凡来,强行把织女带回天上,恩爱夫妻被拆散了。

牛郎伤心欲绝,这时老牛告诉他,自己要死了,让牛郎在自己死后,用牛皮做成鞋,穿着就可以上天。牛郎穿上牛皮做的鞋,拉着自己的儿女,一起腾云驾雾上天去追织女,眼见就要追到了,岂料王母娘娘拔下头上的金簪一挥,一道波涛汹涌的天河就出现了,牛郎和织女被隔在天河两岸,只能相对哭泣。他们的忠贞爱情感动了喜鹊,千万只喜鹊飞来,搭成鹊桥,让牛郎织女走上鹊桥相会,王母娘娘对此也无奈,只好允许两人在每年七月初七于鹊桥相会。

后来,每到农历七月初七,相传牛郎织女鹊桥相会的日子,姑娘们就会来到葡萄架下,寻找银河两边的牛郎星和织女星,希望能看到他们一年一度的相会,乞求上天能让自己能像织女那样心灵手巧,祈祷自己能有如意称心的美满婚姻,由此便形成了七夕节。

民风民俗

七夕节最普遍的习俗,是青年女子在七月初七的夜晚,进行各种乞巧活动。乞巧的方式大多是姑娘们穿针引线,做些小物品赛巧,摆上些瓜果乞巧,各个地区的乞巧方式不尽相同,各有趣味。

七夕香桥会

江苏有个七夕香桥会：每年七夕，人们用各种粗长的裹头香（以纸包着的线香）搭成长约四五米、宽约半米的桥梁，装上栏杆，于栏杆上扎上五色线制成的花装饰。入夜，人们祭祀双星，乞求福祥，然后将香桥焚化，象征着双星已走过香桥，欢喜地相会。

香炉祭

在福建，女孩子们摆设香炉和各式祭品：茶、酒、花瓶中插花，还有五子（桂圆、红枣、榛子、花生、瓜子）和织女用的脂粉。祭拜双星后，即把献给织女的脂粉分成两半，一半投向屋顶给织女，一半自己梳妆美容。相传与织女共用脂粉，可使自己的美丽容貌保持不衰。

吃乞巧饭

在山东的鄄城、曹县、平原等地，吃乞巧饭的风俗十分有趣：7 个要好的姑娘集粮集菜包饺子，把 1 枚铜钱、1 根针和 1 个红枣分别包到 3 个水饺里，传说吃到钱的有福，吃到针的手巧，吃到枣的早婚。有些地方把七夕下的雨叫作"相思雨"或"相思泪"，因为是牛郎织女相会所致。传说这天喜鹊极少，它们都到天上搭鹊桥去了。

棚下偷听

在绍兴农村，这一夜会有许多少女躲在生长得茂盛的南瓜棚下，在夜深人静之时如能听到牛郎织女相会时的悄悄话，这位待嫁的少女便能得到千年不渝的爱情。

杀鸡禁鸣

为了表达人们希望牛郎织女能天天过上美好幸福家庭生活的愿望，在浙江金华一带，七月初七家家都要杀一只鸡，意为这夜牛郎织女相会，若无公鸡报晓，他们便能永远不分开。

在晴朗的夏秋之夜，天上繁星闪耀，一道白茫茫的银河横贯南北，银河的东西两岸，各有一颗闪亮的星星，隔河相望，遥遥相对，那就是牵牛星和织女星。女孩们在这个充满浪漫气息的晚上，对着天空的朗朗明月，摆上时令瓜果，朝天祭拜，乞求天上的女神能赋予她们聪慧的心灵和灵巧的双手，让自己的针织女红技法娴熟，更乞求爱情婚姻的姻缘巧配。婚姻对于女性来说是决定一生幸福与否的终身大事，所以，世间无数的有情男女都会在这个晚上，夜深人静时刻，对着星空祈祷自己的姻缘美满。

特色饮食

七夕乞巧的应节食品,以巧果最为出名。巧果又名"乞巧果子",款式极多。主要的材料是油、面、糖、蜜。先将白糖放在锅中熔为糖浆,然后和入面粉、芝麻,拌匀后摊在案上擀薄,晾凉后用刀切为长方块,最后折为菱形,入油炸至金黄即成。手巧的女子,还会捏塑出各种与七夕传说有关的花样。此外,乞巧时用的瓜果也有多种变化:或将瓜果雕成奇花异鸟,或在瓜皮表面浮雕图案,此种瓜果称为"花瓜"。

立秋

秋是肃杀的季节,从这一天开始,天高气爽,月明风清,气温由热逐渐下降。立秋的气候是由热转凉的交接节气,也是阳气渐收,阴气渐长,由阳盛逐渐转变为阴盛的时期,是万物成熟收获的季节,也是人体阴阳代谢出现阳消阴长的过渡时期。

立秋景色图

在秋季养生中,精神情志、饮食起居、运动锻炼,均应以养收为原则。秋季时节,可适当食用芝麻、糯米、粳米、蜂蜜、枇杷、菠萝、乳品等柔润食物,以益胃生津。

盂兰盆节

每年农历七月十五为盂兰盆节,也有一说为中元节。中元节和盂兰盆节,虽然

·礼仪节俗·

图文珍藏版

都在七月十五，它们却是两个完全不同的节日，前者属于道教，后者属于佛教，仅节日的日期都在同一天而已。

农历七月十五佛教所举行的盂兰盆会，起源于目连救母的故事："有目连僧者，法力宏大。其母堕落饿鬼道中，食物入口，即化为烈焰，饥苦太甚。目连无法解救母厄，于是求教于佛，为说盂兰盆经，教于七月十五作盂兰盆以救其母。"道教认为七月十五中元节是地官（"地官"，乃道教传说中掌理赦罪的神官）的生日，也是审定善恶的赦罪日，世人若能在当天举办"玄都大醮"的斋仪，将供品献给地官（道教认为天官赐福，地官赦罪，水官解厄），则人们平日所犯的无心之过，将有机会得到赦免。一般的道教徒，会在七月十五当天，到道观朝拜并赠送财物与供品，道士及其首领在中元夜讲诵《道德经》、高咏《灵篇》，使饿鬼囚徒得以由众苦中获得解脱，还于人道。

民风民俗

这一天，事先在街口村前搭起法师座和施孤台。法师座跟前供着超度"地狱"鬼魂的地藏王菩萨，下面供着一盘盘面做的桃子、大米。施孤台上立着三块灵牌和招魂幡。过了中午，各家各户纷纷把全猪、全羊、鸡、鸭、鹅及各式发糕、果品、瓜果等摆到施孤台上。主事者分别在每件祭品上插上一把蓝、红、绿等颜色的三角纸旗，上书"盂兰盛会""甘露门开"等字样。仪式是在一阵庄严肃穆的庙堂音乐中开始的。紧接着，法师敲响引钟，带领座下众僧诵念各种咒语和真言。然后施食，将一盘盘面桃子和大米撒向四方，反复三次。这种仪式叫"放焰口"。

到了晚上，家家户户还要在自己家门口焚香，把香插在地上，越多越好，象征着五谷丰登，这叫作"布田"。有些地方有放水灯的活动；所谓水灯，就是一块小木板上扎一盏灯，大多数都用彩纸做成荷花状，叫作"莲花灯"。按传统的说法，水灯是为了给那些冤死鬼引路的。灯灭了，水灯也就完成了把冤魂引过奈何桥的任务。那天店铺也都关门，把街道让给鬼，街道的正中，每过百步就摆一张香案，香案上供着新鲜瓜果和一种"鬼包子"。桌后有道士唱人们都听不懂的祭鬼歌，这种仪式叫"施歌儿"。

蒙古族的那达慕大会

那达慕大会是内蒙古、甘肃、青海、新疆的蒙古族人民一年一度的传统节日，在每年七八月这一水草丰茂、牲畜肥壮、秋高气爽的黄金季节举行。"那达慕"是蒙语的译音，意为"娱乐、游戏"，以表示丰收的喜悦之情。那达慕由来已久，它起源于古代蒙古族的祭山祭包活动，过去，那达慕大会期间要进行大规模祭祀活动，喇嘛们要焚香点灯，念经诵佛，祈求神灵保佑，消灾消难。经过700余年的变迁，现在的那达慕大会的内容主要有摔跤、赛马、射箭、赛布鲁、套马、下蒙古棋等民族传统项目,有的地方还有田径、拔河、排球、篮球等体育竞赛项目。还有武术、马球、骑马射箭、乘马斩劈、马竞走、乘马技巧运动、摩托车等精彩表演。有趣的是参加马竞走的马,必须受过特殊训练,四脚不能同时离地,只能走得快,不能跑得快。夜幕降临,草原上飘荡着悠扬激昂的马头琴声,篝火旁男女青年轻歌曼舞,人们沉浸在节日的欢快之中。

特色饮食

蒙古族人民世居草原,以游牧为生。马奶酒、手扒肉、烤羊肉是他们日常生活最喜欢的饮料食品和待客佳肴。每年七八月份牛肥马壮,是酿制马奶酒的季节。勤劳的蒙古族妇女将马奶收贮于皮囊中,加以搅拌,数日后便乳脂分离,发酵成酒。随着科学的发达,蒙古人酿制马奶酒的工艺日益精湛完善,不仅有简单的发酵法,还出现了酿制烈性奶酒的蒸馏法。六蒸六酿后的奶酒方为上品。

马奶酒

马奶酒性温,有驱寒、舒筋、活血、健胃等功效,被称为紫玉浆,是"蒙古八珍"之一,曾为元朝宫廷和蒙古贵族府第的主要饮料。忽必烈还常把它盛在珍贵的金碗里,犒赏有功之臣。

手扒肉

是蒙古人传统的食肉方法之一。做法是将肥嫩的绵羊开膛破肚,剥皮去内脏洗净,去掉头、蹄,再将整只羊卸成若干大块,放入白水中煮,待水滚肉熟即取出,置于大盘中上桌,大家各执蒙古刀大块大块地割着吃。因不用筷子,用手抓食而得名。

斟酒敬客,吃手扒肉,是草原牧人表达对客人的敬重和爱戴。当你踏上草原,走进蒙古包后,热情好客的蒙古人便会将美酒斟在银碗或金杯中,托在长长的哈达上,唱起动人的敬酒歌,款待远方的贵客,以表达自己的诚挚之情。这时,客人应接住酒,然后能饮则饮,不能饮则应品尝少许,便可将酒归还主人。若是推推让让,拉拉扯扯,不喝酒,就会被认为是瞧不起主人,不愿以诚相见等等。

藏族赛马节

同世界众多游牧民族一样,藏族和马情深意长。传说中马是天上的神鸟与地上的猴子(一说为湖中大鱼)结合而生。纵马扬鞭之时,确有御风而行之妙。和人一样,马也需要荣耀,所以,赛马节也可以说成是马的节日。在所有民间传承的藏族节日中,几乎都少不了赛马。以赛马和比武的方式选拔领袖,在征战频繁的远古年代是屡见不鲜的。生活在高原特殊自然环境中的人们,行动离不开马匹,从事艰苦的征战更离不开马匹,由此藏族人民在原始的日常生活中培养起对马的浓郁情感,那即是对马的神圣化、神灵化,认为马能决定部族命运和部族领袖。建立在对马的浓郁信仰之上,藏区形成了许许多多的赛马节,其中那曲赛马节规模最为盛大。那曲赛马节,藏语叫"达穷",是藏北规模盛大的传统节日,每年八月初一举行,为期5~10天不等。

赛马节是非常喜庆热闹的节日,也是最美丽的日子,因为这也是一个恋爱的季节。赛马节之前,方圆几百公里,各乡各地的牧民们便带着帐篷,身着艳丽的民族服装,佩戴齐各自最值得炫耀的珠宝饰物,于花海似的草原中一路踏歌而来。一座座帐篷一夜之间便挤满了赛马会场四周,直至连成一片蔚为壮观的"城市",物资交流、文艺汇演、各种民间体育如拔河、跳远、抱石头等以及与宗教有关的活动等相继举行。

正式比赛之时,虔诚的骑手们都要先围着巨大的焚香台转圈,以示敬意,接受德高望重的喇嘛的祝福,这可以看作是英姿勃发的骑手和披红挂彩装扮一新的参赛马匹的亮相,赛马道两侧观众的呐喊声与喝彩声,在催马疾驰之中轰天彻地似的响成一片,历久不绝。这是粗犷豪放的藏民们与天与地最热烈的情感交流。赛程的长短多在七公里左右,按选手年龄还分为儿童、成人等不同的组,按比赛内容则分为马上射箭、打靶、竞技,短道冲刺,马上拾哈达、献青稞酒等,有时还包括有类似于盛装舞步的走马赛。名目繁多新颖有趣的赛马活动都会令现场的观众忘情不已。整个藏区的赛马都不会有严格统一的裁判制度,形式较为自由,带有浓厚的表演意味。但夺冠马的名字却会迅速传遍草原,名声甚至远远超出它的主人。这些以"世界之星""黑色闪电""草原雄鹰"等命名的宝贝一样的骏马因夺得好的名次而被人传颂。身负夺冠众望的赛马早在冬季来临之前便进行调养,赛手们会给以最精的饲料,不惜天天给马沐身打理,百般呵护。往往一匹好马可以牵动一家甚至一个乡村的人们为之幸福地忙碌呢。

特色饮食

藏族酥酪糕

制法:

1.将提取过奶油的乳白色淀粉(藏名曲热)晾干,磨成粉末待用。

2.拌入黄油(奶油)、白糖、人参果(角麻)、葡萄干、桃仁等,做成圆形、方形,表面有红丝绿丝的表现吉祥、长寿图案的面胚,放入笼屉内蒸熟,可整块献上,或切成片状。

特点:

奶味甜点,有滋补强身功效,为藏胞待客糕点。

藏族血肠

藏族地区的农、牧民,每宰1只羊,羊血不单独煮食,而是灌入小肠内煮熟吃。

制法:

1.把最好的羊肉剁碎待用。

2.在羊血内加适量的盐、花椒、少许糌粑粉与剁好的羊肉混拌,灌入肠内,用线系成小段。

3.制法与制香肠同。

4.烹煮,将灌好的血肠,放开汤中煮沸,煮至血肠浮起,肠成灰白色,约八成熟时便起锅,装入盘内,全家席地围坐,割而食之。

特点:

吃时不碎不渣不脱皮,清香软嫩,不腻不柴。

处暑

处暑,是暑气结束的时节,暑气至此而止。但天气还未出现真正意义上的秋凉,晴天下午的炎热亦不亚于暑夏之季。这时正是处在由热转凉的交替时期,自然界的阳气由疏泄趋向收敛,人体内阴阳之气的盛衰也随之转换,此时起居作息也要相应地调整,所以,秋季养生强调保证睡眠时间,处暑节气宜食清热安神之品,如银耳、百合、莲子、蜂蜜、黄鱼、干贝、海带、海蜇、芹菜、菠菜、糯米、芝麻、豆类及奶类。

地藏节

汉族秋季的重要节日。在每年农历七月三十,是地藏菩萨应化中国的涅槃日,国内以及香港很多寺院或净室,都要举行地藏法会,纪念地藏菩萨。从《地藏菩萨本愿经》中可知,因其是提倡孝道,重点超度救济父母,与中国人提倡孝道,百善孝为先,慎终追远之传统观念相合,故此地藏菩萨在中国深受民间所尊崇。

由来传说

传说,有新罗王子发心出家,名地藏比丘,于唐太宗贞观四年,来中国参学。随处参访,游化数年,后至南中国的安徽省九华山,见深山中有盆地,即于此山结庐苦修。不知过了多少年,地方官绅诸葛节游山时所发现,见此一和尚,住的是石洞茅篷,破锅残粒,生活异常清苦。询问之下原来是新罗王子,远来中国求法,诸葛节深感未尽地主之谊,于是发心提倡,为地藏比丘修建寺院。九华山主姓闵,家财甚富。

中国民俗文化精粹

·礼仪节俗·

图文珍藏版

建寺必得请闵公布施山地,闵公对地藏比丘也非常敬仰,问他要多少地,地藏答道:"一袈娑所覆土地足矣。"时地藏以神通力,袈裟一披,盖尽九华,于是闵公将整个九华山地,全部布施供养。闵公为地藏护法,其子也随地藏比丘出家,法名道明,为地藏的侍者。现在所见的地藏菩萨像,两旁有一老一少比丘,即闵公父子。寺院建成后,各方来参学者甚众,新罗国也有不少人来亲近供养。九华山既高且深,寺众增多,生活很成问题。煮饭还要掺观音土,其清苦可想而知,故当时称为"枯槁众"。寺中大众只是一心修行求法,而完全放弃了物质享受之要求。地藏比丘及当时住众在九华山影响甚大。后来新罗国王得悉,马上派人送粮食供养。地藏比丘一直领导苦行的道场,至唐开元二十六年七月三十涅槃,世寿九十九岁。当时住众都认定:地藏比丘实为地藏菩萨的化身,是地藏菩萨来中国的应化,所以称之为地藏菩萨。而九华山即成为地藏菩萨应化的道场,亦即成为中国四大名山之一了。特别是每年农历七月三十,九华山香火尤其鼎盛。地藏菩萨自有他特殊的因缘感应,才能得到民间僧俗一致的尊敬信仰。

藏族洗澡节

在终年积雪的西藏高原,藏人洗澡算是很少的,几乎是每年一次,而且还有特别的节日,这个节日就是"洗澡节"。洗澡节,藏语叫"嘎玛堆巴"节。在西藏已有七八百年的历史。"强烈阳光晒水热,皎洁月光射水寒。待到弃山星升起,清净温暖好沐浴。"据说,藏历每年七月上旬,西藏高原上空会出现弃山星,就是金星。凡被该星照过的水,具有抗病健体的功效。藏胞为增强体质,就在这一时间内,纷纷下河沐浴。天长日久,就形成了独特民俗——洗澡节,历时7天。

由来传说

很久以前,西藏地区流行一场大瘟疫,人畜死亡很多。人们祈祷大慈大悲的观音菩萨保佑,菩萨知道后,派七名仙女从瑶池中取出七瓶琼浆玉液,倒入青藏高原的江河湖泊中。这天晚上,千家万户都做了同一个梦,眼见一个体态羸弱的少女,跳进一条清澈的河水中沐浴,待浴后上岸,就变成一位体态健美的姑娘了。于是翌日,男女老少纷纷来到拉萨河里沐浴,结果神奇的事发生了,不仅疾患顿愈,而且身体更加健壮。

另一个传说是,从前有个医术高明的医生,勤恳为藏族人民治病,他死后成仙,为继续给人们治病,每年初秋,弃山星出现时,就将百草化成仙水,洒在河里,人们此时洗澡,就不会得病。

据藏文天文历书记载:"初秋之水具有八大优点:一甘、二凉、三软、四轻、五清、六不臭、七饮时不损喉、八喝下不伤腹。"因此,季节特点鲜明的洗澡节要持续7天。这7天中,藏胞纷纷扶老携幼,纷纷走向江、湖、河、溪畔,搭起帐篷,围上帏幕,铺上卡垫,在水中嬉戏,游泳。或来到拉萨河边在溪水中沐浴。人们边洗边唱,嬉戏玩耍,欢乐异常。洗完后,三五成群,在岸边喝茶、饮酒、吃糌粑、牛羊肉;或猜谜畅叙,谈古论今,或纵情歌舞,尽兴娱乐。

白露

白露是个典型的秋天节气,从这一天起,露水一天比一天凝重成露而名。在白露节气养生中要避免鼻腔疾病、哮喘病和支气管病的发生。还有那些因体质过敏而引发的各类疾病,在饮食调节上更要慎重。这时应少吃或不吃鱼虾海鲜、生冷炙烩腌菜、辛辣酸咸甘肥的食物。白露又为典型的秋季气候,气候特点是干燥,也就是人们常说的"秋燥"。燥邪伤人,容易耗人津液,易出现口干、唇干、鼻干、咽干及大便干结、皮肤干裂等症状。预防秋燥的方法很多,可适当地多服一些富含维生素

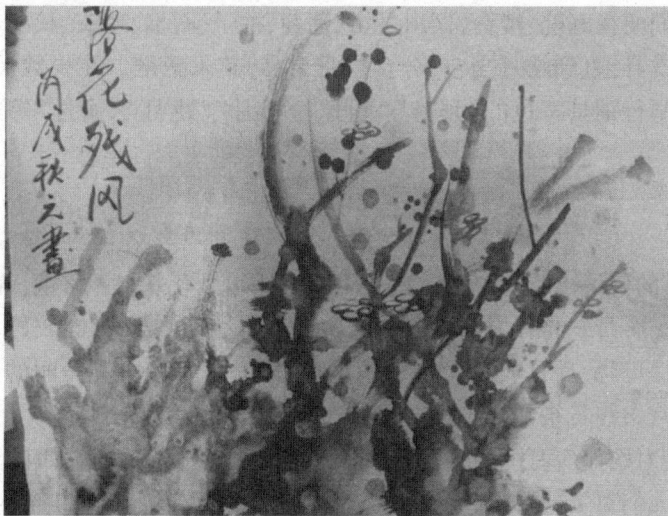

白露景色图

的食品,也可选用一些宣肺化痰、滋阴益气的中药,如人参、沙参、西洋参、百合、杏仁、川贝等,对缓解秋燥多有良效。对普通大众来说,简单实用的药膳、食疗似乎更容易接受。

中秋节

根据我国的历法,农历八月在秋季中间,为秋季的第二个月,称为"仲秋",而八月十五又在"仲秋"之中,所以称"中秋"。根据史籍的记载,"中秋"一词最早出现在《周礼》一书中。到魏晋时,有"谕尚书镇牛渚,中秋夕与左右微服泛江"的记

载。直到唐朝初年,中秋节才成为固定的节日。《唐书·太宗记》已经记载有"八月十五中秋节"。中秋节的盛行始于宋朝,至明清时,已与元旦齐名,成为我国的主要节日之一。目前,是我国仅次于春节的第二大传统节日。

由来传说

中秋节起源

它源于远古人类对自然的崇拜。从时令上说,中秋是"秋收节",春播夏种的谷物到了秋天就该收获了,自古以来,人们便在这个季节饮酒舞蹈,喜气洋洋地庆祝丰收;从渊源上说,中秋又是"祭月节",古代帝王的礼制中有春秋二祭:春天祭日,秋天祭月。农历八月十五,地球与太阳的倾斜度加大,华夏大地上空的暖湿空气逐渐消退,西北风还很微弱。湿气已去,沙尘未起,空气显得格外清新,天空特别洁净,月亮看上去既圆又大,是赏月的最佳时节。

民间中秋赏月活动约始于魏晋时期,盛于唐宋。明清以后,每逢中秋,一轮圆月东升时,人们便在庭院、楼台,摆出月饼、葡萄、柚子、石榴、芋头、核桃、花生、西瓜等果品,祭月赏月,直到皓月当空,分食供月果品,其乐融融。在少数民族地区,中秋这一天,还举行别具特色的"拜月""闹月""行月""跳月""偷月"等丰富多彩的活动。

嫦娥奔月

嫦娥奔月的传说出于《全上古文·灵宪》之"嫦娥化蟾":"嫦娥,羿妻也,窃王母不死药服之,奔月。将往,枚占于有黄。有黄占之曰:'吉,翩翩归妹,独将西行,逢天晦芒,毋惊毋恐,后且大昌。'嫦娥遂托身于月,是为蟾蜍。"美丽的嫦娥变成癞蛤蟆后,在月宫中终日被罚捣不死药,过着寂寞清苦的生活。

后来人们对嫦娥奔月的故事做了不少改编、加工、修饰,使嫦娥的形象与月同美,使之符合人们对美的追求。故事就成为:远古时候,天上有10个太阳,晒得庄稼枯死,民不聊生,一个名叫后羿的英雄,力大无穷,他登上昆仑山顶,运足神力,拉开神弓,一口气射下了9个太阳,并严令最后1个太阳按时起落,为民造福。后羿因此受到百姓的尊敬和爱戴,娶了个美丽善良的妻子,名叫嫦娥。不少志士慕名前来,向后羿拜师学艺,心术不正的逢蒙也混了进来。有一天,后羿到昆仑山访友,巧遇王母娘娘,便向王母求得一包不死药。据说,服下此药,能即刻升天成仙。然而,后羿舍不得妻子,只好暂时把不死药交给嫦娥珍藏。3天后,后羿率徒弟外出狩猎,心怀鬼胎的逢蒙假装生病,留了下来。待后羿走后不久,便手持宝剑,威逼嫦娥交出不死药。嫦娥在危急之时把不死药一口吞了下去,身子立时飘离地面、冲出窗口、向天上飞去。由于嫦娥牵挂着丈夫,便飞落到离人间最近的月亮上成了仙。傍晚,后羿回到家得知此事,悲痛欲绝,只好派人到嫦娥喜爱的后花园里,摆上香案,放上她平时最爱吃的蜜食鲜果,遥祭在月宫里眷恋着自己的嫦娥。百姓们闻知嫦娥奔月成仙的消息后,纷纷在月下摆设香案,向善良的嫦娥祈求吉祥平安。

朱元璋起义

元代末期,当时,朱元璋领导汉族人民反抗元朝暴政,约定在八月十五这一天起义。当时,中原广大人民不堪忍受元朝统治阶级的残酷统治,纷纷准备起义抗元。但是,怎样才能让起义军和老百姓里应外合呢?军师刘伯温便想出一条计策,命令属下把藏有"八月十五夜起义"的纸条藏到饼子里面,于中秋节前分头传送到各地起义军和老百姓中,通知他们在八月十五晚上起义响应。到了那一天,起义大军如星火燎原,很快,大将徐达就攻下元大都,赶走元顺帝。消息传来,朱元璋高兴得传下口谕,让全体将士与民同乐,并将起兵时以秘密传递信息的饼子,改称月饼,作为节令糕点赏赐群臣。此后,"月饼"制作越发精细,品种更多,大者如圆盘,成为馈赠的佳品。以后中秋节吃月饼的习俗便在民间流传开来。

民风民俗

赏月

我国自古就有赏月的习俗,摆上月饼、西瓜、苹果、李子、葡萄等时令水果,其中月饼和西瓜是绝对不能少的。西瓜还要切成莲花状。

拜月

我国大部分地区都有中秋拜月的习俗,主要是妇女和小孩,有"男不拜月,女不祭灶"的俗谚。晚上,皓月初升,女子们便在院子里、阳台上对月祷拜,桌上还摆满水果和月饼作为祭品。

吃月饼

俗话说:"八月十五月正圆,中秋月饼香又甜"。月饼最初是用来祭奉月神的祭品,后来人们逐渐把中秋赏月与品尝月饼结合在一起,寓意家人团圆。

我国月饼品种繁多,按产地分有:苏式、广式、京式、宁式、潮式、滇式等;就口味而言,有甜味、咸味、咸甜味、麻辣味;从馅心讲,有五仁、豆沙、冰糖、芝麻、火腿月饼等;按饼皮分,则有浆皮、混糖皮、酥皮三大类;就造型而论,又有光面月饼、花边月饼和孙悟空、老寿星月饼等。

目前,全国月饼可分五大类:京、津、广、苏、潮。花色近似,但风味却迥然不同:京津月饼以素见长,油与馅都是素的;而广式月饼则轻油而偏重于糖;苏式的则取浓郁口味,油糖皆注重,且偏爱于松酥;潮式月饼身较扁,饼皮洁白,以酥糖为馅,入口香酥。

其他如云南的"滇式月饼"、宁波的"宁式月饼"、上海的"沪式月饼"、厦门的"庆兰月饼"、福州的"五仁月饼"、西安的"德懋恭"水晶月饼、哈尔滨的"老鼎丰牌"月饼、绍兴的"干菜月饼"、北京的"稻香村"月饼、济南的"葡萄软馅"月饼和"水晶豆茸"月饼等著名品种,风味特点也是各有千秋。

京式月饼,做法如同烧饼,外皮香脆可口;苏式月饼外皮吃起来层次多且薄,酥软白净、香甜可口,外皮越松越白越好;广式月饼的外皮和西点类似,以内馅讲究著名;传统台湾月饼又称月光饼,以番薯为材料,口味甜而不腻,松软可口;清真月饼,是信仰伊斯兰教的回民所特有之月饼,不含猪油成分,以清真牛肉月饼最为出名。

吃月饼的讲究

1.吃鲜莫吃陈:月饼含脂肪较多,存放过久,容易发生变质,最好是现买现吃。

2.吃少莫吃多:月饼含油脂、蔗糖较多,过量食用会产生滑腻感,易致胃满、腹胀,引起消化不良,食欲减退,血糖升高。老年人、儿童更不宜多吃。

3.宜早不宜晚:吃月饼最好是在早上或中午,晚上应少吃或不吃,特别是老年人,否则有可能成为形成血栓的不良因素。

4.先咸后甜:月饼应先吃咸的,后吃甜的,这样才能把两种月饼的味道品尝出来。如果备有甜、咸、鲜三种月饼,应先吃鲜味,后吃咸味和甜味。

5.边吃月饼边饮茶:一则可以止渴、解滑腻、助消化;二则可爽口增味,助兴添趣。喜欢饮酒的人,吃月饼时可以酒代茶,兴趣更浓。

6.要细嚼慢咽:将月饼切成若干小块,使饼馅分布均匀,然后细嚼慢咽,这样才能品出月饼的美味,同时也有助于消化。

7.病人不宜食:患有高血压、高血脂、糖尿病、冠心病、肝硬化、胆囊炎(胆结石)、胃及十二指肠溃疡等患者只能吃为他们特制的月饼。

饮酒:中秋当然是饮桂花酒了,我国酿制桂花酒的历史可以追溯到2300年前的战国时期,桂花酒香甜醇厚,有开胃、怡神之功效。

夜烧塔

一些地方很盛行夜烧塔:塔高1米~3米不等,多用碎瓦片砌成,大的塔还要用砖块砌成,顶端留一个口,供投放燃料用。中秋晚上便点火燃烧,燃料有木、竹、谷壳等,火旺时泼松香粉,引焰助威,极为壮观。据传烧塔也是元朝末年,汉族人民反抗残暴统治者,于中秋起义时举火为号的由来。

摸秋

中秋之夜,田中瓜豆可随意摘取,主人不予嗔怪;有的还摘南瓜相赠,意祝生个

"男孩"。在有些地方还专门做些小月饼,供邻居家小孩"偷吃",据说"偷吃"小月饼可保身体安康。

果子节与兔儿爷

中秋节正是水果成熟的旺季,老北京人就直接称它是"果子节"。有的果农在苹果未熟时,将用纸剪的"福""寿""佛"字等图案,贴在果子上,不使阳光照射,等果子成熟之后,再把剪纸揭去,红色的苹果上就留下了黄绿相间的图案,精美绝伦,引人喜爱。最能点缀节日景象的是兔儿爷,人形兔脸,长耳朵上还顶着头盔,身上穿着袍子,背上插着小旗子,骑在猛虎身上,一点不像兔子,倒像一位大将军。兔儿爷是一种泥塑玩具,旧时给儿童们节日娱乐玩耍的。

其他地区

还有香港的舞火龙、安徽的堆宝塔、苏州石湖看串月、傣族的拜月、苗族的跳月、侗族的偷月亮菜、高山族的托球舞等。南京人中秋除了吃月饼外,必吃金陵名菜桂花鸭。桂花鸭于桂子飘香之时应市,肥而不腻,味美可口。酒后必食一小糖芋头,浇以桂浆,妙不可言。"桂浆"也叫桂花糖,取名自屈原《楚辞·少司命》"援北方闭兮酌桂浆",中秋前后采摘桂花,用糖及酸梅腌制而成。

朝鲜族老人节

农历八月十五,是朝鲜族的老人节。早在李氏朝鲜(公元 1392～1910 年)时期,农历九月初九是老人安慰日。这天,朝廷要设"耆老宴",邀请 60 岁以上的老人和正三品以上的官吏赴宴,祝福老人们健康长寿。在民间,要求青少年对长辈必须使用敬语尊称,当着老人面不许吸烟,不许喝酒。非喝不可的场合,也要背席而饮。尤其不许向老人借火或对火点烟。在老人面前不准说粗话,吃饭时须先给老人和长辈盛饭上菜,并给老人和宾客单设席桌,好吃的食品要摆到老人跟前,老人未动筷子前,晚辈不得先吃。与熟识的老人出门同路时,年轻人不得走到老人前面,若有急事赶路,需恭恭敬敬地向老人说明原因,然后才能超前。路遇长者,要致礼问安让路。1984 年起,吉林延边朝鲜族自治州将农历八月十五定为老人节。

由来传说

古时候,高丽国国王发布了一条法律,老人到了 60 岁花甲,不管死不死都要埋葬。一位姓金的小伙子舍不得把老父埋掉,就把老父藏了起来。后来,有个国家给高丽国王出了三道难题,若答不出就灭掉高丽国,国王为此而发愁。姓金的小伙子给老父送饭时,说起这件事,老人眉头一皱,计上心头,想出回答三道难题的妙法。小伙子把这些办法告诉了高丽国国王,解救了国难。后来国王知道这些好办法是一位要被埋掉的老汉想出来的,就下令废除这条法律,并设"花甲宴"来纪念老人的智慧。

民风民俗

老人节的这一天,60岁以上的老人都要佩戴大红花,接受全村人的祝福。身着五颜六色漂亮长裙的朝鲜族妇女和身穿浅上衣、深色坎肩、肥大长裤的朝鲜族男子依偎在老人身旁,与老人们共享天伦之乐。人们尽情地歌舞,踩跳板,荡秋千,打球,摔跤,竭尽全力让老人们享受节日的欢乐。

祝寿仪式

儿女们先为老人换上一身特制的礼服,在大厅或院子里摆上寿席。花甲老人(或60以上)坐在寿席正中,同邻里中的同辈兄弟一起接受寿礼。当寿桌上摆好了糖果、鱼、肉、糕点和酒菜时,寿礼便开始了。儿女按长幼之序,亲朋好友按远近之别,依次敬酒献宴。或者敬酒,或者献祝诗,或者载歌载舞。这些仪式完了,祝寿便进入到大家欢宴阶段。家人要准备"麻格里"(一种米酒)、打糕、冷面、狗肉等食品给老人享用,以表示对老人一生辛勤劳动的尊重和感谢。前来祝寿的亲朋好友,大伙儿边吃边喝,唱歌跳舞,至兴尽方归。

仡佬族拜树节

仡佬族拜树节的日期不尽相同,有的是正月十四过拜树节,有的是八月十五过。仡佬人都要准备礼物,缝制亲朋衣。节日时杀牛聚餐,除本族人参加外,还邀请邻近的外族人参加,牛肉每人一份,牛心留下祭祖。祭祖树时,以牛心和两只小公鸡为祭品。祭罢将牛心平均分给本族各户,意味着大家同心协力、同甘共苦。这一天,还要拿酒肉、新米饭到田间地边祭神,选三穗稻谷、两穗小米挂在灶上,认为这样的节日才能吃新米。

由来传说

仡佬族的人祭祖时,少不了拜青冈树。青冈树之所以成为仡佬族所拜的祖宗树,同历史上这个民族的迁徙有关。仡佬族有首民歌唱道:

云南下来一条河,这里流来那里落。

仡佬古时无住址,贵州飘流广西落。

相传,古代居住在贵州省安顺(现六盘水市安顺市)等地的仡佬族人民向广西迁徙时,由仡佬族的"大房"(辈分最高者)带着祖公祖婆的香炉和灵位先走,经过的道路都用树叶打上记号,为后边来的本族人做路标。"大房"边走边观察各地的山山水水,想找个好地方定居下来,建立家园,繁衍后代,使仡佬族兴旺起来。他走了一山又一山,过了一村又一村,也不知走了多少日子,终于找到了一个心爱的地方。那里四周山青树绿,"草有九长,树有九高",烧荒能种地,挖坝可造田,畜牧有水草。这就是广西的隆林。于是,他决定在这里定居下来。

隆林原住民,热情地接待了仡佬族的开发者。没有房子,就腾出自己的半间住房让客人住。"大房"十分感激。然而,当他看到主人家堂屋里的祖宗神位时,不禁发愁了:自己带来的祖宗灵位安置在哪里?要是同主人家的安在一起,又不合风俗。"大房"一时想不出办法,便闷闷不乐地走出寨子。"大房"陕到寨口时,看到两株青冈树青葱挺拔,直指蓝天,他不由得停步观察起来。"大房"边看边自言自语:好青冈!它们那坚硬、粗大的躯干,暴风雨也刮不倒;那茂密的枝叶,夏天的烈日也晒不透。它那威武、坚毅和顽强不屈的气魄,使"大房"越看越喜爱,越看越感动。就情不自禁地放声高歌起来:

青冈树呵青冈树,根深叶茂好阴凉。

遮得太阳遮得雨,仡佬灵位有地方。

"大房"立即找来刀斧,在这两棵青冈树上各开了一个洞,分别把祖公、祖婆的灵位安置在树洞里。从此,代代相传,隆林境内的仡佬族人民,就拜青冈树为自己的祖宗树。

民风民俗

祭祀祖宗树的前几天,仡佬族就杀牛聚餐。除本族人参加外,还邀请附近寨子的各族人民来会餐。会餐只吃牛下水及其他酒菜,留下牛心到八月十五用以祭祀祖宗树。牛肉则按会餐人数平分。祭祀祖宗树时,由"大房"主祭。先将两只半斤重的小公鸡扭断脖子,扯下翅膀,与鸡脚以及牛心等一起作为祭品。祭祖公树用一只鸡头、鸡的左翅膀和脚;祭祖婆树也用一只鸡头,加上鸡的右翅膀和脚,均用红纸包好,然后分别送进祖公、祖婆的树洞里,再用纸钱封好树洞。随后,由"大房"向祖宗树下跪祈祷、敬酒,接着就是鸣炮会餐。祭祀完毕,就将牛心分给本族中各户的"大房",有多少位"大房",牛心就切成多少片,每房一片。

秋分

秋分刚好是秋季90天的中分点。正如春分一样,阳光几乎直射赤道,昼夜时间的长短再次相等,可以说秋分是一个相当特殊的日子。从这一天起,阳光直射的位置继续由赤道向南半球推移,北半球开始昼短夜长。

秋分节气已经真正进入到秋季,作为昼夜时间相等的节气,人们在养生中也应

秋分景色图

本着阴阳平衡的规律,使身体保持"阴平阳秘"。注重精神调养,主要的是培养乐观情绪,保持神志安宁,避肃杀之气,收敛神气,适应秋天平和之气。饮食上,力求荤素搭配,全面膳食。

马奶节

马奶节是蒙古族传统节日,也是收获的季节。崇尚白色的蒙古牧民们为了祝愿健康、幸福、吉祥,人畜兴旺,所以以洁白的马奶来命名这一节日。马奶酒被视为最圣洁的饮料,用来招待最尊贵的客人。节日前夕,人们准备奶酪、奶豆腐、油炸果子、马奶酒、手扒肉等食品。

清晨,牧民早早起床,穿上节日盛装,骑上膘肥体壮的骏马,或乘勒勒车、汽车、拖车,带上马奶酒等食物到指定地点,照例要杀羊宰牛,备奶食,炸傲子,燃起牛粪火,煮手把肉。因为这是他们过节必不可少的物件。在此期间,当然也就少不了几个有资历的人念颂赞祝词。庆典开始,首先由主持人向来宾和蒙医献马奶酒和礼品。然后朗诵马奶节献诗,马头琴声悠扬,歌手们高唱节日的献歌。

仪式后是赛马。用两岁小马参赛,象征草原兴旺蓬勃,也唤起人们对"马奶"的深情。赛马场上彩旗飘扬,骑手们头缠彩色的头巾,腰里扎上五颜六色的长绸带,足蹬马靴,骑在各自的小马驹上。随着发令枪响,小马像离弦的箭一样向前奔去,大家你追我赶,气氛极为热烈。赛马结束后人们还要举行摔跤、拔河、打"布鲁"、歌舞、作诗等活动。

马是蒙古民族游牧生活和生产中的得力助手,是生命力的代表。祭奠成吉思汗时,也是以鲜马奶的祭酒而拉开序幕。马是蒙古族的第二生命。一匹马每年能提供二三千公斤的马乳。马乳是良好的营养品,含糖量比牛奶还要高。马奶酒或酸马奶,对肺结核、气管炎、贫血、消化不良等疾病,疗效甚好。特别是马肉瘦、脂肪少、热量大,能够抵御寒冷和防治心脏疾病。

重阳节

由来传说

重阳节的起源,最早可以上溯至春秋战国时期,不过那时它只是在帝宫中进行的活动。到了汉代,过重阳节的习俗渐渐流行。相传汉高祖刘邦的爱妃戚夫人遭到吕后的谋害,其身边一位随从侍女贾氏也被逐出了宫,嫁与贫民为妻。贾氏便把重阳的活动带到了民间。贾氏对人说:"在皇宫中,每年九月初九,都要佩茱萸,食蓬饵、饮菊花酒,以求长寿。"从此,重阳的风俗便在民间传开了。重阳节被人们重视,大概是因为在中国人的传统观念中,双九(九月初九)含有生命长久、健康长寿的意思。1989 年,我国将重阳节定为老人节。

九九重阳,早在春秋战国时的《楚辞》中就已提到。屈原的《远游》里写道:"集重阳入帝宫兮,造旬始而观清都"。这里的"重阳"是指天,还不是指节日。三国时魏文帝曹丕《九日与钟繇书》中,则已明确写出重阳的饮宴了:"岁往月来,忽复九月九日。九为阳数,而日月并应,俗嘉其名,以为宜于长久,故以享宴高会。"晋代文人陶渊明在《九日闲居》诗序文中说:"余闲居,爱重九之名。秋菊盈园,而持醪靡由,空服九华,寄怀于言"。这里同时提到菊花和酒。大概在魏晋时期,重阳日已有了饮酒、赏菊的做法。到了唐代重阳被正式定为民间的节日。到明代,九月重阳,皇宫上下要一起吃花糕以庆贺,皇帝要亲自到万岁山登高,以畅秋志,此风俗一直流传到清代。

民间传说则带有神话色彩。在东汉时期,汝河有个瘟魔,只要它一出现,家家就有人病倒,天天有人丧命,这一带的百姓受尽了瘟魔的蹂躏。一场瘟疫夺走了青年恒景的父母,他自己也因病差点儿丧命。病愈之后,他辞别了心爱的妻子和父老乡亲,决心出去访仙学艺,除掉瘟魔。恒景在仙鹤指引下,终于找到了一位有着神奇法力的仙人,学会了降妖剑术。练出了一身非凡的武艺。九月初九,仙人送给恒景一包茱萸叶,一盅菊花酒,传授了避邪用法,让恒景骑着仙鹤赶回家去。恒景回到家乡,把乡亲们领到了附近的一座山上,发给每人一片茱萸叶,一盅菊花酒,做好了降魔的准备。中午时分,随着几声怪叫,瘟魔冲出汝河,但是瘟魔刚扑到山下,突然闻到阵阵茱萸奇香和菊花酒气,便戛然止步,骤然色变,这时恒景手持降妖宝剑追下山来,几个回合就把瘟魔刺死在剑下,从此九月初九登高避疫的风俗年复一年地流传下来。

民风民俗

登高

在古代,民间在重阳有登高的风俗,故重阳节又叫"登高节"。登高所到之处,没有划一的规定,一般是登高山、登高塔。

吃重阳糕

重阳糕又称花糕、菊糕、五色糕,没有固定的做法。在九月初九天明时,用糕搭在儿女额头上,口中念念有词,祝愿子女百事俱高,乃古人九月做糕的本意。讲究的重阳糕要做成九层,像座宝塔,上面还做成两只小羊,以符合重阳(羊)之义。有的还在重阳糕上插一小红纸旗,点上蜡烛。这大概是用"点灯""吃糕"代替"登高"的意思,用小红纸旗代替茱萸。当今的重阳糕,仍无固定品种,各地在重阳节吃的松软糕类都称之为重阳糕。

赏菊、饮菊花酒

重阳节是一年的金秋时节,菊花盛开,据传赏菊及饮菊花酒,起源于晋朝大诗人陶渊明。陶渊明以隐居出名,以诗出名,以酒出名,也以爱菊出名;后人效之,遂有重阳赏菊之俗。旧时文人士大夫,还将赏菊与宴饮结合,以求和陶渊明更接近。北宋京师开封,重阳赏菊之风盛行,当时的菊花就有很多品种,千姿百态。民间还把农历九月称为"菊月",在菊花傲霜怒放的重阳节里,观赏菊花成了节日的一项重要内容。女词人李清照就有一首描绘重阳节饮酒、赏菊的词:

醉花阴:薄雾浓云愁永昼,瑞脑消金兽。佳节又重阳,玉枕纱橱,半夜凉初透。东篱把酒黄昏后,有暗香盈袖。莫道不销魂,帘卷西风,人比黄花瘦!

清代以后,赏菊之习尤为昌盛,且不限于九月九日,但仍然是重阳节前后最为繁盛。

插茱萸和簪菊花

重阳节插茱萸的风俗,在唐代就已经很普遍。古人认为在重阳节这一天插茱萸可以避难消灾;或佩戴于臂,或做香袋把茱萸放在里面佩带,还有插在头上的。大多是妇女、儿童佩带,有些地方男子也佩带。除了佩戴茱萸,人们也有头戴菊花的。清代,北京重阳节的习俗是把菊花枝叶贴在门窗上,"解除凶秽,以招吉祥"。这是头上簪菊的变俗。茱萸是茴香科落叶亚乔木,果实可吃,茎叶入药。戴茱萸也是为了防病驱邪,

地方习俗

陕北

重阳节在陕北正是收割的季节,有首歌唱道:"九月里九重阳,收呀么收秋忙。谷子呀那个糜子呦,上呀么上了场。"陕北过重阳节是在晚上,白天是一整天的收

割、打场。晚上月上树梢,人们喜爱享用荞面熬羊肉,待吃过晚饭后,三三两两地走出家门,爬上附近山头,点上篝火,谈天说地,待鸡叫才回家。夜里登山,许多人都摘几把野菊花,回家插在女儿的头上,以之辟邪。

福建

人们要蒸九层的重阳米果,将优质晚米用清水淘洗,浸泡 2 小时,捞出沥干,掺水磨成稀浆,加入明矾(用水溶解)搅拌,加红糖(掺水熬成糖浓液),而后置于蒸笼上,铺上洁净的炊布,然后分九次,舀入米果浆,蒸熟出笼。此米果分九层重叠,可以揭开,切成菱角,四边层次分明,呈半透明体,甜、软、可口,又不粘牙,堪称重阳敬老的最佳礼馔。九月初九也是妈祖羽化升天的忌日,乡民多到湄洲妈祖庙或港里的天后祖祠、宫庙祭祀,求得保佑。

寒露

中医在四时养生中强调"春夏养阳,秋冬养阴"。因此,秋季时节必须注意保养体内之阳气。当气候变冷时,正是人体阳气收敛,阴精潜藏于内之时,故应以保养阴精为主,也就是说,秋季养生不能离开"养收"这一原则。暮秋时节的饮食调养应以滋阴润燥(肺)为宜。少食辛辣之品,如辣椒、生姜、葱、蒜类,因过食辛辣宜伤人体阴精。

回族开斋节

开斋节是阿拉伯语"尔德·菲图尔"的音译,伊斯兰教重要节日。具体日期,为斋月最后一天寻看新月(月牙),见月的次日即行开斋。中国穆斯林大多遵循中国伊斯兰教协会印行的教历日期。主要活动内容有:上午举行会礼,会礼前沐浴盛装,并按规定进行施舍;会礼结束时互道"赛拉姆"(问好的意思),表示节日祝贺;然后依礼俗宴宾客,互赠节日食品。

据伊斯兰教有关经典的记载,伊斯兰教创立的初期,在封斋满月时,伊斯兰教的创始人穆罕默德曾率领穆斯林步行到郊外公共旷野,举行礼拜,穆罕默德沐浴后,身着整洁服装,并散发"菲图尔"(开斋)钱,从此以后,穆斯林便把这一天作为节日,隆重庆祝。

民风民俗

回历每年九月为斋月,斋月期间,穆斯林只许在每天日出前和日落后进餐。老弱病残、孕妇和小孩可以不用守斋(守斋亦称封斋或把斋),妇女在月经期间也可以不用守斋。在斋月里,按伊斯兰教教义要求,穆斯林要做到静性寡欲,白天戒绝饮食,即使是不守斋的,也要尽力节制自己的食欲,决不允许在公共场所吃喝。斋月的开始和结束,均以见新月为准。斋月有时29天,有时30天。经过一个月的封斋,完成了真主规定的"使命",于伊斯兰教教历的十月初开斋,故称开斋节。

我国信仰伊斯兰教的少数民族,在开斋节的这一天,都要沐浴更衣,聚集在附近的清真寺礼拜,然后开始节日活动。人们身着民族服装,互相赠送节日礼品。家家户户准备杏仁、杏干、油香、油炸果子、茶、瓜果等食品,有的人家还备有奶茶、五香茶(用冰糖、茶叶、桂圆、葡萄干、杏干泡的茶)招待亲友和客人。

特别提示

2003年的开斋节为公历11月26日,伊斯兰教规定,回历每年分12个月,单月为30天,双月为29天,每年较公历少11天,三年相差一月余。因此,按公历计算,伊斯兰教的节日并没有固定的时间。

霜降

此时天气渐冷、开始降霜。每当霜降时,我国南方地区就进入了秋收秋种的大忙季节,而黄河流域一般多出现初霜。人们在不同的季节都应学会使自身适应自然界的变化,从而保持人与自然之间的动态平衡。霜降之时乃深秋之季,根据养生学的观点,应以平补为原则,在饮食进补中当以食物的性味、归经加以区别。北方的天气渐渐变冷,也是慢性支气管炎容易复发或加重的时期。

祭祖

十月初一,谓之"十月朝",又称"祭祖节"。十月初一,也是冬天的第一天,此后气候渐渐寒冷。人们怕在冥间的祖先缺衣少穿,因此,祭祀时除了食物、香烛、纸钱等一般供物外,还有一种不可缺少的供物——冥衣。在祭祀时,人们把冥衣焚化给祖先,叫作"送寒衣"。因此,十月初一,又称为"烧衣节"。后来,有的地方,"烧寒衣"的习俗有了一些改变,不再烧寒衣,而是"烧包袱"。人们把许多冥纸封在一个纸袋之中,写上收者和送者的名字以及相应称呼,这就叫"包袱"。有寒衣之名,而无寒衣之实。人们认为冥间和阳间一样,有钱就可以买到许多东西。如今,只有少数边远地区还保留这个风俗。

由来传说

这个改变是源于蔡伦造纸和蔡莫烧纸的故事。

传说东汉时，蔡伦发明了纸，买卖很好。蔡伦的嫂子慧娘就让丈夫蔡莫向蔡伦学习造纸，开了一家纸坊。但蔡莫造的纸质量不好，卖不出去，二人很着急。后来，慧娘想出了一个办法，摆脱了困境。

一天的半夜，慧娘假装因急病而死。蔡莫伤心欲绝，在她的棺材前悲哀不已，一边烧纸一边哭诉说："我跟弟弟学造纸，不用心，造的纸质量太差了，竟把你气病了。我要把这纸烧成灰，来解心头之恨。"烧了一阵之后，只听见慧娘在棺材里喊："把门开开，我回来了。"这可把人们吓呆了，大家把棺材打开，慧娘装腔作势地唱道："阳间钱能行四海，阴间纸在做买卖。不是丈夫把纸烧，谁肯放我回家来？"慧娘唱完之后对大家说："刚才我是鬼，现在我是人，大家不要害怕。我到了阴间，阎王就让我推磨受苦，丈夫送了钱，就有许多小鬼帮我，真是有钱能使鬼推磨。我把全部的钱都送了阴间的官，他就开了地府后门，放我回来了。"蔡莫说"我并没有送钱给你啊？"慧娘答道："你烧的纸就是阴间的钱呀！"

在场的人们一听，都以为烧纸有很大的好处，便向蔡莫买纸。远近的乡亲都来买蔡家的纸，烧给自己死去的亲人。不到两天，积压的纸被抢购一空。慧娘"还阳"这天正是农历十月初一，因此，后人都在十月初一祭祀祖先，上坟烧纸，以示对祖先的怀念。

立冬

立冬意味着冬季的来临。人类虽没有冬眠之说，但民间却有立冬补冬之习俗。每逢这天，南北方的人们都以不同的方式进补山珍野味，以为只有这样进补，才能抵御严寒的侵袭。中医的养生原则是，少年重养，中年重调，老年重保，耄耋重延。故"冬令进补"应相据每个人的实际情况有针对性地选择清补、温补、小补、大补，万不可盲目"进补"。

瑶族歌堂会

歌堂会，是瑶族青年男女谈情说爱、唱歌求偶的节日。按传统习惯，每3~5年举行一次，从农历的十月十六开始，每次3~9天不等。

节日到来之前，各家各户都得事先通知远近的亲友前来观光。节日之夜，男女青年围着篝火，对唱情歌，以歌传情，歌长情深，通宵达旦才罢休。节日期间，人们穿着新衣裳，戴上新头巾，插上锦鸡毛；街头巷尾都是熙熙攘攘的人群，男青年两个一对、三个一伙，对着年轻姑娘唱起歌来。参加唱歌的青年，有时达八九十对。小伙子一支又一支地唱，姑娘们则仔细地打量着唱歌的小伙子，暗暗地选择心爱的人。白天在歌堂上认识后,晚上便可独自唱歌求爱。节日期间,每户人家做20~30斤的糯米糍粑,招待亲戚朋友。每户还出若干水酒(七斤左右),供人们任意饮用。

哈尼族街心酒

哈尼族是我国西南边疆的古老民族之一,他们自称为哈尼、卡多、雅尼、碧约、布都、白宏等,绝大部分分布在云南省南部红河与澜沧江的中间地带,以农业生产为主,种茶的历史非常悠久。

每年农历十月的第一个龙日,一个个哈尼族居住的村寨,都要在村寨中心摆上长长的酒宴,全村同乐,轮流喝酒,共庆象征他们团结和睦、吉祥幸福的节日。这种酒宴独树一帜,恰似一条长龙,因在街心,故被人们称为"街心酒"。

民风民俗

清早,人们把方桌抬到清洁的街心,一张接一张地摆放在一起,百来张桌子连成百米的长龙。随后,各家用小巧玲珑的竹篾将自己的拿手好菜端上来。一眼望去,鱼雀、江鳅、鲤鱼、竹笋、木耳……种种特产野味应有尽有,每桌二十来碗,桌桌争奇斗艳,显示出哈尼人辛勤劳作的成果和传统的烹调技艺,展现出哈尼族最长最盛大宴席的风采。酒宴在锣声中开始,人们根据不同的年龄兴趣与爱好自愿组合入席。这时锣鼓止息,锣鼓手端着锣逐桌接受人们的敬酒献茶。接着,由一对姑娘代表众人向老人们举杯敬酒。尔后,人们才能开始品尝自己喜爱的美味。若是小山寨,街心酒一个下午就可结束,若是大寨,则要划分为三组,分三个下午举行,每组轮流做一次东道主。

藏族燃灯节

燃灯节每年的农历十月廿五在拉萨举行。届时,各寺庙的喇嘛及百姓,用五彩酥油捏塑成各式各样的酥油花,挂在大昭寺两边事先搭好的花架上。夜幕降临,花灯点燃之后,宛如群星降落。花灯上绘有花卉、神仙人物、飞禽走兽等。观灯的人群在灯下欢歌起舞,通宵达旦。

民风民俗

藏族人在接待客人时,无论是行走还是言谈,总是以客人或长者为先,并使用敬语,如在名字后面加个"啦"字,以示尊敬和亲切,忌讳直呼其名。迎送客人,要躬腰屈膝,面带笑容。室内就座,要盘腿端坐,不能双腿伸直,脚底朝人,更不能东张西望。接受礼品时要用双手;赠送礼品时要躬腰,双手高举过头。

藏族人绝对禁吃驴肉、马肉和狗肉,有些地区也不吃鱼。

敬酒时要双手奉上,客人须先用无名指蘸一点酒弹向空中,连续三次,以示祭天、地和祖先，接着轻轻呷一口，主人会及时添满，再喝一口再添满，连喝三口，至第四次添满时，必须一饮而尽。吃饭时要食不满口，咬不出声，喝不出响。喝酥油茶时，主人倒茶，客人要待主人双手捧到面前时，才能接过来喝。

禁忌在别人后背吐唾沫，拍手掌，忌讳别人用手触摸头顶。

行路时遇到寺院、玛尼堆、佛塔等宗教设施，必须从左往右绕行。不得跨越法器和火盆，经筒和经轮不得逆转。

小雪

小雪，表示降雪开始的时间和程度。小雪节气的前后，天气时常是阴冷晦暗的，此时人们的心情也会受到影响，特别是那些患有抑郁症的人容易加重病情。现代医学研究发现，季节变化对抑郁症患者有直接影响，因为与抑郁症相关的神经递质中，脑内5-羟色胺系统与季节变化密切相关。春夏季，5-羟色胺系统功能最强，秋冬季节最弱，当日照时间减少，引起了抑郁症患者脑内5-羟色胺的缺少，随之出现失眠、烦躁、悲观、厌世等一系列症状。医学大家孙思邈在《千金要方·食治篇》中说："食能祛邪而安脏腑，悦神，爽志，以资气血"。是指导患抑郁症的人以食疗调节自己身体的好方法。

大雪

大雪，"大者盛也，至此而雪盛也"。从养生学的角度看，大雪已到了"进补"的大好时节。说到进补，很多人只理解就是吃点营养价值高的食品，用点壮阳的补药，其实，这只是进补的一个方面。养，即保养、调养、培养、补养、护养；生，就是生命、生存、生长之意。具体地说就是要通过养精神、调饮食、练形体、慎房事、适温寒等综合调养达到强身益寿的目的。讲究养宜适度，养勿过偏。

佤族崩南尼

佤族是云南省独有的少数民族，居住在澜沧江和萨尔温江之间，怒山山脉南段地带。他们称自己为"阿佤"，意思是"住在山上的人"。主要从事农业生产，喜欢饮酒、嚼槟榔，嚼槟榔使许多人的牙齿变成黑色，不过佤族人认为黑色的牙齿才是最美的。

大雪景色图

崩南尼，佤语音译，亦称"佤族春节"，即佤族年节。古时，佤历年末最后一个月的癸亥日，太阳落山后，人们即着手进行迎接新年的准备工作。这一天，所有在外的佤族人都要统统回归。当晚，各家泡下糯米，到清晨时起来蒸糯米饭、舂粑粑，并带上这些到寨王家里拜新年。此时，全寨所有的头人、青壮年男子都集中到寨王家里，杀一头猪、一只红毛公鸡，待全寨人家的糯米饭、粑粑送齐之后，头人们围拢在神桌旁，念咒、念经，然后鸣十二响土炮，表示辞旧迎新。接着，各家用小竹篾装上一盆糯米饭、一个粑粑，再放一块新纱布、一串芭蕉、一把甘蔗等，到寨王家里叩头三拜，表示拜新年、祭神灵、祭祖先。拜毕，各家回去向自家的父母长辈敬拜请饭。最后，还要给每一条耕牛、骡马喂一碗糯米饭。喂之前，要先察看牛马在厩中的姿势。如果牛马站立或头朝东，则认为是吉兆；如果牛马卧睡或眼向西，则认为不祥。凡属后者，主人要将其出卖或宰杀，不能继续喂养。

天亮后，全寨所有的枪、弩等武器要统统拿出来，集中到寨门外祭神的一棵大树下。这时，头人宰杀一只白毛公鸡，将血滴在用竹笋叶剪制的山鹿画像上，再将血抹在所有的枪、弩等武器上。祭祀结束后，头人将鹿的画像插到一箭射程的地方，举行射鹿比赛。中午，全寨除了老弱病残者外，所有的男子都要去"追山看路"，无故不参加者要被罚。上山者每人自带午饭，但不许带肉食，否则被认为猎不到野兽。在家的妇女忙于洗刷衣物，织布缝补，不做其他农活。男孩则到村外捕捉雀鸟或到河中捞鱼、摸虾。人们都想在过年这一天争个好运气。

冬至

冬至是个非常重要的节气,也是一个很重要的节日。汉代时,曾把冬至作为公定节日,文武百官皆可放假一天。在我国台湾则有"冬至过大年"的说法,他们把这一天比作过年一样重要。《景岳全书·中兴论》曰:"人于中年左右,当大为修理一番,则再振根基,尚佘强半",书中告诉我们,人到中年若能科学地运用养生之道,调理得当,是可以保证旺盛的精力而防早衰,达到延年益寿的目的。因此,此番养生的重点是中老年人。大原则是静神少虑、劳而勿过、节欲保精。

冬至这一天,太阳的影子最长,北半球白天最短,黑夜最长,并开始进入数九寒天。

由来传说

冬至过节源于汉代,盛于唐宋,相沿至今。古人认为冬至是阴阳二气的自然转化,是上天赐予的福气,官府要举行祝贺仪式,称为"贺冬",例行放假。唐、宋时期,冬至是祭天祭祖的日子,皇帝在这天要到郊外举行祭天大典,百姓在这一天要向父母尊长礼拜。

过去老北京有"冬至馄饨夏至面"的说法。相传汉朝时,北方匈奴经常骚扰边疆,百姓不得安宁。当时匈奴部落中有浑氏和屯氏两个首领,十分凶残。百姓对其恨之入骨,于是用肉馅包成角儿,取"浑"与"屯"之音,称作"馄饨"。恨以食之,并求平息战乱,能过上太平日子。因最初制成馄饨是在冬至这一天,所以人们逐渐形成了在冬至这天家家户户吃馄饨的习惯。

在江南水乡,有冬至之夜全家欢聚一堂共吃赤豆糯米饭的习俗。相传,有一位叫共工氏的人,他的儿子不成才,作恶多端,死于冬至这一天,死后变成疫鬼,继续残害百姓。但是,这个疫鬼最怕赤豆,于是,人们就在冬至这一天

冬至山水画

煮赤豆饭吃,用以驱避疫鬼,防灾祛病。

历史传统

冬至俗称"冬节",在古代是很隆重的节日,因为古人认为到了冬至,虽然还处在寒冷的季节,但春天已经不远了。这时外出的人都要回家过冬节,表示年终有所归宿。闽南和台湾民间认为,每年冬至是全家人团聚的节日,因为这一天要祭拜祖先,如果外出不回家,就是不认祖宗的人。

民风民俗

冬至这一天是北半球一年中白天最短,夜晚最长的一天,许多人家利用这一夜,用糯米粉做汤圆,叫作"冬至圆",为了区别于后来的春节前夕的"辞岁",冬节的前一日叫作"添岁"或"亚岁",表示"年"还没过,但大家都已经长了一岁。做"冬至圆"的时候,家长经常捏一些小动物,像小猫、小狗、小兔子、小老虎等等,专门给孩子吃。吃"冬至圆"以前,在门、窗、桌、柜、床和灯的后面,都要分别粘一个"冬至圆",称为"耗响",要等到"送灶"以后才能取下来烤着吃。碰巧这时家里有孕妇的话,如果"冬至圆"发酵了,就会生男孩,不发酵就会生女孩。吃"冬至圆"时,人口必须成双成对,以求吉利。如果吃到最后剩两粒,表示已婚的人将会万事如意;剩下一颗,表示单身的未婚者将会凡事顺利。这一天还要"晒冬米",就是把白米用水洗过,在这天的阳光下曝晒后收藏起来,留给日后有病的人煮粥吃。

冬至表示真正的冬天到了,北方有"数九"的民俗。从冬至这天算起,每9天为一个小节,共分为九九八十一天。民间流传这样的"九九"歌谣:一九、二九不出手,三九、四九冰上走,五九、六九沿河看柳,七九河开,八九燕来,九九加一九,耕牛遍地走。生动形象地反映出不同时间的气候变化。

腊八

古代的腊八是祭祀,而现在的人们提到腊八,对祭祀活动已不太感兴趣,取而代之的,是津津乐道吃腊八粥的习俗。

由来传说

"腊"是由"猎"字演变来的,这两个字在古代也写作同一个字。在年终岁尾之时,农作物收藏完毕,冬闲的人们组织起来猎取禽兽、祭祀神灵和祖先,祈求幸福、迎接吉祥,这种活动被称为"猎祭"。所以,把农历十二月称为腊月,就来源于年终祈福、酬谢神鬼。而举行腊祭的日子就叫"腊日"。南北朝时期,许多地方的"腊日"都确定在腊八这天,久而久之就成了惯例。

而腊八喝粥,则有另一个传说:传说佛祖释迦牟尼在得道以前,曾苦苦修行了六年而一无所获,他自知苦修的方法不会有结果了,就到河中沐浴,却因身体羸弱乏力而无力爬上河岸。牧女苏耶妲(意为"善生")将他拉上岸,并馈赠了一碗粥给他,佛祖吃后恢复了精力,并在菩提树下大彻大悟。这一天是十二月初八,佛教便将这天定为佛祖成道日。牧女所赠的粥,是用牛马乳汁、米和栗煮成的,是印度食品中的上品。佛门弟子非常看重给佛祖精力和灵感的粥,将其视为良药。佛祖的成道日与我国传统的腊日正好相重合,这一天,寺庙以"佛粥"供佛,并向世人布施。在佛教影响下,我国民间就形成了吃腊八粥的风俗。

民风民俗

腊月岁暮,春节临近,阳春初现,春草萌发,自古就有"腊鼓鸣,春草生"的谚语。人们敲打腊鼓,载歌载舞,热情欢迎新春的到来。农民在田间施冬肥,称为"腊肥",用以增加农作物肥分,提高土温,保苗越冬,为来年丰收打好基础。人们在腊月初七的晚上,洗米、剥皮、剔核……一直要忙到夜半时分。先把配料下锅,大火烧沸,然后用微火慢慢地熬,一直熬到第二天腊八的早晨。烹制好的腊八粥要先摆到桌上敬神、祭祖,祭祀完毕后再分送给亲戚朋友(一定要赶早送出,不能过午);最后才是全家老小一起吃腊八粥。不光是人,家里养的鸡、狗也要喝些腊八粥,连院子中的果树也要涂一些腊八粥,因为腊八粥的营养非常丰富,人们相信这样一来,鸡、狗会长得更结实,果树明年会硕果累累,大获丰收。腊八过后,家家主妇趁天气寒冷,气温较低,把猪肉、羊肉腌制起来,称为"腊肉"。"腊肉"可以长期保存,别有风味,是平日待客的上品。

腊月还有"敲更"的风俗:进入腊月后,每天黄昏,有一闲散老人手持大锣,走街串巷,边敲边喊:"寒冬腊月,灯烛小心;谨防贼盗,门户关紧。柴间看看,灰堆畚畚;灶前灶后,火烛小心。""腊月敲更"的风俗至今流传,在农村地区,腊月要组织人员打更守夜,防火防盗。城市里也加强了安全和防火工作,社区居委会管理员会以墙报、黑板报的形式宣传春节期间注意防火防盗,有些热心的居委会老大妈还会大声向居民宣讲防火防盗的常识,以引起大家重视。

回族古尔邦节

"古尔邦",在阿拉伯语中称作尔德·古尔邦,亦称尔德·阿祖哈。"尔德"的意思是"节日"。"古尔邦"或"阿祖哈",都含有"宰牲、献牲"的意思,因而又称为"宰牲节"。

由来传说

先知伊朴拉欣夜里梦见了真主安拉,安拉启示他要宰杀自己的儿子,作为祭品奉献给安拉,以表示对真主的虔诚。当伊卜拉欣遵命执行而举起刀的一瞬间,安拉派使者带着羊赶到,命令他宰羊代替儿子。从此以后,阿拉伯人便根据这一传说定期宰羊献祭。伊斯兰教创立后,承认先知伊朴拉欣为圣祖,并把伊斯兰教历太阴年十二月初十定为"古尔邦节"。现行公历与伊斯兰教历每年有十一天的日差,故每年古尔邦节的公历日期也不固定。

民风民俗

节前打扫室内外卫生。家庭院落、大街小巷都打扫得干干净净,东西堆放得井然有序。家家户户在节前都要炸油香、馓子、花花等。孩子们换上节日的服装,欢乐地蹦跳。

节日拂晓,沐浴净身,燃香,换上整洁的衣服赴清真寺参加会礼。

古尔邦节的会礼和开斋节一样,非常隆重。大家欢聚一堂,由阿訇带领全体回民向西鞠躬、叩拜。如果在一个大的乡镇举行,可谓人山人海。在聚礼中,大家要回忆这一年当中做过哪些错事,犯过哪些罪行,阿訇要宣讲"瓦尔兹",即教义和需要大家遵守的事等,最后大家互道"色俩目"问好。

会礼结束后,还要举行一个隆重的典礼,这就是节日里,除了炸油香、馓子外,还要宰牛、羊、骆驼。一般经济条件较好的,每人要宰一只羊,七人合宰一头牛或一峰骆驼。宰牲时还有许多讲究,不允许宰不满两岁的小羊羔和不满三岁的小牛犊、骆驼,不宰眼瞎、腿瘸、缺耳、少尾的牲畜,要挑选体壮健美的宰。所宰的肉要分成三份:一份自食,一份送亲友邻居,一份济贫施舍。

小寒

"小寒大寒,冷成冰团。"小寒表示寒冷的程度,从字面上理解,大寒应该冷于小寒,但在气象记录中,小寒却比大寒冷,可以说是全年二十四节气中最冷的节气。常有"冷在三九"的说法,而这"三九天"又恰在小寒节气内。

尾牙

"尾牙"是台湾的一个民俗节日,就是由公司老板在年末请员工一起吃顿饭,联络联络感情,奖励员工一年来辛劳的工作。

由来传说

台湾人有个风俗,每逢初二和十六都要祭拜土地公,这种祭拜仪式被称为"做牙"。一年中有好几次"做牙",而最后一次"做牙"就是腊月十六,所以就把这一天叫作"尾牙"。在"尾牙"这天,商家为了感谢土地公一年来的照顾,都会准备丰富的祭品来酬谢土地公,而祭拜完的东西就犒劳员工们,这就是"尾牙"的由来。

民俗民风

老板请员工吃"尾牙",除了犒劳员工一年来的辛苦以外,对于一些表现不佳的员工,也会以暗示性的手法,告知他们被解雇了。这种暗示手法非常巧妙,老板会准备一道特色菜"白斩鸡",等到这道菜端上桌时,鸡头朝向谁,就表示这个人过完年后就不必来上班了,被"斩"了。不过,现在这种情形已逐渐消失了,"尾牙"聚餐变成了员工们增进感情的一天,一年的辛苦在此画上句号,准备来年更加努力!

鄂温克族火神节

火神节是内蒙古自治区呼伦贝尔市索伦一带鄂温克族的节日。每年农历十二月廿三,家家都要杀一只羊,选最好的胸脯肉和羊头,放在火上烤,以供祭火神。同时,全家老小向火堆叩头,供祭后,各家尽兴享用烤熟的佳肴。

由来传说

鄂温克人家家都祭火神。他们认为,火的主人是神,每一户的火主就是自己的祖先。

传说在很久以前,有个年轻的猎手在山里转了一天也没捕获任何猎物,他又饿又累,就到一个山洞里睡下了。不知是过了多久,他醒来一看,自己放在洞口的枪已经腐烂了,枪筒也生满了黄锈。他想起自己的家,连忙往回赶。但是,一路上的景色和他心中的记忆完全不一样。不久,看见两座毡房在一座山岗上,看样子一家是穷人,一家是富人,他便向穷人家里走去。主人给他沏好奶茶,他刚要喝,就听毡房顶上好像有人在说话:"牧民兄弟,你家不是穷得连背鞍子的马都没有吗?"听了这话,猎人很奇怪,他望望这家主人,见他什么也没听见的样子依旧在喝茶。他惊喜地发现自己能听懂神仙的话了!这时,毡房顶上又说话了:"你们几世几代都忍受过来了,可是如今再也不要像待宰的呆羊那么闷声不响,我要连夜把那贪得无厌的主人的牲口都弄死不可!"这时猎手才听出说话的声音是从火神的口里发出来的,火神说完,便飞走了。

第二天,草原上刮起了暴风,猎手到外面一看,穷牧民们都躲着风暴集拢到毡房后边,又暖又背风;再看富人家的毡房及门前的大车和羊群,被刮得七零八落的,有的摔进沼泽,有的吹进河心淹死了。看到眼前的一切,猎手知道一定是火神的圣灵降临到草原,给穷苦的人送幸福来了。他把真相告诉大家,人们开始崇敬火神。从此,草原上年年都长出来丰盛肥美的水草,越来越多的穷苦人也养起了畜群,生活好起来了。因此,鄂温克人吃饭,饮酒以前都要先敬火神,有客人到主人家吃肉时,要先切一小块肉放进火里,然后自己才能吃,客人也要先把酒献给火后自己才能喝,不能用水泼火,不能将脏东西扔进火里等等。每年十二月廿三火神节这天都要宰杀,一只肥羊,把羊胸口一块最好的肉和羊头放在火里烤着,以此表示鄂温克人对保佑牧羊人的火神的虔诚。

大寒

按照民俗,每到"大寒"人们便开始忙着除旧布新,腌制年肴,准备年货了。古有"大寒大寒,防风御寒,早喝人参、黄芪酒,晚服杞菊地黄丸"。这是人民在生活中的总结,也说明了人们在冬季重视身体调养。

老南京——大寒时节多汤羹

到了大寒就进入了腊月,故《授时通考·天时》引《三礼义宗》:"大寒为中者,上形于小寒,故谓之大,寒气之逆极,故谓大寒。"在一年中最冷的季节里,老南京在日常生活中逐渐形成一套极具地域特点的养生之道。

到了寒冬季节,南京人的日常饮食多了炖汤和羹。大寒已是农历四九前后,传统的一九一只鸡食俗仍被不少市民家庭所推崇,南京人选择的多为老母鸡,或单炖、或添加参须、枸杞、黑木耳等合炖,寒冬里喝鸡汤真是一种享受。然而更有南京特色的是腌菜头炖蹄髈,这是其他地方所没有的吃法,小雪时腌的青菜此时已是鲜香可口;蹄髈有骨有肉,有肥有瘦,肥而不腻,营养丰富。腌菜与蹄髈为伍,可谓荤素搭配,肉显其香,菜显其鲜,极有营养价值又符合科学饮食要求,且家庭制作十分方便。到了腊月,老南京还喜爱做羹食用,羹肴各地都有,做法也不一样,如北方的羹偏于粘稠厚重,南方的羹偏于清淡精致,而南京的羹则取南北风味之长,既不过于粘稠或清淡,又不过于咸鲜或甜淡。南京冬日喜欢食羹还有一个原因是取材容易,可繁可简,可贵可贱,肉糜、豆腐、山药、木耳、山芋、榨菜等等,都可以做成一盆热乎乎的羹,配点香菜,撒点白胡椒粉,吃得浑身热乎乎的。

到了大寒时节,老南京除了注重日常保暖防寒外,更注重健身锻炼,走城墙、抖嗡、跳绳、滚铁环、踢毽子、太极拳是大家熟知的项目,近年来流行的跳舞、骑车等,使得南京人冬练变得更加丰富多彩。

国学经典文库

图文珍藏版

大师手笔的民俗传承读本　群众分享的国粹视觉盛宴

中国民俗文化精粹

第二册

王丽娜◎主编

民俗文化

线装书局

文艺
经典
国学

图文经典版

中国民俗文化

中国民俗文化精粹

婚丧嫁娶

卷二

导　读

　　婚姻,从原始状态起,便是世界上最动人的故事,可理解为是因结婚而产生的夫妻关系,是对两个人结合在一起共同生活的一种社会现象的表述。婚姻,古时又称"昏姻"或"昏因"。一般而言,婚姻一词的起源有三种说法:汉朝的郑玄说,婚姻指的是嫁娶之礼;在我国古代的婚礼中,男方通常在黄昏时到女家迎亲,而女方随着男方出门;这种"男以昏时迎女,女因男而来"的习俗,就是"昏因"一词的起源;换句话说,婚姻是指男娶女嫁过程。

　　丧葬,指办理丧事和埋葬死者。它是举行丧事,让死者有归宿,生者有悼念等相关事宜的仪式。是人类特有的感情。丧葬以祭祀、缅怀等感情为基础,民间丧葬形式在不同地区有不同形式(土葬、火葬、水葬等)。各地兴起、承续、发展、积累而成的丧葬文化和习俗。丧葬既成文化,与传统的孝道祭祖、死者为大、思想感情有关,目的是前传后教而约定俗成。也就是说,对死者毫无感情,就不可能产生丧葬。随着社会的发展,文明不断进步,殡葬制度的改革,长期形成的丧葬形式也在不断注入新的内容。

　　历史在前进,社会在发展,中华民族的婚丧嫁娶风俗也经历了一个由简至繁,又由繁至简的变化过程,而历史上的那些颇具识别能力的人们以及贫苦大众则是加快由繁至简这一变化过程的推动力。

　　必须声明,编著本卷的目的,绝非是为了恢复已逝的婚丧嫁娶风习,恰恰相反,却是为了杜绝其中陋俗的复活。我们比较详细地对有关婚丧嫁娶风俗进行介绍,是希望读者对各民族的婚丧嫁娶风俗有一个全方位的了解,知道哪些是符合历史潮流的,哪些是逆历史潮流而动的。有了判断识别能力,就能在同陋习的斗争中始终处于不败之地。

目 录

国学经典文库

中国民俗文化

精粹

·目录·

图文珍藏版

第一章 婚姻溯源

婚姻,又称"婚媾""婚娶"。古人曰:女婚为嫁,男姻为娶。《尔雅·释亲》说:"婿之父为姻,妇之父为婚……妇之父母,婿之父母相谓为婚姻。"

一、从杂乱婚到血缘婚

在人类处于蒙昧时期,祖先们的婚姻关系没有固定的配偶形式,这种杂乱婚姻亦称群婚。这时,没有任何习俗制度对婚姻进行限制和规范。当然,"由此绝不是说,在这种关系的日常实践中也必然是乱得毫无秩序的。短时期的成对配偶,像现在群婚制中在大多数场合也有的那样,绝不是不可能的"。

关于远古人类的杂乱婚姻,古文献里尚有记载。《吕氏春秋·恃君览》:"昔太古尝无君矣,其民聚生群处,无亲戚兄弟夫妇男女之别,无上下长幼之道。"《列子·汤问》:"男女杂游,不媒不聘。"《管子·君臣》:"昔者未有君臣上下之别,无有夫妇配匹之合,兽处群居,以力相征。"

在不少文献资料和口头传说中,有关于神奇诞生和异类婚配繁衍后代的故事,曲折地反映了先民们群处杂婚的影像。《史记》载:"太暤庖牺氏母曰华胥,履大人迹于雷泽,而生庖牺于成纪,蛇身人首。"又:"炎帝神农氏母曰女登,为少典妃,感神龙而生炎帝,人身牛首。"又:"周后稷名弃,其母有邰氏女曰姜嫄,姜嫄为帝喾元妃,姜嫄出野,见巨人迹,心忻然悦,欲践之,践之而身动如孕者,居期而生子……名弃。"《诗经·商颂》:"天命玄鸟,降而生商。"诸如此类的奇异诞生传说,不论女主人公是谁人之妃,其故事情节的本身在于说明:这些诞生儿的身世是"只知其母,不知其父"。《后汉书》载:帝喾时代,高辛氏部族受到犬戎部族的侵扰,苦斗不能取胜。帝喾没有办法,便悬赏:谁能打败犬戎并斩其首级,谁就能得到封邑,并可娶他女儿为妻。商辛氏有一只五彩毛色的狗,名叫槃瓠。有一天,槃瓠把犬戎的头衔了回来,帝喾既高兴又惊奇。为了履行诺言,帝喾不得不将自己的女儿许给槃瓠作妻。槃瓠背着帝女,走进南山一个洞里,生儿育女去了。

诸如此类的传说便是远古杂婚的一种曲折反映。

关于人与异类通婚繁衍子孙的传说,在世界各地均有流传。北美洲印第安人中,流传着大量的关于人蛇婚姻、人熊婚姻、人鱼婚姻的传说。在非洲大陆诸部族中,流传着大量的人龟婚姻、人鼠婚姻、人鹰婚姻故事。我国许多民族中,也流传着人与异类婚配的故事。如傈僳族,流传着人和老虎成婚的传说。这些荒诞离奇的传说,是先民对杂乱婚的幻想性描述,可以作为远古杂乱婚俗的旁证。

在杂乱婚姻时代,男女之间发生性关系是没有限制的。父女之间、母子之间、兄妹之间,均可结合。海南岛黎族传说:古代天地变迁,人类灭绝,只剩下母子二人。上帝降旨,令母亲在脸上刺花纹,让儿子认不出来,然后与儿子结合,生育后代。希腊神话中,爱神阿芙罗狄蒂本是宙斯与大河神女儿狄俄涅所生,可她的父亲却向她求过婚。

先民们之所以聚生群处、群婚杂交,主要有两个方面的原因:一方面,"以群的联合力量和集体行动来弥补个体自卫能力的不足";另一方面,是先民尚未产生"亲戚兄弟夫妇男女"等伦理观念,故对杂婚导致的危害亦无正确认识。

随着生产力的不断发展,在生产上出现了自然分工,比如老人照看小孩,青壮年外出采集或打猎。这样一来,人们便自然地按年龄大小划分为了不同集团。于是,不同年龄集团之间的男女在婚姻关系上自然发生距离。于是,人们的婚配关系便逐步限制在同龄(辈)男女之间。人们的思想意识随着生产力的不断提高而提高,对不同辈分间男女的杂婚关系本能地产生了憎恶和反感。于是,先民们实现了从杂乱婚姻向血缘婚姻的过渡。

血缘婚只是排除了父女间、母子间这种不同辈分的男女杂婚关系。至于同辈男女之间,则既是兄弟姐妹又是夫妻关系。具体地说,这种婚姻的典型样式是:一群兄弟与一群姐妹之间互为共夫或共妻。子女自然形成集群共有,以男性长辈为共父,仍"知母不知父"。这种婚俗自然形成了丈夫过着多妻生活,同时妻子也过着多夫生活。

关于血缘婚,我国古代文献里有诸多记述。《后汉书·南蛮传》载有兄妹婚配的神话。唐末李冗的《独异志》记录了女娲兄妹自相婚配的故事:昔宇宙初开之时,只有女娲兄妹二人在昆仑山,而天下未有人民,议以为夫妻,又自羞耻。兄即与其妹上昆仑山,咒曰:天若遣我兄妹二人为夫妻,而烟悉合;若不,使烟散。于烟合,其妹即来就。兄乃结草为扇,以障其面。

故事中所说的兄妹成婚,便是原始社会血缘婚俗的反映。在广大汉族地区,至今仍普遍流传着《伏羲女娲制人烟》的故事,说的是在一场毁灭性的洪水之后,大地上只剩下了伏羲和女娲两兄妹,为了延续人类,他们结为了夫妻。这是远古洪水灾难和血缘婚配的遗响。

在我国彝族、苗族、壮族、傣族、白族、布依族、哈尼族、景颇族、傈僳族、怒族、独龙族、水族等少数民族中,也广泛流传着本民族兄妹婚的神话。如彝族的《梅葛》,苗族的《盘王书》,傈僳族的《开天辟地的故事》,白族的《氏族来源的传说》,布依族的《姊妹成亲》,景颇族的《木瑙斋瓦》,傣族的《布桑该·耶桑该》,壮族的《盘古传说》等。

纳西族《创世纪》说:

> 除了利恩六兄弟,
> 天下没有男的;
> 除了利恩六姐妹,
> 天下没有女的。
> 兄弟找不到妻子,
> 找上了自己的姊妹。
> 姊妹找不到丈夫,
> 找上了自己的兄弟。
> 兄弟姊妹成夫妇,
> 兄弟姊妹相匹配。
> ……

这首古歌所描绘的,正是典型的一群兄弟姊妹间的婚姻,比较真实地反映了最早的血缘婚制。

鸾凤和鸣

广西瑶族传说,在一场大洪水后,人类全部灭绝了,只剩下伏羲、女娲兄妹二人。兄向妹求婚,妹不允,提出用"追逐"的方法决定是否成婚,如兄追到她,便成婚。于是,二人围着一株大树追逐。追来追去,兄始终追不上。后来,兄心生一计,从相反方向迎去,挡住了妹,遂成为夫妇。值得注意的是:这种女跑男追的求婚习俗,后来成了中华民族千百年来所沿袭的求婚方式。

血缘婚配是一个世界性的文化现象。希伯来神话说:亚当与夏娃偷食禁果之后,共生了两男两女四个子女,并让他们交叉婚配:老大与三妹结合,老二与四妹配对。在古希腊神话中,众神之父宙斯与他的妻子赫拉,既是夫妻又是兄妹。在日本、朝鲜、印度支那等地各民族中,均广泛流传着血缘婚配的传说,反映和追忆了这种婚俗的古代形态。

直到 20 世纪初期,我国一些少数民族的婚俗中,还可看到血缘婚的遗存。如云南傈僳族,便实行族内婚,同一家族内的男女,除了亲生父母和亲兄弟姐妹外,均可通婚。怒江地区的怒族,当时也还实行血缘族内选择,除亲生父母、子女、亲兄弟姐妹外,叔伯兄弟姐妹、从兄弟姐妹间均可婚配。他们甚至认为:这样的婚姻会促进家族间的联系,亲上加亲。云南纳西族,一直保留着亲兄弟姐妹间婚配的情况。

我们还可以从称谓习俗上来透视血缘婚姻。摩尔根在《古代社会》一书中,谈到了一种称谓习俗,他称之为"马来亚式亲属制"。这种称谓习俗,如以"我"为男性,则对与我妻子同辈的女性(兄弟之媳、堂兄弟之媳、姨姐妹、表姐妹、姨兄弟之媳、表兄弟之媳等)统称为"我的妻"。同理,如以"我"为女性,则对与"我"丈夫同辈的男性(丈夫的兄弟、堂兄弟、堂姐妹之夫、姨姐妹之夫等)统称为"我的夫"。

在我国一些少数民族中,也存在着这种"模糊式"的称谓习俗。在云南纳西族,"对母亲和母亲的姊妹,都称'爱梅',即都是母亲。而对舅父的阿注亦称'爱梅'";"对母亲的兄弟和母亲的阿注都称'阿屋',即都是舅父";"母亲与舅母同称,舅父与父亲(包括生父和非生父)同称"。在东北鄂温克族中,将祖父和外祖父同称为"合克",把祖母和外祖母都称为"恶我",将兄、堂兄、表兄通称为"阿基"。西藏察隅县的僜人,对自己的上一辈,不论父系的还是母系的,除亲生父母和舅舅外,凡男性一律称"阿爸巴"(大爸爸)或"阿爸阿"(小爸爸),凡女性一律称"阿妈巴"(大妈妈)或"阿妈阿"(小妈妈)。云南西双版纳基诺族,祖父与外祖父同称"阿普",祖母和外祖母同称"阿姚",孙子女和外孙子女同称"里饶",儿女和外甥子女同称"饶古",我和我的兄弟姐妹、从表兄弟姐妹同称"车饶"等。

这种"模糊式"的称谓习俗,正是兄弟姐妹互为夫妻的历史事实在文化上的投影,它充分证明了我们的先民曾经经历过血缘婚姻时期。

二、从族外婚到专偶婚

生产力的进一步发展,使人们逐渐由原来的流动性采集狩猎生活向比较稳定的锄耕农业生活过渡各个集团之间开始有了交往。一方面,集团内的血缘婚已不能适应新的生产力的发展需要;另一方面,人们认识水平逐渐提高,开始意识到血缘(近亲)婚姻对后代的身体和智力有很大危害。于是,人类开始了由血缘婚向族外婚的过渡。

在中国许多神话传说中,都有关于血缘婚的记述。从中,我们可以清楚地看到血缘婚的危害性和对血缘婚的否定倾向。

在一系列兄妹婚神话中,都把兄妹放在一场大洪水后或宇宙初开的背景下,世间只有兄妹二人存在了,如不婚配便面临着人类的灭绝。虽然兄妹通婚了,但却是被迫的,表达了对血缘婚有一种无可奈何的情绪和某种否定心理。在兄妹婚神话中,一般都有某一方连续多次拒婚的态度,表达了人类对血缘婚的抵制倾向。还有一点值得我们注意的是:几乎所有兄妹婚姻的结果,都导致了生下的不是正常婴儿,而是肉球、肉块、葫芦、怪胎等。这不但反映了人们对血缘婚姻的抵制倾向,而且充分反映了人们对近亲婚姻危害性的认识。血缘婚姻使集团趋于衰落,血缘家族在自然选择法则的支配下遭到了挫折,不可避免地促进了血缘婚的终结,迎来了先进一步的族外婚。

族外婚是不同集团之间同辈男女互相通婚的婚姻制度。这种婚姻制度排除了同一集团之间的男女婚配,男子须找外集团的女子为妻,女子得找外集团的男子为夫。这种婚姻,男子仍属本母系集团,子女为母系所有,世系按母系确定。

族外婚姻往往形成两个集团间世世代代互相通婚的姑舅表婚制。四川凉山彝族,便把这种婚姻习俗长期保留下来。过去,他们普遍盛行同等的家支外婚(姑舅表婚),凡有姑舅表亲关系的,就可以优先择偶,成为亲家关系。直到20世纪中期,云南德宏景颇族仍保留着这种族外婚习俗,普遍盛行着一种三角形的环状婚姻:三个群体间实行循环转嫁的单向姑舅表婚——甲集团的女子必须嫁给乙集团的男子,乙集团的女子必须嫁给丙集团的男子,丙集团的女子必须嫁给甲集团的男子。此外,独龙族、门巴族、瑶族、傣族等民族,都不同程度地保留着这种族外婚习俗。

族外婚并非对偶婚或专偶婚,男子只在女子家过婚姻生活,男女均没有固定的配偶,因而所生子女仍然是"知母不知父"。也因此,在称谓习俗上出现了姑父、岳父、舅父不分和姑母、岳母、舅母不分的现象。从《尔雅·释亲》中"妻之父为外舅,妻之母为外姑"及"妇称夫之父曰舅,称夫之母曰姑"等记载看,汉民族也曾经历过这个婚姻阶段。

在母系氏族社会,妇女居于家庭和社会的主导地位。随着母系氏族的日益发展,"妇女也就愈迫切地要求取得保持贞操,暂时地或长久地只同一个男子结婚的权利作为解放的办法"。这样,原来按族外婚俗结合起来的男女配偶日趋稳定,成为一定时期内的固定妻子或丈夫。这便是对偶婚。

对偶婚是指一个女子可在一群男子中选择一个做她主要的丈夫;同理,一个男子也可在一群女子中选择一个女子做他的主要妻子。

不论男女,除主要配偶外,还有若干配偶。对偶婚时代,男子须嫁到女方氏族中去,过着访居生活。

从文献记载看,我国古代存在过对偶婚制。《帝王世纪》载:"帝喾有四妃:元妃有邰氏,曰姜嫄,生后稷;次妃有娀氏……"元妃是帝喾的主要妻子,三个次妃是次要妻子。《史记·五帝本纪》载:舜娶尧的二女为妻,娥皇为后,女英为妃,后为主妻,妃为次妻。又载:娥皇、女英与舜的弟弟有着"并淫"现象。这便是对偶婚的典型特征。因为作为女人,除主夫之外,还有次夫。

由于男女均有主要配偶,且男子必须出嫁到女方氏族,因此,所生子女皆从母姓,只知母不知父。如尧出生时,姓"陶唐氏";舜出生时,姓"姚氏";后稷出生时,姓"邰氏"。也因此,父子便不能同姓。如尧姓"陶唐氏",而他的儿子丹朱则姓"有虞氏"。

这种对偶婚姻习俗,直到20世纪初期,在我国不少少数民族中尚有遗存。其中最典型的是位于四川与云南交界处泸沽湖畔纳西族人的"阿注"婚姻。这种婚姻的特点是:男不娶,女不嫁,男子只在夜间走访女子,过夫妻生活,清晨离开。"阿注"婚姻没发展到"专有"或"独占"的程度,结合和离异都是随便的。

随着社会生产力的更大发展,人们的生活水平不断提高,男人在生产中所起的作用越来越大,在家庭和社会中的地位越来越高。从女娲神话和嫦娥神话中,我们可以清楚地看到妇女地位的江河日下,看到妇女如何从女神(主宰)变成女人(从属)。这样,男人们改变了原来由母系血缘来确定世系和财产继承的社会习惯。于是,人类婚姻发生了一个根本性的变化——从族外婚时男嫁女方的"从妻居",变成了男娶女方的"从夫居",对偶制家庭被专偶制父权家庭所替代,实现了按父系确定世系和财产继承的制度。一夫一妻的专偶制婚姻诞生了。

一夫一妻制是伴随私有制的出现而产生的婚姻制度,是一个伟大的历史进步。它产生并奠定了几千年来绵延不绝的各种婚姻习俗,使得我们的婚姻变得五彩缤纷。

一夫一妻制家庭产生前,男子从妻居,女子是家长,男子是过客。到了一夫一妻制时期,丈夫成了家长,妻子从夫居,处于从属地位。我们从"坐家""产翁制""审新娘"等婚俗中,可以看到这个演变过程。

普米族婚俗有"三回九转"之说,意思是男女之间要结许多次婚,才会成为正式夫妻。新娘结婚后,要回娘家居住,少则两三年,多则十余年。布朗族青年要举行两次婚礼,第一次婚礼在女方家举行,婚后新娘仍住娘家。三年以后,在男方家举行第二次婚礼,才能正式娶过妻子。

"产翁制",又称"男子坐褥""男子坐月"。孩子本来是母亲生下的,但父亲为了把子女争到自己名下，便在妻子分娩后，装作生育的模样在床上坐褥，接受亲友祝贺。传说中的大禹便是他父亲鲧生下的。我国壮、傣、苗、仡佬等民族中，历史上都曾盛行产翁制婚俗。史籍对此不乏记载。"郎慈苗……其俗更异，产生必夫守房，不逾门户，弥月乃出。产妇则出入耕作，措饮食以供夫及乳儿外，日无暇晷。"产翁制标志着妇女斗争的失败，妻子完全处于从属地位了。

四川左所地区的普米族，有一种"审新娘"的婚俗。新娘过门第三天，男家杀猪宰羊，大宴宾客，审新娘活动开始。老太婆们连哄带吓，施展各自本领，引导新娘讲出自己以前和哪些男人拉扯过或发生过性关系。如果新娘"不干净"，将会被赶走；如果态度不老实，要受刑罚。

如果说"产翁制"习俗标志着母权制的失败，那么"审新娘"则完全是父权制对母权制所

民间祈求多子的蛙形剪纸

采取的高压措施。从此，女人成了男人的私人财产。

恩格斯在《家庭、私有制和国家的起源》中指出：古典的一夫一妻制取代对偶婚制，固然是"一个伟大的历史的进步"，但它绝不意味着"男女之间的和好"。反倒宣告了"女性被男性奴役"，"乃是女性的具有世界历史意义的失败"。

三、从一夫一妻到妻妾成群

在一夫一妻制的形成过程中，一些部族或部落首领凭借手中的权力和优越的社会地位，侵占公共财富，化公为私，争夺土地、财富、奴隶，用以扩大私有制的基础。这其中，便插入了男子对女奴隶的支配和一夫多妻制。一方面，在一般群众家

庭中,夫妻共同劳动、和睦相处,使一夫一妻制得以承传;另一方面,在奴隶主家庭,因男性家长具有绝对的支配权,因而使一夫一妻制度变成妇女单方面遵守的义务,丈夫则可以多娶。也就是说:古典的一夫一妻制具有极大的片面性,它是"妻子方面的一夫一妻制,而不是丈夫方面的一夫一妻制",它"根本没有妨碍丈夫公开的或秘密的多偶制"。

(一)媵妾——公开的多妻制

媵妾制度便是男人分开的多偶制。所谓媵,起初是指随同女子出嫁的妹妹或侄女;而妾,则指男子在妻子以外娶的女子。战国后,随着妹妹或侄女同嫁习俗的泯灭,媵成为妾的一种。媵妾又称为如夫人、小妻、旁妻、下妻、少妻、庶妻等等。其主要来源有三:家贫卖身的妇女、罪犯的妻女和"私奔"的妇女。

从甲骨文材料看,商代帝王普遍多妻。如武丁便有六十四个妻子。《周礼》《公羊传》等儒家经典关于"等而上之,天子有十二女;等而下之,士庶人有一妻一妾"之类说法,成为后世富贵之家广置媵妾的依据。《孟子·万章》里有这么一句话"食前方丈,侍妾数百人",反映了战国时期上流社会媵妾之盛。至秦汉时代,媵妾制变成封建宫廷的后妃制。汉代从武帝、元帝以后,"世嫔淫费,至乃掖廷三千,增级十四。"后宫里除王后外,所有嫔妃分为昭仪、婕妤、烃娥、容华、美人等十四种等级。西汉末,王莽改制,除皇后外,设三夫人、九嫔、二十七美人、八十一御人,凡一百二十人。当然,这只是成千上万宫女中的一部分。除帝王外,"诸侯妻妾或至数百人,豪富吏民蓄歌者至数十人"。魏晋时,此风有增无减,政府对此公开认可,晋政府规定:诸王可置妾八人,郡公侯妾六人,一、二品可有四妾,三、四品有三妾,五、六品有二妾,七、八品有一妾。西晋时豪侈成癖的石崇,"侍人美艳者数千人"。

隋唐时,媵妾制度更加完善,法律只禁止多妻,不禁止多妾,正妻只能有一个,媵妾则不受此限。宋代沿袭唐俗,媵妾遍及全国,士大夫之家无不妻妾成群。蔡京等声名狼藉的大官僚自不必说,即如流芳千古的范仲淹、苏东坡等名士,也少不了媵妾侍候。甚至,各地庙观的和尚道士"皆外蓄妻子,置姬媵"。由此足见,宋代置妾之风是何等之盛。

·婚丧嫁娶·

图文珍藏版

(二) 娼妓——秘密的多妻制

娼妓和娼妓制度，是婚姻史上一块糜烂的毒疮。娼妓，原写作"倡伎"，指歌舞艺人。它起源于原始群婚末期妇女为赎买贞操而作的委身牺牲，以此换取只委身于一个男人的权利。后来，这种赎身活动由女巫代替，女巫便成为最早的娼妓。由神伎变为以卖淫为职业的娼妓，是阶级社会的统治者在妇女群中造成的一个特殊阶层。

中国古代，娼妓并不仅指以商业性卖淫为生的私妓，还包括近乎贱妾的家妓和为官府酒宴劝酒助兴的官妓。官妓包括供帝王及皇族声色之娱的宫廷妓和封建官府管辖的乐户。家妓是豪门大户、富商巨贾蓄养的妓女，主人可任意淫乐和处置。在中国历史上，魏晋南北朝家妓最盛，唐代官妓空前绝后，宋代私妓遍布全国。

养妓嫖妓以富商巨贾居多，而王公贵族、名人雅士亦多涉足，甚至连帝王也不例外。北宋徽宗便多次夜宿于号称"白牡丹"的开封名妓李师师家，南宋理宗也常同临安名妓唐安安一起鬼混。宋代时，还有开设在寺院附近的妓院，专供僧人淫乐。中国历史上虽发动过多次禁娼活动，但未曾绝迹过。养妓成为男性实行一夫多妻制的补充形式。

(三) 收继——畸形的多妻制

收继婚是指父死子娶庶母、叔死侄娶婶母、兄死弟娶寡嫂、弟死兄娶弟媳的婚姻形式。收继婚既是原始社会群婚习俗的残留，又是封建社会一夫多妻的表现，还有防止财产、劳力外流的用意。在《左传》中，便记载有秦、齐、楚、晋、郑、卫等国的收继婚现象。

收继婚具有奴隶制粗野的特性，在流行此俗的时代或地区，即便国君的女儿，一旦被男人娶走，便成为男子家族中的一宗财产，丈夫死后，她便得转嫁给同房中别的男子。如汉朝时的王昭君，远嫁匈奴呼韩邪单于。呼韩邪死后，按匈奴婚俗，她须转嫁给庶子为妻。当时，汉朝法律已经明文禁止收继婚，但却制约不了胡地。"昭君上书求归，成帝勒令从胡俗"。无可奈何，王昭君只得遵命转房。

收继婚俗早在先秦时期便遭到人们指责，以后各朝均有法律规定废止此俗。但在实际生活中，此俗并未绝迹。历史上最负"臭名"的收继者，当数隋炀帝。当他父亲隋文帝弥留之际,他便逼迫庶母宣华夫人陈氏为妻。文帝得知气急败坏,却也力不从心。文帝病死的当天,姿貌无双的宣华夫人便被"太子烝焉"。接着,容仪婉丽的容华夫人蔡氏"亦为炀帝所烝"。唐太宗收继了弟弟李元吉的妃子杨氏;唐高宗收继了唐太宗的才人武则天,封昭仪。宋以后,汉族地区收继婚逐渐消失,但一些少数民族中仍盛行此俗,有的地方甚至延续到近世。

一夫多妻制严重威胁着妻子的地位,历史上,妇女们进行了长期的反抗。反抗方式主要有三种,可惜都不怎么有力:

嫉妒。丈夫置妾、嫖妓,妻子妒忌是无可厚非的。但结果却不妙,一方面,妻子把满腔愤恨发泄到妾或妓身上,使另外的女子遭受打击;另一方面,拥有绝对支配权的男人最终给妻子扣上"妒妇"的骂名,甚至对其加以摧残。最终,受害的仍是妇女,妻子们因妒而自杀,妾妓们因被妒而被杀之类事情时有发生。

男妾。男妾古称"面首",即美男子。置男妾是妇女们对一夫多妻的消极反抗方式。历史上关于"面首"的记载始于南朝。史称,刘宋孝武帝的女儿山阴公主极为泼辣,认为她与哥哥宋废帝同为先帝骨肉,哥哥"六宫万数",而自己却只"驸马一人",十分不公。宋废帝"乃为公主置面首左右三十人"。据史书所载,养男妾多而且声名大者,当推武则天。

通奸。在封建社会中,公开养男妾只有公主才有资格。作为普通妇女,她们对一夫多妻的反抗便是通奸。这种反抗方式并不能改变一夫多妻的事实,其结果使社会风气更加败坏,"丈夫方面是大肆实行杂婚,妻子方面是大肆通奸"。

四、从门当户对到郎才女貌

封建社会是一种不平等的社会制度,封建婚姻是一种赤裸裸的买卖婚姻制度。

唐诗有云:"人各有耦,色类须同。"意思是有钱有势家族间"门当户对,结为姻眷"。平民百姓只好"板门对板门,篾笆门对篾笆门"。森严的等级制度自然形成了,什么等级或身份的家庭只能与相同等级或身份的家庭通婚。这种婚姻习俗,便是中国封建婚姻最主要的联姻原则——门当户对。

（一）良贱不婚

在封建时代，法律把所有的家庭及成员划分为良人与贱民两大等级。"良贱既殊，何宜配合？"良贱不婚的鸿沟，贯穿于整个封建社会的始终。秦汉时便有这样的习俗：良人如果同贱民通婚，便会沦为贱民。因而，"富贵之男娶得富贵之妻，女亦得富贵之男。"到魏晋南北朝时，良贱不婚的习俗成了法令。隋唐时，禁止良贱通婚的法律已十分系统，违者将受惩处。至宋代，贱民范围十分广泛，因而良贱不婚包含的内容也十分广泛。其中，以主仆不婚、良娼不婚两种最常见。

（二）士庶不婚

从魏晋到隋唐时代，地主阶级作为一个"等级的阶级"，被严格划分为士族和庶族两大阶层。士庶不婚，虽未见于法令，但却约定俗成，成为人们自觉遵守的习惯。士族地主是一个封闭性的集团，他们为保持其自身血统的高贵性，一不与寒门联宗，二不与庶族联姻。"爰及婚嫁，至于士庶贵贱之隔，俗以为常"。士族内部，也有高低贵贱之分，上层士族不屑与中下层士族通婚。

至隋唐，士庶不婚的禁忌，不如魏晋南北朝严格，但仍相当明显。这时毕竟不是士族地主的黄金时代了，因而出现士族卖婚现象，以其门第和传统地位来换取钱财和现实权势。士族卖婚之陋俗，一方面意味着士庶之间依然存在着等级差别，另一方面也意味着士庶不婚的鸿沟逐渐泯灭。

士庶不婚的习俗虽只存在于魏晋至隋唐时期，但在此前此后，不同等级之间的婚姻同样存在着等级限制。以前而论，春秋时越王勾践求盟于吴王夫差，便许下诺言："请勾践女女于王，大夫女女于大夫，士女女于士"。如此联姻，堪称门当户对的典型。按汉制，公主只能降一等，嫁与列侯之家。东汉末年，有"嫁娶自当与乡里门户匹敌者"之法律。隋唐以后，虽无士庶不婚之禁，但却有士农不婚、士商不婚、官民不婚之习。这些婚姻禁忌主要并非法律上的鸿沟，而是习惯上的界限。习俗作为法律的补充，在维护封建等级婚姻制度方面起到了重要作用。

在一些少数民族，贵贱不婚的习俗，甚至传至今日。如居住在西藏东南部的珞巴族，族内人分为"麦德"（主人）和"涅巴"（贱人），二者之间有着严格界限，不能通婚。

门当户对婚姻带来的直接后果是：社会上出现了一个又一个封闭式婚姻圈。地主阶级的不同阶层有各自的排他性婚姻集团，"相互为婚姻，他族不得预"。而劳动群众的不同等级也往往有自己固定的婚姻对象。由于封建社会封闭的自然经济，再加上交通不便，整个社会区域间的相互隔绝，远距离联姻几乎不可能，农民家庭联姻地域更为狭窄。白居易在《朱陈村》一诗中，便描绘了这样的典型：

> 一村惟两姓，
>
> 世世为婚姻。
>
> ……
>
> 生者不远别，
>
> 嫁娶先近邻。

　　门当户对的等级内婚，造成了封闭式的婚姻圈，而近距离联姻使得这个婚姻圈更加狭小，其结果使得整个社会更加封闭隔绝。封建统治使人类自身的生产难以正常进行，旷夫怨女的大量存在，便是这种婚姻带来的恶果。同时，导致了整个社会身体素质低劣、生命短暂的直接后果。

　　门第婚姻，使无数真诚相爱的痴男怨女不能成为眷属。善良的人们对这种罪恶的婚姻习俗无可奈何，便创造出许多故事来鞭挞门第观念，歌颂坚贞爱情。《牛郎织女》是世人皆知的故事，牛郎和织女因门户不当，不同等级，一个在天一个在地，终被"王母娘娘"活活拆散。《七仙女下凡》的故事，同样是对门第婚姻的控诉。另一方面，人们创造出仙女下凡嫁穷汉的故事，使无钱娶妻的人们得到精神上的慰藉。同时，表达了人们对破除等级观念的美好婚姻的向往。

　　唐宋之际，等级制的婚姻观念发生了一些变化。此前，"家之婚姻必由于谱系"，讲究门当户对；此后，"婚姻不问阀阅"。"不问阀阅"又问什么呢？议亲"贵人物相当"。

　　这里所谓的"人物"，对女性讲，主要指"美貌"；对男性讲，主要指"贤才"。"贵人物相当"，即所谓郎才女貌是也。

　　所谓"贤才"，通常指进士。"十年勤苦无人问，一日成名天下知"，人们常把科举及第与否，作为判断一个男子是否贤才的标准。一时间，进士成为妇女们的心中偶像，梦中情郎。达官显贵、富室豪门择婿，唯进士是举，不问家世，不问人品，甚至不问婚否。一旦如愿,兴奋之极:"吾得婿如是足矣!"

选择进士做女婿的方式主要有三种:

榜下求婿。王安石有这样的诗句:"却忆金明池上路,红裙争看绿衣郎"。所谓绿衣郎,即指新科进士,因着绿袍得名。当时风气,张榜之日,富贵人家纷纷出动"择婿车",去金明池上路争选女婿。一日之间,"中东床者十八九。"

不仅有权有势者榜下择婿,凡有钱财者均加入这个行列中来。于是,读书人在中第前后的婚姻遭遇迥然不同。真所谓"娶妻莫恨无良媒,书中自有颜如玉。"①

榜前择婿。鉴于读书人一旦及第便难求得,有钱有势者便想出这一招术,在榜前认准人选,确定婚事。但这种择婿方式近乎孤注一掷,难免失误。一旦失误,"生米煮成熟饭,"追悔莫及。因而,榜前择婿者并不普遍。

榜前约婚。榜前约婚是一种介于榜下求婿和榜前择婿之间的方式,双方约定先登第,后结婚。这种约婚方式,既不怎么费事,又不致后悔莫及,可以说兼具榜前择婿和榜下求婿之长。

但是,榜前约婚也有后患。后患之一是女方不能久等,在男方屡试不第的情况下,往往屈从父母之命另嫁他人;后患之二是男方登第后毁约变心,另寻高门佳丽。男子登科后不变心者不少,但背约的负心郎历史上为数更多。

榜下求婿之风的盛行,表明我国封建婚姻从门当户对阶段进入郎才女貌阶段。郎才女貌的婚姻,较之门当户对的买卖婚姻的进步是不言而喻的。从理论上说,门当户对是当事人家庭条件的交换,与当事人自身几乎无关;而郎才女貌,则是当事人自身条件的相互交换。从效果上看,门当户对深化了门第观念,强化了早婚陋俗;而郎才女貌,则相对淡化了门第观念,局部改变了早婚陋俗。

但是,对郎才女貌的进步意义也不能估价过高。因为这样的婚姻依然离开个人的感情基础,孤立地讲贤才和美貌这样的死条件。实质上,它不过是"尚官"的表现,仍旧以地位取人。并且,它还造成"进士娶妻论财"、婚嫁失时、不切实际的幻想等现象发生。

门当户对和郎才女貌这两大传统婚姻观念,在我国历史上影响深远。甚至直到当代,在不少人的身上都有它的烙印。

第二章　婚俗与社会

马克思曾经说过:"婚姻不能听从已婚者的任性,相反的,已婚者的任性应该服从婚姻的本质。"婚姻的外在形式是男女两性的生理结合,本质上则是男女两性的社会结合。我们要把握纷繁复杂的婚俗现象后面的本质的东西,就要把它置于社会的经济、政治以及法律中去考察。

一、种的繁衍

婚姻的缔结,意味着新生命的即将诞生,即种的繁衍。恩格斯曾言:生产本身有两种,"一方面是生活资料即食物、衣服、住房以及为此所必需的工具的生产;另一方面是人类自身的生产,即种的繁衍"。这两种生产都是人类自身的基本需要。然而,人类自身的再生产,不仅是生产具有生物学属性的人,也不仅是生产具有一定劳动能力或社会活动能力的人,而必须同时生产具有特定社会属性的人。这种特定的社会属性,就是在历史发展中形成的既定生产方式中的"人"所具有的社会属性。只有这样,"一代新人"才能不断地把物质资料的生产方式连续运转。这种具有特定社会属性的人们与既定的生产方式相一致,这是由既定生产方式所规定的特定的婚姻生产出来的。因此,我们透过特定时期人类自身生产的情况,便可发现渗透于其间的种种婚姻习俗。

(一)女神:万物的母亲

远古时期,人们并不懂得怀孕、生育,认为孩子不过是女神的杰作而已。而女神的形象,在不同的民族、国家和地区是不同的。

从新石器早期到青铜器时期(某些地方还要晚些),在印度河和爱琴海之间,以及东欧的那些文明古国，都发现了一些描绘母亲——女神的雕像。新石器时期的东南欧有近 3 万尊不同材料的塑像，所描绘的几乎都是髋部横阔、胸部丰满的女性，就像是"维纳斯"的姊妹。

生育女神及祈祷生育的符号

西欧的情况不大相同，在那里只发现了两三百个粗糙的石像。好像那里的宗教感情还停留在远古时代的死亡或丧葬上，还没有转向生活和给予生命的母亲。这种情况可能与西欧的农业经济开始很晚有关。

在中东，公元前 6500 年左右，出现了许多女性雕像。土耳其的南阿纳多卢有一个古老的城市沙达尔·于育克，人们在那里发掘出装饰有女性浮雕的房子。浮雕不是怀孕的女子，是用线条勾勒出乳房的女性像，其中有一个命名为"波特尼阿·西伦"（意为野兽的主人）。她坐在自己的宝座上，两侧各有一个豹子，两手放在豹子头上。只要仔细观察她，就会明白这个威严的人物既是母亲又是自然的主人，是后来千百个女神的始祖。从新石器初期到男性一神教获胜这个漫长过程中，这些女神集中体现了女人和男人的希望。

我国新疆新发现了一处极为罕见、反映原始社会后期生殖崇拜的岩画，它位于呼图壁县城西南约 75 公里的天山山脉中。在东西长 14 米，上下高 9 米的岩壁上，布满着两三百个大小不等的人物形象，大者过于真人，小者只有 20 厘米。这些男女人物，或卧或立，手舞足蹈；或衣或裸，身姿各异。其中，男像大多清楚地显露出艺术夸张的生殖器；女像则刻画出宽胸、细腰、肥臀，有的显示出生殖器官。在男女交媾图画之下，又有群列的小人。这些都清楚地表示了当时人们祈求生殖、繁育人口的愿望与要求。

如果说原始社会中的人们对生育主要是一种自然崇拜，那么随着古代宗教——巫术的发展，人的生育之神、多子多福的祝贺在不同的民族和地区开始纷呈异彩。

从江南直到闽、粤、台湾，崇信的是送子观音。观音在一般人心目中是妙相应严的女神,她大慈大悲,闻声救苦,灵迹昭著。女人最信拜观音,因为女人最重要的事是生产,最关心的是自己的孩子,女人在危难时候祷念观音圣号,就会得救。

清代著名文人赵翼《陔余丛考》卷三十四载:许洄妻孙氏临产危苦万状,默祷观世音,恍惚见白氅妇抱一金色木龙与之,遂生男……又徐熙载母程氏虔奉观音,熙载舟行将覆,呼菩萨名得免。既归,母笑曰:"夜梦一妇人抱汝归,果不妄。"

崇信送子观音的人,如没有儿女就要到观音庙里去偷佛桌上供奉的莲灯,或偷佛座下放着的观音穿的绣鞋;生了儿女又怕其长不大,就把儿女送到观音庙里去寄名。台湾民间称观音为"观音妈",表示亲近之意,视观音如同慈祥的祖母一样。

在北方,则很少把观音奉为保护婴儿和产育的神,北方人崇奉的是碧霞元君与子孙娘娘。崇奉碧霞元君本由崇奉东岳齐天大帝而来。可是后来附庸蔚为大国,甚至后来居上,慢慢的东岳大帝的香火冷落了,黄河流域的人们几乎都信仰碧霞元君。碧霞元君是一位女神,传说她最知道女人的痛苦,也同情女人,所以妇女祈子、祈求生产平安、祈求儿女好养等都去求她。北方人所供奉的子孙娘娘,既找不出她的姓名和传说,更查不出她的起源和来历。在北方人心目中,碧霞元君和子孙娘娘常常是混淆不分的。

闽广地区崇信临水夫人。临水夫人最初见于元人的《三教搜神大全》。据说临水夫人曾和林沙娘、李三娘义结三姊妹,她们同向闾山许真君学道,道成下山,三姊妹行医施法驱邪救世,称为"三奶派",亦即闽台红头司公始祖。又据廖毓文著《台湾神话》说,临水夫人就是注生娘娘。所谓注生,就是执掌生育之事。注生娘娘手下有 36 婆姐。《临水平妖》一书曾详细写出 36 婆姐的姓名、籍贯等。

广东民间崇信金花娘娘(亦称"金花夫人""金花小娘")。妇女们奉她为保佑生产和婴儿的神。在广东,金花庙到处都有,并年年要举行金花会,热烈的情形似乎比福建人信临水夫人有过之而无不及。

据胡朴安《中华风俗志》下篇卷七记载:

广东金花夫人店最多,其说不一;或曰金花者神之讳也,本巫女,五月观竞渡,溺于湖,尸旁有香木偶,宛肖神像,因祀之月泉侧,名其湖曰仙湖。或曰神本处女,有巡安夫人方娩,数日不下,几殆,梦神告曰:"请金花女至则产矣。"密访得之,甫至署,果诞子,由此无敢婚神者,神羞乏,遂投湖死,粤人肖像以祀,呼"金花小娘"。

后以能佑人生子,不当在处女之列,故改称"夫人"云。神诞为四月十七日,画舫笙歌,祷赛极盛云。

金花夫人庙里配祀的还有许多属神,《民俗杂志》第 36 期有容肇祖记金花庙文,文中谈到这些属神,一共有 19 位:保痘夫人胡氏、梳洗夫人张氏、教食夫人刘氏、白花夫人曹氏、养育夫人邓氏,等等。名目驳杂离奇,想象不出她们管的是哪一项,只知道和安产、换胎(转女为男)、保痘、教养诸事有关。

古代市民百姓把观音、子孙娘娘、临水夫人、金花夫人等作为生育之女神,意味着人们的生育知识极端匮乏,不懂婚姻与生育之间的必然联系,也不了解男子在生殖过程中的作用。当人们祈求、供奉一位女神时,表征着女神在当时的力量、威望:她不需要借助任何外力就可生育,她通过孤雌繁殖可以孕育整个宇宙。几千年来的习惯表明,"我们的母亲是大地",这足以显示女性的权威,正像后人向"我们在天国的父亲"祈祷而表达男性的威望一样。

(二)产翁制

产翁制就是男子模仿妇女生育孩子,以达到子女归属父亲的行为。该俗堪称奇特。

《太平广记》卷四八三引《南楚新闻》:

南方有僚妇,生子便起,其夫卧床褥,饮食如乳妇。

越俗,其妻或诞子,经三日,便澡身于溪河,返具糜以饷婿,婿拥衾拥雏,坐于寝榻,称为产翁。

《马可·波罗行记》说:

傣族女子产子,洗后裹以襁褓,产妇立起工作,产妇之夫则抱子卧床四十日,卧床期间受诸亲友贺。

雍正《顺宁府志》卷九记载:

(傣族妇女)生子三日,贵者浴于家,贱者浴于河,妇人以子授夫,已仍执爨,上街,力田理事。至老非疾笃不敢少休。

产翁遗俗,不仅我国有,在世界许多民族中都曾出现过。南美洲亚马孙河和俄利诺科河流域的印第安人,"在大多数部落里,母系氏族和妻子居住婚占着优势。

但是,已开始向父系氏族过渡。与此有关的是他们中存在着产翁坐褥的习俗:在妻子生产的时期,丈夫躲在床上并仿效产妇的样子,享受好些日子的护理和照顾"。

法国与西班牙交界处的巴斯克人也有这种风俗,法国学者沙尔·费勒克曾对此做过精彩的描述:

这个习俗就是当女子生了小孩子,是父亲坐床,是父亲假装作痛,大家也是照应父亲,几乎是很相信真是父亲生了小孩子了,并且邻舍男女来贺喜的也是贺父亲。并不挂念母亲,母亲仍然是专心去做她的家务。

装产的习惯,是男子用来夺取女子的财产和她的品级之欺骗手段中的一种。因为女人生小孩,就是家庭中享有特权的原因。男子之所以装产,因为他要使人相信他是生小孩子的人。这种行动的方法,供给了男子做他承认父权之用。

产翁制习俗的出现,从心理和思想角度看,大概是要把孤雌繁殖的信念与男性生育的仪式结合起来,意味着两性繁殖观念的发端。单性繁殖让位给两性繁殖,生命遗传要靠两性合作,这种解释突破了传统和宗教观念。过去,"孩子一直是母亲的产物,他是植物还是动物取决于给他生命的胚胎的性质"。现在,"孩子属于父亲,他是父亲身上的血肉,当然继承父系血统"。

当然,由母系血统过渡到父系血统,这个变化是逐步完成的。当父权制已经确立、但尚未十分巩固时,妇女总是利用她们生产子女这个显而易见的方式来进行顽抗,增强对子女的权力,动摇父权的地位。于是,男子就采用产翁制这种象征性手法,做出一副似乎孩子是他所生的样子,其目的,以变更事物的名称来改变事物,削弱和改变母权制,夺取子女的归属权,从而按父系血统继承财产。

应当说,产翁制习俗为我们了解母系血统向父系血统的转变提供了生动的材料。但是,在今天再津津乐道于此遗俗,未免有些荒唐可笑。

(三)"华封三祝"与祈子之俗

远古时候有一个"华封三祝"的传说,说的是华山地方的封人给领袖人物尧的祝词里包含了三件事:多福、多寿、多男子。其中多男子的祝愿在中国历经几千年,盛传不衰。

古代人们祝愿多男子,常用螽斯衍庆来形容。意思是子孙像螽斯一样多。螽斯出自《诗·周南·螽斯》,当时人们认为,一只螽斯,一生能产99子,繁殖力很强,诗人就用螽斯做比喻。《诗·大雅·假乐》中还有"千禄百福、子孙千亿"的颂辞。这首诗是歌颂西周天子的,祝愿他子孙绵衍,达到"千亿"。古时10万为亿,千亿,就是今天的1亿。中国人口突破1亿,大约是在清朝前期。

尧

传说中华民族的始祖黄帝有25个儿子。如果说这个数字不一定可靠的话,那么,下面的一些数字是史书上确切记载的:魏武帝曹操有25个儿子,晋武帝司马炎有26个,宋孝武帝刘骏有28个,齐武帝萧颐有23个,陈宣帝陈顼有42个,唐玄宗李隆基有30个,宋徽宗赵佶有31个,明太祖朱元璋有26个,清康熙帝有35个。儿子最多的可能是西汉中山靖王刘胜,据《汉书》卷五十三记载,他"乐酒好肉",有儿子120多个。如果再加上女儿,那就更多了。宋徽宗除31个儿子外,还有34个女儿,共65个子女;明太祖的子女共有40个。乾隆有17个儿子,当他73岁时,已有了玄孙。乾隆感到这"五世玄孙,一堂衍庆"是自古以来的帝王不曾有过的大喜事,便在雍和宫后室、大内景福殿以及承德避暑山庄等处,写了好几块"五代五福堂"的匾额,并自封为"十全老人"。

历代统治者倡导并身体力行多男子之俗,市民百姓也纷纷仿效,竞相生育。生女孩的,不管生了多少胎,都要一胎一胎生下去,直到生了男孩才算完成任务;生男孩的,一个是不够的,定要达到"多子"目标;不会生育的媳妇更难堪,即便被休了还会被人看不起。于是,妇女的最大愿望就是生男孩,其外在表达方式便是祈子。

各地祈子风俗各异,大致有三种方式:

第一种,到保佑生育之神面前求子。古人祷于高禖、祷于尼山,后因为各地区信仰不同,各有各的神,例如前面说到的华北各省信奉碧霞元君,华中各省多信送子观音,华南各省信奉临水夫人或金花娘娘,甚至还有人叩求全知全能的妈祖。

第二种是吃某种食物。比如女儿的嫁妆里一定有一个朱漆子孙桶,桶里放着

5个煮熟染红的喜蛋和许多染红的喜果。嫁妆送到男家以后，男家亲友如有久不生育的女人就会向主人讨喜蛋。据说吃了很快就会有喜，男孩就会诞生。这种习俗，现在上海还可见到。

除了吃喜蛋外，有些地方还有吃瓜求子的习俗。这大概是受"瓜瓞绵绵""瓜熟蒂落""种瓜得瓜""好瓜子少，癞瓜子多"等的启迪。至于吃瓜求子在什么时候举行，吃的是哪一种瓜，各地方不尽相同。比如清明那天，如是农历三月初三日，芜湖人认为百年难逢，称之为"真清明"。古老相传，乏子嗣的人，买一南瓜，在"真清明"日把整个瓜锅煮烂，把它放在桌上，午时夫妇并肩坐，同时举箸，尽量多吃，不久必然得子。江南各地差不多都有这一习俗。

还有许多特殊的习惯，例如安徽歙县、江西吉安每年中元普度时请僧人诵经放焰口，最后施食时将所陈列的济孤食品（包子、水果等）向法台抛掷，人们争相拾取，妇人抢到包子一个，据说来年即可得子。

第三种是偷瓜、送瓜、偷灯，还有在女家陪嫁中被面床单的刺绣及衣箱针器的描花上"榴开百子"的图案。偷瓜、送瓜也是因"瓜瓞绵绵"而起的习俗。又因"灯""丁"同音，为祈求"添丁进口"才去偷灯；有的地方是由亲友送灯给乏嗣的夫妇，传说"偷灯"比亲友送灯有效。

《中华风俗志》载：

贵州中秋节有一种特别之风俗，为各省所无者，即偷瓜送子是也，偷瓜于晚上行之，偷之时故意使被偷之人知道。以惹其怒骂，而且骂得愈厉害愈妙。将瓜偷来之后，穿上衣服绘上眉目，装成小儿形状，用竹舆抬送，有锣鼓随之，送至无子人家，受瓜之人须请送瓜人食一顿月饼，然后将瓜放在床上，伴睡一夜，次日清晨将瓜煮而食之，以谓自此可怀孕也。

《清稗类钞》云：

广州元夕妇女偷摘人家蔬菜，谓可宜男，又妇女艰嗣续者往往于夜中窃人家莴苣食之，云能生子，盖粤人呼莴苣为生菜也。

拴娃娃本是北方的习俗，最早记录见于纪文达公的《阅微草堂笔记》：

余二三岁时，尝见四五小儿彩衣金钏，随余嬉戏，皆呼余为弟，意似甚相爱，稍长时乃皆不见，后以告先姚安公，公沉思久之，爽然曰："汝前母恨无子，每令尼媪以彩丝系神庙泥孩归,置于卧内,各命以乳名,日饲果饵。与哺于无异。殁后,吾命个人瘗楼后空院中,必是物也。"恐后来为妖,拟掘出之,然岁久已迷其处矣。

这段记载颇有价值,把拴娃娃的习俗写得十分清楚,拴来的泥娃娃照样要喂它吃。北方民间也有类似传说,不过拴的是真娃娃。有个人家,主妇锁上门出去看亲戚,中午没回家,邻居突然听到她屋里有小孩哭声,可是谁都知道她夫妇没有儿女,后来才知道是拴来的娃娃饿哭了。拴娃娃的习俗,在安徽、吉林等地都有。

除了上述三种祈子习俗之外,还值得一提的是浙江温州地区的"打生"习俗。妇女成婚后,还没有怀孕,于是把愿望寄托在城隍爷身上。未怀孕的妇女,和同伴们一起虔诚地去城隍庙求子。女伴们去折几根细竹,俗称"神鞭",轻轻鞭打,边打边喃喃道:"愿神鉴我诚,赐我石麒麟。"这种习俗,民间称为打生。意思是妇女不生孩子,就会灭宗废祀,断一家香火,应该受到神的惩罚。只有请神宽恕之后,才能得到"天赐贵子",以续后嗣。

上述祈子习俗表明,古人结婚很重要的一条便是:"上以事宗庙,而下以继后世。"他们认为人总是要死的,最要紧的是后继有人,有了后代,自己和祖先的生命就能延续,香火不绝,虽死犹存。据此,他们把生育后代看作是孝道第一要义,认为"不孝有三,无后为大",并称"有子万事足","多子多福",把生育观念加以道德化。在社会演进、人类进化的过程中,这种观念作为一种传统的伦理规范,制约并左右着中国人的结婚与生育,就是在当今 21 世纪初仍可感觉到它的影响。

当然,多子多福的传统伦理观念,对社会发展起积极还是消极作用,要做具体分析。在以家庭为生产单位、以体力劳动为主的小农经济条件下,这种鼓励人口增长的伦理观念对社会的经济发展是有利的。今天,条件变了,农业现代化已从根本上改变了小农经济,因而从小农经济中产生出来的传统伦理观念已丧失了它的作用,成为阻碍现代化的消极因素。

(四)早婚:多子多福的逻辑推论

要多子多福就要早婚早育,这在古代人那里是一个合乎逻辑的推论。早婚早到什么程度,由于历史变迁及各种因素的影响而不尽相同。

《周礼》说:"令男三十而娶,女二十而嫁。"这是给当时男女规定的一个嫁娶年限。对于这个年限，古人曾有争论。鲁哀公问孔子："男子十六精通，女十四而化，是则可以生民矣。闻礼男子三十而有室，女子二十而有夫，岂不晚哉？"孔子曰："夫礼，言其极也，不是过也；男子二十而冠有为人父之端，女子十五而许嫁有通人之道。"《尚书大传》说：男三十而娶，可以"黼黻文章之美"，女二十而嫁则可以通于纺织，否则上无孝于舅姑，而下无从事夫养子。可见，周代理想的婚龄是男30岁，女20岁。

《周礼》书影

战国时期，婚龄开始下降。如越王勾践为速报吴国之仇需要增加兵员，下令：凡男20岁、女17岁不嫁娶的，惩办其父母。汉惠帝为了增加户口税收入，曾发令："女子十五以上不嫁者，五算。"所谓五算，即加5倍课税。汉宣帝时早婚之风盛行，大臣王吉曾上书主张晚婚。他说："世俗嫁娶太早，未知为人父母之道而有子，是以教化不明而多夭。"早在前汉就有人注意到这个事关民族兴衰的大问题，不能不说具有远见卓识。然而王吉的意见并未被采纳，实际上汉代帝王成婚的年龄都是很低的。昭帝8岁被立为帝，当时上官皇后年仅6岁，昭帝死时，上官皇后尚未成年，才14岁。平帝即位时年仅9岁，王莽把女儿给他做皇后也才9岁。

魏晋南北朝都提倡早婚。晋武帝时规定："女年十七父母不嫁者，长吏配之。"北朝的魏在文成帝以前，诸王于15岁赐婚，以后更低。太子晃15岁生文成帝；献文帝于13岁生孝文帝。北齐后主规定："女子二十四以下十四以上未嫁悉集省，隐匿者家长处死。"以征集妇女，处死家长相威胁，强迫人们早婚，可见封建统治阶级为了增加人丁，开辟剥削来源，根本不管人民的健康和民族前途。北周建德三年发布诏书："自今以后男年十五、女十三以上，所在军民须依时嫁娶"，婚龄越来越降低。南朝，梁高祖宠爱的丁贵妃14岁归高祖；陈文帝的沈皇后10岁归文帝。

唐宋以后，适婚年龄虽有差异，但都属早婚。详见下表：

唐贞观令:男 20 岁,女 15 岁。

唐开元令:男 15 岁,女 13 岁。

宋天圣令:男 15 岁,女 13 岁。

宋嘉定令:男 16 岁,女 14 岁。

司马氏书仪:男 16 岁至 30 岁,女 14 岁至 20 岁。

朱子家礼:男 16 岁,女 14 岁。

明洪武令:男 16 岁,女 14 岁。

大清通礼:男 16 岁,女 14 岁。

上述史籍记载的是官方或半官方的规定,而实际上劳动人民的结婚年龄要大些。唐代白居易曾作诗说:"红楼富家女,金缕绣罗襦,见人不敛手,娇痴二八初,母兄未开口,已嫁不须臾。缘窗穷家女,寂寞二十余,荆钗不值钱,衣上无珍珠,几回人欲聘,临日又踟蹰。主人会良媒,置酒满玉壶,四座且勿饮,听我歌两途。富家女易嫁,嫁早轻其夫,贫家女难嫁,嫁晚孝于姑,闻君欲娶归,娶妇意何如。"这首诗说得很清楚,富家女 16 岁左右很容易出嫁,贫家女过 20 岁找婆家也困难。杜甫在一首诗中说:"夔州妇女发半华,四十五十无夫家。"又,五代楚曹衍的《贫女》诗中说:"自恨无媒出嫁迟,老来方始遇佳期,满头白发为新妇,笑煞豪家年少儿。"可见古代因阶级地位不同,实际结婚年龄是不相同的。

综合观察,在统治阶级上层和市民百姓中都信奉和践行早婚。《中华风俗志》载:湖南汝城地区"结婚自童幼,大家无十岁未聘之子。"又说:奉天(今辽宁)满族的早婚"在全国可居第一,男女十三四岁即结婚"。后来早婚的恶果被人们认识,就改为早订婚晚结婚,即在七八岁或十一二岁订婚,一直到十八九岁才结婚。东北青年女子因不满"年长之女子,配以少年之男子,十三四岁之男子,必娶十七八岁女子"的风俗,便声称:"宁嫁穷汉子,莫嫁孩蛋子。"

早婚陋习在外国也同样存在。印度从公元前的拉玛衍那时代开始,一直到今天,童婚现象相当普遍。在拉贾斯坦邦尔瓦尔地区,每到 4 月底的阿尔蒂节(吉祥的日子),就有上万名儿童举行集体婚礼。探险家理查德·伯顿爵士的妻子伊莎贝尔·伯顿在其著作中记述了 1876 年孟买城里一对娃娃成亲的盛况。伊莎贝尔把婚礼描绘成我有生以来所见到的最精彩的欢乐场面。长形的大厅里灯火辉煌,地上铺着各式珍贵地毯，长椅、单人椅和沙发上罩着色彩斑斓的花布，几百名东方人身着华服欢聚一堂：新娘和新郎的年龄分别是九岁和十岁。四周摆满玫瑰香水、花束，椰子和裹着树叶的干果。两个小娃娃一身珠光宝气，相对坐在两边，中间铺着一条镶边彩巾。新娘将一个用白色花朵穿成的项链挂在新郎的脖子上；新郎则把状似低劣表链的黑色珠玑项链围在新娘的颈上。整个婚礼要持续几天。首先，新娘要骑上大马，尾随前面引路的新郎，向夫家走去。他们两人的脸被鲜花遮掩，其实更确切地说，他们两人是被鲜花簇拥着，活像西方五月一日上街游行的花室中人。夫妻双双来到婆家。翌日新娘又被送回娘家，一直等到实际结合的那天来临。但在那天已经没有任何仪典了，他们在这天已经正式成亲了（即使理论上这样认为）。也许他们日后并不相爱，也不能再有任何变动，亦不能反悔。在以上所有场合下，屋里的灯通宵达旦地点着，就好像哑剧里的灯火布景。这样的风情民俗使整个孟买城洋溢一派欢快悦人的气象。

尽管印度政府1929年起颁布法令禁止早婚，1978年又发布禁止重婚修改法，由于印度教经典提倡，所以早婚、童婚依然盛行不衰。1979年，在印度阿杰米尔举行的集体婚礼仪式上，有的婴孩刚2岁，有的甚至还不到2岁，就被宣布为"夫妻"。

阿拉伯和撒哈拉沙漠部族里的婚俗不尽相同，但那里的大多数姑娘也都很早结婚。身兼作家和探险家的尼娜·埃普顿揭示了鲜为人知的摩洛哥娃娃婚的内幕：尼娜的一位从事化学研究的女友，在调查卡萨布兰卡贫民窟时，不得不经常与企图把十一二岁的女儿嫁给十分险恶的男人的波波族妈妈们发生争执。这些女人到她开的小店里买安眠药。因为处于半麻醉状态的女孩子会服服帖帖地参加婚礼，否则神志清醒的女孩子常常会大打出手，"简直和野猫一样。没有哪个做丈夫的会夜复一夜地忍受这种洋相，很快就和这样造反的老婆分道扬镳了"。当然，安眠药是不会卖给她们的。

中国古代盛行早婚陋习，从根本上说是统治阶级政治、经济的需要，也是封建家长制的必然产物。早婚给男女幸福、健康带来了危害，因此，遭到了人们的反对。宋代袁采在《袁氏世范》中对早婚陋习进行过批评："人之男女不可于幼小之时便议婚姻。大抵女欲得托，男欲得偶，若论目前，悔必在后。盖富贵盛衰，更迭不常，男女之贤否须年长乃可见。若早议婚姻，事无变易固为甚善。或昔富而今贫，或昔贵而今贱,或所议之婿流荡不肖,或所议之女狼戾不检。从其前约则难保家,背其前约则为薄义。而争讼由之而兴,可不戒哉?!"袁采对早婚流弊的分析,可谓一针见血。清代梁启超专门著有《禁早婚议》一书,提出早婚有五大危害:一害养生,二害传种,三害养蒙(指教育子女),四害修学,五害国计。可谓切肤之痛矣。

目前,早婚在我国已失去了存在的条件。但是,它在一些落后的农村仍有一些市场。这些年农村订小亲、早婚现象仍时有发生。1988 年,据浙江省有关部门调查,地处沪、宁、杭"金三角"的湖州市农村,未成年人中已订小亲的约占 40%以上。温州的一些县市农村,14 岁以下的儿童中订小亲的年龄一般是七八岁,甚至有 1 岁就被父母订小亲的。20 世纪末、21 世纪初,城市里中学生的"早恋""网恋"也开始越来越多。"早恋"本质上不同于古代的早婚,但从男女异性的交往、亲昵、相恋相爱意义上来看,又有相同之处。如果说古代的早婚是童男童女的非主观愿望,那么,当今学生的"早恋"则是一种主动且又朦胧的对异性的追求,是生理早熟的一种表现。实际上,"早恋"概念并不科学。"早恋"是成年人对中学生异性交往产生恋情现象的反省式、演绎式、批判式的定性表述,是成年人对中学生异性交往的误解所制造出的一个不科学概念。至于"网恋",则要警惕网上黄色和有害性观念对中学生的影响。当然,积极的办法是"导"而不是"堵",要加强对中学生的性知识教育与修养,打破对异性的神秘感。提倡男女同学的正常交往,不要把异性同学的正当友谊,当作"早恋"或"网恋"来反对。丰富学生的课外活动,消解大众传播媒介对青年学生的负面影响。家庭和社会都要积极引导青年男女,在法定的婚龄结婚,这对国家对家庭和个人都有好处。

二、婚俗与经济行为

在古代,支配人们结婚的除了出于传宗接代的考虑之外,更深层的是一种经济动机,表现在婚姻当事人的婚姻行为上,就带有更多的经济色彩。以下几个视角的透视便足以说明这一点。

（一）一种婚姻交换论："门当户对"

任何时代，任何一种婚姻，无论从生理角度，还是从社会角度上看，都有某种交换存在，包括情感、生理、经济、政治、文化等各种交换，这也就决定了交换价值能够在婚姻择偶中起稳定的协调作用。中国古代的"门当户对"论属于一种婚姻交换论，属于当事者家庭之间的交换，家庭"财产"和"门第"之间的交换。

中国古代有所谓"竹门对竹门，木门对木门"之说。"竹门"和"木门"标志着当时不同家庭、不同社会地位和经济状况。男女双方在择偶时，要考虑对方家庭财产多寡和门第高低与自己有多大差别。只有门当户对的婚姻才具有交换价值，即才有可能交换，才有可能为社会舆论所赞同和认可，否则就要受到阻挠和谴责。《还魂记·圆驾》中就有这样的句子："你女儿睡梦里，鬼窟里，选着个状元郎，还说'门当户对'！"

门当户对婚姻，最初出现于西周时期。西周统治阶级为了保证血统的"高贵"，对通婚范围有着严格限制。天子家庭只能与诸侯国王族通婚，诸侯国王族婚姻也只能在不同姓的诸侯王族中间进行。诸侯国与诸侯国之间，还有大小之分，小国一般是不能与大国婚配的。齐僖公曾想将女儿嫁给郑国太子忽，忽固辞，不敢受，人问其中缘故，忽说：婚姻是讲究门当户对的，齐国大，郑国小，这门婚事，我是万万不敢高攀的。

战国之后，天下大乱，宗法等级制度受到冲击，昔日至高无上的周天子家族，任何一诸侯王族都与其通婚。尤其是秦末农民大起义，陈胜、吴广公开提出"王侯将相宁有种乎"的战斗口号，这是对统治阶级门第观念的大胆否定，致使汉代的婚姻门第要求已不像春秋时代那样严格。但是，当时亦并不像有的学者所说的汉代婚姻关系不讲门当户对。在渗透着宗法制之礼的汉代婚姻中，不可能抛弃以门当户对为重要条件的婚姻关系。

事实上，当时婚姻的缔结，首先要社会与政治地位相近。汉代法制规定，与公主结婚者必须是列侯，如西汉文帝女馆陶公主之夫是堂邑侯陈午；景帝女平阳公主第一个丈夫是平阳侯曹寿，第二个丈夫是长平侯卫青。东汉历朝天子的公主所嫁者大都是有侯爵的人。与皇族男性成员结亲的家庭，也多是朝廷命官或诸侯。《汉书·李广传》载,武帝庆太子以关内侯李敢女为妃。东汉时,清河李王刘庆之妃是牟平侯耿袭的女儿。封建贵族、官吏以及中、小地主成员除个别把持朝政者可与皇室联姻外(如西汉时王莽以女为平帝后,东汉时曹操以女为献帝后),一般都是彼此间缔结婚姻。西汉大将军幕府军司马扬敞娶司马迁女为妻。成帝时丞相张禹之女是张掖太守萧咸妻,另一丞相王商则为子娶左将军史丹之女。东汉时,"江东大族"、定威校尉陆逊之妻是讨虏将军孙策女。城阳太守郭配把女儿嫁给朝中大臣裴秀和贾充。就是小农、小手工业者和平民阶层也是如此。如西汉时,朱买臣家贫,常艾薪樵,卖以给食,其妻离婚再嫁,与夫治道,显然,他们均属平民阶层。

《东吴招亲》(杨柳青年画)

　　其次,经济地位相近亦可·为婚。如西汉时期,颍川地区的富户大姓"相与为婚姻"。东汉时家财殷富的郭举与家赀同样丰厚的窦宪家结亲。所以,王充在谈到当时婚嫁情形时说:"富贵之男娶得富贵之妻,女亦得富贵之男。"经济地位不同的家庭之间是难以缔结婚姻关系的。《汉书·陈平传》载,陈平家贫寒,他向富人求婚屡遭拒绝,莫与者。而对于比自己家庭经济条件差的贫家女子,陈平亦嫌之,不愿娶之为妻。

　　南北朝时期是士族隆盛时代,士族阶层为了保住自己的政治和社会地位,一些豪门大户自恃清高,仅在小范围内彼此互通婚姻,从不与卑门低户结亲。如有与卑门低户结亲的,便被视为有辱于士类。相反,没有名望的小户如与高门大姓结亲,则认为是无上光荣,往往不惜多纳聘金向高门攀亲。有的士族贪财,高价卖女,受到本阶层的谴责。南齐武帝永明年间，士族王源嫁女与满璋，受到沈约弹劾。沈约在向皇帝的奏文中说：

风闻东海王源嫁女与富阳满氏。源虽人品庸陋，胄实参华。曾祖雅，位登八命；祖少卿，内侍帷幄；父璿升，采储闱，亦居清显。源频叨诸府戍禁，预班通彻。而托姻结好，唯利是求，玷辱流辈，莫斯为甚。王满联姻，实骇物听。蔑祖辱亲，于事为甚，此风弗剪，其源遂开，点世尘家，将被比屋。宜实以明纠，黜之流伍。使已污之族永愧于昔辰，方媾之党革心于来日。臣等参议，请以见事免源所居官，禁锢终身，辄下禁止视事如故。

仅因高门与低门通婚，竟被说成是骇人听闻的事情，并招致免职永远不许做官之处罚。相反，《魏书·崔武传》记述了士族崔巨伦的姐姐明惠，因为瞎了一只眼睛，大姓名族谁也不愿娶她。她姑姑李叔胤妻不愿看到她嫁给下户人家，就娶来做了自己的儿媳妇，这种举动，受到士族的称赞。

到了唐代，太宗感到原来的豪门大姓妄自尊大，于是对旧的士族采取压抑政策，树立新的士族势力。他命令大臣整理《氏族志》，将原来的大姓都降级，随后又发诏书禁止7姓、10家间自相婚配，规定皇室不娶这些豪门女子。然而大臣魏征、房玄龄、李勣等仍然暗地里与这些豪门通婚，并引以为荣。被降落等级后，这些豪门仍然自居高贵，不与小户通婚。高宗时下严令，坚决禁止这些豪门之间自相婚配。自此，7姓、10家之间表面上不再互相结亲，而暗地里仍然只在名门世族范围内嫁娶，不与下户通婚。后来他们竟自称为"禁婚家"。唐文宗时，欲以公主下嫁给旧士族，竟然遭到拒绝。文宗叹息说："我家二百年天子，反不若崔卢耶？"由于唐王朝屡次发令限制旧士族间自相婚配，使这些豪门大姓的生育受到很大限制，门第逐渐衰落。安史之乱后政局动荡，士族的谱系也逐渐散失，无从查考。于是"取士不论家世婚姻不问阀阅"，历代封建王朝再无士庶通婚的禁令，士族内婚制才告废止。然而婚姻必须门当户对，它已作为一种交换价值观渗入人们的思想，积淀为男女青年择偶时的一种心态，成为议婚、订婚的一个条件。

通常，民间仍然把门当户对作为议婚的先决条件。例如，江苏省徐州、淮安、扬州、镇江一带，议婚先要查访双方家长的身份及社会地位，尤其要注意嫡庶问题。一般都是以嫡对嫡、庶对庶为原则；因此做媒的人，对附近的环境必须了解。譬如对甲的门第、财富、社会地位等都了解一清二楚,然后再把乙的家庭状况,加以衡量比较,如果相差无几,才能上门招揽。以财产而论,一般说来,男家略高于女家,这是因为提亲是男家主动,应该避免"攀高亲"的嫌疑。财产计算方法,乡村以耕地面积为标准,城市居民则以做生意大小来定夺。城市商贾也有与乡村地主联姻的,但双方的经济状况必须大致相同。官宦之家也有与商人之家联姻的,经媒人提出议亲对象后,男家要探询女孩有无残缺,其父母有无遗传病等等。至于五官是否端正,身材是否标致,也在注意之列;而女家则要探询男家的兄弟多寡,以及公婆是否善良,以免女儿过门之后受气。

今天,我们消灭了剥削、压迫和私有制,铲除了门当户对论的社会基础和赖以滋生的土壤,以当事人家庭财产多寡和门第高低为其交换条件的封建的门当户对论,已没有什么市场。但是,我们反对这种仅以门第和财产为交换条件的门当户对,并非意味着在择偶时,当事人完全不应考虑对方的家庭背景。一般来说,当今城市里大多数婚姻都是在当事人家庭背景相类似的情况下缔结的。尽管它有时还多少带有门第和财产相当的色彩,但它同封建的门当户对还是有区别的,它更多的是指当事人家庭之间经济生活水平、生活方式、文化素养、职业背景等方面的情况相似。这显然是婚姻本身所具有的交换规律在起作用的结果。

(二)买卖婚与聘礼

买卖婚,是指视女子为权利客体,以财物作为价金购买妻妾,或者借缔结婚姻关系索取钱财的婚姻。中国的买卖婚姻,是沿用原始公社末期对偶婚制传留下来的聘礼形式。当家长把自己的女儿许聘给男方时,要求男方送些礼品。如史籍上普遍有"伏羲制嫁娶,以俪皮为礼"的说法。"俪皮之礼,即买卖妇女之俗也。后世婚姻行纳采、问名、纳吉、纳徵、请期、亲迎六礼;纳采、纳吉皆奠雁,而纳徵则用玄纁束帛,所以沿买卖之俗也。"所谓"玄纁束帛",就是用玄色或浅红色的包袱包着财物。"徵"是成的意思,用玄纁束帛纳徵,就意味着交易达成协议,交付财物代价。

当父系家庭公社开始解体、逐渐演变为家长奴隶制家庭之后,生产资料和奴隶归奴隶主占有。商品和货币交易的发展,使奴隶主能把奴婢和妇女当作交易对象进行买卖。如《春秋传》将六礼中的纳徵直接称为"纳币";《礼记·曲礼》上有"非受币不亲"，这说明当时男女之间从提亲到结婚都离不开货币。《礼记·曲礼》说："女子许嫁，缨。"《仪礼·士婚礼》说："主人入，亲脱妇之缨。"就是说，男方交付财物之后算是买定了这个女子，被订购（许嫁）了的妇女就要戴上"缨"，作为已经卖出的标记，必须等到男方亲迎到她家时，买主（男方）亲自摘掉这个"缨"，别人是没权利动这个标志的。显而易见，这是买卖婚姻的象征。

封建社会的买卖婚姻，则完全以经济考虑为转移，以财礼的方式来进行。封建宗法势力愈益强大之后，官僚地主阶级觉得直接买卖妇女不如媒人介绍聘娶为好，于是，"聘则为妻""无币不相见"便成为不可动摇的婚姻原则。聘娶之"聘礼"，成了嫁女的身价筹码；聘礼越重，买卖的性质就越浓。这么一来，聘礼就成了买卖婚姻的代名词。

早期的聘礼都是些生活必需品，如粮食和御寒的毛皮等。以后，婚姻中的聘礼，不仅是经济补偿性质，还具有吉利的寓意。如《礼记·婚经》中提到的六礼，唯除纳徵外，其余五礼都以雁为贽，可知雁在婚礼中，是重要的礼物。究竟用雁有什么取义呢？

《白虎通·嫁娶篇》云：

用雁者，取其随时南北，不失其节，明不夺女子之时也，又取飞成行止成列也，明嫁娶之礼，长幼有序，不逾越也。又婚礼贽不用死雉，故用雁也。

《古今诗话》云：北方白雁，深秋乃来，来则霜降，谓之霜信。

《七修类稿》云：

雁，诸书止言知时鸟也。行有先后，故以之执贽，以之纳采。

按以上各家说法，婚姻中的聘礼用雁，有双重意义：

一是不失节，不失时。雁为候鸟，秋天从南方飞去春天从北方返回，来去有时，从无失信。故以雁象征男女信守不渝。"不违民时"是儒家思想中仁政的一大原则；而性欲是生理上最强烈的冲动，男女发育到青春期时，则要男婚女嫁，这是人类生活中的自然现象。倘若婚姻失时，性欲问题不能适时调节，则必内有怨女，外有旷夫，"怨""旷"的结果，难免流于淫泆，五礼都用雁，表示婚嫁以时的意思。

二是嫁娶长幼有序，不相跨越。仅以候鸟取义不足采证，燕子也是以时分居南北方的，又何独取雁呢？因为雁的行为，除不失时之外，更取其行止有序之义。雁的转徙飞行,率以老而壮者在前引导,幼而弱者尾随其后,从不逾越。长幼有序是儒家礼法的重要原则之一。把这个原则用于嫁娶,长幼循序而行,非万不得已,不使叔季跨越伯仲而成婚。这种行止有序的行为,除雁之外,其他候鸟都没有,所以雁为五礼之赘,大约也有此种含义。后来因雁很难得到,所以多以鹅或鸡作为象征性的代表,于纳币、亲迎之时随仪仗送至女家。

不过,雁只是联姻过程中的仪礼用物而已,人们最讲究的是"纳徵",后世称之为"下聘"或"过财礼"。上古的纳徵以玄纁、束帛、俪皮为主,并且有一定数量。如"玄三""纁二"、俪皮成对。三二之数是乾三坤三两卦所表示的天地阳阴来象征夫妻,成对鹿皮表示配偶。可见,这些礼物的寓意,便是这对夫妻的结合是顺应对时的。

各个时代的聘礼均有其不同的特色。自先秦到后汉时多至30种,都是贵重物品,有实用的,也有象征性的。《通志》有纳徵聘礼三十物说:

后汉之俗,聘礼三十物。以玄纁、羊、雁、清酒、白酒、粳米、稷米、蒲、苇、卷柏、嘉禾、长命缕、胶、漆、五色丝、合欢铃、金线、禄得、香草、凤凰、舍利兽、鸳鸯、受福兽、鱼、鹿鸟、九子蒲、阳燧钻,凡二十八物,又有丹为五色之荣;青为东方之始,共三十物,皆有俗仪。

聘礼三十物,物物都有深刻含义:或取其吉祥,以寓祝颂之意,如羊、禄得、香草、鹿等;或取物的特质,以象征夫妇好合,如胶、漆、合欢铃、鸳鸯、凤凰等;或取物的优点、美德,以资鞭策激励,如蒲苇、卷柏、舍利兽、乌、受福兽、鱼、雁、九子蒲等。从礼物的意义来看,在这三十物中,虽然都有经济价值,但用作纳彩礼物,则并非重金主义,它表明人们的一种美好愿望。

汉代,"嫁娶必多取资",索重聘。《汉宫仪》云:"皇帝聘皇后黄金万斤。"西汉末年,平帝娶王莽之女为后,有司奏请应给黄金两万斤;王莽立杜陵史氏女为皇后,聘黄金三万斤。这种奢靡之风到了东汉依然未变,据《后汉书·献烈梁皇后纪》云:"于是依孝惠皇帝纳后故事,聘黄金二万金。"诸侯王纳妃则身价大有减少。《汉书》载,宣帝子淮阳宪王刘钦,愿纳舅父张博女为妃,一次出聘金200斤。东汉末年董卓为相国时,听说皇甫规的遗孀,年纪尚轻而容貌美丽,聘时以辎辒百乘,马20匹,以及大量的奴婢和钱帛去迎娶。至于下级官吏或庶民百姓虽家境贫寒,无力拿出聘金,但因汉代嫁娶奢靡成风,也不得不借贷或赈助交出聘金。西汉陈平娶妻,曾"借货币以聘"。又据《太平御览》载,东汉时议曹史展允,笃学贫苦,慈孝推让,年将知命,未成婚配。他的长吏李固乃不得不向僚属为展允征集聘金二三万钱,才了结他的婚姻。

晋代,王、侯、大夫三级婚姻聘礼差别十分明显:皇帝大婚纳征用玄、纁、束帛,加上珪和马2驷(8匹),王侯用束帛加璧、乘马;大夫用纁、束帛加羊。孝武帝纳皇后时,纳徵礼:羊1头,玄纁束帛3匹,绛2匹、绢200匹、俪皮2张、钱200万枚,玉璧1个、马6匹、酒米各12斛。太子纳妃之纳徵礼:玉璧1个、俪皮2张。为什么晋代要在聘礼中增加珪璋璧呢?原来他们认为兽皮五色斑斓以象征威武,而珪璋璧三者为美玉,象征尊贵。南北朝与隋唐之际,聘礼增加了钱财,减少了物品,在九种礼品中,"棉絮"和"双石"是新添的。棉絮取其"调柔",即有希望新妇温顺之意,而双石象征夫妻双方坚定不移。

到了元明清时,聘礼更重,并明文规定聘礼的等级和数量。如元典规定:上户要出聘金一两,银四两;下户无金,银三两。实际上,聘礼往往比规定的要多得多,因为除金银外,还有锦缎、布匹和首饰之类,花费很大,这些并无规定数额。元代郑介夫曾指出:"受财者则易其名曰聘礼,实为价钱。""婚姻聘财,今之嫁女者重要钱财,与估卖牲口无异。"郑介夫的话揭穿了聘娶婚的虚伪装饰,道破了婚姻聘礼实为变相的买卖婚的本质。

婚姻要聘礼之习俗,在少数民族中也颇盛行。蒙古族的聘礼可说是因地制宜,多系牛、羊、马,数量多寡视男家财富而定。不过有一条俗规,那就是送礼的牛、羊必须是奇数,贫者可1、3、5、7,富者以9为基数,最多不超过81头。9为长寿之意。这种奇数为吉利的习惯与汉族婚礼必须偶数决然不同。海南岛黎族嫁一个女儿,常常要收百块银圆或几头牛等聘礼。若不交聘礼,就要先入赘女家做几年工,以劳役代替聘金,然后才能把妻子接回。四川的羌族,男家要送给女家银圆和酒才能订婚。婚前,男家派人去催婚,必定要带去十几斤好酒送礼,否则女家不开口说话,此酒称为"开口酒"。拉祜族的聘礼很特别,首先要有茶叶,其次就是酒、肉、米、盐和柴。新中国成立后不兴聘礼,但茶叶仍免不了要送。拉祜人认为"没有茶就不能算结婚"。所以,男家在婚前要给女家送茶叶;结婚日,新郎要带着茶叶去迎亲;新娘

中国民俗文化精粹

·婚丧嫁娶·

图文珍藏版

清代发嫁妆图

的亲戚和长辈来贺喜,总要喝茶吸烟。

不仅是拉祜人聘礼用茶,在其他文献中亦有此记载。如明代杂剧《牡丹亭》中说:"我女已亡故三年,不说纳采下茶,便是指腹裁襟一些也没有。"小说《镜花缘》中也有关于这种风俗的叙述:"你既如此羡慕,将来燕府少不得送茶与你,何必着急?"聘礼之所以用茶,据郎瑛在《七修类稿》中引《茶疏》说:"茶不移本,植必子生,古人结婚,必以茶为礼,取其不移植之意也。今人犹名其礼曰:'下茶'。"由此看来,行聘用茶,并非取其经济的或实用的价值,而是暗寓婚约一经缔结,使铁定不移,绝无反悔,这是男家对女家的希望,也是女家应尽的义务。故纳徵曰"下茶",而称订婚之礼曰"茶礼";女子受聘,则谓之"吃茶",已经受过人家的"茶礼",便有信守不渝的义务。

从总体上看,中国古代的聘礼,本质上是买卖妇女的身价,是变相的买卖婚姻。聘礼之内容因历史条件的不同而各异;聘礼本身的不同取义,则是不同民族、不同地域的人们对婚姻的一种企望、祝愿,反映了人们不同的婚姻价值观和人生信念。这些是我们在探讨古代买卖婚与聘礼旧俗时,可从中进一步开掘的有价值的东西。

值得指出的是,我国有几千年封建社会的历史,封建主义的婚俗礼教、伦理道德,形成了一套完整的体系,渗透到社会生活的各个领域。尽管新中国成立后封建主义的婚姻家庭观念受到很大的冲击,可是,在我国一部分偏僻落后的农村,还存在着以索取大量财物为目的的买卖婚。例如,1986 年底,据山西省妇联调查组对山西雁北地区平鲁县蒋家坪乡进行的摸底调查:50 年代,索要彩礼数额为 500 元;60 年代为 1000 元~1200 元;70 年代为 1300 元~1500 元;80 年代为 5000 元~10000 元。

蒋家坪乡少家堡村共有 30 户、124 人,其中女性 56 人,占 45.16%。23 岁至 30 岁的光棍 12 人。50 年代至 80 年代全村娶媳妇共花彩礼 100 万元,平均每年花去 2.5 万元,占全村农业总收入的 70%。最多的一户是大合堡村王万富,共花彩礼 1.3 万元。彩礼的名目及具体数量是:(1)彩礼钱,3000 元~6000 元(送女方父母)。(2)盖房钱,2500 元(3 间窑)。(3)家具钱,200 元~500 元(按 3 件算)。(4)衣服钱,300 元~1000 元(3 至 8 套)。(5)高档用品,500 元~1300 元(老 3 件及新 3 件)。(6)看钱,20 元~100 元(男方去女方家相看时付给对方)。(7)见面钱,20 元~30 元(女方去男方家相看付给女方)。(8)说媒钱,30 元~200 元(男方付给媒人)。(9)定亲钱,30 元~100 元(男方付给女方)。(10)鼓匠钱,30 元~100 元(结婚时请吹鼓手)。(11)拜钱,100 元~200 元(结婚时亲友给新娘)。(12)被子钱,10 元~30 元(缝制被褥)。(13)磕头钱,30 元(长辈给新娘)。(14)骡轿钱,120 元(结婚专乘的骡轿车)。(15)喊爹喊娘钱,10 元~30 元(结婚时公婆给的磕头钱)。(16)上轿钱,30 元~50 元(上轿前付新娘钱)。(17)下轿钱,30 元~50 元(下轿后付新娘钱)。(18)开箱钱,100 元~200 元(女方陪嫁箱中的钱,男方要照付或加倍)。(19)回门钱,50 元~100 元。

这种高额彩礼,对农民来说不啻为一场灾难,轻则负债累累,重则倾家荡产。它还给社会造成诸多不安定因素。有的男青年为结婚时能有钱,便不择手段地弄钱,抢偷行凶直至落入法网;有的青年采用换亲、试婚等方法逃避彩礼,亵渎了《婚姻法》。

笔者曾看过 2005 年一份结婚费用调查,一般的是 8~9 万元,其中:装修 2 万元,家具 1 万元,家电 2 万元,婚纱照 3000 元,蜜月旅行 1 万元(香港),婚庆公司 1 万元,首饰 4000 元,红包 2000 元,服装 2000 元,其他,5000 元,总计 9 万元左右。高的结婚费用是 100 万元。其中:买房 70 万,装修 8 万元,家具 3 万元,家电 4 万元,婚纱照 4000 元,蜜月旅行 5000 元,婚典 5 万元,首饰 2 万,其他 3 万,总计 100

万(含婚房及装修)。

不过,对目前农村、城市里流行的一般的要彩礼的情况,就不能简单地把它当作一种变相的买卖婚。因为当前青年的结婚彩礼,还出于以下三个原因:一是出于补偿女方家庭经济消费的需要。在女青年出嫁的时候,相当一部分的彩礼就转化为嫁妆,转移到男家;二是建立家庭物质基础的需要,所以,很多男青年宁愿负债也要把彩礼送给女方,以便能共同生活,并且也是传统习俗;三是满足个人虚荣心理的需要,以避"寒酸"之议。因此,彩礼也就"水涨船高",人们互相仿效,争高免低,无形中便约定俗成。我们相信,随着人民生活水平和思想道德水平的普遍提高,结婚要彩礼现象将会逐步得到克服,终有一天,彩礼将成为被时代抛弃的历史名词。

(三)催妆和铺房、送嫁妆

婚姻六礼中虽没有催妆和铺房、送嫁妆,而这些也是婚姻中必不可少的环节,是汉族婚姻中的习俗。

佳期临近,男家便派人到女家催促赶快准备好嫁妆,俗称催妆。催妆的意义在于催,促使女家赶快准备嫁妆,不耽误迎娶佳期吉日。请期和催妆是两个不同概念,但在内容上却密切相关。订婚之后,一般仍需商定迎亲日期,即请期。确定的吉日临近方需催妆。若佳期吉日在短期,则两者合二而一,请期时候便催妆。近代为简便,实际以催妆取代请期。

催妆,顾名思义应该是催促新娘出阁的意思,应行于亲迎之前,或亲迎之时。但从汉唐以来,从一些文人雅士关于催妆诗来看,并非如此。

传闻烛下调红粉,明镜台前别作春。

不须面上浑妆却,留着双眉待画人。

陆畅催妆诗:

云安公主贵,出嫁王侯家。

天母亲调粉,曰兄怜赐花。

催铺百子帐,待障七香车。

借问妆成未?东方欲晓霞。

卢储催妆诗:

昔年将去玉京游，第一仙人许状头。

今日幸为秦晋会，早教鸾凤下妆楼。

从这三首诗中可以看出，第一首催妆，是在新娘于归之后，在花烛之下明镜之前，重匀粉面之际；后两首则显然是在新娘出阁的前夕，或在上花轿之前。可见催妆之俗并无定制。

铺房，就是女家备办新房的家具器物，在吉期之前先行送到男家，一一布置妥善，以助男女成家立室，尤以新房内所需器物为最重要，俗称铺床，盖以床代表新房一切设备。但比较切实的名词，则谓之铺房。

关于铺房，宋代著名的史学家司马光曾有精彩的议论：

亲迎前期一日，女氏使人张陈其婿之室，俗谓之"铺房"。古虽无之，然今世俗所用，不可废也。床榻、荐席、椅桌之类，婿家当具之；毡褥、帐幔、帐幕之类应用之物，其衣服袜履等不用者，皆锁之箧笥，世俗尽陈之，欲矜夸富多，此乃婢妾小人之态，不足为也。

铺房所必备的物品，本身便是一种财富多寡、优劣的象征；是崇尚节俭还是借机会炫耀，常常体现了婚姻当事人的婚姻动机和婚姻行为。古代，就常有因铺房物品多寡厚薄而引起争端的记载。司马光《温公书仪》载：

文中子曰：婚娶而论财，夷虏之道也。夫婚姻者，所以合二姓之好，下以继后世也。今世俗之贪鄙者，将娶妇，先问资装之厚薄；将嫁女，先问聘财之多少，至于立契约云某物若干，某物若干，以求某女者，亦有既嫁而复欺绐负者，是乃驵侩鬻奴卖婢之法，岂得谓之士大夫婚姻哉！其舅姑既被欺绐，则残虐其妇以摅其忿，由是爱其女者，多厚资装，以悦其舅姑，殊不知彼贪鄙之人，不可盈厌，资装既竭，则安用汝力哉？于是质其女以责货于女氏，货有尽而责无穷，故婚姻之家，往往终为仇雠矣。

显然，由于铺房物品多少而引起争端，使两家伤了情感，结下仇怨。这就给婚姻当事人的行为蒙上了唯财富、物质利益为是的阴影。今天我们也可从报刊杂志上见到类似嫌女方嫁妆少而鄙视女方，甚至与女方争吵的情况。

铺房之俗，在有些地区称作"送嫁妆"。尤其是有钱人家在送嫁妆之日，用很多方桌极尽铺张炫耀，桌上安置木架，雇很多人伕抬着，两人一抬，排成一个纵队送到男家。在送嫁妆的同时，也送很多糖果。男家接到糖果，即分赠亲友邻里，以示即将娶媳妇。女家所送的陪嫁妆奁,统称为嫁妆,尽是箱柜,衣服,被褥,首饰,金银铜锡器皿,等等。特备"奁仪录"——开列,合成一册厚帙,奁仪录的封面封底都是用厚纸文锦裱糊,装在盒子里,置于彩亭之上,用人抬着,行于行列之前。

今抄录 20 世纪 30 年代一份较奢华的"奁仪录"。

(1)光前。 (2)宫花二树。

(3)彩红全端。 (4)彩仗千宫。

(5)桌帏全幅。 (6)罗帐一堂。

(7)帐檐一幅。 (8)帐钩成对。

(9)帐竹两竿。 (10)梳妆成套。

(11)锡香案全副。 (12)锡爵杯成套。

(13)锡鹤壶成对。 (14)锡酒壶成对。

(15)锡酒甑成对。 (16)锡边炉一个。

(17)锡挂灯一枝。 (18)锡灯炤一对。

(19)锡饭盂一个。 (20)锡茶壶一个。

(21)锡粉盒一个。 (22)锡槟榔盒一个。

(23)锡烟盒一个。 (24)锡刨花盅一个。

(25)洋瓷面盆一个。 (26)磁漱口盂一个。

(27)铜盆一个。 (28)铜茶盆一个。

(29)铜熨斗一个。 (30)提盆一个。

(31)手镜一面。 (32)镜屏一座。

(33)果盒全套。 (34)果盒架全套。

(35)金漆攒合成套。 (36)金漆帖盒一个。

(37)金漆格二个。 (38)大小花盒十个。

(39)盒衣成对。 (40)西式柜一个。

(41)四桶柜一个。 (42)西式水架一个。

(43)酸枝拱椅十张。 (44)酸枝茶几六张。

(45)酸枝房椅四张。 (46)八仙桌一张。

(47)酸枝长桌一张。 (48)时钟一个。

（49）花瓶一对。　　　　　　　（50）衣架两对。

（51）贵妃床两张。　　　　　　（52）酸枝盆凳两张。

（53）皮杠八个。　　　　　　　（54）皮箧两个。

（55）座镜一个。　　　　　　　（56）水烟筒两枝。

（57）玻璃时花两座。　　　　　（58）玻璃时花四橱。

（59）火水灯四枝。　　　　　　（60）环璃甑十个。

（61）大木盆一个。　　　　　　（62）中木盆一个。

（63）怀古高盆一个。　　　　　（64）坐盆一个。

（65）方柜一抬。　　　　　　　（66）闺阁珍藏。

（67）木面盆一个。　　　　　　（68）随身杠一个。

（69）婢杠两个。　　　　　　　（70）担竿四枝。

（71）花软枕两对。　　　　　　（72）洋毡两张。

（73）洋遮两把。　　　　　　　（74）椅垫十张。

（75）锦被四张。　　　　　　　（76）房帘一幅。

（77）茶盅十个。　　　　　　　（78）茶局十个。

（79）藤茶壶箩一套。　　　　　（80）洋磁痰盂四对。

（81）校剪一把。　　　　　　　（82）木尺一把。

（83）和合丸一肩。　　　　　　（84）茶叶一肩。

（85）萎叶一肩。　　　　　　　（86）八房丸二埕。

（87）头尾造谷种。　　　　　　（88）盐醋二埕。

（89）大吉一肩。　　　　　　　（90）品埕满百。

（91）侍婢二名。　　　　　　　（92）福禄双全。

（93）裕后。

　　所送嫁妆，达90多种，当然这是豪富之家的盛礼，小康之家尚难企及，贫困之家更不敢向往。遗憾的是，如今送嫁妆招摇过市以炫耀富有的习俗，仍在市民百姓中走俏。在农村里，常可见到抬着嫁妆的队伍缓缓地行进在乡间小道上；或是组成自行车队送嫁妆。在城市里，送嫁妆更是阔气。前面小车开道，后面几辆卡车装满绸缎绣花被子、箱子、缝纫机、彩电等贵重物品。车子一到男家，还常常鸣放鞭炮，以招引街坊左右四邻前来观赏,街坊四邻对嫁妆多寡、优劣的评判,无意中助长了人们竞相攀比嫁妆的心理,一度曾使送嫁妆讲排场、比阔气、比华贵之风越演越烈。这同上古时代人们嫁娶的奁仪只求实用,不尚豪华,以克勤克俭为美德习俗相去甚远。然而,只要婚姻还不能消除"经济的考虑",就会有人借金钱、财物的力量来恢复旧俗。对此我们要有充分的认识,并通过社会主义物质文明和精神文明的建设,倡导文明合理的嫁妆和铺房、送嫁妆方式,以克服旧习俗的影响。

三、婚俗与政治行为

在古代,统治阶级不仅运用政治力量干预人们的婚姻家庭生活,而且积极地身体力行,把婚姻作为实现政治目的、维护政治制度的手段。这样,中国的传统婚俗便不可避免地带有政治的色彩。

(一)"婚姻者合二姓之好"

"婚姻者合二姓之好",出自《礼记·婚仪》,是对婚姻目的的一种解释。所谓婚姻为"合二姓之好",就是把婚姻行为作为两姓互相合作的政治手段,借以扩大彼此势力。《红楼梦》里金陵四大家族贾史王薛互相勾结的主要方式,就是互通婚姻,利用血缘亲戚关系来巩固他们在政治、经济上的特权地位,建立神圣同盟。甄士隐说:"四家皆连络有亲,一损俱损,一荣俱荣,扶持遮饰,皆有照应。"林黛玉不能入贾家媳妇之选,正是因为林家门第衰落,配不上贾家,难合二姓之好。

在封建社会,这种通过联姻、结亲而"合二姓之好"的政治婚姻渗透到各个方面,表现形式也多种多样。

一为政治上的结合而联姻的。东汉末年,孙坚参加中原的军阀角逐身死以后,他的儿子孙策便率领部队回江东发展势力。这时,周瑜入东吴投奔孙策。孙策正好得到乔公的两个"皆国色的女儿"。孙策见周瑜有见识,有才干,想使周瑜成为自己的支持者,便自己娶"大乔",让周瑜娶"小乔",于是两人成了连襟。联姻使他们的政治关系密切起来。孙策死后,他弟弟孙权继位。孙权还不到20岁,威望不高,政治经验不足,周瑜忠心耿耿地支持孙权,对孙权的发展壮大起了重要作用。后来,周瑜的儿子又娶了孙权的女儿。这样几层婚姻关系,使孙、周的政治结合进一步巩固。孙策之女,则由孙权做主,许配江东大族陆逊。

三国时期,著名的政治婚姻是孙刘联姻。赤壁之战的第二年,孙权看到与刘备联合抗曹的重要性,便主动提出把妹妹嫁给刘备,通过联姻结成抗曹的军事、政治联盟。但周瑜主张趁机杀刘备,孙权从大局考虑,没有答应。这次联姻,对于孙刘联姻抗曹、后来形成三国鼎峙之势,起了不小的作用。京剧《甘露寺》说,这次联姻是孙权为了杀刘备而和周瑜共同施下的"美人计",结果"赔了夫人又折兵",是不符合史实的。

婚姻,可以是政治上结盟的手段,也可以成为政治斗争中迫害对手的一大罪状。建安初年,曹操把汉献帝迎接到许(今河南许昌),挟天子以令诸侯。但曹操对汉献帝身边那批汉廷重臣很不放心,为了慑服群臣,曹操把权重名高的太尉杨彪投入监狱,罪名就是正在淮南称帝的袁术是杨彪的小舅子。20年后,曹操又把自己曾经非常器重的才子杨修(杨彪之子)杀死,理由之一又是杨修是袁术的外甥。

二有随政治情况变化而变更婚姻的。王莽的女儿王细君,本来是王莽为了专揽朝政,特把她嫁给汉平帝当皇后的。后来王莽篡位,当了皇帝,感到自己一手包办的这桩婚事是块心病,就逼着王细君改嫁,并给她封了个"皇室主"的称号,以示与刘家划清界限。王莽看中了亲信孙建的儿子,就授意此人以探病为名,向王细君求婚。不料王细君大怒,把求婚者打了出去,才结束了王莽导演的滑稽戏。

东汉光武帝刘秀,年轻时看到同乡姑娘阴丽华长得漂亮,又在长安游学时看到皇帝的侍卫军执金吾很威风,就发誓:"仕宦当为执金吾,娶妻当娶阴丽华。"娶阴氏以后,刘秀混入农民起义军,转战到河北战场,一度处境非常困难。他为了和自立为帝的刘吉对立,自拉势力,就不顾已在老家娶的阴丽华,同河北真定豪富郭昌的女儿郭圣通结婚。刘秀在河北称帝后,又抛开自己一再宣扬的礼法,把后娶的郭圣通立为皇后。但他后来又觉得阴家的势力比郭家更大,就废黜郭及其所生的太子,另立阴丽华为皇后,并以阴所生的儿子刘庄为太子。刘秀的结婚、再婚、立后、废后,处处以巩固自己的统治为转移。再比如,唐太宗曾因魏征是自己的直臣,在探望病危的魏征时,当面向魏征表示,把女儿衡山公主许给魏征的儿子魏叔王。魏征死后，传说魏征生前曾把给太宗的谏章拿给别的大臣看过，又因为魏征所推荐的人当中有两人犯了罪，唐太宗就在一怒之下，停止了女儿与魏叔王的婚姻，害得这位公主忧死闺中。

三有因政治利益而残杀无辜的妻子的。战国时的名将吴起杀妻求将，就是流传较广的事例。据《史记·孙子吴起列传》记载，吴起在鲁国就学，娶的妻子是齐国人。鲁国与齐国有矛盾，想以吴起为将，对抗齐国，但因为吴起的妻子是齐国人，有疑虑，不敢用。吴起为取得鲁国的信任，就把妻子杀了。三国时期，司马懿和司马师、司马昭父子，是

汉光武帝刘秀

依靠曹魏政权起家的。在早期，司马懿为了取得曹家人的信任，就为长子司马师娶了曹党重要人物夏侯尚的女儿（曹家的外甥女），并一再称赞夏侯氏是贤内助。后来，司马氏父子要想夺曹家的权，司马师怕妻子走漏消息，就把妻子杀死，另娶名士蔡邕的外孙女为妻。魏晋之际的著名诗人嵇康被司马昭杀害，所加的罪名是"非圣无法"，实际上不过是因为嵇康的妻子是沛王曹林的女儿，与曹家人有牵连。

关于政治联姻所带来的弊习，汉初思想家贾谊曾有觉察。他批评说："今者何如？……娶妇嫁子，非有权势，吾不与婚姻。"贾谊认为，这是"俗之邪"，会对社会生活和政治带来不良影响。因此，不能助长，只能限制；不能坐视，只能打击。概而言之，政治联姻带来的弊习，主要有如下几点：

（1）因政治需要而缔结的婚姻，突出的是政治而不是婚姻本身，是对婚姻当事人婚姻意愿和婚姻权利的侵犯。这也正如恩格斯所说的，"对于骑士或男爵，以及对于王公本身，结婚是一种政治的行为，是一种借新的联姻来扩大自己势力的机会；起决定作用的是家世的利益，而绝不是个人的意愿"。许多婚姻悲剧往往都由剥夺或侵犯婚姻当事人的意愿、权利而引起。

（2）政治联姻的泛滥，既带来一荣俱荣，同时也必然带来一损俱损。在楚汉相争中，两面应付的英布，在刘邦说客的劝说下，公开叛楚依汉，项羽抓不到英布，就把英布的妻子杀了。后来，因英布又得罪了刘邦，刘邦亲征英布。英布败走江南，刘邦抓不到他，结果长沙哀王利用英布原来的婚姻关系，骗英布逃到鄱阳，被鄱阳人杀害。李商隐在牛、李两派斗争中，同两派都有交往，但因同属于李党的王茂元之女成婚，受到两面夹攻，尤其受牛党排挤。白居易同牛党毫无关系，只因其妻是牛党重要人物杨颖士之妹，在李党执政时，受排斥，甚至连他的诗，李党也不许人们读。

（3）政治联姻，把婚姻渗入政治，又往往毁坏了统治阶级的政治。古代史上所谓的"后妃与政"与"外戚专权"，就是由政治联姻产生的毒瘤。吕后用过一批吕家人。汉元帝皇后王政君连续用兄弟王凤、王商、王根及侄子王莽。东汉先后出现过窦宪、邓骘、梁冀、阎显、窦武、何进等外戚专权。当然，有些外戚并不是太坏的人，有些外戚专权在历史上的作用也不能全盘否定。例如秦昭王年幼时的魏冉辅政，对秦国的发展起了重要作用。从北周的杨坚专权到建隋称帝，更是历史的一大进步。但是，从统治者的角度看，他们从巩固个人统治出发而缔结政治婚姻，到头来却是大权旁落，事与愿违。在同宗即同党、亲戚即亲信的封建社会，婚姻服从政治是一种必然现象，政治联姻对婚姻的影响是弊大于利，对政治的影响是利大于弊。

（二）和亲：一种超国界的政治婚姻

和亲，是一种为了实现某种政治目的而与其他民族或其他国家结亲的特殊婚姻。和亲也以联姻的方式来进行，但它不同于一般的同等门第的联姻，这是一种超国界的联姻，是一种以联姻换取和平、安定环境的政治策略。

历史上的和亲，有许多历史记载，最初是刘邦为缓和匈奴的侵扰，换来暂时和平安定的环境而与匈奴约为兄弟亲家。以后的七八十年，汉对匈奴都采取和亲政策。不过，元帝与匈奴和亲不同于汉高祖刚建汉政权时的情景，它是南匈奴呼韩邪单于亲自进京进贡并请求联姻结亲的。元帝见呼韩邪单于臣服知礼，甚为称心，就允许他求亲，并决定将后宫待诏王嫱（字昭君）赐给单于。这就是世代相传的"昭君出塞"。

更为典型的是北魏孝文帝,他为了联合汉士族共同统治北中国,以巩固鲜卑贵族在黄河流域的统治地位,下达鲜卑人汉化的命令,并把与汉人通婚作为鲜卑人汉化的重要措施。如用法令规定皇家子弟必须娶汉人士族之女为正配,降原配为侧室。孝文帝更以身作则,娶汉族士人卢、崔、郑、王及陇西李氏女入宫,还命令自己的弟弟元禧聘陇西李辅之女,元干聘代郡穆明乐之女,元羽聘荥阳郑平城之女,元雍聘范阳卢神宝之女,元勰聘陇西李冲之女,元详聘荥阳郑懿之女。

还有著名的文成公主入藏。文成公主原是唐太宗宗室的养女,唐太宗把她作为公主嫁给吐蕃赞普松赞干布,这一姻缘成为汉、藏民族自古以来友好相处的象征。

综观历次和亲,从根本上看,都是统治集团试图从不同民族、不同国度的联姻来稳定其统治政权的一种政治策略,是一种谋求和平的权宜之计。因此,历代史学家对待和亲的评价是很低的,甚至持否定态度。笔者认为,和亲对于政治策略而言,可能是下策。可是,从社会进步和文化发展的观点看,和亲主要有三个意义:

1.和亲,作为一种超国界的联姻,开创了不同民族、人种缔结婚姻关系的先例,对于突破中国古代封闭型的嫁娶结构具有一定意义。

古代市民百姓嫁娶的区域基本上都限

文成公主

于本县、本镇或本村。富有之家因为要讲究门第,通婚的地域范围大一些。据社会学工作者对新中国成立前250年间北方农村嫁娶区域的调查,远距离嫁娶的比例很小,女嫁占2.2%,男娶占1.9%。其主要原因:一是受到交通条件和社会风俗的限制。北方农村在接送女儿时,富户有轿子;中下等户用马车;没有骡、马的人家用驴或牛拉车。当时的马车也是木轮的,走起来吱呀乱响。按旧时风俗,接已出嫁的女儿来住娘家,如没有特殊情况必须当天往返。特别是女儿新婚之后,三天后去看闺女,是不能在亲家住宿的。而且亲家相见,一般生活水平的家庭都要摆酒席。这样喝酒、吃饭、聊家常,又要当天往返,时间很紧张。因此,人们的嫁娶距离一般是不超过50华里的。二是受自给自足农业经济的影响。三是由于当时的经济形态,影响了人们的社会交往的范围,人们只能在其活动的地域范围以内通婚。凡是远距离嫁娶者,大都是由于生活所迫。另外,"父母在,不远游","独在异乡为异客,每逢佳节倍思亲"的传统民族心理,也抑制着人们的远距离嫁娶。

正是在上述意义上,和亲虽是一种政治婚姻,但它在客观上打破了人们不能远距离嫁娶的观念和封闭的嫁娶模式,为不同民族、人种远距离通婚做出了示范。同时,它对于人种的进化也有一定意义。尽管不同的民族、国家具有不同的地理环境,尽管历史上有过一些自命血系高贵之徒努力使血系纯化,历史的发展却加速着人种的混杂。据统计,当前世界上有1/8人是混血儿。按每人有父2人,祖父母4人,曾祖8人,上推1000年,一个人就应有10亿个祖先。按现代人口计算,应有的祖先远远超过地球上存在过的人数。这只能说明这当中有许多重复交叠。所以每个人都可以说和另外任何人有共同祖先。"四海之内皆兄弟",从生物学上说倒是可能的,因为进化就是整个种群的遗传成分向提高适应能力方向变化。当今在北京、上海、广州、海南等大城市青年男女的跨国婚姻,就嫁娶的行为、区域而言,可以说是和亲的一种广泛化,至于嫁娶的动机,则另当别论。

2.和亲给落后的民族带去了比较先进的科学技术,促进了社会的进步。

唐朝文成公主出嫁松赞干布,给西藏带去了比较先进的文化和生产技术。当时,唐太宗还派了大批养蚕、酿酒、碾硙、纸墨等工匠到西藏,广为传播各种技术。吐蕃王因此对唐太宗感戴不已。当太宗伐辽胜利还朝时,松赞干布立即上表祝贺,表云:"陛下平定四方,日月所照,并臣治之,……臣谨治黄金为鹅以献。"

3.和亲在某种程度上促进了不同民族文化的交流和融合。

汉元帝时王昭君出塞的故事,不仅为后世广为流传,而且还受到不同民族人民的敬仰。王昭君葬在今内蒙古自治区首府呼和浩特市南9公里处,位于大黑河南岸。昭君墓,蒙语称"特木尔乌尔虎",文献中称为"青冢"。它占地面积约20余亩,高约30米,像一座青山耸立在内蒙古草原上。蒙古族人民对她十分尊敬和怀念,常常到青冢祭祀和凭吊。历代文人墨客、官宦士绅乃至村夫俗子,纷沓而至,或

·婚丧嫁娶·

图文珍藏版

以香烛三牲祭祀,或以吟诗作赋,表示怀念。唐代著名诗人杜甫作《咏怀古迹》诗云:

群山万壑赴荆门,生长胡妃自有村。

一去紫台连朔漠,独留青冢向黄昏。

画图省识春风面,环佩空归月下魂。

千载琵琶作胡语,分明怨恨曲中论。

新中国成立后,党和政府多次拨款修缮昭君墓,增添新建筑,绿化墓园,使之成为内蒙古自治区蒙汉各族人民游览胜地。1963 年 10 月,董必武代主席参观了昭君墓,并题了词:"昭君自有千秋在,胡汉和亲识见高;词客各摅胸臆懑,舞文弄墨总徒劳。"

(三)掠夺婚:权势与压迫的曝光

掠夺婚,一般是指男子未得女子及其亲属同意,用掠夺的方法强娶女子为妻。

从掠夺婚的遗迹来观察,可以窥见最初的婚姻起于掠夺。《说文》说:"礼,娶妇以昏时,故曰婚。"为什么在昏夜里娶妇呢?掠夺妇女只有在昏暗的黑夜才能得手。后世结婚沿用了这种习惯,都在夜间迎娶。由此逐渐形成了婚姻的概念,把结婚之礼叫作婚礼。

典籍中一些记载也证明了这一点。《礼记·曾子问》云:"孔子曰:嫁女之家三夜不熄烛,思相离也;娶妇之家三日不举乐,思嗣亲也。"这个说法透露了掠夺婚的蛛丝马迹。女家三夜不熄灯,是因为家中女子被人夺走,男家三天没有乐声,是怕女家来犯而保守秘密。对《礼记·效特性》上所说的"婚礼不贺"、《易经·归妹》中的"匪寇,婚媾",梁启超解释说:"夫寇与婚媾截然二事,何至相混?得无古代婚媾所取之手段与寇无大异哉!"这一解释是有道理的,寇与婚并提,应该是掠夺婚的表示。从这些典籍中可以看出,我国原始社会末期和奴隶社会初期确曾有过掠夺婚,恐怕还是普遍现象。

古代掠夺婚的性质当在于"掠夺"或"抢",它从根本上体现了掠夺者之权势、财力,对被掠夺者而言,则是对其婚姻权利的一种侵犯。由于时代不同,同一掠夺风俗具有不同形式。从掠夺婚的形式来看,大致有以下几种:

1.利用战争手段掠夺妻妾

奴隶社会和封建社会曾有过"师婚",就是利用战争手段掠夺妻妾,这是地地道道的掠夺婚。周幽王伐有褒氏娶了褒姒;晋献公伐骊戎娶了骊姬;曹操破邺夺袁熙妻配给自己儿子;后唐明宗为骑将时争掠平山得王氏女,后来作为皇后。

元朝,通过战争掠夺女子风俗更盛。例如,公元1213年成吉思汗亲率大军伐金,"凡破金九十余郡,两河、山东数千里,人民杀戮几尽,金帛、子女、羊畜牛马席卷而去,屋庐焚毁,城郭丘墟"。又如公元1233年,金朝崔立以汴京降蒙后,为了讨好新主子,"托以军前(指蒙古军——笔者注),索随驾官员家属,聚之省中,亲阅之。日乱数人犹未足。又禁城中嫁娶,有以一女之故,杀数人者"。经过崔立之手,汴京无数妇女落到了蒙古占领军手里,最后连叛徒崔立的妻妾也逃不出被掳的厄运。

元朝的忠臣郝经在所写的《巴陵女子行并序》中有这样的记录:

己未秋九月,王师渡江,大帅拔都及万户解成等,自鄂诸以一军舰上流,遂围岳。岳溃,入于洞庭,俘其遗民以归。节妇巴陵女子韩希孟,誓不辱于兵,书诗衣帛以见意,赴江以死。

郝经在《武昌词三首并序》中又记载:

王师围鄂,游骑于金牛镇得一妇人,欲侵之。厉声曰:"我夫婿、翁、姑皆死;目前未即死,又可受辱耶? 速与我死!"……于湖中得一路分妻,一日以无夫选赐有功军人,即以掌批其颊,对今上大呼曰:"妾夫将千五百人,扼敌沅州,妾命妇也,岂可辱于是! 乞赐速死!……"又有汉阳教授之妻,为一兵所掠,义不受辱,投于沙湖。

这两个记载告诉我们:元军每到一处,都要掳掠妇人,而且是当着皇帝的面,把那些所谓"无夫"的妇人"选赐有功军人"。

2.仗势夺人妻妾

春秋时代的卫宣王、楚平王都将为自己儿子娶的妻子据为己有;三国时吴的孙皓夺纯妻入宫拜为左夫人;唐玄宗夺寿王妃杨氏入宫,又给寿王另娶韦昭训的女儿。《新元史》载:太祖灭四部塔塔儿先得也速干皇后,后听说她姐姐更美,新嫁给别人,就把她姐姐搜掠来,并将姐姐的丈夫杀掉。

元代杂剧中还有许多类似的描写。《鲁斋郎》中的鲁斋郎夸耀说:"花花太岁为第一,浪子丧门再没双。街市小民闻吾怕,则我是权豪势要鲁斋郎。"鲁斋郎在许州抢走了银匠李四的老婆,又在郑州迫使六案孔目张圭把自己的妻子送上门。为了"嘉奖"张圭的顺从,鲁斋郎便把玩腻了的李四的老婆赏赐给张圭。《望江亭》中的杨衙内则公然捧着皇帝赐给他的势剑、金牌、文书,到潭州去标取州官白士中的首级,以求达到夺取白士中妻子的目的。《黄花峪》中的蔡衙内,则在光天化日之下调戏妇女,捆打平民,抢走刘庆甫之妻。透过这类剧本,我们看到元代的权豪凭借手中的特权,横行无忌、夺人妻妾的面目。

3.仰仗财力夺人妻妾

掠夺婚姻与买卖婚姻有相似之处,但又有本质区别,它带有更大的强迫性、掠夺性和损人利己的特色,在手法上也常常显得更狡诈。例如,元代杂剧《对玉梳》中的棉商柳茂英,明知荆楚臣与顾玉香相爱,却凭借自己的二十载棉花,打动了贪财的顾母,赶走了荆楚臣。玉香拒不顺从,带着梅香出逃,他赶至丹阳,抢先躲在黑林子里,"若撞见她,肯顺从便罢;道出一个不字来,我着刀子结果了她性命"。幸亏被得官归来的荆楚臣恰好碰上,玉香和梅香才难免厄运。

4.作为个人野蛮婚姻行为的劫婚

一些市民百姓因纳不起聘财,乘机或被迫实施野蛮粗暴的劫婚。据《左传·襄公二十五年》记载:郑国一个小商贩在晋国途中遇见一起迎亲的,他便乘机劫其新娘为妻。《北史·高昂传》记载:高乾求崔氏女为妻,女家嫌他无权无财,不许,其弟高昂协助他将崔女夺来。到了村外,怕被夺回,高昂对他哥哥说,为啥不快行婚礼呢?高乾明白了意思,在野外与崔女发生了性行为,然后领回家去。《新五代史》记载:刘智远为军卒时,在晋阳牧马,劫得李姓女子为妻。

5.作为婚仪的掠夺

这种掠夺婚实际上只是一种婚仪,或者说恋爱成婚的形式。有的还带有喜剧色彩。如新中国成立前我国南方的傈僳族、景颇族、瑶族和傣族中就流行这种婚俗。傈僳族的掠夺婚(抢婚)过程饶有风趣:男女双方结婚,事先约好抢婚的时间、地点,然后男方结伴执刀,按约定时间、地点去抢夺姑娘,姑娘要装出呼救姿态,女方的人也要佯装追赶营救。这时,抢婚者要向他们抛撒铜钱,诱使追者拾钱,抢婚者趁机便带着姑娘一起逃走。姑娘被抢回家后,方举行正式的结婚仪式。这种抢婚,婚礼过程波澜迭起,惊喜交加,增添戏谑、热闹的气氛。瑶族的抢婚过程同汉族小孩玩的"捉迷藏"游戏相似:有三次逃跑,三次被抓回,新娘最后一次被新郎"抓"回之后,便在村中央或村外祭神的场地,拜神成亲。显然,这种掠夺婚不是真掠夺,而是婚礼的一种仪式。

由上述五种类型的掠夺婚可见,统治阶级的掠夺婚与民间的掠夺婚,在性质上不同。前者是以强凌弱,是对暴力、权势、财力的一种炫耀;后者是逼上梁山。如果说因纳不起聘礼而劫婚还带有野蛮的暴力、强制性的因素的话,那么在一些少数民族中所流行的抢婚习俗,对于男女双方是自愿的婚配仪式,对于双方家庭则有一些强迫的因素,尚有一点掠夺的味道。尽管如此,在阶级社会里,掠夺婚常常是阶级压迫的一种表现形式。它同联姻、和亲一样,是为稳定家庭与社会秩序、巩固统治阶级政权服务的;而在文化落后的民族中,掠夺婚常常是一种民族风习。

四、法律对婚俗的干预

在中国,一向把婚姻视作社会成立的基点,夫妇关系为人类伦常之始源。因而,历来统治阶级总要以一定的法律形式对婚姻习俗进行干涉、限制。

(一)夫妇的"名分"

关于夫妇二字,古人根据当时礼制所做的解释是:"妇,言服也,服事于夫也。"《释名》说:"天子之妃曰后,后,后也,言在后不敢以副言也;诸侯之妃曰夫人,夫,扶也,扶助其君也;卿之妃曰内子,在闺门之内治家也;大夫之妃曰命妇,妇,服也,服家事也,夫受命于朝,妻受命于家也;士庶人曰妻,夫贱不足以尊称,故齐等言也。"显然,妇、妻都处于丈夫的附属地位;夫人显属尊称,但也只能依附于男子,扶助他人。这里,夫主妇从的名分关系是十分明显的。

古代的婚姻法,一部分体现在无所不包的刑法体系中,另一部分则体现在具有法律职能的"礼"中。因此,根据礼制所确定的夫妇名分关系,实际上就是一种礼法。妇女必须严守,不得违反。

按照夫主妇从的礼法,夫妻之间的地位自然是不平等的。《礼记·内则》云:

"家无二主。"作为妻子,当丈夫在世时,夫为家长;丈夫死后,家长的地位也只能由儿、孙继承,所谓"在家从父,出嫁从夫,夫死从子"的"三从"之礼,女人一生都处于从属地位。这种不平等地位,从夫妻间侵犯人身权利的犯罪中看得最为明显。在汉律中有规定,男人可以任意打骂妻子,而妻子只有敬顺的义务。唐朝法律规定,妻殴夫者徒一年,殴夫致死者处斩;而夫杀妻者减凡人二等,殴妻,则不为罪。明清法律明确规定,夫殴妻殴伤以下勿论,折伤以上减凡人二等,且须妻亲告乃论。如果妻子不堪虐待而自杀,被认为是自寻短见,不承认丈夫对妻子威逼致死的罪名。如《清律总注》说:"家庭闺阃之内,妻妾之过失不论大小,本夫殴非折伤也得勿论,自愿轻生何罪有之?!"相反,如果丈夫因不堪妻之虐待而自杀的,妻则须承担威逼夫死的罪责。例如,清朝时有这样一个案例:

倪顾氏为倪玉之继妻,对待前妻之子倪四极刻薄。倪玉见四子棉袄破烂,欲将自己的棉袄给穿,顾氏不许。倪玉欲将四子交妹杨倪氏抚养,并给本营生,顾氏又不许,争吵相殴,倪玉气忿莫释,自缢。

这一案例中的顾氏可称为悍妇,但其夫之死乃自缢,而顾氏也被判绞决。对此,清皇帝评论说:

妇之于夫,犹臣之于君,子之于父同列三纲,所关綦重。律载人子违犯教令父母致自尽者皆处以立绞,岂妇人之于夫竟可从轻?今乃逼迫其夫致令自尽,此泼悍之妇尚可令其偷生人世乎。

这里道出了妻的地位与人子的地位相同,因此顾氏之夫自缢而死,则按照子孙违反教令至父母自尽的律令处理。

夫主妇从的地位,妇女自然没有什么人的权利可言,唯有必须尽义务。《礼记·内则》规定:女子出嫁后十年不准出门,服从公婆、丈夫指使,服侍舅姑,从事生产劳动,"执麻枲,治丝茧,织红组钏",还要做衣服、做饭,帮助家中祭祀祖先。此外,《内则》还规定,不准女子夜间出房之礼。许多妇女为严守这一礼法,只得牺牲自由以至生命。春秋时代宋国有个妇女叫伯姬,夜间家中突然失火,尽管她可以逃出,但直到大火把她烧成灰烬,伯姬一直没有迈出房门一步。原因是她要恪守妇女夜不出户的礼教。这种愚蠢而又可怜的举动,为当时的统治者大加赞赏,把伯姬捧为遵守妇道的代表。

妇女不仅在家里承担多项义务,刑法上的责任也远远超过丈夫。历代王朝对妻妾的刑事责任都很重视。丈夫宿奸、纳妾不犯罪,而妇女则必须绝对保持贞操。妻妾在丈夫活着的时候要守贞,丈夫死了要守节;有夫之妇如与人通奸则严加惩处。但是,如果妻子拒绝卖淫与丈夫发生争殴,妻子仍然逃脱不了殴打丈夫的罪名。下面一案例,颇耐人寻味:

罗小么家贫难度,逼令其妻王阿菊卖奸,阿菊不允,时常打骂,无奈从允,由罗小么寻得奸夫安阿二。旋因索钱争吵,将安驱逐,又欲寻奸夫,阿菊不允,罗小么辱骂,阿菊出言顶撞。罗小么拾捧扑殴,阿菊顺拿砂锅滚水吓泼,泼伤罗小么胸膛身死。法司以罗小么逼妻卖奸,无耻已极。王氏亦非无故逞凶干犯;惟死系伊夫,名分攸关,王氏仍以殴死夫律拟斩立决。

夫逼妻卖淫不从,发生口角,夫误伤身死,虽系无意,但因其名分关系,也要处以极刑。因此,只要夫妇名分确定,妻于夫皆得百依百顺,无论是流氓无赖均需服从,否则即有干犯名分而被处刑之可能。

夫妇之名分,还使结婚的妇女失去独立的人格。《礼记·郊特性》说:"共牢而食同尊卑也,故妇人无爵从夫之爵,坐以夫之齿。"妻既不存在独立人格,一切人格荣辱只能依丈夫的身份而定。历代王朝对达官显贵的妻子或母亲都依丈夫或儿子的爵位等级而授以爵位称号。夫人、命妇、国夫人、郡夫人、郡君、县君、淑人、硕人、令人、恭人、宣人、安人、孺人,等等。另一方面,如果丈夫犯罪,自然株连妻子,或是与丈夫同样被处死,或者没收归官充当官妓、奴婢。秦代连坐之法,丈夫犯死罪连同妻子一并处死。汉代一般犯罪虽不株连妻子,大逆不道的犯罪,妻子、父母、亲属统统弃市。唐律,谋反大逆罪本人处斩,妻妾没收归官,如谋反情节轻微,则将妻妾流3000里。宋代与此略同。元代连私自造酒的犯罪都没收妻子入宫。明代丈夫发配从军,妻妾随之。清代因丈夫罪将其妻妾没收入官,或与丈夫一起发遣边疆。

上述可见,所谓夫妇名分,实为束缚妇女的绳索,以便在名分的幌子下,"合理"而又合法地剥夺妇女的人格权利。

(二)"七弃三不去"

在古代,离婚比结婚更方便。尽管古代强调明媒正娶,强调六礼俱全,而离婚

·婚丧嫁娶·

图文珍藏版

则是易如反掌,用不着找人裁决。不过,这只是对男子而言,对女子却是另一回事。男子有弃妻的专有权,女子只好甘当牺牲品。

古代男子弃妻,大都按照"七弃三不去"的原则行事,这也是当时法定的理由。七弃也叫七出,最早见于《大戴礼记·本命篇》,它说:"妇有七去,不顺父母,去;无子,去;淫,去;妒,去;有恶疾,去;多言,去;窃盗,去。"不顺父母,为其逆德也;无子,为其绝世也;淫,为其乱族也;妒,为其乱家也;有恶疾,不可与共粢盛也;口多言,为其离亲也;窃盗,为其反义也。如有特殊情况的不应弃去,叫作三不去。《大戴礼记·本命篇》说:"妇有三不去:有所娶无所归,不去;与更三年丧,不去;前贫后富贵,不去。"

"法本于礼","法出于礼",古代的礼制不仅是一般道德规范,更是法的渊源和灵魂,是立法与司法的依据。在唐代,七弃三不去被原原本本纳入法律之中。以后,宋、元、明、清的法律也都规定七弃三不去,虽然前后顺序和用词略有差异,基本内容都是一致的。七弃中的任何一条都是以夫妻在家庭中的不平等地位为前提。其中最为不合理者,若无子、妒、多言几项,法典明文规定这是妻子的"罪责"。在"不孝有三,无后为大"的封建思想支配下,无子从汉代七弃中的第二位,在唐代上升到第一位。这种变化,反映了儒家思想在婚姻法中的影响。至于妒、多言等含混的罪名,只是成为丈夫抛妻的方便借口。而三不去,实际上也只是贵族女子的特权,一般妇女则无任何法律保障。

中国古代,有多少善良妇女被无情的丈夫以七弃的托词抛弃。东汉冯衍娶任氏为妻,因妻不准他蓄妾,使其淫欲不得满足,就被他以"悍忌"之罪"逐之"。还有一个伪君子李充,因家贫,兄弟六人聚居,生活难以为继。其妻对他说:莫如分开单过,或可依靠积蓄勉强度日。李充表面答应,并声称一同商议。不料,在召集全家及乡里聚会时,李充竟跪在母亲面前,控告妻子"离间母兄",应当谴斥,当场就将其妻逐令出门。这位心地单纯的妇女根本没有想到自己的丈夫会使出这一招,只得"衔涕而去"。令人可笑的是西汉人王吉的弃妻。王吉的东邻有一棵大枣树,到了秋季果实累累,有的枝条垂到了王吉院中。他的妻子看到丈夫读书十分辛苦,偷摘了邻居枣树上的一把枣子给丈夫吃,王吉后来知道这枣原来是妻子偷来的,一怒之下就把妻子休了。王吉的理由是"盗窃弃,反义也"。他的东邻听到这件事后,对王吉的迂腐十分生气，坚决要把枣树伐倒。邻里苦苦请求王吉把妻子召回，一桩离婚案才这样不了了之。事后，村里人编了个歌谣：东家有树，王阳妇去；东家枣完，去妇复还。

不过，如果女子的娘家比男家更有权势，那么丈夫要弃妻就不那么容易。甚至有时即使丈夫不愿弃妻，岳父家也会把女儿"夺"回来。汉武帝的母亲王太后，本来是嫁给王孙的，并生了个女儿。后来她母亲找人占卜，说两个女儿都要大贵，她就把女儿要回来，金家不肯。她又把女儿送到皇太子宫里当宫女。可见，在弃妻占主要地位的情况下，偶尔也有"弃夫"的。谁弃谁，要看等级地位，以等级高下为转移。

在古代妇女中，有对七弃不满而奋起斗争的。如东晋谢安以好声乐妓妾出名，他不论到什么地方，都要带上一大批侍妾。他妻子刘氏对这一点很不满。谢安只好把侍妾养在别处，这自然不太方便。于是，他便示意自己的侄子和外甥劝说刘氏。这群侄、甥们，大概是怕自己的话不顶用，特意搬来《关雎》《螽斯》中有关妻子不妒忌的篇章，旁敲侧击。刘氏一听便有数，故意问："这些诗是谁写的？"他们回答说是大圣人周公。刘夫人就反驳说："周公是个男的，所以他写这种诗，假若让'周姥'写，就

谢安

决不会写这类东西了。"刘氏的话，算是说到了点子上。为什么只许丈夫妒妻子，不许妻子妒丈夫呢？"饮食男女，人之大欲存焉。"只许丈夫蓄妾、宿妓，不许妻子说个不字，这是对妻子的凌辱，也是父系家庭的一大弊病。

对于贯穿整个封建社会婚姻法中的七弃的离婚条件，不仅现代人认为十分不合理，就是古代具有开明思想的学者也都不以为然。明代宋濂对恶疾和无子二条进行猛烈抨击。他说：恶疾和无子难道是人为的吗？并不是妇女自己希望如此，而

是不得已的不幸之事,难道因其不幸就加以抛弃吗?这样做恐怕孔老夫子也不会答应的。清代学者俞正燮曾愤慨地指出:"七出"中以"妒"为离婚条件最无道理。那种以为男子可妻妾满堂,而女子终身只侍一夫的说法都是"无耻之论也"。尽管如此,在封建统治阶级中,绝大部分人还是极力维护这种不合理的法规,就连清代有名的进步学者钱大昕也发表过荒谬言论,他说"七出之法不行,而牝鸡之司晨日炽"。意思是说:无"七出"之法,母鸡就要代替公鸡打鸣,女人在家就要制服男人。"有司断狱"也不能判他(她)们离婚,纲常礼教就要废弛了。总之,古代的婚姻法,是以压迫妇女为其特征;男女不平等的地位,是以阶级不平等为前提的。

　　然而在今天的夫妻关系中,仍可见到那种拘于夫妇名分,或因女子妒、无子而弃妻、闹离婚的不平等旧俗。有些男子,男主女从的观念仍牢牢地盘踞于思想意识中,在夫妻生活中摆"大丈夫"的架子,甚至因一点小事而殴打妻子,说什么"两口子打架,在所难免","打出来的媳妇,糅出来的面";有些男子,自己乱搞男女关系,却不准妻子反对;还有些人则错误地理解夫妻平等,认为男女平等就是男女"同等",女的做多少家务,男的也要分担多少,否则就是男尊女卑,等等。当然,对那些殴打、虐待妻子的人,不仅应受到社会舆论的谴责,还应受到法律制裁。对于一些错误的思想观念,则应正确引导。要使广大妇女认识到,夫妻平等不是"同等"。对妻子来说,要同丈夫做到平等,就要在政治、法律、人格、社会地位以至经济上都同男子站到平等的位置上。尤其是在人格上,如果缺乏平等的观念,在思想上把自己看得比男子矮一头,天生只能靠男子,满脑子都是"夫贵妻荣"的思想,那么,即使把平等的口号喊得震天响,夫妻关系也不会有真正的平等。

第三章　婚姻禁忌

人非动物,异性之间的结合毕竟不是随意性的,男女联姻要受各种习俗的限制,存在诸多禁忌。在古老的群婚时代,人类的婚姻是没有禁忌的,任何异性之间都可以并可能结合。随着历史的发展,人类婚姻出现了身体限制、血缘限制。再后来,随着阶级的出现和人类思想意识的发展,又出现了等级限制、宗教限制等。按习俗,如果异性之间存在着联姻的禁忌或限制,那么,他们便不能结合为夫妻。

一、生理限制

从理论上讲,生理限制贯穿于整个人类婚姻史。哪怕在群婚时代,一个严重残废的人也是难于找到配偶的。在具有高度文明的今天,婚姻法也要规定患有麻风病等病的病人禁止结婚。

生理限制包括年龄限制和身体素质限制。从古及今,虽然不乏老夫少妻或大妻小夫现象,但正常的婚姻,对年龄的要求,仍是异性间缔结婚姻的一个限制条件。这种限制,包括两层意思:一是习俗对婚娶年龄有起码限制,二是习俗要求男女双方大致同龄。

《孔子家语·本命》说:"男子十六精通,女子十四而化,是则可以生民矣,而礼三十而有室,女子二十而有夫也,岂不晚哉?"《礼记》《尚书》等均记载周代时候,男三十而婚,女二十而嫁。以后,历代均对男女婚龄做出规范,有鼓励早婚的,有提倡晚婚的。

儒家是提倡晚婚的。《尚书·大传》引孔子曰:"男三十而娶,女二十而嫁,通于织纤纷绩之事,黼黻文章之美,不若是,则上不足以事舅姑,而下不足以事夫养子。"认为女子达到这个年龄,才会纺纱织布,做针线活,成为夫家的劳动力。班固的《白虎通义》说："男三十筋骨坚强,任为人父;女二十肌肤充盈,任为人母。"从生理角度,解释晚婚有利于人体健康。

墨子则提倡"男二十而娶,女十五而嫁"的早婚说。《墨子·节用上》说："丈夫年二十毋敢不处家,女子十五毋敢不事人,此圣王之法也。"这种主张把婚龄提前,多因先秦时,战争频繁,兵员不足,家族不旺等因素造成的。在吴越之战时期,越国更是提倡早婚,并实行生育奖励的办法。

这种早婚说,对后代的婚姻影响甚大,使中国历史上早婚习俗未曾断绝过。汉惠帝时,规定"女子年十五以上至三十不嫁,五算",收五倍的人头税。于是,民间出现"男年十五而娶,女年十四而嫁"的早婚习俗。唐太宗时,"令男二十,女十五以上无家者,州县以礼聘娶。"唐玄宗时,又规定"男年十五,女年十三"为法定婚龄。

儒墨两家对于婚龄虽有不同看法,但却有一个相同点,即男女婚龄的差距在"五年"与"十年"之内,不能无限度扩大。因为"老夫得少妻"或"老妇得少夫",都是"过从相与,或亦可丑也。"被视为不正常的现象。清人曾对老男娶少女提出强烈谴责:"男女貌相当,青春配偶,最为乐事……最可恨者,垂白之夫,怀拥少艾,以彼晚景,误彼芳春,无论心理难安,即引镜自照,岂不相对无色?"历史上虽存在夫妇年龄悬殊的现象,但毕竟是有违习俗的。

为什么要对婚嫁年龄做出限制呢?如果太早,男女均未成熟,结婚有害身心健康,且不能正常的养育好后代;如果太迟,

行催妆礼

则不利于古代婚姻的主要目的——种族繁衍,因为人作为一个生物体,到了一定年龄就会丧失生育能力。目前,我国对男女青年的结婚年龄分别做了规定,鼓励晚婚,目的是保护青年人健康成长,并达到少生优育的目的。

人们在做婚姻选择的时候，不仅要考虑自身利益，而且还要考虑家族、家庭的利益，对对方的年龄、身体状况等就必然要加以重视，其功利有二：一是考虑能否与自己白头偕老，二是考虑后代的健康和繁衍。

二、辈分限制

人类最初的杂乱婚姻是没有限制的。由于种族生存的需要，人们渴求延续族体的生命必须是健康的、智慧的，在生存发展过程中，逐渐认识到杂乱婚姻所带来的危害。于是，人类开始有意识地对两性关系进行限制。其中，辈分限制就是这种有意识限制的第一个步骤。

所谓辈分限制，即禁止不同辈分之间的男女缔结婚姻，取缔父母子女间、祖孙间的性关系。

辈分限制的结果，使人类进入了血缘婚姻阶段。这时，"婚姻集团是按照辈数而区分的：在家庭范围以内的所有祖父母，都是互为夫妻；他们的子女，即父母，也是如此；同样，后者的子女，构成共同夫妻的第三范围。"

辈分限制一经产生，便被长期留存下来，并在我国许多民族的婚俗中成为永远的限制因素。在这种婚俗的限制下，如果一对男女在年龄、相貌、智力、家庭诸方面十分相配，即使他们之间有着割不断的爱情，又不是近亲，但只要他们的家族曾经沾亲带故，如辈分不同，婚姻之事就成为水中之月，镜中之花，可望而不可及。辈分不同，不能通婚的习俗，像一堵坚固的墙，使无数有情人难以逾越，而遗憾终身。

特别是在封建大家庭中，辈分的尊卑具有不同的等级意义。嫡庶之间、长幼之间在财产继承、爵位继承上，都体现出不同的权利。因此，历代封建王朝均限制不同辈分之间的婚姻关系和非婚姻的性关系。

禁止异辈婚，早在《礼记·大传》中便有记载。《左传》把长幼不分、男女淫乱，斥之为"报"，贬之为"烝"。在汉代，辈分禁忌由礼变成为法。汉律明文规定："淫季父之妻曰报"。到了唐代，禁止异辈通婚的法律规定更加严密。在宋代，辈分不可混淆这一伦理观念，在婚姻制度上得到了充分体现。为了防止"尊卑混乱，人伦失序"，《宋刑统》对异辈为婚在刑律上明文规定"以奸论"。异辈不婚的原则，不仅普通人要遵守，而且士大夫也必须遵守，即便皇亲国戚也不能例外。

这里需要说明的是，尽管封建王朝历来提倡禁止异辈婚，但实际上往往禁而不止。汉代惠帝便"以甥女为妻"，哀帝"以外家诸姑为妻"。而唐代，异辈通婚竟"寝以成俗"。唐代最高统治者便是立法犯法，带头实行异辈婚的典型。史书记载：唐代皇帝与后妃辈分不合而"报""烝"者的事例不胜枚举，而公主择偶也往往不顾辈分。至于那些累世联姻的家族间的婚姻关系，辈分更是十分混乱。

三、血亲禁忌

异辈不婚的禁忌，虽然排斥了人类婚姻的乱交状态，但它并没有排除人类近亲的性关系。在血缘内通婚时期，不同辈分之间的性关系被取缔了，但兄弟姐妹间却可以互为夫妻关系。当人们认识到血亲内通婚给后代带来的缺陷和危害时，血缘内婚制度便遭到了否定，血亲禁忌成为人类婚姻的又一限制。

血亲限制排除了氏族内部的所有婚姻关系。在这一限制下，氏族内部的所有成员之间均不能在血亲内缔结婚姻，必须到外氏族去找丈夫或妻子，或者等待外氏族的男人或女人来求婚。

血亲限制，实行族外婚，是人类婚姻的一个巨大飞跃。这一古老的婚姻习俗，对后世婚姻产生了巨大影响，许多民族中规定同宗族不结婚的观念，便是这种习俗的反映。在汉族，这一习俗，在旧时还发展为同姓不婚的观念，因为同姓有同血缘的嫌疑。

血亲限制对人类的发展起到了积极的作用，但我国历史上所限制的血缘通婚并未完全排除近亲婚姻。因为，在母系时期，血亲限制只限制了母亲所生的子女和母亲姊妹（及堂姊妹）所生的子女间的婚姻关系。父系时期，血亲限制只限制了父亲以及他的兄弟（和堂兄弟）所生的子女间的婚姻关系。而母亲的兄弟、父亲的姊妹所生的子女，均不在限制范围，依然作为婚姻选择对象。在一些民族中，姑表婚、舅表婚的大量存在，便是一种近亲婚姻。这种近亲婚配直到新中国成立后，国家法律规定三代以内近亲禁止结婚,才从根本上消除了血亲婚姻给人们带来的危害。

四、迷信限制

中国人的迷信观念由来已久,涉及广泛。在婚姻方面,迷信也有诸多限制作用。以汉族为例,婚俗中有所谓的"六礼",其中"问名"和"纳吉"二礼便具有浓厚的迷信色彩。所谓"问名",主要指询问生辰八字,然后卜其吉凶,看双方"八字"是否吻合。经过"生辰八字"这一关的婚姻,被称为"天作之合",符合神意,当事人只得服从。如不符,则不得婚配。

婚前先看生辰八字的习俗,也影响到其他民族。有的地方则以双方的属相来定夺。如在苗族部分地区,属虎的与属猪的,属狗的与属兔的,都不能通婚。因为迷信以为虎会吃猪,狗要咬兔,因而属相相克,不能厮守在一起。信仰道教的地方,还以属相中的金木水火土之间是否相生相克,来决定当事者的婚姻命运。侗族有一种"搭筛礼"婚俗,便是男方托媒人讨取女方的"八字",合则成,不合则分。布依族、彝族等均有类似习俗。

除生辰八字外,迷信限制还有面相限制。这里所说的面相,并非指长相的美丑,而是指长相的特征。在汉族,迷信以为颧骨突出的男人克妻、女人克夫,均不与之婚配。至于其他面部,如眼、鼻、耳、口等器官的长相,甚至黑痣生长的方位,均成为婚姻限制的依据。贵州台江、凯里一带的苗族,妇女的嘴唇长得大一些的、厚一些的、红一些的,牙齿长得暴一些的,长有叠牙的,都被视为不祥长相,当作克夫克子的征兆。有"女人嘴大家变穷,红嘴吃丈夫,龅牙吃小孩"之说。如此等等,均成为婚姻选择中的限制。

在一些少数民族中,还广泛流传着"蛊""毒药鬼"等迷信观念。川西北的羌族中,崇尚一种"毒药鬼"信仰,认为"毒药鬼"可附身于人,使人作祟,招灾引祸,不仅贻害他人,还会传给子孙。如此,凡被认为附有"毒药鬼"的人,自然被人疏远、鄙视,甚至被人仇恨。这些迷信,使婚姻受到诸多严重限制。"蛊"在许多民族信仰中,都被深信不疑。在苗族一些地区,据说一些妇女暗中饲养毒虫吸取毒汁,乘人不备时放毒害人。被疑为养蛊放蛊的妇女,像这样被人误解的人,纵然有花容月貌,谁也不敢与之为伴。

迷信限制还广泛表现为对天象、气候、季节、日辰等自然现象的重视,演化为婚俗中的种种禁忌,无形中增添了婚姻中的种种限制。

五、宗教限制

宗教产生以后,对人类的婚姻产生了很大影响。佛教、道教、基督教、伊斯兰教,均对我国各民族的婚姻起着不同程度的限制作用。西北的维吾尔、哈萨克、塔吉克、柯尔克孜、回、土、撒拉、东乡等民族,在婚姻上是受伊斯兰教的规范限制。西南的藏族、傣族,北方的蒙古族和中原的汉族,不同程度地受到佛教的影响。绝大部分的汉族、苗族、瑶族、白族,则不同程度地受到道教的影响。至于各民族的原始宗教,则都深刻影响着他们的婚姻。

首先,宗教对婚姻的限制,表现为信仰不同宗教的教徒间严禁通婚。回、维吾尔、哈萨克、撒拉、东乡等信仰伊斯兰教的民族,不与非伊斯兰教信徒结婚。除非,对方以信仰伊斯兰教为条件。

其次,宗教限制教徒的婚姻。在西方中世纪时期,不但禁止传教士结婚,就连一般信徒也要受到种种限制。西藏的喇嘛教规定,活佛喇嘛禁止结婚。中原汉族地区,皈依佛教的僧尼均禁止结婚,以超脱俗界。当然,宗教对教徒婚姻的限制,是以信仰为标准的,全凭个人"自愿"完成。

再次,宗教规定婚姻制度,参与婚姻礼仪。信仰伊斯兰教的回族地区,不能以妇女没有生育能力作为离婚或抛弃的条件。按伊斯兰教的最高经典《古兰经》规定:奖励合法婚姻,严禁苟合奸淫;反对禁欲、纵欲、绝欲和终身不婚的"独身主义者";同时又提倡节欲,严禁夫妻以外的性关系。伊斯兰教又规定:男孩 12 岁、女孩 9 岁为"出幼"期,"出幼"之后即应婚嫁,承担真主的"神圣使命"。《古兰经》规定:"你们应娶所爱的妇女,两个、三个、四个均可。如怕不公,可娶一个。"过去,在信仰伊斯兰教的民族中,均普遍存在着早婚现象,不同程度地存在着一夫多妻制,这与宗教的教规和制度有着密切的关系。

在西方中世纪时期，基督教信徒的婚姻缔结和解除，必须征得教会同意，并在教堂里举行仪式。那时，可以说教会就是婚姻的登记机关和调节机构，经它主持缔结和解除的婚姻具有法律效力。在我国信仰伊斯兰教的回、维吾尔、哈萨克等民族中，男女婚姻的缔结要由宗教徒做公证人，并主持婚姻礼仪。

六、家族限制

家族限制，首先表现为同姓不婚的禁忌。

据史籍记载和学者考证，同姓不婚之俗始于周代。"夏殷不嫌一姓之婚，周制始绝同姓之娶。""同姓不婚之制实自周始，女子称姓亦自周人始矣。"后来，此俗几经沉浮，时开时禁。至唐，以法律形式规定同姓不能通婚，直至清代。

同姓不婚的禁忌，以汉族最为显著，其他民族中亦有存在。如基诺族，男女同姓不能通婚，违者将被吊打、罚款，并强令离婚。湘西苗族青年在结交的时候，首先必须问明对方姓名，若不同姓才可互吐衷肠，建立爱情；如若同姓，便只能认作兄妹了。

其次，家族限制表现为同宗不婚的禁忌。宗即祖宗，同宗即同一祖先繁衍下来的后代，它在血缘上比同姓更相近。在汉族，是否同宗，以家庙或祠堂为标志；在畲族，以香炉为标志；在彝族，以家支为标志；苗族，以鼓社为标志。同宗不婚的禁忌，比同姓不婚的习俗更加严格。如曲阜孔庙那样的大家祠堂，千百年来一直维系着孔姓的血族系统，直到近现代仍强调同宗内不通婚的原则。凉山彝族以血统为标准划分了若干家支，同一家支内严禁通婚。

同宗不婚，不仅限制了家庭内部异性成员之间的婚姻关系，而且还限制了中表婚姻和宗亲婚姻。所谓中表婚，即姑表、姨表兄弟姊妹间的通婚。唐以前，政府对这种婚姻关系未加限制。宋以后，开始禁止。《宋刑统》规定："中表为婚，各杖一百，离之。"明代亦对此做了限制，《明律例·尊卑为婚》言："若娶己之姑舅两姨姊妹者，杖八十。"清袭明制，亦禁中表婚。所谓宗亲婚，指妻妾与夫家亲属之间的婚姻关系。从唐开始,历朝对此均加以禁止。

虽然,中表婚和宗亲婚在中国古代曾被禁止,并且以律令形式予以制约,但在民间仍屡禁不止,在官府甚至皇族也不鲜见。甚至,中表婚被许多民族和地区认为是最理想的婚姻,因而形成中表婚优先权的习俗。按此俗,舅家有娶外甥女为儿媳的优先权,舅家之女有嫁外甥的优先权。在苗族,凡家中有长女要出嫁时,必先征询外婆家(舅家)意见。如舅家有适龄男子,就应先与他联姻;除非舅家不娶,方能许配他人。土家族亦有此俗,有"姑家女,伸手娶;舅家要,隔河叫"之谚。至于宗亲婚,许多富贵人家和一些民族地区的转房婚,都是这种婚姻关系。

再次,家庭限制还表现为同宗或与宗族有姻亲关系而不同辈不通婚的习俗。这里的辈分之限,已经不是近亲的限制,实质上是一种地位尊卑的限制,目的是为了维护宗族内地位级别的稳定。

家族限制起源于古人对血亲婚姻的排斥。这一习俗有两方面的理由:遗传的和伦理的。近亲婚姻不利于家族昌盛,祖先们早已知道。《国语·晋语》云:"同姓不婚,惧不殖也"。《左传·僖公二十三年》曰:"男女同姓,其生不繁。"而我们的道德人伦认为:同姓同宗通婚有违人伦。《春秋传》:"不娶同姓者,重人伦,防淫佚与禽兽同也。"《白虎通·姓名》:"人所以有同姓者何?所以崇恩爱,厚亲亲,远禽兽,别婚姻也。故纪世别类,使生相爱,死相哀,同姓不得相娶,重人伦也。"

七、等 级 限 制

在中国整个奴隶社会到封建社会的漫长过程中,存在着森严的等级差别。这种等级制度,在礼制上和法律上都对婚姻产生了种种限制作用,使"门当户对"成为中国传统婚姻最重要的标准,等级限制成为绝大多数人们缔结婚姻不可逾越的一道鸿沟。

等级限制,主要表现为良贱不婚和士庶不婚的禁忌。"家之婚姻必由于谱系",门不当,户不对,便不可能缔结婚姻。

婚姻缔结中的等级限制,在少数民族地区也普遍存在。以西藏地区为例,新中国成立前尚处于封建农奴制社会，人被分为"格巴""差巴""堆穷""朗生"4个等级。男女婚姻严格实行等级内婚制，讲求门当户对。"格巴"的婚姻多由父母包办，不准下嫁别的等级，目的在于保证嫡传子孙血统的高贵和祖传的家业、官爵、权势不被分散。如果"格巴"的女儿下嫁别的等级，她的身份、地位也将随之下降。同样，"差巴""堆穷"和"朗生"，也只能在自己的等级中寻找配偶。

"门当户对"的观念，作为一种社会痼疾，潜流于人们的思想意识之中。虽然封建制度早已消亡，在法律上早已消除了门第观念对婚姻的限制，但这种痼疾仍然隐形于当代社会之中，影响着人们的婚姻行为。

八、民族限制

过去，我国各民族之间存在着严重的隔阂，互不信任。因而人们在择偶时，往往只限于本民族内。宋以前，政府对不同民族的男女间的联姻并未以法律形式加以限制，但在人们思想意识里，却始终认为这种做法不吉利。《宋史·太宗本纪》载："禁西北缘边诸州民与内属戎人婚娶。"禁令虽只提到西北，实际上通行于全国。新中国成立后，各民族成了一个大家庭，男女青年的婚姻才不再受此限制。

图文珍藏版

第四章　订婚

一、纳采问名合八字

（一）送礼提亲

媒人是始终参与聘娶婚各道礼俗程序的重要角色。如果我们将这些程序分为婚前、正婚与婚后三个阶段来观察的话，就可以发现，她们在婚前阶段肩负着最关键的使命。

议婚是婚前礼俗的开端，其发起人便是媒人。假定这个媒人对男女双方的家庭情况都比较了解，那么她一个人便可充当议婚发起者的角色，反之就需要由各了解一方情况的两个人共同充当了。《金瓶梅》第三回中，西门庆故意在潘金莲面前向王婆吹嘘他女儿与禁军杨提督亲家的儿子订婚之事："他那边有了个文嫂儿来讨帖儿，俺这里又使常在家中走的卖翠花的薛嫂儿，同做保山，说此亲事。"这就是两个媒人各代表一方"同做保山"的实例。

按惯例，议婚总是由媒人代表男方去女方家提亲开始，古礼的讲法叫"纳采"，"采"就是男方托媒人致送女方的礼物，先秦时代的"采"，都用大雁；据说这是周公规定的，所谓"昏礼下达，纳采用雁"（《仪礼·士昏礼》）。为什么求亲要用雁呢？有人认为雁有随节令变化而飞南飞北的本性，遵时守信，正符合丈夫对妻子的要求。也有人解释说，雁一生中只配偶一次，从此双方形影不离，故以雁为采反映了人们期盼夫妻白头偕老的美好愿望。秦汉以后，提亲纳采的礼品不断变化，但一般都不贵重，同用雁一样，也只是取其象征意义而已，比如百合花有"百事合心"的寓意，如意（一种玩赏品）则可表示"称心如意"的祝福，或用鸭、鹅代替大雁，等等。

如果女方对媒人所介绍的男方情况表示满意,就收纳这些礼品,此即"纳采"成功,反之则婉言谢绝。

(二)问名求帖

女方纳采后,媒人将喜讯回报男方。男方随即再备薄礼,请媒人去女家"问名"。问名的内容,包括父母姓氏、女子名字、在姊妹兄弟中的排行,以及出生年月日时等情况。宋元以后,"问名"的内容改换为男方托媒人向女方索取"庚帖",也就是西门庆说的"讨帖儿",亦有男女双方通过媒人相互交换庚帖的。庚帖上写有姓名、生辰八字、籍贯、祖宗三代等,也叫"八字帖"。《牡丹亭·冥誓》:"杜丽娘小字有庚帖,年华二八"。就是说她的闺名和生辰都写在庚帖上。庚帖忌用白纸,最好是写在红纸上,上面的字数忌单数,如为单数就酌加一个修饰字,使之成双,比如男名下加一"健"字,女名下加一"瑞"字。

纳采、问名在进行时,男女双方都希望避人耳目。在男方是担心女方不肯纳采,传开后有失体面。在女方是顾忌纳采、问名之后,或许婚事不能成功,传开后有损姑娘的名声。媒人因利益相关,自然会注意保密,如果不慎失风,就会被说成是"碎嘴媒婆",往后便揽不到大户人家的生意了。

(三)宗亲不婚

问名之后,就进入了"合婚"程序。所谓合婚,就是把通过媒人进一步了解到的双方的情况合拢到一起,据此做出这门婚事是否适宜的判断。旧时有所谓"良贱不婚"(即编户齐民不与倡优皂隶通婚)、"士商不婚"(即士大夫不与商贾通婚)、"官民不婚"(即居官者不与辖区内绅民通婚)等传统的限制,不过这类情况在家长按照门当户对等标准选择联姻对象时,都已经在"问名"之前给予汰除,所以一般不会发生。合婚阶段时所要绕开的禁忌,主要为社会关系和年龄生肖两类。

社会关系类的合婚禁忌,首先是"同姓不婚"。从史料记载看,这条限制最初出现于周代,并得到较为严格的遵守。同姓不婚的理由大致有三:一是从优生优育着眼。春秋时代,晋平公娶同姓女子为侍妾,郑国首相子产马上给予批评,认为这种婚姻生出来的孩子没有质量;二是怕引起灾祸;三是认为会削弱婚姻的"合二姓之好"的社会意义。汉代以后,历朝法律都有禁止同姓结婚的明文规定,直至清末才改为禁止五服内的通婚。实际上,中国姓氏的来源极其复杂,同姓者未必出自同一血缘,所以民间因同姓氏而不同祖先则照样通婚的情况还是存在,官府亦多采取从宽处理的态度。

由同姓不婚原则沿袭或衍生出来的合婚禁忌,还有"宗亲不婚"与"表亲不婚"。宗亲无疑是同姓,故所谓宗亲不婚主要是指不能与宗亲的妻妾结婚。如三国时刘备欲娶刘瑁的遗孀为妻,就有人以宗亲不婚的古礼来加以批评。表亲不婚几乎是历代政府都有明文规定的禁律,但在"亲上加亲"的传统观念驱使下,在民间已经形成一种陋俗,如《红楼梦》里无论是宝、黛的"木石前盟",还是宝、钗的"金玉良缘",均为中表通婚,而官府亦多采取迁就态度。与此同时,也有许多地区视"骨血倒流"即表亲结婚为大忌,南方尚有"骨肉还乡,家败人亡"的俗语流传,而达斡尔族、拉祜族、景颇族等忌之尤甚。

婚姻当事人的家庭档案如籍贯、父母、祖宗三代等情况,庚帖上全有记载,忌讳同姓同宗或表亲联姻者,很快便可做出判断。

(四)年龄宜忌

如果说社会关系类的合婚禁忌主要是从伦理或优生角度着眼的话,那么年龄生肖类的禁忌就多是迷信心理在作祟了。如有些地方的风俗习惯忌讳男女年龄相差三、六、九岁,以为会犯刑、冲、克、害,于婚姻不利;也有忌讳女方比男方大一岁的,所谓"女大一,不是妻";还有忌男女双方同年生的,尤其忌同年同月出生,如河南有俗谚云:"同岁不同月,同月子宫缺。"意思是同年同月的男女结婚会影响子孙的繁衍(《中国民间禁忌》)。

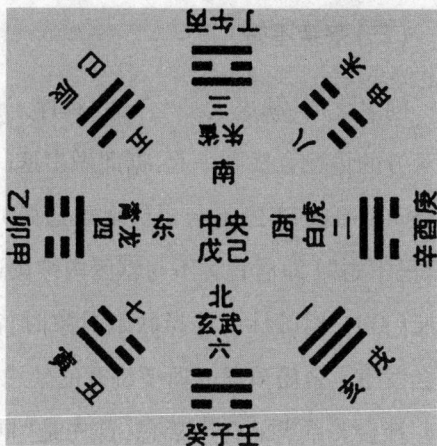

五行八卦

比男女年龄相差禁忌更为普遍的是所谓生克禁忌,其根据就是命相家专以人之生日所值的干支来推断其命运的"理论",亦称"五行八字"。"八字",就是把一个人出生的年、月、日、时与天干地支相配,四项共得八字,每个字又分属金、木、水、火、土即"五行"之一项。议婚人家通过媒人获得对方的庚帖后,再把自己一方当事人的八字另纸抄上,一起拿给算命先生推算,力求五行相生,八字相谐,因为这就预示着婚事适宜,会带来夫荣妻贵、白头偕老、人财两旺、子孙满堂等种种好运。反之,如果是五行相克,八字冲撞,那就意味着婚姻不利,诸如女子会"克夫""妨姑",或男子会"杀妻""鳏门",或夫妻"自徒相打""田败宅破"等各种"象牙",都会从算命先生的嘴里吐出来。比如《红楼梦》里"叹人间美中不足今方信"的遗憾,就同此有关:贾宝玉命相为土,林黛玉命相为木,木克土,而土生金,故只能是"金玉良缘",而不能是"木石前盟"了。

(五)生肖搭配

与年龄妨克相关的还有所谓生肖禁忌。比如北方风俗"女忌属羊",谚云"女子属羊守空房",即必然"克夫",所以男方不愿娶属羊的女子做媳妇。而南方风俗"女忌属虎",又把夜里出生的女子分为前半夜出生的"上山虎"和后半夜出生的"下山虎"两类。相比较起来,"上山虎"或许是下山觅食后归来,已经吃饱了,不会再伤人,"下山虎"则是下山去找食物填肚子的,绝对不能娶,娶回必"伤人"。这种忌讳,势必造成羊年或虎年出生的姑娘难找婆家,于是羊年出生的女子上半年出生者自报属马,下半年出生者自报属猴,虎年出生的女子上半年出生者自报属牛,下半年出生者自报属兔,以此绕开忌讳。改报属相,必然要改换生辰八字,所以民间有句"女命无真,男命无假"的谚语,可见这类现象在旧社会十分普遍。为赚取钱钞,媒人还会相帮伪造庚帖。元杂剧《琵琶记》第六出中媒婆有两句唱词:"合婚问卜若都好,有钞。只怕假做庚帖被人告,吃拷。"

涉及男女生肖搭配之间的禁忌更多。如有些地方忌讳属鸡者与属狗者结婚,怕鸡飞狗跳,夫妻做不长久;有些地方忌讳属蛇者与属虎者结婚,怕龙虎相斗(民间以蛇为"小龙"),必有死伤。民间还流传着不少关于生肖合婚禁忌的谚语与歌谣。谚语如:龙虎相斗,必定短寿;两虎不同山;白马怕青牛;鸡狗不一家;猪猴不到头;青龙克白虎,虎鼠不结亲。歌谣如:

只为白马怕青牛,十人近着九人愁。匹配若犯青牛马,儿女家家不停留。

蛇虎匹配如刀错,男女不合无着落。生儿育女顶相伤,纵是圣贤难逃过。

男女生肖搭配之间禁忌的年画

兔儿见龙泪交流,合婚不幸皱眉头。一席男女犯争斗,哭如黄连梦夕愁。

羊鼠相逢一旦休,婚姻莫配古人留。诸君若犯羊与鼠,夫妻不利难到头。

金鸡玉犬躲难避,合婚千万不可遇。二属相争不可通,世人犯着要紧急。

猪与猿猴不到头,朝朝日日泪交流。男女不能共长久,合家不利一笔勾。

(六)吕才"合婚"

依据各种信息预测婚事吉凶祸福的办法,早在聘娶婚开始流行的先秦时代,就已经成为"六礼"中的必经程序,但当时的方式很简单,就是利用龟甲兽骨烧灼后出现的裂纹(称"兆象")进行占卜。占卜的内容亦不复杂,一是"卜姓",因为当时不少人姓氏亡失,或因各种原因改了姓氏,议婚人谨慎起见,便以卜姓来回避同姓不婚的禁忌。卜姓习俗到东汉时还很流行,如王充指出:"父母姓转易失实,礼重取同姓,故必卜之。"(《论衡·诘术篇》)二是"卜吉",就是一般地预测一下婚事是否吉祥而已,远远没有后来那么多具体的讲究。

运用阴阳五行、生辰八字这一套深奥繁琐的"学问"来推断婚姻是否成立,一般认为是从唐代起才兴起的风俗,但其基本理念与先秦、秦汉时的婚姻占卜相同,都是"姻缘天定"观念的产物,从认识论上看可谓一脉相承。讲到它的起源,民间还有一个传说:

唐代初年,北方的突厥趁唐朝初建,立足未稳,便先后扶植割据分裂势力与中央对抗,同时不断内侵,掠夺粮食人口,给中原人民带来很大灾难。贪图安逸的唐高祖不想再打仗了,便派人向突厥求和,答应将百花公主嫁给突厥可汗,双方签署了誓书。对于这种不平等的政治联姻,秦王李世民坚决反对,但父皇已经做了"朕躬独断",况且有白纸黑字的盟誓为证,如果从唐朝这一方反悔,岂不又给突厥增加了一个再次发动侵扰战争的借口?

李世民百思不得良策,便把他的"十八学士"之一——弘文馆直学士吕才找来商议。吕才说:"这事好办,我让他们承担毁约的罪名。"精通阴阳五行之学的吕才回家后,假托古人撰述,编造了一部专论男女结婚宜、忌之事的《婚元》,运用阴阳五行、属相八字等知识,故弄玄虚,分列宜忌,什么命相相配"子孙满堂",什么八字组合"夫死妻孤",什么生肖搭配"生得男女多病死",或冲撞某某神煞,等等。最关键的是针对突厥可汗与百花公主的具体情况,虚设了许多障碍,又是"克夫",又是"绝房",又是"煞神相犯",都巧妙地塞进形形色色的组合举例中。

不久,突厥可汗的叔叔亲自率领迎亲使团来到了长安,被唐朝政府安排在迎宾馆内住宿。当晚,突厥亲王在馆舍的庭院内浏览,忽见远处隐隐约约有光亮闪烁,走近去一看,原来光亮是从一棵槐树下发出的。亲王啧啧称奇,忙令随行者在树下挖掘,很快便挖出一个用绫缎包裹的锦匣,打开一看,原来是一部写在帛上的书稿,遂带回房中,命随团来京的通事阅读讲解。这真叫"不懂不知道,懂了吓一跳",原来按古书上所讲,可汗与公主的婚姻,处处是五行相克、八字相犯,非但有家破人亡之祸,连可汗的家族也得跟着遭殃。

这门婚事只得告吹了。突厥亲王马上以突犯急病为辞,连夜带着使团离开长安,为使唐皇明白究竟,还特意把那部出土"古书"留在馆舍里。回去后,亲王将此奇遇向可汗一汇报,可汗大怒,认为这是唐朝故意借联姻陷害自己,幸亏上天相助,使古书出现,遂宣布对唐绝交并发兵攻略泾渭。岂知李世民早有准备,在渭滨设下伏兵,给南犯的突厥来了个迎头痛击。等李世民登基做皇帝后,唐朝对突厥的战略也由防御转为反击,最终生擒突厥可汗。从此,从阴山到大漠都归属了大唐王朝。

突厥可汗分裂国家的阴谋破产了,吕才被李世民提拔为太常博士,专职主持整理秦汉以来阴阳学家典籍。那部故意编造的《婚元》也不知怎么搞的,被传到民

·婚丧嫁娶·

图文珍藏版

间,辗转传抄,竟成"秘笈"。缺乏科学知识的芸芸众生,谁不追求夫妻和睦、子孙满堂的世俗理想,谁不害怕夭折鳏寡、疾病贫穷的悲惨境遇？于是将一切都归诸"天命",顺天由命的最好方式当然是回避一切"冲犯",通过婚姻上五行八字的最佳组合来创造美好的生活。结果许多人都对这一套胡诌深信不疑,凡遇联姻之事,必先对照所谓"吕氏合婚法"查验,许多靠出售迷信吃饭的算命先生们再加油添酱,推波助澜,借此获得破译玄机的解释权,从而使这种观念与行为在历史传承的过程中日趋完善,最终成为旧中国婚姻礼俗的又一项重要内容。

(七)吉凶自占

出于职业利益,替人说亲议婚的媒人大多与当地的算命先生有勾结,而算命先生们一般亦有同业之间的相互通气,所以议婚人家拿庚帖去命馆合婚的结果,大都是嫁娶皆宜。即使男女双方分别找两个算命先生合婚,发生根本上出入的情况也不多见。比如甲先生为男方送来的庚帖合婚,批写出来"金生水""水生木"等一大套,结论是"吉";乙先生为女方送来的庚帖合婚,批写出来"甲阳木""庚阳金"等一大套,看似路子不同,结论却是"无妨"或"大吉"。俟双方通气后,都说这两个算命先生路子"正宗",不谋而合,"命金"之外还要格外送点谢礼。

这种事听到或见到多了,不少人便对算命先生的批文判语持"不可不信,不可全信"的态度,往往是在请命馆合婚以后,还要亲自查验一番。自行合婚的办法有多种多样,一般是将对方的庚帖和自家的庚帖一起压在设有祖宗牌位的神龛前,或者放在号称"一家之主"的灶王爷的神像前,然后焚香祝祷,根据香头烟气或几支香燃烧时间是否有长有短等情况,做出婚事宜、忌的判断。在一些少数民族地区,限定的时间内,有无发生人畜疾病、争吵斗殴、东西失窃或怪异事情等现象,都是议婚是否合适的依据。这种请神灵告示的合婚方式,周代时便有,当时的做法是男家托媒向女家问名后,在祖庙祝祷以请示凶吉,后来才逐渐衍变成各人在家里请祖神或灶神预示宜忌的习俗。

二、相亲吃茶过帖儿

（一）纳吉相亲

议婚人家请命馆卦摊合婚称宜、自行合婚也得出吉祥的结论后，接下来就该履行"纳吉"的礼仪了。所谓纳吉，就是男方把合婚吉利的结论通过媒人通知女方，种种吉兆都表明这门婚事果然是"天作之合"，应该把它确定下来了。

然而即便如此，仍有不甚放心的人家：或许对方"命星"不错而相貌丑陋，言词粗劣，往后在亲朋好友中间上不了台面；或许对方家境虽好而父母兄嫂厉害，女儿过门后要受公婆的气，等等。因为有这些担忧，于是又生出"相亲"一节。由于姑娘是锁在家庭深处不见男性外人的，所以相亲照例是女方家长相看男方的婚姻当事人。明代话本小说《钱秀才错占凤凰俦》中，就有相亲的描写：洞庭富商高赞的女儿秋芳自幼读书，不仅书史皆通，而且出落得美艳非常。为此，高赞定要拣个读书君子、才貌兼全的与女儿相配。这个条件放出去后，央媒求亲者接踵而来，议婚时"夸奖得潘安般貌，子建般才，及至访实，都只平常"。最后，高赞被这伙做媒的哄得不耐烦了，对那些媒人说："今后不须言三语四。若果有人才出众的，便与他同来见我。"岂知相亲一样可以作假，由此引出一段求婚者请人冒充上门的戏剧性情节。

此外，还有男女双方家长约期会面的相亲，虽然见不到当事人，也不失为增进互相了解的一种方式。宋吴自牧《梦粱录》叙宋时汴京议婚习俗："男家择日备酒礼诣女家，或借园圃。或湖舫内，两亲相见，谓之相亲。"无论是相女婿还是相亲家，都离不开媒人相伴并居间介绍。

（二）文定厥祥

纳吉相亲之后，议婚进入订约程序，在"六礼"中称为"纳徵"，又称"纳币""纳财"或"放定""行聘"。通俗点讲，就是男方在女方应允婚事后，通过向女家致送财物的方式,使酝酿中的婚姻关系得到正式确定。这笔财物通称"聘礼",是构成聘娶婚的三大要素之一,其重要意义可见。

聘礼产生于婚姻形式由从妻居向从夫居转变的个体婚初期,刚开始时是女婿上门为女家从事一定期限的无偿劳动,以此补偿女家把女儿养育成人的花费,这就是本书第一章介绍过的服役婚。其后,随着劳动剩余产品的增加,劳役补偿逐渐被实物补偿所取代,聘礼的雏形由此形成。聘礼成为聘娶婚中一道重要环节后,它的意义又不仅是男家对女家的经济补偿:一方面,女家如收下聘礼,就意味着对婚事的承诺,譬如在经济合同上签了字并收下了定金,不得轻易反悔。所以对男方来讲,聘礼的授受就是娶妻的凭证;另一方面,男方既然以聘礼为代价娶回妻子,断无随意"休妻"即抛弃妻子的道理,否则亦是一种经济上的损失。因此对女方而言,聘礼又是女儿在夫家地位与身份的担保。汉刘向《列女传》有一则《召南申女》,说是春秋时代,申国有个姑娘,已许配人家。夫家没有备齐聘礼,便欲迎娶。申女以"夫家轻礼违制,不可以行"为理由,坚决不肯出嫁。夫家诉讼于官府,导致该女坐牢。但她依旧不屈,并作诗云:"虽速我狱,室家不足。"此事传开后,大家都认为这位姑娘言之有理,深得妇道之仪,"故举而扬之,传而法之"。聘礼在婚姻礼俗中的重要性,由此可见。

在古代社会婚姻关系的实践中,许多地区的民间习惯都不写婚书,也不向官府作婚姻登记,故纳徵即聘礼的授受就是订婚的同义语,所以订婚也叫"聘定"。为慎重起见,自以为考虑周全的订婚人家,往往将授受聘礼的程序分为两步走,分别称为"放小定"和"放大定"。

放小定,又称"文定",语出《诗经·大雅·大明》:"文定厥祥,亲迎于渭。"据朱熹解释,"文"就是"礼"的意思,"祥"即"吉",就是卜婚得吉后"以纳币之礼定其祥也"。讲究礼数的人家,视放小定为一个典礼,要请算命先生拣一个"黄道吉日",并邀请家族内尊长至亲前来参加。

(三) 戒指行聘

放小定的主要内容就是男方向女家致送相对简单的订婚礼物,承担放定者一般是代表男方的媒人,也有婆母在媒人的陪同下亲自去女家给未来的媳妇放定的。

届时姑娘要恭谨行礼,以示郑重。小定礼物以首饰为主,通常是项圈、耳环、手镯、戒指四样,由放定人给姑娘戴上。这四样首饰中,要数戒指最具有订婚的象征意义。

戒指,亦称指环,早在商周时期就有制造,多由帝王的嫔妃佩戴,作为"御幸"的标记。而以指环做男女的定情或订婚信物,却是从北方少数民族地区传入中原的习俗。《北堂书钞》引《胡俗传》云:"始结婚姻,相然许者,便下金同心指环。"《晋书·西戎传》也说:"大宛俗,娶妇先以金同心指环为聘。"南北朝时期,用指环寄情订婚的习俗已经流行。南朝齐时,萧衍镇守樊城,在城楼上看中一个在河边漂絮的少女,便托媒行聘,并"赠以金环"(《南史·后妃列传》)。《云溪友议》记,唐人韦皋游江夏时,与一个名叫玉箫的姑娘定情,相约七年后来娶她,并赠玉指环做信物。玉箫等了他八年,不见人影,绝食而殁。后来韦皋物色到一个相貌酷似玉箫的歌女,"中指有肉隐出如玉环",诧为异事!由此可见,姑娘戴上戒指即表示已有婚嫁对象的风俗,至晚在唐代已经盛行民间了。

为何要用戒指作为订婚信物呢?说法不一。有人说"戒"即禁戒,表示该女子已有所属,禁戒其他男子再接近她。也有人说力点在"环"的圆形上,没有瑕疵或裂缝,象征着婚姻的完美,所以旧时男方赠给女子的订婚戒指上常刻有"大喜"等吉利语。

(四)吃茶订婚

首饰之外,视经济条件不同,男家还须在放小定时给未来的亲家送上一些礼物,羊羔美酒、果品点心都可随意,唯有茶叶不可或缺。茶以瓶或筒计,多则一二十筒,至少也得四筒。为此,人们又称行聘之礼为"茶礼",女子受聘为"吃茶"。

定亲为什么要用茶,民间有各种讲法。如我国著名产茶区黄山有一则传说称:很久以前,黄山的青年男女以对歌定亲。每年三月初三晚上是对歌的日子,对上后,姑娘即可与小伙子过一夜,来年三月初三,如果有了孩子便可抱着去男家结婚,如果无孕可再对一次歌。倘仍旧没生孩子,就没法嫁人了。某年三月初三,一位美丽的茶姑与小伙子吕夯宝对上了歌,但想到万一不能怀孕后的命运,又愁肠百结。为求妥善,两人想出一个办法。谷雨日这天,茶姑和姑娘们采过茶后,又累又渴。

茶姑说:"现在要是有一壶茶该多好!"姑娘们说:"除非天上神仙叫人送你一壶茶。"茶姑便煞有介事地寻了起来,还真的在一棵茶树下找到了一壶茶。姑娘们抢着喝茶,又留一口给茶姑说:"这是上天给你的定亲茶,快喝了吧。"这时吕夯宝钻了出来,大喊:"谁喝了我的茶?"于是众人欢笑,道是神仙要用茶替茶姑做媒呢。村里的老人们听说后,都认为这是天意,便同意他们先结婚后生孩子。从此,黄山便有了喝茶定亲的习俗:每逢采茶时节,后生们各自把茶壶送到茶园向姑娘求婚,姑娘们喝了谁的茶,就等于接受了心上人的爱情。

其实,茶之所以用来订婚是取它不可移植的自然本性。明许次纾《茶流考本》云:"茶不移本,植必子生。古人结婚以茶为礼,取其不移置予之意也。"陈耀文《天中记》中也载:"凡种茶树必下子,移植则不复生,故俗聘妇以茶为礼,义固有所取也。"就是说茶之不可移植被古人比附成了女子受聘,既然接受了对方的聘礼,就当从一而终,没有再"移植"即反悔的余地了。《二刻拍案惊奇》卷三中白孺人向权翰林介绍自己的女儿桂娘"而今还是个没吃茶的女儿"。便是尚未找婆家的同义语了。同样,《红楼梦》第二十五回中凤姐和黛玉开玩笑:"你既吃了我家的茶,怎么还不给我们家作媳妇儿?"也是借此习俗派生出的双关语。

因为"吃茶""下茶"成了订婚的代词,所以放小定又叫"下小茶"。待日后放大定时,又可称"下大茶"了。旧时湖南等地的婚俗是提亲、相亲和成亲都要饮茶,统称"三茶",只有三茶都喝过的婚姻,才算是有礼有证合于古义的。

(五)赠帕寄情

放小定的仪式结束后,女家要以酒食款待放定者和观礼客人,并向男方回赠一些礼物如鞋帽荷包,其中宜有女方当事人亲手制作的刺绣针线一类活计,以表示姑娘指细手巧。如关中地区的传统是姑娘在订婚时,都要送给对象一方亲手织成的手帕。说起这一习俗的由来,还有一段民间传说:

十六国时期,前秦秦州刺史窦滔娶苏蕙为妻,夫妇恩爱。未几,窦滔因得罪皇帝苻坚,被谪戍敦煌。苏蕙思念丈夫,每日作诗一首寄托思亲之情。将近一年后,窦滔仍不见归。苏蕙遂用五色彩锦织成一方纵横八寸的锦帕,把近三百首诗一字一字织入,低回婉转,皆成佳句,才情之妙,超古迈今,然后把这方取名为《璇玑图》

的锦帕托人捎往敦煌。窦滔收到诗帕后，反复吟诵，感伤不已。苻坚听说此事后，也被苏蕙的坚贞不渝所感动，便颁旨将窦滔召回长安。日后《璇玑图》流人民间，少女们纷纷仿学。因为织字太费功夫，便改织成形式各异的五彩图案。等订婚时，就用它作为送给对象的信物。

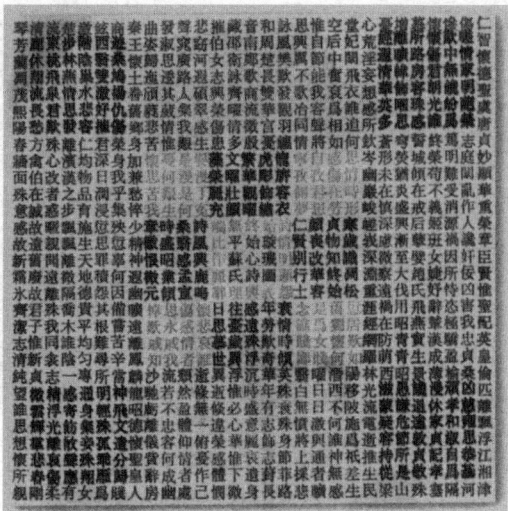

璇玑图

其实手帕之外，别的物品亦多有讲究。比如送鞋，取"鞋""谐"发音相谐，象征男女两情相谐，和合美好。白居易《感情》："中庭晒服玩，忽见故乡履。昔赠我者谁，东郊婵娟子。因思赠时语，特用结终始。永愿如履綦，双行复双止。"可见女子赠鞋寄情的习俗在唐代就已经流行了。

（六）三金大定

放小定之后隔多长时间再放大定，要看具体情况。《宋宫十八朝演义》第二回："因为杜夫人急切要给(赵)匡胤娶亲，所以一经文定，不久就把贺家女儿娶了过来。"还有不少人家是女儿年龄尚小，就通过放定许配了人家，距离放大定的时间自然要长一些。倘若父母视如掌上明珠。舍不得及早嫁出，三年五年也说不准。此外，正在博取"功名"的举人秀才们，为集中精力读书，亦有意推迟婚期，反过来还须女方托媒人催着快放大定哩。《红楼梦》第九十一回中贾政与王夫人商议宝玉和宝钗的婚事时说："今冬且放了定，明春再过礼。"说明他们是按部就班进行的。

放大定，也叫"过大礼"或"换帖"。这是比放小定规格更高、更为隆重的订婚仪式，但作用又不限于订婚，还包含着女方在遣嫁之前再向男方索取一笔聘礼的内容。和放小定相似，放大定也要选"黄道吉日"，女家邀请至亲好友参加仪式并以酒食款待，男家也会设酒席招待前来祝贺订婚的亲朋好友。

放大定的程序，除设宴庆贺外，主要是男家向女家送聘礼和男女双方交换婚书先说送聘礼,照例由媒人和男家邀请的至亲出面,雇人抬往女家,时间一般都安排在上午,谚云"早聘礼,晚嫁妆"。聘礼的数量,视男方的社会身份和经济能力而定。古诗《焦仲卿妻》描述郡守为儿子娶妻送聘礼的场面:"青雀白鹄舫,四角龙子幡。婀娜随风转,金车玉作轮。踯躅青骢马,流苏金缕鞍。赍钱三百万,皆用青丝穿。杂彩三百

宋太祖赵匡胤

匹,交广市鲑珍。从人四五百,郁郁登郡门。"这是汉代时权贵官僚的排场。《梦粱录》叙宋代时不同社会身份者的聘礼是:"富贵之家当备三金送之,则金钏、金镯、金帔坠者是也";"更言士宦,亦送销金大袖,黄罗销金裙,段红长裙,或红素罗大袖段亦得,珠翠特髻、珠翠团冠、四时冠花、珠翠排环等首饰,及上细杂色彩段匹帛,加以花茶果物、团圆饼、羊酒等物";"或下等人家,所送一二匹,官会一二封,加以鹅酒茶饼而已"。

由上述的描写可知,"大礼"之主要构成是专供女子穿戴的首饰衣料,以及现钱、酒食等,其中茶叶又必不可少。送聘礼的方式,既有像《焦仲卿妻》中舟载车运的气派,也可以放在箱盒之类的器具内步行抬送。《金瓶梅》第七回写西门庆娶孟玉楼,"到二十四日行礼,请了他吴大娘来坐轿押担,衣服头面,四季袍儿,羹果茶饼,布绢绸绵,约有二十余担"。这就是用扁担挑过去了。但追求的气氛都是一样,即"招摇过市"。

自矜有点身份的人家,送聘礼时都附有红纸折子的礼单,礼单上数字的写法颇有讲究,要双数(取"双喜"之意),忌单数,如果所送实物只有单数,就用"全""成"等字样作为量词,比如是一口猪,应写"刚鬣成口",倘是一盒首饰,就写"钗钏成匣",等等。

女家收到聘礼后,照例要以茶果招待送礼使者,并给抬送者赏钱,同时将这些礼物陈列在庭院内给亲友邻里参观,夸示男家具礼优隆,以此抬高自家姑娘的"身价"。然后女家再向男方赠送回礼表示感谢,一般多为笔、墨、纸、砚、水盂等书房文

具。含有鼓励未婚夫发奋学习、博取功名的意思,此外再搭配一些糕饼水果之类。

(七)交换婚书

再说交换婚书。婚书有官私之分,官婚书指政府在受理结婚登记时发给当事人保管的法律认可凭证。据《周礼·地官·媒氏》记载,这种制度在周代时存在过,但以后未闻实行。私婚书指民间通行的婚姻缔结凭证,因为有中介即媒人与双方家长共同签署,所以同样得到官府承认,具有法律效力。这种凭证,俗称"帖子",故交换婚书也称"换帖子""过帖儿"。

据《梦粱录·嫁娶》介绍,北宋时用于订婚的帖子中,"序男家三代官品、职位、名讳,议亲第几位男,及官职年甲月日吉时生,父母或在堂,或不在堂,或书主婚何位尊长,或入赘,明开将带金银、田土、财产、宅舍、房廊、山园,俱列帖子内。女家回定帖,亦如前开写"。其后历代的婚帖,基本照此样式而略有损益。如清代民国的婚帖,"系用大红纸印着'龙凤呈祥'图案的金花大帖,宽约七寸,长约一尺二寸,折叠着,外面还有一个封套,纸庄专卖,名叫'龙凤帖'。封面上写着'全福'二字,内里下首写着各自家长的姓名。在帖里另有一条'金签',上面写着换帖的年月日,表示在某年、某月、某日定了亲,互相换了帖,认为亲戚了"。

还有一种过帖订婚的方式叫"合帖",就是男家先把自己一方的情况在帖子的半边上一一填清,用封套装好后送到女家。女家收到后,又将自己一方的情况在空留的半边上填清,套封后再还给男方。如此往返一次,婚事就算确定,然后办订婚酒庆祝。《金瓶梅》第三回中西门庆说其"小女有人家定了",已"合成帖儿",略见合帖订婚的方式在明代时已经盛行。江南地区合帖时,尚有"写对"习俗:就是男家送帖时,在帖上写一句对子的上联,女方将帖子送还前再补上下联,从而使"合帖"更具备形象性。这类联语,一般都是约定俗成,如"苏才郭福/姬子彭年",苏指苏东坡的文采好,郭指郭子仪的儿子得尚公主运气好,姬指周文王姬昌儿孙满堂福祉好,彭指彭祖活到八百岁寿命好,等等,无非是些吉利语。因为一般人家视合帖为大事,怕亲家笑话礼数不周,所以多用酒席央请私塾老先生执笔写帖,碰到自矜文才的先生,有时便会在写对上给对方出点难题,以提高己方的身价。曾经有过这么一个故事:男家姓潘,请私塾张先生写帖,写出的上联是"有水有田兼有采",合起来是个"潘"字,既点出男方姓氏,又隐夸自家饶有田产而聘礼不薄。在旁看的人都夸先生高才。帖子送到女家后,女家也请私塾李先生执笔写帖。女家姓何,李先生略加思索,对出下联是"多人多口又多丁",同样点出了己方的姓氏,又夸耀了人丁兴旺的福气(周宪德《庚柬对子的故事》,《中华民俗源流集成·婚姻卷》)。

有的地区过帖时还有禁忌,比如女家送男方来定婚者出门时,不能说"再来坐",唯恐这个"再"字成了"再嫁""再婚"的谶语。民国时,一些大城市兴起集团婚礼,由政府或社会团体主办,以新式婚书代替"龙凤帖",婚书上以主婚人、证婚人的签名代替旧时的家长和媒人,体现出时代的进步。

(八)异彩纷呈

少数民族的订婚架构与汉族大体相似,在细节方面又各不相同。

彝族的订婚仪式是女家宰杀一对鸡招待男方和媒人,然后把这对鸡的大腿骨分成两包,男女两家各拿一包作为婚姻凭证。裕固族的订婚是双方请媒人互换哈达美酒,同时男方要以牲畜和衣物给女方过彩礼。蒙古族订婚时男方给女家的聘礼多系牛、羊、马,必须是奇数,贫者从一、三、五、七数,富者以一"九"为基数,至多不超过九"九"。这种视奇数为吉的习俗与汉族聘礼宜取偶数正好相反。哈萨克族的订婚仪式要行"踏水"之礼,就是男方从河上涉水而过,以表示对婚事的诚意。同这种习俗相似,哈尼族的订婚也有一道"踩路"之礼,只不过参加踩路的是双方家族的老人,取祈求吉祥之意。布依族订婚之日忌响雷,怕"雷打鸳鸯散",实际上同汉族订婚必择"黄道吉日"的观念差不多。水族订婚时,男方要以红糖、猪肉、银毫、项圈为聘礼,并由双方家长各请两个证婚人对饮一碗"媒酒",婚姻关系由此确立。

三、趋吉避凶选日子

(一)五行择吉的来历

换帖订婚之后,接下来就应该预定结婚的时间了。这道程序在周公所订"六礼"中叫"请期",即男家送聘礼后,又托媒人"请"女家择定迎娶的时间,故民间俗称"选日子"。过去的"请",其实只是一种谦词,含有"不敢自专"的意思,因为事实上都是男方决定好时间后再去通知女家的,故"请期实告婚期也,必先礼请以示谦"(宋程颢、程颐:《二程集》)。但后来在实践中也有名副其实的"请"的,因为许多人笃信"坐床喜",希望新婚之夕便能让妻子怀孕,所以要避开女子的"例假日",这就需要通过"请"的方式来征求意见。此外,也有男女双方同时找人选择嫁娶时间的,那就更有必要以"请"的谦和来协调了。

请期的依据是"择吉"。古人既然认为婚姻关系的确立乃"天作之合",所以结婚的日期与时辰也应该顺应天时才会有好结果。先秦、秦汉之际,选择"吉日良辰"的办法以占卜为主,卜者通过观察卜骨上的裂纹决定吉日,如"横吉榆仰首俯,……可居家室,以娶妻嫁女"(《史记·龟策列传》)。后来阴阳家、风水家、星命家等各路"专家"都来兜揽为人娶妻择吉的生意,产生出种种矛盾。有一次,汉武帝召集大家到宫里,问"某日可取妇乎"?结果"五行家曰可,堪舆家曰不可,建除家曰不吉,丛辰家曰大凶,历家曰小凶,天人家曰小吉,太乙家曰大吉",大家相互辩驳问难,吵得不可开交。最终由汉武帝出面裁决,"避诸死忌,以五行为主"(《史记·日者列传》)。从此,五行占卜便成了选择嫁娶吉日的主要办法,再往后又杂采诸家,逐渐演绎成一整套庞杂的婚姻择吉体系。旧时算命先生多藏有一部《增补诸家选择万全玉匣记》,就是他们做这笔生意的"经典"。

(二)"照老黄历办事"

嫁娶择吉的主要依据之一,是看所谓"神煞"的当值秩序。人们常在老黄历上看到"是日月破,大事不宜""是日吉星天德"等字样,这里的"月破""天德",就是当值神煞的名称。神煞有吉神凶神之分,嫁娶时间之年月日辰是宜是忌,首先就要确认这个时间是哪一尊神煞在哪一个方位当值,然后做出趋吉避凶的安排。比如"岁德"是年神中的吉神,所理之地,万福幅凑,自然是办婚事的好年头,倘若凶神"太岁"驾临,那就必须回避了。过去还有结婚忌"当梁年"的习俗:古人以子、午、卯、酉为"当梁年",以为该年不宜结婚。晋张华《感婚赋》:"彼婚姻之俗忌兮,恶当梁之在斯。"说的正是这种习俗。至于其中的缘故,就很难搞清楚了。反之,也有很多人赶在"兔年"的下半年结婚,希望在"龙年"生"龙子",于是兔年便成了嫁娶的吉年。可是卯属兔,卯是当梁年,龙倒是吉年,这个矛盾又该如何解释?

择年之后,还要择月、择日、择时,所依准则与择年相似。如"月德""月德合"等都是百福并集的值月吉神,最宜嫁娶,而"月建"是吉凶诸神的主帅,忌婚姻,等等。按照前述《增补诸家选择万全玉匣记》的讲法,嫁娶最宜天德、月德、天赦、天喜、三合、六合等各尊吉神在位,则年、月、日、时无一不吉;相反,如逢月破、平日、劫煞、厌对、大时、天吏、四废、五墓、往亡、八专等神煞并集,则年、月、日、时无一不凶,绝对不可办喜事。印书商存心要抢算命先生的生意,把这些一般人不可能弄清楚的"理论"简易化,印出一大堆黄历来,每一天都有宜嫁娶还是忌嫁娶的说明,那些会省钱的人就只需"照老黄历办事"就行了。

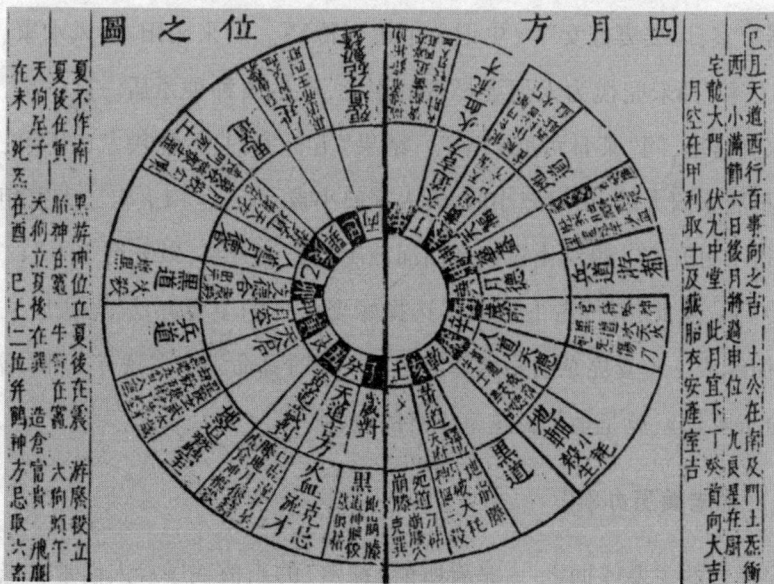

供"择年"参考的月神方位图

阴阳化生,神煞轮值这一套东西以外,民间还另有许多选择吉日良辰的传统习俗和趋避观念。如《周礼》引《夏小正》:"二月,冠子嫁女之时。"认为春天是合适嫁娶的季节。什么缘故呢?《白虎通·嫁娶》有解释:春天是阴阳交接、万物生发的时令,男女配婚就是阴阳交接,所以春天结婚乃是顺应天时之举。也有认为秋天嫁娶更合适的,《诗经·卫风·氓》:"匪我愆期,子无良媒,将子无怒,秋以为期。"译成白话的大意是:"不是我失约,是你没有请到好的媒人;你可别生气,秋天才是我们的婚期。"农村的人更喜欢在岁终时娶媳妇,一方面是迎娶前需要过大礼,农民们只有等到秋收以后才具备这个财力,到了冬闲时才有操办结婚大事的时间;另一方面,据说那位坐镇灶头司令纠察的灶王爷每年腊月二十四日上天述职,要到除夕才回来。这一段时间里,没有鬼神侦伺罪过,所以能"百无禁忌"地热闹一番。谚云"不管有钱没钱,娶个媳妇过年",正是这种观念的反映。

(三) 形形色色说"禁忌"

和上述种种"吉日良辰"相比,请期的禁忌似乎更多一些。有些地区视没有立春日的年份为"寡年",甚至直呼为"寡妇年"。"寡妇年"不能结婚,怕对新郎不利。有些地区的习俗是禁忌在当事人的"本命年"结婚,就是不能把婚期安排在与男女生年所属生肖相同的年份。碰到有两个立春日的年份,有些地区认为是结婚的好年头,取"双春双喜"的吉兆,也有特意要回避的,担心"喜冲喜"不吉利。还有些地区忌讳同一年里又嫁女儿又娶媳妇,也是出自"喜冲喜"的顾虑。

忌年之外,尚有忌月忌日的种种讲究。如汉族、佤族和其他一些少数民族多忌五月结婚,因五月是"恶月"。汉应劭《风俗通义》:"俗说五月五日生子,男害父,女害母";"俗云五月到官,至免不迁";"五月盖屋,令人头秃。"又曰"不得曝床席荐"。可见对五月的神秘莫名的恐惧,远在秦汉时就有了。台湾民间有嫁娶忌四至九月的习俗,当地的俚谚云:"四月死日,五月差误,六月娶半年妻,七月娶鬼某,八月娶土地婆,九月狗头重,死妻亦死夫。"傣族在傣历九月十五日以后的三个月内禁忌结婚,以为不合时令。汉族和许多少数民族都有忌单日嫁娶的习俗,以为婚姻乃男女双方的大喜事,落单不吉。还有些地区忌初五、十四、二十三等日子嫁娶,亦各有原因可寻。哈尼族人不会在日蚀日或月蚀日办喜事,担心婚后会生六指儿、双胞胎或缺嘴儿。更让人不理解的是有些地方忌讳在七月初七即中国的"情人节"这天结婚,据说是害怕会像牛郎织女一样被人拆散。

(四) 陋俗:"借喜冲丧"

良辰吉日选定以后,有时也会因各种缘故而改变。比如这一年某一方发生了家长亡故的不幸之事,即应避免戴孝嫁娶,婚事理当推迟,一方面是出于对逝者的尊重,另一方面也是怕喜事被"凶"事冲了。反之,也有因借喜事冲"凶"事而将婚

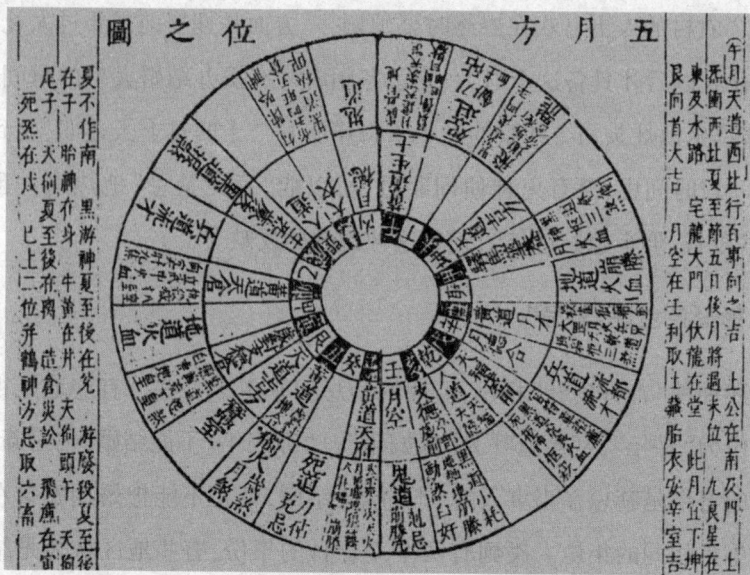

古人对农历五月有神秘莫测的恐惧，多忌在该月举办婚礼

期提前的。《红楼梦》里贾母催着要娶孙媳妇，哭哭啼啼道："我昨日叫赖升媳妇出去叫人给宝玉算命，这先生算得好灵，说要娶了金命的人帮扶他，必要冲冲喜才好，不然只怕保不住。"

比之更过分的是，还有人将"冲喜"落实成为丧事喜事一起办，一面延请僧道超度刚死之人的亡灵，一面又敲打鼓吹迎娶媳妇进门，所谓"借喜冲丧"。这种做法，虽然亦是避凶趋吉观念的曲折反映，但毕竟有悖世故人情，因而未能蔚成普及性的风俗。

第五章　迎娶新娘

一、坐花轿的意义

　　城市里的结婚，新娘子需用小汽车接送。租辆超长的凯迪拉克或豪华奔驰已是很平常的事情。每当节假日，我们在都市里时常见到十几辆结婚用的小轿车，浩浩荡荡，鱼贯而行，比二十世纪六十年代的国宾车队还威风、气派。北京、上海有些新郎、新娘，两家就是前后弄堂或左右邻舍，动动腿，几分钟即抵家门。平时情侣来往，三步两步，不请自到，可成婚大喜日，没有小汽车迎送，新娘就不迈出家门。于是请来轿车，在外面兜上一圈儿，风光风光，再进新郎家中。

　　民俗学学者仲富兰有过这样的思考和描述：

　　他所熟识的一对恋人，从小青梅竹马，两小无猜。长大后，各自经历了一番曲折和坎坷，最后终于喜结良缘。他们家住上海徐家汇附近的同一条弄堂里，按常人想来，邻上加亲，喜上加喜，婚礼礼节上总可以简化了吧。可是不！临办喜事前，女方的母亲一定要坚持让女儿坐轿车出嫁。做新郎的小伙子只好要了两辆出租汽车，迎亲那天，载着新娘，从他们家的那条弄堂出发，经徐家汇、淮海路，到外滩兜上一圈儿，然后再返回原地。在鞭炮声中，新娘下轿车，然后举行了各种礼节，才算完成了这桩好事。

　　这就让人十分纳闷，二十世纪八十年代已近尾声了，为什么姑娘出嫁还要那么讲究呢？最近又听说一对已经成婚一年多的夫妻，由于当初参加集体婚礼，婚事简办了，如今看到别的新娘都坐着轿车到男方家，颇有悔不当初之感。女方便吵着要补办婚礼。男方无奈，只得再次宴请宾客，雇上出租汽车，进行了一次"补坐轿车"的仪礼。

那么,为什么都市中的青年对坐轿车那么感兴趣呢?细细想来,又觉不足为怪。小汽车很多人都坐过,但结婚坐轿车,意义却不同寻常。其中包含着这样的文化心理:追求正统并意在向社会宣布,我们的婚姻是明媒正娶的,是正宗夫妻而不是私下的苟合。在生活中常听到一些小夫妻拌嘴,女的受了委屈,就会这样对男方嚷着说"你不要弄错了,我不是自己走到你们家来的,是你用轿车接我来的。"显然,要坐轿车,包括把婚事办得隆重热烈,追求一定的场面,都和这种文化心理有关。因此,尽管经过婚姻登记,婚姻受到法律的保护,然而对于诸如坐轿车之类的习俗,人们依然乐此不疲。

旧时富贵人家娶亲用花轿,而穷人家用不起轿子的,就用推车迎娶。轿子或车内一般都要有一个压轿童或压车娃。若是用轿子迎娶的话,轿子前面走着一个夹红毡的,他专管逢村过店时放一阵鞭炮。轿子前面还要有:打旗的六人、打锣的二人、鼓乐一班(唢呐、笙、磬等四至六人)、打灯笼的二人、拿火把的三人、挑鸡的一人(用一对牛笼嘴,里面装一只公鸡、一束艾、两棵并根葱)。到达新娘家时,亲家母要配上一只母鸡,把艾、葱留下,挑鸡的把一对鸡子挑回男方家中。轿子到达女方家中,负责招待的人出来迎接他们进屋,向压轿童施礼,恭请下轿。然后女方家设简单的酒菜欢迎他们这些迎客。

沈从文的小说《萧萧》,描绘了湘西百姓的结婚风俗:乡下人吹唢呐接媳妇,到了农历十二月是成天有的事情。

唢呐后面一顶花轿,两个夫子平平稳稳地抬着,轿中人被铜锁锁在里面,虽穿了平时没上过身的体面的红绿衣裳,也仍然得号啕大哭。在这些小女人心中,做新娘子,从母亲身边离开,且准备做他人的妻子,将同一个陌生的男子汉在一个床上睡觉,做着承宗接祖的事情。这些事情想起来,当然有些害怕,所以照例觉得要哭哭,就哭了。

汉族民间新娘对娘家的依依不舍之离别情,大多以女儿不愿梳妆上轿表现出来。女方家不会让迎亲队伍轻易进入家门。迎亲队伍到女家门外,女方大门紧闭,要为难男家。于是迎亲的人和新郎上前敲门,口称"吉时已到,请新娘上轿"之类的话。女方家人则隔着门缝,要男方吹鼓手吹奏一些曲牌,并向院中扔一些糖果之类食品,然后大门吱吱嘎嘎地打开,一阵铜钱雨和一小包茶叶骤然飞出,这叫"撒满天星"。在广东农村，新娘上轿前进行"安凤"礼。按俗请了一位"正装梳妆大马"，一位"代步梳妆大马"，负责替新娘梳凤髻，戴凤冠。但新娘总是不肯服服帖帖地让她们梳妆，躲在闺房不肯出门，以示舍不得离家。闺房

送新娘

中有一帮姐妹护卫着她，他们把房中所有照明的东西都藏起来，待"梳妆大马"一走进闺房，灯火马上吹熄，"梳妆大马"与姐妹们展开抢夺新娘之争，黑暗中你争我夺，你拉我拖十分激烈，但最后的胜利总是属于"梳妆大马"的，新娘哭着被拖出闺房。"安凤"完毕，新娘由"梳妆大马"和大妗姐挽扶着拜别祖先，对着大门拜天、拜地，向父母众亲拜别后才上轿。众姐妹簇拥着花轿送新娘上路，没走多远，轿又停下了，姐妹们给新娘奉上清茶一杯，进行最后话别，俗称"谢轿"。在民间社会，轿子的出发有一定的规矩，民众历来极为重视，轿子(现在则是车辆)的朝向，行进的路线都要按照规矩。轿子回去的时候所走的路线不能和来的时候重复，而要按照逆时针方向行走，即来时走右边，回去时走左边，重复的话就会生男不生女或生女不生男。花轿一出发，就意味着婚礼的正式开始。

用花轿抬新媳妇的形式五花八门，各具奇趣。

旧俗结婚仅为合二姓之好，以上事宗庙，下以续后世。所以，婚后的生子便成为过门后的一项重大任务，倘若女子婚后不育，则后果将不堪设想。于是在新娘上轿前，依依不舍的离别之情又表现为父母为祈求新娘日后幸福，保佑她快生子、多生子。许多地方都以风趣的风俗将这一心情展示于众。

浙江缙云一带准备上轿的新娘，衣服的前襟里准备了许多铜钱。当新娘出轿时小铜钱如天女散花似的撒落地下，一群小孩欢呼嬉笑着又捡又抢，俗称"鲤鱼撒子"，形象地表达了新娘进夫家可如鲤鱼般地生子育女的愿望。位于湖北西部的神农架地区，新娘在上轿前要由舅舅把她抱放在量谷的斗上，站在斗梁上面，新娘手

·婚丧嫁娶·

图文珍藏版

持一把筷子,唰的一声撒落在娘家堂屋地上,才挥泪上轿。"撒筷子"意寓娘家盼望她快快生子。广东饶平一带新娘上轿前须用石榴等12种植物的花或叶泡水沐浴。浴毕,坐在浴盆中吃下两个煮热的鸡蛋,以祈求女儿多生多育。

浙江武义一带新娘上轿后,由长喇叭和号筒打头阵,吹奏之声一声似哭,一声似笑,甚是逗人。两盏长圆形各标有男家大姓和祠堂名的堂灯紧跟后面,灯后两面红旗飘飘扬扬,由大锣大鼓,唢呐等乐器组成的喜乐队吹奏着喜乐,两个人各背着一支连叶带根的"子孙竹",上面还挂着盏小红灯,尾随乐队,花轿吱悠吱悠地跟在子孙竹后面,别有一种气派风光。

山东一带用花轿抬新妇旧俗还有"小娶"和"大娶"之分。小娶就是抬一顶轿子去迎亲,去时由压轿的来女家,迎上新娘子回来;大娶则须抬两顶轿子,新娘乘的一顶叫"花轿",新郎乘的一顶叫"官轿",鼓乐喧天,又是另一种气派和风光。

二、新娘怎样去婆家

结婚用轿车迎送新娘,粗看是现代化交通工具带来的奢尚,实际它是旧时新娘"坐花轿"迎送古俗的现代化变异。二十世纪二十至三十年代的中国上海,就出现过花轿与轿车中西土洋结合的中间过渡状态。新娘的花轿装在彩车上,或将轿车改装成花轿模样行驶在大马路上,招摇过市。这种两栖型的花轿太麻烦又费财,如今都市民众就只用轿车充任,车前车后贴几个大红纸剪的喜字即可。

在二十世纪七十年代,一些地方要用自行车去接新娘。新郎骑自行车要"永久"牌,新娘也骑"永久"车,这才"夫妻双双把家还"。接新娘不能用"飞鸽"牌,怕女方"飞"了。时兴"永久"牌,表示天长地久,白头偕老。

陕北米脂一带不仅非花轿抬新妇不可,而且迎亲队伍中还须有男家嫂子担任"引媳妇","引媳妇"也得坐花轿。而且旧俗新娘子从娘家到夫家不能行走半步路,就是途中经过山坡小径,轿子抬不过,新娘也不能下地,要么改乘毛驴,要么让人背着走。

民间仍有不少地方迎娶新娘不用花轿。

同是在浙江，宁波一带姑娘出嫁撑上一把伞就可步行到夫家了。今天的宁波姑娘还有撑伞走路去结婚的呢！据说很早以前当地也同样流行花轿抬新妇之俗的，相传有个刘姓知府为人清廉、正派，在辛亥革命前夕受到孙中山反封建礼教思想的影响，他决心破除繁琐的旧风俗。当他的女儿准备出嫁时，刘知府召集了当地官员、富商、乡绅来家饮酒，席间知府大人说："诸位，本府有为难事请大家为我排解。"众人齐声道："不知大人有何难事？尽管说来。"知府说："……得天仙思凡私奔，玉帝王母大怒，下令再有民女如此礼仪出嫁，一律将她变为兽头人身的丑物。观音还告知：'小仙本不管此事，只念你女生得端庄，于心不忍，才告知与你，只要出嫁不坐轿，撑一顶伞遮颜，一如常人一般行走过门，灾祸可免'。故本府邀诸位来，想听听大家有何高见。"众人齐道："既是这样，还是依了菩萨为妙。"没想到知府大人此举一行，下官百姓都纷纷仿效，一时间便蔚然成风。

无独有偶，广西来宾一带迎娶习俗竟与宁波极为相同，虽也张灯结彩，披红挂绿，但新娘上夫家也是步行前往。不过当地俗规要由18个伴娘护送，其中一位伴娘为新娘打伞，新娘子在一把又大又宽的大黑伞的遮挡下行走到夫家。

从历史的发展考察，花轿，又称花担子，是新娘轿车的前身，而花轿的前身又是车子。《仪礼·士昏礼》说："主人爵弁，从者皆玄端，乘墨车，从车二乘，执烛前马。"这段话的意思是说，到了亲迎之时，新郎穿着黑色的礼服，乘着黑漆的车子，前面有人执烛前导，后面两辆从车跟随，一起到女家迎娶。在《诗经》中提到婚娶，也说"以尔车来，以我贿迁"（《卫风·氓》）。亲迎车称为"迎车"，《南史·齐高昭刘皇后传》载："裴方明为子求婚，酬许已定。后梦见先有迎车至，犹如家常迎法，后不肯去。次有迎至，龙旗豹尾，有异于常，后喜而从之。"唐代，亲迎用车仍然普遍，迎车风俗唐时曾在敦煌地区流行。敦煌本句道兴《搜神记》云："我是辽西太守梁合龙女，今嫁与辽东太守毛伯达尔为妇。今日迎车在门前，因大风，我暂出来看风，即还家入房中。"至北宋，迎车的形制有了很大变化。据《宋史·舆服志》载，这时的车呈长方形或正方形，凸盖无梁，周围篾席，左右开窗，前面设帘，用两根长竿扛抬。显然，这种形制的车已和轿差不多。当时，在民间已较为普遍使用，司马光《书仪·亲迎》："今妇人幸有毡车可乘，而世俗重担子，轻毡车"（注：担子，即轿子）。

到南宋时，朝廷"诏许百官乘轿，王公以下通乘之"。此后，文武官员上朝或外出巡行均以轿代车马,乘轿之风于是大兴,并普遍引入婚姻之中。"士庶家与贵家婚嫁,亦乘担子"。花轿中,高级的有平金丝绣镶石的轿围,一般的则是红绿绸缎轿围,上绣图案。有的花轿还有子轿(轿中有轿),可抬入屋内。《梦粱录》载,亲王家公主出嫁,乘金铜担子,轿顶用朱红漆的脊梁。担子装两竿,用十二人抬,竿前后都用绿丝绦金鱼钩子钩定。士庶之家和一般贵家女子出嫁也乘坐担子,但顶上没有铜凤花朵。当时,市面上还有人专门出租担子供人选用。《梦粱录》载:南宋临安府,民间在亲迎日子里,男家算定时辰,预先命"行郎"指挥搬运新婚用品,领着花担子,前往女家迎接新娘。花担子到女家后,女家置酒款待"行郎",发给花红银碟、利市钱会(铜钱和会子)。时辰一到,便催促登担。茶酒司互念诗词,催请新人出阁登担。自宋代以后,亲迎用轿便成为婚礼的固定模式传承下来。

自从迎亲以花轿取代车子以后,围绕着花轿又派生出一些习俗。如新娘上轿后,轿夫口念诗词,要讨利市酒钱,不与则不起轿,这叫"起担子";迎娶新娘回到男家时,村人邻友众人塞路拦门不让花轿进门,索取吉利钱,称作"拦门"。

车子也不是最古的。车子的原始形态,经民俗学家和人类学家共同研究,追根溯源,发现竟是柳条编的土筐、粗麻编织的大口袋。新娘结婚为什么要坐在这些土玩意儿里面呢?说来简单,远古曾一度盛行抢婚习俗,抢到的女性,哭哭啼啼,拉拉扯扯跑不快,这岂不是要坏大事?干脆,即把人当货物,装在土筐里或塞进麻袋中,一抬了事。

由此,我们可以十分清楚地看到新娘成婚的代步工具,是由筐袋——车子——花轿——轿车线状纵向传承变异过来的。车子经过了花轿过渡到轿车,这是历史的进步。今天的青年朋友结婚,为显阔气,要动用一大串"轿车"。"车"字之前还加上一个"轿"字,大概是为了表示它们的家族渊源吧。

轿车的后面是什么呢?当然是直升机了。如今,一些浪漫的新娘已乘坐直升机来完成迎娶的仪式。兴奋而又迫切的新郎们徘徊于绿草如茵之中,翘首望着蓝天,像地上的"牛郎",等待着九天仙女飘然而下。终于传来了飞机马达的轰鸣声,激动人心的时刻来临了。当身穿洁白婚纱的新娘们从直升机上下来时,"牛郎"们纷纷迎上前去,拥抱自己的从天而降的"织女"。

中国民俗文化精粹

·婚丧嫁娶·

图文珍藏版

三、入门时的规矩

　　翘首以待的轿子终于抬到了男家大门口,婚礼进入了一个新的阶段。在这新娘下轿入门的一瞬间,各地不同的风俗,组成了一幅幅绚丽多姿的风俗景象,异趣纷呈。

　　火炮接入门,这是广西永福一带新娘入门的风俗。三声鞭炮连天响,男家村里的男女老少喜形于色,一路小跑,把新郎家门口的花轿围得水泄不通。腋窝下夹着大捆鞭炮前来祝贺的人,还络绎不绝。观看新娘的人们把新娘围了个里三层外三层。调皮的小伙子点燃鞭炮使劲往新娘身上扔,新娘被炮声、硝烟熏震得晕头转向,不知该如何回避。多亏机灵的新郎,招呼了一群送亲姐妹挤进人圈。一群花枝招展的姑娘突然出现在放鞭炮的小伙子视线之内,炮声减弱了,机灵的姐妹迅速把新娘抢出人群,引入新郎家的大门。

　　燎轿入门,这是山东鱼台一带的新娘入门风俗画。花轿一到,在鞭炮声中两位年方及笄的接轿姑娘,一个手端麸子,一个捧着一本书,书中夹着两根葱,迎上轿前立于两旁。此时有一人手拿点燃的稻草火把在轿前烘了一烘,即俗称"燎轿"。然后把轿边缝上的轿门撕开,接轿姑娘上前一个把书交给新娘,一个往新娘身上撒着麸子,扶着她下了轿,让新娘在轿前准备好的柳木椅子上端坐着,由早已恭候在椅子旁的新娘的族兄或表兄抬着进夫家大门。

　　跨火入门,这是浙江玉环、温岭等地新娘入门的风俗画。花轿一到男家便把一只火盆放置轿门口,在旺火中撒上一把盐,盐在火中噼啪作响之际,伴娘牵着新娘下轿,跨过火盆,进入大门,俗谓这样可将一切煞气邪气全破除。

　　跨鞍入门,这是甘肃及北方一些地方新娘入门的风俗画。此俗以甘肃民间最为活泼有趣。花轿到了男家,两个由新郎的亲兄弟扮演的小丑,一个头戴破纸帽,耳挂红辣椒,反穿一件烂皮袄;一个头戴向日葵或西瓜皮帽,身披花床单,脸上都用红、黑墨水和白粉画成大花脸。新娘到了门口,两个小丑前去迎接新娘,嬉皮笑脸地伸出两手向新娘讨见面礼,没有见面礼,休想入门,新娘从容地拿出准备好的见面礼——一只小巧玲珑的绣花盒子(里面可放男子外出所必备之物),俗称"绣花名章盒子",递给小丑一人一个,这时他们才领着新娘入院门。接着在伴娘的陪同下,随着司仪的唱礼:"新人跨马鞍,一世保平安!"新娘新郎双双跨过早已放置在门口的马鞍,进入大门。山东有些地方则在新娘下轿后即跨过放在轿门前的马鞍,才能入门。

挡煞入门,这是湖南宁乡以及江西寻乌一带新娘入门的风俗画。当地旧俗认为花轿都有煞气,故当花轿到男家时,不能放在地下,只能搁置于大方桌子上,然后请两位厨师来"斩草挡煞"。斩草完毕花轿从桌上抬下地,媒人打开轿门锁,由伴娘扶新娘出轿入门,当地有诗云:

迎新娘

> 接亲接到槽门口
> 两个厨子来斩草。
> 凶神恶煞急归天,
> 留下人间春意早。

而寻乌一带的挡煞入门又别有一番风情。旧俗男家事先请来一位好命男子,在花轿到后,用剑杀死一只雄鸡,把鸡血洒在大门坎边,并念咒语:"日吉食良,天地开张,陈家儿孙,娶媳归堂。喜!今朝鸾凤和鸣,见他年麟趾呈祥。哒!天煞归天去,地煞归地藏。凡有凶神并恶煞,皆此雄鸡来抵挡。"念完,再由伴娘牵着新娘入门。铺柴入门,这是苏北建湖蒋营一带新娘入门的风俗。在蒋营水乡,迎亲船一靠岸,新娘从岸边到夫家,不论多远也不能脚踩地下走,而只能走一条用芦柴铺成的路。若路甚远,则芦柴采用传递方式一直铺至新郎家门。芦柴之"柴"音谐"财",取意吉祥发财,新娘通过"生财"之道将财带入夫家。

"挨打"入门,这是广西荔浦一带新娘入门的风俗。花轿到了门口,男家出来两位福命妇人,撑伞扶新娘,身着婚礼服,手拿尺子,乘新娘入门之机轻打新娘头部三下,俗称"显威",以暗示新娘婚后尊重丈夫,万事注意分寸,然后新郎在前面走,新娘须踩着新郎的脚印随后跟入喜堂,俗称"踩三步",意示日后夫唱妇随。

吃甜饭入门,这是江浙一带新娘入门的风俗。在苏州,迎亲队回到了家门,花轿停在门口,新娘新郎及全家上下、亲戚朋友一同吃甜圆子、莲心,以示从今起全家团圆,心连心,生活甜甜蜜蜜,然后新娘入门。在浙江青田,俗谓沙糖饭能使女子定型,故花轿到门口,先由伴娘端一小碗红沙糖拌饭,喂新娘吃一口,方可入门。然后将饭摆在新人床头,到婚后第二天才可端走倒掉,俗称"合同饭"。认为吃了"合同饭"夫妻便可和睦相处,白头偕老。在海盐一带则由婆婆亲手煮一碗糯米甜饭,在新娘下轿时由婆婆喂给新娘吃,据说吃了甜饭,日后婆媳和睦,生活甜美,当地还流传一首吃甜饭的婚歌:

> 一只郎船摇进浜,青龙冈上来上岸。
>
> 轿子抬到大门口,掌礼师傅来唱礼。
>
> 一碗糖饭菱角尖,唇上粘满饭米屑。
>
> 两边水草乱横横,敲锣打鼓放炮仗。
>
> 准备踏脚红毡毯,阿婆出来喂糖饭。
>
> 又是甜来又是鲜,伸出舌头只管舔。

吃甜饭入门之俗的形成,在青田一带还流传着一个美丽的传说故事。古时候有一个后生每天上山砍柴奉养老母。有一天,下着很大的雪,后生照样到山上砍柴,他把带的午饭挂在树杈上。吃饭时发现树杈上的饭竟热气腾腾,像刚蒸过一般。从那以后几天都出现这样的怪事。有天后生留意察看,发现是一只老虎变成一个漂亮的女子给他热的饭。后生的老母叫他在老虎变人的时候,迅速上前将一口沙糖饭塞在她嘴上。第二天后生照着母亲说的去做,结果虎女再也变不回老虎了,他们情投意合结成了夫妇。于是沙糖饭能使女子定型的风俗就流传下来,形成新娘吃甜饭入门的风俗。

在许多新娘入门的风俗画中,还有风情异趣的风俗小品。如陕西乾县一带,新娘下轿先从地上捡起一双筷子才可入门,以示新娘一到夫家就是夫家人了,日后勤俭持家,料理家务是她的责任,又暗示她"快快生子";广西来宾一带新娘先从婆婆

中国民俗文化精粹

·婚丧嫁娶·

图文珍藏版

手中接过新粥瓢入门,以示婆婆把管家的重担交给新媳妇;上海市郊点燃用彩纸围着的竹枝,竹枝在火中噼啪作响时新娘才能入门,以示新媳妇入门带来火旺日子……

四、迎娶新娘的禁忌

迎亲是大喜的日子,是婚礼的开始。在迎亲过程中为了避邪是有些禁忌事项的。汉族和其他一些兄弟民族都要选择吉日,在这个基础上再行避邪事项。

迎亲之前是送亲,送亲是指女方亲友送新娘出嫁。在中原一带送亲也极为讲究,其中有一些多少带有避邪意义的习俗规定。如:送亲的人要是"全活人",忌避寡妇、孕妇送亲。在渤海湾一带,有"送爹不送妈""姑不娶,姨不送,舅妈送,一场病"的俗谚。为了避病等邪气,只有禁止女人送亲了。这种习俗一方面根源于对女人的蔑视,另一方面源于女人所具有的特性:心肠软且感情脆弱,看见亲人出嫁会生出悲伤的情感而落泪,对嫁娶不吉。孕妇容易使人产生出新娘有未婚先孕的不贞洁的行为的想法;寡妇更使人产生一种"守寡"的悲剧联想。所以民间一些避邪信俗往往来源于人们对某人某物的好恶感受或错误联想。

在迎亲的过程中,新娘始终是中心和焦点,举手投足都有禁忌,从而在从上轿到入门过程中表现出许多的避邪形式。

按照汉族旧时传统,新娘上轿前要带一串制钱、一面铜镜,据说这两种东西都是驱邪避煞的法物。还有新娘上轿时忌足踏土地,这一习俗在过去是很多民族都具有的。其原因据说是为了避邪求吉;也有说是怕新娘沾走了娘家的灰土,带走了娘家的福气;也有认为是解除新娘依恋娘家而不愿离去的需要;亦有说是为了表示高贵的身份。为了让新娘不踏地以达到避邪等目的,上轿的办法有许多种,有的是把轿子退到房门口,由新娘的父兄或背或抱送进花轿;有的是让新娘在红缎绣鞋的外边再套上父兄的大鞋走着上轿,上轿后脱掉大鞋表示不沾娘家的泥土;有的是在地上铺上草席子或红毡子;有的民族干脆由娘家舅、兄等用红毯子裹住新娘,轮流背到新郎家。

中国民间有"一好百好，一顺百顺"的俗谚，人们总认为开始的时候怎么样往往便认为最终也会有相应的结果，任何事情的"始"总是被赋予带有某种征兆（兆头）意义的。在嫁娶中，一般把新娘子接上轿往新郎家抬去的途中便是一对夫妇始合阴阳之"始"。所以，这一段路被认为是带有兆示意义的。如果一路平安无事，没有触犯什么应忌避的事或东西便大吉大利，反之则不是好兆头。所以，途中坐轿应该采取一些避邪的形式以祛被凶患，确保平安无事。

在中原一带，汉族结婚行轿，有所谓"东来西走，不走重道"的习俗规约，即空轿来和迎坐着新娘的轿子回去的路不能一样，或许是怕走重道会重婚的缘故吧。在豫北民间有所谓"走回头路，夫妻不能白头到老"的说法，据说是因为怕一些恶鬼邪祟等在那轿来的道路上捣乱破坏，只有绕道走，那恶鬼邪祟的阴谋便落空了。很显然它是一种忌讳的原则，是避邪的需要使之。

据资料表明，在河南、山东、江西、湖南、台湾、云南等全国大部分地区都有"喜冲喜"的禁忌。所谓"喜冲喜"就是嫁娶途中两家迎亲队伍相遇，民间认为这不是好兆头，其缘由实基于人们头脑中的相克思想。所以必须尽量避免两家迎亲队伍在途中相遇。但是由于人们选择的吉日吉时往往是相同的，这就使得嫁娶相遇的事经常会碰到，为了避凶求吉，双方比赛相争甚至大动干戈的事屡有发生。但也有一些文明的方法可以逢凶化吉，达到避祸去祛的目的。比如可以由双方的新娘互换随身佩戴的金戒指，或者由迎亲队伍双方互换手帕、新毛巾，达到避免凶兆邪气的目的。回族嫁娶如果途中两家相遇，是以新娘互换腰带来补救的。台湾民间嫁娶若遇上这种情况，双方新娘就互换头上的簪花，据说如果不"换花"，必然会有一方要遭遇灾难，所以，在这里"换花"是避邪之举，它与前述换戒指、手帕、毛巾、腰带同出一辙。

据《中华全国风俗志·河南》中说：洛阳一带，"新娘轿前有两人先行，各持一红毡。每过庙、或大石、大树，均遮掩之，以为恐有触犯神明"。这说明，民间信俗认为神灵鬼祟不但会在庙中享受祭拜，而且更会隐藏在大石里、大树中、破庙内探头探脑，伺机作恶；所以，只有用红毡把它们同新娘子隔开，以避免新娘子冲犯了神明、防止鬼祟捣乱、作恶破坏。所以，这里的红毡子是为了避邪祛恶的。

畲族新娘坐轿到婆家的路上忌避遇到孕妇，认为孕妇的血灾之光会冲了新娘的喜,而且邪魔也会附在新娘身上跟到婆家作祟。遇到这种情况,为了避邪,新娘必须从自己随身带着的一个装满桂圆的小包里,抓出一把桂圆,往外一撒,就能把邪魔化解掉。大概是这些甜香的桂圆引得邪魔去争吃,新娘才得以摆脱它们。有些地方却忌新娘入门踩门槛。湖南湘潭一带俗谓新媳妇踩着堂屋的门槛就是踩了婆婆的威风,若踩了新房的门槛就是踩了丈夫的威风。因此当地花轿一到家门口,堂屋门口两旁即站好了交亲娘子,从两边挟着新娘跨过门槛进门。而有些地方就让新郎的姐夫或妹夫扮演"调皮姑爷",当新娘到时,调皮姑爷突然从灶屋里冲出来背上新娘径直进入新房,以确保新娘不踩门槛。浙江湖州一带认为堂屋大门的门槛是"公公门槛",第二道门槛是"婆婆门槛",新房门槛是"丈夫门槛"。新娘进门踩着哪一道门槛就是踩去了哪个家主的威严,而且还要引起日后双方亲家的争吵。俗规新娘若不慎踩了门槛,被踩的门槛一定要请木匠来换掉,重新做过,并将换下的旧门槛烧掉。此禁忌的形成乃是相传很久以前,有一庄稼户,四个儿子为父亲办丧事欠下了一笔债。有一天四兄弟正在吃饭、债主忽然出现在门口,一只脚踩住门槛开口讨债。老大抬头一看,心里一紧张,打了个嗝儿一口饭噎在喉咙里半个时辰才咽下去。债主一走老大一病不起。病中老大告诉兄弟:"你们要记住,我是因为债主踩着咱的门槛,噎得喘不上气来才病的,那门槛就是咱的脖子,往后不论谁当家,都要记住这规矩,千万不能让人踩门槛。"说完就咽了气。从那以后人们就记住了门槛是当家人的脖子,脖子怎么能让人踩呢? 所以旧时许多地方都立下了规矩,新娘子入门忌踩门槛。

第六章　明媒正娶

一、拜天地入洞房

俗话说"拜堂成亲"，新郎新娘结婚必须行过拜堂礼方可称之为夫妻。拜堂的正厅俗称为喜堂。俗规喜堂正中高悬一个大红灯笼。

拜堂，又名拜天地，是汉族和其他一些兄弟民族中典型的婚礼仪式之一。一般是在男家喜堂设一香案（俗称天地桌），新郎和新娘在唱礼官的倡导下行交拜礼。拜天地的程序是：一拜天地，二拜高堂（新郎的父母），三夫妻对拜。在拜天地仪式举行时，是忌小孩子、戴孝的人和结婚多年无子女的人进入喜堂的。因为小孩子常常会哭，说不定在拜天地庄严而喜庆的气氛中小孩子又哭又闹，令人败兴；而戴孝的人易使人想到死人和丧事，也是不吉利的。在此仪式上，鄂伦春族人特别忌避寡妇，忌避与新郎、新娘属相相同的人。河南方城一带有扶持新娘拜天地的"搀客"。为了避免"搀客"克新娘，是忌讳生肖与新娘相克的人作"搀客"的，比如说新娘属猪就不能用属虎地做搀客，而新娘属兔就不能用属狗地做搀客。土家族和畲族为了避灾祛邪，有忌讳结婚仪式花烛熄灭的习俗。比如，鄂西土家族在拜天地仪式开始前，新郎家要请两个儿女双全、肯劳动、善理家的人，在堂中同时点燃两支红蜡烛，插在神龛上，谓之"结烛"。若蜡烛燃得不旺或中途有一个熄灭，就认为新人有灾，不能白头偕老。反过来说，点花烛本身就带有祛邪避灾的含意。

苏州旧俗"三请四拜"是汉族民间拜堂礼的一个代表。首先由掌礼三请新郎出堂：

> 早占高魁等一名，蛟龙起首耀门庭，
> 蟠桃会上迎仙客，一请新郎接新人。

熟读诗文识古今,宗师先生出名门,

堂上会得魁星女,郎才女貌结良缘。

金銮殿上传金言,金榜题名状元公,

金花插上乌纱帽,奉请新人第三请。

台升!

新郎走进喜堂,紧接着掌礼再三请新娘:

吉日良辰花烛红,今宵日月喜团圆,

躬请新人第一请,早早出来拜九天。

一片笙歌齐颂奏,蓬莱来了神仙女,

躬请新人第二请,双双对对拜天地。

孔雀屏开香笑蓉,双双花烛引芙蓉,

即请新人下花轿,轻移莲步到堂中。

躬请新人第三请,台升!

三请毕,头盖红巾的新娘在喜娘的搀扶下慢慢步入喜堂。新郎、新娘按男左女右立于堂中,掌礼高声喊令,一对新人跪拜天地和合,对内四拜,对外四拜,夫妻相对四拜。拜毕,喜娘拿来一条红绿牵巾,中间打上"同心结",一人牵一端准备送入洞房。

民间对新郎新娘入洞房之俗向来很讲究。一般俗规拜堂后,用两家各出一条的红绸带结成同心花球式的牵巾,新娘新郎各牵一头,新郎面对新娘倒行将新娘姗姗牵入洞房。入洞房的时候,脚是不能踏地的,因为俗信认为,天与地都是神圣的境界,天有天神,地有地神,假如新娘的脚直接与土地接触,难免会冲犯鬼神,因此必须小心翼翼地避免它,不得有半点差错。在娘家出门时可由父兄或族人背负上轿,到了婆家就不能要人背负了,只有在地上铺上席子或毡子,新娘下轿后由伴娘陪同或搀扶,走在席子或红毡上完成一套礼节后,方可进入洞房。席、毡把新娘的脚和地隔绝,意在避邪。另外,踏着青布条、毡席或麻袋徐徐而行,不得履地,相传有传宗接代之意。不得履地者,即不可得"地",意味着女到男家不可有权有势,反映了男尊女卑的观念。

此俗唐代已有之。当时用毡,毡与席同音。至宋代,改用席。宋代孟元老《东京梦华录·娶妇》:"新人下车担,踏青布条或毡席,不得踏地。"《南村辍耕录》谓之"传席",席与息同音,息即小儿,后代。近代浙江一些地方又改用麻袋。新人入洞房时,地上铺几条麻袋,新郎在前,新娘在后,履之而行。麻袋辗转传递,直至洞房。袋与代同音,也即传代之意,俗谓"传代归阁"。

现今,浙江一带新郎新娘入洞房的风俗仍然丰富多彩,有的风行"传袋"之俗,寓意传宗接代。新娘从花轿下来到中堂拜天地,以及送入洞房均在布袋上行走,脚不能履地。温州、丽水等地用两只红布袋,传递铺垫让新娘步入洞房。湖州一带拜完堂后,司仪拿出一条宽寸许,长六寸的红绿绸带各一条,由新郎打一个结,再由新娘叠打上一个结,司仪一边拉腔喊道"同心结成双,恩爱万年长!"喊毕,用一面圆镜给新郎照一照,喊道:"福星照明镜,明镜照新人,一照照出状元来!"喊声刚落,乐队吹响洞房喜曲,喜婆在新人脚下铺好麻袋,新郎新娘一前一后踏上麻袋,徐徐走向洞房。走过一只麻袋,喜娘拾起,铺到前面去,一边铺一边喊"接代啊!传宗接代啊!"与此同时,一群陪新娘来自娘家的姑娘们,拿着新娘从娘家带来的盐和泥土,撒入新郎家的水缸。男方的一帮中老年妇女亲属齐声高喊"结缘义工啊!结缘义工啊!"在一片喜乐、欢笑、祝福声中,新郎新娘步入了洞房。绍兴一带,传宗接代入洞房的风俗更是有趣。当司仪唱赞"请新贵人、新玉人喜结同心","鸣锣升炮入洞房"时,鼓乐高奏,鞭炮齐鸣,喜婆将米袋、酒盅铺放在通往洞房的道上。新郎新娘双双牵着"牵巾"从上面走过,喜婆又将米袋、酒盅拾起,越过新郎新娘头顶,再铺下地面让他们继续踏袋跨盅走过。如此往复,一对新人在众人支配下,"传宗(盅)接代(袋)"缓缓地进入洞房。建德一带,入洞房之俗煞是浪漫,拜堂后新郎要神速地抱起新娘,在一片哗然嬉笑声中,飞快地将新娘抱入洞房。开化一带的入洞房俗又是另一种风貌,由舅父送新人入洞房,届时新郎要跪在地上,舅父用彩笔为他画彩脸,边画边念着吉利词,念至"子孙满堂"则停笔。画毕,扶起大花脸新郎,牵着新娘送他们入洞房。

二、掀起新娘的红盖头

新娘入了门,众人都翘首盼望能一睹新娘芳容,可是按照旧俗,新娘直到入了

国学经典文库

中国民俗文化精粹

·婚丧嫁娶·

图文珍藏版

洞房,仍蒙着盖头,不露脸面,只等揭了盖头方显月貌风姿。不要说众宾客急不可待,新郎官也是心急如焚啊!过去的婚姻是"父母之命,媒妁之言",有些男女,直到了洞房花烛夜,还未曾见过一面,难怪挑盖头时新郎新娘会忐忑不安,激动不已了。那红帕儿一掀,是俊是丑,出现在面前的,是怎样一个人呢?在盖头揭开之前,人们对新娘的容貌只能去想象。可以想其丑,也可以想其美。希望和失望存在于一瞬间。这种悬念为新婚增添了无穷的魅力。同时,那一方盖头,也不知揭开了多少家庭悲喜剧的序幕。

尽管在场的人都迫不及待,但是这盖头可不是随便可揭的,如何揭盖头,各地都有妙趣横生的俗规。

辽宁等地是新郎手持秤杆,挑去红盖头,取意婚后"称心如意"。浙江宁波一带,由一位福命妇人用秤杆微叩新娘的头部,再用秤尾自下而上挑去新娘的红盖头,置于床顶搁板上。大概是再一次地暗示新娘,婚后要有分寸地对待丈夫,凡事掂掂斤两,好好服侍丈夫吧!湖南祁东一带新郎新娘双双坐在床边时,由婆婆手拿用红纸箍着的两把筷子,轻轻地拔掉新娘的盖头,寓意催促新娘"快快生子"。江苏苏州等地,盛行用红绸缚着的甘蔗挑去新娘的盖头,寓意日后生活如甘蔗节节高,越过越甜。广东东莞一带旧俗,当新娘进入洞房后,新郎用一把折扇,在新娘子头上轻轻打三下,然后挑去她头上的红盖头,边揭边唱:"揭头挂,打三下,食我饭,听我话,生仔喊我做爸爸!"

上面揭盖头习俗的寓意,包括两方面:一是祈求婚后家庭幸福,早生多育;一是教育新娘,不要慢待丈夫。关于后者,有一则表达了同样含意的传说。

相传很久以前,新娘结婚是不蒙红盖头的。商朝末年,朝中的文重皇叔勇冠三军,百战不殆,担负着保卫纣王江山的重任,深得人们的敬重。但众大臣们无一不晓,他是个怕老婆的大元帅。有一次文重征战北海,十二年凯旋,纣王及满朝官员十里长街迎接,设盛宴款待。席间有个大臣开了句玩笑:"老元帅今日凯旋,劳苦功高,万岁也来为您庆贺,荣耀啊!只怕回到府上就……"。不想此话传入纣王耳中,纣主有所不信,特地乔装打扮,进入文重府内察看,正见文重跪在夫人面前给她打火点烟,纣王一怒之下,下了一道圣旨:"将我姊娘拿下,大胆女人竟敢屈辱我重臣皇叔,斩!"圣旨下,人头落地,三尺白绫裹着血淋淋的人头,染得鲜红鲜红。纣王见之道:"今后女子出嫁头上都蒙上红布,以记取教训,好生侍奉丈夫!"从此以后,用红盖头蒙新娘之俗便在民间流传开了。

这一习俗可能与古老的血亲婚有关联。

传说远古时候,忽然天崩地裂,四面八方洪水泛滥,冲天的巨浪冲毁了良田,破坏了房屋,世上的人全都淹死了。世界一片汪洋,只剩下最高的昆仑山上的一棵千年老柏的树梢。树梢上有一对姐弟,紧紧抱在一起,饿了就摘柏籽吃。

七七四十九天之后,洪水才退去。姐弟俩下了树,大地上一个生灵也没有,姐弟二人只好埋头觅食,一日日,一月月,总算能吃饱穿暖。

可是天下的人都死了,这仅存的姐弟势必也会死去,这样人类不就灭种了吗?事逼无奈,姐弟俩只得做夫妻。姐姐找到两扇石磨,与弟弟双双跪在昆仑山顶向天祝祷:"天啊天,你若同意我们姐弟相配,这石磨滚下山坡也不分开!"两扇石磨从山顶滚到山脚,竟严丝合缝,不离不散,仍像一块石头凿出来的一样。姐弟俩见天意如此,决意拜堂成亲。可姐姐总觉得羞,她扯来青丝草编了个四四方方的帘子,盖住自己的头,遮住自己的脸。然后姐弟拜了天,拜了地,再两人对拜,结成了夫妻。

从这则古老的传说中,我们似乎可以追溯到一点盖头方巾来历的秘密。

揭盖头习俗古今一脉相传,没有发生多大变异。至于由谁来揭盖头,自古就有不同的习惯。

宋朝时是由至亲中的双全女亲来揭开新娘盖头。《梦粱录·嫁娶》中说:"其礼官请两新人出房,诣中堂参堂,……并立堂前,遂请男女双全女亲,以秤或机杼挑盖头,方露花容。"这里有祈求吉祥之意。吴地东莱一带的婚俗,新娘盖头要由婆母揭开。朱轼《仪礼节略》中说"吴东莱婚礼,婿妇交拜后举蒙头,遂就坐。按内则,女子出门必拥闭其面,蒙头即拥面也,俗谓之盖头。以锦为方帕,横直四尺,女辞父母,拜毕,即以帕盖头,升车至夫家。交拜,必姆为去之。"

但最普遍的习惯,还是新郎亲手为新娘揭开盖头。根据《通典》的说法,唐朝时新娘的盖头是"夫氏发之",宋人朱熹也记载了,揭盖头的人是新郎,"妇拜,婿答拜,婿为举蒙头。"《红楼梦》第九十七回:"傧相请了新人出轿。宝玉见新人蒙着盖头,喜娘披着红扶着。……傧相赞礼,拜了天地,请贾母受了四拜,后请贾政夫妇登堂,行礼毕,送入洞房。……宝玉此时到底有些傻气,便走到新人跟前说道'妹妹身上好了? 好些天不见了,盖着这劳什子做什么!'欲待要揭去,反把贾母急出一身冷汗来。宝玉又转念一想道:'林妹妹是爱生气的,不可造次。'又歇了一会儿,仍是按捺不住,只得上前揭了。喜娘接去盖头。"《红楼梦》里的这段描写相当生动具体,新娘薛宝钗的盖头是由新郎宝玉亲手揭去的。不过,在这里,"盖头"成了婚礼上弄虚作假、掩盖真相、偷梁换柱的道具。宝玉的婚礼虽仅仅是发生在大观园里的奇事,然而却有着极典型的普遍意义。

总的来说,新娘红巾蒙首,符合中国女性内向的性格特征和心理要求,宣泄出在洞房这一特定时空里,新娘身上蕴含的娇羞、含蓄和朦胧的美。如今城市姑娘入洞房时,已不再以方巾蒙面,但却用轻纱裹头,而且仍由新郎将其掀开,透露了传统习俗在现代城市生活中的遗留。

三、共饮交杯酒——合卺

新娘新郎共饮"交杯酒",是入洞房后到圆房之前的一个趣俗。我们在婚礼上常常可以看到这样的场面:两个酒杯斟满酒,新娘新郎各取一杯,面对面站着,用拿酒的手臂相互交错套折,同时喝尽杯中酒。喝完后手臂再放开。二人喝着时,在场的人高声喊着:

喝口交杯盏,一辈子不翻脸。

喝口交杯酒,偕老到白首。

之后,还让新郎新娘同吃一块肉,他咬一半,她咬一半,大家又唱:

同吃一块肉,富贵不断头。

整个过程尽管时间不长,但两位新人当着众人的面,手臂相交,腼腆的神情和喝酒时的拘谨,着实令人忍俊不禁。伴随着大家的哄笑和掌声,满杯酒下肚的当事人脸色红润,显露出娇羞和幸福,频频向在场的亲友们致谢。洞房里气氛热烈异常。

交杯古时称"合卺",始于周代。卺是一种匏瓜,俗称苦葫芦,其味苦不可食。

郑玄的《三礼图》解释了合卺的含义："合卺，破匏为之，以线连柄端，其制一同匏爵。"合卺是将一只卺破为两半，各盛酒于其间，新娘新郎各饮一卺。匏瓜剖分为二，象征夫妇原为二体，而又以线连柄，则象征由婚礼把俩人连成一体，所以分之则为二，合二则为一。

新婚夫妇一同进酒，为什么要用匏爵呢？卺盛酒因卺味苦而酒亦苦，饮了卺中苦酒意味着婚后夫妻应同甘共苦，患难与共。同时，意示夫妇二人如同此卺一样，合二为一，紧紧地拴在一起了。又因匏是古代八音乐器之中的一种，它又含有音韵调和之意，故"合卺"又示意新娘新郎婚后应和睦协调，结为琴瑟之好。

到了宋代，破卺为二的酒具改成为两只木杯，据孟元老的《东京梦华录·娶妇》记载："用两盏以彩结连之，互饮一盏，谓之交杯。饮讫，掷盏并花冠子于床下，盏一仰一合，俗云大吉，则众喜贺，然后掩帐讫。"

这里，用彩线拴连两个酒杯，象征夫妇是连成一体的，还存留了合卺礼的原本意义。新娘新郎同饮之后，掷杯于床下，若两杯一仰一合，意味着男俯女仰，天覆地载，阴阳和谐，实在是大吉大利的事。而"合卺"也就被改称为"饮交杯酒"。

"合卺"、饮交杯酒仪式，对于新婚夫妇来说，有着同样的功利目的。在中国传统社会中，婚姻遵循父母之命、媒妁之言，新婚夫妇常常是一对陌生人。但传统的伦理规范强调夫唱妇随，嫁鸡随鸡，嫁狗随狗，因此，新妇和其丈夫的沟通、和谐、结为一体尤其重要。

喝交杯酒有"闹"的内容，所以不少地方把这项活动放在洞房内进行。其实，喝交杯酒的仪式就是闹房的开始。之所以不在"闹房"中加以叙述，是因为它的主要意义不在"闹"，而是具有我们前面所讲的多种意义。喝交杯酒习俗传承变异至今，形成洞房中的种种趣俗。

苏州等地一直流行在撒帐后饮交杯酒，古风犹存。当地用红绳拴连两只木酒杯，斟满两杯酒，新郎新娘各饮半杯，然后交换，一齐饮干，将杯抛于婚床下，视一仰一合为吉利，寓同甘共苦，有福同享。

广西凤山一带，在新郎揭了新娘的红盖头后，由喜娘送入两杯酒，先由两人共饮第一杯，俗称"共苦酒"，再共饮第二杯，谓之"共福酒"。意示从今后夫妇同甘共苦，相依相存。

·婚丧嫁娶·

图文珍藏版

婚庆图

在南京,由"搀亲"(即伴娘)照顾新郎新娘互饮交杯酒,其方式是用两盏酒杯以彩结连之,互饮一盏,或各饮少许,然后把酒杯交换一次,再举杯互饮一次,以示恩爱夫妻,自此结为一体。在江西,由牵娘和伴郎照顾新人交杯互饮,由新郎先饮,新娘后饮,互相交饮三次而成。在吉林,则由"娶亲婆"指引,新郎新娘互相交杯一次就成。

"合卺"还有另一层意义,就是生育。"卺"俗称苦葫芦。葫芦形圆多籽,类似于十月怀胎的孕妇。在上古洪水神话中,人类被洪水淹灭,只有一对兄妹因躲进葫芦中才死里逃生。后来兄妹结为夫妻,再造人类,成为人类始祖。葫芦与人类生殖有着密切关系。新婚时行"合卺"之礼,即是预祝新郎新娘日后子孙兴旺。

过去,纳西族摩梭人的婚礼上,就有类似"合卺"仪式。新婚前夕,人们端出公羊睾丸一个、酒一杯,请新郎新娘其同饮食,另外,新中国成立前,湖南宁乡地区的婚礼中,也有类似的仪式。当揭了盖头以后,新娘便脱去青衣青裤与青裙,换上花红衣服。然后,由两名妇女各捧两杯,茶内有枣子数颗,交给新郎新娘饮用。饮时不得独自饮完,留下一半相互混合再饮,俗称为"合面茶"。婚礼上,新婚夫妇共食公羊睾丸以及枣子(早子)的行为,显然表达了对生育的祈愿。

在古代,结婚的主要目的是生育,而在祈求生育的场合,往往伴有饮食活动,以饮食来激发人的生殖欲望。通过新婚夫妇共饮共食的方式,以及食物本身的隐喻功能达到抒发生殖欲望的目的。因此,"合卺"的象征寓意是多层次的。但这些寓意又是相关联的,简单说,就是新郎新娘合二为一、结为一体,以求产生新的生命。

广东翁源一带,流行在洞房中吃"和合蛋"的风俗。一位如意大嫂端着一小碗热姜酒,酒中盛鸡蛋两只,喜气洋洋地催促新郎新娘食蛋。新娘子总是羞羞答答不肯张口,大嫂就念道:"一口咬到黄,两公婆有商有量;一口咬到白,两公婆商恰恰。"新娘在大嫂的祝福声中,只好张大嘴一口咬下大半个鸡蛋,众宾客立时欢呼叫好。俗谓在洞房食了"和合蛋",日后夫妇定能和睦相爱,若不食则意味关系不和。故这"和合蛋"是非吃不可的。在潮汕一带则兴吃"结房圆"。"结房圆"是用糯米粉做的汤圆或桂圆肉烧的糖水。新郎新娘入洞房后,伴娘一边看他们吃"结房圆",一边念道:

夫妻同饮福圆汤,

同心同腹同肝肠;

夫妻食到二百岁,

双双偕老坐福堂。

新娘新郎各吃两粒汤圆后,互换碗盏,再吃两粒,俗称"交杯换盏",以示亲密和合。这时伴娘再念道:

交杯换盏团团圆,

夫妻恩爱乐相随;

老君送来麒麟子,

明年生得状元儿。

北方人喜食饺子,逢年过节均以饺子为美食,洞房里照样视饺子为吉祥食品,饮交杯酒变异为吃饺子。陕北农村有婆婆请新媳妇吃饺子的风俗,饺子虽经蒸煮,却故意煮得半生不熟,当新娘吃第一只饺子时,婆婆故意问道:"生吗?"新娘照实答道:"生的。"此时婆婆笑得脸上像绽开了的菊花,朦胧之中似乎看见一个白白胖胖的小孙子。此俗当地称为"儿女扁食"。如今计划生育了,国家规定只许生一个,新娘在吃"儿女扁食"时,索性大大方方地答应婆婆:"生,生一个!"饶有趣味。

四、千里姻缘一线牵

　　"合卺"和饮交杯酒都离不开彩线,宋代吴自牧在《梦粱录》中,谈到新婚夫妇在饮交杯酒时,还"执双杯,以红绿同心结绾盏底,行交卺礼。"这是说用红或绿的丝绳绾成同心结系于盏底或杯足。同书还说"男左女右结发,名曰'合髻'。"这里的"结发",并不是把新娘新郎的头发随便拴在一起,而是两人各剪下一缕头发结成同心结式样的"髻"。《古诗源》载汉代苏武诗云:"结发为夫妻,恩爱两不疑。"这说明汉代已把结发和婚姻联系在一起。"结发夫妻"之说由此传开。

　　古代的同心结是双线结式的一种传统装饰品,以两股锦带绾成连环回文的形式,再抽紧而成。它至迟在我国的南北朝时期就已经出现了。《玉台新咏》载:南朝梁武帝萧衍《有所思》诗云:"腰间双绮带,梦为同心结。"写得颇为风流。隋唐以降,同心结更是从宫廷到民间普遍流行的饰物。那个说不尽千秋功罪的隋炀帝杨广,在赐给宣华夫人陈氏的金盒子里就装了数枚同心结。唐代大诗人李白在名为《捣衣篇》的诗中描写一个独守闺房的少妇,思念远戍的丈夫:"横垂宝幄同心结,半拂琼筵苏合香,琼筵宝幄连枝锦,灯烛荧荧照孤寝。"这"同心结",既是闺房中的摆设,自然也是她与丈夫恩爱情深的信物。丈夫抱憾走边陲,妻子遗恨守空房,唯有"同心结"悬挂在闺房帐前,哀婉动人,如泣如诉。

　　此后,由这条绾成"同心结"的丝绳便,行变出"拴线"仪式。中国民间对婚恋有句俗语,"千里姻缘一线牵"。此语,出自明代张四维的传奇《双烈记》中的《就婚》,文曰:"岂不闻月下老人之事乎？千里姻缘一线牵。"我国不少民族在婚礼中,也把"拴线"作为必不可少的仪式。拴线是夫妇同心相连、白头到老的象征,是婚姻美满幸福的一个重要标志,久而久之,拴线仪式所具有的象征意义,成了中国人的一种婚姻心理。

　　此俗大概起源于唐代,时人李复言的《续幽怪录》中,载有"月下老人"的故事。据说唐人韦固路过宋城(今河南省商丘市东南),遇到一位老人在月光下检阅书信,固问所翻检的是什么书？翁答:皆是天下婚约之书。又问:"袋中的赤绳作何用途?"答曰:"拴夫妻之足用。男女出生,在冥中就有赤绳系在两人足上,虽仇敌之家,贵贱悬殊,天涯海角,吴楚异乡,赤绳一系,必成眷属。"韦固听罢即问,他的妻子在什么地方! 她家里是什么情况,他要去看看。老翁引他在市中寻找。但见瞎了一只眼的老太婆坐在市井卖菜,怀中抱一个三岁女孩。翁曰:"这便是你妻。"固见这"鄙陋亦甚"的一老一小,就要杀她。翁曰:"不可,此人当食天禄,因有做官的儿子而受封。"说完就隐身不见了。韦固骂老鬼妖妄,以为自己是士大夫之家,绝对不能娶一个瞎妇人的丑女儿,于是,命仆人刺杀此女。结果,仆人"欲刺其心,不幸才中眉间。"

十四年后,固袭父勋爵,在相州为官,颇有政绩。刺史王很赏识他,把容色华丽的女儿嫁给了他。可这姑娘古怪,眉间常贴一片花子,沐浴也不揭去。韦固问其缘由,才知妻正是以前被仆人刺伤的小女孩,韦固惊叹不已:"奇哉,怪也! 这是命啊!"以后两人"相钦愈极",感情更好了。宋城知县听到这奇事,就把那个客店题名为"订婚店"。

这就是月老系红线故事的始末。月老拴红线故事,虽然带有婚姻是命中注定的宿命论思想,但它也反映了在特定的条件下,真正的好夫妻,是刀砍不断、摔打不离的。正因为它有这美好的一面,拴红线才逐渐演变为民间婚礼中的一种习俗。据云南西双版纳傣文编年史《泐史》记载,早在十三世纪的宋、元时期,傣族就有了拴线的婚俗。大概是因为拴足不大方便之故,他们的线是拴在一对新婚夫妻的手腕上,男拴左,女系右,拴线人要把线从新郎左肩绕围到新娘的右肩。如今,傣族青年举行婚礼时,新婚夫妇仍要行拴线仪式。新郎新娘并排坐到婚礼桌前,由老人(一般是男方舅父)诵祝词,希望一对新人相亲相爱,互相体谅,白头到老,永不分离。然后,一对新人双双在老人面前跪下,由老人用白色长线从男的左肩直围到女的右肩,此为拴线仪式。老人拴完线,再由男女两方的客人拴。一般是男方亲戚先给新娘拴,再给新郎拴,而女方亲戚先拴新郎,后拴新娘。白线拴了一次又一次,意味着把新郎新娘两颗纯洁的心拴在一起了。不仅如此,通过这一仪式,表明两人的灵魂已经被系在一起了。同样,倘若割断绳线,则意味着婚姻的死亡。如果一方先死,未死的一方就在死者下葬前,用一条绳拴在棺椁上,然后由老人用刀或木棒将绳切断或打断,以此表示灵魂的分离,表示生者与死者断绝了关系。

拴线的仪式如同其他婚俗样式，非常富有地方特色，且不说仪式过程有差异，即便是所拴的线也是不同的。白族拴线用的是色彩绚丽的红绳，傣族用的是当地纺出的洁白如银的棉线，浙江民间用的则是红绸，江苏一带则用红布、绿布。傣族因为大多实行"上门"婚，拴线均在女方家举行；白族的新娘新郎则要带着拴在手上的红线，从女家走到男家去完成婚礼。

汉族大部分地方保持了拴线的古老仪式"牵巾"。宋人孟元老《东京梦华录》说，当新娘被迎至男家后，"二家各出彩缎绾一同心"，男女各执一头，相牵而行，拜谒祖先，然后夫妻交拜。《梦粱录》中也有这样的记载："礼官请两新人出房诣中堂参堂，男执槐简，挂红绿彩，绾双同心结，倒行；女挂于手，面相向而行，谓之'牵巾'。"现今江浙一带的拴线，既不系足，也不拴手，只是在婚礼上把红绸（或布）让新娘新郎各持一端，相牵入洞房，仪式即告结束。所以，拴线被称之为"牵红""红绿牵巾"。

直到今天，在裕固族、爱尼族、羌族的婚礼中，仍保留着拴线习俗，在一些边远地区亦也有所见。虽说拴线的形式有了种种变化，但是，拴线婚俗所蕴含的同心相连、白头到老的心态，古今都是一致的。

拴线之俗，后又演变为缝制"永谐裤"，以象征新婚夫妇白头偕老之意。江浙一带，在清代时，结婚三日后缝制二裤，夫妇各穿其一，谓之"永谐裤"。广西一带，如今新娘出阁第一件要做的事，是替新郎缝制一条裤子，取裤、富谐声之意，以为新郎穿了这条裤子，便可享受富贵之福。这条最先由新娘缝制的裤子，很可能就是由清代的"永谐裤"演变而来的。

第七章 闹洞房

一、三日无大小

结婚礼仪中,最有意思的算"闹房"。"闹房"又称"吵房""戏新""戏妇""弄新妇"等。婚日当晚,喝过交杯酒,闹房即开始。平辈的、晚辈的、长辈的、亲戚、朋友、同事,纷纷拥入新房,他们极尽所能,想出种种游戏节目,让新郎新娘当众表演,以逗乐取笑。新婚,与其说是新郎新娘的节日,不如说是一切相关的人们的共同节日。

闹洞房闹房习俗从一开始便掺和了许多"越轨"行为。民间有"三日无大小"之说,来宾贺客可以不讲礼法,对新郎新娘恣意戏谑取乐,进行一场新房中的嬉闹。有些地方闹房的对象尽管不限于新娘,但新娘无疑是"闹"的主要目标,所以如广州等地干脆就将其叫作"反新妇",这儿的"反"是"玩"字的谐音,"反新妇"讲白了就是玩弄新妇。古书中也有称闹房为"戏妇"的。

有些地方则正相反,以新郎为"闹"的目标,新郎要接受一系列嬉闹方面的考验。湖北黄陂一带在迎新郎进门时,女家盛行燃放爆竹,逼着新郎从硝烟中走过,每过一道门槛,必须下跪叩拜,等到拜见岳父母时,所跪的红毡下面,置放了一些碎石瓷片,使新郎疼痛难忍。

在安徽,戏新郎在迎亲之际。当新郎押花轿抵达女家迎新娘时,女家闭门拒绝,多方推阻,令新郎难以忍耐。当新郎好不容易进门,又被故意刁难,叫他遍拜姻亲,甚至包括小孩在内,令他疲于奔命而后快。到座席之际,有许多人躲在屏风后偷看新郎的动静,评头论足,以致新郎十分难堪。

鄂西土家族有迎娶时"拦门对唱"的风俗。男方迎亲的队伍来到之时,女家在大门口摆一张桌子拦住他们,并开始双方的对唱。若男方唱赢,女家搬开桌子让迎亲人进入;男家唱输了,男家的歌手则要从桌子底下爬进来,受到众人奚落。

在河南信阳、驻马店等地,新郎迎娶或偕新娘回门时,岳丈家要给新郎吃辣饺子。辣饺子用最辣的大椒和肉馅做成,通常第一二碗配辣子最多,下好后首先让女婿食用,聪明的女婿往往把第一碗敬给长辈,第二碗让给遍坐者,自己吃第三碗,如果吃第一碗,会辣得面红耳赤,让女家及村人笑话。

哈尼族卡多人在娶亲这天,新郎要请平时要好的伙伴陪同,并在老人带领下去女家。一般陪同的人数为双数,不得少于六人。他们穿着最漂亮的服装,带上阳伞、竹笠,簇拥着新郎。当他们到达女家时,守候在"亲棚"中的一群姑娘和小孩便一哄而出,并用事先准备好的橄榄果嬉笑着向新郎扔去。伴随新郎的小伙子赶忙用阳伞、竹笠把新郎掩护起来,不让橄榄击中。这时,得有一两个小伙子冒着被击中的危险,冲入"亲棚",把装在竹箩里的橄榄全倒在地上,与此同时,其他小伙子掩护新郎跑入"亲棚"并坐下来。整个过程中,男方不得回击。

阿昌族在迎亲前一天下午,新郎和陪郎要到新娘家去,新郎须过三关:第一关女方的姑娘用桌子挡住大门,对新郎进行一系列的戏弄;第二关是新郎在过院心时,姑娘们尽情地朝新郎泼凉水,以洗净新郎的"外心",新郎往往被淋得浑身透湿;第三关是在第二天早晨吃饭时,姑娘们又挖空心思让新郎出丑,如用锅烟子抹新郎的脸,用长竹筷让新郎夹菜,还让新郎背上大口袋,里面装上算盘、秤之类,以示勤俭持家。

闹房与民俗心理休戚相关,不闹不发,愈闹愈发,因此自然而然,闹的名堂也就日益繁多。旧的节目继承了下来,新的节目又不断涌现:喝和合茶、唱歌、诵诗、点烟、咬糖、喝酒、舔筷子……五花八门,别出心裁。现在城市里的闹房已变得文明而又雅趣,通常是闹房的人们向新娘新郎提出一连串的问题,诸如恋爱的过程、亲热的举动等,甚至还追问个人的隐私。"叼苹果"大概是最常见的一项活动。婚庆的主持人手里拿着一个为新婚夫妇准备好的苹果,把它穿在一根线上,拴在羽毛球拍上,齐眉高地吊着。在一片哄闹声中,两人必须设法咬一口苹果。其目的是用这种方法促使他俩当众间接地接吻,在他俩的嘴之间只隔着一只苹果的距离。与询问"恋爱过程"的那些令人难堪的问题相比,新娘和新郎觉得这项活动更轻松一些。

此俗由来已久，相传远古的时候，紫微星下凡为皇，乔装百姓访察民情。有一天在一乡间小道上正遇一民家娶亲，那花轿旁时隐时现附着一个披麻戴孝的魔鬼。皇上知道这家新娘必遭大难，紧跟迎亲队来到新郎家，只见那魔鬼飘飘闪闪闯入了新房，皇上便搬了一把椅子坐下，守住了洞房门口。当新娘新郎拜完了天地准备送入洞房时，主人见有人座椅堵门便客气地说："先生请让让路吧！新人入洞房啦！"皇上说："这洞房，不能入，里面有魔鬼。"主人家一听吃惊不小，再看此人满面红光，气度不凡，便请教道："先生既能看见妖魔，必定有除妖之术，还请先生行术除妖，礼当谢之。"皇上说："好！只要大家听我的，所有客人一个莫走，在此说笑嬉戏，欢笑打闹即可。"于是主人邀众宾留下，以各种方式打趣寻乐闹至五更，果然那魔鬼悻悻逃出门外远去了。皇上说："好了，妖怪走也。"皇上说罢也出了大门，立时只见紫微星大放光芒，天空放亮，众人会晤知是神仙下凡教民脱灾，从此以后，用各种不同方式闹洞房至通宵就在汉族民间形成风俗。

在闹房习俗中，先有武闹，后有文闹。前者源于远古时代的抢婚，年代可谓悠久。有关闹房的文献资料直到汉代才出现。汉人应劭《风俗通》记载：汝南人杜士娶妇，张妙将杜士捆缚，捶打二十，然后又将杜士捆上手脚，悬吊起来，导致杜士死亡。官府判决说，酒后相戏，其心原本无贼害之意，罪不至死。

明人杨慎曾写《丹铅续录》，并引晋人葛洪《抱朴子》语，说那时的"戏妇"之俗：

世俗有戏妇之法，于稠众之中，亲属之前，问以丑言，责以慢对，其为鄙渎不可忍论……娶妇之家，亲婿避匿，群男子竞作戏调，以弄新妇，谓之"谑亲"，或塞裳而针其肤，或脱履而规其足，以庙见之妇，同于倚市门之倡，诚所谓敝俗也。然以《抱朴子》考之，则晋世已然矣，历千余年而不变，可怪哉！

由此可见，明代谑妇，竟有掀开新娘的衣服用针刺其皮肤的，真算"谑"得可以，"闹"到了极致！

二、文闹与武闹

民间闹房历来有"文闹"和"武闹"之分。文闹习俗充满着欢乐、吉祥的气氛。

我们现在实行的大多是文闹,基本剔除了古代的暴力行为,变得更为文明,闹而不俗,同时花样翻新,滑稽谐趣。婚礼作为人生四大礼仪之一,乃是美景良辰,人们总是群集欢跃,歌舞助兴。在这大喜大庆的日子里,通过闹房来增添欢乐气氛,消除冷清之感。因而文闹又称为"暖房"。

文闹只止于动动嘴巴。如念一些拗口的诗词、歌谣,让新娘学着念。或出上联要新娘接下联等,新娘不能令众人满意就会被罚糖果饼食或酒。有以糖果、喜果抛撒的,成为撒帐的继续;有劝酒、灌酒的,成为合卺的继续……闹新居时往往有个领头人,讲些如意的贺词,如江宁地区,闹房众人向新郎新娘敬酒时唱道:"一杯酒来敬新郎,合家幸福喜洋洋;二杯酒来敬新娘,早生贵子状元郎。"一直可以唱到十杯酒。又如在扬州,人们在与新娘开玩笑的同时,都有说词:"摸摸新娘头,金银往家流;摸摸新娘手,数钱用金斗,……"人们把闹房说成是"闹发,闹发,不闹不发,越闹越发"。

江西省南昌闹新房,"三天无分大小",就是说婚礼三天以内,不分长幼辈分,都可以任意胡闹。新郎新娘拜了天地回到房中,更换服装,拜见翁姑亲友以后,闹房的亲友,就开始闹房。

他们为了要引起新娘一笑,因此做出许多奇形怪状的动作,例如男扮女装的老太婆来念佛,或使新郎新娘同在大厅上,大家都来拜城隍爷和城隍奶奶,弄得新娘忍不住,就大笑起来。倘若新娘仍是不笑,又要改变花样来难为新娘,例如新房中悬挂一个球形新鲜花草,叫新郎抱新娘将它摘下来,如果新娘体胖,新郎抱不动,那么新郎只有向亲友道歉,但闹房亲友,未必肯答应,定要新郎去做,由是新娘只好厚着面皮,将花摘下来,大家取笑一阵,也就散去了。

此外还有恶作剧,就是在新娘床上安睡,居然还有好事者在新床下面,等到新人睡着了,偷了新人的衣服走出去,再用铜锣敲打起来,吓得大家惊醒。在第三天的时候,恶作剧者拿凳子翻转过来,把新娘的衣服放在里面,当作轿子抬到街上,兜了一个圈子,回来还给新娘,要讨一桌酒席吃,才算完事。

广西贺县步头乡一带,闹洞房有对歌之俗。按俗规,不论谁家娶媳妇,只需春风传送消息,不用通报,更不需发请柬,亲朋邻里,乡哥村弟在新婚之夜汇集于洞房。主家喜笑相迎。备下香茶,热情接待。男歌手前来,自然要有女歌手奉陪,女歌手便是送新娘来的伴嫁姑娘和伴嫁娘。两方歌手相会无须客气，一照面就以歌相对，歌声互报姓名，互问友好，唱出前来贺喜的喜悦之情，唱主家的热情，唱洞房的摆设，唱新人的人品，抒发着人情世故、抒发着各人的情怀。还歌唱生产、生活、当地的风土人情。有一人起兴，众人合唱的，也有对唱的；从天黑唱到深夜，主人备下丰盛夜宵款待；从深夜又唱到天明，主人奖赏每人一个大红包，送嫁姑娘、送嫁嫂送他们到村口，甜甜蜜蜜同唱了《辞别歌》，放上几串鞭炮告别离去。

稍进一步，则让新娘讲一些具有性的隐喻的谜语或笑话，使她难以出口。有的闹房，要新郎新娘做出一些动作来，如当众拥抱、接吻，或接近于此的事，如将一根筷子放在油瓶里，只露出一点头来，要新郎新娘用舌尖将其舔出，或吊起一只苹果，要两人同啃等等，花样百出，不胜枚举。这类戏谑行为，是对平时"谈性色变"的不正常生活状态的逆反，在一定程度上，可以消除新婚夫妻间的羞涩感。

闹房习俗极具地方色彩，不同的地方有不同的闹法。据《民间礼俗》记载，中原地区的人们有这样一些常见的闹法：

盖房。用红线拴一个馒头，然后交新郎新娘各咬一线头，同时抬头、同时低头，线绳一松一紧，谓之"打夯"打地基，接着盖房子，砌墙、上梁等。"房"成后喝酒嬉闹。

转虼牛。用红绳拴两只"虼牛"，新郎、新娘一人握一只，在方桌对角处开始转圈儿。新郎说："虼虼牛，绕桌转，今年请你喝喜酒。"新娘接答："明年请你吃喜面。"

摸虼蚤。将芝麻籽儿十粒，从新娘脖子里丢下去，让新郎去摸。其实是让新郎摸新娘乳房的，此类项目还有摸金豆(丢新娘脖子里黄豆或玉米粒)、摸手绢等，较为粗俗。

吃瓜籽。取瓜籽十粒，让新娘嗑好，将仁儿含在唇边，而让新郎去吃，美其名曰："瓜瓞绵绵。"其实是让新郎、新娘当众接吻。

吃枣。用红线儿吊一枚红枣，让新郎、新娘一同去咬，其意是让二人接吻。旁边有闹房者喊："吃个枣，引个小(男孩)，过了年，就会跑。"

新娘又羞又气，但不能恼，因为俗信越闹越发，不闹就是人缘不好，预兆今后家道不兴。万般无奈，只好听任人们的戏弄了。

上面说的是文闹,武闹现在已很少见,而在旧时武闹则较普遍。武闹就是直接对新娘百般戏谑,甚至动手动脚。文献记载了安徽六安的闹房情景:"进洞房,新妇梳洗后,来宾便在新房中闹房。有看新娘子之手者,有看新娘子之脚者,新娘站在床沿之前,闭眼垂头,一任人之玩弄。"(《中华全国风俗志》)。江西萍乡、吉安等地的新娘,闹房时也不轻松:"当闹新房之夜,无大小长幼之别,每呼一声,新娘即须向之下跪,受者可不回礼。闹新房者以此为乐,而新娘之腿苦矣!"(同上)至于将新郎新娘涂成个大花脸、将点燃的爆竹扔进洞房之类的恶作剧,过去也时有所闻。

广东旧俗闹房多上演男家的妯娌翁姑给新娘"下马威"的恶作剧。他们往往提出各种苛刻离奇的要求,强求新娘回答,照办。如要新娘用指甲剥数只沙田柚即席奉客,或叫新娘吃下整盘的大蒜、辣椒等。这时只有新娘的保护者大姈姐出面保驾,代劳,或代吃,才能巧妙地过关。更有甚者等新娘一入洞房,即八音齐鸣,早就预备好的大箩筐盛满了爆竹,一个个纷纷朝新娘铺头盖脑地掷来,整个洞房鞭炮喧天,硝烟弥漫,尽管大姈姐早有准备,急忙从嫁妆中拿出藤席将新娘团团围住,新娘仍难免受无情炮火攻击,身上受伤,脸被破相,甚至眼睛被炸瞎。特别是新郎不遵父母之命自行相中对象的新娘,更是难免遭此灾难,使闹房真正闹成了一幕悲剧。

山西晋南有些地方直到解放初期还保留着一些粗俗不堪的闹房习俗。在名堂繁杂的闹房规矩中。有叫新郎解开新娘的上衣当众吮吸新娘奶头的陋俗恶习,俗称"吃鲜桃"。若新娘害羞不让,众宾客要将新娘扳倒仰面朝天,把新郎拉过来压在新娘身上,众人再压在新郎身上,直压得新娘求饶同意让新郎吃鲜桃为止。有的甚至为此而一命呜呼,喜事瞬息之间变为一幕悲剧。

三、新婚之夜验新红

据四川某媒体报道,成都两所高校的七名女生共同签订了《青春无瑕同盟协议》,把"珍爱女性贞操,结婚之前不与任何异性发生性关系……"作为主要内容,协议开宗明义地写道:"如花岁月,沐浴爱情光辉,然而目睹太多享一时冲动的甜蜜而以泪洗面的悲剧,为了抵制不良风气,为了维护女性健康,特订立此协议。"

协议内容共有四条:一、享受爱情甜蜜蜜,维护爱情严肃,珍爱女性贞操,结婚之前不与任何异性发生性关系;二、恋爱过程中,如遇男友提出性要求,应明确表示不可以,同时,在与男友交往过程中应检点自己言行,不以过于亲密言行误导男友;三、协议中的盟友有义务提醒其他盟友遵守协议,对盟友的提醒,应以友好态度听取;四、本协议根据自愿原则订立,如感觉难以遵守,应声明退盟。协议打印在一张十六开的纸上。在其下端是某高校化学系和另一高校电影学院一名女生的签名。

订协议那晚,她们还特意在寝室里摆上爱神丘比特的画像,搞了一个宣誓仪式。后来,另一所大学一位女生来寝室访友,听说此事后也表示参与,最终凑成了"贞操同盟七姐妹"。

这七位女生的行为是值得称赞的。可称赞的不在于维护性贞本身,而是这种行为表现出现代知识女性的自强、自爱和自尊。如今,婚前性行为已不再是丑闻,人们也很少再为之惊骇,性行为对婚姻的制约,以及婚姻对性行为的制约都显得无力起来。社会减轻了对婚前性行为的压力,舆论也不再严厉地谴责。年轻人,尤其是大学校园里的学生们大多已不再反对这种行为。在这样的社会风气中,七位女生的"盟誓"就显得难能可贵。

拒绝婚前性行为可以避免可能导致的不幸后果。因为男女双方一旦发生矛盾,是没有任何法律可以约束任何一方的。有了性关系的男女产生了冲突,承受痛苦的是女方,男方却往往很快地获得自我心理平衡,若无其事般地照样生活打发日子。因为尽管人们对性贞观念的认识已有所转变,但贞操观念仍是根深蒂固的,性贞似乎仍和爱情、教化、品德和人格联系在一起。而性贞从来只针对女性,似乎与男性无关。

性贞是古代大多数女子(包括现代女子)的心愿。对一个女子来说,是不是"处女",能否保持"童贞",其重要性胜过她的生命。女子总希望将处女身献给心爱的丈夫。性关系的专一,是女性洁身自爱和维护自身尊严的要求,这是女子最初接受和一直保持童贞观念的内在因素,也是产生处女嗜好的一个原因。而崇尚处女的心理一旦出现,就很容易被社会风俗所接受,并且纳入婚礼之中,使得"新婚之夜验新红"成为婚礼中不可缺少的环节。

在中国传统婚礼的妆奁中,少不掉一件东西,就是白布一方,像是白手绢。它

·婚丧嫁娶·

图文珍藏版

的用途就在于试红,即新婚之夜对新妇贞操的检验:用来盛接新娘处女膜破裂时流出的鲜血的,如果是处女,自然就"见红"。这红就被称为"元红"。《二刻拍案惊奇》卷二十三,就有"只见庆娘含苞未破,元红尚在,仍是处子之身"的描写。元红又称"新红"或"喜红"。

女性初次做爱,处女膜破裂,流出殷红血渍,本是正常生理之事。可是,由于男性"处女嗜好"的恶性发展,这一生理现象被纳入礼义规范之中,人们把它看作守礼与非礼、贞与不贞的分水岭,成为验证新娘洞房之夜是否"见红"的陋俗。"见红"习俗的一般做法是,新婚之夜,男家必备一方白布,置于新婚夫妇床上。合欢之后,第二天要把"见红"与否的白布拿到众人面前展示,如果白布上出现了可望得到的证据,人们便狂喊乱叫,尽情喝彩。过去,宾客和男方的家长都要赞叹不已地传看这块血迹斑斑、代表新娘贞洁的白布,新娘可得"守礼谨严处女"之美称。如果白布上没有红色斑迹,她便被宣告为失身不贞的女性。有的地方可以此为由毁婚,把新娘赶回娘家。有的地方虽不这么做,但在新郎心头却投下巨大的阴影,新娘也由此承受沉重的心理负担。

南方特别是广东一带,在三朝回门时随送烧猪,以示新娘贞节完好,北方则新郎家派专人送喜帖前往女家报喜,喜帖上书:"闺门有训,淑女可钦"。新娘得到男家的尊重,女家为此而感到骄傲。于是在广东一带,"吃烧猪"就成了新娘子是否贞节的代名词。三朝之日新郎伴新娘回门,女方父母翘首盼望,在看到随来的"烧猪"时才放下那颗悬着的心,女儿是守身如玉的处女,婿家就已表示对她满意了,父母才为女儿终身有托而感到欣慰。对此旧俗,有岭南杂咏一首云:

闾巷谁教臂印红,洞房花影总朦胧,

何人为定青庐礼,三口烧猪代守官。

从汉代起就有了检查性贞的行为。汉成帝宠爱飞燕、合德两姐妹,后来还立赵飞燕为后。飞燕过去曾与人私通,进宫时已非处女,知情者问她初夜时皇帝怎么没有发觉,她说用猪血瞒过了皇帝。可见那时"处女贞"已开始在社会上引起注意,但并未形成风尚。即以宫廷而言,有些皇帝所宠爱的女子被幸时显然不是处女,但并不影响皇帝对她的宠爱,唐玄宗之与杨贵妃就是一个典型的例子。在社会上,人们也并不歧视那些改嫁、再嫁的女子。

可是到了宋代以后，对女子贞操更加重视了，对处女嗜好进一步强化了。元代王实甫的《西厢记》中，描绘了男子的处女嗜好。王实甫描述，张生和莺莺初次性交后，一面看着落红斑斑的手帕，一面十分得意地唱道："春罗原莹白，早见红香点嫩色。"而这时的崔莺莺也表现出了既失处女之身，乃予终身寄托的贞操观念，她娇羞地对张生说："妾千金之躯，一旦去之，此身皆托与足下，勿以它日见弃，使妾有白头之叹。"可见，女子性贞对新郎新娘都非常重要。

闺中怨妇

直至晚清时期，验红习俗仍十分盛行。《燕京旧俗志》就记载，北京地区十分讲究新婚验红，并以挂"彩子"为标志。谁家结婚挂小彩子，便是宣告新娘为碧玉无瑕。"至于新娘贞操之试验，亦有一种鲜明之表示。按京师习俗，自三十年前，直至于今，无论何族何教，富贵贫贱，凡遇有庆贺喜事，均在大门以外，悬挂红绿等色丝绸，俗传'悬灯结彩'者是也。内城旗籍人家，多是将各色彩绸，用竹杆为架，扎成匾额式，或牌坊式，别名谓之'硬杆彩子'。外城汉籍人家，仅将三四色彩绸，攒挂门上，在左右下乘之中部，各绉扎一二圆形彩球而已，别名谓之'软彩子'……新婚表示新娘之贞操，次日绝早，即将硬杆彩子高高挂起。倘若出问题，即将彩子撤销，而不悬挂矣。然此系专为宣示于亲友族邻者。其对于新娘母家，尚另有一种礼节，则用全红礼帖一幅，外皮大书喜字，内容可书'恭颂亲家老爷、太太，闺门有训，淑德可风……拜贺'等字样，特遣专人，手捧拜匣，于绝早疾驰送至女家。女家一接到此喜帖，养女责任，始为正式解除。于是亦燃放喜鞭，悬挂彩子。"

第八章　妻妾的矛盾和对立

宋代笔记小说《墨客挥犀》记载了一则笑话：一个郎官六十多了，还妻妾成群，大概是觉得自己胡须斑白显老态，就让妻妾一起帮他镊须。谁知妻子就怕他显得年轻了，会让妾室们喜欢，于是反倒专镊他的黑须；妾室们呢当然想让他看起来年轻点儿，于是镊去他的白须，结果没多久，老郎官就只剩了一个空下巴颏儿。妻同多名姬妾共事一夫，互相争宠，是中国古代婚姻的实态，通常我们将此称为"三妻四妾"。

然而这里存在着一个陷阱，让人误认为男性可以娶多个妻子，其实不然，所谓的"妻"，在历史上始终坚持的是唯一的法则。《唐律疏议》就写道："一夫一妇，不刊之制，有妻更娶，本不成妻。"如果有人罔顾家中结发伴侣，重又娶妻，不仅婚姻无效，还要受到法律的制裁，被判一年至一年半徒刑。因此"三妻"的名称并不科学。在男子所有配偶中，只有经过父母之名、媒妁之言，实行过六礼而娶的能称为"妻"，其他的全都是媵妾。

一、"媵"的原意

《礼记·士昏礼》曰："媵，送也，谓女从者也。"郑玄的注释说："古者嫁女，必侄娣从之，谓之媵。"侄是兄弟的女儿，娣是女弟，即妹妹。侄娣从嫁是先秦天子诸侯婚礼的必备形式。由于传说中娥皇、女英同嫁虞舜，因而有人将媵的历史上推到她们姐妹，辑本《尸子》就写道"妻之以媓，媵之以英"，其实它所反映的是秦汉以后人的观点，侄娣陪嫁的真实记载主要存在于两周，无论《左传》还是《公羊传》，都有不少媵嫁之故事。

归纳来说，周天子娶亲，除了新娘的侄女和妹妹要媵以外，还有三个诸侯国也要派遣媵嫁的女子，每国三人，共十二人，故"天子娶十二女"。诸侯娶亲，则一娶九女，"二国往媵之"。原则上，媵嫁的国家应该与嫁女之国同姓，不过春秋也时有异姓媵嫁的，比如襄公二十三年，姬姓的晋国嫁女，姜姓的齐国陪嫁，这可能与姬姜两姓长期互婚有关。

在先秦，媵是后宫地位仅次于王后的高级嫔妃，有贵族的血统，甚至与后有血缘关系，所以一旦后崩，天子或诸侯通常不再娶，而是升媵为后，其基本继承顺序是右媵、左媵、嫡妻的侄娣、右媵侄娣、左媵侄娣。

值得一提的是，古人带着妹妹媵嫁的习俗直到新中国成立前还在某些少数民族中留存，

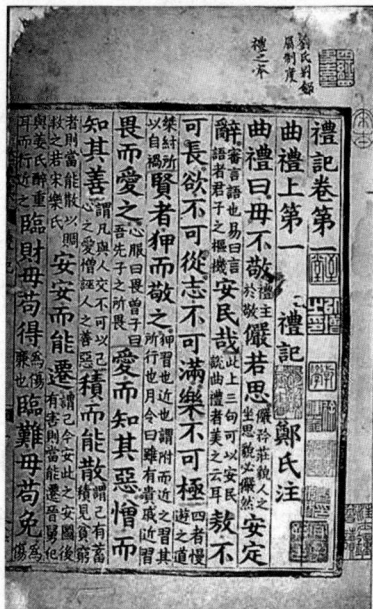

《礼记》书影

西北民歌《达坂城的姑娘》便唱道："假如你要嫁人，不要嫁给别人哪，一定要你嫁给我。带着百万钱财，领着你的妹妹，跟着我马车来。"除了使人感受到维吾尔族青年奔放的爱情以外，这首歌曲最大的特点就在于唱出了带妹来嫁的民族风情，它恰恰是先秦媵婚制的延续。

媵婚制最大的问题是辈分紊乱。姑侄共事一夫，虽然在后代宫廷婚姻中，这一现象屡见不鲜，但毕竟不是同一次迎娶和册封，因而秦汉以后，随着伦理观念的一步步强化，侄娣媵嫁渐渐消失了。

此后，媵成为王公贵族中名分仅次于妻的配偶之代称。唐制规定：亲王等可以有媵十人，二品官媵八人，三品及国公媵六人，四品媵四人，五品媵三人。与先秦的媵不同的是，这些媵不是陪嫁而来，她们分别来自不同的家庭，地位上与妻相差悬殊，没有当继室的资格。唐律规定如果以媵为妻，要判徒刑。因此妻子如果亡故，或再娶，或虚位，总之不可以升媵为妻。

唯一不受法律条款影响的是皇宫的嫔妃。她们是王国中最高等级的媵，虽然与"妻"——皇后的地位相差甚远，但却仍然有机会母仪天下。

二、妾的来源

"妾"又称"下妻""小妾""侧室""贱妾""姨娘"等等。这个字在甲骨文中就存在,写作霁,其上半部分就是"辛"字,像的是雕刻用刀之形,以刀刻瘘,证明此女子非罪人便是战俘,因而《说文解字》释"妾"时曰"有罪女子给事之得接于君者"。商周以后,妾的身份略有改变,《礼记·坊记》写道:"买妾不知其姓,则卜之",妾可通过买卖而得。《礼记·内则》说:"聘则为妻,奔则为妾",在强调礼法的基础上,将所有没经过明媒正娶的配偶都降格为妾。

汉室以来,以私奔者和战俘为妾的事例明显减少。最著名的卓文君夜奔司马相如后,虽然曾一度困顿到当垆卖酒,最后仍然得到家人的谅解与资助,文君的父亲卓王孙分给他们僮百人,钱百万,及其嫁时衣被财物,令他们能买田宅为富人,文君堂堂正正过上了夫人的生活。

于是,买卖成为妾的主要来源,后世法典解释妻妾之别时称"妻者齐也,秦晋为匹,妾通买卖,等数相悬"。与明媒正娶所耗费的金钱和精力相比,买妾要俭省得多。因而有的人家还没有找到合适的婚娶对象,就先为儿子蓄下了妾。比如《红楼梦》中的薛蟠,强买香菱为妾,后才娶夏金桂入门,谁知妒妇狠毒,与宝蟾狼狈为奸,将香菱折磨得死去活来,薛蟠却丝毫不知怜惜。

被买的妾,有时是良家女子,却或因家贫,或遭变故,只落得被买卖的命运。比如东晋的邓攸,逃到南方之后买了一个妾,非常之宠爱。过了很多年,一次偶然叙旧,发现妾竟然是他的亲外甥女,邓攸悔恨之余,终生不再买妾。

有的妾,则是妓女从良而为之。比如《警世通言》中的杜十娘,她对李甲产生了真挚的爱情,甘愿托付终身,嫁甲为妾,三百两白银既是她赎身之资,也可算作李甲买妾之费。只是十娘没有想到,甲因畏惧严父,竟以千两之价将其转卖孙富,于是有了十娘怒沉百宝、投江以殉的惨烈故事。

事实上,妾被转卖,是极平常之事,主人死去,妾若年轻无子嗣,照例会改嫁他人。但更多的是主人厌倦而后,便随意卖了,唐诗中有不少专咏"爱妾换马"的诗,将妾与牲畜同价,贯休的《轻薄篇》诗还说到少年赌徒"一掷赌却如花妾",全然是当作赌注使用了。

买妾,有时是为了传承子嗣。虽说妻子无儿,是犯了七出的大忌,但绝大多数情况下,丈夫并不会休妻再娶,而是采用买妾生子的方式,清初著名思想家颜习斋四十六岁无子,便想买一妾生育后嗣。不料被媒婆所骗,买回的女子依然不能生育,本欲转卖,却得李恕谷的劝解,终于放归了。

白居易老年无子,因而孜孜不倦地蓄养姬妾,终于在年近花甲时得了崔儿,喜不自胜。没想到不出三年,崔儿夭折,白居易大恸,作诗云:

> 掌珠一颗儿三岁,
> 鬓雪千茎父六旬。
> 岂料汝先为异物,
> 常忧吾不见成人。
> 悲肠自断非因剑,
> 啼眼加昏不是尘。
> 怀抱又空天默默,
> 依前重作邓攸身。

又悲叹:"文章十帙官三品,身后传谁庇荫谁。"

当然,也有得偿所愿的,不过这个孩子照例要认妻做母亲,至于他亲生的母亲,却被视同下人。公元1世纪东汉王朝第二任皇帝刘阳之妃贾人生下皇子火旦,马皇后即刻抱去喂养,火旦便只认马皇后是他母亲,而生母贾人很难跟儿子见面,死后也只能草草埋葬。

除了买卖,妾也常被当作礼物赠送。唐代诗人韩翃与李生为好友,李生有一宠姬柳氏,才色无双,与翃两厢爱慕,李生知后,即赠之,两人情爱甚笃。不久安禄山反,柳氏虽避乱尼庵,终为藩将沙吒利所掠,韩翃以《章台柳》相寻,词曰:

> 章台柳,章台柳,昔日青青今在否?
> 纵使长条似旧垂,也应攀折他人手。

柳氏见词,不胜呜咽,复词《杨柳枝》云:

> 杨柳枝,芳菲节,所恨年年赠离别。

一叶随风忽报秋,纵使君来岂堪折。

后来,在虞候许俊和府主侯希逸帮助下,韩柳终于重聚,沙吒利被赐钱二百万。

此外,还有将奴婢"收房"为妾的。

倷娣媵嫁废止后,改以丫鬟陪嫁,她们既要照顾女主人的饮食起居,也是她在新家庭中唯一的玩伴和知己,倍受信任。将丈夫与之分享,少了许多对外来媵妾的敌意和妒忌,而这些贴身丫头往往因为照顾周到、温柔体贴,或姿色撩人、风骚轻浮,亦受

平儿入妾

男主人的青睐,纳之为妾,顺理成章。《红楼梦》中的平儿、宝蟾便是此类的典型。

其他婢女为妾的,也比比皆是。袭人是宝玉屋里的大丫头,早早就被认作"姨娘"的候选,只是事情未谐,贾府便遭难,才毁了她一片春心;秋桐原是贾赦房中的丫鬟,赏给了儿子贾琏做妾,自恃身份特殊,整日争风吃醋,却被王熙凤利用,害了尤二姐一条性命;甄家的丫鬟娇杏因偶然看了贾雨村一眼,便被当时贫贱的雨村引为知己,重逢后,即修书请作二房,又半年,贾妻病故,竟将娇杏扶了正,正所谓"偶因一着错,便为人上人"。

男子蓄妾,最大的目的还是满足性需要,故而妾多有姿色,所谓"贤妻美妾"。但是,妾本由买卖而得,爱深时要风得风,要雨得雨,爱弛时便如敝屣,随意弃置,或转赠或转卖,或当丫头下人般使唤,没有任何律典可以保障她们的权益,因而妾与男人的爱恋便显得不那么真实。杨维桢有一首《买妾言》写得好:

买妾千黄金,买身不买心,

使君闻有妇,夜夜白头吟。

像白居易宠爱的樊素、小蛮,终于都在他老去之后悄然逃离了。

相比之下,苏东坡要幸运得多,他在朝政沉浮中,不仅先后得到两位妻子的真爱,更得小妾王朝云的精心照顾。当他年近花甲被贬往南蛮之地的惠州(今广东省

惠阳区)时,众多的侍儿姬妾都认为他难得东山再起,便陆续散去,唯有朝云始终如一,追随着他长途跋涉。对此,东坡深有感叹,作诗曰:

> 不似杨枝别乐天,恰如通德伴伶元;
>
> 阿奴络秀不同老,无女维摩总解禅。

经卷药炉新活计,舞衫歌板旧姻缘;

丹成逐我三山去,不做巫山云雨仙。

此诗有序云:"予家有数妾,四五年间相继辞去,独朝云随予南迁。"这是男性与妾之间少有的真情了。

三、丈夫、妻子和妾

《仪礼》曰:"妻为夫,妾为君。"这句话讲的就是妻妾和丈夫的关系。一个家庭里,妻是统帅所有女性及仆役的主人;对国家来说,皇后是后宫之长,母仪天下,两者都具有无可变更的崇高性。

而妾甚至连主人的地位都岌岌可危,充其量她们只是略高于奴婢。《红楼梦》中的赵姨娘最能让我们看清妾之身份。赵姨娘是贾政的妾,并且为他生了一儿一女,但贾政都没正眼瞧过她。有时她想摆出些主子的威严来,可连自己亲生的儿女都看不起她。探春从来不叫她妈妈,只是一口一个"姨娘";她兄弟死了,只拨了二十两银子,还比不上袭人。她不服气,便找探春理论,不想正犯了女儿的忌讳,探春张嘴就说:"谁是我舅舅?我舅舅年下才升了九省检点,那里又跑出一个舅舅来?"言语里直把王夫人当亲娘;她教训贾环,反遭到探春的奚落说,贾环有错,自有老爷太太管教。最后,还是芳官一口道破了她的身份:"梅香拜把子——都是奴儿。"

唐以前,妻、妾界限是十分清晰的,以妾为妻,将妻做妾都被严格禁止。唐代名臣杜佑一生明哲,却于晚年扶嬖姬李氏为正嫡,故议者曰:"佑治行无缺,惟晚年以妾为夫人,有所弊云",将此看作他一生德行之缺失。唐以后,妻妾的等级虽依然严苛,但若妻亡故,妾却存了升格为妻的可能,前举的娇杏,还有平儿、香菱都被扶了正。

妻与妾名称地位差异的背后,是存与古人脑海中根深蒂固的嫡庶之别。嫡是正统的、能继家业的,故"妻者,传家事,承继嗣"。她的子孙,称为嫡传,其中长子为宗子,地位更加尊贵,不仅拥有继承财产、爵位的优先权,宗族中的祭先、丧葬、宴客,都以之为主,是父亲之外的家长。

媵妾的孩子为庶出,对奴仆来说也是主子,但继承权要排在诸嫡子之后,即使他的年龄可能长于嫡子。这在关系国家前途的皇位继承上尤为突出。以唐朝为例,太宗有子十四人,其中长子承乾、四子泰、九子治为长孙皇后所生,是嫡传,太宗选择继承人时始终眷顾着这几个孩子,其他庶子就没有机会继承大统。

只有当皇后无子或因故被废的情况下,嫔妃们的儿子才有可能根据母亲的地位高低或自身的排行大小继承皇位,而此时,宫廷斗争将更加残酷。唐玄宗原配王氏无子而废,专宠武惠妃虽生子瑁,但未封后,终不得嫡传,武惠妃一死,李瑁便丧失了即将到手的继承权。瑁的大哥琮、二哥瑛、三哥亨都是嫔妃所生而立为太子,琮早卒,瑛被废,惟李亨在经历重重险境之后,乘安史之乱果断称帝灵武,才确保了皇位。因而庶子之于嫡子,是等而下之的一族。

《左传》还记载了一则让嫡的故事。赵衰随重耳出逃时,在狄国娶了叔隗,并生子字赵盾,未几,赵衰归国,晋文公将女儿许配给他,生三子。但赵姬极力劝说丈夫迎回叔隗、盾母子,又"请于公以为嫡子,而使其三子下之,以叔隗为内子而己下之",后来盾果为晋国执政。这段佳话后来每在战乱后夫妻失散,导致两妻并存时被征引。比如魏征东长史吴纲入吴更娶,回中国后,引来大量争议,虞喜言:"赵姬以君女之尊降身翟妇,著在春秋,此为吴氏后妻所宜轨",袁准则提出"前嫡承统后嫡不得传重"的方案。从中可以窥见,不得娶二妻最根本的原因是继承权,尤其是无形资产——爵位、名号的继承上要求的唯一性。

不仅妻妾的儿子有继承权方面的差异,女儿也分等级。在媵婚制盛行的先秦,妻的女儿将来也会是一国之后,而媵的后人只能世世代代为人媵嫁。

四、妻妾要守礼

在父系社会,法律、伦理都是为男性服务的,一个家庭中,有多个性伴侣是男人的特权。对于妻妾来说，却绝对要贞洁、守礼，而且不可"嫉妒"。古人将此作为女德的一部分，如果不能遵守，丈夫有权与之离婚。

妻妾图

《后汉书·冯衍传》上说，冯衍妻任氏奇妒而凶悍，不许冯衍蓄养媵妾，而且虐待冯衍前妻所生的子女冯豹、冯姜，衍忍无可忍之下，修书给任氏的弟弟任武达，信中说："先圣之礼，士有妻妾，虽宗之眇微，尚欲逾制，年衰岁暮，恨入黄泉，遭遇嫉妒，家道崩坏。五子之母，尚足在门，五年以来，日盛岁剧，以白为黑，以非为是，造作端末，妄生首尾，无罪无辜，谗口嗷嗷，乱匪降天，生自妇人，青蝇之心，不重破国；嫉妒之情，不惮丧身。牝鸡之晨，惟家之索，古之大患，今始于衍……"任氏所作所为，超出了一个妻子的本分，罔自嫉妒，使"先圣"制定的妻妾之礼都不能实行，更兼着颠倒是非黑白，令子女遭受荼毒。因此冯衍终于醒悟到："不去此妇，则家不清；不去此妇，则福不生；不去此妇，则事不成。"坚决地将任氏赶走了，为此，他还宁愿放弃仕宦之途，归隐山林，专心耕种，以求得平静。

收到这封信，任家当然无话可说，当时的社会舆论也在冯衍这一边。所谓"嫉妒弃，乱家也"，任氏被休是理所当然。后来，为人父母者就常常拿着这封信教育女儿如何事夫，如何恪守妇道。

对妻的要求如此，妾就更不用说了，《礼记·内则》曰："妾事夫人，如事舅姑，尊嫡绝妒嫉之源。"妾对待妻，要向对公婆那样的恭顺，古人认为这样才能避免嫉妒情绪的发生。

但是，这种惟男子主义对妻妾实在是很不公平。试想，哪个女子愿意自己被爱人冷落？哪个女子不希望晚间有一条坚实的臂膀得以依靠？要她们心甘情愿地与别人分享丈夫，实在有些不近情理。就是从单纯的性生活方面考虑，男子可以花天酒地，恣意放纵，女性却只能对天祈祷，希望丈夫可以多一些偶然的眷顾。有人研究说中国古代女子大都是性冷淡，可是这样压抑之下，或者性冷淡对她们也是一种幸福吧。

为了解决妒忌，古人也想过一些办法，除了从小灌输"不妒"的理念外，还规定了丈夫对于妻妾宠幸的时间。《内则》说："妾虽年老，未满五十，必与五日之御。"也就是说，每五天，一定要跟妻子同房一回。这怎么可能呢？原来诸侯除了妻外，还有八媵，按照地位两人一组，四日而御毕，最后一天则妻专夜，不同别的女子同享。至于天子，"女御八十一人，当九夕；世妇二十七人，当三夕，九嫔九人，当一夕，三夫一夕，后一夕"，一共十五天完成一轮。

从这个规定可以看出妻的特殊性，但却实在是很不现实，不要说一夕宠幸九个女子，就是让一个正常的男人不间断地夜夜过性生活，也足以使他虚弱不堪，古代皇帝多短命，大约跟他们的纵欲过度有不可分割的联系吧。

后来的后宫，乃至民间与妻妾行房，显然都不再受此约束，像《长恨歌》里的杨玉环：

> 承欢侍宴无闲暇，春从春游夜专夜。
> 后宫佳丽三千人，三千宠爱在一身。

为了她，玄宗把所有的嫔妃佳丽都抛之脑后了。

在这种情况下，想要妻妾不妒，和平共处只能是停留在愿望阶段。历史上有两个著名的妒妻，一个是隋文帝的妻子独孤皇后，她坚决不许丈夫爱上别的女人，更不能容忍别的女子怀有龙种，因此，隋文帝的七个孩子都是独孤氏嫡出，这在宫廷历史上可谓绝无仅有。另一个则是房玄龄的夫人，传说她非常妒忌，而且泼辣，不允许丈夫纳姬妾，为此太宗令皇后召见她，告诉她大臣迎娶媵妾都有制度，皇帝可以钦赐美女给她的丈夫。房夫人坚决不同意，甚至不惜喝下毒酒，面对这样刚烈的女子，就连雄韬伟略的太宗皇帝也束手无策了。

独孤皇后和房夫人做的都是防患于未然的工作，可是更多的女性却无法阻止丈夫纳妾，于是明争暗斗便在妻妾之间持久地进行着。

通常，妻非常妒忌妾年轻貌美，宠爱专房，每每加以迫害。唐广州化蒙县丞胡亮从都督周仁轨讨僚，得一首领妾，幸之。归后，妻贺氏乘其外出，乃烧钉烙妾双目，妾自缢而死。

妾则妒忌妻高高在上，地位尊崇，常与之展开激烈的对抗。武则天被高宗收纳之后，日日觊觎皇后的宝座，甚至不惜杀死自己的亲生女儿来陷害王氏，终令王皇后被废黜，自己登上后位。不过在政治同时也是家庭的斗争中，王氏虽然被诬陷，却也不是纯粹的无辜者，她曾求巫祝而欲害武氏，不料反被发现，最终成了失败者。

妻妾的矛盾，只要多妻制存在一天，就不可能止歇。

第九章 古今贞节面面观

走在中华大地上,浏览山川美景、庙堂楼宇之时,目光很容易被矗立着的一座座贞节牌坊所吸引。如果说其建筑样式透露出人民高超的审美水平的话,它所涵盖的意义则凸显了人们道德观念上的禁锢。贞节牌坊,只赠予那些终身守节的寡妇。于是,无数无辜女子的青春与生命便埋葬在了这片辽阔的大地上。与其说它是对那些自愿放弃幸福的女子的褒奖,不如说是一种惨无人道的欺压。

一、先秦的妻妾可再嫁

先秦的婚姻曾是相当自由的。丈夫死了,妻子和媵妾照例都有再嫁的自由。

郑国的雍姬知道丈夫要杀父亲的计划,便询问母亲:"父与夫孰亲?"其母曰:"人尽夫也,父一而已,胡可比也?"认为丈夫不是唯一的,救父弃夫天经地义。只是,她没有想到,"人尽可夫"后来成为对女性最为严厉的侮辱。

有时,再嫁却显得无奈。息侯的妻子息妫与蔡侯的妻子为姐妹,往嫁途中经蔡,蔡侯颇有轻佻之意,息侯怒,联合楚国攻蔡,从而结下怨怼。后蔡侯盛赞息妫之美,挑唆楚子灭息。息妫归楚后生堵敖与成王,但三年不言不笑,楚子非常疑惑,多方探问,她黯然回答:"但吾一妇人而事二夫,纵弗能死,其又奚言?"楚王有感她的忠贞,又忆及蔡侯挑拨,遂发兵攻蔡。

息妫的例子其实值得人们思考,她虽然心理上忠于息侯,十分抗拒"一女事二夫"的命运,但是却没有像后代烈妇节女那样以死相殉,只是用沉默表达她的愤怒与悲哀,还因此受到敬重,这充分反映了先秦的贞节观念仅处于萌芽状态。

此外,当时还有很多乱伦嫁娶的记载。最出名的一段是卫宣公娶母夺媳:宣公先与他的庶母夷姜结婚,生下急子。后来在为急子娶齐妇时发现新娘宣姜美,便又掠夺了,生子寿、朔,后者便是卫惠公。至宣公身故,惠公尚年幼,齐人便强迫他异母的哥哥昭伯娶了宣姜。后世或可以称此为因果报应,父不贤而子不孝。其实在先秦,子娶庶母(父亲的媵或继室),或弟、侄娶寡嫂、婶娘的情况非常普遍,史称之为"烝报婚"。在当时,烝报是合法婚配,所生子女,能够立为继承王位或被娶作嫡夫人。除了鲁国素重礼法外秦、齐、楚、晋、郑、卫各国大都施行。

汉代以后,随着儒家伦理思想的一步步强化,"烝报婚"在汉民族被明令禁止,但在与汉族血脉相连的各个少数民族却依然通行。《史记·匈奴列传》曰:"匈奴之俗,父子兄弟死,取其妻妻之,恶种姓之失也。故匈奴虽乱,必立宗种。"

昭君

美人昭君便是此婚俗的实例。当初成帝按图索骥,将画媸实妍的宫人王嫱远嫁匈奴,生二子。未几呼韩邪单于卒,依俗须嫁给单于阏氏(王后)之子为妻,昭君上书汉廷求归,成帝勒令其从胡俗,遂嫁,又生二女。昭君的命运,引来后代文人骚客无限的悲叹,汉皇的无情,也受到诗人的抨击,所谓"燕支长寒雪作花,蛾眉憔悴没胡沙","自是君恩薄如纸,不须一向恨丹青"。

至明代,还有女子三嫁不出母氏之族的故事。蒙古瓦剌部女首领三娘子最早嫁于外祖父俺答为妻,俺答去世,转嫁俺答长子黄台吉,台吉死,又嫁其子撧力克,因她致力于劝说丈夫们与明王朝修好,曾三次被明封为"忠顺夫人"。

至于清初顺治皇帝之母庄妃下嫁小叔多尔衮的轶事,每每被小说家翻检出来,演绎成不同的版本,饫人耳目。有人根据清代后来的律典,极力辩驳此为稗官的妄言。正史对此确实没有记载,年代久远的事实真相也需要历史爱好者自己去考察求证。

此处惟两点可以提示，第一，其时清始入关，还未汉化，婚俗当从蒙满旧习。第二，即使在受儒家教化的汉民族或汉化少数民族中，"烝报婚"也始终没有绝迹。三国时的刘备，自称汉氏正统，但他的皇后吴氏，原是本家兄弟刘瑁的妻子，被他纳为夫人。开始他也有顾虑，在法正的劝说下终于娶了这个相貌大贵的女子。如果说刘备和刘瑁虽同宗，究竟血缘较远，称不上"报"的话，唐高宗娶父亲的才人武则天则是货真价实的"烝"了。其固然与唐代开放的社会风俗和性观念有关，也

古妇图

反映出礼教的触角不可能延伸到社会的各个角落。民间，以娶寡嫂或弟媳为大端的"收继婚"在贫民阶层和边远地区更是盛行不衰。《明齐小识》记载云南某户生子四人，都已婚娶。某年，长子亡故，不久四子的妻子也去世，其家欲以长媳配四子，又顾虑他们年龄相差太多，于是向县官呈上书面请求，希望以长媳配二子，二媳配三子，三媳嫁四子，使之"年皆相若，可无旷怨"，气得这位县官拍案大骂"底栗多"——"底栗多"就是"畜生"的意思。深受礼教影响的官员自然反感这一荒诞的提议，不过除了谩骂之外，倒也没见他治什么罪，而且敢于公然呈词，可见其俗并不禁止收继婚姻。

至于离婚改嫁和赠送姬妾在先秦也不是什么新鲜事。最著名的恐怕是秦始皇的母亲赵姬，她以吕不韦侍姬的身份嫁给了秦质子楚，不足月生下了嬴正，这在《史记》中有明确的记载。赵姬的身份卑微，而且嫁了两次，还当上了堂堂的国母，又成为中国历史上第一个封建王朝的皇太后，可知在当时，婚姻制度还比较宽容。

二、汉唐三纲五常

儒家独尊的局面是从汉代开始的,对妇女生活产生根本性影响的"三纲五常"也是汉儒提出的,但是由汉至唐,妇女再嫁却一直是常例。陈平妻六嫁固不用说,卓文君亦是新寡在家而受琴挑。至于公主改嫁,帝王更会亲自出马选婿。《后汉书·宋弘传》记载湖阳公主新寡,帝与其议论朝臣,试探她的心意。公主对弘情有独钟,于是帝诏弘问之:"谚言:'贵易交,富易妻',人情乎?"弘回答:"贫贱之交不可忘,糟糠之妻不下堂。"见弘态度坚决,帝和公主也没有勉强他。

有时,女子还会带着孩子改嫁,比如汉桓帝的皇后邓氏,自小随母嫁入梁家,曾一度改姓梁氏。孝廉禽坚的母亲更因丈夫被夷人所虏,带着六个月的身孕改嫁他人。

魏晋乱世,伴随着掠夺婚而至的再嫁更是屡见不鲜。曹丕的妻子甄氏,原先的身份是袁熙的妻子、袁绍的儿媳,曹操破了袁绍大军,妇女们自然充入曹魏的宫廷,而她以美貌博得曹氏父子的好感,一曲《洛神赋》,牵扯出一段迷离的爱情,最终还是城府较深的曹丕占有了美人,也得到了江山。

甄氏

而离异再嫁也并非耻辱。汉代名臣朱买臣早年贫寒,且不事耕种,即便卖柴为生也不废吟诵,妻子忍无可忍,坚决要求离去,买臣无奈,也就答允了。后来,妻子和后夫还接济过他。不过这则故事的结局多少有些凄凉:买臣富贵后,将妻子和她的后夫接到太守舍,好吃好住。朱买臣究竟是真心报答还是有意羞辱,没人知道,只是一个月后,妻子自杀身亡,他还出钱殓葬,《汉书》对此颇有褒赞之意。

长篇叙事诗《孔雀东南飞》叙述了另一个悲怆的故事。府吏的妻子刘兰芝德才兼备,却不见容于婆婆,只能与丈夫依依别离,回到娘家。后来在家人逼嫁之下,与前夫双双殉情。关于她在家的一段,诗中描述"还家十余日,县令遣媒来。云有第三郎,窈窕世无双。年始十八九,便言多令才"。兰芝誓不再嫁,母亲便以"不堪吏人妇"为由婉拒了亲事。才过几日,媒人又至,"直说太守家,有此令郎君。既欲结大义,故遣来贵门",兰芝欲再推辞,兄长却为她不值,出来说话了:"先嫁得府吏,后嫁得郎君。否泰如天地,足以荣汝身。不嫁义郎体,其往欲何云?"在家里长兄如父,说出来的话就是决定性的,兰芝无奈,只得答允。府君喜不自胜,定下三日后迎娶,还预备了丰厚的彩礼,所谓"青雀白鹄舫,四角龙子幡。婀娜随风转,金车玉作轮。踯躅青骢马,流苏金缕鞍。斋钱三百万,皆用青丝穿。杂采三百疋,交广市鲑珍。从人四五百,郁郁登郡门"。婚礼非常郑重而盛大。兰芝被休的事实不但没有阻止求亲者的脚步,连太守也热切地盼望娶之为媳,足见当时离异并不是难堪的事。

到了唐代,宫闱淫乱已经是不争的事实,高宗烝母、玄宗占媳这样荒诞婚姻再一次出现在史书之中,所不同的是,时人的态度却由贬抑变为颂扬和艳羡。"在天愿作比翼鸟,在地愿为连理枝。天长地久有时尽,此恨绵绵无绝期",海誓山盟的爱恋与红颜枯骨的悲怆,深深地震撼了读者的心,使李杨之间的不伦之恋演化成历史上最动人心魄的传奇。

皇帝如此,公主们也不甘示弱。武则天最宠爱的女儿太平公主,跟第一个丈夫薛绍生活了七年,生育了两男两女,后薛绍被诬告谋反受诛,太平公主成了寡妇,武则天就杀了武攸暨的妻子,令公主下嫁,又生下二男一女。自身的才干、母系家族和儿子们强大的支持,令太平野心勃勃,广结朝臣,干预朝政,一度威胁到唐玄宗的统治。

正是基于这些惨痛的教训,后世的统治开始规范子女的行为,尤其是宣宗皇帝,下诏曰"公主、县主(亲王的女儿)有子而寡,不得复嫁",在《新唐书·百官志》里,这项规定所涉及的还有王妃、郡主(太子的女儿)。她们都是国家最上层的妇女,她们的行为,不仅关系到国运兴衰,更具有典范的作用,对整个社会风俗有潜移默化的影响。

不过终唐之世，整个妇女阶层都还是处于比较宽松的环境之中，普通女性再嫁的权利始终被法律所保障着。贞观元年，唐太宗曾经下诏："妻丧达制之后、嬬居服纪已除，并需申以婚媾，令其好合。"没有任何人能阻止寡妇追求她的幸福。当然，如果"守志贞洁，并任其情"，除了父母和祖父母外，也没有任何人能干涉。此诏令一直很好地被执

牧羊女剪纸

行，女性的自由，得到了空前的认可。甚而到五代后期，周世宗还连续娶了柴、杨、张、董四位醮妇，可以说是对再婚妇女最大的支持。

正是这些活生生的例子，为唐代大量爱情传奇的产生建立了基础。

有一则有名的传奇叫《柳毅传》，说的是书生柳毅归乡途中遇到一个牧羊的女子，她自言是龙女，遭到公婆和丈夫的虐待，请求柳毅传书给自己的父亲洞庭君。正直的柳毅不负所托，而被救回的龙女也对他产生了真挚的爱情。柳毅归后，两娶皆亡，及第三次结姻范阳卢氏，才发现妻子正是当年的龙女，于是两情相悦，永结同心。

这一则再嫁的故事特殊之处在于抨击了龙女原配婚姻的非正义，反衬出再嫁的合理性。洞庭君以暴制暴、杀婿救女的情节更是完全站在为女性复仇的立场之上。高昂的人性色彩使之成为后世戏剧的一个重要母题，《柳毅传书》《张生煮海》《蜃中楼》等均据此改编。

三、宋明以后的贞节观

红酥手,黄縢酒,满城春色宫墙柳。东风恶,欢情薄,一怀愁绪,几年离索,错,错,错!

春如旧,人空瘦,泪痕红透。桃花落,闲池阁,山盟虽在,锦书难托,莫,莫,莫!

一曲悲凉的《钗头凤》,诉不尽陆游与唐琬心中的哀怨离愁,这是一个与《孔雀东南飞》同样可叹的故事。男女主人公倾心相爱,却被婆婆无情地拆散,所不同的是,现实中的他们没有选择死亡——唐琬改嫁宗室赵士程,陆游也再娶王氏。十多年后,两人偶然相遇沈园,无限悲戚与伤感,都化作清词一曲,流传后世。可惜,被忧伤折磨的女主人公不久还是仙去了,空留下满腔惆怅。

这已经是南宋后期的故事了,可见宋代也并不禁止妇女再嫁。《宋史·礼志》记载:"宗室女再嫁者,祖、父有二代任殿直若州县官已上,即许为婚姻。"除了门第上的一些要求之外,整体政策比较宽松,甚至离婚被核准后,还可以"给还嫁资"。

宋代著名的女词人李清照就有再嫁和离婚的经历。李清照四十七岁那年失去了深爱的丈夫,时值乱世,以往的珍藏在南渡途中散佚殆尽,又没有子嗣可以依靠,贫病交加之中,李清照下嫁张汝舟,希望过一些平静的日子。可是,张的市侩和贪婪让她忍无可忍,三个月后,她冒着自己也要被囚禁两年的危险,检举了后夫。婚顺利地离了,词人生命的热情却也随着不幸的婚姻而逝去了。

李清照

寻寻觅觅,冷冷清清,凄凄惨惨戚戚。乍暖还寒时候,最难将息。三杯两盏淡酒,怎敌他、晚来风急。雁过也,最伤心,却是旧时相识。

满地黄花堆积,憔悴损、如今有谁堪摘。守着窗儿,独自怎生得黑？梧桐更兼细雨,到黄昏、点点滴滴。这次第,怎一个、愁字了得。

晚年这一首《声声慢》,寄托了李清照全部的哀愁与相思。

尽管如此,宋代在妇女贞节观念还是发生了一些重要的变化,《近思录》中有这样一段对话——

或问:"孀妇于理,似不可取,如何？"

伊川先生(即北宋理学家程颐)曰:"然！凡取,以配身也,若取失节者以配身,是己失节也。"

又问:"人或居孀贫穷无托者,可再嫁否？"

曰:"只是后世怕寒饿死,故有是说。然饿死事极小,失节事极大。"

"饿死事小,失节事大"从此成为一条传世的名言,它的残酷不仅在于践踏女性爱情的自由,而且将失节的严重性凌驾于生命之上,强迫失婚的妇女为保守节操而一生孤苦。这段对话中的"取",也通"娶",把娶寡妇("取失节者")也说成是男子的失节,这完全堵塞了女子再嫁的希望。

程颐的号召只是一个开始,他并没有阻止住自己外甥女和侄媳妇改嫁的步伐。但是在经过了朱熹的极力鼓吹后,贞烈观念终于渐渐从理想走向了实践,并在明清达到顶峰。

明太祖朱元璋在开国之初就下诏:"民间寡妇,三十以前夫亡守制,五十以后不改节者,旌表门闾,除免本家差役。"

其表彰的方法"大者赐祠祀,次亦树坊表,乌头绰楔,照耀井闾",就是修建可以荣耀乡里的建筑物,这便是大量贞节牌坊的前身。除此之外,家族的其他成员也有相应的好处——免除徭役。于是,守节再也不是女子一个人的事,它不仅意味着莫大的荣誉,更关系到很多人的实际利益,这促使逼迫女子守贞的势力范围的形成,大量贞女、烈女的出现绝对受这些势力的左右。

有人做过统计,《宋史》所收的女子传记为五十五人,而《明史》中的贞节烈妇竟达三百零八人,接近宋史的六倍。而且这些女子的故事,还是从万余条相类似的记载中精挑细选的,非常有代表性。

有一个姓龚的烈女,因家境贫寒,丈夫死后连棺木也难以置备。邻里中有人垂

·婚丧嫁娶·

图文珍藏版

涎她的美色,始以助棺相诱,又欲用强。龚氏自度难以逃脱,便把一双子女寄养到母亲家,然后抱着丈夫的尸体,自焚相殉了。

会稽范家有二个女儿,年纪轻轻都成了寡妇,于是"二女同守节,筑高垣,围田十亩,穿井其中,为屋三楹以居……如是者三十年。自为茔于屋后,成化中卒,竟合葬焉",乡亲们遂在她们的田地中立祠以祀。

还有一个叫丁美音女子。早早的许下了人家,可是即将嫁娶之前,丈夫去世了。父母劝她:"未嫁守节,非礼也。何自苦如此?"美音却"啮指滴血,吁天自矢"。州县的官吏非常钦佩她,便上书请求嘉奖,帮她争取到大约百金的银币,她"构室独居,鬻田自赡,事舅姑,养父母",完成了作为贞女的一生。

《开封府志》记载的郑京姐故事尤其突出,京姐十岁时许聘王念祖,不久,王病死。京姐遂力请父母让她归于王家。一个十一二岁的孩子,穿着自备的丧服,嫁进了王家。五天后,完成了哭祭、守灵的京姐,再在灵柩旁自缢了。在一个甚至还称不上情窦初开的年龄,便追寻了所谓的"丈夫"离去,京姐的选择,充分展现了贞节观扼杀生命的本质,也为后人留下无限唏嘘。

如果说夫妻感情深厚,夫亡伤心而不愿再嫁还不失为美谈,但是这里的大多女子其实是受了礼教的毒害,将贞节作为信仰去崇拜。她们思想的内核中并没有爱,有的只是礼法、名节,是虚妄空洞的情操。

四、贞操的悲剧

关于处女嗜好,在古代一些文人所写的狎词和反映社会风尚的性小说中多有表露。例如清末的一首俗曲五更调《闹新房》里,从一更众人闹新房,二更新人入罗帏,写到三更的"海棠枝上试新红"之后,新郎就喜滋滋地"验红"了:

三更里明月来相照,奴好似狂风吹折嫩柳腰。郎爱风流不顾奴年少,忍痛含羞随他来颠倒。弄出一点红,滴在白绫标,不怕羞丑拿到灯前照。新郎见了喜红,心中多欢悦,说奴是黄花女,喜笑在眉梢。

如果新娘不"落红",而外面又围着一大堆等着见红的人,那场面的确十分尴

尬。在元人陶宗仪的《辍耕录》卷二十八里,就有一段故事描写初夜无红的情景:

一人娶妻无元,袁可潜赠之《如梦令》云:"今夜盛排宴席,准拟寻芳一遍。春去已多时,问甚红深红浅? 不见,不见,还你一方白绢。"

作者的口吻是轻描淡写,带有揶揄嘲讽的味道。实际上,如果新娘初夜不"见红",这后果是非常严重的。例如《醒世姻缘传》中就有这样一段情节,有个叫魏三封的人娶程大姐为妻,初夜不见红,就对她毒打拷问,然后押送她回娘家:

……开了街门,只见程大姐蓬头燥脑,穿着一条红裤,穿了一件青布衫,带上系了那块鸡冠血染的白绢,反绑了手。魏三封自己拿了根棍子,一步一下,打送到她门前,把她赔的两个柜,一张抽头桌,一个衣架、盆架之类,几件粗细衣裳,都堆放在大门口,魏三封在门前跳,无般不识样的毒骂。

如今,新婚之夜验新红的陋习仍时有所闻,并且还有骇人听闻的悲剧发生。以下是民俗学者刘巽达记录的一个事件:

江西某县一个偏僻山村,有户农家女儿正待出嫁。新娘名叫唐翠莲,时年二十三岁,长得俊俏秀丽,丰满窈窕,且又性格开朗,聪明活泼。在村里,敬老爱幼,温顺贤惠,老老少少都喜爱她、称赞她。

她从二十岁那年起,就成了远近一大批小伙子朝思暮想的"天使"。可姑娘的父亲开的高价彩礼,却使他们望而生畏。不过,有一位男子认价了。他就是准备当新郎的方大友,时年三十一岁。他曾因搞女人被判三年徒刑,刑满释放回家种田。近两年,趁着开放,他办起了一个家庭混合饲料加工厂。凭着他的精明能干,成了全乡闻名的冒尖户。没想到,他靠财大气粗,竟想出了新花样:不但要娶阿莲这个美人儿,还要按旧规矩操办婚事,对新娘进行验红。

方大友的别出心裁却并没遭到阿莲父亲的反对。这个财迷心窍的老人心想,为了一万块钱的彩礼,值得! 女儿在自己身边生活了整整二十三年,从未出过村,也不跟男人交往,这一万块钱是稳到手的。这样儿子娶亲就不成问题了。

于是悲剧发生了。

那天,新娘回门的花轿由远及近进村了。阿莲父亲急步出门,引颈观望。一看,花轿上盖的竟是一条雪白的床单,没有任何足以证明"见红"的证据。这好似一个晴天霹雳,一下子把他打昏了:女儿名声、儿子成家全泡汤了!

而坐在花轿里的阿莲姑娘正泣不成声。这一路"示众",以后怎么做人呢？她怎么也不明白，为什么品行端正的自己竟会不"见红"，自己并没做见不得人的丑事啊！她感觉到最最可怕的事发生了！她认为养育了她二十三年的山村，再也容不得她这个坏了名声的年轻女子了！尤其是当她看到父亲脸上痛苦绝望的神情，更感到自己的污秽和罪不可赦。回家后，她含着泪水偷偷服下了准备杀虫的农药。她想一死了之以求解脱。然而，她没死成，因及时发现，及时送往医院灌肠抢救，阿莲姑娘死里逃生。

但"舆论"再一次扼杀了她。"唐翠莲不是贞女！""白布单上没见红的不是好女人！"一些好事的女人添油加醋，编造情节，使得她更抬不起头来。她终于禁不起折磨，精神分裂了。

如今，她已完全变了一个人，以前的俊美温柔完全看不见了。她一会儿大哭大叫，一会儿揪住男人不放，一会儿又哼着悲凉的调子在村里来回走着，好像要捡回丢失的灵魂……

鸳鸯戏水图

这个可怜的姑娘，居然连最起码的常识都不懂：各种体力劳动，运动量过大以及女子身体生理上的某些因素都可能造成处女膜破裂，不足为奇。另外，处女膜厚的，可能性交一次也不会"见红"。如果单纯以是否"见红"来判断处女，许许多多阿莲这样的女子就会含冤莫白了。清人采蘅子《虫鸣漫录》记载了一件事：有个十二三岁的幼女，一日服破裆裤，偶骑锄柄，颠簸为戏，少顷即去。一老翁见锄柄有鲜血缕缕,知为"落红",乃捡而藏之,末以告人。数年后,女嫁婿,交合而无元红,疑不贞,欲出之,而翁出锄柄告之,乃释然。这个因戏耍而导致处女膜破裂的姑娘实在太幸运了,如果没有遇到老翁这一有心人,她的命运可能和阿莲姑娘同样悲惨。前面提到七位女大学生的所作所为值得宣扬,应该提倡性爱行为的严肃、忠贞,同时,又要摒弃陈腐的性贞观念,因为它事实上造成了男女的不平等。如今,破碎的处女膜可以得到修补,即便是个老妓女也能"见红"。这种做法尽管带有愚弄人的欺骗性,但它表明,在先进的科学技术面前,一些陈腐的观念实在是应该退出历史舞台了。

第十章　丧葬溯源

一、葬礼习俗之由来

中国地域中的远古人们是如何埋葬死者的,早在春秋战国时期就有不少学者想去了解。当时,孟子认为,上古时代原本没有埋葬的习俗,人死后把尸体丢弃在山野沟壑中就罢了。但后来人们看到死者的尸体被野兽吞食,被苍蝇等叮咬,觉得这不合人情,于心不忍,才将尸体掩埋,这才发展出将尸体埋入土中的方法与习俗。同样的观点在吕不韦编撰的《吕氏春秋·孟冬纪》中也有反映,该书认为:"孝子之重其亲也,慈亲之爱其子也。痛于肌骨,性也。所重所爱,死而弃之沟壑,人之情不忍为也,故有葬死之义。葬也者,藏也。"换言之,即上古不掩埋尸体的葬法与人情不符,所以人们才使用埋葬的方法,从而形成土葬。另一些著作如《周易》则认为,上古时期早就有埋葬的习俗,只不过很简单而已,挖个土坑放进死者的尸体,上面盖一些柴草而掩埋,没有埋葬用具,不起坟堆;同时,上古时期也没有什么丧礼习俗可言。由此看来,这两者的说法似乎是相矛盾的。

实际上,孟子等讲的是土葬的起源问题,而《周易》所说的则是土葬形成初期的事情。根据现代考古发现,大约距今27000年前的周口店山顶洞人就已有土葬风俗。在山顶洞墓葬里,有三个完整的头骨(一男二女)和其他一些人骨,显然这是当时有意安放在洞里并加以掩埋的。人骨周围散布着赤铁矿粉末,女性头骨外的土里发现七颗经过磨钻,制作较精细的穿孔小石珠,其表面均用赤铁矿粉染成红色,可能属于项链类的装饰品,此外还有燧石石器和穿孔的兽牙等物。根据这样的墓葬遗存和伴有随葬品的情况,许多学者认为,这种墓葬方式与灵魂观念和原始巫术有关,红色可能象征鲜血、生命。以希冀死者复生继续存活,或者表示其没有死,只是长眠而已,或是希望亡魂到另一个世界能够继续生存下去,等等。不管怎么说,从这些遗存我们可以看到,当时的人们已有了人世间外存在另一世界,那里的人与阳世一样生活的观念,同时也有了人的肉体与灵魂可以分离的观念,因此也产生了简单、朴素的丧葬习俗,并希望人死后到了另一世界中,也能和在人世间一样生活。

进入新石器时代后,灵魂不灭的生命观有了进一步发展,如半坡人小孩的墓葬,用作盖子的钵或盆的底部都有人工打制的小孔,这个小孔就是为了让死去小孩的灵魂通过,与亲人自由相见。这个时期,土葬的葬式也已普及,距今 8000 年到 7000 年左右的山东北辛文化、河南裴李岗文化、陕西老官台文化遗址中发现墓葬比较普遍,墓穴是简单的土坑式,而且已有相对固定的墓地,有的地方也出现了使用葬具装殓死者而土葬的习俗。如半坡和庙底沟类型遗址的瓮棺、大汶口文化晚期的木椁和江苏灌云大伊山遗址的石棺。这个时期的随葬品多为死者生前使用过的生产、生活用具。如男性坟墓中多随葬石刀、石斧等,而女性坟墓中多随葬纺轮、骨器等,反映了生产的分工。随葬的生活用具主要有炊煮盛食用的釜、鬲、罐、盆等陶器;有的甚至有了权威的象征物随葬,如大汶口墓地的獐牙钩形器、玉铲,河南濮阳西水坡仰韶文化遗址 M45 的蚌壳摆塑的龙虎等。这种现象正如马克思所指出的:“生前认为最珍贵的物品都与已死的占有者一起殉葬到坟墓中,以便他在幽冥中能继续使用。”这表明至迟在新石器时代中晚期,当时的人们已为死者准备了死后生活的场所和用具,并有一定的丧葬礼俗将亡魂引导到它应该去的地方。这些都反映了当时的人们对灵魂、祖灵、祖先崇拜等已有了比较完整的观念。同时,不同地区考古遗址中的埋葬方法也不尽相同,如黄河中下游的裴李岗文化、仰韶文化、大汶口文化和龙山文化,在墓穴里安放尸体的方法以仰身直肢为多,偶尔也有屈肢和俯身葬,后者可能是凶死者。黄河上游的马家窑文化和齐家文化,除了仰身直肢葬以外,还流行屈肢葬。又如仰韶文化遗址的墓葬中,其尸体头多向西,大汶口文化遗址的墓葬中,其尸体的头多向东,所有这些都反映不同地域或不同部落有着不同的葬俗。换言之,在灵魂不死的观念形成后,相关的丧俗也就随之形成,并在后世中不断系统与完整化。

这种系统和完整化的过程,至迟到了西周、东周时期就已经完成。因为我们可

·婚丧嫁娶·

图文珍藏版

以在诸子百家的文献中,清楚地看到从早期墓葬遗存中反映出来的思想观念。如《礼记·祭义》云:"众生必死,死必归土,此之谓鬼。骨肉毙于下,阴为野土,其气发扬于上,为昭明。"《韩诗外传》曰:"人死曰鬼,鬼者归也。精气归于天,肉归于土。"《礼记·郊特牲》也说人死后"魂气归于天,形魄归于地"。也就是说,当时的人们已把人们生活的世界建构为三部分,即天堂、阴间和人世间。人生活在人世间,死后为鬼,鬼有双重性,肉身归之土地,魂魄升入天堂。所以,人死后,其肉体应埋葬于土中,这样,人的灵魂才能升入天堂,以另一种方式获得新生,或继续"生存与生活",从而在汉族等民族中,形成入土为安、尊命事鬼敬神等观念。在这些观念的指导与控制下,土葬与厚葬等盛行起来,并不断变迁而延续至今。

二、丧葬习俗的变迁

根据前人的研究,脱胎于原始宗教的丧俗,在进入阶级社会后,不断加入新的内涵,逐渐演变为系统、完备、隆重而又烦琐的礼节。后来统治阶级又将葬俗渐次上升为丧礼,而且制度也日臻完备而严谨,"丧葬之礼节,皆整顿于周。由贵贱亲疏,而有种种差别。其用情之厚,世界所未见也。周公之制,节目详备,哭泣擗踊皆有法"。从此,丧俗不再只是举哀方式,或是人们所说的人生通过仪式之一。中国古代的葬俗在周代被注入政治、法律色彩,成了统治阶级用来维持社会秩序、进行社会控制的基本制度之一。因此,至迟到周代,丧礼已成了古代五礼制度即吉礼、凶礼、宾礼、军礼、嘉礼等的一部分。根据《周礼·春官宗伯》等的解释,在这五礼当中,吉礼指的是祭祀天地鬼神之礼仪;宾礼是指诸侯朝觐天子及诸侯国之间的外交礼节;军礼乃是征集、调动、检阅军队及役使民众之礼;嘉礼则是指冠婚、飨燕、贺庆等喜庆之礼;而居于五礼中第二的凶礼,是指诸侯国之间遇天灾人祸时的相互哀悼、慰问及救助之事,原包括丧、荒、吊、禬、恤五个方面。由此排列可见,丧礼原在凶礼中占据着重要位置。秦汉以后,中央集权国家和制度的建立,诸侯国逐渐消失,荒、吊、禬、恤等也逐步合并为中央政府统一的赈抚灾荒的事务与制度,从而使它们原有的礼制功能逐渐衰亡和单一化。同时,历代王朝也对守丧制度进行不断改革,从而也使涉及人们社会生活各方面的丧礼日趋复杂与完备,以致后来的礼典著作中,凶礼的内容几乎完全为丧礼所囊括。如杜佑《通典》所记载唐代前的历代凶礼均为丧礼,唐代《开元礼类纂要》中记载凶礼事务有200多条,其中仅3条涉及赈灾,其余均为丧礼。所以,后来丧礼习惯上也成了凶礼的代名词。

在古代,《礼记》《仪礼》对士以上阶层的标准丧礼程序有严格规定和详细记载。根据儒家经典《礼记》《仪礼》《周礼》等的记载,上古时期古代礼制规范的士大夫阶层的丧葬礼俗程序大致有如下一些:

属纩,以俟绝气(临终者垂危时,将细棉絮放于口鼻处,观察与判断其是否气绝);易簀(给临终者换床至厅堂,以便寿终正寝);始死(即气绝);复(招魂);楔齿(因死者牙齿紧闭,不便饭含,故把牙齿楔开);缀足(将两脚缚紧,使其平直);饭含(在死者嘴里含饭或金、玉等);奠帷堂(布置帷堂,举哀,设奠祭祀等);使人赴于君(即向国君等报丧);尸在室,主人以下哭位;国君派人吊禭(禭为衣被,即赠衣被之物去丧家吊祭);为铭(即后来的铭旌,把死者的姓名、官职、功名写在白旗上,放在帷堂前);沐浴(给尸体洗身);陈小殓衣(供奉小殓之寿衣);小殓礼(在殓床上给死者更换寿衣、小殓奠等);大殓(将尸体入棺封钉,亲视含殓);殡(置棺于两楹之间或西阶上,停枢暂厝);三日成服(丧主等根据亲疏关系,始穿丧服);大殓奠(即帷堂中奠祭);朝夕哭奠(古人"三月而葬",这期间,每日朝夕上食、哭奠);朔月奠(每月朔日祭奠)。

当葬期快到时要筮宅兆(占卜确定坟地位置);视椁、视器(检视棺材的外椁和随葬的明器);卜葬日(占卜出殡的日与时);告葬期(通知亲友葬期);请启期,启殡(迁枢、朝祖等);陈器(陈列祭器、仪仗);荐车、荐马(引枢车马至出殡场所);枢车发送或从枢及圹(即出殡等);执绋(牵引灵枢而行);至圹,窆枢(下棺入墓穴);陈器于道东,主人哭拜稽首,拜宾,实土;祀后土;主人拜乡人以谢助其丧,回灵反哭于庙;始虞、再虞、三虞(陈牲酒器具,献祝祭拜,行于埋葬的当日、次日、第三日);卒哭(在葬后第49日或100日做祭祀仪式,停止朝夕哭奠);祔(将附有亡魂的神主归入祖庙);期而小祥(周年祭,吉祭);又期而大祥(行于二十三月或二十七月后的周年祭,孝子除衰服,换朝服、缟冠),中月而禫(即除服之祭,与大祥间隔一个月或三个月)。

到了唐代,经过汉魏以来的改革,丧礼程序更加系统化和程式化。根据《开元礼》,唐代"三品以上四品以下至庶人附"所记载的丧礼程序为:初终,复,设床,奠,沐浴,袭,含,赴阙,敕使吊,铭,重,陈小殓衣,奠,小殓,殓发,奠,陈大殓衣,奠,大殓,奠,庐次,成服,朝夕哭奠,宾吊,亲故哭,州县官长吊,刺史遣使吊,亲故遣使致赙,朔望殷奠,卜宅兆,卜葬日,启殡,赠谥,亲宾致奠,将葬陈车位,陈器用,进引,引輴,輴在庭位,祖奠,輴出升车,遣奠,遣车,器行序,诸孝从枢车序,郭门亲宾

福建省同安洪坑村张姓祖坟的墓碑(尾字落在"生"上)

归,诸孝乘车,宿止,宿处哭位,行次奠,亲宾致赗,茔夕,到墓,陈明器,下枢哭序,入墓,墓中祭器序,掩圹,祭后土,反哭,虞祭,卒哭祭,小祥祭,大祥祭,禫祭,祔庙。

降至宋代,为了整饬礼仪,敦厚民风,宋人曾多次颁发新的丧葬礼仪,其中影响最大的当数《政和礼》。其规定的丧礼程序为:初终(易服布素.坐哭),复(登屋北面招魂),沐浴、饭含、袭(包括设铭),小殓,大殓(设熬),三日成服,朝夕奠、朔望奠(庶人无朔望奠),卒哭奠(因宋人葬无定期,所以百日卒哭仪式在出葬、下葬前就已举行),启殡,亲宾奠赙赠,陈器,祖奠,及墓,祭后土,反哭,虞祭,小祥,大祥,禫祭,祔。

除此之外,为了整顿礼仪,北宋许多著名的士大夫也在官府修订礼书的同时,著书立说,畅谈自己的观点。其中最有影响的是司马光根据《仪礼》并参照当时所行的丧礼程序编撰的《司马氏书仪》。其所定的丧葬程序大致如下:初终,复(就寝庭南面,向北招魂,并设丧主、主妇、护丧、司书、司货等),易服,讣告(讣告于亲戚

及僚友)、沐浴、饭含、袭(衣殓,并包括始死之奠,立铭旌,设魂帛,吊酹赠襚,擗踊)、小殓,大殓,三日成服、朝夕奠、朔望奠、卜宅兆,卜葬日,启殡,朝祖,亲宾奠赗赠,陈器,祖奠,遣奠,在途,及墓,下棺,祭后土,题虞主,反哭,虞祭,卒哭,祔,小祥(易栗主),大祥,禫祭。由此看来,司马光所制定的丧葬礼仪,虽仍沿袭大量前代的丧礼程序,但也根据当时的民间习惯做了一些删改和厘定,所以别有新意,多为当时的士大夫所遵奉。

南宋时期,儒学大师朱熹又以《司马氏书仪》为基础,并结合民间的社会实践,撰写了《朱子家礼》一书,其撰写与建构的丧礼程序比《司马氏书仪》有所增删,其丧葬程序大致为:初终,复(升屋北面招魂,并立丧主、主妇、护丧、司书、司货等)。易服,不食,治棺椁,讣告,沐浴、饭含、袭、奠(设帷幕、尸床,迁尸掘坎,陈袭衣、沐浴饭含之具,沐浴,袭,徙尸床,设奠,哭,饭含,覆衾,置灵座,设魂帛,立铭旌),小殓(陈小殓衣衾,设奠,具括发麻免髽麻,设小殓床布绞衾衣,袭奠,小殓,哭擗,祖括发免髽于别室,迁尸床,奠,代哭等),大殓(陈大殓衣,设奠具,举棺入堂,大殓,设灵床,设奠,主人以下各归丧次,代哭止),成服,朝夕奠,朔日奠,吊奠赗,择地,择日开茔域,祠后土,穿圹,作灰隔,刻志石,造明器,迁柩(启殡:将灵柩迁至厅堂中,准备出殡),亲宾致奠赗,陈器,祖奠,发柩,在途,及墓,下棺,祠后土,题木主,成坟,反哭,虞祭,卒哭,祔,小祥(制练服),大祥(迁桃之礼),祔庙,禫。

到了明代,明王朝又根据《仪礼·士丧礼》、唐代的《开元礼》和南宋的《朱子家礼》确定了明代官吏与庶民的丧礼程序,并颁行天下。据《大明会典》记载,明代庶人的丧礼程序为:初终,复,治棺,讣告,沐浴,袭奠,饭含,置灵座,设魂帛,立铭旌,小殓,大殓.成服,朝夕奠,朔日奠,吊奠赗,择地,择日开墓,祠后土,穿圹,作灰隔,作神主,迁柩,祖奠,发引,在途,至墓,柩入圹,虞(加灰隔内外盖实以石土而渐筑之),祠后土(于墓左),题主,反哭,再虞,三虞,卒哭,祔,小祥,大祥,禫。清代的葬礼制度基本延续明代,并没有太多的变化,但满族则保留某些本族葬俗。至清末,随民族的融合,这种差别逐渐减少,到"宣统元年礼部议划一满汉丧制"后,满汉的差别才在礼制上取消了。

然而,根据许多地方史料记载看,实际上到了清末和民国时期,至少在中国南北方,葬俗仍存在一些差别。如近现代中国北方流行的葬俗程序和形式大体为:1.

病笃:换床(易箦),沐浴,小殓(衣殓),送终。2.初终:倒头,指路(招魂),出殃榜,报丧,报庙(送浆水)。3.大殓:转空,入殓(棺殓),开眼光,封钉,成服,设灵堂,接三,家奠,送三(送路或送魂),做首七(望乡),停灵暂厝,守灵(朝夕奠)。4.开吊:讣书,棚彩,送祭礼吊唁,宴宾客,作佛事,家祭、点主、辞灵、伴宿(坐夜)。5.发引:出堂(移棺),升棺(于灵车)或起杠、摔丧盆,送灵,路祭。6.下葬:及墓,入窆,反哭,安神(虞祭),换孝,圆坟(覆三)。7.守孝与祭祀:二七至七七的祭祀,百日祭(卒哭),周年祭(小祥),三周年祭(大祥与禫祭,除孝)。8.忌辰祭祀,扫墓(清明、七月半、十月朔)。

而在南方,其流行的葬俗程序与形式则为:1.病笃,搬铺(易箦),设帷堂,守铺,分手尾钱,送终。2.初终:烧脚尾银,竖魂帛,开批单,报白(口头报丧),买水,浴尸,套衫,张老衫仔裤(小殓或衣殓),抽寿,开魂路。3.大殓:哭路头、接外家,买大厝(放板),乞火灰,辞生,放手尾钱,割阄,收乌,入木(如果需停柩则封钉,打桶,搁棺),洗净,成服,送脚尾(送草),朝夕奠。4.开吊:转柩,起柴头(启灵),吊祭(家祭、公祭),封钉,旋棺。5.出山:绞棺,哭棺柴头,送灵,排路祭。6.落葬:放拴,祭后土,点主,返主。安灵,换粗孝,巡山(巡花)。7.居丧与祭祀:做旬(做七),首七至尾七的祭祀(三旬为"查某子旬"),满七止吊,百日祭(撤灵座,换细孝,卒哭),做对年(周年祭),合炉(三周年祭及禫,脱孝)。8.几年后拾骨再葬,忌辰祭祀,扫墓(清明)等。

由此看来,近现代中国的南方与北方的丧葬程序与习俗虽然基本上都遵循中国传统的丧葬礼仪规范,但由于各自的原因,如地方的适应、小传统对大传统的理解与认识、地方底层文化的作用等等,它们各自的丧葬习俗又都各有增削,并具有自己的特色。

三、丧葬研究的回顾

(一)丧葬礼俗的历时研究

近代以来,对中国丧葬礼俗的研究大体沿两条路线行进。其一是史学角度的研究。开创近代中国丧葬史研究之端倪者可能是张亮采,1910 年他出版了《中国风俗史》一书,从"欲镜今俗,不可不先述古俗"的目的出发,分 4 个时代阐述了黄帝以前至明代漫长历史时期中的各种风俗,其中也把丧葬习俗单设一个子目历时地详细论述。此后,尽管涉及这方面研究的学者并不多,但也陆续有一些关于中国丧葬史方面的著述问世。如 1928 年,冯友兰在《燕京学报》第 3 期上发表了《儒家对于婚丧祭礼之理论》一文。又如 1931 年,李安宅发表了《仪礼与礼记之社会学的研究》。1932 年,娄子匡在《大陆》杂志 1 卷 4 期上发表了《土葬风水源流考》一文,葛维汉在《华西边疆研究杂志》上发表《四川古代的僰人棺》,杨树达也在《清华学报》8 卷 1 期上发表了《汉代丧葬制度考》一文。1933 年,杨树达补充了汉代婚姻史的资料,编汇成《汉代婚丧礼俗考》一书;同年,郭昭文在《历史科学》杂志 1 卷 1-2 期上发表了《古今丧仪之比较研究》一文,青岛听涛楼书店也出版了於世琦的《三国时代薄葬考》一书。1935 年,葛维汉发表了《四川南境的僰人棺》等。此外。瞿同祖的《中国法律与中国社会》,邓之诚的《中华两千年史》,吕思勉的《先秦史》《秦汉史》《两晋南北朝史》等著作,也辟有专门的章节或专题阐述丧葬问题。而尚秉和的《历代风俗事物考》、瞿宣颖的《中国社会史料丛抄》等著作,也汇辑或考释了中国历史上的一些丧葬现象。

在考古学、文化人类学、民俗学等研究的推动下,进入 40 年代,有关中国丧葬史的研究论文逐渐增多,其中比较重要的有:文藻的《中国丧礼沿革》,祝止歧的《中国丧葬制度考略》,继明的《中国丧礼源流考》,何达的《中国古代殉葬考》,陈应槐的《先秦时代的宗教与婚丧》,曾资生的《汉代儒家丧服制度的发展》,王汝棠的《两汉丧仪丛考》,刘敦桢的《西汉陵寝》《东汉陵寝》,杨宽的《纸冥器的起源》,邢庆兰的《挽歌的故事》,刘铭恕的《中国古代葬玉的研究》,陈梦家的《祖庙与神主的起源》,蔡介民的《中国祭礼考源》《中国祭礼源流考》,梁钊韬的《祭礼的象征和传袭》《古代的馈牲祭器及祖先崇拜》,钱穆的《论古代对于鬼魂及葬祭之观念》,吴其昌的《殷代人祭考》,黄永年的《宋代的明器制度》《元代的明器制度》,裴文中的《旧石器时代人类葬仪之研究》,向党明的《中国葬制》,高去寻的《黄河下游的屈肢葬》,向达的《中国的崖葬制》,贺昌群的《四川的蛮洞与湘西的崖葬》,包渔庆的《说"白人坟"》,刘铭恕的《岩墓稽古录》,芮逸夫的《川南民族的悬棺问题》等。由于资料及时代的局限,研究力量分散,且大多数作品停留在史料的排比、考释上,无法在研究深度和理论上有所突破。不过,他们的开拓之功,是值得肯定的。

50-70年代,是中国丧葬史研究的停滞时期,纯史学的研究成果少得可怜,史学界只出版了台湾学者章景明的《先秦丧服制度考》(台湾中华书局,1971)一书,以及零星的几篇文章,如凌纯声的《中国与东南亚之崖葬文化》等。与此相反,由于考古研究随古代遗迹的不断发掘而日趋活跃,学界出现了一大批有关古代墓葬的考古报告和一些运用考古资料研究古代丧葬制度、埋葬习俗、墓葬制度和形制的文章。其中较有影响的有:《云南晋宁石寨山古墓群发掘报告》,王仲殊的《墓葬略说》,周永珍的《殷代墓葬形制》,荣孟源的《周代殉葬制度》,郭沫若的《墨家节葬不非殉》,郭宝均的《发掘中所见的周代殉葬情形》,胡厚宣的《中国奴隶社会的人殉与人祭》,韩伟的《试论战国秦的屈肢葬仪渊源及其意义》,傅永魁的《丧葬中的"两个世界"》,纪烈敏等的《凤凰山一六七号墓所见汉初地主阶级丧葬礼俗》,罗宗真《六朝陵墓埋葬制度综述》,徐苹芳的《唐宋墓葬中的"明器神煞"和"墓仪"制度》《宋元时代的火葬》等。

80年代以后,中国丧葬史的研究蓬勃开展,相继出版了杨宽的《中国古代陵寝制度史研究》,罗开玉的《中国丧葬与文化》,徐吉军、贺云翱的《中国丧葬礼俗》,李玉洁的《先秦丧葬制度研究》,黄展岳的《中国古代的人牲人殉》。罗哲文、罗扬的《中国历代帝王陵寝》,孙忠家、林黎明的《中国帝王陵寝》,郭大东的《东方死亡论》,李如森的《汉代丧葬制度》,陈兵的《生与死——佛教轮回说》,何显明、余芹的《飘向天国的驼铃——死亡学精华》,段德智的《死亡哲学》,新穗的《人界与灵界——中国陵墓文化》,陈明芳的《中国悬棺葬》,宋德胤的《丧葬仪规》,陈华文的《丧葬史》,丁凌华的《中国丧服制度史》等。

除了上述专著外,研究中国丧葬史的论文也有大幅度增加,其中主要的有,贾兰坡的《原始墓葬》,王仲殊的《中国古代墓葬概说》,曾骐的《我国史前时期的墓葬》,王仁湘的《我国新石器时代的二次合葬》,夏之乾的《试论氏族公社时期夫妻埋葬习俗的演变》《从考古学和民族学材料看葬具的产生和演进》,容观的《释新石器时代的"割体葬仪"》《从民族志资料看古代二次葬俗的渊源》,肖兵的《略论西安半坡等地发现的"割体葬仪"》,陈星灿的《史前居室葬俗的研究》,雷中庆的《史前葬俗的特征与鬼魂信仰的演变》、杨锡璋《商代的墓地制度》、商言《殷墟墓葬制度研究述略》、高去寻《殷代墓葬已有墓冢说》、王克林《试论我国人祭和人殉的起源》、顾德融《中国古代人殉、人牲者的身份探讨》、丁超《关于殉葬问题的再认识》、黄展岳《殷商墓葬中人殉人牲的再考察》《说坟》、曾月等的《关于武夷山船棺葬的调查的初步研究》、石钟健的《悬棺葬研究》《论广西悬棺葬的几个问题》、陈丽琼《长江三峡悬棺葬调查记》、康健文《贵州悬棺葬族属渊源初探》、蒋炳钊《略谈福建崇安武夷山的架壑船棺》、辛土成《关于武夷山"架壑船棺"若干问题的探讨》、郑若葵的《试论商代的车马葬》、吴存浩《西周时代葬俗试论》、梁容若的《中国丧葬制度之回顾与前瞻》、杨宽的《中国古代陵寝制度的起源及其演变》《中国陵墓制度变迁》《秦汉陵墓考察》、杨鸿勋的《关于秦代以前墓上建筑的问题》、彭浩的《楚墓葬制初论》、叶小燕《中原地区战国墓》《秦墓初探》、尤振尧《"黄肠题凑"葬制的探讨》、李宏《汉代丧葬制度的伦理意向》、徐苹芳《中国秦汉魏晋南北朝时期的陵园和茔城》、魏鸣《魏晋茔葬考论》、冯普仁《南朝墓葬的类型与随葬品》、周一良《敦煌写本书仪中所见的唐代婚丧礼俗》、秦浩《南方唐墓的形制与随葬品》、徐吉军《从丧葬礼俗

福建省宁化县石壁村下市客家人张姓祖坟之墓碑
（尾字落在"旺"上）

看中国人的民间信仰》《论宋代两浙的丧葬礼俗》《论宋代厚葬》《宋代火葬的盛行及其原因》、蒋义斌《宋代的葬俗——儒家与佛家的另一战场》、杨存田、陈劲松《我国古代的火葬制度》、霍巍《宋元明墓葬中尸体防腐的几个问题》、杨晶《辽代火葬墓》、孔繁峙《试谈明墓随葬梅瓶的使用制度》、胡汉生《明定陵玄宫制度考》、王明珂《慎终追远——历代的丧礼》、李玉洁《试论我国古代棺椁制度》、赵超《墓志溯

源》,蔡永华《随葬明器管窥》《试论明器在丧葬中的作用》,钱杭《论丧服制度》,丁凌华《中国古代守丧制度之论述》《中国古代丧服服叙制度源流考辨》,康定心、康广志《考古释<招魂>》等,取得了令人欣喜的进步。

(二)丧葬礼俗的描述性与理论性研究

对葬俗进行研究的另一类,主要是民俗学和文化人类学角度的研究,即以民间现存的葬俗为主要内容,对民间现存的有关仪式、习俗等进行搜集、记录、描述、探究,其特征是对各地丧俗的描述与揭示以及进行理论性的研究。在近现代,这方面工作的开展大约起始于20世纪20年代,如1923年北京大学成立的"风俗调查会"所拟定的《风俗调查表》中就有"丧礼:分别贫富;坟墓:风水观念及坟墓的筑造法"等内容的调查。从此,有关葬俗的民俗学和文化人类学调查的描述性文章开始出现,不仅涉及汉族,也涉及少数民族。

1923年上海广益书局出版的胡朴安的《中华全国风俗志》,就有一部分为有关丧俗的调查资料。1927年李富一在《妇女杂志》13卷12期上发表了《渔猎民族之丧礼》,描述了渔猎民族的丧俗。1928年,顾颉刚,刘万章出版了《苏粤的婚丧》的小书,叙述了江苏、广东的婚丧习俗;顾颉刚还撰写有《两个出殡的导子账》《厦门的墓碑》等专门论述丧俗的文章。崔载阳在《民俗》杂志上发表《野人的生与死》,介绍了丧俗与民族生存环境的关系。1929年,叶镜明在《民俗周刊》上发表《富阳人的"接煞"和"做七"》,郑祖荫、刘天华还记录和研究了苏州、北京的婚丧音乐,编了《俗乐谱》等书。

30年代,对葬俗的描述性研究仍有人继续,民俗学和文化人类学工作者在中国各地开展了调查研究,并有一些成果问世,如1930年,叶镜明在《民俗周刊》上发表《关于死的种种》,中山大学编辑出版的《民俗周刊》专门还出过"清明专号"来发表与丧葬礼俗有关的文章。同时,也有人开始从事横向的比较研究,如1934年,陈怀祯在燕京大学社会学系出版的《社会学界》8卷上发表的《中国婚丧风俗之分析》的论文就是一例。该文主要依据地方志所记载的清代资料,分黄河流域、长江流域、珠江流域、关外区域四个地区,分述各个地区的婚丧习俗,并进行了互相比较。作者注意到了地域的不同,认为即使在汉族内部也有葬俗上的差异,开了横向比较汉族葬俗的先河。在民俗学者和文化人类学者的推动下,内政部、教育部也在1937年开始着手联合全国风俗调查,然而,由于抗日战争的爆发,这项调查没能真正实施。不过,当时的燕京大学社会学系还是有人坚持走调查研究之路,对俗民的民俗进行了实地考察,在葬俗方面也有一些成果,如1938年燕京社会学系的学生陈封雄在实地调查的基础上,曾撰写了论文《一个农村的死亡礼俗》,比较详细地描述了一个村落的葬俗。

进入40年代以后,对丧俗进行描述性和理论性研究的努力继续发展,不过,由于抗战的关系,这种研究多偏重在西南地区和少数民族的习俗,如1942年,陈赤子在《贵州日报》副刊《社会研究》34期上发表《仲家的丧俗》。1944年,胡耐安在《风物志集刊》上发表了《谈八排瑶的"死"仪》等,都是对少数民族的葬俗进行描述与揭示的文章,此外当时出版和发表的一些有关少数民族的民族志著作与文章中,也有不少涉及各民族葬俗。

50-70年代,这种描述性和理论性的葬俗研究仍多集中在少数民族方面,尤其是在少数民族社会历史调查中,几乎对中国的所有少数民族的葬俗都有涉及,并有一些成果问世,但遗憾的是,这些成果多集中在"民族问题五种丛书"以及一些揭示少数民族风俗习惯的著作中,如杨毓才、张寒光的《云南少数民族风俗习惯》,黄少槐、叶永光的《我国少数民族的宗教和风俗》,陈国钧的《台湾土著社会婚丧制度》等。当然,这一时期也有一些专题论文发表,如乔健的《台湾土著诸族屈肢葬调查初步报告》,林道衡的《台湾葬俗中的洗骨》等。同时,也出现一些结合考古学、文化人类学资料进行分析比较的理论研究论著,如凌纯声的《东南亚之洗骨葬及其环太平洋的分布》等。

80年代以后,在民俗学、文化人类学工作者的努力下,对包括汉族在内的各民族葬俗的描述性与理论研究有了长足的发展,相关的专门论著相继问世,其中较重要的著作有:林明义的《台湾冠婚葬祭家礼全书》《西南少数民族生葬志》,任嘉禾等的《哭丧歌》,王仿等的《婚丧仪式歌》,徐福全《台湾民间传统孝服制度研究》,席克定《灵魂安息的地方——贵州民族墓葬文化》,刘亚勇、李忠效《中国殡葬忧思录》,周苏平的《中国古代丧葬习俗》《苗族丧祭》,夏之乾的《中国少数民族的丧葬》,张铭远《生殖崇拜与死亡抗拒》,杨知勇的《西南民族生死观》,郭于华的《死的困扰与生的执著》，霍巍、黄伟的《四川丧葬文化》，邓卓明、邓力的《中国葬俗》《台湾婚丧习俗口述历史辑录》，常人春的《红白喜事——旧京婚丧礼俗》《老北京的风俗》《近世名人大出殡》，富伟主编《辽宁少数民族婚丧风情》，何彬的《江浙汉族丧葬文化》，万建中的《中国历代葬礼》，黄景略、吴蒙麟、叶学明的《中华文化通志：丧葬陵墓志》，郑晓江主编的《死亡文化大观》，雷绍锋、张俊超的《丧葬习俗》，蒋炳钊、石奕龙、黄向春主编的《龙虎山崖葬与百越民族文化》，万建中的《丧俗》等。

此外，在国家民委编的民族问题五种丛书和55本有关中国少数民族民俗的《民俗文库》，以及数量不少的有关少数民族风情、习俗的著作中，也有大量关于少数民族葬俗的描述性文章。还有，在有关汉族的民族志著作如陈国强、石奕龙主编的《崇武大岞村调查》，林耀华《义序的宗族研究》等和各省市编撰的民俗志以及各地民俗工作者相关的民俗著作中，如李伯涛《泰山民俗》，山曼等的《山东民俗》，叶涛等的《孔子故里风俗》，刘善群《客家礼俗》，李根水、罗华荣《宁化客家民俗》等，也有许多关于各地汉族丧俗的记述。

除了上述著述外，在各种学术杂志上发表的有关葬俗方面的论文也有大幅度增长，其中比较重要的有：齐天举《挽歌考》，唐茂松《从"冥币"略析"烧纸"习俗》，于永玉《论丧服中的血亲关系》，黄瑞琦《"三年之丧"起源考辨》，顾洪《试论"三年之丧"起源》，方辰《藏族奇特的葬礼——天葬》，杨效平《天葬新议》，夏之乾《从树葬看树居》《风葬略说》，熊坤新、陶晓辉《天葬起源之探索》，谭达《新界民间哭丧歌》，任嘉禾《哭丧歌与丧葬习俗》，霍巍《西藏天葬风俗起源辨析》，乌丙安《萨满教的亡灵世界》，金涛《潮魂：舟山渔民的特殊葬礼》，徐吉军《从丧葬习俗看中国人的生命观》，杨知勇《中国传统丧葬祭仪功能剖析》，李岫岚《北京传统人生礼俗中的丧礼》，赵橹《崖葬文化之形成及其衍化》，邓启耀《金平哈尼族葬礼换装的象征意义》，邢莉《蒙古族的诞生礼和丧葬礼》，马真福《迭部藏族婚丧习俗概述》，谷文双、谷光琳《伊斯兰教和回族的丧葬习俗》，郑应红、仁真洛色《甘孜州藏族土葬习俗初探》，陈加祥《瑶麓岩洞葬》，李祚唐《论中国古代的服丧期限："三年之丧"期限的演变》，郑杰文《古齐葬俗》，张永健《婚姻丧葬礼俗与中国传统农民家庭制度》，杜玉亭《基诺族首次葬俗研究》，方百寿《安徽方庄的丧葬礼仪》；陈勤建《现代江浙冥婚、寿坟习俗的思考》，任嘉禾《从横沙岛丧俗论殡葬改革》《殡葬文化的活化石——哭丧歌》,周宗贤《台湾地区丧葬礼俗及其发展的探讨》,王霖《崇明岛"启棺拾骨"葬仪探析》,赵宇共《岸底丧俗与<周礼>记述的比较研究》,罗布合机、马金明《木里屋脚蒙古族葬礼亲历记》,徐畅《近代中国农村的丧葬互助组织》,杨乃琛《迁坟记事》,唐戈《额尔古纳河畔华俄后裔的丧葬习俗》等。

不仅如此,有些杂志还专门出版了有关葬俗研究的专辑,如上海民俗学会编辑,学林出版社出版的《中国民间文化》1996年1期为"丧葬文化研究"专辑,内有19篇有关葬俗与丧葬改革的论文。又如中国民族学研究会编辑出版的《民族学研究》第4辑为"崖葬与悬棺葬"的专辑,里面收录了27篇相关的论文。在许多论及各地民俗的论文中,也有不少揭示了各地丧葬习俗的面貌,有关葬俗的描述性和理论性研究呈现出一派欣欣向荣的景象。

第十一章　临终习俗

在中国丧俗中,弥留或临终阶段是指老人临死前的一个阶段,在这个阶段中,各地都有许多事情要做,因此也有不同的习惯。

一、预备后事

在中国,当家中父母进入衰老期时,经济条件许可的家庭,其子女多会为他们预备后事,以表示孝意;有的则是随着年龄的增加而自行预备。所谓预备后事,主要是准备仙逝后用的寿木、寿衣和寿坟以及丧礼上的用品等。

(一)准备寿木

人们的身后之事最重要之一就是准备好要进入另一世界所必要的卧榻之所——寿木。在中国,五里不同俗,十里不同风,人们准备寿木的时间早晚也有不同。经济条件许可的,可以早到刚结婚时就为其后事做好准备,而贫穷的人家。往往要到病者弥留阶段或咽气后才临时置办。

1.陪嫁棺材

有些地方的汉族女子在结婚之时,就为自己的后事做好了准备。在这些地方,富家女子出嫁时的嫁妆中,要包含田产、棺材、寿衣等。其通常有两层含义:其一是象征女家富有,女子出嫁的嫁妆丰厚,她到死也不必用到夫家的财产;其二是借助"棺材"与"官、财"谐音,象征该女子到了夫家后,能给夫家带来官运与财运。因此,在这种地方,陪嫁棺材不仅不是触霉头的事,反而有为夫家带来财富的象征和带来好运的意义,从而受人羡慕,为人乐道。所以在这些地方,有的富家女子在出嫁之时,就已经把自己的所谓后事都预备好了。

如在台湾台北一带，新娘的嫁妆通常在迎亲前一日由女家送男家，嫁妆多系家具木器、布匹、金饰、现款等。木器中必须有桌柜。此因柜音谐怀，取意怀胎吉兆。嫁妆多寡，视贫富而定。其谓"全厅面"，即指厅堂所需用之椅桌、垫案、神灯、花瓶等具，一式全套齐备。又如妆奁一块田地，以表示分配一份田租。亦有供其死后所用之寿板，或用金子制一小棺木模型，其值实符棺柩之价格。

福建南靖县下板寮裕昌楼（土围楼）五楼藏的寿木

又如在安徽徽州等地，结婚前一天送嫁妆时，有的富裕家庭的小姐也用一对大红棺材做陪嫁品。在将嫁妆运往男家时，这对棺材必须走在嫁妆队伍的最前面，后面要紧跟两个扛红漆棺凳的人，棺材外面罩着绣有彩色花样的大红绸缎"棺套"，内装苎麻布和白布，据说这是留作将来的子孙们送丧时披麻戴孝用的。实际上，这也暗示这位新娘到男家后，可以为男家带来官运与财运，而且她就是到驾鹤西去也不必用到男家的一分钱。

2.30 岁备棺

在闽粤客家地区，客家人往往年过 30 就开始为自己准备寿木。他们的棺木以杉木为主，特别是老油杉，很少使用其他木材来制作棺木。因为对客家人来说，杉木是他们生活中使用最普及的树种，他们建房所使用的木料全是杉木，民间所使用的家具也以杉木制作的为主，只有装衣服的木箱有的使用樟木；所以他们把杉木以外的各种树木都称为杂木。在 60-70 年代，上山砍杉木要得到村政府的批准，并缴费，而杂木则可以随便乱砍，因为杂木只是煮食的柴火。

客家人想要制作棺材，往往需要自己备料，他们通常都是自己上山寻找一棵一人无法合抱的老油杉树放倒，切段后运回，待阴干后，才请木匠师傅到家中用近根部的一段制作棺材。对他们来说，好的寿木应该由四块大木板构成，也就是说，棺底、棺盖、棺侧板均要完整的木板，当然，棺材前后的挡板也应该是整木制成的。只有夭折的小孩才用薄板钉成的棺木。

棺材制作好后，客家人有的先油漆后再放起来，先用桐油、石灰膏将所有的缝隙填补好，内外用油漆和棉布一层一层贴上，使之滴水不漏。油漆的颜色不是黑的，就是红的，两头有的还画上图案，男用的棺材写上"福"字，女用的则写"寿"字。有的人则是到了要真正使用时才油漆，或者入殓封棺后再油漆。通常只是把它的白坯或油漆后的棺木藏在废旧屋子中的干燥之处，如楼上的柴草房间、祖厝或天花板横木上等。如果放在楼下房间的地面上，则需要在地上垫上石头或木块等，使棺底不直接接触地面，以避免潮气侵蚀。因为客家人楼下房间里极少铺设地面。在50 年前，富户至多也是用三合土制作厅堂的地面。只有巨富人家，才有钱能够铺设地面砖。

3.竖生寿

所谓"竖生寿"也称"竖寿""竖板"，指的是为在世的老人预先准备好寿材。其流行于福建泉州、晋江、惠安等地。在这个地区，老人年满 50 岁而有子孙，其子女就可以为其准备寿木了，此即"生寿"。因为当地人认为一个人年过半百，又膝下儿孙满堂，已是大福之人，如过世就可以称"显考、显妣"，而不用称"故考、故妣"了，因此可以事前为其预备寿木，让其看得见死后将长眠的"大厝"，了解到如果其突然西去也不会睡在薄板中，从而减缓其后顾之忧，使老人心情舒畅、充实满足而得以延寿。同时也可以了解到子女的孝心。换言之，事先为大福之人预备寿木，也是体现儿女孝心的一种方式。

闽南人选择寿木的标准有二：其一是木料要好，对闽南人来说，楠木、樟木最佳，杉木中等，松木最次；其二是棺材板以整块的为佳，如俗称"全成板"的棺材为最上乘的棺材，它的天、地、左、右边墙，都是用整块对开的大木板制成的。俗称"五合板"的棺木的底是由两块木板合成,其余"天盖"和"边墙"均为整块木板制成,因其用木料五块,故称"五合板"。"六合板"寿材的天、地各为一块整板,而边墙则各由两块拼接。"七合板"寿木除了天盖为整块板外,其余的边墙和棺底均用两块木板拼凑而成。"八合板"则是天、地、边墙均为两块木板拼成,此为最普遍使用的棺木。另外,俗称"薄钉仔"的木匣子则是用劣等薄木板钉制而成,是棺木中最低劣的。这类"薄钉仔"只有极贫的人家和夭寿者才使用。闽南沿海地区山地较少,森林不多,所以,沿海的闽南人不太可能自己去山上砍伐树木来制作棺木。通常的做法是:或去买木料请木匠来制作,或直接到棺材铺预先购买。而棺材店的棺木通常多用永春、德化的"山杉",九龙江流域的"南杉"和闽江流域的"福杉"来制作。一般而言,事先准备或"竖生寿"时制作或购买的棺木通常都比较好,一般都是"六合板"以上的。

请工匠来制作棺木多选择在闰年里进行,取增长日月之意。制作棺材时,买木料的钱由儿子出,木匠的工钱由女婿出。此外,棺木做好后,出嫁女儿要备办祭品来娘家祝贺。寿木的素坯做好后,还要请漆匠上油漆。闽南的棺材外表多涂朱红油漆,其首尾需写上福与寿字,寿板两侧也要用金色油漆画上花鸟图案等,并贴上金箔,从而使其金光闪闪,故俗称"金漆棺"。由于这是"生寿",所以,竖生寿时,棺内还需放一块"七星枋",其长宽略小于棺,上有七个圆孔,形如七星排列,故俗称"七星枋"。

"生寿"通常竖在祖厝、祖厅中,竖生寿的时辰须请择日师选。竖时,先用红布把它裹好,外面再用新的草席包裹,然后捆扎好,这才男左女右地靠墙竖在祖厝中。其下垫以薄石或砖头,以防潮湿。"竖板"的上部扎一块红布,插上用红纸、金箔制成的"春花",棺身上贴"福如东海阔,寿比南山高"等贺寿的红纸对联,正中贴上斗大的寿、福等的"方角"。这一方面有驱邪的意味,另外也表示这是"生寿"。"生寿"竖好后不可随便乱动,也不可以打开,只有到了要入殓时,才可以放倒,抬去使用。"竖生寿"的同时,要给"生寿"的主人做一次寿礼,对花甲或古稀老人,其祝寿的场面更大。是日,亲友登门祝寿,并赠贺寿仪。主家中点红烛、烧香、供奉牲礼、烧金、放鞭炮祭祀祖先,然后设宴招待来祝寿的亲友;有的人家经济条件较好,甚至会请戏班来演戏酬神与庆贺。

竖完"生寿"以后,凡遇到大年三十贴春联时,都必须更换"生寿"上的春联、"方角"与春花,一直到"生寿"被使用为止。如果家中添了孙子,正月十五需到祖厝中挂灯;以告慰祖先家中又添一丁,香火有继,这时,也可以把自家孙子的灯笼(丁的象征)挂在"生寿"上,而不一定挂在祖厝的灯梁上。

4.备寿材

在中国许多地方,有很多人家都在父母进入衰年时为其准备寿木。在成都,寿木以建昌的"香杉花板"为最好,这是一种用埋藏在地下数百年乃至上千年而不朽的香杉木制成的棺材。在西昌附近的大山里,有些人专门从事这种树木的勘察和挖掘。他们都是经验丰富的行家,以此作为副业,把这种树木卖到成都来制作棺木。由于这种树木没那么容易找,因此,这种香杉木制成的"香杉花板"贵得离谱,据说一具"香杉花板"需要10000银圆,所以普通的人家对此想都不敢想,只有巨富人家才能享用。

北方绝大多数地方棺木的材质都以松柏为上,杨柳等为次。在陕西米脂,棺椁尚柏木,松次之,贫家则多用桐、柳木。安塞一带的棺材则以柏木为上,杨木次之。在横山一带事先预备棺木时,"富家用松柏,贫者多制榆、柳、水桐。内棺名束身子,外椁名套衬"。而在宁夏固原海城一带也类似,富家用松柏木,贫家用杨柳板,有棺无椁。隆德中等以上的人家,多以松木为棺,贫者皆用杨木。东北地区的情况大体相仿,富裕人家也有许多早早就为老人的后事做好准备。如辽宁阜新一带的富贵人家,当双亲年逾花甲或届古稀,即备衣衾、棺椁,以免临时措手不及。在该地,上好的棺木多用松柏制作,如昌图一带,棺以松、杉,富者则用桎柏。而庄河一带,绅富棺用赤、白、黄花松,椁亦用红松等材,贫家用沙松、杂木。在河北望都,"富者,柏棺三四寸,椁五六寸;贫者,杨柳棺二三寸,而无椁"。在山西太谷一带,"棺宜柏,稍有力者,必预治之"。河南陕县等地,"亲年高必预备寿木,以柏木为上,三寸为度,用时以麻油和松香涂其里,厚寸许"。

山东人也是如此,他们认为棺材是死者的房子,它应该用上好的木材精心制作。山东人认为楠木棺最高级,柏木、桐木次之,柳木的最次。该地棺木的形制是前大后小的长方梯形。按棺材板的厚度可分为4寸、4.5寸、5寸、5.5寸、6寸几种;4寸板以下的不称棺木而称"匣子",这是因为板薄而无法成棺,所以只能做成平头

福建惠安县崇武镇大昨村祖厝中的"竖生寿"

的长方形大匣子。山东男性的棺材多涂黑漆。女性的则涂红漆。有的棺木油漆多遍,铮亮鲜丽,其头部多用金漆写上寿或福字,并画有吉祥的图案。在曲阜一带,棺材以楠木为最好,次之为柏木,再次之则是杨木、柳木和香椿木。家庭富裕者也有人预先制作棺材,他们称这种事先做好的棺材为"喜棺"。莒南一带的山东人称入殓前的棺木为"宝"或"财",并把它视为吉祥物。有些人为了图吉利,往往很早就为自己预备棺材。泰安地区的人们,通常是在父母50岁以上时,才事先请木匠来制作棺材。在这一带,富家多用柏木或楸木做棺材,其板厚6寸、4寸、3寸不等;贫穷人家则多用柳木制作,其板一般只厚2寸到2.5寸。在青城一带,其棺木上者为松柏,值100余元;次之为杉木(俗称大木),值60—70元;再次为杨柳木,值30—40元;最下者则以席箔卷埋而已。临清贫者的棺椁"以杨柳为之;富者则均尚松柏,佳者曰八仙,曰十景,价在千金以上,中材数百金不等,最下者亦数十金。漆沐所需,又费近百元。盖取其木质之坚,经久不朽也"。河南封丘一带的富厚之家,也往往预先为老人预备好寿材等后事物品,在那里,富家一般用松柏棺木,并髹以漆;贫者则用杨柳之棺;并捺以桐油。但各种材质棺木的材头内都饰以金花,与其他地方大同小异。

在北京城里,也有人事先准备棺木。老北京人常说:"活着混所好房子,死后混口好棺材,也不枉为人一场。"所以他们很重视棺材的好坏,往往结合自己的寿辰,提前到"椊厂"(棺材铺)挑选棺材,以便买到好的棺木。

京师汉族的棺材通称"蛮子材"或"汉材"。棺材的"大盖"通常做成月牙形,两帮做成弧形,内有子口,可放"子盖",棺底则为平板,两头各用一个底撑子(立板)支起。封钉时,孝眷盖上子盖,"杠房"伙友则钉大盖。汉材有不同的规格,如盖5寸、帮4寸、底3寸的棺材称"三四五"材,简称"三四五"。盖6寸、帮5寸、底4寸的棺材叫"四五六"材。而比"三四五"稍大,又不足"四五六"的棺材谓之"三儿五放样儿"。大于"四五六"的棺材则称为"四五六放样儿"。

就木料而言,金丝楠木最昂贵,次之为水楠木的。一具大盖、两帮、下底都是整板的"四独板"金丝楠木棺,需1000银圆;而香杉四独板的棺材需500—600元。这些大多是汉籍一品大员使用的。一般的官宦、富商人家使用的多是黄柏、红柏棺木。一口黄柏"四五六"棺材约300元左右;"三儿五"的约200元上下。而一口红柏"四五六"棺材需200元左右;"三儿五"的则需140-150元。由于柏木沉重,而且据说装殓于内的尸体会很快"烧"烂,所以老北京有钱人家多喜欢用杉木棺。这种棺材由13根杉木拼成,大盖4根,帮、底各3根1故俗称"整花杉木十三圆";有的则用13根半开大杉木拼成,此叫"半拉花"。通常一口"四五六""整花杉木十三圆"的棺材值200元左右,而"三儿五"的约100元。此外,汉材还有用大叶杨、小叶杨、椴木、旱柳、河柳等木料制作的,其价格低廉,多是平民使用的。另外,在过去,北京有"桑、皂、杜、梨、槐,不进阴阳宅"的说法。也就是说,这些木料过去是不能用来建房子,也不能做棺材的。但后来可能是因为木料缺乏的缘故,不论是上述几种木料,还是其他如柴木、栗子木等,也都用来制作棺材了。不过,这些木料制作的棺木已没有子盖了。

京师的汉式棺材也很讲究表面装饰。其表皮通常都刷黑色褪光漆,里面则涂红色银朱漆。有的棺材外表还要请描金匠以工笔画的形式,用金漆在上面画各种吉祥图案。如在棺木大盖的头上常画有福禄寿三星;两帮的头上,左画金童执幡,右画玉女提炉;底头的撑上多画麒麟送子;棺头中心常画一围绕五只蝙蝠的圆寿字,此称五福捧寿;棺材的两帮多画八仙庆寿或二十四孝;而在棺尾,则多画荷花,以象征脚踩莲花。当然,也有一些棺材外表不髹漆,这样,往往只在棺内涂上黑色褪光漆。

北京汉材的大盖上有3个银锭式的插销眼。男式棺材的左边为1个插销眼，右边则有2个；女式的相反，其左边2个，右边只1个。这种做法是用单数插销眼来表示男左女右的意义。入殓加盖后，先将木塞插上，但留半截在外，到"伴宿"夜举行辞灵后，再由"杠房"伙友将木塞钉下，此谓之"下销"。另外，四独板棺木的大盖上通常有4个插销眼，但它另有1根所谓的"寿钉"，其为一颗3寸长的带八楞铜帽的大钉子，下边垫两枚"眼钱"。其位置也是男左女右。棺材铺事先会在大盖上面钻一个2寸深的孔放钉子。待"伴宿"夜辞灵时，让孝子用斧子象征性地钉3下，最后由"杠房"伙友彻底钉死，并上好4个插销而封棺。

除了上述这些富贵人家使用的棺材外，北京还有一些贫家使用的棺木，如行话称之为"斗子"的椁匣子，是用杨柳木、柴木等劣质木料的薄板钉成的长方形匣子，旧时官府常用此来装殓死去的乞丐或收容所中的孤寡贫民。又如行话所说的"成材"，是用四块7分厚的木板钉成，平行的棺盖上还钉有一俗称"顺脸儿"的立条，并涂上土红色。这种棺材通常卖给赤贫丧家使用。因其不结实，经不住野狗扒，所以民间俗称这种棺材为"狗碰头"。再如行话称之为"半掏儿"的棺材，是用1寸厚的杨柳木板做成，它仅在棺盖的头前、后尾、两帮凸出存外的部分增加了厚度，表面看来它类似汉材，算是一种正式棺材，实际上其质量跟"狗碰头"一样。所以在过去，慈善家施舍给贫民的棺材多是这类。

在北京，买好棺木后，应在棺材里放一个俗称"扳不倒儿"的不倒翁。按照习惯，男用的棺材里放的不倒翁是老寿星，而女用的棺材中则放麻姑形的不倒翁；然后，在棺材的头前外贴上一张红纸写的寿字，这才寄存于棺材铺或庙宇中，并称其为寿材。在未使用前，每一年要请人给棺材上一道油漆，使之能结实。待要使用时再请人抬回家。

南方的情况与北方略有不同，多数地方都以楠木棺为上等，其次为杉木，而且后者也是民间最普遍用于做棺材的木料，人们事先预制棺木多用杉木。例如湖南人一般到了50岁就想做棺材。因为湖南民间认为，人老了为自己准备后事之物可以增寿；所以经济条件好的人家早早就为自己预备棺木。如醴陵民间，"俗重饰终，棺衾从厚，年老必预以备，惟不殓以珍贵之物"。在该地区，"棺木以阴沉楠柏为上,杉木次之,形式不一,有所谓判官图、金匣子、一封书、平头瓦版诸名目"。"城乡业此种者,曰寿坊"。另外也有人自行购木为之。安徽的情况也相似,有的人在晚年就事先预备寿材,而且多使用杉木来制作,如含山一带棺材尚杉木,不用椁。浙江也同样有人在其年事已高的状况下,事先预备寿木,如于潜一带,"高年人预备寿木,其余病甚买棺以待"。嘉兴人暮年时也有预置棺木者,而这种预先准备好的棺材,当地人称其为"寿器"。菱湖也有预置棺木者,谓之寿器。在嵊县,"棺多于平日或病革时治之,内外用灰漆"。台州地区旧时做棺材的木料分三等,上等为柏木,中等为杉木,下等为松木。上中下三等不仅表现在木质上,也表现在棺木板的厚度上。通常上等称"敦煌材",板厚 4 寸以上;中等称"养老屋",板厚 2 寸以上;三等称"狗头柄",天台、临海称"杉板汤",板厚 1 寸以下。福建上杭等地的棺木以杉木为之,加以油漆,贫者油而不漆。这些想预备棺木的人家常在闰年里预制寿板,"逢闰之年,人子多预制寿木",这主要是取增长日月之意,而为老人们增寿。

在广西,过去富裕人家也有事先为自己预制寿材的。在广西平乐一带,"富者家有老亲,美木之棺、绸绤之衣衾,预为之备,迨考终时不假外求"。;而且他们多数都是用杉木来制作寿板,通常也都不用椁,如桂平的汉族不论贫富贵贱,皆有棺无椁。该地棺多用杉,外涂朱漆,亦有涂黑漆者,其材多采自柳州一带。有不少人是"咸于亲死后治具,亦有财殷年老于未死前具之者",后一种做法"俗名冲寿。冲寿日,多有宾客宴飨之事"。因为"《小戴(礼)记·王制篇》云,六十岁制,谓治棺也。故必预为制之,不致仓卒取办,有失厚终之旨,此俗之所本也"。不过,在民国初年,当地人认为预制寿木是"以未死而预死事,非心所安,故近年冲寿之举亦罕行焉"。另外,在当地,预制棺木后,棺内需要"奠小板,长与尸齐,上画斗宿,名七星板"。在凌云,"棺木多生前预选良材,年五十以上必备。或漆或否,然内必以松脂和蜡弥其缝,垫以灰包,无椁"。

在西南各地也有不少人家早早为老人准备棺木等,如在贵州开阳一带,"凡年高衰迟,葬具先备","其棺曰寿木,多以杉,底厚六、八寸三镶,盖则用整料无镶者,不更置椁"。四川中江一带,父母在时,也有人家先预备木料制棺,曰"寿坊"。云南宣威一带,"大小殓具,若衣衾,若棺木,均随其力之所能为。富有之家,多于父母年及花甲时预备完全。棺以柏木为上;杉木次之,其值有重至三四百元者"。而在昭通等地,棺用阴沉、杉、柏、梓、松、杂木等,衣衾用绸缎、布匹。

(二) 预制衣衾

中国人有预先制作老衣的习惯。所谓老衣,也称寿衣,是人死后穿的衣服以及装饰品。这类衣服一般要求既有单衣,也要有夹衣与棉衣,用料则是棉布或绸缎,不能用皮毛。在成都地区,经济条件中等以上的家庭,当父母进入衰年时,就可以为他们预备老衣,以表示孝意。有的人则是年龄大了自行预备。一般来说,普通家庭以棉布为主,富裕家庭也可全部用丝绸来制作,主要还是视经济条件而定,其次则是依子女们所谓的孝心来定。

在福建,有的人出嫁时的嫁妆中就包含有各种质料的寿衣和装饰品,有的人则在50岁后开始准备寿衣,而且福建还有在老人年过甲子后送寿衣作为寿诞贺礼的习惯,所以,有许多人的寿衣都在箱子里放了几十年,而成为"老衫仔裤"了。另外,福建普遍有"殓忌裘"的习惯,它是受佛教来世转生之说的影响,所以《稽古录》说:"俗惑释氏转轮之说,裘属兽皮,虑转生为兽也,故不以衣死者。"在闽南一带,预备寿衣与装饰品称"张老裳仔",这里的"张"指张罗。在台湾,"饰终之服,离寿者衣十一重,中年者七重,年青者三重。饰物,青年女子为簪、戒指、手镯、耳钩、项链等;老人为生前准备之戒指、手镯、耳钩、簪、观音手形簪、杖针、小冠或黑布头围巾等";"殷富人家,往往年逾五十即准备死后服饰,俗称张老。出阁女子,当其生母年届五旬,须奉观音手形之头簪一枝,嗣后每逢闰年另送桃形首饰一枚,附系于该头簪;如送杖簪,则每逢闰年须另送圆轮首饰一枚"。在江浙地区,也有人家在家中老人暮年时,为其预备临终使用的寿衣。台州的寿衣叫百年衣,有的老人进入50岁以后,就选定黄道吉日,为自己制作寿衣,用来延长寿命。在台州,死者寿衣中的内衣不用单衣单裤,而用夹衣裤,夹衣外为棉衣、棉裤,最外面则是罩衣裤。旧时,外面则是棉袍或长衫,而现在,则做成棉大衣,同时,为了穿着方便,两袖均开口,用带子系。此外,女性下身为裙子。其次,过去还需戴帽,不能光头。过去男性戴风兜,秀才以上的人戴红色的,不是秀才的读书人戴蓝色的,而不识字的戴黑色的。其三,男性脚上的鞋子通常为暖鞋,鞋底贴有剪纸的莲花;而女性则是绣花鞋。

山东的寿衣也称送老衣裳。过去一般的情况是,人年过50岁开始准备寿衣的布料，年过70岁的才预先做寿衣。但有的地方如泰安等地，当家中的老人在50岁以上，就可以事先做寿衣，也可事先做棺材和修坟墓。山东人寿衣的质料、式样和数量各地不尽一样，大都因地、因人而异。他们的寿衣衣料通常都不用皮毛和缎子，这主要是害怕来世变成兽类和断子绝孙，大多使用棉布与绢，此象征"绵绵"与"眷眷"的意义。富贵家庭以丝、绢、绸为主，一般家庭棉布为主，但"照路衣"和"手帐"通常都以绢质为主。衣裤的件数，喜单忌双，一般都是"五领三腰"，即5件上衣，3条裤子或裙子。服装的样式多采用同时代的礼服，或略带有宗教色彩的服装。无论何时去世，寿衣都以棉衣为主。临朐男性的寿衣为黑色棉衣、棉裤、棉鞋、黑色长袍、马褂、瓜皮帽等；女性寿衣有红花对襟袄、蓝花百褶裙、红棉衣、红绣鞋、红头巾等，几乎与死者的嫁衣一样。泰安男性的寿衣有长袍、马褂等，如是当官的，可穿前补后罩的官礼服；女性有诰命者可穿凤冠霞帔，无封赠者的寿衣则有团凤袄等。莒南的寿衣比较简朴，一般是白衬衣、青布棉袍，男性帽顶缀一红色绒球，女性帽顶绣一朵白色莲花。在青城一带，"其衣有九领、七领、五领之分。其衾，上者用锦，下者用布。其枕为白布缝成，两端尖细翘起，谓之角枕。《诗》言'角枕粲兮'，即此物。忌用皮、缎盖，惧来生蜕变走兽或断子嗣也"。

东北人的祖籍多为山东，该地的习俗与山东类似，富裕人家往往很早就为老人预备寿衣等。在辽宁阜新一带，富贵人家当双亲年逾花甲或届古稀，即备衣衾、棺椁，以免临时措手不及。而在黑山，"富者父母年逾六十，即购制衣衾、棺椁，储以待用，贫者临时购备，以应急需"。

在中原的河南封丘也是如此，"富厚之家，父母寿高，每预为制衣"。通常的情况是富用丝织品，贫用棉织品。在陕西榆林、横山一带，老人的寿衣一概用丝、棉品，表蓝里红，忌着灰黑杂色。而在广西陆川一带，同样有人事先预备寿衣等，他们"衣衾厚薄称家有无，富者多以沉香、茧绸、缎、丝、皮裹而含殓"。与大多数地方不同的是，在该地可以用缎子和皮毛，从而显得与众不同。在贵州开阳等地，"凡年高衰迟，葬具先备者，其衣曰老衣，有三件、五件、七件、九件者，裳称之，质料有布，有帛，忌用缎，以缎之名为不祥"。四川中江一带也同样，父母在，先制衣衾，曰寿衣，也不用缎子为寿衣。

城市的情况也相同，如北京城里的富贵人家，有的也在生前就为自己准备好寿衣,他们通常选择有闰月的年份制作,由于这种闰月很难碰到相同的,因而这有暗喻无论哪年哪月都轮不上自己用这套寿衣意思,从而也间接有象征长寿的意义。当然,多数人家则是在临死前才由其子孙们来置办寿衣等。在北京城里,制作寿衣通常用春绸、湖绉,而不用缎子,因为它与"断子"谐音;同时,民间也不用皮毛,因为用了怕下辈子转世时变成鸟兽。其次,寿衣无论内外,均不用纽子,因它与"扭子"谐音,对后世不利;所以通常只钉"带子",意为后继有人。其三,寿衣件数必须是单数,认为这可以避免所谓的重丧。民间认为这些避讳可以使家运恒昌,子孙后代兴旺发达。

在清末的京师,穿寿衣要根据亡人的社会地位来决定。王公大臣须按自身的品级来制作寿衣,此即"依制殓服"。其蟒袍、补褂和内衣均为丝绸面,内絮棉花,头戴的小帽上镶嵌串珠寿字和红宝石"帽正"以及红珊瑚豆的顶子。鞋子为粉底朝鞋,鞋底绘有莲花图案,因为莲座是菩萨的座位,亡人脚踏莲花,意为得道成佛。平民男性的寿衣,汉人的一般为蓝色宁绸棉袍,红青宁绸马褂;内衣则是白布裤褂;头上为瓜皮帽;脚上为白布棉袜和鞋底绘有莲花图案的元口鞋或福字履,这是一种鞋面上纳有云头、圆寿花纹的厚棉鞋。满人的寿衣通常是蓝宁绸袍子,红青(古铜)色马褂,洋绉小棉袄、棉裤,内衣是白布裤褂,头上为红青顶子官帽,脚上为白布棉袜,宁绸青靴子。女性的寿衣,通常上身是红青色大襟褂子,下身为长及脚面的夹裙子,其颜色有豆绿、深蓝、浅蓝等,这种变化根据亡人的年龄而定。民国以来,女性寿衣多改为时装化,一般是外有棉旗袍,内有小棉袄、棉裤,其色泽多蓝面红里。头上则是蓝地红花的"观音兜"或垫帽。脚上为白布棉袜,尖口鞋,其颜色有深蓝、豆青、豆绿等;鞋的前脸绣着左蟾右蛾,中间绣有莲花。此外,北京人还会为老人准备一些首饰,如男人用的戒指、扳指,妇女头上的簪子、别顶、耳挖勺;耳朵上的"钳子"(耳环、耳坠),手上的戒指、手镯等,以及民国以后的凤冠。此外,还有"九连环",据说这是呼叫鬼门关时用的,通常由女儿花钱为其母置办。

(三)预备丧葬仪式的用品

不仅仅是寿衣,中国绝大多数人家都会在家里老人衰年期或迟至弥留期,为其准备丧事所需要的物品,并筹划丧礼中的事务。在四川成都,通常会在老人衰年期事先准备所谓的"老纸"。在成都,这种"老纸"是丧葬仪式上专用的纸钱,通常用较好的白纸做成,比一般纸钱要大一倍。由于其使用的频率不是很高,市面上不是随手可以买到,有些富家因办丧事需要大量使用,所以,就会事先购买一些储存。而到老人弥留之际,就需计划一下办丧的规模和估计一下办丧必需品的数量,并事先购一些备着,以防不测。

中国其他地方的情况也相同,也需要在办丧之前预备好办丧礼所需要的物品。在东北地区,至迟到临终老人弥留之际,就得抓紧预备丧礼上所需要的物品。如在辽宁阜新,当老人处于弥留之际,主家就需备有冥车、冥马、冥人等以备急用。而在河南信阳一带也同样,事先可为老人准备棺材、寿衣、"生基"等,而到老人弥留之际,包括棺木、寿衣等办丧所需要的一应物质,都必须尽快预备好,以防急用。在当地,应该在办丧之前就准备好的东西有:"一、棺具:即板(棺材也。俗以柏为上,梓、桐、杉次之,白杉又次之。他木可用者,多当称家。椁材同)、桐油、麻油、漆、松香、石灰、糯米、皮纸、灯草、木炭、大索、七星板(薄铜板一片,长广棺中可容,凿为七孔)。二、迁尸之具:即帏(联白布为之,以障尸)、尸床(床无足)、竹簟、枕衾、桌子。三、沐浴之具:即沐巾(新布为之,上体用)、浴巾(新布为之,下体用)、栉梳(须用新者)、组(丝绳,束发者)。四、袭具:即袭床(铺席褥枕,置深衣大带于上)、席褥、枕,幅巾(其制如今之暖帽,以代古之掩也)、充耳(用净棉二块以塞耳)、瞑目巾(用熟绢,方尺二寸,夹缝内充以絮,四角有系,于后结之)、握手巾(用熟绢二幅,各长尺二寸,广五寸,以裹手两端,各有系)、深衣(外大衣也)、明衣裳(用白布新制贴身者)、大带、布履(一双)、袍、袄、汗衫、裤、布袜、勒帛、裹肚(以上皆新制者,如有官职,一切用公服亦可)、衾帽(用以装裹)。五、含具:即钱(二文,有金珠亦可,今代以使君子仁)、米(与钱不并用,今不用)。六、殓具:即棉布(用细者,以为二殓之绞,又垫棺底)、衾(二:一即向以覆者,一有棉者)、衿(单被也,用布五幅)、席、褥。七、奠具:香炉、烛台、酒注、供品等。八、魂帛(用白绢一段,结如世俗所谓同心结者。按《礼》,尸入棺,魂依于帛,则祀魂帛。及葬,神依于主,则祀主。又有作重以依神者。今人于大殓后用黄纸写死者姓字祀之,谓之灵)。九、铭旌(用红绸粉书某官某公之枢,妇人以其封,无官则书处士。三品以上九尺,四五品八尺,六品以下七尺)。"在山东青城县等地,除了棺木、衣衾外,还要准备方粥、方相、开路鬼、活狮、死狮,各种古玩、玉器等,此外,也要准备轿车、牛马、童男女及金银山等纸活,以及浆水罐、五谷囤、笊篱、浆水勺、冥灯等冥器。

城市里的习惯也类似。在北京,在病者弥留之际,当主家根据各种经济条件决定丧事的规模后,就需请出一两位懂得传统丧葬礼仪,又对市面上婚丧租赁业比较熟悉的近亲,分头去雇请丧仪所需的各种人员及设备,并租赁、购买丧仪中需使用的各种物品。其中比较主要的是在没有预先备好棺木的情况下,去"桅厂"看材、选材;到"杠房""讲杠",赁杠、赁罩,雇抬杠的、执事等;到"棚铺""讲棚",雇请棚彩工匠来搭灵棚、彩棚等,到冥衣铺"讲烧活",订制纸糊的冥器,如倒头车、接三车马、杠箱等;到饭庄子"讲席面",预定酒菜等;到庙里"请经",请僧侣或道士来念经、放焰口等;以及去"讲响器",雇请吹鼓手、清音等届时来参与丧礼仪式,为丧礼尽早做好准备。

闽台的情况也是如此,至迟到老人弥留之际,虽不一定要一次性购齐办丧所需的所有物品,但必须事先有一个计划。同时,丧事最初阶段急需的物品,如纸糊的"魂轿",脚尾碗,洗身的瓦钵等,都需事先去购买或定做而准备好,这样才不至于到时手忙脚乱。

(四)事先营造佳城

在中国的许多地方都有事先为自己营造坟墓的习惯,有的地方称此为"生基",有的地方称为"寿穴""生圹""寿域"等。在四川成都,大户人家往往会事先请堪舆师为自己找好民间所谓的龙脉地,然后请工匠预先修筑自己死后归宿的坟冢。这样待死后就可以立刻举行各种丧葬仪式而安葬入内。这种在生前就建筑的坟冢,在成都地区称"生基"。由于这种"生基"建好后,可以使老人亲眼看见他百年后的住所如何,所以这也是表达儿女孝心的一种方式。而在四川东部地区,这种预先营造"生基"的现象比较普遍,普通人家也会事先建筑他们自己的"生基",而显得与成都地区有点差别。在万源一带也如此,有的老人健在时,就开始"自营寿藏,俗称生基。"他们所建生基,"有乱石砌者,有砖封者,有纯用石工雕刻者,总视人子之力量如何"。此外,中江一带也一样,父母在,也有人家先卜造石椁,曰生基。在贵州荔波也一样,有的人在丧前就各造葬具,如石灰、雄黄、朱砂、墓碑、墓志等,并造好自己的寿坟。在湖南巴陵一带也有人家在丧前预制坟墓,"人每预为砖圹,纳物以试之,名曰择窨,又曰生基"。在广西凌云,"殷实之家,葬穴另制,好木盖梁,或砌石槽,中置棺,与椁无异"。凌云的客家人也如此,"行年四五十,已预为饰终诸事。喜营生圹,以石板排砌成坟,葬时不复穿穴,上盖大石板"。

在山东,一些富贵人家,也常在老人50岁以后,预先请风水先生找风水宝地,并请工匠预先修建坟墓。泰安地区的造坟材料有的用腰花玉,有的用各种石料,并雕刻各种各样花纹,以至造出来的坟墓与活人所住的厅堂一样美观。青城一带所营造的坟墓,"其圹有灰椹、砖砌、石砌、攒筒、平池,土穴之分",多种多样,形式不一。河北也同样有不少富户事先就为自己营造坟墓,他们造寿穴时不遗余力,极尽奢靡。在陕西横山一带,有的人家也预先为自己营造坟茔。该地坟茔营造类穴,土为室,其土质松疏者则改用瓦石砌室。墓门石碣,圆首方趾,内无圹志。冢高六尺,前竖碑碣,上书职衔、姓氏、年月。"坟外四隅,树以石柱,冢后立后土石盦。"

江浙一带也有人在暮年时自营生圹,为自己的身后事做准备。嘉兴人称这种生圹为"寿穴"。当地富有之家多有营造生圹者,造好的生圹穴内还需供神,"男圹供寿星,女圹供王母"。定海人称生圹为"寿坟",在那里,"墓有生而自营者,谓之寿坟,即生圹也。中家以上,墓多崇闳碑碣,墉坛皆选坚石为之,费逾千金,次亦数百金"。在温州一带,老人往往以生前能见到自己死后的寿坟、老屋而感到高兴,所以该地时兴事先造生圹。有许多富裕家庭常在老人晚年时为他们修建寿穴。在这个地方,其坟墓的特点是墓室基本上均砌筑在地表上,类似于椅子面。其后有一个半圆形、中高两边逐渐低下的、类似椅子背的坟圈,从而使整座坟墓的外观类似太师椅,而被人称为"椅子坟""交椅坟""高椅坟"等。其次,这类坟墓还有一个特征,就是墓碑安置在"椅子坟"的椅圈的正中央,在墓体的后部。其三,温州一带"椅子坟"的墓穴既有单室,也有多室的;另外,其墓室也可以是多层的。因此,现代有的村落在建筑集体墓地时,也把传统的椅子坟"放大",为村民建筑一个特大的椅子坟,即坟圈中分成许多层阶梯,每一层阶梯上又有许多墓室,每个墓室的封门板则成为墓碑。已安葬死者的墓室,其墓碑所镌刻的碑文涂黑,而生者墓碑的碑文则涂红颜色以示区别。

福建与台湾的闽南人也非常重视阴宅,迷信风水者甚众,许多富贵人家往往花费巨资,聘请江西赣州的风水先生,到各处选择山环水抱、龙脉雄胜之地,择穴造坟,以希望能庇佑子孙发达,事业兴旺。寻觅到风水宝地后,须向原地主人购买,并立下契约为根据,此俗称"给地"。这以后,才可以营造其生圹。

闽南地区所营造的坟墓有独葬、合葬和群葬的区别,所以其墓穴有单圹、双圹和多圹的不同;此外,有的大墓还有前后两圹的区分。一般而言,独葬墓都是单室或单圹的,其墓穴里的墓室圹壁用石头或砖头砌就,或用三台土夯筑。而俗称"墓龟"的坟包则多用石构或三合土夯筑。合葬墓为夫妇墓,通常是一穴两圹,但由于有的富户有妻有妾,故也有一穴三圹的。这种一穴三圹墓。三圹并排,正中是丈夫的,两旁为妻妾,营造时预先筑就圹坑,中间以单行砖隔开,并留有小孔以便"通话",届时再先后逐一安葬于墓中。群葬墓通常用砖石或三合土营造一或两个较大的墓室,以后凡该家族的人过世后,则逐一将其棺材或"皇金"(装骨头的瓮棺)安葬或迁葬于其中。前后圹的墓葬多是比较高级的坟墓,其前后两圹就如同生者居室中的前厅后室一样。在闽台民间,其前圹俗称"圹志厅",是排列随葬明器和墓志铭用的,后圹则俗称"棺材厅",专门用于安放棺木。通常墓穴或墓室的封口即为墓碑。

在地面上,闽南人的坟墓多有龟壳状的坟包,其通常用石头砌成或三合土夯筑成龟壳状,有的还在上面格成十三块六角形小格以做成惟妙惟肖的龟壳,以象征长寿和纪念点化赣州风水先生黄妙应的神龟。所以,这类墓也俗称"龟壳墓"。其次,闽南人的坟墓在坟包的左右和后面有半圆形的"墓山"或"墓围"。如果坟墓修在山坡上,则在山坡上挖出半圆形的空地。中轴线正中为坟包,这挖出的半圆坑壁即为"墓山"或"墓围",它通常要加以石砌,而且其堰墙要略高于坟包,以壮该坟墓的形势。如在平地挖穴起坟,则在坟包后面砌一个半圆围墙作为"墓山"或"墓围",其中间较高并向左右逐渐降低。其三,在坟包面前的左右两侧需对称伸展出俗称"屈手"的"墓手"。其或用砖石砌就,或用整块的堵石、柱石等雕刻件安装。"屈手"的转角处常立有白石或青石柱子,上有圆雕的"文笔""印斗"、宝瓶、石狮子、人物等,有的柱上还镌刻有五言对联。有的墓手的堵石上还镌刻有诗词或山水花鸟图画。其四,在坟包前与墓手之间的一块小空地称"墓埕"或"拜埕",其常用砖石砌就或三合土夯就。其前通常还需要砌一个半圆形的"墓窟"或"丹池",其略低于墓埕，以蓄墓体和墓埕流入之水，并暗喻财源充盈之意。另外，墓窟中也需要砌一个泄水涵洞，但其位置以及砌筑的方法要服从风水先生的安排与指点。其五，有的富贵人家还会在墓地上修建一些地面建筑，如"墓亭"或甚至是修建与住宅一样的"墓屋"来为龟壳墓遮风避雨，极为奢华。在上杭等地的客家地区，也很重视坟墓建筑。"上者用青刚石，全坟砌石需百金至二百金不等。次用三合土筑成，亦坚固耐久。又次用烧砖，而拜台、华表务求美观"。

二、病笃

生老病死乃人生的自然现象，人到晚年有病不可讳疾忌医，而当老人病重难以医治时，为人子孙者一方面心情沉重，竭尽全力去抢救，另一方面，也不能不为弥留之际的病人准备后事，并在避凶趋吉方面大做文章。

（一）落炕与弥留

在中国北方，病人一旦沉疴不起时，俗称"落炕"。这时候病人通常是不能行动、站立，甚至神志昏迷，这表示此病人已离归天不远了，所以，在这个节骨眼上，家人应随侍在旁留心观察，并尽可能采取各种措施，竭力去抢救。如果经医生诊断，病人已病入膏肓，无药可救，此时，就进入所谓的弥留阶段，也是子女行孝的关键时刻。

过去，在这个阶段中，首先是要求子女每日斋戒、沐浴、焚香，向神灵祈祷，或发愿行善，以保佑病者转危为安。其次，子女仍要不惜代价继续寻医求药，竭尽全力延续病者的生命。其三，子女必须躬亲伺候汤药、饮食，起坐搀扶，尽心照顾病人。富贵人家即便家中仆役成群，也不能委托仆役服侍。夜间，应由儿子轮流值夜，以防不测。其四，应在病者清醒的情况下，问病者有何遗言交代，并把其"遗言"一一记在纸上，以便日后整理成书面遗嘱。其五，务使病室内外安静。勿使他人喧哗惊扰，避免"乱其神智，失其正念"。同时，病者的子女也需同家族中的其他长辈商量如何办理后事，做出决定后，也需派人赶紧去筹办治丧过程中的各种事务。

在北京，病者"落炕"后，有些富贵人家除了照上述要求办理外，还需要赶紧办理一些事情。首先是筹措治丧的费用。这有的是由儿子们分摊。有些富户的老人在晚年自己置办有地亩、房产等"寿产"，有的则是子女为了尽孝买下送给老人的。如有这种寿产，当老人病危时，需委托亲友或中人典卖，以筹措治丧的费用。其次是为弥留者画像留影。这不仅是治丧的需要，而且也可以给后辈留下永久纪念。过去因少有照相技术，为人留影多依靠画像。在北京，为活人所画的像称"影神图"；给将亡故的老人画像谓之"画喜神"；为已故老人画像俗称"追喜神"；给不足60岁的弥留者画像俗谓之"绘真容"；而给不足60岁的已故老人画像则称之为"追影"。在清代，这种画像是用工笔画的形式完成，清末以后，则用炭粉来画，就如同今日的黑白照片。北京民间认为，画像必须画出被画者的形与神，如果有一丁点不像，即认为是他人，所以"画喜神""绘真容"时要求画工要精确，并能传神。多数人家通常都在老人晚年时就请画工来画"影神图"；事先没准的人家，就在病者快咽气之前，请画工到病榻前把真容描绘下来。有时，有的老人走得突然，所以，也有的人家是到了老人过世后才为其"追喜神"或"追影"。

在山东地区，过去老人临终前，无论是有病或无病，都极少住院治疗，绝大多数都是在自己家中的里间卧室中养病。这时，做子女的应经常陪伴在周围，并尽全力请医生看护与救治，以尽人事。俗话说："人怕死，鬼怕托生。"当老人在弥留之际，也常出现一些异常，如幻觉与害怕等，常希望跟前有人陪着。特别是那些从事杀猪、宰牛、剥狗行业的人，由于过去常杀生而更加害怕，有时会产生幻觉，甚至会喊叫："了不得了！狗咬住我的腿，牛抵着我了……快来帮我赶走它们！"等等。这时，老人已离咽气不远了，应把其移到厅堂中，以便寿终正寝或寿终内寝。

在闽台，当家中某一长辈卧病不起，医药无效，就会被认为其死亡即在旦夕之间，家人便要为弥留者准备后事。旧时，有的地方有请俗称"红头司公"的道士来"做狮"，以此来唤回病者彷徨于生死之间的灵魂。其仪式过程通常如：先在墙上悬挂三清、玉皇、王母等神像和"五番牌"等，鸣锣开场后，先请神，即祈请玉皇上帝以下诸神降临。次安灶，即祭拜灶神。再次安井，即供拜井神。复次"走文书"，道士将写有为病者祈祷的疏文顶在头上，手持白扇诵经念咒，走到门前焚烧。然后，做法，道士到病人床边，挂"五雷""五昌"等神像，念"压煞"口诀。接着，祭送，道士走到门口,祭送邪灵。继之,敕符制煞,用雷符、狮刀、宝剑、活鸡等驱邪,念咒贴符于门上及病人身上。而后,翻土"压煞",道士坐在小凳子上,用宝剑等打击地面,做驱魔状。此后,祭"五昌",在神像前供奉生猪肉等供品,并用碗卜卦,即将空碗转动以卜吉凶。继而,送火,到户外烧冥纸,以便将邪灵送入火中。紧接着,收魂,诵经念咒,将病者之灵魂收回,并将竹叶插在门柱上,表示魂已收回。最后请三界及送神,即祈请三界公降临,祭祀诸神灵,并将他们送回天界等地。闽台民间认为,做过这种仪式后,病人的凶运将被驱除,其运途将转好。由于这是一种驱邪魔的仪式,为了避免这些作祟的邪魔被驱逐后移祸他人,一般人都回避,不观看这种仪式,夜间则紧闭自家的门户,并以扫帚挡在门后,把鞋子覆置,以避邪魔侵入。

如果家中有已订了婚但尚未迎娶的男孙,需遣媒人至女方家,告知男家的某长辈得重病垂亡,并商请女方准予令未过门的媳妇前往男家探望病人。通常女方家长都会应允男家的请求,而让已许配给男家而待婚的女儿跟随媒人同往男家。于是,女家便令女儿穿戴整齐,由媒人陪同在中午前到男家"探生",因为闽台民间认为在午前探视病人比较妥当。这时,为了方便起见,民间把这种已许配但尚未成婚而去"探生"的女子也称为新娘。这种"探生"的礼节通常在病者徙铺正厅之前,实际上是把婚礼仪式中新娘向长辈敬茶的礼节移到长辈弥留之际来进行,并带有为弥留长辈祈福增寿的意义。新娘抵达男家后,先到客厅稍休息一下。接着,媒人把男家准备好的甜茶交由新娘端到卧房至病者床前问候,并请病者饮用。病者如果无法亲自接受,则由其他亲人代饮,然后在空茶杯中放一个红包,作为回敬新娘的礼物。此后,新娘即回客厅,而后再由媒人陪同返回家中。

在今天,医疗服务发达,有许多老人暮年有病都住院治疗。如果病人住在医院里治疗,当医治无效,生命接近终点时,医生通常也会告知其家属。病人如果神志还清醒,有的会有所指示,要家属送其返家寿终正寝和交代一些身后事。这时,家属通常是遵从其指示办理。但如果已神志不清,则应让病人继续接受医院的医疗抢救与护理,直至去世为止。去世之后,再移灵殡葬馆或家宅中举行丧礼。

但在过去,闽台都有"冷丧不得入庄"的习俗,即死于村庄外的尸体不得抬进村里办丧事。这是因为从前公共卫生条件不好,经常有瘟疫流行,人们害怕得瘟疫者的尸体抬回村庄会传染给别人,所以有这种说法与做法。现在公共卫生已大有长进,而且医院或诊所都可以开出死亡证明书,证明死者是患何种疾病,大家可以对在医院里病死者的病因一目了然,因此,患一般疾病去世者的尸体载运回村里,街坊邻居大多已能够接受。当然,有的人为了避免引起任何不必要的人际关系麻烦,也用一些"窍门"来掩饰,如病人罩着氧气罩抬回,或者尸体要进家门时,由家人持杯给死者"喝"水。对这样的行为表现,人们通常也把它视为"尚未死亡"而可以入庄。所以,现在亲人得重病住院医疗者,再不用害怕"冷丧不能入庄"的谚语,而草率将病人勉强带回家中俟终了。四川长寿等地也有"冷丧"不得人村或屋子的习俗。"凡客死归枢,虽父母不得入门,以为不祥,谓之冷丧。"所以中国各地多数弥留者都是在家中等候驾鹤西去;而这时,弥留者的子孙,多应在旁服侍。

(二)搬铺、打厅边

汉族的习惯是非常讲究寿终的场所的,即人死时应该寿终正寝,这个所谓正寝的场所通常是指房屋的正厅。因为人们相信,正厅是房子中最神圣的地方,神灵、祖先神主多供奉在这里,寿终于此才是死得其所,死后才能在阴间跟祖宗、亲属等团聚。如果寿终于厢房侧屋,死者的魂魄会滞留在寝室的床上,不容易超度转生。所以,在民间,特别是在农村,当老人在弥留之际,只要神志尚清醒,自知自己的时间不多了,往往会要求搬到正厅里,以便"正终"。如果老人病在卧榻上,神志不清,其子孙也需乘其未断气时,将其移入大厅,否则,如果寿终于偏房寝室,其子孙也有照顾不周的嫌疑,而遭人非议。这种做法《南安县志》卷三称为"疾笃迁居正寝"。

在福建,这种搬铺俗称"打厅边"或"上厅边"。在台湾,有的称为"移水铺"。一般是搬铺到自家的厅堂中,或祖厝的公厅中。在现代,多数人居住在公寓里,因此"打厅边"的场所就是公寓的客厅。过去,年满50岁且有子女的所谓"上寿"之人,才有资格搬铺到正厅中寿终正寝。"打厅边"一般是男左女右,如遇上同家族中有两位同性别的老人"打厅边",若是男性,先到者位左,后到者位右;女性则反之。在晋江,未满36岁就当祖父母,而又未满50岁就去世者,也有资格搬铺到祖厝的正厅。不过,如果病危者的父母健在,一般不能搬铺到正厅里,而只能搬铺到后厅或下厅。厦门人临终时也不能睡在自己卧室的睡床上,必须将其移到住宅的正厅,睡在临时搭起来的"水铺"上。夭折者或父母尚健在者或地位卑微的家庭成员,如填房小妾,也要移到床前地板的草席上,或把"水铺"搭在护厝里。这些都需要在病者还未气绝时进行,因为闽南人认为,如果人死在床上,其灵魂会被床架困住,不得解脱,所以,如果寿终于偏房或寝室床上,是不吉利的表现,不能算寿终正寝,因此,也就不能再移尸正厅。但在福州、建阳、邵武、光泽等闽北各地,对此没有严格规定,初丧时,也可以移尸正厅,以满足死者寿终正寝的愿望。

搬铺前要先打扫厅堂,搭铺安席,此闽南人俗称"拼厅"。若临终者是男性,其床铺设在厅堂的左侧。若是女性,在过去,设铺于厅堂的后轩,此为她们寿终内寝之处。而现在,多安置于厅堂的右侧,但也称寿终内寝。"打厅边"用的床铺称"水铺",厦门的"水铺"用2条板凳和3块床板架设,因为厦门人认为,"水铺"的木板取单数,表示死灵将单身上路,不会拉一个家庭成员做伴。而在泉州、晋江一带,则用4块床板架在板凳上而成。台湾的"水铺"则用一块长6尺宽3尺左右的厚木板搁在两条板凳上搭成。有的地方则是把床板直接搁在厅堂的地上。"水铺"通常不能紧靠墙壁,需要留一些空间,可以让弥留者的子女眷属等守护于其四周。

搬铺时,通常是长子抱头,次子抱身,女婿抱脚,其他亲属帮忙,小心翼翼地平抬到正厅的"水铺"上。抬病人时需头部在前,脚部在后地行进,不能颠倒。搬到正厅后,让临终者仰卧在"水铺"上,头部向厅门口,脚向厅内,然后盖上由被单与被面缝合的"水被"。如果老人没有儿子,有的地方由侄子负责搬铺。福州一带则可以由女儿抱头,其他亲属帮忙抬。在长乐,若是父亲病危,由长子将临终者背到厅堂中;若是母亲病危,则由媳妇背临终者到厅堂正寝。搬铺时,通常要用雨具遮住临终者的头部,且忌讳碰到门框、墙壁等,所以搬铺时需小心翼翼,特别是要从自己的家中抬到祖厝去时,因为要走较长的路,所以更需小心。在武平,搬铺的过程中,病人如果小便,被视为是凶兆,而大便,则被视为吉利。这可能与临终者此时是否还有力气有相应的关系。

在福州地区,搬铺后就给病人沐浴更衣,如来不及沐浴更衣就气绝,俗称这是"光着身子走了",家属会感到内疚和遗憾。在福州,通常母丧不是由媳妇负责更衣,而是由女儿负责;如果没有女儿,则由义女承担;而母亲所佩戴的首饰、装饰品等也由更衣者继承。另外,死者所盖的"水被"也要由女儿提供。

讲闽南话的台湾人的风俗与福建的闽南人一致。在台湾,讲闽南话的老人如果知道自己行将就木,就会跟子孙交代要以大厅为其"正终"的场所。因此,在病人要求下,子孙应把大厅打扫干净,铺放"水铺"。台湾闽南人的弥留者若为男性,其"水铺"应该放在厅堂的"龙方""正旁"(出门方向的左边),送终要烧的纸轿则放在"虎方"位置;若为女性,则将其"水铺"放在厅堂的"虎方""倒旁"(出门方向的右边)。如果家中有长辈在,则男性小辈弥留者的"水铺"只能降级放在"虎方""倒旁"或者"护龙"(侧屋)里。夭折者不能搬铺到正厅,只能将其移至寝室床前地上的"水铺"上或侧屋中。南投的情况与上述有点不同,在那里,"如果死者已为人父母或祖父母时,其上辈仍有生存者时,则死者的长子按俗即须点礼香告祖先,下跪死者之上辈,请允许死者移睡或置棺及置灵桌于厅之左旁"。换言之,只要祖先应允,这种上有长辈的小辈弥留者也可以安置在厅堂的"龙方"。在现代,由于住房结构不一,则可以因地形之便安放"水铺",只要不正对着门即可。此外,搬铺到正厅的弥留者,一般是头朝外,脚朝内睡在"水铺"上等待驾鹤西去。到了这一时候,弥留者已知将离开人世,多会召唤家人集中,留下遗言,分配遗物,这种做法俗称"分手尾钱";同时也会叮嘱家人预备后事等。有的人也会在这期间自己下床做最后一次"方便",民间俗称"辞土"或"辞地"。台湾的客家老人,在弥留之际也需要搬铺,但他们的"水铺"是以草席铺地,不用板凳架高,也就是说,他们搬铺后是睡在地上。

广州的广府人也忌讳临终者死于偏房或寝室中,当病人在药石无效危殆时,应先给临终者沐浴身体,更换内衣等,之后把其移到正厅,以便寿终正寝。广府人俗称此搬铺为"出厅"。"出厅"后在厅堂中咽气归西,男的俗称"寿终正寝",女的称"寿终外寝"。有时也会遇上来不及"出厅"的事,如果这样,要赶快拆去死者床上的蚊帐来禳解,否则就有民间所说的被天罗地网罩住永世不得超生之虞。佛山一带的广府人也如此,当该地的老人病笃时,需赶紧为其加新衣,迁居正厅,以便让其在厅堂中寿终正寝或寿终内寝。广西灵川的汉族也一样,当家中"亲病危,移寝于堂,藉之藁席,子妇环侍",为老人送终,让其在那里寿终正寝。来宾的汉人同样,"疾病者将死,亲属共舁出堂前旁壁下席地卧,施以帏,仓皇以热汤濡巾,遍拭病者之体,易新衣冠履。内衣悉白色,外衣或玄、或青,视家之资力与本人品秩,冠履亦然。裹银少许及茶叶纳口中为之含,家人环侍"。

北京郊区的情况也类似,也是在临终者病笃时搬铺于正寝的厅堂。如在宛平一带,老人疾革,"迁居正寝,戒内外勿惊扰,书遗言于纸,撤去旧衣,加新衣。置新棉于口鼻间,以验气绝,曰属纩"。而在清代,这种搬铺的做法要进行两次,如河北束鹿、深泽一带,当"亲疾危笃"时,先移床外庭,子孙、兄弟俱环侍。而当临终者"属纩"时,再迁于中堂,易衣服、衾褥,纳金、珠口中。不过到了民国时期,情况发生变化,当病人疾笃,易服,迁于中庭,家人环侍敬候。也就是说,到了民国以后,河北的老人临终时只需要搬铺一次,而且饭含等仪式也改到气绝后再从事。

在东北的许多地方,老人临终时也要移居正寝,如辽宁庄河一带,人初终,迁居正寝,属纩。安东也一样,该地汉族父母将终,"衣衾齐备,属纩时易衣,迁居正寝床上,首南足北"。在吉林,当老者病将临终时,则家人架木板于正寝中堂,置病人其上,此俗称"上灵床"。此后,要置面棒、面饼于手处,谓之打狗干粮和打狗棒。"谓死者过狗山时,棒以威之,饼以饵之,免其阻去路也。富者且置银器于手、口、头、襟等处,谓死者所持愈丰,则后嗣福祚愈绵长也。"不仅东北人临终时有搬铺的现象,中原许多地方老人临终时也需要搬铺到厅堂中正寝。如在河南封丘一带,当老人病将革,移正寝,并且还有持其衣登高叫魂,"试服寿衣(人将其衣穿于身,令整齐,然后为病者服之),置尸床",烧倒头纸等仪式。洛宁一带也如此,老人病笃时,"或养疾于别室,临终必归正寝",也要徙铺厅堂,使病笃者可以寿终正寝或寿终内寝。

在西北地区也有相同的习俗,如陕西高陵等地,老人疾病迁正寝,属纩以俟气绝,即病笃时搬铺于厅堂中,并在病人的口鼻上放一点细棉絮,以观察是否还有气息。同时,也要给搬铺后的病人沐浴。然后,给弥留者更衣,"其袭亦在临危。有官者,多用官服唐巾,士庶用直领包巾,间用深衣幅巾"。米脂"士庶人家道稍裕者,饰终之典大致略同"。"古者病既革,以纩属口鼻,观其动否,以验气之有无",但到民国期间有所简化,"疾病至弥留,迁正寝,不属纩,以俟气绝"。

中国东南的许多地方,同样需在老人病甚时徙铺,如在江苏盐城一带,老人"病甚迁正寝,沐浴蚤揃,废床返于地";浙江舟山地区也一样,老者"疾病处适寝,寝东首,御者坐持体,属纩以俟气绝"。

(三) 临终前之更衣

人死时穿着以入殓的衣服称"寿衣"或"老衣"等。在老人弥留危急之前,家人应为其准备好。有的人家可能很早就开始准备,有的人家则在老人弥留之际着手准备。在中国,有些地方的人们是在老人弥留之际就为其更衣,有的地方则在老人气绝后才衣殓。

山东民间非常讲究寿终正寝,当老人风烛残年在垂危之际,都尽量避免其在里间病榻上咽气。通常当老人弥留时,都需要先给其沐浴更衣,然后再移到正屋明间的灵床上,让其在正厅中寿终正寝。沐浴更衣时,如果老人是男性,由儿子和女儿来料理;若老人是女性,则由女儿和媳妇来料理。除了擦洗脸面、手脚和修剪指甲之类的事项之外,带有一定技术性的理发、梳头和穿衣插戴等,也可以请人来料理。有的人家事先早就准备好寿衣,这时就给老人换上。如还未预备好寿衣,则在这段时间内赶紧制作。儿女在制作寿衣时,不能啼哭流泪,因为山东民间认为如果泪水滴到寿衣上,死者穿去会经常想念儿女,其心情会不安的。此外,缝寿衣时的线头末端不能打结,据民间说这可以避免死者在阴间时心里起疙瘩。寿衣制作好后,就可以给临终的老人换上。一般是"五领三腰",即上衣5件,裤子或裙子3件。如果老人没有更换寿衣就在里间病床上咽气,山东人称此为"老人光着身子走了",其亲属会因此感到终生遗憾。在山东,大多数地方都是在老人弥留之际就为临终者更换寿衣。如广饶一带,在临终者未绝气时,就在病者的寝室中,为其换好寿衣;然后,在厅堂中设置灵床,待病者气绝后,才将尸身停于灵床,首南向。在昌乐也是如此,"当死者属纩之际,其亲属为之沐浴更衣,居正寝南向,盖求合于古人得正而毙焉之义"。在冠县一带也同样是在临终前沐浴更衣,"人当垂危,其家人乘其气息未绝,先为之穿衣裳,勿裸体",使病者穿上寿衣去见祖先。

东北许多地方也都是在临终者气绝之前为其更换寿衣。如在辽宁西丰,老人寝疾弥留之际,"另设床于寝室,男设正寝,女设内寝。设妥,移病者于床上,此即古易箦之义。儿女侍侧,理发剪爪,盥濯手足,俗名送终。余息将尽未尽时,即更着寿衣、寿冠;以为生时着定,死后能得。此即古之小殓用之于生时也"。换言之,当地人认为,只有在临终者还有气息时换上寿衣,在阴间才能得到它。由此看来,他们

·婚丧嫁娶·

图文珍藏版

是在病者气绝前先为其换床,然后再为其更换全部寿衣。而在东北的绝大多数地方则相反,人们是先为病者更衣后再换床,如黑山一带,当父母之病革也,则撤去旧衣,另著新衣,然后再移至床上,子孙环侍。阜新一带同样,当老人处于弥留之际,即为其先服妥寿衣,而后才移身板铺上。

吉林的习俗也相同,如在吉林辉南,"于逝者属纩之顷,循古易簀之遗意,为易新衣,无冬夏必以棉"。接着再"设茵褥,舁于灵床之上,以银或铜币纳之口中,曰押口钱,即古饭含之意"。海龙、临江、梨树一带的风俗也一样,当亲疾革时,子孙为其易寿衣,移置床上,环立守之。只有在通化一带,习俗与上述几个地方略有不同,老人临终前,"为之栉沐洗浴,此即浴尸礼也。乃行在绝气前,故不特设浴床及袭床。备冠、服、带、靴及银质含具,并设殓床,展衾褥,布寿衣。移卧床上,去常衣,著寿衣"。换言之,通化地方的习惯是先为临终者换床后再为其更换寿衣。

黑龙江的风俗习惯大体和辽宁、吉林类似,也是在临终前更换寿衣的。如在黑龙江呼兰的汉族当中,病者弥留之际,为之剃发、剪指甲,然后"备袭殓服于身",其俗尚7或9件寿衣。换言之,他们是在病者弥留时就为之更换寿衣,因为当地人也有"生衣则得,死衣则遗"的观念。安达的居民大多数由奉、吉等省迁来,所行丧礼大致与各该省、县无甚差异。"当病人疾革时,服以五袭或七袭新衣,绸布均可,惟决(绝)对忌用缎子,因缎子与断子同音,名曰装老。于堂屋中设一木床,上铺秫秸,名曰排子,舁病者于其上。"

在北京城里也相似。旧时当老人病情垂危无法挽救时,就得给换床的病危老人"装裹",换上寿衣。因为北京人认为,垂危病人活着穿寿衣不犯忌,反而有冲喜作用,如果此举能将"邪祟"冲走,病人还有"还阳"的希望。而如果病人气绝后再换,这就叫作"没有穿去",民间认为这等于是赤身裸体地去阴间,因此,只有在病人气绝前穿好寿衣,才算真正将寿衣穿去了,并得了后人的好处。实际上,这是乘老人还未断气,身体还不会僵硬之便,比较容易给临终之人穿戴而已。

北京人在给弥留者穿寿衣之前,要先给病人净身沐浴。按照儒家的说法,这种临终前的沐浴,是"以示洁净反本之意"。而民间则认为,净身沐浴是不让亡人把今世的尘垢带入来世;或者说是不让死者把红尘世上所感染的污垢带进天国。净身沐浴时,男性亡人由其儿子或孙子操办,女性亡人则由其子媳或孙媳来沐浴。有的富贵人家也由仆人来操持此役。沐浴净身时,先洗脸,洗发,然后为其理发。在清代,只剃去前额和两鬓的头发,后边则不动,此寓意"留后"。民国以后,则为其修剪一下,梳理清楚。然后再自上而下沐浴,擦完上身,要换一块新毛巾再擦洗下身,而后修剪手足指甲,把修剪下来的东西盛于一小布袋里,到了大殓时放入棺内随葬。沐浴留下的余水和毛巾要挖坑埋掉,不能随便泼洒于街巷中。沐浴完毕后,再由"杠房"伙友配合孝属给弥留者穿好寿衣,并守候其旁,为其送终。

张北一带的习俗与北京相差无几,当地在死者气绝之前,即将衣服冠履装束整齐。固安也一样,人将死,着殓衣,搭卧床上。据此,这些地方都是在病者弥留换床前更衣的。而在青县一带,则是"当父母之危急,既属纩矣,设灵床于中堂"后,再为临终者换衣、衾、枕、褥。山西的一些地方也是在病者临终前就为其沐浴与更换寿衣,如临县一带,老人病革之时,即为其沐浴,"易新衣,有爵者冠服如制,铺殓衾于棺内"。翼城和临晋一带也是这样,"凡病者将终,家人为之沐浴,彻亵衣,易新服,曾入仕者服制服,含以银,或铜钱",都是在弥留之际就已经为临终者沐浴和更换寿衣。

在长江以南地区,也有一些地方在临终者气绝之前为其更衣,如在江苏扬州一带就是如此,该地病人危殆,先易附身小衣。"将易簧时,加冠服,焚冥舆,子孙匍匐举哀恭送。"湖南的情况相同,如在吉首一带,人们往往在临终者还未气绝前,为其沐浴更换寿衣,至少是要把内衣更换好。因为当地民间认为,平时的衣服是阳间穿的,到阴间就得穿寿衣。如果在断气前没有为其换好寿衣,而是在断气后才换上,其就享受不到,是光着身子走。

在闽台地区,过去通常都是在老人断气后才给其洗身换衣,而在现代,有些地方则改在临终之前换衣。换衣时,父亲由子孙换,而母亲则由媳妇或女儿换。同时,为了避免弥留者咽气时大小便排泄物弄污遗体、寿衣裤等,现在更衣时常在弥留老人的下体垫上纸尿裤等,待入殓前再予以卸除。

(四)换床

在北方许多地方,人们都睡在铺有席箔的砖炕上,老人临终前亦卧病于炕上,所以北方许多地方病笃俗称"落炕"。在这些地方,当老人弥留之际,通常需要给其换床，即移到木板床上。因为民间认为病危者如死在炕上是让亡人背着炕走，这会增加其罪感。有的则认为换床对临终者有冲喜作用，换了床，病人可能转危为安。如果换了床后，病人真的转危为安，人们就说这是换床冲喜的功劳。有的还认为，如果不换床，亡人死在平时睡的炕上，其阴魂就会附于屋内或炕上，不走不散，以致在家宅中滋扰生事。由此看来，临终前的换床，主要是不让垂危者死在日常生活的炕上，目的还是为其后人着想，主要就是避免将来丧者的后人睡在这炕上疑神疑鬼的。

山东的许多地方就是如此。当老人处于垂危时，得赶紧为其沐浴更衣。换完寿衣后，要将弥留的老人从里间的炕上移到正厅明间的灵床上，此山东人谓之换床。换床所用的床有的是用现成木床，有的是用门板或苇箔在长凳上搭成，有的则用土坯临时垒砌，上铺一幅床单或褥子而成。灵床也称"尸床"或"临末床"，在泰安则称"灵箔床"，它由一领高粱秸箔和三条板凳构成，不能用玉米秋杆或竹子做箔，因为高粱在所有庄稼中是最高的，用高粱象征着死者子孙的生活会节节高。灵床通常安置在所谓"正寝"的堂屋的中央或偏东处，床南北向，对着堂屋的门。老人垂危时，为其沐浴穿好寿衣后，就由长子抱头，次子抱脚，其他人帮扶，把老人从里间炕上抬到堂屋中的灵床上，头朝南地仰卧在灵床上，等待最后时刻的到来，其至亲这时也应守候在床边，陪伴其度过这最后的时刻。

按照北京一带旧时的习惯，病人气绝前，一定要给其换床。北京的老人病笃"落炕"时，其家人一般是到附近的"杠房"租赁一张俗称太平床、吉祥板或吉祥床的灵床，此俗称"传吉祥板"。贫寒人家或郊区的农民没钱或无法租赁吉祥板，通常是将自家的房门卸一块下来，支上两条板凳，临时搭张灵床，这做法俗称"搭床"。

凡是寿终正寝或寿终内寝者，其吉祥板或"搭床"应东西向安置在正房的厅里或正房套间中，非寿终正寝者则安置在其寝室或其他地方。平民人家所使用的吉祥板比较简单，先在床板上横放俗称"千斤带"的白布带子，以作为大殓时的提手；再铺上水红布的褥子，并在床四周挂上红布围子或红绸围子；有时杠房的活多，家什不够，也会临时把遮在棺罩上的"走水"拿来做灵床围子的代用品；富贵人家则多用绣有四季花、牡丹花的缎绣软片作为灵床围子。吉祥板安装铺设妥当，就可以为临终者换床了。换床时，必须由病危者的亲人动手，通常是长子抱头，次子抱腰，三子抱脚。如果没有那么多儿子，也可以由其他孝属如孙子、侄子动手。搬动时，子女们还需介有其事地说："爸（妈）！给您老人家冲喜冲喜吧！"然后，依习惯将病者头朝西、脚朝东地放在吉祥板上。据称这是取"西方接引"之意。

白求恩葬礼

东北的习俗也是如此。在辽宁，当老人疾革时，合家环视，为之理发、浴足、剪指甲，易衣服，"自炕舁至灵床，首必西向，藉褥覆衾"。而在复县，除了沐浴更衣换床外，还需要在人将亡时，以丝线及碎银置于口中，谓之"压口银"，手中握以麦饼，谓之"押手干粮"，多了一些手续。在安东一带，父母将终，衣衾齐备，属纩时易寿衣，迁居正寝床上，但与河北不同的是该县临终者安置的方向为首南足北。在新民也有一点小小的差异，"丧主于亲属临危之际，先置床于屋地，衣衾布置完好"，也就是说，该地的灵床不用板凳搁高。海城汉族换床使用的灵床则是搁在板凳上的，当老人疾革时，要为其易衣服，并移至板床上，男子停于中堂，子孙环守。兴京、桓仁、铁岭等地也一样，"当疾革时，设床于室，子孙环视，净面盥手足，易衣服，冠履，然后舁置于床，殓以衾"。开原的风俗也相似，自父母疾革时，子孙为之易新衣，移到板床上，环立守之。而在锦西一带也同样，"亡者疾大渐，家人环守，受遗嘱，舁至床上"。吉林、黑龙江也有在临终前换床的风俗。吉林许多地方称换床为"上灵床"，当老人快咽气时，家人架木板于正寝中堂，置病人其上，是曰上灵床。置面棒、面饼于手处，谓之打狗干粮及打狗棒。"盖谓死者过狗山时，棒以威之，饼以饵之，免其阻去路也。富者且置银器于手、口、头、襟等处，谓死者所持愈丰，则后嗣福祚愈绵长也。"在黑龙江双城一带也如此，当老人病革至舌头僵硬时更衣，并移到中堂板床上，头外足内。

三、送终

生死离别是人生中最痛苦的事情之一。老年人，特别是儿女众多的老年人，死前都希望能和儿女见面，做最后的诀别。因此，儿女守着弥留之际的父母，等候其升天谓之送终。送终的地点都在弥留老人的卧榻边。有的地方，老人在咽气后才换床，在这种情况下，多在老人的卧室中送终。有的地方，在老人弥留之际，就要搬到住宅正厅或祖厝的公厅中等待寿终正寝，在这种情况下，通常是在徙铺后，在厅堂中送终。

在山东，当老人垂危时，其子女应守护在身边送终，此俗称"挺丧"。一方面应尽量寻医抢救，另一方面也应该准备后事。老人知道自己时间不多了，多希望子女都在身边，可以见上最后一面。神智还清醒者也会趁这个时候交代一些后事等。特别当把临终的老人移到正厅后，其子女更得守护在身边，为其喂食喂水，端屎端尿，陪其走完人生旅途的最后一程。据山东人的说法，如果老人弥留时有一个子女不在场，临终的老人就很难咽下最后一口气，即便是艰难咽气也死不瞑目，这些现象都表示死者的心事未了，即死不甘心。所以，山东的习俗是当老人弥留之际，子女应该齐聚身边守护着，为其"挺丧"送终，特别是换床于堂屋之后，不仅都要守在床边，还要含悲忍泪地喊叫："爹（娘）啊！您别走啊！别撇下俺不管了！"等等，一直到临终老人停止呼吸为止。这种送终时的喊叫，也有人称之为招魂。

在河北清河，送终时，弥留的老人"除急促昏聩病外，如自知病危，未有不临终遗嘱其子孙者。子孙或请求身后若何丧葬及一切注意事,并有遗言,子孙亦以遗言为重,谨遵之。然以文字为遗嘱及绝命请词,殊不多有"。而在陕北延安一带,当老人临终时,往往要求其后辈背其出窑洞看看天以后,才安然离世。如果儿子媳妇不肯把其背到窑洞外看看天,会被他人视为不孝。因为延安人常说:"谁做下什么事情,老天爷都能看见。"他们认为老天爷明察秋毫,可以鉴别一个人的功过,所以临终时看看天,实际上是向世人表示,自己一辈子清清白白,无愧于人世。

在福建与台湾的闽南人中,养老送终自古以来都是晚辈对长辈义不容辞的责任。长辈临终时,其子女眷属等应日夜守护在其"水铺"旁,为其送终。凡已经搬铺于厅堂的老人,自知已不久于人世,神志尚清楚者,往往也会召唤子孙到跟前交代后事,分配遗物,此俗称"分手尾"或"分手尾钱",晚辈必须肃然聆听其遗嘱,尽力照办。这时候绝对禁止家属痛哭,如果抑止不了悲痛,也只能背过身去掩面抽泣。如果子女在外地工作,必须设法尽快把他们召回来。子女闻讯后,也应尽快赶回来侍候老人,见临终老人最后一面。即使是远隔重洋在异国他乡,也要尽量赶回来为老人送终,以尽人子的孝心。如果病危者是女性,还要及时通知其娘家,不然会受其娘家人的埋怨甚至发生纠纷。老人咽气时,所有的子女都随侍在侧,目送其终了人生,世人会认为这位老人是有福气的好命人。若有子孙未能为老人送终,往往会被人们认为不孝。另一种说法是,老人去世是祖宗召其去阴间生活,咽气时如果某个子孙不在场,其祖宗在阴间就不认他为自己的子孙,以后这些不在场的子孙也无法与祖先们生活在一起,而会成为孤魂野鬼,所以为老人送终时所有子孙都要在场。但福建有些地方,有的为老人送终时,也不是所有子女都必须在场。如在永定客家人中,如果病危者预感到将会在"带禄时辰"中咽气,那么子女都应避开,不得在其身边送终。在上杭的客家人当中,与病危者生辰相克的亲属,即使是夫妻关系,也不能近前送终,否则这将对生者不利。

在送终期间,临终者的子孙眷属时刻守候在旁,不能喧哗,无论多么悲伤,也不能在临终者跟前哭出声来。看到临终者已气息奄奄,也有一些事务需要办理,如给病危者理发等。在霞浦等地,此期间要请理发师来给临终者理发,病人神志清醒者,由其自己挑选,否则,由家属请平时经常为临终者理发的师傅来理发。理发师来后,要用鸡蛋和酒宴招待,理完发后,除了送红包外,还要用红纸包裹剃头刀等,此俗称"挂红";同时,还要送一块白布给理发师傅,出殡时理发师傅也需来送葬。在福州义序、城门一带,长辈临终时,子女要把生姜等放一些在临终者手中握着,以寓意死者没有空手归西。龙岩等地则将纸钱放在临终者的手中或衣袋里,以表示临终者一生有吃有穿。在泉州,在送终期间就可以去置办丧礼需要的物品,临终者的长子此时必须亲自去买一个陶钵,以供烧化纸钱和库钱之用。除非长子年幼或旅居外地没有回来,才能假手他人去买。在闽台,老人在临死前的回光返照称"返青"。这时应为老人沐浴,否则应加以擦身,以保持清洁卫生。假如病人血压持续下降,呼吸转为急促,或气息奄奄地冒汗,则表明弥留的病人已进入俗称"爬坡"的咽气死亡关口了,此时,在旁送终的子女或请人再施救,再多留老人一会儿,或恸哭送走老人。

广州的民间认为:人死时没有亲人在其身旁,会导致死者的灵魂不安宁。所以,在临终者"出厅"后,临终者的亲属应守候在其身边。当病人奄奄一息时,子孙等应在临终者面前叫喊,希望临终者能缓过气来,或起死回生,此俗称"呼号"。广东大埔客家人在父母疾革时,子孙环立于前,谓之送终。广西同正人在送终时,对待不同年龄的临终者态度则有所不同,"其后生三四十岁,则哭之哀,谓其子女之留遗人世尚长也;其老而七八十岁,则不多哭,谓其寿至此亦可以无遗恨矣"。

江苏丹阳为老人送终的仪式较特别。当老人病危时,需"焚纸舆,铺堂",即派家属一人向家堂、土地、城隍等神燃香烛,焚冥镪,以祈求其能延续生命。同时自床至大门燃"迎路灯",床前燃"迎路烛",并延僧诵经,设架燃灯,曰"转树灯",为老人祈寿。而在浙江湖州地区则有所不同,在老人还未气绝时,子妇辈就可以悲哀地痛哭,为老人送终,并认为这才是真正的送终之礼。

在成都,如果一个老人在许多子孙、亲人守候在边上时驾鹤西去,被认为是难得的善终,当地俗称此为儿子送终。由于成都的老人通常是在咽气后才换床的,所以往往是在老人弥留时的卧室中送终的。这期间,老人的所有子孙会集在老人的卧室中守着,弥留者也会当着他们的面吩咐一些身后事,如事业的继承、财产的处理、对子孙为人处世的教导等。有的也会写出书面遗嘱,在这时当众宣读,把身后事交代清楚,这才放心离去。在江津一带,当老人病笃弥留时,家属无内外大小,皆集病者室,以子或妇之有力者入床至病者后,扶其首,燃香烛于地,子孙环跪焚纸钱,谓之"烧落气钱",为老人送终。南川等地也一样,弥留者病危将绝,所有至亲需守候在其旁为其送行。在云南镇雄一带,人将死,全家大小环守其旁,名曰"守气"。

贵州平坝等地的病者疾革时,要先立遗嘱。由于习俗忌讳亡者在枕头上咽气,所以在送终时,亲属应将病笃者扶起来坐着,并以轻帛置口鼻间,觇呼吸绝否。在息烽一带也同样,凡父母临终时,要移至堂中,儿女、侄男女等均随侍。如死于内室者,需濒危撤下帐子,扶之坐,丰富者仍以斗盛谷,红纸封之,使死者足踏其上。气将绝,烧烛香纸钱,名曰"烧落气钱"。在开阳等地,人将死,去其帐,曰打帐子。气未绝,移之中庭,子孙扶其后以待尽。在湖南吉首,当老人将死时,子孙们要赶紧为其沐浴换衣,并围在旁边,为其送终,有的在旁不断叫魂,喊着:"爹(娘)!您别走啊!您别走啊!……"有的在床边一边烧纸钱,一边喊:"爸爸(妈妈)!受钱哪!……"一直到临终者气绝为止。

第十二章　初终习俗

所谓初终是指弥留的老人断气以后的一段时间。弥留老人咽气后,一天或几天之内所要做的礼仪相当繁多,由于这时死者的子孙们都悲痛异常,加上时间仓促,有许多事情又要按传统规矩做,所以行事必须特别小心谨慎。同时,由于中国地大人多,各地的习俗也不尽相同,因而呈现出多样化的特色。

一、倒头琐俗

弥留的临终者刚气绝谓之初终,在中国北方许多地方也称倒头。在山东,一般是在老人弥留之际,给其沐浴更衣与换床,使之在家宅的正厅中寿终正寝。有时也会发生措手不及的事,让老人在里间病榻上倒头。由于这时还未给老人换上寿衣,山东人认为这是"老人光着身子走了"。在这种状况下,虽也需给死者沐浴更衣,但山东人认为这种死者的魂魄被夹在里间的病榻上,不算寿终正寝,因此需做引魂仪式,把亡魂从里间引到灵床上来,才能缓和生者心中的遗憾和愧疚。这种引魂也称"托魂""领殃"。目的是把死者留在病床或炕上的灵魂引到灵床上来。在临朐一带,做这种引魂仪式时,是在梁上搭一条白布做桥梁,用一只白公鸡在死者睡过的炕上拖几下,引上亡魂,然后,顺着白布把公鸡从梁上递到外边的厅堂里,持着公鸡在死者的身边走一圈。表示把留在病榻上的灵魂引到了灵床上,然后再将公鸡杀了用来祭奠。而在泰安一带,引魂时,公鸡是用绳子拴住,然后把它从梁上拉出来,否则认为死者的灵魂永远出不来。

如在厅堂里寿终正寝,当老人咽气后,先要让死者的嘴衔一枚小制钱或银锭,即古人含玉之意。临清一带还在制钱孔里拴上五色线,谓之"紧口钱";曲阜则称之"噙口钱"。曲阜一带还要用俗称"烂脚麻"的麻丝把死者的双脚捆住;然后,在尸身上盖上一块类似床单的布，此为衾，有黑、黄、蓝、白等不同颜色，上面绣着经文和八仙等。曲阜一带则盖上白纸。死者头枕一个倒三角形的枕头，这种枕头称鸡鸣枕，曲阜则称作鸡寝枕。枕上通常有四句歌诀："亡人头上一只鸡，光会打鸣不会飞，亡人若要迷了路，鸡叫一声自不迷。"据说它可以让亡魂在阴间知道时间。有的在灵床下面放一盏豆油灯，此谓之照尸灯，据说它能防止猫狗进来毁尸或诈尸。而益阜一带则在灵床旁边放一张凳子，上摆一盏油灯，谓之长明灯，儿女守灵时应不时添油，使它长明。此外，在灵床前要放一碗生米，上盖一张烙饼，放一双筷子，谓之倒头饭。

死者的两手，一手握打狗鞭，一手持打狗饼子，有的袖筒中还放点茶叶。据说人有三魂，死后，一魂驻守尸骨，一魂投胎转世，一魂奔赴西天。在奔赴西天的途中要过恶狗庄，有恶狗挡道，所以需要备好打狗用具，一旦遇上恶狗就可以用打狗鞭打跑它们，并扔出打狗饼喂狗，以便脱身。在曲阜，打狗鞭是用花椒枝上系一根青麻绳做成，一端系在死者的手上。打狗饼是用玉米面做成的，小而薄，上有许多小棘刺，有的地方还掺有头发茬子，据说这可以让恶狗扎破舌头或噎住嗓子，使亡魂可以从容脱身。在大殓时，这些也需装入棺材，让死者右手持打狗鞭，左手衣袖中装打狗饼，而且饼的数目要与死者的享年一样。在泰安一带，打狗饼则供在灵床前的供桌上，手上只拿一个装有葛针的手搭子，死者享年多少，手搭子里的葛针就装多少。其次，在泰安一带，倒头饭也供在桌上，饭上也要根据死者年龄的多少而插上相应的谷草。此外还要在门枕上放一碗清水，据说这是给亡魂喝的，可以防止亡魂到鬼门关时因口渴而喝了迷魂汤。

除了打狗鞭、打狗饼外，还要在死者的右手放一块绣有灯笼的白布，此象征给死者到阴间照明之用。另外还要在死者的身上放五块生铁，以防诈尸。莒南一带还有在死者胸口放一块犁头铁以防"发势"的做法。在有些地方，如泰安，人咽气后，还要在死者的脸上蒙一张白色的蒙脸纸。

尸体安排就绪后，要在灵床前烧倒头纸，黄县一带此时还要烧倒头包袱或倒头轿、倒头马等，使亡魂有钱用，有轿马代步。有的地方在门前竖起招魂幡，或者挂上魂帛，幡上缀一串纸钱，钱数与死者的岁数相等。有的地方还登上屋顶呼喊招魂，让死者的灵魂回家来。此后，则举行指路仪式，此是为亡魂指明升天的道路。在曲阜,指路的仪式比较简单,做仪式时,在院子里放一把椅子,旁边置一斗。死者的长子手持擀面杖站在椅子上,先用擀面杖击打斗面,然后用擀面杖指着西南方向,连呼三次:"爹(娘)啊!上西南!"呼喊结束后,孝子贤孙就可以举哀了。在临朐,指路仪式稍复杂些。其仪式由族中的长者主持,首先在灵前放些纸马,除长子外,其他的至亲则跪在灵前,死者的次子手持"长钱"在死者的尸体上来回拖动,

供桌

然后把"长钱"放在死者生前穿过的一件旧衣服上,大家这时就起立伸手托住衣服,移到门外,放在事先准备好的纸马上。接着,由死者的一位侄子手持三炷香前导,其他人抬着纸马在距离住宅二十米左右的地方停下,邻人则拿些麦秸堆在纸马旁,点燃麦秸,将纸马、旧衣和"长钱"等一齐烧掉,与此同时,大家齐喊:"某某,别害怕啊!上西南啊!"长子则站在院门旁边的高凳子上,高举一根插着香火的秫秸.指向西南天空,大声喊叫:"爹(娘),上西南啊!"连喊数声后,把秫秸扔掉,痛哭流涕地回灵堂跪下,等其他人返回灵堂后,则大家一起大哭举哀。

北京地区的风俗与山东基本相同。弥留者气绝称倒头。老人初终时,先在灵床前设供桌,并摆上全套供器,如香炉、烛台等,点上俗称"闷灯"或长明灯的倒头灯,因为民间认为冥界茫茫如夜,需要点灯给死者照路。富家可以从店铺里租用专门的"闷灯"和供器,而贫家则用家中的油灯等来代替。其次,在桌上供一碗俗称倒头饭的米饭,上插三根两三寸长的秫秸棍,每根棍上插一小面球,此为打狗棒;饭上还有三块小烙饼,是为打狗饼。这些是给新鬼赴阴间,经过恶狗村,防止恶狗缠身,打狗和喂狗用的家伙和食品。焚香设供后,孝属全部跪在地上,高声举哀,焚化纸钱或金银箔叠成的元宝、锞子,此为烧倒头纸。有的富户还用彩色棉纸捻成与死者享年相同数量的灯花,蘸上香油,用铜钱压住点燃,从灵床一直排到大门外,谓之引路灯,其有引魂上路的意思,并在大门外焚烧纸糊的倒头车、倒头轿。有的人家

则用纸钱从灵床前一卷卷摆在地上，一直烧到门外，最后引着倒头车、倒头轿，意为引魂上车、上轿。这时，全部孝属依序跪在门外嚎啕大哭，为亡魂送行。一般的平民人家只烧一辆简易的倒头车即可达成引魂上路的意义；而赤贫户在门前象征性地挂几张烧纸也可以表达此意。

天津的习俗大体类似。人死先更衣，男着长袍马褂，女着袄裙。"殓有三铺三盖，多至九铺九盖，数必用单，而贴身一层必铺黄盖白，取铺金盖银之意。"接着，"停尸于床，合家举哀，焚纸锞，曰领魂纸。床前燃灯，曰引魂灯。富者延僧诵经，谓之倒头咒。焚纸糊车马，谓之倒头车"。在河北清河等地，老人初丧时，"衣衾完备，不即殓。将死者置灵床上，口含以钱，以手握果饵，取含饭之义，以锦衾覆之，置盐盏于上，曰停灵。贫者不备锦衾，以纸为之。人子跣足免冠，亲属随之哭泣号踊，赴土地祠押纸，亦曰报庙。并制纸幡门外或巷口，男左女右，按照死者岁数制之，仪招魂之义。是夜，族人皆来丧家，曰守灵"。至三日才入殓。

东北的风俗也基本相同，例如在辽宁海城一带，"俟气绝，以珠一颗或银币一枚纳口中，即古含之义，俗谓压口银子；一手执鞭子，一手握馒首，俗呼打狗包子；以帛或布覆面，即古设冒之义；以赤绳笼两臂及两足，俗称绊脚丝。外殓以衾，衾上覆被，以瓷器贮谷少许置胸间，即古之小殓。男子停中堂，故曰正寝；女停内室，故曰内寝。但城乡各处，习惯不同，亦有男女同停中堂，或同停内室者。停中堂者，首南足北；停内室者，首必向西，俗最忌向东，谓主重丧。初终，施白布于床脚，引出寝门，直达于户，俗谓搭桥，然后焚刍灵于门外，车马、仆从皆以纸为之，谓之烧路车，亦有不烧者，丧主足踏门限，木杓扣门楣，三呼亡者往西方大路走，俗谓之指冥路"。指冥路毕，"阖家易缞绖，举哀"；并在"亡者头前燃灯一盏，贮米一盂，插箸三枚，上端裹以新棉，有古属纩遗意。但古以验气有无，今则专以拭目"。然后"烧纸于瓦盆，谓之丧盆，出灵则弃之"。同时，"按亡者寿算加二数，叠纸剪为三连，下垂为幡，以竿系之，悬大门外，男左女右，俗呼过头纸，送行时焚之，盖寓招魂之意，即门幡也"。而后，才去报丧和报庙。吉林也有相似的习惯，老者既死，家人围尸号啕大哭，"覆青巾于面，即古属纩之礼也"。置耕地之铁铧于腹部，防尸乍起。"置盆尸前，备烧纸用，曰丧盆。以绳系纸悬门前，曰岁数纸。其张数同死者之岁数，使人知死者之寿也。同时，死者为男，则火纸马，为女，则火纸牛，谓之倒头牛马（意谓马备乘用,牛为女人饮其生前所玷污之水,以免其死后之罪也)。长子持竿登高,向西南指而泣呼其父或母曰'西南大路,明光大道'者三,是曰指路,盖恐死者之魂灵迷去路也。"在黑龙江,老者初丧,丧主趋东房烟筒下,手执木棒指向西南,"大呼曰某亲奔西南大路,凡呼三声,谓亡人灵魂由炕洞入,烟筒出也。既而撒发哭泣"。然后成服,并在"灵前供米饭一盂,盂前插箭干三,干端缚棉,曰倒头饭",次日才举行棺殓。

在陕西武功县岸底村,老人咽气后,要在其脸上蒙上一张黄表纸遮面,以便查验其是否真正死亡,此为古代属纩之意。接着用一个新瓦盆盛来温水,用新的布帕蘸水把尸身擦拭干净。然后才给死者换上老衣,给死者嘴里含上铜钱或银圆,有钱的人家也有给死者含玉的。并视死者的性别,给死者手中握上或放置眼镜、烟袋或手帕、木拐等物品。在延安,老人一咽气,孝子孝眷需举哀,嚎啕大哭,用一个碗装着纸钱,敲着送出门外烧化,此谓之送终。烧了纸钱后,把碗拿回来,置于死者的脚下,作为孝盆,在里面烧纸。然后给死者整容、沐身,在其舌下压一枚小钱,最后穿鞋戴帽,此当地俗称装殓。装殓完即马上举行当地俗称入函的入棺仪式,并钉上棺盖。在米脂,老人气绝后,"不寝地以求复活",也不升屋以招魂,而是先为死者沐浴更衣,接着"舁尸床于中堂,于堂中挂纸",但也有的挂在门首和尸床上,其数如死者岁数。然后给死者嘴里含点东西,俗称口含钱。同时,把死者生前落下的牙齿、头发等放于尸床上,此俗称"楔齿",并在尸床前拴一只引路鸡,而后根据秧榜有否禁忌的规定,或举哀或不举哀,并视天气之寒暖,以"定殓期之迟速"和准备大殓。

河南安阳等地情况大同小异。当老人初丧,"先以各项衣服装裹死者,然后设灵床堂中,铺以稻草或谷秆,上加棉褥及鸡鸣枕,舁死者于其上,覆单衾,张索帷,曰小殓。孝子哭踊,女去簪珥。诣土地庙或通衢焚纸招魂,俗名压纸,三日夕复往,俗名揭纸",然后在择好的日子大殓。在汝南,老人气绝后,"将死者尸身移停堂中,谓之正寝。预备衣服、衾褥,以为装裹之具。死后于灵床铺设被褥和鸡鸣枕,舁死者于上,覆以锦被。前张素帏,设香案,置供灵鸡于案上,男用雄,女用雌,名曰引魂鸡。是谓小殓"。

在上海崇明等地,人死始洗尸,"在床服衷衣,移尸正寝。撤床,荐衣服、袜履。杂纸钱为冥舆,纳位而焚之门外,僧道动铃钹诵经,谓之指灵。亲属皆哭送,或具仪仗舆送诸城隍神庙,谓之送魂"。浙江的习俗与江苏比较接近,如在定海等地,当老者气绝后,就为其"加新衣,书遗言,男女啼哭踊。焚香烛于灶陉、祖庙,拜求来复。楔齿缀足,主人散发徒跣交手哭"。而后,遣仆赴亲戚,谓之报讣音。并在厅堂里,"设帏沐浴,袭衣饭含,栉发揃爪。设余阁之奠,当脯,谓之使尸羹饭"。"厥明奠"后,"小殓加朝服。主人冯尸哭擗,奉尸侇于堂";"主人暨有服之亲寝苦尸侧,谓之陪尸";然后等待在阴阳家选择的吉日吉时里大殓。

湖南吉首一带,由于气绝前就已沐浴更衣,因此,当在房间中送终的家人见到老人已气绝;就为其把外层的寿衣再穿上,孝子们每人将自己的衣服剪一小块下来,搁在老人的遗体上,并在其左手上放一团饭,在其右手上放把纸扇,以便让死者过恶狗村时对付恶狗用。如果厅堂中棺材已备好,就可马上入棺。同时,事先请来的铳手放铳,向村里的亲属报丧。但如果事先没准备棺木。就要先将遗体搬迁到厅堂后轩的灵床上,待棺木买来后再入棺。如果是停放在灵床上,也需先在灵床脚下点长明灯,并供一碗米,在上面插点燃的香。而如果直接入棺,以上陈设就放于灵柩脚下。在江西宜春地区,旧时临终用睡椅舁至堂中,"男女皆跪哭。撤卧荐,并纸钱焚之。凡服内之亲,暮随丧主赴邻近庙宇及城隍祠、东岳祠分日烧香。堂中设殓床,覆以衾。袭时不浴,但以巾沫拭胸前。殓床前设灵亭、灵牌,以纸为之,灵牌类木主而稍宽,即魂帛之意。含尸,金银外兼用茶叶、米"等,而后才大殓。

贵州省绥阳一带的丧家,在老人气绝后,需立即烧纸钱,此谓之落气钱。接着为"死者沐浴,衣服冠履穿讫,移尸于堂,扶起哭拜。又用袱子一大包,谓之烧老纸,将灰存之小罐,葬时埋之,呼老纸罐"。而当棺木已备好就马上入棺,如还未准备好,就加紧准备。从此时开始,"男女孝眷食粥忌荤"。平坝一带,当老人气绝,亲人马上将其平放在床上。一个亲人持死者衣,升屋之高处,呼"某公来复"而招魂,然后下来,将衣服盖在死者身上,希望亡魂能回到他身上。而后,家人举哀,并烧倒头纸。同时,在堂庑或宽敞的地方设一张两条凳子架一门板的尸床,将尸体从寝所移到尸床上。然后为死者净尸、剃头、更衣,口含一点金、玉之类的东西,脸上蒙上白纸,等待入殓。

成都地区的临终者一断气,丧家要立刻将死者床上的帐子撤下,此称撤帐子。据当地说法,这是因为人死后不能再被罗网罩着。接着,要把死者房顶上的瓦揭去

·婚丧嫁娶·

图文珍藏版

一片。如果是农村的草房,则将其屋顶戳一个透天的窟窿,其名为出煞。据称这样做,死者的魂魄可以容易从此处升天而去。撤掉帐子后,要赶快用一个新瓦盆装些温水来给死者净身,把尸身从上自下擦抹干净。如果死者是男性,要请理发师给死者理发,整理仪容。同时,检查一下死者在断气时,裤子里面是大便还是小便。因为根据当地人的观念,大便象征着福泽,这表示死者的儿孙有福;而小便则预示儿孙福薄。净身完,把预备好的老衣给死者穿上,所穿的衣裤只能是单数,一般为5、7或9件。换下的旧衣服,通常甩在远处的房顶上丢弃;也有人家会选几件质料好的消毒后留下来做纪念。

换衣后,把死者从床上抬到堂屋中新设的木板上,在其手上放一根用柏树枝串起来的包子或面饼或"锅魁",据说这是为死者下阴间打黄泉路上恶犬和防身用的。另外还要用一张喷过水的烟叶或一块含有葱姜的鸡蛋煎饼,搭在死者的口鼻上,用以掩盖死者的秽气。然后在死者的脚下,点燃一盏俗称路灯的菜油灯,这是给亡魂下阴间时照亮用的。同时在灯旁点上香烛,并在其旁烧3斤6两的倒头纸。这也是给死者带着在人阴间路上用的。倒头纸烧剩的灰烬,要装在一个俗称路引罐的小瓦罐中,待做完开路仪式后,把烧路引的灰装进去,用内白外青两层布将罐口封好,放在棺材前面,待出丧时送至墓地,葬于墓穴中。

而在四川合江、江津一带,临终者一旦气绝,守在旁边的家属立即举哀,接着"就床平置其尸,撤去帐,燃灯床下,以素纸盖死者面";然后为死者沐浴,"沐浴讫,衣以丝绸之属,以布盛之,仰置于簧上,燃灯其下,俗谓之过桥灯";接着,"去其床,取卧草同澡洗之巾烧之,视巾灰上所现之花纹,以卜死者转生之迟早"。此外,丧家在老人丧后,必请道士来做法事。"道士至,亦不用升屋招魂之礼,用纸钱二厚叠,包以黄白纸,注写死者所着衣服等物数目于上而烧之,谓之烧老包。"接着,"对死者陈羹饭,燃香烛,道士法冠服,手铙音而唱之。其语殊鄙俚,大意谓:人皆有死,为死者宽慰劝餐耳,谓之开咽喉,献羹汤"。然后,"道士用红绫墨书死者讳氏于上,谓之开灵,置灵于案而供献之"。同时还做"引魂幡,幡上书死者讳氏、生卒年月,插于灵案之旁"。此外,还为亡灵做一纸屋,其"以纸竹为之,堂室窗户巨细皆备"。此外,士大夫家还要准备铭旌,而平民则没有。

云南镇雄一带,当临终者刚死,丧家禁啼哭,扶死者脚踏斗上,烧纸钱七斤半,叫作"烧斗钱"。同时出煞，然后，将尸停于中堂，用白纸蒙面，尸下用小盆盛水，置梳筷点灯，谓之"过桥灯"。死者一岁用纸一张，每十岁加一张，束成钱龙式，高悬门外，名叫"望山钱"。同时，请僧侣做法事，叫作"开咽指路"。此外，还要设丧帏，供灵位，男左女右寝于地，谓之守丧。随时哭泣，早晚上食供献，等待入殓。

在闽台，老人一旦断气，据说其魂魄一分为二，体魄留在水铺上，灵魂则茫然不知其所在。这时要用一块面布盖其脸。据说这是有廉耻的表现，所以骂人不顾廉耻，有"前世无遮面布"之说。遮盖好面布后，要立即在大门口焚烧一顶纸轿或纸车，供亡魂使用，此称烧魂轿或烧过山轿。同时，用一只内装沙的大碗作为香炉在大门外焚香祭拜亡灵。有些地方还需要在那里砸碎一只碗，并念"碗破家圆"后，全家大小才开始举哀。

台湾有些地方在烧纸轿时，先要在纸轿前后各置饭、肉、酒一碗，俗称肉酒，宴请轿夫。点香毕，以沾酒之肉在轿夫的嘴唇上擦抹数下，算是宴请完毕。然后，烧二捆银纸算是给轿夫的工钱。据说轿夫吃饱带足，才会心甘情愿"爬高爬落"；稳稳当当将亡魂抬到阴间。在焚烧银纸时，烧纸者要交代亡者坐好，拜托轿夫扛稳等。烧完纸轿先关上厅堂门；接着由请来处理丧事的"婆仔"来"做欠算"，念好话。其到丧家后，先拿一根长竹竿靠在丧家的屋檐上，大声念道："竹篙挂帘檐，予这家子孙代代富万年"。接着拿一个内装硬币的瓷碗，重重摔下，表示亡者从此不再食人间烟火了，并大喊："摔破瓷，予这家子孙钱银嵌万年"。最后面对丧家大声喊："孝男孝女哭出声，金银财宝满大厅！"至此丧家才能号啕大哭举哀，他们边哭边跪爬进灵堂内，围着亡者恸哭。举哀罢，女儿在灵堂内侧，死者的脚下烧"脚尾银"，给死者做路费。这种烧"脚尾银"的礼节。在入棺后，每天早晚由媳妇哭奠时，都得做一次，直到出殡日才终止。

在福建永春，老人咽气，需"去帷帐之半，彻（撤）屋瓦一二块，取魂归于天之义，令死者之灵得自空虚处上升也。"在诏安，老人初丧时，先焚香祷告一番，然后，牵一条狗来，用陶瓷器皿猛击它，让狗疼痛发出惨叫，陶瓷器皿也落地有声，摔成碎片，然后，家人才可放声大哭，此俗称开声。哭丧时，男的站在死者的东边，女的站在西边。孝子、孝眷们要脱帽、脱鞋，摘掉所有的饰物。他们可以顿足号啕大哭，但不可以拉扯尸体，也不能让眼泪滴在尸体上面。因为人们认为，如果眼泪滴在尸体上,该人以后会疯癫。在大田县,属鼠、龙、蛇生肖的人死于午、未日,属虎、兔、马生肖的气绝于子日或丑日,牛、猴、鸡属相的人死于酉、戌日,属羊、狗、猪生肖的亡故于卯、辰日,孝子、孝眷都不能哭丧,要等待其忌辰过后才能号哭。另外,佛教界的人士还认为,老人咽气八小时内不得哭泣,因为死者去世八小时之内,其"八识"还未完全脱离形体,子孙不得移动其形体,也不得哭泣,以避免死者心生贪念,颠倒妄想。

举哀后,要把死者原先睡的枕头拿掉,换上一块大石头或一捆银纸给死者当枕头,此称易枕。闽南人认为这是处理体魄之始,并认为这样做后,才能使死者的子孙"头壳硬",这有使其子孙聪明之意。实际上这是把死者的头垫高,使其下巴收拢,不致张着大口吓人;而且嘴闭合住,尸体也不易冒出腐臭味。与此同时,要在死者嘴里放一枚银币或一币状物,此俗称"含殓"。此时,如果死者的眼睛还未闭合,也需手持一张银纸将其抹合。然后要把弥留时死者盖的被子撤掉,换上白被单中缀红布的"水被"。如果没来得及准备好水被,则可用新被单代替。用这些比较单薄的东西遮盖死者,其意除了覆盖其形体外,还有让尸体不容易发臭的目的。

换完水被后,要用一张长一尺宽三寸的厚纸,书写死者的名讳谥号、死亡年月日时,左下旁书写孝男几房等,暂代牌位,供于正厅的一角,此曰竖魂帛。同时遮神,并在死者脚下的位置摆一碗脚尾饭。这种脚尾饭是供亡魂吃饱了好上黄泉路。有的地方则放在头部上方,俗称棺头饭、送终饭、枕头饭或走路饭。在过去,这种脚尾饭要在露天的地方烧,不可在厨房里烧。烧好后须用大碗盛满,而且越满越好,上面还要放一粒白水煮熟的鸭蛋,并插上一双筷子。同时,要在脚尾饭边上放一盏脚尾火,这通常是盏小油灯,有的也用白蜡烛代替,这是给死者到阴间时照明用的。如《民国厦门市志》载:"初丧,尸体安置三块板上,俗称水床。亦有特制者,状似炕床。长辈位居堂上正中,晚辈则略偏,或横陈堂边。尸体加以外衣,盖以白布,外悬白幕。死者足下燃一巨烛,曰脚尾烛,示死者前途光明也。焚冥纸,曰脚尾钱,俾死者费用也。又置纸人二,曰脚尾婢仆俾死者供使也;盖棺时纳入棺内,即俑之遗意。门外置一纸轿,曰过山轿,或加纸制执事仪仗,多少不一。戚友见有纸轿,方可致送冥镪。答以白布红丝线等,若姻家须再加红布。"。有的地方在脚尾饭旁,还要用一只俗称"碗公"的大海碗装些沙作为香炉,内插燃香两支并放一个瓦盆在旁,在里面烧脚尾银,给亡魂作为赴阴间的盘缠。这种银纸俗称"小银",其长约20厘米,宽约12厘米。烧脚尾银应慢慢烧,以免增加室温,加速尸体腐臭。另外,还要在尸体的脚尾处烧一顶内装银纸钱的纸扎小轿,据说这是向上天报告死讯的意思。泉州一带,除脚尾钱外,还要烧库钱。这种库钱是用白色有光纸制成,状如长信封而略宽,内垫纸钱数重,是较重要的冥币。病人气绝后,家属要不断在瓦钵中烧化库钱,边烧要边哭叫"烧库钱,给你买路走,买路过……",以便让死者在阴间买通关节好过路。烧完库钱后,用铁锅覆盖瓦钵,用剑镇住,并用东西击地出声,以防其他鬼魂来抢库钱。当晚,为引导亡魂上天堂,有的人家会请道士或僧尼诵经,此俗称开火花。

广东客家人的老人在气绝后,家人要敲打铜锣三响,表示该人已经寿终。随即在厅堂里悬挂俗称孝帘的白色帷幕。孝子孝孙剃发、赤足,手提竹篮挂灯,篮内放着香纸蜡烛,前往河边,跪告河神,并向河里投铜钱3枚,用新瓦罐盛水回家,用这些水为死者沐浴,然后更衣,并在死者的口鼻上放一点新棉花,以观察其是否真的气绝。此后,在其脚部尺余的地方设置一盏油灯,此称脚尾灯或长明灯,在其旁放一碗脚尾饭,上放鸭蛋并插上筷子。这些是给死者照冥路和避免其在阴间路上饥饿的。然后,一面举哀,一面在门口焚烧俗称魂轿的纸轿子和轿夫,其意思是给亡灵乘坐而归西。待死者的尸体完全冰凉,便把尸体从床上撤下,放置在地下的席子上,此俗称"下制"。普宁客家人的老人断气后,敲锣三响,女眷放声大哭开孝。然后将死者卧放在冥椅上。孝子们用钵到河边舀回长流水为死者沐浴。然后为死者更寿衣,男性穿双数长衣,女性着单数衣裙;俱黑鞋白袜。死者的右手拿扇子或手巾;左手执俗称打狗棒的桃枝。尸身上蒙盖白底红被面的"天地被",不见颜面,因为当地客家人认为死人似虎,遮其面是不让其惊吓活人。接着在死者脚下,摆一盏俗称脚尾灯的豆油灯,灯旁置冥饭一碗,并开始穿上孝衣,父丧露左臂,母亡露右臂。

福建的客家人习惯在病人临终时,为其更衣,寿衣要上六下四,新帽、鞋、袜、内衣均是白色的,妇女要梳头包罗帕。人一断气,马上焚烧魂轿与轿夫,请道士来为其开路送终。媳妇、女儿要悲哭嚎叫。上杭的老人初丧时,孝眷要将空饭盒放在锅里煮,此俗称"驳气饭",寓意子孙后代绵延不绝。在宁化等地,病人临终时,要为其剃头、沐浴、更衣，若来不及，则死后进行。为死者沐浴，除了在死者身上稍事擦拭外，还要"造湟"，即在尸体旁边，用布围一个角，用澡盆盛水，儿、媳用手把水拍得噼啪响，表示在给死者洗澡。在宁化，念佛妇女的寿衣就是佛衣，通常都是她们皈依佛界、举行"点珠"仪式时穿的那套绿色外衣与白色内衣。

赣南于都客家人为死者更衣俗称"装死"，他们需五衣三裤。男戴礼帽，女戴凤冠，口含金钱，手捏纸钱叠成的纸锭。然后连尸体带席移到地上，拆除床铺，此称下榻。下榻后，派人去报丧。赣州的客家人"装死"时，死者贴身穿红色布衣，上七层下八层。人死之后，要在死者面前供饭，点七层的铁树灯。同时要请和尚或道士来念经，早晚哭灵，昼夜守灵，防止猫横越尸身和尸体被虫鼠咬伤，并等待大殓。

在广州一带，广府人的弥留者气绝称倒头，此时，守护在旁送终的亲属要各执一根俗称引魂香的点燃香火，围着已搬铺于厅堂中的死者跪哭。然后，将死者的遗体安放平正，脚部朝着厅堂的门口，并让死者的双手各握一包银钱，谓之给死者做下阴间的买路钱。同时在厅堂中也要昼夜不停地点蜡烛，此谓之为"亡人照冥路"。此外，就是请来"喃呒先生"诵经，为死者开路，并派人去报丧和做入殓的准备工作。

二、开殃榜

殃榜是丧葬活动中用于记载死者生卒时辰、生肖冲克及有关殡殓活动的榜文。有的地方叫"七单"，有的地方叫"斗书"。

在闽台的闽南人中，人死后，除了办理一些初丧时的仪式外，需要派人带着死者的生辰八字和"大限"等去请僧道或择日师择定入殓、出殡、安葬、落土等重要时日和避讳等，以及去办理死亡登记等，此俗称开斗书。然后，才根据这些择定的日子与时辰举行各种丧仪。丧事重忌讳，大凡入殓、转柩、落葬等均需要选日子、选时辰。在闽台闽南人当中，一般是先看入殓时辰，然后，再看墓地，墓地决定后再看出殡之时日。丧家请人看日择时，必须提供死者本身及其儿子的生辰八字以供参考，如果是妻丧，还得加上其夫的生辰八字。阴阳先生根据这些，推算出入殓、转柩、落葬的时日,丧家则依此办事。而办理死亡登记时,因病去世者可向治病的公私医院或诊所请求开具死亡证明书。意外死亡者则要报请检察官和法医验尸后,才能开具死亡证明书。家属开了死亡证明书后,则向户籍所在地的户政管理机构如派出所办理死亡登记,然后才能入殓与出殡安葬。

末代皇后婉容衣冠冢入葬清西陵

闽粤地区的客家人认为,人死后有"殃"(鬼魂为祟),死者之魂飘荡在空中,谁被冲到谁倒霉。因此,在人死后,就要请道士或阴阳先生按死者的生肖和死亡时辰的月令干支,以阴阳五行相生相克的说法,择定入殓、发引、破土、下葬等的日子与时辰,推算出犯冲的生肖和忌讳等事项,并张榜公布。这种文书就称殃榜,这一程序称批殃榜或批书。客家人认为,这种殃榜有三种作用。一是推算出何时入殓不犯"重丧",何日出殡吉利,何日净宅可以免灾等。这将使丧家避开不必要的灾祸,不会引起所谓的"灭火"。二是使生肖犯冲者避免灾难,搞好睦邻关系。三是此殃榜可以作为出殡时灵柩出城的证明,阴阳先生也可以用此向警方报告。宁化的客家人把开殃榜称作"拣日子",通常是找看风水的地理先生来拣日子。地理先生将死者及其子孙的生庚问清楚后,推算出不会冲克死者家属的盖棺、"开土皮"(挖墓穴)、出柩、灵柩入穴、立碑、化灵活动的日子与时辰,并开出殃榜给丧家。丧家则依据这些日子时辰安排葬礼过程。

在北京地区,为了趋吉避凶,以利家运和后代的繁荣昌盛,当家里死了人,就会

·婚丧嫁娶·

图文珍藏版

请阴阳先生来家里检视死者,请其开具殃榜,作为丧事时刻、方位、禁忌等的指针,并作为正常死亡的鉴定书和作为出殡时出城的执照。在清代和民国初年,官府鉴于民间对阴阳术士的信任,遇丧事必请他们禳解,阴阳先生据有亲自验视死者的条件,而给予他们经营丧礼事务的特权。因此,阴阳先生也需要据实鉴定死凶,而向官府负责。如果是正常死亡,就开出殃榜,并将死者的情况定期上报给官府。如果是自杀或他杀,应立即报告官府,请仵作来验尸、鉴定,才可以处理丧事。所以,在那个时代,殃榜也具有法律见证的作用,"此殃榜盖为将来尸枢出城(安葬)时之证也"。1919年以后,在北洋政府执政期间情况有些变化,当时改为凭殃榜到卫生局申请出殡执照。1927年国民革命军北伐后,当局规定,不再以殃榜作为领取出殡执照的依据。所以,此后民间有丧事,一方面要向公私医院、诊所开具死亡证明书,而后到卫生局申请出殡执照;另一方面,仍然请阴阳先生来开具殃榜,按殃榜的指示行事,或请他们来处理丧事中的禳解之事。

开殃榜时,阴阳先生应向丧家询问死者的"原命""大限"和享年多少等资料。不过,民间也认为,通常亡人的死亡时间是不用问的,只要阴阳先生看看死者的手指就可以掐算出来,这种掐算有一个口诀,即:"子午卯酉掐中指,辰戌丑未手掌舒,寅申巳亥拳着手,亡人死去不差迟。"实际上,当丧家派人去请阴阳先生时,他已从去请者的口里得知死者死于何时的消息了,因此可以很快地掐算出来。

在北京,开殃榜通常是根据《三元总录》的《茔元课定》来推算,一般应开出以下一些内容:首先是死者应于何日何时"出殃"。对于男丧,从八月子时为起点依次下推。子时去世为子日子时出殃,丑时故者丑日丑时出殃。如果是九月子时亡故,为丑日丑时出殃。丑时逝世,为寅日寅时出殃,以此类推。对于女丧,从二月子时为起点,依次下排。子时死亡,为子日子时出殃;丑时过世,为丑日丑时出殃。如果三月子时故者,为丑日丑时出殃。丑时故去,则为寅日寅时出殃。以此类推,不一一赘述。

其次应推算"殃"有多少高。这是将每天值日的天干、地支各为"殃"的一个尺数,两者相加就是"殃"的高度。其尺数的歌诀为:"甲巳子午九,乙庚丑未八,丙辛寅申七,丁壬卯酉六,戊癸辰戌五,己亥是四数。"因此,如果是甲子日死亡,甲和子的尺数都是九,二者相加为一丈八尺,即"殃"高一丈八尺;如果是乙亥日过世,乙是八尺,亥是四尺,所以该日的"殃"为一丈二尺。

其三是推算"殃"化成什么颜色的气,向哪个方向去。殃的颜色通常是按照男天干女地支来推算。男性在甲日或乙日去世,其殃为青色;死于丙、丁日,殃为红色;逝世于戊、己日,殃为黄色;丧于庚、辛日,殃为白色;在壬、癸日去世,殃为黑色。女性亡故于子、亥日的,其殃为黑色,在丑、辰、未、戌日过世,殃为黄色;寅、卯日去世的,殃为青色;死于巳、午日的,殃为红色;而在申、酉日逝世的,其殃为白色。至于"殃"的去向,也需要根据亡人过世的日子推算。其歌诀为:"气分五色按五行,男干女支辨分明。金东北,木西南,水土双双奔东南,唯有火红向西北,五色四方辨周全。"还有,甲乙为木,丙丁为火,戊己为土,庚辛为金,壬癸为水。所以,如果死在甲或乙日即为木,根据歌诀"木西南"的说法,其殃是往西南方向去。如果死于丙日或丁日,由于丙丁属火,"火红向西北",其殃就是向西北方向去。

其四是推算死者入殓的时辰和入殓时有忌讳的"四相"。根据民间的说法,正月、四月、七月、十月死的,入殓时忌属虎、蛇、猴、猪四种属相。也就是说,入棺时,家属以外的这四种属相的人不要参与,如参与对他们不利。此外,二月、五月、八月、十一月过世的,入殓时忌鼠、兔、马、鸡四种属相。而三月、六月、九月、十二月去世的,大殓时忌牛、龙、羊、狗四相。

其五择出破土给死者挖墓坑的日子与时辰。根据《茔元课定》,这种斩草破土挖墓坑的日子需要忌讳二十八星宿中房日兔、虚日鼠、昴日鸡、星日马值日的日子,因为这些都是民间所谓的太阳密日。同时也忌讳建、破、平、收这四个"黑道"日子,忌讳"土王用事"的日子。还有,也需要推算出殃、发引的日子、时辰和下葬的时辰。

其六推测如何避开百日内再死人的"重丧"和避开犯遗体自行起火的"火期"。据民间说,犯重丧和犯火期的可能很多,凡不遵守阴阳先生所勘测推算的时刻、方位、禁忌,都有犯重丧之虞。如果死者死的不是时候,即其过世的月日时辰不佳,也会犯重丧或火期。如民间认为"月建甲子,其故者辛丑日,必犯重丧。又是日忌火。若遇木、火之日或火宿值日,更犯重丧"。又如"凡人故日,若逢二十八星宿中之房日兔、虚日鼠、星日马、昴日鸡四星值日,是为太阳密日,必犯重丧,而且不能下葬"。《天师通书》还有所谓的小重丧、真重丧的说法。小重丧的歌诀为:"正七连庚甲,二八乙辛当，五十一丁癸，四十丙壬妨。三六九十二，戊己是重丧。"这里数字是死亡的月份，而天干指亡故的日子。"真重丧"则不同，它"以亡人年为主：虎忌甲，兔忌乙，马忌丁，龙狗忌戊，牛羊忌己，猴忌庚，鸡忌辛，猪忌壬，鼠忌癸。"还有，阴阳先生还要推算丧家门上应挂某种颜色的纸袋，以及处理避煞、净宅等事务。

北京人出殡时，殃榜多置于棺盖上，或压在焰食罐子下面，经城门验证后，再由挎烧纸篮者带到墓地焚化。京郊到津沽一带，多把殃榜贴在门前，两边加饰白纸条，通常是男左女右，男丧纸条下端剪成剑头形，女丧则剪成燕尾形，其条数以死者的岁数而定。这也起到向外界报丧的作用。所以，北京人说：要知道死者是什么人，只要门里看孝，门外看榜，出殡看幡，就可以一目了然。

齐鲁地区，人死后，也要请人根据《除灵周堂图》决定出殡等的日子与时辰，或请阴阳先生来开殃榜，把出殡等日子和时辰定下来后，才去通知亲友来临丧。在辽宁海城、新民、锦县、义县等地，人死后，需"延术者用纸开具死者生辰、回煞及棺殓应需、应忌各事物，粘之于壁，谓之殃榜"。铁岭一带也一样，在举哀、报庙后，"延术士开具亡者告终受生时日，择大殓时期及应需、应忌物品粘壁间，曰殃榜"。陕西米脂等地方，俗称开殃榜为"打殃单"，即报死者生卒年、月、日、时与阴阳家，请推殃煞出、离之日期、时辰、方向，以便在丧礼中避凶趋吉。在南京，开殃榜俗称择七单，其"以亡者年庚及气绝时日与星者推算择入殓之吉时，避冲犯之方"。南京人认为，如果不这样做，"偶一不慎犯重丧恶煞，最为不祥，故金陵视之极为重要"。在吴江等地，人死后，需马上请"道家以六轮经辨生肖所忌"，开出当地俗称批书的殃榜来，丧事期间均根据批书所定的日子行事，如"据批书所定日，道士招魂，孝子执幡以接，兼焚死者遗衣，谓之神回"。在浙江海盐、嘉兴、海宁一带，老人去世后，丧家也需要清阴阳先生等"以六轮经辨生肖所忌，计其回煞之日属"，"为疏一通，曰批书"，以便"知殓宜何日，回杀（煞）何日"等。

贵州定番一带的丧家，同样需要请道士等开殃榜等，不过当地称此为"状事"或"七单"，其具体的内容如下：

觉星宝堂（本堂为课状事）

盖闻天生一人，地生于穴，居其华而无虚，死者矣，从人道而来，死向吉道而去也。

一查年月日时诸凶星不犯，一无星碍，大吉利矣。

一课亡人本月二十日回煞一丈三尺，高九寸，死时回避之，大吉利矣。

右将亡人者七单开列于左：（按竖写为左）

七月十四日首一，廿一日首二，廿八日首三，八月初五日首四，十二日首五，十九日首六，廿六日末；十月十八日百期；来年戊寅年七月初八日周年；小祥家道依期亡人；大祥吉昌化财生方；

天运丁丑年七月十三日开示。

而后，定番人当遵照七单上规定的日子、时辰和忌讳办事，绝不敢跨越雷池半步。

三、报丧及讣闻

过去中国的丧礼通常有小葬、大葬的区别，"始丧三日、或五日、七日而葬者，谓之小葬。盖贫者无以为礼也"。通常在这种情况下，人死后，有的丧家马上去报丧，讲究一点的则在开了殃榜、确定丧礼程序以后，即刻去报丧。在这种情况下，有的地方用的是口报的形式，有的也使用书面的讣告。而所谓大葬指遵照传统礼节所从事的葬礼，它通常分殓期与葬期两部分，而且多需请人开殃榜，择定吉日入殓、下葬，所以大葬往往需停枢多时再下葬。在这种情况下，报丧要分两步走，先报殓期，待葬期临近再报一次丧，如在河北徐水一带，"亡者寿终时日，讣告亲友，曰报丧"；而待葬期快到时，还需在"未葬之先，孝子先具讣通知亲友，曰散讣文"。北京同样，老人初终时，先口报，大殓以后，首七送库之前，应正式向亲友发出讣闻，将接三、首七、成主、伴宿、发引等的具体时间告知亲友。天津也是如此，如在蓟县等地，人死后，即"差人往各戚友处送信，谓之报丧"。到葬期决定后，还需"另具讣闻报于各亲友，云：某日成主家祭，某日酬奠发引"等。而在这种大葬的情况下，初丧时可以口报也可用讣文通知；而葬期则多以讣文报丧。另外报丧时，有的地方需要孝子亲自去，有的地方则可派人去，形式各异。而在中国北方，多数地方还有报庙的习俗。

·婚丧嫁娶·

图文珍藏版

（一）报丧

在山东，在开吊之前，要向死者的亲友报丧。过去通常是由死者的儿子或侄子担任报丧者，他们到亲友家中，首先给报丧对象叩头，然后报告死因和含殓的时间等情况，报告完毕，立即返回家中守灵。有的也派人用讣闻去报丧，并在门口贴出丧榜，公示家中有丧事，向公众报丧。此外，在门口所贴的封门纸、魂幡、岁数纸等也是向公众报丧的标志。在曲阜一带，报丧称送信，寿终正寝者，不管远亲、近亲都要去送信；中年人去世，仅向其同辈与亲戚报丧，而夭折者一般都不用报丧。

天津是在举哀、开殃书后去报丧，亲近者得知噩耗，会来探丧，哭于尸侧而哀，并同视含殓。在蓟县，人死举哀后即差人往各戚友处送信报丧。戚友家闻信，即持纸帛、果供前往吊唁和参加棺殓；有的则"另具讣闻报于各亲友，云：某日成主家祭，某日酹莫发引"。而在河北张北等地，老人气绝后，多数是由孝子去报丧，"孝子着孝服，亲赴各亲友处报丧，见人即叩头，谓为死者免罪"；有的地方"亦有差人代报，孝子不亲往"。有的地方由于入殓与下葬间隔很长时间，所以人刚死时先口报，而到葬期确定后，再用讣闻通知亲友，如张北县，"葬期择定吉日后，先通知各亲友。富贵之家，用讣闻通知"。在山西阳曲一带，亲殁后，孝子奔告于家长及外族长亲。在沁源县等地，初丧时口报，而到择定葬日后，才讣告戚友。辽宁海城等地也是如此，在请术士开出殃榜后，"即日通知至亲近族"，以便戚友来同视含殓。此后，当殡期由术士择定后，"印成讣文，注明亡者生卒年月日时及开吊、发引日期，遍致亲友，亦有追述亡者生前事迹，另具哀启者"。

陕西省武功县岸底村在老人去世后，应向主要的亲戚朋友报告死亡消息，通常由来帮忙丧事的执事客代表主家外出报丧。主人对去报丧的人交代清楚需要报丧的对象，一般是先舅家、姑家、姨家等高辈；再平辈，后晚辈，最后是干亲。在洛川，在报丧后还用"出纸"的方式报丧，"素封大家，则于亲殁三日后，悬服牌纸缀于门首，名曰出纸"。

在清代的南京，"父母始死，有两子者，一子守灵；一子常服，解辫散麻，出至亲族家，匍匐门外，哭泣报丧"。但民国以后"已无此礼，惟传单遍报所知者"，然后，在快出殡时，"逮治丧有期，乃遍讣戚友"。在浙江嵊县，人亡故，即由司书者讣告于亲戚朋友。在湖南吉首一带,当老人一断气,丧家就要请人放铳,以铳声通知本村的亲属。再由风水师确定开吊、出葬日期等,然后才派人去亲戚家报丧。

霍英东卜葬柴湾

闽台的闽南人在棺殓的时辰等看好后,就可去报丧了。大户人家往往用书写的讣闻通知亲友,而一般人家则派人口报。由于闽南人忌讳说死字或亡字,所以闽南话俗称报丧为"报白"或"赶生"。有的地方是先向宗亲和亲戚口报,然后再正式出讣告。如在泉州,人死后,先去亲戚家报死,接到噩耗的人家,必须让报丧者吃一点东西,才能让其离开。待开斗书决定了何时入殓、出殡、安葬后,再发正式的讣告。在台湾,父母之丧,子女先以口头通报噩耗于宗亲,并携白布赴外戚通报,此曰报白,然后发送讣告给出嫁女和朋友。在惠安,报丧者不得入报丧对象的家门,只许在外面喊叫,说明来意,分发了丧帖和"头白"后,要索取清水漱口,以示被除不祥,同时索取几角钱以讨吉利,然后匆匆离去。所以当地有时会用报死这样的话骂那些来去匆匆忙忙的人。在厦门一带,报丧者可以入报丧对象的家门,并一定要吃些东西,至少要抽根烟、喝杯茶才可离去。在大田,报丧者手持雨伞径直走进报丧对象的大厅中,将雨伞倒置在厅堂的神案下,对方便知道亲戚家发生丧事,必须赶快用米粉和红蛋来招待来者。吃完点心后,报丧者才详告有关情况。如果是到死者的出嫁女家中报丧,其女儿应痛哭一场,否则,报丧者会以为不吉,便需要咬掉上衣的一颗纽扣以镶解。在龙岩一带,无论晴雨,报丧者都要带上雨具去报丧,进入

·婚丧嫁娶·

图文珍藏版

报丧对象家之前,将雨具放在门外,进屋吃干净主人端来的点心后,将丧帖放在椅子上,再告知有关情况。

一般而言,如果是父丧,子女要到叔伯、姑姑家报丧,其他的亲友家可派人去。母丧通常要由孝子亲自去通知母亲的娘家。其他的亲属和亲戚,都可以请别人代为报丧。现在对这些亲戚也可以用邮寄讣闻的方式或通过电话报丧。

在闽台的闽南人当中,如果是母丧,到舅舅家报丧时,孝男要亲自带一白一黑两块布去,到达时,不能进门,只能在门外跪着哭喊:"娘礼!娘礼!"母舅闻声而出,牵他起身,收下白布退回黑布,并请他喝水漱口,此表示母舅将前往吊丧。而这块黑布则留到出殡日母舅来祭奠时,作为"压担"的"转祖裙"用。如果母舅只收下黑布,则表示断绝来往,这时孝子要哀求母舅宽宥。

客家人向外祖报丧,丧帖应放在一个专用的铁匣子里呈递。外祖家接讣告后,要煮甜面线加红蛋招待报丧者,并送其一个红包。福建宁化客家人的报丧叫"报生"。其有两种形式,口报与讣闻。初丧时用前者,而出葬时用后者。向外戚口报时,须由死者的儿孙亲自上门,报丧时必须下跪告知盖棺等的时间,并在最后说"某某多谢你们了";而向族人、本村邻居、好友报丧,只需要把书写好的讣告贴在门口或巷口、村口等显眼的地方。

在广东普宁客家地区,丧者年过 50 岁才有报丧的资格。通常是在老人亡故的次日去报丧,先请人在白纸或草纸上写俗称发报单的讣闻,然后派人送至亲友家。送报单者送达时不得入屋,在门外呼唤受报人出屋,受报人看了报单内容后,在门外焚化报单。亲友闻讣讯,送款若干来襄助丧事,此谓之送纸扎,丧家则回送红丝线等,谓之扎彩。而在广州一带,当老人过世后,应该速去亲属家报告不幸的消息。在广州,报丧通常用书写的讣告,其用白纸写成,简明地写上父或母于某日某时去世,享年若干岁,身份,生平,病终的情况,祭吊、出殡的时间,在何处治丧等。然后,派人送至亲友家中。

北京城里,在大殓之前,丧家需要到至亲好友家报丧,请他们来探丧,瞻谒遗容。官宦、绅商一般都用"本家门房"名义,临时发出"报丧条子",将收口报人的姓名写在红纸条上,再贴在口报的上端发出。口报不算正式的讣闻,因为这个时候讣闻还未印出来,它只是为了通知至亲好友来参加大殓。家里没有门房下人的,或者对关系较近的亲戚，往往需要孝子孝孙亲自去报丧。报丧的孝子有时来不及做孝衣，只戴一个孝帽子，腰上系根孝带子就去报丧。到了人家的门口，不能直接进去，要在外拍门等人家出来：出来的人，无论是自己的长辈或晚辈，都要给他们叩个丧头，说声谁死了，什么时候入殓，就可以告辞，此叫口报。这种丧头比正式的叩头简单，两手一扶地一哈腰就可以了，不用正式跪拜。

丧家的门口这时也要贴出用整张白纸书写的报丧文告，如"某宅丧事""恕报不周"等，并将所择定的丧事礼仪日程一并公布出来。而到了葬期，则用正式的讣闻来通知亲友，告之禅经接三、首七禅经送库、成主、伴宿送库和发引的时间。

在成都地区，人死后，得立即撰写讣告等，并去报丧。讣告有一定的格式，不能写错了。有的大户人家的讣闻，早就拟好了，人一死马上印出，并请人发给亲友。有的大户人家的讣闻改为"行状"，其中用许多溢美之词来叙述死者的生前德行。有的行状上还印有死者的照片，有的还请名人题字，作赞，等等。在巴县一带，老人始死，"先送报单，有官阶者，或由治丧处，或由丧主署棘人报丧，成服后具讣，则告奠期"。"其附讣而致于僚友者，有行述。""晚近致讣，多附哀启。今人讣首，每用死者遗像，尸制废而有像，亦深合见似目瞿之义，惟广征像赞，成为风气，题辞多不足存。"。

(二)讣闻

讣闻也称讣文，即报丧文书。由于过去殓期与葬期相隔时间较长，所以，大多数地方在葬期临近都用讣文的形式，通知亲友来参与祭奠与出殡仪式。但现在，有的地方殓期与葬期相隔很近，通常只差一两天，所以报丧时，则成了有的用口报，有的用讣文，有的两者都用，即先口报，而后再送讣闻，或者至亲用口报，较疏的亲戚、朋友用讣闻。

全国各地汉族的讣闻格式大体都类似，但由于时代的不同，或地区的不同，也有一点细微的差别。例如在闽台，通用的讣闻格式如下：

显考(妣)○公(母)○○府君或讳○○(孺人闺名○○)恸于中华(民国)○年。月○日(农历○年○月○日○午○时○分寿终正(内)寝，距生于民国(前)○年○月○日享寿。十有○岁，孤(哀)子○等随侍在侧，亲视含殓，遵礼成服，停枢在堂,谨择于中华(民国)〇〇年。月。日(农历。月〇日)星期〇〇午。时。分,假。地举行家奠礼,〇时。分公奠后,随即发引.安葬于〇〇公墓叨在

姻
亲

　　　　谊哀此讣

戚
友

　聞

孤(哀)子	〇〇	〇〇	泣血稽颡
媳妇	〇〇〇	〇〇〇	泣血稽首
孤(哀)女	〇〇(适〇)	〇〇	泣泪稽首
女婿	〇〇〇		拭泪顿首
义子	〇〇〇		投泪稽首
义媳	〇〇〇		扐泪稽首
义女	〇〇〇(适〇)		扐泪稽首
义女婿	〇〇〇		泣泪稽首
孙〇〇	〇〇		扐泪稽颡
孙媳	〇〇〇		泣泪　拜
孙女	〇〇(适〇)	〇〇	泣泪　拜
孙女婿	〇〇〇		泣　顿首
外孙	〇〇〇	〇〇	泣泪　拜
外孙媳	〇〇〇	〇〇〇	泣泪　拜
外孙女	〇〇〇(适〇)		挥泪拜
外孙女婿	〇〇〇		挥泪拜
曾孙	〇〇		挥泪拜
曾孙女	〇〇		挥泪拜
护丧夫(妻)	〇〇〇顿首(稽颡)		

　　　　　　　　　　　　　　男　顿首

胞兄弟(妯娌)姊妹(姊夫妹婿)

　　　　　　　　　　　　　　　　　　　女　殓衽

宗亲代表　　　　○○○　　　　　　　　鞠躬

亲戚代表　　　　○○○　　　　　　　　鞠躬

亲友代表　　　　○○○　　　　　　　　鞠躬

在北京城里,大殓之前,丧家需要到至亲好友家报丧,请他们来探丧,也就是瞻谒遗容。这时多用口报的形式。但官宦人家,绅商富户一般都用本家门房的名义,临时发出报丧条子,其格式为:

本家某老爷(某大人或本家某夫人)恸于夏历○年○月○日○时寿终正寝(如是女的则书内寝)。谨择于某日某时大殓,某日接三。特此讣告。

某街某胡同某宅门房某人报禀

然后,将收口报人的姓名写在红纸条上,再贴在口报的上端发出。这种口报不算正式的讣闻,因为这个时候讣闻还未印出来,它只是为了通知至亲好友来参加大殓。除此之外,丧家门口也要贴出用整张白纸写的报丧文告,如"某宅丧事""恕报不周"等。而在开吊与葬期前,北京人通常是用正式的讣闻来通知亲友,并将所择定的丧事礼仪日程一并公布出来。例如北京清代旧式讣闻的格式如下:

不孝○○,罪孽深重,弗自殒灭,祸延显考(妣)皇清诰授(封)○○大夫(夫人、太夫人),(○官○府君讳○○)痛于○年○月○日○时,寿终正(内)寝。距生于○年○月○日○时,享年○十有○。不孝○○随侍在侧,即日亲视含殓,遵礼成服。叩在

戚

友

寅

　哀　此讣

学

乡

世

闻　谨择于国/夏历○月○日禅经接三

谨择于国/夏历○月○日首七番、道、禅经送库

谨择于国/夏历○月○日三七番、道、禅经送库

谨择于国/夏历○月○日五七番、尼、道、禅经送库

谨择于国/夏历○月○日○时成主

谨择于国/夏历○月○日番、尼、道、禅经伴宿送库

谨择于国/夏历○月○日○时发引

在上列丧礼日程下边,依次开列孝属子孙名次。如果是父丧写"孤子○○泣血稽颡",若母亲已过世,则称孤哀子。如果有母亲在世,其母表示忠于自己的丈夫,就会要儿子写上"奉慈命称孤哀子"。若有继母在堂,则遵嘱写"奉继慈命称孤哀子"。下面还有"齐衰期服孙○○泣稽首""功服期曾孙○○泣顿首""期服侄孙○○技泪顿首""大功服侄孙○○拭泪顿首""功服侄孙○○拭泪顿首""缌服侄孙○○拭泪顿首"等。如果是用长孙代替其父行孝守制,则在讣闻之首列写"承重孙○○泣血稽颡"。如是母丧,下写"哀子○○泣血稽颡"等。另外,凡在讣闻中称亡人为太夫人者,其子必然是朝廷命官。

其次,如果儿子当中有在外宦游或经商,讣闻在"亲视含殓"的后边,应写明"惟○子○○在○地,闻讣星夜匍匐奔丧,先后遵礼成服"。如果是客居京师的外省人,需要扶柩回籍安葬的,而且具体时间一时还决定不下来,就于"遵礼成服"后,写上"即日移灵○○街○○巷○○寺停柩暂厝。择吉开吊,扶柩回籍,安葬祖茔"等字样。"闻"字下面仅写"谨择于○月○日接三"而已。

其三,有时还有些例外,如父亲给儿子、儿

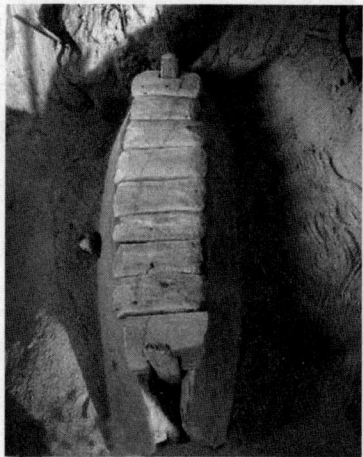

河墓地独特入葬形式

媳发讣闻,应写"寒门不幸,蹇及某男(媳)○○,殇于○年○月○日○时疾终,年○○岁,○日大殓,○接三,○日发引"等语,最后,落名"反服生拭泪拜"。又如丈夫给妻子发的讣闻,文词与父亲给儿子发的差不多,只是将"殇于"改为"悼于"。这几种情况下,往往是死者没有儿子。

民国以后，北京地区的讣闻有了一些改变，其格式如下：

○○侍奉无状，痛遭先考○○府君讳○○，痛于○年○月○日○时，以○病卒于正寝。距生于○年○月○日○时，享寿○十有○。○○亲视含殓，即日成服。定于○月○日○时至○时在家设奠。哀此讣闻。孤子○○谨启。

有的也在孤子之下，写出直系与旁系亲属，有的甚至连女、媳、孙女、孙媳、曾孙女、曾孙媳、玄孙女、玄孙媳也列于同辈男子之后。每人名下也按照旧有礼节的轻重，分别写上"泣血匍匐""泣鞠躬""抆泪鞠躬""拭泪鞠躬"等字样。

有的没落人家没有力量大肆操办丧事，为了遮丑，往往会把无力大办丧仪的窘境，归于死者有遗嘱交代，所以就可能把讣告写为：

○宅丧事，恕报不周

本宅老太爷讳○○痛于○月○日○时，寿终正寝。不孝○○率全宅孝眷人等依制遵礼成服。唯因老太爷临终治命，为体谅时艰，所有丧仪，理当从俭。不孝○○谨遵遗训，受吊期间，清茶恭候，概不收礼。谨择于○月○日接三，○月○日○刻发引。专此哀启。不另。

一般平民家庭限于经济条件，自然印不起讣闻之类的报丧文告，但在门前还是会贴上报丧条子，其为宽约两寸的白纸条，上写"○宅丧事，恕报不周"和"谨择于○月○日接三""谨择于月日辰刻发引"等即可。

印刷出来的旧式讣闻往往是一个白色或淡色的折子，其外仅一个"讣"字，内页是正文，自右往左竖写，无标点符号，现代的则有标点符号。讣闻外用大封套，正中贴以蓝边红签。由丧家的账房先生用毛笔填上收讣闻人的姓名、称谓；下款为丧居地址。一般而言，"首七"是正式办丧事受吊唁的开始，所以应在此前发出讣闻。送讣闻，不一定要丧家亲自送达，可以通过仆役或邮局发出。民国时期，有的丧家为省事省钱，也有把讣闻登在报纸上的。另外，富户与官宦人家，有的还随讣闻附上介绍亡人生平事迹的哀启和集录亡人生平、祭文、挽联、挽诗等的哀荣录、哀挽录等纪念小册子。

在成都地区，人死后，得立即撰写讣告去报丧。讣告有一定的格式，不能写错了。如果是父亲过世，讣告的格式为：

棘人○○○罪孽深重，弗自殒灭，祸延显考○公讳○○老大人因病于○年○月

○日○时在本宅寿终正寝,享年○○岁,○○等亲视含殓,谨遵慈命(如果母亲已不在,不用此句)诹吉于○月○日遵礼成服,于○日起诵经超度,并于○月○日开奠,○日扶枢安葬某处,叨在亲、友、寅、谊,哀此讣闻。棘人○○○泣血稽颡。

有的大户人家的讣闻,早就拟好了,人一死马上印出,并请人发给亲友。有的大户人家的讣闻改为"行状",其中用许多溢美之词来叙述死者的生前德行。有的行状上还印有死者的照片,有的还请名人题字、作赞,等等。

(三)报庙

在北方许多地方,人死后,除了要向亲友报丧外,还得去报庙,即向神灵报告某人死亡的消息。在山东地区,当做完指路仪式以后,一般都得去土地庙中报庙,此俗称"送浆水"。因为山东民间认为,阎王爷主管人的生死,土地爷是他手下的地方官,死者的鬼魂去见阎罗王之前,先要在土地庙里羁押3天。所以,丧属应在临终者死后的当天或隔天,去庙里给亡魂送浆水。这种浆水是由生水、面粉和小米混合丽成,装在壶或瓦罐里;有的只是在容器里装些清水,也称浆水。

送浆水的仪式比较隆重,由死者的子侄用木盘托着浆水壶和香纸长钱等在前面开路,死者的其他亲属按照男女长幼次序排列成行,手持香火尾随其后,大孝子手里还要拖着一根擀面杖。来到土地庙后,领头人把浆水壶等摆在供桌上,把香火集中起来插到香炉中,然后一边烧长钱、纸钱,一边浇奠浆水。同时,大家齐喊:"某某,我们给你送饭来了",其意是给羁押在庙里的死者鬼魂送吃的。

在长清一带,送浆水俗称送盘费。当地老人初丧时,丧家需"备纸仪、米浆,子女哭向本庄土地祠行礼,谓之送盘费"。在德县,当老人卒后,"丧主率有服之人哭诣土谷祠(土地庙),持纸钱,舁桶水拜于神,以水浇地,谓之送浆水,举行必七次"。曲阜的多数丧家是在亲人死后当天送浆水,此俗称送汤。去的时候,由长子走在前,两个小孩抬着盛汤的瓦罐随其后,本族的男女宾客也一同前往,到土地庙后,烧香烧纸钱,并把浆水浇于地上,然后道士诵经。诵毕,众人按原顺序哭归家门。送浆水的时间都在每顿饭前,一般应连续送5次,最多7次,最少3次。胶东地区称早中晚这3次送浆水为报早庙、报午庙、报晚庙。招远人把死亡后的第一次送浆水叫作开锁;莱阳则把送浆水、报庙都称之为开锁,也称之为报倒头庙。该地人死后,

"孝子便服,被发跣足曳杖,率期功侄孙哭赴土地祠,谓之开锁,亦谓之报倒头庙"。"次日昧爽,再哭赴祠,谓之报朝庙。午前,戚友女眷往吊,妇女陪哭,跪谢如男子。正午,又哭赴祠,谓之报午庙。午后大殓,子女拂面,即殓而哭,亲族毕吊。傍晚,又哭赴祠,谓之报晚庙。"。黄县一带叫送浆水为报小庙;庆云一带则称招魂,"初丧及前二夕,孝子谒城隍庙焚纸钱招魂"。而在莒县等地,人死后,"一日三次赴城隍庙或土地祠奠浆水,名曰上庙送汤"。

在北京近郊,临终者一旦断气,也要先去报庙。旧时,人们认为人的寿命长短是掌握在阎王手中的,人死,是阎王派出黑、白无常鬼将其灵魂拘走了。所以,当人一咽气,女眷们就排成行,有的拿着烧纸,有的端着刚煮好的水饺,有的用小桶提着净水,哭哭啼啼到村外的五道庙(阎王庙)或土地祠报庙。到了庙里,女眷口呼死者的名字,把纸钱在庙内四壁上乱贴,如果纸钱被灰尘、蜘蛛网挂住,就认为死者的灵魂在此,群喊"某某,您在这儿哪!"遂放声大哭,并将纸钱焚化,净水泼掉而返回家中。一般从老人咽气之日起到"接三"那天晚上,每天早晚各报庙一次。另外,接三那天晚上最后一次报庙时,全体孝属都要去,而且还要有鼓乐前引。他们带着烧纸、纸糊的车马等到庙里后,用小烧纸在庙里到处贴,一旦挂住一张,全体孝属就大声哭喊:"爸(妈),您上车吧!"将那张纸钱挂在"挑纸钱"上,由长子背出来,放在纸车上,点火焚化。此后,无论在家停灵多少天,也不再报庙了。

河北许多地方的习俗也类似,如雄县等地,是在小殓之后报庙,"孝子哭踊,披发垢面,妇女去簪珥。五服卑幼沿街走号,焚楮锭于五道庙,哭以招魂,曰报庙"。元氏、高邑也有同样的习俗,老人气绝,在"讣告亲友"后;连续三天于昏暮时,死者的家属"诣土地祠焚纸招魂,恸哭以还,曰烧还魂纸"。而在迁安,人初丧之日,"孝子哭于五道庙,曰报庙,又曰送纸,又曰点浆水"。

在东北,也同样有报庙的习俗。在辽宁海城一带,为亡人行过指路仪式后,即令人携壶水、灯笼,"导丧主往附近土地祠焚香、化楮、奠壶浆,哭而返,谓之报庙,亦称送纸。初终三次,余每日三次,至送行止"。桓仁、兴京等地也同样,他们是在指路礼举行后,"即备谷米汤水、香楮各物,哭奠于里社之庙。每日朝、午、夕三次,俗呼曰送浆水饭。"铁岭等地则在指路、烧倒头纸诸事毕,"复用人携壶浆,提灯笼,导丧主至附近神祠焚香化楮,哀哭而返,曰报庙。"另外,"每日朝、午、暮三次"到庙里烧纸,送浆水俗呼曰送纸。

吉林的习惯大体相同,那里的汉族也有报庙和送浆水的习俗。吉林汉族在为死者指路后,"服丧者齐集村外土地或山神或城隍等庙,焚香纸,献跪拜礼。礼毕哭归(去时不哭)。至灵侧,男左女右痛哭之,既而止泣起。如此者三,是曰报庙"。因为他们认为,"人死魂灵暂留庙内数日,且土地为一村之主,此殆报知其人已死,请好收留之,且示死者以不忍其去也"。此外,他们在死者入殓前,还要每日为死者送浆水,"自死至发引(或落棺),每日朝、午、夕三时,服丧者持稀饭至庙侧,绕而撒之,且连呼死者曰:出来收浆水。以谓死者能于此时饮食之以充饥也。撒毕哭归,如报庙礼"。黑龙江的情况也大致类似,在那里,人初丧到入殓之前,"丧主日三次赴土地祠,焚香醮奠,哭泣",既需要报庙,也需要送浆水。

山西人也有报庙的习惯,翼城的丧家在向戚友报丧后,应设神位于本处城隍、土地庙,"先行告庙礼,然后焚纸人马、舆轿等而钱之,谓之送行。亦有到夜五更,入庙焚楮者,谓之烧鸡鸣纸"。在浮山等地,"终之次夕,在本院土地神前设香案,焚化楮钱,烧亡者在时所穿衣服,男女哭泣尽哀,名曰点化钱"。而在内蒙古丰镇地区,人死后第三天,亲戚、僚友悉来焚纸吊唁,名曰"烧纸"。是夜,用鼓乐哭讣于城隍庙,名曰"送灯"。而村民哭讣于五道庙,才名曰"告庙"。在安徽太和一带,老人过世,即焚楮钱于土神,曰报庙;无土神则于路口以土块压纸灰,曰"压魂"。

在中国南方的广大地区,通常没有送浆水的习惯,但有的地方也有报庙的习俗。在广东潮汕地区,这种报庙称报地头。潮州人称50岁以上去世者为上寿。这种年龄的人过世,就需要报地头。报地头时,由村中宗亲的乡里老大或长者手持白色灯笼,带领死者的男性子孙穿着孝服到村头的神庙去报死。去时,死者的长子应手持一个内放有死者的庚帖和红糖、麻丝、香火等物的木盘。到庙里以后,乡里老大把木盘供在神灵面前,上完香,从木盘中取出死者的庚帖,对着神像报告说:"生从地头来,死从地头去,时辰念给老爷知。"接着念死者的生卒年月日时、享寿多少等。庙祝则根据乡里老大所报的享寿数敲丧钟,一岁一响。每敲一响,长子抽出麻丝一根,最终凑成一束,系于神座上。最后,乡里老大在神像面前焚化死者的庚帖和纸钱。给庙里送些香油钱,领着死者的子孙绕道回家,办理其他丧礼仪式。

四、初终的其他琐俗

在老人初终时,除了上述一些礼仪需按规矩去做外,还有一些事务与仪式也必须同时进行,例如未准备棺材的,在这时得赶紧去购买或制作。墓地没选定的,也需赶紧去选定;已确定墓地的,则需先派人去挖墓穴,准备修造坟墓。另外,还有一些琐碎的礼节与事务,也要在这时加紧办好。

(一)选材与选墓地

1.选材

在入棺大殓之前,如果丧家事先没预备好棺材,这时应准备好,以便在阴阳先生择定的吉日吉时入殓。所以,至迟在亡人初终时,家中一方面需要举哀,办理许多琐碎的丧礼仪式,另一方面那些没预备好棺木的人家,此时也应派人赶紧去买棺材。

在福建、台湾,人死报丧后,那些事先没准备寿木的人家就要派人去买棺木,此俗称"买大厝"或"买柴"。通常的情况是父丧由伯叔一人陪孝子去,母丧由外家一人陪孝男去,并指挥孝男购买。另外,还可以请一位懂得木材之道的亲友作陪,以便选择。过去,闽南人很讲究棺木的好坏,特别是已经找好风水宝地、准备一次性葬完不再从事捡骨迁葬的家庭,更要讲究棺木的好坏。一般而言,闽南人用的棺材主要是上好的杉木,有些巨富或大官僚也有人会用楠木,并使用樟木。除了讲究木料好坏之外,闽南人还讲究棺木是由整木板制成或是用拼接木板制成的。那些人死后风水宝地还未找好,或准备拾骨二次迁葬的人家,初葬时的棺木就不一定需要很好。有的有钱人家和华侨也有事先就准备好棺木,"竖生寿"在祖厝、公厅中,如是这样,入殓之前,需抬出来使用。

在中国北方,富裕人家多用柏木、松木为棺。贫者则多用杨柳或桐木为棺。如陕西等省,"棺椁尚柏木,松次之,贫家则多用桐、柳"。在东北地区,"绅富棺用赤、白、黄花松,椁亦用红松等材,贫家用沙松、杂木"。而在山东青城一带,"其棺木,上者松柏,值百余元;次之杉木(俗称大木),值六七十元;再次杨柳木,值三四十元;下焉者席箔卷埋而已。"在贵州的平坝等地,人们用的"棺亦杉枋制,盖墙及和头均用整块,底用三块镶成"。而在四川万源一带,"棺以杉木为上,柏次之,杂木为下,内外饰以漆泥,以其坚厚耐久也"。在云阳等地,"棺材旧尚杉,赤心者良,或重棠楸,俗有'千年柏,万年杉,不及棠楸一枝桠'之谚。然论亦不齐,棺或椿楠及其他木质理密致者,椁或以柏。要之,杉为通贵也。饰棺向以破瓷研灰和漆傅之,近亦不尚,惟末松脂以实棺椁之间,略加髹漆而已。棺里近身,或以朱或以金,谓之享堂"。实际上,多数人家都是在临终者病笃或气绝后才去选材购买。例如在北京城,多数人家事先都没有准备寿木,往往是到了病人垂危时或倒头之后,才到棺材铺去选材,有的则在人死后才雇人买木材现做。近郊有的农民甚至在人死后才去伐树、开板,用潮湿的木料制作棺材。这种临时做的棺材通常应在一天内完成,所以北京有"紧七、慢八、六个人急划拉"的说法,也就是说,七人做时间紧了些,八人做时间充裕些,而六人做,时间就相当紧张。

2.选墓地与挖墓穴

人死后,丧家除了忙家中的丧事礼仪外,也需要在此期间请人去选择墓地,已经选择好墓地的人家,也需要在下葬前请人把墓穴挖好,并在墓地上备好造坟的材料,为下葬造墓做好准备。

中国人过去非常讲究风水,中国风水学说认为,山脉象征龙,因此称龙脉。龙脉突起处称"龙脑",山脉的分脉称"分龙",脉之起处称"起龙",脉之终处称"注龙"或"龙尾"。民间认为,"龙脑"相通处为吉地,"分龙"为最吉,"注龙"及无龙脉之地为凶地。其次,根据民间风水观念,生气聚处称穴,地形如动物之处亦称穴,并认为最好的风水应在结穴处,因为那里有"交气"。其三,民间认为,穴后的山势称"来龙",远大之来龙称"祖山",近高的来龙称"宗山",穴后的高山称"主山"或后山。这些山,视其形,配以五行,又可分为金、木、水、火、土五山。因此在选墓地时,需按死者的生卒年月日,并配合风水理论来选择,以寻觅出适合死者命理而且有利于其后代的吉地。例如以山形来寻觅时,如果命理决定墓应在"木山",通常应取所谓的"节"处,即山体的稍高之处;如墓应在"火山",应取所谓的"尖"处,即山顶的地方;而如果墓在"金山",则应取"口"处,即山体临溪流的地方。

在过去，由于风水先生掌握这套风水理论，所以，人们在选择墓地时都要请他们去寻觅。例如在陕西省武功县岸底村，为死者选择墓地，通常是由长男陪同阴阳先生，拿着罗盘、械尺、绳丈、木橛等去寻找。其根据是八卦来龙去脉，五行相生相克之理，并参照后天八卦图三十六方位，挑选好"脉气"处，并决定坟墓的穴位。选定穴位，钉下木橛标记后，任何人不得随便移动。同时，阴阳先生还要选择黄道吉日来动土和下葬。陕西民间一般以青龙、明堂、金匮、天德、玉堂、司命六星辰为吉神，这六星辰值日的日子为吉日，不避吉凶可动土，而且认为诸事皆宜，其他日子则需阴阳先生择定。换言之，需在所谓的吉日里挖墓穴。陕西横山一带也如此，人死后，一方面办理各种丧仪，另外也要请人去择好的墓地"开兆"，"先由丧主率诸子适兆所，延年长者吉服酹土开圹，名曰破土"后，再由其他人挖墓穴，并备好造坟材料。

在山西，"凡窀穸之事惟堪舆家言是听，故察看龙脉、相地点穴、分经立向，以及墓道深浅，择期营葬诸手续，必求阴阳家办理，他人莫能为也"；所以，在山西，寻找墓地及墓穴，都需请堪舆家来做。找到墓地后，择定葬期，有的也会事先去挖墓穴，如榆社一带，葬期择定后，"前期择地之可葬者，择日开茔域，祠后土，遂穿圹作灰隔"。另外，也需要"刻志石，造明器，下账苞筲罌，大舆翣，做主"等，为出殡做好准备。又如临晋县，"将葬，择启期，营兆宅，凡窀穸之事，惟堪舆家言是听"。在吉林许多地方也如此，"卜葬，先期择地，择日开兆。丧主率诸子适兆所，以亲宾一人告土神。执事者陈酒馔于兆左，告者吉服，盥，就位上香酹酒，读祝行礼如仪，遂开圹"。

像北京这样的城市，同样不能免俗。有的人家早早就请阴阳先生去选择墓地、墓穴。当人死后，北京人也需要根据阴阳先生所推算出来的破土日子，去已经选好的墓地上破土开墓圹，先把墓穴挖好，为下葬做好准备。在北京，民间认为这种破土日子一定要避开二十八星宿中虚日鼠、房日兔、星日马、昴日鸡值日的日子，而选择这些破土、下葬的吉日吉时，均由阴阳先生来办理，他们推算好，通常都写在殃榜上。

成都等地也一样，死者入葬前，需寻找龙脉地，这通常都是请堪舆家去寻找。有的人家为了找一块吉地，要花不少钱。一般的家庭则只要找到一块干燥的土地，就心满意足了。在成都地区,一旦龙脉地选定,就可以择吉日扶柩安葬了,但在下葬之前,应请人先到墓地营造坟。在酆都,"百日内为葬期,营葬地及葬具,有祖茔可可祔者,祔葬。凡地之大小、封之高卑,唯其宜,围以垣,守茔人无定数。碑高不逾九尺,广不逾三尺六寸,皆员首方趺,文人并书艺,其色青、赤、黑,其饰绣、绘、素,皆无限"。而湖南嘉禾一带,凡下葬,"先日开穴,谓之打金井",在打金井时,孝子等要一同前往,由孝子先挖一铲后,才由请来的人把墓穴挖好,并在墓地备好造坟的材料等。

闽台的情况也相同。闽南人在葬前,常先请地理师或道士"牵罗经"寻找最佳风水,并确定地下没有旧坟,将来造坟时不会压到"别人"。地理师确定坟墓"分金"的主要依据是死者的"先令"(生辰八字),并配合葬日和落圹时辰来决定。确定好坟墓的分金,做上标记后,土公或"土水师傅"就可开始"开井"挖墓穴。他们严格遵照地理师确定的地点、方位挖金井,不得有丝毫差错,因为民间认为墓地风水的好坏,与丧家今后的财富与前途有非常密切的关系。

(二)遮神与布置帷堂

在中国许多地方,人死后,才将尸体移到正厅里,以便在那里从事丧礼的各种事宜。这时,除了应举哀办理其他诸事宜外,也需用白、青或黑色等素色的布或纸布置帷堂或灵堂,以示哀悼;同时,为了防止污染正厅中供奉的神灵或祖宗,也要把厅堂中供奉的神灵等遮起来,以使丧礼可以顺利进行。

在辽宁海城等地,人死后,"室中镜奁,凡对亡者皆掩之;祖先祀神处,则以朱幔障之;如亡者上无尊亲属,室中彩画及楹联,概以素纸封之",以免污染神灵、祖先和避免从镜子反射出的镜像中看到重丧的现象。在北京,也有同样的习俗,在老人倒头后,丧家一方面需要把所有红色的门联、门心、室内春条等贴上白纸,原则上是不能露红,以示哀悼。另一方面帽镜、穿衣镜等摆设也需要贴上白纸,室内的相片也应翻过去放置,以避免看到想象中的重丧。同时,也要用白布等布置厅堂,使之成为办丧的灵堂。与此同时,丧家应在街门外边,按男左女右的惯例挂起"挑纸钱",其数量应与死者的岁数相同。民间认为这是为死者招魂,但客观上也起到报丧作用。讲究的富户会请冥衣铺用秫秸裹上剪穗的白纸,上端糊一个"金钩龙凤",在门外吊上一嘟噜上面砸有方孔圆钱或"车轱辘钱"（状如"敬神钱粮"中的黄钱）的白纸长条。而贫户则在秫秸秆上直接绑上一些"大烧纸"即可。河北万全一带足在人死后第三日，"丧家门首高悬告天纸，俗谓之纸杆。门内立殃榜，上书死者姓名、生卒年月日时、享年若干，下则列孝子名次。并帖'恕报不周'或'恕不敢报'字样之白纸条于门壁"。新河在老人丧后，不仅要悬纸马、纸钱、纸幡于门而且要在院子里搭席棚，棚下供灵位，悬吊挽悼及思念亲恩之词的挂语，以便守铺和亲友吊唁。

在成都地区，过去当棺材抬进堂屋放在正中摆好后，要把死者生前用的药罐放在棺材上砸碎，这象征着祛除灾祸，家中今后不再有人会生病熬药。另一种说法是死者的一切东西均可传给子孙后代，唯独此药罐不可。这以后就可以开始布置灵堂了。布置时，通常先要把家中的神龛与门神等用纸钱做的十字封条封住，免得死者的秽气污染了神灵。把死者遗像或画像悬在堂屋正中墙上，上垂挂用白绸或白布扎的孝幌，相片或画像的两边贴上白色的对联，大致的内容是"纸灰飞作白蝴蝶，泪血染成红杜鹃"之类。在棺材的前面摆上一张大方桌作为祭桌，灵位摆在供桌上。如果是父亲过世，灵位上写"新故显考某公讳某某老大人之灵位"，左下侧写"祀男某某某敬立"。灵位的两旁安放俗称"陪灵娃娃"的纸扎金童玉女，前面供奉香花果品等。灵堂左右两壁墙上，悬挂着亲友送的挽联孝幛，如果有著名人物送的挽联，要挂在显眼或当道的地方，以炫耀门第。有些丧家还要在大门口挂上一对白色的灯笼，一写郡号，一写"当大事"，表示该家有丧事。有的大户人家还会在大门口搭建礼乐台，请乐队来助兴，重要的宾客来要奏乐迎送，早晚行礼的前后也要奏乐。有的仕宦人家，还会在大门口竖立一副用黄绸或白绸写的"冥旌"，其长约一丈五六尺，用大竹竿凌空挑起。在出丧送葬时，这个冥旌要用亭子抬着，走在出丧行列的最前面，以显示死者生前的地位。

在闽台的闽南人当中，人死后，先要砸碎一个瓷茶杯，然后把灯梁上的天公香炉取下来，并用白纸等把正厅神案上的神龛或祖先神龛以及红色的对联等遮盖起来。同时把厅堂布置成帷堂。布置帷堂俗称"吊九条"，即以一匹白布用竹竿架吊起来，弯9次后将尸床围起来，目的在于隔开内外。如在永春，为死者衣殓后，"置诸堂上帷之，其帷或用麻布，或棉布之薄者，亦古人缞帐帷堂之遗意也。中庭设幕，以便执事及来吊者。地下布稻草，家属处焉，哭无时，则居庐寝苦之遗也。亦有仅设于室内者,堂非其自有,不得专"。现在多数人家办丧已没有如此复杂了,有的只是用布帘隔开,或者连布帘都省却。布置帏堂后,需将大厅的门扉关上一扇,以防止日月光照到尸身上。同时,在门外或大厅的一角设立供桌,摆上香炉、烛台以及写有死者姓名、死亡年月日的魂帛等,以便来吊祭者叩拜。同时,请道士或僧尼来诵经开魂路,做一根俗称"幡仔"的招魂幡,其由一根顶端有茂盛竹叶的竹枝、悬挂着的三四尺白布或白绫组成,上由僧道书写死者的姓名,生卒年月日时等。通常男性死者为绿色装饰,女性死者用黄色装饰。葬仪时,由丧主执之,作为领先的标志,除灵时才焚化。

与此同时,在大门外也应该贴出俗称讣白的讣闻或告示,其用白纸黑字写明,家中最老辈的男性逝世,写"严制",家中最老辈的女性去世写"慈制",有的人家三世或四世同堂,最老的长辈还在,但第二代或第三代晚辈却不幸去世,这时只能写"丧中"。大门、房门上的红对联都要撕掉。大门扇上用油漆写的永久性的红色"门心"联,也需要用白纸条贴上。一般而言,由于男属乾属天为阳,女属坤属地为阴,所以如果是男性逝世,白纸需向上向中斜贴成"八"字形;如果是女性去世,则贴成倒八字形。如果大门为单扇的话,男丧则从右向左斜贴成"╱"形,女丧则反之。如果夫妻皆殁,则在大门上贴一个又,其中男性先殁,则先从右上往左下贴"╱"形,然后再贴上从左上向右下的一条。反之,则先贴左上往右下的一条,然后再贴右上向左下的一条,此俗称挂孝。另外,由于办丧事难免要干扰到邻居,或要向他们借用东西等,为了敦睦邻居,丧家应在附近邻居的大门上贴上红纸,以示凶吉有别,此俗称"为人挂红"。这些红纸在出殡日起灵后才可以撕掉,并要请道士做"洗净"仪式为其洁净和贴上"净符"。

广东潮汕地区也一样,当尸体陈放在灵床上后,就地在门上挂上白色的门帘,此称挂孝帘。同时,大门上的红色堂号灯笼要换成白色的灯笼,门联也得换成蓝纸写白字的丧联,而把家宅的里里外外布置成素净的天地,以表示丧家的哀悼。

(三)守铺期间琐俗

在中国许多地方,初终到大殓通常需一段时间。大约是三天,如北京宛平县一带是三日大殓,河北邢台地区也是死者在灵床停一二日后,才备棺入殓;而短的通常只有一天，如张家口地区的民间，"入殓，有隔日举行者，有当日举行者"。实际上，这段时间丧家有许多丧仪要办理，如小殓、招魂、报丧、报庙、布置帷堂、选材，还要让亲友来探丧、吊唁等，所以，当帷堂布置好，尸体小殓好，在准备大殓之前，丧家的所有遗族，都要在帷堂中守铺，同时，也要处理诸多琐礼。如在万全一带，一俟临终者气绝，始用衾裯覆之。然后，焚纸举哀，随即移尸中堂，择时入殓，亦有不移尸以候入殓者。在等候入殓期间，孝子日夜守侍，供茶饭烟酒，与生前无异。而当报丧后，各亲友闻讯携带锡箔纸钱、香纸供礼陆续前来致吊。在沧州地区也一样，小殓后，"门户皆粘素楮，曰封门。孝子披发，易白衣冠，曰封白"，灵前置米罐，朝夕上食于灵前，孝子卧苫枕块于灵侧而守铺。在山西东南地区，初丧守铺时，亲友送赙，谓之吊孝。通常所送的赙仪有："白供、祭菜、帐匾、冥纸之别。"在黑龙江各地，衣殓后，丧家换上丧服，坐苫草，朝夕居灵帏中守铺，并接受亲友的吊祭。在辽宁许多地方，小殓后，死者亲属换上粗白布的丧服，灵侧以草铺地，孝子匍匐其上，蔬食啜粥，不茹荤酒守铺。"即日通知戚友，吊者至灵前拜，孝子陪拜，哭，孝子陪哭。吊毕，孝子及家属皆向稽颡而谢，谓之行孝。惟限于异姓，同姓则否。"

河南灵宝一带，烧倒头纸后，即殡死者于客室，男女坐草守丧，每夜三更后必烧纸一次，谓之"烧鸡鸣纸"。在江苏丹阳等地，死者的子孙在易箦后也需易服擗踊守在尸床边，有的亲友得知噩耗，会来探丧，"吊者至，赠白布一，曰发帛"。上海崇明一带，人死移尸正寝、送魂后，丧属"即位哭，男妇妻女散发，麻冠衰绖，苴杖苫次"守铺。在浙江德清等地，丧家衣殓后，就需守铺，而这期间，亲友听到丧家报丧后，戚属就会立即"办油被、生刍、素缟往唁"，此俗称探丧。有的人家这时也会"用僧尼佛婆念夜经"，此称陪灵。在双林等地，未大殓时，丧家守铺，"亲朋先便服探丧，婿家必先送殓被褥"来探丧、问丧。

湖南醴陵初丧往唁，谓之探生。贵州毕节等地，在人死易新衣、移于堂后，要"设丧帷，书灵位，供以香灯，早晚皆上食，如生时"。同时，也需男左女右，寝于地伴之，曰守丧。四川彭山一带的丧家守铺时，戚族、邻里于初死时各以楮钱来吊，谓之"看死"；丧者惟匍匐答之。亲属既集，丧者各予以素布，谓之"散孝"。殓时，凡睡者皆令醒，术士执斧绕棺及门，咒而击之，谓之"掩煞"。

在闽台，待帷堂布置好后，孝子就开始守铺。他们在大厅铺些稻草，坐在上面守护着死者。守铺的孝子白天烧些"脚尾银"或折叠"烧脚尾库"的纸钱,夜里席地而坐或睡在稻草上,孝眷则早晚哭奠,此保留了古代"寝苫枕块"的遗风。守铺不仅有哀伤亲人之死不忍离开半步的意义,也可以预防亲人因休克"死亡"复活而乏人急救,此外,有亲友来吊祭时,也有人可以照应,同时也可以防止猫科动物毁损尸体。

在此期间,亲戚朋友闻耗会来向遗体告别,赠送赙仪,焚香致奠,此俗称探丧或觅丧等。在大田,旧时有探生礼者,"于初丧未殓时,亲友闻讣即具吉服赴丧家,先向死者床前询问起居,一如生时,家长代死者答词,具言迩来染病,医药罔效,今竟不起状,然后改变凶服哀悼行礼"。但到 20 世纪 30 年代,"此种繁文,近今已乌有矣"。而在上杭,未殓之先,讣告戚友。戚友备香楮或牲仪、果酒致祭,祭文用红纸,穿吉服以往,谓之看殓。如果有亲友来探丧,孝男要向其禀报,女眷则需举哀。如果是母丧,当其娘家人来凭吊时,孝男等必须到门外跪接。凡长辈咽气未随侍在侧的子孙,从外地赶回奔丧入大门时,需要匍匐入门,以表示自己的不孝和奉养无状。

有的人家,在守铺期间就请僧道来念经,此俗称念脚尾经。有的则俟入殓后才举行,这俗称"入木法事"。请宗教人士来做宗教仪式,应视其经济状况以及宗教信仰而定。信奉佛教而且经济状况也过得去的家庭通常是敦聘僧尼来做法事。其内容大致有:发关、请佛、请神、引魂、诵经忏(如果是母丧则加打血盆)、过桥(奈何桥)、还库、投王过案、交牒、送佛、送神。一般人家多信奉民间信仰,他们多请民间"师公"(道士)来做法事,其内容大体为:请三清、诣灵(召七)、诰诵度人经、开启冥路、诰诵太上慈悲三元灭罪宝忏、沐浴、解结(解亡人生前所许而未还之愿)、还库、送神谢坛等。

在北京,倒头的当日或次日,丧家也需要守铺于灵床之旁。大户人家会请僧道围着灵床念经、转咒,谓之念倒头经。一般仅用和尚 9-13 位,以引磬、木鱼为板点,齐诵《西方赞》:"赞礼西方,极乐清凉,莲池九品华香,宝树成行,常闻天乐铿锵,阿弥陀佛大放慈光……",其次是《往生经》《七佛灭罪真言》,这些要念 3 遍、7 遍甚至128 遍不等。另外,还要诵念"陀罗经被"上的经文,此在用"经被"覆盖死者遗体、封棺、下销时各要念一遍。而那些王公大臣家则会请来和尚、喇嘛、道士,三班轮流给死者诵念倒头经。而亲戚闻讯,要立刻前往探丧,以便瞻仰遗容,并表示对死者

守铺期间从事"念脚尾经"仪式（福建同安西柯镇后田村）

的极度伤痛和对其家属的深切关怀。由于探丧多是礼节上和情意上的表示，而且出于仓促，可不备什么奠礼。探丧时，不论男女，一进街门即大声号哭，但有声无泪，俗称号丧。有的到了堂屋停尸的"吉祥板"前，以单腿屈膝打千之后，才放声大哭，此时，丧家也需陪哭，所以，这时往往屋里屋外哭成一片。一般亲戚经劝慰即止哭，跪下拜灵叩首。然后，向孝属一一慰问，并询问治丧的情况、还需要何种帮忙等。见着其他亲友，稍事寒暄就可以告退，以后再来正式吊唁。丧家孝属重孝在身，照例也不必送客。

第十三章　成服与丧服

成服即换穿孝服居丧,这通常都在灵堂布置好后换穿。孝服要按照丧家各人与死者的亲疏关系来穿戴,以体现出亲属中的五服关系和守丧期的不同。中国传统的孝服分五种,即斩衰、齐衰、大功、小功、缌麻。在民间,孝服的种类似乎没有那么繁琐,而且在不同的地区,孝服的形式也有一些差别。

一、变服与成服

(一) 初终之服

清末时期,在中国的许多地方,当家中老人气绝,其卑辈遗族均需换上素服,男的既要脱掉帽子,撒开辫子披散发,也要脱掉鞋袜而跣足,女的则要去掉簪笄等以散发和跣足,以表示他们的悲哀。而民国以后,由于男性改为短发,所以往往在老人气绝后,马上去理发,否则至少要到百日以后才能理发。

如在吉林镇东等地,人死后,凡亲属之卑幼者,女去笄,男易冠,皆著白布衫,以示悲哀。在怀德等地,老人初丧时,丧家男截发,女去笄,尸体大殓以后才成服。辽宁新民一带,人死后,女去笄,男易冠,皆服白衫。

在北京,临终的老人气一绝,"举哀易服,诸子被发徒跣,三日不食,男女哭擗无算"。河北晋州市、雄县等地的丧家,初丧至成服之前,孝子披发垢面,妇女去簪珥,以示哀痛。在沧州,人初丧时,孝子披发,易白衣冠,曰"封白"。在邯郸一带,亲人丧后,孝子垢面跣履,妇女脱簪珥,阖家举哀。涿州市等地的坡民亲属死后,妇女以抓脸表示哀痛之切,甚至有抓成花脸者。

山东莱阳人死后,"孝子便服,被发跣足曳杖"。在泰安一带,老人死后,孝子等也不能穿戴整齐，而必须趿拉着鞋，表示虽然有脚，但已不能行路，只能在家中守孝。女的则不允许梳洗打扮，不能涂脂抹粉、挂金戴银，只能披头散发地守灵，痛哭流涕祭奠。在曲阜，老人死后，子孙及近亲全都要穿孝衣，其中以孝鞋最有特点。如果二老中一位老人去世，儿女用白布覆鞋并留口；如果二老皆亡故，则用白布把鞋子全部覆盖，而旁系亲属的鞋子只覆盖前头。曲阜等地还有出嫁的女儿"讨服"的习俗。老人去世时，若女儿已出嫁，不能马上戴孝，要先向婆母叩头说明娘家中的丧情，请婆母允准其戴孝奔丧，被允许后，才可以穿戴孝服。

安徽太平一带，家中老人始死，男子披发，女子去首饰，"易服不食，亲邻为糜粥以食之"。江苏周庄等地，老人去世后，孝子去冠披发，"以幅布环首，垂余及踵，曰长白布；以牡麻蒙屦，曰幔孝鞋。妇女去笄冠，履如男子"，到大殓前再成服。丹阳一带，人死后，孝子以下擗踊哭。子去冠披发，妇女去笄，期功以下皆易素服。在浙江嘉兴、秀水一带，老人去世后，丧家也需变服，通常是"男免女髽"。嵊州市也一样，家中有老人去世，马上易服，"男子去冠，被发徒跣，妇女去华饰，有服者皆去华饰"。

湖南凤凰一带的习俗是老人初丧时，举家绕白布于首，而在做法事时，则男妇俱改服麻衣。贵州等地也一样，在玉屏等地，亲殁后，男女哭踊，散发披麻，子则徒跣。在平远、古州一带，人死后，"子号哭擗踊，去冠被发徒跣，诸妇女子去笄素服；期功以下，丈夫素冠，妇人去饰"；而到正式成服后，再换正式的孝服。在四川南川一带，"初丧变服饰，在首者，男有免（音问），女有髽（麻发合结曰髽）"。云南的情况也类似，当老人去世后，丧家的至亲都需要先换上素服等。

在广州，在大殓之前，死者的子孙与眷属等都要披发赤足，以表示哀悼。在福建福州等地，老人气绝后，孝男等需在头上"以白布包其额，谓之包白"，以示哀痛。福州义序一带，老人过世后，阖家先需要脱掉吉服，换上素色的衣服，到成服之日，再穿仪式性丧服。漳州、泉州、厦门丧家的卑亲属在初丧时也都要易服，这主要是去华饰，披发跣足，"男踊女擗"，"斩衰三日不食，期、九月三不食，五月再不食"，同时易服，换上素色衣裤。而在小殓，也就是衣殓时，男子袒，妇人不袒，即"卷其衣袂而露其臂，便作事且哀甚也"。其次，需"括发免髽"，"斩衰男子以麻括发，齐衰以下同"；五世祖者免用麻，而"以布缠头"。"斩衰妇人以麻髽，余皆以布髽。"并在大殓成服后穿上仪式性的丧服,待下葬后,再换戴孝章。

台湾也是如此,台湾的闽南人和客家人在老人丧后几乎都需要变服,有的地方是子辈和孙辈变服,有的地方是未亡人及其子女和儿媳变服。过去,大户人家变服穿的是长衫,现今的式样则是上衣下裤,其颜色多黑色与白色。根据文献记载,台北丧家的遗族自死者断气时起服丧,称曰居丧。死者的后辈须脱冠履,披发跣足。妇女要卸去身上的装饰,换素衣服;男人穿草鞋,穿着白布衣。根据徐福全的实地调查,除了散发、跣足、去除首饰之外,台湾的闽南人初终时就得变服,如宜兰的罗东、礁溪,基隆市,台北的石门、三芝、淡水、北投、三重、万华、公馆,新竹的新竹市、竹南、太保,嘉义的北门、佳里,台南的安平、新化、关庙、楠梓、左营、大树等地多变服为黑衣、黑裤。而宜兰市、梧栖、大肚、草屯、鹿港、西螺、土库、台西、台南市等地,多变服为白衣、白裤。有些地方男女所穿服装的颜色不同,如嘉义市部分地区和宜兰的苏澳镇,孝男变服时穿黑衣、黑裤,孝妇与孝女则穿白衣、白裤。在基隆市的部分地方,孝男变服后穿白衣、白裤,而孝女、孝媳穿黑衣、黑裤。有的地方出嫁女与孝媳变服后所穿的服装的颜色也不同,如在罗东镇,孝媳穿的是黑色的衣裤,而出嫁女穿深蓝色的衣裤;又如斗南镇的孝媳穿藏青色的衣裤,而出嫁女则穿白色的衣裤。此外,在澎湖地区,长辈死亡,孝子、孝媳及未嫁女要穿黑衫黑裤或深蓝色的衣裤,妇人还需要用黑巾包头,孙子辈则穿浅蓝色的衣裤。实际上,穿上这类颜色的衣裤也等于是通知左右邻居他家发生丧事。这种衣裤,从死亡之日开始一直到出葬为止,天天都要穿。依古礼,这种衣裤不能清洗,但今人脏了即洗。死者出葬后,若这类衣裤是租借的则归还,若是自家做的则洗干净并晒干,"过火"后压在箱底,以备日后其他丧礼时用。有些富者或较有孝心的人家,这类衣服多半出葬后即烧掉。因为这类衣裤不可作为日常穿的衣服,所以澎湖人平日也比较忌讳穿黑或蓝色衣裤。

(二)成服仪式

正式穿戴仪式性孝服谓之成服,其有成服仪式。有的地方殓期与葬期相隔很近,所以成服仪式举行一次即可;有的地方葬期拖得很久,因此在葬期到来之前,还需举行一次成服仪式。

在黑龙江各地，通常在人死后当日或次日举行成服仪式，死者的至亲换上各种等级的丧服，以便从事丧礼中的各种仪式。在辽宁海城，多数丧家在指冥路仪节做完后成服举哀。祭吊时，戚友吊者咸集，丧家则"奉腰绖于男，首绖于女，谓之散孝。授受皆拜，有服者辞。富家有散以袍服者，谓之孝袍，寒素之家，散孝者少，亦有止散于至戚者"。而在桓仁、兴京诸县，成服仪式是在棺殓之时从事，"棺殓即日丧家成服。子女用斩衰，男冠孝巾，以白布半幅绕额覆首，由后垂前"，女用整幅白布折叠缝纤覆首，俗呼包头或搭头布，散发括之以麻。"男女俱以麻绳束腰。杖，以纸裹秫秸或柳条以代竹、桐"。吉林也类似，如在通化等地，一般是在人死后的第三天举行成服礼仪，以亲疏的不同穿上不同的丧服。然后做朝夕奠，"厥明，丧主以下五服之人各服其服就位，执事者设果蔬、酒馔如生时，祝焚香、斟酒、点茶。丧主以下诣案前再拜，哭尽哀，各以其服为序，皆男先女后，宗亲先外姻后，复位哭止"。此后，到下葬结束，孝子们都得穿仪式性的丧服。

河北晋州市一带，丧家在三日殓后行成服仪式，孝子衰麻，戚友素服。定兴、满城、雄县等地，丧家通常于五六七等日，延庠生，行成服礼。沧州人则在开吊日先行成服礼。其仪式过程为："相宾诣庐次，肃立赞仪，孝子白衣冠，斩衰挂杖（束秫裹纸为之）出灵帏；孝孙、侄辈，皆从循仪节，加麻衣、麻冠、麻带。冠有赘棉，当两耳。服既成，皆跪行上香礼，兴伏四拜。行降神礼，兴伏四拜。兴初献礼，兴伏四拜。读祝，行亚献礼，伏兴四拜。行三献礼，兴伏四拜。行献茶礼，兴伏四拜。统六札，二十四拜。三献均奏乐、侑食，甚有陈百戏者。礼毕，相宾退，举哀。"因此成服仪式也是一次家奠仪式。成服礼仪结束后，由来吊唁的宾客祭吊。

山西榆社等地，通常在死者大殓的隔日举行成服仪式。该日清晨，"五服之人各服其服，入就位，然后朝哭，相吊如仪"。此后一直到出殡，"主人及兄弟始食粥。朝奠、食时上食，夕奠哭无时"，每日祭奠两次。陕西米脂一带，一般在人死后第三日成服。成服之日，除了家奠外，"戚族来吊，送香楮、杂面，或挂面"等为赙仪，并吊祭死者。在武功县岸底村，也是在死者丧后第三日举行成服仪式，孝子们跪在灵前举行成服礼，祭奠后才开始穿白戴孝，穿上仪式性的孝服。

江苏南京等地的丧家通常在人死后第三日或第五日举行成服仪式，举行成服礼仪时，亲友来吊唁，送赙仪等。成服礼毕，"全家易凶服"服孝。周庄的丧家一般在入殓时成服;而吴江人则多在入殓前夕从事成服仪式。

湖南兴宁、零陵人通常是在第三日奠灵成服,并称此为"上孝"。此后,出殡时还要"发白"给来参加出殡仪式的亲友,从而使出殡仪式上和出殡队伍中出现"戚友皆头白"的现象。而龙山人则在大殓那天成服,丧家的宗亲

台湾美浓成服礼之一

和亲戚,"皆为制自衣衣之",诸使役者则头缠白帕。

广州人通常在大殓前夕举办成服仪式,这时需设供祭奠死者,然后丧家的至亲根据其与死者关系的亲疏穿上其应该穿的丧服,并手持俗称哭丧棒的哀杖。在广州一带,父丧用的竹杖也称苴杖,而母丧持的桐杖也称削杖。广东东部普宁一带则在大殓后举行成服仪礼,祭奠后,孝子、孝眷才披麻戴孝成服。父亡,孝子持竹杖,因竹有节,意为节哀;母亡,孝子持桐杖,意为哀痛同于丧父。在广西桂平一带,则在大殓之前成服。

贵州古州、平远等地通常在大殓的当天举行成服仪式。成服该日清晨,"五服之人各服其服就位,子弟设颒水、帨巾于灵床侧,敛枕衾,奉魂帛出就灵座,焚香设奠,酌酒点茶,丧主以下哭尽哀"。举哀后,结束成服仪式。黔东南荔波一带往往在入棺后举行成服礼,在仪式上,孝子等按其服换上丧服,还需设供祭奠,祭奠时常有祭文,其云:"维某年岁次某月建某朔日某祭月,不孝男某某等致奠于显考(妣)府君(孺人)之灵位前曰:府君(孺人),痛维我父(母),竟从此辞。以鞠育之劬劳,致精神之减耗,心疲力惫,促景雕年。儿罪通天,徒生何地,粉身碎骨,赎报无从。尚冀归来长依膝下。尚飨!"祭文读毕,各依位次哭泣举哀.完成成服礼仪。兴仁等地方也一样是在入殓后成服,举行仪式时,设灵幄,置柩于内,外设帏案,书死者生死年月日时于绫或以红纸,供于案。礼生赞仪,孝子衰麻,奠牲供祭,跪着受服。四川江津、合江等地,常在入殓后举行成服礼仪。但在成服之先,"丧主须以遭大故告于祖,谓之朝祖,继设文公位"。然后,五服之人各服其服,并举行三献礼。"三献香

帛、酒馔,击古鸣金,作乐升炮。其仪节,自盥沐、进献、升降、拜跪暨歌、赞、讲、读、举哀,为目繁多,须预邀礼生为之。五服之人,亦各诣灵再拜,皆男先女后,宗姻先,外姻后。"换言之,在江津、合江等地穿上丧服并做完了三献礼才算完成成服仪式。云南新平一带通常是在入殓后数日才举行成服仪式。他们往往要"设备牲酒,邀集近亲,祭奠灵前。诸亲各包孝帛或服孝服,孝男、孝妇率诸孙辈则分列次序,披麻执杖,泣跪灵前,加以丧冠,谓之成服"。

福建漳州、厦门、泉州等闽南地方通常是在大殓、布置孝堂后举行成服之礼。做仪式时,"设奠加盛",五服之人各服其服,男女分东西,重服在前,轻服在后,一同奠祭亡魂、叩首、举哀,才算完成礼仪。客家人也如此,其成服仪式的过程为,祭桌左右各站一个礼生,仪式开始时,击鼓、鸣金、奏乐。左

台湾美浓成服礼之二

礼生:执事者各事其事,主奠孝男、孝孙等就位,衹灵举哀。跪,叩首。(四次)右礼生:起。(四次)行献帛礼。左礼生:跪。上香,献帛,初献酒,初献羹,初献牲。叩首。(边上的执事者,把东西递给孝子,待其献上后,又接过,放于祭桌上。)右礼生:起。左礼生:跪。灵前读奠章,(此时停鼓乐,读祝者读祝文、哀章。孝子等举哀。)叩首。右礼生:起。左礼生:跪,亚献酒,亚献羹,亚献牲,叩首。右礼生:起。左礼生:跪,三献酒,三献羹,三献牲,叩首。右礼生:起。左礼生:跪,叩首(四次)。右礼生:起。(四次)左礼生:辞灵;焚哀章,礼成。跪,叩首。(四次)右礼生:起。(四次)左礼生:孝子、孝孙执杖入帘,孝子、孝孙出帘谢礼。这才结束成服礼。

台湾的闽南人多在入殓前举行成服仪式。在成服之日,"设灵位,陈祭品,以丧服置之灵前,各标名字。五服之人既集,礼生乃率孝子孝孙诣于灵前而告之。告毕,诸服丧者遂各取其服穿着,而后举祭"。在祭奠之初,还有"议谥"之俗。其过程为:各亲友聚会于厅堂中,推齿德尊者二人。除在本宗族中推举一人外,若死者是男性,则在其友人中推举一人。如是女性,则另一人由其娘家人充当。然后各述

死者生平的嘉言懿行,提出恰当的赞美词作为其谥号。普通人的谥号通常用两字,由上述推举出来的这两个人各述其一;若死者德高望重,也可以用四字来褒奖谥美。谥号提出后,如果众无异议,则题在神主上。

由于台湾的闽南人往往是在人丧后第二日或第三日就入殓;所以,闽南人遇到丧事,第一要务就是赶紧请人来准备孝服、丧杖、丧章等,以便在丧后第二三日就可成服,并穿孝服去乞水为死者沐浴,"乞灰"来铺棺入殓等。在台湾闽南人当中,有的地方的孝服仍保持传统的式样,以白色为主调。有的地方已改用黑或深色的丧服。当孝服做好或准备好后,丧家老小均需按各自的服数穿好,然后鱼贯走出厅堂,到厅前的空地上,由专门处理丧葬事务的"婆仔"为其象征性地梳一下头,完成着服的礼仪,再参与丧事。

台湾美浓的客家人是在入殓后、出葬前举行成服仪式。举行仪式时,先在厅外的空地上摆上祭桌,放上香炉、供品等,事先请人做好或购买或租用的孝服也放在旁边的竹篮中。孝子等事先都理了发,否则至少是 49 天内不得理发。他们跪在祭桌下,服重者排前,服轻者排后。如果是母丧,由母舅祭告神灵。祭完神灵后,由执事者为孝男加首服并戴上套麻的草箍,然后是孝服等,最后还要由执事者把丧杖一一赐给孝男们。在成服与赐杖时要念一些吉祥语,如成服时念:"成服成服,报恩鞠育,孝于所亲,天赐百福",又如在赐杖时念:"赐杖赐杖,孝重伦常,孝思不匮,福禄绵长"等。另外,在台湾,母丧通常用包着麻布的桐杖,而父丧则用竹杖。

(三)居丧期的禁忌

所谓的居丧期是从临终者气绝亡故开始到服孝期满为止。实际上,它可以分为初终期、葬期、守孝期,如果有停柩待葬,则可加一个停柩守灵期。在这些期间通常都有一些禁忌,其中最普遍的是:丧家的卑亲必须脱掉冠履,披发跣足,换上素服,妇女去掉饰物,不得华服;孝男等在一段时期中禁止理发,也不得会晤宾友、赴宴、娱乐和入宫庙拜神等。

东北黑龙江瑷珲等地人为了表示悲哀,在老人死后百日内,男不剃发,女去首饰。望奎人则是父母俱殁者,男不满百日不剃发;存一者,九十五六日即剃。而绥化等地稍有差异,通常是百日男不剃发,女不首饰。据文献记载,吉林通化地区居丧期的禁忌多一些，"凡丧三年者，百日理发，在丧不饮酒、不食肉、不处内、不与吉事、不娶妻纳妾、门庭不换旧符；期之丧，二月理发，在丧不婚嫁。九月、五月者，逾月理发，在丧均不与宴乐"。而在辽宁辽中一带，丧家居丧期间，丧子需寝苫枕块，食疏粥，不茹荤。

在京畿的良乡等地，初丧之日，不饮酒，不茹荤，不娶亲，不作乐。在河北晋州市一带，老人死后，孝子们百日内不剃发。固安的孝子百日不理发，三年内不赴宴会，有的则守在墓地上。而在文安等地，丧家百日内，不茹荤、饮酒。雄县的孝子居丧，不御荤酒，不赴宴会，居官者回籍守制，士子不应考试，同时也需要百日不剃发。清河一带的古礼是人子居丧，"不饮酒，不茹荤，不作乐，不居内室。故孟献子禫而不乐，比御而不入"。而"至今日居丧，唯以服素为表示"。

山西也如此，山西榆社一带的丧礼过程中，从成服之日起，主人及兄弟始食粥，不得荤食，不得宴乐等；但"九月之丧者"，可以饮酒食肉，但不与宴乐，"小功以下，大功异居者可以"；在下葬并做了"归虞祭"后，"主人、兄弟疏食水饮，不食菜果，寝席枕木"，仍有一些禁忌。翼城一带，亲丧后百日内，"孝子不出门，不用俳优作乐宴宾，唯以哭奠为重"。陕西也一样，如宜川人在办丧期间，"子百日不剃头，侄及孙七七不剃头"。在米脂，"百日内，孝子不剃发，不与庆吊筵宴（间有不茹荤酒者），故不出街"。甘肃漳县一带也同样，初终时，丧家卑亲"散发哭泣擗踊，寝苫枕块，不茹荤"。

山东也如此，如冠县等地，"长子居丧，四七日不出门，百日内不理发。阖家守制，不动音乐，不贴春联，不衣锦艳，不举庆典。每年除夕，孝子等手提香楮赴墓焚化，归途号泣，招魂还家，取其爆竹岁除，来格来飨之义。以上礼节满三年则除之"。泰安人同样，家有老人去世，孝子得闭门不出，不能会客，不能赴宴，不得吃鱼肉等荤腥之物，也不能喝酒，百日之内不得理发，以表示孝心与哀痛。

在湖南永州一带，家中老人死后，丧家的至亲49天内禁止剃发。在嘉禾一带，"凡居丧未葬，柩前为位，朝夕哭，馈食如生。夜则藉地卧柩下，同于寝苫枕块，或架榻其侧，名为伴亡"。此外，还需"蓄发四十九日，在丧，禁赴宴观剧，甚至服中生子有议"。

在居丧期间，特别是在下葬之前，广州一带，不允许孝子、孝眷等喝酒、吃荤、洗

·婚丧嫁娶·
图文珍藏版

脸甚至刷牙等。据民间的说法，如果违反这些禁忌，死者的尸体会发胀。同时，也不许丧葬期间夫妻同床，认为这样做会使棺材破裂，危及后人。广西桂平等地的古丧礼是"男子括发，妇人髽。清世官民平居皆剃发，至居丧则亲殁百日方剃，其无职官、科第者，以四十九日为期，此盖参从佛法，以人死七日之数自乘得四十九日为满七。凡丧家于卒哭日剃发，士族百日卒哭，平民则多以满七卒哭，故剃发迟早略异"。榴江一带则坚持孝子于七虞之内不剃发，三年不嫁娶。

贵州平坝一带，丧家在居丧中同样有些禁忌需执行，如居丧期间，"衣服不用丝织品，红紫色，大门贴素对联。女子禁胭粉首饰，成服后百日内不扯脸。男子成服后百日内不剃发"。同时，也"不坐上席，不饮酒划拳，成服后百日内男女绝对不与庆吊等类"。

在四川合江等地在49日内，丧主以下不饮酒食肉，"不脱经带，不剃发，不与宴乐，女子去簪珥，禫以前不服丝绣。春联用素纸，而婚嫁及之官应试均有限制"。江津等地也有一些禁忌，"凡丧家男女，新丧百日内男子不剃发，女子去簪珥，服期未满不庆吊，不婚嫁，服色尚素，不衣丝绸，春正桃符、门联亦用素纸书写。士大之家，服期内之官，不应试，闭门读《礼》，不忍忘亲也。民国以来，守礼者尚不失旧制，开通之士破迷信而不用僧道、地师，近于礼也"。

云南省宜良一带，长辈去世，通常应居丧三年，百日内不饮酒，不赴宴，不剃发，期年内不婚嫁，至今风俗不改。禄劝人居丧需三年，而在百日内不饮酒、不赴宴、不剃发，期年内不婚嫁。镇雄一带则是49日内不剃发，而且也不食荤酒，周年内不嫁娶。

在福建政和等地，人死后的三年以内，死者的卑族"酒食不与，音乐不闻，衣缟素"。在漳州一带，尽管初丧后就属于居丧期，但不同的阶段，其要遵从的禁忌也有所不同。如弥留者初

台湾美浓成服礼之三

丧时，孝子等"不食"，"斩衰三日不食，期、九月三不食，五月再不食"，即根据其与

死者的亲疏关系而各自禁食一些时候。此外，在大殓以后，孝子始食粥，"寝苦枕块"。而在下葬虞祭之后，孝子"寝席枕木"。丧家的男女在老辈去世后的百日内，不得剃发。百日后，"始蔬食"，并可以理发。而在三年祭，也就是做了大祥仪式脱孝后，孝子等才可以饮酒食肉而复寝和可以赴宴、娱乐以及进入寺庙拜神等。厦门的丧家在举哀后，家人平时穿戴的鞋、帽、装饰品等都要脱下，妇女更要披头散发，此取"散发出千尾"、子孙后嗣兴旺发达之意。此外华服也要换成素服，男子不能理发，直到服衰49日或百日后，才能理。

　　而台湾的汉族，旧时服父母之丧，百日以内须服麻衣，而且不能理发，百日后才可剃发。此外，还需"用麻布条扎腕，至七旬换白布条，至百日脱扎"。女儿嫁出者，其戴孝方式多以手尾钱寄于娘家灵桌上，限于归宁致祭时始带之。而在现代，居丧期也有许多禁忌，如孝男不得穿华丽的衣服，不着皮鞋，不修脸，百日内不理发，不会晤客人，不赴宴、看戏、娱乐，不得入庙宇祭拜神灵，不得夫妇同房等。孝女也须换上素衣，不带饰品，一直到百日卒哭为止。特别是在殡葬之前，更要严格遵守，以免惹来灾祸，带来不吉。

二、五服制度

（一）五服的式样

　　中国古代孝服主要有斩衰、齐衰、大功、小功、缌麻五种，统称为五服，其具体规定就是五服制度。在周代，这五类丧服全用不同的麻布制作。斩衰服是丧服中最重的一种，其服期为三年。根据《仪礼·丧服》记载，其服式为："丧服斩衰裳，苴绖，杖，绞带，冠绳缨，菅屦者。"包括衣裳、冠、绖带、屦、杖五个部分。其传曰："斩者何？不缉也。苴绖者，麻之有蕡者也。苴绖大搹，左本在下，去五分一以为带。……苴杖，竹也。……绞带者，绳带也。冠绳缨，条属，右缝；冠六升，外毕；锻而勿灰。衰三升。菅屦者，菅，菲也，外纳。"即认为斩衰服用极粗的麻布制作，不缝衣服边缘。

齐衰服在丧服中属于次重的一种孝服，其服期有三年、期年(一年)和三月三种，一年服又分杖期与不杖期两种，用来表示亲疏关系。齐衰的服式，据《仪礼·丧服》载，齐衰三年与杖期的服式为："疏衰裳，齐，牡麻绖，冠布缨，削杖，布带，疏屦三年者。"《丧服》传文解释云："齐者何？缉也。牡麻者，枲麻也，牡麻绖，右本在上。冠者沽功也。疏屦者，藨蒯之菲也。"即齐衰三年和杖期的服式是用较细的枲麻制作，并要缝衣服的边缘。此外，《丧服》中还记载了齐衰不杖期和齐衰三月的服式，前者为"不杖，麻屦者"，后者为"疏衰裳，齐，牡麻绖，无受者"。《礼记·丧服小记》曰："齐衰三月与大功同者，绳屦。"由此看来，这里的不同在于有杖无杖，以及鞋子不同，如疏屦、麻屦和绳屦。

大功服为丧服中的第三等，服期九个月。据《仪礼·丧服》，其服式为："大功布衰裳，牡麻绖，缨，布带，三月，受以小功衰，即葛，九月者。"这里的大功是略有锻治之功的麻布，比齐衰更细密些；其腰带也用细麻编成。而鞋子则与齐衰三月同样是"绳屦"。而且，这里还说这种服式穿三个月后，换成小功服，用葛做腰带和冠带，直至九个月。

小功服为丧服的第四等，服期为五个月。据《仪礼》，它的服式为："小功布衰裳，牡麻绖，即葛，五月者。"这里小功的意思是其麻布锻治之功比大功服多，因此麻布更加细密。根据小功殇服"小功布衰裳，澡麻带，绖，五月者"的记载看，小功服的麻布还经过了水洗，所以它是比大功布更加细密的麻

明代《御制孝慈录》中的大功全服图

布。另外，有人认为小功服的鞋子已是"吉屦"(平常穿的鞋子)。

最后一等是缌麻服，《仪礼》记载极为简略，只说："缌麻，三月者。"《丧服》传曰："缌者，十五升抽其半，有事其缕，无事其布曰缌。"郑玄说："谓之缌者，治其缕细如丝也。"换言之，它是用极细的麻布制作，与和平时穿着的服装没什么差别了。

总之，在过去，五服的区别主要是麻布质地不同。但是，经过两千年的演变，到了明清时代，由于棉布普及，丧服也变成由混用麻类与棉布类来制作，并且服式上

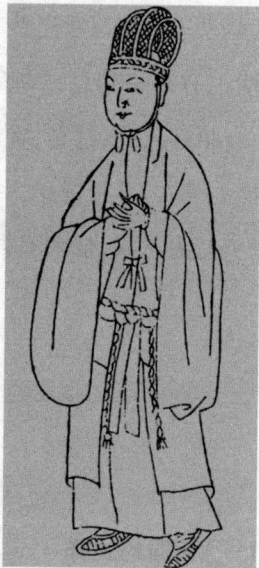

也与《仪礼》记载的有些不同。如《大清律例》丧服总图规定中,斩衰之服用至粗麻布为之,不缝下边,而不再是所有衣边都不缝。其次,齐衰之服用稍粗麻布为之,缝下边,仍保持《仪礼》的规矩。其三,大功之服,用粗熟布为之,而不再用麻布类了。其四,小功之服,用稍粗熟布为之,也不再用细麻布。其五,缌麻之服,用稍细熟布为之,也不是用极细的麻布。尽管如此,官方对丧服的尺寸等仍有统一的具体规定,而且基本上还沿用过去的形制。如清代官方修的服图斩衰三年条云:

> 凡丧服上曰衰,下曰裳。
>
> 衰之为言摧也,斩不缉也,用
>
> 极粗生麻布为之。其衣旁及下

际皆不缉,上际缝向外,背有负版,以表其负荷悲哀也,用布方七寸,缀于领下,下垂,于前当心有衰,明孝子有哀摧之心也.用布长六寸,广四寸,缀于左衿之前。左右有辟领,两腋之下有衽,垂之向下,状如燕尾,以掩裳旁际。裳,前三幅,后四幅,缝向内,前后不连,前作三帆。帆谓屈其两边相著而空其中也。今人竟加斩衰于麻直身上,而裳制废矣。冠,纸糊为材,长足跨顶为三细概,俱向右,是为三襞积。用麻绳一条,从额上约之,至项后交,过前各至耳,结之为武。武之余绳垂下为缨,结于颐下。今世俗用二绵芷,不知何据,或曰取其闭耳目声色也。腰绖用绳为之,两股相交,两头结之,各存麻本散垂。其交结处,两旁各缀细绳系之。所穿履以菅草为之。其哭杖,父用竹,取其节外著也。父为子之天,竹圆像天,竹贯四时不变。子为父哀痛,亦经寒暑不改也。母用桐木,桐之言同,心同乎父,其外无节,取其节内存,上半截圆以像天,下半截方以像地。然其根皆在下,竹桐一也。其长与心齐者,孝子哭泣无数,身体羸,病从心起,故杖之高下以心为断。

由此,一例看来,官方对五服制度有统一规定,而且基本与传统一致。但是,民间对此却有自己的重新解释,并都根据各地的实际情况做了调整,从而也就显现出不同的孝服来。这些不同,我们将在下一节里比较详细地介绍。

(二)服丧的期限

中国的丧服主要分为五种,这五种不同的丧服,实际上代表了不同的服丧期限,这个期限通常有三年、一年、九月、五月、三月等不同,其主要是根据服者与死者的亲疏尊卑关系来区别服制及服丧期限。根据一些文献记载，其服丧期限的情况如下表。

丧服期限表

丧服名称	服式	服丧期	应服者	备考
斩衰	用至粗麻布为之，两旁及下边不缉。有杖：父丧用竹；母丧用桐。	三年	1.子女为父母 2.媳妇为翁姑 3.妻为夫，妾为家长 4.承重孙为祖父母	女出嫁及子为人后者降服杖期
齐衰	用稍粗麻布为之，惟缉其两旁及下边。期年者有杖与不杖之别。	杖期	1.出嫁女为本生父母 2.为人后者为本生父母 3.嫡子、众子为庶母 4.夫为妻，父母不在者	庶母无子女者不服 有父母在者降服
		有杖期	1.孙子女为祖父母 2.父母为子女 3.翁姑为长子媳 4.祖父为嫡长孙 5.伯叔父母及姑在室者，与侄子女相互间 6.兄弟姊妹相互间 7.夫为妻，有父母在者	出嫁者同 女出嫁者降服大功 出嫁者降服大功 出嫁者降服大功
		五月	曾孙子女为曾祖父母	出嫁者同

		三月	玄孙子女为高祖父母	出嫁者同
大功	用稍细白布为之	九月	1.父母为出嫁女 2.祖父母为众孙子女 3.翁姑为众子妇 4.孙媳为夫祖父母 5.夫姑为侄妇 6.侄妇与夫伯叔父母相互间 7.堂兄弟姊妹相互间 8.出嫁女与本宗伯叔父母、兄弟及侄相互间 9.出嫁女与本宗姑姊妹及侄女在室者相互间	出嫁者同 出嫁降服小功 出嫁降服小功 出嫁者降服小功
小功	用稍细白布为之	五月	1.祖父为嫡孙妇 2.伯叔祖父母及祖姑在室者与侄孙子女相互间 3.堂伯叔父母及堂姑在室者与堂侄子女相互间 4.再从兄弟姊妹相互间 5.侄妇为夫之姑母 6.嫂及弟妇与夫兄弟姊妹相互间 7.兄弟之妻（妯娌）相互间 8.出嫁女与本宗兄弟之妻相互间 9.出嫁女与本宗堂兄弟姊妹在室者相互间 10.出嫁女与本宗之侄妇相互间 11.出嫁之姑姊妹及侄女相互间 12.外孙子女为外祖父母 13.舅父、姨母与外甥子女相互间	出嫁降服缌麻 出嫁降服缌麻 出嫁降服缌麻者同 出嫁者同 出嫁者同 出嫁者同

缌麻	用稍细白布为之	三月	1.祖父为众孙妇	
			2.祖母为孙妇	
			3.高曾祖父母为曾玄子女	出嫁者同
			4.曾孙媳及玄孙媳为夫之高曾祖父母	
			5.曾伯叔祖父母及曾祖姑在室者与曾侄孙子女相互间	出嫁者无服
			6.族伯叔祖父母及族祖姑在室者与堂侄孙子女相互间	出嫁者无服
			7.族伯叔父母及族姑在室者与再从侄子女相互间	出嫁者无服
			8.三从兄弟姊妹相互间	出嫁者无服
			9.侄孙妇与夫伯叔祖父母及夫祖姑在室者相互间	出嫁者无服
			10.堂侄妇与夫堂伯叔父母及夫堂姑在室者相互间	出嫁者无服
			11.堂兄弟妻与夫之堂兄弟姊妹相互间	出嫁者同
			12.堂兄弟妻与堂兄弟妻相互间	
			13.出嫁女与本宗伯叔祖父母及祖姑在室者相互间	出嫁者无服
			14.出嫁女与本宗堂伯叔父母及堂姑在室者相互间	出嫁者无服
			15.出嫁女与本宗再从兄弟姊妹在室者相互间	出嫁者无服
			16.出嫁女与本宗堂兄弟之妻相互间	出嫁者无服
			17.出嫁女与本宗堂侄子女在室者相互间	
			18.出嫁女与本宗侄孙子女在室者互相间	出嫁者无服
			19.出嫁之堂姊妹相互间	
			20.外祖父母为外孙子女	出嫁者同
			21.舅父母于外甥妇相互间	
			22.外甥子女与舅母相互间	出嫁者同
			23.表兄弟姊妹相互间	出嫁者同
			24.岳父母与女婿相互间	

　　此外,还有所谓的"殇服"以次降一等的说法,通常人们以 16-19 岁为长殇,12-15 岁为中殇,8-11 岁为下殇。不过男子已订婚,女子已许嫁者则不为殇。其服

丧者,长殇降服九月,中殇降服七月,下殇降服五月。其大功以下也需要依次递降。而7岁以下,则为无服之殇,哭之以日易月,末满八月者则不哭。

在中国各地的汉族,其标准的服丧期限几乎都一样。如根据文献记载,在四川南川一带,"服制区别甚繁,最重者古时子为父斩衰三年,为母齐衰三年(女未嫁及既嫁被出而大归者同)。明太祖以父母恩无轻重,同为斩衰三年,自此齐衰无三年服。由是递推,期年齐衰、九月大功、五月小功、三月缌麻(即细麻)。亲近者布粗,期久而哀重,疏远者布细,期短而哀轻。由本身上推四世至高祖,旁数四房至统于高祖之兄弟(胞兄弟、从兄弟——俗称堂兄弟,再从兄弟——俗称从堂,族兄弟),下推四世至玄孙,皆合本身计为五服为正服,以其人于我至亲,死当哀痛也。然高祖服三月,曾祖服五月,皆齐衰(俗讣文书大功服曾孙,小功服玄孙者误),以其为直系尊亲也"。其他地方的文献记载也大致相同,即各处都有相同的规定,这里就不一一赘言了。

三、各地的丧服

《仪礼·士丧礼》说,亲死后的第三天,"成服"。所谓成服,即在大敛之后,死者亲属依同死者的关系,穿上规定的丧服。居丧期间着丧服,这是中国又一特有的文化现象,在世界其他民族中则比较少见。

丧服产生于何时呢?因文献记载有缺,较难考证。但可以肯定,夏商两代,丧服还未问世。西周早期,初具雏形的丧服大约出现了。《尚书·顾命》记载,周成王死,康王举行即位大典,他戴着麻质的礼帽,穿着绣有斧形花纹的礼服,从西阶上来。卿士和众诸侯也戴着麻质的礼帽,穿着黑色礼服,进入中庭,站在规定的位置上。太保、太史、太宗同样戴着麻质礼帽,穿着红色礼服。康王、诸侯及重要官员穿的衣服是否具有丧服的含义,我们姑且不论,而只想讨论君臣头上的麻质帽子。从所引述的文字内容来看,君臣所着之服是有明显的不同的,而帽子却质地一样,为麻。麻,古时专指大麻,其皮纤维是制作布料的重要材料。麻之外,就是蚕丝了。《尚书·禹贡》说,兖州的贡品是漆和丝,还有用竹筐装着的彩绸。《诗·周颂·丝衣》："丝衣其纻（纻，衣服鲜洁），载弁俅俅（俅，恭顺貌），自堂徂基（基，门槛），自羊徂牛。"郑玄注，丝衣是祭祀时士所穿的礼服。这就指示我们，在庄重的仪式中，士可着丝。作为天子，在通常情况下，是可以穿丝织品的，何况那时养蚕植桑已经普及。但为何在即位大典时，却要戴一顶麻质的帽子呢？又为何君臣一致，没有区别呢？这与所着衣服不相配的麻质的帽子，似有哀悼成王的意义。《礼记·杂记下》说，穿麻衣的不扎大带子，手执玉圭的不穿麻衣。麻衣不覆盖在彩色的衣服之上。可见统治集团对麻的穿着规定是比较严格的，因

《尚书》书影

此，在庄重肃穆、且内心深存着失去父王痛苦的登基大典上，康王是不会无缘无故地戴上一顶麻质的帽子的。

可以认为，一种作为反映内心哀痛标志的"丧服"，也就是麻质的帽子，在这个时期产生了。接着，由帽子扩展到了衣服。又经过若干世代，较为成熟的丧服才正式问世。但是，此类丧服无花边，为素色，较简陋，大概包括冠、衣、裙吧，袁愈荽所译的《诗经·桧风·素冠》可以反证：

> 碰见入戴白帽啊；
> 又黑又瘦焦劳啊，
> 心中忧愁难描啊。
> 碰见人穿白衣啊，
> 我心感到悲戚啊，
> 愿共患难和你啊。
> 碰见人穿白裙啊，
> 我心真是郁结啊，
> 愿意和你同心啊。

此诗产生于桧国。桧位于今河南密县东北，前769年被郑所灭。诗反映的是

西周末年桧的情况,也是中原地区的情况。汉毛亨解释《素冠》题意时说,此诗讥讽的是不能行三年之丧。今人唐莫尧等认为这是"对家遭不幸事者的同情",可能后说更合诗意。原诗句中的"素冠""素衣""素韠",该是西周时期的白色丧服。人们穿戴着这样的衣冠,以表示对死者的哀悼、怀念。但是,自从丧服问世之后,可能有好长一段时间人们不理解、不赞同,甚至表示反对,所以《诗经·桧风·素冠》的作者希望能够看到一个头戴素冠、身穿素衣的孝子,同他一起悲哀,一起瘦瘠,一道宣传穿着丧服的意义。看来,这位作者曾在亲人去世之后,在一些人的支持、鼓励下勇敢地穿过孝服,也因此引起了不少人的惊诧、攻击,也可能招致了暴力的伤害,心中忧愤不平,于是写下了这一首诗。

由《素冠》推测,丧服出现至迟在西周晚期,在做这个结论的时候,还应该指出,诗中的"素冠"与前面我们所引的《尚书·顾命》中的麻质帽子当为同类,是偶然巧合还是完全没有联系的两种事物? 这个问题,留给有兴趣的读者朋友去研究吧。

春秋时期,丧服的形式、颜色发生了一些变化,生者为死者服丧的记载也多了起来。我们不妨多举几个例子。

《左传》僖公三十三年(前 621 年)载:晋文公刚死,秦就趁机吞并了晋的属国滑。晋人认为这是"伐丧",属不义之举,在国人的强烈要求下,刚即位的襄公"墨衰绖",率兵在殽大败秦师。战后,君臣穿着黑色的丧服安葬了文公。"墨衰绖",即染黑衰与绖。为何染黑? 此时襄公正为其父文公守丧,守丧时要穿丧服。因丧服是白色,白色衣服不适合上战场打仗,所以就把白色染成了黑色。黑色原本为戎服的颜色,穿上它,既显示了守丧之志,又能免遭国人丧期征战、不合礼义的指责,放心大胆地指挥对秦的战事了。自此之后,晋便以黑色丧服为常了。

襄公四年(前 569 年)载:冬十月,邾人、莒人讨伐鲁国的附庸鄫,鲁大夫臧纥救鄫,趁机侵犯邾国,结果大败。国人认领战死者的尸体,头发都结成了"髺"。鲁从这年开始髺。据《礼记·丧服小记》孔颖达的解释,髺本为妇人的丧服,有三种。一种是"麻髺",也就是将麻掺和在头发之中,两者绞在一块;第二种是"布髺",用四寸宽的布带将头发缠绑在额头上;第三种是"露髺",既不用束发的物品,也不用簪子,只用麻作为扎头发的绳子。三种髺,各有用时。鲁人使用的髺,大概是第三种。这时的鲁，不仅妇人有髢，男人也是一样的了。

襄公十七年载：齐晏桓子卒，其儿子晏婴穿上了衰斩——晏婴的丧服形式与《仪礼·丧服》所说的基本相同。

襄公二十三年载：晋平公的老舅杞孝公死了，王鲋要求宣子穿戴上黑色的衰冒绖。杨伯峻注：衰，衰服；冒，冒巾；绖，腰绖。三者全是黑色。此为妇人的丧服，悼夫人（晋平公之母，她是杞孝公的幼妹）是要穿戴的，但大臣王鲋却让宣子假扮成悼夫人的近侍，穿戴着同悼夫人一样的丧服。

穿上丧服是件十分严肃的事情，绝对不可以在公开场合随意脱下，否则就要受到谴责。另外，若遇上了穿孝服的人，就得表现出恭敬和同情。前者如鲁昭公，其父襄公死，在下葬之前，他多次换穿丧服，丧服的襟都破烂了。这一年昭公19岁了。却还像个小孩子，所以君子认为他是不会善终的（参见《左传》襄公三十一年）。后者如孔子，凡遇见穿丧服的人（即使比孔子年轻），他一定要站起来；从穿丧服的面前走过去的时候，一定快走几步（参见《论语·子罕》）。

儒家看中了王室或者民间流行的简单丧服式样之后，为我所用，将其纳入了他们发明的守孝礼仪中。后来，又经过人们的不断加工、改造，使它成了三年之丧的重要内容及其标志。可以肯定，至迟在战国时期，民间流行的丧服样式逐步地统一起来。这样，典型的丧服形成了，随之记载此种制度的著作也就出现了。而今流传下来的，则以《仪礼·丧服》最具代表，而《礼记》中的《曾子问》《丧服小记》《杂记》《丧大记》诸篇也多有涉及。

下面，我们依据《仪礼·丧服》以及上面列举的相关篇章，对丧服的等级、制度、内容做些介绍。

（1）斩衰。古代的布，多用麻织成。前有提及，麻，即大麻、黄麻或者苎麻，雌雄异株。雄株叫"枲"，雌株称"苴"。苴的纤维质要差一些，一般不用它织布、做平日穿的衣服，要做，就是丧服中的斩衰和齐衰。古代的布，以80缕为1升，布幅宽2.2尺（周尺，约相当于现在的44厘米）。用3升，也就是240根线织成，比用15升（1200缕）织成的布和30升（2400缕）织成的朝服要粗糙、稀疏得多。这是斩衰布的用料与质量。又因斩衰的上衣下裳是用这种最粗糙、稀疏的生麻布做成的，它的四缘、袖口都没有缝边，故意地让断处的线头外露，表示太悲哀，没有心思把衣服做好，故称之为"斩"。另外，穿斩衰的话，还要在丧服的胸前当心之处钉一长六寸、宽四寸的麻布条，这个麻布条与衣服一样，使用相同的材料做成，人们称它为"衰"。由于它位于上衣的外衿当心处，所以也称上衣叫"衰"。

着斩衰，与之相配的是绖。绖有两释，一种在头上，称首绖；一种在腰间，叫腰绖。所谓的首绖，一说是戴在头上的用极粗糙的麻布缝成的帽子，一说为缠在头部的麻绳，一说是头上扎着的长达六尺的布巾，布巾的一头直垂后背，断处系上麻丝，称之为"直披"的东西。所谓的腰绖，是指绑扎在腰部作为衣服的一种装饰物。有人说腰绖是系在腰上的麻布大带，可能有等级的区别：大夫的大带宽四寸，士的只有两寸。也有人认为腰绖是绑在腰间的麻绳。

着斩衰时，孝子手上要有一根苴杖（手杖）。苴杖即"哀杖""孝杖"，是一根十分粗糙的竹棍，将竹子掐头去尾即行。为什么要用竹子做杖，可能周代气候比现代温暖湿润，到处长满了竹子，就地取材十分方便；而且竹的粗细也很好选择，不需要花费气力，三砍两砍就可以做出好几根。这本为情理之中的事情，但学者们把它复杂化，附会上了自己的想法，说什么竹圆像天，内外有节，好比子为父亦有内外之痛。竹还能贯通四时而不落叶，颜色不变，表示子为父哀痛经历寒暑之后也不会减弱。居母丧时据说用"削杖"。所谓削杖，即桐木杖，将桐木削砍去枝节，稍稍加工，比苴杖略为精细一点。

守制时为什么要用杖？《礼记·问丧》篇说，孝子因亲人的不幸逝去，而哭泣悲恸，认真守孝三年，所以体弱多病，只好在站立行走时依靠拐杖。并规定，如果父亲健在，就不敢使用拐杖，是由于尊长在世的原因。在厅堂之内也不用拐杖，是要避开尊长的眼目。

不知从何时起，此拐杖又演化成了"哭丧杖""哭丧棍"。杖一般长三尺左右（也有一尺来长的），外裹白纸，亲人死后的第三天孝子才用。在丧礼的不同阶段，有"辑杖"（杖不拄地）、"去杖"（把杖拿开），"使人持杖"和不拿杖站在指定的位置上行礼等规定，又有"杖期""不杖期"之类的区别：为至亲服丧，用杖，称"杖期"；父母健在，为他人服丧，称"不杖期"。丧期满后，孝子才不用杖，但必须要将它折断，然后弃之于隐僻之处；或葬礼结束，插于死者的坟头。

妇人不用杖，孩童也不用杖。

菅屦,即用菅草也可以用席草等编成的草鞋。后世则在布鞋前的上方蒙以白布,还让白布边口的所有线头伸出。

配合斩衰的,还有"绞带"(绳带)、"冠绳缨"(用 6 升麻布缝成的帽,下有垂悬着的缨)等。

应该指出,衰绖是男人的孝服。女子的丧服与男人的稍有不同。其不同之处有二。第一,斩衰上的"衰"没有带子,下无衽;第二,不戴冠,而用布总、箭笄。"总",是捆住头发的意思;或者是束住头发的根部并让它垂在髻的后边作为饰物的一种布带。这种带子用 6 升(480 缕)布织成,将头发梳理成冠的样子(不准超过六寸),再用总束缚,既束头发的根部,也束头发的顶部。箭笄,用竹制成的簪子,长一尺;或者用白理木、榛木削成。《礼记·檀弓上》记载说南宫绍的妻子也就是孔子的侄女的姑(公婆)死了,孔子告诉侄女说,你不要把髻做得高高的,也不要弄得大大的,用榛木做成一尺来长的簪子簪住,那捆扎头发的布带子(布总)最多只能垂下八寸。

斩衰是五服中最重的一种,穿着的时间是三年。服的对象明清时期与上古就有差别。一般是儿子、未嫁的女儿为父母、继母;媳为嫜(公公)姑(公婆);孙为祖父母以及妻妾为丈夫等等。

(2)齐衰(或疏衰,亦称期服)。齐衰用 4 升(320 缕)生麻布做成,比斩衰稍微精细一点,其形制与斩衰基本相同。不同之处,是四缘及袖口处缝边,比较整齐。因为整齐,所以称"齐衰"。

与齐衰相配的有:牡麻绖。牡麻,即雄麻,其纤维的质比苴好,所织成的布,也精致一点。冠布缨。用 7 升布(560 缕,冠绳缨为 6 升布)做成,形制与冠绳缨相同。削杖。桐木制成,杖根部砍成方形,象征着母亲像大地。桐木的表面没有竹杖的节,则象征着家无二尊,母屈从于父。男尊女卑可谓无时不有! 布带。用 7 升布做成,形如皮革做成的腰带。或头上扎白布巾,巾的两头横垂在肩部,每一头都系上白线,称之为"横披"。疏屦。粗制的麻鞋或草鞋。或鞋尖的前部蒙上一块比较小的白布,无毛口。

《仪礼·丧服》将齐衰分成了四等。第一等,齐衰三年,这是父死后子为母、母为长子的丧服。第二等,齐衰一年,用杖的,称"杖期",这是父在为亡母、夫为妻的丧服。第三等，齐衰一年，不用杖，称"不杖期"，这是侄儿为伯、叔父母，为兄弟的丧服；已嫁的女子为父母亦同。第四等，齐衰三月，这是为曾祖父母的丧服。必须指出，明以后就没有三年期的了。儿子死，父亲也穿丧服，时间是一年。为曾祖父母服齐衰五个月。

（3）大功。《史记》《汉书》《后汉书》均称大功为"大红"（"红"读作"工"）。《史记索隐》说红也就是功。男人的劳作并非一件两件，所以用"工"和表抽象劳作的"力"组成了一个字。而女子的劳作对象一般离不开丝，所以用"系""工"组成了一个"红"字，故红就是指织布的事情。因此。这里的"大功"指的是"布衰裳"，用8升（640缕）或9升（720缕）布缝成。换句话讲，它是用熟麻布做成的。四缘及袖口缝边，布质较"齐衰"要细。但比小功粗些，表示"功程尚粗"的意思，故称大功。与大功相配的是牡麻经和布带。

大功是九个月的丧服。是男子为已出嫁的姊妹、姑母、姑姊妹、堂兄弟和未嫁的堂姐妹，妻子为丈夫的祖父母、伯叔父母和自己的兄弟而穿的丧服。

（4）小功。小功丧服用熟麻布（880缕）制成。四缘及袖口缉边，布质比"大功"细，较"缌麻"粗，含有"用功精细"的意思。《仪礼·丧服》认为小功是兄弟间的丧服，所以"小功布衰裳，澡麻带经"。"澡"，是将麻的皮剥下后，在水中漂洗、捶打，捶打、漂洗，纤维就会变自、变细。

大功、小功用的布，都是经过比较认真的加工的，颜色稍白，所以礼书上称它们叫"功服"。

小功是五个月的丧服。男子为伯叔祖父母、堂伯祖父母、同祖父的兄弟姊妹、外祖父母、母舅服小功；妻子为丈夫的姑母、妹妹服小功，也为妯娌服小功。

（5）缌麻（麻衰）。"缌"是熟麻布。用经过认真加工、好似蚕丝的细麻线织成的布做的丧服叫"缌麻"，它比小功服更精细（15升，1200缕）。由于是用较细的熟麻布做成，所以四缘以及袖口处均缝边。与之相配的经、带也是用这种布做成的。此等丧服是"五服"中最轻的一种。

缌麻服期三个月。凡是为疏远的亲属、亲戚和高祖父母、曾伯叔祖父母、族伯叔父母、外祖父母、岳父母、表兄弟等服丧都可以穿缌麻。

还有一种为袒免。《礼记·大传》说，为五世之外的亲族袒免。袒免，即袒衣免冠的丧饰。通俗而言,是将左边的衣袖脱掉,让臂袒露,称之为"袒"。去掉帽子,挽束头发,也就是用宽一寸的白布条从后脑勺往前,交于额头,再向后绕在发髻上,此称之为"免"。凡五服以外的远亲,因无丧服之制,只好袒免,以示悲戚哀悯之情。

皇帝死,国中的官员以及民众也着丧服,前有数处介绍。如宋代,臣为君穿丧服分为三等,枢密使、金吾上将军等文武二品以上官,布梁冠、直领大袖衫、布裙、祷、腰绖、竹杖,或布幞头、襕衫(士人穿的衣服)、布斜巾、绢衬服。文武五品以上官,布梁冠、直领大袖衫、裙、祷、腰绖,或幞头、襕衫。其余的文武百官,布幞头、襕衫、腰绖(参见《宋史·礼志二十八》)。

君也可以为大臣穿丧服,但却只是在吊唁时。《周礼·春官·司服》说,王为三公六卿穿"锡衰",为诸侯穿"缌衰",为大夫、士只穿"疑衰",头上戴"弁绖"。锡衰是用细麻布做成的丧服,因色白似锡,有光泽,质地软,故有此称。所谓疑衰,是一种类似于、比拟于丧服的丧服。唐令规定,皇帝为大臣吊丧,一品则穿锡衰,三品以上则穿缌衰,四品以上穿疑衰。皇太子为三师三少(指太子太师、太子太傅、太子太保和太子少师、太子少傅、太子少保)吊丧,穿锡衰,吊宫臣四品已上丧穿缌衰,吊五品已下丧穿疑衰(参见《唐令拾遗·丧葬令》)。

父母等亲属去世,在衣服上表示哀痛悲戚之情,便形成了斩衰、齐衰、大功、小功、缌麻等五种丧服。生者穿着礼所规定的丧服为去世的亲人守孝,三年期满,就可以换上平时常穿的衣服了。

礼经中的丧服制度,十分典型地反映了中国封建社会中的宗法血缘关系,它具有如下特点:

(1)丧服的五个等级以及穿着丧服的时间是建立在血缘关系、嫡庶关系、亲疏关系和男女性别等基础之上的,因此极具功利主义的性质。丧服也是家庭、家族经济条件的真实写照。

(2)与死者关系越亲近,丧服的等级也越高,丧服的等级越高,布料与做工就越粗疏、"马虎"。

(3)虽与死者有血缘关系,但关系疏远者服丧的义务和责任就比较的小。

(4)嫡庶之间存在着较大的区别。

（5）男女之间有着很大的不平等。妻为夫守制三年，夫为妻服丧只有一年。明代以前，如果父亲健在，儿子为母守丧也只能是齐衰而不准斩衰。

（6）十分典型的形式主义。在形式主义的压抑下，人的个性和创造精神被抹杀，行动也多少受到了限制。

有人说，中国汉民族的标准丧服，是中国文化血缘关系的符号，这个结论是很中肯的。

汉民族的丧服制度对中国少数民族的丧服制度也有着较大的影响。

在穿上丧服的守孝期间，还有一系列的祭祀活动。这类活动的根本目的，还是为了寄托哀思，缅怀死者，表达孝心，告慰亡灵。

尽管在过去的典章中，汉族有统一规定的五服制度和丧服，但实际上中国各地的丧服也不尽相同，由于丧家的经济力量以及地方知识系统的解释，甚至时代不同等原因，中国各地的丧服式样也呈现出五花八门的特征来。

(一) 北方各地的丧服

在中国北方，各地的丧服大同小异，如黑龙江各地，通常在人死后当天或隔天成服，其丧服多为"粗白布长衫，皆毛边，即古斩衰之意，戴百孝巾或白布帽，腰系麻绦，履以白布幂之，拄丧杖"。中国最北边的瑷珲县，汉族在成服后，"服白布长衫，戴白孝巾，杖用柳去皮"。安达一带汉族的丧服名曰孝衫。其"用粗白布制之，而不缝其缘"；其次，要"以白布覆头，向后双垂其带，男同孝帽，女曰包头。腰系糜麻绳，呼为孝绦。以杨柳枝为杖，长约二三尺，剪纸缠之，名为哭丧棒"。望奎等地的丧服也是"以白布为之，襟袖皆毛边（即古斩衰之意），头戴白布孝帽，如口袋形，一端开，一端缝，约长尺许，腰系糜麻绳一条，三分其头，束二而垂一，履以白布幂之"。来吊唁的戚友则用"孝布三四尺佩于衣带间，谓之破孝"。

吉林大多数地方是在报庙后即遵制成服。其"父母之丧，柩葬之前，缟衣齐衰，麻带素食，囚首偻行；既柩葬后，素衣，白领，白带，白冠，白鞋，二年而终。祖父母、伯叔父母，期年而终。亲愈远而服期愈短。至亲友来吊者（亦皆按次成制，而未及门之妇、婿来吊者，白服之外，且给红布被之，盖用以避凶也），柩葬后，即脱制。民国来，有以青巾系臂代丧服，或不丧而白其衣或鞋帽者，乡民初唾为异端，且以为不祥。习俗入人心之深，殆有如是者也。予乡童谣有云：'洋学生，长得怪，爹妈不死，先把孝（丧服）来戴。'盖反对不丧而穿白衣也"。辑安人入殓后成服，"子女用斩衰。男冠孝巾，复以白布蒙首，由后垂前；女用整幅白布包头，散发括以线，亦以白布蒙首，曰搭头布。以麻线束腰，曰孝绦"；以纸裹秫或柳条，以代竹、桐，曰孝棒。临江一带办丧时，子女均用斩衰。男以半幅白布缠头，复用棉团塞耳；女用半幅白布覆首，折叠三角，名曰"搭头"，以麻缠发。男女俱以麻绳束腰。取秫秸或柳条，俱以白纸缠裹，孝子拄之，名曰丧杖。在通化一带的丧服则有："斩衰：服生麻布，旁及下际不缉，麻冠，绖，营履，竹杖（上圆下方，长与心齐）；妇人麻屦，不杖，余同。齐衰杖期、不杖期：服熟麻布，旁及下际缉之，麻冠，绖，草履，桐杖（上圆下方，长与心齐）：妇人麻屦，余同。齐衰五月，三月：服熟桐麻布，冠、绖如其服，草履；妇人麻屦。大功：服粗白布，冠、绖如其服，茧布缘屦。小功：服稍细白布，冠、绖如其服，屦同上。缌麻：服细白布，绖带如其服，素履无饰。"

辽宁海城人服孝时，粗白布为衣曰孝衫。叠布为冠，男曰孝帽，女曰"包头"；其穗，男丧则左，女丧则右，视服之轻重为长短。以麻为绖束腰间，拖于身后，父母俱殁者双垂，余皆单垂，亦视服之轻重为粗细。男女孝履，皆以白布幂之。桓仁人服丧时，子女用斩衰，男冠孝巾，以白布半幅绕额覆首，由后垂前；女用整幅白布折叠缝纤覆首，俗呼包头或"搭头布"，散发括以麻。男女俱以麻绦束腰。杖，以纸裹秫秸或柳条以代竹、桐。铁岭人成服后，男女各用麻为绖束于腰，曰"孝绦"，其粗细长短，以服制轻重定之，端垂于后，父母俱无者双垂。庄河的主丧者，白布帽如米袋。"成主之家主丧者加练冠，如去翅纱帽，上有纸糊硬梁，父没于帽左缀一棉花球垂至耳旁，母没缀于帽右，额七用粗麻布一小方缀于帽前以蔽目，取人子哀痛迫切，耳无他闻，目无他见之义，练冠后拖白布带约三尺余，名曰搭背。妇人丧冠，亦有之縣麻辫绳。身著粗布斩衰，肩披麻衣，腰束草带。""手持秫秸，缠以纸条，取竹杖、桐杖扶持，居丧毁瘠之义。"在锦县、义县等地，人死后卑族即服丧，以粗布为衣，曰孝衫，叠布为冠，曰孝帽，女曰包头。冠之用布，或九尺，或七尺，或五尺，视服之重轻为长短。以麻为绖束于腰，垂于身后，父母俱没则双垂，余皆单垂，亦视服之重轻为粗细。

河北万全、张北一带的丧家在服丧时，"孝子、孝妇衣白粗布、麻冠、白履、麻绖、衣不缝边。父丧，撒开左裤腿；母丧，撒开右裤腿；父母俱故，两裤腿均撒开，一望而知其为何丧。孙子着孝服，不着麻，曾孙着孝服，兼红绿杂色，以资区别。孝子服三年，侄辈服期年"。清河等地的丧服的等差为："子，斩衰三年；孙，齐衰期年；曾孙五月；玄孙三月；其他亲属则有大小功服、缌服、袒免之分，大功九月，小功五月，缌麻三月"。服制为："麻冠、斩衣、腰绖、丧杖具备。冠前有布覆额，取以蔽目，不令乱视，耳旁缀以绵，取以塞耳，不令乱听。清人入关，废古衣冠殆尽，唯此未改。"雄县人在办丧时，孝子凶服衰麻，素冠扶杖；期功以下，服孝帽，顶心皆缀红绒一朵，曰"花花孝"。亲友来吊唁，丧家裂帛答之。以为孝袍、孝帽之用。沧县的孝子在祭奠仪式上，要穿白衣冠，"斩衰挂杖（束秫裹纸为之）"，"孝孙、侄辈，皆从循仪节，加麻衣、麻冠、麻带。冠有赘棉，当两耳"。"冢妇白布蒙首，束麻带"。邯郸人在起灵时，母舅家以青布束孝子、孝妇头，曰"收头"。姻家以布帛披孝子、孝妇身，曰"挂孝"。

　　民国时期北京城里的孝子孝服为：头戴口袋底式的白色孝帽，上面缀有棉球，长子钉一个，次子钉两个，余者类推。南方人戴用竹皮做成三道梁，并带有纱布帘的三梁冠。身上一律穿白色孝袍，大领，无纽绊，只钉飘带，下摆不缝边。孝袍里为灰布衬衣。腰间束白布孝带。脚穿青布鞋，绷上粗白布；如果双亲均去世，就将鞋蒙严，如果还有一亲在世，则露点青后跟。孝妇例用麻花包头和搭头布。其用粗白布拧成麻花，捻成圈，如帽口大，套在头上，前高后低，成桃形花圈状，谓之麻花包头。下垫方布，谓之搭头布。麻花包头以花少为服重，妻为其夫，大儿媳为公婆穿孝，均用单花包头。妻为丈夫穿孝，麻花包头上还有白

明代《御制孝慈录》中的小功全服图

棉球 5 个，姨太太包头上只有 3 个，儿媳、女儿等也有 3 个，但当中 1 个是红的。

　　其次，齐衰服也是用本色粗麻布制成，但缝衣边。孙子女为祖父母穿此孝服。孙子孝帽上钉红棉球，长孙钉一个，次孙钉两个，余者类推。孙媳带三花包头，插一

个小红"福"字。未嫁的孙女用长孝带子在头上围一条宽箍,结于头后,余下垂脊背,头上亦插一小红"福"字。孙子女孝袍的肩上钉一块红布,男左女右,谓之"钉红儿",这红布有的剪成蝙蝠样.有的为其他图案。重孙孝帽上钉粉色棉球,亦长孙1个,次孙2个,以此类推。孝袍肩上钉红布两块,亦男左女右,谓之"钉双补丁"。元孙丧服的肩上钉3个红色补丁。青布鞋上一律绷上粗白布,但后跟处蒙上一寸红布。

其三,北京的大功丧服用本色熟麻布做成,为伯叔父、伯叔母、堂兄弟、未嫁的堂姐妹,以及出嫁的女儿为母亲、叔伯父、兄弟服丧时穿。小功服则用较细的本色熟麻布制作,为从祖父母、堂伯叔父母、未嫁祖姑、已嫁堂姐妹、兄弟之妻、外祖父母、母舅、母姨等穿用,同时,也不用束孝带子,不用绷白鞋。外孙为外祖父母穿孝时,孝袍肩上需钉蓝布一块,也是男左女右。重外孙则钉两块。缌麻服用漂白布制,俗称"漂孝"。为曾祖父母、族伯父母、族兄弟姐妹、岳父母等服孝穿此,一般只有孝袍,没有孝帽,也没有束腰带子。女眷穿此服的,仅在头上围一条窄窄的白布箍,或戴一个白"福"字。

天津静海一带的古礼,"丧服曰斩衰,曰缌麻,曰袒免,分别烦琐,今则势不能行。新丧均以白粗衣代之,其后,则在帽结或鞋以白色分别而已"。

在山东潍县一带,丧服比较简单,丧服差等,重者纯白,轻者素服。而泰安一带办丧时,孝子身穿俗称白大褂子的白长袍。其以一丈二尺白布为标准,制作时不能用剪子剪,据说是怕剪断后代的根苗;只能用手撕,此俗称拉孝。白大褂子不能锁边,全部露出线茬,其通常为道士服大领,用白布条当纽扣系上。孝子头上需戴一定麻冠,其用竹条编成,顶上有一个向前弯的鼻状梁子,它用麻拧成。冠的两侧有用绳子拴系的白棉花团,戴上之后,正好垂在两耳之外,为塞耳用的,表示悲哀时,两耳不闻外面事,一心思孝,没有私心杂念。麻冠的前面有芝麻穗,正垂于两眼之间,表示哀思导致眼昏花,不视不见,专心思孝之意。冠后耷拉的麻带垂至肩背。除了孝子外,一般的孝男戴白布缝成的"孝帽子",近亲戴道士形的,远一点的亲属戴木铣头形的。孝子腰上系麻绳,其必须用麻拧成两股绳,系结于正中腰,两根绳头垂下,类似尾状。孝眷如死者的妻子、孝媳、孝女的头上应戴"塌尖",它是用三尺没有锁边的白方布蒙在头上,有余者则盘在脑后或头的两侧。然后,用四指宽的长条白布对折作为"袼子"，布茬朝下，从额头向后，在脑后系好垂于背后。如果是出嫁女，"袼子"在前额的一段得向外上卷，以表示是已婚。如果未过门的媳妇来守丧，其头上的"袼子"要用中间横系一根大红的绒线绳来表示。如果未婚女婿来吊丧，其所扎的腰带不用麻绳，得用蓝布长条折成带子系于腰间来表示。在泰安，孝子的服鞋也有讲究。如果父母双亡，得全部盖严前鞋脸，突出两道布梁，此俗称双鼻孝鞋。若有一位老人还在世，孝鞋不可全盖，可在鞋后跟留出一指宽的竖缝，前面突起单梁，此俗称单鼻孝鞋。不同亲等的服鞋也有所差别。这主要是以鞋后跟留空的宽度来区别。与死者比较亲的人，鞋后跟留空越窄。

孝子还要执一根俗称哭丧棒的柳木哀杖。其长约 30 厘米，不能剥去树皮，其上用白纸剪成细穗状粘于柳木棍上。哭丧时可用其撑地，也可以做护灵的武器。而当下葬仪式结束时，应将其插在坟头，看其能否生根发芽，用此来预示子孙是否兴旺发达。这种用柳木来做丧杖的做法与传统规定的父丧以竹为苴杖、母丧以桐为孝杖的规定有别。为什么山东人用柳木来做哀杖？山东民间是这样解释的：

相传在很久以前，有位柳大娘，其丈夫去世早，她省吃俭用，艰辛地把两个儿子拉扯成人，并且好不容易给他们都娶了媳妇。有一年突然闹起大旱灾，地里颗粒无收，为了养家糊口，两个儿子便外出做工，家里只剩下柳大娘和两个儿媳。俗话说，日久见人心。大儿媳很孝顺婆母，天天给婆婆端饭送水，扫铺叠被，百依百顺。可是老二媳妇却是好吃懒做不孝顺，而且心里对嫂子这样孝顺婆母还很不高兴，时间长了就萌生害人之心。有一天，她趁嫂子不注意，将毒药放在婆母的饭碗里。嫂子按往常的惯例先把饭端给婆母吃。柳大娘一碗饭没吃完，就感到难受，浑身直出虚汗。大媳妇见状吓坏了，不知如何是好。这时，老二媳妇闯进来，高声责骂嫂子谋害婆母，大媳妇被弄得手足无措，一时也说不清楚是怎么回事。柳大娘自知不行了，就让媳妇赶紧把邻居杜大娘叫到跟前说："人心隔肚皮，谁下的毒药害我，说不明白，待我死后，就让她们在我的坟头上各插一枝柳木棍，谁插的柳枝死了，就是谁害我的。"不几天，柳大娘真的死了，杜大娘按柳大娘生前嘱咐的话，叫两个儿媳在坟头上各插一枝柳棍。结果大儿媳插的那枝发芽活了，老二媳妇插的那枝死了，人们都知道是老二媳妇害死婆母的。从那以后，民间就开始流传在坟头插柳枝的习俗，以此来表示对死者的孝顺。所以，山东才把竹或桐的丧杖改为柳木制作。

　　黄县一带的孝子、孝女均穿白衣白鞋,孝子戴有孝帽,孝女则扎白色的孝带。临朐的孝服比较讲究,孝子身穿白马褂,外套麻布坎肩,下穿白布撒边裤,头扎白孝条,并戴一顶牛笼头形的麻制高冠,腰扎麻绳,足穿白鞋,手持哀杖。女儿和儿媳的孝服比孝子简单些,穿的是对襟褂子,也没有麻布坎肩。有的地方以穿服鞋作为戴孝的标志,儿子辈的鞋全白,孙子辈的鞋只有鞋的前面覆上白布。有的地方则用袖章来代替孝服,儿子辈带全黑的袖章,孙子辈的袖章在黑色上加上红布条。在曲阜,20世纪70年代后,用佩戴黑纱袖章的形式来戴孝的现象增多。死者如是男性,袖章戴左臂;死者是女性,黑纱戴在右臂。子女为父母戴孝,黑纱上缀以孝字,儿女辈的袖章是全黑的,孙辈黑纱的上沿加一条红边,以示较疏远。在莱阳,"丧服用粗布斩衰,大领,盖沿明制,齐期则,否。子女为父母,妇为翁姑皆斩衰,女嫁则改齐衰,帽用白布顶,裹以苟,首绖亦然,腰绰稻秸,杖用柳,裹以纸。有礼相、仪仗则披麻衣杖作。大功以下不杖,腰束白布,谓之孝带,冠作八角,谓之孝帽。大功、缌麻及戚友同女折白布作角,谓之裕头,其长短尺度视服之轻重为差,大率七尺至三尺。父在为母齐衰,出嗣为本生父母降服"。30年代以后,亦有不服缟素,臂缠黑纱者。

　　山西乡宁等地在办丧期间,孝子披发缠白布,着白布衣、麻鞋。开奠时,孝子加麻冠,父丧麻绖垂左,母丧垂右,女媳着粗葛衫裙,亲属随分变服。临县的孝衫,凡有服者皆同,惟孝子头着麻冠,手拄苴杖为异耳。虞乡人成服后,

陕西宜川的丧服

孝子披发下头,首缠白布,身著孝衫,足穿白鞋。今皆剃头为秃,无复披发下头故事,仅头缠白布而已。在内蒙古包头一带,汉族丧家有服者,不论在家或外出,凡亲死未出百日,所服的丧服为白布冠、白衣裤、白鞋白带;成服之日,背贴"昊天罔极"四字。在乌兰察布市丰镇一带,人死后第三日成服,大功以上皆以麻括发,名曰"下头"。家人裂布裹首,三日成服,齐衰以下各服其服。期功之丧亦必素衣、素冠,皆

如古制。

陕西咸阳的丧服以亲疏分轻重,孝子、孝孙麻冠斩衰,婿、甥多着白褂,余以白布尺许加诸首而已。武功岸底村举行丧仪时,儿子、孙子、侄子穿长达小腿肚的百长衫;女婿、外孙穿过腰的白色褂子;其他男性,有的只穿孝褂,有的只戴孝帽。女儿、孙女、侄女穿白色的孝衫与孝裙,其他女性只穿孝衫,或只戴孝帽。五服之内的人腰上多系麻丝或草绳。此外,孝子、孝孙还需要戴麻冠,麻冠用竹条编制而成,上缠以白麻纸,边上垂吊着两个小棉球,后面还拖挂长长的白布条,戴在头上.头发从麻冠洞中露出,以显示丧主特别哀痛的心情。而五服之外的吊祭者,丧家均给一块白布作为孝巾,此俗称"通孝"。在陕北宜川一带,孝子的全套孝服为头缠白布加上麻市带子,头白前面垂下一块镶白色布边的疏麻布,作为遮面巾,身穿白色长袍,腰扎麻绳。而孙子辈头扎粗白布头巾,身穿白色短上衣,并在肩胛骨处缝上一缕红纱线。其他远亲只需头上扎一条白色的头巾。

甘肃天水一带旧时的孝服分为:"斩衰,用粗白布,旁及下际不缉,复以粗麻布二袭;巾,用粗麻布,首绖,用细麻绳两条束之,耳际垂棉丸各一,俗曰麻冠;腰绖,用粗麻绳;履,用粗白布,加以粗麻布;杖,用柳木,粘纸条;蓄发,蔬食,面不浴。妇人服,用粗麻布一袭,腰绖用麻辫,不杖,余与男同。齐衰杖期、不杖期,用粗白布,旁及下际缉之,首绖,以纫麻绳一条束之。齐衰五月、三月服,麻布一袭,首绖及履用白布。大功服,麻布一袭。小功服、缌服,不加麻。五月、三月服同。外亲,巾用麻,首绖用白布。近年公务人员有习于新制,臂缠黑纱,以为服者。"宁夏高台绅士家在丧礼期间,"斩衰服用粗白布,曲领宽袖,旁及下际不缉,冠以麻辫和纸为之,上有梁,如古时衣冠。腰系麻辫;履以粗白布蒙之,巾以白布为之,前能掩面目,后垂至足"。

河南安阳人成服后,孝子衰麻,斩齐如制,素冠上加麻冠,耳侧悬纩,扶杖。而在湖北通城一带,大殓前成服,其孝子服斩衰麻布,无麻布代以白粗棉布,外套以麻,穿草屦,扶杖,头缠麻布一条,长齐地,戴稻草索纽冠,顶缀以棉,母存父亡则缀右纽角,父存母亡则缀左纽角,父母俱亡左右纽角俱无棉。孝妇如夫服,但穿白麻鞋,"顶麻縰,不用草冠屦"。承重孙服亦如之。期服孙为祖父服齐衰,白麻布为之,头缠长白麻布一条,不披麻,上加"白棉站冠",穿白布鞋。曾孙为曾祖服五月,

国学经典文库 中国民俗文化精粹 ·婚丧嫁娶· 图文珍藏版

元孙为高祖服三月,俱如之。为胞伯、叔父母及胞兄服白棉布衣,头缠长白布一条,上戴"笼纸冠",穿白布鞋,"衣不齐衰,少杀于祖服也"。功、缌服白布衣套,头缠白条布,脚穿蓝布鞋。"袒免白套服,白布缠头。"

(二)西南各地的丧服

在西南,各地的丧服也是大同小异,如成都人成服后,丧家上下人等要改穿白色丧衣,头上包白布。儿子及承重孙的孝帕长9尺,一部分包在头上,一部分拖在背后,大约需长至脚后跟。孝帕之上还要戴一顶用竹片粘纸条包裹的麻冠;孝衣外面,则套粗麻布背心一件。如果死者是父亲,麻背心后面要印"哀哀吾父,生儿劬劳"八字,前面也要印"欲报之德,昊天罔极"八字。孝鞋上要蒙一层白布,仅在鞋后跟露出半寸左右的鞋子本色来。腰上要系上一根麻绳带。另外,手上还要拿一根"戳孝棒"。它是用一根两尺长的竹竿,粘上白纸剪花制成的,其功能是出丧时用来拄路。除了这些正孝儿孙外,其余人都不用戴麻冠,不穿麻背心。此外,女婿的腰上得系红头绳编的腰带,以表示他虽是至亲,但却是异姓,不是重孝。

南川人成服时,"子妇以生麻布为衰,草索束腰为带,竹圈粘白纸加于白布帕上为冠,截小竹筒粘白纸为杖,以外至亲卑幼,则以白棉纱布为衰"。此外,丧家对来吊丧者,"给以白布裹头,垂余于背,曰散孝帕"。到了20世纪30年代,该地还出现"以黑纱五寸束袖,纸花一朵佩胸"的丧服形式。在40年代,长寿一带也出现"以黑纱布五寸束袖(黑青洋布亦可),纸花一朵佩胸"的丧服形式。新繁也如此,从20世纪40年代开始,散孝改用青纱束于臂间,凡五服之外皆用之。而这种现象,郫都在20世纪20年代就开始了,在那里,丧家既可暂用旧式丧服,"亦可仍用平时礼服,惟男之左腕围以黑纱,女之胸际缀以黑纱结,来宾亦然"。孝子则"以麻若布围之于袖,阔不逾三寸,色用黑"。名山一带的丧服,在"自衣之外,别有麻冠、麻衣、垤带、草屦、折角巾,或着最小红帜者以表示父殁母存,或母殁父存也"。而当开孝时,丧家则要剪白布为吊客作孝巾,"兼衣至亲以白衣"。

在贵州绥阳一带,父母之丧的丧服除了"斩衰外,多系齐衰、缌麻等制。孝子头包白帕,并顶孝冠,笋壳为之,外裹白纸;手执孝杖,径长尺余,父丧用竹,母丧用桐,亦裹白纸;腰束草带,足穿草屦。当前清时,男子以麻辫发,光复以后,此礼遂斩。

妇女犹然,惟孝帕约长二三尺,缝一尖顶,谓之孝头;带屦与男子同。然必家祭、出葬、上坟时,乃能顶冠执杖以行礼,通常则免"。平坝的丧家成服时,"孝子首加绖,服斩衰,腰系绖,着草屦,持哀杖。如父死母在者,母对父亦服斩衰,系绖,以长幅自布笼罩于首,披绋向后。五服以内者,按其服制以素服加身"。当宾客来凭吊时,"对宾客有发孝帛者,约三五尺之白布一段,或只发头孝一段,或更加腰孝一段,又或发孝衣一件。此时,宾客即裹之于首,缠之于腰,着之于身。而以只发头孝者为最普通"。

云南昭通汉族办丧礼时,人子麻衣冠、芒鞋、腰绖,拄杖,于丧次答礼。父死杖桐,母死杖竹;与其他地方父死执竹杖、母死执桐杖的规定正好相反。昆明人出殡.时,至亲穿孝衣,或执绋,孝孙手执丧杖、引幡,均戴一梁冠,孝子执丧杖,戴三梁冠,衣麻衣,分大小次序。新平一带的丧服共分五等,孝男、孝妇齐衰,弟、侄和孙期服,堂弟、侄孙大功,曾孙小功,玄孙缌麻。

广西平乐人的丧服比较简单,成服后,孝男穿白布长衣,自布系首,后垂及踵。孝女则穿"白布短衣,白布罩头,合缝铺肩"。此外,"男女皆腰束白布为带,人各五尺"。桂平人则多依明清两朝之制,"所异者,出母、嫁母、改嫁继母俱不为服。此由于风俗所趋,以有子再醮为耻"。成服后,"妇人散发后垂,齐期以下则括之以麻,仍散其半下垂。丧冠形与清儒张皋文《义礼图》所载相似,而武于辟绩俱制以竹篾,缠以绵纸,左右结纸为旒下垂,或云以此充耳,不预闻外事也"。在过去诸服皆用麻,但在"清朝同、光而后,洋白布输入渐侈,价贱于麻布,故丧家自斩衰而下,诸服皆以洋白布为服"。

(三)南方各地的丧服

南方各地的丧服也同样是不尽一致。如安徽桐城的丧家成服后,"子妇服斩衰三年,初以白粗布为之服,曰孝衫。齐衰亦粗布,期功以下皆次粗布,曰孝袍"。而繁昌等地人服丧时,子妇衣履皆以麻,诸孙亦如之,常服用白布,惟子妇下缝不齐,余皆齐。江苏盐城、兴化一带的服制为:"麻衣麻巾,要(腰)绖草屦,妇人幂而布总,士人巾加三梁,统纩当耳。常时布衰麻屦。凡麻衣屦敝者不补。"此外,比较特殊的是截苇缚之为杖,葬则植之墓前。南京人在过去则无论贵贱凡斩衰以下皆长领大袖,不过,齐衰期服,发辫皆系黄缕,而女婿及外舅姑穿的丧服则是服麻之极细者如齐衰。"民国以来,效西俗者则以黑纱缠臂为服,一扫历来斩衰、期功、缌麻之制,而齐民仍以循旧俗者为多。"

江阴一带,"邑城设有白货店,衰麻白衣,男女俱备,有丧者即租用之。惟丧冠自制,前用纸糊麻以蔽明,左右垂棉花以塞聪(俗名三梁冠),盖取苫块中无所见闻之意。余如苴绖、竹杖(俗名哭丧棒)、草屦,皆与古制相符。虽近时一二士夫家遵用清制,穿白不穿麻,而老成人犹或非之。至乡居无力之家,身虽不服齐衰,亦必用粗麻布叠成方巾式,加以白布冠,上束草带;履草屦,执竹杖偃泣以行"。昆山的"乡女之居母丧也,必以红色布为裤,服三年乃除。谓母育己身时,严露甚多,有血污之秽,死后必入血污地狱,服红裤者,为其被除不祥也。男子亦间有之"。崇明岛的丧服以白布为主,"三年者不缉,期功以下皆缉。首白巾,足白履,腰白带,发白绦。出门,男子玄冠白结,玄布上衣,褐袍;女素衣练裳。期功缌麻,惟冠结、发绦用蓝,腰用白缉带,皆期而释。子妇及出嫁女,发髻用黄缕"。

浙江定海人在大殓那日成服,成服时,主人服丧服,斩衰苴绖,戴三梁草冠,蒲履,谓之成服。"有服之亲,白布衣冠,疏者亦白冠,谓之破白。宾客来问者用素服。"。杭州人成服后,孝子和孝妇须披麻戴孝;孙子孙媳除披麻戴孝外,还挂黄布条;玄孙披麻戴孝外挂红布条;玄外孙则挂绿布条。俗称戴"花花孝"。宁波人成服后,孝子头戴圆顶帽,上套以麻布,帽下缀着带籽棉花五朵,俗称"长长帽";身穿麻衣,脚穿蒲鞋,腰束草绳;也有头戴草冠的,即头上包白帕,并扎以稻草绳。孝子孝孙戴三梁草冠,侄子侄女戴二梁草冠。死者的儿媳、孙媳、女儿、孙女等穿白衣白裤、白布覆鞋外,还要戴孝兜,用一条白布在脑后系住垂过腰际,其中女儿、孝媳的最长,孙媳和孙女则短一些。

江西吉安的丧服比较简单,成服时,以自布发给亲属,短者二三尺,长者四尺有奇。孝子衣履皆白,麻衣、草履仅于行礼时用之,大致略同,无齐斩之分。大小功、缌麻,亲属并无此衣,不过以白布裹首而拜,拜毕即除。百日外,孝子亦释白袍,御素服。南昌、昭萍等地的丧服稍复杂些:孝子的丧服带履无麻葛,以稻秸为之;冠亦稻秸一梁,以白纸糊之,垂棉为填,曰梁冠;衣不缝衽,垂麻衰;父之丧断竹,母之丧断桐,饰纸为杖。"五服经皆以布,以长短为轻重之差。男子以麻辫发,妇女以麻加于髻,既葬则除之,惟孝子及妇百日乃除。"。

湖南湘中地区成服后,儿子必须穿不缝边的粗麻布衣,用草绳束腰。孝帽用笋壳与篾丝扎就,白纸裱成,前头有五个棉纱砣,中间一个要长到鼻尖初,约束孝子不能随意抬头。在孝帽后面有三块蒖扎的是亲生儿子,否则不是亲生的。孝子还需赤着脚穿草鞋。孝棍用竹子或桐树枝裱上白底丝条为之。湘西吉首一带的孝服现已经简化,但子孙辈都要戴孝。其孝服为一俗称"拖天"的白布,男的有的斜披,有的扎在臂上;女的,将"拖天"一头扎住,戴在头上,披于后面,腰上再系根绳子,使它不会掉到前面来。

广东普宁一带成服后,孝子与孝媳穿没有缝边的麻衣,头上戴俗称"笋壳"的麻冠和麻布的遮头盖;到出殡时,孝子与孝孙还应戴上俗称"毛箍驴"麻冠,其用营芒叶和稻草编成,上用麻丝结五粒如鸡蛋大小的银纸团,前面一粒用于堵嘴,旁边两粒用于遮目,再旁两粒用于塞耳。其意义是:亲人去世,孝子只顾丁忧,诸事不管。其次,死者的女儿穿下摆缝边的苎麻布衣,头戴苎麻布制成的"遮头盖"。女婿头扎白布,身穿白布长衫,腰系俗称"腰丝"的白布腰带,束腰后,两头垂于背后。其三,死者的孙女头戴白布"遮头盖",上身穿素服,并把一块长5尺2寸的白布,折成四折,从左至右,斜披于肩上。其四,外家(如母舅)头扎白布。身穿白长衫,腰系长7尺2寸的白布腰丝,腰带两头垂于背后。此外,普宁一带的丧杖应长至胸部,父丧用竹制,母丧用榕树枝制,因为那里很难找到桐木。孝子的丧杖用银纸与麻布包裹;孝孙的用银纸与大红纸包裹,并用麻绳系上,坟墓修好后,丧杖需留于墓地。

在20世纪30年代,福州城外义序人在"头七"之内应穿白挂孝成服,此俗称上孝。孝男头上包着白布,外戴麻布做的高粱冠,冠有棉制帽蕊坠在耳旁,父母亡一人只一蕊,父母俱亡则二蕊身上穿白色长袍,外套麻衣,皆不缝边。下身穿麻裙麻履,麻履为白色布鞋,外缝一层麻布。孝男还必须有一根丧杖,父丧,用桐木制,母丧,用竹枝做。丧杖皆以红白两色的纸间杂环贴而成,吊奠、出丧时,孝子必执杖,平时则置丁灵前桌上。如果孝子是过继的儿子,白布包头内需包有红布。孝妇的孝服与孝男相似,头戴俗称"头盖"的麻衣帽;身穿麻衣麻裙,脚穿麻履,但其后跟缝上一块红布,表示她丈夫在世、不可全白的意义。孝子以下的直系血亲卑亲属,诸如孝孙、孙媳、曾孙、曾孙媳等莫不穿白加麻。旁系亲属如兄弟、侄、侄媳、侄孙，外戚如甥婿，只穿白袍服。朋友来宾吊唁者，亦着白袍。三从以外的亲属来吊唁时只需在腰间束一条俗称腰白的白布。

福建省南平地区的丧服

闽北南平一带，成服后，孝子穿麻布长袍，腰束麻带，头戴稻草编成并内衬麻布的麻箍头，脚穿草鞋。孝妇内穿黑衣黑裤，外穿麻衣麻裙，腰系黑布短围裙，头扎麻布头白或戴麻布盖头。出嫁后的女儿穿白衣白裙，套着黑色的袖套，头上扎一条麻带子。孙辈、侄子辈白衣白裤，头扎头白。外孙辈腰上加系一束红丝线的腰带。来帮忙的人或朋友等，则头上扎一条头白。

惠安东部成年女子的孝服最为独特，她们均穿白色或白底细条纹的节约衫，下身一律为黑色的绸缎宽裤，头上戴着蓝色白花的头巾或加上黄斗笠，并在头巾上披上一条长头白，脚上穿鞋或拖鞋。区别主要在其他方面，如纯粹上述打扮，其可能是孝妇的姐妹伴成员，或是孝子结拜兄弟的妻子。如果是孝媳，头白上加一小块麻布，腰上系麻绳，一双草鞋则挂在后腰上。孝女的头白上则不加麻布块，也不系草鞋。侄女也只是头白上加小块红布。孙女只需头缠中缀小块红布的头白，衣服裤子随便。

惠东的孝子在仪式中则身穿白色长袍，外套麻布短坎肩，腰系麻绳，脚穿草鞋，如没有穿，也需系在腰上。头上绑头白，在脑后打结，余下部分垂于后。此外，头上还要戴上麻布制的单梁麻冠。长孙也需要身穿白色长袍，头上扎头白，只是没有麻布坎肩等。其他孙子，只需上身穿白色上衣，下身深色，头扎前缀有一小块红布的头白即可。侄子和孝子的结拜兄弟都需要身穿白色长袍，头上扎着缀有小块红布的头白。如果哥哥为弟弟服孝，只需要头上扎条头白；而弟弟为哥哥服孝，则穿白衣，头扎缀有红布的头白。女婿通常只扎一条缀以红布的头白。

在同安,孝男的孝服为:头缠俗称"头白"的白布条,上贴一小块粗麻布,做功德时头上还需要戴上俗称"麻甘头"的麻冠,上有两个麻球垂下,俗称"师公铃";身穿白色苎布长衫,腰系麻绳,并夹一些缠着麻布块的金纸,做功德时外加长麻衣,脚穿白袜和草鞋;手中拿着长约 20 厘米的孝杖。父丧,孝杖用竹做;母丧,丧杖用苦楝树枝做。干儿子的孝服与孝子的类似,只是头白上不加麻布块,而是加一小块红布;此外,腰上的麻绳不用夹缠有麻布块的金纸,其孝杖的上端要圈一点红纸。

孝媳的丧服为:身穿白色苎布的短衣与长裤或裙子,腰上系以麻绳加金纸,做功德时加上麻布围裙;头戴头白加上黑色的头巾做的"塌尖",上贴有小块麻布,脚穿白袜和黑布鞋,鞋头上缀一小块麻布。未过门的媳妇,身穿素色便衣,一条红布圈斜披,或做成"塌尖"盖在头上。出嫁女儿的丧服与媳妇基本相同,身穿白色衣裤或裙子,头上戴头白加黑巾,但不加小麻布块以示区别;此外,脚上的黑鞋上也没有麻布块,而是苎布块。腰上系油麻绳,加上金纸。未嫁的女儿首服为头白加麻布块,身穿白衣裙或裤,腰系油麻加金纸。脚上穿黑色布鞋加上白色苎布块。女婿的孝服为白布袍,头白加上红布条斜披于身上。小舅子只需要一条头白加上红布条斜披于身上。

如果还没有媳妇,亡人的妻子需参加丧礼,送丈夫出葬。此时其上身穿白色短衣,下着白色长裤,头戴黑巾,脚穿黑色布鞋即可。死者的兄弟服丧,

惠东女的丧服

只需要一条头白绑在头上或扎在右臂上。死者的姐妹,上身穿白衣,头白加花巾盖在头上。同辈的堂亲女性参与丧礼者,需头戴白色长巾,身穿白色短衣;下身只要素色即可。同辈男性堂亲如来参加丧礼,其头上缠一条白色的头白,衣服素色即可。小舅子的妻子如来参加丧礼,其需要头盖长头巾,中缀一小块红布,内藏黄巾。

本家侄子的孝服通常是:头上缠头白长巾,但需加一小块苎麻布,现多用塑料编织的麻袋布,剪一小块为标记,以同孝子区别;身穿白长衫,脚上随便。本家侄女

的头上，盖着白色头自做的塌尖盖头，上加一小块苎麻布，上身穿白色短衣，下身为白色长裤。外甥与外甥女的丧服则是一条夹有红布的头白，斜挂在身上。未过门的孙媳妇，如果来参加出殡仪式，则头戴红布做的盖头。

作为第三代的孙子，其孝服通常为：头上绑一块加小块苎布和青布的头白，身穿白衣；脚上穿加有青布的黑鞋或白鞋。孙子辈中，长孙需要在丧礼仪式中执幢幡或牌匾等。外孙与外孙女的丧服为一条夹有青布的长头白斜挂于肩上。曾孙与玄孙均只需缀小块青布的头白一条缠在头上。

在厦门市区，丧服多黑色，这可能是受外国的影响，因在鸦片战争后，厦门作为通商口岸之一，有许多外国人在此地生活。外国人的丧服尚黑，所以，厦门市里丧服崇黑。不过五服的区别仍存在，这主要体现在头与脚上。作为孝子与孝媳，其丧服为黑色的衣裤，腰上系麻皮。头上的头白是用一块方形的自布斜对折后，再向上折出条状，然后扎在头上，头白的正中缀一小块麻布；此外，黑色布鞋的头面处，也缀一小块麻布。孝女的头白上缀麻布，鞋子上则缀苎麻布，腰上系麻皮。女婿头白缀红加苎。孙子、孙女的头白和鞋上均缀青布。外孙、外孙女头白与鞋上缀红加青布。侄辈、曾孙辈等头白上缀红布块。其他远亲，则手臂上戴黑纱袖章。朋友等来送行的则在胸前别一朵白纸花。

而在厦门郊区，仍以白色为丧服的主调。其孝服都以白坯布制作，有的外面还需套上麻衣。外套的麻衣分两种，一种是俗称"大麻"的粗麻衣，一种是俗称"二麻"的苎麻衣。前者是死者的孝男、孝妇和未嫁女穿的，后者是本家晚辈穿的。此外，根据父丧或是母丧的不同，丧服也有一点区别。通常父丧时孝服不缝前襟下摆，而母丧时孝服不缝后襟下摆。

除了身上穿的衣裤外，成套的孝服还包括头白、孝帽和孝鞋。头白即孝子等头上戴的白色孝巾，也称头帛。其用白坯布制成，制作时不能用剪刀，只能用手撕。通常撕成一方块，对角一折后再向上一折，成为有一横长条的三角巾，扎在额头上。孝子、孝妇和未嫁女的头白，正中缝一小块麻布；孙子的头白中缝苎麻布；外孙的头白用俗称"白西洋"的细白布制作，中缝一块青布。其他外亲的头白也是用细白布制作，中缀一小块红布。他们不把头白扎在头上，而是绑在左臂上。那些第一次戴孝的小孩，在他们孝巾的麻布、苎麻布或青布上，还要加缝一块红布，以减少丧气。

除了头白外,孝男、孝孙还需戴孝帽,孝帽是用白纸做的,孝男的帽上有缠有麻布的"孝箍",两侧有麻丝垂于耳边,以便塞耳。孙子所戴的孝帽则由苎麻布缠绕。孝妇、未嫁女、孙女等女眷则戴白坯布制作的盖头,其呈长方形,像一只一边豁开的面粉袋。不豁边的窄边罩在头上,其余部分披在肩上,直垂后腰。此外,还有孝鞋。通常孝男穿的是草鞋,其里面已经编织有一些麻丝。孝妇和未嫁女等穿黑色布鞋,孝妇、未嫁孝女的孝鞋前缀有小块麻布,孙女的孝鞋则缀苎麻布,外孙女的缀青色布。

台湾基隆、台北等地的孝子孝服为:头戴套有麻布、白布并留有尾巴的草箍,已婚者草箍上有耳塞,未婚者无。身上穿长至脚踝的对襟麻衫,已婚者的有袖,未婚者的无袖,过去腰经麻,现则经白布条。脚穿土字形绑法的白布草鞋。父丧用竹为丧杖,母丧用刺昌为丧杖,杖一般长一尺二寸,杖头由内而外包红、白、蓝、苎、麻五层。养子的首服为草箍套麻布、苎布、白布,其余服饰与孝子同,但无孝杖。赘婿首服为白头帛,缀苎布,无孝杖,其他与孝子相同。义子的首服为套有麻布、白布并缀红的草箍,已婚者有耳塞。余与孝子同。另外,孝子的结拜兄弟,头绑缀麻的白色头帛。

其次,孝妇的丧服为:头戴缀麻的白色盖头。盖头的尾部,翁丧姑存,为左短右长,反之,为左长右短;翁姑双亡则左右齐长。身上穿有袖长麻衫,腰经麻。有身孕者,在腰间加一条比棺布。脚上穿鞋尖缀麻的黑布鞋。养子媳妇则与孝媳有点区别,其盖头所缀的麻布下加一层苎布。还未过门的媳妇如果借来参加丧礼,其内穿大红或粉红衣裙,外套麻头麻衫,腰经麻,麻头上还要缀以红布,以示其还未过门。

其三。在室女的丧服为:头戴缀麻的白布盖头,其尾部,父丧母存为左短右长,反之左长右短,父母均亡故时尾部齐长。身穿长及脚踝的无袖对襟麻布长衫,腰经麻。脚穿缀麻的黑布鞋。出嫁女的为:头戴缀麻加苎的白布盖头;身上内穿蓝色衣裤,外穿长及小腿的有袖对襟苎布长衫;有孕者腰间加一条比棺布;脚穿白袜和鞋尖缀有苎布的白布鞋或蓝布鞋。女婿的孝服则是头戴缀苎的白色老包,生平未带过孝者,老包的额上加红布条。身穿白布长袍,足服为脚穿白布鞋。

其四,长孙的孝服为:头戴套有麻布、苎布、白布的有尾草箍;已婚者有耳塞,未婚者无。身上内穿苎布长衫,外套麻布长衫,均长及脚踝,已婚者有袖,未婚者无袖。腰经麻苎各半,脚穿土字绑法的白布草鞋。祖父丧以竹为丧杖,祖母丧以刺昌为孝杖;杖长一尺二寸,杖头包五色布,苎布在最外面。长孙媳妇的是头戴罩麻的苎布盖头。身上内穿苎衫,外穿有袖麻衫;怀孕者腰间加上一条比棺布。脚穿鞋尖缀麻、苎的白布鞋。其他孙子的孝服为:头戴其尾长过腰的白布头帛,上缀以苎布。身穿长苎衫,已婚者有袖,未婚者无袖。脚穿白布鞋或随意。而孙女与孙媳的是头戴缀苎的白布盖头,第一次穿丧服者,盖头卜缀一小块红布。身穿对襟苎布长衫,已婚者有袖,未婚者无袖。腰束苎,怀孕者腰上多一条比棺布。脚上则穿鞋尖缀苎的白布鞋或蓝布鞋。孙女婿的则是头戴缀蓝布和红布的白老包,身穿白长衫。

其五,侄子的孝服是头绑缀苎的白布头帛,身穿对襟苎衫,已婚有袖,未婚者无袖。腰束苎,脚穿白袜布鞋。侄女与侄媳的为:头戴缀苎的白布盖头,身穿对襟苎布衣衫,已婚者有袖,未婚者无袖,腰束苎,怀孕者腰上加比棺布一条。脚穿白布鞋。侄女婿的则是头戴缀苎、红的白老包,身穿白长袍。侄孙的孝服为:头绑蓝布头帛,头一次戴孝者,头帛上缀一点红布。侄孙女与侄孙媳妇的则是头戴蓝布盖头,初次戴孝者,在盖头上缀一小块红布。

其六,外孙的孝服为头戴缀蓝加红的头帛。外孙女和外孙媳妇的是头戴缀蓝加红布的白布盖头,以表示外姓。外孙女婿的丧服为头戴缀蓝加红的白老包,身穿白袍。而外甥的孝服是头绑缀红布的白布头帛,但如果其父母尚存者,头戴缀红的老包,身穿斜襟有袖的白布长袍。外甥女和外甥媳妇的则是头戴缀红布的白布盖头。

其七,曾孙的孝服为:头绑蓝布头帛,或缀蓝布的白布头帛,年幼者则戴蓝布做的老包。曾孙女及曾孙媳妇的是头戴蓝布盖头或缀蓝布的白布盖头,身穿蓝布长衫。已婚者有袖,未婚者无袖,怀孕者腰上加上比棺布一条。外曾孙的是头绑蓝布头帛;外曾孙女、外曾孙媳妇的则是头戴蓝布盖头。

其八,玄孙男的孝服为身穿红布长衫,头绑红布头帛;玄孙女与玄孙媳妇的则是头戴红布盖头,身穿红布长衫。

台中人的孝服与上述略有不同,其孝子的孝服为:头戴草箍,并系一条缀有小块麻布的白色头帛,于头后打结垂后。无耳塞。身穿白衣裤,外套长至脚踝无袖的对襟麻衫。腰上经麻。脚穿白布草鞋。父丧以竹为丧杖,母丧用桐为丧杖,过去齐心长，现长一尺二寸。杖头包五色布，最外一层为麻布。孝妇的孝服为头戴缀麻的白布盖头，盖头尾一律左长右短。身上内穿白衣裤或裙，外套无袖长麻衫。腰经麻，怀孕者，腰上加一条比棺布。脚穿鞋尖缀麻的白布鞋。未过门的媳妇如借来参加丧礼，其内可穿红色衣裤，外面与孝妇同，此外，其颈上要挂一个红包。

台中的在室女头戴缀麻与黄纱布的白布盖头，尾部一律左长右短。身穿无袖麻衫，腰经麻。脚穿缀麻的白布鞋。出嫁女头戴缀黄纱布的白布盖头，尾部左长右短。身穿无袖黄纱布长衫，脚穿鞋尖缀黄纱布的白布鞋。女婿头戴加苎，外斜贴红布条的白"老包"，身穿无袖白布长衫，脚上穿白鞋。

长孙头戴白布头帛，再戴草箍。身上穿麻布长衫，左臂上缠黄色纱布圈，脚穿白布鞋。祖父丧以竹为杖，祖母丧以桐为丧杖，杖过去长齐心，现长一尺二寸，杖头包五色布，最外层为红布。长孙媳妇头戴缀黄纱布加麻的白布盖头，尾部左长右短。身上内白衣，外无袖麻衣，长及小腿。怀孕者腰间加比棺布一条。脚穿鞋尖缀麻、黄纱的白布鞋。其他孙子头戴缀黄色纱布的白布头帛，身穿对襟长苎衫，腰束苎，脚穿白鞋。孙女和孙媳头戴尾部左长右短的缀黄纱布的白布盖头。身上穿无袖黄纱布长衫，有孕者腰上多一条比棺布，脚上穿鞋尖缀黄色纱布的白布鞋。孙女婿头戴加黄纱布、蓝布和红布条的头帛或老包，身穿白色长袍。

侄子头绑缀黄纱布的白布头帛，身穿无袖黄色纱布衫，腰束苎，脚上穿白布鞋。侄女与侄媳头戴尾部左长右短的缀黄纱的白布盖头，身穿无袖对襟黄纱衫，腰束苎，有孕者腰上增加一条比棺布，脚上穿白鞋。侄女婿头戴额上缀红加黄纱的白老包，身穿白长袍。侄孙头绑缀蓝布的白布头帛。侄孙女和侄孙媳妇头戴左长右短的缀蓝布的白布盖头。

外孙头绑缀蓝加红的白布头帛，穿白衣、白裤、白鞋。外孙女头戴缀蓝加红布的白布盖头，外孙媳妇头戴缀黄纱、蓝、红布的盖头，身上白衣、白裤、白鞋，或素色。外孙女婿头戴缀黄纱加蓝、红的头帛或白老包，身穿白长袍。外甥头绑白布头帛。外甥女和外甥媳妇戴左长右短的白布盖头。

曾孙头绑缀蓝布的白布头帛。曾孙女和曾孙媳妇头戴左长右短的缀蓝布的白布盖头，或蓝布缀在衣服上。身穿蓝布长衫，有孕者腰上加一条比棺布。玄孙头戴缀红的白布头帛，身穿红布长衫。玄孙女和玄孙媳妇头戴缀红的白市盖头，身穿红布长衫。

澎湖马公岛孝子的丧服为：首服是头上先绑一条白色头帛，再戴上四方形麻帽，其用麻布四周上卷而缝于麻绳圈上为帽。麻帽的前沿垂至眼前，已婚者左右各有一耳塞。身服为：内蓝布衫，外穿长及膝的对襟麻衫，腰经麻。脚服为：脚穿白袜草鞋，过去为土字形绑法，现不分。未婚孝子则穿白袜黑鞋，鞋面缀麻布。有的为取吉祥，在麻布下衬有红布。父丧用竹为丧杖，母丧用杉为丧杖，长三四尺，杖外包裹白纸须。马公的孝妇，头戴乌巾，然后，再罩上白布和麻布盖头，尾之长短随意。身上内穿蓝色衣裤，外穿有袖麻衫、麻裙，麻裙为一片麻布围裙。腰经麻，怀孕者在腰间加一条比棺布和一枝竹筷。脚上穿白袜和鞋尖缀麻的黑布鞋。新婚的孝妇，在麻布上缀一点红布。未过门的媳妇，如来参加出殡仪式，其内穿白衣裤或裙，外与孝妇同，不过麻盖头及鞋尖均缀红，同时，双肩要交叉披上红色的布条。

马公岛上丧家的在室女头上的首服是先包乌巾后戴上麻布盖头，身服为身穿麻衫，无麻围裙。足服为脚穿白袜与黑布鞋。出嫁女则是头包乌巾后，再戴苎布盖头。身上昔日穿有袖的苎布衣衫，现穿有袖的白布衣衫，怀孕者，腰间加一条比棺布和一枝竹筷，脚穿白袜黑鞋。女婿头戴白布老包，身穿白布长衫；结婚后还未被岳家所请者，其戴的老包的两角各缀一点红布，身上除穿白长衫外，还需披上红布条。

死者长孙的孝服为：头戴白布头帛，再戴无前沿，无耳塞的苎布帽子。身上穿有袖、缉边的苎布衣服，脚穿白袜黑鞋。祖父丧以竹为丧杖，祖母丧以杉为孝杖，杖齐心长，外缠满白纸须。如果长孙要当承重孙，其外面要穿麻衫，戴麻帽，并持孝子用的孝杖。长孙媳妇的孝服是：头戴尾随意的苎布盖头，身穿苎布衣衫和裙子，腰经麻，有孕者腰间加一条比棺布和一枝竹筷，脚穿白袜和鞋尖缀苎布的黑伽鞋。其他孙子则头戴苎帽，身穿苎衫，脚穿白布鞋。孙女与孙媳先用白布包头，再戴上苎布盖头，身穿苎衫，孙媳加一条苎布围裙，有孕者腰间加一条比棺布和一枝竹筷。孙女婿头戴白布老包，身穿白布长衫。

亡者侄子的孝服为：头绑白色头帛，再戴上苎帽，身穿苎衫，或不穿，脚上随意。侄女和侄媳头戴缀苎的白布盖头，身穿苎衫，脚上随意。侄女婿头戴白色老包；侄孙也是头戴白色老包。侄孙女与侄孙媳妇则头戴白布盖头。

亡人外孙的孝服是头绑缀红布的白布头帛。外孙女和外孙媳妇则头戴缀红布的白布盖头。外孙女婿头戴白布老包。外甥头绑缀苎的白布头帛。外甥女和外甥媳妇头戴缀苎的白布盖头。外曾孙头戴双角缀红布的蓝布帽，或戴红布帽冒充五代孙。

惠东孝子、孝孙的孝服

此外，曾孙头戴双角缀红的蓝布帽子。曾孙女和曾孙媳妇头戴双角缀红的蓝布盖头。外曾孙女即外曾孙媳妇头戴双角缀红的蓝布盖头，或戴红布盖头，以冒充五代孙。而玄孙头戴红布帽子，玄孙女和玄孙媳妇则头戴红布盖头。

台湾南部美浓镇客家人孝子的丧服为：头戴套麻布、白布的草箍，不论已婚、未婚都有耳塞，父丧塞左耳，母丧塞右耳。父母均去世时，两耳均有耳塞。身穿长及股之对襟麻衫，无袖，腰经麻。脚上则是赤足穿草鞋。父丧用竹为丧杖，母丧用梧桐木为丧杖，长一尺到一尺二寸，杖头包麻布。赘婿的孝服为：身穿左片麻、右片苎的长衫，无孝杖，其他则与孝子相同。孝妇头戴麻布盖头，尾部齐长。身穿无袖麻长衫。腰经麻，有孕者，腰上过去加一块白布腰帕，现改用白色毛巾，此外还需插一枝竹筷。未过门的媳妇可以素服，也可以穿麻，但均需要挂红布条。

美浓的在室女头戴尾部齐长的麻布盖头，身穿长及股有袖的对襟麻衫，腰经麻，脚穿草鞋。而出嫁女头戴尾部齐长的苎布盖头，身上过去内穿白长衫，外穿苎布长衫，现穿半苎半白布缝成的长衫，腰经麻，怀孕者腰间加一块腰帕和一枝竹筷。脚上穿草鞋。女婿头戴黄色布三角帽，身穿半黄布半白布缝成的衣衫，脚穿草鞋。第一次戴孝者，首服上缀红。

美浓的长孙通常头上戴着套有麻布、苎布、白布的草箍，父母尚存时无耳塞。身上内穿苎麻衫，外套麻衫，均长及股，无袖。腰经麻，脚穿草鞋。祖父丧以竹为丧杖，祖母丧以桐为孝杖，杖头包麻布。长孙媳妇头戴内罩一层麻布的苎布盖头，尾部齐长。身上内穿苎布或黄色布衣衫，外套长及股的无袖对襟麻衫。腰经麻，有孕者,腰间加腰帕与一枝竹筷。脚穿草鞋。其他孙子头上以苎布三角巾为帽,身穿苎布长衫,脚穿草鞋。孙女和孙媳头戴尾齐长的苎布或黄色布盖头,身穿无袖的苎布或黄色布长衫,脚穿草鞋。孙女婿头戴黄色布制作的三角帽,身穿黄布衫,脚穿草鞋。

死者的侄子头绑苎布或黄色布的三角巾,身穿无袖的苎布衫或黄色布之衣衫,脚穿白鞋。侄女及侄媳头戴尾部齐长的苎布盖头,身上穿无袖苎布衣衫,腰束苎,有孕者腰上加腰帕和一枝竹筷,侄女脚穿草鞋,侄媳随意。侄孙头戴白布三角巾。侄孙女和侄孙媳妇头戴尾齐长的白布盖头。

其外孙过去头戴白布三角巾,现则扎一条白色的毛巾,脚着草鞋。外孙女及外孙媳如头戴一条尾部齐长的白布盖头。身穿白布衫。外甥头绑白布三角巾,身穿无袖白布长衫,脚上穿草鞋。外孙女婿头戴白布三角帽,身穿白色长衫。外甥女和外甥媳妇头戴尾部齐长的白布盖头,身穿白衣,脚穿草鞋。

其曾孙头戴蓝布三角帽。曾孙女和曾孙媳妇头戴尾部齐长的蓝布盖头,身穿蓝布长衫,有孕者腰问加上腰帕以及一枝竹筷。外曾孙头戴蓝布老包,身穿蓝布衫;外曾孙女和外曾孙媳妇头戴蓝布盖头,身穿蓝布衫。玄孙头戴红布三角帽,身穿红布长衫。玄孙女和玄孙媳妇头戴红布盖头,身穿红布长衫。

第十四章　棺殓与停柩

在中国各地,棺殓与停柩的时间长短也很不一,这和地区、经济都有关系,一般情况下,经济条件好的富户、北方地区,停柩的时间长些,而贫户、南方地区则停柩时间短些。不过无论时间长短,区域的不同,在每一个地方,入殓与停殡中的礼节都比较多而且复杂。

一、转空或迎寿

在入殓前,应把原先备好的或刚买好的棺材运到丧家。在闽台等地,把棺材运到丧家俗称"放板仔",也称"接棺""接板"或"接寿""迎寿"等。有些大户人家,甚至请吹鼓乐队到棺材铺去迎接,一路吹吹打打由同宗亲属或办丧事者抬棺送到丧家。抬棺途中碰到十字路口或过桥,都要献上一条红布条并烧些金纸,此称"放纸",意为向土地或水神买路。

寿板运到离丧家几十米远的地方要先停放一下,以便举行接板的仪式。接板时,闽南人的孝子们穿着丧服,哀号着出来跪接。他们用丧服的衣裙捧着一些折叠成元宝形的纸钱(库钱),为首的孝子,则拿一袋内掺有铜币的米(现改为红包)、一副桶箍和一支新扫把。到了棺材边,孝子把米与桶箍放在寿板上,拜几拜,此俗称"碛棺",从寿板的天尾到天头用新扫把打扫一下,然后把带来的纸钱和纸扎的库官、库吏等堆在寿板前烧化,此俗称"烧围库钱"。烧完后,金灰收起,待出山时埋于墓侧,或放于棺内,作为给亡魂的钱。另外,烧围库钱时,其数量要根据死者的属相来定,属相个头小的要少烧,个头大的要多烧,此俗谓牛担、马驮。一般是属鼠的烧 13 万,属牛的烧 38 万,属虎的烧 13 万,属兔烧 12 万,属龙 13 万,属蛇 11 万,属马 36 万,属羊 14 万,属猴 8 万,属鸡 9 万,属狗 9 万,属猪的烧 14 万。

国学经典文库

中国民俗文化精粹

·婚丧嫁娶·

图文珍藏版

　　库钱烧完后,棺材才抬进大门。抬进大门后,棺材需在天井内转头,使其棺头朝内地抬进厅堂,这既方便入殓时尸体头内脚外地放置,也省却入厅堂后转头的困难。在台湾,当寿板抬进厅堂前,还要由负责丧葬事务的"婆仔"主持一下"接寿"的仪式,念些吉利的话。做仪式时,婆仔先站在厅堂前点燃金纸敬门口神,然后一边在棺材上划动,一边大声念道:"寿金盖棺厝,予这家子孙年年富!"接着把燃烧的金纸举高,继续念:"寿金提起来,予这家子孙添丁又进财!"当金纸烧完时,他又念:"寿金烧得完,予这家子孙中状元!"仪式毕,送棺者将棺木抬进灵堂,置于死者水铺的对面。棺木抬进厅堂时,丧家大小要依自己对死者的称呼哭喊"某某,你的新厝来了!"并跟着哭进灵堂,扶尸恸嚎,意思是舍不得死者入棺。厦门也是如此,"戚友到棺木店领棺到家,曰放板。棺将到时,子女伏门外跪接,一面备白米一包,薪二把,置棺上,入门后取去",此寓意"载柴米归来"的富足之意。而在厅堂中,"棺盖一开,暂禁哭声,谓死者入宅是吉兆也"。此外,若死者生前竖有"生寿",此时也需从祖厝放倒后运到家中来;若已搬铺打厅边在祖厝里,则需把生寿放倒,在那里入殓。而在放倒生寿时,通常需请人用盐米、净水等驱邪物向棺木撒去,以防止家人中煞。

　　在北京,丧家在棺材铺选定棺材后,常请杠房的人往家里抬,或从寄棺的庙宇往家里抬,均谓之"转空"。转空时,通常要视棺材的轻重来决定杠夫人数。一般抬"小三五儿"的大小叶杨棺材,需用8名杠夫,谓之小抬空。若抬"四五六"杉木"十三圆"棺材,至少要16名杠夫。而抬黄、红柏等重材,则至少需24人。一般在转空时,24人以下抬棺时,要用一名杠头打俗称单尺的响尺指挥。24人以上抬棺,则需要两名杠头敲响尺指挥,此称对儿尺。而极贫户买的薄皮棺材只用一辆排子车拉回丧家即可。

　　转空抬的是空的棺材,因此杠上不扣棺罩,也不搭"过棺罩片"。但为了防止把棺材表面的漆磨掉,在转空时,要用两条七八尺长的大红毡子裹在棺上,再拴上杠绳。杠夫转空时,不打"拨旗",也不挑杠房字号。他们身穿绿色驾衣,头戴浅碟式的小黑毡帽,上头插着一支冲天锥式的红翎子,由杠头打着响尺,抬着棺材送往丧家。

　　棺材抬到丧家门口,不能直接进院子,只能就地摘肩落杠。由打响尺的杠头向主人请示大殓吉时、棺木停放何处等,并让丧家用一个新簸箕装些煤炭、五谷杂粮和一些象征性的金银财宝倒进棺木内,才可以由杠夫四平八稳地抬起大门,此谓之"不进空财"。待入殓以后,棺材内的这些五谷、金银等归杠房的人所有。进了大门后,杠夫要根据丧家的指示,把棺材抬到要进行入殓活动的地方,如厅堂或院落,并安置好,如果是高殓,就把棺木安放在杠房带来的支垫棺木用的长凳"交木"上,而低殓就直接放在地上,然后就是静候吉时入殓。

二、入殓前琐俗

入殓即用棺木装殓死者,通常入殓的时辰需由择日师或道士等确定。丧家根据择定的日子、时辰入殓。在有的地方,入殓之前,丧家还有许多琐碎的仪式需要办理,同时也有一些习惯与规矩需要遵守。

(一)哭路头与接外祖

中国的许多地方,入殓时都需要直系亲属到场亲视含殓,而如果是女性亡故,则更需要女方的外家人在场亲视含殓,否则就会使亲戚之间的关系出现问题。这种情况是普遍存在的,如在浙江定海等地,大殓时,"宾客来问者用素服,谓之送殓"。又如在昆明,家中有丧事,子或孙匆匆往各亲友家赶,人到门前,手叩不入,见人则跪下一叩,向亲友报丧。而当亲友到齐后,才可以料理含殓诸事。还有,"有子在外者,电闻奔丧",也得赶快回来。所以当某家有老人过世,丧家都要立即通知相关亲戚,让他们赶来参加入殓仪式。而在必须到场的亲戚中,出嫁女与娘家人有比较特殊的习俗。

出嫁女由于嫁在外村,所以接到讣音后,应马上卸妆赶回娘家,并需沿途号哭着回娘家奔丧,至少一进村口或巷口时就应号哭,用当地方言唱着丧歌或哭丧调回娘家。

在闽台的闽南人中,这种现象称孝女哭路头。而娘家人听见渐近的号哭声,也知道自家的出嫁女回来奔丧,需派人到门口迎接,并发给她丧服,陪她直接到灵堂哭丧。这种哭丧调与词，有的也成为一种民间文学的创作。如闽南人孝女哭父亲时会拉长调子嚎道：“我苦啊！我爸哟！亦无倘加食(不肯多活)十年八年,也好成子成孙啊！我爸哟！”之类,而且哭丧起来一把鼻涕一把眼泪,有的甚至哭得死去活来,其哀痛之声凄凄惨惨,无不直戳听者的心窝。

如果是母丧,需等外祖家的人来亲视含殓。这时丧家需在门前摆上香案,上摆着香烛,却不点燃,孝子等则跪哭迎接,要外祖家的人搀扶后才可起身,此俗称接外祖或接外家。外祖家的人到后,对自家女儿的死因要详细查明,而其外孙或外甥们也需跪着陈述其母亲的死因及其他情况。如果外祖认为自己女儿的过世,是由于外孙子女忤逆或疏忽造成的,外祖会举起手中的手杖边骂边抽打他们,而加以惩罚和训斥,并且让他们长跪不起,以忏悔自己的罪过。等他觉得惩罚够了,才会叫他们起身去办其他应办的事情。在过去,台湾基隆一带,外祖接讣闻到丧家时,必须把门口的香案踢倒,先厉声责问外孙子媳不孝之后,才听他们跪着禀报,听完后才扶起外孙们。现则多改为外祖来后,把香案桌上的桌帷掀起一角,压在烛台下的方式进行。广东东莞一带也有类似的习俗,但却不是象征意义上的咆哮。在东莞,“为外亲者每遇姑姊妹女子之丧,牵率多人,名为吊哭,实肆咆哮。或由平日之不相得,外家习闻浸润之言,积嫌生怨,遂欲于其人之死一泄以为快”,有时也搅得丧家很不安宁。

在闽台,人死未殓时,除了上述两类人外,其他亲友闻讣,也需来探丧并参加入殓仪式,此方言俗称“埋(取其音)丧”,他们来到丧家,以挽联、挽幛、大银烛、糕仔封(白蜡烛、银纸、焚香、糕仔等用白纸包裹封好者)等。赙赠丧家,此俗称“送礼敬”;有的则赠予金钱,作为买银纸烧给死者之意,实际上是以金钱帮丧家办丧,此俗称为香奠或奠仪,古称赙仪。奠仪的钱数应少于贺仪,而且只能是单数如15、31等,这有避免丧家再死人的意思。旧时,奠仪用白封套装之,同时需附上一纸帖,上写:“谨具赙仪一封,尚人弛上某某亲公灵前,伏乞贮纳,不胜慰仰之至,大孝某亲老先生苫次,眷某某某鞠躬。”奉上奠仪等后,凭吊亲友即到灵前点上两炷香(丧事只能烧两根香条)祭拜,然后,等待入殓仪式的举行。

(二)买水或乞水

在中国南方的许多地方,为死者净身沐浴的水,必须由丧家用钱向河里或井里的水神或土地公买来。如在江苏丹阳等地,丧家将殓,取水于河,必投以钱,曰买水。水至,净拭尸面。太仓等地也一样,人始死,子孙男女号泣,往河滨取水洗死者之目,名曰买水。浙江诸暨一带也相同,及殓,孝子哭往村中井边,烧香烛、纸钱,投铜钱于井,谓之买水。然后,以秤挂瓶,携水回家为死者沐浴。台州玉环一带,在小殓前,丧家也需到井台买水,为死者沐浴更衣。在玉环的闽南人,买水主要是由孝妇去,她们到井台上焚香后,将钱币投入井中,表示这是向井神买水,然后,才打一桶水回去,为死者洁身。遂安

福建同安的孝服

等地小殓前,也需要去买水,其"持瓦器汲水浴亡者必投以钱,谓之买水"。

湖南湘中地区在衣殓前需买水为死者沐浴。他们由本族长老组织人员敲打请水锣,烧冥纸,孝子等跪拜跟着去买水。在途中,敲锣次数、冥钱夹数、子孙跪拜次数要与亡者的年岁相等。队伍到井旁或河边,由长者奠酒、祈祷,敬请水神应允,然后投钱币三枚,用砂罐买一罐水回去。据当地人说,如果没到河边或井旁向水神祈祷、祭奠,就不能为死者沐浴、洁身,这样亡者赴黄泉将不会轻松、爽快。嘉禾一带也类似,人死后,丧家鸣锣开道,"孝眷披麻随之,楮告于井,汲水以浴,谓之买水"。

闽台的闽南人把买水称为"乞水"。昔日乞水都在河边,因为人们认为那水才是活水,而井水则是死水。去乞水时,孝子贤孙身着孝服哀哭着到河边,为首的孝子要带一个装有白布条的瓦钵或新水桶,焚香、四方金和2枚硬币或铜钱等。到了水边,先在河边点燃焚香,向水神祷告说:因某某人去世需要向水神乞水以便沐浴,使其干干净净入阴间等等。然后,用钱币"卜贝"请示神明,此水是否可以使用,如

不可就换个地方乞水,如可以就把焚香插在河岸上,把硬币或铜钱扔到河里,表示付钱给河神,并在河边烧掉四方金后,跪着用瓦钵顺流舀水。因为在闽南人的观念当中,是不可以逆流舀水的。在舀水时,不能重复舀,只能一次性完成,否则认为这将对死者的子孙不利。如用新水桶,返家时,水桶上的绳索要在地上拖着。回到家门口时,其余孝眷要伫立在门前迎水入宅,并在门口烧纸钱。去乞水的人要跨火而进,将水倒入新陶盆中,放在风炉上加热后,再用乞来的水为死者沐浴。另外,倒进陶盆后剩下来的水,要倒在阶前,此谓之"上水",其寓意似有整洁卫生之意。如在厦门,将入殓前,死者儿女麻衣草履,汲水为死者沐浴,曰"乞水"。先以两钱投水中,然后汲水,示购水之意。并认为用这种长流水净身,可使死者投生极乐世界。在泉州、晋江一带,用于乞水的铜钱要系以红丝线,乞水处在溪边和井边均可,乞来的水要倒在新瓷盆后,才给死者净身。在莆田、仙游一带,通常要在这种乞来的水中加五种青草药,熬成五味水来为死者净身。在台湾新竹,乞回来的水要先放在大门边,烧完银纸后,迎水的人要跨水入门,然后,才用此水为死者浴尸。现在有的丧家嫌河水太脏,或嫌居处离河太远等,也有人事先用水桶装些自来水放在露天的地方,然后就在桶边举行乞水的仪式。

广东潮汕人也是如此,衣殓前去买水时,孝子们身着丧服,由族长引路,长子右臂挂一竹箍,端着插着榕树枝的水瓶,到河边买水。在河边焚香烧纸毕,把竹箍放在水面上,用水瓶在竹箍的范围内汲水,然后另路返回。回到灵堂,用仙草蘸水洒于死者的脸上,水瓶则放在死者的身边,当地认为,这是给死者在去阴间的路上使用的。客家人也如此,如普宁一带在小殓前,要由一老辈族亲陪孝子边哭泣边往水滨去买水。到了河边,投钱于水,然后顺流用瓶汲水。回来后,用此水为死者做最后的供奉。大埔的老人去世后,"为长子者袒臂,用香纸到溪边取净水",然后,用此水为死者净身。

广府人也有同样习俗。如广州人死者入棺之前,丧家也要外出买水给死者沐浴净身,然后更换寿衣。广府人去买水时,通常由孝子领头去,他要披麻戴孝跣足,头戴俗称三梁冠的孝帽,手执哭丧杖,捧着广州人俗称"买水兜"的瓦钵,随亲属哭赴水滨。到了河边,烧香敬神后,投一点钱入水,才动手买水返回家中。有的人家也可以花钱请人代劳,此俗称买孝子。旧时广州街头有些店面外有"承接担幡买水"的招牌,这种店铺就是从事这一行当的。清远一带也一样,老人去世后,子孙结队出户,至滨河所,投钱水中,跪取盆水归为死者浣濯,谓之买水。顺德一带也同样,亲丧后,丧家除了马上召巫师开路,安魂灵外,也需投钱于河,买水归以濯尸。在四会等地,老人始死,孝子诣江滨投钱于江,舀盆水归浴尸,谓之买水。"近多请人挑水回,出门前跪舀之"。广西的习俗也类似,如在龙州一带,亲人殁后,要请道士念经,孝子在亲友的左右扶持下,鞠躬哭泣着赴河请水。

在榴江等地,当临终者换床后,丧家的子媳辈应披麻戴孝散发,"执瓦罐,泣向河干掷钱数枚于水,取水一杯,谓之买水"。钟山也一样,人子遇父母丧,先停尸在床,出汲水浴尸,殓以衣衾。

(三) 沐浴净身

买水回来后,有的地方直接用此水为死者净身,有的地方还需将水加工一下,才为死者沐浴。如江苏许多地方买水回来后,就用此水给死者沐浴。在湘中地区,买水回来后,需要在水罐里放进檀香木加热后,再请整容师(男亡者请男的,女亡者请女的)持三尺新白布蘸水为死者袜身,一般是上身七下,下身八下,并不多抹。实际上只是象征地比画一下。抹尸时,若死者的口、眼未闭,这象征子女不孝;若口鼻流血,更是子女之大不孝了。此时,不孝子女就得认错,哭泣着为亡者合上口、眼.或止住流血。

闽台的闽南人乞水回家后,需用风炉将此水加热,才可举行沐浴的仪式。沐浴就是为死者净身,民间相信浴尸将方便死者前往西方乐土。实际上可能是因为人咽气时,有时大小便会失禁,污染死者的身子,故需要净身。通常父丧由孝子孝孙来沐浴;母丧则由媳妇或女儿来沐浴梳洗。沐浴时,用白布沾瓦钵中从河川里乞来的水,从头到脚,把尸身擦拭干净,边擦拭还要边念一些吉利话,如"你现在已经成为神明了,且能和祖先见面了"等等。有的地方则由村内专门负责丧事的"土公"或者殡仪馆的"土工"来执行;有的地方则请好命人来执行。如在台湾台北、新竹、高雄等地,通常由双亲健全的老媪用竹夹白布浸湿,做手势为尸体沐浴擦拭。如果死者是男性,所有女性遗族要站在厅外;如果是女性,则留孝媳与女儿在场。沐浴完成后,将死者的头发剪一两根,用布包裹在双脚上;如是女性,则将其用过的木梳折成两段,一截放于棺内,一截弃之路上。沐浴后,净身的水不能随便乱泼,因为民间认为,活人踩到浴尸后的秽水,脚会裂开。所以,闽南人通常是在自家的屋后挖个坑,把浴尸的水倒在其中,并加以掩埋,装净身水的瓦钵则带回,置于供桌下,用于烧金装灰。

福州一带过去为死者沐浴时,以巾蘸水向尸身三拭,谓之洗汤。尸身所着之衣裤尽脱而弃之,而易以新衣。民国以来,由于换寿衣的仪式已改在弥留之际。所以,这个仪式也就变成象征性的,即用沾着乞来之水的白布,在尸身上从头到脚地比画一下,念几句吉祥语即可。如民国时期霞浦人在给尸身沐浴时,"拭尸体前三后四",纯粹成了一种仪式。

广府人买水回来后,也需给死者做浴尸的仪式,不过,他们所做的,往往也是象征性的。浴尸时,孝子站在死者的遗体旁,用白布蘸水,在死者的脸上比画几下,做洗脸的动作即可,不必真的擦洗。在大埔一带。买水回来后,"以水略拭父母遗体",而后才更换寿衣。在广西榴江一带,当孝子、孝妇等买水回来后,就以此水抹亡者之口目,"意在使亡者闭口瞑目,安然长逝"。在钦州地区,买水回来后,就用该水为死者沐浴,浴毕,治棺而殓。

(四) 换寿衣小殓

以衣衾裹尸或换寿衣称"小殓"或"衣殓"。在闽台地区,给死者沐浴完后就可为其换上寿衣,此俗称"穿寿衣"或"张穿"。在闽台的闽南人中间,寿衣忌皮;据说穿动物皮制的衣服,到了阴间,阴官分派投生时,往往被派生为牲畜,故为大忌。其次,在闽南人当中,寿衣算层不算件,像西装、夹克之类,因内面有夹层里子,可算是两层或两重。根据传统习惯,闽南人寿衣的层数忌偶数,一般的寿终正寝者所穿的上衣为6件7层,裤子5重;高寿者上衣可多达11或13层,但如果是年纪轻轻而去世者,其上衣只能穿4件5层。同时,由于闽南、兴化一带方言中,"九"字与"狗"字同音,因此,寿衣忌9层。泉州一带则根据三代、五代或七代的代数来确定穿寿衣的层数。客家人的情况略有不同,他们讲究男单女双。至于下身,一般是裤子2到3件,女的则是包括白色贴肉绫的3裙2裤。连城一带的客家人则不忌双数,在那里,60岁以上才去世的男女通常都是上下各6重衣裤。而长汀的客家人衣裤的件数均一样,一般都为3—5件/条的单数。

另外,在闽台,死者脚上多数穿白袜子再套上黑布鞋。在闽台,忌穿皮鞋,如果不得已穿皮鞋,须在鞋底贴上纸张。头上,过去是男的戴帽,女的绑乌巾,现在有的人家因举行现代式丧礼,而省却帽子与乌巾。作为寿衣不必是全新的,只是丧者平日喜爱的而且经过洗涤干净的即可。一般情况下,贴身穿的必须是白色的丝质或棉布衣裤,此称"贴肉绫",男性的"贴肉绫"为衬衫、衬裤与袜子,多由孝女负担,一般用柔软的白绫或白棉布制作。女性的"贴肉绫"多为其结婚时的白色"上头衣"。据说,贴身穿白色的衣裤,日后捡骨重葬时,骨头才会洁白。在过去,最外面一层通常是长衫马褂,而现在有的已改用西装了,而中间的衣服则随便。由于过去有的人出嫁时就备有寿衣,而且在老人过60岁以后的生日时,闽南人也有子女送寿衣为贺礼的习惯,所以,有的人的寿衣实际已放置了几十年,因此,闽南人通常把寿衣称之为"老衫仔裤""老衣裳",称换寿衣为"张老衫仔裤"或"张老寿衣"。

穿寿衣时,孝子、孝眷都要在场。一边穿一边哭喊,告诉死者穿几层或寿衣有多重。内层寿衣不用纽扣,多以带子打死结。在诏安,给寿衣打结时,口中要念道:"活人打活结,死人打死结,剩下的由子孙得。"然后,把打结剩下的布条分给孝子等。穿好寿衣后,外面多用带子或绳子将死者的双手固定在胸前。

由于需给死者换多层衣服,比较费时费力。所以,在闽南,过去通常在给咽气后的死者穿寿衣之前,有套衫礼的仪式,即在活人身上先把多层衣裤套在一起备着,当死者断气后再一次性地给死者套上。由于习惯上父死由子孙换衣,母死由媳妇女儿换衣,所以,若是父亲的寿衣,一般由长男来当套衫礼的衣架子,母亲的寿衣则由长女或长媳来当衣架子。如在厦门"以长男或长女头戴斗笠,足踏竹椅,手执竹竿(盖厦为郑氏抗清根据地,寓有民族思想,头戴笠,不戴清天,足踏椅,不履清地;手执竹竿,示当揭竿起义也)。将死者应穿衣服,一一穿身,以红绳又两袖贯之,置米筛上,曰套衣"。

行套衫礼时,通常是在大厅内或天井里置一个俗称"筶箩"的竹制大簸箕,内放一矮凳,孝子或孝女戴着上插一枝红春花的新竹笠,手持一竹竿站立在凳子上,口中咬个红包,双手张开伸直,并持一条麻绳,由其他亲友帮忙一件一件反穿在身上。全部套好后,孝子要拿一把秤子秤一下,说一个吉祥数字,表示这些寿衣是子孙买的。然后才一次性地剥下供死者穿。套好的衣服剥下后,放在新竹筛中,端进厅堂内。而做衣架子的孝子或孝女把竹笠抛到屋顶上,并将矮凳踢翻,才走出大簸箕。与家人一起吃一碗红糖面线或甜汤圆禳解一下,此谓之"抽寿",而在高雄则称之为"招寿"。这是因为面线很长,象征长寿,红糖又是用于吉事的,同时也有味甘的意义,象征苦尽甘来。所以,"抽寿"意思就是希望能避凶趋吉,延长子孙的寿命,并有把死者的年龄加在子孙寿命里的意义。吃完"抽寿"的面线,做衣架的孝子或孝女得跑进房间内待一会儿才能出来活动。有些地方在这时请道士开魂路。在浙江玉环,虽不用套衫礼,但在更衣前。需在露天的地方如院子里,用秤子把寿衣秤一下。

穿寿衣时,父丧由子孙换,母丧由媳妇或女儿换。寿衣换好后,要由媳妇给死者梳头戴帽或乌巾,由女儿给死者穿袜着鞋。过去通常还在这时给死者嘴里含点金银或玉石等,此俗称"金嘴银舌"或含玉、饭含。在福州一带,饭含时,要在死者口中放一个熟鸡蛋,并用口罩或白布绑牢,以防秽物从口中流出。近年来饭含已不放实物,只用金箔或红、纸剪个币样的小圆块,含在死者嘴里。有的甚至什么也不放,只是在换衣的过程中,需唱到含玉这样一个环节。过去大户人家在给死者穿寿衣时,要给其戴上许多金银首饰,这常招惹盗墓事件发生,所以现已不再用贵重东西陪葬了。

在过去,有的地方在穿完寿衣后,还有用布条裹尸的捆殓之俗,如在福州一带,换完寿衣,还要以五色绸或布捆尸,谓之殓。殓毕,以四季花插于上向,用以识头足也。这种捆殓的习俗,有的地方也称"袭绞"。在泉州一带俗称"包衾"。

江苏南部许多地方,用买来的水给死者净身后,才给死者更衣,此俗称小殓。然后,再移尸入棺,此俗称大殓。如武进"小殓日穿衣,尸入柩日下材,以线取中日分金,大殓曰泯材"。浙江许多地方也都是在为死者沐浴后才更衣。如在诸暨一带,浴尸后,"先将尸者衣冠令孝子着,使整齐熨帖,谓之楦衣"。然后,为亡者换上,再用绵裹尸,并将面上之绵剪开,谓之开面,之后才入棺收殓。

在湖南湘中地区,为亡者洁身后,整容师要将亡者的衣服全数脱掉,穿上新的白色内衣内裤,再穿上中、外层衣裤,件数必须成单,一般是衣5,裤3,或衣7,裤5。更衣时,亡者的手脚关节开始僵硬,据说亲人在一旁以不同的称谓带感情地呼唤,亡者的关节会变得松软,便于更衣。更衣时男性要剃头,女性则要梳头,然后戴上寿帽,穿上寿鞋袜。寿鞋袜由女儿或女性亲戚做。寿鞋底钉七星,意味着亡者足踏星月,登天成仙。更衣时,整容师也需要为亡者的面容描眉润色。如果脸太瘦,可用米含嘴里充实脸庞。所有这些,据说一是为了亡者去阴间时显得高贵富有些,二是,为了后代有美的风度和仪容。

广州人在浴尸后,也得给死者换上寿衣,此俗称小殓。在广州,寿衣穿多少,寿衣的衣料好坏,视家道的贫富而有别,但都必须遵循穿奇数的规矩。一般是上衣11件,下身7件,忌讳穿9件。广州人的寿衣款式多为礼服,质料以丝绸和棉布为主.不用缎子和皮毛,因为据说前者象征断子绝孙,后者象征死者转世时会变成禽兽。在广州,寿衣的色泽以素色为主,多用青、白、棕、酱、古铜、茶青等色,其他色泽多有忌讳。俗谓大红、粉红用于喜事,如果用在死人身上,会使其鬼魂凶猛无比。"绿"与"禄"同音,也不宜带到棺材内;蓝靛,恐子孙褴褛;黑色则大晦;黄乃正色,皆不宜用。在广西桂平一带,"死之明日小殓,衣冠称分,衣七层皆用丝绵,戒用麻。口含银,面覆纸,纸上当两眼处各压钱一,拳握饭,饭以纸钱裸(裹)成团,足缀小凳,体上覆衾,衾多者数层,以主人既具,亲者复赠之也。首后具香烛,身旁设灯,昼夜熄"。据说这些做法是模仿蜀相诸葛死时所行的制度。

(五)辞生

闽南人给死者换完寿衣后,就可以从事"辞生"的仪式。厦门人为死者更衣毕,即举行"辞生"的仪式。辞生是家人看得见死者仪容的最后一次祭奠,也是死者当面辞别生人的最后一次盛宴和祭奠。辞生时,必须准备12碗菜肴如鸡、猪肝、猪肉、花生、韭菜、豆腐、米饭、硬币等供祭死者,通常是一半荤,一半素,若死者是笃信佛教者,则12碗全是素菜。辞生时,长子站在竹椅上,余皆跪于地上,由道士或"婆仔"或土公或"好命人",逐一拿起每碗菜,用竹筷代死者夹菜,做喂食状,将每道菜均敬献给死者。每夹一道菜时,得念一句吉利话,如"食鸡子孙大家好起家;食猪肝,子孙代代做大官……"等等。在泉州一带,辞生也称"事生",此取视死如生之义。辞生时,先将死者扶到厅堂中的交椅上,其面前摆上小几,上面供奉五色果品或12碗菜肴,并请死者享用。

在闽东，辞生时的祭品由出嫁女备办，主要有猪头、鸡鸭、肉燕、墨鱼等，在那里供奉的菜肴不能用双数，只能是 7 碗或 9 碗。在辞生时，先由孝子们祭拜，继而再由亲友祭拜。福州一带在入殓前也有辞生仪式。先在厅堂中放张太师椅，请一位妻子、儿女均健在且晚年生活幸福的好命人在太师椅上端坐片刻，接着再把死者的遗体抬到太师椅上坐一会儿，此俗谓"坐案"。然后再象征地给亡人喂面，并用熟鸡蛋封在死者的嘴里，包扎起来。有的地方在入殓前还需做醮超度。在将乐，往往要请俗称"南摩仙"的巫师做醮，做醮时供奉雄鸡和米斗，点燃"七星灯"，即在一棵树上点燃 49 盏灯，然后做醮，此俗称"照米斗"。

广东潮汕一带，入殓前也有辞生仪式，此谓"饲生"。饲生时，由孝子奉白米饭两小碗，豆干、红糖各一碟，跪在父母尸床旁，念道："父母饲我大，我饲父母老！"边说着边用筷子尾夹一点饭菜放在父母口中，然后，又换用筷子头，夹一点

福建同安吕厝村的丧服

饭菜自己吃下，表达上述这句话的意义。饲生后，还要由和尚执魂幡在前引路与念经，长子捧着香炉紧跟和尚后面，其余子孙皆拈香随着，绕着尸床走几圈。如果死者是男性，绕尸时走圆形；如是女性，则走方形。因为父为天，母为地，而天圆地方，故有这样的走法。台湾也一样，如在基隆，"饰终既毕，乃设座中庭，备时馐十二种以祭之，曰辞生"。新竹称辞生为"辞堂"，在入殓前，须设灵于中厅，祭以时馐 12 种，并请好命人或道士边念吉祥语边用箸夹菜喂死者。

（六）乞手尾钱

闽台的闽南人辞生后，即可"乞手尾钱"或"放手尾钱"。这是预先在死者的衣袋或袖子中放一些如 120 文铜板或硬币，辞生完就可以拿出分给子孙每人一枚，此象征死者留下财产分给众子孙，另一方面也象征着传宗接代责任的传承，具有祝福

死者的子孙能得到其福荫而富贵的意义。在厦门,乞手尾钱时,"以银钱由死者袖中放出,承之以斗,日放手尾钱,示遗财给子孙也"。或由道士或好命人将铜钱经由死者之手,溜放于米斗中,然后,再将铜钱分发给死者的孝子贤孙们。在泉州一带,此俗称"散手尾",他们是在辞生时坐在交椅中的死者遗体脚下放置一个米斗,内放一些五谷、铜钱或硬币之类,辞生结束后,由从事仪式的道士或僧人或土公等,从米斗中拿出铜钱或硬币,散发给死者的子孙和亲属。

在"散手尾钱"或"给手尾钱"时,主事者需念一些吉祥语,如"米斗响,有钱千万来买田;放手尾,子孙得家伙"(家产)或"放手尾钱,子孙富贵万万年"等,此象征死者将财富留给子孙后代。子孙们拿到手尾钱后,要用带子将铜钱穿过,系在手腕上,这象征死者将富贵的吉兆传给他们。在厦门,结手尾钱时,孝男用麻带子,其他人用白、青带子。在泉州,孝男用白带子,其他人用青带子。而在台湾,孝子用白布带子,孝女用青布带子,长孙则用一条白布条和一条蓝布条台在一起,其他穿苎衣者(一般的孙男)用蓝布条把铜钱绑在手腕上,这种现象谓之"结手尾钱"或"戴手尾钱"。此外,如果是父丧,手尾钱绑在左手,如果是母丧则绑在右手,直到"合炉"脱孝为止。因此,这一形式,也有表示有丧事、戴孝的意义;同时闽南语地区有句俗话叫"放手尾钱富万年",这表明此也有希望死者的子孙能永久富贵的意义。过去这种手尾钱是用有孔的铜板,现代找铜板不易,有的人就把硬币凿孔穿索,有的人就用布索绑上纸币代替,有的人就干脆把此项仪节省略掉。在福建霞浦一带,所谓的戴手尾,是将死者身上的水被或寿衣衣袖剪下一小块,分给孝子、孝眷,此俗称分手尾物,其意思与分手尾钱相同。在广东大埔,为死者换完寿衣后,也要将新衣剪脱少许,分作若干条,各缠于手,父左母右,谓之手尾。

三、大殓

大殓就是将尸身装殓入棺木的仪式。在不同地区,大殓的时间不同,入殓的程序也有一点不同。中国绝大多数地区是在死后三天内择吉日大殓,有的地方则视季节而定,如福建龙岩的俚语曰:"春三、夏一、秋五、冬七。"也就是说,春天需在三

·婚丧嫁娶·

图文珍藏版

日内收殓,夏天在一天内就得入殓,秋天可在五天内大殓,冬天则可以拖至七日内才入棺。

在福建,大殓俗称"入殓""入棺""入木""入大厝"等。不论在什么季节,多在咽气后三日以内,择吉时入棺大殓。入殓时,先把乞讨来的草木灰铺在棺底,铺的时候,主事者需要用方言念几句吉祥韵语,如"一斗变十斗,一石变十石,富贵有啊,子孙吃得到"等。铺完草木灰,再铺冥币(银纸)和库钱(金纸),有的也铺些茶叶和俗称"纸脚"的碎纸等,然后放进"寿内席"。如果死者的配偶还健在,需要把这种草席割一半留下,以备其配偶过世时使用,以象征夫妻到阴间后还能同床共梦。接着也需要放进"七星枋(板)",其长约1米,宽约0-2米,上面雕刻有北斗七星或七个圆孔,有的在七星上还镶嵌有铜板或银圆。放七星板时也需要用方言念吉祥语,如"安古铜,代代子孙中状元",或"安七星,子孙富贵万万年"等。此后,才移尸入棺。入棺时需用雨伞、斗笠之类的雨具遮盖死者的头部,因为民间认为,如果死者见到天日,以后家中会闹鬼。入棺时,死者的遗属可以围观,亲视含殓,但需注意不能让悲痛的眼泪滴到死者的遗体上,因为民间认为这会使死者之阴魂恋家,从而留在家中,而对子孙不利。

遗体放入棺时,一般由孝男抱头,孝妇、孝女抱脚,其他亲属扶双手。入棺后,需居中调整好,而且俗语云:"男顶天,女立地",换言之,如果是男尸,其头部要顶着棺材的头部;如果是女尸,则脚部要紧靠棺材的尾部。遗体调整好后,要用纸钱、棉絮等塞紧,使其不会在棺内移动。而后,盖上"水被",并要在其脸上蒙一块二尺见方的"面布"。据说此俗源于清初,其表示作为明代的遗民无颜去见九泉之下的列祖列宗。在闽南地区,水被通常由子孙准备。但在福建其他地方,水被多由亲友赠送,如在漳平,亲友奔丧送的奠仪中,就有当地俗称"被仔"的水被,入棺时,这些水被要逐条盖在遗体上。主事者在盖这些"被仔"时,要对死者唱明某条"被仔"是某人送的。不过,唱到某人时,不能唱其名字,只能唱其称谓。因为当地人认为,如果唱出送奠仪者的姓名,其魂魄会被死者摄去。

盖完水被后,还需要放一些随葬品,诸如手帕、头梳、玉器、金银、纸糊的金童玉女等,及死者生前喜爱的小用品和小玩意等。当然,各地情况也不完全一致,在松溪,除随葬纸钱等外,还要放一个装有木炭的火手笼和少许的盐以及一把扫帚。在霞浦一带，一般是手一桃枝，贯以光饼三，或角黍一，"旧传至冥途驱鬼饲犬，与古临丧执桃茢以扫不祥，事异而义同"。而在大田一带，则放扇子、桃枝等。

在福建，入棺时，除了遗属外，也要请堂亲或亲戚等来视殓，但有些生肖相冲的亲属和亲戚则要回避，而这些需回避的生肖，在择日师写的七单上会写明。过去男性去世，须请叔伯或族长来视殓；如是女眷亡故，则须请外祖家来视殓，否则不能入殓，俗谓这是"男死怕亲堂，女死怕外家"。在有的地方甚至要请"视殓官"来视殓，如在长乐一带就需请视殓官来视殓，通常他们择巨绅有名望者为之。将殓时，以鼓乐、舆马迎之来；殓毕后，以鼓乐、舆马送之归，归时以缎匹为谢。或曰富贵之家多启盗贼之疑，故于盖棺时欲聚多人观之，示棺中无宝贵之物，杜发冢祸。在泉州，过去官绅人家在入殓时，也请"观殓官"来视殓。据称其意思是因为孝男惨遭大故，精神纷乱，恐怕礼节疏忽，故请有功名的人在场监督。观殓时，观殓官身穿公服，坐在公案后，孝男跪在案前，所有入殓之物逐一列单，一人逐件唱过，观殓官朱笔点过，孝男件件唱有，然后由观殓官批数句吉祥语于单后，即告礼毕，此单也放入棺内。在霞浦一带，则族戚里党皆来视殓。不过，视殓前，孝子们要行辞棺礼，"入棺时，孝子跪尸旁，含以冰糖或珍珠，少许酒衔箸端，对尸口下之，旋折箸半而纳棺内，俗称辞棺"。接着"孝男膝行，绕棺三匝，然后族戚里党以次拜殓，俗称拜视殓"。而后亲属凭棺而举哀，亲戚邻居则穿吉服在门前祭拜，此当地俗称"门丧"。

台湾的大殓称"收乌""入木"。入殓时，先在棺底铺草木灰、茶叶等，以便吸收尸汁和尸臭。接着放上"七星板"。其上先垫棺席，再放银纸钱和用金纸折叠的库银，这是给死者作为到阴间的路费。接着，放上中间白色两旁红色的"鸡枕"，其内装有银纸、鸡毛、狗毛，象征着鸡啼狗吠，能使死者知晨昏。然后，再放进尸体。边上放一根桃枝、一块石头、一个熟鸡蛋、一碗酱油汤面和一条一边缝对一边缝错的白布登山裤。据说桃枝是给死者在去阴间的途中驱逐恶狗的。石头、熟鸡蛋和酱油汤面则表示死者要到石头腐烂，熟鸡蛋变成小鸡，酱油汤面发芽才会复活，其意义是避免亡魂找活人闹腾。登山裤的意义是，当亡魂在阴间登山遇到魔鬼，就可以把登山裤丢给它，魔鬼发现登山裤，一定会穿，由于这种裤子有一边是缝错的，魔鬼穿它时，将不知如何穿，就要费掉许多时间，这样，亡魂就不会被魔鬼捉去。另外，也要放一点金银珠宝，以鼓励子孙以后发墓开棺洗骨二次葬。

台湾老人入殓时，搬动尸体有的是由"婆仔"来执行，而这时子孙在旁环视。有的则由婆仔指挥子孙亲自为之。若是后者，通常是长子抱头，次子抱腰，女儿或女婿抱脚，轻轻放入。有的地方由长子用白布自尸腰提起，其余的子女分抱其头脚，婆仔则用印有"八卦九宫护魂神星"的"印钱幡"套住死者的背部，小心将尸体放入棺内。抱尸体入棺时，"婆仔"或其他执事者应用闽南话念吉利话，如"孝男拎头，倘好吃老老；孝女拎脚尾，倘好存家伙！"此外，这个时候也忌讳人影被压住，所以应注意灯光的方向，最好是把灯吊在棺木之上。尸体放入棺木后，先由"婆仔"用银纸、莲花金、莲花银等将遗体固定好，使其不能有一丝松动。银纸是孝男奉献的，主要用来塞四周。莲花金、莲花银为女儿所献，一般塞于脚底，通常是左脚下垫莲花金，右脚下踩莲花银，此也有"脚踏莲花往西方"之意，也是子女送给死者往阴间路上用的路费和零用钱。塞妥后，先盖上"往生被"，其为给死者长眠黄泉之用，也有预祝死者早日超升投胎之意，然后再覆上 7.2 尺长的"印钱幡"，此据说是给死者往阴间途中防身用的符令；上面再放一面"照身镜"，边上可以放些库钱（折叠成元宝状的金纸钱），死者的用品，如眼镜、书、烟袋等。

倘若夫妇尚有一人存在，在盖"往生被"前，要在棺内放一粒熟鸭蛋和一块石头，其意是说若鸭蛋能孵出鸭子，石头会烂掉，那么夫妻再在阳间相见。也就是告诉死者，不要到阳间来捣蛋，放老伴一条生路吧！所以，在放鸭蛋时，婆仔会说："这粒鸭蛋园入棺，若会孵出鸭子仔，翁婆才当来相见！"，而在放石头时，也会说；"这粒石头园入棺，海水若会干，石头若会烂，翁婆才当再相见！"而在有的地方，这种做法是针对死者的家属的，所以，在放鸭蛋和石头时，婆仔就说："鸭蛋若出仔，你再转来；石头若会烂，你再转来！"意思是亡故就走吧，不要再回阳间纠缠家人。此时，涉及的对象已是全家人了。

闽粤的客家人入殓称入材、落棺。入殓前先举行告别仪式。在鼓乐声中，礼生念祭文。子孙三跪九叩，与死者告别。告别仪式后，多数地方由俗称"扛丧仔"的抬尸者处理入殓事务。福建的客家人习惯先在棺材底部放些草木灰和有香味的树叶，再随葬炒熟的稻谷、麦子和豆子，以及缺口的陶盆、陶罐和剁成一小截一小截的筷子等。而广东的客家人则习惯先铺 1 寸厚的黄泥。然后铺上棕片 12 片，代表 12 个月令，闰年则多放 1 片。接着放上"七星板"，板上铺上草纸或纸碎、灯芯草和布等。再放入8条被褥,尸身上还要盖7层被褥,这叫"上七下八"。下面的被褥放好后,放上两块砖做枕头,有的地方砖内写上死者的姓名、世系、生卒年月日时,此称"合砖"。有的地方如宁化等地则以上写着死者的名讳、生卒年月日时和子孙的名字等的"内碑"来替代。通常男的置于脚下,女的置于头部的位置。然后,由抬尸者或亲人,用两条白布或苎麻索将地上的尸身提起,放入棺内,并在棺上拉一中线,根据此把尸体摆在正中。尸体与棺材间的空隙之处,用木炭或死者的旧衣物等塞紧。在宁化一带,上面再盖上7条用白布被单和花布被面缝成的被褥,而在长汀等地则盖上3-5条被子和出嫁女送的5尺长的白色遮面布,并用稻草或旧衣服当枕头,脸上还要裹一些丝棉,以便检验是否真正断气。棺材的空隙处,头部用瓦片塞紧,两边则用旧衣服塞满,然后,待到殃榜上规定的时辰或日子才封钉。广东普宁的客家人称入棺为小殓,钉棺材称大殓。入棺前,棺木里先垫上草纸、草木灰或茶叶等,然后择时用麻皮移尸入棺。在盖棺前,需做"饲生"仪式,由孝子象征性给亡者喂饭。家属最后瞻仰一下死者的遗容,然后封棺,用斧头钉上六根钉子。在该地,男性死者用红漆棺材,由本宗族的老辈人封钉;女性死者用黑漆棺木,由外家老辈人封钉。台湾的客家人,棺内的死者则是左手执扇、手帕,右手执桃枝。棺底放着背筋线、串银纸钱、棺席布等。尸体旁还陪葬道士做的"替身",再盖上多层俗称"盖面被"的被子,下面是亲友送的,最上面一层应是儿子的。然后,拿一套衣裤,衣服放在被子上陪葬,裤子留给孝子,此叫作"亡者得衣,子孙得富",因为在客家方言中,"裤"与"富"谐音。此外,客家人还要用一块俗称"遮身幡"的丈余白布盖在最上面,这块"遮身幡"超出棺身枢头的部分,可以剪下来,分给几个媳妇,由她们撕成细条,来系"手尾钱"。而枢尾超出的部分,则剪下来分给死者的女儿收藏。近年来,这一民俗事项已很少人再从事了。

黑龙江各地通常是在人死后二日或三日成殓。大殓时,先在棺内垫黄土、铺纸,置铜钱,数量如亡人年岁,棺内四周围以布或绸帛,纳尸入棺,边上塞衣物及木棉等,使尸体不移动;并用净水拭亡人口、眼后再盖棺。如在望奎等地,人死后三日则殓,先在"棺内垫纸,置秫秸一根,其儿女以钱在棺底摆之,摆毕则隔一拿一,儿女多者多拿;儿女少者少拿。余钱作勺形垫棺毕,以扁担探入死者身底,压其一端;使尸身略起,谓之撬殃。然后,丧主用口袋横覆于死者面部(恐一移动,口内之浊气中人也),抱头而呼曰:'某亲住新房去。'且行且呼,助忙者相帮置棺"。将压口钱取出,打狗饽饽、蒙面布、绊脚丝等物皆去之。"枕作三角形,内盛黄土或麸子,首之两旁以棉花垫之,必使之正。已则

台中市外孙、外孙媳、外孙女婿的孝服

以打狗棒之棉花团蘸凉水,将死者耳、目、口、鼻皆揩之,谓之开光。开讫盖棺。"

　　吉林人大殓时,先在"棺内奠七星板,藉茵褥,施锦衾,垂其裔于四外。届时,奉尸入棺,纳生时所落齿发,卷衣以塞空处,令充实平满"。辽宁许多地方在丧后三日殓尸于棺,即古之大殓,亦有殓于第二日者。大殓时,是严冬必启窗。"孝眷环视,丧主捧尸首,旋去覆,以油或清水少许拭其目,谓之揩眼光。盖棺时,匠人加钉,孝子必连呼躲钉。殓毕,合家哭号,尽哀而止。"如在海域一带,丧后三日或二日大殓。以制钱置棺底,其数视亡者岁数。外用铧铁、木炭、五谷粮等物。丧主捧亡者之首,众人助之,纳于棺中。去覆面之布帛及口中含物。丧主以箸裹棉蘸水。拭亡者二目,俗谓开眼光。孝眷环视。盖棺后家人祭奠,号泣尽哀。

　　山东地区入殓的时间一般在人死后三天内。入殓前,死者的亲人,要按照长幼次序为死者"净面"。此通常是用棉花球在脸盆中象征性地蘸一下水,从死者的印堂往下到嘴边比画假拭一下,同时喊道:"爹(娘),给您净面啦!"在泰安则用棉花球蘸酒净面。在曲阜,净面仪式由家族中的长者主持。长者一手拿着镜子照死者,一手用棉絮从长子所捧的铜脸盆里象征性地蘸水,从印堂到脸的双颊和嘴边比画擦拭。净面后,将使用过的铜脸盆和镜子在门外摔碎。然后,亲属最后一次瞻仰遗容,向遗体告别。如果是母丧,做净面仪式时,其娘家人一定得在场,得不到老舅的首肯是不能入殓的。给死者净面后就可以入棺了。在山东,通常是由"帮丧人"动手进行入殓,先在棺内铺上"寿褥""鸡寝枕"等,而后放入死者的遗体,当把死者从

灵床抬入棺材时,死者的家属应在旁静观啜泣,不得大哭。尸体放入棺后,也要把打狗鞭、打狗饼等和死者用过的日用品等放入棺内,盖上衾被或俗称寿被的被单。接着帮丧人拿一个马勺敲击停灵堂屋之门的上门楣,并大叫:"某某人要上西南啦!"随之全家举哀丧嚎一会儿,接着举行封钉仪式。

在北京城里,入殓时,亲属都要来全,特别是直系亲属必须"亲视含殓"。如果有在外地的远游子,也需通知到,使其在大殓前赶回来。入殓的吉时,通常选在接三之前,由阴阳先生根据死者的"原命"(出生年月日时)与"大限"(死亡年月日时)选定。之所以要在接三前,是因为接三需给死者做"初祭",须把灵堂布置好;其次,迟迟不入殓,人们会说,亡人会在灵床上"数顶棚上的椽子",这也对该家不利;其三,如遇夏天,遗体更不宜久放。所以一般入殓的吉时都在接三之前。

如果死者是家长,其上再没有长辈,其棺木得放在正房外间,搁在杠房租来的"交木"上,以应"离地三尺即成佛(道)"之意。杠房的伙友先在棺内放一层香面子(制香的原料)或锯末,以便起到吃水的作用,防止遗体溃烂的尸汁溢出棺外。有的在上面放一块"七星板",再放上水红色绸子;有的则铺上水红色布单,以北斗七星状放上七枚铜钱,此谓之"垫背钱",取"后背(辈)有钱财"之意,也象征"北斗主死"之意。

到了吉时,由长子抱头,次子抱腰,三子抱脚;无次子、三子,则由长孙、次孙代之,杠房的人或亲友提着尸身垫褥下的"千斤带"和垫褥四角,从停放灵床的地点慢慢抬到正厅,放于棺木内。尸体抬离灵床时,应由一人将此太平床向外翻倒,因为此床不祥,倾倒此床意在除去不祥。灵床倒后,杠房的人应马上将床架、床板杠走,不得停留在房内。遗体从灵床殓入棺木,老北京人称此为死者"乔迁",所以在搬动尸体时,亲属要喊:"某某,您迁居啦!"尸体放入棺木时,应先入脚,后入头,这叫"立进",而不是躺着进去。遗体放入棺材后,有的家属就从死者的后背摸出一两枚铜钱,给自己的小孩带在身上,据说这种钱能避邪,消灾解厄,使小孩好养活;也有人说,这是借死者的"财命",使该家可以日后发家致富。

尸体放好后,通常是放一些随葬品。根据不同的性别放一些不同的日常用品,如文房四宝、手杖、眼镜、水烟袋、旱烟袋、怀表金银珠宝和首饰等。民间原还讲究左手执金,右手执银,所以富户多让死者左手拿一个金元宝,右手拿一个银元宝。

·婚丧嫁娶·

图文珍藏版

穷人就只好放些铜钱或硬币,赤贫者最少也得在死者手里放条手帕。不过,随葬品过丰,也容易招来盗贼对棺枢、坟墓的破坏。所以,民间通常不敢厚葬,有的还故意顾杠房的人来帮助入殓,好让他们在"杠口子"去传言,免得日后遭殃。其次,入殓时,也得把倒头饭上的打狗棒、打狗饼放在棺内。以便让新鬼过恶狗村时喂狗、打狗用。其三,为了保证死者落个整身子,凡是死者生前从身上脱落下来的东西,如老年时脱落的牙齿,洗身剪下的指甲、头发等都装入一个小红布袋,放于棺内。其四,有的还要放一些"镇物"。如为了避免百日内再死人的"重丧"灾祸,有的丧家在棺盖内镶嵌一面镜子,使镜子正对着死者的脸,在镜子的反射下,棺内等于两人,意味着已经"重丧",民间认为这样可以避免真的发生"重丧";有的则弄一小木牌,写上死者的原命与大限,放入一口袋,再放入棺内;有的还放铜钱、五谷、生铁、大灰、小灰、木炭、桃仁、柳条、杏仁、鸡血、雀青石等若干以及河水一瓶等作为"镇物"。

随葬品、镇物等放好后,要把死者脚上的绊脚丝去掉,说是让亡人之魂在阴间好走路。接着,用锯末纸包或棉絮包将棺内空隙填满,以免出殡时遗体移位。这些锯末包的数量只能用单数,而且不能超过死者的享年数。然后,由死者的长子用茶盅装些净水,用新棉球蘸之,擦拭死者的眼目,谓开光,认为这样才能使死者瞑目。另一说法是这样做,死者的下辈子才不会瞎眼。有的人连鼻、耳、嘴都擦拭,并需讲好话,如"净净眼,眼观六路;净净耳,耳听八方;净净口,越吃越有"。有的则说:"开开眼,瞧供享;开开耳,听八方;开开鼻,闻供飨;开开口,吃供享。"擦拭完,还要用小镜子往死者脸上照一照,然后,在场的亲属一一往棺内探视,与死者做最后的告别。接着,由孝子们将棺材的子盖插上。长子用力将开光用的镜子摔在地上,没有镜子就摔水碗。全体孝属、至亲此时都应声号啕大哭。接着由杠房伙友加上大盖,先钉上一个木楔,留两个待伴宿之夜,辞灵时再钉死。

河北张北、万全一带,大殓俗称"成仙"。"有当日成仙者,有隔日成仙者。隔日成仙,先将死人置于木板上,以候入殓。先择定吉时,孝子用筷缚小棉花球沾清水,将死者双目略洗之,谓之开眼光。然后,将棺材放在正堂,向南、向北、向西,但不向东。俗语云:'头向东不脱空',是其大忌也。将棺置于板凳上,棺底铺以香或草,上覆薄板,谓之七星板。亦有板上前后撒置五谷、纸钱、生铁等镇物。将尸移入棺内,用棉花、草纸衬挤尸之四周,上覆薄板或红布,谓之覆面。然后,加盖封钉。"

在定县,丧后三日大殓,孝子以棉蘸水拭死者之面;揉麦面如棒者七,如饼者八(或按死者岁数为之,曰岁数饼。棒俗则称之曰打狗棒),纳之袖中,左三右四。棺中铺以灰及五粮、纸钱之属,足下置酒曲一方,身下散以铜钱(俗曰垫背钱)。天津人大殓时,孝子先要以水洗死者的眼睛,此曰开光,据称这是惧怕亡人来生变成瞎子的意义。为亡人换上的殓衣不能用缎子,"以缎与断同音,恐绝后世"。入殓以后,应在灵柩前点一盏灯;此曰引魂灯,据说这是为了便于死者在黑漆漆的阴间里行路。

在山西沁源一带,常在老人丧后第三日举行大殓,"殓之日,孝子、孝妇成服,家中长幼毕集,亲视含殓",当棺盖半掩时,丧家需设奠举哀。此后,贫家往往隔几天就出殡,而"荐绅或富有之家多停枢在堂,百日后,择吉开奠"后才出殡。在陕西同官一带,入殓时,棺内下铺黄土,上覆红褥,旁用香末或柏叶纸包垫实;尸上覆红单,在用新棉蘸酒拭死者面开光后才盖棺。在米脂一带,当尸体在棺内安置妥当,服三年孝的孝子们,要从尸体身下各抽生布一条,系于腰上,其曰"腰孝",它要到死者的周年祭才可以脱掉。在甘肃天水,一般是三日成殓,殓后,"晚设香烛于灶,谓亡者投灶。"

湖南湘中地区入殓时,丧家先在棺材里垫上石灰、棕席等,然后,将亡者尸体抬入棺内。入棺后,地理先生在棺上用线拉出一条中心线,再安一条垂直线对准亡者的鼻尖,将遗体安排端正。接着,让亡者右手持一把白纸扇,左手握一团饭和两根芦毛杆,然后盖上寿衾。寿被多为丝绸夹被,上绣寿星一类图案,它们都由亲友作为奠仪面赠送的。据称这些殉葬物是让亡者在阴间防饥寒、暑热、狗咬用的。入棺后,棺盖暂不密封,一是"地生"算定的吉时未到,二是要等远方归来的亲人。盖棺之前,女儿、媳妇号哭,但不能让眼泪掉进棺材内,俗称如果此时眼泪落进棺内,会使亡者有牵挂,奔赴黄泉时走不快。在吉首一带,如果丧家预先就备有棺木,当老人气绝后,给其穿上外层的寿衣后,就可以将死者的遗体入棺。这时候,遗体由孝子们抬着,直接从死者的卧房抬到厅堂中的棺木中,盖上一套寿被,旁边的空隙,用死者的旧衣物等塞紧,使遗体不会移动。东西放好后,再盖上棺盖,等出丧时才最后封钉。棺材头前放张祭桌,死者的灵位或遗像靠着灵柩放在祭桌的后部中央,前面放祭品与烛台和用一碗米当香炉,插上两支香。祭桌下放一个瓦盆,以便烧纸钱。而在灵柩尾部的脚下点一支蜡烛或一盏油灯,作为引路灯或长明灯。

　　南京人通常是根据"七单"所择的吉日入殓,入殓前先给死者易衣,并由于俗传人死必经恶狗村,因此在更衣后,以龙眼七枚悬于手腕上,或以面做球亦可,"俗云持之可御恶狗之噬"。入殓时,亲人均需环送,将亡者抬入棺内,然后封钉好棺材等候出殡。在扬州等地,殓之日,鼓吹迎宾。殓时,具仪仗,奉尸入棺,男礼请本房房长封钉,女以舅氏行之。五服男女各加孝帛,穿孝眼。安灵位,先子孙举哀祭奠,后亲族挚友行礼。择日师以生庚化命批单注明回煞日期,贴于灵位旁,年逾六十正贴,余视年岁欹斜。此外,也需缮写门状,悬墙门外。在太仓等地,入殓的时日必请道士选择,以避生人支干冲克,以致"有十余日始殡者"。此外,入殓后,他们还需要举行俗称"入席"的仪式,"以蔬食遍祀祖先及亡者"。在上海崇明一带,人死后第二日大殓,"亲旧闻讣皆会吊,赙赠以金银,或冥锭、楮帛诸事。既夕,孝子亲视殓,捧首足入棺,殡诸寝。贫者殓毕,既撤堂隅,或寄殡于外,七中祭奠而已。"

　　杭州人把入棺称为小殓,而称盖棺为大殓。入棺时,由"妥司量其棺之容积,先置炭屑于其底,置被焉(即戚属所赠)。吊者叩奠,亲属跪而号哭,亦以次叩奠。毕,妥司束以绞衾,乃登棺,于其隙处以纸筋、灯草包遍塞之,掩衾结绫。高与棺平,乃封仰尘"。在海宁等地,通常是由阴阳生择吉入殓,到了"殓日,徇俗用僧道鼓乐,堂中横置棺木,司殓事者曰'妥司'。有全殓绵者,有五足绵者。殓衣套叠竟,一人背之出门,绕屋而反。丧家伏迎号哭,一人以秤权之,受用筐,乃衣诸尸。襟裾未扣,以巾束之,而陈尸于堂。孝子捧首足示意而已,媳若女为之梳栉,凡有服戚族各牵绵于死者之身,取属纩之义。妥司量其棺之容积,先置炭屑于其底,铺衾焉。及冠履整备,乃登棺。其隙处以石炭包灯草荐遍塞之,掩衾结绫,高与棺平。孝子亲视含殓唯慎。至殓则亲属跪而号哭,亦以次叩奠毕,然后盖棺,停放掩帷,而殓事毕矣"。在台州、玉环一带,入殓时,先在棺材底部垫一层草木灰或石灰、粗糠等,其上再放一层木炭,据说此可以防止树根向棺内生长。木炭上放三根竹竿,以代表床棚,上面再放死者生前用过的草席。席上再铺死者生前用过的棉褥,此称"本身棉褥",而后,再铺上女儿送的棉褥。这时,要敲响锣鼓,孝子等跪地痛哭,办丧的执事等移尸入棺,并在尸体的头下塞一片瓦,脚下放一抔土,希望死者投生到下世,可以不再吃海水饭,不再当渔民,上有瓦,下有土,不会再有被海浪吞噬、死无葬身之地的危险。此后,棺材内还要铺放"岁被"和随葬物件,并剪下棺材里的席子的一角,留作"中煞"时的药用，同时，也有留财留丁的含义。而仙居县一带则将草席的四角均剪下来留着，此也表示留丁留财之意。

贵州许多地方往往是择吉时掩殓。在平坝一带，当棺木准备好，就可以开始入殓。但临时没有棺材的就要等几天。入殓时，先铺以布帛制成的下垫，其平铺七星板上；也有将下垫先铺在尸床上，兜着尸体，以便可以执着下垫，较容易将尸体纳入棺中，所以也有人称下垫为"兜尸"。然后，将尸体放在下垫上，并将头、手、足各部安置端正。再将俗称鸡鸣枕的枕头放于尸体的头下。在尸体上盖上红锦为表、白布为里的上盖，并使尸体的头部露出。尸体四周的空隙，用纸或帛包陈年石灰或炭屑等塞满，使尸体不能动摇。接着，放进亡者生前所落下的牙齿、头发等，以及如金玉之属的心爱之物。最后是在亲人的哭泣声中盖上棺盖封钉。有的人家在这时只是将棺盖虚掩，待出柩时还要重新打开，让亡者的亲友再看死者一眼，做最后的告别。

四川成都一俟棺材在堂屋中安放停当，就在棺内先铺一层干锯末，垫上一些旧衣被，然后将死者抬入，盖上新做的被盖。根据传统规矩，要把少量的散碎金玉珠宝和一些陈艾、大米放入死者的口中，其意义是除祛秽气，使死者遗体历久不腐，这叫"含殓"。报丧的讣告上常常可以看到"亲视含殓"之类的字句，就是表示子孙对死者已经做到养生送死了。在合江等地，小殓毕，治棺未就，则停尸原处。"棺既治，执事以棺入堂，承以两凳，继奉尸入棺，俗称入殓，古之大殓也。棺内藉茵褥，施殓衾，卷子孙故衣塞空处，令充实平满，继加盖。其下仍置灯，丧主以下哭踊尽哀。继此，则烧老袱，置引袋，献羹汤，不复行殓奠。烧老袱者，以黄白纸缄纸钱二包，由道士注死者所着衣物件数其上，烧后盛以罐，将以窆之柩旁者也。引袋者，由道士烧路引，合前烧之落气钱，以其灰实于袋，附诸棺者也。献羹汤者，丧主跪献汤饭，由道士法冠服，手鸣铙钹，口唱宽慰俚词，劝亡加餐，亦谓之开咽喉。诸妇哀至则哭，昼夜无时。"

广州人俗称大殓为入殓、入棺。在择定的吉日里，当亲属到齐后，入棺仪式就可以进行。其通常由"仵工"执行。死者眼睛不闭，仵工需用手将其抹合给死者穿衣时，如果死者身体僵硬，仵工亦有术将其扭顺穿上。死者抬进棺材时，仵工还有很多动作，以便使尸体端正。如他们会扯一根红绳子直拉在棺材中间，线头挂一根短竹枝,对着死者的鼻端,加以验证,此俗称"钓鱼金"。如果死者是女性,而丈夫在世,则要给死者簪一朵花,此谓之"死在夫前一朵花";同时,还要在尸体前折断一把木梳,短的一段投入棺内,长的一段留给生者,此称分梳,其意思为"分疏"离别。如果死者是男性,其妻室仍在世,则只需要分梳即可。此外,仵工需把死者的裤子放在棺内,随后叫死者的儿子亲手拿回,此谓之"扯富",因为,在广府话中,裤与富同音,其意思是"冀子致富"。还有,此时,孝子需将一把斧头送出门外,此谓之"送苦",意思是从此苦去甘来。

广西同正一带、入殓时,先请木工加以修饰,再以油灰糊其合缝,或熔松香周于四角,或再铺木炭,于是始行殡殓;停于中堂。而在凤山等地,入殓称大葬,入棺时,迷信之家多请道师念画符水,喷入棺内,乃行入棺。

澎湖马公市孝媳、孝女的丧服

亡人装殓,除备老绸布衣衫及些许银器附在手足、胸部外,尚无其珍贵物品陪葬。在灵川,当老人气绝,"举家环哭已,沐浴易衣,含以金玉或米银,扶坐椅子环拜之,仍暨地,覆以衾。用布作枕,锐其两头,置棺头部,别以棉褥藉棺,舁尸入。家人各以经著、衣物塞尸两旁及两足间,巾、梳、鞋、袜之物,咸一具焉,上覆以衾。阖棺,庋之高桌,以一横木隔棺盖,不使阖,冀其或活也。村乡为之停春杵,罢针工二日。越日大殓,诸姑姊妹女或婿甥闻报奔视助其乏。孝子以巾拭尸,殓用豆腐拌石灰或涂棺盖口,乃覆加铁钳。"在凌云一带,入殓时,如果死者尚有尊亲,殓时必加白帕芒鞋,谓之反孝。

四、盖棺封钉与停灵

死者的遗体入殓后，有的地方马上盖棺封钉，特别是想要停枢的丧家，更需要将灵枢封钉严密才能停枢；有的地方则先盖上棺盖，暂不封钉，待出殡时，再从事封钉的仪式。

(一)封钉

闽粤赣的客家人，当尸体"入材"后，通常不马上封棺。这是因为，客家人认为入材要讲究时辰，而盖棺则讲究日子。同时，客家人也认为，不在入材后马上封棺，也有利于较远的亲属来和死者做最后的告别，特别是女眷去世，一定要等外家的人来亲视含殓，检验过死因和装殓得如何，感到无可挑剔后，才能封钉。在广东大埔，将盖棺时，"在堂下设一席，请房长或外家上坐，孝子跪于前，请其出谥。为房长、外家者旁立，以一杯酒洒空中敬天地，以一杯酒洒魂前敬亡人，以一杯酒略做自饮状，孝子头上置茶盘一，内放纸笔，写二字赐之。出谥毕，祀杨公盖棺。"盖棺时，"孝子执油火跪游于棺之左右前后，谓之游棺。游毕，在门外用牲醴祭告天地。祭毕，主服者主持成服礼，以次向孝子们赐孝服、赐丧杖，为孝子者，则披麻执杖跪谢天地及主服者。"谢毕天地等，举行朝祖仪式，"上等家门雇轿二，请房长或外家坐而抱炉、抱魂帛，无轿者由其婿郎或外甥抱之"，一同往祠堂朝祖。"朝祖毕，回来行入殓堂祭礼。"同时，由于大埔客家人大殓后隔日就出山，所以，大殓日也是吊祭的日子，有许多亲友会来祭吊。有名望者，将族戚联轴用中军锣鼓迎至其家，孝子跪于门外接之。吊者行香毕，即于是时设筵谢客。有时，还请和尚礼忏，谓之做斋。

闽台的闽南人将尸体入殓安置固定好后，如果棺材要久停待葬，则经由子孙亲友最后一次瞻仰，就可以加盖封钉了。但如果不日就要出葬，则待出葬前才封钉。在封钉时，如果是母丧，要等母舅等外祖家的人来看过，认为满意才可盖棺封钉。因此民间流传的"父死扛去埋，母死等候母舅来"俗语，讲的就是这种情况。另外，当人家的养子或养女的，除非死者有特别的交代，通常都需请死者的亲兄弟来审视后，才能封钉。所以，通常的情况是，父丧由亡者的亲堂兄弟或他们的后代中的好命人主钉，母丧则由母亲娘家的人如舅舅等主钉。有的地方也请上公或士绅来钉，如在厦门，灵柩如要停殡待葬，在做完祭棺仪式后，则"请士绅执斧打棺盖之钉，曰点斧"。而无法请士绅的，则由土公来封钉，封钉完，丧主应给土公红包。如果请和尚或道士来做道场，在钉棺时，要请他们敲钟鼓念"收乌"经文。钉棺用的棺钉共五根，四角各一根加有红布的长钉，棺材天头中间的一根是加有五色小布条的小钉，此称"子孙钉"。

封钉时，死者的长子背上插一根末梢有竹叶的竹子，手持一个装有一把扎着红布的斧头，系有红布的钉子，一块红布被带和两份红包的盘子，率领其兄弟和长孙走到封钉者面前，举哀顶盘跪请打钉者点钉。点钉者

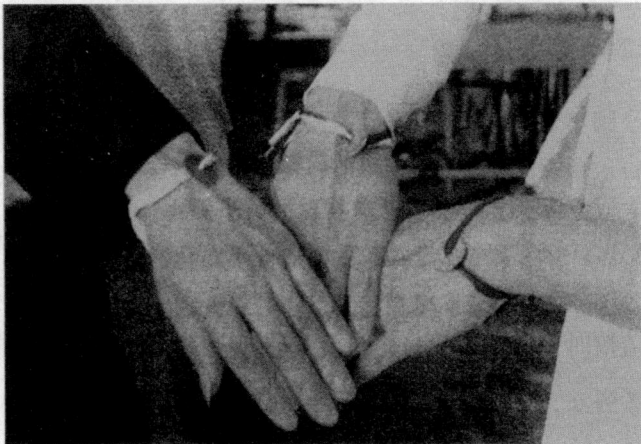

台湾人的"手尾钱"

手缠头白，披上红布条，右手拿起斧头，左手随即扶起孝子。然后由孝子请引到灵柩边。孝子们走到离灵柩尾部几尺远时，面对灵柩跪下曰："双膝跪落时，黄金铺满地，四时无灾殃，万年大吉利。"这时，念吉祥语者（司仪或道士）手里拿着钉子，并引导打钉者依序安钉。打钉者在钉之前，要先念道："手持斧头，高高在上，持斧点钉，世代出丁。"孝子们说"谢谢"，并对灵柩行礼后，点钉者才开始封钉。封钉时，先钉灵柩天头右边角的一根俗称"福钉"的钉子。接着要从灵柩的地头处绕过去，钉天头左边角的第二根俗称"禄钉"的钉子。同样，在打钉时，也需有人念吉祥语。然后再绕过灵柩的地头处，打地头右边角俗称"寿钉"的棺钉，接着再从地头处绕到地头左边角，去钉第四根俗称"全钉"的棺钉。最后再转到灵柩的天头处，在天头的中央钉"子孙钉"。钉"子孙钉"时只要轻敲一下即可，不用钉死。整个点钉的路线就像是写了个"出"字。

封钉好后，死者的长子起身用牙齿把子孙钉咬起，此谓之"出钉(丁)"，这钉要保持到除灵后才可以舍弃。同时，也要从灵枢上削下一小木片，一起放进灵桌上的香炉中，待除服时焚之。这些都表示希望该家以后会"出丁"，子孙世代昌盛。

另外，钉棺时要边说吉利语，以祈祷其子孙能得福。如点钉者不会念，则由在旁边的道士或懂得这一套的人念，如请斧时念"日吉良时，天地开张，鲁班先师来救斧，万事平安大吉昌！有无喔？"封钉时念："一点东方甲乙木，代代子孙受福禄！有无喔？二点南方丙丁火，代代子孙有家伙！有无喔？三点西方庚辛金，代代子孙富万金！有无喔？四点北方壬癸水，代代子孙添富贵！有无喔？再点子孙钉，代代子孙有昌盛！有无喔？"最后，"回斧"时念："开天斧收起来，代代子孙添丁发大财！有无喔？"。或者念"一钉添丁及进财，二钉福禄天降来，三钉三元生贵子，四钉子孙满厅台，子孙钉，子团圆，子孙富贵万万年"。在旁的丧家诸位，听到道士或执事者念"进啦！发啊！"或问"有无喔"时，也需回应"好啊！""有啊！"等等。此外，台湾的客家人在封钉时常念的吉祥语有："一钉添丁叉进财，二钉福禄天降来，三钉传好家声远，四钉代代出俊才。"或在封钉女性棺木时念"三从四德有操持，子孝孙贤合眼时；王母西方来接引，福寿全归返瑶池。"在封钉男性棺木时念："孝子孝孙跪枢前，亲视封棺理所然，考终正寝真福命，勤俭遗规要守全。"

当封钉好后，孝子贤孙们和亲友需在灵枢前举行祭奠仪式。其程序如：1.奏哀乐(如无乐队则免)，2.上香，3.奠爵，4.向灵位叩拜四次或行三鞠躬礼，5.举哀，6.奏哀乐，7.礼成。然后，在道士或执事的引导下，在磬钹声中，绕灵枢三周，表示对故人眷恋之意。仪式举行后，要送红包给封棺者和念吉祥语者，但他们通常只收下红纸，退还红包中的钱。在厦门，封钉后，要举行"祭棺"仪式，死者的亲属按辈分依次向灵枢跪拜，并把门外的"过山轿"焚化掉，让亡魂前往阴间报到。这以后，亲友不能再送赠丧家金银纸钱，但可以送挽联等。泉州地区的情况类似，封钉后，丧家举行祭奠仪式，然后烧掉"过山轿"送魂，其轿夫的背后均写有名字如张三、李四等，以便死者差遣。

黑龙江安达一带，当尸体入棺以后，丧家就可以封以铁钉，即在棺盖之上，钉以长铁钉，这种铁钉上端作带叶桃形，俗呼"寿钉"。在封钉时，家属可以在场观看，但需齐呼亡者躲钉。在望奎等地，封钉时需在棺上插一根系有用三文钱或四文钱编成之锁的长钉,这种长钉当地俗称为寿钉。在河北张北一带,当尸体移入棺内后,就可以加盖封钉。"当时如孝子未返或亲属不齐,另择日封钉,唯留一钉不封,以备主子封钉。"在新河一带,丧家入殓成服后数日,才"致祭掩枢,以钉封之,亲属环哭:避钉,恐钉伤丧人衣也"。

北京人最后的封钉是在伴宿之夜,在伴宿之夜散了焰口后,丧家照例要举行辞灵仪式。他们在灵堂中摆好祭桌,先由长子奠酒,次子、丧家女眷、亲戚等,均按关系远近依次拜奠。拜毕,由茶、厨两行师傅急将祭席抬走,撤去五供等,仅留闷灯一盏。与此同时,杠房的人撤去堂罩、灵床。彩子局也来人撤去全部门彩、棚彩等彩饰。棚内经台前的经幡、筒幡、幡门、幡条全部拆除;棚壁上的挽联、祭幛、匾额一律摘下;只剩下月台留待天明发引前再拆除,此时棚内一片凄凉。东西拆完了,就由杠房伙友将灵枢前端稍稍抬起,孝子把一个铜钱垫在灵枢的撑板下面、并喊道:"某某,您惊动惊动!"意为知会亡者明天就要起灵入土了。然后,孝子用新笤帚将棺盖上的浮土扫在新簸箕里,倾于死者房间的炕席底下。此谓之"扫材起棺",取"捎材起棺"之意。最后由杠房伙友将灵枢上的木楔全部钉死,此谓下销。在钉木楔时,孝子要连喊三声"某某躲钉!"全体孝属这时也需高声举哀。

在山东民间,待死者入棺,家属举哀后,就可以封棺了。在泰安一带,封钉由木匠执行,他在封钉前,会叫死者家属围着棺材再看死者遗容一眼,然后,才盖上棺盖,钉上钉子。在临朐一带,封钉称"镇钉",镇钉时用7根钉子,称"子孙钉",据说此象征子孙繁衍昌盛。钉钉子时,在旁的亲属要齐声喊叫死者躲钉,钉好后,要在棺材上撒五色粮,这才算大殓告成。此后,每天要在棺前烧三次纸钱并哭丧,直到出殡为止,此谓之"捻香"。富裕的人家还要请来僧道念经,超度亡灵。

湖南湘中地区把封钉称为"封丧",其中也包含了许多仪式。首先,丧家需在厅堂或空坪上搭灵堂,上书"当大事"三个字,预备雄鸡一只以及三牲酒醴,包封13元(或23元,或33元),一升"满稞米"和一斤六两钱纸,并请道士、和尚或师公封丧。封丧的时间由地理先生确定,通常生人的生辰八字不能与亡者封丧的时间相同。据说若这类人在场,其生魂会被封进棺去而中煞。由于封丧的目的是"生魂出,死魂入",所以一旦发现有人中煞,封丧的主持人如僧道必须立即杀一只雄鸡"画水"镇煞,拯救生人。所谓"画水"就是做法事请神,乞求一碗画了符的茶水让生人喝下解煞。

封丧一般分为大封丧和小封丧两种。大封丧要启动锣鼓，大做法事，花费较大。小封丧不动锣鼓；小做法事，较为节俭。封丧开始，和尚或道士念"护身掌"，驱邪赶鬼，防止中煞，然后启动星宿、诸神，包括诸天菩萨、佛祖、玉皇大帝、观音菩萨、太白金星、五方帝君等，总之，佛道儒诸神均一起请来。诸神下凡后，需要及时盖棺、钉钉、封丧，最后安神、送神。封丧时，丧家须在灵柩四周点上 24 盏或 36 盏长明灯，在灵前摆上三牲果品，立起灵牌，插上幡子。灵牌一般高 7 寸 5 分，宽 3 寸 3 分，黑底，上竖写文字，中间写亡者姓名，若是男性，写"显考某氏某某大人之位"，若是女性则写"显妣某氏老孺人之位"，右写亡者的生辰八字，左写亡者辞世的时辰。

此外，湘中与许多地方一样，在外地或死于非命的亡者，是不能抬进厅堂中封丧，只能在厅堂外搭棚祭祀封丧。因为，当地人认为，死于非命者已成为野鬼，抬进厅堂，就是将野鬼引进来，这有碍宗族的发展与昌隆。

成都地区封钉棺盖称"闭殓"，在过去一般都由请来的道士执行。盖棺的时辰一到，道士需在场拿着铜箍做法事，一边敲着铜箍，一边口中念念有词，将棺材的子盖盖严，榫头逗拢，有的还钉上棺钉，再用生漆、膏灰等把棺材缝隙填补油漆，并用竹绳把棺材箍上两圈，这样，闭殓才算结束。闭殓后，家人就永远不能再见到死者的仪容了，这时儿女亲人的沉痛心情是可以想见的，所以在举行闭殓仪式时，围在周围的儿女亲人悲悲切切，都是哀哀痛哭，气氛相当悲痛。闭殓后，就等着"丧出"了。有时，因龙脉地没有及时找到，闭殓后的棺木就得停柩暂厝，等找到龙脉地后再"丧出"。广西桂平一带往往是在入殓后即封钉，棺木既盖，加长钉于盖旁缝合处，众子孙以次敲之，名曰钉子孙钉。

在浙江杭县等地，入棺之后"三朝或五朝，即奠如小殓，乃盖棺。是日办酒食，谓之小开丧"。祭奠完毕，"出殡或寄殡所，或厝于郊外。至安葬则各视财力，时间无限制矣"。在定海一带，当"棺入升堂，主人皆哭，奉尸殓于棺，哭踊无算"。然后，再盖棺封钉。在玉环等地，"封材"时，通常使用四根钉，但只钉三根，需留下一枚钉给死者的儿子，此也是取"留丁"之意。

国学经典文库 中国民俗文化精粹 ·婚丧嫁娶· 图文珍藏版

(二)停灵暂厝

停灵也称"停柩""停殡""停棺""搁棺"等。《仪礼·士虞礼》:"死三日而殡,三月而葬。"所以,古者"士庶人三月而葬"。因此,如果丧家遵古礼行事,在入殓后,通常有一个停灵暂厝的时候。在古代,这段时间最少是三个月,而民国以后则不定,这取决于民间知识体系、地方、气候以及丧家的地位和经济条件等。例如民间的道教认为,人之初生,以七日为腊。人之初死,以七日为忌。生时,过一腊而一魂形成,故七七四十九天后七魂具备。死时,过一忌而一魄散失,故七七四十九天后七魄尽泯矣。因此,丧家最好是在七七四十九天之内做超度仪式,这样做将有利于丧家活着的人。而民间佛教认为,人死后,除了罪大恶极者立刻下地狱,善功极多者立即升天外,一般人都不会立刻转生。而这种未转生的亡灵并非鬼,而是"中有身"或"中阴身",即丧后至转生过程间的一种身体。"中有身"存在时间通常是49天,他们需在这个阶段中等待转生机缘的成熟。而在这期间,如果亲友能为他做佛事,则能帮助他更好地转生。如果用亡者生前的财物布施给佛教寺院,或救济贫苦,并且说这是为了某某亡人超升而做的功德,亡人就可因此投生到更好的地方去。所以民间佛教主张超升亡灵,而且最好是在七七期中从事。因为,如果过了49天之后再做,虽然也能起一点作用,但那只能增加亡者的福分,而不能改变其已转生的类别了。在这些观念的影响下,民间常在七七之间举行做功德的仪式,然后才出殡。所以,在这期间,丧家常需要停灵暂厝。其三,受传统风水观念的影响,丧家往往需寻找风水宝地埋葬灵柩,由于请人找风水宝地要时间,所以,有的也因此需停柩。其四,有的也取决于需避开民间所谓"重丧日",如正月甲日、二月乙日、三月戊日、四月丙日、五月丁日、六月巳日、七月庚日、八月辛日、九月戊日、十月壬日、十一月癸日、十二月巳日等,所以在大殓后,有的立即出山下葬,有的则因上述种种原因而停灵暂厝。

如在北京城里,丧家往往根据自家经济条件和社会地位等,决定停柩、做法事的时间。一般而言,停灵的时间必须是单数,因为民间认为如果停灵的日子双数,会引起"重丧"(即百日内再死人)。按照惯例,赤贫丧家在第二天接三,请几位和尚超度一下。不放焰口,第三天出殡,8人抬走或用排子车拉走,无响器送行,故其最少应停枢 3 天。一般贫户常在第四天接三，请和尚放焰口，第五大发引，16 人扛棺，有一班鼓乐送行，所以他们需停灵 5 天。中等人家需要"办小事"，他们在丧后第三天接三，第六天禅经送库伴宿或不送库，第七天出丧，24-32 人扛棺，有响器和一些执事送葬，故其多停枢 7 天。小康户多"办小事"，第三天"起经"，禅经接三、送三，第七天时首七禅经送库，以后隔日或天天请和尚念经。第十四天番、道、禅经伴宿送库，第十五天出殡，32 人扛棺，有响器和一些执事送葬，因此他们往往停枢15 日。至于达官富户遇到丧事，往往要"办大事"，有办 21 天、35 天和 49 天三种，所以达官富户往往要停灵 21 天至 49 天，有的还可能停枢更长时间。如果停枢，旧时家中最老辈去世通常停枢在北房中厅；未扶正的姨太太只能偏停于北房或东房正间；暴死于家门外的"外丧鬼"即便是家长，也只能停枢在院子的东侧，未成年的"小口"死后，一律停在院内西侧；租房子居住者死后，只能停在自己住屋的窗户下面。

在黑龙江许多地方也有停枢暂厝的。如在依安、望奎等地，停灵无定期，有停三日者谓之排三；停四日者，谓之接三；停五日者，谓之排五；停七日者，谓之一七，以日多者为尽情。富者或三阅月、五阅月，亦有惑于风水之说，浮厝年而后葬者。吉林的葬期因贫富而有一日、三日、五日、七日之别。尤富之族或缙绅之家，则停枢于庭，数月或数年择吉期葬之，示不忍遽离也。如在梨树等地，有拘忌风水之说，未卜牛眠及先茔稍远者，暂殡于土上，俗谓浮厝。辽宁也如此，如新民等地，有的人家拘忌风水，未卜佳城及先茔稍远无力归葬者，则暂安寺观或浮葬于郊原，则谓浮厝。海城人启殡之期多在五七、七七之间，盖取士逾月而葬之义。亦有山向不合，迷信风水，停枢经年累月者。但寒素之家丧礼颇简，多"乘凶而葬，不择日期"，丧后三日葬谓之排三，四日葬谓之排四。"中产之家，多在首七发引，较为适中。"在桓仁、兴京等地，丧后三四日出葬者，俗呼凶葬。而停放多日者，谓之安葬。在凤城，当葬须缓期，暂就闲地浮厝，外以砖封之；其附近县城者，每送至地藏庵停枢暂厝。

河北滦县一带的葬期或一月，或三月，逾岁者恒少。不过停灵待葬的现象多为富有之家，贫者死后三五日即葬矣。在张北，丧期也是日期远近不一。"小丧最近，死后三五七九日为葬期，不择吉日。老丧必须择吉日，停枢日期亦长，往往三五年不发丧者。"满城等地的富家择吉安葬多在百日内，贫者无力举葬才有停枢多年的。

雄县人通常是逾月而葬，"少或五七三十五日，多不过七七四十九日。然或艰于地，或窘于财，至有停丧至数十年者"。若停枢常停于自家院中，上覆席棚。沧州人停枢暂厝时，"如葬期在数月之内，则枢不外移；否则，或殡于静室，或厝于墓兆之外，原野之间。移枢曰闭灵；原野厝室曰丘房"。在沙河，入殓开吊后，或移枢间室，或暂厝近郊，很少人即时就安葬。但沙河东北二乡则很少停丧。威县人停灵时，"用土坯贴棺，以麦秸、厚泥固封之，随时泼水，不令稍干，务使高温度之空气不得侵入尸体"。

山东也有许多地方有停枢的习俗，如在临朐一带，"葬期无定一，任丧主自卜。在往昔有停枢七八年不葬者"。临淄也是葬期远近不一，大抵由堪舆家定之。山西永宁一带也是葬无定期，"大约不出三年，亦不甚拘堪舆家说"。在永和，"父母既殁，择日暂行营葬野外，谓之寄埋。葬期远近无定期，断无淹枢于家者。葬时，均不用浮厝，富家间或有用者，亦甚少，当父母合葬时，家道稍丰或读书传家者，必请乡之有品学者四，襄礼致祭，并请有爵秩者题主、祀土。乐则招五六人为之歌吹，谓之合葬。贫者则非常简便，无定礼矣"。解县的葬礼分小殡与大殡两种，初丧二三日或四五日即葬，此为"小殡"；而迟至一年，或数年，或数十年，复择日设灵位，衰麻苫块如新丧；亲朋致奠后，丧主率赴茔次，涂车刍灵导引，哭尽哀而归，谓之"大殡"。因此，后者多需要停灵暂厝。

内蒙古归绥、丰镇一带也一样，贫家停枢时间短，富家停枢的时间较长，贫家停枢七日或九日。富者经年，甚至数年或十数年而后葬。陕西米脂一带的情况略同，过去多三月而葬，所以丧家需"周枢四旁，砖甃为仓，以沙土覆之"，在家停枢，俗称"堂葬"，也称"家殡"。同时内设灵座，外搭灵棚，富家内置木制灵位，"小户人家亦必购纸灵牌"，置于灵楼内供奉以及守灵。但到了20世纪40年代，因时局的关系，"间有偷丧者"，这种偷丧是在大殓后的晚上偷偷寄枢野外，不过在家中仍设灵位或遗像，并成服守灵，其仪式过程与过去仍一样。这是因为当地"堂葬习惯既久，立时出殡，孝子仁人之心，良有未忍"。甘肃的情况类似，如在灵台等地，亲丧，有期年、两年或三年后方葬者。在康县，"三日内有葬者，谓之凶葬。三日外则迁枢于外，谓落攒。焚七七、百同之帛，尽三年之礼。惟落攒后露棺在野，惑于堪舆之说，历年不葬，久已相沿，不能遽革，实有违先圣丧欲速朽之义。"

河南的习俗也大致相同，如在西平一带，"贫者死后即棺殓以葬。富者必停枢在堂三十五日，或百日，或经年，俟茔地择定，然后举葬；间有茔地早定，亦必停枢数月不即葬埋者，盖以为非如此不足伸孝子爱亲之意也"。而在洛阳，埋葬年少者，多即日而葬，老者多先殡于家，待夫妇同死然后葬，所以也有停枢暂厝的现象。

江苏等地也同样有停殡暂厝的现象，如吴江一带，葬无定期，有信堪舆家言至数十年不葬者，所以有许多丧家停枢暂厝。在浙江汤溪等地，贫家多在七日内而葬，小康之家因葬地未定，选择需时，"则于头七或二三七后，

孝子请德高望重的长老封钉

权厝其枢于所居左近，俗谓之关。关者，暂行掩关之意，然停枢不葬往往始于此焉"。因此，在该地亦有许多丧家会停枢暂厝一段时间。

广东阳江一带也有停枢暂厝的现象，因为该地民间溺信风水之弊，致有久停不葬者。顺德也同样，有的丧家殓以三二日为期，殓毕出葬。亦有惑于青乌家言，停棺数卜年不葬者。而在广西，虽有停枢的现象，但时间都不长，如在武宣一带，古者庶民三月而葬，但在30年代则多在丧后一星期内出葬。融县等地也如此，"丧尚节俭，人死即殓，次日殡葬，非特别原因葬期罕过七日者"。

在闽台，通常棺木封钉后就可以出殡了，但有的丧家因要择吉地吉日或其他原因，因此，封钉后没有马上出殡，还得等上几日或更长的时间。如在南平，有的丧家需"葬择地卜期，牵于堪舆日者"。所以也有数十年未葬者。泉州一带也一样，因为迷信风水，想择佳穴，虽有少数人预先做好生圹，但多数丧家是在亲人去世后才四出找寻坟地。由于找风水宝地需花费时日，所以必需停枢待葬。其次，泉州是侨乡，多有人出洋，有些丧家要等出洋子孙回国奔丧，所以也需停枢。因此，在泉州多

有停枢的现象,少则数天,多则数年数十年。而在厦门,一般人家都要过头七后才落葬;而富者则可能停枢几个月甚至几年或几十年。

因为,在那里,民间的意识认为,停枢越久,表示子孙越孝顺。其次,有的是为了找好风水,或相信择日师指定的吉日,而时间久停不葬。其三,厦门是商业中心,也是侨乡,为了等外出经商或出洋的亲人归家奔丧,也需要停枢多时。所以在福建许多地方,都有停枢暂厝的现象。台湾的情况相同,有的因迷信堪舆家风水之说,未得吉地、吉时,就停枢家中;有的遵守古训,认为停枢时间愈长,子孙愈有孝心,而如果停灵时间短,就会使该家逐渐衰败。所以,有的丧家往往停灵数日、数十日或甚至数年。

一般而言,如果停枢等待的时间超过三天以上,通常就需要"打桶",即把棺材上的所有缝隙用油灰抹严,并漆以生漆,以防止尸体腐烂的臭味溢出。在漳州地区,富家的棺材内部都涂有生漆,而贫者的"则视略有缝罅处用舱船油灰弥之"。盖棺之后,富家的棺材外面用瓷器舂为灰和着生漆涂之,先用粗者,后用细者,使其坚润胶固无比。贫家则用瓷器舂碎和着生猪血涂之,先粗后细,"周棺数次,亦省费而坚固也"。泉州人打桶时,先用麻布裱褙封口,再用猪血混合着桐油、石灰涂上,外表再重重加漆,多的甚至可至数十遍。而且多在停枢期间的祭奠日子如做七、百日、对年等重新油漆,以示卑亲的孝心。此外,该地的棺木外表一般漆以朱红色,讲究一些的,还要用金粉装点,棺头上写金字,男为"福",女为"寿",边上加上蝙蝠等图案装饰,有的也写上死者的名衔,有的棺木则用彩绘来装饰。所以,在闽台民间,通常把停枢在堂等候出殡的现象俗称为"搁棺"。此外,停灵时,在灵枢前要设灵座,在木制的神主牌未制之前,先以厚纸制成牌状,书属死者名讳、爵位、谥号及卒年、月、日等以代之,供于桌上,迄除灵为止,朝夕上食供奉。在日据时代里,由于停枢必须日缴卫生费一元,花费太大,所以停枢的习俗渐减。现在虽仍有风水之说等,但停枢十日以上者已寥寥无几。

闽台民间停枢时,一般停在家中的厅堂里,但有的也停在家外。如南平东西郊有义厂、义同,皆以停枢之用。又如在安溪,因膀屋浅小无处停枢者,则另盖棺屋停枢,谓之"寄攒"。在厦门,不论什么原因停枢,一般多停在自家的正厅里,某些凶特殊原因不能停枢于家中,则在附近另搭小屋停枢,或者干脆寄枢于寺院。在泉州,寿终正寝者一般可将灵柩停在家中,但恶疾而亡者或客死泉州需运棺回籍待葬者都不得停枢家中,所以遇到这种情况,丧家不是在住所附近搭建俗称"湿厝"的简陋瓦房或茅屋停枢,就是将灵柩寄放在东门外之李公祠或佟公总督词中,此谓之"寄祠"。

第十五章　守灵期诸俗

从广义上说,守灵是从亡人断气以后算起,直到出葬为止。但从狭义上说,守灵是守候在灵柩旁,因此,狭义的守灵应从入殓盖棺封钉后算起,一直守候到出葬。由于未入殓时,死者是躺在尸床上,此时的守候,严格说应称为守铺。所以,广义的守灵应包括守铺和狭义的守灵两个阶段,而本章叙述的主要是狭义的守灵。

一、布置灵堂

大殓后,各地的丧家为了守灵和方便亲友来吊祭,通常都需设置一个灵堂,以便在居丧期间,可以停灵和从事各种祭奠和便于守灵,同时,也便于亲友的探丧与祭吊。

在东北各地,入殓后均需布置一下灵堂,至少需在灵前供香花、灯烛、香炉等物。如黑龙江宝清一带,入殓后要稍微把放灵柩的厅堂布置一下,盖棺后,在棺头贴亡者姓名,曰开明堂。棺前置油灯一具,谓之冥灯。其次以饭一盂置棺上,插三支端缠棉花团的筷子,名曰灵头饭。还有,在棺前置一丧盆,化帛、焚纸皆于此盆。吉林人入殓后,也需布置停放灵柩的厅堂,如梨树一样,入殓后,除开明堂外,"柩前置供桌,摆列酒馔,谓之上供,即古设熬意也。并置长明灯一盏,明祭馔也"。辽宁的丧家多在封钉后布置灵堂。柩前设案,燃烛,焚香,供馔,或书纸牌为灵位,幂以乌纱,谓之灵牌,供于柩前。"亦有只书死者姓名、年岁或爵秩、封赠粘于柩前,谓之明堂,而不设灵牌者。"柩前设盂一盛供品,并置长明灯,照祭馔也。

山东寿终正寝者的棺材停在堂屋正中或偏东的地方。当死者入殓后,要重新布置一下灵堂,在灵柩前放一张供桌,挂上白桌衣,上摆香炉、烛台和供品。

在泰安一带,供品为三牲与五福,即肉、鸡、鱼和炸豆腐片、炒白菜等五种素菜;

并供两碗"面叶"（面片），因为当地人认为，面条拉拉扯扯纠缠不清，如供奉面条会给子孙带来不顺。当地人还认为，花草树木靠叶子生长，因此面叶代表叶子，这象征今后丧家会人丁兴旺，有好日子过。另外，桌上仍要点照尸灯，使它昼夜不熄，据信如灯火了，则预示该家有断子绝孙之虞。棺前要放一个"老盆"，用于一日三次烧纸钱。灵柩下面放一只升，内装粮食，上插一杆秤，再放一盏碗灯。如果初丧时未在门口贴白示丧的，入殓后。必须赶紧封门，用白纸条做封条贴在门心上。此外应在门口悬挂岁数纸，在曲阜一带，这种岁数纸是用白纸剪成条状，所剪的纸条数应和死者岁数一致，然后绑在新砍下的柳木棍上，父丧悬于门前左，母丧悬门前右。出殡时与棺木同葬。吊孝者可根据岁数纸的位置和纸条的数量知晓死者的年龄和性别。

北京有钱人家的灵堂通常由"杠房"和"彩子局"的人来布置。灵柩用"交木"支起来停在中厅，头朝风门。为此，杠房的人会把风门、隔扇的门板均卸下，此称"打袢架"。灵柩停好后，在其下放亡人的枕头，要撕开一口子，还要摆上"倒头三件儿"—阴阳盆、砖、焰食罐。有的灵柩上扣着俗称"堂罩"的，小型棺罩，棺罩的绣花图案各异，多是牡丹花、四季花。在灵柩前为供桌，上设景泰蓝五供一堂，其有：鼎式带盖香炉一尊；上插蓝字白蜡的烛台一对；内插着素色灵花的花筒一对。此外还有一盏状如单层式宝塔的带罩闷灯，其灯门朝向灵柩，从外面看不到光亮。在闷灯之前，五供之后，设有高脚供碗，多者三堂供，少者一堂供。每堂供是五碗。三堂供者通常为：应时鲜果一堂；应时糕点一堂；冷荤热炒菜馔一堂。桌前挂着青或蓝色的绣花桌围。在供桌前还要设一茶几，上摆檀香炉一尊，两旁各有小瓷碟，内装檀香钉、檀香面、引香面和炭筋等，以供吊客上香用。而在灵堂里，有的还要搭建一个让亲友拜尊的"月台"，其前面左右有发放孝带或纸花的"接手桌"。其两旁则是一些堆放如金山银山、绸缎尺头等纸活的尺头桌子，其他还有纸扎的执幡提炉的童男女和厨子、男仆、老妈儿、使唤丫头等。月台前甬道两旁则摆俗称"官座"的桌椅，以便招待来吊唁的宾客喝茶、吃饭。平民百姓入殓后，只从杠房租一对"交木"把灵柩支起来，前面放张供桌，上面摆一堂五供，花筒里插一对白纸打卷，贴着红、蓝蝙蝠的糙灵花，加上一盏闷灯而已。有的灵柩前再择上一幅白布云头幔帐，有的还会在供桌两旁各摆一个纸糊的灵人。

河北也一样,如沧州人在葬期确定后,要重新布置灵堂为开吊出葬做准备,他们"备庖厨,雇乐工,具仪仗,陈纸扎,订杠夫"。当厅事不敷用时,则结席棚,饰以彩。同时,还要书丧匾、丧联,题铭旌,撰祭文,写生卒碑、告丧牌;并在"灵前设祭,插纸幡;覆瓷碗",把开吊、出殡要使用的场所和物品均准备好。陕西的情况也一样,如武功岸底村,入殓后,也要搭灵堂。在灵柩前摆放祭桌,上设死者灵牌于正中,周围用白布或白绸扎孝幛环绕,旁贴有挽联;灵牌前有香炉、烛台,以及蒸馍、时鲜果品等供品。此外,用一块红布写死者的姓氏、籍贯等,作为铭旌,垂挂在遮挡灵柩的幔帐上。还有,丧家自备和亲友送的纸扎、挽联、献食等也陈列展示,如果厅堂太小就在院子里搭棚展示。

江苏许多地方大殓后需重新布置灵堂,如丹阳人在大殓后,要设灵座,悬孝帷,门以内的帷幔、衾枕皆换成素色。有的地方要把择日师所写的注明回煞日期的批单贴于灵位旁,年逾六十者正贴,余视年岁欹斜,并缮写门状,悬贴于墙门外。浙江德清人大殓后也要布置灵堂,如"设画容、铭旌、帷堂、牌位,示想象也。桌底设屦,桌边设椅、设杖,或嗜好物,照遗泽也"。另外,棺材上要点上七盏灯,出殡后移到灵座上,点至终七为止。

在闽台,布置灵堂时,以白布遮柩,设灵帷,架遗像,把亡者的衣服鞋袜置于一张椅子上,意思是供死者换洗之用。灵柩前要放置一张灵桌,上面供奉用高尺许,宽三寸余的厚纸制成的临时神主——魂帛、遗像、魂幡,并摆上一对蜡烛,放些鲜花,设香案,供果品,饭菜等,长明灯的灯火日夜不熄,以备亲友吊唁。长汀、宁化一带布置灵堂俗称摆孝堂。摆孝堂要打开中厅门,遮盖天井,在灵柩前挂上白布,摆上围着白桌裙的灵桌,桌上放灵位和遗像。富裕家庭的灵堂摆设更讲究些,灵桌上放一灵屋,灵屋左边放铭旌,右边放着悬挂在竹枝上的白色魂幡。

灵屋内设灵位,灵位前摆香炉和烛台以及茶杯、酒杯和饭菜等。灵桌旁放一张交椅,交椅上罩着死者常用的上衣,当地认为这是古礼用衣招魂之遗制。交椅两旁安放纸扎的童男童女,并放置脸盆、面巾、牙刷,三餐供饭。灵堂的所有门上要贴上道士所画的符咒,厅堂的门楣上贴"严(慈)制"二字。两侧贴白色对联,如:"身披麻衣迎吊客,手扶竹杖哭严君"等。

惠安人布置灵堂时,将灵柩置于厅堂正中,灵堂内挂帷幕,神案和供桌上则摆着纸做的灵位、供品与点燃的香烛。而在潮湖岛上，由于出葬仪式需在院子里办，所以在葬前儿日，他们要搭灵堂于门外，移灵至灵堂，悬挂亲友致送之挽联、丧帐及花圈等。在台湾桃园、台中等地，停柩称"置灵"，并需布置灵堂，撤殓床，"张幕柩前，

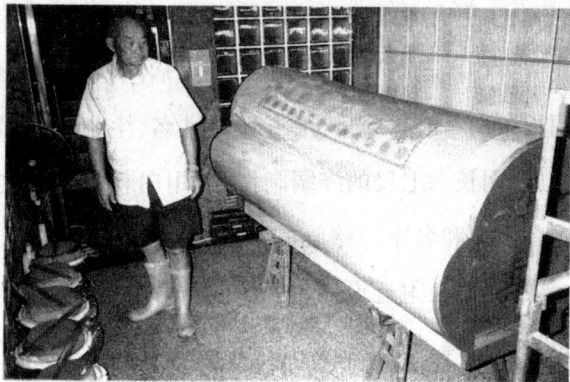
停柩

幕前设案，立死者遗像及灵位，供鲜花"等。

广州人通常把灵堂俗称为孝堂。入殓后需要重新安座，在厅堂中摆上祭桌，围上白桌衣，上摆死者的遗像和神主牌，并配上香炉、烛台、长明灯、供品等。同时，在祭桌的左边安放由"喃呒先生"事先写好的"太上老君敕令伴随使者"的木牌，这木牌俗称人客，是来陪伴亡魂的。据说这人客很薄情，如果子孙吵闹口角，人客定会惩罚他们，所以淘气的孝子、恶泼的孝妇都很怕他。此外，厅堂墙上也挂起祭幛丧帏等，有的人家还会挂起名人题字的铭旌，它通常用三尺三寸长的黑或红布为之，上用皂粉或墨汁书写或剪字粘贴死者的姓名、衔头、年龄等，挂于灵位旁。布置好孝堂后，就可以在此接待亲友的祭吊了。澳门的丧家多在寺院中办理丧事，也需在寺院里设立灵堂。灵堂正中，上挂死者遗像，下摆祭桌，祭桌上面，后设灵牌，旁边供奉鲜花，一边供盏长明灯；前供奉果品、茶杯、香炉与烛台等，80以上高龄去世者可点红蜡烛，余皆点白蜡烛。祭桌下安放烧纸钱的铁盆，两旁安置纸扎的童男童女和金山银山。灵堂上方挂着两盏白色的丧灯，灯上一面写姓氏，一面写死者的享年，而且80以上高龄去世者，丧灯上的字可用红色写，余皆用黑色或蓝色写。

贵州人在入殓后也要布置一下灵堂，平坝人在布置丧堂时，在梁上悬以白布，将灵柩隔在布帷内。其外设灵桌，上置灵位和神主或遗像以及烛台、香炉，并点一卜香烛。此外，亡者生前嗜爱的东西也放在灵桌上。灵位或用纸制成，或用红绸一块悬于帷面，上写"某某之灵位"。"神主用木制，玻璃罩外，内为粉面、木面两层，粉面书某某之神主，左下方书奉祀之孝子名字。木面书亡者生卒年月日时，或墓

地、葬向。更有考妣二人共一神主者,则男左女右排列书于两层。顶蒙红绸,以五色线横缠内面与玻璃,外面可以开阖启闭。此主,丧事毕不焚化,永远供奉。"另外还用长条白布制作魂帛,上书死者姓名、生卒年月,悬挂在灵座侧。有的丧家还制作铭旌,用长六七尺的绛绸制作,上用白粉写某某之铭旌,左下方另以红纸墨汁书写题者衔头和名字。铭旌的一头撑以竹竿,或立于灵座侧,或立于大门外。除此外,丧家还要在附近设一个"司书房",以便作为处理丧礼各事务的场所。丧堂内外也悬挂祭幛、挽联等,吊客送来的礼物要尽量陈设在丧堂的内外。

四川新繁一带封棺后布置俗称丧房的灵堂时,"凡家龛、中雷、门神均蒙白纸,枢前则燃灯照之,无间晨夕,谓之路灯",又有路引、引魂幡放置在灵堂内。同时还在"枢前复以纸扎牌坊,五彩俱备,中奉死者姓名。内设卧具,则丧主以下所居,谓之丧房"。南川等地布置灵堂时,则请道士至,书引魂幡、灵牌,供纸屋中。"用帛一匹结为人形,以象死者(略似头及两手足),曰魂帛(以此肖死者之身)。于棺东设灵床,棺前设灵座。"用帛长六尺,大书死者称号,曰某某之枢,以竹竿悬灵座右,曰铭旌等,使灵堂肃穆庄严,并表达丧家的悲哀之情。

二、守灵期间琐俗

灵堂布置好与成服后,死者家属就开始在灵堂内守灵至开吊与出丧,在这期间,有的人家也会请道士或和尚来家里做各种形式的道场或佛事,以超度亡灵,并从事家奠仪式等。而亲友也会在此期间前来探丧或问丧或吊唁。

(一)守灵

在大殓之后,通常有一段停枢待葬的时期,而存这段时间里,孝子、孝眷们通常需要在灵枢边上寝苦枕块,由于是守候在灵枢边上,故称此为守灵,而同未入殓前的守铺区别。

在黑龙江安达一带,布置好灵堂后,孝子等守于棺之两侧,男左女右,朝夕不离,俗名守丧。在绥化等地,灵堂布置好后,丧主等男居左,女居右,苦草坐卧,朝夕不离灵前。吉林人布置好灵堂后，"诸子伴宿柩旁，寝草苫，枕土块（三月后方可复寝），不脱经带，诸妇女子次中门之内，帏幔枕衾皆布素，哀至则哭，昼夜无时"。辽宁许多地方也一样，大殓并布置好灵堂后，"子孙环经柩前，朝夕哭奠"，守灵至出殡日。

在北京，一般的人家都需停灵一段时间，如果是这样，通常在入殓第三日举行接三、送二二仪式后，就可以守灵，并接待亲友吊祭等。在武功岸底村，当入殓并布置好灵堂后，孝子、孝孙应坐在灵柩两旁的粗陋的苇度片上守灵，朝夕哭奠，而当亲友朋客来吊唁时，孝子、孝孙则泣哭陪祭，待来宾吊祭结束时向他们叩拜，以表示哀痛和对吊唁者的礼谢。

从大殓到出殡，虽然山东的一般人家停棺时间都不长，但在这段时间内，丧属要日夜守候在灵柩旁守灵，以尽孝道。过去守灵讲究的是寝苫枕块，啜粥茹絮。早烧鸡鸣纸，晚焚夜辰香，朝夕祭奠。亲友来吊唁，还要伴客陪哭，磕头谢孝。泰安一带，富家的老人寿终正寝，有的要守灵至五七35天。然后，再举行3天的开吊仪式才出殡。如果五七是在夏秋季节中，为防尸腐，得把灵柩停在一闲屋中，并请一位油漆匠侍候在家中，用油漆经常在棺外刷漆，使棺材密封，有的在五七之内最多可刷到9遍漆。守灵期间，孝子、孝眷应铺草枕坯守在灵柩边上，概不会客。夜里，孝子要睡在灵柩两侧，以报父母养育之恩。同时，他们也认为守灵可以防止狗、猫从棺材越过而引起所谓的诈尸。守灵期间，灵桌上的照尸灯应昼夜不熄，如果熄了，据说是断子绝孙的预兆。在灵柩之前要放一个"老盆"，守灵者应不时在里面烧纸。每日三餐，灵前供桌上需供奉酒、菜、饭等，孝子孝眷应向死者叩头，请亡魂来享用。此外，每个晚上也要举哀一次，以表示子女们的孝心。在安徽桐城一带，入殓后，斩衰、齐衰守灵百日或四十九日。

江浙一带也如此，如在江苏丹阳等地，布置好灵堂后，死者的子孙需守候在灵柩旁，哀至则哭，此外每日需举行朝夕奠，直至终七或百日祭。浙江建德等地入木后，孝子依柩朝夕不离，曰守灵，早晚上食如生时。德清等地大殓后，灵柩通常停在厅堂中，孝眷在旁伴宿者谓之"伴材"。镇海一带入棺后，男子寝苫于棺侧，妇女朝夕馈食，曰"上饭"，夜半供茗果，曰"上夜香"。

在闽台的闽南人当中，死者入殓后，贫家即日出葬，富者则停棺在堂，并安置魂帛灵位于厅堂中,此俗称"置灵"。因此在出葬前,孝子、孝眷等都需在棺材边上守灵,朝夕哭拜。同时,中等以上的人家多延僧道做功课,普通有一日、三日或七日之分,最隆重的甚至可以多至十日或四十九日。此外,这期间也是亲友吊唁的时期。亲友接到讣闻,多会来吊奠。所以,丧属守灵,一方面可以配合僧道做法事,另一方面,当有人来吊唁,也可以陪祭和致谢。到了夜里,那些未结婚的子女还需要轮流在棺材边上睡觉守灵,此俗称"困棺脚"。据说这是不忍心让死者遽尔孤零;也有人说,亡者在死后的第七天会返家再察看子孙们是否能生活下去,而子孙则缅思昔日生育鞠养之恩;而相依为伴。实际上这也有担心亡者是因休克而误认死亡,因此子孙们需要守在灵枢边上听声音,注意棺内的动静。

湖南吉首人在入殓成服后也要守灵,其夜间守灵称"坐夜",通常会请人用悲哀的调子轮流唱丧歌,其内容既有讲述死者生平的,也有歌功颂德和劝善的。贵州许多地方在亡者入棺后,若不在隔天出葬的话,丧家也需守灵一段时间,且多有伴亡唱丧歌的举动。如平坝等地的丧家,自初终至出殡前,每夜伴亡。伴亡时,亲友聚集击鼓唱孝歌。桑梓等地称此为"闹夜"。定番人入殓后也要守灵、"朝夕上食",夜里还有跪听当地名人读《蓼莪》、讲《孝经》、唱孝歌的仪式,以下为一首戏说地方办丧事过程的孝歌:

一年半载请阴阳,孝子安葬二爷娘,讣书贴在大街上,诸亲六眷见了忙。吊客纷纷临门降,开奠杀猪又宰羊,鸣金敲鼓叮当响,哭丧调儿吹得长。坐轿来的亲家母,骑马来的亲家郎,表嫂就像观音样,背了娃娃走忙忙。表姐表妹好品相,头发就像狗样光,干姊干妹人漂亮,高底花鞋穿一双。走进孝堂抬头看,花花绿绿摆两旁,小脚就像粽子样,一口咬得二三双。大脚就像船一样,自己知趣来缩藏,看来只有幺舅妈,金莲才有三寸长。表嫂干妹把路上,邀邀约约进丧房,惹得众人笑洋洋,揪揪扯扯做过场。说起哭声净叫唤,假意摸住眼睛眶。也有哭得悲声放,也有哭得断肝肠,也有借哭诉冤枉,也有假意闹一场。哭罢阴阳来发引,孝子扶丧到坟堂,阴阳呼龙来下圹,众亲个个都相帮,就把新坟来垒上,孝子三日坐草堂,三日复山归庄上,再望坟墓哭一场。

成都人除了请道士在外堂从事一些丧仪外。孝子等在成服后,需守在灵堂内灵枢边守灵、举哀。每日三餐需敬香、献帛、供奉饭菜。在大家吃饭前,先在灵位前供上几碗"洊饭",待大家吃完,要把所供的饭菜夹少许放在一个瓦罐内装起来,丧出时与棺材一起埋在墓穴中。女眷早晚都要痛哭一场,此俗称举哀。遇到亲友来吊唁,孝子们要陪祭,并给他们叩首致谢。新繁等地由于需停柩一段时间,所以他们常在成服的隔日,大备酒食,举行客奠,多者百余席,少亦数十席,谓之"封丧",亦谓之"止吊"。亲友备楮财、挽联、羊豕等仪祭之,余则仅备楮财,谓之"白客";主人则裂布赠之,谓之发孝。亲友祭奠后,丧家需要独自停柩暂厝守灵,朝夕献馔,至葬乃止。

云南镇雄一带在小殓后,就开始男左女右寝于地守丧,并随时哭泣,早晚上食供献。广西同正一带也同样,大殓成服后,"孝子披发斩衰,芒鞋桐杖,席于殡所,不论男女均依照期功缌麻以次而杀",在灵堂中守灵。此外在出殡后,孝子还要在堂前席地而寝至百日后才能进房。武宣一带入殓后停柩在堂,子妇伴宿柩旁,分别男左女右,寝草苫,枕上块。旧时,三月后方可复寝。在 20 世纪 30 年代,"葬期不限,足三月、一星期内葬者有之。葬后,妇女复寝,男子仍宿堂中守孝,满三月方复寝。"

(二)守灵期间的探丧与吊唁

入殓毕设立灵堂守灵后,往往都有亲友来探丧、吊祭的活动。在北方,多在人死后第三日接三时首次来吊丧,送赙仪,并参与接三仪式,而后在葬期前举行开吊时,亲友会再来吊祭和送葬。而在南方,初丧时,至亲需来问丧并亲视含殓,此后,陆续会来探丧,并在葬期前开吊时,再来参加祭奠和出殡仪式。

如在黑龙江安达等地,入殓后,丧主在灵柩边守灵,戚友吊唁者即于棺前行礼,至亲戚友则到灵前哀呼,家属和之而哭。辽宁海城一带,入殓后,戚友吊者咸集,皆以香烛、冥镪之属为仪。丧家具筵款之,奉腰经于男,首经于女,谓之散孝。授受皆拜,有服者辞。富家有散以袍服者,谓之孝袍,寒素之家,散孝者少,亦有止散于至戚者。河北张北等地,守灵期间凡开吊之日,各亲友均来吊祭,并送祭礼,通常亲戚礼物,送供菜蒸盒、八仙茶点之类;朋友送挽联、挽幛及槽糕、芙蓉糕八祥之类。丧家对这些亲友,则各给孝带,然后设宴款待。

在北京,一般的亲友不一定都要赶在亡人初终时去探丧,通常都在接三、首七、伴宿送库这几个守灵期间的丧礼环节去探丧或吊唁。富家的亲友去吊唁,通常由知宾引到灵堂前的月台上,奉上祭品,在清音锣鼓的伴奏下,撩起红毡子,跪在白垫上,从香碟中抓几根檀香钉到香炉中,三叩首或四叩首,举哀后,再把礼单等交账房登记,再去休息,并参与其他仪式活动。穷人家的礼节则很简单。灵前供桌上四炷香(神三鬼四)插在香炉中,裹上三道黄纸箍,并不点着,只是摆摆样子。有客来探丧或祭奠,只需将香拔下来,往上一举,再插还炉内,跪地三叩或四叩,也就算尽到礼数了。

在陕西横山一带,丧家守灵期间,亲人闻讣后会来探丧,他们备以香楮、酒烛、献饼等到丧家祭吊。到了丧家后,他们以次到灵前拜奠,"丧主出帏稽颡哭谢,宾客答拜,承孝退去,司宾延客待茶馔"后,才结束祭吊返回,到出葬时再来送葬。浙江秀水一带也如此。小殓后,"至亲哭临,以纩帛褛之,曰上襄。"大殓成眼后,"客始吊,仪用香楮,或以币辞。姻家设奠拜,男答拜,妇哭于帷中。"

贵州绥阳一带的守灵期间,丧家的亲友也都会来问丧,宗族乡党,夜间毕至,食粥而散,谓之坐夜。"近有一般年少,乘丧金鼓,通宵对坐,高唱戏文,谓之打围鼓,以唁哀戚,亦谓之坐夜。"。在余庆等地称此为"闹丧"。四川长寿一带的丧家,未出葬前需守灵伴丧。"凡丧枢未出,无论卜日远近,亲友率赴丧家伴丧,或坐唱围鼓,以为闹热。一以解孝子之悲痛,一以慰亡魂之寂寞。"广西凤山的丧家守灵时,亲友会来吊丧,吊丧时,丧家雇吹鼓手奏哀乐助拜,属于内亲者,丧家皆发白孝帕,每家约百数十张。

福建政和一带,在丧家守灵期间,"亲友吊者答之,并酬以白布三尺。吊毕,用牲栓祝嘏,阖家哭泣拜奠"。厦门的丧家守灵期间,闻讣的亲友都会来吊唁。为了表示对吊客的尊敬,丧家的灵前多设有跪拜用的草垫或草席,上铺着红毡。吊客带着赙仪去丧家,并由执事引到灵堂去祭奠。到了灵堂,孝子等跪在灵桌边,孝帐内的家属则放声痛哭,丧家的执事燃香二支,递给吊客。吊客掀起红毡的一角,露出下面的白垫,以表示对丧家的尊重,然后拈香跪拜,祭奠亡灵,丧家的孝子则在一旁陪拜。拜毕,插香于灵前香炉后起身,孝子则叩首答谢。此外,丧家还需招待吊客。在台湾,亲友闻讣,或送花圈或挽联、挽幛等,或致赙仪,并亲往吊奠。宾至,先签名,然后由司宾延入,向遗像及灵位行三鞠躬礼或叩拜礼,家属则匍匐灵前答礼。云林、嘉义等地,守灵期间,戚友邻右到门请拜枢,谓之问丧。

(三)守灵期间的祭奠仪式

守灵期间,中国绝大多数地方的汉族都有一些祭奠仪式要从事,其中最普遍的是朝夕奠,除此之外,还有家奠、点主和各种各样的法事等。

1.朝夕奠

在中国绝大多数地方的汉族中,入殓后的守灵期间都有做朝夕奠的习俗。如在吉林通化等地,守灵期间有朝夕奠,在此期间内,每天厥明,"丧主以下五服之人各服其服就位,执事者设果蔬、酒馔如生时,祝焚香、

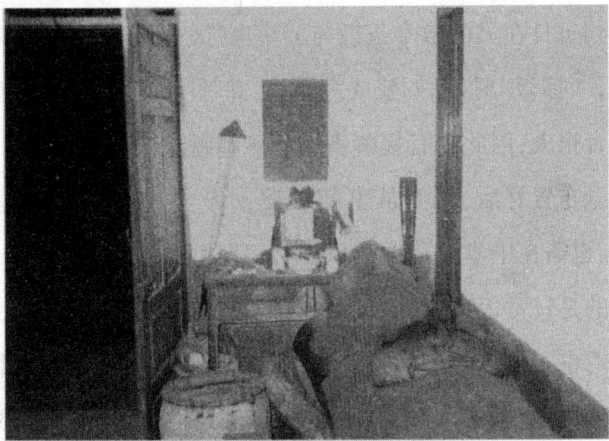
入殓后,福建南平的灵堂。

斟酒、点茶。丧主以下诣案前再拜,哭尽哀,各以其服为序,皆男先女后,宗亲先外姻后。复位哭止。日中,设果筵奠酒。及夕又奠,如朝奠仪"。山东各地停棺的时间虽都不长,但在这段时间内,死者的亲属也要日夜在灵柩旁守灵并做朝夕祭奠,早晨烧鸡鸣纸,夜晚焚夜辰香。在北京,接三开咽喉以后,就可以朝夕奠。通常是早晚供饭一次,供饭时,孝眷还需奠纸焚帛和举哀。江苏周庄一带丧家守灵时,朝夕哭奠,焚楮币,日中上食。陕西米脂人、横山人守灵时也需"朝夕奠哭"。

四川武阳等地在守灵期间,死者的家人每日在灵前燃香烛、供瓜果、烧纸钱,早晚亲属跪拜,妇女长哭一次,名曰哭灵。在守灵期间,南川一带的丧家,每天"奉魂帛于灵座,朝夕设酒脯饭酱而奉之,日朝夕奠。夜奉魂帛入灵床,置枕席,像其睡眠"。合江人称百日内的朝夕奠为"摆亡饭"。贵州人也同样,在守灵期间,早晚皆上食,如生时。广西同正等地,在居丧的27个月期间,"早晚必供膳,至服阕升灵而后已"。凤山一带。过去在守灵时,丧家要"请师建道场,朝夕膜拜为亡人超荐",而在20世纪40年代后则改用念经的方式来祭奠死者。全县人的朝夕奠为"晚送帛至死者,榻上,以被覆之,谓之送帛;朝奉帛挂灵座上,谓之接帛,至四十九日方

罢。设主后,即朝夕上食"。凌云一带在做早餐晚餐之祭时,还请"僧道做种种鼓乐法事"。

福建泉州人守灵期间,家属每日三餐在灵前敬饭举哀,此称"捧饭"。其天数以死者穿几重寿衣而定,如七重衣则捧饭七日,到期则"散饭"。厦门人守灵期间,孝妇每日在灵前敬奉茶饭与哭奠也称"捧饭",但每天只需在早与晚供奉与哭奠一次。"捧饭"时,孝妇要放声号哭,并呼唤死者"起来吃哦!"视死如生。由于号哭时声音很大,因此也有提醒丧属起床和睡觉的作用,故此也称"叫醒叫困"。在龙岩,灵堂布置好后,也要从事朝夕奠,"孝子日夜守灵次,三时上食"。霞浦人入殓之后,也需在中堂设灵位,"供羹饭,焚楮帛,行朝夕奠礼"。南平人从事朝夕奠时,供奉的是日常饭菜,并要在供品前放几副碗筷,点上蜡烛,以便亡魂享用家人的供奉。台湾也一样,守灵期间。丧家都要做朝夕奠,丧家妇女每日早晚两次在灵前供膳哭泣拜奠,此俗称"孝饭",也称"叫起叫困",因为她们的哭声会吵醒他人和提醒他人上床睡觉。这种朝夕"孝饭"的做法一般要延续到除灵之日。有时因碰上双月、鬼月(七月)、"九月空"等禁做仪式的月份,而使除灵之日拖得比较久。这时,丧家就会在五旬以后改为"寄饭",即在五七祭时,将米、油、盐、柴等装入布袋,供奉在灵桌上,让"亡魂自己去煮",从此就不必每日二次孝饭与哭奠了。

2.家祭、堂祭

家祭是丧家自己从事的祭奠活动的总称,因家祭多在家中厅堂里举行,故有的地方也叫堂祭或堂奠。在中国各地,丧家在守灵期间做不做家祭仪式,取决于丧家守灵时间的长短,守灵时间短,如一两天,其一些祭奠仪式将集中在开吊时举行,在这种情况下,守灵期间就只有朝夕奠和上食,而没有大型隆重的家祭。由于民间普遍有49天内逢七必祭的习惯,所以守灵超过10天以上者,碰上首七等做七的祭奠日子,丧家必定会从事较大型的家祭仪式,有的还会请僧道来做佛事或道场。

家祭有许多形式,但最重要的仪式是俗称礼祭或三献礼的祭奠仪式。这种祭奠仪式由礼生主持,比较隆重,它至少需4个以上的礼生,执事则要更多,其仪式也相当繁复,所以通常诗礼、富裕人家才有能力举行这种祭奠仪式,而且他们也比较重视这种仪式,甚至有的富家宁可不举行成主仪式,也要举行所谓的礼祭。根据文献记载,有的地方的礼祭仪式的程序大体如下:

通赞：击鼓三通，执事者各执其事，启帏，引孝子出帏，陪祭者亦出帏，就位，序立，迎神，举哀，哀止，鞠躬，拜，兴，再拜，兴，三拜，兴，四拜，兴，执事者引孝子诣盥洗，焚香，酹酒。

引赞：诣盥洗所，濯水，净中，诣香案前，就位，升香，跪。酹酒，再酹酒，三酹酒，毛血，毛杀，兴，鞠躬，拜，兴，再拜，兴，三拜，兴，四拜，兴，复位。

通赞：执事者诣灵前行初献礼。

引赞：诣灵位前，就位，升香，跪，献箸，献果，献肴，献羹肴，献簋。

帛，兴，鞠躬，拜，兴，再拜，兴，复位。

通赞：侑食，复位，跪，俯伏，垂帏，作乐，札宾稍休息，乐止，启帏，噫歆，兴，执事者引孝子诣灵前行终献礼。

引赞：诣终献所，就位，升香，跪，献羹肴，献大簋，献馔，献漱，献帛，兴，鞠躬，拜，兴，再拜，兴，三拜，兴，四拜，兴，复位。

通赞：侑食，复位，跪，俯伏，垂帏，作大乐，休息，乐止，启帏，噫歆，兴，札毕，辞神，鞠躬，拜，兴，再拜，兴。三拜，兴，四拜，兴，执事者引孝子捧帛衣望燎。

引赞：诣望燎所，一揖，二揖，三揖，孝子合家入庐举哀。（然后，孝子们入内围灵柩举哀。）

有的地方家祭分晨、午、夜三次，有通献、三献之礼，其过程与上述略同。有的地方的三献礼程序比较简单，如在福建长汀、清流、宁化一带，成服守灵后或出殡前夕，要做一整日堂奠。从事这一仪式时，由礼生主持和司仪，吹鼓手在旁奏乐，丧家的子孙和条房叔伯及亲戚朋友都要参加，一个一个轮流祭奠死者，而亲友堂奠时，丧家的子孙则跪在祭桌的右侧，陪祭和答谢。仪式结束后，丧家要给礼生和吹鼓手红包酬谢和解厄。

有的地方则请僧道做礼忏，并主持家祭等，如广西贵县一带，大殓后的守灵期间，丧家除了朝夕奠外，也需"延僧唪经，谓之落枕斋"。又如海南岛丧家的守灵期间，应由丧者的女婿"延道士忏度，大设科仪"，来祭奠岳父母。

除了上述礼祭、僧道祭外，有的地方的丧家也会请德高望重的人来当大宾，为死者的神主做成主和安主仪式，下面是一个地方的成主与安主仪式的程序，由此可见各地成主、安主仪式的一斑。成主仪式为：

伐堂鼓,执事者执事,陈器具馔。以鼓乐迎请大宾。引奉祀者札请大宾,青旗遮面,跪,叩首,再叩首,三叩首,平身,退归孝帏,青旗撤后。请大宾盥洗更衣,诣盥洗所,濯水净巾。诣更衣所,正冠束带。请大宾升公座。引奉祀者礼见大宾,青旗遮面,跪,叩首,再叩首,三叩首,平身。引奉祀者退入孝帏,青旗撤后。司主者捧神主绕棺三匝,捧神主以升公座。去魂魄,启椟,出主,析主,卧主。润朱笔,授大宾,受香烟,受生气,秉笔凝神,点印中,圈耳透窍,通神点主。润墨笔,授大宾,受香烟,受生气,秉笔凝神,点印中,圈耳透窍,通神点主。合主,树主,入主,合椟,加魂魄。司主者捧神主诣灵位前。引奉祀者礼谢大宾,青旗遮面,跪,叩首,再叩首,三叩首,平身。引奉祀者退入孝帏,青旗撤后。以鼓乐送大宾指日高升。

然后,可以继续举行安主仪式,其仪式程序为:

司鼓者伐鼓,执事者执事,陈器具酌。司主者捧神主以至室堂。引奉祀者就位,跪,叩首,再叩首,三叩首,平身。引奉祀者盥洗焚香。诣盥洗所,濯水净巾。诣香案前,跪,上香,兴,复位,叩首,再叩首,六叩首,平身。引奉祀者诣神主之位前,跪,合户,掩烛,去魂魄,去椟,启户,秉烛。献清茶,献果品,读祝,兴,复位,跪,叩首,再叩首,九叩首,平身。礼毕。

三、接三与送三

"接三"与"送三"一般为人死后第三天入殓后举行的祭奠仪式,其主要包含两方面仪式。其一,从神庙中引魂返家,此俗称"接三"或"领魂"等。如在辽宁锦州一带,人死后第三天晚上,"丧主备肩舆,以幼童之有服者乘之,捧灵牌暨门幡,丧主扶行,鼓乐仪仗,赴城隍庙或土神祠,曰领魂。乡间无舆,则代以椅。亦有丧主捧灵牌、门幡,徒步往者。戚友皆步从,诣庙礼神拜社。丧主退行,曳竹帚拖门幡于上,绕阶三匝,呼亡者而招之。既归,奉灵牌入寝室,女眷跪迎,设位寝床,焚香楮,进巾栉,并吹纸钱于牌上,为魂来之证,孝眷罗拜"。又如河北万全人虽把接三称报庙,"人死之翌晚或第三日晚,行报庙礼,俗谓之接三"。但接三的内容主要是招魂,如接三那天饭后,"亲友陆续来吊,并各随送灯笼一对,丧家并约鼓乐、僧道;到齐后,孝子挟告天纸辞灵,随众出门,赴城隍庙或五道庙,报庙接三。一路灯火照耀如白昼,鼓乐齐鸣,宾客混杂,经过寺观及十字路口,焚香点纸。抵城隍庙或五道庙时,孝子跪地,将告天纸取至神前,左右各绕三匝,仍交孝子,起立出庙,将门紧闭,孝子跪门前,取石击门,高呼死者,随击随呼;如是者三起,而负告天纸痛哭而返。至家,孝眷跪迎于门,俟孝子入,急撕告天纸一角,紧抱于衣襟内,高呼死者,痛哭而入。至灵帏前,孝子将告天纸置棺顶,伏地大哭,至孝眷将撕下告天纸之一角焚化,坐灵前而哭泣,移时始毕。此时,死者生前所住之屋内,陈设茶点、烟酒,虚位以待死者。如系女,尚有备梳洗一切器皿者。意在已将死者灵魂接回,款待如生也"。因此接三的意义在于引魂返家。

不过,有的地方把引魂前的仪式称接三,如河北张北即如此,"人死之翌晚或第三日晚,各亲友陆续来吊,携带锡箔、纸钱、香楮、供礼,灵前致祭",此称接三。然后,行告庙的仪式。"各亲友送灯笼一对。丧家约鼓乐、僧道,设坛嗥经,鼓乐喧天。孝子挟告天纸,辞灵出门,赴城隍庙或五道庙报庙。凡过寺观及十字路口,均须焚香点纸。及至庙内,孝子跪地,将告天纸取至神前,左右绕三匝,仍交孝子,起立出庙。至家门前,孝眷号迎于门,将告大纸接至灵帏,置放棺顶,伏地大哭。毕,如死者系男,将生前屋内陈设茶点、烟酒,虚位以待;如系女、备置梳洗一切器皿。意在将死者灵魂接回,待之如生时也。"

其二,接三做完后,通常要接着到神庙或路口烧东西给亡魂,这才是真正的送三,有的地方也称"送路""送行"等。如辽宁海域一带,老人丧后第三天晡时,"丧家具刍灵(即纸扎之舆马、仆从,妇人并扎一牛,谓其能代饮污水)、灯笼、鼓乐前导,僧道吹笙管、击铙钹,丧丰捧帛引魂,孝眷随后,送至城隍庙或土地祠,戚友皆步送至庙。祭奠毕,僧道诵经,焚化灵牌、门幡、刍灵、冥锭,丧主西向跪拜,哭返于家,女眷亦哭而返,谓之送行"。再如河北临榆,"三日,具筵于灵位前,戚友各以冥资、纸马车轿为赙,丧家具鼓乐仪仗、肩舆,孝子扶行,至城隍庙致奠领魂。既归,焚冥具于大门外,谓之送路"。

接三与送三的仪式通常是连续进行的,一般是先接三招魂,后送三。在河北迁安,殓入棺木后,"丧家备刍灵,又鼓乐多名,招魂于庙。名曰招亡,又曰接三,又曰招魂。招至家,亲友哭奠之,孝眷哭奠之,俨有祭如在之意焉。奠毕,以刍灵等物,送之西方而焚之,孝眷对之长跪哀号,谓之升西天"。而在滦县一带,人死后第三天也做接三、送三仪式,不过当地称之为送路礼。人死后第三日入棺毕,"及昏,行送路礼:略具刍车、纸人、秸马等物,燃灯于路,明于白昼。先用素帛或纸裁缕而缚其本如帚形,俗谓之拖魂树。主者持之,亲友护送,群舁冥器,鼓吹至庙(居城则赴城隍庙,住乡各赴五道庙)。于神前焚楮毕,主者以拖魂树绕地而祝,谓招魂也。另设位于庙侧,主者奉树安于位,供以酒茗果盒;以意为亡者栉沐毕,伏于侧。亲,友以次叩拜,谓之饯行。饯讫,主者袂藉树,出至歧路,乃置刍车中,并冥器焚焉;泥首以谢送者,乃号哭返"。

但有的地方记载,只记了一部分或把两者混为一谈。如北京顺义一带,丧后三日,具纸人、马车、牛等焚于路,谓之接三,一称"送路"。又如辽宁新民一带,三日成殓于堂,"戚族于是日咸具纸帛、俑具以赙。日晡,举一切冥楮、刍灵,皆送之庙。丧主左右扶掖逆行执帚,僧道礼忏,鼓乐助哀,到庙行香叩首,哭返,冥刍焚化。此谓送行,亦谓送三"。这些似乎只记载了送三这一部分,但又称之为接三,混淆了两者。另外,有的地方似乎仪式的顺序是颠倒的。如河北隆化一带,人死后次日,"受吊仪,用糖果、黄白纸钱之类。既夕,亲近随丧丰至村外,焚化纸钱及纸做人、马、车、轿,谓之送三。第三日,丧主奉灵主至附近庙宇,哭泣行礼而回,谓之招魂"。虽然有这样的混淆,但不管怎么说,接三与送三的仪式主要是人死后第三日所从事的祭奠仪式,它们盛行在北方地区,尤其在东北与华北。不过由于各地情况有些不同,因此各地仪式的具体内容也各具特点。

如在东北许多地方都有这种仪式,在黑龙江各地,成殓后的当日都有送行仪式,也称送三,通常在亲友来参加同视含殓、吊丧后,一同"将车马、人夫等刍灵及冥镪、酒肴各物品,富者或纸屋盛金银纸锭,题曰金库、银库,雇鼓乐送至土地或城隍庙焚之。亲友相送者,奠酒行礼,孝子答礼,拜毕举哀"。双城人在送行时,他们"列仪仗、祭品、刍灵、鼓乐,以舆舁灵位,旁有捧香炉者,并延僧道,丧家男女咸从,戚友亦至,往城隍庙,送亡者灵魂行,曰送三。刍灵,若车马、人夫之类,皆焚之庙前,家人跪而哭,谓亡者从此去矣"。

吉林有些地方称接三与送三为"送行",其主要的做法是送纸扎车马、人物及大批冥资于死者,以备其路费及使用。"其礼,置纸扎各物于庭,长子将岁数纸挂扫帛上，偻而负之，围绕灵床及棺，而连呼其父或母曰'上车呀！上车呀！'呼毕，置死者牌位及岁数纸于车内。是曰拖魂。盖恐其恋而不去，为家人殃也。于是持纸物焚于土地庙前，而其骡马、人物须西南向。同时，长子复在庙前指路如初死时。火毕，归不哭，以谓死者将行，不可哭使不忍去。"。在梨树一带，"大殓之日日晡时，戚友各备祭礼，执刍灵（俗谓纸草活），令鼓乐前导，或有僧道诵经，以过头纸置扫帚上，倩人扶丧主倒挽，绕棺而行，丧眷及亲属执香火随后，均泣其亲上瑶（摇）钱树口号，疑为上瑶池路之误音。绕棺三周后，赴就近神祠，行间仍呼口号。至祠，亦绕三周，将帛纸升于纸车，并纸扎人马、冥楮等件焚之，丧主上凳，指呼其亲上西南大路。亲友各以纸箔为赙，向西南拜送，丧眷迎叩答谢。名曰送行，亦曰送三"。

辽宁各地也有接三、送三的习俗，但各地的称呼不完全一致，如辽阳一带称送行；复县一带谓送盘川；安东曰送盘钱；阜新一带称之为饯行；台安、桓仁、兴京、铁岭一带曰接三、送三。其过程大体为："大殓日晡时，具涂车、刍灵，鼓乐导前，僧道讽经于后，丧主用悬门之过头纸缚以帛，哭泣、鞠躬曳之退行，诣附近神祠，戚友随送至祠门外，鼓乐停奏，丧主及眷属入庙绕阶三匝，向西三号，亦指冥路之义；随将涂车、刍灵焚化，丧主向所送之亲友稽颡谢，号哭而返，曰送三，亦曰接三。"

河北也盛行接三、送三习俗，如在沧州地区，此称送路。丧后三日夕，"延僧道啑经，谒灵三次。设案于大道，案之东，陈座西向，孝子抱孤独（纸幡）置于座。束草粘纸，像车马、仆从，谓之纸扎，陈于路。孝眷各持数炷燃之，至大门，投香于孤独，曰报香。按死者之称谓以呼之，如妹投香，责呼曰：'姐姐，报香啦！'每投一炷，即呼一声，投尽乃止。投香毕，家人男女皆跪伏案侧，农家妇女，必兼述说姑若母一生之艰难，嘱其今已身故，勿再自苦。俟僧道在案前讽经一次，吊客挨次行礼毕，孝子抱孤独置之纸扎车或轿，火焚纸扎，号哭返，伏灵次，曰送路"。

旧时的北京，无论贫富，只要家中死了人，三天之夕准有接三、送三仪式。在接三前，丧家要到冥衣铺糊一份车马、箱子，其大体分为三等。头等的是与真的一样大小并能拖动的大鞍轿车一辆和顶马，跟骡以及四个粉红色的墩箱。二等的车马尺寸略小，车辖辘动不了，此外，其墩箱用"蜡花纸"糊。三等的车厢很小，大约只2-5尺长，1-5尺高，其俗称"纸片车"；此外还有两个用蜡花纸糊的小墩箱。

接三之日早上，丧家把这些纸活摆在门口，在车内和箱子内装纸钱、冥钞和金银箔叠成的元宝,加上封条。如果有白天经,就请和尚签发上书"秉·教沙门·封"的封条。同时,给赶车,跟车、抬箱子的纸人都起个如李福、王禄、张妈等的名字,写在纸条上,贴在纸人背后,并给每个纸人身上挂纸锭一串,烧饼半个,意为对他们发了钱粮。除此外,大门口还设有"门吹儿",富贵人家请"官吹儿",贫家多请"怯吹儿"。前者人数5-11人,其中有大鼓1-2人,唢呐2人,号筒2人,九音锣1-2人,水镲1人,有的还有大锣1人,大小疙瘩锣各1人,他们只吹打俗称"官鼓大乐"的传统吊唁曲子。后者也称"花吹儿",除

福建惠安首七之祭祀

了锣鼓、唢呐外,还有笛子和笙,除了"官鼓大乐",他们也吹奏一些市面上流行的曲子,甚至小戏、歌曲,所以比较不严肃。在富户的二门处,有的还设置堂鼓2-4面,谓之"二报",早年还讲究梆点二报,男宾来奠吊为之打梆,女宾来祭吊为之打点。民国简化礼仪后,此举渐废。

汉人有的还在灵堂前的月台旁设一班"清音",当来宾行礼上祭时,为之伴奏,显得清雅。满人丧家则用官鼓大乐,鸣锣致哀,显得庄重。在北京,门吹儿有早上鼓与午上鼓的区别。早上鼓指上午8-9点钟就开始"上鼓"奏乐,午上鼓则指中午12点以后"上鼓"吹奏。通常开始上鼓时,一般都要先按官吹打奏乐,以表示对死者的吊唁,这以后,怯吹儿就可花吹小戏、歌曲等。

接三时,亲友会来吊唁。亲朋一进大门,门鼓就为之传报,用击鼓、鸣号表示来的是"官客"(男宾),或用击鼓、奏乐表示来的是"堂客"(女宾)。行至二门,也有

"二报"，前清时，来男宾打梆，来女宾打点，民国以来一律击堂鼓传报。

近亲来吊丧，一进门便可举哀，而朋友则至灵前才举哀。吊唁者进院后，茶房或执事就马上喊："来客您哪！"提醒本家准备跪灵。宾客去吊祭，由知宾引上月台，这时鼓乐大作，茶房又喊："请您免礼！"吊唁人此时应将铺在月台上的红毡子撩开，露出白垫。于是茶房再喊："请行鞠躬礼吧您哪！"吊客则跪下四叩首（神三死四）。所有孝男孝女也叩首还礼。然后至灵前正式举哀。举哀毕，茶房又喊："少痛吧您哪！本家道谢啦，话到礼到您哪！"随由知宾搀扶或引至台下，到账房交赙礼。吊唁者的礼金通常用黄色、蓝签的封套装好，在正中写上"折祭〇元"。有的也直接送挽联、挽幛、花圈、烧纸等。交完礼后，账房发一个蓝绸白花的来宾条挂在胸口，随即就可以到茶座休息，等候座席。

北京俗云："接三面，洗三面。"在接三时，丧家招待亲友是以面为主，只有富户才有酒席，菜肴甚至可以多到12道，但主食仍是面食。在席中，孝子应由茶房引到每桌前叩首谢席。孝子下跪后，茶房喊："本家道谢啦！请各位老爷（太太）今晚给送三哪！"全体宾客应起立，行注目礼，以示答谢。由于这种丧事座席礼数大，要求庄重肃穆，所以必须等所有宾客都吃完后，才可以一齐离席，不能先后离去。

接三之日上鼓后，通常先要举行"开咽喉"的仪式。因为根据民间的说法，凡新鬼，其喉管细如针，不得进食，但吃了自己儿女的祭食，就可以把咽喉打开，才不至成为饿鬼。由于接三是人死后第一次祭奠，所以有儿女为死者"供饭"打开咽喉所举行的仪式，因为开了咽喉后才能进行朝夕奠等其他仪式。开咽喉的祭席通常由出嫁女置办，富户会办一张满放冷荤热炒和酥皮点心的"饽饽桌子"为祭桌；或买一个内装酱肉、香肠、小肚等的"什锦盒子"供在灵前桌上。上供时，由茶房喊："发爵！"鼓手击官鼓三通；茶房再喊："二爵！"鼓手鸣号，开始往供桌上摆供；茶房再喊："三爵！"则由孝属行礼叩头，举哀。随后，这些出嫁女要打赏茶、厨、响器三行酒钱。开咽喉以后，丧家就可以朝夕上食了。贫穷丧家的开咽喉仪式则非常简单，通常由亡者的媳妇供一碗现成的面食，放上一双筷子，喊声："爹（妈），您吃饭啦！"并跪地磕四个头就算了，即便有请"门吹儿"，也不一定用他们专事吹打一番。

在接三之日，富家要请僧道念"白天经"，有的甚至请番、僧、道三棚来念经，晚上还有"大送三"和隆重的放焰口。贫民之家没有白天经，仅请5~9位僧人送三，

·婚丧嫁娶·

图文珍藏版

然后晚上放焰口。所以贫家多在午后才开始扎焰口座。焰口座有多种形式，房上搭台设座的谓之"天荷座"；对着灵堂平地设座的谓之"鬼脸座"；而在平地直接搭一龛形座的谓之"落地榍子"。平民多用后两种。另外，为了放焰口，丧家还要准备"向十方法界无祀孤魂"施舍"法食"的"斛食饽饽"。通常富家准备一整桌堆叠如小山的饽饽，而贫家无经济实力，仅买几个馒头代替而已。此外，有的丧家也请给舞狮子等武场伴奏的"文场"来助兴，他们一般在下午4点左右进场，在灵前用锣鼓等"打三参"等助兴。

送三一般在天黑后。由于贫家没有白天经，所以天擦黑后，和尚才来到丧家，先在焰口座外吹三通、打三通、念三通，合诵《大悲咒》《往生咒》《七佛灭罪真言》《心经》等；或者先奏《世界同》，然后念《大悲咒》，接着再合奏梵曲；或者边吹打边念《二十四孝》《叹八仙》《翻九品》等。诵罢，茶房即喊："请本家子弟跪灵，各位送三的老爷们前升啦，前边拿香去呀！"这时，前来吊唁的亲友们有的举一股"把子香"（当作火把），有的打着一只白纸做的引路灯。一切准备就绪后，茶房就喊："本家请起，师傅点鼓！"僧众法器齐鸣，全体孝属及亲友一齐高声举哀，孝子孝女喊道："爸（妈）您上车吧！"长子打着挑纸钱，次子等紧跟其后，捂着嘴号啕大哭，步出大门。在北京，送三一般送到西边附近的广场或官方指定的广场或城根，如北城的钟楼后广场，地安门内路西便道广场、西域的南沟沿马路等处焚化。

送三时，鼓乐前行，他们吹打着官鼓大乐；接着是纸活冥器，下面依次是清音、西乐队、文场、举香提灯的亲友们和孝属们，最后是和尚，长住寺的和尚只是素打"当当通"，"子孙院"的和尚则打一通大镲，吹一通音乐，交替进行。有时在途中，文场还要狠命表演、卖弄一番，招来观者如潮。到达预定广场后，将纸活置于广场中央，车头多面向西方，有的面向丧家坟地方向。鼓乐、僧众在纸活前三面吹奏，孝子们跪在正中。由茶房将挑纸钱接过去，放在纸车里，点火焚化，孝属等三叩首后，一声大锣，鼓乐全收。这时孝子转过身来，再向送三的各位亲友叩首致谢，由茶房高喊："本家向各位送三老爷们道谢啦！"即告礼成，返回丧家放焰口。而这时，一般友朋吊唁者就不再回丧家。

送三返家后，就开始举行放焰口的仪式。焰口，出于佛教梵文经典《救拔焰口饿鬼陀罗尼经》：一日，佛的十大弟子之一阿难独居静室习定。至夜三更，见一饿鬼,名焰口,亦名面然,因为其观音菩萨点化,"口吐火而面若然也",故名。其身形干枯,咽细如针,口吐烈焰对阿难说:"劫后三日汝命将尽,生饿鬼中。"阿难心中恐惧,忙问避灾之法。焰口说:"汝明日为我等百千饿鬼及诸婆罗门仙人等各施一斛食,且为我供养三宝(佛、法、僧),汝得增寿,我得升天。"阿难将此事禀告于佛,佛即传授给他《无量威德自在光明殊胜妙力陀罗尼》经,以便为焰口等超度。隔天,阿难做了放焰口的仪式,超度了焰口,也使自己行了功德和增寿。所以民间模仿此放焰口,也就是做"祈建吉祥道场",目的是替亡人度救十方三世一切沉沦于地狱的饿鬼,广行功德,使其得以开喉进食,免罪消灾,皈依三宝,脱离苦海,早日升入极乐世界。

由于丧家的等级与经济情况不同,放焰口的规模也不。最大规模的放焰口为"千层焰口",其用毗卢座,和尚可多达108人,如吴佩孚死时,就曾用108钟(一钟为一位)和尚做"千层焰口"。而贫寒之家往往只请5钟和尚来做焰口仪式。

在和尚上座之前,丧主要跪请正座和尚,将引魂幡、灵牌和放焰口时烧的表文等写好。这种引魂幡上有荷叶形的云幡宝盖,上书六字真言。宝盖下有三条幡,中间一条写亡人名讳,如"显考〇府君讳〇〇之灵引魂幡",右边一条写"原命〇〇年〇月〇日〇时受生"。左边一条写"大限〇〇年〇月〇日〇时寿终"。莲座下边垂有四条佛家偈子,如"南柯一梦断,西域九莲开。翻身归净土,合掌礼如来"。又如"西方速去也,善路早登程,听经闻法语,逍遥自在行"。又如"早到西方去,莲花朵朵开,花开无数叶,叶叶见如来"。而给地藏菩萨的表文即为"三宝证盟",民间俗称"孝衣单"。其全文如下:

三宝证盟、荐亡谨疏

佛号天中天,光明照大千,大风吹不动,端坐紫金莲。

娑婆世界,一四天下,爰有南瞻部洲北京市兴隆寺秉·教法事沙门弟子,今为奉佛资命,兹逢〇〇街〇〇胡同〇号〇宅迎三送路施食,举诚修斋、报恩,孝男〇〇〇、〇〇〇、〇〇〇、〇〇〇右领合家孝眷人等,沐手焚香,一心上叩。

大觉世尊

地藏王菩萨　愿展

冥阳圣众

慈光,府垂明证,具词伏维上荐当斋。

已故考(妣),○○○之灵在世享寿○○岁,原命○○年○月○日○时受生,大限○○年○月○日○时告终。

兹今魂下超度之辰,哀叩

佛力,早示清升。

谨择于○○年○月○日虔请大德僧众,志心祈建拔苦生方,往生逍遥道场,晚分功德。本坛焚香设放瑜伽焰口平等甘露斛食一堂,弥陀如来,金光接引已故。门历代宗亲之灵,承伏良因化往人天净界。伏愿

闻经早登三摩地,听法高

超六欲天

○○年○月○日

写完后,将其放入用黄纸叠好的疏筒内,摆在面然大王(鬼王)的供桌上。然后,烧香秉烛,道场正式开始。

首先是拜座。僧众披上袈裟站于座外,正座金刚上师头戴毗卢帽,举着手炉,齐唱《炉香赞》,三称"莲池海会佛菩萨"后,念一遍《心经》。然后,正座韵道:"道场成就,赈济将成,斋主虔诚,上香设拜,坛下海众,举扬圣号。"僧众随即齐嗻"杨柳净水,遍洒三千"的"菩萨托"来"拜摩"。正座在参"佛、法、僧"三宝后入座,拉开道场序幕。

其次是请圣。其意思是请来十方法界一切佛、法、僧等光临法会,接受甘露法食。其仪式顺序为:1.登宝座,戴五佛冠。2.五方结界,安置五方世界诸法诸僧(奏《吉祥宾》《云月春天》《四上仙》音乐)。3.启请恭迎毗卢佛、观音菩萨、阿难尊者光临道场(奏《三宝赞》《叶里藏花》音乐)。4.表白缘起文,讲述焰口饿鬼于阿难的故事,说明放焰口的目的和意义。5.净坛,手结遣魔印、伏魔印、火轮印、真空咒印,口诵真言,将道场中各种妖魔驱逐远离。6.供养诸佛:以香、花、灯、涂(水)、食、乐等供养诸佛(奏《灵前歌》音乐)。7.遍请一切圣众。8.奉食:奉献荚味食品给参加法会的佛法僧及一切圣众。9.入定:结观音禅定印,澄心观想。

其三是度鬼,这是放焰口的核心部分,其顺序为:1.上师手结破地狱印,放光如日,触照地狱,悉皆破坏;地狱之门豁然自开。如用天荷座,这时将座下的"庙门"

打开,露出面然大王像。2.奉请幽明教主——地藏王菩萨光临道场。3.奉请引魂王菩萨,自地狱中引出各类孤魂前来道场。4.召请各类孤魂同赴法会,受无遮甘露法食,被召请到的诸鬼必须"至心合掌,俯首低头,勿得笑语喧哗"。此外,召请本家亡灵来临法会,照例是四请,既初申召请,再申召请,三申召请,总请。此时,孝眷等得来跪灵烧纸,并哭成一片。5.合诵《骷髅真言》或《叹七星》等经文。6.抛斛食,各类鬼魂依次接受甘露法食。7.同赴莲池,众鬼魂食毕,由西方极乐世界阿弥陀佛引导脱离苦海,同赴莲池海会。8.召请饿鬼:佛教认为,生前作恶,死后坠入饿鬼道,口中生火,不得进食。在放焰口道场中,为救度这些饿鬼,先施召罪印,将诸饿鬼罪孽集中在一处,而后以催罪印摧之,"使所召如烟似雾之罪山,作动摇,如瓦塔崩倒,如风吹云雾,即刻消散"。9.忏悔灭罪,饿鬼知罪忏悔,所以"百劫集积罪,一念顿荡除,如火焚枯草,灭尽无有余"。10.为说七如来,告诉饿鬼、诸佛子(指皈依三宝的饿鬼)如能"称赞七如来吉祥名号,能令汝等永离三涂八难之苦"。这里的七如来即:宝胜如来、离怖畏如来、广博身如来、妙色身如来、多宝如来、阿弥陀如来、世间广大威德自在光明如来。11.劝皈依三宝:劝诸鬼皈依佛法僧三宝,"皈依佛不坠地狱;皈依法不坠饿鬼;皈依僧不坠畜生"。12.结三宝印:六道鬼神,同皈三宝,得脱三途。13.同颂尊胜咒:参加法会者,各得"善利"。

其四是圆满奉送。法会圆满结束后,先奉送诸佛菩萨及六道四生归位与升天;接着表白《伏以文》,表示瑜伽焰口发挥了扭转乾坤的巨大作用,超度了孤魂野鬼。焰口仪式结束后,还要到指定的广场去"送库",即在那里焚化给佛的荐亡文书——疏和装满纸钱、纸锭、冥钞的"一楼二库四杠箱"以及金山、银山、纸人和各种模仿日常用品而做的纸活。这才最终结束接三、送三的祭奠仪式。

在北京城内外,旧时不论贫富都要做接三仪式。如果家中死了人不接三,会被人看作是死了人不送魂、不净宅,这在居民当中是绝对通不过的。尤其是房东或有小孩的邻居都会出面指责"没钱您说话,大家伙儿出官吊也得超度超度!不然,死鬼阴魂不散,在这院里一闹腾,我这屋怎么住?吓着这院里的孩子们可怎么办?"所以不论穷到什么程度,一旦死了人,也得走个接三的形式。有的白天没有门吹儿,只请5个和尚晚上坐在院子里简单打个"三通儿",由丧主打着挑纸钱,和尚打着法器跟着,出门往西,见到第一个十字路口,烧一辆小纸片车或一牛、一驴而已。甚至有的根本没有纸活,仅仅将挑纸钱或一堆纸钱一烧就算了。这样的接三因没有鼓乐前引,故谓之"光头三""单三"或"干跺脚"。如果没有焰口,只在送三前念个《心经》《往生咒》的,"口子"(不住寺的)上的和尚则称此为"一咒哄"。凡属这种情况,一般都在丧后第二天接三、送三,第三天就出殡了。

内蒙古一样有接三、送三的习惯。如内蒙古丰镇一带"俗谓之过三天";清水河一带名曰"告庙、叫夜","是日,诵经受奠。入夜,有设盥具,燃灯上供,室中墙角挂红纸者,谓之起殃。夜间,以纸卷糠秕、木屑,燃置道路旁,烧木柴,挑九莲灯及灯幡,导以僧道鼓乐,哭赴于城隍庙,乡村则赴五道庙。谓之告庙,亦曰叫夜,又曰送行"。山西的习惯也如此,如在闻喜等地,在大殓后,要"烧上路纸。呼鼓吹一部,戚友导有服男女至神庙(大抵泰山、城隍、土地等庙)。叩神毕,一孝女手提汤水罐,暗中摸索,随即浇奠,呼如所称,又一人代应,三呼三应,同出庙哭而返。至灵寝,哭奠烧纸。往来故迂途,邻里皆送灯笼。既返,款以酸汤面"。

在山东,接三、送三多称送盘缠或送路等,它通常在人死第三天举行大殓后做,据说这是给西行的鬼魂送路费。根据山东民间的传说,关押在土地庙中的鬼魂,这天将启程前往阴间,其需要盘缠,亲人应该及时送到,故有此仪节。送盘缠的地点多选择在村庄外的十字路口或土地庙边上,这主要是因为送盘缠需要烧许多纸货,所以选择庄外人烟稀少的地方。这种仪式;陵县一带"曰送山";德县等地叫"送盘缠";招远人称"送冥资";其多数都在小殓之后的晚间"赴庙招魂,备祭筵,设灵位,请奠客开奠,亲朋以次拜奠,孝眷哀奠,陈纸扎、舆马、箱杠等焚而送之"。

但山东有些地方是在大殓前举行这一仪式,如在长清一带,人死后第二日晚上有接三之礼。在临淄县,大殓前将夕,"奏鼓乐,至戚皆至,诣灵哭而拜,于是其子侄妇女等各执香,导以鼓乐复赴土地庙(城居者赴城隍庙),泣告奠浆如前。既毕,不复泣,舁冥用舆马等至僻所,招魂以祭,遂焚之,亲友皆拜,如祭仪,乃泣,乃归,乃大殓"。青城人也在人死后次日晚"举行送盘缠礼。备具纸糊车马、人、柜等,纸人胸前写家中童男女死者名字,并以纸被套装点心、纸钱、香锞之属。孝子以引魂纸(用长条纸若干攒集而成)招死者魂,负之案旁椅上。亲友举行奠礼毕,再负之行,家人沿路低声呼'某某勿小胆,打发你上路了',至车旁椅上(椅子先敷灰以备验)稍待,再徐送车中。主妇当问幼童某某登车否,答曰'登'(乃预先教说者),遂即引火焚化,孝子行指路礼如前。时有音乐前导,白衣社提灯进半里许方回,于路大声举哀"。然后,回家举行入殓仪式。此外昌乐、庆云、临朐、单县一带都是在亲死"二日之夕",去招魂、送路或送盘缠。

黄县等地的盘缠是几个纸包袱,里面装着金银纸折叠的元宝锞子,外面写着死者的名字,以防被其他鬼魂冒领支用。富裕的人家所送的盘缠十分可观,首先在十字路口用麸子撒成一个城墙形的图案,西门开着,由西向东排列许多纸扎的"象生"。最前面有男牛、女猪,意思是男魂用牛助耕,女魂让猪去喝脏水。中间是一乘四人抬的纸轿,其意思为让死者之魂可以乘轿西行。轿的周围是一些纸包袱,如果比较多则用秫秸做的笼子装起来,排成几行。这些是送盘缠时最基本的物件。此外,视家庭情况还有金银山、摇钱树、聚宝盆、钱柜、住宅、童男童女、男女仆人等,纸人的背后一般都写有名字,如男的多起名顺利、平和、钱买、小牛等;女的则多起名梅香、翠玉、春兰、小瓶等。近世还有扎黄包车、汽车、火车、轮船等,现代甚至扎有火箭、电视等。此外,送盘缠时,先要在土地庙前上供焚香,祈求土地爷不要刁难羁留亡魂,以便能及时启程前往西天。接着是祭拜亡魂,然后才点火烧盘缠,送亡魂启程,烧完后,大家还要三步一叩、五步一拜地向西走去,送一送亡魂,走大约 20 步左右才节哀返回,仪式到此结束。

河南有些地方也有此风俗,如淮阳一带,通常在人死三日成服后举行,举行时,"丧主被发徒跣,率期功亲焚纸锭、明器于路歧,曰送行"。在太康等地,也有于三日焚纸人、车马于茔旁或道旁者。安徽有些地方也有接三、送三的习惯,如颍上等地,老人丧后三朝,"张乐助灯,亲友送至城隍庙,谓之送三。后复设牲陈祭,罗列街衢,谓之庙奠"。江苏有些地方也同样,如在安东一带,"三日曰三朝,亲友馈茶果,至夕诣土地庙及城隍庙奠,曰过庙"。在盱眙城里,通常在丧后三日开吊,开吊之夜也要用纸轿、纸马等,以僧道送魂至寺庙,俗称送三。盐城、阜宁等地的接三称饯程,大殓前一日,丧众号哭出门,再奠于社,谓之"送饭"。大殓的当天还需以纸钱甲马临衢焚拜,谓之"饯程"。而"金陵之俗,三日内死者室中一切照旧,不得移动。每晚送草鞋一、灯笼一于土地祠,谓之送监掌"。上海川沙的送三称送床,在人死后三朝,"以床帐、被褥、衣服焚化田野,曰送床"。崇明一带也有类似的习俗,他们通常在初丧当日移尸正寝后,"或具仪仗舆送诸城隍神庙,谓之送魂"。

四、做七与出殡

从死者亡故日算起,每七天作为一个祭奠日期,这通常都称作"做七"或"七祭"。第一个七祭叫"首七"或"头七"。第二个七祭叫"二七",直到七七四十九天为"末七""尾七""尽七"或"满七""断七""圆七"等。每到一个七天就要做一次祭奠仪式,有的甚至请僧道来做道场或佛事。"七单"由阴阳先生或道士推算写出,上面有"回殡"和做七、烧"百期"的日子等。这张单子多贴在死者的灵堂或院子里,提醒丧家注意,并依期化帛禳解。

(一)做七

在黑龙江各地,"至亡人故之第七日,于早一钟致祭于柩前,焚香纸毕举哀",并于三七、五七、七七日举行祭礼,"亦有至十七者,随乡俗而异"。宝清等地称七祭为"摆七",通常"摆单不摆双"。安达、望奎等地俗称"烧七",并以五七祭为重,"俗渭亡者已至五殿阎君处也"。在人死后的第七日,丧家通常要"纸扎为台,谓之望乡台,家人咸诣台前致祭。祭毕焚台"。呼兰、绥化等地,"亲丧之后,自一七至七七,其已殡者,莫不按日设祭于墓"。而在依安一带,一七时,"主丧者于鸡鸣前率家人焚香纸,哭于烟筒下,谓亡人魂灵上望乡台而望家乡也"。以后每逢七日,皆焚香楮、冥镪等类,至七七为止。已出殡的则至三七、五七,均上坟致祭。

吉林的情况一样,人死后第七日晚,丧家"扎望乡台,以火焚之,曰上望"。如果在49天以内出殡,葬后遇到七祭,则每七日上坟,谓之烧七。当五七时,孝家烧花盆,意为死见五殿阎王也。烧七仅至七七,再不烧矣。有的地方如农安在一七时以香楮、酒醴祭于烟囱下,曰祭七。如果停柩期长,遇三七、五七、七七皆在家祭奠。

辽宁将首七称为迎七,在"黎明前,丧主偕孝眷西向跪于庭中(多在烟突之侧),焚化刍灵,望空奠祭,号哭擗踊,并延僧唪经,谓之上望。盖取七日来复之义,并取释典所载七日望乡之说",故"所焚之刍灵,必有望乡台者"。"亦有设乐延宾为礼祭之典者。戚友多于是日致送楮帛。在未殡前,遇三七、五七,七七之日亦然,谓之办七。凡二七、四七、六七之日，仅家人焚化楮帛，而不设奠。"如果在49日内安葬完毕，遇到做七时，就到坟上哭奠，此称烧七，如果停枢时间长，则在家中做七，此称"办七""办期"，"以亡者爵秩、封赠、姓字、年岁题枢前，日明堂。焚楮奠祭，亦有设乐延宾致奠者"。"停枢在堂时，每饭必进食，并设匕箸如事生，晨昏必哭泣。每七日必祭，戚友或送祭品，普通者以饼饵，谓之盒礼。五七之夕，亦有制纸为舟焚化于河干者。"有的地方五七之夕，除以纸制舟焚化于河边外，"有女儿者，或制纸花五盆，亦云免罪。"有的地方七祭也有延长至十七者。

河北张北、万全一带，称作七为"过七"。人死后第七日，谓之头七。供奉食物，焚香点纸，叩头举哀。嗣后，每过七日，即如是办理。富者，每七僧道唪经，鼓乐喧天，至四十九日，谓之尽七。如遇日期与七相同，谓之犯七。富者请僧道诵经，超度灵魂；贫者做旗伞，置在棺下，灵魂藏在里面以避之。有的地方也会借此举行开吊，招待亲朋，除僧道诵经外，举行家祭，并款待吊者。有的地方做七时，夜间诵经，谓之放焰口。有的地方如有"一亲尚存，每七减一日，以三十日五七"。有的地方如临榆把丧后的第六日呼为一七。

河南禹县白沙宋墓的外部结构

北京城里，旧时赤贫人家最起码应停枢3天，一般人家多停枢5到15天；而达官富户往往要停灵21天到49天，甚至更长的时间。由于有这样的不同，因此，做七时的情况也不同。在首七内出殡的，往往在七祭时，在家中和坟上烧些纸钱祭奠一下。七期时还停灵于家中的丧家，往往要请和尚、道士等来做佛事，富户则有比较隆重而奢侈的祭奠活动。如果是停灵49天，丧家除接三、放焰口、僧道等念经外，首七、三七、五七日更要大规模祭祀。一般白天番、道、禅经轮番上阵念经超度，有的亲友也会请尼姑或居士去念经，下午六时左右则是祭库、送库的时间，丧家招摇过市，将装满纸钱的楼库、阴宅、金山、银山等纸活送到指定的地点焚化给死者，返回后，晚上还有僧道的放焰口等祭祀活动。

此外，北京民间认为，亡人到了五七时，要过五殿阎王的关。五殿阎王乃包公，他一生无女。因此，他很喜欢女儿和花朵，如果亡人用插上花朵的伞把身子遮挡起来，让老包误以为是少女，就可以顺利通过。所以，在北京民间，通常在五七时，要由出嫁女置办一把粉地印白色图案的蜡花纸糊的大伞，上插上五朵石榴花，烧给亡人。此俗称烧伞。如果停灵49天，烧伞仪式结合在送库仪式中。如果停灵35天，烧伞仪式则在下葬时举行。如果在35天前就出殡了，就需单独设祭。其通常都由出嫁女主持，供品为水饺和几个上写死者名讳的装纸钱的素包裹，全宅孝属上香致祭叩拜后，将包裹请下来，连同纸伞一齐送到墓地焚化，有的则在家门口或附近广场焚化。焚化时，先要焚化三五张大烧纸，此俗谓之打发外祟，接着泼一碗净水，然后再焚烧包裹和伞，焚化时，孝眷多为之举哀。

在天津，人死后每逢七日也要做七。但由于其出殡日期无定，通常于死后七日、九日、十一日、十三日行之；富者则停柩三七、五七至七七者。因此天津人把出殡前所做的一七或二七都称为伴宿。是日，戚友赴奠，并请僧或道做道场"嗐经"，为死者超度消灾。在天津，如果只"嗐一日经者，多于此日行之"。此外，三七、五七和七七日，也需要在家设祭奠祭祀亡魂，而且五七日的祭祀，"必由孝女自焚纸糊之扎彩人"，因为天津人认为，"俗传五殿阎君爱女，由女焚之，可为死者减罪。"另外，天津的"贫者多不嗐经"，但接三仪式是一定要做的，而且接三后，即于五日或七日出殡，安葬死者。

山西许多地方同样要做七，老人卒之首七，"夜半男女绕街号恸，焚冥钱，归哭于灵座，谓之知死，亦谓之寻魂。"。沁源一带将丧后百日内祭奠谓之作七。翼城一带谓之过七，每七必备馔、化纸，哭奠柩前。亦有逢七举行开吊之礼者，戚友闻讣毕至，曰吊丧。内蒙古丰镇一带的汉族也同样需要七日设祭，焚纸钱，受亲戚赙奠，名曰开吊。亦有延礼生行家奠者。每七日黄昏后，燃灯烛、焚香楮，男女哭泣柩前，名曰"烧夜纸"。

陕西葭县一带做七祭时，士大夫家间有举行享献礼的，其他人家则多请僧道诵经做道场，直到49日以后才停止。宜川、横山、安塞等地"逢七，或延僧诵经，就寺拜忏，三七、五七亦如之"。在甘肃灵台、静宁一带，丧家于首七开吊，"倩宾回礼多至百人"。天水等地七日领帖；高台一带做七时，除了祭祀外，还请至戚厚友来奠，丧家则略备酒食招待与酬谢来吊唁的戚友。宁夏朔方的丧家也是每七日奠，"客至则宴，以多为胜；俑送尚华饰，或演剧为观"。而隆德一带则称之为"烧尽七纸"。

山东通常将做七称之为"烧七"，亲死后每七日要举行一次焚香烧纸祭祀的礼仪。如临淄一带的丧家"逢七而祭，或鸡豚，或肴馔，视力所能为者。亲友率于一七或二七日以祭品、挽幛（近多用挽联者，皆以素帛书诔，言惟简单耳）旨灵拜奠。丧主备鼓乐、吊簿，并设筵款之，或有用僧尼道士作佛事者"。有的地方尤注重做五七，甚至有"五七三周年，不烧不周全"的俗语。五七时，丧家通常要带着金山、银山、摇钱树、聚宝盆等纸活和香烛等到坟地祭祀。在泰安，做五七要在35天前提前做，也不能跨年头，如腊月十五去世，年内只剩半月，就需在这期间提前做，不得跨过年。做五七的头天，离泰城近的就到嵩里山上领魂。去时，需由一位老人领着身穿孝服的孝子或孝孙，带着常钱去。到了嵩里山上，先讨签，看看亡魂在哪个司里。签有好坏两种，抽到坏签的灵魂要下黑沙地狱、粪屎泥地狱、穿筋地狱、挖眼地狱、刀砍斧剁，爬刀山下火海等；而抽到好签的灵魂不仅不受刑，而且在衣食住行方面也特别好。抽签后，到司里去领魂，先烧上纸香，然后，扔常钱在地上，边捡边叫死者的称呼，最后兜着常钱回家。回到家门口时，其他孝子孝眷要在门外等候，一见回来了，大家号啕一场，把常钱迎进家门，放在死者的牌位上。马上烧几个菜和做面食，供在牌位前，意思是赶快敬奉老人。休息一会儿，孝子们进行抱香仪式，即将香竖放在常钱上，能使香竖着的为孝子，说明老人喜欢他，竖不住的则是不孝子，说明老人讨厌他。此外，做五时，还要请鼓吹手助兴，并有祭祀和上坟祭奠活动。黄县等地称六七为"闺女七"，这天，死者的女儿、侄女、外甥女等，要带着纸扎的花篮、盆花等上坟祭祀。有的地方，死者有几个儿子，就不烧几七；如有三个儿子，就不烧三七。如果烧七之日恰与农历初七、十七、廿七相同，这叫作"犯天七"，传说这种日子是阴间失火的日子，若不设法解破，就会将亡魂烧死。因此碰到犯天七时,需按死者的年龄数,糊一些白纸小旗,并准备一个筛子、一桶水。犯天七这天早晨,围着坟头插上小白旗,同时念道:"一岁一杆旗,亡人犯天七,阴间失了火,阳间来救你。"然后,将筛子扣在坟顶上,把水倒在筛子上,然后挑起担子,拿着筛子,不回头地返家,以避忌讳。

湖北汉口以人死至七日为头七,递数以至七七或十七,俗云每七日过一阎罗,请僧道诵经,焚楮。又以竹为箱形糊以纸,而实寓钱其中,谓之积,或装纸袋内,谓之包袱,上书死者姓名,焚化给死者。安徽凤阳的城里,丧家常延僧道超度,每七日一追荐,至七七为止,曰"应七"。而在乡间,"丧自七日,谓头七,吊者均于是日齐至,款以蔬酌即散。每七日一追荐,则与城俗同。其捂绅之家,间有仿城俗一切丧礼而行者"。芜湖等地则将做七俗称为"守七",每七日僧诵度一次,夜间必有子孙宿于灵前。

江苏盐城、兴化等地丧家每七日向夕,以楮镪就枢前焚拜,谓之烧七。士夫之家当七以酒脯飨客,谓之守七。安东、盱眙、阜宁等地也称"守七",自亲死之日起,阅七日必祭,以七七为止。其中六七的七祭称作"换饭",由出嫁女出钱置办祭筵,并延请僧道唪经礼忏,斋醮荐亡。南京也一样,丧家七日一祭谓之"作七"。"每逢七日,说盛馔以祭。如有女已嫁者,必于六七之日致祭,俗云六七小吃自家饭。富家则延僧道,礼忏讽经,以求冥福。"扬州的情况相同,"以死日计,每七日一祭,六七为止,亲族来奠。六七,女与婿设筵祭奠,谓之换饭。七终止吊,孝子墨绖拜于吊者之门,谓之谢孝"。

苏南的习俗有一点点变化,如太仓等地的丧家每七日设祭诵经,"僧人放焰口,道士水火炼,更有血湖、受生、寄库诸名目,谓之功德。甚者,僧道演唱歌曲,幢幡璀璨,箫鼓喧阗,悖礼忘哀,莫此为甚"。另外,在七祭期间,太仓等地的丧家常要给死者焚化衣服、袜履,杂以纸钱等,以致许多缎匹绫罗付之一炬。在丹阳一带,七日一祭,曰烧七,六七而止。首七日营斋供十王。五七由婿主祭,延僧礼忏。看来该地比较注重五七的祭奠。吴江一带比较重视五七祭。"五七之期,至戚具小神室以安其主。(主或以缎,或以绫,至撤几时则易木),并设奠,谓之上亭子。凡时节往奠,谓之上座。终七止吊,谓之闷灵。孝子墨衰拜于吊者之门,谓之谢孝。"上海川沙一带也是"七七启荐",另外该地的五七祭也比较特别一点,在五七之前一日,"至夜半,复将衣服、箱箧及生时需用物件焚送于庭,延僧道设享,妇女向孝灵泣哀,曰做早七。"由此看来,在苏北,女儿负责的是六七的祭奠,而在苏南,女儿负责的则是五七的祭奠,有细微的差别。

浙江杭州的丧家每七日一作佛事,曰做七,至七七四十九同,曰断七。台州人认为做七是生者对死者所尽的送死之道,也认为做七是把游荡在外的亡灵招回来,故也称聚魂。台州人做七,以一三五七为大七,一般都要做遭场、放焰口,四亲九眷都来祭吊。二四六为小七,不大张扬。丧家烧些纸钱祭祀一下即可。玉环一带的闽南人把做七称为"做巡"。殡葬后的 49 日为做七期,每隔七日祭奠一次,"竖幡作佛事,戚友有荐七之礼"。除头七之外,如果死者是女性,二七由娘家人如内侄做,三七由出嫁女做,四七则不诵经,待做七期满,将牌位归供祖先的神龛,丧礼告一阶段。在德清等地,"七七内朝晚供食必举哀(谓之朝啼夜哭)。逢七则以长凳供一烛、一饭、一纸锭,跨置大门槛,或僧或道向外摇铃,子孙跪于后(三次),招魂也(俗谓做七)"。另外,"五七上真亭。真亭者,真容亭也。婿家上之,丰俭不一。唯其祭飨必于夜午敲门而进,丧家乃开门而出,掷以甂类,互相号啕(谓之敲门羹饭)。无女婿者,他戚仿之"。在浦江等地方把七祭称为"坐七拜七",而召僧徒诵经拜忏才谓之做七。如果七祭适逢七字,如初七、十七、廿七等日,则名曰"撞七"。在丽水一带,做七称"请七",在这些祭日里亡魂会同来享用给其准备的祭品,同时也会有其他野鬼来抢食。为了不让野鬼抢走祭品,请七时,要在祭桌边上另设一副碗筷,此叫"请监斋神"。民间认为有"监斋神"在场,野鬼就不敢来抢食了。当地还认为这位监斋神就是宋朝开国皇帝赵匡胤。此外,在"请七"期间,丧家不能磨豆腐,据说亡魂看见磨一圈圈地转,会看花眼而忘记出门,会误了到阴间报到的期限。

在河南辉县一带,丧家逢七日必哭奠,至五七而止。"以七为阳数,子于亲死冀其还阳故也。五七之日,亲友同来助奠。士绅之家,于是日请亲友中生临六人着公服为之赞礼,名曰礼相。尚有祭至七七者。"

在江西南昌,"丧之七日,其前夕延僧诵经,夜半僧举灵幡迎于门外,举家哭,既入,设酒食奠。余七皆然,满七止,惟末七不接,设果食,灭灯烛早寝。五七必返,女于家哭,无女则使侄女代之。接五七,多由婿家作佛事,灵屋必女买,无女则侄女买。设灵屋必于五七以内,终丧并主焚之"。

闽台一带,人死后每七日丧家即备牲醴哭祭死者,直至七七为止,这些祭奠仪式统称做七或"做旬"。头七这天祭奠的费用由孝子打理。民间认为死者到第七日始知自己死亡,其亡灵将回家里哀哭。所以,丧家需在亡魂归宅前,即该日的午夜后开始号哭,到正午时,则致祭供养。有的人家还请僧道来做道场。他们在丧家设坛,悬挂三清或三宝佛像、十八地狱图等,为死者诵经,超度、开魂路,丧家则随僧道的仪式过程献敬。二七为小七,也由孝子办理,但小办事。

三七的祭奠由出嫁女负责,该日由出嫁女备办牲醴来哭祭,故该日祭祀也称"查某囝七"。中产以上的家庭多请僧道来做道场,少则一昼夜,多则三昼夜。先由僧道诵经做功德,继而由礼生司仪,女婿致祭读祭文,仪式极隆重。在做功德时常有"打虎练度"和"目连救母"等表演。这些故事均为宣扬孝道,前者内容为:一行者为寻觅吉地安葬父母,途中遇到猛虎,与之搏斗,老虎终为其孝思所感动,放其通行。后者则讲目连如何救出在地狱受苦之母的故事。在做功德后,有时还有"弄铙"的技艺表演等。而在该夜,丧主也需设宴酬谢女婿等。

四七俗称"乞丐七",按俗应由亲友备办牲醴来祭拜,丧家不备供品,当天只备一碗水及准备一些红包放在灵桌上。亲友来祭拜时,丧家也不参与,而且不和来祭吊的亲友见面。亲友祭拜毕,径自拿走丧主预备好作为答谢的红包。而五七则由出嫁孙女或侄女负责祭祀费用,所以也称"查某孙(女孙)七"。

丧后第四十九日称满七、尾七或"尾旬",也必须有祭奠仪式,而且做完了尾旬祭祀,丧家止吊,亲友不必再来吊祭了。尾七仪式的费用也由孝子负责,以表示有始有终,功德圆满。尾旬的祭祀,入夜有烧灵厝之俗。灵厝为纸扎的家屋模型,其制作美观精巧,宛如权贵富户的宅第。该夜,灵厝要和按死者生前形象纸糊的坐像"魂身"、出嫁女赠送的金山银山等一起在仪式结束时焚化,给死者在冥界居住之用。

同时,丧家做"大七"时,通常需要备纸扎家具如衣柜烧给死者用。按地方的风俗,丧主所扎的为黑白相配的衣柜,而出嫁女或出嫁孙女所扎的为红白相配的衣柜。丧家焚化衣柜时,柜内还要放些银纸。民间俗信焚化纸扎家具特别是纸柜时,常有游离的孤魂野鬼会来抢夺,所以,孝子在焚化纸柜时必须环绕着纸柜而哭祭,直至烧完为止,这样才能让死者得到。其次,做七祭时,丧家要准备俗称"祭文头粿"的白色米粿两盘,供奉于灵位前。每盘交互叠放 13 块白粿,其中一盘的最上面一块做成笔架形,其为孝子所供奉,另一盘的最上面一块做成馒头形,为孝女所供奉。再次,丧家在做七祭时,还须备办一份牲醴祭祀"王炉",这里所谓的王是十殿阎罗。七祭时祭王,是请求各殿阎王在死者抵达该殿时。让死者之魂顺利通过,因此,这个祭祀仪式也称"过王"。

另外,在闽台,有的地方七祭不止做到七七结束,如同安人每七日必祭.族戚友来吊祭,至九七乃已。而在做"九七"时,多延僧演经忏,糊纸屋、器皿焚化,甚有演剧者,俗日"暖丧"。有的地方做七祭也不按七日为期的规矩办。这主要是因为与死者死亡时的年龄有关。做七的整个周期是 49 天,但如果某人是在 49 岁前去世,丧家就不能按常例做七祭,而要缩短时间,以做完全部祭祀的日期不超过死者年龄为原则。如可以每隔三四天做一次七祭,在这种状况下,七祭完成后,也要马上做百日祭。所以,闽台有"死人的日子快过"或"死人快过日"的俗语,而这种提早完成七祭的做法也称"偷七"。

澎湖岛上做七是"计死者之年岁为做七之期,如死者八十岁,即派八十日做七个七祭"。而且该地的"末七"比较隆重,"末七之夜,延道士到家开路醮、拜忏,尽一夜而止";而富者则做三昼夜。在南投,头七、五七和满七这三个七祭比较重要。富裕丧家在这几个祭日中,都要延聘僧道来诵经超度亡魂。在宜兰,多数人家都在尾七举行卒哭礼仪,但也有人到百日祭才卒哭。此外,卒哭后需在夜里去谢吊,"孝男具丧服,一人持灯,踵门免冠致谢,置帖门缝,不敢见也。分胙于人,谓之答纸"。在彰化、台南等地,旬祭不限于七旬,多可至十一旬,旬的多少视亡者身上所套寿衣多少层而定。

在霞浦,做七时延请僧道念经称"看经""至五七、七七,富室则广延僧众,拜十王水忏、玉皇、大悲等忏,俗称做功德。或五昼夜,或昼夜不等,糜费至千数百"。连江一带在终七时,终止朝夕奠;自此到三年期满,"逢朔望则上食。前一夕哭。谓吊灵,本夕哭,谓安灵"。南平人每七设斋供拜忏,六旬糊舟焚之,百日辍哭,哭惟朔望晓昏。而在惠安,由于多数丧家是在入殓后停一两天即出葬,所以在头七时,要备一些菜碗,到墓地和祖厝供奉的像亭前祭祀。祭毕,将像亭中的遗像挂于祖厝正面的厅壁上,并把像亭烧化掉,并烧纸钱给死者。

厦门将做七称作"做旬"或"旬祭"。"旬"本是十日的代称,但在厦门的丧事中为七日,因为厦门人认为"死人快过日",所以一旬也就缩短为七日。厦门做旬一般要做到"七旬",对高寿者和地位显赫者则可以做到"十三旬",也有的是根据亡者寿衣穿几重而决定做几旬。做旬时,一三五七为大旬,二四六为小旬。小旬只做一般的祭祀,如祭些供品,烧点纸。而大旬分别由于、女、孙女主祭。头旬及尾旬叫"孝男旬",由孝子主祭,意为有头有尾。三旬叫"查某仔旬",由出嫁女主祭;五旬俗称"查某孙旬",由出嫁孙女主祭。做大旬时,必备丰盛的祭品祭拜,必烧大量的金银纸。富家多请僧道来为死者诵经做功德。祭祀过后,宴请亲友,特别是帮助办丧出过大力的人。做尾旬时,往往要烧纸扎灵厝给亡魂居住。

客家人把七期称为"酬七""筛七"或"做七七斋"。每届七期,多数地方的孝子孝孙要着孝服备牲醴哭诉祭奠,有的还请僧道做法事超度亡灵。其中四七为"妹子七",该日的开销全由出嫁女负担。大埔人将做七称之"奠七",做三七时,用"纸糊灵屋,谓魂帛入灵",且"设席加厚,以谢前时用事者",末七后,早晚做孝始停。有的地方则有"走七"的风俗。老人如在初一、十一、廿一去世(大埔人仅限初一去世者),在其去世的头七,全家人早饭后要锁门离屋,至傍晚才回来。因为俗信这一天亡灵会回家,所以要回避。长汀则有"撞四七"之俗,据说人死后的第四个七日如碰上农历的"七"日,阴魂会回家作祟,所以全家人在四七前一天晚上要避开,到第三天才回来。甚至连家畜都要移走,同宅居住的邻居也要回避,省得阴魂找麻烦。宁化人认为,不仅是人死后的四七,七七如碰上农历的"七"日,阴魂也会回家闹事,为了避免"撞七"和出凶祸,举家要"走七"回避。在闽西客家人中,五七、七七祭祀比较隆重,其他的七期只是上坟烧纸祭奠而已。在长汀,五七时,亡灵不能吃家中的饭菜,所以出嫁女(无女就由外戚办)应备办酒菜;送到死者家中祭奠亡灵,这叫"送五七饭",其他亲友则送冥镪与粉干等,中午时分集中焚化,这叫"烧饭箩"。此外,丧家也要拿一两件俗称"手尾"的死者遗物分赠给送五七菜的女姑。七七,客家人称之为"断七""封七""尽七""完七"。这一天丧家要做法事,戚友来参加祭奠,傍晚焚烧楼库等;有的地方在这天要将死者的灵位请进"香火堂"(宗族分支的祖堂)神龛入祀,此谓"上祖堂",或先移入本屋正厅神龛入祀,以后再转移到祖祠。

广州一带做七是人死后逢七所做的追荐拜祭礼。一般以单七为"大七",双七为"间七"或"暗七"。头七是死者新丧不久,丧家哀悼气氛仍在,所以其通常与丧期结合在一起。三七的祭祀,主要由亲友祭拜。五七必须由出嫁女回来主办,如没出嫁女,侄女、侄孙女也可以。七七称末七,仍由丧主负责致祭,其仪式俗称"做末事",所以在末七丧家通常要大开筵席,邀请各位亲友光临。同时,在这一天,那些丧堂、祭帐、灵台等都可拆除,仅留下拜桌来放神主,并要早晚侍奉,直至百日。四会等地的七日之奠,必用道士,"始事曰召请,终事曰送亡"。此外,"每于三七、五七前召僧众作佛事,谓之打大斋。择定七期为散杂日。先期,僧来立素,后举家素食。届期,第一夕入坛,另纸书亡者衔名奉坛上。二三四日皆讽经,早晚设素筵,请亲友,曰来吃斋。二夕散花,奉亡者牌位行仙桥。三夕放生,纸扎仪仗,用鼓乐导僧,临水滨买禽鱼纵之,亲友皆会。四夕放焰口,僧登台诵经咒施食,烧受生钱,以担计。事毕开荤,曰倒厨。五日,亲友到吊奠,曰约吊。主家即以荤筵款之,曰散杂"。

广西许多地方的丧家,一七谓之首七,自首七至七七,每七必致祭举哀。在每个七祭中,"均延道士礼忏诵经,名曰打斋。亲友之情重者皆致送香烛,主人备酒筵申谢"。惟四七不举办七祭,所以该地有"生不做四十寿,死不打四七斋"的俗语。五七则由女婿或侄婿出资办理,俗云:"五七不吃自家饭。"此外,平乐人所办的丧筵,必须有豆腐一盘,故有豆腐酒之称。"又以丧家尚白,故有白酒之称。"

贵州绥阳一带死后每七日必祭,渭之烧七,至七七方止,认为阳魂七日来复,故需祭祀。在玉屏一带,丧家"每逢七日,设供荐亡,多用楮钱"。沿河等地的丧家七日一奠,为烧七,至七七毕。亲友奠以楮钱,以道教主事,亦有用儒教行文公礼者。在兴仁一带,自逝世之日起逢七日必祭。祭则焚楮袱,一七七袱,二七十四袱,推至七七乃止。

成都、合川、渠县等地称此为"烧七",如果请僧道做法事则称"应七";华阳等地称"作七";新繁人谓"敬七"。许多地方如金堂,武阳等,丧家逢七即请道士念经超度亡魂。但头七需出殃,五七则要做较人型的道场,而非念"小经"。做五七时,普通人家请和尚或道士 5~10 人,做道场 3~5 天。豪绅人家则请道士数十人做九天水陆大道场,并大办宴席,请客酬礼。彭山的有力者乃依七七延僧道诵经。至五七日,则大设水陆作佛事,放焰口,亲友亦咸以香楮、联文致敬;即无力者,于此日亦必召术士于家,小为道场,谓之做五七。

(二)出殃、避煞

所谓的殃,民间认为即死者最后所吐之气。俗谓此气凝而不散,天亡或冤亡者尤甚,人遇之则死,故预防而逐散之。在吉林,为了预防殃及他人和避殃、驱殃,凡有丧事,必请阴阳先生来净宅。"净宅者,净死者终时所住或经之室。其法,置斗于桌,内盛高粱,插刀焚香,阴阳者击磬诵咒,咒词严酷;顷之,且咒且以参铁屑之五谷向室内各处击之,同时,使人鸣炮室内,以逐殃也。"在阜宁一带,堪舆师推算某日时死者回殃,至期锁门避邻家,谓之出殃或躲殃,逾其时鸣金入宅,才能躲过灾难。陕西同官也有回殃、避殃的习俗,当到了择定的出殃日子;丧主全家移避,逾两小时后始归。中部县一带也样,亲丧后,"堪舆家就殁者之生辰八字推算出殃之日期时辰,届时,全家避至他处,名曰避殃。"

安徽芜湖一带出殡时有"赶煞"的仪式。丧家出殡之夕,必赶煞一次,约三四人手敲铁器,燃鞭炮,沿途呐喊,至空地而回。在江苏扬州等地,"回煞日,安置死者衣物如生前,榻前设牲酒,住房生人避居,亦有于别室施食念经。次日黎明,鸣锣入宅,谓之赶殃,撤除死者衣物"。在吴县震泽一带,"据批书所定日,用道士招魂,主人奉主以接(主或以帛,或以纸,至五七则易木),兼焚死者遗衣,谓之神回;以有煞神,亦谓之接煞"。

杭州一带的人们俗呼回煞曰回神,岁支冲者成避。他们以死之日干支推算应某日回煞。届时,于床前为位,陈死者衣服,设蔬果,召巫作法,取鸡卵盛瓷碗中,以厨刀碎于中庭,言煞神凶恶,以此被不祥也。于潜一带的民间认为,人死对日有禽自枢出,曰雌雄二煞。所用神马,人首禽身,即煞神也。前几日无魂,按其生肖算至第几日备筵灵前接煞,煞至,生人退避不可犯,所以要举行回煞的仪式。在海宁一带,"据批书所定日期,用道士招魂曰迎神,亦曰神回,又曰接煞。门户悉悬角黍、冥锭之属,自大门召至亡者之寝,凡三次毕,乃送煞,扫除不祥"。在德清,"冲回谓魂归也。用斗书上所注之日,延僧道设醮于堂,自大门至寝室皆如之。以平时冠服向床内设假尸，送终时若干人，此时亦必若干人哭而奠之，兼焚遗衣或纸衣"。此俗称"丧转"。

河南巩义市亲丧后，常延术者推算出魂时刻与其方向，名曰"殃状"。届时，全家外出规避，虽停尸未殓，悍然不顾。广东大埔一带也一样有避煞的习俗，人死若逢初一、十一、二十一等日，谓之头七、凑七，是晚恐有神煞到家，人畜均远避，否则恐不吉。贵州开阳一带在办丧事过程中，"僧侣据逝者之生死年月推算，谓逝者之魂当以某日、某时返于家，曰回殃，家人咸避之"。广西同正一带也有避煞的风俗，该地通常在"三七之夜，则燃烛烧香，以细草灰铺于簸箕，贮灵台之前，谓之回煞。次早视之，或有鸟迹抑鼠迹，如有鸟迹则吉，谓其灵魂上天堂也"。

成都人把回殃叫作回煞。据说"生不认魂、死不认尸"，人死后，魂魄还在空间存在，在七七四十九天之前，亡魂会回家一次，这个日子就称回殃。回殃的日子由阴阳先生或道士推算，写在七单上。到回殃之日，事先要把香烛酒食等摆在桌上，在堂屋前和死者睡房前的地上铺一层草木灰，用来检查死者回来的脚印。在大门口的阶沿上则竖立一根竹竿，每隔一尺远贴纸钱一张。这是招魂的标记，据说是亡魂见到此就知道是自己的家，就会进屋去享用为其准备的东西。东西安置好后，一家人要躲起来，避免与亡魂见面，待规定时间过了，认为鬼魂已走了，这才放鞭炮禳解后出来。四川其他地方也有回煞之俗，如巴县人认为"巳日死者雄煞，四十七日回煞；十三四岁女雌煞，出南方第三家，煞白色；男子至二十日及二十九日两次回家，至朋必避"。合江、彭山、江津等地也有推煞之说。推煞者谓人死后魂升于天，魄降于地，自死日起经若干日，魄由地出。其出之高度，煞期之远近，均以亡命干支所属推算。届期，家属内外皆出避，谓之避煞。"灵前寝室筛灰于地以验之，亦间有现异迹者，理亦不可解。"

在京师，所谓殃、煞是指死者三魂七魄的七魄。阴阳家认为，死者的七魄按一定的时日出来，化成某色气，向某个方向去，此谓之出殃或出煞。过去，民间有许多有关出殃的传说，而且非常神秘。有人说殃是死人的"恶气"，人撞到了会倒霉，所以出殃时，人需避开，此称避煞。如果被殃打到，不死也要大病一场，这就是"中恶"，或变成"小花脸"或"阴阳脸"。就是花草、树木被殃打倒也会枯死，所以丧家出殃，四邻的枣树、榆树、石榴树等都要拴上红布条，这样就可以避煞，死者的家属也需躲避，以免"中恶"。

出殃有一定的仪式。丧家要根据殃榜上所开出的日子、时辰，把死者临终时的卧室布置起来，通常是把死者的被褥铺好，衣服打开，放在炕头。打一盆洗脸水，放上毛巾、肥皂。小桌上摆上点心，茶水，烟具等。如果死者是女性，还要摆上梳头匣子和化妆品。根据推算出来的出殃方向，还要把窗户撕开一个洞，好让"殃"从这里出去。有的还在桌上摆一碟没有包馅的饺子，说是让亡魂吃了觉得没有滋味，一气之下就跑走了，这样出殃可以快些。另外，出殃时，有的把炕席卷起来，在炕上撒一些灰，有的则在地下撒一些沙土。根据民间的说法，出殃后，灰或沙土会留下死者的足迹，据此可判断亡魂脱生的类别。

另外，有时也会碰到阴阳先生所说的"六凶神冲，殃不出"的现象，此主要指死者逝世的年月日时冲犯"六凶神"，致使殃煞占据住宅的一个地方而不出来，从而使殃煞留在家中而可能对生人不利，所以这需要阴阳先生来禳解。那么，殃煞可能会占据在何处，民间有一口诀谓："寅窗卯门辰在墙，巳在阳沟午未梁，申酉在碓戌亥灶，子丑二时在厅堂。"阴阳先生禳解时，主要是在殃煞占据的地方，贴上五道符，把其驱逐。其次是用金精石、银精石、避殃砂、鬼见愁、鬼箭草、安息香等各等份，磨成细末，配一副俗称"六精斩退魂魄散"的驱邪神物，洒在死者的住处，以除污净秽，洁净内宅。据说这样禳解后，殃煞就可以从家中出去了。

第十六章 葬礼习俗

灵枢停家的时间是有限定的。当坟墓营建结束,应该准备的物质已经准备,必须施行的礼仪已经施行,丧主人就得考虑出殡、下葬之事了。

一、卜葬

丧礼规定,丧家在认真准备陪葬物品的同时,还要仔细挑选出葬的日期。清代学者顾炎武在专门研究《春秋》及汉代皇帝的出葬时间后指出,《春秋》记载出殡的日期全是"柔日"。如宣公八年(前601年)十月己丑,葬夫人敬嬴,天雨,不能出殡,庚寅的中午才完成下葬之事。定公十五年(前405年)九月丁巳,安埋国君定公,天下雨,不能出殡,戊午这天日西斜后才完成下葬之事。己丑、丁巳,是经卜算之后求得的日子,因天雨而推迟到第二天,是由于事情有变化,而非使用"刚日"的例子。汉代学者未深究其义,所以高祖刘邦出殡是在丙寅日,武帝刘彻出殡在甲申日,昭帝刘弗陵出殡在壬申日,元帝刘奭出殡在丙戌日,哀帝刘欣出殡在壬寅——全为"刚日"。中国古代以干支纪日,凡天干属甲、丙、戊、寅、壬的日子被当成刚日,天干为乙、丁、己、辛、癸的日子被视作"柔日"。刚日即"单日""奇日""阳日";柔日为"双日""偶日""阴日"。如顾炎武所言,葬日是经过认真慎重挑选了的,王公贵族、皇室乃至有钱的人家在选择日期时,既要延请卜人占卜,而且还有一套复杂的仪式。这种做法自然会在民间广泛流传,如安徽、浙江诸地,就有一批专门料理丧葬事宜的,民间称其为"山人",这些人出身贫贱,非僧非道,可是念佛诵经却与僧道有相似之处。他们在挑选吉日出殡、良辰下葬等方面均比较权威,丧家得听从安排。北京等地的丧家于人死之后,则由阴阳生将死者生和死的年、月、日、时、享年以及入殓、出殡、破土、下葬的时日书写在白纸上,贴在大门的旁边。这就是说，其出殡、破土、下葬的吉日吉时，也是预先挑选了的。较有意思的是浙江南部葬日的确定。清人石方洛撰《且瓯歌》介绍道，"可怪且瓯人断魂，先开死生日月问卜人，卜人若言有耗星，子妇衰麻不上身，全家掩口无哭声，寂寂盖棺三五更，异诸荒野弗登陵。"也就是说，人死之后，丧家将死者的出生年、月、日、时，交给占卜者去挑选出殡下葬的时间。如果占卜者认定死者的生日之辰和死日之辰重叠，丧家就不能热热闹闹、大张旗鼓地出殡送葬，而必须遮遮掩掩、偷偷摸摸地在半夜三更大敛，随即将灵柩抬往村外，并且不准哭泣，不准披麻戴孝。七天之后，才正式公布亲人的死讯，再补办丧事。

"吉利的葬日"来临的前一天夜晚，有些地方还要举行告别仪式。《礼记·杂记上》说，出殡前夕，要整夜的燃烧柴火，使之光明达旦，这种仪式就属于比较典型的"闹丧"风俗，该种风俗可能已在周代出现。《盐铁论·散不足》篇说，当时的风俗是乘乡邻家办理丧事时去吃肉喝酒，进门小坐，就要求丧家快快置办，另外，还要唱歌、跳舞甚至演戏。汉初名将周勃，跟随刘邦打天下前，就经常被丧家请去吹箫助兴，正可证《盐铁论》之说不虚。学者们还根据清人王棠《知新录》中所说的宋仁宗的母亲去世，仁宗发下话说，要光禄寺供奉美酒，为皇后诸人暖孝的记载，指出"暖孝"，也就是"闹丧"，此习俗是由民间传入皇室的。看来，闹丧的风俗在宋代就很盛行了。闹丧也称"暖丧""坐夜""伴亡""唱夜歌"等，是出殡前夕，丧家停柩于堂屋正中或者屋舍的大门之外，会集亲友乡邻，喝酒、击鼓、唱歌，一直到第二天天亮的一种活动。明清时期，闹丧之风依然盛行。洪武元年（1368年），御史高原侃就曾报告朱元璋，说京师的民众，因循旧俗，凡是家中死了人，就要会聚亲戚朋友，摆置酒席，大吃猛喝，然后吹拉弹唱，娱乐狂欢，说是要让尸身高兴，完全没有了悲哀痛楚，这需要认真禁止。清雍正时，也曾专门针对此习，诏令全国，甚至将这等事作为犯罪行为处理，但效果甚微。

闹丧之外，东北地区则有"辞灵"的活动。出殡的前一天夜间，灵堂内满布点燃的蜡烛，死者的子女及其亲属分别跪立于两侧，主持者手持香把站立在灵前，宣布"辞灵"。所谓辞灵也就是向灵柩举行的告别仪式。在哀乐声中，孝子孝孙和亲戚朋友依次来到灵前，向死者叩头、礼拜。在叩头礼拜之时，主持人则致"辞灵词"，其主要内容包括辞灵者的身份、姓名，因何理由辞灵。辞灵者的辞灵程序完

台湾地区台中县大雅乡的"皇金瓮"

成,辞灵词也随之宣读完毕。接着,主持人便将手中的香分出一枝插入香炉。依次由第二人辞灵,主持者再宣读不同内容的辞灵词,如此反复,直至最后一个人。

东北地区有辞灵的仪式,西北地区却盛行"升幡搭桥"的活动,时间也是在出殡的前夕。这天晚上,丧家在死者灵前摆放一张八仙桌,桌上放置一盛满清水的盆子以及梳子、篦子、镜子。水盆中投放着七枚铜制钱及七枚红枣。灵堂的外边仰放着一张方桌,桌脚上搭放着木板,成"桥"的模样。升幡搭桥的时辰一到,阴阳生动手给灵牌作象征性的沐浴、梳头、照镜子、洗脚、穿衣。礼毕,就将事先搁置在仰放着的桌脚上的四个用面团做成的青油灯点燃,灵堂内八仙桌上的水盆口搭一木板,木板上摆放一个点燃了的面灯。阴阳生此时摇动"引魂幡",念动"指路经",再诵读"开路咒",……这就是所谓的引领死者魂灵走过"奈何桥"的仪式。亡魂走过了奈何桥,就能消灾去难,不入地狱。当阴阳生在念"指路经"和"开路咒"的间歇期,孝子孝孙们便依据辈分逐个朗读自编的挽歌,挽歌的内容几乎都足嗟叹生命无常,并借机抒发哀情,如"悬崖撒手抛亲人,眼睛一闭命归阴。活人就像一场梦,想见一面万不能!"孝子孝孙们是企图借助挽诗的形式,来慰问亡魂并表示眷恋留念之情。有的地方是在阴阳生念"指路经"和"开路咒"的间隔期,将一条长凳仰放于地,用一张宽度和凳相当的长条白纸搭放在两边的凳脚上,再用四盏灯分别压在凳脚的白纸上,这又成了新形式的奈何桥,桥之下置一盆,盆中注清水,盆口上搁着一块木板,木板上放一点燃了的油灯。阴阳生手持另一点燃的油灯在奈何桥的桥面上由室外向灵堂内的方向缓缓移动。移动之际,孝子孝孙逐个诵读挽歌词,直到每个人轮流一次。每当读完一首挽歌词，阴阳生就高喊"亡灵平安渡过奈何桥了！"孝子孝孙们在旁应和道："过了！过了！"

全国很多地方还流行着"伴宿"的习俗。所谓伴宿，也就是在出殡的前一日，丧家大小和重要的亲戚全部集中在灵柩旁伴守一宿，借此表示"永别"前的祭奠和留念。《金瓶梅词话》已有此俗的记载。

告别死者的仪式结束，出殡的时辰也就随之到来。

出殡的这一天，也有不少值得介绍的活动。一是长江中下游和淮河流域一带的"赶煞"。所谓赶煞，就是驱逐恶魔鬼怪，以求家人的平安大吉。赶煞是在灵柩即将离家之前，由道士主持。道士首先环绕屋舍一周，当然，也不放过厕所、猪圈；进而又走遍室内的每一个角落。这就是借助法力，赶走鬼怪恶魔，以免它们留在家中害人的仪式。二是陕西地方的"祝道礼"和"祀土礼"。灵柩搬动前，点主官、礼宾生和祝道官、祀土官等在呜咽着的唢呐声中一同走出丧家大门，然后，沿着通向墓地的道路，每隔一段距离，就设置一处香案，并由祝道官点亮蜡烛和烧上清香，再由读祝的人宣读祝道文，希望道路之神保佑亡人的灵柩能顺利地被抬走，不致中途出现阻塞。这就是所谓的"祝道礼"。祝道礼毕，这一干人就来到死者即将下葬的墓地，接着又在此地设置香案祭祀土地神。祀土官仔细察看坟周地势后，点上香、烛，诵读"祝土神文"，目的是请求土地神保佑死者能够得到妥善地安埋。这就是所谓的"祀土神"。三是长江中下游地区的"放灯"。灵柩出门前，丧家就会派人向灵柩必须经过的路段上的众多"野鬼"施行贿赂，目的是要它们关照即将入土的亡灵。其贿赂的物品主要是点燃了的涂满了油膏的麻秆——民间认为野鬼最喜欢食油——将这些麻秆插于路旁，野鬼高兴地享用之后，就不会为难棺材中的死者，亡魂就可畅行无阻，抵达其归属之地。四是西北地区的"题材头"。"材头"，即棺材头。棺材在离开家门之前，死者的亲友全部跪于棺材前面，接着，由孝子向主祭官呈上题写材头用的毛笔。然后，孝子捧砚跪于柩前，主祭官开始题写材头。题写的材头有老年人和年轻人、男人与女人的区别。如男性老人的材头可题"时故先考某公讳某某灵柩"，材头上方的宫式门楣扇形框中，则书"安乐宫"三字，两边的楹联为"孟坡头上金童送，奈何桥边玉女迎"，或"寿域焕彩昭百世，佳城巩固隆千秋"等。题毕，亲友拜谢。材头题写之后，再题写棺材的盖。棺盖的表面事前就用别的颜色画出了若干个碗口大的圆框,这是题字之处。其仪程与题材头完全一样。圆框中的内容,也有性别的差异。如男性老人是"佑启我后人",女性老人则为"坤德后嗣昌"等。五是流行于全国各地的"开吊"。开吊是在下葬的这天,丧家盛宴款待送丧、吊唁的亲戚朋友。酒宴结束,灵柩就可以启程上路了。

应该指出,这些内容具有浓厚的迷信色彩,根基于"灵魂不死"的观念,虽然应该给予否定,但是其中的寄托哀思,向亡灵表达依依不舍的情怀,却是可以肯定的。

二、出殡

周代的天子在出殡之前,有"荐车马明器及饰棺"的仪程。"荐",即"进",也就是将魂车(死者生前外出时所乘坐的车)陈列在中庭,养马的人将拉"魂车"的马牵进祖庙让"祖宗"过目检查。这就是"荐车马"。接着将陪葬用的各种食物、器皿、武器等等陈列。既而"饰棺",也就是给灵柩罩上"布帷",加上各种装饰品。把它装扮得"花枝招展",是为了炫耀,也是不想让人产生恐惧、厌恶之情。

荐车马明器及饰棺后,还须施行"朝祖"之礼。所谓朝祖,是指灵柩朝拜祖庙,就好像生前出远门之前必须向尊长报告、辞行一样。接着,举行辞别的仪式——"祖奠"(祭路神)、"遣奠"(祭奠死者,也就是为死者虚设的宴席)。

遣奠礼毕,灵柩就可以出门了。出门是有仪仗的,尤其是皇帝的大丧。犬丧的仪仗有这些:

(1)方相。走在送葬队伍的最前面,为开路驱邪避疫之神。用纸和竹等糊扎成高大狰狞、凶恶可惧的形象。

(2)魂幡。用黑布制作,长数尺,宽数尺,为灵柩引路的旗帜。

(3)铭旌。用黑或红布做成,上用墨或绛皂粉书写死者的名姓,这是告诉阳间的人和阴间的鬼此灵柩中的死者为谁。汉时的铭旌极长,一直从杆顶拖到地上,上绘日、月、龙的形象,大书"天子之柩"四字。此外,还有乘车旌,置放在装载棺材的灵车上,灵柩入土后,放在柩车上,随车送回,表示将死者带回家来了。还有明器旌,为随葬品的标志,它是要告诉阴间的"鬼"们这些物品全属死者所有。葬时留

·婚丧嫁娶·

图文珍藏版

于墓中。

(4)番亭。用白纸或白绢制扎成的亭状物,用车载。亭中置放香炉。

(5)魂车。内设衣冠,好像死者生前乘坐出行的样子。

(6)容车。载运的是死者的画像。

(7)遣车。载运祭品,如牛肉、羊肉、猪肉等。一般一个牲体用一车。葬时连车及牲体被置放在墓室的四隅,表示以此遣送和奠祭死者。

(8)哀谥册宝车。“哀”是哀策、哀祭文。“谥”是谥策。“宝”是印信、印玺,用以送给死皇帝、死皇后,上刻谥号、庙号的印玺。这些东西置于盒中,用专车载送。

(9)明器舆。载运随葬品的车。

另外,还有分别装载礼器、食器、乐器、兵器、食物及死者生前的玩好、弓箭、笔砚、琴、棋的车。

(10)衣舆。载运死者生前穿用过的衣服的车子。

(11)柩车。载运灵柩的车。装饰极为漂亮,上画龙等形象。

按《后汉书·礼仪志下》的说法,由柩车车杠的两端引出一长30丈的白布,布上设“挽”(拉手),共6行,每行排列着50人。送丧的家属均在白布之内。亲属的前面,有仪仗队,包括300人的公卿子弟(所戴帽子,所穿衣服相同)。300位穿着打扮完全一样的手持幢幡的校尉。手捧铎(乐器)的司马8人,走在排成6行、每行10人的歌唱挽歌的羽林孤儿前面。

“挽歌”是送葬时为整齐挽丧车者前行的步伐所哼唱的一种简单调门,而后配词,成了哀悼死者的乐歌。如汉代的挽歌,第一曲为《薤露》,为王公贵人的葬礼所使用,词云:

薤上露,何易晞!

露晞明朝更复露。

人死一去何时归?

第二曲名《蒿里》,为士大夫、庶人的葬礼所使用,其词曰:

蒿里谁家地?

聚敛魂魄无贤愚!

鬼伯一何相催促,

人命不得少踟蹰!

唐以前,挽歌是丧礼中必不可少的重要仪节。高唱挽歌,以示哀思,并增加丧礼肃穆、悲怆的气氛。由于挽歌为一般丧家所接受,社会上还出现了一批专在葬礼中唱挽歌的"职业"人员,一如吹鼓手这样的角色。送葬高唱挽歌,还可以使用"鼓吹","鼓吹"是指敲打、吹弹鼓、钲、箫、唢呐等各种乐器。

帝王出殡,兴师动众,除文武百官送行外,而所役用的人工,数目大得吓人,据《宋史·礼志》和《明史·礼志》介绍,宋太宗赵光义出殡时的仪仗,就有 11193 人。而明神宗棺柩所用的抬杠军夫,共计 17200 人,连绵数里,浩浩荡荡。

民间出丧虽然没有皇家那样声势浩大,但富家出葬也是极尽奢华。《金瓶梅》就有极详细的记载,我们小妨再抄录几段:

十一日白日,先是歌郎并锣鼓地吊,来灵前参灵,吊《五鬼闹判》,《张天师着鬼迷》,《钟馗戏小鬼》,《老子过函关》,《六贼闹弥陀》,《雪里梅》,《庄周梦蝴蝶》,《天王降地水火风》,《洞宾飞剑斩黄龙》,各样百戏。吊罢,堂客都在廉内观看。参罢灵去了。内外亲戚都来辞灵烧纸,大哭一场。到次日发引,先绝早抬出铭旌,各项籓亭纸札,僧道鼓手细乐人役,都来伺候。

西门庆预先向帅府周守备,讨了五十名巡捕军士,都带弓马,全装结束,留十名在家看守,四十名在村边摆马道,分两翼而行。衙门里又是二十名排军打路,照管冥器。坟头又是二十名把门,管收祭祀。那日,官员士夫,亲邻朋友,来送殡者,车马喧呼,填街塞巷。本家并亲眷,轿子也有百十余顶;三院捣子扮头,小轿也有数十。徐阴阳择定辰时起棺,西门庆留下孙雪娥并二女僧看家,平安儿同两名排军把前门。女婿陈敬济,跪在柩前摔盆(灵柩出殡时,主丧的人摔一瓦盆,然后"起杠",叫"摔丧",或"摔盆")。六十四人上杠,有仵作一员官,立于增架上,鼓响板,指拨抬材人上肩。先是请了报恩寺僧官来起棺,转过大街口,望南走,两边观看的人山人海。那日正值晴明天气,果然好殡! 但见:

……冬冬咙咙,花丧鼓不住声喧;叮叮铛当,地吊锣连宵振作。铭旌招贴,大书九尺红罗;起火轩火,冲散半天黄雾。狰狰狞狞,开路鬼斜担金斧;忽忽洋洋,险道神端秉银戈;逍逍遥遥,八洞仙龟鹤浇定;窈窈窕窕,四毛女虎鹿相随;热热闹闹,采莲船撒科持诨;长长大大,高撬汉贯甲顶盔。清清秀秀,小道童一十六众,人人皆霞

·婚丧嫁娶·

图文珍藏版

衣道髻,动一派之仙音;肥肥胖胖,大和尚二十四个,个个是云锦袈裟,转五方之法事。一十二座大绢,亭亭皆绿舞红飞;二十四座小绢亭,座座尽珠围翠绕。左势下天仓与地库相连,右势下金山与银山作队;掌醮厨列八珍之馔,香烛亭共三献之仪。六座百花亭,现千团锦绣;一乘引魂轿,扎百结黄丝。这边彩花与雪柳争辉,那边宝盖与银幢作队;金字旛,银字旛,紧护棺舆;白绢缬,绿绢缬,孝眷声哀;打路排军,执栏杆前呼后拥;迎丧神会,耍武艺左右盘旋。……

吴月娘与李娇儿等本家轿子十余顶,一字儿紧跟材后。西门庆麻冠孝服,同众亲友在材后。陈敬济扶棺舆,走出东街口。西门庆具礼,请玉皇庙吴道官来悬真,身穿大红五彩鹤氅,头戴九阳雷巾,脚登丹舄,手执牙笏,坐在四人肩舆上,迎殡而来,将要李瓶儿大影捧于手内,陈敬济跪在面前,那殡停住了,众人听他在上高声宣念[悼词]。

吴道官念毕,端坐轿上,那轿卷坐退下去了。这里鼓乐喧天,哀声动地,殡才起身,迤出南门,众亲朋陪西门庆走至门上,方乘马,陈敬济扶柩,到于山头五里原。原来坐营张团练,带领二百名军牢,同刘、薛二内相,又早在坟前高阜处,搭账房,吹响器,打铜锣铜鼓,迎接殡到,看着装烧冥器纸札,烟焰涨天。棺舆到山下杠,徐先生率仵作,依罗经吊向。已时,祭告后土、方隅后,才下葬掩土。

西门庆易服,备一对尺头礼,请帅府周守备点主。卫中官员并亲朋伙计,皆争拉西门庆递酒。鼓乐喧天。烟火匝地,热闹丰盛,不必细说。吃毕,后晌回灵,吴月娘生魂轿,抱神主魂幡,陈敬济扶灵床,鼓手细乐;十六众子道重,两边吹打。吴大舅并乔炉,……众主管伙计,都陪着西门庆进城,堂客轿子压后,到家门首,燎火而入。李瓶儿房中安灵已毕,徐先生前厅祭祖洒扫,各门户皆贴辟(避)非黄符。

——引文的前后两段似与主题无关,完全可以删除,但前部分对"暖孝"的内容是一说明,后部分事前安排人在墓前迎柩,点主时的饮酒、回令、燎火、洒扫、贴符等情节都是十分精细的描写,对送葬中的下葬礼更是极好的介绍,因而舍不得割弃,录在这里。

西门庆为李瓶儿安排的出葬式,虽为小说家言,但小说的素材取之于社会,源于生活,是作家艺术加工后的真实再现。

介绍至此,有必要讲一讲"纸钱"(民间送葬队伍中有一个专门飞撒纸钱的人）。纸钱大约起源于魏晋,人们也叫它"冥钞""纸锞"。五代、宋之后,成了必不可缺的丧葬、祭祀用品。纸钱或凿纸而成,像铜钱,中间亦有方孔。或以较大的长方形纸片,上面打出钱形孔或半圆形孔而成。奠祭时,烧纸钱成了重要的一个程序,这是要将钱送给死者于阴间"使用";出丧时,将纸钱沿途抛撒,可算作"买路"的性质,是用钱来打发众多拦截的野鬼,好让亡灵顺畅地通过。

三、悼文

古人除用哀号哭泣和细致周到的丧葬礼仪表达失去亲人的苦楚悲戚之外,还借助文学形式,将满腔的忧思、伤恸倾诉出来。这类作品,可以统称为哀悼文。

哀悼文要在出殡时举行的遣奠礼上对枢宣读(前引《金瓶梅》就有记载)。因死者的身份不同,其名称也有差异。献给帝王、后妃等人的,称之为"哀策";送给贵族大臣等人的,称之为"诔辞";送给短命夭折者的,称之为"哀辞"。这些文字均要刻写在竹或木制成的简上,宣读后,或放在特制的车上,或由专人捧着,随明器等物作为仪仗,抵达目的地后,便被埋进了墓室之中。

较早的哀策,可能问世于汉景帝即位后,因为使用范围受限制,还没有引起文人对它的关注。这一时期,人们重视的还是诔辞。有学者说,魏文帝曹丕郭后崩,其子(明帝)亲自撰制哀策。哀策点明了出殡的时间,所要下葬的陵名、撰写哀辞的理由以及撰作者对死者功德的颂赞及悼念、哀伤之情,最后以"呜呼哀哉"收结,从而正式确立了哀策文的体例、格式及其基调。之后,人们纷纷仿效,隋唐时,其文体完全定型。由于适用对象的狭窄,哀策文中的名篇佳作比较少见。

诔辞的起源,大概是在周代。据《周礼·大宗伯》记载,太祝撰写六辞,第六就是诔。"诔",累积一生的德行事迹,同后世的行状一样,是朝廷为死者制谥的依据,因而与谥紧紧联系在一起。从诔的对象来看,它是专门针对受谥者的。能得诔,就能得谥。不能得谥,就不可以享受诔的待遇。随着礼崩乐坏的春秋时代的到来,诔的受用范围也出现了变化。《礼记·檀弓上》说,鲁庄公领兵与宋人在乘丘大战,为庄公驾车的县贲夫、卜国在危急时刻与敌拼斗而死。庄公极为感动,专制诔文悼念二人。这便打破了只有大夫以上的贵族才能有诔的规定,开创了为士作诔的先声。这是诔的第一次变化。

隋唐之后,随着谥法的变更,诔辞原有的功能无法保持了,于是诔文与谥逐渐分离,很快成了一种单纯的哀悼性的文体,这是诔的第二次变化。

哀辞也许出自"哀诗"。最早的哀诗可能是《诗经》中的《秦风·黄鸟》《唐风·葛生》《邶风-二子乘舟》《邶风·凯风》《小雅·蓼莪》等。汉初,也有人写过哀辞,学者考察后认为,这类作品只能算作哀诗。真正意义的哀辞,当推汉魏之际徐幹撰写的《行女哀辞》。之后,晋人潘岳的《金鹿哀辞》《为任子咸妻作孤女泽兰哀辞》等是十分成功的作品。从唐代开始,哀辞不再局限于四言,而慢慢地向长短句和骚体式发展。如韩愈悼念欧阳詹、柳宗元悼念吕温之文,或称"诔辞",或称"哀辞",名虽不同,实则一致,诔与哀辞没有了区别,基本合流。到了北宋,曾巩、苏轼等人的制作就统而称之为哀辞了。哀辞终于取代了诔辞。

哀辞是诔辞的旁支,但就哀辞早期悼念的对象、内容、格式来看,它和早期的诔辞还是大有区别的。《中国实用文体大全》的作者这样认为:

(1)诔辞的对象是王公贵族士大夫,但哀辞的对象是"童殇、夭折"和"不以寿终者"。

(2)诔辞主要赞颂死者的生平功德。哀辞则主要抒发生者的哀思之情。也就是说死者年幼,无德可述,就讲他的聪慧;死者年少,还不能担当事务,就介绍他的形貌。死者生不显荣于时,就叙说他的德行或者文才。

(3)诔辞为四言韵文。哀辞或仿楚辞,或仿汉赋,或为四言,或为六言,形式比较自由。

四、归葬

俗语道:"树高千丈,叶落归根。"意思是说,树再高再大,其叶是会落到根部的。这句话的引申义是说,人离开故土的时间再长,却总是与家乡有着割不断的情感,总是想回去看看,而最后的归宿还是要葬入祖坟的。在不离乡土的思想观念的指导下,就有不少史书介绍过这类"叶落归根"的事情。

《礼记·檀弓上》说,礼教导人们不要忘记根本。古时候有一句话,叫作"狐死正丘首"。陈澔解释说,狐狸虽然微不足道,而丘墟上却有它藏身休息的洞穴,这是它活着的时候喜欢的地方,所以在临死之际一定将头摆正对着丘墟上的长期居住的洞穴,表示它没有忘记根本。背叛根本,忘记最初,绝对不是仁义之人的思想,故应用"仁人"的观点来看待"狐死正丘首"这件事。狐狸如此,人就更该有过之而无不及了。"狐死正丘首"类似于"归葬",关于归葬的记载,《左传》成公三年就有一例:晋人将公子谷臣和连尹(官名)襄老的尸体还给楚国,希望换回知莹。这说的是楚庄王十七年(前597年)时,晋楚在泌地大战,晋臣知莹被楚虏获,晋则活捉了楚庄王的儿子谷臣,射死了连尹襄老,并将其遗体带了回去。前588

贵州省荔波县瑶麓仙人洞的崖洞葬

年,晋主动与楚和解!用谷臣及其襄老的尸骨换回了遭俘获的知莹。

晋将战死者的遗骸归还楚国,应该具有归葬的意义吧。《孟子·公孙丑下》说,孟子从齐国到鲁国埋葬母亲,又回到了齐国。杨伯峻解释说:东汉学者赵岐在这句话下加注,称孟子在齐国做官,母亲去世,他就将灵柩归葬于鲁国。这种习俗,历朝历代的史书均有记载。

古人为何不在去世之处就地安葬,为何不惧怕路程的遥远,或扶柩,或携尸,克服许许多多的困难,返回故乡在沮茔之中葬埋呢?究其原因,大致有:

(1)由于科技不发达,生产落后,导致长期以来,人们认为死者魂灵不死,魂灵虽然离开了肉体,但在阴间同样过着与阳间一样的生活。若让死者魂灵长期客居在外,便会成为野鬼孤魂,受苦受难,这是为子为孙的最大不孝。如此行为,不仅不能得到祖宗神灵的庇佑、保护,而且还会受到世人的白眼、谴责,人们不愿背上这种恶名,无论如何是要将亲人遗体运回家去的。

（2）死亡让人失去了生活中的亲人、朋友、财产以及整个世界，面对如此令人迷惘和惶恐不安的境况，死者变得无依无靠，孤寂凄凉，就像是一个被家族抛弃的孩子孤零零地走向一个举目无亲的、自己也不知道目的地的地方一样。于是，归宿思想成了人们临死之前为了消除孤单、恐慌带来的焦躁不安的一种心理，回到祖宗、亲人的身旁，躺进他们的怀抱，成了死者的最大愿望（参见何显明等：《飘向天国的驼铃》）。

（3）"族葬"与"族坟墓"思想的影响。《周礼·地官·大司徒》中有"族坟墓"的记载。《周礼·春官·墓大夫》讲到过"族葬"。所谓的"族坟墓"和"族葬"，是指五服之亲埋在同一个坟场之中；不属五服之亲的人，就该葬于另外的坟茔。这种全体家族成员集中埋葬的制度，也是历朝历代存在的，如《全唐文》收录了许多墓志碑铭，其中就有对这种风俗做说明的：独孤朗，死于福建观察使任上，一个月后，他的侄子便扶柩归葬河南寿安什泉乡的先祖墓地，检校工部员外郎任结死于信州（治所在今江西上饶）司马任上，其子女便带着棺材，历尽艰辛，归葬于陕西万年杨村的"先人旧茔"。这些出外做官的人，虽然无法衣锦还乡了，但死后是一定要归葬祖茔的，它显示着某人生是这家的人，死也是这家的鬼。那些不能归葬的，要么家境贫寒，上无片瓦，下无立足之地；要么家中只剩老弱病残，无力集资上路；要么是刑徒之人，因十恶难赦，被家族开除了族籍，这是最严重的惩罚。其家人想将他埋进"族坟墓"，恐怕也没有胆量。

（4）家乡观念的影响。中国人最重血缘关系，有着浓厚的家庭观念，所以对故土有着深厚的眷念之情。这种眷念，是建筑在以农立国基础之上的，"君子怀德，小人怀土"（《论语·里仁》），孔子的话就是证明。

（5）朝廷对归葬风俗的表彰和支持。为安邦治国，或抵御异民族的入侵、骚扰，朝廷采取了许多强制性的措施，迫使民众离开乡土。同时，又有意识地调整有关政策，以满足百姓安土重迁和归葬的要求，当然，这种满足是有限度的。如西汉四年（前203年）刘邦下令军士如果不幸死亡的话，官府就必须为死者准备衣衾棺殓，通过驿站转送回家，八年，又下令官府为从军战死的士卒提供小型棺材，护送到县衙，再由县衙赠送衣衾棺椁等葬具，用少牢（猪和羊）祠祭，长吏必须监督检查丧葬事务（参见《汉书·高帝纪下》）。其律令规定，父子一同为朝廷服务，若其中一人不幸死亡,另一个人必须护丧回家(参见《汉书·灌夫传》)。毋庸置疑,此类政策、法令的颁布,最主要的目的,还是为了调动民众的积极性,保证国家重大军事活动和徭役的顺利进行,同时也在客观上强化了"归葬"的意义。

朝廷不仅强调了归葬的意义,而且对无政府资助的归葬之举进行大力的表彰和奖赏。如《旧唐书·列女传》说:徐州女子王和子17岁时,父兄充当防秋士卒,远征到西北,与吐蕃人遭遇,战死在泾州(治所在今甘肃泾川北),和子闻知,马上披头散发,穿着孝服,赤脚步行,孤身一人,沿路乞讨,赶赴泾州。带着父兄的遗体,返回故乡徐州安葬。节度使王智兴将其事迹禀报后,朝廷下诏立牌坊给予表彰。又如《明史·孝义传二》介绍道:史五常,内黄(今属河南)人。父萱,为广东金事,卒,埋葬在南海区和光寺旁。这年五常刚满7岁,母亲带着他回到了家乡。成人后,十分孝顺母亲,时常感叹父亲的尸骨不能进入祖坟。某天,母亲告诉他说:你父亲的杉木棺材中,放置着十枚大钱,你一定要牢牢记住!母亲去世,他搭一草棚住在墓边,一天也不曾离开过,认真守丧。三年期满,就前往广东迎接父亲的遗骸。时间过去了五十多年,和光寺已经被水淹没了。见此情景,五常边嚎哭、边祈祷。有位好心的老人听见哭号声,就主动告诉了寺址的详细方位。五常掘开地表,果然发现了一具棺材,揭开盖子,内中正好放置着十枚大钱,与母亲讲的情况一模一样。这样,他就护着灵柩回到了老家,将父母合葬在了一起,接着住进了墓边的草庐中。正统六年(1441年),朝廷得知此事,特地下诏旌表。这种旌表肯定是一种赞赏,一种引导。

最后应该一提的是,帝王以天下为家,他们死后,灵柩极少进入祖茔,而是选择上等的"风水宝地"进行安葬,但也有特殊情况。如南宋的永思、永阜、永崇、永茂、永穆、永昭等六陵以及宋徽宗和许多皇后嫔妃、显族重臣衬葬的浙江绍兴赵家岙,人们称此地叫"攒宫",这是因为北宋的帝陵均在河南巩义市,南宋的君臣们是不准备心甘情愿地永久安息于江南,本打算浮土浅葬,暂时将梓宫攒集一处,有朝一日再归葬北宋祖陵的,由此可见,民间归葬风习对朝廷的影响力量。

国学经典文库

中国民俗文化精粹

·婚丧嫁娶·

图文珍藏版

五、冥婚

儒家认为,夫妇是人伦的开始。有夫妇然后有父子,有父子然后有兄弟,有兄弟然后有上下。夫妇正,万事万物无不顺。夫妇的结成,是婚姻问题在家庭关系中的延续与发展。由于婚姻为合二姓之好,它的根本目的一是有人主持祭祀宗庙的大事,二是传宗接代,使家族的香火不断,所以古人非常重视。这种重视甚至波及了死人,当子女达到或者超过了婚娶年龄而不幸死亡,做父母的,为了安慰这一亡灵,便请人帮忙介绍或自家寻找一年龄相当的异姓死者,实行合葬,这便是流传许久的"冥婚"习俗。

冥婚之俗至迟产生于战国时代。《周礼·地官·媒氏》篇有禁止迁葬和嫁娶未成年就夭亡了的死者的规定,便是证据。所谓迁葬,郑玄解释说,活着的时候并没有结成夫妇,死之后将一对男女葬埋在一起,让他们相互依从,叫迁葬。19 岁以下还没有出嫁、娶妻的死者,活在世上的时候不能享受婚配的待遇,死,与另一异性合葬在一墓,这是乱人伦的行为——看来,郑玄也是反对冥婚的有识之士。唐人贾公彦认为,迁葬是指成年人做了鳏夫寡妇,生的时候不是夫妇关系,死后实行嫁娶,也就是将两个人埋进同一座墓中,这也属于冥婚的范畴。由于冥婚不合礼制,所以学者在编写《周礼》时,将朝廷的这一禁令收入书中,其目的是不言而喻的。

自三国至清代,冥婚之俗始终未曾绝迹。

据《三国志》记载,曹操最喜欢的小儿子仓舒夭折,司空掾邴原有女早亡。因此曹操几次要求将邴原的女儿与自己心爱的小儿子合葬。邴原不同意,推辞说,合葬,不符合礼制的要求,我邴原之所以能得到您的信任,您之所以能公平地对待我,是由于我们双方都能够遵循礼典而不加改易的缘故。倘若听从了您的指令,我便成了凡庸之辈,您难道不也是这样认为的? 因邴原的婉言谢绝,曹操只好作罢。但到后来,还是"聘娶"了一位姓甄的亡女与仓舒为"妻"。我们从魏文帝曹丕撰写的《仓舒诔》中有赐给你一位美丽的妃子,赠给你很多套漂亮的衣服等意思的语句中便能看出。由于过分溺爱 13 岁就早夭的儿子,连曹操这位"非常之人,超世之杰"

也无法免俗，一下子成了个愚昧落后而且固执冥顽的家伙。由此可见，社会风俗影响力的巨大。

曹操溺子，其孙曹叡（魏明帝）则疼爱自己的女儿。太和六年（232年），曹叡的女儿淑女死了，朝廷便赐给"平原懿公主"的谥号，甚至还为她立了庙，接着，"下嫁"太后文昭甄皇后（即文帝后）的亡侄孙甄黄，并很快与之合葬。同时，还追封甄黄为列侯。

北朝也有冥婚。

冥婚的例子，唐代就更多了。

李重润，中宗长子，不足一岁，就被高宗立为皇太孙。大足元年（701年）受诬陷，说他私下议论张易之兄弟随意进入宫中之事，而被武则天下令杖杀，死时年仅19岁。重润风度翩翩，早以孝友知名，因为死于非罪，所以大为时论惋惜。中宗即位，追赠其为皇太子，陪葬乾陵，入土前，"娶"国子监丞裴粹的亡女为"妻"，与之合葬（参见《旧唐书·懿德太子传》）。

韦庶人（中宗皇后）为其亡弟韦洵（赠汝南王）与中书令萧至忠亡女行冥婚典礼后合葬。不久，李隆基（即唐玄宗）政变，拥立其父李旦（睿宗）为帝，并处死韦后。韦后尸骨未寒，至忠马上掘开坟墓，将女儿的灵柩迁移回了祖坟（参见《旧唐书·萧至忠传》）。

有关民间冥婚的材料，在唐人的墓志中有记载，在笔记小说中也有反映。如《太平广记》"季攸"条引《纪闻》，"长洲陆氏女"条和"王乙"条引《广异记》等。就连敦煌文书中也可以看到这方面的材料。自然，有识之士是坚决反对冥婚的。后唐时，有位大臣郑余庆撰写了一部《书仪》，明确规定"冥配"为定制，但却遭到了明宗皇帝等人的斥责，并下令删除这种内容。冥婚内容虽在礼仪书上被去掉了，但此种陋习却依然根深蒂固。

男子未婚而死，应该迎娶已亡的未婚的女子为妻，但也有例外。宋人周去非发配岭南（治所为今广东广州），就亲眼见过这样的事情：钦廉地区的男孩子未婚配而死，家人便在城郊捆扎茅草装扮成姑娘的形象，安置好后，备办鼓乐迎娶，再同亡子合葬，这就是"迎茅娘"的风俗（参见《岭外代答·蛮俗迎茅娘》）。这算得上是比较文明、比较人道的做法。入元后，冥婚风习又有一些较重要的变化。《元史·郭三妻杨氏》记载,郭三从军阵亡,其妻守节,誓死不嫁。郭三的母亲怜悯儿子,有心"聘娶"邻家的亡女合葬。郭三妻听说此事后,痛不欲生,于足自杀身亡。此则故事告诉我们,已经死亡的男人,即便结了婚,妻子还活在世上,父母长辈也可以为他聘娶已亡的女人与之合葬。

明清时期,冥婚之风更盛,而且变化出了数种类型:一是已订婚的男女双亡,两家父母就要为他(她)们举行隆重而"货真价实"的结婚仪式:男家送聘礼,女家陪嫁妆;男家派人迎亲,将女子的木主接来家中,让男女木主"拜堂成亲"。二是男女在幼年时夭折,通过"鬼媒人"的牵线搭桥,配成阴亲。男家备办彩礼用花轿娶回女木主,女家也认男木主为婿,之后,移柩合葬。三是两家订婚后,女孩突然死亡,男孩却很健康,成年后,这位男孩同另外的女子结婚之前,必须用花轿抬来先前与自己订过婚的女孩子的木主,同它拜天地、拜父母、进洞房、上床后,再同现在真正的新娘举行合卺仪式。四是与第三种情况相反,男家备置彩礼娶来新娘,完成规定的结婚典礼,新娘进入洞房,脱下婚礼服,穿上为"亡夫"守制的孝服,从此开始,便过上漫长的守寡生活。妇女地位低下,封建礼教吃人,由此可见一斑。

台湾地区也盛行冥婚之习。男子的未婚妻死后,若另行婚配,亡女之家就会用黑布轿子抬着亡女的神主牌位前往男家,嫁与男家供奉、祭祀。台湾有些地方,凡女子未成年而夭折,父母认为她死后无人祭奠,亡魂得不到安宁,因此就得托人寻找那些穷家小户的未婚男子,以多赠送祭祀费用为条件,让其迎娶回家;还有些地方则干脆在红纸上书写死者的生死年月日时及其姓名等种情况,再加上较多银钱,一同包裹,弃置路旁,谁人拾得,谁就应该迎娶其女的神主回家作为祭祀的对象。民间认为如果不将亡女"出嫁",鬼怪便要作祟,祸害家人。

冥婚习俗流行数千年而不衰,并且形成了诸多特点:

一是皇家贵族以身示范。曹操家族、李唐王朝的材料就是最好的说明。因为他们有钱有势,可以承担冥婚礼仪中的大笔开支。贫寒之家即便有敢于问津者,也只能是草率从事。因此,中国大部分封建统治者应对此种陋习负责。

二是家长为亡子或亡女订婚后,需要向他(她)"通报情况",敦煌文书 S.1725 号就有这方面的内容。

三是冥婚所有环节一同世间的婚仪。

四是可以"离婚"。前述萧至忠的材料,就是证据。

五是可以"入赘"。经双方家长协商同意,即将男子的尸骨移迁至女方墓地合葬,意为入赘了。

六是结婚典礼之后,由吉转丧,从红喜事改成白喜事,即举行男女合葬仪式:或将两柩放进同一墓穴之中,或置男女尸骨于同一棺材之内。唐懿德太子墓的石棺中就残存着男女骨架各一副,便是证明。敦煌文书中"以骨同棺,共就坟陵"和"白骨同棺,魂魄共和"之类的话语也是这个意思。

冥婚为陋习恶俗。将两具死尸葬埋于一处,有何意义?父母爱子,施及地下,结果,费财破钱,争得了虚名,却使社会风气的某一方面更为恶化。

第十七章　守孝与祭祀

灵柩入土，葬礼结束，儿孙们随即谢绝世事(做官的还得辞职)，在家认真遵守居丧的礼仪；其余的家人也要依照相关的规定，约束自己的言语行动，一定时间之后，才能够解除禁忌，重新过正常人的生活。

一、守孝

守孝，即"守丧""守制"，是生者在一定时间内对死者表达哀悼之情的一种习俗。具体而言，就是在容体、声音、言语、饮食、居处、衣着等方面按照相应的礼仪和规定行事。比如在为父或母守丧期间，不能够洗澡，要让面目深黑，形容憔悴，这就是所谓的在容体上表现的哀戚之情。要哭，但不可以从从容容地拖长尾音，而是要一出声就得有几个波折，以至于声嘶力竭，死去活来，这就是所谓的在声音上表现的哀戚之情。讲话不过分追求文雅而求简短，与丧事没有关系的事情，只点头不言语；如果别人追问紧了，也解释几句；或是谈与问话主题相关的内容而不涉及别的事情，这就是所谓的在言语上表现的哀戚之情。居丧的前三天最好别吃东西，大敛之后喝点薄粥，早餐一溢(二十四分之一升为一溢)米，晚餐一溢米；三个月后，改为粗糙的饭食，可以喝点水；小祥后，可以吃蔬菜水果。二十五个月的丧期之内，禁止饮酒食肉。脱掉丧服的那天可以喝点甜酒——开始喝酒，要先喝甜酒；开始吃肉，要先吃干肉，这就是所谓的在饮食上表现的哀戚之情。住在"倚庐"之中，枕着土块睡在草垫子上，这就是所谓的在居处上表现的哀戚之情。在此，需要多说几句。倚庐，是孝子守孝时居住的草棚。在房屋中门外的东墙下，将木头靠在墙上，搭成小屋的样子，用草覆盖，不涂泥，向北开门。安葬父或母后，再加高，并在内部涂泥，改向西边开门。孝子睡在草席子上，用土块作枕头(也有用草的)，表示悲痛至极,生活起居与死者无二。丧期中,还要穿特制的丧服,戴特制的孝帽,着特殊的鞋袜,这就是所谓的在衣服上表现的哀戚之情。另外,《礼记·丧大记》及《曾子问》还记载说,守丧期间,不许婚嫁,夫妻不得同房,一切喜庆应酬之事均得拒绝。有官位者还必须辞职家居。《礼记·王制》说,为父或母守丧,三年之内不准从政做官。为齐衰、大功的亲人服丧,三个月之内不得做官从政。当然,平民百姓也可以免服徭役、力役。到后来,又增加了不得参加科举考试、不得外出做客等项内容。

守孝

虽然丧事以哀戚悲痛为主,但也有一个限度。即便是在饮食上表达哀戚之情,三天之后也是一定要吃东西的:饮食虽然恶劣但还能够充饥,饥饿过度会把事情搞糟的。事情做坏了,就不符合礼的要求;吃饱喝足会忘掉悲痛,也不是礼所要求的。眼睛因饥饿看不清东西,耳朵听不进声音,行动不合规矩,也不知道如何悲哀,这是正人君子最不希望的。所以对孝子来说,患了小病,喝些酒,吃些肉,也是允许的,尤其是50岁以上的人,在吃、喝的问题上要求并不那么严格。即便是在容体上表达哀戚之情,如果身上有疮,就得洗澡;头上有伤,就得沐浴;有病就该饮酒食肉——身体瘦弱,不幸染病,君子是很警惕的。毁坏身体,不幸死亡,君子认为是对父祖的不孝,对家庭的不负责任(参见《礼记·杂记下》)。这是守孝的内容,也是居丧的原则。

居丧时间多长?有史籍说是三年,即三十六个月。守丧三十六个月,很少有人做到,大约在春秋时期,就已经被弃之不行了。《礼记·三年问》《春秋公羊传》闵公二年(前660年)、《孝经援神契》等及魏人王肃认为是二十五个月,汉人戴德、班固、郑玄等则主张二十七个月。此一问题,一直到唐代以后仍有争论。如圣历元年(699年)张柬之为驳四门博士王玄感二十七个月的主张,著文考证说《春秋》《左传》中鲁僖公死后,文公守丧二十五个月,《尚书·伊训》及《太甲》篇记大臣为汤守丧二十五个月,《礼记·三年问》《丧服四制》《间传》及《丧服小记》提及的是二十五个月,《仪礼·士虞礼》也有相同说法,从而认为古礼规定的是二十五个月。这一结论,得到了很多大臣、学者的赞同。但是,历代主张二十七个月的学者也不少。可以说,二十五个月与二十七个月的守丧时间同时存在。是选择二十五个月,还是二十七个月,各人有各人的自由,一般不会受到旁人的干涉、嘲讽。

三年之丧,究竟谁家所创?梁启超在《古书真伪及其年代》第四章考证《仪礼》一书的撰者时认为:"《仪礼》也许是孔子编的。"并举例说:"我们尤其不可不注意,儒家不是主张'三年之丧'吗?三年之丧的礼制起自何时,他们说是远古相传,尧、舜行过的。但下面三段记载,却使我们怀疑他们的话。《论语》载宰我云'父母死了,守丧三年,为期也太久了。君子三年不去习演礼仪,礼仪一定会废弃掉;三年不去弹奏音乐,音乐一定会失传。陈谷既然已经吃完了,新谷又已登场;打火用的燧木又经过一个轮回,一年也就可以了。'孔子说:'父母死了,不到三年,你便吃那白米饭,穿那花绸衣,你心里安不安啦?'宰我答:'安。'孔子抢白道:'你安,你就去干吧!君子的守孝,吃美味不晓得甜,听音乐不知道快乐,住在家里不以为舒服,才不这样干。如今你既然觉得心安,便去干好了!'宰我退了出来。孔子道:'宰我真不仁呀!儿女生下地来,三年以后才能完全脱离父母的怀抱。替父母守孝三年,天下都是如此的。宰我难道就没有从他父母那里得到三年怀抱的爱护吗?'假使三年之丧是自远古相传,已成定制,则宰我哪有这样大胆地怀疑,哪敢提出减丧的主张?孔子也就这么老实,只骂宰我一句'你安,你就去干吧',竟不能禁止他不为,未免太离奇了。这可见三年之丧许是儒家创造的主张。"

"《孟子》也有一段话,记滕定公死了,世子(太子)遣然友问丧于孟子。孟子主张三年之丧。然友回国复命,太子便决定行三年之丧。滕国的父老官吏都不愿意,说道:'我们宗主国鲁国的历代君主没有实现过,我们历代的祖先也没有实现过,到你这一代便改变了祖先的做法,这是不许可的。'这段话并没有后人伪造的痕迹,当然可信。滕、鲁先君假使行过三年之丧,滕的百官一定不敢反对。这点也可见三年之丧,除了儒家之外,社会是不通行的。所以墨家攻击儒家,常拿这点做焦点。"

"就是《礼记》也有一段话,越加可以证明。《三年问》:'为什么要守三年的孝?'答:'订立的规定要符合哀情,依此来约束人们的行动,分别亲疏和贵贱的仪节,是不可以减损也不准增加的。……那么,为什么要有一年呢?'答:'因为是为父母守孝所以至少要有一年。"原因何在?'答:'天地在不断地更改,四季在不断地交替,生存在天地之中的万事万物,莫不随着天地的更改而变化,于是就有了一定的法式。''那么为什么要守丧三年?'答:'程度加隆重点罢了。'期'是一年之丧,本来至亲也以'期'为断,这里说的理由和上文宰我的理由一样,而三年之丧不过是加隆重点,可见'为父母守丧至少要有一年'是原来的礼——三年之丧是儒家加重的礼了。……由此可知三年之丧是孔子的主张。"

梁先生的考证结论无疑是可信的。这个结论告诉我们,三年之丧的习俗至迟在孔子那个时代就已产生了。因守丧之制合乎儒家的礼仪规范,于是孔子及其部分弟子就极力向社会推行了。当然,话得说回来,启超先生似乎忽视了这么个问题,即春秋战国时期百家争鸣、学派林立这一局势。在此时期,儒家学说还处于发展阶段,其思想并未成为华夏民族的正统,所以守丧之制对于儒家之外的人士并不具有任何的约束力。哪怕是儒家本身,除规定应为父母守丧三年外,对于其他已故的家人,态度也不相同。他们依亲疏远近划定了等级。也就是说,关系越疏远,守丧的行为节制就越少。另外,如遇特别严重的情况,就要灵活处理,这就是《礼记·曾子问》篇中孔子弟子子夏强调的"金革之事,不避"。所谓不避"金革",亦即"金革夺丧",它是在战争爆发或王事十分紧急等特殊情况下,朝廷允许少数人不辞官居丧或停止守丧,继续主持自己应该主持的政务。

学者认为"三年之丧"虽是儒家的主张,但被列入儒家经典著作的《左传》明确而又详细地记载守丧之事,唯有襄公十七年(前556年)一例:齐国的晏桓子死了,儿子晏婴穿着粗疏的衰斩,头缠麻带,腰扎麻条,手持丧棒,足着草鞋,喝薄粥,住倚庐,睡草席,枕草枕。他家的管家不赞同晏子的行动,说,这并不是大夫要施行的礼呀!晏婴守制,即遭管家的反对,更可证此制其时并未得到社会的承认。

儒家主张不仅遭到一般民众的反对,也受到了其他学派的攻击,其中尤以墨家最为激烈。《墨子·节葬下》认为：居丧之法，太不切合社会实际，说什么哭泣的时候声音不断还必须哽咽，穿着丧服，流着涕泪，住居倚庐，枕着土块睡在草席子上，又规定硬撑着不饮不食，穿着薄薄的衣服做出寒冷的样子，颜面一直处于沮丧、痛苦之中，脸色黑不溜秋，眼不明耳不聪，手无缚鸡之力，脚无站立之能，实在是不值得提倡。又说什么稍有地位的人守丧，一定要有帮助才能站立起来，拄着拐杖才可以挪步。这样要一直坚持三年。此种居丧之法，如果也让王公大人们施行的话，毫无疑问就不能朝见天子君王了。假若也让士大夫们执行的话，国家如何治理得好？假若也让农夫们施行的话，可以肯定，他们就无法早出晚归，耕种收割。假如也让工匠们这样去做的话，舟车器具就没有人去制造了。如果也让妇女们施行的话，那么就不能夙兴夜寐、纺纱织布了。

用历史唯物主义的眼光来看，墨家的主张代表了社会发展的潮流，符合广大民众的愿望。在春秋战国时期的诸子百家中，他们属于开放派，而且较少束缚，不拘礼节。正因为这样，他们的思想观念不能被最高统治者欣赏和接受，理所当然，在丧葬礼仪上的正确建议必定遭到排斥。由此可见，中国封建统治者之所以倡行儒家的一套，说穿了，还是为了维护自己的统治，保护自己的利益。

老庄学派不赞成"三年之丧"。《庄子·至乐》篇中记庄子妻死，庄子不仅不悲伤，反而敲打着瓦盆唱歌的一段文字即可说明庄子是从春夏秋冬循环往复的角度来看待守丧问题的。在他们的辞典里，没有"守制"这个词语。

儒家主张虽受人抵制，但战国时期，三年之丧已受到统治者的重视并开始为民间所接受。《韩非子·内储说上》记载：宋国都城东门下的某个平民在为父母守孝期间，哀痛过度，身体羸消瘦，国君认为他很有孝心，就提拔做了一个小官。第二年，百姓为父母守孝，因过于悲痛，一年之中，就死了十多个人。相反，父母死后，不为之服丧的人，就会遭到社会的非难。如军事家吴起，曾师事曾子，当其母去世时，他并没有奔丧，因此受到了老师的鄙视，并宣布同他断绝了关系（参见《史记·吴起列传》）。战国时期守丧是否成了人们的自觉行动呢？我们从《荀子·礼论》篇中就可体味得到。荀子说，三年的服丧，二十五个月就可以结束了，但哀伤悲痛却没有尽头，思念之情没有忘怀，然而依照丧礼的规定脱下了丧服，难道不是因为送别死者总得有个尽头，除丧后恢复往常生活有一定的步骤吗？接着他以气愤的口吻指出,凡是生长在天地之间的有血有肉的生物就必定有知觉,有知觉的生物没有不爱他的同类的。现在那些大鸟兽离开了同类或配偶,过了一段时间就肯定会返回巡视,……有血有肉的生物没有比人更有智慧的了,所以人对于父母的感情,到死也不会有终结。怎么能够依据那愚蠢、鄙陋、淫佚、邪恶的人的见识呢? 那些人的亲人早晨死了,晚上他就忘记了,如果听任这么去做,那就连鸟兽都不如了。这种人怎么能和别人友好相处而不作乱呢! 他们能够按照礼的要求去做有品德的人吗? 那么三年的服丧,二十五个月后就脱去丧服,时间很快,就像东流之水一样,然而按照心愿去做,服丧就没有终止的时候了。人是最讲情感的动物,既然连三年之丧也不能坚守,那他就连鸟兽也不如了!

守孝虽然没有得到全社会的一致认可,但儒家对此没有在意,在制定有关原则时,他们又依亲疏,对时间做了规定、安排。

(1)斩衰期。顾炎武认为时人为父母守孝三年,在三个方面超过了古人:一是服丧二十七个月,比古人多了两个月;二是遵从则天武后之制,父亲健在时为母齐衰三年;三是媳妇为姑舅(丈夫的父母亲)服丧三年(参见《日知录·三年之丧》)。

(2)齐衰期。服丧一年。

(3)大功期。服丧九个月。

(4)小功期。服丧五个月。

(5)缌麻期。服丧三个月。

为父母亲属守丧,作为强制性的道德规范,当始于汉武帝。我们知道,武帝接受董仲舒建议,罢黜百家,独尊儒术,这样儒学便有了独尊地位,从此成了封建统治阶级治国的理论基础,于是中国社会的伦理本位、家国一体的特征得到了进一步的加强。这个时期的守丧主要是在上层统治集团中推行,而禁约的对象,首先就是王室贵族。例如,元鼎元年(前116年)堂邑侯陈季须为母(即馆陶长公主,其为文帝长女,名刘嫖)服丧期间,因与人通奸、兄弟之间争夺财产而被迫自杀。记载最为详细的则数昌邑王刘贺被废之事了。汉昭帝死,刘贺为帝。刘贺即位27天,就因不守居丧礼而被罢黜,其罪状之一是"不食素",经常偷买鸡、猪肉改善伙食,又让随从同自己一道吃喝祭灵用的肉食、美酒,常常深夜狂饮。罪状之二是在昭帝的灵柩前敲锣、打鼓、歌舞、吹弹,演出滑稽戏。罪状之三是在皇家苑林中纵情游玩,斗虎戏猪。罪状之四是奸淫昭帝的宫女。虽然穿着丧服,却无半点悲哀之心(参见《汉书·霍光传》)。这样,他被废黜也就势所必然了(当然还有其他原因)。相反,对那些规规矩矩的服丧者,则大力褒赏。如西汉河间王刘良为母服孝三年,哀帝认为是宗室仪表,特下诏彰表,增加封地,为万户侯。东汉东平王刘敞守孝最诚,邓太后听到禀报后,下令增邑五千户,并封其弟二人为侯(参见《后汉书·光武十王列传》)。

统治者努力在王室贵族中推行守丧制度,阻力较大。又因汉文帝临终前遗诏为天子守孝"以日易月",所以大臣不行三年之丧,很快成了习惯。统计两汉臣僚,极少有为父母服丧三年的。当然,也有自觉守孝,甚至主动为父母之外的人守孝的。从总的情况来看,两汉时期官员们的守丧之制具有如下特点:

(1)臣下遭父母之丧,要守孝的话,首先应该获得朝廷的批准。得不到批准,是不能守孝的。

(2)常有"起复"之事出现。所谓起复,也就是夺服,即守丧尚未满期而应朝廷召请赴职为官。

(3)朝廷特许某人在守孝期间不辞官或任命新的官职、爵位。

(4)少数沽名钓誉者,"宁过之而无不及"。如江革为母守丧,三年期满,还不想脱去孝服,太守特意派属官为其除服。

(5)由为父母守丧扩及到期亲(祖父母、叔伯父母、妻、兄弟姊妹、侄、公婆等),如杨仁因兄死而辞官,在家服丧。

从上述特点可以看出,两汉时丧期仍无定制,守丧只是非强制性的道德规范。魏晋之际依然如此,尤其是当时的名士,更是对此嗤之以鼻。"竹林七贤"之一的阮籍,不拘礼节,但性至孝。母终,他正在下棋,对方请停,籍不同意,仍然聚精会神。一盘下完,饮酒两斗,大声哭号,吐血数升。灵柩将要出门时,他喝了两斗酒,吃了一只蒸熟的猪大腿。诀别之际,又大声一号,吐血数升。哀毁骨立,好像要死的样子。葬埋了母亲,友人裴楷前来吊唁,阮籍披散头发,张开两腿坐着。醉眼朦胧地直视着裴楷,既不还礼,也不悲哭。嵇喜来吊,籍却以白眼相待,令客人扫兴而去。嵇喜之弟嵇康听说此事后,就提着酒弹着琴登门吊唁,阮籍万分高兴,这时才将白眼换成了青眼(参见《晋书·阮籍传》)。

这是特殊事例。两晋时期,守丧之制日益规范化起来。司马懿死,其子炎(晋武帝)率先为之守丧三年(参见《晋书·礼志中》)。由于皇帝以身示范,大臣群起仿效,守孝便逐渐成了官僚士大夫们必须遵行的道德规范。不仅父母之丧,而且期亲之丧也受到了极大重视。如东晋元帝时,庐江太守梁龛为妻守制坚持到期满。权臣谢安特别喜好音乐,自从其弟谢万死后,十年没有听过音乐,可谓守期亲丧的典型。

需要指出的是,从汉代开始,为父母守丧,已有了一些法律条令的保护。一是守丧期间可以不服徭役,西汉宣帝地节四年(前66年)曾专门颁发过如此内容的诏令。二是禁止守丧期间做官。东汉人应劭说,汉律:不为父母守孝三年,就不能参加选举(被荐举为士,被荐举为官)。今人丁凌华认为此条律文包含两层意思,一是为父母服丧期间不准做官、不得参加选举;二是不为父母守丧者,取消今后征辟选举的资格。他认为此条律令大概颁行于东汉安帝时(107~125年)邓太后秉政期间,从其处罚手段来看,属于行政法规范(参见《中国古代守丧之制述论》,《史林》1990年第1期)。北朝,对不守孝者的处罚,已由汉晋的行政手段逐渐地过渡到了刑事手段,如《通典》引《北魏律·违制律》说,在守丧期间隐瞒守丧之事而做官的,判处五年徒刑。三是禁止在守孝期婚嫁。《太平御览》引董仲舒《断狱例》条说,丈夫去世还未下葬,法令规定不准妻子改嫁。这是专门针对妇女的,以后的朝代几乎都承袭了这条律令。

综上所述,守孝制度从汉武帝开始,首先也许成了王室贵族必须遵循的强制性道德规范;但官僚士大夫们奉行的守丧之制却无一定之规,直至东汉时期依然如此。为了一统风俗,唐朝廷在魏晋南北朝将守丧初步纳入法制轨道的基础之上,以法律的形式,给予了完整、系统的规定。其主要内容反映在《唐律疏议》之中,计有:

(1)不准听到祖父母、父母死的消息,而匿不举哀,以及听到丈夫死的消息,匿不举哀。"匿",即隐瞒不向上司报告。"举哀",指号哭哀恸。匿丧不哀,就是不孝、不义。不孝、不义,属于十恶不赦的范畴,就应该给予最重的处罚。

(2)不准丧制未终,释服从吉。所谓释服从吉,是指居丧期间脱下丧服而穿上平日的服装。

(3)不准在服丧期间弹奏乐器、唱歌、跳舞和参加有关的娱乐活动。

（4）不准在守孝期间嫁娶，不准为别人主持料理嫁娶之事，也不准为他人做媒。

（5）不准在居丧期间参加各种礼庆宴席。

（6）不准在居父母丧时怀孕生子。

（7）不准在居父母丧时兄弟别籍、异财。别籍，就是"分家"。异财，指分割财产，或在自己的名下创造、积累财富。

（8）不准违犯为父母服丧守制的礼仪，不准外出求取官职和参加科举考试。

（9）父或母去世，为子者必须迅速辞官离职，归家守孝三年。若诈称是家中或家族中其他人死亡而不自动解去官职的，就会受到惩处。

唐朝廷用法律的形式对守丧之制给予了严格的规定。统治者用心良苦，但从现有的文献来看，无论官僚士大夫，或是平民百姓，均未严格遵行。尤其是官僚士大夫，希望"夺情"（官员在遭父母丧时必须辞掉官职，在家守孝期间，朝廷下令某些大臣不需辞去官职，可以穿着官服料理有关的事务，但不得参加吉庆的礼仪。或守制尚未满期而应朝廷之召出任官职的，叫"夺情"），或嫌"夺情"太慢而申请"起复"的不乏其人。

宋代仿唐制定了《刑统》，也将有关守丧之制的条文列入这部法典之中，其内容几乎完全与《唐律》相同，但从执行情况来看，却是大打了折扣的。司马光《书仪》卷六就曾说过，如今的士大夫们守丧，又是吃肉又是喝酒，和父母去世前没有两样。又相邀宴饮、游乐，没有丝毫的悲伤苦痛，旁人却见怪不怪，习以为常。民间也有许多守丧时婚姻嫁娶的。

为了适应变化了的社会风习，明朝廷也相应地修改了守丧制度，这种修改，虽不是实质性的，但总的说来较前宽松：

（1）删除旧条，如守丧期间可以怀孕生子。

（2）增置新条，如规定居丧之家不准延请僧人、道士来家中修斋、设醮，做佛事、道场。若有违犯，杖打家长，僧、道同罪，并勒令还俗。

（3）减少了守丧的对象。

（4）减轻了量刑的幅度。明律对守丧违制的处罚同唐、采相比，是较轻的。

清代制定的《大清律例》中有关守丧之制的条文与《大明律》相同。但从明代开始所修改的法律条文并未扭转当时的社会风气，相反，入清之后，守丧制度上的违礼违律现象随处可见。法律规定既已较前代松弛,司法上往往也就更加放纵。清康熙二十二年(1683年)左都御史徐文元在其奏疏中说,近来士大夫中居丧婚娶、丧中听乐、匿丧恋职、吉服游玩等事,比比皆是,希望能严加禁止(参见《读礼通考》卷一〇八)。崔东壁也说,近世的居丧,只不过是穿穿丧服而已。遇五服亲之丧,几乎和常人没有什么区别,饮食、居处、宴会、庆贺、看戏等一切照常。只有父母之丧,偶然有一两个像点样子。如果真有三年不饮酒吃肉、不与妻妾同房的,就要书之史册,以为美谈了。由此可见,该种情况至近代已为绝无仅有之事。不得了啦,世风日下了(参见《中国古代守丧之制述论》)。

社会的进步和发展,必然要对繁琐、落后、束缚人们手脚的旧习俗、旧礼制进行改造和扬弃。民国乃至现代为父母守孝的内容已经特别简单了。

以上我们讲的是"家丧"。与家丧相对应的是"国丧"。国丧,指臣民为皇帝、皇后守丧,所以又称"国恤""大丧"。《尚书·尧典》记载,尧禅位于舜后的二十八年,死,百官和民众好像死去了自己的父母一样悲痛,在三年的守丧期内,举国上下不奏乐曲——看来,为帝、后守丧,也当是儒家的发明。春秋时期,周天子死,诸侯也有为之守丧的制度。东汉许慎《五经异议》即持此看法:《左传》说,天子死,奔丧者到来,诸侯既哭问故,遂服斩衰,并派上卿吊唁及参与送葬之事。《春秋经》记载,叔孙得臣(鲁大夫)到京师,葬襄王,认为合乎礼的要求。《左传》昭公十五年(前527年)中还有这样一条材料,其内容是:"秋八月戊寅,王穆后崩","十二月,晋荀跞如周(即赶往京师),葬穆后。……既葬,除丧(即脱去丧服)"——这是为王后守制的情况,虽然时间很短。

国丧作为一种礼制并由朝廷颁布,最迟也许是在秦代。《晋书·礼志中》说,臣为君服斩衰三年,民为君则齐衰三月,本为礼制的规定,但秦及汉初却不是这样,而是一律为天子服丧三年。在三年之内,无论官民,必须为天子戴重孝,并且不得饮酒食肉、娶妇嫁女。这个规定太苛刻了,所以史家批评说此种制度不符合民众的意愿。汉代的孝文帝对此深恶痛绝,认真进行了改革,只要求葬礼结束后"服大红十五日,小红十四日,纤七日,释服"。

孝文帝诏令中的"大红""小红",均为丧服名。"红",通"功"。"纤",细布衣。毋庸置疑,汉文帝的这一大胆改革缩短了国丧的时间,这就是学者们津津乐道的

"以日易月"。所谓的以日易月，就是用一日对一月，亦即十五天对十五个月，十四天对十四个月，七天对七个月。三天之后，除了宫中，天下所有的奏乐、博戏、饮酒、食肉、娶妇、嫁女等均不予禁止。此制之出，对后世是有相当影响的。唐人韩愈在《顺宗实录》中说，以日易月，就是传统的礼制。皇帝应该在三天之后开始料理朝政。十三日小祥，二十五日大祥，二十七日脱去孝服。赵宋皇帝行丧，小祥、大祥之礼均重复一次，也就是"日"这天举行一次，"月"之时又举行一次。《续资治通鉴》宋神宗元丰八年(1085年)说，如今群臣虽以日易月，而天子则在认真地守三年之丧，故十二日为小祥，一周年时又是小祥；二十四日为大祥，两周年时又是大祥，便是证明。

还有一种丧制，即介于家丧和国丧之间的，我们姑且给它命名为"官丧"吧。官丧于魏晋后，始有定制。溯其源，汉制，三公、刺史、二千石都可以挑选属员，而不必朝廷指派，因而上下级之间关系密切，很快可以形成强烈的依附关系，这就构成了"官丧"的基础，既有如此亲密的关系，于是就有属下为长官守孝之制(参见《廿二史札记·长官丧服》)。

官丧之外，文献中还记载着一种"师丧"。师丧，指为所敬重的老师守丧。最早的，许是《史记·孔子世家》的记载：孔子卒，弟子都为他守孝三年。守孝结束之时，相互道别而分手。但子贡却依然住在孔子墓边的草房子之中，一共六年，期满，才离开。老师死，弟子守孝，不穿丧服(或穿很短时间的丧服)，只在心中悼念悲伤，故称之为"心丧"。

后世心丧的范围不断扩大，有朋侣为至交，门生为举主，故吏为旧君，郡县吏为官长，民众为守令等。

守丧完全为一种形式主义，是礼书中的空想。翻检史书有关此类问题的记载，我们便可以得出如下结论：守规矩者少，不讲求形式者多。尤其是那些大力提倡封建礼教的卫道士们，更是言行不一，他们率先破坏了不合理的传统习惯。实事求是讲，这种行为是应该肯定的。再就社会最底层的平民百姓来说，他们连生计都难以维持。能为父或者母守制吗？缺乏起码的物质基础，哪怕三天也难坚持，三年就更不用说了。

二、三虞

　　唐开元礼规定,灵柩入墓坑后,又有一次"反哭"的礼仪。所谓反哭,是指孝子(也就是丧主)手捧死者神圭(灵牌)归家而哭。此礼仪早在春秋战国时期便已存在。施行反哭礼后,丧主人和有关人员还要察看虞祭时将要宰杀的牲畜。丧家祭奠新坟的礼仪结束,回返家来,正午时分举行虞祭礼——"日中而虞"(参见《礼记·檀弓下》)。学者指出,"虞"是丧葬礼仪中的祭祀名称。虞,安定、安宁、娱乐。由于人的尸体埋进了土中,而"魂"却可以东游西荡,孝子为了免除它的奔波不定、彷徨徘徊,举行三次祭奠让它安定下来。也就是说,虞祭是在葬埋父或母后,迎接回灵魂,并将它安置在殡宫的祭礼。祭礼于灵堂内举行,其仪程是:丧主人手捧神主恭恭敬敬地安放在灵座上——神主用桑木做成,高1尺,长方形体,每边1寸1分;顶部圆形,直径1寸8分;其底座(即趺)周长1尺,高3寸——灵座下的几案上摆放着各种祭灵的食品。孝子孝孙及其家人和亲友齐集灵堂,依规定站立在各自的位置之上,然后举哀哭泣。停止哭泣后,主人洗手,用布巾擦干手。接着将酒杯洗干净,用布巾擦干酒杯;然后在酒杯中斟满酒,再将酒杯虔诚地捧到灵座的前面,面向西跪下,酒杯摆放到供品的前边,俯下身来,叩头礼拜。叩头结束,起立,稍做后退,面向西方站立。主事之人手捧"祝文"奉献到灵座的右边,这时所有盼人停止哭泣。那位捧奉祝文的人随之跪下,诵读祝文大略如下:某年某月某日朔,哀子某某,斗胆向父亲大人报告:时光飞速流逝,一下子就到了反哭、虞祭的日子。我们头叩地,大声哭号,十分的伤痛悲哀。现在恭敬地将干干净净的羊、猪、稷、黍、高粱、稻米和各种食物、美酒奉献给您老人家,请您品尝!祝文诵读完时,主人带头哭泣,向灵座叩头礼拜,全体与祭者亦是如此,虞礼便告结束。第二天"再虞",第三天"三虞"(《礼记·杂记下》说士三虞,大夫五虞,诸侯七虞)。再虞、三虞的仪程与初虞一样。

　　下葬之日行虞祭礼,是不忍心让父或母亲离去。在这个月内,用虞祭礼代替奠祭礼,并将随时哀哭改变成早、晚各哭一次,这就叫"成事"(参见《礼记·檀弓下》）。此为虞祭的原因。而以虞祭为分界，之前的祭祀统称之为"奠"，具有丧祭的性质；此后的祭祀统称之为"祭"，具有吉祭的性质，用吉祭代替丧祭（参见《礼记·檀弓下》），就是这个意思。

民间将虞祭的形式和内容进行了一些变更、改造，或者是说没有依照丧礼的规定，而自行其是。如四川大部分地区是在死者入葬的当天夜晚，丧家延请僧尼、道士在墓前供奉食物美酒，举行祭奠，并将这个仪式一直持续到第二天的拂晓，这叫作"朝祭"。而该省的西部则是在死者入土后的第二天，丧家邀来僧人、道士或者巫师到墓地，在新坟顶上插上纸旗，周围摆置香烛、纸钱、酒食，认真进行祭祀，目的是想借此祭祀来消除灾害，安抚死者的灵魂，当地称这项活动叫"谢坟"。谢坟礼毕，将纸钱焚化。此后，接连两个晚上，丧家都要携带纸钱、香烛诸物，齐集新坟，燃点纸钱，叩头礼拜，祝死者顺利上道。这样的谢坟活动必须连续施行三次。

下葬后的第三天，民间还有"攒三"等项奠祭死者的活动。攒三的前夕，丧家委派专人（戴孝之人不能去别人家）邀集参加过丧葬礼的亲戚、乡邻准备第二天上坟。而来上坟的亲友必须向丧家赠送纸钱、油香（一种食品）和十二个油煎薄饼。攒三活动开始，孝子孝孙及所有的人员依与死者的亲疏关系，按照次序跪于坟前；两位长者各执腰经（即麻带）站立在新坟的左边，将腰经自上而下象征性地攒（摆、甩的意思）三下，再站到坟的右边攒三下，接着在新坟的后部也这样攒三下。攒毕，确定坟的方位，放上供桌。放置供桌时，还要在坟前铺上毯子，再献上肉食、果品、茶酒以及馒头诸物，供桌摆设好后，随即化纸钱、烧油香、焚祭饹（赠送给死人的粮食）、奠茶酒，所有参地祭拜的人面对新坟叩头哭泣。有些地区甚至还安排人向参加攒三仪程的亲友介绍死者的生平事迹，同时还将亡人的穿戴以及亲友的吊唁情况一一公布。仪式结束，主事者将亲友赠送的食品按上坟的人数进行平均分配。回家后，丧主要设便宴招待。宴毕，孝子派人将族中的谱牒"请"来家中，点燃香烛（或灯），恭敬地供奉在堂屋的桌子上，向其敬献茶、酒、净水。接着，又让人请来族中的长辈、族长及先生（读书人）。这些人走进家门后，必须洗干净手脸，才可落座。此时，死者的亲友们跪下，由孝男的长子将家谱捧至桌上，行三拜九叩的大礼，进而献上衬谱用的绢或者白布一块、新毛笔一支，以及白纸、墨、砚台诸物。先生翻开谱牒，按亡者的辈分及生年，确定入谱的页数；族中的长者还要介绍死者的事迹、生卒年月和相关情况。接着,先生执笔,依要求书写神位、生卒年月、奉祀孝男的姓名等项内容。若死者功德较多,就撰写传略,录入谱中。上谱事毕,跪在地下的家人、亲友便一齐叩头礼拜,向族中长辈、族长和先生表示谢意。

江苏南部还有"复山"的风俗,也就是在亲人入土后的第三天进行的扫墓活动。此日,摆放素食,焚烧纸钱,面对新坟哭泣,这就是所谓的复山(参见《西石城风俗志》)。而全国大部分地区通行"暖坟"或"圆坟"的仪式。清代山东《章丘县志》卷六介绍说,葬礼结束后的第三天,死者家属来到墓地施行祭奠的仪式,修整新坟,然后围着新坟转三圈,这就是"圆坟"。《畿辅通志》卷七十一记载,京师丧家举行虞祭礼很准时,第三天,就将提前准备好的祭奠用品带到坟地,举行拜祭仪式,人称"暖墓"。简言之,暖墓就是给新坟添土、烧纸,亲友在坟前悲哭、祭祀。参加者一般是亡者的家人,当然也包括亲戚、朋友。

三、祭墓

虞祭是行三年之丧活动的开始,而虞祭与其他的祭祀活动都丰富了三年之丧的内容,如果取消了虞祭和其他的祭祀活动,三年之丧就会因缺少内容而无特色。因此,虞祭以下的其他祭祀活动就有必要进行介绍。

一七至七七。也就是从人死之日开始(亦有从出殡之日起计算的),每隔七天,丧家设斋祭祀,为死者作佛事,顺次至七七(共计四十九天)为止。民间认为,逢七即为亡者修福,便可超度亡魂,使其免受地狱之苦,其"理论"依据一是所谓的"魂魄聚散说"。魂魄聚散说指出,人之初生以七日为腊。腊者,佛教用语;佛教称比丘受戒后一年为"一腊",大约相当于俗间所说的"一岁"。死则以七日为"忌",忌者,期也。一腊成一魄,七七四十九天,则七魄全成,所以每隔七天,丧家就要设置道场。七七的"理沦"依据之二是所谓的"生缘说"。生缘说的主要意思是指人生有六道流转,在人死此、生彼之间,夹杂着一个"中阴身"的阶段,这个中阴身就像一个小婴儿。小婴儿必须寻找蜕生之缘,以七天为一个限期,如果七天终结,未觅得生路,就再续一个七天,直至第七个七七时止。也就是说,在四十九天之内,中阴生必生一处。为玉成其事，丧家就应该举行道场功德，鼓劲加油，以助一臂之力。一七，亦称"头七"。此日，丧家举行隆重的仪式：设灵座，供木主，摆设"纸札"（指成叠的剪刻有钱形的"烧纸"以及焚烧给死者的纸糊的车、马、楼、库等冥器，此统言之为"纸札"，也写作"纸扎"），并受唁开吊。亲戚朋友除送挽联、挽幛、钱币之外，还得在灵前上香叩头，并劝慰丧家。家境好的，便会请来和尚、道士拜忏、诵经、烧香、焚楮（指纸钱）、招魂。二七，这天的主要祭祀活动是家人备酒馔、供羹饭祭奠，也要烧纸钱。但内容没有头七复杂，而较简单。三七，又叫"散七"。散七之日，丧家请来和尚或道士念经，并行"解结"仪式——劝解死者或为死者解除冤结。仪式开始之前，由丧家用黄线穿制钱，并打成若干个很不容易解开的死结，道士或和尚则一边诵经，一边解结，其主要的民俗学、社会学含义有两个方面，第一，帮助死者消除他生前和旁人所结下的冤结恨仇；第二，死者不甘心离开人世，因此"阴魂"不散，亲人就得念经劝说，请其安心而去。和尚、道士于解结之时除诵经之外，还会自编一些解结词，用来规劝世人，宣扬死生为前世命定；同时，还表彰好人，批评坏人，要求人们为善不为恶。那解出来的制钱就归解结者所有。在解结的现场，既有丧家的全体成员和亲友，也有乡邻村人。之所以能吸引乡邻村人，主要的原因是和尚、道士吟诵的解结词，就像是在唱戏文。和尚、道士于解结之时，孝子还得在死者临终的房间以及厨房和灵座前烧点香烛，供奉菜蔬酒饭进行祭祀。亲友也要准备祭晶来孝子家助祀。这天夜晚，孝子手举香火，来到村外的三岔路口呼喊亡人的姓名，或是上坟烧香燃烛，将亡灵"接"回家中享受供奉。四七，四七日的祭祀比较简单。这天，家人献酒馔、供羹饭、焚纸钱进行祭祀。也有外甥或侄辈请僧尼、道士为死者诵经拜忏的。五七，民间认为这天是亡灵"省亲"的日子，所以仪式相当隆重，一般要请僧人、道士诵经拜忏，亲友也得前来吊唁。有的丧家还会在灵堂前的天井中摆放桌椅，让桌或椅"穿"上死者生前的衣服，装扮成人的模样，并在墙边靠一木梯，据说是想让亡灵借助木梯回到家中。有关五七这一天安排僧人、道士设道场之事，《红楼梦》第十四回有记载，前已介绍，此处不赘。必须指出，民间最重第五个七的祭祀。除本家贡献供品外，亲友也要携带纸钱、锡箔的元宝、金钱等参与其事，丧家还得准备酒宴招待，所以称之为"烧五七""做五七"。贫寒之家其他的"七"可以不"烧"，但五七就必须履行有关的仪程。六七，六七日的祭祀活动也相当简单,其酒馔、羹饭、纸钱等完全由女婿操办。当天未亮时,由女儿将贡品挑到墓地,于坟前祭祀。七七,亦称"断七""满七"。满七的这天,丧家要举行隆重的祭祀仪式,亲友或者直接赶赴孝子家焚烧纸钱,或者前往墓地拜祭。

由以上介绍可知,逢单的七仪程比较复杂,内容自然要丰富,一般是要延请僧尼、道士来家做道场的,这是第一项活动;设斋祭祀亡灵,这是第二项活动;将纸钱烧给死者,这是第三项活动;每天必须哭拜,要像死者活着的时候那样早晚各一次给死者献食,这是第四项活动;要上坟,这是第五项活动;亲友助祭,这是第六项活动。

百日,人死一百天时的祭祀。民间这天的祭祀活动是上坟燃烛、焚香、化纸钱,贡献果品食物等。丧礼规定,从百日这天开始,悲痛涌上心头就哭,没有白天、夜晚和次数的限制,改为早、晚各哭一次。《仪礼·既夕礼》载有"卒哭",郑玄认为卒哭是三虞礼之后的祭祀名。开始无朝夕,也就是一整天之中,哀伤来了就哭泣,到三虞礼这一天就停止,变成早、晚各哭一次。丧礼又规定,从此日开始,避称死者生前的名讳。应该提及的是,民间一般以终七为卒哭的时间。

周年,即"烧周年"。为父母去世、满周年的那天,其子女、亲属在坟地举行的烧香、焚纸钱的有关悼念活动。

小祥,父母死后一周年的祭礼。《仪礼·士虞礼》:"期而小祥"。小祥,祭名。祥,吉祥。期,一整年。从小祥这天开始,孝子可戴练冠,所以称小祥之祭为"练"。练,是将丝、麻或布帛煮熟,使它更加柔软洁白;或指练过的布帛。它不同于用苴织成的那种稀疏的"斩衰"类的布。用练布做成的冠即"练冠"。祭礼在父母去世后十三个月,也就是挂孝满一年而跨入第二年的时候举行。这天,男子可以除去头上的丧绖,戴上练冠;女子可以除去腰间的绖带。

大祥,父母死后两周年时的祭礼。《礼记·间传》:"父母之丧,……又期而大祥。"大祥的仪式是在二十五个月,也就是挂孝满两年跨进第三个年头,即"又期"(又一年,或两整年)时举行。从这一天开始,孝子脱掉了衰衣,放下了丧杖,可以戴白色生绢制成的缟冠。《清通礼》卷五十二说,诸子跟随着丧主手捧死者的木主送进祖庙,在东室设置木主之位,叩拜行礼后,将它收藏在祖庙专门放置木主的夹室之中。返回家中,再撤除卧室里的灵床、灵座,俗称"除灵"。将亡人的木主送至宗庙,这就是人们所说的"祔"礼,清代民间施行的时间是大祥这一天。先秦时期的"祔"却是在止无时之哭的次日,《礼记·檀弓下》说,周代在卒哭的那天行祔礼;《左传》僖公三十三年(前627年)也说,凡国君薨亡,在卒哭的那天祔于祖庙。但殷礼规定,施行祔礼是在小祥(参见《礼记·檀弓下》)。有部分学者认为"祔"是新死者与祖先共同享受祭礼,也就是在停止无时之哭的第二天,孝子手捧死者的神主送入祖庙,在祖庙中享受后人的祭祀。祭祀礼结束,仍奉神主回家,大祥这天,才正式迁入祖庙。

禫,大祥之后的祭礼。此祭礼结束,孝子彻底脱掉孝服,重新过正常人的生活。《仪礼·士虞礼》说,一年之后是小祥,两年之后是大祥,大祥后的一个月行禫礼。东汉学者郑玄以二十五个月为大祥,二十七个月行禫礼,二十八个月就能歌舞弹唱了。三国魏的学者王肃则以二十五个月为大祥,当月就可行禫礼,二十六个月就可以饮酒作乐。因王肃为司马昭(其子炎为晋武帝)之妻父,所以晋行王肃的建议,然历朝历代却沿用郑玄的主张。宋以来,民间大祥后就是禫,随之脱去丧服。

此外,还有忌日(父母或先祖去世的日子,忌日禁饮酒作乐,所以叫忌日,也叫忌辰)、诞日(父母或先祖诞生的日子,也称生忌)、中元(农历七月十五日,也称鬼节、孟兰盆节)等等的祭祀。

上述祭祀大都是在死者的灵位之前。在室内祭祀举行的同时,围绕着坟墓,人们又安排和设计了许多的活动。这些活动,我们统称之为"墓祭"。

春秋战国之前有无墓祭,在清代学术界曾展开过争论。一派以顾炎武为代表,坚持"古无墓祭"的看法,一派以阎若璩为代表,力主"古有墓祭"的观点。史书记载,春秋战国时期就有墓祭的风俗。《孟子·离娄下》介绍道:齐国有一个人,家里有一妻一妾。那丈夫每次外出,一定吃得饱饱的、喝得醉醺醺地回家。他妻子问他同他一道吃喝的是些什么人,他告诉说,全是一些有钱有势的人物。妻子不相信,第二天清早起来,她便尾随在丈夫的后面,走遍城中,没有一个人站住同她丈夫讲话或打招呼。最后她丈夫一直走到了东郊外的坟地,接着走近祭扫坟墓的人那里,向他们讨些剩菜剩饭;没吃饱,就又东张西望地跑到别处去乞讨了——这便是她丈夫吃饱喝足的手段。这个故事很有趣。孟子讲述的目的,是为了讽刺那些不用正当手段而能升官发财的道貌岸然的伪君子。透过此则故事,我们从中可以清楚地看到,战国时期民间广泛地存在着祭墓的活动。正由于这种事情比较常见,所以那位贫穷的丈夫将乞讨墓祭用的食物酒水当成了度日的手段,甚至是此处不足则迁彼处。故事虽有虚构成分,但它还是有生活基础的,是有事实根据的。

祭墓的礼仪不会突然于战国时代形成,在此之前,应有征兆可寻。这方面的文献资料比较缺乏,但新中国成立后,众多的考古发掘却真实准确地反映了殷商时期盛行的墓祭风俗源远流长。西周也存在着墓祭,这在史籍上就有反映,不过同春秋相比,还有较大区别。有关墓祭的记载,在春秋

孟子

时期多了起来。《史记·孔子世家》记孔子去世后,鲁国人代代相传,在年终时分祭祀孔子的墓冢(这当是后世仲春、仲秋、上旬祭祀孔子礼仪的滥觞),而诸位儒生也在孔子的坟墓前演习乡饮酒礼和大射礼。《皇览》一书说,孔子的墓距曲阜城有一里多的路程。墓地面积百余亩,而其坟南北宽十步,东西长十三步,封土堆高一丈二尺。墓前有用方砖铺成的祠坛,祠坛六尺见方,同地平齐。因为孔子的地位比较特殊,死后,其冢被人按时祭祀。由于坟墓边没有建立祠堂,只好在用砖铺成的与地平的"祠坛"上进行。这当是春秋晚期战国初年的事情。

值得注意的是,这种设坛祭墓的礼俗,到汉代也很流行。宋人赵明诚《金石录》收录有居摄二年(前7年)的两件坟坛刻石,第一通是"祝其(东海郡的一个县)卿(对县丞的尊称)坛,居摄二年二月造";第二通是"上谷(郡名)府卿(对郡丞的敬称)坛,居摄二年二月造。"两刻石中十分明确地提到了"坟坛。"建造坟坛,是为了方便在冢边举行祭祀活动。有了坛,祭祀就可能严肃、庄重。

经济条件好的家庭,除设坛外,还喜欢在坟前建造祠堂,祭祀时,两者同时使用。如元嘉元年(151年)《从事(官职名)武梁碑》载:"孝子仲章、季章、季立,孝孙子侨、躬修、子道,竭家所有,选择名石,南山之阳,擢取妙好,色无斑黄,前设坛蝉,后建祠堂,良工卫改,雕文刻画,罗列成行,摅聘技巧,委蛇有章,垂示后嗣,万世不

忘。"孝子孝孙们竭尽家财，挑选最好的石料，为其父(祖)建造坟坛，接着在坟坛的后边盖起了祠堂。祭祀时，既可以安排在坟坛上进行，也能够迁移到祠堂之中，风雨无阻，十分方便。

风雨无阻，可见墓祭活动的频繁。《史记·留侯世家》说，张良遵照送给他《太公兵法》的老人的嘱咐，十三年后，果然在济北的谷城山下见到了一块黄石，他就按老人的指点，每天虔诚地供奉这块黄石。张良死后，家人又用隆重的礼仪葬埋了这块黄石，每当夏天的伏日，冬季的腊日，一定得去祭祀黄石的墓冢。这里提到的伏日、腊日，虽是两个祭祀的日子，却也泛指节日。两季之外，春、秋就不祭祀了吗？显然是说不通的。

祭墓活动频繁，往往是全家而行，兴师动众。《汉书·朱买臣传》说，朱买臣是吴(今江苏苏州)地人，家庭贫困，但他酷爱读书。因嗜好读书，对家里的事情不闻不问，这样一来，全家人的生活没了着落。买臣只得亲自上山砍柴，挑到集上卖得几文钱后，买些粮食回家。其妻十分不满，改嫁他去。一次，买臣担着柴，大声地唱着歌，走在墓间的小道上，恰好碰上了与丈夫一家人一同上坟的前妻，前妻看见买臣饥寒的样子，十分心酸，特意将祭墓用的饭菜酒食送给了买臣。

普通人家上冢，是男女老少齐出动。官僚士大夫们则把它当成了聚集宗族、故人、僚属的重要手段，而且乘机大操大办，把个祭墓活动搞得轰轰烈烈。《汉书·原涉传》介绍道，茂陵(今陕西兴平东南)人原涉，免官后，准备上冢，但不想声势过大，只是悄悄地与故人预约时间。……上冢的这天，故人、朋友依约赶来，共有车数千乘，而且全是有头有脸的人物。这些人物聚集在墓冢边，除了祭祀外，就是参加主人举办的酒宴了。

民间墓祭风俗的盛行，必定是皇家、达官祭奠活动的复写、影印。据《后汉书·祭祀志下》记载，建武(25~55年)以来，光武帝经常赴长安谒陵祭祀，因路途遥远，物资转运困难，加之祭祀程序繁琐，于是就思量着改革。光武帝死，葬原陵。依制度，即位不久的明帝便在永平元年(58年)正月，率文武百官朝谒原陵。十七年(74年)正月，明帝准备祭陵的头天晚上，梦见了亡父光武帝和亡母阴太后，三人见面，十分高兴，分手时，依依不舍。第二天清早，便率文武百官上陵。因受梦的启发，明帝下诏，要加重陵寝的作用，降低宗庙的地位。自己死后，神主收藏在光烈阴皇后的更衣室中。于此一来,从章帝开始,上陵礼就更加隆重起来了。朝廷每次举行上陵礼,除祭陵之外,还要向死皇帝报告民间疾苦、国家收入、粮食价格和风俗善恶等等情况。另外,汉朝廷还将每年八月在宗庙内举行的"饮酎"(也叫酎祭,是将经过两次或两次以上复酿的醇酒献给祖先,此礼由皇帝亲自主持,祭礼的"牺牲"为牛、羊、猪三牲各三份组成的"九太牢"。进入八月之前,诸侯王、列侯必须按照封地内人口的数量依相应的比例缴纳黄金,上缴的黄金就是"酎金",用以赞助朝廷的饮酎)活动搬进了陵园。朝廷企图通过上陵活动,将豪强大族团结在自己周围,其用心可以说是良苦的。

上陵的众多活动提高了陵寝的地位,这种局势一直持续到了唐宋。

上陵、上冢历史悠久,又由于两汉时期的反复实践,真正地成了人们寄托哀思、追念祖先的最好方式。上陵、上冢就是墓祭,墓祭亦即祭墓。而作为广义的祭墓,见诸文字记载的,还有"上墓""上坟""扫墓"诸称。在祭墓时,人们或是为祖先的坟堆除草添土,或在树枝、竹条上挂上红、绿等色的纸条,或圈上纸钱,或供上祭品,或焚烧冥钱(用白纸包上,封皮上写着亲人的名讳及送钱人的姓名,就像一封封信),或燃放鞭炮,然后叩头礼拜。总之,以各种方式来表达孝子之情。民间祭墓的时间,大多选在清明。当然,也有忌日祭、冬至祭、寒衣祭(时在十月初一,人们为祖先亡灵送寒衣的日子。这天,亲属将用布或纸做成的衣服送至墓地焚化,其用意是让死去的亲人温暖地度过寒冬)、腊月三十(除夕)、大年初一等节祭。如果是新死者,家人一定要在春社日之前祭祀,民间流传着"新坟不过社"的说法,就是这个意思。

祭祀也是富有中国特色的文化现象。在我们提到过的虞祭、小祥、大祥以及七七、百日、祭墓等等活动中,除了施行必不可少的仪式外,人们还借助哀辞、诔文的形式,来表达心中的哀思,这种行之于文,言之于声的文字,便是祭文了。

敦煌文书中,祭文就有这样的一些名称:

(1)"行香文",用于国祭日,祭奠已死的皇帝、皇后,如《太宗皇帝国忌行香文》即是。

(2)"亡文",为通称,具体应用时就有了区别,如祭父,称"亡考文";祭子女为"亡孩文"。

(3)"忌日文",纪念亡灵忌辰日之文,也用于七七、百日、小祥、大祥等。

(4)"亡斋文",亦名"追福文"。实际上是忌日文的变称,不同的是它只在佛事道场上出现。由于佛事道场耗资颇巨,非轻而易举之事,只有有钱有势者才可做到,故使用范围较小(参见《敦煌文学·祭文》)。这些史籍中罕见的名称,出现于敦煌石室中,恰好反映了唐代民间祭文的真实面目。因为是民间的制作,它不会有文人祭文的虚情假意,也不太讲究语言的华美艳丽;所以明白畅达如口语,直抒胸臆。文人撰制的祭文,我们读过的不少,在比较刻板严肃中,也出现过一些变化,表现在名称上,就有"告"(用于晚辈对前辈的祭祷)、"哭"(用于关系密切者)、"悼""奠""酹""悲"等。至于语言、格式、结构方面的新貌,就不必多言了。

祭文是祭奠亲友之辞。它最大的特点,是偏重于对死者的追念哀痛,故感情色彩极浓,抒情气氛很强。它多是作者为亡亲故友而作,虽说也记述生平,颂赞死者,但重点却不在这一方面。据《文章缘起》介绍,正式以"祭文"命名的文章,是汉代杜笃的《祭延钟文》,可惜此文早已佚亡,而现存较早较好的,当推曹操的《祭故太尉桥玄文》了。桥玄,字公祖,东汉灵帝时位居太尉。曹操未入仕前,曾经拜访过桥玄。桥玄看到曹操,暗自吃了一惊,虽说此人容貌一般,个子矮小,但气质极好。通过交谈,印象颇为深刻。临别前,桥玄特别勉励,并希望他好自为之,说,如今天下大乱,安定生民的人就只有你了。曹操时刻将此话铭记在心,不断鞭策,终于使自己成了英雄。曹操深感知遇之恩,后来经过桥玄的家乡,特地撰写了这篇祭文,并亲自在其坟头哭诵致哀。

一般情况下,寿终正寝者的神主或是神位、灵牌是应该进宗庙或者祠堂享受子孙的顶礼膜拜和血食的。换言之,袝礼后,室内的祭祀活动多在宗庙或者家祠之中进行。(贫寒之家例外)即使三年的守孝期满,死者依然可以得到后人的缅怀、纪念和尊崇。

四、宗庙

古代传说中的黄帝、尧、舜等神话人物,既为鬼魂崇拜,也属祖宗崇拜的对象。

祖宗崇拜的对象,就其本质来说,虽是鬼魂,但它与崇拜者之间具有血缘关系,因此,崇拜者对它拥有祭祀的权利和义务。这种崇拜和祭祀,不是全部具有血缘关系的死者的魂灵可以享受的,《礼记·祭法》说,圣王关于祭祀的对象是:推行法则于人民大众的人可以享受祭祀,献出生命鲜血而英名永存的人可以享受祭祀,用辛勤劳作安宁国家的人可以享受祭祀,抵御大灾大难的人可以享受祭祖,保卫国家排除祸患的人可以享受祭祀。规定十分清楚。而其祭祀的目的,是在纪念祖先功德的幌子下,增强共同的血缘观念,以巩固内部的团结,并借机确定等级关系和财产的所有权利。

进入阶级社会后,原有的氏族和部落的共同祖先崇拜权和祭祀权完全被新的统治阶级所承继。在其内部,又依据不同的身份进行了诸多的限定,如始祖和大祖,分别是天子(皇族)和诸侯永远拥有而又固定的祭祀对象。高祖以下则为大夫、士祭祀的对象,三者的关系是丝毫不可混淆的。

祭祀是祖先崇拜的一种表现形式。《洪范》"八政"(管理八种政务的朝廷官员),第三为"祀",位于"食""货"之后,"司空""司徒""司寇"等之前(参见《尚书》),可见古人对祭祀的重视。国家的大事,一是祭祀,二是战争(参见《左传》成公十三年),更可证祭祀的重要。

祭祀仪式的进行,主要是在宗庙之中,《通典》卷四十七说,往昔的先王感叹世代的改换更替,思念亲人并专门为去世的亲人建立庙宇,这庙宇就叫"宗庙"(庙,意为貌。宗庙,也就是祖先们的尊貌)。借助新得来的物品而敬献给祖先并让他们享用,从而达到孝敬的目的。远祖不是一个人,不可能全部追祭,所以当血缘关系疏远之后就不再祭祀了。十分清楚,宗庙是供奉祖先神主的屋舍。帝王的规矩,凡是建造居室之时,一定是先筑宗庙,宗庙之中必须收

宗庙出土的甲骨

藏着神主,神主肯定在宗庙之中(参见《旧唐书·礼仪志六》),就是极好的说明。

宋人高承在《事物纪原·宫室居处·庙》篇指出,《轩辕本纪》说,黄帝升天后,臣僚们十分羡慕,取来他曾经使用过的几、杖供奉在庙中,凡是他游玩过的地方,皆立祠祭祀,这就是庙的起源。事实上,高承的看法完全是一种主观想象,因为他依据的是神话传说,传说是靠不住的。而最准确的资料,应是考古发掘。考古发掘的材料告诉我们,庙在原始社会后期就出现了。介于龙山文化和早商文化之间的河南偃师二里头遗址发现了一处规模宏大、结构复杂的夯土台基。台基整体略呈正方形,东西长约108米,南北宽约100米,总面积1万多平方米。现有台面高出当时地面约0.8米。考古学家经过反复的分析考证,认为这座廊庑式的建筑群是由堂、庑、门、庭等单体建筑组成的,其布局严谨,主次分明,看来,它无疑是"一座宗庙建筑的遗存"(参见《商周考古》)。

另据考古报告,在殷墟遗址中,也发掘出了不少与上述相似的建筑基址。学者认为其中的甲组基址的组合形式,可能是卜辞和晚商金文中所见的"中室""南室""东寝"之类的建筑。而在乙组基址中部的乙七、乙八(南北长约85米,东西宽约14.5米)是规模颇大的两座纵横相交成丁字形的基址,又由乙七之正南,也就是乙八之西南的一大片排葬坑(即所谓的"落成墓",实际上就是祭祀坑)来看,"乙七、乙八基址不是普通的房基,而应该是用于祭祀的宗庙遗址"(《商周考古》)。殷商的宗庙情况,甲骨卜辞中也有大量记载。陈梦家已在《殷墟卜辞综述》中详细地介绍过,毋庸重复。学者研究后指出,殷商时期的天子、诸侯均是五庙。所谓五庙,指考庙、王考庙、皇考庙、显考庙、祖考庙。考庙为父庙。王考庙即祖父庙。皇考庙为曾祖父庙。显考庙指高祖父庙。皇考庙以上四庙合称为"四亲庙"。祖考庙是始封之祖庙,故也称"太祖庙""太庙"。另外,同姓的人们有共同的"宗庙",同宗的人们有共同的"祖庙",同族的人们还有共同的"祢庙"。

周初也是五庙。

周代的统治者也十分重视庙堂的建筑,甚至把它建造得高大巍峨,《诗经·小雅·巧言》就有"奕奕寝庙,君子作之"之语。"奕奕",高大美盛貌。周朝中期,由于世系的延续,周文王、周武王已不再属于"考""王考"的四亲范围,依制就不能在宗庙中接受祭祀了。但鉴于两人对国家的赫赫功业,因此特地增添了二世庙(仅次于太祖），并将文、武以下、四亲庙以上的祖宗神主藏于二世庙中，这样就成了七庙。七庙的布局也十分讲究，它是依左昭右穆顺序排列的，第二、四、六世之祖为"昭"，第三、五、七世之祖为"穆"。从王自己算起第七世以上至太祖之间的祖先，合祀于夹室。当王崩时，第二世就迁入夹室，第四世就迁入第二世之庙，而第六世也就迁入第四世之庙，当时崩的王的神主就迁入第六世的庙。下次王崩迁穆庙，三世之祖入夹室（参见朱天顺：《中国古代宗教初探》）。

天子七庙，诸侯五庙。但由于社会经济的不断发展，周天子权势的逐步衰微，诸侯、大夫地位的提高，违制现象日趋严重。如鲁国的仲叔、叔孙、季孙（均为卿）三家，祭祀祖先时，就用天子之礼，因而孔子很是不满，气愤地说，禘祭的礼，从第一次献酒以后，我就不想看了（参见《论语·八佾》）。进入战国时代，卿大夫也不依规矩立庙了。《国策·齐策四》记载，冯谖为孟尝君出谋划策，建议他向国王要来先王的祭器之后，在薛建一座宗庙。"薛"是孟尝君的封地。孟尝君姓田名文，与齐王为同宗——可见，在此之前，贵族的封地中是不能设立太庙的。

孟尝君为何立宗庙于薛？这是他保护自己的一种手段，但正好从另一方面反映了宗庙的地位：宗庙代表了国家和朝廷，是权力的象征。历代帝王都将它作为"莫大之产业"，并希望"传之子孙，受享无穷"，出于这样的目的，必然会对维护以家族为中心的宗法制度和巩固世袭统治起到极大作用的宗庙及宗庙制度特别重视。因此，宗庙的建筑一般都要依照"左祖右社，前朝后市"的规定建在王宫的前面（参见《周礼·冬官·匠人》）。即使是在封建社会晚期，也承袭了这种制度。今北京故宫前居于左方的劳动人民文化宫就是明清的太庙，而位于右方的中山公园便为社稷坛。应该提及的是，汉时虽也沿用七庙之制，但打天下的皇帝属于暴发户，他的父祖们出身卑微，没有任何功业德行，所以无建庙的资格，这就是建国之初汉不能有七庙的原因（参见《新唐书·礼乐志三》）。经过二、三世之后，七庙才能建立起来。还有一现象值得注意，是为每位死皇帝各立一庙，并且没有昭穆的区别。郡国、陵墓也为死皇帝立庙，于是每个死皇帝都有无数座庙。东汉光武帝刘秀，曾在洛阳立高庙，祀西汉高祖以及文、武、宣、元五帝，又于长安西汉的高庙中祭祀成、哀、平三帝。另在南阳（今属河南）春陵立四亲庙，祭祀父南顿君以上四世。至明帝刘庄，遗诏藏神主于光武皇后更衣之室，此后诸帝相承，均将神主收藏在世祖的庙中。该种做法影响极大,晋宋之后,帝王们都遵循这种制度,多是同殿异室,即只立一庙,用七室代替七庙,并在各室的门楣上方分别题写"庙号"。

宗庙是供奉祖宗"神位"的殿堂。所谓神位,就是"神主"。神主也称"木主""庙主"等,大约就是民间流行的、上题死者名讳的灵牌。神主早在殷商时期就已出现,殷墟卜辞中的"示"即是。示还有大小的区别:"大示"是直系先王;"小示"是旁系先王。传说周武王观兵东方,抵达盟津,做成文王的木主,用车装载着,行走在兵卒们的中间。武王自称"太子发",表示是执行文王的命令离开京师去讨伐不义(参见《史记·周本纪》)。由此可见,为父祖作神主。既有安置死者灵魂之意,也可以说神主是某位父祖的化身。

神主从家里迁往宗庙,安放在"坎"中。"坎"是用石头制成的函,既坚固,也能防火。

立庙的根本目的,是为了方便对祖宗的祭祀,使他们享受子孙后代的血食。据说,在偃师二里头的宗庙建筑遗存内就有几个较大的灰坑。坑的形制特别,里面还有人的骨架。考古学家指出,这些灰坑的位置相当于宗庙的中庭,所以它应该是祭祀坑。这就是说,宗庙的神主们享用的祭品是活人、活牲口。

商代晚期,祭祀之仪已大大地复杂化起来,这在考古材料中有极多的反映。如河南安阳小屯宗庙(即乙七)前的祭祀坑,分为北组、中组和南组,并且是按军阵排列的,大体说来,步卒的方阵居前,车队及其所属的步兵随后。细言之,这三组祭坑中葬有战车、马、武装的兵卒、成年人、儿童、羊、璧、铃、蚌和其他器物——这是殷代统治者献给祖宗的用品、祭品和"血食"。

周人的宗庙祭祀活动相当的频繁,除临时祭祀以外,有月祭、四时之祭、殷祭等。月祭在每月的初一举行,称之为"朝庙"和"告庙"。告庙与告朔、视朔的礼仪有相当的关系。按照制度,每年的秋冬之交,天子将来年的历法颁布给诸侯。历法所记,重点在每月的初一为哪天及有无闰月。诸侯将历书收藏于祖庙之中。每个月的朔日(阴历初一),一定要宰杀一只羊祭于庙,称为"告朔"。告朔礼毕,就在祖庙处理这个月的政事,称之为"视朔"(也叫"听朔")。视朔结束,再祭于诸庙,这就是"月祭"——告朔、视朔、月祭这三项活动是在同一天一起完成的。四时之祭,即《诗经·小雅·天保》中提到的"礿祠烝尝"。学者解释这四个字的意思时说,春祭为"祠",夏祭为"礿",秋祭为"尝",冬祭为"烝"。祠可能是将煮好的新鲜蔬菜奉献给祖宗,礿是煮熟新收获的麦子供奉给祖宗,尝是让祖宗品尝秋季的收获物,烝则是请祖宗品尝一年四季的收获物。或者说使用的祭品就是《礼记·曲礼下》介绍的牛、小猪(或者大猪)、羊、鸡、犬、雉、兔、干肉、干鱼、鲜鱼、水、酒、黍、粱、稷、稻、麦、韭、盐、玉、币等。

子孙后代之所以依四时祭祀祖宗,是由于季节不断地变换,孝子感慨万端而倍思亲人,而自觉地向祖先奉献美味,表达孝敬的心意,显示自己能够遵守礼法。所以《礼记》说,霜露降下来了,君子脚踏着的时候,必定会有寒冷的感觉;雨露降下来了,君子脚踏着的时候,一定会有戒惧的行动。于是就有了按孟月却无固定的时日、选择柔日、占卜得吉利的征兆之后而祭祀的行动,这就是最大的恭敬(参见《通典》卷四十九)。最大的恭敬,亦即规模宏大的祭典,这种宏大的祭典包括"禘祭"和集合远近祖先的神主于太祖庙的大合祭——"祫祭"。"祫"在三年之丧结束的时候举行一次,次年禘祭后又举行一次,再以后是每隔五年举行一次。

汉至明清,均将宗庙之祭作为大祀。唐时,将祭祀仪程划分为了六节:一为卜日、筮日。由于宗庙祭祀的时间基本固定,此项活动进行得不多。二为斋戒。上自皇帝,下至文武百官,大祀前,均须斋戒。斋戒时要沐浴更衣,不饮酒,不吃荤,不与妻妾同房;清心洁身,以示庄重虔诚。凡参与祭祀的大小官员,可以处理政事,但不准吊丧问疾,不得唱歌娱乐,更不能署理刑罚文书等。三为陈设。祭前三天,划定文武百官、皇室子弟、番客等站立的位置。祭前一天,奉礼郎设御座,指定公卿、御史、奉礼郎、协律郎、太乐令站立的位置。在太庙的东门外公布牲的大小、肥瘦等种情况,在庙堂的上下摆放各种各样的祭祀用的器皿。天快黎明时分,太庙令(官名)穿着整齐的祭服按左昭右穆的位置摆设神主的座位。四为省牲器。即由太常卿和光禄卿分别检查牺牲是否肥壮、鼎镬是否洁净。祀日,天亮之前的十五刻,太官令带领着宰人宰杀牲口,祝史用一名叫"豆"的器皿盛接毛、血,放置在应该放置的地方,烹煮牺牲。五为晨灌。祭日天亮前的四刻,太庙令、太官令带领下属将牺牲、供品置放在祭器之中。天亮前三刻,奉礼郎、赞者、御史,太祝及所有的祭祀人员进入太庙,行拜礼。天亮前二刻,太庙令、太祝用小轿(腰舆)奉神主出太庙,将其安放在座位上。同时,所有参与祭祀的官员站入指定的位置,皇帝进太庙。待皇帝就位后，太常卿请其三拜，奉礼郎亦请众官三拜，奏乐，皇帝洗手，向神主依次献酒及毛、血、肝等。六为馈食。太祝宣读祝文后，皇帝分别向神主进献熟食，跪拜祭奠，礼毕，文舞出，武舞入，再由亚献、终献祭奠。祭奠礼结束，神主归太庙位。皇帝向百官赐祭肉，百官拜谢。音乐停止，祭祀结束（参见《新唐书·礼乐志二》）。

"文舞出，武舞入"，是为了增加祭祀的肃穆庄重的气氛，更是为了夸耀祖先武功，称颂祖先盛德，揄扬祖先庇佑的重要手段。所以，《周礼·春官·大司乐》说，奏《夷则》之曲，歌《小吕》之歌，舞《大濩》之舞，是要让母亲、祖母们享受欢乐。又说奏《无射》之曲，歌《夹钟》之歌，舞《大武》之舞，是要让父亲、祖父们享受欢乐。这种用音乐、歌舞娱乐祖先的传统一直延续到了清代。如明王朝的太庙乐舞：迎接神灵，奏《太和之曲》。献奉册宝，奏《熙和之曲》。进献祭品，奏《凝和之曲》。初次进献祭品，奏《寿和之曲》，舞《武功之舞》。第二次进祭品，奏《豫和之曲》。最后一次进献祭品，奏《熙和之曲》，同时跳《文德之舞》。撤去豆之类的祭器，奏《雍和之曲》。送走神灵，奏《安和之曲》（参见《明史·乐志一》）。由于祭祀时间的不同和宗庙等级的高下，乐舞的人数、规模等等也不一样。乐舞之外，历朝对乐器的种类、件数、乐工、歌工的人数、所着服装的样式、颜色，文武舞生、舞师等所执道具都有详细的规定。

前面我们已经提及了宗庙祭典的主持者。不过，在商周乃至战国时期，情况则不尽相同。据《国语·楚语下》记载，主持者（即宗）一定得是著名姓氏的后代，能知晓四季作物的生长、牺牲的类别、玉帛的美丑、祭服的彩图、祭器的数目、主宾的位置、祭神的所在、坛场的方向、上下神灵及姓氏的来源等等。总之，要求他学识渊博、德行高超。这位主持者大约相当于汉以后的太常、礼部尚书。

秦汉以前的宗庙，不但是当国者供奉先祖神主的屋舍，而且还是重要的行政场所——隆重的祭祀、册命、每月的告朔听朔、军事上的出师授兵、献捷、献俘，外交上的盟会，乃至命谥、婚礼、冠礼等等，无一不在其中举行。秦汉以后，宗庙虽然不再是行政的场所，但是，也没有贬低它的地位。"天子有事，必须向宗庙报告"，也就是说，凡皇帝出巡，封泰山，祠后土等，要亲自祭告太庙；举行郊祀、雩祀等祭礼时必须遣官向祖庙报告。另外，皇帝即位、改元、更改名字、上尊号、立皇后、建太子、生皇子、籍田、亲征、纳降、朝陵、大赦以及大丧等也要遣官祭告。此类祭告礼仪，也很复杂。

正因宗庙地位重要,所以齐桓公于周惠王二十一年(前656年)率诸侯伐楚时,寻找的借口是楚国没有及时向天子贡献祭祀祖庙用的"苞茅",致使祭奠不能按时举行(参见《左传》僖公四年)。汉武帝时,规定诸侯在宗庙祭祀之时献金助祭,助祭的金块送来,少府(官署)检验金的含量,因成色不足而遭废黜的列侯就有一百多人(参见《史记·平准书》)。韦玄成为太常卿,并以列侯的身份侍奉皇帝祭祀孝惠帝庙,按规定在清晨进入庙中,由于天雨,道路泥泞,不能坐车,就骑马来到了庙门口。有人检举揭发,韦玄成等人全部由列侯降级为关内侯(参见《汉书·韦玄成传》)。唐律规定,随便走入太庙,要处两年徒刑;如果蓄谋破坏宗庙,则属十恶中的"谋大逆"罪——宗庙是圣地,因此也是禁区。

祭祀中还有"配享"制度。相传有虞氏祭天时让黄帝一块享受祭祀,夏后氏因袭其制,其后世王朝祭祀宗庙时都有这种内容,殷商之时,大而广之,一如《尚书·盘庚上》所说,祭祀自己的先王时,别人的祖先也将跟着受到祭祀,这便是礼学家们津津乐道的"配享"。唐代规定,高祖之庙,李神通、李孝恭、殷开山、刘政会等配享;太宗之庙,房玄龄、杜如晦、高士廉配享;高宗之庙,李勣、张行成、马周等配享,……大约从玄宗朝开始,才正式使斥"配享"这一名称(参见《旧唐书·礼仪志六》)。此后,历代遵循,而变化不大。配享的目的,是为了表彰配享者的功勋,尊崇配享者的美德,用以劝勉激励后世的臣子(参见《通志略·礼乐第二·功臣配享》)。

开国之君及继位之帝为其父祖立庙奉祀,均要追尊为某祖、某宗,这种特立的名号,就是"庙号"。庙号始于商代。如太甲称太宗,祖乙为中宗,武丁称高宗。汉虽承其制,但"帝王庙号,都依据《今文尚书·毋逸》太甲称太宗之说,凡继承开国始祖者一律庙号太宗"(《中国古代宗教与神话考·祭典分论》)。但也有称世祖、太

神位奉安图

祖的,例如明成祖朱棣。朱棣以燕王的身份"靖难",夺取帝位,迁都北京,死后,定庙号太宗。但世宗认为朱棣重新奠定了帝国的鸿基大业,功劳不下于太祖,所以改称"成祖"。在这里还应该指出,按照宗庙制度,只有同时祭祀的几世祖先才有资格建立庙堂,即所谓的九庙、七庙等。庙的数额有限,不是每个皇帝死后都能够享受这种待遇的,因此,要根据死皇帝的世系和在位期间的功德、业绩来确定其被祭祀的地位,凡可享受此待遇的,称为"祖",称为"宗"。称为祖的,都是开国之君,即太祖、高祖、世祖,以下嗣君,通称为"宗",如太宗、世宗等。譬如汉代十二帝,称祖、宗者五位;东汉十三帝,称祖、宗者七位。也就是说,唐前,并不是每个皇帝死后都可以建立宗庙的。这种规定,从某种意义上讲,是对死皇帝一生功过的总结,为盖棺论定,也是对继位皇帝的提醒告诫。由于做法的"胆大妄为",很快就招致了在位皇帝的抵制和反对,认为这是对至高无上皇权的否定,于是,从南北朝开始,称"宗"已滥,到唐代便无帝不"宗"了——也就是说,凡是皇帝在死后均能得到庙号,开国者称祖,继位者称宗,不再按世系及德行政绩排位了。加在皇帝身上的一点束缚也被解除了。

汉时开始,皇后可以配食帝庙。追赠的皇后、皇太后也可以单独立庙。皇太子死,追赠为皇帝,也能建庙。

据史记载,古代的宗庙旁边,还有一个附属建筑,被称之为"亡国之社"。商亡后,周人认为纣王无道,是自取,为罪有应得。当然啦,商的社稷无罪,其祖先也无罪,在此思想指导下,周人就在自己祖先宗庙的南墙之外仿建了一座"亳社"(殷商都亳,故址在今河南商丘市北,所以叫"亳社",也称"蒲社""薄社"),并将商王宗庙中的神主移置于此。亳社虽一仍其名,但实际上是座极为简陋的亭台建筑。《公羊传》哀公四年(前491年)说,六月辛丑,蒲社发生火灾。蒲社是座什么性质的建筑呢?亡国之社。"亡国之社盖掩之,掩其上而柴其下。"所谓"掩其上",就是在四根亭柱之上加一个屋顶;所谓"柴其下",就是围绕亭柱四周加一圈栅栏。就亳社所处的位置来看,只不过是宗庙外的一个屏蔽似的建筑。《谷梁传》的看法和《公羊传》相同。晋人杜预在肯定二书的观点时强调指出,诸侯也设置亳社,是要用它来提醒、告诫亡国的教训不可忘(参见《左传》哀公四年注)——夺取政权者之所以这样做,就是要警告本集团的成员,希望能够引以为鉴,居安思危,免得重蹈亡国毁庙的覆辙(参见《文史知识》1986年第5期张庆文)。

宗庙是国家的象征,亦是权力的标志,所以一旦黄袍加身,必定会马上建立宗庙。反之,只要是农民起义、朝臣反叛,或者异族入侵,一有机会,就会毫不犹豫地捣毁敌方的宗庙,剥夺仇敌对自己祖宗的祭祀权,企图让他们得不到神灵的庇佑保护而彻底失败。用唯物主义的眼光来看,这些行动是十分幼稚的。

此外,若在平时,宗庙遭受了自然灾害,或者不幸倒塌以及发生了其他的恶性事故,皇帝便会主动地穿上素服,离开正殿,停止处理国家大事,意即对宗庙保护不周进行检讨、反省。

五、祠堂

春秋战国时期,除天子、诸侯立庙之外,大夫、士也拥有这种权利。但大夫只能祭曾、祖、父三世,即只准立三庙。士则只能祭父亲一世,即只准立一庙。《礼记·哀公问》:"待年而食者,不得立宗庙。"《礼记·王制》:"庶人祭于寝。"所谓"待年而食",是指种田的农夫,他们地位低下,无权立庙,只能在家中祭祀父祖。毋庸置疑,不同社会集团的人有着不同的祭祀法则和宗族组织,社会层次越低,祭祀祖先的权力越小。正如宋人司马光在《文潞公(文彦博)家庙碑》中所说的那样,先王定下的制度,上自天子下至最低级别的官员都能建庙,……秦始皇尊崇君王抑压臣子,因此除了天子,别的人不再敢营造宗庙了。秦前,庙在宫殿的大门之内,后来,秦将寝殿修造到了陵墓的旁边,所以汉代的王公们也就将庙(祠堂)搬迁到了墓冢边。魏晋之后,庙又返回到了居室之中,成了官员祭祖的处所。

明清之后,品官家庙均仿朱熹《家礼》中的祠堂之制。

家庙的形制,唐代规定,三品以上五庙共九间,两旁厦屋各一间。三庙共五间,中间三室,左右厦屋各一间,不准有重拱、藻井等装饰。每室设置一个石室。庙有围墙,开南门、东门,门屋三间。神厨(加工供品的厨房)在庙的东南;斋院(祭祀举行的地方)在东门偏北的地方。整个规格不得超过国家的大庙。

家庙可以由朝廷赏赐,南宋时,此风盛行。据《宋史·礼志十二》记载,绍兴十六年(1146年)二月，高宗赵构下诏临安(今浙江杭州)府为秦桧营建家庙，同时朝廷还向秦桧赠送了很多的祭器。秦家的家庙建于私第中门的左边，一堂五室，祭五祖。五世祖居中，东二昭西二穆(明洪武初，定制为高祖居西，依次而东，将神主收藏在楼中。东

祠堂

西两壁摆放立柜，西藏遗书、衣物，东藏祭器)。庙壁均用淡黑色涂刷。神主长一尺，宽四寸五分，厚五寸八分，版的中部书写"某官某大夫之神座"，包裹上帛囊，收藏在漆函之中。规定每季度的孟月祭祀，每次献三次祭品。

明代无赐家庙的记载，但也制定了一套家庙的礼仪。礼仪规定，凡公侯百官，必须在居室的东边建造祠堂，共三间。三品以上的官可立五庙，以下官员都是四庙(参见《明吏·礼志六》)。

私庙、家庙的建立，是历史的沿革，是朝廷的恩赐，也是等级制度的又一种反映。为报答朝廷，为永远保护祖宗的"血食"，立庙者必须忠孝两全，勤勉治事，死后才能进入祖庙，享受祭享；否则，就失去了资格。这也是中国封建社会为什么能够稳定的又一重要原因吧。

明嘉靖年(1522~1566年)间废除了关于建祠及追祭祖宗的限制，准许民间联宗立庙，于是"庶民户皆有权建置祠堂，在一村镇中几乎所有农民都被纳入一个族姓的家祠或家庙，由祠堂所联系的族众人数大为增加"(《中国经济史研究》1988年第1期李文治文)。清承明制，聚族而居的人们建立宗祠祭祖，已是一种普遍现象，据乾隆二十九年(1764年)统计，总共只有78个州县的江西，全省同一族姓建的总祠堂89处，各地一族独建的分祠堂8994座，也就是说，几乎每个村镇都建立了祠堂。当然，江苏、安徽、浙江、湖北、广东、四川建祠堂也很普遍。北方各省有祠堂，但同南方相比，要少得多——祠宇林立，牌楼高耸，形成了我国南方乡土建筑的

精华!

祠堂按宗族组织来分,可以分为"宗祠""支祠"和"家祠"。宗祠即一宗的合祠,其规模一般较大,大的宗祠甚至是几个县、几十个县的族人同建,这被称之为"统宗祠";分支房各祀者为支祠。"统宗祠"也可叫作"总祠堂","支祠"称为"分祠堂"。宗族内部的各个家庭和宗族制度还不发达地区的平民之家,一般还设置有供奉直系祖先神主牌位的"家祠"或者"家堂"。

李文治等先生认为,祠堂依其建筑布置,也可以分成三类。第一类,朱熹式祠堂。按《家礼》的规定,"居于正寝之东,设置四龛以奉高曾祖考四世神主。"其建筑布局基本上模仿唐时三品官家庙的形制——宋、元以及明初的祠堂大部分可以划入此类。第二类,住宅式祠堂。本类祠堂是由先祖故居演化而来的,主要为祭祀分迁始祖及各门别祖而建立,其平面布局根据各地民间住宅建筑的习俗不同而不同,从外形上极难区别是住宅还是祠堂。第三类,大型祠堂。明代中叶以后,由于宗族人口的繁衍增加,上述两类祠堂已无法容纳参加祭祀活动的众多的族人,又加上宗族内富商大贾经济力量的强大,在其倡导、支持之下,祠堂建筑的规格逐步提高,面积不断扩大,于是它就很快脱离了住宅形式,独立于居室之外。或以其宏大的规模、高耸的形象而构成了村落的标志、宗族的象征;或位于村中,与书院、文会、社屋、戏楼等文化建筑混杂一起,组成了祭祀、礼仪和娱乐、社交的中心。这类祠堂,其中轴线上的布局一般为大门——享堂——寝堂。享堂就是祭堂,是祭祀祖先神主及族人团聚的场所,寝堂则为安放祖先神主的地方。

寝堂是安置祖宗神位之处,它是祠堂的正厅,北壁设有神龛,中列始祖神主牌位,依次高祖居左,曾祖居右,祖居次左,考居次右(明初是自西向东一字排开)。神主多用檀木做成,长一尺多,宽数寸,上书第几世祖及其正妻谥号、生卒年月、葬地等。清时,士庶家的宗祠,只要建立起来,就会祭祀几十代的祖宗(有的大宗祠,甚至推年远将相一人,共为始祖,如周姓则祖后稷,吴姓则祖泰伯,袁姓则祖袁绍等)。宗族繁盛庞大,祠堂中的神主几乎没有地方摆放,有的宗族考虑到正堂不可能容纳那么多的神位,就有选择的在正堂安放始祖木主,并另辟享堂,供奉其他的祖先。

祠堂的祭祀活动,按时间、性质及所祭对象的不同,也可以划分为诸多的种类;

·婚丧嫁娶·

图文珍藏版

如"常祭""专祭""特祭""大祭"等等。

常祭是一般性的祭祀,每月初一、十五举行,规模不大,只要求每个家庭的家长参加。专祭是对特定祖宗的祭祀,如冬至祭始祖。特祭指现世子孙婚娶、生子、进学、中举、入仕、升职等喜事,而入祠行祭。大祭在一年之中要举行数次,如春节、春分、清明、端午、中秋、重阳、秋分、除夕等。

在大祭活动中,又以春秋两祭最为热烈隆重。这两次大祭,族人们都十分的重视。一方面,是因为所有的宗族成员必须参加。否则,就要给予处罚。另一方面,须购买大量祭品,既供奉祖宗,也为全族人员聚餐做好了准备。大祭前几天,参与祭祀的人员要沐浴、斋戒,甚至不准与妻妾同房,以杜绝杂欲邪念,静思祖宗。祭日清晨,参加祭祀的人员梳洗、穿戴整齐(有官爵者着官服),齐集祠堂大厅,准备行礼,这时不准说话,不准喧闹,甚至不得咳嗽,也不得衣冠肮脏不整,不得尊卑无序,不得昭穆失伦,依次静默肃立。祭祀活动由宗子主持,并出其担任正献。族长及族副辅助宗子,担任分献。另外,还设立有陪祭、读祝(诵读祝文)、纠仪(监督祭祀程序、纠察祭祀礼节)、嘏辞(代表祖宗向子孙们训话的人)、赞引(唱礼)、分引(引导正献及分献至神位前)、执事等。

整个祭祀过程,各宗族都有严格面详细的规定。祭祀活动的最后一项程序是"祖宗赐食",或名"享胙",也称之为"饮神惠"。所谓"享胙",其主要内容是:

(1)会餐,由宗族开办酒席,全体与祭人员参加。

(2)分胙肉,即按户头人头,分发祭祀之肉。

(3)给钱物,即向族人发放少量制钱和实物。"享胙"并不体现平均主义。凡具有官职、举人、进士身份和有钱有势、对宗族和祠堂有贡献的人,胙肉、钱物等则加倍或数倍。

会餐时则依据贵贵的原则——因为这些人是宗族的有功者,是族人的光荣,所以他们在祭祀活动中取得了高于众人的地位。享胙也表示列祖列宗在阴间仍赐给子孙以食物,维持着后代的生计;而凡得到胙肉的子孙则表明他们可以受到祖宗的保佑,能够消灾免祸。

除祭祖之外,有的宗祠还依德(有功名的读书人和行为高尚者)、爵(做官及致仕者)、功(对宗人、祠堂及族产等有贡献者),给那些受到了某种最高奖赏、出门担任较高级别的官职和获取了美好名声的人以及热衷于宗族公益事业的死人以祭祀。这虽然破坏了宗族伦理常情,但能以此作为督促族人奋发向上、见贤思齐、趋善弃恶的重要手段,同时也淋漓尽致地反映了宗族祭祖活动所隐含的光宗耀祖的价值取向。

前文提到,祖宗崇拜是一种血亲崇拜,崇拜者与被崇拜者之间必须具有血缘关系。各宗族因此规定,凡能参加祭祀活动的,必须是本族内行过冠礼、已立成人之道的男子。本族女子虽是与本姓祖宗同一血统,但她出嫁后便成了外族成员,所以没有祭祀祖宗的资格;外姓女子嫁入本族,她只是生儿育女的工具,更没有资格参加。另外,入赘本族的异姓男子以及离开本家到外姓去做儿子的同姓,也不能在本族参加祭祀。

对本族子孙来说,能参加祭祀活动是义务,也是权利。因此,凡不遵守宗族规定,即不应祭祀而参加了的,应该参加却没有参加的,都要受到惩处:或杖责,或罚银。

已经拥有参加祭祀资格的族人也可因人品不正、行为不端而被取消或剥夺资格。因为祖宗崇拜的理论认为,始祖是尽善尽美、完美无缺的,后世子孙应该以他为楷模,规范自己的行动,只有这样,才能获得祖宗的庇佑、赐福和禳灾。如果行为不端,违背了祖训而成为不肖子孙,就没有脸面走入祠堂参与祭祀活动了。

这里,还应该具体介绍一下宗祠的建筑。我们以南方的陈家祠堂为例。此祠位于广州市中山七路,竣工于光绪二十年(1894年),是广东全省72个县的陈氏合建的。祠宽五间,深三进,大小建筑物共19座。主体部分占地6400平方米,平面约呈正方形。正门、头门、前厅、中厅、后厅同在一条中轴线上;轴线两旁厅房廊舍对称配置。以中厅"聚贤堂"为核心,其他建筑形成各自独立又相互密切联系的整体。安放神主牌位的神龛,位于后厅和左右两边的次间。祠堂四周用围墙环绕,院内是封闭的空间。陈家祠堂建筑规模宏大、气魄雄伟、厅堂轩昂、庭院宽敞,既体现了我国古代建筑的传统风格,又具有南方建筑的鲜明特点。

祠堂的规模反映了宗族在政治、经济、文化诸方面的实力和在当地的声望。同时,修造者还考虑到了它的多种功能。如四川云阳涂氏的祠堂,上建龛堂,用来安放神主而排列昭穆;中建厅堂,用来整齐子孙的行动而认真地向祖宗叩头礼拜;前置四楼,用来接待朋友宾客而宣讲朝廷的诏令圣旨;左右两边是廊房,用来教育子弟诵读《诗》《书》和学习、修身。

祠堂建置后,也安排有若干管理人员。一般说来,管理人员必须具备五项条件:位尊年高;为人贤德公正;家庭富有;廉洁奉公;热心公共事务。

为保证祠堂的开支,许多宗族还拥有自己的公共经济,如祭田、义庄田、义塾田、赡族田、堂舍等。这些产业,是在"尊祖"的旗号下,由一些族子、族孙捐赠的,他们的本意是希望以此作为经济支柱,使族中的贫困者能生存下去,能及时进行婚姻,子孙能入学读书。一句话,他们追求的目标是增殖人口,培养俊才,光宗耀祖。

祠堂不仅是祭祖的场所,而且还是宣讲族规,修订、保存、收藏族谱的地方,也是解决、仲裁族中纠纷和处罚触犯族规、违背伦常者的地方——族内纠纷必须在祠堂内解决,如果擅自告官,不论是非曲直,要么责打,要么罚银,以惩治藐视祠堂的罪过。对违背族规的人也是轻一些的挨打受罚,重一些的就开除族籍乃至处死(参见《社会科学战线》1990 年第 3 期冯尔康文)。

一些神话人物和历史人物最初或许也当作了祖先崇拜的对象,但后来却慢慢地被赋予了超人的力量,变化成了民间崇拜的神灵。如夏部落首领禹,由于治水的功绩,便成了超越种族界限的英雄,人们立庙于浙江绍兴会稽山和河南开封禹王台等地,以资纪念、供奉和奠祭。又如被尊为"文字始祖"的仓颉,早在汉代,人们就在陕西白水史官乡史村修了一座庙,并以他的名字命名,认真给予祭祀。秦时,李冰和二儿子因开离堆(郫今四川灌县都江堰)有功,蜀民在灌口建二郎神庙,宋后,二郎神庙出现在许多地方。又如关羽,本为蜀汉刘备手下的大将,却不断得到当国者的追封,明万历(1573~1619 年)时,晋爵为帝,庙号"英烈",于是,关帝庙几乎遍布全国。

这些神话人物和历史人物之所以受到民众的尊崇,大致有以下几个原因:

(1)某一宗族执掌国家政权后,通过行政的力量,借助巫祝等人的宣传,将其祖宗或某位人物神化,并强迫臣民信仰、供奉。

(2)某位人物由于传说的"发明创造",为后人的生产、生活的某一方面提供了特别的方便,而被民间自觉地推崇、景仰。

(3)某些人物经过数代崇拜者们的鼓吹、修正和改造,慢慢转化成了某一行业的保护神,推而广之,便得到了民间的礼拜、敬重。

(4)当国者出于某种政治目的,故意抬高某些人物的历史地位,夸大某些学说的社会功能,并把他们打扮得完美无缺,用以劝奖、引导风习。

(5)在天灾人祸面前,人们死里逃生,或用自己的力量克服了困难,争取了胜利,却认为自己崇拜的神灵在暗中救助扶持,之后,感恩不尽,对神灵更加顶礼膜拜。如此往复,世代相传。

为了顶礼膜拜的方便,人们就会给神话人物和历史人物建立庙宇。我们前面提到的关羽,其故里在今山西运城常平村。家乡的父老为了褒扬他的业绩,捐资兴建了庙堂,此举始于隋初(590年前后),金时已大具规模。随着关羽地位的不断提高,封号加多加重,家庙也在不断地扩建。现在的建筑,为清代的原貌。其布置沿袭"前朝后宫"之制对称排列。殿内的主要建筑有钟楼、鼓楼、山门、午门、享殿、配殿、娘娘殿和圣祖殿。各殿分别供奉着关羽、关兴、关平、关羽夫人及关羽始祖、曾祖、祖父、父亲和他们的夫人的塑像。

最初,乡亲们建庙的本意是为了纪念这个为当地争得了荣誉和名声的人物,想不到竟被统治者利用,作为"忠君"的榜样而给予大力表彰。

常平村的关帝庙,规格远不如运城解州镇的高。解州镇的关帝庙,始建于隋开皇九年(589年),为朝廷投资。因为朝廷修造,故占地面积特大,共有18500平方米。整座庙宇仿照宫殿的式样,所以气势壮丽宏伟,环境清秀优美。其布局采用了我国特有的中轴对称式:从端门开始,雉门、午门、御书楼、崇宁殿和春秋楼依次排列,处于一条线上;石牌楼、木牌楼、钟楼、鼓楼、刀楼、印楼、东西厢房左右对称,布局严谨,主次分明。庙内建筑以春秋楼和崇宁殿最为称奇。尤其是矗立在参天古柏之中的春秋楼,不仅以关羽夜读《春秋》的塑像而著名,而且以它搭牵挑承、垂柱悬空的奇特设计令建筑学家和观光客折服感叹、流连忘返。

下面,该说说孔子的庙,即孔庙。众所周知,孔子在世的时候,官位不显,仕途不坦。他曾周游列国,但不为时君赏识,被迫回到了鲁国,老死故乡。自从汉武帝刘彻采纳董仲舒提出的"罢黜百家,独尊儒术"的建议之后,孔子的学说才得到了整个社会的承认和重视。于是,历代帝王不断加给他各种封号、谥号。有谥号、封号,必有祭祀。有祭祀,必得有庙宇。相传鲁哀公十七年(前478年),孔子旧宅就

孔庙

开始建庙了。明清时期,孔庙便具有了极大的规模,由于这里的大部分建筑物诞生的时间极早,而且保存完好,所以受到了中外古建筑学家的极力推崇。孔子七十七代孙孔德懋老人在《孔府内宅轶事》中是这样描写的:

孔府的西侧,一墙之隔,便是气势雄伟、金碧辉煌的孔庙。孔庙更大,有300多亩(21万平方米),古木参天,碑碣如林,厅、堂、殿、庑466间。在正殿大成殿(大成殿中高大的神龛里供奉着孔子的脱胎塑像,像两旁有颜渊、曾参、孔伋、孟轲"四配"以及子路、子贡、闵子骞、朱熹等"十二哲")。庙前的平台上,围着曲曲折折的汉白玉栏杆。双层飞檐下有十根龙柱,每根都雕镌着石龙,以及明珠、云头,镂空雕刻,功力极深,在阳光照射下,只见云龙飞舞而不见石柱,连北京故宫龙柱也不能媲美。据说每当皇帝来此出游,十根龙柱都要用黄绸包裹,以免引起皇帝忌讳。孔庙里还有我国十大名楼之一的藏书楼奎文阁,高耸入云,光彩夺目。

由于孔府是历代封建王朝袭封的衍圣公府第,所以二千多年来的祭祀活动基本上是由孔子的嫡传子孙主持,并代代相袭。每年之中,孔庙有多次大小规格不同的祭祀活动,什么四大丁(丁日)、四仲丁、八小祭、每月朔望祭拜及二十四节气的二十四祭等,名目可谓繁多,一祭紧随一祭。北魏孝文帝太和十六年(492年),朝廷规定每年春秋二仲月(即二月、八月)举行祭孔典礼,即大祭。这大祭中的所有仪程,包括祀典程序、祭奠规格、乐舞编制、主持官员,以及服饰、舞具和供品等,均由皇帝颁定。因为孔府的重要职掌是祭祀,所以千百年来形成了一套相当完整、颇具规格的祭孔组织,如司乐厅掌管祭孔的乐章、八佾舞,保存乐器、舞具以及培训乐舞生。祭祀活动由衍圣公主持。还有分献、监察、典仪等祭祀官员 103 人;鸣赞、相礼等礼生 80 人;弹琴、吹箫、敲鼓、打旗、跳舞等乐舞生 120 人(多时达 184 人)。还有众多的执事人员。祭祀活动一般都在半夜子时开始。自明以来,祭典固定为六项仪程,即迎神、初献、亚献、终献、彻馔、送神等。

应该指出,除山东曲阜之外,孔庙几乎遍布全国,京师有,各个县城也有。这是唐宋以后,封建王朝给予孔子不同于其他历史人物待遇的又一重要例证。尤其是从唐贞观二十一年(647 年)二月开始,祀孔时,又将左丘明、卜子夏、公羊高、谷梁赤、伏胜、高堂生、戴圣、毛苌、孔安国、刘向、郑众、杜子春、马融、卢植、郑玄、服虔、贾逵、何休、王肃、王弼、杜预、范宁等人附祭于孔庙。其目的,是要表彰这些学者对儒家经书的解说注释的功劳,也是为了敬学尊师。《宋史·礼志八》记载,国子司业(官名)将静上书说,孔子和他的弟子都穿着一样的衣服、戴着一样的帽子,没有多大区别。而能够在孔庙中配享、从祀的人物,应该按生前的官职爵位排序,朝廷听从了他的建议。也就是说,唐代以前,孔庙中的配享人物与从祀人物是没有区别的,此种制度宋代开始就有了明确的区分:配享者有颜渊、曾参、子思(即孔伋)、孟轲;从祀者有闵子骞、冉伯牛等"十哲"(其十哲的成员历朝有变化)。

庙堂、祠堂作为一种历史现象、社会遗存,给予保留,具有相当丰富的文化意义。如果试图借助宗族的力量,通过"摊派""集资"等不良方式,将有限的钱财集中起来,用来复活庙堂、宗祠以及庙堂、宗祠中的不健康的内容,确实不是明智之举,它只能是少数人假公济私,趁机捞取名声、金钱的重要手段。

第十八章　葬式与坟墓

　　所谓葬式是指人们安葬死者的某种形式。中国地大物博,有着 56 个民族,有的民族还有不同的地方族群,他们面临不同的自然与社会环境,对客观世界的看法不同,因此不同的民族有不同的葬式。其次,在一个民族中,有的也会对不同的人采用不同的丧葬方式。以上这种种原因,导致了不同的民族采用不同的丧葬方式,也导致了一个民族的不同族群采用不同的丧葬方式。在中国,现常见的丧葬形式有土葬、火葬、水葬、树葬、天葬、崖葬、塔葬等,同时也存在着一些其他的丧葬形式。

一、土葬

　　中国是最早进入农耕生活的国家之一,汉民族为最大的农业民族。无论高高在上发号施令的君王,还是面朝黄土背朝青天的百姓,都十分敬重土地,人没有土地就不能站立,没有五谷就无法生存,……所以封土立社表示对土地的尊崇。因为人们对无私地毫无怨言地向自己提供衣食住行的土地的喜爱,所以奉其为神灵,位置仅次于上天。《尚书·汤诰》:"敢诏告于上天神后",意即明确地告诉给上天和后土,便为证明。"神后","后土",也就是大地。祭祀大地,成了古人必不可少的功课和最为隆重的礼仪。《诗经·小雅·甫田》:"以我齐明,与我牺羊,以社以方"(意即我把黍粱捧了来,又把牛羊也牵来,祭社祭方不懈怠)。继而形成了传统节日——春社、秋社,依此可见人们对土地的感情。大地是母亲,人活着,离不开她的养育,因为她是衣食之源。就是死,也还得躺进她的怀抱,而且这是任何人也摆脱不了的归宿,这便是土葬的思想根源、客观依据。

　　土葬是我国最古老、最普遍、也是最具代表性的一种葬法。其余的火葬、水葬等都是以它为基础发展起来的。

土葬是将死者直接或以棺木收殓后埋葬于土地中的丧葬形式。在中国，土葬有悠久的历史，也是最为普遍使用的丧葬方式。几乎每一个民族都有土葬的习俗。土葬可以分为一次葬和二次葬两大

福建宁化县的土堆坟

类。一次葬的土葬还可以分为：把死者的尸体直接安葬在大地中的无棺椁土葬和把死者装殓在葬具中再埋葬于地下的有棺椁土葬两类。而作为二次葬的土葬也可以分成把死者的遗骨安葬于土中和把死者火化后的骨灰安葬在土地中两类。

（一）历史上的土葬

根据考古发现，距今约 27000 年的山顶洞人就已有土葬的风俗，而从所发现的墓葬里洒有含赤铁矿的红粉和随葬品情况看，当时的人们已有了幽明世界以及在那里人们与阳世间一样生活的观念，同时也已有了简单的葬礼。进入新石器时代以后，土葬开始大量使用。距今 7000 年左右，就开始有使用各种葬具土葬死者的习俗。

纵观历史上的土葬，虽都是入土为安，但因时代、区域或阶层、民族等的不同，人们的墓制也有着区别。最早的土葬，大约都是竖穴土坑墓，即在地上挖一个土坑，把尸体放入，放上一点随葬品，然后加以掩埋，而且没有坟丘。到新石器时代中期的仰韶文化有了一点变化，既有单身葬，也有合葬墓，而且出现了将许多已埋葬过的尸骨迁移而合葬的二次葬和用有孔陶瓮装殓小孩尸体再土葬的瓮棺葬，以及出现在土坑中使用木板葬具的情况和用人殉葬的现象。如河南濮阳西水坡遗址45 号墓，墓主为一位头朝南的壮年男子，其东西两侧有蚌壳堆塑的龙和虎，墓的东、西、北各葬一个殉葬的青少年，表明其已有了等级的差别。到新石器时代晚期，男女合葬、女子为男子殉葬等现象出现，同时也出现了土坑中加木板垒筑木椁的

现象。

进入阶级社会,贫富差距拉大。商周时期,那些帝王陵墓极尽奢华,虽然殷汤和周文王、武王、周公等"皆无丘垅之处",没有高大的封土堆,但却有地面上的享堂和巨大的地下墓室、椁室和墓道,里面有大量随葬品,并殉葬人和车马等。周王朝时,墓葬等级规定:"天子棺椁十重,诸侯五重,大夫三重,士再重。"此外,在中原地区,这时的贵族当中也出现了异穴合葬的葬法。

春秋战国以后,中原统治阶级的许多墓在地面上筑起了坟丘。到了秦汉时期,帝王的陵墓有像小山丘一样高大的封土堆和地面上的陵园建筑,地下亦有巨大的地宫。这种现象一直延续到明清时代,没有太大变化。民间除了竖穴土坑墓一直延续外,战国晚期以后到西汉中期,曾流行用砖、石材料建筑的横穴式洞室墓和土洞墓。东汉到隋唐则流行砖室墓。唐代以后,平民用的土洞墓,砖室墓也变成长方形的,并延续到明清时期。此外,在宋元时期,仿木结构的砖室墓曾流行过一段时间,在陕西的关中地区,甚至延续至今。

除了汉族外,中国古代许多少数民族也使用土葬。新石器时代晚期到汉代,南方的古越族也使用土葬,他们有石棺葬、土墩墓、土墩石室墓、铜鼓葬等,也有加墓道的土坑木椁墓。云南祥云县大波那遗址中出土有木椁干栏式铜棺,可见当时的人们使用土坑墓的葬法。北方少数民族也有许多实行土葬。东汉的乌恒人就实行土葬,其"俗贵兵死,殓尸以棺,有哭泣之哀,至葬则歌舞相送。肥养一犬,以彩绳缨牵,并取死者所乘马衣物,皆烧而送之,言以属累犬,使护死者神灵归赤山"。夫余人也如此,但"死则有椁无棺。杀人殉葬,多者以百数。其王葬用玉匣,汉朝常豫以玉匣付玄菟郡,王死则迎取以葬焉"。东沃沮人习惯举族合葬在大木椁中,"其葬作大木椁,长十余丈,开一头作户。新死者皆假埋之,才使覆形,皮肉尽,乃取骨置椁中。举家皆共一椁,刻木如生形,随死者为数"。魏晋南北朝的勿吉人仍行土葬,其父母如在春、夏死亡,须立即埋葬,并在坟上作屋,使其不被雨淋湿,而秋冬则可能有所不同。唐代东北的靺鞨人"死者穿地埋土,以身衬土,无棺殓之具",仍保持土葬。宋元的女真人继续行土葬,"死者埋之而无棺椁,贵者生焚所宠奴婢、所乘鞍马以殉之,所有祭祀之物尽焚之"。

(二)近现代的土葬

近现代,我国绝大多数民族都实行土葬,只不过有的用来安葬正常死亡者,有的用来安葬非正常死亡者。根据埋葬的次数来区分,它分为一次葬的土葬和二次葬的土葬。

1.一次葬的土葬

一次葬的土葬是指把死者一次性埋葬于地下,以后不再迁葬的丧葬方式。其还可以分为有棺椁土葬与无棺椁的土葬两种不同的形式。

(1)有棺椁的土葬

此指将死者的尸体用葬具装殓后再埋葬于大地中的埋葬形式。这种方式历史悠久,因而也比较普及。汉族在没有实行现代新式火葬前,绝大多数人都使用这种埋葬方式,只不过不同地区或不同阶层的人所使用的棺椁有些差异,各地土葬时所挖的墓坑也有所不同,如有竖穴土坑墓、洞室墓等,地面上的坟包也有一些差异,如有土堆坟、龟壳墓、椅子坟等,所从事的丧礼过程等可能有些不同。

在少数民族中,有许多也以这种有棺椁的土葬形式作为他们安葬死者的主要丧葬方式。如满族入关后,大部分人都开始使用土葬,"八旗人死,停尸于正屋之木架,曰太平床,不在炕。所衣必棉,其数七或九,盖凶事尚单,故皆用单数也。既殓之3日,喇嘛诵经,曰接三,以死后之第3日必回煞也。接三者,近接魂魄也。枢停于家,多则31日,少则5日。开吊发引,一如汉人"。民国以后,满族丧俗更接近汉族,如《宁安县志》卷四就记载,"满族丧葬旧风,不奉木主,亦无铭旌,惟于院中立丈余高杆挂幡,每日叩奠三次,其棺木较汉族用者高出半倍,余者与民俗同"。

基诺族正常死亡者也使用土葬。当该族老人过世时,要用"争光树"近根部的一段剖开做独木棺。死者入殓后,埋葬在村寨的公共墓地中。他们的坟堆为长方形,周围用竹子围起来,上面盖草排和篾笆,此叫坟墓棚,起保护棺材的作用。此外,墓棚周围还要插上涂有狗血的尖竹桩,正面留一门出入,以便祭祀。据说这种尖竹桩是为了防止吃尸体的野人的。佤族也用独木棺来装殓正常死亡者,不过,他们通常在人死后第二天才派人去山里伐木制棺,棺木做好后,先放在公共墓地上,在那里入殓后,再葬入墓地。有的也在家入殓,再抬到墓地安葬。

广西环江毛南族的正常死亡者,其阴魂将成为家神、"家仙",名字可以列在祖宗牌位上。他们是先用棺木入殓后再埋葬,而且有隆重的丧礼。而那些难产而死或产后虚脱而死的妇女,被称为"湿死",虽也可以用棺木入殓,但在其丧葬过程中,要做一些仪式来禳解,如湿死者的棺木抬近墓地时要打转三次,据说这样才可以避免其阴魂回到村里闹腾。同时,也要派人憋住气在坟地撒几把芝麻,撒完后说:"你捡完这些芝麻再回来吧!"意思是不可能捡完,因此鬼魂也不可能回到村子里来了。傣族在明代时也是如此土葬,明代钱古训的《百夷传》记载傣族的丧礼云:"父母亡,不用僧道,……数日而后葬。葬则亲者一人持火及刀前导,送至葬所,以板数片,如马槽之状,瘗之,其人生平所用器皿、盔甲、戈盾之类,坏之以悬墓侧而自去,后绝无祭扫之礼。"

锡伯族正常死亡者的安葬方式也是这类有棺椁的土葬。不过,旧时他们必须安葬在阳坡上的家族"哈拉"墓地中,并按家谱中世代的排列而排列。另外,他们认为未婚者是只有房子、没有房顶的人,所以当这种人夭折时,男子虽可以用棺材,葬在本"哈拉"的墓地里,但所用的棺木没有底部,下面只能垫一些苇子代之。而女孩夭折时,不仅要用这种无底的棺木,而且也不能葬在本家的"哈拉"墓地中,并因她未出嫁而不属于夫家的"哈拉",故只能葬在本家族之外的阳坡地中。

(2)无棺椁的土葬

无棺椁的土葬是把死者的尸体直接或包裹后再埋葬在墓坑中的丧葬方式。这种类型的葬法也比较常见。但汉族则很少用这种葬式来安葬正常死亡者,只有对夭折或凶死者,才用这种方式埋葬。而在少数民族当中,有些民族用这种方式埋葬其正常死者,如四川甘孜州白玉县山岩地区的藏族绒民有的就用这种形式的土葬。在这个地区,如果实行土葬,他们的做法是:用死者身前最好、最喜欢的衣服来包裹死者,并直接把包裹好的死者放入挖好的坑内,然后填土垒石,建立坟包。甘孜州新龙县河东地区的藏族也流行土葬,不过他们在墓坑四壁要砌以石板,下垫一层砾石,尸体屈肢包裹,侧卧石圹中,盖上木板后覆土。

除藏族外,西藏墨脱的门巴族也使用无棺椁的土葬。当葬地选好后,他们会在葬地挖一个圆形的深坑,直接将尸体放入坑内,并从死者的衣物用品中选几样随葬。坑上先盖以木板,垫些芭蕉叶,然后堆土形成坟包,坟周围还要修一道木围栏。

葬后三天内不准到葬地,据说是害怕亡魂附身。而在门隅的门巴族则很少用土葬来安葬正常死亡者。在他们中间,只有患传染病的死者才用这种无棺椁的土葬。一般由病人的家人选择一干燥的山坡挖坑埋葬,并留有标记,但埋葬后就再不去过问该墓的情况了。

在南方,毛南族有两类非正常死亡者要用无棺椁的土葬形式来埋葬。其一,毛南族认为年幼夭亡者和已婚未生子而早死者的尸体不能从大门抬出,只能从窗口或晒台上摔出去,或者把楼板打开,让尸体先掉到楼下的牛栏里,然后再抬出去埋。在埋葬这类人时,挖墓坑的锄头柄要扔在坟墓上。参加埋葬者回村时,不能走原路。丧家要在村前的路上烧一堆火,这些人回来时,要跨火堆,此称"洗身",据称这是把早夭者的"外鬼"驱除的方法之一。其二,毛南族把从山上摔下来而死者称作"伤死"。这类人的尸体不能抬进村子里,只能在其摔死之地掩埋。埋葬时,还要用一只白公鸡在死者跌死之地摔死驱邪后,再埋尸入土。云南的佤族对被人猎头、雷电击死、猛兽咬死、打仗被打死、被树或石头砸死、自杀、难产死亡、遇害、遇难死的凶死者,都不能用和正常人一样的埋葬方式和丧礼,他们对这类人,往往是在公共墓地之外的偏僻地方挖一个坑,把凶死者的尸体埋掉就算了。

而在高山族中,正常死亡者多使用这种无棺椁的土葬。如赛夏人老者死后,一般是由其兄弟或同姓族人两人,用竹子穿过包裹尸体的布,把其抬到野外。挖一个土坑墓穴,把死者仰身屈肢放在坑中,边上放些陪葬品,然后覆上泥土,上面再盖上一些石块,以防止野兽来刨挖。最后再覆盖砦树枝并压好,据说这些树枝是给亡魂到灵界时照亮和煮东西用的。泰雅人断气后,先由家人给死者盛服,然后把死者埋葬在其睡床下。曹人则在室内挖圆形墓穴土葬他们的正常死亡者。卑南人通常在房屋南边的灶头边上埋葬他们的死者。鲁凯人的男死者一般埋葬在房屋的底部,女死者则安葬在房屋的前半部。他们的墓穴呈方形,里面还要铺石板成箱状穴。埋葬时,用白麻布包裹死者再放于穴中,盖上石板后再覆土。阿美人在死者住房的北侧挖墓穴,其底部垫上木板做尸床,上搁尸体再覆土。墓的周围还需用河卵石围起做标记,有的也在墓上堆坟包。雅美人的墓地多在海边树林里。将死者屈肢后用阿巴卡布包裹好送到墓地,挖穴后在坑内四周衬上木板,然后葬尸其中,上盖木板或竹枝,再覆盖沙土,并在墓周种上树木作为标记。

2.二次葬的土葬

二次葬的土葬指的是在第二次安葬时使用入土为安的形式，根据其所葬内容的不同，可以分成捡骨土葬与骨灰土葬两种。

（1）捡骨土葬

捡骨土葬也称"捡骨葬""洗骨葬""拾骨葬"，

贵州省凯里地区的土堆坟

是指把一次葬留下的遗骨重新再进行第二次土葬。中国许多民族都使用这种形式的土葬，尤其是南方各民族，而且历史悠久。如《墨子·节葬》就曾记载"楚之南有啖人国者，其亲戚死，朽其肉而弃之，然后埋其骨"。在近现代，这种类型的葬法仍很普遍，有的是在第一次土葬后，捡骨、洗骨，再进行第二次土葬，有的则是把树葬等遗留下来的遗骨进行二次土葬。

在中国北方，有些民族在第一次埋葬时往往采用树葬形式，当尸肉腐烂后，他们还得将从树上落下的骨骸再一次埋葬，这后者常使用土葬形式。如清代有的仍留在关外老家的满族还有风葬之俗，"东北边境人死。以乌草裹尸，悬之于树。俟其将腐，解下，敷以碎石，薄掩之，如其躯干之长短。"赫哲、鄂伦春族也如此，胡朴安《中华全国风俗志》说，鄂伦春人死后先树葬，"待皮肉腐烂，骨坠下，然后拾起埋入土中"。赫哲人"死以锦片裹尸下棺，以木架插于野，置棺木架上，俟棺木将朽乃入土"。

在南方，有些民族是先土葬几年后，再将遗骨取出，用水洗刷后，再重新土葬。如清代云贵的有些民族，在死者埋葬数年后，"发墓开棺，取枯骨刷洗，以白为度，用布裹骨复埋"。清代普马人"不论男女，俱埋于掌房之下常行走处。每日以滚水浇之，俟腐取出，以肉另葬，骨刷洗净，用缎带盛之"，"藏于家，三年乃葬"。有的地方这种洗骨再葬的形式也会重复几次，如清末的"六额子"，"人死年余，延亲族祭墓，发冢开棺，取骨洗刷今白，以布裹之。复埋三年，仍开洗如前，如此者三次乃已"。

闽粤台三地的闽南、客家、广府人多有这种捡骨葬的风俗。当他们决定捡骨再葬后,通常需请风水先生择日发墓开棺,并请风水先生或土公(专门处理丧事的人)来捡骨,先把骨殖按人形排在铺于墓埕上的草席中,用朱笔点过,以串其"神"。而后从脚部开始,依人骨顺序把骨骼一一放进"皇金瓮"中,并在瓮盖内写上该死者的生卒年月等,或写上死者的姓名等,再择日选地,重新埋葬。而在未找到"风水宝地"安葬前,往往把"皇金瓮"寄于他处。

南方的一些少数民族也有捡骨再葬之俗,如土家族"其死丧之纪,虽无被发祖踊,亦知号叫哭泣。始死,即出尸中庭,不留室内。殓毕,送至山中,以十三年为限;选择吉日,改于小棺,谓之拾骨。拾骨必须女婿,蛮重女婿,故以委之。拾骨者除肉取骨,弃小取大"。壮族也如此,壮族通常在埋葬三年后捡骨,捡骨时,请"师公"在旁念经,由死者的子女捡骨、洗骨,装入金坛,再葬在他们所选择的龙脉宝地里。

(2)骨灰土葬

有的民族是以火葬的形式处理尸体的,但火葬后还有个骨灰如何处理的问题。在有些民族中,就使用把骨灰埋葬在大地中的方式来处理,因此形成这种骨灰土葬的葬法。

畲族在明清时期就有这种形式的葬法,卞宝第在《闽峤輶轩录》记载福建霞浦畲族的丧葬习俗时说:他们的葬法是"人死刳木纳尸其中,少长群相击节,主丧者盘旋四舞。乃焚木拾骨,置诸罐,浮葬林麓间。将徙,则取以去"。

傣族也有这种葬法,他们的大土司、有威望的贵族和僧侣死后一般都采用火葬为丧葬形式。在火葬前,还要举行隆重的拉尸仪式。即先将尸体装殓入棺,再把其置于架子车上,车的前后分别系若干条粗长绳,供人们来拉车。拉尸时,由死者本寨的百姓拉车前的粗绳向火葬地拉去,而其他来参加拉尸的人们则握住车后的长绳,有的往西,有的往东。大家都往各自的方向拉,使力量分散,因此装灵柩的架子车前进速度很慢,有时这种拉尸活动要延续好几天,才把灵柩拉到火葬场。火化时,许多人跪拜着祷告和恸哭,并往火里丢钱币和各种祭品。火化后,再将骨灰装入瓦坛中埋在墓地里。

普米人死后也是先火葬再葬骨灰的。火葬的日期由"韩规"(巫师)选定。送葬那天鸡鸣时,就开始为死者举行宗教仪式。先由喇嘛和"韩规"为死者念经,接着送葬,前头由一人牵马引路,一人拿着火把,一人拿着送魂路线图紧随其后,后面

·婚丧嫁娶·

图文珍藏版

是四人抬棺跟着,最后才是送葬的亲属。到了火葬场,把尸体架在柴堆上,棺木也拆了,靠在柴堆边一起烧掉。火葬时,先由喇嘛从四角点燃柴堆,然后由烧尸人负责处理火葬过程。普米人认为尸体很快烧成灰是件吉事,但也得注意不要把骨头全化为灰烬。因为他们需要捡骨再葬。火葬后的隔天,死者至亲去火葬场捡骨。一般只捡13块骨头装进骨灰罐中.其余就地掩埋。然后把骨灰罐安葬在村寨的公共墓地"罐罐山"里。

在锡伯族中,这种二次葬骨灰的方式,只自某些特殊的情况才使用。锡伯族神职人员如萨满、"斗琪"(男觋)、"相同"(女巫)过世,只能用先火葬而后埋葬骨灰的方式安葬。因为锡伯人认为,他们是神灵的使者,死后应上天。而只有用火葬,才能使其亡魂借烟雾升天。所以,当这类人死后,都要给他们举行火葬,然后把其骨灰装入瓦罐埋葬。还有,这类人的配偶也需火葬后再葬其骨灰。因为锡伯人相信,土葬是灵魂入土,而火葬则是灵魂上天。如果一对夫妇中一个人土葬而另一个人火葬,则他们的灵魂在另一个世界中就不能继续相互陪伴,所以这类人的配偶也需要火葬。因此,如果这类人的配偶先死,可以先土葬,待这类人去世火葬时,再挖出其骸骨来一同火葬,而后将他们的骨灰各自装入瓦罐中,按照男左女右的规矩埋在墓地里。此外,锡伯人如在外地死亡,无法及时运回家乡安葬,可先在当地火化,然后带骨灰回家乡安葬,或先在死亡地土葬,以后再挖出骸骨火化后,把骨灰带回家乡,葬于本"哈拉"的墓地中。

二、崖葬

崖葬笼统讲是指把死者的棺木或遗体、遗骨安葬在高山或悬崖上的一种安葬方式。根据安葬场所的不同,可以把崖葬分为:1.将葬具安葬在悬崖峭壁高处天然浅穴或人工凿成的石龛或悬空搁置在悬崖峭壁高处的悬棺葬;2.将葬具安葬在高山深谷里天然崖洞中的崖洞葬或洞穴葬;3.利用山崖顶部或山崖间突出或凹陷的墩台作为葬具安葬之所的崖墩葬。由于崖葬有的是一次葬,有的是二次葬。所以,崖葬的葬具有一次葬时装尸体的棺木,亦有二次葬时葬骨殖用的骨函。在不同地区,棺木与骨函的形制也不一,如棺木有独木棺与板棺的差别,而且还有船形、圆桶形、长方形、长方梯形等的区别。骨函也有盒形、箩筐、陶罐等形制与质料的不同。另外,崖葬还有单人葬、男女合葬、多人合葬的不同。根据目前研究的情况看,崖葬分布在长江流域以南各地,是古代越、濮、巴、僚诸系民族最早创用的丧葬方式之一。据碳 14 测定,福建武夷山崖葬船棺的年代大约距今 3770~3930 年,是目前发现最早的崖葬遗存。降至近现代,部分壮族、瑶族、苗族、仡佬族和高山族雅美人还有崖葬的习俗。

(一)悬棺葬

悬棺一词来源于顾野王(519~581)"地仙之宅,半崖有悬棺数千"一语。

悬棺葬是一种奇特的葬制。主要分布于我国湖南、湖北、广西、广东、福建、浙江、安徽、江西、四川、贵州、云南、台湾以及陕西南

仙水岩

部等少数民族生活的地区。唐嘉弘在其撰写的《古代悬棺葬》一文中指出,悬棺葬有以下四种类型:一是在岩壁上凿孔,楔入木桩,把棺材放在木桩上面。有些岩壁高达一两百米,峭如斧劈,棺材多已坠毁,但岩壁上还留着星罗棋布的为安放木桩而凿的孔洞遗迹(这才是真正的悬棺葬)。二是利用天然岩穴,将棺材半放穴内,半露于外(崖洞葬)。三是在两岩裂缝之间横架木梁,上置棺材,棺材上无任何遮拦(崖墩葬)。四是凿岩为穴,将棺材一端置于其中,一端悬露于外(崖窟葬)。

上述四种类型,因均突出了一个"悬"字,所以文献称之为悬棺葬。

还有把死者尸骨、棺材全部藏放在岩壁洞穴(有天然的,也有人工开凿的)内的,人们称之为"岩洞葬""崖墓"或"崖棺",但是有些论著也把它归入了悬棺葬制中(参见《文史知识》1984 年第 10 期)。

根据碳 14 测定,悬棺葬的年代最早可断为夏或者商。不过,从随葬品的制作

技术来看,时间应晚些,当在春秋战国。经过考古工作者的辛勤调查以及对部分悬棺的清理考察,他们认为,从春秋起一直到明清,悬棺葬在各个朝代都有。就是当今,山西和台湾某些地区也还实行着悬棺葬或岩棺葬。

何族实行悬棺葬?至今学者众说纷纭,有说僰人的、巴人的,有说百越人的、僚人的,也有说苗人的、瑶人的,各执一词,无有定论。可以肯定,它的族属无疑为我中华。据1993年5月29日《新民晚报》报道,山西五台山大石洞村村里死了人,装入棺材,仍放到悬崖峭壁的石沿中,有的还用石头把洞口封起来。大石洞村的村民是标准的汉人,至今还保留着此种葬俗,因而依此推测,遍布大半个中国的悬棺葬,其中的主人一定包括汉族的百姓。

为何施行悬棺葬法?毋庸置疑,这同民族的习惯和宗教信仰有关。可以说,这是受土葬影响和启发的产物,是为了让死者有一个最好的安息场地,从而达到保护死者子孙后代这个根本性的目的。

死者需要较好的安息之地,而那刀切斧劈悬崖上的天然洞穴、凹槽,就是最理想的了。这里清静,可以仰观蓝天,俯瞰山水,没有一般尘市的喧闹。这里人迹罕至,与世隔绝,无任何干扰,犹如神仙居住的地方。这大约是有些地方志称悬棺葬、岩棺葬为"仙函""仙人屋"(屋有时写作"室""石""城")、"蜕仙台"的依据吧。另外,将棺材安置在这样险峻的地方,没有人为的破坏,没有水淹及其腐烂的条件,就能够永远地保存下去。

唐代张鷟在其《朝野金载》中讲过,"五溪蛮"的父母故后,即将尸体置于村外,三年后装入棺中,再搁放到临江的绝壁上,他们认为,越高表示子孙越孝。《叙州府志·外纪》也有将棺材"争挂高岩以趋吉"的说法,可能是越高,灵魂升天的速度越快;越高,死人受的干扰越少吧。元人李京在《云南志略》中谈到过自己的见闻,他说,云南那里的人死之后,用棺木收敛,放置在高达千仞的巅岩上,先坠下来的最吉利。当然,这种先坠下来不会是在安置后的一年半载,应有一定的期限,或八年十年,或更长一些。这也是我们前面介绍的有些棺材放在木桩、木梁上,或一半在穴内、一半悬露于外的原因吧。

1. 崖壁浅洞穴型

这是利用临水悬崖峭壁上的天然浅洞穴,或在临水悬崖峭壁上人工开凿龛穴来安葬装有死者或骨殖的棺木等葬具的悬棺葬。根据搁置棺木、骨函的洞穴是天然或是人工凿的分类，这一类型还可以分为天然浅洞穴式与人凿浅洞穴式两种。

（1）天然浅洞穴式悬棺葬

天然浅洞穴式悬棺葬是利用悬崖峭壁上的天然形成的浅洞穴或裂隙来安葬死者的。福建武夷山白岩西壁距地面51米的一个深5米扁嘴形浅洞穴中，横放一具船棺。武夷山九曲溪四曲边上大藏峰的悬崖峭壁上有四个天然浅洞穴中都各放置有几具船棺，其中下洞的棺木像是插进洞内似的，散乱的船棺板有的斜躺着超出了洞口。而在上洞，内有一具仍完整的棺木和散乱的棺材板。据研究，它们是商代期间闽越人的遗存。四川奉节长江南岸峭壁上的盔甲洞，高出江面80米，洞底垫有石块以承棺木。该洞出土有柳叶形巴式青铜剑，它应该是古代巴人的遗存。湖北恩施鸦沐羽村箱子岩，在距崖底70米的自然洞穴中，放置有棺木。广西平果红山岩甘宁洞，离地面约有60米高，洞内安葬有14具圆形独木棺。另外，根据文献记载，在明代，广西的仡佬族也有这种葬法，他们"殓死者棺而不葬，置之岩穴间，高者绝地千尺，或临大河，不施蔽盖"。

有的地方，对这种天然的浅洞穴还进行洞内修凿，有的还加有封门板等。如江西贵溪仙岩8号墓，高出水面27.7米，洞内呈东西向梭形，修凿后用木板隔成三室，总共放置5具长方形板棺。5号墓高出水面27.5米，在洞里凿有6个孔并打桩修成挡土墙和搁棺台。它们为春秋战国时期越人的遗存。湖北巴东楠木园铁棺峡，则是在崖洞内略为修凿后即存放棺木，没有封门。

有的地方是把棺木直接存放在悬崖峭壁上横向的裂隙中。如江西贵溪仙水岩对面山崖峭壁上的天然裂隙中存放着5具棺木。据研究，这些棺木是用木绞车吊上去的。湖北秭归王家坪棺木岩崖葬，是在一条距地面30-50米的岩层大裂缝中，横列棺木7具。巫溪荆竹坝棺木岩崖葬，则在距水面150米的岩层缝隙中安放棺木，现存24具，其中21具是首尾相连放在同一水平位置的岩层缝隙中，远远望去就像一列挂着许多车厢的火车。

（2）人凿浅洞穴式悬棺葬

人凿浅洞穴式悬棺葬是在悬崖峭壁上用人工凿出搁置棺木的峭壁龛穴来安葬死者的葬式。所凿的峭壁龛穴有横穴与竖穴两种，有的有封门，有的没有。如在四

·婚丧嫁娶·

图文珍藏版

川巫溪凤凰山、南门湾崖葬,分别高出河面 30、40 米左右,在峭壁崖面上凿出横龛 19 个、39 个,单龛单葬。目前南门湾还有 3 具棺木在崖壁上的龛穴中。四川兴文县德胜出口塘,在 8—15 米高的峭壁崖面上凿出横龛 14 个,另还有 12 个半成品。湖南桃源马石乡沅江边,崖壁上凿有多处方龛,有的还残存有棺木。

有的地方的人凿龛穴还有封门,如四川万县观音崖崖葬,离江面百来米的崖壁上凿有长方形横龛 2 个,龛的外沿凿有一周浅槽,根据这个浅槽判断,该崖墓应有封门。四川乐山市白马乡洞耳湾崖壁上开凿的 12 个崖葬龛穴,多数都有置封门板的凹槽。

2.架壑型

架壑型悬棺葬是指在崖壁上设置桩架或搁板来悬空搁置棺木的葬式。换言之,这种类型的悬棺葬才是名副其实的悬棺葬,因为它们才真正悬空。根据桩架位置的不同,这种形式的悬棺葬,也可以分崖缝架桩式和崖壁架桩式两类。

(1)崖缝架桩式悬棺葬

这种类型的悬棺葬,是在崖壁上垂直的天然裂缝间架设隔板或木杠来搁置棺木。这种搁板和木杠俗称"虹桥板"。在武夷山九曲溪大王峰垂直的石隙两壁间垫设有一些"虹桥板",上搁置有船棺。九曲溪小藏峰的岩隙间也架设有木板 15 根,其上残留有 2 具船棺。由于这些船棺是悬空搁置的,故也被称之为"架壑船棺",而董天工的《武夷山志》称其为"架壑船"。在湖北巴东龙船河山崖七,离地面 150 米处的 7 处岩隙中分布着搁置棺木的木板和棺木。有的地方是在裂隙的两壁打孔架设隔板来搁置棺木,如四川奉节风箱峡的崖葬中;有些是在岩隙两壁凿孔横置木杠后,再在上面搁置棺木。

(2)崖壁架桩式悬棺葬

崖壁架桩式悬棺葬是在陡峭的崖壁面上凿孔,插进木桩,然后在木桩上横置棺木的葬式。这种方式只流行于四川南部。如四川珙县九盏灯崖葬,现存 15 具悬棺,其中 10 具就是悬在崖壁伸出的木桩上。此外崖壁上还有许多木桩孔,这说明过去这里的悬棺很多。同县的棺材铺山崖上,现存 22 具悬棺,其中有 9 具悬空搁置在崖壁伸出的木桩上。其向南约 100 米的狮子岩,上面也有七八具悬棺水平搁置在崖壁伸出的木桩上。在麻塘坝也有许多悬棺。根据人类学、考古学家的研究,这些悬棺都是"都掌蛮"的,年代最晚的是明代。

(二)崖洞葬

崖洞葬也称"岩洞葬""洞穴葬",是指将死者安葬在幽静的天然崖洞里的丧葬方式。这种丧葬方式与上述的天然浅洞穴崖葬有类似之处,因为它们都是将死者

崖洞葬

安葬在天然洞穴中,因此经常会混淆。其实这两者还是有些区别的。首先,天然浅洞穴崖葬的洞穴,多在人迹难至的水边悬崖峭壁上,而作为崖洞葬的葬所大都在人迹可至的山崖上,只不过它们都在比较隐秘的山中。其次,天然浅洞穴崖葬的葬具多放在洞口,如洞口不平,需用石块或木板垫平,而崖洞葬则把棺木葬在洞穴的深处,外表看不清楚。其三,天然浅洞穴崖葬的洞穴深度较浅且小,而崖洞葬的洞穴往往大而深。这种丧葬方式多利用幽静的山洞来安葬死者,而且多数是集体葬。换言之,其大多数都是一个山洞为一个部落或村落的公共墓地,里面多数都堆着几十具到数百具不等的棺木,有的是单人单棺,有的则是多人合一棺。

根据人类学、考古学的实地调查,崖洞葬主要分布在我国云贵高原的东部地区,即贵州省中南部和广西北部。这些地方都是典型的喀斯特地貌,群峰连绵,幽岩溶洞众多,为崖洞葬提供了良好的自然地理条件。崖洞葬曾在这个地区长期流行,目前已经发现有崖洞葬分布的地方主要有贵州的贵阳、平坝、长顺、紫云、荔波、罗甸、望谟、独山、惠水、都匀、花溪等地和广西南丹、凌云、巴马等地。

崖洞葬起源于何时现还没有确切的答案。不过从某些崖洞葬遗址的出土物有早到唐代的情况看,至迟在唐代,贵州、广西就有崖洞葬了。根据文献的记载,明代贵州苗族中的一些人曾实行崖洞葬。明代万历年重修的《贵州通志》卷十四中记

·婚丧嫁娶·

图文珍藏版

载：贵州的"短裙苗者……死不殡，置之山洞"。民国《贵州通志》引《嘉靖图经》云：贵州的"康佐苗……有丧……三五月方置岩穴间，藏固深秘，人莫知其处"。《安顺续志》也说：贵州安顺的康佐苗，一名老苗，"有不葬者，置尸山洞或岩壁间，任其干去"。另外，明代田汝成《炎徼纪闻》也说广西的"冉家蛮……死丧杀牛击鼓，哀唱歌毕，置于山洞而散"。

根据考古学和人类学调查的情况看，清代至今，这些地区的苗族与瑶族仍继续实行崖洞葬。贵阳东南高坡乡的苗族至今还用崖洞葬的方式安葬其族人，该地有8个洞穴作为崖洞葬的葬所。如龙山洞位于一个两山之间的山凹部的半腰处，有小路可直达。洞深12米，宽16米多，洞内地面平整，右侧是放置祭品的地方，左侧则重叠堆放6—7层棺木，每层4行，每行8-14具棺木，下层因年代久远已腐朽破碎，现还有完整的棺木约200具，并有新的加入。平坝的桃花村为苗族村落，其附近有一个棺材洞，有山路可以通达。洞里面堆着可确认的棺木有567具，它们重叠堆在一起，有3—10层。其棺木有船形棺、圆木棺、长方形棺、梯形棺、木栓棺和汉式棺，其中船形棺压在最底层，次之为圆木棺，再次为长方形棺、梯形棺，最后是汉式棺。有人认为船形棺的年代大约是唐宋时期，长方形棺大概是宋代才开始使用，而梯形棺是在明代前后开始出现，汉式棺则在清代以来才盛行。这个棺材洞是桃花村刘姓苗族的祖茔，里面的棺木是按村寨支系和死亡先后堆放的，它分为甲乙丙丁4个区，其中甲区是新寨苗族的安葬区；乙区是中寨和桃花冲寨的安葬区；丙区是鹅抱蛋寨的安葬区，丁区不清。现仍有人把棺木安葬在里面。

贵州荔波瑶麓的青裤瑶至今仍行崖洞葬。该地的青裤瑶有卢、常、韦、覃、莫等姓，他们都葬在一个山洞里，不过依据姓氏的不同而分为几个区域，同姓五服以内人的棺木堆在一起，自下而上以死亡的时间顺序堆放。另外，青裤瑶非正常死亡者的棺木不能堆在洞里，只能堆在洞口，或放在岩壁、大树下，因为他们的灵魂不能回到祖先安葬的地方，只能在外游动。

（三）崖墩葬

崖墩葬指利用山崖的顶部，或山崖高处突出或凹陷形成的墩台来安葬死者的丧葬方式。在古代，就有这种类型的葬式，如元代李京《云南志略·诸夷风俗》云：

土僚蛮在叙州南、乌蒙北，"人死则以棺木盛之，置于千仞巅崖之上，以先坠者为吉"。这说明元代云南的少数民族当中，有人行此崖墩葬。在川鄂间的峡江地区有些古代的崖葬也属于此类。如在巫山错开峡棺木阡，离地面几百米高的崖墩上，平放2具残存的棺木。在湖南慈利何家村白岩，距崖底150米高的崖壁上有凸出的墩台，上面也安置有2具棺材。

在近现代，也还有一些民族使用这种崖墩葬的葬式来安葬他们的死者。如西藏门隅北部门巴族就常用崖墩葬这种葬式来安葬圆寂的喇嘛。其通常的做法是在喇嘛圆寂后，把死者安置在木匣内，然后送到高山上的石崖下安放。其用意是让喇嘛长眠不朽，因为高山石崖上海拔高，常年气温很低，尸体在那里不易腐烂，可永久保留。此外，在门巴族中，小孩夭折时，有时也使用这种方式来安葬。

在台湾兰屿岛雅美人当中，这种崖墩葬只在安葬无至亲者和凶死者时才使用。在椰油社，如果村中没有近亲的人将死，在其还未断气时，就要把他用三条绳子绑在一块长木板上，抬到海边称作"伊岗"的悬崖下，把他屈肢用阿巴卡布包裹，送到悬崖顶上。这个地方雅美语称"帕米米尼曼"，意思是暴尸地。这些运送垂死者的人，返回时，一边要挥动"旁达纳斯"树的果实，一边要叫喊："阿尼托鬼不见了，我们不会受害！"中途，他们还要到水塘中洗身。回到村里，得拿着标枪，戴上银头盔；绕着死者的屋子跑几圈。然后，把运尸的木板送到海边扔掉。回村后，还需到田里挖些水芋头煮熟祭鬼，曰："我们已献祭了芋头，你不要再到我们这里来了！"这样，才算完成葬礼。除了椰油社外、野银社、渔人社也有这种崖墩葬，他们遇到在外横死者、孕妇难产而死者、渔汛期间死亡者和生前品行恶劣者才会把他们的尸体送到海边隆起的珊瑚礁岩顶上安葬。

三、火葬

火葬也称火化、焚尸、"熟葬"。

火葬流行，究其原因，大约有如下几点：

（1）祖宗崇拜。祖宗，似指炎帝。炎帝是中华民族的始祖之一，由于具有深厚的"火德"而被民众拥戴为王,故称"炎帝"。相传炎帝用火纪年,就连百官的称呼也没有离开火:如春官为大火、夏官为鹑火、秋官为西火,冬官为北火,中官为中火(参见《左传》昭公十七年)。后世汉代的皇帝自称为"炎刘""炎汉",宋代的皇帝自号"炎宋",既是对五行说的遵从,也是对始祖的崇拜和景仰。

(2)人离不开火。《韩非子·五蠹》篇说,有一个圣人站出来了,他指导人们钻木取火,用火来化去肉食的腥味臊气,所以人民大众十分爱戴他。火推动了人类的发展和进步,其功劳极大,这是谁也否认不了的事实。将火使用在生产上,火耕水耨,刀耕火种,又从另一方面加速了人类的成长和进步。人离不开火,火也离不开人,死后火葬,当是人与火亲近的一种表现。

(3)因突发的火灾,将尸体焚化成了灰,原始社会的人们从中得到了启发,受到了暗示。

(4)《墨子·节葬》篇说,秦的西边有一个名叫仪渠的诸侯国,亲人族人死了,就聚积柴火来焚烧尸体,由于火烟一齐上升,所以称死为"登遐"。《礼记·曲礼下》:"告丧,曰:'天王登假'。"孔颖达解释道:登,上升;假,结束了。指天子上升到了九天,就好像成了神仙,一样。"登假"与"登遐"之义相同。所谓登遐,即死者灵魂借助烟火,离开了依存的躯体,进入天上,找到了归宿,这大概是它最初的含意吧。

云南宁蒗摩梭人的火葬

（5）火能除秽驱邪。

（6）对于僧人的火葬，俗间拼命反对的人少，赞同支持的人多。而那些虔诚的信徒们，早就做好了火化的准备（称之为"戒火自焚"）。当然，寺院设立的以牟利为目的的"化人亭"（也叫"焚人亭"，《红楼梦》称之为"化人厂"，设在城外）和佛家本身所做的宣传鼓动工作更是不可低估。

（7）火葬省事，而且不像土葬那样需要点卜用田地，尤其适合那些贫无立锥之地和不为儒家孝道所动的劳苦民众。

火葬是最清洁、最卫生的一种葬埋方式，所以有着广泛的群众基础，但宋以后的统治者却拼命地反对，这也许是火葬无法取代土葬的重要原因。如果最高统治者不制止、不反对，火葬将会成为重要的一种葬法。如果封建统治者提倡节俭，力行薄葬，推行火化，则是禁绝示富、奢侈、浪费的最好措施。

（一）历史上的火葬

在中国，火葬有着悠久的历史。根据考古发现，新石器时代就有人用火葬的方式来安葬死者。1945年，在甘肃临洮寺洼文化遗址中发现有三个大陶罐，其中一个就盛有人体火化后的骨灰。1987年在辽宁新金双房石棚墓葬中，也发现有火烧之后的人骨。这些都说明火葬在中国是一种很古老的丧葬方式。

夏商周三代时期，火葬的习俗在一些边缘地带的少数民族中仍流行，《墨子·节葬》记："秦之西有仪渠之国者，其亲戚死，聚柴薪而焚之，熏上，谓之登遐。"仪渠在今甘肃庆阳一带，其民为古代羌族的一支，这说明羌族古代实行火葬。《荀子·大略篇》也说："氐羌之虏也，不忧其系累也，而忧其不焚也。"意思是氐羌之民被俘，不怕被捆绑囚禁，只怕死后不能火葬。在《吕氏春秋·义赏》等也有同样的记载，这些都说明当时西北氐羌各族盛行火葬。

两汉以后的情况也如此，根据《北史·突厥传》的记载，北方突厥各族系的丧葬方式是"择日取亡者所乘马及经服用之物，并尸俱焚之，收其余灰，待时而葬。春夏死者候草木黄落，秋冬死者候华茂。然后坎而瘗之"。而根据《后汉书·南蛮西南夷列传》载，西南有的民族如冉駹夷也行火葬，"冉駹夷者……死则烧其尸"。东汉以后，佛教传入中国，火葬也逐渐在汉族的僧侣中流行起来，此后，也慢慢在上层人士和民间流行开来,到宋元时期,甚至在许多地方形成一种风习。

这种状况是与传统儒家思想和土葬方法相抗衡的,从而也遭到宋代统治者和理学家的竭力反对。宋太祖曾下诏曰:"王者设棺椁之品,建封树之制,所以厚人伦而一风化也。近代以来,遵用夷法,率多火葬,甚愆典礼,自今宜禁之。"理学家程颐也认为:"古人之法,必犯大恶则焚其尸。今风俗之弊,遂以为礼,虽孝子慈孙,亦不以为异。"因此他要求其族人"治丧不用浮屠"。当时有的人甚至还攻击火葬是"伤风败俗,莫此为甚"!"惨虐之极,无复人道!"

尽管宋代有许多人反对火葬,但似乎并无奏效,所以到了元代,火葬仍然流行。根据《马可·波罗游记》记载,元帝国的唐古忒州、汗八里城、秃落蛮州、哈寒府、强格路、中定府、临州城、西州城、淮安州城、宝应县城、襄阳府、塔皮州城、行在城等地都有火葬习俗。此外,元大都北京同样也很流行火葬,以至《元典章》记载:"北京路百姓父母身死,往往置以柴薪之上,以火焚之。"这表明当时不仅北京城里流行火葬,整个北京地区也流行火葬。

明洪武三年(1370),朱元璋下令禁止火葬,"令天下郡县设义冢,禁止浙西等处火葬、水葬。凡民贫无地以葬者,所在官司择近城宽闲地立为义冢。敢有徇习元人焚弃尸骸者,坐以重罪"。此后,明政府又多次明令禁止,如《大明律·礼律》规定"其从尊长遗言将尸烧化及弃置水中者杖一百,卑幼并减二等(杖八十)",等等。清代继承了明代禁止火葬的政策,因此,明清时期在汉族中,火葬风气逐渐趋弱,但有的在特殊情况下仍举行火葬,如《闽清县志·礼俗志》说,"火葬之习,邑旧有之。揆其原因,多由葬后家中弗吉,以为葬地不良所致,乃开坟焚尸,贮以砖瓮,另谋改葬"。后来火葬多只在佛教徒中流行。

而在一些少数民族当中仍然流行火葬。到康熙年间,东北的满族有的还保留火葬的习惯,"七内必殡,火化而葬",其棺材"棺盖尖而无底,内垫麻骨芦柴之类,仍用被褥,以便下火"。在南方,畲族到清代还有火葬的习俗,顾炎武在《天下郡国利病书》说广东的畲族"有病没,则并焚其室庐而徒居"。民国《德化县志》讲畲族在民国以前还有火葬的习俗,"邑有畲民……迩来与居民联婚,改其焚尸浮葬之习"。其他少数民族也有不少仍施行火葬。如西南的彝族等就有火葬,嘉靖《贵州通志》记贵州彝人的葬法是"焚于野,掷散其骸骨"。《越巂厅志·夷俗志》说:彝人

"丧葬不用棺椁，以火焚化………用土石掩盖也"。其他信奉佛教的民族如蒙古族、藏族、裕固族、摩梭人等也存在火葬的习俗。

(二) 近现代的火葬

近现代以来，特别是新中国成立以后，由于土葬占用和浪费土地，所以政府大力提倡新式火葬。目前在城市中，新式火葬已成为唯一的丧葬形式。火葬后，骨灰多数寄存在殡仪馆、公墓的骨灰室中，有的也在公墓买块墓地，把骨灰葬于其中。在农村，也有许多地方开始改为新式火葬，慢慢普及起来。有的村落建有骨灰室来存放死者的骨灰；有的则把骨灰埋于墓地里。

而在那些信奉佛教的民族当中，多数是活佛等高僧才从事火葬，仍保持其传统遗留下来的习惯。如西藏通常流行天葬，只有那些有地位或有成就的喇嘛使用火葬。但在四川甘孜州白玉县的藏族绒民中，火葬是普通人常用的丧葬形式之一。在那里，绒民认为火葬是使亡魂升天，与日月共存的圣葬之一。但他们从不进行单个尸体的火葬，通常要等到村里有两三个死者后才一起火葬。所以当死者断气后，他们就把死者卷曲捆绑好，坐姿放在木制的尸籍内，并用灶灰和泥严封尸箱后，等待火葬。等到一个村落或一个父系部落的死者有两三人后，就举行集体火葬。届时他们请喇嘛来当"火祭上师"，在仪式上给死者念经超度，点燃柴火焚烧尸箱。烧完后还需捡骨灰，合葬在干净的山洞里或挂在大树上。另外，绒民对在战争中死亡的本"戈巴"同胞也施行火葬，不过，这需在战死之地火化，并把骨灰带回安葬于山洞中。

除藏族外，西藏门隅的门巴族喇嘛死后几乎都行火葬，因为他们认为用这种方式，亡魂可以很快升天。由于火葬需耗费较多油料和木柴，所以门隅的门巴族只有那些富有者才有条件用这种昂贵的丧葬方式。而墨脱的门巴族则较普遍使用火葬，但却需要分两步走。首先将尸体暂时土葬，过了几个月或一年后，再挖出来火葬。具体方法是在野外选择一块空地，堆上木柴，将尸骨曼于其中，浇上酥油，然后点火将尸骨化为灰烬，再将骨灰与泥土拌匀，做成小尖塔或泥佛像。安放在村里专门放骨灰的小屋"叉康"中。也有的直接把骨灰撒入江河中。

青海的土族也是信奉佛教的民族，他们大多数人也行火葬。人死后，先把尸体屈肢成盘坐状,装入竖式的灵轿中,然后守灵几天。火葬前一天,在村外僻静处用120块土坯砌一个钟形火炉,下设四个风门火口,内堆干柴。火葬的早上,晚辈抬棺,亲友送行一起到火葬场,把死者面朝西方,放入火炉中,用柏树枝燃起四个火门的火苗,并把灵轿弄碎投入炉内助燃。火葬由喇嘛主持,他们一边念经超度亡魂,一边不时向火里浇一些酥油,以便尽快火化尸体。三天后,死者的家属来火葬场捡骨,按长幼顺序轮流用木筷捡骨。他们捡的主要是大块的骨殖,装入骨灰盒或罐中,用红布包裹,再用红丝线扎紧,暂时埋在临时选定的地方,待来年清明节再转葬到祖坟地里,其余骨灰则带至高山上撒掉。

甘肃有些裕固族也奉行火葬,他们的习俗是:人死后,趁尸体还未僵硬时收尸。尸体屈肢成婴儿状,扎好后装入白布袋中,在家中停放两三天,以便亲友吊祭。出殡时间多为下午,先选好葬地,根据风向挖一十字形地炉,架好木柴,然后将尸体放在木柴上,由喇嘛主持火葬仪式,先烧尸体,后烧死者的用品与衣物等。第二天将全部骨灰装于布袋中,并放一些粮食,死者用过的银、玉首饰也一起就地埋葬,并在其上起一个坟堆,上种一撮芨芨草。

宁蒗一带的摩梭人死后也实行火葬。在那里,人死后,把死者屈肢成盘坐状,装于布袋中,停尸在正房后间的土穴中办祭拜仪式。火葬前一天,请东巴念经为亡魂开路。翌日清晨,把尸体从土穴中取出,放于方形木棺内,送到火葬场。在那里,由几个喇嘛举行告别仪式后,将尸体置于木柴上焚烧。一位喇嘛边念经边淋浇酥油助燃,而另一些喇嘛则在一边,面对着东方念经。烧毕,从脚到头的骨头各捡一些装入小布袋带回家,其余的骨灰埋在僻静处。带回家的骨灰袋摆在祭桌上,由达巴主持再祭祀,诵念送魂开路经,把亡灵魂送到祖先的居住处。祭毕,由达巴和两个男子把骨灰袋送到本家族的墓地埋葬。埋葬时,把袋子底部的绳子抽掉,让骨头直接入土,以便让灵魂"自由活动",然后在墓周围砌一圈石头。一切就绪后,去埋葬骨灰的人,要用借故跑开的方式离开墓地,据说这样可避免鬼魂缠身。

在景颇、德昂、阿昌、傈僳、独龙、赫哲、鄂伦春族等中间,对非正常死亡者才实行火葬。在鄂伦春族中,如果死者是孕妇,就要用火葬的方式来处理,因为鄂伦春人认为,孕妇死后如不烧掉,她抚育出来的胎儿会变成妖精而危害人间。在独龙族中,患传染病而死者才使用火葬,他们认为这样可以把这种恶死者的鬼魂烧掉,免得危害生人。德昂族视暴死、凶死、难产而死者为被恶魔附身者，所以要用火葬来处理。火化后留下的骨头还要用水洗干净，装入土罐，埋于公共墓地之外的特定地方，不垒坟，不超度，也不去坟前献祭。傈僳族带血而死者如产妇或因刀枪伤而死和得脏病与传染病而死者均用火化的方式处理，而且其骨灰不能埋葬在祖坟里。禄劝、武定的傈僳族，碰上无妻儿的年轻死者，也使用火葬形式，其骨灰也不得葬在家族的祖坟中。

四、水葬

水葬是将死者或其骨灰投入江河湖海，任其随波逐流而去的一种丧葬方式。在南北朝时期，就有一些民族使用过，《南史·扶南国传》记载当时的扶南国有水葬，"水葬则投之江流"。它通常有两种形式：其一是把遗体整尸或肢解后投入江

藏族的水葬

河中；其二是将尸体火化后的骨灰撒入水中，或连盛骨灰的器皿也一起抛入水中。因此，前者属直接水葬，后者则属于间接水葬，它也是二次葬的一种。

　　较早提及水葬的著作为《南史·扶南国传》。扶南国俗,葬死者有四种办法,其一是水葬,即将尸体投入江流。应该指出,扶南属如今的柬埔寨。而真正介绍汉民族施行水葬风俗的著作,似在宋代。范镇《东斋记事》卷三说,凤州(今陕西凤翔)贫民不能土葬,就弃尸水中。这是因为太穷,穷到了无可奈何的境地。值得注意的是宋人、明人将死者尸体火化之后,投骨骸或骨灰于水中,才可以说是一种真正意义的水葬。另据地方志记载,我国东南沿海一带,也施行水葬,当地的水葬就是海葬。有些地方人死之后,举行一定的仪式,再将尸体投放海中。有些地方是将尸体装进棺材,抬到海滩置放,潮涨时,棺材便被带进了大海。浙江等地农村,凡是未长牙而夭折的婴儿,均要丢到水里,实行水葬。

　　沿海地区的海葬,大约与"靠山吃山,靠水吃水"的生活环境有关。

　　弃尸水中,也是一种刑罚,这在《北齐书》中就有记载,如北齐初年的名臣高隆之去世之后,由于一些人的离间,文宣帝一怒之下,下令挖开坟墓,拉出尸体,弃置漳河,接着诛杀了隆之的十几个子孙,全部抛入了漳河。

(一)直接水葬

　　直接水葬是把死者尸体整尸或肢解后投入水中的葬法。从现存史料看,在古代,很少人采用这种方式。根据它投入水中时的情况看,它还可以分为两种形式。第一种形式是整尸投于水中的葬法,这种葬法多用来处理暴病者和凶死者。在西藏,康熙《西藏志》风俗篇讲:藏族"人死喂鹰或沉水",说明至迟于清初,藏族就有沉尸于水的水葬。这是因为西藏的藏族尊崇河鱼为河神,认为尸体被鱼吃掉是荣耀的事,这与天葬中尸骨被鹰鹫吃掉有相同的宗教原理或施舍意识。藏族在水葬正常死亡者时,往往要把尸体肢解成碎块投入水里,认为这样才能使鱼很快将尸身吃干净,使亡魂顺利升入天堂。此外,西藏的藏族也认为乞丐、孕妇、凶死者或患麻风病、传染病而死的非正常死亡者是极不净之人,对他们实行水葬的目的不是让他们升天,而是对他们进行惩罚。为了不污染河神,玷污河神之口,所以当这种人行水葬时,不能肢解碎尸,而是要用皮革等物品严实包裹其尸后抛入江河中弃之。

　　西藏墨脱的门巴族也是如此,该地区门巴族的正常死者都不用水葬,只有患麻风和其他传染病的非正常死亡者才从事。在从事这类人的水葬时,需先请喇嘛为其念经消灾超度,然后再由背尸人将其背到江边,完整地投入江中。此外,靠近大江的傣族中,也有人实行水葬。不过他们也是针对那些得暴病、传染病、难产而死和凶死者。对这类人,傣族也是把他们的整尸弃于水中,任其漂走。在汉族中,当军舰游弋远海,轮船远航他乡,渔船在远海渔场捕鱼时,如遇上水兵或海员等因病或因意外死于船上,人们为了防止尸体腐烂发臭或疾病蔓延,有时也会用白布包裹全尸的方式投入大海中进行水葬。不过,这种情况并不多见,完全是一种在特殊情况下处理暴死者的权宜之计,并非家居状况下习惯用的丧葬方式。

在有的地方,也有正常死亡者采取整尸投入水中的安葬方式。如山岩地区的藏族绒民,有时会采用整尸投入水中的方式安葬正常死亡者。他们从事这种葬法时有两种形式:一是将死者屈肢捆成胎儿状,将其腹部、颈部系上吉祥绳,在喇嘛念经祈祷的告别仪式中,投入金沙江水深流急处,让尸体随水冲走;二是将尸体捆在一块长条石上,在喇嘛做仪式念经后,投入金沙江中。

直接水葬的第二种形式是把尸体肢解后再投入水中。这种方式往往是针对正常死亡者的。在四川阿坝的红原、若尔盖等县,甘孜的康定、甘孜等地,西藏昌都的芒康、左贡等县,由于那里山高谷深,很少有鹰鹫之类,很难进行喂鸟式的天葬,因此,这里的藏民绝大多数都采用肢解尸体的水葬作为他们安葬死者的主要方法。这些地区的江河急流处常有固定的水葬场,它们多由喇嘛或巫师选定。其水葬过程大致是:人死之后;先在家中停尸 1~3 天,点上长明的酥油灯,并请来喇嘛为死者做超度仪式,家属和亲友举哀吊唁,并请专门司水葬者将尸体屈肢成卷曲状,用绳捆扎,再裹白布或旧衣等,然后运至江边水葬场。在这里,人们再次举行告别仪式,有的"煨桑",有的在水葬场的乱石中插悼念死者的经幡等,喇嘛则诵经,为亡魂的升天而祈祷,送葬的家属、亲友则哭丧致哀。这期间,司水葬者则在江边水葬场肢解尸体,边肢解边投入急流中。水葬结束后,死者生前的用品归司水葬者,而死者的个人财产一半交给所属的地方政权,一半交给寺院超度亡灵,用作布施。甘孜州山岩地区绒民的水葬中,也有一种形式是先将尸体肢解后再投于水中的。他们先将死者捆成胎儿状,由专人背到金沙江边,放在木墩上尸解,先割下头,而后把尸体分解成小块再抛入江水中随水流走。而在甘肃藏区,绝大多数地方的藏民都没有水葬的习惯,只有生活在黄河边上玛曲县的藏民过去使用过水葬。

除了藏族外，西藏门隅的门巴族也比较重视水葬，认为这是该地区门巴族正常死亡者使用的最佳葬法之一。出殡时，丧家往往请背尸人将屈肢的尸体背到江边水深流急的地方，然后也是在江边将尸体肢解，再抛入湍急的江水中。他们也和藏族相似。水葬后，死者遗留下来的衣物等归背尸人所有，作为报酬。

（二）间接水葬

间接水葬也可以分为两种类型，其一是先将死者进行火化，然后再把骨灰撒入江河湖海的间接葬法。这种葬法是在佛教的影响下形成的，佛经中曾有这样的记载："死者燔骨取灰，建窣堵波或委野中及河"，也就是说，佛教徒死后先从事火葬，然后其骨灰有不同处理方法，有的塔葬，有的撒于野地，有的则撒入水中。因此这种火化后再撒入水中的间接水葬是受佛教影响后形成的。

根据文献看，东汉佛教传入中国后，这种方式的葬法才开始比较多见，特别是唐代以后，如《新唐书·南蛮传》说：南方的哥罗"死者焚之，取烬贮金罂沈之海。"杜佑《通典》也记载，唐代林邑国行水葬，而且不同阶层者所使用的葬仪和骨灰函有些差异，水葬的地点也不同，例如"王死七日而葬，有官三日，庶人一日。皆以函盛尸，鼓舞导从，舆之水次，积薪焚之。收余骨，王则入金罂中，沉之于海。有官者以铜，沉之海口。庶人以瓦，送之于江"。除了上述情况外，也有人用其他器皿来盛骨灰间接水葬的。如宋濂《宋学士文集·傅守刚墓碣》载："自焚尸沉骨之俗成，虽缨弁之家，亦靡然从之。"所以傅守刚的父亲死后，他们也按此俗办事，"其诸兄具棺殓已，舁出中野，纵火爇之"，然后傅守刚和其兄弟一起"编荆成筐，实以象泉，拾遗骸以归"，翌日才"捧筐至大泽，而投清泠之渊"，从事这种间接水葬。

至近现代，这种撒骨灰入水的间接水葬方式仍有存在，不过，多数都是遵从死者的遗嘱来实行。即在死者的遗嘱要求下，将死者的尸体在火葬场火化后，由其家属和亲朋择日乘船到选定的某一江河湖泊或大海上举行水葬。在举行仪式时，先由死者的亲属或好友致悼词，大家默哀片刻，再由死者的家人站在船舷边，在船的行进中，把死者的骨灰撒进翻滚的浪花中，逐波而去，让死者融入大自然中。

其二是先在静水河湾中垒砌一石墓冢，安置尸体于其中，待山洪暴发时，再把它冲走。这种葬法仅见于四川凉山木里县的藏族当中。他们举行水葬是在人死后第三天，先请人把死者背到河边，选择一个水流比较平缓的河湾，在水深达成年人胸部的地方，先用大石块垒砌一座方形的墓冢，再把尸体安葬其中，盖上石板，再压上3块大石块。待山洪暴发，河水猛涨时，汹涌的山洪就会把石墓和尸体冲走。

五、树葬

树葬是把死者的尸体架于野外的大树上或特制的木架上风干或使尸体腐烂后再埋骨的葬法，并以死者的尸体安放在大树或树木搭建的木架上而得名，有的也称"木葬"。由于有些民族的树葬是依靠鸟类来啄食尸肉，而后再葬骨，因此，也有人把这一类型的树葬称之为天葬或鸟葬等。有些民族是利用这种置于大树或木架上的形式风干尸体，故也有人称此种类型为风葬。树葬是一种比较古朴而原始的葬

东北鄂伦春族的树桩式的树葬（担棺葬）

俗，它起源很早，主要流行于东北和西南地区的一些少数民族中，并一直延续到今天。

（一）历史上的树葬

据文献记载，东汉时期，生活在嫩江流域的失韦人就有树葬，失韦国"父母死，

男女聚哭三年,尸则置于林树之上"。除这种葬法外,北朝时的南室韦人也在露天建造木架进行树葬。如《北史·室韦传》云:南室韦"部落共为大棚,人死则置其上"。而生活在饶乐水(今西拉木伦河)鲜卑的一支库莫奚人也流行树葬,他们的风俗似乎与南室韦人稍有差别,"死者则以苇薄裹尸,悬之树上"。生活在土河流域的契丹人的树葬又有一些不同,他们的老人死后,就"以其尸置于山树之上,经三年后乃收其骨而焚之"。到了隋唐时期,他们仍然是"死不墓,以马车载尸入山,置于树颠"。这些通古斯语族的民族多信奉萨满教。萨满教认为,天上是死者应赴之所,而树干又是通天之路,将死者尸体葬于大树上,能便于他们顺利上天,所以有此树葬。

而在这个时代的南方,也有一些民族采用树葬的方式,如《隋书·地理志》记载江淮一带的少数民族风俗说:"传云盘瓠初死,置之于树",这表明畲族和瑶族的祖先曾有过树葬。除此之外:《太平御览》卷八八〇也记载,南方的木客人死时"皆知殡殓之,不令人见其形也。葬棺法每在高峰树杪或藏石窠中"。换言之,他们的葬法与上述有些差异,已用了棺木,有的把棺木置于高处的大树上,有的则把棺木置于悬崖上的崖洞内。由此看来,在古代,树葬分布的范围很广,而且形式多样。根据上述情况看,至少可以分成直接置尸于树,间接置尸于树,即用苇席、棺木装殓后再安置于树上,以及地架式,即在野地里搭木架,上安置尸体或棺木几类。同时,有的在树葬几年后,还要捡骨二次葬。

降至明清时代,树葬的分布仍很广,东北一些民族仍保留树葬的葬法。《辽东志》记载明代建州乞里迷女真人时说:其"死者柩悬于树"。《李朝实录》谈到忽剌温女真人的丧俗时也说,他们"父母死……置其尸于大树"。方式济的《龙沙纪略·风俗》则记载,清代满族发展不平衡,有的已受汉族影响而实行土葬,但其"东北边有风葬之俗,人死,以衾裹尸,悬深山大树间,将腐,解其悬,布尸于地,以碎石逐体薄掩之"。西北有的民族也行树葬,如《西域图志》卷三十九就记载准噶尔地区有"五行葬法",其中的"木葬则悬诸树"。此外,明清时期的南方,也有一些民族用树葬的方式安葬他们的死者,《大清一统志》卷三百九十四载:夭苗,一名黑苗,"死不葬,以藤蔓束之树间"。另外,据徐珂《清稗类钞·丧祭类》载,云南土著对夭折的儿童也采用树葬的方式,"凡未满七岁之小儿死时,土人以其先父母而入泉路,目为不孝,乃盛以无盖之棺,悬之树,任鸟啄之"。

(二) 近现代的树葬

近现代,鄂伦春、鄂温克、赫哲、基诺、景颇、珞巴、瑶、藏、台湾高山族平埔人西拉雅群等民族的某些族群都有人实行树葬,而且树葬的形式多样。根据其葬式和结构看,这些民族所从事的树葬,大致可以分为:树架式、树桩式、地架式、树挂式、树屋式几种类型。

1.树架式的树葬

这种类型的葬法,是在一棵或几棵大树的树杈上,加上若干横木与树枝建

四川省甘孜州白玉县藏族绒民的树葬(挂葬)

成平台,然后,在上面安置包裹好的尸体或装尸体的棺木,或者是在几棵大树上用绳索悬空吊装棺木。胡朴安《中华全国风俗志》(下)记载的鄂伦春族就采用这种形式。"鄂伦春族人死,即为易衣,放在撮罗子外面地上,通知同族及戚友,哭泣以志哀,焚化纸钱。然后用靴皮将尸体裹起,择日昇出,架于树上。待皮肉腐烂,骨坠下,然后拾起埋之土中也。"有的地方则需举行"过火"仪式后,再就地掩埋装遗骨的盒子或棺木。居住在内蒙古的一些鄂伦春人的葬法略有不同,他们一般不再用二次葬的形式埋葬遗骨。他们的做法是,人死后在家停放一两天哀悼,然后出殡把尸体运到山上。选择三棵活树或四棵活树构成三角或四角形,在其树枝上搭以横木架,上铺一些树枝构成平台。然后:将包裹好的尸体安葬在这个木架平台上,并在尸体旁边放上一些敲掉一块的锅、碗、勺及烟袋等物品作为陪葬品。此后,即使木架的平台脱落,尸骨掉下来也不再过问,不再掩埋遗骨。有的则是用在四棵活树上绑上平行的两条绳索或用四条绳索分别绑在两根抬杠的两头而形成悬架,然后再把棺木搁在绳索或抬杠上,由于这种形式都使用绳索,有点类似把棺木吊在树上,所以也有人称此为"吊棺葬";有的鄂伦春人对夭寿者则用俗称"卡尸葬"的树

·婚丧嫁娶·

图文珍藏版

葬方式。当小孩夭折后，即用毯子、棉被或桦树皮把其包裹，然后送到山里，找棵大树，把包裹好的小孩尸体卡在不易被人发现的树杈上即可。

生活在内蒙古额尔古纳旗的鄂温克人在受东正教影响之前，也采用这种树架式的树葬形式，其葬法是：在山里选几棵高大的树木，架上横木，将死者头朝北安葬在这个横木建成的平台上。松花江下游的赫哲人也有这种树架式的树葬。如果他们的猎人到山中打猎而死于山里，他们就会在当地砍大树干一段，先将树干的一面砍平，再挖成槽以成棺身，上面亦覆一个槽形的树干作棺盖，纳尸体于其中，用树皮扎紧棺身与棺盖。然后，找四棵邻近而有树杈的树，上架两根横木，其上再铺些树枝成一高约丈余的平台，独木棺即置于此平台上。而在黑龙江抚远市八岔乡的赫哲人，是在处理夭折者的尸体时，采用这种树架式的树葬形式，同时也不使用棺木，只用桦树皮把小孩的尸体包扎起来，然后安置在树杈上。

2.树桩式的树葬

树桩式的树葬是在山里寻找两三棵相邻的大树，砍去其树梢，留下丈余高的树桩，然后在树桩上用横木、树枝等搭建平台，而后再安葬裹好的尸体或棺木。黑龙江兴安岭的鄂伦春族就是采用这种类型的树葬形式。根据秋浦先生所著的《鄂伦春社会的发展》记载的情况看，兴安岭鄂伦春人的树葬仪式非常隆重。有子女的老人死后的当天和第二天，要向死者供祭两次和哭丧。在出殡之前，要给死者换上最好的服装入殓，尸体安置在柳条编织的篱笆上，死者身边放些锅、碗筷、勺和烟袋之类的随葬品。若死者为男性，需要放一副弓箭；为女性，则放加工兽皮的工具和装缝纫工具的针线盒。在过去，对男子还曾盛行过用马匹随葬。这样做时，他们会将马杀死，剥皮剔肉并扔掉马肉等，仅把马头和五脏用带四腿的马皮捆扎好，连同马鞍一起放在死者的脚下，让死者在阴间里也能骑马射猎。出殡之前，要请鄂伦春的萨满举行法事，驱逐亡魂。做法时要扎一个草人，上系多条细线，萨满手中提一根，死者子女每人也拉一根，并向死者祷告。祷告完，萨满用其法器"档士"将线打断，把草人扔出二三十步之外，表示亡魂已随草人而被驱逐出去，这时就可以启程送葬入山了。

兴安岭鄂伦春人出殡时，装硷死者及随葬品的柳条篱笆，一般需4人抬，也可以8人抬。到了墓地后，通常他们会选择相距1米左右的两棵松树，在离地面约2

米处砍断,成为树桩,在其断面上挖出凹槽,固定一两根横木,柳条篱笆即安放在横木之上。上面再用柳条篱笆或树枝盖好。在现代,鄂伦春族受其他民族的影响已使用棺木土葬。但如果使用棺木从事树葬的话,则棺盖要做成覆斗状或屋顶状,以防雨水流入棺木中。这种树葬形式好像是用扁担把棺材扛在两个人的肩上,故也有人称其为"担棺葬"。

如果安葬地点树木稀少,也可用支起木架的方式来安葬,这样就变成地架式树葬的一种。三天后,死者的配偶及子女须到墓前烧纸祭祀,以后每年的除夕给死者烧纸祭祀一次。鄂伦春人安放尸体时,一般是头朝北、脚朝南直肢平放,忌讳面向太阳升起的方向。同时他们也认为,树葬后,尸体在空中停留的时间越长越好。但当尸骨或棺木因腐朽而从树桩上掉下来,他们也不再理睬它和加以掩埋。

3.地架式树葬

地架式树葬指在野地里用树干搭建架子,并在架上建立一个悬空的平台以安葬尸体或棺木的树葬类型。胡朴安在《中华全国风俗志》中记载的赫哲人就流行这种形式的树葬,"乌稽,又名鱼皮,因其土人衣鱼皮食鱼肉为生故名。……死以锦片裹尸下棺,以木架插于野,置棺木架上,俟棺木将朽乃入土"。生活在内蒙古呼伦贝尔市阿荣旗查巴奇地区的鄂温克人也采用地架式的树葬形式。这里的鄂温克人冬天死后,有的是将死者用桦树皮或苇子等捆扎好,安葬在野地里用人工搭成的类似四棱锥体的四角木架上。而在台湾平埔人西拉雅群中,其葬法是将死者的手脚包扎好后移至一个竹制的台架上。然后,死者的亲属在其旁边烧火烘烤尸体,直到其完全干燥为止。到了死后的第九天,再把尸体从竹台上搬下来,用草席扎好,并在屋内另搭建一个竹台,置尸体于其上,四周盖死者的旧衣等,使其外表形似帐篷。风葬三年后再进行土葬。而云南的基诺族则对非正常死亡者如难产而死的人采用地架式的树葬。通常他们在墓地塔起一个木架,将非正常死亡者的棺材置于其上,任其风吹雨打,直到腐烂为止。

4.树挂式树葬

树挂式树葬是指把装尸体的葬具挂于大树上的树葬形式。这种葬法在广西的茶山瑶中存有,不过他们是用这种形式来安葬夭折者。当茶山瑶的小孩夭折后,通常是用破布或棕树皮等将小孩尸体包裹好,搁置于竹筐中,再请"道公"开路,把竹筐挂在村寨附近山冲里的树上,任其腐烂。当地人认为这样安葬,小孩的尸体能迅速腐烂,其灵魂也可以很容易就转世投胎。景颇族也是在处理夭折者时使用这种树挂形式的树葬,他们利用简陋的东西如笋叶、竹筒之类来包裹或装小孩的尸体,然后挂在枇杷树上,任其腐烂。贵州黎平的侗族在处理未满月的死婴时,也采用树挂式的树葬形式。当地如有未满月的死婴,他们会先给其穿好衣服或包裹好,装在粪箕或撮箕中,用新的白布或黑布盖住,挂在村边山坡的树或竹子上,也有的用草绳捆住死婴,吊在树上,让鸟兽吃掉。因为当地侗族认为,把死婴土葬,会使其母亲怀孕困难,甚至不育,而这样的树挂安葬,则可以使死婴的母亲较快地再怀上孕。

除了上述这些外,在四川甘孜州山岩地区的绒民中,也有这种树挂式的树葬,主要也是用来安葬12岁以下的小孩。当绒民的小孩夭折时,就将其屈肢弄成胎儿状,装入小木箱或桦树皮筒中。由喇嘛或巫师择日把它悬挂在两水汇合处的茂密树林中的大树上。这种树葬地点通常是由活佛或巫师择定的。该地树林枝繁叶茂,在山岩绒民的观念中,这种地方象征子嗣繁盛,而把内装卷曲小孩尸体的小木箱或桦树皮筒挂于树上,意思也是回到母亲的怀抱中,希望其能早日投胎或升天,也可防止再死下一个孩子。此外,该地也有少数成年人采用树挂式的树葬,不过,他们是在火葬后进行二次葬时才这样做,即他们有些人不把骨灰安葬在山洞里,而是装在布袋或小木箱中进行一番装饰后,再挂到大树上安葬。

5.树屋式树葬

树屋式的树葬,就是在山林中选择枝繁叶茂的大树,利用其多个树杈架设横木,并在上面用木板、树枝或竹片等形成一个小平台,然后再用木料、树枝等在平台上搭建有壁有篷的窝棚,来遮挡风雨。远远望去,其形状就像建在树上的悬空小木屋,死者则葬在窝棚内。这种树葬形式比较罕见,目前恐怕只有西藏墨脱县达木乡的珞巴族有这种树屋式的树葬形式。他们称这种树屋式的树葬为"多却"。该民族有的人死后,会先将其尸体屈折成端坐状,然后在葬地找棵大树,在上面用树枝、竹子、芭蕉叶等搭建一间简陋的小屋,并把死者的尸体安放其中而行树葬。

六、天葬

天葬也称"露天葬",它是将死者遗体完整或切碎置于露天或高处的地方,让肉食类飞禽或食肉野兽吃掉尸体的一种丧葬形式,故也称之为"神葬""鸟葬""野葬""弃葬"等。同时,那种安置或挂在大树上的鸟葬,也与树葬难以区分。

青海藏区藏族的天葬场

(一)历史上天葬的分布

据文献记载,在隋唐时期,天葬分布的地方似乎较广,不仅北方有一些民族如契丹等用过天葬的葬法,南方也有一些民族采用这种办法。他们在实行天葬时,多把尸体置于大树上,或者弃之于野地,让鸟兽食之。《隋书·契丹传》云,契丹人曾有天葬的习俗,不过,他们是把尸体完好地放在大树上,让食肉飞禽来啄食,几年后还要捡骨火化,他们在父母过世时不会号啕大哭来表达悲哀的心情,"但以其尸置于山树之上,经三年之后,乃收其骨而焚之。"除了北方民族外,在南方也有人行天葬,如《南史·扶南国传》中也有"鸟葬弃之中野"的记载。

至清代,中国北部、西北和西南,仍有一些民族实行天葬。《黑龙江外纪》载,那里的"人死挂在树上,恣鸟鸢食,以肉尽为升天"。可见此虽挂于大树上,实为鸟葬类天葬。《清朝野史大观》卷二说清代东北的满族,有的仍有行天葬的习俗,"满洲……人死后,赤身露体,敷以牛油,悬之林杪,投之幽谷,以招鸟兽食之。食尽,则戚亲相贺,剩有残余,谓此人生前罪恶大,上帝不收。必再请喇嘛念经,再敷牛油,务求食尽乃已"。换言之,他们既有安置在大树上的鸟葬,也有投之幽谷,弃在野地里让野兽食尸的野葬。蒙古族在清代也有天葬的习俗。当蒙古族老人死后,便用白布裹好尸身,用马驮尸体或用勒勒车载尸体,驱之以疾行,尸体在疾驶的过程中坠下之处即为该死者的葬地,或者驱向喇嘛事先指定的葬地,把尸体扔在野地里,任由野兽与秃鹫等猛禽啄食。3日后往视,如果尸体已被鸟兽食尽,则认为亡魂已升入天堂,举家皆大欢喜。如果尸首没被吃干净,则认为死者生前的罪孽未消,必须请喇嘛来诵经祈祷,替死者消灾、忏悔,直至其尸体为鸟兽所食尽。而据《清稗类钞·丧祭类》载,清代的西康和甘青地区的少数民族中也有天葬习俗。如西康"人死以尸送之于山,任乌鸦食其肉,所余之骨收而碎之,敷以麦粉,复为鸟食,必食尽而后止,名曰天葬"。而在甘青地区,则是将死者的尸体送到沙漠中,然后吹响骨

藏族的天葬

号,以召唤鹰鹫。顷刻间,"鸟四集,地为之黑,血肉食尽。谓之天葬"。

　　由此看来,在历史上,天葬大致可分为两种类型,第一种是将尸体放于高处如高山或大树上,让肉食类飞禽来啄食。由于这种类型主要由鸟类来完成啄食尸体的任务,基本不涉及食肉动物,所以可以称其为"鸟葬"。但由于过去有的民族是

把尸体放置于树上来让鸟啄食的,因此,放于树上进行的天葬与树葬难以区分。用前者来指称,主要强调的是尸体是由鸟类的啄食来处理;而用后者指称,主要是针对尸体置放在树上的形式而言。第二种类型是把尸体以各种方式扔在野地里。由于抛尸的地点地势低,不仅肉食飞禽会飞来吃,而且食肉动物也会跑来吃,因此与纯由秃鹫等来完成的做法有点区别,所以,可以把这种抛尸于野地的天葬称之为"野葬"或"弃葬"。

(二)天葬的葬法

就近现代而言,天葬主要分布在我国的西南和西北地区,那里到目前为止,还有几个民族实行天葬,不过由于他们多由鸟类来啄食尸体,所以,目前实行的天葬主要是鸟葬。这些从事天葬的民族当中,最著名的就是藏族。在藏语中,天葬称"杜垂杰哇"或"恰多",前者意为"送(尸)到葬场",后者意为"施喂鹫鹰"。所谓的"恰"是指一种专门食腐肉的秃鹫,藏族视其为神鸟、天鸟,是"空行母"的化身。藏族信奉佛教,遵从佛教教义。佛教提倡布施,其分为包括财产和自身的某一部位或全部施舍给他人的财施,能令人解除恐惧的无畏施,将至高的佛法讲授给他人的法施等。佛教虽极为重视法施,认为法施功德无量。但也认为财施是一种善行,也能导致善报。藏族的天葬就是这种财施行为之一,即将其肉体奉献给有形的鹰鹫等生灵,从而在自己一生的终结时做最后一件功德。

根据以拉萨和日喀则为中心的卫藏的习惯,当人死后,先由亲属或子女给其脱光衣服,解下死者身上的各种神符和装饰品,使死者盘坐双手交叉在胸前,用死者的腰带把尸体捆成蹲坐状,如同母体中的胎儿一样,并用死者生前的皮袍或白色的氆氇等包裹,用绳子拢住。这意味着怎么来怎么去,即以死者投入人寰时的形态归去。尸身捆扎好后,先在室内一角用土坯垫起一尸床,然后把尸体放在上面,前点一酥油灯,停灵3—5天,由喇嘛择吉日吉时出殡。在停灵期间,要请喇嘛来早晚念经、超度,祈祷亡魂顺利升入天堂等等。诵经做法事的喇嘛头上戴着缀有骷髅纹饰的马头形帽,面罩黑纱。据说这是为了不让亡魂看到活人的眼睛。亲戚朋友听到噩耗,都会来丧家中吊唁,来时各带一条哈达、一把香、一壶酒、一点酥油给丧家。居丧期间,死者的妻子或丈夫、子女和子侄等不能上山敬山神,不能梳头、洗脸和笑,也不能高声说话,并忌穿新衣和禁止举行各种娱乐活动,以便让死者安静进入极乐世界。如是女的,还要取下头饰以示对死者的悼念,不然会被认为是对死者不敬,会遭到灾难。

卫藏藏族的出殡都选择在天还未亮时举行。因为藏族认为神鸟啄食尸体,如果全部吃净,表明死者生前没有罪过,灵魂能升天;如果没有吃净,就意味着死者生前有罪,灵魂也就难以上天了。由于这个缘故,所以天葬需赶早举行,免得天鸟吃过东西,吃不光尸体。

按卫藏的风俗,出殡前,要从放尸体的地方到家门口用白糌粑画一道线。出殡时,由死者的儿子或侄子、女婿沿着白线把尸体背到门口,以尽孝道。到了门口,把尸体交给专门负责天葬的人将其背走,死者的直系亲属和妇女不跟去天葬场。通常是由死者的一两个亲戚朋友送葬至天葬场,并在那里帮忙和监督。在背尸者把尸体背起的同时,一位与死者同龄的人要拿着扫帚和破方簸,把家中地上画的白线扫掉,以使亡灵找不到回家的路。然后,他将糌粑、扫帚、垫尸的土坯等放进方簸中,随背尸者把方簸背到十字路口,将方簸丢在路中央,此谓之送鬼。尸体出门后,背尸者和随行送葬者均不得回头。送葬的人们结队缓步而行,大家都保持庄严肃穆的神情。

天葬通常都有固定场所,其称天葬场或天葬台。它通常有一个用来处理尸体的石台,边上竖着经幡,有的有拴尸体用的石柱,山上还挂着许多写着经文的布幔,并有许多刻着六字真言经文的石块。天葬场通常都由佛教大师来选定,其根据是他们的慧观能力或风水原理。相传西藏著名的天葬场之一止贡寺天葬场,就是止贡噶举派的祖师仁钦贝(1143-1217)开辟的。他在禅定中发现寺院附近的止贡山是位魔女的化身,东山形似观音,南山似毗卢遮那佛,西山如金刚佛,北山如妙音女神,四面山上有八个林子,如同印度的八大尸林,林子里居住八个神灵和食肉罗刹、骷髅鬼等,他们在林子里游荡,神出鬼没。他还看到八个林子间发出极强的光芒,在这片光芒中,他发现有一块五彩缤纷的圣石竖在那里,上面以天然花纹写着六字真言。如能在此天葬,就可以不进地狱,而由观音直接引入天国。仁钦贝圆寂前宣布了他的发现,并命人在止贡寺附近建立了天葬场。这清楚表明,藏族认为天葬场是灵魂得以拯救、免除轮回之苦、适于做超度亡灵的场所。

天葬场多在离当地寺院不远的名山上,有的设在山腰,有的设在山顶。有的地方的天葬台还有上中下之分,上台为葬喇嘛所用,中台为葬世俗男子所用,下台为葬妇女儿童所用。有的地区没有固定的天葬场,若死者没留下遗嘱交代升天地点的话,可由喇嘛通过占卜决定,也可以由死者的子女决定在何处天葬。目前西藏各地都有天葬场,城市所属的天葬场较多,如在拉萨市西郊和北郊就各有一个较大的天葬场。而在西藏广大农村则是几个村庄合用一个天葬场。藏民从事天葬一般是就近操作,但也有一些藏民比较注重对天葬场的选择,他们往往选择有名的天葬场。如位于藏北索县羌达尼姑寺附近的天葬场,不仅附近藏民会把他们的死者送到这里天葬,甚至遥远地区的藏民也会辗转前来。有的因路途太远,运尸困难,死者家属便把死者的头发、牙齿、指甲等送到这里来天葬,以帮助死者尽快升入天堂。据说大家趋之若鹜的原因,是因为这个天葬场是建在地狱之王的眼睛上。每当尸体送来,地狱王的慧眼即刻就能识别此人生前的善行劣迹,马上可以决定送其上天堂还是下地狱,减少了许多中间环节,使死者少受一点罪。由于有上述好处,所以大家愿跑远路来此天葬。

尸体运到天葬场,先将尸体安置在天葬台上,并在附近堆起俗称"桑"的松柏香堆,上面撒上血、脂、肉三荤和酥、乳、酪三素与青稞酒。一切安排好后,就由俗称"惹甲巴"的天葬师来举行天葬。这些天葬师先净一净手,然后念经超度亡灵,接着一边念咒,一边用刀肢解尸体。肢解一般先从背部下刀,逐步分解。若死者是僧徒,要先在背上画一个有宗教意义的花纹,然后将肉剔下来切碎。堆在一旁,并将骨头砸碎,拌入糌粑,和着血水搓成一小团。因为藏民认为,一点血腥味都不能留在地上,这才意味着死者的整个身躯升入天堂。与此同时,其他人则点燃"桑"烟,此称"煨桑",是对天神的供奉。随着袅袅青烟的升起,这一方面意味着亡魂可以驾着轻烟升天,另一方面这熏烟也是对神鸟发出邀请的信号。

过一会儿,一只只凶猛的苍鹰、秃鹫从四面八方飞临天葬台,降落在山坡上。见到神鸟降临,送葬的人哼起低沉悲壮的歌曲,悼念死者;天葬师一边诵经,一边开始喂鸟,他们先用骨团喂鹰鹫,再喂以尸肉,这样,鹰鹫就可以较快把尸体完全吃干净。有的地方则先喂尸肉,然后再把骨头砸碎拌糌粑等再喂。有的地方先剖开死者的腹部,任鹰鹫啄食后,再敲骨喂鹰。如果同时有男女一起天葬,一般要先男后

·婚丧嫁娶·

图文珍藏版

女。这主要是因为女尸的肉比男尸的肉更容易让鹰鹫吞食。总之,这些技巧的目的只确一个,就是天葬时不要留下剩余。因为藏族受佛教的影响,认为鹰鹫是"空行母"的化身,人的尸体被鹰鹫吃了以后,亡魂便可升往天界。所以他们相信,如果鹰鹫把死者的尸体吃得一点不剩,这就表示死者生前没有一点罪孽,其能够跟随"桑"烟和借助鹰鹫很快升天。否则就认为死者生前的罪孽未消,灵魂尚处于飘荡无依的状态,死者的家属需请喇嘛为其诵经祈祷,消灾、超度,拯救亡魂,使之完成正果。但在极个别的地方,也有保留死者头骨的习俗。如在藏北比如县热西区茶曲乡多多卡地方有个天葬场,至今还保存无数死者的头骨。据传这是由当地朱带寺已故的达普活佛的一个指令导致的。他在世时曾关照当年的天葬师:尸身喂了鹰鹫,头骨可以保存起来,使每个活着的人看到他们,就会想到自己的归宿,不由自主地要念一遍六字真言。这以后,多多卡就成为西藏为数极少的保存有头骨的天葬场了。

喂鹰鹫的过程大多只有半个钟头,当天葬师放好碎尸和发出喂鹰的信号,在旁静观的大群鹰鹫会簇拥而来,争相啄食,不一会儿功夫,就把尸体连骨带肉统统吃光。鹰鹫吃完飞走后,还会飞来一些乌鸦,在解尸台上和附近寻找残渣。到这时,天葬仪式算是结束了。天葬师们收起藏刀、用具,用糌粑搓洗手上的血迹余腥,端起煮好的酥油茶喝完,收拾好东西。死者亲友向天葬师交付一定数量的天葬费后,大家这才下山,踏上归途。

除了卫藏的藏族外,青海和甘肃甘南、四川阿坝北部自称"安多娃"的安多藏族也盛行天葬。安多藏族通常由僧侣为死者选定送葬日期,但因藏族以单数为吉利,故送葬的日期一般是死者去世后的第三天或第五天,最长不会超过第七天。

送葬通常也在凌晨。当天空还闪烁着星光时,先由死者的儿子或其他晚辈把尸体抱出帐外。然后,男人们把捆成一团的死者和一个装满土石的皮口袋连结在一起,搭在牦牛背上,朝择定的天葬场出发。送葬都为男人,约十多人,他们驱赶牦牛缓步而行,一路上不停吹口哨,不回头,不歇步,人人保持庄严肃穆的神色。

到了天葬场,人们把死者安放好。若是男性,尸体朝左侧屈卧;若是女性,尸体朝右侧屈卧。人们剪下死者的乱发,藏在山石的夹缝中,把死者的皮袍、腰带、捆带等用刀割碎,把驮尸的牛鞍用石头砸烂,统统弃之荒野。然后齐声高唤"六字真言"数百遍,并在尸体旁边点燃松柏枝和炒面的"桑"。在大多数地区,举行了这些仪式后,送葬人就赶着驮牛返回,而让秃鹫自己去处理尸体。

在安多藏语中,秃鹫称为"夏日格"。青海藏区有一则谚语说:"对夏日格不要扔石,对父母不能恶语。"这表明安多藏族视秃鹫如父母一样的长者,也是天国来的使者。煨"桑"升起的浓烟,引来了成群饥饿的秃鹫。它们扑到尸体上啄食,没过多久,尸体就荡然无存了,饱餐一顿的秃鹫昂首展翅冲入天空。这时,东方天际才刚刚吐露微光。

如果尸体被秃鹫吃光,这表明死者生前皈依三宝,从善如流,会得到社会舆论的赞扬;如死者尸体放置多日,仍无秃鹫光顾,这是死者罪孽深重的表现,说明他那可怜的魂魄尚在"中有"游荡。这时,死者亲属就要到佛门求助,献上牛羊、酥油、茶砖和钱钞,恳请喇嘛重演法事,点化亡魂早日完成正果,从罪恶的渊薮中解脱出来。大约在天葬一年后,死者亲属要去寺院叩问死者的灵魂已在何处。喇嘛接受请求后,郑重念经卜卦,然后告诉死者亲属,"真亲博"功德圆满,他的灵魂已断绝尘缘飘然升天了。此时,死者亲属才算了却了一桩心事。

在西藏昌都、青海玉树、云南迪庆和四川甘孜康藏地区的藏族康巴人中,也流行天葬,但同是康巴藏族的川西铁布、巴西等农区的一些康巴"瓦卡"(家族)则流行火葬。而四川甘孜州的山岩绒民,近年才传入天葬的葬法。他们的天葬场在金沙江西岸的高山上。人死后,把其屈肢捆扎,贴上守护神像,由天葬师背着或用牛马驮着运到天葬场。解绳脱衣后,把尸体放在尸台上进行尸解。先割下脑袋。用死者的衣物包起来放在一边,然后按规定的刀法划割尸体。对老死、病死的"静死"者,在其尸身上画出 13 个十字;对被人杀死的凶死者,在其尸身上画 12 个交叉;而对患精神病等而死的"逆死"者,则在尸身上画 12 道横竖线。划割完后,天葬师会吹响骨号,群鹫闻声而至啄食。待鹰鹫吃完肉以后,天葬师再将骨头和头颅砸碎。拌上糌粑、酥油等让鹰鹫吃,待鹰鹫吃光,天葬的仪式也就结束了。

西藏门隅北部门巴族的喇嘛才实行天葬,其葬法基本与藏族相同,但他们招呼鹰鹫来啄食是用海螺。而在锡伯族当中,只有两个月以内的死婴,才使用天葬。锡伯族的天葬,是把死婴放在芦席或棉毛片上,送到野外无人处或芨芨草旁,让飞禽走兽吃掉,以便尽早轮回。青海裕固族的大头目家、东八家、四个马家、罗儿家等部

·婚丧嫁娶·

图文珍藏版

落也有天葬习俗,这些部落的人死后,要在家中停放一天,请僧人念经超度,第二天就送往天葬场。天葬时,将死者外衣脱掉,尸体放在一块大石上,请喇嘛念经后,送葬的家人离去。三天以后,死者的家属再到天葬场探视,如果尸体被鹰鹫吃干净,则认为死者已升天堂,便就地用白色的石头垒起一石堆,象征坟墓,并按家族中的辈分排成行。

七、塔葬

塔葬,又称塔屋葬,指的是修建各种类型的塔,把死者的尸身或骨灰安放在塔内的安葬方式。这种丧葬方式主要流行于佛教徒中,是佛门独特的安葬方式,主要用于安葬佛教界的活佛、高僧大德圆寂者。在信奉汉传佛教、南传佛教、藏传佛教的民族中的僧侣常使用这种方式,它通常可分为骨灰葬与肉身葬两类。

塔葬的习俗源于印度佛教。相传佛祖涅槃遗体火化后,弟子信徒们敬仰佛祖,建造佛塔"浮屠"来供养佛祖的舍利子,从而形成佛教中的塔葬习俗。佛教传入中国后,塔葬也在中国流行起来。在那些崇尚佛教的朝代,如唐代,不仅僧侣中的大德实行塔葬,有些上层人士也因崇奉佛教而使用塔葬。如《旧唐书·德宗顺宗诸子传》云:肃王详,德宗第五子,"建中三年十月薨,……上尤怜之,追念无已,不令起坟墓,诏如西域法议,层砖造塔",进行塔葬。另外,有些佛教居士也使用塔葬的形式,如明代的李贽在其《焚书》卷四《杂述·又告》中说,他自己建"塔屋于兹院(龙湖芝佛院)之山,以为他年归成之所"。尽管如此,但塔葬更多的是用来安葬僧侣中的高僧大德,以至在中国的许多佛教名山中,墓塔也成了佛寺丛林建筑的一个组成部分。如福建厦门的南普陀寺就有6座灵塔,而河南嵩山少林寺的塔林则有220余座佛塔耸立拔秀。

塔葬的第一种形式是骨灰葬。这是将大师的法体火化后,再将其骨灰或舍利子安置在佛塔内的丧葬方式。它是完全遵循佛祖释迦牟尼涅槃后的丧葬形式。这种方式在中国的佛教界比较普及。在汉族中,许多佛教寺院的主持或德高望重的高僧在圆寂后,都使用这种方式安葬。而一般僧众的骨灰只能集中安葬的"普同塔"或"普同墓"内。而在藏族中,塔葬多是给普通的活佛和那些有修行的大喇嘛享用的,并非普通喇嘛和凡夫俗子可以使用。

在以这种形式安葬高僧大德时,通常先要将圆寂后的高僧屈肢成盘坐的姿势,直接或装于竖式的木棺中再放置在高高堆积起来的柴薪之上或焚尸炉中,由佛门弟子点火燃薪,让冲天的浓烟带着高僧的灵魂升天,大火烧尽高僧圆寂后的肉体,留下没有烧尽的骨灰或舍利子等,然后捡骨装函,并用砖石等材料建筑各种大小有别、风格各异的佛塔,最后把高僧的骨灰等安葬于其中,让他们灵魂寄存过的躯体残余长眠于内,默默向在西天的佛祖述说他们对佛门真谛的领悟。

佛塔一般都包括三个部分,即塔刹或相轮、塔身或塔瓶以及塔基或塔座,并形成塔刹厝、塔身厝和塔基厝三种葬处。塔葬时,高僧的遗骨或舍利子葬于哪个部位,因民族,地域、时代的不同而有所不同。在汉族中,早期既有葬在塔身厝的,也有葬在塔基厝的,但

少林寺塔林

后来因受汉族土葬习俗的影响而逐渐趋向多葬于塔基厝,甚至是安葬在塔基厝底下的地宫中。另外,在汉族中,佛塔几乎都建在庙堂之外;而且修为精深的佛学大师,其"浮屠"往往要建在较高的地方,以便用这种方法来显示其有博大精深的佛学造诣。藏族的佛塔则多安置在寺院的庙堂内,而且活佛、大喇嘛的骨灰等多安置在塔身厝(塔瓶)中,而与汉族的佛门有点区别。

塔葬的另一种形式是肉身葬,它是将高僧大师的遗体经过特殊防腐处理,使其不腐不烂后,再安置于塔中的塔葬方式。通常只有德高望重的高僧才能享受这种形式的葬法。在中国历史上,这种肉身葬法偶尔有之。近现代,汉族僧侣已很少用这种肉身葬的方式,只有藏族多使用这种肉身葬的形式,不过这种葬法也不是任何人可以享用。在藏族中,只有达赖、班禅活佛和一些有修行的大喇嘛、著名佛教学

者、大寺院的住持才能用这种形式。这与藏族的活佛崇拜有相应的关系,同时在长久的实践中他们也形成一套处理这种肉身葬的高超技艺。所以,藏传佛教的大寺院如布达拉宫、扎布伦布寺、拉卜楞寺等中,都有大量灵塔供奉肉身遗体。藏族认为不论是舍利骨灰灵塔和肉身灵塔都有纪念圣人的意义,是一种圣物,尊贵异常,所以他们把这些灵塔作为圣物长年累月地供养与礼拜。根据《西藏密宗神功内幕》的记述,藏族处理高僧法体的过程如下:

我们将遗体上的衣服脱去,小心洗涤一遍,然后由通常的孔道取出体内的器官,将它们放在瓶子里,加上封条。然后进行体腔内部洗涤、拭干、灌入一种特制的油漆。这种油漆可在体内形成一道硬壳,以使遗体体腔内形保持不变。待漆液干涸之后,我们便装填体腔。这项工作须十分谨慎,以免体形改变。接着又灌入漆液,直到饱满,这样油漆干涸后便能在体内形成一种坚实的填料。我们又在遗体外表涂上油漆,晾干后再涂上一层"剥离溶液",这样今后贴的薄绸就容易揭下而不损伤体表。最后我们觉得所贴的绸布完全合适了,于是便又涂上一层不同的油漆。……我们把遗体留在那里一天一夜的时间,使它完全干涸而保持莲花盘坐的姿势。我们列队将它移到另一房间,这间房子地下有个锅炉,炉中生着火再加上气流回流,可以产生一种恒温效应。

地上铺着一层厚厚的特殊粉末,我们把遗体置于中间,下边的僧人则准备升火。我们在房间里放满一种特别的盐类物质和药材、矿水的混合物,使之密不通风。然后我们鱼贯而出,退到室外的过道里,将门关上,加上该寺的封条,接着下令点火。不久,木柴的劈啪声和油灯的嘶嘶声随着火焰的伸展而传出。炉火开起之后,我们便添些牛粪和废弃的牛油,火花一直在下面烧了整整一星期。到七天后,炉火逐渐减弱而至熄灭,慢慢地,过道中的温度又降到了可以走人的程度,不过还得三天后,温度才会恢复到平常那样。十一天后我们便可拆去封条。僧人轮流用手将已硬化的混合物擦掉,为了避免遗体受损,所以没有用工具。这又要花两天时间。最后,房间里除了那尊布盖着的遗体仍旧双腿盘坐在中央外,一无他物。我们小心抬起遗体,将它移到另一房间。

现在,我们把那块覆盖的布块剥去,只剩一具赤裸裸的遗体,看来我们做得不错,除了稍有点黑外,整个遗像活像一个人在沉睡似的。外形和那人生前一模一样。接着,我们又在这遗体上涂上漆液。下面的工作便交给金匠去干了。这些金匠个个身怀绝技,他们是真正的能工巧匠,他们可以将真金贴在死者的遗体上,使其成为金身,供奉在灵塔内,让信徒瞻仰、膜拜。

遗体也可以用其他方法处理。在藏传佛教宁玛派的一些寺院中,当大活佛圆寂后,将其遗体放入同人体一样高的、堆满干燥的沙子的土框中,大约过了三年后,遗体的水分就会被细沙慢慢吸干。然后对遗体进行整容、贴金、着装成为金身,再移入装饰得富丽堂皇的佛塔中。十世班禅大师圆寂以后,国家提供了扎布伦布寺 500 公斤包括藏红花、冰片在内的 108 种药材,用了四个月时间来处理其法体,使其能够长期保留。国家还提供了 614 公斤黄金、275 公斤白银以及其他材料来装饰其法体金身和佛塔,极尽华美之事。

藏族塔葬之白塔

藏族的肉身灵塔多安置在寺院的庙堂中,除了活佛的金身安放在塔瓶外,同时还要随葬佛经、佛像、珍宝、粮食等物品。在西藏,大活佛的灵塔都珠光宝气,光彩照人,非常精美,所使用的材料有金、银、珍宝等。如布达拉宫内的五世达赖和十三世达赖的灵塔,均高 14 米左右,塔身全用黄金包裹,前者用金 11 万两,后者用金 14 万两,除此外,上面还镶满了钻石、红蓝宝石、松耳石、珍珠等,价值连城,仅十三世达赖的灵塔上就镶嵌有 22 万颗珍珠,被人誉为珍珠塔。这两座灵塔的工艺之精致,造型之宏伟,称得上藏族灵塔之最。而西藏原供奉于甘丹寺内的格鲁派祖师宗喀巴大师金身的肉身塔是藏传佛教中最神圣的灵塔,它被尊称为金塔。"文革"

时,该塔在所谓的"破四旧"中被毁,现存者是在改革开放后重修的,但遗憾的是,金塔里安葬的已不是宗喀巴大师的金身,而只是舍利子了。

八、坟墓的形制

中国古代曾经严格地区分墓与坟的不同。在古籍中,墓通常指地面以下部分,坟则指地面隆起的部分,如《方言》说:"凡葬而无坟谓之墓",《礼记·檀弓上》曰:"古也,墓而不坟","土之高者曰坟"。这些都是讲地面下称墓,地面上的封丘为坟。由此,可以看到通常所谓的墓制,应指坟墓地下的结构,如墓穴或墓圹的形制、棺椁的形制等;而坟制则应指地面上封丘的形制。当然有的地方的坟墓很难如此区分,如春秋战国时期吴越地区的土墩墓、石室墓,有许多是平地起封的,其墓穴、坟丘等均在地面上,近现代浙江的椅子坟,大多也是将墓穴、坟丘均建在地面之上。所以,在现代应该说地面上突出的封丘为坟,坟内的墓圹等称墓。本节所涉及的主要是地面上所见的坟丘形式,但有的也将涉及坟丘的内部,即墓的部分。

福建省龙海市的长方形土堆坟

(一)土堆坟

在中国南北方的绝大多数地方,民间的坟墓多为土堆坟,或简称馒头坟、土坟、土坟头等,其坟包多为圆锥体,纯由泥土堆成,有的坟包的底部砌有一圈坟圈,有的坟前还竖有墓碑,建有拜埕等,规模较大。如山西浮山县梁村的张氏墓园,兴建于清代中期。该墓园俗称"梁村坟"。其选址在高出地面约 3 米的台地上,东、南依路,西北临沟,东高西低,俗说"头顶天坛山,足蹬下沟湾"。整个墓园呈不规则椭圆形,周边砖砌花墙高约 2 米,东南角开大门。墓园内南北向相通过,两端立有牌坊;穿过牌坊,两侧立有石人、石马、石猪、石羊等。圆锥形墓冢坐东向西,中间是主墓,为张尧之墓,左右两侧按顺序排列为其子孙的坟墓。每小一辈,墓冢各低一头,主次分明。各墓前竖有墓碑一块,碑前置放一张小石桌,供祭扫拜墓时置放供品所用。墓园中千余株柏树成林,排列成行,郁郁葱葱,肃穆壮观。

土堆坟的坟包大多数都是圆锥形或馒头形的,也就是说,它们在外表上没有太大的差别,有的只是坟包的高度、有否墓圈以及墓圈的高矮等的差别。如辽宁桓仁

福建省晋江市金井镇石圳村的土堆坟

一带的土堆坟墓"崇约三尺";河北新河等地,其"坟高五尺,多以土为之,形如圆锥";而在山西榆社一带,坟高四尺,并"立小石于其前,亦高四尺,跌高尺许";山东即墨县等地坟包高约三尺,圆锥形;贵州平远一带,坟茔九步宽,封丘高四尺,坟墓后墙四围周八丈;在安顺地区的开阳等地,"垒土为丘,丘圆形,或圆形而延长其后,有更垒土作弧形者,曰罗圈";在平坝一带也是累土成坟,其坟丘多作圆形,坟前以土块砌成一小半圆形,名曰拜台。拜台方向,恒随风水而定。如立石碑者,碑即在此之地位。坟之四周,有以土块筑成罗城者,名曰罗圈。在浙江也有这种俗称"罗圈"的坟墓,如"萧俗安葬,实皆浮厝。于地平面垫以砖石,上叠砖圈之,进柩于其中封固其口,名曰生椁。外加泥以围之,而锐其顶,外复用石以围之,名曰罗圈,冀垂久也。"

有的地方坟丘更矮些,高不过 2 尺。在福建、台湾等地,有些首次埋葬的坟墓,

其坟包也是一个高不过 2 尺的简单圆锥土堆。而在贵州凯里一带，其土堆坟的墓圈通常砌得较高，大约有 2 尺左右，其上亦不砌石，留出馒头形的土坟包。在四川大竹，通常坟高四尺，立小石碑于其前，亦高四尺。合川一带的坟墓，葬后修砌有三尺高。在贵州黔东南一带，坟茔通常九步长，封丘高四尺，坟墓后墙四围八尺左右。而在云南建水一带，侧面看，土堆坟的坟圈成三角形，由上往下看，其坟圈像一个斜切一半的圆柱形，即正面有墓碑一面的坟圈砌得较高，并逐渐向后下降，而环绕着坟堆。

在江浙一带也有土堆坟，根据何彬的调查，在江苏常熟县郊区、常熟地区白茆乡、浙江丽水县城郊区、碧湖镇、缙云县、永康市、温州市郊、兰溪市殿山乡姚村等地，在 20 世纪 40 年代尚有大量掘穴入棺拥土筑土成坟的一般性土葬法。这种葬法是在人死后，请风水先生看好墓地，于出葬前挖就墓穴，入棺后，或覆一席后盖石灰、黄泥、沙泥三合土之后再拥土（姚村），或者直接往棺上覆土（丽水、常熟、温州、碧湖）。这种坟墓的墓穴较深，坟也做得稍大些，与华北的汉族土堆坟无异。这种葬法到 70 年代还有少数，80 年代后，几乎绝迹。据这些地方的人讲，用这种土堆坟来安葬死者，主要是"家境贫寒无经济能力者才为之"。实际上，何彬界定的"黄道圩""二柱一字坟""四柱小八字坟""六柱大八字坟"等，都是这类圆锥体的土堆坟，其区别只是坟包之外的坟墓墓区的构造上有一些差别。如"四柱小八字坟"和"六柱大八字坟"的区别，在于后者的墓手多伸出一柱；"二柱一字坟"和"八字坟"的区别，仅在于"二柱一字坟"没有向外伸展的墓手；而"黄道圩"与"二柱一字坟"的区别，则在于前者在墓后多了一道俗称"黄道圩"的墓山。此外，在浙江龙泉一带，称有坟圈的圆锥体土堆坟为"大锅帽"。

除了圆锥形的坟包外，有些土堆坟是长方形的，如辽宁回族坟墓的封丘形制方直，南北长，东西窄。在福建、台湾，许多首次葬的坟墓也是长方形的土堆坟，这是因为有的人要从事捡骨二次葬，故首次埋葬时，只挖浅穴，入棺后，就着棺形覆土，而不做成高大的坟堆。在浙江，也有许多地方有长方形的土堆坟。如在缙云县就有一种剖面为扁半圆形的长方形土堆坟。何彬界定的永康的"石盖"墓和玉环坎门岛的"草坟"，实际也是长方形的土堆坟。

尽管如此，在坟包之下的墓穴，确是千变万化的。例如在黑龙江瑷珲县等地，其"坟圹,富贵者内作屋形,设炕庋棺,瓦器贮油燃之,约历岁余始息(熄),谓之万年灯;中人之家,多用外棺,重以砖围,或用木;其无力者,木棺掩土而已"。而在河北新河一带的墓穴,"富者多以砖或石砌之,均无椁。自世重风水之说,有亲丧移厝他处,徐图择地而葬者。至于坟地植柏、立表、树碑,则行于富室,贫者少为之也"。山东青城一带的墓穴则有灰槌、砖砌、石砌、攒筒、平池、土穴之分。在山西太谷,清末时期,葬求深固,穿地往往深至数丈。而到了民国时期,"间有用棺式者葬,四周为砖壁,上覆以石,富者或为石壁,如石椁然,较旧日窑洞式葬为稳同。封墓、碑碣,亦皆旧制"。在沁源等地,"圹直深六七尺以上,再横挖土穴,或用砖砌窑穴,用土填塞;圹外筑土冢"。在陕西关中一带,通常是挖一个长10多米、宽1.5米、深4米的土坑,然后,在一头用砖头砌一个墓室,葬棺后填土起封。四川省云阳一带"向多甃石为壁,同穴者二之,或甃以砖。今都不用。用两色泥及石灰名三和泥浓调如涂,手抟为团,傅棺掷之,俟干再抟,掷如前。即成,坟上掩浮土"。

(二)椅子坟

椅子坟主要分布在浙江温州一带,其坟墓的特点是墓室基本上均砌筑在地表上,类似于椅子面。其后常有中高两边逐渐低下的半圆形坟圈,类似椅子背,从而使整座坟墓的外观类似太师椅,而被当地人称为"椅子坟""交椅坟""高椅坟""交椅靠""椅子梢""交椅梢""轿椅坟"等。其次,这类坟墓还有一个显著的特征,就是墓碑安置在半圆形坟圈的正中央,也就是说,其墓碑安放的位置是在椅子坟的椅圈上,在墓体的后部,而不像闽南的"龟壳墓"是安放在墓体前面的。其三,温州一带椅子坟的墓穴可以是单室,也可以是多室的;另外,其墓室也可以是多层而类似阶梯。因此,现代有的村落在建筑集体墓地时,也把传统的椅子坟放大,为全村的村民建筑一个特大的椅子坟,即坟圈中分成许多层阶梯,而每一层阶梯上又有许多墓室。墓室的顶上后边镶嵌墓碑,每个墓室的封门板上则刻着诗词。已安葬死者的墓室,其墓碑所镌刻的碑文和墓门上的字涂黑,而生者墓碑的碑文和墓门上的字则涂红颜色以示区别。

在浙江缙云,过去以圆锥形和长方形土堆坟为主,近几年也出现椅子坟。其形制椅子面做祭台,面下有的有墓穴,椅子面的两边有"坟柱",并有向外伸展的"八字"墓手。椅子面后部有挡土墙,其后为坟堆,坟堆周围有高起的"砂手"或坟圈,两边略低,中间略高,"望山石"镶嵌在后部坟圈的正中间,上面刻着墓主的名讳。

在丽水地区,有的俗称"交椅靠"的椅子坟的形制与缙云的几乎一样,在椅子座的背后还有一点微微隆起的坟包。有的地方如丽东村的椅子坟的椅子座即为墓室,椅子座的椅面则为祭台,椅子面的后围成了边低中高的椅子背,"望山石"镶嵌在椅子背的中央。与缙云县的椅子坟相比,丽东村的椅子坟更接近椅子的形象,因为它去掉了椅圈内的坟包。

瑞安也有椅子坟,其椅子坟多是在当地俗称"平坟"的基础上,加上椅子圈而成,因此其形制比较简单。但有的椅子坟也分有阶梯式的层次,即

温州市玉环市坎门岛上的集体椅子坟

其作为墓穴的椅子座通常最多可以分为三层,祖辈在最上层,父辈在中层,而子辈在最下层。一座椅子坟最多可以安葬三代人,而成为家族合葬墓。

流行椅子坟最盛的地方是温州,该地俗称"交椅坟"。据称流行椅子坟已有600多年的历史了,在过去,只有有钱的官宦、商贾人家才建椅子坟,而现在,则比较普遍。在温州,椅子坟的种类多样,有在坡地上建的、俗称"高椅坟"的椅子坟,这种坟墓底座较高,通常要经过二层台才到椅子坟跟前,而且装潢得很漂亮,有太师椅般的交椅圈与"外走山"。也有弧形的八字"坟手",并且在第一层台与第二层台之间的阶梯旁,各建有小庙式的神龛,左边为后土的神龛,右边则为烧纸的神龛。其次,在温州,过去还有一种榻床式的椅子坟,其作为墓穴的椅子座做成榻床的模样,榻床前有一块长方形的平地作为祭坛,并围有石堵为栏。在榻床脚下的两旁各建有一座小庙式的神龛,左供奉后土神位,右用来烧纸。此外,温州也同样存在祖孙三代合葬的椅子坟,这类坟墓通常椅子座最多分三层,而且是台阶式的。

在玉环坎门一带，椅子坟俗称"轿椅坟"，其通常由砖砌或石砌的椅子座加上交椅圈和外走山构成。望山石镶嵌在椅子圈的中央，或建成牌楼状，椅子面略往坟后倾斜，并呈窝窝头形状。与温州的椅子坟相比，坎门的椅子坟较为简单，也没有那么多的花俏与装饰，比较朴素。另外，近些年来，为了避免死人与活人争地，许多村落往往建设公共墓地，但他们都是椅子坟的扩大。即在山坡上修建许多层台阶，每个台阶上又有许多墓穴，而在这些阶梯式的墓穴周围，再修起类似椅子圈的围墙作为墓山，而把整个墓地圈起来，使公共墓地变成一个大型的椅子坟。

龙泉一带俗称椅子坟为"交椅梢"，其作为墓室的椅子座有些斜度，坟后有"椅子梢"和俗称"外走山"的墓山，椅子座前两侧有八字"坟手"，两个外扩的坟手之间则是半圆形的"坟堂"或祭坛。当地人认为，交椅梢是模仿太师椅的形状，样子很好看，其表示死者是坐在太师椅上。在过去，只有当官的人才能坐太师椅，所以只有他们才能修椅子坟。这些当官的人在阴间也是当官的，他们能荫庇阳世间的子孙当官。所有这些说法反映了当地人修建椅子坟的俗民心理。

（三）龟壳墓

在闽台、广东的大多数地方流行俗称龟壳墓的坟墓，但由于贫富的差别，其坟墓的样式、规模等也有不同。大者，墓碑两侧筑有一伸手、二伸手、三伸手、四伸手，墓庭也筑有一拜埕、二拜埕、三拜埕。墓龟不仅大，而且有的还用三合土或砖石砌成龟壳状。小者仅竖一块粗陋的墓石封墓门并为志，墓龟（墓碑后的坟包堆土）既小又没有墓山（墓龟周围，以土或砖石堆高或砌高的围堰）。

龟壳墓的特点之一是墓碑竖立在坟墓的前面。上书"显考"，是用于有功勋的男人，"显妣"则用于其妇。普通人一般都写"故考""故妣"。墓碑上除了地名、堂号外，主要有三行字，分右上、正中与左下，右上力主要写死者亡故的年代，正中写死者的名讳，左下方写孝子们的名字。闽南人写墓碑时，要用"生老病死苦"的口诀计算字数，通常每行的末字需落在"生"字或"老"字上。最佳的标准格式，应是"两老加一生"，即两旁的字应落在"老"字上，而中间的正文应落在"生"字上。有的地方则是"两生加一老"。也就是说，两旁的字数应为 7 个或 12 个或 17 个，等等；而正中的字数以 6 个或 11 个或 16 个为佳。必须避开字数的末字落在"病、死、苦"三字上,这将对丧家阳世间的子孙不利。而在客家人写墓碑时则用"兴旺衰微"四字口诀来计算墓碑上的字数。他们认为墓碑上的每行的字落在"兴"字或"旺"字上为佳。墓碑有的比较朴素,仅竖立一块长方形的石碑,有的则是横向长方形石碑,有的则有所装潢,并建拜亭来避雨遮风,通常都将墓碑装潢成"山"字形。

在龟壳墓的墓碑前,一般都设有墓桌或祭台,可以让子孙祭墓时点烛和摆放供品。有的大墓,在墓碑两侧还安放有石狮子来避邪。在墓碑之后,有的多修建一个椅子座和椅子圈。其后就是俗称"墓龟"的坟包。在闽台,墓龟分椭圆与圆形两类,前者为第一次埋葬的尸葬墓,后者通常是二次葬的瓮葬墓;前者也称"凶葬"墓,而后者又称"吉葬"墓。此外,贫者坟墓的墓龟通常为土堆,而富者坟墓的墓龟常用石块雕琢成龟壳状,再拼装在坟上,或者用三合土或水泥做成龟壳状。有的还在石制或三合土制成的墓龟顶端开一小口,以便让其长出草来。这种现象一是以草之茂盛来象征子孙后代繁衍昌盛,二是据说留一个孔道,让亡魂可以自由出入。有的豪富人家还会在墓地上修建一些地面建筑,一般是在墓侧建筑一座"墓亭",竖立镌刻有死者生平行状的石碑于其间,以寓追思之意,同时也可以供亲人扫墓时在此休息。有的人家,特别是一些富有的华侨家庭,甚至在墓地上修建墓亭来保护龟壳墓,有的则建设与住宅一样的"墓屋"来覆盖,极为壮观和奢华。同时也可以在扫墓时,让人们有避风遮雨之处。此外,有些地方龟壳墓的墓龟是长方形的。

墓龟旁边和后面的圆拱形围墙,俗称墓山,其或在山坡上挖出,并加以砌石或砖而成;或因坟在平地而在墓龟后砌一堵半圆形的矮墙。墓山的界堤俗称"砂手",如果坟墓为南北向,其东边称"龙砂",西边称"虎砂"。此外,根据风水之说,墓穴"龙砂"背后的山称"青龙","虎砂"背后的山则称"白虎"。

福建省惠安县靖海侯施琅将军赐茔之墓碑

在墓碑面前的左右两侧对称伸展出去的围栏,俗称"屈手""墓手"或"坟手"。其或用砖石砌就,或用整块的堵石、柱石等雕刻件安装。"屈手"的转角处常立有白石或青石柱子,其与墓山相连之处的石柱称"墓耳",墓手弯曲处所立的方形小石柱称"印头",圆形的小石柱称"石笔",这些柱子上有圆雕的"文笔""印斗"、宝瓶、石狮子、人物等,有的柱上还镌刻有五言对联。有的墓手的堵石上还镌刻有诗词或山水花鸟图画。

在墓碑前与左右墓手之间的一块小空地称"墓埕",也称"拜庭",其常用砖石砌就或三合土夯就。其前通常还需要砌一个略低于墓埕的半圆形"墓窟"或"丹池",以蓄墓体和墓埕流入之水,并暗喻财源充盈之意。另外,墓窟或丹池中也需要砌一个泄水涵洞,但其位置以及砌筑的方法要服从风水先生的安排与指点。

(四)洞室墓

在浙闽等地的山区,有的墓通常是往山里掏个洞,把棺木葬在洞里,并在墓穴上修整出坟包等来,这种坟墓实际上称其为洞室墓可能更贴切一些。例如何彬归类的"小生帽",应该就是这类洞室墓。其通常在土坡上向土坡内掏一个洞为墓穴,墓穴壁或砌以砖石或不砌。安葬死者棺木时,将棺木推进洞中,用土或砖石封死洞口。然后,在洞口立一小墓碑,并以墓碑为内壁,在其上建一间小屋,此即为民间所谓的"小生帽"。小生帽的屋顶,有的类似中国传统建筑的屋顶,有的则类似椅子坟。有的坟墓还在土坡上筑一道俗称"王道运"的墓山坟圈,使坡顶流下的水可以顺坟圈流向坟墓的两边,以避免水流的冲刷破坏坟墓顶部。而在内有墓碑的小生帽前,有的还用水泥或砖石或三合土砌一块半圆形的坟堂或拜埕;有的墓则没有,任其杂草丛生,以象征欣欣向荣,兴旺发达。

在福建山区,也有许多洞室墓,如永定湖坑镇,就有不少这类洞室墓。其在安葬时,先往山坡里打洞为墓穴或墓室,棺木塞进去后,通常用土或砖石封住洞口,并在洞口的位置安放墓碑。然后,在墓穴之上的山坡上先挖出墓龟、椅子圈、墓山等的形状,再用三合土等做出墓龟、椅子圈、墓山(墓围)等,而在墓穴前切出一小块平地,挖出拜埕等形状,再用砖或石板或三合土砌出祭桌、墓手、拜埕、丹池或墓窟等等,从而形成与龟壳墓有些类似的外形。

(五)其他坟墓形式

除了上述这些坟墓形式外,民间还有许多难以一一分类叙说的形式。以何彬女士研究的江浙一带坟墓为例,除了椅子坟,洞室墓外,还有平坟、四方坟、土库、稻桶坟、浮坟等。

在浙北杭州、萧山、嘉善、诸暨、金华、义乌、永康等地,有一种多墓穴的地面坟。这种墓从地面起建,墓穴砖砌成圆拱形,以墓碑封门,墓顶平面。生前做坟时,洞口不封,入棺后才封好墓穴,而且不再开启。多孔排列时,中间为最尊,然后为左边,并且需要"男左女右"。其最小的也有双孔墓穴,其埋葬时,也要遵守"男左女右"的规则安葬。

在瑞安一带,这种地面坟俗称平坟,除了有多孔并列的平坟外,还有顺山坡而建的台阶式平坟。修这种台阶式的平坟时,通常老辈在上,晚辈在下,依辈分下排,一般修到孙辈为止。在平地修坟时,辈分以墓穴的位置区别,中间为最高辈分的,两旁则为儿孙辈的。如果修的是双孔平坟,当地就称为四方坟,因为其形四方。在温州、玉环等地,也流行这类平坟或四方坟,有的坟顶还修成圆锥体。有的地方的四方坟顶部不用三合土或水泥封死,而是留空填土,让其长草,以象征郁郁葱葱,兴旺发达。

在浙南地区有一种俗称稻桶坟的坟墓,它是用砖石或泥土把坟墓做成低矮的平顶圆柱体,并因为类似当地打谷的稻桶而得名。此外,江浙一带,特别是兰溪,丽水等地还流行一种俗称"观音圹"的坟墓形制。其也是平地起建圆拱形墓穴,墓穴外,再用石块砌成长形三角体,并盖以泥土,而成为何彬所谓的三角坟面式坟墓。

此外,在江浙许多地方,还有一种房屋形的临时坟墓——浮坟。它是为遮蔽停放在露天地表上的灵柩而用砖或石砌成的长方体地面墓室,有的顶上盖有瓦顶,有的则用三合土或水泥做出瓦顶的样子,有的就只是一个长方体的石棺或砖棺模样。在江苏常熟一带人们称这种临时坟墓为瓦坑;在安徽歙县一带,人们称其为浮厝、小屋;而在浙江武义、缙云、永康一带,人们称其为土库。这种土库通常为没有瓦顶的长方体,由石条砌成,类似一个石棺,只是在土库的头部竖有一横向的小石碑;在玉环坎门,人们称这类临时坟墓为棺寮、浮坟。其有瓦顶或水泥制的类瓦顶,有的单孔墓穴,有的则为双孔墓穴。

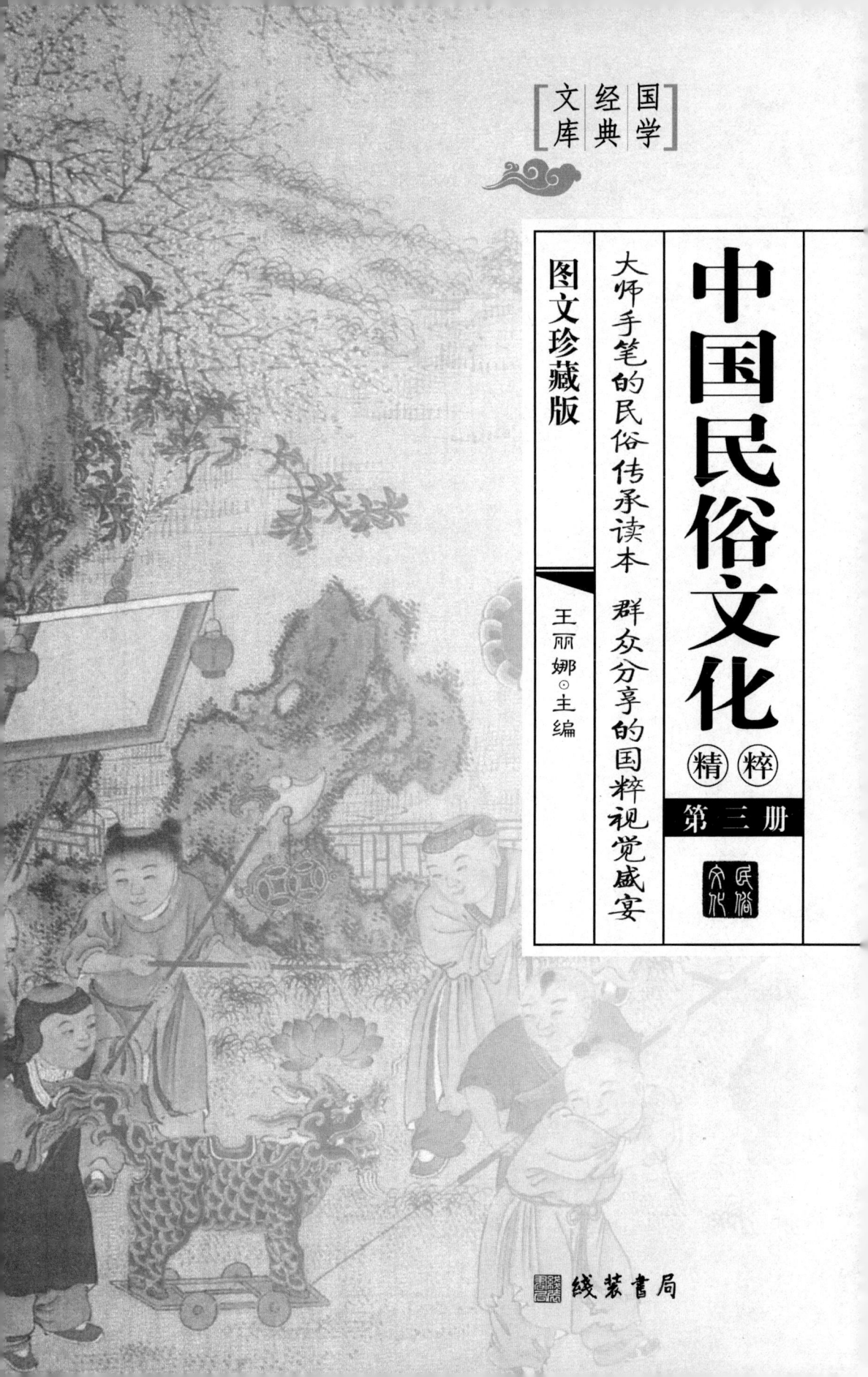

国学经典文库

图文珍藏版

大师手笔的民俗传承读本 群众分享的国粹视觉盛宴

中国民俗文化

精粹

王丽娜⊙主编

第三册

民俗文化

线装书局

中国风俗文化

导　读

　　姓氏的独特魅力,文化的博大精深,展开一幅五千年姓氏的长卷,让你饱享文化大餐。据统计,从古至今,中华民族的姓氏总数已达近12000个。这些姓氏源远流长,丰富多彩,个个都有一番意味深长的来历,蕴含着一段生动有趣的故事。正因之,以其为内核的中华姓氏文化才理所当然成为一种超越时空、贯通古今的文化现象,才成为中华五千年文明的一个重要组成部分。

　　寻根问祖是人的天性,因而古往今来,对于中华姓氏文化的研究一直史不绝书,比如编自宋代的《百家姓》就家喻户晓,此书虽然名为百家,实际上不止百家。据有关资料记载,它共收录姓氏438个,其中单姓408个,复姓30个。各个姓氏的排列次序不是以人口多少,而是以政治地位为准则的。如它以"赵"姓开头,是因为当时的皇帝姓赵;接着以"钱"姓,是因为钱塘一带有一个钱姓人建立的割据王朝,当地除了推奉赵姓皇帝外,还要接受钱姓王朝的直接领导。至于以下的"孙李周吴郑王"等姓,有些是皇太后的姓氏,有些是皇后、皇妃的姓氏,其身份之尊贵,也非一般姓氏可比。由于这些百家姓系按韵编排,每句4字,读来朗朗上口,便于学习和记忆,因此流传极广,至今仍是妇孺皆知。2006年1月10日,根据国家自然科学基金委支持的一项最新研究表明,我国新的"百家姓"顺序已经新鲜出炉,而2007年排名(公安部治安管理局的统计分析)、2014年排名(数据援引自国家统计局负责的2010年第六次全国人口普查)、2019年至2021年公安部户政管理研究中心发布的排名却是将其分开统计。2010年第六次全国人口普查数据中,王姓在中国百家姓排名中列第一位。2019年1月,公安部户政管理研究中心发布2018年新百家姓,王姓以1.015亿户籍人口位居百家姓榜首。2020年1月,公安部户政管理研究中心发布《二○一九年全国姓名报告》,按户籍人口数量排名,王姓再次占据头把"交椅"。2021年2月,公安部户政管理研究中心发布《二○二○年全国姓名报告》,"王""李""张""刘""陈"依旧名列前五。

目　录

国学经典文库

中国民俗文化精粹

·目录·

图文珍藏版

国学经典文库

中国民俗文化精粹

·目录·

图文珍藏版

3

国学经典文库

中国民俗文化 精粹

·目录·

图文珍藏版

4

国学经典文库

中国民俗文化精粹

·目录·

图文珍藏版

第一章　姓氏溯源

每个人都有自己的姓名,每天也都在想到或称呼别人的姓名;同样,自己的姓名也在被别人想着或叫着。可以说,姓名实际上是每个人的标志。

早在五千多年以前,中国就已经形成姓氏,并逐渐发展扩大,世世代代延续。生活中,人们离不开姓名,因此,人们也应该了解姓名的意义和作用。了解姓氏渊源和文化的目的有两个:其一是通过对姓氏文化的系统研究和介绍,让你和你的朋友(伴侣)更好地了解各自的血统所出,增强各自姓氏的自豪感和荣誉感,进而增强整个中华民族的认同感和凝聚力;其二是通过对大量取名实例的分析解剖,让你知道怎样为孩子取一个富有意义且不与别人相同的名字。力求做到深入浅出,雅俗共赏,既有系统的知识介绍,又有较大的实用价值。

一、姓氏的产生

姓产生于原始氏族社会。姓在最早时是母系氏族社会各部落的代号,以后慢慢演变为家族的标志。若干民族组成一个原始部落,部落内各氏族又独立存在,同时,各氏族之间又有着密切的婚姻联系,姓就作为识别和区分氏族的特定标记符号应运而生。

姓的含义到底是什么,古往今来,不少硕儒名宿都给它下过定义。如《左传·隐公元年》说:"天子建德,因生以赐姓,胙之土而名之字。"《说文解字》也说:"姓,人所生也。古之神圣,母感天而生子,故称天子。从女从生,生亦声。"《春秋传》曰:"天子因生以赐姓。"

《绎史》引《三坟》曰:"男女媾精,以女生为姓。"上述意思是说,姓的含义最早与女性生子现象有关。无数个女性繁衍后代,其后子又生孙,孙又生子,为了把从同一个老祖母传下来的人加以区别,这样便产生了姓。

中国最早的姓都带有"女"字,如姬、姜、妫、姒等,可以推断早在母系氏族时期,姓就已经形成,是由母权制社会中妇女的地位所决定的,其作用就是便于通婚与鉴别子孙后代的归属。同姓内部禁止婚配,异姓氏族之间可以通婚,子女归母亲一方,以母姓为姓。在上古时期,"姓"又写作"住"或"生""高""眚"。这些不同的写法,反映了"姓"字本身发展的轨迹。如"姓"写作"住",主要见于商周时期。在保留这一时期古文字的《甲骨学文字编》和《说文古籀补》等书里,人们都可以看到写作"住"的姓字。至春秋战国时期,"住"字又被简写为"生",《尚书·舜典》中所谓"帝厘下土,方设居方,别生分类",其中的"生"就是"姓"。所以,唐人孔颖达解释说:"生,姓也。别其姓族,分其类,使相从。"此后,姓字又由"生"演化为"高""眚",其中"眚"由"生""自"两部分组成,"生"也就是"姓","自"则是"鼻"字的本字,古时有"初""始"之意。如《方言》释"鼻"曰:"梁益之间,谓鼻为初。"《尔雅·释诂》也说:"初,始也。"这里把"生""自"合为一字,共同表示"姓"字的含义,与"女""生"二字所组成"姓"字的含义基本相同。

氏最早在原始社会晚期形成。黄帝时已有"胙土命氏"。随着氏族制度的解体和阶级社会、国家制度的形成,出现了赏赐封赠土地以命氏的习惯。继而,氏之源起,形成滥觞,出现以各种形式得氏的现象。至此,姓和氏本意的属性分野,实质上已不太明显。秦朝以前,姓和氏是含意不同、各有所指的两个单音词。

黄帝

人们常把按姓名笔画多少排列的人名称为"以姓氏笔画为序",这里姓氏并称,表示同一个概念。但在上古时期,姓与氏所指完全不同,其中姓表示一个人的血统来源,氏则是姓的分支和发展。《通鉴外纪》说:"姓者,统其祖考之所自出;氏者,别其子孙之所自分。"段玉裁《说文解字》注:"姓者,统于上者也;氏者,别于下者也。"就是说,一个人的姓是就他的血统来源而言的,氏则是就他子孙的血统来源而言的。夏商周三代,姓的社会职能是代表有共同血缘关系的种族的称号,而氏则是从姓中派生出来的分支。姓为氏之本,氏由姓所出。商周以前,姓用以区别婚姻,故有同姓、异姓、庶姓之说。氏用以区别贵贱,贵者有氏,而贫贱者有名无氏。氏同而姓不同,婚姻可通;同姓不可通婚。春秋末年以后,由于礼崩乐坏和战乱的影响,姓与氏之间的界线慢慢变得模糊不清,出现了姓氏走向统一的势头。西汉时期,姓和氏的区别分野已经微乎其微。司马迁作《史记》时,干脆把姓氏混为一谈,成为不可分割的同一属性了。所以,清初学者顾炎武在《田知录》中说:"姓氏之称,自太史公始混而为一,《本纪》于秦始皇则曰'姓赵氏',于汉高祖则曰'姓刘氏',是也。"

周朝时期,氏的产生为最大量和频繁。据知周王室同姓封国得氏近 50 个,还有异姓封国得氏高达 60 个。周朝过后,各种不同的氏也陆续出现,越来越多,甚至在数量上超过了姓。在秦、汉以后,姓氏开始合流,二合为一。姓氏结合后,从男系起始作为之专用的氏,反而变成了表示女子家族的例称。其实中国人使用的姓氏中,大多数都是由姓派生出来的氏演变来的。到了魏晋时期,出现了"郡望",作为一些大姓望族对本姓的居住地的称呼。"郡"字源自秦代的"郡县制"。"郡望"一部分是姓氏的发源处,但大部分只反映了本姓氏中望族的地理分布。我国的姓氏郡望分布于全国的 14 个省份,以华北地区和江南地区为集中,侧面反映了华夏子孙在黄河中下游流域和长江流域的创业史。在公元 627 年,唐太宗统治时期,有个吏部尚书高士廉,写了一本《氏族志》,里头收录了民间的所有姓氏,作为撮合姻缘还有推举贤能做官的依据。

姓氏的统一在当时还有重要意义。每个宗族有了固定的姓氏,子子孙孙永久使用,就形成了许多一脉相传的家族,血统源流的线索也开始清晰。以至后人在探讨姓氏历史时,很容易找到血缘所出。

二、姓氏的起缘

姓氏的形成缘由,主要有以下几类:

1.以居住地名、方位、封国命氏。如赵、西门、郑、苏等。

2.以古姓命氏。如任、风、子等。

3.以先人名或字命氏。加皇甫、高、刁、公、施等。

4.以兄弟行次顺序为氏。如伯、仲、叔、季等。

5.以职官名称命氏。如史、仓、库、司徒、司寇、太史等。

6.以职业技艺命氏。如巫、屠、优、卜等。

7.以祖上谥号为氏。如戴、召等。

8.古代少数民族与汉族大融合,借用汉字单字为氏。如拓跋氏改为元氏、叱卢氏改为祝、关尔佳氏改为关、钮祜禄氏改为钮等。

9.因赐姓、避讳改姓氏。如手唐王胡赐给立有大功的大臣们以李姓、朱明王朝赐以朱姓;汉文帝名刘恒,凡恒性因避讳改为常氏。晋朝帝王祖上有司马师,天下师姓皆缺笔改为为帅氏。

10.因逃避仇杀改姓。如端木子贡后代避仇改沐姓,牛娃避仇改牢姓等。

姓氏起源的形式很多,并且在不断发展,同姓异源,或异姓同源,等等,情况十分复杂。随着岁月的流逝,不断出现新的姓氏。如给孩子取名时,取男女双方两个单音姓合成复姓,又为姓氏"家族"增添了新的成员。

家谱——姓氏家族史

家谱与姓氏,历来就是我国姓氏学中重要的内容之一。我国向来重视对自己过去历史的回顾与反思,编撰了各种各样的一家之史、一地之史和一国之史,其中的一家之史就是家谱。由于家谱是一家一姓的生命史,记录着其发源、生息、繁衍的无始无终的过程,是"纯正血统的可靠蓝本",因此,各家各姓都极为重视修撰谱牒。在家谱的修撰者看来,"夫族之有谱,所以序昭穆、考世系、以成千秋不朽之言也"(湖南《八甲湾吴氏谱序》);"管摄天下人心,收宗族,厚风俗,使人不忘乎本末,莫不由之"(《延陵吴氏谱序》);"尊祖宗而联族姓,承先启后之谋,莫切于此"(《丹徒吴氏续修谱序》)。其实,我国各家各姓向来重视对家谱的修撰。早在商代时,人们就已开始修撰谱牒,其中"兜"的家谱还保留到今天(见甲骨档案"库"1506)。西周至战国时,谱牒有了相当的发展,甚至朝廷也设有掌管谱牒的官员,使其"定世系,辨昭穆"。两汉时,一些著名的谱牒开始出现,其中如应劭的《氏族篇》、颖川太守某的《聊氏万姓谱》,以及扬雄的《家牒》等都享誉后世。魏晋南北朝更重谱牒,当时"人尚谱系之学,家藏谱系之书",朝廷举人选官、社会婚丧嫁娶,都要以谱牒为依据。隋唐之时，尽管社会对谱牒的重视程度不及此前，但谱牒之学仍有一定的发展。当时编撰的《衣冠谱》《开元谱》《永泰谱》等依然影响重大。五代宋元以后，朝廷不再设掌谱之官，私家修谱之风异军突起，到明清时几乎发展到"家家有谱"的境地，谱牒之学又重新振兴。各家各姓往往30年修谱一次，届时全族上下热闹繁忙，洋溢着一派庄严喜悦之情，被认为是族中最重要的公共活动。

谱牒的作用是"明世次、别亲疏"，也被当作一家一姓血统源流的可靠蓝本。在我国，许多姓氏为了抬高自己的门第和郡望，习惯于拉名人作祖先，因此也就使血统本身的意义并非真的那么确实可靠。如在古代，几乎所有的开国君主都要伪造自己的世系，把自己的家族与以前的帝王将相联系在一起。如三国时期曹魏的开创者曹操本是由夏侯氏入继曹姓的，但仍自称其先出自黄帝，而曹操之子曹植又说其先人姓姬，是周王室的后裔。后来，曹操孙魏明帝说曹氏是虞舜的后代，出自有虞氏。作为一国之君的曹氏，竟然如此三易其祖，说明他们自己已经不知道血统所出。又如唐代大诗人白居易自称是楚太子建之子白公胜之后。他说，楚杀白公胜，其子逃亡秦国，世代为将，如白乙丙即是其中一个。其裔孙白起为秦立过大功，受封为武安君，白氏从此大兴。其实，白居易的这些自述也是无稽之谈。因为白乙丙生活时代要早白公胜一百多年，不可能是白公胜的后代。

我国古代许多家族强拉名人作祖先，其做法实际上是十分不科学的。因为我国姓氏的来源有多种多样的途径，发展过程中又经过离合演化，情况是十分复杂的。有许多姓氏同姓不同宗，尤其是一些大姓，来源更为复杂。如王姓是当今第一大姓，其主要来源今天可考者已多达数十种，其中有出自黄帝之后者，有王子比干之后者，有虞舜之后者，有少数民族之后者；另有姬姓之王、子姓之王、妫姓之王、虏姓之王等。今天的王姓人虽然同姓王，由于历史上来源不同，当然不可能有相同的血统。再如山东曲阜的孔姓，自孔子以来就有世代相连的世系，他们是孔子之后虽然毋庸置疑，但如果认为天下孔姓都与孔子有关则不合事实。从各种记载上可以考知，孔子的孔姓出自子姓，是春秋时宋国贵族孔父嘉之后；但当时卫国也有孔姓，源出姞姓；陈国有孔姓，源于妫姓；郑国有孔姓，出自姬姓。这四支孔姓人后来都有子孙传世，由于四支中只有孔子一支地位最高，其他三支为了抬高自己，后来也都称是孔子之后，隐瞒了自己的真实血统。特别是清代时，全国孔姓与颜、曾、孟三姓联合修谱，凡姓孔者都被认为是孔子的后代，使本与孔子无关的其他三支孔姓人的

·姓氏文化·

图文珍藏版

假冒身份获得了正式的确认。从此，要想区分哪些人与孔子有关，哪些人与孔子无关，就更加困难了。

同姓不一定同血统，不仅从历史上可以看出，而且还可以从遗传学角度进行证明。假定一位姓王的男子与一位姓张的女子结婚，生下孩子，那么在孩子身上，王姓血统只占二分之一，

家谱

这个孩子长大了，再与姓李的女子结婚，生的孙子，王姓血统又递降到四分之一。孙子长大了再和姓刘的女子结婚，生下曾孙，王姓血统在他身上只有八分之一。如此子生孙，孙生子，代代递降，数千年后，所谓的血统已经变成一个十分模糊的概念，真正的血统也不过是："天文数字"了。因此，历来在我国流传甚广的"万代一系""某姓血统"等观念，其实并不是科学的。

所以说，要在今天的中国土地上，找出一个自黄帝以来一直是纯正血统的姓氏，完全是不可能的。

三、姓氏的分布状况

我国历史上曾出现过一万多个姓氏，其中的三千多个一直使用到今天。早在1978年，我国的有关部门曾对北京等七大城市的姓氏使用情况做过一个调查，发现北京市共有姓氏2225个，上海市有1640个，沈阳市有1270个，武汉市有1574个，重庆市有1245个，成都市有1631个，广州市有1802个。把七大城市姓氏放在一起统计，共有2694个。由于我国人口众多，进行全面的人口姓氏统计是一个十分巨大的工程，因此一时还不可能完全做到。从已知的姓氏统计资料看，我国各省、市、自治区所使用的姓氏都在1000个以上，但这些姓氏的使用频率和拥有的人口情况是悬殊的。以我国北部为例，李、王、张、刘是北方大姓，仅在北京市一地，王

姓人口就占全市总人口的10.6%，李、张二姓也各占9.6%，刘姓占7.7%。四姓人口加起来，共占北京市总人口的三分之一以上。

又如上海市，据有关部门对上海市区和闵行区625万人的统计，张、王、陈三姓人口最多，分别占人口总数的6.46%、6.4%和5.83%。除这三大姓外，位居前10名的还有李、徐、朱、周、吴、刘、沈，七姓人口各占人口总数的3.16%至2.43%不等。此外，人口数量占总人口1%以上的姓氏共有19个，除上述10个外，另有杨、黄、陆、孙、顾、赵、胡、金、曹。19姓人口加起来，占全部人口的49.41%以上。

再如台湾地区，根据1978年6月的人口普查结果，当时全省有居民1700万，使用姓氏1694个，其中位居前10名的依次是陈、林、黄、张、李、王、吴、刘、蔡、杨。10大姓人口占台湾人口总数的一半以上，尤其是陈姓，据1938年和1958年两次抽样调查统计，人口数量都占全省人口总数的12%以上。

另外，从全国来看，据一些专家对我国1982年人口普查抽样资料的分析研究，参考1970年《台湾地区人口之姓氏分布》，发现李、王、张三姓人口最多，分别占人口总数的7.9%、7.4%和7.1%。此外，另有16个姓氏的人口超过人口总数的1%，它们依次是刘、陈、杨、赵、黄、周、吴、徐、孙、胡、朱、高、林、何、郭、马。这19姓的人口之和超过了总人口的一半以上，占人口总数的55.6%。

当然，随着社会的进步和人口的不断增加，各姓氏的人口数量和地位也不是一成不变的。如王姓在1984年中国文字改革委员会所做的统计中是第一大姓，但到1986年中国科学院统计时则退居第二位，至1990年人口普查时，王姓又跃居第一位。此外如张姓，在近年所做的各种统计中均居第三位，但由于其人口增长很快，有人预测，它有可能在不久的将来超过王、李二姓，跃居百家姓第一位。

我国大小姓的悬殊是十分明显的，这种悬殊并且还有逐步增大的趋势。其发展的结果可能是大姓人口越来越多，小姓越来越少甚至被淘汰。据近年的一些研究结果表明，我国使用着三千多个姓氏，但经常使用的仅有五百个左右，占人口总数87%以上的人只使用100个姓氏。这无疑是一个值得注意的问题。

我国姓氏的分布，由于各姓氏的起源、发展、迁徙原因不同，其分布也极不均衡。如李、王、张是北方大姓，陈、林、黄则是南方大姓。一些影响较小的姓氏甚至仅仅分布在某一地区、某一乡镇。如在湖南省桃源县有瑻姓，辽宁沈阳有皓姓，浙江余姚有众姓，陕西彬县有叱干姓，江苏武进有莳姓，这些姓氏在其他地方都不曾见到。又如在湖南澧水流域的慈利、大庸、澧县等地,生活着一千六百余名庹(tuǒ)姓人,在其他地区也很少能见到这一姓氏。

四、姓氏的发展趋势

今天,中国,人用过的姓氏已经超过了 22000 个,常用姓氏达 6000 多个。有些最大的姓,如李、张、陈,拥有者都超过了亿,占全国人口 1% 以上的姓氏有 19 个,分别为李、王、张、刘、陈、杨、赵、黄、周、关、徐、孙、胡、朱、高、林、何、郭和马。今天,中国人取名时,已经没有了种种封建禁忌的约束,也没有了政治环境的不正常压力,完全是在自由轻松的心态下、按照心愿给自己、或给子女取名。13 亿中国人的姓名,无论从哪一个方面去看,都是一个极其浩瀚的大海,它在阳光下正闪烁着异常丰富多彩,令人眼花缭乱的光芒。

那么,这个跃动不停的大海,在新的世纪还会不会掀起波澜? 它会掀起什么样的波澜?

中国人的姓名今后将向什么方向发展,将会呈现什么样的整体面貌呢?

在新的世纪,姓名的本体价值将得到更进一步的重视和强调。姓名是一个公众社会中个人的标志和称谓,具有社会性、家族性和个人性,包含着三个方面的信息。同时组合起来形成整个社会的坐标体系。在封建社会中,人的姓名往往被加上了不属于其本质的特性,成为封建社会等级和尊严的体现,产生高低贵贱之区别,受到家族规范的约束,并被迷信地与人的命运、家族的兴衰、未来事件的结果、甚至他人的安危联系起来。未来的姓名将去除一切不应属于它的负荷,迷信意味将弱化以至于消失。但是姓名作为一种社会文化的标志,社会的理想,整个社会的变革趋势,及由此形成的社会心态,仍然会反映到人们的姓名中,不过这种反映将不再是过去那种一窝蜂似的、机械的、直接的比附,而会呈现出丰富多彩的形式。中国人的姓名中仍然可以透露出他在家族中的辈分长幼,表现出家族的文化特点,但家族特点无疑将会比以前大为淡化,而且不再含有贵贱等级的意味;同时,人们不会再把取什么名字与这个人今后的命运联系起来。也不会企图以孩子的名字来弥补或扭转整个家族的命运。它将更多地表现出家庭的理想和追求,这种理想和追求是多方面的,包括艺术审美的追求。此外,我国东西南北不同的地理环境,以及不同的民族背景,也仍会在人们的取名上反映出来。

21世纪中国人的姓名将更加个性化(更具有个人特点),同时努力避免重复性,改变目前有些常用名字成千上万的重复现象。

姓名的重复并不是中国姓名所特有的,西方和东方其他国家、其他民族的姓名中,也同样面临重复的问题,但中国由于人口众多,构成姓名的字数少,姓名的重复现象就显得特别突出。

在我国姓名发展的历史中,人们很早就注意到了姓名的重复现象,正是由于姓的重复,才产生了郡望、堂号等对姓做进一步补充说明。而名的重复更是一再引起人们的注意。早在2000年前司马迁的《史记》中,就有因同姓名而发生的误会。如将孔子的弟子宰予,当成了另一个"与田常作乱"的宰予;把春秋时提出"白马非马"著名论题的诡辩派哲学家公孙龙,当成了孔子弟子中的公孙龙。1000多年前,梁元帝萧绎注意到历史人名的重复现象,编撰了《古今同姓名录》,书中对先秦以来社会著名人物中的姓名重复进行了辑录分辨,书中收集的同姓名近400组,历史上一些非常著名的人物,像王充、张衡、周瑜、赵云,都有不止一个同姓名者。后来明朝人余寅仿效其例,又编撰了《同姓名录》13卷,收同姓名1608个,涉及2750人。另外还有清人汪祖辉的《九史同姓名录》,细心地收录了从《旧唐书》到《明史》中的同姓氏403个,姓名16000个,涉及57600人。这些著作表明,在人口、疆域都远不及今天的封建时代,中国人的姓名重复现象就已经十分严重了。

20世纪中期以后,中国人的数量急骤增加,各民族的交融日益频繁,加上和平安宁的社会环境,逐渐趋同的审美心理,使得新一代中国人姓名中的重复现象更加严重,超过了历史上的任何时代。最近的社会人口普查表明,中国人的姓名中,像艳、珍、春、强、国、才、宝、鹏、锋、丽、宁、平、海、德等字的使用频率高到了惊人的程度。在南方或北方的每一个城市中,像杨晨、林晨、王晨、梁艳、张艳、李艳、周艳,以及刘淑珍、张玉珍、王强、刘强、建国、建军这样的名字都数以百计。在当代社会著名人物中,姓名的重复现象也并非鲜见,如有两个李达,一个是哲学家,曾参与中共的创建工作,另一个是解放军上将;两个陈毅,一个是国务院副总理、外交部长,另一个是解放军总政治部的少将,后改为陈沂;两个王明,一个是中共党史上著名的左倾路线代表人物,另一个是解放军上将,1936年改名为王平。这种情况新中国成立后更加普遍,以至于在全国人大代表的名单中、党中央委员会的名单中,都曾出现过重复的名字,不得不在他们的名字后面再标示所在城市或性别。直到今天,我们的中小学里仍有不少与全国人大原委员长李鹏同名的学生,常使老师在点名或批评时感到为难。姓名的重复状况已经实实在在地影响了姓名作为个人标志的作用,亟待得到解决。

近年来,防止姓名重复化的努力一直在进行,从20世纪70年代起,社会上开始广泛宣传使用双名或三字名、减少单名。因为名字字数的增加显然会降低名字的重复概率。同时,呼吁子女同时冠以父母两方面的姓氏的倡议,也时有人提起;这样实际上是增加了姓氏,可以降低姓名的重复率。还有人主张,鼓励恢复历史上的复姓,如宇姓恢复为宇文姓,完姓恢复为完颜姓等。这些举措正在逐渐取得实效,中国人姓名中的单名正逐年下降,双名日益普遍,三个字的名字也开始见诸于学校和其他社交场合。当然,由于中国人口数量极其庞大,要真正解决中国人姓名中的重复问题,显然不是短时期能够奏效的。

提高全民族的文化素质,加强人们取名时的个性意识,是减少姓名重复现象的又一个努力方向。当社会的政治环境对于人们的自由心态形成沉重的压力的时候,人们往往被迫从狭窄的社会学角度选择名字,而将个人的爱好隐藏起来,这时候名字就比较容易重复;到了社会环境的压力减轻时,人们的自由心态才会在名字上宣泄出来。随着社会的改革开放,个性复苏,个性化逐渐成为社会审美思潮的主流。当社会上大多数人都能够注重从自己个人的角度选取名字,致力标新立异、别出心裁,而拒绝平庸、拒绝一般化的时候,姓名的重复现象就一定会大大减少了。

有人提出,鉴于中国人姓名中重复群体十分严重,可否考虑在重复的名字之后,再添加数字标识,如:张秀珍,张秀珍2。也有人提出,随着户籍登记管理的计算机化和网络化,可否实行在正式取名之前先进行注册,如果发现准备取的名字已经有人使用了,就另外换一个名字。但是也有人对此表示怀疑,在中国人口已经超过了十二亿,而常用汉字才一万多字的情况下,究竟能不能找出那么多不重复的姓名排列来。但是不管这些考虑成熟不成熟,是否具有可行性,所有这些关注和考虑都无可置疑地表明了一点,就是在新的世纪里,如何降低重复率,必将成为中国人姓名发展中一个引人注目的重要趋势。

在新的世纪里,中国人的姓名将焕发出更加浓郁的民族文化韵味。

长期以来,中国人姓名的一个独特的魅力,就是在姓名中所蕴含的民族文化的韵味。中国人的姓名能够在有限的几个方块字中,浓缩历史,体现文化,表现地域特点,展开时间之旅,同时又具有诗的韵味,音乐的节奏感和画面般的形象。这是任何其他民族的姓名所不可及的。

世界文化遗址黟县西递村牌坊

　　西方人的姓氏比中国少得多,并且很难具备汉字所表达出来的那种凝练的意韵。他们的姓名,如果有含义的话,往往也是很具体的物象,如西班牙人的姓氏中,埃雷罗是铁匠的意思,拉戈是湖泊的意思。而英美姓氏中人们常见的"大卫(David)"原意为"亲爱的""朋友"。他们的名字也是这样,往往选择含义明确和具体的词汇,很少看见有渲染空灵意境的虚词。像中国字这样,一个字就能表现出一个场面或一层意思,两个字配在一起,相映相衬,就能够表现出一个或广阔或深邃的意境,这在其他民族的名字中,是很少看见的。

　　中国文字每一个字都有自己独立的含义,合起来又可以组成特定词汇这种奇妙的特性,使得姓名的修辞手段丰富多彩,分合随意,相映成趣,形成了中国姓名的独特风格。纳日碧力戈在《姓名论》一书中,提到了中国历史上几种主要的姓名修辞手段,如名为姓的省文:有商代大臣伊尹,宋代太学生陈东,近代音乐家聂耳等。名为姓的增文:有汉朝大将军王匡,20世纪40年代曾任国民党主席的林森等。名为姓的分文,有作家舒舍予,诗人张长弓等。此外,还有以字号作为名的分支:如明代画家徐渭,号田月道人。清代剧作家尤侗,字同人。或者姓与名配合起来,形成了统一的意境,如现代画家关山月、万籁鸣。姓和名都用同一个字,造成一种特殊的韵律感,如宋代词人辛弃疾的侍妾田田、钱钱。中国古词曲中常见的双声叠韵,也被用于姓名中,晋公子奚齐,秦二世胡亥是双声,秦公子扶苏是叠韵。

上述这些,只是中国人姓名林林总总、奇想迭出的表现形式中的一部分。

20世纪50年代以后,社会普遍强调姓名的社会性、政治性的一面,而对于其深厚的历史蕴含和丰富的民族表现风格,往往极其轻率地视为封建阶级思想情趣而予以冷落甚至批判,致使中国姓名中的文化意蕴越来越稀薄。直到80年代以后,这种状况才得以改观。

近二十年来,随着整个社会审美心态的变化,人们越来越注意姓名中的文化特性和民族特性,努力开掘姓名中的历史积淀,张扬姓名的民族形式。我们看到,现在中国人的姓名越来越精致,也越来越有文化了。姓名是一个人的标志,也是一个民族的风范和标志。因此,当我们的整个民族正意气风发地走向世界的时候,中国人的名字也必将更多地展现它特有的民族魅力,张开它摇曳多姿的翅膀。

在不久的将来,中国人姓名的文化意韵将会更加丰富,姓名的民族特征将会更加强烈,而不是相反。

在21世纪,中国人的姓名,还将在有限的文字中,包含更加多的信息,以适应新时代的需要。

姓名作为一个公众社会中的人的标志,除了满足人类社会的一般交际需要外,还要满足社会分类、知识分类和情感分类的需要。在中国人的姓名中,已经浓缩地包含了相当多的人文信息,如家族血缘的信息,在家族中的辈分排行的信息,个人兴趣喜好,文化修养的信息,以及地域风俗的信息。有些人的姓名中,还包含了对家族、对社会,对人生中重大事件的态度和看法,对生活中某些有价值的瞬间的纪念,和个人心灵秘密的钥匙。所以有人说,中国人的姓名,是一部中国社会百科全书的索引。

然而,今天我们正处于一个高速发展的信息时代,社会要求人们的姓名中包含更多的信息,不仅要求文化的信息,还要求科学的信息。

姓名是个人的标志,也体现了社会对于个人的辨识,今天,这种辨识已经深入到了人的更多的方面,比如,一个人的姓名中,能不能够包含他的遗传信息、智力类型、血型状态,乃至于当代科学的最新成果——基因信息。这样的要求,看起来有很大的难度,但是想到中国的文字有成千上万个常用的方块字,每个字又有不同的偏旁部首,由此而组合的中国姓名,在容纳更多的信息方面,还是有相当广阔的空间的。

不管我们的姓名在最近的将来,还能够容纳下多少人文的和科学的信息,努力地去探索、开拓中国姓名中容纳更多的科学信息的领域,却是在新的世纪里确定无疑的大趋势。

最后,我们注意到《厦门晚报》的一则报道:

中科院遗传研究所人类基因研究中心专家袁义达和他的同事们从五百余部文献中查出数千个姓氏的几百万个数据,按现行中国行政区划重新划分,将数据用计算机聚类分析后发现,宋朝、明朝和新中国第三次人口普查(我国唯一一次有姓氏记录的调查)中姓氏的分布均以武夷山——南岭一线为界,分为南北两部。三个时代姓氏分布的一致性说明中国人的姓氏是稳定遗传的。专家还发现,人群的生物遗传信息与姓氏分布竟是一致的,成为根据姓氏来确定遗传基因研究的基础,由此开展姓氏与基因关系的研究。

这一则报道令我们浮想联翩。

中国姓氏走过了极其漫长的发展岁月,经历了无数次的社会动荡、自然灾变,一次次的迁移,突如其来的变故,使人们在各种情况下改姓、换姓,或失去姓氏,又失而复得。有时承袭父姓,有时又承袭母姓,有时甚至承袭了其他亲人的姓氏。这使得今天已经没有一个中国人敢夸口他能够准确无误地追溯到自己最初祖先的姓氏了。

未来,随着每一个人体内基因排列状况的解密,我们是否能够由此而真正确立自己的血缘来历? 是否能够通过基因的对照,找到自己真正的同姓,同族,即血缘最近的一族?

如果这两个方面的答案都是肯定的,那么——

整个社会会不会因此而引发一场姓氏大革命? 即根据人的基因密码所揭示的情况,重新确定每个人的姓氏。比如一个几代姓李的家庭,会不会有一天被告知,他们其实和姓陈的血缘更近些?

也许,到那一天,中国人的姓氏观念将会发生一个我们今天无论如何也料想不到的革命性大变化。

第二章　姓名称谓

一、古人的姓名字号

今天的中国人，大多只有一姓一名。但在古代，人们的姓名远没有这么简单。在通常的情况下，除了姓和名以外，还有字(表字)、号等。

今天常说的某某人叫什么名字，其"名字"一词，在古代包括"姓""名""字"三个部分，三者各有各的性能和作用，是三个各自独立而又相互依存的整体。

古人刚生下不久就有了名，长大以后要取字，两者相连，通称名字。关于二者的作用，清朝人王应奎曾说："古者名以正体，字以表德。"意思是说，名是用来区分彼此的，字则是表示德行的。二者性质不同，用途也大不一样。一般说来，古时候，名是阶段性的称呼，小时候称小名，大了叫大名。等有了字，名就成了应该避讳的东西，相称时也只能称字而不称名。

名与字在多数情况下共同构成一个人的代号，尽管用途不尽相同，二者之间还是有联系的。古人大多因名取字，名与字内容毫不相干的情况几乎见不到。如三国时的名将张飞，字翼德，在这一名字中，"飞"是名，"翼德"则是对"飞"的解释，因为"飞"就是"翼之德"(翅膀扇动而造就的功德)。又如唐代大诗人白居易，字乐天，名与字之间也有联系，即"居易"是因"乐天"是果，只有居处安宁，才能知命而乐天。

古人的名有多种种类，字也有不同用途。起初，人们取字非常简单，往往只取一字，与"子""伯""仲""甫"等表示年龄阶段的字相连。如孔子弟子颜回字子渊，冉耕字伯牛，冉雍字仲弓，这些名字中的"渊""牛""弓"就是他们的字。当然，有些人取字时干脆只用一字，不加别的字辞，如陈胜字涉，项羽字籍等等即是。东汉以后，人名取字才越来越讲究，情况也越来越复杂。人们在有了名以后，往往把取字看得很重要。有些人在取字时注重效法古人,取字"士则""思贤""师亮"等等;有些人则寄托对当事人的厚望,取字"温叟"(长寿不夭)、"永全"等等。这些,无不含有深刻的意义。古人除有名、字外,又多取号以代替名字。号是一种固定的别名,又称"别号"。早在周朝时,人们就已经开始取号。对此,《周礼》解释说,号为"尊其名更为美称焉"。意思是说,号是人在名、字之外的尊称或美称。早期的号具有这一特点,有号的人多是那些圣贤雅士。如老子别号广成子、范蠡别号鸱夷子皮等。先秦时期有名字又有号的人并不太多,至秦汉魏晋南北朝时,取号的人仍不很多,名载史籍者仅有陶潜别名五柳先生、葛洪别号抱朴子等数人。但是,到了隋唐时期,伴随着封建国家的强盛和文化的高度发达,在名、字之外另取别号的人也逐渐多了起来。如李白号青莲居士、杜甫号少陵野老、白居易号香山居士,皆属此类。降至宋代,取号之风又有进一步的发展。人们熟知的《水浒传》108 将个个都有别号,正是代表着当时的社会风气。明清人更把取号视为一种时髦,上至皇帝,下至一般黎民百姓,几乎人人有号。正如清人凌杨藻在《蠡勺编》一书中记载的那样,其实"间市村垄,嵬人琐夫,不识丁者莫不有号,兼之庸鄙狂怪,松兰泉石,一坐百犯;又兄'山',弟则必'水'伯'松'则仲必'竹',不尤大可笑也哉。近闻妇人亦有之,向见人称'冰壶老拙',乃媭媪也"。甚至一些落草为寇的盗贼也有别号。如上述书中举了一个县官审案的例子,就十分能说明问题。这一例子说,一位县官在审理一桩窃案时,落难犯人为自己开脱罪责,犯人突然说道:"守愚不敢。"县官不解其意,一问左右,才知道是犯人在自称别号。

在用字上,取号与取名、字不同,大多不受字数多少的限制。从已知的历代别号来看,有 2 字号,也有 3 字、4 字号,甚至还有 10 余字、20 余字的别号。如清代画家郑板桥的别号就有 12 字,即"康熙秀才雍正举人乾隆进士"。至于宗教界的一位叫释成果的法师,别号的字竟达 28 个之多,即"万里行脚僧小佛山长统理天下名山风月事兼理仙鹤粮饷不醒乡侯"。一个人的别号竟然用了近 30 个字,真可谓古今一大奇观。

因为古人取号有较大的随意性,并且不必加以避讳,因此,也就在一定程度上刺激了饱受文字狱和避讳之苦的明清人,促使他们在名字之外更取别号来表现自己。当时的大多数人都取一个别号,但有些人的别号也有好几个。如清初画家石涛法名弘济,别号清湘道人、苦瓜和尚、大涤子、瞎尊者,达四个之多。

综合上述可知,我国古人的称谓远比现代人复杂,他们有姓名,又有字、号。这种姓名字号的并存,既适应了当事人不同年龄阶段和不同情况下的需要,也为中国的姓名文化增添了新的内容。

二、不同年龄的人名称谓

不满周岁——襁褓

2~3岁——孩提

女孩7岁——年

男孩8岁——龆年

幼年总称——总角

10岁以下——黄口

13~15岁——舞勺之年

15~20岁——舞象之年

12岁(女)——金钗之年

13岁(女)——豆蔻年华

15岁(女)——及笄之年

16岁(女)——碧玉年华

20岁(女)——桃李年华

24岁(女)——花信年华

30岁(女)——半老徐娘

20岁(男)——弱冠

30岁(男)——而立之年

40岁(男)——不惑之年

50岁——年逾半百、知天命之年,大衍之年

60岁——花甲、平头甲子、耳顺之年、杖乡之年、致改之年

70岁——古稀、杖国之年、致事之年、致政之年

80岁~90岁——耄耋之年

三、乳名、奶名和小名

小名是人在少儿时所用的名字,又称乳名、奶名、幼名或小字。我国取小名的习惯起源很早。在上古时期,人们都是在出生后不久取名,其目的只求能与别人区分开来,而不大讲究名字是否典雅。如周公之子名禽,孔子之子名鲤,春秋时魏公子名虮虱,汉代司马相如名犬子。从这些名字可以看出,古人取小名时带有很大的随意性。由于小名一般只在家庭内部使用,所以,不仅古人不重视,而且现代人也仍然很随意。如"小毛""小狗""小花""小囡"等一些似乎登不得大雅之堂的名字,在目前城乡各地的学龄前儿童中仍有使用。

在取正式名字前取个小名,古今都有这一习惯。在古代,上至帝王下至黎民百姓,人人都有小名。如魏武帝曹操小名阿瞒,南朝宋武帝刘裕小名寄奴,北朝魏太武帝拓跋焘小名狒狸伐,北周文帝宇文泰小名黑獭,宋孝宗赵慎小名小羊,明太祖朱元璋小名重八,上述这些,无不都是称孤道寡的帝王。至于一些圣贤名宦,也都有小名。如孔子小名丘,王献之小名官奴,陶渊明小名溪狗,谢灵运小名客儿,王安石小名獾郎。男人如此,女子也不例外。如汉武帝皇后小名阿娇,唐寿昌公主小名虫娘,明代女画家马月娇小名元儿,等等。

现代人取小名,情况更加普遍。其中如一些名人的小名,蔡元培乳名阿培,阎锡山小名万喜子,周恩来小名大鸾,彭德怀小名真伢子,夏丏尊小名钊,郭沫若小名文豹。尤其是郭沫若,还自己说过小名的来源。如他在《少年时代》一书中写道:"我母亲说我受胎的时候,梦见一个小豹子突然咬着她左手的虎口,便一觉醒了。所以,我的乳名叫文豹。"

尽管小名对人的作用和影响不及正式的名字及字、号,由于从古至今人人都有,因此,也是一个不容忽视的文化现象。隋唐以来,我国还出现了一些专门研究小名的专家学者,并写出了一批有关的著作。如唐代的陆龟蒙就曾把秦汉至隋唐800年间的人物小名搜集在一起,编成《小名录》3卷。至宋代,陈思在此基础上编成《小字录》。明代,沈弘正针对《小字录》作《补录》1卷。此外,宋人张邦几专门研究男仆女婢的小名,撰著了《侍儿小名录拾遗》一书。此后,历代学者对此都有增补,宋朝王铚撰《补侍儿小名录》,温豫撰《续补侍儿小名录》,清人李调元另撰《乐府侍儿小名》。上述这些学者和所取得的成就,至今还都对中国的姓名学产生着影响。

四、褒贬不一的诨号

诨号又称浑名、绰号、混号、混名、花名、野名、外号、徽号、雅号,是在姓、名、字、号、小名之外的又一种称谓符号。这种称谓符号一般是由别人根据当事人的外貌、性格、特长、嗜好、生理特征、特殊经历等特点而取的,大多带有戏谑、幽默、讽刺等色彩。如我国夏朝最后一位国王夏桀因为力大无穷,能把牺牛推动,因此被人送诨号"移大牺"。据研究,夏桀的诨号也是我国有史可考的第一个诨号。

诨号所用的词语都通俗易懂,便于记忆,所以大多流传较广,其影响力甚至可以超过原来的名字。如东汉末年农民起义时,有一批出色的农民英雄,作战时勇猛顽强,平日里与队友们亲密无间,彼此都以诨号相称。其中说话声音大的人被称为雷公,走路轻捷的被称为飞燕,眼睛大的人被称为大目;姓张的英雄爱骑白马,被人称为张白骑;姓于的英雄满脸胡须,被称为于氏根。由于他们的诨号影响很大,以至连名字也没有留下,至今人们也不知道他们的真名是什么。此外,现代常见的"四眼"(戴眼镜的人)、"西施"(漂亮女青年)、"胖子""独眼龙"(一目盲人)、"一点钟"(歪脖子的人)、"三脚猫"(不成才的人)等等,也都是随处可见的诨号。

为别人起诨号,并且通过诨号反映某人的某些特征,或者表达起名者的某种情感,这种现象在我国很早就有,前述把夏桀称为"移大牺"便是其中一例。综合研究这些诨号,可知它们有时是一个群体的标志,如西汉末年的农民军因把眉毛染红而被称为"赤眉军",明清时入侵台湾的荷兰殖民者因红头发而被称为"红毛番"等;有些诨号指某一行业的,如把兵称为丘八(兵字上下分开)、把茶楼伙计称为茶博士、把替青年男女牵线搭桥的称为媒婆、红娘等;有些诨号指某些人的行为或性格,如称暗娼为半开门、随母改嫁的子女是拖油瓶、圆滑的人是水晶球、懒惰或蛮横的人为三不管(懒惰的人,衣、食、住不管;蛮横的人,天、地、人不管)。根据近人刘大白对诨号的研究,诨号由于性质和所指的对象不同,可以分作 20 大类,即状貌、德性、威望、声价、运命、财产、业务、技能、学识、艺术、武勇、行为、举止、臭味、谈吐、著作、服御、身份、嗜癖、谐嘘。一个小小的诨号竟有如此众多的内容值得研究,可见其在我国姓名文化中的影响之大了。

从我国古代浩如烟海的典籍中,可以发现许多关于古人诨号的记载,其中的大多数诨号都充满睿智和幽默色彩。如在《三国演义》中,诸葛亮因早年隐居不仕而被称为"卧龙先生",刘备也因为两只耳朵出奇地大而被曹操称为"大耳儿"。又如《述异记》,记载,三国孙吴时有一对夫妻,感情极好,出双人对,被人称为"比肩人"。后来,他们的儿子和儿媳也是如此,又被称为"小比肩人";《朝野金载》说,唐朝武则天时,有一个名为张兀一的人,喜欢给社会名流起诨号。如他因苏微举止轻薄,便取诨号为"失孔老鼠"(意思是不着窝的老鼠)。此外,他又"以赵廓渺小,起家御史,谓之枭坐鹰架;鲁孔丘为拾遗,有武夫气,谓之人凤池;苏昧道有才识,为九月得霜

诸葛亮

鹰;王方庆体质鄙陋,为十月被冻蝇;娄师德长大而黑,一足蹇,为行辙方相;吉现长大,好昂头行,视高而望远,为望柳骆驼;袁本身黑而瘦,为岭南考典;朱前疑身体垢腻,为光禄掌膳;东方虬身前衫短。为外军校尉;唐波若矮短,为郁屈蜀马;长孺子视望阳,为呷醋汉"。更有意思的是,由于他本人肚大腿短,也被人取了个"逆水蛤蟆"的诨号。又如《水浒传》中,蒋忠因身高力大而被取诨号为"蒋门神",鲁智深因出家后不戒烟酒而被称为"花和尚",时迁的偷窃技术高超而称"鼓上蚤",孙二娘因蛮悍凶狠而称"母夜叉"。水浒寨上 108 员大将,以及与水浒英雄有关的各种人物,几乎个个都有诨号。此外,我国古代还有一些充满幽默的诨号,如汉代贾逵身高出众,人称"贾长头";隋朝韩俊娥专门为隋炀帝催眠,人称"来梦儿";唐朝李程常在日过八砖(日影投在砖上的位置,计时用,约在八、九点)时上朝,人称"八砖学士";卢怀慎身为宰相而事事推与另一位宰相姚崇,人称"伴食宰相";唐朝宰相白

敏中夫人在白敏中富贵以后才嫁到白家,人称"接脚夫人";宋仁宗幼年时常赤脚在宫中行走,人称"赤脚大仙";蜀州知州孙道夫遇事精明,人称"水晶灯笼";谏议大夫赵霈曾上书建议禁养鹅鸭,人称"鹅鸭谏议";欧阳修作《五代史》常用"呜呼"二字,人称"欧呜呼";明朝弘光皇帝在亡国时仍下令捕捉蛤蟆治病,时称"蛤蟆天子";宦官马士英热衷于斗蟋蟀,人称"蟋蟀相公";清朝一位做糕饼的人出钱买了个员外官,时称"花糕员外"。上述这些诨号,仔细回味起来,都是很有深意的。到了近现代,为别人取诨号或叫别人诨号的风气依然盛行。如驰名中外的拳击手郑吉常曾多次打败过日本、英国的世界高手,威震拳坛,被称为"亚洲毒蛇";著名物理学家李政道年幼时专心苦学,为此还闹出不少笑话,人称"三糊涂"(排行第三);著名导演凌子风工作起来不顾性命,人称"拼命三郎"。至于在民间街头巷尾流行的诨号,如"麻婆"(麻脸女同志)、"大个子""柴油桶"(矮胖的姑娘)等等,更是不胜枚举。

诨号对人有褒贬作用,不同诨号对被取诨号的人来说,所采取的态度和产生的作用是不一样的。一般说来,一个褒义的诨号可能引起当事人的愉悦或认可,而一个含有贬义或揭人短处的诨号则往往让当事人感到难堪,甚至引起不愉快或十分严重的后果。古代一位名为郭倪的将军常自号卧龙,但带兵打仗无一不败,甚至在人面前流眼泪,因此被人讥为"带汁诸葛"。这样的诨号对他来说,无疑要比"卧龙"难受得多。另外,在现实生活中,如果人们把一位足智多谋的乡村学究奉承为"智多星""赛诸葛",他一定会高兴异常;如果叫他"狗头军师""阴间秀才",他显然会极不痛快;如果把一位村妇称为"赛观音""西施",她也许会满面含笑地认可;如果叫她"玉面狐狸""夜间娘子",她说不定会马上撒起泼来。据早些年南方一家报纸报道,一位姓李的青年因身材矮小,被人取了个"矮仔"的诨号,他对此十分恼火。后来,他在买猪肉时又被人叫了诨号,一时怒起,拿起杀猪刀就向那人捅去。结果,那人当场被杀死,他也搭上了性命。这是发生在生活中的一件真实的故事。

五、中华女性称谓多

自古至今,中国女性为中华民族的繁衍和进步,做出了巨大的贡献,赢得了广泛的尊敬和爱戴。由此,在古籍诗文中出现了许许多多对她们的尊称、敬称,美称和雅称。

"女士",源于《诗经》"厘尔女士",孔颖达疏"女士,谓女而有士行者",比喻女子有男子般的作为和才华,即对有知识、有修养女子的尊称。

"女流",《儒林外史》第41回记载:"看她是个女流,倒有许多豪杰的光景。"这是对旧时女人的泛称。

"女郎",古乐府《木兰辞》中有"同行十二年,不知木兰是女郎"之句。寓有"女中之郎"的壮志之意,也是对年轻女子的代称。

"巾帼",源自《晋书》,是古代妇女头上的装饰物,借以代表女性。当时诸葛亮伐魏,多次向司马懿挑战,对方不应战,诸葛亮便把妇女的头饰遗下,以此辱笑他不如一个女人。后来,人们常把妇女中的英雄豪杰称之为"巾帼英雄"。

"女史",指古代有学问并当过掌管宫廷王后礼仪、典籍、文件工作官员的女子。

"裙钗"是古代妇女的衣着装饰,泛称女性。多在小说、戏剧中出现此词。《红楼梦》第1回:"我堂堂须眉,诚不若彼裙钗。""淑女",指温和善良美好的女子,文学作品中常见此称谓。《诗经·周南·关雎》:"关关雎鸠,在河之州。窈窕淑女,君子好逑。"

"妙龄少女",指正值青春年华的女子。"绝代佳人",指当世无双的美人。

"燕赵多佳人,美者颜如玉",故对年轻美丽的女子总是冠以"玉人""璧人""佼人""丽人""玉女""娇娃""西施""尤物""青娥"等称。

"扫眉才女",指有文才的女子。

"不栉进士",指才华横溢的女子。

"冶叶倡条",指轻狂娇艳的女子。

"软玉温香",指温柔年轻的女子。

"道旁苦李"指被人抛弃的女子。

"小家碧玉",指小户人家的美貌女子。古乐府《碧玉歌》有"碧玉小家女,不敢攀贵德"之句。

美丽而坚贞的妇女被称为"罗敷"。

貌丑而有德行的妇女被称为"无盐"。

尊称别人的女儿为"千金""令媛""女公子"。

称别人的妻子为"太太""夫人",此外还有"会阃""室人""令间"之称。称自己的妻子为"贱内""内子""内助""中馈""糟糠之妻"等等。

在女子称谓中,"母亲"是最伟大而高尚的。清《冷庐杂识》中载:《尔雅》对母亲称"妣",《诗经》称"母氏",《北齐书》称嫡母为"家家",《汉书》列侯子称母为"太夫人"。其他记载还有:帝王之母称"太后",官员之母称"太君",一般人之母称"妈妈"。

六、特色起名:艺名、笔名

艺名起源很早,并不是近现代才有的。据研究,早在汉代时,有一位姓赵的女子,擅长舞蹈,身轻如燕,人送艺名"赵飞燕"。由于她这一艺名影响很大,以至她的真名反而无人知晓了。另据顾炎武《日知录》记载,古代有"黄幡绰""云朝霞""镜新磨""罗衣轻"等人,也都是以艺名传世的。最为大家熟知的小说《红楼梦》中,贾宝玉贴身丫鬟袭人的丈夫蒋玉菡,原来是唱戏出身,艺名是"琪官"。另外该书还有几位唱戏的女孩子,名字分别足龄官、文官、宝官、玉官、芳官、蕊官、藕官、葵官、龄官、艾官、茄官、药官,其实这些也都不是她们的原名,而是艺名。

艺人是观众眼中的明星,观众根据艺人的风格送给他们一个恰如其分的艺名也时有所见。

笔名大多指作家、著作家等文化人在发表作品时不愿使用本名而另外所取的名字,又称著作名或假名(针对原名而言)。关于笔名的来源,一般认为它兴起于明清时期,是话本小说流行以后而出现的一种命名现象。当时作者所写的东西多属乡里民间流传的故事、村言,被一般文人士大夫认为登不得大雅之堂,为了避嫌,便取一个新名字来发表自己的作品。此后,由于这种取名形式的确有较大的实用性,便广为文化人所采用。

我国早期以笔名刊署于著作之上并产生广泛影响的是《金瓶梅》的作者。由于他在书上署名"兰陵笑笑生",至今人们还不知他的真实姓名。相传他的父亲被当地的一位恶霸所杀,他有意报仇,但多次都未能得手。后来他得知这位恶霸喜欢读书,在读书时又习惯用食指蘸取唾液翻动书页,便写了《金瓶梅》一书,并在书页上涂上剧毒,想法让人送给恶霸。恶霸一见,果然爱不释手,连翻连看,最后终于中毒身亡。这则故事虽然有些离奇,但也可知作者没有在书籍上署自己的真实姓名,的确有他的苦衷。

当然,取笔名的原因是相当复杂的。特别是到了清代以后,由于满族统治者大搞民族歧视,大兴文字狱,一些文人士大夫想著文表达对现状的不满而又要保全自己,因此也在自己的作品上署上笔名。清乾隆年间流行的《豆棚闲话》署名"圣水艾纳居士编",清末《老残游记》署名"洪都百陈生撰",《邻女语》题"忧患余生著",等等,无不属于这种情况。到了近现代,由于出版事业的发展,特别是在"五四"运动以后,提倡"一人一名",立表字、起别号的传统习惯被禁止,文人取笔名之风也异军突起。如果考察一下中国现代文坛,绝大多数作家都曾使用过笔名。其中,一些最知名的人物,如郭沫若用过三十多个笔名,茅盾取过九十多个笔名,鲁迅的笔名更达一百四十多个。由于笔名常见于报刊书籍之上,人们经常接触的是书报而不是作者本人,因此就使作者的笔名产生广泛影响,其真正的名字反而可能鲜为人知。诸如此类的例子很容易举出几个,如提起巴金、茅盾、曹禺、鲁迅、老舍、郭沫若、冰心等名字几乎无人不知,但要提起李尧堂、沈德鸿、万家宝、周树人、舒庆春、郭开贞、谢婉莹等名字,也许知道的人并不多。其实,后面这些名字正是前面那些人的原名,他们都是以笔名闻名于世的。

笔名不仅具有可以隐身、使用起来灵活便捷等特性,在取法和形式上也多种多样。文化人使用笔名的确有许多不同的原因,并非是为了玩文字游戏。关于笔名的作用,正如鲁迅先生所说的那样:"以真名招一种无聊的麻烦固然不值得,但若假名太近乎滑稽,则足以减轻论文的重量,所以也不很好。"可以说,文化人对于笔名,基本上都是慎重命名的。

七、字辈命名大观

字辈命名是我国重要的一种取名方式,也是我国姓名文化中重要的内容之一。根据人们的初步研究,我国以字辈命名的文化现象起源很早。东晋南北朝时,一些文化优越的大族子弟就竞相以字辈命名。当时的命名方式,有些是兄弟共用某些

·姓氏文化·

图文珍藏版

汉字作为名字的偏旁,有些是同辈人中分别使用某些相近的字作为辈分的标志。显然,这些都已具备了字辈的性质。当时所用的字辈不太严格,还没有形成像后来那样严格按照"字辈谱"命名的习俗。但是,作为我同字辈取名习俗的发端,其历史是应该一直追溯到这里的。

我国较为严格和系统的字辈取名习俗大概完善于宗族制度高度发达的宋元时期或者稍后。由于宗族制度高度发达,各地同姓人之间的联系也逐渐密切。为了便于区分长幼尊卑和在交往时便于称呼,一些家族率先在修谱时采用了编定一首寓意深刻的五言诗或七言诗、族人命名时按辈分高低依次选用一字的"字辈诗"命名方式。由于这种方式的确可以起到上述作用,因此便迅速流传开来,成为我国流传最广的取名方式。

如果查阅一下《宋史》等古籍便可知道,宋、明、清等王朝中,上至皇室、下至黎民百姓,甚至百工巧匠、僧尼道士都以字辈取名。清朝以后,近当代农村的许多地方也以字辈取名。这种取名的基本疗法是采用"姓+字辈+名"格式,不同姓氏和不同支派的人各从本家族所使用的字辈谱中依次选用一字,作为自己的名字。如中华人民共和国缔造者之一的毛泽东同志的名字,就是按传统的字辈取的。他名中的"毛"是姓,"泽"是字辈,"东"才是属于自己的名字。此外,他的祖父叫毛恩普,父亲叫毛贻昌(俗名毛顺生),侄子叫毛远新,四辈人的字辈相连,即"恩""贻""泽""远",分别属于湖南韶山毛氏的第十二至十五代。

古代人按字辈取名时所用的字辈谱,一般是由祖宗或饱学之士选定的,大多含有"忠孝传家""宁国安邦""克勤克俭""光大家业"等内容,也有一些字辈谱是按阴阳五行编定的。如颍川堂义门陈氏就曾使用过五行字辈谱,即:"铨清标烦坤,铭海松煌增,锦添相辉培,钦深桂炳均,钏濬桃烛圻,铜江柳焕璋"这一字辈谱中每句都以金、水、木、火、土作为偏旁,以五行相生之意附会人世间祖生父、父生子、子生孙等基本规律。不过,由于这种五行字辈谱比常见的字辈谱拗口难记,加之又缺乏诗意,所以从内容到形式都是极受限制的。

由于我国古代使用字辈谱的家族和姓氏十分普遍,因此,一些影响较大的家族所使用的字辈谱也就随其家族的声誉而广泛传播。如毛泽东所在家族湖南韶山毛氏字辈谱是:"立显荣朝士,文方运济祥,祖恩贻泽远,世代永承昌。孝友传家本,忠良振国光。起元敦圣学,风雅列明章。"蒋介石所在的浙江奉化蒋氏家族字辈谱是:

"祁斯开周国,奕世庆吉昌,崇德长受福,贻谋维有常。荣光永炳焕,和乐致嘉祥。坤载自久远,乾行在健强。匡济望仁智,安宁思俊良。垂范为邦则,承远颂时康。昭谟百代盛,绳武守纪纲。"山东曲阜孔子后裔仍在使用的字辈谱是:"希言公彦承,宏闻贞尚衍。兴毓传继广,昭宪庆繁祥。令德惟垂佑,钦绍念显扬。"

八、中国姓氏的神话

(一)姬姓与黄帝

姬姓始于黄帝。据《史记》所载,黄帝本姓公孙,名叫轩辕,但因"长居姬水",改为姬姓。黄帝是传说中中国古代最伟大的帝王,是中华民族的祖先,中华百家大姓中有七十多个姓直接或间接来源于姬姓。据说他有 25 个儿子,其中得姓的有 14 人,共 12 姓(有同姓的,故 14 人有 12 姓),姬姓居首。周的祖先后稷是黄帝的曾孙帝喾的儿子,承继了姬姓。关于后稷以姬为姓,还有一个神乎其神的传说:后稷的母亲姜原,是帝喾的原配皇后,有一次她到野外出游,见到了

大禹治水

臣人的足迹而心生喜悦,就踩踏这些足迹,而后身动如怀孕一般,不久就生下了一个男孩。这孩子就是后来的后稷。后稷长大后出任尧的农官,教民稼穑,被后人尊为"神农",赐姓姬,成为周族的先祖。

(二)姒姓与大禹治水

大禹的国号为夏后,姓姒,其父名鲧,是黄帝之孙颛顼帝的儿子。当时帝舜治理天下,洪水泛滥,百姓流离失所。于是舜派鲧治理洪水,历经 9 年而未成功。舜就把鲧流放到羽山,起用鲧的儿子禹继续治理水患,并派商的先祖契、周的先祖后稷等协助。禹疏通九河,开凿济、漯、淮、泗等河流,历经十余年,足迹遍九州,三过

·姓氏文化·

图文珍藏版

家门而不入,终于平息了水患,获得成功。由于他的丰功伟绩,舜把夏封给他,又把帝位传给他。他的母亲修己是有辛氏的女儿,当初因为吞吃了薏苡这种植物而怀孕,生下了禹,所以禹建夏国后,就以"姒"为姓。另一说,修己吞吃了神珠薏苡而生了禹,故而以苡的同意字姒为姓。大禹死后,帝位传给其子启,历经四百多年,至夏桀时,因为他暴虐无道而被商汤推翻,桀的后人有的就以国名夏为姓了。

(三)天命玄鸟,降而生商

子姓:殷商王室姓子,其始祖为契。契是古部落普通女子简狄的儿子。有一天简狄同两个妇女在河中洗澡,看见一只玄鸟(即燕子)在河边下了一个蛋,就捡起来吞吃下去,不久就怀孕生下了契。契后来是舜的臣子,辅佐大禹治水有功,被舜任命为司徒,掌管教化百姓的事务,并封给他商地。又因为契的母亲吞了玄鸟之子(即蛋)而生下他,故而赐姓为"子"。关于子姓来源的传说,见于《史记·殷本纪》。《诗经》中的"天命玄鸟,降而生商"讲的也是这个故事。

(四)天鼋变为龙:轩辕

轩辕复姓为黄帝嫡孙,出自有熊氏,亦称为帝鸿氏。黄帝曾居于轩辕之丘,故而得姓轩辕,黄帝的后代子孙遂称轩辕氏。一说黄帝作轩冕之服,教民做衣服,故谓轩辕。又据古代传说,轩辕即天鼋,天鼋变为龙,龙为轩辕部落的图腾,因以得氏。

九、姓名的职业特征

人类一生中要从事一定的职业,或士、农、工、商,或卜、医、兵、官,几乎无人例外。职业的不同,使有些姓名带上了鲜明的职业特点。职业与姓名,便成为中国姓名学中必须研究的课题。

在我国古代,由于人们在社会上的地位不同和从事职业的不同,在取名习惯上也不尽相同。一方面"士之子恒为士,农之子恒为农";另一方面,王侯公卿则可以世享荣禄。在取名上,生活在社会底层的人与高高在上的皇帝百官显然是不同的。

下层人取名随便捡个"猫儿""狗儿"便可，而统治者取名不仅有明确的法律规定，而且名字定下来以后还不准一般人冒犯。这种情况，多少与今天的农村人取名崇尚质朴、城里人取名崇尚文雅、商人取名重钱财、军人取名多用"军""国""兵""武"等字有些类似，说明姓名与职业和身份地位之间有广泛联系。

谈到姓名与职业的关系，在我国古代，最有特色的是皇室和官宦之家的取名。商周时期，对皇子、皇孙的取名就有专门的规定，其名字一旦被取用，便具有神圣不可侵犯性，原来与之同名的人要改名，在不得已提到名字时也必须加以避讳。据《容斋随笔》记载，宋代曾专门下令不许民间使用带有王霸思想的字眼，其中"龙""天""君""王""帝""上""圣""皇"等字更在严禁之列。"于是毛友龙但名友，叶天将但名将，乐天作但名作，句龙如渊但名句如渊，卫上达赐名仲达，葛君仲改为师仲，方天任改为大任，方天若改为元若，金圣求改为应求。周纲字君举，改日伯举；程振字伯王，改日伯起。"更有甚者，如果皇室成员不按自己的身份等级取名，甚至还有丢官夺爵或者被除籍的危险。如清朝嘉庆初年，领侍卫内大臣绵亿因违犯近支宗室命名规定，为两个儿子取名时应使用"丝"旁字而用"金"旁字，便遭皇帝严厉斥责，专门下诏对他进行处理。诏书中说他"自同疏远，是何居心？伊既以疏远自恃，朕亦不以亲侄待伊，亲近差事，不便交伊管领"，接着又革了他的官职，让他从皇宫中搬了出去。

在我国古代，不仅皇帝和皇亲把名看得很重，文武百官也十分重视自己的名字，要求下属不得冒犯，亦即所谓的"为尊者讳，为亲者讳"。最著名者当属俗谚所说"只许州官放火，不许百姓点灯"的故事。故事中说北宋仁宗时有位名为田登的官吏，在至和年间（10154~1056年）担任南宫留守一职。按照当时的风俗，民间要在上元节（即农历正月十五）张灯结彩以示庆贺。他上任后正赶上过节，下官问他应该怎样过，他批示说"依例放火三日"。下官莫名其妙，回去一想才知他是自讳"登"字，因"灯"与"登"同音，所以又用"火"代替"灯"字。

按照我国特有的习惯，做官有官号，做工有工号，经商有商号，务农有农号，卖艺有艺名，出家人有法名，这些无不具有职业名的性质。在诸多的职业名中，特征最为显著的除前述艺名、官名以外，还有商业、技巧、医药等行业的职业称号。如宋代商业界卖酱菜的薛某被称为"酱翁"，卖炊饼的许六又名"许糖饼"，卖马鞍的杨安国又名"杨鞍儿"，种菜出身的张青又名"菜园子"。明代陆叠山以叠假山为业，便被称为"陆叠山";在百工技巧界,清末天津的张万全以擅塑泥人知名,人称泥人张。其后,代代相传"泥人张"之名;在医学界,如果某人擅长某种医疗技术,则往往被用这一技术命名。如姓黄的医生手段高明,犹如神仙,就可能被称为"黄半仙";姓张的医生擅长以膏药治病,往往一贴膏药就能治愈病人,就可能被称为"张一帖"。当然,诸如此类的职业名也具有诨号的性质,但其特有的为本职业的宣传性和影响力,则是诨号所没有的。

十、年号、谥号、庙号

年号:是中国古代封建皇帝用以纪年的名号。年号是从汉武帝开始有的。汉武帝即位的那年(前140年),称为建元元年,第二年称建元二年,以此类推。新君

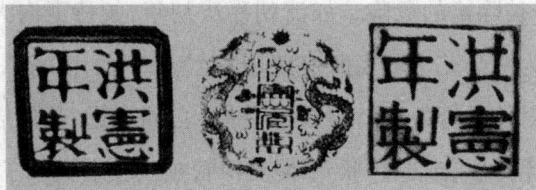

玉玺

即位必须改变年号,称为改元。文天祥《指南录后序》:"是年夏五,改元景炎",是指南宋端宗即位,改年号为景炎。同一皇帝在位时也可以改元,如女皇帝武则天在位14年,前后改元达12次。明清两代皇帝一般不改元,一个皇帝一个年号,故往往就用年号来称呼皇帝,如明成祖朱棣在位年号永乐,称永乐皇帝;清爱新觉罗·弘历在位年号乾隆,称乾隆皇帝。

谥号:古代帝王、诸侯、卿大夫、高官大臣等死后,朝廷根据他们的生平行为给予一种称号以褒贬善恶,称为谥或谥号。《逸周书·谥法解》:"谥者,行之迹也;号者,表之功也;车服者,位之章也。是以大行受大名,细行受细名。行出于己,名生于人。"上古谥号多用一个字的,如周平王(平)、秦穆公(穆);也有用两个字的,如魂安王(安)、赵惠文王(惠文)等。后世帝王谥号多用一字,如汉武帝(武,威强睿德曰武)、隋炀帝(炀,好内远礼曰炀);其余人(指非帝王者)大多用两字,如文忠公(文忠,欧阳修)、忠烈公(忠烈,史可法)等。

庙号:封建帝王死后,在太庙立室奉祀,特立名号,叫庙号。《宋史·礼志九》:"天资七庙,亲庙五,祧庙二……以今十六间为寝更立一祧庙,逐室各题庙号。"《后汉书·明帝纪》:"有司奏上尊庙为世祖。"自汉代起,每个朝代的第一个皇帝一般称太组、高祖或世祖,以后的嗣君则称太宗、世宗等。唐以前对殁世的皇帝一般简称谥号,如汉武帝、隋炀帝,而不称庙号;唐以后则改称庙号,如唐太宗、宋太祖等。

上述年号、谥号、庙号,无不为皇帝所独有,当初仅作纪年、尊崇和祭祀等用,由于常被使用,便都不同程度地演变为皇帝的称号,带有了用以区分彼此的姓名性质。在这些称号叫响以后,甚至他们的真名实姓,反而变得鲜为人知了。

十一、中国帝王名号

人的一生职业不同,命运也有区别。有些人可能贵为皇帝、总统,另一些人则可能沦为乞丐、盗贼。但人各有名,此为常理。乞丐盗贼之名在这里暂且不谈,先来看看皇帝。

在古代,皇帝的名字是十分复杂的,他除了像常人一样拥有乳名、本名、字号以外,还有尊号、年号、谥号、庙号等一些为其他人所没有的称号。此外,皇帝的自称和他称也十分特别。

我国自夏代进入阶级社会以后,皇帝的称谓也有一个发展演变的过程。夏代和夏代以前,对一国或一部落之主称"后"或"氏",如夏后氏、神农氏、伏羲氏等等。商代以后,商代第一位君主商汤开始称"王",历商至周,相沿不改。春秋战国时,诸侯割据,各割据王朝为了表示不敢僭越周天子,多以"子""伯""公"相称。后因周王朝名存实亡,他们才称"王"。秦朝统一中国后,即公元前221年,开国皇帝秦始皇认为自己做到了以前所有君主都没有做到的事,德高三皇,功过五帝,"王"的称号已不能显示他至高无上的权势和地位,于是便从古代最尊贵的三皇五帝名号中各取其一,定号为"皇帝"。自此,"皇帝"便成为我国历代王朝最高统治者的称号,直到公元1911年清朝末代皇帝溥仪被推翻为止,使用了两千多年。

谈到皇帝真正的名和姓,其实与一般百姓的姓名并没有多少区别。如秦始皇姓赢名政,汉高祖姓刘名邦,唐太宗姓李名世民,宋太祖姓赵名匡胤,明太祖姓朱名元璋,这些姓名,无一不是普普通通。至于他们的字、号,如东晋安帝司马德宗字德宗,清朝乾隆皇帝号"十全老人",这些也没有什么特别之处。其特殊性仅在于姓名字号以外的其他方面。如皇帝自称朕、孤、寡人、不穀、予一人、予小子,别人称则是陛下、足下、天子、上、人主、县官、大家、天家、官家、国家、圣人、至尊、皇上、九五之尊等等。此外,从西汉武帝开始,皇帝即位后还有自己的年号,用以记载在位的时间。年

朱棣

号中最早的一个是汉武帝的"建元",是从公元前 140 年开始使用的;最后一个是清朝末帝溥仪的"宣统",是在公元 1911 年被废止的。年号在开始使用时还不严格,一个皇帝可以有多个年号,直到明清时期的皇帝才开始使用一个年号。特别是清朝皇帝的年号,由于使用率十分频繁,甚至被人当作是皇帝的代号。如康熙、乾隆、宣统等等,其实际含义大多已经超出年号的范围,开始具有姓名的意义了。

古代皇帝中除秦朝的两位皇帝在生前已经有了固定的名号(即秦始皇、秦二世)外,去世以后还要被群臣根据生前事迹议定谥号,这样又使皇帝在众多的称号以外有了一个新的称号。这种称号的选取范围一般是固定的,称为"谥法"。如《逸周书》中就有《谥法解》一章,记载周代群臣为周王议谥和在定谥号时所应遵循的准则。此后,周代的谥法便成为各代谥法的蓝本。制谥的原则是取美谥而不取恶谥,其出发点还是"为尊者讳"。所以,封建皇帝除非是臭名昭著或被异国杀害的亡国之君,一般都能得到诸如"经纬天地曰文""绥柔士民曰德""圣善周闻曰宣"等较好的谥号。此外,在谥号的用字上,唐代以前多取一字谥,如汉武帝、魏明帝等等,"武""明"便是谥;从唐代开始,由于唐玄宗在为他的列祖列宗追谥时认为用一字谥已不足与此前各代皇帝区别开来,便开始使用多字谥。当初的多字谥还只有7 个字(如唐太宗李世民的谥号是"文武大圣大广孝皇帝"),以后越加越多,至清朝为太祖努尔哈赤上谥时,用字竟达到了 25 字之多。由于唐代以后皇帝的谥号用字多而繁琐,作为皇帝称谓之一的作用也越来越降低。以至后人提到这些皇帝的时

候,宁愿称其庙号(如唐太宗、明太祖等等)而不称谥号,使在此前称呼皇帝多用谥号(如汉武帝、晋文帝)的习惯一改无遗。

我国古代皇帝的庙号是指皇帝死后在宗庙享受祭祀时的代号。这种代号的格式较为固定,一般是朝代名加"高""太"等字再加"祖"或"宗",成为"××祖""××宗"两种形式。庙号多是与皇帝同宗族的人所加,享受的是同宗族人的祭祀,皇帝与他们多是"祖"或"宗"的关系。因此,也就形成了庙号只称"××祖"或"××宗"的定式。那么,皇帝的庙号在什么时候称"祖"、在什么时候称"宗"呢?一般说来,开国皇帝和对本朝有突出贡献的人称"祖",其他皇帝则称"宗"。在庙号为"××祖"的皇帝中,开国皇帝多称"高祖"或"太祖",其他皇帝则称"成祖""世祖"或"圣祖";称"××宗"的皇帝则没有这样的区别。如我国自汉代以来庙号是"高祖"的皇帝有汉高祖刘邦、唐高祖李渊等,是"太祖"的皇帝有宋太祖赵匡胤、明太祖朱元璋、清太祖努尔哈赤等,"成祖"有明成祖朱棣,"世祖"有清世祖福临,"圣祖"有清圣祖玄烨;"××宗"有唐太宗李世民、宋太宗赵光义、明英宗朱祁镇、清高宗弘历,等等。由于庙号在唐代以后是皇帝最为简便的称号之一,因此多被用作皇帝的代称,使之实际具有了姓名的性质。

十二、宗教姓名特色

在我国,许多宗教信仰者都有固定的称号。其中如和尚、道士,以及女尼(尼姑)、女道士,分别是指因信奉佛教、道教而出家的人。由于他(她)们在出家前后要使用不同的名字,因此便又形成自己的姓名特色。

和尚道士在出家前,所使用的是像世俗人一样的姓名,出家后,就要另取新的名字。如和尚所起的新名通称为"法名""戒名"或"法号"等。《西游记》里记载孙悟空本来没有名字,见了菩提祖师后皈依佛教,便被赐以"悟空"法号。此外,沙和尚又称"悟能",猪八戒又称为"悟净",这些称呼也都是法名。又如孙悟空等人的师父唐僧在出家前姓陈名祎,出家后改称法名"玄奘";《水浒传》中的鲁智深出家前本名鲁达,出家后又取法名"智深";近代著名的弘一法师俗名李叔同,海灯法师俗名范无病。可见,他们在出家前都是有姓名的。

佛教中人取法名时,由于佛教区分为禅宗、天台宗、华严宗、净土宗、密宗等众多支派,各支派取法名的习惯也不尽相同。如禅宗喜欢用智、慧、清、净、道、德、圆、明、真、如、性、海、寂、照、普、通等字取法名,《西游记》里孙悟空所在的佛教派系则多用广、大、智、慧、真、如、性、海、颖、悟、圆、觉等字取法名。不过,尽管佛教各派取法名时用字及其各代僧侣之间排名习惯不尽相同,但由于其同受佛教基本教义的影响,取名用字基本上是大同小异的。据台湾比丘明复编《中国佛学人名辞典》一书研究,佛教徒的取名用字基本上不超出 36 字的范围,这 36 字即佛、僧、智、慧、禅、心、真、善、性、空、觉、悟、清、净、灵、妙、了、宝、醒、玄、天、海、因、果、明、法、惠、行、圆、通、普、照、弘、德、如、颖。由于取法名时的用字比较集中,因此就难免出现像世俗一样的重名现象。如上述所引书中收法名 5326 个,其中使用"慧"字的就达291 人。如果再细分下去,就可知这 291 中有"慧明"8 人,"慧朗""慧觉"各 5 人。佛教徒出家本是超脱尘世之举,但在取法名一事上,仍不能摆脱像世俗一样的重名羁绊。

以信奉和传播道教为职业的道士,在超尘入道后也多另取名字,称为道名或道号。宋代以后,道教区分为"正一派"和"全真教"两大派系,信奉"全真教"的道士几乎人人都有道名。如"丘祖龙门派"一支,不仅人人都有道名,而且其道名还都是按照字辈严格排列的。这些字辈共有 100 字,按字义和声韵分为 5 言 20 句诗,其中的 8 句是:"道德通玄净,真常守太清,一阳来复本,合教永元明;至理宗诚信,崇高嗣法兴。世景荣惟懋,希微衍自宁。"此外,道教的"王祖昆仑派"和"混元派"等也都有独立的字辈。这些无不说明,姓名以及具有姓名性质的其他称号,作为人类社会中彼此区别的一种符号,无论是普通民间还是宗教领域都是不可缺少的。

十三、由历史看姓名

中华民族有五千年的文明史。五千年来,人名从产生到发展,基本格局大体不变。具体到每个朝代,名字则表现得有所不同。

我国人名最早有规律可循的是夏代。当时人崇拜太阳,通行的历法是干支纪年,因此,当时的帝王和贵族都喜欢用天干命名。据《史记·夏本纪》记载,夏代的帝王名字有太康、仲康、少康等人,据陈梦家在《殷墟卜辞综述》一书中的考证,这些名字中的"康"字即"庚"字,是传说中的十个太阳(天干)之一。此外,夏代帝王的名字还有孔甲、胤甲、履癸等,名中的"甲""癸"也都是天干。至于商代帝王,取名时也都继承了夏代帝王的这一传统,无论是开国之君商汤(又名太乙)还是亡国之主帝辛(即殷纣王),包括其间的 29 位帝王,无不以天干命名。当时的贵族也效法他们的这种做法,在名字中使用十个天干,如祖己、父癸、虎父丁、弓父庚等,都是如此。到了周代,随着人口的繁衍和文化的发达,人名制度也日臻完善。正如《通志·氏族略》所说的那样,当时的帝王"生有名,死有谥;生以义名,死以义谥。生曰昌、曰发,死曰文、曰武。微子启,微仲衍,箕子,比干,皆周人也。故去其甲乙丙丁之类,始尚文焉"。这里"尚文"的意思即不再像夏商人名那样质朴,而是开始注重文采。这种重视的结果,一方面是大量庄重、新颖名字的出现,另一方面则是"五则""六避"取名原则的产生。根据这些原则,人一生下来必须根据信(身体上的某些标志)、义(婴儿表现的天赋)、相(相貌)、假(假借)、类(象似)取名,同时还要避开国名、山川名、官名、疾患名、祭品名(畜牲)、祭器名,显得十分繁琐。尽管如此,大量优美动听的名字仍然不断出现如姬发(周武王)、孔丘(孔子)、庄周(庄子)、李耳(老子)、屈平(屈原)、宋玉等名字都各具特色。

周代的人名特点一直持续到春秋战国及秦朝以后,直到汉代才有所改变。当时,正是我国封建社会的上升和繁荣时期,人们渴望建功立业以报效国家,因此在名字问题上也体现了这种时代精神。有些人注重对国家的贡献,取名孔安国、赵充国、于定国等;有些人景仰古代英雄人物,取名陈汤、赵尧、张禹;有些人尚武,取名苏武、班彪、夏侯胜;有些人气概豪迈,取名孔奋、魏霸、法雄;有些人德操卓荦,取名曹操、董卓、庞德;等等。这些,无不具有鲜明的时代特色。

两汉之际,当政的王莽推行双名改单名制度,强行把那些双字名的人改为单字名。他认为"秦以前复名盖寡",于是便下令禁止使用双名。当时有匈奴单于前来朝贡,也被他专门下诏改为单字名;另有他的长孙王会宗,在这场运动中随例改名王宗,后因企图谋反,不仅事败自杀,而且名字也被恢复了双字名,以示惩罚。像这样对取名用字的一减一增,表现了强烈的褒贬意向,以致后来人们还有了"取双字名是低贱的"这一观念,很少再有人用双字名。这种风气一直持续了近三百年,直到南北朝时期才略有改观。

魏晋南北朝时期，人们取名时除喜欢重复用字和在小名前加"阿"字外，还喜欢加上"之"字或表明自己的宗教信仰。其中，用"之"字取名的突出例子是著名书法家王羲之及其子孙。他的名字是羲之，7个儿子的名字分别是玄之、凝之、涣之、肃之、徽之、操之、献之，两位孙子的名字是桢之、靖之，两位曾孙的名字是翼之、悦之。如此祖孙4代相继，也不加以避讳，在中国姓名史上是十分特殊的现象。另外，南北朝人大多笃信佛教，为了表明自己的宗教信仰，也大多喜欢在名字中加上与信仰有关的字眼，如"僧""惠""昙"等字表示

房玄龄

信仰佛教，"道""玄""灵"等字表示信仰道教。诸如此类的名字有王僧达、陆惠晓、王昙首、萧道成、王玄谟、谢灵运等。据日本《东洋史研究》的有关文章统计，当时的人名仅带"僧"字的就有122人，带"昙"字的39人，可知当时用名字反映信仰的风尚之盛。

历史发展到隋唐五代时期，人的名字又出现了喜欢在取字时只用一字、称呼上标榜排行、名字中喜用"彦"字等新特点。属于第一种情况的人名有房玄龄字乔、张巡字巡、徐坚字伦、谢逸字海等；属于第二种情况的人名，从当时韩愈所写一首诗的名字中就可看出。这首诗名字即《赴江陵途中寄赠王二十补阙，李十一拾遗，李二十六员外，翰林三学士》，其中的人名分别代表王涯、李建、李程等，诗中称呼的都是他们的排行；第三种情况则主要集中在唐末五代。由于"彦"字指有才能德行的杰出人物，加上当时世风日下、朝中乏人、社会动荡，所以，许多人都以"彦"字取名。其中的知名人士，有唐末宰相徐彦章、后梁都指挥使杨彦洪、南汉大将伍彦寿等。据统计，仅唐末至宋初几十年间，以"彦"命名的大小人物就有145人见于史册。甚至有些人想取带"彦"字的名字而找不到适合与之搭配的字，只好借用别人已经叫响的名字。如当时仅名"彦章""彦威""彦卿"的人就各有7个，"彦超"有11个，"彦进"有4个，"彦温""彦韬"各有3个。整个官场政界，几乎成了"彦"字人名的天下。

入宋以后,双字名的使用率越来越高,一些"思贤欲齐"和按家族字辈而取的名字也开始出现。这些特点,历辽、金、元、明、清,一直延续到近现代。在宋代以前,双字名的使用率还不到人口总数的一一半,甚至一些贵为一国之尊的帝王也喜欢以单字取名。宋代以后,无论是帝王还是普通百姓,大都采用双字取名。至明清时,双字名已占人名总数的60%~70%。另外,由于文化的高度发达,一些饱学之士在为人取名时开始喜欢引经据典,如北宋词人周邦彦的名字就出自《诗经》"彼其之子,邦之彦兮"。据宋人俞成《萤雪丛说》一书的记载,当时崇拜颜回的人取名"晞颜"或"望回",敬慕韩愈的人取名"次韩"或"齐愈"。此后,这种风气便愈演愈烈。随着宗族观念的强化和谱学的兴盛,同宗共族的人采用字辈谱的方式取名,则是宋代以后特别是明清时期取名的重要手段。

近现代人的取名特点,除具备一些传统的特色外,还重视姓名的时代性。此外,如在人名用字上喜欢单字名、重叠名;因受西方社会的影响而取西化的名字,以及因宗族势力的复苏而重新使用字辈名,等等,也都是一些值得注意的特点。

总之,中国人的名字由于历史上各个时代的背景不同,大都带有各个时代的历史烙印。了解了这些不同的特点和知识,将有助于人们正确认识名字的作用。

十四、姓名与幽默

姓名与幽默,从含义上说,是指把人的姓名作幽默笑话处理,以期达到调剂生活气氛、改善人际关系等目的。这类例子自古至今是十分丰富的。

相传,南朝刘宋时,有位在皇宫听差办事的小吏姓皇名太子,常常被误以为是皇帝的儿子。后来,宋孝武帝知道了这一名字,心中不悦,便把他名中"太"字的一点移到外面。这样,"太"字就成了"犬"字,"皇太子"也就成了"皇犬子"。

《镜花缘》中,有位名叫玉儿的人,讲了一则王家8兄弟取名的故事。故事说八兄弟的名字分别是王主、王玉、王三、王丰、王五、王壬、王毛、王全。名字之外,八兄弟又各有绰号,其中老大王主的绰号是"硬出头的王大"(意即王字上出头为主字),老二王玉是"偷酒壶的王二"(玉字是王字的添笔,加一点形如酒壶),老三王三是"没良心的王三"(王字抽去一竖),老四王丰是"扛铁枪的王四"(王字上下出头),老五王五是"硬拐弯的王五"(王字右边加一拐),老六王壬是"歪脑袋的王六"(壬是王字的变体,由横改撇),老七王毛是"弯尾巴的王七"(毛是王字下出头加弯),老八王全是"不成人的王八"(全字古代又写作全,上部分是"人"而不是"人",因为似"人"非"人",所以称"不成人")。兄弟8人的名字全由姓氏变化而来,字形变化奇诡,绰号形象生动,读后让人忍俊不禁。

现代诗人陈衍的夫人萧安道,曾就丈夫名中"衍"字作《命名说》一篇,颇为幽默和别致。文中说:"君名衍,喜谈天,似邹衍;好饮酒,似公孙衍;无宦情,恶铜臭,似王衍:对孺人,弄稚子,似冯衍;恶杀生,似萧衍;无妾媵,似崔衍;喜《汉书》,似杜衍;能做俚词,似蜀王衍;喜篆刻,似吾邱衍;喜《通鉴》,似严衍;喜古今文《尚书》《墨子》,似孙星衍;特未知与元祐党人碑中之宦者陈衍,何所似耳?"全文是古今"衍"名人物谱,更是陈衍的事业小传,其生平志趣全通过比较而反映出来,可见是相当精辟且十分细腻的。

十五、姓名与文字游戏

中国人使用的汉字,有独体为文、合体为字的特点,大多数汉字都由几个独立的部分组成.这些独立的部分分开来可以是一个个汉字,合起来则构成一个新的汉字。当这些汉字作为人名使用时,大多采用几个汉字组合起来的意义。有些情况下,一旦把它们分解开来,便又产生了新的意义。这样,汉字取名的分分合合,便又产生了许多新的内容。

我国古今用人的名字作文字游戏的情况很多,方式也颇为复杂。有些人在取名时用姓名二字做文章,把姓或名添笔、减笔、分离、合并组成新的名字。如商代宰相伊尹、宋代学生领袖陈东、清代名儒阮元、现代音乐家聂耳等人的名字都是姓氏的减笔;西汉大将军工匡、近代国民政府主席林森、著名作家李季等人的名字都是姓氏的添笔;当代剧作家万家宝又名曹禺,作家老舍又名舒舍予,电影演员胡诗学又名古月,他们的名字都是姓氏的分离(其中曹禺是"艹禺"的谐音,二者合在一起组成繁体"蒍"字)。另外一种情况是,有些人把名字分解开来,组成自己的字或号。如明朝人徐渭号水田月道人,其字号就是由名字"渭"分解而来的。又如清人胡珏号古月老人,徐舫字方舟,刘侗字同人,郑重字千里,毛奇龄字大可,林泉字白水,等等,也都属于这种情况。

　　属于文字游戏的姓名,还有一些情况,即有些人的名字可以正读也可以倒读,有些人的字号可以连读也可以分读,读法不同,含义有别,其精彩之处也正在于此。如近代影星王人美,名字倒读则是美人王;著名学者闻多(又名闻一多),倒读为多闻。两人的名字中,前者以影剧为职业,最重视自己的形象,名字无论是正读或倒读,其意都妙不可言;后者从事文化事业,职业的要求是见多识广,因此,名字"闻多"或"多闻",寓意都是深刻的。又如近代小说家吴沃尧号我佛山人,清代陈文枢号花对山房,两人的字号也颇多讲究。按照通常的读法,两人的字号可能与其他人的字号区别不大。但是,这两个字号的实际含义是:"我佛山人"即"我是佛山(今属广东)人","花对山房".即"房前种花面对山"。可见,上述两人在取名号时,故意玩弄了文字游戏。

　　此外,另有一些人的名字是出于政治上的考虑而玩弄了文字游戏的。如明太祖第17子宁献王朱权的后裔中有朱耷、朱石慧兄弟,在明朝灭亡后,为逃避清廷追杀,分别取"朱"字的下半部或上半部为姓氏,称"八大山人""牛石慧"。两人在清朝初年都是著名画家,每有画作问世,两人在题款上都要下一番功夫。如朱耷题款"八大山人"总是上下连署,看上去既像"哭之"又像"笑之";朱石慧落款"牛石慧",上下连署时又像"生不拜君"。又如相传清朝康熙帝在临终前立下遗诏,要传位"十四阿哥胤祯"。但是,到他去世以后,近臣鄂尔泰、张廷玉偷改遗诏,在诏书中的"十""祯"二字上各添一笔,使之成为"于""禛"二字,这样,传位"十四阿哥胤祯"就成了传位"于四阿哥胤禛",继位的皇帝在瞬息之间就换了人。

　　姓名与文字之间还有其他一些关系,如封建社会里为了给皇帝、名人、祖宗避讳,就不准书写他们的名字。遇到必须写的时候,也要用添笔、减笔或别的字加以代替。此外,还有一些人故意把名字添笔省笔,以增加情趣。如有人把书房叫作"虫二之斋",初看上去有些让人莫名其妙,但若知道"虫二"二字是"風月"二字的简写,"虫二之斋"意即"无边凰(风)月之斋",就会让你茅塞顿开了!

十六、姓名和地名

姓名与地名的关系也异常密切。一方面,许多姓氏都由地名而来;另一方面,许多人名又被用来作了地名。

我国采用地名作为姓氏的情况起源很早。根据历代姓名学家的研究,可知以地名为姓氏的情况又包括以国名为姓氏、以采邑为姓氏、以乡里为姓氏、以村亭为姓氏、以居住地为姓氏等多种内容。其中,以国名为姓氏的情况,最早可以追溯到周代时。西周初年大封同姓和异姓为诸侯,建立方国,后来,这些方国的名称都演变成了姓氏。如周武王封第三弟鲜叔于管(今河南郑州),封次子虞叔于唐(今山西翼城);周成王又封周公长子伯禽于鲁(今山东曲阜),三子伯龄于蒋(今河南潢川),这些人的后代后来都分别以管、唐、鲁、蒋等为姓氏。据统计,周朝初年共分封48个同姓国和60个异姓国,这108个封国名称,后来无不演变为姓氏。尤其是其中的鲁、晋、蔡、曹、郑、吴、魏、韩、何、郭、于、贾、蒋、胡、宋、陈、赵、田、许、朱、邓、梁、萧、沈、徐、罗、黄、江、谢、吕等国的国名,后来还都演变为中华大姓。此外,由采邑名称而来的刘、冯、白、卢、范、商丘等姓,由乡里名称而来的温、苏、毛、甘、陆、郝等姓,由村亭而来的采、欧阳等姓,由居住地而来的傅、桥、城、关、东郭、百里等姓,也都在中华姓氏中具有广泛影响。

除上述以外,我国历代都有用地名作人名的现象。如有些人以出生时的州、郡、乡、党、亭、里的名称取名,有些人以所在的山、水、桥、榭取名。前述西周初年鲜叔封管、虞叔封唐,他们后来都被称为管叔或唐叔。显然,二人所封的国名又都演变成了他们的名字。又如北宋著名政治家司马光,其父兄和他本人都是以地名取名的。他的父亲因生于池州(今越南谅山),便取名司马池;堂兄生于乡下,取名司马里;胞兄生于父亲的宣城太守任上,取名司马宣;他本人生于父亲的光州太守任上,取名司马光。再如陈独秀生于安徽省怀宁县绿水乡独秀峰下,便以"独秀"为名字;刘伯承元帅的长子出生在太行山,便取名"太行";二女儿出生在华北,便又以"华北"为名字。至于现在一些人把出生于上海的人取名"沪生"(上海简称沪),生于北京的人取名"京生",生于西安的人取名"长安"(西安旧名长安),等等,则更是屡见不鲜。

我国古代对于有些当官的人，喜欢以所任职的地名相称。后来，这些称呼延续下来，便成为这些人名中的一部分。如汉代的贾谊又称"贾长沙"，南朝谢朓又称"谢宣城"，唐代柳宗元又称"柳柳州"，韦应物又称"韦苏州"，宋代苏轼又称"苏徐州"，等等，就是因为他们曾分别在长沙、宣城、柳州、苏州、徐州等地任职的缘故。此外，一些人还喜欢根据自己所在的地名为自己取名号。如唐代大诗人李白幼年时随父居于绵州彰明青莲乡，后来便自号"青莲居士"；宋代大文豪苏轼被贬谪黄州后筑室于东坡，其后便以"东坡居士"自号；明初文学家陶宗仪隐居于松江南村，也以"南村"自号；清代著名画家郑燮家于江苏兴化县城东南的板桥旁，因此又以"板桥"为号；当代画家齐纯芝（齐白石）故乡原有一座名为白石铺的驿站，他在从师学艺后便以"白石山人"为艺名。其后，"齐白石"这一名号的影响甚至远远超过了他的本名。

此外，还有一种与上述各种情况恰恰相反的现象，即我国自古以来还有不少人名被用作地名、山名、县名、街道名。属于这种情况的地名，有些是上古传说人物的名字，有些是历史人物或影响重大的志士仁人的名字。如相传炎帝曾在今湖北西部一带的原始森林中遍尝百草，为民治病；后人加以纪念，便称这里为"神农架"（炎帝又称神农氏）；又相传黄帝去世后葬于今陕西境内的桥山脚下，后人便称当地为"黄帝陵""黄陵县"。又如四川德阳市罗江镇白马关有一地名为"落凤坡"，相传也是因三国时与诸葛亮齐名的"凤雏"庞统被打败于此而得名的。至于浙江绍兴一带有曹娥江、曹娥场、曹娥车站，河南虞城有伊尹车站、木兰车站，则或者是由东汉孝女曹娥之名命名，或者由当地历史上的著名人物伊尹、花木兰之名命名的。再如现在的陕西省有子长县、志丹县，山西有左权县，北京有张自忠路，重庆有邹容路，全国各大中城市都有"中山路""中山街"，这些也无不是由当代著名的仁人志士谢子长、刘志丹、左权、张自忠、邹容、孙中山等人的名字命名的。

总之，姓名与地名关系密切，情况复杂。但总的来看，一方面地名可以作为人的姓名，另一方面人的姓名又可以作为地名使用，两者之间是一种相辅相成、密不可分的关系。

同书对"风地观"卦的解释是：

初六六爻上上，野鬼暗张弧，射中主人惊。红日沉江海，空中事不成；

六三三爻上上，双燕衔书舞，指日一齐来，寂寞淹留客，从兹下钓台；

九五五爻下中，云霭霭，月朦胧，一雁人云中，残花谢晓风。

如果从上述两卦中还不能看清司马德宗的主运和辅运的话，那么再看一种较为浅显的解释。如近年在港台流行的卦书对"山地剥"卦的解释说：山地剥，颠落，凶。破灭之时。运势衰微，诸事辛劳，要留意被诈欺之损失或不虑之灾。守吉，攻凶。

同书对"风地观"卦的解释是：

风地观，高风，吉。身上多变动之

黄帝陵

时。喜中突生障害难仪。若能发现承蒙上长照应之方法者，百事如意达成。

综合分析上述两组解释，可知司马德宗的命运较差。历史事实是，司马德宗是东晋安帝，生来白痴，一辈子受制于人，最终被臣下杀害(见《晋书，安帝纪》)。

第三章　姓名的吉凶祸福

从阴阳五行到八卦六爻，都是命理学家从迷信角度解释姓名人生的，大多不足取信。但在实际生活中，真正因姓名得福或因姓名得祸的人确实古今都有。

其实，早在人们取名字的时候，心中就已把名字与命运联系起来。取名的人大多都想通过名字带来好运气，谁也不想取一个倒霉的名字。此外，在人的一生中，一个好名字往往会给当事人一种心理愉悦感，一个坏名字则可能会带来一种心理上的压力。因此，上述这些虽然不能认为姓名已经与命运联系起来，但在多数情况下，人们还是把姓名与命运联系在一起了。

至于姓名与吉凶祸福之间的关系则属于另外一种情况。在这种情况下，吉凶祸福大多是人为的与姓名联系在一起的，亦即由姓名而引起吉凶祸福的。如我国最后一名状元刘春霖在科考时本是第2名，因在皇帝确定名次时正赶上天旱，而他的名字又有春雨如霖之义，于是便被点为状元像他这样因名得福的情况，他本人当初显然是没有料到的。

我国古代因姓名得福的例子还有很多。如宋太祖赵匡胤正要率兵出战，忽然一个叫宋捷的人前来送信，他认为这个人的名字有"宋朝军队出师大捷"之意，于是便厚待了他。大书法家米芾有洁癖，挑选女婿时，见有人名拂字去尘，认为肯定干净无比，就把女儿嫁给了他。明朝世宗点状元前夜，做梦听见了雷声，醒来后便点一个叫"秦梦雷"的人做状元。他后来以"重治本事"为指导思想选拔官吏，又从人名上选了"张治""李本"二人为官。清朝乾隆皇帝圈定状元名单，见一位叫"胡长龄"的名字，认为他的姓另有指满清民族之义，名字意为长寿，姓名合起来十分吉祥，便点他为状元。同样，慈禧太后在七十大寿时点状元，见一个叫"王寿朋"的名字有"我王长寿无比"之义，也把他从科考名单中较低的位置前移为状元。此外，据有关书籍记载，清朝旗人端方字午桥，又称端午桥，有次突然升迁了一个叫重阳谷的人的官职，同僚不解其意。后来仔细一想，才知两人的名字是极好的一副对子。

当然,我国古代发生的因名得祸的事情也是非常多的。如前述拂去尘等人因名得福,由于得到了本不应属于自己的好处和位置,实际上也就是抢占了别人的好处和位置,因此原来应该得到这些的人无疑是因名得祸。此外,如宋朝司空宋郊,早年在宋仁宗身边知制诰时被一位叫李淑的人诬陷,说他的姓与大宋国号相同,名与"交"字谐音,因此"宋郊"即"宋交",意思有诅咒宋朝亡国之义。尽管宋仁宗不把李淑的话看得很重,但仍让宋郊改名宋庠以避嫌。又如《十驾斋养心录》载,宋徽宗时,江西浮梁县丞陆元佐上书说,江西平乐县有人叫"孙权",浮梁县有人叫"刘项",都与古代帝王同名,有图谋不轨之义,因此请求皇上以"寓意僭窃"的罪名处罚他们。这件事的结局虽然不得而知,但有一位叫"龙凤祥"的人确实因为名字取得太出格而被发配到新疆伊犁。再如宋高宗刚刚定都杭州(古称钱塘、临安)时,见宰相举荐上来一个叫"钱唐休"的人,认为此人的名字充满晦气(从字面上看,"钱唐休"有"建都钱唐的南宋王朝亡国罢休"之义),坚决不同意他担任官职。同样,明朝举人孙日恭、徐镕虽然才学出众,但终因名字重新组合后如"暴""令害",双双遭人指控。此外,清朝参加科考的人范鸣琼和王国钧因姓名分别与"万民穷""亡国君"谐音,也遭受到了与孙日恭等人一样的结局。另如清朝乾隆时有位考生因为姓"酆",使主考官联想到鬼城酆都(即今四川丰都),因此也遭嫌恶打击。上述这些虽然都是别人无事生非,但也无不由名字而起。

一、阴阳五行看平衡

阴阳五行本是我国传统文化中的哲学命题,以现代科学的眼光看,它与人的姓名毫无关系。但是,在命理学家眼中,阴阳五行不仅与人的姓名关系密切,而且还制约着人一生的命运。

所谓阴阳,是指万物中矛盾对立的两个方面。如阴阳学家认为,在自然界中,天和地、山和水、明和暗、寒和热、湿和燥、上和下、前和后、表和里、水和火都是对立的;在人类中,男和女也是对立的;在数字中,单数和双数也是对立的。这些对立的两个方面就构成了阴阳。其中,天、山、明、热、燥、上、前、表、火、男人、单数都属于阳;地、水、暗、寒、湿、下、后、里、女人、双数都属于阴。同样,人的姓名根据所用汉字的实际意义和笔画多少区分,也可以确定其阴阳。其中,姓名所用汉字的含义又称为"理",笔画多少又称为"数"。根据命理学家的观点,姓名中的"理"和"数"像万事万物的阴阳一样,都要有一个合理的搭配和平衡,如果缺乏这种搭配和平衡,就要设法加以调整,以适应阴阳相辅相成的基本规律。从名字的字意上分析,有阴阳,姓在"理"分析也有阴阳,名在"理"上也有阴阳,因此,以姓和名的理数阴阳互为平衡,是命理学家眼中最为理想的名字。

事实上,如果把人们的名字都分出阴阳来,看其理数搭配是否平衡,几乎是不可能的事情,而人们在取名时也不可能完全顾及这种搭配。但命理学家却不这么认为,他们说,如果一个人的名字阴阳理数并不完全平衡,就要设法让它平衡,或者在已知姓氏的阴阳理数的情况下尽量取一个与之对应的名字,以适应阴阳平衡这一规律。简言之,就是阳盛取阴名,阴盛取阳名,相互补充。如一位姓刘的男子易动不宁,另一位姓李的男子胆怯气弱,命理学家就会认为他们分别是阳气太盛和阴气太盛的缘故,取名时就要为姓刘的取一个:在数理上都是阴性的名字(如文、静等),为姓李的取一个阳姓的名字(如山、清、龙等)。

中国传统文化中的五行,亦即指金、木、水、火、土五种基本物质。在古人看来,天地万物都是由这五种物质组成的。例如,人有肝、心、脾、肺、肾五脏,方位有东、西、南、北、中五方,颜色有青、赤、黄、白、黑五色,道德有仁、礼、信、义、智五常,这些具体的东西,都可以与五行联系起来。如肝、东、青、仁属木,心、南、赤、礼属火,脾、中、黄、信属土,肺、西、白、义属金,肾、北、黑、智属水,等等。此外,五行之间还有相生相克的关系,如木可以生火,火可以生土,土可以生金,金可以生水,水可以生木;同样,金又可以克木,木可以克土,土可以克水,水可以克火,火可以克金,一般情况下,五行之间都是处于平衡状态的。从这一基本原理出发,命理学家认为人的姓名也可以由五行划分,如钟、钱等姓属金,杨、李等姓属木,江、黎等姓属水,耿、炎等姓属火,垣、墨等姓属土;同样,名字中用刚、利等字属金,艺、营等字属木,鲜、云等字属水,明、昌等字属火,山、珍等字属土。如果一生中五行偏缺,就要想法通过姓名来进行补足。补足的方法一般是在姓名中直接加上表示五行的字,或者加上含有五行字义的字,或者通过计算姓名用字的"数"(笔画)来与五行相属。这三种方法的前两种较易理解,即如一个姓刘的人姓氏属金,如果命里缺土,就要:在取名时选一个带"土"或能与"土"联系起来的字;至于第三种情况,命理学家认为数字也可以用五行区分。当无法从字面和字义上确定姓名的五行时,就可以用计算姓名笔画数字的方法来确定五行,并因此进行补缺。

命理学家判断人一生中是否五行偏缺的方法主要有相面法、诊断法和推算法等。其中相面法即通过观察体形、举止、气色、声音等来确定五行所属。他们认为,人的气色和体形是有差别的,脸色发青、身材瘦长的人属于木形,脸白而方正的人属金形,黑而肥圆属水形,赤而尖露属火形,黄而敦厚属土形。此外,就性格而言,清高有仁义之风的人是木形人,严肃讲义气的人是金形,圆通有理智的人是水形,急躁但不失礼的人是火形,敦厚守信的人是土形。至于通过诊断来判定人类五行的方法,即用望、闻、问、切等方法确定五脏之气的盛衰,若肝阴不达则缺木,心火过盛则缺水,等等。另外,用推算法来看人的五行命运,主要手段则是算"八字"。

总之,命理学家把人的姓名与阴阳五行联系起来,并没有什么科学根据。但它作为一种影响至今的文化现象,还是有一定的社会基础的。

二、生辰八字算命运

与阴阳五行一样,生辰八字也是命理学家常用来与姓名联系在一起的手段之一。生辰即生日,八字:是分别代表出生时年、月、日、时的八个字。因为古人计时与现在不同,他们是把 10 个"天干"(即甲、乙、丙、丁、戊、己、庚、辛、壬、癸)和12 个"地支"(即子——鼠、丑—牛、寅——虎、卯——兔、辰——龙、巳——蛇、午——马、未——羊、申——猴、酉——鸡、戌——狗、亥——猪)分别搭配,依次各取一字组成词组(如甲子、丙寅等等),表示时间,合称干支纪年或干支纪时。由于年、月、日、时共用四对干支,合起来正好是"八字"。

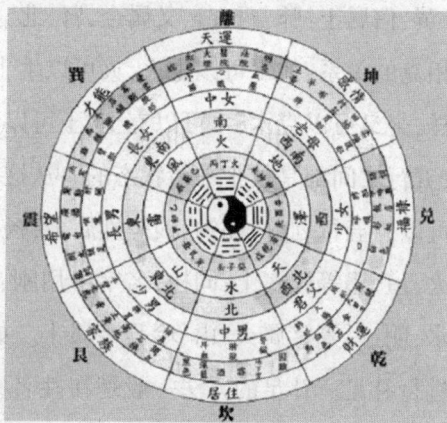

生辰八字

命理学家认为,一个人的命运是在出生时就注定了的,由于出生的时间不同,所以命运也不尽相同。怎样才能知道自己的命运好坏呢? 这就要通过生辰八字来推算。通过推算,如果命运大吉大利则无妨,但如果先天命运不理想,就必须想办法去改变这种命运,其中最行之有效的办法便是取个好名字。所以,旧时孩子一生下来,做父母的总要去请算命先生去排一排八字,看孩子的命运是好是坏,然后再根据八字中的偏缺情况来取名字。遇到这种情况,算命先生只要一翻历书并稍加推算,便可知道孩子的"八字"如何。如干支纪年,10 干与 12 支依次组台,可用 60年,称为"60 年一甲子",然后从头开始再轮回一个周期;干支记月则用 12 支分别代表 12 个月,即正月为寅,二月为卯,三月为辰。四月为已,五月为午,六月为未,七月为申,八月为酉,九月为戌,十月为亥,十一月为子,十二月为丑。由于各月份的地支已定,则其天干也可以根据规律推算出来。这一规律是:凡天干逢甲、己的年份,正月的天干是丙;乙、庚年正月的天干是戊,丙、辛年正月天干是庚,丁、壬年正月天干为壬,戊、癸年正月天干是甲。由于根据这一规律可以知道正月天干,那么其他月份的天干便可依次类推了。

　　出生日干支的推算方法较为复杂,算命先生一般是查万年历进行解决。在这种日历中标明有每月初一、十一、二十一的干支所属,其他日子的干支便可依顺序推知。至于出生时间的推算方法,古人把一天一夜分作 12 个时辰,每个时辰大约相当于现在的两个小时。如 23~次日 1 时为子时,1~3 时为丑时,3~5 时为寅时,5~7 时为卯时,7~9 时为辰时,9~11 时为已时,11~13 时为午时,13~15 时为未时,15~17 时为申时,17~19 时为酉时,19~21 时为戌时,21~23 时为亥时,这样便可知道出生时的地支;推算出生时的天干则以出生当日的天干为依据,如果当日的天干为甲、己,则此日的子时天干便是甲;如果当日天于是乙、庚,则当日子时天干便是丙,其余的推算方法与日天干相同。至此,一个人的生辰八字便完全出来了。

　　如一个人生在 1963 年 5 月 14 日上午 10 时,则他的八字是癸卯、戊午、丁巳、乙巳;如出生在 1968 年农历正月初八日,则他的八字是戊申、甲寅、丙午、丙申。这些表示年、月、日、时的 4 对干支,又称"四柱"。有了八字和四柱,算命先生又把它们与阴阳五行相配,其原则是天干由"甲"开始,地支由"子"开始,按顺序处于单数位置的属阳,双数则属阴。以五行论,甲、乙、寅、卯、辰属木,丙、丁、巳、午、未属火,戊、己、申、酉、戌属金,庚、辛、亥、子、丑属水,壬、癸和辰、戌、丑、未又兼属土。这样,生辰八字既然与阴阳五行联系起来,则一个人的命运便可推知了。

如一位在1945年8月18日下午6时出生的人,生辰八字是乙酉、甲申、己未、癸酉,其所属的五行分别是木、金、木、金、土、火、水、金,总计3金2木和土、水、火各1。遇到这种情况,算命先生就会认为他命中金偏盛,在取名时就要设法抑制。其抑制的办法大致与阴阳五行取名法相同。

三、生肖属相考匹配

在命理学家眼里,人的姓名和一生的命运还与生肖属相有关。所谓生肖属相,就是指一个人在出生那年的干支所属,其中甲子年生人属鼠,乙丑年属牛,丙寅年属虎,丁卯年属兔,戊辰年属龙,己巳年属蛇,庚午年属马,辛未年属羊,壬申年属猴,癸酉年属鸡,甲戌年属狗,乙亥年属猪。在12生肖中,鼠和马、牛和羊、虎和猴、兔和鸡、龙和狗、蛇和猪都是相冲的关系,鼠和羊、牛和马、虎和蛇、兔和龙、猴和猪、鸡和狗都是相害的关系。此外,鼠和牛又合为土,虎和猪合为木,兔和狗合为火,龙和鸡合为金,蛇和猴合为水,马和羊合为太阴、太阳,通称为"六合"。在姓名中,凡"冲""害"为凶,"合"为吉。因此在取名时,就要竭力做到姓名与属相相合,避免冲害。至于怎样进行避免,命理学家还总结出一套规律,如他们认为,鼠年、牛年生人应避开"午""马""未""羊"

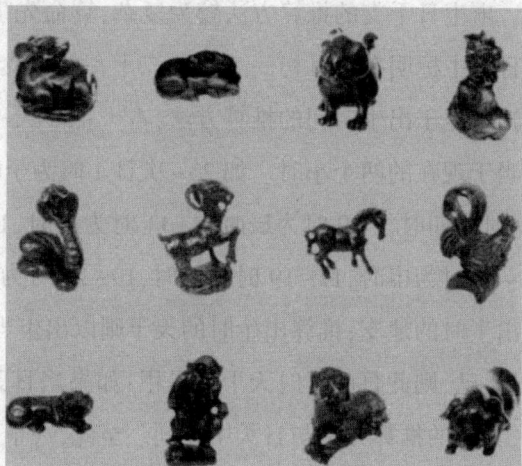

十二生肖

等字,虎年生人避"申""猴""巳""蛇"等字,兔年生人避"酉""鸡""辰""龙"等字,龙年生人避"戌""狗""卯""兔"等字,蛇年、猴年生人避"亥""猪""寅""虎"等字,马年、羊年生人避"子""鼠""丑""牛"等字,鸡年生人避"卯""兔""辰""龙"等字,等等。

按照命理学家上述所定的属相与姓名规律,假定人们已经避免了属相与姓名的相冲相害,那么,在一个人的姓氏和属相已知的情况下,什么样的姓氏适合取什么样的名字,或属于某一属相的人应该取什么样的名字呢?关于这些,命理学家也总结了一套规律。

如就姓氏和属相而言,孙、孔、李、季、孟、郭、游等姓中都含有"子"字,属鼠,取名时应选适合鼠类生活的"米""豆""禾""鱼""肉"(作偏旁时为'月'),以及含有"人""宀""一""廿""田""木"等偏旁的字。其他各姓氏和属相的取名可以依此类推。一句话,其总体原则就是把人的姓名与生肖属相联系起来,把人当作他出生那年的属相看待。如鼠、牛、兔、马、羊、猴、鸡、狗、猪都以粮食为食物,所以命理学家也认为这些属相的人取名时应取带有"米""豆"等字的名字,这样才能保证生活安定,吃喝无忧;同样,以羊、马、牛、兔为属相的人,因为属相是食草动物,所以取名也应以带"廿"字为佳。此外,虎食肉,龙喜水,取名时也应符合这些特点。

四、五格剖象察凶吉

五格剖象是命理学家根据人的姓名笔画推断命运的一种方法。所谓五格,即天格、地格、人格、外格、总格,其中天格代表父母的命运,地格代表自己38岁以前的命运(又称前运),人格是自己的主运,外格是副运,总格是后运(38岁以后)。

命理学家为推断姓名五格而制定的方法十分繁琐,其中不仅有单字姓、双字姓、单字名、双字名之别,而且还有取姓名首字、取中字、取末字等等的区分,如果不认真分析,犹如让人进入迷宫一样。但总括为一点,由于其基本特点是取笔画中的数字(取笔画以繁体字为准),如果掌握了要领,计算出姓名五格的数字还是不难的。

姓名五格与命运的关系除上述所言者外,还有些命理学家认为五格中的天、人、地三格还与人的身体健康有关,其一生的疾病寿夭都可从这三格中显示出来。因为更加玄妙莫测,这里就不多介绍了。

五、八卦六爻知主辅

八卦六爻是我国流传较广的一种算命形式,它与姓名学的结合也是命理学家的一种创造。命理学家把八卦和六爻分别以数代替,然后用名字笔画数除8得封卦,除6得爻,最后根据所得卦、爻查找专门编定的卦书,得出命运吉凶的解释。可见,这种把姓名与八卦六爻结合起来的方法,也是充满迷信色彩的。

在古代,八卦是指乾、兑、离、震、巽、坎、艮、坤等8种占卦名称,其表示符号是☰、☱、☲、☳、☴、☵、☶、☷,它分别用三排横短划符号的不同组合来表示。由于这些符号各由三部分组成,这些组成部分又被称为"爻"。算卦时,每卦都由六爻组成,这些爻根据所处的位置不同,自下而上又被称为初爻、二爻、三父、四爻、五爻、上爻。其中初爻和二、三爻组成内卦,四、五爻和上爻组成外卦。占卦姓名时,一般取名字的笔画为卦,其中名字的第一字笔画之数为外卦,第二字笔画数为内卦。遇到单名或两字以上名等情况,则单名的笔画数同作内外封使用,两字以上名如是双数,则平分一半为外卦,一半为内卦;若无法平分,则以少的一字为外卦,多的一字为内卦。上述各种情况的名字笔画都要以8为限,超过8画则要在除8以后使用余数。

无论是内卦或外卦,在得出名字笔画数以后都要定出内外卦名,其标准与八卦的排列顺序相同,即1画为乾,2画为兑,3画为离,4画为震,5画为巽,6画为坎,7画为艮,8画为坤。由于内外卦所得笔画各有名称,命理学家又根据不同的情况为它们重新命名。如外卦"离"内卦"坤"为"火地晋",内外同为"坤"卦为"坤为地",外卦"乾"内卦"震"为"天雷无妄",等等。

通过上述方法所得的六爻卦,被命理

太极八卦图

学家看成是本卦,这种本卦所得的解释便是一个人一生的命运。此外,为了使对一个人命运的解释更为准确,命理学家又在本卦的基础上设计了一个变卦。其变卦的方法:是把名字笔画总数之和除6,以余数多少与原有本卦的某一爻数相合,然后改变这一爻的性质(阴阳互变),这样便可得出变卦及变卦的名称。接下来,便是用这一变卦查寻有关卦书,得出某一名字的参考命运。

上述所介绍的方法也许比较抽象难懂,下面以一个实际人名为例加以说明。如"司马德宗"这一名字,"德"为15画,除8余7,7为艮,此为外卦;"宗"为8画,8为坤,此为内卦。外艮内坤,名为"山地剥"卦;又"德宗"两字笔画总.数为23,除6得5。查本卦五爻原为阴爻,变爻为阳,则五爻所在的艮卦又变为巽卦,外巽内坤,变卦名为"风地观"卦。至此,已知司马德宗本卦是"山地剥",变卦是"风地观",则查有关卦书便可得知他的主运(本卦运)和辅运(变卦运)。如相传为宋邵雍所编《梅花易数一撮金》对"山地剥"卦的解释是:

初六初爻下下,上接不稳,下接不和,相缠相扰,平地起风波;

六三三爻上上,玉石犹蒙昧,那堪小恨多!终无咎,笑呵呵;六五五爻中中,圆又缺,缺又圆,低低密密要周旋,时来始见缘。

第四章　百家姓解读

李——中国大姓之一

在中国历史上,李姓所建的政权最多,这在中华姓氏中是比较少见的。李姓先后称帝称王的多达 60 余人,建立有大成、西凉、凉、吴、魏、唐、楚、后唐、南唐、大蜀、西夏、大顺等政权。先谈唐王朝,唐朝自公元 618 年建立至公元 907 年灭亡,共经历 290 年、24 个皇帝,前期国势强盛、疆域辽阔,在 7 世纪后半叶鼎盛时,北界到达贝加尔湖和叶尼塞河上游,西北界到达里海,东北曾到达日本海。唐朝是中国历史上声威远播的一个朝代,对外,四夷来贡,唐太宗被称为"天可汗";对内,政治修明,人民安居乐业。贞观、开元之治,名垂史册,创造了李氏天下的贤明之治。

除了李唐王朝,还有东汉初李宪自称天子并在庐江郡建立政权,西晋时期李雄建立大成国,陇西李暠建立西凉政权,隋末李轨割据自称凉王,李子通在扬州称吴帝,瓦岗李密在洛口自称魏公,沙陀族人李存勖建立后唐,李昪建立南唐,李希烈在开封称楚帝,北宋初李顺据成都称大蜀王,党项人李元吴建立西夏,李自成创建大顺政权。

(一)"木子"救命成李姓

李姓是中国第一大姓,氏族兴旺,人数众多,远在其他姓之上。据说当今李姓人氏大约有 1 亿,若世界上所有姓李的人并排站在一起,能够环绕地球一圈半。

据史载,李姓原是颛顼帝高阳氏的直系后裔。颛顼有一个孙子叫皋陶,做了尧帝的理官。理官,专管狱讼推断,有些像当代的法官,当时盛行以官职为姓,皋陶也就以"理"为姓。

商朝末年,皋陶后裔有一个叫理征的人,忠心耿耿,多次进谏纣王,当时纣王暴虐无道,沉湎酒色,诸侯和百姓都很怨恨他。纣王对理征的多次劝谏很恼火,便把他杀了。理征的妻子契和氏听到消息后,便带着年幼的儿子利贞外出逃难。契和氏本是陈国(今河南淮阳)人,想逃回娘家,又怕连累家人,于是便逃往豫西。当走到今河南西部伊河流域的"伊侯之墟"(也就是伊侯曾经居住过而后已经荒废了的地方)时,母子两人饥饿难忍、疲惫不堪,小利贞已经奄奄一息。那里荒无人烟,根本无法找到食物。幸好契和氏发现附近的野树还有一些"木子"(野果),于是采下来吃,这才保全了性命。母子俩逃到豫东,在离淮阳不太远的苦县(今河南鹿邑)安家落户。为了表示对"木子"保命的感激,而且理、李同音,可以躲避纣王的追捕,自利贞开始改姓李。这就是李姓的起源。

李姓族人形成后主要分成两支,一支在陇西(今甘肃),一支在赵郡(今河北)。陇西李姓出了李渊一家,建立唐王朝后,得到空前发展。赵郡李姓也成为当地望族,不断向全国各地扩展,到全国各个角落落户。大规模的南迁发生在公元880年,由于唐末爆发规模盛大的黄巢大起义,李氏一族为寻求偏安之地而大举南迁。

历史上的李姓名人,数不胜数。从春秋时期的李耳(即老子)开始,战国有大将李牧,汉有"飞将军"李广,晋有以《陈情表》闻名于世的太子洗马李密。唐代更多,有大诗人李白、"鬼才"李贺、李商隐、军事家李靖、书法家李邕。南唐有中主李璟、后主李煜,宋有女词人李清照,明代有杰出医药家李时珍、明末农民起义领袖李自成,清有戏曲理论家李渔、数学家李善兰、小说家李宝嘉、洋务派首领李鸿章,近代有中国共产党的创始人之一李大钊、著名地质学家李四光、老一辈革命家李富春和李先念、爱国人士李嘉诚等。这一大批李姓中的杰出代表,不仅为李氏赢得了荣誉,也为中华民族创建了不朽的功勋。

(二) 李姓名人

1.道家始祖老子

老子,姓李名耳,字伯阳,春秋时思想

老子

家,道家创始人,传说是《老子》一书的作者。

传说老子是春秋初期周平王时的人,又说孔子曾向他问过礼(孔子是春秋末期人),那么老子就活了200多岁,有人说他是因为修道养寿才活了那么大岁数的。后人纷纷效仿,求仙问道成为历朝历代许多皇帝和大臣的头等大事,道教由此兴盛。老子也被奉为教主,称"太上老君"。

《老子》一书是他思想的主要体现。他用"道"来说明宇宙万物的演变,提出"道生一,一生二,二生三,三生万物"的观点,对中国哲学发展有很大的影响。后世很多学者都从不同的角度吸取了他的思想。

2.一代名君李世民

李世民,即唐太宗,唐高祖李渊的次子,是中国历史上一位有作为的皇帝。

李世民早年随父起兵反隋,战功赫赫,先后镇压和收服窦建德、刘黑闼、薛仁杲、王世充等割据势力。李渊称帝后,封李世民为"秦王"。太子李建成很忌妒他,联合另一个弟弟李元吉设计陷害他。

李世民得知后,在玄武门发动政变,杀死李建成和李元占,并诛戮两人的亲眷、僚属多人,事后还迫使高祖李渊交出皇权,史称"玄武门之变"。

唐太宗善于纳谏,他有一个名臣叫魏征,经常直言进谏,即使太宗盛怒也毫不退让。魏

李世民

征死后,太宗痛哭地说:"我失去了一面镜子!"太宗举贤任能、量才录用,采取了一些开明政策和利国利民的措施,经济得到稳步发展,历史上称他统治的时期为"贞观之治"。

贞观十五年(公元641年),吐蕃赞普松赞干布非常羡慕唐朝文化,派大相(相当于宰相)禄东赞带着黄金5000两、珍宝数百件去长安向皇室求婚,唐太宗为汉藏两族友谊着想,答应将文成公主嫁给他。文成公主入藏后,汉藏交流频繁,先进的汉族文化传入吐蕃,对吐蕃生产和文化发展起了很大的促进作用。

3."诗仙"李白

李白,字太白,号青莲居士,唐代大诗人。

年轻的时候,李白就显露才华,吟诗作赋。25岁时他出外远游,在长安遇到当时任太子宾客的贺知章,两人一见如故。贺知章特别欣赏李白的诗,据说他读到《蜀道难》和《乌栖曲》时,欣喜若狂,认为这样的诗可以泣鬼神,兴奋地解下衣带上的金龟,叫人拿出去换酒与李白共饮。贺知章对李白瑰丽的诗歌和飘逸脱俗的丰采感到十分惊异,戏言:"你是不是太白金星下凡到了人间?"后来就有人称李白为"谪仙"。

李白嗜酒如命,不拘小节。他在沉醉时撰写的诗歌,尤见神采,并且能与没有喝酒的人议论政事,见解精辟,毫无差错,人不能及。当时的人称李白为"醉圣"。

李白

天宝初年,李白得唐玄宗赏识,玄宗常令他撰写诏书、文诰。当时正是十月,天气寒冷,笔被冻住不能书写。唐玄宗下令宫女服侍在李白身旁,拿起笔用嘴呵气解冻,然后供李白使用,称"美人呵笔"。

4.皇帝词人李煜

李煜,字重光,初名从嘉,号钟隐,又号莲峰居士,五代时南唐国主,著名词人,世称李后主。

李煜不仅擅长诗文、音乐,而且书法极佳,写字用颤笔作扭曲之状,十分道劲,状如寒松霜竹,取名为"金错刀"。他精于鉴赏,最不喜唐颜真卿书,说颜书有佳笔而无佳作,得王羲之之筋而失于粗鲁,如叉脚田舍汉(庄稼汉)。

李煜以词著称于世,却因词惹祸身死。宋军攻破南唐,李煜被俘。他常以泪洗面,词曲中常流露出浓厚的感伤情绪。一次,他作《虞美人》"春花秋月何时了?往事知多少!小楼昨夜又东风,故国不堪回首月明中。雕栏玉砌应犹在,只是朱颜改。问君能有几多愁？恰似一江春水向东流！"宋太宗听说后大怒，用毒酒把李煜毒死了。

5.闯王李自成

李自成，本名鸿基，陕西米脂人，明末农民起义领袖。

李自成出身农民家庭，童年时给地主牧羊，后参加高迎祥的起义军，作战勇猛，被称为"闯将"。

高迎祥死后，李自成被推为闯王。1640年，李自成根据部将李岩的策略，针对中原灾荒严重、河南耕地大半被明朝宗室贵族占有、广大农民不得温饱的状况，提出了"均田免粮"的口号，获得广大农民的热烈欢迎，民众纷纷投奔起义军，部队迅速发展到上百万人。第二年，起义军攻破洛阳，杀福王，以王府和富户的钱粮救济饥民，百姓唱着"迎闯王，不纳粮"的歌谣夹道欢迎李自成的军队。

1644年，李自成攻入北京，崇祯帝自缢于煤山（今北京景山）。但起义军领袖犯了骄傲享乐的错误，大将刘宗敏霸占了吴三桂的宠姿陈圆圆，吴三桂盛怒之下，引清兵入关，后有"冲冠一怒为红颜"之说。起义军在清军和吴三桂军队的联合进攻下，节节败退，李自成在湖北通县九宫山兵败被杀。

王——帝王后裔

王姓是当今中国的五大姓氏之一。从史传上可知，中华王姓是"王者之后"，即帝王的后代。据史载，东周时期，周灵王太子姬晋因直言进谏而被贬为庶人，不久郁郁而终。其子宗敬见王政失坠，便毅然引退，带领家人迁至太原定居，当时太原人称其一家为"王家"。久之，宗敬一家便以"王"为氏了。进入秦汉以后，太子晋的后裔在姓、氏合一的文化背景下，由"王氏"转化为"王姓"。这就是王姓的主要来源。

除太原王姓之外，周文王、周考王的后裔，在改朝换代时或出逃流亡，或夺爵失国，为了让后世子孙牢记他们高贵的出身，于是也以王为姓。此外，帝王赐姓，冒姓改姓，以及少数民族在汉化过程中改王姓，也是王姓由来的途径。

(一) 王姓风流满史书

自宗敬在太原郡开姓立宗以来，王姓进行了六次大的播迁，其总的特点是自西向东、自北向南。其中意义最为深远的是第一次大播迁，这次播迁使王姓从此出现分支。

据史料记载，秦二世胡亥即位时，任王贲之子王离为大将军，前往攻赵，楚将项羽出兵救赵，双方在巨鹿展开大战，王离兵败自杀，其子王元率家人迁往山东琅琊，世人称其为"王氏琅琊"。这就是王姓历史上的第一次大播迁。而当时王离的次子王微，则仍留在太原晋阳。从此，太子晋开族的太原王姓，在中华大地上分衍出"太原王"与"琅琊王"两大系统。这两大王姓又都可谓代代有俊杰、世世出英雄，不仅多大将，多领袖，多宰相，更有数不清的风流名士。秦有大将王翦、王贲、王离；西汉有塞外和亲的美女王嫱；东汉有民间传说以美人计密结吕布、谋诛董卓的王允。晋朝时，王氏盛名更是达到巅峰，有名臣王衍、王玄、王坦之，名满天下的大书法家王羲之父子，以及王导、王敦等名流。当时王姓与谢氏一起被誉为"王谢风流满晋书"。南北朝时出现画家王微、文学家王僧达；隋有名将王世充；唐有六岁能文的王勃、"诗中有画，画中有诗"的大诗人王维、农民起义领袖王仙芝；北宋有名臣王安石；南宋有抗金将领王彦、王忠植、王坚；金有全真教的创立者王重阳；元有以《西厢记》名垂青史的王实甫；明清有大思想家王夫之、王守仁（阳明先生）；近现代有著名的无产阶级革命家王若飞、王维舟、王稼祥等。今天，王姓已成为中国第二大姓，王姓人遍布海内外，可以说，凡海水之所至，无不有华夏王姓立足于其间。

昭君出塞图

(二) 自古王姓多将领

研究王姓,会发现一个很奇特的现象,就是中国历史上许多著名的将领都姓王。在这些王姓将领中,第一个彪炳史册的就是帮助秦始皇一统天下的王翦,他与其子王贲、其孙王离,祖孙三代仕秦昭襄王、秦始皇、秦二世,历三朝大将军。门第显赫的王姓大将还有西汉大将军王凤,他以外戚专权,其侄王莽甚至夺走了刘氏江山。此外,西晋的抚军、安东和征东大将军也均为王姓,分别为王濬、王浑和王弥;东晋镇东大将军王敦更是司马睿的开国功臣,与其兄王导外掌兵权、内执朝政,权倾天下,当时民间流传的童谣"王与马,共天下"即道出了王敦兄弟的权势之盛。隋大将王世充以镇压起义军而备受皇帝重视,而当他羽翼丰满后又扯起了起义大旗,废帝自立,建郑国;以镇压农民起义起家的王姓大将还有唐左金吾大将军王式。北宋出了个在赵匡胤"杯酒释兵权"时自请解职的王守琦;南宋则有两位著名的抗金将领王彦和王忠植,还有武功大夫王坚。此外,王姓将领当中还有一位蒙古人,就是元末的扩廓帖木儿,汉名王保保,他是察罕帖木儿的义子,曾立下赫赫战功,总领天下兵马,后来成为明政权的心腹大患。清末王姓将领有王孝祺和王德榜,他们共同对抗太平军,又一起协同冯子材大败法军。

除此之外,中国共产党的军队中也涌现了不少著名的王姓大将,比如被授予将军衔的王树声、王铮、王新亭、王建安、王震;毕业于黄埔军校后任高级将领的王良、王世英、王尔琢等。他们是王姓人的骄傲,更是中华民族的骄傲。

(三) 起义领袖多王姓

也许正是因为王姓人本为帝王之后的缘故,他们一心想恢复先祖的显赫与辉煌,因而历史上不断有王姓人站出来与统治者一决雌雄。

新莽末年的绿林军起义首领王凤和王匡对于王莽来说是个不大不小的巧合,因为王莽的伯父叫王凤、侄儿叫王匡,伯父促使他成就了今天的霸业,侄儿辅佐其朝政,而义军王凤、王匡却要打破这一切,后来王莽的江山果然在义军和刘玄的攻击下失守了。西晋时王如领导了南阳流民起义;唐末,爆发了王仙芝、黄巢领导的农民起义,持续时间长达10年,夺取了唐的政治中心,建立了大齐政权。到了北宋,又爆发了王小波、李顺领导的四川农民起义,最终建立了大蜀政权。元末,王权领导了襄阳红巾军起义;明末的王姓义军首领最多,有王自用、王辅臣、王嘉胤、王俊;清代出现了两位女性义军首领,她们是领导川楚起义的王聪儿和领导贵州南笼起义的王囊仙。

(四) 王姓名人

1.外戚专权话王莽

王莽,字巨君,少年时已颇富心机。据传,他的伯父大将军王凤卧病时,他衣不解带地悉心照料,弄得自己蓬头垢面。王凤深受感动,临终前将他托付给亲姐姐孝元皇后,从此王莽开始登上西汉的政治舞台。为了彻底控制刘氏政权,王莽实施了一系列沽名钓誉的方案,比如在郡国发生灾害时,献田30顷,捐钱百万,并建房200所给贫民。这样,王莽的声誉日渐增高,为其上书颂功者竟达48万多人。汉元始五年(公元5年),王莽毒死汉平帝,两年后即帝位,改国号新。

王莽在位期间,实行了一系列改革政策,史称"王莽改制"。王莽改制最重要的一个内容就是改革币制,推行五铢钱。王莽的改革最终因法令苛细、徭役繁重而失败。

王莽

2."书圣"王羲之

王羲之,字逸少,琅琊临沂人,是东晋宰相王导的侄子,我国历史上最著名的大书法家,人们尊称他为"书圣"。

王羲之7岁时开始学习书法,不论寒暑,练字从不间断。他每天写完字,就到门前的池塘去洗笔砚。久之,池塘的水都被染黑了,人们便称之为"墨池"。

王羲之特别喜欢白鹅。据说,山阴有一个道士为了得到王羲之的真迹,专门养了一群白鹅,在王羲之常去的地方放养。有一次被王羲之看见了,意欲求购。道士笑着说:"我的鹅不卖,但您若替我抄一部《黄庭经》,我就送给你。"王羲之欣然应允,抄了经文,领着白鹅回去了。这就是传说中"书成换白鹅"的故事。

公元353年,王羲之与谢安等41人会于兰亭,面对满目春色,王羲之兴乐而书,写出《兰亭集序》一文,文中"之"字甚多,且文体各异。后来,王羲之又多次重写,但都不如在兰亭所作。后来,"兰亭之会"成了高朋聚首的代名词。

王羲之

王羲之平日并无意于攀结达官贵人,但他最终还是成了兖州刺史郗鉴的女婿,说来有一个典故。郗鉴在京口时,曾让门生去丞相王导家择婿,王导引来人去东厢。门生回去后对郗鉴说:"王家的公子都很出色,只有一人在床上袒腹而卧,似乎不知此事。"郗鉴说:"此人正合适"这个人就是王羲之。后人以"坦腹东床"来称门婿。

王羲之在中国书法史上最大的贡献就是开辟了草、楷书结合的行书道路。他的代表作品《兰亭序》有"天下第一行书"之称。

3.一代名臣王安石

王安石,字介甫,号半山,江西临川人,是北宋著名的政治家、文学家和思想家。

王安石幼年时已熟读经书。据说他曾三次到大学者周敦颐的门下求学,而周听说他心高气傲,有意想使他多碰钉子,便三次都闭门不见,王安石愤怒地说:"你有什么了不起,你的学问出自六经,难道我不能也从六经悟出些玩意儿吗?"自此再不去见他。后来,王安石任提点江东刑狱,此时周敦颐仕途偃塞,还是他的下级。两人相见后,各言所学。过后,王安石仔细琢磨周敦颐的话,学问上大有长进。

王安石入朝以后,最初与司马光相交甚厚,后来因双方在政治立场上一个保守而另一个力主革新,于是逐渐疏远。在神宗任用王安石为相、实施著名的"王安石变法"之际,司马光以朋友之间应互相督促行善的道理,数次写信给王安石,要他放弃新法,王安石很不高兴。新法实施以后,司马光上书,历数新法的害处,他说:"汉武帝对汉高帝的约束之法多有改动,于是盗贼满天下;汉元帝改变孝宣帝的政治,汉朝于是衰落。这样看来,祖宗的制度是不能变的。"不久,名臣韩琦也上书规劝神宗停止实施青苗法,神宗似有所感,打算同意韩琦的意见。当时司马光为神宗草拟批答诏书,上有"士大大沸腾,百姓骚动"之言,惹得王安石大怒,几乎辞职离去。

王安石

虽然司马光等竭力反对变法,但新法最终还是实施了,这主要得力于曾布和吕惠卿的帮助。每次王安石设计出一项新的政策,群臣如若反对,曾布等人一定在神宗面前反复剖析,使神宗变法之心不为众议所动。这样,农田水利法、青苗法、均税法等相继出台。1085 年,哲宗即位,不久召见司马光等商议,废除了新法,史称"元祐更化"。

王安石不仅在政治上所有建树,在文学上也有很大成就,使他位列"唐宋八大家"之一。

张——黄赐姓,族大支繁

张姓是现今中国最大的姓氏,有一亿多人。据记载,张姓是黄帝的直系后裔,其始祖是黄帝的孙子——挥。有一次,他仿照天上弧星的模样做成了一支弓矢,帝见之大悦,就赐他姓张。这支源于"挥"的张姓,是张姓家族中最为古老的一支。

春秋战国时,又出现了另一支张姓。晋国有一个大夫姓解名张,骁勇善战,因为他在战斗中表现突出,立下了大功,因而受到晋国君主的嘉奖,并被封为张侯。从此,他的子孙就改姓张。

三国时,张姓又多了一支。当时,在蜀国有一位龙佑那,因为得到丞相诸葛亮的赏识,被赐姓为张。如今,这支张姓后裔多居住在云南一带。

东晋十六国时,许多少数民族纷纷迁入中原地区。其中,有一部分人改姓为张。

(一)张姓迁变

张姓历史悠久,族大支繁,曾有43个望族,在所有姓氏中最为庞大。

根据历史传说,张氏的得姓始祖挥,生活在青阳(冀州的清水流域)。到了春秋时,晋国成为张姓聚集之地。战国初年,晋国一分为三:韩、赵、魏,张姓人群也随之迁徙到黄河南北,在中原地区生根繁衍。据记载,当时张姓有12个望族,分别居于襄阳、洛阳、河东、始兴、冯翊、吴郡、平原、清河、河间、中山、魏、蜀。

秦汉时,张姓居民遍布全国,发展成人口众多的大姓,并涌现出许多望族。魏晋南北朝时,出现了人口大迁徙和民族大融合的局面,张姓人群又向岭南、西南、西北、东北和东南沿海地区扩展。隋唐以后,张姓在中国大陆的分布更为广泛,甚至连台湾、海南等沿海岛屿也遍布其足迹。

(二)人才济济的张姓家族

或许是因为人员众多的缘故,张姓历来人才辈出,很少有别的姓能够与之相比。

战国时,魏国人张仪凭借着三寸不烂之舌,周旋于列国之间。汉初,精通兵法的张良以奇谋良策助刘邦打下江山。

汉武帝时,张骞两次奉命出使西域,最终开辟了"丝绸之路"。著名医学家张仲景,人称"医圣",先后写下了《伤寒杂病论》和《金匮要略》。书法家张芝,字体独特,被誉为"今草"。东汉末年,张角创立了"太平道",发动徒众起义。此外,还有大将张飞、张辽,名震一时。

三国时,东吴名臣张昭,先后辅佐孙策、孙权。晋时,出现了文学家张载、学者张翰。十六国时,张轨、张骏、张天锡几代人割据凉州,建立了前凉政权。南朝时,又有画家张僧繇。

唐朝时,有张公艺一家,九代同居共财,为世人所称道。

盛唐时,名相张九龄,献上《千秋金鉴录》,规劝玄宗居安思危。当时,书法家张旭,被人们推为"草圣"。此外,还有诗人张继、张祐、张籍,方士张果,名将张巡。

北宋时,理学家张载开创了理学学派"关学"。宋时,张姓还有名相张浚、诗人张耒。

明朝时,出现了一代改革家张居正,此外还有农民起义领袖张献忠、名将张煌言。近代以来,出现了名将张学良、民主人士张澜、国画大师张大千、天文学家张经哲等人。在中共党内,有张闻天等人。

(三)张姓多道士

研究张姓,会发现一个非常奇特的现象,就是在张姓的历史上,有许多道士。在东汉时,有五斗米道的开创者张道陵,太平道的创立者和黄巾起义军的领袖张角,以及五斗米道的教主张鲁。唐朝时,有一位充满传奇色彩的道士张果,曾受唐玄宗的邀请,前往洛阳朝见。

北宋时,有著名道士张君房,曾主持编成《大宋天宫金藏》四千五百六十五卷;又有全真道南五祖之一张紫阳。元代时,有著名道士张留孙。明朝时,有一位传奇式的道士张三丰。清代,又有著名道士张清夜。

(四)张姓名人

1.道教天师张道陵

张道陵(公元34~156年),又称张陵,字辅汉,沛国丰县(今江苏丰县)人。相传,他是留侯张良的后裔。他从小就攻读《道德经》及天文、地理之书,曾入太学,精通五经。

汉明帝时,张道陵考中了直言极谏科,出任巴郡江州令。章帝、和帝时,朝廷几次请他入朝为官,他都拒不前往。

顺帝时,张道陵学得长生之道。因为听说蜀地民风淳朴,他便带着弟子们入川,在鹤鸣山(又作鹄鸣山,在今四川大邑)隐居修道。永和六年(公元141年),他写成《道书》二十四篇。

张道陵精通医术,用符水咒法为人治病。因此,他的影响越来越大,并创立了自己的道派——"正一盟威之道"。冈为入道的人都要交纳五斗米,所以又称为五斗米道。张道陵也被道教徒尊为"天师",其后裔也称"张天师"。

2."帝王师"张良

张良,字子房,颍川城父(今安徽亳县东南)人。他的祖父、父亲都在韩国做过

张良

宰相。公元前230年，韩国被灭，张良对此怀恨在心，决定要刺杀秦始皇。公元前218年的一天，张良与一名大力士在博浪沙(今河南原阳东南)狙击秦始皇。结果，大力士抛出了一个60公斤重的铁锤，却误中了副车，行刺未能成功。

张良逃走后，躲到了下邳，下邳城北有一条沂水。有一天，张良从沂水桥上经过。这时，一位老人故意把鞋扔到桥下，然后命令张良把鞋捡起来。张良强忍怒火，把鞋捡了上来。老人就让张良过五天再来。一连三次，张良来得一次比一次早。最后，张良得到了一部珍贵的《太公兵法》，老人告诉精通此书即可为"帝王师"。于是张良苦读这本书。得以精通兵法。后来，他协助刘邦打下天下，因功被封为留侯。

3.地动仪的发明者张衡

张衡，字平子，河南南阳人。他是东汉著名的科学家、文学家。他博学多才，文学作品有《二京赋》《四愁诗》《归田赋》等，天文学著作有《灵宪》。在天文学方面，他创制了世界上第一台用水力转动的浑天仪，他又用青铜制造出世界上第一台地动仪。地动仪的形状就像一个大酒樽，直径八尺。仪器的周围镶着八条龙，龙头分别朝向东、南、西、北、东北、东南、西北、西南八个方向。每个龙嘴里都含着一颗铜球，每个龙头下方又铸了一个蛤蟆，张着嘴巴对准龙嘴。哪个方向发生地震，哪个方向的龙头就会把铜球吐出，落到蛤蟆的嘴里。公元138年的一天，西面龙嘴里的铜球落入蛤蟆口中，表示西边发生了地震。因为洛阳毫无震动之感，所以大家议论纷纷，对此不大相信。几天后，甘肃来了报告，说那里的确发生了地震。

4.一代名臣张之洞

张之洞，字孝达，号香涛，直隶南皮(今属河北)人。他是晚清洋务派的后期首领。1863年，他考中进士。此后，他在官场上步步高升，声名鹊起。1884年，中法战争爆发,张之洞升任两广总督。对于法军的进攻,他坚决主张抵抗,并在两广积极加强备战。开战之初,清军在中越边境连吃败仗,形势危急。张之洞于是奏请朝廷起用已经告老还乡的老将冯子材,开赴镇南关。1885年2月,在张之洞的大力支持下,冯子材取得了威震中外的镇南关大捷,一举扭转了中法战争的局势。

张之洞

1889年,张之洞调任湖广总督。他在湖北大力兴办洋务,成就卓著。1891年,经过张之洞的不懈努力,亚洲第一家大型钢铁联合企业——汉阳炼铁厂破土动工。1898年,他发表了《劝学篇》,力主"中学为体,西学为用"。纵观张之洞的一生,他在许多方面都做出了贡献,不愧为一代名臣。

刘——帝尧陶唐之后,卯金之裔

刘姓是当代第四大姓。它有着悠久的历史和复杂的渊源。据《通志·氏族略》记载:"刘氏有五:尧之后有刘累,为刘氏;成王封王季之子于刘邑,亦为刘;汉赐项氏、娄氏,并为刘氏;又匈奴之族从母姓刘。"

刘姓的源流虽然很多,但最主要的只有两支。一支是"帝尧陶唐之后",出自祁姓的一支。即在尧帝的子孙中,有一个善于驯养龙的刘累,相传他出生时,手心上有"刘累"二字,因此得名。刘累就是刘姓的始祖。这支刘姓发源于今天河北省唐县。还有一支是"周大夫食采于刘",即在周朝时期,有个贵族被封到刘邑为首领,他的子孙世代就姓刘。这是出自姬姓的一支,其发源地在今天河南偃师西南。

(一)刘姓名人录

刘得姓之后,多以"卯金之裔"自居。刘邦建立汉朝后,大封同姓,因此刘姓得

·姓氏文化·

图文珍藏版

以迅速发展壮大,成为中国的一个大姓,其范围也遍布全国各地。

刘姓是一个非常煊赫的姓氏。在历史上出现了许多创建王朝的开国之君,他们是西汉刘邦、东汉刘秀、三国蜀汉刘备、南朝宋刘裕、十六国汉国刘渊、五代后汉刘知远、五代北汉刘崇(沙陀部)、五代南汉刘龑等,正是他们使刘姓蒙上了一层皇族色彩。

除了这些开国君王之外,刘姓还出了众多将相领袖、名人雅士。西汉有中国目录学的始祖刘向,最早算出圆周率的刘歆。魏晋南北朝时有文学理论批评家刘勰,注解《九章算术》的刘徽。唐朝有诗人刘长卿、刘禹锡、刘希夷。元朝有红巾军首领刘福通。明朝有大臣刘伯温。清朝有领导清军打败法国的刘永福,首任台湾巡抚刘铭传,"桐城派"作家刘大櫆。近现代有无产阶级革命家刘少奇、刘志丹、刘伯承、刘伯坚,"生的伟大,死的光荣"的刘胡兰,"五四"新文化运动的领导之一者刘半农。他们或影响一世,或名垂千古,以其可歌可泣的事迹,跻身于中华民族的名人之列,为中华民族的繁荣昌盛做出了巨大贡献。

(二) 刘姓名人

1.汉高祖刘邦

刘邦出身于普通的农民家庭,年轻时不爱务农,在沛县(今属江苏)当了一个小小亭长,并娶了士绅吕公的女儿吕雉为妻。

一次,刘邦被派押送一批刑徒到骊山服劳役,途中他把犯人全放了,自己带着十几个壮士在芒砀山一带隐藏起来。后来,附近的老百姓纷纷投靠刘邦,逐渐形成了一支数百人的队伍。

陈胜起义爆发后,刘邦也在沛县率众起义,并取得了初步的胜利。后来刘邦又与项羽、项梁合作,势力不断扩大。定陶一战后,刘邦驻扎砀

刘邦

县,楚怀王让他担任砀郡郡守,封武安侯。因为刘邦是在沛县起兵的,因此又被称为沛公。楚怀王为了能尽快打败秦王,便与诸将约定,先入关者封为关中王。刘邦率领大军,在西进途中一路避实击虚,迂回向前。公元前 207 年六月,刘邦听从张良的建议,不战而取秦朝的重镇宛城,为进入函谷关打下了坚实的基础。八月,刘邦进入武关,在蓝田大破秦军。十月,刘邦进驻灞上,随即向成阳出发。秦王子婴率众投降,秦王朝彻底覆灭。

刘邦进入成阳后,与关中父老"约法三章",废除秦朝苛刻的法律,受到了关中父老的拥护。刘邦还请比自己实力强大许多的项羽进入关中,自己则仍旧屯驻在灞上。

为了消除项羽对自己的疑心,刘邦一行来到鸿门谒见项羽。项羽设酒宴款待刘邦,双方以礼相待。席间,范增数次暗示项羽,要他杀死刘邦,但项羽置之不理。于是范增就让项羽的堂弟项庄以舞剑助兴为名,伺机刺杀刘邦,这就是著名的"项庄舞剑,意在沛公"的典故。刘邦见形势不妙,便找机会逃了出来,从此开始了刘、项为期四年的楚汉之争。

楚汉之争的初期,项羽兵多将广,粮草充足,处处占据优势;而刘邦实力相对较弱,处处被动。但刘邦招贤纳士,与民休养生息,发展经济,加强关中北部地区的工事,为与项羽进行决战准备了一个比较巩固的后方。项羽到处烧杀掠夺,又逼逐义帝,逐渐失去人心。战争形势朝着有利于刘邦的方向转化。公元前 203 年,项羽被围困在垓下,陷入绝境,最后在乌江渡口拔剑自刎,刘邦取得了楚汉之争的胜利。

刘邦称帝后,荣归故里,大摆酒宴,与家乡父老开怀畅饮。酒兴正浓,刘邦击筑,自作歌辞唱道:"大风起兮云飞扬,威加海内兮归故乡,安得猛士兮守四方!"刘邦抚今追昔,百感交集,不禁潸然泪下。

为了巩固汉王朝的统治,刘邦大封同姓王,诛杀异姓王。刘邦死后,皇后吕雉掌握大权,违背刘邦的遗训,大肆分封吕姓诸人为王,最终导致了吕氏集团叛乱的结局。

2.目录学之祖刘向

刘向,字子政,本名更生,沛(今江苏沛县)人。西汉时期的经学家、目录学家、文学家。

刘向早年深受神秘主义思想的影响，后又参与石渠阁的五经讲论。这些思想使他常常以阴阳灾异、天人感应来附会财政，屡次上书劾奏宦官、外戚专权。元帝时，他上疏《封事》，论舜及文武周公时的祥瑞和幽厉以后春秋时期的灾异，而归结于"灾异未有稠如今者也"的结论。

刘向关心皇族而讥讽外戚，必然招致外戚的嫉妒和排挤。据说皇帝多次想提拔刘向为九卿，然而总得不到王室及大臣的支持，使刘向终生没能得到重用。

成帝河平二年（公元前27年），刘向奉命校古今典籍，主要负责经传、诸子、诗赋三类。每校过一书，"向辄条其篇目，录而奏之"。这项工作他做了20年。刘向死后，他的儿子刘歆又把这些叙录按照典籍的分类，分别概括为六艺略、诸子略、诗赋略、兵书略、术数略、方技略，另加辑略，成为《七略》一书。刘向的叙录后来别辑成书，称为《七略别录》。这是我国最早的目录学专著，刘向也因此成为我国目录学之祖。

除此之外，刘向还著有《春秋谷梁传》，采摘先秦旧事及汉初遗文，撰《新序》《说苑》，又撰《列女传》，这是中国记载妇女史事的第一部传书。

3.蜀汉昭烈帝刘备

刘备，字玄德，涿郡涿县（今属河北）人。早年丧父，家境贫寒，以贩鞋、织席为生。虽然生活贫困，但他却喜欢结交天下豪侠。其中最著名的是他与关羽、张飞在桃园结义，"不愿同年同月同日生，但愿同年同月同日死"，从此三人同甘共苦、出生入死。

黄巾起义爆发后，刘备因镇压起义有功被任命为安喜县尉。在军阀混战中，他先后依附公孙瓒、陶谦、曹操、袁绍、刘表，但始终未能大展宏图。后来名士徐庶向他推荐诸葛亮，告诉他此人有治国安邦之才。刘备欣然前往，三顾茅庐，畅谈天下形势，提出隆中对策。刘备得到诸葛亮的辅佐后，事业开始蒸蒸日上。

曹操统一中原后，举兵南下，企图一统全

刘备

国。刘备听从诸葛亮的建议,于建安十三年(公元208年)联合孙权,在赤壁大败曹操,占领了荆州,力量逐渐强大起来,然后又夺取了益州和汉中。

建安二十五年,曹丕称帝,建立魏国。于是诸葛亮也劝刘备称帝,说这样既合理又必要,刘备半推半就,于四月正式称帝,国号汉,建立了与曹魏对峙的蜀汉政权。没过多久,刘备因猇亭战败,愧恨交加,又积劳成疾,竟一病不起。临终前,刘备恳切地对诸葛亮说:"若嗣主刘禅可辅佐,则辅佐之;如其不行,君可取而代之。"诸葛亮发誓一定会尽心竭力地辅佐刘禅,让他放心。刘备这才闭上了眼睛,终年63岁。

4."前度刘郎"刘禹锡

刘禹锡,字梦得,洛阳(今属河南)人。他精通古文,善作五言诗,今体诗和文章方面也很有造诣。刘禹锡凭借文学上的才华,受到了太子侍读王叔文的器重,于是被任为监察御史,参加王叔文改革集团,反对宦官和封建割据势力。但是在政治斗争中,王叔文集团失败,刘禹锡被贬为朗州司马,成为"八司马"之一。唐都长安城中有一个玄都观,观内遍栽桃树,桃花开时,烂若云锦,灿如朝霞,为文人墨客流连忘返之所在。刘禹锡曾作《赠看花诸君子》。有句曰:"玄都观里桃千树,尽是刘郎去后栽。"后14年,诗人重回长安,再游玄都观,见桃树已荡然无存,观殿颓坏,不免起世事沧桑,白云苍狗之叹,因又作《再游玄都观》,诗云:"百亩庭中半是苔,桃花净尽菜花开。种桃道士归何处? 前度刘郎今又来。"

刘禹锡

政治上的失意使刘禹锡寄情于山水,吟咏诗歌以抒发胸臆。晚年时与白居易交情深厚,并称"刘白"。有一次,元稹、刘禹锡、韦楚客三人在白居易家中聚会,谈论南朝兴废之事。白居易说:"古者言之不足,故嗟叹之,嗟叹之不足,故歌咏之。今群公毕集,不可徒然,请各赋《金陵怀古》一篇,韵则任意择用。"三人听后都很高兴,于是便吟唱起来。刘禹锡喝完一杯酒,不假思索,大笔一挥,开了首唱。他写道:"王溶楼船下益州,金陵王气黯然收。千寻铁索沉江底,一片降幡出石头。人生几回伤往事,山形依旧枕寒流。而今四海为家日,故垒萧萧芦荻秋。"白居易看完诗,感叹道:"四人探骊,汝先获其珠,所余鳞甲何用?"于是三人不再续诗,只是吟唱刘诗,沉醉而散。这就是"探骊得珠"的典故。

后来刘禹锡虽然又被任用,但都是一些小官,地位不是很高,可是江南文士都很仰慕他的文才,纷纷与他结交。会昌二年(公元842年)二月,刘禹锡去世,享年71岁,追赠户部尚书。

5.明朝开国功臣刘伯温

刘基,字伯温,青田(今浙江)人,著名文学家、政治家。他年轻时曾在元朝任职,后来因不满元朝的暴政,辞官回乡,著书立说。

朱元璋领导农民起义,反抗元朝暴政。当他攻占浙东以后,刘基被召到了南京。他向朱元璋献上自己平时总结归纳出的治世安民的《务时十八策》,又向朱元璋陈述灭元方略,朱元璋心悦诚服。自此,刘基的政治,军事才能开始得到充分的发挥。他不仅取得了朱元璋的全面信任,"留帷幄"策划全局,而且几乎参与了历次战役的决策,消灭陈友谅、张士诚,北伐中原,南平诸郡,立下赫赫战功,成为明朝的开国元勋。

刘基

明朝建立后,刘基先后担任太史令、御史中丞兼太史令。他主张把休养生息、加强武备当作立国的两大根本,并参与朝廷多项重大决策的制定,使明朝逐渐从战争的废墟中站起来。

洪武三年(公元1370年),刘基被封为诚意伯。但"伴君如伴虎",刘基想起了文种、韩信、彭越、英布等,于是他想学范蠡功成身退,隐居江湖。但是刘基的才华还是引起了朝中另一位大臣胡惟庸的嫉妒。胡惟庸诬陷刘基,使朱元璋对刘基产生了怀疑。胡惟庸还趁刘基生病之时,给他派去一个医生。自从服了这个医生的药,刘基的腹中就长了一块拳头大小的肿块,不久便忧愤而死。

陈——舜帝后裔

陈姓在我国众多的姓氏中,若按人口来说,是中国的第五大姓。陈姓最早出自妫姓,是舜帝的后裔。周武王建立周朝以后,找到舜的后人胡公满,封他在陈这个地方,建立陈国。到了陈闵公的时候,陈国被楚灭掉了,亡国后的陈国子孙便以原国名为姓氏,于是有了陈姓。

陈姓除了源于国名,还有从其他姓氏改名而来的,其中有一支是由少数民族改姓而成的。据《魏书·官氏志》记载,北魏时期鲜卑贵族侯莫陈氏随北魏孝文帝迁都洛阳后,将侯莫陈改为单姓陈。

(一)陈姓迁变

经过数千年的繁衍生息,陈姓人已遍及中华大地,形成了以颍川、汝南、下邳、广陵、东海等地为中心的陈氏家族。陈姓由发源地向南迁移,始于西晋太尉陈伯畛,他举家南迁到今江苏丹阳县。后来,他的孙子陈世达做了长城(今浙江长兴)县令,于是陈姓人又迁居到了浙江。陈霸先建立南朝陈,使陈氏家族显赫一时,遍布长江和粤江之间的广大地区。唐高宗时候,陈姓人进入福建和广东等地。五代十国以后,中原地区长期战乱,又有大批陈姓人南迁,甚至向海外发展,从而进一步壮大了江南陈姓人的队伍。今日,陈姓已成为中国大陆第五大姓,台湾第一大姓。

(二)陈姓辉煌耀乾坤

纵览古今,陈姓人在其家族史上留下了辉煌的一笔。

春秋时有孔子弟子之一陈元。秦末农民起义领袖陈胜,开创了中国历史上农民起义的先河。汉朝初年的陈平曾辅佐刘邦,汉末有"建安七子"之一的大文学家陈琳。西汉后期的陈汤曾多次出击匈奴。王莽统治时期的陈遵,权重一时,被封为嘉威侯。三国时有陈登,曾与父合谋离间吕布与袁术。晋朝陈寿的《三国志》是《二十四史》中最受欢迎的史书之一。南北朝时期则有名将陈庆之、陈伯之等,而这一时期最著名的陈姓。

唐宋时期,陈姓人也是名家荟萃、人才辈出。在政治上,唐朝时期有宰相陈叔达、陈希烈、陈夷行;宋代有与宦官斗争的陈禾、刚正不阿的陈俊卿。在文学、诗歌上,唐代有陈子昂、陈鸿、陈陶;宋代有陈彭年、陈师道、陈与义。此外,还有思想家、文学家陈亮,画家陈居中。唐宋时期还涌现出一批农民起义领袖,如唐末农民起义军的女首领陈硕真,南宋时期的陈颙、陈峒、陈三枪等。除此以外,唐宋时期的陈姓名人还有本姓陈的唐代高僧玄奘、名将陈玄礼等。元有红巾军将领陈友谅;明有散曲家陈铎,爱国诗人陈子龙,文学家陈继儒,旅行家陈诚、陈忱;清代有旅行家陈恭尹、陈文述、陈维崧、陈沆、陈端生、陈澧,思想家陈建、陈献章、陈确,画家陈洪绶等。出将入相的则有明末抗清名将陈子龙,清乾隆年间的东阁大学士陈宏谋,鸦片战争中壮烈牺牲的陈化成。领导农民起义的则有清末天地会的首领陈开,太平天国运动中的青年将领陈玉成、陈得才。清代还有经学家陈奂、陈立、陈乔枞,文学家陈澧。近现代有民主革命家陈作新、陈天华,无产阶级革命家陈潭秋、陈延年、陈毅、陈赓、陈云以及早期共产党的领导人陈独秀和全国人大常委会副委员长陈叔通,国民党高级将领陈立夫、陈果夫、陈诚等。还有近代史学家陈寅恪、陈垣,著名学者陈望道,数学家陈景润,文学家陈衍,著名诗人陈三立、陈去病,画家陈衡恪,戏曲音乐家陈彦衡,剧作家陈墨香,电影艺术家陈波儿。此外还有许多著名的华侨人物,如造福桑梓的陈宜禧、爱国实业家陈嘉庚、孙中山的密友陈友仁等。

(三)陈姓名人

1.农民起义领袖陈胜

陈胜,字涉,阳城人。陈胜年轻时靠给别人当长工为生,一次跟伙伴们在田间休息,他对伙伴们说:"如果我们之中有的人将来富贵了,可不要忘了老朋友啊!"大伙听了好笑,说:"你给人家卖力气种地,哪里来的富贵呢?"陈胜叹口气,自言自语地说:"唉,燕雀怎么能懂得鸿雁的志向!"

公元前209年,陈胜、吴广等人被征去屯戍渔阳。当他们走到大泽乡的时候,连降暴雨使他们耽误了行程,按照秦朝的法律应该处斩。陈胜、吴广决定起义。他们利用人们的迷信心理,住一块白绸上写上"陈胜王"三个字,把它塞在别人家捉的鱼的肚子里。兵士们买了鱼回来,发现了这块白绸上面的字,十分惊奇。到了半夜,吴广又悄悄跑到营房附近的一座破庙里,点起篝火,先装作狐狸叫,接着喊道:"大楚兴,陈胜王。"全营的兵士听了,更加又惊又怕。

陈胜、吴广见起义时机成熟了,于是杀掉带领他们的两个军官,在大泽乡发动了起义。起义队伍发展迅速,并在陈县建立了张楚政权,陈胜自立为王。接着陈胜派兵攻打赵、魏等地,并派主力进攻关中地区,但由于秦军优势兵力的反扑,陈胜兵败后被叛徒庄贾杀害。

2.《三国志》的作者陈寿

陈寿,字承祚,巴西郡安汉(今四川南充)人。他自幼师从著名学者谯周,成年后在蜀汉任卫将军的属官主簿,后来成为皇帝身边管理奏章的重要官员。蜀汉后期,他被刘禅降为无级别的文书小吏——书佐。西晋建立以后,晋武帝又举他为孝廉,让他负责编修国史。他所著《三国志》被视为史学名著"前四史"之一。

传说陈寿将要编纂《三国志》的时候,一天偶然遇到一位姓丁的梁州刺史,此人是丁仪、丁廙兄弟的后人。陈寿非常傲慢地对他说:"如果你给我一千斛米,那么我就给你的父辈们写一个非常好的传记。"那位刺史对他未加理睬,于是陈寿竟真的没有给丁氏兄弟立传。因此,当时的人们都以此事鄙薄其为人。不过陈寿所著《三国志》,文笔简洁,记事翔实,是研究三国鼎立时期的重要史料,也成为后世《三国演义》的蓝本。

3. 醉眼丹青陈洪绶

陈洪绶,字章侯,幼名莲子,一名胥岸,号老莲,别号小净名、老迟、悔迟、悔僧等,浙江诸暨枫桥人,明末著名画家。

陈洪绶幼年即喜爱画画,传说他五岁时,母亲叫他到舅舅家借竹筛,他见舅舅家新粉刷的墙案,忍不住登案画起了关羽像。画中关羽一手捋须,一手执《春秋》,长八九尺,神采奕奕,吓得舅舅直叩头。陈洪绶10岁时,拜著名画家孙杕伙、蓝瑛为师。据周亮工《读画录》上说,陈洪绶少年时曾把杭州府学李公麟所书的七十二贤石刻拿回家来反复进行临摹,并拿摹本向蓝瑛征求意见。蓝瑛说很像了,他很高兴;再进行临摹后又问,蓝瑛说,不像了,他反而更高兴了。由此可见,陈洪绶自幼就领悟出摹古不能拟古,而要从学习前人成就中创造自己的风格来。

陈洪绶的习画兴趣主要集中在人物画。14岁那年,他的作品只要一上集市,就有人出钱购买。15岁时他就应邀为人做寿图、寿文。他的代表作有《水浒叶子》《博古叶子》《九歌》《西厢记》等绣像插图,均被名工木刻,被当代国际学者推为"代表十七世纪出现许多有彻底的个人独特风格艺术之中的第一人",著有《宝纶堂集》《避乱草》等。

陈洪绶

陈洪绶虽然是明末杰出的画家,但一生境遇坎坷。他年轻时曾数次赴京应试而不中,不得已卖画积钱进入国子监,后看透了朝政上的黑暗、腐败,就拂袖而去。清朝政权建立后,有位王姓朋友劝陈洪绶去应试,他在诗中写道:"二王莫劝我为官……一双醉眼看青山。"他对明王朝既留恋又绝望,终于落发为僧,死时55岁。

杨——黄帝后裔

杨姓是中华民族第六大姓,有两大来源,一是以国为氏,一是以邑为氏,这两支都源于姬姓,是中华民族始祖黄帝的直系后裔。

关于以国为氏的记载,南宋郑樵《通志·氏族略》有记述,杨是"姬姓,周宣王子尚文,幽王时封为杨侯,为晋所灭,其后为氏焉"。意思是说,周宣王的小儿子尚文,在幽王时被封为杨侯,后来杨国被晋国灭掉,杨国的人逃亡后以国为姓。

杨姓的另一个来源是以邑为氏。周武王第三子叔虞受封于晋,晋国传至晋武公时,周釐王赐杨地(今山西洪洞东南)以为食邑。武公之子伯侨,被封为杨侯,于是开始了"以邑为氏"的杨姓历史。

到了北魏以后,有不少少数民族改原姓为杨姓,杨姓成为一个多民族的大家姓氏。

(一) 杨姓迁变

杨氏早期默默无闻,但是人丁兴旺,居住在陕西华阴市东南一带,后来逐渐向外迁徙,居住在以华阴为中心的潼关、灵宝、洛阳等地,形成一个大的杨氏家族,称弘农杨氏。杨姓在陕西的繁衍昌盛,使陕西成为杨姓的第二个姓源之地。杨氏后来的播迁,先只是限于黄河流域至长江以北诸地,唐朝末年黄巢起义爆发后,才渐有杨氏南迁江南之记载。杨氏南迁,先后到达今湖南、湖北、浙江、江西、贵州和福建等省。经过几代的沿袭,到宋朝时,福建已成为杨氏的一个播迁中心。据《杨氏家谱序文》称,杨姓人家大都定居于漳州。福建漳州的杨巷于明朝永乐十八年率先入台开基,把杨姓带入了台湾。广东的杨姓也相继入台垦殖。清朝康熙、雍正、乾隆年间,不断有杨氏来台定居。

杨氏这个古老的姓氏兴盛于各地,几乎代代都有名人,战国初期就有杨朱,先秦古书称他为杨子。东汉杨震,字伯起,人称"关西孔子杨伯起",他任东莱郡太守时,留下了"四知"佳话。文学家杨修,好学能文,才思敏捷,曾任曹操主簿。弘农杨氏自杨震始,四世三公,权倾朝野,为汉代名族。隋朝有开国皇帝杨坚、大臣杨素。唐代的杨贵妃及其父子兄妹,"唐初四杰"之一的杨炯都是耳熟能详的人物。北宋以杨业为首的杨家将更是家喻户晓,他们的事迹被后人编为故事,在民间广为流传。宋代诗人杨万里,元朝诗人杨载,杂剧作家杨显之,明代诗人杨基,清末维新人物杨深秀,都曾在杨氏家族的史册上留下不朽的一笔。杨氏在当代中国已成为第六大姓,名人自然更多,有京剧名角杨小楼、爱国将领杨虎城、教育理论家杨贤江等,还有杨氏的海外名人、诺贝尔奖获得者杨振宁。

(二) 帝王将相光耀杨门

纵观杨氏历史,不难发现,有不少帝王将相都出自杨门。

杨氏建立的第一个全国性的政权隋,其开国者是隋文帝杨坚。公元604年,杨广继位,他是隋炀帝。隋朝的最后一个皇帝是杨侑。

除帝王以外,杨氏最显赫的就算秦汉时期四世三公的杨震家族和北宋杨家将了。杨震身居太尉高位,公正严明,称得上是东汉士大夫的优秀代表。杨震之子杨秉,曾任豫、荆、徐、兖四州刺史,以廉洁著称。杨秉子杨赐被封为临晋侯,他死后汉灵帝穿素服,三日不临朝。杨赐之子杨彪任光禄大夫,每次朝见,魏文帝曹丕都以宾客之礼相待,给予他很高的荣誉,杨震家族显赫一时。杨家将始祖杨培是唐宰相杨嗣复长子杨损四世孙。公元937年,杨培与折从远(折太君祖父)联合抗击契丹,攻克麟州,自立为州主。杨培的儿子杨业在20岁时就任北汉保卫指挥使。杨业的儿子杨延昭作战以骁勇著称,镇守边关20余年,辽军基本上不敢进军。1054年,宋仁宗以杨延昭之子杨文广有统御军事之才,晋升他为广西一路的总兵,前后达7年之久。此外,还有著名的"西晋三杨"——杨骏、杨珧、杨济和"明代三杨"——杨士奇、杨荣、杨溥,他们个个功绩卓著。在唐上朝统治时期,杨氏子孙出将入相,其中共有8人任宰相,辅佐李唐王室,如杨恭仁、杨师道、杨执柔等。

(三)杨姓名人

1.风流帝王亡国君杨广

隋炀帝杨广(公元569~618年),隋文帝次子。杨广性情敏慧,仪表堂堂,才能、胆识兼备。

20岁时杨广便功勋显赫。他为人诡诈,深谙逢迎之道。因此,在公元600年,杨广终于获得文帝的信任,取代其兄做了皇太子。为了达到早日登位的目的,他不惜弑父杀兄。公元604年,杨广登基,即隋炀帝。

从大业元年(公元605年)三月起,隋炀帝每月役使工匠200万人,大规模地营建东都洛阳,又开通了大运河。从一定意义上讲,营建东都洛阳和开凿大运河,乃是一代君主最睿智、最英明的决策。但是,对于隋炀帝而言,开通大运河,只是为他三次南下巡游江都(今江苏扬州)提供便利。

隋炀帝杨广

隋炀帝奢侈浪费,但又非常风雅,好学多才,写得一手好文章。同时,他生性好嫉妒,见薛道衡的"空梁落燕泥"名句传遍天下,非常恼火,就借故把薛杀掉。

隋炀帝一生荒淫,不离娥眉粉黛,好色如狂,甚至敢在文帝的病榻前调戏父皇的宠妃宣华夫人。他又好大喜功,为逞一代帝王之威,北巡西行,续筑长城,开掘运河,还发动了三次征伐高丽的战争。

东征高丽使得国家元气大伤,百姓相继揭竿反隋。公元618年三月,隋炀帝的宠臣司马德勘和字文化及等人,在江都发动兵变,缢死了隋炀帝。

2.忠烈勇猛话杨业

杨业,并州太原人。他的父亲杨培是后汉麟州刺史。杨业自幼随父征战,擅长骑马射箭,特别喜欢狩猎,曾对人说:"将来我用兵,就要像使用鹰犬追逐野兔那样。"公元958年,他就任建雄军节度使,骁勇善战,屡立奇功,时人称他为"无敌"。宋太宗征讨太原时,闻杨业的威名,曾悬赏招揽他。北汉灭亡后,宋太宗任命杨业为右领军卫大将军,镇守代州。正好赶上辽军入侵,杨业率兵大败辽军于雁门关。从此,辽军只要望见杨业旗号就自动退去。

杨业虽不识字,但有智谋,能与士卒同甘共苦,对部下有情有义,士卒乐为之用。朔州兵败时,他打算疏散剩下的100多名将士,将士们都哭着不肯离去,结果全部战死在沙场。杨业被俘后,绝食三日而死。

3.倾国倾城杨贵妃

杨贵妃,名玉环,杨玄谈之女,本为寿王(唐玄宗子李瑁)妃,天宝四年被封为贵妃,备受唐玄宗宠爱,真所谓"三千宠爱集于一身"。杨贵妃的美貌举世无双,史书上称赞她"姿质丰艳""殊艳尤态"。不仅如此,杨贵妃还通晓音律,擅长歌舞,一曲《霓裳羽衣曲》舞得盖过千古。她聪慧过人,又善于献媚,把明皇这个风流天子弄得神魂颠倒。

杨贵妃在生活上非常奢侈,别的不说,单是宫苑内专为她织造锦绣的工匠就达700多人。据说,杨贵妃爱吃新鲜荔枝,为取悦她,玄宗便每年夏天兴师动众,派人从四川涪州将荔枝运往相隔万里的长安。当时运输条件差,为保证荔枝色香味不变,先得将快要成熟的荔枝树整棵连根带土挖出来,培植在大缸里,使其继续生长,再用船快速运往长安,然后按其成熟程度算好天数,摘下荔枝,派人快马加鞭,送到杨贵妃手中。有杜牧诗为证:一骑红尘妃子笑,无人知是荔枝来。

杨贵妃天生丽质,而且美容有方,"红汗"与"香囊"的发明就是典型例子。贵妃会出"红汗",其实并不怪诞。贵妃喜欢梳妆打扮,粉黛艳抹,她身出"红汗"其实是揩汗的"巾帕"被她抹的胭脂与红粉染色所致。杨贵妃还喜爱胸佩"香囊",浑身散发着异香。这种"香囊"中的香料是由异域进奉的,非常珍贵。可惜的是,这样一位国色天香的美人却在马嵬坡事变中成了唐玄宗的政治牺牲品,一代红颜香消玉殒。

杨贵妃

4.天国东王杨秀清

杨秀清,广西人。他在紫荆山上烧炭时偶遇冯云山,在冯的引导下加入了太平天国组织的"拜上帝会",并很快成为会中骨干。1851年,金田起义爆发,洪秀全在永安封王,杨秀清被封为东王,地位在一人之下,万人之上,可以节制其他诸王。杨秀清指挥起义军取得了一系列战斗的胜利。攻克天京后,洪秀全封他为九千岁。杨秀清权力欲日益膨胀,已不甘心居于"一人之下",便以天父下凡的名义威逼洪秀全封他为"万岁"。自从洪秀全承认杨秀清为天父代言人后,"天父降凡"便成立国之本,一旦杨秀清"天父附体",洪秀全就必须俯首听命。洪秀全表面上不得不同意杨秀清的要求,但暗地里却密召在外督师的北王韦昌辉等迅速返京。1856年九月二日凌晨,韦昌辉率人突袭东王府,杀死了杨秀清及其亲属部众两万余人。

黄——嬴氏分支,黄国后裔

黄氏渊源,可以追溯至周朝。黄氏最早的祖先是颛顼。颛顼的曾孙陆终娶鬼方之女。传说此女长期怀孕但没有生产,直到十一年后,左肋裂开,出来三个儿子,右肋也生出个儿子。他们的后裔分成了许多氏,其中之一为嬴氏。嬴氏又分成了十四个分支,黄姓为其中之一。

周武王得天下后,分封诸侯,陆终的子孙被赐封于黄。黄姓以国为氏,渊源于此。

另外,黄姓还有一个来源,就是由他姓改来的,如金、陆等都有改姓黄的。

(一) 黄姓迁变

据《黄氏族谱》记载,黄姓开始主要分布于江夏(今湖北武汉)一带,战国四公子之一春申君黄歇是江夏黄氏的第五十代传人。唐代以后,江夏黄氏从湖北迁到江南,再到福建、广东,最终在福建、广东两省形成了一个庞大的黄姓群体。这里的黄姓大约在明清以后又开始向海外迁徙,主要是迁往东南亚一带。此外,在壮族、土家族、回族等少数民族中,也有不少黄姓人。

如今,黄姓为百家大姓中的第八大姓。

(二) 黄氏少权臣,多孝子、宦官

黄氏族人中也涌现了不少杰出人物。春秋时晋有黄渊,卫有黄夷,秦有黄公庇,楚有春申君。春申君黄歇,以礼贤下士、门客三千而闻名。西汉有名相黄霸,名士黄香、黄宪,东汉有太尉黄琼,三国时有黄祖、黄盖、黄忠、黄权。秦汉以后,唐末农民起义领袖黄巢,五代画家黄筌,宋代诗人黄庭坚、佛教禅宗五家七宗之一的黄龙宗,元代女纺织家黄道婆、画家黄公望,明代学者黄绾,清代经学家黄以周,围棋国手黄龙士,诗人黄景仁,思想家、史学家黄宗羲,近代民主革命家黄兴等,在中华民族历史上都留下了美名。

但是,仔细考察一下黄氏的家族史就会发现,黄氏子孙似乎历来与权无缘,少有公卿将相,虽也有"天下无双江夏黄室"等人最后荣登高位,但像黄香这样位列三公的,在黄氏家族中可谓凤毛麟角。黄氏门中,孝子、宦官倒出了不少。

以隋唐五代时期为例,当时黄姓有一重要特点,就是尊敬老人。在有关唐代历史的一些正史"孝友传"中,就有不少黄姓人,如黄舟、黄嘉猷、黄昇、黄亘、黄芮等。有的甚至割自己身上的肉给父母吃,因为他们认为人肉可以治疗身体虚弱之症。汉时,黄香9岁即知孝顺父母,夏以扇扇父母帷帐,使枕席清凉,冬以身暖被褥,后人以"孝友堂"的堂名纪念他。到了宋代,黄庭坚又是一个典型的大孝子,他对母

亲恭敬有加,他亲自为母亲洗尿桶一事就被画在了《孝经》图中。

至于黄氏出宦官,三国时蜀就有奸宦黄皓,而最集中的时期应属两宋。在两宋的宦官阶层中涌现出了大批黄姓之人。如宋真宗时宦官黄守忠、宋神宗时宦官黄经臣、宋徽宗时宦官黄经国,还有黄迈为宋光宗时宦官,黄道元宋仁宗时任内侍,黄怀信为宋神宗时宦官。这些都是见于史料记载的宦官,还有一些未见经传的黄姓宦官,具体情况就不得而知了。

(三) 黄姓名人

1."山谷道人"黄庭坚

在北宋,有一位名列"宋四家"、开创江西诗派、与苏轼并称"苏黄"的"山谷道人",他就是黄氏家族引以为豪的著名诗人、书法家黄庭坚。

黄庭坚,字鲁直,号山谷道人,洪州分宁(今江西修水)人。他5岁即能背诵《五经》,10岁时就能诵《春秋》,被称为"神童",长大以后也是才思敏捷,文名流传。

黄庭坚为人风趣幽默。他曾给一算命先生黄生写过一幅字:"黄生为我鲁直相面,说我官升二品,享年八十,真乃大葫芦种也。"黄生并不细看,欣然收下。黄庭坚后来向旁人解释道:"去年在京城相国寺看到有卖葫芦种的,背上是一个特大的葫芦,人们见了,皆出高价争相购买。可到春天,所结的仍是寻常的小葫芦。所以用'大葫芦种'来讥讽黄生相术之不可信。"

黄庭坚

2.女纺织家黄道婆

黄婆婆,黄婆婆,

教我纱,教我布,

二只筒子,两匹布。

这是一首关于黄道婆的民谣,在上海一带民间家喻户晓。黄道婆(约公元1245~?年)又称黄婆,出生于松江府乌泥泾(今上海徐汇区东清村),年轻时因遭丈夫虐待,遂离家出走,流落崖州,跟着黎族的姐妹学到了一些先进的纺织技术和棉花加工方法。她学会了织最美的棉布白毡,还有"崖州被"。50多岁时黄道婆回到家乡,把自己学到的手艺毫无保留地传给了家乡的人们。她还发明了用两轴相轨去棉籽的"搅车"。她将崖州被改良,制成了"乌泥泾被",闻名天下,形成了"松郡棉布,衣被天下"的局面。

黄道婆回到乌泥泾后,尽心为家乡的棉织业奔波了20多年,在她年老病逝后,家乡人为她修建了"先棉祠"。

赵——编自宋代的《百家姓》中的第一姓

翻开编自宋代的《百家姓》,首先映入眼帘的就是"赵钱孙李",赵姓为什么能在《百家姓》的五百多个姓氏中位居首位,成为《百家姓》中的第一姓呢?原来,《百家姓》是宋朝初年编的,而宋朝是宋太祖赵匡胤创立的,既然"率土之滨,莫非王臣",赵姓居《百家姓》中的首位也就是理所当然的。

由此可见,赵姓作为帝王之姓,在中国历史上的地位是极为显赫的。但是,赵家天下的结局似乎过于悲惨,先有宋徽宗赵佶、宋钦宗赵桓被金人俘虏,北宋灭亡;后来南宋又被蒙古人所灭,整个赵宋王朝彻底崩溃。

(一)周穆王赐赵城,因邑为姓

赵姓是中国的一个大姓,排在百家姓的第一位。据历史记载,赵姓的血缘祖先是上古时期五帝之一少昊金天氏。传说,少昊的女儿女修因吞玄鸟卵而生皋陶。皋陶的第十四世孙造父生活在周朝,因善于驯马和驾车,深得周穆王的宠爱。后由于他在平定徐偃王叛乱中及时驾车护送周穆王回京城,周穆王就赐给造父赵城(在今山西洪洞)作为封邑,造父的后世子孙以封邑赵城作为姓氏,形成赵姓。由此,中华民族姓氏大家族中最早的一支——赵姓形成。

此外,在赵姓发展史上,因帝王赐姓、冒姓,或因避祸、姻亲、过继、入赘等原因改姓赵的也不少。

(二) 两度立国,名人辈出

周朝末年,造父的第七世孙叔带因受排挤,率领部分宗族投奔晋国,而没有迁往晋国的赵氏宗族仍居住在赵城。从此,赵姓不但在晋国扎下根来,而且逐渐昌盛壮大,"三家分晋"后所建立的赵国成为"战国七雄"之一。赵国被秦灭亡后,赵姓出现了两大分支——天水赵氏和涿郡赵氏。赵国末代君王赵嘉被秦始皇迁往西戎,赵姓一部分随之迁往甘肃,居住在天水,形成天水赵氏;赵悼襄王之子赵迁被流放到房陵(今湖北房县),其后裔在汉时又自房陵迁居到涿郡蠡吾(今河北博野),形成赵姓另一支派——涿郡赵氏。此后赵氏又不断向外扩展,甚至到了今越南的北部和中部。

到了宋代,随着赵姓王朝的建立,赵姓的地位更为显赫,且活动范围进一步扩大。宋朝时300多年,有18位赵姓皇帝。

赵姓中不但出帝王,而且贤士名人也不少,是一个声名显赫、人才济济的姓氏。帝王有赵襄子毋恤;赵武灵王雍、南越国王赵佗、宋太祖赵匡胤、宋徽宗赵佶、宋高宗赵构等;名臣有平原君赵胜、宋宰相赵普等;将帅有战国时的名将赵奢、三国时蜀国被先主赞为"一身都是胆"的赵云等;文人有著名的书画家赵昌、赵孟頫、现当代乡土作家赵树理等。此外,赵姓中还有一些特殊人物,如"纸上谈兵"、祸害赵国的赵括,"指鹿为马"、搅乱秦政的宦官赵高,以色媚人的汉宫皇后赵飞燕等。

(三) 赵姓名人

1.汉宫飞燕

赵飞燕是歌舞伎出身,被汉成帝看上后进入汉宫,备受宠爱。传说赵飞燕自幼聪明灵巧,精于气术,体态轻盈纤细,行动轻柔飘逸,可掌上起舞,故称之为"飞燕"。赵飞燕的妹妹赵合德随后也进入汉宫,也被封为婕妤,两人的显贵程度超过整个后宫。赵飞燕恃仗成帝的宠爱,在汉宫专横跋扈,祸害其他嫔妃。永始元年(公元前16年)六月,赵飞燕被册封为皇后,更加骄奢。成帝还专为其妹合德修建了一座昭阳殿，对她极为宠幸，称其为"温柔乡"，并说："我就老死在温柔乡算了，决不能像武皇帝还要去寻求什么白云仙乡！"昭阳殿耗费巨资，用朱红色粉饰庭院，殿中用赤墨漆涂饰，四壁均镶嵌黄金，台阶为汉白玉。殿内陈列着蓝田璧，明珠、翠玉等名贵饰品，这在后宫是前所未有的。

赵飞燕长期未能生育子嗣，害怕自己皇后的位置受到威胁，因此急于求子，开始与多子女的侍郎、宫奴私通，整个汉宫一片淫乱。成帝有所耳闻，但在赵合德的解释下，很快就当没事发生。赵飞燕更加荒淫无度。她还时刻关注后宫，发现有后妃怀孕就将其杀死。一时间，后宫之中不少妃嫔离奇死亡，人心惶惶，谈"孕"色变。

成帝40多岁时，仍无子嗣，便立侄子定陶王为太子。公元前7年，成帝在未央宫突然去世，民间传说是赵飞燕二姊妹的淫乱使成帝纵欲身亡的。皇太后派大臣调查，赵飞燕二姊妹无奈，自缢身亡。

2.北宋开国之君赵匡胤

赵匡胤是北宋王朝的创立者，即宋太祖。他祖籍河北涿州，属涿郡赵氏后裔，是一位文韬武略兼而有之的铁腕式明君。毛泽东诗词《沁园春·雪》中所说"唐宗宋祖"之"宋祖"指的就是赵匡胤。

公元960年，契丹入侵后周，殿前都点检赵匡胤奉命带兵迎敌，驻扎在陈桥驿。因"主少国疑"，民间传言"出兵的日子册立天子"，所以军士们全副披挂，来到赵匡胤寝门前呼喊："诸位将帅无主，愿意拥立太尉做天子。"赵匡胤未及开口，众人就一拥而上将他抬出来，把准备好的黄袍披在他身上，高喊"叩见万岁"，拥立他为皇帝，这就是"黄袍加身"的故事。

赵匡胤

北宋建立后，一天晚上，赵匡胤特地留下掌握禁兵的石守信和一些实力派将领等宴饮。酒过三巡，太祖说："身为天子在众人眼中是何等风光，有多少人日夜惦记着这个宝

座，朕一念及此，食不甘味，睡不安寝啊！"石守信等心领神会，连忙跪下请罪。太祖又说："你们为何不解除兵权？还是回去多买些土地，为子孙留下万世的基业。"石守信等清楚赵匡胤害怕他们篡权，假若不把兵权交出，自己一定不会有好下场。因此第二天，众将领个个都借故称病，请求辞官。赵匡胤通过"杯酒释兵权"的方法，削弱了藩镇势力，强化了中央集权。

开宝九年(公元976年)十月，赵匡胤久病不愈。随着病情的加剧，赵匡胤自知时日无多，于是在一天夜里召自己的弟弟、晋王赵光义嘱托后事，左右侍从都在帐外，只望见烛影摇曳下，赵光义不时起身离座，好像在推让什么事情。一会儿，赵匡胤起身，拿起壁上挂着的大斧，敲得地面"咚咚"作响。一夕长谈后，赵匡胤驾崩，兄终弟及，赵光义即位；这是巧合还是谋杀，或是另有隐情；"烛影斧声"成了一个千古谜案。

3.风流皇帝赵佶

赵佶，即宋徽宗，他不仅是帝王，也是历史上著名的书画家和诗人。他对书画的喜好远远胜过对国家人事的关注，他格外注重绘画的"法度"和"形似"，形成不同于以往的"宫廷院体"画派；其书法也在前人基础上有所创新，自成一家，创立了"瘦金体"。由于对书画的热爱，他还将"画学"列为科举考试科目。

宋靖康元年(公元1126年)，金兵攻入京城汴梁，宋钦宗亲往金营和谈，被金兵扣押。应金国要求，宋徽宗与群臣、妃子等3000余人前往金营。徽、钦二帝最后落得个"青衣侍酒"、客死他乡的悲惨结局。

赵佶虽政绩平平，但其风流韵事却不逊色于其他任何一个帝王。为寻欢作乐，他竟异想天开设置了行幸局，在其所宠幸的女子中，最为著名的是汴京名妓李师师。因迷恋李师师的姿色，他常微服到其家中。徽宗还将京城樊楼为其藏娇之金屋，屋内装饰华美，经常灯火通明，徽宗与李师师宴饮于此，专门听李师师唱歌跳舞。

4.大书画家赵孟頫

赵孟頫，字子昂，号松雪道人，是宋太祖之子秦王赵德芳之后。宋亡国后，赵孟頫受到元朝君主的器重。

赵孟頫五岁学书,习遍名家书体。《辍耕录》作者陶宗仪见过《千字文》一卷,以为是唐人的字,看过题跋,才知是赵孟頫写的,因为书中的一点一画都与原稿一般无二。而这些都得益于赵孟頫无帖不习,每帖都细心揣摩,临摹数百遍,所以他的书法才能独步一世。

赵子昂擅长画马,且他作画前常身作马形,模仿马的动作。一次他靠床学马滚尘的状态,其夫人从窗外真看到了一个"滚尘马"。由于有亲身实践,他画的马栩栩如生,就连马的细微姿态也描画得惟妙惟肖。

赵孟頫的夫人管道升能书善画,是一位绝代佳人,他的两个儿子也都善于书画,所以赵孟頫一家可谓是书香世家。

周——亡国周家

在当今中国姓氏排行榜上,周姓位列第九。

周姓初源,历史多记载,可追溯至曾立朝 874 年之久的周朝王族。周朝王室本姓姬,公元前 256 年,秦灭周,将汝坟划归汝南郡。食采邑于汝坟的周平王后裔姬邕改姓周以纪念祖上功德。周赧王姬延的后代,亡国后人称"周家",也改了周姓。周于是成为汝南的大姓。

唐玄宗李隆基时,为避"基"讳,诏令全国姬姓改周,这是周姓的一大来源。

此外,少数民族及汉族外姓改姓为周,也是周姓的来历。如李隆基时为避讳改姓的还有暨姓,亦是改为周姓;北魏时鲜卑贺鲁氏、普氏,元时蒙古喜同、术忽等,亦改为周姓。

源自周室王族,当然不比寻常。由于历代分封、迁移,周姓人遍布天下,其中又以汝南为首。周氏播迁,概言之是由西而东、自北向南,正是"孔雀东南飞"。后来又从福建、广东迁入台湾。

(一)周门多雅士

或许是因为出自周室,历史悠久而门庭高贵,更有推演八卦的周文王、制礼作乐的周公旦为其楷模,周姓一门,历多雅士。连以军功名垂史册的周瑜,也是翩翩一儒将,羽扇纶巾数风流。所以就更不用说北宋时辞章雅致的周邦彦、理学宗师周敦颐了。汉初有汾阴侯周昌,耿直敢谏,曾当面说高祖是桀纣之君;东汉时有精熟圣贤书经、恪守礼道的周燮,又有至死要在棺内放一本《尧典》的周磐,还有名臣周举,曾巧废禁火寒食一个月的规定,让百姓得以饱暖;三国蜀汉周群精于天文历法,周循精于《易经》;唐有名画家周昉,五代有画家周文矩;宋有名臣周必大,官拜右丞相,诗文俱佳;明有画家周之冕、周臣,工艺家周翥,篆刻名家周亮工;清有词人周之琦,围棋国手周小松,象棋名士周廷梅;现当代有"马路天使"、著名演员周璇,经史

周族的先祖后稷

学家周予同,著名小说家周立波和鲁迅、周作人、周建人三兄弟。最著名的周姓人物当是共和国第一任总理周恩来,香港著名演员周润发、周星驰。

(二) 周姓名人

1.赤壁之战的主帅周瑜

"遥想公瑾当年,小乔初嫁了。羽扇纶巾,谈笑间,樯橹灰飞烟灭。"赤壁之战,一把大火烧得曹操仓皇南顾,周瑜的战功已是尽人皆知。而在苏轼的盛赞中,这位风流俊雅的儒将得娶小乔,竟也是可与赤壁战绩相提并论的美谈。确实,周瑜与孙策少时为挚友,长时帮助孙策立足江东,二人又分别娶得吴地双姝小乔、大乔。诸葛亮曾骗周瑜说曹操兴建铜雀宫是为了破东吴收二乔之用,以激起周瑜的斗志。唐人杜牧有诗'"东风不与周郎便,铜雀春深锁二乔",足见二乔艳名之盛。

赤壁战时,曹操兵船横结,势大难敌。黄盖献策用火攻,正合周瑜之意,于是黄盖甘行苦肉计,诈降曹操。次日,周瑜升帐点兵,黄盖故意出言顶撞,说道若抵不过一月,便该顺应天意投降。

瑜故作狂怒,欲杀之,在诸将苦劝之下改打五十脊杖,瑜犹自骂不绝口,说:"先留下五十杖不打,今后若有再犯,定斩不饶!"经过一番巧妙安排,黄盖诈降成功,火

烧曹营。这就是"周瑜打黄盖——一个愿打,一个愿挨"。周瑜并非只通武略,他还精音律。当时有"曲有误,周郎顾"之语。只恨天妒英才,周瑜寿仅36岁。

2.风流词人周邦彦

北宋词人周邦彦精通音律,曾自创不少词调。其作品格律谨严、典丽清雅。"水面清圆,一一风荷举"句极得王国维赞赏。

周邦彦任开封府监税时,一次去汴京名妓李师师家,恰逢徽宗至,急藏床下,后写成《少年游》一词,记夜间所闻。徽宗听李师师唱起,问知是周邦彦所作,大怒,责蔡京惩治周邦彦不课税之罪。查问之下,周课缴税收却是最多的,但"上意如此",他还是以职事废弛罪被逐。

一二日后徽宗又至李师师处,却知她去送别周监税,归来垂泪锁眉。徽宗怒问周邦彦是否有新作,师师唱起《兰陵王·柳》,徽宗大喜,复召周邦彦为大晟乐正(音乐职司)。

吴——泰伯让国成吴姓

吴姓是当今中国十大姓氏之一,在《百家姓》中排名第六。历史上的吴姓起源于周朝太王古公亶父的儿子泰伯、仲雍的后代。据史载,泰伯兄弟本来有王位继承权,但他们发现父亲特别喜欢第三子季历的儿子姬昌(即后来的周文王),就主动把君位继承权让给季历,自己则断发文身,逃到东吴荆蛮地区。泰伯两人跑到荆蛮地区后,自号"句吴"和"攻吴"。当地人很敬慕他们的德行,纷纷前来投靠。随着人口越来越多,他们就建立了吴国,定都于吴(今江苏苏州)。

到十九世孙寿梦时,吴国国势强大,开始称霸。春秋末期,吴王夫差因为中了越国的美人计,导致身死国亡。在这场大灾难中,大批吴人被赶出家园,有的人远走他乡,有的人给越国做苦役,成了越国的奴隶。愈离散于异乡,愈怀念故土,因而被认为是血缘、地缘标志的"吴"就愈加突显出来,亡国后的吴人纷纷以吴为姓。后来越国灭亡,在越的吴人又四散出逃,有很多人南迁,最南的一支是在广东阳山。

中国民俗文化精粹

·姓氏文化·

图文珍藏版

（一）吴姓名人录

历史上的吴姓据说还有其他来源，如颛顼时名臣吴权的后裔，舜帝时有虞氏的后代，以及夏代少康时著名弓箭手吴贺的后代。

吴姓人才辈出，军事、政治、文学艺术以及科学技术等各方面都有其代表人物。战国时有著名军事家吴起，著兵书《吴子》，初任鲁将，后任魏将，屡建战功，后到楚国，被楚悼王任为令尹，实行变法，使楚国富强起来。秦朝有农民起义领袖吴广；汉代有辅佐光武帝中兴的大将吴汉；唐代有"画圣"吴道子。南宋有名将吴曦；明代有著名长篇小说家吴承恩，画家吴伟，以及明清之际的平西王吴三桂；清代有诗人吴嘉纪、吴伟业；小说家吴敬梓。书画家吴熙载、吴历；当代有物理学家吴大猷，围棋大师吴清源等。

（二）吴姓画家逞风流

研究吴姓人，会发现一个很有意思的特点，就是中国历史上有许多著名的画家都姓吴。其中，第一个名垂千古的就是唐代"画圣"吴道子，他对后世的人物画、雕塑以及山水画都有极其深远的影响。著名的画家还有元代的吴镇，擅长水墨山水，笔力雄劲，墨气沉厚，喜作《渔父图》，有向往自然和"隐道避业"的思想。明代画家吴伟，曾为宫廷作画，被皇帝称为"画状元"，笔势奔放，后来学他的人很多，形成"江夏派"。清代吴姓画家最多，有康熙年间擅长画山水的吴历、擅长花卉等描绘而发展成"邓派"的吴熙载，更有晚清的吴友如。吴友如早年以卖画为生，人物肖像画得相当精美，后来在上海主绘《点石斋画报》，又自创《飞影阁画报》，内容多为时事新闻插图和描绘市民社会生活，对以后的年画、连环画有深远影响。近代著名画家吴昌硕，能以篆书、狂草笔意入画，是"海上画派"的代表人物。

（三）吴姓名人

1.反秦豪杰吴广

吴广，字叔，秦朝阳夏人，出身于贫寒之家。秦二世元年（公元前209年），900多名贫苦农民被远征渔阳当戍卒，吴广与陈胜担任戍卒屯长。当队伍到达大泽乡时遇到大雨，无法按期抵达渔阳，按照秦朝法律，误期者全部要被处死。于是他们杀死押解的两名校尉,发动戍卒起义,得到了戍卒们的积极响应,掀起了一场轰轰烈烈的农民大起义,这就是历史上有名的陈胜吴广起义。起义军攻城略地,很快建立了张楚政权,吴广任"假王",率军西征。后来他被部将田臧假借陈胜的命令杀害,陈胜也被叛徒谋害。但他们播下的反秦火种却燃成熊熊大火,各地纷纷起兵反秦。不久,秦朝就灭亡了。

2."画圣"吴道子

吴道子,出身于贫寒之家,少年时曾随民间画工绘制壁画,耳濡目染,绘得一手好画。后浪迹于洛阳一带,为寺院道观创作壁画,被称为"丹青妙手"。他画的人的衣袂飘飘欲飞,后人有"吴带当风"之评。玄宗年间,吴道子成为御用画家,常为宫廷作画,与著名剑客裴旻将军和善写狂草的书法家张旭合称"三杰"。

关于吴道子的高超画技,有这么一则传说:有一次吴道子出门游玩,路过一寺庙时忽感口渴,便进去讨水喝,僧人对他不太礼貌,他便随手拿起笔,在僧房墙壁上画了一头驴。当天晚上,那墙上画的驴竟变成真驴,大声吼叫,把僧房里的东西践踏得乱七八糟。僧人只好把吴道子请来,让他把画涂掉,僧房才平安无事。

3."冲冠一怒为红颜"的吴三桂

吴三桂,原为明朝宁远总兵,后献山海关降清,官封平西王,镇守云贵。

吴三桂骁勇善战,27岁便任总兵之职,可谓少年得志,但他平时纵情声色,常把"仕宦当作执金吾,娶妻当如阴丽华"作为人生目标。崇祯末年,关外满洲虎视眈眈,一直想入主中原,但吴三桂驻守山海关,成为满洲入关的最大障碍,明朝上下却把他视为柱石。一次,他在国戚田弘遇家遇到了苏州名妓陈圆圆,十分爱慕,便私下问她在这里生活如何,圆圆见他雄姿英武,也很钟情于他,便说:"红拂虽不喜越公,不得不为也!"意思说自己虽不喜欢田弘遇,但没有办法。于是吴三桂便向田弘遇许

吴三桂

诺,如果他以圆圆相赠,大难来临时,将先保田家而后保国家。后来,田弘遇答应了,吴三桂便纳陈圆圆为妾,且百般宠爱。

李自成进入北京后,对大官富户进行拷打索饷,农民军领袖也大兴享乐之风,吴家的家产被抄没,吴三桂父亲吴襄被严刑拷打,宠妾陈圆圆也被刘宗敏霸占。本来吴三桂想投降李自成,听到这些情况后,十分气愤,便改变计划进攻李自成。李自成知道吴三桂事关大局,赶紧释放吴襄,把陈圆圆接进宫中细心照料,以笼络吴三桂,但一切都太晚了。吴三桂盛怒之下已投降了清军,并引清兵入关,李自成率军在一片石迎战,结果大败。

清朝建立后,吴三桂为清消灭李自成起义军以及南明势力立下了汗马功劳,被封为藩王,节制云、贵两省,一时荣极人臣。康熙年间,朝廷决定撤藩,吴三桂自恃兵多将广,便联合其他两藩起兵谋反,初期吴军节节胜利,攻占了很多地方,清廷束手无策。但吴三桂想保住被康熙扣为人质的儿子的性命,不思进取,幻想讲和,错失了大好机会,以至于被清军缓过劲来后逐步消灭。眼看要失败了,吴三桂匆匆称帝,不久便病死,其家族成员也在兵败后被清军屠杀。

徐——徐、黄同源

徐姓是当代中国的大姓,相传它与黄姓同源,都是东夷族部落首领伯益的后代。据《史记·秦本记》记载:"秦之先为嬴姓。其后分封,以国为姓,有徐氏、郯氏……"徐姓被司马迁列为嬴姓十四氏之首,足见徐是一个十分古老的姓氏。徐姓的祖先,一般认为最早可以上溯到伯益的父亲皋陶。据说皋陶是帝舜的理刑官,为舜作五刑,是中国刑律的始祖。伯益因为帮助大禹治水有功,禹便封他的儿子若木到徐这个地方建立徐国。西周时,若木的第三十二代孙徐偃王很有作为,因此后世的徐姓子弟多视徐偃王为徐姓的鼻祖,以至于唐宋有"徐氏十望,其九皆本于偃王"的说法。

(一)徐姓迁变

公元前512年,徐国被吴国吞灭。亡国的徐人为纪念故国,便以国名为姓,徐姓开始正式出现。

古徐国在今安徽的泗县和江苏泗洪县一带,又渐由泗县扩至凤阳一带,在此地繁衍生息了1000多年。到春秋时,徐姓已发展成为当地的大族。徐国灭亡以后,一部分徐人迁至山东地区,先秦时期徐人主要分布在那里;《姓谱》中所说徐氏"望出东海、高平、东莞、琅邪、濮阳",就在这些地区。另一支遗民投靠楚国,迁居今江西余干地区,还有一支迁往余杭,到唐代于潜县渐成徐姓郡望。最有意思的是,一支徐姓的遗民因避难逃到东南部地区,发展成为今天的少数民族畲族。这在汉姓变迁史上是一个比较少见的现象。

(二)徐姓名士遍天下

徐姓很早就向外地迁徙,因此历代的徐姓名人也遍布天下。战国时期,西迁至关中的徐诜成为秦庄襄王的宰相;而另一支北迁入燕的铸剑名士徐夫人,送了一把淬毒匕首助荆轲去刺杀秦王。秦朝刚刚建立,具有冒险精神的山东人徐福就说服秦始皇让自己东渡海外,这是徐姓也是中国人历史上最早的一次大规模的"海外移民"活动。据说,徐福最终到达日本,成为日本的开国始祖"神武天皇"。汉有徐常、徐宝、徐荣。东汉末年,河南人徐庶为一代名士,他智谋过人,辅佐过刘备并且向他推荐好友诸葛亮,奠定了三分天下的基础;而河东人徐晃则尽心辅佐曹操,成为三国名将。三国名将还有徐邈、徐翕、徐盛。两晋南北朝有徐密、徐湛之、徐逸。到了唐代还有徐世勣、徐彦伯、徐有功、徐浩、徐敬业家族。五代有名画家徐熙及文学家徐锴、徐铉。宋有徐德、徐复等。明清时期,徐姓曾成为全国第一大姓,有明朝开国元勋徐达、有名的才子徐渭、科学家徐光启、旅行家徐霞客等。近现代以来徐姓名人还有革命志士徐锡麟、民国总统徐世昌、诗人徐志摩和画家徐悲鸿等。

(三)徐姓名人

1.明朝开国功臣徐达

徐达,字天德,濠州钟离(今安徽凤阳)人。由于家境贫寒,徐达从小就经历了种种艰苦生活的磨炼,因此长大以后身材魁梧,性格刚毅。1353年,朱元璋跟从郭子兴起义,回乡招募勇士,年仅22岁的徐达,毅然仗剑从军,从此开始了追随朱元璋南征北战的历程。徐达作战勇敢,常常身先士卒,因此兵士多愿意为他效力,所攻必克,屡立军功,渐渐被擢升为朱元璋的高级将领。

徐达

1355 年,徐达率兵攻占采石,又作为前锋攻破江宁,为朱元璋创建了根据地。随后徐达统兵东下,击溃张士诚守军。朱元璋称吴王后即以徐达为左相国,位列诸将之上。1366 年徐达为大将军,讨伐张士诚成功后,被封为信国公。次年徐达挥师北上,攻克中原。明朝能够建立,徐达实位居首功。徐达不仅作战勇敢,而且颇有智谋。早在采石之役中他就规劝朱元璋破釜沉舟,因此一战成功。他行军多年,纪律严明,秋毫无犯,因而多为当地百姓所拥护。可惜他多年征战奔波劳累,终于积劳成疾,一病不起,于 1385 年病逝,时年 54 岁。明太祖追封他为中山王,谥武宁,赐葬钟山,配享太庙,名列功臣第一。

2.一代奇才徐渭

徐渭,初字文清,后改字文长,号天池山人、青藤道士,山阴(今浙江绍兴)人,明代著名的文学家、书画家。徐渭自小聪慧,10 多岁就仿扬雄《解嘲》作《释毁》。嘉靖年间,徐渭辗转投入浙江总督胡宗宪的幕府。据说有一次胡宗宪得到一只白鹿,准备献给朝廷,令幕僚起草奏文,其中以徐渭的最为优秀并得到了世宗的赞赏。胡宗宪从此更加器重徐渭。当时的总督府戒备森严,将吏们均低头出入,徐渭却每次头戴角巾,身穿布衣,一副平民打扮,在幕府中高谈阔论。府中如有急事,胡宗宪定会敞开大门迎接徐渭,徐渭如果喝醉了,胡宗宪就派人去照顾他。徐渭还是一个熟悉兵法的人,善用奇计,胡宗宪抓获海寇徐海、王直,也是徐渭参与谋划的。他善于利用亲友在沿海搜集情报,打起仗来常让海寇措手不及。后来朝廷惩治严嵩奸党,徐渭受到牵连,惊惧失措,冤愤紧张,后导致精神一度失常。据说他 45 岁时曾用斧、钉自碎颅骨想要自杀,没有成功;后又将继妻张氏莫名其妙地杀掉,身陷牢狱。53 岁出狱以后,徐渭万念俱灰,闭门不出,以变卖字画度日,晚景颇为凄凉,但他的许多艺术作品却正作于此时。

徐渭的艺术才华极高,他曾自称:"我书法第一,其次是诗,再次是文章,最后才是画。"他的水墨写意画令近代大画家齐白石敬佩不已,甘愿自名为"青藤门下一走狗"。

3.徐光启与《农政全书》

徐光启(公元 1562~1633 年),字子先,号玄扈。南直隶松江府上海县(今属上海市闵行区)人。

1596 年,徐光启在韶州遇见耶稣会传教士郭居静,第一次听到有关西洋的自然科学学说,后来又在南京结识了意大利传教士利玛窦。从他那里了解到天主教可以"补儒易学",于是加入了天主教,开始向利玛窦学习西方的天文地理等各方面的知识。1606 年,徐光启和利玛窦合作翻译了《几何原本》。可以说,徐光启是中国第一个信奉天主教的宰相。

徐光启最重要的贡献在于《农政全书》。《农政全书》有选择地记录了很多当时和古代的农业文献,并加入了徐光启经自己试验和观察后取得的成果,同时也收录了当时欧洲先进的农业技术。他的这种实践、创新和敢于追求新事物的精神在当时是很少见的。

徐光启虽官至宰相,但一生廉洁自好,生活俭朴。据说他逝世之后,家人检视其卧榻,发现"褥上破烂一穴"。原来是他生前暖脚用的汤壶有些漏水,时间一长,褥子便沤烂了个洞。

4.至死不渝的旅行家徐霞客

徐霞客(公元 1586~1641 年),名弘祖,字振之,别号霞客。

徐霞客自幼厌恶达官贵人,不肯与乡绅往来。上学时喜欢读历史、地理和探险游记等书籍。他常把这些书覆盖在令人厌烦的经书下偷偷地读,读到入神之处,不免眉飞色舞,因此常遭到塾师的责骂。

徐霞客有一位通情达理的好母亲,她以"男儿志在四方"来鼓励儿子,并亲自为他收拾行囊。正因如此,徐霞客后来游遍了祖国的大半河山,写下了名垂青史的

《徐霞客游记》。他的人和他的书,被后人称为"奇人奇书"。他的一句"五岳归来不看山,黄山归来不看岳"使黄山成了遐迩闻名的旅游胜地。

徐霞客的贡献不仅仅限于旅游方面,更在于地理学,世界上有关石灰岩地貌的考察,就是自他开始的。据说他在探索湖南茶陵麻叶洞时,当地人告诉他内有神龙蛰居,不能进入,只肯供给火把,不敢充当向导。后来徐霞客高价雇到一人充当向导,正当脱衣服准备入洞时,那人问他是否会法术,徐霞客回答不会,那人便惊慌地说:"我以为你是天师,才做向导,既然不是,我怎能把命赔给你。"说完之后走了。徐霞客便自己下洞,发现了这个美丽的石灰岩洞。

徐霞客

徐霞客把一生的时间都花在了旅游和研究上,直到临终前,还把野外带回的样本石放在病床边,以供观察和研究。

孙——当代中国第十二大姓

孙姓是当代中国第十二大姓。孙姓由来已久,姓源诸多,据史书记载,最早可以追溯到距今3000多年前的周文王。

一般认为,孙姓的渊源主要有三个。一种说法是源于周文王的后代惠孙,其孙为纪念惠孙而取其名中的"孙"字为姓。另一种说法是说孙姓源于孙叔敖后人。第三种说法也是最重要的说法,就是孙姓源自田完后裔。田完由陈国逃到齐国,由于他品德高尚,齐桓公欲立他为卿,但他不慕高位,只是请求当个管理百工的小官吏。田完的后代在齐国屡立战功,齐景公赐姓孙氏。以上三个孙姓起源,以齐景公赐田完后代"孙"姓一说影响最大。

自春秋战国以来,孙姓发生了几次大的迁徙,其特点是自北而南,甚至出现了跨海域、跨国度的迁徙。

据史料记载，卫康叔的后代孙林父父子败于政敌宁喜，后孙林父之子孙嘉分迁至河南卫辉，形成孙姓第一次分迁。此后，孙姓族人分别在战国及东汉末年进行了两次南迁。明末清初，有大批沿海居民到台湾谋生，其中以福建孙姓居多。

（一）孙姓多书香门第

在孙奇逢的《孝友堂家训》说："古人读书，取科第犹是第二事，全是明道理，做好人。"也许正因为如此，孙姓家族中多贤人君子，他们注重著书立说，成一家之言。孙武著《孙子兵法》，创立完整的军事思想体系，后世称"兵家之祖"。孙膑晚年隐居起来，全力著述《孙膑兵法》。南北朝时期有写（《琵琶赋》的太守孙该，"漱石枕流"的文学家孙楚，映雪读书的孙康，一生学术思想多有创新的玄理学家孙盛，大文学家、玄言派诗人孙绰，撰写《尔雅音义》的著名经学家、训诂学家孙炎；唐代，孙位有珍品《竹林七贤图》残卷存世，孙过庭有一部书文并茂的书法著作《书谱)》存世，音韵学家孙俪撰《唐韵》，被唐太宗李世民封为"药王"的孙思邈不仅医术高明，著有《千金方》闻名于世，而且精通术数掌故，著有多部书籍，如《老子注》、(《庄子注)》等；宋元以后，更有花间派词人孙光宪，以及与石介、胡瑗并称"朱初三先生"的孙复，奉敕校定赵岐《孟子注》的孙奭，与黄宗羲、李颙并称清初三大儒的孙奇逢，晚清著述颇丰的经学家、文字学家孙冶让。此外，孙姓名人还有春秋时秦国的孙阳，善相马，被人称为伯乐；东汉时有"头悬梁"而读书的名儒孙敬；三国时有孙坚、孙策、孙仪三父子，在江东建吴，称帝 59 年；明有兵部尚书孙承宗；清代学者孙星衍；辛亥革命风云人物孙中山。

（二）孙姓名人

1.战无不胜的孙将军

孙武，字长卿，后人尊称其为孙子，孙武子。春秋末期军事家，被古今中外奉为"兵家之祖"。

孙武的曾祖父、祖父都是立过赫赫战功的名将，他受家教熏陶，自小喜研兵法，而当时齐国又有极为丰富的军事学遗产，这些有利条件也促使孙武成为博学的军事人才。

孙武18岁来到吴国都城。吴王阖闾继位后,孙武的挚友伍子胥不嫉贤才,一连七次向吴王推荐他,孙武一片苦心写就的《兵法十三篇》(即《孙子兵法》)觐见吴王。吴王知其精通军事、才智过人,遂任命他为将军。孙武与伍子胥一同协助吴王阖闾伐楚,五战五捷,攻占楚国,又攻破越国。后来吴军在艾陵大破齐军,吴王在黄池会盟诸侯,使吴确立了霸主地位。随着吴国霸业蒸蒸日上,吴王夫差渐渐变得刚愎自用,不纳忠言,非但不听伍子胥苦谏,反而逼其自尽。

孙武

伍子胥的惨死使孙武心灰意冷,于是便悄然归隐,潜心修订他的《孙子兵法》。

孙武留给后人的最大贡献是《孙子兵法》;现已被翻译成10多种文字流行世界。

2.孙子膑脚,马陵复仇

孙膑,战国时期齐国人,孙武后裔,是著名的军事理论家、军事指挥家,著有《孙膑兵法》。

孙膑曾拜古代著名的兵家大师鬼谷子为师,与魏国大将庞涓为同窗好友。但庞涓妒贤嫉能,将他诳骗到魏国并施以膑刑,欲使孙膑不能领兵打仗。后来,孙膑千方百计逃到齐国,做了田忌的门客。他运用博弈原理帮助田忌在贵族赛马中获胜,其才能令田忌佩服不已。田忌将孙膑举荐给齐威王,被拜为军师。后来,孙膑两次采用"围魏救赵"的战法使庞涓所带领的魏军元气大伤。在马陵之战之时,孙膑假装撤退,添兵减灶。待齐军退到道路狭窄、地势险隘的马陵时,孙膑挑选万名弓箭手埋伏于此。孙膑计算魏军行程,判断魏军日落后就到,就在路边一棵大树上写了"庞涓死于此树之下"八个大字。日暮时分,庞涓果然率军追到这里,看了八个大字后才发现中计,但已来不及撤退。很快魏军溃败,庞涓中箭,最后羞愧自尽。孙膑在马陵之战大获全胜,也报了膑刑之仇。

经过马陵之战,孙膑名扬天下。

3."药王"孙思邈

孙思邈,又号孙真人,唐朝最杰出的医学家,被后人尊为"药王",著有《千金方》。

孙思邈医术高明。有一次,在路上他遇到一支送葬队伍,死者是一个难产产妇。他发现棺材罩滴出鲜血,立刻叫人打开棺材,为产妇诊断扎针。片刻后,产妇苏醒,顺利生下婴儿。孙思邈医德高尚,对病人有同情仁爱之心,不论贵贱亲疏。他不好功名利禄,称病推掉了隋文帝的征召,又拒绝了唐太宗的授爵。

胡——胡陈同宗

据史书记载,胡姓的始祖是胡公满。胡公满原名妫满,是虞舜的后裔。周武王时娶武王长女大姬为妻,被封为陈侯,谥号胡玄。他的后代有的以封邑为氏,姓了陈;更多的却以老祖宗的谥号为氏,姓了胡。这一支胡姓子孙,在安定、新蔡成为名门望族。

胡姓经过几千年的发展和迁徙,遍布全国各地。春秋时有名士胡衍,秦汉之后有胡烈,为官清正,被百姓颂为"譬春之阳,如冬之日"。

唐宋时期,胡楚宾官至右丞,才思敏捷,下笔成文;胡瑗作为著名的教育家也声名赫赫,还有胡三省、胡仔等大学者。明有越国公胡大海、丞相胡惟庸、文学家胡应麟、胡震亨、太子太保胡宗宪。大学者胡适为近代大思想家,在国际学术界享有盛名。

(一)胡姓宗族尚"忠孝"

凡大姓望族均有堂号,而由堂号又衍生出堂名。胡姓的堂号是安定、新蔡,而胡姓人中又有许多以堂名作为自己的号,如明代兰溪胡应麟号二酉山房,清代泾县胡承珙号求是堂,平湖胡湄号招隐堂,武陵胡统虞号明善堂……这些堂号都反映了他们的追求和为人处事的原则。

这里有一个出自胡瑗的安定堂的故事。景祐初年，胡瑗授教书郎，子弟数百。庆历中，礼部所得士胡瑗弟子十居四五，学者于是称他"安定先生"，胡姓堂号"安定堂"也就由此传开了。

胡姓的宗祠和族规也很有特色。胡姓的宗祠很多，大多是集资完成的。通过修建宗祠和祭祀祖先，可以把家族团结起来，弘扬祖宗美德。而胡氏的族规都将忠孝放在首要地位。宋代胡铃的家训就是"立身忠孝门，传家清白规，但愿后世贤，努力勤撑持"。麦田胡氏的族训中也有"团结宗族、捍卫国家"，"律己冶家、忠信笃敬"的内容，这些都没离开忠孝二字。

(二) 胡姓名人

1.智勇双全的胡大海

胡大海，字通甫，是明朝的开国将领。

胡大海在太祖刚刚起兵时便追随太祖，因武艺超群被任命为前锋，跟随太祖渡江后，攻城拔寨，战无不胜，其勇不可当的威名使敌军心惊胆战，望风而逃。

胡大海不仅十分勇猛，而且智谋过人，善于用兵。他常常对部下说："我是武人，不知书本知识，仅仅懂得三件事而已：不杀人，不掠夺妇女，不焚烧房屋。"他的"三不"政策深得军民拥护，所到之处都争相归附。胡大海又喜结交文人、举荐贤良。刘基、宋濂、叶琛、章溢等人能被聘用，实际上都是胡大海举荐的。

胡大海

胡大海为明朝的建立立下了汗马功劳，而他却不幸被手下叛将蒋英杀害，死后被明太祖追封为越国公。

2.权臣胡惟庸

胡惟庸是凤阳定远人,跟随朱元璋平定天下时颇有战功。明朝建立后入朝为官,深谙为官之道,官至左丞相,权倾朝野。

随着权力的不断增大,胡惟庸的私欲也开始不断膨胀,私下里拉拢党羽,图谋不轨。他拉拢党羽主要是通过两种手段:一是结儿女亲家,拉拢权臣;二是结交功臣武夫中失意的人。太师李善长权力很大,胡惟庸便将哥哥的女儿嫁给善长的侄子李佑为妻,后来他拉拢李善长的时候,李善长碍于这层关系,不得不从。吉安侯陆仲亨和平凉侯费聚因为渎职腐化被皇上斥责,胡惟庸便把他们拉拢过来,让他们在外招兵买马。正是通过这两种手段,胡惟庸的势力越来越大,但却在此时东窗事发,以谋逆罪被太祖诛杀。胡惟庸案涉及较广,在他被诛杀后用了几年的时间才全部查清,株连被杀者达三万余人。

朱——朱曹同祖,以国为姓

黄的王世孙中,有一个叫宴安的,曾辅佐舜,因功被封在曹地(据传在今河南灵宝),做了曹姓部落的首领。夏时,曹部迁到了今河南滑县;商时,他们又迁到今山东定陶。武王建立周朝后,把弟弟叔振封为曹国(今山东定陶)的国君,而曹安后代则被改封到邾地(今山邹县),建立了邾国。由于邾是小国,常遭受鲁国的欺侮,最终被楚国所灭,共传了二十九世,他们又被迁移到邾城(今湖北黄冈)和齐、鲁等国。他们把"邾"字中的"邑"旁去掉,以朱为姓,以记住亡国之辱。因此,曹安成为后世朱姓的始祖。

(一)两代王朝皆朱姓

中国历史上的各个王朝,皇帝是同一个姓的不多,但五代后梁和明朝天子都姓朱。

唐朝末年,朱温参加黄巢起义,因作战勇猛而随军入长安,任同州(今陕西大荔)防御使。中和二年(公元882年)九月,朱温见义军处境日渐艰难,便叛变投唐,唐僖宗封他为左金吾卫大将军、河中行营副招讨使,赐名"全忠"。唐天祐四年(公元 904 年),朱温废李柷称帝,以开封为都城,国号梁,改元开平,建立了五代的第一个王朝,成为后梁太祖。

朱温一向荒淫好色,到了晚年,更是放纵淫乐,常常召自己儿子的夫人入宫服侍,视若妃嫔。养子朱友文的妻子王氏容貌出众,尤受朱温宠爱,因此,朱温想立朱友文为太子。后梁乾化二年(公元 912 年)六月,朱温的二儿子朱友珪得知妻子在宫中所了解到的情况,便勾结禁卫军杀了朱温。第二年二月,朱温的三儿子朱友贞以讨逆为名,杀友珪自立,是为后梁末帝。公元 923 年,后梁为后唐李存勖所灭,李存勖杀尽朱温后裔,只留下骂过朱温的朱全星后人一支。

朱元璋建立了大明王朝,太子朱标早死,由皇太孙朱允炆即位,是为建文帝。由于他想削藩,燕王朱棣便起兵攻下南京,宫中大乱,建文帝下落不明。燕王把都城迁到北京,改元永乐,随后出现了"仁宣之治"。再后来,明英宗朱祁镇在土木堡之变中被瓦剌兵俘获。明武宗即位后,明朝进入祸乱时期。明世宗朱厚熜因为信道而对宫女苛刻,差一点被宫女密谋勒死。明穆宗时期有海瑞、张居正等名臣,出现中兴局面。明神宗在位 49 年,曾 20 年不理朝政,魏忠贤乘机大肆迫害东林党。明朝的最后三个皇帝中,光宗在位只有一个月,因服用红丸而一命归西,继位的熹宗在位也只有 7 年。末帝朱由检(崇祯)上台前怕被魏忠贤暗算,自备食物,夜晚也不敢睡觉,秉烛而坐,即位后立刻处死魏忠贤。他想重振大明江山,因而勤于政务,但彼时祸患已积重难返。后逢李自成起义,吴三桂又引清兵入关,他还中了皇太极的反间计,错杀了袁崇焕。李自成农民军攻进北京城,朱由检在煤山(今北京景山)自杀。

(二)朱姓名人

1.程朱理学集大成者朱熹

朱熹(公元 1130～1200 年),南宋哲学家,教育家,字元晦,一字仲晦,号晦庵,别称紫阳,徽州婺源(今属江西)人,曾任秘阁撰修等职。

朱熹师从李侗,是二程的四传弟子。在哲学上,他发展了二程关于理气关系的学说,集理学之大成,建立了一个完整的客观唯心主义体系,世称程朱学派。他的理学在明清两代被提到儒学正宗的地位。

朱熹小时候就聪明过人。四岁时，一天父亲朱松指着天告诉他说："这是天。"他却问道："天的上面是什么呢？"这使朱松大为惊奇。

朱熹只做了9年的官，但他体恤民情，做了一些对百姓有益的事。绍兴十八年（公元1148年），他中进士，力主抗金。绍兴三十二年，宋孝宗即位，他上书说："我们的疆土还没有收复，宗庙的耻辱没有清除，

朱熹

百姓的生活非常贫困，且金人一向奸诈，又掳走了我们两个皇帝，万万不能同他们讲和。"由于主张抗金的势力占上风，朱熹被任命为武学博士，但刚一到任，主张议和的势力又起，朱熹愤而辞官。他还愤怒地捣毁了秦桧的祠堂，痛骂秦桧并指出他的卖国求荣。

朱熹一生主要从事教育活动，有门人467人。他还亲自创建了云谷、寒泉、武夷等书院，并重修了白鹿洞书院。

他的著作有《四书章句集注》《周易本义》《诗集传》《楚辞集注》，及后人编纂的《晦庵先生朱文公文集》和《朱子语类》等。

2.明太祖朱元璋

朱元璋（公元1328~1398年），濠州钟声（今安徽凤阳东北）人。他原名重八，字国瑞，后改名元璋。元朝末年，他参加郭子兴的红巾军，并娶其养女马氏为妻。在动荡的局势中他击败了陈友谅，杀害了韩林儿，又消灭张士诚部，于1368年称帝，建立明朝，年号洪武。

洪武十五年（公元1382年），朱元璋设立锦衣卫。锦衣卫遍布京城的大街小巷，对官员和民众进行严密监视。吏部尚书吴琳退休以后，朱元璋想知道他的情况，就派了一名锦衣卫来到他的家乡。这名锦衣卫在稻田旁看到一个老头正在插秧，便问道："这里是不是有个吴尚书？"老头儿很恭敬地回答："我就是。"得知吴琳没有在家乡横行不法，朱元璋很高兴。博士钱宰有一次顺口吟诗道："四鼓冬冬起

着床,午门朝见尚嫌迟。何时得遂田园乐,睡到人间饭熟时。"这件事立刻就被朱元璋知道了,第二天,他说:"你昨天作的诗不错,不过,我并没有嫌你啊,你还是改为'忧'字吧。"钱宰吓出一身冷汗,急忙谢罪。还有一次,大学士宋濂在家请客,第二天,朱元璋问他吃的何饭,请的何人,宋濂如实回答,他笑着说:"你没骗我。"原来,锦衣卫把昨夜吃饭的全景都画了下来。

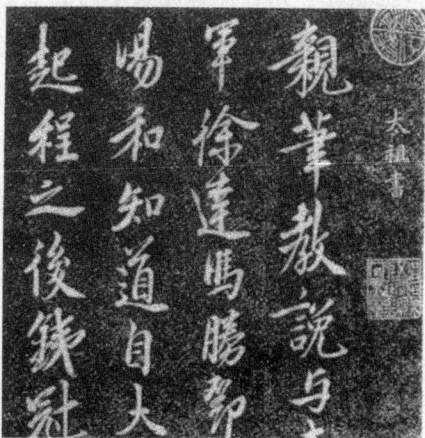

《教说大将军》朱元璋书

朱元璋用酷刑来惩治贪官污吏。洪武十八年,户部侍郎郭桓贪赃案发,朝廷内外左右侍郎以下官吏被处死者达数万人。他规定,贪赃满银 60 两者,除斩首示众外,还要剥皮。不少官府的公座旁边,悬有剥皮装草的前任赃官,使得现任官员触目惊心,知所畏惧。

太子朱标不赞成明太祖这种做法,曾陈谏说:"陛下诛戮过滥,恐伤和气。"朱元璋听了,默不作声。第二天,朱元璋把儿子叫来,指着地上一条长满刺的荆棘,让他捡起来。朱标怕刺手,没有马上捡。朱元璋说:"这根荆条有刺,你不能拿,我替你削光了再给你,难道不好吗?"这个比喻,一语道破了朱元璋的心思:实行残酷的高压政策,不仅是为了维护他自己的皇帝宝座,也是为了他们朱家将来能稳坐皇帝的宝座。

高——姜太公的后裔

高姓为中国一古老姓氏,为当代中国第十九大姓。

史载高姓出自姜姓,为西周初年曾经封侯的齐太公姜尚姜子牙的后人。

周朝建国后,姜尚在自己的封地上建立齐国,被称为齐太公。他的子孙中有一个公子被封在高邑做首领,人们称其为公子高。而公子高的孙子名叫姜侯,因曾协助齐桓公称霸有功,而被齐桓公赐姓为"高"。此后姜侯的子孙就世代以高为姓,发展到今。

（一）高姓名人录

从史料来看,高姓还有其他一些来源,但是从后世来看只有出自姜姓这一支高姓子孙最多、繁衍最广。高姓还有来自别姓改姓、少数民族赐姓或改姓等,随着时代的更迭,高姓越来越繁盛。在高姓的播迁过程中,高傒一支是主线。春秋时期高氏在齐国枝繁叶茂、举足轻重,此时有楚国宰相高固。战国末年有燕国勇士高渐离。秦汉时高氏分布于北方地区。汉初刘邦谋士高起。东汉时高姓成为渤海望族,其中有著名学者高诱。从魏晋开始高姓向南扩展,遍布各地。到唐代时出现了与岑参并称"高岑"的大诗人高适。宋朝初年大将有高琼、权臣高俅。元代有能文善画的高克恭。明代大儒高攀龙,南戏作家高则诚。清朝有著名文学家高鹗、能诗善书的高士奇。时至今日,高姓不但遍布全国各地,而且早在明清就开始远播海外,可以说高姓已经无处不在。

（二）高姓名人

北宋权臣高俅

高俅(？~1126年),北宋徽宗时的权臣。高俅原本是宋朝的小史,后来机缘凑巧,以"蹴鞠"之技得时为端王的徽宗赏识。

徽宗登基后不久,高俅累次升迁,其兄弟子侄都跟着做官,高俅最后位至宰相,依恃徽宗宠幸,强迫禁军为自己服劳役。他修建房屋苑囿时所用的一切工料、人力皆来自军营,还不时克扣军饷,使士兵军心涣散、武备废弛。

由于徽宗奢侈好逸,大臣纷纷进谏,徽宗也开始自我反省,准备收敛行为。不料这时高俅却进谏说,你是君王,可役使天下万物。由此徽宗故态复萌。靖康初,金兵南侵,高俅随同徽宗逃往临淮。

高俅虽为奸臣,但远不及蔡京、秦桧之恶,宋史没有为其立传。

高俅

林——比干后裔，武王赐姓

林姓是中国比较古老的姓氏之一，追踪溯源，其先祖是商纣王的忠臣比干。

比干是商帝太子丁的儿子，商纣王的叔父。纣王嗜杀成性，荒淫无道，比干冒死劝其改过，三天三夜不离宫廷，纣王因此很愤怒，将比干杀死，并挖出了他的心。噩耗传到比干家中，怀有身孕的夫人陈氏连夜出逃，在郊外树林中生下一子，取名坚。商朝灭亡，陈氏和坚作为名臣之后受到武王礼遇。武王认为坚生于树林之中，特赐姓林。这样，林姓便诞生了。

（一）林姓迁变

林姓人自得姓之后，主要活动于黄河以北太行山以东的地区，山东鲁国是林姓的发祥地，在春秋战国时期得到很好的发展，形成著名的济南林氏，一直占据着林姓群体的主导地位。三国两晋南北朝时期，由于战乱，林姓人随中原居民外迁，经西南到四川，向东南抵江浙，甚至有一部分还渡过长江，越过南岭和武夷山，进入两广和福建。至明末清初，台湾也出现了大量林姓人。经过几千年的发展和变迁，林姓人目前已遍布全国，成为一个族大人众的姓氏。

（二）林姓名人录

林姓宗族之中，不乏能人志士。春秋时期有孔子弟子林放。隋末有农民起义领袖林士弘。唐代有岭南节度副使林藻。五代有书法家林鼎。北宋有诗人林逋；南宋有画家林椿、诗人林景熙、诗画家林希逸。明代有诗人林鸿、书画家林良。清代有太平天国将领林凤祥、林启容、文学家林昌彝、爱国英雄林则徐、林永升和维新派人士林旭、林桂。近现代以来有文学翻译家林纾，革命家林枫、林伟民、林祥谦，民主革命烈士林觉民、国民党政府主席林森、散文家林语堂、植物学家林镕、妇产科专家林巧稚、植物病理学家林传光、人类学家林惠祥等。

（三）林姓名人

爱国英雄林则徐

林则徐为官廉正，极有远见，提倡经世之学，主张对现实政治进行改革。道光年间，英美等国的鸦片贸易越来越猖獗，清廷白银大量外流，吸食者骨瘦如柴，给社会带来了很大的危害。林则徐上书朝廷，力陈鸦片之害，坚决主张禁烟。道光皇帝命林则徐为钦差大臣，前往广东查禁鸦片。林则徐到广东后，与总督邓廷桢、水师提督关天培制定了严厉的禁烟法令，并命英美烟贩限期交出鸦片。英国在华商务监督义律用重金贿赂林则徐，被林严词拒绝。此次禁烟共收缴鸦片168万余公斤，在虎门海滩当众销毁。虎门销烟沉重地打击了可耻的英国鸦片贸易，标志着中国人民反殖民统治、反侵略斗争的开始。虎门销烟过后，英国武装侵略东南沿海，挑起了第一次鸦片战争。软弱的清廷面对英国的武装挑衅，只能将林则徐罢官充军，可怜这位禁烟的民族英雄面对外辱内患，却报国无门。

林则徐

林则徐不仅是一位政治家，而且也是一位诗人和词人，他的诗词多为写实之作。广东水师在九龙江面击退了英国侵略军的多次武装挑衅，两广总督邓廷桢用《高阳台》词牌填词以示庆祝，林则徐和其韵答了一词，词中指责鸦片之危害，生动地描述了吸烟的形象，描绘禁烟运动如春雷轰破烟贩巢穴，气势磅礴，充满了胜利后的喜悦。林则徐被充军伊犁时，也写下了许多忧国忧民的诗词，像"苟利国家生死以，岂因祸福避趋之"这样脍炙人口的诗句，充分显示了他为国为民视死如归的气概。

何——何姓源于韩姓

何姓起源很早,在黄帝时就有何姓,但关于何姓的起源,较流行的看法认为何姓源于韩姓,是从韩姓中分化而来的。周武王的弟弟叔虞的子孙受封于韩地,遂有韩姓。战国时期,秦国灭韩。此时,韩姓子孙纷纷离开今河南韩地,迁居各地。迁往长江和淮河流域一带的韩姓人,由于当地"韩"和"何"发音十分相近,常把"韩"读成"何",而书写的人又从读音上把"韩"字写成"何"字,因此,这些地区的韩姓人开始以何为姓,这就是何姓的主要来源。关于何姓源于韩姓,还有另一种说法。秦始皇巡游时,遭刺客袭击,于是下令灭绝六国遗族。韩琦为韩国后人,当关吏盘问他姓什么时,他指了一下河,意指姓韩(取河水寒冷之意),但官吏认为他是姓何。后来,韩琦得知自己无意中躲过一劫,便把韩姓改为何姓。

(一)何姓迁变

何姓除了由江淮地区的"韩"——"何"衍变而来以外,另有不少是西北少数民族在同汉族的融合过程中改为"何"姓的,还有从冒姓和赐姓而来的,这些同样是何姓的重要组成部分。

自秦朝在江淮地区繁衍生息以来,何姓在此后的中国历史上经历了五次大的播迁,其中最主要的是隋唐五代时的南迁。

据史料记载,西汉武帝时,治粟都尉何成从安徽迁居于陕西扶风,遂成大家望族。西汉哀帝时,何武位极人臣,权倾朝野,家族在四川兴盛发达,声名显赫。山东的何休,更是东汉大儒。大将军何进,也在东汉末年名噪一时。魏晋南北朝时期,何姓名人层出不穷,仅庐江何姓一门,正史记载的就有名人48人。到了隋唐五代时,一些何姓人渡江南迁,一支迁到广东、福建,另一支进入贵州、浙江、云南。此间,何姓出过皇后、节度使和不少文化、科技名人。而宋元时期,何姓更是人才济济,如两宋忠臣何灌等,文士何梦桂、何镐等。元代何姓多出虎将重臣,如何伯祥、何荣祖等。明清何姓多出名医,而且工篆刻、善书画、能诗文,何绍基、何绍祺都是一代名家。近现代有原国民党高级官员何应钦、有民主革命家兼画家何香凝、共产党的创始人之一何叔衡。

时至今日,何姓已经由原来的韩姓分支而发展成为我国第十七大姓,位居韩姓之上。何姓之人遍布海内外,何姓之足迹无处不在。

(二)何姓名人

1.八仙中唯一的女性何仙姑

何仙姑为八仙之一,传说为广东增城人,原名何秀姑,出生于唐代武则天统治时期。

何仙姑的父亲是开豆腐坊的,她从小就帮助父亲做豆腐,是位"豆腐西施"。在其十三四岁时,她去野外游玩,恰巧遇到了早已成仙、在此云游的吕洞宾、李铁拐和张果老。这几位见她有仙骨仙缘,于是让吕洞宾收其为徒,授其仙果和成仙的方法。据说,何秀姑炼成仙术后,能预测未来、行动如飞、幻化无形。乡亲们对她十分信服,专门为她盖了一座小楼,供她居住,并称她为"何仙姑",由此,何秀姑之名就被"何仙姑"取代。传说唐朝大将狄青在征伐广源时,曾去何仙姑居住之处求签,十分灵验。

何仙姑

2."傅粉何郎"何晏

何晏(公元190~249年)是三国时期魏国人,以倡导玄学而著称于世。何晏少时坎坷,曾随母亲一起被曹操收养;长大后,以才学出众闻名,并娶了魏国的公主为妻。后来,在司马氏与曹氏的政治斗争中,何晏站在曹爽一边,于公元249年被司马懿所杀。

何晏著有《道德论》《无为论》等书,是魏晋玄学的著名代表人物。但何晏之闻名于世,除了他在学术上的成就外,还与他的长相有极大的关系。

据称,何晏天生长相俊美,皮肤白皙细腻。魏明帝一直怀疑他肤白是抹粉打扮的结果,便设计想让他露出庐山真面目。在一个大热天,魏明帝把何晏召来,并赐给他热汤面吃。不一会儿,何晏便大汗淋漓,并不断用衣袖抹汗,魏明帝想,这会该露出真面目了吧!谁知细细端详之下,他发现何晏的肤色比出汗前更显白皙透亮,这下魏明帝方信何晏肤白确系天生,真是比搽了粉还要白皙。有意思的是,由于这一故事,后来人们创造了"傅粉何郎"这一成语,用以形容男子的肤白、俊美。

郭——郭姓起源于"虢"

根据历史记载,郭姓出自古代的虢国。在古代,"郭"和"虢"两字相通,郭氏即为虢氏。郭氏是周王室宗支虢公的支派,也即黄帝的后代。他们都被封到地理位置十分重要的地方。虢仲受封于西虢,在今天的陕西境内,后来东迁到上阳,称南虢;留在原地的称小虢。还有北虢也是虢仲的后裔。虢叔受封丁东虢,在今天的河南境内。

史书上把"东、西、南、北、小"五个虢国并记。这几个虢国虽然相继被秦国、郑国和晋国所灭,但他们的子孙都以国为姓,而"虢"与"郭"音很相似,所以他们子孙便以郭为姓。

另外,根据史籍记载。有一支郭氏是以占郭国的封地聊城为中心的,亦是黄帝的支脉。少数民族和其他姓氏改郭姓,也是郭姓的一个重要来源。

(一)郭姓家族名人辈出

春秋战国时期,古郭国为齐所灭,其族人在灭国后四处漂流,辗转迁徙到今河北、山东一带。而起源于周王朝虢国的郭姓,他们的迁徙与虢国的兴亡相始终,每一个虢国的灭亡都导致郭氏族人的大逃亡和大迁徙。他们主要播迁到今河南、陕西、山西、甘肃等地。这时候的郭氏族人出了燕国谋士郭隗、齐国大夫郭荣和郭最。在饱尝流亡迁徙之苦后,郭氏家族在秦汉时期终于安定下来。这时候,郭氏家族名人辈出,如汉武帝的使节郭吉、名将郭昌、不仕篡位的王莽的郭宪、光武帝的郭皇后、被收入"二十四孝"之一的郭巨、博学多闻而不慕名利的郭泰。这一时期,郭氏家族秉承祖先的优良传统,迅速繁衍壮大起来。魏晋南北朝时期,随着北民南迁的潮流,郭氏族人经历了历史上第二次大迁徙。这次迁徙,使郭氏族人开始散居到江南各地,以后又进入广东、福建。这时的郭姓名人有东晋著名文学家郭璞,魏晋时期玄学大家郭象,三国曹操的谋臣郭嘉、郭淮。隋唐时期,郭姓继续发展,出现了名臣郭子仪、后周王朝建立者郭威。宋元以后,郭氏族人继续南迁,基本上形成了现在郭氏族人在南方的分布格局。这时候,出现了元代著名天文学家、数学家郭守敬。此后又有清末著名的外交家、改革派的先驱郭嵩焘。近现代以来,则出现了著名的作家、诗人、学者和社会活动家郭沫若,著名诗人郭小川等。

(二) 郭姓名人

1.郭子仪功盖天下

郭子仪是功高盖世的唐朝名将。他一生戎马倥偬,立下了赫赫战功。安史之乱爆发的时候,郭子仪担任节度使。他率军讨伐叛军,收复了东都洛阳、西都长安,功劳最大。安史之乱平定后,郭子仪又负责抵抗回纥的侵袭。面对吐蕃的频频侵扰,他指挥若定,屡平吐蕃。郭子仪一人身系国家安危、社稷存亡长达30年之久。

郭子仪有胆有谋,他曾单骑趋回纥,以信服人,使回纥与唐朝化干戈为玉帛,传为佳话。郭子仪手握重兵,但他忠于朝廷,只要一有诏书,他便日夜兼程,踏上归途,从不给任何人留下把柄。他虽然德高望重,功高盖世,但却从不矜夸自己,而且治家严谨。唐朝皇帝也对他恩宠有加。

郭子仪之子郭暧娶升平公主为妻。有一次夫妻吵架,郭暧说:"你倚仗你父亲是天子吗?我父亲是不看重天子之位才不当的。"公主大怒,以此告诉唐代宗,代宗安慰公主后就送他回家。郭子仪听说此事后囚禁了儿子,入宫请罪。代宗对他说:"儿女们闺房中的话,不值得怪罪。"郭子仪回家后,用杖打了郭暧数十下。

郭子仪功盖天下而天子不起疑心,位极人臣而无人嫉妒,生活上穷奢极欲而无人指责。古往今来,为人臣子而能做到这样的,仅郭子仪一人而已。

2.天文学家郭守敬

郭守敬,字若思,元代著名的天文学家、仪器制造家、数学家和水利专家。

元至元十六年(公元1279年),郭守敬奉命主持天文台的工作。元大都司天

·姓氏文化·

图文珍藏版

台规模宏大,人员众多,组织严密,设备齐全,是当时世界上最完善的天文台之一,也是中国历史上功能最好的天文台之一。元大都司天文台更为世人瞩目的是它拥有当时非常先进的天文观测仪器。其中,郭守敬所创制的简仪是世界上首次采用滚柱轴承的机械,也是世界上第一台集测赤道坐标和地平坐标于一体的多功能综合测量仪,开创了在仪器上同时设置和使用附加设备的先河。还有一种天文仪器叫仰仪,它是中国和世界上首次出现的一种新型仪器,也就是世界上第一架太阳投影的观测仪。

郭子仪

郭守敬还奉命编修历法。为了编修历法,郭守敬在全国范围内进行天象观测,通过实地观测,测出了二十四节气,特别是夏至和冬至的精确时刻。他还推测出一年为 365·2425 天,与当代的科学测定只差 26 秒。现在世界通用的格里高利历与郭守敬所测分秒不差,但它的制定时间却比郭守敬晚了 302 年。郭守敬和王恂编制的"授时历"是中国古代一部极好的历法。

郭守敬一生为后世留下了珍贵的历史文化遗产,他的成就为世界所公认。国际天文学家学会用他的名字命名了月球上的一座环形山和太阳系的一颗小行星。

马——赵氏后裔

马姓作为一个姓氏出现,大概是在战国后期。史传记载,马姓与中国姓氏中的另一大姓——赵姓有着不解之缘,马姓源自赵奢。赵奢是战国后期赵国名将,阏与之战因率兵救魏大破秦军而被封为马服君。随后不久,赵奢的部分子孙就以其封邑为姓改称马服氏,后来又逐渐改姓为马,成为后世大部分马姓的正源。赵国灭亡之后,赵奢之孙赵兴因避乱而迁至陕西扶风一带,到西汉时繁衍成为大姓,因而扶风也逐渐成了马姓的郡望。

比马姓更早的还有个复姓"马师"。据《通志·氏族略》的记载，他们是春秋郑穆公的后裔，以擅长驯马、相马和医马而著称。"马师"氏后来也逐渐省略"师"字改成马姓。这其中就有很多人选了"马"姓。

（一）历代名人

马姓作为当代中国的第十四大姓，在中国历史上涌现出了许多杰出的人物。早期的马氏名流大多以军功而闻名于世。例如东汉初年的马援，帮助刘秀平定天下，官封"伏波将军"，还有"云台二十八将"里的马武。东汉末年，马腾雄起西凉，其子马超更是文武双全，归顺刘备之后为蜀汉的建立立下了赫赫战功，名列"五虎上将"之中。五代时期，楚王马殷割据湖南达51年。在这期间，楚国境内经济获得了极大的发展。五代以后的马氏名将，有南宋抗金将领马扩和抗元将领马塈，明末凤阳总督马士英，清末著名将领马玉昆等。到了现代抗日战争时期，回族马姓出了一位著名的抗日爱国民族将领——马本斋。马氏名流也不乏其他方面的人才。例如马融，他是东汉著名的经学家和文学家。东汉末还有三国一位"白眉马良"，与他的四个弟弟并称当世才子，时曰："马氏五常，白眉最良。"三国时马姓还出了一位伟大的机械制造家马钧，据说指南针就是他发明的。到了元代，马姓又出了一位杰出的戏剧家和散曲作家——马致远，他的戏剧作品《汉宫秋》和散曲作品《天净沙·秋思》至今仍脍炙人口。现当代的马氏名人有著名的语言学家马建忠和著名的人口学家、前北京大学校长马寅初等。同时，马姓女子的表现也毫不逊色，只皇后就出了两位，她们分别是汉明帝和明太祖的马姓皇后。值得一提的是，明代大航海家郑和原本也姓马，叫马三保。

（二）"十个回回九姓马"

回族是回回民族的简称，是中国少数民族中散居全国、分布最广的民族之一。回民在其汉化过程中采用马姓的人很多，马姓在回民中所占的比例很大，以致有"十个回回九姓马"的说法。这与回族信仰伊斯兰教有关，伊斯兰教的创始人是穆罕默德，因此回族人都愿以"穆"为姓，而"穆"多音译为"马"，所以马姓也自然成了回族人选用汉姓的首选。明初，朱元璋强行颁布法令，禁止"胡服、胡语、胡姓"，马姓的比例自然又增大了。

·姓氏文化·

图文珍藏版

国学经典文库

中国民俗文化精粹

·姓氏文化·

图文珍藏版

(三) 马姓名人

1.经文学家马融

马融,字季长,右扶风茂陵(今陕西兴平东北)人,东汉著名的经学家和文学家。马融出身于外戚仕宦家庭,年少时便有志于求学。他师从经学大家挚恂,博览经籍。后担任校书郎、郎中,得以遍阅国家秘藏的典籍,终于成为当时著名的通儒。经他作注的书有《周易》《尚书》《毛诗》《论语》等,影响深远。古文经学自他之后更显完善。

马融成名后设坛讲学,慕名已久的学者纷至沓来。马融出身高贵,以名士自居,不拘礼节。他讲学常常端坐高台,面垂纱巾,座后还列着女子乐队,实开魏晋风气之先。马融座下著名的弟子如卢植、郑玄等,都成了一时鸿儒。

2.失守街亭的马谡

马谡,字幼常,三国襄阳宜城(今湖北宜城南)人,白眉马良的弟弟之一。他跟随刘备入蜀,担任过绵竹、成都县令和越巂太守。马谡幼时颇有才气,常以学识雅量自许,喜好读论兵法。蜀相诸葛亮格外推崇马谡,引以为至交,对

马谡

其言听计从。马谡确实立下过一些军功。例如诸葛亮征南蛮七擒孟获,就采用了马谡"攻城为下,攻心为上"的战略。但马谡常常言过其实、高谈阔论,不接受别人的意见。故刘备临终前就交代诸葛亮"马谡不可大用",可惜诸葛亮不以为然。建兴六年(公元228年)蜀兵伐魏,马谡自请为前锋出守街亭,临战却违反行军规制,以致被魏兵大败。他自请下狱,诸葛亮为正军法,只好挥泪将之斩首。马谡死时年仅39岁。

罗——火神之后

罗姓起源于河南罗山一带,最初是织网捕鸟的部落,并将网和鸟作为其图腾标记。据记载,罗姓的祖先祝融是黄帝的四世孙,祝融专门掌管火种,后人尊其为"火神"。今天湖南衡山的最高峰叫祝融蜂,就是为了纪念他。武王伐纣时,罗人功勋卓著,罗部落被封为罗子国。春秋时期,罗子国为楚武王所灭,其遗民被迁往湖南汨罗和湖北枝江。为纪念故国,罗人便以国名"罗"为姓氏。

(一) 显赫家族

现代罗姓人数占全国汉族人口的百分之零点八六,排第二十二名,主要分布在南方,仅湖南、江西等六省的罗姓就占全国罗姓人口的百分之七十,相对比较集中。历史上罗姓在某些地方成为世家大族,如"豫章五姓,罗第一"。后魏外都大官罗结子罗斤官拜长安镇都大将军,孙罗敦、罗拔和曾孙罗伊利、族人罗提、罗弥,世代均为大官,家族显赫达一百二三十年。宁乡(今属湖南)望族是罗弘信家族,他的儿子罗绍威、孙子罗周翰三代都是唐朝魏博节度使,罗绍威的三个儿子都娶了公主而成为驸马,其家谱称"父子名列廊庙"。庐陵戡村(今江西吉安)罗氏人才辈出,北宋时罗政和为三舍入邑之师,儿子上行和孙子曾等七人均为进士出身;清朝太学正助教罗用俊,儿子罗钦顺、罗钦德、罗钦忠先后中进士,人称"罗氏三凤";扬州画

《三国演义》故事画瓷瓶

家罗聘,其夫人、儿女均擅长画梅,称"罗家梅派",裔孙罗庸是当代知名教授;湖南湘乡罗泽南家族,曾祖、祖父和父亲均为通奉大夫。罗战死后,父赏六品顶戴,子兆作、兆升赏举人。清末浙江上虞望族是国学大师罗振玉家族,曾祖罗敦贤任扬州盐司、河督幕僚,祖父任泰兴、赣榆、高淳、江宁知县和高邮知州,父罗树勋任江宁县

丞、海州州判、徐州经历、清河县丞。罗振玉的胞弟罗振常、长子罗福成、三子罗福苌、四子罗福葆、五子罗福颐都是成就巨大的古文字家和金石学家。此外,历史上的罗姓名人还有西汉巨商罗裒;东汉罗衍;晋代的广益刺史罗友;隋末的幽州总督罗艺;唐有文学家罗隐,诗人罗邺、罗虬;宋有端明殿学士罗点、刺史罗彧;元有医学家罗天益、小说家罗贯中;明有学者罗汝芳、名将罗通;清有农民起义领袖罗汝才、哲学家罗钦顺;现当代有革命先烈罗亦农、无产阶级革命家罗荣桓和舍己救人的罗盛教等。

(二) 罗姓名人

湖海散人罗贯中

罗贯中,名本,字贯中,号湖海散人,元末明初小说家,太原(江西吉安)或钱塘人,约为公元1300～1400年间人,与元末农民起义领袖之一张士诚的活动有过关系。朱元璋建立明朝后,因他与张士诚的关系而终不得志,便埋头从事"稗史"(即小说)的创作,写有17种通俗演义,如《隋唐志传》《三遂平妖传》《残唐五代史演义》和杂剧剧本《风云会》等,最著名的则是《三国志通俗演义》。

罗贯中能取得这样伟大的成就,与他的努力是分不开的。据说一天,罗贯中的家里人都出去了,他一人留在家里写《三国》。一个乞丐来行乞:"秀才行行好,小人断粮几天了。"他这时正写到"群英会蒋干中计"中周瑜领蒋干察看后营粮草,听说"断粮",头也没抬就连连念道:"营内粮草堆积如山,即可取之!"说

罗贯中

完,仍只顾埋头写书,乞丐便毫无顾虑地拿了些米走了。一个小偷趁火打劫,进屋把米粮全部盗走了。妻子回家发现后,着急地问:"家里没吃的了,你到底管不管啊?"恰巧他刚写完"出陇上诸葛装神",听妻子说"没吃的",不禁搁笔哈哈大笑起来:"陇上麦熟,何不食之?"其实麦子还未吐穗,妻子只好借粮米来度日。其后,他还用"水淹七军""火烧连营"的办法来对付麦田里的野猪,弄得人们啼笑皆非,都

说他写《三国》着迷,简直快疯了。

梁——梁姓出自嬴姓

周平王时,秦仲有功,其少子康被封于夏阳,即为梁伯。梁伯本姓嬴,梁为秦所灭后,其子孙以国为姓,遂为梁氏。北魏时,少数民族的拔列兰氏也改姓为梁,为另一支。

来自嬴姓的梁氏,其起源地梁国在今陕西韩城一带。梁为秦灭后,一部分子孙逃散他处。汉平帝时分两派,分居安定和扶风。梁芬合族随东晋渡江,在钱塘一带繁衍。其孙于桓玄时入福建。梁选为十三世,为南安令,故家居南安。梁芬的五世孙梁福范到京兆为官,后随子梁文迁惠安。宋时梁孟坚为兵部左侍郎,居宁化县,其六世孙梁永移居潮州,七世孙梁富迁梅州。梁氏自陕入晋,自晋而入浙、闽、粤乃至全国各地。

(一)梁姓多文臣武将

梁姓一直不乏名人。春秋时有晋大夫梁益耳、梁弘和齐国孔子弟子梁鳣。东汉有书法家梁鹄、与妻子举案齐眉的文学家梁鸿。唐有画家兼天文仪器制造家梁令瓒、文学家梁肃。北宋有大臣梁颢,南宋有名画家梁楷,因其嗜酒,人称"梁疯子";还有抗金女英雄梁红玉。明有戏曲作家梁辰鱼。清有文学家梁廷相,曾支持林则徐禁烟,并著书记录鸦片战争;梁国治,官至东阁大学士兼军机大臣;翰林学士梁诗正,高宗重要文稿多出其手;梁同书为清代书法名家。近当代有建筑名家梁思成,考古学家梁思永(梁思成的弟弟),哲学家梁漱溟,曾译《莎士比亚全集》(四十卷)的散文家兼翻译家梁实秋等,此外还有森林学家梁希等。

(二)梁姓名人

1.维新领袖梁启超

梁启超是清末广东新会人,号任公,又号饮冰室主人。同其师康有为发动"公车上书",力倡变法维新。1896年在上海主编《时务报》,发表《变法通议》,次年讲学长沙学堂,积极鼓吹维新运动。1898年,入京参与百日维新,办京师大学堂、译书局。戊戌政变后逃往日本。曾主编《新民丛报》,坚持立宪保皇,极力介绍西方社会、政治、经济学说,影响很大。辛亥革命后,曾拥护袁世凯,出任司法总长。1916又策动蔡锷反袁。后与段祺瑞合作,任财政总长。"五四"时,反对"打倒孔家店"的口号。倡导"诗界革命"和"小说界革命"。早年所作政论文流利畅达,感情奔放,文

梁启超

字激扬,常引以为自豪。晚年在清华教学。他学识渊博,著述涉政治、经济、哲学、历史、语言、文化等多方面,合为《饮冰室合集》。

梁启超自幼年便才学出众。12岁即中秀才。其父督导极严,希望他由科举登入仕途,光耀门庭。可他后来渐渐偏离了科举八股的方向。1889年,他在广州以第八名中举。主考官李端棻欣赏其才华,以妹相许。而梁启超却在1890年赴京会试不中后在上海渐入新学,从此走上维新道路。

2.巾帼英雄梁红玉

在中国千古以来女英雄中,梁红玉是颇为特殊的一个。她初为歌女,貌美而才德俱佳。后为抗金名将韩世忠之妻,临军助阵极有战功。

金将兀术欲退还临安,被韩世忠截住。夫人献上计策,由她管中军以炮石守御和指挥方向,韩世忠领兵依中军旗鼓四面截杀。世忠依计而行。梁夫人束装坐中军,击响战鼓,激起全军昂扬斗志,杀得金兵东奔西逃,折损了兀术女婿龙虎大王。

宋——宋姓源于微子启封宋国

宋是我国古老的姓氏之一,始见于周代。周公旦平定由纣王之子武庚挑起的

叛乱之后,周成王改封纣王长兄微子启于宋。宋国建立,定都商丘,公族皆以国名为姓,世代姓宋。

(一)宋姓迁变

公元前286年,宋为齐、魏、楚三国联合所灭。宋姓民众逐渐播迁,流散各地。然而,宋氏家族尽管组成成分比较单纯,但也并非"一脉单传"。据《五代史》记载,当时在辰州有所谓的蛮酋,也是以宋为姓。但除此之外,就不再有其他血统了。

自汉代始,许多宋姓人皆因为官之故开始由中原向四周、由北方向南方扩散。最初是在山西介休、陕西关中、河南南阳、河北广平及河北邢州等地,繁衍成望族。隋唐时期,宋姓迁徙频繁,逐渐散居于大江南北。到宋元之交、明清之际更有闯荡海外、迁居入台者。

宋氏源远流长,人才辈出。战国时有辞赋家宋玉、思想家宋钘。唐朝有名臣宋璟、诗人宋之问。宋璟历官四帝,清正刚直,政绩广为人们称道。宋时文学家有宋庠、宋祁兄弟,弟弟宋祁更因"红杏枝头春意闹"之句,世称"红杏尚书"。宋时还有画家宋迪、法医学家宋慈、农民起义领袖宋江。明朝有一代贤臣宋濂、科学家宋应星。清代有诗人宋琬、宋湘,经学家宋翔凤。近现代则有民主革命先驱宋教仁、国母宋庆龄。宋姓真可谓代有才人出。

(二)宋姓为官者多清廉

纵观历史,宋姓为官者多,且大多都刚直不阿,清正廉明。汉时京兆宋氏中的旬邑侯宋弘及其弟宋嵩俱以为官忠直而著称于当时。北魏时的广平宋氏中,有随高祖南征、以军令严明著称的宋弁,其族弟宋翻为官亦不畏豪强,秉公执法,威震京师。唐时宋璟两度为相,耿介有节,守法持正,举世称誉。唐文宗时宰相宋申锡耿直清廉,为国除奸去乱,虽遭诬陷,临危不惧。宋代敢于直谏的宋琪,因与宋太宗常意见相左,而终至罢相。北宋文学家宋庠曾为宋仁宗宰相,精通刑律,熟悉法度,选贤任能,对策得体,深得器重。其弟宋祁任官也以敢于直谏而出名。明初重臣宋濂被延聘为太子之师,博通经书,为人诚恳,善于劝谏,明太祖推其为"开国文臣之首"。这一代代宋氏名臣贤相足以光耀历史,名垂千古。

(三)学者雅士,灿若星河

宋姓名人中,多见文雅博学之士,不乏著名的思想家、文学家、史学家、经学家、科学家、书画家、藏书家。其中有战国时宋尹学派的代表人物宋钘;楚国辞赋家宋玉;唐代宫廷诗人宋之问;北宋著名文史学家宋庠、宋祁兄弟,北宋文学家、史地学家宋敏求,开创诗画题材的北宋画家宋迪,著有世界最早的法医学专著——《洗冤集录》的宋慈;明代文史学家宋濂主编《元史》,且生平著述甚多,后人编有《宋学士文集》,书法家宋克书画皆精,影响一时,百科全书式的学者宋应星,因著有《天工开物》而被英国的李约瑟称为"中国的狄德罗";清代诗坛的"三宋",分别是"南施北宋"之一的宋琬、学习宋诗著称的宋荦以及"作诗不用法"的宋湘,而经学家宋翔凤则是常州学派的重要代表人物。

(四)宋姓名人

1.明朝开国功臣宋濂

宋濂(公元1310~1381年),字景濂,浦江(今浙江浦江)人,在元末时荐授翰林院编修,他坚辞不受。元至正十八年(公元1358年),他受朱元璋的礼聘,与刘基一起参与谋议,尊为先生,授太子经。洪武初年主修《元史》。书成后,被授翰林学士。朱元璋说他"学通今古,性淳而朴实,有古人之风"。

宋濂年幼时羸弱多病,却十分聪慧。拜刘梦吉为师,学习四书五经,后来又投柳贯、黄缙门下。据说他六岁能做诗词歌赋,青年时就以文章优美而驰名。宋濂初辅佐朱元璋时,就提醒朱"不嗜杀人",受到朱的嘉许。同时,宋濂

宋濂

也建议朱除了熟读兵书外,还要注重儒家经典,要以礼教治国,不要以刑罚治民。后来,朱元璋请宋濂辅导太子朱标。

宋濂为人纯朴厚道,以诚信获得朱元璋的信赖。洪武九年,朱元璋封宋濂之子

为中书舍人和礼仪序班。洪武十年，宋濂告老还乡，朱元璋赐锦帛及御制文集等。

宋濂辅佐明朝，官仅正五品，他深知"伴君如伴虎"的至理名言，言行谨慎，但最终还是为宰相胡惟庸一案所牵连。当时朱元璋本打算一同处死宋濂，幸得皇后、皇子苦劝，宋濂被判流放茂州，死于途中，年72岁。

2.科学奇才宋应星

宋应星，字长庚，江西奉新人。在当地，宋姓显赫。宋应星幼时勤奋好学，天资聪慧，志向远大。万历四十三年（公元1615年）考取乡试第三名，万历四十七年会试落第。崇祯八年，在浙江任袁州府教谕。到崇祯十一年任福建汀州府推官，掌管刑狱诉讼。到了崇祯十三年，辞官重回故里。自江西被清兵占领后，宋应星之兄宋应昇服毒殉国，他本人便一直隐居，直至康熙五年（公元1666年）亡故，时年82岁。

宋应星著有《天工开物》。这本书出版于崇祯十年，全书计三卷十八篇。该书介绍了中国各行各业的生产技术，首先介绍衣食，最后介绍珠玉。在农业生产中，则以《乃粒》侧重叙述农作物栽培和生产工具的制作及使用；在手工业中，则以《乃服》介绍丝织技术及其机械；《粹精》则介绍农产品加工，《陶埏》介绍制砖瓦和陶瓷，《冶铸》则介绍金属冶炼，《舟车》则介绍车船制作及驾驶技术，《五金》则介绍金工技术。该书有123幅插图，生动而形象。《天工开物》在17世纪末传入日本。18世纪传入朝鲜和欧洲各国，在世界科技史上占有重要的地位。

宋应星

另外，宋应星还写了《野议》和《思怜诗》等。前一部是政论，后一部则是他的诗集。同时，他写了一本专门讨论自然哲学的书《论气》，率先提出声音是靠气流振动而传播的声学理论，同时也论及了日食和月食所蕴涵饷科学道理。

郑——炎黄二血缘汇合成

郑姓源于姬姓,其血缘的始祖可追溯至后稷。后稷是传说中的农业神,其母有邰氏是炎帝的后裔、帝喾的元妃。据《史记·五帝本纪》记载,帝喾高辛者,是黄帝的曾孙。由此可见,炎黄二帝的血缘汇合成了郑姓。后稷下传二十五代是姬友,姬友生活在周宣王时,是郑国的始祖,即郑桓公。

战国时,郑国被韩国兼并,公子鲁率众出逃。人们在陈宋之间(今河南淮阳、商丘一带)拥公子鲁为首领,为纪念故国,他们相继改姓为郑。

(一) 荥郑姓遍天下

韩灭郑后,在践土建城,此城址在荥泽的西北岸上,故名荥阳。因为荥阳是郑氏发祥、发迹之地,后来郑氏望族又多出自荥阳,所以自古就有"天下郑氏出荥阳,荥阳郑氏遍天下"的说法。

郑氏播迁呈纵横穿插状,迂回发展,郑氏子孙的足迹遍布了华夏大地。唐代是荥阳郑氏的辉煌时期,出了六状元、八驸马、十一宰相,史称"上殿半朝郑,下殿满床笏"。

郑姓早在先秦时就出了一位名为郑国的水利专家,此后便名贤相继,累世不绝。郑国,战国人,他为秦国开水渠,灌溉良田四万多顷,使关中变成沃野千里,历史上称其渠为"郑国渠"。

西汉有大臣郑吉。东汉有经学家郑众,传承其父郑兴《左传》之学,兼通《易》《诗》,后世称郑众为"先郑"。其同时代人"后郑"郑玄,在古文经学的基础上,吸收今文经学,集汉代经学之大成,人称"郑学"。北魏有著名书法家郑道昭。唐朝有以《鹧鸪诗》得名的诗人郑谷和"诗、书、画"三绝的画家郑虔,此外还有大长和国国君郑买嗣,九位宰相郑愔、郑珣瑜、郑絪、郑覃等。南宋史学家郑樵,学识渊博,广涉礼乐、文字、天文、地理、草木、虫鱼之学。元朝戏曲家郑光祖、郑廷玉,所做杂剧数十种,为后人所传诵。明朝有航海家郑和,他曾七次出使西洋,远达非洲东海岸和红海海口,促进了中国与西非各国的经济、文化交流。

明末清初的民族英雄郑成功,收复台湾,结束了荷兰对台湾历时38年的殖民统治,捍卫了中华民族的利益,从而名垂青史。清朝书画家、文学家郑燮,号板桥,擅长画兰竹,功于书法,用隶体参入行楷,非古非今,非隶非楷,号"六分半书",亦能诗文,为"扬州八怪"之一。近代有文学评论家郑观应。

当代有林学家郑万钧、作家兼史学家郑振铎、电影导演郑君里等。

(二)郑姓名人

1.汉代经学家郑玄

郑玄,字康成,北海高密(今山东高密)人。

郑玄少年时做乡下掌管诉讼和收赋税的小吏,每逢休假回家,总要到学校读书,不乐于做小吏。为此,他的父亲十分恼怒。于是,他到京城入太学,学今文《易》和公羊学,后来师从张恭祖学《古文尚书》《周礼》《左传》等典籍,最后才师从马融学习古文经。马融秉性骄威,只是派遣他的得意门生来辅导郑玄。郑玄在他的门下,三年也没见到过他,但郑玄日夜攻读,从不懈怠。一天,马融听说郑玄精通算学,便在楼上召见了他。郑玄趁此机会向马融询问许多疑难之处,问完便告别马融回到山东

郑玄

故里。马融很有感触地向学生说道:"郑生现在离我而去,我的学说便会向东传播了。"

郑玄学成归故里后,聚徒讲学,跟随他学习的学生有成百上千人。由于党锢之祸发生,郑玄跟同郡的孙嵩等40多人遭禁锢。于是,他埋头研习经学,潜心著述,遍采今文经学,融合古文经学,成为一代巨儒。

郑玄在整理古代文献上贡献很大,今天通行的《十三经注疏》中《毛诗》、"三礼"注就采用了郑注。他还撰有《文艺论》《驳五经异义》等。

2.明代航海家郑和

郑和,本姓马,小字三保,也作三宝。明代伟人的航海家、外交家。

郑和最初在燕王朱棣府侍奉燕王,后来因起兵有功,累升为内宫监太监。

明成祖朱棣登基后,命令郑和组织船队下西洋。郑和船队从苏州刘家港启程,先后到达占城、爪哇、旧港、苏门答腊、古里、锡兰等国。返航途中,再经旧港,酋长陈祖义抢掠商旅,郑和想招陈祖义归降,陈祖义诈降,而阴谋抢劫郑和船队。郑和事先得到消息,将计就计,大败陈祖义,将他押至朝廷斩首,郑和因此受到成祖极高规格的嘉奖。

永乐六年(公元1408年)九月,郑和再往锡兰。国王阿烈苦奈尔将郑和引诱到国中并索要金币,郑和不允,他就发兵企图夺掠宝船。郑和侦察到敌

郑和塑像

人国内空虚,出奇兵3000,出其不意地攻破其都城,活捉国王阿烈苦奈尔及其家眷。皇上赦免不杀他们,各邦极受震动,来朝见的国家一天比一天多。

郑和每次出使,都是以明朝使臣身份向各国赠送礼品,并进行贸易往来。吕宋、马来西亚、锡兰等国国王都曾随郑和船队回访过中国。郑和每次都出色地完成出使任务,诸国使者前往中国朝贡络绎不绝,真正实现了成祖"宾服四夷"的愿望。

宣德八年(公元1433年)三月,一代伟大的航海家郑和在古里病逝。由于其杰出的业绩和深远的影响,迄今为止,在南洋各地都有以郑和(三保)命名的地名、庙宇,依然香火缭绕,很多人顶礼膜拜,以纪念这位杰出的航海家。

3.民族英雄郑成功

郑成功,名森,字大木,福建南安人。郑成功生于日本,母亲是一位日本人。郑成功7岁时回到中国。此后他一直接受中国的传统教育,并考中秀才,到21岁时

又进入南京国子监学习。

郑成功深得隆武皇帝赏识,被赐姓朱,改名成功,部下则称他为"国姓爷"。

清军攻入福建以后,郑成功父亲郑芝龙见大势已去,就投降了清朝。郑成功当时23岁,还是个书生。他坚决反对父亲降清,因哭谏未果,便毅然出走金门,组织了一支抗清义军。在战争中,郑成功深感自己占据的地域太小,十分渴望找一个安全的据点。早在明天启四年,一伙荷兰殖民者用欺骗的手段侵占了台湾,并对台湾实行殖民统治,台湾人民过着苦难的生活。于是这时郑成功有了赶走外国侵略者、收复台湾的想法。他给台湾的荷兰殖民统治者写了一封信,信中义正词严地指出:"台湾是中华领土,限令你立即撤退,还我神圣领土。"但荷兰殖民者却不以为意。

清顺治十八年,郑成功率领大军数万人从厦门出发,经澎湖到达鹿耳门。鹿耳门是台湾的门户,号称天险。郑成功让熟识地形的人带路,在夜间神不知鬼不觉地通过了鹿耳门。天亮后,荷兰人发现海上和陆上到处都是中国军队,大惊失色,怀疑郑军是飞过来的。经过八个月的艰苦战斗,被围困的荷兰殖民者无计可施,只好投降。郑成功收复台湾后,大力开发台湾,实行军屯,发展海外贸易,促进了台湾社会的发展。

收复台湾是中国人民抗击殖民强盗的一次重大胜利。郑成功这位收复台湾的民族英雄,从此也彪炳史册,受到后代人的颂扬。

谢——以姓怀国

谢姓是黄帝的儿子禹阳的后代。禹阳的后裔先后建立了10个国家,第一个就是谢国。西周后期,周宣王为了加强对南方的统治,先派召伯(即召穆公,名虎)攻下谢国,又把自己的舅父申伯徙封到谢地,谢国就灭亡了。谢国人为了纪念自己的国家,以国为姓,全部改姓为"谢"。这是谢姓的主要来源,至今已有3000年的历史。

谢国地域,当在今河南南阳附近。谢氏历经播迁,到元代已遍布全国。谢姓目前为中国第二十四大姓。

谢姓人自西周后期就不断迁移,先秦有一支迁入陈郡阳夏(今河南太康),他们是六朝时声名显赫的阳夏谢氏的先人。

(一)阳夏谢氏显风流

以阳夏谢姓为主,谢姓在历史上尽显风流。

魏晋南北朝是阳夏谢氏的全盛时期。那时。它与琅琊王氏并称"王谢",是足以影响社稷的豪门世家。

西晋末年,时任国子祭酒的阳夏人谢衡,因永嘉之乱迁居会稽始宁(今浙江上虞西南),他的后代成为谢氏中最重要的东山会稽派。

谢衡之孙谢安,是阳夏谢氏的杰出代表。当时朝廷里谢氏人才济济,在著名的淝水之战中,主要将领几乎全部出自谢氏一门。宰相谢安任征讨大都督,负责总指挥;其弟谢石任代理征讨大都督;其侄谢玄为前锋都督,辅助谢石在前线抗击敌人;其子谢琰任辅国将军。淝水之战的胜利,巩固了东晋政权,并使谢氏晋升为当时士族的最高层。谢家一门,四人封公,声名显赫至极。

东晋灭亡后,谢家簪缨相继,世居清显之职。

六朝时,阳夏谢氏还涌现出了众多文学家,如山水诗的开创者谢灵运和发展者谢朓、以柳絮喻雪的才女谢道韫、著有《雪赋》的谢惠连、著有《月赋》的谢庄等。

阳夏谢氏的辉煌历史,不但是谢氏家族的骄傲,更是六朝史上奇特瑰丽的一笔。此外,谢姓历史上还有许多名人志士,如西汉的彰侯谢殷;东汉的巨鹿太守、文学家谢夷吾,曾极力推荐班固,后班固以《汉书》永垂史册;唐代有谢小娥;宋有爱国诗人谢枋得;明有文学家谢榛;近代有资产阶级革命家、曾发动广州起义的谢瓒,医家谢观及国民党爱国将领谢晋元。

(二)谢姓名人

1.淡泊名利的谢安

谢安(公元320~385年),字安石,东晋政治家、军事家、思想家、书法家。

他自幼沉敏洒脱,气宇轩昂,虽有才名,但隐居于家乡会稽东山,与王羲之等人纵情山水。直到40多岁,他才应征入仕,后官至司徒。

桓温乱政时,欲杀谢安。谢安在宴席上谈笑风生,从容不惊,使得桓温最终不敢加害。后来,淝水一役,捷报频传。他当时正与宾客下棋,看后不动声色,被客人问起,才淡然作答:"孩子们已经大败敌军。"但他起身回内房时,终于按捺不住心头喜悦,连脚上木屐的齿被踢断也不知道。

谢安身居高位,但一直有归隐东山之志,并数次辞官归隐又数次急出为官。因此,后人以"高卧东山"比喻隐居,以"东山再起"比喻再度为官。

据说,谢安有个同乡被罢官,回家没有路费,只有大批蒲葵扇。于是,谢安从中挑了一把,随手拿着,由于世人仰慕谢安,便竞相仿效,蒲葵扇立刻被一抢而空。

谢安

2.山水诗鼻祖谢灵运

谢灵运,南朝宋诗人。他幼时被寄养在外人家里,族人名之为"客儿",世称"谢客"。他祖父是东晋名将、康乐公谢玄,母刘氏是书法家王献之的甥女。谢灵运18岁时袭封康乐公,故又称"谢康乐"。其诗大多描写会稽、永嘉、庐山等地的山水,描摹细致,见解独到,开山水诗之先河。谢灵运曾自夸道:"天下才有一石,曹子建独占八斗,我得一斗,今天下共分一斗。"由此可见他自负之程度。

他与堂弟谢惠连关系甚好,曾说:"只要惠连在座,我往往能得到佳句。"他任永嘉太守时,有一次在西堂构思诗作,未果,昏然入睡,梦见惠连,忽得佳句"池塘生春草,园柳变鸣禽"。于是,他便说这两句诗"有神功"。

谢灵运还发明了一种带两齿的木屐,上山时去掉前齿,下山时去掉后齿,后人称之为"谢公屐"。

韩——"韩原"酝酿成韩姓

据说，春秋时晋国公族中有一个叫毕万的，也就是韩万，他是曲沃庄伯的弟弟。毕万受封于"韩原"这个地方，其子孙就以韩为姓。韩武子及其后代，几乎全是晋国的大夫。他们职位之高、权势之大，为世所罕有。到了周烈王时候，终于发生了韩、赵、魏"三家分晋"之事。后来，韩成了战国七雄之一，建都平阳，韩地日广，后又迁都到现在的河南。韩姓就是这样先从山东繁衍到今陕西、河南的，最后播迁至全国各地。

秦统一六国以后，韩国王族的后代纷纷以韩为姓。根据历名记载，我国少数民族由复姓改为单姓的也有很多，其中"韩"近音而改姓韩的就有好几个。另据记载，汉武帝时有朝鲜人韩陶，唐宪宗时有倭国人韩志和，这些是异国韩姓血统的融入。

韩姓的来源虽然有三，但主要还是来自国姓韩。

（一）传承有序，播迁明晰

纵观韩姓发展的历史脉络，有一个特殊的现象，就是其传承有序、播迁明晰，为姓氏史之罕见。

韩王信家族是古代史上中国韩姓发展的主支，它可以追溯到春秋时代的韩武子。韩姓最早居住在现在的陕西韩城一带，后陆续迁到山西、河南。后韩王信的子孙又辗转迁徙，逐渐向各地播迁。这一支脉有辅佐刘邦打天下的"兴汉三杰"之一的韩信、与汉武帝关系密切的韩嫣、跟随卫青北击匈奴的韩说、出击匈奴并斩敌首百余的韩增。唐朝是韩姓后代由中原向沿海播迁的重要时代。唐韩瑗死于贬居地振州后，他的子孙纷纷散落到广东南海各地。韩休在朝时，刚直不阿、廉洁奉公，名冠京城。

韩愈家族世代为官，也是韩姓的名门望族，其家族历史源远流长。韩愈是北魏韩茂的后代，其族原属匈奴人。到了韩愈后代的支脉，逐渐发展到安徽、广东、河北等地。韩愈这一支有对韩愈多有影响的韩会、后世位列仙班的"八仙"之一韩湘，还有为国捐躯的将领韩弇。在宋代,还出现了宰相韩琦。据记载,韩琦家族是宋代播迁最广的一个家族。南宋还出了个抗金名将韩世忠。到了元朝则有农民起义首领韩山童。明朝出了一个烈女韩希孟。清代有作家韩小宿。近现代有电影演员韩兰根,原兰州军区司令员韩先楚,历史学家、蒙古学家韩儒林等。

(二)韩姓名人

1.法家宗师韩非

韩非(约公元前280~前233年),战国末期哲学家,法家主要代表人物,出身韩国贵族,著有《孤愤》《五蠹》《说难》等10万余言。

韩非和李斯曾是同窗,一起师从荀子。韩非虽是个结巴,话讲不好,可是他文辞俱佳,李斯自愧不如。有一天,秦王读到韩非的著作,大加赞赏,欲重用他。可是宰相李斯嫉妒他的才干,又担心韩非会盖过他。于是,李斯便联合其他大臣诬陷韩非,说他是韩国贵族,心向韩国,不可重用,可是若放走他,万一被别人重用,也是一大祸患。秦王听信谗言,便将韩非关进监狱。李斯又使人威吓韩非,迫使韩非在狱中自杀。待秦王后悔想要用他时,已来不及了。

韩非

韩非虽然死得可惜,但他的著作和思想毕竟还是得以保留了下来,今天依然闪耀着灿烂的光辉。

2.用兵如神的韩信

韩信,淮阴人,汉初辅佐刘邦打天下的主要将领之一,著名军事家。

韩信一生驰骋沙场,指挥若定,用兵如神,立下赫赫战功。他采用声东击西、避实就虚的战术破了魏、代,又背水一战,前后夹击,灭了赵军,俘虏了赵王。后来,韩信又全歼楚军,挫败齐军。

公元前 202 年,韩信率兵到垓下参加楚、汉最后的决战。战争开始,韩信佯败,项羽追击,追到垓下,预先布置好的汉军从左右夹击项羽率领的楚军。这样,楚军被四面包围,轻易被打垮,项羽乌江自刎,楚汉战争结束。在垓下之战中,韩信又立下了一大功劳。

楚汉战争后,有人告发韩信谋反,被吕后、萧何一起设计诛灭。关于韩信的死,历代史家存有多种疑问。但无论如何,韩信在灭楚建汉过程中都是功不可没的。

韩信

3.“唐宋八大家”之首韩愈

韩愈,字退之,世称韩昌黎,唐朝文学家、哲学家,列“唐朱八大家”之首,与柳宗元同为古文运动的倡导者,著有《昌黎先生集》。

韩愈写文章主张“文以载道”,他写文章是为了行道明道。韩愈主张儒家的“兼济天下”的思想,主张国家统一,重视选拔人才,他还关心社会现实,反对佛老。

唐宪宗的时候,皇室笃信佛教。风翔法门寺护国真身塔内珍藏有释迦佛骨一节,据说每隔 30 年可出塔一次,佛骨出塔,便能风调雨顺,国泰民安。宪宗对此深信不疑,而且他执政时正逢 30 年周期,所以宪宗迎接佛骨入宫。

韩愈

这个时候,王公贵族们为讨好朝廷,都大方施舍财物,信佛的百姓则盲目迎合,倾家荡产,宗教狂热达到近乎疯狂的程度。这时候,韩愈则头脑清醒,看到了迎佛骨的危害,于是冒死上疏,反对迎佛骨。由于措辞激烈,触怒宪宗,最后在一些国戚权贵们的开脱下,韩愈才得以从轻发落,被贬为潮州刺史。

唐——源于尧帝

上古时,尧曾经在名为"唐"的地方(今河北唐县)做首领,尧的族人有些就以地名为姓,世代姓唐。舜帝时,分封尧的儿子为唐侯,这一族便成为唐姓人的一大来源。另一大来源是西周周昭王时,他把尧的后代中刘累的一族人封到河南的一个地方,专管祀奉他们的祖先,那个地方也就叫唐州,这一族逐渐发展成为唐姓的另一支。

(一)唐姓名人录

历史上唐姓名人数不胜数。战国时有 90 岁高龄西说强秦使秦不敢加兵的魏国大夫唐雎;汉有说服夜郎国来归的中郎将唐蒙,以仁治治理布山而为百姓称颂的唐颂,幼时听人读书即能记诵、后官至司空的学者唐珍;唐有辅佐李世民定天下的名臣唐俭,先后两次大破吐蕃的大将唐休璟;宋代有大孝子唐杰,医药家唐慎微;元代有画家唐棣;明有大破倭寇而军功卓著的名臣唐顺之,"江南第一才子"唐寅;清有中外闻名的"唐窑"督造人唐英以及名士唐景崧、唐才常等,使唐姓大放异彩;近现代还有文字学家、史学家唐兰、革命家唐亮、革命党人唐绍仪、西南军阀唐继尧、抗日名将唐淮源等。真可谓唐姓名人满九州。

(二)唐姓名人

1."江南第一才子"唐寅

唐寅,字伯虎,又字子畏,号六如居士、桃花庵主、逃禅仙吏等,明朝著名画家。

唐寅出身卑微,早年发愤读书,中过应天府解元。会试时因程敏政泄题一事牵连入狱。后游名山大川,以卖画为生,擅山水、花鸟、人物画,与沈周、文徵明、仇英并称"明四家"。绘有《牡丹仕女图》《秋风纨扇图》等著称于世的佳作。而且书法、诗文俱佳,与祝允明、文徵明、徐祯卿并称"吴中四才子"。为人孤傲,曾自刻一图章,上写"江南第一风流才子"。

唐寅虽然名气很大,但他对文徵明相当敬佩。虽然比文徵明年长,但他每次都自请在北面居下坐。信中他对文征明说:"我这样做并不是表面服您,而是心服。以前项橐 7 岁就成为孔子的老师,子路比孔子大 10 岁却是孔子的弟子。要论诗与画,我可与您争衡;至于学问品行,将拜您为师。我比您年长 10 个月,愿以孔子为榜样,以您为师,来消除那些小人的嫉妒之心,也让年轻人知道钦佩前辈风采,您不能推辞啊!"袁中郎看到信后感叹地说:"这是真心真话,谁说子畏是狂生啊!"后来人们把这一故事称为"子畏真心"。

唐寅

2.女中豪杰唐赛儿

唐赛儿,山东蒲台人,明初农民起义领袖。

唐赛儿在丈夫林三死后,自称佛母,在青州、诸城、安丘等地宣传白莲教义,组织农民群众反对明朝统治。1420 年二月,以青州城南 50 多公里的御石棚寨为根据地发动起义。唐赛儿宣布起义后,朝廷派青州卫都指挥使高凤率领 1000 多名官兵前去围剿,结果被起义军杀得片甲不留,高凤也被唐赛儿一刀结果了性命。

起义军的胜利吓坏了明王朝。明成祖朱棣派京营提督总兵柳升、都指挥使刘忠率领京营兵前来镇压,将御石棚寨团团围住。唐赛儿坚守山寨,两次严辞拒绝官军的招降,并多次打败官军进攻。夜里,唐赛儿派人假意投降,说寨内缺乏粮食,人心不安,谎称唐赛儿密谋从东寨门逃走。柳升信以为真,派精兵埋伏于东寨门外,结果唐赛儿声东击西,趁机从官军防备松懈的地方突围而走。在突围中,还派人乱箭射死了刘忠。第二天天明,柳升方知中计,赶紧组织大军追击,但此时唐赛儿带领义军已经远走他乡,不知去向了。

明成祖后来怀疑唐赛儿隐藏在寺庵中,便派人大捕尼姑、女道士入京,但仍无法获得其踪迹,也有人说她飞升成仙了。

冯——冯姓起春秋

据《广韵》记载,毕公姬高是周武王之弟,因受封于毕地,其后代逐渐以毕为姓。春秋战国时代,毕公后代毕万助晋国有大功,受封魏地。后三家分晋,魏氏立国,毕万家族的长卿一支受封于冯城(在今河南),遂以冯为姓。河南冯氏另有一源,是郑国大夫简子受封于冯邑而得姓。河南两冯,均是冯氏正宗。

(一) 冯姓名人录

冯姓在历史发展中由河南而渐渐遍于天下。两汉是冯姓人播迁最广、成就最高的一个时期。当时,冯姓郡望逐渐形成。

冯姓代有名人出。春秋时郑国有大夫冯简子,善于断大事。战国时齐有名士冯谖,楚有冯郝为大夫,韩有冯亭做郡守,曾抗拒秦将白起的攻伐。秦有大将冯劫、冯无择以及因揭露赵高而下狱的秦始皇右相冯去疾。汉有耿直老臣冯唐,出使西域的冯奉世,以勤政著称的冯豹、冯野王,八子俸禄超万石的冯杨,"大树将军"冯异,立下大功却从不居功自傲,堪为典范,此外还有平定边乱的冯绲。十六国时冯跋割据称君于北燕。五代后晋冯道出仕"五朝八姓十一帝",任宰相几十年。隋有越国公冯盎,唐有广州都督冯元常、谏议大夫冯定。宋代冯京连中二元。明有教育家冯惟敏与其兄惟讷、惟健,以诗文闻名齐鲁,还有文学家冯梦龙。清及以后有太平天国南王冯云山、抗法将领冯子材、曾任代总统的冯国璋、爱国将领冯玉祥、著名哲学家冯友兰、作家冯乃超和冯文炳(废名)等。

(二) 冯姓名人

冯梦龙"三言"醒世

冯梦龙,字犹龙,别署龙子犹、顾曲散人等,长洲(今江苏苏州)人,曾任寿宁知县,是明代著名小说家,其代表作品为小说《喻世明言》《警世通言》《醒世恒言》,世称"三言",另有传奇多种。

冯梦龙生活清苦。一天,知县袁韫玉带着新作传奇剧本《西楼记》来拜访求教,冯梦龙读完后却顾左右而言他,不提剧本。袁韫玉怏怏而别。袁走后冯氏家人禀告家中已无粮食。冯梦龙却淡然一笑,说道:"不用愁,袁县令今晚就会送来白银百两。"他吩咐开门等候。夜里袁韫玉想到冯梦龙的寒宅,似有所悟,果然携银来访。他很吃惊地见到等候多时的冯梦龙,冯却拿出《西楼记》来说:"词曲俱佳,只是尚缺一出,我已补上。是'错梦'一出,你自己看吧。"后来《西楼记》流传开来,人们;都说"错梦"一出写得最为精妙。

冯梦龙

于——源自姬姓

于姓源自姬姓。相传西周初年,周武王封第三子邘叔到邘这个地方。邘叔就成为后世于姓的始祖。他的子孙以封邑为姓,后来又渐渐把"邘"简化成"于"。

于姓发祥于河南沁阳西北的邘台镇,后来有一支迁移到东海郡,即现在的山东郯城,渐渐发展成为当地的名门望族。两晋十六国时期,此地的于姓人有一部分跟随拓跋部北迁,遵从鲜卑族的习俗改为勿忸于氏,又称万丑于氏。北魏孝文帝改革,强迫所有鲜卑人改称汉姓,于是他们又换回自己原来的于姓。这支于姓主要显贵于河南洛阳,便以洛阳(古名"河南")为其郡望。

汉族于姓的第三支主要来自复姓淳于氏的族人改姓。淳于氏人为炎帝子孙,发展到唐朝时,因要避唐宪宗李纯的讳,只好省略了"淳"字改为单姓于氏。淳于氏主要繁盛于河内,因此这支于姓也以河内为其郡望。

(一)于姓名人录

于姓历史上有很多名人。西汉时东海郯县人于定国率先成名。他曾为狱吏,善于断案,对人犯大多从轻处理,给人以改过自新的机会,时称"宽手"。三国时山东人于禁是曹魏将领,是"水淹七军"的当事者。北魏时河南于氏显贵,出了诸如殿中尚书于洛拔、征北将军于劲等。隋唐时,于姓名人有隋行军总管于仲文、唐工部尚书于顾,皆位列上卿。明代于姓出了一位民族英雄于谦,他在瓦剌兵临城下之时勇挑重担,随机应变,解了北京之围。清代的于姓名人以直隶总督于成龙为代表,他不仅精于吏治,还以清廉著称,有"清官"之誉。当代的于姓名流也很多,如著名学者于光远、文字学家于省吾等。

(二) 于姓名人

1.一生光明磊落的于谦

于谦(公元 1398~1457 年),字廷益,号节庵,浙江钱塘(今杭州)人,明代中期著名的政治家。于谦少时聪敏,尤其仰慕文天祥,常以国士自许,"慨然有天下己任之志"。21 岁时便作《石灰吟》以明心志,其中的名句"粉身碎骨浑不怕,要留清白在人间"就是他一生光明磊落的写照。于谦 23 岁时考中进士,开始步入仕途。他为官清廉又很有才干,32 岁升为侍郎,任山西、河南两省巡抚 9 年,回京时却身无长物。别人劝他多带些金银特产,他却笑举两袖说:"我只有清风而已。"还赋诗道:两袖清风朝天去,免得闾阎话短长。这便是成语"两袖清风"的由来。

正统十四年(公元 1449 年),明英宗亲征瓦剌,在土木堡全军覆没,自己也被俘虏。消息传到北京,一时引起恐慌,众人都束手无策。在这关系国家存亡的时刻,于谦挺身而出,力主抗战保卫京城,并且当机立断拥立景帝,粉碎了瓦剌妄图挟天子以令诸侯的阴谋。于谦面对强敌时指挥若定,与敌人激战五昼夜后,终于迫使瓦剌退回塞外,使明廷转危为安。于谦保卫京城居功至伟,却一再谢绝封赏。天顺元年(公元 1457 年),被释放回京的英宗发动政变冤杀了于谦,但于谦的英名却永远铭刻在人们的心中。

于谦

2."天下第一清官"于成龙

于成龙(公元1617~1684年),字北溟,号于山,山西永宁(今山西离石)人,清代名臣。于成龙出身乡绅之家,受到过良好的儒家教育,崇祯十二年考中贡生。清兵入关后,民生凋敝,天下思定,于成龙从罗城县令做起,恪尽职守。他用心察访民间疾苦,发展当地的农业生产,并且兴建学校。没过几年,这里便臻于大治。随后他又做过多任的地方官,所到之处老百姓无不心悦诚服,65岁时累官至江南江西总督,却依然保持本色,因此被康熙帝赞誉为"天下第一清官"。

董——驯龙得董姓

董姓有诸多历史可考,其历史至少有4000多年。董姓的起源,从惠连氏族往上可以追溯到黄帝之裔高阳帝。"董"初指能制绳索的蘱草,惠连氏族是一支擅长制草绳的部落,他们以蘱草为图腾。据传,惠连的孙子董父擅长驯养龙(即鳄鱼)。某年,有人向舜帝敬献了几条蛟龙,需要专人饲养训练,朝廷就指派董父驯养。董父精心驯养这些蛟龙,教它们学会各种舞蹈。舜帝很高兴,便根据这一职业赐他们氏族称豢龙氏,并赐董姓。从此,董父的子孙后代便以董为姓。董的古址在今山西境内,是夏商时代的侯国,后为晋所并。

另据汉代的考证,董姓另一支的起源是以官职为姓,是春秋时期晋国董督晋典的后代。

(一)董姓迁变

董姓来源与其他姓氏不一样,其特殊之处就在于它不断与其他民族交流。据说早在先秦时期,董姓族人就进入甘川滇黔等广大地区,与当地土著混居,融入土著之中。此外,也有西南、北方等外族融入董姓。

董姓一登上历史舞台,便声名卓著。当时活跃于晋国的有董狐和董安子,而董狐被后世誉为"良史",为后世史官树立了榜样。当时,董姓主要活跃于山西、陕西、甘肃南部、河南地区。到秦汉时期,董姓已扩展至河北、山东,进入了浙江、广东,还有西部的四川。那时,董姓名人有西汉哲学家、今文经学大师董仲舒,被王允、吕布所杀死的董卓、东汉洛阳令董宣。三国两晋南北朝时期,甘肃、四川的董姓已繁衍成大姓,同时向贵州和云南迁移。这时,有人称蜀国"四相"之一的三国名臣董允,医学家董奉,南北朝外交家董琬。进入唐宋时期,董姓的重心在滇、黔地区形成,并大批移民东南。这时候,董姓艺人大量涌现出来,有琴师董庭兰、五代南唐的画家董源、金戏曲作家董解元,当然,也有唐朝宰相董晋。明清以后,东北的董姓得到发展。这时候,董姓族人出现了明朝抗倭名将董邦政,著名书画家董其昌,清代文学家董说,画家董邦达。当然,还有无产阶级革命家董必武,战斗英雄董存瑞,甲骨学家董作宾。

(二)董姓名人

1.一代名儒董仲舒

董仲舒,西汉哲学家,今文经学大师。汉武帝时期,武帝颁布诏书,下令各地推举贤良方正、直言敢谏之士。董仲舒三次上书,三献论述天和人的关系的《天人三策》,博得汉武帝的赞赏,委以江都相之职。这种"天人感应"的学说把封建统治尤其是皇帝的权力予以神化,谁反对政治统治,反对皇帝,就是反对天,就是大逆不道。这种学说适应了统治者愚化民众的统治心理,被汉武帝采纳了。为了实现这种学说,董仲舒进一步提出"罢黜百家,独尊儒术"的主张,以求以思想文化上的统一促进政治上的统一,实现大一统。

到汉宣帝时,当时儒生对奉为经典的五经有不同理解,所以宣帝决定进行一次大讨论,这次讨论由萧望之主持。讨论中,儒生们把与自己观点一致的人视为同党,互相纠合起来反驳攻击观点不一样的人,被班固称为"党同伐异"。

董仲舒专治《春秋羊着传》,一心钻研孔子学说,曾作数十篇文章论说《春秋》,后来合编为《春秋繁露》。他在书中杂并阴阳五行学说,强调天意,君权神授,从唯心主义角度论证了汉王朝存在的必然性。书中还提出了"三纲五常"的封建伦理以及人性分上、中、下三等的荒谬论点。

据说董仲舒在帐幕中讲读经籍,然后由其门弟子依次传授后来者,因此竟有弟子未曾见过先生面的。董仲舒日常生活严格遵照礼仪,一丝不苟,专心致志讲学,三年时间竟然没有空观赏室外园林,为弟子们所敬重。成语"目不窥园"就是出自这个典故。

2.秦淮名妓董小宛

董小宛为明末秦淮名妓,名白,字小宛。

据传,董小宛与明末复社成员"四公子"之一的冒辟疆两情相悦。但是,在风雨飘摇的晚明时代,个人只能漂泊于世,她与冒辟疆辗转流离,得以团聚,被冒辟疆纳为小妾。但是,降清以后被任为两江总督的洪承畴对她垂涎已久,便诬陷冒辟疆,使他蒙受冤屈。董小宛只有牺牲自己,与洪承畴周旋。洪承畴想纳小宛为妾,董小宛始终保持对丈夫的忠贞,不肯就范。洪承畴无奈,只得把她送给顺治帝。

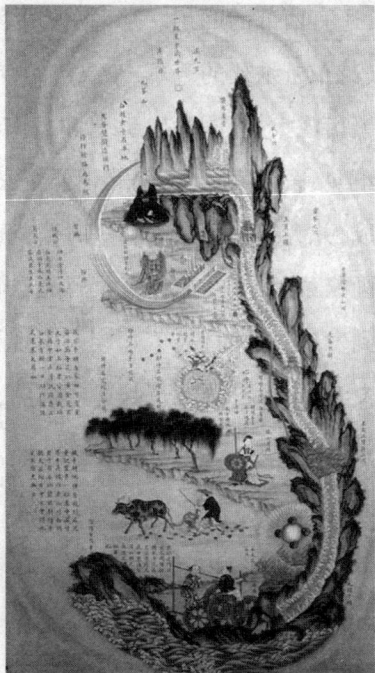

董仲舒学说图

董小宛入宫后与顺治帝引发了一段扑朔迷离的清宫秘史。顺治帝正由于和皇后不睦,产生了厌世情绪,清雅脱俗的董小宛的出现使他冰凉如水的心又重泛涟漪。顺治帝对她百般怜爱,集"三千宠爱于一身"。但是好景不长,董小宛在宫廷内苑中为人所嫉妒,被皇太后遣送出宫,无奈之下,顺治帝只得与董小宛垂泪惜别。依照孝庄太后的命令,董小宛被封为悟真菩萨,出家为尼。后传顺治帝自董小宛走了之后,更加无心政事,不久便也遁入空门。

萧——萧姓念国,土著转汉

汉族萧姓的来源主要有三大支:嬴姓、子姓和外族的改姓。

嬴氏萧姓因国得名,当嬴姓萧国被灭以后,嬴姓子孙以国为姓氏。子氏萧姓也来源于国名。春秋末年,作为宋国附国的萧国被楚灭了以后,子姓萧国子孙改姓为萧,以纪念故国。外族改姓主要源于北宋时,辽国契丹族的拔里氏、乙室己氏族等集体改姓为萧。清朝时满洲八旗舒穆禄氏族的一部分、伊喇氏族的全部改姓为萧。南方也存在着由土著民族转为汉族萧姓的现象。

(一)萧姓迁变

萧姓很早就开始出现迁移。如嬴氏萧姓在亡国后就有一部分迁移到南方的萧水。其中很大一部分融入了南方土著民族中，成为南方少数民族中萧姓的主干。先秦时，萧姓主要分布在河南、湖北、安徽一带。秦汉时，萧姓人群已分布到山西、山东和长江中下游。元朝时，萧姓已进入湖广地区，清朝初年，萧姓又进入了台湾地区。

(二)萧姓名人录

萧姓历史上的名人很多。如战国时吹箫引凤的萧史；西汉时的丞相萧何，大臣萧望之；南北朝时建立南宋的齐高帝萧道成，竟陵王萧子良；建立梁国的武帝萧衍，梁简文帝萧纲，梁元帝萧绎，史学家萧子云、萧子显，文学家萧统；唐初大臣萧瑀，散文家萧颖士；北宋辽国的萧太后，史学家萧韩家奴，大臣萧思温；南宋画家萧照，诗人萧德藻；元代戏曲作家萧德祥；明清之际画家萧云从；清朝太平天国西王萧朝贵；民国音乐教育家兼作曲家萧有梅；当代有中国人民解放军大将萧劲光、上将萧华，实验核物理学家萧健，历史学家萧一山，医学家萧龙友，书法家萧蜕，京剧艺术家萧长华等，不胜枚举。

(三)萧姓名人

1，"汉初三杰"之一萧何

萧何，汉初大臣，沛县（今属江苏）人。秦末辅佐刘邦起义。楚汉之争中他向刘邦推荐了韩信。留守关中时，征发兵卒，运送粮草，为刘邦在楚汉争霸中胜出立下了汗马功劳。汉朝建立后，协助刘邦消灭异姓王，被封酂侯。他与韩信的故事最富传奇色彩。

楚汉争霸开始时，韩信在刘邦手下只做了一个掌管粮饷的小官——治粟都尉，因得不到重用便在一天晚上逃走了。萧何深知韩信是个千年难遇的将才，于是连夜追赶，三天后才追上韩信。最终韩信在萧何的极力推荐下当上了大将，帮助刘邦打败了项羽,建立了刘氏汉朝。

虽然韩信是在萧何的举荐下才得到重用的,但汉朝建立后,萧何认识到,要想巩固汉朝的统治,必须铲除那些手握重兵的异姓王,特别是实力最强且又英勇善战的韩信。而韩信也因对刘邦削除他的兵权、一再降低他的爵位心怀不满,决定趁刘邦亲征陈豨叛乱时在长安造反。

萧何追韩信

当时情势危急,于是萧何出面谎称刘邦已将陈豨诛杀并邀请韩信进宫向吕后道喜。韩信深信举荐自己的萧何,于是进了宫。结果 代名将就这样被吕后诛杀于长乐宫室。可以说,韩信的成败与萧何有着直接的关系,即"成也萧何,败也萧何"。

2.北地巾帼萧太后

萧太后是辽景宗的皇后,姓萧,名绰,小字燕燕,通常称为燕燕太后,是辽国著名的有才略、有作为的女政治家、军事家。

辽景帝体弱多病,驾崩时圣宗耶律隆绪才几岁。萧太后面临着母寡子弱、族属雄强、边防未靖的局面。她以超人的胆略,一方面大力提拔有治国之才的契丹官员,一方面重用汉族官吏,特别倚重以汉人宰相韩德让为首的汉官集团,对辽国制度进行了一系列改革,从而扭转了穆宗以后的衰落之势。

萧太后不仅善于驾驭左右大臣,而且精通军事,曾经亲自率领辽国军队进攻宋朝,并在澶渊之战中指挥三军,赏罚分明,极大地鼓舞了兵士的士气,为辽国的胜利立下了汗马功劳。

程——周代大司马休父的后代

程姓开宗立姓的是周代周宣王朝中的大司马休父。他因受封于程地(今河南洛阳)而得名程伯,程伯的后代就世代姓程。而程伯的祖先是重黎,重黎的祖父是颛顼,颛顼的祖父就是黄帝。另外还有一支次要的程姓,源于春秋时晋国的贵族荀氏。他受封到另一个也叫程的地方,其子孙也世代姓程。

程姓的播迁很早,在西周时就从洛阳播迁到黄河以北和关中地区。战国时期,从关中到黄河中下游平原,到处都有程姓人的踪迹。到隋唐时,程姓人的足迹已遍布全国,而且程姓人群与从中原地区南迁的其他姓氏一起,形成了客家民系。到了近现代,程姓人群不仅在大陆各地普遍分布,而且移居港台,乔迁海外。

(一)程姓多封侯

"侯"在封建社会的权力结构中有很重要的地位,仅次于"王"。因此封侯是一件很荣耀的

程咬金

事。在历史上,有众多程姓子弟封侯拜相。如被追封为忠节诚信侯的程婴,西汉时被封为历侯的程黑,因平定"七国之乱"而被封建平侯的程嘉;被追封为忠安佑公的新安程氏始祖程元谭;被曹操封为安国亭侯的程昱;被封为列侯的程晓;被封为上程侯的程成,被封为广平侯的程泰;唐朝时被封宿国公、改封鲁国公的程咬金等。

程姓名人中除了那些被封侯的人,还有不少在社会上影响很大的人物,如春秋末期的程本,创立隶书的程邈,和"飞将军"李广齐名的程不识;唐朝的程大辨,贤相程异,宋朝勤政爱民的程琳,北宋理学的奠基人程颢、程颐兄弟,著名学者程大昌;元代名臣程矩夫;明代文人程敏政,诗画俱佳的程嘉燧;清代经学名家程瑶田,订补《红楼梦》的程伟元,戏剧艺术家程长庚,近代有爱国将领程潜,著名艺人程砚秋等。

(二)程姓名人

死不逢时的理学创始人——程颐

程颐,字正叔,北宋人,生于公元 1033 年,死于 1107 年。学者称之为伊川先

生。程颐是程颢之弟,理学的奠基人之一。

北宋治平、元丰年间,许多大臣多次推荐程颐入朝为官,他都推辞了。哲宗初年,司马光、吕公著一齐上疏向皇上阐明程颐的品行,并称之为高风亮节的真儒者,希望能越级提拔他。于是哲宗诏令他担任西京洛阳国子监的教授,但他还是推辞没有答应。

程颐对书无所不读,他的学问以诚为本,以《大学》《论语》《孟子》《中庸》为指导,扩展到六经各学。程颐致力于钻研《易》学,完成了《周易传》的写作,后人称这本书为《伊川易传》,对后世颇有影响。他还在嵩县鸣皋(今河南伊川西南)创办了伊皋书院,并长期在此讲授学说,广收门徒。

不过,程颐的晚年比较凄凉。因为他反对王安石变法,所以,当变法派得势时,他的日子就不好过了。程颐死前,恰逢主张变法的一派得势,所以程颐的言论被禁止传播。甚至在程颐死时,许多门人都不敢给他送葬。

曹——大禹赐姓

曹姓起源于中国历史上的三皇五帝时期。据《元和姓纂》记载:"颛顼玄孙陆终第五子安,为曹氏。至曹挟,周武王封之于邾,为楚所灭,遂复曹氏。周文王第十三子振铎,封曹,亦为曹氏,因宋所灭,子孙以为氏。"意思是,颛顼的玄孙陆终的第五个儿子叫安,被赐姓为曹。到曹挟时,周武王把他封到邾地,其族人便姓邾。后来,邾被楚国所灭,该族人又恢复了曹姓。周文王的第十三个儿子振铎,封到曹地,也姓曹。后来,曹为宋所灭,其子孙也都姓曹。

结合上述资料可以发现,曹姓有两个方面的来源。一是大禹所赐。夏朝第一个君主大禹率众治水13年,在他的助手中,有一人叫安,是颛顼后人陆终的第五个儿子。他因助禹治水有功,被禹赐姓为曹,后世子子孙孙都姓曹。二是由邾姓改姓为曹。曹挟被封到邾地,其族人皆姓邾。后来,邾国被楚国所灭,一部分人就复姓为曹。

(一)祖居山东,播迁闽台

山东可以说是曹氏的最早发源地。曹挟被封到邾地时,邾国就是地处山东的鲁国的附庸。西汉初年曹参继萧何为相国,无为而治,留下"萧规曹随"的千古佳话。曹姓在东汉末年达到它的鼎盛时期,这主要是因为曹操父子的声望和影响,尤其是曹丕篡汉称帝后,曹姓的势力更是强大。但司马氏取代曹氏后,曹姓开始衰落。其后,曹姓开始由北向南扩展。唐高宗(公元653~683年)时,陈元光、陈政父子奉命去福建,有一批曹姓的将佐随同前往。

到了唐代末年,久居北方的曹氏先人为避黄巢之乱,举家南迁,因此,福建沿海一带均有曹氏居住,还有的甚至移居到了台湾。现在,台湾的南投、彰化和台北三县为曹姓最为集中的地方。

据不完全统计,曹姓约占全国汉族人口的0.57%,排名百家大姓中的第三十二位。

(二) 曹姓名人

1. 曹操——治世能人,乱世奸雄

曹操,字孟德,小名阿瞒,今安徽亳县人。东汉末年著名的政治家和军事家。

汉灵帝中平六年(公元189年),相国董卓独断朝政,专横跋扈。曹操在陈留招兵买马,与关东各州郡组成联军,起兵讨伐董卓。董卓见势不好,急忙挟持汉献帝离开长安。后来,董卓被其干儿子吕布设计杀死,献帝则被董卓部将杨奉劫持到洛阳。这时,曹操手下的谋士劝他说:"现在皇帝东奔西逃,命运难测,如此时迎奉献帝,用忠于帝室的行动来镇服各据一方的雄杰,不愁霸业不成,应及早行动。"公元196年,曹操带兵到洛阳朝见献帝并强行把他迁到许昌,改年号为建安,并自封为大将军、武平侯。从此,曹操开始总揽朝政,"挟天子以令诸侯"。

随后短短几年内,曹操逐步消灭北方割据势力,开始实践他统一中国大业的计划。而此时,袁绍已统一了河北地区,成为曹操最主要的对手。汉建安五年(公元200年),袁绍出兵10万同曹操决战,曹操率军驻守官渡,两军在此相持不下。后来,曹操得知袁绍在乌巢屯粮,亲率5000人马杀入乌巢,放火烧粮,守军大乱,粮食全被烧光。袁军前线官兵一听粮食全部被烧,无心恋战,纷纷投降。袁绍见大势已去,只得带领残兵逃回河北,不久便抑郁而终。

官渡之战大破袁绍后,曹操逐步统一了中国北方。汉建安十三年(公元208

年），曹操号称有 80 万大军，南下攻打孙权、刘备，兵至赤壁，被江水挡住。为了克服北方士兵不善水战的弱点，曹操用铁索把战船连在一起，这样一来，战船相互牵制，行动不便。孙权得知情况后，派黄盖带领数十艘战船向曹操诈降。当战船驶近曹军时，黄盖下令放火烧船，乘着东南风，火船直冲曹船，曹军大营顿时陷入火海之中，孙、刘联军乘势冲杀而来，曹操一路败退到北方，与孙权、刘备形成了三足鼎立的局面。

曹操

曹操从赤壁之战大败后一直到他病死洛阳都未能完成统一全国的宏愿。曹操死后，其子曹丕代汉称帝，定国号魏，曹操则被追尊为太祖武皇帝。

2.才高八斗的曹植

曹植为曹操第三子，字子建，公元 192 年出生。曹植很小就已博古通今，才华横溢。南朝诗人谢灵运就曾说："天下才有一石（10 斗），曹子建独占八斗，我得一斗，今天下共分一斗。"由此可见曹植才华之高。曹操认为曹植是诸子中最能成大事的，对他期望最高，想立他为太子。可曹植平时处处任性而行，不加节制，这让曹操非常恼怒，一气之下，立了曹丕为太子。

曹植

曹操病死洛阳后，曹丕代汉称帝，他对曹植和自己争立太子的往事耿耿于怀，掌权后就开始了对曹植的报复。

《世说新语》中记载了这样一个故事：曹丕命令曹植在七步之内作诗一首，否则就要将他处以极刑。曹丕话刚说完，曹植便脱口而出："煮豆燃豆萁,豆在釜中泣;本是同根生,相煎何太急?"这首著名的"七步诗"以萁、豆相煎来暗喻骨肉相残,可谓情真意切,哀婉动人。曹丕听了,也非常感动,很是惭愧。

除了诗歌外,曹植在辞赋上的成就也很高,其中最负盛名的作品是《洛神赋》。作品描述了一个人神恋爱的故事,作者在洛水遇到了洛水女神宓妃,并对她一见钟情,但终因人神相隔,最后只能依依惜别。作品想象力丰富,描写细腻,具有很强的艺术感染力。据传,东晋王羲之父子曾各抄《洛神赋》10 本,可见两位大书法家对此赋的钟爱。

曹植生前曾把他所有的文学作品编订成集,可惜早已失传,现流传于世的《曹子建集》,乃是后人所辑。

3.《红楼梦》的作者曹雪芹

清朝最著名的曹姓人物,首推曹雪芹,他以毕生精力创作而成的小说《红楼梦》,是世界文学宝库中的瑰宝。

曹雪芹,名霑,字梦阮,号雪芹、芹圃、芹溪,为满洲正白旗包衣人。自曾祖起,他家三代任江宁织造,其祖曹寅曾为康熙帝所重用。

曹雪芹自小就性情豪放,加上在书香门第中受到了很好的教育,因而他的才华很快就显露出来,诗词、字画、印染,都是他的爱好。他的朋友称赞他"诗胆昔如铁","诗笔有奇气"。这不仅是对他艺术造诣的称颂,也是对他性格的真实写照。

雍正初年,曹雪芹家受到沉重打击,父亲被免职,家产被抄,家道开始衰败,曹雪芹察觉到了封建统治的罪恶,决定用文字来抒发自己内心的愤慨和不平,于是,他开始潜心创作《红楼梦》。小说主要描写了贾、史、王、薛四大封建家族由盛而衰的过程以及宝、黛之间的爱情悲剧。小说生动地塑造了贾宝玉、林黛玉、薛宝钗等一系列艺术形象,具有很高的思想性和艺术价值。在创作《红楼梦》的过程中,困苦和磨难接踵而来,中年不幸丧妻,爱子又夭折,自己也悲伤成疾。但这些都没能阻止他的创作热情,他呕心沥血,"披阅十载,增删五次",但最终未能完成全书,抱憾而卒,曹雪芹只完成了《红楼梦》的前 80 回,后 40 回是高鹗所续,《红楼梦》因而得以完整面貌流传于世。

《红楼梦》是一部伟大的著作,鲁迅先生曾称赞它"在中国的小说中实在是不可多得的"。

《红楼梦》不仅受中国读者的喜爱,还被译成英、俄、法、德、日、意等50多种文字,为外国友人所传阅。

袁——大禹后裔,一姓六字

袁姓起源于陈郡,始祖是涛涂。

据传袁姓为大禹的后裔,其祖为被周武王封为陈侯的胡公满,传到了十八世孙涛涂的时候,就把其祖父庄爱的字作为姓。在古汉语中,"爰"字和袁、辕、辕、猿、溒、援等字是相通的,所以,涛涂后来的子孙就分别以这六字为姓,因此就有了"一姓六字五族之异"的说法。而在这六字之中,要以袁姓人数为最多,取得的成就也最大。因此,后人逐渐统一以"袁"为姓,繁衍开来。

(一)大夫起家的京姓

袁氏自立姓以后,主要活跃在河南一带。袁氏一直为陈国的大夫,在河南地区繁衍,逐渐形成了以汝南为中心的袁氏聚集地。汉晋南北朝时期,袁姓很快在华北地区发展起来,并向西部、东部、江南蔓延。至唐、宋时期,袁姓已遍布天下了。

(二)袁姓名人录

在中国历史上,袁氏族人表现不俗。西汉有太常袁盎,即爰盎,历任齐相、吴相,汉武帝七国之乱时,曾奏请斩晁错以平众怒。东汉司徒袁安以严明著称,此外还有司徒袁隗、袁逢,诸侯袁绍、袁术。三国时有袁谭、袁尚、袁熙。晋代有音乐家袁山松、文史学家袁宏。南朝宋有司空袁昂、文学家袁淑,后者有辩才,能诗赋。唐朝有农民起义首领袁晃、火井令袁天纲、给事中袁朗、宰相袁智弘、文学家袁郊。宋代有文史学家袁枢,他创立了纪事本末的体裁。元代有国史院检阅官袁士元、文学家袁桷。明代有军事家袁崇焕、画家袁江、文学家袁宏道;袁宏道与兄宗道、弟中道,并称"三袁",为公安派的创始者;袁宏道在其中成就最大,著有《袁中郎全集》。清代有诗人袁枚、外交官袁昶。近现代则有北洋军阀首领袁世凯、中国电影工作者袁牧之等。

（三）袁姓名人

1. "随园老人"袁枚

袁枚,字子才,号简斋,浙江钱塘(今杭州)人。袁枚天资聪慧,但十分好色。乾隆四年(公元1739年)中进士,曾任江宁等地知县。黄文襄督两江时,曾让袁枚在三个时辰之内用一万字写出一篇赋,以此来为难自命才子的袁枚。不料袁枚运笔如飞,而且凡奇诞字全为水旁,一会儿,一万字的《江赋》写成,让黄文襄佩服不已。袁枚主张抒写性情,创"性灵说",对儒家"诗教"不满。他的部分作品对汉儒学和程朱理学进行了抨击,并宣称"六经"尽是糟粕。他著有《小仓山房文集》《随园诗话》等。

袁枚

袁枚好男色,之所以如此并不是因为觉得男色较之女色有更加吸引人的地方,而是出于对美色的总体爱赏。因此,他男女二色兼嗜,是一个双性恋者。

袁枚接纳的美男以优伶居多。他在京的时候,还和几位内廷的歌伶交往甚密。袁枚在江宁为知县的时候,工作兢兢业业,可他风流成性,闲暇时一直忘不了选色征歌。上司告诫他"剔鹦歌"的行为"有伤盛德",袁枚却不以为然,依然我行我素。据《随园轶事》载:"先生好男色,如桂官、华官、曹玉田辈,不一而足。而有名金凤者,其最爱也,先生出门必与凤俱。"另据史料记载,乾隆四十七年(公元1782年),袁枚年已六十有七,常和其学生刘霞裳结伴同游黄山、两广、湘鄂,并且是"从游朝腊屐,共寝夜连床。寒暑三年共,文章一路商",由此可见袁枚的声色之求是无止境的。

2. 抗清名将袁崇焕

袁崇焕,字元素,广东东莞人,明万历年间(公元1573~1620年)进士。他最初在福建邵武当县官。他胆量大,智谋多,平时对军事十分关心,常常向年老退伍的士兵询问北方的防务和险要地方的地形。天启二年(公元1622年),任兵部主事。一次,他单骑出关,考察形势,回京后主动要求守辽。1623年,袁崇焕和大将满桂领兵到宁远去驻防,在两年之内就把宁远建成了一座可以坚守的前线要塞,并多次击退后金军的进攻。

天启六年(公元1626年),努尔哈赤率领10万大军西渡辽河,到了宁远城下。当时宁远只有万余守军。袁崇焕依靠军民齐心,浴血奋战,取得了宁远战役的胜利,升辽东巡抚。天启七年(公元1627年),后金军在宁远作战不利,又回师攻打锦州。锦州城墙坚固,护城河很宽,城上所用的火炮威力很大,后金军久攻不下,死伤无数,只好撤军。明军这次保卫宁远和锦州的胜利,被称为"宁锦大捷",宁锦大捷巩固了明朝的东北防务。天启七年(公元1627年),崇祯帝即

袁崇焕

位,授袁崇焕兵部尚书衔,督师蓟辽。其间,袁崇焕大力整顿军队,他所统率的四镇军队建立了统一的指挥部,军队的战斗力大大提高。其中尤以关外军队的战斗力最强,这部分军队是袁崇焕监军关外、经过较长时间训练出来的,并通过了两次战役的考验,士气相当高。

崇祯二年(公元1629年),后金军绕道自古北口入长城,进攻北京。袁崇焕星夜驰援,比后金军抢先一步到了北京城下。双方在北京城下展开了激战。袁崇焕在北京城下打退了后金军,然而京城之围还没完全解除,袁崇焕就忽然被捕入狱了,其原因是崇祯帝中了反间计,相信他与后金有密约。次年八月十六日,袁崇焕以"擅杀大将、勾引敌方来胁迫朝廷求和、谋叛欺君"的罪名被施以磔刑,即分裂肢体而死。

袁崇焕为国为民的献身精神受到了满洲贵族的敬畏和后世人民的称颂。

邓——隐姓埋名,封号为姓

邓氏源于邓国,发源于河南省境内,属黄帝世系。早在炎黄二帝时就有以邓命名的原始部落,部落首领邓伯温曾跟随黄帝与蚩尤战于涿鹿之野。史载,夏王仲康把他的儿子分封到邓地,建都于南阳邓林。到了商朝,商王武丁将其叔父分封到邓地,建立邓国。后来邓国被楚国所灭,亡国后,邓国子民为了纪念邓国,纷纷改姓邓。此外,南唐李从镒被后主李煜封为邓王,其后代为避祸,隐姓埋名,以李从镒封号为姓。少数民族中也有不少邓姓。

(一)忠良辈出的邓姓

春秋末年,邓析开"刑名之辩"之先河,成为法家的先驱。西汉的邓通深得文帝宠爱,因而获准造"邓通钱",以后他的名字成为富豪代称。东汉是邓姓家族历史上光辉灿烂的时代,以邓禹为代表的邓氏家族世代显贵。邓禹的子孙继承他的爵位,名满天下。长子邓晨为高密侯,庶子邓袭为昌安侯,邓珍为夷安侯,义子邓训政绩卓著。邓氏后裔几代袭爵,是显赫的一脉。邓训的女儿邓绥贵为皇后,以其贤德名垂后宫,曾执掌朝政16年。后邓训一脉历代显贵,出了大将军邓骘。

尽管邓太后政绩显著,对邓氏家族也极为严厉,不曾为后人留下口实。但邓氏外戚还是被巧设罪名、构陷污蔑。为保全性命,邓姓族人纷纷迁出京都故里,分散全国。宋元明清时期,邓姓家族重心更是转移到江西、湖南、福建、四川、广东等南方省市。

邓姓家族在历史上有诸多忠良之士。扬名青史的人物邓析便是主张刑名之治、教民诉讼的第一人。东汉邓康上书请降低自家权势,抵制家族中做官之人的自满情绪,有刚直不阿的美称。邓训注意关爱百姓,在少数民族中素有威望。东汉名

邓世昌

国学经典文库

中国民俗文化精粹

·姓氏文化·

图文珍藏版

将邓晨出任太守,惩治豪强,杜绝苛捐杂税,深受百姓拥戴。三国蜀将邓芝治军严明,体恤士卒,生活俭朴,竭力尽忠效命蜀国。魏国邓艾深谙战略,率万余士兵偷渡阴平,一举灭蜀。晋国邓攸以舍子救侄而为后人称道。邓肃是宋朝有名的忠臣,被金兵扣为人质而镇定自若,毫无奴颜媚骨,虽为保李纲而被免职,他仍忧国忧民。明朝大将邓子龙平定分裂祖国的叛乱,声震边陲,他还奉命抗倭,为国献身。中国近代史上还有全力协助林则徐禁烟的爱国将士邓廷桢,为国捐躯的邓世昌。当然,我们不会忘记为中国革命慷慨就义的邓中夏、邓恩铭,改革开放的总设计师邓小平同志。还有两弹元勋邓稼先,中国无产阶级革命家邓颖超。

当然,除了以忠良著称的人士之外,邓氏也不乏文艺卓绝像邓石如这样的书法家、篆刻家,还有爱国文人邓拓,以及邓显鹍、邓显鹤兄弟和邓辅纶这样的文人墨客。

(二) 邓姓名人

为国捐躯的邓世昌旧照

邓世昌,字正卿,广东番禺人。他自小立志从军,18 岁时考入船政学堂,入海军驾驶班,以优异成绩毕业并被船政大臣沈葆桢奖以五品军功,后任"致远"号管带。

1894 年八月十八日,中国北洋舰队的军舰在鸭绿江口遭遇装备先进的日本军舰攻击,"定远"号被日舰击中。邓世昌为掩护"定远"号向日舰开炮,不久被日舰包围,船身多处中弹。邓世昌决心以死报国,随即命令舰船开足马力,向日舰"吉野"号冲去,准备与其同归于尽。途中不幸触中鱼雷,军舰沉没。落水后邓世昌拒用救生圈,其爱犬游到身边叼住他的发辫,不使他下沉。他抓住爱犬的头,一同沉入海底。邓世昌与全舰官兵 250 人一起壮烈牺牲。

许——帝后裔,许国后人

周武王灭商后,分封诸侯,他因尊重远古贵族的后代,就将他们都加以封赐。其中有一个叫文叔的人,是炎帝的后代,武王就把他封于许地(今河南许昌)。文叔后来建立了许国,春秋时被楚国所灭,许国人便世代以许为姓,这就是许姓的一大来源。另一个来源则是许由,许由生活在远古尧帝时期,德行和才干都很突出,尧帝便想把君位让给他。许由不愿意,便逃到箕山下隐居起来。

(一)许姓名人录

历史上,许姓名人很多。战国时便有农家代表人物许行。东汉时有文字学家许慎。评价曹操是"治世之能臣,乱世之奸雄"的名士许劭。三国时有被号为"虎痴"的曹操大将许褚,晋时有被封为"神功妙济真君"的许逊。唐有写下"山雨欲来风满楼"名句的诗人许浑,有与唐高祖李渊同学、以三郡归唐的许绍,还有安禄山叛乱时与张巡协力守睢阳达数月之久的许远。

宋元时期有讲授程朱理学、为元统治者策划"立国规模"的学者许衡。清末有著名外交家许景澄,近现代有鲁迅的夫人许广平,大将许光达、上将许世友,革命家许继慎、许百川,小说家许地山,数学家许宝騄,经济学家许涤新,教育家许崇清等,为许姓大增光彩。

(二)许姓名人

《说文解字》编著者许慎

许慎,字叔重,汝南召陵(今河南郾城)人,东汉著名经学家、文字学家。

许慎从小天资聪颖,博闻强记,曾拜大学者贾逵为师,研究经学。后来他精心研习经籍,相当娴熟,有"五经无双许叔重"的评价,意思是说没有第二个人能像许慎那样精通"五经"。许慎一生没有做过大官,只担任过本郡功曹,后来举孝廉,做了洨县令。

许慎在学术上的主要贡献并不在经学,而是在文字学方面。他撰写的《说文解字》一书,流传极广,至今仍是研究古文字的重要参考文献。书中,许慎科学地阐述了汉字产生和

许慎

发展的历史,以及文字的功用和汉字的构造,还收集了各类书籍中出现的大部分汉字,囊括了经书(特别是古文经)中的常见字,包括篆文、古文、籀文、或体、传体,既有先秦时的字,也有汉代新产生的字,为后世考察汉字发展的历史提供了极宝贵的材料。近代识别甲骨文、金文,也多是依赖于这部工具书。

《说文解字》的出现,是在汉武帝后经过古今文经学家数百年的争论,思想和学术都取得了长足进步后,在关于语言文字的学术思想基本成熟的条件下诞生的。它具有划时代的意义,标志着中国第一部由个人独立编纂完成的字书的诞生。同时,《说文解字》又是一部极其重要的训诂学著作,后代字书大量援引它的训释,其编排体例也被后世字典所继承。因此,它在中国字典学史上也具有伟大的开创性意义。

沈——来源于嬴、姒、姬、芈等姓

沈姓,是中国四十九大姓氏之一,在江浙地区最有影响。

沈姓源出嬴姓。沈姓的先祖叫实沈,是黄帝的后裔帝喾之子。实沈氏族后来因与少昊氏部落杂居而东夷化,故为嬴姓。后业,他们建立了沈国。周昭王南征时,嬴姓沈国被灭,其子孙就以国为姓。

夏朝时,夏人建立了姒姓沈国。至周初,蒋国灭了姒姓沈国,沈人南迁到楚地的沈鹿,其子孙也改姓沈。

西周初年,文王的第十个儿子季载被封于沈(今河南平舆北)。公元前506年,姬姓沈国被蔡国吞并,沈国的后人就称为沈氏。

(一)沈姓迁变

春秋时,楚国将孙叔敖封于沈,又封公子贞于沈鹿(今湖北钟祥东),这两个地方的后代都改姓沈,此为芈姓沈氏。

秦朝以前,沈姓主要在河南、湖北两省活动。东汉时,沈姓的活动范围扩展到了浙江。隋朝时,浙江武康的沈姓是当地的望族。唐代,沈姓进入福建,稍后移民广东。明朝末年,沈姓迁入台湾。目前,沈姓主要集中于浙江、江苏、河南三省。

(二)沈姓名人录

在中国历史上,沈姓可以说是人才辈出。春秋时,有一位高士沈郢。东汉时,有一位名叫沈戎的官吏在九江郡担任从事。南朝时梁有一位文学家沈约,是《宋书》的作者。陈朝时,有右仆射沈君理。隋朝末年,沈法兴自称"梁王",割据一方。唐朝时,沈佺期善于写五言律诗,与宋之问齐名,两人合创了著名的"沈宋体"。唐代还有书法家沈传师、文学家沈既济、诗人沈千运。北宋时有大科学家沈括。明代有女英雄沈云英、画家沈周、文学家沈德符、戏曲理论家沈璟。清朝有画家沈铨、诗人沈德潜、两江总督沈葆桢。近现代则有书画家沈曾植、爱国民主人士沈钧儒、文学家沈从文、音乐理论家沈心工、书法家沈尹默、经济学家沈志远等。

(三)沈姓名人

1.北宋科学家沈括

沈括(公元 1031~1095 年),北宋著名科学家、政治家,字存中,杭州钱塘(今浙江杭川)人。宋仁宗时,他考中了进士。

宋神宗熙宁初年,王安石出任宰相,开始变法。当时,沈括是新法的积极拥护者。1073年,王安石命他去两浙地区调查新法的实施情况。他回京后,对新法大加赞誉。几年后,王安石罢相。沈括一见风头不对,竟秘密上书,列举了王安石新法的弊端。宋神宗知道后,对他很是不满。恰好御史上奏弹劾他,神宗就下令免去他的翰林学士一职,降为宣州知州。

到了晚年,沈括娶妻子张氏。张氏脾气暴虐,沈括时常被她责骂,苦不堪言。他的长子沈博毅,因为是前妻所生,所以被张氏赶出家门。后来张氏病死,沈括却痛不欲生,不久就病死了。

沈括

沈括一生最大的成就,在于他撰写了一部光辉的著作——《梦溪笔谈》。全书共 26 卷,涉及许多方面,包括天文、地理等。《梦溪笔谈》被英国科技史家李约瑟赞为"中国科技史上的坐标"。

2."明四家"之一沈周

沈周(公元 1427～1509 年),明代著名画家,字启南,号石田,晚年又号白头翁,江苏长洲(今江苏苏州)人。

沈周

他一生都没有参加科举考试,长期从事绘画和诗文创作,尤其是沈周的画,被评为明代第一。有一次,一位郡守征集画工去绘制壁画,有人做了手脚,故意将沈周也列入了画工名册。别人就劝他:"你和许多大官关系都不错,可以找他们通融一下。"沈周却说:"让我服劳役是应该的,去找人说情岂不羞耻吗?"于是,他便去服役——绘制壁画。不久,郡守进京述职,许多人都向他打听"沈先生"的消息。郡守急忙找熟人,一打听,才知道"沈先生"就是那位服役的画工。

沈周以擅画山水著称。他早年继承家学,师于父亲沈恒吉、伯父沈贞吉,兼师杜琼、刘钰,后来又取法董源、巨然;四十岁以后,他以黄公望为宗,作品拓为大幅;晚年,沈周尤其醉心于吴镇,笔墨更见沉郁苍劲,更趋于成熟。他的主要作品有《云际停舟图》《庐山高士图》《虎丘送客图》《仿子久富春山居图》《京口送别图》《雨意图》《柳荫垂钓图》等。

此外,沈周兼工花鸟、人物画。后人将他与文徵明、唐寅、仇英合称为"明四家"。

曾——曾参为祖

曾姓有一个区别于其他汉族姓氏的显著特征,即所有汉族曾姓只有一个来源,而少数民族中曾姓也极为罕见,因而有"天下一曾无二曾"的说法。据《史记》记载:大禹的后裔、夏朝贤君少康封小儿子希烈到剌地,希烈在那儿建立鄫国。春秋时期,鄫国为莒国所灭,鄫太子巫逃往鲁国。为示不忘先祖,于是将"鄫"字去掉耳旁作为自己的姓氏,曾姓由此产生。太子巫成为曾姓的始祖。到春秋末年,曾氏家族出现了名扬千古的"宗圣"曾参,于是所有的曾姓族谱都将与孔子、孟子、颜渊齐名的曾参作为自己的一世祖。

曾姓在汉代之前一直未出山东,西汉时才开曾据举族迁往江西。后又以此为中心,不断向南迁移到湖南、福建、广东等地,使曾姓逐渐发展成南方的巨族大姓。曾据也因此成为江南曾氏的鼻祖。明末以后,曾姓又开始向台湾及海外迁移。曾姓族人如今已广泛分布于全国各地,按人口多少排序,曾姓成为中国第三十二大姓。

(一) 曾姓孝名传千古

"孝"是中华民族的传统美德,而曾姓家族更是以孝为本,孝名千古流传。孔子的学生曾参孝行突出,被后世列入"二十四孝"之中,他的孝道为孔子所盛赞,孔子有感于此而作《孝经》。唐宋八大家之一的曾巩极重孝道,在父亲去世后,侍奉继母无微不至,照顾四弟、九妹殚精竭虑。清朝时又出现了以"孝悌"治家的曾国藩家族,良好的家教造就了曾国藩家族的辉煌,曾国藩、曾国荃、曾国葆、曾国华是当时叱咤风云的人物。曾国藩的儿子曾纪泽是清末著名外交家,另一子曾纪鸿在数学领域颇有成就。孙子辈中曾广约为诗人。曾孙辈中的曾宝荪是中国第一位获得伦敦大学理科学士学位的女性,曾昭抡是著名学者。曾姓除了多孝子之外,还有很多贤臣、大将和才华卓越之人。春秋时鲁有曾点,他是曾参的父亲。汉代有曾崇范。宋有曾致尧、曾布懋、曾公亮、曾幾。元有曾德,曾万中,曲作家曾瑞,肖像画家曾琼,《孽海花》作家曾朴。明有画家曾琼。清有学者曾静,湘军将领曾国荃。现代有"领带大王"曾宪梓,化学家曾昭抡以及无产阶级革命家曾中生,音韵学家曾运轮等。

（二）曾姓名人

1."宗圣"曾参

曾参,字子舆,孔子晚年最重要的弟子之一,因为他一生"尽传孔子之道",被尊称为"宗圣"。曾参深得孔子学说的要领,对孔子的心意洞察若明。据说孔子临终前要传给弟子一句重要的话,但只说出"吾道"二字就再也发不出声音了。在场的子贡等弟子都不知他的下文。这时,曾参在孔子耳旁毕恭毕敬地说:"吾道一贯心传。"孔子听后长舒了一口气,欣慰地闭上了眼睛。

曾参

曾参为人坚持言必信、行必果的信条。曾参的妻子为了不让儿子跟自己去集市,哄儿子说回来杀猪给他吃肉。曾参知道后便果真杀了家中的猪煮肉给儿子吃。这便是后世广为流传的曾子杀猪取信于子的故事。

正如前文提到的,曾子十分孝顺。一次他因锄草不小心锄断了瓜藤的根,被父亲痛打了一顿,他心甘情愿地挨打直至痛昏过去。醒来后,他还询问父亲是否因为责打自己而累坏了身体。为了不让父亲担心,他又弹琴唱歌表明自己的身体很好。

2.清朝"中兴名臣"曾国藩

曾国藩,原名子城,字伯涵,号涤生,是清朝权倾一时的人物。他治军、治家以及做官,都颇有学者风范。著有《曾文正公全集》。曾国藩也是洋务运动的中坚力量。

曾国藩治家有方。他以祖先"孝友传家"的传统为基础,汲取中国传统文化和湖南农家文化的精华,创建了一套独特的家庭教育思想——"孝悌"。"孝"即孝敬父母,尊重长辈;"悌"即兄弟姐妹之间要和睦相处,互敬互爱。

曾国藩一生还酷爱读史,嗜书如命,见到好书一定要买下来。道光十五年(公元1835年),曾国藩进京参加会试未中,此时他已囊中告罄,只好借盘缠返乡。途经金陵时,偶然在一书肆中发现一部《廿三史》,顿时爱不释手,但口袋中的银两只够路费,他便一咬牙将随身所带的衣物全当了,凑足钱买下了《廿三史》这本书。

彭——始祖颛顼帝

一提起彭姓,人们自然而然地会想到寿高八百的彭祖。彭姓人士一直为有这样一位始祖而骄傲。从史书中可知,彭姓可以追溯到传说中古代部族首领颛顼帝的后代。颛顼的后代中有一个叫篯铿的,他就是彭祖。相传篯铿擅长做野鸡肉羹,被尧帝大加赞赏,于是封他到彭城。篯铿在彭城建立了大彭国,地方就在今天的江苏徐州。彭姓人以江苏徐州为根据地,然后分支出去散居各地。秦汉时,彭姓已经播迁到现在的山东。到了唐代,在今天的江西宜春也出现了彭姓望族,后来这一支彭姓又播迁到今天的广东、福建等地。

(一)彭姓名人录

彭姓发展的历史中,有不少值得提及的人物。如战国时期哲学家、田骈的老师彭蒙,汉初诸侯王彭越,宋朝大诗人彭止、弱冠状元及第的彭汝砺,元代红巾军将领彭莹玉,明代贤臣彭时,清代诗人彭兆荪、词人彭孙、学者彭绍升、湘军将领彭玉麟,现代历史上的中共中央原农委书记彭湃、原淮北军区司令员彭雪枫、国防部原部长彭德怀、全国人大原常委会委员长彭真等。

(二)彭姓名人

善于养生的彭祖

彭祖相传姓篯名铿,为颛顼帝的玄孙,是传说中有名的长寿者。传说他经历了夏商两代,总共活了800多岁,其间死了49个妻子,失去了54个儿子,被誉为"彭祖"。据说彭祖年轻时擅长做野鸡肉羹,有一次尧帝吃了他熬的野鸡肉羹后,对他大加赞赏,就封他到彭城。后来商王要招募他做大夫,他称疾闲居在家,不参与政事。

传说彭祖很善于养生之道,他常服水桂、云母粉、麋角散,老而有少容。彭祖生性好恬静,不恤世务,不沽名钓誉。他常常独自出游,也不要人侍候,也没有人知道他何去何从，有车马他也不骑，甚至连粮食也不带。他还常常闭气养神，危坐拭目，服气起行，调理自己身体里气的运行，使身体的气通顺。据说彭祖还精于房中之术，他认为男女相成像天地相生一样，能得阴阳之术，就能做到长生不死。

但彭祖的传说毕竟不可能是事实。这可能是因为彭氏家族在远古时代掌权稳固，世代繁荣，供奉彭祖的香火，这样一直千百年不断。据记载，徐州彭城因为彭祖而得名，有彭祖的墓，还有彭祖祠。

彭祖

吕——吕侯子孙

吕姓是姜姓的分支。史载炎帝的后裔、共工氏的堂孙伯益，因忠心辅佐尧、舜、禹三代帝王而被赐姓为姜，赐氏为吕，封为吕侯。这就是吕姓的最早来源。吕侯的直系后裔建立了吕国，先是在山西南部活动，后迁到河南南阳一带。吕侯的支系子孙吕尚（即姜尚、姜子牙）因辅佐周文王、助周武王灭商，被封为齐侯。后来吕国被灭，吕国后代子孙均以国号为姓氏，这部分人构成了吕姓的主脉。齐国灭亡后，其后裔也有一部分以吕为姓。

除吕侯后裔姓吕外，续封吕国故地的姬姓，也有一支融入了吕姓中。另外，在魏孝文帝改革时，鲜卑族一支叫叱吕氏的部族改为吕姓。后周时，鲜卑族另一支俊吕陵氏也改为吕姓。

伯益开宗立姓以后，吕姓宗族一直没有大的播迁，直到元朝及其以后，才开始往内陆各个地区发展，远至移居台湾，甚至漂洋过海，在异域他乡扎下根来。

（一）吕姓名人多掌大权

研究吕姓历史上的著名人物，会发现一个重要现象，那就是吕姓族人在很多朝代都把持着朝政，位居一人之下，万人之上。比如被赐姓吕的伯益，是禹的心腹之臣。战国时的吕不韦，手握秦国军政大权，连秦王嬴政都要尊他为仲父。西汉的吕后及其家族更是显赫一时，只差一步，刘氏江山就要改姓吕了。此外，十六国时期，吕光割据凉州，建立后凉政权。

选以后的吕氏族人，虽未再获得其先人那样的权势，但成为首辅的人，数量之多也是百家诸姓中所少见的。如唐肃宗时，吕諲任丞相。宋太宗时，吕余庆任参知政事（副宰相）。吕蒙正在太宗、真宗时三度为相，与宋初开国元老赵普齐名，他刚正不阿，敢于直言进谏，因而深得皇帝信任。吕蒙正之后，吕端继任为相，宋太宗

伯益

曾赞他"大事不糊涂"。吕惠卿在神宗时居相位，因大力支持王安石变法，有"护法善神"之称。

此外，在宋朝出任过宰相之职的吕氏族人还有：吕夷简、吕公著、吕大防、吕颐浩等。

吕姓还有一个突出的特点，那就是出了不少彪炳史册的武将。在这些武将中，第一个被载入史册的是吕尚（即姜子牙）。吕尚凭借卓越的军事才能，成为掌管周部落军事大权的"太师"。在吕尚的率领下，周军最终灭掉殷商，建立了西周，吕尚也因此被封为齐侯。秦末农民起义军将领吕臣，初为陈胜起义军涓人，后升将军，陈胜被害后，他又组织苍头军，重建张楚政权。

西汉时也出现了许多因功封侯的武将，如周吕侯吕泽、建成侯吕释。汉末三国时最出名的要数吕布和吕蒙。吕布勇武之名闻于天下，号称飞将。当时人这样称赞他："人中吕布，马中赤兔。"他还留下了"辕门射戟""三英战吕布"等佳话。吕蒙也因勇武好学而留下了"三日不见，当刮目相看"和"白衣渡江"等典故。当代名扬中国的有历史学家吕思勉，语言学家吕叔湘和新中国成立后曾任铁道部副部长、铁道兵政委的吕正操上将。

（二）吕姓名人

1.权钱交易的超一流高手吕不韦

吕不韦是战国末年卫国濮阳（今河南濮阳西南）人。他原本是一个大商人，后来他认识到，在各诸侯国之间贱买贵卖，永远也不可能真正做到一本万利，只有掌握了一个国家的政权，以权力攫取金钱，才是"最合算的买卖"。于是，他找到人质于赵的秦国公子异人，并和他达成了一桩交易，即他帮助异人登上秦王之位，而异人则帮助他获得权力。后来，他通过入秦游说华阳夫人，最终使异人被立为太子并成为秦王。吕不韦也因此成为秦国相国，被封为文信侯，食邑十万户。

在赵国时，吕不韦还将已怀上自己孩子的赵姬送给了异人。他想，如果赵姬生的是男孩，将来就可以承嗣为王，那么，嬴氏（秦国国王姓嬴）的天下就是他吕家的

吕不韦

了。果然，赵姬生了一个男孩，取名为政，即日后的秦始皇。

吕不韦做丞相时，为扩大自己的河间封地，派大军攻打赵国，杀人无数。他还为了扩大自己的权力，大力扶植自己的亲信，从而全面控制了秦国的政权。

随着嬴政年龄越来越大，吕不韦感到秦国的统治权迟早要归于嬴政。于是，他想出了一个从思想上控制嬴政的办法。他招募各国的学者，共同编写了一本《吕氏春秋》，企图以此作为日后秦国的统治思想。但嬴政是一位有雄才大略的君主，他并没有接受吕不韦为他设定的统治思想，而是选择了法家为其统治思想，对一切不利于自己统治的行为和思想进行毫不留情的打击。吕不韦首当其冲，被嬴政赐死。

2.心如蛇蝎的吕后

吕后名雉，字娥姁，山东单县人。她是汉高祖刘邦的结发妻子，为人阴险、

残忍。

刘邦夺取天下后,吕后为巩固刘氏政权,大力铲除异姓王。例如,吕后趁刘邦平定陈豨叛乱时,诛杀了韩信。她还唆使梁土彭越家臣诬告彭越谋反,将其剁为肉酱并夷灭三族。

刘邦死后,吕后残忍地杀害了刘邦的爱姬戚夫人及其儿子。她先毒杀了赵王刘如意,接着令人挖掉其母戚夫人的眼珠,烧烂其耳朵,砍掉其手脚,并弄哑了她的嗓子,然后将她扔进厕所,称为"人彘"。吕后这种毫无人性的行为,甚至引起了自己亲生儿子惠帝的反对,惠帝自此不再理会朝政。

吕后

惠帝死后,吕后开始大肆分封吕姓族人,废除刘姓诸王,吕氏家族显赫一时。吕后死后,陈平、周勃发动拥刘反吕的政变,吕氏宗族有数万人被杀,单县吕氏遭到毁灭性打击,湮灭在历史的长河中。

3.反复无常的吕布

吕布是东汉末年迁居到五原郡九原县(今内蒙古包头西)的吕氏部族的一员。他是一个典型的见利忘义、反复无常的小人。

起初,吕布因骁勇善战、武艺高强而受到并州刺史丁原的重用,并随升官后负责京都执金吾的丁原来到京都。当时,西凉军阀董卓抱有极大的政治野心,带兵入京。他因兵力太少、力量不够,便极力劝诱吕布归顺于他。吕布竟在金钱、权力的诱惑下杀死恩主丁原,并带着丁原的头投奔董卓。

董卓把吕布认为义子,并吞并了丁原部众,势力大增。于是,他废弑少帝,毒死何太后,改易少主,把持朝政。

后来,吕布又在美女貂蝉的引诱下杀掉了董卓。在董卓余部的攻打下,吕布败退出京城。在不断改投各地军阀之后,他最后投到了刘备手下,但他又趁刘备与袁术对抗之机,突袭下邳(今江苏睢宁西北邳镇东),掳获刘备的妻子儿女,并将徐州据为己有。此后数年,他又时而与袁术联合,时而与其结怨。建安三年(公元 198 年),曹操发兵围攻吕布所在的下邳,吕布被缢杀。吕布就这样结束了其可耻的一生。

苏——司窸寇后人,广播华夏

黄帝的六世孙共有 6 人,长孙樊居于昆吾(今山西运城东北),史称昆吾氏。夏朝中期,帝槐(或帝芬)封昆吾氏后裔于有苏(今河南辉县西的苏岭),史称有苏氏,建苏国。商末苏国灭,族人以苏为姓,开始向四处迁徙。但留在苏岭的苏姓族人归顺了周朝,首领苏岔生入朝做了周武王的司寇,被封于苏地,国都温(今河南温县)。苏岔生被后人尊为苏姓始祖。

(一)苏姓迁变

先秦时期,苏姓主要活动地区在河南、河北,战国时期其中一支南迁湖南,湖北,一支西迁陕西。秦汉时,苏姓又东迁到山东,而定居于陕西西部的苏姓已发展成为望族。魏晋南北朝以后,北方民族大批进入中原。有很多外族改姓苏,主要有:汉晋时辽东乌桓部的苏姓人,南北朝北魏时鲜卑族拔略氏族,北宋时西夏党项族的苏姓人,金国女真族的苏姓人。清朝时,满洲八旗的伊拉哩氏、苏佳氏、苏都哩氏、苏尔佳氏等族人改为苏姓。

唐朝时,苏姓移民大量南下四川和福建。北宋时苏姓进一步移民贵州和两广。明清两朝,苏姓多次移民台湾,如今苏姓已成为台湾的大姓。

苏姓的历史从有苏氏算起,已经有 3800 年了。苏姓的普遍使用是在苏国灭亡之后,至今也有 2600 年的历史了。

(二)苏姓名人录

苏姓是一个光耀史册的古老姓氏,人才济济,历史上著名的苏姓人物有:战国时纵横家苏秦、苏代;西汉名臣苏武;东汉冀州刺史苏章;东晋苏峻;南北朝西魏大臣苏绰;隋朝大将苏威;唐朝大将苏定方,诗人苏源明及五位宰相苏良嗣、苏瑰、苏味道、苏颋、苏检;十六国前秦女诗人苏蕙;北宋文学家兼书画家苏轼,散文家苏洵、苏辙,文学家苏过,诗人苏舜钦,天文学家兼筹学家苏颂;南宋画家苏汉臣;元朝名臣苏天爵;明朝篆刻家苏宣;清代甘肃回族和撒拉族起义军首领苏四十三,太平天国女将苏三娘,清末湘军将领苏元春,捻军首领苏天福;现代无产阶级革命家苏兆征,当代化学工程学家苏元复,流行病学家苏德隆等。

(三) 苏姓名人

1.纵横家苏秦

苏秦是战国时东周洛阳(今河南洛阳东)乘轩里人,字季子,是有名的纵横家,奉燕昭王之命入齐从事反间活动,以便攻齐复仇。曾任齐国丞相,主张六国合纵攻秦。后燕将乐毅联合五国攻齐,他的反间活动暴露,被车裂处死。马王堆汉墓出土帛书《战国纵横家书》保存有苏秦的书信和游说辞十六章。

苏秦游说六国采取合纵之计,共同攻秦,被推为纵约长,佩六国相印。他的这些才能与年轻时的刻苦攻读是分不开的。

苏秦曾游说秦王,10次上书均未被采纳,主要是因为秦惠王刚杀商鞅不久,对客居游说的策士很不信任。所以苏秦在秦一年有余,很不得志。时间一久,其黑貂皮袍破旧,百斤黄金耗尽。资用乏绝,只好狼狈归家。他容颜枯槁,疲惫不堪。家人待他十分冷漠,妻子不下织机相迎,嫂子不燃灶做饭,父母也无话可说。苏秦仰天长叹道:"妻不以我为夫,嫂不以我为叔,父母不以我为子,此皆秦不用之罪啊!"

苏秦

从此,苏秦暗自发奋,当夜搬出数十箱书,从中找出《太公阴符经》,以后每天都伏案读书,择其精要,揣摩文旨,对天下大势、列国情况做了大量研究。有时候实在太困了,苏秦就用针锥扎腿,血流到脚跟也全然不顾,以此驱除睡意、秉烛夜读。如此一年,他就掌握了兵书谋略。他信心十足地说:"可凭此游说当世之君了!"不久苏秦果然被赵拜为丞相。

2.不辱使命的苏武

苏武(公元前？~前 60 年)，西汉杜陵(今陕西西安东南)人，字子卿，天汉元年(公元前 100 年)任中郎将，奉命出使匈奴。由于其副使张胜参与匈奴贵族内部斗争，事发投降，使得苏武被扣留。但任凭匈奴威逼利诱，他总是威武不屈。

匈奴为了使苏武屈服，将他禁闭于地窖，并且不给饮食。天寒地冻、大雪纷飞，苏武在地窖中一口毡毛、一口雪，竟然维持多日。匈奴以为有神灵保佑，便没敢杀他，而是把他流放到北海(今贝加尔湖)放羊，并说"如果公羊能产仔，就放你回去。"北海地处荒漠，渺无人烟，甚至无食可吃，苏武只能挖老鼠洞，搜寻里面的草籽当食物。尽管如此，苏武每天还是手握汉节(使者凭证)放羊，时刻不忘使命，坚持19 年不屈。

到汉昭帝时，匈奴又想和汉朝和好。汉朝提出释放苏武等使节，但单于谎称苏武已死。汉朝使节来到匈奴，当年随苏武出使的常惠想办法把苏武流放北海的事告诉了使节，并想出了营救办法。汉朝使节见到单于后，说："汉朝皇上在上林苑狩猎时，射下一只大雁。大雁脚上缠有帛书，解开一看，原来是苏武手笔，述说了北海牧羊的事。"单于听说后大吃一惊，只好承认苏武还活着，把他送回了汉朝。苏武一直活到 80 多岁。

3.东坡居士苏轼

苏轼(公元 1037~1101 年)，字子瞻，号东坡居士，眉州眉山(今属四川)人，北宋文学家、书画家。

苏轼在嘉祐六年(公元 1061 年)24 岁时就中了进士，并和弟弟苏辙同时通过了贤良方正科主持的谏科的考试。宋仁宗满心欢喜地对皇后曹氏说："朕为子孙得两宰相。"

可是苏轼的仕途却坎坷崎岖。先因反对王安石变法，谪调杭州任职，后又调到密州(今山东诸城)、徐州(今江苏铜山)、湖州(浙江吴兴)等地。由于作诗讽刺变法，被逮捕入狱，后流放黄州(今湖北黄冈)、汝州(今河南汝南)等地。宋哲宗即位后，废除变法，但这时苏轼已快 50 岁了。在先后担任兵部尚书、礼部尚书后不久，又被流放岭南，徽宗即位后才结束了 7 年流放生涯，在归途中病逝。

苏轼一生浮沉不定。历尽沧桑，心中郁积着无数要说的话，只有通过诗歌来倾诉自己的冤屈与不平，另一方面又在张罗日常茶饭的生活中寻找淡泊自得的愉悦，来保持心理平衡。

苏轼在文学艺术上的造诣达到了极高的境界。他的文章恣肆汪洋、明白畅达；其诗清新豪健，善用夸张比喻，词属豪放一派，如《前赤壁赋》《水调歌头》等。他还擅长行书和楷书，取法李邕、徐浩、颜真卿、杨凝式，而且自创新意，是"宋四家"之首。

苏轼喜欢吃烧猪肉，常教人将猪肉切成方块，上锅烧煮之后食用。其好友佛印是金山寺的禅师，常将猪肉烧煮好了之后，等着苏轼来吃。一天，准备给苏轼吃的猪肉被别人偷吃了。苏轼知道后，戏作小诗云：

远公沽酒饮陶潜，佛印烧猪待子瞻。

采得百花成蜜后，不知辛苦为谁甜。

苏轼在黄冈时，还曾戏作食猪肉诗云：

黄州好猪肉，价贱如粪土。

富者不肯吃，贫者不解煮。

慢着火，少着水，火候足时它自美。

每日起来打一碗，饱得自家君莫管。

后来，苏轼的这种烧煮猪肉的吃法流传开来。人们还给它起了个名字——"东坡肉"。

苏轼

蒋——源流昌盛于江南

蒋氏源流有三：一说出自姬姓，周公旦第四子伯龄封于蒋，后为楚灭，子孙以国为姓；二说出自子姓，为商代皇室后裔，因封于蒋而得姓；三说出自外族的汉化改姓，例如满清八旗蒋佳氏改为蒋姓。

子姓蒋氏与姬姓蒋氏都发源于河南。西周子姓蒋氏被迫迁至山西蒋谷，姬姓蒋氏自从被楚国兼并之后，一部留居原地，其余诸部迁至今山东、贵州、湖南一带。汉代以后，江苏宜兴蒋氏兴盛，演化成当今大多数蒋姓子弟，其始祖据考证为山亭侯蒋澄。五代时期，蒋姓大规模南迁，蒋诩后人居住在宁波采莲桥，成为甬上望族。这是浙东蒋氏繁衍昌盛的开始。

（一）蒋姓名人录

蒋姓历代名流众多，《中国人名大辞典》中收录了蒋姓历史名人214位，位列中国姓氏名人数的第四十九位。蒋姓的重要人物有：蒋诩，西汉末年任兖州刺史，以廉直著名；三国东吴名将蒋钦、蜀汉后期名相蒋琬；南北朝时的书画雕刻家蒋少游；唐代

蒋介石

的宰相蒋伸、文学家蒋防；南宋词人蒋捷；清朝的戏曲家蒋士铨；现代有蒋介石、蒋经国父子、植物学家蒋英、气象学家蒋丙然、爱国民主人士蒋光鼐、教育家蒋梦麟等，可谓不胜枚举。

（二）蒋姓名人

蒋琬——诸葛亮指定的接班人

蒋琬，字公琰，零陵郡湘乡（今属湖南）人，蜀汉后期重要的大臣和名相。蒋琬20岁便与其表弟刘敏并称为当地名士，蜀汉先主刘备领军入川，蒋琬以州书佐的身份追随刘备，被任为广都长。蒋琬才智过人，不愿为一县之长，诸葛亮听闻后向刘备推荐道："蒋琬，乃社稷栋梁之材，其才干不止于治理一个百里的小县。他为政以安民为本，不以表面文章夸饰，希望主公深加考察。"公元223年，诸葛亮开相府，蒋琬得到重用，渐由东曹擢升为长史。

诸葛亮带兵打仗，东征西讨，所需粮饷极为庞大。自蒋琬担任抚军将军后，多方筹措，开源节流，有力地支持了诸葛亮的事业。诸葛亮常说："公琰的志向在于忠正清雅报效国家，他是辅佐我一道完成统一大业之人。"诸葛亮在上后主的密表中

很早就视蒋琬为自己的继承人。事实也证明诸葛亮没有选错接班人。诸葛亮逝世后，蜀国国势大衰、人心惶惶。蒋琬励精图治，立志力挽狂澜，终日神色自若，民心始安。蒋琬吸取了诸葛亮六出岐山而不成功的教训，试图沿水路东下灭吴，再北上伐魏，由于各方面的条件都不具备而宣告失败。246年病故。

蔡——以国为姓

蔡姓是中国当今第三十四大姓，但在台湾地区却人数众多，是第八大姓。

史载，周武王灭纣后建立西周，分封各个兄弟为诸侯，封五弟叔度于蔡（今河南上蔡），后称为蔡叔。蔡叔的儿子胡，建都上蔡，胡称蔡仲。春秋时，蔡国常受楚国的逼迫，多次迁移，最后迁到州来（今安徽凤台），称下蔡。公元前447年，楚惠王灭蔡，蔡国人怀念故国便以国为姓。

蔡姓在历史上主要有两次大的迁移。一次是唐末黄巢起义时，蔡氏迁到广东、福建以及台湾等地。另一次则是明末郑成功入台。郑成功有几位部将姓蔡，他们把家人和亲戚带到了台湾。后来，蔡姓子孙在台湾繁衍生息，几乎遍及全岛。从南到北，从东到西，蔡姓人随处可见。

（一）名门望族蔡姓多

研究蔡姓，我们可以看到一个有趣的现象，那就是蔡门多才子。第一个名垂史册的才子就是写定六经文字的蔡邕，他精通经史、音律、天文，辞章典雅，精于篆、隶书法，人称"骨气洞达，爽爽有神"。此外还有蔡邕的女儿，著名女诗人蔡琰。宋代也是蔡姓在文坛大放光芒的时代，有"宋四家"之一的书法家蔡襄，大奸臣蔡京也以书法著称于世。有律学家、理学家蔡元定以及他的儿子蔡沈。金代有诗词清俊的文学家蔡松年，还有被元好问称为"金国第一人"的文学家蔡珪。清代有大画家蔡元友。当代蔡姓才子更是数不胜数，有著名的大教育家蔡元培、《渔光曲》的导演蔡楚生、植物学家蔡希陶、农学家兼育种学家蔡旭、刑法学家蔡枢衡等。

(二) 蔡姓名人

1.造纸术的发明者蔡伦

蔡伦(公元? ～121年)是东汉造纸术发明家。字敬仲,桂阳人(今湖南郴州市),曾任中常侍、尚方令等职,封龙亭侯。

蔡伦很早就想发明一种书写材料来代替厚重的书简,以减少书写的困难和不便。有一次,邓太后派人给蔡伦送来一包新鲜的荔枝,并约定日子让他去拜见。蔡伦怕忘记,随手把日期写在包荔枝的包袱皮上。忽然,他发现这种包果品的东西可以写字。于是派人日夜兼程去追回送荔枝的人,这是位白发苍苍的老人。蔡伦把他接来后,向他请教那种包果品的东西,老人告诉他,那叫"絮纸",蔡伦满心欢喜,请老人教他制造絮纸。他们先把蚕茧放在有水的池子里,浸泡在水中反复捶打,打烂成

蔡伦

丝连成片状,再放在阴凉处晾干,待丝色变白,除去上面的丝絮,剩下一层敝棉,干燥后便可写字了,而且极易吸墨。

蔡伦仔细研究,总结出了制作"絮纸"的经验,而且扩展了原材料范围,破树皮、废旧麻类、破渔网等皆可用来造纸。还归纳出了洗涤、剪切、沤煮、舂捣、抄制成型、定型干燥等几个基本工序,使原来的雏形纸产生了质的飞跃,生产效率也大大提高了。后来这种纸在民间得到推广,被称为"蔡侯纸"。

2.奸相蔡京

蔡京(公元1047～1126年),北宋兴化仙游(今属福建)人,字元长,熙宁进士。曾四度出任宰相一职,为"六贼"之首。

元祐元年(公元1086年)蔡京任开封知府,司马光执政,恢复旧法,限五天内恢复差役制。其他官员都抱怨不已,只有他如期完成,受到赞扬。绍圣元年(公元1094年)章惇执政,蔡京任户部尚书,又帮助章惇重新推行王安石的新法。徽宗即

位后,他被罢免,于是便勾结太监童贯,专送古玩器物给徽宗,以谋重新起用。崇宁元年(公元1102年),他被封为右仆射,后任太师。又以恢复新法为名,排除异己,创"丰亨豫大"之说,大兴土木,劳民伤财,流毒全国。他以变法为借口,把对他心存不满的人以及与他意见相左的大臣全部打成奸党。他罗列了一个以司马光以首的309人的奸党名单,要求各个郡县刻在石碑上,以昭示天下。当时有一个石工认为司马光是一个正直的好人,不愿把他刻成奸邪,蔡京便要治他的罪。后来没有办法,那个石工只好不署自己的名字,以免得罪后人。

蔡京书法极好。字势豪雄,自成一格。钦宗即位后不久,边境告急,蔡京举家南逃,激起

蔡京

天下愤慨,被钦宗放逐岭南,途中死于潭州(今湖南长沙)。

贾——黄帝后裔,文王子孙

贾姓是当代中国的第六十九大姓,相传贾姓是黄帝的后裔,周文王的子孙,姬姓贾氏占了当今贾姓子弟的绝大部分。

贾姓始祖最早可以上推到函周初年。周康王封唐叔虞的少子公明于贾地,即现在的陕西蒲城西南,人称为贾伯,随后公明建立了贾国,成为西周的附庸国。这支贾姓始祖后来渐渐迁移到今山西襄汾一带,在这里繁衍生息。公元前678年,贾国被晋武公所灭,贾伯的子孙就以其原来的国名为姓,这是贾姓正式出现的标志。这支贾人也有一部分逃到西部的贾河一带,成为当地贾姓的始祖。

(一)贾姓迁变

贾国被晋灭以后,晋襄公又封同姓亲戚射姑到贾国之地。射姑是狐偃的儿子。

狐偃是春秋时期一位了不起的人物,他追随晋文公重耳亡命在外19年,是晋文公完成霸业的得力助手。射姑居于贾地之后,人称其为贾佗或贾季,他的子孙也以封邑为氏,这也成为贾姓的一个重要来源。有意思的是,这两支贾姓实际上都是姬姓,又都以山西为根据地,这是中国姓氏来源中很少见的现象。

贾姓中也有一些外族的改姓,例如北宋金国女真人中有贾姓,满洲八旗姓嘉佳氏的也集体改为贾姓等。

贾姓郡属山西,后来逐渐辐射到河北、河南一带,宋朝时河北已成为贾姓大省,但由于战乱频繁,贾姓逐渐由北向西和东部迁移。明清以后,贾姓出现了由东部向华北、华中回迁的现象。西部贾姓的人口也不少。

(二) 书香门第贾姓多

贾氏历代名流众多,春秋时期晋国有贾佗。第一个替贾氏扬名的人,首推西汉初年的政治家和文学家贾谊。与贾谊同时代的还有一位政治家贾山。贾谊之后,贾姓多出诗书专家。

东汉初年的贾逵为经学家,著有《春秋左传解诂》《国语解诂》;西晋时贾姓有宰相贾充和其女贾后、贾南风;南北朝时有农学家贾思勰、数学家贾宪;唐代出现了著名的诗僧贾岛、宰相兼地理学家贾耽,他尤其熟悉边疆地理。唐代的贾公彦为经学家,所著《周礼义疏》《仪礼义疏》被收入《十三经注疏》。宋代有贾似道、贾安宅、贾炎,元代有画家贾虚中,到了元末明初,贾仲明开始以戏剧闻名,明代以后,贾姓名人有贾仁元、鼓词家贾凫西等人。

(三) 贾姓名人

1.博学能文的政治家贾谊

贾谊(公元前200~前168年),洛阳(今河南洛阳东)人,西汉初年著名的政论家和文学家。贾谊少时就有"博学能文"之誉,当时人都称他为"贾生"。汉文帝初年,皇帝听说贾谊很有才干,就征召他为博士。在当时的博士中,贾谊只有二十来岁,最为年轻。每次皇帝诏命博士议事,那些老先生不能回答的,贾谊都对答如流,常常说出老先生们心中想说却又无法言表的话,因此大家无不佩服贾谊的才干,汉文帝也非常喜欢他,不到一年就提升他为太中大夫。

贾谊好论国家大事,经常写文章为西汉的统治者出主意,提建议。他所写的政论,见解深刻又很有文采,深为当时及后世之人喜欢,其中最著名的是《过秦论》。西汉初年,国家刚经过秦末的大动乱,民生凋敝。在《过秦论》一文中,贾谊分析秦朝兴亡的原因,指出即使是像秦国那样强大的国家,利用武力吞并了其他六国而建立秦朝,如果不行仁政,不顾百姓的死活,统治者只是一味好大喜功,满足自己的私欲,也必然导致迅速的败亡。因此贾谊提醒西汉的统治者要吸取秦亡教训,施行仁政。

贾谊

贾谊的建议多为汉文帝所采纳,但他年少得志,不免为其他人所排挤,文帝也渐渐疏远了贾谊。他后来还做过长沙王和梁王太傅,但总是郁郁不得志,曾作《鵩鸟赋》以屈原自比。后因梁王坠马丧生,贾谊悲痛异常,33岁就去世了。

2.贾思勰与《齐民要术》

贾思勰(公元386~534年),齐郡益都(今山东青州)人,南北朝时北魏著名的农学家。贾思勰出生在一个地主家庭,但他同一般的富贵子弟和读书人不同,他从不轻视劳动,十分重视农业生产,有着发展生产和富国强民的热切愿望。贾思勰最推崇的是像龚遂、召信臣和王景那样的良吏,他们都因重视推广农业生产技术而为老百姓所称道,因此他决心成为对民众生产生活有用的人。

贾思勰曾做过地方官,他很关心群众疾苦,常跟他们谈论生产上碰到的事情,遇到不懂的问题就向当地有经验的老农请教。因此,贾思勰积累了丰富的农业生产经验。他感到有必要把这些经验写出来,于是《齐民要术》一书就应运而生了。

《齐民要术》是中国公元6世纪时的一部最完整的、最系统的、内容最丰富的农学著作,也是世界农学史上最早的一部农学书。它在总结中国的农业生产经验技术方面发挥了巨大作用。

国学经典文库 中国民俗文化精粹 ·姓氏文化·

图文珍藏版

丁——源出公侯

丁姓家族和渊源较为复杂。目前,最被认同的是丁姓源出公侯。

据史书记载,周代开国功臣姜子牙因功勋卓著而被封为齐太公,其子姜伋是周成王时的重臣,又是周康王的顾命大臣,死后赠谥为齐丁公。齐丁公的第四个儿子叔庚承封济阳,以父谥为姓,丁姓由此诞生。

此外,还有一些丁姓分支源于外姓。三国时孙权家族中有一个叫孙匡的将军因贻误战事,被孙权剥夺孙姓而改姓丁。另外还有西域人改姓丁,于氏人改姓丁,他们和源出公侯的丁姓人共同组成了丁姓的庞大家族。

(一)丁姓名人录

丁氏名人,不绝于史。汉时有刘邦的部将丁复、项羽的部将丁公、东汉经学家丁恭;三国时有大将丁奉、受曹操赞赏的才子丁仪、丁廙等;清时有丁宝桢、丁日昌、丁汝昌、丁敬、丁申、丁丙、丁取忠、丁耀元等,他们都是丁氏家族的骄傲。当代丁姓名人有心理学家丁瓒、著名作家丁玲、作曲家兼音乐教育家丁善德等。丁氏从古至今所出的名人中大将颇多。

此外,丁氏家族中传奇和趣闻颇多,春秋战国时期流传着"丁家穿井得一人"的故事。到了汉朝,又有"丁兰刻母"的感人故事。宋朝时华山道士丁少微也流传下来不少离奇的故事。

明朝时,为保全气节而投水自杀的丁锦孥留下了"夫人潭"的美名。丁氏家族中的姓名也有不少趣闻,钱塘丁氏中以藏书闻名于世的丁申、丁丙二兄弟的名字很有特色,姓名均取天干地支。汉武帝时有一名士取名丁夫人,清同治年间有个内阁中书名叫丁乃一,他们这些人的名字在古今人名中实不多见。

(二)丁姓名人

清末爱国将领丁汝昌

丁汝昌(公元 1836~1895 年)清末海军爱国将领,字禹廷,安徽庐江人。丁汝昌早年参加过太平军，后来投降湘军，累官至记名提督。1874年，李鸿章筹办海军，次年他被派往英国购买军舰，回国后即统领北洋水师。1888年，北洋舰队建成，丁汝昌任海军提督。他爱国忧民，很想借此机会一展抱负，重振中国水师雄风。可惜生不逢时，清廷已苟延残喘、腐败至极，为海军学馆筹集的经费也被清廷挪用修建颐和园了。

丁汝昌

1894年，中日甲午战争爆发。8月18日北洋水师与日军战舰在黄海展开决战，丁汝昌负伤后仍坚持督战。战后，丁汝昌奉李鸿章命退守威海卫。次年1月，丁汝昌率北洋海军困守威海港和刘公岛，被日军海陆围攻，陷于绝境，但仍坚持抵抗。日本联合舰队司令官伊东祐亨劝他投降，美国人马格禄等也要挟他投降，都被丁汝昌严辞拒绝。1895年1月17日夜，丁汝昌见援兵不至，突围无望，服毒自杀，以身殉国。23日，日军占领威海卫，北洋水师宣告覆灭。

魏——魏姓源自诸侯

关于魏姓的起源，据史书记载，主要有姬姓魏氏和芈姓魏氏两个来源。

姬姓魏氏是黄帝的姬姓嫡裔。周武王灭商后，封毕公高于毕。春秋时，毕公高的后裔毕万辅佐晋献公，被封于魏地，建立了一个姬姓魏国。传至十二世孙魏斯时，他自立为诸侯，是为魏文侯。魏文侯任用李悝进行改革，使魏逐渐强大起来，成为战国七雄之一。后来，魏被秦始皇所灭，子孙遂以国名为姓。

芈姓魏氏起源于战国时秦国大臣穰侯魏冉，魏冉是芈姓之后裔，初为将军，后长期任秦相。五国合纵破齐国后，加封陶邑，其后代即为芈姓魏氏。

(一)魏姓迁变

由于魏姓得姓较早，而且开始时即为名门望族，所以到先秦时期，魏姓已活跃于陕西、山西、河南等地。两汉至唐朝,魏姓家族主要生活在北方地区。唐朝以后,魏姓南迁,进入江苏、浙江、江西、湖南、四川以及两广和福建。到了明末,台湾也有了魏姓人。

魏姓自古就是一个非凡的姓氏,各朝各代名人颇多。春秋时的魏武子,被晋文公倚为股肱之臣,他的两个儿子魏颗和魏绛,也都大名鼎鼎。"战国四公子"之一的信陵君魏无忌更是家喻户晓的人物。到了汉朝,有大臣魏相、教育家魏应、炼丹家魏伯阳;唐朝时有"人镜"魏征;宋朝时有诗人魏野、名将魏胜、学者魏了翁;清时有散文家魏禧、昆曲创始人魏良辅和思想家魏源。他们个个名垂青史,是魏姓人的荣耀。

(二) 魏姓名人

"九千岁"魏忠贤

魏忠贤本是明朝末年的一个市井无赖,游手好闲,吃喝嫖赌,样样精通。为了能一朝发迹,他净身入宫当了太监。凭借其阿谀奉承的本领,他不久便做上了司礼秉笔太监,成为明朝唯一的一位文盲司礼秉笔太监。与此同时,他还建立东厂,控制内阁,一时间权倾朝野,号称"九千岁",地位在一人之下,万人之上。

面对魏忠贤的滥权和恶行,朝中一些正直的大臣,以顾宪成为首,聚在无锡东林书院讲学,形成一股巨大的势力,被魏忠贤称作"东林党"。东林党人把持朝政后,开始整治朝纲,成为魏忠贤实现其野心的主要障碍。魏忠贤及其党羽开始想方设法、不择手段地剿杀东林党人。他们开出黑名单,将不肯同流合污的官员指为东林党人,然后逐个罗列罪名,打入东厂大狱,使用种种酷刑,将他们折磨至死。许多领袖人物如杨涟、高攀龙等,均惨死在魏忠贤手下。"东林党"在魏忠贤的铁腕重击下,被扼杀了。

魏忠贤

魏忠贤的种种恶行,使得明王朝岌岌可危。崇祯皇帝即位后,开始积蓄力量,预备清除魏忠贤及其党羽。在时机成熟之后,他将魏忠贤贬到皇陵当差,而后又派

兵追杀。魏忠贤看到自己已经穷途末路,在被贬的路上悬梁自尽。一代巨奸,终于得到了他应有的下场。

薛——源于山东,兴于河东

我国历史上的薛姓,一支源于黄帝后裔任姓,一支源于孟尝君。黄帝的小儿子禹阳为任姓,他的第十二世孙奚仲,是车辆的发明者,被舜封为车正(官名),专门管理天下车辕之事。禹将薛地(今山东滕州东南)赐给他。到了战国时,薛被楚所灭,薛人就以薛为姓。另一支来源于孟尝君。战国时,孟尝君的封地在薛地。他当时在齐国任相国,很有名望。孟尝君死后,他的族人和食客为了纪念他,就改姓为薛了。

这两支薛姓,大约都形成于战国时期。山东是薛姓的发源地,薛姓的兴旺发达却是在河东(今山西黄河流域以东地区)。

(一)薛姓迁变

东汉末年,社会动荡,薛氏开始了第一次迁徙。薛永随刘备进入蜀地,并被封为蜀郡太守,世称蜀薛。后来魏灭蜀,其子薛齐随薛姓宗族迁至河东郡汾阴居住。几经繁衍,薛姓成为河东名门望族。从唐代开始,薛姓由中原向南方迁移,最初到了福建,元代时又迁至广东,再由闽粤渡海而到了台湾。

唐代时,还有薛延陀族的部分族人改姓为薛。居住在今蒙古杭爱山附近的薛姓人家,就是薛延陀族的后裔。

(二)名门望族,人才济济

从战国开始,薛姓就能人辈出,如战国末期为楚令尹的薛倪;以剑术而闻名秦国的薛炬;辅佐刘邦定天下、位居汉初18位侯爵中第十四位的薛欧;三国魏文帝宫中善于缝纫的美人薛灵芸等。

隋唐时,河东薛氏经过几世繁衍,成为名门望族。薛氏还有一段帝王经历。隋末,薛举父子在兰州称帝,前后五年,为唐所灭。唐代是薛家的全盛时期,因薛家世代尚武,所以出了很多大将。初唐名将薛仁贵文武双全,赫赫有名,他的儿子薛讷曾做过宰相,擅长指挥作战。敦煌薛家将薛万述、薛万淑、薛万均、薛万彻、薛万备五兄弟战功赫赫,其父是隋代著名将领薛世雄。武则天的女儿太平公主也嫁给了河东人薛绍,可见唐王朝对薛氏家族的重视。

薛氏在文学上也颇多造诣,有隋朝大诗人薛道衡、唐代女诗人薛涛等。

唐以后,薛姓也是人才济济。如宋代的大学者薛尚功、薛季宣、书法家薛绍彭,明代开创"河南学派"的薛瑄,清代则有政论家、外交官薛福成等。

薛姓如今是中国第七十六个大姓。

(三)薛姓名人

"三箭定天山"的薛仁贵

薛仁贵,名礼,唐朝名将,绛州龙门(今山西河津)人。

薛仁贵自幼喜欢骑射,太宗时应募从军。在攻打高丽时,他身着白袍,一手持剑,一手握戟,口中大呼"我来也",驰入敌军,令唐军士气大振,终于打败了敌人。唐太宗说:"我的大将老的老,伤的伤,现在终于发现了一个人才,真让我高兴啊!"战后薛仁贵被提升为右领军郎将。

薛仁贵平定铁勒之乱时,他张弓三箭,就射杀敌军三人,铁勒军队因此四散溃逃,从此不敢再叛变。唐朝军队中因此有了

薛仁贵

"将军三箭定天山,战士长歌入汉关"的歌谣。后来又演变成民间故事,广为流传。

乾封初,唐军再次远征高丽。薛仁贵再度大败敌军,高丽投降。薛仁贵因功被封为平阳郡公,留守高丽。他安抚百姓、勤于政治,人们都很爱戴他。薛仁贵的军旅生涯达到了辉煌的顶峰。

后来,在与吐蕃作战时,薛仁贵兵败,被贬为平民。唐高宗时又重新起用他抵御突厥入侵。战场上,突厥人询问唐主将是谁,回答是薛仁贵,对方不信。等到薛仁贵除下头盔,突厥人才大惊失色,下马拜揖而去,唐军不战而胜。薛仁贵的英勇

在当时名冠一时。

阎——以封地为姓

关于阎姓的起源,据史书记载,主要有两个支源,而这两个支源都是以封地为姓。

周武王建立了周朝,在寻找泰伯和仲雍的后裔时,获仲雍曾孙仲奕,于是封仲奕为阎乡当地的首领,仲奕的后代也随之以封地为姓,便诞生了阎姓。

另一个支源也是在周朝。周朝当时有个地方叫阎城,周康王将此地封给他的小儿子,其后代就以封地为姓。于是,另一支以封地为姓的阎姓诞生了。

除此之外,阎姓在发展过程中也吸收了一些外族人。如河南汤阴的阎氏,其祖先就是鲜卑族,而清代满洲八旗的布雅穆齐氏则集体改为阎姓。

阎姓自得姓以后,主要在河南,山西、湖北一带活动。秦汉时,开始向四周迁徙,向西至陕西、甘肃、四川,向东则抵达山东,向北至河北、内蒙古。但直到唐宋以后,阎姓才向江南迁徙。唐朝时,阎姓在山西发展迅速,成为太原郡十大望族之一。阎姓名人有唐代画家阎立本、南宋画家阎次平、清代经学家阎若璩、近代军阀阎锡山、新中国授予的上将阎红彦等。

阎姓名人

丹青妙手阎立本

阎立本是唐代最著名的画家,工书法,擅长画人物、车马、台阁,笔力圆劲浑,尤其擅长肖像画。所画人物性格突出,栩栩如生,堪称一绝。

当时南山有一只猛兽,常出来伤人,太宗派勇士前去捕捉,但没有抓到。虢王李元凤忠义勇敢,前去捕捉,一箭便射死了猛兽。太宗大喜,让阎立本把他射杀猛兽的事画下来。阎立本一挥而就,把李元凤骑的马以及他的随从都十分逼真地描绘下来。整幅画栩栩如生,把李元凤的勇猛表现得淋漓尽致,看到这幅画的人都为阎立本高超的画技惊叹不已。

南朝梁的名画家张僧繇曾画了一幅《醉僧图》，道士每以此画嘲笑僧人不守戒律。众僧深以为耻，于是聚钱数十万，请阎立本作《醉道士图》以反击。这两幅画都功力深厚，画艺超绝，并传于世，而阎立本的《醉道士图》则更胜一筹。

阎立本虽然画艺超群，却对画师这个仆役般的职务深以为耻。唐太宗有一次和侍臣在春苑泛舟，看到珍禽异鸟在水面上起伏，下令在座的人赋诗，又召阎立本画画。当时阎立本任主爵郎中，而门外却传道"召画师阎立本"。阎立本汗流浃背，俯身在池边绘画，手拿画笔，心中却羞愧不已，回家后便告诫儿子："我年轻时读书，吟诗作义并不比别人差，如今人们只知道我会绘画，把我当奴仆看待，你们千万不要学画！"

阎立本虽然受此羞辱，但嗜画成癖，终生不曾放弃。他创作的《太宗像》及《秦府十八学士》《凌烟阁功臣二十四人图》《历代帝王图》等传世佳作，都成为后代画家临摹的范本。

阎立本

潘——芈姓潘氏始于春秋

百家姓中，潘姓是一个有着悠久历史的姓氏。史传商朝时，舜的后代在潘地建立潘子国，子孙以国为氏，因舜姓姚，故称姚姓潘国。至商朝末期，周武王灭商，将潘地封与其弟毕公高之季子季孙，他们也以潘地为姓，是为姬姓潘国。两姓潘国由于势弱国小，均不见于经传。据史料记载，春秋时楚国占领潘国，封为邑，子孙以潘为姓，即芈姓潘氏。楚国公子商臣之师潘崇为芈姓潘氏之始祖，今潘氏人群主要由芈姓潘氏组成。

除此之外，赐姓为潘、外姓改潘以及少数民族被汉族同化改为潘姓，也是潘姓由来的重要途径。

（一）潘姓迁变

历史上潘姓并无大的变迁，先秦时期，潘姓最初活跃于陕西、河南、山西和湖北地区。唐朝以后，潘姓向甘肃、河北及山东等地发展。潘姓在南方的发展主要集中在中原两次南下移民福建之时。

潘姓自立姓以来，名人不绝于史书，堪称济济多士。古代有东汉尚书左丞潘勖，三国时代东吴名将潘濬、潘璋，西晋文学家潘岳、潘尼，北宋名将潘美，明文学家潘之恒，明清思想家潘平格等。而在近现代历史上，潘氏家族更是名人辈出，如：著名心理学家潘菽、画家兼美术教育家潘天寿、京剧演员潘心源、著名女画家兼雕塑家潘玉良、哲学家潘梓年、社会和人口学家潘光旦和中国共产党的先驱潘汉年等。

（二）潘姓名人

风流才子潘安

潘岳，又名潘安，字安仁，西晋文学家，荥阳中牟（今属河南）人。曾任河阳令、著作郎、给事黄门侍郎等职。长于诗赋，尤善哀诔之文，辞藻华丽，与陆机齐名，并有"陆才如海，潘才如江"的赞语。在晋代文学史上，他与潘尼并称"两潘"。潘岳的诗赋和诔作主要收集在《潘黄门集》中，其中诗歌有《悼亡诗三首》《河阳县作诗》二首等，赋有《秋兴赋》，《闲居赋》等。

潘岳的仕途并不平坦，曾因作《籍田赋》而招致忌恨，滞官不迁达 10 年之久。元康六年（公元 296 年）前后，回到洛阳。在这一时间，他经常参与依附贾谧的文人集团"二十四友"之游，是其中的首要人物。

杜——杜姓起源有三支

据考证，杜姓的起源主要有三大支。第一支出自祁姓。商朝后期，丹朱后裔刘累的后裔封为豕韦国君。西周初期改为唐公。周成王时，唐公迁于杜，降公爵为伯爵，遂称唐杜氏。后来，周宣王杀死无辜的杜伯，杜伯的子孙出逃。杜国灭，杜姓自此问世。

第二支出自外姓和外族的改姓。由于民族之间的不断交流,互有基因流动。南北朝时,北魏鲜卑族独孤浑氏族改为杜氏;北宋金国女真族徒单氏族改为杜氏;清朝满洲八旗都善氏、图克坦氏等氏族均集体改为杜氏。

还有学者认为,杜氏子孙是上古时善酿酒的杜康之后。

杜氏经数千年的生息繁衍,遍布大江南北,但尤以京兆(今陕西西安东北)、汉阳(今湖北长江以北地区)、南阳(今河南南阳)之地的杜姓家族最为繁盛。

(一)杜姓多诗人

历史上的杜姓名人层出不穷。秦朝有大将军杜赫。东汉有南阳太守杜诗、北海相杜密、经学家杜子春、经学家兼文字学家杜林、书法家杜操。西晋有名将杜预。隋朝有农民军首领杜伏威。说到杜甫,大概无人不知,无人不晓。杜牧是唐代的又一著名文学家。其他的唐朝杜姓名人还有宰相杜如晦、史学家杜佑、诗人杜审言、杜荀鹤。杜荀鹤是杜牧的儿子,在唐代末叶亦是诗名满天下,他吟咏的"风暖鸟声碎,日高花影重"的绝句,一直传诵不绝。明朝画家杜琼擅山水,多用平笔皴擦,淡墨烘染,设色清淡,风格隽秀。清朝有诗人杜濬、云南回民起义首领杜文秀。近现代有上海青帮头子之一的杜月笙,曾任全国政协常委的杜聿明,哲学家、历史学家杜国庠,图书馆学家杜定友等。

杜甫《蜀相》诗意图 (明·戴进)

(二)杜姓名人

1."诗圣"杜甫

杜甫,字子美,祖籍襄阳。自幼好学,知识渊博,颇有政治抱负。开元后期,举进士不第,漫游各地。第一次是南游吴越,江浙的山水人物,引发他无限想象。第二次到燕赵平原,过了四五年"裘马轻狂"的"快意"生活,这个时期他留下的《望岳》,结尾两句"会当凌绝顶,一览众山小"是流传千古的名句,流露了诗人少年时代不平凡的抱负。天宝三载(公元744年),杜甫和李白同游梁、宋,会见了诗人高适。杜甫一生引为"快意"的读书游历时期,到 34 岁时就结束了。后寓居长安将近 10 年,未能有所施展,反而饱尝饥寒疾病之折磨,这使他认清了以皇帝为首的封建统治集团贵族的腐化面目,对广大劳动人民的苦难,对国运的危机,也有了越来越深刻的感受和认识。至德二载(公元 757 年)四月,杜甫靠献赋得官,任左拾遗,后贬为华州司功参军。由于看出肃宗小朝廷已经无法容纳正言德论,纲纪已乱,杜甫不久即弃官往秦州、同谷。

后杜甫又移家成都,筑草堂于浣花溪上,世称浣花草堂。他一度在剑南节度使严武幕中任参谋。后武荐为检校工部员外郎,故世称杜工部。晚年他携带家小出蜀,在湘江舟中病死。

杜甫善于选择具有普遍意义的社会题材,反映出当时政治的腐败,在一定程度上表达了人民的愿望。著有《兵车行》《茅屋为秋风所破歌》《三吏》《三别》等,被称为"诗史"。

2.贤相杜如晦

杜如晦,字克明,京兆杜陵(今陕西西安市东南)人。他年轻时才能出众,性格豪爽,好读书,以风流儒雅自诩。有临难不苟的气节,能当机立断。高祖李渊平定京城后,杜如晦被李世民引为秦王府属官。

杜常随秦王李世民征伐,参与机要、军国之事,剖断如流。唐武德四年(公元 621 年),李世民建天策府,以如晦为从事郎中。秦王立为皇太子后,他被授职左庶子。太宗即位,如晦迁兵部尚书,进封蔡国公。李世民对杜如晦十分器重。杜如晦因病辞职,太宗诏令给他原俸禄在家养病;他病危时,太宗诏令皇太子前去问候,并亲自到他家去。逝世时,太宗极其悲痛,追赠他开府仪同三司衔;安葬时,又加司空衔,谥号"成",并亲手诏令虞世南撰文刻于石碑,以便记载君主痛悼臣子之意。有一件小

杜如晦

事即可看出如晦在太宗心中的分量:某日,太宗吃瓜,瓜味甜美,便留下一半祭奠杜

如晦。

杜如晦为相时，和房玄龄共掌朝政。典章制度皆两人所定。每次在太宗的处所商议政事，房玄龄必定说："非如晦来不能筹划。"等如晦来到，又尽都采用房玄龄的计谋，时称如晦长于断，玄龄善于谋，两人配合默契，同心辅佐太宗。当时人们谈到良相，必定房、杜并称。

戴——谥号为姓，戴姬同祖

戴姓有两个来源。

周武王建立周朝后，把商纣王的哥哥微子启分封到宋（今河南商丘）。微子启死后，其弟仲衍即位为宋公，历史上没有记载他的名字，只有他死后的谥号戴公。宋戴公传位于宋武公，其子以谥号"戴"为姓，形成戴姓。此为戴姓一个来源。

其二是周武王灭商后，大封宗族之弟和异姓功臣，封姬姓的王室之弟于戴国（今河南兰考、民权一带）。戴国位于郑、宋两强之间，常遭欺凌。郑庄公挟天子以令诸侯，借周王之命灭掉戴国。姬姓戴国灭亡后，戴国子民以国为姓，以纪念故国，这是戴姓的另一支系。

（一）戴姓名人录

戴姓区别于其他姓氏的地方就是商汤这一支戴姓血统单纯，他们只有一个共同的祖源，而且还没有被外姓或外族冒用过。戴姓人世代居于谯郡亳州（今安徽亳州）。两晋之后，为避战乱南迁，到了广陵（今江苏扬州），还有一些居住在山东半岛。历史上，戴姓名人不绝于书。

两汉时期，名垂青史的有官至九卿的戴崇、西汉今文礼学"大戴学"的开创者戴德和"小戴学"的开创者戴圣，有虎贲将军戴级，还有以讲《易》祭酒为宁始将军的戴参。东汉有"世称儒，知名东夏"的戴宏。魏晋南北朝时，有官至晋骠骑将军的戴渊（若思），官至尚书仆射的戴邈，东晋学者、雕塑家、画家戴逵以及他的两个画家儿子戴勃、戴颙和以道术占卜闻名的戴洋。唐初，戴胄、戴至德叔侄相继为相，以胆略著称于军中，还有官至左龙武将军的戴休颜和以田园诗著称于世的戴叔伦。

五代有官至太子少保的戴思远。宋代有知京兆府的戴兴、官至工部尚书的戴溪、江湖派诗人戴复古以及戴之邵、戴良齐。元代有文字学家戴侗、东南文章大家戴表元。明朝有好古博思、才思敏捷的长洲人戴冠、号称"九灵山人"的隐者戴良、一代名医戴思恭、画家戴进。清代乾隆四十三年(公元1778年),江西戴衢亨登一甲一名,授翰林院修撰,其父戴第云、叔戴均元、兄戴心亨并居馆职,迭任文衡,世称"西江四戴";还有礼部尚书戴联奎、刑部尚书戴敦元、兵部侍郎戴熙、军机大臣并大学士戴鸣兹、一代学者戴震、经学大师戴望、号称"辽东三老"之一的诗人戴衡等。现代则有军统特务头子戴笠,国民党理论家、国民政府考试院院长戴季陶,左翼文联作家、抒情诗人戴望舒等。

(二)戴姓名人

哲学家戴震

戴震(公元1723~1777年),字慎修,又字东原,安徽休宁(今安徽屯溪)人,乾隆时期与吴派并称的皖派考据大师,是王夫之以后重要的唯物主义哲学家。

戴震自小聪颖过人,有很强的记忆力,善于思考,敢于质疑。早年师从著名学者江永问学习。后由于家境贫困,以教书为业。乾隆二十年(公元1755年),豪绅为了侵占戴氏祖坟,对戴震进行迫害。这年三月清廷又大兴文字狱,豪绅企图借清高宗炮制的这场文字狱加罪于戴震。面临着杀身灭族之灾,戴震不得已携带书稿逃往北京避难。在京避难期间,结交新科进士纪昀、王鸣盛、钱大昕、王昶、朱筠等人,被他们赞为"天下奇才",声名大振。但直到乾隆二十年,戴震40岁时才中举人。此后多次赴京会试,均名落孙山。直到乾隆四十年,才为清高宗特许,经殿试赐同进士出身。

戴震

戴震批判了宋明以来程朱、陆王之学,在《孟子字义疏证》《原善》及《答彭进士允初书》等书中集中阐明其哲学主张,在清代思想史、哲学史上具有重要意义。他的弟子段玉裁将他的著作统编为《戴东原集》。

戴震在学术上取得了巨大成就,他将自己的学问传授给众多弟子,可是,他的弟子中没有一个能全面地继承戴氏之学的。尽管如此,弟子只要有人在某一方面继承了他的学问,就会在这个方面取得杰出成就。比如王念孙、段玉裁继承了戴震的小学音韵训诂之学,孔广森继承了戴震的测算之学,任大椿继承了戴震的典章制度之学。这些人都成为戴震之后的大学问家。

钟——微子后代,钟离同宗

钟姓最早出现在安徽凤阳东北部,后来称盛于河南颍川。钟氏的源流,可以直接追溯到春秋时期微子启所建立的宋国,为上古圣君商汤的后裔。微子启死后,其弟微仲衍接管宋国,并将其发扬光大。由于钟姓祖先曾食邑钟离(今安徽凤阳东北)之地,其子孙以邑为姓,分为两支,一支复姓钟离,另一支单姓钟。

另外,与以邑为姓的钟姓同源同宗的子姓,为避亡国之乱,也改子姓为钟姓。还有周宫廷乐师中的钟师,在春秋时失去世代相传的职业,流亡各地,他们便以官名"钟"为姓。散见于其他文献中的还有钟姓出自嬴姓,为钟离氏改为钟氏。楚昭王乐尹钟建封于钟吾,后人称为钟氏等。

上述各支钟氏中,以邑为姓的钟姓,在几千年的历史进程中,成为钟姓的主流。其所居佳的颍川邵被尊为钟姓郡望。

(一)钟姓代有才人出

钟姓在整个中国历史中,放射出奇异的光彩,历史上名人佳绩不胜枚举。春秋时有留下"南冠""囚楚奏"等典故的钟仪;有俞伯牙为之摔琴而谢的知音钟子期,以及战国时丑陋无比却又贤德无双的齐国王后钟离春等,都是先秦时期备受赞誉的人物。

在中国历史上,将钟姓推向巅峰的当属颍川望族。早在汉代,居住在颍川长社(今河南长葛)的钟繇家族的祖先就已高官显赫。以钟繇为代表的颍川长社家族更是不负厚望。

从东汉到盛唐间 600 年,在政治上,钟繇、钟毓、钟雅、钟绍京等,都是当时位高权重的辅政大臣;在军事上,钟会、钟雅、钟诞、钟蹈等,都是能征善战、镇守一方或运筹帷幄的将军,在文学艺术领域,钟繇、钟会、钟琰、钟嵘、钟绍京等都著书立说,名载史册。钟繇被尊为楷书鼻祖,与王羲之并称为"钟王"。钟绍京被称为"小钟",同样颇具造诣。唐之后有南宋的钟相,明朝有文学家钟惺等。

(二)钟姓名人

1.高山流水钟子期

钟子期,名徽,字子期,马鞍山(今安徽凤阳县城北马鞍山,一说今湖北汉阳新农乡马鞍山)人,春秋时楚国民间音乐大师。相传,钟子期与著名的音乐家俞伯牙在汉水边不期而遇。俞伯牙抚琴一曲,志在高山,钟子期心领神会;和琴一曲,意在流水,俞伯牙心神会意。于是二人结为兄弟,相约来年中秋仍在此地相会。次年中秋,俞伯牙如约而至,却不见钟子期。后知钟子期病故,俞伯牙悲痛欲绝,在其坟前抚琴祭奠后,毁琴终生不抚。

钟子期

2.政绩和书法皆佳的钟繇

钟繇,字元常,为三国时期魏国相国,兼任太尉,封爵定陵侯。钟繇功高盖世,既有巩固后方、出谋划策之才,又有统兵平叛之功,深得曹操、曹丕、魏明帝器重,卒谥"成侯"。

钟繇不仅是政治巨擘,更是书法艺术的一代宗师。钟繇酷爱书法,精思学书。他向著名书法家韦诞请教蔡邕的笔法,可谓毕恭毕敬,但韦诞仍不理会他,韦诞死后,钟繇派人偷偷挖开韦诞的坟墓,窃得蔡邕的笔法,虽然手段遭人唾骂,但笔法却更妙,其笔法被誉为"飞鸿戏海,舞鹤游天",后人将其与王羲之并称为"钟王"。

汪——风氏和周文王的后裔

据传,汪姓是四五千年以前今浙江武康一带汪芒氏的后裔。

早在夏朝时,有个诸侯国叫防风氏国,到了商朝后改名为汪芒氏国。其国民也取国名中的汪字为姓,世代繁衍至今。

不过,也有人认为汪姓源出周文王的后裔。商末周文王占领位于河南鲁山的古鲁国,把它封给其孙伯禽。周武王灭商后派伯禽征平商的盟国徐、奄十七国,并命伯禽长驻奄地,鲁国就由河南移封山东。传至鲁成公,其庶子公子汪,食邑平阳,其子汪诵以父之字为氏,流传下来。

(一)汪姓迁变

发源于浙江武康的汪氏,安土重迁的观念特别重,所以几千年来播迁的幅度不是很大,范围也不是很广。他们的播迁路线主要是由东向西,先是江苏、安徽,后至江西、四川等地。

汪姓大约在东汉建安年间进入安徽,到了唐代,今安徽的歙县汪氏一族兴旺发展,甚至有了"十姓九汪"的现象。唐代以后的江西、贵州、福建及两广等地的汪氏就大多是从安徽迁徙过去的。

汪姓发展至今,人口已达 456 万,约占全国人口的 4‰,在百家姓中列第五十七位。

(二)汪姓名人录

历史上汪姓名人众多,其中最具代表性的有东汉会稽令汪文和,唐朝歙州刺史汪华,南宋文学家汪藻、诗人汪元量、名臣汪伯彦,明代文学家汪廷讷、汪道昆,清朝学者汪中、医学家汪昂、画家汪士慎、名臣汪由敦、太平天国名将汪海洋,现代有大汉奸汪精卫,当代则有著名化学家汪猷、水利学家汪胡桢、逻辑学家汪奠基等。

(三)汪姓名人

画家汪士慎

扬州八怪之一的汪士慎(公元 1686~约 1762 年),字近人,号巢林,又称溪东外史、甘泉山人、七峰居士等,安徽歙县人,家居扬州城北。

汪士慎一生不追求功名利禄,酷爱喝茶,喜欢梅花,也善于画梅,以卖画为生。他一生清贫困窘,自谓"茗饮半生干饕雪,蓬生三经逐年贫"。

汪士慎擅长画梅花,平时也画人物和花卉画。他画梅得益于杨补之的纵横铁骨和王元章的繁花瘦干,并融合自我风格,着重体现出梅的冷香清苦之特性,作品有《墨梅图》卷、《梅花图》册、《拟石涛镜影水月图》轴、《花卉册》等。此外他还著了一本《巢林诗集》。

汪士慎

汪士慎 54 岁时左眼失明,长年在外地漂泊,便带上一枚"尚留一目著花梢"的小印。可没多久就双目失明了。但他用心意运腕,用手摸索着写字作画,自号心观道人。丁敬称其"肉眼已无天眼在,好看万象又更新"。饮茶、焚香、吟诗、作画构成了汪士慎人生的至高境界。

田——尧舜后裔

田姓在百家姓中排名第五十八位,全国有将近 500 万人以田为姓。虽然人数不算太多,但田姓的历史却很悠久,据传是远古帝王虞舜的后代。

舜是黄帝的第六代孙,后来当了尧的女婿。舜的后代遏父与周武王的女儿大姬结婚,生子妫满。后来,周武王封妫满于陈(今河南境内),建立陈国,妫满的后世子孙就以陈为姓。妫满的第十世子孙陈完曾任陈国大夫,由于受到太子御寇的牵连,被迫逃到齐国。当时,"陈"与"田"读音相近,陈完到齐国后就改姓为田,田姓由此产生。

(一)田姓迁变

陈完奔齐之后,子孙世代都在齐国任官。官至国相,独断国政,到田和时被周天子封为诸侯,其子田午又取齐而代之,齐国国姓遂改为田。这时,田姓始具诸侯之势。

秦汉时期,田氏先民从山东迁往陕西一带,后又有一部分迁往北京附近,到东汉末年,田姓已遍及华北、华东、中原和西北地区。经过魏晋南北朝时期的战乱,田姓人又大举迁往淮河和长江以南。到唐末,田姓已遍布神州大地。田姓产生后,其后代子孙又因各种原因改为他姓。有因祭陈完而改姓"敬",有寓王者之后而改姓"王",另外还有陆、陈、孙等。汉代陆贾、南朝开国皇帝陈霸先、军事家孙武都是田姓之后。也有根据门第次序改姓第二、第八、第五的。如王莽时的讲学大夫第八矫,汉武帝时期的司空第五伦等。明朝中叶,有山西人田玉川,因行侠仗义,打死了庐陵王之子。庐陵王一怒之下要将田氏家族满门抄斩,族人为避其害,有的远走他乡,有的改田姓为"申"。

(二)田姓才俊,不胜枚举

自始祖田完开始,田氏人才辈出。

齐喊王田因齐,善于纳谏。在临淄设立稷下学宫,招纳学者,议论政治。桂陵之战俘魏太子申,杀其将庞涓。与魏惠王相尊为王。

战国时的田单,智勇双全,使用火牛阵大败燕军,先后收复城池 70 多座,扶齐政权之大厦于将倾。

秦时田儋,起兵反秦,自立为齐王。西汉初田横,誓死不做虏臣,杀身殉节。魏晋田姓,郡望显赫,田畴、田豫用计如神;高平田弘、京兆田式,宗族显赫。隋唐时的田仁会视民如子,从唐太宗征辽东,大败薛延陀。一代儒将田弘正,通晓《春秋》,藏书逾万。宋代田敏,修正《九经》;河南田况,能言善谏;被范仲淹称为"天下之正人"的田锡,去世时,宋真宗为之痛哭流涕。清田文镜首创摊丁入亩,被雍正誉为"疆吏之楷模"。近现代有剧作家田汉,诗人田间等。田姓才俊,不计其数。

(三) 田姓名人

孟尝君田文

孟尝君是齐威王之孙,靖郭君田婴之子。传说他的生日为五月初五,田婴谓其

孟尝君招贤图

对父母不利,阻止抚养孟尝君。孟尝君的母亲偷偷将其生下,长成之后始见其父,因其聪明机灵,后得父宠爱。孟尝君才智过人,好客揽贤,门客达数千人,为"战国四公子"之一,名满天下。客中多贤人,多次助孟尝君化险为夷。孟尝君曾在秦国担任相国,因秦昭王听信谗言,将其囚禁,欲杀掉他。后得秦王宠姬求情,得以逃脱。逃到函谷关口,时值半夜,关门未开。孟尝君怕延时被秦兵追上,很是焦急,一门客便学鸡叫,引得城内公鸡皆鸣,于是关门开放,孟尝君才逃出了函谷关。"鸡鸣狗盗"一词也即由此而来。

姜——姜水为姓

姜姓是中国比较古老的一个姓氏,最早可以追溯到三皇之一的炎帝时期。炎帝生于姜水,在今陕西岐山县西,因而其后人以水命姓为姜。从此之后,作为炎帝神农后裔的姜姓,就在此地繁衍生息,传之于后世。

姜姓自得姓之后,主要在甘肃和山东一带活动。秦汉时,姜姓在河南灵宝的函

谷关以东发展为大族,后西迁充实关中,其后在天水形成著名的姜姓望族。三国两晋南北朝时期,姜姓在鲁皖江浙地区蔓延开来,唐宋时进入闽粤地区。清朝时,东北地区姜姓发展迅猛,异军突起。目前,全国已形成四川西部、山东东部和东北三大块姜姓聚集区。

(一)姜姓名人录

在中国的历史发展过程中,姜姓名人层出不穷。最早的当数太公姜子牙,他助武王伐纣,立下了盖世奇功。汉朝时,高士姜肱因"姜被"而名扬天下;三国时,西蜀大将姜维,文武双全;唐有宰相姜恪、姜公辅;宋朝时出现了一位大词人姜夔和抗元将领姜才;明有书法家姜立纲;清朝有参与修纂《明史》、被誉为"江南三布衣"之一的文学家姜宸英;近现代有姜镜堂等。这些姜姓名人都在中国的历史上写下了光辉的篇章。

(二)姜姓名人

1.渭水垂钓的姜子牙

姜子牙,名尚,年过七十,家道依然没落,虽有经天纬地之才、排兵布阵之术,但生不逢时,遂甘守清贫而不求仕。

那时正是纣王当政,恣行强暴,残虐生民,搞得怨声载道,民不聊生。姜子牙于是徙居东海之滨,终日在海滨垂钓,丝不设饵,钓不曲钩,他妻子十分生气。姜子牙却说:"我丝不设饵,钓不曲钩,是因为我不钓鱼鳖,只钓王侯。"后他又迁至渭水蟠溪,仍然终日垂钓,不觉已过三年,须眉尽白,并无贤士往来,却与樵牧之徒和睦相处,做了一些歌韵清绝的词调,让他们传唱,一时间颇有名气。当时,西伯侯姬昌胸怀大志,想推翻纣王,救人民于水火之中,于是,他遍访名士。一日出访,他见一白发老翁在江边垂钓,丝不设饵,钓不曲钩,深以为奇,认为是名士,便请他出山相助。姜子牙被西伯的真诚所打动,认为他是一

姜子牙

个明君,值得辅佐,便投靠西伯。"姜太公钓鱼"的典故便由此传播开来。

西伯后来自立为王,即周文王。他拜姜子牙为丞相,后起兵讨伐商纣。姜子牙虽已年逾八十,仍然亲率大军,打败纣王,帮助武王建立起强大的周王朝。

2.智勇双全的姜维

姜维,字伯约,三国时天水郡冀县(今甘肃谷东)人。蜀汉后期大将。

姜维幼年丧父,与寡母一起生活。他喜读诗书,尤其敏于军事,而且武艺高强。他出仕时,任本郡上计掾,州里征召他为州从事。诸葛亮一出祁山时,用计收复了姜维。诸葛亮与姜维交谈之后,认为他是难得的人才,便将他加奉义将军,封当阳侯。这时,姜维年仅27岁。可以说,姜维是诸葛亮一出祁山的最大收获。

诸葛亮病死五丈原后,姜维任辅汉将军,统率三军,晋升为平襄侯。姜维多次率军伐魏,但由于后主昏庸,加上连年征战使得民怨沸腾,始终未能取得成功。而此时,魏国却趁蜀国国势日衰,屡屡进犯蜀国边境。不久,大将邓艾率军直抵成都,后主刘禅投降,并降旨命令姜维率部投降。姜维无奈之下,只得暂时诈降钟会,准备伺机而动。

后来,钟会与邓艾争功,设计陷害邓艾,并在成都起兵造反。姜维认为时机已到,便想利用钟会重兴汉室,不料事情泄露,被魏国所杀。据说,魏兵事后剖开他的肚子,发现他的胆像斗一样大。

范——唐尧后人,范杜同源

范氏始祖,远可追溯到4000年前的圣君唐尧。尧的这支后世子孙,在舜、夏、商等几个朝代与杜姓同源,称唐杜氏,主要生活在今陕西西安东南一带,西周时期被分封于杜。不久,又被周宣王攻灭。杜伯的儿子隰叔逃到晋国,被任为士师,并因官命氏而改姓为士。其曾孙士会后来被提升为晋国的上卿,封食邑于范,他的子孙后来就以地名为姓,世代姓范。范姓发源于今天的山西高平,在世世代代的繁衍之中,范氏逐渐南迁中原,后到江南地区居住。

(一) 范姓名人录

范氏的知名人物,可说是不绝于史。春秋时有助勾践恢复越国、功成后飘然归隐的范蠡,战国时有游说秦昭王远交近攻、为秦奠定霸业之基的纵横家范雎,秦时有助项羽平定天下、被尊为"亚父"的范增,东汉时有名士范丹,范式、范滂,东晋时有名士范宁,南北朝时有《后汉书》的作者史学家范晔、《神灭论》作者范缜、诗人范云,北宋有著名政治家、文学家范仲淹,南宋有著名诗人范成大,元代有文学家范梈,清时有围棋国手范西屏、太平天国将领范汝增。当代有史学家范文澜、新闻学家范长江、实业家范旭东、爱国将领范筑先等。

(二) 范姓名人

1.功成身退的范蠡

范蠡,字少伯,楚国宛(今河南南阳)人,春秋末年越国大夫,是越王勾践成就霸业的主要谋士。公元前494年,吴国灭掉越国,越王勾践卧薪尝胆,抚恤国民,寻机报仇。历经"十年生聚,十年教训"后,勾践采用范蠡的计谋,最终消灭吴国,率兵北渡淮水,与齐、晋等诸侯会于徐州,向周进攻。周元王封勾践为伯,越成为春秋五霸之一。

相传范蠡献计将美女西施献给吴王夫差,使夫差从此耽于美色之中,安于享乐,不理政事。越国经过几年苦心经营,国力得以恢复,最后灭掉了吴国。勾践完成霸业后,封范蠡为上将军。范蠡认为大名之下,难以久居,而且勾践可以同患难,难以共安乐。于是他不顾勾践挽留,带着西施以及珍宝珠玉,与随从乘船

范蠡

从海上离开了越国。范蠡沿海漂流,到了齐国,从齐国寄了封书信给还在越国辅佐勾践的谋士文种,说:"飞鸟尽,良弓藏,狡兔死,走狗烹。越王勾践为人挑剔,可共患难不可同享乐,你为什么不离去呢?"文种收到书信后,便诈称有病不上朝议事。有人中伤文种,对勾践说他想作乱,于是勾践赐文种宝剑,逼他自杀。

范蠡到达齐国后,隐姓埋名,自称鸱夷子皮,与家人一起经营生产,不久便有家产数十万。

齐国人听说他很有才能,就请他出任宰相,范蠡坚辞不就,尽散家财给朋友、邻里和乡党,只带少量重要宝物与家人离去。后来到天下交通要冲陶(今山东定陶),定居经商,积聚了资财百万,成为春秋战国时期的传奇人物,后人把他奉为财神。

2.一代谋臣范增

范增,秦末居鄛(今安徽桐城)人,西楚霸王项羽的主要谋士。

范增一直家居,从未出仕,但在乡里却颇有名气。项梁的军队经过时,他已经年满七十,但他关心天下大事,很想建一番功业,便向项梁献计,让项梁立楚王族后裔即楚怀王的孙子熊心为楚怀王,以为号召。一时天下豪杰纷纷响应,从者云集,函谷关以东各国尽皆归附。项梁见范增很有才华,便留下他作为谋士。

项梁死后,范增全力辅佐项羽,终于灭掉了秦朝。项羽自封为西楚霸王,尊范增为亚父。这时刘邦成为项羽统一天下的最大障碍,范增多次劝项羽杀掉刘邦,并导演了鸿门宴上惊心动魄的一幕。

后来刘邦被项羽团团围困在荥阳,没有办法,便采用陈平的计策,重金买通项羽身边的人,散布谣言,诡称大将钟离眛、龙且、周殷等为项王立有大功,但始终不能封王,因而对项王感到失望,暗中与汉军联手,想趁机灭掉项氏而分其地。又有谣言说亚父对项王不高兴了,认为孺子不可教,有取而代之的念头。项羽对他便起了猜疑之心,逐渐疏远起来。范增多次进谏、献计,项羽都不听。眼看着楚汉战争就要胜利了,没想到大好形势变成这样,范增又气又急,便病倒了。项羽以为他装病,也不去理睬他。范增心里凉透了,便愤然离去,途中病死。范增死后,项羽实力大减,终于在楚汉之争中失败,于乌江自杀。

3.心忧天下的范仲淹

范仲淹,字希文,苏州人,北宋政治家、文学家。

范仲淹少年时家庭贫苦,但他学习刻苦,后中进士,出仕后性情耿直,有敢言之名,曾经三次遭贬黜。第一次,他刚任秘阁校理不久,因得罪章献而被贬河中。同僚为他饯行,开玩笑说:"此行极光。"第二次,范仲淹任右司谏时,因废郭皇后的事,据理力争,被贬睦州。同僚为他饯行,说:"此行愈光。"第三次,任开封知府时,因撰写百官图进呈皇上,激怒皇上和众大臣,被贬到饶州。亲友又相送,说:"此行尤光。"范仲淹还说:"我前后共历三光。此后你们若要再送我,就送我到监牢。也许那儿才是我最终归宿。"人们大笑着散去。

范仲淹

宝元三年(公元1040年),西夏攻打延州,朝廷派范仲淹与韩琦同任陕西经略副使,改革军制,巩固边防。他爱护将士,号令严明,战功显赫,使扰边的夏族和羌族望风而逃。因此羌人称他"龙图老子",夏人称他"小范老子",并以"小范老子胸中自有百万甲兵"作为警戒。

在他守边之时,曾作数阕《渔家傲》词,都以"塞下秋来"为起句,尽述守边将士之劳苦,词句豪放悲凉,真切地写出了边塞的情形,被广为传唱。但欧阳修看到后,很不以为然,称范仲淹为"穷塞主",意思是僻远边塞的主人。

庆历三年(公元1043年),范仲淹担任参知政事,建议十事,主张建立严密的任官制度、注意农桑、整顿武备、推行法制、减轻徭役等,因为保守派反对而不能实现,史称"庆历新政"。范仲淹不久被贬官,在赴颍州上任途中病死。

范仲淹的诗词散文均相当出色。词传世仅五首,风格较为明健。所作文章富有政治内容,以《岳阳楼记》最为著名,其中"先天下之忧而忧,后天下之乐而乐"的名句,传诵千古。他的作品都收在《范文正公集》中。

方——方山为难

据古书记载,方姓源出于炎帝榆罔的后裔。《明代方正学族谱序》认为,榆罔有子名雷,封于方山,号称"方雷"。方雷的子孙就以地名为姓,世代姓方。这就是方姓的由来。传说到了西周宣王时,方雷的子孙中有一位叫方叔的将军,智勇过人。他曾奉命南征,平定过荆蛮的叛乱,为周室的复兴立下了大功。因此后世各地的方姓宗谱,都采用了"周大夫方叔之后"之说。

方氏源出河南,自"方叔以后,以字为氏,望出河南"。后世全国各地的方姓大多是由河南迁出的。大概在宋宁宗时期,方氏开始南迁,即从今河南的光山、潢川一带迁往福建福州,再迁往漳州、龙溪一带。现在台湾地区的方姓,大多数是这支方姓不断南迁的结果。明清以来,安徽桐城的方姓出了不少学问家,方姓逐渐发展成为当地的望族。

(一)厚积薄发的方姓名流

方氏得姓很早,在历史上成名也很早。上文提到的方叔,是周宣王时的卿士,在征伐古代北方猃狁时立有大功。东汉有南阳太守方济,五代后晋有郑王方太,唐代有诗人方干、睦州刺史方亮,宋代有浙江农民起义领袖方腊、词人方岳,元代有文学家方回、画家方从义,割据者方国珍。明朝初年有一位方孝孺,人称正学先生,因为不肯变节为燕王朱棣起草诏书,而惨遭灭门之祸。明清之际,方姓又出了许多学者和文学家,例如方以智,他是"明季四公子"之一,学问好,人品也不错。这时方家还出现了一位著名的女诗人方维仪,她删订历代妇女作品为《宫闱诗史》,自有作品《清芬阁集》,而且还可以算得上是方以智的启蒙老师,芳誉远播。清代散文家方苞是"桐城派"创始人,著有《方望溪先生全集》,因其影响巨大,位列"桐城三祖"之首。现当代还有方志敏烈士,他参加革命后被捕,英勇就义,其遗著《可爱的中国》洋溢着革命家的爱国激情。此外还有史学家方国瑜等。

(二)方姓名人

1.农民起义领袖方腊

方腊,又名方十三,睦州青溪(今浙江淳安)人,原籍歙州。他出身雇农家庭,生活清苦,目睹了宋时朝政腐败、奸党横行,不仅对外输币求和,还对内大肆盘剥百姓,于是决定以组织传播宗教摩尼教的形式秘密发动农民起义。公元1120年,方腊在漆园内正式起义,自号"圣公",并且建立了与宋廷对抗的政权。由于方腊极富个人英雄传奇色彩,民间曾有民谚说"没有糖(唐),还有蜡(腊)",意指有了方腊就会有好日子,所以不到几个月,队伍就迅速发展壮大,并引起了宋廷的恐慌。眼见方腊占据杭州,威震东南,宋廷派童贯率军15万前去镇压。由于众寡悬殊,方腊领导的这场轰轰烈烈的起义最终失败了。

有关方腊起义失败后的结局,民间传说很多。《水浒传》中有"宋江征方腊""武松独臂擒方腊"的故事,但显然系小说之言,不足信。还有人说方腊被韩世忠俘虏,此说见于野史,尚待考证。至于民间,人们则多相信方腊并没有被任何人所擒获,而是顺利突围出去,老死于帮源洞。

方腊

2."天下读书种子"方孝孺

方孝孺,字希直,又字希古,号逊志,台州宁海(今浙江台州)人,明初著名的政治家。他出生在一个世敦儒术的家庭,父亲方克勤是当地名儒,因此从小就受到正统严谨的儒家思想教育。1377年,方孝孺成为当朝名士、太师宋濂的得意弟子,对程朱理学有深入的研究,时人称其为"正学先生"。朱元璋闻其名,授其为汉中府教授,蜀献王也慕名聘他为世子师。建文帝即位以后,重用方孝孺,凡军国大事都必定先征求他的意见。方孝孺因此想励精图治,恢复他理想之中的三代之治。但是明朝祸起萧墙,燕王朱棣起兵反叛,发动了靖难之役,最终夺取了南京。朱棣想当皇帝就必须要得到当时名士的支持,因此他想到了方孝孺,令他代拟草诏。方孝孺身为当时的文坛领袖,坚守气节不予拟诏,最终被夷十族。孝孺既死,当时的读书人都哀叹道:"天下读书种子绝矣!"

3."明季四公子"之一的方以智

方以智,字密之,号曼公,安徽桐城人,明清之际著名的思想家和科学家。方以智出身士大夫家族,他的曾祖父方学渐曾受学于泰州学派的耿定理,因此方以智的家学对他成为一名思想家起了很大作用。方以智青少年时好交游,喜欢结识当时名士,与侯方域等人一起被时人称为"明季四公子"。崇祯时中过进士,任翰林院检讨。1644年清兵南下,南明小朝廷灭亡,方以智结束了自己的贵公子生活,南下避难。清兵攻下广东后,方以智决心保持民族气节,不与满洲贵族合作,于是出家为僧,晚年主要醉心于哲学著作。

方以智学识广博,兴趣又很广泛,在天文、地理、历史、物理、生物、文学、音韵诸方面皆有独到的研究。他不仅通晓中国传统自然科学,对当时刚刚传入中国的西方近代科学也很感兴趣,提出了重"质测"的主张,在中国科学技术史上有重要的地位。

石——忠义之后

石姓,是当代中国第七十一大姓。石姓出自姬姓,是一个十分古老的姓氏。据考证,石姓的开创者是春秋时期卫国的大夫石碏。公元前719年,卫桓公被自己的弟弟州吁所杀,州吁随后自立为君。第二年,石碏与陈国联合,一举歼灭了州吁。对于曾助纣为虐的儿子石厚,石碏也能大义灭亲,依法将他处死。正因为石碏对卫国有大功,所以卫王封其子孙世代为卫国大夫。从此,石姓就在卫国繁衍生息,并向外扩展。这是石姓中最为重要的一支。

此外,在石姓中也有少数民族的血统。十六国和五代时,羯族人石勒和沙陀人石敬相继入主中原,为石姓注入了许多新鲜血液。

隋唐时,不少石姓人入居中原。此外也有不少人是冒姓改姓。

自从石碏在卫国开姓立宗以来,石姓就向各地播迁。汉时,石氏的两大中心是渤海和河内,均出自卫地。唐朝以后,石氏又大量南迁,前往广东、福建等省。

(一)石姓名人录

石姓在其发展过程中,涌现出一大批名人。春秋时期郑国有石甲文。战国时,魏国人石申是一位天文学家,撰写了一部天文学著作——《天文》,并与甘德一起测定了恒星800多颗。秦汉时期,石姓中影响最大的是石奋家族。汉文帝,时石奋出任太子太傅,景帝时,他的四个儿子都担任了二千石的官,第四子在汉武帝时位居宰相,人们称石奋为万石君。西晋时,石崇是巨富,曾多次与大贵族王恺比富。后来,因与朝中新贵孙秀争夺宠妓绿珠而遭到陷害,全家被抄斩。十六国时,石勒建立了后赵。唐代有石洪。五代时,石敬瑭在契丹的帮助下建立了后晋,至石重贵时,后晋被契丹所灭亡。宋朝初年,大将石守信战功赫赫,手握重兵,以致宋太祖通过"杯酒释兵权",削去了他的兵权。宋还有石中立、石曼卿,经学家石介,词人石延年、石富。元有宰相石天麟,戏曲家石君宝。明朝时,大将石亨与太监曹吉祥等人发动政变,让明英宗复位。到了清代,太平军翼王石达开十分英勇,被称为"石敢当"。进入民国,军阀石友三猖獗一时。在中国人民解放军中,也出现了石志本、石忠汉、石瑛等将军。在科学文化界,则出现了石筱山、石声汉等一些著名学者。

(二)石姓名人

1."儿皇帝"石敬瑭

石敬瑭(公元 892~942 年),五代时后晋的建立者。他本是沙陀部人,后来改姓石。后唐明宗李嗣源因为对他十分喜爱,就把自己的女儿嫁给他为妻。明宗晚年,石敬瑭出任太原节度使,兼任禁军副统帅,地位十分显赫。后唐末帝李从珂即位后,与石敬瑭矛盾重重。为了夺取后唐的江山,石敬瑭竟然向契丹求援。在建立后晋后,石敬瑭屈辱地向契丹国主称臣,将燕、云等北方十六州割让给契丹,每年贡献金帛 30 万,契丹国王则册立他为儿皇帝。不过,他即位后,努力发展生产,稳定社会秩序,健全典章制度,做出了一定的贡献。

石敬瑭

2."石敢当"石达开

石达开(公元 1831~1863 年),广西客家人。他从小就喜研习兵法,视科举功名如粪土。17 岁那年,他结识了洪秀全和冯云山,并参加了拜上帝会,成为领导核心之一。1851 年 1 月,洪秀全在广西金田正式发动起义。起义后,石达开出任后军主将。洪秀全在永安封王,石达开因功被封为翼至、五千岁。此后,石达开率军作战,战无不胜,攻下 600 余座城池,被清军称为"石敢当"。后来,太平军内讧倾轧,韦昌辉杀了杨秀清及其手下计两万余人,是为"天京事变"。石达开赶回天京后,指责韦昌辉滥杀无辜,韦昌辉又想杀掉石达开。洪秀全虽然主持公道杀掉韦昌辉,却分封自己的两个哥哥为王以牵制监视时已"一人之下，万人之上"的石达开。石达开感到不被信任，愤而率所部出走，一路颠沛流离，清军围追堵截，石达开孤军奋战，狼狈不堪，大军渐渐分崩离析，至四川境内大渡河畔，所部已不足万人。大渡河号称天险，势难飞渡，前有堵截，后有追兵。此时石达开偏偏又做出了"舍命以全三军"的错误决定，只身往清营投降，以图保住手下性命。结果被清军诱捕，全军覆没于大渡河边。

姚——舜帝子孙

姚姓是舜的后裔，是中国古老的姓氏之一。舜生于姚墟，即今河南濮城镇，他的其中一支氏族的姓氏就取自所居的地名，即姚姓。由此推断，姚姓至少已有4000年的历史了。

到了东汉末年，舜的儿子商均的后代为了躲避王莽之乱，南迁到今浙江吴兴和福建南安一带，他们本来姓田，后来改姓为姚。这是王莽篡汉之后出现的一支姚姓，成为当代东部姚姓的主要来源。

(一) 姚姓迁变

在民族大融合中，姚姓和其他姓氏一样，也融入了外族血缘。十六国时期羌族的部落首领和帝王有几个都是姚姓，如姚弋仲、姚苌、姚兴等。

姚姓得姓比较早，开始播迁的时间也很早。据说春秋时吴国有一位得道之士叫姚光，他获取了神丹，能分形散影，还有"火烧不焦，刀砍不伤"的神通。这说明，早在春秋时期姚姓就渡江南迁到了今江浙一带。

(二) 姚姓名人录

姚姓不但历史悠久，而且名人辈出，比如唐朝的著名宰相姚崇，诗人姚合，史学家姚思廉；元朝的政治家、文学家、教育家姚枢，文学家姚燧；明朝的画家姚绶，佛学家和政治家姚广孝，抗倭义士姚长子等。在清朝，姚鼐是著名散文家，姚范、姚燮是文学家，姚文田、姚际恒是学者。

现在,姚姓在我国姓氏中排名第六十四位。

(三)姚姓名人

1."救时宰相"姚崇

姚崇(公元650~721年),陕州硖石(今河南三门峡南)人。本名元崇,改名元之,后来为了避"开元"年号的讳,改名崇。他做过武则天、睿宗、玄宗三朝宰相,为治国之能手,后荐宋璟接替自己继任相位,辅佐唐玄宗开创了名扬历史的"开元盛世"。

姚崇为人耿介,仕途并非一帆风顺。他参与了五人宫廷政变,迫使武则天退位,中宗复辟。

但姚崇感念武则天旧恩,因此被贬。睿宗时,太平公主干政,结党营私。姚崇上书奏请太平公主迁居东都以削弱其手中的权力,又因此而获罪,被免去宰相之位,贬为申州刺史。从此朝中更加混乱无纪。

姚崇

玄宗即位后,认为姚崇是个难得之才,便复其相位。姚崇曾向玄宗提出十条建议,包括禁止宦官、外戚干预政事,禁止增建寺观,奖励群臣上谏等,玄宗均欣然采纳。

姚崇兴利除弊,大胆革新,注重发展生产,为"开元盛世"奠定了政治基础和经济基础。

姚崇行法不避权贵。开元二年(公元714年),薛王李业的舅舅王仙童欺压百姓,本该依法治罪。李业到玄宗那里去求情。玄宗念舅甥之亲,打算赦免他。姚崇坚决要对仙童依法制裁,认为"不可纵舍"。玄宗只好同意将他定罪,自此以后,那些皇亲国戚再也不敢无法无天了。

开元三年,姚崇的儿子死了,请假了10多天。结果案子积压很多,其他人都束手无策。姚崇假满回来后,十几天的政事一会儿就裁决完毕。他自豪地问齐澣:"我可以和谁相比?"齐澣说:"你可以称得上'救时宰相'了。"

这一年,山东闹蝗灾。当时人们认为蝗灾是天意,只能通过朝廷"修德"来治理。姚崇力排众议,坚决除蝗,并派出大批负责治蝗的御史。结果成绩显著,老百姓因此免除了饥荒。

2.一生从政的僧人姚广孝

姚广孝,长洲(今属江苏苏州)人,十四岁出家为僧,法号道衍,世称道衍和尚。他博览群书,关心政治,是明成祖朱棣身边的谋士,力劝朱棣夺位,后又受明成祖之命主持编修《永乐大典》,修行、功名二者兼得。

姚广孝精于佛学,擅长诗文,曾两次被朝廷选为高僧,但他志向并不在方丈之间。著名术士袁珙一见他就说:"这是哪里来的怪异僧人,三角眼,像生了病的老虎,将来的业绩一定在政治上。"姚广孝听了很高兴。

姚广孝遇见燕王朱棣后,为他分析了天下形势,力劝朱棣夺位,是"靖难"起兵中起决定性作用的人物。

后来朱棣称帝,是为明成祖。姚广孝被封为僧录司左善世,管理佛教事务。姚广孝工作非常认真负责,每天起早贪黑,处理政务。后来明成祖觉得他的功劳太大,职位太低,想升他的官职,但碍于他是出家人,只好任他为太子少师。

因为姚广孝博学多才,世所罕见,明成祖便让他主持编修《永乐大典》。本来《永乐大典》由其他人编订,但与该书的规划宏旨相去甚远,明成祖就将它交给了姚广孝。姚广孝不辱使命,汇集三教九流参与编订,几年之后,世上学问无所不包的《永乐大典》终于成书。姚广孝也因此积劳成疾,不久病逝。明成祖亲自为他写了祭文,并按出家人的方式将他安葬在北京西郊的卢沟河畔。

像姚广孝这样一生为僧而从政的,在中国历史上实不多见。

谭——以国为姓

谭姓有两大来源:姒姓谭氏和巴南谭姓。姒姓谭氏是大禹的后代,因大禹姓姒,所以叫姒姓谭。谭姓祖先谭伯受封到谭国,谭国被齐桓公灭了之后,国君谭伯逃奔到莒(今山东莒县),留在故国的子孙,为了纪念故土,便"以国为氏",以谭姓相传。巴南谭姓传为瑶、畲、苗等少数民族的英雄祖神盘瓠(又称盘王)的后代。

谭姓除以上两种来源外,在后来存在有赐姓的现象,如北朝时字文会便被赐为谭国公;也有改姓的现象,有些姓谈、覃的人,因为避乱而改姓谭。

(一) 谭姓迁变

齐国灭谭国之后,有一部分谭姓人沿着东南沿海到了吴越地区。魏晋南北朝时期,由于北方战乱,北方谭姓人大举南迁,使得谭姓由一个典型的北方姓氏转变为典型的南方姓氏。这期间,谭姓出现了遍布大江南北的趋势。

东汉巴人起义被镇压后,巴南谭姓人随其他巴族人一起被迁到江夏(今湖北云梦东南)。这一部分谭姓人在以后的发展中将活动范围扩大到了河南东南部和湖北东北部。

19世纪晚期,谭姓人开始闯荡欧美,开发东南亚,现在谭姓人已遍布海外。

谭姓人在迁移的过程中形成了谭姓的小聚居区。如江西南康谭氏;江西吉州谭氏;河南大名谭氏;河南兴德谭氏;滁州清流谭氏;浙江嘉兴谭氏等。

(二) 谭姓名人录

谭姓在历史发展过程中,出现了不少名人。如五代时的道教学者谭峭;后梁大将谭全播;北宋大将谭延美,大臣谭世勣;抗元名将谭端伯;明代与戚继光齐名的抗倭名将谭纶,与钟惺同为"竟陵派"创始人的文学家谭元春;清代词人谭献;名列"戊戌六君子"之一的谭嗣同;曾任直隶总督,对外求和,对内残酷镇压农民起义的谭廷襄;曾任南京国民政府主席、行政院院长的谭延闿;无产阶级革命家谭震林;京剧名家,"谭派"创始人,号称"小叫天"的谭鑫培等。

(三) 谭姓名人

"戊戌六君子"之一的谭嗣同

谭嗣同,字复生,号壮飞,湖南浏阳人。中国近代维新派政治家,思想家。早年曾是新疆巡抚刘锦棠的入幕之宾。中日甲午战争后愤于中国积弱不振,在浏阳建立学社。遍访北京、上海、南京,吸收新学知识。1896年(光绪二十二年)入资为候补知府,在南京候缺,著《仁学》。1897年,协助湖南巡抚陈宝箴、按察使黄遵宪等设立时务学堂,筹办内河轮船、开矿、修铁路等事宜。次年又倡设南学会,办《湘报》,宣传变法。8月由徐致靖推荐,入京任四品卿衔军机章京,参与戊戌变法。9月政变发生,被捕入狱,与林旭、杨锐、刘光第、杨深秀、康广仁等同时遇害,史称"戊戌六君子"。他是一个真正的勇于牺牲的改革家。

谭嗣同

政变发生以后,谭嗣同的好友义侠王五愿做他的保镖,护送其出京。日本公使馆也派人会见谭嗣同,愿设法保护。在生与死的抉择面前,谭嗣同大义凛然地表示:"各国变法,无不从流血而成,今日中国未闻有因变法而流血者,此国之所以不昌也。有之,请自嗣同始。"不久,他就被抓入狱。在刑场上,临刑时,他还不顾监斩官的拦阻,大声呼喊:"有心杀贼,无力回天,死得其所,快哉!快哉!"时年34岁。

邹——邹姓和朱姓同源

中国的邹姓,历史上多有记载。周武王得天下后,封颛顼高阳氏后裔于邾娄国。邾娄国也叫邾国,最初为鲁国的附庸。战国时,鲁穆公改邾娄国号为邹。后邹国被楚国所灭,其公族子孙及部分国人分散各地,有的以国名为姓氏,有的则将"邾"去掉邑旁留朱,所以,3000多年前的邹姓和朱姓实为同宗。

另据记载,殷商的后代被周武王封到宋国,其后人正考父食邑于邹,传到叔良纥的时候,以国为姓,于是有了另一支邹姓。

邹姓起源于山东一带的北方地区,后来逐步外迁,在福建也成为一个望族。

(一) 邹姓名人录

邹姓的历史名人很多,有战国时期齐国的邹衍,以鼓琴游说齐成王的邹忌、邹奭;西汉文学家邹阳;五代时南迁入闽的邹勇夫;宋朝直斥章惇误国的忠臣邹浩,资政殿学士邹应龙,还有以孝行见称、自守庐墓六年的邹异,安贫乐道、独得朱子之传的邹𫐐;元代有画家邹复雷;明代有大学者邹元标和姚江学派重要人物"东郭先生"邹守益;清代有精于历算的邹伯奇;现当代有出版家邹韬奋等。

(二)邹姓名人

1.战国哲学家、阴阳家邹衍

邹衍(约公元前305~前240年),战国时齐国人,哲学家、阴阳家的代表人物,曾游历魏、燕、赵等国,受到诸侯"尊礼"。

邹衍深入研究万物的阴阳消长,记录了各种神奇怪异的变化,写在自己的50多篇著作中。邹衍擅长谈"天",被人们称为"谈天衍"。他认为,天地不是与生俱来的原始物质,更不是永恒不变、绝对无穷的。邹衍还从时间概念上来论述天的属性,不同于当时流行的具有神秘色彩的对"天"的认识。他提出以"天地未生""天地剖制"作为"天"起始的时间标界,从客观世界寻求"天"发展的顺序标定,从而为自己的学说奠定了坚实的基础。

儒家所说的中国,都是把地理与中国等同起来,邹衍则冲破了这一思想束缚。他认为,中国(赤县神州)只不过是天下的1/10,在中国之外,像赤县神州这样的地方,还有9个。这才是真正的九州,九州都有小海相隔,不能互通,更有大海环绕在它的外面,再外就到了天的尽头了。邹衍的论证,一定是先从小开始,由小到大,以至无边无际。他的社会史观也是如此,先从现世说起,再往前推至黄帝时代,再大到世代的兴衰变化。他还将"五行"发展为"五德",用以论述世事的兴衰、王朝的更替。

邹衍的学说,引起了当时王公贵族的好奇和关注。邹衍到魏国,梁惠王高迎远接,视他为上宾;到赵国,平原君侧身陪行,毕恭毕敬;到燕国,燕昭王亲自清扫街道,以师礼相敬。邹衍周游列国,受到如此拥戴,与孔子陈蔡断粮、面有饥色,孟轲在齐、梁陷入困境相比,真是有天壤之别呀!

2.识蔽求真的邹忌

邹忌,战国时齐人。他以鼓琴游说齐威王,被任为相国,封于下邳(今江苏邳州市西南），称成侯。

成语"邹忌照镜"，说的就是他识蔽求真谏齐王的事。邹忌身高八尺，相貌堂堂。一天他照着镜子，问妻子："我和城北的徐公，谁更美呢？"妻子说："您的相貌，徐公哪能比得上？"他又问小妾："我和徐公哪个更美？"小妾说："徐公根本比不上您！"第二天，有客人来访，交谈之余，邹忌问他："我和城北的徐公谁更美？"客人也很肯定地说他更美。过了几天，徐公来访邹忌，一见之下，邹忌发现自己远不如徐公，经过反复思考，幡然醒悟。于是。他上谏齐威王说："妻说我美，是有偏爱之心；妾言我美，乃出于畏惧之意；客称我美，实乃有求于我。今大王在万人之上，极易受蒙蔽，而难察自身之过。"威王便采纳了他的建议，广开言路，齐国因而国力大增。

邹忌凭着劝谏君王的功绩，在齐国深受尊敬，与邹衍、邹奭并称齐国"三邹"。

邹忌

熊——源有三支，楚地为宗

熊姓在当代百家姓中居于七十二位，全国熊姓人口大约有 400 多万。据多种姓氏古籍记载，熊姓来源有三。

一说熊姓起源与黄帝有关。相传黄帝建都有熊（今河南新郑），又称有熊氏。后世子孙中有一支为表示对黄帝的尊敬以"有熊氏"为姓，后省去"有"，单姓"熊"，是为熊姓最早的起源。

另有黄帝后人鬻熊，对周朝有功，周成王封鬻熊曾孙熊绎于楚，建都丹阳（今湖北秭归）。熊绎建楚国，以先祖之名为姓。后世代相传，是为湖北熊氏。

还有一支源自西周时期罗国。罗国与楚国同祖，其子孙中也有熊姓，史称罗国熊姓。

三支熊姓，以湖北熊氏最为发达，建立了疆界广大的楚国。曾雄霸中原。后代即以湖北熊氏为熊姓正宗。

（一）熊姓名人录

熊姓起先在湖北、江西一带，后散居全国。历史上以南昌熊氏最为有名。另外福建建阳、湖北武昌、孝感等地的熊氏都曾是历史上的望族。

熊姓多文人，少武将。秦灭楚后，走向沉寂。自汉开始，熊姓人逐渐为官，南北朝时走向兴旺，出现了众多才士俊杰。北朝有经学家熊安生，著有《周礼义疏》《礼记义疏》共六十卷。

唐代诗人熊孺登曾与白居易、刘禹锡唱和吟诗。宋元时期有受业于朱熹的熊兆、画家熊应周等。明代以后，熊姓名人，灿若星河，有"嘉靖八才子"之一的熊过，有过目不忘的熊万仞，书法家熊方受，享誉国内外的诗人熊少牧，首发宁王朱宸濠谋反的吏部尚书熊浃，官

熊希龄

至尚书的熊一潇，通俗小说家熊大木，医学家熊宗立，文武双全的熊桴，经略辽东、励精图治反被冤杀的熊廷弼，康熙年间的名臣熊赐履及清代哲学家熊伯龙等。

近代熊姓名人卓越显达的有政治家熊希龄，革命者熊克武、熊秉坤、熊成基，哲学家、新儒学代表熊十力，戏剧家熊佛西，数学家熊庆来等。

（二）熊姓名人

刚直不阿熊赐履

熊赐履，字敬修，湖北孝感人，顺治年间中进士，以刚直不阿、直言陈事出名。

清康熙初年，鳌拜辅佐康熙，擅作威福，专权跋扈。熊赐履不像有些人那样趋炎附势，助纣为虐，而是敢于向皇帝进谏，要求惩办腐败，矛头直指鳌拜。他上书要求皇帝治贪倡廉，慎重地选择辅弼大臣，不要受奸佞小人蒙蔽。要求皇帝不耽声色，读圣贤之书，修养德行，特别指出汉族官员在朝中不应过于迁就满族官员，要朝

夕献策进谏。此书一上，鳌拜大怒，欲治熊赐履以妄言之罪，幸亏有皇帝保护才幸免于罪。后官至刑部尚书。

熊赐履曾主持经筵大典，为康熙讲解儒家经典、为王之道。负责编修《太宗圣修》《孝经衍义》《明史》等官书，有多部著作。

金——少昊后人，武帝赐姓

金姓是中国当代第六十四大姓。传说，黄帝之子少昊用金属做标志统治天下，故号金天氏。少昊登基时有金凤鸟飞来，人们以为这象征着吉祥。于是，少昊的后代就以金为姓，世代相传。这是金姓最早也是最主要的一个世系。还有一支金氏，来自外族。西汉初，匈奴休屠王太子金日磾降汉。因休屠人有铸制金人用以祭天

少昊陵

的习俗，汉武帝遂赐其姓金。金姓还有一支来源于五代时吴越国王钱镠，因镠与刘同音，故下诏令作为项伯后裔的刘姓（为汉高祖所赐），以钱镠名之部首"金"为姓。还有许多被汉族所同化的外族，后来都以金为姓。

（一）金姓迁变

秦汉以后，金姓活动范围很快扩展到西北、东北、中原和江浙闽地区。到唐宋时期，金姓的重心又开始向东南移动，最终形成了今天以河南和江浙为主要聚集地

中国民俗文化精粹

·姓氏文化·

图文珍藏版

的分布格局。近 600 年来,金姓人口流动的幅度和方向与宋、元、明、清间有些区别,主要的趋势是向西和向北的强劲回迁。目前,在全国已形成了南部豫鄂皖浙苏、北方东三省两块金姓聚集区。

关于金氏名人,战国时有赵国的金授,汉代有车骑将军金日䃅、兖州刺史金尚,唐朝有"开元三大士"之一的金刚智,宋代有龙图阁学士金文刚,元代名儒金䃅一生不仕,专事著述。明代尚书金幼孜,明成祖每次出塞必令他随从,都督佥事兼秦王左相金朝兴,常以奇兵制胜,功在诸将之上;明末清初又有文学批评家金圣叹;清朝著名书画家金农,为"扬州八怪"之一,居当时画坛首席。在现代,也出现了不少金姓名人,如国际问题专家金仲华、出版家金灿然、哲学家和逻辑学家金岳霖、演员金焰等。

(二)金姓名人

天下第一才子金圣叹

金圣叹(公元 1608~1661 年),明末清初文学批评家,人称"天下第一才子"。他生性诙谐,视功名如草芥,因游戏笔墨而名落孙山。他喜爱批书,曾把《离骚》《庄子》《史记》《杜诗》《水浒》与《西厢》合称"六才子书",并对后两本进行批改。他批改过的《水浒》,把第七十一回以后关于宋江受招安、征方腊等内容删去,增入卢俊义梦见梁山头领全部被捕杀的情节而结束全书,批语中颇有独到之见,但也表现出反对农民起义的立场。入清后,金圣叹因哭庙案而被杀。据说死到临头他还改不了诙谐玩笑的习性。郑而重之地托监斩官捎给大儿子一张纸条,他的大儿子焚香、浴手,展开一看,纸条上原来写了一则生活小常识。此事想来确实让人有些忍俊不禁,悲伤怨苦的气氛瞬时烟消云散。不过,金圣叹也并非只会一味搞笑,他留下了两句绝命诗:黄泉无旅店,今夜宿谁家?思之又让人肠断。

陆——各支非同宗,播迁九州史留名

黄帝的后人终,被封在今山东平原县陆乡,终的后代就以陆为姓。战国时,齐宣王封少子田通(季达)于陆乡,田通的子孙也以陆为姓。春秋时期,在今河南嵩县东北部有个陆浑国,国王的子孙在亡国后也以陆为姓。北朝时期,"勋臣八姓"之一的步陆孤氏在汉化政策中改姓为陆。

陆姓最早以山东为中心向四周播迁,经过漫长的历史时期,形成"平原""河南""吴郡"等几大支系,今上海、江苏大部、浙江大部、安徽大部、山东东南部、海南、广西大部、广东中西部的陆姓最为集中。

(一)陆姓名人录

陆姓中自古名贤辈出。著名人物有西汉政论家陆贾;三国东吴名将陆逊、陆抗、天文学家陆绩;西晋文学家陆机;唐朝经学家陆淳、训诂学家陆德明、学者茶圣陆羽、文学家陆龟蒙、名宰相陆贽,宋著名道士陆修静、画家陆探微、诗人陆游、学者陆九韶、陆九龄、哲学家兼教育家陆九渊、大臣陆秀夫,元朝画家陆广、文学家陆友;明朝画家陆治、戏曲作家陆采,明末清初学者陆世仪;清朝医学家陆懋修、藏书家陆心源、诗人陆析及当代艺术家陆镜若、画家陆恢黄。

(二)陆姓名人

1.陆贾与《新语》

陆贾,汉初政论家、辞赋家。以口才见长,曾出使南越,说服南越王尉佗归汉。官拜太中大夫。他提倡儒学,主张"行仁义,法先圣",辅以黄老的"无为而治"思想,对汉初政治影响颇大。有《新语》传世。

陆贾在议论时常引征《诗经》《尚书》,高帝听厌烦了,就骂他:"江山是老子戎马得来,诗、书何用?"陆贾反驳道:"马上得江山,马上能治理江山吗?"接着历数周武王文武兼施,天下太平,秦始皇偏施暴政,亡国殃民等史实,大论天下兴亡之道。高帝信服,让陆贾详细说明秦朝亡国的道理及历史成败经验。陆贾据此写成12篇奏章,即《新语》。每奏一篇,高帝均

陆贾

赞不绝口,心服口服,群臣更是惊诧于陆贾如此精辟的言论。汉惠帝时,吕后野心勃勃,想要封诸吕姓为王,忠于刘姓的陆贾成了她的眼中钉,不久便因病被免职。陆贾此后隐居不出,静观时势,待机会成熟时,为相国陈平出谋划策,力促他交结手握兵权的绛侯周勃。众老臣齐心协力,终于一举铲平诸吕。汉文帝时,陆贾以老迈之躯,再次出使南越,对赵佗晓以大义,使之自去僭越之举,仪制与各诸侯等同。

2.爱国诗人陆游

陆游,南宋爱国诗人,越州山阴(今浙江绍兴)人,字务观,号放翁,官至宝章阁待制。在政治上,主张坚决抗战,因而一直受统治集团压制。晚年退居家乡,但收复中原的信念始终不渝。他一生创作了大量诗歌,今存世9000多首。

说起陆游的爱国情怀,足以让万世敬仰。85岁时,他仍然对抗金收复失地的事业念念不忘。朝廷的腐败、人民的苦难,千万种凄凉的景象在陆游脑海里翻腾,当他想到中原还沦陷在金兵手中,自己一生立志恢复中原的理想已成泡影,与盛年一起随风而去,心中总是感到万分悲痛。

可是,他相信中原一定可以收复,临终前,他写下家喻户晓的《示儿》诗:"死去原知万事空,但悲不见九州同。王师北定中原日,家祭无忘告乃翁。"并一再嘱咐儿子,中原收复以后一定要告诉九泉之下的他!这首诗所寄托的就是一位久经战场的老将伟大的爱国情怀。

陆游

陆游的一生,除了"但悲不见九州同"之外,还有个人爱情遭遇的巨大不幸。陆游20岁时与表妹唐琬结婚,二人情投意合,十分恩爱。陆游的母亲却对唐琬越来越不满,最后强迫陆游休妻。母命难违,陆游几经努力仍无济于事,忍痛与唐琬分手。

10年后两人在沈园相聚,都是悲不胜凄,陆游将悲痛的心情化作一首悲怆绝伦的《钗头凤》题在沈园的墙壁上,这首词以及后来唐琬的《钗头凤》使她与陆游的爱情悲剧流传千古。"沈园重逢"也成了爱情悲剧的代名词。

孔——"子太乙"氏合成孔姓

孔姓在中国姓氏中十分古老,他们的祖先可以追溯到4000多年以前的帝喾。帝喾是轩辕黄帝的孙子,因此,孔姓是黄帝的后裔。

据载,帝喾的儿子、商朝始祖契以"子"为姓。到了商朝成汤王时,由于汤的名字为太乙,姓为子,加起来就是子太乙。后来,他的一些子孙为了纪念他,将他的姓"子"和名字中的"乙"字加在一起,便产生了孔姓。

除了黄帝后裔这支主要的孔姓,传说还有其他六种孔姓来源。但是由于在黄帝后裔这支孔姓中诞生了孔子,在孔姓支系中最为著名,又受到历代帝王的尊崇,地位至高无上,所以,天下孔姓后来都归附于这一支系,尊奉孔子为祖先。

(一)孔姓迁变

自孔子至今,已有2000多年的历史,孔姓传承了80多代,其总的发展特点是:世代单传情况较多,人口增长缓慢,但其宗族血脉则清晰可考。

据史料记载,在先秦时期,孔子之后,这支孔姓七世单传。但其子孙都继承了孔子遗风,在后世多为名贤。汉唐时期,孔姓渐成规模。由于从汉代"罢黜百家,独尊儒术"开始,孔子的思想被历代帝王所尊崇,因此孔姓后裔备受朝廷恩宠,家族地位骤升,致使曲阜孔府在民间被称为"天下第一家"。此时,孔氏中有名人西汉经学家孔安国、汉末著名文学家孔融。到了唐朝末年,孔子后裔逐渐没落,其间又出现了一次单传。在唐朝,孔姓中唯有被后孔姓族人称为"中兴祖"的孔仁玉比较有名。宋元时期,孔姓出现了南宗与北宗。当时社会动荡,孔氏衍圣公难有作为,孔姓名人多出自他支,如宋朝勇武刚直、正言切谏的孔道辅,以及孔文仲、孔传等人。明清时期,孔姓形成了"孔氏六十户"的扩散局面,其实就是北宗的扩展。此时,有孔克坚,孔闻昭等著名的孔氏衍圣公。清朝有著名戏曲作家、《桃花扇》的作者孔尚任及葭谷居士孔继谏。近世有官僚资本家孔祥熙,优秀共产党员、因公殉职的援藏干部孔繁森等。

(二)孔姓宗族文化繁荣

孔子的故里山东曲阜已经成为中国的历史文化名城,其最具代表性的古迹是由孔府、孔庙、孔林组成的"三孔"。对于孔氏宗族来说,三孔是家族精神的体现,是宗族的象征。

但其尊圣怀古的祭祀文化更为独特,祭孔也由原来的家祭发展到盛大的国祭。典雅、素朴的宗族饮食文化也在历史的长河中形成了独特的风格。孔宴多种多样,规格繁多,等级严格,无不体现出孔氏后裔的特殊尊荣。

诗礼传家,是孔氏族人历代秉承的本族文化传统。他们在宗族内部一贯重视对子孙进行文化与道德并重的教育。

(三)孔姓名人

1.儒家创始人孔子

孔子,名丘,字仲尼,今山东曲阜人,是春秋末期思想家、政治家、教育家和儒家创始人。

传说孔子的父母曾在尼丘山祈祷求子,后来便生下了孔子。而奇怪的是,孔子一生下来,就头顶中间低而四边高,很像尼丘山。于是,父母为能取名为丘。

孔子小时候正值乱世,父亲去世后,他与母亲相依为命,生活十分艰难,而孔子却好礼重学。他年轻时因社会地位低下,曾被人奚落,做过低贱的工作。一次,鲁国大臣宴请名士,孔子兴冲冲地跑去,却吃了个闭门羹。他还曾当过吹鼓手、养过牛羊,然而却能在逆境中发奋勤学,孜孜不倦。而后,孔子在鲁国从政,才华初现,夹谷之会,名震内外。后来,孔子觉得在鲁国无法继续施展政治抱负,便带领弟子开始了长达14年的周游列国之行,逐步形成了儒家

孔子

学说。

14 年的列国之行使得孔子感慨万千,再也无意仕途。他于是回到故乡,致力于教育事业,开始著书立说,编纂整理古籍文献,流传后世的有《六艺》等。

后来,由于政治上受冷遇,加上儿子先逝,最喜爱的弟子颜渊、子路也相继死去,孔子在感情上大受打击,最终在悲痛中病逝。

2.“建安七子”之一孔融

孔融,字文举,汉末文学家,今山东曲阜人。他曾在北海做官,故世称孔北海。

孔融从小便才思敏捷。10 岁时,他随父入京。当时,李膺待客极严;不是名人世交,概不接见。孔融得知后,便故意前去。李膺问他是不是世交,孔融聪明地说:“是,先人孔子曾与李家先人老子是师友关系,那么,我们两家当然是世交了。”在座之人,无不惊叹于他的才思。

孔融小时候让梨的故事更是家喻户晓。他把大梨让给哥哥们,自己留下一个小梨。当人们问他为何这样时,他说自己小,当然就吃小的啦。

孔融品质高洁,为人正直谦恭,所以,四海之内的英雄名士都十分敬仰他。但他却被曹操猜疑、忌妒,最后在他人的诬陷下,连同全家一起被曹操杀了。

孔融文学成就极高,是“建安七子”之一。魏文帝曹丕最爱孔融的文辞,常常称其可与扬雄、班固相媲美。

白——一姓多支

白姓的来源较为复杂,出自许多互无关系的支派,主要有五大分支:其一,出自古人白阜。相传炎帝时,有位叫白阜的大臣,是位水利专家,因疏通水道、灌溉和排涝有功,受到炎帝的赞赏,他的子孙引以为荣,就世代姓白。这支白姓至少有 5000 年的历史,是白姓支派中历史最悠久的一支。其二,春秋时,秦文公之子公子白的后裔以其名字为氏,取姓白,至今已有 2700 多年的历史。其三,楚平王之孙胜,被楚惠王封在白邑(今河南息县),其后裔就以邑为氏,也姓白,这支白姓大约有 2500 年的历史。其四,秦穆公时秦国名臣百里奚有子白乙丙,白乙丙的后世子孙就以白为姓,形成了白姓的又一支,其历史有 2600 多年。其五,出自外族的改姓。由于民族的大融合,外族白姓成为白姓的重要组成部分。

(一)白姓迁变

先秦时,白姓主要活动在陕、鄂、豫地区。西汉至唐朝,由于西域和西北民族的加入,白姓东迁南下进入中原。至宋朝,白姓的主力在西北,形成西部秦川晋、东部鲁豫皖两大聚集区。元朝时,白姓继续向东、南部迁移,全国形成西部秦晋冀、东部江苏的两大白姓聚集地。明朝至今,白姓人口流动特点是由东南向中原、西北的大批回迁。

白姓不但分支众多,而且历代名人辈出。战国时有秦国名将白起、魏国水利专家白丹、商人白圭;魏晋时有太原太守白邕;唐朝有诗人白居易、宰相白敏中;五代后周有中书令白文珂;元朝有戏曲作家白朴;清朝有书法家白云上;近代有北伐名将白崇禧、行政法学家白鹏飞,可谓人才济济,为白姓家族增光添彩。

(二)白姓名人

"新乐府"诗的倡导者白居易

白居易,唐代著名诗人。字乐天,号香山居士。自幼读书勤奋,与众不同。五六岁能识声韵,15 岁能写诗赋,27 岁举进士,官至刑部尚书。

早年白居易拿着自己的诗作拜访当时著名诗人顾况,顾见其名,嬉笑说:"长安的米价很高,你想要在此地居住下来不容易啊!"等他读到"野火烧不尽,春风吹又生"时,大加赞叹,忙说:"你能写出这样好的诗句,在长安居住没什么问题。"得到顾况的赏识后,白居易很快名声大振。

白居易积极倡导新乐府运动,继承李、杜的诗风,主张"文章合为时而著,诗歌合为事而作",写出了许多揭发时政弊端、社会矛盾及民生困苦的佳作,且通俗易懂,名动闾阎,普通百姓无不知晓。相传,白居易每做一首诗,先要读给他那里的老妪

白居易

听，问老妪能否听懂，如果能懂，就记录下来，如果老妪听不懂就重新改写，直到老妪听懂才罢休。因此他的诗作在下层人民中间得以广泛流传。

崔——以邑为姓

崔姓源于姜姓。周武王称王天下后，大封同姓宗族和异姓功臣谋士。姜尚因辅佐文王、武王建周有功，受封东夷族齐国故地，建齐国，为公爵。传至齐丁公时，有嫡长子季子，本应继承齐国君位。季子性格宽厚，他不愿兄弟之间为争权夺利而相互残杀，于是，把父亲传给他的齐国国君的位子让给了弟弟姜乙，自己到一个名叫崔的地方，过着与世无争的田园生活，崔邑即今山东章丘市西北的崔氏城。从此，季子的子孙便在崔邑延续下来，后来又分邦建姓，将崔邑的名称"崔"做了姓氏。

改姓以后，因季子有让国之美名，其子孙世代在齐担任官职，是当时的公卿世家之一。崔氏的前几代人，大都默默无闻到了崔杼这一代，才有了变化。崔杼是齐国的权臣，独揽朝政多年。他的后代在汉魏南北朝及隋唐时，发展成为清河崔氏和陵崔氏两支大族，并以此为源向四周播迁，大凡崔姓子孙寻根问祖都要追溯到这两个地方。随后，崔姓又进一步分衍出郑州崔氏、鄢崔氏、青州崔氏等。

（一）崔姓名人录

崔姓代代有名人。春秋时齐有大夫崔杼。东汉有学者崔寔、儒生崔骃。南北朝时北魏有大将军崔浩、著名学者崔俊。崔姓到了唐代最为显赫，据《新唐书·宰相世系表》记载，崔氏在唐代先后任宰相者共有 27 人，当时天下有"言贵姓者莫如崔卢李郑王"的谚语，崔为众姓之首。时有诗人崔护、崔颢；太子少保崔琳，与弟崔圭、崔瑶官皆三品以上，世称"三戟崔家"；还有被武后器重的中书令崔玄暐，以诛张昌宗、张易之功，为中书令，旋又拜为博陵郡王；被宣宗赞为"可为士族法"的崔鄯一家兄弟六人均位列三品；河南尹崔纵引伊、洛水灌溉高地，时人称便，拜太常卿，封常山县公。宋有名画家崔白，保大军行军司马崔颂，观文殿大学士崔与之，诸王宫大小学教授崔敦礼；中书舍人崔敦诗，著有《玉堂类稿》；还有崔遵度、崔子方，龙图阁学士崔公度。明有南京户部尚书崔恭，礼部右侍郎崔桐，尚书崔尚，安庆卫指挥史崔文及画家崔子忠。

（二）崔姓名人

汉代功臣崔寔

崔寔，又名崔瑗子，字子真，东汉后期学者。他从小有良好家教，读书明礼，讲究实干。他被朝廷任命为五原太守时，特意事先前去调查，了解到五原郡不适合种麻，此地的百姓也不会种麻织布，以致冬天无衣可穿，出门时披着草取暖。崔寔上任后第一件事就是教百姓种麻织布。另外，他还设烽火台，整饬兵马，防止胡人骚扰地处边境的五原郡，因为这些功劳，又被朝廷任命为尚书。

崔寔著有碑、论、铭、七言、祠、文、表、记、书共15篇，参与了本朝史书《东观汉记》的撰写。他所著《政论》一书受到了极高的评价，另还著有《四民月令》。

康——国名为姓，西域来客

从古代的史书上看，康姓的起源主要有两支。一支出自姬姓，周朝建国后，周武王把他的一个弟弟分封到康邑，史称康叔，随后康叔建立了康国，而康叔的后代就以国名为姓，历代相传。另一支康姓来自西域，汉代时西域有一康居国，后来随着丝绸之路的开辟，康居国王子入汉，定居于中原河西，他的后代以康为姓，这里也就成了康姓的一个重要发源地。

在历史的演变中，除了上面这两支主源外，还有一些少数民族如一部分突厥人改姓为康，而宋朝时也有他姓改为康姓的，这些都促进了康姓的发展。

（一）康姓迁变

先秦时期，康姓主要在河南地区，两汉时由西域康居国迁入的康姓先居住在甘肃、青海的黄河以西地区，随后进入了陕甘宁和川西北，很快南下湖北，又向东西移民迁居安徽和浙江。同时，河南的康姓居民向北发展进入河北、山西，东迁至山东、江苏。到唐宋时期，康姓基本上已分布到了全国各地。清初，康姓进入了台湾以及海外。

(二)康姓名人录

康姓历代也有不少名人,三国时的东吴高僧康僧会,东晋前期的著名高僧康僧渊,唐朝大将军康植,北宋抗金英雄康延泽,南宋学者康与之,元朝戏曲家康进之,明朝文学家康海,清末维新领袖康有为,当代中国妇女运动领导人康克清等。这些康姓后裔,都为康姓的历史写下了灿烂的篇章。

(三)康姓名人

维新领袖康有为

康有为,原名祖诒,字广厦,号长素,又号更生。广东南海人,清光绪年间进士。中国近代维新派领袖,后为保皇会首领。世称南海先生。

康有为青少年时受过较好的传统教育,但后来由于民族危机日益加深,他开始向西方寻求救国救民的真理,一心挽救民族危亡,因此便有了后来的公车上书和百日维新。

在康有为开展维新政治活动之前,他就写了《新学伪经考》和《孔子改制考》,为维新活动进行广泛的思想宣传,奠定了良好的思想基础。

甲午战败,清政府被迫与日本签订了丧权辱国的《马关条约》,激起了广大人民的强烈反对,条约苛刻的内容使民族危机空前严重。光绪二十一年(1895年)四月八日,康有为联合在京参加会试的举人1300多人在松

康有为旧照

筠庵集会,联名上书光绪帝,痛陈割地弃民的严重后果,力主拒绝和议,明定对策。由于过去举人上京应试坐公车,所以这次联名上书被称为"公车上书"。

"公车上书"原名为《上皇帝书》,由康有为起草,共14000多字。虽然上书由于条约已经签订、无法挽回而被拒绝,但却在全国广泛流传,使康有为取得了维新运动的领袖地位。

此后在光绪二十四年，康有为领导维新派在光绪皇帝的支持下发动了轰轰烈烈的戊戌变法运动。但是由于封建旧势力的顽固抵制，变法诏书成为一纸空文，最后因慈禧发动政变而彻底失败。康有为被追捕，不得已逃亡日本。此后在辛亥革命时，康有为又成了阻碍革命的封建卫道士，并任孔教会会长。

康有为著作颇丰，尤其是晚年的时候。其著作有《新学伪经考》《孔子改制考》《戊戌奏稿》《大同书》《康南海先生诗集》等。

毛——以国为姓

毛姓源自黄帝姓氏——姬姓。史载周武王将他的母弟叔郑（周文王第八子）分封到渭河上游今岐山、扶风一带的毛国，叔郑的后代就以国名为姓。而另外一说是有一位周文王的第九子姬明，受封于河南的毛邑（今河南宜阳一带），他的子孙就以封地为姓。南北朝时期，有少数民族的血统加入毛氏。今天的毛姓按人口多寡计，在百家大姓中排名第七十六位。

（一）毛姓迁变

世居北方的毛氏，约在汉唐时期南迁江南各地。毛姓的一支从中原迁居今江西吉州龙城，在那里繁衍生息。元朝至正年间，其中的一些人在毛太华的率领下迁居云南，后毛太华又率长子毛清一、第四子毛清四北上做官，居住在湖南湘乡北门外绯子桥。十余年后，毛清一、毛清四迁至湘潭

毛泽东

三十九都（今韶山），从此定居下来。不久，又有一支毛姓人在毛命传的带领下迁到这里。到毛太华下传二十代时，出了一位改写中国历史的杰出人物——毛泽东。除他之外，毛姓名人还有周代的毛公亭；战国时代的毛遂以及传《诗经》的"大毛公"毛亨和"小毛公"毛苌；三国名臣毛玠；北朝权臣毛修之；唐代画家毛婆罗；宋朝

大臣毛友、毛洵,画家毛信卿、毛义、毛允昇、毛政;明朝名臣毛纪、毛恺、毛伯温、毛凤韶、毛节,画家毛良、藏书家毛晋;清朝经学家、文学家毛奇龄,文学批评家毛宗岗,诗人毛远公等。

(二)毛姓名人

敢于自荐的毛遂

毛遂是战国时期的一位士人,做过赵国平原君的食客。

公元前257年,秦军包围了赵国的都城邯郸。赵王派相国平原君出使楚国,希望楚与赵联合抗秦。平原君打算从食客中挑出20个智勇双全的人随同他前往楚国。可是挑出19人后,再也找不到合适的人了。毛遂向平原君自我推荐道:"请您让我凑满这个数去楚国吧。"平原君不大熟悉毛遂,说:"一个有本事的人在世上,好比一把锥子装进口袋,马上可以看到锥尖刺破袋露出来。你来这里三年了,我从未听别人称赞过你,可见你一无所长,所以你不适合去。"毛遂说:"今天我就请你把我当作锥子放进口袋。"于是,平原君同意他随同前往楚国,代表其他19人上台去说服楚王。他按着剑走近楚王,大声说道:"如今大王与我处于十步之内,楚国纵然强大,大王也倚仗不着,因为您的性命掌握在我手里!"楚王被毛遂勇敢的举动吓呆了。听完毛遂分析共同抗秦的好处后,楚王决定和赵国联合抗秦。"毛遂自荐"这个成语就源于这个故事。

邱——避讳孔子,"丘"姓成"邱"姓

邱姓,又作丘姓,是中国第六十五大姓,在四川、华南、福建、台湾等地最有影响。

邱姓的来源有四:据记载,邱姓出自姜姓。西周初年,姜子牙因为辅佐周武王灭商有功,被封于齐地,定都营丘(今山东临淄一带)。他的后代有的就取国都名中的一个"丘"字为姓。在很长时间里,丘姓家族一直以"丘"为姓氏。至雍正时,为了避讳孔子的名号,"丘"姓全部改为"邱"姓。

邱姓的另一支源于曹姓。周初,武王将颛顼的后裔曹挟封于邾(今山东曲阜东南),建立国家。春秋时,邾国有一位大夫丘弱,他的后代以丘为氏。

邱姓还有的出自地名。春秋时,鲁国太史左丘明居于左丘(今山东定陶南),他的子孙有的就以居地为姓氏。在邱姓中,也有少数民族改姓的情况。

先秦时,邱姓家族大部分在山东地区活动,秦汉之后,邱姓逐渐南迁,江南地区邱姓望族颇多。清初进入台湾的邱,如今已成为台湾的大姓之一。目前,中国姓氏中同时存在着邱、丘两姓,但以邱姓为多。

(一)邱姓名人录

在三千多年的繁衍史中,邱姓出过不少名人。有汉朝的少年才子邱诉、光武帝时的高官邱滕。隋唐时,有历仕北周、隋、唐三代,皆居高官显爵的邱和。

唐太宗时,邱行恭在讨伐高昌的战争中立下大功,被封为天水邾公,太宗还下令在昭陵前为他雕刻石人马像,以表彰他的功绩。此外,唐朝时还有大将军邱神绩、诗人邱为。进入宋代,邱姓的表现就更为突出了,如朝中大臣邱(宗山)和能通数理、知未来兴废的殿中丞邱濬、与朱熹友善的儒士邱义、受学于朱熹并著书发明其宗旨的邱富国,又有抗金名将邱夵。

元朝时,有道教领袖邱处机、诗人邱一中。明代有礼部尚书兼文渊阁大学士邱浚(造)、太子太师邱福。清朝末年,有台湾抗日名将、诗人丘逢甲。当代有抗美援朝时的战斗英雄邱少云。

(二)邱姓名人

长春真人邱处机

邱处机(公元1148~1227年),字通密,号长春子,出身于名门望族。他与谭处端、王处一、刘处玄、郝大通、孙不二等六人并称为全真教"七子"。

邱处机从小就聪敏过人,记性又好。1168年,他慕名拜重阳真人王喆为师,入道修炼。出山后,他的名气渐渐大起来。1188年,金世宗下诏召他入京觐见。此后,在邱处机的领导下,全真教的势力开始壮大。

1210年,蒙古军队大举攻金,北方风云突变。邱处机审时度势,决定首先争取蒙古统治者的支持。1220~1222年,邱处机不远万里,前往成吉思汗的西征军大营觐见。成吉思汗问他有什么长生药,他回答说,世上只有养生之道,根本没有什么长生不老的灵丹妙药。成吉思汗对他十分赏识,称他为"神仙",并留他住了半年。稍后,成吉思汗又命他管理全国的道士。

1224 年,邱处机东归后,在燕京左极观居住下来。他派出许多弟子分赴各地,救济灾民,建立道观,吸纳门徒,使全真教进入了鼎盛时期。1227 年,邱处机病死。

邱处机死后,他的弟子李志常写了一部《长春真人西游记》,记述了他西行去见成吉思汗的过程。

邱处机

秦——显赫先祖

秦姓源自嬴姓,即秦王嬴政的祖先。上古皋陶的后裔非子善于驯马,被周孝王封为秦地首领。后来,非子后裔秦庄公屡立大功,其子秦襄公又因讨伐西戎、保护周平王东迁洛邑有功,被封诸侯。襄公东迁,正式建立秦国,开了秦姓辉煌之先河,后秦孝公又任用商鞅主持变法,国力大增,遂成为战国七雄之一。到了嬴政时,秦终于统一六国,建立秦朝。可惜,秦仅历二世而亡,其王族子孙后来都以国名为姓,以纪念自己家族的辉煌历史。

另有一支秦姓,源于姬姓。周公旦的儿子伯禽继承封地,食采于秦邑,他的子孙便以邑名为姓。这一秦姓,两汉时期非常活跃。

罗马人到中国定居后改姓也是秦姓的一个来源。罗马古称大秦,大秦人久居中士不归,以秦为姓,后融入中国本土秦姓之中,代表人物有拜谒过孙权的商人秦论。

(一)秦姓迁变

秦得姓以后,相继在甘肃天水、山西太原等地发展成望族,主要活动于河南、陕西、山东、四川、湖北、河北等地。

西汉初，刘邦迁山东，秦姓充实关中。由于秦是汉所灭，所以两汉时期播迁有限，但已开始进入东南一带。

唐宋时期，秦姓主要向江南一带流播，宋以后，秦姓也迁播频繁。

(二)义士慷慨唱悲歌家族孝悌名传世

在孔子的弟子中，姓秦的有四位，他们是鲁国的秦非、秦冉、秦祖和楚国的秦商。或许是因为继承了儒学先师的衣钵，秦氏家族中，以孝悌忠勇闻名的，为数众多。在秦氏的家训中，还细列了为夫、为妻、为父、为母和为人子所应尽的义务，并以其规范族人。

先说秦姓勇士。秦姓勇士首推秦董父，他在逼阳战役中三攀楚墙垂下的布条，从城墙上三次重摔下来而安然无恙，为鲁军争回了面子。秦琼跟随唐太宗李世民南征北战，立下赫赫战功。五代十国时期，吴国人将秦裴在敌人紧紧包围的时候独守昆山，抗敌数月，直到弹尽粮绝，为保全一城百姓而降，后郁郁而终。五代十国名将秦传序廉政爱民，后守城被破，投火自焚，忠义可鉴。宋初名将秦翰每战必捷，令契丹人闻风丧胆。大奸臣秦桧的曾孙秦钜却是个顶天立地的男子汉。金兵来犯时，他竭力抵抗，城陷失守，他便将钱帛粮草俱焚，不给金兵留下一粮一草，死后被封为义烈侯。他的两个儿子秦浚、秦潭也随父以身殉国。明代的秦良玉，是中国历史上唯一被列入国家编制的女将军。她一生戎马倥偬，驰骋疆场。她的家人也都忠勇善战，她的兄长秦邦屏战死疆场，她的弟弟、儿子也都在战争中负重伤。秦姓家族之人以他们的忠勇义气，在中国历史上谱写了一曲曲慷慨悲歌。

再说秦姓孝子。秦姓族人忠勇过人，孝悌亦有余，在封建时代堪称楷模。秦玉每遇事要先禀父兄，后来他母亲去世时，他因悲伤过度竟哭出血来，被他的学生称为"孝友先生"。秦约因为母亲年老而辞官不做。秦传序的两个儿子秦煦、秦昉，为了取回父亲的尸体而在途中遇难。清朝的秦大成中了状元，后因母亲水土不服，便请求归乡供养母亲。秦大成的孙辈秦长治，也因母亲年老而推官不就。

除此之外，秦姓家族还有许多名人，如战国名将秦开；名医秦越人，即扁鹊，著有《疗痈疽诸疮方》两卷。东汉有著名诗人秦嘉。唐时有名将秦琼，后被民间奉为"门神"。隋末唐初有名医秦政应，有"苦恨年年压金线，为他人作嫁衣裳"等名句流传的秦韬玉,名士秦景通、秦晫兄弟。宋时有著名数学家、天文学家秦九韶,词人秦观。元有戏曲家秦简夫。明有秦良云。清有太平天国将领秦日纲。近现代有作家秦牧。

(三)秦姓名人

1.山抹微云秦学士

秦观,字少游,又名太虚,北宋著名词家,苏门四学士之一。苏东坡取其《满庭芳》中的精工词句,称他为"山抹微云秦学士"。

秦观一度很是贫穷,经常无米下锅。邻居钱穆父,与秦观常有往来。有一天,秦观作了一首诗送给钱穆父,诗中难掩生活的困苦,其中两句为:"日典春衣非为酒,家贫食粥已多时。"穆父一看,深表同情,立刻给他送去两石米。这就是"赠诗得米"典故的由来。

传说,秦观风流多情,以才华而得苏轼的赏识,后又结识苏轼的妹妹苏小妹,两人之间发生了一段浪漫的爱情故事。秦观为苏小妹所作诗词,已成为传世佳句。但又有人考证,苏轼并无妹妹,因而这也仅仅是一个美丽的传说而已。

秦观

2.卖国贼秦桧

"人于宋后羞称桧,我到坟前愧姓秦。"秦氏家族虽以多出孝勇之士而著称,却也出了卖国贼秦桧。

岳飞是南宋著名的抗金英雄,奸臣秦桧却一心想将他害死。秦桧曾命何铸审讯岳飞,岳飞祖露背后的"精忠报国"给何铸看,何铸深为感动,后也查明秦桧属诬告,并无实据。于是,秦桧改用万俟卨审讯他,千方百计地诬陷岳飞,仍不能定罪,秦桧就亲自下令将岳飞处死于风波亭。岳飞死后,韩世忠当面责问秦桧,秦桧竟以"莫须有"的罪名来搪塞。韩世忠愤慨地说:"'莫须有'三字,何以服天下乎?"

秦桧虽是万世唾骂的卖国贼,却也颇有聪明过人之处。有一年,很多人囤积铜钱,京都忽然缺少铜钱流通。一时间,人心惶惶。一天,秦桧请人为他修整头发,赏了那人五千钱,并说:"有圣旨,这种钱即将作废,我还是早点用掉。"那人自以为得知内情,将消息很快传了出去。没几天,京都市面的铜钱流通便正常起来。

江——黄帝后代

江姓出自嬴姓,传说是大禹的贤臣、颛顼帝玄孙伯益的后代。

据《姓谱》载,古代的江国在今湖北江陵,也有一说在今河南正阳西南。春秋时,楚国消灭了江国,其子孙便"以国为氏",世代承袭江姓。伯益的后代在江国被吞并后,只有少部分留居本土,其余的则逃至今河南、山东等地。江姓的祖先立足河南、山东之后,又四处播迁,以至于全国各地都有了江姓。

江姓源远流长,名人辈出,值得子孙骄傲。汉代有精于《诗经》,被称为"鲁诗"之宗的经学博士江翁。南北朝时有人称"江郎才尽"的江淹,有历仕梁、陈、隋三朝,素称三朝元老的江总。宋代有以《千里江山图》闻名画坛的江参。清朝则有经学家兼音韵学家江永、诗人江湜、名中医江有诰等各界翘楚。

江姓名人

骈赋名家江淹

江淹,字文通,济阳考城(今河南兰考东)人。南北朝时著名的文学家。他曾在南朝的宋、齐、梁三代为官。在梁任金紫光禄大夫,封醴陵侯。因此,江淹的诗文集称《醴陵侯集》。他的名作是《别赋》《恨赋》。

江淹少时家境贫寒,但他聪明好学,写出了很多非常精彩的诗文。20多岁时,江淹已在文坛享有盛誉。可是到了晚年,他的才思却大大减退,文章平淡,再也没能写出什么佳句来。人们都说"江郎才尽"了。

江淹自称,他在离宣城太守任时,曾中途泊船于禅灵寺附近的江边。有天夜里,一个自称为张景阳的人来访:"我以前曾给你寄去了一匹锦,现在已到了归还于我的时候了。"江淹听了,便从怀里抱出锦送还给那个人。可那人看了,非常生气,大声叫道:"我给你整整一匹锦,你怎么割得就剩这么一点了?"说完,他转过身对站在他身后的一个人说:"就剩下这么几尺了,也没什么大用处了,就送给你吧!"自此,江淹的文采情思就大不如前了。

关于"江郎才尽"还有一个传说。据说,江淹梦到了晋代著名的文学家郭璞。郭璞说:"我有一支笔已放在你那儿好久了,现在该归还给我了吧!"江淹一摸怀里,果然有一枝五色彩笔,就还给了郭璞,从此他就再也写不出精彩的文辞了。

其实,"江郎"之所以"才尽",很大一部分原因是因为他身居高位和享有盛誉以后,过着优越的生活,心里也自满自足起来,从此便不再努力刻苦,自然就退步了。

史——史官后裔

史姓是中国最为古老的姓氏之一。关于史姓的起源,主要有两种说法,而这两种说法都与古代史官有关。

相传远在上古时期,黄帝有一名史官叫仓颉,史称"史皇"。他善于观察事物,天生能写会画,创立了文字,结束了远古时期结绳记事的漫长历史。为了纪念他的卓越功绩,后裔子孙取他在世时担任"史官"官职中的史字作为姓氏。另一种说法认为,史姓源于西周太史尹佚。尹佚也是史官,后世子孙以此为姓氏,便有了史姓。

两种说法虽然大相径庭,但史姓源于古代史官这一点却是毋庸置疑的。

(一)史姓名人以军功和文才著称

史姓人主要在中原和关陇地区发展,经过几千年的繁衍和迁徙,形成了许多支脉,其中以京兆史氏最为突出。京兆史氏在汉朝时因与刘氏王朝关系密切而成为京城望族,虽中经衰落,但到了隋朝时又重振雄风。

史姓虽是古代史官的后裔,然而有意思的是,纵观史姓名人,他们不是因为军功而出名,就是因为文才而出名,而几乎没有因治史而出名的。如汉朝有刚直不阿的史弼、擅长书法的史晨;北周有英勇神武的史文忻、史雄;隋唐有声名赫赫的大将史万岁、"安史之乱"的罪魁之一史思明;宋朝有著名的政治家和词人史浩;明朝有抗清名将史可法;清朝有名臣史大成;近现代有报业巨人史量才、中国妇女运动领导人史良等,尽管这些人不是因为治史而出名,但也都在历史上留下了足迹。

(二)外族血脉融入史姓

在研究史姓发展史的时候,我们不能忽视这样一个现象:史姓在自身发展壮大的过程中,还融入了许多外族人的血脉。隋唐时期,西域唐居国的旁支史国与中原交往甚密,后来唐王朝在这里设置行政机构,很多人入乡随俗,正式以史为姓。唐高宗时,突厥阿史那贺鲁起兵反唐,为唐军所败,许多阿史那氏人归附唐朝后,与汉人混居,逐渐被汉化,开始把复杂的阿史那氏简化为"史",融入史氏家族。

外姓血脉融入史姓,不仅使史氏家族得以壮大,而且促进了民族的和睦和团结。

(三)史姓名人

1."安史之乱"的罪魁史思明

提到唐朝的衰败,必然要提到"安史之乱",而提到"安史之乱",则必然要提到史思明。

史思明本是突厥人,唐玄宗李隆基赐名思明。史思明骁勇善战,屡立战功,颇得玄宗的赏识,因此仕途一帆风顺,官至平卢兵马使。史思明与身兼三镇节度使的安禄山私交甚厚,两人同样都手握重兵,在权力极度膨胀后,在范阳起兵叛乱,这就是著名的"安史之乱"。叛乱的战鼓打断了唐宫的仙乐,唐玄宗急调兵马,仓促应战,但根本无法阻挡强大的叛军。安禄山势如破竹,直抵潼关。公元756年,安禄山在洛阳称帝,但仅过了一年就被儿子安庆绪所杀。史思明见叛乱集团出现内讧,而唐军却日益强大,便率军投降。但是史思明得不到朝廷的信任,因此不久便再次起兵叛乱,并派兵增援安庆绪。同年,史思明杀了安庆绪,自称大燕皇帝。

但正当史思明准备大干一场的时候,因与儿子史朝义不睦,被史朝义先下手杀死。史思明将死时颇感遗憾,对前来杀他的将士们说:"你们杀我杀得太早了,至少也应该等我灭了唐朝再杀我!"至死尚狂妄自大,不知悔改,史思明也算是千古一见的狂人了。

2.抗清名将史可法

史可法,字宪之,河南祥符(今河南开封)人,是明末著名的抗清将领。

史可法的母亲因梦见文天祥来到他的屋里而受孕怀胎,生下了史可法。史可法从小因孝顺而名闻乡里,而后中进士,被任命为西安府推官,后做户部主事,因功绩显著,调任南京兵部尚书,却遭马士英排挤,外调驻守扬州。

明朝末年,清兵大举进攻中原,一路势如破竹。史可法身为督师驻守扬州,而此时左良玉叛乱,朝廷便召史可法前去讨伐。史可法渡江抵达燕子矶,得知左良玉叛军已被消灭,于是星夜飞奔回扬州防守。而扬州城中,士民听信谣言,全都砸坏城门,外出逃命。清军逼近扬州,史可法命令文臣武将登上城墙

史可法

拒敌守城。扬州旧城的西门形势险要,史可法亲自把守,视死如归,给家人写下遗嘱,抱定了为国捐躯的念头。两天后,清兵逼近城下,用火炮轰城,扬州陷落,史可法拔刀自杀未死,被清军抓住,史可法大声呼叫说“我是史督师”,被一清兵所杀。一年后,史可法的家人用他的官袍和笏板为他招魂,并埋葬在城外梅花岭上,这就是著名的“衣冠冢”。

顾——以封地为姓

顾姓是中国的一个大姓。据史书记载,夏朝时,昆吾氏的子孙在顾(今河南范县东南)受封。

商初,商汤灭掉了顾,其王族便依国名改姓“顾”。汉朝时,朝廷为了表示尊古敬贤,便将古代越国国王的后代摇封于东瓯(即今浙江温州一带),摇又封自己的

儿子为顾余侯,让他居住在会稽(今浙江绍兴)。顾余侯的后代便以封号为姓。后人称上述两支分别起源于北方、南方的顾姓为"北顾""南顾"。"北顾"的发展比不上"南顾","南顾"在汉魏六朝时与陆、朱、张三姓合称为会稽四姓。

(一)顾姓迁变

南朝梁代时,顾氏子孙迁居到金华,继而又迁到天台。两地都属今浙江,顾姓便在此发展成了强宗大族。到明朝时,江浙地区成为顾姓繁衍和活动的中心,会稽也成了顾姓的名郡之一。在此之后,这支顾姓中有部分人西迁至今湖南常德,并在此处生根发展。而顾姓的分布总格局变化则主要是由北方迁移到东南地区。

顾宪成

(二)顾姓名人录

江浙一带向来人杰地灵,顾姓在此繁衍成长,其名人也一直在史书上有所记载,《中国人名大辞典》便收入了历代顾姓名人 275 名。三国时期,有担任东吴相近 20 年、知人善任、深得百姓喜爱的顾雍;东晋时有创作了稀世之宝《洛神赋图》的顾恺之;南朝梁陈之际有训诂学家顾野王;五代南唐画家顾闳中则有名画《韩熙载夜宴图》传世;宋代顾姓画家辈出,比如顾大中、顾亮;明朝时则有主张改革腐败朝政的东林党领袖顾宪成;清代有著名的思想家顾炎武;近现代则有史学家顾颉刚、外交家顾维钧、戏剧理论家兼剧作家顾仲彝等。

(三)顾姓名人

1."三绝"顾恺之

顾恺之,字长康,小字虎头,东晋杰出的画家、文学家。他出生于官宦家庭,因此有机会接受比较充分的教育,具备了文学、艺术的基础修养。

顾恺之少年时便当上了大将军桓温的参军,后任散骑常侍。青年时代的顾恺之博学而有才气,被当时人称誉有"三绝"——才绝、画绝、痴绝。他的主要成就是在绘画方面。

据传,顾恺之曾爱恋一个邻家女子,就给那个女子画了一幅像,然后用钉子钉在墙上。不巧,这钉子刚好钉在心口上,而这女子偏偏就得了心痛病。她将此事告诉顾恺之,顾恺之便拔掉了钉子,而女子的病也就此好了。

顾恺之画

顾恺之的《洛神赋图》尤能反映他的艺术风格和神韵,充分体现了他在表现意境和刻画人物内心世界方面的才能。作品取材于三国时曹植的名作《洛神赋》。虽然作品完全依照文学作品的内容逐节描绘,但顾恺之却充分发挥了其绘画艺术的特长,巧妙地使诗人的幻想形象化,作品也因此更具魅力。顾恺之将他的"以形写神""传神写照"的艺术思想贯穿于人物塑造的过程中。画中的洛神含情脉脉,反映出一种可望而不可即的惆怅情意,体现了顾恺之称之为"悟对通神"的艺术主张。作品富于诗情画意,极具音乐美和节奏感,是中国美术史上不可多得的精品。

公元407年,顾恺之去世。然而,正因为他能博采众家之长,阐发新意,因此将传统绘画推上了一个新的高峰。在顾恺之之后,画坛因写实性的进一步深入而出现了一个新的局面。

2.反清复明的顾炎武

顾炎武,明清时期著名的思想家、学者。本名绛,字宁人,曾自署蒋山傭,江苏昆山人。学者称其为亭林先生。

顾炎武出生于官僚地主家庭,其家族是江东名门。少年时便参加了"复社"反宦官权贵的斗争。他的志趣始终不在科举功名,他只选择自己的道路:读有用的书。

1644 年,清兵入关,顾炎武出任南明南京兵部司马。南明福王在南京即位不到一年便覆灭了,顾炎武与归庄、吴其沆等人筹划在昆山发动起义。在苏州沦陷、松江失守、陈子龙遇难的危急形势下,顾炎武同归庄等人死保昆山不得,只能败下阵来。在

顾炎武

撤退的过程中,大多数人惨死,顾炎武与归庄等人有幸躲过此劫。然而顾炎武一家的情况却非常悲惨。他的生母在乱军中被人砍断了右臂,两个弟弟也惨遭杀害,嗣母听说昆山失守后便绝食而死。顾炎武牢记嗣母"勿为异国臣子"的遗嘱,决心继续为复国而战斗到底。

顾炎武自昆山失守之后改变了自己的行动方式。此后大约 10 年的时间,他基本上采取串联活动的方式。后来他与唐王取得了联系,不料此事被家奴陆恩得知。此人勾结顾炎武的世仇同乡大地主大恶霸叶方恒,准备告发顾炎武。事发之后,陆恩投水而死,其婿将顾炎武关在家里,用私刑对他拷打,想置他于死地,多亏归庄等人的营救才幸免于难。

顾炎武深感难以久留于南方,便开始北游。一直到 1667 年才南返至淮安,次年却因某一案件牵连坐了七个月的监狱。已近风烛残年的顾炎武,始终没有动摇其政治坚定性。1682 年,顾炎武死于山西曲沃,享年 70 岁。

孟——姬姓后裔,源于排行

中国姓氏的起源多种多样,其中孟姓起源于长幼顺序的排行。中国古代以孟、仲、叔、季来称呼长幼次序,其中孟为最长,有"老大"的意思。先秦史籍中有不少

国学经典文库

中国民俗文化精粹

·姓氏文化·

图文珍藏版

226

以孟相称的人，如孟戏、孟增、孟絷等。孟姓的起源可以追溯到春秋时期的鲁国公族庆父和卫国公族孟絷，他们都是姬姓的后代。

西周建立以后，周文王的儿子、武王的弟弟周公旦被分封到鲁地，建立鲁国。后来鲁国发生内乱，鲁桓公的儿子庆父把持朝政，被逐后逃往莒国。鲁国局势稳定以后，庆父的子孙回到鲁国，被立为卿，世袭鲁国司空之职，受封得氏时，即以排行孟为氏，也称孟孙氏。

孟姓的另一支出自春秋时代的卫国。卫国由周武王的弟弟康叔所建立，也是姬姓的后代。据史料记载，卫灵公有位庶兄叫孟絷，其子孙就以孟为姓子。也有些孟姓家谱上说，卫灵公有个儿子叫公孟，公孟的后代便以"公孟"为姓，后来省为"孟"。

(一)孟姓迁变

孟氏家族在鲁国建立以后，到孟文子、孟献子和孟庄子时达到鼎盛时期，鲁国国君赏赐成作为孟氏的世袭封邑，孟氏家族就在成这个地方定居了下来。公元前408年，齐国攻伐鲁国，孟氏家族由此流散各地。

总之，孟姓来源于春秋时期的鲁国和卫国，但是孟姓的显赫却有赖于战国时期的一位大思想家孟子。

到孟子的四十五代孙孟宁时，孟氏家族的人口依然不多。北宋以后由于孟子地位的提高，孟氏家族开始繁盛，人口迅速增加，并形成了"平昌""武威"两大郡望。

(二)孟姓名人录

在战国时期，由于孟子的政治主张与统治者不合，因此虽然当时孟子已经名声显赫，但其后世子孙并不显贵。后来，秦始皇"焚书坑儒"，以崇儒而著称的孟姓也深受其害。

汉代以后，孟子的地位有所提高，孟姓人才辈出。西汉时期的孟卿、孟喜父子是著名的经学大师，在《易》《礼》的传承上起着重要的作用。东汉时期的孟光是有名的才女，而三国时期的孟宗则以仁孝闻名天下。隋朝末年，孟姓中涌现出了农民起义领袖孟让、孟海公等。到了唐代，孟氏家族中则涌现出了几位著名的诗人，他们是孟云卿、孟浩然和孟郊。孟云卿的诗语言朴素，多反映现实生活；孟浩然长期过着隐居生活,他的诗充满了乡间的田园气息;而孟郊的一首《游子吟》更是传唱千古,寄托了外出游子的思母之情。五代时期孟姓中出现了两位帝王,他们是后蜀的建立者和国君孟知祥、孟昶。

南宋的孟珙是抗击蒙古入侵的著名将领,元朝末年的孟海马是襄阳红巾军的首领,清代的孟知舜则是戏曲家。到了近现代,孟氏家族又涌现出许多著名人物,他们有史学家孟森、教育家孟宪承、地质学家孟宪民以及当代女艺术家孟小冬。

(三)孟姓名人

1.“亚圣”孟轲

孟子,名轲,战国时期邹国人,是中国历史上仅次于孔子的大思想家和教育家,被后世尊称为“亚圣”。孟子之所以能够成为一位伟大的思想家,与孟母善于教子是分不开的。“孟母三迁”有口皆碑,被传为美谈。传说孟子幼年居住在墓地附近,由于经常看到出殡送葬的人群,他便开始玩送葬的游戏。孟母只好把家迁到了另一个地方,可是这个地方靠近集市,因此孟子又玩起了做生意的游戏。孟母于是又把家迁到了一座学堂附近。孟子被学堂里的读书声所吸引,常到学堂里学习诗书礼仪。

孟子少年的时候,背诵经籍,孟母常常在一旁织布督学。一次,孟子背诵诗书的时候突然中断,孟母随即把刚织了一半的布全部割断,以此作为警诫。

在孟母的谆谆教诲下,孟子终于成为一位大思想家和教育家。他聚徒讲学,曾游历齐、宋、滕、魏等国,跟随的车子有几十辆、人员达几百人。他曾任齐宣王的客卿,由于主张并不被采纳,最后失意而归。晚年与弟子万章著书立说,写成《孟子》一书,共七篇。

孟子

在这部书中,孟子发展了孔子关于“仁”的思想,形成“仁政”学说,其核心就是要求统治者要重视人民。同时,孟子还提出了“良知”“良能”的思想,对后世影响深远。宋代以后,《孟子》和《论语》《大学》《中庸》并列为“四书”,成为封建科举考试的必读书目。孟子卒于周赧王二十六年(公元前 289 年),终年 84 岁。

2.一语断仕途的孟浩然

孟浩然,襄州襄阳(今属湖北)人,唐代著名诗人。他的诗多写田园山水,独具风格。早年他在家乡读书,后曾一度入长安求仕,最后均失意而归。

唐玄宗时,诗人王维在朝廷中任大乐丞职,他很赏识孟浩然的才华,私下邀请孟浩然到自己府中赋诗唱和,孟浩然于是带上自己刚写的诗稿去见王维,他们一唱一和,吟诵得十分高兴。碰巧那天唐玄宗有事来找王维,孟浩然想回避,急忙躲到了床下。王维怕犯"欺君之罪",只好直说并向唐玄宗叩头请罪。唐玄宗也早听说孟浩然的诗写得好,只是与他素未谋面,于是叫孟浩然出来相见,并问他最近写了什么好诗。孟浩然当即拿出新作《岁暮归南山》念给唐玄宗听。当孟浩然念到其中"不才明主弃,多病故人疏"时,唐玄宗很不高兴地说:"我没有见到过你主动上书求官出仕,朝廷也没有抛弃你,你为什么说'不才明主弃'呢?"于是拂袖而去。从此,孟浩然断了做官的念头,在家乡一直过着田园隐居生活。

现有传世的《孟浩然诗集》,共存 260 多首诗歌,其中不乏名篇佳作。如《春晓》:"春眠不觉晓,处处闻啼鸟;夜来风雨声,花落知多少。"意境新鲜,构思巧妙,成为人们传诵千古的佳作。

段——段姓来源四说

关于段姓的来源,众说纷纭。据全国各地段姓宗谱和散见于史书的记载,段姓主要有四种来源。

其一是出自姬姓,源于共叔段。共叔段谋叛兵败,被迫逃到共地(今河南汲县)落脚,其后人为了表示对他的爱戴和尊重,便以段为姓。

其二是以封邑为姓,源于老子的儿子李宗。李宗封于段干,便以段干为姓,后省略为"段"姓。

其三是源自段匹磾,由鲜卑族首领段务勿尘的后裔改姓为段。

其四是源于云南白族的段思平。

先秦时期，主要发源于河南的段姓向河北、山东、辽宁扩散。秦汉时又向陕西、甘肃移民。随后南下入四川、云南，并不断播散，到明朝时已遍布大江南北。现在按人口统计，段姓居第八十七位。

（一）大理段氏显风流

在云南大理一带段姓颇多，以至有"段姓大理"之称。后晋时，段思平建立了大理国。

大理国从段思平到段兴智共23位国君。大理国历代君主都颇具传奇色彩，其开国君主段思平是陕西威武郡段俭魏的六世孙，他聪颖过人，力气不凡，担任通海节度使。后来杨干贞篡位，要杀段思平。段思平和弟弟思良、军师董伽罗逃到"药师寺"躲避，自忖难以幸免于难，但奇怪的是追兵却没有发现他们。出门时他们发现原来寺门上竟然封上了蜘蛛网，追兵便以为寺中无人。到品甸波大村时，段思平得到神戟，到叶镜湖时又得到一匹日行千里的神马；在山中采食野桃时又发现核桃上写有"青昔"二字。董伽罗认为"青"乃十二月，"昔"是指二十一日，因而劝段思平于十二月二十一日兴兵攻打杨干贞。段思平采纳了建议，并最终战胜了杨干贞，建立了大理国。在历史上段姓名人颇多：西汉名将段会宗，唐大将段志玄，五代后晋大理国君主段思平，晚唐诗人段成式，金国文学家段克己、段成己，清著名学者段玉裁以及民国皖系军阀段祺瑞等。

（二）段姓名人

一代才子段成式

段成式（约公元803~863年），字柯古，原籍齐州临淄，后移居湖北荆州，晚唐著名诗人，与温庭筠交谊甚深。段成式整日不务正业，他的父亲宰相段文昌不便当面斥责他，便让属下从事开导他，但成式只是敷衍了事。次日他到郊外打猎游玩，回家后给各位从事送去两只野兔，并附书信一封。他在信中引经据典，旁征博引，毫无重复之处，而且文辞华美无比，出人意料。从事们聚到一起后相对愕然，于是一起去拜见段文昌，并出示书信给他看。段文昌这才知道自己的儿子文才出众，超凡脱俗。

段成式见多识广，学识非常渊博。一次他到寺中游玩，读到一篇碑文，其中有两个字不认识。他便对随行的人说："这座碑对世人毫无用处，连我都读不懂。"有人便向当时所有的文字学家咨询这两个字，果真没有一个人认识。还有一次，他命人在宅院中凿一个水池。工人在土中发现了一块奇异的铁片，不知是做什么用的，便交给段成式。成式用尺量了量铁片，便将铁片悬挂在一间屋子北面的墙上，并把屋门关上，只开一个很小的窗子，众人从窗口往里看，只见黑暗之中有"金书"两个字，原来铁片是用来计时的。段成式的博闻强识由此可见一斑。也正因此，段成式后来著成笔记小说集《酉阳杂俎》一书。

段成式

章——姜子牙的后代

据史书记载，章姓出自姜姓，是炎帝的后代。炎帝的后代，在周代出了一个姜子牙，他是周朝的开国功臣。姜子牙的后代有一支被封在郭地，并建立郭国。郭国后来为齐国所灭，郭国君主的后代子孙去邑旁留章，以国为姓，沿用章姓。又据史书记载，黄帝把 12 个姓赐给了他 12 个出色的儿子，其中有一个姓任。任姓后来十分昌盛，分成十支，其中有一支在章，他们便以地名为姓，繁衍生息。

（一）章姓名人录

章姓自出，辈有名人：秦朝有将领章邯，北宋出了大才子章惇，还有南宋陶瓷家章生一、章生二兄弟，元末明初官至御史中丞的章溢，清代史学家章学诚，中国近代民主革命家、思想家章炳麟，曾任段祺瑞执政府司法总长兼教育总长的章士钊，以及五四运动中被免职的章宗祥等。此外，还有七君子中的章乃器、爱国民主人士章伯钧、医学家章次公、地质学家章鸿钊、新中国的外交部副部长章汉夫等。

（二）章姓名人

史学家章学诚

章学诚，字实斋，号少岩，乾隆时考中进士，授国子监典籍一职。

章学诚少年时便博览群书，"自命史才，大言不逊"，曾试图将《左传》《国语》等书改编为《东周书》，并尝试着做了三年，后来被馆师阻止，方才作罢。

章学诚一生贫困窘迫，颠沛流离，历尽艰辛，家中没有什么资产，不过藏书非常丰富。章学诚毕生致力于讲学、著述和编修方志，在学术上多有创建。他早年结识戴震，深受其影响，后来，他们俩就方志体例等进行过讨论。章学诚反驳戴震的主张，直至戴震无言以对。从此，他心中的权威垮掉了，他开始走自己的治学之路。

章学诚在史学理论上多有创见。《校雠通义》的修订和《史籍考》的编纂使他的学术思想趋

章学诚

于成熟。章学诚在失去了文正书院讲席以后，举家辗转于安徽，虽然困厄，但其学术思想却大有进展。他在近一年之内写有二十几篇文章，其中好些篇目是《文史通义》的精粹。在这些文章中，章学诚的主张得到系统的阐发和论述。《文史通义》后来成为史学理论名著。

章学诚的一生，可谓著作等身，学术是他的第一生命。他的史学创见是中国史学史上的珍贵遗产。

钱——彭钱同祖，由"钱"成姓

钱姓也是百家姓中的重要一员。宋代编的《百家姓》中，钱姓排在第二位，因此

被人们熟知。

相传,周代有个叫彭孚的人,是传说中的寿星彭祖的后代,在朝廷中做管钱财的官,称为"钱府上士"。彭孚的家族非常兴旺,他的后代以先辈钱府上士的官职为荣,就以"钱"为姓,世代相传,钱姓由此而来。由于钱姓是从彭姓分代出来的,与彭姓的着其同的祖先,所以历史上的钱姓和彭姓常常自认是一家。

钱姓人最早居住于下邳一带,秦汉时期逐渐发展到徐州、乌程、长兴、高密等几个相对集中的地方。隋唐以后,钱姓家族蓬勃发展,遍布江南地区,后来又向台湾和海外地区迁移。如今,钱姓人已不仅遍布大江南北,而且在海外华人聚集的地方也有一定程度的分布,其人口总数已接近 270 万,成为百家姓中排名第 89 位的大姓。

(一)钱姓无豪富

钱姓人虽然以"钱"为姓,但在历史上并未财运亨通,也未在政治舞台上扮演过轰轰烈烈的角色。不过,钱姓人士在文采武功上有所建树者却不乏其例,可谓文武并举,独具特色。

据考证,最早出现于史书的钱姓人士为钱丹和钱产两人,钱丹是著名的隐士,而钱产则是秦代的御史大夫。汉代的钱逊、钱林都一度为官,但因不满王莽的篡权活动,最后辞官归隐。魏晋南北朝时期的许多钱姓人士都以军功见长,钱宠、钱端、钱广、钱象等都是风云一时的人物。南朝后期的钱道戢辅助陈霸先建立陈朝后,又多次领兵平定叛军,成为权倾一时的朝廷重臣。唐末五代时期的钱镠更是以武立身,多次征战沙场,屡建奇功,最后被封为吴越王。稍后的钱守俊自幼勇猛果敢,后投笔从戎,归赵匡胤,屡建战功。几乎同时的钱惟溶、钱惟演、钱惟济兄弟也都是当时征战沙场的名将。明代海州钱氏的开创人钱整英勇善战,追随明成祖屡建战功,他的两个儿子亦皆骁勇善战。鄞县钱氏的开创人钱奂曾参与平定大滕峡等地的叛乱活动,以军功驰名天下。明朝末年的钱肃乐坚决主张抗击清军,多次带兵作战,无奈南明政权腐败无能,最后忧愤而死。

钱姓人氏不仅以武功闻名天下,也有许多引领风骚的文人墨客。唐代的钱起博学多才,诗作尤其出色,为"大历十才子"之一。他参加科举考试时,一句"曲终人不见,江上数峰青",震惊四座,被称为绝唱。钱镠的后代楚国公钱铧精通音律,为时人称颂。宋代的钱惟演不仅武功卓著,而且博学能文,其文辞以清丽著称,开创一代诗风,为西昆诗派的代表人物之一。元朝初年,又出了以绘画著称的钱选,工于人物、山水、花鸟,意境高远,为时人所不及。清代"吴中七子"之冠的钱大昕,博览群书,虽然在乾隆年间中过进士,但绝意仕途,潜心著述,是一位名副其实的高士。当代有钱学森、钱钟书。

(二)钱姓名人吴越王钱镠

钱镠,字具美,杭州临安人。其父钱宽出身低微,以农耕为生。钱镠少年时家境贫寒,无以为生,贩私盐为业,被相士惊为"贵人"。果然,他投身军旅以后,屡建战功,终至裂土称王,据有吴越十三州土地,成为一方霸主。

钱镠统治吴越的时候,钱塘江堤年久失修,无法抵御潮水冲击,两岸百姓深受其害。吴越王钱镠下令整修,但海潮汹涌,根本无法正常进行施工。钱镠认为这是鬼神作怪,便下令工匠赶造竹箭三千支,一齐向潮水发射。说也奇怪,

钱镠墓

海潮竟然真的消退了,确保了施工的顺利进行。

汤——商汤后裔

汤姓的始祖,可以追溯到大约3700多年前的商汤。汤是上古著名的氏族领袖,他带领族人打败了夏朝的暴君桀,建立了商王朝。汤就是商王朝的开国君王。汤王的后人为了纪念自己的祖先,就以祖先的名为姓,世代姓汤。汤姓的远祖,向上可以追溯到黄帝轩辕氏。黄帝有个儿子叫玄嚣,玄嚣有孙子叫帝喾,帝喾的儿子叫契,契的第十四代后人,就是汤。相传契曾辅佐禹治水,因有功而被舜任命为司徒,封于商,并赐姓子氏。

当时赐封的商地,在今天的陕西商县,因此可以说,汤姓的渊源地即陕西商县。

汤姓的渊源比较单纯,只有商汤一系。后世的汤姓子孙主要繁衍于中山(今河北定州)和范阳(今北京大兴一带)两地。

(一)汤姓"先苦后荣"

汤姓历史悠久,家世显赫,但汤姓名人却不多见。在唐以前的历史中,很少出现汤姓名人。直到五代,才有汤姓名人见诸史册,从而打破了沉寂的局面。这位名人便是南唐宰相汤悦。

宋代以后,汤姓逐渐繁荣起来,南宋有大臣汤鹏举、宰相汤思退、学者汤千、画家汤正仲;明代有开国功臣汤和、戏曲家兼文学家汤显祖、琵琶演奏家汤应曾、爱国学者汤文琼;清代有理学家汤斌、画家汤贻汾、学者汤球;近现代有微生物学家汤飞凡、畜牧学家汤逸人、学者汤用彤等,可谓人才济济。

(二)汤姓名人

1.明朝开国元勋汤和

汤和,字鼎臣,濠州(今安徽凤阳)人。汤和与朱元璋是同乡,儿时一起嬉戏玩耍。长大之后,汤和与朱元璋一起去投靠郭子兴,并屡立战功。后来朱元璋势力逐渐强大,他便跟随朱元璋南征北战,攻克大洪山、滁州、和州。当时朱元璋手下的将领大多与朱元璋同辈,都不肯居于他人之下,而汤和虽然比朱元璋大三岁,却认真谨慎地听从指挥,朱元璋对此非常高兴,对他也更加信任。

汤和辅佐朱元璋建立明朝后,被封为信国公。虽然汤和沉着、敏捷,却也经常因醉酒而

汤和

犯错,引起了朱元璋的不满,经常当面指责他的过失。汤和看出朱元璋的心思,便找机会对他说:"臣年事已高,不能再指挥军队驰骋战场了,希望返回故乡,为将来死去找一片容身之处。"朱元璋听后非常高兴,立即赏赐给他许多钱财,让他回乡养老。从此以后,汤和每年上京一次朝见皇帝。后来,朱元璋诛杀功臣,很少有人幸

免,只有汤和独享天伦之乐,得保首领而善终。洪武二十四年(公元1391年)八月,汤和病逝,终年70岁。他被追封为东瓯王,谥号襄武。

2."临川四梦"与汤显祖

汤显祖,字义仍,号海若、若士、清远道人,江西临川人。

汤显祖在很年轻的时候就颇有文名,中进士后,先后担任南京太常博士和礼部主事。

汤显祖为人忠诚正直、刚正不阿,敢于直言进谏。有一次,明神宗对言官严加斥责,汤显祖当即上疏进谏,指出明神宗滥用权力、不慎用爵禄、不亲临朝政等失误。明神宗看到这篇奏疏后怒不可遏,将他贬为徐闻典史,虽然后来又有所提升,但于万历二十七年(公元1599年)还是将其彻底夺官。

汤显祖从此开始家居生活,全心全意地致力于文学——戏剧的创作研究,成为继元代关汉卿之后的又一戏剧巨匠。

由于汤显祖早年曾从师于进步思想家罗汝芸,结交反对程朱理学的达观禅师和李贽,这在很大程度上奠定了汤显祖在创作中所表现出来的反抗精神和蔑视权贵、揭露政治腐败以及要求个性解放的思想基础。仕途的挫折又使他进一步看清了官场中的尔虞我诈和腐朽黑暗,因此他的作品有着深刻的现实意义。

汤显祖一生创作了许多部戏曲,其中最著名的是《紫钗记》《牡丹亭》《南柯记》和《邯郸记》四部。因汤显祖是临川人,所以这四部戏被合称为"临川四梦";又因他的居所为玉茗堂,因而又称为"玉茗堂四梦"。其中《牡丹亭》更是家喻户晓,影响很大,汤显祖自己也认为"一生四梦,得意处惟在牡丹"。他所开创的文辞风格得到了广泛的肯定,为后代戏曲作家所模拟,因此他被称为"临川派"或"玉茗堂派"的开山鼻祖。

武——武姓起源扑朔迷离

武姓是古老的一个姓氏。据史载,武姓起源有四大源头。第一支,在上古夏朝时,有一个大臣叫武罗,而他的后代就以武字为姓,世代相传。第二支,在商朝武丁时代,其后裔中有一支以武为姓。第三支,武氏出自姬姓,周朝周平王的小儿子出生时手掌心的掌纹像一个篆体的"武"字,于是周平王赐他武姓。第四支,春秋时宋国一位君主去世后被追加谥号为"武",史称宋武公。古代有以谥号为姓氏的习惯,其后代便以武为姓。

(一) 武姓迁变

史载的这四大起源令今人对武姓的源头感到扑朔迷离。从后世的武姓发展来看,只有春秋宋国的武姓一支最为兴盛。由此可知,春秋宋国武姓才是武姓的主要源头。

春秋时期的宋国是武姓的来源地,而春秋战国乃多事之秋,因此武姓活动区域不断扩大。由于征战迁徙的频繁,武姓从中原地区一直扩展到整个北方,而且他们也登上政治舞台大显身手。秦汉时期,武姓人物主要有陈胜的得力将领武臣,刘邦手下大将武儒。汉朝建立后,武儒被封侯,武氏家族得到振兴。而在史书记载上的武姓迁徙繁衍也只有武儒这一支比较清楚。在三国两晋南北朝时期,武儒的子孙们活跃在政坛上,历代多为将官。而此时江淮以南也分布有不少武姓。这时著名的人物有龙骧将军武期,军主武会起等。在隋唐时期,武姓以太原武氏为中心逐渐兴盛起来。此时武儒的后代武士彟为李渊大将。李渊建唐以后,武氏一门尊贵至极,四代宰相,子孙多为大将高官。而最为有名的是一代女皇武则天及其侄武三思。五代十国时,政坛上的武姓无一不是武夫悍将,而且由于战乱频繁,武姓逐渐遍布全国各地。

当时出名的有石敬瑭手下大将武行德,南唐名将武彦晖等。两宋时在少数民族也开始出现武姓。而此时武姓多任武官,如武守琪等人。金元时期,武姓多居于北方。此时名人有精通数术的武被、武仙、武都等人以及戏曲家武汉臣。明清以来武姓人才济济。明朝大官多为武姓,如武达、武贤、武毅,还有抗倭名将武昈。清朝武姓分布更加广泛,此时亦有不少武姓名人,如当时的名贤武亿,兴办义学的武训。时至近现代,武姓多弃武从商从文。而著名的有工商领域中的"同记"企业家武百祥。

时至今日,武姓早已遍布中华大地,寰宇之内无处不有他们的身影。

（二）武姓名人

一代女皇武则天

武则天，名明。唐高宗皇后，武周皇帝。今山西文水人。其父是唐朝荆州都督武士彟。

传说在武则天幼时袁天纲曾为她相过面。当时武士彟请袁天纲为他的几个子女相面，袁说他的儿子都能当大官，这不足为奇，而当看到身穿男装的小武则天时，袁非常吃惊，说她龙睛凤颈，贵不可言，若是女儿日后定主天下。这一切都被袁天纲言中了。

武则天

武则天从小就家教良好，且又天生丽质，清雅宜人。唐太宗封其为"媚娘"，然而并未对她宠幸。据说唐太宗曾带领妻妾群妃去看烈马，问有何人能驯服它。武则天说用铁鞭、铁槌、匕首等击打刺杀可以将此马降服。太宗虽然称赞她的气魄，但见一女子如此狠毒刚烈，于是日后从未晋升和宠幸过她。

武则天见无法得宠，而唐太宗又年老多病，于是暗结皇太子。太宗死后，武则天削发为尼，住在感业寺，还同太子诗书传情不断。恰好此时王皇后同萧淑妃争宠，王皇后想借武则天打击萧淑妃，于是把武则天迎回了皇宫。没想到却因此给了武则天机会，最终酿成祸患，以致王皇后和萧淑妃日后都被武则天陷害致死。武则天则成为皇后。

由于唐高宗太过软弱，武则天渐渐运用各种手段凶残地铲除异己，扫除障碍，几经周折终于君临天下，并改国号为周，武则天即武周皇帝。

武则天治国初期政绩颇多，改革科举，虚心纳谏，知人善任，使经济繁荣兴盛，边疆安定。科技、文化等也达到空前的繁荣，重要的是使妇女的社会地位有所提高。武则天虽一生毁誉参半，但是其治国之才和治国的政绩却名垂青史，万古不灭。

贺——庆姓避讳改贺姓

贺姓原为庆姓,东汉时,汉安帝的父亲叫刘庆,为避庆字之讳,庆姓便改为贺姓。春秋时期,齐桓公有孙子公孙庆克,克有子庆封。庆封在当时影响较大,后因兵变之乱逃往吴国,在吴国受到敬重,被封予食邑,其子孙就以庆为姓氏。

贺姓在发展过程中,相继形成了广平和会稽两大郡望。北朝时,一些鲜卑族人,如贺兰、贺拔、贺赖、贺敦等姓氏,也在北魏孝文帝汉化政策下改为贺姓。

历史上,贺姓也出了不少名人。如晋代名臣贺循,北朝和隋代名将贺拔岳、贺若弼,唐代著名诗人贺知章,宋代词人贺铸,中国人民解放军元帅贺龙、毛泽东夫人贺子珍等。

贺姓名人

"四明狂客"贺知章

贺知章(公元659~744年),字季真,号四明狂客,越州永兴(今浙江萧山)人。唐证圣元年(公元695年)进士,历任太常博士、集贤殿学士、礼部侍郎等职。

贺知章不但擅长诗文,书法也极妙,尤其是草书。他为人豪放,嗜酒成性,每当醉酒,则作文辞,笔不停书,文与字都大为可观。有些人知道他有这种习性,就带着笔墨跟着他,见他酒到醉处,就拿出来供他书写,他从不拒绝。知章醉写,巧夺天工。

贺知章性格豁达,不拘小节。他住在长安时,常见家门对面有一老人骑匹驴子出入一扇小板门。五六年过去了,老人虽仍是那身装束,衣服的颜色却依然如故,贺知章向邻里打

贺知章

听,别人都说老人是市上摆小摊的。贺知章知道老人绝非凡人,于是就找了个空闲

的时候去拜访他。老人对贺知章特别恭谨,席间谈话非常投机。老人说自己精通黄白之术,贺知章一向敬重此道,就想求学。他与妻子一起带了一颗明珠去拜访老人,老人把明珠交给小童去买饼,而小童换回了 30 张胡饼。贺知章很不高兴。老人说:"所谓得道,是用心得到的,哪有强求的? 连吝啬都不能抛弃,又怎能得道呢?"贺知章听后颇有所悟。

唐天宝三年(公元 744 年),贺知章上书皇帝,想告老还乡,回吴中老家。在向玄宗皇帝涕泪告别时,玄宗问他还有什么愿望。贺知章说:"我有一个儿子还没取名,请陛下赐小儿名字。"玄宗说:"道的经要,莫过于诚信,'孚'就是信的意思,你的儿子就起名叫'孚'吧!"贺知章叩拜谢恩。回乡后,贺知章笑对别人说:"皇上为什么要戏弄我? 孚就是爪下为子,这不是叫我儿子为'爪子'吗?"

贺知章是唐朝著名的诗人,他的诗贴切自然,随口道来却饶有天趣,朴实无华,富有音律,许多名篇佳句为人称颂。如"碧玉妆成一树高,万条垂下绿丝绦。不知细叶谁裁出,二月春风似剪刀";"少小离家老大回,乡音未改鬓毛衰。儿童相见不相识,笑问客从何处来。"

龚——共工后裔

据史料记载,远古黄帝时期,有一个专管治理水土的大臣,名叫共工。共工有一个儿子,叫句龙,继承了共工的官职。句龙的子孙,便在共字上加个龙字,世代姓龚。这个姓在纪念共工的同时,又纪念了句龙,所以广泛流传下来。龚姓一直以今南方的苏、浙、皖、赣为繁衍中心,并逐步播迁到闽、粤等地。它的望族是在湖南武陵。

(一)龚姓名人录

历史上龚姓名人志士数不胜数,汉代有精通《鲁诗》且视富贵如浮云的学者龚舍;有"吾受汉厚恩,岂以一身事二姓哉"绝食而死的龚胜;有以"卖剑买牛"扬名于时,劝民农桑的太守龚遂。唐代有隐居南雪山 30 余载,倾财买书、聚徒教授、荷锄躬耕的龚履素。宋代有因当朝诛杀卢绛,而被太宗赞誉为"江南义士"的龚颖;有力战金兵、以身殉国的龚楫;有宋亡不仕蒙元,曾为文天祥与陆秀夫立传,被当时称为"班固不及也"的史学家龚开。明末有以身殉国的龚廷祥等名臣。清代有爱国诗人龚自珍,画家龚贤,诗人龚翔麟,维新派人士龚宝铨,哥老会领袖龚春台。近代有民国国务总理龚心湛;当代有光学史家龚祖同等。可以说,龚姓人才辈出。

(二)龚姓名人

爱国诗人龚自珍

龚自珍,又名巩祚,字璱人,号定盒,浙江仁和(今浙江杭州)人,清末著名思想家、文学家、诗人。

龚自珍诗词瑰丽奇肆,以其思想深刻性和艺术的独创性开创一代文风,人称"龚派"。他的诗以《己亥杂诗》最为著名,集中体现了他的思想艺术特色,如为了实现变革黑暗现实和个性解放的理想,他写下了"九州生气恃风雷,万马齐喑究可哀,我劝天公重抖擞,不拘一格降人才"的诗句。对社会矛盾日趋尖锐,国家民族面临危机的关头,清王朝及其官僚士大夫还麻木不仁,依然醉生梦死的现状,他表现出了强烈的忧虑,如诗句"秋气不移堂内燕,夕阳还恋路旁鸦""四海变秋气,一室难为春"。在无可奈何的现实环境中,他常在诗中表达壮志难酬的情怀,如"一箫一剑平生意,觅尽狂名十五年""少年击剑更吹箫,剑气箫心一例消"。

龚自珍纪念馆图

龚自珍从青年时代起就关心现实社会的重大政治问题,通过诗文以及其他各种方式在内政及时事上提出批判和建议。主张道、学、治三者不可分割,开知识界"慷慨论天下事"之风。清末英国向中国输入鸦片,毒害人民,掠走了大量的白银,龚自珍坚决主张禁烟。后来,听说道光皇帝派林则徐为钦差大臣到广东主持禁烟,他喜出望外,马上写信给林则徐,为他谋划禁烟方略,还表示愿意尽力协助。

晚年龚自珍受佛教天台宗影响,所作诗文提倡"更法""改圈",批评清朝腐朽,洋溢着爱国热情,对后来思想家影响深远。

文——源于周朝

文姓是中国比较大的一个姓氏,在两广、江西、湖南等地很有影响。

据记载,文姓源出姬姓。西伯侯姬昌死后,其谥号是"文",叫周文王。他的后世子孙有的就以"文"为姓。至春秋时,卫国有一个卿叫孙林父,又称孙文子,他的后代有的就以其字"文"为氏。以上文姓均源出周文王,是文姓的主干。

(一) 文姓迁变

文姓的一支源出姜姓。周朝初年,将炎帝的后裔(姜姓)封在许(今河南许昌),称为许文叔。战国初年,许国为楚国所灭。许国的公族子孙就以国为姓,其中一支以许文叔的谥号"文"为姓。

文姓的第三支源出妫姓。周初,舜的后裔妫满被封于陈。公元前672年,陈公子完为躲避内乱,逃往齐国,改为田氏。其后代田惮子建立田齐。至战国时,田文被封为孟尝君,死后被谥为"文",有的子孙就以"文"为姓。

另外,也有一些少数民族改为文姓。五代时,敬氏因为避后晋高祖石敬瑭的讳,改为文姓。清朝时,有一些满洲氏族,如喜塔喇氏、文扎氏,集体改为"文"姓。

春秋时,文姓主要在中原地区活动。战国时,文姓的活动范围扩展到了江淮地区。至汉代,文姓向北进入山西,向西迁入四川,向南越过长江。到了唐朝,文姓已经进入两广,但是大都仍集中在江西、安徽。此后,文姓遍布各地。宋、元、明时,北方的文姓,由于战乱、天灾,大量减少,长江流域成了文姓的主要聚集地区。明朝以后,文姓主要向西和向南流动。

(二) 文姓多良臣

在3000多年的历史发展历程中,文姓涌现出了许多杰出人物。

春秋末年,越国有名臣文种,辅佐越王勾践,使越国复兴。西汉时文翁精通《春秋》,汉景帝末年出任蜀郡太守。他制定了一项政策:学业优秀者可避徭役或直接做官。汉武帝时,下令在全国推广这一做法。文家人为了怀念文翁,就一直以"文德"作为宗祠堂号,沿用至今。

三国时,魏国有大将文聘。北宋有画家文同,他以画墨竹见长。北宋时,有宰相文彦博。明朝时,有书画家文徵明,又有画家文彭、文嘉。清代,有女画家文俶,洋务派首领文祥,维亲派名士文廷式,文渊阁大学士文孚。民国时有将领文强。

(三) 文姓名人

1.越国大夫文种

文种,原是楚国郢(今湖北江陵)人,后为越国大夫。字少禽,又作子禽,公元前494年,吴国发大军攻越,越军惨败。越王勾践逃到会稽(今浙江绍兴东南),被吴军重重围困。勾践要自刎,文种献暂且向吴王称臣以积蓄力量之计,被越王派去议和。文种贿赂吴王宠臣伯嚭,说服了吴王夫差。

不久,越王勾践在范蠡的陪同下,前往吴国,文种负责留守。文种尽心竭力治理越国。三年后,勾践回国,与文种等人一起卧薪尝胆,励精图治,使越国再次强大起来。公元前473年,越灭吴。范蠡深知勾践的为人,知道他不能共享富贵,便辞官逃走。临行前,他给文种留信,说:"狡兔死,走狗烹;飞鸟尽,良弓藏;敌国破,谋臣亡。"文种却不相信。后来,越王勾践果然听信谗言,逼迫文种自杀。

文天祥

2.碧血丹心文天祥

南宋文天祥,字履善,又字宋瑞,吉州庐陵(今江西吉安)人。他是一位文学家,更是一位受人敬仰的爱国英雄。

1275年,元军入侵,大举南下。文天祥闻讯后,立即将全部家产变卖,招募了一支一万多人的队伍,准备进京勤王。这时,有人劝他:"现在元军浩浩荡荡,势如破竹。你率领一万多人去临安,就和赶着一群羊去与猛虎相斗差不多。"文天祥答道:"现在国家有难,我不自量力,决心以死殉国。"

经过几年抗战后,文天祥不幸被俘。元将张弘范对他很是敬重,就劝他投降。文天祥严词拒绝,并写了一首《过零丁洋》以明志,称"人生自古谁无死,留取丹心照汗青。"

被押送到大都后,在狱中文天祥写了名诗《正气歌》。元朝政府多次派人劝文天祥投降,都没有成功。1283 年,文天祥在大都从容就义,年 47 岁。元世祖很钦佩文天祥的气节,称他为"真男子"。

庞——源起周文王

周文王子毕公高,武王时被封于庞。而其子孙中又有封于庞的。庞地一支的后人,便以庞为姓,兴起庞氏宗族。因此,庞姓是周文王之后,源出姬姓,已立姓4000 余年。

庞姓郡望在始平郡(今陕西兴平东南)和谯郡(今安徽亳州)。

(一)庞姓多文臣武将

战国时魏国将军庞涓,与孙膑同学,两人多次斗智。三国时有为刘备出谋划策的凤雏庞统,魏黄门吏部郎庞山民;曹操手下庞德,助曹仁攻关羽;庞统的叔父庞德公,躬耕不仕,采药鹿门山。唐时庞坚,以长史守颍川,拒安禄山叛军,粮尽援绝,被俘后活活冻死;庞蕴官至襄阳刺史;庞勋于唐末率戍卒起义,被推为天册将军。宋有孝子庞天祐,晋州刺史庞元英,还有画家庞崇穆;著有《难经解数》等多种医学著作的庞安,贡献极大;以开边为己任,前后在西南二十年的庞恭孙;庞籍官至宰相,后经罢斥,又起为太子太保。

金时庞铸任户部侍郎,工诗善画,允为一时名士。元代有进士庞祯。明有庞惟方,为政平恕,民悦服之。庞敬为庐州知府,为政严明,居官廉洁。清代庞垲官至福建建宁府知府,政尚清简,力弭文字狱。庞钟璐官至刑部尚书。近有工人运动家庞人铨等。

（二）庞姓名人

1.魏国将军庞涓

庞涓是战国时魏国将军，极有将才。庞涓曾与孙武之后孙膑同师学习兵法，同为师门高徒。后来投魏王为将，受重用。因恐自己才不如孙膑，就暗请孙膑至魏，假借罪名废孙膑双足并在他脸上刺字，并将其隐藏起来。后来在别人帮助下，孙膑暗中逃至齐国。

魏惠王十六年（公元前354年），庞涓率军围攻赵国都城邯郸。次年，齐国应赵国请求派军救赵。

孙膑献上"围魏救赵"之计，围住魏国，诱使庞涓返程救援。在桂陵，齐军埋下伏兵，以逸待劳，一举击溃了长途奔劳的魏军，此为桂陵之战。

魏惠王二十八年，魏攻韩。次年齐国往救韩国。孙膑为田忌军师，献计围攻魏都大梁，并在大梁外抢占要道，击其空虚。田忌从计，庞涓果然撤军回救大梁。

庞涓回军后，见齐军回撤，便发兵追击。他错误地认为齐军已有过半数的人逃走，甚为轻敌，放弃步兵，以轻锐精兵兼程追击。孙膑在马陵道设下伏兵，俟庞军进入后万弩齐发。魏军惨败，庞涓自杀。

2.凤雏先生庞统

庞统是三国时襄阳（今湖北襄樊）人。被他的叔父庞德公命为凤雏，在当时，与水镜先生司马徽、卧龙先生诸葛亮齐名。

赤壁之战时，庞统助周瑜，佯投曹操，并献上兵船横连的计策，曹操照此行事，后来被周瑜火烧殆尽。

后来鲁肃向孙权推荐了庞统，因庞统容貌丑陋，孙权未予接纳。庞统乃渡江投入刘备门下。起初，刘备见他丑陋，只让他到耒阳县任县宰。后经考察，遂招为副军师。

刘备入蜀，进兵成都。进攻雒城时，庞统执意要走小道，不听刘备劝阻。行至落凤坡，遭遇伏兵，被射死。

樊——周武王后人，以家族名为姓

樊姓的始祖是周武王的曾孙，周文王之子虞仲的儿子，名为仲山甫。他出任周宣王的卿士，辅佐天子治理天下，使国家出现中兴的局面。宣王于是把仲山甫封为侯爵，食邑于樊（今河南济源西南）。他的后代就以封地为姓了，他被后人称为樊穆仲，被尊为樊姓的始祖。

樊姓的另一支源于商朝王室子孙。周武王建立周朝以后，知道商纣王虽坏，但商朝王族中大多数都反对纣王的残酷暴虐。于是他将商朝的七大王族迁到山东、山西一带，归齐国管理，让他们安居乐业。这七大族中就包括樊氏，樊族的后裔就以家族名为姓。

（一）樊门多名流

《论语·子路》记载樊迟向孔子询问耕田种地的事，孔子答以"吾不如老农""吾不如老圃"，并感叹道："小人哉！樊须（樊迟名须，字小迟）也。"孔子不懂种地就把自己的学生樊迟斥为小人。

战国末年樊於期为助荆轲刺秦王，主动自杀，樊将军豪气万丈令人慨叹。西汉有刘邦手下大将，以军功封贤成君的樊哙。西汉樊并举兵起义，释放被囚禁的农民，曾自立为将军。王莽末年，樊崇在莒县领导"赤眉起义"，曾率军攻入长安。东汉大学问家樊儵治《公羊严氏春秋》，教授门徒前后 3000 余人。唐朝有行文艰涩怪癖的散文家樊宗师。北齐有批判师、道两教宗教神秘主义、尖锐抨击封建迷信的樊逊。清朝则有光绪进士、官至江宁布政使、权署两江总督，并喜好作艳体诗，写诗三万多首的樊增祥。清末有维新志士樊锥。现代有豫剧作家、创作了大量被称为"樊剧"的抗日题材作品的樊粹庭等。

（二）樊姓名人

反秦将军樊於期

樊於期（公元前？～前 227 年），秦国大将。秦王嬴政年幼，丞相吕不韦掌握了大权。樊於期策动长安君造反，发布檄文，公告天下。秦王听说长安君谋反，大怒，派王翦为大将，桓齮、王贲为左右先锋，率军10万，征讨长安君。

长安君见大兵压境，心生恐惧，樊於期说："王子现在已经骑虎难下了，我们有三城兵力，共有15万。胜负未定，何惧之有！"于是布阵迎战。

王翦出马，对樊於期说："国家哪里对不住你了，你却引诱长安君起兵造反？"樊於期在战车上欠身回答："秦王嬴政是吕不韦的儿子，谁不知道？我们都世代受到国家恩惠，怎么忍心看到秦国为吕氏夺占？长安君才是秦王后代，所以该继承皇位。将军如果怀念先王恩赐，应当一同举义，废掉伪皇帝，立长安君为王。到时候也会封侯，也有享不完的荣华富贵。"王翦说："太后怀胎十月才生的秦王，当然是先王后代。你造谣惑众，如被抓住，一定碎尸万段！"樊於期大怒，瞋目大叫一声，挥刀直入秦军。秦军见其勇猛，纷纷后退。樊於期左冲右突，陷入无人之境。

秦王恨透了樊於期，对各路将军说："一定要活捉樊於期，我要亲手砍下他的头，以泄心头之恨！"长安君兵败之后，樊於期逃到燕国，燕太子丹待他为上宾，并给他建了一个住处，起名"樊馆"。

荆轲因为感慕太子丹高义，决定以燕国督亢地图和樊於期首级为礼物晋见秦王，再以毒匕首刺杀他。地图容易找，但太子丹不肯杀樊於期。荆轲便自己去找他说："樊将军得罪秦王，父母宗族全被抄斩，将军不想报仇吗？"樊於期仰天长叹，痛哭流涕："我一想到报仇就肝胆俱裂，我愿与秦王同归于尽，可惜没有机会啊！"荆轲于是把行刺秦王的计划告诉樊於期，樊於期马上脱衣，露出臂膀，大呼一声："我日思夜念，报仇无望，今天才听到高见。"于是拔剑自刎。

施——以国为姓，以祖为姓

据说，上古夏朝时有个诸侯国，称为施国，国亡后，这个国家的人以后就世代姓施，成为施姓的一宗。

另据资料记载，周代的诸侯鲁惠公之子，字施公，是鲁国的大夫。在传至鲁惠公五世孙的时候，为了与其他家族相区别，他们都以其祖字为姓而姓施。

（一）施姓衍迁

施氏的源地在当时的鲁国，也就是现在的山东。后来，施氏一族又逐渐迁至今浙江、河南、江苏、安徽等地。大约在唐代中期，即公元7世纪，有一位叫施典的施氏先祖，随其父辈先是在河南光州定居，后又南移至福建，在泉州钱江乡安定下来。和其他诸姓相比，施氏族人是较早南迁的一支。

到了宋代，有一位官人施炳，从福建迁至泉州浔江。经过数代的繁衍，他的后代遍布福建和广东各地，成为当地的名门望族。现在南洋的施氏华侨和台湾的施姓，其先祖都是这支迁至浔江的施氏。

最早的施氏名人，是春秋时孔子的两个弟子施伯、施之常。西汉时，有今文易学"施氏学"的开创者施金谁。宋时又出了一位为国除害、刺杀秦桧的忠义壮士施全。明朝时，有水师提督施琅，他和次子施世纶，皆以清廉知名。在清代，有专攻金史的施国祁，另有施国章，顺治六年进士，曾参与纂修《明史》，官至侍读。近现代史上则有领导京汉铁路大罢工的施洋。

历史上的施姓名人还有很多，但最有名的要数越国美女西施和元朝大文学家施耐庵。

（二）施姓名人

1.中国"四大美女"之一西施

西施，春秋末期越国人。她的父亲在苎萝山下以砍柴为生。

苎萝山下有东、西两个林子，西施家住西村，所以她被称作"西施"。由于家境贫寒，西施很小时就开始帮着家里干活，经常在溪边浣纱。

西施长得十分美丽，有"闭月羞花、沉鱼落雁"之貌。她有心口疼的毛病，每次病发，她就皱着眉头，捂着心口，缓步前行。不过，生病的西施也是楚楚动人的。住在东村的丑女东施，见西施生病时的样子很好看，也学着她的样子走路，可是，这使自己看起来比平时的样子还要丑很多，东施一下子就成了大家的笑料。"东施效颦"这个成语说明了西施的美是他人难以企及的。也正是因为令人炫目的美丽，她被推到了历史的前台。

在此前的一场吴越战争中，越国大败，越王勾践也被吴王夫差俘虏，屈辱地在吴国过了三年奴隶生活。越王回国后，励精图治，决心打败吴国。他一方面训练军队，发展农业，一方面针对吴王夫差好色的缺点，派越国大夫范蠡遍寻美女，准备实施"美人计"。

范蠡经过千挑万选，选定了西施和郑旦。她们经过三年的歌舞、礼仪、化妆学习后，被送给了吴王夫差。

西施虽然没读过多少书，但她聪明伶俐。而且颇具爱国情怀，一直把自己来到吴国的使命牢牢地记在心中。她用尽各种方法让吴王宠爱她并听信她的话。很快，吴王就把所有的心思都放到了她身上，把江山社稷抛在了脑后。

为了挑拨吴王和忠臣伍子胥的关系，西施与奸诈贪婪的吴国大夫伯嚭联合，设计陷害伍子胥，最终使吴王将其赐死，这为越国攻打吴国扫除了一个很大的障碍。

至此，西施出使吴国的任务已经完成，越王乘机复兴，最后灭掉了吴国。西施又回到了越国。为了表彰这位对国家有功的女子，也为了嘉奖范蠡的功劳，越王勾践亲自为当初选美时就一见钟情的范蠡和西施两人主持了婚礼。

关于西施在越灭吴后的命运，世人有多种说法。比较流行的说法是，越灭吴后，范蠡深知越王为人，可以跟他共患难，但不可以共享乐，于是偷偷地带着西施，泛舟湖上，改名隐居去了。

2.《水浒传》的作者施耐庵

施耐庵，元末明初小说家。关于他的生平，旧籍记载很少。相传，施耐庵出身船家，从小就对河湖港汊的水上生活十分熟悉。当时，下层坊间流传着许多生动的传说，其中，关于北宋宣和年间宋江起义的故事深深地吸引了施耐庵。由于对腐朽黑暗的社会现实不满，他决心写一部反映宋江起义的白话小说，以揭露封建社会的黑暗和统治阶级的罪恶，赞扬农民英雄的反抗精神。

施耐庵用心搜集各种材料，对宋末以来艺术家们津津乐道的话本《大宋宣和遗事》加以研究，从而在《宋江三十六人赞》的基础上，运用惊人的艺术才能，创造了一百零八将的姓名和绰号，使宋江起义的故事变得更为有血有肉。经过不懈的努力，他终于完成了以描写农民起义为中心内容的长篇小说《水浒传》的初稿。

不久，全国爆发了规模宏大的反元斗争，施耐庵因博学而被张士诚请入幕府。但施耐庵见张士诚胸无大志，知他难成大事，便托词回乡，继续从事自己喜欢的小说创作。

施耐庵敢干打破世俗的封建观念，大胆地借那些"打家劫舍"的强盗抒写自己对专制社会的痛恨，他描绘了一个由宋江等一百零八位好汉建立的理想的水泊梁山，那里人人有平等的地位而不失其秩序，个个有独立之才而不枉其用。他宣扬平等、民主，讴歌自由，深刻地揭示了"官逼民反"的道理。《水浒传》把颠倒的历史重新颠倒过来，使那些帝王将相在农民英雄的正直形象面前黯然失色，显得卑鄙而又丑陋。书中语言洗练明快，酣畅活泼，通俗而富有表现力。

施耐庵

今天，《水浒传》已经是家喻户晓，妇孺皆知，成为世界古典文学宝库中的璀璨明珠，被称作"农民革命运动教科书"。

陶——尧舜后裔

据《姓苑》所载，陶姓一支出自唐尧，一支出自虞舜。尧曾经以制陶为业，现在的山东定陶区便是他当年制陶的地方。后来，他的子孙迁到现今河北的唐县。因此，其后代有姓陶的，也有姓唐的。舜禅位于禹后，禹封其后裔商均于今河南虞城，因此，其后世子孙就以虞为姓，舜也被称为虞舜。后来，舜有一个叫虞阏的后代，专治陶冶之事，他的子孙便以官为姓，改为陶姓。

因此，陶姓应发源于山东定陶、河北唐县以及河南虞城。后来，经过繁衍播迁，陶姓在今江苏镇江南部以及今江西九江成为望族。在中国历史上陶姓名人非常多。春秋时期有以节义而流传千古的烈女陶婴；东晋有征西名将陶侃，"不为五斗米折腰"的诗人陶渊明；南朝梁有"山中宰相"陶弘景；宋有画家陶裔；元明之交有文学家陶宗仪；现代则有著名教育家陶行知。

陶姓名人

1. "不为五斗米折腰" 的五柳先生

陶渊明（公元？~427 年），东晋诗人，名潜，字元亮。

陶渊明曾担任彭泽县令。有一天，浔阳郡郡守派了一个督邮到县里视察，县吏对陶渊明说："您应穿好农服，束好衣带，前去拜见。"陶渊明听后，叹了一口气道："我岂能为五斗米折腰向乡里小儿！"他当天便辞去官职，回到家乡。

陶渊明只当了 85 天的彭泽县令，从此就再未做官，开始了长达 20 多年的隐居生活。他归隐后，在自家门前种了五株柳树，并自称为"五柳先生"，解释说："先生不知何许人也，亦不详其姓字，宅边有五柳树，因以为号焉。"

陶渊明

陶渊明四次辞官，最终选择了归隐。这么做一方面是因为他崇尚自然，另一方面则是因为当时"密网裁而鱼骇，宏罗制而鸟惊"的社会，逼得他不得不这么做。

归隐后的陶渊明知道，他心目中的"世外桃源"是永远不会实现的，他只能祈求在自己那狭小的生活范围内，寻求心灵的安宁。他高唱"归去来兮"，过起了怡然自得的生活。

陶渊明嗜酒成癖，一天都离不开酒，在他的诗文中，几乎篇篇都有酒，他甚至还专门做了 20 首《饮酒》诗。据传，江州刺史王弘一直很仰慕陶渊明，想尽办法要结识他，却总是请不到他。一次，陶渊明去游庐山，王弘听说后，便请来陶渊明的老朋友庞通之，并在半道中准备好酒宴邀请他。当时，陶渊明正患脚病，王弘派他的下属和两个儿子用肩舆抬着他。他们正在路上走时，碰到了庞通之，陶渊明便欣然下舆，和老朋友推杯换盏。一会儿王弘来了，陶渊明也很欢迎他，两人立即成了好朋友。

2."山中宰相"陶弘景

陶弘景(公元456~536年),字通明,晚号华阳隐居,是南朝齐梁时著名的道教思想家、医学家、文学家。

陶弘景本为南朝齐左卫殿中将军,入梁以后,他便隐居在茅山炼丹修道。梁武帝早年曾与陶弘景颇有交情,登上皇位后,对他更是恩礼有加,经常派使者给他送信。只要碰到征讨之类的大事,梁武帝都要向陶弘景咨询请教,经常是一个月中传信数封。因此,当时的人都称陶弘景为"山中宰相"。

陶弘景的思想脱胎于老庄哲学和葛洪的神仙道教思想。他跟着陆修静的弟子孙游岳学道,在茅山整理道经,创立了茅山派,并形成了茅山道宗教理论。他认为,天地万物生成的根本便是"道","道"存在于万物之先,超越元气,是神秘的精神本体。这便是茅山派道教的理论基础。他还主张,只有将儒、释、道完美地融合在一起,人才能成为形、神、道兼具的真正悟道的真人。据说,陶弘景妙解术数,早就知道梁朝将要覆没。他曾做了一首预言诗:"夷甫任散诞,平叔坐论空。岂悟昭阳殿,遂作单于宫。"这首诗一开始密存在一只书箱中,一直等到陶弘景死后,他的门人才将它取出。当时,士大夫不习武事,只知虚谈玄理。不久以后,侯景篡位,果真是在昭阳殿。

陶弘景的《本草经集注》在中国药学史上占有非常重要的地位,可以说是继《神农本草经》之后,本草学的又一个重要里程碑。他系统整理了南北朝以前的本草著作,并增收了魏晋闻名医所用的新药。他还首创以玉石、草木、虫、兽、果、菜、米实来进行分类,在一定程度上影响了本草学的发展,使中国主流本草学著作的结构大体定型。

陶弘景

洪——共工氏之后

洪氏起源很早，他们的祖先最早可以追溯到上古时的共工氏。据史籍记载，共工为上古时期伏羲之后，为尧时名臣。他的子孙世世代代都做共工官，以官为氏，所以号称共工氏。按郑玄的说法，共工是一个水官名，可见洪姓先人擅长治水。共工氏子孙一般都取共氏为姓，后来为了躲避仇家，才在共前加水变成"洪"姓。洪姓正式出现大概是在秦汉之后。到了唐朝，天下姓弘的人因为要避唐高宗太子李弘的讳，也纷纷改姓为洪，洪姓人数进一步增加。

共工氏曾被流放至幽州，因此早期多在河北、辽宁一带。唐明皇时江西豫章弘氏改姓为洪，此地成为这支洪姓的郡望。唐德宗时，江苏武进的弘氏也改姓洪，这样洪姓渐渐成为南方的大族，相反北方的洪姓后来则比较少见。

（一）洪姓名人录

由于洪姓融合较晚，洪姓名人见诸史籍者也多出自唐代以后。宋代洪皓，曾奉命出使金国，被拘后拒受官职，执宋节，人称"宋之苏武"。南宋洪迈与兄弟洪适、洪遵并称"三洪"，皆有才学，洪迈所著《容斋随笔》是一部非常有名的笔记体小说。明末蓟辽总督洪承畴，本明廷重臣，因为与清兵作战失败被俘降清，转而南下镇压各路的抗清起义。清初洪姓有一位著名的戏曲作家洪昇，代表作有《长生殿》，他与另一位戏曲名人孔尚任合称"南洪北孔"。比他稍晚的洪亮吉，所著《人口论》较早谈及了人口问题。清代最有名的洪姓名人应该是洪秀全了，他在南京建立了太平天国，一度控制过半个中国。他的堂弟洪仁玕曾经提出过资本主义性质的社会改革方案，是太平天国后期的重要人物。近现代以来，洪姓多文学家，例如剧作家洪深、作家洪灵菲等。

（二）洪姓名人

1.明末降臣洪承畴

洪承畴（公元1593~1665年），字彦演，号亨九，福建南安人。洪承畴曾于1616

年中过进士,因为他颇知韬略,镇压过多处的农民起义,为维护晚明岌岌可危的政权统治立下了不少功劳,因此深得崇祯帝器重。崇祯七年(公元 1634 年),洪承畴任兵部尚书之要职,并且督管河南、山西、陕西、湖广等地的军务,成为国之重臣。崇祯十二年他又被派往东北一带任蓟辽总督,直接抵御清军的威胁。

两年后他率 13 万兵马与清军作战,却兵败被俘,最终投降了满清。洪承畴战败的消息传到京城,举国为之震惊,朝廷为他举行了国葬,等到知道他最终降清,天下人无不失望。此后洪承畴随清军入关,挥师南下,灭掉了不少反清势力和明朝遗留的地方政权。

洪承畴作为晚明赖以维持国家的重要将领,国之柱石,没有守住民族气节,与另一位将领史可法形成了鲜明的对比。相传他的母亲也深以为耻,留下了洪母骂子的传说。

2.“天王”洪秀全

洪秀全(公元 1814~1864 年),原名仁坤,广东花都区人。洪秀全是农民出身,年轻时对功名极为热衷,但屡试不第,因而对清朝政府极为失望。1843 年,洪秀全偶然接触了基督教的布道书《劝世良言》,读后深受启发,决心与同乡冯云山等人创立拜上帝教,拯救民众于苦海。他自己也写了很多宗教宣传作品,影响很大,并且自制了一把“斩妖剑”,表明自己的革命抱负。1851年洪秀全在金田起义,自号“天王”,准备建立人间的“太平天国”。在他的影响下,各地百姓都纷纷加入太平军,不到几年时间就连克武昌、九江,最终于 1853 年攻下南京作为自己的首都,此时太平天国的革命事业也达到了最高峰。但是从此以后,洪秀全身上的农民阶级局限性开始暴露。他开始热衷

洪秀全塑像

于享乐和争权夺利,指使手下将领自相残杀,终于在 1856 年酿成天京事变,太平天

国的势力从此大衰。1864年,清军进逼天京,洪秀全在内外交困之下去世。不久,这场由他发起领导的轰轰烈烈的近代农民革命运动便宣告失败。

翟——来源大致有三

翟姓来源大致有三。一是源于国名。古代北方有个翟国,相传为黄帝后人所建。春秋时期,翟国被并入晋国,以后翟国人陆续迁居各地。为纪念故国,翟国人以"翟"为姓。这支翟姓大致居于今河南商水一带。二是以居住地为姓。黄帝裔孙有居住在翟的,后世子孙即以居住地作为姓氏。第三支翟姓来源于少数民族。据《国语》记载,春秋时期有一少数民族居于北方,中原人称之为"狄"或"翟"。公元前7世纪左右,狄族一分为三,其中的白狄被晋国吞并,后代子孙即以族名"狄"为姓。"狄"与"翟"同音,有人即以"翟"做了姓氏。

翟姓起源于河南。到秦代时,其子孙部分迁居山西省境内,后又散居江南各地。

(一) 翟姓名人录

翟姓名人史载不多。西汉时有丞相翟方进。河南上蔡人,任丞相达10年之久。其子翟义,官至汉朝东郡太守。后来王莽摄政,翟义起兵袭莽,立刘信为帝,自称大司马柱天大将军,聚兵达10余万人。隋有瓦岗军首领翟让。唐有画家翟琰。宋有古董鉴赏收藏家翟敦仁,京西第一将翟进,参知政事翟汝文。明有兵部尚书翟鹏。清代有学者翟灏,著有《通俗编》《尔雅补郭》《四书考异》等书。其中《通俗编》搜集经传及民间通行语词,记录民间通俗文化,是文化史上一部有名著作。

(二) 翟姓名人

瓦岗军首领翟让

翟让,东郡韦城(今河南滑县东南)人。隋末瓦岗军前期首领。

翟让因犯法入狱,被判死刑。因其平素骁勇而有胆略,狱吏黄君汉佩服备至,望翟让能举兵拯救百姓于涂炭之间,将其放出。翟让逃到瓦岗,聚兵起义。后来李密加入翟让军队,劝其攻打城池,一统天下。翟让听从李密计策,先是攻占荥阳郡内各县城,士气大振。翟让对李密倍加欣赏,令李密自建军帐,统领兵马。在李密的辅佐下,翟让在洛阳开仓济民,远近百姓纷纷归附。翟让见李密勇武多谋,主动让位,推举李密为魏公,李密封其为上柱国、司徒、东郡公。

翟让让权于李密,其手下部将甚为不满,劝翟让夺李密之权,其兄翟弘也劝翟让应自立为天子。

翟让听了一笑了之,不以为然,但李密闻知后却颇为不悦,对翟让有了避防之心。翟让为人贪婪,好钱财,好与人打赌。他还对左长史房颜藻抱怨未能分得缴获珍宝。李密在手下的劝导下,认为翟让天下未定而起内讧,有损夺取天下之大事业,决心铲除翟让。李密宴请翟让及其兄,酒过三巡后,拿出一良张弓让翟让习射。翟让张弓之时,被李密手下砍死。

颜——颜姓邾君,五迁其居

周宣王时,邾国国君夷父伯颜助宣王讨伐自立为鲁君的伯御有功,赐为公爵,为颜公。其次子友被封至小邾国,以颜为姓,颜姓开宗。其后代颜回位列孔子之后,尊为"复圣",故颜姓族谱以颜回为一世祖。

王俭说颜姓起于周公旦的后裔中采食于颜邑的一支。颜真卿否定了这种说法。

因邾国弱小,依附于鲁国,故颜姓人多任职鲁国。颜回即生长就学于鲁国。后世所修颜子祀庙,亦在曲阜。历史上颜氏宗族有五次大的播迁。

(一)颜姓迁变

东汉时关门侯颜盛为避战乱,举家东迁至临沂,为首位离开曲阜的颜氏子孙。东晋后,颜含、颜之推等大批颜氏后裔在江宁等地做官、生活,形成了第二次大迁移。隋唐时,居高官的颜氏子孙中的一支云集长安,定居并修建宗庙,形成了第三次大迁移。这时颜氏最盛,名人辈出,见于史册者过百人。唐玄宗追封颜子为"亚圣",在曲阜立专祀宗庙,颜姓后人有许多返回临沂的。至后周时,宗子归鲁,完成了第四次大播迁。北宋末,第五十代宗子颜尧随驾南迁,称南宗;颜昌领九支后裔留在曲阜,代宗子祭祀先祖,称北宗。元以后以北宗为正统。第五次迁移产生了南北分宗。

(二) 颜姓名人录

自一世祖颜回起,颜门就名士辈出,带领风骚。战国时有令齐王两次下拜的颜𤏝、为周王室保住九鼎的颜率。秦汉之际有名将颜良。南朝时有名诗人颜延之,官封光禄大夫;颜师伯权倾刘宋。隋唐时有大儒颜之推,其《颜氏家训》流传千古;忠烈名臣颜杲卿,因起兵抗击安禄山被俘,凌迟而死,至死骂不绝口。五代时有数朝为高官的颜衎。宋有身正行端的大臣颜师鲁、慷慨好义的颜太初。明有颜鲸,刚直不畏权贵;颜佩韦是为周顺昌鸣冤而死的五人之一;颜思齐远渡东瀛,又开发台湾;颜元倾力于治习儒学。清朝的颜光敏,雅善能文,为清初十子之一;颜检善于断案,曾官至直隶总督;颜检子颜伯焘,抗英有功,还曾保举过林则徐。

颜回

(三) 颜姓名人

1.陋巷"复圣"颜回

颜回虽出身贵族,但家道已中落,家境贫寒。他13岁师从孔子。颜回甘居于穷居陋巷,吃粗粝之食,精研《诗》《书》《礼》《易》诸书,认真体悟孔子教诲,个人修养极高,被孔子称赞为"三月不违仁",孔子甚至说他是仁德之人,自己不如他。颜回极聪敏,子贡说他"闻一以知十"。

传说有一次,颜回与子路在孔子门口,有一个鬼魅来求见孔子。鬼体壮身高,目光如电。颜回和子路分别以仁、勇闻名。子路被吓得后退,颜回却勇敢地拔剑上前,与鬼搏斗。搏斗中颜回横扯鬼魅腰带,鬼一下子倒地化蛇,被颜回斩杀。人们谈起此事,都说是"仁者必勇"。

2.精注《汉书》的颜师古

颜师古是颜之推的孙子,自幼博览群书。他精通训诂学,文笔出众。隋朝仁寿年间,由李纲荐举,做了安养县尉。尚书杨素见他年纪尚轻,就问道:"安养是一个大县,难以管理,你要怎样去治理它呢?"师古回答:"安养也不过是个县而已。杀鸡何必用牛刀!"杨素甚是惊奇,又有些怀疑。师古到任后果然把地方治理得很好,表现出非凡的能力。

师古为安养尉时,薛道衡任襄州总管,他与师古祖父颜之推是旧交,又欣赏师古的才能,每写好一篇文章都要让师古指摘其中毛病,提出修改意见。

在唐代,颜师古又任中书侍郎等职。他所校订的五经,被太宗列为定本颁行于天下。后来,他奉太子承乾之命注释《汉书》。注成,自当时直至今世,均为世人推崇。他的《急就章注》亦为世人推崇。

3.忠烈书法家颜真卿

颜真卿是一代书法名家,他师从先人而又有所独创。其正楷端庄雄伟,行书遒劲郁勃,对后世影响极大,人称"颜体"。

颜真卿少时,家里养着一只断翅仙鹤,不能高飞,真卿常捉来在鹤背上书字为戏。他二哥允南见后训斥他说:"仙鹤不能高飞,已经很可怜了,你怎么不知爱惜它的羽毛?毫无仁爱之心!"这件事颜真卿终身不忘。

颜真卿曾为监察御史,常去地方巡查。当时五原县有一桩久悬未决的冤案,他一到任立即着手办案,迅速查清了案情,当即予以平反昭雪。当地本来久旱不雨,当晚突然下起雨来,人都将其称为"御史雨"。

德宗时李希烈叛乱,颜真卿奉旨前去劝谕。李希烈威逼利诱,颜不为所动。后被勒死,时年77岁。

严——改自庄姓

春秋时期,楚国有个叫熊侣的君主,死后被追谥为楚庄王,其子孙便以其谥号

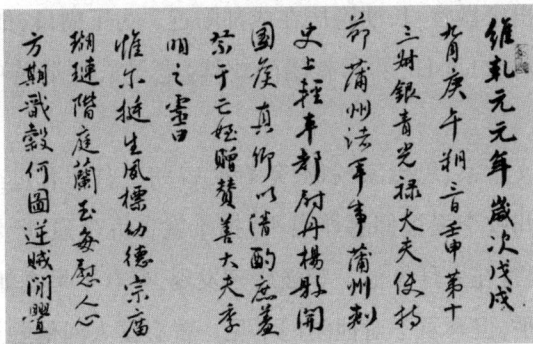

颜真卿书法

为姓,世代姓庄。到了东汉,由于汉明帝本名刘庄,为避天子讳,庄姓人遂改姓严,严姓从此延续下来。但是,到了魏晋时期,又有些严姓人恢复了庄姓。因此,今天的严姓和庄姓是同一个血统的家族成员。

根据史书记载,严姓的发源地是今天甘肃的天水和陕西的冯翊、华阴。后来严姓人南迁,因此,在南方也出现了不少严姓人。清朝时,又有不少严姓人移居台湾的台北、苗栗和南投等地。如今,严姓人已是遍布全国,分布广泛。

(一)严姓名人录

严姓名人大都出现在秦代以后。西汉时期有著名的辞赋家严忌、严助,涿郡太守严延年,今文春秋学"严氏学"的开创者严彭祖及被称为"古之遗民"的隐士严君平。僧人严浮调,是东汉时期著名的佛经翻译家。

汉代以后,严姓中出现了勇夺三军独当一面的将才,如三国时期蜀汉的严颜。唐代有诗人严维。宋代以后,严姓中的名人大多是一些文人才子,如明代的琴家严澂;清代的文学家严可均、严绳孙、诗人严遂成等。明朝中期,严氏家族出现了两位有名的大奸臣,他们就是严嵩、严世蕃父子。近代以来,严姓中的名人主要有:实业家严信厚、启蒙思想家和翻译家严复、教育家严修、经济学家严中平、著名黄梅戏女演员严凤英等。

(二)严姓名人

1.隐士严君平

严君平,名遵,君平是他的字,西汉后期蜀地(今四川)人。他一生讲求修身养

中国民俗文化精粹

·姓氏文化·

图文珍藏版

性、保身全命,不愿出来做官,长期隐居在成都附近。为了糊口,他有时候到城都的闹市中,靠给人卜筮糊口度日,然后就闭门攻读《老子》,在清苦中自得其乐,著书10余万言。

西汉时期著名文学家、思想家扬雄,年轻时曾和严君平有过交往,非常钦佩他的德行。当时的益州牧李强很仰慕严君平,扬雄就告诉李强,严君平生性清高,不会向人卑躬屈膝,要备礼去拜见他。李强后来发现,严君平果真如此。当时的权臣王凤也想结交严君平,但严君平对他闭门不见。曾有富人问他隐居的原因,他的回答是,做官纯粹是自寻烦恼。后来,那个富人要送给他一些车马衣粮,他都推辞掉了,还说富人是在以不足补有余。富人听了,不以为然。严君平解释道:"你的家人日夜操劳,积累家财万贯,你还从未感到满足。我现在以卜筮为业,不用下床就有人送钱来,现在还余着数百钱,没有可用的地方,当然是我有余而你不足了。"说得富人哑口无言。

严君平就这样以苦为乐,淡泊恬然,活到90岁才去世。

2.一代奸相严嵩

严嵩,字惟中,号介溪,江西分宜人。他自幼聪颖过人,弘治十八年(公元1505年)考中进士,改庶吉士,授编修。但是,严嵩长期得不到朝廷重用,中年以后,才忽悟为官之道,曲意奉迎皇帝,终于爬到了内阁首辅的位置,独揽朝政。

严嵩

严嵩和他的儿子严世蕃献媚世宗,恃宠专权,排除异己,残害忠良,大肆贪污受贿。1550年六月,蒙古族首领俺答汗率军大举进犯,负责督战的明将仇鸾执意听从严嵩的指使,按兵不动,结果,俺答汗在京城附近大肆掳掠而去。仇鸾为表战功,竟然杀死80多位平民,割了他们的首级,冒充敌军报功。由于这一年是庚戌年,因此,这次蒙古兵入侵被称为"庚戌之变",它充分暴露了严嵩的当权误国和明政府的腐败无能。

自嘉靖三十七(公元1558年)年起,给事中吴时来等人相继奏疏弹劾严氏父子,加之严嵩所献邀宠皇帝的青词,多不合世宗心意,故而渐渐失去了世宗的欢心,世宗便有意罢免严嵩。御史邹应龙窥知世宗的意图以后,在徐阶的授意下,于嘉靖四十一年上疏弹劾严嵩父子。结果,严嵩被罢官,寄食墓舍,死于隆庆元年。江西巡抚成守节奉令抄没严嵩在江西的家产,得黄金3万多两,银200多万两,还有无数良田美宅、珍珠宝石。

温——受封温地而得姓

温姓发源于今河南省温县,西周时期这里就叫温。当时周成王将自己的幼弟唐叔虞分封在唐地,建立了晋国。后来叔虞又将自己的后代封到温地做首领,因而那里的叔虞的后世子孙就以温为姓。温姓还有另外一支,即春秋时期,晋国有个大夫叫郤至,也受封于温地,他的后代也以地名为姓,世代姓温。

西晋灭亡的时候,晋朝大臣温峤带领子孙迁居至今江西南昌,南昌便成了温姓人繁衍生息之地。唐朝末年,温峤后人又继续南迁,移居福建。北宋末年,又移居广东等地,从而使温姓人遍布全国。此外,南北朝之后先后有五个旁姓加入温姓,从而改变了温姓的原有成分,使温姓家族更加壮大。

温姓名人不多,主要有西汉的茕侯温疥,东汉护校尉温序;东晋的江州刺史温峤;北魏文学温子升;唐代著名诗人温庭筠、中书令温彦、礼部尚书温大雅,温大雅著有《大唐创业起居注》三卷,对研究唐史颇有价值;还有明代东阁大学温常绶、温曰鉴;近代民主革命家温生才。他们都为温姓家庭的兴盛增色不少。

温姓名人

温庭筠,本名岐,字飞卿,山西太原人。据说他曾在江淮被亲戚笞打,由此改名为庭筠,他是唐代著名诗人、词人,文思敏捷,精于音律,对宋词的发展有很大影响。著有《温庭筠诗信》《金奁词》等。

温许庭筠才思过人,每次参加科举考试,按给定的韵脚作诗,他只要双手交叉八次就能把诗写成,时人称为"温八叉"。他曾多次为邻座应试的人代考,解救过数人。有一年侍郎沈询当主考官,单独给温庭筠准备席子,不让他与别的应试人员接近。有一次，唐代著名诗人李商隐对他说："近来我想出了一个上联'远比赵公，三十六年宰辅'，只是还没有想出下联。"温庭筠脱口而出："为何不对'近同郭令，二十四考中书'？"唐宣宗曾经试作一诗，上句有"金步摇"，对不出下句，就把温庭筠叫来，结果温庭筠以"玉条脱"对上了，宣宗因此非常喜欢他。

但是，温庭筠恃才傲物，行为放荡，所以常被官场上的人轻视。一次，宣宗微服私访，与温庭筠在旅店相遇。温庭筠没有认出宣宗，就傲慢地对他说："你不会是长史、司马一流的人吧？"宣宗答道："不是。"温庭筠又问："莫非是大州的参军、主簿、县尉？"宣宗仍说不是。后

温庭筠

来温庭筠因此被贬为坊城尉。在那篇贬官的制书中说："孔门以道德品行为本，以文章词采为末。你的人品德行既然不可取，文章写得再好又怎能弥补？"他徒有放荡不羁的才名，却不为世人所重视，最后竟流落至死。

鲁——周公后代，鲁国子民

鲁姓的始祖是周公姬旦的儿子伯禽。伯禽被封在鲁地，国都定在曲阜。据说伯禽和姜太公同时前往封国。姜太公简化礼节，顺从当地的风俗，所以不到半年就把国家治理得井井有条。伯禽制定繁文缛节，让民众守三年之丧，所以过了三年才整顿就绪。周公听了就说："鲁国为政繁琐，不能使百姓亲近，将来肯定会为齐国所制。"果然，春秋时鲁国国势衰弱下来，到了战国时就被楚国灭掉了。鲁国子孙就以国为姓，称为鲁氏。

鲁姓很活跃，出了很多杰出人物，例如春秋时被后世尊为木匠祖师的鲁国人鲁班，战国时义不帝秦的鲁仲连，东汉章帝时中令鲁恭，三国时吴国大将鲁肃，西晋学者鲁胜，宋代画家鲁宗贵，清代画家鲁得之、古文家鲁九皋等。

鲁姓名人

力主联刘抗曹的鲁肃

鲁肃,字子敬,临准东城人。乐善好施,很得人心。他与周瑜是至交,因周瑜举荐,归附了孙权。鲁肃是个很有远见的政治家、军事家。

曹操大兵压境之时,孙吴好多将领主张投降曹操,鲁肃和周瑜则坚决主战。孙权犹豫不决,起身去厕所时,鲁肃跟上他说:"我鲁肃可以降曹,主公却不可以。我归降曹操,仍可做个下级官吏,坐牛车,带仆从,与士大夫交游。您如果降曹,却要到哪里安身?"于是孙权让周瑜统兵抗曹,任命鲁肃为赞军校尉,协助周瑜谋划战略。最终,孙权与刘备联合,在赤壁之战中大败曹军。

鲁肃沉稳厚道,所提建议总是与孙权不谋而合。周瑜临终前,上疏让鲁肃接任自己的职务。孙权立刻任命鲁肃为奋武校尉,代替周瑜统领军队。后来鲁肃威望日高,又被任命为汉昌郡太守、偏将军。建安十九年(公元214年),鲁肃随孙权攻破皖城,改任横江将军。

鲁肃一生力主与刘备修好,对三国鼎立局面的形成可以说不无影响。他死后,吴、蜀共同为他举哀。后来,孙权称帝祭天时,回头同大臣们说:"当年鲁子敬(即鲁肃)说我会称帝,他真是看透了天下大势的发展方向了。"

葛——以国为名,光武名臣

葛姓历史悠久,根据历史记载,葛姓是上古葛天氏的后代。只有一说是葛氏得姓于由颛顼帝的嬴姓后代建立的葛国,是以国为氏,在今河南省境内。我国南方的葛氏出自1900多年前东汉光武帝时的洪氏。始祖葛庐曾帮助汉光武帝起兵,立了大功,被封为侯爵,但他将封位让给了弟弟,自己南渡长江,定居在句容(今属江苏)。这一支葛姓子孙,后来在今江苏苏州一带成为望族。如此看来,葛氏得姓是相当早的。

在人们熟知的葛姓名人中,"太极仙翁"葛玄可谓老少皆知。葛玄是三国时吴国道士,葛洪从祖父,于阁皇山修道,被道徒们尊为葛仙翁。宋朝以来葛姓人才辈出。葛邲在宋光宗年间拜相,葛胜仲则是湖州治律极严的知府。明代有反对税监斗争的葛贤,清朝的葛云飞更是大名鼎鼎,在鸦片战争中抵御外侮,英勇殉国。

葛姓名人

道教名人葛洪

葛洪是东晋道教理论家、医学家、炼丹术家,葛玄从孙,世称小仙翁。出身江南豪族,后家道中落,经历了"八王之乱",饱受战乱之苦,于是消极愤世,遂萌栖息山林、服食养性之思。葛洪拒不做官,在罗浮山优游闲养,著作不辍,后以丹鼎生涯终老。

葛洪对战国以来的神仙思想进行了系统的总结,使道教思想系统化、理论化,并和儒家的纲常名教思想相结合,主张以神

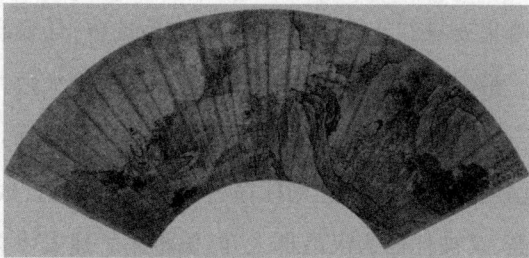

葛洪移居图　清　胡慥

仙养生为内,以儒术应世为外,强调道教徒要以忠孝、和顺、仁信为本,如德行不修,虽务方术也不得长生。他不满道家的"无为而治",提出"身在山林而心存魏阙"。好神仙导养之术,崇信炼制和服食金丹可以长生成仙,所著《抱朴子内篇》对养生延年的各种方术均有论述。他为建立一套神秘主义的道教哲学,力图从宇宙观,本体论的高度来论证神仙长生的思想,提出"玄"为"自然之始祖"。他继承东汉方士左慈、从祖葛玄和其师郑隐的炼丹理论,整理了当时流行的各种炼丹术,并在长期研制金丹的实践中积累了丰富的经验,写下了有名的炼丹著作,为后人研究中国炼丹史以及古代化学史提供了珍贵的史料。他主张道士应兼修医术,撰《玉函方》一百卷(已佚),《肘后备急方》三卷(《晋书》称四卷)。《肘后备急方》简称《肘后方》,取其书精选可挂于肘臂之间而名,是一部实用的急救方书。葛洪在道教思想史和科技史上的重要贡献,使他成为道教史上一个承前启后的划时代人物。

伍——伍参开宗

《姓氏考略》中说伍姓是开宗于黄帝之臣——著有《玄女兵法》的伍胥。更为可信的说法，是伍姓始于春秋末期的楚国伍参。楚庄王时与晋争霸，派伍参伐郑。晋国随后前往救援。伍参力排众议，说服庄王与强大的晋军决战，并取得了胜利。伍参被封为大夫，并以名为姓，称伍氏。伍姓由此开宗。

伍姓发源于楚地，而后在安定（今属湖北）、武陵（今属湖南）成为望族。

（一）伍姓名人录

伍参之子伍举、伍举之子伍奢都在楚匡世袭为大夫；汉灵帝时有大臣伍孚，谋杀董卓不成，大骂董卓，慷慨赴死；晋时出过一位高士伍朝；南北朝学者伍安宾撰写《武陵图记》，至今闻名；南唐伍乔以诗闻名于世；明代有伍福为著作家，伍文定为兵部尚书；明清之际有伊斯兰教学者伍尊契（回族）；近现代有外交官伍廷芳，红军将领伍中豪，当代学者伍连德、伍献文等。

（二）伍姓名人

一生复仇的伍子胥

伍子胥是楚国大夫伍奢的次子。子胥性格刚硬暴烈而又坚忍。楚太傅费无忌于平王时谗杀子胥父伍奢及兄伍尚。子胥逃至吴国，誓言报仇。

在吴国，子胥察知公子光有野心，就向他推荐了剑客专诸，专诸向公子光说此时可杀僚而自立。于是公子光埋下伏兵，备酒请僚。专诸在鱼肚中藏匕首，入内刺杀了僚，公子光自立为王，即为阖闾。后阖闾召来子胥，赐以官职，与他共商国事。

阖闾九年（公元前506年），吴国攻入楚国都城郢，楚昭王出逃。伍子胥随军入郢，找不到昭王，就掘开平王的坟墓，挖出他的尸体，抽打了300鞭，心中仇恨才稍稍平息。申包胥原是子胥的好友，子胥逃离楚国时曾誓灭楚国，而包胥则说要保卫它。这时申包胥逃到山中，派人对子胥说："你也太过分了吧！我听说人可胜天，天也能毁灭人。您曾是楚王臣下，您父亲也是楚王旧臣，现在鞭打死人，这岂不是太不讲理了!"子胥对来人说:"帮我向包胥道歉。我来日无多,就像太阳将落,但路途还远,所以倒行逆施。"夫差继位后,伍子胥曾多次劝他灭掉越国以绝后患,夫差一直不听。夫差执意攻齐,并派子胥出使齐国,子胥就把自己的儿子托付给齐国的鲍牧。伯嚭乘机向夫差进谗说子胥怀有异心,劝夫差杀掉他。于是伍子胥被赐剑自杀,当时,他狠狠地说:"在我的坟上种上梓树,使它长大能做棺材。把我的眼睛挖出来挂在吴国东门上,好让我亲眼看到吴国被越国消灭。"

伍子胥

伍子胥心怀一把浸透怨毒的复仇之剑,一生复仇,至死不止。

毕——文王后裔,源出陕西

毕姓的始祖为周文王的第十五子姬高。西周初年,周武王将自己的弟弟姬高分封到毕地。毕位于今天的陕西咸阳北部,又名毕陌、毕原或咸阳原。姬高被分封到毕以后,在那里建立了毕国,姬高就是毕国公。毕国公的后代就以国名为姓,世代相传,这就是毕姓的来源。春秋时期,毕国公的后裔毕万,做了晋献公的大夫,被封在魏地,于是成了后世魏姓的始祖。

(一)毕姓迁变

发源于陕西的毕姓,主要繁衍在今河南和山西境内黄河以北的大片地区。西汉时期,有一部分毕姓人士远迁到今天的山东东平,很快成了当地的望族。

在历史上,毕姓人士中也有一些著名人物。如三国时期有名士毕轨,他与当时开创清谈之风的何晏齐名;南北朝时期,则有一家四代皆为兖州刺史的毕众敬;唐朝后期有抗击安禄山反叛而守节殉城的广平太守毕炕;北宋的宰相毕士安,曾和当时著名的宰相寇准一起辅助宋真宗;南宋抗金名将毕再遇。毕姓中最著名的则要属发明活字印刷术的毕昇了。

(二) 毕姓名人

发明活字印刷术的毕昇

毕昇生活在北宋仁宗年间,是浙江杭州人,他的出生年月在史书上没有明确的记载。毕昇大概在十二三岁的时候,进了杭州一家私人书坊当学徒。他聪明伶俐,勤奋好学,很快就学会了雕版印刷的基本技艺。

毕昇感觉雕版印刷术有很多弊端。因为每印一页书就要刻一块版,每印一本书就得刻一副版,一部大书往往要花上几年、甚至几十年才能完成,人力物力耗费了非常多。并且,刻工们不仅需要花费很长的时间,而且需要全身心地投入。往往花了很长时间刻好了一整块版,却发现上面有错字,就只好报废,从头再来。

毕昇

毕昇尝试用胶泥刻字,获得了成功。在印刷前,他先用胶泥刻字做坯,烧成硬陶,变成活字。排版前,先在置有铁框的铁板上敷一层掺和纸灰的松脂蜡,活字依次排在上面,然后加热,使蜡稍融化,以平板压平字面,泥字即固着在铁板上,便可以像雕版一样印刷了。一版可印千百册书,印完后将字重排,又可另印新书。

柳——始祖柳下惠

"柳下惠坐怀不乱"的典故是大家都熟悉的。柳下惠,春秋时鲁国人,是制礼作乐的周公的后裔。据说柳下惠晚上曾在郭门投宿,有一女子也来投宿。柳下惠怕她冻死,便把她抱在怀里,但一直到天亮也没有动心。这个坐怀不乱、被孟子赞誉为"圣之和"的圣贤君子,正是柳姓的始祖。

秦国统一天下之后,原居鲁国的柳氏子孙,纷纷迁居到黄河以东的广大地区。形成河东的望族,然后繁衍到全国各地。

(一)柳氏多文学艺术家

柳姓的名人当中,有许多文学艺术家,这是柳姓的一个最突出的特点。

南朝梁有诗人柳恽,他曾官至秘书监,担任过吴兴太守。唐代有"唐宋八大家"之一的柳宗元,为韩愈文论先驱的文学家柳冕,因为笔力道健被称为"柳骨"的柳公权。北宋有以韩愈、柳宗元的继承者自居的散文家柳开,写词"凡有井水饮处皆能歌"的柳永。元代有官至翰林待制的文学家柳贯。明末有说书艺人柳敬亭、名妓柳如是。现代有爱国诗人柳亚子等。

此外,柳姓名人春秋时卫有柳庄,南北朝时宋有尚书令柳元景,南朝时有武成大将军柳世隆,宋有河北太守柳光世,梁有中书令柳悦、扶风太守柳敬礼,隋有柳骞之,唐有柳砒、柳芳、柳泽、宰相柳奭,宋有太常少卿柳约,明有大将军、扶风太守柳溥,近现当代有著名作家柳青、化学家柳大纲等。

(二)柳姓名人

1."柳骨"与柳公权

柳公权(公元778~865年),唐代著名书法家,字诚悬,京兆华原(今陕西耀州区)人,官至太子少师。

柳公权初学于王羲之,后又得力于颜真卿、欧阳询诸家,自成一体。柳公权用笔挺拔刚健,斩钉截铁,转折处以提按顿挫为主,方正雄峻,以骨力取胜。他与颜真卿一起被称为"颜筋柳骨",其作品成为后人临摹的范本。书碑主要有《玄秘塔碑》《金刚经》《神策军碑》等。

当时的公卿士大夫在父母去世后,都会不惜重金求柳公权书写碑文,如果求不到,就会被认为不孝。外国使臣来唐朝贡,一定另备一份贵重礼物,以求得柳公权的字。

柳公权注重学识,而视钱财如粪土。他替高官贵族书写碑版,所得报酬动辄上百万千钱,大部分都被替他主管财物的家奴海鸥和龙安偷走了,他也不追究。他曾有一箱子金银酒器,锁得很牢固,可有一次要用时,箱子还锁着,里面的酒具却全没了。他问海鸥,海鸥嗫嚅着说:"不知怎么就没了。"柳公权说:"银杯羽化了罢。"仅此一句,就再也没有说什么。

唐穆宗久闻柳公权大名,刚即位就召见他,封他为右拾遗,充侍书学士。穆宗不理朝政,大臣们都有怨言,柳公权也想直言进谏。一次,穆宗向他请教用笔方法,他回答说:"用笔在于用心,心正了笔就能正;笔正了才能写好字!"穆宗明白,他这话表面上是说写字用笔要中锋,作字时笔锋要保持在点画之中,不能偏向一边;而内心里的意思是劝他当皇帝心要摆正,勤于用心,这样才能把国家治理好。这就是所谓"笔谏"的来历。

柳公权

2.唐宋八大家之一柳宗元

柳宗元(公元773~819年),唐朝文学家、哲学家,字子厚,河东解(今山西运城西)人,出生于长安,官至监察御史。柳宗元少年时就以才华横溢而声名远播。他一生的著述很多,有"河东有子"之说,后来柳姓家族就用"河东"为宗祠堂号,以纪念柳宗元。这就是柳氏宗祠堂号的由来。

永贞元年(公元805年),柳宗元和刘禹锡参加了王叔文领导的"永贞革新"。他们把希望全放在了顺宗一个人身上。当时唐代经历安史之乱后逐渐衰落,宦官也趁机专权。在士族势力和宦官联合攻击下,改革失败了。

改革失败后,柳宗元被诬为"其罪更甚",先被贬为邵州刺史,不久又被贬为永州(今湖南零陵)司马,在那里度过了10年。元和十年(公元815年),再次被贬为柳州(今广西柳州)刺史,直到逝世。

在被贬永州期间,柳宗元写出了《永州八

柳宗元

记》这样的山水游记,文笔明丽峻洁,写景写物,多有寄托。而《捕蛇者说》则揭露社会矛盾,批判时弊,尖锐有力。柳宗元的一些主要的唯物主义哲学著述,绝大多数是在永州时写成的。

柳宗元临死前,把全部著作的草稿托付给了刘禹锡。刘禹锡将其遗著编纂为《柳河东集》,共三十卷,并亲自撰写了序言。

3.风流才子柳永

柳永(? ~约1053年),北宋著名词人,原名三变,字耆卿,建宁崇安(今属福建)人。

柳永一生仕途坎坷,初次考进士便名落孙山。失望之余,填了《鹤冲天》词,其中有一句为"忍把浮名,换了浅斟低唱"。据说仁宗看了这首词后,非常不高兴。柳永第二次考进士,仁宗朱笔一挥,把柳永的名字划掉了,说道:"此人喜好风前月下'浅斟低唱',何必还要这'浮名'? 朕就让他去填他的词吧!"

柳永一生不得志,为人又放荡不羁,时间大多都挥洒于青楼之中。他入朝为官后,仍自称为"白衣卿相",在自己上朝用的笏板上写上"奉旨填词柳三变"的字样,作为自己进出妓院大门的通行证。由于他风流倜傥,妓女又常因唱他填的词而扬名,所以他极受青楼女子的喜爱。

柳永因词描写艳情、大胆率真,不仅被仁宗斥退,而且亦为当时正统文人所鄙视。当朝丞相晏殊以雍容华贵著称,他很不喜欢柳永的俚俗之语。柳永官场无门,想求见晏殊,暗想彼此都善于填词,或许晏殊会同情自己。二人落座,闲谈一会儿,晏殊问柳永:"近来阁下还常作曲子吗?"柳永答道:"正如丞相一样常作曲子。"晏殊突然变色道:"我虽作曲,但从未有过'针线闲拈伴伊坐'之句。"柳永自知无法沟通,此后再没去找过晏殊。

柳永年过半百后,才在仕途上有了一点功名,官至屯田员外郎,但仍是北宋著名词人中,政治地位最低下的一个。

柳永的词以《雨霖铃》《八声甘州》《望海潮》等最为著名。他的词在宋元之际流传甚广,"凡有井水饮处皆能歌柳词"。

4.一代奇女柳如是

柳如是(公元1618~1664年),本姓杨,名爱,后改姓柳,名隐,又改名是,字如是,号河东君,又号蘼芜君,浙江嘉兴人,为明末名妓。

柳如是10岁时被卖入妓院,学会了写字作画、吟诗作词、弹琴跳舞。她国色天香、美艳绝伦,与"复社六君子"称兄道弟,后来还嫁给了"江左三大家"之一的钱谦益为妾。

清军入关后,钱谦益当了南明的礼部尚书,南明灭亡后,他又当了清朝的礼部侍郎。柳如是为丈夫送行时,穿着大红衣衫,象征"朱"明王朝,令所有在场降臣目瞪口呆。

钱谦益辞官后,柳如是鼓动他一起反清复明,但没有成功。后又打算两人在有生之年修撰《明史》,由于小女儿嬉戏时不慎将剪下的烛芯扔入纸堆中,家中万卷藏书和仅有的一些积蓄悉数化为灰烬,他们只好靠典当为生。钱谦益在贫病交加中死去。两个月后,柳如是因债台高筑、众妻妾抢夺财物而悬梁自尽。

岳——以官为姓

岳姓,相传是上古时期"四岳"的后裔。所谓"四岳",是尧帝和舜帝时所设立的一种官职。其职责是分管四方诸侯,其实就是四方部落的首领,可见"四岳"是一个很重要的官职。

岳姓,就是"四岳"官的后代,是取官职为姓而形成的。

后来,岳姓人大多居住在山东的山阳地区(今山东金乡西北),那里出现了许多岳姓的名门望族,所以岳姓人的家谱中,堂名都是山阳。随着时代的发展,岳姓人逐渐向各地迁移,现在已分布在全国各地。

岳姓人当中最有名的当数宋代的抗金名将岳飞,他的英雄事迹早已是家喻户晓,妇孺皆知。此外明朝时还有一位清正廉明的好官岳璿,他任湖州知府时,关心百姓疾苦,政策上常常给百姓以优惠,极其受人敬仰。

岳姓名人

抗金名将岳飞

岳飞(公元1103~1141年),字鹏举,相州汤阴人。是南宋抗金的主战派代表,遭奸相秦桧陷害，谥号武穆，后被追封为鄂王。

岳飞小时候家境贫寒，很小就帮着家里干活。长期的艰苦劳动，使岳飞得到了很好的锻炼。他身体结实，力气很大，勇敢异常。同时，岳飞又非常好学，喜欢读《左氏春秋》《孙子兵法》一类的书籍，并从中学到了许多用兵作战的方法。小小年纪可说是智勇双全。

20岁时，岳飞应募从军。他英勇善战，屡建奇功，后建立"岳家军"。岳飞率领的"岳家军"骁勇异常，所到之处势如破竹，使金军遭受重创，收复了许多失地。这一时期岳飞写下了著名的词作《满江红》，集中反映了他戎马倥偬的征战生涯和满腔的爱国激情以及誓死要打败金军的战斗豪情：

岳飞

怒发冲冠，凭栏处，潇潇雨歇。抬望眼，仰天长啸，壮怀激烈。三十功名尘与土，八千里路云和月。莫等闲，白了少年头，空悲切。

靖康耻，犹未雪。臣子恨，何时灭！驾长车，踏破贺兰山缺。壮志饥餐胡虏肉，笑谈渴饮匈奴血。待从头，收拾旧山河，朝天阙。

岳飞率领岳家军势如破竹，在郾城大败金兀术，收复郑州、洛阳，马上就能打败金军，一雪靖康之耻，报国恨家仇。这时，宋高宗却在秦桧的唆使下与金议和，解除了韩世忠、张俊、岳飞三大将领的兵权。

解除了岳飞的兵权之后，秦桧又受金兀术的指使，开始设计陷害岳飞，要把他置于死地。秦桧与御前军副统制王俊密谋诬陷岳飞，指使王俊诬告岳飞部将张宪谋反，并将张宪和岳飞的儿子岳云关进了大理寺狱中。秦桧私设公堂，对张宪严刑拷打，企图逼迫张宪捏造岳飞的罪状，但张宪宁死不从。于是秦桧假传圣旨，把岳飞骗入大狱。岳飞十分坦然，当审讯官审问他时，他撕开衣裳，露出母亲刺在背上的"精忠报国"四个字，以明心迹。但秦桧并不因此善罢甘休，将岳飞父子折磨得死去活来。岳飞见局势已无法挽回，悲愤地说："我现在才知道，既然落入秦桧之手，就永远不能为国尽忠了！"岳飞任凭其百般拷问，始终没有屈服，最后只在供状

上写下"天日昭昭！天日昭昭！"八个大字。

大将韩世忠对岳飞蒙冤受屈十分不满,亲自责问秦桧:"岳飞到底犯了什么罪?"秦桧说:"岳飞、岳云的罪行一时还不能证实,但事体莫须有!"韩世忠义愤填膺地说:"'莫须有'三字怎么能让天下人信服呢?"但是秦桧就是以"莫须有"的罪名害死了岳飞,使岳飞屈死在风波亭。

岳飞惨遭杀害之后,百姓无不痛心疾首,痛骂卖国贼秦桧,还为岳飞修建了岳王庙以纪念这位抗金英雄。

庄——楚庄王的后代

《名贤氏族言行类稿》中说庄姓是春秋时楚庄王的后代,以庄王的谥号作为姓氏。庄姓另有一支来自宋国,宋戴公名庄,其后人便以其名为姓。

从战国到秦汉,庄姓曾有两次大变迁。一是庄王后裔庄蹻,奉命攻打巴蜀,却被秦人阻断归路,只能在滇落足称王。二是东汉明帝名庄,许多庄姓人便改姓以避皇帝之讳。十六国时庄姓从湖北、湖南散入全国各地,如今天的甘肃、浙江、福建、山东等。

庄姓不乏名人。春秋有齐国大夫庄贾;战国时有称王于滇的庄蹻;西汉有辞赋家庄忌;宋有著名作家庄绰;宋元代庄肃藏书甚丰;清有书法家庄有恭,经学家庄存与、庄有可,农民起义领袖庄大田,另有因辑刻《明史》被人告发而酿成明史狱的庄廷钺;当代有氏学家庄长恭。

庄姓名人

逍遥梦蝶话庄周

《庄子》的作者庄周,2000多年来以其自然齐物的道家思想和汪洋恣肆、瑰丽奇幻的文风征服了无数文人。他认为万物齐一,道是自然而辩证的,世界运动不止,要求人能与天地合一,顺应自然。

《庄子》三十三篇,其中内篇七为庄子自作,外篇、杂篇则可能掺杂有其门人及后人作品。首篇《逍遥游》,庄子描绘了一只由北海中的大鲲变成的巨大鹏鸟,飞于九天之上,游于万仞云端。这一形象,至今令人心折。

庄子齐同万物。他曾梦见自己变成了一只蝴蝶,醒来后却不再清楚:是庄周梦见了蝴蝶,还是那只翩然自由的蝴蝶现在正在梦中,梦见自己成了庄周?庄周这一梦迷倒众生。唐人李商隐有诗云"庄生晓梦迷蝴蝶"。又有一次他与惠施游濠水,指着水中的鱼说:"鱼儿真快乐。"惠施说:"你又不是鱼,怎么知道鱼快乐?"庄子说:"你又不是我,怎么知道我不知鱼之乐?"

庄子

庄子自然率性,淡泊功名。楚王曾召他为相,他不去。惠施做梁国相时,有一次庄子去见他,惠施很担心庄子会来争夺相位。庄子就告诉他:"南方有凤凰,非梧桐树不栖息,非竹实不吃,非甘泉不饮。鸱鸟刚刚得到一只腐鼠,见凤飞过,就抬头怒视,大声恐吓。现在你也要来对我叫'吓'吗?"

庄子妻子死去,惠施前去吊丧,却见庄子正在鼓盆而歌。惠施责备他:"你与妻子一起生活了几十年,她为你生儿育女。如今她死了,你不哭反歌,岂不是太过分!"庄子说:"不对,她刚死时我也感慨。但天地万物自然转化,人的生死就像四季更替一样。现在她长眠于地下,我大哭岂不是不通天理?"

辛——"莘""辛"音近,改"莘"为"辛"

辛姓的起源可追溯到上古时,大禹的儿子启建立了夏朝,启的一个后代被封在莘地做首领,建立莘国,莘地在现今陕西合阳县。后来莘国人以国名为姓,因莘、辛音近,逐渐又改莘为辛,辛姓自此流传下来。到周朝时,太史官辛甲就是莘国人的后代。

辛姓出现后,一直以陇西为繁衍中心,陇西在今甘肃临洮。在西汉,出了一位武将辛庆忌,勇敢果断,为国守边,军功赫赫。其他辛姓名人还有东汉羽林郎乐府辛延年,隋代经学家辛彦之。南宋有杰出的爱国词人辛弃疾,他为辛氏家族增添了极大的光彩。清代有书画家辛开。当代则有中国造船学家、教育家辛一心,戏剧、代妆师辛汉文等。

辛姓名人

爱国词人辛弃疾

辛弃疾,字幼安,号稼轩,历城(今山东济南)人。他幼时随祖父辛赞在亳州谯县任所,对女真统治者给北方人民造成的灾难有深刻的体会。绍兴三十一年(公元1161年),完颜亮入侵南宋。中原豪杰并起抗金。辛弃疾抓住时机,率一股义军投奔济南义军首领耿京。后来他被派出使南方,与南宋政权取得联系。他在从南宋北归途中,听说耿京遇害,义军被叛徒张安国劫持降金,于是立即带领50名骑兵,直趋金兵大营,一路高呼,最终绑缚张安国,并号召上万士兵反金归宋。此事震动朝野,宋高宗为之赞叹再三,一时成为鼓舞人心的美谈。

辛弃疾任湖南安抚使时,鉴于当地民风顽悍,奏请设立飞虎军。后有人诬告辛弃疾想借此聚敛财产,毫无主见的皇帝又下金牌命令停止建军。辛弃疾密藏金牌,要求监办人在一月内建成飞虎军营舍,否则以军法处置。当时工程缺瓦20万块,辛弃疾下令从官舍、神祠、民屋取瓦,每家皆献两块。不到两天。就筹齐了20万片瓦,工程如期完成。皇帝知道了事情的原委后,对他表示赞同。飞虎军精锐善战,为江上诸军之冠。

辛弃疾

辛弃疾南归后不久,宋金对峙渐趋稳定。辛弃疾因坚决主张抗金而触怒了当政的投降派,使他多次被贬,辗转为官。屡遭陷害,他的愿望始终难以实现。晚年韩侂胄当政,辛弃疾一度被起用,后又遭诬陷免官,不久含恨死去。辛弃疾的爱国思想,建立在儒家思想的基础之上,"穷则独善其身,达则兼济天下"。他一生反对投降而又处境孤危,这就形成了辛词雄奇而沉郁、豪壮而苍凉的风格。辛词不但数量上超过时人和前辈,思想艺术性上也达到了很高的成就。辛词内容十分丰富,但主要的内容是表现爱国思想和英雄气概。辛弃疾一生以报国为志,有经国济世之才,却一直受到排挤和打击。因此辛词中出现了许多感慨壮志难酬的登临怀古之作,抒写力图恢复国家统一的爱国热情,对当时执政者的屈辱求和颇多谴责。辛弃疾继承了苏轼豪放的词风,与苏轼并称为"苏辛"。在他的影响下,产生了"辛派词人"。主要作品有《破阵子·为陈同甫赋壮词以寄之》《永遇乐·京口北固亭怀古》《菩萨蛮·书江西造口壁》等。以上各篇均收入《稼轩长短句》。

管——武王封弟得管姓

管姓,是中国一个古老的姓氏。根据记载,周武王在灭商后,将弟弟叔鲜封在管地(今河南郑州一带),建立了管国。叔鲜后来勾结商纣王的儿子武庚发动叛乱,被周公旦平定。他的子孙纷纷逃往山东一带,并以国为姓。后在平原(今属山东)成为望族。管姓的另一支出自春秋时期齐国的著名政治家管仲。

在管姓 3000 多年的历史上,出过不少名人。春秋时,齐国的名相管仲,辅佐齐桓公成就一代霸业。三国时,魏国有文士管宁,还有一位天文星相占卜家管辂。宋朝时,有工部侍郎管师仁。元代,有女画家管道升,她是赵孟頫的妻子。明朝时,有受奸臣排挤、辞官隐居的管楫。清朝时,管姓出了学者管风苞、散文家管同。

管姓名人

名相管仲

管仲(公元前?~前 645 年),即管敬仲,又名管夷吾,是春秋初期齐国的著名政治家。字仲,颍上(今安徽颍上)人,据说是周穆王的后代。

管仲,出身于没落贵族家庭。他从小就学习《诗》《书》和礼仪,练习驾车、射箭的武艺。由于家境不好,管仲曾一度经商,去过许多地方。在经商时,他结识了鲍叔牙,并结为生死之交。鲍叔牙知道管仲家里有一位老母亲要赡养,在合伙做生意时,就在钱财上多分他一些。对于鲍叔牙的义气管仲十分感激,说:"生我的是父母,了解我的是鲍叔牙。"不久,管仲成了公子纠的师傅,鲍叔牙则成了公子小白的师傅。

公元前686年,齐襄公被杀,齐国发生内乱。为了帮助公子纠夺取国君之位,管仲在半路上拦截公子小白,并一箭射中了小白的衣带钩。小白赶忙咬破舌尖,口吐鲜血,假装死去,这才逃过一劫。后来小白即位,成为齐桓公。公子纠失败,管仲也成了俘虏。鲍叔牙认为管仲是天下奇才,就向桓公大力推荐他。

管仲

不久,管仲出任齐相。他在齐国大力推行改革,齐国很快国富兵强。对外,他劝齐桓公实行"尊王攘夷"政策,便齐桓公成为春秋时代的第一个霸主。

关于管仲的事迹,多见于《管子》一书,是战国时齐国学者托名管仲所做的,其中《牧民》《刑势》等篇反映了管仲的经济思想,对后世产生了深远的影响。

左——以官为姓

据史料记载,远古黄帝时代,黄帝有个臣子叫左彻,这是左姓的最早记载。

春秋时期的齐国,将公子分为左公子和右公子,而左公子的后代就以称号中的左为姓氏。

春秋时期各国大都有左史官的职位,左史官的后代,往往都取左字为姓氏。

更多学者认为,左姓主要出自第二种说法,望族居济阳郡(今山东定陶西北,一说河南兰封东北)。

左姓登上中国历史舞台之后,其中不乏贤能之士,如春秋时期的左丘明、左伯桃、左人郢。东汉书法家左伯,方士左慈,政治家左雄。西晋女文学家左芬,文学家左思。明代忠臣左光斗,抗清名将左良玉。清代有洋务运动发起人之一的宗棠,清末将领左宝贵。抗战时期还有中国无产阶级革命家、军事家左权等。

左姓名人

1.史学家左丘明

左丘明，春秋时期史学家，鲁国人。双目失明，曾任鲁太史，与孔子时期相当或更早。相传曾著《左传》。有的学者认为左丘明原姓左丘，名明。

《左传》与《公羊传》《谷梁传》同为解释《春秋》的三传，为记载春秋历史的重要史学著作，亦称《左氏春秋》《春秋左氏传》《春秋内传》。春秋时有称为瞽矇的盲人史官，口头记述一些史实及远古传说，左丘明即为其中之一。约在公元前4世纪，魏国的孔门后学以《春秋》为纲，依据瞽矇的讲史和当时的一些典籍，编成了《左传》这部丰富多彩的中国古代编年史。从内容上看，该书应属于战国中期作品，不可能成于比孔子尚早的左丘明之手，但主体可能是其讲述的，因而编者才署了他的名字。

左丘明

2.晚清重臣左宗棠

左宗棠，字季高，号湘上农人，湖南湘阴人。晚清重臣，湘军统帅之一，洋务派重要代表人物之一。

在镇压太平天国之后，左宗棠倡议减兵并饷，加紧练兵，尤以为海禁开，必须制备船械才能自强。1864年，他在浙江仿造小轮船，但没有成功。1866年，他驳斥众人，力谏皇帝设局监造轮船，获得批准。于是左宗棠克服重重困难，在福州马尾创立福州船政局，专门聘请法国人德克碑和日意格为总监。他们制定了设局、建厂、造船、驾驶、经费、期限等事项，由日意格请法国总领事自来尼画押担保，日意格和德克碑成为福州船政局正式监督，承办船厂一切事务。在他们的参与下，船厂还制定了宏伟计划：用5年时间制造150马力大轮船11艘，80马力小轮船5艘。福州船政局的前景大好，左宗棠也为中国近代的洋务运动画上了光辉的一笔。

左宗棠在中国历史上的最大贡献就是晚年收复新疆。同治四年初，中亚浩罕国军官阿古柏入侵新疆，占领新疆大部分地区，俄国也趁机侵占伊犁，英国更是虎视眈眈。西部边陲危机的消息传到北京，朝中一片大乱，因当时中国东部沿海也出现危机，便出现了要塞防还是海防的争论。以李鸿章为代表的一些重臣主张放弃新疆，将西征的财力人力作为东南海防的力量。此时左宗棠已年近花甲，但他凭着高度的民族责任感，毅然站了出来，反对放弃新疆，他指出西北"自撤藩篱，则我退寸而寇进尺"，尤其会招致英、俄的渗透。同年五月，左宗棠奉命为钦差大臣，督办新疆军务。左宗棠于第二年驻肃州指挥多路军讨伐阿古柏，确定"先北后南""缓进急战"的作战方针。七月收复乌鲁木齐，次年一月攻下和阗（今新疆和田），收复除伊犁以外的新疆全境。

此后的左宗棠又筹划武力收回伊犁，但因种种原因，未能如愿。但在他军事准备的支援之下，伊犁问题通过谈判得以公正的解决。

左宗棠

光绪十年，清政府签订丧权辱国的《中法新约》，左宗棠闻此消息，气得肝胆俱裂，愤郁焦烦，病情恶化，不久便悲愤交加地死于福州。一代名将就此殒身。

关——三支汇合成关姓

关姓有三个起源：一为夏朝关龙逄之后。他封于关地，后因劝谏夏桀被杀。其后人便以祖先的封地为姓，世代姓关。二为函谷关令尹喜之后。三是清代满洲瓜尔佳氏改为汉姓关。

关姓在秦汉时期，一方面在山西故居地继续发展，另一方面，他们又在甘肃开创了新天下，所以现在不少关姓人承袭着"陇西"的堂号。

(一) 关姓一门忠义耿直

关姓先人在历史上的表现非常出色。三国时有家喻户晓的"关帝爷"关羽，他武艺高强，勇猛善战，被后人尊为"武圣人"。唐朝时有宰相关播。元朝时有位居四大戏剧家之首的关汉卿，元末红巾军将领关先生。清朝有禁鸦片、守海关、最终壮烈牺牲的民族英雄关天培。当代则有中国无产阶级革命家关向应，数学家关肇直，著名画家、美术教育家关良等。

纵观古今关姓名人，多为忠义耿直之士。关羽的忠烈妇孺皆知。"响当当一粒铜豌豆"的关汉卿对当时社会的黑暗极端不满，揭露现状，切中时弊。清代名将关天培禁烟守关。关氏的忠义之名千古流传。

（二）关姓名人

1.武圣人关羽

关羽，字云长，本字长生，河东解县（今山西运城）人。三国时蜀汉大将。

中平元年（公元184年），因手刃当地恶霸而在外逃难六年的关羽，在涿郡碰到了刘备、张飞。三人经过一番交谈，非常投机，便来到一处桃园结拜为兄弟，起誓"同心协力，救困扶危，上报国家，下安黎庶"。刘备为兄，关羽次之，张飞为弟。此后，关羽便跟着刘备东征西战，屡建战功。

建安五年（公元200年），曹操在徐州大破刘军。刘备投奔袁绍，而关羽却被曹军所俘获。曹操非常想使关羽归附自己，便对其恩礼并重。然而关羽"身在曹营心在汉"，始终不存留意。他对曹操派来探询自己打算的张辽说，他深受刘备知遇之恩，一定会以死相报，决不会背叛他。至于曹操"上马金，下马银"，对

关羽

自己百般优待，他可以立即出战立功以作答谢。这年四月，关羽奉命迎战颜良。他策马冲向敌军，在万军之中斩下颜良的首级而还，敌军纷纷后退，终于解了白马之围。关羽斩颜良之后，上书向曹操告辞，径奔刘备而去。

关羽深得刘备器重，经常被委以重任。建安二十四年，关羽围攻曹操部将曹仁

镇守的樊城,水淹曹军,大振军威,名慑华夏。曹操甚至商议迁都以避其锋芒。

建安二十四年十月,江东大将吕蒙偷袭荆州,把关羽的大本营江陵攻了下来。关羽处处受敌,立即将与曹仁对峙的军队撤了下来,驻扎于麦城。由于吕蒙采取分化瓦解的策略,关羽的将士无心恋战,渐渐离散。孤立无援的关羽只得坚守麦城。后来关羽向孙权诈降,化装成军士逃走,只带了10多骑。谁料孙权派朱然、潘璋断了关羽的各条通道。关羽及其子在章方被捉后,随即被处死。

2.杂剧大师关汉卿

关汉卿,号已斋叟,大都人。中国元代杂剧作家。曾任太医院尹。

关汉卿经常出入于歌舞楼榭之中,生活放浪形骸、玩世不恭,但为人志节高尚,曾自豪地宣称:"我是个蒸不烂、煮不熟、捶不扁、炒不爆、响当当一粒铜豌豆。"

关汉卿始终关注现实社会,同情被压迫、被迫害的人,其作品到处闪耀着民主的光辉。现存可以肯定为关汉卿创作的杂剧有16种,即《窦娥冤》《单刀会》《蝴蝶梦》《救风尘》《拜月亭》《望江亭》等。他的杂剧具有广泛的题材,包括社会剧、爱情婚姻剧、文人轶事剧、历史剧等。关汉卿的戏曲作品多数充分暴露了

关汉卿

封建统治的黑暗,尤其表现了女性的苦难遭遇和反抗精神。作品中的人物具有鲜明的个性,故事情节生动,结构非常完整,曲词用语精练而本色。

《窦娥冤》是关汉卿思想成就最高的一部作品。它取材于"东海孝妇"的故事,可以说是一部伟大的悲剧杰作。剧中写寡妇窦娥受流氓张驴儿迫害,并被张诬陷杀人。官府判窦娥死刑,临刑时窦娥指天发誓:死后必血溅白练、六月飞雪、大旱三年,以示自己冤枉。这些誓言果然一一应验。后来窦娥的父亲窦天章审理此案,为窦娥申冤昭雪。关汉卿在剧中赞美了窦娥强烈的反抗精神,彰显了窦娥的节、孝。关汉卿充分认识到,在元朝的黑暗统治下,只有复兴道德教化,才能挽救社会颓败的风气。

元末明初,钟嗣成《录鬼簿》高度评价了关汉卿的成就和地位,说:"驱梨园领袖,总编修帅首,捻杂剧班头。"由此可见关汉卿在元代剧坛上的地位。

3.民族英雄关天培

关天培,字仲因,号滋圃,江苏山阳(今江苏淮安)人。鸦片战争中著名抗英将领。他出身行伍,曾历任清军游击、参将、副将、总兵等职。

道光十四年(公元1834年),关天培任广东水师提督,在虎门寨驻军。他采取了一种防御措施,即守备为本、以逸待劳、以静制动,积极准备抵抗外国侵略。关天培整顿水师,严明军纪,积极训练。他亲自勘察海口形势,增修了永安、靖远等炮台,还添铸了重炮,以增强防御能力。道光十九年,关天培支持林则徐实行禁烟政策,严禁鸦片走私。鸦片战争爆发后,他还反对钦差大臣琦善对英妥协。

关天培

虎门销烟后,斗争形势一天天紧张起来。关天培多次亲临水师稽查,指挥水师击退了英国舰船的武装挑衅。道光二十年十二月,英舰进犯虎门,虎门之战爆发,沙角、大角炮台被攻陷。道光二十一年二月初六,英国出动18艘舰船,并配以登陆部队,对武山、上横档的诸炮台发起了猛烈进攻。关天培率领靖远炮台守军顽强地抗击英军,并亲自点燃大炮,轰击敌人。可由于炮台四面环水,弹药、援兵难以为继,镇远、威远等炮台也遭到了英军的攻击。关天培身受重伤,壮烈殉国,400多名守卫将士也与其共赴国难,虎门要塞落入敌手。但关天培的爱国主义精神将名垂史册。

纪——以封地为姓

纪姓源自上古为帝的炎帝,得姓于周代的一个古老姓氏。周朝时候,朝廷尊重远古帝族的后代,将他们分封为诸侯。炎帝的一个后代被封到纪这个地方,建立纪国,在现在山东寿光一带。此后,纪国王族的后代便以国名为姓,世代姓纪,百家姓中的纪姓由此而来。

(一)纪姓名人录

纪国后来被齐国吞并,纪姓人士流落到今山东北部和河北南部一带,此时出现了以善射而闻名的纪昌。到了秦末汉初,纪姓人中则出现了为汉高祖夺取天下而立下汗马功劳的功臣纪信、纪成,公卿纪逡。唐代则有名医纪明,他有观人颜色便知疾病轻重的本领。此外,纪姓中的名医还有金朝的纪天锡,曾被金世宗授予医学博士。宋代时,纪姓中开始有其他姓氏的人加入,据《宗躬孝子传》记载,当时有个叫纪迈年的人本姓舒,后来改姓纪。元朝时期,纪姓中出现了著名的戏曲家纪君祥,传说著名的《赵氏孤儿》等剧作,就出自他之手。清代纪姓中的著名人物有纪容舒、纪昀、纪昭父子三人,尤其纪昀更是清代有名的人物。

(二)纪姓名人

风流才子纪晓岚

纪昀,字晓岚,一字春帆,谥文达,清代著名的学者、文学家,曾参与编纂《四库全书》,并著有《阅微草堂笔记》。他天资聪颖,禀赋异常,读书过目不忘,才思极为敏捷。不仅经史子集无所不通,而且工诗,善赋,能文,尤长于联语对句。他生性幽默诙谐,处世圆达,是清代有名的风流人物。

纪晓岚自幼就有"神童"之称,九岁那年纪晓岚到县里参加童子试。入考场前,他正拿着一截树枝和几个相识的考生玩耍。看到担任主考的教谕来了,纪晓岚急忙把树枝藏在袖筒里,恭恭敬敬地向教谕大人问好。教谕看着这个小顽童心中欢喜,便想考考他。于是把纪晓岚叫到身边,出了一联"小童子暗藏春色",让他来对下联,纪晓岚略加思索就对出下联"老宗师明察秋毫"。教谕听了含笑点头,没想到纪晓岚对得如此工整巧妙,不禁连连称赞。后来,纪晓岚步入仕途,出入宫廷,与大贪官和珅同朝为官。当时和珅深受乾隆帝宠信,位高权重,几乎一手遮天。而朝廷内外大小官吏,也大多趋炎附势,曲意逢迎,奔走门下。纪晓岚此时也是朝中大员,但他始终保持清廉正直的品格,并且不时借机讽刺和珅。

一次,乾隆皇帝临幸和坤家,见和坤家的亭额是纪晓岚写得两个大字"竹苞",聪明的皇帝禁不住笑起来,对和珅说道:"这是纪晓岚嘲弄你,说你家个个是草包。"原来,"竹"字拆开是"个个","苞"字拆开是"草包"。和坤如梦初醒,挂了这么久的亭额,自己竟未觉察。

纪晓岚

纪晓岚曾多次扈从乾隆帝南巡。一日,君臣游到杭州西湖,见到湖水碧绿如玉,波澜不惊,靠近湖边的水面,荷花亭亭玉立,煞是好看。乾隆见此美景,不由得诗兴大发,脑中现出一句绝妙的上联,便对纪晓岚说道:"朕有一句上联,不知纪爱卿能否对上来?便是:湖里荷花攥红拳打谁?"纪晓岚听了,看见湖岸上的蓖麻,不由脱口对出下联:"岸边麻叶伸绿掌要甚?"乾隆一听,立刻沉下脸来,他本来想借此联难为一下纪大才子,没想到纪晓岚对答得如此之快,心中甚是不悦。纪晓岚见乾隆变了脸色,马上明白了原因,但为时已晚,只好伺机补过。不一会,君臣二人到了八方亭,这时乾隆又想出一绝妙之联:"八方亭,亭八方,孤立于亭上观八方八方八八方。"纪晓岚正愁没有机会弥补前罪,闻听此联,扑通跪倒在地,高呼道:"万岁爷,爷万岁,臣跪在爷下呼万岁万岁万万岁。"乾隆一听大喜,说道:"爱卿平身,朕赏你黄金百两。"纪晓岚站起身来,心中松了一口气。由此一端,可见纪晓岚的机敏圆滑和应对之捷,亦可见其极善体察圣心。

项——以国为姓

项姓出自姬姓。根据《千家姓查源》的记载,春秋时楚国有一位公子被封到项城(今河南项城),并建立了一个小国——项国。后来,项国被东方的齐国所灭。项国的后世子孙就以原来的国名作为姓氏。

项姓的望族居辽西郡(今河北卢龙东)。

在百家姓中,项不算是一个大姓,因此名人也屈指可数。战国时,楚国有大将项燕;秦朝时有项梁、项羽;唐朝有诗人项斯;宋代有为民除害的清官项德正;明朝有兵部尚书项忠,书画收藏家项元汴;清朝有画家项圣谟,数学家项名达;近代有无产阶级革命家项英。

项姓名人

西楚霸王项羽

项羽,名籍,字羽,下相(今江苏宿迁西南)人。他家世代都是楚国贵族。楚国灭亡后,叔父项梁带着他逃到了江南的会稽郡。他从小就苦读兵书战策。有一次,秦始皇去江南巡游,经过会稽郡,项羽叔侄一起前往观看。秦始皇出巡时,千车万骑,好不威风。项羽却用手指着秦始皇说:"我可以取而代之!"项梁赶快用手掩住了他的嘴。

秦二世元年(公元前 209 年),陈胜、吴广在大泽乡发动起义。项羽和项梁趁机在会稽起兵响应,聚集起 8000 子弟兵。随后,他们渡江北上,拥立楚怀王的孙子为王。不久,项梁战死沙场,项羽奉命北上巨鹿,援救被秦军围困的赵国。为了显示决心,项羽在渡过漳河后,下令将全部船只凿沉,又把所有的铁锅都砸坏,只携带三天的干粮。在与秦军交战时,楚军人人斗志高昂,奋勇冲锋,毫不畏惧。巨鹿一战,秦将王离被擒,秦军惨败。各路诸侯军见了,无不心惊胆战。战后,项羽被推举为诸侯上将军,统一指挥各路军队。第二年,秦将章邯走投无路,只好向项羽投降。

项羽

不久,项羽挥军西进。这时,刘邦却抢先一步占领了关中。项羽入关后,刘邦因寡不敌众,主动前来项羽的驻地——鸿门拜见。项羽于是设宴款待。谋士范增认为刘邦将来可能成为项羽的对手,便多次劝他趁机将刘邦除掉,项羽没有同意。范增便让项庄入账舞剑,要刺死刘邦,却为项伯所阻。这时,刘邦手下的大将樊哙冲了进来,大声质问项羽为什么要谋害刘邦。项羽听后,无言以对。

鸿门宴后,项羽封刘邦为汉王,自称西楚霸王。不久,刘邦开始率军与项羽争夺天下。经过四年的楚汉战争,项羽越打越弱,最后被围困在垓下。项羽见大势已去,心中十分痛苦,宠姬虞姬便为他舞剑助兴。项羽在一旁慷慨悲歌:"力拔山兮气盖世,时不利兮骓不逝。骓不逝兮可奈何,虞兮虞兮奈若何!"虞姬悲不自胜,自刎而死。

在埋葬了虞姬后,项羽立即集结起 800 壮士,奋力冲出重围。最后,来到了乌江边,项羽心灰意冷,不肯过江,自刎而死。

卫——宗室后裔

周灭商后,周武王大封兄弟,将原商都周围地区和殷民七族分封给其弟康叔。康叔建都朝歌(今河南淇县),创立卫国。其后世的公族裔孙就以国名为姓,取卫姓,所以康叔是卫姓的先祖。后因战败,多次迁都,成为小国。至战国时,国势更弱,先后为魏、秦所灭。国虽亡,但卫氏子孙世代繁衍,流传至今。

此外,魏晋南北朝时期,入主中原的鲜卑族人中有的在汉化过程中,放弃了自己原来的族姓,改卫姓,从而扩大了卫姓在中华姓氏大家族中的规模。

(一)卫姓名人录

卫姓人数虽少,但仍不乏文人将帅。西汉有名将卫青,是卫姓中最显赫的人物;东汉有精通《毛诗》的文学家卫宏;西晋有书法家卫恒,能写草书、章草、隶书、散隶四种字体,且著有专论书法的《四体书势》,画家卫协的画曾得顾恺之赞誉"伟而有情势""巧密干情思";东晋有女书法家卫夫人,相传为"书圣"王羲之、王献之父子的老师,其隶书、楷书冠绝一时;五代有南唐画家卫贤;北宋有著名天文学家兼数学家卫朴,虽自幼双目失明,却学识渊博,主持编订《奉元历》。这些人都有其显赫而传奇的经历,为世人所敬仰、传颂。

(二)卫姓名人

卫青——从家奴到将军

卫青,字仲卿,山西临汾人,是汉武帝皇后卫子夫的弟弟。卫青出身低微,本为平阳公主的家奴。随卫子夫入宫后,渐渐得到汉武帝重用,由一个奴仆当上了大司马大将军,受封为长平侯。这固然同他的国舅身份有关,但更主要的还是凭借其个人的人品、才干和功业。史书上说，"卫氏枝属以军功起家"。

卫青前后七次出击匈奴，解除了匈奴对汉王朝的威胁，战功赫赫，权倾朝野。但他忠于朝廷，恪守军人本分。因此，当苏建劝他结交宾客、招徕士人以扩大自己声望和势力时，卫青马上很不满意地说："亲待士大夫，选举贤人，罢黜不肖，这些都是皇上的权柄，做臣下的只要奉法遵职就行了，为什么要参与养士呢！"

卫青谦恭退让、礼贤下士的品格更是载入史册。同朝的汲黯是有名的敢于直谏的大臣，敢与卫青分庭抗礼。对此，卫青不但不怀恨在心，反而更加敬重汲黯，多次向汲黯请教军国大事，两人相交极深。

卫青

屈——以封地为姓

春秋时期，楚国君主楚武王的儿子瑕在朝中做官，其政绩显著令楚王满意。于是，楚武王就将屈邑这个地方封赐给了他，所以后人称他为屈瑕。屈瑕的子孙以封地为姓，世代姓屈。屈姓是楚王族的后代，楚王族又可以追溯到黄帝的裔孙颛顼。所以，屈姓是黄帝的后裔。

北魏孝文帝时期，北方地区复姓屈突改单姓屈，也融入屈姓中来。

屈姓名人有战国时楚将屈匄，号称"岭南三大家"之一的清朝大文学家屈大均，还有清代文人屈夏等。

屈姓名人

报国无门、叩问苍天的屈原

屈原是伟大的爱国主义诗人。

屈原,名平,战国时楚国贵族,官至左徒、三闾大夫,著有《离骚》《天问》等。屈原学识渊博,品格坚贞,才华横溢,志向高远,但受到当时楚国士大夫的嫉妒。上官大夫便向楚怀王大进谗言,说:"屈原每次发布法令,都要夸耀自己的功绩,眼中全没有大王,这有损大王的威望。"楚怀王听了很生气,屈原便被罢黜放逐。从此,屈原空有满腹的爱国心,但却报国无门。昏庸的君王,贪婪残暴、阿谀奉承的官员把屈原一步步逼向死亡。公元前278年,屈原怀着悲愤抑郁和绝望的心情自沉于汨罗江。据说屈原是在五月初五投江的,因此后人每年

屈原

在五月初五端午节都要举行龙舟赛、包角黍(粽子)来纪念他。

屈原留给后人的是他充满浪漫主义色彩的伟大诗篇。在《离骚》中屈原淋漓尽致地表述了他怀才不遇的郁愤心情,表现了他卓尔不群的鲜明个性。"路漫漫其修远兮,吾将上下而求索","长太息而掩涕兮,哀民生之多艰",爱国爱民之心在《天问》中尽显无遗。屈原纵横古今,放眼宇宙,对人生,社会和自然提出自己的质疑,想象奇异,极富批判精神。屈原存世的还有像《九章》《九歌》等都是后人传诵的诗篇。

鲍——以采食之地为姓

鲍姓的源流,可追溯到夏禹时代。禹的后人敬叔是春秋时齐国的贵族,受齐国封赏,采食于鲍邑,人们称之为鲍敬叔。他的后人就以鲍为姓。

鲍姓的发源地齐,就在现今的山东省。鲍邑则就是山东省丙城县一带。鲍姓后来搬迁到山东、山西、江苏等地。

鲍姓的历史名人不多,典型代表有春秋时期齐国大夫鲍叔牙,西汉谏议大夫鲍宣,东汉水利学家、太尉鲍昱,南朝宋文学家鲍照、鲍令晖,元代医学家鲍同位,清代

诗人鲍皋。

鲍姓名人

1.义薄云天的鲍叔牙

鲍叔牙,春秋时齐国大夫,以知人著称。他是齐襄公的庶弟公子小白的师傅,
年轻时曾和管仲一起经商,常常以友情为重,照顾
爱耍小聪明的管仲。管仲后来做了齐襄公另一个
弟弟公子纠的老师。齐襄公荒淫暴虐,反复无常。
管仲随公子纠逃亡鲁国,而鲍叔牙则随公子小白
出奔莒(今山东莒县)。齐襄公被杀后,两位公子
夺位,公子小白用计骗过管仲等人,先于公子纠回
国,被立为齐君,史称桓公。

公元前 685 年,齐鲁之间爆发战争,鲁国兵
败。齐大夫鲍叔牙率领军队,代表齐桓公前往鲁
国,表达齐国意愿。公子纠与齐桓公本是一母同
胞,齐不便亲自杀掉公子纠,就请鲁国代为执行。

鲍叔牙

公子纠的辅臣管仲和召忽是桓公的仇人,要带回齐国处置。鲁国于是按齐国的意
思办事,杀掉了公子纠,将管仲、召忽二人交给鲍叔牙。召忽不愿返齐受罪,自杀身
亡。管仲作为囚犯随鲍叔牙返齐。

到达齐鲁边境时,鲍叔牙放了管仲。回国后,鲍叔牙对齐桓公说:"管仲乃天下
奇才,您不可不得,我可以助您治理齐国,然而管仲可助您称霸天下。"齐桓公不计
前仇,亲自出城迎接管仲,任命他为相国,从此齐国走上了称霸之路。

管仲曾感慨地说:"生我者父母,知我者鲍叔牙也。"二人的友情,为千古称颂,
而这其中又与鲍叔牙心胸大度、知人善谏是分不开的。

鲍叔牙的子孙在齐国世袭卿位,到后来战国初期田氏篡权,才逃往其他地方。

2.南朝宋文学家鲍照

鲍照(约公元 414~466 年),字明远,东海(郡治今山东苍山南)人。南朝宋文
学家。元嘉十六年(公元 439 年),以诗谒见临川王刘义庆,任为临川国侍郎,宋孝

武帝时任中书舍人、秣陵令等职。孝武帝大明五年(公元461年),为临海王刘子顼前军参军,故世称鲍参军。

鲍照的文学成就是多方面的,诗、赋、骈文样样精通,且不乏名篇,但以诗歌成就为主。鲍照的诗多为乐府诗,且以七言诗为主。《拟行路难》十八首是其代表作,其中一些诗作抒发了他因国土分裂、权奸当道而有志难伸、怀才不遇的悲愤之情;有些诗则反映了他与黑暗的现实对立,面对强权所表现出的倔强和孤傲的性格;有些则直接反映了人民大众在战乱中的疾苦。此外,鲍照的《代东武吟》《代苦热行》等诗篇还描写了军旅生活的艰辛,抒发了壮士的报国之志,对唐代的边塞诗产生了深远的影响。鲍照的诗多以五言和七言为主,其中七言诗为隔句押韵,一改以前句句押韵的弱点,为后世的七言古诗奠定了基本形式,唐代著名诗人李白、岑参等受其影响较深。其骈文和乐府诗也别具一格,潇洒飘逸。有《鲍参军集》传世,具有较高的文学价值。

孝武帝死后,刘彧杀前废帝子业自立,刘子勋起兵逐杀刘彧,鲍照于公元466年死于乱军之中。

霍——源于周代,出自姬姓

霍氏源自周代,出自姬姓。文王封同母弟于霍,人称霍叔,这就是霍姓的始祖。周公旦时,武庚叛乱,霍叔受牵连被周公降为庶人,但他曾受封的霍国却依然存在,直到公元前661年为晋国所灭。霍国始封地在今山西省霍县西南,霍叔的子孙以封邑为姓,在此地繁衍生息。这便是霍姓最初的由来。

山西霍县是霍姓人的发源地。汉武帝时一代名将霍去病和名臣霍光皆出于此。这一对霍氏兄弟,一文一武,出将入相,相得益彰,使得山西霍氏的名声显扬天下。到了宋明两代,山西霍氏才又出了礼部侍郎霍端友和礼部尚书霍韬等名臣。

霍姓名人,唐代有名宦霍仙鸣、名妓霍小玉。宋代有画家霍适、武进人霍端友。明代有官员霍淮、霍维华、学者霍守典、礼部尚书霍韬。清代有工部尚书霍达。近代有爱国武师霍元甲,现当代有香港巨富、爱国人士霍英东。

霍姓名人

1.骠骑将军霍去病

霍去病(公元前 140~前 117 年),河东平阳(今山西临汾西南)人,官至骠骑将军,封冠军侯,西汉名将。霍去病为汉武帝卫后姐姐的儿子,自幼学习勤奋,精通骑马、射箭及击剑等各种武艺。

霍去病 17 岁从军,因为勇猛和精于骑射而深得汉武帝赏识。汉元朔六年(公元前 123 年)春,霍去病被拜为嫖姚校尉,跟随大将军卫青出击匈奴。霍去病奋勇争先,率领骑兵 800 人长驱直入,斩敌首级 2000 余。此战霍去病斩杀了匈奴的相国、万户等官,活捉了单于(匈奴首领)的叔父,立下头功,被封为冠军侯。汉元狩二年(公元前 121 年),汉武帝又命霍去病为骠骑将军,率领精锐骑兵万人出讨河西匈奴,此时霍去病刚满 20 岁。这一次战役,霍去病扫荡了五个匈奴王国,杀死了匈

霍去病雕像

奴的折兰王和卢胡王,又生擒了浑邪王的王子,消灭了匈奴贵族的大部分主力。两年之后,霍去病又和卫青联合出兵,终于让河西走廊一带完全处于西汉政府的控制之下,匈奴方面流传的一首歌谣哀叹:"亡我祁连山,使我六畜不蕃息;失我燕支山,使我妇女无颜色。"最后,霍去病的大军在瀚海之上胜利会师,在狼居胥山(今祁连山)祭告天地,史称"封狼居胥"。

霍去病战功赫赫,汉武帝不断加封他的食邑,他却说:"匈奴未灭,何以为家!"这句话成为千百年来激励爱国志士的一句名言。霍去病死时年仅 24 岁,真可以说是"鞠躬尽瘁,死而后已"了。

2.辅国大臣霍光

霍光,字子孟,是霍去病的异母弟。霍光侍奉武帝 20 多年,鲜有过失,被武帝亲近赏识,任命为辅国大臣。霍光为人稳重少言,从容谨慎,秉性端正。汉昭帝时

为大司马、大将军,执政秉公行事。一次朝中发生异象,霍光召护玺官前来盘问,拟收取王玺。护玺官抗辞力辩不肯交出。霍光认为他忠于职守,晋职嘉一年皇帝驾崩,霍光迎立昌邑王刘贺为帝,后发现他荒淫无道,于是决心废黜刘贺。刘贺由立到废,总计不过 27 天。霍光召集群臣商议,改立另一位皇族刘询为帝,这就是汉宣帝。汉宣帝对霍光恭敬有加,凡大事都亲自询问霍光。霍光病重,宣帝亲临问候,霍光死后,宣帝和太后又亲自为他治丧。

霍光

霍光执政 20 余年,权势日盛。虽然自持谨慎,但是子孙多行不法,以致最终酿成叛乱覆灭的家族惨剧,让人愧惜。

翁——贵族后裔,封地为姓

翁姓主要源出两支。上古夏朝时,有位叫翁难乙的贵族,其后代都以翁为姓。这是翁姓中最古老的一支。另一支翁姓起源于周朝。周昭王的儿子中,有一个受封于翁山,即现今广东翁源县一带。而其后人就以封地为姓。

翁姓和其他姓氏一样,也有一些少数民族为其注入新的血液,如蒙古族镶黄旗卓蒙古特氏改姓为翁。

翁姓从一开始便多居住于长江流域一带。从唐代开始,翁姓就是闽、粤一带的名门大族,而在清代时,翁姓开始传入台湾。

翁姓历代名人颇为有趣,有先秦时以贩胭脂而富甲一县的翁伯;唐代以《枯木诗》谢绝朝廷征召的翁洮;五代时的福建盐铁使翁承赞;元代的翁森;清时有书法家、文学家翁方纲及光绪帝的老师翁同龢;近现代的翁姓名人还有地质学家翁文灏等。他们都使翁姓在中华历史上大放异彩,为翁姓做出了不朽的贡献。

翁姓名人

帝师翁同龢

翁同龢(公元 1830~1904 年),字声甫,号叔平,江苏常熟人。成丰状元,光绪皇帝的师傅,清末维新派。

翁同龢生于成丰年间,勤奋好学,忠正尚义,在咸丰帝时考中状元,开始了他的政治生涯。

翁同龢原为慈禧亲信大臣,曾任同治帝师傅,而光绪帝即位后,又被慈禧指派为光绪帝的师傅。光绪帝时正值国家内忧外患,而慈禧对外战争一味求和,使得翁同龢渐渐站在了光绪帝一边,而光绪帝也十分倚重于他。

中法战争时,翁同龢站在光绪帝一边坚决主张抗法,并为此大力扶植张之洞,反对以李鸿章为代表的太后党。

其后,中日甲午战争开始了,翁同龢同光绪帝坚决主张抗战,而慈禧太后则为了自己的

翁同龢

六十大寿庆典,一味避战求和,主张妥协,当时后党和帝党的斗争十分激烈。光绪帝的主战态度,得到了爱国官吏的支持,翁同龢在战争即将来临之际,主张调东三省及旅顺兵速赴朝鲜,以备抗战。而战争爆发后,慈禧命他去天津告诉李鸿章请沙俄出面调停时,翁同龢公然拒绝了慈禧的旨意。至此,慈禧同翁同龢彻底决裂。

甲午战败后,翁同龢意识到西方知识的重要性,在维新思想的影响下,认识到唯有变法方可救国,并同康有为详谈,而后资助康有为在北京成立强学会,向光绪密荐康有为,使帝党走上维新变法之路。

维新变法开始后,后党孙毓汶、徐用仪利用军机大臣的权力,反对变法。翁同龢上书光绪帝,将此二人革职。此次后党与帝党斗争更为激烈。在光绪帝明令变法,颁布"诏定国事"后的第四天,后党开始剪除光绪帝的羽翼,翁同龢第一个被慈禧下令迫使光绪帝将其革职,驱逐出京。随后慈禧发动政变,维新变法失败。后来翁同龢病逝

于家中。

包——包姓源流多曲折

包的字形从"庖"字。庖在古汉语中是烹调的意思。包与庖在用法上是通用的。传说中的庖羲也称为包羲。包羲的后代就形成了包姓。包姓的另一起源来自春秋时楚国贵族申包胥,申包胥的后代取中间一包字作为姓氏。他们的发祥地应该在当年的申邑,也就是今天的河南南阳一带。

另据《后汉书》记载,丹阳鲍氏在西汉末年为避王莽之乱,改姓包氏。

中国历史上,包氏人才辈出,备享盛誉。有东汉的大鸿胪包成,唐代的诗人包融、包何、包估,宋代的理学家包恢,被誉为"包青天"的清官包拯,清代的书法家包世臣等。

包姓名人

铁面无私包青天

包拯,民间称之为"包青天",是宋仁宗时期的著名大臣。据《宋史》记载,包拯是庐州合肥(今安徽)人,字希仁,天圣年间进士,仁宗时任监察御史,他曾建议选将练兵,抵御契丹。后任天章阁待制、龙图阁直学士,官至枢密副使。做开封知府时,以廉洁著称,为官公正,大公无私,执法严明,成为后世为官做人的典范。

在民间有许多关于包拯的传说,表现了人们对他的尊敬。他在朝廷上刚正不阿,铁面无私,敢于对抗权贵。贵族大臣都惧他三分。他一脸正气,不苟言笑,有人开玩笑说黄河变清才能使他笑一笑。京城流行一句话:"关节不

包拯

到,有阎罗包老。"有一天,他对皇上说:"太子的位置已经空缺很长时间了,大家都为此担忧。万物皆有本,而太子就像天下的根本,如果根本不立的话,则祸患无穷。"仁宗问他:"你想立谁为太子呢?"包拯则回答说:"我有能力为官,所以乞求立太子,是为了后继有人,世代接续。陛下若问我想立谁,这是怀疑我有私心。我都七十了,没有儿子,并不是想从这里为后代弄到好处。"皇上听了大为欣赏,并答应他过几天好好商议这件事情。可见包拯为人为官以身作则,从不为自己谋私利。还有一次,他的一位舅父犯了罪,他照样依法论处,从此以后他的亲戚朋友都不敢借他的权势地位为非作歹了。当时的老百姓都非常尊敬这位清官。1061 年,包拯升为枢密副使,第二年即病逝,谥号孝肃。

千百年来,"包青天"成了中国历史上的传奇人物,人们对他的歌颂长盛不衰。后世许多故事题材都以他的为人处世为原型。例如,元杂剧中的包公戏《铡美案》《陈州粜米》,明清小说《包公案》《龙图公案》等。人们以各种各样的形式纪念这位包氏名人。其中,《铡美案》最为著名,剧中人物陈世美弃妻抛子,他考中状元后被皇帝招为驸马,当其妻秦香莲千里进京寻夫时,忘恩负义的陈世美竟然派兵将韩琪杀妻灭子。秦香莲悲愤之下将陈世美告到包拯的公堂之上。"包青天"力排阻挠,秉公执法,终将陈世美绳之以法。

阮——以国为姓

据史书记载,殷商时有一诸侯国阮,位于泾渭之间,也就是现在的甘肃泾川一带。后来,阮国被邻国周吞并,阮国子孙为缅怀故国,纷纷以国为姓,由此,便产生了阮氏。

阮姓自得姓以后,开始往中原迁徙,到达今河南的陈留一带时开始定居下来。阮姓在陈留一带生息繁衍,逐渐成为当地非常有名望的家族。后来,其他地方的阮姓大多是从陈留迁移出去的。

(一)三国阮氏多风流

到了三国时期,阮氏家族出了几位名声显赫的大人物。首先是阮瑀,是当时有名的文学家,投身于汉末曹操幕府中,是"建安七子"之一;阮瑀的儿子阮籍名声更大,是当时著名的文学家、思想家,以才气和放达名闻天下;阮籍的侄子阮成与阮籍十分相似,他们俩同为"竹林七贤"中人物。受他们的影响,阮氏家族在这一时期有很多人都生性放达,风流不羁,在当时成为有名的"阮氏多风流"。明代的阮姓名人阮大铖,著有 9 部传奇,有 4 部传世。清朝学者阮元,主编《经籍纂诂》、校刻《十三经注疏》等。当代的著名女影星阮玲玉一生共拍影片 30 部,塑造了旧社会各种不同的妇女形象。

(二)阮姓名人

放达狂诞的阮籍

阮籍,三国魏著名文学家,字嗣宗,陈留尉氏(今属河南)人。"竹林七贤"之一,曾任步兵校尉、散骑常侍、东平相等职,世称"阮步兵"。

阮籍才思敏捷,诗词歌赋常一挥而就,为当时文坛巨擘,名重士林。因不满曹魏昏暗,又不愿攀附司马新贵,内心忧郁苦闷,遂蔑视礼教,纵酒放达,行迹颇多狂诞之举。阮母去世,中书令裴楷前去吊唁。阮籍饮酒大醉,披头散发,衣衫不整,坐在床上毫无哭泣之意。裴楷见此情景竟不以为反常,坐在地上哭泣尽哀,然后便走了。有人对此颇感惊讶,裴楷却说:"阮籍是超脱世俗之人,所以不尊崇礼制;我们这种人是世俗中人,所以必须遵守礼制。"

阮籍

阮籍邻家有一个美丽的少妇,平日在酒垆旁卖酒。阮籍和同为"竹林七贤"之一的王戎常在她家饮酒,醉了就睡在少妇身旁。少妇的丈夫对此产生疑心,但仔细观察,发现阮籍根本没有什么不轨企图。

阮籍虽然放达狂诞,然而对于政事却极为谨慎,从不褒贬人物,评论优劣,常用醉酒的办法在当时复杂的政治斗争中保全自己。这也算是他"明哲保身"的一种手段吧!

欧阳——居山南而得姓

欧阳氏得姓距今已有 2300 多年。据载,欧阳氏被封会稽,是夏朝少康的庶子,这便是历史上的越国。因此,也可以说,欧氏、欧阳氏都是"卧薪尝胆,雪耻复国"的越王勾践的后裔。越国后来被楚国所灭,越王无疆被杀,他的儿子都臣服了楚国。无疆的儿子蹄被封于乌程欧余山的南面,山的南面称阳,所以蹄称欧阳侯。于是,蹄的后代子孙便以欧阳为姓。欧阳姓就在欧余山一带发展。到了秦末的时候,蹄的后代参加了陈胜、吴广起义,随军由江西吴兴向北迁徙。汉代的时候,欧阳家族留居河北涿州市。

(一)欧阳族谱,史载第一

中国人编写族谱历史源远流长,但比较完整而系统的编撰体例是在欧、苏族谱以后才形成的。欧阳修编撰的《欧阳氏谱图》在编排体例上对于各家族谱的编撰都有深远的影响。

(二)诗文名流,翰墨飘香

欧阳姓族史可谓翰墨诗文,处处飘香。在尚书学研究中,欧阳氏开一大宗。早在汉文帝时期,千乘欧阳氏的后代欧阳生跟以研究《尚书》出名的伏胜学习。从此,欧阳氏家族世代以《尚书》相传,其中较有名的,有当过博士的欧阳高及他的孙子欧阳地余。他的这一名垂青史的书也是依其老师欧阳歙及欧阳氏学为基本思想的。西汉时期,石涛的外甥欧阳建素有"渤海赫赫,欧阳坚石"的美称。当然,欧阳家族名人还当首推"唐宋八大家"之一的欧阳修,其子欧阳发工书法,以隶书著称。以"欧体"与虞世南等人并称"唐初四大书法家"的欧阳询,他的儿子欧阳通也是一位书法家。欧阳家族还有以词著名的欧阳炯,著有《巽斋文集》27 卷的南宋作家欧阳守道。元朝有文学家。明有博学能文的欧阳初、参与编修《永乐大典》的欧阳安。近代还有中国著名戏剧家、教育家欧阳予倩等。

(三)欧阳姓名人

1.著名书法家欧阳询

欧阳询是唐代著名的书法家,与虞世南、褚遂良、薛稷并称初唐四大书法家,号称"天下楷法第一"。后人称其书法为"欧体"。欧阳询的书法作品连外国人都视为珍宝,不断派使臣来唐索要。有一次,高丽使者特地来求欧阳询能字。唐高祖李渊说:"你们认为欧阳询是个身材魁梧的伟丈夫吗?你们看,就是那个瘦小的人。没想到他的书法流传得那么远。"

2.一代文宗欧阳修

欧阳修,字永叔,号醉翁,又号六一居士。北宋文学家、史学家、文学革新运动领袖,有《欧阳文忠公文集》传世。

欧阳询

欧阳修的文章质朴、优美,反对为文怪僻。据说欧阳修主持会试的时候,考生刘几在文章中用了许多生僻字。欧阳修看了很生气,毫不留情地在批语中写了"秀才刺,试官刷"几个字,也用生僻字来讽刺他,并把他给除名了。

欧阳修平生不喜欢佛教是人所共知的事。一次,有一位长者在他家做客,知道他的公子名僧哥,便笑道:"您不重佛,为什么取这个名?"欧阳修也笑答:"大凡人家小儿,为易养活,常选贱物起名,如狗、羊之类。"长老无言以对。知道这事的人,没有不称赞欧阳修机敏的。

柴——齐国后裔

柴姓源流简单,据文献记载,柴姓是春秋时代齐国公族的后裔。春秋时期,齐文公的后代高柴,是孔子的学生。据说高柴身高不过五尺,相貌奇丑无比,但却品行端正,是一个贤能的人。高柴的子孙以祖上的名为姓,称柴氏。柴姓的发祥地在现今的山西境内,根据历史记载可知,如今的山西临汾,正是柴姓家族的起源地。

柴姓虽然源流简单,但柴姓人在历史上却多有留名。西汉时有斩韩信的棘蒲侯柴武,唐朝有娶平阳公主的柴绍,五代时吴有德胜军节度使柴再用,后周有具备文韬武略的世宗柴荣,宋代有枢密副使柴禹锡,明代有开国功臣柴虎、学者柴景松,清有画家柴本勤。

柴姓名人

周世宗柴荣

柴荣是五代后周的皇帝,他有文韬武略,不但通经史,而且有治世之才。柴荣在位虽然只有6年,然而政绩显著。他勤政爱民,不仅减免苛捐杂税,甚至在淮南饥荒的时候,他还贷米给淮南饥民。但柴荣的最大成就是谋划统一大业,但大业未竟,便得病早亡。

周世宗发起了一系列征伐南唐的军事行动,迫使南唐割地称藩。在三征南唐的过程中,柴荣三次都亲征,战场上指挥自如,捷报频传。征服南唐以后,又决意北上亲征,以实现他收复北方失地的志向。周军进入契丹境内以后,契丹军队多年来未见兵革,一听到柴荣亲征入境,无不心惊胆寒。契丹守将也闻风丧胆,不战而降。周军不战而胜,收复了燕南。柴荣决意乘胜进取幽州。但在攻打易州的时候,柴荣已重病在身,无法继续前行、不得已只

柴荣

能返驾回军。回来不久,柴荣便与世长辞,年仅39岁。一代英明皇帝柴荣就这样在中年时陨落了。

柴荣不仅在战争上谋略过人,而且勤于政事。他发展农业,扩建大梁城,还注重兴修水利,与民休息。那时候,人们大都信佛,寺院泛滥,出家的特别多,不仅劳动力减少了,还减少了兵役和劳役的人力资源。另有一些逃兵和不法分子也往往剃度出家,逃避惩罚。于是,周世宗严令禁止私造寺院和私度僧尼。由于民间多销

钱制佛,市场上钱币流通不足。柴荣于是下令收集佛像,毁佛铸钱。有人认为佛像不可毁,柴荣巧妙地回答说:"佛是教人向善的,佛像并不就是佛;再说佛为了救济人,连头、目都舍得布施,哪里会舍不得金身?如果我的身体能济民,我也会不惜牺牲自己。"经过整顿,后周的经济实力和军事实力都壮大了。

华——出自子姓,源于姒姓

4000多年前的颛顼帝高阳氏,是华姓共同的祖先。但华姓其实有两个来源,一个出自殷汤的子姓,另一个源于夏禹的姒姓。出自姒姓的华姓与华山有一段渊源。夏朝第四个王仲康,在西岳华山封观,其子孙便以华为姓。出自子姓的华姓是以封邑为姓的。商汤的后代宋戴公之子正考父,官居宋国上卿,但为人谦虚,后被封到华邑,其子孙便以封邑名"华"作为自己的姓氏。

(一)华姓迁变

子姓华氏的发源地是宋国,范围在现在河南商丘以东、江苏铜山以西。宋国是西周初期周文王封给商纣同父异母兄微子,让他奉祀汤的地方。现在,华姓族人已经分布在中国各地,乃至海外。

华姓名人,春秋时有宋大夫华元。东汉时期有神医华佗,三国时有将军华融、太傅华歆,晋代有史学家华峤,宋代有太常博士华初平、殿前司官属华岳,明代有学者华云,清代有画家华喦、数学家华蘅芳、琵琶演奏家华秋苹,近现代有史学家华岗、数学家华罗庚、民间音乐家华彦钧等。

(二)华姓名人

1.才子华歆

在华姓4000多年的历史中,涌现出了一批知名人物。其中就有汉代的杰出人物华歆。华歆才华出众,与另两位名人管宁、邴原是同学。当时人们这样评价他们三个人:华歆的才能在三人中可以做龙头,邴原可做龙腹,管宁则是龙尾。华歆才华虽最高,但是为人却为后世所不齿。后世广泛流传的"割席绝交"的故事,说的是管宁与华歆坐在同一张席子上读书,这时,有一个达官贵人乘坐着富丽堂皇的高车从门前经过。管宁不为所动,依然专心致志地读书,而华歆却扔下书,跑出去观看。管宁认为华歆与自己趣味迥异,不配做自己的朋友,便割断席子和他分开坐。

2.神医华佗

华姓人中,最令华氏家族自豪并津津乐道的,就是三国时的神医华佗。华佗,又名旉,字元化,沛国谯县(今安徽亳县)人。华佗医术

华佗

精湛,内科、外科、妇科、儿科、针灸都很出色。但他最擅长的还是外科,早在1800多年前,他就懂得"破腹背、剪肠痏"的外科手术;还独创了"麻沸散"这种麻醉药并运用到外科手术中,以减轻病人的痛苦。

华佗活病讲究对症下药,对疑难病症往往采用独特的治疗方法,产生了化腐朽为神奇的效果。曾经有一位郡守身患重病,久治无效,于是便慕名请华佗来为他治病。华佗向他索取了十分丰厚的财物,但治病时却显得漫不经心,不久,又抛下病人独自走了,临走前还写了一封信痛骂了郡守一顿。郡守勃然大怒,派人前去追杀华佗,但华佗早已走得无影无踪。郡守满腔愤恨无处宣泄,不禁气得吐血。但吐了数升淤血之后,病却奇迹般地痊愈了。原来华佗诊断之后,认定郡守的病只有大发雷霆才能根治,所以才以这种独特的疗法激怒他,为他治病。

华佗认为,防病养生其实比治病更重要,于是,他模仿虎、鹿、熊、猿、鸟的动作创造了一套健身之术——五禽戏,对后世产生了很大的影响。

房——尧帝世孙,因邑得姓

上古时,舜禅尧位后,封尧的儿子丹朱在房邑做首领,并赐予侯爵,史称房邑侯,房邑侯的儿子房陵便以父亲的封地为氏,其后世子孙也代代姓房,因此有了

房姓。

中国历史上有不少房姓的名人，如汉成帝时有学者房凤，因明经达礼被拜为光禄大夫；王莽新政时有清河太守房稚；东汉有司空房植；隋代有经学家房晖远；唐代有名臣房玄龄、房琯；五代时后蜀有画家房从真，清代有深得民心的邹县县令房岩等，他们都在史册上留下了英名。

房姓名人

一代名相房玄龄

房玄龄，唐贞观年间宰相。字乔松，齐州临淄（今属山东淄博市）人，出身于官宦之家。少年时就聪敏异常，喜欢读书，博览经史，善写文章，28岁中隋朝进士。隋末天下大乱之时，投到秦王李世民麾下。在秦王府的10年，他一方面注意招揽人才，使一些猛将谋士纷纷辐辏于秦王府。如名相杜如晦就是房玄龄引荐给李世民的，从而增强了秦王的实力。另一方面，他出谋划策，协助李世民筹谋统一，取得帝位。因而他深受李世民赏识，成为秦王的心腹及一些重大事件的决策人物。

房玄龄居相位15年，把国事当家事，日夜操心，亲力亲为，举贤任能。他主持修订唐律，以"宽简"为原则，进行了许多创新，对后世影响深远。房玄龄权重而不专、位望崇隆而谦虚

房玄龄

谨慎，与杜如晦共理朝政，形成"贞观之治"的昌盛局面，被称为唐初贤相，历史上也有"房谋杜断"的说法。

房玄龄不但精于治理军国大政，还是一个孝子、一个好丈夫。他服侍父母以孝闻名，且夫妻恩爱，感情笃厚。年轻时，房玄龄病重，以为将要死去，就对妻子说："你还年轻，我死后没必要守寡，可另嫁他人。"妻子二话没说，就用刀剜瞎自己的一只眼睛，以示从一而终之心。房玄龄病愈后，对妻子以礼相待，直到去世。

戚——祖先叛乱，避祸改姓

戚姓历史悠久，源远流长。传说春秋时，卫武公有个儿子叫公子惠孙，惠孙的后人孙林父，在卫献公时任上卿。卫献公喜欢游乐，不理政事。孙林父想内结贵戚，外通晋国，企图趁机操纵卫国朝政。卫献公对此有所耳闻，但又束手无策，两人矛盾日渐加深。孙林父知道卫献公对他心怀猜忌，就联合他人之力赶走了献公，另立新君殇公，殇公把戚邑（今河南濮阳东北）封给了孙林父。后来，孙林父与他人争权失败，逃到晋国。他的子孙很喜欢戚邑这个地方，世居此地，并以戚为姓。后来卫国灭亡，戚姓逃亡东海，成为望族。

（一）戚姓名人录

戚姓的历史名人很多，汉代的临辕侯戚鳃，显赫一时，爵位传了七代。南北朝梁江州刺史戚衮、唐人南宫女子戚逍遥、宋代画家戚仲，都是知名人物。明代抗倭名将戚继光，更是大名鼎鼎，家喻户晓。

（二）戚姓名人

抗倭名将戚继光

戚继光（公元 1528~1587 年），字元敬，号南塘，山东蓬莱人，出身于武将世家。他最初在山东专门从事防倭活动，任登州卫指挥佥事。明嘉靖三十四年（公元1555 年）改调浙江都司佥书，置身于抗倭最前线，立下了赫赫战功。

戚继光能够取得抗倭战争的胜利，与他优异的指挥才能、卓越的军事思想及英勇善战的"戚家军"是分不开的。

鉴于明朝军队兵惰将骄、纪律松弛、战斗力低等弱点，戚继光两上《练兵议》，并以"杀贼保民"为号召，亲自招募素质良好的矿工和农民入伍。经过精心编制和严格训练，他将这些人编成新军，他又招募渔民，组成水军。戚继光根据倭寇的作战特点，操练阵法，不断更新新军的武器装备。

戚继光让不同年龄、不同体格的士兵使用不同的武器，这样因人而异地使用武器,更能发挥每个士兵的战斗力。在戚继光创下的阵法中,以"鸳鸯阵"最为有名,最适合同敌人近战:敌人进到100步以内,士兵放射火器;60步以内,弓弩手放箭;距离再近时,士兵手持刀枪冲杀。冲杀时,以12人为一队,持长枪、狼筅的士兵从两边包杀,这种阵法能更有效地发挥部队的战斗力。这支被百姓亲切地称作"戚家军"的新军,在戚继光的领导下,纪律严明,作战英勇,对百姓秋毫无犯,屡立战功。

从1561年四月开始,倭寇分股侵犯浙江沿海地区,戚继光率主力赶往倭寇较多的宁海。宁海倭寇闻风而逃,并准备偷袭台州府城。戚继光作战一向注重侦察敌情,很快就知道了这一动向,立即挥师南下。戚家军经过半天急行军,来到台州城下。士兵们想进城用饭,守城门的士兵说:"我们奉命守城,现在谁

戚继光

也不准进城。"有些士兵就在城门口吵闹起来,戚继光责问士兵们:"大敌当前,你们还想争着入城?"有个士兵高呼:"别让守城的人说我们是饭桶! 弟兄们! 我们先消灭敌人让他们瞧瞧!"于是,戚家军将士士气大振,忍着饥饿在距城二里的花街迎击敌人。倭寇摆开一字长蛇阵,蜂拥而来,一个左手挟矛、右手持刀的头目气势汹汹地冲在前面。戚继光高呼:"谁杀得此贼,记他头功!"勇士朱钰应声而出,连发两铳,打掉那个倭寇头目的武器,然后冲上前去,砍杀了他,还连斩敌人7名。戚家军英勇杀敌,当天五战五捷。五月十四日,又有一大股倭寇企图以攻打台州城为名,偷袭处州。戚继光又事先察知敌人动向,在一处蜂岭之地打了一个漂亮的伏击战,以1500人的兵力,打得近3000倭寇一败涂地。

抗倭斗争胜利后,戚继光被调去驻守明代北方九镇之一的蓟州镇,以防蒙古军队南下。戚继光任总兵后,治军有方,大大加强了蓟州镇的防务,也保障了京师安全。后因奸臣诬告,他被降调广东,最后因明朝官场黑暗而辞职还乡。

窦——源出多门的窦姓

窦姓的祖先,可追溯到 4000 多年前的少康。少康是大禹之后,其父相即夏帝位后,被后羿赶走,不久后羿又被寒浞杀死。王后缗从墙洞里逃出,奔回娘家,后来生下少康。少康长大后,联合诸侯,诛杀寒浞,恢复了夏朝。为纪念母亲从洞中逃出,少康的次子龙就被少康赐姓窦(窦即洞),窦龙便是窦姓的始祖。

少康的母亲缗是有仍国(今山东济宁)人,有仍国就成为窦姓最早的发源地。另外,古地名中多有"窦",所以也有以地名为姓的窦氏。《姓氏考略》中载,古时西北氏族的一支也是以窦为姓的。所以,窦姓中有一部分还是源自氏族。

自西汉窦猗房贵为太后,窦氏一门,名人辈出。

(一)窦姓名人录

西汉大臣窦婴,爵至魏其侯,因反对黄老之术,武帝时,被窦太后贬斥。东汉有名将窦固,北击匈奴,国舅窦宪,把持朝政,北击匈奴至燕然山,大将军闻喜侯窦武,迎立灵帝,掌握朝政,打击宦官。隋末有农民起义领袖窦建德;唐有宰相窦威,修道人窦子明。五代宋初时窦仪,入宋后曾官至工部尚书,主编了《宋删统》三十卷和《建隆编敕》四卷,其弟窦俨历仕晋、汉、周、宋,官至礼部侍郎,撰定祀事乐章、宗庙谥号甚多。元有医学家窦汉卿。

(二)窦姓名人

1.崇尚节俭的窦太后

窦太后名猗房,其父窦充在秦末避乱于清河观津(今河北衡水东),垂钓为生,生计艰难。后来,窦充溺死水中,其妻也一病而死。猗房以良家女选美入宫。吕后裁减宫女时,猗房被遣至代王刘恒宫中,渐得代王宠爱,生子刘启、刘武。

高后八年(公元前 180 年),吕后病逝。右相陈平、太尉周勃诛灭诸吕,迎立刘恒为帝,是为文帝。刘启被立为皇太子,猗房为皇后。猗房成为皇后以后,寻找到兄窦长君及弟窦广国。窦氏兄弟习礼守制,为朝臣所尊重。

窦后支持文帝实行轻徭薄赋、与民休息的政策,厉行节约,穿粗布衣,自织布匹,并在宫中提倡节俭之风。

一次,南方一个藩国进贡了一条十分精致、漂亮的长裙。窦后初时十分喜爱,但突然却把它扔到一边,进贡使者慌忙跪倒谢罪。窦后命宫女取来一把剪刀,将长裙剪短后再试穿,十分难看。她对使者说:"这样的裙子太费工、费钱,应该让百姓努力从事粮食生产。今后,不得再进献任何东西给我。"她又对宫女说:"今后,宫中妃子、宫女所穿衣裙不许过长。要当好民间女子的榜样,免得她们互相攀比、浪费。"

景帝刘启即位后,猗房被尊为皇太后。晚年的她好黄老之术,不喜儒术,武帝即位初,她曾罢黜尊儒大臣窦婴、团盼、赵绾、王臧和儒生辕固生等。

2.汉室重臣窦融

窦融是窦太后弟窦广国的后人。

西汉时,窦氏虽有窦太后之盛,但自窦婴被田蚡害死,诸窦被逐离长安后,窦氏一蹶不振达百年之久。王莽时,窦融力助汉室,中兴窦门。

窦融初时投在王莽军王邑旗下,后来王邑兵败,他辗转降于刘玄手下赵萌,更始(公元23~25年)时被封为巨鹿太守。当时,战乱未止,他决定联合来自河西的昆弟窦士,不往巨鹿,而是举族西迁,屯垦河西。窦融在张掖郡为都尉,联合酒泉、金城、敦煌、威武四郡,割据河西。

窦融

建武五年(公元29年),窦融归附光武帝,任凉州牧。后他助东汉攻灭隗嚣,封安丰侯,任冀州牧。光武帝对窦融封赏有加,而窦融却更加小心谨慎,谦虚恭和,宽待上下。他后来官至大司空。

窦融数次想要辞官,光武帝均未准可,并尽量少与他单独会面,以免给他开口的机会。

光武帝初年,北方边疆问题突出。有一天,他单独召见窦融,一见面就说:"今天我们只谈军国大事,你不要再提辞职。那天我让你出殿凉快,也是为了不让你辞职。"

窦融只好称是,他建议在北疆修亭立台,让边军灵活机警地作战,再开边市进行交易,这样就能安定北方。光武帝采用他的计策,果然使北方得以安定下来。

窦融居功至伟,不仅自己封侯,而且使整个家族显赫一时,公侯满门,权倾朝野。

虽然窦融一生谨慎,但他家族中人却渐渐骄纵。他从弟窦林一案后,获准辞职归家。但其子窦穆又因伪造太后诏书获罪,举族被逐扶风,后虽又被追回安丰,但窦氏自此衰落。

窦融不久死于洛阳,汉明帝下诏厚葬,加谥为戴侯。

3.隋末起义领袖窦建德

窦建德是隋时清河漳南(今山东武城东北)人。他家世代务农,建德有勇力,曾为里长。

大业七年(公元611年),窦建德任二百人长。他为同县人孙安祖招募了几百人,助他起义。建德被官府怀疑,家属全遭杀害,他遂率众投高士达。后高士达不听建德劝,被杨义臣斩杀。建德整部称将军,广招人马,包括归顺的隋将,得十几万人。

大业十三年,建德定都乐寿(今河北献县),称长乐王,率军攻取河北大部。武德元年(公元618年)改国号为夏,并擒杀了弑隋炀帝自立的宇文化及。建德不杀隋吏,自奉俭约,还兴修水利。

李世民围困王世充于洛阳,窦建德往救,被阻于虎牢。国子祭酒凌敬建议转而渡河东上,却因听信被王世充贿赂的部将之言,建德不予采纳。其妻曹氏也建议他转向,既可轻取河山,又可解除洛阳之围。建德却说:"这不是女人家所能理解的,我既然答应救他,就不能失信。"他过于轻敌,贸然进击,被李世民设计击溃。建德受伤被俘,押至长安后遇害,时年49岁。

窦建德爱民节俭,不重杀戮,河北人感念其恩德,建"窦王庙"于大名县。

狄——渊源复杂

关于狄姓的渊源,可以追溯到周王朝。周成王将其舅舅孝伯封在狄城,孝伯就在那里建立了狄国。后来,狄国的族人以国名为姓,世代姓狄。

另外,据记载,炎帝的后裔也有姓狄的,经过长期的繁衍生息,他们成为北方的狄、氐、羌等少数民族。天水(今属甘肃)的狄姓是当地的望族。

狄姓子孙的组成,有汉族,亦有少数民族。据《北史》记载,高车族也有以狄为姓的。

(一)狄姓名人录

狄姓历史名人不多。春秋时,中山国人有制酒家狄希,据说饮他所制的酒,可以醉千日;卫国有孔子的弟子狄黑;西汉有博士狄山;唐朝有为官清正的宰相狄仁杰;宋代有勇而善谋的枢密使狄青;清代有进士狄亿。

(二)狄姓名人

1.中唐名相狄仁杰

狄仁杰(公元607~700年),字怀英,唐并州太原人。历任大理寺丞、侍御史、刺史、宰相等职。

狄仁杰自小胸怀大志,勤奋好学。在他小时候,门人中有人被杀害,官吏前来查办时,狄仁杰在官差与门人的争辩声中读书,丝毫不受影响。官吏责问他,他却回答:"与书中圣贤对话不比与世间俗人说话重要吗?"后来因其才能被升调做汴州参军。那个官吏对被骂一事耿耿于怀,便找机会诬告他,黜陟使阎立本召见并讯问他,发现了狄仁杰的卓越才能,极力推荐他。从此,狄仁杰开始了他的仕途生涯。

狄仁杰以敢于直言而扬名中国历史。唐高宗时,左威大将军权善才、右监门中郎将薛怀义误砍了昭陵的柏树,高宗要下诏杀掉二人。狄仁杰据理力谏,才保住了二人性命。武则天想要花费数百万建造佛像大菩萨,狄仁杰冒着被杀头的危险,痛斥了这一件事情的弊端。武则天于是听从了狄仁杰的意见,并拜他为宰相。

狄仁杰于圣历三年逝世，享年71岁，被追赠文昌右相，谥号"文惠"。他生前所推荐的张柬之、桓彦范、敬晖等都成为中唐的中流砥柱。

唐中宗登帝位后，追赠狄仁杰司空；睿宗又封他为梁国公。

2.北宋名将狄青

狄青，字汉臣，汾州西河（今山西汾阳）人，士兵出身，对西夏作战屡立战功，升为大将。

狄仁杰

皇祐年间（公元1049～1053年），侬智高反叛，兵困广州城。狄青向皇帝请命，南征侬智高。战前，狄青命令各将严阵以待，听从他统一指挥。广西钤辖陈曙趁狄青未到，私自出兵，大败而归。狄青说："各将私自用兵，岂有不败之理？"将陈曙等30多人斩首示众。狄青下令军队休整10天，敌人以为官军不会很快出兵。但第二天狄青的军队出其不意地过了昆仑关，叛军失去了要地，展开疯狂的攻势。前锋孙节战死后，孙沔等人大惊失色，狄青却指挥若定，大败叛军。侬智高纵火烧城后逃走。后来，狄青部下在叛军尸首中发现一个穿金色龙袍的，部下说是侬智高，要奏报朝廷。狄青却说可能是骗局，而没有向朝廷请功。

狄青是在军中出生入死10余年才显贵起来的。一次仁宗召他商议军机时，见他脸上仍有作为官兵标志的黑疤，就劝他敷药除掉。狄青却说："陛下念臣有功劳给予重用，不问臣出身卑微，臣有今天，就是因为这些疤痕，臣希望保留它以鼓舞军队士气，不敢奉行您的命令。"后狄青以彰化军节度使的身份任延州知府，又升枢密副使。

狄青病死后，皇帝追赠他为中书令，赠谥为"武襄"。宋神宗时，为近世将帅排名次，认为狄青勇猛而有谋略，行伍出身而能名震中外，是位十分难得的人才，对狄青颇为感慨和思念，下令将狄青的画像挂在宫中，并亲自为他御制祭文。

虞——虞舜之后，封地为姓

虞姓是中国一个十分古老的姓氏。它的先祖是上古时的圣君虞舜。虞舜年老时，主动将天下让给夏禹。夏禹将他的儿子商均封于虞地（今河南虞城），建立虞国。此后，商均的子孙就以国号为姓。

虞氏的另一支出自姬姓。据记载，周武王灭商后，大封诸侯，将自己的二伯父仲雍的后人封于虞国（今山西平陆东北）。后来，仲雍的子孙就以国号作为自己的姓。

虞姓出现后，长期在河南的开封、陈留一带活动，发展成名门望族。唐宋以后，虞姓的子孙开始迁移到会稽（今浙江绍兴）等地。虞姓人虽然遍布各地，但他们依然沿用"陈留"的堂名。

（一）虞姓家族多才俊

在3000多年的发展历程中，虞姓出现了许多名人。

春秋时，楚国有一位虞丘子。战国时，赵国有一位著名的上卿叫虞卿。秦朝末年，西楚霸王项羽有一位爱妃虞姬。西汉时的虞初，曾依据《周书》写出了通俗演义《周说》，被后人奉为小说家之祖。东汉时，虞诩官至尚书令。三国时，吴国有一位大经学家虞翻。唐朝初年，此姓又出了一位大书法家虞世南。

宋朝时，有一位名臣虞允文，曾在采石矶大败南侵的金军，后出将入相达20年。元代，有学者虞集，元成宗大德初年出任大都路儒学教授，后升任奎章阁学士，参与纂修《元朝经世大典》。明朝成祖时，有监察御史虞信。到了清代，虞姓出了画家虞景星。

（二）虞姓名人

1.四面楚歌话虞姬

虞姬（公元前？~前202年），秦末楚地人。她的父亲是楚国将领虞侃。秦灭六国时，虞侃被杀，她一家都被罚为奴婢，进入秦国皇宫。虞姬长大之后，因色艺双绝成为秦国宫廷伎乐班中的班首，尤以舞剑闻名。

秦朝灭亡后，项羽进入秦国皇宫，发现了虞姬，对其天生丽质深表爱慕，就将她留在身边。从此，她成为项羽的宠姬，经常跟随项羽一起转战各地。

公元前202年正月，楚军被汉军围困在垓下（今安徽灵璧南）。眼见形势不妙，项羽只好命令全军暂时休息一夜，随后，虞姬便伺候项羽安歇。不一会儿，从汉军阵地传来阵阵楚歌："魂兮归来忆江南，江南柳色满陌头。常叹人生不满百，何苦常怀千岁忧。归来兮，胡不速归？"歌声如泣如诉，使人顿生思乡之情。项羽惊醒后，发现楚军斗志大减，不少人纷纷放下武器或逃走或投降。

项羽知道大势已去，命虞姬为他舞剑助兴。虞姬双手分执双剑，边舞边歌，唱道："汉兵已略地，四方楚歌声。大王意气尽，贱妾何聊生。"项羽也击节作歌曰："力拔山兮气盖世，时不利兮骓不逝，骓不逝兮可奈何，虞兮虞兮奈若何！"此时，虞姬已是泪流满面，悲不自胜。

项羽打算派遣500名铁骑掩护虞姬突围，并叮嘱她不必守节，可以再嫁他人，但刘邦除外。不料虞姬自刎而亡。项羽不禁抚尸大哭，命人将她安葬。不久，项羽自刎于乌江。

2.大书法家虞世南

虞世南（公元558~638年），字伯施，越州余姚（今浙江余姚）人。他是唐朝初年的书法家、文学家，历经陈、隋、唐三朝，唐太宗时官至秘书监。

隋炀帝时，虞世南担任起居舍人。因为他为人正直，不肯逢迎，所以为官10年，仍是七品官。有一次，洛阳的地方官进献合蒂迎辇花，炀帝就命宠妃袁宝儿手持这朵花，称她是司花女。虞世南正在一边草拟《征辽指挥德音》，袁宝儿对他很是注目。炀帝便命虞世南做一首诗嘲弄袁宝儿。他于是写了一首绝句："学画鸦黄半未成，垂肩禅袖太憨生。缘憨却得君王惜，长把花枝陪辇行。"

虞世南

唐朝建立后,虞世南进入秦王府任职。唐太宗即位后,对他很赏识。当时,唐太宗喜欢做宫体诗,命他唱和。虞世南便进谏道:"陛下的诗虽然写得好,但诗的内容不太雅观。我担心大臣们都会跟着这么写,会导致世风变坏。"太宗对他的话很是赞赏,并下令赏给他50匹绢。

对于虞世南的才华,唐太宗十分赞赏,称他身兼"五绝",即博学、德行、书翰、辞藻、忠直。他去世时,唐太宗十分伤心地说:"世上再也找不到第二个虞世南了!"

虞世南的书法渊源于王羲之父子,又受过二王后人智永禅师的亲身传授,笔法堪称一绝。他运笔内含刚柔、外示柔婉,后人难以相比。有人传说他每晚临睡时,常揣摩前人书法结构笔势,在肚子上写划,天长日久,书法艺术大为精进。后人将他与欧阳询、褚遂良、薛稷并称为"唐初四大家"。虞世南的书法真迹保存至今的不多,最受推崇的当数《孔子庙堂碑》。

荀——工匠之后

据史书记载,远古黄帝时,有一个名叫荀始的人,他是一个心灵手巧的工匠,专门制作大小官员的官帽。后来他的家族不断繁衍扩大,形成了今天的荀姓人。还有一种说法是说周文王的第十七子为郇国侯爵,其后代以国名为姓,改"阝"为"艹",形成荀姓。荀姓起源于河内(今河南武陟西南),主要居住地也在河内。

荀姓历代名人有很多。如战国末年的思想家、教育家荀子;三国时曹操的谋士荀攸、荀彧;东汉末年的史学家荀悦,经学家荀爽,广陵太守荀显,西晋尚书令荀勖;唐有学者荀俭敷,明有荀廷诏;近代形成"荀派"表演风格的著名京剧演员荀慧生等。

荀姓名人

1.儒学大师荀子

荀子,名况,赵国人。战国末年的思想家、教育家,儒家学说的代表人物。他先游学于齐,学成后赴楚国,被春申君用为兰陵令。后来在兰陵著书至死。李斯和韩非都是他的学生。

荀子能够当上楚国兰陵令还有一个传说。当年荀子游学齐国后来到了楚国,但没有得到楚国的重用。于是他离开楚国继续游历。当时楚国春申君有一个客卿知道荀子的才干,于是向春申君说:"伊尹离开夏国到商部落去了,于是商汤灭了夏,建立了商……荀子就是这样的贤人,他去了别的国家,不是对我国的威胁吗?你即使不重用他,也该把他留在楚国。"于是春申君又派人到赵国劝说荀子回到楚国,并让他担任了兰陵令。

荀子

2.曹操的谋士荀彧

荀彧,字文若,三国时曹操的谋士,颍川颍阴(今河南许昌)人。出身士族,开始依附袁绍,后归曹操,任司马。建安元年(公元196年),建议曹操迎汉献帝定都许,使曹操取得了"挟天子以令诸侯"的有利政治形势。不久,升任尚书令,参与军国大事。后因反对曹操称魏公,为曹操所不满,不久病死。还有一说即荀彧是被迫自杀而死的。

荀彧投奔曹操的目的,是希望借助曹操的力量,剪灭群雄,复兴汉室。最初他因为在曹操统一北方时立下了很大的功劳,且为曹操网罗了大批人才,因而受到曹操倚重,每遇大事往往征求并采纳他的意见。但随着曹操权势的壮大,篡汉的目的越来越明显,荀彧与曹操的矛盾越来越尖锐,最终在曹操能否晋爵国公的问题上爆发了。

由于荀彧不同意曹操晋爵国公,曹操对他很不满意,决定除掉荀彧这块绊脚石。曹操南征孙权时,将荀彧调出朝廷,去谯县慰劳军队,之后又将其留在了军中。这样荀彧就被曹操就近控制了起来。曹操进军濡须时,荀彧因病留在寿春。一天,曹操派人给他送来一个食盒,荀彧打开一看,里面是空的,顿时明白了曹操让他自杀的用意。他被迫自杀,时年50岁。

关于荀彧的死,还有一种说法:汉献帝之妻伏皇后曾给伏完写信,请求伏完设法除掉曹操。伏完收到信后就将信给荀彧看了。荀彧看了，心中很厌恶，但没有向人提起。后来曹操得到了这封信，于是加强了戒备。后来曹操得知荀彧读过此信却没向他报告，开始忌恨荀彧，再加上荀彧坚决反对曹操晋爵魏公，曹操于是决定杀掉荀彧。在寿春时曹操提出让荀彧去杀伏后，以表明其忠心，荀彧素有拥汉之心，自然不肯亲手杀害伏后，所以就自杀了。

班——出自楚国，改"斑"为"班"

班姓出自楚国，也就是源于现今的湖北、湖南等地。

相传春秋时，楚王若敖的孙子子文出生后，被遗弃于诸梦泽，吃虎乳长大，因为老虎身上满是斑纹，所以取名叫"斗斑"。他的后代为纪念这件事，就取一个"斑"字为姓。由于古时候班和斑是通用的，子孙即改斑为班。班氏一族由此繁衍开来。

历史上的班姓重要人物主要集中在汉代。据史料记载，著名的才女班婕妤很受成帝宠幸。有一次成帝带她去游后廷，要和她同坐一车，她以不合礼制委婉拒绝。班婕妤贤才通达，所作之赋，文辞哀楚凄丽，千百年来被传诵不绝。

中国的不朽史籍《汉书》最初是由班固的父亲班彪撰写的，曾续《史记》数十篇及著《王命论》《略论》，其子班固继续修成《汉书》，其女班昭又补充班固所未完成的八表、天文志部分。

班姓中值得敬仰的其他人物还有西汉越骑校尉班况，名将班超、班勇，明代直隶饶阳丞班言等。

班姓名人

1.史学家班固

班固，字孟坚，东汉史学家，扶风安陵（今陕西咸阳）人。他出身于史学世家，自幼博览群书，9岁就能作文。建武三十年（公元54年），他继承父亲班彪未完成的事业，开始编写《汉书》，因被人告发私修国史而下狱。他弟弟班超上书力辩，明帝看了班固所修书稿后，非常赏识他的才华，任命他为兰台令史，永平五年（公元

62 年)又任命他为校书郎。永平七年,明帝诏令他完成汉代国史。

班固经过 20 多年潜心著述,修成我国第一部纪传体断代史《汉书》。《汉书》结构严谨,内容恢宏,开创了"包举一代"的断代史例,第一次创立了《百官公卿表》和《古今人表》以及刑法、五行、地理、艺文四志。《艺文志》是中国现存最早的图书目录。班固善作赋,作有《两都赋》等。

章帝建初四年(公元 79 年),今古文经学家们在白虎观聚会,讨论五经异同。班固根据辩论经学的结果,撰写了《白虎通义》,对封建政治制度和道德规范术语做出了符合自己意

班固

志和目的的解释,在当时的社会生活中有很大的权威性,适应了东汉王朝加强封建宗法统治的需要,对后世影响深远。

2.东汉名将班超

班超,字仲升,东汉名将,班固之弟。班固奉诏为校书郎,班超和母亲也随之迁居沼阳。由于家贫,他为官府抄写文书谋生,奉养母亲。长此以往,对于有远大志向的班超来说,简直和受罚一样。他希望有一天能实现自己的远大抱负。一次,他突然投笔于地,大声喊道:"大丈夫如别无志向谋略,还当效仿傅介子、张骞,在异域立功封侯,岂能长久埋没于笔砚之中!"周围的人都认为可笑,班超不屑一顾地说:"你们这些庸庸碌碌的人,哪能理解壮士的志向!"后来,班超果然如愿以偿,率众出使西域,安抚五十余城国,功封定远侯。成语"投笔从戎"由此而来。

公元 73 年,班超跟从窦固北征,随后奉命率 36 人赴西域,巩固了汉朝在西域的统治。从章和元年(公元 87 年)到永元六年(公元 94 年),先后平定莎车、龟兹、焉耆等地贵族的叛乱,击退了月氏的入侵。

班固在西域活动 31 年,胜利地完成了开通西域的历史任务。因其开通西域有功,皇帝下诏褒奖他的功劳,封他为定远侯,后人尊称他为"班定远",还称颂他的

功绩"拔乎傅介子、张骞之上",他当年的豪言壮语得到了实现。

祖——殷商王室之后

祖姓起源于子姓。《姓氏考略》上说:"系出子姓。殷祖甲、祖乙、祖辛、祖丁,支庶氏焉。望出范阳、京兆。"

祖姓大致可分为两支。一支祖姓的先人是商代开国君主汤。上古商代时,曾有三位商王:祖甲、祖乙、祖丁,他们的后代子孙,就以祖字为姓,世代相传。这支祖姓大多居住在范阳郡(今河北涿州市)。秦汉时期,祖姓在范阳日益壮大起来。另一支祖姓,则是起源于商代的两位宰相:祖已和祖伊,他们的先人是奚仲。而奚仲是夏代的大贵族,是黄帝的嫡传后代。祖已和祖伊的子孙,便都以祖为姓了。

祖姓史上有不少名人。商代有贤臣祖己,春秋时晋国有将帅祖朝,东晋有奋威将军祖逖、平西将军祖约,东汉末年孙坚手下有名将祖茂,南齐有科学家祖冲之,唐有学者祖孝孙、诗人祖咏,宋有学者祖士衡、高僧祖心,明有宁远总兵祖宽、前锋总兵祖大寿,清有福建总督祖泽溥、弘文院学士祖泽洪。

祖姓名人

1."闻鸡起舞"的祖逖

祖逖,字士稚,范阳道(今河北涞水北)人。祖逖出身官宦之家,从小志向远大。他与刘琨是同窗好友,经常同被而眠,同案而食。每当半夜听到鸡叫,祖逖就会叫醒刘琨,说道:"这可是催人奋进的声音啊!"两人便急速起身,在院中练武强身,这就是"闻鸡起舞"的来历。

彼时匈奴起兵,北方大乱,祖逖便劝元帝尽早北伐。于是元帝任命他为奋威将军、豫州刺史,拨给他钱粮,让他招募兵士,制造武器,渡江北伐。

祖逖招募军队后,率军到达芦州(今安徽亳县东),杀死流寇张平,设计收服樊雅。太兴二年(公元319年),祖逖打败蓬陂(今河南兰封)坞主陈川,进驻封丘(今河南封丘),老百姓纷纷归降。此后,祖逖屡次攻击后赵军,后赵边镇戍守的士兵也都归降,后赵边防日益艰难。

祖逖练兵讲武,积草屯粮,积极谋求进攻河北。后赵主石勒深感忧虑,于是便百般讨好祖逖,并要求双方通使和开设互市。

祖逖见朝廷对收复中原之事并不太热心,而自己的力量又确实不足以消灭敌寇,于是就同意双方互市,边境之间相对平静,军民获利丰厚。

祖逖身染重病之际,仍不忘收复中原,还命人修缮城墙,构筑堡垒。祖逖去世后,军民痛哭,东晋朝廷追赠祖逖为车骑将军。

2.科学家祖冲之

祖冲之,字文远,范阳遒(今河北涞水)人。他是南北朝时期的一位著名科学家,通晓天文、历法、数学和机械制造,并且都取得了辉煌的成就。

众所周知,祖冲之在数学上的杰出成就是算出了圆周率的值。他首次把圆周率准确推算到小数点后的第七位,比欧洲早了 1000 多年。

祖冲之在历法研究上的一项重大成就,是第一次应用了"岁差"。所谓岁差,是指每年太阳运行一周,不可能完全回到上一年的冬至点上,总要相差一个微小距离。

祖冲之在前人研究的成果上,不但证实了"岁差"现象的存在,而且在他制作的《大明历》中应用了岁差。另外,祖冲之还提出了

祖冲之

391 年有 144 闰的新闰法,这是当时最精密的历法了。他还撰有《缀术》六卷。

除了在数学和天文历法上的成就,祖冲之还改造指南车,做水碓磨、千里船等,给人民的生活带来很大的方便。

蒙——以山名为姓

上古夏朝的时候,夏国国君将黄帝子孙颛顼的后代中的一个封到蒙双为首领。其后代就以封地为姓,形成了最早的一支蒙姓。周朝时,朝廷在蒙山上设了祭坛,而主管祭祀的官员叫东蒙主,他的族人也都定居在蒙山,于是后来就以山名为姓。除了以上两种来源外,元朝时有复姓蒙古的,后来其子孙逐渐以单姓"蒙"为氏。

蒙姓名人虽然不是很多,但其中不乏大人物。如秦大将蒙恬;楚国大夫蒙穀;唐代南诏王蒙归义;明代右佥都御史蒙诏;太平天国将领蒙得恩等。

蒙姓名人

秦国大将蒙恬

蒙恬,秦国人,自祖父蒙骜起世代为秦国名将。秦统一六国以后,他率30万大军击退匈奴贵族,收复河南地(今内蒙古河套一带),并修筑长城。守卫数年,匈奴不敢进攻。秦始皇死后,丞相李斯和赵高合谋,伪造遗诏,蒙恬被迫自杀。

秦还没有统一六国前,逐渐强大起来的匈奴经常掠夺内地的人民、牲畜、财产,使得与匈奴相邻的燕、赵、秦深受其害。特别是秦灭六国的最后阶段,中原战事频频,于是匈奴趁着中原诸侯国无力分身之际,占领了河套地区的大片良田,即所谓的"河南地"。

秦王朝建立以后,匈奴的威胁就成了秦朝最突出的问题。为了解决这一问题,秦始皇决定派大将蒙恬北伐匈奴,尽取河南地,并建立一道抵御匈奴的屏障。

蒙恬

为了保证出击的突然性,蒙恬率领大军悄无声息而又迅速地北行,尽量不给匈奴贵族过多的反应时间。而对方的匈奴因燕赵灭亡后在草原上没有敌手称王称霸了好多年,失去了应有的警觉。当秦国大军一到达河南地边界,蒙恬就开始指挥大军冲杀,从而使匈奴毫无反应时间,且连续的冲杀也使匈奴贵族根本就组织不起强有力的抵抗,大多数匈奴士兵在还没弄清情况时就成了刀下之鬼。

在蒙恬大军的打击下,匈奴顿时举国丧胆,人人从心里对蒙恬产生了惧怕心理,只好举国北逃,远避秦人,以致再也不敢南下牧马了。秦王朝趁机收复了河南地、河套以北、阴山一带地区。并在收复的土地上增设了44个县,重新设置了九原郡。

蒙恬北伐匈奴,不仅有力地制止了匈奴贵族对中原的抢掠,而且大大促进了这一地区的开发。在长期的劳动和交往中,不少匈奴人南迁中原,逐渐同秦人及其他各族人民共同居住和生产,促进了民族融合。

晏——晏安的后代

晏姓是一个非常古老的姓氏。据《世本》记载:"陆终第五子晏安之后。"即陆终的第五个儿子晏安是晏姓的始祖。陆终的祖父是颛顼,颛顼的祖父是黄帝,因而晏姓的祖先可追溯至黄帝。

春秋时期,晏姓主要盛行于齐国,即今天山东省境内,并且为齐国四大贵族姓之一。随着时间的推移,晏氏家族不断地向南迁徙,晏姓也随之从黄河流域扩展到长江流域。

晏姓名人

晏姓虽然不是一个大姓,但是却出了许多著名的人物,如齐国宰相晏婴,北宋词人晏殊,晏几道,明代诗人晏铎,清代湖北巡抚斯盛等。

齐国宰相晏婴

晏婴(公元前？~前500年),字平仲,是春秋时期齐国著名的宰相,辅佐过齐灵公、齐庄公、齐景公三位齐王,算是齐国的"三朝元老"。晏婴是我国古代一位很有名的政治家,他在做宰相的40多年里,主张"诛不避贵,赏不遗贱"。重视发展农业生产,反对厚赋重刑。大力推行节俭,并能以身作则,使得齐国逐渐强大起来。

晏婴的事迹,主要记载于《晏子春秋》一书。有人认为《晏子春秋》是晏婴自己编撰的,但从这部书的口气和写法来看,应该是后人假托晏婴之名而作。书中宣扬了晏婴的事迹和品德。全书共八卷,分内外篇,共二百五十章。每一章讲述一个小故事,很像短篇小说,篇篇独立,但合在一起却又是一个完整的大故事。

有一次,晏婴出使楚国。楚王得知晏婴身材矮小,于是就命人在大门旁边又开了一个小门,让晏婴从小门进,想借此来羞辱他。晏婴不肯走小门,便说:"出使狗国才能从狗门进,现在我到了楚国,不应该从狗门进入。"接待他的官员只得改道,请他从大门进去。晏婴进门之后,就去拜见楚王。楚王故意嘲讽他说:"难道齐国真的没有人了吗?"晏婴不卑不亢地回答道:"齐国的都城临淄有上百条街道,人口众多,人们把衣袖举起来,能够遮住太阳,人们挥一挥汗,就像下雨一样,大街上摩肩接踵,怎么说没有人呢?"楚王说:"既然这样,为什么要派您来呢?"晏婴告诉楚王:"我们齐国有个规矩:派那些能干的使臣到英明的国君那里当使节,派那些愚蠢无能的使臣到愚蠢无能的国君那里当使臣。我是最愚蠢、最无能的人,所以就被派到楚国来了。"说得楚王哑口无言。

晏婴

晏婴凭借他的才智谋略,不仅使齐国在外交中保持了尊严,而且还帮助齐景公消除了心腹之患。

有一天,晏婴在路上遇到齐景公手下的三名勇士:公孙接、田开疆、古冶子。他们居功自傲,看见晏婴,也不上前行礼。晏婴认为他们无君臣之仪,上下之礼,是国家的一大隐患,便建议景公把他们除掉。景公说:"他们三人是国中最棒的勇士。没有人能打得过他们,又怎么能除掉他们呢?"于是晏婴献计,请景公赏赐给三人二桃,让他们论功取桃。景公依计而行。

这三个勇士都认为自己功劳很大,应该取得桃子。无奈桃子只有两个,取桃是贪婪的表现,退桃又无脸见人,只有一死以留名,于是三人先后自杀。晏婴掌握了有勇无谋之人的心理,巧妙地除去了国家的隐患,巩固了景公的统治。

寇——以官为姓

寇姓来源于古代的官职司寇。最早的时候,黄帝的后代中就有人姓寇。周朝时,周武王的族人在朝中任司寇,后代就以寇为姓。春秋时,卫国国君的后代在朝中任司寇,也成为寇姓的一部分。北魏时有鲜卑族复姓若口引氏,随孝文帝迁都洛阳后,改汉姓为寇。

寇姓源出上谷郡(今属北京市),经过几千年的迁徙,现已遍布全国各地了。

寇姓出了几个著名的官员,东汉初年的太守寇恂,是上谷郡人。他在颍川傲太守,贤明仁厚,深受百姓爱戴。后来寇恂随光武帝刘秀出兵打仗,当大军路过颍川时,颍川人光武帝请求,要借寇恂来再做一年的太守。另外一个,就是大名鼎鼎的宋代宰相寇准了。

寇姓还出过一个著名道士,即北魏时创立"北天师道"的寇谦之。

寇姓名人

一代名相寇准

寇准,字平仲,华州下邽(今陕西渭南)人,北宋著名政治家。

小时候,寇准不务正业,沉溺于犬马之乐。母亲非常生气。有一次她实在气不过了,就拿起秤砣打寇准,正好打中寇准的腿,顿时鲜血直流。寇准从此发奋学习,终于官拜宰相,后封为莱国公,显贵之极。但这时他母亲早已去世,他每次摸到腿上的疤痕,想起母亲的恩情,就痛哭不已。寇准刚及第时,在归州任巴东县县尉,为官清正,替民解忧。他曾亲手种了两棵柏树,后人为了纪念他,尊称它们为"莱公柏",流传至今。

宋真宗时,寇准为宰相,这时正值辽兵入侵。许多大臣劝宋真宗迁都南下。寇准当时统管军事,他对真宗说:"谁请陛下南下,那谁就该被处死。我们完全有把握取胜，为什么要放弃汴京呢？再说敌军长驱直入，国家还能保存吗？"寇准催促真宗亲临澶州前线。宋军遥遥地望见皇帝的黄龙旗，欢呼雀跃，声音几十里外都能听到，一鼓作气，打退了辽军的进攻。寇准本想一举收复失地，无奈宋真宗坚持议和，更有人诬陷寇准图谋不轨，寇准只好作罢。宋真宗对赴辽国谈判的使者曹利用说："不得已，每年给他们100万两银子都可以。"寇准悄悄拉住曹利用，警告他："虽然陛下有旨可以给百万，但如果超过30万，我就杀了你。"后来果然以30万议和。此后宋辽之间长时间不再有战事。

寇准

据说寇准在指挥作战时依然与杨亿喝酒作乐，这其实是为了稳住军心。宋真宗听说后，高兴地说："连寇准都这样，我还有什么可担忧的呢？"

寇准几次被人排挤诬陷。当初，丁谓在寇准手下任参知政事，侍奉寇准很小心。有一次吃饭时，寇准的胡须上沾了菜汤，丁谓起身替他擦拭。寇准笑着说："参知政事是国家的大臣，是替官长擦胡子的吗？"丁谓十分羞愧，从此他诬陷排挤寇准越来越厉害。后寇准被贬为雷州司户参军。这时丁谓也被贬官路过雷州，寇准的家仆准备为主人报仇。寇准拦住这些家仆，直到丁谓走远。

张咏曾对人说："寇公是奇才，可惜学问与权术不够。"寇准就恭敬地向他请教："您有什么要教寇准的？"张咏缓缓地说："《霍光传》不可不读。"寇准不明其意，回去翻到该传，读到"不学无术"时，寇准笑着说："张公这是在贬我啊。"

寇准年少即得富贵，生性豁达，从不敛财。虽身居高官显位，却连一座像样的宅第都盖不起。时人有诗称他说："有官居鼎鼐，无地起楼台。"消息传至北地辽国，辽人大为折服。以至于宋辽两国通好后，到东京通问的使者竟在金殿上拉住武士的手问："请问朝班内哪位是贵国的'无地起楼台'相公？"寇准在当时的影响由此可窥一斑。

晁——晁姓源出两支

据史书记载,晁姓源出两支。一支源于上古周代时周景王的小儿子子朝。在几位王子争位的过程中,子朝以失败告终。此后子朝的子孙就以朝为姓。因为古代"朝"和"晁"通用,而"晁"又是"朝"的古字,因此成为主要的晁姓支源。另一支源于春秋时卫国的一位大官史晁,他的后代就以祖宗的字晁作为姓,一直流传后世。

晁姓宗族,在汉代时因为出了一位高官晁错而有所兴盛。而在宋朝时又因为曾出现一位"晁半朝"——晁迥,而使晁氏家族再扬威名,同时宋朝时还出过著名学者晁端礼、晁补之、晁冲之。南宋有藏书家晁公武。元代时有兵部尚书晁显。晁姓发展至,也几经战乱迁徙,遍布中华大地,为华夏民族的历史增色不少。

晁姓名人

西汉"智囊"晁错

晁错,颖川人,西汉政论家。年轻时跟随张恢学习法家学说。汉文帝时就任朝中官职,得到太子(后为景帝)信任,并称其为"智囊"。

景帝即位后立即封晁错为内史。景帝对他十分宠信,他常常可以单独觐见皇帝,景帝对他多是言听计从。这些都使得丞相申屠嘉心里十分不满,但又没有办法。朝中诸大臣也对晁错多怀怨愤。内史府居于汉皇祖庙院中,仅有东门,出入不便。晁错令人另辟南门,因此引出了庙墙风波。丞相申屠嘉闻讯,欲借此上书诛杀晁错。而晁错得知消息后,却先下手为强,向景帝申诉言明了此事。当申屠嘉弹劾晁错擅自拆毁皇祖庙墙,罪当诛杀时,却被景帝训斥了一通。申屠嘉只得谢罪

晁错

退下,一气之下,发病吐血而死。以后晁错在朝中更加显贵。

不久,景帝将晁错升为御史大夫,位列三公。而当时诸王侯渐生悖逆之心,齐、楚、吴三个封国几乎占了大半天下。吴王富比天子,军力强大,蓄谋叛乱。晁错针对这些情况,为了加强汉室中央集权,巩固政权,给景帝上《削藩书》,主张削减封国领地,防止日后反叛带来的麻烦。景帝采纳了这项建议。吴楚诸侯因此怀恨晁错,不久吴楚七国以"清君侧"为名,发动叛乱,史称"七国之乱"。而此时景帝轻信了晁错政敌袁盎的话,想靠诛杀晁错来平息叛乱,随即将晁错腰斩。但吴楚反叛之心已久,只是以此为借口,岂肯息兵。景帝始知晁错之策皆为国家万世着想,自己错杀了忠臣,后悔不已。

晁错为人严峻刚正,但又过于苛刻严酷,虽然忠心为国,却不善于驾驭时势,保全自己,最终招致众怨,家破人亡。

司马——以官为姓

司马一姓出自上古周代的一种官职名称。司马管理国家军队,也参与国政,地位非常显赫。

周宣王时,一个叫程伯林文的诸侯在朝中当了司马。他的远祖是颛顼帝之后祝融氏重黎。程伯林文与分布于今淮河中下游的徐戎(又称徐夷、徐方)进行战斗,立下了大功。周宣王为示奖励,让他的族人"以官为氏",改姓司马,并世代相传。

据史书记载,许氏、郝氏也有改姓司马的。比如许穆之、郝惔之,他们的后世子孙也姓了司马。

秦汉统一天下后,司马氏也随之显赫一时,不久便成了大姓。

(一)司马姓独秀史籍

司马氏自秦始皇统一中国之后,光芒毕露,名人辈出。西汉时期有世代担任史官的司马谈、司马迁父子。尤其是司马迁,他创作了"千古之绝唱,无韵之离骚"的史学著作《史记》,开一代史风。这一时期还有一个著名的辞赋家司马相如,一曲

"凤求凰"为他求得了佳妻,夫妇二人当垆卖酒,琴瑟相和,虽苦犹甜。其赋更是文辞富丽、气魄宏深,对后人影响颇大。东汉时期,则有以善于知人著称的"水镜先生"司马徽。三国时期,魏国大将军司马懿、司马昭父子家喻户晓,其子孙司马炎则是西晋王朝的建立者。西晋有史学家司马彪。北宋则有编撰出历代帝王必读之书《资治通鉴》的司马光。

(二)司马姓名人

1.忍辱著史的司马迁

司马迁,字子长,西汉左冯翊夏阳人。司马迁的祖辈都担任史官一职。他也继承父志,于公元前108年,正式做了太史令,开始整理和考证史料。

公元前104年,司马迁正式动手写他的大著作《史记》。可就在他潜心创作之时,天外飞来了李陵案之横祸。

骑都尉李陵奉命讨伐匈奴,身陷重围。经过八昼夜血战,最终箭尽粮绝,不幸被俘,而后投降。满朝文武察言观色,纷纷落井下石。只有司马迁不顾官卑言微,直言进谏,认为李陵以5000士卒敌80000匈奴兵,在救兵不至、箭尽粮绝、走投无路的情况下,仍奋勇杀敌,其功不可没。正无处发泄怨恨的汉武帝认为,司马迁是诋毁贰师将军李广利出师无功,为李陵游说,便命令将司马迁下狱治罪。

司马迁

当武帝得知李陵投降的消息后,迁怒于司马迁,判处他死刑。汉朝刑法规定,免除死刑一是靠用钱赎罪,一是接受腐刑。司马迁官职卑微,自然无钱赎罪。而腐刑对人的身体和精神是最残酷的摧残,也极大地侮辱了人格。然而司马迁不甘心就这样默默地死去,他觉得:"人固有一死,或重于泰山,或轻于鸿毛。"如果就这样死去,谁能接替他完成《史记》的编撰工作呢?自己的文才又怎能流芳后世呢?他又想到了孔子、屈原、孙膑等人,想到了他们所受的屈辱以及所取得的成就。这时,司马迁觉得浑身充满了力量,他毅然决然选择了腐刑。面对这样的奇耻大辱,面对

这种比死还要痛苦的刑罚,司马迁痛苦到了极点。但他的心中没有怨恨,也没有害怕。他只有一个信念,那就是一定要活下去,一定要写完《史记》。

一个人在遭到无辜的迫害后,有两种选择:要么消沉悲观,要么发愤图强。司马迁选择了后一条路。虽然昔日铭心之辱令他"肠一日而九回,居则忽之若有所亡,出则不知所往,每念斯耻,汗未尝不发背沾衣",但他把自己心中所有的"愤"都倾注到《史记》中去。他用艰巨的劳动、毕生的精力,忍受了肉体和精神上的双重痛苦,用生命完成了名垂青史的不朽之作《史记》。

2.以琴觅知音的司马相如

司马相如,字长卿,西汉成都人。

司马相如曾在临邛巨富卓王孙家做客。席间,他弹琴助兴。琴声引来了卓家新寡的女儿,她对相如的才貌倾慕不已。于是,郎有情,妾有意,文君当夜私奔相如,两人一起回到了相如在成都的老家。相如家一贫如洗,家徒四壁,夫妻二人只好又往临邛。相如买了一处酒舍,让文君立于垆旁售酒,自己则与佣仆一起涮洗酒器。生活虽然贫苦,可夫妻二人却是琴瑟相和,非常恩爱。

司马相如早年游梁时,曾写了一篇《子虚赋》。后来,这篇赋被汉武帝看到了。武帝非常欣赏,为其文辞富丽、气魄宏大所倾倒,便立即将司马相如召进了宫中。司马相如说:"我做的这篇文章,不过是一篇叙述诸侯游猎的赋而已,内容并不怎么可观。如果陛下允许的话,我可以再写一篇天子游猎的赋,然后呈给陛下。"

据说,这篇赋写了数百天。武帝读完后,更是赞赏不已。这便是非常有名的《上林赋》。相如在赋中设置三人:"子虚",虚构的言辞,以此来称赞楚国的美;"乌有先生",无有此事,以此来诘难楚事;"亡是公",无此人,以此来表明天子的大义。相如借此三人相互夸耀,盛赞天子、诸侯苑囿,想借以达到"讽谏之意"。"子虚乌有"也就成了非真、假设、虚无缥缈之事的代称。

诸葛——葛天氏后裔

上古夏朝时,葛国的君主受封为伯爵,被称作葛伯。葛伯是古帝葛天氏的后裔。葛伯的封国灭亡后，有一支迁往山东诸城西南，随后又迁至阳都。为了与当地的葛姓区别开来，后迁来的葛姓就在葛前加了一个"诸"字，复姓诸葛由此而来。

另据《风俗通》记载，秦末陈胜起义军的大将葛婴战功赫赫，陈胜听信谗言，却把他杀了。汉文帝时，追封葛婴的孙子为诸葛侯，他的后人便世代姓诸葛。

还有一种说法，认为诸葛氏是由有熊氏后裔詹葛氏的谐音得来的。

不管源自哪一支，一直以来，诸葛氏都把山东进城一地作为繁衍中心，不断向外搬迁。家喻户晓的诸葛亮就常常自称为"琅琊诸葛孔明"。

历史上的诸葛名人层出不穷，西汉有司隶校尉诸葛丰，三国有东吴谋士诸葛瑾、诸葛恪父子，唐代有检校司空诸葛爽，宋代有制笔名家诸葛高。但最让诸葛氏人自豪的是他们的杰出先人诸葛亮。

诸葛姓名人

神机妙算的诸葛亮

诸葛亮（公元181~234年），字孔明，琅琊阳都人。三国蜀汉政治家、军事家。

诸葛亮从小就喜欢读书，定居隆中后，他更是博览群书，学问有了很大的长进。他虽在乡间过着隐居的生活，但却时刻关注天下大事。他在政治上很有抱负，常常把自己比作春秋时辅佐齐桓公完成霸业的大政治家管仲和战国时辅佐燕昭王大破齐国的乐毅，一旦有施展自己才能的机会，他就愿放弃自己的隐居生活，建功立业。

公元201年，刘备四处搜罗人才。当他听说诸葛亮是一个难得的贤才后，就冒着隆冬的严寒，接连到隆中去拜访诸葛亮三次，直到第三次才见到了诸葛亮。这就是有名的"三顾茅庐"。

诸葛亮

诸葛亮向刘备提出建议，占据荆、益两州，谋取西南各族统治者的支持，联合孙权，对抗曹操，统一全国。刘备听了诸葛亮的对策以后，十分敬佩，认为自己若得到他的辅助，就像鱼儿得了水一样，肯定会成就大业。

公元208年,在诸葛亮的极力劝说下,孙刘联军在赤壁打败了号称80万的曹操大军。汉、蜀、吴三国鼎立的局面形成。

公元223年,刘备临死前把儿子刘禅托付给诸葛亮。诸葛亮流着泪说道:"我一定用自己的全部精力,诚心诚意地辅佐幼主,必要时将不惜付出我的生命。"他的话表达了自己为了蜀国"鞠躬尽瘁,死而后已"的坚定决心。

诸葛亮虽然贵为丞相,但是生活却十分俭朴。他总是以身作则,用实际行动来影响部下。他曾对刘禅说:"在成都近郊,我有800棵桑树,15亩田,足够儿女们的衣食费用。我自己的生活费用,都是由公家供给,另外没有什么产业。我死后,如果多余一点财产,那就对不起国家和您。"诸葛亮这种廉洁奉公、艰苦朴素的精神,在封建时代是十分难得的。

诸葛亮还有一个很值得赞美的地方,就是他能够虚心地接受部下的意见。他说一个人如果得到直言而改正了错误,就如同"扔掉破鞋而获得珠玉一样"。他的一个部下董和,曾经认为他对一件事的处理不当,和他反复争论了10次。诸葛亮不但没怪罪董和,反而加以表扬,要官员们向董和学习。诸葛亮对自己的过失毫不掩盖,他在第一次出兵北伐失利的情况下,把自己这次出兵失败的经过向全国公布,还主动请求贬官三等。这种严于律己、勇于承认错误的精神是十分可贵的。

诸葛亮还是一个文学家,他的散文感情真挚、质朴清新。千古流传的《出师表》,语言精练,声调和谐,感情真挚。

在中国人民心目中,诸葛亮是智慧的化身。他总是从实际出发,既不盲目行动,也不因循守旧、坐失良机,而是尽量发挥主观能动性,这也就是诸葛亮能够干出一番惊天动地的事业的原因所在。

第五章　少数民族姓氏

一、贵贱有分的蒙古族姓氏

蒙古族历史上有贵姓和贱姓之分。其中，包尔只斤、吴兰苏和等 7 大姓最为尊贵。

蒙古姓氏最初出现于贵族阶层，用以显示自己祖先的功业、部落血统的高贵和社会地位。嗣后因汉族影响，有的改为单姓。从蒙古族现在通用姓氏中，可以看出蒙古姓氏有以下几大特色：

一是以部族为姓。如博尔济吉特氏是成吉思汗的后裔，后演变为包氏；永谢部落演变为云氏；巴雅特部以巴为姓；乌梁海部以乌（吴）为姓；喀尔喀部以韩（何）为姓；土尔扈特部以陶为姓；哈勒努特部以郝为姓。

二是以父祖之名的首字为姓。如元代将领沙全，因其父名沙的，便以沙为姓；现代蒙古诗人巴布林贝赫，因其父为巴达玛宁布，便以巴为姓。现在仍有相当一部分蒙古人以这种方法取姓。

三是以汉字谐音取姓。如伯颜首字"伯"与"白"谐音，其后人便以白为姓。再如"敏罕"在蒙古文中意为"千"，以汉字谐音"钱"为姓；鸟古纳蒙意为

蒙古族

国学经典文库

中国民俗文化精粹

·姓氏文化·

图文珍藏版

"羊",便以汉字谐音"杨"为姓。

四是以母姓为氏。如蒙古族中刘姓,即源于汉代公主(刘氏)下嫁单于,而后代便有以刘为姓者。

五是受汉族影响,取用汉姓。如张、王、李、陈等,即是其例。这种现象在汉化较深的文人、官吏中更为普遍。

蒙古族的名字大都是按照本民族心理习惯起的,丰富多彩,很有特色。在习惯上,蒙古族人是称名不称姓的。其名字多出自蒙古语中,用汉字表示时则是同音对译。因此,仅从汉字上看蒙古族人的名字,是无法了解其真正含义的。而在实际上,蒙古族人名字的寓意相当深刻。男性的名字,有的是历史人物或民族英雄的名字,如康熙、罗成、帖木儿、恩和森;有的则寄托长辈的一种期望和祝愿,如吉日格拉、巴雅尔、巴图、白音、布和,分别是幸福、大喜、坚强、富有、结实的意思;有的以勇猛矫健的飞禽走兽做名,如阿尔斯冷、苏赫巴鲁、布日固德,分别是狮子、猛虎、雄鹰;有的以贵重的金属做名,如阿拉坦、孟恩,分别是金、银;有的以蒙古古代公认的社会尊者做名,如巴特尔、必勒格、莫日根、彻展,分别为英雄(或勇士、骑士)、智者、神箭手、贤者;有的为了纪念并盼孩子健康长寿,就以孩子出生时祖父的年龄做名,如乃仁台、依仁台,分别是八十、九十。蒙古族女性的名字,则或者钟情于日月星辰,或者自况于花草树木。或者偏爱于珠宝玉石,如娜仁、萨仁、敖登、敖登格日乐,分别是太阳、月亮、星星、星光;如其其格、其木格,分别是花儿和花蕊;如塔娜、哈森(或哈斯),分别是珍珠和玉石。更有意思的是清朝的一位蒙古族大臣,全名竟有12个字,即"鄂勒哲依忒木尔额尔克巴拜",译成汉语就是"有福有寿结实如铁珍奇若宝"。由于蒙古族可用作取名的词汇较少,同名的现象也非常多。为了加以区别,有些人在自己的名字前加上父名,有些则在名前冠以姓氏。尽管如此,名字相同的人仍然很普遍。

此外,随着民族的融合和文化的相互渗透,蒙古族中也有起藏语名字的,有的名字则一半蒙语一半藏语;有的还有了自己的姓氏,或者在蒙古名字前面加一上汉姓,如韩,乌力吉、李,朝日格图。在汉族聚居区和蒙汉杂居区的一些蒙古族,除起有蒙古名字外,还大多另有汉名,有的甚至直接起汉名。

翁牛特旗有蒙古族四方七千多人口,其中多数是原翁牛特左翼旗的蒙古人,其次是沿老哈河北岸居住的原敖汉旗的蒙古人,还有一部分是从土默特、喀喇沁以及奈曼、库伦、巴林等旗迁移来的蒙古人。

翁牛特、敖汉的蒙古人,都记着自己的蒙古姓氏,其中有些按姓氏的音或意采用了汉姓。来自南部各旗的蒙古人都采用了汉姓,其中不少人已不知道自己的蒙古姓氏。

　　以往,蒙汉通婚者,子随父民族。1980年以后有近5000名汉父蒙母者改为蒙古族,他们仍沿用其父之汉姓。

蒙古包

　　翁旗内居住的蒙古族之姓氏如下:

　　1.孛尔只斤氏(汉姓鲍)——孛尔只斤在突厥语中意为蓝眼睛的人(《史集》)。翁旗孛尔只斤氏是成吉思汗三弟哈赤温之后裔。

　　2.不古纳歹氏——他们是阿兰豁阿五子之一,不古纳台的后裔(《蒙古秘史》)。

　　3.塔塔儿氏(汉姓戴、谭)——是一个古老的氏族,蒙古史中经常出现。

　　4.奥矣,毛都氏(汉姓林、穆)——奥矣,毛都蒙古语为林木,该氏可能是早期的"林木中的百姓"(《蒙古秘史》)。

　　5.弘吉剌惕氏——是一个古老的氏族,元代常与孛尔只斤氏联姻,本旗人数不多。

　　6.宏豁惕氏——是一个古老的氏族,《蒙古秘史》中记作"晃豁坛",也有记为"晃豁摊"的。"宏豁"蒙古语有铃铛之意。

　　7.兀日罕氏(汉族于、吴)——有人说他们是兀良哈氏之一支。

　　8.木布姑真氏(汉姓龚)——木布姑真蒙古语为"养鹰人"。元、明时期的史书中常出现,也记作"朱保真"。"龚"可能取自"弓"的谐音。

　　9.哈布格钦氏(汉姓陈)——明代蒙古有"哈麻真",蒙文中"麻""布"二音有混用现象。"哈布格"蒙古语为狩猎用的枷。钦为人称,故有人释为"狩猎者"。

　　10.唐兀惕氏(汉姓唐)——旗内人数较多,早有"五百唐兀惕"之说。唐兀惕氏为古代西夏人。

11.夏那日氏(汉姓夏、唐、白)——该氏人自己说是唐兀惕氏之一支。"那日"在蒙古语中是人称复数词尾,如汉语中的"们"。"夏那日"意为,"夏的人们"。

12.察哈尔氏

13.喀尔喀氏

14.杭盖勒氏

15.季如特氏(汉姓季)

16.海拉苏氏

17.萨日黑惕氏——"萨日黑"蒙古语为酒,故译为"酿酒的人们"。

18.色勒莫氏——色勒莫蒙古语为"剑"。

19.特古如格,太本氏——该氏人称自己是察哈尔氏之分支,与察哈尔氏不通婚。

20.召,额日氏——"召"为百,"额日"为男子汉。"召额日"可释为"百条勇士"。明代《北虏考》有"召阿儿氏"。

21.楚和日氏(汉姓褚)——其中分支称"乌台日,查于"(汉姓)

22.希日努特民(汉姓汪、黄)

23.希日,乞丹氏(汉姓黄)

24.呼克苏勒氏

25.乞丹斯氏(汉姓陈)

26.于聪氏

27.希汤古特氏

28.太本,萨坦氏

29.额登氏

30.保青氏

31.赍肖尔氏

32.桑萨瓦氏

33.呼勒都氏——"呼勒都"蒙古语为"冻"。据说他们是奥矣,毛都氏的一个分支。

34.柴尔吉惕氏(汉姓柴)

35.海鸠特氏(汉姓柴)——"海鸠特"蒙古语有"偏坡"或"旁侧"之意。

36.阿拉他斯氏(汉姓金)

37.嘎拉他斯氏(汉姓霍)

38.嘎拉珠氏(汉姓冯)

39.道劳,道古森氏(汉姓祁)

40.蒙格惕氏(汉姓孟)

41.查达氏

42.兀鲁惕(汉姓吴)

二、回族姓名"马"姓多

同族人马姓最多,有"十个回民九个马"之称,此外还有沙、喇、哈等姓氏。同族姓源多来自古回人之汉语音译。有浓厚的宗教色彩。如马姓,即因为回人多信奉伊斯兰教,伊斯兰教创始人是穆罕默德,明、清时著述多将"穆"译为"马",加之明太祖朱元璋赐波斯人马沙亦里为"马"姓,故同族中马姓最多。

其次,回族往往用古伊斯兰教圣人或父祖辈名字中的某一音节作为姓氏。如:以、白、来、金四姓,即来自古回人"易卜拉欣"四个字的音译;纳、速、喇、丁四姓,即是回人名字"纳速喇丁"的音译。

再次,部分回族姓氏来自帝王赐姓,如:沐氏、达氏、郑氏。回族中较常见的姓氏还有王、丁、白、金、穆、张、杨、朵、拜、陕、赛、脱、摆、撒、纳、麻等。

由于回族取姓音译时,多采用谐音或相近的汉字,因此产生了一批奇僻姓氏,如:忽、闪、拉、刺、哈、撒、麻、达、朵、虎、者、也等等。上述这些姓

回族

回族

氏,在发展过程中,有的已被同音的汉姓所代替。如速姓变为苏姓,合姓变为何姓,

忽姓变为霍姓等。

由于多与汉族人交错杂居,回族人受汉文化影响较深,在姓名制度上也基本上与汉族相同。在取名上,生活在内地的回族人已基本上完全采用了汉族人的名字,有时只是由于宗教信仰的原因,在孩子出生时请阿訇取一个"回回名儿"(亦称"经名儿",即小名),或者在结婚时的喜贴上写上自己的回族名字。这些回族的名字大多与所信奉的伊斯兰教有关,如男名多叫阿里、达乌德、阿卜等,女名多叫马丽玛、法蒂玛等。

三、有名无姓的维吾尔族名字

维吾尔族是一个有名无姓的民族,其名字大多采用自己名与父名相连的方式,称呼时只称己名不称父名。如"买买提·依不拉音"这一名字,前半部分是己名,后半部分是父名。族中的取名特点,有些是根据所信仰的伊斯兰教教义取名,如"晗力克"意即"造物者","库尔班"意即"古尔邦节","阿迪勒"意即"公正的";有些则在名字的前面或尾部加上别的词表示地域概念,如"买提库尔班"意即"莎车地区在古尔邦节出生的人","阿依古丽"是阿克苏地区的女性,"热合甫"是吐鲁番一带的人,艾孜尼汗是哈密一带的人;还有一些名字表示其他意义,如"古丽巴哈尔"表示纪念"花的春天","穆合布里"是父母希望孩子"幸福有前途","阿丽玛"有"苹果"之义,"海赛力"本义是"蜂蜜"。上述这些,无不反映维吾尔族人取名文化的丰富多彩。此外,生活在新疆西北部地区的乌孜别克、塔吉克、柯尔克孜、哈萨克等民族,也有与维吾尔族大致相同的取名习惯。

维吾尔族

四、"己名+父名"的苗族命名

苗族是生活在我国西南部地区的少数民族。族人命名时多选用"两"(田)、"南"(柴刀)、"也"(石头)、"笨"(美貌)、"诺"(鸟)等字,表示生活习俗和寄托厚望。早在清朝以前,苗族有独立的姓氏制度,常用姓氏有"孟腊""孟达""孟由"等,取名时也多采用"己名+父名"的命名方式。入清以后,由于清朝统治者强行把苗族姓氏根据同音对译的原则简化为汉族姓氏,使原有的姓氏慢慢消失,汉姓则在苗族中流行开来。

五、"一辈一个姓"的满族姓名

满族曾是大清王朝的建立者和统治者,族人有姓氏也有名字。族中称姓氏为"哈拉",是标志血缘关系的称号。最早的哈拉就是一个家族,后来又发展衍化成为679个姓氏。

据史书所载,早在北魏时期(也有的认为是在隋唐之际)满族就有了自己的姓氏。据清代《皇朝通志》所载,满旗的"哈拉"(姓)有679个。"哈拉"的名称最初都是以满语命名,是多音节的名称,如满族皇室姓爱新觉罗,贵族大姓有瓜尔佳、钮祜禄、舒穆禄、纳兰、董鄂、马佳等。其姓氏来源,一是以居地为氏,即以所居地名、山名、水名为氏。如居董鄂河者,即为董鄂氏。其余如修佳氏、富察氏等,均以住地为氏。二是以部落为氏,如爱新觉罗、瓜尔佳等。三是以动植物等图腾崇拜物为氏。如:尼玛哈氏(鱼)、萨克达氏(野猪)、依喇氏(黍)等。四是沿袭辽、金、元时期的旧族大姓,其中金代旧姓27个,辽代旧姓1个,元代旧姓7个。五是以父祖之名第一音节汉字为姓,如舒穆禄氏有名万鲜丰者,其子孙以"万"为姓;喜塔拉氏有名文忠额者,其子孙以"文"为姓。故有满族人"一辈一个姓"之说。清朝入关以后,满清皇室受汉人字辈文化的影响,取名时也开始采用字辈命名,并且规定用汉字取名时只准用两个字。清朝灭亡之后,满族人多数已为汉姓,满族姓氏和名字更加简化得与汉人姓名一样。其改姓方式,一是由复姓改为单姓,如佟佳氏改为佟氏,董鄂氏改为董氏;二是意译为汉姓,如阿古占,满文为雷之意,即改为雷姓;倭赫,意为石头,即改为石姓。如今,仍旧使用古老的满族姓名的人已经很少了。

六、父子连名的彝族姓名

彝族在新中国成立前实行等级制度,其姓名习俗也与这种制度有关。如族中身份地位最高的"黑彝"特别重视自己的身份和财产继承,在姓名制度上多采用父子连名的取名方式。根据这种制度,男孩在取名时必须取父名的后一两个音节与己名连缀;同样,等他有了儿子,也会把自己的名字与儿子名字联在一起,共同组成儿子的名字。按照这种取名方法,彝族人的名字往往世代相连组成谱系,有些谱系

彝族

甚至可以长达许多代。如担任过第五届全国政协委员的彝族人鲁木子,名字全称便是阿侯(远祖名),布吉(氏族名),吉哈(父名),鲁木子(己名),从他的远祖阿侯开始,传到他已是第37代,其中每代人的名字都是父名和己名相加,即"古侯合子——合子合打……吉哈鲁木子"等等。当然,现代以来,彝族中也采用了汉名汉姓或汉姓彝名等命名方式,说明其姓名习俗也在发生变化。

七、世代相连的白族姓名

白族的姓名习俗大体与汉族相似,其姓氏主要有杨、赵、李、董、段、高、张、王、尹、何、杜、苏等,名字则多取两字名。族中的男子有些还在采用"父名+己名"的取名习俗。如云南盈江县的一家白族人,从远祖名到本人名二十多代相连不断,其中几代的名字便是"苗局谷——谷娟血——娟血独——独老底——底拉局——局拉牛——牛拉首",世代相连的特征十分明显。女子的取名则多以"金花""银花""德花""珍花""玉花"等相称。

八、不同阶段不同名的傣族姓名

傣族人在历史上很长一段时间只有"刀"字一个姓,而且还是仅限于族中的贵族在对外交往中取汉名时使用的。因此,有人认为傣族是一个有名无姓的民族。在名字的使用上,傣族人一般有乳名、法名(出家做和尚后的名字)、还俗名、父母名(做了父母以后的名字)、官名(当官后的名字)等,在不同的人生阶段要使用不同的名字。新中国成立以后,傣族人的名字也出现逐渐汉化的趋势,主要表现是使用姓氏,采用汉名和名字固定化。原来只有贵族才能使用的"刀"姓,现在的一般平民百姓也可以使用了;原来经常变化的名字,现在也基本固定下来了;原来不使用汉姓的习俗,现在也基本上改变了。如姓名为刀美兰、杨丽萍的两位傣族人,还与她们的新名字一起享

傣族

国学经典文库

中国民俗文化精粹

·姓氏文化·

图文珍藏版

国学经典文库

中国民俗文化

精粹

·姓氏文化·

图文珍藏版

九、男改名女改姓的瑶族姓名

瑶族人有姓氏也有名字,其姓氏原有 12 个,即盘、沈、包、房、李、邓、周、赵、胡、唐、雷、冯,后来又从赵姓中分出邵姓。在取名时,瑶族人习惯于按婴儿出生时的顺序或重量相称,如男孩多取名大贵、二贵、三贵或亚一、亚二、亚三.女孩多称大妹、二妹、晚妹、接妹。随着年龄的增长,瑶族男子一生中还要改三四次名字,女子不仅改名还要改姓。如一位名叫房二贵的人,他在年轻时可以使用这一名字,做父亲后则要改称房二父,有了孙子又改名房二公,有了曾孙则要改名房黄公;如果他的夫人在婚前名唐三妹,婚后就要改名房二沙,生子后改名房二尔,生女后改名房沙二尔,有孙子后则又改名房二婆或房沙二婆。

瑶族

十、高山族的姓名

高山族人在历史上大多有名无姓,采用率名与父名或氏族名、母名相连的命名制度。如居住在台湾端岩村的一位高山族首领,全名是瓦绍,达侬莫,其中"瓦绍"是他自己的名字,"达侬莫"则是他父亲的名字;同样,他的子女名为白赫,瓦绍或卡摩,百绍,所采用的也是与父名相连的命名制。当然,高山族人自清代以来逐步汉化,一方面采用了汉族人的姓氏作为自己民族的姓氏,另一方面则大量采用汉名,表现了较多的民族融合特征。

高山族

十一、名重于姓的土家族姓名

土家族姓氏起源,也与汉族有许多共同之处。其主要来源,一是以部落或部族名称为姓(冉姓即远古部落名称);二是源于图腾崇拜,如李姓,本意是土家族以虎为图腾,土家族先民巴人称虎为"廪君","廪君之后能化为虎",《风俗通》中说:"虎本南郡中卢李氏公所化",故土家族中"李姓",为虎的图腾。此外,土家族姓氏来源中尚有源于祖先姓名,源于居住地等多种起源。

土家族人有名有姓,名字往往显得比姓氏重要。在取名时,土家族人迷信于让刚生下来的孩子去拜祭山水、草木、石头等常见之物,借以保佑一生平安,因此多以拜祭之物命名。如岩生、树生、岩树、岩保、岩妹、水生、石妹等名字的来源,大都属于这种情况。此外,土家族人还喜欢用牲畜、家具或孩子的性别、排行命名。如"呀谷座"即鸡笼,"呀八"即公鸡,"哈勒毕"即狗子,"热毕"即小老鼠,这些也都是常见的名字。

十二、按辈分取名的畲族姓名

畲族人的姓名习惯基本与汉族相同,其姓氏主要有盘、兰、雷、钟 4 个。相传,畲族人的祖先盘瓠在帮助中原皇帝平定叛乱以后,辞官不做,迁居深山之中,生下3 男 1 女。为了让子女光大自己的基业,他分别为 3 个儿子取盘、兰、雷姓,又为女儿招赘了一位姓钟的女婿,这样便有了畲族四大姓。此外,在取名上,畲族人在少儿时代就有乳名,成年以后有世名(学名),参加过祭祖仪式后又有法名(醮名),去世以后有讳名(谱名)。无论是何种性质的名字,都是严格按辈分取的,显示了族中宗族制度的严格。

十三、源起氏族部落的藏族姓名

藏族人姓氏起源较早,公元前一二世纪西藏山南市一些部族已经形成并发展起来。藏族人最初姓氏即起源于氏族部落,此后渐有变化,有的以封地为姓,有的以家族房名为氏,但一般都是贵族才有姓氏。

最常见的藏族姓源有以下六种:

1.神猴的后裔

藏族地区广泛流传着一则神话:有一神猴与岩魔女结为夫妻,生下 6 个小猴,进化为人类,成为藏族最早的 6 个氏族,其名称为色氏、木氏、董氏、东氏、惹氏、朱氏(柱氏),形成所谓"原人六姓"。这 6 个氏族又发展为 18 个氏族。

2.天神的家族

相传藏族首领聂赤赞普是天神之子下降人间,制定了礼仪,区分了尊卑,由他传下了第一个王族。这个天神的家族称作"代"。发展为父系6族,即:洛氏、聂氏、琼氏、努氏、色氏、保氏。到松赞干布时,又有秦氏、卓氏、如雍氏、纳南氏、才崩氏、觉如氏等其他家族出现,成为与王族结亲的姻亲氏族。

3.“可怕”的家族

据传说,西藏古代有一位道法高深、威力很大的密宗法师叫琼保·较塞,游历四方,遍谒圣地,为人降魔除邪,免祸消灾。恶魔对他十分害怕,一见他就发出“米拉、米拉”的哀号。“米拉”在藏语中词意是“可怕”。后人赞誉琼保·较塞的功德,称其家族为“米拉氏”,即“可怕”的家族。

4.“仇生”家族

13世纪时,西藏有位大学者贡呷坚赞,据说是天神后裔,因与仇敌罗刹交战,俘获其妇而生了孩子,取名“昆巴解”,“昆巴”是仇恨的意思,“解”是生的意思,即“仇生”或“仇妇生”之意。其家族便称昆氏,以炫耀其族系之高贵和祖先之威猛。

5.以房为氏

魔族大多数家庭都有房名,世代相传,房名即成为姓氏。如韦氏、谷米氏、雪魔氏、华秀氏,即为房名演变而成的姓氏。

6.以封地庄园为氏

近代以来,西藏农奴主贵族的传统姓氏日渐衰微,而以封地庄园命名的姓氏日渐增多。如十三世达赖喇嘛出生于平民家庭,被确认为转世灵童,当了达赖喇嘛后,其父被封为公爵,赏赐许多庄园。其中朗敦——黯卡是他家原住的庄园。人们便以此封称呼这新的显贵家庭。于是他家的人名前都冠以“郎敦”二字。

十四、“同姓不婚”的景颇族姓名习俗

景颇族称"姓"为"波桑",含有类、种、姓的意义。也就是说景颇族历史上同种、同类之人,也即同姓之人,均有血缘关系,不得通婚。至今仍严格遵守这种"同姓不婚"的制度。在历史上,景颇族实行"普那路亚式"的族外婚制度,即甲族一群女子与乙族一群男子互为夫妻的族外群婚,现今景颇族实行的单向姑舅表婚姻,即是这一族外婚的遗迹。姓氏在景颇族中起着"姓别婚姻"的功能。因而景颇族姓氏与家族历史密切相关。景颇族姓氏中有大姓与小姓之分。大姓共26个,均为氏族社会部族或家族标志。其中木日(彭、李)、恩昆(岳),勒托(董、徐)、木然(尚、杨)、勒排(排)五大姓,是世袭山官的子孙,称为5大官姓。由26个大姓衍生出300多个小姓。景颇族称小姓为"亭郭明",即户名。由户名再发展为姓氏(即小家族的名字)。

大姓和小姓常常连用,小姓在前,大姓在后,由同一大姓分出的两个小姓可以通婚。

景颇族的姓氏,主要来源于七个方面:①来源于官位、职业;②来源于出生或居住的地名;③来源于动物名称;④来源于植物名称;⑤来源于生活用具和建筑材料;⑥来源于食物或事物名称;⑦来源于某种动物行为。

景颇族这种姓氏起源,与汉族姓氏起源十分类似,与图腾崇拜有关。而大姓、小姓之分及其社会功能,与汉族早期的"姓""氏"之分,和"姓别婚姻","氏明贵贱",有惊人的相似之处,可以从中看出中华民族姓氏发展的基本规律。

十五、源自中原的壮族姓名

壮族人自称"布依""布壮""布土""布僚""布越"等,姓名习俗是有姓有名,先姓后名,从形式上几乎与汉族一样。在称谓上,壮族人习惯称刚生下来而未取名的婴儿为"依冒",取了名字后则以名字相称。等结婚生子以后,则又称"父冒",做了祖父则称"爷""公"。如韦拔群、依智高、覃惠清等,都是典型的壮族人名字。

在壮语里,将姓称作"栏",即房屋的意思。表明壮族"姓"的本义是指生活在同一间大房屋里同一血缘人群的共同称号。

壮族早期的先人没有姓氏,是古代"百越"的一个分支。秦末自立为"南越武王"的赵陀,虽然已有赵姓,但他是由河北真定迁入壮区的中原人士。另据多种姓氏辞典对"韦姓"的解释,有一支韦姓出自韩姓,是汉代功臣韩信被杀后,萧何暗中将其子孙送往南粤(今广西、广东一带),韩信子孙为避祸,以韩字半边"韦"字为姓。这是秦汉时期中原人士迁居壮区的又一例证,说明壮族与汉族交往由来已久。最早见于文献记载的壮族姓氏是《新唐书》中的"列传·南蛮":"西原蛮(即壮族古代称谓),居广容之南,邕桂广西。有宁氏者,相承为豪。又有黄氏,居黄橙洞……天宝初,黄氏疆(强),与韦氏、周氏、依氏相唇齿,为寇害,据十余州。"可见当时已有了黄氏、宁氏、韦氏、周氏、侬氏等大姓。习惯上把这些大姓聚族而居的区域，以"洞"命名，分别称作"黄洞""侬洞""吴洞"等等。反映了这些姓氏与氏族部落组织的密切关系。

关于壮族姓氏的来源，有以下几种：

1.集会赐姓

据壮族民间传说，其先人原来没有姓氏，各部落首领在一个叫江岩的地方集会，商定姓氏。因主持人势力强大，被推为首领.以"黄"（皇帝）为姓。其余养黄牛的，就以"莫"（黄牛）

壮族

为姓；会猎鸟的以"陆"（鸟）为姓。大家都因有了姓而高兴。但当时为大家杀牛做饭之人，却因未得姓而发怒，以刀拍击砧板愤愤不平。主持人见状，灵机一动，就以"岑"（砧板）给他为姓。

2.以居地为姓

壮族部分姓氏与居住的地理环境有密切关系。如：农姓，汉语是指农耕种植，而壮语却是森林或树木浓密的意思，即指住在森林里的人；甘姓，汉语是甜的意思，壮语却是岩洞的意思；谭姓，汉语中是谈的意思，壮语却是指水塘，意指住在水边的人们。

3.以职业技艺为姓

前述"莫"，汉语中是"无""不"的语思，而壮语中却指黄牛，意为养牛人。蓝姓，汉语中指颜色，壮语中却指用竹或藤编织的篮子，可知其祖先擅长于篮筐编织。巫姓，可能是与为人驱邪祈祷的巫术有关。

4.以原始的图腾崇拜为姓

壮族先民与其他民族一样，也曾经历过原始的氏族社会，故而部分姓氏由原始的图腾崇拜发展而来。如龙姓，即源于对古代蛟龙（鳄鱼）的崇拜；麻姓，在壮语中是狗的意思，源于对狗图腾的敬仰。狗在古代壮族中有很崇高的地位，可能与西南各族传说中的神犬槃瓠有关。此外如陆姓，壮语中为鸟，与鸟的崇拜相关。

·姓氏文化·

图文珍藏版

5.受外族特别是吴越和汉族影响

据史书记载,早在春秋战国之际,壮族统一属于"百越",秦汉时期,就有汉族移民迁居壮族地区。如前述南越王赵佗,即因战乱入居壮族地区,必然会对壮族姓氏文化产生一定影响。现今壮族中的部分汉姓,即是汉族文化影响的结果。这里需要注意的是,从表面上看,有些壮族姓氏与汉姓相同,但从读音和词义上考察,却有很大差别。如前述"莫姓"(黄牛)、"陆姓"(鸟)、"麻姓"(狗)、"黄姓"(皇帝)等,即是成例。

当今壮族,以黄、韦、侬、莫、岑为大姓,多为历代部落首领土官世家。由于受汉文化的影响,免遭世人对"蛮夷"的歧视,在其所修族谱、家谱或其他传记中,多攀附内地迁来的汉族或功臣名将为自己的祖先。将祖籍说成是来自中原内地。如泗城岑氏,称其先祖岑仲淑是浙江余杭人,宋时随狄青平定侬智高,以功封镇其地。再如南丹州莫氏土官,在唐开宝七年(974年)即自称节度使。遣牙校陈绍现奉表修页,请求内附。《宋史》《明史》《舆地胜纪》中,均有明确记载,但南丹莫氏土官家谱、碑刻与传说中,却称自己的始祖是莫伟勋,为宋代狄青部将,随来广西。

十六、鄂温克族姓氏"哈拉"习俗

鄂温克族有许多"哈拉",即氏族。鄂温克人的每个"哈拉"都有自己的固定名称,一般以居住地名、河名、山名、村落名、部族或部落酋长的名字命名。如"杜拉尔"是"在河旁住的人"之意;"涂格敦"是"在秃山底下住的人"之意;"那哈塔"有"山南坡住的人"之意。

我国鄂温克族主要"哈拉"有数十个,例如:杜拉尔、涂格敦、那哈塔、萨玛基尔、卜勒基给尔、柯勒特依尔、达阿图、阿尔本千、伊格基尔、巴依格尔、阿其格恰基尔、哈哈尔、何音、武力斯、敖拉、金奇里、郭尔佳、索勒果尔、那米尔、那妹他、那乌那基尔、杜拉给特、巴雅基尔、西木萨基尔、奥布特克基尔、奥斯特基尔、

鄂温克族

奥勒特给特、玛鲁基尔、哈拉玛鲁给特、道力奥特、考诺克特、巴拉格金、照鲁套特、齐布奇努特、索罗共、固德林、长拉他昆、布利托特、给力克、索利托斯基等等。

从前,鄂温克族每年在 5 月间"祭敖包"。敖包会是鄂温克氏族的盛大节日,每个"哈拉"都有自己的"敖包"。"祭敖包"时要杀牛宰羊,由本"哈拉"的人祭祀,并举行赛马、摔跤比赛活动,优胜者获奖是本氏族的荣誉和自豪。新中国成立前,鄂温克人的每个"哈拉"都有自己的"萨满",例如杜拉尔氏族有 8 个"毛昆"("毛昆"是从"哈拉"分出来的),就有 8 个萨满。萨满死亡后。一般要由他(她)的子女继承,但继承者必须经过三年的领教之后,方能成为正式的萨满,而后才有资格跳神驱鬼。新萨满学 3 年后,要向本氏族的人宣誓:"一定要把本氏族、家族保护得像樟松一样,冬夏常青,子孙满堂,牲畜兴旺"。

很早以前,鄂温克人信奉的"玛鲁"神只在氏族萨满家供奉,后来从氏族中分化出大家族,便由家族长供奉。因此,各个"乌力楞"("毛昆"之下的基本经济单位,意为"子孙们")均有各自的"玛鲁"神,为本氏族求福驱灾。

鄂温克人"哈拉"内部自古有严禁结婚的习俗,只许与其他氏族通婚,如与达斡尔、蒙古、满、汉族等通婚。一旦同一"哈拉"的青年男女相爱接触时,就会受到社会舆论和父母的谴责,被认为是违背了本氏族的法规。鄂温克族的婚姻嫁娶是一夫一妻制。

鄂温克族的葬礼,从前非常讲究,安葬要举行隆重的仪式。埋葬死人时,鄂温克人是以"哈拉"为单位;同一个"哈拉"的人死后,就埋葬在一个坟地里,不允许别的氏族掺杂混入。当父母去世以后,埋葬时,必须由其子女、叔、伯亲属抬着灵柩送向"哈拉"的葬地。如果死者是 70 岁以上的老人,几乎全氏族各"哈拉"的人都来参加安葬仪式,人们认为 70 多岁人并不是死去,而是"成佛归天"了。

鄂温克人是很有礼节、很好客的民族,尤其是对本"哈拉"的老人更为尊敬。如果老人到家要热情迎接。首先请安问好,把老人请到蒙古包或"撮罗子"中间玛鲁旁的座位上,然后主妇或女儿敬茶、敬烟,随之以肉食招待并敬酒,互相问长问短,促膝谈心直至告别。

鄂温克人有"哈拉"家谱,鄂温克语叫"给布"。从前.一般每隔 20 年召集全氏族"哈拉"大会。事先,"哈拉"内部商量续家谱事宜,会议日期确定之后,通知全"哈拉"男性成员参加"伊桑"大会,大会是很隆重的。由家族长主持举行续家谱仪式,然后续写本氏族男性青少年名单。大会结束后,大家欢聚一堂共进一餐,表示

"哈拉"伊桑大会圆满成功。鄂温克族家谱不能随意打开,一般由家族长保管。每逢春节向"家谱"敬酒叩头,表示对祖辈的尊敬和怀念。

鄂温克旗以"哈拉"命名村落或取地名,如莫力达瓦达斡尔族自治旗的杜拉尔、巴雅基尔,阿荣旗的那哈塔。布特哈旗的萨玛基尔等村落均是以氏族名称称呼的。鄂温克人多居住在河流两岸,如达阿图氏族的人住在河流下游,因此被称为"达阿图",鄂温克语是下游的意思。鄂温克民族在内部的相互称呼为:杜拉尔浅、雅鲁浅、音浅、辉浅、伊敏浅、莫日格勒浅等等。

鄂温克族"哈拉"的由来和形成均由地名、山名、村名、部落、部族名称演变而来。鄂温克族牧民怀念阿穆尔可(即黑龙江)的一首民歌《内库楞》,至今在鄂温克人中流传着:

> 源远流长的网穆尔河,内库楞!
>
> 鄂温克族在那里发祥,内库楞!
>
> 水草丰美的呼伦贝尔,内库楞!
>
> 我们和满族同一祖先,内库楞!
>
> 同达斡尔亲密相处,内库楞!
>
> 勇敢剽悍的鄂温克,内库楞!
>
> 在兄弟民族中素有盛誉,内库楞!

鄂温克族"哈拉"的形式,可以追溯到鄂温克氏族社会时期。

十七、珞巴族父子连名制

珞巴族没有姓氏。珞巴男子的名字,由父名和自己的名字两部分组成,通常是两个音节:一个是己名,一个是父名;父名在前,己名在后。例如,某人的名字叫腰布,他父亲名字就叫兴腰,他祖父的名字叫玛兴。玛兴——兴腰——腰布。如此世代相连,构成一个谱。珞巴族女子亦同样与父亲连名,但是,由于珞巴族实行族外婚制,女子要出嫁外氏族,其所生子女也只按父系连名,所以她们的名字是不连子女名下传的。

父子连名制表明一个氏族是从一个男性祖先繁衍下来的。他们各代人的名字,也就一代一代连下去。名字排列起来,就成为一个以男系计算的氏族谱系。

他们根据自己的名字可断定彼此间的血缘关系，根据氏族谱系知识，成年人能说出自己及关系较近的亲族几代世系的情况。

珞巴人通常都要在名字前冠以氏族的名称，如腰布的全称叫：东乌腰布。在日常生活中，习惯略去父名，只用本人名字，男子在本人名字前加"达"音，如称作"达某"；女子在本人名字前加"亚"音，称作"亚某"。随着社会的发展及与外界的交往，珞巴族传统的命名制也在逐渐发生变化，如有的地方的珞巴人中间已经出现了按藏族习俗取名的现象。

珞巴族

上述各个少数民族姓名制度和姓名习俗，在我国各少数民族中都具有一定的代表性。此外，如怒、哈尼、佤、景颇、基诺、珞巴、布朗、拉祜、塔塔尔、俄罗斯、独龙、门巴、普米等族的人有名无姓，德昂、傈僳等族的人有姓无名，怒、哈尼、佤、门巴、普米等族的人父子连名，布朗、独龙等族母女连名，鄂伦春、鄂温克、赫哲等族有本民族的姓名也有汉姓汉名，等等。

图文珍藏版

第六章　传统家族宗族探源

一、中国宗族制度起源

五千年来,古代中国一直是定耕农业国家,其重要制度譬如商礼周礼、周公制宗族、秦汉立郡县制、隋唐行均田制、明清改行混合财税制……均围绕着农耕农业而制订,一切皆以有利农耕为最高原则。

因此,古典中国文化也是定耕农业文化,农户家族是社会组织的细胞,农业是基础产业,定居是基本生活模式。围绕这一文明轴心,培育并形成价值信念、社会组织、制度体系、农业技术、宗教信仰、习俗约定、政治组织设置和行为伦理。

祠堂

所谓家族,是一种以血缘关系为基础、由家庭房派结成的亲缘集团或社会群体单位。中国人以农耕为主要生活来源,以一种渐进的方式告别原始社会,而不是像古希腊人那样通过商品活动的冲击完成了从血缘政治到地缘政治的转型。虽然,中国古代社会经历了西周的嫡长子继承制、东汉以后血缘关系为纽带的门阀制度和宋以后的三个阶段,但是整个国家都是建立在血缘关系或者类血缘关系基础之上的,形成了一套国家政治机器与王族的家族组织结构合一的政治组织形式。它的具体内容在有关西周、春秋社会情况的文献记载中有比较详细的说明,其起源则可追溯到更远的世代。

宗族制度是由父系氏族社会的家长制演变而来的。在父系氏族社会,世系以父系计算,父家长支配着家族成员,甚至对他们有生杀予夺之权。在父系氏族社会后期,随着生产力的发展,剩余产品的增加,私有财产也产生了。父家长死后,他的权力和财产需要有人继承,于是习惯上就会规定一定的继承程序,而一代代父家长生前的权威在其死后仍然使人敬畏,子孙们幻想得到他们亡灵的庇护,于是又产生了对男性祖先的崇拜以及随之而来的种种祭祀祖先的仪式。凡此种种,都为宗族制度的萌芽准备了适宜的土壤。

进入阶级社会以后,宗族制度逐渐形成,它主要实行于统治阶级内部,成为调节统治阶级内部关系,维护贵族世袭统治,奴役劳动人民的工具。

父系氏族后期,部落联盟的领袖在一定程度上已经具有后世国王的权力,但这一职位是由各部落首长协商推选的,这就是"禅让"。夏禹死后,其子启继位,把禅让的官天下变成传子的家天下,开创了我国历史上第一个奴隶制王朝。从此,如《礼记·礼运》所说,"大人世及以为礼"(以子继父为世,以弟继兄为及),王位世袭成为制度。夏王朝的世系可以明白地追述,据《史记·夏本纪》记载,夏王朝先后有十四世、十七王,其中两次是弟继兄位,一次是弟之子死后王位复归于兄之子,其余都是子继父位。《礼运》所说的"大人",不仅指王,也包括大小奴隶主贵族在内。自夏王以下,各级奴隶主贵族都是"世及以为礼",这种世袭统治权的确立可以说与宗族制度的形成互为因果关系。

在确定政治、经济等方面特权地位继承秩序的同时,又规定这种特权地位的继承人应该依照血缘关系的亲疏远近,把部分权力和财产分配给宗族中的其他成员。古史记载,夏王中康失国,其子相曾奔依同姓诸侯斟灌氏、斟寻氏。斟灌氏、斟寻氏当即夏王宗族,他们被封为诸侯,既分享到部分统治权,又承担为夏王效力的义务。其他奴隶主贵族在其宗族内部,也当有类似的区别尊卑等级并明确各自相应权利和义务的办法。

确定继统秩序和在宗族内部依血缘关系区分尊卑亲疏、规定各自的权利和义务,二者相辅相成,是宗族制度的基本内容。与此相适应,为了加强宗族内部的凝聚力,祖先崇拜被推进到新的高度。从文字学上看,宗族的"宗",是个会意字。《说文·宀部》:"宗,尊祖庙也。"宗的本义就是祭祀祖先的场所,亦即祖庙、宗庙。《周礼·考工记·匠人》:"夏后氏世室,堂修二七,广四修一。"郑玄注:"世室者,宗庙也。"不管夏王的宗庙是否真的称为世室,夏王之有宗庙,已被考古发掘所证明。在河南偃师二里头夏代都城遗址中,发现了一处大型宫殿建筑群基址,规模宏大,结构复杂,总面积达一万平方米,四周为廊庑式建筑,中为庭院和殿堂,其平面布局与后世的宗庙十分相似。经专家研究论定,这一宫殿基址是夏代宗庙建筑遗存。(1)宗庙祭祀是头等重要的大事,由宗族中地位最高的成员主持。同一宗族的人具有共同的祖先,共同的宗庙,共同的姓氏,共同的墓地,同受宗族制度的约束。到了商代,宗族制度更趋严密。近代学者王国维认为"殷(商)以前无嫡庶之制","商之继统法以弟及为主,而以子继辅之,无弟然后传子",立子立嫡之制"实自周公定之",由于区分嫡庶,从而产生宗族制度。他的结论是商代以前无宗族,宗族制度以及随之而来的"封建子弟之制、君天子臣诸侯之制"等,都是在西周之初制定的。(2)这种看法曾经颇有影响,但并不符合历史事实,现多数学者已不再信从。夏代文献不足征,在资料缺乏的情况下,对初期的宗族制度,这里只能作大致的勾勒。商代则不同,殷墟卜辞的发现为研究商史提供了一大批第一手的资料。利用卜辞和其他考古发掘所得资料,联系文献记载,对宗族制度在商代的存在和发展,可以做出比较明确的描述。

商代存在着宗族组织应无疑义。卜辞屡见"王族""多子族""三族""五族"等名称。多子族与王族有血缘关系,实际上就是王族的分支。商代作战,把族作为用兵的单位,卜辞中提到动员军队,即常见"三族""五族"等用语。在作为贵族专有物的商代铜器上往往铸有表示器主所有权的图形文字,这种图形文字具有族徽性质,许多研究者称之为族铭文字。一个族铭文字代表一个奴隶主贵族家族或宗族。据统计,商代铜器上的族铭文字有六七百之多,有些族铭文字是复合的,可能表示的是某一较大的宗族的支派。众多繁复的族铭文字,向人们展示了商代奴隶主贵族阶级中宗族林立的情景。清代末年,在直隶(今河北)保定南乡出土三件商代有铭铜戈,三戈的铭文分别是器主同一宗族祖辈八人、父辈六人、兄辈七人的日名。(3)祖辈排列在最前面的一位称"大祖",父辈排列在最前面的两位称"大父",兄辈排列在最前面的一位称"大兄"。称谓上加"大"的,显然分别是祖辈、父辈、兄辈之长。人们也可以从中窥见商代宗族组织的一个侧面。值得注意的是《左传·定公四年》中关于周初分封诸侯的一段记载,其中提到成王分周公以"殷民六族:条氏、徐氏、萧氏、索氏、长勺氏、尾勺氏、使帅其宗氏,辑其分族,将其类丑",又提到分康叔以"殷民七族:陶氏、施氏、繁氏、锜氏、樊氏、饥氏、终葵氏",分唐叔以"怀姓九宗,职官五正"。显然,所谓"殷民六族""殷民七族""怀姓九宗"在商代早已存在。而"宗氏""分族""类丑"的区别则说明宗族内部又有不同的层次。"宗氏"当即宗族长本支的子弟等，"分族"当指族中旁支。相对而言，"宗氏"是大宗，"分族"是小宗，"类丑"则是附属于该宗族的奴隶或平民。

族的宗族长就是商王，多子族的宗族长称"子"。从卜辞、铜器铭文和文献资料来看，商代称宗族长为"子"是普遍现象，后世把宗族长称为"宗子"，正与此一脉相承。商王和多子族宗族长的关系，也如后世的大宗与小宗。商王作为天下大宗固不用说，"子"对其族人来讲，也是君临一切。许多铜器铭文表明，宗族成员在接受"子"的命令时诚惶诚恐，在得到"子"的赏赐时欢欣鼓舞。宗族长在宗族内部具有至高无上的特权地位。无论是商王还是"子"，他们的权位都是世袭的。王国维看到"自成汤至于帝辛，三十帝中.以弟继兄者凡十四帝"，"其以子继父者，亦非兄之子而多为弟之子"，因而断定商以前无立子之制，商代的继统法主要是兄终弟及，父死子继则属例外。但如透过表面现象，仔细研究包括成汤以前许多世代在内的商代王室世系，不难发现其继统法一开始就是以子继为主。以弟继兄，或者因为兄本无子，或者因为兄子年幼而国赖长君，所以由弟摄代，或者因为王室内乱，都是在不正常的情况下发生的。当然，商代前期王位兄终弟及的现象较多，氏族社会遗留的习惯也可能起着一定的作用。而即便是以弟继兄，也依照长幼次序，有兄在，弟不得立，这本身也符合宗族制度的精神。至于继位之弟，后或传己子，或传兄子，这两种情况又从不同的侧面反映出传子的观念深入人心。以父子相承的继统法为重，这在商王对其祖先所做的名目繁多的祭祀中也有所反映。商王对父、祖、曾祖等直系先王的祀典与对伯叔父、伯叔祖等旁系先王的祀典相比，次数更为频繁，祭品更为丰隆。有一种按照严格规律进行的经常性的祀典，即按一定的祭法周而复始地依次祭祀祖先，研究者们称之为周祭。在周祭中，凡所自出之祖，其妣必见于祀典；非所自出之祖，其妣则不见。也就是说，直系先王及其法定配偶都是受祭者，而旁系先王虽然本身受祭，他们的法定配偶却不被列入祭谱。此外，卜辞所见的"大宗""大示""小示""小示"，很可能也是按直系、旁系区分的。对直系和旁系的不同待遇，正说明在商人的观念中以子继父是正统所系。

所谓嫡庶之制，就是在多妻的情况下，区分作为法定配偶的正妻和众妾身份上的尊卑，并从而规定正妻所生的嫡长子的优先继承权。区分嫡庶是宗族制度进一步发展的结果，并不是宗族制度产生的前提。如上所述，商王祭祖重直系而轻旁系，这证明立长立嫡之法在商代已有它的根蒂。不仅如此，有的研究者指出，与"嫡""庶"二字意义相近的词语在商代已经出现，卜辞中商王每称死去的父王为

·姓氏文化·

图文珍藏版

"帝",而从不称旁系先王为"帝"。据《说文》,"嫡"字从女啻声,"啻"字又正是从帝得声。《尚书·召诰》提到"皇天上帝,改厥元子。兹大国殷之命……"可见商王本被认为是上帝的嫡系后代。所以卜辞用以称父王的"帝",应该就是"嫡"字的前身。卜辞中又屡见介子、介兄、介父、介母、介祖等亲属称谓,"介"有"副"的意思,古书习见。《礼记,曾子问》即称庶子为"介子",《内则》又称嫡长子以外的众子之妻为"介妇",卜辞亲属称谓中所见"介"字应与此同例,与"嫡庶"的"庶"意义十分相近。(4)商王多妻,但每一代商王往往只有一个配偶死后能享受王室的特祭,研究者们称之为法定配偶,这种法定配偶应该具有正妻的身份。有的享年较高的商王或有不止一个法定配偶,如武丁有妣辛、妣戊、妣癸三个法定配偶,这可能是前后继娶,三人相继都是武丁的正妻。而武丁的其他配偶名见卜辞的就有六十多人,她们与法定的配偶尊卑有别,其间显然存在着嫡庶之分。《史记·殷本纪》记载:"帝乙长子曰微子启,启母贱,不得嗣。少子辛,辛母正后,辛为嗣。"《吕氏春秋,当务》则说微子启与纣(即辛)同母,只是其母生微子启时尚为妾,生纣时已正位为妻。帝乙想立微子启为太子,"太史据法而争之曰:'有妻之子而不可置妾之子。'纣故为后"。二书说法有些不同,但强调商代末年立嗣已经优先考虑嫡子这一点则是一致的。以后周代立嫡立长之制,实际上是承袭商制而更为严格。商代嫡子继承王位,庶子则被分封。微子启即被封于微。《史记·殷

《史记》书影

本纪》说商代王子受封,以国为姓,有殷氏、来氏、宋氏、空桐氏、难氏、北殷氏、目夷氏等。周代封建子弟,君天子臣诸侯,也是承袭商制而更加扩大其制。

既然在商代存在宗族组织,宗族内部的继统法以传子为主,并且由此产生了直系、旁系之分,嫡庶之分,大宗小宗之分,可以断言,所谓商代无宗族的说法是靠不住的。商代不仅有宗族制度,而且商代的宗族制度与在夏代的初期形态相比,已大大发展了。孔子说:"殷因于夏礼,所损益,可知也;周因于殷礼,所损益,可知也。"他讲的"礼",也应包括宗族制度在内。

二、传统家族的结构

传统中国社会也是一个以农耕为主的农业社会。国家对社会的治理实际上也主要是对乡村社会的治理。宋代以后的家族在组织及其运行方式上与此前的宗族家族有很大的不同。国家对社会的治理不再依赖氏族及家族等血缘组织,而地缘行政组织将成为社会治理的基本方式。上述中国家族的变化表明,在中国社会中,家族和家族制度并没有在国家形成过程中消亡,而是随着社会的发展不断发展。另一方面,随着中国国家的形成,划土治民在很早就出现了。如据《周礼》所载,西周时便有"国""野"之别。国为国都地区,野是国都之外。国设六乡,野有六遂。即"王国百里为郊。乡存郊内,遂在郊外,六乡谓之郊,六遂谓之野。"

此后,秦置郡县,王朝的分区治理及行政系统更加完备。在乡村,历代都有相应的乡里制度。但是,国家对社会的分区治理也没有脱离家族及家族制度。家族血缘组织在国家社会的治理中,尤其是在乡村基层社会治理中一直发挥着极为重要的作用。有不少论者已经指出,中国封建社会时期地方政权仅止于州县,秦汉以至清末,乡村虽然有邻、里、保、甲甚至乡等设置,但它们并非国家行政区划,也没有行政组织,而仅仅是一种地域单位,邻、里、保、甲长皆为职役,而非官职。

乡村在相当程度上保持着"自治"状态。国家权力主要是依靠家族组织并以亦官亦民的乡绅为中介而行使的。费正清在讨论中国社会的结构时也曾指出,中国的家庭是自成一体的小天地,是一个微型的邦国。从前,中国的社会单元是家庭而不是个人,家庭才是当地政治生活中负责任的成分。每个农家既是经济单位,又是社会单位,村子里的中国人直到最近,主要还是按家族组织起来的,其次才组成同一地区的邻里社会。而村子通常由一群家庭和家族单位(各个世系)组成。

在传统中国社会中,乡村及整个社会是基于家庭和家族网络而组织起来,国家是透过家族体系而运用权力进而实现对乡村社会的组织、控制和管理。费正清等人关于家族组织在乡村社会治理中的作用的判断并不是没有道理的。大量的史料也证明,从历史上看,中国的家族虽然历经宗族大家族制度到宋明之后的平民化的家族制度的不同时期。但是,在每个时期,国家对社会的治理在相当程度上都是依赖宗族和家族的,与之有着密不可分的关系。

国学经典文库

中国民俗文化精粹

·姓氏文化·

图文珍藏版

353

不过,在不同的时期,家族与国家的关系及家族的治理方式不尽相同。如果说在春秋战国以前,家族治理表现为家国不分、周王的一族治理的话,那么东汉至南北朝时期则表现为少数豪门大族对社会的控制,而宋代以后则是大众化的家族对社会的组织与管理。从家族与国家的关系来看,周代的家国不分或族国一体表现为家族对社会的直接治理,而东汉后的世族门阀也是官宦之家,可以直接利用国家权力而行使对家族的控制。只是到宋代之后,家族的平民化出现了家族与政权在组织、人员上和权力上的分化。从此,家族与政权的关系发生了明显的变化。家族与政权组织或官宦不再是完全的重合或融合的关系,而是上下相互依赖的关系。从这一点上看,家族在政权中的影响和地位下降了,它不过是政权所利用的工具而已。但是,另一方面,由于家族的平民化和大众化,更深入社会之中,家族对基层社会的调控能力却随之增强。

三、家族伦理、制度、礼仪

宗族社会,强调的是以血缘关系为基础的群体性。不管这个群体是氏族、宗族还是家族,个人必须有所属,有所归依。这种血缘群体非常讲究长幼尊卑的等级,长对幼、尊对卑有无限的权力和绝对的权威。任何成员都不能违反三纲五常之类的伦理规范,如果不承认"君"或者是"父"的绝对权威,按照"亚圣"孟子的话,那就不是人是禽兽了。

君令臣死,臣不得不死,父叫子亡,子不得不亡,君(父)位于等级次序的金字塔的顶尖,他们甚至掌握着你的生杀大权。所有的社会成员都是这样等级链条中的一环,上对下具有决定性的权力,通过损下以自肥。所以,在宗族制等级社会里,权力就显得非常重要,非常实惠了。血缘的等级次序是不能更改的,但在"家天下"政治结构中的等级却是有更改的可能性的。千辛万苦、千方百计地攫取权力,爬上等级社会的尽可能高的台阶,成为社会成员的必然选择。而在农业生活中,想光宗耀祖,荫泽子孙,除了权力也没有更好的选择。做官成了特有的尊贵无比的职业,权力拜物教成为中国古代社会占统治地位的意识形态。"官本位"现象由此产生,而官特权也随之而来。

在家庭里,拥有全部权力的男性家长,由于血缘亲情关系的存在,一般以手中的权力过分侵犯子女的利益。在效仿家庭建构起来的国家里，拥有几乎全部权力的各级官员却没有同样的亲情关系，于是滥用权力就成了再普遍不过的现象。

中国是一个家族传统浓厚的国家，历代王朝借助家庭伦理、家族制度及"三纲五常"的道德教化实行对社会的控制，中国乡村的家庭及家族在国家及社会政治生活中的地位和作用十分重要。

在一个家族中，"家庭是最小的单位，家有家长，积若干家而成户，户有户长，积若干户而成支，支有支长，积若干支而成房，房有房长，积若干房而成族，族有族长。下上而推，有条不紊。"

同宗同族之人集为宗族。因而宗族乃是家族的扩大，人们也因此常常用宗族代称家族。宗族组织以族房长为中心，族房长的产生以辈数年龄为标准，而大小宗皆以嫡长相继，父子相承，生来而身份定。宗族拜祖，不分代际，大小宗祭祀则有严格的等级规定，如大宗宗子祭始祖，其庙百世不迁；小宗宗子祭及父祖曾高四代，其庙五世则迁。且庶子不得祭。大宗因祀始祖，其嗣不可绝，故又有立后之制，而小宗无后则绝。

在中国古代宗法社会里，修宗谱、建宗祠、修坟墓是族人的三件大事，都具有慎终追远、报本思源、敦宗睦族、凝集血亲、光前裕后、规范伦理的教化功能。家族作为一种血缘组织，它是依据一定的原则组织起来并开展活动的。从家族组织自身来说，它体现为族民个体及群体如家庭、房派与家族的关系。这种权力关系的划分和维持都有其相应组织形式、活动规则及一定的基础和条件。一般来说，典型的家族通常有如下基本组织表现和制度特征：

(一) 家族家谱 (或称族谱) 管理

家谱，又称谱牒，是记载着同宗同祖的血缘集团世系人物和事迹等方面情况的历史典籍。家谱在传统中国社会中有极大的作用。它包括一家一族的祖源宗本，世系繁衍，迁徙分布，婚配嫁娶，行业职业，教育程度，经济状况，社会地位，人物传记等众多方面的资料。其实，谱牒只是记载一个家族或多个同姓家族甚至整个姓氏的典籍。

谱牒是宗族社会的产物，谱牒不是中国人的专利，但是中国人相对其他民族来说，似乎更加看重这种宗族史籍。谱牒是中国人对家谱文献的总称。

我国的家谱最早可以追溯到夏商周时期，殷墟出土的甲骨文就有记载姓氏的骨片。后来,家谱被帝王诸侯用于记载世系,成了这些人的专利。到了魏晋南北朝时期,家谱成为世族之间通婚和做官的主要依据,从而很快发展起来。到了唐宋时期,民间私家修谱逐渐形成。明清时期,民间修谱已经十分兴盛。建国后,修撰家谱曾一度停止。

家谱蕴含着大量的人口学、民族学、民俗学、社会学、经济学、历史学、教育学等具有重要研究价值的资料,与正史和地志构成了中华民族历史的三大支柱,家谱不仅对开展学术研究有着重要价值,而且对于海内外华人寻根问祖,增强民族凝聚力也有着重要意义。

家族是依据一定的血缘关系确定的亲缘组织。家谱(或称族谱)不仅是确定和联系族群的重要方式,也是确定族民亲疏辈分、权利义务及房派组织体系的重要方式。通过家谱,还可以宣扬本族名贤忠烈,一方面巩固和提高本族的社会地位,另一方面也增强家族的内在凝聚力,强化家族意识和家族团结。从而为家族组织的集体行动奠定基础,有助于家族延续和发展。

家谱是一种以表谱形式,记载一个以血缘关系为主体的家族世系繁衍和重要人物事迹的特殊图书体裁。家谱是中国特有的文化遗产,是中华民族的三大文献(国史,地志,族谱)之一,属珍贵的人文资料,对于历史学、民俗学、人口学、社会学和经济学的深入研究,均有其不可替代的独特功能。

关于家谱的起源,虽然目前学术界众说纷纭,但从出土的甲骨文、金文、碑文等中国早期文字,及史类文献对家谱起源的考证,家谱的起源至少可以追溯到先秦时代。周代已有史官修谱制度并撰有《世本·帝系篇》。尽管先秦《世本》早已亡佚,今本《世本》是清人所辑,但从辑有的篇目可见,《世本》汇集了中国自黄帝到春秋各代天子、诸侯、卿大夫的世族谱系,是一部对前代和当代各血缘集团系谱进行综合、总结的全国性的总谱。

家谱的形式有多种。在文字家谱出现之前就有口授家谱和结绳家谱。后来,人们有的用图表裱制垂挂于中堂的,也有的装订成册供家人翻阅的。历史上,官宦人家一般都是采用装订成册的家谱。而平民百姓、经商士绅、豪门则多为悬挂供后人供奉的图表式家谱。

上古时期的家谱,仅为君王诸侯和贵族所独有,家谱的作用仅为血统的证明,是为袭爵和继承财产服务的,其内容也比较单一,仅为世系的说明。魏晋以后,选官、婚姻以至社会交往都要看门第,这样一来,家谱在政治生活、经济生活和社会生活中的作用就大大增强,家谱的内容也比以往有所增加。到了宋代,官方修谱的传统禁例被打破,民间编撰家谱的风气更加兴盛,这时的家谱在政治生活中基本上不再发挥作用,其作用转移到尊祖、敬宗、睦族上。家谱经常被反复修撰,每次修谱,也就成了同姓同族人之间的大事。到了明清两代,家谱修撰的结构已基本定型,流传到现在的家谱也极为丰富。

家谱的内容主要包括三部分:第一部分是世系图,既某人的世系所承,属于何代、其父何人;第二部分是家谱正文,是按世系图中所列各人的先后次序编定的,分别介绍各人的字号、父讳、行次、时代、职官、封爵、享年、卒日、谥号、姻配等。这些介绍性的文字,长者五十余字,短者仅二三字,实际是人物小传;第三部分为附录。

有些家谱,在立谱时,便确定了家族世系命名的辈分序列,而且事先标定字号,辈分清楚,乡间名之为"排辈",实则是排资论辈的意思。由于历史上形成的重男轻女思想,男子在起"大名"时,必须以预定的某字作为名字的一部分。这个字要放在全名三字的中间或最末,各个辈数层次不一定完全一样,但有着约定俗成的规矩。

修撰家谱有着不成文的规矩:家谱30年一小修,60年一大修。据报载,我国历代编修的家谱总数约五万多种,有三分之一流落到海外。目前我国内地收藏家谱最多的当数上海图书馆。

其实,中国的谱牒有好多不同的称呼,通常的称"家谱""族谱""宗谱",或单称为"谱",小一点的只记录某一支系某一家族的又称为"家乘""家牒""支谱""房谱""祠谱""坟谱",大一些的记录多个子系家族的称"通谱""大成谱""统谱""世谱""集成谱",记载皇室家族的称为"玉牒"。

此外还有记录众多姓氏的姓氏学书籍如"万姓统谱""百家谱"之类,这一类的谱,则不是本书要讨论的范畴。

中华民族自古就有编修族谱的传统,而且把谱牒提到很高的地位,认为"家族之有谱牒,犹如国家有正史,州县有地志"。因此又有"30年不修谱,是为大不孝"的提法。

早在远古三皇五帝时代,各个部族就有专人记录本部族传递世系。到夏商周三代时,国家还设有史官,专门记录王室以及各贵族的世系,并汇集成书,如周代的《世本》,就是一部各姓世系总谱。魏晋时期,家族修谱之风盛兴,于是在皇室和贵族世谱之外,又涌现了大批各姓的宗谱和各家族的家谱。此后数千年来,修谱之风在中国长盛不衰。中华人民共和国成立后,中国大陆地区修谱的工作一度中断,直至 20 世纪 80 年代,才有渐渐恢复。

族谱的内容,大致有以下几个方面:目录、谱序、谱例、姓氏源流、先祖考辨、先祖图像、像赞、世系表、恩荣、人物传记、坟墓图、族产、祠堂图、五服图、祭祀图、艺文著述、家规族约、宗族礼仪、契约文书、书院义塾、后跋、领谱字号、杂录等等。当然,各家各种族谱的内容有详有略,并非每种族谱都有上述内容。

一般来说,大多数族谱都是依照血缘为纽带,所记载的是同一共同祖先下的一支或数个支系家族的历史。但清代以后,特别是现代的族谱,则多有按地域来编纂的,即以一个地域为限,记载在该地域内所有同属于一姓的众多家族。

谱牒的体例,古代有所谓苏式谱和欧式谱之别。所谓欧式谱,是由宋代学者欧阳修所创,其体例是先列世系图,然后再列每人的传记。苏式谱是由宋代另一著名学者苏洵所创,其体例则是在世系图下注上人物事迹,每五世一揭。

现代民间修谱,大多仍用欧式,也有用苏式的,另外还有章节式的新族谱。

中国人对谱牒非常重视,旧时的家规族约中往往有对族谱保存的有关规定。但相对来说,古代人要比现代人重视谱牒,南方人要比北方人重视谱牒,小姓要比大姓更重视谱牒,海外的华人要比国内的人更重视谱牒。

中国人的谱牒,目前有相当一部分收藏在国内各公共图书馆、档案馆、博物馆,但更大的部分收藏在民间,此外也有一部分由海外的图书馆和谱牒研究机构收藏。

(二)家族族祠

宗祠是家族的标志,是祭祖的圣地。一般的家族都会建立自己的宗祠,用来祭祀自己的祖先。通过祭祀,活着的后代与去世的祖先得以连接起来,并加强家族成员的团结。族祠不仅是家族成员共同活动的场所,也是家风家法教育后代的场所,同时也是管理家族事务,执行家族家法的机构。

宗祠习惯上多被称为祠堂,是供奉祖先神主,进行祭祀活动的场所,被视为宗族的象征。崇拜祖先并立庙祭祀的现象,在原始社会后期就已存在。后世天子、诸侯的祖庙为宗庙,士大夫的祖庙为家庙。夏商二代都已有了宗庙,周代以后规定天子七庙、诸侯五庙、大夫三庙、士一庙、而庶人只能祭于寝。就是说一般平民只能在自己的居室中祭祀祖先,士大夫以上才能立祠庙。南宋朱熹著《家礼》,提出"君子将营宫室,先立祠堂于正寝之东,为四龛,以奉先世神主"。四龛所奉为高祖父、曾祖父、祖父、父亲四代。当时的祠堂是以家庭而不是以宗族的名义建立的,而且与居室相连,还不是单独的建筑。到了元代,以宗族为单位建立的宗祠已经出现,宁海童氏聚族而居,就"相与作祠堂以奉其先祖"(明方孝孺《童氏族谱序》)。明初以来,"爱宗敬长之道达诸天下,其能以宗法训其家人立庙以祀者,……往往皆有"(清顾炎武《华阴王氏宗祠记》),"庶人无庙"的规矩被打破了。明世宗采纳大学士夏言的建议,正式允许民间皆得联宗立庙,从此宗祠遍立,祠宇建筑到处可见。合族共祀者为宗祠,宗祠一般规模较大。又有所谓统宗祠,又称大宗祠,是数县范围内列一远祖所传族人合建的,如广东嘉应,"俗重宗支,凡大小姓莫不有祠……州城则有大宗祠,则并一州数县之族而合建者"(光绪《嘉应州志》),江西新安皇呈徐氏统宗祠,下统三十八族,远族有距祠三百里者。宗祠之下又有支祠、房祠、家祠、文祠、房祠为族中各支派所建,用于供奉本支、本房的祖先,家祠则是一家或兄弟数家所建,只供奉两、三代直系祖先。清代休宁茗洲吴氏除合族宗祠外,又分五支,每支立有分祠,支下分房,又各有祠。有的宗族在祖先墓地还另设墓祠。这样,"于宗有合族之祠,于家有合户之祠,有书院之祠,有墓下之祠。前人报本之义,至矣尽矣"(清程昌《窦山公家议》)。

宗祠为追远报本而建,所以在建筑规制上要体现出礼尊而貌严。自南宋到明初,一般的祠堂都是家祠,多根据朱熹《家礼》所定之制,并参考唐宋三品以上官家庙的形制,建堂立龛,供奉高、曾、祖、考四代神主,龛下设附位,安放旁系神主,另于东侧建屋贮藏祖先衣物遗书和各种祭器。明代中期以后,宗祠大兴,一些官僚豪绅、富商巨贾所在之族,依靠其政治地位和经济力量,所建宗祠气派宏伟,富丽堂皇,以大门、享堂(厅事)、寝堂(龛堂)为中轴线,又有许多附属建筑。云阳涂氏的宗祠"上建龛堂,所以安神主而序昭穆也;中树厅事,所以齐子孙而肃跪拜也;前列回楼,所以接宾朋而讲圣旨也;左右两庑,所以进子弟而习诗书也",是具有代表性的大型宗祠建筑。歙县棠樾鲍氏宗祠建于村口,祠前石路上高耸七座明清两代由皇帝颁赐匾额的石牌坊,又有一方亭,十分壮观。乾隆年间官僚许登瀛捐资 8000 两白银,重建歙县城东许氏宗祠中浩救楼和拜堂各 5 大间,拜堂可容千人跪拜,其规制之大,在当时也并不多见。一些大族巨室不惜耗费巨大的财力来营建宗祠,有"街耀乡邻,以示贵异"(清陈耀《祠堂示长子》)的作用在内。

宗祠祭祖,仪式隆重,是最为重要的宗族活动。祭祀活动名目繁多,有每年对高、曾、祖、考的春、夏、秋、冬四时祭,有冬至祭始祖、立春祭先祖、秋分祭祢以及忌日祭等特祭,每逢年节还有年节祭。平时族人经过宗祠门口,都要下车下马,毕恭毕敬。祭祀时,合族男子会集宗祠,拈香行礼,更是极其严肃。每次祭祀,都由族长或宗子主祭,并以年辈、官爵较高者为陪祭,另外安排通赞、引赞、司祝、司尊、司帛、司爵、司馔、司盥等执事人员负责赞礼和奉献各种祭品,有时还配有钟鼓和歌诗生。其余族人则依辈次的先后和身份的尊卑,井然有序地随主祭、陪祭之后,在赞礼声中跪拜如仪。参加祭祀的人一定要衣冠端正,行礼时"尊者在前,卑者在后,务整齐严肃,如祖考临之在上,不可戏谑谈笑,参差不齐"(《京江王氏世谱·祭约》),凡"行礼不恭,离席自便,与夫跛倚、欠伸、哕噫、嚏咳、一切失容之事",都要议罚(《浦江郑氏世范》)。祭毕会食,依次饮福、享胙。饮福为饮用祭酒,享胙为食用祭肉。祖先用过的祭品,吃了会沾有祖先的福泽,而"革胙""停胙"则是对犯有过失的族人的一种处分。宗祠祭祖目的在于通过追思共同祖先的"木本水源"之恩,用血缘上的联系团结族人,以免日久年长,一族之人名不相闻,面不相识,视同路人。而繁缛隆重的仪式又充分体现了封建伦理,展示了礼教规范,又是一种教化的手段。

除了作为祭祀场所之外,宗祠又是处理宗族事务,执行族规家法的地方。竹溪沈氏的《祠规》声称"凡有族中公务,族长传集子姓于家庙,务期公正和平商酌妥协"。族人的冠礼婚礼丧礼也有在祠堂进行的。族产多以祠堂的名义进行管理。有的宗族还有定期到祠堂看谱、读谱的规约。对族人施行族规家法,必在祠堂进行。南海霍氏即在每月朔望族众会集祠堂之时对有过子侄执行家法。竹溪沈氏《祠规》规定对犯有严重过失的族人,"族长传单通知合族,会集家庙,告于祖宗",然后行罚。有的宗族规定族人之间或族人家庭之中发生了争执,都要到祠堂中裁决。对奴婢佃户的惩罚也经常在祠堂中决定并执行。祠堂在一定意义上又成了衙门,具有一族"公堂"的性质。

宗祠还是教育本族子弟的处所。在祠堂进行的祭祀、会食、团拜、读谱、对犯过族人进行惩罚等活动,都有其宣扬封建伦理道德的教化作用。不仅如此,许多宗族都在祠堂中设有家学,学中塾师由族中"品学兼优"的士人担任,办学经费由族产收入开支,"凡族中子弟入学,不另具修金供膳等费,外姓不得与入"(《郴阳陈氏族谱·创立义学记》),所以又称义学。

宗祠或由族长直接管理,或由族中威望较高的人轮流在族长的领导之下担任管事。也有的宗族设有宗祠总理、宗祠知事,表面上由族人公推,实际上仍被族中有势力的人把持。经管宗祠的人又往往同时经管族产。许多宗祠都起有堂名,堂名被认作是该宗族的代称。

(三)家族族规

任何组织的存在不可能没有一定的组织规范。家族的组织规范就体现为括成文和不成分的族训、家训、戒条、族范、宗规、族约等规定。族规规定家族成员的权力和义务、家族组织和活动方式,它不仅是族民行为的准则,也是宗族组织活动的规范。

族规又称族训、族约、宗规、宗约、家规、家训、家礼、家范、祠规等等,是宗族的法律,起着维护封建秩序的作用,对族众具有强制性的约束力。有相当一部分宗族的族规是某一祖先的遗训,累世相传,永不更改。也有的宗族在修谱或续谱时由族中头面人物议订族规,一经订立,同样具有不可动摇的权威。宗谱中无不包括族规,祠堂读谱,主要就是读宗谱中的族规。此外,族规家训也有单独汇编成册的,有些著名家族的族规、著名人物的家训,其影响超出本宗族的范围,在社会上广为流传。

不同宗族由于传统、经历、地域、势力等种种差异,所立族规反映了不同的家风,各有特色,但更多的是具有共性,它们都以三纲五常为基础,带有浓厚的封建礼教和宋明理学的色彩,所体现的思想原则完全是一致的。

大体来说,族规的主要内容有如下几个方面:

第一,强调尊崇君权,履行对封建国家的义务。第二,把尊祖、敬宗、收族的宗族原则具体化,规定了祭祀祖先的种种礼仪,族长、房长等宗族首领的推举办法和他们应享的特权,宗祠、族产、宗学的管理制度以及族产收入的分配办法等等。第三,提倡封建伦理道德,规定不同宗族成员不同的等级名分和行为准则。第四,宣扬同族一气,不论贫富应,各守本分而又互相互爱,规定了敦本睦族的一些措施。第五,出于维系家声的考虑,规定了对族人本身、持家等方面的要求和禁约。族规大多充满着"务本业""禁奢靡""习勤劳""考岁用""崇厚德""端好尚""严约束""慎婚嫁"这一类的戒条。第六,为了保证宗族血统的纯一,规定了立后承继的原则和办法。异姓乱宗是宗族社会的极大禁忌。第七,规定了对违反族规家训、败坏纲常名教、损害了封建国家和封建宗族利益的族人的处罚办法。

(四)家族族产

族产包括祭田、族田和义庄等等家族共同的资产。一定的族产是家族活动的经济基础。通过置族产，为家族组织的正常运转、兴办公益事业提供一定的财力支持，也可以通过族产来助学扶贫，增强族民的团结，从而实现"收族"（联系族众）和"睦族"（族民团结）的目的。

族产又称祠产，名义上是合族公有的财产，包括山林、土地、房屋等。除祖先所置并有遗嘱规定不许分散、归子孙共享的那一部分财产以外，族产的来源主要有三："或独出于子孙之仕官者，或独出于子孙之殷富者，或祠下子孙伙议公出者。"（清刘鸿翱《杜盗祭款立碣记》）此外还有把犯了过失的族人财产罚入者。族产中最重要的是可以年年有地租收入的族田。族田又分祭田、义田、学田等，一般都招佃耕种，祭田的地租供祭祀用，义田的地租供赈济贫困族人用，学田的地租供宗祠办学用，但三者的区别并不十分严格。最早设置族田的是北宋的范仲淹，他在平江（今江苏苏州市）购田千余亩以瞻族，使族人贫乏者"日有食，岁有衣，婚娶凶葬皆有赡"（宋钱公辅《义田记》）。朱熹制订《家礼》，则规定"初立祠堂，则计见田亩，每龛取二十之一，以为祭田。宗子主之，以给祭用。如上世未置田，则合墓下子孙之田，计数而割之，皆立约闻官，不得典卖"。元明以后族田普遍设置，明初方孝孺在《宗仪·睦族》中说："睦族之法，祠祭之余复置田，多者数百亩，寡者百余亩。"实际上有些大族的族田有以千亩计者。由于族田可以缓解贫民的反抗斗争，有利于封建统治，所以封建朝廷把购置族田当作"义举"而大力提倡，对捐资较多的人予以旌表。有些大官富商，也表现得颇为慷慨，如清长洲陆豫斋，一次"割遗产五百亩，为瞻族之资"（清钱大昕《陆氏义庄记》），歙县鲍启运，先后捐资购置族田一千二百余亩（《棠樾鲍氏宣忠堂支谱》），歙县黄履昊也曾"捐银计一万六百两，置田八百八十余亩"，以"恤族姓之孤贫"（黄质《仁德庄义田旧闻》），庐江章氏更"捐田三千亩瞻族"（清魏源《庐江章氏义庄记》）。竹溪沈氏则明文规定族人凡得秀才以上功名及出仕者都要报捐从一两到五十两不等的续置祭产之资，现任官要捐银添置义田："凡现任四品以上者，岁捐百五十金，七品以上者百金，佐贰减半……有力者听便"（《竹溪沈氏家乘》）。

族田是合族公产，各宗族都立约规定不得典卖，"如或有将祭田私卖者，合族控官告祖，人则不许入祠，名则不列宗谱"（《浦城高路季氏宗谱》），清政府也订有"子孙盗祭田五十亩以上者，发边远充军"等法律条文，用以保证族田的长期维持。为了避免族人侵吞族田，范仲淹在《义庄规矩》中强调"族人不得租佃义田，诈立名字者同"。后世各宗族都规定族田只能佃于外族，本族之人不但不能承佃，而且不能担任租佃的居间人，以防产生弊端。族田的收入除祭祖、办学、办理一些公益事业外，主要用于赡族。范仲淹所定《义庄规矩》有"每人每月可支米三升，冬可置绢一匹，娶妇支二十贯钱，嫁女支三十贯钱"的规约，似是族众不论贫富，人人都可得到一份。明清族田的"赡族"，则是指救济族中贫困者，"其婚嫁之失时也，则有财以助之；其寒也，则为之衣；其疾也，则为之药；其死也，则为之殓与埋"（《京兆归氏世谱·归氏义田记》），"有贫困残疾者论其家口给谷，无力婚嫁丧葬者亦量给焉。遇大荒，则又计丁发粟，可谓敦宗族矣"（同治广州府志卷十五引《新宁志》），"节妇孤儿与出嫁守志，以及贫乏无依者，生有月粮，寒有冬衣，死有棺衾，葬有义冢，嫁有赠，娶有助，莫不一均沾其惠"（《重修古歙东门许氏宗谱·许氏合族公撰观察公蓬园公事实》）。对违反封建礼教，有不轨行为者，即使陷于赤贫状态，也不予赡恤，如歙县棠樾鲍氏的义田条例就载明聚赌酗酒者，妇人打街骂巷不守规法者，干犯长上、行止不端者都要"停给"，必待改过以后才重新考虑给予周济。族田的赡族功能在一定程度上掩饰了宗族内部的阶级对立，加强了族人对宗族的依赖性，从而诱使他们依附于宗族中的权贵人物。族田和宗祠结合在一起，二者互相补充，"敬宗收族"的原则得到了充分的体现。正像有人指出的那样："祠堂者，敬宗者也；义田者，收族者也。祖宗之神依于主，主则依于祠堂，无祠则无以妥亡者。子姓之生依于食，食则给予田，无田则无以保生者。故祠堂与义田并重而不可偏废者也"（清张永铨《先祠记》）。反过来，也可以说"凡宗族离散，皆由不设义田、宗祠之故"（清倪元祖《宗规》）。

族田一般由族长统率下的专人管理，须濡崔氏规定管族田者"必择族中殷实练达之人方可"，庐江章氏则"由族中有科名者掌之"。其实际权力，都操纵在官僚地主手中。虽然族规和法律要求他们秉公处事，但"假公济私，托收管之柄，肆侵蚀之谋"（清马晋《陈继儒传》），这类事屡见不鲜。由于管理族田有巨大经济利益，宗族内部为争夺管理权而内讧的现象也经常发生。久而久之，在有的宗族中，不得典卖族田的族规成了一纸空文，族田多被势豪侵渔兼并，而这种势豪又往往为本族的成员。这也是封建社会末世必然出现的社会现象。

（五）家族族长

族长是管理全族事务的一族最高首领。族长和宗子是不同的概念。一个宗族宗子的身份是以其大宗世嫡的血统继承而来的，而族长并非世袭，一般由推举产生。虽然宋儒一再呼吁要"立宗子法",明儒如许相卿等也宣扬"大宗子有君道,合宗亲疏长幼皆宜依向推崇,匡导卫翊,吉凶必咨,宴会必先",以见"强干弱枝之义"(《许云村贻谋》),但宗子的威权久已不复存在,明清法律规定,妻、妾、婢所生子都有平等的继承权,实际上"一族之人,或父贵而子贱,或祖贱而孙贵,或嫡贱而庶贵……即一家之中,有父富而子贫,兄贫而弟富,嫡贫而庶富"(清秦蕙田《五礼通考·嘉礼·饮食礼》),正嫡所传既然不一定能保持富贵并具有收族的能力,也就难以得到族众的宗奉。正因为如此,封建社会后期绝大多数宗族都已不知有所谓宗子,而设族长统理族务。少数宗族即使立有宗子,但同时也有族长,宗子只是本族名义上的代表,族中真正的权力仍操纵在族长手里。

　　族长或称族正,虽然在形式上是推举产生的,但并不是宗族成员人人都有推举或被推举的权利。能推举族长的只是族中的长老和或富或贵者,年轻人和贫穷的劳动人民都无从表示自己的意见。而被推举者更需具备一些条件。首先必须是年辈较高的,也就是"分莫逾而年莫加"(《重修古歙东门许氏宗谱·家规》),以尊长而督率卑幼,易于使族众信服。但这又不是绝对的,许多宗族的族长并非由辈分最高、年龄最大者担任,如常州张氏的《宗约》声明"族长虽序行序齿,究以德为主",交河李氏的《谱例》规定所立族长,必须"品端心正,性情和平","恪遵家训,规步方行"。然而无论是"尚齿",还是"尚德",往往不过是门面装潢,起决定作用的还是财富和权势。云阳涂氏的《祠规》就毫无隐讳地说族长应"公推族中殷实廉能者任之"。明姚舜牧所立家训中有这样的话:"通族之人,皆祖宗之子孙也,一有贵且贤者出,祖宗有知,必以通族之人付托之矣。"(《药言》)清顾栋高说得更为明白:"夫使宗子无禄,何以收族人? 不得爵于朝,何以为族人主?"所以"子孙之贤而贵者,受祖宗之遗泽,当类推以恤族,凡族人亦因而宗之"(《书適孙葬祖父母承重辨后》)。事实上,族长一职很少有不被地主豪绅把持的,清高宗弘历看到了这一点,曾经指出"此等所举族正,皆系绅衿土豪",而且"鲜有守法之人"(《清实录·乾隆五十四年七月》)。一些较大宗族的族长还有若干助手,所立名目各不相同,有宗长、宗相、宗直、评议、董事、知事等。族下如分支、房,又设有支长、房长,在族长领导下管理本支、本房事务。这些族中执事人员或者由族长指定,或者经过名义上的推选,同样也都由地主豪绅或听命于地主豪绅的人充当。

　　族长高踞于族众之上,拥有相当大的权力。这包括:第一,主持祭祀典礼之权。如族中立有宗子,按照古礼,祭祀祖先的典礼应由宗子主持,族长则任陪祭。但大多数宗族未立宗子,在这种情况下,族长就是主祭人,成为祖先意旨的代表,俨然是祖先化身。这种主祭权可以派生出许多其他权力,如主持宗谱的修续、负责宗祠的管理等等,并使族长在一切事务中都能代祖先立言,代祖先行事。第二,主管族产之权。通过主管族产,可以攫取许多经济利益,而利用族产收入的一部分"收族",又可进一步控制、约束族人,维持自己的特权地位。这种权力使族长能够拥有实现族权的物质基础。第三,对族人的教化和惩罚之权。族长可以利用祭祀、会食、团拜、续谱、读谱等仪式以及在其他任何场合向族人宣扬封建道德,族人必须听从教诲。如族人中有违反族规家法,损害族中权贵的利益,败坏伦理纲常者,族长有权"切责之,痛责之"(《新安程氏合族条规》),给予从停胙、停给赡米、罚跪、罚款、杖责直到宗谱除名,驱逐出境、送官究办、私刑处死等惩罚。第四,处理族中各种纠纷,调停争端之权。族人之间如发生了有关婚姻、土地、房产等方面的争执,或因他事失和,都要由族长评判是非曲直,做出裁决。族长"凡遇族中有不平之事,悉为之处分排解,不致经官"(《重修古歙东门许氏宗谱》)。对族长的裁决,族人不得有任何异议。此外,族人兄弟分家,立嗣承继,生子取名等事,都必须得到族长认可。族长还有权过问、干预族人婚丧等事。族长之权同西周春秋时期的宗子之权颇有相似之处,但深深打有封建制度的烙印。

族长专擅一族,"名分属尊,行者宜恭顺退让,不可凌犯"(《云阳涂氏族谱家训》),"家之有长,犹国之有官",族人敢有违抗者,"通族权其轻重,公同处置"(《陈氏族谱·罚恶》)。有的宗族为了防止族长滥用权力,曾制定了一些规定,如《交河李氏族谱,谱例》中有这样的条文:"不许恃族长名色,做事不端,处事不公,以致家法紊乱",族长如"行诣有愧,触犯规条,合族齐集,公讨其罪,如稍有改悔,聊示薄惩,以警其后,不然则削去族长名字,永远不许再立"。《泾川董氏宗谱·家规》也说:"倘族长不能称职,族众可以会议改选。"但类似的规定大多只是一纸空文,或者被宗族内不同派系的"绅衿土豪"用作争权夺利的依据。担任族长的人即便有所更换,对族长这一职务所具有的威权并无影响。有不少宗族还规定重大事务须经"族议"决定,所谓族议,表面上宗族中全体成年男性成员都能参加,但往往流于形式,被族长及其亲信所操纵,所议的结果,极少能够违背族长的意旨。

它是家族的内外代表。族长是家族利益的代表,主管家族内外事务,调解仲裁族内矛盾,行使着家族的各项权力。

正是族谱、族祠、族规、族产及族长的有机结合,维系着家族的存在和运转。它们构成一种完备的家族制度,使家族得以履行自己的功能,实现自身的目标。

家族作为一种血缘社会群体和组织存在于国家社会之中,不可避免地与其他家族组织尤其是国家政权组织发生关系。家族组织的发育和发达状况不仅应从家族自身的族内关系来考察,还应从族际之间及家族与国家政权之间的关系来考察。家族外部联系的方式及活动状况不仅反映家族组织在社会中的功能和作用,也在相当程度上反映了家族自身的发展状况及家族制度的特点。

四、宗族制度的三大变迁

我国的家族及家族制度的发展就经历了三次大的变革。

(一) 第一个时期

从西周至春秋初期,我国实行宗族制度。如周代,周王自称天子,天子是"天下宗主",他把土地分封给各国诸侯。各国诸侯又将土地分封给许多同姓小国,或给同姓卿大夫,受封者亦称诸侯为宗主。王位由嫡长子继承,称为天下的大宗,是同姓贵族的最高家长,也是政治上的共主,掌握国家的军权和政权。天子的庶子有的分封为诸侯,对天子为小宗,在本国为大宗,其职位亦由嫡长子继承,他们以国名为氏。诸侯的庶子有的分封为卿大夫,对诸侯为小宗,在本家为大宗。分封制度以分封同姓为原则。宗主与宗子之间、大宗与小宗之间因封受关系而形成一种层层推演的权力和义务关系,并由此形成整个国家的权力体系。不难看出,周代的宗族体制也就是国家体制,王权表现为宗主权,由此形成宗族与国家合一的"宗族国家"。在这里,"家"与"国"事实上是不分的,"溥天之下莫非王土","率土之滨莫非王臣"。

在宗族制度下,庶民被排除在宗族制度之外,他们连同土地被层层封受给不同的封建领主或诸侯贵族,土地也实行领主制度,个人和家庭并没有独立出来。不仅如此,如前所述,大小宗主之间也有严格的等级限制。这与后来以家庭为基础、祖先面前人人平等的家族显然不同。春秋战国时间,随着世卿世禄制度及分封制的废除,宗族制度也开始瓦解。在此过程中,个体家庭开始从宗族中独立出来。这一方面是生产力的发展,特别是铁器的使用和技术的改进为个体家庭走向独立奠定了基础,更重要的是秦国商鞅变化的鼓励和推动。商鞅变法不仅正式确认了土地私有制,允许土地自由买卖,而且规定"民有二男以上不分异者倍其赋",从而依靠国家的力量打破传统的世卿宗族,促进了家庭的独立。与此同时,到西汉还发展出一套家长制的家庭伦理和行为准则,如《孝经》和《礼记》。不过,虽然秦朝至西汉农民土地所有制长期占据统治地位,这时士庶等级的划分还不严格,但是,"有关这一时期宗族制的记载很少,说不出具有什么时代特点。"

(二)第二个时期

东汉后期历魏晋至南北朝时期,家族的典型形式是世族门阀大家族。这一时期,原有的大家庭和小家族逐渐被以世族门阀为典型形式的大家大族所代替。大家族的形成与土地兼并有直接的关联。到东汉时期,门阀地主已经在社会中占统治地位。出现"豪人之室.连栋数百,膏田遍野,奴婢成群,徒附万计"的状况。东魏、北齐时,刘氏、张氏、宋氏、王氏、侯氏几个大宗族,"一宗近将万室,烟火连接,比屋而居"。

一时间,累世同居的大家族不仅成为人们推崇的对象,这些门阀世家也享有各种特权,官宦大臣都出自门阀世家,形成极强的门第观念。特别是当时虽有谱牒的编修,但仅仅是"官修",只有具有一定的品级门第户即官宦户才能入谱牒。谱牒不过是当时各级贵族的宗族记录,是世族大族的特权。它也表明庶民社会的家族组织并没有完全形成。世族门阀在东汉开始形成,历西晋至南北朝发展到顶峰。隋朝废除为世族垄断的九品中正制,实行科举考试,开科取士,从而剥夺了旧世族部分特权。加之隋末农民战争的冲击,世族权势开始衰落。但直到唐初,仍有延续,直到唐太宗、高宗和武周相继采行抑制政策,旧世族权势才进一步衰落。

(三)第三个时期

从宋代开始,至明清时代,出现庶民的家族或家族的平民化和大众化。这一方面是随着科举制度进一步推行,选拔官吏基本上通过科举,人们入仕不再受门第的制约,"孙以祖贵的现象不多见了。"在传统世族衰落的同时,由商品货币经济发展,庶民地主不断出现。与之相应的是庶民家族开始形成,出现私人修谱,创办族田义庄的现象。特别是由于传统宗族血缘观念也逐渐趋向淡薄,一些官僚士大夫期望重整宗族家族制度,以维护社会秩序。张载在《宗族》一文中就称,"自谱废弛,人不知来处,无百年之家,骨肉无统,虽至亲恩亦薄"。正因如此,张载提出应

"管摄天下人心,收宗族,厚风俗,使人不忘本,须是明谱世系与立宗子法,宗族不立,则人不知所统系来处"。从而鼓励了家族的发展,对庶民家族的限制也逐步松弛。特别是至明清,国家逐步废除了关于建祠及追祭世代的限制,庶民户得以置祠庙及追祭祖先。在此之前,"庶民祭于寝,士大夫祭于庙","庶人无庙,可立影堂"。

庶民祭祖只许三代。明嘉靖十九年(1536 年),礼部尚书夏言乃上疏建议改制,"乞诏天下臣民冬日得祭始祖","乞诏天下臣工建立家庙",从而打破了庶民不准建宗祠、祭世代的限制。

庶民家族在社会上得到迅速发展。"明代中叶后,尤其是清代 200 多年间,修谱已遍及庶民之家"。与此同时,族田义庄也迅速扩大,族规家法也日益严密。从此,家族不再限于少数贵族官宦之家,而成为平民社会的基本组织制度。

自宋之后,则成为一种平民化和大众化的家族制度。自此以后,大众化的家族组织及族谱、族田、族规、族祠等等逐渐构成家族存在的基础和基本组织与活动制度。从历史上看,在近代中国所见到的典型的家族制度主要形成于宋代。支持家族的一些基本制度如围绕在家庭制度周边的族产制度、以房派为核心的家族制度以及大规模的宗族组织等的出现,大都可追溯到这个时期。

五、家族制度的文化含义

20 世纪是中国的国家和社会急剧变革的时期。家族组织及其在国家和社会治理中的地位也发生了重大的变化。在 20 世纪上半叶,家族组织在乡村不同地区依然存在,有的甚至保护着相当完整的组织形态,族谱、族祠、族规、族产及族长等一应俱全。不少时候,国家仍依靠家族对社会进行治理。时至 20 世纪 30 年代中期,家族组织在一些乡村地区依然有相当完备的组织,有较强的凝聚力,并主导着乡村基层社会的治理。官府依然依托家族来行使权力,并对实行进行控制。

从 20 世纪初开始,我国的家族组织就受到多方面的冲击而陷入解体之中,另一方面,家族与国家政权的关系也发生了裂变。这些冲击部分是由于战争的劫难和农民的流动,更重要的是在政治上封建君主制度的覆灭;经济上商品经济的发展及西方经济入侵造成乡村经济的破产和农民的分化和贫困化;在文化上新文化的传播,对个人权力的宣扬及对封建家族制度及其伦理进行批判,动摇了宗族赖以生存的经济基础、政治基础、法律基础和文化基础,传统的家族组织难以正常运作和存在下去。甚至连宗族组织,也因村庄的分化和半无产化而消失。

20世纪家族及家族制度遭受的最沉重的打击无疑是中国革命的冲击。在中国革命中,中国共产党人早在大革命时期就将铲除封建族权、没收公共族产、打击土豪劣绅、批判封建道德等列为革命的重要内容。族权同政权、神权和夫权等一道成为革命的对象。随着新民主主义革命的胜利,旧的家族宗族组织从组织上彻底瓦解,各种宗族活动被明令禁止,宗族思想受到持续不断的批判。直到20世纪80年代,家族宗族受到严厉的限制,已丧失了组织和行为上的合法性。

当前社会,从现实的家族来看,至少到目前为止,大量的家族并不具备传统家族所具有典型的组织特征和功能作用。对大多数家族来说,迄今的家族活动主要表现为修谱、建祠等方面,家族的组织并不完整;更重要的是,家族组织事实上已经丧失了惩罚族民的有效的权力和制度保

秋游图

障和合法性;新修的家谱和宗祠已经不再具有往日神圣和权威。修谱、祭祖在很大程度上不过是人们对追宗祭祖的一种方式,对这些活动的参与更多的是一种历史、情感和文化上的认同。因此,可以说,时下的家族更多的是一种文化共同体,而不是紧密的利益共同体,更不是一种政治共同体。家族复兴也不过是一种乡土家族文化现象,其文化上的意义远远大于其社会和政治组织和功能与功利上的意义。

六、中国人的堂号

堂号和郡望一样是中国姓氏文化中的特有范畴,也是中国人进行寻根问祖时不可不先熟悉的一个概念。

在旧时中国各姓祠堂正门上方,往往有一块牌匾,上面写着"××堂"。在海外

的宗亲社团和各姓联谊会所,也往往挂有写着"××堂"的灯笼和牌匾。这就是中国人的堂号。

堂号是什么?简单地说,堂号就是祠堂的名称、称号。

祠堂又称为家庙,是中国人供奉祖先神位、祭祀祖先神灵、举办宗族事务的公共场所。

中国人是世界上最有祖先崇拜传统的一个民族。在每个家族中,往往都有一个场所来供奉已去世的祖先的神主牌位,所以,旧时的每个家族都会有本家族的祠堂,并给它取一个名号,目的是让子孙们每提起自家的堂号,就会知道本族的来源,记起祖先的功德。

俗话说,树大分权。随着生命的传递、繁衍,家族就会不断扩大。扩大的结果是一些家族从祖居地迁居他处,另开基业,形成新的分支和新的宗族。这些新形成的宗族和分支,往往又会建立新的祠堂,来供奉最亲近的祖先。于是,由一个祠堂又会派生出许多新的祠堂来。因此,像族谱有总谱、支谱一样,祠堂也就有总祠、支祠、分祠之分,也就是民间所说的所谓大堂祠和小祠堂。

堂号不仅仅是用在祠堂,还多用在族谱、店铺、书斋及厅堂、礼簿等处;也有用在生活器具上的,如在斗、口袋、钱袋、灯笼等上面大书堂号,以标明姓氏及族别。凡看重自己的姓氏和族属的人,都不会忘记本族世代相传的堂号。不仅汉族,许多迁居内地的其他少数民族,如匈奴的呼延氏(太原堂)、回纥族的爱氏(西河堂)、蠕蠕族的茖氏(河内堂)等少数民族,内迁后接受了汉文化,也有以其繁衍地的郡名或祖上业绩之典故作堂号的。

历来每个姓氏、每个宗族、每个家族,都有自己的堂号。堂号的历史悠久,应用广泛,在中国宗族社会中有非常重大的意义和作用。

从功能上说,堂号的意义主要在于区别姓氏、区分宗派,劝善惩恶,教育族人。如果说郡望是高一级别的宗族寻根标志,那么堂号就比郡望堂低一级的宗族标志。郡望往往可以作为堂号,但堂号却大都不能用作郡望。一个姓的堂号要比郡望多得多,一姓的郡望只有数个多至数十个,但堂号往往有数百甚至上

思成祠

千个之多。郡望在宋代以后就开始走向统一和固定,但堂号却随着宗族的发展,一直在不断地增加。

各姓的堂号虽然很多,但也不是随便乱取的。各一个家族的堂号,往往都有其非常深刻的含意。根据取名的依据和其用意不同,堂号又可以分为如下几个类型:

以地名作堂号:许多宗族喜欢以他们的发源地来作为自己的堂号,这在各姓中都是一样。如王姓的"太原堂""琅邪堂",李姓的"陇西堂",刘姓的"彭城堂""中山堂"。这些堂号,使人一看就知道这个家族是从哪里发源来的。

以宗族典故作堂号:这类取堂号的方法,在各姓中都非常流行,也非常有意思。一个堂名,就是一个非常动人的故事。当然。这个故事必须是有关本姓祖先的,而不是讲他姓的人物。如王姓的"三槐堂"、刘姓的"藜照堂"、吴姓的"三让堂"。这些故事,往往都极富有教育意义,能使族人缅怀先祖,激励斗志,奋发图强。

以道德伦理作堂号:这种取堂名的方法,是将一些教育族人劝善惩恶的词语作为祠堂名称。这类堂号在各姓氏中也比较普遍,而且往往各姓共用。如"敦厚堂""敦睦堂""敬本堂",几乎各姓都有。因为中国人的传统伦理道德观念是全民族共有的,非一姓所有,因此这一类的堂名除了通常的道德鼓吹外,事实上没有什么特别深刻的含意。

以祖先名号作为堂号:这种堂号在各姓中也都常见,但相对要少于前几种。其方法是将某一祖先的某种有特殊含义的称号或者居住地,作为本族的祠堂,如汉代伏波将军马援后裔的"伏波堂"、唐代大诗人香山居士白居易后裔的"香山堂"、宋代学者屏山先生刘子翚后裔的"屏山堂"。

堂号是宗族社会的产物,在传统宗族社会中,它对于敦宗睦族,弘扬孝道,启迪后人,催人向上,维护家庭、宗族和整个社会的稳定,都具有十分重大的作用。中华人民共和国成立后,随着中国传统社会的终结,祠堂在中国大陆不是成了历史,就是成了文物,因此,新的堂号不可能再产生,但是,旧有的堂号却仍然留在各姓各族人们的记忆中。

近年来,随着中国政府的改革开放和全球华人寻根热潮的兴起,许多大陆宗祠被恢复,族谱被续修,因此,堂号再一次被人们抬了出来。不过,今天的堂号,已经没有了宗族主义的负面作用,有的只是给人们寻根问祖、缅怀先祖、激励后人的积极意义。特别是对于加强中华民族的向心力、凝聚力,对于中华民族的大团结,对于早日实现统一大业,堂号都必将产生巨大的促进作用。

现依据各姓氏堂号的来历、特色、分为几大类型：

(一) 以血缘关系命名堂号

中国的姓氏文化,首先表现出来的社会心态就是对血缘关系的高度重视,不仅同一姓氏使用相同的(一个或若干个)堂号,而且有血缘关系的不同姓氏,也会使用同一堂号。如著名的"六桂堂",是闽粤一带洪、江、汪、龚、翁、方六个姓氏共用的一个堂号。据文献记载,这六个南方家族,虽然姓氏不同,但却是一个先祖所出的同一家族,追本溯源都是翁姓的后裔。

(二) 以地域命名堂号

地域观念命名的堂号,最为普遍,往往和各姓氏的郡望相关,也就是以郡号或地名作为堂号。如前述之陇西李、赵郡李、中山李,太原王、琅琊王、京兆王,清河张、安定张、河内张等皆是其例。再如诸葛氏,系出葛伯,望于琅琊,发祥地是山东诸城,后世遍布全国各地的诸葛氏,绝大多数都世代沿用琅琊的堂名。此外,如海氏的"薛郡堂"、陈氏的"颍川堂"、徐氏的"东海堂"、欧阳氏的"渤海堂",以及呼延氏的"太原堂"、林氏的"西河堂"等,都是以地望为堂号。

(三) 以先世的嘉言懿行为堂号

中国人向有慎终追远的美德,往往对先世祖宗的嘉言懿行深感自豪,以此命名堂号,千古流芳。如弘农杨氏"四知堂""清白堂"即是以东汉太尉杨震的美德作为堂号。据文献记载,杨震为东莱太守时,道经昌邑,县令王密深夜求见,以黄金十斤贿赂杨震。杨震严词拒绝说:作为故人知交,我对您是了解的,而您怎么对我的人品不了解呢? 王密说:我深夜而来,无人知道这回事情。杨震回答说:此事天知、神知、我知、子知,怎能说是无人知晓? 王密只好羞愧而退。杨氏后代子孙为尊崇和怀念这位拒腐蚀,不受贿的先祖杨震,便以"四知堂""清白堂"为堂号。

而范氏"麦舟堂"则是来自北宋名臣范仲淹济危扶困的典故。有次范仲淹遣子纯仁,至姑苏运麦,舟至丹阳,遇石曼卿无资葬亲,纯仁即以麦船相赠。纯仁回家后告知其父,深得范仲淹嘉许。故后世以此为典,以"麦舟堂"为堂号。

(四) 以祖上的功业勋绩为堂号

在中华民族五千年的历史长河中,各个姓氏在不同历史时期,都涌现出一批功勋卓著,名垂青史的历史人物,后人往往以此作为堂号。如东汉名将马援,战功卓著,闻名遐迩,"马革裹尸"便是脍炙人口的历史典故。后因功封"伏波将军",马氏后人中有一支便以"伏波堂"为堂号。楚大夫屈原曾任三闾大夫,屈氏遂以"三闾堂"为堂号。

再如唐代宗时郭子仪,因平安史之乱,屡立战功,出将入相二十余年,是维系李唐王室的功勋大臣,被封为"汾阳王"。其后子孙繁衍遍布各地,多以"汾阳堂"为堂号。至今海内外郭氏子孙,也多以"汾阳郭氏"为荣。

(五) 以传统伦理规范为堂号

在封建宗法社会,各个家族常以传统的伦理道德规范为堂号,以劝诫训勉后代子孙。如李氏"敦伦堂"、张氏"百忍堂"、朱氏"格言堂"、任氏"五知堂"、刘氏"重德堂"、郑氏"务本堂"、周氏"忠信堂"、蔡氏"克慎堂"、许氏"居廉堂"等,都体现了传统的伦理道德观念。在各氏自立堂号中,十分普遍。

如唐代郓州寿张人张公艺,九世同居,麟德年间唐高宗祭祀泰山,路过郓州,至其家,问何以能九世同居,安然相处。张公艺于纸上连书百余"忍"字,道出其中诀窍全在于百事忍让。故名之为"百忍堂"。

(六) 以祖上情操雅量、高风亮节为堂号

在封建社会中,有一批文人学士,才气横溢,品格清高,深为世人所推崇。其后代族人也引以为荣。

如宋代著名理学家周敦颐,品格高雅,酷爱莲花出淤泥而不染的清高品格,以所居之处为"爱莲堂"。其后人遂以此为堂号。晋代陶渊明因不肯为五斗米折腰,遂辞官归里,赋"归去来辞"以明其志。因陶渊明号五柳先生,其后人以"五柳堂"为堂号。再如唐代大诗人李白,自号"青莲居士",李氏族人中遂有"青莲堂"堂号。

(七) 以祥瑞吉兆为堂号

古代人对祥符瑞兆十分重视,常认为是上天预示吉祥的征兆,往往以之为本族堂号。如宋代王祐曾手植三槐于庭院,言其子孙必有位居三公者(古代百官朝会,三公对槐树而立,故以三槐象征三公),其子王旦果然位列宰相,当政十余年,深为朝廷寄重。其后人便以"三槐堂"为堂号,成为中国王姓中名人辈出的名门望族,与太原王氏、琅琊王氏并列为王氏三大支派。

(八) 以先世名人的厅堂别墅为堂号

为表示对同姓先世名人的仰慕之情,各姓中常以其厅堂、居处为堂号。唐代大诗人白居易,晚年隐居洛阳香山,号香山居上,其后人便以"香山堂"为堂号。

再如唐代宰相裴度,以宦官当权,时事已不可为,乃自请罢相,在洛阳午桥创建别墅,起造凉亭暑馆,植花木万株,绿荫如盖,名为"绿野堂"。裴氏一支遂有"绿野堂"之堂号。

(九) 以家族中科举功名为堂号

在封建社会,一些名门望族人才辈出,科第连绵,为世人称羡,遂以之为堂号。如唐代泉州人林披,有子九人,俱官居刺史(俗称州牧),门庭显赫,世人敬仰,这支林氏遂以"九牧堂"为其堂号。再如宋代临湘人徐伟事母至孝,隐居教授于龙潭山中,有子八人,后皆知名,时称"徐氏八龙",后人即以"八龙堂"为其堂号。

(十) 以垂训诫勉后人的格言礼教为堂号

此类堂号在各姓氏自立堂号中较为普遍。如"承志堂""务本堂""孝思堂""孝义堂""世耕堂""笃信堂""敦伦堂""克勤堂"等等。

(十一) 以良好祝愿为家族堂号

此类堂号也较为常见。如"安乐堂""安庆堂""绍先堂""垂裕堂""启后堂"等。

(十二) 以封爵、谥号或旌表为堂号

此类堂号为历代朝廷或地方政府封赏、恩赐、旌表而来。如"忠武堂""忠敏堂""节孝堂""孝义堂"等等。

总之,堂号作为家族的徽号和别称,不仅有明显的地域特征和血缘内涵,而且带有浓厚的封建宗法色彩,既是对某一姓氏家族特色的高度概况,也是当时社会形态的反映。同样具有区分宗支族别、血缘亲疏的社会功能。它的产生、发展,多与修族谱、建宗祠、祭祀祖先、宗亲联谊活动同时进行。

七、郡望的由来和演变

"郡望"一词,是"郡"与"望"的合称。郡是行政区划,"望"是名门望族,"郡望"连用,即表示某一地域范围内的名门大族。

秦汉以后,随着家族的繁衍迁徙,姓氏原有的以血缘论亲疏的文化内涵逐渐淡化,而以家族地望明贵贱的内涵成了姓氏文化最为突出的特点。地望,即姓氏古籍中常用的"郡望",指魏晋南北朝至隋唐时每个郡显贵的家族,意思是世居某郡为当地所仰望,并以此而别于其他的同姓族人。历代的姓氏书中,其中有一类是以论地望为主(如唐代柳芳的《氏族论》和南朝刘孝标的《世说新语》)。《百家姓》刻本,也往往在每个姓氏前面注明了"郡望"。如魏晋至隋唐在我国北方形成的"四大郡望":范阳(今北京至河北省保定一带)卢氏,清河(今河北省清河一带)崔氏,荥阳(今河南省郑州一带)郑氏,太原(今山西省太原一带)王氏。

"郡"是由春秋战国到秦代几百年间逐渐形成的地方行政区划。春秋时,秦、晋、楚等国在边地设县,后逐渐在内地推行。春秋末年以后,各国开始在边地设郡,面积较县为大。战国时在郡下设县,逐渐形成县统于郡的两级行政区划制。秦统一中国后,分全国为36郡,后增加到40多郡,郡下设县。郡、县长官均由中央政府任免,成为专制主义中央集权政权组织的一个部分。汉至隋唐继承了秦代的郡县制,但是具体的郡县划分有所不同。隋唐时代,往往州、郡的名称能相互代用,但大多数时期称"州"不称"郡"。到了宋代,"郡"的行政区划已经作废。

但"郡望"作为专指某些地域内某一名门望族的习惯用语,却保留下来。并与门阀制度紧密相连,在封建社会相当长的历史阶段中沿用不衰。

所谓门阀,亦即门第阀阅,指封建社会中世代显贵,影响大,权威高的姓族家门。这些所谓"高门大姓"一般地说由家族人物的地位、权威和声望自然造成,一旦形成则显赫无比,十分威严,并世代传承。有时官方尚作明确规定,宣称某姓为望族大姓,甚至具体划分姓族等级,确定门阀序列,各姓族权益地位不等,这就是所谓的门阀制度。

门阀制度始于西汉,汉代刘氏皇族引经据典,论证其为帝尧之后,是高贵的血统,声称他们天生是要称王做帝的。西汉末年,王莽篡位,亦制造舆论,说王氏出于帝舜,他也是天生注定要当皇帝的,并用法律手段公开宣称他们的王姓,是天下最高的望族大姓。

东汉时期,门第等级观念已十分盛行,门阀制度初步形成。一些官宦、名流的宗族亲属往往高官厚禄,数世不衰,如弘农华阴杨氏四世四人官至三公,汝南汝阳袁氏四世五人位至三公,汝南平舆许氏三世三人官居三公等,皆成为当时令人称羡的高门望族。他们在社会上的势力和声望累代延续,各以门第自诩,互相标榜,组合成一种具有特殊身份、享有特殊权利的社会集团。魏晋南北朝时,这些世家大族被称为"大姓""高门""士族""著姓""冠族""右姓"。高门望族的子孙即便迁徙外地,习惯上仍举原籍或始祖发祥地的郡名作为标志,后世称之为"郡望"。

由于某一姓氏的姓源、聚集、变迁之地非止一处,于是一姓常常不止一个郡望,但通常以其中一个郡望为主,以区别主从及尊卑。如赵姓有天水、南阳、金城、下邳四望,以天水赵最为尊荣。李氏有陇西、赵郡两望,以陇西李为显贵。而王姓由于姓源支脉繁多,分布广泛,郡望多达二十一望,其中以太原王、琅琊王最为著称。这样郡望成为区别宗支派系、亲疏、尊卑的一种重要标志,后世有关姓氏研究的著述,均把郡望列为主要内容,详加考辨。

在门阀制度盛行的魏晋南北朝时期,与高门望族相比,门第较低,家世不显的家族则被称为"寒门""庶族"。他们即使也有一定的土地、财产,其成员也有入仕的机会,但总的说来.他们在政治生活中极受压抑,其社会地位也无法与门阀士族相比。当时用以铨选官吏的"九品中正制"正是这种门阀制度的集中表现。

所谓"九品中正制"就是根据门阀家世、才行品德,由各地"中正官"采纳乡里舆论.将人才分为九个等级进行推选,以任用官吏。

但是,以家族为基础而盘踞于地方的门阀士族,很快就垄断了荐举权,其结果便是只论门阀家世,不论才行品德。出身于名门望族的"衣冠子弟",即便无才无德,总被列为上品优先入仕,得授清贵之职,而出身孤寒的庶族子弟,即便才德超群,也被列为下品,即使入仕,也只可就任士族所不屑的卑微之职,以致形成了"上品无寒门,下品无士族"的局面。

门阀士族不仅各自控制地方权力,同时还左右朝政,国家法令又明文规定士族有荫族、袭爵、免役等多种特权。士、庶之间有严格的区别,所谓"士庶之别,国之章也"。士族自视甚高,不与庶族通婚。如有士族与庶族通婚,或就任一般由庶族人所担任的官职,称为"婚宦矢类",是十分耻辱的事,会因此而受到排挤和嘲讽。

在门阀制度下，不仅士庶界限十分严格，而且不同姓氏也有高低贵贱之分，甚至在同一姓氏的士族集团中不同郡望、堂号的宗族也有贵贱、尊卑之分。唐代柳芳在其《氏族论》中对此做了明确的论述：在南北朝时，"过江则为侨姓"，王、谢、袁、萧为大；东南则为"吴姓"，朱、张、顾、陆为大；山东则为"郡姓"，王、崔、卢、李、郑为大；关中亦为"郡姓"，韦、裴、柳、薛、杨、杜首之；代北则为"虏姓"，元、长孙、宇文、于、陆、源、窦首之。以上"侨姓、吴姓、郡姓、虏姓"合称"四姓"，"举秀才，州主簿，郡功曹，非四姓不选"。

即使存上述"四姓"中，也因门第阀阅而有等级高下之分：凡三世有位居三公者为"膏梁"，有令、仆（射）者为"华腴"，有尚书、领、护以上者为"甲姓"，有九卿若方伯者为"乙姓"，有散骑常侍、太中大夫者为"丙姓"，有吏部正副郎者为"丁姓"。

为维护、推行门阀制度，载录门第、区别族系的谱牒之学因而十分盛行。在南朝刘孝标所注的《世说新语》中，引证的家谱、家传达数十种之多。这种别贵贱、分士庶的门阀制度，不仅在魏晋南北朝时十分流行，而且影响深远，成为维护封建社会等级制度的准则和习俗。南宋郑樵在《通志·氏族略》中对此有一段十分精辟的论述："隋唐而上，官有簿状，家有谱系。官之选举必由簿状，家之婚姻必有谱系。历代并有图谱局，置郎中吏掌之，乃用博古通今之儒，知撰谱事"，以便使"贵有常尊，贱有等威"。

在封建社会里，最尊贵的姓氏是皇帝的姓，称为"国姓"。皇帝对有功的臣僚赐"国姓"以示褒扬，接受赐姓者无不以此为荣。

刘汉王朝时就明文规定，凡刘姓之人就可免除一切徭役，享受"六百石"的中级官吏的待遇。李唐王朝在编修姓氏书时，也明文规定了姓氏尊卑的排列。唐贞观十二年，吏部尚书高士廉奉诏撰修《氏族志》时，因沿袭魏晋南北朝旧例，以山东崔姓为第一，皇族李姓为第二，唐太宗大怒，亲自出面干涉，改李姓为第一，外戚之姓为第二，崔姓降为第三。武则天执政时，修纂《姓氏录》，改武姓为第一。

唐时，陇西李氏、赵郡李氏、清河崔氏、博陵崔氏、范阳卢氏、荥阳郑氏和太原王氏，并称"五姓七族"，门第最为清高。子女婚嫁首重门第。即使身为宰相的李义府也因不属"五姓七族"中之望族，在为其子向山东崔氏求婚时，也遭到拒绝。

最能说明姓氏贵贱，而且一直流传至今影响深远的姓氏书，当数宋朝编撰的《百家姓》。《百家姓》的前八姓是"赵钱孙李，周吴郑王"。赵姓是国姓，当然位居榜首，钱为吴越王之姓，其余六姓为皇后外戚之姓。

在门阀制度下，姓氏直接影响着一个人的社会地位、婚姻问题，以至前途命运。甚至连日常交往、场面座次亦明确有别，西晋文学家左思在《咏史》诗中曾对这种不合理现象做了尖锐的批评，诗曰："郁郁涧底松，离离山上草。以彼径寸茎，荫此百尺条。世胄蹑高位，英俊沈下僚。地势使之然，由来非一朝。金张籍旧业，七叶珥汉貂。冯公岂不伟，白首不见招。"诗中"金张"指西汉宣帝时的权贵金日磾和张安世，他们的后代凭着祖先的世业，七代为汉室高官。而奇伟多才的冯唐（即诗中之"冯公"）却因出身微门，竟一生屈于人下，不能展露其才。

这种以地望明贵贱的现象，从某种程度上说是姓氏延续了古代以氏论贵贱的传统；列出姓氏的郡望也使姓氏在发展繁衍的过程中，有了一个比较清晰可寻的主流与支流脉络。历史上，一般姓氏，都有多个郡望，说明它们是由古代同一个或几个"根"上在不同的时期衍生出来的"分支"、旁系而已。

隋唐时期实行开科取士，任官选吏不争论出身，世家大族失去了政治特权，但却产生了一大批新的宗室亲贵和功臣元勋，即新的士族集团。到宋代，郡的行政区划已经取消，《百家姓》中所标明的"郡望"，乃是沿袭魏晋至隋唐时期所形成的名门望族的地理分布。但由于长期形成的以姓氏、郡望标明出身门第贵贱和社会地位的影响，以郡望标注姓氏的习俗，仍然十分盛行。清王士禛《池北偶谈》云："唐人好标望族，如王则太原，郑则荥阳，李则陇西、赞皇，杜则京兆，梁则安定，张则河东、清河，崔则博陵之类，虽传志之文亦然。"这里王氏说到一个重要问题，就是由于唐代士人好标郡望、多题郡望，以致官方修史亦不详细考辨人物之家乡籍贯，而姑且题署郡望了事，时风所在，竟成为所谓修史之"原则"，造成了历史人物籍贯的极大混乱。唐著名史学家刘知几对此制颇为不满，他曾参与纂修国史，在写李义琰传的时候，因为义琰家住魏州昌乐，已有三代之久，所以如实写道："义琰，魏州昌乐人也。"结果监修官竟指责他违背了写史原则，要他照李氏郡望改为"陇西成纪人"。（事见《史通·邑·里》）

宋代人亦常以郡望自标，比如，刘攽有两种著作分别题为《彭城集》和《中山诗话》，这里，彭城和中山均为刘氏郡望，并非其人籍贯，刘攽之籍贯在临川新喻（今江西新余）。姚铉本是庐州人，却自题郡望曰"吴兴"。

明清时人也不乏标识郡望之例。如，明代郑真本是浙江鄞州区人，其别集却题为《荥阳外史集》，荥阳者，郑氏郡望也。清代薛雪，苏州人，却自题郡望曰"河东"。

郡望现象到现在尚不绝迹，归因于人们的寻根念祖的观念意识。现在人们还很重视自己姓氏的来历和郡望,特别是现代寓居异国他乡的华人,大都把自己的姓氏、郡望、家谱视为命根子,常常以同姓、同郡望来联宗认亲。据资料统计,在当今台湾2200万人口中,汉族占96.4%以上,几乎每一个姓氏都保留着传统的姓氏郡望,以示不忘对故土先人的眷恋之情。台湾同胞每遇红白之事,多在门前悬挂标有郡望的灯笼,以示世人。尤其近年来随着全球寻根热的兴起,海外炎黄子孙纷纷归国,族游观先,寻根问祖。姓氏郡望成为他们追寻家世渊源,谒祖朝宗的重要依据。"姓氏郡望"这一传统的历史文化遗产,在团结海内外炎黄子孙,增强中华民族的凝聚力、向心力,促进祖国和平统一大业等方面,仍具有现实的意义。

八、宗族制度和私学教育

(一) 私学的定义

中国古代私人办理的学校,与官学相对而言。历时二千余年,在中国教育史上占有重要的地位。私学,广义上指官方教育以外的各种形式的教育,如家庭教育,私人受徒讲学,书院教育,都算在其中。狭义上专指私人团体或个人于固定时地所办的教育,家庭教育算在其内。

中国古代私学始于春秋时期,其教育阶段分为蒙学(小学)和经学(大学):蒙学指主要是启蒙,提供未识字的儿童初步入门学习的机会,以识字,写字,习算为主;经学(大学):提供已有蒙学基础者进一步深造的场所,内容包括经书,诗赋策。私学有以下几种组织形式:

家学:家族世代相传的学问。

私塾:旧时家庭或教师自己设的教学场所,通常只有一个师,依学生数目而个别指导,教材和学习限制不一定,同于有制的学校。

书馆:私塾

寺观(院)教育:补充讲义(精舍为书场所)

义学:私人募集款项,为公众所设免收学费的学校.

书院:旧时私人教学藏书的场所,唐明皇置丽正书院,集文学之士,为我国书院设置的开始,此后盛于宋、明时期。

(二)私学的兴起发展历程

私学产生于春秋时期,以孔子私学规模最大,影响最深。那时统一的奴隶制国家西周日趋衰落,礼崩乐坏。由"学在官府"变为"学在四夷"。原来西周的官吏到各诸侯国去谋出路,各诸侯国甚至各卿大夫的私门需要士为他们服务,争相养士,士的出路渐广,于是出现了"士"阶层。士的培养也就成为迫切的要求,私学便应运而生。士阶层中出现了各种学派,代表着不同阶级或阶层的利益。各个学派为了培养自己的人才,向各诸侯宣传各自的主张,求各诸侯采纳,以扩大政治上的势力。其中影响较大的是儒、墨、道、法四家,在学术上各家有长短。历代封建帝王基本上并非专取一家,乃合各家成帝王之术,为巩固封建制度和各个王朝的统治服务。这四家均有私学。到了战国时期,秦、齐、楚、燕、韩、赵、魏七国争雄,"邦无定交,士无定主",士的身价越来越高,养士的风气有增无已,私学更加盛行。"从师"之风盛极一时,于是私学更多,出现"百家争鸣"的局面。

汉武帝时虽宣布"罢黜百家,独尊儒术",但并没有禁止私学。私学内多传授古文经学。由于私学力量日益增强,至东汉末到了压倒官学的地位。汉代太学生可以向校外的著名经学专家学习,经师大儒往往自立"精舍""精庐",开门授徒。学习经学是做官的唯一途径,经学极盛,经学大师的学生多至无法容纳,有的可以及门受业,而有的则只要挂上一个名字,便叫作著录弟子,不必亲来受业。儒家经学的发展历史,就是中国古代私学发展的历史。官学虽然也起了一定作用,然而对学术发展的最大功劳在于私学。尤其是儒家以外的各家,之所以能保存下来,全赖私学,并形成许多新的流派。两晋私学颇发达,名儒聚徒讲学,生徒常有几百或几千人。南朝的官学时兴时废,教育多赖私学维持。北魏虽曾一度禁止私学,整个北朝为了促进汉化,官学比较发达,但私学也颇盛。隋唐官学极盛,私学亦盛。隋朝王通是一个大儒家,门弟子遍及全国,唐代众卿相多出其门下。

唐代,佛教极盛,每一个寺庙实即一个佛教学校。唐代佛教产生了天台宗、唯识宗、禅宗、华严宗等宗派,对佛教哲学进行独立发挥,对宋明理学和书院的发展都有很大的影响。

宋代,书院成为私学的一个重要方面。其势大,日久,影响很大。书院初为私立,后来才由政府控制了一部分,作为聚徒讲学的书院开始于五代,宋兴之初最著名的有白鹿洞、石鼓、应天府、岳麓四书院。后来书院超过了州县学。南宋书院尤多。

　　私学与蒙学、经馆和科技教育小学阶段的教育,中国古代由私学办理。汉代的蒙学,一般称"书馆"或"学馆",教师称"书师",教材是"字书"。汉代已开始创设"义学"。宋元明清各代,皆有此类初级阶段的私学设置,有乡校、小学、冬学、村塾等名称。为年龄较大,程度较高的学生而设的私学,则有"经馆"和"书院"等名称。私学也订有学规注重教学程序。元代程端礼著《程氏家塾读书分年日程》即是一部著名的家塾教学计划。私学对科学技术的发展也很有关系。很多伟大的科学家都是自学成才、家学相传、师傅传授或朋友共同研究,如张衡、祖冲之、李时珍、宋应星、黄道婆等。

　　中国古代私学确实称得上是光辉灿烂,源远流长。在其发展过程中,由于历代统治者文教政策的不同,所受到的政治、经济、官学等因素的影响不同而盛衰不一,但它具有极强的生命力不断延续下来。与主要为培养和选拔官吏的官学相比,私学的范围更广,数量更多,当官学衰败时,它替代官学的功能;官学必盛时,它是官学的重要补充形式、弥补,调节官学,成为与官学平行的一种制度,从而使中国几千年的文化教育,科技传统得以延绵不断地继承。其历史地位和作用不可低估;其卓越成就不可磨灭;其意义与影响巨大而深远。

(三)私学的主要形式

1.私人讲学

　　私人讲学始于孔子。汉代自武帝独尊儒术以后,经学修养渐成为得以仕宦的最主要条件,士人进入太学读经之外,私自从师研习也是相当普遍的情况。经书由于传授的不同,出现许多解释与说法;加上经学已成利禄之途,各家之间互相争胜,讲解史为深刻细密,学生若不听老师的讲述,无法了解。另一方面,硕学大儒,从游者众,初学之人须先听高第弟子讲解,经过一段时间之后,才能登堂入室,一接謦欬。汉儒重视经学,却不轻忽为吏基本,治民所需的律令之学。

2.家学

　　家学,即家族世代相传的学问。中国是一个重家学的国度。老百姓说,"官不过两代","富不过三代",而对于书香世家,除极少数人轻蔑外,绝大多数人是敬重推崇的。尽管中国历史上许多杰出人物出于布衣,起于卒伍,成就了伟大事业,但是讲究书香传家的传统与艰苦奋斗的传统一样,几千年来生生不息,许多家学深厚者也的确成就斐然,超乎常人。

司马迁"究天人之际,通古今之变,成一家之言",忍辱负重著《史记》,成就远远超越了他的老爸,成为一代伟人。然而他能有"藏之名山"之胸襟,能有《史记》之不朽,不能不说也有他父亲的"一半"。司马谈的《论六家要旨》,在中国思想史上的地位是不让《史记》的,司马迁若无其父之学养的熏陶和提供的史学基础,他也难有超乎前人的功业。班固的故事更是家喻户晓。其父班彪因作《王命论》《史记后传》而闻名,班固"博贯载籍,九流百家之言无不穷究",不仅好学,而且好作,把他爹的《史记后传》改写成《汉书》,把一部断代史改造成一部独步千古的通史。没有班彪之世泽,当无班固之开创。

中国文化世代相传,家学也是起了很大作用的。归根到底,一切家学皆国学。所谓家学,无非是在自己家里学到的国学。围学宏富,纳新融旧;家学渊奥,探微烛幽,弘扬家学,一定程度上也就是弘扬国学,可助旧邦维新,国家兴盛。当然,国学昌盛,须举全社会之力,不能仅仅指望家学,但是让家学繁荣起来,可以延伸和补充国学;家学不堕,滴水永续,可周济国学之源远流长。

3.私塾

私塾:旧时家庭或教师自己设立的教学场所,通常只有一个老师,依学生程度而个别指导,教材和学习期限没有一定,不同于有制的学校。

私塾乃我国古代私人所设立的教学场所。它在我国两千多年的历史进程中,对于传播祖国文化,促进教育事业的发展,培养启蒙儿童,使学童在读书识理方面,起过重要的作用。

私塾的学生多六岁启蒙。学生入学不必经过入学考试,一般只需征得先生同意,并在孔老夫子的牌位或圣像前恭立,向孔老夫子和先生各磕一个头或作一个揖后,即可取得入学的资格。私塾规模一般不大,收学生多者二十余人,少者数人。私塾对学生的入学年龄、学习内容及教学水平等,均无统一的要求和规定。

就私塾的教材而言,有我国古代通行的蒙养教本"三、百、千、千",即《三字经》《百家姓》《千家诗》《千字文》,以及《女儿经》《教儿经》《童蒙须知》等等,学生进一步则读四书五经、《古文观止》等。其教学内容以识字习字为主,还十分重视学诗作对。

私塾的教学时数,一般因人因时而灵活掌握,可分为两类:"短学"与"长学"。教学时间短的称为"短学",一般是一至三个月不等,家长对这种私塾要求不高,只求学生日后能识些字、能记账、能写对联即可。而"长学"每年农历正月半开馆，到冬月才散馆，其"长"的含义，一是指私塾的先生有名望，其教龄也长，二是指学生学习的时间长，学习的内容也多。

至于私塾的教学原则和方法，在蒙养教育阶段，十分注重蒙童的教养教育，强调蒙童养成良好的道德品质和生活习惯。如对蒙童的行为礼节，像着衣、作揖、行路、视听等都有严格的具体规定，为我国教育的传统。在教学方法上，先生完全采用注入式。讲课时，先生正襟危坐，学生依次把书放在先生的

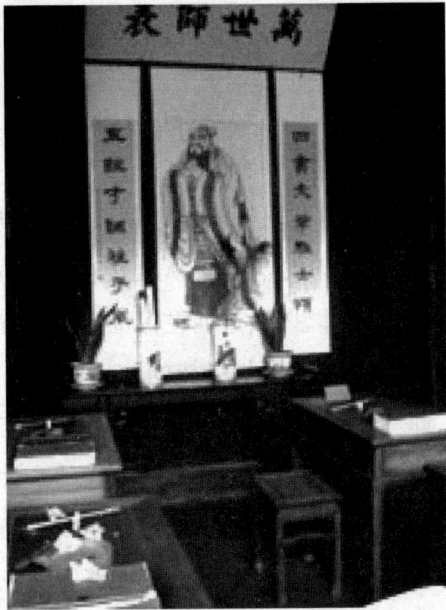

私塾

桌上，然后侍立一旁，恭听先生圈点口哼，讲毕，命学生复述。其后学生回到自己座位上去朗读。凡先生规定朗读之书，学生须一律背诵。另外，私塾中体罚盛行，遇上粗心或调皮的学生，先生经常揪学生的脸皮。

私塾教学，带有个别指导的性质，教师兼为经师与人师，对学生影响至深。科举盛行以来，学生入私塾读书，主要求一试之用，所学与品德修养，谋生技能都无直接关系。再加上塾师大多为贫寒士人，生活清苦，无法全心致力于教育事业；很多只是一味严苛，而不讲求方法，成效自然有限，终必为新式学校所取代。

4.书院

我国古代书院发端于唐朝末年，是一种由民间设立的供人们读书治学的地方，起源于私人讲学。书院制度是我国古代私学教育发展的最高形态。书院教育有四个特征：

(1)人文性

中国传统主张人与自然是融为一体，和谐相处。唐末五代十国以来，由于战争频繁，官学衰落，士子失学。人为地破坏了自然与社会的和谐节律。宁为和平犬，不为战乱人。官学衰废，一些士大夫选择山林名胜之地，建屋立舍，研究学问，聚徒讲学，使人的身体能够寄居于自然，使人的精神能与宇宙互动相连。在青山绿水间

感悟天地之灵秀,于白云蓝天中通融宇宙之奥妙,这就是华夏先祖的聪明所在。

(2)传承性

一个国家"国统衰败,民不聊生",往往就是源于民族教育的失败。当下人们之所以呼吁人文教育的回归,并不是要一味恢复古代的教育模式,其根本原因是,华夏祖先比现代人聪明一万倍——"事以人为本,人以文为本"。教育人实质上就是从"文"为切入点,探求人要生存的基本要素,总结人要生活的基本要件,推崇人们生产的基本法则,进而在保证人的生存、生活和生产的基础上,实现人的生命价值的基本意义。中华民族的族民已有一套成熟的文化密码存放在人的文化基因里,即"时间上与宇宙的节律和谐共振,空间上与万物利益的和善共处,心间上与万欲的追求和气共存,人间中与万人的个性和平共生。"如果仔细琢磨和研究中国的大文化历史,如春秋战国的诸子坐坛论道;两汉之始的宗教布道;唐朝之后的书院授道还有当代的设坛行道,都能够发现中国的文化已经相当的成熟,近乎成熟到已经密存民族的文化的本能之中。

(3)民间特性

教育讲求的是"因材施教"。最好的"因材施教",就是"一个老师对应一个学生"(当然不现实)。但从中国的教育史来分析,官办教育并非主流。中国古代政府书院虽然渊源于唐末五代十国期间,但是作为一种正式教育制度的形成,则是在宋代,是在北宋开国十余年后。唐代自"安史之乱"以后,社会由盛转衰,形成了藩镇割据的局面。各地方节度使拥兵自重,相互征伐,战争不断,严重地危害了学校教育的发展,造成官学日趋衰落,士子失学的状况。为此,一些笃学之士便在山林名胜之地建屋立舍,藏书授书,聚徒讲学。正如朱熹在《衡州石鼓书院记》中所记述的那样:"前代庠序之教不修,士病无所于学,往往相与择胜地,立精舍,以为群居讲习之所。"说明书院的产生确实与唐末五代社会动乱、官学衰微、士子失学有直接关系。

(4)"大家"讲学

一般"大家"是坛友的主要主体之一。中国古代书院往往是名家的讲坛。常言道:"山不在高,有仙则名;水不在深,有龙则灵"。北宋的著名学者,如胡瑗、孙复等多在官学任教;而南宋的著名学者却多在书院讲学,这就为书院在南宋的勃兴奠定了基础。名师在书院讲学,提高了书院的教学质量,扩大了书院的影响,不仅使旧有的书院在规模上进一步扩大。而且诱发了新书院的萌生。

九、中国古代四大书院

（一）岳麓书院

岳麓山上，清溪茂林之间，隐存着一座雅致的千年庭院，青舍密密，屋子麻麻，大门前悬挂有一副楹联，上曰"惟楚有才，于斯为盛"。这就是北宋开宝九年，潭州太守朱洞在僧人办学的基础上，正式创立的岳麓书院。

这块令湖南人骄傲了几百年的金底文化招牌，外人未免会觉得太过洋洋自得，可如果查看史料，你会默然承认，这座静静的庭院

岳麓书院

实在是有这样的资本。单就清代以来，书院便培养出一万七千余名学生，其中如陶澍、魏源、曾国藩、左宗棠、郭嵩焘、唐才常、沈荩、杨昌济、程潜等，哪一个不是一等一的杰出人物。

（二）白鹿洞书院

唐贞元年间，洛阳人李渤与其兄李涉在此隐居读书，养一白鹿自娱。此鹿通人性，常跟随左右，且能跋涉数十里到星子县城将主人要买的书、纸、笔、墨等如数购回，故时人称李渤为白鹿先生，其所居为白鹿洞。后李渤任江州刺史，便在读书台旧址创建台榭。到南唐升元中，在此办起学校，称"庐山国学"，也就是白鹿洞书院的前身。

白鹿洞书院最盛时，有三百六十余间建筑，屡经兴废，今尚存礼圣殿、御书阁、朱子祠等。书院内，大小院落，交叉有序；亭台楼阁，古朴典雅；佳花名木，姿态各

异;碑额诗联,比比皆是。这充分体现了古书院攻读经史、求索问道、赋诗作联、舞文弄器的特色。

(三) 嵩阳书院

嵩阳书院,原名嵩阳寺,位于河南省登封市区北 2.5 公里嵩山南麓,背靠峻极峰,面对双溪河,因坐落在嵩山之阳而得名。嵩阳书院是中国古代著名高等学府,在历史上以理学著称于世。北宋儒教洛派理学大师程颢、程颐在此聚众讲学,使书院名声大振。北宋名儒司马光、范仲淹、韩维、李刚、朱熹、吕晦等也曾在此讲学。嵩阳书院一直是重要的儒学传播圣地。

嵩阳书院在古代并不是单纯的指一个院落而言,而是由一个主体院落和周围多个单体建筑群组合而成,其地域分布比较广阔。大至而言,除今天人们看到的嵩阳书院建筑外,属于书院的建筑物,比较有名的还有位于嵩阳书院东北逍遥谷叠石溪中的天光云影亭、观澜亭、川上亭和位于太室山虎头峰西麓的嵩阳书院别墅——君子亭;书院西北玉柱峰下七星岭三公石南的仁智亭等建筑。

(四) 应天书院

应天书院的前身是后晋时杨悫所办的私学,北宋政权开科取士,应天书院人才辈出,百余名学子在科举中及第的竟多达五六十人。1009 年,宋真宗正式将该书院赐额为"应天府书院"。宋仁宗时,又于 1043 年将应天书院这一府学改为南京国子监,使之成为北宋的最高学府之一。后该书院在应天知府、著名文学家晏殊等人的支持下,得到很大扩展。著名政治家、文学家范仲淹等一批名人名师在此任教,兴盛一时。

十、官学、科举与私学

(一) 官学与私学

在我国古代教育发展史上,私学向来占有相当重要的地位。私学的发展规模和生长环境,固然无法与官学抗衡,但由于我国古代各个历史时期发展教育事业的特殊需要,私学取得了与官学共荣共存、并行不悖的势态,获得不同程度的发展。

尤其是蒙学阶段(启蒙教育阶段),私学不但是官学的补充,甚而成为官学发展的基础。

唐宋两朝,是我国私学发展的一个鼎盛时期。究其成因,不外乎以下因素的合力驱动。从经济发展的基础看,唐宋两朝是我国经济发展的全盛时期,尤其是唐代经济的空前发展,对人才需求的质和量都有所提高,经济发展本身是教育发展的基础,而教育的发展,又进一步促进了经济的突飞猛进,两者形成了互为因果的驱动机制。

应天书院

从社会基础来看,隋末五代时期的社会动荡,战争的破坏,官学受到很大的冲击,传授知识,培养人才,施行教化等职能,遂由私学承担;当唐宋两朝实现了国家统一以后,社会秩序趋于稳定,随着社会经济的逐步恢复,中小地主的数量有所增加,政治地位渐趋提高,自耕农的生活情况也有所改善,教育对象进一步扩大,社会要求受教育的人数大大增加,在官学无法满足受教育的需要之时,私学就获得了发展的历史契机。

科举考试制度的建立,科举进士是中国历史上破除等级门第观念,广揽人才,促进社会进步的重大举措。普通士人"投牒自进",通同赴考,这就刺激了一般人士人自学和民间求学的欲望,也激励着社会力量办学的积极性。

(二)科举与私学

科举考试作为深受历代封建王朝统治者重视的选拔人才的方式和制度,其考试内容反映着一个朝代的文化教育政策和统治者对教育的看法。私学作为科举选士的一个重要来源,其教育内容与科举考试内容自然存在着微妙关系。一方面,以应举为目的的私学教育,其内容超不出官学教育内容的范围;同时,当官学教育内容不适应应举需要时,私学则适时进行补充,积极为科举服务,因而也就带来私学的兴盛。另一方面,不纳入科举考试范围的知识,虽然也有少数在官学中得到反映,但是是不被重视的,这样它们往往落入私学中被私学接纳,成为众多独具特色的私学所传授的内容,在这个意义上说,是科举考试的这一盲端恰好被私学作了替补,由此而显示私学传统发展的重要功能和意义。

科举考试与私学教育在内容上的联系表现为同与不同两个方面:

"同"——由于经济的发展,印刷术的普及,书籍的大量出现,使到私学念书变得更加容易,加上科举考试的内容在私学中也能够得到,而且还能得到有名有实才之师,因而私学教育较官学发展快,成效也大。一旦时机成熟,学生便可以去应举。如裴休"经年不出墅门,昼讲经籍,夜课诗赋",后来进士及第,说明比较灵活的私学教育可以在内容上与科举考试结合,也说明了科举取士的功利目的对私学教育的形式和内容有着重要影响。再如北宋时期的私学中,书院也大都培养学生参加科举,并传授有关考试方面的知识,教育很难跳出科举的圈子。尹洙有言:"大学生徒,博士授经,发明章句,究极义训,亦志于仕禄而已。及其与郡国所贡士并校其术,顾其所学经义讫不得一施,反不若闾里诵习者,则师道之不行宜矣。"指出入官学读经,还不如在家学诗作赋,以应科举。

在科举影响私学教育内容的同时,私学也影响着科举考试的内容。一个典型的例子是理学的传播和发展。理学是大师们通过私学进行传播的,作为一种学派的学术思想,可以说理学是私学发展的灵魂;作为一种治术思想,当它被统治者尊崇,便达到它发展的顶峰。而这种尊崇,是通过科举来体现的。南宋年间理宗皇帝下诏,明确表示信奉理学,这样以朱熹为代表的理学成为南宋的治术思想,并影响了整个南宋以后的封建社会。于是,自南宋后期至后世诸朝,理学大师的著作成了官学和私学的教学内容,更为重要的是,它们成了科举考试中解释经典的标准。如元代科举考试中,"《大学》《论语》《中庸》内设问,用朱氏章句集注。……经义一道,各治一经,《诗》以朱氏为主,……《周易》以程氏、朱氏为主"。由此可见私学对科举内容的重要影响。

"不同"——即科举考试内容与私学教育内容的逆向现象。这种"不同"正是中国古代私学最为辉煌的一面。中国古代有"德成而上,艺成而下","形而上者谓之道,形而下者谓之器"的观念,由于统治者不重视科技,科举考试几乎未涉及过自然科技方面的知识。可以说,中国古代的科技知识和技艺传授,主要是通过私学进行的。如唐代医学家孙思邈,天文学家僧一行等等,这些科学技术的实践者,大多为私学的大师或学生。此外,一部分私学,比如一些真正有生命力的书院,大都有较强的学术性质,能够显出它们"不同"的特色。它们传授的学术思想,与科举的关系较为疏远,有的甚至是反科举的,这些活跃的思想不同于封建后期科举制度陷入八股僵化的现象,虽然历史上这一类的书院屡遭禁毁,但是这种"不同"的精神非常难能可贵。

(三)科举与书院

书院与科举有不解之缘。

"书院"之名,始于唐代。唐玄宗开元元年(717年),将原有的藏书机构乾元院更名为丽正修书院,后改名为集贤殿书院。此书院是皇家编、校、典藏图书的地方,类似于皇家图书馆,不是教学机构。随着雕版印刷术的发展,书籍越来越多,供个人藏书、读书、治学的私人书院逐渐出现。这些书院开始了授徒讲学的活动,一种新的教育组织形式出现了。

唐代"安史之乱"以后,官学衰微,随着明经科地位的下降,经学教育不受重视,而进士科地位的上升使得人们日益重视读书作文,并兴起了隐居读书、习业山林寺院的风尚。受佛教禅林寺院的影响,一些有识之士在山林胜地创办了书院。由于禅林大师讲经说法,四方僧徒、信士云集于此,这些私人藏书、读书的书院逐渐演化为学者讲学授徒,士子读书求师并进行学术研究的专门教育机构,具有了学校性质。

宋初,朝廷的主要精力还用于征服南方仍在割据的地方政权,无暇顾及文化教育,官学几乎没有什么发展,后周遗留下来的国子监不过是一个空架子,而散居于草野之中的读书人,由于国家的初步统一和安定,又产生了强烈的晋身要求,希望通过读书获得功名。书院在这种历史契机下兴盛起来,形成我国书院教育的第一个高潮,出现了著名的"宋初四大书院"。此后北宋因官学兴起,书院一度沉寂下去。南宋因朱熹等理学代表人物恢复了一些书院的教学活动,并亲自讲课,指导生徒,使得书院又有了迅速的发展。

元朝,政府对书院采取了保护、提倡和加强控制的政策,使得书院一方面在数量上得到发展,遍及于全国许多地区;另一方面由于政府任命书院的教师,控制书院的招生、考试及学生的去向,政府拨学田给书院,使书院官学化的倾向越来越严重,许多书院甚至已经完全被纳入了地方官学系统,与路、府、州、县学校一样,成为科举的附庸,丧失了书院淡于名利,志在问学修身的初衷。

科举取士极大地提高了人们学习的积极性,"读书做官",促使士人一心一意读书备考。来书院隐居读书的人有的重视讲学修身养性,有的是借隐居读书以博得高名,走"终南捷径",待中央及地方长官辟用。而更多的则是为了读书提高以求应举入仕。李颀《缓歌行》说:"男儿立身须自强,十年闭户颍水阳,业就功成见明主,击钟鼎食坐华堂。"士子十年闭户苦读的目标非常明确,就是为了有朝一日能够通过科举踏上仕途。

明清两代书院继续发展,即使明朝政府曾四次明令毁废书院,清初也有一段沉寂,但仍未能扼制书院的迅猛发展,单就数量几乎已遍及全国。明清的统治者,加强了对书院的控制,使书院由私学蜕变成了官学,被纳入了科举系统。

时至清末,书院和科举一样不适应社会的变化,戊戌变法期间,人们在改革科举的同时,也把批判矛头指向书院。光绪二十七年八月(1901 年 9 月),清廷发布上谕,重申改书院为学堂,从此书院制度失去了其存在的法律基础。作为科举的附庸,1905 年当科举被宣布废除后,书院也彻底消失。

综观书院的历史,可以发现书院的发展几乎与科举的变迁同步,唐中期,科举制经过初唐的草创,达到更为完备的时候,书院产生了;宋代是重文轻武,进士备受荣耀的岁月,书院兴盛;清代,科举穷途末路被废除,书院也同时结束。书院因科举盛而兴,因科举衰而亡。

第七章　姓氏趣闻

一、严光还是庄光？

严光是中国历史上大大有名的一个人物,何以有名？先请看看他的简历。

严光,字子陵,东汉初会稽余姚人。少时与光武帝刘秀同学,崭露头角,有高士之名。刘秀称帝,不忘旧情,想请老同学出山做一番功业,便派使者前去征召。岂料严光早有先见之明,隐姓埋名躲了起来,让刘秀颇费了一番周折。好不容易找到后,使者将严光请到都城洛阳,与刘秀故人相见,畅叙久别之情以慰相思之苦,自不待言。在这一点上严光表现得很合作,有一天晚上两人谈到兴头上,严光甚至破例放下隐士的"架子"和刘秀同榻共眠了一宿。关于此事还有一个相当有趣的小故事。

严光

据说封建时代的皇帝都是真命天子,偶一动作,神鬼皆知。且说刘秀和严光睡了一宿,第二天一大早,负责天文观测星相的太史官就慌慌张张跑来了,告诉刘秀说他夜观天象,发现有"客星犯帝座",让刘秀小心提防,保重龙体。刘秀听毕哈哈大笑,说:"什么'客星犯帝座',只不过昨晚上和子陵同榻而眠,他不小心把一只脚放在我身上罢了。"

事虽小,可见刘秀对严光青睐有加到何种程度。虽是如此,当刘秀后来提出让严光留在身边做谏议大夫,帮他出谋划策、共商国事时,严光还是断然拒绝了,称:"士故有志,何至相逼乎!"态度之强硬让刘秀望而生畏。不得已,好聚好散,刘秀只得放严光回了浙江老家。于是乎,今天的浙江富春山、富春江一带,也就因严光的关系而留下了严陵山、严陵濑、严子陵钓台等地名,同时也留下了许多美丽动人的传说。

严光不慕高官显爵,终老林下,其行可佩,其志可嘉,古往今来,提到隐士,巢、由以下,即是严光。按道理说,这么一个赫赫有名的人物,流传千载,其姓氏应该不会出什么差错。可让人瞠目结舌的结论却是:严光并不姓严而姓庄。

中国历史上向来有"为尊者讳"的习惯,说白了就是天子所用过的一切东西臣下均不能染指,包括姓名用字;本字当然不行,便是谐音也不允许。举例来说,汉宣帝名叫刘询,那"询"这个字别人便不能再用以为姓,没办法,与其同音的"荀"姓就只好委曲求全改为"孙"姓了。大儒荀子在古籍中一度被写作"孙卿"也正是因为这个缘故。

再说严光,原本好端端地叫着"庄光"。恐怕至死他也不知道自己姓了一辈子"庄",闭眼后反倒不明不白被人改姓"严"。严光卒子公元43年,迫使他改姓的汉明帝刘庄于公元58年即位,也就是说,从公元58年以后,"庄光"这个名字就再也没有以自己的真面目示以世人。

本来,世事沉浮。朝代更迭,"庄光"是有机会正本清源的。汉朝覆亡,明帝之讳自然消弭,许是大家叫习惯了,许是"严光"的称谓已深入人心。总之,后世衮衮诸公全都遗忘"庄光"而牢牢记住了严光,这个习以为常、约定俗成的错误一传就是1000余年,一直到南宋时,才有一些爱钻牛角尖的学者站出来研究这个问题。

当时有一个叫俞成的文人,路经富春江,有感而发,写了这样一首诗:千古英风想子陵,钓台缘此几人登?谁知避讳改严氏,滩与州名总误称。非但指出"严光"之"严"是因避讳改姓,连带着说明严滩、严州这些地名都受株连而被了祸,但是他并没有明说严子陵原本姓什么,究竟是避谁的讳,原因何在。不得而知。俞成在为庄光正名的问题上,开创之功不可没。

又数百年,有一个女诗人潘素心,同样是途经严州时,写了一首诗《过严州》,诗曰:谁改州名姓字香,钓台千古属严光。岂知隐士终埋姓,先生当日本姓庄。

至此,"严光"本是"庄光"这桩公案的真相方始大白于天下,而此时,岁月悠悠,"庄光"与世长辞业已1000余年。

二、冯、同二姓为何不通婚？

千百年来，源出今陕西韩城嵬东乡龙门寨徐村的冯、同二姓一直保持着同祭一祖、互不通婚的习俗。话说从头，还得扯到 2000 多年前西汉那位仗义执言的太史公司马迁身上。

司马迁，字子长，左冯翊夏阳人。受身为史官的父亲司马谈影响，司马迁自小就立下了修撰通史的远大志向。后来继父职为太史令，得便博览皇室所藏秘书，更坚定了自己的信念，要修史立言以俾"藏之名山，传诸后世"。

横祸于汉武帝天汉二年（公元 99 年）突兀飞来。是年，贰师将军李广利率三万人马出酒泉，击匈奴左贤王所部于天山。飞将军李广的孙子李陵从征。李陵年少气盛，自请率 5000 人独当一面。结果事与愿违，与匈奴精兵 8 万余狭路相逢。众寡悬殊，李陵虽有樊哙之勇亦无可措手，战败投降。

消息传至朝廷，武帝大怒，立拘李陵家小，要明正典刑，以儆效尤。当时满朝文武噤若寒蝉，无一敢逆龙鳞者。司马迁不顾人微官卑，挺身而出，替李陵辩护。此举无异于太岁头上动土，武帝满腔怒火正无处发泄，于是统统倾泻在司马迁身上。这当然还不算完，最后他又"天恩浩荡"，"慈悲为怀"，给了司马迁两个选择；要么引颈受戮；要么接受宫刑，忍辱偷生。

关于司马迁选择宫刑，著成《史记》的故事已家喻户晓，妇孺皆知，此不赘言。只说司马迁获罪的消息传回故里以后，阖家老小惊慌失措，不知该怎么办好。要知道，伴君如伴虎，为人臣者稍一不慎，自己脑袋搬家事小，说不定还要株连九族。商量来商量去，司马迁的家人终于做出了一个迫不得已的决定——改姓避祸。长子司马临将"马"字左边加上两个点，姓冯；次子司马观将"司"字左边加一竖，姓同。

说到这里，聪明的读者应该已经明白了，龙门寨徐村即是司马迁的故里。冯、同两姓所祭的同一祖即是司马迁。两姓之所以不通婚，是因为它们之间有着密不可分的血缘关系。不过，这样一来，又形成了一个奇怪有趣的现象，就是如今姓司马的绝对不可能是太史公的直系后人，倒是姓冯的、姓同的查查家谱；指不定还能和太史公攀上亲戚呢！

事实上，为避祸而拆字改姓者，冯、同二姓实非首创。早在西汉初年，淮阴侯韩信的后人就用过这一招。

韩信在长乐宫被杀,对他有过知遇之恩的萧何也是参与的刽子手之一——这也是成语"成也萧何,败也萧何"的由来——因此萧何心里很不是滋味。为了减轻内心的愧疚,也为替韩氏留下一脉香火,萧何偷偷地把韩信的一个后代送到了南越王赵佗那里,托赵佗代为抚养。这个韩信后人长大以后,为安全起见,就改了姓。改姓的方法便是拆字:把"韩"字破成两半,单拿右半边的"韦"字为姓。这个"韦"姓人后来迁至广西,繁衍发展,人数渐多。因此现在广西有很多姓韦的,而且据说大多都自称是韩信的后代。

三、中国第一个国姓是什么?

距今4000多年以前,禹的儿子启赶跑竞争者伯益,建立了夏朝,中国历史上从此有了国家的概念。夏朝理所当然是中国历史上第一个国家,禹的姓"姒"理所当然也便成了中国第一个国姓。

那么,大禹的这个"姒"姓究竟是怎么来的呢?这里边还有一个神乎其神的传说。

据说,大禹的母亲到野外游玩,吃了一种叫"薏苡"的草结的种子,即薏苡子。回家以后,禹母就很奇怪地怀孕了,不多久即娩下一个男婴。不用说,该男婴便是后来以治水闻名于世的禹了。

再说禹的父亲鲧,他也并非无能之辈,在治水方面很有一套,因此舜便提拔他当了总水利工程师,负责治理当时泛滥九州的大洪水。岂料鲧在关键时刻偏偏出了岔子,鬼迷心窍地采用了"壅塞"的笨办法,为此还从天帝那里偷来了息壤。整整9年,水不但没有被治住,反倒为害愈烈。舜一怒之下,派人在羽山这个地方结果了鲧的性命,大概是因为"父债子还"的缘故,舜又命禹主持治水事宜。这是禹浓墨重彩登上中国历史舞台的开始。

禹经过细致勘察水道,加上吸取亡父失败的教训,故而采取了"疏导"的方法,也就是给洪水开辟一条便捷的通道,让它服服帖帖地流向大海。治水期间,禹留下了不少让后人叹为观止的传说故事。其中说他趁晚间无人注意化为黄熊开山辟路显系穿凿附会的无稽之谈,只是代表了劳动人民对禹的崇拜和敬仰之精。至于劳累得"胫无毛"和"三过家门而不入"则应不是齐东野语,凸现了禹那种坚韧不拔、一往无前的奋斗精神。

正确的疏导方法,辅以这种精神化成的巨大动力,经过13年的拼搏,禹最终治住了洪水,不但被人们亲切地称呼为"大禹",还受到了舜的接见。为了表彰禹的功绩,舜说:"你母亲吃了薏苡才怀上你;你就姓'姒'吧!"舜为九州之长,开口便是金玉之言;从此后,大禹就姓"姒"了。"姒"字从"女"旁,表示女性;右边的"以"字,表示薏苡。其实,在上古时期,"姒""苡"两字本就是相通的。

再后来,舜将王位禅让给众望所归的禹。禹在位时兢兢业业,恪尽职守,经常还会像早年治水时那样,到各地去巡视一番以体察民情。有一年,他巡视到浙江会稽一带时,突然患病,死在了那里。

素以治史严谨著称的司马迁曾亲赴会稽山探考访查,并在《史记·夏本纪》中提出了关于此事的两种说法。一曰:"十年,帝禹东巡,至于会稽而崩。"二曰:"或言禹会诸侯江南,计工而崩,因葬焉。命曰会稽。"

不管怎么说,大禹把自己的最后时光和盛载生命的躯壳都留在了有过他峥嵘往昔的治水之路上,也给后人留下了一个可以凭吊的古迹——禹庙。

为纪念大禹治水之功,更为彰扬先祖盛德伟功,大禹的第五代孙、夏朝的第六代王少康派其子无余居住会稽,专一负责为大禹守灵。秦始皇三十七年,即公元前210年,千古一帝秦始皇"上会稽,祭大禹。望于南海,立石刻,颂秦德"。自此,历代君王纷纷效仿,都赐大禹的子孙田产。除此之外,禹的子孙还可以分得民间拜祭瞻仰禹庙时不菲的捐献,因而衣食丰足,安土重迁,在会稽山下一住就是4000多年。

会稽就是今天的浙江绍兴。姒姓作为中国第一个国姓,自大禹得姓以来,历经4000余载风风雨雨,时至今日,其子民大部分仍聚居在会稽山下,禹庙之旁,守护着他们祖先辉煌的业绩,也守护着他们美丽的精神家园。据不完全统计,姒姓现在只剩700余人。当然,大禹的子孙远远不止这些,只不过大多不再姓姒,而是改成了别姓。在姓氏发展的洪流中,因为各种原因改作他姓的事件屡见不鲜,这一点大家都明白,此处不赘。

四、"贵姓""百姓""国姓"

朋友初次会面,人们往往会非常客气地问一句:您贵姓? 此处这个贵姓,表达的是对对方的一种礼貌和尊重。那么,在历史上,在悠久的姓氏文化中,究竟有没有所谓的贵姓呢?

答案是肯定的。在阶级社会里,姓氏自它产生的那一天起,就被人为地赋予了贵贱高下之别,姓完全可以显示一个人的身份地位:贵人自然是贵姓,平民百姓与"贵姓"注定是无缘的。而且,在4000多年前姓氏刚刚进入人类生活时,老百姓根本连拥有姓氏的资格都没有;他们只有奴隶主赖以区分他们的名。不客气一点说,如若名不是具有识别你我的功用,只怕他们连名都没有,表明身份就只能用数字代号了。

这里需要澄清一下"百姓"的概念。在我们今人的词典中,"百姓"是指一般平民,就是那些无官无爵、无职无权,自个儿管理自个儿的人。最早的"百姓"可不是这个意思,而是指代帝王统率下的百官臣僚。因为"姓"只有统治阶级才有,"姓"便是分析鉴别一个人属于哪个阵营的基本尺度。相对至高无上的帝王而言,文武百官屈居其下,的的确确也有几分今天所说老百姓的味道。至于下层的劳动人民,那时候是连"百姓"都做不成的,只能望"百姓"之称谓而脸红心跳。

再说贵姓。毋庸置疑,中国历史上第一个最高贵的姓是"姒",也就是夏朝的国姓。说白了,谁掌握了政权,谁就身份高贵,一人得道,鸡犬升天,姓氏跟着也会高贵起来,就会成为国姓,天底下最高贵的姓,历朝历代,概莫能外。千万不要小看这个不当吃又不当喝、虚无缥缈的"国姓",它可以拿来当礼物送人的,而且还属于礼之厚者。送礼者一毛不拔,受礼者却感到荣于华衮,认为只有祖坟上冒青烟方能有如此好福气,其他旁观者一边看着还羡慕嫉妒得不行。举个大家熟知的例子。明末的郑成功是个民族英雄,从荷兰人手中夺回了宝岛台湾,泽被后世。在此之前,郑成功是以明朝孤忠臣子的身份扯旗抗清的。在天下大局已属大清的情形下,他在东南沿海顿打了几次胜仗,有一回还差点拿下南京。这对颠沛流离、朝不保夕的南明小朝廷而言无疑是天大的喜事。皇上估计也实在找不出什么好玩意儿赏赐郑成功了,一高兴干脆就把国姓"朱"送给了他。这样非但不用从腰包里往外掏银子,传出去还光彩,荣耀。果然,自此以后,郑成功就成了人民心目中的"国姓爷",号召力也大了许多。

中国历史第二个国姓,也就是第二个贵姓是"子"。这里面有一个传说:商部族的始祖叫简狄,她和大禹的母亲一样嘴馋,而且整个怀孕过程也没自己丈夫什么事儿。她出去游玩,无意中吞吃了一枚燕子卵,于是乎珠胎暗结,后来便生下了商朝的开国之君——汤。古语中"子"有"卵"之意,因而汤就在无人指点自作主张的情况下姓了"子"。再往后,周朝的国姓为"姬"。姬姓的由来和"姒""子"有异曲同工,殊途同归之妙。其始祖姜嫄去野外踏青,看到一行特别奇怪的大脚印。姜嫄这个姑娘估计好奇心比较重,拿自己的脚往大脚印上比画了比画,又踩着走了几步。周部落的一位重要始祖弃,即后稷就这样诞生了。考察"姬"字字形,右边的"臣"在古代的象形字中象征的便是一个巨大的足印。

历朝历代的国姓理所当然都是"贵姓",不过,"贵姓"的范围可没有这么窄,队伍也没有这么弱小。贵为天子,溥天之下,率土之滨,单凭一人之力要想统治驾驭实是难比登天。他们总要拉拢一些高官显贵和世家大族作为同盟军以维护皇权。拉拢的办法之一便是把这些人的姓氏利用法律或舆论手段规定成贵姓,让他们主动和皇族结成统一战线,一损俱损,一荣俱荣,生死休戚与共。

最早这么做,而且做得还算深入人心的恐怕当属北魏孝文帝拓跋宏。作为中国历代汉族统治者群体中的一个"外来和尚",拓跋宏的举措堪称大手笔。不但用强制手段使自己的鲜卑族兄弟在最短的时间内完成了至少是表面上的汉化过程,而且还进行了一系列匪夷所思、大刀阔斧的改革,其中一项就是姓氏改革。拓跋宏把天下姓氏分成三六九等,并且给每个等级都制定了相应的标准。在汉人姓氏中,第一等姓氏有四个,即崔、卢、郑、王,合称四大姓。

据说,在拓跋宏给姓氏定等级的时候,一个当官的李姓人正在外地,听说初步划分的第一等姓氏中没有李姓,很不服气,正事都顾不上做了,快马加鞭赶回洛阳,想向孝文帝讨封。只可惜那会儿没有电话、电报等快捷的通讯工具,这个李姓人累得吐血见着孝文帝时,姓氏分等一事已尘埃落定。皇帝金口玉言,话一出口便要载诸史册的,哪能轻易更改?孝文帝只好十分同情而又无奈地对他说:"如今大局已定,回天乏术,你们李姓就委屈一下,迁就着做第二等贵姓吧!"一句话,李姓就只得乖乖地做次等贵姓了。

事情传出,举国大哗,不少人讥讽那个李姓人不识好歹,自不量力,还开玩笑地

·姓氏文化·

图文珍藏版

把李姓称为"驰李"(迟李)。意思是说,李姓的"贵姓"来得不光彩,是自己厚着脸皮讨来的,要不然,只怕连次等贵姓都没有份儿。

岁月悠悠,物换星移。到了唐代,李姓人坐了天下,富有四海。唐太宗李世民一想到"李"是二等贵姓,心里就不舒服,总想生个法儿把李姓挤进一等贵姓里去。开初他还寻思着和平过渡,把崔、卢、郑、王四大家族的代表人聚在一块,好商好量,把话说开了,认同李姓的一等地位,这事就算完结。结果那四大家族的人根本不买皇上的账,一听话头立马如同吃了枪药一般,大有头可断、血可流,李姓决不能入一等的势头。搞得李世民灰头土脸,不怿数日。

事情办不妥,李世民心里终究有个疙瘩解不开。想想也是,天下都打下来了,想做一等贵姓都不能,忒窝囊了。软的不行,李世民只好霸王硬上弓,索性也不找人商量了,直接下了一道诏令,让负责此事的官员从四大贵姓中挤出排四的王姓,加入李姓。有唐一代的四大贵姓因而也就摇身变成了"崔、卢、李、郑",王姓虽有满腹怨言,奈何胳膊拗不过大腿,只好自认倒霉。

今天看来,李世民的做法孩子气得近乎要赖,为了姓氏等级问题不惜动用国家权力也未免显得小题大做,可是,在1000多年前那种门阀制度森严的社会里,真不这么做恐怕反倒会遭天下人耻笑。如不理解的话可以想想蜀汉昭烈皇帝刘备。一个卖草席的,只因为标榜是中山靖王刘胜之后,虽然有些太"后",皇室的那点血脉早已荡然无存,但搬出皇室家谱论起辈来好歹还是大汉皇叔,好歹也是名牌正宗,如假包换的天潢贵胄。就凭这个"刘"姓的金字招牌,无论如何穷困潦倒,狼狈不堪,刘备只要竖起大旗,"呼啦啦"就会扯起一杆子人马;不但人马,还网罗住了诸葛亮那样的智囊,关、张、赵、马、黄那样的猛将。折腾到最后竟然还折腾出一个和魏、吴三足鼎立而分天下的蜀汉政权来,凭什么?这应该就是得益于"贵姓"所蕴含的无穷力量了。

五、"改姓"与"赐姓"

先来听一个故事:唐代宗时有一个诗人叫戎昱,此人生平事迹《唐诗纪事》和《唐才子传》中均有所述及,《全唐诗》中亦收有他的诗作,可见也算小有名气。戎昱年轻时考进士不第,百无聊赖,便跑到湘桂一带漫游。没想到在三湘四水却遇到了知音,有一个姓崔的中丞非常赏识他的才华,而且赏识到了想要招他做乘龙快婿的程度。这对于一个"落魄江湖载酒行"的穷酸文人来说,自然是做梦也想不来的美事。可是,崔中丞提出的唯一一个条件却着实让戎昱犯了难:戎姓别扭,要想娶妻,须先改姓。戎昱知道崔中丞的女儿不但貌美如花,而且聪明绝伦,是难得一见的好姑娘。一边是如花美眷,一边是祖宗传下来的姓氏,孰轻孰重?戎昱犹豫不决。不过,选择尽管痛苦,戎昱最后还是做出来了,退掉了亲事。他在退亲诗中这样写道:

山上青松陌上尘,云泥岂合得相亲?

举世尽嫌良马瘦,唯君不弃卧龙贫。

千金未必能移姓,一诺从来许杀身。

莫道书生无感激,寸心还是报恩人。

话说得很明白:娇妻,我所欲也;本姓,亦我所欲也。二者不可得兼,舍娇妻而保本姓也。再直白一些:你看得起我,我很感激;可是想要让我改姓,那是万万不能的。舍此,其他的条件我都可以考虑答应。

故事反映了一个思想:改姓在古代是一件很折当事人面子的事,往深里说恐怕还有辱及列祖列宗的成分。所以,看古演义小说,英雄好汉登场,大多都会底气十足地来一句:大丈夫行不更名,坐不改姓,×××是也。号一报,是战是和,就交给对方任由他掂量了。姓和名连在一起;往往就是一个招牌,你的所有相关资料都附着储存在这个招牌上。通俗一点说,这个招牌就是你的象征,你的名声。"人过留名,雁过留声"和"为名所累"中的"名"就是这个意思。招牌一列,名声一坏,你这人以后再想有颜立于天地之间可就难上加难了。

相比而言,姓所代表的意义要单纯、纯粹一些,它是先祖留下来的一个符号,借以将你和其他姓氏的人区分开来。如果是世家大族、名门高姓的话,这个区分的意义就显得愈为重要,姓本身就昭示着身份和地位,光彩和荣耀。故事中的崔中丞之"崔",在唐代姓氏排行榜上位居榜首,国姓"李"都得俯首称臣,更不用说名不见经传的小姓"戎"了。所以戎昱执意不肯改姓,他也只能忍痛割爱,表示爱莫能助了。

戎昱无疑具有几分骨气和知识分子的痴气,说不改就不改,宁肯打光棍也不改。可是,事实上,百家姓上现有的几千个姓氏和改姓都是密不可分的。在中国姓氏文化的历史上,改姓的的确确存在,而且还不是"暗香浮动"的支流,而是根深叶茂的主干。因为在大多数情况下,"改姓"并不是由个人的意志、骨气或痴气决定的,不是当事人愿意改,而是"不得已耳"。

改姓大致有如下几种情形。

(一)避讳改姓

避讳改姓在先秦时已有之。自称"力拔山兮气盖世"的西楚霸王项羽,因为又叫作项籍。对不起,项羽还没有自刎乌江之前,"籍"字大家就都不能用为姓氏了。原本姓"籍"的只好改成姓"席"。到了汉代,武帝名讳为刘彻,姓"彻"的又得改成"通"。这还是最一般的,严重时候,非但皇帝老儿的讳要避,连他老子和老婆的讳也要避。这个朝代避这个,改朝换代后又要改回来避另一个,避来避去,好端端一个姓氏就给避得全乱套了,连最聪明的头脑都几乎搞不清楚自己的先祖到底姓什么,自己的姓氏究竟变了几次才变成今天这副模样的。拿"敬"姓为例。南朝时,侯景发动兵变掌权,他的名字"景"跟"敬"音相近,姓"敬"的于是改成姓"文"。盼到侯景垮台,"敬"姓赶紧恢复原貌。好景不长,五代十国时候,石敬瑭建立后晋,虽然是个儿皇帝,可毕竟也算九五之尊,也得照老规矩办理。这回敬姓人索性把"敬"字掰成两半,一半姓"苟",一半姓"文"。后晋覆亡,"苟""文"合二为一。可是紧跟着赵匡胤又建立了宋朝,赵的爷爷叫赵敬,这样姓"敬"的又得咬着牙施展分身术。就这么改来改去,连姓"敬"的自己都搞不清楚到底改了几回。

再比如"汤"姓。从周代开始规定,上古帝王的名号也在避讳之列。商朝开国之君名汤,汤姓改成"阳"姓。秦时,秦武公名荡,汤、荡音近,汤姓改成"杜"姓。汉时,刘邦未登大宝之前被封过"砀君",又得改,这回改成"锡"。避讳改姓不只是避皇族的名字,有时皇帝忌讳的事物臣下也要识趣地避忌。还说汤姓。明开国太祖朱元璋,从名到姓,按说怎么着也和汤扯不上关系。可善于发挥想象力的朱元璋脑筋一急转弯,还真是像模像样地扯上了,说是死猪(朱)就怕开水烫。因此能在汤泉洗澡时,御笔一挥,把汤泉改成了温泉。他手下的大将汤和是个聪明人。——明开国功臣中得"保首领老于户牖之下"者寥若晨星,汤和便是其中之一。——知道朱元璋的忌讳后,主动上书,声称自己的"汤"姓字形虽不予变动,但音却非"汤",而是"商"音。这个马屁正拍在准地方,朱元璋心花怒放,传谕天下,"汤"全部都读成"商"音。今天读古书至"汤汤洪水",都念作"高商(音)洪水",就是朱元璋怕烫的孑遗。

(二) 避祸改姓

此类前文已有述及，司马迁后人改冯、同和韩信后人改韦姓均属此例。这里再举两个较典型的例子。

战国时，陈厉公的儿子陈完任大夫一职，他和太子御寇的私交甚好，朝野皆知。后来，在一次宫廷政变中，太子御寇被杀。陈完害怕"城门失火，殃及池鱼"，赶紧逃到齐国，并且改姓了"田"。经过多年数代的苦心经营，陈完的子孙非但在齐国扎下了根，而且势力日渐强大，最后竟取姜氏之齐而代之，完成了一次不显山不露水的和平演变。再后来，秦席卷天下，包举宇内，齐灭。齐国的田姓王族为了避祸，不得不隐姓埋名。但改姓时他们又对自己的王族血统恋恋不舍，念念不忘，于是就改成"王"姓。这支"王"历史上至少出过一个名人，那就是在两汉之间托古改制、为天下笑的王莽。

南唐李氏政权被宋攻灭后，李后主和皇族中的邓王一起充当了俘虏。后来，李后主不合借诗词乱发牢骚，被多疑的宋太宗抓住小辫子赐死，邓王也同时被难。只有邓王的第八个儿子机缘巧合，幸免于难，流落在民间。为了自保，他把父亲的封地"邓"拿来做姓，改姓邓。这支邓姓人后来有一部分在湖南安居下来，今天主要在安化县一带繁衍发展。

(三) 入赘改姓

"入赘"简言之即是结婚后男方到女方家里居住生活。这里所说的男方过去还有一个专有名词叫"赘婿"，也就是现在的"倒插门女婿"。有的"倒插门女婿"到女方家以后也要改姓。

清朝有一个赫赫有名的家族，即海宁陈氏家族，是有清一代四大官宦家族之一。先后出过三位宰相，十一个相当于今天省部一级的官员，家族男性成员中六分之一以上有功名。康熙、乾隆下江南时都曾在陈家落脚歇宿，这可是封建时代为人臣者的无上荣光。其实不用这么啰唆，看过金庸小说《书剑恩仇录》的人都知道，海宁陈家被雍正皇帝施"偷龙换凤"之计，乾隆其实便是陈阁老的骨血，陈家洛的亲哥哥，地地道道的汉人。小说家之言不足为据，不过这个故事确非金庸向壁虚造，凭空杜撰，而是民间一直流传的一种说法。真假姑且不论，能在老百姓口中和皇家子嗣扯上关系，海宁陈家当时的地位至少是可以想见的。

根据陈氏家谱记载，族中曾有这么一个故事。

国学经典文库

中国民俗文化精粹

·姓氏文化·

图文珍藏版

从前有一个叫高亮的人，是北齐皇族高氏的后人。他年轻时在海宁一带漫游，有一天走路走累了，就随便找了个桥头歪靠着休息。没承想一坐下就睡着了，不知道防备身子，结果一头栽下河去。这时候，在桥边开豆腐坊的一个陈姓老汉正在午睡，他梦见有一条青龙掉进了河里，就赶快爬起来看，发现一个书生模样的年轻人正湿淋淋地在水里挣扎。陈姓老汉救起了高亮，一打听，知道他原来还是名门之后，虽说如今孑身一人，书剑飘零，但由梦中情形看来，终究不是池中之物，总有飞黄腾达日。于是陈老汉便把女儿许配给了高亮。高亮散了赘婿，踏踏实实呆在了海宁，子女后来都跟着母亲姓了"陈"。后来，陈家慢慢在海宁一带兴旺繁盛起来，形成了一个庞大的家族。

作为厘清世系、传承后人的家谱，所载之事是很有选择性的。陈氏族谱能把这样一个近于荒诞的故事堂而皇之收录进去，至少证明入赘改姓在当时颇为普遍，并不是什么羞于启齿的丑事。

（四）趋荣改姓

全身远害、趋炎附势应该都可以笼统称为人之常情，人品怎样，只看你趋附的程度如何，便知备细。一个人倘是趋炎附势到把老祖宗赋予自己的姓氏都要改掉以讨人欢心，获取利益，那么这个人只怕就难掩天下悠悠之口说长道短了。这样的人历朝历代都不稀缺。尤其是唐朝令狐绹为宰相时，一下子就出了一大批，比过江之鲫还要多。

令狐不是大姓。唐宣宗时，令狐绹任宰相一职，这是一个很有"姓氏"自尊心和责任感的热心人。他痛感自己的宗族不够旺盛，故而凡是有姓令狐者前来投靠，他都不遗余力地多方帮助提携，或赠钱物，或予以举荐，至不济也能给人家几天饱饭吃。此消息传开，天下令狐姓人络绎而至，几乎要将令狐绹家的门槛踩破。还不只是令狐姓人，有些姓胡的人见姓令狐的满嘴流油、容光焕发地从令狐绹家出来，害了红眼病，于是心生一计，在"胡"姓前添上"令"字，变成复姓"令胡"，然后大摇大摆地大老远跑去找令狐绹攀亲联宗，打抽丰。令狐绹只顾高兴，又没有精力一一检查投奔诸人的家谱族谱，这些由"胡"姓变化而来的"令胡"姓往往便诡计得售，满意满载而归。诗人温庭筠冷眼旁观，无当局者之谜，写诗讥刺道："自从元老登庸后，天下诸胡悉带令。"为分几口冷猪肉吃而不惜留千载话柄，世事有时就是这么奇怪。

(五) 避耻、避嘲改姓

望文生义,避耻者,耻于与某人同姓为伍;避嘲者,因原姓不雅或不吉遭人嘲笑而改。避耻的情况较复杂,有的是耻于和奸佞叛逆同姓。如唐代宗时任兵部尚书的李抱玉,原名安重璋,因战河西有功,玄宗改其名为"抱玉",故名安拖玉。安史之乱爆发,李抱玉耻于和安禄山同姓,上书请求改姓,玄宗赐其国姓李,至此姓名悉变,面目全非了。明末李自成起义,席卷天下,有封建卫道士李岊和,不愿和"犯上作乱"的"贼酋"李自成同姓,上书改姓为"理"。

避嘲改姓现象姓氏史上亦有记载。如三国时吴人是仪,本姓"氏"。素爱挑人毛病的大儒孔融见了,嘲笑他说:"氏者,'民'无上可改为'是'。"孔融是信口开河,氏仪却深以为然,于是改姓为"是"。

(六) 其他形形色色的改姓

有时改姓是为了方便辨别,这在少数民族尚无姓氏的情况下较常见。如明成祖因朝中同名的鞑靼人较多,不得已赐姓以示区别。

有时改姓的原因纯属偶然。如后汉时有个人叫谢服,任职鸿胪卿。忽一日要带兵出征,顿觉自己的姓名皆不祥,遂立改为射咸。也有的因过继给别姓人当子女而改从别姓,这在民间较为常见。如王家的儿子过继给张家,于是就改姓"张"。

此外,在姓氏发展史上,音讹和省文也是常见的两种改姓现象。

音讹即指读音因各种原因发生误差,以讹传讹而改姓。例如:三国时的简雍,为蜀汉大臣,本姓耿,因幽州人读耿为简,耿雍便成了简雍。

因音讹而改之姓。一般来说都是音近字,亦有同音字。如:莘氏讹为辛氏,欧氏讹为区氏,载氏讹为戴氏,虢氏讹为郭氏,郯氏讹为谈氏,姒氏讹为似氏,雷氏讹为卢氏,吾丘氏讹为虞丘氏,毋丘氏讹为曼丘氏,穆氏讹为缪氏等。

省文,即省写原姓字之偏旁或一部分笔画而改为新姓。省偏旁者如:郭改为章,邴改为丙,郲改为来,那改为寻,邵改为召,邾改为朱;省笔画者如:桥去乔改为木,理去王改为里,谭去"言"改为覃,熊去水改为能。

音讹与省文这两种改姓情况因为一般是在原姓的基础上产生新的姓,即新姓产生,原姓并未消失不用,一姓分为两姓。这在某种意义上无疑极大丰富了"百家姓"的内容。

说完改姓,再说赐姓。严格说来,赐姓亦是改姓之一种,此处单独拈出以示重视,原因有二:一则赐姓表达的是皇帝的意志;二则赐姓贯穿整个古代社会始终,算是改姓族群中的第一大宗。

帝王赐姓,大多用以褒奖、笼络臣属,使其对自己死心塌地,死而后已。像前文提到的南明小朝廷对"国姓爷"郑成功。但也有因此下忤上,致使"龙颜大怒",贬斥臣属而赐恶姓的。这种赐姓和"赐死"没什么两样,是最严厉的惩罚之一,被赐者一般是政治竞技场上的失败者,所赐姓大多含有凶恶,不祥之意。如:南朝齐武帝萧赜原与巴东王萧子响同出一宗,永明八年萧子响叛逆伏诛,齐武帝盛怒之下,赐其家族"蛸"姓。蛸是一种长脚蜘蛛,其丑陋可想而知。南朝梁武陵王萧纪谋反失败,元帝萧绎将其族改姓为"饕餮"以示惩戒。武则天做得更绝,周朝建立以后,武则天开始一个一个收拾自己的反对者。将高宗皇后王氏改姓"蟒";高宗曾经宠幸的萧妃改姓为"枭"(砍头而悬之以示众之意),将起兵和她对着干的越王李贞、琅琊王李冲以及株连讲夫的李姓诸王悉数改姓"虺"(毒蛇),突厥可汗默啜改姓"斩啜"。正是一朝"得志便猖狂",不但新仇,连旧恨索性也一并结算。典型表现是武则天连她的两个叔伯哥哥武惟良和武怀远都不放过。这两武其实和她并无任何深仇大恨,只不过在她未入宫,也就是未发迹之前,对她表示过轻慢而已,这点陈谷子烂芝麻的小事导致了他们不得不忍气吞声改姓为"蝮"(毒蛇之一种)。非止改姓,武则天兴致上来,连名也变着法改。同样是对付得罪过她的人,松莫都督李尽忠被改名李尽灭,陈州刺史孙万荣被改名孙万斩。一字之异,意思迥然有天壤之别,这也正见出武氏的手段。

当然,对于自己的心腹爪牙,武则天也会使用怀柔政策以结纳其心。她把佐助她的得力臣属集体赐姓为"武",还把她的面首冯小宝改名薛怀义,这其中大约"有深意存焉",吾辈却不可得而知矣。总而言之,武则天大概要算是中国历史上在赐姓方面花样最多的君王了。

赐人恶姓以泄愤,只是少数刁钻古怪的帝王的做派,显得太过阴损,壮夫不为。壮夫即偶一为之,亦必对此獠着实恨之入骨,欲让其先祖后人都跟着蒙羞忍耻,让他本人九泉之下亦不得瞑目安生。一般情况下,臣下一提到"蒙圣上赐姓",都是要眉开眼笑的,因为那实是无上的恩宠,表示皇上根本没有拿你当外人看,所以才和你认同宗。

历史上赐姓作为手段笼络外族或手下的皇帝不乏其人,而且大都获得了较满意的效果。举例为证:

匈奴人在西汉初年还没有明确的姓氏。汉武帝为了拉拢他们,就利用了赐姓这种方式。因为匈奴人祭天时习惯用金人,武帝就赐匈奴休屠王的太子"金"姓。这支金姓匈奴人后来就在汉都长安繁衍发展起来,七代都是权贵。这个太子便是武帝驾崩时遗命让其与霍光一起辅佐新君的顾命大臣之一金日磾。李陵出击匈奴,战败投降,在北地娶妻生子,曹魏时其后人有从匈奴归者,因皇上在皇宫丙殿接见,故赐姓"丙"。南北朝时,西魏的刘亮收复潼关,厥功至伟,被文帝元宝炬封为车骑大将军,并赐以西魏贵姓"侯莫陈"。五代时,后周柱国太尉李弼封爵赵国公,并被赐鲜卑姓"徒何"。如此等等,考诸典籍,俯拾皆是,不胜枚举。

千万别以为赐姓只是皇上开出的一张空头支票,让臣下半分实际利益捞不着,仅仅猫咬尿脬——空喜欢一场。事实上,聪明的皇帝不但赐给别人姓,而且会巧妙地利用赐姓大做文章,在政治斗争中最终胜出。

唐昭宗时,大宦官杨复恭飞扬跋扈,翻云覆雨,连昭宗和宰相都不怎么放在眼里。因为昭宗是被杨复恭推上帝位的,碍于面子,所以一时之间也拿他没办法,心里恨不能食其肉寝其皮,表面上还得十分恭顺。当时杨复恭收了不少干儿子作为党羽,其中有一个叫胡宏利

金日磾

的,胆识过人,有万夫不当之勇。杨复恭对他十分器重,还特意给他改了个名字叫杨守立。昭宗看在眼里,寻思着有机可乘,便跟杨复恭说:"能收到这样的干儿子,真是你的福气。他武艺那么好,正是为国出力的大好时候,能不能让他到宫里来,给朕做保卫工作呢?"杨复恭一听,正中下怀:有自己人在皇上身边,宫中还会有什么事能瞒过自己,于是便答应了。杨守立进宫以后,昭宗立即赐他国姓"李",给他改名"顺节",对他恩宠有加,还把皇宫近卫军的统帅权毫无疑心地交给了他。人心都是肉长的,没有人不懂好歹。这样时间一长,李顺节,也就是原来的杨守立,比原来时的胡宏利渐渐疏远了杨复恭,投靠到昭宗一边,成了他的心腹亲信。最后,唐昭宗就是利用李顺节,把杨复恭除掉了。

历朝历代皇帝中,赐姓最多、最烂的恐怕要数唐朝皇帝,而且动辄就赐国姓

图文珍藏版

405

"李"。武则天临朝称制后热衷于替人改姓,不能不说和受前辈影响有莫大的关系,而李姓如今能跻身全国人数最多的五大姓氏之列,大约也是得了唐皇滥赐国姓之功。唐本来就是中国历史上最开放的一个朝代,敞开胸怀,笑迎八面来风,对其他朝代视若拱璧的国姓也毫不吝啬。初唐徐世勣,也就是民间熟知的徐茂公,为兴唐立下了汗马功劳。后又随李靖破东突厥,治并州 16 年,突厥不敢南向。为表彰其功绩,太宗赐他姓"李",又因避太宗讳,去"世"字,后人皆称之为"李勣"。

唐时,西北的少数民族党项渐渐兴盛起来,后来归附唐朝,纳贡称臣。其首领原本姓拓跋氏,被赐姓"李"后,改名为李继迁,当然,这支李姓党项宋时又被赵家政权笼络,亦赐国姓"赵",当时的首领改名为赵宝吉。这个赵宝吉便是后来建立西夏政权的赵(李)元昊的祖父。由此亦可看出:以赐国姓笼络并不是维护皇权的一剂万用灵药。被笼络者蛰伏时自会俯首帖耳,一旦羽翼丰满,条件成熟,没有人会喜欢别人的国姓,人家还想着逐鹿天下后拿自己原本的姓氏作为国姓赐给别人呢!

赐姓作为改姓中的一个较特殊个例,所赐姓与原姓氏一般无任何联系,即有联系也纯属巧合。而改姓的大部分情形,原姓和所改姓都有千丝万缕的联系。当然,除赐姓以外,原姓和所改姓风马牛不相及的时候也不是没有,下面就举几个小例子:

(1)公元前 230 年,秦国攻灭韩国;俘虏韩王安,韩国王室子孙流亡各地,惶惶不可终日。逃难过程中,有一个叫韩瑊的王室子弟,天寒过渡,把守渡口的秦兵盘问他的姓名。韩瑊惊慌失措,答不上来,只下意识地用手指了指冒着寒气的河水,意即以水寒喻其姓韩。哪知秦兵想象力不够丰富,会错了意,又问他是不是姓河。生死攸关,韩瑊急中生智,回答道:姓氏从人不从水,我姓如何的"何",而非河水之"河"。秦兵信以为真,就放他过去了。韩瑊侥幸逃脱虎口,心有余悸,为了纪念这次历险,也为让后世子孙铭记这段历史,遂将韩姓改为何姓。不过,这个故事还有另外一种版本,说是韩王子孙亡命江淮,江淮音讹,吐字不清,读韩为何,因而将错就错改成"何"姓。这个不在本文讨论范围之内,姑置之不理;

(2)元朝末年,朱元璋的起义军节节胜利,势如破竹,元政权风雨飘摇,朝不保夕,亡日可立而待也。一个明哲保身的元朝将军开了小差,结果遭到元军和朱元璋起义军的双重追杀,逃到最后几乎已走投无路,万般无奈,他想到了以改姓的办法逃避劫难。这么琢磨时天上刚巧有只乌鸦叫了一声,他觉得是这声乌鸦叫教了他,随后便躲进小河边的芦苇丛里，结果竟然侥幸躲过了追杀。隐姓埋名活下来后，将军对那只乌鸦一直念念不忘，索性从此就姓了"鸦"。如今江苏扬州还有不少人姓"鸦"，和那个将军有无渊源却已不好说了。

（3）清乾隆十九年有个进士，叫秦涧泉，此人颇有骨气，据说就是大卖国贼秦桧的正宗嫡派子孙。秦大士有一次去杭州会文，杭州那些生员跟他开玩笑，开得有些过头.把接风宴摆在了西湖边上的岳庙里面。岳庙里可是跪着秦桧夫妇的像哩！秦大士到地界一看就明白了。明白了也没办法，丑事的的确确是自家祖宗做下的，推不脱也赖不掉，遭人奚落也无话可说。不过秦大士既然能中进士，自非等闲之辈。灵机一动便有了主意，不动声色地挥毫写了一副对联，联曰：人从宋后羞名桧，我到坟前愧姓秦。秦大士还真不是空口白牙说说而已，回家后他就把姓改了，改成"岑"。这一支岑姓后来还出过不少有头有脸的人物，曾任广西巡抚的岑煊怀据说就是秦大士的后人。

六、孟姜女姓孟吗？

孟姜女哭长城的故事尽人皆知。据说秦始皇时候，为了抵御匈奴，征发民伕修筑万里长城，孟姜女新婚宴尔的丈夫范杞梁也在被征发之列。后来孟姜女万里送寒衣，在施工工地遍寻丈夫不着，一打听才知道范杞梁已经劳累而死，就埋葬在长城下面。孟姜女悲从中来，无法自抑，放声大哭，哭得天愁地惨。风云为之易客，草木为之变色，最后连大青砖垒就的长城也承受不住，"轰隆隆"倒塌了800里。孟姜女终于找到了自己的丈夫，但已是生死殊路，人鬼异途。处理好丈夫的后事，孟姜女蹈海而死。给后人留下了一个忠于爱情、反抗暴政的完美女性形象。今天的山海关以东7公里的望夫山还有孟姜女庙，一年四季香火不断，慕名而来瞻仰者络绎不绝。

在大多数人想当然的印象中，"孟姜女"之所以称"孟姜女"，自然是姓孟名姜了。这种看法实则是错误的，孟姜女姓"姜"，"孟"字代表的是在兄弟姐妹中的排行。

在先秦同姓不婚配的情况下，"姓"对于女性有着异乎寻常的重要意义：不但决定着她们能否与男方婚配，而且还是区分女子结婚与否的重要标准。因为在那个时候，女性的"姓"是要随着婚姻状况的变化而变化的。

《礼记》载，周代女子出生三个月后，和男孩一样要命名，但这个名是备而不用的，平时只称呼姓。名的唯一作用便是通婚时应付男方的"问名"礼，此即所谓"男女非有行媒不相知名"。这样一来，先秦女子的姓作用就大了。不过，只称呼姓，新的麻烦又出来了，倘一家之中有三个姑娘，自家人当然分得清楚，若走出去，清一色地都叫"×姑娘""×女"，外人根本无法辨认。为了区别辨认这些"养在深闺无人识"的未婚姑娘，一般还要在姓前冠以伯(孟)、仲、叔、季以表示排行。伯(孟)、仲、叔、季是古人用以表示兄弟姐妹行辈中长幼次序的特定称谓。伯与孟均指代老大，其区别为伯为嫡生(正妻所生)，孟为庶出(妾所生)。仲意为居中，排行即指老二，如仲春为二月，在春季一、二、三，三个月之正中。叔为老三。季为排行第四或最小的一个。《诗·魏风·陟岵》："母曰，嗟！予季行役。"毛传："季，少子也。"

古书中所载孟姜、仲子、叔姬、季芈，译成现代文，分别是指姜家的大丫头，子家的二姑娘，姬家的三女儿，芈家的幺闺女。因此说，孟姜女实系姓姜，是姜家庶出的大丫头。

先秦女子出嫁之后，称呼时还要在姓前冠以出生地或国名，此时在娘家时的排行已完成历史使命，该当退位让贤了。还以"孟姜女"为例：她的出生地在齐国，出嫁以后，在正式场合的称呼便是"齐姜"。再如晋姬——娘家在晋国的姬姓女子；陈妫——来自陈国的妫姓女子；息妫——来自息国的妫姓女子。

但更多的女性称谓会随着丈夫的地位改变而改变，所谓"嫁鸡随鸡，嫁狗随狗，嫁根扁担抱着走"是也。若嫁给别国的一国之君，就需在姓前冠以丈夫的国名。如一个姬姓女子嫁给卫国姓孔的大夫为妻后，就叫孔姬。又如一位姜姓女子嫁给棠姓大夫为妻，甭管原先她是伯姜、孟姜、仲姜还是季姜，统统都得改称"棠姜"。女子死后的称呼则是在姓前加上丈夫或本人的谥号，但还是万万不能直呼其名的，否则即属大不敬。如嬴姓女子嫁给鲁文公为妻，死后称敬嬴，"敬"是鲁文公的谥号。先秦女性最完整的姓名称呼形式见于西周青铜器铭文，其形式如下：

丈夫的国名或邑名(氏)+行辈(伯孟、仲，叔、季)+本姓(姬、姜、妫、嬴等)+名(或字)+姓别字(母或女)

除上述几种情况外，先秦女性还有另外几种称谓法。或是只称姓，或是在姓后加一一"氏"字，或是在姓前加一"妇"字，或在姓前既冠所出的国名、氏名，又加丈夫的国名、氏名，或在姓前加上表示配偶崇高身份的称号。但是，说来说去，先秦女子单独称名的情形却仍是几近于无。如《礼记·檀弓》中提到了孔圣人母亲的名讳——征在，但也只是独一无二的昙花一现。

在漫长的封建社会里，妇女称姓不称名的现象相沿成习，蔚为风气。尽管秦汉以后，女性有时也可以称名字，但仅限于留名青史的那些重量级女性，如王昭君、蔡文姬、李清照、朱淑真等。绝大多数没有社会地位的民女仍然称姓不称名，名不见经传。有些纵使小有名气，如号称"乐府双璧"之一的《孔雀东南飞》中的女主角虽是当时传诵一时的"风云人物"，但分量还是有些欠缺，所以人们在正式场合只叫她"焦仲卿妻刘氏"。其实这也是封建时代最常见的现象。一般民女在出嫁后都在自己的姓之前冠以丈夫之姓，之后加一"氏"字，如刘李氏，便是李家的姑娘嫁给刘家的后生为妻后的叫法。这种叫法在今天的港、澳、台地区尚有孑遗，但和过去刚好掉了个儿，一般流行于上层社会。

七、名人与地名

作为一个活生生的人；其人生轨迹总要着落在天穹之下的某一片土地上。这片土地可能承载其一生，也可能只供其短暂居留。"青山有幸埋忠骨，白铁无辜铸奸佞。"说的是青山和白铁，一个有幸一个无辜；土地亦然。土地有幸，会孕育出人中龙凤，国之大老；会尽可能长时间羁绊名人匆匆行进的步伐，让他们的足迹在自己的怀抱中留得更多一些，印得更深一些。"人杰地灵"，正因为人的杰出，方凸现地有灵气。中国历史上，地因人名，人以地传是一种十分常见的现象。有许多原本默默无闻、亘古沉默的土地因为某个名人的驻足而顿时喧嚣起来，尊贵起来，引得无数仁人志士莅临其地，或扼腕痛心，或把酒临风，或发苏门啸，或兴广武叹。而这片因名人而名的土地从此便被人经常挂在嘴边，牢牢记在心底，史册中也会给它们留下一席之地。

这样幸运的土地并不少见，尤其是那些已成为名胜古迹的土地，或多或少都能和一个或多个名人扯上千丝万缕的联系。1981年上海出了全国第一部《中国名胜辞典》，主要讲旅游景点，包括全国重点文物保护单位以及省一级重点文物保护单位，共列6885条。其中涉及姓名的，包括本身就是姓氏名胜的，诸如祠堂、名人故居、一些重要街道、市、镇等等，有866条，占收录在册的名胜的1/8。当然，下文述及的这些与名人有关的地名未必尽是名胜,这一点是需要预先澄清的。

(一)徐偃王与徐州

徐偃王是西周时徐国国君,广施仁义,普济众生,举国称颂,四夷成服。在位时周天子为穆王;好狩猎,喜巡游。兴之所至,西巡昆仑以谒西王母,乐而忘返,国政无人治理,民愤沸腾,怨声载道。徐偃王在东部三十六国诸侯和九夷部落的拥戴下,兵强马壮,欲代行"天之罚",遂发兵攻周。周穆王虽然贪玩可并不糊涂,闻讯后一面令楚帅兵攻徐,一面乘造父所御飞车,一日千里,赶回都城镐京。徐偃王功败垂成,不忍见自己国内百姓生灵涂炭,于是卷甲收兵,放弃抵抗,躲进了彭城一带的深山老林中。老百姓感其恩义,拖家带口,扶老携幼跟他进山的数以万计。这座徐偃王藏匿其中的山后来便被叫作徐山,彭城因此也被人称做徐州。

(二)许昌、许姓与许由

河南省许昌市地处中原腹地,是一座历史悠久的城市。东汉末年,曹操曾胁迫汉献帝迁都于此,以便他"挟天子以令诸侯"。彼时,许昌一带人才济济,荀氏、钟氏均为当地望族,曹操手下一众谋士中大半出于许昌,为曹魏政权的勃兴立下了汗马功劳。细说起来,许昌市的得名还和上古时的一个大隐士许由有关呢。

许由,唐尧时人,极有才能,偏偏淡泊名利,不愿"学会文武艺,货卖帝王家"。只想一个人在无人问津处呆着,拈花惹草,傲啸风月,自得其乐。问题是他的名气实在太大了。尽管人们想不明白为什么他既然一门心思当隐士,却又不懂韬光养晦反倒折腾出那么大名声来,结果反正是尧找到他了,推心置腹地和他促膝长谈,说想把天下让给他。许由当然不答应,心想:我人前人后讲自己要做真正的隐士,现在又贪图权势出去做官,岂不是自己抽自己耳光,此事智者决计不为。虽然"不为",然而"君子绝交,不出恶声",这次许由表现得挺客气,只是婉言谢绝了尧的好意,然后托人照看门户,自个儿收拾收拾搬到箕山之下去了。

许由的这次搬家有些拖泥带水,估计于路多次暴露过形迹,否则尧不会那么快就再次找到他。尧这次来不再奢望许由能赏脸做部落联盟的老大,只请他给自己几分薄面,勉为其难做个辅助老大的九州长就行。许由一听就火了,一方面因为尧太不识趣,屡次三番地搅扰自己;另一方面认为尧智商太低:老大我都不想当,还会稀罕不如老大的九州长? 这是用脚后跟都想明白的道理,尧竟然明白不了! 火了的许由破口大骂了尧一通。尧灰溜溜离开以后,许由觉得还不解气,自己本来洁白如羔羊却被尧一番俗话玷污了，就寻思着想个法子彰显自己高贵的、超凡脱俗的德行。想来想去，许由就跑到颍水边上洗起耳朵来。——"洗耳"的典故即由此而来。——后人为了纪念许由，就把他隐居的地方称为"许"，后来又改名许州，也就是今天的许昌。许由的后代也都以"许"为姓，尊许由为他们的第一代祖宗。

上面的故事其实还有一个小小的蛇足，据推测是嫉妒许由品行的宵小之徒为往他脸上抹黑而故意臆造的，说许由正在那儿撩着水"哗哗啦啦"洗得起劲，下游来了个牵牛的农夫让牛喝水。农夫认为许由的举动有些怪异，就问他为什么要这么做。许由十分愤慨地告诉了农夫事情的来龙去脉，农夫一听勃然大怒，指责许由道："你这个人也太不讲社会公德了，你洗得爽快，却把整条河里的水都污染了。我的牛怎么可以喝这么脏的洗耳朵水！"骂骂咧咧地扬长而去。

（三）静升王氏家族与王家大院

静升王氏家族，源出山西太原，系历史上遐迩闻名的"灵石县四大家"之一。王家大院即是王氏家族鼎盛时所兴建。如今，王氏家族的风光荣耀和600多年的沧桑世事尽数埋没于高墙深院之内，唯留下大院依旧矗立斜阳草树间，无语对苍穹。

如此规模巨大、形制复杂的民宅建筑群，在全国范围内亦属罕见，这恐怕是静升王氏的始祖，那位挑着扁担以卖豆腐为生的王实，做梦都不敢想的事。元朝皇庆年间，王实从沟营村迁至静升定居，以卖豆腐为生。王实的豆腐做得的确不错，远近闻名。然而，豆腐做得再好，也不过是小本买卖，糊口而已，发不了财。王实卖了一辈子豆腐，只给后人留下一间破烂不堪的小屋，他也正是在那间小屋里熬到油尽灯枯，最后撒手归西的。

王家大院是王实第十七代孙王汝聪的住宅。王汝聪官至正五品，算得上一方大员。他把自己家装饰成典型的北方豪宅的格局：前院供主人进行社交活动，正窑接待达官显贵，东西厢房是管家和账房先生的卧室。穿过中间的一个条带形小院，进入的第三层院即是主人的生活区：正面五间窑洞，归家中长辈所有。二层为小姐的闺房。里外规矩严明，防范森严。此时的王家大院已经嗅不到半分磨豆腐的气息，老祖宗赖以活命糊口养家的豆腐手艺也早被大院里的老少男女们忘得一干二净。

这还不是王氏家族最繁荣鼎盛的时期。他们的黄金时代在清初。

三藩叛乱，平凉提督王辅臣望风响应，西北形势骤然紧张，剑拔弩张。朝廷急需大批战马，向民间悬赏征集。彼时王氏家族当家的是王濂受、王濂和兄弟，他们刚刚从口外买到 24 匹好马，准备大捞一笔。得知朝廷用马的消息后，两兄弟一合计，认为这是千载难逢的大好时机，成败在此一举。

山西王家大院

两人一横心，把 24 匹马无偿献给了平阳府。这样一来，就等于他们把筹码押在了当时并不怎么占上风的朝廷上面。

上天往往会垂青那些赌徒和冒险家。没过多久，战争形势逆转，吴三桂一棋失着，兵败如山倒，遂至无力回天，叛乱被平定。静升王氏自此得到了官府的照拂和支持，开始走上家族的辉煌之路。他们很快发展或上马了醋业、典当、百货等各种行业，而且还把生意经念到了衙门里，和官府直接做买卖，赚公家的钱。至清朝中叶，王氏已然家大业大，跻身"灵石四大家"之列。财大气粗，看别人做官看得眼红，便督促子弟考，自己花钱捐，不出数年，王家既考又捐，官高爵显者即达 42 人。

风流总被雨打风吹去，依附清政府的王家也随着清政权的覆亡而归于尘土。如今静升王氏留下的，只是欣赏中国北方建筑的一个绝佳去处而已。

（四）张良与张家界

张良，字子房，秦末汉初沛郡城父人。出身六国贵族，父祖皆为韩国相。韩亡，良流落江湖，誓报国仇家恨，募大力士于博浪沙狙击秦始皇，铁锥误中副车，秦捕之甚急，遂变姓名隐于下邳乡间。在此良遇异人黄石公，黄石公以良为浑金璞玉、可造之才，稍加琢磨必成大器，故多方刁难，见良仍无为难激愤之色后，以《太公兵法》授之，称读之可为帝王师。

张良依言熟读《太公兵法》，择沛公刘邦辅之，与西楚霸王项羽逐鹿中原。良屡出奇计，救刘邦于危难之中。四载鏖兵，项羽败退乌江渡口，羞见江东父老，自刎而死。楚汉战争的硝烟散尽,刘邦称帝,为汉高祖,以张良功高,封留侯,恩宠备至。

司马迁声称曾见过留侯画像,在《史记》中记载说他"貌如妇人好女",以至于有些人不敢相信自己的眼睛,不相信"运筹帷幄,决胜千里"的"兴汉三杰"之一的张良竟然这般纤弱瘦削。

张良年轻时挥斥方遒,快意恩仇,博浪锥虽未击杀嬴政,却大快天下人之心。中年后沉稳恬淡,火气渐消。高祖广,吕后专权,在朝中上下其手,早已想急流勇退的张良不屑为伍,又兼此时正欲修习黄老辟谷之术,便委婉地提

张良

出大事已了,想要以衰朽无用之身"从赤松子游"。因为张良有请"商山四皓"立定太子刘盈之功,吕后对他颇为眷恋。奈何张良去意已决,无可挽回,也只好由他去了。

张良摆脱俗务,一身轻松,离开长安后四处寻仙访道。忽一日就来到湘西武陵山腹地的青岩山,但见这里林壑幽深,风光秀美,连连赞叹不愧是人间仙境。于是在此结庐而居,流连忘返。不久,张良原先的一句推托之辞竟成了现实,他在青岩山还真碰到了仙人赤松子,就拜他为师,向他学道,最后也修成了神仙之体。

其实,所谓成仙只是代表了后人对张良的美好祝愿。张良于公元前186年去世,这是载诸史册的不争之实。可是,不管怎么说,大家都宁愿相信张良在青岩出修成了神仙,因而就把青岩山改称为张家界。张家界如今是举世闻名的风景区。

(五)介之推和介山

春秋时,晋献公宠幸骊姬,受其蛊惑,杀太子申生,其另一子重耳望风而逃。重耳在晋国甚有人望,一时晋国颇有贤人追随他鞍前马后效劳,如狐偃、赵衰、介之推等人,都有国士之目。他们无怨无悔地跟着重耳,颠沛流离。有一次重耳忽然嘴馋想吃荤,当时身处旷野,无处找肉,介之推爱主心切,一狠心,把自己大腿上的肉割下来一块,煮了送给重耳吃。重耳知道事情的真相后感激涕零,发誓一定要回报他。重耳在外流亡19年,吃尽了苦头,受尽了白眼,最后得秦穆公之助,回到晋国

当了国君,即晋文公。晋文公即位之后,大封功臣,当年跟他走过逃亡路的各色人等要么加官晋爵,要么获赐金银珠宝,独独漏掉了介之推。要说晋文公这记性也真够差劲,平时想不起倒还罢了,不具备触景生情的基本条件,问题是他大口吃肉的时候也想不起。介之推开始还以为晋文公因为他有"割肉疗饥"之功而要予以特别赏赐呢?闷着头不声不响等了几天,见晋文公方面无任何动静,这才认清现实,晓得晋文公是真的把他忘在脑后了。介之推不是会厚着脸皮主动邀功请赏的人,心灰意冷之后,便趁天黑背着年迈的老母亲偷偷躲进绵上深山里去了。

介之推悄然离去,气坏了一个叫解张的人,此人素喜打抱不平,惹是生非,当下便写了一封书简,悬挂在宫门外显眼处。柬曰:

有龙矫矫,悲失其所;数蛇从之,周流天下。龙饥乏食,一蛇割股;龙返于渊,安其壤土。数蛇入穴,皆有宁宇;一蛇无穴,号于中野。

有人持送晋文公,文公览毕大惊,跌足叹道:"这一定是介之推的怨辞,瞧我这猪脑子,怎么就把他给忘喽!"忙派人去请介之推,结果就把"好汉做事好汉当"的解张请来了。解张慷慨陈词,无非是夸赞介之推志行高洁,讥刺文公忘恩负义之类言语。文公厚着脸皮,含羞忍耻听完,为示痛改前非之诚心、决心,非但没有怪罪解张,还给了他一个下大夫的官儿做。解张一高兴,就给文公透信,说介之推可能是往绵上深山去了。

文公即刻命驾,前往绵上。但见峰峦叠叠,草树萋萋,流水潺潺,行云片片,林鸟群噪,山谷应声,根本无处寻觅介之推踪迹。文公至此一筹莫展,就有自作聪明者献计,说介之推事母至孝,尽人皆知。倘若放火把山烧了,介之推不忍拖累老母无辜丧生,必会出山来见。晋文公再次猪油蒙了心,又忘记了介之推一向是宁折不弯的拗脾气,果真开始放火烧山。

大火整整烧了三天三夜,半边天都映红了。可是山里除去跑出一些慌不择路的飞禽走兽外,还是不见介之推母子的踪影。火熄之后,晋文公又命人进山搜寻,最后,终于在一株已烧焦的柳树下找到了介之推母子,却是已被活活烧死了。

大错铸成,无可挽回。晋文公只得厚葬介之推母子,将绵山更名为介山,又在绵上立县,名曰介休,意即介之推曾休息于此,以示纪念。为了寄托哀思,文公还将介之推被焚时倚靠的那棵枯柳带回宫中,做成木屐穿在脚上,想起介之推时便看看木屐,痛哭一场,叹曰:"悲乎足下。"久之,"足下"这个词就演变成对别人的一种敬称了。

晋文公下令焚山之日，正值三月五日清明节。此后介山附近居民每至此时，便冷食一月，不复举火。再后减至三日，最后又改在冬至后 105 日，即清明前一日，全天都吃冷食，并命名为"寒食节"，而此时，该习俗已传布全国了。一到"寒食节"，家家户户都要插柳于门户，以招介之推之魂，以纪念这位志行高洁、忠心不二的贤人。

(六) 黄浦江、申江与春申君

春申君，名黄歇，战国时期楚国人，以善养士闻名当时。相楚 25 年，手下有门客 3000 余人，与齐国孟尝君田文、赵国平原君赵胜、魏国信陵君魏无忌并称"战国四公子"而名头稍弱。楚顷襄王时，黄歇奉命出使秦国，成功阻止秦即将发动的攻击。楚考烈王即位，以歇为相；封春申君，赏赐淮北之地十二县为其封邑；后来又改封于江东。春申君任相期间，助楚发兵救赵，力拒强秦，攻灭鲁国，国势一度中兴。就是这么一个纵横捭阖、叱咤风云的政治家，却在阴沟里翻船，着了小人李园的道。斯诚可叹！

李园本是赵国人，因为他妹妹长得漂亮，献与春申君，由此博得春申君的青睐。不久，李园妹妹便怀了孕。李园贪心不足，运动三寸不烂之舌说动春申君，又把妹妹献给了楚考烈王，李园因此也青云直上，飞黄腾达。考烈王死，李园唯恐事情败露，要杀人灭口，故伏甲攻春申君，杀之，扶考烈王之子，实则春申君之子即位，即幽王。

春申君豪迈仗义，兼有侠士与君子之风，所在之处多施惠政，民感戴之。黄浦江源出浙江嘉兴县境，至上海东北，合吴淞江入海。相传即是春申君封在江东时所开，故亦名春申浦、春中江，又名黄歇浦，皆为纪念春申君而名。旧称上海为申江，今之称申城，亦皆本于此。

(七) 周迪功郎、沈万三秀与周庄

周庄原名贞风里，在今江苏省昆山市境内，中外驰名的风景游览区。周庄距今已有 900 余年的历史，属江南典型的"小桥流水人家"。烟雨空濛中的周庄更是水光潋滟，风姿绰约，别具情趣。有一首古诗这么称赞周庄："日暮周庄水驿空，离居千里怅难同。经年旧约江南梦，卧听吴枫半夜钟。"如此美景，怎不让人感慨系之，心向往之？

周庄得名于宋代。当时有一个姓周的人，任职迪功郎。迪功郎官阶从九品，是

小到不能再小的芝麻绿豆官,因而周迪功郎的生平史料未载,连姓名亦随岁月流逝而湮没无闻,后人只能呼之为周迪功郎。这个小小的周迪功郎却做了一件大大的善事,他把属于自己的一大片土地捐献给了贞风里附近的全福寺,人们为了纪念周迪功郎及他的义举,便把村名改为周庄。

周庄因周迪功郎而得名,真正名动天下却是在明代,赖时称天下第一富豪的沈万三秀之力颇多。

沈万三秀,元末明初浙江湖州南浔镇人,名富,字仲荣,行三,人皆称为"万三秀"。元末随父沈祐举家迁至苏州府长洲县,本与父、兄、弟皆务农,后不安现状,出去跑路,投至吴中巨商陆氏门下学习生意,不数年而尽得其财富,自此富甲江南,财倾一方。民间传说沈万三秀发家是由于得了一个取之不尽、用之不竭的聚宝盆,此显系无稽之谈,沈万三秀的成功完全是由于他具有精明的头脑,善于把握商机,吃苦耐劳,不畏艰辛,和所有商人的成功没有什么两样。

沈万三秀功成名就后便选择了风光旖旎的周庄作为居住地,在那里破土动工,兴建了许多美轮美奂、精致绝伦的屋宇。沈万三秀的名气和周庄原本不俗的风景,使"周庄"这个名字一下子传遍全国。

沈万三秀做生意是把好手,对于政治权谋却似乎一窍不通。先是鬼迷心窍和明太祖朱元璋赛修南京城的城墙,结果比朱元璋完成得还早还好,搞得一代开国之君灰头土脸。这还不算,他又鬼使神差提出代朱元璋犒军,这不是当众打皇上的耳光吗?是可忍,孰不可忍!朱元璋一怒之下,将他充军云南,到茶马古道上念生意经去了,财产全部充公。

沈万三秀老死边荒,他一手创建的周庄却依然矗立在江南的烟雨之中,一立就是六七百年,让无数游人来此凭吊、艳羡、叹赏。

(八)诸葛亮与诸葛村

诸葛八卦村,在今浙江省兰溪市境内,现居住有诸葛姓后裔4000余人。作为现今所知诸葛亮后代最大的聚居地,诸葛村已渐渐为外界所瞩目。

诸葛亮,字孔明,今山东沂南人,早年隐居隆中,号卧龙先生,每自比管仲、乐毅,有经天纬地之才,鬼神不测之机。因感刘备三顾之知遇恩,出山辅助,终建蜀汉政权,与魏、吴成天下三分之势。备卒,又尽心竭力扶助根本"扶不起的阿斗"后主刘禅。最后把自己在《出师表》中的一句"鞠躬尽瘁,死而后已"变成谶语,因积劳成疾病逝于北伐中原的路上。诸葛亮死后,其后人以务农为业。至五代十国时,中原动荡,战事频兴,兵荒马乱,为了躲避战乱,诸葛亮的后裔辗转迁徙到了今天的诸葛村,并把那里当成了永久的居留地。

如今诸葛村保存完好的明清时代古建筑有200多座。1996年11月,诸葛村被国务院公布为全国重点文物保护单位。

丞相祠堂是诸葛村诸葛家族共同祭祖的祠堂,占地面积近1400平方米,也是诸葛村中气派最大、质量最好、最富丽堂皇的建筑。中庭四根不同木质的大柱,梁脊高10米多,翼角高挑,木构件上雕刻精致纤巧。人物、狮子等造型栩栩如生。即便抛却丞相祠堂蕴含的历史意义,单以风格论,也不失为同期建筑中的一件精品。

农历八月二十八是诸葛亮的祭日,每年的这一天,当地居民都要举行盛大的祭祖活动。一代名相诸葛亮那种忠贞不渝的高尚品德和超凡脱俗的聪明智慧,早已为天下人所熟知,更被其后人推崇备至,永远缅怀。

八、胡姓汉化与汉姓胡化

悠悠五千载华夏文明史,中华民族一直处在以汉民族为中心、为同化主体的不断融合、重组过程之中。中华民族的整体建构在秦汉时期基本完成。其后在北方,两晋时"五胡乱华",鲜卑、匈奴、羯、羌、氐五族一并汉化;两宋时辽、金兴兵南侵,契丹、女真两族归于中华;元、清两代蒙古、满洲分别入主中原,民族大融合的高潮再次出现。在西南、汉武帝时通西南夷;蜀汉诸葛亮平定南中;唐时文成、金城两公主出嫁吐蕃,成为汉、藏两族的友好使者;明、清一再"改土归流",苗、夷各族先后渐次同化。

民族融合必然带来姓氏融合,姓氏融合同时也会促进民族融合,这是中国姓氏发展史上的一条规律。当然,在姓氏融合过程中,胡姓汉化一直是绝对的主流,是主干;汉姓胡化的现象不是没有,在特定历史时期、特定条件下也会偶有发生,但相比胡姓汉化而言,的确少之又少。

下面先对胡姓汉化问题予以说明。

古代少数民族姓氏的汉化大致有如下几种情况:

（一）汉统治者赐姓、改姓或以行政手段施加影响

封建时代，有不少帝王出于柔远能迩、羁縻"番邦"等政治需要，经常向异族首领或归附的异族将领赐姓。如前文提到的汉武帝赐匈奴休屠王的太子"金"姓便是一例。此后这支金姓世居长安，子孙七代位高爵显。三国时诸葛亮平定西南哀牢夷，分赐诸首领赵、张、杨、李等姓，以示交好，结恩义。唐代时归顺的少数民族臣属赐姓最多、最烂，几乎达到了动辄则赐的程度，而且大都赐以国姓"李"。不过这也并非全然无用，平定"安史之乱"的两大军事将领中，一个是郭子仪，另一个李光弼即是被赐国姓的少数民族契丹兄弟。明初，朱元璋新皇登基，大烧了几把火，其中一把便是大规模、强制性的禁止胡服、胡语、胡姓活动。当时，不少少数民族的复姓凡经朱皇帝龙目一览者，无一幸免，均被改为单姓，如呼延改呼，乞伏改讫。或许是改姓改上了瘾，少数民族的复姓谱一改完，朱元璋的眼光又牢牢盯住了春秋时已有的复姓，结果，公孙、叔孙、长孙、王孙、士孙皆为孙，公羊、公沙、公乘皆为公，司徒、司空尽改司。另外，朱元璋还赐姓于不少归附的蒙古人。

（二）少数民族接受汉族先进文明，主动改姓

这方面最杰出的代表是那个力排众议、迁都洛阳，主动汉化的北魏孝文帝拓跋宏。拓跋宏实在堪称亘古未有的伟大改革家。要让一个人改掉与生俱来的习惯都殊非易事，有"江山易改，本性难移"一句为证，更何况一个枝繁叶茂、盘根错节的民族？拓跋宏做到了。在坚持民族融合政策的大前提下，他搞了一次中国历史上最大规模的改姓运动，而且这次运动还是先从鲜卑皇室的姓氏"拓跋氏"开刀的，将之改为"元"姓。拓跋宏从此自称"元宏"。在这种情形下，鲜卑贵族已知顽抗下去的结果将是什么，识趣地纷纷改用汉姓。如"达奚氏"改为"奚"，"贺兰氏"改为"贺"，"丘穆陵"改为"穆"，"勿忸于"改为"于"，"赤小豆"改为"豆"，如此等等。唯一例外的是"贺若"姓，法令允许其维护原貌，因为"贺若"在鲜卑语中系"忠心正直"之意。另外，还有两个姓改为复姓.如"拔拔氏"改为"长孙"，"乙旃氏"改为"叔孙"。由此可知，唐太宗李世民的原配长孙皇后的祖上原是鲜卑贵族。

孝文帝拓跋宏的姓氏改革，涉及姓氏 100 多个，当时的北方民族中，除鲜卑族外，包括东胡、东夷、高车这些民族也群起效仿，全部改成了汉姓。

北宋年间，西北有一支少数民族率众归附赵宋王朝，因为仰慕号称"包青天"的包拯，主动上书乞求皇上赐姓"包"，经皇帝同意，这一支少数民族改成了汉姓

"包"。

到元朝时,大多数契丹人都已改为汉姓,见诸史册的,除"耶律"改刘姓外,还有王、李、郑等姓。早在元朝建立之前,元世祖已下诏全国学习汉语,此后蒙古人改为汉姓者也不少见。《元史·布鲁海牙传》载,布鲁海牙被朝廷任命为廉访使,恰逢其子出生,布鲁海牙认为这是双喜临门,因而效仿汉族官吏以官为氏的做法,给其子取名廉希宪,其后裔自此便改为"廉"姓。另有一个官员叫刘国杰,本姓乌古伦,入中原后方才改姓为刘。

1644 年,清军入关,定鼎北京。此后 200 年间,满族大姓几乎没有任何变化。辛亥以后,社会发生了翻天覆地的变化,时移势易,清代宗室、旗人的观念也起了变化,纷纷改从汉字姓,以迎合时尚。一时间,连皇室爱新觉罗氏也耐不住寂寞了,开始改汉姓:住在北京等地者,以"金""罗"为姓;居于辽宁新宾县"龙兴之地"者,以"肇""罗""依"等为姓;居辽阳者姓"海";居沈阳、抚顺者,改为"肇""德""洪"等汉字姓。

对于大多数满姓而言,其汉化过程是满汉文化长期交流融合的结果。满姓汉化是指满族使用汉字姓,而非"满名冠汉姓"。原因有三:第一,汉族中本来没有图、德、大、暴、呼、阿、肇、西、布等姓氏;第二,满姓中所用的不少汉字姓只是将原满姓加以简化而已,如佟佳氏之简姓"佟",乌佳氏之简姓"乌"。事实上,简化法正是满族汉化的最重要途径。

满族汉化还有其他一些途径。有的取满姓字头的谐音为姓,如瓜尔佳的"瓜"取其谐

李光弼

音而改姓"关";库雅喇氏的"库"谐音为"胡"。也有的根据满姓原意的汉译再取其谐音,如钮祜禄氏译成汉文是"狼","狼"做姓有伤大雅,故谐其音为"郎",此即郎姓之由来。

如今,昔日号称满族"八大姓"的满姓业已全部汉化,其演变途径无非简化、字头谐音、意译谐音三种。据徐珂《清稗类钞》载《满洲八大贵族之姓》:"满洲氏族,以八大家为最贵。一曰瓜尔佳氏,直义公费英东之后;一曰钮祜禄氏,弘毅公额亦都之后;一曰舒穆禄氏,武勋王扬古利之后;一曰纳喇氏,叶赫贝勒锦台什之后;一

中国民俗文化

图文珍藏版

曰栋鄂氏,温顺公何和哩之后;一曰马佳氏,文襄公图海之后;一曰伊尔根觉罗氏,敏壮公安费古之后;一曰辉发氏,文清公阿兰泰之后。凡尚主、选婚,以及赏赐功臣奴仆,皆以八族为最。"汉化后的八大姓如下:佟佳氏改为"佟",瓜尔佳氏改为"关",马佳氏改为"马",索绰罗氏改为"索",齐佳氏改为"齐",富察氏改为"富",纳喇氏改为"那",钮祜禄氏改为"郎"。此八大姓中除齐佳氏外,均系清代帝、后家族,齐佳氏虽然稍弱,亦是赫赫有名的显姓望族。

(三)为适应时代和环境而改从汉姓

少数民族姓氏汉化,一方面是由于大势所趋,人数较少的少数民族总要融于人数较多的汉族;另一方面,也是最主要的原因,即在于经济文化和文明程度的差异,低的总要服从高的。以北朝后赵的开国皇帝石勒为例,原本是羯族人,逐水草而居;只识弯弓射大雕,其族本无姓氏可言,直到他机缘凑巧,统兵为将时,方才晓得还有姓氏一说,无姓氏者实难登大雅之堂,这才"以石为姓,勒为名焉"。从他而始,其亲属及后裔皆姓石。

又如:唐时西域有康、安、曹、石、米、何、史等国,并称"昭武九姓"。该九姓均是少数民族。后来九姓归唐,国人多有迁往唐都长安者,他们的姓即以国名名之。其中曹姓侨民多乐工、画师、琵琶名手,曹保一、曹善才、曹纲三代皆以善异琵琶闻名于时;米国侨民以善乐舞著称,米嘉荣、米和父子为个中翘楚。

(四)因事改汉姓

这里又分三种情况,一一分述之。

1.迁徙卜居改姓。

如元代著名军事家赛典赤赡思丁,共有51个儿子,17个孙子,均曾官居元朝要路,其后裔至今繁盛在云南一带。赛典赤赡思丁的长子纳速拉丁曾任陕西平章政事,子孙繁衍。后即分为纳、速、拉、丁四姓,另有一支迁往山东,久之则衍为赛氏家族。

2.避难躲灾改姓。

避祸改姓之事前文多处述及,详情不赘,此处只讲一个小故事。

元末明初,残元势力退居漠北。留在中原的蒙古人为求自保,纷纷摇身一变而改从汉姓。那时候对蒙古人而言当真是一片白色恐怖,明朝官吏据守交通要道,关津渡口,挨个盘查过往行人,你究竟姓什么?什么民族?回答一言不慎,便会招致杀身之祸。有一个蒙古人天生胆小,官吏疾言厉色那么一问,吓得哆嗦了,随口答曰:姓"多"。他的本意是要表示自己吓得哆嗦了,结果官吏那天估计心情好,大手一挥,予以放行。"多"姓救了蒙古人一命。从此他就真的姓"多"了。现如今分布在河南一带的"多"姓人,说不定就是那个幸运的蒙古人的后裔。

3.音讹改汉姓。

这种情形较为少见。《元史·赵良弼传》载:赵良弼原是女真人,本姓术要甲,音讹而为'赵家',因以赵为氏。"赵良弼倒是一个看得开的人。别人读错了他的姓,不但不怪罪,反而将错就错,和宋朝天子认了同宗。顾炎武《日知录·二字姓改一字》:"洪武九年三月。癸未,以火你赤为翰林蒙古编修,更共姓名为霍壮。"顾注:北音读霍如火。这个火你赤改名换姓虽也是读音错误,以讹传讹,但却掺和有领导层的意思了。

说完胡姓汉化,再说汉姓胡化。前文已提到,这种情况只是支流,比较鲜见,其发生原因大抵与胡姓当政者赐姓有关。比如辽圣宗就曾经给一个姓陈的汉族官员赐姓。

有一次辽圣宗出去打猎,凑巧遇到一只斑斓猛虎。辽圣宗箭法高超,艺高人胆大,纵马驰去。谁知那马跑得忒急了,辽圣宗还没来得及张弓搭箭,马已和老虎打了照面,近在咫尺,那虎一惊,腾空跃起,向辽圣宗扑来,随侍的武士大多都吓呆了。间不容发之际,突然有一个人从马背上一跃而起,恰巧跳到猛虎背上。这个人便是陈昭衮,负责皇帝打猎事宜的一个汉族小官。他跳上虎背后,眼明手快,死死揪住老虎的两只耳朵。老虎挣脱不得,只得驮着他猛跑,也顾不得咬人了,一直跑到山林里,陈昭衮等候虎跑累,趁机拔出腰刀,将之刺死。辽圣宗受了一场虚惊,赖陈昭衮之力化险为夷,非常高兴,赐给陈不少金银器皿,酒席宴上亲自为他把盏,回朝后又升了陈的官。如此还意犹未尽,最后又赐他国姓"耶律"。从此,辽国国姓"耶律"这一族中就有了汉族血统。

汉姓胡化的盛行期发生在北周。北魏孝文帝以汉为贵,改鲜卑姓为汉姓,为达此目的甚至不惜动用国家权力。公元557年,鲜卑人宇文觉代西魏称帝,建立北周。宇文觉一朝大权在握,来了个"反其道而行之","欲变夏为夷,以夷为贵",不但勒令已改汉姓的鲜卑人恢复原姓,还想让"汉姓胡化",大规模地向手下汉族将领赐予鲜卑姓氏。如辛威赐姓"普屯",李弼姓"徒何",田弘为"纥干",王熊为"拓王",如此等等。这还不算完,宇文觉又让各将帅所统领的士兵一律都改取将帅的

·姓氏文化·

图文珍藏版

鲜卑姓。此做法直到隋文帝杨坚任北周宰相时才予以纠正。

汉姓胡化的缘由亦非止一端,除赐姓(某些时候说是强制改姓也许更为妥当)外,也有因避祸而改者。

明孝宗年间,镇守贵州东南军事要塞香炉山的千户指挥顾良相接到一纸密令,要他协助朝廷大军进攻苗族、土司,顾本与当地人民相安无事,不愿为虎作伥,辞职不准,君命难违,只得昧心行事。后顾回兵香炉山时,遭怀恨在心的土司伏击,手下兵将死伤大半。顾良相生怕朝廷怪罪下来,遭灭族之灾。于是便施"金蝉脱壳"之计,让儿子顾骊向朝廷报告说他业已阵亡,自己则潜逃至苗人聚居的开怀,隐姓埋名藏匿下来。自此顾以苗名行世,并再娶苗家女子为妻,育有四子,皆以苗族的"父子连名制"命名,不再姓顾。其四子即为顾姓苗化、苗汉融合的第一代传人。

九、百家姓中的异国风情

在绿树掩映的山东省德州市郊北营村,有一处与众不同的墓地。说它与众不同,是因为墓中长眠的是中外友好支流的一个使者,古苏禄国国王巴都葛·巴哈喇。

明永乐十五年,苏禄国东王巴都葛·巴哈喇与西王、峒王率领着一支由 340 余人组成的大型访问团不远万里、风尘仆仆来到北京,给明成祖朱棣送上一份来自异国他乡的亲切问候。朱棣盛情接待了这些难得一见的稀客,并回赠了丰厚的礼品。

当访问团沿着大运河高高兴兴满载而归时,东王巴都葛·巴哈喇忽然身染重病,医治无效,在山东德州境内与世长辞。明成祖获悉后,为国王举行了隆重的葬礼,赐谥曰"恭定",派遣官吏致祭并亲自撰写碑文,勒石为志,以示纪念。此后,东王长子率访问团大部回国继承王位,东王妃和王次子温哈刺、三子安都鲁及侍从10 余人留居中国守墓,接受明朝俸禄。明政府也派有专人帮同守护陵园祠庙。后来,东王妃回国,温哈刺和安都鲁为父守墓直至终老,死后就附葬在东王墓侧。

清雍正九年,应苏禄国国王要求,守墓人员子孙正式加入大清国国籍,成为山东德州的一方百姓,中华民族大家庭中的成员。苏禄国就是今天菲律宾的苏禄群岛。从此,在齐鲁大地上,就有了一支带有菲律宾王族血统的群体。

按照一般中国姓氏的单音习惯,二位王子的后人取其名字的前一字,分别改为

"温""安"二姓。时至今日,二姓在德州繁衍生息,传宗接代,当年的最小者也已传到19至20代孙。清人程先贞曾在王墓留题"万里游魂滞此方,丰碑犹自焕奎章"的诗句,表达了对苏禄国使者的深切怀念和哀思之情。

还有一个古锡兰国王子的故事,几乎和苏禄国王子的故事如出一辙,也是发生在明成祖年间。锡兰就是今天的斯里兰卡。锡兰王子世利巴交喇惹随郑和的船队从遥远的家乡出发,漂洋过海,来到中国,想在此学习"上国礼仪"。朝见过皇帝之后,便留居在福建泉州,这样一晃就是7年。传说中,关于锡兰王子长留中国的原因有两种说法。一说为:王子留居7年之后,锡兰国王辞世,群龙无首,酿成政变,王子的一位表亲篡位当了国王,他当然不会允许享有王位继承权的王子回国添乱,王子就只好永远留在了泉州。另一种说法要显得浪漫和有人情味一些,说是锡兰王子在泉州爱上了一个美丽的阿拉伯裔姑娘,陷溺于男欢女爱之中不能自拔,虽也偶尔在脑海中闪过回归故国的火花,但很快就被姑娘的亲情蜜意融化熄灭了。他娶了那个姑娘,并生育了孩子。在江山和美人之间,锡兰王子放纵真性情,十分男人地选择了美人,留下一段关于爱情的千古佳话,也给中华民族留下了一支带有锡兰王族血统的"世"姓子孙。

"世"是王子汉译名"世利巴交喇惹"的首字,后人因以为姓。泉州这一支"世"姓不断繁衍生息,逐渐成为一个名门望族,代有名人出。据不完全统计,明万历年间世家出了举人世寰望,清康熙年间又有举人世拱显。这个世拱显非常博学,青少年时期即崭露头角。和时任内阁大学士的李光地之弟李光坡投契交好,李光坡曾帮他整理过由他纂写的十三经著述。可以这么说,这一支锡兰王子的后裔彼时已经完全融合进中华民族的大家庭了。

外国人改取汉姓是中国姓复杂化的一种途径,大大丰富了"百家姓"的内容。这种改姓既是中外人文交融的自然结果,也是定居中国并最后加入中国籍的外国人为更适应生存环境而必须要采取的认同措施。这种现象历史上不胜枚举。考其原因,大致有经商、留学、传教等,其中尤以经商为最多。以地域勉强论之,西洋人多经商;东洋人多求学。

有关罗马军团之谜是前不久才被重新提起并揭诸报端的。据说是有好事者在甘肃境内某地发现了一批高鼻梁且黄发蓝眸、酷似欧洲人的居民,引起历史学家注意,因而旧事重提。

公元前后,古罗马帝国的大刽子手克拉苏镇压斯巴达克起义之后,又雄心勃勃地率军东征。在当时交通极其不发达的现实条件下,在西方人的心目中,东方是一个非常神秘而富有诱惑力的国度,在那里遍地黄金,而且还有一种神奇的能吐丝的小虫,用这种丝织成的织物叫丝绸,人穿在身上十分舒服。这应该是克拉苏决心东征的一大诱因。罗马军队到达中亚细亚一带,被当地军队打得大败,溃不成军,克拉苏本人被俘虏。当时有一支军队拼死杀出重围,后来却如同从人间蒸发了似的,多方寻找仍下落不明,2000年过去了,此事遂成为一桩千古悬案。

历史学家考证,甘肃境内过去有一个立宣城,而立宣是古代中国人对古罗马的一个称呼。钩沉征稽古籍,又发现不少有力佐证,因此大胆认定:当年溃围而出的罗马军团残部东躲西藏,历经长途跋涉,辗转进入甘肃河西走廊,就在立宣城一带定居下来。他们的后代不断与当地的各个民族互相融合,最终成为中华民族的一个外裔分支。

如果此事果真确凿属实,那么罗马军团这一部应该是最早一批融入中华民族的异国人,融入之后,改为汉姓以利交流是必然要导致的结果。

也是在公元前后,陆上丝绸之路开通;接起中原和西域,并通往中亚、西亚,最后到达欧洲。随着文化交流、经济交流、政治交流的日益频繁,表现在姓氏文化方面就显得愈加错综复杂。现存的姓氏中,有一些就是和伊斯兰教有关的,譬如"马"姓和"穆"姓,大多都是伊斯兰教信仰者的后裔。

唐代是中国历史上最开放的朝代之一,国富民强,天下太平,外国人纷纷慕名而至。其中以阿拉伯人为最多,也包括许多波斯人、阿曼人,他们主要集中于长安、广州两地,从事商业活动。历史上有名的侨民有安附国、李元谅、石处温、阿罗憾等。有意思的是,由于大唐帝国繁荣

泉州

昌盛、欣欣向荣,当时各国派驻唐朝的使节大多一来不复返。到唐德宗年间,这种赖着不走的使节已多达4000余人。按当时政府规定,这些人的饮食起居等一应花

销,均由政府承担,唐朝虽然富有,到此也已捉襟见肘,不堪重负。公元782年,宰相李泌奉皇命让4000余使节及其家属做出去留抉择:要么立即卷铺盖走人;要么入唐籍,做唐朝子民。结果4000余人不谋而合,全部选择了留下,而且将其姓氏全部汉化。

泉州在唐时为四大贸易港之一。当时,队伍庞大的唐商船满载丝绸、瓷器和茶叶,从泉州出发,驶向阿拉伯海,直接抵达今天的巴格达。最远时可能会进入红海,甚至是东非的坦桑尼亚,是为海上丝绸之路。繁荣发达的贸易活动吸引了大量外国人,很多阿拉伯人沿着这条海上丝绸之路涌至泉州,自唐到宋,大率如此。据宋代《诸蕃志》载,泉州的刺桐港"涨海声中万国商",商以"万国"称,虽不无夸张,其繁盛亦可知。据史料载,至北宋后期,泉州的海外通商贸易伙伴至少已达31个国家和地区。

那些长期定居在泉州,娶妻生子的阿拉伯人遗留下不少后裔,因为他们一直生活在中国,受到儒家传统文化的影响,很多人取姓为丁。

自唐代始,也有大批头脑精明、不畏辛苦的犹太人来到中国经商,其中尤以宋朝为最。彼时,犹太人向宋朝皇帝进贡洋布,皇帝对他们说:"归我中夏,遵守祖风,留遗汴梁。"这些犹太人正求之不得,毫不犹豫便留了下来,定居全国各地,尤以都城汴梁散多。犹太人在中国定居以后,拓宽"经营"范围,不但做买卖还从军做官,以谋高就,行医授徒,惠施万民,参与了汉民族的各种社会生活。他们的姓氏均由皇帝亲赐。1489年河南犹太人的碑记显示,宋时河南犹太人已有李、俺、艾、高、穆、赵、金、周、聂、张、左、白、石、黄等姓。清初开封尚有李、艾、赵、张、高、金、石七大姓。

另外,因留学与参加科举考试来到中国的外国人也不少,有一部分后来就留在中国,或游学,或从政。这些主要是东洋人。其中最有名的当属日本留学生阿倍仲麻吕,汉名晁衡。阿倍于717年随日本第九次遣唐使来到唐朝,所做的第一件大事便是改名为"阿倍朝衡",后仍嫌啰嗦又改为"晁衡"。晁衡学业完成后,长期留居中国,还从了政,历任司经局校书、左拾遗秘书监兼卫尉卿等职,结交了大诗人李白、王维等许多朋友,相处甚笃。753年,晁衡乘船回国,遭遇风暴,与船队失去联系。诗人李白闻知,悲从中来,不问青红皂白,写了一首《哭晁衡卿》,诗曰:"日本晁卿辞帝都,征帆一片绕蓬壶。明月不归沉碧海,白云愁色满苍梧。"痛失益友之情溢乎字里行间。哪知李白性急了点,哭错了,晁衡并没有死,随波逐流至越南一带,两年后方始返回长安,最后老死在那里。如今在陕西省西安市兴庆公园中尚立有阿倍仲麻吕纪念碑,也是那段中外融合历史的有力见证。

最后,由于佛教、基督教等宗教传入中国,传教士为了方便传教,名字便都渐次改成了中国式的,更干脆的则索性抛却根本,取了中国名字,有的而且还按中国规矩像模像样地取了字。如16世纪罗马教廷派往中国内地宣教的 Alexander Valigtlari,中文名字范礼安,字立山;Michael Ruggien,中文名字罗明坚,字复初;Franciscus Passio,中文名字巴范济,字庸利。

十、古今联宗轶事

联宗一般是指同姓人因以其受姓始祖作为共同的祭祀对象,产生一种心理上的认同感和亲近感,进而发展成为融洽共处,互相帮助、互相扶持的关系。如吴姓以周太王长子泰伯为受姓始祖,蔡氏以周文王之孙蔡仲为受姓始祖。还有数姓联宗,历史更为久远,须追溯到数个异姓同源之始祖作为共祀对象,有时不免显得捕风捉影,牵强附会,但其睦族敦宗、思敬笃亲的范围较之同姓联宗更为宽泛,影响也更为深远,产生的凝聚力也更巨大。

先说同姓联宗。《国语·晋语四》载:“同姓则同德,同德则同心,同心则同志。”这可以作为同姓之所以联宗的理论依据:在大家心理上都笼罩“非我族类,其心必异”阴影的前提下,唯其“同姓”方能成为“同心同德”的同志,方能紧紧团结在一起,求生存谋发展。

一般意义上的健康的同姓联宗为大家所熟知,此处一笔带过,只讲几则轶事,以供读者思考、玩味。前面篇目中讲到“胡”姓改“令胡”,以同当朝宰相令狐绹扯上关系联上宗;分得几块猪肉吃。这是某些胡姓人数典忘祖的行为,是在不健康到近乎病态的心理驱使下采取的不理智行为,其终为天下笑的结果是大家已看到了的。

《红楼梦》中有“刘姥姥进大观园”这一回。刘姥姥初现身大观园时,别人虽不明个中原委却都不言语,只有一向尖酸刻薄爱讲真话的林黛玉冒冒失失问了一句:“她是哪一门子的姥姥呀?”其实,刘姥姥能当上一干人众的“姥姥”,正是托了同姓联宗的福。狗娃他爷爷姓王,当初做过几任芝麻绿豆大的小官,碰巧和王夫人的父亲在同一处。王夫人的父亲自然官高位显，炙手可热，狗娃他爷爷瞅机会就和他联了宗了，一来二去，走动几回后就又攀上亲戚了。有这么一层关系在，所以刘姥姥有些"前人栽树，后人乘凉"的意味，而且作为一个乡下粗蠢老妇人，事到临头除了抱别人的粗腿也着实让她无其他计策可以施展，故而刘姥姥的举动倒无可厚非，大半在情理之中，不难理解。

除了实际利益外，与人联宗者还可得到一些意料之外的，由姓氏带来的尊崇和荣耀，这里主要是指和名人联宗，包括在世名人和过世名人。这类联宗者一般情况下都是大有来头的，吃不愁穿不愁，不为生活诸事烦心，联宗的目的也单纯得仅仅就是赚取虚无缥缈的名声。

想要靠联宗得到虚名的愿望最强烈的要算八大王张献忠了。张献忠打下四川梓潼，看见文昌帝君梓潼神的名号，又得知梓潼神姓张，这大老粗心下大喜，立时就向手下人宣布，自己和梓潼神同为张姓，要联宗了。一个云里雾里的神，一个实实在在的人，就这样稀里糊涂地认了同宗。倘或举头三尺真有神明，不知该作何想，该发何感慨！

还有一个故事，关于明太祖朱元璋。朱元璋打下江山之后，闲来无事，便想着修一修家谱，弄清楚自己的谱系传承究竟怎样。因为其举动理所当然的一件事，盛世修史、得意修谱本就是必不可缺的时尚。平常人家三世不修谱尚且要被扣上"不孝"的大帽子，更何况贵为天子的朱元璋。可是懂历史的人都知道，朱元璋的出身实在不怎么高明：吃了上顿没下顿的贫苦农民，无奈去当游方僧，后来又造元朝的反，一步步熬上皇帝的宝座。朱元璋父母死时，他尚不名一文，棺材自然是没有的，只能用芦席卷巴卷巴，连死者入之为安的墓地也没有，还是现向别人求来的。这么穷困潦倒的家庭和父母，族谱肯定是不会有的，那是富人家才配拥有的奢侈品。既然谱无前例，修谱者正好乐得清闲、省事，凡前代有名的朱姓人尽可以全部捡来充做朱元璋的先祖；反正查无实据，只要谎扯得圆，保不齐见那么多名人尽出己族，龙颜大喜，还有额外封赏呢！

众修谱者主意拿定，先把宋朝大学问家、大官僚朱熹抬了出来，这可是个重量级人物，若和他认了同宗，便是富有四海的皇帝也会感到荣光。朱元璋虽然明知他和朱熹同宗是无稽之谈，开始也很高兴，姑且同意了。事情还没有落实，凑巧从朱熹老家来了姓朱的小官吏，找皇上汇报工作。朱元璋便随便问他："卿是不是朱熹的后裔？"小官胆小，人又老实，据实回答道："我们虽然同姓，却不同宗，实无过密联

·姓氏文化·

图文珍藏版

系。"一语提醒梦中人。朱元璋心想：一个小官尚且知道廉耻，不肯冒认名人为祖先。老子天上地下，唯我独尊，比那个腐儒朱熹可高贵多了，凭什么要低三下四攀附他，他倒过来攀附我还差不多。想到这儿，朱元璋坚决不愿意和朱熹认同宗了。当然朱熹更不可能再活过来求着和他认同宗。此事作罢。

英雄不问出处，朱元璋深明其中三昧，的确具有君临天下的非凡气魄。在这一点上，他比那个建立大西政权、背着一身恶名的张献忠可高明多了。

数姓联宗虽说古亦有之，但大多发生在近代异域创业的海外华人身上。唯其在海外，远离故土，联宗对于凝聚他们的开拓力量、排除异域各种人为和自然的侵害，才具有更为重要的意义，因而也便变得不可或缺。如今海外华人的数姓联宗主要有：柯、蔡两姓联宗，刘、唐、杜三姓联宗，余、徐、涂、余、俞、王姓联宗；六桂（洪、江、翁、方、龚、汪）联宗等。值得一提的是，这些数姓联宗并非生拉硬扯，皆有其历史渊源，有谱可查，有书为证，且均言之凿凿。

先来看一下古代的数姓联宗故事。该"宗"联得虽然有些牵强，细思也不无道理；至少从人情事理上可以说得过去。

龙岗亲谊总会。

清康熙年间，广东开平的龙岗有一户刘姓人家，客家人。刘姓有一块地，据说风水不错，被当地一个豪门大户看中，想要仗势抢夺这块宝地。刘姓人当然不愿给，可是自己势单力薄不足以拒绝，该怎么办呢？想来想去，刘姓人就想起了《三国演义》中刘、关、张桃园三结义的事。"赵"姓也不错，赤胆忠心，屡为刘备建树奇功。于是，刘姓人便把一县里姓刘的、姓关、张、赵的，全部集合到一块，晓以"团结"的大义，最后成立了一个龙岗亲谊总会。这样一来，刘姓变得人多势众，大户知难而退，也不敢再打夺地的坏主意了。如今这个刘、关、张、赵四姓结义的世界龙岗亲谊总会，已然树大根深，会员遍及全球，达300多万人。

再看现当代海外华人的联宗故事。

柯、蔡两姓联宗。

柯姓的受姓始祖是周太王仲雍的八世孙柯庐，蔡姓的受姓始祖是周文王姬昌之裔孙蔡仲，再往上追溯也得归结到周太王那里。二姓远祖既同为周太王，血统同出姬姓一系，又且先世皆以仁让著称，惺惺相惜，同气连枝，故而联宗。

刘、唐、杜三姓联宗。

这事始作俑者为唐代大诗人杜甫，摆上桌面公开谈论却是明末清初大学者顾炎武,其《日知录》中言此事备细甚详,曰:"杜子美《寄族弟唐十八使君》诗云:'与君陶唐后,盛族多其人。圣贤冠史籍,校派罗源津。'则杜与唐为兄弟矣。《重送刘十弟判官》诗云:'分源豕韦派,别浦雁宾秋。年事推兄忝,人才觉弟优。'则杜与刘为兄弟矣。"如此,则杜、唐、刘俱为兄弟矣。则三姓联宗亦属理所当然矣。

余、徐、涂、佘、俞五姓联宗。

此五姓联宗源于余姓先祖避祸改姓的一段史实。据"台湾省基隆市余徐涂佘俞姓宗亲会"资料显示,秦朝时,有个官员叫余振魁,他因事得罪了秦王,秦王发狠要灭他满门。余夫人不愿坐以待毙,便带领靖宁、景宁、端宁、起宁四子逃往他乡,并改立徐、涂、佘三姓,共分四姓(俞姓加盟具体情况不详),令余居下邳,徐居东海,涂居南昌,佘居新郑。自此余氏各族,支分派别,繁衍后世。

六桂(洪、江、翁、方、龚、汪)联宗。

"落地三朝语不通,出枝是姓'公'与'翁'。诸子传流分六姓,兄南弟北各西东。"这是福建泉州莆田地区翁氏祖墓遗诗中的两句,讲述的是1000多年前翁氏分姓的故事,也是洪、江、翁、方、龚、汪六桂联宗的原始依据。

相传五代耐后晋太祖天福年间,南方的割据政权闽国瓦解,领土被吴越南唐瓜分。当时居住在莆田的候补官员翁乾度为躲避战乱,隐居乡野,为防万一,他还给自己的六个儿子中的五个改了姓,即洪、江、方、龚、汪,后世子弟亦按此五姓传"姓"。赵匡胤建立宋朝后,社会逐渐安定。不久,翁乾度的六个儿子先后考中进士,六兄弟名动朝野,显赫一时,时人誉为"六桂联芳"。

"六桂"繁衍生息于南方各省,历经1000多年的同流同化,分合重组,已很难理清其脉络支系了。但六姓人都牢牢记着自己的祖先同是翁乾度,受姓始祖则是一母同胞的亲兄弟。因此,他们也牢牢记着祖墓遗诗中的后两句:"枝分南北东西省,六姓原来是一宗。但愿子孙知同族,婚姻嫁娶无乱纲。"

十一、郡望与姓氏贵贱

谈到郡望,不能不提到韩愈。

韩愈,字退之,唐河南河阳(即今河南孟州市)一带人。唐宋八大家之首。进士及第后曾任监察御史,随裴度平定淮西诸镇之乱,多所谋划,升刑部侍郎。因上书谏迎佛骨一事被贬潮州刺史。官终兵部、吏部侍郎。韩愈通贯六经百家,反对六朝以来的浮靡文风,提倡散体,文笔雄健,大气磅礴,号称"文起八代之衰",为后世古文家所宗。

韩愈除本名以外,最为世人所熟知的一个称谓是韩昌黎。昌黎在今河北境内,既非韩愈出生处,亦非其祖籍,更非其宦游之地,而是韩姓的郡望。一言及出身,韩愈必自称郡望昌黎,不厌其烦,像小毛孩子获得一件心爱的玩具一样,巴不得一时告诉天下人,巴不得天下人一时都知道。虽然河北昌黎究竟是一块什么样的土地,他也许根本就没有真正见识过。

韩愈死后,门人李汉将其著作衰集成册,定名为《昌黎先生集》。不言其谥号,像欧阳修的《欧阳文忠公文集》;不言官位,像刘禹锡的《刘宾客集》;不言其任职地,像韦应物的《韦苏州集》;独称郡望昌黎,李汉用心盖良苦也。

郡望何以能有如此魅力,让一代文宗韩愈都不能免俗而趋之若鹜?

郡望系本姓氏最初繁衍之地,后来更多指一姓中家族最大、名望最高者所在的地域。郡望记录一个姓氏发源、繁衍和播迁的过程。某郡望所在地的地名往往成为后世子孙心目中的圣地,因为那里曾是他们的祖先歌哭聚族之所在。

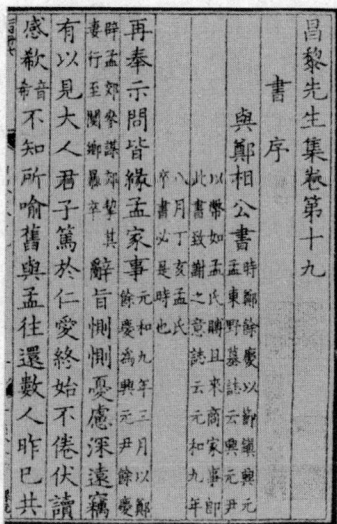

《昌黎先生集》书影

唐朝以前,郡、国林立,每一个姓氏往往会有好几个郡望。比如王姓,郡望就有琅琊、太原、清河、河间等。拿东晋这个特定时期来说,最高贵者是琅琊王,其次清河王,其次河间王;而琅琊王中住在建康乌衣巷中的一支王姓,即"王与马共天下"中的"王",是尊贵中之尊贵,诚所谓"王中王"也。唐肃宗废郡以后,一个姓基本上只保留一个郡望,同姓之间500年前一下都成了一家子,内部互争雄长高下而伤和气的问题不解自消。比如徐姓,最有名的郡望是东海,此外还有濮阳、东莞、高平等,废郡后只剩东海一个。民国初年的大总统徐世昌,当时报纸上都拿腔捏调、古意盎然地尊称他为"徐东海"。韩姓的郡望中最有名的是昌黎,因而天下韩姓,一时皆出昌黎,韩愈以此为傲,也在情理之中。

早期的郡望性质,存一定程度上就是一种身份的标志,代表着一个人、一个家族的社会和政治地位。不同姓氏的贵贱不在讨论之列,只说同一姓氏内部的问题。随着繁衍发展和辗转迁徙,每一姓氏都撒播宇内,各地皆有。由于各自所处的环境、所遇的机会不同,身份、地位往往也会有极大差别。虽然天下同姓皆一宗,可是就算联宗也无法从根本上抹杀彼此之间的悬殊差别,同一姓内的贵贱于是乎便产生了,这种分野以唐朝为界限,在唐朝以前会直接决定一个人的政治生命乃至命运。因此,与之相伴而生又出现一种现象:郡望较差的人通过冒籍的方式混进等级较高的姓氏里去。此事既然载诸史册,采用者必然不少,成功者当也不在少数。这里只说一个命途多舛,功败垂成者。

南齐时有个著名的谱牒学家叫贾源,他有一次修全国通谱时,鬼迷心窍,忘记了自己的职责。接受一个名叫王泰宝的人的贿赂,把他硬塞进了琅琊王氏。不知是谁走漏风声,还是被郡望意识特别强而且心眼又特别细的人察觉,总之事情败露,毫无回旋余地。王泰宝另案处理,贾源马上下狱,受贿罪与渎职罪二罪归一,差一点掉了脑袋。由此可知同姓不同郡望者之间的等级何其森严,郡望所蕴含的政治意义由此也大致可以管窥蠡测了。

提到琅琊王为天下王姓郡望之最贵者,这里附带一笔。这个贵族中的贵族虽然煊赫一时,"风流满晋书",其结局却相当悲惨。史载:东魏大将侯景以其辖下黄河以南十三州投降梁朝以后,慕当时居住乌衣巷的王、谢世家高名,意欲向其求婚。梁武帝萧衍劝他说:"王谢门第太高,素来目无下尘,恐你不能匹配,自讨没趣,不妨试试朱姓张姓。"侯景的自尊心受到伤害,从此埋下一颗对王、谢世家的仇恨种子。后来侯景起兵反梁,率大军攻入建康,凡遇乌衣巷王、谢世家子弟,不问青红皂白,格杀勿论。王谢两姓惨遭屠戮,几乎灭门,豪门深宅顷刻化为断垣残壁的"瓦砾场",旧时堂前的燕子找不到熟悉的旧巢,只好委委屈屈地飞入寻常百姓家了。

唐朝以后,郡望和姓氏等级的各种政治、经济、地位附加值渐渐消退,一般人提到自己曾经尊荣的郡望,要么忆往昔光辉岁月而黯然神伤,要么便是"老子家当年如何如何"式的自我炫耀,然而不管你怎么表现都已无关紧要,没有任何实际意义。只有一些遗老遗少无法忘却往昔的辉煌,固执地不愿接受现实。唐朝时,有一个叫李积的人,官居怀州刺史,也算一方大员,按说完全有资格摆一摆官架子了。可他偏不,给人写信或正式场合讲话,落款署名都是"陇西李积","陇西"系李姓最有名之郡望,太宗在《氏族志》上做过手脚之后排名唐"四大姓"之三,次于崔、户,位在郑前。然则位望虽尊,终究已毫无实际意义,而且弃方伯之位而取无用之郡望,李積真可值得我们"一哂"了。

我们都知道，门阀制度始于西汉末年，东汉末年获长足发展，魏晋南北朝时臻于极致，隋唐时渐呈颓相，"安史之乱"后彻底崩溃。门阀制度的最重要特点是姓氏有高低贵贱之分，只有名门望族方可把持政权，发号施令。在门阀制度得以大行其道的过程中，曹魏初年开始建立的"九品中正制"功不可没。所谓"九品中正制"是一种官吏选拔制度。其主要内容是在各州郡设置"中正官"，负责考察该州郡士人的德才品行。不过这只是制度肇造时的情形，至司马懿当政，各州"中正"均由士族豪门充任，品评士人的原则也一改而以姓氏血统和家世为重，门等高低和宗族关系成为选拔官吏的第一依据，结果造成"上品无寒门，下品无氏族"。追根溯源，后世重郡望之风实以此为滥觞。因为姓氏一旦分出贵贱，把持选举权的世族豪门首先成为天下仰望的大姓。

魏晋六朝，南有侨姓、吴姓，北有郡姓、虏姓，史称"四大贵族大姓集团"。所谓"侨姓"，即指西晋灭亡时，跟随晋元帝一起过江建立东晋的侨人之姓，主要有王、谢、袁、萧四大姓。他们原本就是中原地区的高门显贵。过江之后也一直充当着东晋，南朝的政治支柱。"吴姓"则指东南地区的原有土著豪强，包括朱、张、顾、陆四大姓。因为政权牢牢把握在侨姓人手中，"吴姓"一直只能屈居其下，地位上略逊一筹。对于北朝政权所属的"郡姓""虏姓"，《新唐书·柳冲传》中有详细记载："山东则为'郡姓'，王、崔、卢、李、郑为大；关中亦号'郡姓'，韦、裴、柳、薛、杨、杜首之；代北则为'虏姓'，元、长孙、宇文、于、陆、源、窦首之。"魏晋南北朝时期尽管战乱频频如六月雨，政权更迭似走马灯，上述四大贵姓始终兀立不倒，受到所有统治者的礼敬。

门阀制度的深入民心使姓氏的重要社会意义完全凸现出来。一个人的姓氏贵贱直接和他的社会地位、仕宦升迁、婚丧嫁娶乃至社会交际等方方面面全部挂上了钩。用人和婚姻讲究门第，是门阀制度最突出的社会表现之一。其时的世家大族之间互相婚配，绝对不与外族和门第与自己不匹配的家族通婚。王谢两家之所以你来我往地一直联姻，就是因为放眼天下实在找不出第二家能与自家匹配的门户。后世婚配讲究"门当户对"，大率是跟魏晋时的老前辈学的。

北魏孝文帝拓跋宏——投其所好，应该叫他元宏才对——是一个地地道道的"汉学"崇拜者，而且已经狂热到痴迷的地步。只要是汉人喜欢做的事，他都会依样画葫芦，一一做来，婚姻这方面当然也不例外，特别重视姓氏门第。在他充斥后宫的粉黛佳丽之中,设若造花名册的话,不外崔、卢、郑、王四姓美女大盘点。他的弟弟、咸阳王元禧擅自做主,娶了一个隶户出身的姑娘为妻,遭到元宏严厉谴责,亲哥俩儿差点为此闹得"阋于墙"。元禧的做法让元宏提高了警惕,整日虎视眈眈地盯着六个皇弟不放,生怕他们再做出荒唐事来。到后来,元宏愈来愈敏感,用心愈来愈良苦,手段愈来愈高明,最后干脆一不做,二不休,下诏强迫六个皇弟将原配降为妾滕,自己亲自充当媒人,为他们聘娶汉族高门之女。"齐王好细腰,宫中多饿死。"上既行而下必效,"士大夫当须好婚亲"的观念一时甚嚣尘上,发展到登峰造极时,高门世家宁可将女儿嫁给门当户对的白痴或残废,也不肯和平民百姓通婚;即使是家道已已底沦落之辈,也自恃"瘦死的骆驼比马大",誓不与寒门通婚。

《西厢记》中张生和崔莺莺的爱情悲剧。尽管张生与崔莺莺已经两情相悦,山盟海誓,却遭到崔老夫人的坚决反对。究其原因,张生当时尚为一介布衣恐怕还在其次,最要紧的是张家并非海内望族,而且张生那个官拜礼部尚书的父亲早已物故,老夫人怕辱没了博陵崔姓望族的"相国家谱",因此狠心拆散一对鸳鸯,将莺莺许配当朝郑尚书之子郑恒,因为"郑"姓与"崔"姓同为四大姓之一。

还有一个关于崔氏的故事,发生在北魏时期。这个博陵崔氏的当家人去世较早,撇下一个瞎了一只眼睛的姑娘。这可让姑娘的哥哥犯愁了。姑娘大了不能不嫁,同等郡望门户的又不可能娶一个独眼姑娘为妻。万般无奈,哥哥就想把妹妹嫁给次一等的姓。他们的姑妈听说后闻讯赶来,怒不可遏,坚决不同意让侄女去侍奉低位卑下的贱姓。不同意怎么办呢?事情是姑妈惹的,只能由她去摆平。最后,姑妈只好让自己的儿子把侄女娶回来。不用说,她儿子一辈子的幸福肯定是葬送了。

《陈书·儒林传》载:王元规,出身太原王氏,自是望族,可惜父亲早丧,不得已寄居舅家,落魄之极。当时有一个土豪,家财万贯,看中了王家的郡望,打算把女儿嫁给他。结果不言自明:王元规断然拒绝,嫌弃人家不是高姓。又如,世家出身的王源因家道中落,生活贫困,贪图巨额聘金,要把女儿嫁给一户庶姓出身的富豪。此事引起朝中大臣、写诗累得腰都细了的沈约的满腔怒火,愤而对王源提出弹劾,而且竟至于用上了"礼教凋零,世家坠落"这等触目惊心、伤感情的字眼。

俗话说:"皇帝女儿不愁嫁。"可是在只重门第的婚姻风尚影响下,金枝玉叶也有可能成为嫁不出去的姑娘,皇帝也要为儿女的婚事操心到吐血。下面的例子均出自唐朝,当时的相关背景是:唐太宗跟崔、卢、王、郑四大姓较劲,生生把陇西李挤进一等膏粱门第。可是四大姓根本不予承认,双方呈胶着状态,各行其是。

《新唐书·杜悰传》载：唐宪宗为宝贝女儿岐阳公主选驸马，眼睛盯牢了世家大族。可是等他满怀希望地一开口，满朝文武竟无一个自告奋勇出来竞争，而且很快全部借故开溜。幸好二等大姓出身的杜悰初生牛犊不怕虎，又百无禁忌，踊跃应征，唐宪宗才稍稍挽回一点面子，欢天喜地把女儿嫁给他了。《唐语林》载：唐文宗要为太子选妃，范围定在高姓望族的朝臣家中，消息一出宫，竟致"中外为之不安"，士族们众口一辞予以拒绝，有些脾气坏的甚至于摆出文宗一旦开口即"鸣鼓而攻之"的架势。文宗空为天子，亦无可如何，只得作罢。也是唐文宗时，宰相郑覃选孙女婿，文宗闻知。立即想到了太子尚未婚配，兴冲冲招来郑覃一问，岂知郑覃一口回绝，说是孙女早已有了婆家，是高门士族出身的崔皋。文宗不知崔皋为何许人，至少他印象中满朝年轻俊彦没有叫崔皋的。让执事官一查，险些没把文宗的鼻子气歪，那崔皋只是一个九品芝麻官。更让文宗无法接受的是，郑覃是为拒绝太子临时拉崔皋凑数的，事后怕罪犯"欺君"，因而才假戏真做。文宗对此能做出的反应只能是摇头叹息，不无尴尬兼自嘲地说："民间修婚姻，不计官品而上阀阅。我家二百年天子，顾不及崔、卢耶？"尴尬归尴尬，自嘲归自嘲，后来文宗还得厚着脸皮再找郑覃，托他为自己的两个爱女——真源、临仙二公主找世家子弟做驸马。郑覃心中有愧，自然竭尽全力，嘴皮子磨破了，腿跑细了，也只找到二等士族出身的杜中立和二等以下的卫洙。不过这次文宗已经有了足够的心理准备，根本没敢往一等士族上动心思，所以十分满意，当即许婚。

行文至此，韩愈为何至死迷恋韩姓最有名的郡望昌黎应该说已不必置喙了，是社会风尚使然，虚荣心在作怪。其实，关于郡望的粗浅知识我们小时候看戏曲时便已接触过，只不过当时不知所以罢了。戏曲舞台上的人物，尤其是大人物，初次登台亮相，必要自报家门，这个所报的"家门"中就有着姓氏、郡望。诸葛亮是"山东琅琊人氏"，秦叔宝自称"山东历城人氏"，福将程咬金的老家在山东东阿，盛产阿胶，驰誉中外，搁"郡望"这块儿分量却明显不够。因此程咬金便避己之短。只拣大的说："家住山东在山东；杀人放火逞英雄。"山东响马的身份是点出来了，望出何籍却作为一道难题留给了后人去猜度。

十二、"百家姓"中趣味姓氏

中国古今姓氏形形色色,数量惊人,虽俗谓"百家姓",实远不止百数。到底有多少,恐怕谁都说不清楚。宋代成书的《百家姓》搜集单姓 442 个。复姓 61 个,凡503 姓。明代陈士元所撰《姓觿》内容已大大膨胀,计收单、复姓 3625 个。迄今为止,中国姓氏数量的最新统计见于 1996 年北京教育科学出版社出版的《中华姓氏大辞典》(袁义达、杜若甫编著),收古今各民族用汉字记录的姓氏共 11969 个,其中单字姓 5327 个,双字姓 4329 个,三字姓 1615 个,四字姓 569 个,五字姓 96 个。六字姓 22 个,七字姓 7 个,八字姓 3 个;最长的是九字姓,独一无二;此外还有异译、异体字姓氏 3136 个。着实让人眼花缭乱,叹为观止。

这里只讲宋初成书的《百家姓》。即"百家姓"的最早版本,也是影响最深远、流播最广、时间最长的版本。关于《百家姓》为何以"赵钱孙李,周吴郑王"八姓开篇,历来众说纷纭,莫衷一是,不过大多数人较倾向于南宋学者王明清在笔记《玉照新志》中的考证:即《百家姓》成书于北宋初期,作者为"两浙钱氏有国"(吴越国)时的"钱塘老儒",因为前八姓均是宋初几个割据政权统治者皇室的姓氏。北宋皇帝姓赵,系当朝国姓,当之无愧名居榜首;钱乃五代时在江浙立国的吴越王钱镠的姓氏,彼时吴越刚刚归宋,故屈居第二;孙为时为吴越王的钱镠正妃之姓;李则指南唐李氏,灭国后依然为江南大姓望族;周、吴、郑、王四姓皆是吴越开国后历代后妃之姓,帝后一家,同为皇室。设若王明清所言属实,那么该钱塘老儒倒不失为一个有气节的人,有着挥之不去的吴越情结。

时移事易,《百家姓》早已由一部著作演化为炎黄子孙的一种精神象征和寄托,不管中国究竟有多少个姓氏,总括起来就只有一个专称,便是"百家姓",不是"千家姓"也不是"万家姓";尽管不完全统计的古今姓氏总数已达 12000 个左右。

"百家姓"中的姓氏包罗万象,无奇不有,有许多稀奇古怪乃至于不可理解的。如狗姓,汉朝有名人狗未央。蛇氏,出自南安,古代有建武将军蛇元。鬼氏,《古今人表》中有鬼区。狼氏,春秋时有晋国大夫狼谭,齐国人狼蓬。怪姓,上古时有一位怪义,曾画地形图供神农打通水脉。更绝的是,连"姓""氏"二字都是姓氏。《汉书·货殖传》载:"临淄姓伟,资五千万。"这位"资五千万"的姓伟是临淄的一个大商人,姓"姓"名"伟";《吴志》记有"北海氏仪",即有一人姓"氏"名"仪",系三国时吴国人。

这些稀奇古怪的姓氏主要见诸古籍,但也不能说现当代已没有怪姓。如山东有"伨"姓,原为马姓一支,因祖上得罪了雍正,雍正一怒之下将他们改姓为"骂",从此"骂"姓世代沦为贱民,直到清朝覆亡,民国时期才添上"人"旁成为"伨"姓。

除去这些怪姓,"百家姓"中还有许多饶有趣味的姓氏,当然,这些姓氏经过数千年的嬗变与累积、分化,重组,许多已自然消亡。

十三、中华姓氏百家姓顺序新排名

2000 年,中国科学院遗传研究所的群体遗传学家袁义达教授将宋、元、明、当代四个时期的 100 个常见姓氏的人口分布曲线绘出后兴奋不已。"这四条几乎重合的曲线说明,一千年来中国人的姓氏传递是连续和稳定的。"这是袁教授的成果,同时也是进一步研究中华姓氏的基础。

中国姓氏有史可查且可靠的记载,主要为秦汉以后的文献。五千年来,自伏羲氏时代开始,中国人的姓氏基本上都是依父系传递,姓氏的传递方式与人类男性 Y 染色体的遗传方式一样,都是以父传子的方式垂直传递。因此,群体遗传学家假定,姓氏为一种遗传性状,对应男性 Y 染色体上的一个等位基因,这就是"姓氏基因"。目前汉族使用的姓氏大约 3500 个,也就是说中国人 Y 染色体上的"姓氏基因"有 3500 多种等位基因。

袁义达教授说:"Y 染色体是人类遗传过程中最稳定传递的染色体,而目前我们对它所知甚少。由于姓氏与 Y 染色体传递模式惊人相似,姓氏文化记录了中国人五千年父系社会的进化史,也记录了 Y 染色体近五千年的进化史。"尽管中国人也存在改姓的现象,但是这在整个中国人口中所占的比例很小,很大一部分在第二代时又恢复原来的姓氏。在多数情况下,改姓往往选择已有的大姓,因此改姓不会严重影响群体内姓氏的分布。

群体遗传学者整理出中国各地汉族人口的 ABO 血型分布情况,然后进行亲缘关系比较;再整理各地姓氏分布情况,进行亲缘关系排列。结果发现,前后二者是一致的。仅一百年历史的现代遗传学基因理论与中国文化的某种契合让袁义达教授颇为惊叹。

"因为人的生命长度有限，通过血型只能进行近一百年的群体遗传学研究。而姓氏可上溯至几千年前，这就极大地拓展了群体遗传学的研究空间。"袁义达教授举了一个例子，从某古墓地挖掘出了男性尸骨，死者的姓氏得到确认，若有与之同姓的当代人想知道自己是否是死者的后代，可以把从尸骨中提取的 Y 染色体基因与当代人的相对照，如果一致就可断定死者是祖先。袁教授说："'姓氏基因'可以帮助中国人寻根问祖。""两个同姓的人，如果检测其 Y 染色体基因不一致，则说明其祖先不同，必然有一个是改了姓的。"

"有多少个姓氏，就可以断定至少有多少位祖先。"袁义达教授 1997 年出版的《中华姓氏大辞典》收录了中国古今姓氏 11969 个。香港佛陀协会还建立了"姓氏祠堂"，已经做好了 11969 个祖宗牌位等待全世界的华人来祭拜。袁义达教授说："中国人五千年来的姓氏总数肯定远远不止这个数。我们还在继续收集和整理，目前收录到的姓氏已经超过了 22000 个。"

中国人初次见面时会询问："您贵姓？"得知彼此同姓后往往顿生亲近："我们五百年前是一家。"17 年来，中国科学院有一位学者从遗传学的角度对中国人的姓氏进行了数据统计和分析，结果发现，通过对姓氏的研究可以揭示人类基因的奥秘，特别是男性 Y 染色体的奥秘；并且，同姓者未必"五百年前是一家"。

"我是谁？我来自何方？我去向何处？"这是古希腊哲学家苏格拉底的千古诘问。姓氏源流可以在一定层面回答这个艰深的问题。因为姓氏不仅是一门深奥学问，更代表了血缘关系看得见的传承。

根据国家自然科学基金委支持的一项最新研究表明，我国新的"百家姓"顺序已经新鲜出炉：（横排为序）李，王，张，刘，陈，杨，黄，赵，周，吴，徐，孙，朱，马，胡，郭，林，何，高，梁，郑，罗，宋，谢，唐，韩，曹，许，邓，萧，冯，曾，程，蔡，彭，潘，袁，于，董，余，苏，叶，吕，魏，蒋，田，杜，丁，沈，姜，范，江，傅，钟，卢，汪，戴，崔，任，陆，廖，姚，方，金，邱，夏，谭，韦，贾，邹，石，熊，孟，秦，阎，薛，侯，雷，白，龙，段，郝，孔，邵，史，毛，常，万，顾，赖，武，康，贺，严，尹，钱，施，牛，洪，龚。

这项调查和研究是由中国科学院遗传与发育生物学研究所袁义达教授主持完成的，历时两年。调查涉及全国 1110 个县和市，得到了 2.96 亿人口的数据，共获得姓氏 4100 个，通过县、地区、省三级人口比例的统计，从而得到了当今中国新百家姓的排序。

　　2010 年第六次全国人口普查数据中，王姓在中国百家姓排名中列第一位。2019 年 1 月，公安部户政管理研究中心发布 2018 年新百家姓，王姓以 1.015 亿户籍人口位居百家姓榜首。2020 年 1 月，公安部户政管理研究中心发布《二○一九年全国姓名报告》，按户籍人口数量排名，王姓再次占据头把"交椅"。2021 年 2 月，公安部户政管理研究中心发布《二○二○年全国姓名报告》，"王""李""张""刘""陈"依旧名列前五。

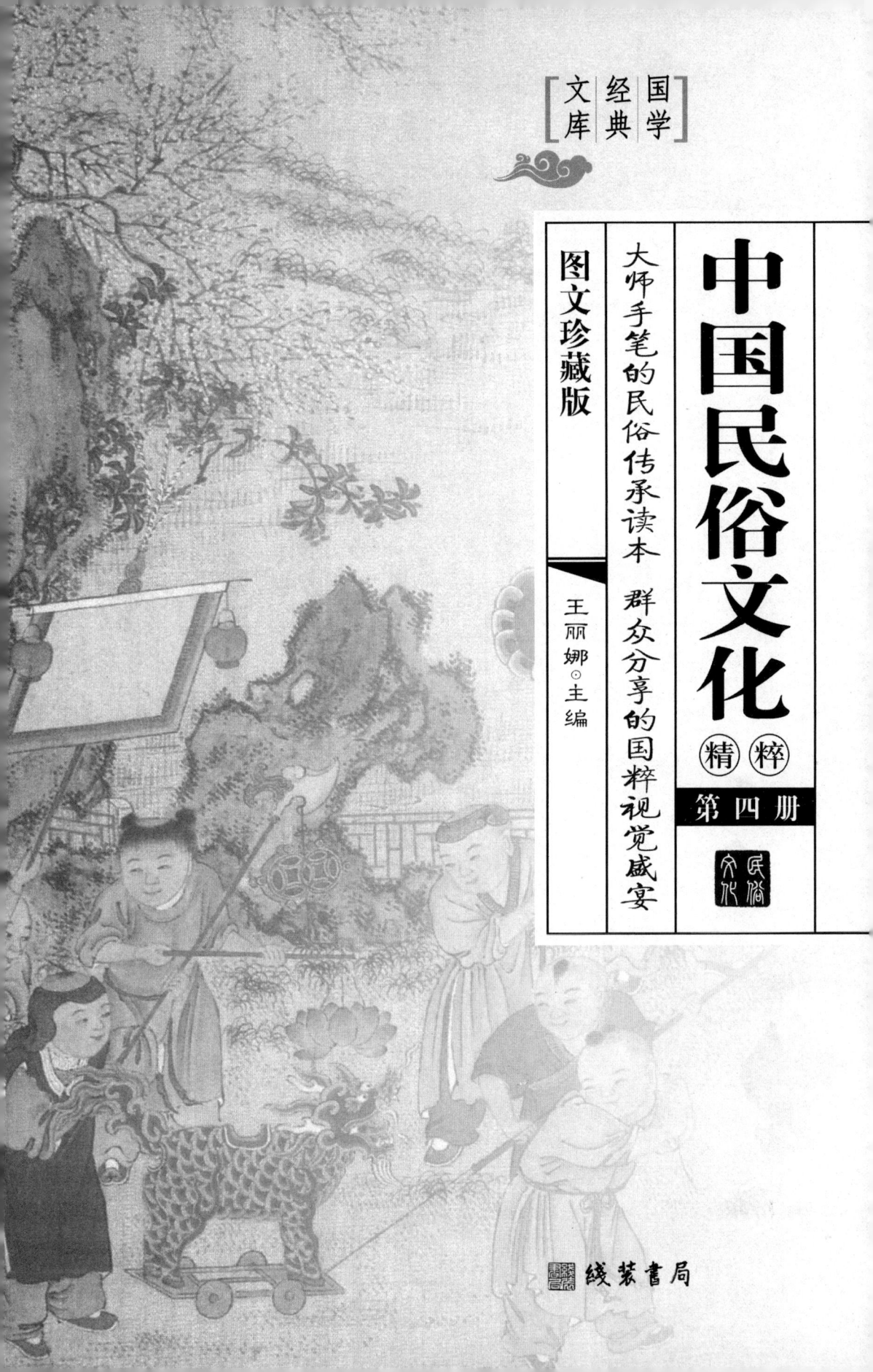

国学经典文库

图文珍藏版

大师手笔的民俗传承读本 群众分享的国粹视觉盛宴

中国民俗文化精粹

第四册

民俗文化

王丽娜·主编

线装书局

中国民俗文化精粹

养生秘笈

卷四

导　读

养生，是研究人类衰老和寿命的科学。养生一词最早见于《庄子》内篇。养生，又称摄生、道生、养性、卫生、保生、寿世等。所谓生，就是生命、生存、生长；所谓养，即保养、调养、补养。总之，养生就是根据生命的发展规律，达到保养生命、健康精神、增进智慧、延长寿命目的的理论和方法。

中华养生学完整而又丰富多彩，它是千百年来众多专门从事养生研究和实践的古人通过不断积累、充实与完善得来，是一个完整而又博大精深的思想体系，同时也是一门经济实用的管理学，只不过管理者把目光从外界转向了人体自身，管理对象也由外界的人、事、物转换成了人体自身的每一器官、每一行为。因此可以说养生学就是一门管理人体自身生命的艺术。

随着科学的发展和医学的进步，20 世纪以来，现代医学实现了向生物——心理——社会医学模式的历史性转变。与之相适应的是，人们的健康意识不断增强，在社会上流传着这样几句话：健康，支撑了您的生命；健康，托起了您的事业；健康，是人生的最大财富和幸福；健康，是人类美好的愿望与共同的追求。这充分体现了人们对健康的深刻认识，懂得健康来自于养生保健。

目　录

国学经典文库

中国民俗文化精粹

·目录·

图文珍藏版

国学经典文库

中国民俗文化

精粹

·目录·

图文珍藏版

国学经典文库

中国民俗文化

精粹

·目录·

图文珍藏版

5

第一章　养生溯源

随着时代的更迭,人们越来越重视养生之道。如何了解生命的本身?如何更好地延续生命?保持健康,需要我们认真了解更多的相关养生的知识。

一、生命的认知

(一)生命的起源

何谓生命?早在两千年前,《黄帝内经》就已认识到人是自然的产物,"天覆地载,万物悉备,莫贵于人,人以天地之气生,四时之法成"。《管子》一书也指出:"人生也,天出其精,地出其形,合此以为人。"关于人的生命形成,《庄子》认为:"人之生,气之聚也,聚则为生,散则为死"。人的形体一旦形成,便呈现出人类生命活动所特有的机能,这一机能,中医将其概括为形、精、气、神四个方面。古人早就认识到人的正常生命活动具有"新陈代谢"的机能,这种代谢过程,是靠升降出入的气化功能完成的。

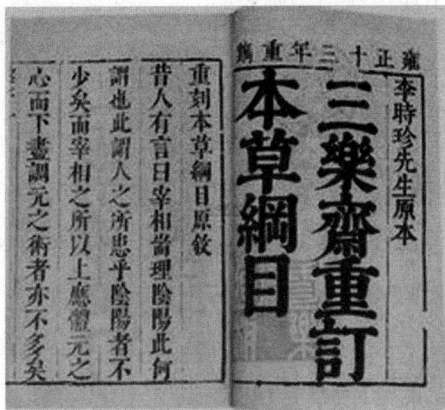

《本草纲目》书影

(二)生命的特征

《内经》说:"出入废则神机化灭,升降息则气立孤危。故非出入则无以生长壮老已;非升降则无以生长化收藏。"这种升降出入,正是生物生命活动的特征。

现代医学观点认为,一切生命都具有共同的基本的特征,即遗传与代谢。生命的遗传与代谢的本质表现在核酸与蛋白质之间的相互作用。人体由各种细胞组成,细胞的数量惊人。以大脑为例,至少有140亿个神经细胞。遗传与代谢,就在这一个个独立的细胞中进行。

遗传是生物体区别于非生物的突出特征。核糖核酸(RNA)和脱氧核糖核酸(DNA)是遗传的基本单位,它广泛存在于动物细胞、植物细胞和微生物细胞中。RNA在细胞质中的含量较多,约占细胞总RNA的90%左右。它在蛋白质生物合成中起着重要作用。DNA主要分布在细胞核中(98%以上),它是构成细胞核的主要成分。它与遗传信息的传递、复制密切相关。正是这个神奇的物质,使各种生物得以传宗接代,繁殖衍化。人类之所以能世代相传,靠的就是遗传基因。我们研究蛋白质不仅为了认识生命活动,还为了最终能够改造生命活动。

(三)生命的过程

生命之过程是生物个体不断建造修复与分解破坏两个过程的对立统一。外界的物质被生物个体有选择地吸收后,在体内同时进行建造修复活动和分解破坏活动。当前者作用超过后者作用时,生物个体即呈现出生长、发育、繁殖;当分解破坏作用超过了建造修复作用时,机体就逐渐衰老。趋向死亡,死亡意味着机体已失去维持正常生命活动所必需的代谢停止。随着代谢的终止,生命也就宣告结束。

尽管生物全都有着生命活动,可生命的长短对每个生物来说则是不同的,"有生就有死",这本是支配所有生物的自然规律。人类深入研究生命活动的奥秘,是为了使生命适当延长。

(四)生命的活力

祖国医学认为"真气"是生命运动的物质基础,是人体抗病免疫健身延年益寿的重要动力。真气充足身体健康,真气不足身体衰弱,真气消逝生命结束。

真气由先天精气和后天精气化生而来。先天元精化生,发源于肾,藏于丹田;后天精气来源于水谷和天气。真气是在一定的物质基础上产生的,从胚胎初具到发育成长,由壮及老,所有生命活动,都以真气为根本动力。若能保持真气充足,生物就能身体健康,精力充沛。

人在生命过程中,元精之气不断消耗,须不断地给予补充。后天之精气是由口鼻摄取的氧气和养料,随着血液循环到达机体各部,在氧化过程中产生热和能,为人体提供生命动力。

真气在人体的不同部位,表现出不一样的活力。明朝名医张景岳说:"气在阳即阳气,气在阴即阴气,在胃曰胃气,在脾曰充气,在里曰营气,在表曰卫气,在上焦曰宗气,在中焦曰中气,在下焦曰元阴元明之气。"可见真气的功用是多方面的。古人对生命的活力有不少精辟论述,《素问·上古天真论》说:"夫道者,能却老而全形,身年虽寿,能生子也。"一百年前在俄国瓦舒次库出版的《圣彼得堡大观》一书里,曾有这样一段记录:"1755年在费登司基村,有一个农民叫克雷洛夫,他当时已经60岁,有过两次婚姻。他的第一个妻子受孕过21次,一共生了57个孩子:四胞胎四次,三胞胎七次,双胞胎十次。"人体具有相当大的生命活力还表现在,切除一叶甚至一侧肺脏或切除了一侧肾脏的人,仍能很好地活着。肝脏功能更为惊人,有些人75%的肝脏受到损害,肝功检查结果却可以是正常的。由此可见,人类蕴藏着巨大的生命活力。

二、人类的寿命

假如我们用科学方法,一方面排除妨碍其生命活力发展的因素,另一方面强化促进其生命活力发展的因素,则每一种生物的生命活力将会是巨大的。

如果任何一种生物个体寿命无限延长,都会对该种生物的生存不利。某种生物个体之所以不会无休止的繁殖,是因为生物在长期进化过程里,都获得一种遗传特性,这特性制定出一种极限,所以一旦达到这种极限,生命就停止生长,衰老死亡,从而把各个个体的寿龄限制在一定限度中,这就是每种生物都有一定自然寿龄的原因。

(一) 人类的自然寿命

所有生物,有生必有死,人当然也逃脱不开这一规律。人的寿命是有一定限度的,中医古代文献中的"天年"一词,指的便是人的自然寿命。《素问·上古天真论》说:"尽终其天年,度百岁乃去";《灵枢·天年》:"人之寿百岁而死";"百岁乃得终";有的文献认为,人可以活120岁,例如《尚书·洪范篇》:"寿,百二十岁也"等。可见,我国古代对天年的限度是100岁至120岁之间。美国学者海弗利克经过研究,得出结论:人体大约由500亿个细胞组成,这些细胞大部分分裂50次后就趋于死亡。从这个界限可以推算,人类的寿命也该是120年上下。西德弗兰克1971年提出:"假如一个人既未患过疾病,又未遭受到外源性因素的不良作用,则要到120岁才可能出现生理性死亡。"

研究表明,哺乳动物的最高寿命,相当于它性成熟期的 8~10 倍。假如人类的性成熟期按 14~15 岁来计算,则人类的最高寿命应当是 110~150 岁。除此以外,生物学研究还发现,依照自然发育的法则,哺乳动物的寿命应该是其成长期的 5~7 倍。哺乳动物四肢骨骼中的长管状骨骨端软骨钙化就标志着该种动物成长期的完成。

例如:马,成长期 5 年,寿命 30—40 岁;猿,成长期 12 年,寿命 50 岁。

上述资料表明,人类应当活到 100 岁以上,才符合自然规律。既然人类潜藏着长寿的因素,那么如何使这类因素发挥作用。从目前全世界各国的长寿研究进展看,尽管妨碍延长寿命的途径尚未得到科学的阐明,但是,人类延长生命的愿望在不久的将来是可以实现的。

(二)不同时代欧洲人的平均寿命

世界上最早记录人口平均寿命的国家是古希腊,当时该国人民平均寿命为 19 岁。其他国家亦陆续有些记载。16 世纪欧洲人平均寿命只有 21 岁;17 世纪平均寿命是 26 岁;18 世纪增至 34 岁;20 世纪初已达到 50 岁。人类寿命的延长,主要取决于社会生产力的提高,科学技术的发达还有人类文明的进步。18 世纪的欧洲处于资本主义初期阶段,生产力虽有较快发展,但人们的平均寿命提高得还不是很多。原因是传染病的蔓延以及劳动人民受到的残酷剥削严重威胁人们的生命。到了 20 世纪 40 年代,随着免疫学的发展,磺胺药、青霉素等抗菌药物的问世,让细菌性流行性疾病基本上得到控制,人类的平均寿命有了明显的提高。这说明科学的进步对提高人类寿命的巨大作用。

由于各国经济发展状况、文化水平还有卫生条件的不同,各国人口的平均寿命也各不相同。根据文献记载,1977 年全世界人口的平均寿命为 59 岁,其中不发达国家如非洲平均寿命只有 40 岁左右,而发达国家平均寿命则在 70 岁以上。1973 年世界卫生组织宣布,平均寿命男性超过 70 岁、女性超过 75 岁的国家有 4 个,全是发达国家。世界人口平均寿命较高的国家是瑞典、挪威、荷兰、日本、冰岛等国。1975 年日本人口平均寿命,男性是 71 岁,女性为 76.95 岁。1977 年一部分国家人口平均寿命见下表。

国家	男性寿命(岁)	女性寿命(岁)
美国	68.2	75.9
英国	67.8	73.8
法国	68.6	76.4
加拿大	69.34	76.36
挪威	71.32	77.6
瑞典	72.11	77.6
芬兰	66.57	74.87
日本	71.16	78.31
澳大利亚	67.14	72.75
苏联	64	74
印度	40	40.55
扎伊尔	41.9	45.1
阿尔及利亚	54.7	54.8

(三)我国人口寿命概况

　　古代人类对自然灾害难以抵御,易受虫蛇猛兽侵伤,食物缺乏,生产工具落后,人的平均寿命很低。据考古学家推断:中国猿人的死亡年龄,14 岁以下的占 69.2%,15~30 岁的占 11.7%,40~50 岁仅占 5.1%。这就说明当时猿人大半未及成年即死亡。还有人根据新石器时代出土人骨的估计年龄进行一次统计,统计了六个遗址共 166 人。从所得结果看,64%人都只活到三四十岁,五六十岁的老人仅占全体的 6.6%。这就说明古代人的平均寿命是很短的。

　　新中国成立前,据我国部分地区统计,农民平均寿命是 34.8 岁。内蒙古 1939 年至 1940 年间平均年龄仅 19.6 岁。1935 年南京市居民平均寿命,男性为 39.8 岁,女性为 38.22 岁。

　　新中国成立后,随着人民生活水平的提高,人的平均寿命逐渐增加。以北京市为例,1950 年全市人口平均寿命为 52.1 岁,1960 年为 67 岁,1973 年则增加到 70 岁。从福建省 1975 年的调查资料来看,福州市平均寿命男性为 69.01 岁,女性为 73.49 岁。原卫生部 1978 年提供的统计资料表明,我国人口的平均寿命已比新中国成立前提高近一倍,男性达 66.95 岁,女性达 69.55 岁。而根据 1980 年第一届

(四)有关长寿老人的调查统计

各国对长寿老人全有调查统计,据我国古书记载:彭祖活到800岁,黄帝活到110岁,唐尧活到118岁,虞舜活到110岁,梁唐时期高僧慧觉活到290岁,清康熙年间姚江人孙见龙活到159岁,嘉庆年间广西宜山县兰祥活到142岁。当然,上古传闻有神话色彩,但总的来说可以证实人类寿命是可以达到100岁以上的。

我国1952年的调查报告:广东乳源云门山大觉禅寺虚云法师已达113岁。新疆乌鲁木齐的吾古尼沙汗老妈妈,已经103岁。1954年6月13日《人民日报》记录,吉林省有位叫傅财的老人已经125岁。1956年10月12日《健康报》报道,张家口有一位119岁叫张全的老人还很健壮。

据1953年我国人口调查报告,80~99岁的老人有1851312个,100岁和100岁以上的老人有3384个,其中寿命最高的为155岁。国际自然医学会曾把中国新疆列为全世界第四个长寿区。理由是,在中国3775名百岁以上寿星里,新疆占了865名,约占全国百岁以上老人总数的32%。1980年广州市做了一次长寿情况调查,调查结果,全市有1799多人超过90岁,其中百岁老人近30名。

国外也有许多长寿纪录,奥地利的克查尔夫死于1724年,终年185岁,坚钦土死于1670年,终年169岁。挪威的顾灵顿1797年死时是160岁。匈牙利有位农民195岁去世,当时他的儿子为155岁。匈牙利有一对夫妻一起过了147年的幸福生活,丈夫死于172岁,妻子死于164岁。

根据1939年莫斯科人口调查资料:99~100岁者达到611人,其中55人超过100岁;阿布哈兹有212人超过100岁;乌克兰超过100岁老人有2700人。在美国,据1930年人口调查,在一亿零九百万白种人中,年过100岁的有1180人,其中年龄最大的为107岁。据欧洲1902年的统计资料,德国100岁以上者有778人;法国有218人;西班牙有401人;英国为146人。

以上资料进一步证明,人类的寿龄是可以超过百岁的。想必人类潜藏着长寿因素,从目前世界各国长寿研究发展的情况看,实现人类延年益寿的前景是非常乐观的。

三、衰老的生理过程

（一）衰老的界限

我国古代文献有关"老"的界限，说法不同。从先秦至唐代，以50岁以上为老是非常普遍的。这与现代国际标准以50岁为初老（65岁以上才算老年）是相同的。

衰老是一个随时间推移而逐渐演变的过程，在此过程中机体的形态器官的生理功能以及器官之间的调节控制，全表现出衰老期所特有的变化。衰老有生理性衰老和疾病造成的病理性衰老。生理性衰老出现在机体的成熟期之后，全部过程持续发生不可逆转，是在人的一生中出现的特殊阶段。病理性衰老则可能发生在各个不同的年龄，病理性衰老过程与疾病密切关联，当造成病理性衰老的疾病得以控制时，病理性衰老过程有逆转或终结的可能。

养生学主要研究生理性衰老过程。生理性衰老是一个漫长的过程，人们在衰老过程里由壮年慢慢过渡到老年，最终走向死亡。祖国医学对衰老的生理过程有着比较系统的论述。

（二）古人对生长壮年老死的论述

《灵枢·天年》以十岁为一阶段，对人体的生长壮年老死做了详尽的描述。

《灵框·天生》对生长壮年老死的论述

年龄	机理	特点
10岁	"五脏始定，血气已通"	好走
20岁	"血气始盛，肌肉方长"	好趋
30岁	"五脏大定，肌肉坚固，血脉盛满"	好步
40岁	"五脏六腑十二经脉，皆大盛以平定"	荣华颓落，发鬓斑白，好坐
50岁	"肝气始衰，肝叶始薄"胆汁始减，	目始不明
60岁	"心气始衰，血气懈惰"	忧悲，好卧
70岁	"脾气虚"	皮肤枯

80 岁	"肺气衰"	言善误
90 岁	"肾气焦"	经脉空虚
100 岁	"五脏皆虚"	神气皆去形骸独居而终

表中引证的经文表明,20 岁以前正处在人体的发育期,各组织器官日益发展,趋于完善。30 岁至 40 岁正值人体的壮年时期,脏腑、组织器官均已充分发育成熟,气血旺盛,生长逐渐减慢或停止。从壮年时期开始,人体开始逐渐步入衰老过程。40 岁到 50 岁是衰老过程的初级阶段(亦称衰老前期),皮肤、毛发以及感觉器官首先出现衰变。50 岁至 90 岁为衰老期,肝、心、脾、肺、肾等重要器官的生理功能开始出现衰变。90 岁以上是长寿期,气血亏耗,神气逝去,大部分人将在这一阶段走向死亡。上述过程表现了衰老的一般规律性。同时,衰老过程具有性别的差异性。例如:《素问·上古天真论》女性的衰老过程一般要比男性发生的早,女子"五七",阳明脉衰,面始焦,发始坠,"六七",三阳脉衰於上,面皆焦,发始白;男子则是"五八",肾气衰,筋不能动,"六八",阳气衰於上,面焦,发鬓皆白。

(三) 人体各组织器官衰老的特征

1.毛发的改变

《灵枢·天年》中说:"四十岁,……腠理始疏,荣华颓落,发鬓斑白。"随着年龄的增长,皮肤变薄,皱纹逐渐增多加深,毛发脱落变白,中医认为,这些现象与肺和肾有关,因为肺主皮毛,肾主骨,其荣在发。

从年龄上看,初见白发可能在 40 岁左右,50 岁的人几乎都有白发出现,到 70 岁,白发可占据整个头部。

成年人的头发,随着年龄的增长,一般先从两鬓变白,白发慢慢由少变多,最后甚至变为满头银发。头发在变白的同时,还逐渐变软。

除发白外,鼻毛、眉毛、睫毛等也全会变白,其时间要比头发略迟。科学家们做过调查,发现头发变白可始于 10~20 岁年龄组;鼻毛变白可始于 30~40 岁年龄组;眉毛、睫毛变白则始于 40~50 岁年龄组。当然,这不是绝对规律。毛发变白是因为毛发的色素是由毛田黑色素细胞产生的。随着年龄的增加,这种细胞的谷氨酸活性渐渐减少或消失,直接影响毛田黑色素细胞产生黑色颗粒,让黑色颗粒合成和聚积发生障碍,导致色素颗粒失脱而被空气所代替,于是毛发变白。

至于毛发在变白的同时又变软,与毛发的髓质和角层退化有关。由于毛发的形状主要依靠黑色颗粒和一种硬蛋白质来维持,随着年龄的增加,黑色颗粒制造量的降低以及硬蛋白质合成减少,毛发便渐渐变得柔软起来。

但是,这种变化只是一方面。老年人的毛发,在某些部位又可以变得粗而长,例如:眉毛的外三分之一处会出现粗长眉毛,或生长出异常的长耳毛。而腋毛、大腿毛到了老年期其生长速度反而下降,弹性也减弱。一般六七十岁的老人,胡须也开始变白,称之为"白花胡子"。

毛发不但会变白、变软、变粗长,而且还会脱落,脱落同样也是衰老的标志。脱发大多从头顶开始,不容易脱光的是两侧和后脑勺部分。有趣的是,秃头多见于男性,而妇女,即便到了高龄,也不易脱发谢顶。这是因为毛发受某些激素所控制。例如,颞部和眉外三分之一的毛发由甲状腺素控制;额部的毛发由雌激素控制;腋毛、阴毛由肾上腺皮质的雄激素控制;而髭须、胸毛、四肢的毛是受睾丸的雄激素来控制。

2.皮肤的改变

皮肤弹性下降是人衰老的明显特征之一。表皮营养障碍和长期受外界刺激,皮下脂肪减少或消失,体内结合水变少引起皮下组织、结缔组织细胞变长,还有皮肤张力等原因,致使人在上了年纪后,面部尤其是前额和眼外角皮肤松弛,弹力减少,出现皱纹。此外,有些老人还可能出现皮肤色素沉着(俗称"寿斑",或"褐色老年疣"),皮肤失去光泽。

一般来说,老年人的表皮要比青年人薄,可是,在手足等暴露部位,表皮因受外来刺激角质层增厚。在电子显微镜下,可见真皮的胶元纤维呈块状与断片形,有钙质沉着,结缔组织可因老化皮肤营养供应障碍而影响其再生。60岁以上的老人皮肤中的血管管壁肥厚,血管床减少,末梢循环差,因而怕冷。

皮肤为人体的排泄通路之一,同时具有散热、调节体温的功能。老人皮肤内的毛细血管相对减少,血管舒张不良,体温调节功能减退,散热功能减弱,所以在夏季更易中暑。

皮肤是人体外围防御组织,老年人干燥脱掉的皮屑和沉积在皮肤皱褶间的灰尘以及排泄的污物混在一起刺激皮肤,常可发生瘙痒症。因抓痒损伤表皮,会使细菌渗入,发生疖疮等化脓性皮肤感染。所以,老年人要经常洗澡。但是,人的皮肤上覆有一层薄的脂肪膜,起滋润作用。而老年人的脂肪膜减少(女性比男性更明显),频繁洗澡或使用太多肥皂,会让脂肪膜脱落,导致皮肤干燥、瘙痒。有些老年人有洗烫热水的习惯,过热的水会引起皮下组织改变,促使皮肤粗糙。此外,老年人的皮肤对碱性物质抵抗力较差,血管反应也迟钝,易患皮炎,故不宜用碱性较强的肥皂洗澡。

3.五官与口腔的改变

诸窍不利,为老年人的另一特征。《素问·阴阳应象大论》里指出:"年五十,体重,耳目不聪明矣;年六十,阴痿,气大衰,九窍不利,下虚上实,涕泣俱出矣。"这说明人进入老年后,目、耳等诸窍全发生明显的改变。

白内障:

现代医学发现,一个人如无明显原因,眼睛的晶状体发生退行性混浊,晶状体硬化变性白内障形成,就标志着衰老的到来。老年人白内障多发生在50岁以上,但也可在45岁左右发生。老年性白内障,约占白内障的半数以上,且女性多于男性。多为双眼发病,一般是一前一后。晶状体的混浊多开始于皮质浅层,一部分可先围绕着核发生。晶状体完全变混浊需要数月或数年,也能停止于某一时期。

白内障为一种代谢性疾病。因为晶状体本身缺少血液供应,仅依赖于房水及玻璃体渗透,同时由于人在衰老过程中,体内的营养消化吸收功能与机体的代谢机能均逐渐减退,从而导致晶状体营养不佳,引起晶状体变性。此外,糖尿病,内分泌调节失常,甲状腺机能减退等,也往往诱发白内障。据美国学者研究,白内障是与眼睛晶状体中一种氧化了的衰老物质——亚砜蛋氨酸蓄积有关。

青光眼:

青光眼是40岁以上的人比较常见的眼疾,据统计,65岁以上的人大约有5%患青光眼。

老年人所患的青光眼大多为慢性单纯性青光眼。患者开始时并没有明显症状,仅在视力减退到一定程度时才会发觉。此病初期可发生眼球胀痛和虹视,眼压不一定持续上升,多数在一天的某段时间上升,之后又转为正常,所以对可疑患者应多作次眼压测定。此病的中、后期发生持续性眼压升高,但多在40

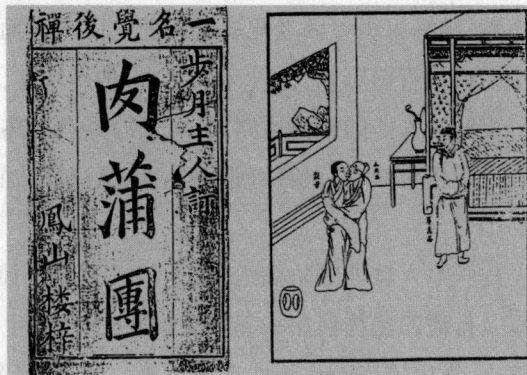

《肉蒲团》书影及插图

毫米汞柱以下,晚期有可能超出此数。较为突出的表现是:早期眼底可有青光眼杯,视野缩小;晚期可发生结膜充血及睫状肌充血,患者视力大为减退。

老花眼：

老花眼多数是因为睫状肌随着年龄的增长收缩力下降，主要是因为晶状体逐渐变厚，核变大，出现硬化，弹性减退，丧失了调节力，这是衰老的一种表现。

听力下降：

首先表现为耳廓弹性逐渐减小。由于软骨伸长，整个耳廓会增大，这种状况一般在四五十岁就会发生，到 70 岁更加明显。

老年人的耳道内盯栓腺管常扩张呈囊状，假如不注意外耳道卫生，容易造成盯栓腺管堵塞和外耳异物，致使外耳道发炎，这种症状最易出现在患有更年期障碍、营养不良、糖尿病的老年人身上。

人类的听力在 20 岁左右最灵敏，以后达到一定的年龄，听力渐渐下降，晚年时则可能完全失去听力。这种因为衰老过程而引起的听觉生障碍，是老年性耳聋。老年性耳聋一般发生在 60~70 岁之后，但也有些人在 50 岁左右听力就开始下降。老年性耳聋是一种感音性耳聋，首先受到影响的为高频听力，其特征是双侧对称。

老年人的耳聋原因主要有以下几个方面：

衰老退化：因为老年人全身组织趋于退化，所以内耳及听觉神经也发生退行性改变。人的听觉器官可分为外耳、中耳、内耳三个部分。内耳有个耳蜗，里面有听觉感受器，当人体衰老时，耳蜗基底膜的听觉感受器即发生萎缩，同时发生萎缩的还有支配基底膜的耳蜗神经。此外老年人中枢神经萎退，也是导致老年性耳聋的主要原因。

动脉硬化：老年性耳聋与动脉硬化有紧密关系。由动脉硬化所引起神经组织变性，也可引起耳聋。

代谢障碍：随着机体的衰退，机体的代谢也产生障碍，不能供给听觉神经营养物质，因而导致内耳感受器萎缩变性，进而导致耳聋。据国外记载，当老年人全身营养不良时，听觉神经会衰退变性，听力明显减退。科学实验证实，中等程度营养障碍患者，耳中的微细结构听斑及听嵴的上皮细胞缩小，内耳蜗的神经发生变性，可使听力明显衰退。

嗅觉、味觉的改变：人随着年龄的增加，下鼻甲会渐渐变薄，鼻中海绵样血管体开始退化；同时，动脉内膜加厚，骨膜增生变性。鼻内粘膜发白，鼻甲粘膜变薄。中鼻道和总鼻道变宽，比较容易看见上颌窦口，多数可以看到鼻咽腔后壁。一半以上的老人鼻中膈弯曲，四分之三的老人有膈栉异常变态。

老年人的嗅觉及味觉也随着年龄的增长而趋于衰退，这就让老年人进食时，总嫌食物没有味道,吃起来不香。所以,老年人常愿吃香味重、粘性大和油炸的食物。这些食物刺激性很大,不易消化,可以引起老年人消化道疾病,应引起注意。

扁桃体的变化:

老年人咽部的扁桃体随着年龄的增加而发生萎缩。咽扁桃体一般从 30 岁起便开始缩小,大约到 50~60 岁几乎全部消失,机体的防御机能随之减退,细菌或其他微生物容易侵入呼吸道,引起感染性疾病。此外,舌扁桃体虽保留下来,但滤泡萎缩,脂肪浸润变性,茎突咽咽肌及茎突舌肌纤维间结缔组织增生,使咽腔扩大,发生咽和喉上举的现象。老年人因为颌下和前颈部脂肪组织减少及喉软骨硬化,粘膜萎缩,变得白而薄,喉部脂肪沉着,发声逐渐苍老。女性在更年期生殖功能与月经同时结束时,声带常常随之变化,声域缩小,高音下降,音质变坏,个别老妇人的声音还会变得与男子一样。

牙齿的变化:

人近老年,易得牙病。老年人随着年龄的增加,牙釉质磨损,齿龈退缩,牙窝骨边沿被吸收,牙齿变得容易松动,牙质易发生过敏。牙齿不净,容易引起牙周炎,这是因为牙龈退缩,齿缝间留有食物残渣,加之齿边缘有"牙石"刺激,造成牙龈红肿、出血,甚至化脓。牙周炎让齿龈受到伤害,极易引起牙齿脱落。牙釉质磨损引致牙质外露,当遇到冷、热、酸等刺激时,牙齿就会产生酸痛感,这是老年性牙齿过敏。因此,老年人注意口腔清洁,保护牙齿是一件很重要的事。

4.神经系统的改变

中医认为,心藏神,主神明,即精神意识活动是由心主宰。之外,其他脏器与精神意识活动也有关联,如《素问》中说:"心藏神,肝藏魂,肺藏魄,脾藏意,肾藏志。"古人已经认识到脑在精神方面的重要作用,如"头者,精明之府","脑为元神之府"等说法,就是把脑当成精神活动的最高主宰去加以认识的。清代名医王清任更明确指出:"灵机记性不在心,在脑。""五脏六腑之大主",也就是说,人体所有神经活动,都受大脑支配。所以,脑的衰退,会导致人体一系列的衰退表现。

人到中年之后,大脑的重量渐渐减轻,神经细胞数量逐渐减少。一般老年人大脑的重量比年轻时减少 6.6%~11.1%,大脑皮层表面面积也减少 10% 左右,这是因为老化导致大量神经细胞萎缩和死亡的结果。70~80 岁的老人的脑神经细胞只有青年期的 60% 上下,脑血流量也减少 17% 左右。脑组织各个部位细胞衰减的速度也不相同,在某些区域和某一特定时期里,细胞死亡速度会加快,如上额回的细胞在 40~45 岁时衰减较快,某些部位的脑细胞虽然不减少,可其结构常随着年龄的增加而受到损害,其功能也会变弱。触觉和本位感觉的敏感性,听觉与视觉的敏锐性,也随着年龄的增长而减退,致使向中枢神经传导信号减少,导致老年人脑功能衰退。

大脑的血循环与耗氧率到老年均有所下降,从 17~80 岁,平均动脉压保持在 70~100 托,每 100 克脑组织每分钟的脑血流量由 79 毫下降到 46 毫升,耗氧率由 3.6 毫升下降到 2.7 毫升,脑血管阻力由每毫升 1.3 托增至 2.1 托。高血压可以增添脑血管阻力,但不影响耗氧。

随着年龄的增加,神经传导速度也减慢。成年人的神经运动传导速度约为每秒钟 60 米。成熟期后,速度随年龄的增高而降低。70~80 岁,桡神经感觉传导速度降低 30%。

现代医学研究证明:老年人脑神经衰退的迹象首先是记忆力减退,对周围事物不感兴趣,对现实生活缺少感情,行为有时不能自控。由于老年人适应机制发展能力强,这会让他仍能维持较高的智力活动水平。在变化过程里,中枢神经对一些体渡因素和化学物质敏感性增加。实验证明:静脉注射小剂量儿茶酚胺、乙酰胆碱、胰岛素等,会引起老年人神经中枢的反应,这种兴奋性的增加,也是一种特殊的适应机制,有利于维持老年人神经中枢的活动机能。

因为神经系统体征的改变,老年人的瞳孔随之变小。其痛觉、温觉、触觉,一般全无障碍;但下肢振动比上肢有显著减退,深反射与踝反射消失较多。老年人神经反射迟钝,一旦处于有害的环境之中,便不能做出快速的保护性反应。

5.循环系统的改变

循环系统包括动脉、心脏、静脉、毛细血管。《素问》里说:"心主身之血脉";"夫脉者,血之府也"。《灵枢》里说:"六十岁心气始衰,……血气懈惰。"古人认为,随着年龄的增加,心血管的功能也随之衰退。现代医学认为,心的生理功能好像一个水泵,是推动全身血液流动的器官。若其功能下降,可引起心肌纤维变化,心肌淀粉样变化可引起心肌硬化症、冠状动脉粥样硬化还有主动脉瓣钙化等,这些生理变化又全可引起老年性心脏搏出量降低。据测定,人在 65 岁时心排出量大约比 25 岁时少 30%,70 岁时心脏的潜在力是 40 岁时的 50%。这证明老年人心脏功能低下,代偿能力减弱,易引起心率的改变、心功能不全。心肌的最大耗氧量与心输出量的下降几乎均等。这种下降,在一定的程度上受发胖、活动量减少或吸烟等因素的影响。老年人的心率一般减慢,最大心率也随着年龄的增加而降低。当心率因某种生理需要或情绪激动而变快时,其恢复正常心律所需时间也相应加长。

供应心肌营养的血管，叫作冠状动脉。随着年龄的增加，冠状动脉内壁沉积了脂质、胆固醇、钙质等，渐渐形成白色斑块，凸出于血管腔内，让血管变窄，影响血流的正常流动，从而引发心肌缺血缺氧，导致冠心病的发生，其主要表现是心绞痛、心律失常和心肌梗塞。

血在血管内因为心脏收缩和血管壁的弹性作用对动脉血管壁具有一定的压力，被称为血压。假如血管壁弹性降低，管壁变硬，就会出现高血压。人到老年，一般主动脉及周围动脉都有不同程度的变厚和弹性减弱等现象。这是因为动脉中层弹力纤维丧失，胶元含量增加，中层钙沉着及内膜粥样硬化形成的缘故。用 X 光透视胸部时，可见主动脉弓延长，主动脉扩张、扭曲，并在升主动脉处有钙化斑块。因为动脉粥样硬化，动脉收缩压随着年龄的增长而升高，舒张压也随之升高，但与收缩压升高不成比例，所以不少老人的脉压差较大。同时，毛细血管数量减少，通透性降低，各脏器毛细血管有效数量也减少，血流量减低，血液循环缓慢。

心血管系统的疾病对老年人的生命威胁是很大的。但是，只要了解了老年人心血管系统变化的特点，可进行有效的防治。

6.呼吸系统的改变

中医认为肺主气，司呼吸。老年则肺气衰，呼吸功能必会减弱，人体所需的清气不够，浊气又不能排出，而肺的主气作用降低。西医认为，呼吸系统是人体生命活动的重要器官之一，它包括鼻、咽喉、气管、支气管、细支气管、肺泡，其生理功能是进行人体与外界的气体互换。

随着年龄的增加，鼻粘膜出现萎缩，气管、喉软骨、肋软骨渐渐钙化和骨化，肺及气管弹性下降，肺组织萎缩，肺泡扩大，胞璧变薄，于是发生老年性的肺气肿。在此同时，呼吸肌肉也随之萎缩，胸部活动受限制，故肺活量明显减小。一

病态诊治图

般肺活量从35岁左右开始降低,80岁时最大换气量只占20岁时的50%。

肺和血管壁的结构变化,导致呼吸粘膜气体扩散量减少,氧利用系数降低。据统计:20~29岁时,此系数为44.01~51.5毫升;60岁~69岁时,则下降为27.0~38.5毫升。随着年龄的增加,老年人常呼吸节律不齐,出现短暂的呼吸停顿和周期性呼吸加深,呼吸余气量增长,肺泡通气量减少和气体扩散状况不良,导致血动脉血氧分压降低。体力活动能诱发老年型呼吸反应,能限制上述变化的幅度,并加长呼吸时间。另外,老年人机体供氧系统的各个环节发生变化,可靠性减低,容易导致老年人低氧。据测定,老年人肺输氧到组织的能力显著降低,25岁时每分钟肺可输4升氧到组织,70岁时只能输送2升。老年人随着年龄的增加,胸壁硬度的增加及呼吸肌肉力量的减弱,咳嗽的推动力有些减弱,纤毛活动能力也有所降低。肺泡死腔增加,这就让老年人肺部感染的机会增多,由其他疾病并发症所引发的呼吸系统感染的机会也增多。这种老年性的生理变化必须予以重视。

7.消化系统的改变

中医的气化学说把消化系统的功能总结为肝脾的气化过程。《素问》云:"食气入胃,散精于肝,淫气于筋。"饮食物经脾胃消化之后,其精华物质经吸收后输送入肝,靠肝的疏泄气化作用,再把它转化为身体各部所需的营养物质。这种相互转化过程,中医叫气化过程。肝与胆相表里,肝胆的气化功能相互运转,生化不止。这和现代医学的物质代谢、能量代谢说法相近。

消化系统的机能在于消化食物,吸收营养及排出废物。消化过程包括机械消化和化学消化。食物由口腔进入,通过牙齿的咀嚼和食管、胃、肠的蠕动,使食物与消化液充分混合,且缓慢不断地向消化道下方推进,这种消化方式称为机械性消化;消化液中,含有各种消化酶,它能够分别把蛋白质、糖类、脂肪等食物消化分解,让它成为可被吸收的小分子物质,这种消化方式被叫作化学性消化。正常情况下,这两种消化方式是同时进行,相互配合的。

老年人消化系统的变化首先表现在口腔。老年人口腔粘膜变薄,舌乳头、舌肌萎缩,舌体变小,运动功能减退。因为口腔内腺体的萎缩,唾液分泌减少,浓度变稀,粘度减小,造成牙齿吸着性不良,碎食不全,易使口腔粘膜损伤,胃液分泌量在40~60岁时急骤下降到年轻时的1/5,以后渐趋稳定。各种消化酶分泌减少。老年人对很多种营养物质吸收不佳,如对葡萄糖、果糖和脂肪吸收降慢,对钙、铁、维生素A等吸收也降低。老年人的肝脏重量也有些减轻,一个人的肝脏重量在31~40岁时最高,平均1929克,到91~100岁时,降至1000克。随着年龄的增长,老年人消化道分泌能力减弱,游离酸与总酸分泌也减少,胃粘膜血流量减少,易患缺铁性贫血。此阶段免疫监护功能低下,出现各种自身抗体,因而易患胃炎。据统计:70岁以上的人,得慢性胃炎者可达总人数的80%~90%,患萎缩性胃炎者能达总人数的70%以上。小肠粘膜在老年人说来也有相应的会发生变化,表现为粘膜萎缩、变宽,呈扁平状,有效吸收面积减少。有的老年人患长期习惯性便秘,排便费力,便结肠腔内与腹腔之间压力差增大,再加上肠壁耐压缺陷,容易形成肠道憩室。据统计:老年人憩室发生率为青年人的2倍,憩室大部分位于结肠。对内外肛门括约肌压力的测定表明,内括约肌收缩力强,而外括约肌弱,这又是老年人大便失禁的重要原因之一。

口腔内最突出的变化是牙齿。牙齿为咀嚼的工具,随着年龄的增加,牙齿的光洁度、亮度均会减退,趋于发暗、变黑,尤以牙颈部最明显。这是因为牙齿根管变窄,根尖孔变小,阻碍了牙齿血运的缘故。此外,老年人牙齿因骨质堆积及慢性炎症影响,常在牙根尖部出现块状肥厚膨隆。因为牙髓细胞、血管壁等脂肪变性,可造成网状变性、粘膜变性,形成囊泡,髓基质部有纤维化倾向。40岁左右一般可发现牙冠磨损,门牙、犬牙、白齿均可出现弯月形凹陷,吃冷热食时有疼痛感,容易出现上颌牙缺损,前磨牙缺损最多,其次为犬牙。同时,牙状也会渐渐萎缩,不断露出牙本质,牙齿间隙增加而且开始摇动、脱落。据日本中山氏对430名老人的调查统计,证实年龄与存牙数成反比,60岁平均存牙14.1只,70岁平均10.9只,80岁平均只有6.8只。这些人中,女性的存牙比男性少,上颌的存牙比下颌少,白齿、犬齿又比门牙少。

因为牙齿脱落,会造成颌骨、颌关节变形,让面部干瘪,颧骨突出,加快呈现老人特征。

8.内分泌系统的改变

中医认为肾与脑紧密相关。《灵枢》中说:"脑为髓之海",而"肾主骨生髓"。不少实验研究说明肾阳虚与下丘脑—垂体—肾上腺皮质系统关系密切。老年人的肾上腺对ACTH反应性减低,肾上腺重量减少,尿中17酮皮质类固醇排泄量低于青少年。由此可见,衰老和内分泌系统机能以及与中医所谓的"肾"有密切关系。

传统医学认为人体的衰老和肾气(真气)的关系非常密切。肾可以说是生命活动的本源,肾气是生命个体不能缺少的物质机能。肾气包括元阳、元阴两种物质,又叫命门之水火,是生命的根本所在,正如《中藏经》所讲:"肾气绝,则不尽其天命而死也。"人体变老与否,变老的速度,寿命的长短,在很大程度上取决于肾气的强弱。肾气旺盛不容易变老,变老的速度也慢,人的命数也就长;反之,肾气衰,变老就提前发生,变老的速度也加快,寿命也就短促。因此,祖国医学对于肾气历来非常重视。人体不管受内因影响还是受外因影响都会损伤肾气,所以,人体的保健关键应从消除影响肾气的不良因素着手以保护肾气。

内分泌腺是生物体中一种很重要的腺体,它所分泌的物质叫作激素。人体中分泌腺体有:垂体、肾上腺、甲状腺及甲状旁腺、性腺、胸腺、胰腺等。它们主要的生理机能是:促使人体生长发育,调节人体内各种物质代谢,维持人体的第二性征及性功能,参与免疫反应等。

随着年龄的增长,甲状腺功能逐渐下降,虽然血液里的甲状腺素保持不变,但它的结合力却降低了,组织对它的反应能力也相应减弱,故老年人如得甲亢,症状常常不很典型,而且发病缓慢,易误诊。甲状旁腺功能随着年龄的增加也趋于下降,但在骨质疏松症患者却呈上升状。"垂体"重量到高龄时可减轻20%,垂体细胞的有效分裂次数减低,供血也减少,结缔组织增加,细胞形态发生变化,细胞器结构有些破坏。随着年龄的增加,肾上腺皮质出现结节形成,结缔组织和色素增加,脂肪减少,细胞内细胞器改变,并出现血管扩张或出血症状。肾上腺雄激素是肾上腺类固醇激素中最大的组成部分。随着年龄的老化,17—酮类固醇的尿中排出量改变。值得注意的是,肾上腺皮质功能对人的寿命有明显的作用。男性老年人的贮精囊和前列腺重量减少,睾丸内分泌功能趋近于衰退,产精能力较青年人下降,但少数人年过80岁仍保持生精能力。女性则在绝经以后卵巢萎缩,滤泡消失,不再分必雌性激素和孕酮,只留下肾上腺产生的雌性激素。黄体酮在生育期结束之后,其产生和排出均急速下降。胸腺是一个中枢免疫器官,又是个内分泌器官,从成熟期起开始退化,以后免疫功能渐渐下降。随着年龄的增加,胰腺 B 细胞功能减退,胰腺素分泌不足,还可以引发糖尿病。有人观察 75 岁老人,两小时平均血糖值比青年人每 100 毫升高 30 毫克。

因为内分泌系统的变化,老年人可出现内分泌系统紊乱,功能失调,还可能产生更年期综合征:头晕、烦躁、脸红、出汗、失眠、郁闷、爱发脾气。此外,肥胖、水肿等症状的出现也都与内分泌失调有关。

内分泌功能失调还与情绪有一定的关系。比如,妇女常因外界的突然刺激,引发精神恐惧或者情绪波动,以致使月经出现异常甚至停经。因此,对由于内分泌失调而致病的患者,要劝导他们有意识地调整自己的精神生活,让自己保持良好情绪,有利于病情的好转。

·养生秘笈·

图文珍藏版

9.泌尿系统的改变

中医认为,人体的泌尿系统和肾、膀胱有密切联系。《素问》云:"膀胱者州都之官,津液藏焉,气化则能出矣。"《诸病源候论》里也说:"肾主水,膀胱为津液之府。此二经为表里,而水行于小肠,人泡者为小便。"随着年龄的增加,因为肾与膀胱的机能减弱,就会发生泌尿系统一系列功能变化。

泌尿系统主要生理机能是:生成和排泄尿液,将体内大量代谢产物排到体外,同时调节机体内电鳃质的平衡。老年人泌尿系统的改变主要集中在上下两个泌尿道部位,上部分是肾脏,下部分为膀胱。

人步入老年期,泌尿系统在生理上主要发生如下变化:肾脏本身的重量随着年龄的增加而降低,40~80 岁要减少约 20%,其间肾窦内脂肪增加,间质内纤维增生,替代了部分肾髓质。70 岁之后肾髓质部分的纤维化更加明显。正常人从出生到成熟,肾单位的总数不变,25 岁之后逐渐开始衰退,85 岁时约减少至原有的 30%~40%,由于个体间的差异,在年龄相同的老年人中肾单位减少的数量并不相同。

肾脏随着年龄的增加而发生变化的主要原因:一是青壮年时期遗留下来的慢性肾炎或肾盂肾炎病灶的进一步演变;二是老年人常患的高血压会促使肾动脉硬化,进而导致肾功能衰弱。肾脏功能在老年期变化明显,有以下几种表现:

肾脏血浆流量降低。正常人在 40 岁之前肾血流量保持在正常生理范围,以后随着年龄的增加而减少,大约每十年减少 10%。肾皮质部分的血流量要比髓质部分减少得更加显著。

肾小管功能减退。肾小管的功能主要是排泄和再吸收。肾小管的细胞数目随着年龄的增加而减少,所以,排泄与再吸收功能均明显降低。

肾小球滤过率下降。随着年龄的增加,肾小球的滤过率趋于下降,血清肌酐含量上升,而血清肌酐清降率则明显下降。

肾脏浓缩功能下降。青年人最高尿比重常见值是 1.032,到 80 岁时降至 1.024。老年人尿浓缩功能减低要比肾功能的其他改变要来得早些,但速度比较缓慢。

老年肾病具有一系列明显症状:比如重度肾脏病变可引发一系列神经症状;因血小板减少而导致的出血,可以是尿毒症的初期表现;尿化验蛋白超过 150 毫克/24 小时,则为不可忽视的肾病先兆。老年人的肾对某些药物非常敏感,因此临床用药应特别谨慎。一般老人夜间尿频尿多,这主要是因为肾浓缩功能减低及泌尿系统有梗阻所致,也可能和糖尿病、心力衰竭、精神紧张等有关,应加以鉴别。

随着年龄的老化,人的膀胱功能减退,膀胱的残余尿量增多,膀胱容量减少,出现不可控制的收缩,常有尿失禁症状。如果处在膀胱与尿道交接处的前列腺肥大,妨碍了尿的排出,容易引发膀胱尿潴留,产生尿急、尿频、排尿困难等症状。女性尿道短,再加上老年期阴部和尿道粘膜萎缩变薄和局部酸度减低,细菌易繁殖向上侵袭,从而引起膀胱炎反复发作,甚至向上引发肾盂肾炎,损害肾功能。

10.生殖系统的改变

中医认为人失掉生殖能力的年限为:男人在64岁左右,女人在49岁左右。其主要原因是肝肾与冲任二脉机能衰返,天癸枯竭。在男子表现是精气衰少,女子则表现为月经断潮。当然也有例外,过百岁而能生子者,是因为养生有道的结果。就平常人而言,"天寿过度,气脉常通,而肾气有余也,此虽有子,男不过尽八八,女不过尽七七,而天地之精气皆竭矣。"

中、老年期的生殖系统多数表现出萎缩及功能减退,其中特别是通过前列腺的变化,能够预测出该人的年龄(有病者除外)。摩莱曾研究发现40~50岁的人,前列腺上皮形状发生轻度不规则;50~60岁的老人,腺叶出现萎缩,腺上皮的分泌机能减退或消失;60~65岁细胞明显萎缩;65岁之后,淀粉样小体增大,数目增多,有的能明显地出现间质的平滑肌组织萎缩与结缔组织增生。

老年期性激素的改变更加显著。男性激素的分泌,在40岁时为最高峰,以后渐渐减低,到了老年,男性性欲大大减退;女性45岁前后,因卵巢萎缩而结束排卵,月经也随着停止,与此同时,乳腺也萎缩。老年妇女因为雌性激素的低下或缺乏,常可导致12羟氧基酶的活性降低,引起老年性骨质疏松,故老年妇女容易发生骨折。

老年人尿中各种类固醇明显减少,而其代谢产物的中性还原性脂类几乎不会减少。这说明各类固醇的分泌功能有所降低,但肾上腺皮质功能则不因年龄增长而减弱,它可代替部分睾丸的机能。

正因为老年人的肾上腺皮质能够代为发挥性腺的作用,因此有些60~70岁以上的男性还可以有性要求。勃罗姆曾对60岁以上的165个男子进行过调查,最后发现:60~70岁有精子存活者为68.5%,70~80岁有精子存活者为59.5%,80~90岁有精子存活者为48%(精子数不多)。人的性欲并不直接依靠于男性激素,从中年到老年,性的能力确实逐渐减退,但个体差别很大,有的人30岁已经阳痿,有的人80岁还出现情欲。但就一般而言,半数左右的60岁男子和三分之一左右的70岁男子可出现完全阳痿。这种性能力减弱的倾向并非完全由于男性激素减退所致,在很大程度上取决于心理因素,多数学者的研究证实了这一点。

女性生殖系统同样随着年龄的老化而衰减,魏甫利兹曾经提供过这样的数字:卵巢重量在成熟期平均为 9~10 克,在 41~50 岁是 6.6 克,在 51~60 岁是 4.9 克,在 61~70 岁为 4 克。组织学检验证实,卵巢随着年龄的增加而减轻,女子进入老年,卵巢表现出老化性萎缩状态,输卵管在 40~50 岁后也开始发生萎缩,弹性、长度、厚度均有所减少,粘膜皱襞的结缔组织变硬,发生玻璃样变。

子宫重量也随着年龄的增长而减轻,41~50 岁平均为 57 克,50~60 岁为 49 克,61~70 岁为 39.5 克。子宫体积变小,内膜功能层变薄,子宫腺的管腔缩小,上皮成骰子状,各个腺呈囊泡性扩大,腺和腺间的襞互相融合,基质梭状细胞相互接触,胶元纤维变厚,细胞增多,大部分细胞停止分泌,颈管腔的粘连导致颈管封锁,血管硬化。

阴道萎缩,粘膜上皮变薄。老年期的基本特征是基底细胞的产生,在阴道的分泌物里可看到很多核大的中层或表层细胞,嗜酸性细胞通常很少。阴道的结缔组织变密,弹性纤维常呈块状,骨盆结缔组织显著萎缩,从而让性器官的移动性受到限制。

11.血液系统的改变

中医认为,血液系统由消化器官吸取食物里的营养物质化生而成,与心、肝、脾有密切联系,因此有"心主血","肝藏血"和"脾统血"的说法。人体各种机能活动,均有赖于血液提供的营养。血和气是统一的整体,血液经血管周流全身,一是靠气的推动而运行;二是靠气的收摄作用,使血不溢到血管外面来。随着年龄的增加,由于五脏功能减低,血液的营养机能也随之衰退,甚至发生病理现象,如"血虚""血瘀"与"出血"等。

现代医学认为,血液是由红细胞、白细胞和血浆等组成的混合液。其化学成分是水、蛋白、糖、脂肪、矿物质和含氮产物、乳酸、酶等。其中水大约占血液量的 80% 左右。

血液的主要功能是提供给机体组织、器官氧、营养成分(热量)、水、电介质等,同时也由血液携带出代谢产物,像二氧化碳、乳酸、残余氮等。另外,血液还参与机体中的免疫作用,同时又是酶与激素的输送者。血液 pH 值的范围在 7.35~7.45 之间。这种酸碱度的平衡是依赖血液中存在着的缓冲物质,还有肺、肾及胃肠道的排泄功能,在高级神经活动的调节下来维持的。血液比重,男性约为 1.060,女性约为 1.050,血液的粘稠度为水的 3~4 倍。红细胞随动脉血把携带着的氧气输送到机体全身各个组织、器官,而后又把代谢产物随静脉血携回到心、肺,再排出体外。白细胞参与机体的免疫反应。中性粒细胞与单核细胞具有吞噬作用,为机体构成一道防御病菌侵入的关键防线。嗜酸性粒细胞和过敏状态有关。淋巴细胞和愈合步骤及感染的恢复有密切关系。血液凝固性是血液在一定条件下变成血液凝块(系由纤维蛋白、血小板和白细胞组成)的特征。这种特征有重大的生物学意义,因为它可以防止出血。

随着年龄的增加,血液也随之而些变化。如铁的吸收减少,发生老年贫血,二者都是继发性的。血清铁和铁结合力均略有下降,但血清铁蛋白会有随年龄增加的趋势,白细胞分类变化不大,但炎症后白细胞增加反应减弱。淋巴细胞变化也不大,但其免疫监护作用则显著下降。在抗原刺激下,免疫球蛋白产生明显减少。循环中的丙种蛋白的总量渐渐增多。血小板的粘度明显增加。红细胞的沉降率明显增加,每小时40毫米(魏氏法),在老年人中是很常见的。

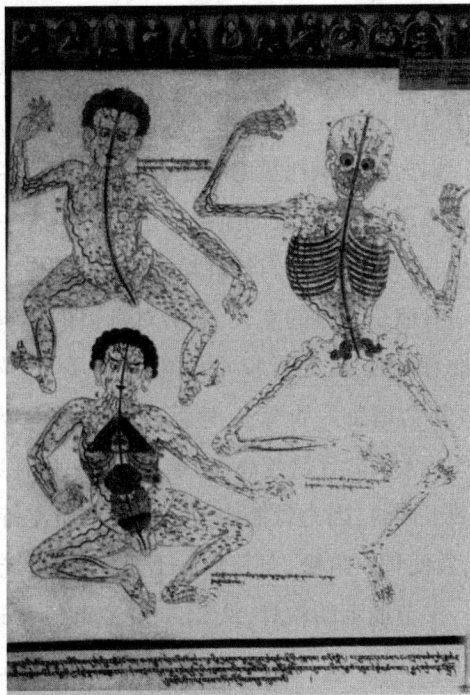

脉络图

12.运动系统的改变

中医认为运动系统的骨、肉、筋等等,受内脏归属,例如肾主骨骼,脾主肌肉、四肢,肝主筋等。随着内脏机能的衰退,其所主运动系统的机能相应减退。如肝主筋,筋是指附着于各关节的肌腱,具备维持四肢的伸、屈、展、旋的活动作用。筋受肝阴或肝血的滋养,才能得以维持正常运动。老年人因为肝阴或肝血不足,出现肢体麻木,行动迟缓,或手足拘挛,这全是因为"血不荣筋"的缘故。

运动系统的机能随着年龄的增加而减退,人体的肌肉与骨骼组织,长期承担着全身的重量与活动耗损,到了老年,其质和量都会发生明显变化。通常人体的运动机能是在30岁时发展到顶峰,然后开始降低。30岁的男子肌肉重量可占体重的42%~44%,而老年人的肌肉重量则只占体重的24%~26%。运动机能与骨骼、关节、肌肉、中枢神经系统及心肺等器官的变化都有密切联系。老年人运动机能的减退既受年龄的制约,同时也受疾病的影响。

老年时期,肌肉组织细胞的重量随着年龄的增长,呈现出显著的直线性下降趋势,其下降速度超过人体总体重下降速度,一般男性比女性更加明显,尤以从事脑力劳动者更加突出。肌纤维萎缩,其弹性、伸展性、兴奋性和传导性都大大减弱。女性到70~80岁时,手的肌力大约下降30%,而男性则约为58%。肌浆球蛋白、三磷酸腺苷等酶活力降低,导致肌肉力量和肌肉工作能力的减弱。老年人的神经肌肉兴奋性降低,神经传导速度也随之降低。如人神经内的传导速度,20~30岁的人大概为每秒7.5米,而80~89岁的人大概为每秒5.2米。肌电图能反映这类由年龄引起的重要变化,从老年人的图像中可以发现单个神经运动单元的电位期间加长。因为肌内氧耗量的减少,老年人特别容易感到疲劳。肌肉工作能力减弱,运动机能减退,这是衰老的重要标志之一。这一系列变化将影响人的总工作能力、活动能力,还有对社会、自然环境的适应能力。

骨骼是人体的支架,老龄对骨骼的影响,首先表现在钙代谢的紊乱,老人骨骼里的有机成分(如骨胶元、骨粘蛋白质等)均会减少,而无机盐(如碳酸钙与硫酸钙等)却会增加。青年人骨骼里含无机盐为50%,中年人含62%,老年人则高达80%。无机盐含量越高,骨骼的弹性、韧性则越差。所以,老年人容易发生骨折和骨裂。同时,因为骨骼内盐分和蛋白质支持基质的丧失,造成骨细胞或骨基质的缺陷,致使骨质疏松,尤其常见于脊柱,所以老人常出现背痛或背弯弓现象。

关节面上的软骨,从21~30岁起发生退化。因为软骨退化,软骨里的水分消失,形成关节腔、椎间盘关节腔的狭窄,让人变得比年轻时矮小一些,俗称"老缩"。男性老人身高大概平均缩短2.25%,女性老人身高大概平均缩短2.5%。

骨质疏松还能引起老年性腰痛和坐骨神经痛,特别以腰骶骨处为甚,因为脊椎骨的腰骶部分在人的活动里负荷量最大,它让老人躯干慢慢缩短和向前弯曲,肌肉萎缩,体力减弱,难以耐劳,对寒冷或机械性损害很敏感,常常出现腰腿痛。

除此之外,老年人的某些骨骼还会发生骨质增生即骨刺,脊椎部位的骨刺有时会压迫脊椎间的动脉或神经,引发神经根痛和四肢血循环阻滞。

研究证实老年易得骨质疏松症,尤其是老年妇女易得闭经期骨质疏松症,主要是因为激素缺乏,进而引起12羟氧基酶活性低下甚至缺乏所致。缺乏维生素D或代谢活性化异常也是原因之一。用强身钙剂来治疗老年性骨质疏松所引起的慢性腰背痛、腿痛,可有显著疗效。让老年人服用维生素B_{12}:和维生素D_3,可促进骨质形成,骨质吸收减弱,所以说,活性型维生素D能够预防和治疗老年骨质疏松症。

总之,人为什么会衰老,说法非常多,各有侧重。从以上介绍很容易看出,衰老是多种综合因素作用的结果,起关键作用的还是机体的内因,各种因素相互作用,相互依存,很难区别哪些是原发性或继发性的衰老变化。因此还需要通过艰苦的不懈研究,衰老之谜才能够被揭开。

人类的寿夭既然决定于先天遗传,又得力于后天维护。假如先天不足,而后天注意保养,那么就可以用后天弥补先天的不足而长寿;反之,后天不断斫丧,纵然先天充足也难长寿。这就是第禀得其全蚕养能合道,必会更寿,禀失其全面而养复违和,能无更夭的道理。祖国医学认为,在后天调摄过程里,要尤其注意精神因素、饮食状况以及起居习惯等对寿夭的影响。

祖国医学重视起居调摄对寿夭的影响,强调顺应自然环境因时摄生,强调生活要有规律,强调适当的锻炼。一般说来生活有规律,时常参加适当的体育锻炼,可以增长寿命;相反,生活没有规律,不参加体育锻炼或经常从事超负荷的劳动则容易夭亡。

总之,影响夭寿的因素是非常多的,要求得健康长寿防止夭亡需要有先天及后天两个条件的密切配位。

13.寿征

禀赋的高低能够通过人体的形态,面部特点还有气质反映出来,这些反映称谓寿征。寿征主要有:

(1)面部寿征

面部寿征主要反现在"基墙",其次为使道及"三部三里"。

"基"是指面部的骨骼,"墙"是说蕃蔽,"蕃者",颊侧也,蔽者,耳门也。"使道"是指鼻孔和人中沟。三部三里,亦谓三停,即额角,明堂,地角等三个部分。《灵枢·天年》篇述:"使道隧以长,基墙高以方,通调营卫,三部三里起,骨高肉满,百岁乃得终;反之,使道不长,空外以张,喘息暴疾,又卑基墙薄,脉少血,其肉不石,数中风寒,血气虚,脉不通,真邪相攻。乱而相引故中寿而尽也。"《灵枢·寿夭刚柔》篇中亦云:"墙基卑,高不及地者,不满三十而死,其有因加疾者,不及二十而死也。"这就是说面部(特别是额角、地角)、骨骼端方,面颊肌肉丰满,明堂正直,鼻孔和人中沟深长,是禀赋强的表现,这种人大多身轻体健,雷卫之气调和,可以耐老抗衰。反之,面部骨骼枯弱,骨衰肉虚,面色少华,三延不饱满,人中沟短而一浅,是禀赋不足的表现,这种人大多气血失调,卫外不固,易于感受邪气,多有夭折。

(2)形体寿征

·养生秘笈·

图文珍藏版

形体寿征主要表现在形和气的相称还有皮肉骨脉部分的均匀协调上。《灵枢·寿夭刚柔》篇提示:形和气表里相称,形气充沛,皮肤和缓,气脉从容,骨骼方正突出的人生命较长;相反,形体充沛而皮肤紧张拘急,或形体充沛而脉象迫促,或形体充沛而颧骨低小的人,一般来讲禀赋多不足,寿命期限也比较短。

（3）气质寿征

祖国医学强调人的气质不同,《灵枢·阴阳二十五人》根据气质差别将人区分为阴分、阳分还有木火土金水等不同的类型,气质不同的人寿命长短亦不同,例如"火形之人……疾心,行摇肩背,肉满有气,轻财少信,多虑,见事明,好颜,急心,不寿暴死"。

14.现代科学论衰老

祖国医学有关禀赋的认识,能够从现代医学遗传学说中取得印证。遗传学认为寿命具有种属的特殊性,每个种属有之一定的寿命期限,而这种期限正是被遗传使用目前尚未揭晓的方式调控着。遗传基因不但使我们继承祖先的某些特征,而且它们每一个遗传基因的里面还有时间表的遗传信息,每一个基因的作用如同一个生命活动的钟表,它在一生中决定这些遗传特性何时出现或消失。

（四）有关衰老学说

1.中医论衰老

寿命与遗传密切相关

祖国医学认为人的寿夭与禀赋有着十分密切的关系。禀,领受,承受也;赋,授以,给予也。禀赋系指父母授予子女的先天资质及体质。禀赋高则体格强健,适应能力和抗病能力强,寿命一般比较长。反之,禀赋低则身体羸弱,适应能力及抗病能力差,寿命个般很短。禀赋的高低取决于父母的元气还有父精母血的盛衰。人之始生源于父母之精,两神相搏,合而成形。"以母为基,以父为楯"是讲人之初生赖母体而成身形,赖父精以为捍卫,父母之元气充沛,精血旺盛,则子女的禀赋高;反之,父母元气不足,精血亏缺,则子女的禀赋低,正像《东医宝鉴》所记述的,人之寿夭各有天命存焉。所谓天命者,天地父母之元气也。父为天,母为地,父精母血盛衰相异,故人之寿夭亦异。其有生之始受气之两盛者,当得上中之寿,受气之偏盛者,当得中下之寿,受气之两衰者,笺保养仅得下寿,否则多夭折。

中医文献肯定存在天年、寿命和遗传。寿命是自然界所有生物固有的生存过程。所有生物都具有一定的自然寿命,其寿命长短因类而定,是由遗传因素控制的。中医认为,人的寿命长短在母腹里即已决定。如张景岳说:"夫人生器质既禀于有生之初,则具一定之数,似不可以人力强者。第禀得其全,而养能合道,必将更寿;禀失其全,而养复违和,能无更夭"。徐灵胎也讲:"当其受生之时,已有定分焉。所说定分者,元气也。视之不见,求之不得,附于气血之内,宰乎气血之先。其形成之时,已有定数。"

中医文献在肯定存在定数、定分、天年之类客观规律的同时,也说出人的主观能动性所起的重要作用。如张景岳对《灵枢》所述"天年有定数"的解释为"所谓天定则能胜人,人定亦能胜天也"。人之所以可以胜天,关键在于养生之道。

2.现代科学论衰老

(1)先天遗传因素

有科学家曾提出设想:人的寿命好像一个平面三角形的面积,而影响人寿的原因,就是"寿命三角形"的三条边。假如把一个人的寿命比成是三角形的话,它的底边便是父母遗传因子(先天所赋予的),另外两条边则是后天环境的因子。三角形的三条边越长,它的面积就越大。假如一个人有父母赋予的长寿遗传因素,其"寿命三角形"的底边就长;假如后天衣、食、住、行、精神、气候、地势等环境因素也全对他有利,则两条邻边也长,他的"寿命三角形"面积就大,这就意味着他能够长寿。反之,"寿命三角形"面积越小,寿命也就可能越短。

"寿命三角形"的底边很关键,人类中存在着长寿家族与短寿家族,其遗传因素是很明显的。例如,在我国广西巴马县的 53 位长寿老人中,有 31 人的亲属是长寿者。同样,在短寿家族里,遗传因子也很明显。如有一种魏纳尔综合征,其症状是头发灰白(或脱落)、白内障、硬皮,呈早衰状。此症具有遗传性,能带来短寿,一般发病后二三年人便会死亡。当然,遗传因子并不是生命长短的唯一因素。三角形的两边——后天环境,调养等因素也具有不可忽略的作用。这就是说,先天禀赋因素对人的寿龄固然重要,可是,假如养生有道,也可弥补先天的不足。因此,在研究长寿过程中,先天因素、后天因素都是不能忽视的。

(2)社会因素

社会因素对人类的健康和寿夭产生着重要的影响,"气和为治平,故太平之世多长寿人"。社会进步,经济发达,科学技术的飞速发展,促使了人类生活条件及营养条件的不断改善,致使医疗卫生条件迅速改善,从而让人类的平均寿命不断增加,例如,1935 年—1950 年欧洲人的平均寿命每十年上长五岁。与此同时,日本人的平均寿命每十年上升八岁,而新中国成立之后的 30 年来,我国人口的平均寿命大概增长了近一倍（新中国成立前我国人口的平均寿命是 35 岁，1989 年是 69 岁），随着社会的发展与科学的进步，人们的实际寿命将可能越来越接近天年。

（3）非生物因素

非生物环境是指环境之中自然的或人为的物理因素和化学因素。例如气候环境、气象因素（湿度，温度，风力，风向，太阳辐射）、地理因素（海拔高度，土壤及水质成分）、各种环境污染、电离辐射还有负离子等。对于上述因素的短期效应当前已有大量研究，但是对于它们的长期效应了解的还比较少，所以目前还不能肯定单一的非生物环境因素

食行药察图

本身会增加或减少人类的寿命。然而大多数学者都承认气候环境及地理因素对人的寿命存在着一定的影响，祖国医学对此早有明确的记载。《素问·五常政大论》曰："天不足西北，左寒而右凉，地不满东南，右热而左温……其于寿夭何如？岐伯曰：阴精所奉，其人寿；阳精所降，其人夭"，这是说炎热的气候环境会缩短人的寿命，而寒冷的气候环境则可延长人的寿命。

此外，大量的统计资料还表明，四季如春的气候环境也有益于人类长寿。南美秘鲁国北方有一个号称"世界长寿中心"的村子维尔卡旺巴圣谷。据记载，从 1907 年至今，全村活至 140 岁以上的长寿老人就有 40 名。当前该村年过 90 岁的老人大概有百人。维尔卡旺巴位于安第斯山山谷，其气候四季如春，年平均气温在摄氏 20 度上下，鸟语花香，环境恬淡宁静。我国著名的长寿之乡——广西合浦，800 多年来一直出现长寿纪录，这和合浦良好的环境条件也有很大关系。当地年平均气温为 22.5℃，最热的七月份平均气温为 28.45℃，最冷的一月份平均气温是 14.26℃。

四、长寿之路的探索

（一）长寿规律

"怎样活得长？"大概许多人都有这个想法。在太古人类的生活遗址中，发掘出来的古人遗骸，经过科学测定，寿命一般都是相当短的，夭殇儿童，比比皆是。能活到二三十岁，大概就很不错了。到了有文字的历史时代，情形稍为进步些。于是，一些皇帝贵族、达官阔人就殚精竭虑，大肆搜寻什么是长生不老之药，使方士之流，夤缘奔竞，赢得一批批主顾，砌灶宫廷，炼什么"九转仙丹"，或者奉旨搜罗，掠夺什么"五彩灵药"。这一类愚昧行为，延续的时间最少也有一千年。水银、雄黄、丹砂之类的丹药使不少皇帝贵胄、大臣将军，纷纷提前断送了老命，只留一时以至万代的笑柄而已。

科学的逐渐昌盛和生活条件的日益改善，使人类的生命逐渐延长了。现在世界上，已经出现了一批"老年型国家"，65 岁的老人开始占全国人口 10% 以上，男女寿命皆达到 70 多岁。以中国而论，国人平均寿命，从新中国成立前的 30 多岁发展到现在的 68 岁。人们平均寿命的延长，就是个别人身上，也可见端倪。例如，经济学家马寅初，摄影家郎静山，画家冯钢百、朱屺瞻，华侨领袖张国，都是百岁老人。人们所熟知的齐白石、梁漱溟、冯友兰、钱穆，辞世时也都年近一百。这些事例，说明长寿的密码，已经日益为人类在理论知识和实践上所破译。

人们的平均寿命虽在日渐提高之中，但八十、九十岁以上的寿者，毕竟在人类中仍是少数。因此，某地只要出现一位非常高龄的人就必然有大群的人，争相探询养生之道。萧伯纳暮年，有人问他年龄的时候，他并不正面回答，而总是说："不用急，快了。"

因此，探索这类问题，本着科学的角度，由表及里，去伪存真，寻出具有普遍性规律，才是真正有意义的。

关于长寿经验，有人说："少吃、多动、平淡。"有人说：得保持"童心、蚁食、龟欲、猴行"。有人说：应该"心情舒畅、劳逸得当"。这些，都可以说是真知灼见。梁漱溟、冰心都以诸葛亮的"非淡泊无以明志，非宁静无以致远"当作座右铭，这绝不是偶然的巧合。概括来说：经常劳动、劳逸结合，有一定的营养，但决不暴饮暴食；

精神有所依托，决不纵欲无度；生活有规律，心情常舒畅；淡泊安详，或除不良嗜好，适当锻炼等等，几乎是那些长寿者经常谈到的，这里面寓有普遍规律。

可以说，没有一个长寿者，是耽于逸乐，四肢不勤，整天躺在床上或坐在安乐椅里的。长寿者普遍喜欢从事一定的劳作，在活动时兴趣盎然。

患得患失，忧心忡忡，老是受七情六欲折腾，动不动就暴怒剧哀的人，很少长寿。灵长类动物的一支进化到人这样阶段，其心理活动对生理的影响比任何动物都要大。因此，心理健康是十分值得注意的。许多长寿者谈到淡泊安详这一课题。可见此中寓有至理。有人在暴怒或者狂笑中猝然丧生，也从另一个角度，为此做出了旁证。

适当脑力劳动对健康的重要，着实意义深长。夏衍、冰心两位"世纪老人"，年逾九旬仍然没有搁笔，并且头脑敏锐清晰一如青年。有一些完全不爱动脑筋，不善读书，不爱思考的人很容易得"老人痴呆病"，而一些喜欢动脑筋的老人，情形恰好相反。许多中外名人，如中国的齐白石、郭沫若、梁漱溟、马寅初、郎静山、张学良、夏衍、冰心、阿沛·阿旺晋美、苏步青、钱钟书等等，外国的罗素、弗洛伊德、李约瑟、诺贝尔奖奖金获得者医生波林、谐星卜含等等。此外，自然还有好些田夫野老，以至诵经礼佛之人的健康之道。

仅仅是高寿并不值得羡慕，健康的高龄才值得向往。人到高龄而能生活自理，虎虎有生气，仍可继续干一番事业的人，才是值得羡慕的。

(二)寿命可延长

1.关于老年及其寿限

我国习俗通常把60岁作为老年与非老年的界限，如古书记载："六十曰老。"我国规定退休年龄也是60岁，并确定60岁及60岁以上为老年人，90岁以上为长寿期，45至59岁为老年前期。人的寿命我国古典认识为百岁左右；现代我们依据人体细胞分裂代数推算，人们的寿限为120岁左右，我国早期著作《老子》也记载道："人生大期，以百二十为度"。

2.延缓寿限的措施

人要长寿，除了要顺四时，适寒温，择环境，慎起居，调饮食，节妄欲之外，还应注意在锻炼中动与静的结合。

动与静是矛盾的两个方面，动与静的协调统一，在延年益寿、抗老防衰方面有着至关重要的作用。

（1）运动可延缓衰老。所谓动，就是运动，包括躯体的运动和心理活动等。躯体的运动有许多形式，各种体育活动与体力劳动等均归于此列；心理活动则是指老年人思想活跃，不堪寂寞，有所追求，爱好广泛，勤动脑，勤用心，保持旺盛的精力，好奇的心理，以使大脑充满活力。

法国著名哲学家伏尔泰提出的"生命在于运动"，是人们都接受的养生箴言。《吕览》亦云"流水不腐，户枢不蠹"。这些都为运动在养生保健中的重要地位提供了理论依据。具有这种养生思想的古代医家还有汉代名医华佗，他模仿虎、鹿、猿、熊、鸟五种动物的多种动作，创造了"五禽之戏"的健身方法，用以防治疾病，抗老防衰。

运动是老年养生保健中不可忽视的一项内容，它可以提高人体的一些生理功能，如肌肉的耐力、肺活量、心脏功能等等。据资料表明，被称为人类健康头号大敌的心血管疾病，其发病的原因与不体育锻炼有关。美国斯坦福大学的医学研究人员发现，经常参加体育锻炼可使人体血液中的高密度脂蛋白（HDL）的水平增高，而HDL 的功能是缓解动脉粥样硬化。

然而，"事物都是一分为二的"，只强调用运动锻炼，而忽视静养，未免在养生保健中失之偏颇；再者，动与静并非只局限于躯体等表面状态，还包括心理等内在因素。

（2）求静可延缓衰老。静是相对动而言，老年人虽然需要运动锻炼，但却不能一味追求动来延缓衰老，还需要静。但是，"静"不是被动静止，而是积极主动的求静，静以养性，许多功法都注重一个静字，如印度的瑜伽术就是以静养练功的。

当然静也包含躯体的静态和心理的平静等方面。老年人由于身体组织器官结构功能衰退，尤其要注意静养，做到适当休息，豁达开朗，平心静气，注意调节情志，不过于兴奋激动，保持心理和生理稳态水平。正视生活，面对困难和挫折不怨天尤人，保持适应生活，安居乐业的自由境地。《医学源流论》说："能自然不动则有益，强制则有害，过固则衰竭。"唐代长寿医家孙思邈经过长年的实践也提出："少思、少念、少欲、少事、少语、少哭、少愁、少乐、少喜、少怒、少好、少恶为主，则精气收敛，可以耐久。"生物学家实验证明，人在静息状态下神经紧张度放松。呼吸、心率、血压、体温均相应降低。这种积累效应，自然能增进健康，延年益寿。

（3）动静结合可延缓衰老。在老年人的活动中，一般都注意了躯体的锻炼，心理活动往往被忽视。许多老年人退休后无所事事，精神空虚，百无聊赖，以致疾病丛生，病魔缠身。直接影响到自身的健康发展。据大连市社会经济调查队对市内的700名60岁以上退休人员抽样调查,结果表明,34%的老人有孤独感,61%的老人性情急躁,42%的老人有抑郁感。因此,老年人保持思想的活跃和广泛的兴趣,有利于减缓衰老的过程。加强老人的社会适应能力与参与意识,在生活中既讲求运动,又重视静养,就可保证人体正常生理功能的发挥,以达到长寿目的。

据生物化学分析:人在运动时氧气加速,新陈代谢增多,会消耗能量;在静息时,还原合成占优势,代谢降低,可藏能量。我们常说"龟鹤延年",龟是经常静伏最不爱动的动物,鹤受独立而飞翔动作轻柔,相反,虎豹活动力惊人,可是寿命不及龟鹤。另外,许多体育运动员身体状况欠佳也是例证。

3."综合实际年龄"的提出

有人提出人的年龄有多个,如日历年龄、外貌年龄、生理年龄、社会年龄等。现在所注重的大多是日历年龄,至于其他几个年龄,往往被忽视了。从以上几种年龄的划分来看,一个人的真正年龄不应只是日历年龄,而应是诸多年龄的综合得数,我们姑且称之为"综合实际年龄"。因此,判断一个人的衰老与否,不能只局限于该人的日历岁数上,应该综合其生活能力、生理水平、心理耐受力、外貌表现诸方面的内容。事实上,社会上许多老人岁数与其外貌气质等方面不相符合,被人们称之为"鹤发童颜""童心未泯""老当益壮"等等。相反,有的年纪较轻的人却是"小老头""未老先衰""老气横秋"等等。总之,减少"综合实际年龄"的有效措施就是要重视除缩短日历年龄外的其他年龄,生活上做到动静结合,在动中求静,在静中求动,达到适劳逸,调情态,锐意进取,积极向上,以使心有所主,神有所附;但是,动与静必须适度,过于动则会耗气伤筋,不利于长寿;过于静则气血滞涩,不利于祛病延年。研究证实,陈旧大脑神经细胞的神经根,在新的环境刺激下能萌发出新的神经束。因此,注重心理与身躯的活动与静养,应该是长寿的秘诀之一。

(三)勤奋者长寿

勤奋者寿命将较长,而思维迟钝者,则会较早死亡。

据专家的统计研究,人一生中所启用的脑细胞只占总量的四分之一,还有四分之三没有被利用。可见,人在利用脑细胞方面还有很大潜力。为了获得用脑与健康的数据,美国科学家做了一项试验,将73位老人(平均年龄81岁)分成3组,天生勤于思考者组、思维迟钝组和受人监督组。其试验结果:天生勤于思考组的血压、记忆和寿命都达到最佳。3年以后,勤于思考组的老人都还活着;思维迟钝组的已死了12.5%;而受人监督组的有37.5%已死亡。据统计,欧美出现的400名杰出的人物中,寿命最长的脑力劳动者平均寿命为 79 岁以上。

(四)低氧有利长寿

低氧、高二氧化碳在一定情况下有益于人的健康。国内外的长寿者和长寿乡,绝大部分在山区,而山区低氧与人的寿命有很大关系。

在山区,人体为了适应低氧、低气压的生活环境,心率便会加快,心脏的排血量增多,冠状动脉扩张,其扩散能增强,血中的红细胞和血红蛋白也随之增多,使血液氧的运输能力增强,血液扩散到人体组织的效能必然增强。结果,人体对氧的利用率便增加。在同样的氧消耗下可产生更多的化学能,这有益于人的身体健康,尤其对心、肺、造血功能十分有益。低氧可使人体内蓄积必要的二氧化碳,这有益于人的身体健康。因为体内二氧化碳太少,会引起体内气体失衡,使体内呈碱性环境,而诱发新陈代谢、神经系统、免疫机能失调等连锁反应,最终导致死亡。

苏联医学家根据此原则发明了"缺氧疗法",就是让患者反复吸入只有 10%的低氧空气,以启动人体应付缺氧的自卫系统的潜能,达到有病治病、无病防病的目的。据说,这种方法对治疗心血管、呼吸道及神经系统疾病有明显疗效。印度的瑜伽功,其奥秘也在于减轻呼吸,蓄积二氧化碳。学者们建议人们在平静时不必进行深呼吸运动,以便体内蓄积必要的二氧化碳。

五、长寿新方法

(一)益寿的新概念

人体衰老的奥秘又有新的发现。上海医科大学附属中山医院目前的一项研究成果,纠正了长期以来笼统主张限制动物脂肪的饮食观念,并在国际上首次提出,调整体内不饱和脂肪酸的平衡可能是延年益寿的新手段。

心脑血管血栓疾病是老年人发病率、死亡率、致残率最高的疾病。中山医院从多学科对衰老机理和延缓衰老的问题进行了综合研究。结果表明,血浆低密度脂蛋白中胆固醇含量,并非是唯一重要的病理因素,参与并加速衰老过程,同时可能导致血栓形成、动脉粥样硬化和血流淤滞的,还有多不饱和脂肪酸成分的失调等诸多因素,而一种叫作"n-3 型多不饱和脂肪酸"可以改善衰老和发病情况。

这一结论纠正了长期以来主张限制动物油脂而不限制含有多不饱和脂肪酸的植物油的片面认识。研究人员提出,要适度限制植物油,补充人体易缺而海洋生物中富有"n-3型多不饱和脂肪酸",如海鱼油脂、海洋鱼类和海藻,对于延缓衰老、预防老年病有益。

南寒水石

近年科学家对细胞的研究,似乎已找到令人延年益寿的方法。

过去,人们只知道细胞内容物的重要,对于细胞的内外结构,则是少有认识。最近的研究已经知道,细胞膜的功能良好,便可以使细胞不易老化,只要人体细胞活跃,人就会青春长驻。

细胞外膜,结构独特而精密,外边的养分可以渗过去,而里边的脂肪则不会渗漏出来。在细胞膜内的脂肪,温度适当时,是处在液体状态中,一旦渗出来后,就会形成硬粒。因此,不使脂肪变成硬粒,便是长寿之道之一。

生命延续,需要氧化作用,氧气"燃烧"细胞内的脂肪,发出热能,这就能生长、起作用和修补组织。但这当中会有副产品不断释放出来,进入细胞内部,进行内部污染。

为了不使细胞受到污染,目前已发现的方法是使细胞吸入维他命E、C和乙种胡萝卜素。原来维他命E、C和乙种胡萝卜素,能迅速溶入脂肪,减少细胞内部污染,起到保护与防病作用。

(二) 失重能长寿

太空虽不像幻想家所描绘的那么美好,但也充满了魅力,吸引着无数科学家对它进行探求。在经过一番探索和研统之后,有的科学家得出这样的结论,太空生活能使人延年益寿。理由是,在失重条件下,人体负担减轻,所需食物和氧化比地面上要少,因而能使人衰老过程减缓15%。不错,将来在太空失重条件下可以制成许多在地球上难以生产的药物,预防癌症的干扰素等,这将对人类的健康长寿大有益处,严重的心脏病患者如果到太空失重条件下生活,因为血液没有重量了,大大可以减轻心脏负担,便能延长他的寿命。

(三) 夜来香与延年

17 世纪的美国皇家王室中有一种秘不外传的御药。它香气四溢,倍受珍视。以精致的瓮瓶贮藏,用时倾出几滴,镇痛、解毒、退烧均可奏效。这种御药就是今日的月光草油(Ereninb PrmroseOil)。

月光草又名夜来香,为柳叶菜科植物。我国东北有很丰富的野生资源,山西、江苏、四川等也有栽培。其花色鲜黄,花形反卷,夜是开放,淡香幽麝,具有很高的观赏价值。

王室御药是月光草种子油,含有多种不饱和脂肪酸,具有较强的生理活性,临床已证明月光草籽油对动脉硬化、冠心病、关节炎、高血压、肥胖症和癌症等有防治作用,对防治糖尿病、精神分裂症、湿疹、妇女月经周期综合征等有疗效。

临床证明,月光草油对高脂血症者有降低血浆脂类和血小板凝集的作用。所以,国内专家提出它是"降脂肪栓""延年益寿"的理想佳品。

国外近几年已把它用于工业食品之中,作为高级营养添加剂使用。根据其作用特点,推测本品有一定辛凉之性,故对体弱的老衰而兼有热象或低热者尤为适用。推荐几种亦药亦膳法供参考,均可作防老抗癌之用。

月光草糖。砂糖 3 斤,饴糖 1 斤,加热溶解后熬成硬膏状,倒入月光草油 70ml,搅匀,制成块糖即可。每日含化 3 至 5 粒,对老年人口腔保健,预防心血管疾病和癌症有一定作用。

月光草粥。用其花 30 克,生石膏 40 克,粳米 60 克,砂糖少许,以煎石膏之水煮粥,在粥将热时,放入花瓣,否则有效成分会挥发或破坏。本粥有消炎、解毒、清心、降脂等多方面作用,中老年人均可用。

复方月光草油剂,对老年人保健很有裨益。月光草之花研粉后敷伤口有很强的镇痛效果,其根水煎服,对感冒、喉炎等也有良效。

(四) 平衡长寿

关于生命现象,历来说法各异,各有其理,也各有偏执。"生命在于运动",从文义讲,宇宙万物都在运动之中,人的一生亦然。"生命在于静止",也有些道理。有的医学专家认为,从养生的角度看,应为"生命在于平衡"。

1. 环境平衡。一切健康长寿的生命,必须保持与环境平衡。要保护适宜人类生活的大环境,创造适宜人们生活的小环境。人与环境失衡,便会生病,甚至不能生存。

2. 营养平衡。要调和五味,不偏食。营养平衡,使人们生长发育。

3. 阴阳平衡。万物均有阴阳属性。一旦阴阳失衡,人就生病。《黄帝内经》说,阴胜则阳病,阳胜则阴病;阳胜则热,阴胜则寒;阴虚则阳无,阳虚则阴盛。

4. 动静平衡。《内经》上说,"久卧伤气、久坐伤肉"。要保持健康必须做到有张有弛,劳逸结合,动静平衡。

5.心理平衡。情绪是生命的指挥棒,精神崩溃会导致身体崩溃。生气和忧郁可能使人生病。

(五)三秒节律与寿命

埃伦斯特·珀佩尔是德国著名的生理学家。他依据自己多年从事的精神生理实验成果指出,人只需要在3秒时间内就可获得一副画面所提供主体信息。即客观事物每次作用于人脑并使之做出反应的时间为3秒,不足3秒不能形成正常的信息反馈,超过3秒则多余。专家认为,这一人体节律的新发现,对于

有交合图形的象牙鼎

科学揭示生命本质,努力发掘生命潜力以及创造新的延寿方法都具有重要意义。

实际上,珀佩尔的发现在日常生活中也不乏其例。在拍摄影片时,摄影师通常为一画面留定的时间也接近3秒或是3秒的倍数;在田径场上,发令员向参赛者下达"各就各位—预备—跑"的口令时,从预令到动令也刚好占3秒;在商业活动方面最富视觉效果的灯饰广告闪亮时间一般也在3秒,诸如此类的例子还可举出很多。

为了验证上述现象,珀佩尔对世界上14种语言的口语表达进行深入的录音分析与研究,并进而发现,几乎每位说话者约每隔3秒要做一次短暂的停顿,这一节律即便在朗诵各种风格的诗作时也不受影响,而且可以肯定与呼吸节律无关。因此,珀佩尔指出,3秒节律是人类生命活动的一个本质特征。

无独有偶。德国另一位女生理学家玛格丽特·施赖特在类似研究中也有相似的惊人发现。她仔细查看了自己数十年精心收集到的有关记录人类行为电影档案资料,胶片总长达250公里,其中包括欧洲人、居住在亚马孙河流域的印第安人、南非布须曼人、特罗布里恩群岛土著的日常生活情景,内容十分丰富。分析他们的各种动作,诸如两人握手时的相互抖动,交谈时双方头部的反应,因悲愤而捶胸跺足,

以及抚摸孩子脑袋的亲昵表示等等,发现要么在3秒后得以停止,要么每隔3秒重复一遍。这些事实充分说明,3秒节律是全体人类的共同特征,而与民族、年龄、性别和文化背景无关。不过根据这位女科学家的精密计算,上述节律应为2.9秒,3秒仅是近似值。

为了进行比较,两位学者还对猩猩作了类似测试,结果显示,它们的节律较人类短,其平均值约为1.9秒。其间的区别在于:对人类来说,从大脑反映到形成具体语言这一过程需要一定的时间,亦即人类节律多出的1秒用在了对所感受或意识中的自言自语,正好需要1秒的时间,而猩猩则无这一过程。据此,学者们还从天生聋哑儿身上获得佐证,由于他们已丧失语言系统,因此生命节律基本与猩猩一致。另外,两位学者还进一步发现生命节律的快慢与寿命长短直接有关,通常是节律快者寿命短,节律慢者寿命长,人的寿命明显高于猩猩,其源盖出于此。至于深层的奥秘,还有待于科学家的进一步探索。

(六)阴阳平衡与长寿

古往今来,人们总是认为生命就像燃烧的火,需要大量的能量,因此摄入大量补药及过多的营养食品,然而这恰恰是早衰之道。

大量的研究证明,人体营养过剩可致血栓滞于血管壁,使心血管及周身血管壁硬化,失去弹性而老化,造成人体各器官的损害而使人早衰。如久用人参汤、鹿茸汤、喝鹿血的人往往出现头晕目眩,甚至突然死亡。历史资料统计,古代皇帝为了寻求长生不老,食用大量的补药及高营养食品,大多早亡,平均寿命仅30岁左右。

那么长寿之道在哪里呢?根据中医理论及现代医学研究证明,人体的恒温降低1度,人的生命就能延长一倍,"生命之火"烧得越旺,人的寿命越短,然而人体的阴阳平衡是降低人体恒温的根本保证。所以,知滋阴降火才能济水培土、气血才能调和,达到阴阳平衡,生命才能永恒。许多心脑血管病,如冠心病、心绞痛、脑动脉供血不足,偏瘫的产生,都与阴阳平衡失调有关。因此,依此机理,防治这类疾病效果相当好。

(七)欲长生 肠中清

历代名医家无不重视大便的畅通。早在汉代,医界就提出了腑气不通致衰的理论。王充说:"欲得长生,肠中常清;欲得不死,肠中无滓。"晋·葛洪在《抱朴子》中说:"若要衍生,肠胃要清。"元·朱丹溪受王充的启示,提倡"倒仓法"以祛病延年,即通畅大便,以及时排出肠胃中的糟粕留毒,保持肠胃的清洁,从而减少疾病,延缓衰老。中医认为,肠中留毒可招致早衰、胃肠胀满、恶心嗳气、口臭、头昏脑涨等。

西医认为,发生疾病和衰老的重要原因之一,是肠胃中消化代谢所产生的废物毒素引起中毒,即自身中毒学说。20 世纪初期,俄国的梅·奇民科夫首先提出:人体肠道所寄居的细菌,尤其是大肠杆菌每刻都在产生大量的毒素,如吲哚菌素被吸收后,会导致机体慢性中毒,从而促进衰老。保持大便通畅,可使体内的废物和有害细菌适时排出,减少机体中毒机会。临床研究证实:大便通畅之人,血中胆固醇、肌酸等有害物质能迅速消减,血液变得洁净,有利于疾病的康复。

生活中,有很多老年人随着年龄增长而出现不同程度的便秘,由此看来,衰老与便秘有一定的关系。

因此,要保持健康的身体,就要保持大便通畅,减少便秘,养成良好生活规律,定时进餐,定时排便。每日可口服少许大黄,以促通便,保持肠胃清洁。食疗方面可多进食香蕉,也可用黑芝麻 25 克,炒热捣烂如泥,与白蜂蜜 50 克混匀,每次服一汤匙,用白开水冲服,每日 3 次。

(八)欲长寿 降体温

最近,美国科学家安吉洛·图特罗提出了人很有可能通过每晚降低自体体温的方法,达到延长寿命的目的。

图特罗说,他和其他几位科学家在实验中发现,那些吃低热卡食物的白鼠比那些吃高热卡食物的白鼠,每天都有数小时不那么活跃。在此期间内,它们的体温都下降了 $10℃$ 左右。科学家们认为,这种低体温现象与它们的寿命有密切关系。因此,他们打算尝试一下用药而不是用低热卡食物来降低动物体温的方法。图特罗说,自己还希望能找到对人体无害的安全降温法,使人们每晚入睡后体温下降 $5℃$以上。他强调说,如能做到这点,人的寿命将会延长 30 至 40 年。

研究表明,在低温缺氧状态下,虽然生命活动相继终止,新陈代谢处于零点,但动物体内的酶仍未失去催化作用,生命活动并未丧失。一旦细胞得到氧气,物质就能重新交换,蛋白质中的酶便发生催化反应,点燃新陈代谢的火花而重新复生。生物物理学教授巴尼特 e 罗森堡认为:"从热力学角度来看,衰老过程和死亡与体温有关。"

降低体温是指降低机体的正常体温,它旨在延缓代谢速率、减慢发育节律、抑制毒素滋生,从而达到长寿的目的。一般冷血动物降低体温后可延长寿命几十倍,这主要是由于能量的积聚和消耗、核糖核酸和蛋白质的生物合成过程随之延长的结果。

试验表明,降低体温同样适用于温血动物。要是将温血动物的体温下降2至3.5℃,其寿命可能增加1倍,并能保持原有的生命活力不变。美国科学家发现,低体温的人,他们所需的热量低、消耗低,相应地说,体内新陈代谢也缓慢,新陈代谢率降低,心率也明显减慢。低消耗、慢心率的积累效应,必然会使生命进程延长。

看来,欲长生,降体温。有没有降体温的妙法呢?有少食、冷静、冬泳,这是降体温的"三部曲"。

澳大利亚悉尼大学医学系阿瑟·埃弗里特博士认为,长寿的关键在于少食。他用老鼠试验表明,实物消耗减少一半的老鼠比正常消耗的老鼠,前者衰老死亡速度仅为后者的1/3。另一位学者安·图特罗博士和他的助手的实验表明,吃低热量食物的鼠比吃高热量食物的鼠活得长,它们的体温普遍下降10℃左右。

据科学研究,影响人体寿命的主要原因之一是心脏衰老。人心脏每分钟搏动72次,以70岁计算,人的一生心跳约25亿次。如果能使体温下降,每分钟心脏的跳动减少到五六十次,就可延长心脏的寿命(一生总搏动次数不变)。但是,目前大幅度人为地降低体温是难以做到的,如果能经常保持冷静的头脑,不急、不躁、不发火,就会使体温相对下降,使心脏搏动稳定,这对于长寿十分有益。

降体温更好的办法是冬泳。冬泳时,体温较低,这就延缓了体内化学反应速率。人体的生物化学反应速率对温度尤为敏感,因为生物化学反应速率和绝对温度呈指数型变化。当温度降低,生物化学反应速率就急速减慢,从而使你的寿命比处在同纬度的人更长一些。个体的衰老是细胞、组织、器官衰老的总和。组织、器官的衰老起源于细胞的衰老,而细胞的衰老则是细胞结构和功能改变的结果。抗衰老说认为,每个人细胞分裂的次数是一定的,决定他个人的遗传基因。细胞达到足够的分裂数之后,就不再分裂,人就随着细胞的衰老而死亡。新近运动生理学研究表明:冬泳确能降低人体体温;而降低体温,可以减慢每个细胞的分裂时间,从而能够有效地延长人的寿命。

(九)减少热量可延年

英国利物浦大学从事衰老研究的专家布赖安·梅里博士说,大大减少热量的摄入可以增长人的寿命。

在实验研究中,科学家们已经通过限制喂食的办法把啮齿目动物的寿命延长了42%。

梅里对《星期日泰晤士报》记者说:"我们已经能够把存活期约为3年的试验小鼠的寿命延长到大约4.5年。"研究人员把小鼠摄入的热量减少70%,但并不是让小鼠挨饿,而是给它喂一种高营养食物。该报说,世界各国已有60人自愿参加此项实验,美国政府预计将于1998年晚些时候批准120名美国人参加此项实验。梅里说:"如果我们能够解开限制热量的摄入能延缓衰老之谜,这将是一个重大突破。人们寿命显然肯定有某种上限,但我们尚不知道这个上限是多少。"

(十) 信念能使人长寿

人体内的肾上腺皮质激素和催乳素受人信念影响甚大,人体的化学递质和免疫系统之间存在着明显的关系。所以,当病人对战胜疾病信念坚定的时候,许多绝症病人的死亡可能推迟,甚至痊愈。反之,情绪悲观而紧张,无病也易患病,甚至一病不起。

六、长寿的秘诀

(一) 长寿的奥秘

现在,人类的寿命比过去大有提高。以美国为例,70年前人平均寿命为47岁,现在为74.5岁。世界各地关于百岁老人的报道时有所闻,长寿的奥秘在哪里呢?有人归功于科学技术的发展和医疗条件的改善。那么,"长寿村"为什么在既无现代化保健设施,又无高级医药的偏远乡村呢?美国老年学家凯蒂斯·帕勃特尔博士带着这个疑问,走访了世界上著名的"长寿村"——南美洲厄瓜多尔的比尔卡班巴村。

比尔卡班巴位于厄瓜多尔的安第斯山中,隶属洛哈州洛哈县,它和巴基斯坦北部的罕萨、墨西哥北部的海兰、苏联的高加索,并列为世界上四大长寿村。一踏上比尔卡班巴,这位来自行人如云、汽车如风的美国闹市的科学家仿佛置身于另一个世界。比尔卡班巴在当地土著语中是"圣谷"的意思。说它是"圣谷"一点也不过分。村民们生活在宁静的乡村风光中,山泉淙淙、小溪潺潺。村民们每天从早上8

时一直到下午 5 时在田地里劳动,中午常常在地边吃饭,也许是长年劳动锻炼的缘故,比尔卡班巴村的村民都身强力壮。他们不仅寿命长,而且身材高大。从 1913 年至 1976 年的 63 年里,村里年逾百岁的共有 46 人。令人惊讶的是,许多百岁老人终日在田地干活,体力充沛,精力旺盛。一位女村民年过 80,但她快步如飞,面无老态,能听到 90 米以外的声音,听力和视力超过美国的许多青年人。

比尔卡班巴海拔 1700 米,气候常年温和,冬无严寒,夏无酷暑,平均气温在 19 度左右。这里空气新鲜,饮水清洁,无任何污染,井水和山泉水中含有丰富的矿物质。村民们喜食一种用蔬菜、杂粮和少量肉类熬成的粥,他们很少吃猪、牛、羊肉,主要从鸡蛋、鸡、鱼、牛奶、乳酪中摄取蛋白质。烹调菜肴时,放少量的盐,不放食物添加剂。全村男女老幼都有在下午喝自制的果汁的习惯。午餐后,通常吃些新鲜水果。村民们偶尔也喝葡萄酒、果子酒,但从不沾烈性酒,很少有人喝得酩酊大醉。这里的大部分老人一辈子没进城看过病,头痛脑热的小病,通常请当地的土医用草药治疗。

比尔卡班巴人的长寿还与村里的习俗有关。村民们习惯于早起,谁要睡懒觉,村民们都看不起他,不愿同他交往。村里老人无所事事者几乎没有,男人过了 80 岁仍要在田里干活,女人七八十岁也要带孙子、孙女或做家务。

根据帕勒特尔的调查报告,科学家们认为,长寿的原因主要有三个方面:一吃、二喝、三生活方式。只要能重视这三个方面,就能延年益寿。少吃肉,不吸烟,减少生活的压力,就能使世界上三大致死病——癌症、心脏病和中风的发生率明显下降。

(二)老化的生理时钟

在没有遭遇外力伤害的环境下,任何生物都会失去活力,身体机能普遍衰退,呈现老态而终至死亡。但是生物在年轻时,可以表现得"生龙活虎",这样充满活力的状态,为什么不能长久持续呢?老化的原因是什么?它是生物演变出来的一个特定模式,还是机械性长期损耗的结局?

面对这一连串问题,生物学家过去曾有不少深入的探讨。有人认为,老化是一种社会文明的产物,因为在自然界中鲜有"寿终正寝"的例子,在演化也就没有发展老化模式的必要了。另一方面,如果把人的细胞在体外培养,它分裂一定数量后,就会停止而逐渐"老死"。有趣的是从老年人身上取得的细胞,在体外分裂的潜能较幼儿身上取得的细胞差了许多。仿佛真的有一个生物时钟在细胞内计时,决定细胞的生命。但在分裂层次,我们究竟应该怎样去了解老化控制的机制,是老化研究未来重要的挑战。针对这个问题最近似乎有了一些初步的线索。

线虫是研究生物发育的一个好材料。它构造简单,全身只有 963 个细胞,我们目前可以精确地描述它从一个受精卵如何长成一个成虫。在它生活史中,成虫的寿命约为 18 至 21 天。但是如果受到饥饿,初卵的幼虫会进入"冬眠"。冬眠的幼虫寿命可长达一年,一旦食物供应充足,它又恢复正常,发育成只能活 3 个星期的线虫了。过去对"冬眠"的控制作了不少研究。我们知道,"冬眠"后进行的恢复是由一些基因在控制。迄今已有 25 个与冬眠有关的基因被发现。

(三)长寿新发现

据报道,美国加利福尼亚大学的一项研究发现,延长寿命的奥秘可能在于人体内的荷尔蒙激素,荷尔蒙激素高的人死亡率(尤其是心脏病人)相对较低。早在 70 年代,这所大学的研究人员就抽取 242 名年龄从 50 至 79 岁的男性血样,12 年后对一些已故者的原存血样与在世者原存血样进行比较分析,发现 75% 的死者的荷尔蒙激素较低,一般只有在世者的 1/3,尽管他们的死亡年龄并不大,科学家们认为,荷尔蒙激素随着年龄增长而降低,这样的物质(脱氧表雄酮硫酸,DHEAS)有助于防止动脉硬化和肥胖症。

(四)少出汗可长寿

只有适当的体育活动才能有效地降低心脏病、癌和其他疾病的死亡率。这是得克萨斯州达拉斯生物研究院的医生得出的最新综合结论。

美国《医学协会会刊》在报道这一结论时说:研究人员的通过完成脚踏车训练任务,对 13000 名男女进行了 8 年跟踪调查研究。

接近实验的人按健康状况从差到好分成 5 组,最差的一组死亡率平均比最好的一组高 3 倍。然而,最后的测定得到一个惊人的发现:最佳健康状况获得者来自最差的一组中,而不是热衷于体育锻炼的运动健将。

亚特兰大"疾病预防中心"的卡尔博士说:"这是人们要解的一个重要信息。参加体育锻炼,并不是要求你去当马拉松运动员。一个星期中有几天能做到积极散步半小时,就能显著地减少你的疾病,增进你的健康。"

(五)节食延年

节制饮食能延长寿命 50% 或更长些;能预防心脏病、糖尿病、肾脏病;能大大延缓各种癌症;能消除或防止普通老年病,包括白内障、毛发变白和虚弱等,还能使人高龄仍保持头脑清晰、反应敏捷、身体轻健苗条。

节制饮食能保护基因不受环境损害,保持重要的酶晟有效地发挥作用,减少体内的新陈代谢的危险副产物。

科学家们在试验中发现,用给够各种维生素和营养但热量只有常规食物60%至65%的方法饲养的动物,其寿命此预期的长得多。

科学家们还惊奇地发现,这种明显限制热量食物是大部分由脂肪构成还是大部分由碳水化合物构成是无关紧要的,只要动物摄取最低量的蛋白质和足够的维他命及矿物质以防营养缺乏,就能活到高龄。

华南谷精草(中药)

以极低热量食物延长动物寿命的研究工作是在 30 年代开始的。现在,节制食物研究已得到广泛的注意和大批的经费。美国国立老化研究所今年将用 300 万美元进行热量的限制对长寿影响的有关研究,最近世界各国有 400 个研究人员参加了在华盛顿举行的关于节制饮食对生理影响的会议。

到目前为止,科学家们仅对耗子、灰鼠和更低等的动物进行过研究,但是所有限制食物饲养的动物都大大地延长了寿命。目前正在对两种灵长类动物(鼠猴、罗猴)进行节制食物试验。科学家们希望其结果能饲养同样是灵长动物的人类。他们说,不必等到猴子死亡率开始看到热量限制对灵长动物健康的影响。

国立老化研究所灵长动物试验领导人、分子基因学家罗思说,直到目前为止食物限制对所有较低等的动物都是有效的,对人类也应一样可行。洛杉矶医学院的沃尔福德教授认为,人类只要能限制热量摄入就能活到非常高的年龄,而且不论从多大年纪开始限制热量都会产生有益于健康的作用。他说,"现在,人们最长寿命为 110 岁,而且只有很少的人能活到那样大年纪。但是,如果对别的动物有效的热量限制也对人有效,则采取足够有效的热量限制也能使人的最长寿命达到 170岁。"如果你从 50 岁开始,本来按基因学足能活到 80 岁,而实际你有可能再多活 30年,到 110 岁。

(六)百岁寿星长寿经

在高加索地区,几乎每10万人中就有50人活着庆祝自己的百岁寿辰,而且其中许多人还不止于此呢!相比之下,在美国能活到百岁高寿的只占十万分之三。然而,这些老人并非世界上唯一的老寿星。居住在喜马拉雅山的巴基斯坦恩萨斯人以及赤道安第斯山脉的维加彭本人似乎同样分享着长寿秘诀。

这些民族的人们尽管岁月流逝,但依然永葆身心健康。工业社会中许多古稀老人六七十岁年纪就变得体弱多病了,而某些格鲁吉亚人,到了110岁甚至140岁仍旧和他们重孙(女)并肩在田间劳动。衰老这个概念对他们来说是完全陌生的。当问他们"青春在什么时候结束"?他们中的大多数人不知怎样回答。有时,少数答道:"大概80岁吧。"最低的估计是60岁。

能活如此高龄又如此健康如何解释呢?他们的秘诀何在呢?首先,艰苦的体力劳动是所有这些老寿星的生活方式。从孩提时代开始,他们就不停歇的劳动。就拿路斯丹·马朱道夫来说吧,他今年142岁,对亲身经历的1854年的克里米亚战争、1878年的土耳其战争、1917年布尔什维克革命仍记忆犹新。他的妻子116岁,他俩的婚岁已90载有余。马朱道夫根本不想停止劳动而呆在家里享清福。"难道除了干活还有别的事可干吗?"他不解地问道。他现在干活的节奏是慢了一点,每天干6小时。

他们的长寿另一秘诀来自他们的劳动环境。他们全都出生在山区,居住、生活在海拔5000至12000美尺(1660至4000米)的高山上。那里的空气含氧量较少,而且空气格外新鲜,没有任何污染。而氧气的稀少促使了心血管系统的强壮。

使他们长寿的第三秘诀也许是与世隔绝。在很大程度上,他们都置身于工业社会的喧嚣、压力和烦恼之外。

还有一个值得注意的方面是遗传因素的作用。在寿命最长的人群中,多数人的父母和祖父母也是老寿星。因而,优良的遗传基因,也可能是导致长寿的因素。

长寿的再一个秘诀是他们相同的饮食习惯。恩萨斯人、维加彭本人以及高加索人都有一个共同的饮食习惯:不食肉。他们的饮食全是新鲜水果、蔬菜、坚果、谷物、乳酪和牛奶。他们在饮食方面很有节制,从不贪食,而是适可而止。

显而易见,摆脱城市的拥挤、压力、噪音、污染和烦恼,清新洁净的山区空气,年复一年、日复一日的辛勤劳动,适可而止的饮食习惯,优良的遗传基因,以及无忧无虑、超然乐观的处世之道,合在一起就构成了这些令人羡慕不已的老寿星的长寿秘诀。

(七)长寿九秘诀

美人霍·希尔的《九个长寿秘诀》一书已由学苑出版社出版。这九个秘诀是:(1)多吃水果和蔬菜。水果以热带产为好。蔬菜烹调加工必须降到最低限度。(2)服用叶绿素。它是浓缩太阳能的绿色神方。液态叶绿素易获得。(3)大豆食用价值。大豆是卵磷脂的重要来源,蛋白质含量超过牛奶11倍,超过鸡蛋3倍。(4)草药紫草的奇妙作用,它可内服和外敷,几乎有数不清的保健作用。(5)服用维生素E,可延缓氧化作用,推迟衰老。(6)吃人参的好处,它可调节血压,延缓动脉硬化,改善消化,消除泌尿系统炎症。(7)深呼吸。每天做几次1至1.5分钟的深呼吸运动。(8)坚持伸展舒张运动。每天只要坚持做几分钟,即能收益无穷。(9)振动和阳光对身体的作用。

(八)长寿秘诀

长寿的秘诀就是:不拘泥于琐事,不忧郁寡欢——这是日本一家人寿保险公司对日本全国315位年满百岁的长寿老人进行通信调查时得出的答案。现在看来,终日煞费苦心,四处奔波营生的人能活到99岁吗?似乎渐趋异想天开了。

据说,长寿老人中主张"不拘泥于琐事,不忧郁寡欢"的人占60%。尽管人们都很清楚压抑容易破坏荷尔蒙(激素)的平衡使人生病,但仍要以内向悠闲的心情生活,这是长寿的第一个条件。

第二秘诀就是"不暴饮暴食",他们所喜欢吃的食物中,据说鳞介类、蔬菜和水果是最理想的三种。接受调查的人还说,应注意吃八成饱,还要注意吃些低热量高维生素的食物。此外,还应使自己的进餐时间规律化。古代谚语云"八分饱不就医",暴饮暴食,偏食美肴的人是不会长寿的。

睡眠时间应保持平均每天10小时。在被调查的人中,晚上9点前就寝的占半数以上,早上7点以前起床的占40%。晚睡、晚起都应制止。

(九)菊花与长寿

我国是菊花的故乡,栽培历史最为悠久。在战国时期屈原的《离骚》中就有"朝饮木兰之坠露,夕餐秋菊之落英"的诗句。古时人们从"耐寒唯有束篱菊"的现象中悟到服食菊花可以延年益寿,后来便有"采菊"服食使人长寿之说。菊花"久服利血气、轻身、耐老、延年"。汉代以来,还有农历九月九日佩茱萸、饮菊花酒,以祈求延年益寿,祓除不祥的习俗。

现代医学研究发现,菊花的花、茎、叶中含有挥发油、菊式及腺嘌呤、氨基酸、胆碱、水苏碱等成分,有抑制人体多种致病菌的作用,并能增强微血管的弹性,对冠心病和高血压症有明显疗效。由于菊花能清热解毒,利血除湿,养肝明目,所以群众中用菊花治病的单方、验方不少,如久患头风、头痛、眩晕症的,可用杭菊花 60 克,枸杞子 60 克,加绍兴酒适量浸泡半月,然后滤渣存

菊花

汁,再加入适量蜂蜜,每日早晚各饮一小杯。治疗高血压及眼底出血,用白菊花 9 克、槐花 6 克、决明子 9 克,水煎后一日二次分服。又如采菊花晒干作枕头、枕袋,能治头风、头痛,明眼目。当代制剂如杞菊地黄丸,能滋肾养肝,治头昏目眩耳鸣、视物昏花等肝肾阴虚诸症。现又有杞菊地黄口服液等。近年发现,野菊花含有丰富的黄酮,用其治冠心病,有效率达85%以上。看来,菊花对于人们防病保健,尤其是对老年人的延年益寿确有很大裨益。

(十) 口琴与长寿

我国几位著名口琴界前辈都基本步入长寿之列,已故口琴家石人望终年 80 岁;而现年 81 年的口琴家陈剑晨在 1998 年的音乐会上仍精神矍铄,从容指挥百人乐队演出;口琴家王庆隆现已 77 岁,仍活跃口琴乐坛。无独有偶,年近 80 岁的世界口琴大师美国的拉利·艾特勒在 1989 年秋,从芝加哥风尘仆仆到德国特罗辛根参加国际口琴大赛盛会,即席在会上做了精湛的演奏,全场为之倾倒。

不久以前,德国冯·克罗医学博士对吹奏口琴是否和长寿有关做了研究,他将 20 名口琴爱好者和 20 名非爱好者分成两组,作了有趣的实验,结果发现了口琴爱好者这一组的肺活量显著强于另一组,比强系数为 1.8∶1。他还把思维反应、情绪精力和生活意趣等综合评分测试,也发现了口琴爱好者一组几乎全部优于非爱好者的另一组。

某君一位琴友、医生 C 君曾对某君解释这些现象。他认为,由于吹奏口琴时需不断变化运气,使全身脉络贯通,并随乐曲起伏而充溢运动,从而改善了大脑皮层的功能,提高耐缺氧能力、扩张冠脉流量,起到强气活血、心情舒畅的作用,促进了

健康长寿。

(十一) 重阳与长寿

"九月九日望遥空,秋水秋天生夕风。寒雁一向南去远,游人几度菊花丛。"唐人邵大震《九日登玄武山远眺》这首诗,生动地绘出了这个时候天高云淡,水天一色,游人赏菊,流连忘返的一幅画图。

人们,尤其是老年人,把长寿的希望寄寓于重阳,由来已久,在《西京杂记》中记载:"汉武帝宫人贾佩兰,九月九日佩茱萸,食蓬饵(蓬饵为一种糕点、谐"高"音取其吉利),饮菊花酒,云令人长寿。"三国时魏文帝曹丕在一封信中说:"岁月往来,忽复九月九日,九为阳数,日月并应,俗嘉其名,以为宜于长久,故以享宴高兴。"南朝文学家庾肩吾的一首献寿诗中也说:"朔气绕相风,献寿重阳节。"可见,古时一部分人实际上把重阳节作为长寿节。那时节口活动,都有一个图吉利、图长寿的愿望。

登高是重阳节的一项活动,它能增强心、肺的生理功能,增进肌肉及关节活动,促进消化系统功能。同时,秋高气爽,登高远眺,极目千里,锦绣河山,尽收眼底,心旷神怡,这的确是非常好的健身活动。如果身体条件允许,经常登山游乐,必定能够健康长寿。

(十二) 抗衰老秘密

1.凉爽的秘密

苹果冷藏,可以长时间保鲜。这个道理也适合人和动物。温度越高,人体的代谢就越快,人也就衰老得快。马尔堡大学的研究人员在一份研究报告里提供了家蝇的说明:一只生活在温度为18摄氏度室内的家蝇,寿命比在28摄氏度室温下长1倍。医生建议:就是在夜间,室温也不要超过17摄氏度。

2.饥饿的秘密

洛杉矶大学的雷·沃尔福德教授首次从老鼠身上获得了"饥饿能使青春永驻"的科学证明。喂食很少的老鼠的寿命比其他能吃多少就喂多少的同类的寿命长1倍。沃尔福德认为,人类采取这种"永葆青春的饮食法"可以活到120岁,而且精力充沛。因此,请你每天摄取的热量保持在1200至1500卡之间。

3.激素的秘密

在如何使人们青春常驻的研究中,发现的一种最新的神奇物质是生长激素。

这种物质的作用是,人在18岁的时候,身高相当出生时的4倍;30岁以后身高停止增长,肌肉无力,皮肤松弛。美国研究人员进行了试验,对一个65岁的人每周注射3次生长激素,结果这个人的脂肪沉积消失,皮肤恢复弹性,肌肉重新有力。

4.职业的秘密

有这样一些职业,从事这些职业的人虽然有的人年龄很大,但是却保持着青春活力,例如乐队指挥、僧侣、画家、牧羊人。其原因在于这些人是自己生活的创造者。他们在职业上不受压抑。相反,从事受人支配的职业就老得快。

5.爱情的秘密

情爱是超过任何一种令人兴奋的事情。接吻时胰腺可以释放出更多的胰岛素,情腺通过兴奋激素使周身血液流通和脉搏加快,人体内的紧张激素减少。

第二章 四季养生

一、四季养生原则

春夏养阳,秋冬养阴。

顺应四时养生,首先要了解四季中春生、夏长、秋收、冬藏的规律。

春生夏长,秋收冬藏,是生物变化的总规律,那么作为万物之灵的人类也必须遵循这一规律。春夏之时,自然之阳气旺盛,万物生机盎然,懂得养生的人就应在此时保护体内阳气,使之充沛而不断旺盛起来,同时对凡有耗伤阳气及阻碍阳气的情况皆应避免。这就是春夏养阳的含义。

秋冬之时,万物敛藏,此时养生应顺应自然界收藏之势,收藏阴精,使精气内聚,以调养五脏,抗病延年,这就是秋冬养阴的含义。

"春夏养阳,秋冬养阴"的意义还在于,要根据四时的变化来调整人体的阴阳虚实。

体虚有阴虚、阳虚的不同。阴虚主要表现为口燥、咽干、大便结、舌红少苔等津液不足的现象,阳虚则主要表现为畏寒、肢冷、大便溏、舌淡等阳气亏损的现象。就四时而言,阴虚多在炎热夏季更加明显,阳虚则在寒冷的冬季明显。

洋金花

古代养生家认为,不要在夏季阳虚很明显时才去补阳,因为此时自然界阳气很旺,阴气不足,补阳很难见效。而秋冬自然界阴气旺盛,养阳药物借自然界的阴气,就很容易发挥作用,从而有效地调整人体的阴虚状态,所以要"秋冬养阴"。

同理,也不要在秋冬阳虚很明显时才去补阳,因这时自然界的阴气很盛,阳气

不足,补阳难以奏效。而春夏自然界阳气旺盛,补阳药物借助自然界的阳气,也就很容易发挥作用,有效地纠正人体的阳虚状态,所以要"春夏养阳"。

如慢性支气管炎的病人,以阳虚者居多,夏季容易发病。假若在冬季吃一些养阴之品,如枸杞、麦冬、六味地黄丸之类,夏季口干舌燥的症状亦会有所缓解,也不容易发病了。

春捂秋冻。

古人根据气候变化的特点,提出了"春捂秋冻"的养生原则。春秋季节在我国大部分地区是冷暖交替的过度季节,初春阳气初生,但阴寒未尽。所以天气时冷时热,变化快且明显。养生学家认为,这个时期宜保暖,衣服不可顿减,以助人体阳气生发。

就整个春季的气候来看,其特点表现为天气多变,温差幅度较大。常常可见的情况是,早晨旭日东升春风送暖,中午或许阳光明媚,气温升高,而到下午则可能寒流突袭、气温骤降。所以衣服要随时增减,同时注意毛衣不宜脱得过早。

秋季是由夏入冬的过度季节,气温逐渐低,特别是"白露"之后,北风吹来,驱散了暑气,天气变凉。晚秋的温差变化,不如春季大,大致每隔4-5天日平均气温下降1℃,而且一日之内气温变化幅度较小。这样的天气虽凉而未寒。一般认为不宜过快地增添衣服,以使身体逐渐适应寒冷气候,增加御寒能力,有利于冬季预防感冒。

"春捂秋冻"是前人在长期养生防病实践中积累的经验,就一般正常气候变化条件下而言,"捂"和"冻"也应是有限度的。在气候异常变化时,或因人的体质不一时,应采取因人制宜的方法作相应的调整。

二、春季养生

立春,为二十四节气之首,在我国民间被视为春季的开始。宋朝张栻《立春偶成》诗:"律回岁晚冰霜少,春到人间草木知。便觉眼前生意满,东风吹水绿参差。"表明了立春的含义:春风送暖,百草发青,春返大地。

祖国医学认为:从立春到立夏前——一天为春三月,春三月是生发的时节,天气由寒变暖,春风解冻,春阳回升,自然界种种生物萌生发育,弃故从新。春种一粒粟,秋成万颗籽。因此春天是一年中最关键的时刻。

春季养生应早睡早起,在院子中多散步,以发布"生"气,注意举动和缓轻柔,并让身心保持舒畅、活跃状态以适应春生之气。切忌恼怒,从而让肝气正常生发、调畅。

中医认为,本季节养生效果,是为下一季节打好基础。也就是说,这一季节不很好养生,下一季节会有害于人的健康,很多疾病就是在这种情况下发生的。如春季注重调养"生发之气",本季节不易患病或少得病。若不注意,不但损在当时,且遗患于日后。中医认为,春在自然界主东方,属木,主风,在人体主肝。而肝气自然旺于春季,春季养生不好,会损肝气。肝伤则不能生心火,到夏季火就不足,火不足而寒水便来侵之,于是发生寒性病变道理就在于此。

春季气候变化很大,尤其是早春,常有寒潮来袭,多出现乍暖还寒的情况。加之人体皮肤已经开始变得疏泄,对寒邪的抵御能力此时有所降低,此际,应及时做到"虚邪贼风,避之有时"。俗语讲"春捂秋冻",就是这个道理。特别是老年人、小儿和身体弱的人,应当随时注意加减衣被,切忌过早地贪凉。

临床资料显示,春季,人们极容易上火,像小便发黄、便秘、头晕、舌苔黄。内火可以引来外感,患感冒、肺炎、流脑者人数往往增多。肝气升发,可引起旧病复发。脾胃病、肝炎和心肌梗塞等病,在这个季节也最易诱发。肝火上升使体弱者肺阴更虚,肺结核病此时会乘虚而入。人体神经调节激素的变化,也会引发精神病的复发。体弱人往往经不住肝气的侵袭,会引发腹泻。

古人在机体内环境与外环境统一的基础上,提出了"春夏养阳,秋冬养阴",也就是"法于阴阳",这对后人启发很大。饮食方面人们春季应注意少食辛辣,多吃青菜、水果等清凉滋润的食物。煮橘皮水喝能够化痰止咳,理气和胃。茅根、芦根沏水或鸭梨、荸荠去皮煮水饮用,可清热润肺。风热型的感冒可多喝芦根水。胃肠消化能力差的,可多吃萝卜。以理气,化痰,和胃。

药物方面,防风通圣丸可谓春天的良药,可用来"败"火和预防感冒。这种药还有减肥,预防荨麻疹的作用。体质强壮的人服黄连上清丸,能清内火,御外邪。

除以上几方面外,人们还应适应春季特点,增强身体锻炼,注意劳逸结合,多补充营养,以增强体质及抗病能力。

三、夏季养生

立夏系二十四节气之一。照我国农历,夏季自立夏开始,经小满、芒种、夏至、小暑、大暑至立秋前一天为止。此时农作物生长渐旺,田中管理日渐繁忙。

夏季骄阳普照,地热蒸腾,天气下降,地气上升,天地之气汇合,乃万物争荣、群芳斗艳、植物开花结果的季节。人们应当适应夏季气候,让机体积蓄充足的阳气,提高机体抗病能力,为迎接寒冬做好准备。晚点睡觉,早点起床,不要害怕或厌恶炎热,而应迎着早晨初升的太阳进行户外锻炼,一方面让体内的废物及时排泄,吸入新鲜空气,促使体内新陈代谢;另一方面在强筋骨的同时,还可以进行充足的日光浴。切忌急躁发怒,应始终保持乐观的情绪。假如违背了这些养生之道,人就会损伤心气,削弱适应秋天的能力,秋天到来时,容易发生咳症,到了冬日阴寒季节就更加难以适应,会因病复发。

夏日炎热多雨,暑气易乘虚而入。我国北方自6月末至7月初,即序属盛夏,进入赤日炎炎季节。气温、气压和湿度均有所改变,容易造成疰夏、中暑。

疰夏主要表现为胸闷,胃纳欠佳,四肢乏力,精神萎靡,大便稀薄,微热嗜睡,多汗和人体日渐消瘦。疰夏反映人的胃肠消化功能减退,夏季应适当减少食量,少食油腻食物,减轻胃肠负担,以维护正常生理功能,这是预防疰夏的重要措施。

盛夏时节,昼长夜短,大多数人因闷热而难以入眠,清晨又起得较早。从晨起活动到吃完午餐约历时六七小时,因而午睡1~2小时,对身体健康极有裨益(中老年人尤该如此)。

中暑大多因为较长时间日光曝晒或处于高温环境而产生。中暑发生除和气温、湿度及健康水平有关,还和体内的水分、电解质平衡失调有重要关系。为防止中暑,在炎热的夏季,除应采取室内通风、降温、遮阳等措施外,还应注意保持体中的水分和电解质平衡,要根据汗出的多少,及时补充水分和无机盐类。西瓜和各种果汁,不仅能"消烦止渴","解暑热"外,还含有大量的维生素,丰富的矿物质和钾盐,有利尿清热作用;绿豆汤、红小豆汤是民间简易消暑饮料,起到清热解毒利水的作用;茶叶中含有丰富的无机盐、维生素、茶碱、糖类、有机酸等,不仅能提神开胃,还可促进汗腺分泌,调节人体散热功能。最为简单的方法是饮用加少量食盐(1%)的白开水,既能解渴、补充水分,又能补充从汗中丢失的电解质,还能够提高胃酸浓度,改善消化机能,但高血压、心脏病、胃炎等患者慎用或禁用此法。

患高血压或其他心血管疾病的中、老年人,更应安排好暑期生活。保持室内温度、湿度的相对稳定,对防止疾病的发作和恶化具有重要意义。统计资料表明,在锋面天气过程、大雷雨、闷热气候,常是心血管病多发时间。这类病患者在可能的情况下经常去公园树荫下乘凉,这样做既可调剂生活,防止中暑,又可呼吸新鲜空气,有利于健康。此外,对一些卧床不起的病人,还应经常帮助他们活动肢体,时常用温水擦澡,用70%酒精擦皮肤,防止褥疮发生。

夏季是肠道传染病多发的时节,把好病从口入关是防止肠道传染病的重要措施。剩饭剩菜要回锅加热,某些已经腐烂的鱼、虾、肉类或变质的残羹剩饭,宁弃勿食。经常使用的饮具、饭具、茶具等,必须经常消毒,保持清洁干燥。饮食安排应讲究科学,饭菜尽量不剩。适时吃些大蒜,喝些柠檬汁、橘子汁,对肠道感染有一定预防作用。老年人、小儿体质较弱,对过热过冷刺激反应较大,不可过贪冷饮。

之外,应消灭苍蝇、蚊子。一则可减少各种传染病的传播,二则可防止皮肤感染及皮肤过敏反应,尤其是患糖尿病患者,一旦皮肤感染,会长久不愈。

四、秋季养生

秋季从立秋开始,经过处暑、白露、秋分、寒露、霜降、至立冬前一天为止。

秋三月万物成熟,草木渐近萧条,节气由阳转阴,秋风劲急,地气清肃,万物色变。这个季节养生之道是:人们应早睡早起,以避免肃杀之气对人身产生不良影响;要神气渐收,思绪宁静,不让意志外驰,以适应秋季寒凉之气候,这便是调养秋收之气的道理所在。假如有所违反,会损伤肺气,到冬天会发生顽固不化的泄泻,让人体适应冬季潜藏的能力大大降低。

秋季是夏转冬的过渡季节,由凉而渐寒,阳气开始降低,"天气以急"。一般说来,若人的阳气不足,可借助夏天阳热之气以温养之,阴精不足者也可借助秋冬收藏之气以涵养阴精。秋凉寒将至,衣被宜渐渐增加,不宜一下加得太多。

常言说:"出门须防三、九月"。北方九月凄风苦雨,冷空气势力渐渐增强,气温日降,人容易感冒,不管是出门人还是在家的人都应注意不可着凉。"若要安逸,勤脱勤着",尤其是年老人代谢功能减低,循环功能差,既怕冷,又怕热,对天气变化很敏感,更应及时增减衣被,注意保暖。所谓"不治已病治未病",重在预防,有病服药,不如随时调摄,让阴平阳密,保持身体健康。

有的年份秋出现秋热,这就是所谓"至而不及"的气候反常,对此应加倍谨慎,避免感染瘟疫。老人尤不可自恃身体强壮而不顺乎天气变化。所谓"顺则和,从之而苛疾不起,违则逆,逆之则灾害生",便是这个道理。

秋季秋高气爽,气候干燥,燥是秋天的主气,该"防秋燥"。秋燥之气有温、凉之分:久晴无雨,秋阳暴烈,属温燥性质;秋深初凉,西风肃杀,属凉燥性质。无论温、凉,总以皮肤干燥、体液缺乏为其特点。因此,老人秋天应减少洗澡次数,以免干燥发生皮肤瘙痒症。秋日,气候干燥,人还

青蛤

容易咳嗽或干咳无痰,口干舌燥,最好吃些雪梨、鸭梨,生食可清火,蒸熟能滋阴,有条件的可以吃些秋梨膏、养阴清肺膏等滋阴润肺之品,这对防止口干舌燥大有益处。

秋季正值瓜果大量上市,要尤其注意"秋瓜坏肚"。立秋之后不管是西瓜还是香瓜、菜瓜都不可以恣意多吃,否则会伤及脾胃的阳气。一般说来,各种水果均有益于健康,如苹果含有多种维生素和钾离子,钾对心血管患者有益,且有止泻功效。香蕉含有多种维生素,有利于增加血管壁弹性,维生素E能增加细胞分裂次数,对健康也有所裨益。香蕉还有止咳、润肠、降压作用。菠萝可利尿,对肾脏病、高血压患者有益,对治疗支气管炎也有功效。柑橘有镇咳、调肺健胃的功效。柿子可以去烦,清热,生津,润肺化痰,涩肠止泻,降血压。梨可润肺,消痰止咳,治便秘。龙眼有滋补、强壮、安神、补血等作用,对夜晚失眠的老人尤适合。葡萄可预防疲劳,有益气、补血、利筋骨、健骨、利尿等作用。可水果除少数(如龙眼、葡萄、荔枝等)外,其性味都偏寒,食用应适量,避免伤害脾胃阳气。

五、冬季养生

冬季从立冬初,经小雪、大雪、冬至、小寒、大寒直至立春前一天为止。

冬三月我国大部分地区草树凋零,冰冻虫伏,大地封冻,自然界万物生机闭锁,

这个季节正是身体"养藏"的最佳时刻。冬季活动锻炼,不宜过早,免伤阳气,最好是待日出以后,可选择活动量较大的锻炼方式,以身体略微出汗为宜。这样既能达到避寒取暖的目的,同时可保持心情愉快,使精、气、神得以内收。这就是冬季"养藏"道理之所在。假如有所违背,就会损害肾气,到来年的春季,人就会染上萎厥之类的疾病,让人体适应春天升发之气的能力减低。

人们一向认为:"冬练三九,夏练三伏,""早晨空气最新鲜"。其实并非完全如此。

冬天的早晨,在冷高压影响下,往往会产生气温逆增的现象,即上层气温高,地表气温低,大气停止对流运动。故地面上的有害污染物,不能朝大气上层扩散,而停留在下层。此时,若早早出外锻炼,反倒会深受其害。活动量越大,呼吸量亦越大,受害也越严重。故从大气污染这个角度出发,冬季不宜早锻炼。冬季"早卧晚起,必待目光",这一提法是有科学依据的。实践证明,人体许多疾病与季节和天气变化有关。严冬气温降低,冷空气挟着病菌进入人的呼吸道,可导致慢性气管炎急性发作。如果气温骤降或寒流来临,有心血管疾患的病人常感到胸闷、气短、头晕、恶心、两腿肿胀和全身不适,并可诱发心肌梗死和中风。因此到了冬季,中、老年人一定要注意防寒保温,预防各种疾病发生。

冬季气候变化,时而由寒转暖,时而又由暖转寒,且常有一昼夜间温度相差摄氏十几度的现象。这种反常的变化,为一些传染病的流行提供了时机。其中对人们威胁最大的莫过于流行性感冒。流感的流行和冷气的袭击密切相关。1974 年我国科学家对一次流感的大流行作了气象学调查。结果发现流感流行与当地气象变化有紧密的关系。调查期间,有一个 1058 毫巴的强冷高压从蒙古人民共和国向我国大陆等压线密集,呈东西走向,最终从我国东南沿海一带出境。这次冷空气所到之地,流感立即发生;未经过的地区,则很少乃至根本没有产生流感。此外,各地遭受冷空气严重入侵的第二天便是流感暴发的高峰期。由此可见,流感流行地域与流行时间,和冷空气袭击密切关系。

流感是危害人们的大敌,有关流感大流行的记载有 1958 年欧洲流感大流行,曾让马德里变得荒无人迹,意大利、西班牙也立起了几十万块新的墓碑。1918～1920 年全世界流感大流行,据不完全统计,大约有 5 亿零 5 万人患病,2000 余万人丧命,比第一次世界大战中死去的人数还多。

冷空气的袭击,可使人体呼吸道毛细血管阻力增加,粘膜分泌减低,人体抗体含量降低,加之空气干燥有利于流行病传播。寒冷时血中红血球沉降率、白蛋白、

血红蛋白和 γ—球蛋白含量下降,也会让人体免疫力减低。此外,恶劣天气还能使人体温调节功能失调。上述种种原因,均成为促使流行病流行的因素。中、老年人本来身体免疫功能和呼吸道防御功能减退,感染流感后,病毒容易直接到达肺部,导致肺炎型流感。尤其是平素患有慢性病(如哮喘、高血压、肺心病等)的人,再感染上流感,会使病情恶化,乃至死亡。为了有效地加以预防,流感流行期间,应尽量少去公共场所,注意保暖和休息,保持室内空气新鲜,家里有了流感病人,应注意隔离。

冬季营养的补充。冬季进补无外乎食补和药补二种。可供食补的有羊肉、鸡肉、牛肉、狗肉等;可供药补的有阿胶、人参、鹿茸等。但应注意,不管哪种补法,均应根据自己的实际需要,切不可盲目乱补,特别是药补,应该在医生指导下进行,以免产生副作用。有些老年人对"冬季进补"这句话不进行具体分析,一到冬天就乱用补品,结果导致头昏、眼花、口干、舌燥、脱发、掉牙,有的甚至流鼻血,还有的出现萎厥,即手足萎弱,筋脉弛缓等症。原因虽然是多方面的,但与乱食补品有很大联系。这种做法不仅失去了"冬季进补"的意义,也违反了"养藏"的规律。

古人依据机体内外环境统一的理论而制定的四时养生法,对我们有很大启发。这些养生原则,体现"预防为主"思想。对我们养生保健,提高生活质量十分有益。

第三章　食疗养生

一、食疗养生概述

（一）膳食与健康

膳食与人的健康息息相关。人进入老年,肌体功能衰退,消化液的数量和质量下降,胃肠蠕动减慢,牙齿缺损,味觉退化。要适应这些变化,应建立合理的膳食调配、膳食制度和烹调方法。

老年膳食中应含有比例合适的丰富营养素,特别是优质蛋白质和钙、铁、锌、硒等无机元素。

祖国医学提出了"饮食有节",其含义广泛。首先指的是饮食要有节制,勿过多过饱,尤其是晚餐。我国明代敖英在《东谷赘言》中指出:"多食之人有五患:一曰大便数(多),二曰小便数,三曰扰睡眠,四曰身重不堪修养,五曰多患食不化。"现代医学认为,吃的过饱,老人易发胖,高血压,冠心病,糖尿病,胆石症等就伴随而来。其次是不偏食,《内经》指出:"五谷为养,五果为助,五畜为益,五菜为充,气味含而服之,以补精益气。"食物多样化,可防止某些营养素不足。

李时珍

蛋白质是构成人体的重要成分。老人的食物蛋白质宜从蛋、鱼、乳类和大豆制品中摄取。动物内脏类食品,虽然营养全面,但胆固醇含量高,不宜多食。

多食蔬菜、水果,以补充膳食纤维、维生素和无机元素。膳食纤维能刺激消化

液分泌,兴奋肠蠕动,有利于消化和通便。不宜多吃油炸熏烤和甜食,食油应以植物油为主。

老人早餐宜吃粥,祖国医学对粥的评价很高。李时珍说:"每日起食粥一大碗,与肠胃相得,为饮食之妙诀也。"清代养生学家曹慈山曰:"粥能益人,老年尤宜。"有人盛赞粥为"世间第一补人之物"。合理吃些稀粥,对一些慢性疾病也有一定的治疗作用,如一些人视物昏花、迎风流泪的症状,可食用羊肝粥、兔肝粥、鸡肝粥或猪肝枸杞粥。大便秘结者,可食用松子仁粥;疾热咳嗽者,可食用梨粥、百合粥;水肿患者,可食用小赤豆粥、鲫鱼汤粥;糖尿病人,又可用老南瓜、饭豆混合适量海带煮菜粥食用等。

(二)饮水与健康

人体随着年龄的增长,机体内含水量也逐渐下降。如婴儿时机体的含水量约70%左右;学龄前儿童机体的含水量约65%;成年人机体的含水量为60%;进入60岁以后的老年人机体的含水量则下降到50%左右;且平素缺水感觉还较年轻人迟钝,因而也显得耐渴。所以说人到老年若每天主动地多摄入点水,对保障机体细胞代谢和内环境的平衡与稳定是很有裨益的。

如果长期因为不感到渴就不适量增加饮水,会使整个机体各处水域分布的含量降低,并促进血液粘滞度增加,容易导致血栓形成,诱发脑血管和心血管疾患的发生;同时还能影响肾脏功能对代谢废物的清除作用。因此,在健康老人中,每天水分的摄入量不少于1000~1500毫升。但在晚上应尽量少饮水,以防夜尿增多,影响睡眠休息。

人体的60%~10%由水构成,各种营养素最终要溶解于水中才能被人体吸收。因此水对健康的作用绝不亚于其他营养素。而长期以来,营养学研究的重点都放在能量、蛋白质、矿物质及维生素上。饮料研究的重点也往往偏重其中的固形物,却忽略了水。水是各种物质的溶解的媒体,蔬菜、水果、鱼、肉等所有食物的品质均与产地的水质有关。同样,人的体质也决定于所摄取的水质。随着人们生活水平的提高,在讲究吃什么、怎样吃的同时,也应该注意喝什么,怎样喝的问题。

据全国118个大中城市2~7年的饮水调查,有76个城市的地下水受到严重污染。长江流域170多个自来水厂,已有半数水源被污染。全国有7.5亿人喝不符合卫生标准的水。目前已发现至少有50多种疾病的病源来自不良饮用水。各种"结石"症,除饮食外,也与饮水的污染有关。水质的下降,除了给人的健康带来直接危害外,更重要的是慢性的潜在危害,如使人的免疫功能减退,造成新陈代谢紊乱等。

污染不仅使水的卫生质量下降,水的活性也在逐渐下降。这种水的溶解力、乳化力低,渗透性差,在身体中不能使营养物质被很好地吸收、利用。此外,作为物质代谢的媒体,它的洗净力、代谢力降低,造成体内酸性物质增加,从而导致免疫力降低,抵抗病菌的能力差。

究竟喝哪种水对健康最有益呢?矿泉水无疑是上好的饮料,但真正的矿泉应是直径10公里内无污染源,且必须经过岩层过滤、自然涌出的水,而不是通过外力抽出的水。

"自然回归水"是指仿照自然界的自净原理,经过物理、化学及生物等技术处理过的水,其性质接近人体细胞水,具有活性和能量,不含任何有毒有害物质,其中矿物质含量及比例科学,呈弱碱性,溶氧含钙量高,水分子团小,能消除体内酸性代谢物及毒物。"自然回归水"最初得益于莲藕和海鱼。莲藕生长污泥中,其内部的水是洁净的,海鱼生活在海水中,肉却是淡的。日本名古屋大学山下昭治博士经30多年研究发现,莲藕和海鱼的细胞膜能将体外不能生存之水转化为适合动植物生存的细胞水。他进而研究开发出一种生物核能片,这种核能片具有细胞膜的作用,它能赋予水一种生物能量,将水活化,使普通水成为有生命的水。"自然回归水"的新型饮料已出现在日本、美国等市场,我国也正在研制中。

(三)饮食与营养

调查中国大陆65个县6500人,年龄在36~64之间。检查项目包括饮食分析、血、尿、疾病状况等。

1. 胆固醇。中国人的血胆固醇平均含量比美国人低一半左右,因而心血管疾病普遍较少,与血胆固醇有关的结肠癌发病率也比较低。

2. 肥胖症。从体重和代谢情况看,中国人食用的热量比美国人多20%。然而,在中国人中,肥胖症却很少。可能是比西方人吸收的热量多,消耗也多。

3. 脂肪。在中国,日常饮食中来自脂肪的热量只有约15%,而美国约为46%。中国人没发现由低脂肪摄入引起的健康问题。

4. 纤维素。每个中国人一天内饮食摄取约34毫克纤维素,美国人10毫克。美国全国癌症研究机构建议美国人增加纤维素摄取至30毫克。可是,一些科学家们却对饮食中含纤维素能影响矿物质在肠内的吸收方式等问题表示担忧。从中国人的经验看,这一点并不值得担忧。比如血液中铁、锌、镁的含量与高纤维摄取没有关系。

(四)老人"四不吃"

老年人的饮食,应注意"四不吃"。

1. 不吃过冷食物。老年人吃过冷食物,易伤脾胃,使胃肠功能失调,引起胃脘胀痛或腹痛滞泻。吃冷食胃肠中的平滑肌也受刺激,引起胃肠痉挛(抽筋),导致食欲不振。

2. 不吃过咸食物。《黄帝内经》中说:"多食咸则凝注而变色"。唐代名医孙思邈也谈过类似的话。多吃咸会伤肾损骨,使人早衰。

3. 不吃过硬食物。老年人毕竟是骨弱齿缺,若吃过硬食物,最易引起消化不良。

4. 不吃过腻食物。尽量不吃或少吃脂肪多的食物,因为吃多了不易消化。脂肪过多对心血管系统和肝脏都是有害的。

(五)食养的作用

饮食养生与健康长寿关系非常密切,调整好饮食不仅可给人体供给的足够营养,而且能够延缓衰老,防治疾病。

1. 补充营养,缓老延衰。饮食是人体营养物质的主要来源,可以保证身体生长发育和各种机能活动的需要。古人说:"民以食为天";"安身之本,必资于食",皆说明饮食是健康的重要保证。食物入胃以后,通过胃的消化,脾的转输,然后散布全身,滋养肌肉,营养五脏六腑,从而维持正常的生命活动。

饮食还具有延衰缓老、延年益寿的作用。这种作用是通过饮食补益精气的功能而达到的。古人认为人体中最重要的是精、气、神,统称"三宝"。精、气都主要由饮食中的精微物质所化生。饮食正常则精气充足而养神,自然体健神旺,健康长寿。反之,饮食失宜,则精气不足而神衰,甚至伤身损寿,导致早衰的到来。因此,注意饮食调养,对抗衰延寿有重要意义。

2. 防治疾病。疾病的产生多因人体阴阳失调,正气不足,人对自然界的适应能力减弱,容易遭受外来邪气的侵袭。合理的饮食使人体获得足够营养,既可调整人体阴阳平衡,又可使体内正气旺盛,体质壮实,能适应自然界的各种变化,从而避免外来邪气的侵袭,达到预防疾病的目的。

饮食还具有治疗疾病的作用。古人认为药食同源,没有截然界限;如果有了疾病,当先用饮食疗法。有些疾病原本是由于人体营养不足,气血亏损,阴阳失衡而产生的,通过饮食补益气血,协调阴阳,疾病自可痊愈,有些食物本身则具有祛除外邪的作用,若与某些药物配合,则效果更加明显。

(六)食养的方法

饮食有节是指饮食要有节制和节度。包含两层意思,一是指进食的量宜少,二是指进食要有规律。

饮食宜少。古代养生学家认为少食可以延年益寿,而饱食、多食则促人早衰。孙思邈指出关中地域的人生活俭朴,食物大多只是一些酸菜、酱之类,但该地区的人少病而寿命长;而江南、岭南地区生活富裕,食物以肉、鱼为多,此地的人却病多而寿短,因而告诫人们"饮食当令节俭"。

节食可以长寿的机理。古代养生家多从三个方面解释。一是少食可保护脾胃,多食损伤脾胃。如清代石成金认为,脾胃虽善消化,但饮食应使它留有余地。比如一个人能挑一百斤,只给他挑八、九十斤,则不感费力而且跑得快;倘若挑一百多斤,超过其负重能力,必定步履艰难,伤筋损骨而生病。二是少食可以养气。因为人的口腹之欲是无止境的,饮食俭朴则心境安静、淡泊自然,神气充足而长寿。三是认为每个人一辈子所能受用饮食的量是一定的,若饱食则此量很快消耗掉,其寿短。少食则可长时间受用,寿命也就长。

饱食的危害。在我国古籍中,关于饱食有害的论述有很多。如《博物志》说,吃得越多,心胸就愈闭塞,寿命就愈短。《东杏赘言》则指出,多食之人可能产生五种疾患:一是大便多,二是小便频数,三是睡眠不安,四是身体沉重,五是消化不良。有民谚说:"要活九十九,每餐留一口"确为经验之谈。现代科学研究已证实,限食可以延长寿命;限食能降低自由基反应,从而延缓衰老进程,并且能够延缓免疫系统的衰老,减少恶性肿瘤等疾病的发生。

节食的要点。节食可以长寿已得到古今养生学家的共识,但也不是越少越好,吃得过少,会造成营养不良。一般来说,食量宜适中,以七分饱为宜。这样既可保证人体足够的营养,又不至于伤胃损寿。对于老年人,可少量多餐,以利消化。

饮食定时。饮食定时而有规律,也是饮食养生的重要内容。在固定的时间有规律地吃饭,可以使肠胃有节奏地活动,有张有弛,所进的食物也可以有条不紊地在体内消化、吸收。如果吃饭没有规律,随意进食,就会使胃肠长时间工作而得不

·养生秘笈·

图文珍藏版

到休息,久而久之,则会导致消化功能失调,食欲减退。古代养生家还强调要"知饥即食",不要"极饥而食",也就是说不要等到非常饥饿才吃东西。因为过于饥饿已于身体有害,且过于饥饿以后常常饱食,饥饱失调,必然损伤脾胃,伤身损寿。一日三餐符合我国人民的饮食习惯,若能持之以恒,按时进食,将有利于健康长寿。

食宜清淡。古代养生家极力提倡素食和淡食,认为这是健康长寿重要方面。

饮食宜素。素食是指饮食宜清淡,少吃油腻厚味的荤食。《韩非子》指出,香美脆味,肥肉佳肴,虽然味道可口,但损害形体健康。朱丹溪在《格致余论》中举例说,山区的贫贱百姓吃的多是气味淡薄的素食,到老动作不衰,身体也健康无病;而富贵之人,多食肥肉荤食,却体弱多病而寿短。多吃素食,少吃肥腻油炸食物,有益于身体健康。

韩非子

古代养生家在长期实践中认识到,贪食甘美肥腻的食物容易化痰生火,导致疔疮、消渴以及中风等疾病,伤神损寿。现代研究已经证实,蔬菜、水果等食物的生物活性极高,是益寿延年的可取食品;而高脂肪食物,则会导致高脂血症、动脉硬化、中风等疾病。世界上一些长寿地区的人,也多以谷物、蔬菜、瓜果为主食。当然,不能完全素食,也要进食适量的蛋白质和脂肪。

饮食宜淡。淡食就是少吃盐。古代养生家认为咸多伤生,淡食延年。明代陈继儒《养生肤语》列举东光县村中三老人兄弟,因该地难得盐,故以清淡为主,都年至80多岁而身体很强健;而宫廷中的人短寿,原因之一就是吃盐太多。

至于盐为何损寿,古人认为咸能凝血滞气。举例来说,豆浆以咸卤一点即成块,禽兽血遇盐也即结块,所以多食咸味之人,面色枯槁,脉络壅滞,倘若常吃清淡,自然神清气爽,疾病少生而长寿。现已证实,饮食过度与高血压病、胃癌等疾病的发生有关。

烹调适宜。食物的烹调方法是否得当也很重要。合理的烹调可以使食物色、香、味俱全,不仅能增加食欲,而且可减少营养的丢失。

宜保天然之味。古代养生家认为的食物的性味有天然的,也有人为的。食物天赋的性味是自然之味,有益于健康长寿;人为的性味则于身体有害。所以在烹调食物时,应尽量保持食物天然之味和营养成分。油炸、油煎、烘烤等烹调方法,人为之味多而天然之味受损,且这类食物虽香脆可口,但火性较大,易致脾胃积热,不宜多食。

食宜烂煮熟软。食物应煮烂熟软,切忌生硬粘滞。生冷坚硬之食很难消化,而筋韧半熟之肉则更难消化,吃后必然损伤肠胃,导致消化不良。

老人之食更应煮烂。食物有三化,烹调为火化,细嚼为口化,入胃为腹化。老年人牙齿多脱落,口化不及;消化功能减退,腹化无力,所以主要依靠火化煮烂,使食物易于磨运消化。

阴阳相调。食物有阴阳两种不同属性,阴性食物多凝滞,阳性食物多辛辣,对人体将产生不同的影响。在烹调制作过程中,应当注意阴阳相调,使食物既不过于凝滞,又不过于辛辣。在烹调阳性食物如羊肉、鸡肉、狗肉、鹿肉的过程中,加入青菜、嫩笋、鲜菇等阴性食物,能中和或柔缓阳性食物的热性。同样,烹调阴性食物如鱼、鳖、龟、蛋等,加入姜、蒜、胡椒等助阳之品,也能克制阴性食品之偏。

全面搭配、合理配伍。食物的种类很多,各种食物所含的营养素皆不相同,但任何一种营养素都是必不可少的。只有做到各种食物合理搭配,才能使人体获得各种不同的营养成分,以满足生命活动的需要。早在两千多年前,《黄帝内经》就提出以谷类为主食、肉类为副食、水果为辅助、蔬菜为补充的混合型食谱,其中主食、副食、动物食品和水果蔬菜为补充的混合型食谱,能够满足人体对各种成分的需要,有益于身体健康。

现代科学认为,人体需要糖、蛋白质、脂肪、维生素、无机盐和水六大营养成分,谷类食品含糖和一定数量的蛋白质,肉类主要含蛋白质和脂肪,蔬菜、水果含有丰富的维生素和矿物质。只有合理搭配以上各种食品,才能使人体获得充足的营养。

五味调和。五味是指食物的酸、甘、辛、苦、咸五种味道。古代养生家认为五味分别入于人的五脏,如酸入肝,成人肾等。五味调和,就是五味的配合要恰当。这对于健康很重要。如果偏食于某一味,就会损伤相关脏腑。如过食咸,会导致血脉凝滞;过食苦,则引起皮肤枯槁,毛发脱落。所以,五味的搭配要适宜,否则会伤及五脏。

食物的五味还有相互制约和相互生化作用,分别叫作"五味相胜"和"五味相生"。运用这种理论来指导烹调,不仅可缓和食物味道的过偏,而且可使食物的味道更加鲜美可口。如根据"酸胜辛"的机理,辛辣食物中加入酸味,辛辣味就会减

·养生秘笈·

图文珍藏版

轻。炒辣椒时加入少量的醋,就能起到这样的作用。

饮食有忌。饮食养生还要注意到某些禁忌,即忌食秽物与生冷硬食,忌食物过寒过热,忌食物过杂等。

忌食秽物及生冷硬物。污秽、变质的食品对身体非常有害。两千多年前孔子就明确指出腐败变质的鱼肉、色泽变得很难看的食品,以及味道变得很难闻的食物都不能吃,食后必会使人受到损伤。生冷硬物极难消化,影响脾胃运化功能,损伤脾胃,亦当忌之。

病中忌口。食物的性能与疾病的治疗有密切关系。很多疾病由于饮食不当而使病程延长或反复发作,因而应强调病中忌口。一般来说,阳虚、寒性疾病,忌食生冷寒凉食物,阴虚、热性疾病忌食辛热之品。具体而言,浮肿尿少,忌食过咸;冠心病,忌食肥肉、动物内脏;溃疡、皮肤病忌食鱼、虾、蟹等膻腥和辛辣食品;癌症忌食狗肉、羊肉、虾、蟹之类。

忌过寒过热。古代养生家强调食物的温度也要适当,不可过冷过热。"热无灼为,寒无凄凄","热不灼唇,冷不冻齿"。太热将烫伤食管、咽喉,太冷则伤脾胃,引起腹胀、腹泻等病症。此外,不能先进热食而随进冷食,或先进冷食而随进热食,因为这样会导致冷热相攻而产生疾患。

因时调膳。古代养生家认为,饮食还应根据不同的时间来变化,一年四季和一日三餐的膳食应有所区别。

(七)进食保健

所谓进食保健,是指在进餐时要注意的一些问题。

食宜细嚼。古代养生家强调食物要细嚼,孙思邈认为食物通过"熟嚼",可使"米脂"入胃。有益健康。进食时细嚼慢咽,可使食物中的精华充分吸收,并保护肠胃,有利于消化液的分泌,促进消化。若狼吞虎咽,囫囵吞枣,不但损伤肠胃,也会造成浪费。

食宜专致。孔子说:"食不语"。这就是指在进食时,应该专心致志,把注意力集中在饮食上。这样既可充分品尝食物的滋味,又助于食物的消化吸收。假若进食时仍在思考问题,或者边吃饭边看书报、电视,势必影响食欲,且妨碍食物的消化。

进食宜乐。进食时的情绪不但影响食欲,也影响食物的消化吸收。在进食之前当去除烦恼,不能发怒,怒则令人神惊。愉快的情绪使人食欲大增,也有利于消化液的分泌,促进消化液的吸收。反之,七情抑郁、情志不舒则降低食欲,不利于消化。因此,在进食之时要谈论令人愉快的事情,造成轻松愉快的气氛,而不能争吵、辩论或打骂小孩。此外,进食时还要充分品尝食物的滋味,体会到食物于己有利,从而觉得味道鲜美,亦有助于增加食欲,促进消化。

饭后保养。古人认为进食以后,亦当注意保养,提倡饭后散步,饭后摩腹,饭后漱口。

饭后散步可以帮助消化,促进健康。晋代陶弘景在《养性延命录》中说,吃饭

陶弘景

以后,应该缓缓步行,或在庭中散步累计数里之远;假若进食后即卧床睡觉,便会产生各种疾病。但饭后不能急行。饱食后急行使气血流向四肢,妨碍胃肠消化吸收。总之,饭后缓行数百步,有利于胃肠蠕动,促进消化。所以古谚说:"饭后百步走,活到九十九。"

饭后摩腹是重要的饭后保养方法之一,孙思邈在《千金翼方》中说,平日点心饭后,即自以热手摩腹,出门庭行五、六十步。又说食后以热手摩腹数百遍,则食易消,大益人。后世养生家多沿用此种方法。具体做法是在吃饭后,将手搓热放于腹部,按顺时针方向,自上而下、自左而右进行环转推摩数十次至上百次不等。这种方法可增加腹腔的血液循环,促进食物消化吸收。

古人提倡食后漱口,认为可以"令牙齿不败口香"。进食后,口腔内,齿缝中留有一些食物残渣,若不及时清除,则有利于细菌生长,引起口臭,或发生龋齿。现已证实,进食后即漱口比早晚漱口效果更好一些。

(八)营养平衡是养生关键

现代营养学认为,只有全面合理的膳食营养,即平衡饮食才能维持、促进人体的健康和长寿。在世界饮食科学史上,最早提出平衡饮食观点的是我国。《黄帝内经·素问》已有"五谷为养,五果为助,五畜为益,五菜为充,气味合而服之以补精益气"及"谷肉果菜,食养尽之,无使过之,伤其正也"等记载。上述这些平衡饮食

的内容,至今实用价值仍甚高。

"五谷为养",是指用黍、秫、稻、麦、菽等谷物、豆类作为养育人体之主食。前四谷富含碳水化合物和蛋白质。菽(大豆)则富含蛋白质、脂肪和碳水化合物等。我国人民的饮食习惯是以碳水化合物作为热能的主要来源,生长发育和修补则靠蛋白质。故五谷为养是符合现代营养学观点的。且谷物蛋白质缺少赖氨酸,豆类蛋白质缺少蛋氨酸,因而煮食豆粥,则可互补,并提高蛋白质的营养价值,从而达到人体需要的平衡饮食。

"五果为助",系指枣、李、杏、栗、桃等水果、硬果,亦有养体健身之功。水果富含维生素、纤维素、糖类和有机酸等物,由于可以生吃,因而能避免因烹煮破坏其营养成分。饭后食用有助消化,故是平衡饮食中不可缺少的辅助食品。

"五畜为益",乃指牛、犬、羊、猪、鸡禽畜肉食,因其有补益人体作用,所以是平衡饮食谱里的主要辅食(增补五谷主食营养之不足)。动物性食物多含高蛋白、高脂肪、高热量,而且所含的人体必需氨基酸齐全,多属完全蛋白质且质量优于植物蛋白,是人体生长修补组织以增强抗病能力的重要营养物质。

"五菜为充",则指韭、薤、藿、葱等蔬菜,有充实健身之益。蔬菜类食物富含多种微量元素、维生素、纤维素等物,也是一种重要的辅食来源。有增食欲、充饥腹、助消化、补营养、防便秘、降血脂、降血糖和防肠癌诸利,是平衡饮食中不可缺少的主要辅助食品。

中医历来认为食物有"四性"即寒、热、温、凉四性和辛、甘、酸、苦、咸等"五味"。前者依据食物被吃人体内所发生的反应而定,后者主要是根据食物本来的滋味而划。讲究食物的气味(性昧)和功能,则是中医饮食疗法的基础。所以,熟练地运用饮食疗法,能因时、因地、因人制宜地进食某些食物,便可祛病健身,并达到延年的目的。

寒性、凉性食物。一般具有清热泻火、解毒养阴之功,适于体质偏热者或暑天食用。如粳米、小米、绿豆、赤小豆、豆腐、豆浆、西瓜、梨、柑、柿、甘蔗、鸭肉、兔肉、猪肉、牡蛎、蟹、鳗鱼、甲鱼、田鸡、蜂蜜、竹笋、苦瓜、黄瓜、白菜、蕹菜、萝卜、番茄、菠菜、荸荠、西洋菜、紫菜、苋菜等等。

温性、热性食物。大多能温中散寒和助阳,适于体质弱寒者或冬令进食。如面粉、糕饼、糯米、豆油、酒、醋、大枣、荔枝、红糖、羊肉、牛肉、猪肉、雀肉、虾、鸡、鲫鱼、鲢鱼、葱、姜、韭菜、大蒜、辣椒、胡椒等等。

此外,中医药家又把食性平和的食物列为平性,常人可终年食用。如黄豆、黑豆、番薯、马铃薯、莲子、葡萄、苹果、菠萝、椰子、香菇、蘑菇、白糖、鸡蛋、鲤鱼、墨鱼、山药、南瓜等等。

食物之五味，即辛、甘、酸、苦、咸，既能满足各人的不同嗜好，又常带有迥异的功效。辛味食物，如生姜、辣椒等。大多含有挥发油，有散寒、行气、活血之功，但过食则有气散和上火之弊。甘味食物，如白糖、大米等，多富含糖类，有滋补、缓和之力，但过食则壅塞淤气。酸性食物，如青梅、柠檬等，含有机酸多，有收敛、固涩之利，但过食则筋。苦味食物，如苦瓜、杏仁等，多含有生物碱、甙类，苦味质等物，有燥湿、泻下之益，但多食则骨重。咸味食物，如食盐、紫菜等，含钠盐较多，有软坚、润下之功，但多食则血凝。

从实际生活看，许多食物往往不限于一味，而有两种以上的味道。食物的性与味关系密切，且烹饪方法的不同，又可使食物之性味改变。然而，日常饮食坚持五谷、五果、五畜、五菜和四性五味的合理搭配、荤素兼吃，不偏食偏嗜、不过食暴食，患病时讲究"热症寒治""寒症热治"地进食，这些都是古而不老的中医食疗学观点，也是现代饮食科学大力提倡的平衡饮食。只要我们在日常饮食生活中注意平衡饮食，对促进人体健康和长寿，是大有裨益的。

二、食疗养生须知

(一) 早餐应讲究

传统的观念早餐宜早，尤其是中年人起床早，吃早餐也早。但医学专家却认为，人体经过一夜的睡眠，绝大部分的器官得到了休息，可消化器官却仍在工作，消化吸收一天中存留在胃肠道的食物，到早晨正好处于休息状态。如果早餐过吃，就会干扰胃肠道的休息，加重消化系统的负担。早餐过早，机体的能量就会转移来消化食物，一天的新陈代谢自然循环就因此受到干扰，而经过一整夜的消化代谢产物不及时排除，积存在体内就会成为各种老年疾病的发病诱因。因此，早餐最好放在每天的8点左右。

那么中年人一早起来，要忙于挤车上班，这段时间坚持饮些白开水或淡盐开水对身体健康会有很大益处。这是因为人体经过一夜睡眠，从尿中以及皮肤和呼吸中排出了大量水分，早晨起来后，每人不同程度上是处于生理性缺水状态，当然每个人的表现不同,不少人由于忙,不一定感到口渴,但此时如不及时补充水分,不利于肝肾的代谢及代谢产物的排泄,也不利于早餐的吸收,还会因长期在生理性缺水的状态下,诱发便秘、血栓、肾脏疾病。因此在早餐前饮水,不仅对人体内器官相对起到了洗涤作用,而且对改善器官功能,防止老年病的发生有一定的保护作用。

就一般状态下,人体在早晨时,脏器呆滞,胃津不润,没有食欲,所以人到中年后,早餐不要进煎炸、干硬、滑腻的食品,否则会导致食物滞于胃中,引起消化不良。早餐最好是选择营养丰富又易于消化吸收的食物,如牛奶、鸡蛋,尤其值得一提的是粥,粥生津养胃,又利于吸收,如果在冬季每天喝些莲子、银耳、红枣粥等,那就更好了。

(二) 食欲旺不一定好

人的生命只要存在一天,就要吃东西。通常食欲的好坏,无疑是衡量一个人是否健康、疾病是否好转的重要标志之一。

但是事实并非都是这样。医学临床观察有些患者虽食欲旺盛,但却是某种疾病的特征之一。例如,患了糖尿病、甲状腺机能亢进、钩虫病、绦虫病等,特别是患了糖尿病和甲状腺机能亢进时,病人一般表现为食欲特别旺盛,常感觉肚子饿,总想吃点东西,但还是吃不胖,而且不断地消瘦。

这种情况告诉我们,凡是感觉到自己的食欲与平常不大一样,已有较长的时间感到特别想吃东西,但还吃不胖时,应及时去医院做一下血糖、尿糖、碘含量、钩虫和绦虫卵的化验,检查是否得了以上某种病,以求得早期诊治。

(三) 多吃喝易患脂肪肝

近年来,脂肪肝的发病率有明显增高的趋势。究其原因主要是我国人民因为生活水平不断提高,营养过剩所致。另一个重要原因就是吃喝成风,一些长期过量饮酒和摄入过多的高脂食物,而形成脂肪肝。

脂肪肝是指人体肝细胞内蓄积了过多的脂肪。正常时,肝内的脂肪只占3%-5%,如果肝内脂肪含量超过了15%,不管是什么原因造成的,都可以诊断为脂肪肝。

脂肪肝有很多种,可分为营养性脂肪肝、病毒肝炎引起的脂肪肝、内分泌性脂肪肝、药物性脂肪肝和妊娠性脂肪肝等。前三类是造成目前脂肪肝发生率上升的主要原因。

营养性脂肪肝：主要的病因是营养过剩。有人认为，只要不吃肥肉、少吃油就不会患脂肪肝，其实这是一种误解。人体在进行营养代谢的过程中，不仅动物脂肪（如肥肉）和植物油能形成脂肪，而且蛋白质类食物和淀粉（碳水化合物）在体内通过生化反应，同样可以转化成脂肪。尤其是当这些营养物质过剩，超过热量和代谢需要时，就会变成脂肪贮存起来。这就是肥胖症和营养性脂肪肝形成的基本原因。

酒精性脂肪肝：酒精进入人体后，主要在肝脏分解代谢。酒精对肝细胞有一定毒性，使肝细胞对脂肪酸的分解和代谢发生障碍。因此饮酒越多，肝内脂肪酸越容易堆积，导致酒精性脂肪肝。

病毒性肝炎引起的脂肪肝：肝脏在肝炎的基础上容易发生脂肪变化，如果再加上饮食不合理，极易形成脂肪肝。对肝炎患者的饮食往往片面强调"高糖"，由于糖的增加，过多的葡萄糖在体内转变为磷酸丙糖，后者在肝脏内合成低密度脂类物质，最终使血中甘油三酯等脂肪物质增多，形成高脂血症，使得血液流速减慢，血液粘稠度增加，肝脏对氧的利用减少，形成脂肪肝。脂肪肝反过来加重原有肝炎的病情，形成恶性循环。

除妊娠性脂肪肝外，其他各类型脂肪肝的病变均属慢性过程。由于肝脏代偿机能比较强，又多为慢性，因而患有轻度脂肪肝的病人可能没有任何症状，多在体检时偶然被发现。稍重的病人可出现肝肿大，肝区疼痛、压痛，少数病人还可能有轻度黄疸，化验转氨酶、胆碱脂酶有升高等。做 B 超和 CT 检查，很容易发现脂肪肝的改变。B 超检查典型表现称之为"亮肝"，即全肝有反射较强的细小光点，强弱不均，肝内血管结构常被掩盖而显示不清。一般说 B 超的发现是比较可靠的。

得了脂肪肝，也不必惊慌失措，因为脂肪肝实际上是一种可逆性疾病。只要去掉或控制了病因，病情便可以改善和好转，直至痊愈。例如常见的营养性脂肪肝，如果能控制饮食，防止营养过剩，饮食做到定时定量，荤素搭配妥当，讲究营养平衡，平时食用高蛋白、低糖、低脂、富含维生素的食物，适当减肥，病情很快就会好转。而酒精性脂肪肝，只要决心戒酒，定会好转和痊愈。

患脂肪肝的人必须参加体育锻炼和娱乐活动，因为这样能够促进肝脏的生化反应，促进血循环，促进机体消耗及利用过剩的营养物质，对脂肪肝有很好的治疗和预防作用。

(四)酸性食物过量损大脑

常感到疲倦是因睡眠时间不足、用脑过度和强体力劳动造成的，有时候则是由偏食酸性食物带来的后果。

酸性食物不是指一般的酸味食物,而是指含有磷、硫、氯等元素的食物在体内形成的酸性。人体在正常状态下,血液为弱碱性。血液中不论是酸性过多还是碱性过多,都会引起身体不适。人们每天都在食用大量酸性食物,如主食中的米和面就属酸性食物,副食品中的肉类、鱼类、贝类、鸡、花生、紫菜,还有啤酒、白糖,都属酸性食物。血液酸性化就称为酸性体质,酸性体质的人常有一种疲倦感。开始时有慢性症状。诸如手脚发凉,容易感冒,皮肤脆弱,伤口不易愈合等。酸性体质呈严重状态时,会直接影响脑和神经功能,从而引起记忆力减退,思维能力下降,神经衰弱。因此,我们大量食酸性食物的同时,应吃一定量的碱性食物去中和酸性,以使我们头脑处于清醒和活跃状态。哪些属于碱性食物呢? 我们日常食用的蔬

紫菜

菜、水果、豆类、海藻类、茶、咖啡、牛奶都属于碱性食物。

(五) 节日防"美味综合症"

逢年过节,常见有些人在饭后半小时至 1 小时左右,突然出现头昏脑涨、眼球突出、上肢麻木、下颌发抖、心慌气喘、心动过速、脉搏加快、呼吸急促、血压增高等一系列症状而到医院就诊。近年来,营养学家和医学专家认为,这是一种特殊的现代"文明病",是食用美味佳肴过量而引起的,故起名为"节日美味综合征"。大量的临床统计资料表明,随着人们物质生活水平的提高,该病的发病率逐年增高。

临床统计分析和理化检验结果证明,在病人食入的鸡、鸭、鱼肉等鲜味食品中,含有丰富的麸酸钠,它是味精的主要成分。可大大刺激人的味觉,进入人体后可分解为谷氨酸和酪氨酸等,在肠道细菌的作用下,转化为有毒、有害物质,随血流到达脑部后,干扰大脑神经细胞正常代谢,使生理功能发生紊乱,因此导致上述一系列症状的出现。临床实践表明,食用此类鲜味食品越多,病人的症状越严重。如果一次摄入的麸酸钠总量 5 克时,便有轻度症状出现;若一次摄入的总量超过 30 克时,即可出现重度症状。预防"节日美味综合征"的关键是防止暴饮暴食。对美味佳

肴应以品尝为主,一次不宜吃得过多、过饱,以防增加胃肠负担,诱发急性胃肠炎、胰腺炎、胆囊炎、糖尿病、高血压、高血脂等病。其次是烹调菜肴时,可不加或少加味精,以防麸酸钠超量,使症状加重;要多吃些富含纤维素、维生素的新鲜蔬菜、水果,以促进胃肠蠕动,加快体内有毒、有害物质的排泄过程。一旦出现上述症状,也不必惊慌失措,轻者休息一下即好,症状重的应及时就医,以防延误。

(六)老人饮食七宜忌

老年人的饮食养生,就是以老年人的代谢特点为依据,充分利用各种营养素和实行合理的饮食达到平衡的营养,以增强老年人的体质进而延年益寿的。

饮食品种上宜素少荤。

> 饮食质量上,宜鲜忌陈。
>
> 饮食数量上,宜少忌多。
>
> 饮食味道上,宜淡忌咸。
>
> 饮食温度上,宜温忌寒。
>
> 烹调方法上,宜软忌硬。
>
> 饮食饮料上,宜茶忌酒。

(七)老人慎酒

老年人多数都有喜爱饮酒的习惯。确实,少量饮酒对老年人有健身作用,由于老年人活动少,食量一般都较小,如能在饭前饮少量酒,可刺激味觉,引起消化液分泌的增加,故可增进食欲,同时还能健胃祛风。老年人由于气血渐衰,多有腰酸腿痛,易感疲劳,特别是冬春寒冷季节,畏寒怕冷等现象,如能饮上一、二两酒,则能活血理气、通络关节,消除疲劳且能助睡眠。另外,对一些老年性的心血管疾病也大有益处。美国的专家研究证明,每天饮一两白酒,有助于减少冠心病引起死亡的危险性。英国的专家亦认为,喝果子酒则是避免心脏病发作的最好办法。

饮酒虽有上述优点,但饮多了也是有害的,正如《寿世保元》中说:"食宜半饱无兼味,酒至三分莫过频。"大量的饮酒能引起神经的抑制,超大量则能引起严重的抑制而死亡。长期过量的饮酒会使心肌变性失去正常的弹力,心脏收缩无力,便会导致"心力衰竭"。过量的酒对肝脏的损害亦是极大的,常是导致肝硬化的原因之一。胃溃疡消化道炎症如慢性肠炎也可因大量饮酒而发病。过量的饮酒对老年人来说,还常是引起脑血管意外的原因。因此,老年人要慎酒。另外,饮酒的同时要注意营养,在身体不适或情绪不佳的情况下不要饮酒,更不要"带病上阵"和"借酒浇愁"。

酗酒危害。急性酗酒中毒,引起呕吐、胃出血、昏迷等现象已是众所周知的,但长期饮酒造成的心、脑、肝等重要脏器的病变,多是危及生命的,也要引起警惕。

①酒精性肝硬化。长期酗酒,酒精中间代谢产物——乙醛对肝脏细胞的直接损害,导致肝细胞广泛的变性、肝细胞结节性再生、结缔组织增生,使肝脏小叶本身结构破坏及假小叶形成,肝脏就逐渐变性、变硬,而发生肝硬化。此时患者则表现出厌食、食欲减退、浮肿,严重者出现腹水、便血、呕血,甚至演变为肝癌、肝昏迷。

《寿世保元》书影

②酒精性心脏病。因为酒精可使心肌细胞及细胞间质水肿、纤维化、线粒体变性,加之酒精对心肌的直接损害,久而久之,导致心脏扩大,心脏收缩功能减退,出现气急、胸闷、端坐呼吸、心律失常及下肢浮肿等心力衰竭的表现。

③酒精性脑病。又称酒精性痴呆。长期饮酒可累及大脑的乳头体、间脑、脑干,少数可使胼胝体和头顶叶、锥体系统受损,临床上与此相对应的症状为眼球运动障碍、眼肌麻痹、走路不稳、震颤及肢体共济失调。还伴有记忆、定向、注意力损害的智能改变。严重者还表现出谵妄、失语、梦幻,或处于无动缄默、木僵状态。

④严重营养不足。长期酗酒,酒精会直接损伤胃肠吸收功能,且胃炎、胃溃疡的发病率也大大增加,加之心、肝的病变,会加重蛋白质、维生素等营养物质的缺乏,此时病人多表现出消瘦、头晕、无力、贫血、浮肿、易"感冒"等营养不良的状态。

上述疾病一旦发生,后果较为严重。它常见于饮酒10年以上,每天0.2公斤以上者,且饮酒年龄越小,脏器损害越重。对此,目前尚无特殊疗法,戒酒是预防本病和阻止其进一步发展的根本。对出现症状者,应给予维生素B族、维生素C、叶酸及其他营养素的补充,对改善心、脑、肝的功能,纠正营养不良有重要意义。

(八)老人少饮啤酒

科学研究表明长期大量饮用啤酒,会增加心脏负担,并使心肌组织中出现脂肪沉积,心脏变大,减弱收缩功能,有的老者称之为"啤酒心"。大量饮用啤酒还会引起胃粘膜损伤,导致胃炎的发生。前不久召开的全美肝病专家会议上,啤酒被指控为谋害肝脏的杀手。专家们指出,喝大量啤酒的人比喝等量的葡萄酒更容易死于肝病。此外,大量饮用啤酒还会由于血液中铅的含量过高,导致智力下降和痴呆等。

(九) 少吃胆固醇高的饮食

血胆固醇值会随着你所摄食的饱和脂肪量而增加。不管你直接摄入多少胆固醇,人体依旧不断地制造胆固醇,有许多不含胆固醇、但饱和脂肪丰富的食物,会使你的血胆固醇值增加。肝脏以消化后的脂肪制造几乎是人体中全部的胆固醇。要避免血中胆固醇的积存,应同时减少饮食中含胆固醇及饱和脂肪的食物。

富含胆固醇的天然食物包括蛋、动物肝脏及某些贝类。然而胆固醇的主要来源,其实是含高量饱和脂肪的食物,如奶油、牛油、干酪,以及猪肉、羊肉和牛肉等多脂肉类。人体利用饱和脂肪在肝脏中制成胆固醇。

人体全身的细胞,都利用胆固醇制造成长和再生所需的重要激素。身体各处新细胞的形成,胆固醇都是组织成细胞壁的重要成分。此外,胆固醇也是肝脏制造胆盐时十分重要的成分。胆盐随后会进入肠内,协助消化脂肪。

事实上,几乎所有进入血液中的胆固醇,都是肝脏以各种食物——尤其是饱和脂肪——所制造的。由于人体每天细胞运行所需的胆固醇比肝脏所制造的少,人体并不需要进食胆固醇。其实只有极少量的胆固醇,是直接从蛋和贝类等胆固醇丰富的食物中摄取的。

胆固醇由血液运送到全身各处,因此体内的细胞都可以直接从这个来源获取所需的胆固醇。额外的胆固醇会陆续在血液中循环,而且很快就累积到异常的数量。

充分的证据显示,血胆固醇值高的人罹患心脏病、心绞痛、中风和循环系统异常的可能性较高。过多的胆固醇会积存于血管壁,进而阻碍流向心脏、胸部等组织的血流。多数人只要改变饮食,便可以降低血胆固醇值。但不是少吃富含胆固醇的食物就行了,因为这些食物对血胆固醇的影响极其有限。要降低血胆固醇值,最重要的是少吃多脂食物——尤其是肝脏用来制造胆固醇的饱和脂肪。

(十) 食物污染

在各类食物中毒中,以细菌性有毒食品引起的细菌性食物中毒最为多见。据

1994年统计,全国发生细菌性食物中毒占食物中毒总数的29.6%,中毒人数占食物中毒总人数的47.5%。细菌性食物中毒有明显的季节性,大都发生在气候炎热的季节,即7、8、9三个月。这是由于气温高,适合于微生物生长繁殖,当细菌或细菌素在食品中繁殖到足以使人发病的数量时,就会造成食物中毒;另一方面,人体胃肠道抵抗力下降,容易感染细菌。

细菌性食物中毒发生的原因往往是多方面的,归纳起来有以下几个方面:

1.食物原料变质。由于运输、贮藏不当,蛋白质含量高的食品如鱼、肉、蛋、奶非常容易引起变质,变质食品中细菌大量繁殖,如果加工时没有烧熟煮透,食后就可能发生食物中毒。还有的细菌在食品中能产生耐热的肠毒素,虽然加热也不能将其破坏,食后可引起食物中毒。因此,腐败变质的食品不能食用。

2.食品没有烧熟煮透,食品中的细菌没有全部杀死,食后很容易引起食物中毒。

3.食品贮存不当。有人将冰箱视作保险箱,实际上食品在冰箱中存放时间过长,食用前不注意加热,食后也能发生中毒。

4.生熟食品交叉污染。食品加工的工具、容器必须做到生、熟分开,否则熟制品受到细菌污染,食后同样能发生食物中毒。

5.生吃水产品。水产品带菌率较高,蛤为22.5%,海蟹为94.1%,因此生吃水产品是危险的。

6.食品从业人员携带病毒、病菌污染食品。

在细菌性食物中毒中,沙门氏菌引起的食物中毒占首位。细菌在20-27℃条件下易生长繁殖,中毒多为动物性食品引起,尤其肉类、病死牲畜肉、冷荤熟肉最多见。食品被沙门氏菌污染一般分两类途径:其一,为生前感染。病死牲畜肉一般是生前即感染了病原菌,随着血液循环进入全身各处,其肌肉、内脏、血液均含有大量的沙门氏菌,而血液和内脏带菌率最高,危险性更大。因此,病死牲畜肉不能食用。其二,为宰后污染,指从屠宰到烹调前的各个环节的污染。熟肉制品在生产、加工、运输、贮藏、销售的各个环节如不遵守操作规程都能被沙门氏菌污染。在我国熟肉制品大多无小包装,因此污染细菌的机会更多。生产条件、运输条件、销售环境(包括空气清洁度)、售货工具及售货人员的手都是污染环节。

吃了被沙门氏菌污染的食品后,一般在半天或一天的时间,短的甚至几个小时内即可发病。主要以急性胃肠炎型为多。初期主要是头痛、恶心、全身乏力,后期出现腹痛、腹泻、呕吐、发烧,发烧都在39摄氏度左右,重疾病人可出现昏迷,如不及时治疗,也可导致死亡。

葡萄球菌肠毒素引起的食物中毒也是比较常见的。

葡萄球菌广泛存在于自然界,空气、土壤、水中皆可栖身。人和动物的皮肤、口腔、鼻咽腔带菌率较高,患乳腺炎中的奶和有化脓症的牲畜肉体常带有致病性的葡萄球菌。葡萄球菌在含水分、蛋白质及淀粉较多的食品中易繁殖并产生毒素,人食用了含有葡萄球菌肠毒素的食品,就可发生中毒。奶与奶制品以及用奶制作的冷饮(冰淇淋、冰棍)、奶油糕点、含淀粉和水分较多的剩米饭、凉糕、熟肉制品、禽类罐头等是常引起葡萄球菌肠毒素食物中毒的食品。葡萄球菌食物中毒常发生于夏秋季节,污染食品的葡萄球菌往往来源于带菌者。如患有化脓性皮肤病或患有口腔病的人通过与食物接触或经空气传播,即可污染食品,引起食物中毒。

葡萄球菌肠毒素随食物进入人体后,潜伏期是 1.5 小时,最短 15 分钟即可发病。中毒的主要症状是恶心,反复呕吐及腹痛、腹泻。儿童对肠毒素比成人敏感。因此,儿童发病率较高,病情也较重。但经及时治疗,预后较好,1~2 天可以康复。

(十一) 多吃蔬菜有益

蔬菜和水果是人们十分熟悉的食物,二者的营养成分均以维生素和矿物质为主,这些成分都是人体所必需的。日常生活中,许多人往往喜欢吃水果而不喜欢吃蔬菜,认为只要每天食用一定量的水果,即使少吃或不吃蔬菜也无关紧要。其实,这是一种错误的认识。

蔬菜所含的营养成分在许多方面都具有水果所没有的优势。若以青菜和苹果相比,前者比后者钙含量高 18 倍,磷高 8 倍,铁高 11 倍,胡萝卜素高 25 倍,维生素 B_2 高 8 倍,维生素 PP 高 6 倍,维生素 C 高 20 倍。蔬菜中还含有一些水果所没有的调味物质,如挥发油、芳香物、有机酸等。另外,蔬菜较水果更能有效地促进人体吸收蛋白质、碳水化合物和脂肪等营养物质,并能刺激食欲,促进消化。蔬菜中的大量纤维素,虽然不能被人体消化和吸收,但它可以刺激胃肠蠕动,促进大便通畅,有利于预防肠道疾病。从价格上看,蔬菜价格

油菜

一般要比水果便宜得多,来源丰富,每餐可食,多食少食均无害。由此可见,就人体

需要来说,多吃蔬菜要比多吃水果更有益,水果是不能代替蔬菜的。

(十二) 早餐有益

吃早餐等于吃补药。国外科学家研究结果表明早餐是一天中最重要的一餐。美国的医学博上还把"每天坚持用早餐"列为延年益寿八大要素的第二要素。不吃早餐有以下三大危害:

不吃早餐的危害之一是,造成精神不振。人的精力决定于人体活动所需要的能量产生的多少,而能量产生主要靠糖分。早饭与昨日晚饭间隔多在 10 小时以上,胃处于空虚状态。此时不吃或少吃会使人体血糖不断下降,造成思维混乱、反应迟钝、精神不振。由于缺少糖类和蛋白质、脂肪,还会产生虚汗,甚至出现低血糖休克。最近美国科学家把早餐比作是启动大脑的开关。

害处之二是,导致身体发胖。据有关科研报告,日本相扑运动员身躯如此庞大,正是不吃早餐之故。不吃早餐,到中餐时候,因两餐相隔时间过长,所以会使大脑中枢神经不断受到刺激,产生空腹感,此时吃下去的食物最易被吸收,因此也最容易形成皮下脂肪。同时饥饿时吃得太多,过多的糖分进入血液,造成脂肪堆积。

害处之三是,易患胆结石。研究证实,人在早餐空腹时,体内胆汁中胆固醇的饱和度特别高。此时胆汁酸分泌少,故胆固醇溶解也慢。早晨正常进食,有利于胆囊中胆汁的排出;反之,容易使胆汁中的胆固醇析出而产生结石。

营养学家认为,早餐营养量须占全天营养量的 1/3 以上,一般以糖类为主,同时还应有足够的蛋白质和脂肪。

(十三) 少吃夜餐

有些老年人爱吃"宵夜"。如果"宵夜"吃高脂肪、高蛋白和难消化的食物,会助长胆固醇在动脉壁上的沉积,容易造成动脉硬化。

当脑动脉硬化时,会出现头晕、失眠、记忆力减退,严重时四肢麻木或一侧动作不灵活,或突然不会讲话,吞咽困难等。当冠状动脉发生硬化时,即发生冠心病,症状是心绞痛。这些都是 50 岁以上的人常见死亡原因。

研究发现,在晚间吃高脂肪饮食,而随即睡觉的人,血液中的脂肪含量在夜间急剧上升,而早餐和中餐吃高脂肪饮食,对血液中的脂肪影响较少。"若要老来安,少吃夜间餐"是有一定道理的。"夜宵"能免就免了,免不了的吃清淡一些。

(十四)增加食欲三方面

1.研究烹调方法,提高饭菜质量。在为老年人准备膳食时,应讲究烹调方法,多配一些姜、蒜、醋、糖、葱、花椒粉和香油等调料,使饭菜做得有滋有味,主副食尽量多样化,选用那些营养丰富又易消化的食物。同时,还要考虑到老年人不同口味与嗜好,尽量满足他们特殊需要。

2.戒烟少饮酒,保持口腔卫生,脱齿及早镶补。据研究,老年人嗜烟及经常饮酒者,会影响食欲,吃东西不香。同时,长期不刷牙和没有经常漱口习惯的老年人,也会影响食欲。因此,应该劝说老年人戒烟少饮酒,天天刷牙,饭前饭后漱口。有牙病的要及时治疗,特别是脱齿的老年人,应及早镶补,没有牙齿不能咀嚼,吃东西是没有滋味的。

3.注意用餐时心理卫生,要愉快地进餐。人的食欲与精神状态密切相关,情绪不佳是不会吃得香的,老年人尤为明显。因此,在用餐前和用餐过程中,尽量少生气,不想不谈令人不愉快的事,不要在餐桌上责备孩子,这一点特别需要老人儿女们的配合。另外,家人要注意,最好不要让老年人自己单独就餐,全家人团团围坐在餐桌旁,共同进餐,将他们喜欢吃和应该多吃的食品放在老人面前,这会使老人心里高兴,一高兴就会增强消化腺的分泌,有利食物咀嚼和消化。

(十五)豆制品不宜多食

有些人认为多吃豆制品可减肥,防止高血压、心脏病,降低血脂。诚然,适量吃些豆制品是有益的,然而吃过多豆制品后,人体正常铁元素的吸收功能被抑制,从而导致人体出现不同程度的疲倦、嗜睡、贫血、身体无力等症状。另外,豆制品含有丰富的蛋氨酸,长期过多吃豆制品,蛋氨酸在酶的作用下,可转变为同型半脱氨酸而损伤动脉管壁内皮细胞,促使胆固醇和甘油三酯沉积于动脉壁中,极易造成动脉硬化。因此,过多吃豆制品对身体同样有害。

(十六)喝酒取暖不可取

冬季天气寒冷,有些人说喝酒后,身上热乎乎的能挡寒,其实喝酒取暖对身体是有害的。

人体里的热量是营养物质蛋白质、脂肪、碳水化合物在肌肉收缩的活动过程中产生的,而酒中的成分主要是酒精和水,产生不了多少热量。

那么,为什么喝酒后感到身上热乎乎的呢?原来酒里的酒精被身体吸收以后,能刺激身体表面的血管,使其变粗,血流加快,内脏的血液也流到身体表面向外发散热量,由于血液是热的,大量血液流向身体表面以后,使人身上暂时感到热乎乎的。但对防止热量向外散发是非常不利的。因为喝酒后扩张的血管不能灵敏地收缩变细而防止血液向外散发热量。于是身体的热量丢失很多,这就是喝完酒后先热后冷的道理。另外,酒喝多了,还能麻醉丘脑下部的体温调节中枢,使体温的调节失去平衡,易发生感冒、冻伤、上呼吸道感染等疾病。若是喝酒成瘾,对神经系统、心血管系统、消化系统都有严重的损害,甚至引起神经衰弱、高血压、心脏病、胃炎、肝炎、肝硬化等疾病,影响健康和寿命。所以天气寒冷的时候,千万不要用酒来取暖。

(十七) 不饱可祛病

人到老年,在饮食上往往出现返老还童现象,五六十岁的人觉得什么都新鲜,什么都想吃,食欲旺盛,即使家常便饭也兴味浓厚,而且吃起来没饥没饱,常常吃得胃满腹胀还欲罢不能。

俗话云:"三十年前人寻病,三十年后病寻人"。人在青年时期生气勃勃,血脉正盛,运动量大,消化力强,故多食尚不致病,渐至老年则气血已衰,精神减弱,宿疾时发,故须时时防止过食,以免病从口入。尤其退休闲居,精神放松,百事皆休,独厚爱饮食似也无可指责。但食取补气,不饥则已;大饱则脏气不流通,自然要生病。食不可过,过则壅而难化,也要生病。所食愈多,心愈塞、年愈损。难怪古人写诗诫之:"老似婴儿防饮食","不饱真为祛病方"。

(十八) 碱性食品宜多用

食物的酸碱性与人体健康密切相关。常吃碱性食品可有效地中和机体内酸性产物,对保持健康大有好处。

在正常状态下,人类的血液和体液都稍偏碱性,PH值保持在 7.4 左右,此时人体健康状况最佳。随着生活水平的提高,人们食用的肉、鱼、禽、蛋等增多,这些食物进入人体后经过消化分解,在体内呈酸性,使机体内的环境的酸碱度发生改变,再加上人体新陈代谢也不断地产生酸性物质。这样一来,人体内的酸性物质过多,血液和体液呈酸性,不利于人体健康。

因此,多摄取一些碱性食品以中和酸性,维持体内的酸碱平衡则有很重要的作用。特别是老年人,血液里维持弱碱性,经常使胃肠清洁,减少粪便中毒素的吸收,身体才会更健康。否则即使锻炼再勤,由于血液偏酸性,人体新陈代谢不能处于最佳状态,也容易早衰。

蔬菜、瓜果、豆类、蘑菇、海藻类食品等都是弱碱性的植物性食物,经过消化分解后在体内可有效地中和机体的酸性物质,维持机体的酸碱平衡,使机体各脏器有一个良好的发挥其正常功能的体液环境,从而使人体更健康。易消化的食物,如牛奶、蛋类、禽类、食用菌类和新鲜蔬菜水果等。老人因食量小,必要时可酌情服些维生素制剂,每天可口服复合维生素 B 或维生素 $B_2$1~3 片,维生素 C100 毫克。

有一个常为人们所忽视的特殊问题,就是因为患慢性病长期服药而引起的药源性维生素不足。例如,降糖灵可引起维生素 B 缺乏;氨苯喋完可引起叶酸缺乏;阿司匹林、消炎痛可引起维生素 C 缺乏;氯化钾可引起 B_{12} 缺乏;而长期嗜酒也可引起上述所有维生素不足,应特别注意。

(十九)高脂饮食易患病

高脂饮食是诱发心血管病的重要因素之一,而其与癌症的发生有着千丝万缕的联系。

祖国医学及古人的养生之道告诫人们,饮食应以清淡为主,营养要合理,不宜过食油腻煎炸之食物。《内经》说:"膏粱之变,足生大疔。"指出了过食油腻厚味之食,易使人生疔疮,而癌肿属于中医恶疮肿毒的范畴。中医认为高脂饮食多滋腻,为脾胃所惧,过多食之,易导致湿热内蕴,脾胃受损而生病变,轻则大便溏泻,重则肠燥热结便秘;湿热壅盛,日久生毒,助火生痰。这些病变可致使气血运行不畅,气滞血淤,可形成积聚、肿块等,即西医所说的结核、甲状腺肿大、癌瘤之类的病症。

从现代医学角度来说,高脂饮食尤其是动物脂肪,在氧化过程中产生大量有害的自由基。如果少食蔬菜水果,摄入的对抗氧化剂如维生素 C、维生素 E、纤维素、胡萝卜素等减少或不足,未能足以抑制和清除自由基,致使自由基在体内积累过多而损害组织器官,导致基因突变成癌。

(二十)白糖伤脑

食用过多的精制白砂糖,将会使脑神经负担过重,因而引起身心的疾病。白砂糖渗透力强,给口腔、食道、胃肠方面都会造成障碍。进入体内的白砂糖达到相当数量时,经过消化吸收的糖分,进入血液仍会引起障碍。白砂糖会破坏体内各种微生物的平衡状况。婴儿饮用白砂糖容易发生腹泻和呕吐。白砂糖吃得过多,容易疲劳。

白砂糖吃得过多会导致体内维生素 B_1 不足,人体所需的糖类,主要靠粮食供给,在一般情况下已经足够了,不一定要吃大量的白砂糖来补充。

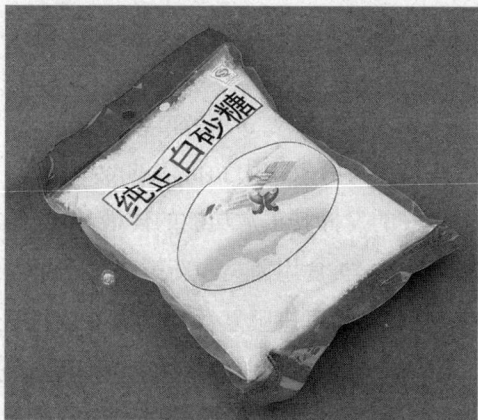

白砂糖

(二十一) 素食者也有高血脂

对于冠状动脉粥样硬化心脏病发生的原因,多年来最盛行并为一般人及不少医生所公认的,是司波拉特夫的"高脂食"学说,即高动物性脂肪饮食,会引起人体内胆固醇的增加,从而导致动脉粥样硬化。在这一学说影响下,许多人都喜欢把脂肪和人体肥胖,肥胖和冠心病等联系起来看待。临床医学研究表明,未必尽然。我国学者曾对以牛羊肉及奶制品等高脂、高蛋白食物为主的牧区进行调查,在相同条件下生活的牧民,其体内血清胆固醇和甘油三酯的浓度差异很大。日本和法国的某些调查也表明,人体动脉硬化的严重程度与食物中脂肪含量并无直接关系。还有人曾做如下实验,即在短时间内给受试者吃进 12 只鸡蛋,然后测试体内胆固醇含量,结果并未发现有明显变化。

事实上,如果人体肝脏调节胆固醇的机制正常,那么吃入脂肪多,脂肪合成也不会多。因此,体内脂肪合成代谢机能的正常与否,才是影响体内血清胆固醇含量的关键因素。临床中经常遇到低脂膳食或素食者血清胆固醇同样升高的现象就是例证。尽管如此,对于大多数人来说,少吃含饱和脂肪酸的动物性脂肪,也还是必要和有益的。

此外,科学家发现食物的日趋精美,不仅使热量大增,而且破坏了人体必需微量元素摄入的平衡。50 年代末,国外学者就发现了酪与动脉硬化的关系。人体缺酪,不仅可致糖代谢紊乱,而且可促使胆固醇增高,进而引起动脉粥样硬化。这一研究成果给动脉硬化发生的原因打开了新的渠道。以后的研究进一步证实,美国人膳食中的酪含量仅为远东、非洲各国人民膳食的 $1/5 \sim 1/2$,所以其动脉硬化的发病率与死亡率也相应高得多。而缺酪的重要原因之一,是食物加工过于精细。在人们追求精美食品的过程中,某些人体必需的微量元素惨遭洗劫。如精白面中的酪含量仅及一般面粉的 1/3,为粗面粉 1/4;在米糠被碾除的同时,所含的铜和锌也有 50%被除掉了;而善于同谷类蛋白结合的有害微量元素镉则大部分安然保留下来。

可见,把饮食中的某一成分(如脂肪)作为引起动脉粥样硬化的唯一原因显然是不全面的。体内脂肪和胆固醇水平的高低取决于合成脂肪和胆固醇的代谢机制是否遭受了破坏。避免和纠正这些破坏的因素,是预防动脉粥样硬化、冠心病更为积极的办法。

(二十二)胆石症与饮食

胆石症好发于中年以上的人,尤以肥胖、多子女的女性多见,是一种常见的胆道疾病。胆石症的发病与饮食有关,常见于以下几种情况:

长期不吃早餐的人易患胆结石。在胆石症患者中有 90%经常不吃早餐。专家认为,整个上午空腹会使胆汁中的胆固醇出现饱和现象,因而容易形成胆固醇结石,血胆固醇偏高的人经常不吃早餐,则更容易患胆石症。

吃肥肉多的妇女患胆石症的可能性是一般妇女的 2 倍。吃甜食过多时,过剩的糖在体内可转化为脂肪,加速胆固醇的积累,造成体内胆固醇、胆酸和卵磷脂的比例失调,从而容易发生胆石症。

节食减肥者也容易患胆石症,被调查者在节食前均未患过胆石症,而节食 2 个月后有 1/4 的人患有胆石症,而且节食时间愈长,发生胆石症的可能性愈大。

(二十三)汤的营养

很多人认为肉汤、鸡汤、鱼汤等是营养上品,荟萃了肉类的营养精华。又认为煮过汤的肉和鸡像中药被煎过后变成药渣一样,其营养成分已所剩无几。其实,这是极大的误解。肉类的汤味鲜可口,但鲜并非是营养丰富的标志。我们知道,汤所以鲜美是因经水煮后肉类中一些氨基酸溶于汤内,氨基酸是鲜味的来源。我们熟知的味精便是人体所需氨基酸之一。众所周知,蛋白质

鸡汤

图文珍藏版

是人体的重要成分,它是由很多氨基酸结合而成的大分子物质。肉类中含有较多的蛋白质,具有较高营养价值。肉类经水煮后,一部分氨基酸从蛋白质中解离出来而溶于汤中,饮用后直接被肠道吸收。故此,对于消化功能异常的人给肉汤有其益处。煮的时间越长,被溶解的氨基酸相对越多,但是充其量不超过占该肉总含量的5%左右,还有95%的营养成分留在"肉渣"中,只喝汤不吃肉,这不是捡了芝麻丢了西瓜!

(二十四) 如何用补酒

药酒是祖国医药宝库中的一颗璀璨明珠,在我国已有几千年的历史。由于药酒既可以防病治病,久服又可健身益寿,加之易于保存、服用方便,因此自古以来,深受广大群众喜欢。

目前市售的补益酒品种繁多,配方及成分亦不相同,故用途及适应证也就不同。冬季喝补益酒,要根据各人体质、虚弱情况而区别对待,做到科学地选择和应用,才能发挥药酒的功效,达到补益的目的。

一般说,每年冬天格外怕冷,小便多者,应该选择温肾助阳的药酒,补阳功效最好的要属含鹿茸类药酒。它具有温补肾阳,益精血的作用,而且温而不燥,如参茸酒、周公百岁酒、龟龄酒等,此外以鹿角胶为主配制的如虫草补酒、福禄补酒、人参鹿茸酒等也可选用,平素气短懒言、面色无华、疲倦乏力、易出虚汗的气虚者,应该选择有补气作用的药酒,人参是补气中佼佼者,故应选择一些含有人参为主的药酒,如人参补酒、参桂酒、人参百岁酒、人参鹿茸酒、十全大补酒等。

有血虚者,症见头昏眼花、面色苍白,以及妇女月经延后、量少、色淡应该选择有补益气血功效的药酒,如十全大补酒、补益杞圆酒、桑葚酒味美思酒。

有脾胃虚弱、消化不良、不思饮食者,可选择有健补脾胃作用的药酒,如十二红药酒、竹叶青、松龄太平春酒、中国养命酒等。

平素易腰酸背痛、筋骨不健、易疲劳者,可选择有舒筋活血、强壮筋骨的药酒,如虎骨酒、国公酒,但这类药酒药性较猛烈,小儿不宜服用。

一般说,补益药酒每次以饮20至30克,早晚各饮一次或每日三次为宜,切不可多饮滥服,否则会引起不良反应。多服了含人参的补酒,可造成脘腹胀闷、不思饮食,必须加以注意。遇有感冒发热、呕吐腹泻等病症时,应暂时停止进补。有高血压、心脏病、溃疡病、癫痫病、肝炎及孕妇不宜饮用。

三、四季食疗养生

(一)春季香椿

别名香椿头和椿芽等。春季,香椿的嫩芽和嫩叶是上等蔬菜。它香气浓郁,风味鲜美,含有丰富的营养物质,颇受人们的青睐。

香椿的叶、芽、根、皮和果实均可入药。香椿叶泡茶调治水土不服,皮和根能清热解毒,可治疗痔疮、便血、肠炎等症;香椿的芽和嫩叶捣汁涂敷,可治小儿头秃不生发。用香椿鲜嫩芽和等量大蒜,加入少许食盐捣汁外敷,可治疗疥疮;香椿籽主治胃病,用它炖猪、羊肉可治风湿性关节痛。我国民间有"食用香椿,不染杂病"的说法。

香椿除鲜食外,还可制成各种加工品,延长供应期。腌制香椿具有独特的风味和较高的营养价值。腌香椿和脱水香椿四季可用,便于携带,开水冲泡即可食用,是旅行的佳肴。香椿的各种加工品种畅销东南亚和港澳地区。

香椿

(二)夏季瓜果

夏季天气炎热,阳光强烈,很容易损害皮肤,影响美容。但如能利用时令瓜果美容皮肤可较好地防止皮肤损害,取得美容效果。

西红柿美容。将西红柿捣汁洗脸,能使皮肤洁净光泽。每天用西红柿汁一杯加5克左右的鱼肝油饮用,能使面色红润,身体丰满。

丝瓜美容。用丝瓜汁加少许酒精、蜂蜜的混合液涂面,干后用清水洗净,

瓜果

能洁净肌肤。

冬瓜美容。用冬瓜煎汤洗,或将鲜冬瓜切片贴于脸部,既可营养皮肤,又可治疗痱子和疖肿。

黄瓜美容。将黄瓜切成薄片敷在清洁的面部,15分钟除去,能使皮肤柔嫩润滑。

西瓜美容。用西瓜皮擦脸涂手,再用清水洗净,能爽身美肤。

蜜桃美容。将熟蜜桃挤碎,在桃浆中加1茶匙奶油,敷面部20分钟,再用清水洗净,能清洁、滋润肌肤。

(三)夏季鳝鱼赛人参

冬有冬补,夏有夏补。夏季之补,黄鳝为首。黄鳝经过春季的觅食摄生,到夏季身肥丰满,肉嫩鲜美,营养丰富,不仅食味好,而且对各种状况的人都具有滋补功能。因此,民间有"夏令黄鳝赛人参"之说。黄鳝,又名鳝鱼、长鱼,形似长蛇,是一种生活在湖旁、池塘、稻田中的野生穴居鱼,也是一种产于淡水的元鳞鱼。黄鳝不仅肉质细嫩,味道鲜美,更足一种滋补食品。据传,乾隆皇帝下江南时,一天进晚餐。第一次尝到这嫩甜鲜美的鳝鱼肉时,不禁问道:"这是何菜?"主人答曰:"游龙戏金钱。"游龙便是用黄鳝做的。从此,黄鳝身价百倍,年年进贡。黄鳝全身只有一条脊椎骨,无杂刺,肉细嫩,味鲜美,而且性温入味甘咸,营养价值很高,特别是蛋白质含量比一般鱼类要高。据测定,每100克鳝鱼肉中,含蛋白质18.8克、脂肪0.9克、磷150毫克、钙36毫克、铁16毫克,并含有维生素和核黄素、尼克酸等营养成分,是一种高蛋白低脂肪的优良食品。黄鳝的食法多样,炒、爆、炸、烧、拌、炝、焖、炖、蒸、煮、汤羹均可,各地都有特色名肴。号称"天下第一面"的杭州奎元馆,就以"虾爆鳝"而闻名中外。在我国八大菜系中,黄鳝占有相当地位。如南京名菜"炖生敲",是用木棒敲击鳝骨使之脱节,尔后先炸后烹,制成后酥而不碎、浓而不腻,口味极佳。无汤的"梁溪脆鳝"香脆、甜、糯俱佳,是太湖游船中必备菜肴之一。还有徽菜中的"炒鳝湖",肉嫩味浓;川菜中的"干唏黄鳝"和"龙眼鳝鱼";湘菜中的"嫩子鳝丝"和"皮条鳝";苏菜中的"红烧鳝段"和粤菜中的"焖瓢鳝卷"等都各具风味,脍炙人口。更值得一提的是江苏淮安的黄鳝席有108个鳝肴,制法不同,口味各异。一般家庭制作以生爆鳝片和红烧鳝段为多,既方便,又味美鲜甜,香气诱人,令人胃口顿开,食欲大增。黄鳝不仅是脍炙人口的佳肴,而且具有较高的药用价值。鳝鱼甘温,无毒,入肝脾。肾三经,具有补虚损,除风湿,强筋骨的功效。《本草拾遗》中载："补虚,妇女产后恶露淋沥,血气不调,羸瘦、上血、除腹中冷气肠鸣。"《食疗本草》中也载："补五脏,逐十二风邪患湿气、恶气。"《随息居饮谱》中指出："补虚助力,善去风寒湿痹,通血脉,利筋骨。治产后虚羸,愈镰疮,痔瘘。"因此,黄鳝可用于气血两亏,体弱消瘦,肾虚腰痛,虚劳咳嗽,湿热身痒,肠风痔漏,子宫脱垂,口眼歪斜等症。据现代医学研究表明,鳝鱼中能提取一种黄鳝素,这种黄鳝素对高血糖具有显著的类胰岛素降血糖的作用,是治疗糖尿病的有效药物之一。因此,糖尿病人常吃鳝鱼大有裨益。

(四)秋季补品

秋季气候趋于凉爽,古人云"秋三月,此为容平",说明在此季节人体的生理功能又逐渐趋于平和,因而一般可以不用进补,即使身体衰弱,需要服用补品,也最好选用平补之品。平补品是指性质以甘平为主,不寒不热,不腻不燥,补性平和缓慢的补品。可供普通人或慢性病患者长期选用。一般不容易出现补之不当的偏差。常用的平补品有山药、薏苡仁、芡实、扁豆、莲子、芝麻、松子、小核桃、蘑菇、燕窝、

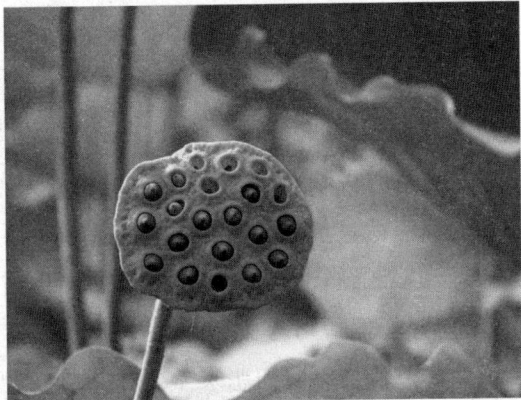

莲子

银耳、茯苓、山楂、枸杞子、女贞子、菟丝子、龟板胶、阿胶、党参、太子参、甘草等,均可以秋季进补。

对于脾胃虚弱、消化不良者,可以服食莲子、山药、扁豆、红枣等,这一些食品都具有健补脾胃作用,并含有丰富的淀粉、蛋白质、维生素等,可以分别煮烂服食。

秋季又是"燥气当令"时期,如果天晴无雨,出现口干唇焦等"秋燥"症候时,则应选服滋养润燥的补品。燕窝、银耳是这类补品中最为名贵了。

燕窝能养阴润燥,并有益气补中作用,古人说它"为调理虚损痨瘵之圣药,一切由于肺虚不能清肃下行者用此皆可治之"。它含有多种蛋白质及葡萄糖、钙、磷、钾、硫等成分,是润肺养阴之佳品,一般须先用清水浸泡,拣去羽毛、杂质后用水炖服。

银耳又称白木耳,主要含有碳水化合物,还有脂肪、蛋白质以及磷、铁、镁、钙等

成分。中医认为它是一位滋阴、润肺、养胃、生津的补益之品,用水泡发后,煮烂加糖服食,具有良好的滋补功效。

百合是一种价廉物美的秋季润补佳品,它具有养肺阴、润肺燥、清心安神之效,是治疗肺阴不足、虚燥不安的要药,它含有淀粉、蛋白质、脂肪等成分,具有补养作用,也是煮烂加糖服食。

(五)冬季食养六宜

古人十分重视食养,《内经》强调"顺四时而适寒暑",主张"春夏养阳,秋冬养阴"的人与自然的关系,在饮食上主张"饮食有节,谨和五味",归纳为"食养六宜"。

食宜早。早餐宜早,而晚不宜迟。晨起空腹不外去,应先饮食,以实脾胃。

食宜缓。美食宜细嚼,生食不粗吞。细嚼慢咽,以利食物营养的充分吸收利用。

食宜少。膳食而复节食。大饥不大食,不渴不大饮。每日不重肉,常须少食。晚餐宜少,以防食滞胸膈。

食宜淡。淡食最宜人。五味过食各有所伤。如多食甘甜则骨痛而发落;多食酸则皮厚肉皱,嘴唇干裂;多食辛辣则筋急爪枯;多食咸则伤心凝血。五味调和则滋养,五味过于偏嗜则诱发疾病,使人夭寿。

食宜暖。脾胃喜暖而恶寒,故应忌食生冷肥腻等食物。

食宜软。硬食难消化。所以肉类食物须烹调烂熟,米面食物应制得松软新鲜。

食养对人具有调和阴阳、滋养身体、补益气血、调节情态等作用。中老年人更应做到食养六宜。

(六)进补话炖品

食补的方法很多,实践证明炖品最好,因为炖品不仅能保持食物的原味,而且营养大都融在汤水里,不会丢失。下面介绍几种食补炖品供选用。

杜仲炖鸡。用料:嫩母鸡一只,杜仲20克,生姜片5片。制法:把鸡洗净,摘去油脂,放在炖锅里加清水250克,加入杜仲、姜片,炖时加盖,隔水文火炖4小时后调味服用。特点:补而不燥,适用于老年多病、气血虚弱、腰酸肢冷及妇女产后虚弱等。

火腿炖双鸽。用料:乳鸽(大)2只,金华火腿75克,香菇50克,瘦猪肉150克,生姜5片,黄酒、精盐适量。制法:将乳鸽洗净,与瘦肉同放沸水内烫一下,放入炖锅里,加入火腿、姜片、黄酒及沸水1000克,加盖,隔水文火炖3小时左右。香菇洗净,用温水浸泡30分钟,剪去菇蒂放入炖器内,加鲜汤250克,用大火炖30分钟,用精盐调味后食用。特点:香味浓郁,营养丰富,宜作为体虚乏力及手术后病人进补用。

北芪党参炖羊肉。用料:羊腿肉500克,北芪、党参、姜片25克,黑枣10颗。制法:羊腿肉切成五大块,放入沸水锅焯一下,捞起用清水冲一下,放入炖器,生姜片辅在羊肉上,黑枣洗净去核,与北芪、党参同入炖器内,加沸水250克,加盖隔水文火炖,食用时用精盐调味即可。特点:羊肉温补,北芪党参有补气血、驱风寒、畅血流之功效,是怕冷体弱者最合适的补品。

(七)进补有"六戒"

冬季来临,许多人都在张罗进补健身,尤其是近些年来人民生活水平的不断提高,物质文化需要也水涨船高,对于健与美的追求的热度日益升高。但是有关专家告诫说,进补是有一定学问的,不是人人都可进补,也不是随便服补食、补药就可以的。至少应该遵循以下几项原则。

戒乱进补。首先,应该了解自己该不该补,属于何种体质,属于何脏何腑有虚。一般而言,中年人以补益脾胃为主,老年人以补益肾气为主。但具体到个人,又有气虚、血虚、阴虚、阳虚、气血阴阳共虚等不同,要对照有关书刊介绍的内容认真分析,最好在有经验的中医的指导下判定,这样才能有的放矢,不犯虚虚实实之戒。

补而戒腻。对于身体状况不太好,脾胃消化不良者来说,首先是要恢复脾胃的功能,只有脾胃消化吸收功能良好,才能保证营养成分的吸收,否则服再多的补物也是无用。因此,冬令进补不要过于滋腻厚味,以易于消化为准则。

补而戒偏。中医认为,气与血、阴与阳虽然是互相对立的两个方面,但是又互为生长。因此有"气为血之帅、血为气之母""无阴则阳无以生,无阳则阴无以化"等说法,冬天进补时也应注意兼顾气血阴阳,不可一味偏补,防止过偏反而引发他疾。

外感戒补。在患有感冒、咳嗽等外感病症时,不要进补,以免留邪为寇,后患无穷。

戒以贵贱论英雄。对于如何进补,最好能在医生的指导下进行。对于补药,不要抱着越贵越好的想法。中医认为运用得当,大黄可当补药;服食失准,人参即为毒鸩。这一点也当引以为鉴。

戒唯补药而补。对于想健身长寿者来说,光靠补药不是好办法,否则古代帝王将相不是个个长命百岁了。还要注意适当锻炼运动,调整饮食,多用大脑(做脑操),避邪就静等,才能达到真正意义上的养生。

(八)老人冬季吃啥好

寒冷能刺激血压上升,心血管张力增加,易诱发老人的中风和冠心病。据国外资料统计,老人的发病率和死亡率在冬季要比其他三季的总和还要高4倍多。要使老人安全过冬,除了适当的锻炼外,合理饮食至关重要。

那么冬季老年吃啥好呢?

首先要吃富含热量的食物,如瘦肉、鸡蛋、鱼类、乳类及豆制品。其二,补充些无机盐。怕冷的老人在冬季还可多补充一些蔬菜的根茎,如藕、胡萝卜、百合、山芋等。入冬以后因光照减少,老年人易缺钙而发生骨质疏松,所以还应补钙,豆类、菠菜、牛奶、花生、橘子、虾皮、牡蛎、蛤蜊等食物中都有丰富的钙质。其三,食用富含维生素 B_2、维生素 C、维生素 D 的食品。

再者,老人冬天饮食中最好再安排一样热气腾腾的汤,可令老人顿消寒冷之感,食欲大振。

四、益寿抗衰话饮食

(一)长寿者的饮食

许多从事老年医学、衰老生物学、长寿学等有关学科研究的科研人员,在总结长寿老人、长寿地区的长寿经验时,都十分重视长寿者饮食经验总结。但由于长寿者分布在世界各地,其饮食经验各具特色,实际上即使长寿老人相对集中的某个长寿地区,如果仔细观察一下各长寿者个体的饮食特点,也会发现他们之间仍然有所差异,更不用说相距遥远的各长寿老人的饮食特点有不同了。譬如就饮食结构而言,长寿者既有以素食为主者,也有以荤食为主者,抑或荤素杂食者。那么,人们应如何对待这些长寿饮食经呢?

长寿饮食经,各具特点。一般说,仅就长寿者的膳食结构论之,有其素食者、荤食者和杂食者。

素食为主长寿者。我国老年医学在 70 年代末,考察了我国著名的长寿村——广西壮族自治区都安、巴马两个县。据统计,只有两万人口的板井乡,90 岁以上的长寿老人有 86 人,其中百岁以上者有 23 人,最高年龄达 127 岁。老人们不仅长寿而且健康,坚持劳动达 80～90 年之长。饮食结构上常年以素食为主,玉米是粮,配以红

玉米

薯豆类和新鲜蔬菜等。又如在高加索、格鲁吉亚和阿塞拜疆有 18000 多人跨越了 100 岁的高龄。据格鲁吉亚首府第比利斯试验治疗研究所所长诺达尔·基普希泽教授对闻名世界的长寿之乡格鲁吉亚塔米什村进行长达 30 年的调查和研究,认为塔米什人长寿虽有许多因素,但主要的秘诀在于他们的日常饮食习惯。他们几乎每天都吃玉米——玉米面小面包和玉米粥是他们最常吃的主食,副食主要是蔬菜,他们很少吃肉和动物油。再如喜马拉雅山的西侧和喀喇昆仑山下的罕萨和南美厄瓜多尔的比尔长旺巴村是世界上的两大长寿区,其饮食结构亦是以素食为主,荤食只占 1-2%。还有一些长寿老人以素食为主,甚至是素食主义者。如文坛寿星萧伯纳从 25 岁起戒肉,后就从未开戒,并宣布自己是素食主义者。所以,素食长寿在老年人的饮食生活中很有市场。

平衡是选择长寿食经的关键。面对世界各地长寿者的众多食经,选择一种适合自己的长寿食经,确实是一个难题。笔者认为,对此可以借鉴营养学上的平衡理论。为什么说是借鉴,而不是照搬呢？我们知道,现代营养学的平衡膳食理论确实是对人类饮食科学的一大贡献,但是人们通常所说的平衡膳食,着重指的是膳食营养成分与人体的平衡。譬如,根据体重、劳动强度、年龄、性别等,专家们定了每个人的膳食热量供给量以及各种营养成分的供给量,但在实际生活饮食中,人们多数不是按照这个平衡标准来摄取食物的。特别是这些长寿食经,几乎都违背了现代营养学的膳食理论。如以素食为主,或以荤食为主的长寿者,都不符合营养学的要求。像前面提到的板井乡塔米什村不仅素食,而且以食玉米为主。若按营养成分分析,玉米不是一种营养价值高的食品,从其所含的必需氨基酸来说,玉米既缺乏赖氨酸,又缺乏色氨酸;按营养学的平衡理论,其不用说使人长寿,就是维持人体健

康也很成问题。那如何解释他们的长寿呢？笔者以为,这些长寿饮食特点与这些长寿者本身机体内在环境已经建立起某种特定的平衡关系,并产生良性反应,而不适用所有的人。如果有人盲目效法,反而会有害身体,甚至会缩短寿命。

(二)大豆抗老化

人体补充磷脂,可嵌入细胞膜中的胆固醇,从而有利于膜的液化使膜流动性增加,避免氧化伤害,对延缓细胞衰老有着重要意义。

在临床实验中,大豆磷脂有明显的降血脂、过氧化脂质和降低动脉硬化指数、细胞膜老化指数等多方面的抗老化效果。浅利知代给 45 至 65 岁老年病患者服磷,也看到了类似效果。

磷脂酰胆碱是合成脂蛋白所需的物质,胆内脂肪以脂蛋白形式运转到肝外。磷脂供给不足则影响脂蛋白的形成,导致肝内脂肪不能运出,而发生脂肪肝。服用磷脂有良好的保肝作用。神经调节紊乱而造成的乙酰胆碱功能减弱者,每日服用 5 克磷脂可予以治疗。由于磷脂这种的抗老化物质本身就具有参与细胞代谢的功能,因而它对于防止发生血管硬化、高血压及早发性老年痴呆症等全面性抗老化作用,不仅有充分的理论与实践依据,同时和各种食物的抗老化作用有本质的区别。

近年来对中草药的研究表明,桑寄生、决明子、泽泻、徐长卿、白花蛇、酸枣仁、灵芝、麦芽、蛤蚧、枸杞子、黄精等有降低胆固醇、血压及血脂作用的中药材中均含有丰富的磷脂成分,桑螵蛸、五子衍宗丸的补益功效与磷脂有密切的关系。何首乌抗衰老、降血脂、防治动脉硬化及保肝作用,主要是其含有丰富的磷脂成分的作用。

(三)防衰香料

原始时代狩猎获得野兽,往往容易腐败变质,人吃了造成呕吐、腹泻,甚至死亡。偶然用芳香性植物的叶子包起来的肉可以保存一些时间,后来在烹调时用芳香性植物,可防止腐败变质。这种方法就是起抗氧化剂的作用。

古希腊用的香料是胡荽、沉香、牛膝草等;印度用丁香、肉桂等作防腐剂。芳香性植物可刺激人的鼻、舌、口腔,增加唾液分泌,增进食欲。

医学家认为,放有植物香料的食物能防止心血管病和细胞老化。植物香料有山艾、紫苏、肉豆蔻、牛膝草等,如果把具有抗氧化的香料,适当放入食物中,确有良好的抗衰防老的作用。

(四) 蜂蜜益寿

蜂蜜是人们最熟悉的。老人们用它润肤美容。蜂王浆具有增加人体抵抗力、免疫力的功效,它曾数次跟随考察队员进出南极大陆,是热门的抢手货,风头出尽……

然而,蜂胶蜂蜡的作用却鲜为人知,以往很少受到药物学家的重视。最近,两位美国生物学家为了搞清放蜂人长寿的秘诀,经过一系列分析、试验,发现蜂胶、蜂蜡中含有活性很强的黄烷类物质,对人体各系统有多种生物作用。例如,它能抑制21种人体内常见菌株,对常见球菌及革兰氏染色阳性的杆菌(包括结核菌)抑制作用更强。它还有抗病毒、抗原虫、抗皮肤真菌作用,可做成雾化剂、口服药、外用消毒药和皮肤药来使用。蜜蜂分泌的咖啡酸及咖啡酸脂,对许多肿瘤细胞有毒性作用。药物学家正在考虑用它制成抗肿瘤药。

由此可知,长期服用各种蜜蜂产物,可以抗炎、抗癌,增加人体抵抗力、免疫力,使人长寿。

(五) 益寿四食物

苹果酸。用苹果制成,可以作为钾的主要来源。钾能保持人体内水分的平衡,防止水肿,并能防止血压过高或过低。

豆类。这类食物是人体必需的元素——氮的来源。氮有保护神经、分解胆固醇、利尿、防止动脉硬化等作用。

含维生素 B_6 的食物。主要有糙米、麦皮和麦芽。维生素 B_6 有促进新陈代谢,使体内钾、钠保持平衡,消除水肿及减肥作用。

海藻类食物。包括海带、海草等,含有碘、钙和钾等丰富的矿物质,能防止心脏病和因肥胖引起的各种疾病。

(六) 食物的"四性五味"

食物与中药同出一源,同样有性味存在。因此,食物也有寒、热、温、凉四性之分,而酸、甜、苦、辣、咸这五种品味又存在于各种食物之中。我们如果正确地选择食物四性,巧妙调配得当,就能充分发挥食物的功能,增进食欲,达到延年益寿的目的。

祖国医学认为寒凉食物具有清热泻火和解毒的作用,常用于治疗热症,主要食品有柑橘、南瓜、黄瓜、白菜、藕、兔肉等。

温热食物具有温阳散寒的作用,主治寒症,如生姜、大葱、蒜、韭菜、牛羊狗肉等。

平性食物对虚不受补、实不敢泻的人最适宜,主要食品有粳米、黄豆、花生、猪肉等。

甜味食物有补养身体、补充血气、解除肌肉紧张和解毒等功能,但如吃得过多,易引起血糖升高、增加血液中胆固醇,身体发胖。

酸味食物有增强肝脏功能,防止某些肝脏疾病。但是酸食过多,消化功能易紊乱。

苦味食物具有除燥湿和利尿作用,烹调食物时,苦味用得适当,吃起来别有风味。但是过食苦味,易引起消化不良等症状。

辣味食物具有发散和行气止痛功能、防治风寒感冒、胃寒疼痛等。过食会使肺气过盛,肛门灼热,凡患者有痔疮、胃溃疡、神经衰弱者不宜多食。

咸味食物能软化体内酸性肿块,在剧烈的呕吐、腹泻和大汗不止时,适当补充盐水,能够缓解症状。但是心脏病、肾脏病和高血压患者,均不宜吃盐过多。

(七)吃鱼有益健康

人体的健康有赖于饮食滋养,合理的饮食构成是延年益寿的关键。据国外专家学者对日本人的寿命(平均)跃居世界首位的奥秘进行调查表明,从营养学的角度来看,他们的饮食构成是比较合理的,特别是和他们多吃鱼有着直接的关系。在日本人的膳食中,动物性食品鱼类所占的比例最大,世界上国民吃鱼最多的国家之一。

为什么多吃鱼有利于人的健康长寿呢? 这要从鱼的营养价值和吃鱼好处说起。鱼类含有人体所需的营养非常丰富,而且又是动物肉类最容易消化吸收的一种。鱼类蛋白质含量一般在15-25%之间,包含有人体所必需的八种氨基酸,与陆上动物的蛋白质相比,只缺少甘氨酸,但这种氨基酸容易在人体内

鱼

合成。鱼的脂肪多是不饱和脂肪酸,能促进胆固醇的新陈代谢,防治冠心病;而肉类脂肪多是饱和脂肪酸,多吃肉类会增加血液中胆固醇含量并导致动脉硬化。所以,吃鱼比吃肉能更有效地预防冠心病的发生。鱼体中还含有丰富的无机盐,不仅有钾、钠、钙、镁、磷和对人体极重要的铜、铁、硫等元素,而且含碘也特别丰富,比畜禽要多 10-50 倍,是人们摄取碘的主要来源。鱼体还含有较高维生素。据实验,普通一条鱼就可得到每天所需的维生素 B(硫胺素)量的 10%,核黄素量的 15%,烟酸量的 50%。此外,还含有人体必不可少的镍、钴、锰等微量元素。

由此可见,鱼类的蛋白质属于优良蛋白质,所含氨基酸比较平衡,与人体蛋白质成分相近,比植物和陆地温血动物的蛋白质容易消化吸收,再加上少量的碳水化合物,重要的矿物质,多种维生素和微量元素。所以,多吃鱼有助于身体的发育成长,增强体质,减少疾病。

(八)提高智商的食品

在人的大脑里约有 150 多亿个神经细胞在不间断地从事着最繁重的工作。为了能持续保证这些高效的工作,我们的脑细胞就需要能量。尽管我们的大脑只占体重的 2-3%(约重 1500 克),但是它所需要能量占一个人全天营养的 20%。我们每日食物,便决定了一天的精神状态。某些食品可以提高我们的接受能力和工作效率,使我们的思维更加敏捷,精力更加集中。

1.有助于记忆的食品。胡萝卜能提高记忆力,因为胡萝卜能加快大脑的新陈代谢作用。菠萝是演员和音乐家最喜爱的水果,因为背诵台词和乐谱,需要补充许多维生素 C。另外,菠萝含有一种重要的微量元素锰,而且热量少。

2.有助于人们事业成功的食品。辣椒越辣越好,它的味道能刺激人体内的追求成功的激素,辣椒最好是生吃。草莓味美,而且能消除紧张情绪,草莓里的果胶能让人产生舒适感,每天最少吃 150 克草莓,才能达到预期目的。香蕉的秘密武器就在于含有血清素,它对人的大脑产生成功意识是不可缺少的。此外,香蕉含各种维生素和钾。

3.能提高学习效率的食品。白菜能减少人的紧张情绪,使学习变得轻松(例如在考试前)。

4.有助于集中精力的食品。海螯虾是可为大脑提供营养的美味食品。海螯虾含有的 3 种重要脂肪酸来供应人体所需的养分,能使人长时间保持精力集中。洋葱头可以消除过度紧张和心理疲劳。葱头可以稀释血液,从而改善大脑氧的供应状况。每天最少吃半个洋葱头,便会起到这种作用。核桃是对付需要长时间集中精力(例如做报告、开会、举办音乐会以及长途开车)的理想食品。

5.有助于激发人创造性的食品。生姜能使人的思路开阔,这主要是它所含的辣素和挥发油的作用。它能使血液得到稀释,流动更加畅通,向大脑供应更多的氧。经常吃生姜对新闻记者、艺术家尤为重要。荷兰芹能激起人的灵感。荷兰芹所含的挥发油能刺激人的整个神经系统,这是产生富有创新思想的前提。

五、食疗养生疗法精选

(一)食疗歌

谷物蔬菜养生宝,四性五味任君调,盐醋防毒消炎好,韭菜补肾温膝腰。萝卜化痰消胀气,芹菜降血压高。胡椒驱寒除湿,葱辣姜汤治感冒,大蒜抑制肠炎发,绿豆解暑最为妙。香蕉通便解胃火,健胃补脾吃红枣。番茄补血美容颜,禽蛋益智营养高。花生能降胆固醇,瓜豆消胀又利尿。生津驱蛔数乌梅,润肺乌发食核桃。蜂蜜润燥又益寿,葡萄悦色令年少。

生梨饭后化痰好,苹果消食营养高。木耳抗癌素中荤,黄豆减肥有成效。紫茄祛风通脉络,莲藕除烦解酒妙。海带含碘消淤结,香菇存酶肿瘤消。大蒜抑制肠胃炎,菜花常吃癌症少,鱼虾猪蹄补乳汁,猪牛羊肝明目好,花生降醇亦称王,瓜豆消肿又利尿,柑橘消食化痰液,抑制癌症猕猴桃。

(二)食疗保健法

常用的蔬菜、鱼、肉类食品如同中药一样,也可分寒性或热性两大类,应根据自己体质的状况选择应用。

寒体的人平时比较怕冷,手足不温,喜欢热,不能吃冷东西。这种人应吃属热性的食物,如鸡、鹅、麻雀、牛肉、羊肉、狗肉、牛奶、鹌鹑、海参、黄鳝、鲫鱼、鲢鱼、带鱼、蛇肉、牡蛎肉;韭菜、芥菜、洋葱、胡葱、蒜苗、大蒜;胡桃肉、龙眼干、荔枝干、红枣、黑枣、栗子、桃子、杏子、葡萄、金橘饼、樱桃、石榴、饴糖、红糖、咖啡、可可、玫瑰花、桂花、玳玳花等。

热体的人平时怕热,容易出汗冒火,心烦气粗,面红喜冷饮。这种人应吃属寒性的食物,如甲鱼、乌龟、鸭、野鸭;黑鱼、鳜鱼、田鸡、海蜇、蚌肉、蛤肉、蛏子、螺蛳、田螺、海蜒、螃蟹、毛蚶、蛇胆、蚯蚓、蜗牛;甘蔗、生梨、生菱、生藕、柚子、荸荠、慈菇、香蕉、柿子、百合、银耳;西瓜、冬瓜、苦瓜、菜瓜、绿豆、豆豉、生白蜜、西瓜子、莴苣、茭白、竹笋、芦笋、茄子、莼菜、夜开花、苋菜、紫菜、海带、石花菜、龙须菜、蕹菜、菠菜、芹菜、草头、萝卜、金针菜、马兰头、枸杞头、香椿头、荠菜、茶叶等。

还有一些没有列上的食物,如米、麦、青菜、白菜、苹果等属于平性,不管什么人都可吃。长期坚持保健食疗,可使体内阴阳平衡,不生疾病。

(三)白菜疗法

白菜,十字花科植物,又称菘,在我国它是具有数千年栽培历史的古老蔬品。

据分析,白菜含有蛋白质、脂肪、碳水化合物、胡萝卜素、维生素 B_1 和 B_2、钙、磷、锌、硒、铜、纤维素等。每百克可食部分含锌3.1毫克,可与黄豆的含锌量媲美。锌是人体生长发育、味觉、性机能、蛋白质代谢的重要微量元素。机体缺锌会出现身体生长迟缓,少年期性不发育,厌食及特发性低味觉症等,也是男性不育症的重要潜在因素之一。每百克白菜含硒量高达7.1微克。研究表明,硒在体内能抑制癌细胞的分裂生长,有一

麻雀

定的抗癌作用。白菜中的维生素C是苹果的2-3倍,胡萝卜素的含量也不低。维生素C可增强机体抵抗力,胡萝卜素能有效地清除人体血液中的自由基分子而延缓衰老。另外,白菜中含有优质纤维素和木质素,能缩短粪便在大肠内的滞留时间,吸附肠内的致癌和有毒物质,促进肠蠕动,可防治习惯性便秘和结肠癌肿。因此,白菜被营养学家誉为长寿促健佳蔬,对老人及小儿尤有裨益。

白菜可做多种美味菜肴,炒、煮、蒸、熘各见其妙,做馅别有风味,入火锅、调汤、煮面则能佐餐开胃,真可谓荤素皆佳、老幼成宜。

白菜又是良药,有一定的食疗价值。中医认为白菜性平味,甘,无毒,有解热除烦、通利肠胃、消食消渴之效。民间验方以大白菜根同粳米煮,加生姜三片,可治伤风感冒,此亦为保健粥品。大白菜和萝卜各半绞汁蒸热服(80毫升),日服两次,对

热痰咳嗽、胸闷食少者,有清肺化痰开胃之效。白菜捣烂外敷,对接触性皮炎瘙痒者有一定的疗效。

要注意的是,白菜腐烂后细菌会大量繁殖,使其中的硝酸盐变成亚硝酸盐。后者一旦摄人体内,会使血液中的低铁血红蛋白变成高铁血红蛋白而丧失载氧能力,使人中霉,故腐烂的白菜切不可食。

(四)萝卜疗法

谚语说:"冬吃萝卜夏吃姜,不劳医生开药方。"表明了萝卜不仅是价廉物美、老幼成宜的蔬菜,而且是食用方便、疗效显著的家庭良药。

白菜

祖国医学认为,萝卜有顺气和中、平喘止咳、去痰癖、止消渴、和五脏、助消化、消饱胀、化积滞、解酒毒、散淤血、降血压等医疗作用。我国民间的萝卜代药治病的经验十分丰富。如:

1.患支气管炎咳嗽的病人,可用红皮白心萝卜适量,洗净切成薄片放入碗中,内加饴糖2-3匙,置放一夜,第二天即溶化成萝卜糖水,顿频饮服,止咳化痰很好。

2.薄患细菌性痢疾时,可用干萝卜叶90-120克,加水煎浓,当茶喝,有止泻作用。

3.高血压病人,可将鲜萝卜洗净,切碎捣烂,挤汁入碗中,每日服2次,每次服一小酒杯,时常服用,有降压功能。

4.胃出血的人,可取鲜萝卜汁,鲜藕汁各1杯,混合,每日2次,每次服1杯。

5.便血的病人,可将红萝卜的干叶子,研为粉末,每日3次,每次服6克,连续服用有效。

6.煤气中毒昏迷患者,取鲜萝卜汁1杯,加白糖60克,搅化后灌服可以救治。

7.早期冻疮患者,可将白萝卜切片、烘热,每晚睡前涂擦患部,至皮肤发红为止,连续使用可令痊愈。

萝卜含有丰富的生理活性物质。如蛋白质、碳水化合物、葡萄糖、果糖、蔗糖、氧化酶、触酶、淀粉酶、芥子油、氢化粘液素、组织氨基酸,以及核黄素、钙、磷、钾、铁等人体必需元素和维生素 A、维生素 C 等。有资料说 500 克鲜萝卜含维生素 C150 毫克,是梨的 8-10 倍。最难得的是,萝卜中还含有相当储量的木质素、糖化酵素和消化酶,而其他蔬菜缺少或没有的正是这一些。萝卜还能化痰止血、治鼻炎、疗喉疾、养脾胃、助消化、去便秘、降血压、润肺利肝、益胆降脂,以及良性根治滴虫性阴道炎等常见妇科病。特别是中老年人,常吃萝卜可以大幅度降低老年血脂,软化全身血管(包括毛细血管),进而得到相对稳定血压,遏制动脉粥样硬化和冠心病的医疗效果。

(五) 黑芝麻疗法

黑芝麻味甘性平,有益气补血、生津养发、润肠通便等多种功效,属滋补强壮之药物。

以下介绍民间一些常用的芝麻食疗法,以供选用。

1.芝麻鸡。此法补益气血,适用于病后欠补以及身体虚弱者。取雌鸡 1 只(约 1250 克),黑芝麻 150 克。将芝麻用文火炒香,鸡去毛和内脏,把芝麻放入鸡腹中,以针线缝合伤口。然后隔水炖 2 小时左右,拆去缝线,调味即可食用。可在 1 天内分数次食用。

2.芝麻首乌汤。此法生津养发,适用于年少白发、枯发、脱发者。取黑芝麻 20 克,首乌 15 克,水煎后去掉首乌,调味即可食芝麻喝汤。

3.芝麻糊。此法润肠通便,适于大便秘结者。取芝麻、大米各九克,芝麻应先用文火炒香,后与大米一起用水浸泡 3 至 4 小时,再捣拦成糊状,煮熟加糖即可食用,以蜂蜜调食效果更佳。

4.芝麻猪蹄汤。此法通乳适合于产后乳汁不足者。取黑芝麻 200 克,猪蹄 1 只,通草 15 克一同熬汤,调味后即喝汤,猪蹄和芝麻可随意食用。

(六) 葵花籽疗法

葵花籽是一种营养价值很高的干鲜食品。据分析,每 10 克的熟籽中,含有蛋白质 24.6 克,脂肪 54.5 克,碳水化合物 9.9 克,以及钙、磷、铁、镁等。

用葵花籽榨油,油色金黄,清亮透明,有一股诱人的香味。油中 99%以上是不饱和脂肪酸,可用于降低人体血液中的胆固醇,对于高血压病有一定疗效。

葵花籽里含有的维生素 B_3,能治疗抑郁症、记忆力减退及失眠等。此外,维生素的含量也相当高,每 100 克葵花籽大约含维生素 E210 毫克。它具有抗氧化作用,能抑制人体的过氧化脂质的生成和沉积,从而防止脂褐质的形成。这种过氧化脂质是人衰老的原因。科学家实验证明,正是这种脂褐质加速了人的衰老过程。因此上了年纪的人,每天嗑一把葵花籽,能增进健康,延缓衰老。

(七)药蛋疗法

1.桂杞蛋。鸽子蛋5枚,桂圆肉10克,枸杞子10克,冰糖30克。文火炖熟,吃蛋喝汤。能大补气血。据资料报道,贫血病人食蛋一周后,血色素即有明显提高。因此,气虚血弱的人均可用以滋补身体。

2.阿胶蛋。鸡蛋一枚,阿胶9克,冰糖30克,共放碗内,沸水冲开,温服。此药蛋能滋阴补血,血虚火旺之人食为最宜,可用来治疗妇女月经不调,功能性子宫出血。

3.山药蛋。鹌鹑蛋1枚,炒山药3克,冰糖30克。将山药研为细粉放在碗内,并打入鹌鹑蛋,加上冰糖,沸水冲开,1次温服,每日2次。此药蛋有健脾和胃、增强吸收能力的功效,若能坚持食用,可增加食欲。

4.狼毒蛋。狼毒(干品)150克,红皮鸡蛋21个。先将生蛋煮熟(蛋壳不得损),再将狼毒加清水3000~4000毫升,煮沸1小时,待药液冷却后,把鸡蛋放入,浸泡7天后即可取出食用,每天食1枚。此药蛋既能增强身体的抵抗力,又能抑制和杀灭结核杆菌,对治疗肺结核、淋巴结核和皮肤结核有显著疗效。

5.松花蛋。先用等量的银花、菊花、青蒿、夏枯草、生甘草水煎取汁,然后按比例拌入石灰,纯碱食盐、茶叶、一氧化铝,最后将鲜鸭蛋20~30枚浸泡在药液中,待40天后,见到蛋壳表层有松针状结晶花纹时,即可食用,每日1次,每次2枚。可治疗咽喉炎、唇舌糜烂、鼻衄、便秘、疮疖等。

6.杏仁蛋。取杏仁10n克、白果100克、麻黄50克、沉香10克、洋金花50克,水煎取汁2000毫升,加少量食盐,然后浸入鸭蛋若干枚。过7天后,即可取蛋煮食之,每天食1~2枚。此药对宣肺、化痰、利水,对老年人慢性气管炎有疗效。

7.将军蛋。鸡蛋1枚,大黄末1克,将鸡蛋顶端凿一小孔,装入大黄末,再把小孔封严。文火煮熟,空腹食之,日食2枚。此药蛋有泻热导积,通心肾之功。

(八)生姜疗法

生姜属姜科多年生草本植物。

其功用为芳香性辛辣健胃药,有温中、兴奋、发汗、止呕、解毒等作用,对鱼蟹毒、半夏、天南等药物中毒有解毒作用。适用于外感风寒、头痛、痰饮、咳嗽、胃寒呕吐。疗法如下：

百日咳。①生姜汁一酒盅，川贝母15克，蜂蜜300克，将以上三味同入茶缸搅匀，另用一小锅盛水，茶缸放锅内大火烧1小时取出备用。每天服3次，开水冲服，两岁小孩每次1汤匙，1剂可愈。②生姜6克，柿饼1个，将生姜切碎夹柿饼内焙熟吃。

寒湿痢疾，大小便白色稀脓，日久不止。干生姜2.4克，艾叶2.4克，萝卜籽3克，水煎温服，每日3次。

久痢不止，腹冷下坠。干生姜3克，糯米9克，赤石脂15克，水煎温服，每日2次。

霍乱吐泻。老生姜45克。石菖蒲15克，洗净榨汁，加适量开水冲服。

疟疾。生姜30克，大蒜30克，桃叶7片，捣烂，在病未发作前3小时敷置手脉处，用布包1天。

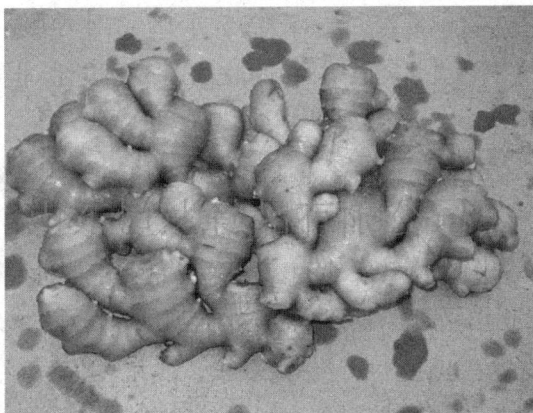

生姜

感冒。①生姜6克，葱白5厘米，大枣四个，水煎炖服。②生姜5片，鲜茶叶15克，鲜枇杷叶3张，每日1剂，两次煎服。③紫苏6克，生姜3片，大葱头一个，每日1剂，两次煎服。④风寒感冒：生姜3片冰糖30克。水煎趁热服下。

久患哮喘身体较弱。生姜汁适量，杏仁15克，核桃肉30克，捣烂，加蜜糖适量炖服。

支气管哮喘。生姜30克切细，捣烂绞汁，同白芥子9克，加烧酒研和如糊，用纱布包扎棉蘸药糊，擦拭肺俞，大椎，膻中3个穴位，每穴擦拭10分钟，以局部灼热疼痛为度。如不痛即以纱布2层，将药糊贴于这3个穴位，1小时左右，痛甚取去，以不起泡为度。

呕吐。生姜9克，灶心土50克。每日1剂，水煎2次分服。

胃痛。生姜60-120克(冬季用120克，夏季用60克)，红糖120克，大葱7个。上药同煎，吃枣肉喝汤，每日1杯，2次煎服，连服3剂。

胃十二指肠溃疡。生姜250克，猪肚1个，生姜切碎装入猪肚中，文火炖，喝汤吃肚,连吃 3 个,疗效良好。

胃寒呕吐清水。生姜汁半杯,灶心土 15 克,水煎成 1 碗服。

脾胃不和呕吐。生姜 9 克,炒柿蒂 7 个,灶心土 30 克,水煎后兑少许醋,配白糖服。

腹部寒痛,腹痛隐隐,四肢不温。生姜 5 片,红糖 60 克,沏姜糖水加白酒少许温服。

心胸痛。老生姜 2 大块,生萝卜 4 个,带须葱白 1 把,共捣烂炒熟,分两份用布包好,轮熨痛处。

食蟹中毒。生姜 15 克,紫苏 15 克,水煎服。

中暑引起突然昏倒,四肢厥逆。生姜汁、韭菜汁、大蒜三五瓣,共捣烂用药汁灌服。

半夏中毒。生姜汁 1 盅,白矾 9 克,调匀内服。

生姜预防胆结石。

据日本学者发现,生姜中所含的姜酚成分,能抑制前列腺素的合成,并且有很强的利胆作用。据研究,人体前列腺素分泌过多导致胆汁中粘蛋白的含量增加。而粘蛋白与胆汁中的钙离子和非结合型胆红素结合成胆石支架和晶核,便形成了胆结石,而姜酚恰好能抑制前列腺素合成,能相对减少胆汁中粘蛋白的形成,从而达到预防胆结石症的目的。

生姜药用新发现。

近些年来,国外医学家对生姜的研究进一步深入,并获得了不少有价值的新发现:

美国科学家发现,生姜是防治晕船、晕车、晕飞机等运动病的良药,他们将 72 名严重运动病患者分成两组,在引起眩晕试验前,一组服用姜粉胶丸,每丸含姜粉 940 毫克,另一组服不含姜粉的胶丸。结果服用姜粉的一组,36 人都没有眩晕、恶心、呕吐之苦,另一组则痛苦万分。

丹麦科学家声称,用生姜来做血液稀释剂,防止血液凝固的效果十分理想,这是因为生姜含有一种特殊的物质与水杨酸相似并且不会产生副作用。此外,生姜还足治疗类风湿关节炎的良药。他们让 7 位类风湿关节炎患者连续 3 个月吃生姜,结果疼痛明显减轻。

美国科学家的动物实验显示,生姜能大大降低血液中胆固醇含量,这无疑是高血脂患者福音,一种以生姜为主要原料的降血脂新药不久将问世。荷兰科学家认为,生姜有某些抗生素的作用,尤其对抗沙门氏菌效果十分明显。

德国科学家的研究最令人鼓舞,他们发现生姜汁液在一定程度上能抑制癌细胞的生长,这一发现将为人类战胜癌症提供一种"新武器"。

生姜抗衰老。

生姜是食物烹调中不可缺少的一种调味料,也是一味治疗外感风寒头痛、胃寒呕吐的道地药材。生姜对治呕吐有显著效果,故有"呕家圣药"之美称。生姜还有抗衰老的功能。我国北宋著名文学家苏东坡在《东坡杂记》中记述了一则吃生姜延年益寿的趣闻;钱塘(今浙江杭州)净慈寺有一位80多岁的老僧,童颜鹤发,红光满面,两目炯炯有神,苏东坡感到十分惊异,便询问他用何妙方求得长寿。老僧说:"每日用连皮嫩姜,温升水送服,坚持食用40年。"科学家研究认为,生姜能防止含脂肪的食物氧化变质。熟肉中脂类化合物,会促使肉类变质、变酸、变臭。若在烹饪时放入适量生姜,不仅可增强肉类食物的鲜味感,而且可减慢其变质速度。当生姜中的辛辣成分——姜辣素进人体内吸收消化时,可产生一种有益于机体的抗衰老物质,能抑制体内过氧化脂质的产生,防止脂褐质色素——老年斑的形式。因此适量地吃点嫩姜,可达到防病保健,颐养天年的效果。民间有"晨起三片姜,赛过喝参汤"的谚语,确有一定的科学道理。

(九)黑木耳疗法

1.治高血压、血管硬化、眼底出血。黑木耳6克,用清水浸泡一夜,取出沥干后置碗内上笼蒸2小时,再加入适量冰糖,每晚临睡前服1次,连服3-6个月。

2.治疗寒湿性腰腿病。黑木耳500克,苍术、川椒、当归、杜仲、附子各50克,川牛藤25克,威灵仙20克,共研为细末,炼蜜为丸,每丸重15克,每口服2次,每次服1丸。

3.治疗痔疮出血,大便下血。黑木耳6克,柿饼30克,同煮烂熟,当点心吃。

4.治疗神经衰弱,夜不能寝。黑木耳6克,清水浸泡12小时后加人大枣10枚,

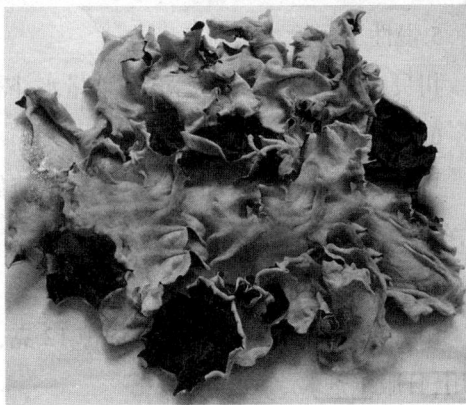
黑木耳

上笼蒸 1 小时,加白糖食之。

5.治疗疮溃疡。黑木耳 50 克焙干研成末,加入等量白砂糖,和匀。使用时用白开水调成糊状。包敷患处,每日换 1 次。

6.治疗反胃、咳嗽、多痰。取大朵黑木耳 7-8 个,加水煎服,每日 2 次。

7.治疗痢疾。黑木耳 100 克,捣为末,加等量白糖和匀。每次用开水冲服 15-25 克,每日 2 次。

8.治疗老年人体质虚弱,阳虚发热、咳嗽、胃疼。黑木耳 25 克,清水浸泡 1 夜,取出后与粳米 100 克,大枣 8-15 枚煮成粥。熟后加入白糖适量服食。

(十)蜂蜜疗法

1.蜂蜜有润肠功能。

妇女产后便秘,用黑芝麻 15 克,捣烂用蜂蜜、牛奶各 1 两调配,早晨空腹服。

2.胃十二指肠溃疡。

用蜂蜜 1 杯,隔水蒸热,饭前 1 次服完,每日 3 次,连服数星期,溃疡可愈。

3.胃寒气痛,呕吐。

用蜜糖 30 克,生姜汁 15 克,加开水适量,蒸热一次服,每日 3—4 次。

4.高血压心脏病。

每日服用蜂蜜 2-3 次,每次 2-3 匙。或何首乌、丹参各 15 克,水煎去渣取汁调入蜂蜜 15 克,每日 1 剂,可改善血液成分和血管壁营养状况。

5.慢性支气管炎。

川贝 10 克,蜂蜜 50 克,并加少量水,隔水炖 20 分钟即可食用。

6.久咳不愈。

用蜂蜜 60 克,猪板油 60 克,油化去渣倒入蜜中,煮溶至沸,早晚开水冲服一汤匙,冬季量加倍。

7.多梦、心悸、健忘。

用五味子、柏子仁各 10 克,伏神 12 克,水煎去渣取汁,调入蜂蜜 50 克,分 2 次服用,日服 1 剂。

(十一)家常饭菜做食疗

药物、手术是治疗疾病的方法,而饮食也是预防和治疗疾病的一种方法。我们日常食用的每种普通食物,几乎都具有一定的药理作用。利用食物的药理作用,有针对性地食用。或将几味中药与普通食物共同烹制后食用,从而起到预防、治疗和保健作用,就是饮食疗法,简称食疗。食疗一般可分为两类:一类是以中药和蔬菜瓜果、鱼虾蛤肉、山珍海味等,经过特殊的方法烹制后供人选食,可以称为药膳。另一类是因人因病因条件的不同,合理选择一些常规食物,经过普通方法烹制后食用。这类方法原料基本上都是日常食物,烹制方法也是一般家庭烧菜煮饭的方法,经济实惠,只是要有目的地选择和搭配。下面就介绍一些常见病的普通食疗。

贫血的人,可将菠菜焯后炒鸡蛋或炒瘦肉,也可西红柿炒鸡蛋,糖拌西红柿。胡萝卜、荠菜、芹菜都可做菜。还可用红枣、葡萄干和大米一起煮粥或山药和大米一起煮粥。

心血管病人可吃炒萝卜、凉拌萝卜;素炒土豆、瘦肉炒土豆、煮土豆、炸土豆泥;素烧茄子、瘦肉烧茄子、芝麻酱蒜泥拌茄泥;洋葱、大蒜、胡萝卜、黄豆芽、海鱼、海带等都是有利于高血脂和冠心病人的食物,可以根据条件和口味选择而做菜。做菜时少放一点盐、少用动物油,要以植物油为主,特别是葵花子油和豆油更好。还可以将莲子、萝卜、黑白木耳等选一样和大米一起煮粥食用。

高血压的人,可以选择油菜、小白菜、苋菜、西红柿、冬瓜、小豆、山药等做菜(但高血压并发肾机能失调时,不宜多吃这些菜)。这可以将莲子、胡萝卜、萝卜、黑白木耳、绿豆、芹菜等选一种和大米一起煮粥。

糖尿病人可选择瘦肉、鱼虾、豆制品、豌豆、豇豆、芹菜、菠菜、苦瓜、蘑菇等做菜,还可将山药、胡萝卜、萝卜和大米一起煮粥。

缺钙的人,可以选择豆制品、豌豆、大豆、虾皮、海带、菜花、苋菜、荠菜做菜。也可以将荠菜、苋菜和大米一起煮粥。

慢性气管炎的患者,可选择小白菜、油菜、萝卜、西红柿、大豆做菜。也可将百合、大枣、莲子、杏仁等选一种和几种,和大米一起煮粥,更年期综合征的患者可选择瘦牛肉、瘦羊肉、瘦猪肉、鸡蛋、动物内脏、鱼、豆制品、胡萝卜、西红柿、菠菜、油菜、甘蓝、蘑菇做菜。做菜时最好少放盐,用植物油。也可以选择红枣、小豆、桂圆、莲子和大米一起煮粥。

这些食疗是家家都可以做到的。家常饭菜,只要吃得得法,其防病、治病和保健作用是明显的。

(十二) 乌鸡疗法

1.生地黄乌骨鸡。取乌骨鸡1只,去毛及肠杂,切成小块,将生地黄200克(切细），纳于鸡腹内，然后放入瓷盆中蒸熟食之。共分7次服用，每晚临睡前服1次。此品可补虚损、治积劳。常食此方可收到显著效果。

2.何首乌乌骨鸡。取乌骨雌鸡1只，杀鸡后去肠洗净后，将何首乌50克研成细粉，用布包好，纳鸡腹内，放入砂锅，加水适量，用文火炖至鸡肉离骨。食肉喝汤，每日早晚各服1次，共10次食完。此炖品具有养血强肾、滋阴益肝、补精添髓之功。对于子宫脱垂、脱肛等症有良好的效果。

乌鸡

3.冬虫淮山乌骨鸡汤。取乌骨鸡肉150克、冬虫夏草25克、淮山药40克，同放砂锅内加水适量，煮熟肉后，分6次服用，每日临睡前服1次。此汤对于体弱的老年人及肺结核潮热不退有治疗作用。

4.北芪炖乌骨鸡。净乌骨鸡一只，切成小块，与北芪40克同放入砂锅内，加水适量，炖熟后食肉喝汤，分7次服完。此鸡可补脾益气，养阴益血，对于妇女月经不调、白带过多、痛经、血虚头晕等症有明显效果。

（十三）助睡眠的食品

莲子。能补中养神，治夜寐多梦。晚上吃碗莲子粥或莲子汤，能促进安眠。

牛奶。富含色氨酸，临睡前饮上一杯热奶，可催人熟睡。

龙眼。有养血安神作用，每晚取10枚煎熬，睡前服用，有利眠功效。

蜂蜜。有补中养脾，除心烦作用，每晚用蜂蜜50克冲开水饮，有利眠作用。

大枣。有治烦闷不眠作用。每晚取大枣20枚，临睡前服用能安眠。

黄花菜。可治夜少安寐晚餐以黄花菜汤做佐膳，能使人熟睡。

葵花子。含有维生素 B_3，能调节脑细胞功能，每晚嗑一把葵花子，有催睡作用。

（十四）震颤麻痹的食疗

震颤麻痹，医学上叫帕金森氏综合征，一般人称为"抖抖病"，常见于老年人。

其病状表现为四肢震颤,肌肉强直,动作迟缓,言语不利,智能障碍等。由于其发病因至今还不太明白,治疗起来非常困难,但如果采用中医食疗法,一般都能控制病情,缓解症状。现介绍几则食疗方法供选用:

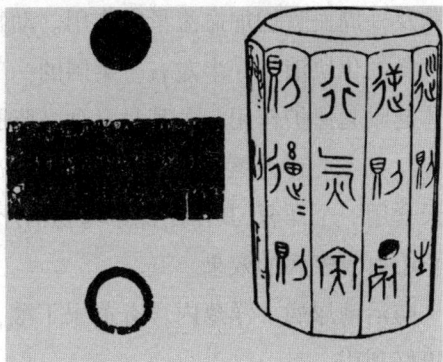

天麻炖猪脑。取天麻10克,猪脑1个,放入砂锅内,加水适量,以文火炖1小时左右,调味后喝汤食猪脑,每日1次或隔日1次。

天麻鱼头汤。取天麻25克,川芎10克,鲜鲤鱼1尾(600克),将天麻、川芎泡软切薄片,放入鱼头鱼腹中,置盆内,加葱姜,再加适量清水上笼蒸约30分钟,食肉喝汤,隔同1剂。

核桃黄酒泥。取核桃仁15个,白糖50克,放在砂罐或瓷碗中,用擀面杖捣碎成泥,再放入锅中,加黄酒50毫升,用小火煎煮10分钟,每日食用两次。

枸杞炖羊脑。将枸杞子50克,羊脑1具,放入容器,加水适量,放姜葱食盐料酒,隔水炖熟,食用时入味精即可,日分2次吃。

乌蛇金龟汤。乌梢蛇250克,金钱龟250克,将两物洗净,乌蛇去骨,金龟去壳,加水文火慢煨至烂熟,放入调料,分2次食用,吃肉喝汤,隔日1剂。

(十五)洋葱益心脑

防治高血压。洋葱中含有前列腺素,该物质可直接作用于血管而使血压降低,还有促进肾脏利尿和排钠的作用,调节体内肾上腺神经介质释放,从而起到很好的降压作用。研究表明,人体缺钙是形成高血压的因素,而洋葱含有一定量的钙,这对降压起了辅助作用。洋葱中的二烯丙基二硫化合物及少量硫氨基酸,有杀菌和降血脂功效,可以减少对动脉的损害,这对降压也有一定的辅助作用。日本医学专家,经过多年研究认为,常服洋葱,可以长期稳定血压,减低血管脆性,对人体动脉血管有很好的保护作用。即使是顽固性高血压病,如每天坚持吃洋葱或用洋葱煎水服,连用1年以上也可以治好。

防治冠心病。洋葱所含的二烯丙基二硫化合物,能增加纤维溶解酶活性,可促进血凝块溶解,并能降血脂;洋葱中所含的另一物质——前列腺素A,有扩张冠状动脉及外周血管增加血流量的作用。动物实验证明,吃一定时间的洋葱后,可使动脉粥样硬化块消失一半左右。美国的一项研究报告建议,每人每天吃一个洋葱,对身体健康起保护作用。尤其是喜食高脂肪膳食者,往往会使血液里的血小板"粘在一起",如常吃洋葱就可防止出现这种情况。临床实验已经表明,一般冠心病患者,每天食用一个洋葱,其作用优于药物治疗。只要坚持吃洋葱,不论生吃、熟吃,都有防止心血管疾病的效果。

防治糖尿病。洋葱内含有黄尿丁酸,该物质能,降低血糖含量,促进细胞对糖分更好利用。

印度科学家研究认为,洋葱的提取物所起的作用,是帮助细胞增强对糖的利用率,从而使血糖值降低,所以吃洋葱对糖尿病患者是有益的。

为了使洋葱中的有效成分能够充分溶解,其服用方法如下:大的洋葱10只,小的15只。洋葱洗过之后晾干,剥除最外边的薄皮层,再用剪刀剪细,放入陶瓷茶壶,加入8份水用火煮,沸腾后用文火煨,煎至水的颜色如茶,只剩下一半为止。每天喝1-3杯,因为不是药,所以不必在量上多讲究。在两顿饭的中间喝尤佳,连续3天服用后量一下血压。一般一星期后即能恢复正常,血压降下来后就可以停止服用。

(十六)树叶可疗疾

桃叶。新鲜桃叶捣烂后,外敷可治脚癣;鲜桃叶捣烂加黄酒少许,炖热后敷于患处,能治淋巴腺炎;桃叶500克,切碎后浸入500毫升酒精中,密置于器皿中静放2日后去渣,用棉球蘸浸出液涂抹患处,每日3-4次,治疗慢性荨麻疹。

桃树

柳叶。洗净后晾干存放泡水喝有利尿、消炎,治疗喉炎、慢性咽炎的作用。

榆叶。取鲜嫩叶洗净制为粉末,用少许水调成糊状,咽服后有治疗慢性胃炎、胃溃疡的效果。

桑叶。取寒冬凋而不落的桑叶煎汤服洗,治疗慢性性泪囊炎,眼睑炎;桑叶10-15克水煎服,能治疗急性咽喉肿痛,急性扁桃炎;桑叶12克,杏仁15克,梨2个水煎服,每日 1 次,可治疗风热咳嗽。

柿叶。柿叶少许,花生衣少许碾碎,温水送服,连服两个月,治疗血小板减少性紫癜。

无花果叶。无花果叶 100 克,煎为浓汁,清晨空腹时饮下,可驱蛔虫。

柚子叶。柚子叶 4—5 枚,青皮 30 克,蒲公英 30 克,水煎服,能治疗急性乳痛。

枇杷叶。枇杷叶焙研为细末,用茶水冲服 6—8 克,每日两次可治疗鼻衄;枇杷叶煎汤洗患处,可以治疗癌症溃烂。

(十七) 腰痛食疗

一方。枸杞子 50 克,羊腰一对洗净去筋膜、切碎,大米 100 克。加水适量,以小火煮粥,分早晚两次食用。此方具有补肾益精,养肝明目之功效,可治疗老人肝肾阴虚引起腰膝酸痛,头晕目眩等症。

二方。川杜仲、补骨脂各 15 克,核桃肉 50 克。加水浓煎取药汁,加入大米 100 克,以小火煮粥,分早晚两次食用。此方有补肾强腰的作用,适应老年人肝肾两虚所致的腰脊疼痛,足膝酸软以及腰痛恢复期。

川杜仲

三方。骨碎补、川牛膝各 15 克,黄芪 30 克,续断 18 克,猪蹄 1 只约 500 克,加水及酒适量,炖汤分早晚两次食用。此方具有补肝肾、益中气之功效,可治疗老人慢性腰痛、足膝酸软及周身关节疼痛、肢体麻木等症。

四方。川杜仲 15 克,黑豆 100 克,活鲫鱼一条约 300 克。先将鲫鱼取鳞及内脏洗净;再将杜仲、黑豆加水适量,炖至黑豆熟,然后取出杜仲,放入鲫鱼炖熟,调味食。此方有补肝滋肾及活血的作用,可治疗老人气血不足、肝肾亏虚所致的慢性腰痛。

五方。川杜仲 18 克,猪腰 1 对,洗净去筋膜、切片,加生姜 3 片,清水适量同煮,分早晚两次食猪腰喝汤。此方具有补肝益肾之功效,适用于老人各种急慢性腰痛。

(十八) 花菜防癌

茎上花蕾特别发达的花菜,质地细嫩,味甘鲜美,容易消化,而且烹制简便、荤素通和,乃大众化的菜肴。花菜的营养与食用价值逐渐被人们认识,近些年来花菜已被推广全国各地大量种植,成为春季蔬菜中的新秀。

花菜含有丰富的维生素类物质。据称人们食用200克新鲜的花菜就可为成年人提供一天所需维生素A的70%-100%。其维生素C的含量更为突出,每百克可达88毫克,比冬春季常见的大白菜、黄芽菜、包心菜的含量要高,比柑橘的含量还要高出1倍以上。常食花菜,这在春季

花菜

绿叶蔬菜奇缺和新鲜水果稀少的时节,对于及时补充人体内的维生素A和C显得十分重要。维生素A不仅能维持机体最基本的生理功能而且还可以保护视力、健全骨骼与牙齿。而维生素C则能预防和治疗坏血死,增强机体的抗病能力;还能刺激机体诱发干扰素,阻断亚硝酸铵在胃内的合成,这一切均有不可忽视的防癌作用。花菜除含有丰富的钙、磷、铁等矿物质外,它还和球叶甘蓝一样含有较多的微量元素铝和锰。这些微量元素是人体中酶和激素等活性物质的主要组织部分,能促进和旺盛机体的物质代谢。据报道,花菜中还含有一种能对抗人类结肠癌、直肠癌,有效地抑制癌肿的抗癌物质——吲哚化合物。经动物实验也证实,这种吲哚化合物能防止实验鼠发生癌症,目前花菜已被营养学家和医学家们公认为抗癌食谱中的一员。

(十九) 益眼食品

据专家介绍对眼睛有利的食品有以下几类:

第一类是含维生素A多的食物。如羊肝、猪干、鸡肝、鸡蛋黄、黄油、牛乳、羊乳、人造黄油等。作用是:①维持眼睛角膜代谢正常,不使角膜干燥和退化。②增

强在黑暗中看物能力。第二类是含胡萝卜素多的食物。如胡萝卜、南瓜、青豆、番茄等。由于植物中的类胡萝卜素必须依靠脂肪的帮助才能被人体吸收,所以在吃上述食物时最好是用油煎熟了吃,或凉拌时加些熟油吃。胡萝卜素是维生素 A 的前身,在人体内能转化为维生素 A。第三类是含核黄素(维生素 B_2)多的食物。如牛奶干酪、瘦肉、鸡蛋、酵母、扁豆等。作用是能保证眼睛视网膜和角膜的正常代谢。

(二十)肉皮除皱纹

人体为什么会出皱纹呢?这是因为人体细胞贮存水的机能出现了障碍,细胞水量明显减少而呈现"脱水"表现。但胶原蛋白质又与结合水的能力有关联,人体若缺乏胶原蛋白质就会使细胞贮水机制发生障碍,以致皮肤干燥出现皱纹。而在肉皮中含有丰富的生物大分子的胶原蛋白质。猪肉皮蛋白质的含量比猪肉多 2.5 倍,碳水化合物的含量比猪肉多;脂肪含量却只有猪肉的 1/2。猪肉皮蛋白质的主要成分为胶原蛋白和弹性蛋白,胶原蛋白约占猪皮蛋白的 80%。常食用猪肉皮,可使皮肤贮水功能低下的组织细胞得以改善,减少皱纹,使人肌肤风采永驻。人体也可用猪皮做原料,补充与合成胶原蛋白,再通过体内与胶原蛋白结合的水(体液),去影响某些特定组织的生理机能而收到补益精血、滋润肌肤,光泽头发、减缓衰老之功效。冬季气候干燥,多吃猪肉皮对养颜、减皱更有意义。

(二十一)动脉硬化的粥疗

豆浆粥。取豆浆 500 克,粳米 50 克,砂糖或精盐适量。将豆浆与淘洗干净的粳米一同放入砂锅中,先用旺火烧开,再转文火熬煮成稀粥,以表面有粥油为度,加入砂糖或精盐适量即成,每日早晚餐温热服用。具有补虚润燥、利咽止咳的功效,适用于动脉硬化、高血脂症、高血压病、冠心病、小儿久咳不愈、体虚消瘦等症。

玉米粉粥。以玉米粉 50 克,粳米 50 克。先将玉米粉用适量冷水调和,再将淘洗干净的粳米入锅,加水适量,先用旺火烧开,调入玉米粉,再用文火熬煮成稀粥,每日早晚餐温热服用。具有降脂降压的功效,适用于动脉硬化、冠心病、心肌梗塞,高血脂症等。

菊花粥。取菊花 10 至 15 克,粳米 100 克。于秋季霜降前采菊花去蒂,烘干或阴干后磨成粉,备用;另取淘洗干净的粳米入锅,加水 1000 克,先用旺火烧开,再转用文火熬煮成粥,待粥将成时调入菊花末,稍煮即成。日服 1 剂,分数次食用,具有散风热、清肝火、降血压的功效，适用于高血压病、眩晕目暗、风热目赤、丹毒等。平素便秘的老年人不宜多服。

天麻猪脑粥。取天麻 10 克，猪脑 1 个，粳米 250 克。以上三味洗净，加清水适量，先用旺火烧开，再转文火熬成稀粥，每日晨起温服一次。具有祛头风、镇静镇痛的功效，适用于脑

菊花粥

血管意外所致的半身不遂、高血压病、高血脂病、动脉硬化、美尼尔氏综合征等。

(二十二) 鱼头疗头痛

中国民间常用鱼头配入中药医治头痛病，具有滋阴益脑、补血明目、益智宁神之功效。观将三则验方(食疗)介绍如下：

1.偏头痛。体质虚弱、头部偏左或偏右疼痛，产后头风痛，逢天气反常头痛者，可用草鱼头 1 个，生姜 3 片，白芷 6 克，天麻 9 克，水适量同煎，取汤服之，每周 3 次，连服几周，有祛风止痛之功效。

2.砸晕耳鸣，逢劳加重、胸闷欲吐。可用草鱼头 1 个，天麻 9 克，生姜 3 片，水适量同煎，取汤服之，每周 3 次，常用能平肝熄风，解眩除晕。

3.智力不足、健忘、思维欠佳、劳脑伤神、肾亏者。可用草鱼头 1 个，冬虫夏草 10 克，枸杞 10 克，益智仁 9 克，沙参 9 克同煎，取汤服之，每周 1 次，宁神益智，健脑延年。

(二十三) 菠菜食疗

菠菜根炖鸡肉丁。鸡肉丁 15 克，鲜菠菜根 60~120 克。先将鸡肉丁炖 30 分钟，再入菠菜根煮至熟。饮汤并吃菠菜根，可分 2-3 次饮用。功能：清热止渴。主治：糖尿病、饮水无度等。麻油拌菠菜。鲜菠菜适量，置沸水烫 3.5 分钟后捞起，加适量麻油及调味品拌食，每日两次。功能：通利血脉、润肠通便。主治：高血压、头痛、眩晕、便秘等症。

菠菜鸡蛋汤。鲜菠菜适量置沸水中，再入鸡蛋两个(搅匀)及调味品。功能：

补血滋阴。主治:缺铁性贫血、头昏等。

菠菜猪肝汤。猪肝 60 克、菠菜 250 克。猪肝切片与菠菜人沸水中,加调味品即成。功能:滋阴补血、养肝明目。主治:缺铁性贫血、小儿麻疹后角膜软化症、慢性肝炎等。

菠菜

菠菜猪血汤。猪血 150 克、菠菜 250 克置沸水中,再加调味品。功能:清热解毒、润肠通便。主治:胃肠积热所致的大便不通、酒精中毒等。菠菜适量做汤喝。功能清热解毒。主治:皮肤红肿、瘙痒、化脓等症。

凉拌菠菜海蜇皮。海蜇皮 100 克、菠菜适量。菠菜置开水中煮 2.3 分钟捞出待用,再将海蜇皮用开水烫过后切丝与菠菜混合,加调味品拌食。功能:滋阴清热、平肝熄风。主治:高血压引起的面红耳赤、头痛等症。

由于菠菜中含有较多的草酸,草酸易和钙结合成草酸钙,故患有胆和泌尿系统结石的患者不宜多食。儿童处于生长发育的阶段,体内需大量的钙质,故亦不宜多食。

(二十四)米糠油降胆固醇

美国科学家进行一项研究初步表明,米糠油可使有害的胆固醇水平急剧下降,但它不会降低有益的胆固醇。

美国马萨诸塞州洛厄尔大学的生物化学家罗伯特·尼克洛对动物所进行的试验表明,米糠油可使有害的胆固醇—低密度脂蛋白(LDL)的水平下降 30%,与此同时,又不会使有益的胆固醇—高密度脂蛋白(HDL)的水平下降。

低密度脂蛋白水平过高会增加患心脏病的危险性,而高密度脂蛋白则可减少患心脏病的可能性。

(二十五)养颜美发的食疗

美来自人体内部,有益于健康的食品可以起到意想不到的作用。营养学家们提出了以下健美食谱:

养颜。葵花籽和南瓜籽富含锌,人体缺锌会导致皮肤迅速生皱纹。每天吃几

·养生秘笈·

图文珍藏版

粒葵花籽或南瓜籽可以使皮肤光洁。此外,每天早晚各吃一个猕猴桃,猕猴桃富含维生素C,有助于血液循环,可以更好地向皮肤输送养分。维生素A可以使皮肤更有弹性,动物肝脏含有大量维生素A。

美发。鸡蛋富含硫,每周吃4个鸡蛋,可以使头发亮泽。锌和维生素B可以延缓白发生长。高蛋白食物如肉、鱼等再配上生菜,对浓密的头发来说起着重要作用,因为头发97%由角质蛋白组成。

明目。每周吃用植物油烹制的胡萝卜。胡萝卜富含维生素A、E,能增强视力,起明目作用。用带麸皮的面粉做的面包含大量的硒元素,常吃这种面包可以保护眼睛免遭病菌侵害。维生素C能改善视力,经常吃柑橘类水果大有益处。

秀甲。酸奶含促进指甲生长的蛋白质,每天喝一瓶酸奶大有好处。常吃核桃和花生能预防指甲断裂,核桃和花生含有能使指甲坚固的生长素。

固齿。每天吃150克奶酪并加一个柠檬。奶酪里的钙能使牙齿坚固。维生素C能杀死造成龋齿的细菌。此外,多吃家禽也有益于保护牙齿,因为这些肉类中含有固齿的磷元素。

(二十六)核桃治久咳

核桃在我国有"长寿之果"的誉称。核桃营养丰富,含有丰富的脂肪、蛋白质、钙、磷、铁,是体虚力衰者的理想补品。

祖国医学认为,核桃有补气养血、润燥化痰、温肺补肾、平喘止咳功效。常食核桃有助于消化、润肌黑发、降低血压、利尿通便及治疗血管硬化、神经衰弱等症。

核桃仁与补品同食,强筋补力,与杜仲、补骨脂同食,补血益精。每日早、晚用一两个核桃仁与二片生姜同嚼细咽,治肺肾两虚,久咳痰喘,还可以防止动脉硬化。

核桃

核桃性温,凡是痰火炽热或阴虚火旺者忌吃。

(二十七) 饮食与高血压

饮食与高血压有什么关系呢？什么样的食物可防止或降低高血压？

1.低盐高钾。美国梅尼利经过 30 年研究指出,低钠盐高钾饮食会使人健康长寿。例如,原始猎民的血压并不随年龄的增长而上升,他们几乎没有高血压,因为他们的食物是无盐的。钾能降低血压,所以高血压患者应多吃富有钾的食物,如香蕉、橘子水、杏、豆类、土豆、西红柿、麦芽、牛肝等。由于钾易溶于水中,这些食物最好生吃或蒸来吃;如果必需煮,则尽量少用水,煮后的水可作汤为喝。

2.大量钙质。美国奥立冈健康科学大学对 12000 人的研究发现,高血压患者的食物比健康人少含 10~65% 的钙。英国伦敦的科学研究发现,人们的血钙量随年龄的增长而下降,血压则明显上升。高血压者的血钙量低,低血压的血钙量高。这就证明血钙与血压有关,钙至少能起到预防高血压的作用。

3.足够的镁。美国俄克拉何马退伍军人医疗中心对千名高血压患者的研究发现,血中含镁低的病人需大量抗高血压的药。这表明镁与钾一样在治疗中起重要作用。所以高血压患者应保证每天饮食中有足够的镁,如大量绿叶蔬菜、果仁、黄豆及不去皮的麦面。

4.高纤维。英国的研究发现,食低纤维者的血压一般较高,而食高纤维者的血压较低。我们知道,高脂肪食物会引起高血压。但如同时食用大量纤维,则会阻止血压上升。美国马里兰大学研究结果表明,吃低纤维食物的血压高于吃高纤维食物者的血压。吃低纤维食物者改吃高纤维食物一定时间后,血压又下降。人们都知道,素食者较少患有高血压和心脏病,因为他们多吃高纤维食物。所以为防止高血压,必须多吃如芹菜、胡萝卜、洋白菜、西葫芦、豆类、麦芽、麸糠、果仁、橘子、杏、桃等高纤维食物。

(二十八) 慢性肝炎的食疗

慢性病毒性肝炎,病程长,经久难愈,易发生肝硬变,甚至进一步发展成肝癌,人们谈肝色变。慢性病毒性肝炎在全国的发病率约为 12%,广东省约为 36%,发病率高,在目前尚未发现克星之前,从饮食方法调理不失为防治肝病进一步发展的妙方。

饮食原则:宜"三高一低"即高蛋白质、高热量、高维生素、低脂肪。患者可选奶类、瘦肉、鱼虾、豆制品等,适量进食蜂蜜、果汁,但不要过量,以免出现脂肪肝;食物宜干净、新鲜、易消化,多食新鲜蔬菜、水果。

忌烟、酒、肥肉、浓鸡汤;少食辣椒辛辣刺激性食物;不吃霉花生、霉玉米等致肝癌物质;腹胀排气过多时,少吃玉米、土豆、山芋等产气食物。

家常食疗。

大枣 200 克,菌陈 90 克,共煎,饮汤食枣,早、晚各 1 次。

瘦猪肉 100 克,金针菜 30 克,煮汤,早晚分服。

瘦猪肉 100 克,鸡骨草 50 克,红枣 4 枚,煮汤服食。

鸭一只,洗净,开膛切块,加丹参、生姜、蛇舌草各 15 克,蒸熟后分食。

泥鳅 50 克,豆腐 200 克,煮汤服食。

山药 50 克,鸡蛋 1 个(去壳),共拌加适量调料蒸熟食之,兼治大便秘。

枸杞 15 克,白菊花 10 克,泡茶饮之,兼治眼目昏花。

(二十九)食疗祛寿斑

老年人随着年龄的增加,体内抗氧化功能逐渐减退,便会产生

一种叫脂褐质色素的物质,这种物质在体表聚集,称为寿斑。寿斑是一种衰老的象征,而且斑过早出现会促进身体各生理功能减退。维生素 E 是一种有效的抗氧化剂,来源有芦笋、梨、草莓、马铃薯、番茄、青菜、牛肉和动物内脏、蛋类、海产品(如龙虾、大马哈鱼、金枪鱼等)。苹果、菜豆、胡萝卜、芹菜等含有一定量的维生素 E,从饮食中获取维生素 E 比服用药物制剂更安全合理。

要预防和消除老年斑,除了摄取含维生素 E 的食物外,还要注意饮食中的脂肪含量,每日摄取脂肪量 50~60 克为宜。如身体肥胖者,还应减少。在日常饮食中还要多选择一些含维生素 D、B、A 等食物。维生素 C 与脂褐质代谢有密切关系,是一种抗氧化剂,还有抑制黑色素形成的作用。含维生素 C 较多的有枣、柑橘、红果、柚子、柠檬等,蔬菜中辣椒、雪里蕻、西红柿、菜花也含有维生素 C。维生素 A 有使皮肤柔腻润泽之功效,动物肝脏含量很丰富,胡萝卜、韭菜、金花菜、青椒里含量也很丰富。维生素 B_1、B_2,有使皮肤光滑、平展褶皱、减退色素、消除斑点之效,主要存在于谷类、豆类、瘦肉及蛋类、金花菜、苋菜、雪里蕻中。为了预防老年斑,对于经光曝晒过的油脂食物和存放过久的油脂,如腊肉、腊肠(香肠)、油类、花生等最好不要食用。

下面介绍两则食疗和药疗方剂,老年斑患者不妨酌情选用:

1. 薏米百合粥。取薏米 30 克,百合 5 克,加水适量,开锅后微火煮 1 小时即

成,可加适量的糖和蜂蜜调服,每日1餐,长期服用,可以预防和治疗老年斑。

2. 玉容膏。取甘松、山柰、细辛、白芷、白蔹、白芨、防风、荆芥、陀僧、枯矾、檀香、川椒、菊花、檀蚕、山椒、藁本、天麻、羌活、独活各3克,红干枣7枚,共研细末。过筛后(过120目筛),与适量白凡士林油调合成膏状,每晚睡前洗脸,薄薄涂抹一层,第二天早起洗掉即可,坚持数月,有预防和治疗老年斑之效。

(三十)茄子益寿

茄子是夏季的一种普通蔬菜,它的保健功效日益受到医学界的重视。据测定,每100克茄子含蛋白质1.4克,脂肪0.3克,碳水化合物4克,多种维生素和微量元素含量高。传统医学认为,茄子入药具有活血化瘀、消肿止痛、祛风通络等功能。高血压、动脉硬化、咯血和坏血病患者,食用茄子有辅助治疗作用。从食疗价值来说,茄子与其他蔬菜相比,有两种营养物质是老年人最需要的。

其一是维生素E,每100克含量高达150毫克,是花生的8倍,香蕉的7倍。维生素E能加强细胞膜的抗氧化作用,抗拒有害自由基对细胞膜的破坏,防治动脉硬化和心脑血管病,延缓机体衰老,促进性腺和胃液分泌,调节中枢神经,预防白内障等。因而,维生素E被誉为"长寿维生素"。

其二是维生素P(即烟酸),每100克含量达700毫克,是柑橘的10倍,杏子的15倍。维生素P能增强细胞的粘着力,促进细胞新陈代谢,保持机体正常生理功能,保护血管弹性,提高微血管循环功能,防治寿斑和皮肤干燥症、口腔炎等。

茄子

此外,茄子中的钾、铜、锌等微量元素对老年人身体健康也十分重要。这些物质可预防突发性四肢无力或瘫痪,防治甲状腺功能亢进、慢性肾炎等。

茄子性味甘凉,入秋后其寒性更甚,因此老年人食用茄子要适量,产妇不宜多食。

(三十一) 杂食延寿

人体是一个整合的机体,需要各方面的营养物质维持机体的机能和生命的活力。而当今世上的食物多种多样,但没有一种食物能够全面的满足机体对营养的需要,因此需要多种食物的摄取和调剂。人的食物越杂越好,只有杂食才能互补。不同的食物含有不同的营养成分,动物性食物中含有丰富的氨基酸、蛋白质和脂肪,禾谷果蔬中含有少量的不完全性蛋白质,缺乏某些必需氨基酸,但含有丰富的人体必需的碳水化合物、维生素、微量元素及植物纤维素。鸡鸭鱼肉、山珍海味食入过多,因脂肪摄入量大,会引起动脉硬化、肥胖症、冠心病、糖尿病等文明富贵病,并可诱发癌症。若不食或过少地摄入动物性食物,则可影响生长发育和导致营养不良症。而禾谷果蔬中含有大量的软化血管、降低血糖血脂和抗癌防癌作用的维生素、微量元素及植物纤维素,适当地多吃一点,对健康长寿是大有益处的。

养成杂食的习惯,适当的增加果蔬的摄入量,减少动物性食物的摄入,达到营养互补的作用,使机体获得均衡的营养,是强身健体、养生延年之道。

(三十二) 蛋黄增强记忆力

人们若想提高记忆力,应该适当多吃些鸡蛋黄,这对增强记忆力大有益处。

一般而言,人们要获得良好的记忆力,必须给大脑皮层以反复的条件反射,完整的记忆就是这种条件反射的结果。近年来经过许多科学家不断地精心钻研结果表明,乙酰胆碱对大脑有兴奋作用,使大脑维持清醒状态,促进条件反射的巩固,从而改善人们的记忆力。在临床上,医生给病人口服乙酰胆碱,以提高脑组织里的乙酰胆碱浓度,结果改善了记忆,尤其是对先天性的记忆短暂和记忆力衰退的人的治疗效果更好,并对 60 岁以下各年龄都有效。这种治疗方法在医学上叫作胆碱疗法。

鸡蛋黄含有丰富的卵磷脂,卵磷脂在肠内被酶消化后,释放出胆碱,再由血液输送到大脑,与脑子里的醋酸结合化为乙酰胆碱,从而提高了大脑的乙酰胆碱浓度。因此人们如想保持良好的记忆力,不必去寻找胆碱药物,只要有计划地吃一些鸡蛋黄就行了。当然,由于鸡蛋黄含有较高的胆固醇,对于那些不宜食用高胆固醇食物的人们,仍可遵医嘱服用胆碱药物来提高记忆力。

另外,老年人大脑反应性和兴奋性都减弱,常见近事记忆减退,学习能力低,这都与乙酰胆碱有关,所以老人也可适当食用蛋黄,改善记忆力。

(三十三) 食枣延年

枣是深受人们喜爱的鲜果之一。枣的营养十分丰富,据测定,鲜枣含糖量高20%以上,居百果之冠,蛋白质、脂肪、维生素的含量也相当高,特别是维生素C,每百克枣肉中含380~600毫克,比柑橘的含量高7~10倍,比以含维生素C著称的辣椒还要高出3倍,故有"维生素C丸"之称。此外,鲜枣中还含有胡萝卜素、核黄素、尼克酸和钙、磷、铁、钠等成分,是大自然赐给人类的营养佳品。枣除鲜吃外,还可加工制成各种传统食品,如枣粽子、枣切糕、枣酒等。

祖国医学认为,枣有很高的药用价值。李时珍在《本草纲目》中说枣"善补阴阳、气血、津液、脉络、筋俞、骨髓一切虚损无不宜之"。特别晒成红枣后,其药用价值更高。医书上记载的民间流传的用红枣治病的验方不胜枚举,如红枣5枚,赤小豆90克,木贼草15克,鲜茅根、浮萍各30克,水煎,每日1剂,分3次服完,可治肾炎;红枣250克,向日葵蒂1个,同煎,吃枣喝汤,可治高血压;红枣7枚,白胡椒9粒,共捣成泥状,黄酒送服,可治虚寒胃痛等。民谚云:"日吃几粒枣,防病抗衰老。"吃枣可以收到延年益寿的效果。枣虽然是一种滋补品,但也有不足之处,就是吃得过多,会使牙齿变黄,胃肠消化不良。因此,吃枣要适可而止,并注意清洁口腔,防止糖对牙齿的腐蚀。糖尿病人除配药外,以不吃枣为宜。

(三十四) 多尿的食疗

多数老年人,由于膀胱发生老年的改变,出现水肿,组织增生,肌肉收缩无力等,使膀胱经常残留尿液,导致尿多、尿频的症状。有些老年人患有慢性肾炎、高血压、肾功能衰退等疾病,也可引起多尿症。

中医的传统食疗理论认为,老年人尿赤涩,淋漓不尽,时作时止,迁延日久,是由于病变从腑及脏伤其脾胃。故饮食调理应着眼于脾肾亏虚,食疗重在健脾补肾,应选用补脾养气,补肾固湿,富于营养食物来调治。如动物肾肝、瘦肉类、蛋类、鱼类、鸡肉、鸽肉、香菇、银耳、黑豆、芝麻等。滋补药膳可用杜仲炒腰花、参芪清蒸羊肉、白果烧鸡、熟地黄粥、山药莲籽粥、金樱子粥、荠菜粥等。

在饮食调理中,还要注意少吃或不吃辛热肥腻、麻辣厚味等刺激食物,特别忌睡前喝浓茶、咖啡等。另外,还应忌烟酒。

(三十五) 姜茶外洗治头痛

头痛是人们普遍存在的一种常见病,且常发作,须服药治疗而解除痛苦。用姜茶液外洗治疗头痛。

取生姜80~100克(切片或打碎),茶叶20~30克,放入约3000~4000毫升清水烧开,然后过滤去渣,待生姜液温度降至50℃左右,用毛巾擦洗面部并直接用药液慢慢冲洗头部,然后把头发吹干,可连续应用。

中生姜辛温之性,有刺激肌肤,改善循环,通经活络;茶叶祛风,清头醒目。通过药液直接作用于局部,见效快,临床上对风寒、血淤头痛尤佳。

应用此法,还能减少头皮屑的产生及促进乌发保健作用,避免服止痛等药物对胃的不良刺激。

(三十六)苹果可降低冠心病死亡率

调查研究表明,老年冠心病患者每天吃一个或一个以上的苹果(至少110克),可把他们因冠心病死亡的危险性降低一半。据认为,这是由于苹果含有丰富的类黄酮在发挥作用。

研究人员对805名65~84岁男性进行了研究,并测定他们膳食中类黄酮的含量。结果发现,每天类黄酮摄入量最高组(摄入类黄酮≥30毫克)和最低组(摄入类黄酮≤19毫克)相比,死于冠心病的危险性降低一半,首次心肌梗塞发生率也明显降低,赫托格博士测定了荷兰人最常食用28种蔬菜、12种水果和9种饮料中类黄酮的含量,发现除苹果外,洋葱和茶中类黄酮含量也很丰富。美国纽约州立大学的研究人员的测定表明,绿色蔬菜、坚果类和红葡萄酒中也含丰富的类黄酮,这些食品均有防治冠心病的作用。

苹果

众所周知,氧化低密度脂蛋白容易沉积在动脉管壁,引起动脉硬化和冠状动脉狭窄,导致冠心病或诱发心脏病发作。类黄酮则是一种天然抗氧化剂,通过抑制低密度脂蛋白氧化,发挥抗动脉硬化和抗冠心病作用;类黄酮尚能抑制血小板聚集,降低血液粘稠度,减少血管栓塞倾向,从而防止心脏病发作和降低冠心病的死亡率。

苹果的果酸可预防动脉硬化和胆固醇升高,并可防止心肌梗塞和中风;

苹果所含的钾可帮助排去体内的水分和减轻心脏负担；

苹果含的硼可以督促大脑加快工作；

苹果里的维生素 C 可增强人体的免疫系统，并可防止咳嗽、伤风和流感；

苹果的果酸可稳定血糖，人们在夜里不会饿醒；

苹果的糅质可预防肌肉和关节发炎；

苹果的维生素 B 和果酸可使昏沉的脑袋重新变得清醒；

苹果的纤维可促使肠子的蠕动；

苹果容易吃饱，但不会使人发胖；

午饭后吃苹果可替代刷牙。

(三十七) 血液病患者的饮食

患了再生障碍性贫血、白血病等血液系统疾病，如饮食不当，轻者可使口腔粘膜溃疡加重，重者可导致严重并发症或威胁生命。可见饮食对血液病人的治疗与康复是非常重要的。因此，血液病患者的饮食需注意以下几点：

温度适宜。既要注意病人居住房间的温度，更应注意病人的饭菜的温度，病人吃食物不宜过热也不宜太凉，餐具要清洁卫生。

食物要多样化。由于疾病本身和治疗药物等因素，病人的口腔粘膜往往干燥，唾液分泌较少，食欲一般都较差。故应注意食物多样化，在食物的色、香、味上多下些功夫。

食物宜软而富有营养。血液病人吃东西应软，不宜吃油炸食物、坚硬带有棱角及刺激性食物，宜忌酒戒烟。食物以低脂肪、高蛋白、高维生素为好。

病人口腔粘膜有溃疡，出血时，以半流食、流食为宜。

病人有腹痛时，不要吃东西，密切观察腹痛变化。若病人有恶心、呕吐、便血时应禁食，待出血停止 24 小时后再吃东西。

经常输血的再生障碍性贫血病人，应检查血液的含量，铁含量高者不宜多吃含铁多的食物，也不宜用铁锅做菜。

对于长期使用激素治疗易导致应激溃疡和骨质疏松的病人，每天早晨喝鲜牛奶有利疾病康复，并应适当吃水果、新鲜蔬菜，保持大便通畅。

病人进食应少食多餐，细嚼慢咽，饭前饭后漱口，有条件者餐具应专用并认真消毒。

(三十八) 玉米的保健作用

长期以来,人们总是把玉米视为粗杂粮,往往作为饲料使用,这确实有点不公道。近年来,粮食越吃越精细,而造成人类死亡三大疾病——癌症、心脏病、中风的发病率却越来越高。

据国外资料,在非洲、南欧、巴西等以玉米为主食的地区,癌症的发病率较低。科学家们经过研究,发现玉米对高血压、动脉硬化、冠心病、癌症均有一定的防治作用。这是因为玉米中所含的卵磷脂、谷固醇、亚油酸、维生素E的含量远远超过大米、小麦,而这些物质有利于降低血中的胆固醇水平,对预防动脉硬化、冠心病很有好处。同时,玉米可提炼出玉米油,玉米油含有最上乘的不饱和脂肪酸,既可炒菜,又可供药用。对动脉硬化、冠心病、高血压、高脂肪均有治疗作用。近年来,医学家们还发现缺钙是发生高血压病的重要原因。而玉米含钙较多,所以普遍缺钙的我国人民常吃些玉米对防治高血压病也有辅助作用。此外,玉米还含有镁。经研究,镁有防治高血压、冠心病之功,还能抑制癌细胞的生长。所以,适量吃些玉米,对人体的保健很有好处。

玉米含有丰富的淀粉,植物性蛋白、脂肪糖类、纤维素和无机盐钙、磷、镁以及维生素A、B_1、B_2、B_6等多种营养成分,还含有大量亚油酸、维生素E和谷胱甘肽等高级营养素。玉米中所含的脂肪比精米、精面高4至10倍,胡萝卜素比黄豆高5倍,其他维生素和蛋白质都比精米、精面高。

(三十九) 肺炎的食疗

荠菜姜汤。取鲜荠菜100克,鲜姜10克,盐少许。将荠菜洗净切碎,生姜切片,加清水4碗,煮至2碗,用食盐调味,每日分2次服用,连服3日。

黄精煮冰糖。取黄精30克,冰糖适量,将黄精洗净,用清水发泡,置砂锅内,再放入冰糖,加水适量,煎煮饮汤,日服2次。

奶汤锅子鱼。取活鲤鱼1尾,火腿片、玉兰片、香菇片、葱、姜、料酒、盐醋、奶汤(即鸡、鸭、肘子和骨头炖的汤)适量。将鲤鱼去鳞开膛,除去内脏,洗净切成瓦状块,与葱姜一起投入油炒勺颠翻几下,加料酒、盐等调料,然后加入奶汤,再加适量的火腿片、玉米片、香菇片等,炖约3分钟盛入火锅内食用。

丝瓜藤液。秋后在离地不高处,剪断丝瓜藤,套上一只瓶子,茎断处有汁液流出,瓶满再换,洒尽为止,每日饮服。

板栗烧猪肉。取板栗 250 克,瘦猪肉 500 克,盐、姜、豆豉各少许。将板栗去皮,猪肉切块加盐等调料,加水适量红烧,熟烂即可。

秋梨膏。取秋梨 20 个,红枣 1000 克,鲜藕 1500 克,鲜姜 300 克,冰糖、蜂蜜适量,先将梨、枣、藕、姜砸烂取汁,加热熬膏,人冰糖溶化后,再用蜜收膏,可早晚随意服用。

清肺汤。取银花 10 克,牛蒡子 12 克,鱼腥草 15 克、桑白皮 10 克、生甘草 6 克,煎服,日服 2 次。

(四十) 牛奶的功能

脱脂牛奶含有丰富的钙和磷,比例适中,易于人体吸收,加之脱脂牛奶含脂肪少,有助于人体吸收营养,因此牛奶已成为人们生活中理想的营养保健品。不仅如此,牛奶还有独特的药用功能。

用冰牛奶止胃出血,既可补充病人对水和营养的需要,又能中和胃酸,防止胃酸对溃疡面的刺激。此外,冰牛奶还可使血管收缩而起止血作用。

胃和十二指肠溃疡患者经常服用牛奶,不仅可养胃,而且还有一定的治疗作用。

上火性眼炎患者,用一般眼药无效,而用牛奶数滴滴眼有特效。

睡前喝一杯牛奶,胆汁不会在胆囊内浓缩,从而避免了在胆囊内形成小晶体,也就不会由此产生出令人疼痛不堪的结石。

牛奶中含有色氨酸,这种物质有镇静作用,临睡前饮用,可改善睡眠。

在发生汞、砷中毒时,可用牛奶数杯洗胃,能使毒物沉淀,减少毒物被胃肠道吸收。

每天在牛奶中加入蜂蜜数匙饮用,可缓解便秘。

酸牛奶中含有乳酸菌,它能抑制肠道内腐败菌产生毒素,对治疗胃肠炎有一定效果。

(四十一) 黄豆降胆固醇

1. 食豆腐有益。科学家称,在低脂食品和一般食物上加黄豆蛋白质,是迄今发现的最有效降低胆固醇的饮食方法。

除此之外,黄豆蛋白质还能抑制对人体不利的甘油三酯。因此可以预见,未来人类饮食中一定会出现大量类似豆腐、黄豆汤、黄豆面包、汉堡包等黄豆食品。

据《纽约时报》报道,鉴于胆固醇太高会使心脏病发作和中风的危险大增,科学家指出黄豆蛋白质可能是一种最安全的,且比较起来较使人不觉痛苦,甚至觉得味道还是不错的对抗心血管疾病利器。

根据《新英格兰医学杂志》刊登的研究报告指出,体内胆固醇越高的人,黄豆蛋白质对降低胆固醇的功效就越大,况且它不像其他克制胆固醇药物,会在减少所谓低密度蛋白质的"坏蛋白质"的同时,也使高密度的蛋白质减少,它只降低人们希望减少的那种蛋白质,还同时可以抑制对人体不利的甘油三酯,简直是人类对付胆固醇有关疾病的克星。

2.常喝豆浆有益。

(1)冠心病发病与摄入铜不足有关。豆浆是含铜丰富的食物,常喝豆浆能防治冠心病。

(2)豆中含有 B 族维生素,其中的胆醇、脂醇对脂肪肝和肝萎缩、肝硬化有良好的治疗作用。

(3)豆中含有人体必需的亚油酸,可降低血管中胆固醇含量,使血管软化,因而可以防治高血压、动脉硬化、脑溢血等老年疾病。

(4)豆中淀粉很少,是糖尿病患者的理想食物。

(5)豆浆有防治胃癌、乳腺癌的功效。

(6)大豆既含有丰富的蛋白质,还含有多种维生素、氨基酸和无机盐等,常喝豆浆能提高免疫功能、健身防病。

(四十二)橘皮水防血管硬化

柑橘皮含有丰富的维生素 C,每 100 克可达 119 毫克,比果肉的含量还要高得多。果皮中还含有维生素 P,又称为柠檬素,有维持毛细血管脆性的作用,可防止血管破裂出血或渗血,与维生素 C 合用,可增加维生素 C 对坏血病病人的治疗效果。因此,血管硬化的病人,多喝橘子水(把橘皮洗净泡水)是有益的。

(四十三)胡萝卜的功能

众所周知,胡萝卜含有多种人体所需的营养物质。据医学研究发现,胡萝卜还有一些新的医疗功能。

饮酒、吸烟、污染和紧张,都会使人体内产生有害的自由基因子。自由基同衰老与癌症的形成有关。而胡萝卜中所含的天然胡萝卜素,能清除自由基。如果经常吃胡萝卜,不但肺癌、口腔癌和皮肤癌的发病明显减少,而且可以延缓人的衰老。

另据报道,胡萝卜含有大量的果胶物质。这种物质与汞结合,能降低血液中汞离子的浓度,加速排除人体内的汞离子,有些国家已把胡萝卜作为经常接触汞的人的保健食品之一。

胡萝卜

胡萝卜素属于脂溶性物质,只溶于油脂中,如果生吃或凉拌,90%的胡萝卜素不能被人的肠道吸收。因此,胡萝卜宜用油炒或与油类同煮,且不宜加醋。

(四十四) 前列腺的食疗

慢性前列腺炎常由急性转化而来,为50岁以上老年男性的常见病。每因过度劳累,感受寒冷,情绪剧变,贪食过量刺激性食物,性欲过度等因素刺激,导致前列腺组织突然充血肿胀,出现尿道堵塞小便不通的症状,老年人前列腺肥大,更是它的病根所在,中医学上多认为是肾虚、膀胱气化不利所致。目前常用热敷、针灸、雌激素和抗生素等法治疗,若效果不显著,只有手术切除前列腺组织,但不少老年病人体质较差,或伴有肾功能不全及心血管疾病,不宜手术,这种情况可用中药配合治之,效果良好。下面介绍几种常用食疗方,不妨试试。

葵菜羹。葵菜叶,不拘多少,洗净,煮沸加入淀粉少量做羹,另以盐、味精调味,空腹食之。

葵菜,为锦葵科锦葵属,其性味甘、寒、滑、无毒。葵菜叶含锦葵酸、苹婆婆酸,有消炎解毒、清热利湿的作用。唐代昝殷《食医心鉴》中有"治七淋,小便涩少,茎中痛,宜吃葵菜粥"的记载。

爵床红枣汤。鲜爵床全草100克(干者减半),洗净切碎,红枣30克,加水1000毫升,煎至400毫升左右。饮药汁吃红枣1天分2次服完。

爵床,又名小青草,性味寒、苦,功能利水解毒,与补脾和胃、益气生津的红枣同煎服,可扶正祛邪,使慢性前列腺炎患者逐渐得到康复。

(四十五) 老花眼食疗

老年肝肾亏虚,转气不足,难以养目,故常见视物昏花。这种退行慢视力减弱,

·养生秘笈·

图文珍藏版

可用食疗以延缓其视力衰退速度。

胡萝卜粥。取胡萝卜 250 克,切碎,与 400 克粳米共熬为粥。可常服,有益无损,对夜盲者效尤佳。

鸡肝羹。取鸡肝一具,洗净切碎,加粳米 400 克,豆豉 20 克,同煮烂服,此方对眼视物不明者适宜。

桑椹糖。取 500 克桑椹(鲜品加倍),捣如泥,与 500 克白糖加水适量共熬,待糖液发黄并能提起细丝时,便倒在涂有麻油的干净瓷砖上冷却后切成糖块,随时含服。此方调理对肝肾阴亏者最为有效。

酱醋羊肝。将羊肝洗净切片,上芡后素油爆炒,调以酱油、醋、料酒、姜。可作为视网膜炎、视神经萎缩者常见的桌上菜。

青箱鸡头汤。敷青箱子 30 克,女贞子 30 克,与 2 至 3 个鸡头同煮服,对肝血虚而虚火上浮所致的眼疾效佳,并有降血压作用。

红肝丸。取红花 10 克,250 克猪肝共剁为泥,加黄酒少许蒸丸服。此方对血虚兼淤有效,对白内障等眼科手术后的充血情况有促其散尽之效。

(四十六)黑色食品益寿

所谓黑色食品主要是指黑米、黑大豆、黑芝麻、黑枣、黑木耳、香菇、海带、紫菜、发菜、豆豉、乌骨鸡和海参等食物。黑米是近几年才重新培育成的米粟珍品,它含有多种氨基酸及多种矿物质和维生素。多食黑米可开胃益中、健脾暖肝、明目活血,还有治少年白发、产妇补虚养生之效。黑豆、豆豉均含植物蛋白、卵磷脂、不饱和脂肪酸、多种维生素和烟酸及大量钙质,多食可降胆固醇、防止肥胖及动脉硬化。以黑豆、甘草和生姜共煮可去热毒,治心痛、膝关节痛等症。黑芝麻中的维生素 E 十分丰富,可延缓衰老。若用芝麻、粳米煮粥,加糖吃有润五脏、强筋骨、益气力等作用。黑木耳含铁质最丰富,常吃能减少血液凝结,防止动脉粥样硬化,且具益气补血治痔疮、便秘和降血压等疗效。将黑木耳四两(水发一夜),取红枣 10 枚,加姜两片,共煮 1 小时左右食用可收上述之效。香菇外皮黝黑,因富含核酸物质,对胆固醇有溶解作用,可降血脂、血清胆固醇。香菇中的麦再固醇是其他蔬菜所没有,它可转化为维生素 B,具有抗佝偻病和老年骨质疏松症。海带、紫菜、发菜含褐藻胶、碘、钙、甘露醇等成分,亦有助于降低胆固醇、软化血管、防治高血压、冠心病功效。在食用黑色食品时,最好少吃生冷油腻之物,这才能真正达到益寿延年的目的。

(四十七)止血食疗方

1. 尿血,伴尿痛尿急。木耳 15 克,黄花菜 60 克,水泡 1 小时,加白糖后食用。

2. 鼻血、齿血、咯血。鲜藕 1000 克,梨、荸荠、甘蔗各 500 克,生地 200 克,分别洗净,捣烂绞汁饮用,每次 30 毫升,一日 3 次,适用于阴虚燥热症。

3. 皮肤粘膜有出血点、紫癜。藕节 200 克,大枣 10 枚,共煮 1 小时,食用。

4. 吐血。萝卜、藕各 500 克,捣烂取汁,加入白糖适量饮用,每次 20 毫升,一日 5 次。

5. 咯血。①藕节 6 个,白茅根 30 克,水煎,加白糖 20 克,饮汁。②鲜百合 200 克,捣烂取汁,加蜂蜜调服,每次 30 毫升,一日 2 次。

6. 鼻血。鸡蛋清 2 个,加入白糖 30 克,用热开水冲调,食之。

7. 痔疮下血。瘦猪肉 100 克,煮半小时,加之葱、姜、槐花各 100 克,再炖半小时,食用。

8. 痔疮下血。生荸荠 300 克,洗净去皮切片,加入红糖煮 40 分钟,食之。

9. 鼻血不止。蕹菜(空心菜)100 克,加糖捣烂取汁,加蜂蜜调服,亦可用于治血尿。

10. 便血。猪蹄 1 只,茜草 30 克(布包),共炖 1 小时,加调味品后食用。

11. 咳血,吐血后恢复期。未熟柿子 1 个,洗净去蒂,切块,用黄酒炖 1 小时,食用。

12. 便血经久不愈。柿饼 3 个用湿绵纸包好,放入炒热的灶心土内炒至绵纸发黄,取出柿饼食用,日服 1 个,连服 1 月。

13. 子宫出血。荠菜 150 克,水煎服,或荠菜花 30 克,生地炭 10 克,水煎服。

(四十八)饮食防痛风

痛风的症状主要有关节红、肿、热、痛反复发作,日久可引起关节畸形僵硬。最近研究人员发现其发病与不合理的饮食结构有关,因高嘌呤膳食诱发急性痛风性关节炎发作的占 50%,80%的患者有喜食肉类、动物内脏和常饮酒的习惯。

目前还没有根治痛风的药物,治疗关键在于预防其反复发作,限制富含嘌呤的食物等。因此,平时膳食应注意以下几点:

禁食动物内脏、脑髓、海鲜和啤酒,因这些食物含嘌呤极高。限制食用含嘌呤较高食物,如火腿、香肠、鲤鱼、贝类等。

尿酸增加可使痛风病情加重,因此应忌食或少食各种酸性强的食品,如醋、杨梅等。多食碱性食品,如白菜、芹菜、花菜、南瓜、茄子、萝卜、胡萝卜、西红柿、土豆、竹笋、洋葱、柑橘、香蕉、苹果、葡萄等。

不宜饮酒,因酗酒常可引起痛风急性发作,也不宜食用辣椒、葱、蒜等辛辣食品及浓茶、咖啡等,以免神经兴奋而诱发痛风。

应多喝水以增加排尿量,促使尿酸排泄,每天饮水至少 3000 毫升。

多食含维生素 B_1、C 丰富的食物,如干果、地瓜、土豆、西红柿、山楂、大枣、柑橘等,以便组织内淤积的尿酸盐溶解。

(四十九)红薯健心强体

一向被人们当作粗粮的红薯,现在美国、日本等国家身价十倍。原因是发现红薯中的"粘蛋白",是一种多糖和蛋白质混合物,属胶原和粘液多糖类物质,它能防止疲劳,促进胆固酸的排泄,防止血管脂肪沉积,维护动脉血管弹性,从而降低心血管病的发生,提高人体免疫力。

红薯所含的维生素和氨基酸种类,也大都高于大米、面粉。特别是维生素 A、B、C 和纤维素。此外,它还含有人体必需的铁、钙等微量元素。如把 20% ~ 30% 的红薯泥(蒸熟成泥)、薯粉(瓜干磨成粉)掺到米面中,做成各种食物或点心,既可增加营养,也不会发生肚胀和胃泛酸水等现象。

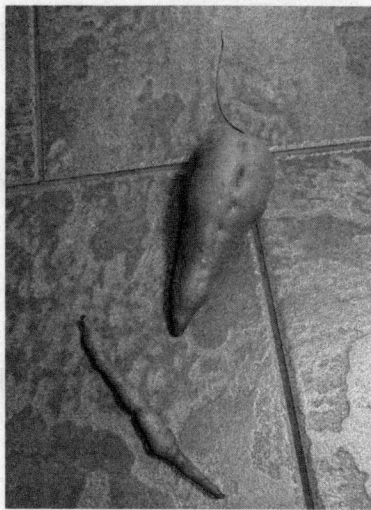

红薯

(五十)麻油抗衰

每天喝麻油,只要坚持确实对身体有益,尤其是老年人,只要坚持数年,一定会有效的。这是因为麻油中含丰富的抗衰老的维生素 E,它具有促进细胞分裂并延缓其衰老过程的功能。同时,麻油中还含有 40% 左右的亚油酸、棕榈酸等不饱和脂肪酸,非常容易被人体分解吸收和利用,以促进胆固醇的代谢,并有助于消除动脉血管壁上的沉积物,这对软化血管、保持血管弹性,均有较好的效果。另外,麻油中所含的卵磷脂,有润肤、祛斑(主要为老年斑),预防脱发和过早白发之功效。对患有气管炎、肺气肿之类的病人,如果能坚持早晚喝一口麻油,会使咳嗽明显减轻。至于有抽烟习惯和嗜酒的人来说,经常喝口麻油,还可以减轻烟酒对牙齿、牙龈、口腔粘膜的直接刺激和损伤,以及肺部烟斑的形成,同时对尼古丁的吸收也有相对的遏止作用。一般来说,饮酒之前喝点麻油,则对口腔、食道、胃贲门和粘膜都有一定的保护作用。

(五十一)饮食与中风

如果把中西方饮食比较一下,在西方饮食中,肉脂的比率较东方高得多。这也是西方人心血管疾病偏高的原因之一。

而在东方,特别是中国的发达地区,所常见的血管病是脑中风,而不是心脏病。脑血管疾病的是十大病因之首。80年代开始,癌症跃居死因首位,但脑血管十多年仍高居第二位,还是比心脏病普遍。

心血管疾病和中风有不少共同诱因,如高血压、糖尿病、吸烟和避孕药等等,而胆固醇太高在西方医学界认为是导致心脏血管病的主因之一。

胆固醇本身是否是心脏病的原因,目前仍是有争论的。而对东方人来说,比较关心胆固醇与中风的关系。而脑中风一般以缺血性和出血性两类。缺血性脑中风和冠状动脉病相似,都是血管硬化阻塞引起的。流行病学者在研究中又发现,血液中胆固醇含量与缺血性中风并没有很明显的关系,也就是说胆固醇越高,发生中风的可能性并不见得增加。

而出血性中风是比缺血性中风更可怕的疾病。从病理学上讲,只有少部分人的脑出血是因为血管病,或脑部静脉异化出血引起的。大部分的脑出血则是血管硬化、病变而引起的。

对照东西方的饮食,流行病学的研究证明,除了种族差异之外,东方人侨居西方后,由于侨居地的饮食、生活环境和对疾病的形态都有重大的影响,加之侨居地的居民能取长补短,而起到了预防疾病的功效。由此看来,从改善饮食着手来预防脑中风是可行的。

(五十二)驱铅食物

据分析,现在人体内的平均含铅量比古人高出500多倍。铅在人体内的含量增高,可导致人记忆力减退,思维及判断能力降低,意志消沉,甚至丧失自控力,还容易发生癌症。现将能驱铅的食物介绍如下,可以适量多食。

1.牛奶。牛奶所含的蛋白质,能与铅结合成一种不溶性的化合物而阻止铅的

图文珍藏版

吸收;牛奶中所含的钙可使已沉着于骨骼上的铅置换出来而随尿排出掉。

2.大蒜。大蒜有化解铅毒的作用。据《养济方》记载:将大蒜、鸡蛋与铅丹混合治病,这因为大蒜及鸡蛋所含硫量较高,能化解铅丹,使铅丹服后无副作用。

3.虾皮。虾皮含钙量最高。每百克食物中含钙 2000 毫克。常食虾皮可减轻铅中毒症状,且能加速铅的排泄。

4.茶叶。茶叶中含有鞣酸等物质,它能与侵入人体内的铅结合成可溶性物质随尿排出。

大蒜

5.胡萝卜。胡萝卜含有大量果胶,可减轻铅在人体内的毒性,减少铅的吸收,防止铅中毒引起的便秘。

6.海带。海带所含的成分,能促进体内铅的排泄,且能防止大便秘结。

(五十三)便秘食疗

老年人突然猝死于厕所中大多是因为排便困难而用力猛烈,以致心脑血管病发作所致,故老年人预防习惯性便秘不容忽视。平时,老年人若能注意吃些粗粮、蔬菜、水果等,适当运动,就能预防便秘的发生。一旦发生便秘,选用以下食疗验方则有助于治疗:

1.新鲜萝卜100 克,洗净,切碎,捣烂挤汁,加少量蜂蜜调味,清晨或睡前服。每天 1 次,坚持数日。

2.红薯 500 克,削皮切块,煮至烂熟,加少量白糖,于临睡前食用。

3.红豆 30 克,海带 20 克,共煮至烂,食豆喝汤。

4.海参 30 克,加清水适量炖烂,再加冰糖适量烂溶(约 3~5 分钟),装入有盖容器内,放冰箱冷藏室贮存,每日晨起漱洗后服一小勺。长期服用还可防高血压、动脉硬化。

5.临时性便秘时,立即用适量食盐冲冷开水喝下有奇效。或用成萝卜条制成圆锥性,长 2.3 厘米,宽 1~1.5 厘米,慢慢塞入肛门,几分钟后即可排便。平时经常做做体操及腹部按摩也有利于便秘的治疗。

习惯便秘是老年人常见病之一,运用红薯大枣汤治疗获可得较好疗效:

1.药物组成。红薯 200 克,大枣 50 克,蜂蜜 25 克。

2.煎服方法。先将红薯去皮切碎,入大枣,加水 500 毫升,武火煎至约 300 毫升时加入蜂蜜再用文火小煎 5-10 分钟,待冷却后即可服用每日一剂,分早晚两次空腹服用,连汤带渣一起服光,一般服 3-5 天可见效。

红薯乃两广的特产之一,内含大量淀粉及葡萄糖等,具有和胃、润肠通便之功;大枣健脾和胃,安心养神;蜂蜜润燥滑肠,三物合用有滋脾和胃,润肠通便之功。人体进入老年期后,由于肾气渐衰,故多有脾肾阴虚,阴液亏损之症。津液不足,致使大肠蠕动更慢,形成习惯性便秘,而采取攻下治标之法只能解决一时之苦,故应以养阴通便之法从本治之。使用自制红薯大枣汤以滋补脾阴、润肠燥、通大便而获显效。

(五十四)高蛋白可防脑溢血

近年,国外专家们用易患脑出血的动物做实验,他们分别用蛋白质不同的饲料进行喂养,经 30~40 周后发现,用低蛋白质喂养的动物 80% 发生脑出血,而用高蛋白饲料喂养的动物,却很少发生脑出血。他们又对大批入群进行调查,发现饮食中蛋白质丰富的居民,脑溢血发病率远远低于低蛋白饮食的居民。

专家们认为,蛋白质可改善血管壁结构,增加血管弹性,不易发生破裂出血;同时,高蛋白质饮食还可降低血压。因此,患有高血压、动脉硬化的人,多食富含高蛋白质的食物有银鱼干、鱼翅、鱼肚干、鱿鱼、乌贼干、海参、虾米、虾皮、干猪蹄筋、腐竹、黑大豆、黄豆、黄豆粉、青豆、干蘑菇、油面筋、芝麻等。

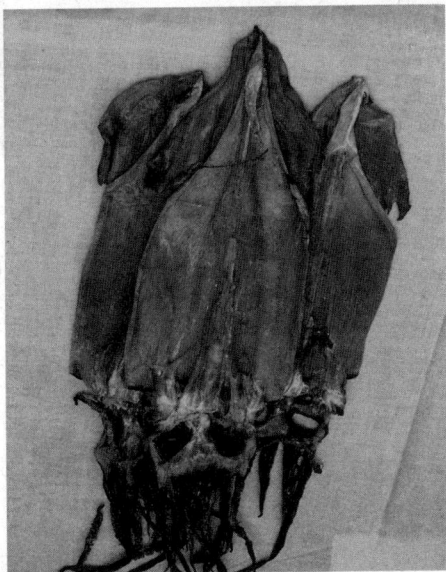

鱿鱼

(五十五)荠菜明目、止血

冬去春来,碧野上荠菜遍地可见。

荠菜作为餐桌上的佳肴,早被人们所识。但作为药用食品,可能还较陌生。

民间流传着："荠菜炒年糕，灶门菩萨要来捞"，这在《本草纲目》内早有记载，补虚、健脾、明目、止血，适用于年老体弱、水肿、肺胃出血、便血、尿血、视网膜出血等。现代医学也证明了其药用价值。它含有大量蛋白质、脂肪、糖、粗纤维以及钾、钠、钙、磷、铁等。

尤其是做成荠菜粥更方便适用。具体做法是用新鲜荠菜250克或荠菜100克洗净切碎同粳米2~3两煮粥，早晚餐温热服食，效果尤佳。

(五十六) 果中栗有益

栗子，号称"干果之王"，又叫"木本粮食""铁杆庄稼"。我国是栗的故乡，3000多年前的《诗经》中已有"树之榛栗"的记载。近年来，古老的栗树经过选育，已经有了优良的品种。栗子的良种多荟萃于北方，在国际市场上享有"中国甜栗"之盛誉。

栗子真有那么甜吗？据分析，栗子含糖62%，淀粉25%，蛋白质5.7%，脂肪2%。此外，还含有脂肪酸和维生素A、B、C以及尼可酸等。无

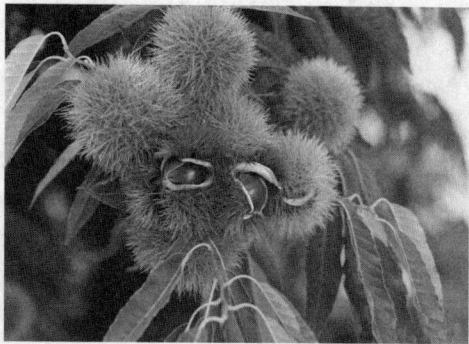
栗子

怪乎宋代药学家苏颂在《本草图经》中极口称赞"果中栗最有益"了。

栗子可当水果，也可代粮食用，又是药材。栗子生吃浆甜，干吃味醇，蒸煮后甜糯，糖炒更是甜美味长，幽香扑鼻。栗与米磨粉蒸糕松软爽口，甜醇适中。栗子烹菜，如"栗子鸡""栗子烧肉"等，是令人垂涎的佳肴。

栗子全身是宝，根、皮、叶、花、果壳均可入药。南朝的陶弘景在《名医别录》里说"栗益气，厚肠胃，补肾气，令人耐饥"。宋朝的苏辙有"老去自添腰腿病，山翁服栗旧传方。客来为说晨兴晚，三咽徐收白玉浆"之句，总结了生吃栗子，连浆吞服，治疗老年肾亏、腰腿松软的"腰腿病"的经验。有验方载，栗子粉熬糊喂小孩，可治幼儿腹泻；栗果内膜烧灰研末内服，可治胃炎；栗树叶煎水内服可治咳嗽、气喘和老年慢性气管炎；栗壳烧灰研末内服，可治鼻衄不止。

(五十七) 鸡可疗疾

1.鸡肠治小儿尿麻。鸡肠2副、猪膀胱1个洗净焙黄。共研细末，每服36克，

黄酒送下,连续将药服完。

2.鸡内金(鸡肫皮)治妊娠不思饮食。鸡肫皮 30 克,焙黄研末,每服 3 克,黄酒送下,每日 2 次,连续服 5 日,胃口大开。

3.鸡肉治痛经。鸡肉 50 克,益母草 50 克,水酒各半煎,加盐调味,喝汤吃鸡肉,每日 1 次,一般连服 7 日可治愈。

4.鸡冠血治颜面神经麻痹(口眼歪斜)。取鸡冠血和适量面粉调成膏,敷侧面颊(左歪敷右,右歪敷左),每日 2 次,连敷数日,其效力比黄鳝血更强。

5.母鸡治习惯性流产。杀老母鸡 1 只去毛及肠杂,熬汤,用汤和糯米 150 克煮粥,粥熟时加盐调味、鸡肉佐粥吃。受孕后每月吃 1~2 次,多吃几次更好。

6.骨鸡治咳喘(慢性支气管炎和支气管哮喘)。冬至前后,杀乌骨母鸡 1 只,去毛炖熟吃。连吃三冬,病根可除。

(五十八)鹅肉食疗

鹅,又称家雁。鹅肉营养丰富,含蛋白质、脂肪、烟酸、钙、磷和维生素 A、B 等。中医认为鹅肉性平、味甘,能补虚益气,养胃止渴,为平补之品。食疗方法诸多,如:

1.鹅 1 只去毛及内脏,加黄芪、党参、淮山药 30 克,同煮汤,用食盐调味食用,有补中益气作用。可治中气不足,身体消瘦,食欲不振,神疲乏力等症。

2.鹅肉、瘦猪肉各 250 克,淮山药 30 克,北沙参、玉竹各 15 克,同煮汤食用,可治阴虚气短、口干欲饮、阴虚咳嗽、饮食减少等症。

3.鹅血,性平、味咸,主治噎嗝反胃。现代医学研究有促进人体血细胞生长作用,可治再生障碍性贫血。对食道癌、白细胞减少症也可作为辅助治疗。

鹅肝富含不饱和脂肪酸,不饱和脂肪酸能降低人体中胆固醇含量,减少胆固醇类物质在血管壁上沉积,从而减轻或延缓动脉粥样硬化。不饱和脂肪酸在人体中不能合成,只能从食物中摄取,因此鹅肝是人体摄取不饱和脂肪酸最理想的选择。

(五十九)乌龟补品

乌龟是地球上一种古老而长寿的动物,能活 100-300 年。细胞学研究发现,乌龟细胞的繁殖,可高达 110 代,而鸡只有 25 代。

自汉代以后,乌龟开始供药用,龟肉性温,有止寒咳,疗血痢、筋骨疼的功效,常用于治疗尿多、小儿遗尿、子宫脱垂、糖尿病、痔疮下血等症。龟血和黄酒同服可治妇女闭经,龟头可治脑震荡后遗症和头晕。

中医临床应用最多的是"龟板"和"龟板胶"。龟板有滋阴清热、益肾健骨、补虚强壮、消肿治痛等功效。临床上常利用其滋阴降火的作用,治疗因虚火上升引起的盗汗、心悸、眩晕、耳鸣、手足心发烧等。利用其益肾的作用,治疗筋不健、腰酸腿软和小儿囟门不合等症。龟板还有抗痨功效,可用于治疗肺结核、淋巴结核、骨结核等;也可用于慢性肾炎、神经衰弱、慢性肝炎等病的治疗。龟板胶的滋阴补血作用比龟板好,适用于肾亏所致的贫血、子宫出血、虚弱等症。

(六十)煮粥食疗

宋人陆游诗曰:"世人个个学长年,不悟长年在目前。我得宛丘平易法,只将食粥致神仙。"食粥者,可以避免脾胃劳累之苦,又容易吸收营养成分。若加上适当的滋补药,更是锦上添花。兹介绍数则,供中老年人选用。

栗子粥。栗子10个左右,与粳米适量共煮粥。也可将栗风干磨粉,粥成兑入,早晚服食,抗衰延年,对防治老年性腰腿无力甚佳。

黄精粥。黄精20克,煎取药汁,再用药汁煮米粥食用。无病之人食之可强身延年。患有肺结核、慢性支气管炎者,干咳少痰或咯血者,食之有润肺止咳之功效。

人参粥。大补元气,抗老延年。主治年老体弱,久病体虚,性机能减弱等。

大枣粥。补气生血,健脾运胃。主治老人脾胃虚弱,气血不足之症,或贫血,或慢性肝炎久难康愈等。惟肥胖及痰湿重者忌服。

山药粥。健脾益气,补肾抗衰。主治老人脾胃虚弱、慢性泄泻、糖尿病等。湿热泄泻及急性痢疾等忌用。

芝麻粥。补肾乌发,抗老延年。主治头发早白,老年便秘,目睛不明等。有慢性泄泻者忌用。

枸杞粥。补肾明目,抗老益寿。主治早衰早老;老人头目昏花以及老年性糖尿病等。

黄芪粥。补气固表,抗衰扶弱。主治气虚体弱,老人易感冒,病后体虚,老年浮肿,慢性肾炎蛋白尿等。阴虚炎旺者慎服。

柏子仁粥。养心安神,补脑抗衰。主治老人心血不足,心悸失眠以及大脑功能减退,老年性痴呆等,慢性腹泻者忌用。

白茯苓粥。健脾利湿,轻身延年。主治痰湿肥胖,老年下肢浮肿,脾虚泄泻等。阴虚津枯、大便秘结者慎用。

(六十一) 粳米

粳米能够益气,止烦、止渴、止泻。能够温中,调和胃气,使肌肉生长。补中,强壮筋骨,补益肠胃。粳米煮汁,主要治疗心痛,止渴,除热毒下痢。和芡实一起煮粥,可以益精强志,耳聪目明。粳米还有通畅血脉,调和五脏,滋润脸色的作用。

粳米就是人平常吃的米。它禀承天地中和的气,味甘,性平。(李时珍说:北方粳米性温,南方粳米性凉。赤粳米性热,白粳米性凉;晚白粳米性寒。新粳米性热,陈粳米性凉。平常人嗜食生米,久食成米瘕,用鸡屎白治。——译注)人没有粳米便不能生存,所以粳米的性能专门主脾胃,并兼顾其他内脏。五脏的血脉,没有不是用粳米来供给;五脏的精液,没有不是粳米来充溢;全身的筋骨、肌肉、皮肤,也没有不是用它来强健。所以,凡是白虎、桃花、竹叶石膏等汤,没有不用粳米来固中清热的。然而,米既有因出产的早晚而性不同,又有因出产的土壤而有差异。(颖说:新米初食时动风,陈米下气,病人尤宜。)早米受气早,性虽温且质多粘,食后反而滞膈(脾有湿滞的最忌);晚米受气迟,其性稍凉,食后稍清;而白晚米性滞,尤其滋生危害。

出产在高地,米硬而质地洁白;出产在洼地,米润泽而性阴。然而,产在中间地带的粳米平稳,多种药方都用这种米佐助,大概是担心药性苦寒,用这种性甘的粳米来缓和,使胃气不致受损,而发热与烦躁时,食下粳米都可以安稳下来。粳米是平常吃的食物,但并不是很有益处,如果同一些药物同服,那么它的益处就很大,这没有引起广泛注意而常被忽视了。

(六十二) 面粉

可以补虚。长期食用,使人的身体壮实,厚实肠胃,壮气强力。还能养气,补益不足,有助于五脏。

大麦可以消渴除热,益气调中。滋补虚劳,使血脉壮实,有益于肤色,充实五脏,消化谷食,止泻,不动风气。长期食用,使人长得白、胖,皮肤润滑,用它做面,胜过小麦,不燥热。面粉能够平胃,止渴,消食,治疗腹胀。长时间吃用,可以使人头发不白。

(六十三) 米醋

米醋本是湿热的气而形成的,味酸苦,气温。酸有收敛之性,所以书上多记载醋能散瘀解毒,下气消食。用醋磨木香服下,可治心、腹由于血气不和等引起的疼痛;用火淬醋,把醋滴入鼻,治产后血晕;醋和外科药一起敷,可治症结、痰癖、疽黄、痈肿;用醋漱口可治舌疮;脸上涂醋可以散损伤造成的积血,可解鱼、肉、菜、蕈等毒。(李时珍说无非取醋的酸味具有收敛之意,而又有散淤解毒之功)。醋既然酸,又能散痈肿,用来消内散,溃外散,收处即是解处的原因。多食醋会伤筋软齿(收缩太过就引起筋受伤。李时珍说:酸属木,脾有病不要多食酸,酸伤脾。)酸入筋中,过度收敛则使筋受伤,过酸就会木强而水弱,而引起牙齿软。(宗奭说:食酸引起齿软,犹如造皮靴的,必须将醋倒在皮上,皮起皱纹,所以知道醋性收敛,不负酸的收敛之意。)

米醋,陈久的优良。

(六十四)藕

藕性寒。上主补中焦,滋养神,补益气力,可以祛除百病。长时间服用,使身体轻松并且能耐寒,不饥饿,延年益寿。

藕生吃,可以治霍乱后引起的虚渴,烦闷,厌食。长期服食,生长肌肉,使人心中产生喜悦之情。引用经上所说神仙都很重视它,认为它的功用多。莲子能够补益气,既然是神仙的饮食,不能一一说出它的好处。

大凡妇女产后有诸多禁忌,生冷食物不能吃,只有藕不同于其他生冷食物,生吃藕,可以散血。不仅味美,而且可代替粮食吃。

又说:藕蒸着吃,还能补益五脏,充实下焦,使肠胃肥厚,补益气力。可以与蜜同食,使腹中不长寄生虫。

有用贮石莲子及干藕经过千年时间的,吃这种莲子及藕不感觉饥饿,身体轻松,更加奇妙,世间平凡的人怎么可以得到!大凡是男子食藕,必须蒸熟吃下,生吃损血。

(六十五)笋

笋生于冬天的性温,其余都性冷,难以消化。
笋能通行九窍,爽胃化热,消除疾。痰多的人适宜食笋。

(六十六)韭菜

韭菜性温,味辛咸。能够进入肺、肾二经脉。韭菜汁和京墨能够止血。益胃、助肾、补阳、充实肺气,祛除咳痰。春天多食最适合。
忌:春后多服用,昏神。韭菜籽,性温。

宜:温补命门,温暖膝盖,治阳痿。

(六十七) 菠菜

菠菜性冷滑,味甘涩。

宜:通畅肠胃,利五脏,解除热毒、酒毒。

忌:滑肠,动冷气。

(六十八) 苋菜

苋菜性冷,味咸。

宜:通利九窍。

忌:冷中,损伤腹,动气。不宜与鳖同食。

(六十九) 豇豆

豇豆性平。豇豆就是长豆,是豆中的上品,又名豆角。

宜:益气、补肾、健胃、调和五脏,生精止渴,止吐逆泻痢。

(七十) 芫荽

芫荽就是胡荽,性温。

宜:内通心脾,外达四肢,能避一切不正之气。

忌:长时间食用使人健忘。

(七十一) 山药

山药入脾肺二经脉,补脾肺的不足,清二经脉的虚热。

固肠胃,化痰涎,止泻痢,益心,治健忘,长时间地服食能耳聪目明。生的捣烂敷疮毒,消肿硬块。

山药使人脸色润泽,滋补下焦虚冷,治小便频数,瘦弱无力。用山药在沙盆中研为细末,放在铫器中,一大匙用酒,熬到有香味,又添一盏酒,搅匀,空腹饮下,每天一服。

韭菜

第四章　药物养生

一、服药的正确方法

　　药物引起的食管炎和食管溃疡是一个日益受到重视的问题,不少病人常有对药片或胶囊粘在食管里的陈诉,但文献对由此产生的食管损伤发生率,无明确的报道。据说老年人更容易发生食管损伤,这与所服药品的剂型,服药时的饮水量和体位有密切关联。

　　英国药师 Vong 和 Parekh 就此问题对 64 名老年病人进行了一次调查。所查285 剂药品中,药片占 62%,胶囊占 18%,液体占 20%;观察病人服药时的体位,发现躺在床上服药的占 43%,所有病人服药时的饮水量都不超过 80 毫升,个别病人服药时根本不饮水。

　　此外,老年人服药较多,可能有食管解剖学和能动性改变(如主动脉粥样硬化屈曲和心脏扩大压迫食管),唾液减少,以及胃食管反流或食管裂孔疝等,都是容易引起食管溃疡的因素。曾有实验证明,吞服 4 粒胶囊如不饮水,胶囊可滞留在食管内长达 2 小时之久。服药后,如立即躺下也易使药品的通过延迟。药品的延迟通过将使其潜在的腐蚀性化学成分与食管粘膜增加接触,造成损伤。已有报道的这类药品有多种口服抗生素、抗炎药、抗心律失常药、H_2 受体拮抗剂、止痛安眠药、降血糖药、铁剂平喘药、氯化钾、维生素 C 等。

　　作者指出,服药片和胶囊的正确方法,应使病人采取座位,饮水不得少于 100毫升。对有刺激性的或要快速吸收的止痛药、催眠药等更应如此注意,如果病人无力坐起,应考虑采用胶体或液体的剂型。

二、食疗与药膳

中医临床不仅讲究辨证施治,还讲究辨证施护和辨证施食。因此,食疗和药膳很早就引起了人们的重视,并逐渐形成了药以治疗、食以养生的严密理论体系。

食疗和药膳以对人体和食物的研究为基础。正常人体质虚弱者称体虚,慢性疾病的虚弱称虚症。体质虚弱分阳虚、阴虚、气虚和血虚四种类型。食物则分四性(或四气):寒、热、温、凉,五味:辛、甘、酸、苦、咸。根据人体阴阳气血体质和食物的四气五味性质,可以将食物分为平补、温补、清补三类。

平补食物是维持健康和生理所必需的,无论正常的人或虚弱病人长期食用都无不良反应,包括谷类,豆类、水果、蔬菜等。

桂圆

温补指食性温的食物,如牛肉、羊肉、乳类、荔枝、桂圆等。阳虚者常吃可以帮助生热,改善怕冷的感觉,阴虚之体则不宜多吃。多吃反会加重内热,而出现咽下,牙齿肿痛,出血、便秘等症。

清补指食性凉的食物,如生梨、生藕、芹菜、百合、甲鱼、螺蛳等,阴虚者常吃可以清火,改善怕热的感觉,其中有些食物在夏天可以消暑。阳虚之体则不宜多吃,多吃反而会更加怕冷或影响消化,使大便变稀。

此外,还有温散的食物,性味辛热,如辣椒、胡椒、桂皮、生姜等一般作为调味品,或用来克服某些食物的寒性,温阳散寒,可以御寒除湿,阴虚之体不宜食用,食了会加重内热,正常人常吃也会产生虚火。

三、部分中药贮藏法

人参。有红参和白参之分。红参一般不易虫蛀，但必须保持干燥，晒时要盖上白纸以免变色，可装在木盒或瓷瓶中密封贮存。白参既容易生虫，又容易发霉，变色。虫蛀常发生在主根上部及根茎处。已受潮者，应及时晒干，收藏在瓷瓶内密封，可保持原来色泽。逢梅雨季节，最好放在冰箱中冷藏。若无条件，也可贮于生石灰缸中，但不得与石灰直接接触，生石灰也不宜放得过多（约占容器的四分之一）。人参过于干燥，容易碎裂，造成损失。

鹿茸。干燥后用细布包好，放入木盒内，在其周围塞入用小纸包好的花椒粉，不仅可防止虫蛀、霉烂或过于风干破裂，而且还能保持鹿茸皮毛的光泽。如系鹿茸粉，则用瓷瓶盛装密封即可。

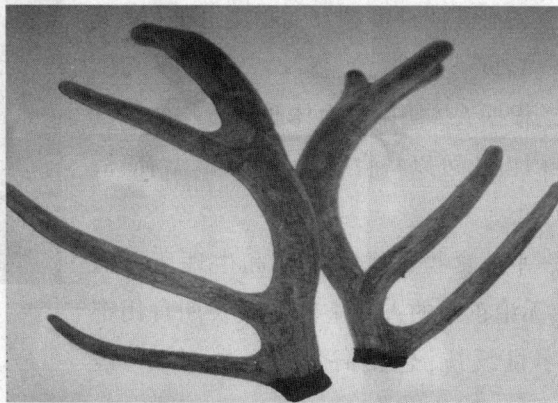

鹿茸

哈士蟆油。最易吸潮发霉，以冷藏为佳。也可在哈士蟆油上喷以适量白酒，包成小包，装入双层塑料袋，贮于瓷罐密封。

三七。易在支根折断处生虫，且虫孔很小，须仔细检查方能发现。待剔除干净后，放入布袋置木盒内，或装入纸袋、纸盒内，再放入生石灰缸中密封贮存。

阿胶、鹿角胶、龟板胶。遇热、遇潮均易软化，在干燥寒冷处又易碎裂。可用油纸包好，埋入谷糠中密闭贮存，使外界湿空气被谷糠吸收，也可装入双层塑料袋内封口，置阴凉干燥处保存。夏季最好贮放于密封的生石灰缸中。

蛤蚧。极易受潮、虫蛀，须置木盒或白铁箱内，周围放些樟脑丸，或拌以花椒一起贮存。要特别保护蛤蚧的尾巴。它是药用的主要部分。

冬虫夏草。放在通风阴凉处晾干后，装入木盒，垫上防潮绥，置干燥处或放入石灰箱内，以免生霉、虫蛀。

麝香。可装在瓷瓶内或玻璃瓶内，并田蜡封罚。置干燥阴凉处保藏，以免香气失散,影响质量。

四、药品变质的识别

很多家庭都备有一些常用药品,时间久了,有些药品会因温度、光线、空气等因素的影响而变质。服用变质的药品不仅达不到治病的目的,反而会带来一些副作用,甚至导致意外发生。

怎么知道家中贮存的药品是否变质呢?最主要的是要保存好药品的标签及说明书,服用前详查是否过期或失效。药品变质还可通过外观的改变表现出来,因此用眼看、鼻闻、口尝等方法可大致判断药品是否变质。

燕窝

片剂或胶囊剂受潮、发霉、裂片、松散、变色或粘连后不宜服用,如避孕药受潮后会失去避孕效果,维生素 C 片剂存放过久颜色变黄,其含量也下降。

糖浆出现大量沉淀、发霉、变色,开盖后有气体产生,且在液面形成大量的气泡说明已变质。冲剂、散剂若出现受潮、发霉或结块及变硬等不得服用。软膏剂出现异臭,膏质有油层析出、变质等,最好不要使用。

针剂若出现浑浊、沉淀,结晶析出、变色等则不应使用。粉针剂出现结块、粘瓶等也不得使用。

有些家庭贮备了人参、燕窝、鹿茸、蛤蚧等名贵药品,若贮存时间较长也会出现受潮霉烂、虫蛀等变质表现,这时也不能服用。

五、科学的煎药方法

在辨证用药正确的情况下,使用正确的煎药方法是提高药物疗效的关键。而现在临床上只着重于药物的筛选和用量,而忽视煎煮方法,一般只将药物水煎两次分早晚服。这样临床效果不但受到影响,而且也不能充分煎出和利用药物的有效成分,造成了很大的浪费。辨证论治是治疗疾病的根本,而辨药论煎和辨证论服是提高疗效的关键。

在临床中,表征用解表药,而解表药不宜久煎,但《伤寒论》中的麻黄汤和桂枝汤根据件景在方后所注:需要久煎。虚证用补益剂,而补益药宜文火久煎这似为定论,但补益剂未必皆质重味厚,常常加入一些辛香理气之品,久煎后气味俱失。扶正祛邪之剂的药物常有补有泻,既有味薄辛散之品,又有味厚重浊之药,在煎煮时若宗前者不宜久煎,否则气味俱失。若宗后者宜文火久煎,不然药效难出。然而以上两组药物却在一方一壶之中,很难区别对待,这样就形成味厚滋补之药还未煎出,而味薄辛散之品药效将已耗竭,为克服以上弊端,经多年临床,总结出了一种行之有效的煎药方法"一剂三三法"。

一剂煎三次:先将药物用冷水浸泡半小时,而后煎煮。每次煎 30 分钟,一剂煎三次,这样可以充分将药物的有效成分煎出,尤其是补益药。

每次留取药液三次。药物在煎煮过程中,每隔 10 分钟留取药液适量,共取三次,此为煎药的关键之处。我们知道,煎药的过程就是一个化学反应的过程,影响这个过程的关键主要是温度和时间。由于方剂是由多味药物组成,而药物问由于质地的不同,性味不同,所以在相同时间内煎出的有效成分也不尽相同。如常用的杞菊地黄汤,若煎煮的时间短,方中熟地、枸杞的有效成分不易煎出;若煎煮时间过长,方中的菊花因气味俱薄,辛凉清轻,又易将有效成分散失。若用传统的方法煎煮,就会降低药物的有效成分,而使用此法,则可将其有效成分充分地搜集利用。

每日服三次:把一剂药经用上法三次煎煮后,将几次搜集到的药液混合在一起,分三次温服。这种服药方法明显优于传统的方法,特别是现在人们体质好,用药量也较大,使用此法则缩短了每次服药间隔的时间,能使药力均匀,从而提高药效,同时也可保持药物在血液中的有效浓度。

六、应用补药的遵循原则

传统中药确实能够起到增强体质、纠正阴阳气血偏差、协调脏腑、疏通经络的作用，在一定程度上也可达到防病延年的目的。但是，一定要用之得当，不可乱用，应遵循如下原则：

1. 不无故进补。补药并非人人可吃，无病体健之人一般不需服用。倘若贸然进补，很容易导致机体的气血阴阳平衡失调不仅无益，反而有害。因此进补应在医生指导下进行。

2. 要因人进补。这是指要根据人的年龄、性别、体质乃至生活习惯等不同特点，有针对性地选用补药。如少年儿童，纯阳之体，生机旺盛，但气血未充，脏腑娇嫩，不胜补药，恐有拔苗助长之虑已屡见报载。有儿童乱服人参蜂王浆之类的补品，出现性早熟现象就是小儿误服补药的结果。然而禀赋不足、生长发育迟缓者，亦可稍进补品以壮根基。青壮年时期，

首乌

机体发育成熟，大多无须进补，即使用补，亦以平缓少量为宜。人至老年，精血亏耗，必须进补，但选择补药一定要对症，并注意少量频用，持之以恒；切忌重剂骤补，或一曝十寒。

3. 要因时进补。药物养生要根据四季阴阳盛衰消长的不同，而采取不同的方法，这是因四时不同，机体的新陈代谢水平也不同。如春天进补可适当服以辛散升提之品，但南北不同，北方可服当归、熟地、人参等；南方可服玉竹、生地、沙参等。夏天，天气热、汗液多，可选用一些性微凉、有益生津、健脾胃的滋补品，如菊花、藿香、佩兰、西瓜、绿豆等，也可以根据人体虚弱情况，选用人参、党参、黄芪、银耳、山药、白术等，但不宜选用过于温热、厚腻的滋补品。秋天，燥气盛行，易伤津液，故秋

季进补,宜以滋润为主,如沙参、石斛、玉竹、百合等。冬季是进补最好时机,北方气候严寒,宜用温补,如鹿茸、首乌、龙眼、肉桂等;南方冬季严寒而干燥,进补宜用温润之品,如熟地、菟丝子、桑寄生、人参等。

4.要对症进补。此指气虚补气、血虚补血、阴虚补阴、阳虚补阳,切不可乱补。此外,不要补之太过。如气虚,若一味大剂补气而不顾其他方面,反而导致气机壅滞,所以补勿过偏,适可而止。

5. 注意虚不受补。此指脾胃虚弱之人,在受补时,当先健运脾胃,因脾胃不健,可致气机壅滞,加重脾胃之虚,致使药力难行,体虚愈甚。故此时用补,当以健脾为先,即使补脾,亦当用平补不滞之品。

总之,药物养生是益寿延年的法宝之一,但一定要遵循进补的原则,切不可乱补。

七、自煎中草药须知

1.选用陶瓷或砂锅等,最好不用铁锅、钢锅或铝锅。

2. 用清净无杂质的自来水、井水、河水。煎前先用冷水将药浸泡半小时,不直接加热水煮药。

3. 煎前加水应超过药物3厘米许,煎至150-200毫升。

4.火候应根据药性所定,气味芳香容易挥发的花叶药物,如薄荷、麻黄、荆芥、紫苏、防风、砂仁、肉桂、丁香等,用武火急煎五分钟,再焖10分钟即可服;滋腻质量的药物,如石决明、紫石英、磁石、寒水石、石膏、珍珠母、杜牡蛎等,用文火先煎30分钟,然后再用武火与其他药物合煎五分钟即成;粉末或小粒种子,如车前子、蒲黄、灶心土、夜明砂、旋复花等应包煎,人参、阿胶另煎;芒硝冲化后即服附子、川乌、草乌平火久煎。

5. 药量一般煎至150-200毫升,二煎分服,补药可三煎分服。

八、几种常见药物的功能

(一) 益寿话黄精

黄精,别名称头黄精、鸡头根、黄鸡菜,是百合科植物囊丝黄精的根茎,为多年生草本生于山地林下、灌丛或山坡半阴处。黄精属植物约有 50 种,我国有 30 多种,长江流域及广东、广西、福建等分布主要是多花黄精,西南至西北分布的主要是卷叶黄精,长江以北广泛分布的主要是黄精,主产地在河北、内蒙古。

黄精可食部分是地下横生的肉质根状茎,用作补中益气,是润心肺、强筋骨的滋补药,并有久服轻身、延年益寿的说法。西晋人张华在《博物志》中就有这样的记载:"黄帝问天老曰:天地所生,岂有食之令人不死者乎?天老曰:太阳之草,名曰黄精,饵而食之,可以长生。"

黄精,自古以来一直被视为补脾益肺养阴生津、强壮筋骨之佳品。它的补养功用,古今都有较多的论述。《本草纲目》载:"黄精被诸虚,填精髓,平补气血而润。"《神仙芝草经》说,黄精有"宽中益气,使五脏调和,肌肉充盛。骨髓坚强,其力倍增,多年不老,颜色鲜明发白更黑,齿落更生的功效。"

黄精

现代药理研究发现,黄精根茎中含有黄精多糖,黄精低聚糖、菸酸、醌类、粘液质、氨基酸和锌、铜、铁等多种必需的微量元素。据测定,每千克黄精含蛋白质 70.2 克,脂肪 6.5 克,淀粉 25.1 克,以及天门冬氨酸、高丝氨、毛地黄甙等,具有良好的补中益气作用。黄精醇提取物可增强心脏收缩力,增加冠状动脉流量,改善血液流变盅参数和动脉粥样硬化病灶。其具有降血压,抑制高血糖以及防治动脉粥样硬化作用,还具有明显地提高人体免疫能力,增加体内超氧化物歧化酶(sOD)的活

国学经典文库

中国民俗文化精粹

·养生秘笈·

图文珍藏版

141

性,延缓机体衰老。

近年来,临床上常用本品或配伍其他的药物治疗冠心病、糖尿病、低血压、白细胞减少症、慢性迁延性肝炎、慢性肾小球肾炎、慢性支气管炎、肺结核、百日咳、植物神经功能失调、胃寒痛、风湿腰痛、足癣等。由于黄精性平、味甘、身体虚弱的人容易接受,适用于脾胃虚弱、体倦乏力、精神疲倦、肺燥干咳、糖尿病以及阳痿患者服用。如黄精炖瘦肉、黄精当归鸡蛋汤、黄精炖冰糖、黄精糯米粥、黄精莲子粥、黄精米酒等都是黄精的补益食养,有助于增强体质,提高机体的抗病能力,既价廉物美,又安全有效,是较好的补养之品。

黄精自古以来即为之称道的食药兼用之佳品,在医疗、食疗保健和抗衰老等方面足以证明,黄精是一种名副其实的长命百岁草。我们应进一步加强其药效学和产品剂型学的研究,有效开发该药资源,造福人类。

（二）山药养生

山药富含碳水化合物,钙、磷、铁、维生素C,同时还含有少许蛋白质、脂肪以及B族维生素等。这些都是人体不可缺少的营养成分,钙和磷有助于预防老年人脱钙及治疗骨质疏松症的功用。铁是制造血红蛋白的主要成分,维生素C对提高机体抵抗力,治疗坏血病,过敏性紫癜、感冒、促进伤口愈合都有重要的作用。

山药不仅能食用,而且可供药用,具有补脾胃、益肺的功效。临床上常用它来治疗脾虚食少、便溏久泻及小儿营养不良等病症。它对于胃气不足、遗精、尿频等也有较好疗效。在平素的膳食中,用鲜山药炖鸡,不仅色鲜味美,而且能增添鸡肉的平补之性,是人们所喜爱的长寿菜肴。若以鲜山药炖猪肚,健康人吃后可增进食欲、强壮筋骨,对于肺结核、小儿厌食症及糖尿病等患者也是不可多得的食补之品。

下面介绍几种常见疾病的山药食疗便方,可对症选用。①山药、大枣、莲子（去心）、薏米适量,煮粥,熟后加白糖服用,对脾虚胃虚者最宜,也补肾。②用山药、芡实、薏米各60克,煮粥食用。对脾胃虚弱便溏者或脾肾虚遗精、白浊者宜常服用。③山药250克、莲子120克、芡实120克共研细末,每次10-15克,加白糖适量,蒸熟吃,每日1次。可治疗慢性肠炎,消化及吸收不良等症。④山药60克、北沙参15克、百部9克,水煎服,每日1剂,治疗午后低热。干咳、出汗体弱之肺结核患者。⑤将山药捣烂与甘蔗汁小半杯和匀炖熟服用,每日2次。可治疗慢性支气管炎引起的久咳、痰多、气喘等病症。

(三) 蛤蚧药效

蛤蚧为补肾益肺,定喘止咳的良药,主要归肺、肾两经。临床经不同配伍,可治因肺肾两虚而引起的多种疾患,且简便易行,效果显著,兹介绍如下。

1. 马钱子粉 0.3 克,蛤蚧粉 3 克,马蹄香粉 3 克。温开水送服,每日 1 次,睡前应用,可治性机能减退阳痿患者。

2. 鲜蛤蚧 1 条,炖瘦肉服,每天 1 次,连服 2 天或用黄芪 10 克、当归 3 克、荆芥 10 克煎汤送服蛤蚧粉 3 克(米酒制),均对阴囊湿疹,奇痒难忍者有特效。

3. 治肾、膀胱结石。①蛤蚧粉 5 克,核桃仁冰糖各 20 克。一次服下,连服一个月。②蛤蚧粉(滑石粉制、琥珀粉、鸡内金粉)各等量每次 10 克,用金钱草或石苇 50 克煎汤送服,日服 2 次。

4. 鲜蛤蚧 1 条,去皮及内脏与瘦肉 50 克剁碎,油盐少量炖服,可治小儿疳积消瘦。

5. 蛤蚧粉、肉桂粉、沉香粉各 3 克,用杏仁、五味子、人参各 10 克煎汤发送服。治肾虚气喘,肢面浮肿,作用迅速。

6. ①蛤蚧粉、乌梢蛇粉各 3 克,每日 2 次,蜂蜜水冲服,连服 2 个月。②蛤蚧粉、鸡内金粉各 3 克,炖瘦肉服,治肺结核。

7. 蛤蚧粉 50 克,白芨粉 100 克,混匀,每天早晚各服 1 次,每次 15 克,连服 1 日,可治久虚咳喘咯血。

8. 蛤蚧粉 5 克,配人参 10 克,半夏 12 克,苏子、麦冬、肉桂各 10 克,熟地 15 克,煎汤送服,共奏补气救脱之效,可治疗产后气喘、气血双亏。

9. 鲜蛤蚧 2 条,去皮及内脏,天麻 10 克,炖鸡或瘦肉服,对脑神经衰弱、体虚乏力有治疗作用。

10. 白酒泡服,可用于肾阳不足、神经衰弱、小便频数等症。①生泡法:将活蛤蚧直接浸入 50 度以上白酒,每 500 毫升白酒放蛤蚧 5~6 条,浸泡 3 个月,或加入全当归 50 克,可增加功效。②干泡法:将于蛤蚧用盐水洗去磷或污物,切成小块浸泡,其他同生泡法。肾虚、阳痿患者需常饮蛤蚧酒,每晚 1 次,每次 10-70 毫升。

(四) 川芎治头痛

俗话说:"腰痛吃杜仲,头痛吃川芎。"这话是颇有道理的。川芎,它以自己祛风止痛的本领和升浮的特性,成为治疗头痛的要药。

祖国医学认为,川芎味辛、性温,归肝、胆、心包经,具有行气开郁、祛风燥湿、活血止痛的功效,可治疗风湿头痛眩晕、胁痛腹疼、寒痹痉挛,经闭、产后瘀块痛、难产、痛疽疮疡等症。川芎除配方外,又是中成药的主药,如十全大补丸、柏子养心丸、八珍益母丸、人参败毒散、再造散等,特别是妇科著名方剂的"四物汤"中,以川芎、当归、白芍、熟地四药组成,有补血调经的功效,广泛应用于妇科病症。

据现代科学研究表明,川芎内含挥发油、生物碱、酸生物碱、中性物质(内脂类)、有机酸等。川芎浸膏具有镇痛、镇静、降压、止痉等作用,还能扩张冠状动脉,

川芎

使冠状动脉血流量增加,血管阻力降低,还可对抗心肌缺氧等。对颅脑血管的收缩舒张功能发生障碍而产生的血管性头痛,可与中药南沙参、蔓荆子、细辛配伍,也有较好的疗效。

现代制药厂家从川芎中提取川芎的有效成分用于治疗心脏疾病。川芎、丹参组成的主治冠心病、心绞痛的"冠心注射液"。以川芎、当归、仁花组成的治急慢性劳损、关节疼痛、小儿麻痹后遗症的"复方当归注射液"等药物,无论在用途和剂型上,都起到了继承和发扬祖国中医药的重要作用。

(五)蚯蚓的药用

少地龙亦名蚯蚓,俗称曲蟮。在我国蚯蚓作为药用有着悠久的历史。近年来,随着科技的发展,对蚯蚓的研究和临床应用已愈来愈广泛和深入,并取得了可喜的成果。

蚯蚓的镇静和抗惊厥作用。有人应用蚯蚓提取物质进行动物试验,发现这种物质能对抗咖啡因引起的惊厥作用,并表现有较好的镇静作用。国内有人应用蚯蚓汤(鲜地龙、半夏、郁金、生大黄)和地皂丸(地龙、皂角)治疗癫痫取得明显效果。烟台地区莱阳精神病院用蚯蚓糖浆治疗精神分裂症 50 例,痊愈 14 例,显著好转 6 例。有人应用鲜蚯蚓糖浆治疗乙脑恢复期严重精神障碍 8 例,均在服药 1 个月内

痊愈。

降血压作用：用蚯蚓针剂给动物注射，均表现缓慢而持久的降压作用，其机理可有直接作用于中枢神经系统或通过某些内感受器反射影响中枢，引起部分内脏血管扩张，使血压降低。有人用蚯蚓半提纯品地龙 B_1 液治疗原发性高血压 11 例，其降压有效率 91%。取蚯蚓 40 克，加入 60% 酒精 100 毫升，浸渍 72 小时，每天口服 3 次，每次 10 毫升，连续 1~2 个月，对原发性高血压病有很好治疗作用。

对平滑肌的作用：给动物注射的蚯蚓中提取的一种含氮的有效成分，实验结果证实，有显著的舒张支气管作用，并能抵抗组织胺及毛果芸香碱对支气管的收缩作用，说明该物质可能有抗过敏的机制。有人应用蚯蚓粉或蚯蚓注射液治疗无严重并发症的支气管哮喘 52 例，应用 30% 蚯蚓注射液进行穴位治疗小儿慢性喘息性支气管炎，有效率为 80%，并证明蚯蚓注射液止咳平喘持久且缓解率高。

捷凝、溶解血栓功能：据世界卫生组织统计，每年全球大约有 1200 万人死于心脑血管病变。导致心脏血管病变的原因是人体血液粘稠度增加，血液流动减慢，血管内有微血栓形成，阻塞致命的心脑血管。中药认为蚯蚓具有活血、化瘀通络之功能，在许多血栓病治疗处方中占很大比例。1983 年国际血栓学会上，日本美恒首先报道从蚯蚓中提取一种可溶解血栓——蚓激酶。动物实验证明，蚓激酶有降低血纤维蛋白元，降低血液粘稠度，溶解血栓的作用。1987 年在中国科学院生物物理研究所与江西江中制药厂协作，研制出国产蚓激酶（博络克）口服制剂，北京宣武医院等单位应用蚓激酶治疗脑血栓、脑梗塞 453 例，总有效率为 93.73%，显效率 73.6%。最近上海华山医院也报道蚓激酶疗效好，副作用少。

（六）鹿茸补肾

鹿茸是我国人民熟知的传统滋补保健品。古人言其有补肾助阳、生精强骨、湿寒调经、抗毒生肌之效，可以治疗遗尿、阳痿、腰痛、眩晕、耳聋，还可用于小儿发育不良、筋骨萎软及妇女经崩带下等症。近代研究提出鹿茸含鹿茸精、卵泡素，还含有磷酸钙、碳酸钙、胶质和软骨，为良好的全身强壮剂，能促进生长发育，兴奋机体功能，减轻疲劳，改善食欲和睡眠，提高工作能力，还能促进骨髓红细胞的再生，提高子宫的张力并增强节律性收缩，增强心脏功能，促进创伤骨折的愈合。

但服用鹿茸是很有讲究的。阴虚阳亢之人不宜服用，肺有痰热及感冒之人皆应在疾病痊愈之后才可服用。目前，传统的煎煮服用法正在被现代的提炼浓缩胶囊剂所取代。

(七)桑椹乌发

桑果,药名桑椹,以个大、肉厚、色深、味甜者为佳,其药用价值较高,主要有补肝肾、养阴液、聪耳目、通大便、利关节、安心神等功效。兹举几则单复方如下:

1.鲜桑椹洗净,捣取汁,饮服 50 毫升,能解酒醉不醒。

2.鲜桑椹 30-60 克,加水适量,煎服。治心肾虚弱所致的失眠、头晕、眼花,或习惯性便秘。

3.鲜桑椹 2500 克,洗净,用布袋盛,绞取汁,缓火熬成薄膏。每服 1 调羹,每日 3 次。治肝肾不足引起的眩晕耳鸣,失眠多梦,头发早白。

4.鲜桑椹 1000 克,洗净,捣取汁,或取干桑椹 300 克煎取汁,与糯米 500 克一并煮饭,做成糯米干饭。等冷,加酒曲适量拌匀,发酵成酒酿,每口随量食用。患头晕、耳鸣、目糊、腰膝酸软、神疲乏力者食之有效验,尤适宜于神经衰弱者食用。

桑椹

5.白砂糖 500 克,放在铝锅中,加水少许,以文火煎熬至稠,入干桑椹粉末 200 克,调匀,再继续煎熬,边熬边搅,至稠厚时停火,将糖倒在表面涂过食油的大搪瓷盘中,待稍冷,净糖分割成条,再分割成块食用。其可用于治疗肝肾阴虚引起的头晕、耳鸣、视力减退、大便干燥等症。

6.鲜桑椹子 100 克,洗净后与茯苓粉 20 克,粳米 100 克,一并入锅,加水煮粥,做早饭食用。每天 1 剂,连服 10 天,能治疗脱发。

7.干桑椹子 250 克,黑芝麻 250 克,分别蒸熟、晒干、研作细末;旱莲草 250 克,女贞子 250 克(在酒中浸 24 小时后取出,蒸透晒干),各研为细末。四药细末一并搅匀,用蜜调制作丸。每日早晚,淡盐汤送下,每服 10 克,坚持服用,可使白发变黑,还有滋养肝肾,健身明目之功效。

(八)乌梅益气血

日本人很相信吃乌梅。他们有句俗语:"乌梅干划拳者",指的是那些满脸皱纹,拿着乌梅划拳喝酒的长寿翁,常食乌梅能令人健康长寿。

青梅经火熏后色泽发黑,称之为乌梅。早在汉代已是一种药材,用来治疗呕吐和口干。日本早就有汉医，他们用乌梅来治腹胀、安定心脏、止腹泻、口干以及皮肤萎缩。乌梅含柠檬酸，能使口腔生津液，可消除腹胀。口腔内耳下腺会分泌腮腺素，它是一种内分泌激素，又名"返老还童素"，因为它有抗衰老的活性，它可以使全身组织趋向年轻化，使老人面色红润，皮肤娇嫩，无怪乎日本人说乌梅能治皮肤萎缩。

乌梅

乌梅能益人气血，因其是碱性食品，含大量有机酸，经肠壁吸收能转化为碱性物质。目前有一种说法，叫"血液碱性者长寿"，因此在选择抗衰老食品时可选用乌梅。

乌梅于长寿有益。此外，它还有这样的治疗功能：人在劳动后肌肉内堆积过量的酸性物质，若吃点乌梅可消除疲劳，这是由于乌梅所含的化学物质能分解肌肉中的乳酸。

(九) 牡蛎——海中药王

牡蛎入中药归肝肾两经，味咸性微寒。其具有益阴潜阳，固精敛汗，软坚散结之功。是一味海中的名贵中药，有"海中药王"之称。在我国古代医学书籍中，关于牡蛎的药效记载，已非常详细，如《神农本草经》中介绍"主伤寒寒热，温疟洒洒，惊恚怒气，除拘缓鼠瘘女子带下赤白，久服强骨节"。《名医别录》中载其："止许，气痛气结、止渴、除老血、涩大小肠、疗泄精、喉痹、咳嗽、心肋下痞热。"《本草拾遗》记其能"止大人小儿盗汗，同麻黄根、蛇床子、干姜为粉，去阴汗。"《汤液本草》说："牡蛎入足少阴，咸为软坚之剂，以柴胡引之。故能去胁下硬；以茶引之，能消结核；以大黄引之，能除股间肿；以地黄为之使，能益精收涩，止小便。本肾经之药也。"《本草纲目》称其"化痰软坚、清热除湿、止心脾气痛、痢下赤白虫，消疝瘕积块，瘰疾结核"等。

祖国医学把它广泛应用于治疗阴虚阳亢而致的烦躁不安、心悸失眠、头晕目眩、耳鸣；热病伤阴、肝风内功、四肢抽搐及痰火郁结之瘰疬症、痰核或虚汗、遗精、带下、崩漏等症。现代医学研究发现，牡蛎还有制酸作用，临床也可用于治疗胃酸过多、胃溃疡等病。

另外，牡蛎肉质鲜美、营养丰富，可谓席上佳肴。李时珍在《本草纲目》中还

·养生秘笈·

图文珍藏版

载,其肉"煮食、治虚损,调中","久服强骨节","延年",治"男子虚劳、补肾安神,""能令人细肌肤、美颜色"。也有人称社蛎为"海中牛奶",因为它的肉质中有40%-50%的蛋白质,5%——10%的脂肪,20%,30%的糖及丰富的维生素物质和微量元素。因此,牡蛎肉又是食补的好材料。

(十)五倍子药用

五倍子为漆树科植物盐肤木、青麸杨或红麸杨等的叶或叶柄受倍蚜科昆虫角倍蚜或倍蛋蚜在其寄生而生成的囊状虫瘿。其别名文蛤、百虫仓、木附子。

角倍蚜的虫瘿,称为角倍。又名菱倍,花倍。呈不规则的囊状和菱角状,有若干瘤状突起或角状分枝。多于9-10月间采收。倍蛋蚜的虫瘿,称为肚倍,又名独角倍。呈纺锤形囊状或椭圆形,多于5-6月间采收。以角倍的产量为大,肚倍的质量为佳。均系昆虫虫瘿内的幼虫供药用,但必须拣净、敲开,剔去其中杂质。

本品分布在我国大部分地区,以四川为主产地。味酸咸,性平,入肺、胃、大肠经。有敛肺、涩肠、止血、解毒作用。含鞣酸50%-80%,没食子2%-5%,其他含有脂肪、树脂、淀粉等,能使皮肤、粘膜、溃疡

五倍子

等局部的组织蛋白质凝固,能加速血液凝固,而呈止血作用。能沉淀生物碱,可解生物碱中毒。对金黄色葡萄球菌、链球菌、肺炎球菌以及伤寒、副伤寒、痢疾、大肠、炭疽、白喉、绿脓杆菌等均有明显的抑制或杀菌作用。其作用综述如下:

1.固冲摄血。《医学衷中参西录》的固冲汤中用五倍子末每次1.5克,达到益气健脾,固冲止血之效。

2.腹泻。单用本品炒黄研末;每次1.5克,日3次内服,治单纯性腹泻。亦可与干姜各等分研末,敷肚脐,治疗婴幼儿腹泻,疗效较好。

3.盗汗。五倍子5份、灵砂1份研细,水涸成糊状,睡前敷脐,次晨揭去,连用2夜有效。

4.口腔溃疡。五倍子3份、冰片2份或枯矾2份,研细,取1.5-3克喷口腔可

治之。

5.胃溃疡病。用五倍子4.5克,煅瓦楞子12克、鸡骨香12克、白芨10克、煨河子10克、鸡内金15克、两面针10克水煎。其有止痛、制酸、吸敛等作用。

6.糖尿病。五倍子500克、龙骨80克、茯苓150克研细、蜜丸。每次3克至6克,日3次,治疗期3个月,临床效果好。

7.小儿遗尿。在辨证施治的基础上,配合脐敷五倍子粉,外贴膏药,连敷5天有效。

8.中耳炎。用五倍子加冰片研细末,吹入耳道,日3次治疗急慢性中耳炎有浓液者。

9.宫颈癌。五倍子3份、枯矾两份、百花蛇舌草5份,水调敷治宫颈糜烂处流液,效果好。

10.瘢痕。用五倍子配黑醋(陈年醋)、蜈蚣、蜂蜜,共制成软膏外治瘢痕疙瘩及疤痕挛缩引起的肛门直肠狭窄,有一定的效果。

11.痈、疖。五倍子与鹅粪共研细,醋调外敷,配合内服药,疗效满意。

12.皮炎、带状疱疹。用五倍子溶于8倍醋中,外涂防治水田性皮炎,治带状疱疹效果好。五倍子与杏仁等份,白酒浸3天,外涂,日3至5次,治疗脂溢性皮炎疗效良好。

13.脚癣。用五倍子、黄丹各等份或用五倍子、枯矾等份,研细于睡前洗脚后或撒于鞋袜中均有效。

14.淤肿。五倍子末和米醋调成糊状外敷,治疗外伤性局限性淤肿。

(十一)西洋参延年

西洋参,原产于北美洲加拿大的寒冷地带,温凉属性,味甘苦略带甜味,长期服用,可明目清心,益肝润肺,健脾肾胃,延年益寿。其品以该国魁北克省产区为上乘。80年代初,我国在烟台引种培植成功以来,西洋参的药用保健作用已逐为国人所知。据近年来科学研究证实其中有效成分——人参皂甙和多种微量元素等对调节人体机能,提高自身免疫力,促进体内新陈代谢具有明显作用。对中老年各种腥热性慢性疾病疗效显著,一年四季皆可服用。尤其在炎热的夏季三伏天中,其保健作用更妙不可言。此外,对各种中、晚期癌症患者亦有相当辅助治疗作用,并能有效地延缓生命。

1.文火煎熬法。取10克以下西洋参一支,放入瓦罐中煮软,然后取出西洋参,用刀切成薄片,与冰糖块一并放入罐中文火煎熬至其汁出,即可取出服用,最后将参渣全部吃掉。

2.泡用法。将西洋参煮软取出,用刀切成数枚薄片,取5-7片为宜,入杯中,用沸水冲入,如同饮茶,最后将参渣一并服用。

3.口含法。将西洋参数片放入口中含服,如同吮嚼水果糖一般,最后将参渣一并吞下。

(十二) 灵芝仙草

早在千年之前,我国民间就流传着灵芝能起死回生的神话故事。灵芝的确是一味灵药。然而,它"灵"在何处?

这说起来是颇为有趣的。近代的学者曾对灵芝做了大量的研究,早已证实灵芝富含多种药理活性成分。但它的奥秘,却是新近才发现的。原来灵芝之所以"灵",就因为它含有丰富的锗。锗是一种金属元素,在电子工业中早已大显身手,成为半导体器材不可缺少的主要材料。但锗对人体生理功能的卓越贡献却迟迟不为人知,甚至

灵芝

一向被误解,认为它对人体有毒害。直到20世纪70年代,人们才知道它具有与体内氢离子结合的本领,以尿或汗液的方式排出,从而增强了体内氧的供应,有利于加速新陈代谢和延缓细胞的衰老。而且锗在人体内只有极为短暂的停留,不到24小时便排出体外,对人体压根儿不会有毒害。

学者们在研究中发现,不少一直被人们视为有补益作用的中药都含有锗,如枸杞、山药(淮山)、人参,越名贵的含量越多。使人惊奇不已的是,灵芝的含锗量竟比人参高四至五倍。所以有的专家说灵芝之灵,看来与它含有丰富的锗是有密切关系的。

西欧有一所非常出名的疗养院,生意十分兴隆,许多人争着去那里疗养,甚至连癌症患者在那里疗养,也能延长生命。经过探查,原来这里的山泉水中含有锗!

令人感兴趣的是,锗有抗癌的功能。这是因为锗能诱发干扰素的产生,并调动

干扰素向癌细胞进攻。临床利用含锗药物治疗转移癌、肝癌、生殖系统癌、白血病等已显示了非凡的疗效。

(十三)白芨治胃病

白芨味甘苦,微寒,入肺胃经。历代本草记载有收敛止血、消肿生肌功效,近代应用证明还有化淤清热作用,且使用范围日益扩大。近几年来以白芨为主药治疗下列疾病有显著疗效。

1.胃十二指肠溃疡。白芨,煅瓦楞子各200克,阿胶100克,研粉,每次10克,每日3次,治溃疡60例,54例溃疡愈合,6例明显好转,再服2个疗程,症状消失。本方功效,收敛制酸,滋阴止血,消肿生肌。临床观察,本方有疗程短、治愈率高、复发少等优点。

2.肺结核。白芨300克、猫爪草200克,煅龙骨、鳖甲胶、龟板胶各100克,研成粉末,每次服10克,每日3次。治抗痨药治疗无效肺结核42例,其中伴有空洞。用药2个疗程后,大多显示病灶完全吸收或纤维化,空洞闭合,血沉正常,症状消失共38例,其中空洞4例。另4例空洞肺结核患者其空洞明显缩小,再服2个疗程,治愈。本方功效,滋阴清热,止血生肌收涩。

3.过敏性紫癜。白芨、虎杖、苎麻根各15克,丹皮12克,党参30克,白扁豆(炒)20克,甘草6克,大枣12枚,水煎服。每日1剂,本方功效是健脾益气,固摄止血,化瘀利湿。

4.溃疡性结肠炎。白芨、苡仁各30克,研成粗粉,加入糯米100克,煮粥服,每日1次。治疗慢性溃疡性结肠炎20例,药用3-4周,结肠镜复查全部治愈。本方功效是涩肠止血生肌,利湿化瘀。

5.烧伤。白芨粉100克,虎杖60克,先将虎杖加水500毫升煎煮20分钟,取澄清液加白芨粉煮成稀糊状,涂敷烧伤处,日用药2次。本方适用于小面积1-2度水火烫伤。

6.百日咳。白芨粉3-15克,用母鸡苦胆1个、温开水稀释送服,每日2次,用药7-10天可愈。本方解痉、止咳、止血作用比单纯用鸡苦胆作用好。

7.手足皲裂、肛裂。白芨、麦冬各30克,共研成粉末,煮成糊状,局部涂敷,日用药2-3次。一般用药5-10天治愈。功效是生肌收涩,去斑消结。

(十四)海马的功用

海马出《本草拾遗》一书,为海龙科动物克氏海马,又称大海马。其味甘,性温,人肝、肾经。有补肾壮阳作用,可治肾虚阳痿。又治虚喘及遗尿,可以起到纳气平虚喘、补肾止遗尿的功效。此外还有调节活血的作用,可用于难产、症瘕积聚,以及治疗疮肿毒等症。《本草拾遗》:"治妇人难产。"《品汇精要》:"调气和血。"《本草纲目》:"暖水脏、壮阴道、消瘕块、治疗疮肿毒。"

据现代药理研究表明克氏海马与乙醇提取物可延长正常雌小鼠的动情期,对去势鼠则可出现动情期,并使子宫及卵巢重量增加。以小鼠

海马

前列腺、精囊、提肛肌的重量作指标,海马提取液表现雄性激素样的作用,其效力较蛇床子、淫羊藿弱,但比蛤蚧强。经过炮制的海马,临床应用效佳。

1.海马粉。取海马捣碎即可,或将海马烘到酥脆,研细。

2.酒海马。(1)酒洗:用75%酒精洗后,再用清水洗1次,切碎即可。(3)酒炒:海马炒至黄色时,洒入少许米酒拌匀,再用文火炒干,研成细末。(3)酒烘:海马500克,酒60克。将海马用酒湿透,放锅内用文火烘干,至熟透研粉。另法:海马用文火烘热后,入酒内淬之,再烤,再碎至质松脆,呈焦黄色即可。(4)酒酥:海马500克,白酒360克,先用文火将海马烤熟,放入白酒内淬制后,再酥烤后至干,后放入白酒内淬1次,再行酥烤,如此反复34次,至白酒全部被吸干后,酥至深黄色待冷研细粉。

3.炒海马。将海马用砂或滑石烫至鼓起微焦为度。

4.油海马。将海马用油烤至金黄色。另法:将海马放上化开的酥油,置木炭火上,炙至金黄色,酥松为度,后研细。

(十五)枸杞补肾

枸杞子有补肾益精、养肝明目的作用,对由肝肾阴虚引起的头晕腰酸,目花干涩以及阳痿遗精等症,均有较高的补养疗效。唐代诗人刘禹锡曾用"上品功能甘露味,还知一勺可延龄"的诗句称赞过它的功能。本品的功效是以滋补肾阴为主。如

久服也具有助阳(兴奋性神经)的作用,如《本草备要》就载有"出家千里,勿食枸杞"的谚语。

服用枸杞子没有任何副作用,且简便易行,人人自己可用。服用方法一般多用以下几种:

一是蒸食,将干枸杞子放在锅内蒸熟,既可杀菌,又易吸收,每天食之有如美味的葡萄干。

二是煮食,在砂锅中煮烂,熬出油,即可当时吃,又可用砂布去渣,做成甘美的枸杞膏,慢慢吃;也可用枸杞子炖肉,煮稀粥或点缀于糕点之上,不仅营养丰富,而且食味甘美。

三是泡酒,枸杞子30~150克,泡酒500毫升,枸杞子酒色红、味甘,喝起来有如葡萄美酒。每次可饮一小杯,饮完重泡,最后还可将泡过酒的枸杞子吃下。

枸杞

四是冲茶,取干枸杞以开水冲之,酸甘有如梅汤,颇频饮之,既可解渴,又可治病强健身心。

枸耗子的药用主要是用来治疗老年人因虚引起的疾患,或因疾患而导致的虚弱。如贫血、神经衰弱、视神经萎缩、晚期高血压、肺结核、慢性肝炎、糖尿病等。它的作用主要是促进人体的新陈代谢,从而改善人的体质和免疫力。因为它的性味甘平无毒,可以同所有的中草药配伍使用。例如中医常用的滋补良药枸菊地黄丸、五于衍宗丸、参杞精等,均有枸杞子的成分。

(十六)附子强心

附子在我国最早的一部药物学专著《神农本草经》就有记载"附子味辛,温。主风寒咳逆邪气,温中,金疮,破症坚积聚,血症,寒温萎痹,拘挛膝痛,不能行步"。又《别寻》"脚疼冷弱,腰脊风寒,心腹冷痛,霍乱转筋,下痢赤白,坚肌骨,强阴,又堕胎,为百药长"。又如《本草备要》"补肾命火,逐风寒湿"。

近代研究表明附子内含有生物碱类,主要为乌头碱、次乌头碱、中乌头碱等有效成分,经炮制后生物碱含量降低。另外,生附子内含有类脂类成分,主要为附子脂酸,其次为附子磷脂酸钙,B谷炎醇及其脂肪脂等。另外,还含有多种人体必需的无机盐与微量元素,主要有钙、铜、镁、镍、铬、铅、硒等十多种元素。据药理实验证明,附子可使原来低下的 DNA(脱氧核糖核酸)合成率提高,并能调节性激素、兴奋垂体、肾上腺皮质系统。还能促进代谢,增强机能,提高抵抗力,扩张血管,促进全身血液循环,祛除身冷,调节植物神经功能。

近年来临床上常用本品或配合其他药治疗冠心病、胎位不正、顽固性头痛、性冷淡、胃下垂、牙痛、外阴痒、阳痿、泄泻、带下、尿毒症、自汗盗汗、胃痛、面部神经炎、腰痛、戒毒、崩漏、痛经、硬皮病、低血压、贫血、荨麻疹、白癜风等等。

(十七)阿司匹林今昔

阿司匹林问世不到 100 年。不过,它的历史实际上可以追溯到公元前约 300 年。当时,被称为医学之父的希腊医师希波克拉底(公元前 460-377 年),用柳树皮配制了一种止痛液。其中就含有水杨酸,是阿司匹林的化学成分之一。这种止痛剂曾被广泛应用,以至最终不得不用法律加以禁止,因为柳树是当时柳枝编织业迫切所需的原材料。

近 100 年来,阿司匹林作为首屈一指的解热镇痛药,已为人类的健康做出了不可磨灭的贡献。现代临床已开始用它预防和治疗诸如冠心病、动脉硬化、脑血栓、心肌梗塞等多种血管疾病。临床资料显示,每次服用阿司匹林 0.3 克,每日口服 3-4 次,即能预防静脉血栓和减少心肌梗塞的发生。在服用阿司匹林的同时,如适当配服芦丁、维生素 C 等可用以预防中风。在英国有人做过统计,在心脏病患者之中,每天服用阿司匹林持续一年,竟使死亡率下降了 25%。美国科学家曾对 600 名病人做了试验,每天让他们服用 1.3 克阿司匹林,这样便防止了血管易被堵塞的患者发生局部缺血。

更令人欣喜的是,加拿大科学家最近宣布,阿司匹林肠溶丸能明显减轻癌症患者因腹部放射治疗所引起的溃疡、腹泻、腹绞痛等局部并发症。他们曾让 8 名患者以每日 3 次,每次 325 毫克的剂量,连服阿司匹林肠溶丸 2-15 个月,结果所有患者症状缓解。

随着当代医学的发展,已为人类健康立下赫赫战功的阿司匹林,必将以其更新的脚步,跨入更加广阔的新天地。

(十八)潘生丁新用

潘生丁是一种治疗冠状动脉硬化性心脏病的老药。近年来医学家发现潘生丁在人体内可以诱导干扰素活性,增加人体的免疫能力,对多种病毒引起的疾病有较好的疗效。

1.病毒性上呼吸道感染。成人每天3次,每次2片(50毫克),连服3天。

2.流行性腮腺炎。早用可使体温迅速下降,肿痛的腮腺消退。用法:按体重计算每公斤体重每天3毫克,分3次服。

3.小儿秋冬季腹泻。该病由一种轮状病毒引起,潘生丁能够抑制病毒。用量用法同上。

4.水痘。用药后24小时控制高热,水疱干瘪,2-3天疱疹结痂痊愈,用法同上。

5.出血性结膜炎。服药后可使结膜水肿消退,结膜出血早日吸收痊愈,用法同上。

6.其他病毒感染。如小儿疱疹性咽呋炎、皮肤扁平疣、口唇疱疹均有良好疗效。

(十九)乳酸菌与健康

乳酸菌具有重要的生理功能。

生物的生存与繁衍,必须适应环境,这种环境包括外环境(也称为大生态)和内环境(也称为微生态)。各类微生物在体内的微环境中形成一种微生态平衡,这是长期进化过程中形成的正常微生物与其宿主在不同发育阶段中动态的生理性的组合。

一个成年人的机体大约有$1×10^{13}$个细胞,而肠道中栖息着约4000个种组成的$1×10^{14}$个微生物,这些微生物作为一个整体存在。它们之间互相依赖又互相制约,其中大部分与人体细胞接触,交换能量和物质,甚至互相传递遗传信息。这些微生物具有各种各样的酶类,进行着非常出色的有条不紊的代谢活动。它们对机体的营养水平、生理功能、药物效应、免疫调节、肿瘤发生、细菌感染、衰老过程、毒素反应和应激反应等都有作用。也就是说,人和动物的生理参数,都会因为内源性细菌的存在而受到某些影响。另一方面,体内的内源性细菌电受到环境诸如气候、食物、精神刺激、药物、外来菌以及宿主的种类、年龄、性别、习性、生理、发育、营养、疾病和免疫等影响。

机体内的微生物有下列4个特征:

1. 定位。在机体内,不同微生物的正常种群在空间所处的位置基本是一定的。以回肠下部的结肠最为集中,不仅种类多,而且数量大。同一种群,在生物学上基本是相同的,但在生态学上是不同的,原籍菌在原籍是益菌,如果脱离了原籍转移到外籍,成了异位菌,就可能是有害菌。在微生态平衡中,定位能防止细菌异位与内源性感染性疾病的发生。

2. 定性。在机体中,并不是任何微生物都能生存下来,只有某些特定的菌群才能繁衍生息。它们与机体已相互适应,在微生态平衡中,定性对微生物和寄主都是有利的。

3. 定量。在机体中,不同地部位的各类微生物菌成员的数量大体是固定的。在微生态平衡中,定量是微生态平衡的关键之一。优势菌群通常是决定微生物生态平衡的核心因素,如在肠道中厌氧菌占优势,一旦这个优势菌群数量下降或完全消失,就会导致平衡失调。

4. 定主。人体内微生物菌群和动物体内的微生物菌群,并不完全相同,即使是同一个种的细菌,在动物体内是不致病的重要的生理菌群,在人体内则可能是非生理或致病的菌,反之亦然。在研制生态制剂时,一定要考虑到种属关系,由哪种生物来,再回到哪种生物的生态环境,这样研制的制剂,效果才会好。

乳酸菌不是以亲缘关系、系统进化为依据进行分类的,它是以通过发酵糖类,获得能量产生大量乳酸的一种细菌的总称。这类菌包括10多个属,200多个种。

不了解乳酸菌的生理功能,等于不完全了解人和动物的生命活动,如果体内乳酸菌停止生长,人和动物就很难健康生存。对机体具有重要生理效益的乳酸菌,首推双歧杆菌和乳酸杆菌,它们已知的功能是阻止致病菌对肠道菌的入侵和定植(在其生长繁殖),抑制致病菌和抗感染,维持肠道微生物菌群的生态平衡预防和抑制肿瘤发生,增强机体免疫功能,消化食物和制造营养物质(氨基酸和维生素等),降低胆固醇,抑制内毒素的产生,延缓衰老和抗辐射等。

平衡是一切事物正常存在的必要条件,不平衡就要出问题,机体内的微生态也是如此。在异常的生理状态下,诸如服用抗生素或创伤、外科手术、放疗、化疗、失重、休克、缺氧、精神紧张等等,都有可能引起人和动物体内微生物正常菌群的失调,破坏微生态平衡。导致疾病的发生。肠道生态制剂(活菌制剂之一)是针对微生态失调,用非致病菌研制的一种制剂。它是采用机体内正常微生物经人工繁殖,制成活菌制剂,然后使其回到原来的生态环境,在体内定植和繁殖,发挥其自然生理功能,达到调整菌群,起到防病和治病作用。

在众多的生态制剂中,乳酸菌剂是最好的一种,因为它无毒无副作用,担负着机体多种重要的生理功能,与机体健康息息相关。实践说明,腹泻或便秘患者、肝病患者、厌食儿童、使用抗生素的人、接受放疗化疗的病人、体弱的老年人和不同年龄、不同职业、不同体质的人,为了防病保健的目的,服用这种制剂是治疗上述疾病、增强体质的主要措施。这也就是乳酸菌制剂备受青睐的原因。

(二十) 归脾丸的十大用途

归脾丸由人参、黄芪、当归、桂圆肉等十多味中药配制而成,具有健脾益气、补血养心的功效。适用于以下情况:

体质亏虚。由于素体虚弱,出现头昏神疲、四肢乏力、少气懒言、面色无华、食欲不振、脉虚弱无力等症。治宜补气养血。

病后失调。病后调理不当,头昏眼花、倦怠无力、心悸、面色无华等,治宜补气生血。

神经衰弱。长期休息不好,用脑过度出现夜寐朦胧不沉,易醒,心悸怔忡,面色不华,倦怠无力,食欲减退等,治宜补益心脾。

桂圆肉

脏腑机能衰退。由于内脏功能减退,而出现内脏下垂,精神不振,气短懒言,纳少神疲,四肢乏力等症,治宜补气益脾。

严重贫血。大病或失血之后头昏眼花四肢倦怠,精神萎靡,面色萎黄,治宜补气生血。

气虚崩漏。妇女因气不摄血,血海不固,致成崩漏之征,出现骤然血崩或淋漓不绝,色淡红,质清稀。精神疲倦,气短懒言,不思饮食等,治宜补气摄血。

脾虚腹泻。由于脾胃虚弱,而出现大便时溏,水谷不化,不思饮食,食后脘闷不舒等,治宜补气健脾。

心脾两虚。由于心血不足,脾虚不运而出现面色萎黄,食少倦怠,气短神怯,怔忡、健忘、少寐等,治宜补养心脾。

(二十一)胖大海的服用

胖大海性味甘淡、微寒,具有清肺润燥、利咽解毒的功效,主治风热失音、咳嗽、咽喉肿痛。服用方法是取胖大海2.3枚,先洗去表面灰尘,放入杯中(保温杯最好)加少许冰糖或白糖,冲入沸水,闷盖10分钟以后,便可徐徐饮服,每日2次,连服2-3大即可。

许多人并不懂胖大海的药性和医理,把它作为保健饮料,长期泡饮,这就不对了。由于造成哑的原因是多方面的,有风寒、风热、肺肾阴虚、气滞血淤等,而胖大海主要适用于风热邪毒。侵犯咽喉导致的音哑,如果是声带小结、声带息肉、声带闭合不全或烟酒过度刺激等声带疾病引起的音哑,服胖大海是根本无济于事的。再说,如果"无的放矢"地长期泡服胖大海,会造成中焦脾胃虚寒,大便溏薄,饮食减少、胸闷和身体瘦弱等副作用。特别指出的是老年人突然失音更应谨慎,在病因不明的情况下千万不要随意使用胖大海,更不得把胖大海当作保健饮料冲饮。

(二十二)人参的选择

许多人都以为人参根条大、饱满、粗壮的为佳品,事实上药材部门仅是以根条大小来作为定级别的标志,并非说明人参越大就越好。

我国医药科研人员,曾对人参的不同部位和不同的人参所含的主要有效成分人参皂甙进行了化学分析测定,结果表明,人参中的主要有效成分人参皂甙,大部分集存在人参植株的周皮、韧皮部纤维管束,尤以集中于树脂道中,木质部仅有微迹。人参根组织部位的人参皂甙含量,在周皮为3.75%~3.8%,韧皮部为4.3%~4.33%,木质部仅为1.1%左右;人参的不同部位人参皂甙含量,主根为3.5%~5.50%,侧根为4%~6%,芦头为7.6%~9.6%,须根为8%~8.8%。由此可见,根条越多越细,相对的韧皮部的面积越大,人参皂甙的含量也越多,质量也就越好。所以在购买人参时,根条较粗、侧根较多、须根完整的人参为上品。

九、四季补药养生

（一）春季老人应补维生素 A

现代医学研究认为,春季老人体内缺乏维生素 A 是患呼吸道疾病的一大诱因。一国外专家研究提出在春季增加服用含有维生素 A 的食品,可使发展中国家的老人死亡率减少 65% 左右。

补充维生素 A 最简易有效的方法是服用鱼肝油。此外,食物中的鱼类、蛋类、家禽、家畜的内脏均富含维生素 A,植物类的胡萝卜、红薯、韭菜、菠菜、空心菜、南瓜以及紫菜、橘子皮等食品的维生素 A 含量也相当丰富,可多食之。但在服用维生素 A 时,必须注意量的限制,一旦超量可能会发生维生素 A 中毒,反而对老人健康带来不利。

（二）盛夏中药防暑

盛夏若能常喝些清凉爽口的中药冷饮,不但有防暑清热、生津止渴、清心除烦的作用,还能起到防病健身之功效,下面介绍几种中药冷饮的配制方法。

菊花蜂蜜饮。菊花 50 克,麦冬 20 克,加入清水 2000 毫升,煮沸后保温 30 分钟,过滤,另加入适量蜂蜜,搅拌溶解后即成。此饮料清爽甜香可口,具有明目养肝、生津止渴、清心健脑和消除疲劳之功效。

荷叶三鲜饮。鲜荷叶、鲜竹叶、鲜薄荷各 30 克,加水 2000 毫升煎煮 10 分钟,过滤,再加入适量蜂蜜(或白糖、冰糖)搅匀,冷后代茶饮,有清热防暑、生津止渴之良效。

银花解毒饮。金银花、菊花、淡竹叶各 20 克,加水 2000 毫升,煎煮 15 分钟,纱布过滤,加入适量蜂蜜,有清热解毒、明目除烦、清心利尿之效。

山楂

荷叶三豆饮。荷叶15克,绿豆100克,黄豆、白扁豆各30克,加水煎煮至豆烂后,取浓汁饮服,有清热解毒、利温祛暑、和中健脾之功效,对脾虚湿重有慢性腹泻者最为适宜。

山楂麦冬饮。山楂、炒麦芽、麦冬各15~30克,水煎后晾凉饮用,有开胃健脾、生津止渴之效,对中老年人夏日食欲不振、消化不良者适用。

骨皮清凉饮。地骨皮、麦冬、竹叶各10克加水适量煮30分钟,每日1剂,分3~4次服,有清热泻火、生津止渴、凉盅祛暑之功,对患有夏季性低热症、口渴多汗者适用。

(三) 冬补良药黄精

俗话说:"延年却病,莫若黄精。"黄精味甘,性微温。现代研究其药理作用为:一是滋补强壮;二是对肾上腺分泌失常引起的血糖过高有抑制作用;三是对防止动脉粥样硬化及肝脏脂肪过多有改善作用;四是增长白细胞使其正常;五是对结核杆菌、伤寒杆菌及皮肤真菌有抑制作用等;六是对人体的血压有降低作用。黄精作为延年益寿之品,古代有人认为它的身价高比鹿茸,如苏东坡有诗云:"太华西南第几峰,落花流水自重高,幽人只采黄精去,不见青山养鹿茸。"

冬天进补,最为有益,老人要补益延年,以黄精作汤:堪称上品。

具体药方为:黄精15克,黄芪10克,枸杞5克,枣皮5克,瘦猪肉50~100克,水适量煮汤服用,每日1剂,喝汤吃肉。

(四) 冬补膏方

我国民间习俗在冬至节后开始进补,认为冬至到立春一段时间里进补容易收效,这与自然界四季动植物的活动规律相等,即冬季主收藏,故此时进补可增强人体的抗病能力。膏方又称膏滋药,是民间冬令进补的主要方法之一,其品种较多,可供不同体质的人选用,也可由医生根据服膏方人的病情或体质加以拟定,加之服用方便,可较长时期保存,深受人们喜爱。

膏方的作用可分为益气、养血、滋阴、温阳四个方面。对脏器而言,常以补脾、肾两脏而多。如妇女月经病,月经色淡而量少,宜用补血为主的膏方;老人多有畏冷,小便清长,腰膝酸软,宜予补肾为主;小儿脾胃虚弱,宜用健脾胃的膏方。膏方自冬日开始服用,每日早晚空腹用较好,因空腹易吸收。服药期间忌食萝卜、茶及辛辣食品,脾胃功能差者宜少食豆类以免腹胀。膏滋药放在干燥阴凉处可以保存较长的时间,一旦发现表面霉变,不宜再服用。

服用膏方可增强人体抵抗力,延年益寿,但是补得不恰当反会造成不良后果。最常见的是有外邪时错用膏方,如急性传染病、感冒、肺炎等,此时服用膏方,犹如"闭门留寇",使得外邪留恋不去,病情迁延。有湿阻的人不能用膏方,如病后脾胃功能衰退而生内湿,表现胃口不好、口臭、舌苔厚腻、便秘或腹泻,此时如用膏方反使胃纳更差。患有菌痢、肠炎的人暂不能用膏方,因膏方滋腻,且含有较多的糖分,服用后肠蠕动增加,反使腹泻加重。因此应根据因人而异、因病而异的原则,才能达到增强体质的效果,切勿滥用。

十、药物治疗养生

(一)维生素 C、E 可防白内障

据国际卫生组织统计,全世界盲人(视力在 0.05 以下)有 4200 万人,其中因白内障致盲者达 1700 万人。因老年性白内障导致视力明显障碍者,则有 3000 万～4500 万人。在印度,约有 40% 的盲人为白内障患者,美国有 3.1 万人因老年性白内障失明。在我国,白内障患者中老年性白内障占 63 1%。最近的研究表明,老年性白内障的形成是多种因素作用的结果,而维生素 C 和 E 的缺乏占有重要地位。

加拿大一项流行病研究结果表明,维生素 C 和 E 适量补充有助于人类白内障的预防。研究人员给患有糖尿病的鼠(患糖尿病易发白内障)投以高规定食物水平的维生素 E,结果眼晶体蛋白的漏失量比对照组减少,因而白内障的发生率降低。豚鼠的试验则显示维生素 C 可提高眼内抗坏血酸的含量,同样有助于阻止白内障的形成。

对人类的观察研究也证实了这一结论。将 55 岁以上、居住同一地区、健康状况、受教育程度、饮食习惯等相匹配的白内障病人和无白内障人群进行对照研究,结果发现无白内障者在过去 5 年多时间内每天至少服用维生素 C 300 毫克,或仅单独服用维生素 C 300 毫克。该项研究认为,单服维生素 E 可使发生白内障的危险性降低 50%,单服维生素 C 可使发生白内障的危险性降低 70%。

研究者指出,眼内晶体蛋白发生氧化而凝集为混浊的凝块是白内障形成的病理学基础。虽然晶体自身也含有抗氧化作用的酶,但随年龄的增加,这些酶本身也能被氧化而失去作用。维生素 C 和 E 为抗氧化剂，它们能阻止晶体蛋白的氧化过程，从而起到预防白内障的作用。

如果能从中年期起即重视维生素 C 和 E 的补充，比如每日服 3 片维生素 C、3 粒维生素 E，持之以恒，必能使老年时的视力保持良好的状态。

(二) 叶酸防病

维生素缺乏可能诱发心脏病和中风。

研究发现，普通的维生素缺乏每年可能诱发许多人患心脏病和中风。这一发现意味着补充维生素可防止许多人患心脏病，节省大量的医药开支。

叶酸是一种维生素，菠菜、生菜等绿叶蔬菜和苹果、柑橘等水果中均含有叶酸。霍尔是从事叶酸和先天性缺陷研究的专家。近年来的研究表明，叶酸对于防止先天性缺陷具有关键作用。她建议采用在食盐中加碘，在牛奶中加维生素 D，在面粉、大米、玉米中加叶酸。

研究结果表明，妇女怀孕以后服用适量的叶酸可以把先天缺陷率降低一半。随着研究显示叶酸可能具有把心脏病和中风的发病率降低 40%-50% 的作用，叶酸的重要性进一步增加。尽管还需要进一步开展有说服力的研究，但霍尔等人建议人们现在就应当增加叶酸的服用量。

(三) 干扰素、胸腺肽合用可防肝炎

我国是乙型肝炎病毒 (HBV) 感染的高发区，在任意的两个人中间，就有一个可能感染过乙肝病毒。急性肝炎⇌慢性肝炎—肝硬化。用癌阻断这个"三部曲"的关键是清除病毒，减少慢性化。因此，临床治疗的重点是慢性乙型肝炎，难点也是慢性乙型肝炎。目前全世界范围内对慢性乙型肝炎尚无特效的抗病毒药物，公认 a-干扰素有一定疗效，用药期间乙肝 e 抗原 (HBeA 克) 阴转率约达 25%，但追访半年后约有一半病人发生反跳。为了提高治愈率，降低复发率，减少慢性化，北京地坛医院对慢性乙型肝炎采用干扰素联合胸腺治疗，观察了 108 例病人，结果单用干扰素治疗组 HBeA 克阴转率为 27.1%；干扰素联合胸腺肽治疗组 HBeA 克阴转率为 48.9%。追访半年后，单用干扰素组 HBeA 克反跳约 56.2%，而干扰素联合胸腺肽组仅 20.9%。干扰素与胸腺肽联合治疗大大提高了慢性乙型肝炎 HBeA 克的阴转率，降低了复发率。

由于乙型肝炎不是乙肝病毒直接损伤肝细胞的结果，而是病毒进入肝细胞后

机体的免疫系统在消除病毒的同时,损伤感染了乙肝病毒的肝细胞。慢性乙型肝炎是由于机体细胞免疫功能低下或紊乱,能清除病毒但又清除不全,从而造成持续的少量的肝细胞损伤。干扰素与胸腺肽联合治疗,一方面干扰素与肝细胞表面的特异性受体结合,激活肝细胞内的抗病毒蛋白基因,产生抗病毒蛋白,抑制病毒复制,从而减少肝抗原的产生;同时胸腺肽加强了干扰素的免疫调节作用,提高机体的细胞免疫功能,调节免疫紊乱,激发免疫炎症反应,间接加强病毒清除。由于肝抗原的减少,肝细胞免疫损伤的副作用也就不会太强了。因此,可以认为,干扰素联合胸腺肽治疗方法,既提高了抗病毒疗效,又减少了慢性化,降低了反跳复发率,减轻肝细胞损伤的副作用,给慢性乙型肝炎病人带来了福音。

(四) 血脂调节药物

控制血脂的第一步是通过膳食控制,膳食控制无效后再进行药物治疗。目前用于治疗高血脂症的药物较多,常用的有 HMG 辅酶 A 还原酶抑制剂、不饱和脂肪酸、贝丁酸盐以及地奥脂必妥等。这些药物有各自的特点,有些对降总胆固醇较好,有的对降甘油三酯较好,而有的又以升高动脉保护因子——高密度脂蛋白见长,故选用药物,应根据患者的不同情况,选用不同的药物及剂量,做到用药的"个体化"。

一般认为,血清总胆固醇水平应低于 5.16 毫摩尔/升,高于 6.14 毫摩尔/升则应积极治疗。而理想的高密度脂蛋白应不低于 0.9 毫摩尔/升。

由于冠心病的患病人群多为中老年人,故在选用药物时就应充分考虑到这部分人的生理、心理特点。应根据不同情况选用不同药物,并注意各类药物的特点。如硝酸酯类药物服用方便,见效快,心绞痛或心肌梗塞发作时立即舌下含化硝酸甘油,多数病人可缓解。但如果目的在于防止发作时,则口服消心痛较好,因其体内维持时间较长,达 3-4 小时,但可引起头痛、颜面潮红等。另一大类抗心绞痛药物为 β-受体阻滞剂,在临床上常与硝酸酯类合用,效果更好。但患有支气管哮喘或阻塞性肺气肿的病人选用该类药物时,应选用那些具有选择性的 β₁-受体阻滞剂,如氨酰心安,以避免由于非选择 β-受体阻滞剂给患者所带来的呼吸道症状加重。还有一大类抗心绞痛药物为钙拮抗剂,如异搏定、心痛定等,因其可解除冠状动脉痉挛,故对变异型心绞痛效果更好。

中医中药在治疗冠心病方面也有独到之处,如地奥心血康为国家 II 类新药,系纯中药制剂,作用温和、持久,且无蓄积毒性,充分考虑到了中老年人的病理生理特点,长期应用未见肝、肾功能及造血系统的损害,适用于几乎所有的冠心病患者。

(五)锌可防视衰失明

在眼睛视网膜的中心,有一块小小的区域名叫黄斑。黄斑虽小,但对视觉有着举足轻重的作用,诸如阅读等用眼的活动都离不开黄斑的感光。然而黄斑可以发生变性,这种病变尤其多见于老人。这种斑状变性是导致老年人失明或视力严重下降的主要因素。

以往只要老人出现了斑状变性,只得等待病情自然发展,没有任何药物或办法可以治疗。然而,最近来自新奥尔良眼科医疗中心的研究带来了令人兴奋的消息:锌可以治疗老人的斑状变性。

大剂量服用锌可能带来毒性作用,但许多老人的饮食中往往由于缺乏足够的锌质补充,而会造成机体内

花生

缺锌的现象。由此可能会对眼睛保健造成危害。鉴于此情,老人应该注意通过食源来补充锌质。通常,花生和牡蛎等食品中的含锌量较高,因而老人可增补这类食物。

(六)硝苯啶治消化道疾病

硝苯啶是临床上广泛使用于治疗冠心病心绞痛和高血压的钙通道阻滞剂,近年来临床发现,该药还对以下消化道疾病有较好的疗效:

急性胃肠、胆道痉挛性腹痛和肠易激综合征。急性胃肠痉挛性腹痛者,于舌下含服硝苯啶 10 毫克,在 2~5 分钟之内,便可使腹痛完全消失;胆道痉挛性腹痛者,舌下含化硝苯啶 10~20 毫克,5 分钟左右腹痛开始减轻,2~3 小时,腹痛可完全消失;肠易激综合征患者,每次含服硝苯啶 10 毫克,每日 3 次,连续 14 天,腹痛及腹泻等症状即可消失。

放射性食管炎。该病症是胸部放射线治疗的主要副作用,因目前尚无特效治疗方法,故使胸腔肿瘤患者应用放疗受到一定限制。采用硝苯啶舌下含服,每次 10 毫克,每隔 4~6 小时含化一次,可使患者的疼痛感觉明显缓解,并可使不能摄食

者转为能忍受经口进食。

消化性溃疡。消化性溃疡患者,每次口服硝苯啶 10 毫克,每日 3 次,连续服用 4 周,治愈率为 80%,有效率可达 93%,并具有用药时间短、价廉和毒副作用少等特点。

(七) 乌药能解痉排石

乌药有行气宽胀,顺逆止痛,温散肝肾冷气,疏达腹部逆气的作用。本品除上入肺脾,理胸腹气滞,治寒郁气逆,胸腹胀痛;下行肾与膀胱,善除膀胱之冷气,温肾缩小便外,还具有明显的解痉作用,尤其对泌尿系统的结石所引起的痉挛性疼痛,有良好的解痉止痛作用,且有推动结石下行,从而达到解痉、镇痛、排石的目的。有一输尿管结石绞痛不止的病人,虽用西药解痉镇痛剂、针灸等治疗,但疼痛仍未缓解,后用乌药 30 克、金钱草 100 克,服后疼痛缓解,守方加味 10 剂后结石排除而愈。尔后治疗泌尿系统结石,均以马药配伍它药,用量 15~30 克,获显效。本品喜温走窜,有温通肾与膀胱经脉作用,根据"痛者不通,通者不痛"之理,本品的解痉止痛作用可能是通过温通经脉来实现的,由于该药入肾与膀胱经,故对解除肾结石、膀胱结石所引起的疼痛有明显作用。

(八) 钙的辅助治疗

有肢体麻木,周身乏力,腓肠肌痉挛等缺钙表现的慢性支气管患者经短程补钙治疗,不仅症状得到改善,而且可促进肺部杂音明显减少甚至消失;肺心病由于大量使用利尿剂,极易出现低钙症状,治疗过程中也应注意补钙。

糖尿病。未控制的糖尿病因胰岛素不足会引起钙代谢异常,饮食控制又造成钙元素摄入不足,负钙平衡易致患者发生骨质疏松,缺钙尚能控制胰岛素,因此糖尿病患者也应补钙。

患肾病综合征、急性肾炎约 90% 以上的肾病综合征患者血钙降低,这与长期使用皮质激素有关,辅以钙剂与维生素 D 对预防股骨头坏死、骨折大有裨益肾炎急性期盅钙水平大大降低,经补钙治疗后浮肿,高血压症状可明显减轻。

慢性迁延肝炎、肝硬化。这类疾病患者血清中维生素 D,与骨质密度水平均降低,且钙、磷从尿中排出增加,尤其以肝性骨质疏松症,故在治疗中也应补钙。

妊娠高血压综合症。此病人的血钙水平低于正常孕妇,低钙是其发病原因之一,经补钙有较好预防及治疗的效果。此外,小儿佝偻病,婴儿手足搐搦症,成人钙磷代谢紊乱综合征、运动创伤、甲状旁腺功能减退等症患者也需补钙。

(九) 睾丸酮可防心脏病

男性主要性激素睾丸酮曾被视为导致男性心脏病的一个主要因素。而最近的一些研究结果表明,睾丸酮可防止男性动脉阻塞和心脏病。其实从前就有研究表明,心脏病患者血中的睾丸酮浓度极低。美国哥伦比亚大学的 Phillips 等因此想弄清高浓度的睾丸酮是否可防止男性心脏病。为了弄清楚真相,Phillips 等研究了55名有胸痛或其他动脉粥样硬化的男人。这55名中无一人有过心脏病发作,但都接受过冠状动脉造影。

研究人员发现,血中睾丸酮浓度低的人发生严重冠状动脉阻塞的危险性大于血中睾丸酮浓度高的人。睾丸酮与动脉硬化的负相关关系并不意味着低浓度的睾丸酮可直接导致冠心病。但两者的强相关说明两者关系比从前认为的密切。Phillips 推测,睾丸酮有助于防止男性心脏病,而雌激素则有利于防止女性心脏病。男性和女性均可产生睾丸酮和雌激素,只是量有差别。

(十) 黄连素治老年病

黄连素是由传统中药黄连、黄柏、三棵针或其他含小檗碱植物中提炼出来的生物碱。其主要用于肠道感染、菌痢、眼结膜炎、化脓性中耳炎等多种疾患。但是近年来在临床医师的运用中,又发现了一些特殊的新用途。

治疗糖尿病。根据实验观察证明,黄连素具有降低血糖和修复 B 细胞的作用,两者呈正相关。其机理除认为该药有升糖激素作用外,还与促进 B 细胞再生及功能修复相关。据临床医生使用证明,有效率可达90%。

治疗心血管病。黄连素在动物实验中证明小剂量可兴奋心脏,具有强心作用;大剂量则抑制心跳、抗心律失常作用。近年来又发现黄连素降低血小板聚集的有效率高达95%。因而在临床上可用来治疗湿性心律失常,据资料显示有效率达62%。其对冠心病和心力衰竭也有一定的治疗作用。

(十一) 黄连素治疗高血压病

黄连素是治疗肠道感染的常用药物,最近医生发现黄连素可用于治疗轻中度高血压病,且获得较好的疗效。具体服药方法如下:

每次口服黄连素0.4-0.6克,每日3-4次,连续服用4周。一般来说,服药3-5天,血压开始下降,服药1周后血压下降达最低值。根据临床资料统计,服药后

国学经典文库

中国民俗文化精粹

·养生秘笈·

图文珍藏版

166

收缩压和舒张压都明显下降。一些病人用药后,头晕、失眠症状明显改善,血脂也有所降低。医生认为黄连素具有降血压、降血脂、降血糖及抗心律紊乱作用,因此,对于那些伴有糖尿病、高血脂的高血压患者,用黄连素治疗更为适宜。

(十二)肝达舒方治肝疾

组成:人工牛黄2克(冲服)、黑米30克(包煎)、郁金10克、生黄芪15克、三七5克、生山楂15克。

功能:清肝解毒,舒肝达郁,益气养阴。

主治:病毒性肝炎、肝硬化、脂肪肝等。凡表现为面色少华,胁痛腹胀,身倦气乏,纳呆泛呕,或见黄疸,或有腹水,或肝脾肿大,舌暗脉弦,症属肝脏气阴亏损、热毒内蕴、痰瘀互结者,可选用本方治疗。

方解:是方取人工牛黄清解肝毒以攻邪,黑米滋养气阴以扶其正,共为主药;辅以郁金舒肝解郁、理气活血;黄芪补气利水,保肝健脾;三七、山楂共为佐药,前者活淤止痛,后者消食化积,二者均有通脉降脂作用。全方六味,具有保肝、退黄、降酶、健胃、利尿、促使 HBsA 克阴转等功效。用该方可使肝"体"荣丰,肝"用"畅达,舒而不郁,故取名"肝达舒"。

用法:水煎服,1日1剂,分2次煎服。现已制成胶囊剂在临床应用。

加减运用:腹胀纳差者,加生炒麦芽,炒莱菔子以健脾开胃;肋痛绵绵者,加金铃子、炒白芥子以通络止痛;见黄疸者,加菌陈、生大黄以清化退黄;舌红苔少者,加北沙参、柏子仁以养阴柔肝;舌苔自腻者,加生薏苡仁、冬瓜皮以利湿解毒;舌苔黄腻者,加龙胆草、山栀子以清解内毒;便秘者,加全瓜蒌,草决明以宽腑活淤;肝积硬变者,加鳖甲,龟板以软坚化积;有神昏或出血倾向者;加服犀黄丸或牛黄清心丸清肝凉血醒神。

(十三)六君子汤保护胃粘膜

六君子汤出自《妇人良方》,功效健脾止呕,主治脾胃气虚兼有痰湿。研究表明,六君子汤同引人注目的新的生理活性物质氧化氮(NO)有着密切的关联。胃粘膜内因性保护因子除前列腺素的合成有保护、提高胃粘膜抵抗外,还有谷胱甘肽等硫基物质和氧化氮等生理活性物质。前列腺素的合成可被氧合酶的抑制剂消炎痛所抑制,谷胱甘肽被 N-乙基马来酰亚胺抑制,而氧化氮则受甲基左旋精氨酸和左旋硝基精氨酸所抑制。动物实验结果表明,六君子汤不受消炎痛或 N-乙基马来酰亚胺的影响,胃粘膜氧化氮的产生只受左旋硝基精氨酸明显抑制。

由此说明,六君子汤能产生粘膜保护作用,同胃粘膜中的氧化氮的部分参与有关。六君子汤主要用于功能性异常的非溃疡性消化不良症,发病机制是胃排出能力延迟,亦即胃动力虚弱,因为饭后胃胀者均因缺乏氧化氮所致。研究者还认为,六君

六君子汤

子汤的作用和机制不只是部分通过胃粘膜氧化氮起到细胞保护作用,还具有清除自由基的作用,使平滑肌松弛,改善胃肠道紧张导致的胃胀气等不适症状。

(十四)升陷汤治尿失禁

升陷汤出自张锡纯《医学衷中参西录》,该方由黄芪、升麻、柴胡、桔梗、知母组成。功能升阳举陷,适用于大气下陷、气短不足以息等证。笔者根据《灵枢·口问》篇"中气不足、溲便为之变"立论,常用此方治疗中气不足所致的小便失常疾患,获得满意效果,介绍如下。

小便失禁。即小便不能控制,自行排出,漓沥不绝。此乃脾肾两虚,大气不足,精气虚衰,致使关门不固、摄纳无权而成。用升陷汤健脾补肾、益气固涩。黄芪20克,升麻、柴胡、桔梗、知母各10克,加补骨脂、菟丝子、桑螵蛸各15克,红枣15枚,水煎服。另用成药补中益气丸,金匮肾气丸,早中晚各服8丸。

小便频数。指小便次数频繁,尿量或多或少,尿道无痛感。病由素体亏虚,脾气下陷,膀胱失约所致。用升陷汤提补中气。黄芪2克,柴胡、升麻、桔梗、知母各10克,加党参、益智仁各10克,红枣10枚。若见尿频夜甚,加附片10克,肉桂6克。

小便不畅。指排尿困难,甚则小便闭塞不通,欲解不得,此症又称"癃闭"。病由中气不足,膀胱气化不利。用升陷汤益气升阴,化气行水。黄芪20克,升麻、柴胡、桔梗、知母各10克,加乌药10克,肉桂、通草各6克,车前子20克(布包)。

睡中遗尿。指夜间熟睡时,小便不自觉排出,醒后方知。常见于学龄儿童。病由脾虚不足,肾阳衰微,膀胱失约所致。用升陷汤升阳举陷,补益脾肾。黄芪20克,柴胡、升麻、桔梗、知母各10克,加补骨脂、石菖蒲、益智仁、桑螵蛸各10克。

(十五) 中药软坚散结之品

中医把体内肿块一般归属于积聚,痞块,瘰疬、痰核范畴,临床上多采用活血化淤、软坚散结等治疗法。软坚散结是根据"咸能软坚"理论制定的中医特殊治法,诸如甲状腺瘤、子宫肌瘤、睾丸肿块、乳腺小叶增生、淋巴结结核、肝脾肿大以及某些癌肿,运用软坚散结药往往能使其逐渐软化甚至消失。具有软坚散结作用的中药主要是:

牡蛎。性味咸,微寒,能软坚以散体内结块,对瘰疬、痰核等症,常与夏枯草、玄参、浙贝母配伍使用;对肝脾肿大常配鳖甲、丹参、泽兰等药以软坚散结、活血化淤。用于软坚散结,以生牡蛎为宜。

鳖甲。味咸性寒,有滋阴潜阳,软坚散结功效,本品为治肝脾肿大、肝硬化良药,如成药鳖甲煎丸可用于有瘤、经闭、肝硬化的治疗。与鳖甲相似的龟板也有类似功效。

昆布。味咸性寒,有消痰软坚、利水消肿作用,常用于甲状腺瘤、淋巴结结核、肝硬化的治疗。

海藻。味咸性寒,与昆布功用相类,且经常和昆布配合应用。

黄药子。味苦性寒,有散结消瘿、清热解毒、凉血止血作用,可用于甲状腺肿以及消化道肿瘤的治疗。但本品寒凉,过量可引起消化道反应及肝功能损害,应慎用。

玄参。味咸苦,性寒,有清热、解毒、养阴、散结作用。本品为清热要药,常用于降火养阴,又有散结消痈的特殊作用。

贝母。味苦性寒,有化痰止咳、清热散结功用。贝母按产地分川贝、浙贝两类,浙贝母消热散结作用较胜,常和玄参、牡蛎等配伍治疗淋巴结结核、乳腺小叶增生等。

夏枯草。性味苦辛寒,有清肝降压、清热散结作用。本品与玄参、牡蛎、昆布配伍,可治因痰水郁结所致的瘿瘤、瘰疬。

(十六) 人参健脾丸可治痤疮

痤疮是一种常见病。过去这种病不易治愈,给许多痤疮患者(多为年轻人)带来烦恼。10多年来的实践证明,服用中药人参健脾丸可以根治痤疮。痤疮是人体内分泌失调引起的。服用人参健脾丸可以健脾健胃,调整内分泌,逐渐使内分泌正常。内分泌正常了,痤疮就从根本上治好了。服药量由病情来决定。病史短程度轻的患者,用药量少,反之用药量则多。有位患者全脸痤疮,病情较为严重,她连服10盒人参健脾丸,病就痊愈了。

治疗要有一个过程。这个过程的长短也是由病情决定的,轻者短重者长。服药数天以后,患者起的疙瘩数量上逐渐减少,程度上逐渐减轻,患者温度也逐渐降至正常。这时就继续服药到痊愈为止,愈后一般不再复发。如有轻微复发(不会复发到原来那样),可用上述药继续治疗即可。治疗期间,忌辛辣食物,愈后解忌。

(十七)中药治疗高脂血症

高脂血症是动脉硬化性心脑血管疾病的主要发生原因,又与缺血性心脏病的发病率有密切关系。因此,寻求有效的降脂方法,是防治心脑血管疾病的重要措施。祖国医学认为,本症主要因过食肥甘,脾失健运,致机体痰浊内蕴,或久病阴虚,火热内生,炼津为痰而引起。下面几个降脂验方供选用。

1.丹参降脂汤。丹参30克,人参6克(另煎),首乌、山楂各15克,泽泻20克,黄精、当归各10克,川芎6克,三七3克(吞服)。水煎服。

2.降脂减肥汤。荷叶、泽泻、半夏、生莱菔子各10克,茯苓、丹参、山楂各15克,大黄3克,水煎服,适用于体质肥胖,痰湿壅盛者。

3.双降汤。生山楂、决明子、葛根各15克,枸杞子10克,丹参20克,桑寄生30克,水煎服,有降压降血脂之功。

洋葱

4.三泽汤。泽泻、泽漆各20克,泽兰叶15克,生莱菔子30克,水煎后吃饭时送服绿豆大明矾2粒,每日2次,1个月为1个疗程。

治疗高血脂症的单味中药很多,最常用的有首乌、决明子、泽泻、茵陈、山楂、荷叶、虎杖。此外,还有灵芝、桑寄生、葛根、茶树根、明矾、杜仲、洋葱、大蒜、大麦须根、白果叶、槐米、白蚕蛹等皆有降血脂功效。治疗高血脂一定要重视饮食调理,应限制高脂肪、高胆固醇类食物,如肥肉、动物内脏、蛋黄、奶油、巧克力等。应戒烟戒酒,限制糖类摄人。适当吃些豆制品、海带、黑木耳、蔬菜、水果、植物油等,并应增加体力活动,加强锻炼。

(十八) 速效救心丸可治偏头痛

治疗方法:治疗组每服速效救心丸6粒,每日3次,发作时加服5粒。服药30天为一疗程。对照组每服心得安20毫克,每日3次。30天为1个疗程。

治疗结果:治疗组显效(头痛及伴随症状全部消失,随访半年无复发)16例,有效(头痛及伴随症状全部消失,随访半年内有复发)18例,无效6例;对照组显效1例,有效6例,无效13例。治疗组疗效明显优于对照组,经统计学处理两者差异明显。治疗组30例脑血流图异常者有18例恢复正常,对照组15例脑血流图异常者仅有1例恢复正常。

有关资料曾报道速效救心丸具有多方面的作用,有用作治腹痛的,有用作治胃痛的,有用做治疗三叉神经痛的。我们根据偏头痛具有气血淤滞的病理基础和速效救心丸具有行气活血止痛的功能,将速效救心丸用于偏头痛治疗,结果取得了较为理想的效果。可见本药不仅能治疗心脑血管疾病,而且还能治疗一些其他具有气血淤滞病理特征的疾病,值得进一步研究。

(十九) 杏仁药用

杏仁味苦,性微湿,有小毒。归肺、大肠经。功效主治祛痰止咳、平喘、润肠。现代研究发现,其成分有苦杏仁甙、多种游离氨基酸、苦杏仁酶、苦杏仁甙酶及樱甙酶等。下面介绍杏仁的药用单方验方:

治肺病久咳睡卧不宁者:杏仁15克,胡桃肉15克,人生蜜少许,同研极细,每30克作11丸,每服1丸,生姜汤嚼下,食后卧床休息。

治气喘难卧,面色紫暗者:查仁15克,桃仁15克研细末,水调生面少许,和丸如梧桐子大,每服10丸,生姜或蜜糖水调下。

治久病大肠燥结不利,大便下血:杏仁240克,桃仁180克,瓜蒌仁300克,共捣为泥状;川贝母240克,陈胆星120克,二昧共研极细末,拌入前三味药末,加神曲末120克,打糊为丸,梧子大,第早服10丸,淡姜汤送下。

治老年慢性支气管炎:苦杏仁、冰糖适量,研碎混和,制成杏仁糖,早晚各服10克,10天为1个疗程。

治妇女外阴瘙痒:杏仁90克,炒枯后研成细粉,加麻油45克,调成糊状,用时先用桑叶煎水,冲洗外阴和阴道,然后用杏仁油涂搽患处,每日1次,或用带线棉球蘸杏仁油糊塞入阴道次日取出,连用 10 天为 1 个疗程。

治肺脓肿:杏仁 10 克,芦根 50 克,金银花 50 克,冬瓜仁 25 克,薏苡仁 25 克,桔梗 15 克,水煎服。

治蛲虫病:连皮杏仁 30 粒,研如泥,加入沸水淹过药面一指,文火煎成备用。睡前将药棉蘸药液塞入肛门内,次晨取出,一般 3-6 次治愈。

治足癣:杏仁 100 克,陈醋 300 毫升,置搪瓷器内煎沸,再用文火煎 15 分钟,装瓶备用。用时洗净患处,再涂药液即可,每日 3 次。

治黄水疮:杏仁适量,火煅,压磨成黑色油状。常规消毒后,揭去患部痂皮,用生理盐水棉签将患部渗出液蘸干净,然后涂以杏仁油,每日上药 1 次,效果良好。

(二十)大黄治便血

肠风属中医学血证中的便血范畴。中医理论认为脾虚不能统摄,或食燥嗜辛、湿、热毒蕴结,下注大肠,损伤阴络所致。

辨证:本症的关键在于素食辛燥,温热毒蕴结下焦,壅滞日久损伤阴络所致。

治疗:大黄炭 20 克(存性)冷水先煎,生大黄 15 克后下久煎,约 1 小时。隔 4 小时后再煎服 1 剂。次日血止便通,症状消失。讨论部分中药作用,有缩短出血和凝血时间的作用。本品含蒽醌衍生物。大黄蒽醌衍生物有较强的抗菌作用,其中以大黄酸、大黄素和芦荟大黄素抗菌作用强。对痢疾杆菌、绿脓杆菌、大肠杆菌都有抑制作用。其抗菌机理是大黄蒽醌衍生物对细菌的核酸和蛋白质的合成有明显的抑制作用。大黄所含的蒽醌类化合物久煎后被破坏,泻下作用减弱,而具清热凉血解毒作用。因又含有鞣质,具有收敛止血作用,故对肠风下血效果较理想。

(二十一)黄连素治糖尿病

中药黄连的提取物黄连素不但是清热解毒的佳品,对肠道感染有独特的疗效,而且能治非胰岛素依赖型(Ⅱ型)糖尿病,并取得较好的疗效。据国内外的研究资料表明,所有观察病例多饮、多食、多尿症状,在服药后两周内消失,和血糖下降时间一致。治疗后空腹、餐后 2 小时血糖、糖化血红蛋白均下降。治疗前后血象、肝肾功能以及电解质、心电图无变化。观察远期疗效在饮食不变的情况下,服药期间,尿糖全部正常。停用黄连素后血糖可再度升高,加用黄连素后又下降至正常。

经中国医学科学院药研所研究证实,黄连素兼有磺酰脲类和双胍类降糖药的特点。但黄连素不能影响胰岛素的分泌释放,不影响肝细胞膜胰岛素受体数目和亲和力,推测其作用可能为受体后效应。有关临床资料表明,应用黄连素治疗,无论剂量大小都不会伴有低血糖症及胃肠道反应、肾功能损害等副作用,对正常的血糖水平无影响。

黄连素的用法:每日服 1.5-3.0 克,分 3 次口服,血糖降至正常后改用每次 0.5 克,每日 3 次维持。

(二十二)苦参新用

苦参为豆科落叶灌木植物苦参的根,性味苦寒,归肝、肾、大肠、小肠经,能清热燥湿,利尿杀虫。传统用于治疗热痢泻血、疥癞恶疮、皮肤瘙痒等症。现代临床研究表明,苦参尚可用于治疗心律失常、白细胞减少、急性肠炎、哮喘等症。

心律失常。苦参煎液浓缩,加单糖浆调味制成苦参煎剂,每毫升含苦参生药 30 克,每日两次,每次 50 毫升,连服 2-4 周。治疗频发室性早搏 32 例,总有效率达 90.6%。

苦参

急性肠胃炎。每次用苦参 5 克煎服,每日 2 次;或用糖浆剂(每 100 毫升含生药 50 克),每次 10-15 毫升,每日 2 次,也可用胶囊剂,每次 0.5 克,每日 4 次。一般服药 1-2 天治愈。

抗肿瘤。苦参抗癌的主要作用在于其所含的生物碱。用复方苦参注射液(每毫升含苦参总碱 50 毫克,黄芪生药 50%)肌注,每日 2 次,每次 2.3 毫升,一般用药 2-4 周,治疗不同恶性肿瘤 14 例,单纯白细胞减少 3 例。结果对 12 例恶性肿瘤病人于化疗过程中白细胞低于 $4.0 \times 10^4 / mm^3$ 者有升高趋势,3 例白细胞升至正常水平。

急性扁桃体炎等。用 50% 苦参注射液肌注,每次 2-3 毫升,每日 2 次。治疗急性扁桃体炎,急性结合膜炎、急性乳腺炎、牙周炎、外科感染和疖肿、肾炎、急性气管炎、急性淋巴结炎等 10 余种急性炎症 220 例,平均有效率在 90% 以上,治愈率在 74% 以上。

慢性支气管炎。苦参、桔梗按 7:3 比例研粉,水泛为丸,每次 3 克,每日 2 次,10 天为 1 个疗程。共治疗 498 例。有效率 82.3%。

阴囊湿疹。苦参 100 克,大黄,龙胆草各 60 克,甘草 20 克,加水 1000 毫升,慢火熬至 600 毫升,凉后外洗患处,每次 1 小时,每日 2 次,3-5 日为 1 疗程。治疗 30 例,痊愈 25 例,有效 4 例,以急性者疗效迅速。

失眠症。苦参 30 克,酸枣仁 20 克,制成合剂,治疗失眠症 20 例,全部有效。

(二十三)马齿苋药用

带状疱疹。用鲜马齿苋 120 克捣烂,涂敷患处,每日 2 次。

顽疮肿痛溃烂,久不收口。取适量鲜马齿苋捣烂敷或者将马齿苋烧炭存性研细末,掺于疮面上,每日换药 1 次,以愈为度。

毒虫螫伤、漆疮。用适量马齿苋鲜品捣碎敷在患处。

白癜风。新鲜洗净的马齿苋绞汁,每 100 毫升马齿苋汁加入硼酸 2 克作为防腐剂,装有色玻璃瓶中备用,每天取上药液涂搽患病部位,并逐日增加患处日光浴的时间。

急性尿路感染。马齿苋干品 150 克,鲜用加倍,红糖 90 克水煎,趁热服用,然后盖被睡觉取汗。每天 1 剂,分 3 次服用。还可以按配方量制备成马齿苋糖浆(但需人 0.2% 的苯甲酸作防腐剂)。

预防心脏病。马齿苋炒、煮、凉拌做菜食用可预防心脏病的发作。

十一、抗衰老药物的功效

(一)老年补药

人到老年多有虚衰之症,需要适当进服一些补药。但有些老年人缺乏医药知识,加之补身心切,往往滥用补药而导致危害身体,同时也浪费了药品。人参是最为人知的补药,滥用人参造成的危害也最大。清代《医书汇通集》中总结当时滥用人参的危害时沉重地慨叹道:天下之害人者,杀其身,未能破其家……先破其家而后害其身者,人参也。当今在美国,由于滥用人参出现了有名的"滥用人参综合征",患者表现为兴奋失眠,易于激动,血压升高;或性情抑郁、食欲减退、过敏等。不仅滥服人参会出现危害,其他补药如果滥用,也同样会出现各种不良反应。

勿不知辨证与药性而进补。有些老年人不辨明自身虚衰的性质是什么、虚衰的部位在哪里,盲目认为服补药总有益处,没有针对性地服用补药,往往是药不对症而造成危害。如脾胃虚寒的老人应该服用补阳的温热药来温中散寒,若误服药性寒凉,适宜于补阳的滋补药,如银耳、地黄等,如同冰上加霜,会更加损伤已经虚弱的脾胃阳气,加重原有的泻泄、胃脘怕凉、胀闷、饮食减少等症状。如果阴虚火旺的老人误服壮阳药,那就好像火上浇油,不但使原有的症状加重,而且还可能出现鼻出血、头晕、烦躁失眠等新的症状。中医根据虚的性质将虚分为气虚、血虚、阴虚、阳虚等;又根据虚的部位把虚分为心虚、肝虚、肾虚、脾虚、肺虚等。补益药亦相应地分为补阴药、补阳药、补血药、补肝药、补脾药、补心药、补肺药等。服用补药要有的放矢,注意针对性,什么虚补什么,不虚勿补。选择药物要根据虚衰的性质和部位,选择针对治疗部位和虚衰性质的补药,如果自己难以辨明虚衰的部位和性质,或不通晓补药的专长,要听从医生指导。

(二)补肾延寿

中医历来很重视"肾",认为肾为"命门之本",点燃生命之火为源。认为衰老与肾气微弱有关。近年来,国内许多医疗单位对老年人进行中医辨证分型普查,发现从畦腑辨证来看约半数是肾虚。近年来运用现代医学对肾进行研究,发现肾与现代医学的神经内分泌和免疫功能有关。

中国历来注重老年人的补肾。据上海中医学院对历代十三部有代表性方书的分析,有关延年益寿的方剂 124 个,其中补肾中占 90%以上,现代医学研究表明补肾中药可改善下丘脑一垂体功能,延缓下丘脑一垂体功能的老年性改变。温阳药可以逆转性激素受体的敏感性降低,动物实验表明其可延缓雄性老年鼠睾丸功能的老年性改变睾丸的组织形态,提高睾丸酮。此外研究还表明,补肾可增强细胞免疫功能,调整体液免疫功能。补肾可以改善老年人肺活量,可防止老年性骨质疏松,可改善老年性痴呆,使脑动脉硬化病人的大脑兴奋性降低,记忆力提高。

除了中药补肾外,太极拳也可延缓衰老、强身益寿。据上海医科大学研究,长期打太极拳,对内分泌功能也有较大改善,尤其对下丘脑一垂体一甲状腺与性腺的内分泌调节影响较明显。老年人的 T_3 甲状腺素与睾丸酮较成年人有较大幅度下降,而长期打太极拳比不打太极拳有明显升高,这与垂体分泌的激素增多有关。这可能为太极拳强身益寿的一个重要原因。

(三)防衰老选中药

中医学认为人体的衰老,与机体肾气衰弱有一定的关系。人至暮年,元气渐虚,精血渐衰,脏腑功能日趋羸弱。其中,尤以肾气为著,脾胃受纳,气血运化功能也随之减弱,机体就趋向衰老。历代医学在寻求抗衰益寿的药物中,发现不少补益脾肾。益气活血的中药,具有抗衰益寿的良好保健作用。

目前,经研究能延缓衰老、延年益寿的中药约有 380 余种,其中包括以补肾为主的中药,如人参、何首乌、枸杞子、地黄、鹿茸、胎盘、蜂王浆等,它们均可不同程度地提高性功能,改善全身代谢,使老年人生理代谢旺盛,对外应激能力提高。一些研究表明了人参、白术、黄芪、山药、鹿茸、当归、泽泻、人乳、蜂蜜等,均含有抗老保健作用的微量元素。

增进老年人智能方面的中药有何首乌、菟丝子、仙茅、五加皮、杜仲、枸杞子等,这些药物均为补肾药,有填精、补髓、充脑的作用,可以改善脑功能。

人参、山药、灵芝、淫羊藿、大枣、大云、龙眼肉、远志、菖蒲等,可益气养血、补脑;木通、丹参既能补脑又能化瘀,也为抗老防衰良药;其他如益智仁、胡桃肉、天冬、酸枣仁、肉桂、刺五加,也是补肾抗衰药,有益于老年人的脑功能活动。

老年人细胞免疫功能下降,体液免疫反应性增强,容易罹疾。然而中药如海参、黄精、人参、茯苓、山药、玉竹、肉桂、蒲黄、川芎、青蒿、当归、参三七、杜仲、大黄等,能起免疫调节剂的作用,有助于延缓衰老。

地黄

现代医学认为人体内产生的"自由基"是衰老因素之一,而中药中的健脾益肾药物,如党参、女贞子、旱莲草、灵芝、人参等,均能消除这些物质,从而达到抗老防衰的目的。

市上有售的六味地黄丸、杞菊地黄口服液、人参皂甙片、二至丸、人参归脾丸、八味丸、八仙长寿丹、首乌延寿丹等,都是经过临床实践、有抗老防衰作用的中成药品。

(四)中药抗衰六大奥秘

近年来,国内外对抗衰老中药进行了大量的研究,初步提示了中药抗衰老的奥

秘。中药抗衰老的作用主要表现在以下六个方面:

1.调整中枢神经系统的功能。人体衰老,大量的神经细胞萎缩死亡,脑的重要减轻,致使老年人思维减退,记忆能力减退。有些中药可以延缓脑细胞萎缩,破坏和死亡。有些中药对大脑和中枢神经的兴奋与抑制过程还有很好的调节作用,能改善视力,扩大视野,改善听力,提高智力和记忆力及皮肤感受的辨别力,从而起到抗衰老的作用。

2.调整内分泌系统的功能。人体衰老时性腺、肾上腺、甲状腺、胰腺等腺体的功能减退。据研究,甘草、人参、刺五加、当归、白术、田七、附子、何首乌、蜂蜜、巴戟天等均可提高肾上腺皮质功能。淫羊藿、人参、紫河车、蜂王浆均含有性激素或有性激素样作用。

3.调节免疫功能。随着人体衰老,免疫能力大大下降,因而对外界病原体

田七

的抵抗力明显减弱,甚至丧失了机体抵抗力。中药能全面地、明显地提高人体免疫力,有很好的抗衰老作用。

4.清除自由基作用。老年人抗氧活性降低,体内自由基产生过量,血清中氧化脂质(LOP)升高,组织脂褐素沉积过多,血超氧化物歧化酶(SOD),活性下降。实验证明,有些中药对自由基有不同程度清除作用,并能降低血浆或组织中的 LOP,如当归、酸枣仁、女贞子、五味子等。另有一些中药能促进 SOD 的活性,如山楂、酸枣仁,山茱萸等。

5.促进物质代谢。由于老年人的基础代谢水平低下,使机体对物质代谢的功能明显下降,从而加速了衰老。实验发现,许多补虚中药都有促进物质代谢的作用。如人参、淫羊藿、肉苁蓉、刺五加、灵芝、黄芪、三七、附子、锁阳、菟丝子、生地、麦冬、玄参、龟板等,均有不同程度提高蛋白质和核酸代谢作用。地黄、黄精、山药、天花粉、麦冬、枸杞、淫羊藿、知母、人参、五味子、白术、何首乌等,均有不同程度调整糖代谢,降低血糖作用。人参、黄精、何首乌、女贞子、灵芝、蒲黄、郁金、决明子、徐长卿等,可用来防治老年脂代谢紊乱,防止肥胖,动脉粥样硬化,高血压等。

6.抗肿瘤作用。由于老年人适应能力和免疫能力下降,易引起基因突变,发生癌肿。近年来研究证明,人参、刺五加、白术、何首乌、天门冬、枸杞子、肉苁蓉、茯

苓、党参、北沙参、玉竹、淫羊藿、绞股蓝、穿山甲等均有抗基因突变作用,可以防止癌肿的发生。

总之,人体衰老过程是多方面、多系统的变化过程,而中药抗衰老作用是多方面的甚至是诸系统的整体效应。近年来,国内外对中药抗衰老作用的研究结果已充分显示了中药在抗衰老方面有着重大的潜力和优势。

(五)防衰妙方

北京四大名中医之一的施今墨,在50年前代所著的第一篇从未发表过的遗著中,曾开有一个抗老防衰的处方。

施今墨的处方是:黄芪、枸杞、桑椹、茯神、芡实各12份。党参、黄精、首乌、黑豆、五味子、玉竹、紫河车、葡萄于、白术、大生地、菟丝子各10份。大熟地、麦冬、莲子、山萸肉、炙甘草、怀山药、柏子仁、龙眼肉、丹参各5份;乌梅2份。

上述各药每份以钱为单位,酌量研末和蜜为丸,每服三钱,早晚长期服用,具有补固神气精血,保护脏脾之功。

(六)刺五加益寿

被誉为"追风使者"的刺五加,是与人参同科属的多年生草本植物。因其功效似于人参,故又称五加参。《神农本草经》将其列为"上品"。《查石经》为"金玉之香草"。《本草纲目》认为,其有顺气化痰、添精补髓、增进饮食、健气不忘事等多方面的功能。

刺五加被用于临床已有悠久的历史。据传历史上的鲁定会、王叔牙等人,都长期饮用五加酒,而得以延年益寿。《桂香室杂记》有这样一首诗:白发童颜叟,山前逐骝骓,问翁何所得,常服五加茶。说明此品确有强壮益寿之功。

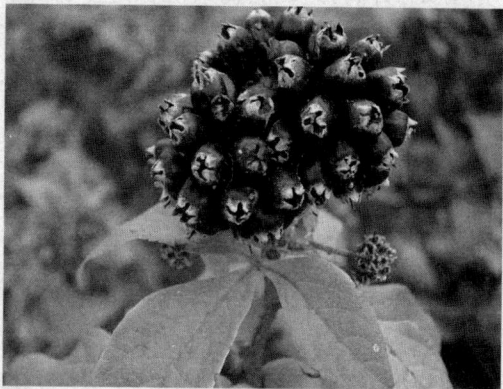

刺五加

现代对刺五加的研究证实,刺五加能增强免疫功能,增加血流量,改善心脑的作用。对性机能减退、阳痿、早泄等症亦有治疗作用,其提取物的兴奋作用较人参强。此外,刺五加还有抗痨作用。

服用刺五加可取生药 20。克,浸好酒 1000 毫升,10 日后服用,每服 15～35 毫升,每日 1 次,常服可使中老年人身体强壮,面色润泽。

(七) 如何选用滋补药

老年人服用补药,应当区分两种情况,一种是身体衰弱,有慢性病的滋补,一种是无病养生的滋补。

因病而补,要根据病情施补,哪个脏腑有病,便用相应的补药。要弄清是气虚、血虚还是阴虚、阳虚。气虚可先用补气药,如人参、党参、黄芪、山药等;血虚则选用补血的当归、阿胶、熟地、首乌、枸杞、龙眼、动物肝等;阴虚,可选用补药玉竹、麦冬、冬虫草、女贞子、山萸肉、百合、梨、鸭肉、蜂蜜等;阳虚,多选用补阳药,如鹿茸,紫河车、肉苁蓉,淫羊藿、补骨脂、核桃、狗肉、羊肉等。由此可知,滋补药是各有所长的,随便乱服是不妥的。

无病养生的滋补,应根据自己的体质、年龄、性别、生活环境、气候等情况,选择合适的滋补品,从时间、气候上来说,一年四季皆可补,但选用补药有所不同。春天,气候转暖,宜用平补之剂,目的是协助人体正气之生发,可选用红参、别直参、生晒参、太子参、党参等,以补益元气,但用量不宜大;夏季,气候炎热,家用清补剂,可选用玉竹、绿豆、百合、莲子、梨等;秋天,风物干燥,宜滋润、滋养为主,可据情选用党参、茯苓、生地、天冬、麦冬、沙参、莲藕、香蕉、银耳等;冬天,气候寒冷,人体热量消耗大,宜用温补,可选用人参、西洋参、枸杞子、何首乌、附子、杜仲、肉苁蓉、冬虫夏草和核桃、龙眼、大枣、银耳、鹿肉、狗肉、羊肉等。

(八) 枸杞子延年

枸杞子属茄科灌木植物的果实,性味甘、平,入肝、肾经,肉厚色紫红,颗粒粗长,口感甘甜微酸糯润者为佳品。因为它有抗衰老作用,故又名"却老子"。

枸杞几千年来一直属于滋补强壮剂。《本草经疏》也称:"枸杞子,润而滋补,兼能退热,而专于补肾,润肺,生津,益气,为肝为肾真阴不足,劳乏内热补益之要药。老人阴虚者十之八九,故服食家为益精明目之上品。"

据科学测定,每百克枸杞含蛋白质 4 克,脂质 0.8 克。碳水化合物 19.3 克,热量 100 千卡、粗纤维 2.7 克、钙 55 毫克、磷 86 毫克、铁 14 毫克,镁 92 毫克,并富含维生素 E、B、PP 和甜菜碱、亚油酸等。其中 β-胡萝卜素含量竟达到 8.6 毫克,远远高于胡萝卜、菠菜、韭菜的含量,被誉为"维生素 A 的宝库"是当之无愧的。实践

·养生秘笈·

图文珍藏版

证明，枸杞的营养素对人正常代谢十分有益。据英国科学家新近研究：天然的β-胡萝卜素能抗老、抗癌及预防日照皮肤损伤。科学家认定，自由基是人体代谢产生的惰性因子，是机体老化及癌变的活性剂，而β-胡萝卜素能消灭清除自由基的恶性作用，因而是延缓中年开始衰老的一种较为理想的饮食因素。科研证明，饮食中如含有大量的胡萝卜素，则某些癌瘤的发病率可大为降低，尤其是口腔、肺、前列腺、皮肤和肝癌等。同时β-胡萝卜素还可增强人体免疫系统功能。

枸杞

中国医学科学院证实，枸杞能提高机体免疫能力，在抗癌治疗中能减轻环磷酰胺的毒副作用，促进造血功能恢复，升高周围的白细胞数，对机体产生保护作用。此外，枸杞能抑制脂肪在肝细胞内沉积、防止脂肪肝，促进肝细胞新生，也能抑制单胺氧化酶（简称MAO）的活性。MAO是一广泛存在于动物不同组织如血浆、脑、肝等中的酶类，有催化单胺氧化脱氨的作用。而MAO的活性升高是机体衰老加速的原因之一。枸杞还有降血糖的作用。所以，营养丰富的枸杞堪称药食兼优的长寿药品，且癌症患者及癌症高发者食之颇有裨益。

枸杞口服或入茶、果、馔、粥等均宜。如枸杞茶对肝肾不足引起的头昏耳鸣、视力模糊、记忆力减退及秋冬季节的鼻咽干涩、皮肤皲裂、皮肤瘙痒等具保健治疗功力。枸杞煮粥，也是中老年人的滋补良药。

第五章　美容养生

一、护肤驻颜

近代医学已经证明,虽然人老珠黄乃常事,但皮肤上皱纹的多寡、老年斑颜色的深淡、失去弹性的程度等,只有两成是因为年纪老迈,其余八成都是太阳光线所造成的。阳光才是皮肤的头号大敌。换句话说,一个极少接触阳光的人和一个天天沐浴于日光之下的人相比,皮肤衰老的速度可能相差4倍!

因为晒太阳而加速皮肤衰老固然不好,若由于享受阳光或生活上不得不经常晒太阳,因而患上皮肤癌的话,则更可怕了。要预防皮肤灼伤,人人都知道可以借助防晒油。但防晒油的正确使用方法,却未必每个人都完全明白。

防晒油有保护作用,但亦非万能盔甲,不可能"一涂永逸"。在烈日下,大约每两小时左右便要重新涂一次;而下过水后待身体一干又要立刻再涂,这样才能发挥最大功用。除了阳光外,皮肤在夏天还有两个大敌:真菌和暗疮。

真菌是引起各种癣的罪魁祸首,它最喜欢潮湿和炎热的环境。而人体各部分当中,又以足部、股沟、腋下等最密不透风和易有汗水,故此"屡见有癣"。

然而有汗归有汗,若全然不感染那些可恶的真菌,还是不会生癣或汗斑。那么真菌从何来呢?其实真菌在我们的周围本就存在着,所以若洗澡用的毛巾不经常洗涤及晾晒,很容易沾有真菌,继而传给我们。

在热天应每天洗换所穿的裤子,洗澡后要彻底地把脚抹干,这些都是老生常谈。还有一个有效的除癣措施:不要每日穿同一双鞋子,若有三四双鞋的话,最好轮流穿着,真菌滋生的机会便可减至最低了。

暗疮虽然难看,却远不及它们留下的疤痕那么"遗臭万年"。要避免暗疮影响皮肤,首先不要主动去挤它,虽可把脓挤出,却也同时成为一条让细菌入侵的通道,细菌进入皮肤后引起发炎,因此才会有疤。

预防暗疮的方法大致都很简单,夏天皮脂分泌旺盛,要特别勤洗脸上的油脂,而化妆品也应该选用少含油脂成分的,加上少吃煎炸和油腻食物,"满面疮痍"的景象便不那么容易出现了。

二、抑制老年斑

我们经常可以看到,有些老年人的面部及手背上,出现一些不痛不痒的褐色斑点,医学上称之为"老年性色素斑"。

老年斑主要是由脂质色素构成,是机体组织细胞在代谢过程中,不能为细胞所排除的代谢产物。人到了老年,机体各器官功能及免疫力逐渐降低,清除体内的废物的能力减弱了。因此,很容易出现老年斑。

老年斑还会出现在人体内主要器官的组织、神经细胞、肝脏、心肌纤维、肾上腺上等,通过电子显微镜可以观察到。老年斑的出现是人体走向衰老主要特征之一,特别是脑组织中的色素斑,可使脑功能不全,影响老年人的记忆力和智力。

抑制老年斑的有效药物很多,如抗氧化剂、维生素 E、A、C、硒化物,免疫功能调节剂等。中医治疗色素斑,以滋阴养血、疏肝理气、补肾为主,效果很好。在饮食上,多吃些动物肝脏、海藻、芝麻、蛋类、牛奶、水果、蜂蜜等。另外,还要坚持适量的体育锻炼,以增强机体的抗菌能力。

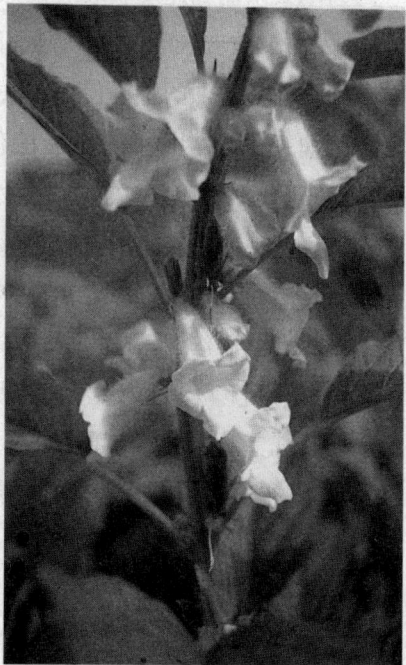
芝麻

三、减少皱纹的方法

皮肤随着年龄的增长而老化,老年人的脸上会不同程度地出现皱纹,这是一种正常的生理现象。然而如果我们能科学地安排自己的生活,经常注意皮肤保养,则能够控制和延缓皱纹的出现。

　　首先,人要乐观。俗话说:"笑一笑十年少,愁一愁白了头",皮肤保健也是同样的道理。其次,纠正过分强烈的面部表情,如习惯性皱眉,经常眯眼,眼睛斜视,总是咧嘴或翘嘴等。这些不良的习惯动作是促使面部皱纹加深和增多的不可忽视的因素。其三,经常使用一些美容油膏或乳液保护皮肤,如防皱霜、维生素 E 霜、荷尔蒙霜等。使用前先将温湿的毛巾敷在皮肤上片刻,或者每晚在皱纹部涂一层甘草杏仁油合剂(选杏仁,去皮洗净,晾干,研末,配以等量甘草末,与适量水和甘油调成糊状),次晨洗去,再薄涂护肤之晶。其四,饮食多样化。不偏食,注意营养素的摄入,多食富含蛋白质、维生素的肉类及瓜果蔬菜等。因为只有保证皮肤营养,维持皮肤水分,皮肤才能光泽而有弹性。最近国外一些美容专家还发现,新鲜的瓜果汁可直接用于美容。如用西红柿汁涂擦面部,不仅能增加表皮细胞的水分,而且还起营养细胞的作用,从而增加其弹性,舒展皱纹,达到美容的目的。诸如新鲜蔬菜叶、黄瓜、西瓜汁之类,老年人也不妨一试。

四、美容养生功

　　我国台湾地区有一种美容养生功,在老年人中流行甚广。它包括几个动作:

　　1. 还眼。早起后转动眼睛,先分远中近、近中远三处眺望为一循环,做三循环后,眼睛左转 36 次,右转 36 次,再从上至下转 10 次,由下至上转 10 次;由左至右平行视 10 次,由右至左平行视 10 次;然后两手搓热轻轻按摩眼睛。可锻炼眼力,使眼睛明亮有神。

　　2. 洗面。口水轻吐两手中,将手掌搓热后两手置于两眼中间的"山根"处,顺着眉毛、太阳穴下滑至下巴,再往上推至鼻的两侧,两手贴住脸颊为一循环,至少做7次。

　　3. 搓鼻。以两手大拇指朝鼻梁上下来回 7 次,可补气。

　　4. 摩耳。把两手搓热后贴住耳朵,上下摩耳 27 次,可补肾。

　　5. 搅舌。以口水用力摇头漱口后,以意念将津液"咽"到丹田去,舌头左转 36 下,右转 36 下,可培精。

　　6. 叩齿。将嘴张开后,上下大牙相撞,然后门牙相撞,各 36 下。

　　7. 咽液。将唾液随意念"咽"到有病处。

8. 梳发。

9. 鸣天鼓。两手掌按住耳朵,手指压住后脑勺,同时将食指压在中指上,用力滑到风池穴上,食指叩打中指,震动风池穴,产生咚咚声响 49 次,可以清目醒脑。

10. 转颈。取打坐姿势坐正,下巴贴嘴,头颈部以顺时针转 21 次,逆时针转 21 次。

每日清晨做这套动作,不消一会儿,整个人便可显得神清气爽,春风满面,长年坚持做下去,可使所有面部器官延缓老化,收到美容效果,同时可延年、益寿、祛病。

五、保持体形美

人们往往重视青年时期的姿态美和形态美,到了老年阶段,认为自己是夕阳西下,身体已变形,行动已变得迟钝,对于形态美已无可谈及了。其实,老年人只要注意保养和锻炼,同样可以保持形体的健美。老年人要保持体形美,最关键的是防止老年生理性变矮。

众所周知,人的长高和变矮是一种自然规律。每个人从出生至 20 岁左右是生长发育期,身体呈长高的趋势。然而,到了 40 岁以后,随着脊椎骨的生理性弧度改变,腰背就会逐渐变矮。到了 70 岁左右,身体将会比自己 20 岁时矮 10 厘米左右,随着年龄的再增长,其身高将会变得愈来愈矮。有些老年人由于椎骨关节老化,或长期劳损,肌肉萎缩,不仅身高会变矮的,而且还会出现老年性驼背。

那么,能否使身体变矮的老年人高一些呢?能否使老年人仍然保持着壮年时期那种形体健美呢?据国外矫形外科专家的研究和实践证明,采用自然方法可以促使老年人保持不驼背,其方法是:经常按摩躯干部位的肌肉,增强肌肉的活性和血液循环,进行各种功能锻炼,并用器械训练以活动脊柱、两腿关节,提高脊柱柔软性,矫正脊柱和颈部的老年性弯曲,使之恢复正常状态,必要时,可进行适当理疗。倘若一个人从 40 岁开始就进行上述锻炼,则可以防止身高自然变矮,从而保持青壮年时期那种腰挺背直的形体美。

老年人在进行上述锻炼的同时,还要讲究饮食和营养的调配,尤其要多吃植物性食物。这样会有利于体内骨质和其他组织新陈代谢的正常化。所以,老年人要想保持体形美,除了注意身体锻炼外,平时要多吃新鲜蔬菜和水果。

六、皮肤保养法

皮肤专家向各个年龄阶段的人提出了以下建议：

15~20岁——养成良好的卫生习惯。

如果属油脂型皮肤，需早晚使用泡沫冻胶或生物矿泉水香皂洗面，这不仅可去掉面部污垢也可防止细菌滋长。最好每星期一次面膜除垢。可使用暗淡的面霜，以免脸部油亮。皮肤油腻而易受伤者，可选用奶类或滋补面霜，甚至晚间也可使用少许植物香精类面霜。为了增强干燥皮肤的营养，可选用乳油木香类面霜和水化物面霜。晚间需卸妆。

20~30岁——开始预防皱纹的产生。

为了防止皱纹的产生，不论足哪种类型的皮肤，都应当充分保持皮肤的含水量。应每天都使用含水化物类、乳油类面霜。只有这样才能保持皮肤的柔韧和强健，防止外来的如阳光的长时间照射、风沙等的侵害。面霜的选用可根据需要，但要用高级品。必须注意的是，这个年龄阶段皮肤的好坏，与选用的面霜恰当与否十分相关。有的面霜有刺激皮肤或促使皮肤"早熟"的成分，能使皮肤逐渐失去坚实性，最好是选用无任何副作用的面霜。一星期做一次面膜，干燥型皮肤，每15天做一次。这样能达到较理想的保养效果。只要在这个年龄阶段皮肤保养得好，它能延缓到40岁、50岁或更长。

30~40岁——预防皮肤光泽消退。

到了这个年龄阶段，如对皮肤保养不当，无论是任何型皮肤，首先反映的是光泽的消退。尽管有好的卫生习惯和有规律的保养，到了这时还远远不够，还要进行一整套疗法。

使用水果汁酸类，清除表面的死细胞，然后使用水分类的水化皮肤，是这个阶段保养皮肤的关键。这种方法能促进新生细胞的生长，再选用高级防皱营养霜护肤。长期坚持，皮肤会变得柔韧光泽而且坚实富有弹性。越油腻的皮肤越易起皱，所以应选用营养类面霜，以防皮肤松弛。最好定期去美容院按摩。

40~50岁——增强皮肤养料。

这个时期由于激素平衡失调，皮肤开始脱水，面部开始松弛。所以，及时补充水分和养料是首要问题。早晚都应使用防皱、补水和再生类面霜，每年至少进行2

·养生秘笈·

图文珍藏版

—3次乳清浴。为防止眼周围和嘴四周鱼尾纹的产生,应选用维生素E面霜和胶膜,并有规律地进行按摩。

50岁之后——更需要水化物补充水分养料和再生细胞的处理。

到了50岁之后,皮肤的胶质和弹性蛋白质逐渐减退。因此,皮肤逐渐失去坚实性,也逐渐变得不柔韧光滑。最根本的方法是进行激素治疗延迟更年期的到来。平时也不能满足于清除坏死的表面细胞,应增加水化物和补充养料。选用高级防皱霜和能增强皮肤新陈代谢的抗衰老类化妆品,白天、夜间都要使用,以弥补更年期失去的平衡。至少每个换季开始,进行一次乳清浴疗法(最好二个月进行一次),刺激皮肤的再生能力。必要时,可去美容院接受一系列的治疗,在那里可以尝试最先进的电子医疗技术,它能协助你的皮肤增加胶质和弹性。

当然,50岁以上的人,无论如何保养皮肤也不会变成年轻人的皮肤,但只要保养有术,延缓衰老是完全可能的。对于50岁以上的人来说,每个人都有使自己变得年轻的方式。

七、面部保养防衰老

一般地说来,看人的面部状态可以推断出他的年龄,但是有的人年龄虽然不大,但看上去却是老态龙钟,一副未老先衰的模样。究竟有哪些因素使人未老先衰呢?

面部是人体皮肤裸露最多的地方,因而承受阳光照射的机会也最多。当光线射入皮肤的表皮细胞时,这些光线同表皮细胞内的氧气起化学反应,产生不稳定的因子,损害细胞薄膜、脂肪、细胞活动所必需的蛋白质,面部皮肤细胞修复过程中所需的去氧核糖核酸、醋粟糖核酸也被破坏,这个过程叫光老化。因此常受日光照射的人,皮肤逐渐变黑、硬化、无弹性、粗糙,大面积地起皱纹,出现褐斑等,当然也就显老了。

有的人一夜的忧愁可使面目憔悴,显得十分苍老,主要是因为忧郁能使人体的内分泌紊乱,致使腺体分泌减少,末梢血管收缩,尤其是面部的皮脂分泌减少,皮肤便无弹性,无光泽。长时间的夜不成眠,还会使眼角血流不畅,眼窝发黑。也就是说,忧愁、沉郁使人的面孔苍老。

再就是营养不良也会使人老得快。面部皮肤上皮细胞新陈代谢很旺盛,一旦营养不良则上皮细胞会发生萎缩甚至死亡。当一个人长期营养不良,面部也就容易出现皱纹,加之面部的皮下脂肪较少,更显得皱纹增多、加深。在食物的营养构成中,尤其是维生素 A 的供给不足,更容易使上皮细胞角化,老得快。

八、营养与护发

头发与营养息息有关。营养不良时,头发就会枯焦发黄。这里向大家介绍怎样保护头发。

头发早白。又称"少白头",主要是毛囊内的毛母色素充盈了毛干妨碍细胞合成黑色颗粒所致。为使白发变黑,可常吃些铜、铁元素含量丰富的柿子、番茄、马铃薯、菠菜、荠菜和动物肝脏等以及豆类、葵花籽、黑芝麻、胡桃肉等食物。这些食物中含有丰富的冷酸,可加速黑色颗粒的合成,促使毛囊生长黑发。

头发变黄。是因为头发中的黑色素含量减少,嗜黑色素增强,以及摄取纯糖和脂肪过多,使血液酸性增高引起。应摄取些含碘、钙、蛋白质丰富的食物,所以多食鲜鱼、牛奶、豆类、紫菜等食物,含铁多的蔬菜,对酸性物质有抑制作用,有利于黄发变黑。

柿子

头发分叉。俗称"开花头发",医学上称为"毛发纵裂症"。这是头发中蛋氨酸及脱氨酸减少和丙氨酸上升引起的。患有此症的人可选食黑芝麻、鸡蛋、胡桃肉等食物。

头发干枯。有些人头发既毛躁又干枯,除了使用护发剂外,适量选食些瘦肉、禽蛋、海鲜、河虾及羊奶等食物,都能使头发逐渐滋润光亮,富有弹性。

脱发。青年脂溢性脱发患者,可常吃些马铃薯、蚕豆、橘子、鱼、蛋、香瓜子和芝麻等含维生素 B_6 和泛酸丰富的食物。

一般的脱发可选食花生、黄豆、玉米、海带、蛋类、奶粉和含有维生素 E 的芝麻、莴笋、卷心菜等食物。

九、常见美容功法

1. 道家驻颜润肤功。中国古代道家养生长寿功中有关于养颜术的记载。本文所介绍的这套道家驻颜美容之术，易学而有效。久练此功可使人皮肤柔润，富有光泽，并能去皱除斑。

第一节：全身放松，两脚并拢，手臂自然下垂，呼吸缓慢均匀，两眼平视前方，神态自然，心情舒畅。双手掌心向下，两臂徐徐升起，举至头顶后掌心向上，两手指尖相对。在两手上举的同时，展胸收腹，做深吸气。吸气时要自然、均匀、深长。吸气后两臂慢慢落下，回归原处。同时，将体内浊气缓缓呼出。反复做6次。

第二节：两手下落，置双膝内侧合掌。俯身屈膝下蹲，膝盖夹紧双掌，然后两脚跟开始一抬一落，同时双掌来回摩擦。连续做12次。

第三节：直立，两腿并拢，两手合掌抬起分别捂住两眼；稍停，再以掌根轻轻揉按双眼12次；然后手掌仍捂住眼睛，眼睛左右各旋转8次；再睁、闭8次。捂着，用两手食指、中指、无名指，按摩额部12次，方法是从双眉间的印堂穴向上按摩，再左右分开。

第四节：两脚分开，自然站立，两手掌心在胸前擦热，捂在面部两颊处，上下按摩18次。然后食指、拇指捏鼻10次，再点按鼻两侧迎香穴6次，共做三遍。接着，两手捂住嘴，拇指托住两腮，食指点按迎香穴。最后嘴大张吐舌16次，叩齿21次。

第五节：双手搓热，用两手指肚击打面部1~2分钟。然后两手搓热揉摩双耳16次。再用两手十指的指肚从额前发际向后梳21次，梳发时指肚稍用力揉搓头发。最后先用左手掌在颈后左右摩擦8次，再换右手摩擦8次。

以上功法每日练习不间断，不仅有美容效果，还有一定的医疗保健作用。

2.五分钟气功祛皱法。随着岁月的流逝，人们面部的皱纹逐年增加，难寻昨日美貌，令人深深遗憾。但是气功能唤醒体内潜在的"内循环"系统，可调整"卫气"的供需矛盾，刺激改善面部皱纹的穴道，促使面部皮质胶原恢复旺盛分泌状态，滋濡气血，减皱祛褶，恢复青春，功法如下：

①用温水洗面后，取立式，面部充分松弛，闭嘴充气，将两腮鼓起，鼻吸鼻呼，1分钟；②上体前屈，使面部与地面平行，待面部气血充盈发胀时，再缓缓恢复直立，1分钟；③取立式，舌头在口腔中旋转，同时两手对搓至手心发热，待口中津液增多，

吐少许于掌心,双手搓匀,轻揉皱纹处,此时嘴成"O"形,极轻地发出"噢—噢—噢"的声音,同时意想皱纹消失,神态安然,容光焕发。发音之遍数与自己年龄相同;④重复①的动作,然后复原。禁忌:高血压患者和俯身头晕眩者不宜练本功法。

十、科学的洗脸方法

洗脸是保持皮肤清洁,减少皱纹的最好方法。怎样才能掌握科学的洗脸方法呢?主要应注意以下几点:一是按一定的方向擦洗。洗脸时轻轻擦洗皮肤,可以促进血液循环,增强新陈代谢,还可以改善皮肤张力,并使之得到滋润。但搓擦时应注意,要自下而上搓洗,由中央向外部顺着肌肉生长的方向均匀用力。因为由于地心吸引力的作用,我们整个人体包括脸部的皮肤都在被日复一日地向下拽拉,天长日久,皮肤和肌肉便会逐渐松弛,甚至改变原来的脸型。所以洗脸时就应将皮肤向上推,决不能向下。二是洗脸用水要讲究。洗脸一般用温水,而且最好是软水,雨和冰雪化的水更为理想。如果手头只有硬水也不必发愁,将生水煮沸 1 小时后澄清或将半杯牛奶或一撮食盐溶于 1 升水中,都是将硬水软化的办法。用润肤液代替香皂也可以收到同样的效果。但用乳液净面时应注意动作一定要轻,用量要足。单一地用冷水或热的水都不好,因为冷水会使毛孔收缩,污垢不易洗净,还容易使皮肤干燥以致脱皮;热水可能引起血管过度扩张,使皮肤松弛、萎缩,还会洗掉油分,加速皮肤老化。但是若用冷热水交替洗脸,则对皮肤有益无害。三是根据皮肤的性质使用香皂。干燥性的皮肤应用温水,香皂以无色、香味淡雅、碱性小的为好;油质性的皮肤早晚洗脸都要用香皂或油性洗面奶,早晨可用冷水,晚上用热一点的水或冷热水交替洗脸。洗完脸后一定要擦干,否则面部的水分自行蒸发,致使皮肤发凉、血管收缩,造成皮肤干枯、脱皮,并出现裂口皱纹。

十一、美容十要

1. 每天睡足 8 小时。这样可减轻皱纹程度,消除黑眼圈。
2. 不要放弃早餐,多饮水。健康的人日饮 4~15 杯水,会使皮肤更具有弹性和光泽。

3. 不要喝烈性酒和抽烟,多吃水果。

4. 多运动。身体会因运动而变苗条。

5. 用凉水或温水洗脸。早晚洗脸后,都按摩面部一次。注意由下向上、由内向外。一两分钟即可。

6. 常洗头、护发,但不要烫发。头发一旦烫死,就枯黄而无光泽。

7. 多仰卧。仰卧能使面部肌肉、皮肤保持自然状态,有利于面部血液循环和营养吸收。

8. 每星期做一次面膜。

9. 乐观、开朗,即使有不顺心的事,也不要紧皱眉头。愁眉苦脸易衰老,日子长了皱纹深。

10. 文静与微笑使你更美丽。

十二、黑眼圈的预防

眼睛是人体精气汇集的地方。若出现黑眼圈,就会给人一种精气不旺的感觉,而且还会影响容貌。

按照中医的观点,黑眼圈是肾虚或大病初愈的人,由于体内营养消耗过多,使下眼皮皮下脂肪显著收缩、产生色素沉着而出现黑眼圈。除此之外,一些不健康的生活方式,如经常睡眠不足,吸烟喝酒过量等,也会出现黑眼圈。

补肾。肾阴不足者用六味地黄丸、杞菊地黄丸之类;肾阳不足者宜汤补,用桂附地黄丸之类,益火之源,以消阴翳。

补充维生素 A。芝麻、花生、黄豆、胡萝卜、鸡肝、猪肝等食物含大量的维生素 A,有助于消除黑眼圈。

生活规律化,少熬夜,保证充足睡眠,戒烟酒,多运动,有助于减轻黑眼圈程度。保持乐观心情,有人说:"乐观是最好的美容剂。"这是很有道理的。因为乐观情绪能保证血液循环正常,有助于营养肌肤;而心情抑郁会造成植物神经不稳定和血液循环紊乱,这些恰是美容的天敌。

按摩。按摩眼周穴,例如攒竹、睛明、回白等,可以起到舒通经络、宣通气血、调节眼肌的作用,并加强营养物质的吸收和排泄,消除肌肉组织的疲劳,促进黑眼圈消散。

搽营养霜。眼皮部位脂肪层薄弱带呈干燥状态,如运用营养霜或润滑膏涂抹及按摩周围肌肤,可滋润皮肤,消除皱纹。

十三、美容秘方精选

(一)令发易长方

光绪×年×月×日,令发易长方。

取向东面生长的枣根三尺,横放在甑上,蒸枣根,至枣根两头流出汁液时,收取汁液来涂在头发上,头发就容易生长。

取桑叶、麻叶各适量,煮水洗发七次,可使头发长数尺长。

(二)令发不落方

光绪×年十月十二日,皇上交付下来使头发不落的处方二分剂,榧子三个,核桃二个,侧柏叶一两,共同捣烂,泡在雪水里,用来梳在头发上。

(三)香发散

光绪三十一年七月初五日,老佛爷香发散。

头发上有油腻时,不要用水洗,将此药掺在头发上,用篦子一篦就干净了,长期使用,可使脱落了的头发再生,至老头发不白。

零陵草一两,摇辛夷五钱,摇玫瑰花五钱,檀香六钱,川锦纹四钱,甘草四钱,粉丹皮四钱,山柰三钱,公丁香三钱,绍辛三钱,苏合油三钱,白芷三两,共研为细末,用苏合油拌匀,晾干,再研成细面,用时混合均匀,往头发上篦去。

(四)生眉乌须

眉毛脱落了,可用七斤桑叶,每天煮水来洗,一月后眉毛就会长得和以前一样。胡须脱落了也可这样做。

胡须变白是肾水衰竭、任督脉的血液干涸的缘故。这两种原因中只要占了一种,都能使胡须变白。用地黄汤来治疗最妙,不过现在已没有人用。用桑椹半斤,取一碗汁,用一两骨碎为补,研为细末,浸在桑椹汁里,然后晒干,没有太阳时就用火焙干,再浸,直到桑椹汁被浸干为止。再用生赤何首乌、熟地焙干各二丽,青盐、当归各一两,没石子雌雄各四对,长的为雄,圆的为雌,都一起研为细末,每天擦牙四十九遍,擦左右各四十九遍,一月之间,胡须就转黑如漆。因为桑椹专能补阴使胡须变黑,而又加上熟地、首乌来相佐,难道还有不转黑的道理吗? 只是苦于不能引入胡须根部。现今妙在用骨碎补,没石子,直透入齿肉之内,既然透入齿肉,还有不能引至胡须根部的吗? 这是本方的奇与巧所在。倘若再加用补肾乌须方来打通任督脉,那么就

首乌

能使全身上卜的能量相互周流资助,而胡须有不能重新达到年轻时模样的吗?

这里还有一个处方,一起传授。桑椹要蒸熟晒干,如果不蒸这桑椹就最不易干,但不可用铁器来蒸,用饭锅蒸就没有妨害。生赤何首乌要切成片,用饭锅蒸熟晒干,蒸晒九次为妙。南烛叶也用饭锅蒸熟晒干,如果不蒸,让它自己干的就没有用。白术、熟地黄各一斤,麦冬半斤,花椒去壳皮四两,取净末二两,白果一两。这个处方没有刊发,就是"陈氏乌须丸",长期服用,可以益寿延年。在春天夏天时服地黄丸,秋天冬天时服这陈氏乌须丸一,那么就是掌握了延年益寿的方法,就没有白胡须了。没有桑椹时,可用桑叶代替,须用上一斤。虽然桑椹比桑叶好,但桑叶的功效也不比桑椹差多少。

还有使胡须变黑的两方和一丸。处方用熟地、山药各二斤,山茱萸、黑芝麻各半斤,白术、麦门冬、桑叶各一斤,巴戟、白果肉各四两,共同研为细末,做成蜜丸,每天早晚各服五钱。加入六片万年青更妙。另一方:熟地、生赤何首乌、山药、桑叶各一两,白果二钱,黑芝麻五钱,炒研碎,万年青半片,人参三钱,花椒一钱,用水煎熬时加一茶盅酒,再加五分桔梗,早晨服用头煎,傍晚服用二煎,夜里服用三煎,第四剂时就像漆一样黑了。以上两个方子同时使用,则胡须永不再白。如果是气血虚弱的人,就服用十剂,必有效果。还有一个乌须方最妙,用饭锅将干桑椹蒸熟,晒干,与生何首乌各一斤,做成丸,早晚吞服这二味,自然胡须变黑。因为这两味原本是使胡须变黑的神妙药物,如果能够天天服用,可以延年益寿,返老还童,岂止是胡须头发转黑而已! 或者加入少量白果更妙。不必加熟地,药过多了,其功效反而不

大好。用生何首乌的原因，是因其味涩，而不泄。连皮用，正是取其皮可以引入人的皮毛之故。每天服五钱，或一两，都可以。没有桑椹时，用二斤桑叶，一斤何首乌也可。极妙！

(五)乌须明目方

缪仲淳乌须明目丸：女贞子用酒拌炒，蒸九次晒九次，得净末一斤；甘菊花十二两，何首乌赤白各半，照前法蒸晒，得净末二斤；牛膝，用酒蒸一斤；桑叶一斤；生地，用酒洗净，二斤；枸杞一斤半；乳拌茯苓酥一斤；麦冬一斤半；槐角子十两；苍术，蜜拌、蒸、晒，十二两；人参一斤，人乳拌、烘干；山萸肉，酒蒸，十二两：取黑色的乌饭子的汁熬膏，每斤加炼蜜半斤，做成如梧桐子大的丸，每次服五钱，每天服三次，白开水送下。忌白菜菔、牛肉、牛乳、桃、李、蒜、雀、蛤。

(六)乌须方

缪仲淳定乌须方：何首乌不去皮，黑豆同牛膝如常法蒸制，最后用人乳拌晒三四十次，得赤白各二斤；女贞实酒拌；蒸九次晒九次，得二斤；旱莲草熬汁十二两；乌饭子，就是南烛子，熬汁十二两；苍术，用淘米水浸，蒸晒三次，除去皮，切成片，得十二两；真川椒红，除去白膜开口者，十二两；没石子十两，研为细末，以旱莲草汁、乌饭子汁同炼蜜为丸，如梧子大，每五钱，在空腹时饥饿时各服一丸，白开水送下。

(七)乌须核桃油

用核桃蒸熟，压取其油，和铅粉一钱，麝香五分，每天用这油来润泽胡须，能到老不白；若有已白的胡须就用镊子夹去它，用油纳在须孔，能使重新生出的胡须都变黑。

(八)乌头麝香油

香油二斤，柏油二两(另放)，没石子六个，川百药煎三两，五倍子半两，诃子皮一两半，酸榴皮半两，猪胆两个(另放)，真胆矾一钱，旱莲草半两。将以上药物捣成粗末，先将香油在锅内熬数沸，然后将药末下入油内同熬，稍微熬一段时间就将油舀出，盛入罐子内。微温时，加入柏油一两，搅拌；渐冷后，加入猪胆又搅；使其极冷后，再加入以下的药：零陵香、藿香叶、香白芷、甘松各三钱，麝香一钱，再搅匀，用厚纸封住罐口。每天早上、午时、傍晚太阳西下时各搅一次，搅后仍封好它。这样十天后，先在晚上洗净头发，第二天早上头发干后搽上麝香油。等不到好几天，其发就变得黑中含绀,光泽香滑,永不染尘垢,更不须再洗,用后自然知道。黄头发可变黑。旱莲草到处都有,科生,一二尺高,其小花如菊,折断有黑汁,名胡孙头。另一方去柏油,加王不留行半两,依法适用。

(九)金主绿云油

用蔓荆子、南没石子、诃子肉、踯躅花、白芷、沉香、附子、卷柏、覆盆子、生地黄、零陵香、芒硝、莲子草、丁皮、防风。以上药物各等分,洗净晾干,各锉细,炒成黑色,以宽纸袋盛入瓷罐内。每次用药三钱,用清香油半斤来浸药,用厚纸加封七日。每次遇上梳头时,先洗净手,蘸油抹顶心,使顶心发热,药力进入发窍。不出十天,秃顶的人会生出头发,红头发的会变黑。妇人用它,就不会秃顶,会发黑如漆;已经秃顶的,半月就会生出头发来。

(十)秘传乌发方

五倍子不论多少,捶碎,去灰,放入砂锅内炒,炒到烟尽为止,以青布打湿,扭干裹之,以脚踏成饼状,再做成末,每次用一钱半;乌黑霜:细白面四两炒黄,当归尾一两为末,白芨末一两,三味搅匀,每次用一分半;红铜末,不论多少,加入火内烧红,投入碗中,取出,再投,取水内自然之末,用水淘净,以醋煎数沸,至于为止,随炒成黑色,每次用一分半;明白矾末一分半;青盐一分二厘;没石子二厘半,诃子肉二厘半,二味俱用其细面,包入砂锅内,将桑炭同拌,炒至焦干。

以上药物研为末,以浓茶调匀,以酒盏盛贮,用铁勺注水,煮成如糊之状。先用皂角水洗净胡须头发,然后涂上药,再包裹一夜。第二天早上洗去,用胡桃油涂在胡须头发上来使之滋润。

外染乌云膏没石子二个,面炒黄色;铜末制二钱;白矾、白盐各一钱半;五倍子制五钱。

以上药物研为细末,用浓茶调和使之均匀,加重汤煮至见黑色为止。如上法使用,胡须头发立即变黑。

(十一)黑发乌须方

以黑豆五升,拣去扁的破的。用一个大砂锅,将乌骨老母鸡一只,煮汤二大碗。无灰老酒二大碗。何首乌四两,鲜的何首乌用竹刀削碎,陈的何首马用木棰打碎。陈米四两,旱莲草四两,桑椹三两,生地黄四两,归身四两,破故纸二两,全都捣碎,用来拌豆。以酒、汤为水,如果砂锅大,就作一料;如果砂锅小,就做二料。用文火煮豆,煮到水干为止。去掉药,留下豆,取出晾去热气,以瓷罐盛装。空腹时以淡盐水吞食一小合。因其曾用鸡汤煮过,早晚应当慎重地盖藏,以防蜈蚣,吃完再制,但从此永不可吃萝卜。服至半年,胡须头发从内黑出,眼睛明亮如少年时,极妙。

(十二)脂桃膏

此方取木火相生的医理而研制。

用补骨脂十两(拣净,以黄酒浸泡一晚上,蒸熟晒干,研为细末。又名破故纸。——译注)、胡桃肉二十两(以温水泡后去净皮,捣如泥。——译注)、蜂蜜一斤(白色的更好。——译注)。

先将蜂蜜放入锅内煎至一二滚,接着以前二味加入蜜内搅匀,收入瓷罐内。每当饭前空腹时,以酒调一盏服下。如不饮酒,用白开水也可。忌芸苔、油菜。

因为补骨脂属火,能坚固元阳,温暖丹田,其药力入命门可补相火。(肾虚则命门之火衰弱,不能熏蒸,导致脾胃虚寒。而难以消化食物,故饮食减少。所以补命门相火就是补脾胃。——译注)胡桃肉属木,能温肺化痰,补气养血,通命门,助肾火;与破故纸合用有木火相生之妙,能使精气内充。以前郑相国平生不服其他药物,只此一方长年服用,到老年后还容颜如少年,胡须头发自然转黑。

(十三)去雀斑

雀斑是因为肾水不能荣华于上,火滞结而为斑。应当用六味地黄丸来滋火化源,外用玉容丸早晚搽洗,渐渐地就能痊愈。

(十四)去雀斑粉刺方

白附子(去心),大贝母、防风、滑石、白芷、菊花叶各五两,大肥皂荚一百荚。以上六味药研成极细的末,又将肥皂蒸熟去净筋膜皮核,捣和在上六味药末里做成如弹大的丸,阴干。早晨晚上用它来搽面能消除粉刺、雀斑、皮肤皱黑,能消癥祛风,除去面部污垢使面容有光泽。

(十五)去粉刺妙方

粉刺这个小毛病是因肺热而又受到风吹,或因气血不和,就常会发生这个小毛病,虽然无关大的紧要,但是青年男女如果生了这个病,也有损韵致。我有一个药方,能为他们增添艳丽。药方是用轻粉、黄芩、白芷、白附子、防风各一钱,各自研成细末,和蜜调成丸,在每天洗脸时,多擦几遍,临睡时。又重新洗脸再擦药。等不到三天，瘢痕自然消失。

肺风、粉刺、酒渣鼻，这三病的根源相同，粉刺属肺，酒渣鼻属脾，总之都是血热郁滞不散所致，这就是所谓："内脏有病，就在体外表现出来。"适合用真君妙贴散加白附子来外敷，内服枇杷叶丸、黄芩清肺饮。

（十六）治面疮粉刺方

治面部生疮，或鼻部脸部赤风粉刺，用尽药不见效果的，只有这味药能治，其神妙无法用语言表达。每次用少许，临睡时洗净脸。像用面油一样来使用这个药，临近眼睛的地方不要涂抹，几天后面疮处自然就长平了，赤风也消失了，如是风刺、粉刺，一天晚上就见效。这个点方用生硫磺五分，香白芷五分，芜菁七个，去翅足，全蝎一个，洗炒，瓜蒌五分，腻粉五分，蝉蜕五个，洗去泥。以上药物研为细末，麻油黄腊适度，像合面油一样，在火上熬熔然后取下，加入诸药在内，每次用少许涂面上。

（十七）治女人面部黑斑

女人面部有黑斑的，是由于肾水亏虚不能制约心火，气血衰弱不能荣泽皮肉，以致心火炎燥结成黑斑，面色枯槁没有光泽。可在早晨服用肾气丸，以滋补肾水之源，早晚用玉容丸洗面部黑斑，长期用后黑斑就渐渐消退。同时须戒忧虑、思念、发怒、劳累、损伤等。

美容十九妙方　硫磺膏　治面上生疮，或鼻脸赤紫，以及风刺、粉刺，用过其他药物都无效者。

生硫磺、白芷、瓜蒌根、腻粉各五钱；全蝎三个；蝉壳五枚；芜菁七枚去翅足。

以上药物研为细末，另以香油黄蜡相和，像和面油法一样，在火上熔熬然后取下，于是加入药末，和匀。每次用少许，临睡洗脸后，涂在脸上，不要接近眼睛。几天内紫赤自然消失，风刺、粉刺一天晚上就见效。

白附子散　治面上热疮或斑点。

白附子、蜜陀僧、白茯苓、白芷、官粉各等分。

以上药物研为细末，用萝卜煎汤洗脸后，在药末内加羊乳调成膏，敷放在患处，第二天早上洗去。如果没有羊乳，可用人乳代替。

玉容散　治面部黑气，或生燥疮，或生痤痱刺之类，并治皮肤瘙痒，还能消除面部垢腻。

皂角一斤，升麻二两六钱五分，白芷、白芨、天花粉、绿豆粉各三钱三分半，甘松、缩砂、白丁香各一钱六分半,楮实子一两六钱五分,糯米三合半。

以上药物研为细末,和匀,常用来洗脸。另一方,加樟脑二钱。

连翘散　治面部生谷嘴疮,俗名粉刺。

连翘、川芎、白芷、片黄芩、川黄连、沙参、荆芥、桑白皮、栀子、贝母、甘草各七分。

以上药物锉细作一帖,加水煎食后能回春。又名清肺散。

红玉散治脸上一切酒刺、风刺、黑斑子。

白芨三分,白芷、藿香、牙皂各二钱,甘松、木贼、细辛、三奈子、白丁香、杏仁、蜜陀僧各一钱,花粉、白茯苓各一钱半,樟脑五分。

以上药物研为细末,临睡时用津唾调或用乳汁调,敷在面上,第二天早晨用温水洗去,其面如玉。

玉容西施散　治方同上。

绿豆粉二两,白附子、白芨、白蔹、白僵蚕、白芷、天花粉各一两,甘松、三奈子、茅香各五钱,零陵香、防风、藁本各二钱,皂角一挺去皮弦。

以上药物研为细末,每次洗脸时用,能使面色如玉。

涂容金面方　朱砂、干胭脂各一钱,官粉三钱,小脑五钱;乌梅肉五个加川芎少许。

以上药物研为细末,临睡时用津唾调来搽在面上,天明用温水洗去,面美如童颜,乃神仙妙用之法。

白矾散　治粉刺。

枯白矾一两、生硫磺、白附子各二钱。

以上药物研为细末,加津唾调搽。临睡时上药,第二天早上洗去。

又方治粉刺及鼻查皮。

雄黄、铅粉各一钱,硫磺五分。

以上药物研为细末,临睡时用乳汁调涂在面上,第二天早上用温水洗去。

洗面药方治脸上有黑气,或生疮及粉刺之类,并能消除皮肤瘙痒,润泽肌肤。

皂角三斤,去皮絃子另捣;绿豆八合,拣净另捣;糯米一升二合;甘松七

雄黄

钱;白芨二两(大的锉细);楮实五两;三奈子、缩砂(连皮)、升麻、白丁香(腊月收,拣净),各五钱。

以上七味一起研为细末,和绿豆、糯米粉及皂角末,一起搅匀后用,灵验。

面油摩风膏治症同上。

麻黄二分,升麻根二钱去皮,羌活去皮一两,防风二钱,当归身、白芨各一钱,白檀五分。

以上药物用绵裹定,放入银器中用五两油同熬,将所得澄清,去渣,加入黄蜡一两再煎,熬干为止。

莹肌如玉散香白芷七钱,麻黄去节二钱,白蒺藜、白芨、白丁香、白牵牛、小椒、白蔹各一两,升麻、当归梢各五钱,白附二钱五分,楮实子四钱,白茯苓三钱,连翘一钱五分。

以上药物研为细末每次用五分左右,用来洗面。

玉容丸甘松、山奈、细辛、白芷、白蔹、白僵蚕、白芨、防风、荆芥、山栀仁、藁本、天麻、羌活、独活、陀僧、枯矾、檀香、川椒、菊花各一钱,红枣肉七枚。

以上药物研为细末,用去净弦膜的皂角一斤,一起捶成丸。如在秋冬,加生蜜五钱。如果皮肤粗槁,加牛骨髓三钱。早晨晚上用它来洗面,肌肤自然莹洁如玉,温润细腻。

玉肌散 绿豆半斤,滑石、白芷、白附子各二钱。

以上药物共研为细末,每次用三匙,早晚洗脸时,用白开水调来洗患处。灰米膏治脸上及全身黑痣、黑靥及粉刺。

石灰一块,将石灰用碱水调稠,将白糯米插入石灰浆内,留半米在外,经过一晚上,等米色变得如水晶。痣上用针微微拨破,置少许如水晶的糯米在上面。半日靥痣之汗自出,就除去药物,则靥痣自然脱落。两三天内不要沾水。

白附丹皱 治男人、女人脸上黑斑点。

白附子一两,白芨、白蔹、白茯苓、蜜陀僧、白石脂、淀粉(研细)各等分。

以上药物研为细末,先用洗面药洗净脸,临睡时用人乳汁(如果没有人乳汁,就用牛乳或鸡蛋清)调和,做成如龙眼大的丸,于是用温浆水磨开,用来敷面。

另一方,治酒渣鼻、雀斑等症,也可用来点痣,最妙。

黄丹五文,硇砂三十文(研成极细的末);巴豆十粒(去壳、心、膜,纸槌去油),酒药饼五十文(罐子盛)。

以上药物一起加入药罐子中,以慢火煎两三沸后取下,续入研细的生矿灰三钱,用鸡蛋清调匀。治雀斑,用小竹棒挑药来点患处,刚刚才觉得有点肿就洗去,不洗恐药力太猛。

蓖麻子膏治酒糟鼻及肺风、面赤、生疮。

麻麇子、轻粉、沥青、硫磺都研细,黄蜡各二钱。

以上药物用麻油一两熬成膏,用瓷器来盛装,每次用少许涂在患处,最妙。

硫磺散治面部生粉痣。

硫磺、轻粉各一钱,杏仁五分。

以上药物研为细末,用蜜酒调,在睡觉时涂上,第二天早上洗去,灵验。或者用津唾来调搽,更妙。

莲子胡奇方治雀斑。

白芷、甘菊花(支梗)各三钱,白果二十个,红枣十五个,珠儿粉五钱,猪胰一个。

以上药物中将珠粉研细,其余的都捣烂拌匀,另外加蜜调拌,如果加酒乃会顿时融化,再加入珠粉细末蒸过,每天晚上用来搽面,早上洗去。

(十八) 桃花白雪洗面

虞世南《史略》称:北齐卢士深的妻子,是崔林义的女儿,有才学。在春天用桃花和雪给小儿洗脸,同时口中念道:

"取红花,取白雪,与儿洗面作光悦;

取白雪,取红花,与儿洗面作妍华;

取花红,取雪白,与儿洗面作光泽;

取雪白,取花红,与儿洗面作华容。"

(十九) 根除狐臭

人的腋气,俗名叫狐臭。唐崔令钦《教坊记》管它叫"愠羝"。治疗的方法很多,有的灵验有的不灵验。我有一个处方既简便,又极灵验。取桂圆六枚,胡椒二十七粒,共研为细末,每当觉得有汗时,就用棉蘸药扑在腋处,症状轻的用一料药就断根。

五更时取精猪肉二大片,以甘遂末一两拌之,挟在腋下。到天亮时,用一两甘草熬汤来喝下。过了很久就泻出秽物,须在荒野之外去泻,恐秽气传人之故。照这个方法做三五次就能治愈。其他密陀僧、胡粉之类,都只不过是塞窍以治其末罢了。

《奇效良方》："治狐臭用蒸饼一枚。劈作两片,糁蜜陀僧细末一钱左右,急挟三腋下,略睡一些时候,等蒸饼冷了就弃掉它,如果只有一边腋窝有狐臭,就只用一半。"《真珠船》说:"叶元方,平生被此疾所苦,偶得此方,只用了一次,狐臭就绝根了。"现在我抄录这个药方传之于世,愿天下人绝此病根。

第六章　房事养生

一、古人谈房事

房事一词,是我国古代对性生活的称呼。性生活是人类生活的重要内容之一,故亦有人将其和物质生活、精神生活一起列为人类的三大生活。夫妻的性生活,从微观来看,关系到家庭的和睦、夫妻双方的健康、孩子的优生优育;从宏观来看,关系到社会的安定、民族的兴衰、人类的发展。所以,它绝不是一件可以置之不理、避而不谈、弃而不顾的问题。如何正确认识性生活,怎样过性生活才有益于身心健康,这些问题越来越引起人们的兴趣与关注。我国古代对房事问题十分重视,几千年前人们就开始了对它的研究。马王堆出土竹简医节,共14种,其中如《养生方》《合阴阳方》等都记载了房事问题,这表明早在先秦时期,人们就对性生活进行了研究和探讨。现介绍一些这方面知识如下,房事不慎的危害有二:一是导致病变,二是折寿早衰。对中青年人来说,房事不慎,最易导致遗精、滑精。

如何正确行房事?唐代著名医学家孙思邈说:"男不可无女,女不可无男,无女则意动,意动则神劳,神劳则损寿。"近代医家则认为"人不可阴阳不交,苦孤阳绝阴,独阴无阳,久则成痨",认为独身或禁欲同样不利于长寿。如何正确行房事,才能有益身心健康与延年益寿呢?根据历代医家论述,可以概括为:行房有度、合房有术,入房有禁三个主要方面。

夫妻亲昵

国学经典文库

中国民俗文化精粹

·养生秘笈·

图文珍藏版

老年夫妇的房事:按我国习惯,男子过 55 岁,女子过 50 岁,就进入老年期。如果照平均寿命 70 岁计算,男女都有 20 年左右的晚年生活。老年夫妇怎样对待房事才能延年益寿呢?

祖国医家认为:第一,要多加节制,行房度数应视体质强弱加以调节;第二,有性要求,不必因有顾虑而强忍;第三,体弱者及心脏病、糖尿病、肝炎等严重患者要避忌房事。

古人养精之法:清代著名妇科医家沈金鳌曰:养精之法有五:一须寡欲,二须节劳,三须息怒,四须戒酒,五须慎味。

二、性与长寿

性与长寿关系历来受到关注。但由于各种原因能详细提供性生活资料者,寥寥无几。我们从 10 余位百岁老人及 260 位长寿夫妇中随机抽查了两对百岁夫妇,两位百岁老人和两对长寿夫妇,分发统一调查表格,填写后进行分析和研究。

一对百岁夫妇,年龄同届 100 岁以上,婚龄 80 余年。他们表格上填写的是性生活终止在 84 岁,并写明(情至上,性偶尔为之)。另一对百岁夫妇,男性 103 岁、女性 102 岁,性生活终止于 80 岁的。一对男性 93 岁、女性 92 岁的长寿夫妇,对性生活一栏填写的是(性是食、不是餐),意指性生活是日常内容之一,但不是每日必需的三餐。一对 90 岁长寿夫妇,老先生健康情况较好,在 89 岁时尚能单独到美国旅游 3 至 4 个月,90 岁高龄能与其老伴每周进行性生活。另两位百岁老人,一位男性 108 岁,其配偶故世 20 余年,自诉 50 岁时开始节制性欲。另一位女性百岁老人从未结婚,甚至害怕男医师为其进行体检。两位百岁老人,一位是长期过节欲而后过鳏夫生活,一位是清静寡欲度过一生。

上述情况说明长寿者对性观念、性兴趣和性功能方面,存在着明显个体差异。目前国外一些研究表明心身健康老人的性欲可以随其终生。性生活可以调节老年夫妇情感,活跃身心健康,使晚年生活更为充实。当然,节欲或寡欲者,如能保护良好心境,也是长寿之道。性和长寿应随个体生理条件和生活情境而定。

三、性功能补养

什么叫性功能补养？它有什么价值？性功能补养是指应用天然补品(包括补益中药和补益食物)来增强人体的性功能,延长性的年龄,提高性生活质量。它具有两方面的价值:一是养生保健,能够在延缓整体衰老的基础上,延缓性器官的衰老,从而既能增强体质,又能获得满意的性生活;二是治疗作用,对于阳痿、早泄、性欲低下、不射精、遗精、房劳综合征等性功能障碍均有治疗作用。哪些中药能够增强中老年人的性功能？性功能补养必须根据体质类型和症候表现予以辩证施补,才能取得满意的补养效果。气虚者可选用人参、山药等;精虚者可用紫河车、何首乌、当归等;阴虚者可选用地黄、花粉、蜂乳等;阳虚者可选用鹿茸等。哪些食物有利于延缓性器官的衰老？气虚者可选用泥鳅、鸡肉、羊肾、荔枝等;精血虚者可选用鹿肉、雀卵、鸡肝、龙眼肉等,阴虚者可选用海参、淡菜、龟肉、鳖肉等;阳虚者可选用狗肉、羊肉、麻雀肉、虾等。

为什么传统说法认为冬天是进补的季节？准确地讲,一年四季都可以进补,只是不同的季节选用的补品有些不同。例如,夏天天气炎热,不宜服食大热之品;冬天天气寒冷,不宜服食大寒之品。但由于人在冬季消化系统功能健旺,有利于补品的消化和吸收,而且冬天气温较低有利于补品的保存,所以冬季便是进补的最佳季节。

四、性爱的"快乐原则"

夫妻性爱也有原则吗？有的,这个原则就是快乐,也就是说,夫妻之间的示爱、求爱、爱抚乃至性生活,其最终的目的就是获得快乐、享受快乐,通过达到快乐的境界,而实现感情的交融与升华。

为什么这么说呢？因为每对夫妻一生中为了生育目的而进行的性生活所占的比重是微乎其微的,出于生理感情的需要而进行的性生活占有绝对的地位。而且,生理需要和感情需要在性生活中几乎是无法区分的,谁能说性生活在带来了生理满足的同时而没有增加感情的快慰和享受呢？

为什么要对夫妻性爱是为了快乐加以强调呢？因为直到今天，虽然性知识已经在很大程度上得到普及，人们越来越多地不再因为谈性而面红耳赤了。但是，把性生活说成是为了快乐、为了享受，许多人还不愿意自觉地承认和接受。其中一个重要的原因，就是以往把讲究性快乐视

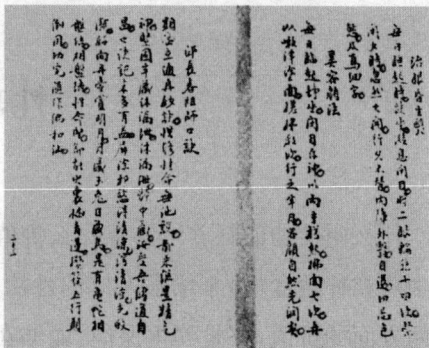

道教的"性口诀"

为不正派。性享乐从来都是与淫乐、与寻欢作乐有所牵连的，于是很容易使人由此而想到放荡、下流之类。所以，尽管感受是快乐的，但人们却不愿意承认它，以表明自己的正派、纯洁。

承认夫妻性爱的"快乐原则"，只不过是承认了一种以往被人为地掩盖着、人为误解了的事实，并不是什么了不起的新发现。如果人们能够普遍认识这个"快乐原则"，将有极大的意义。它可以使夫妻摆脱其他各种杂念的影响，排除羞耻感的束缚，带来性生活内容的丰富和改观，促进性生活的和谐，获得生理上的快感，增加两性生活的乐趣，实现相互的取悦，进而改善和提高夫妻感情生活的质量。应该说，这是一件大好事。

承认夫妻性爱的"快乐原则"，还可以促进夫妻性角色的更新与转换，为更多地进入快乐情境创造条件。夫妻双方应一起营造欢乐气氛，做到双方付出，双方给予，共同享受，增进和谐与美妙，使性爱进入愉情愉悦的理想状态。

承认夫妻性爱的"快乐原则"，更能够丰富夫妻之间的生活内容，增加感情交融的天地。这对强化夫妻生活的幸福感，大有好处。

不是还有许多人存在这样或那样的性烦恼、性困惑吗？那么，就请接受夫妻性爱的"快乐原则"，并主动将其引入自己的性爱活动之中。很可能，你就会随着一种全新感受的注入而洞开一个全新的生活天地。

五、性生活的好处

性爱可帮助延寿。据国外专家研究发现，性爱可以舒缓不少生活上的压力，并

且使你看来更健康。以下是专家所提出的有关性爱的十项好处。

1. 性爱可摧毁压力,舒缓紧张。国外一叫屈臣的专家指出:在进行性爱的过程之中,人体荷尔蒙的释放使人们无法感受到压力。这个反应甚至可以维持数小时之久。专家认为,这些荷尔蒙的好处不像其他药物,它既安全又可由体内再产生。

2. 性爱可以帮助你入睡。性爱时身体上的努力和情绪上的高涨会是完美的引擎,使你驶进梦乡。在做爱和高潮上场的时候,血液流入肌肉的流量过多,在"激烈的兴奋"后,血流量恢复正常。因此肌肉在兴奋时紧张,并在事后恢复松弛,而这个过程明显地有助于休息和睡眠。

3. 性爱可以保持青春。英国药物研究中心医生兼辅导专家约翰说:假如你不使用你的性器官,那么它会倾向于退化。对于更年期女性放弃定期的性生活,这个理论更为明显。性生活可提高阴道的润滑程度,有助滋润阴部。

4. 性爱可以提高自信心。屈臣专家指出,假如你拥有定期的性生活,表现出你和你的伴侣已深爱着对方。性爱时易于达到高潮,你会觉得自己更加有吸引力,提高你的自信心。

5. 性爱能够改善你的外观。史密夫博士指出,性爱时的刺激和运动会引致肾上腺等激素的产生。这些荷尔蒙能够提高皮肤的透明度,使它看起来明亮透彻一些,人亦漂亮一点。

6. 性爱使你和你的伴侣更亲密,包括情绪上和肉体上。屈臣博士说,当你和伴侣的关系倾向好的发展时,你俩的性生活也会倾向较好。你们可通过性来向对方作更好的沟通,从而更显恩爱。

7. 性爱燃烧卡路里,有助保持苗条。据调查显示,一个热烈的接吻燃烧12卡路里,而10分钟的抚爱亦可燃烧50卡路里。即使最迟缓的做爱,亦可燃烧20卡路里每小时,相对,假如在过程中你非常之热烈和兴奋的话,燃烧五六百卡路里是可想而知的。

8. 性爱可舒缓痛经。做爱时所释放的荷尔蒙能松弛引起经痛的拉力。史密夫博士解释,虽然痛经的原因很复杂,亦不全是生理上的,但假如女性享受性爱的话,在上场和高潮之间的身体变化,可以舒缓痛经。

9. 性爱可以帮助延寿。史密夫博士指出,有证据显示婚姻美满的夫妇较单身、离婚和婚姻不快的更长寿,这与美满的婚姻和性生活有莫大的关系。不论生理上和心理上性爱都有益健康。

10. 性爱对心脏和血液循环系统的裨益。性爱可提高你的心跳率和血压。假如你有激烈的兴奋，可对心血管系统达到良好的运动量。史密夫博士表示，偶然加速你的心率不会有任何害处，这是舒展你心血管系统的另一种方法。

六、老人的性生活

性生活是家庭生活的一部分，中青年夫妻需要它，老年夫妻也离不了。从前，谁言此，会有"老不正经"之嫌。事实上，许多老年夫妻的不和，甚至离异，有不少是由于性生活的不和谐引发的。

近年来，专家们研究认为，正常的性生活对老年人并不可怕，而且有益处，它可以使整个身体的肌肉和关节保持良好状态，增加全身血液循环，助长深呼吸，增加心脏的储备力。日本熊本县对当地7200 名 88 岁以上性生活和谐的老人进行了调查，得出结论："性爱、兴趣、活动是长寿的主要条件。"俄罗斯学者尤里·留里科夫认为，文明的性生活"有利健康、延迟衰老"。

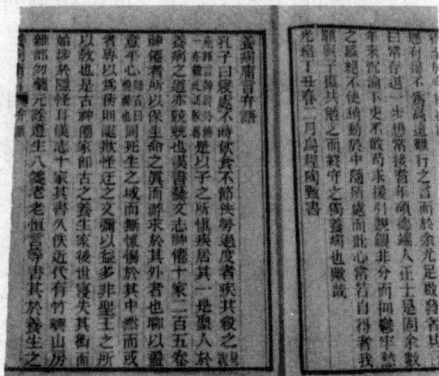
《养病庸言》书影

有了正确理解，才能促进老年夫妻间性生活的和谐，可以促使家庭的温馨、和睦、白头偕老。但是，什么事物都有个度，超度就会适得其反，老年夫妻的性生活也不例外。老年夫妻中，妻子的性欲衰退较早，甚至对此反感。这时，丈夫应该极力克制自己，采取办法，分散自己的精力，老妻也不必恼羞成怒，而是以温情、体贴的方式，求得老夫的谅解。老年夫妻性生活上的双方克制、理解和协调，是求得性和谐的有效办法，才不致发生白头不偕老，或另求新欢的可悲家庭分裂。

法国医学家托德曼最近写了《一生中的性生活》一书，其中大部分内容是关于老年人性生活的问题解答。全书采用问答方式，使某些问题更具明确性和针对性。

结婚者与独身者相比，谁更长寿？

统计资料表明，结婚者更长寿。一般说来，独身的男性比结婚的男性平均死亡率高出 1 倍；独身的女性比结婚的女性高 1.5 倍；在二三十岁年龄段，失去配偶者

国学经典文库

中国民俗文化精粹

·养生秘笈·

图文珍藏版

的死亡率比有配偶者要高出 10 倍。

为什么会有如此差别？

原因是多方面的。这里只谈两点：①独身者相比之下常缺乏社会责任心和家庭义务感，故勇于冒险，造成死亡率高；②正常的性生活可以愉悦身心，有益于健康长寿。

老年人过和谐的性生活对健康有何益处？

对老年男性来说，有助于保持心理平衡，因为到了这般年纪，职业威信降低，外貌日益老化，但"我"还是一个男子汉；女子绝经后急剧衰老，此时过性生活可使她避免因失去魅力和女性美而产生的恐惧感。从生理角度看，性爱可以促进血液循环，使肌肉和关节富有弹性，扩张动脉。美国科学家的研究还证明，性交可以预防老年性高血压。性兴奋是治疗抑郁症的良药。

人的性欲望可以保持终身的根据是什么？

美国社会学家韦勒发现，性生活和谐的夫妇，直到临终前都保持着良好的性欲望。

请谈谈您的忠告。

永远不会停止性生活，否则会使某些器官的生理机能恶化。性关系不只限于性交。老年夫妇之间的爱抚、厮摩、拥抱等亲昵动作都是性爱的方式和内容。

有哪些错误的认识应当克服？

切除前列腺不会影响性生活；有心脏病的人也可以过性生活；子宫切除后也不影响性生活；60 岁以上的女性仍有性高潮。总之，老年人也需要正常的性生活。

七、更年期性欲亢进

更年期出现性欲亢进，常常使人困扰。其实，分析一下性欲亢进的原因，仍以生理与心理方面的因素引起的为多见。当然，若是病理因素引起，就应早发现，早就医，以免延误。

更年期男女出现性欲亢进，首先应该注意是否患有下列疾病：①糖尿病、甲状腺机能亢进症、肾上腺皮质功能亢进症，据统计，此类患者均可能在其疾病早期出现性欲亢进现象；②女性患有垂体腺瘤时，除了出现非哺乳期乳汁分泌的不正常现象外，还会出现性欲亢进；③有些大脑颞叶病变的患者可出现性欲亢进、阴茎持续异常勃起等现象,更年期精神障碍性精神病也有性欲亢进现象。

其次是生理与心理方面的原因引起的更年期性欲亢进。步入更年期后,由于内分泌激素代谢紊乱,引起神经系统调节反应失调,会出现一时性的性功能亢进现象。这种性功能亢进可持续多年,也可仅持续几个月,以后逐渐恢复正常。至于心理方面的原因,比较多见的是因为女方绝经后,不再有怀孕与避孕后顾之忧与麻烦,夫妇可以放心地过性生活。有的在进入更年期后产生一种只有自己的爱人才是自己生活中唯一的知己和依靠的意识,因此使自己的爱人舒服满足,也就成了自己最大幸福等等。这些生理与心理的因素,均可促使夫妻双方感情更加和谐、更默契,从而获得比以前更完满协调的性生活。

八、哪些药物有损性欲

美国圣迭戈性药专家爱特雷萨·克林肖说:"很多常用药物会导致性功能减退,我管它们叫作'性干扰药物'。"克林肖与他人合著了一本《性药物学》。

镇静剂等药物能起到抑制中枢神经系统的作用,但也会导致性欲减退和性驱动迟缓,其中包括女性阴道润滑程度差、难以达到性高潮,男性不易勃起和射精困难等。对大多数女性来说:"性干扰药物"的副作用不仅表现在上述方面,更主要的表现在性欲丧失方面。

您的药柜里有潜在的性干扰药物吗?以下药物值得注意。但是切记:勿不征求医生意见擅自停服或改用其他药物。

1. 镇静止痛药。三唑安定、安定、利眠宁、三唑苯二氮䓬及另外几十种安眠药和止痛药都会抑制性欲。严重的会使女子性欲丧失,并不易分泌阴道润滑粘液及不易达到高潮;男子则勃起困难或不射精。

2. 降压药。医生常给年过40的男性高血压患者开心得安、甲基多巴、可乐宁等药,研究表明这类药物可能会导致男子阴茎难以勃起。对于女性,医生常在她们停经后开降压药。有些专家认为,此类降压药会导致性欲减退和难以达到性高潮。有时改换另外不同的降压药可能会使病症缓和些。通过减肥和锻炼来控制血压也会大有帮助。

3. 抗溃疡药。过去该病多发生于男性,但自20世纪50年代以来,女性患者越来越多,尤其是吸烟女性更易得溃疡,今天溃疡患者男女各半。从20世纪70年代后期以来,甲氰咪胍一直被广泛使用,但是却很少有患者知道这种药会带来性副作用。甲氰咪胍会压抑男子性欲并可能会导致阳痿,可想而知,它也会影响女子性欲。另一种疗效类似的抗溃疡药盐酸呋硝对性欲的作用要小些,至少对男子性欲来说是这样的。最新研究证实,多数溃疡是由于细菌感染所致,对此可用抗生素治疗而不会出现有损性欲的问题。但长期服用抗生素可能有会导致女性体内酵母菌感染。

4. 食欲抑制药(减肥药)。很多美国人为了苗条,就借助药物来减肥。盐酸氟苯丙胺之类的减肥药在抑制食欲的同时也会抑制(有时则会增强)性欲。医学专家告诫那些并不肥胖的人切勿使用食欲抑制剂,而应在医生的指导下拟定一个以低脂饮食、体育锻炼及亲人朋友支持为基础的减肥计划。

5. 周期性偏头痛药。周期性偏头痛患者需要长期服药。最常见的是心得安,也是一种降压药。患者服此药可能还不知道它会抑制性欲。克林肖回忆说:"有位结婚五年后离婚的男性谈到他和妻子离婚的部分原因是她婚后不久就失去了性欲。"原来她婚后一直因头痛而服用心得安。周期性偏头痛患者可写日记以了解发病前兆,并通过调整生活节奏以减轻病痛。麦角胺药和最新研制的氧化丙咪嗪也可用于该病的治疗。

九、性生活与健康

随着科学的发展,人类寿命的延长,老年人的性问题已越来越被人们关注。

国内外调查资料表明:一些恩爱的老年夫妻,性生活仍能保持到70-80岁,而性激素的旺盛,是延缓衰老的物质基础。合乎伦理道德的夫妻生活,是不应有障碍和压抑的。

1. 适度性生活对健康有益。日本朝辰正德医学博士认为:专管分泌性激素的丘脑下部和脑垂体,受性活动刺激,使激素分泌良好,有保持血液循环和代谢作用。还明确指出,适当的性生活,有助于防止脑老化。

现代医学对性活动做了科学的评价,认为有节制、有规律的性生活有益于健康。许多疾病的发生,特别是心身疾病,与性压抑有很大关系,正常性需求的满足可降低癌症的发生。性交可使 β-内啡肽分泌增加,神经免疫功能增强,自然杀伤细胞和巨噬细胞活动增加。健康长寿的人大多保持有良好的性功能。

正常的性生活,对男女双方是有益的。老年妇女过性生活会导致妇科疾病是不正确的。男性的精液中有一种重要抗菌蛋白质——精液细胞浆素可与青霉素相媲美,能消灭葡萄球菌、链球菌等致病菌,有人称精子为"杀菌能手"。老年妇女因雌激素水平下降,易诱发各科妇科病,适当的、合理的性生活,使丈夫的精液能规律地滋润阴道,发挥消毒杀菌作用,可防止和减少许多妇科疾病的发生。

2. 禁欲有害健康。国内外医学专家研究结论:仍有性活动能力的人,长期不过性生活,会使机体内吞食病菌和异物、并具有防御机能的白细胞明显减少,人体免疫系统的免疫功能降低,大大增加患病率。长期的性压抑,会导致多种心身疾病的发生。忍精不泄,可引起慢性前列腺炎、精囊炎。根据自然界"废退用进"的规律,还会加速生殖器官功能过早衰退,性激素水平下降,对健康长寿造成威胁。国内外有关研究表明:禁欲的人,他们的衰老与死亡率比正常婚姻的人高 30% 以上。鳏夫寡妇的衰老、死亡还要高些。

3. 纵欲有害健康。性生活过度对健康长寿是有害的,人到老年,身体内部器官开始衰老、退化,随着年龄的增大,性生活频率也必须逐渐降低,性生活过度,过频的排精。精气耗虚,势必影响健康长寿。明代名医张景岳说:"欲不可纵,纵则精竭;精不可竭,竭则真散。盖精能生气,气能生神。营卫一身,莫不于此。"因此老年性生活必须掌握以适度为宜。

4. 适度性生活的标准。如何掌握性生活的适度呢? 有关性学家经过调查研究认为:60-70 岁老人每月 2-3 次性生活,70-80 岁老人每月 1-2 次即可。但是性生活个体差异很大,可受年龄、体质、心理状态的影响。因此,有人提出性生活后,心情愉快,没有不舒适感,状态仍不受影响为宜。此外,老年性生活不限于性交的方式,拥抱、接吻、观看对方容姿、倾吐心声等都可以不同程度地使性欲得到满足。

总之,适度性生活有益于健康,即不禁欲,也不纵欲,这才符合长寿之道。

十、性机能减退食疗方

人到老年,性机能有明显减退。但是,如果加强营养,增强体质,多吃一些能增强性能的食物,也会收到很好的效果。

1. 补肾壮阳益精的食物。动物类有:泥鳅、虾仁、麻雀、狗肉、驴肉、鹿肉、羊肉、蚕蛾、蚕蛹、乌骨鸡等;果品类有:莲子、龙眼、大枣、核桃仁、栗子、松子、蜂蜜等;

蔬菜有:韭菜、胡萝卜、山药等;粮食类有:黑豆、黑糯米、芝麻等。

2. 食疗方。①泥鳅250克,用油煎黄,加水煮浓汤,放盐调味,食肉饮汤。宜常食。②泥鳅150克,用油煎黄,再入黄芪、党参各15克、红枣10枚,共炖,食肉、枣、饮汤。常食。③每日睡前服"人参蜂王浆"10毫升,连续服用。④芝麻1000克,早粳米1000克,胎盘1具(焙干)。共研末,炼蜜为丸,每日早晚各服1丸,温开水送服。⑤鲜虾120克,韭菜200克,加油同炒,早晚分食。宜常食。⑥驴鞭1具、党参15克、当归15克。驴鞭切成段,下热油锅和葱、蒜、姜、料酒、盐一起煸炒,加适量水,入党参、当归、共炖熟,吃驴鞭,饮汤,早晚分服。每周服1剂。

十一、性生活的标准

60岁以上老年人的性功能有了明显的退化,但他们的性欲下降速度则很慢。而且相当多的人性心理欲望和兴趣仍然很强,这就产生了身与心的矛盾。要想解决好这个问题,老年夫妻必须做出一些心理和行为的调整。

首先,要学会从中年到老年的性心理过渡。老年夫妻必须学习一些性知识,对自己的性生理变化处之泰然。面对现实量力而行,不要逞强好胜不服老。那些试图通过频繁性交活动来证实自己仍有"本事"的做法,必将给自己的身心带来极大的损害。

"老年人规律性地过性生活有益于身心健康"的理论,越来越为人们所接受。

还有一种过分夸大老年性生活作用的错误理论开始出现,这就产生了误解,加重了一些人的心理负担,觉得好像不过或少过性生活就不正常。对此,性学家凯查杜里安强调指出:"强迫他们去从事性活动同样是没有意义的。性生活有益健康毕竟不意味着一个人必须有足够的性生活。"因此,老年夫妻过性生活一定要适度和因人而异,一切以"自我感觉良好"为标准。

其次,人类获取性快乐的途径多种多样,而且老年人的性欲望主要表现为一种接触欲。所以,只想通过性交来获取性快乐,难免要使双方力不从心。

因此,老年夫妻的性生活应以性爱抚和性游戏为主。只要把性生活建立在夫妻相亲相爱的基础上,它才有可能以各种形式保持下去。

十二、性生活与脑中风

"马上风"是民间的说法,指的是那些高血压病人过性生活时出现脑血管破裂的现象。这种病发病急骤,预后不良,严重者可导致死亡。

根据性生理,性生活在达到高潮时血压会增高,对性生活病人确实不利,所以患有高血压的病人应注意性生活频度,因为性生活对神经系统和心肺都是一个很大的负担。它可使血压升高,以致脑血管破裂,发生中风;另外还可使心跳加快,心肌缺血,甚至有产生心肌梗塞的危险。因此在过性生活时,若发生头痛、头昏、眼花等不适,应停止性交,如感到病症严重,还要请医生急诊处理。

据调查,人体血压24小时内有波动,晚上的血压(收缩压与舒张压)约降低20%,凌晨3时血压降至最低。5时开始又逐渐上升,上午9时血压升至最高峰。所以,高血压病人白天不宜性交,晚上性交较安全。高血压病人最好晚上上床睡眠休息一段时间,于下半夜性交较为安全。

但高血压病患者,也不要惶惶不可终日,而应冷静对待。其性保健可在医师指导下进行,如高血压情况严重,可以暂时停止性生活,但经治疗后血压稳定时,仍可进行适度性生活。饮食方面应注意戒酒及少吃辛辣食物,精神方面保持情绪稳定,注意心理健康,若能注意以上几点,便可预防"马上风"。

十三、性功能衰退的饮食调治

人到中年后,性功能会逐渐衰退,通过饮食调治,这种状况在不同程度上会得到改善。

锌是增加性功能的重要微量元素。人体内如果缺锌,会出现味觉障碍,使人发育迟缓,睾丸萎缩,从而导致性欲降低和性交能力衰退。因此,缺锌患者应注意从日常进食中加以补充。在食物中,牡蛎的含锌量最高,每百克牡蛎中含锌100毫克,因而食用牡蛎可以起到补锌的作用。此外,牛肉、花生米、鸡肉、鸡肝、猪肉、蛤蜊肉、墨斗鱼、鱼粉、虾皮、全脂淡奶粉、绿豆、蚕豆、黄豆、芝麻、紫菜等食物中的含锌量也较高,缺锌者可根据当地条件适当选食。

食用含有精氨酸的食物,对增强性功能有一定的积极意义。目前发现,冻豆腐的精氨酸含量最高。每百克冻豆腐中含精氨酸 4.11 克,除此以外,如豆腐皮、木松鱼、大豆、芝麻、豌豆、银豆、银杏、山药、海参、鳝鱼、章鱼等精氨酸含量也较高,可调换选食。

食用动物内脏制作的菜肴也可起到生精作用。这是因为动物内脏中含有较多量的胆固醇,其中 10% 左右是肾上腺皮质激素和性激素。在日常生活中合理食用这类食物,即可改善性功能,又无因服药而引起的副作用。

蚕豆

十四、中年人的性生活

从生物发展规律来说,人到中年,生命的一切现象都要由高峰逐渐转向低谷,性活动能力自然也不例外。就常态而言,男子从 50 岁,女子从 45 岁,性功能开始减弱。具体表现在男性的勃起迟缓和女性兴奋持续期缩短,而且精液量及阴道润滑液量都减少,这当然与激素分泌也有关。但从心理上看,生理上的转变并不意味着个人对性行为兴趣的丧失。性专家们研究认为,人类性生活的一贯性取决于男女双方从早期就建立起来的性活动能力而不完全由年龄来决定,青年时期男女的性唤起多发自性冲动,其生物本能成分占优势,待到中年,这种本能欲求则逐渐转让给心理欲求。也就是说,中年人其性行为的特点是以心理为主的性爱满足,这种特征越接近老年越突出。因此,中年人的性能力通过心理上的调整,仍可维持在一个稳定的水平上。

一般所说的妇女到中年,其性欲要求提高的问题,除生理性因素(暂时的激素水平提高)外,心理社会方面的因素不可忽视。如当前较普遍存在的是,青年已婚妇女忙于养育子女,操持家务,还有自己正常的工作和学习,性欲要求往往为现实生活的负担冲淡。但当进入中年以后,孩子已大,家事压力相对减少,妇女的情感趋于稳定和内向化,其生活活动圈子缩小,在心理上,丈夫上升到主要地位。于是多表现对丈夫的强烈依存上,要求丈夫对她的抚爱和关怀增多了,从而对性生活的要求比重也上升。此时,丈夫如能更多地给妻子以心理上的爱抚,她们那单纯的性要求就会减少。问题是丈夫要有足够的时间来陪伴妻子。在现今,大部分中年男人忙于事业,很难注意到这点,于是机械单调的家庭生活会更加强妻子的依附心理。忽略了应该有的文化生活,而只能直接去追求性生活。

中年男性性功能减退往往影响正常的夫妻生活,而女性的减退,有时并不影

亲昵

响性行为,这是由生理结构上的区别所决定的。在解决丈夫性功能障碍方而,应更多考虑心理因素,妻子要充当"医生"角色。男子无能,常引起妻子的反感和恼火,这就给丈夫带来精神压力和威胁,逐渐形成消极的条件反射。假如女方能认识到这点,正确对待,不要对丈夫流露出不满情绪,然后再加温顺、体贴和谅解的态度去泰然处之,常能消除丈夫的焦虑和不安,使其精神放松。本来夫妻性生活就是双方共享的乐事,任何一方让对方为自己服务的想法都是不对的。特别是当男方处于事业兴旺时期,女方更应以丈夫的前程为重。因为性欲不同食欲,常可通过社会心理上的荣耀感、满足感而得到补偿。老夫少妻尚能如此,何况中年呢?一向和谐的夫妻,经常出现一方性衰退时,另一方也常受其感染而继发地衰退。如既往夫妻不和谐,则常出现一方衰退而另一方反而加强的情况,这就要以家庭稳定的大局为重了。在由情爱和性爱组成的夫妻关系中,减弱的性爱可由情爱取代,这对中年人尤为重要。

十五、性生活时间

性行为是一个极为复杂的生理、心理过程,一次性交持续的时间,各对夫妇的

个体差异极为悬殊,只有少数人才能在一次性交中维持半小时以上。其实,一次性交持续时间长短是不太重要的,只要双方得到性兴奋的满足即是完美的性生活。那么一次性交持续时间的长短受哪些因素影响呢?目前认为与以下几个方面有关:

1. 它与双方的体质有关。性行为是全身剧烈的运动,尤其是男性要付出较多的体力。因此,身体素质好的男性维持的时间较长,身体素质差的男性则维持的时间较短。

2. 它与双方的性欲强度有关。一般说来,性欲强度与性交持续时间成反比。如果双方性欲要求不太充分或一方勉强应付,那么性行为无法进行或持续时间较长。

3. 它与双方的心理气氛有关。性交行为必须具有爱的氛围。如果心情不愉快,刚吵完架就急于性交,如果一方老惦记着别的事或思想不集中,那么性交时间也会受到影响。

4. 它与双方爱的艺术有关。如果双方能坦率地探索和总结性生活成功与失败的实践经验教训,他们就能把握对方的特点,可以用人为的意识去控制,并延长性交持续的时间,提高性生活的质量。

十六、如何防止性衰老

1. 要坚信自己的性机能是正常和强健的。在精神上立于不败之地,这点对中老年人最为重要。

2. 要注意外表的年轻化。人追求年轻的情绪,会使肌体也随之年轻;相反,在精神上作了衰老的俘虏,则很快就会跌入未老先衰的境地。

3. 要经常参加体育锻炼。特别是慢跑、骑自行车、竞走和步行,着重锻炼下肢。因为性机能兴衰的"要"在腰和足上。

4. 要注意营养。可吃营养丰富的食品,特别是多进食一些海味,因为海味含锌多,被称为"夫妻和谐素"。

5. 不论退休与否都要保持强烈的事业心。如满足于抱孙子自娱,其性衰老是必然的。

6. 在忠贞不渝地爱妻子的前提下,要保持对女性的爱慕。这样能刺激性激素

7. 生活要幽默。幽默和诙谐是保持青春不老的最大秘诀。

8. 性格要开朗。不为身边琐事而烦恼,精神抑制会导致阳痿。

9. 要力戒烟酒,睡眠充足。

10. 每天服维生素 E,有助于防止身体与性机能衰老。

十七、忍精有害健康

正常的性生活都希望得到射精而获得快感,但有的人错误认为"一滴精液十滴血",精液是人体精华,或是害怕怀孕,在性生活中未达到高潮时就强忍不射,甚至在性高潮前用手捏住阴茎阻止精液射出。这种强忍不射的做法是有害无益的。

1. 性生活得不到满足。射精是一种正常的生理过程,可获得性快感和性满足,使男女双方性生活和谐,使生活充满乐趣。强忍不射将失去这种生活乐趣,使双方得不到满足。

2. 容易造成性功能紊乱。性反应是一种自然过程,强忍不射会使性功能发生紊乱。忍精是通过大脑克制的,久而久之可产生性功能障碍。有些人患有"不射精"症,就是因为长期"强忍"所致。

3. 可形成逆行射精造成不育。性高潮时射精是必然发生的,要克制将是徒劳。如果强行用手捏住使精液不排出,精液往往冲破膀胱内口射入膀胱,形成"逆行射精"。久而久之形成条件反射,使逆行射精经常发生,造成不育。

4. 可造成多种性功能障碍或神经衰弱,精液只不过是人体中的分泌物,如果不能通过射精排出,久之可影响性功能。认为精液是人体的精华而强忍不射,是造成多种性功能障碍或神经衰弱的根源。所以,在夫妻性生活中忍精是有害无益的。

十八、性和美食谱

夫妻生活中常会出现不同程度的阳痿和性冷漠,如注意劳逸结合,进行饮食治疗,平时多吃补肾的血肉有情之品,会使夫妻更加和美。

1. 韭菜炒鳝鱼。鳝鱼 250 克、韭菜 250 克,放入油中用大火炒透再加入盐,料酒用小火煮熟,补力甚厚,能提高性欲。

2. 大蒜拌羊肉。羊肉 259 克煮烂、大蒜 15 克,同成泥状,然后将蒜泥、盐、辣酱油和熟油适量与羊肉充分拌匀,即可食用。

3. 卤麻雀。麻雀数只,加茴香、八角、酱油盐、花椒、料酒、水适量,大火烧开,小火烧酥烂,加糖,然后大火收汁。每日食用 3-5 只。

4. 枸杞煨甲鱼汤。约 500 克,甲鱼一只枸杞子 50 克、生姜 10 克、葱段 10 克、料酒、盐适量,全部放入锅内,大火烧开后用小火将甲鱼焖酥,枸杞子、汤都可服用。

5. 海参羊肉汤。海参 250 克、羊肉 290 克,洗净后加水煨炖烂酥,加生姜、盐再炖片刻,即可食肉喝汤。每周两次。

6. 中鞭枸杞煲。牛鞭一根、枸杞子 30 克,加生姜、盐、料酒煮烂,牛鞭、枸杞子都可食用。

7. 清蒸虾仁童子鸡。童子鸡去内脏,取虾仁 50 克,加葱姜、料酒、盐适量,塞入鸡腹内。上笼蒸透即可食用。

8. 海马、海龙、鹌鹑蛋。各取一条完整的海马、海龙,放入鸡汤 2000 毫升,大火烧开,小火焖炖 2 小时后加入熟鹌鹑蛋 10 枚、人参 10 克,再炖半小时,然后加入生姜、盐适量,即可食用。

9. 白水狗肉鞭。黄狗肉 500 克、狗鞭一条、葱段、生姜、料酒、盐、味精适量,入锅炖酥即可食用。

10. 蛤蚧海马酒。蛤蚧一对、海马一对、白酒(50 度)1000 毫升,放入密闭容器泡 15 天即可食用。每天早晚各一次,每次 10 克。

十九、性生活的"八益"与"七损"

《内经》云:"能知七损八益,则两者可谓。不知用此,则早衰之节也。"就是说,两者合进,要实现八益,杜绝七损,则可调和人体阴阳,增强体质,延缓衰老。

八益是指什么呢?①"治气"。指性交前练气静息,使精神集中,气血流畅,作事前心身准备,且勿急躁粗暴行事。②"致沫"。即将口中之津液不断咽下,因唾为肾液,这使肾液充滞,上吞下达。③"知时"。选择双方有做爱的心境和适当的时机,特别是顾及妇女经前、经后、睡前、睡后,认为舒适之时。④"蓄气"。指养蓄精气,不使早泄。⑤"和沫"。通过双方唇舌的接触(无传染病),将共同的口津吞下(据研究,这对双方内分泌均有良好影响)。⑥"积气"。交合之际,与五脏之气有关,即缓缓等待脏腑之气至然后交合。《叶天士女科证治》云:"女有五至,面上赤起,眉廇乍生,心气至也;眼光涎沥,斜视送情,肝气至也;低头不语,鼻中液出,肺气至也;交颈相偎,其身自动,脾气至也;玉户开张,琼浆浸润,肾气至也。五气俱至,方与之后,则情洽意美。"⑦"持赢"。要节制房事,不可纵欲,保持精力充沛,以免房劳受损。⑧"定倾"。性生活要适可而止,不可贪欢久恋,重复性交,避免过度疲劳,影响体力。

七损是指:①"闭"。指性生活时,下阴疼痛,如无液滋润、无精排泄,则干涩疼痛称为内闭。②"泄"。交合时体弱气虚,大汗淋漓,乃元气外泄之征。③"竭"。性生活放纵无度,不加节制,以致阳精枯竭。④"勿"。指阴痿阳痿,妨碍性生活的进行。⑤"烦"。交合之际,心烦意乱,影响性生活的顺利进行。⑥"绝"。性情急躁,强行交合,陷于毫无兴趣之绝境。⑦"费"。不顾及对方的情绪和性感,粗暴从事,结果并无快感,徒耗机体精力。

夫妻性生活中,如能实现八益而杜绝七损,当可增进心身的愉快和健康,夫妻和睦。所以"男女和悦,彼此动情,而后行之,则阳施阴爱"。

二十、性功能补养

现代医学研究证明,中老年人保持适当的性生活。有利于身心健康和延年益寿。那么,中老年人如何才能保持正常的性功能呢? 带着这个问题,我们走访了全国中医男性学专业委员,南京鼓楼区中医院性功能康复专家门诊负责人郑大坤研究员。

人的性功能能保持到多大年龄?

性能力的个体差异较大,早衰者50多岁就完全停止性生活了,但身体健康者80岁仍可有较强的性能力。据全国医学界调查,60-69岁的老人80%尚有性能力,70-79岁的老人70%尚有性能力。对老人的睾丸仍有生精功能,间质细胞亦无明显异常改变。在长寿地区,百岁以上的男子使女方怀孕者并非少见,此方面记载在我国古典医籍中也屡见不鲜。适当的性生活正是长寿者得以高寿的重要原因之一。

中老年人的性生活如何才能适度？

这是一个比较复杂的问题，应该根据夫妻双方的年龄、体质、健康状况、心理状态等因素确定，不能机械地规定。一般来说，40-49 岁者以每月 5-10 次为宜，50-59 岁者以每月 3-6 次为宜，60-60 岁者以每月 2-4 次为宜，70-79 岁者以每月 1-2 次为宜，80 岁以上者以每月 1 次或者两月 1 次为宜。总之，以第二天不感到疲劳为原则。

什么是性功能补养？它有什么价值？

性功能补养是指应用天然补品（包括补益中药和补益食物）来增加人体的性功能、延长性生活的年龄，提高性生活的质量。它具有两方面的价值：一是养生保健方面，能够在延缓整体衰老的基础上，延缓性器官的衰老，从而既能增强体质，防病抗老，又能获得满意的性生活，两者相得益彰；二是临床治疗方面，能够治疗阳痿、早泄、性欲低下，不射精、遗精、房劳综合征等性功能障碍病症。

哪些中药能够增强中老年人的性功能？

性功能补养必须根据体质型和征候表现辩证施治，才能取得满意的补养效果。因此，必须在性医学专科医师的指导下进行，以避免滥补误补而产生副作用。一般来说，阳痿者可选用人参、党参、山药等，精血虚者可选用紫河车、何首乌、当归等，阴虚者可选用黄花粉、蜂乳等，阳虚者可选用鹿茸、巴戟天、肉苁蓉等。

哪些食物有利于延缓性器官的衰老？

一般说，气虚者可选用泥鳅、鸡肉、羊肾、荔枝等，精血虚者可选用鹿肉、雀卵、鸡肝、龙眼肉等，阴虚者可选用海参、淡菜、龟肉、鳖肉等，阳虚者可选用狗肉、羊肉、麻雀肉、虾等。

为什么传统认为冬天是进补的季节？

准确地讲，一年四季都可以进补，只是不同的季节选用的补品有所不同。例如，夏天天气炎热，不宜服食大热之品，冬天天气寒冷，不宜服食大寒之品。但是，人在冬天消化系统功能健旺。有利于补品的消化和吸收，而且冬天气温较低，有利于补品的保存。

二十一、运动与性生活

美国哈佛医院性医学专家菲列蒲·韦顿博士通过多年的跟踪调查后研究证

实,合理的体育运动可大大地改善性生活质量和乐趣,对于中年人来说,运动对重新恢复健康的夫妻性生活兴趣有着非常令人满意的疗效。

韦顿博士曾与他的同事先后在洛杉矶、芝加哥、纽约等地对 6000 余名女性进行了多年的调查、测定,结果显示经常从事每周至少 2 次慢跑、网球、韵律操、瑜伽功等形式运动的女性,所获得性生活恬愉感比不常参加运动的女性要高。其中 80%经常运动的女性表示,自投身每周 24 次运动后,性生活方面的自信心大增,性行为变得频繁,另有 34%的女性认为,性生活时更宜达到高潮,性快感时间明显延长。

南加州大学运动生理学教授才沃森认为,运动可促使脑垂体分泌激素的功能得到改善,从而使体内雄性激素——睾丸酮含量增多,性欲明显增强;运动还可提高阴道肌、会阴肌的张力,改变因分娩后阴道松弛状况,这对增进性交之快感颇有益。然而,运动过量或剧烈运动均可导致人们对性生活兴趣索然。

因此,专家们根据统计数据研究建议,每周保持 3-5 次运动,每次运动 40 分钟左右,运动时的心率应控制在 100-124 次/分,你定会在性生活中享受到极大的快乐和恬愉之感。

二十二、调精饮食

精液异常是指男子精液中精子的总数、成活率、活动力、畸形率、液化时间等不正常的一种病症,它是造成男性病的主要因素。导致性病的原因较为复杂,祖国医学认为,性病属于"肾精不要足""虚劳""不育症"等范畴,多因先天命门不足,素体虚弱,肾精亏损,发育不全,或房事过度。或青少年时期屡犯手淫,肾气耗损;后天失养,脾气不健,脾肾阳,生化之源不足,不能化精微而为精液所致。而精气的生成与活动依赖阳气充沛,因此,治宜温阳化气,补虚添精为主。在选用中、西药治疗的同时,配合运用下列食疗便方,将会明显缩短治疗时间,收到良好的效果,以下各型中的几个方,可以交替或配合使用,但需坚持服用一段时间,方可奏效。

1. 精子成活率低。中医认为"阴化气,阴成形",肾阳不足,则精子成活率低,故宜服温肾阳的药膳。

(1)温肾活精酒。巴戟天、菟丝子、覆盆子、肉苁蓉各 30 克、肉桂 15 克、海狗肾 1 具,用白酒 1000 克浸泡 1 个月,每日喝 30-50 克。

（2）狗鞭羊肉汤。巴戟天、菟丝子、肉苁蓉各 20 克、肉桂 12 克、诸药用纱布包，狗鞭 30 克（用温水发胀，洗净，油砂炒酥，切片）、羊肉 500 克切成块，加生姜、胡椒、料酒适量，文火共炖，加盐调味，食肉喝汤。

（3）羊肾苁蓉羹。羊腰子一对，洗净切开，剥去中间筋膜，切成薄片；肉苁蓉 30 克，用酒浸泡一宿，去皱切片。共入锅中，加佐料，炖歼后文火烧，调味后食用。

（4）骨碎补煲猪腰。猪腰 2 个，洗净切开，剥去中间筋膜，将骨碎补 25 克纳入猪腰内，用线扎紧，共煮，熟透后去药，饮汤食腰。

2. 精液不液化。中医认为，为因阴虚火旺，扰动精室，蒸灼精液而成，故宜服滋阴降火的药膳。

（1）鳖鱼补肾汤。去内脏、鳖鱼一只枸杞子、枣皮、女贞子、熟地各 15 克，知母、黄柏各 6 克，诸药纱布包，加水共炖，待鳖肉软烂时去药，调味后用。

（2）枣皮煲老鸭。老鸭一只，杀后去毛脏，枣皮、芡实各 30 克、知母 10 克，诸药纱布包。将药纳入鸭腹中，烧开后文火煮 2 小时左右，去药调味食用。

（3）苦瓜子酒。苦瓜子 300 克，炒熟后捣烂，加黄酒 2000 克浸泡 1 个月后，每次喝 50-100 克，一日 2 次。

3. 精子总数少。中医认为，肾中阴精不足，则生精功能衰弱，而使精子总数减少，故宜服滋阴补肾，填精补髓药膳。

（1）龟羊猪髓汤。乌龟一只、羊肉 250 克、猪骨髓 100 克，将乌龟宰杀，取肉切块，羊肉切块，猪骨髓切成段，加生姜 3 片共炖，至龟肉酥烂，调入食盐即成。

（2）补肾生精汤。枸杞子、鹿角胶、鱼鳔胶各 30 克，诸药纱布包，猪骨髓 200 克，牛鞭 1 条均切成段，黑豆 250 克，加水共久炖，烂熟后去药加佐料食用。

（3）山药汤圆。淮山药 150 克，洗净蒸熟去皮，加白糖 159 克，胡椒粉少许，调成汤圆芯子，用糯米粉包成汤圆，煮熟后食用。

4. 精子活动力差。中医认为，多因脾肾气虚，食欲不佳，精气不固，气化失常所致，故宜服补肾气，健脾胃的药膳。

（1）人参蛤蚧酒。蛤蚧一对、人参、海狗肾、肉苁蓉、紫河车、淫羊藿各 30 克，加入白酒 1000 克，浸泡 1 月后，每晚睡前饮 1 小杯。

（2）益气健精膏。牛鞭 31 条，洗净切段，文火煨烂后，纳入胡桃粉 60 克，蛤蚧粉 30 克，将人参 20 克煎水后混入，再加冰糖适量熬化后冷却成膏，每次服 1-2 匙，一日 3 次。

（3）补气强精汤。人参 15 克，黄芪、淮山药各 30 克，当归 10 克，诸药共纱布包,牛鞭1条,洗净切成段,母鸡1只,去毛脏切成块,待鸡和牛鞭炖至七成熟时下药,肉煨烂时去药,加佐料后吃肉喝汤。

二十三、增添"性趣"

生活中,常有不少结婚多年的夫妇,都有这样的一种感受:房事单调乏味,没有房事时想有,有过房事感到也没有多大味道,这是什么原因呢?

结婚后的年轻夫妇,性功能旺盛,性心理活动也活跃,每逢房事容易兴奋,有激情,所以从总体讲,房事质量较好。随着年龄的增长,尤其是上了年纪后,性能力下降,性心理活动也趋平稳,房事时不容易产生强烈的兴奋和激情,再加上长年累月采取某种一成不变的房事模式,不但房事质量会下降,还会产生厌腻的心理。 旦夫妇感情上有些波折,还会产生对抗情绪,更容易感到房事单调乏味。对于这种情况,不妨可以从以下几个方面着手加以克服:

1. 感情熏陶。人们常说:"爱情之花要不断浇灌。"确实应该如此,即使是老夫老妻同样要在爱情生活中不断注入新东西,照样要"谈情说爱",照样要"花前月下",让平静的夫妻生活时时激起爱情的浪花。夫妻间真挚的感情是保证房事质量的基础。感情充实丰富,房事也就不会单调乏味。

2. 频率调整。让房事有一种新鲜感,也就有意识地减少房事次数,甚至停止一段时间,或者夫妻小别,分居一段时光。从性生理角度看,这样做可以造成"性饥饿"现象,一旦恢复房事,就会兴趣盎然,其乐融融了。

3. 改变方式。切忌机械化地采用一成不变的房事模式,这样容易厌腻。要求房事亲昵,体位与动作能不断有些新变化。简单说,应该充分调动彼此的视听、嗅、触等感觉功能,以及充分进行彼此之间的房事前性诱导,包括对性敏感区的刺激,经常改变刺激方式、性交体位及性交的时间,可显著提高房事的兴趣和质量。

值得一提的是,对于房事单调乏味的现象应该做到未雨绸缪,在发生之前就加以防止,这样夫妻生活才能保持美满与幸福。

二十四、酒真能助"性"吗

在许多人的观念中,酒精的作用好比春药一样,喝多了容易使人乱性;甚至有些妇女也因为喝了几口酒之后,自我感觉比平时更容易亢奋,并能充分享受性生活的快感。

但事实上,酒精并不具有使性欲亢奋的作用,饮酒过量反而会使女性性快感迟钝,阴道分泌的润滑液减少,从而使得行房时需要为时更长的"序曲"。

国外性学专家研究了酒精和女性性欲间微妙的关系后发现,一个过量喝酒的女人,虽自以为有亢奋的性欲,但她的兴奋状态往往是以经过冗长的抚摸、搂抱或手淫才产生的。而有些妇女甚至会因为多喝了几杯而对房事不感兴趣。她们之所以坚持认为酒后性欲更炽烈的原因,可能是误认为酒精会瓦解她们对性的克制意念,也就是说,她们的心理作用使感觉偏离了正常的生理反应。如此说来,性生活前不宜饮酒,至少不应过量饮酒。

二十五、入房八忌

祖国医学视纵欲为健康之大敌。著名中医经典著作《寿世保元》中对此有系统、全面的论述。其中有房事禁忌八条,可简称为"入房八忌"。

玩莲图

1. 忌饱食入房。饱食后,胃肠道血液充盈,周身其他各处血液相对供应减少。故饱食后立即过性生活,对健康不利。

2. 忌大醉入房。大醉之后,男子精液衰少,易致阳痿;女子恶血滞留,易生恶疮。现代医学已证实,酒精可损害精子,增加胎儿畸形的机会,不利于优生。

3. 忌愤怒入房。愤怒刚过,余怒未消,气血淤滞而不调达,此时过性生活易致精虚。

4. 忌恐惧中入房。恐惧之中或恐惧刚过，如行房事，因心有余悸，可致阴阳偏虚、自汗盗汗、甚至积而成劳。

5. 忌远行疲乏入房。远道而归，劳累刚过，立即行房事有损于身体。因性生活本身需要消耗一定体力，不适于在身体疲劳时进行。如勉强行事，既伤身又无快感。

6. 忌月经未绝入房。女子月经未绝而行房事，会致女性生殖器官感染及月经不调诸症。

7. 忌金疮未愈入房。外伤或手术后，创口未痊愈者，如行房事，可影响伤口愈合，甚至引起复发。

8. 忌忍小便入房。男女双方或一方，如有尿意而不解，强忍之下行房事，对身体有害。

二十六、性爱无模式

尽管幸福的夫妻都是相似的，但各自幸福的体验肯定只有自己才能品味到。无论哪一对夫妻的恩爱都无法作为模式去让别人模仿。同样的道理，每一对恩爱的夫妻，在性爱的方式上肯定各有其道、各有其乐，不可能有人人适用的模式。

世界著名的性学家金西博上在其有影响力的著作《金西性学报告》中介绍了他的调查结果，在几百对夫妻中还找不到从性爱方式到情感体验完全相同的例子，每对夫妻在性生活中的表现、所采用的技巧以及各自愿意接受的方式都是各有千秋。只是感到恩爱和谐的夫妻都有一种幸福和欢愉，而不和谐的夫妻则感到别扭而已。这就说明，想绝对地在别人那里找到可供借鉴的性爱方式做指导，实际上是徒劳的。

既然如此，夫妻在性爱活动中怎样获得满意的结果，采用什么方式让自己得到快乐体验就只有靠自己去实践摸索了。前提只有一个，双方能够乐意接受。话虽这样说，可有的夫妻却依然在这方面烦恼重重，为什么呢？主要还是一些观念在起着约束作用。尤其是女性特有的羞耻感往往不能适应丈夫想要进行的新尝试。其实，就性生活本身来讲，是无法摆脱动物性的。因为人也是动物，只是比动物高级得多，也更重视心理感受、重视感情的悦纳。既然如此，就不必因为自己动作的花样而产生什么羞耻感,觉得有什么难堪。况且,人的性生活必定是隐秘的,除了当事人不会有谁知道。性生活在所需求的只是欢愉和增进爱意,至于哪种方式更容易达到这一目的都是一样的。

当然,这样也不等于完全不顾及人的尊严与人格。否则,出于好意却达不到效果。

二十七、性青春与长寿

在对于长寿的科学研究中,国外已有许多报告证实,"性青春"的延长可以使人长寿。最近,美国、法国的科学家们正在用有关实验,试图对此给予解释。

经调查表明,许多长寿老人往往普通人有更长的生育周期。科学家们也在逆转生殖过程的衰老性变化的研究中惊喜地发现(20-30月龄的老年大鼠通过逆转生殖试验),用人为抗议法促使其恢复排卵,恢复有规则或不规则的发情周期,有助于延长寿命。

科学家们在研究中发现多数雌性动物都会在同种类异性中释放出一种叫着"信息素"的气味,可能引发雌性动物的性兴奋。灵长类雌生猕猴也被证实会分泌出一种类似于"信息素"的物质,是时国外已有报告证实在成年女性的阴道分泌物的检查中,发现有一"丁酸"的物质与猕猴的"信息素"十分相似。而在更年期后的妇女阴道分泌物中这种"丁酸"物质却显著减少。从事此项专门研究的科学家说,假如科学能证实人类的女性也能分泌"信息素",并能掌握这类"信息素"的结构,就有望进行人工合成。这样就可以用它来增强和延长包括男性在内的人类"性青春期",达到"延年益寿"的目的。

二十八、不射精的中医治疗方法

不射精是男性不育症中的常见病和多发病。凡是男子性交时,不能射精或不能在阴道里射精者称为不射精。有的病人睡觉中与女子梦交时可以射精,如梦遗;有的病人自己手淫或让配偶用手、用口帮助才能射精;有的病人外遇女子可以射精,有的病人采用各种方法都不能射精,从而造成婚后多年不育或婚后性生活不和谐,轻者影响夫妻生活,重者造成家庭的破裂。

中医认为不射精症主要的病因病机是:①肾阴不足。多因素体阴虚,或手淫过频,或骨蒸痨热,或酗酒阴伤,致使阴虚内热,阳光亢进,水火不济,精关闭锁,交而难射。②肾液不足。多因房事过频,一夜数次,或热药灼伤,阴伤液耗,交而不射。③肾精不足。多因思虑过度,脾失运化,肾精乏源,精少不射。④肾气不足。多因气不摄精,滑泄梦遗,致使气虚乏力,交而不射。⑤肾阳不足。多因素体阳虚,先天不足或后天失调,寒邪入肾;或阴损及阳,阳虚阴痿,致命门推精无力,交而不射。⑥精室湿热。多因湿热下注,热扰精室,湿郁精关,交而不射。⑦惊恐伤肾。多因房中受惊,惊恐伤肾,肾关失常,兴而无力,射精困难。⑧情志抑郁。多因礼教约束,长期手淫,一室多居,初恋丝连,婚后不和,畏惧怀孕,同性变态,外遇新欢,性交阴痛,妻子多病,精神创伤,致使心不司肾,交而不射。⑨性交。多因姿势不对,静而不动,误进肛门,错入尿道,男女不应,女动而男不从,率上暴下,二心不和,致使肾精未至,交而不射。⑩药物所伤。多因常服镇静药、降压药、过寒药、过热药等致使淡欲精伤,交而难射。⑪阴茎疾患。多因阴茎奇痒,包皮疼痛,交而中断,精液难出。

治疗此症,首先要做到除去病因,解除顾虑,掌握要领,性感集中,针药并进,妻子配合,耐心坚持,病可痊愈。下面简要介绍一下中药治疗。

肾阴不足药用:山萸肉、生地、枸杞、丹皮、知母、泽泻、路路通等。

肾液不足药用:元参、生地、二冬、牛膝、木通、莲子等。

肾精不足药用:肉苁蓉、枸杞、菖蒲、制首乌、仙灵脾、仙茅、路路通等。

肾气不足药用:山药、菟丝子、巴戟天、生芪、蛇床子、莲子肉、车前子等。

肾阳不足药用:附片、肉桂、仙灵脾、补骨脂、车前子等。

精室湿热药用:菖蒲、远志、蛇床子、五味子、炒枣仁、菟丝子、柏子仁等。

情志所伤药用:菖蒲、远志、麻黄、桂心、生地、路路通等。

第七章　按摩养生

按摩作为一种养生方法已很普及，它简便易行，一学就会，一做就见效，且不受时间、场所、器械、药材等条件的限制，最能坚持。而持之以恒正是养生学的基本要求。

按摩术还能把养生变成一种乐趣，它轻松愉快地防病保健的功效。它能渲通气血，舒活筋，柔润皮肤，促进淋巴液、血液循环通，改善全身的新陈代谢；还可以调整全身失调的机能，去淤化滞，减轻或者因组织破损而带来疼痛，促进组织损伤的修复，特别对于各种常见的跌打损伤和觅肉、肌腱、韧带等软组织损伤都具有较好的疗效。因此，无病的人作按摩可以消除疲劳、强身健体，有病的人可辅助治疗。

一、导引乃养生大律

导引，不在乎名称、象物、粉绘、表形、图式，没有名称没有形态也可。或伸展、盘屈，或下俯、上仰，或行走，或躺下，或斜倚，或直立，或原地踏步，或慢步向前，或吟诵，或调息，都是导引。不必每天清晨都要操作，只要觉得身体有不舒畅的时候就可以做。导引的时候，都应该屏住气息，屏住气息然后其气如冲似的深长地呼出，则全身气息得以畅通。也不必计算呼吸多少次数，只等待体内之气似乎已达到极限时，就先用鼻吸入少许空气，然后口中吐出就是了。因为气息屏闭久了，一定会冲喉而出，如果不先用鼻吸少许空气就用口吐出，那么粗大的气息就会损伤肺脏。这样操作，病愈后就停止，不可使身体出汗，出了汗风邪就会侵入身体。因为活动关节的缘故，凡是人在做导引功的时候，骨节就会有声响，如果是大动作的导引则骨节发声大，小动作的导引则骨节发声小，这表示筋脉安和气息通畅了。导引法能够治疗还未发生的病患，使不调和的气息得以畅通，骨节一活动则周身关节之气得以通畅；而不导引则使外邪凝闭在体内而使全身血脉凝滞，所以导引实在是养生的一大规则，是消除疾病的玄妙方法。

善于养生的人，懂得导引自己的血脉，使自己筋骨强壮，使营气卫气得以贯通，脉络得以和畅，自然能够切合天地运行的法则、阴阳开合的机宜，因此外邪不能侵犯，真精与元神得以保持完固，长生久视之法通过导引术而达到功效。所以人因为做不做导引法的分别，而有寿命的参差不齐。

导引大法，是为虚损者、气血不能周流者而设计的。体内有火的，作导引法时要睁开眼睛，无火的闭上眼睛；无汗的，极度闭气，有汗的，不必闭气；欲导气上行，以治耳目口齿之病的，就做屈身动作，欲导气下行，以使大小二便宣通及使足胫轻健的，就做仰面倒下身体的动作，欲导气到达四肢的，就做侧身的动作；欲导气治头病的，就做仰头的动作，欲导气治腰脚病的，就做仰足趾的动作；欲导气治胸中病的，就做挽足趾的动作；欲导气治臂膀之病的，作掩臂的动作；欲导气治腹中寒热积聚所导致的各种痛症以及中寒身热症的，都要闭气满腹。导引时仰面躺下而卧也可以，但是病在头中、胸中的，枕头须七寸高；病在心下的，枕头须四寸高；病在脐下的，去掉枕头。

二、内壮功应遵循的原则

凡练内壮功的，都必须遵守以下三项原则：

一、守中道。所谓守中道，就是专注于积气。所谓积气，就是专注于眼、耳、鼻、舌、身、意。下手的要领在于巧妙地运用揉的手法。凡是揉的时候，应该解开衣服，仰面躺下，手掌放在胸腹之间一掌的位置，这个位置就叫"中道"，这个"中道"是存气的地方，必须守护好。守的方法，在于内含自己的眼光，凝闭自己耳中的声韵，调匀自己的鼻息，缄住口中出入的气，放松劳累的身体，锁住外驰的意志，四肢不动，让心中保持一团幽深，先存想这个"中道"，后杜绝一切杂念，渐至身心如一，回复原始状态，寂然不动。这就是"守"，也即是"守"的标准姿势。因为用手巧妙地揉这个"中道"部位，就会使全身的精、气、神都专注在这个部位，久而久之，自然健康。如果心中杂念纷纭斗乱，事务穿梭往来，则神与气因此而不能凝聚，那么揉也是徒具形式，有什么好处呢？

二、没有别的思想。人的身体之中，精、神与气血都是不能自主的，全部听命于意念，意念一动，精、神、气、血也随之而动；意念停下来，精、神、气、血也随之而止。守"中道"的时候，意念随着手掌活动，这是标准的姿势。如果有时让意念外驰到各肢,则所凝积的精、气与神随即走散到各肢,就成为外壮功而不足内壮功了。如果只是在用手揉,而意念不能导引精、气、神凝积到"中道",则又只是徒具形式地在揉,有什么好处呢?

①吸定、接触部位　　②腕部屈曲外旋　　③屈腕前臂旋后

滚法

三、使气充沛周流。揉和守,都是为了"积气",气既已凝积,精、神、血脉都趋附于它。守中道而不让气外弛,长久地揉,气就蕴藏在"中道"里而不向四旁溢散,气凝积而力也自然随之积聚,气充盈则其自然周流。这个"气"就是孟子所说的"至大至刚,塞乎天地之间者,是吾浩然之气也"。如果气没有达到充盈周流的程度,就让意念外弛走失,发散到四肢,那么不只是"外壮"功没有做全,而"内壮"也不牢固,则两方面都没有好处。

三、老子按摩法49式

第1式:两手重按大腿,左右扭转身体十四遍。

第2式:两手搓捻大腿,左右扭肩十四遍。

第3式:两手抱头,左右扭腰十四遍。

第4式:左右挑头十四遍。

第5式:一手抱头,一手托膝曲折三遍,左右相同。

第6式:两手托头上举三次。

第7式:一手托头,一手托膝,从下向上三遍,左右相同。

第8式:两手攀头,向下顿足三次。

第9式:两手相扭,从头上绕过,左右三遍。

第10式:两手相叉,托心,前推回挽三遍。

第11式:两手相叉,按摩心脏部位三遍。

第12式:曲腕,筑肋,挽肘,左右各三遍。

①掌根揉法

②大鱼际揉法

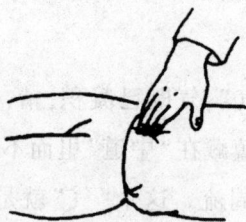

③指揉法

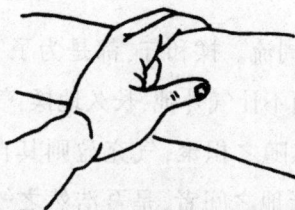

④揉捏法

揉法

用手掌大、小鱼际、掌根部分或手指罗纹面部分,着力吸定于穴位或一定部位上,做轻柔缓和的环旋转运动,称为揉法。根据着力部位的不同可分为掌揉、指揉和揉捏法,揉摩法。揉法刺激呈轻柔和缓,适用于胸腰部、胁肋部、头面部、腰背部及四肢部,尤其多用于全身穴位,常配合按法,按揉穴位。

第13式:左右挽,前后拔,各三遍。

第14式:舒手挽颈,左右三遍。

第15式:反手接触到膝,手挽肘,覆手于膝上,左右各三遍。

第16式:手摸肩,从上至下摸遍,左右相同。

第17式:两手空拳虚击三遍。

第18式:向外振抖手二遍,向内振抖三遍,覆手振抖三遍。

第19式:两手相叉,反复搅,各七遍。

第20式:摩扭指三遍。

第21式:两手反摇三遍。

第22式:两手反叉,上下扭肘无数遍,这期间闭住吸气只呼出十次。

第23式:两手上耸十遍。

第24式:两手下顿三遍。

第 25 式:两手相叉,从头上绕过,左右伸肋十遍。

第 26 式:两手握拳,匣背,上掘脊,上下各三遍。

第 27 式:两手反捉,上下直脊三遍。

第 28 式:覆掌握腕,向内向外振动三遍。

第 29 式:覆掌前耸三遍。

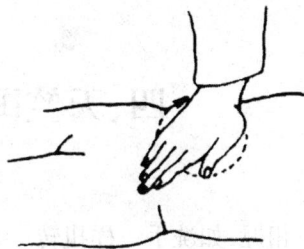

①指摩法　　　　　　　　②掌摩法

摩法

摩是抚摩之意。是用食、中、无名指指面或手掌面着力,附在体表一定部位或穴位上,以前臂连同腕部、手腕为圆心作环行有节奏的抚摩活动,称为摩法。在临床应用中分指摩法和掌摩法两种。摩法是推拿手法中运用最早的手法之一。

第 30 式:覆掌两手相叉,交横三遍。

第 31 式:覆手横直,即耸三遍。

第 32 式:如果手冷,从上拍打至下,发热就停止。

第 33 式:舒展左脚,以右手承托住它,左手捺脚,从下至上直脚,三遍。右手捺脚也这样。

第 34 式:前后扭转足三遍。

第 35 式:向左扭转足,向右扭转足,各三遍。

第 36 式:向前向后回扭足,三遍。

第 37 式:直脚三遍。

第 38 式:扭大腿三遍。

第 39 式:向内向外振动脚三遍。

第 40 式:如果脚冷,拍打至发热时停止。

第 41 式:扭大腿,随意多少遍;顿脚三遍。

第 42 式:回缩又伸直脚三遍。

第 43 式:如虎蹲踞,左右扭肩三遍。

第 44 式:托天推地,左右三遍。

第 45 式:作左右推山姿势,负山拔木姿势,各三遍。
第 46 式:舒手直前,顿、伸手三遍。
第 47 式:舒两手、两膝,也各三遍。
第 48 式:舒脚直反,顿、伸手三遍。
第 49 式:扭转内脊、外脊各三遍。

四、天竺国按摩法 18 势

一、两手相握,如洗手一样扭转。
二、两手交叉,反复向胸前翻转。

按摩图　清代

　　针对人体不同的部位,采取不同的按摩方式,这是中医
按摩学的一个基本原则。这是摘自《北京民俗生活百图》的
一个剪影,它描绘了对人体肩膀和手臂的按摩方法。

三、两手相握,一同按压胫骨,左右相同。
四、两手重叠按大腿,慢慢扭转身子,左右相同。
五、用手如拉五石力之重弓,左右姿势相同。
六、握拳向前击,左右姿势相同。
七、如推石头一样,左右姿势相同。
八、握拳行扩胸运动,左右姿势相同。

国学经典文库

中国民俗文化精粹

·养生秘笈·

图文珍藏版

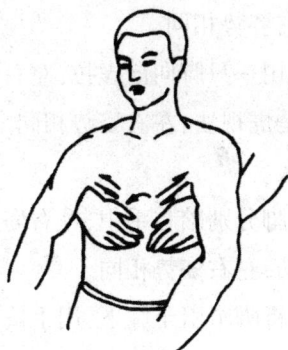

①掌擦法

②小鱼际擦法

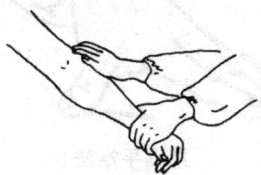

③大鱼际擦法

擦法

　　用手掌面、大鱼际或小鱼际部分着力,紧贴于患者一定部位的皮肤上,稍用力下压,呈上下或左右方向进行直线摩擦,称为擦法。擦法是推拿常用手法之一,是一种柔和温热的刺激。其中掌擦法所产生的热量较低,大鱼际擦法中等,小鱼际擦法热量较高。

九、平坐,身体微微倾斜,如推山状,姿势左右相同。

十、两手抱头,婉转至大腿部位,这是抽助动作。

十一、两手撑地,缩身屈背,向上挺身三次。

十二、两手反敲背部,左右姿势相同。

十三、平坐,伸直二脚,再用一只脚向前虚拉,左右姿势相同。

十四、两手撑地回头,这是虎视法,左右姿势相同。

十五、站立,扭转身子三次。

十六、两手交叉,将左、右脚分别踏在手中,左右姿势相同。

十七、站立,用脚前后虚踏,左右姿势相同。

十八、平坐,伸两脚,用手将脚牵引至膝下,用手按住,左右姿势相同。

以上十八种姿势,只要每天按照这种方法做三遍,一个月后就能迅速地消除百病,补益延年,增强食欲,眼明身健,不易疲劳。

五、孙思邈按摩法

常常用两手抚摸擦拭面部,使面部富有光泽,不生皱纹。这样坚持做五年,可使面色如少女。抚摩十四遍后停止。

拇指平推法

用拇指面着力,其余四指分开助力,按经络循行路线或
于肌纤维方向平直向前推法,称为拇指平推法。本法适用于
全身各部位,常用于肩背部、胸腹部及四肢部。

睡醒后起来,调平气息,坐端正,先交叉双手掩在后颈部,面向南方,朝上视,使后颈部与手相互施加压力,这样做三四次,能使人的真精得到调和,使血脉流通,而外界邪气不得侵入,从而就不会生病。

又,屈曲运动身体四肢,反转、张开、侧动、牵引,这样活动周身关节,各做三遍。

又,起床后先用贴身穿的厚帛衣擦拭颈项中四面,以及耳后周围部位,使其温暖。然后顺着头发方向抚摩后颈部,抚摩时间适当长一点,再搓热两手来擦拭面部和眼睛。长期这样施行,可以使人眼睛自然明亮,邪气不能侵入。

以上这些动作都做完后,吞咽唾液三十次,须是引导肾水所化的唾液而后咽之。

又可以常按左右耳无数次,使耳不聋、鼻不塞。

常在夜半时到日中这段"生气"时间里吞咽唾液十四遍,按在身体的痛处。每当坐时常闭目内视,存想看见自己的五脏六腑。

常用中指按摩眼睛接近鼻的双眼内眦部位,按摩时须屏住呼吸,气呼出时即放开手指,然后再这样反复进行,长期坚持。

常用手按两眉后小穴中(此处是眼睛通气的部位。——译注)二十七遍。又用手心和手指抚摩双眼及额上,又用手旋转耳轮各三十遍,这在任何季节都可进行。完毕后用手从下向上擦拭额上二十七遍,从眉中部开始,向上进入发际中,常常这样按摩。以上按摩时,都不要触犯华盖(华盖,就是眉。——译注)。

六、太上混元按摩法

一、两手按大腿,左右扭转肩膀十四次,左右扭动身体十四次。

二、两手抱头,左右扭腰十四次。

三、左右摇头十四次。一手抱头,一手托膝曲体三次,然后换手做三次。两手托头向上举三次。一手托头,一手托膝,从下向上三遍,左右互换又做。两手攀头,面向下,顿足三次。两手交叉过头,来回三次。

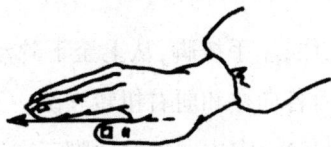

掌平推法

用掌着力,紧贴于治疗部位或穴位上,以掌根部为重点向一定方向推进,谓之掌平推法。掌平推法刺激和缓,接触面积较大,具有行气和血、散淤止疼,解除肌肉、经脉挛疼痛等作用,多用于腰背、胸腹及大腿等部位。

四、两手交叉放在胸前,外推内收三次。按摩胸部三次。

五、曲腕、击肋、挽肘,左右各三遍。左右手分别置于左右侧交叉握住,前后推拉各三次。展开手掌托颈,左右各三遍。

六、反手放在膝上,手挽肘,将手翻转来放在膝上,左右各三遍。手摸眉,从上至下摸遍,左右相同。两手握空拳击三遍,向外抖动手三次,向内三次,覆手抖动三次。两手交叉反复搅动,各七次。按摩旋扭手指三次。

七、两手反摇三遍。两手反义,上下扭转肘关节无数次,这期间闭住吸气只呼出十次。两手向上耸三次,下顿三次。

八、两手交叉从头上过,左右各伸肋十次。两手握拳,反转至背,向上擦脊三次,又向下三次。

九、两手在背部交叉,上下按摩脊柱三次。覆掌握腕,内外振动三次。

十、覆掌前耸三次,覆掌两手交叉,交横三次。覆手横直,耸三次。如果手部冷,从上拍打到下,发热后停止。

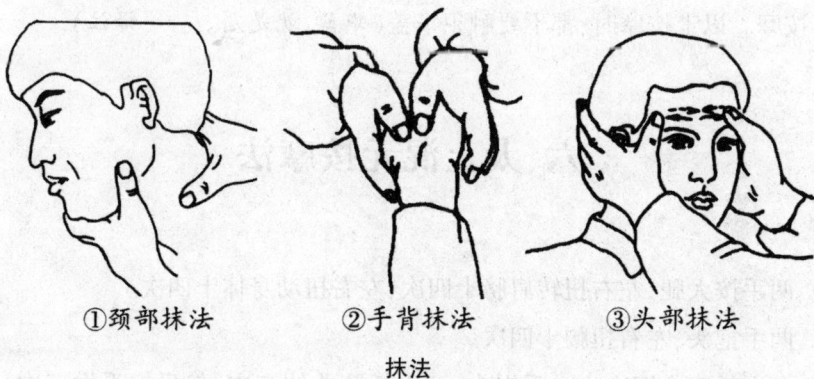

①颈部抹法　　②手背抹法　　③头部抹法

抹法

　　用双手或单手的指面、掌面紧贴皮肤,作上下、左右或弧形的往返运动,称为抹法。根据临床治疗部位及施力部位不同,可分为拇指抹法、四指抹法和掌抹法三种。抹法具有开窍镇静、清醒头脑、重而不滞,动作迟缓的作用。

十一、舒展左脚,右手托住,左手按脚,从上至下耸动,伸脚三次。右手按脚也这样。前后扭转脚三次,然后各向左和向右扭转三次。又前后扭转脚三次。

十二、伸脚三次,扭大腿三次,向内向外振动脚三次。如果脚部有冷感,就用手拍打至热为止。

十三、扭大腿,不管多少,顿脚三次,伸腿三次。

十四、如虎蹲踞,左右扭肩三次。推天托地,左右各三次。作左右排山状,负山拔木状,各三次。

十五、展开手向前,顿手伸手三次。展开两手两膝,也各三遍。

十六、舒展脚向前,又拉回,顿手、伸手各三遍。扭脊向左向右各三遍。

七、延年九转法

先平整衽席，端正身体，仰面躺下，并拢双足，凝定心神，平息思虑。

挨次用两手中间三指在心窝部依顺时针方向旋摩二十一次；

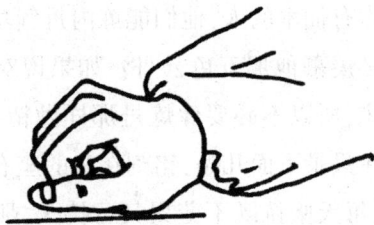

拳平推法

平握呈拳状，以食、中、无名指、小指的指关节突起处着力或以拇指第二节棱或侧面和食、中、环、小指第二节着力，向一定方向推进，谓之拳推法。拳推法是推法中刺激较强的一种手法，多用于软组织损伤、伤筋及风湿痹疼、肌肉迟缓无力等症，具有舒筋通络、行气和血、消淤止疼等作用。

再依次旋摩从心窝部直线向下至耻骨联合部；

在耻骨联合部，两手分开，各自顺着对称的弧形线旋摩向上，在心窝部会合；

再由心窝部出发，两手直摩至耻骨联合部，重复二十一次；

右手掌依顺时针方向旋摩脐腹二十一次；

左手掌依逆时针方向旋摩脐腹二十一次；

左手以反叉腰的方式（大拇指在前）轻捏左软肋下，右手中三指从左乳下方顺直线向下推至腹股沟处，重复二十一次；

再交换左右手，按照上式进行二十一次。

重复上述八式，反复七次，而后盘腿坐定，用两手大拇指掐指纹、屈拳，分别按在两膝头；同时，双脚十趾微微跖屈，上身依逆时针方向环摆二十一次，再依顺时针方向环摆二十一次，都须慢慢进行，不用力，但环转幅度须尽可能大。比如在逆向摆身时，胸部和肩部须摆出左膝外；顺向摆身时，胸肩则摆出右膝外；经过前方时，胸肩皆须摇伏膝上；摆向后方时，则须使腰脊成反弓状。

以上方法每天进行三次，即在睡起时，中午时，晚间临睡时各一次。初学时，每次三遍;三天后,每次做五遍;六天后,每次做七遍。无论忙与闲都不可间断。如果遇到有事,中午一次时没空,但早晚两次必不可少。

八、导引保真法

五乔、赤松从来被称为有仙术的人,他们能炼内丹气功,有奇书传世,然而对人的元真没有补益,我又何必羡慕他那五色云丹?如果说对我的性命根本有所补益的事,是只求自己独卧一床,所以不必要像炼丹那样做精细的采纳工作,那奇书的引导对我也没有好处,现在只录下面几条,铭刻在我的座右。这样只从我自身上取法,方式简便而功效倍增,每天坚持既不劳累又可持久,那又何必还要那些伯山甫的神奇药方、卫叔卿的怪异方法呢?

1.静坐,用两手手指叩击头后枕骨九次,以使天鼓鸣响。

2.用嘻、嘘、呼、吸各九次,以调和自身元气。

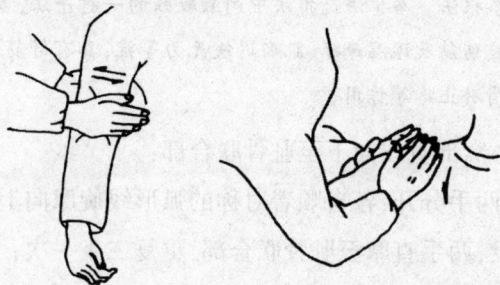

①上肢搓法　　②肩部搓法

搓法

用双手掌面着力,作对称地挟住或托抱住患者肢体的一定部位,双手交替或同时相对用力做相反方向的来回快速搓揉,并同时作上下往返移动,称为搓法。搓法是较为温和的一种手法,是一种辅助手法,常与抖法配合作为推拿治疗的结束手法使用。

3.叩齿三十六次,以使元神凝集。

4.将两手大拇指摩擦热,各拭眼二十四次,以培育眼睛的元气。

5.将两手大拇指摩擦热,拭鼻两旁二十四次,以培育呼吸系统的元气。

6.将两手摩热,擦两耳腔二十四次,以使听力达到最佳状态。

7.将两手摩擦热,抚摩面颊三十六次,以润泽面部。

8.将两手顺摩腰眼肾经二十四次,以培固真精。

9.将两手左右交互擦双脚底涌泉穴,各二十四次,以培育力气使自己健壮。

10.将两肩胁肋部耸动三十六次,以运动筋脉。

以上十项功夫做完后,口中津液滋生时,即鼓漱满口,分作三次咽下,意想津液流入丹田,以养我之元真。

九、干 浴

清早刚起床时,左右手交互从头顶经过,挽提两耳轮,使之向上活动,又梳理鬓发使头部血脉流通,这样可使发不白耳不聋。

又摩热手掌后抚摩面部,从上向下,分四次后停止,能够去除汗气,使面部有光泽。

又摩热手掌,抚摩身体,从上向下,名叫"干浴",可治人由于季节的风寒邪气导致的寒热头痛,使百病皆愈。

十、养五脏坐功法

养心坐功法正坐,两手握拳,用力向两侧虚击,各六次;又将一手按在另一只手的腕上,下面的手向下如推重石;再两手交叉,用左右脚分别踏手中五、六次。能去除心、胸间风邪等疾病。以上操作时闭住气,闭目良久,三咽液三叩齿后结束。

养肝坐功法正坐,两手重叠按于大腿下,慢慢扭转身体,左右各三五次;又双手交叉拉拽,在胸前翻覆双手三、五次。这种方法能消除肝脏积聚的风邪毒气,其余事项同养心坐功法。

养脾坐功法平坐,伸一只脚,屈一只脚,用两手向后反拉各三五次;再跪坐,用两手撑地,回头用力虎视,各三五次。能消除脾脏积聚的风邪,增进食欲。

养肺坐功法正坐,用两手撑地,缩身曲背,向上抬背三次,可消除肺脏风邪积劳。再反转拳头捶打脊背,左右各三五次,这种方法可去除胸臆间风毒。以上操作

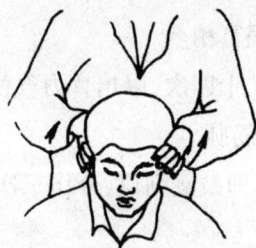

①双手指勾法　　　②单手指勾法

勾法

用食、中两指并拢微屈成钩状,以食指第二节和第三节的桡侧缘着力,紧贴皮肤作连续的推抹动作,称为勾法。勾法从抹法演化而来,常与抹法、一指禅推法相配合施用治疗高血压,为治疗的辅助手法。

时闭住气,良久,闭目吞咽津液,叩齿三次后停止。

养肾坐功法正坐,用两手指从耳旁上升牵引两助三五次,可挽臂向空中抛射,左右相同,缓身三五次;再用脚前后各跨十几次。能消除腰肾膀胱间风邪积聚,其余事项与上面相同。

十一、摩鼻边

夜间睡醒时,常常叩齿九遍,吞咽唾液九次。完毕后,用手按摩鼻的两边,左右上下数十次,同时口中轻轻念道:"太上四明,九门发精,耳目元彻,通真达灵。"睡醒后就这样做,不要错过一次。这能够使人耳聪目明、智慧增强、心胸开朗、鼻部调和、不流鼻涕、四通八达、面色如童、安定魂魄、辟除邪魔、七窍畅通、色如白花,这是真人起居的妙法。之所以叫作起居妙法,是取其持之以恒的原因。以上运动操作完毕,又吞咽唾液九遍,摩拭面部和眼睛使之稍微发热。这样常常操作,次数越多越好。

十二、摩面目

《石景赤字经》上说：如能常用手掩口鼻，掩临近眼睛的部位，并同时微微呼气，稍久时，手中有液体凝集，就用来摩抚面容和眼睛。常常这样做，能使人体香。

十三、擦肾腧穴

张成之任司农丞临史，和我曾在一起闲坐谈心，同时在座的还有一个叫盖支的人。当时正值天气严寒，一二刻的时间我就去解了两次小便。张成之问我："为什

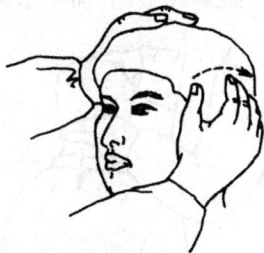

扫散法

施术者以一手轻轻扶住患者头部，另一手指伸直，以拇指桡侧面及其余四指指端，同时贴于头颞部，稍用力在耳上后方、胆经循行部位，自前上向后下作弧形单向摩动，称为扫散法。具有平肝潜阳、醒脑安神，祛风散寒等作用，常用于辅助治疗头痛、头晕、失眠、高血压等症。

么这样尿频？"我说："寒冷天气自然应该是这样。"张成之说："我不论冬天夏天，只早晚两次小便。"我向他询问道："你有导引的方法吗？"张答说："有。"我便对他说："哪天有时间定当面向您请教。"因此，当我有空时就专门去请教，得到张成之的口授秘术。他说："我以前曾做人家的上门女婿，我妻弟年少时，曾遇一人教他一小秘诀：晚上睡觉前，坐在床上，脚下垂，脱掉衣服，闭气，舌抵上腭，目内视头顶，收腹提肛，用两手摩擦两肾腧穴，各一百二十次，次数越多越好，练完功后休息。我妻弟这样坚持练了三十年，效果极佳。于是回来后便将这个方法告诉了父母，父母练习

了十日,便夸奖说:'效果果然奇妙。'"于是他又将此法告诉了几个诚信的亲戚朋友,通过练习,疗效都很好。

十四、吕洞宾兜肾功

用手搓肚脐之下八十一遍。又用左右手交换兜阴囊九遍。到下午三至五时,在咽气的同时抽动阴囊,将膀胱里的气收聚到丹田里,将心里的气纳于下部。心属火,应使心气常常降到下部,默然返光内照,如旋转的火轮似的。这种功法的效验虽然来得慢,而效应极大。

所以说肾,是气海,心,是神都。守护好肾,不使其有所亏虚,常搓肾、兜肾囊,抽动肾囊,咽气,左右手抱肚脐。困倦后,就屈膝而卧,提暗劲使睾丸升入两侧腹股沟内,使外肾与脐相对。如此自然下元坚固,而使水火交合炼成内丹。

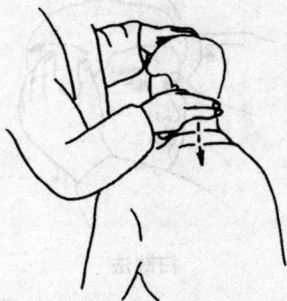

刮法

用拇指桡侧面或食、中两指指面蘸水后,直接在体表一定部位或穴位上着力,作单方向的快速推动,称为刮法。

刮法属于中等刺激手法,用于治疗感冒、暑热、呕吐、不思饮食。民间常用汤匙边缘蘸清水,葱姜水或麻油刮,又称为"刮痧"。

十五、兜囊去疾术

人在元气亏弱、腠理不密时,就易伤风感冒。患者只需端坐盘足,用两手兜紧肾囊,闭口,屏住气息,默想真气从尾闾关上升,经过夹脊关,透出泥丸宫,以此来驱逐邪气。又低头屈身,如行跪拜大礼时的模样。这样反复操作,不论次数,汗出为止。伤风感冒立即就能好。

逍遥子说:蹒跌端坐向蒲团,手握阴囊意要专。

运气叩头三五遍,顿令寒疾立时安。

勒法

用屈伸的食、中指夹持患者手指或足趾根部两侧,然后迅速滑出指端,称勒法,又称理法、抹法、捋法。属推拿辅助手法。勒法能疏通经络,滑利关节,适用于手指、足趾部酸胀、麻木、活动不利等。

十六、金丹秘诀

"一擦一兜,左右换手,九九之功,真阳不走。"

在戌时(晚上 7~9 点钟)亥时(晚上 9~11 点钟),阴盛阳衰的时候,一手兜住'肾囊,一手摩擦脐下,左右换手,各八十一次。这样操作半日,可使精固不泄,长期这样坚持更佳。

十七、擦涌泉穴

涌泉穴在足心,湿气全都是从这里进入人身的。不论白天晚上,脱去鞋袜让脚底赤裸,用一手握住脚趾,另一手摩擦涌泉穴,这样两足交替进行,次数多时,觉察到足心发热,就将脚趾略略动转,疲倦了就稍事歇息。或者让别人擦磨也可以,但总不如自己擦磨的效果好。

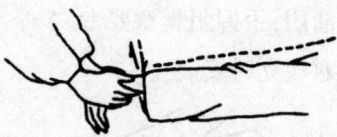

抖法

用双手或单手握住患者肢体远端,微用力做连续性小幅度的,呈波浪形的上下抖动,使关节有松动感,称为抖法。抖法常用于辅助治疗上、下肢关节疼痛,活动不利,在临床上与搓法配合应用,作为治疗的结束手法。

陈书林说:"先祖父每夜常常自己擦磨涌泉穴数千次,所以到了晚年还步履轻便。我生性懒惰,每晚睡时只叫别人替我擦磨,擦到我睡熟为止,也感觉很能增强体力。"

我家乡有一个人郑彦和,从太府丞迁为江东仓司时去辞别皇帝,他的脚弱到连在陛下前行跪拜之礼也不能,枢密院黄继道就教给他这个方法,不过一月,他就能跪拜了。浙江吴兴人丁邵州,由于走远路而使脚受了病,半年不能下床,遇到一个道人,也教给他这个方法,他长期坚持做,也治愈了脚病。现在把它记录在书册上,用来告诉生病的人,难道说这只是小补的方法吗?

十八、按摩去痛法

常在夜半至日中这一段"生气"时间里,吞咽津液十四遍,完毕后以意念将所吞津液送至身体的痛处并按住。同时口中向天祝祷道:"左玄右玄,三神合真,左黄右黄,六华相当,风气恶疫,伏匿四方,玉液流泽,上下宣通,内遣水火,外辟不详,长生飞仙,身常体强。"念毕,又吞咽津液十四遍。常常这样操作,就不会有病。又应急按痛处二十一遍。

十九、真人起居法

在夜半后元气生发时,或五更睡醒时,或无事闲坐时,或空腹时,乃可宽衣解带,先微微呵出腹中之气,呵九遍停止,或呵三十遍停止。安定心神,闭上眼睛,叩齿三十六遍,以使身内精气神凝集。然后用大拇指背拭眼内外眼角九遍(使眼睛没有翳障,明目去风,兼补肾气。——译注),并按鼻部左右七次(使鼻表里俱热,这就是所谓"灌溉中岳以润肺。"——译注),再把两手搓得极热。屏住口鼻之气,然后摩抚面部,不计遍数(摩及发际部位,能使面部有光泽。——译注),又摩抚耳根、耳轮,也不计遍数(这就是所谓"修其城郭,以补肾气,以防聋聩"。——译注),此名"真人起居之法"。然后以舌头抵住上腭,鼓漱口中内外,使津液满口,分三次咽下,这样做三遍,吞咽津液九次。《黄庭经》上说"漱咽灵液体不干"即指此。做过此功法之后,便兀然放开身体,心同太虚之境界,身若委衣般轻灵,遣除万虑,寂然归真。这样长期操作,能使气血调和畅通,自然延年益寿。

二十、高子恬养之法

高子说:一天恬养之法,鸡鸣后醒来,就用两手呵气一二口,以呵出夜间的积毒,再两手合掌,搓热后摩擦鼻子的两旁,然后再拂熨两目三十五遍。又再将两耳揉、捏、扯、拽、卷,向前后三十五遍。接下来用两手抱脑后,用中指、食指弹击脑后各二十四下。然后左右耸身舒臂,作开弓势,左右开弓三十五遍。最后将两腿伸缩三十五遍。叩齿鼓漱唾液满口后,分作三次吞咽,然后休息。凶四时气候寒温不一,衣服的多少要顺应季节的变化。起床后喝白开水三五口,名太和汤。再服平和补脾健胃药数十丸。一会儿,食淡粥一两瓶。并用蔬菜来压味。不要过分吃辛辣及生硬的食物。在房中行走,用手鼓摩腹部,行走五六十步。或去拜佛,焚香诵经,念佛,作西方功德。或教授儿童的学业,或料理家务事。遇事要随和,不要因小事

① 坐立姿势　　② 拇指自然着力

③ 腕部向外摆动　　④ 腕部向内摆动

一指禅推法

用拇指指端、罗纹面或偏峰着力于一定部位或经络穴位上,沉肩垂肘,以腕关节悬屈,运用腕部的摆动带动拇指关节的屈伸活动,使产生的功力轻重交替,持续不断地作用于经络穴位上,称为一指禅推法,适于全身各部穴位。

而动气,更不得用力怒叫。然后拄杖走进园林,让园丁种植蔬菜,开沟垦地,除草浇花,结缚延蔓,整治横枝。不要怕事情冗杂,要四时采花插瓶,以供书斋清玩。归室后平静呼吸,闭目静坐定神。然后进午餐。午餐时,要量腹饮食,不要因味美而多吃,不要吃厚味香燥的食物来铄灼五脏。食后应饮清茶一二杯,并用茶水漱齿,漱三次后再吐出,可以去掉牙缝中的积食。然后提气起身,用手反复鼓腹行百余步便停止。或到书室去练书法,去做书室中修行的事。或接待客人谈玄论道,说些闲散话,不要议论是非,不谈权势,不涉公门,不贪财利。或与客人共享粉糕、面食等物,啜饮清茗一杯。忌食水团、粽子、油炸坚硬腻滑的食物。起身送客,或与客人共行二三百步。归来后,或昼眠,或行吟古诗,以宣畅胸中的幽情。能弹琴的人,可抚琴一二曲。四时酌量自己身上的衣服,根据寒暖加减衣服,不得忍寒,不乱添衣。然后就拄杖行走在门庭或园林之中,使血脉流通。四时的晚餐,应量腹饥饱,或饮酒十来杯,但不要喝醉,这样,可以调理百脉。入夜点灯,冬月用来看诗或小说,一二鼓就要睡觉。主人应晚睡,便于处理家中失火或防盗等事。睡时应常服消痰导滞利膈和中的药一剂。心中不要想过去、未来、别人和自己的恶事,只以一善为念,便不会做噩梦。有时心神安宁,常多梦魇,当以朱砂三钱,用红绢袋包好,傲在头顶的头发内,或将麝脐的毛壳放在枕内来镇魇。或临卧时口诵"婆删婆演帝"二十一遍,这样,排除梦魇会更为灵验,想来此是主夜的神讳吧。卧房中点上一支昏暗的灯,以使其上放置的茶汤常温,以便在需要时饮用。榻前常焚苍术等香,不让居室

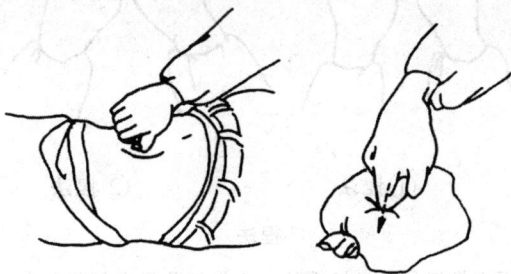

①屈拇指点法　②屈食指点法

点法

用指端或屈曲的指间关节突起部分着力,
按压治疗部位,称为点法。点法由指按法演化
而来,具有着力点小、刺激强、操作省力等特点,
能治疗各种瘫症、痛症,如腰腿痛等。

污秽,以辟不祥。夏月不可用水洗席,冬月不可用火烤衣物,若只图一时之快,日后疾病发作时会很重。老人年老体衰,冬天怕冷,可以用锡水壶注热水,用布包紧来御寒,先放在被盖里暖被,临睡时会很暖和,又可以温脚,且无火气。这是我一天的安乐之法,深含"无为"、"不求"的道家修养,而且并不难办,人们若能这样去做,会受福不尽。这难道不是延年益寿最容易的方法吗? 不要因太平常了而忽视。"道不在远",说的就是这个意思。

二十一、左洞真经按摩导引诀

高濂说:人身舒畅,都是因为气的流通才得以维系。气机调畅则人体健康,气滞不通身体就会生病。所以《元道经》说:"元气难以聚集而易于耗散,关节容易闭塞而难于开通。"人体必须运动,饮食才易于消化,血脉才通利。养生高手用按摩导引之法来疏导血气、打通关节、避除外邪,使邪气不得侵入人体。《传》称:"户枢不蠹,流水不腐。"人的形体也是这样,所以要想治疗疾病,延长寿命,须以按摩导引为先。

夜半时,少阳之气,生在阴分,养生之人,在子时修炼。古人养生从一天的子时

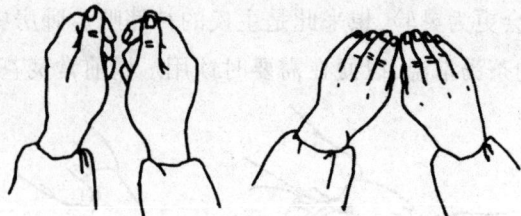

①捏法　　　　　②捏法

捏法

捏法有三指捏和五指捏两种。三指捏是用大拇指与食、中两指夹住肢体，相对用力做一紧一松挤压。五指捏是用大拇指与其余四指夹住肢体，相对用力做一紧一松挤压。本法适用于头部、颈项部、四肢及背脊，具有舒筋通络，行气活血的作用。

开始并且坚持不懈。

转肋舒足：《混元经》说："戌、亥、子三个时辰，阳气生而人人睡，睡着后气则滞于人体关节。养生之人睡觉时不压迫，所以阳气一旦产生则舒展身体，使营卫之气周流全身。"

导引按跃：跃身而起，平身坐定，两手交叉放在颈后，仰视，头左右摇摆，接着用手扳脚，稍稍闭气，取太冲穴之气，向左引如射箭状，右边同样如此，可使人精血通畅，风邪不得侵入。经常练习，可祛病延年。

捏目四眦：《太上三关经》称："经常用手按内眼角，闭气做，呼吸通了就停止，反复进行。经常这样做，可以明目。"又说："导引完毕，用手按捏四个眼角二十七遍，捏的时候让眼睁开，这是检验眼神的方法。"经常做，可以知道它的妙用。

摩手熨目：捏完四个眼角后，再用两手在体侧摩擦，手掌火热后睁眼，用热掌摩熨眼睛几次。

对修常居：《内景经》说：经常用两手按压眉毛外侧的小穴位十八次，过一年眼睛明亮，夜间可以写小字。眉毛外的小穴，为上元六合之府，其功能是化生眼晕，和莹精光，长珠彻瞳，保炼月精，按眉外小穴是真人练习的好方法。紫微夫人说："仰和天真，俯按山源。""天真"是两侧眉毛的角，山源是指鼻下的人中。"眉角是彻视之津梁，人中是引灵之上房"。

俯按山源：紫微夫人说：俯按山源，山源即是鼻下的人中，在鼻下小谷中。楚庄公时，宋来子经常唱道："手为天马，鼻为山源。"每次经过危险的地方和有宗庙之处，心中自觉有些事理不明时，就先卷舌向内，吞咽津液一两次后，再用左手食指和

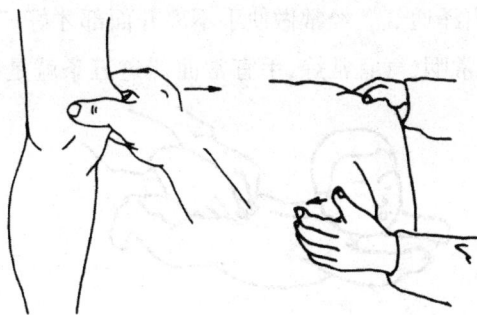

弹筋法　　　　　　　　　　拨法

弹筋法　用拇、食两指,或用拇、食、中三指紧捏住治疗部位肌肉或肌肤,稍用力向上提起,然后突然放开,使该部肌肉和肌腱迅速弹回原位,如拉放弓弦之状称为弹筋法。弹筋法能舒筋活络,畅通气血。能治疗软组织扭挫伤或劳损,以及风湿痹痛症。

拨法　用手指按于穴位或一定部位上,适当用力做与肌纤维垂直方向来回拨动,其状如弹拨琴弦,称为拨法,又名拨络法,弹拨法,指拨法。拨法刺激力较强,主要适用于颈、肩、背、腰、臀、四肢部肌肉,多与其他手法配合使用。

中指,捏两鼻孔下的人中之本,即鼻子隔孔的内际处。鼻中隔孔之际,又叫山源和鬼井,也称神池和魂台。捏毕,叩齿七次,再用手掩鼻。用手按压山源,则鬼井闭门;手迫近神池,则邪根分散;手临近魂台,则玉真守关。鼻下山源,是一身之武津,真邪之通府。守真,可以制服各种邪气。

营治城郭:《消魂经》说:按压左右耳廓无数次,可增强听力。

击探天鼓:天鼓指耳中的声音。用两手心压住耳门,用手指击打脑后,常常希望听到其声音洪大,经久不散。一日做三次,对下丹田有好处。如果声音不洪大,且散漏而不持续,说明元气不能聚集,须服气调理。

手朝三元:《真诰》称:"顺手摩发,像梳理头发一样,可使头发不白。用手来回按摩额头,称为手朝三元,这是固脑坚发的法子。用手按摩头部四周,可使头发增多。于是头部血液流通,风湿之邪不会附着于头。"

下摩生门:《黄庭经》称:"两部水王对生门。"生门指肚脐。闭内气,鼓动小腹使之有胀满的感觉,用手旋引使气内外旋转三次。

拭摩神庭:《真诰》称:"面部为神之庭,头发为脑之花。心情悲伤时面部就憔悴,大脑功能减退时头发就变白。"《太素丹经》称"面部须经常用手按摩使之发热,随着面部骨骼的高低而摸遍,卜则面部有光泽,不生皱纹黑斑。练习五年,面色如少女,这就是所谓的山泽通气。经常做使手不离开面部才好。"《荥阳书》称:"发宜多梳,齿宜常叩,液宜常咽,气宜常炼,手宜常面。"这五条就是所谓"子欲不死修昆

①捏背法

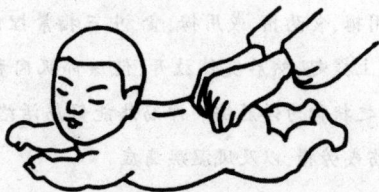

②捏背法

幼儿捏背法

幼儿的生理特点为脏腑娇嫩,形气未充和生机蓬勃,发育迅速。幼儿的病理特点为发病容易,转变迅速和脏气清灵趋康复。常用按摩推拿法,以防为主,可以避免幼儿针药之苦。而自下而上捏背法,能调阴阳,理气血、和脏腑、通经络、培元气,具有强身体的功能。

仑"的长寿秘方。

梳发去风邪:《谷神诀》载:"梳头时不要面向北方。梳头必须勤,勤梳则能消除风邪。多则梳一千次以上,少也不低于几百次,可叫人数次数。"《太极经》称:头发宜梳其密集的地方。反复梳理但不要使头皮有疼痛感,也可以让别人帮助梳理。这样血液就不会停滞,发根便坚牢而不易脱落。

运动水土:《真诰》称:"吃饭不要吃得过多,吃多则易生病;不要吃饱了就睡觉,否则心神荡漾,学道的人必须谨慎。"《登真秘诀》称:"吃饱了不能立即就睡,否则会生百病。吃完饭后散散步,用手上下按摩两肋一会儿,再反手按摩肾脏部位,使之发热。养生家称此为运动水土,即指运动脾肾。这样饮食自然就会消化,可使百脉流通,五脏安和。"

《养生论》说:"腹中饥饿才吃,刚刚有饱感就不要吃了。申时与未时之间,饮一杯酒,可以代替吃粮食,酒能荡涤肠胃。修道之人少量喝点酒对人有好处,可以提炼人体内的真气。"《灵剑子服气经》说:"饮酒后行气容易通畅,但不可多喝甚至

引起呕吐,否则对身体有害。"

二十二、按摩导引宜忌

病有适宜用按摩法的,有适宜用导引法的。导引法可以把外邪从关节驱逐出去,按摩法可以把浮淫从肌肉驱逐出去。该用导引法时而不用导引法,就会使外邪侵入关节,导致固结难通。该用按摩法时而不用按摩法,就会使浮淫留在肌肉里,

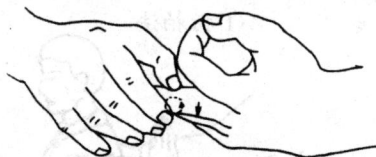

捻法

推拿手法名。指用拇指和食指捏住一定部位,对称用力做均匀和缓的捻线状搓揉。捻法刺激量轻,常与拔伸法、摇法配合治疗指、趾关节痛,扭伤及关节障碍等症。

久久不得消去。不该用导引法时却用导引法,就会使人真气劳败,而邪气得以乱行;不该用按摩法时却用按摩法,则会使人肌肉臃胀、筋骨舒张大凡治疗的方法要适应病人的具体情况,若其体内没有外邪侵入,就不用导引法;若其体表没有浮淫之气,就不用按摩法。

二十三、华佗五禽戏

虎戏:四肢撑地,向前踯躅三遍,向后踯躅三遍;长引腰,忽向前忽向后;仰身向天,四肢返伏撑地,如此向前行七遍,向后行七遍。

熊戏:正身仰躺,用双手抱住膝下,抬起头;左捶地七遍,右捶地七遍;蹲地,以手左右推地各七遍。

鹿戏:四肢撑地,旋引颈部向后看,左三遍,右三遍。向左伸右脚,向右伸左脚;左右伸缩各三遍而止。

猿戏:攀住物体让自己悬挂起来,伸缩身体上下七遍;用脚勾住物体让自己倒

悬,左脚七遍,右脚七遍;坐下,用左右手勾住脚互按各七遍。

鸟戏:站立,翘起一只脚,伸展两臂,若扬扇似的用力,十四遍;换另一只脚,也扬臂十四遍。坐,伸脚,用手挽足趾,左右各七遍;伸两臂七遍,缩两臂七遍。

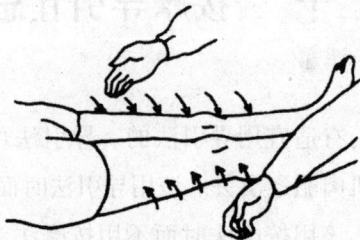

①指拍法

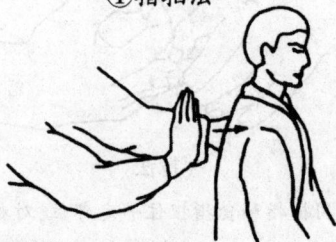

②掌拍法

拍法

用手拇指腹面或手掌腹面着力,五指并拢,用虚掌击拍一定部位或穴位上,称为拍法。拍法根据不同部位和病情的需要,分为指拍法、指背拍法和掌拍法三种,为治疗各种疾病的辅助手法.亦用于保健放松。

二十四、婆罗门导引十二法

第一、龙引。两手向上推,兼有拉弓之势,左右手相同动作。又两手交叉,上举过头。

第二、龟引。端坐,两脚呈八字形,用手推膝,使膝转动,同时头左右回顾各三次。

第三、麟盘。侧卧,屈手托头,靠近床铺,脚屈向七,傍着大腿展开,又让屈而向上的脚向前弯。左右姿势相同。

第四、虎视。两手撑在床上，拔身向背后看，左右姿势相同。

第五、鹤举。站起来，慢慢折转身体，伸长颈左右扭转，左右各五遍。

第六、鸢趋。站立，用脚慢慢向前踏，同时两手握固，用手前后策动，左右各三次。

第七、鸳翔。用一只手在背上与另一只手交叉，低身，慢慢转侧，左右各五次。

第八、熊迅。两手叉，在胸前翻覆，前后抱住膝头，左右转侧各三次。

第九、寒松控雪。平坐，手撑在膝上，慢慢低头，左右摇动，慢慢转侧，左右各三次。

第十、冬柏凌风。两手撑床，或低头或抬头，左右转动身体各三次。

第十一、仙人排天。平坐，侧身，两手撑床如推天，左右姿势相同。

第十二、凤凰鼓翅。两手交捶胳膊及臂，又反捶背部，自上而下，连及腰腿，各三次，同时慢慢扭旋身体，只以使身体舒适为准，不要过度，更不要使自己疲劳。

二十五、玄鉴导引法

第一、治短气。双足交叠而坐，两手相叉，置于头枕部上方，使手掌向头，使额头着地，如此五遍而止。

第二、治大肠中恶气。用右手按左手指五遍，左手按右手指也是五遍。

第三、治肠中水癖。用左手指向天指五遍，用右手指拄在地上，伸展左脚，伸展右脚，须伸到最大限度，五遍而止。

第四、治小肠中恶气。先将左手叉在腰上，右手指向天上，须指到最大限度，五遍而止。然后换手反复操作。

第五、治腰脊间闷。双足交叠而坐，两掌相按置于左膝上，低头至右面颊，五遍；向外向左回到左膝上，又回到右膝上，然后继续旋转，如此环绕五周而止。再换右膝、左向偏头，重复操作。这叫"腰柱"。

第六、治肩中恶气。以两手相叉抚摩左胁，举起右手肘，从胸乳部至头上，向右转过头部、摇动搔抓肩部，从右抽动、向上向右摇动肩部，五遍而止。

第七、治头部恶气。反手置于头枕部，左右摇动头部，须摇到极限，五遍而止。

第八、治腰脊病。两手左右叉腰，摇动肩部，须摇至极度。

第九、治胸中病。左右两手叉腰，曲身，曲至极度，五遍而止。

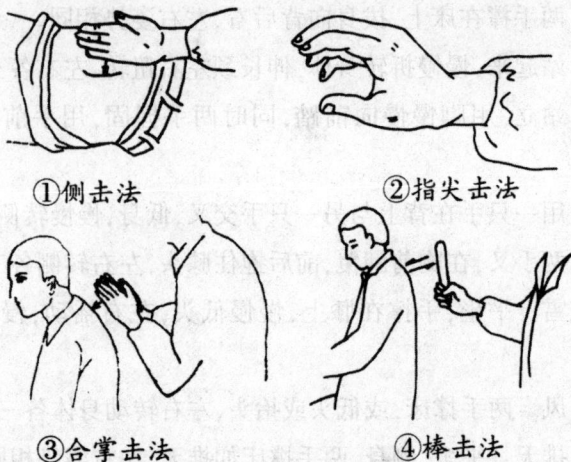

①侧击法　　　　②指尖击法

③合掌击法　　　　④棒击法

击法种类

　　根据不同病情,击法各有不同,但操作要领大致相同。击法要求术者以腕发力,由轻而重弹力拍击体表,击打的动作要协调、连续、灵活,频率要由快而慢,或快慢交替。此法适用全身各部,以头顶、肩背、腰臀、四肢多用。

　　第十、治肩中劳疾。两手相叉,左捶肩,右捶肩,低下头部至膝,低至极度,五遍而止。

　　第十一、治皮肤痒。用左右手向上摇动两肩,摇至极度,五遍而止。

　　第十二、治肩胛恶注。左右手作挽弓状,各五遍而止。

　　第十三、治胳膊中注气冷痹。站起直立,一脚踏高,另一脚稍低,向前拽动胳膊,向后抽取胳膊;再更换而重复操作,各十四遍。

　　没有病也常做此导引法能使百病不生。

二十六、治万病坐功诀

　　凡是治疗各种疾病,要根据不同的情况来安放枕头,如病在喉中、胸中的,枕高七寸;病在心下的,枕高四寸;病在脐下的,则去掉枕头。用口出气,鼻吸气,称为泻;闭口将气温热再咽下,称为补。想引导气血来消除头部病邪的则仰头;想引导气血来消除腰腿病的,跷起脚十趾;想引导气血来消除胸中病的,要屈卷足的十趾;想引导气血来消除腹中寒热及各种不适,都可闭气,腹胀难忍的,用鼻呼吸,反复进行,直到病愈为止。

1.平坐,伸腰、脚、两臂、两手展开撑地,口中慢慢吐气,用鼻吸气,能消除胸中、

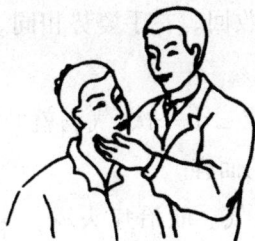

①颈部摇法

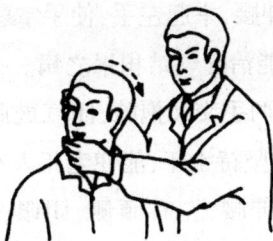

②颈部摇法

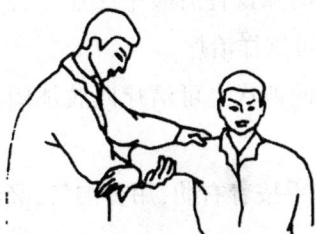

③托肩摇肩法

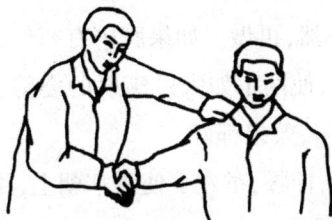

④握手摇肩法

摇法

  以受术者关节为轴心,作被动环转活动的手法称摇法。摇法主要活动关节部位,能舒筋通络,解除粘连,增强关节活动功能。摇法根据部位不同,又分为颈部摇法、肩关节摇法、髋关节摇法、踝关节摇法。适用于颈、肩、体及四肢关节部运动功能障碍者。

肺中的病痛。吞咽的气先要在口中温热,然后再闭目用意念行气。

  2.端坐,伸腰,用鼻吸气,闭气,向前后摇头各三十次。可治疗头虚空花、天旋地转的疾病。摇头时一定要闭上双眼。

  3.将左肋侧卧,用口吐气,用鼻吸气。能消除积聚在心下的不舒适的感觉。

  4.端坐,伸腰,用鼻子慢慢吸气,用右手捏鼻,旋动双睛。治疗视物昏花、眼泪汪汪及鼻中启、肉;也能治疗耳聋、伤寒头痛。都以出汗为限度。

  5.正面仰卧,用口慢慢出气,用鼻子吸气。能治疗里急症、和饱食后宿食之症。然后轻微咽气十次,使气温和为止。如果气寒,使人干呕、腹痛,可用鼻吸气并咽七至十下。若至百次,则腹内填满,而能消除邪气,补足正气。

  6.右肋侧卧,用鼻子吸气,用口慢慢吐气,数到十次。手相互摩擦,温热后再按摩腹,使气下行从肛门排出。这能消除两肋胀闷疼痛。病愈则停。

  7.端坐,腰部挺直,两臂上展,两手掌朝上,用鼻子吸气至满,闭气。如此呼吸七次,称为蜀王台。能治疗肋下积聚之疾。

  8.俯卧,拿掉枕头,竖起两脚,用鼻子吸气四次,再用鼻子出气四次。如果气出

尽则再微微吸入少许,不让鼻感知。能治疗身中热病以及背痛。

9.端坐,伸腰,举起左手,使手掌朝上,然后收回。右手姿势相同。能治疗两臂痛及背痛,并能治疗气结积聚之病。

10.端坐,两手交叉抱膝,闭气鼓腹十四次或二十一次,气满就吐,等到气息通畅为止。这样坚持十年,能使老年人有少年人的面容。

11.端坐,伸腰,左右倾侧,闭眼,用鼻子吸气。能治疗头风。这样做七次后停止。

12.端坐,伸腰,用鼻子吸气数十次。能消除饮食后腹中胀痛。自觉腹中舒适则停止,若不然,再做。如果腹中有寒气,也可这样治疗。

13.端坐,使两手如张弓满射的姿势,如此四次。可治疗四肢烦闷,背部拘紧。每天随时练习,效果都好。

14.端坐,伸腰,举左手使手掌朝上,用右手按着右肋,用鼻纳气,吸满七次。能治疗淤血气滞等。

15.端坐,伸腰,举右手使手掌朝上,用左手托着左肋,用鼻吸气,吸满七次。能治疗胃寒、饮食不化。

16.两手反撑在地,仰头,用鼻子吸气,并咽下数十次。可消除热病及身体受伤坏死的肌肉。

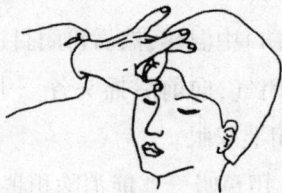

弹法

弹法指手指用力弹出击打受术部位的手法。弹法作用面小,刺激可达皮下、肌肉,有舒筋通络、祛风散寒、促进局部血液循环、放松肌肉、解除疲劳的作用。弹法可用于全身各部,尤适用于头面、颈项及胸部、关节浅表肌肉、肌腱处。

17.正面仰卧,展平手脚,用鼻子吸气,吸满七次,摇脚三十次而止。能消除胸部及脚中寒气、周身痹痛、厥逆、咳嗽。

18.仰卧,屈膝,让两膝头向内相对,用手翻抱两脚,伸腰,用鼻吸气,吸满七次。能治疗痹疼热病,两髀不遂。

19.平坐,两手抱头上下转动,称为开肋。对身体沉重,气机不通畅者,都能治愈。

20.蹲坐,伸右脚,两手抱左膝头,伸腰,用鼻吸气,吸满七次。能治疗肢体难以屈伸以及拜起髀中痛、瘀血痹症等病。

21.蹲坐,伸左脚,两手抱右膝,伸腰,用鼻子吸气,吸满七次,向外展开左足。能治疗肢体难以屈伸,以及拜起后髀中痛。有书上说其可除风邪以及目暗、耳聋。

22.正面仰卧,用两手按摩丹田部位,使它如油囊裹丹。治疗阴部湿冷,小便困难,小腹坠胀不适。如果腹中发热,只用口出气,鼻吸气数十次,停止,也不须稍微咽气。若腹中不热,呼吸七次,将温气咽下,如此十次,停止。

23.俯卧,从旁边看两脚跟,伸腰,用鼻吸气,吸满七次。能治疗脚中酸疼、转筋及脚部酸痛。

24.蹲坐,两手抱两膝头,用鼻吸气,吸满七次。治疗腰痹背痛。

25.仰卧,展开两腿两手,使两脚跟相向,也用鼻吸气,吸满七次。能除去死肌及足髀寒冷疼痛。

26.仰卧,展开两手、两腿、两脚跟,用鼻子吸气,吸满七次。能治疗胃中食积不化,呕吐等病。

27.蹲坐,伸腰,用两手攀两脚跟,两膝头向下。用鼻子吸气,吸满七次。治疗身痹。

28.仰卧,展开两手、两脚,仰足趾,用鼻吸气,吸满七次,治疗腹中弦急切痛。

29.仰卧,用左足后跟勾住右足大拇趾,用鼻吸气,吸满七次。可治疗厥症。如果左脚后跟不能勾住右足大拇指,仍可依法行事。

30.仰卧,用右脚跟勾住左足大拇趾,用鼻子吸气,吸满七次。可治疗周身痹痛。

31.若病位在左,就端坐,伸腰,眼睛向右看,用鼻吸气,吸满数十次,停止。操作时闭上眼睛。

32.若病邪积聚在心下,可端坐,伸腰,面向太阳仰头,用鼻子慢慢吸气,并吞咽下去,做三十次后停止。操作时闭上眼睛。

33.若病位在右,就端坐,伸腰,眼睛向左看,鼻子慢慢吸气,并咽下去,如此做数十次后停止。

《元阳经》说:"应经常用鼻子吸气,口中含漱津液,用舌头撩唇齿,咽津咽气。一天能如此做千次,最好。应当少量饮食,吃多了则易导致气逆,气逆则百脉闭塞,百脉闭塞则气不周流,气不周流则生疾病。"

二十七、钟离八段锦

闭目冥心坐,握固静思神。

叩齿三十六,两手抱昆仑。

左右鸣天鼓,二十四度闻。

微摆撼天柱,赤龙搅水浑。

漱津三十六,神水满口匀。

一口分三咽,龙行虎自奔。

闭气搓手热,背摩后精门。

尽此一口气,想火烧脐轮。

左右辘轳转,两腿放舒伸。

叉手双虚托,低头攀足频。

以候逆水上,再漱再吞津。

如此三度毕,神水九次吞。

咽下汩汩响,百脉自调匀。

河车搬运讫,发火遍烧身。

邪魔不敢近,梦寐不能昏。

寒暑不能入,灾病不能。

子午后前作,造化合乾坤。

循环次第转,八卦是良因。

闭眼入静盘腿而坐,双手握拳收聚心神。

叩齿三十六次,交叉两手向颈后,抱头平缓呼吸九次,不要让耳朵听见。从这以后,呼出与吸入都不能让耳朵听见。

移两手心掩两耳,先以食指压中指,弹击脑后,左右各二十四次。

先两手握拳,摇头左右顾视,肩膀随着转动二十四次,并以舌搅口齿和两颊,待津液生而咽下。

鼓漱口津三十六次,将津液在口中混匀。

所漱津液分作三口,作汩汩声而咽下。津液下行,气自然奔涌。

以鼻引入清气闭住,片刻,将手迅速搓热,方从鼻中徐徐放出,再合手心摩背腰后外肾,然后收手握紧拳头。

再闭气,存想用心火下烧丹田,觉得热极后,低头摆撼两肩三十六次,意想火自丹田透双关,入脑户,乃用鼻引清气,闲步一会儿,或放直两小腿。

再叉手相交,向上托空,共三次或九次,再以两手向前攀脚心十二次,乃收足端坐。

等口中津液产生如没有产生,再急用前法搅取津液吞咽。

再鼓漱三十六次,如前面分三次咽下,口津就吞了九次。

以汩汩之声咽下,人身百脉自然就已调理通畅。

摆动肩膀及身体二十四次,乃再转辘轳二十四次,意想丹田之火自下而上烧遍全身,意想时口和鼻都闭气一会儿。

其结果便会是邪魔不敢近身,梦寝不会昏眩,寒暑之气无法侵入,灾病不能进犯。

注意:——诀曰:练功之法,在甲子日夜半子时起床。练功时,口中不得吐气,只能用鼻子微微出气。每天子时后午时前,各做功一次,或者昼夜共练三次。长期练习就可运用自如,可消除疾病,渐觉身轻,若能勤苦不怠,则健魄强身。

这八段功法可被分别标以叩齿集神法,摇天柱法,舌搅漱咽法,摩肾堂法,单关辘轳法,双关辘轳法,托天按顶法,钩攀法。

第一段　叩齿集神三十六,两手抱昆仑,双手击天鼓二十四。

解意为:闭目、冥心、盘腿而坐,叩齿三十六次以集聚、收敛神思,再叉手向颈后,匀细深长地呼吸九次,直到呼吸的声音耳不可闻。然后移两手,手心掩住两耳,先用食指压着中指,弹击脑后,左右两边都各弹二十四次。

·养生秘笈·

图文珍藏版

第二段　左右摇天柱,各二十四。

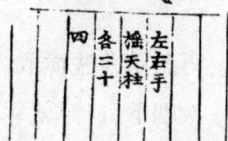

解意为:左右摇头顾视,肩膀任其自然跟随摇动,共二十四次。此前先须将两手空握拳。

第三段　左右舌搅上腭三十六,漱三十六,分作三口,如硬物咽之然后方得行水。

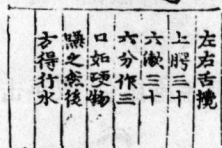

解意为:以舌搅口齿、上腭、两颊三十六次,待口中津液生成,再鼓漱三十六次,所漱津液分为三口,作汩汩之声而吞咽,感觉如吞硬物。这时才能用鼻引吸清气而闭之,少顷,搓两手直到极热,气才从鼻中徐徐放出。

第四段　两手磨肾堂三十六,以数多更妙。

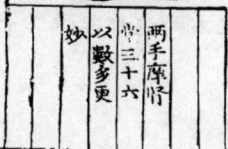

解意为：肾堂，即精门，指腰后外肾处。将前段搓热的两手，从后背摩擦肾堂，共三十六次。但次数以多为妙。

第五段　左右单关辘轳各三十六。

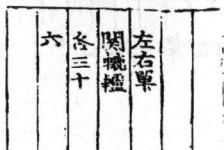

解意为：然后用鼻引吸清气而闭之，用意念使心火下烧丹田，觉极热后，再俯首摆摇两肩各三十六次。意念中想火自丹田透过双关，进入脑户，再鼻引清气，闲步一会儿。

第六段　双关辘轳三十六。

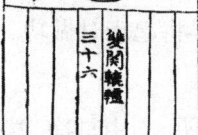

解意为：再以鼻引吸清气，俯首同时摆撼双肩三十六次。意念中想丹田火自下而上遍烧全身，想时口鼻都闭气少顷。

第七段　两手相搓，当呵五呵，后叉手托天按顶，做三至九次。

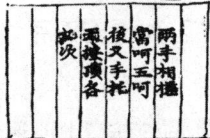

解意为:双手相搓,行呵字诀五次,再双手相交,向上托天按顶,往返三或九次。

第八段 以两手如钩,向前攀两脚心十二,再收足端坐。

解意为:将两手变成钩形,向前攀双脚心十二次,然后收足端坐。

二十八、十六段锦

《庄子》说:"吹、嘘、呼、吸,而吐出体内旧浊的气,纳入清新的气,像熊一样伸长脖子,像鸟一样地伸展,是为延长寿命。这是作导引的人,养生的人,像彭祖那样高寿的人所喜好的。"由此知道导引法从上古时传下来,已经相当久远了,所以说是"彭祖所喜好的"。修身养性之人所谈论的导引法,已不下数百种,现在酌取其中简约切要的十六条,参考传统的其他导引方法,大概也就比较完善了。

凡作导引法,常在夜半和清早将起床时做功。这个时候天地之气清纯,人之腹中虚和,做功对人有益。

第1式:先闭上眼睛,握紧拳头,心中冥净,端正而坐,叩齿三十六下。接着用两手抱住后颈,左右婉转二十四遍。这可以除去肋胁中积聚的风邪。

第2式:以两手相叉,向天空虚托,然后反掌向下按,按于后颈部,如此二十四遍。这可以除去胸膈间的邪气。

第3式:以两手心掩住两耳,以食指压在中指上,弹击脑后二十四下,这可以去除风池的邪气。

第4式:以两手相促,按在左膝上,向左转身二十四遍,按在右膝上,向右转身二十四遍,这可以去除肝脏的风邪。

第5式:以一手向前,一手向后,如挽五石弓之状,做二十四遍,可以去除肾脏中积聚的邪气。

第6式:坐下,伸展两手,搓颈部左右二十四遍,向后看肩膀二十四遍。这可以

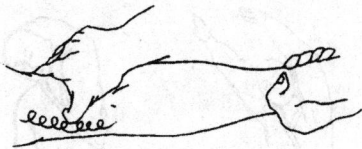

揉捏法

揉捏法是揉法与捏法的综合性动作,适用于全身各部位。以颈项部、四肢部及腰背部多用。主治四肢酸痛、麻木、瘫痪、腰腿痛等症。

去除脾脏中积聚的邪气。

第7式:两手握紧,一同来拄住两肋,震摆两肩二十四遍,这可以去除腰肋间的风邪。

第8式:以两手反捶手臂和胳膊,以及腰和大腿各二十四遍,这可以去除四肢与胸膈间的邪气。

第9式:坐下,让身体略略偏斜,两手齐向上如托天的形状,如此操作二十四遍。这可以去除肺部积聚的邪气。

第10式:坐下,直伸脚,低头的同时两手向前伸出去,攀住脚,这样二十遍。然后让直伸的脚回钩转来屈于左膝上并按摩它二十四次,这可以去除心包络的邪气。

第11式:把两手撑在地上,蜷缩身体,曲屈脊椎,然后向上举身,做十三遍,这可以去除心肝积聚的邪气。

第12式:站起来,以手撑床,引转身体向背后看,左右各二十四遍,这可以去除肾部的风热邪气。

第13式:站起来,慢步行走,两手紧握,左足向前跨时,左手向前摆,右手向后摆;右足向前跨时,右手向前摆,左手向后摆,如此二十四遍,这可以去除两肩俞穴的邪气。

第14式:将手反向背上相握,曲身慢慢婉转,二十四遍,这可以去除两肋间的邪气。

第15式:两足相扭而行,向前走进十多步,又向后退十多步。

第16式:坐在高处,伸展双腿,而后将两足扭在一起转向内,各二十四遍。这两式可以消除两膝及两足间的风邪。

这十六式做完后又端坐,闭上双眼,紧握双拳,冥净心神,舌抵上腭,搅动舌头而得满口津液,鼓漱二三十六次,使之汩汩有声地咽下。又屏住气息,意念丹田火升起,自下而上烧遍身体内外,直到蒸热全身而后收功。

易筋经功法

易筋经是中国民间早已流传的健身锻炼方法,亦是骨伤和推拿科医生常用的练功内容之一。据传易筋经原为南北朝僧人达摩所创,其特点是动作舒缓自然,四肢关节极力伸展,动作和呼吸密切配合,静止性用力。呼吸以舒适自然为宜,不可进劲用力。久练可易筋强骨强身健体。适于多种慢性疾病。

按:老子导引二十四势,婆罗门导引十二势,赤松子导引法十八势,钟离导引法十八势,胡见素五脏导引法十二势,都说得非常玄妙,而摘取其中的关键要点,就全都在这里了。学习的人若能够每天做功一二遍,久而久之则身轻体健,所有邪气都会消除,走起路来赶得上奔跑的马,不再疲乏。

坐团图

心如止水可利于我们固守正道,不为世俗利害所动。能在世事繁杂中豁然不惊,把养心安神悦情化作涓涓细流淌入心田,我们便可求得健康生命中的葱郁风景,在安然宁静中怡然自得。

二十九、起脾法

先静坐,存想并调匀中气;然后挺身,将两手相叉,极力向左扒七次向右扒七次,向左扒时就头向右,向右扒时就头向左。这样反复三五遍,而后静坐一段时间。这样能够调和脾胃,增进饮食,兼治手臂和腰的拘挛症。在做开关法后接做此法。

三十、开郁法

将两手向前旋舞,又向后旋舞,两脚像白鹭行步一样走路,这都不拘遍数。过

少林内功心法

一些时,又将左手搭在右肩上,右足搭在左膝腕委中而行走;将右手搭在左肩上,左足搭在右膝腕委中而行走。过一些时,又将左手向前停留在腹部,右足搭在左膝盖而行走;将右手向后停留在腰部,左足搭在右膝盖而行走。过一些时,用两手极力向上托天,两足极力踏地,再以两手向后向下,两足十趾挽起,仰面偃腹,使气下行。过一些时,蹲下,用两手极力攀起足后跟,使十趾支撑起身体,极力低头至膝下。过一些时,站起来,将两手相交,掩两臂于胸前胠上,极力摇动数次。这套开郁法适合于治疗因外邪导致的郁气为病、心腹胀满、夜间睡觉不宁等症,无病之人也可做功。如果有感冒,须做功至汗出为止。这套功法比起华佗五禽戏来更简便可行。

三十一、四时摄养阴阳法

先春养阳法:每天闭上眼睛冥净心神而静坐,心神专注于肾中,吞咽津液七口,送至丹田。然后站起来,以双手自抱,微摇两肋三遍。像作打恭礼时的样子站起来,等气息调定后再坐,照前述方法吞咽津液七口,送到丹田。做此功可以永无风邪侵入之症。一个月中做功六次就可以了,多做几次更好。

先夏养阴法:每天闭上眼睛冥净心神而静坐,心神专注于心中,吞咽津液十四口,遂至心中。行此功可永无暑气之侵。

先秋养阴法:每天闭上眼睛冥净心神而静坐,心神专注于肝中,吞咽津液十二口送至丹田,用双手攀住足心三次,等气息调定后,再以前法吞咽津液七口送至丹田,然后收功,可以永无燥热之病。

摄养阴阳法

先冬养阳法:每天五更起床静坐,心神专注于两肾中,等口中有津液时,送三口到丹田,不必鼓漱津液,以手擦足心,擦到大热后才停止。再送津液三口至丹田,然后再睡。行此功可以永无伤寒之症,而延年益寿之法也寓于其中。

三十二、卧功、立功和坐功

导引的方法很多,如八段锦、华佗五禽戏、婆罗门十二法、天竺按摩诀之类,都是使气血得以宣畅,使筋骸得以舒展,对人有益无害。今择取老年人易做的功法附在下面,分卧功、坐功、立功三项。至于叩齿、吞咽津液,可以随意而为。而所谓修炼家的"纳气通三关结成丹"的说法,属于不正派的宗教派别,不要受它迷惑。

卧功五段:

1.仰面躺下,直伸两足,竖起脚趾,伸展两臂,伸张十指,全部用力向下,身体左右牵动数遍。

2.仰面躺下,直伸左足,将右足屈转向前,两手用力将右足攀至左胁部。攀左足时方法相同,轮流进行。

3.仰面躺下,竖起两膝,使膝头相并,两脚向外,以左手攀右足,右手攀左足,用力向外,进行数遍。

4.仰面躺下,直伸左足,竖起右

炼气

静功包括心斋和坐忘,所谓心斋就是要排除心中的杂念,使心志纯一,然后就能虚以待物。所谓坐忘就是凝神静坐以忘其心,忘掉自己的形体并停止一切思维活动,从心理上达到"离形去智"的境界。这两种静功都是要求人不为外物所动。

膝,两手兜住右足底,用力向上抬举,使膝头抵至胸部。兜左足时方法相同,轮流进行。

5.仰面躺下,直伸双足,左手握住大拇指,头部贴枕,两肘贴席,微微挺高腰部摇动几遍。

立功五段:

1.立正,两手向后交叉,举起左足虚踢几遍,虚踢右足时方法相同,轮流进行。

2.立正,仰面向天,昂起胸脯,直伸两臂,向前。让打开的两掌相并,向上抬起,如抬重物一般,高及头顶。如此数遍。

3.立正,横向伸展双臂,左右托开,手握大拇指;顺向摇动双臂一周又逆向摇动双臂一周,不计遍数。

4.立正,两臂向前下垂,靠近腹部,手握大拇指,如提百钧重物般耸动左右双肩,如此数遍。

5.立正,打开双掌,一臂挺直向上,如托重物一般;另一臂挺直向下,如压重物一般。左右手轮流进行。

坐功十段:

1.双足交叠结跏趺坐,擦热两掌,像洗脸时一样按摩面部、眼眶、鼻梁、耳根,各处都要按摩周到,直到脸上觉得微热为止。

2.双足交叠结跏趺坐,伸腰,两手置于膝盖上,眼睛随着头部的摇动而左右瞻顾,数十遍。

3.双足交叠结跏趺坐,伸腰,两臂用力,作挽硬弓的姿势。左右臂轮流互相进行。

4.双足交叠结跏趺坐,伸腰,两手仰掌向天;挺肘用力,一齐向上,如托百钧重物,一般进行数遍。

5.双足交叠结跏趺坐,伸腰,两手握住大拇指作拳,向前用力,做出捶物的样子。进行数遍。

6.双足交叠结跏趺坐,伸腰,两手握住大拇指向后,似欲托起实坐处一样用力,微举臂向匕,以腰摆摇数遍。

7.双足交叠结跏趺坐,伸腰,两手置于膝上,腰部向前扭又向后扭,再向左侧扭向右侧扭,全身着力,交替进行,不计遍数。

8.双足交叠结跏趺坐,伸腰,两手打开手掌,十指相叉,两肘拱起,将掌按在胸前,又反掌推出去,正掌挽回来。反复数遍。

9.双足交叠结跏趺坐,两手握住大拇指作拳,反向后去捶背和腰,又向前左右交捶臂和腿,舒适后就停止。

10.双足交叠结跏趺坐,两手按在膝上,左右肩前后交扭,如转辘轳的状态,使骨节都发出响声,直到背部微热为止。

三十三、分行外功诀

心 功

凡练功时,必须先让心入静,停止思虑,断绝情欲,以固守神和气。

身 功

1.盘足坐时,宜以一足跟抵住肾囊根下,使精气不漏。

2.垂足平坐时,膝不可低,睾丸不可触着在所坐处。(凡是说平坐、高坐,都指坐在榻上与椅上。——译注)

3.凡是练功完毕起身时,宜缓缓舒放手足,不能急起。

4.凡坐时,宜平直其身,竖起脊梁,不可东倚西靠。

首　功

1.以两手心掩两耳,即以食指压中指上,用食指弹脑后两骨作响声,称为鸣天鼓。(治风池邪气。——译注)

2.两手扭颈,左右回看,肩膀随着转动。

3.两手相叉抱颈后,脸朝上仰视,使手与颈相互施加压力。(消除肩痛、目昏。手着力要向前,颈着力要向后。——译注)将两手掌摩擦热,接着在面部凹凸处摩擦,每一处都要周到。再将口中津液唾在手掌心擦热,揩面上多次。(凡用两手摩热时,须闭住口鼻之气。能使皱纹斑点不生,容颜光泽。——译注)

耳　功

1.耳宜按左右无数遍。就是以两手按两耳轮,一上一下摩擦。(这就是所藉"营治城郭,使人听彻"。——译注)

2.平坐,伸一只脚,屈一只脚,横伸两手,直竖两掌,向前若推门的样子,扭头颈左右回看,各七次。(能消除耳鸣。——译注)

目　功

调息图

中医学认为整个自然的精华集中于阴阳二气的和合,所以万物都以气为宝,迎气而生、养气而长。世间的养生之道都讲究养心——气的根本所在。

1.每当睡醒时暂且不要睁开眼睛,用两大拇指背相合擦热,揩目十四次,仍闭

住,暗地里轮转眼珠,左右各七次,紧闭一会儿,忽地大睁开。(能保炼神光,永无目疾。——译注)

2.用两大拇指背曲骨重按两眉旁小穴,三九二十七遍;又以手摩两目颧上,及旋转耳轮,做三十遍,又以手向上摩额,从两眉中间开始,直入脑后发际中,二十七遍,然后仍须咽津无数遍。(治耳目之疾,能使耳清目明。——译注)

3.用手按内眼角,闭气按之,气通即止。(常常做,能增强目力。——译注)

4.跪坐,以两手撑地,回头用力向后面瞪视五次,称为虎视。(以消除胸臆间的风邪。——译注)

口 功

1.凡练功时必须闭口。

2.如果口中焦干,口苦舌涩,吞咽时没有津液,或吞唾喉痛,不能进食,这是热病。宜大张口,呵气十多次,以舌搅口内,咽津;然后再呵,再吞津,等口中有清水产生时,就是热症消退、五脏凉下来了。又或口中津液冷淡无味,心中汪汪,这是冷病,宜吹气温之,等口中有味时,就是冷症消退、五脏温暖了。

3.每天早上,口中微微呵出浊气,接着以鼻吸入清气并咽下。

四、凡在睡眠时,宜闭住口,使真元不出,邪气不入。

舌 功

舌抵上腭,津液自生,再搅满口,鼓漱三十六次,作三口吞之,要汩汩有声。(这称为漱咽,灌溉五脏。可常常做。——译注)

齿 功

1.叩齿三十六遍,以凝集身神。

2.凡小便时,闭口咬紧牙齿(除齿痛。)

鼻功(《内经》说:"阳气和利,布满心中,从鼻而出,故为喷嚏。"——译注)

1.将两手大拇指背擦热,揩鼻上三十六次。(能润肺。——译注)

2.下视鼻端白气,数呼出或吸入的次数。

3.每晚覆身而卧,暂时去掉枕头,从脖弯反竖,两足向上,以鼻吸纳清气四回,又以鼻呼出浊气四回,气出极力后再鼻中微微吸入清气。(能除身热、背痛。——译注)

手 功

1.两手相又,向上虚托天空,按头顶二十四次。(除胸膈邪气。——译注)

2.两手一直伸向前,一手屈回向后,如挽五石弓的模样。(除臂腋间邪

气。——译注)

3.两手相捉为拳,捶臂膊及腰腿,又反手捶背上,各三十六遍。

4.两手握拳,屈肘向后,顿掣七次。颈随着肘向左右扭。(治身上火丹疙瘩。)

5.两手作拳,用力左右各虚击七次。(能消除心胸风邪。——译注)

足 功

1.端坐伸足,低头如礼拜的模样,以两手用力扳足心十二次。

2.高坐垂足,将两足跟相对,扭向外;又将两足尖相对,扭向内,各二十四遍。(能消除两脚风气。——译注)

3.盘坐,以一手捉脚趾,以一手揩脚心涌泉穴(湿气与风气都是从这里进入人身的。——译注)至发热时止,然后脚趾略转动数次。(能消除湿气,使步履轻健。——译注)

4.两手向后撑床,跪坐一足,将另一足用力伸缩,各七次,左右交换。(治大腿膝头肿胀。——译注)

5.慢慢走路,手握拳。左足向前踏时,左手摆向前,右手摆向后;右足向前踏时,右手摆向前,左手摆向后。(能消除两肩邪气。——译注)

肩 功

1.两肩连手左右轮转,叫作转辘轳,各二十四次。(先左转,后右转,叫单辘轳;左右同转,叫双辘轳。——译注)

2.调和气息、心神、思虑,以左手擦肚脐十四遍,右手也擦肚脐十四遍,再用两手擦胁十四遍、连肩摆摇七次,咽气纳于丹田,握固两手,屈足侧卧。(能免梦遗。——译注)

背 功

两手撑床,缩身曲背,拱脊向上举动,十三次。(能消除心肝邪气。——译注)

腹 功

1.两手摩腹,移行百步。(治消化不良。——译注)

2.闭住呼吸,存想丹田火自下而上,烧遍全身。(即十二段锦所做功夫。)

腰 功

1.两手握紧,拄两胁肋,摆摇两肩二十四次。(治腰肋痛。——译注)

2.将两手擦热,以鼻吸入清气。慢慢地从鼻放出,用两热手擦精门。(精门即背下腰软处。——译注)

肾 功

腰部牵抖法

牵抖法

　　牵拉并抖动患者身体,称为牵抖法。牵抖法是复合式按摩手法之一,常用于腰部,功效为舒筋通络,松懈粘连,拉宽腰椎关节间隙。主治急性腰扭伤、腰椎间盘突出症以及腰腿痛等症。

　　1.用一手兜裹外肾两睾丸,另一手擦脐下丹田,左右换手,各八十一遍。口诀:"一擦一兜,左右换手,九九之数,真阳不走。"

　　2.临睡时坐在床边,垂足,解衣,闭住呼吸,舌抵上颚,目视顶门,提缩肛门如忍大便状,两手摩擦两肾腧穴,各一百二十次。(能生精固阳,消除腰疼,稀释小便。——注)

　　以上分列的各条,哪一处有病就选择哪一条来做功。或预防于患病之前,也任由人随便选择实行。

三十四、合行外功诀

十二段锦歌

闭目冥心坐,握固静思神。

叩齿三十六,两手抱昆仑。

左右鸣天鼓,二十四度闻。

微摆撼天柱,赤龙搅水津。

鼓漱三十六,神水满口匀。

一口分三咽,龙行虎自奔。

闭气搓手热,背摩后精门。

尽此一口气,想火烧脐轮。

左右辘轳转,两脚放舒伸。

叉手双虚托,低头攀足频。

以候神水至,再漱再吞津。

如此三度毕,神水九次吞。

咽下汩汩响,百脉自调匀。

河车搬运毕,想发火烧身。

旧名八段锦,子后午前行。

勤行无间断,万病化为尘。

以上系通身合总来练功,要依次序,不可缺,不可乱。先要记熟此歌,再详看后图及每图详注各诀,自然不会有差错。

八段杂锦歌

热擦涂津美面容,掌推头摆耳无聋。

攀弓两手全除战,捶打酸疼总不逢。

摩热脚心能健步,掣抽是免转筋功。

拱背治风名虎视,呵护五脏病都空。

十二段锦第一图

闭目冥心坐　握固静思神

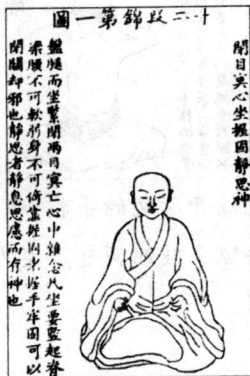

盘腿而坐,紧闭两目,冥忘心中杂念。凡是静坐时,都竖起脊梁,腰不能软弱无

力,身不能倚靠在其他物体上。握固,就是握手牢固,用来闭关却邪。静思,就是静息思虑而存神。

十二段锦第二图

叩口齿三十六　两手抱昆仑

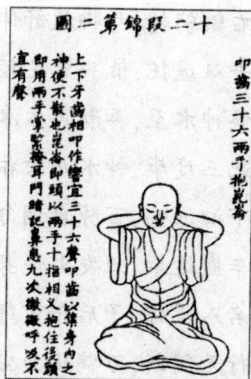

上下牙齿相叩作响,宜三十六声,叩齿以集身内之神,使身内之神不失散。昆仑就是头。以两手十指相叉,抱住后颈,即用两手掌紧紧掩住耳门,暗记鼻息九次,微微呼吸,不要让耳朵听见声音。

十二段锦第三图

左右鸣天鼓　二十四度闻

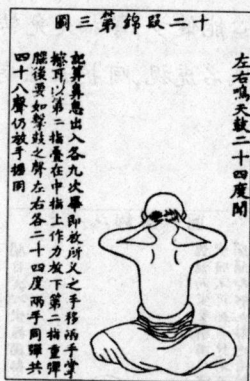

计算鼻息出入各九次毕,就放开所叉的手指,移两手掌掩耳,以食指迭在中指上,用力放下食指,重弹脑后,要像击鼓的声音。左右各二十四次,两手同弹,一先一后,共四十八声。仍收手握固。

十二段锦第四图

微摆撼天柱

天柱就是后颈。低头、扭颈向左右侧视,肩也随着头左右摇摆,各二十四次。

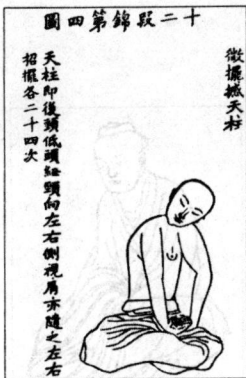

十二段锦第五图

赤龙搅水津　鼓漱三十六　神水满口匀　一口分三咽龙行虎自奔

　　赤龙就是舌。以舌顶住上颚，又搅动满口内上下两旁，使津液自然产生。鼓漱于口中，三十六次。神水就是津液。分作三次，要汩汩有声吞下，心暗想目暗看，所吞津液，直送到脐下丹田。龙就是津，虎就是气。津液下去，气自随之。

十二段锦第六图

闭气搓手热背摩后精门

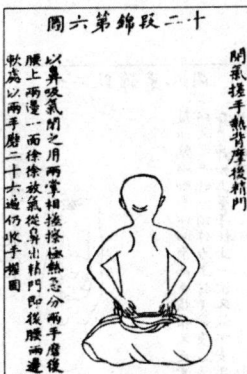

　　以鼻吸气，闭气，用两掌相搓擦得极热，急分两手摩擦后腰上两边，一面徐徐从鼻中放出气。精门，就是后腰两边软处。以两热手摩擦三十六遍，仍收手握固。

十二段锦第七图

尽此一口气　想火烧脐轮

闭住口鼻之气，以心暗想，运心头的火下烧丹田，觉似有热，仍放气从鼻中出。脐轮，就是脐下丹田。

十二段锦第八图

左右辘轳转

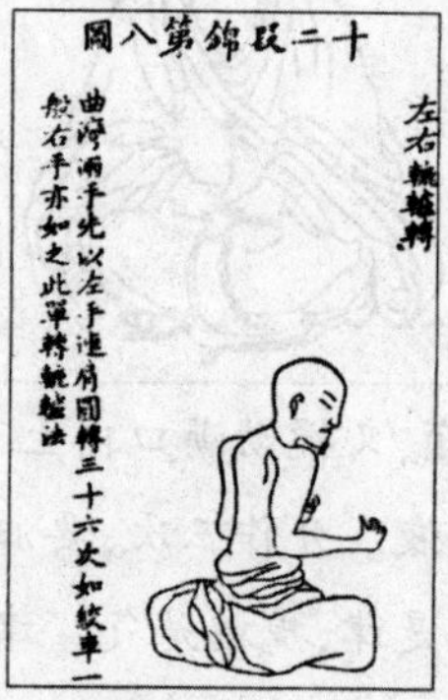

曲弯两手，先以左手连肩圆转三十六次，如绞车一般，右手也这样。这是单转辘轳法。

十二段锦第九图

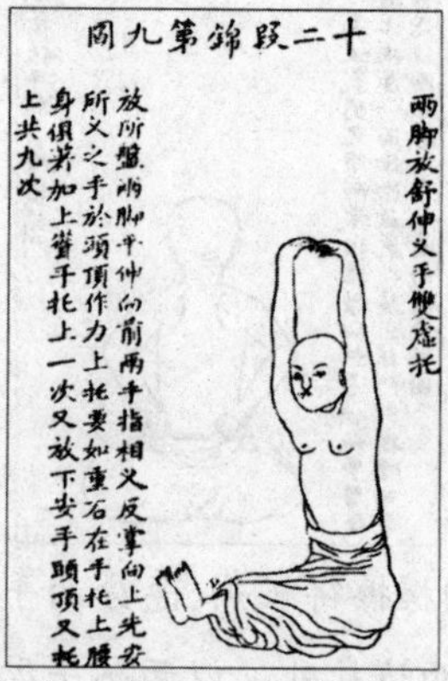

两脚放舒伸　叉手双虚托

放开所盘的两脚,平伸向前。两手指相叉,反掌向上,先安所叉的手在头顶,用力向上托,要像重石在手一般托上,腰身都用力向上耸。手托上一次,又放下,将手安放在头顶,又向上托。共九次。

十二段锦第十图

低头攀足频

以两手向所伸两脚底用力扳住它,低下头如礼拜之状,十二次。仍收手握固,收足盘坐。

十二段锦第十一图

以候神水至　再漱再吞津
如此三度毕　神水九次吞
咽下汩汩响　百脉自调匀

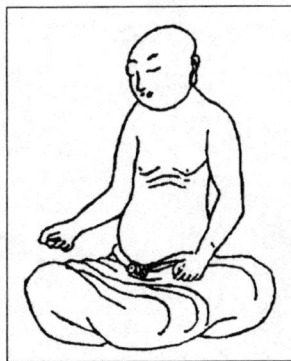

再用舌搅口内,等到津液满口,再鼓漱三十六次。加上前面的一遍,这里又两遍,一共就是三遍完毕。前一遍用三次吞,这里的两遍分作六次吞,一共就是九次吞。像前面一样咽下,要有汩汩响声。咽津三次,百脉自周遍调匀。

十二段锦第十二图

河车搬运毕　想发火烧身

　　心想脐下丹田似有热气如火,闭气如忍大便之状,将热气运至谷道(即大便处)升上腰间、背脊、后颈、脑后、头顶上,又闭气,从额上、两太阳穴、耳根前、两面颊、降至喉下、心窝、肚脐下丹田而止。想似发火烧身,全身都热。

第八章　气功养生法

气功养神的目的,在于通过排除杂念,意存丹田与调息入静的方法,用意念引导"内气"顺一定的经络路线循行,用以调整阴阳,更新气血,保全真气,健神强身。

练功中讲究静、动结合。静者为阴,动者为阳,静主养神,动主练形。根据阴阳互根之理,动中求静,静中求动,能动能静,方可长生。

一、气功练身三要素

气功练身的三要素是:姿势、意念、呼吸。对姿、意、息的调整、控制称之为调形、调心、调息。调整姿势是练功者第一步要接触的内容,是练功者的第一关,姿势正确与否对意念的集中与全身的松弛还有能否很快入静,进而调整好呼吸都有很大影响。意念是指练功者的注意力,它是练功的关键环节。姿势、呼吸的锻炼都必须在意念的指挥下进行,意念不集中,不很好地加以运用,那么姿势、呼吸的锻炼都将无从谈起。《摄生三要》里指出:"神之于气,犹母之于子也。故神凝则气聚,神散则气消,若宝惜精气,而不知有神,是茹其华而忘其根矣。"呼吸调整为练功者直接从外界纳入清气的重要途径,也是内气运转、气质转化的关键,古人将之称为"鼓籥"(风箱),为练内丹所必需。有意地合理地调整呼吸,可让呼吸对机体各个方面的影响或增强或减弱,从而实现对整体功能的调整。

气功

(一)调形

静功的姿势:

静功的姿势分成坐势、卧式、站式三种。坐势又分成盘坐势、端坐势两种。盘坐,分单盘坐、双

国学经典文库

中国民俗文化精粹

·养生秘笈·

图文珍藏版

盘坐。端坐分平坐、靠坐。此外还有跪坐。

单盘坐，是将其中的一足放在对侧的大腿之上，另一足则放在对侧的大腿之下。

双盘坐，有两个坐法。一降魔坐：先以右足压于左大腿之上，再用左足压于右大腿之上，足心向天，右手压左手，掌心向上放在盘交的小腿上。二吉祥坐：先以左足压于右大腿上，再用右足压于左大腿上，左手压右手，掌心朝上放于盘交的小腿上。这两种坐法全是全跏趺的坐法。

所谓跏趺坐法又叫盘膝坐、结跏趺。跏即跗，指足背；趺即加。跏趺就是指双足背加于双侧大腿之上的坐法，俗叫盘膝大坐。

平坐势：臀部的后1/3或后1/2坐在椅子或凳子上，坐稳之后，两脚平行分开，两膝和肩同宽或相距两拳的距离。腰正直，腹松泄。两手自然轻松地平放在大腿之上，手指不过膝。头正直，松肩含胸，口眼轻闭。这种平坐势最常用，除极度虚弱者外，一般人均可适用。

靠坐势：将臀的全部和大腿的后半部坐于椅子上，后背轻轻靠在椅背，两足稍向前伸，其他姿势同于平坐势。这种坐势适用于老年人及体弱的病人。

跪坐势：是将两膝着地，脚心向上，身体自然坐于脚掌之上；双手相握，放于腹前，其他姿势同于平坐势。这种姿势日本练功者多采用。

平坐势利于气血的流通，盘坐、跪坐不益于气血向下肢流通，靠坐势不益于气通督脉。

卧式分成仰卧、侧卧、半卧三种。

仰卧式：全身仰面平卧于床，头正，枕高适度，以有益于呼吸为度。两手分别放于身旁或叠放于腹部，下肢自然伸直，与肩同宽。这种姿势适用于体弱病人及练睡功者。但这种姿势容易引起昏睡，枕后麻木，影响气通督脉。

侧卧式：侧卧在床，以右侧卧为最好。腰微曲，形成朝腹面弯曲的弓形。头略向胸部收拢，平稳地放于枕上。右手掌心向天，自然伸开，置于枕上。右腿微曲（近于伸直）。左掌心朝下。自然放于胯部，左腿弯曲放于右腿上。此种姿势适宜于体弱、不习惯仰卧的练功者。这种姿势要求腹肌放松，以益于腹式呼吸的形成。

半卧式：半仰卧于床，后背及头部垫以被褥或枕头之类的物品，所垫高度以益于呼吸顺畅、身体舒适为宜。膝下可垫物。其他要求同于仰卧。此姿势适用于心脏病人、哮喘病患者和极度虚弱者。

站式：又叫站桩，是最常用的一种姿势。其优点在于适合人体日常生活的生理状态、耗能少、易放松,有利于上盘轻灵、下盘稳固以及内能的激发。

站式的基本要领:双脚分开站立,与肩同宽,共同承担身体的重力。头悬虚顶,百会朝天,犹如头上悬一绳索,轻轻吊起头颅一样。闭目宁神,轻闭口唇,舌舐上腭,双肩松垂,含胸拔背,虚腋垂肘,身体中直,松腰解胯,收腹敛臀,尾正裆圆,屈膝平站。

因为上肢的姿势和放的位置不同分为三圆式、下按式、无极式等。

三圆式:两臂抬起,两手置于与脐相平的位置,掌心向内,如抱球状,虎口张开相对,距离约20公分。因为裆圆、臂圆、腿膝圆故称三圆式(一说三圆式是直臂圆、虎口圆、裆圆)。

下按:双臂下垂,双手置于胯侧,手指自然伸直向前,掌心朝下,如向地面按压一般,故称下按式。

无极式:手、脚、膝的姿势基本与三圆式相同,只是重点在于百会、会阴、两脚涌泉穴连线的中点三点相对成一垂直于地面的垂线。

姿势的分类大体如上,但不同的功法有不同的姿势,或者采用一种,或者几种相互配合,交换采用。每个功法在叙述具体练法以前,对所取姿势均有说明,读者可参阅之。

(二) 调息

调息,是说对呼吸方法的锻炼,古人称为吐纳,是气功里练"气"的第一步。

调息的方法分成自然呼吸法、腹式呼吸法。

自然呼吸法

自然呼吸法为气功锻炼的最低要求的呼吸法,亦是初学气功者必须遵守的基本呼吸法,又叫筑基呼吸法。

自然呼吸法分自然胸式、自然腹式、自然混合式三种:

自然胸式呼吸法:胸廓跟随自然呼吸而起伏。

自然腹式呼吸法:腹肌跟随自然呼吸而起伏。

自然混合式呼吸法:胸廓、腹部随自然呼吸而起伏。起伏的程度要更为明显,这种呼吸法又叫全呼吸法。

一般情况下,男子易出现自然腹式呼吸,女子多选用自然胸式呼吸。体育运动员、练武术者、演员、歌唱家有的采用自然腹式呼吸,但更多的是选用自然混合式呼吸。

·养生秘笈·

图文珍藏版

腹式呼吸法

腹式呼吸法,是说呼气时轻轻用意让腹肌收缩,吸气时让腹肌放松,别人看起来呼气时腹缩,吸气时腹部隆起。

腹式呼吸法分成顺腹式呼吸法、逆腹式呼吸法、潜呼吸、脐呼吸等几种类型。

顺腹式呼吸法:就是一般的腹式呼吸法,呼气时腹部收缩,吸气时腹部隆起。

逆腹式呼吸法:又叫逆呼吸。即吸气时腹部收缩,呼气时腹部隆起。

潜呼吸:是一种在呼吸高度柔和的状况下出现的呼吸方法,随着呼吸的进行,小腹部微微起伏。

脐呼吸:比潜呼吸更加柔和,是一种腹部几乎静止而只是想象脐部在呼吸的方式,古人叫作为"胎息"。

此外,还有鼻吸鼻呼、鼻吸口呼、口吸口呼等等呼吸法。

呼吸锻炼的表现

古人把呼吸锻炼的表现分成风、喘、气、息四相。

风相:呼吸比较急促,能够听到自己的呼吸声。

喘相:呼吸时虽听不到自己的呼吸声,但呼吸出入结滞不顺。

气相:呼吸虽然无声,也不结滞,但出入不够细匀。

息相:在极度安静的状态下呼吸变得深、长、细、匀。

气功的呼吸锻炼就是逐渐从风、喘、气三相转换成息相的过程。

呼吸锻炼的要求

在"调姿"的基础上,等情绪安定后,再进行呼吸锻炼。

呼吸锻炼的顺序为先从自然呼吸开始,既有顺其自然的一方面,又不完全听其自然。顺其自然是指循序渐进,自然形成;不完全听任自然是说主动调整,也就是说既不忘记主动调整呼吸,也不勉强向呼吸提出某种要求,强行助之。

呼吸锻炼除锻炼本身外还得加上静养。也就说当练功达至一定火候时,暂时放弃有意地调整而静养一个阶段,以使意念进入更高的安静状态。

深、长、细、匀的呼吸是长时间锻炼的结果,并不是主观上硬求出来的。人们通过锻炼,使呼吸由浅短、次数多逐渐变成深长、次数少。正常人的呼吸是 16~20 次/分,而深长的呼吸则可达到 3~4 次/分,甚至 1~2 次/分,而不感到胸闷气短。这一点在短期之间是做不到的。假如强求,就会引发呼吸急迫短促,或胸廓、腹肌受伤等不良反应。

（三）调心

调心又称调意、练意。

调心包括两个方面：一为集中，二是用意。

集中，即是"意守"，又称"凝神"。也就是把意念集中于身体中的某一特定部位，或集中在自然界的某一物体。

体内可供意念集中的特定部位有丹田、涌泉、足三里等，术语上叫作"意守丹田""意守足三里"等等。

意守丹田

丹田是一具体部位，不是穴位。它既不是点也不是面，而是体中的一个空间位置，是道家所讲的"炼内丹"之处。

对于丹田的所在部位众说纷纭，一般地分成上、中、下三处。上丹田指的是两眉之中（又称眉心）；中丹田指的是膻中（两乳之中）；下丹田指的是气海（脐下一寸五分）。此外，还有前丹田（脐部），后丹田（命门，位于第四、五腰椎之闻）。因为各门派功法不同，丹田的位置与名称也随之不一，有把两眉之间的鼻骨凹陷处叫作祖窍、上丹田的；也有把膻中称为上丹田的；还有人把气海、脐部称作中丹田的；也有人认为下丹田应该是指会阴部（前阴、后阴之间）。

那么到底应该怎样来看待丹田的部位问题呢？

近来，一些科学工作者对各派所说的"丹田"进行了测试与研究，其中对下丹田更是测出了一些数据，并且提出了一种理论。他们认为下丹田是脐中深入腹腔内一寸五分处的部位，它不是穴位而是空间位置。在这个空间中有大量植物神经和血管分布。意念集中于这个地方，非常容易产生"内气"，并向全身各处扩散。这个测试证实了古人提出的对于人在胚胎时期依赖脐与母体相系，并从母体中获得营养发育成人。意守于此，可以让体内的生理活动恢复胚胎的状态，极易让人获得先天本能的理论。

练功时人们可以根据自己的习惯及精神素质选择适于自己的部位。然而，不管如何选择，最好脱离脐及脐下阴交、气海、关元等穴位深处与之水平相等的腹腔内部，并把这一部位看作立体空间而不看做点和面。

脐和脐下的阴交、气海、关元等处的丹田是人身元气贮藏之所。《医学源流论》认为此处为"阴阳阖辟存乎此，呼吸出入系于此，无火能让百体皆温，无水能令五脏皆润。此中一线未绝，则生气一线未亡，皆赖此也。"元代俞琰在《周易参同契发挥》一书里说"盖婴儿之在母胎也,母呼亦呼,母吸亦吸,口鼻既闭,而以脐达,故脐者生之根,气之蒂也。"《东医宝鉴》:"脐者,齐也,言其上下齐身之半,正谓之脐也。"可见这个部位和人体性命、元气关系密切,意守于此,能够增强人体的元气,有益于调节人体上下间的不平衡现象。

意守涌泉

涌泉在足心凹陷处(足五趾向掌心弯曲时足心凹陷处即是此穴)。它为足少阴肾经的井穴,为肾经之经气行于体表经脉的源泉。

肾,被祖国医学看作人体贮藏先天之精(真精、真阴)、涵寄元阳之所,肾气的盛衰决定着人的生活活动的消长。意守涌泉,能够滋补先天之精,壮益元阳,增强人体生命的活力。意守涌泉时,应把该处想象为一个大小和乒乓球的气球,其效果很好。

意守足三里

足三里在外膝眼卜三寸,胫骨嵴外侧的两筋之中,是足阳明胃经的下合穴。

胃被祖国医学看作后天之本,水谷气血之海,有受纳水谷腐熟水谷,转化水合精微的功能。人体出生后可以维持生命活动全赖于此。针灸学认为"合治其腑"。意守于此,能够促进胃的蠕动,从而让运化、消化功能增强。

意守自然界的某一物体:自然界的花、草、树木等给人以赏心悦目的感觉,意守这些物体可以帮助难以意守体中某一部位的练功者集中意念。

用意,即用意念调整姿势,调整呼吸,督领真气等。

调整姿势:指用意控制身体四肢等在摆好姿势后,让身体各部位肌肉松弛,并使身体保持平稳,舒适自然。

调整呼吸:是指用意念指挥呼吸。即在松静自然的基础上,让思想安静,精神集中,数息随息,引导呼吸,进而让呼吸逐渐转入深、长、细、匀。此外,为了锻炼特定的呼吸法,常用一些特定的"字"引导呼吸。例如六字诀呼吸法。

督领真气:是说在丹田气充实后,用意念引导真气顺一定的经脉运行,这种引导即意通督任的小周天功法。

调心的注意事项

意守时不能强守,也不能不守,强守会引发偏差,不守不利于真气的汇集与充实。

意守时应不断地排除杂念。杂念的产生是必然的,应一步步地锻炼排除。排除时要顺其自然,准许杂念停留一段时间,然后逐步排除,转入意守。强行排除,也易出现偏差。

意守要有一个安静的环境，不能有过于强烈的噪音，否则难以做到。

意守时应当是似睡非睡，似睡时是指闻惊雷无动于衷，非睡是指外界任何细小的声音都能够听见。

意守时常出现惊功现象，那是突然的声响或外人的干扰，引发气血紊乱，心慌气短。此时一不要慌乱，二不要急于收功，三要慢慢引导，让意守某处再次形成，然后再慢慢收功。

二、练功时应注意的问题

（一）练功环境的选择

练气功的目的大概有以下几种：

防治疾病，健身延年；发放外气，为别人治病；调动潜能，开发智力；利用特异功能，探索科学奥秘。这些目的是否可以达到，除人的努力以外，选择练功环境是不可忽视的一个方面。

1.环境的选择。怎样选择较好的练功环境呢？

第一选择舒适宁静的环境。

我们的生活环境里有各种噪音，当噪音超过 80 分贝时就对人体有害，人们会自感不适，久而久之则听觉减退，记忆力减退，易疲劳易烦躁，终日昏昏然。

练功过程里的调心要求在安静的环境中进行，以利于"静神养气"。但是，一点声息没有的"绝对"安静，并不是对练功有利。湖南省

大麦

湘潭电机厂的刘厚纯曾经自己以进入"消声室"中练功时不仅无法入静，而且觉得两耳发胀，全身不适，产生不自然的紧张为例，说明太安静对练功是不利的。人体最适合的环境噪音应保持在 30~40 分贝，所以古人有"蝉噪林愈静，鸟鸣山更幽"

的诗句。在这样的环境里练功收效是比较好的。

练功环境可根据自己的生活习惯和适应能力来加以选择。

性格内向、喜欢宁静的人可以选择星空万里、皓月如银的场所,在子、丑、寅三个时辰练功。性格开朗、喜欢音乐的人可选择鸟语虫鸣、花香雀跃的环境,在依山靠水、风景优美的场地,于卯、辰、巳时练功。

假如在夜深人静时选择室内练功,有规律的轻微的噪声非但不影响"入静",反而有助于"入静",例如钟摆的单调响声最易引人入静,练功效果亦佳。

我们的生活环境是非常多彩的,其中包括冷色、暖色、喜色、悲色、动色、静色等等。它们不但可以刺激食欲、催眠、助产,而且还能够引人兴奋或让人安静。颜色给人带来的视觉误差,让人们往往根据不同的需要来选择不同的颜色,因此练功时可在室内配以蓝色或紫蓝色加绿色的柔和光线,这对入静是非常有利的。

第二要选择空气新鲜的场地。

气功锻炼首先接触的是呼吸,而呼吸又和空气密切相关。清新的空气里含有大量的空气负离子,这不但有利于吸入大量氧气,而且还可以让氧气在肺内充分交换,快速进入血液,与血液中的血红蛋白结合,为练功过程中"能量物质"的转化与激发提供丰富的物质基础。

灰尘、煤气、腐败气味、强烈的香味和油漆味会让空气变得污浊,影响呼吸时的气体互换。这些污浊之气一旦进入肺泡,还会损害肺泡和呼吸机能;进入血液后则会影响血红蛋白的携氧能力;还会引起剧烈的咳嗽、窒息、胸闷、气短、头昏等等,严重地影响练功者功力的增长。

第三要选择有益的植物。

植物能够吸收空气中的二氧化碳,释放氧气,净化空气,释放负离子,调节气温,过滤空气。某些植物能够散发、分泌强烈的挥发性物质。因为每个人对气味的敏感度不同,所以在选择环境时,还要注意植物的种类。

松柏散发出的物质能够杀死白喉、肺结核、伤寒、痢疾等细菌,白皮松的分泌物也有杀菌功能;此外有的植物能够散发桉油、柠檬油、肉桂油、丁香酚等,因此在这类植物附近练功所吸入的空气不异于经过杀菌、消毒。

榕树有提气的功效,气虚、低血压者宜在其下练功,而高压者则不宜这么做。

适合在松柏下练功的有肝胆病患者、肺病患者(也可在杨树旁)、肾及膀胱病患者;宜在梧桐、香樟树旁练功的有心脏病患者;适合在柳荫下练功的有脾胃病患者,神经衰弱的人及慢性支气管炎患者则最宜在天竺葵旁练功。除此之外喜树、冷杉、桧、茶树、茶花、吊兰、葡萄、令箭、合欢、橘柑、月桂等树木全是对练功有益的树种。

玉兰、龙眼、槐树、桃树、米兰、梅花、玉丁香、郁金香、橡树、夹竹桃、含羞草等全是有害于练功的植物，在其下练功能出现头晕、胸闷、气喘等反应。

第四要选择有活水的地方。

拍击海岸的浪涛，飞流直下的瀑布，在其运动过程里分离出空气负离子。这种负离子可以抑制病菌的生长，调整大脑的兴奋和抑制过程，让人心情舒畅，精神宁谧，改善血液循环及造血系统的功能，降低血压，降低血脂，消解疲劳，提高大脑的功效，因而有利于练功。

第五要保持室内空气的清新、流通。

冬天练功或在城市居住附近没有公园或有益树种的练功者，大部分选择室里。但是据有关部门测定：城市的房间里每立方厘米的空气里只有空气负离子40~50个，室外100~200个，城市绿化区、公园400~606个，农村原野1000~1500个，海滨和瀑布处高达4000个。有人经调查研究后认为绿色植物在阳光照射下，吸收空气中的二氧化碳，放出氧气，而在夜晚，则吸收空气中的氧气，放出二氧化碳。但在室内若摆上几盆花木、植物盆景，再放上一两盆仙人掌，可让室内空气负离子浓度增加。因为仙人掌在白天不打开气孔，防止宝贵的水分被蒸发，夜晚打开气孔制造氧气，因此仙人掌可为室内练功者提供较好的空气环境。

吊兰为吸收空气中有毒化学物质功能的植物，其效果甚至超过空气过滤器。摆一盆叶子黄绿相间的吊兰，在24小时可以将室内火炉、电器、塑料制品、家具油漆、吸烟等散发的一氧化碳、过氧化氮和其他挥发性的对人体有危害的气体吸收掉，让室内的空气得到净化，为练功者创造净化空气的环境。

第六要选择温度、湿度适宜的环境。

温度对练功有着一定的影响，因为练功的初级阶段是真气朝内聚集的时期，假如在寒冷的环境中练功，必要穿够衣服，否则寒气会乘虚而入，引发病变。在室外练功一方面不要逆北风，另一方面也应选择背风之处。因为风对调息有很大影响，即便功底深者亦应注意为好。如夜温暖的环境中，一不要过热，二衣服可穿的少些，特别不宜在烈日下练功。因为热宜让气泄，汗出过多，体内能力消耗过大，对增长功力不利。

湿度与空气中的负离子有密切联系。雨后次日晴天的早晨空气负离子含量多，头天晚上没下过雨的次日晴天的清晨次之，晴天的中午更次之。但是，有些病人(像湿邪偏重的风湿寒痹、风心病等)不应在瀑布、江、海、湖、池、溏、人工喷泉及阴寒潮湿的岩洞中练功。

2.时间的选择。练功质量的好坏与练功时间的选择是有着非常大关系的。

人和自然界中其他生物一样,同样存在着一个以盛衰消长为特点的周期性节律。依据这一节律选择练功的时间是非常重要的。

大量的研究证实,人类生命活动是按时间进行的,生长衰老有显著的时间倾向,环境的周期变化(昼夜和季节的交替)影响着机体组织器官的活动与人的性格行为。人体中很多生理、生化现象也表现出明显的昼夜节律和季节变化。像体温、脉搏、呼吸、血压、血糖、激素的浓度及新陈代谢等都有昼夜起伏的现象。一年有春夏秋冬四季,一日也是这样,分别标志人体阳气的生、隆、虚、闭的变幻征兆。

前人对练功与季节的关系进行过系统的描述,明代高濂的《遵生八笺》、冷谦的《修令要旨》、元代邱处机的《摄生消息论》等全提出了按不同季节、节气,配合经络的不同练功姿势、方法和理论。

现以夏天为例说明练功与季节的关系和方法。

夏季是生长的季节,气温高,气血的运行旺盛,津液和阳气易被耗散,因此夏天练功时应注意以下几个问题:

首先练功时要注意防暑。避开强烈日光的照射,以练静功为好,每次 30~60 分钟为合适。其次练功时要注意有利于消除疲劳,恢复精力,可利用午休静坐、闭目养神、意守丹田。总之,夏天练功应护阴,蓄养阳气。其余三季可依季节特性而类推,参考前论。

人体阳气的运行,在《内经》中指出:昼行二十五周,夜行二十五周。古人依据阳气运行的情况提出了“子午流注”的理论。

按现代科学研究及理论研究的情况来看,人体的各个重要器官在二十四小时(十二时辰)内,有其固定的活动最频繁的时间,这种生理现象在动植里也有类似的现象,生物学家称之为生物节律或“生物钟”。

古人认为子时(23 时~1 时)是胆活动旺盛的时期,其他时间依次是:丑时(1~3 时)为肝,寅(3~5 时)为肺,卯(5~7 时)为大肠,辰(7~9 时)为胃,巳(9~11 时)为脾,午(11~13 时)为心,未(13~15 时)为小肠,申(15~17 对)为膀胱,酉(17~19 时)为肾,戌(19~21 时)为心包,亥(21~23 时)为三焦。在这十二个时辰里,从子到巳为六阳时,从午到亥为六阴时。子时、午时练功为子午功,卯时、酉时练功为卯酉功。子午功较卯酉功易收效,由于子时为阳气始生之时,午时为阴气始生之际,在其阴阳气始萌时练功很易助长阳阴气的生发。

明白了这个"子午流任"规律，可以依据自己的病情选择适当的练功时间。比如肺有病者，可选择寅时，因为此时是肺经活动非常旺盛的时间，此时练功较其他时间更为理想，可获得事半功倍的效果。

国外的一些科学家调查研究发现每个人自诞生之日起就存在一个体力、智力、情绪的近月节律的"主轴"，这个"主轴"为：体力节律为23天，情绪节律是28天，智力节律为33天。这三种节律描绘在坐标系谱中呈余弦曲线。在零点以上的日子叫作高潮期，表现为体力充沛，情绪高涨、稳定，思维敏捷等。在零点以下的日子称为低潮期，表示体力不太好，情绪低落，不稳定，思维迟钝。而正当零线上的日子中称为临界期，此期是非常不稳定时期，身体处于频繁的变化之中，极易出现差错，感染疾病，协调性能较差，容易发生事故。三条曲线都处于临界期，叫作"三临界日"或"三重零"，这是最危险的日子，但这种日子在一生中并不多见。两条曲线同时处于临界期(二重零)的机会并不罕见，每人每年大概有6次。

因此在练功时可根据这一原理选择自己的练功时间，在那些精力、情绪、智力同在高潮期的日子里，能提高练功的兴趣，加强练功的效果。在低潮期练功要多加注意，因为这个时期稍有不当极易出错。

测定自己生物节律的方法为：

先计算自己的生日到所要计算的月份的第一天的总天数，其间要把闰年天数计算正确，即周岁除以4。

其次，分别拿23、28、33来除以总天数。所得的三个余数，就是三个周期在那个月份第一天所处的位置。

比如：某人1955年3月15日出生，计算1988年5月1日的生物节律时，先算出1955年至1988年的总年数为1988−1955=33，为33年。再算出33年的总天数为365×33=12045天。闰年是33÷4=8(余数舍去)，这就是闰年内应加入的天数。因此总天数是12045+8=12053天。从1988年3月15日至5月1日的天数是47天。所以实际的总天数是12053+47=12100天。

再分别除以23、28、33；

12100÷23=526……余2

12100÷28=432……余4

12100÷33=366……余22

所剩的2即体力周期的第二天；所余之4就是情绪周期的第四天；所剩22即

智力周期的第二十二天。这就是说体力和情绪周期处于高潮期,而智力周期则处于低潮期。

除此之外,还有的时间对人的影响也很大,这个时期又和天体的运行有关。

美国精神病学家利伯经过研究后指出人体每个细胞就好像微型的太阳系,具备微弱的电磁场,月亮产生的强大电磁力可以影响人的荷尔蒙、体液与兴奋神经的电解质的复杂平衡。人体总重的80%为体液、月球引力可以像引起海洋的潮汐一样对人体中的液体产生作用,这种现象称为生物潮。满月时,月亮对人的影响比较强烈,这时人的头部和胸部的电位差比较大,血气最充沛,内分泌最旺盛,也容易激动。

《内经·素问八正神明论篇》中说:"月始生,则血气治精,卫气始行;月廓满,则血气实,肌肉坚;月郭空,则肌肉减,经络虚,卫气去,形独居",说的正是这个道理。

依照这个认识练功时间选在十五日前后,其效果是很好的,也就是说在十五日左右加紧练功,而在"月廓空""月始生"之际能够维持原有的练功状态。

天体对人的影响,除月球之外,太阳黑子的活跃程度也有一定的关系。

另外,还要说明的是现在所用的阳历和农历的历法,全是根据天体运行的位置确定的,因此,季节、十二时辰、月份等都是天体运行的结果,选择不同的季节、时辰等练功,事实上是"天人相应"关系的具体运用。

3.练功者的饮食。以上我们曾经说到练功的目的中有的是锻炼内气,除病延年。有的是炼出内气向外发出,为别人治病等等,总之练功必须经过贮能过程与发能过程两个阶段。

能量的贮存与释放必须得有能量的来源,没有能量的来源怎么能有能量的贮存与释放呢!

人体能量的来源主要依赖饮食的摄取。但是古代练功家对之却有两种主张:一是绝谷,像马王堆三号汉墓出土的帛书中就有《却谷食气篇》,《史记·留侯列传》也有"性多疾,即导引不食谷","乃习辟谷,导引轻身"等记载。二是进食,像东汉王充的《论衡》认为绝谷者"虽不谷饱,亦已气盈,此文虚也",晋人葛洪也驳绝谷派为"行者一家之偏说耳"。从祖国医学的经典名作《内经·灵枢·五味篇》中的论点"天地之精气,其大数常出三入一。故谷不入,半日则气衰,一日则气竭矣"来看,练功者内能的聚集与释放是离不开饮食营养物质的。当然,印度的瑜伽功练成后,可以埋在地下数日甚至十数日,数十日不吃不喝仍可以活下去。但是终究挖出之后，人体处于极度虚弱状态，必得经过一段时间的严格护理、按摩、进水后才能恢复正常的活动。瑜伽功的这种功能是练功者能控制自己的躯体处于极度低弱的能量消耗而已。一旦护理不当也能导致死亡。

那么练功者应该怎样进行饮食呢？它包括两个方面：一、进何种食物，二怎样进食。

首先，注重体质、功法、食物、营养品的关系。

普通体质与练一般功法者，可选择白面、玉米、黄豆、肉类、鸡蛋、牛奶、白菜、马铃薯、胡萝卜、蜂乳等。形体消瘦、烦热、易怒者，可加入水果、蔬菜、豆谷等清淡之品及奶、蛋等润燥之物。体肥、身重、嗜睡、痰盛者，应食水果、蔬菜、谷豆等清淡利湿食品，忌食肥肉、奶品。阳虚者，宜食鱼、肉、禽蛋。

阴虚者及老年练功者，除清淡之品以外，也应适当加入乳、蛋、豆制品等。

其次，结合气功法的要求，饮食有扶正作用的食物。

耳聪应食粳米，明目宜食猪肝，乌发应食黑芝麻，健肤食荞麦，益智食核桃，润肤食牛奶，健肤食薏苡仁，美容食莲子，轻身食荷叶，长肌食冬瓜子，强筋食牛肉，壮阳食狗肉，填精食鹿胎，种子食雀脑，益寿食山药。

某些功法具有泻实的功能，可配合食物用以助之。

解表食生姜、葱、芥菜、芫荽。

清热去火食蕨菜、茭白、茶。

凉血食茄子、韭菜、木耳、葵花子。

生津食甘蔗、豆腐、西红柿、柿子、柑橘、橄榄、柠檬、苹果。

清热解毒食马齿苋、绿豆、皮蛋。

祛暑食西瓜、甜瓜、红小豆、绿豆。

化痰食白萝卜、冬瓜子、丝瓜、荸荠、紫菜、海蜇、海带、胖大海。

温化寒痰食洋葱、杏仁、芥子。

止咳平喘食梨、荸荠、冰糖、白果、杏仁。

活血化瘀食桃仁、油菜、黑豆、酒、醋。

行气食柑、竹笋、荞麦、火腿等。

利水食白菜、芹菜、黄瓜、冬瓜、苜蓿、鲤鱼、葡萄、李子、鲫鱼、葫芦。

润便食李仁、香蕉、罗汉果、桃、白薯、蜂蜜、火麻仁。

抗癌食芦笋、蘑菇、胡萝卜、卷心菜、菜花、蔓菁、苦菜、薏苡米等。

第三，进食前后练功宜忌。气功锻炼常因功法的不同而对练功前、练功后的进

·养生秘笈·

图文珍藏版

食有不同的要求。

静功是以自然呼吸为主的功法,一般练功不要求进食或否,而以腹式呼吸和逆腹式呼吸为主的功法则要求不进食。因为这两种呼吸法,因为腹肌收缩,腹壁内陷,致使腹腔缩小,腹中压力高,肝、脾、胃、肠、肾全受到压迫,使功能活动受到一定的影响。肝、脾受压中促使血液回流,胃、肠受压则胃肠道括约肌张力和胃肠蠕动及分泌增强,特别是在饱食之后,对胃、十二指肠的影响更大。饱食后因为腹压增高,胃中压超过食管下高压区的压力,而使胃—食管的压力屏障消失,引起食物返流进入食管而引起食管炎。

但是这种禁止饭后练功指的是饱食以后,有的功法必须在进少些的食物和饮水之后方可练功。比如站桩、鹤翔桩等功法,因为这些功法容易诱发自发功,自发功发动之后,浑身气血沸腾,腹内无食,练功后或练功中会发生心慌、气短,甚至引起恶心、虚汗等。

晏耀辉氏认为饭后不应练功并非绝对。根据他自己20年的练功经验看来,饭后非但可以练功,而且还能促进食物的消化与吸收。他认为饭后可练健胃功,这又是在不可练功的途径中另开的一条蹊径。(《气功与科学》1986年4期)

总之,练功前后的饮食宜忌要把自身的生理病理状态和功法的要求进行综合分析后再加以采用与否,古人对练功饮食的要求为"过饥过饱"不宜练功,记住此点足矣。

4.生活的起居对练功的影响。古人认为十二时辰(24小时)全可练功,但是十二时辰中有最佳练功时间,这正是子、卯、午、酉四个时辰。这样就可以改变现代人的生活习惯。因为子时正为深夜,是人们进入甜蜜的梦乡之时;卯时虽然人们已经起床,但是全在急急忙忙地准备早点上班;午时又是午饭时间;酉时刚刚自工作单位返回。这些现代人的生活时间表占去了最好的练功时辰,除了全休、退休者外,一般人是很难采用这些时辰进行练功的。那么起居应该怎样适应练功呢?三班倒的职工上中班的,下班时恰好是23点左右,正是子时,上白班的可在晚上临睡前(22:30),早晨寅时(5~6时)练功。上大夜班的在上班前22~23时练功,下班后早晨练功。

此外练功的时间可少一点,午间休息中练10~20分钟即可。不搞体力劳动者亦可坐在椅子上稍事练功。总之,练功虽有最佳时间,但也不必强求,随时练功即可;只是练功时的入静,功法掌握的准确是提高练功的关键。

气功锻炼虽然能够延年益寿,提高身体素质,可是并不能永不死亡。有的人虽然坚持练功不懈,却也能突然得病死亡,这是什么原因呢?主要在于对气功的功能认识不足,对养生的理论认识不足。人们对养生提出了很多方法,其中重要的一点则是"养"。应根据和掌握人体生长、致病、衰老的规律,时刻注意珍摄,在日常生活里注意饮食有节,重视营养;起居正常,劳逸适度,谨避风寒,只练不养是不可以的。

5.性格与练功的关系。人是有性格和情欲的,这是人类与动物的区别之一。性格能够给人带来生活、工作效益。人的性格基本上分成两大类:一性格内向。主要表现为喜好独立思考,不善于言语,沉默寡言,逆来顺受,不爱发脾气,二性格外向。主要表现为性格开朗,爱说勤劳,善于思考,也善于付诸实施,易激动等等。伴随着性格的内外向的不同,七情的表现不同。

祖国医学认为性格带来的七情表现会影响人体气血的运行。有关医学认为"百病产于气,怒则气上,喜则气缓,悲则气消,恐则气下,恐则气乱,思则气结"。还认为"怒伤肝,喜伤心,思伤脾,忧伤肺,恐伤肾"。因此性格内向者气血多趋于内,趋于滞,趋于结,而性格外向者气血多趋于外,趋于畅,趋于泄。

性格的差异,练功的效益自然不会相同,内向者练动功效果慢,练静功效果快;外向者练静功效果慢,练动功效果快。

七情的变化对练功有非常大的影响,黎天佑氏在《气功与科学》1985年第一期上发表文章时举了两个例子。一者是一个学生和同学到老师家做客,不知哪位同学把老师的灯泡打坏了。老师借着几分醉意,骂了这几个同学一顿,众人遂不欢而散。这位同学练鹤翔桩功三个月,已有了自发功,在让老师责骂后便去练功了,结果又哭又笑,在地上打滚,无法收功。另一个例子是某妇女产后,因为工作不顺心,情绪不好,心胸狭窄、性格内向,时常与家人吵架,夫妻关系紧张,婆媳不和。曾因气管炎练鹤翔桩功三个月,出现了自发功。某日早晨练功后,因小事和爱人发生争吵,觉胸闷,随即出现自发功,并且又哭又笑,极像犯精神病。这两个例子全说明,心胸狭窄、性格内向的人是不应练气功的,同时也说明练功者必须要心胸开阔,否则容易出偏。

性格不同可以依据自己的性格选择适合的功法,不仅可以锻炼身体,而且还可以改变性格的趋向,爱沉默寡言者变得善于说笑,爱发脾气者变得情绪和气。

此外还可以根据自己因七情带来的疾病,选择适宜的功法,能够收到良好的效果。心理学家认为这是气功在精神对物质的反馈结果。

练功者还应当善于调节自己的情绪,很多练功者全有体会,练功时情绪波动,很难入静，即便入静，功后亦觉疲劳，甚至出错，导致疾病。近代著名气功师刘贵珍就是因为大怒而无法练功，不久就死于"蕴怒"之上。

情绪舒畅不仅练功者如此，且接受外气治疗的患者也必要如此。因为患者心情舒畅，消除了"排除异己"的屏障，能够顺利地接受外气，获得良好的治疗功效。

6.性生活与练功的关系。性生活本来就是人类的三大本能之一，是保证了人类种族的繁衍的行为。可是关于性生活的问题，因为古今种种原因，在实际生活中不少人将正常的性生活视为禁区，对这一课题不去也不敢去主动研究和探索。

祖国医学的经典著作《内经》在很多章节中论述了性生活问题，并且性生活是已婚夫妇生活的内容之一，是不以人类的意志为转移的生理现象。并且反复强调人类的一切活动都必须"提挈天地，把握阴阳"，认为"阴阳者，天地之道也，万物之纲纪，变化之父母，生杀之本始"。说出人类既要节欲保精，又要顺其自然，互为补益，并提出要知道"七损八益"的"房中术"。释家也提出要"男女双修"。可是，大量的气功书籍和练功家却强调"避免房事""初练功者禁房事一百天"，而个别的气功门派对此则要求得不严格，甚至还提出一些功法。那么关于这个问题应该怎样处理，怎样对待呢？

随着医学科学的发展，人们思想的解放，性医学和有关性生活的知识已闯入人们的生活领域之中。

第一，性生活的和谐是夫妇关系和睦的基础。

夫妇是组成家庭的关键的两个方面，即《易经》里说的既对立又统一的"阴"和"阳"。夫妇的结合标明着一个家庭的诞生，并主控这个家庭的各项事物，决定着它的发展变化，贯穿整个家庭的始终。要想让这个家庭能够发挥主观能动性，并顺应社会自然界的变化，使之健康地发展，必要把握好矛盾发展的法则，这个法则就是夫妇间的和谐美满。夫妇间的和谐之一就是性和谐。而夫妇间有节制且和谐的性生活是天经地义的，是夫妇身体生理代谢的需要，性生活是否和谐时常引起夫妇间的感情变动，所以，性生活是家庭生活和谐的基础。

第二，气功是保健强身、祛病延年的法宝。

气功可以强身保健、祛病延年已被人们逐渐理解、信服与推崇。但是气功的锻炼必须经过以下几个阶段："聚津成精""炼精化气""炼气化神""炼神还虚"。"聚津成精""炼精化气"是初始阶段，"炼气化神"是中级阶段，"炼神还虚"是高级阶段。

以上四个过程是各有特点，可是彼此之间是不能够分割的。"聚津成精"是蓄精、积精、养精;"炼精化气"是炼精、炼气的交换阶段"炼气化神"是炼气、炼神的过渡阶段;"炼神还虚"是炼神的高级阶段。精为神之舍,有精则有神,积精可存神,精伤则神失;精为气之母。精虚则无气,人无气则死。因此,气功的锻炼对性生活的节制是很有必要的。

但是现代医学对"精"的看法和中医"精"的概念不同。现代医学认为性生活对身体没有太多的危害,射出的精液中除了精子、果糖与少量的蛋白质外,再没有很重要的东西。

西医的认知只是针对具体的"精液"而言的,它忽视了一个重要的方面,就是在性反应的周期中,经过神经反射引起的全身性反应:皮肤的毛细血管扩张(性红晕)、全身性肌群的痉挛、换气过度(呼吸急促、增粗)、心动过速、血压升高、性高潮之后全身疲软无力,汗水遍布全身;女性的性兴奋的到来也出现红晕、换气过度、心动过速、阴道分泌物增多等,这些全是以植物神经系统为主的反应过程。当然精液的丢失可能对全身的影响不大,可是那种由下而上,由里向外地扩展到全身的强烈的性反应对人体的影响却是应当引起注意的。

因为强烈的性反应过程,全身消耗大量的氧和能量。神经系统特别是植物神经系统不但消耗了大量的能量,而且也消耗了其他重要的营养物质和神经递质等。从这一角度来看,性生活的节制是有一定的科学道理的。

气功的锻炼主要是通过植物神经系统对全身各个系统进行调整的。假如练功不节制性生活,对植物神经能量、营养物质、神经递质的大量消耗,必定会影响气功锻炼的效果。

第三,练功期间怎样节制性生活。

性生活过度频繁可让交感神经和副交感神经及其两者的中枢本身以及相互之间发生不平衡,从而导致了植物神经系统功能的混乱。临床上可见头昏耳鸣,失眠多梦,心烦口干,手足心热(此外的皮肤毛细血管呈持续性扩张),盗汗,腰膝酸痛,甚至男人遗精,早泄,阳痿,女人经闭不孕,白带增多(阴道炎,宫颈糜烂),崩漏等等。又由于植物神经系统的机能减退,严重地影响各脏器、各系统功能活动的相互关系,相互制约及相互协调,让机体适应环境的能力大为减弱,内分泌失调,免疫功能紊乱,严重者可出现器质性病变。

所以,因病而练功者在疾病痊愈之前最好禁止性生活,对对方的性要求和性冲动做好耐心的解释,以求谅解,不能迁就。不病的一方应该理解这一点,尽量予以关怀照顾,使之早日痊愈,用感情的和谐与关怀弥补性生活不和谐这一裂缝。

无病而练功者,当达到一定程度时会发生阴茎勃起。精液自溢(女性亦会有强烈的性要求)等现象。此时可顺乎自然,进行适当的一两次性生活,但不要纵欲,也不可强忍之。强忍之会让气机不畅,影响功能的增进,纵欲则会伤精耗力,削减功力。为什么要进行有节制地、适当地性生活呢? 因为在《内经》中有即便不练功者也能"精满自溢"这类记载。可以顺乎自然,不但有利于阴阳的变化,而且可以调和夫妇之间因性生活问题引起的紧张情绪,使感情得到融和。

但是适当地性生活之后,应立刻转入练功状态,否则会因此而影响练功的自制力。

第四,性生活过后的练功。

气功锻炼的四个阶段事实上就是炼精、炼气、炼神三个问题。炼精的目的为蓄精、壮阳;炼气的目的是温补先天之气,理顺气血运行的通路,收天地日月之精华,使之精满气盛;炼神的目的是激发人体的智能,休养生息,增强生命活力,提高工作效率。

性生活引发的精溢、气散、神驰等现象,练功是完全能够得到补偿的。

因为气功里的调心,通过闭目、宁神、入静让兴奋过的大脑中枢系统得到充分的休息与调整,并让因性生活高潮期消耗的神经能量物质、重要的营养物质、神经递质等得到补充和蓄积,从而让机能活动在短时间里得到恢复。

意守丹田或意守涌泉,可让大脑的意念集中于下部,减低外界对大脑的刺激,使之在兴奋之中受到抑制,平衡和调节了中枢神经系统的功能。假如性生活过后,立刻受到外来的刺激(无论是脑力的,还是体力的)都能使性机能的恢复受到严重的影响。因为性生活过后,机体各部和中枢神经系统由极度兴奋和紧张状态渐渐转向恢复阶段,如果此时立即受到外来的刺激就会让其恢复中断,带来新的不平衡,导致种种病症的出现。

性生活过后立刻转入练功,可以通过调息时的深、长、细、匀的呼吸缓解性高潮期因为呼吸紧迫和粗犷而带来的肺张力的变化;氧的吸入量增加,补充了性生活过程里氧的消耗,同时对于稳定情绪、稳定中枢神经系统的机能也有一定的作用。因此,性生活过后可以立即转入练功状态。

但是,也有一些门派与气功师认为"行房的当天不宜练功",因为"行房"(指性生活)让气血沸腾,精液外泄,七情过极,既不利于"聚津成精""炼精化气",也不利于"宁神意守",如强行练功反倒导致偏差。

对于这个问题虽然有一定的道理,但是也有它片面的地方。性生活之后不宜当天练功,我们认为不宜练那些动功与硬气功,因为这些功法多取站式,蓄力阶段与发力阶段间隔的时间很短,贮能过程不及耗能过程长,在性生活已大量消耗能量、氧的情况下,立刻转入练功状态当然是不适合的,也必定会出偏。我们所指的性生活之后的练功,是说性生活过后应当练以卧式为主的内养功、放松功、养元功等。因为这些功法全是以保元养气为目的的,

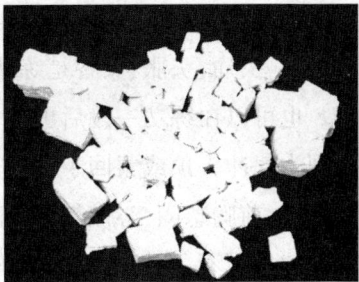

茯苓(中药)

可以让机能得到迅速恢复。只要认真依法练功不但不会出偏,而且还是有所裨益的。

7.练功的偏差。气功锻炼是一种自我调控疗法,能够防病治病,但是方法不当会出现偏差(即不正常的现象),假如不及时纠治会导致终生难治之症。那么什么是偏差的表现呢?其出现的原因是什么呢?在解释这个问题以前,必须要明白练功所出现的正常现象是什么?

练功中的正常现象:

练功中出现的正常现象可以简单地概括成以下几个方面:

姿势:姿势的锻炼,初学者常常因为不习惯而感到疲惫、酸胀等,久练习惯以后会感到轻松自然。

呼吸:不管选用哪种呼吸方法,都必须逐渐趋于有规律的缓慢状态,不迟不急,轻松柔和。腹式呼吸则是腹内松净气腾然,停闭呼吸法没有气机拥塞、胸闷不舒、胁肋胀痛、头晕气短等现象。气沉丹田时能感到有一股气自喉间经胸、腹的正中下达丹田部位而感到非常舒畅。

意念:不浮躁、不昏沉、神不外泄散漫,不为外界的声音打动,但又可听到各种细微的声音,就连细针落地的声音全可觉察。杂念不起,或很少产生杂念。

感觉:正常的感觉在《童蒙止观》中记录有:痛、痒、冷、暖、轻、重、涩、滑等"八触",此外,还有掉、猗、冷、热、浮、沉、坚、软等八触之说,总计成"十六触"。

自发运动:又叫自发功。自发功的表现多种多样:上下颤动、前后摆动、左右晃动、圆周摇动、仿效各种禽兽的动作等等,这些现象出现以后并不感到身体有何不适,甚至感到轻松自然,气血沸腾,经脉舒顺。

如果以上现象没有出现,而且出现了其他不舒服的感觉及现象则称之为偏差。

偏差的种类及表现:

躯体的偏差：

头部：头痛、头胀、头昏是练功出偏最易见的表现。它可以在功后较短时间内出现。也可以在练功一段后出现，轻重不一，持续时间长短不同。个别的练功者还会表现为气冲头顶或蒙回于头，长时间不能平视的现象。

胸部：前胸憋闷、心慌气短、呼吸不顺、气滞心窝、两肋胀痛、呼吸紊乱。这种现象出现的早晚不一，持续时间的长短各异。严重者可影响工作、学习及生活。

腹部：便秘、腹泻、腹痛、腹胀、丹田炽热。

肢体：练静功者有的人出现四肢与躯干的外动现象，这种外动时常发生在接近入静或入静以后。其形式多种多样，大动小动、强弱、有规律无规律等不一样，用意念控制后会出现异常不适的感觉。

精神的偏差：

表现成焦虑、忧郁、烦躁、易怒、悲伤，严重者表现成哭笑无常、行动失控、幻视、幻听等等。

内气动转的偏差：

练周天功者，于后三关打通时，暖气团卡在夹脊关与玉枕关处，久久不上不下，一直不畅。有的暖气团感觉到了头部后，一直盘旋不逝，头部如戴帽子一样。暖气感通了任督之后，这种流转感每当静下来时就会出现，无法摆脱。有的暖气团，离开了任督路线，在全身各处流窜，痛苦不堪。还有的人随着内气的运转，身体不由自主地摇晃起来，若干小时静止不了，痛苦万分。

关于外动的看法：

外动现象是否算是偏差，练静功中是否一定要动或者一定静止，各家的看法不一。原道教协会会长陈樱宁在《静功疗养法问答》里指出："古代很多专门修炼书籍上，只讲静坐时身体内部震动，没提到身体外部运动。在当时一般学静功者，自始至终都以身体安稳不动为原则，假若中间有动手动脚的现象，其师必定说他是犯了原则性的错误，理应改正。"

有人对外动现象解释为"静极生动"。但是所生的功，说的是内动（内气的运转）还是外动，不够明白。

但是古代的书籍中并不是没有记载："外动"是正常现象，例如《千金要方·调气法第五》里说："每旦夕，面向午，展两手于脚膝上，徐徐按捺肢节，口吐浊气，鼻引清气，良久，徐徐乃用手左托、右托、上托、下托、前托、后托、闭目张口，叩齿摩眼，押头拔耳，挽发放腰，咳嗽，发阳振动也。双作，支作，反手为之。尔后掣是仰振八

十、九十而止、仰下、徐徐定心。作禅观之法，闭目存思，想见空中太和元气与紫云成盖，五色分明。下入毛标，逐渐入顶；如雨初晴，云入山，透皮，入肉，至骨，至脑，渐渐下入腹中，四肢五脏皆受其润，似水渗入地，若彻则觉腹中有声汩汩然，意专思存，不得外缘，斯须，即觉元气达于气海。须臾，则自达于涌泉，则觉身躯震动，两脚楯曲，亦令床坐有声拉拉然。"这是很典型的静功引发"外动"的描写，这种外动久之"则身体说怿，面色光辉，须毛润泽，耳目精气，使人食美，气力强健，百病皆去"，并不是引起各种偏差。所以，外动是否为偏差的问题不可一概而论，应以外动出现之后是否不适，是否导致病症作为标准。

出偏的原因：

出偏的原因主要在于主观与客观两个方面。

主观原因：

对功法功理没有彻底地了解和掌握；没有严格地遵照练功规则，不按程序操作，甚至任意删改功法；刻意追求某些现象及特定呼吸方法，着意执着意守某一部位；求效心切，急于求成，贪多求快；体质病情不适，勉强练功；对外动现象纵任自流。

客观原因：

功法介绍不周，功理不清；练功过程里，受到重大的外来刺激；没有老师指引，对练功过程中出现的各种现象，是非不清；指导者对功法功理掌握不透彻或练功经历尚浅，很多效应未身临其境的自我感觉，判断不清，欠缺指导。对入静中出现的幻象发生恐怖心理，或坚信不疑。

纠偏的方法：

取决于两个方面：练功者及气功指导员。

练功者：

首先要把功法功理搞清，弄懂，认真按功法的要求进行操练；其次将自己练中出现的各种现象与气功指导者说明（包括生活、工作、学习、家务、劳逸等方面），不要见异思迁，随意改变功法；再次出现偏差不要惊慌，可先停止练功，然后再向气功指导员说明情况，请求纠治。

气功指导员：

首先要知道练功者的各种情况，选择适合的功法教练，教练前要将每一步功法的要领、功理讲清，随时了解练功情况和出现的现象。其次掌握各种纠偏的方法与手法。自己要加强练功，了解各种现象的亲身感受，对自己不了解、不熟悉的功法尽量不去传授他人。

三、真气运行法

从生理学观点来看,督脉贯通后,能促使肾上腺和脑垂体间相互激惹,相互滋补,生机充盛。

早在战国初期的《行气玉佩铭》中已有真气运行的记录,内中指出:"行气一深则蓄,蓄则伸,伸则下,下则定,定则固,固则萌,萌则长,长则退,退则无,无几桩在上,地几桩在下,顺则生,逆则死。"说明练功时,真气在丹田蕴积,充实饱满,达一定程度,经会阴、尾闾、命门向后窜动,夹脊朝上,透玉枕直达脑海,继而又下行丹田,称作小周天。兹将练功法介绍如下:

第一步　呼气注意心窝部

方法:取站、坐、卧式,口唇稍闭,舌舔上颚,双眼微闭,排除杂念。先注意观鼻尖片时,随即闭目内视心窝部,用双耳细听自己的呼气,让其别发粗气,在呼气的同时意念随呼气趋向心窝部。久久行之,真气即在心窝部集中起来。假如仍然杂念纷扰,可用"数息法"。即呼气默数一,再呼气默数二,这样一直数至十数,再从一反复操作,直至杂念不再兴起,即可放弃数息法。入静后,呼气时真气要入丹田,不能在呼气上打扰。

时间:每天早中晚各一次,共三次,每次20分钟,一般认真操练,10天就可完成第一步的功候。

反应:练功到3~5天即感觉心窝部沉重;5~10天,每一呼气时即感到有一股热流流入心窝部,这是真气集中的体现。

效果:开始几天因为不习惯,会感到头晕、腰背酸痛,呼吸不太自然。这是自然现象,不要有顾虑,只要坚持锻炼就会变得自然。

第二步　意息归随丹田趋

方法:当第一步功夫练到每一呼气,即感心窝部发热之后,便可以意息相随。呼气时应当延伸下沉的过程,慢慢地一步步自然朝小腹(丹田)推进。不可操之过急,假如用力过大可产生不舒服的感觉。

时间:依法每天3次,每次25~30分钟,10天左右便可气沉丹田。

反应:每次呼气都感到有一股热流注入丹田。小腹有时发响,肠蠕动增强,失气现象增多。这是真气运行到小腹,肠功能发生改变,驱逐邪气的表现。

效果:因为真气已通过胃区,脾胃功能已有改变,真气沉入丹田后,周围脏器(如大小肠、膀胱、肾等)全逐步发生生理上的改变,一般都感到食欲增加,大小便异常有改善等。

第三步　调息凝神守丹田

方法:当第二步功做到丹田有了明显的感觉时,便可以把呼吸有意无意地止于丹田。不要再过分注意呼气向下送,以免发热太过,耗伤阴液。可任呼吸自然,只把意念守在丹田部位。

时间:每日 3 次,每次增至半小时以上。这一段是在丹田培养实力阶段,需时间较长一些,40 天左右可感到小腹充实有力。

反应:基于第二步气沉丹田,小腹发热显著,十数日后小腹内形成气流,随着功力的加深,气流也越来越大,小腹力量充实。待力量蓄足后,即可向下游动,此刻练功者有时会感到阴部做痒,会阴跳动,腰部发热等。以上感觉出现的迟早可因人而异。

效果:因为任脉通畅,心肾相交,中气旺盛,所以心神安泰,睡眠安静。通过练功不断地给肠胃增加热能,脾胃消化能力加强,体重增加,精力充沛,元气充足,肾功能增强,对阳痿有一定疗效,对女子月经不调也有一定疗效。

第四步　通督勿忘复勿助

方法:意守丹田 40 天后,真气充足到一定程度,有了足够的力量时,即顺脊柱上行。上行时,意识应伴随着真气(勿忘),假如真气行到某处停下来,也不要用意识向上导引(勿助),这种上行速度的快慢是任丹田之力来决定的。若实力还不足,它就会停下来不动。等丹田力量充实后,自然继续上行。若急于通关,努力引导,会与丹田力量脱节,这是非常有害的,以前把这种情况喻为"揠苗助长"。所以必须任其自然,真气的活动情况是不以人的意志为转移的。假如上行到玉枕关通不过,内视头顶就可以通过了。

时间:每月可酌情增加坐功次数,每次时间也应延长到 40 分钟或一小时左右。至于通关时间则因人而异,有的人刹那间就通过了,这样通过力量很猛,震动也非常大。有人要经数小时或数天才能通过。大多数是在一周左右。

反应:在第三步的基础上练功者自感丹田充实,小腹饱满,会阴跳动,后腰发热,命门处真气活跃(即"肾间动气"),有一股力量沿脊柱上行。在督脉未通以前,背部常有朝上拔的感觉,头部则有箍紧之感,这是通督前必有的表现。有些人遇到此种情况,常产生惧怕心理,不敢再练,前功尽弃,殊不可惜。这一阶段必须坚持练功。一旦督脉通过以后自然轻松愉快,通督是一个飞跃,所以称为"积气冲天"。

效果:督脉通畅之后,一呼真气入丹田,一吸真气入脑海,一呼一吸组成任督循环。这时才能体会到"呼吸精气,独立守神"的真谛。精气不断地补益脑髓,大脑皮层的功能加强。凡肾精亏损引发的头晕耳鸣、失眠健忘、腰酸腿软等症状全会逐步消失。

第五步　元神蓄力育生机

方法:一般仍意守丹田。通督之后,各个经脉全相继开通。如头顶百会穴处出现有活动力量,可意守头顶。灵活掌握,所谓"有欲观窍,无欲观妙",也就是练功不同阶段的处理办法。

时间:每天三次,每次1小时以上,时间越长效果越好。需要一个月左右时间,各种触动现象才能渐渐消失只余下丹田与上丹田之力显得更加集中旺盛。

反应:在通督脉的前后数十天中,全身常像有电流窜动,皮肤发痒似虫爬等感觉,这都是经络通顺,真气旺盛的表现。遇到这种情况,既不要刻意追求,也不要惊慌失措,安心坐下就可以自然平复。坐到极静时,以上现象消除,鼻息微微,若存若无,内部真气则更加集中旺盛。

效果:真气越充足,补偿和增强身体的代谢机能就越充分,因而让人活力旺盛,抗病免疫力增强,大大减低和排除致病因素,治愈痼疾,坚持锻炼就可以身心健康,益寿延年。

以上五步功夫是循序渐进的,在整个真气运行过程中,身体会有三种不同变化。第一、二、三步为调整呼吸推动真气,让体内真气集中于丹田,这个阶段古称为"练精化气",这是第一阶段;第四步运用丹田积蓄的真气,冲通督脉,直至脑海,这一段称作"练气化神",这是第二阶段;第五步以后,功夫更加熟练,由于经络畅通无阻,真气因而运行自如,此为高级阶段,称"练神还虚"。掌握真气运行的第五步、第三阶段,才能收效显著。

四、六字诀功法

(一)练六字诀的要领

这种功法是用站立的姿势呼吸,让气在体中经络循环。所谓让气循环是把意念放在特定的部位,其次把意念移到必要的部位。

在习惯之前,气不容易按照自己的意念循环。这种情形,一方面身体要遵守功法要求运动,一方面慢慢地吸气,吐出。再三重复便可以了。

吸气以后,让气循环。在最后的经穴处,一面吐气,一面发出六字的声音。嘻的功法发出"xī"声。

习惯之前心里要忘记循环的气以及在何处发声等私念,做到无意识地练习。记挂这件事,无法专心做功法。无论任何情况,都要舒服地做才有效。

让气循环时,不能太挂心,大概照这个要领去做就是了。

气的循环顺序,虽然有详细的说明,但开始只要正确记得各种功法中气的起点和终点就够了。之后就以手臂内侧和大腿外侧的大略感觉来练习,不间断地练习可以领悟其中之妙。

(二)增强肝脏的嘘字功(六字诀之一)

双脚分立,与肩同宽,两脚略微用力,直立站好。两手自然垂于身体两侧(基本姿势)。

双手重叠,也就是手掌的劳宫穴(手掌凹下处)重叠,把鱼际穴(拇指丘)贴在肚脐上,压着丹田(肚脐内三寸深处),闭口,轻微而缓慢地从鼻吸气,让气在肝经循环,最后气至达少商穴(拇指的指腹前端),从口发出嘘声,从口吐气,用劳宫穴压肚脐。呼吸痛苦以前静静从鼻吸气。

以上做法重复六次。

[发出嘘声的方法]口朝前用力嘟起,舌上浮发出"一"声音。此时,嘴往侧面拉,气从舌尖和上颚间吐出。

[气循环的顺序]从肝经上升;从大敦穴(脚的第一趾靠近第二趾侧)起始→在脚的内侧上升(膝关穴→阴包穴→阴廉穴→阴部→小腹→章门穴→肺→喉咙→额→再到百会(头顶)。

从肺经下降=中府穴(肩膀根部)起始-+经胳膊内侧(云门穴→侠白穴→尺泽穴→孔最穴→太渊穴→鱼际穴)→注入少商穴(拇指的指腹前端)。

[有效的症状]由肝积、肝虚、肝肿大等引发的食欲不振、消化不良、双目疲劳、目眩。

(三)增强心脏的呵字功(六字诀之二)

以基本姿势站立。从鼻吸气,双臂从横侧举至水平的位置。放松肩膀,手肘落下,手掌向下。

闭口,从鼻缓慢吸气,保持这个姿势,将手掌反过来向上。

再把手反过来移至胸前,双手的指尖碰触(手掌朝下)。

双手缓缓地降到肚脐处。其间,气在脾经和心经循环,待气到达少冲穴,一边吐气,一边发出呵声,手自然下滑,恢复原来的姿势(基本姿势)。

以上做法重复六次,

[发出呵声的方法]略微开口,口用力向侧拉,喉咙用力发出呵声。

[气循环的顺序]人脾脏经上升=从阴白穴(脚第一趾的中心)起始→经脚的内侧(太白穴→商丘穴→三阴交穴→地机穴→阴陵泉穴→血海穴)→经过冲门穴(鼠部)→在腹部上升(腹结穴→大横穴)→到至胸部(无溪穴)。从心经下降=从极泉穴(腋下)开始,经络臂内侧(少海穴→阴郄穴→神门穴→少府穴)→注入少冲穴(小指的指腹前端)。

[有效的症状]心慌、胸腹部疼痛、失眠、健忘、多汁、舌糜烂、舌僵硬。

(四)增强脾脏的呼字功(六字诀之三)

以基本姿势站立,闭口,从鼻吸气,双手举到胸前,手掌向下。然后,右手缓慢过胸前,高举到头上,手掌改为朝上。同时左手依然手掌朝下,好象压地一般往下压。其间,让气在脾经与心经循环,等气到达舌下和少冲穴(小指的指腹前端),双手以推在压地的要领,发出呼声,同时从口吐气。最后,把手放在胸前。左右手交替做相同的动作。

以上重复六次。

[发出呼声的方法]唇挤成圆形,使劲吐出气息似的发出呼声。

[气循环的顺序]从脾经上升=从阴弹穴(脚的第二指中心)起始→脚的内侧(太白穴→商丘穴→三阴交穴→地机穴→阴陵泉穴→血海穴)→通过冲门穴(鼠蹊部)→再经过脾脏(胃的左后方)→霄→到达喉咙,气从胃分为两条=①胃→喉→舌根一舌下。②胃→心脏→从心经下降=从极泉穴(腋下)开始,经络臂内侧(少海穴→阴郄穴→神门穴→少府穴)→注入少冲穴(小指的指腹前端)。

[有效的症状]脾脏、腹胀满、皮肤病、肌肉萎缩、水肿、消化不良、血便、食欲不振、血崩、四肢疲劳。对于与脾有密切关系的胃也有功效。

(五)增强肺的呬字功(六字诀之四)

以基本姿势站立,闭口,慢慢地从鼻吸气,双手举到胸前,双手到达膻中穴(两乳头的中心点,是脑的穴道)以前,两手覆在胸上。其间,让气在肝经和肺经循环,等气到达少商穴,手掌朝前,吐气出息,同时发出呬声,朝斜前方推出,在呼吸痛苦以前双手回到原位。

以上做法重复六次。

[发出咽声的方法]口用力横侧拉,舌贴在下齿后方,气息自下齿和上齿冲动为摩擦音,并非浊音,最重的是发出"s"音。

[气循环的顺序]从肝经上升＝从大敦穴(脚第一趾靠第二趾)起始→在脚的内侧上升(膝关穴→节阴包穴→阴廉穴)→阴部→小腹→章门穴→期门穴→进入肺部。有肺经下降＝从中府穴(肩膀根部)开始→经络臂内侧(云门穴→侠百穴→尺泽穴→孔最穴→太渊穴→鱼际穴)→注入少商穴(捆指的指腹前端)。

[有效的症状]感冒、发热、咳嗽、恶寒、呼吸困难。且对肺病有效。

(六)增强肾脏的吹字功(六字诀之五)

以基本姿势静静靠拢脚跟立定,所谓立定是缓慢呼吸,调整意识。

吸气,双手在前交叉(男性右手为上,女性左手为上),保持这个姿势,手高举至头顶。

然后,保持这个姿势,上半身逐渐向前倾倒。

等两手接触地板,解开交叉的双手。

蹲下,两手抱膝。臀部不可以碰到脚。其间,让气在肾经与心包经循环,等气到达中冲穴(中指的指腹前端),从口吐气,慢慢发出吹的声音。

以上重复六次。中间,上半身向前弯曲之际,若两手无法接触地,尽量弯曲就可以了。

[发出吹声的方法]嘴唇嘟起,舌贴上颚,直至最后,舌一直贴上颚,舌用力发出吹声,最后用力把口向横拉。

[气循环的顺序]在肾经上升＝从涌泉穴(脚底中央稍贴前方)开始一在脚的内侧上升(照血海穴→水泉穴→太溪穴→复溜穴→筑宾穴→阴谷穴)→经过腿部的内侧绕至背后,顺着背骨上升→肾→肺→到达心脏。在心包经下降＝从天池穴开始(乳头外侧稍近上向)→经络臂内侧(曲泽穴→内关穴→大陵穴→劳宫穴)→注入中冲穴(中指的指腹前端)。

[有效的症状]脚、腰的倦怠与酸痛、健忘症、睡时发汗、目眩、耳鸣、遗精、早泄、齿槽漏脓、脱发。

7. 调节的三焦整理气息的功法(六字诀之六)

以基本姿势站立,双脚分开比肩稍宽,两手拇指在内握拳。吸气,双手用力高举过头,脸仰起注视双拳。拳高举时,仿佛要击天一样用力。

以上一面吸气一面做,继续十次到三十次。习惯以前做十次就可以。

其间,气在胆经和三焦经两条经络循环,在瞳子髎(眼尾外侧)汇合。

呼吸痛苦以前,停止以上动作,只出嘻声,同时吐气,手臂放下。

以上为一次,重复做六次。

[发出嘻声的方法]口用劲向横侧拉,气息从舌与上颚之间出来。摩擦成"一"声,要和"xi"加以分别。

[气循环的顺序]①在胆经上升=从窍阴穴(脚第四趾趾甲靠第五趾侧)→由脚的外侧(丘墟穴→阳交叉→阳陵泉穴→阳关穴)→大腿内侧(风子穴→居髎穴)→肋腹(京门穴→日月穴)→胸部(渊腋穴)→通过肩(肩井穴)→到瞳子髎。②在三焦经上升=从关冲穴(无名指指甲靠小指侧)开始→经手的外侧阳池穴→外关穴→无井穴通过肩(肩髎穴)→到瞳子髎。①和②同时进行,在瞳子器汇合。

[有效的症状]对胆病有效。

五、阴阳回春功

这套功法可以调动人体潜能,增强免疫力,延缓衰老。尤其对于心脑血管疾病、消化系统疾病,有很好的预防和治疗效果。本功法分两套,第一套适于早晨练习,第二套适于晚间练习。

早晨最好是天刚破晓,晚上最好是夜半人静。每次练功与每节动作所需的时间要因人而异,自己掌握,动作要自然,不可以过于机械。练功时避免在饭前半小时和饭后一小时之间。练功地点宜选择环境清新幽静、舒适的地方。

第一套:

预备:面向东方,闭目静心,收敛心神,全身放松头正颈直,双手自然下垂,脚尖朝前,不可内外八字,与肩同宽。两拇指朝掌心处弯曲护住劳宫穴。

呼吸要领:要吸多呼少,即胸式呼吸法,吸气时应做到静、深、长、匀。呼气时应做到细、缓、绵、悠(此呼吸方法要慢慢体会,在练功时不能过分追求)。

起式:

①舌尖围绕摩擦上下内齿龈,左右各三次,有唾液之后心平气和地沿前正中线咽入丹田。

②双手臂自然放松抬起,左手掌心向上对准东方的太阳互应。右手掌心朝下与地下泉水互应。意念先在左手劳宫穴采集太阳放射精华之气。后意念在右手掌心劳宫穴与地下泉水沟通。同时左右手上下摆动收集天、地阴阳之精(津)气(动作与意念要相互一致)。

③左手掌心向心前区部位,劳宫穴与心脏内外沟通互应。右手掌心向右肋下,劳宫穴与脏脏沟通互应。意念在左右手,把收集阳气和阴津贯入心、肝两脏。切忌掌心接触胸前区与肝脏部位。

④左手离开心前区,掌心朝下,右手离开肝脏部位掌心向下,两手掌心相对,互应沟通做抱球动作。意念在双手之间,揉成一个真气球。球形成后,应收腹提肛。抱球贯进丹田,双手重叠放在丹田处,左手在上,右手在下,少顷片刻。

⑤两手轻轻按摩丹田,左右各三次与此同进舌尖围绕摩擦上下外齿龈。左右各三次(二者频率速度方向应相同。有津液后再次咽入丹田)。

⑥放腹松肛,全身放松意守丹田10分钟之后,两手指起相互摩擦生热后,干洗脸。次数不限。

⑦轻轻张开双眼目视前方理想之物片刻。

功法机理:

《素问·宝命全形论》"人以天地之气生"本套功法主要表现天地人相应的观点,收集阴阳之精气,激发和增强人体的元气。"正气存内,邪不可干",从而能够防病益寿。

心主血脉为人体中的阳脏,"心为阳中之太阳",所以要采集早晨太阳纯阳之气补养心脏。肝藏血,肝阴易虚,肝阳易亢,所以采集大地的纯阴之气,滋养肝脏。古人云:"天为阳,地为阴,天在上故属阳,地在下故属阴。火为阳,水为阴。"对人体有推动温煦作用的称之为阳(心),对人体具有营养、滋润作用的物质称之为阴(肝)。

练功④抱球一节,主要沟通阴阳,调整机体阴阳平衡,练功时应细细品味。真气贯入丹田后揉腹和摩擦外齿龈配合好,有津液咽进丹田,与收集的大自然真气融汇贯通,《素问·六节脏象论》"气和而生,津液相成,神乃自生"。

本套功法主要是练心练肝,心肝两脏全与神志活动有关。肝主疏泄,调顺气机,而心藏神主精神意识思维活动。心肝两脏相配合,血液充盛,共同维持了神志活动正常。肝藏血、血液旺盛则滋养肌肤,肌肤润滑则不衰,保持青春常立。心其华在面,心气血旺盛面部肌肤获得滋养,面色红润而有光泽。因此本功法不但可治疗疾病,也可抗衰延寿,让人保持旺盛的精力。

第二套功法:

预备:直坐立,双脚平行落地,面朝西北角。做到心无杂念,平心静气,勿使走泄,凝视调息。

起式:

①两手枕后交叉(十指交叉)两拇指按揉风池穴十次,在此同时舌尖轻点上腭十次(二者速度频率相等)。有津液后心平气和慢慢咽入丹田。

②仰目观星月片刻后,两手从枕后拿下放在膝上,头正颈直,在此同时意念用百会穴观赏星月之光(即用百会穴与星月,通过一条光带相连起来),有时会有热胀麻等感觉。

③以手抬起重叠,用劳宫穴按住百会(左手在上右手在下)。在此同时用意把百会收集精气顺督脉导引至两肾之中命门处。意守命门片刻。

此时的呼吸要领为:采用逆式呼吸法。张口吸气,闭嘴呼气。张口吸气同时收紧小腹,将气充满整个胸腔为止。呼气应闭口,用鼻子呼气将胸腔气全部排除,同时鼓出小腹收胸腔(逆式呼吸三次之后,恢复正常呼吸法)。

④两手在百会穴处拿下,顺人体前胸滑向丹田,再自丹田顺带脉(腰部)滑向后面,双劳宫穴护住双肾,自感双肾区发热为止。同时要想象命门处形成一团火球,向下导引到会阴部位停留。球包绕会阴部。

⑤两手从肾区再顺带脉滑向丹田,两手重叠护住丹田穴。

⑥做牧小腹提会阴动作,此刻要想象阴部精气,随同命门之火一起归入丹田。

⑦站立起来,全身放松,意守丹田片刻。功法完毕。

功法机理:

肾为先天之本,藏精生髓,又主纳气和人体的生殖、生育、生长、衰老和血液代谢有着紧密关系。

本套功法主要收集夜间星月之阴精,顺督脉导引下命门帮先天之命门之火融合为一,来补充温煦肾阴肾阳。肾阴肾阳乃元阴元阳,只有肾阴阳充足,才可以生机蓬勃。用现代医学讲增强了机体的免疫力。

命门为元气的根本,是人体热能的发源地,所以意守命门火球和导引至会阴部,要认真体会,这乃是炼精化气的过程。

结束语:天有三宝日、月、星,人有三宝精、气、神。这两套功法,第一套功法使太阳之阳气、大地的阴气与人体以心肝为代表的阴阳之气交合。第二套功法让星月之阴精与人体先天之本肾阴肾阳交会。这样天人相应,即可达到《内经》所说的"提挈天地、把握阴阳、同天地同寿"的目的。

六、女性修炼的道家功、女丹功

(一) 女丹功特点

据说此功由吕洞宾所传。吕祖游吴兴时,遇一女,色华美,性澹素。每晚沐浴更衣,焚香告天,以求道术。洞宾见其意坚,遂传其"女丹太阴炼形法"留有一诀,曰:"道无巧妙,与你方儿一个,子后午前定息坐,夹脊双关昆仑过……等他向汝甚人传,但说道先生姓吕"。此后女勇猛坚心,三年而道成矣。女子为太阴之体,在八卦中属坤。因此女丹功又称为坤遂功或太阴炼形法。其特点如下:

1.女人以血为本,其性偏阴偏柔,阴本静而难化。欲要还真,练功则应选上六对为佳,即子后午前此乃六阳时,阳气生发,能柔化浊阴,充畅清阳,六阴时宜以洗心退藏,沐浴静养为主。

2.女子外阳而内阴,卦义为离三,十四天癸至,真阴则每月随月而消失。阴下降而阳上升,阳气聚于乳房。"乳房上通心肺之精液,下至血海之经脉"。故女子练功则以积气于乳房,以阳提阴为主要。此与男子异,男子十六天癸至,元精藏于丹田,精气充溢,元阳下泄。所以男子练功则凝神于丹田,清心寡欲以养其精。女子则平心定意清静以养其血。所以俗语曰:"女子贵炼形,男子贵炼气。"

3.女子之体多气血不调,冲任督带损伤,而致气滞血瘀痰聚之征。故女子修道必欲用织布法和摩法等,渲畅气息,通其积滞,去其病根。尔后,方可坦荡其心,锻炼其性也。

(二) 女丹功操作法

姿势:古师曰:"坐功一法,可生道也"。男子久坐精足而阳举,女子久坐熙生而血频。阳不举,不足之象;阴不生,枯竭之症。故坤道养生,亦以坐劝为第一首务。坐势很多。一般以自然盘坐,单盘坐,双盘坐为主,可自由选一坐势,开始以自然盘坐渐渐过渡到双盘坐,有基础或韧带柔韧性较好者,可选用双盘坐。(坐势方法要领请参考《中国气功》1988 年第一期《周天功》中的调身)到周天运行初期,也可选用跨鹤式,以一足跟抵住会阴穴,另一脚放于坐腿的大腿上。因女子牝户开,欲泄真阴,故以足跟相抵,防其漏泄之弊。另与坐势相并而行的调气法则以站式为主。

手势:一般以右掌叠于左掌之上,掌心朝上,拇指相对,置于小腹前。变换姿势各节都有论述(略)。

呼吸:大脑安静情况下的自然深呼吸,不要片面去追求腹式呼吸,通过一段时间练习后自然形成内呼吸或腹式呼吸。呼吸要领为深、长、细、匀、轻、缓。应细心体验。

1.平心定意,凝神膻中

开始练功者,应先提起此"心",不能懈惰闲散,要知自己是一个勇猛坚强的人,弃开所有事物烦恼,一定要练好此功。此即谓存一"正念"于心中,然后拖手盘膝,垂帘塞耳,松身松肩,情绪平稳,大脑安静。要求百会穴、膻中、丹田、会阴意对一线,而且与地面垂直,不挺胸不弓背,自然体正,气顺。而后止念抱神而静守。诀有八字:内息诸妄,外绝诸缘。止于内,内念不生;止于外,外物不摇。把眼耳鼻舌身五识各返其根;把精神魂魄意五灵各安其位。运用施为,忌令神意弛于外,似视、听、嗅、意等感觉通道和外界阴断隔绝。"夫眼为神窍,耳为精窍,口为气窍",关闭外三室,令其返于身内心关照内听,不被外界物体所诱。如此本心不动,内三室精气神合于一,自然私欲竭尽,此即谓对"境"无"心"也。至此神情意平自台于虚静。方将散乱之意念汇至两眉之间的印堂穴(此为聚神收念之处),并缓缓地顺身体向下沉至膻中穴,凝神于此(两乳之间内进 1.5 寸,如拳头大小的区域)。何为凝?聚而不散谓之凝。要求神(感觉)坐其位,意聚其中,而双目之光亦要内视膻中。因神栖于目,目又为心之先锋,目之所至,心神也必趋之。古顺秘曰:一部玄功,全凭慧照。故要求心目同凝于此。又兼耳内听呼吸,自然出入。此中一听,勿不可泛视,呼吸稍一浮躁,神即外散。吸气稍用意,呼则不用,缓慢细长,勿勉力强为,尤重自然,三者同汇于膻中,无思无虑自然气生。如此 36 息,可静养片刻。复如斯 3~5(共 108~180 息)尔后接摩手、浴面等收功。功时 30~40 分钟,一天三次,15~20 天后方可转练下步功法。

2.摩揉两乳,气伏中黄

女功较男子简单易成。初动半月即觉两乳之间似有动机,发热蠕动感。所以练功改为提手分捧两乳,细细吸气,吐帷绵绵,让息息归根于膻中,绵绵密密,若存若亡。守至若感呼吸从丽乳之中出入,即应迁至其神下凝黄庭(位心下脐上正中,在一身四方之中,且脾土居此,故称黄庭)。轻轻地抚搓两乳,呼吸自然,左右各 36次(双手施摩的方向一致)。凝神片刻,再用意目神光顺左右肋的下肋缘往后到夹脊,行帷骨两旁上升过玉枕,入泥丸,至两眉之中印堂穴相交。复分开沿两侧太阳穴循耳后降至缺盆(即锁骨上窝),后沿胸下注于两乳,将左右两乳各旋转一周,汇于膻中,一并送入黄庭。无为静养沐浴。静守片刻,再捧乳吸气,左右揉搓 36 次,用意如前,复如法 3 次方可收功。行浴面、叩齿、吞津、摩腹等。功时 40~60 分钟,一天三次,30~60 日。

3.日月合璧,以阳提阴

功夫至此,已感神清气爽,步履轻盈。面光泽红若桃花,发荣润黑若青丝。故应更进一层。

上段凝神黄庭,气绕中黄,腹中温暖,似烛光之照。朗彻如荧,应迁其神过脐轮,下守丹田(在上述与地面垂直的直线上,脐下 1.5 寸腹内正中似拳头大小的区域)。要把气伏藏于丹田之中,以神就之。神坐气中,气包神外,神气混融,两相融合。即为先天动象,恍惚如醉,杳冥始得真精。"以神返气内,丹道自然成"。古称此为日月合璧,阴阳匹配之功。喻丹田为月,欲让月窟生辉,必赖日光之照耀,而日光于人则为神、意、目光的合体——"性灵之光"。返向身内,循日月运行之道,默照铅鼎丹田。让真阴真阳(神、气)归人丹炉,行周天符火,得一粒"宝珠",吞入腹中,始知"我命由己不由天"。

静坐之时,无思无营,让神气同融于丹田,神为一身之主宰,神定则息和,息和则心安。心目坦然,神光内照。吸气绵绵,呼亦帷帷,呼吸之间,呼吸绵绵不绝,气微微缈缈,恍恍惚惚,蕴于丹田似根之深藏。如此默观温照,气机发动,腹呈温象,暖气欲冲无路。此乃阴气萌生,让人姿生情欲,当以正念主之,以阳提阴,不能骄之放纵。以目光照射之,以意领之,以神接之,随气之欲出,重吸气引暖气穿尾闾(呼则不用意);贯帷骨同髓体上升,入泥丸,达明堂。此刻重呼气(吸则不用意),搭鹊桥,过重楼,降膻中,似甘露不滋丹田,温温然如蜜入腹中。如此一连 3~5 次,运至阴气消尽,情欲寂灭方止。此刻全身舒泰,胎息冥冥,欲仙欲醉。似醍醐灌顶,顿觉全身清爽无累,如沉疴脱体,其快无穷。元气氤氲,毛孔熏熏然开合有度。唯觉内外环境交通相接,混为一片。无人无我无天地,如祥光高悬,遍体生光,清凉自在。至此有为之灏祛止,转入无为之顿法。至清至静。颐养神气,步入虚空忘我之境。

枸杞

女丹功的无为顿法和男子"炼神还虚"一样,十月温养,三年乳哺,九年画壁,是一个长期的精神颐养过程。所以欲要身中之气不散,心中之神不昧。宜与十二时中:"行住坐卧,一切动中,心如泰山,不动不摇,谨守四门眼耳鼻舌,有令内出外入",去嗔怒私欲,此亦养寿之紧要。虽涉事而心常无事,不让琐事萦于心里。如佛语云:"无心于事,无事于心",勿让尘埃染着明镜。心地空明清静,淡然无为,神气自满,方得天元之寿也。

(三)调气法

此段功法也为女丹功中重要环节,可与坐势相并而行,对于逆腹式呼吸或内呼吸的形成起着重要作用。经过肺部呼吸的鼓荡,充分地调动体内真气的产生聚积,逐渐地由肺部呼吸过渡到深长的逆腹式呼吸。

高血压、严重心脏病患者勿用。

1.特点

第一点,意念与呼吸相结合,外导内引,意气相随。开始意配合呼吸之气而走,至一定阶段真气产生时,则意与真气结合而行。

第二点,腹部随着呼吸的起伏波动,对脏器有轻微的按摩作用。并且不断地刺激丹田区域,形成条件反射,可以很快地调动气机的运转,让丹田部产生气感。

第三点,这种功法呼吸量较大,配合提肛收腹,有很强聚气储能作用。又兼有升降开合之妙,对功夫进一步深入起主导作用。

呼吸要领,细匀深长,不疾不缓,内息深深,气贯丹田。循序渐进,不可过于用力闭气。

2.操作方法

第一点,预备式,双脚分开与肩等宽,膝微弯曲呈骑马式。双手分按在大腿两侧,掌心向下,指尖向前。要求大脑平静;身心舒畅。全身放松,让皮肤、肌肉、内脏等处于松弛状态,不可用力。头顶百会、膻中、会阴、涌泉意对一线,并和地面垂直,如此即可做到含胸拔背,沉肩坠肘,胸如中空呼吸通畅(自然缓进缓出呼吸)。意想天河之水自百会贯入体内,循上述一线缓缓流下,融融适适洗涤全身。清气入内,浊滞潜消,病邪之气排出体外,身心顿觉清爽,一般5~10分钟即可。

第二点,双手掌外旋,变指尖相对,掌心向上,放于小腹前,继动,双手掌缓缓上捧,同时细细吸气,先提肛后缩腹内收,上提至膻中穴,沉肩坠肘,手掌继往外旋,并向外分,指尖朝上,掌背相对,手指似有向两方绷拉之力,此为升式开式。腹内收,胸腔扩大,吸气于膻中、两肺及整胸腔。

意念活动:上捧时意想双手将丹田气捧起,缓缓上升,和呼吸之气相融于膻中,而开式则为更多的吸入自然界清纯之气,纳为己用,以补虚弱之体,此即为先天气,后天气,融之者,可以长生之义。始则膻中有热胀感;逐渐整个肺部胸腔均感温热舒适。

第三点,待上式吸气满后,有一自然停顿之机,略闭息一会(不可勉强),尔后,两手掌内旋,变指尖相对,掌心向下,平于胸前,开始缓缓呼气,双手掌并徐徐下按,至小腹前,变两掌心与丹田相对,此为合式降式,呼气完,腹外凸,气落入丹田。

意念活动:合式是把弥散之气集于膻中区域,降时则配合手势外导下按领气顺腹内(任脉线)沉入丹田,气则根藏于此,盘结于此。此即水火交罢后,一点落丹田之说。久练此法,气顺任脉行走时,似夏饮甘露清凉融适,沁人心脾。故有语曰"蜜入腹中"之感,对呼吸要求有一诗曰:吸则意紧随气行,呼则形松似雁落,所有皆于自然中求之,不可强力施之。

第四点,上式呼气完毕,仍有一停顿之机,即行法轮自转法,双掌心自腹前由右至左缓缓划圈3次,旨在带动内气旋转,使气活活泼泼,以防气滞而生膨胀之弊。

此为一次呼吸完后,可调匀鼻息,复如此10~15次,改成三圆式桩功。勿须意守,以"松静"意境为主,自然呼吸,静养10分钟左右收功,行摩掌,浴面,拍胸,拍腿等,理顺气机以恢复常态。

关地手势起落的疾慢,要根据自己的呼吸而定,息深长者可慢,息短促者稍快,初稍有气息,逐渐可达"吸绵绵呼融融"置鸿毛于鼻端纹丝不动之内息态。

(四)女丹功辅助功

练功之前收功以后均可做,时间不限定,惟当郑重其事,不能马虎。辅助功主以和暖全身,寒则凝滞,暖则流通,气血周流,而病自消散。

1.织布法:空静织;姿势选坡卧式,身体放松,呼吸顺畅,运用之妙,在乎一心。心中空静,不动声色,惟觉膻中、涌泉之间像有一金梭运转,往来穿梭,外则气机运转,通畅无凝,运转度数初始缓慢,渐至加快,时间2~3分钟。动织法;取坐势,时间2~3分钟,两腿伸直并拢,足尖向上,手掌向外,双手向足尖部做推动姿势,同时躯干前倾,并配合呼气,推尽而返回,此时手掌向里,配合吸气,如此往返约30次,全身活泼,脉络通畅,气血流利,无阻隔之虞。

2.和带脉法:自然盘坐,双手分放在膝盖上,前后左右旋转,而且带动脊桂活动,自左→前→右呼气,自右→后→左吸气,反方向旋转呼吸亦然,各16次,此法久做可舒腰活脊,气血通畅,百脉开放,自然疾病不生。

擦手、浴面、叩齿、搅海、鸣天鼓、运神摩腹诸法,请参考《中国气功学概论》或《气功疗法实践》,在此不描述。

3.女丹功注意事项

（1）要有决心、恒心，常意志如一，不能有自卑之心，不能有懈怠之心，不能有速成之心，日日行事，应明理，行其是，远其非。

（2）练功时间以子时后午时前较佳，行功时应避风暴雷电之日，皆为天地之暴戾之气，与人无利，故不可练。

（3）行动用意，不可勉强，力求自然，以不过适中为好，盖有意属阳，无心属阴，阴静则血生，阳动则躁动耗气，所以"用意之妙在于微"，应绵绵若存，不沾不脱。

（4）女子经期，行动时积气在乳房，或无为静养，不能加以固摄，或运行周天，以防血瘀之弊。

（5）功中唾液生时，令满以意如咽物状直咽入体内，顺膻中、黄庭落入庙田，久行如咽甘露状，美不胜收。

七、周天功

周天功是道教的主要练功方法。周天功分为小周天、大周天两种。小周天是指内气贯通任、督二脉，透达三关；大周天是说内气贯通奇经八脉，周流全身这两种功法总称为内状。

周天，是道家练功时借用的古代天文学的术语而得。古代天文学家认为宇宙天体如一个球形物体笼罩大地，而人类所在的大地位于这个球的中心，由大气托起，在大地的周围布列着日月星辰。在笼罩大地的球面上将日运行的轨迹定为黄道，在它的两侧约8°的范围中所形成的带称作黄道带。日月星辰就分布在这个黄道带中。其中东、南、西、北四个方位上分别布列着二十八个恒星系，称作二十八星宿。每方各布列七个星宿。各方布列的七个星宿之间的距离和位置各不相同。前人用假设的直线将星宿相互联结，结果四个方位上所形成的图像宛如四种不同的动物，于是产生了东方青龙、南方朱雀、西方白虎、北方玄武等名称。

因为地球的公转和自转的关系，人们从地球上的某一点观测宇宙星际太空时，就会发现日月星辰在一定的轨道上运转，经过一定的时间后，这些日月星辰又返回到了原来位置，好像循环一周一样。这样的循环，古代天文学家称之为一个周天。另外对太阳的升起、降落的循环也称为周天。因此《天仙正理》："小周天云者，言取象于子、丑、寅、卯等十二时，如周一日之天地也。"

练功时出现真气自督脉上升到巅顶，然后再自巅顶进入任脉，返至丹田，犹如日出,日落一般地完成了一个循环。而这个循环是顺人身前后的正中线完成的,其范围局限在任、督二脉,故称小周天。当真气沿奇经八脉,十二正经,宜人体的上下,前后、左右流通循环时,其范围广泛,故称为大周天。

周天功的锻炼需要经过三个阶段,即"炼精化气""炼气化神""炼神还虚"。小周天是"炼精化气"阶段,它分成炼己、调药、产药、采药、封炉、炼药六个步骤。大周天是在小周天基础上的更高一级功法,因此本书只着重介绍小周天方法。

(一)周天功法三要素

《规中指南》指出"内丹之要有三,即玄牝、药物、火候"。

玄牝是说鼎炉,仿炼外丹术而得来。玄牝是指蕴藏真气的部位,即丹田。《金丹大要》:"内鼎者,虽口下丹田。在脐之下,脐后肾前","是神气归藏之府,方圆四寸,一名中太极",这就是说玄牝所在的部分是脐之后,肾之前,并在脐水平线之下的方圆四寸上下处。是体中腹腔中的一个空间,既非点,也不是面。在这么大的范围中都可以设鼎,至于设在什么地方可由练功者自己体会。

药物,在《规中指南》里说:"采药者,采身中之药物也。身中之药者,神、气、精也"。这个神、气、精说曲是先天就有的元神:元气、元精,并非后天形成的,称之为"内药"。因此《金丹四百字》中指出:"练精者,练元精,非淫佚所惑之精;练气者,练元气,非口鼻呼吸之气;练神者,练元神,非心意思虑之神"。可是先天之精、气、神虽然得之于父母,但在其生长的过程里必须随时依靠后天之精、气、神的不断补充和滋养,才能生生不息,否则早已消耗殆尽,因此所谓的练先天之精、气、神者;无不自后天之精、气、神入手。

火候:说的是意念对呼吸控制的程度。《规中指南》:"神是火,气为药","火候口诀之要,尤当于真息中求之",《真诠》:"火候全在念头之上著力",指的就是意念和呼吸的关系。

火候分为武火、文火两种。《修道全指》里说:"盖武火者,即呼吸之气急、重、吹、逼,采取烹炼也;而文火者,即呼吸之气轻、微、导、引、淋浴温养也。"丹书中还把武火叫作阳息,文火称为阴消。这是说除了急、重、吹、逼的强烈呼吸好像油锅烹炼为武火,轻、微、导、引的柔和呼吸好似在温水中洗浴为文火外,在子、丑、寅、卯、辰、巳六阳时练功也称武火,在午、未、申、酉、戌、亥六阴时练功亦叫文火。前者是依呼吸的急慢,后者是按时间的早晚划分的艾火和武火的不同。武火多震在练功过程中的前半段,文火多用在练功的后半段。但是应据情而定取文武兼用才好。

(二) 小周天功夫法

姿势:练周天功可以取坐、立式。古代练功大多取盘坐势。

步骤:

炼己:就是对练功者意念、姿势的锻炼。它要求练功者摆正姿势,排除杂念,形神安静,注意力集中,舌舐上腭,轻闭口唇。这个步骤要求练一定的时间之后再进入第二步。

调药:在练功者对上述步骤适应后,开始调动体中的"内药"。调药时先调元神,就是在排除杂念、形神安静的基础上,把元神纳入玄牝之中,让一念归丹田,凝神入气穴。再调元气,即调整呼吸,让自然呼吸逐渐转入深、长、沉、细、匀的地步,使呼吸短促的调整为深长,尔后将这种深、长、沉、细、匀的后天之气渐渐纳入丹田,和先天之气相接。先天之气是先天之精在命门火的煎炼下形成的。总之,调药就是将神(意念)、气(后天呼吸之气)均纳入丹田(玄牝、鼎炉)之中的过程。

产药:就是丹田气形成。由于神返丹田,身中内气纳归丹田,整体的气全趋于向里之势,因此散溢于外的气,亦随之趋于内而返归丹田。当练功达到静极之时,在恍惚冥冥之中,出现丹田有气将动的感觉。这种感觉宛如练外丹时,各种药物经过烹炼之后融化成新的药物一般,所以称此时的感觉为"产药",即产生了与呼吸之气、先天之气不同的"气"的意思。这种有气将动的感觉并不是在意念支配下的"动",而是"非觉而动,是动而觉"。

采药:是说在"药"产生之后,继续增加薪药,以促成"药"炼得精、纯之意。在丹田有气将动之时,运用撮提谷道、舌舐上腭,目闭上视、鼻吸莫呼四字诀法(撮、抵、闭、吸)以武火的强烈意念与控制呼吸的方法,全力锻炼,增强火势。

封炉:即继续使用撮、抵、闭、吸四字诀让谷道封固不泄(提肛),舌舐上腭、鼻吸莫呼,让气不泄,犹如焖火封炉一样专心致力于炼己动之气,即进一步"产药"。

炼药:通过以上几个步骤炼出的"药"必须有一定的功能和特性,这个功能与特性的产生还必须经过一番锻炼,这正是第六步的目的。这一步对"药"的锻炼方法是用意念引动已成之丹田气下入会阴,并由会阴过尾闾,到命门穴,夹脊上行直达泥丸,再自泥丸前经绛宫,复归气穴(丹田),让任、督二脉相通。

为什么要让任、督相通?古人认为人在胚胎期是通过脐与母体相联,并摄取营养。攫取的营养通过任、督二脉及奇经八脉周流周身。出生之后,任、督二脉不再接通,生命活动不像胚胎期一样。为达益寿延年的目的,必须接通督、任二脉,所以周天功法致力于此。督、任二脉一通则小周天功既成。

呼吸:

小周天功的呼吸分成以下几个阶段：炼己、调药、产药的初期，呼吸轻微细匀长，称之为起火；产药的后期，采药、封炉，呼吸急重，加强吸气，为进阳火；炼药达至气升督脉时，亦用强吸的武火；气过泥丸下降任脉时，用轻微的呼吸，改用文火。强吸为阳息，轻呼吸为阴符。气过督脉三关，任脉三田(尾闾关、夹脊关、玉枕关；上丹田、中丹田、下丹田)后，改成吸—停—呼—吸—停—呼的方式进行，方可出现吸时气井至头顶，呼时气由头顶下降至小腹。

通督任二脉分为意通和气通二种。所为意通是指用意念诱导气血运行而使督任相通。所谓气通督任，不是有意识或用意念诱导气血运行，而是练功勤奋，无欲无念，静候阳生不息，精气自然日积月累。等丹田之气充足后，一股暖流勃然而动，由会阴转尾闾；过夹脊，不用意念可冲开督脉，直上玉枕至昆仑，转而下通任脉，缓慢下降丹田。

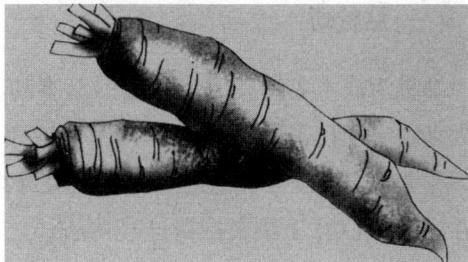

胡萝卜

意通督任所需时间不长，约三个月左右即可，而气通督任没有三年五载的苦练，没有强壮的体魄，没有坚韧不拔的意志，是不易达到。

对于大周天的功法问题，张天戈氏认为大周天要练8~9年才可以，多数人无法练成，不应广泛宣传。

饮食调膳：

周天功的锻炼，必须注重饮食的调膳，加强营养的调摄。"练功不调膳，等于瞎胡练"。对于这个问题有专门论述，此处不说。

注意事项：

周天功的适应证非常广泛，但有癔病、精神分裂症与较莺的神经官能症患者慎练此功，可改用其他功法。

周天功是道家气功的主要功法，在道家的功法书中含有很多隐语，练时不易理解和掌握。后人经过不断的实践，有所体会，并将其功法加以发展。近人李少波所写的《真气运行法》一书，正是对周天功的发挥。

八、桩功

(一) 站桩功

站桩为武术界用以锻炼腰腿的基本功,各家拳术全有自己的站桩功法。站桩功大多数出于技击的目的,而用于医疗养生则是近几年被发现和发掘的。站桩功是天津武术名家王芗斋总结并三次著文介绍的功法。他的学生秘静克和王群也分别在《中华气功》上撰文探讨这套功法。

王芗斋的站桩是依据"意拳"(又名大成拳)的基本功演变而来,分成养生站桩功与技击站桩功两种。本书只介绍养生站桩功。

预备式

头正体松,自然呼吸,周身松静。

双足分开和肩同宽,足尖向前平行放置,膝微睦,胯回收,臀略后坐。

上肢分为八种姿势:

①举式:双手拇指相对,掌心朝上,高举过头,肘微曲,臂竖起。

②按式:手指向前,掌心向下,和脐平,臂下垂,肘微曲。

③捧式:四指相对,置于脐的左右,掌心向上,两臂如环。

④推式:两臂朝前平举,肘微曲,拇指相对,掌心朝前。

⑤抱式:手心距胸一尺左右;高与肩齐,肘微曲略下,双臂抬起。

⑥划式:双臂左右分开约三十度角(与胁肋所形成的角),手心向前。

⑦提式:两臂下垂,肘微曲外撑,掌心朝里如提重物。

⑧结束式:掌心向后,置腰际,肘朝前合,肩松,腿膝缓慢直起。片刻,两臂还原体侧,收式。

呼吸法取自然呼吸。

意念只要求大脑安静,气沉丹田。

站桩功虽然姿势非常多,但并非逐一练习,可因地制宜,挑选其中的一两个姿势,按王芗斋的说法怎么舒适就怎么站。

走路、坐车全可以练。

练功的时间可由 3~5 分钟,逐渐增加到 20~30 分钟。每天练 1~2 次,灵活掌握。

(二) 无极站桩功

无极站桩功分成三步功法：

第一步功法：

姿势：

双脚平行站立，和肩同宽。两足涌泉的联线的中点，和"会阴""百会"相对成一线，重心平均放置于两足掌，足跟微微离地。两膝微曲，膝盖不要超过足尖，松腰解胯，含胸拔背，头正直。

动作：

双眼平视，心净目洁，意想两腋下有气，腋下的气把双臂向体侧轻轻地抬起。当两臂与肩平齐时，意想气贯双肘，并自肘贯于腕。由腕部的气将双掌转为仰掌，意想掌心的劳宫穴。两臂缓慢上举至头顶，意想掌心的气至百会穴。由百会沿中脉下行。双手外导，气自内行。当双手经过头颈时闭目，舌舐上腭。经颈、膻中、中脘到丹田。然后，双手还原于体侧。

再次意想腋下有气，气把双臂抬起，重复上一次的动作。连续三次。

当第三遍时，两手落至丹田后，双手向外45°方向推出，至极点后，翻腕转掌，让掌心相对。意想掌心有气相互吸引，并向脐部会合。

当双掌与脐相平时，虎口相对，慢慢向丹田挤按，同时提肛。

当两手抵于丹田时，男左手内劳宫按于丹田处，右手内劳宫对正左手外劳宫（女反之）。

取三线放松法调整体形姿势，并松弛肌肉筋骨。

意念转向两眉中间，意想神光向脑内移视，至泥丸处，顺中脉逐渐内视膻中、中脘、丹田，并意守丹田。

调整呼吸，使之深沉细匀。以熬息法协助入静。

反映及感触：

练功开始，小腿后部肌肉酸胀麻木疼痛，功时渐久，酸胀等渐渐上移至大腿，并开始有小而频率快的肌肉颤动。足心涌泉穴逐渐形成气丘（如铜钱大的气丘），气丘不断地向上发出气的冲动，当气到腰胯时，开始出现浑身的颤动。这个颤动是以膝关节为中心，宛如弹簧一般。

颤动的频率和振幅分为以下几种：频率快而振幅小；频率慢而振幅大；频率适中而双手拍打丹田。这三种颤动现象交替出现，并无一定的次序。

当颤动到全身轻松、汗出涔涔、欲飘然上升之际，双手及意念开始准备做第二步功法。

第二步功法：

意念渐渐由丹田转向两手劳宫,意守片刻,颤动即可逐渐停止。

颤动停止后,将双臂轻轻抬起,当与肩平时,深吸气。边吸气边将双臂上举。到头时,呼气,边呼气边将两手四指相对,经面前下按至丹田。如此重复三遍。

当第三遍落到丹田时,双手再次外推,如第一步功法置于丹田。

数息九息。气向左运于髋关节,并由髋关节沿足大腿前侧的足阳明经下行至外膝眼,再自外膝眼下行沿胫骨嵴外侧下至足背的解溪穴,再由解溪下行到足大趾。意守1分钟。

运气自足大趾注入涌泉穴。由涌泉斜向内至足跟,经内踝后顺小腿内侧后缘的足少阴经上行过膝上大腿内侧后缘,经阴部回丹田。

在丹田中绕圈圈五周,再移行到右腿,路线和左腿相同。气回丹田再绕五周。左、右腿各一遍作为一个循环,如此反复九个循环。

当最后一个循环完成后,气在丹田停留九息。预备做第三步功法。

这个循环,女子是始自右腿,毕于左腿。

气感:当气顺足阳明经下行时,经脉有气胀之感。当气顺足少阴经返回时,有温热之气沿经脉上行。

第三步功法：

意念从丹田移向双手劳宫穴。两掌外展,取逆腹式呼吸法吸气,展至极点后,翻腕转掌,两掌相吸,向中间合拢,边合拢边呼气。当两掌在与脐相乎的部位合拢后,朝丹田处后撤回,尔后开始第二次的逆腹式呼吸。

第三次逆腹式呼吸后,合拢的双掌后撤到丹田。由腕将双手掌转向上,指尖朝上成合十之势。

意念再次集中眉心,并顺中脉反观内视于丹田。意守丹田。

气感:自觉丹田气下行进会阴,久练以后,可出现小周天。在小周天形成之前,常会出现前后摆动的现象,合十之手也能前后方向划圆。

收功：

合十之手下移至脐平,尔后外展,吸气,上举至头,呼气反复三次。双手放于体侧。将头上昂,睁眼上视,头复正,将口中津渡分三次小口咽下,意送丹田。

本功法也可结合太极拳进行练习。和太极拳结合练习时,可在第二步功法后,开拳练拳,双眼慢慢睁开。当太极拳行拳后,再练第三步功法。

(三)白鹤凉翅站桩法

"白鹤凉翅"是太极拳的主要招式之一。乐焕之教授(上海复旦大学教授,著名气功家、太极拳家)生前极其重视"白鹤凉翅站桩"的训练。参加"白鹤凉翅站桩"的学生,无不在短期之中出现自发运动,不少练功者反映其内气运行途径及练功反映和"小周天"一致。我们也是在"白鹤凉翅站桩"过程中达到"小周天"境界的。现把白鹤凉翅站桩介绍如下:

方法:

①立正,周身放松,让心平气和。

②右足以足跟镞轴,足尖向右转,使之和左足内侧成 90°角。

③屈两膝,让身体下蹲 10~20 厘米(根据功夫程度而定)。

④重心右移,让全身着力于右腿。

⑤提左足并将左足移向正前方,左足尖踮于右足跟正前方约 40 厘米左右(相当于一只半脚的长短)。

⑥两手指略微分开,拇指与小指略微后翻,中指指根略向前。

⑦右手举起,使与右耳相距一虎口,手心朝前。

⑧左手放于左胯旁,拇指靠近胯部,小指向前,比拇指稍高,左肘似直非直,呈弧形。

⑨上身稍向前倾,左胯下沉,转正身躯,重心移至右足跟,勿使上身松弛。

⑩颈顶自然放松,舌舐上腭,面部稍带微笑。

⑪双眼开始合拢,待自发运动之后,欲收功时张开。

⑫练功结束后,只将左足收至原位,两手徐徐下垂,立正,静止片刻即可。

要领:

①要求周身放松,一直松到脚底。开始不易做到,有点站不稳。但站几天后,腿功增强,就能松到脚底。初学者常常借上身使劲(僵劲)来维持平衡,这样就不能做到放松,不易得到效果。

②上身略向前倾,务必让两胯"吃进"(即"内收"的意思)。

③重心必须移至正中,使着力右腿跟。

只要做到上面三点,即刻会产生自发运动,内气自然沿督脉上升,导致颈部颤动。数日后,内气自然冲过(脑户穴)玉枕关,直入囟会穴。日久后,内气自会顺督、任两脉运行。

九、内养功

内养功经北戴河气功疗养院的刘贵珍整理后加以推广。

内养功强调默念字句和呼吸停顿、舌体起落、气沉丹田等动作与意念相结合，具有大脑静而脏腑动的特征。

（一）调姿

姿势分成仰卧式、侧卧式、坐势、壮式等。可依据病情或练功者的生活习惯自由选择。但是必须注意以下几点：

胃张力低下，蠕动力较弱，排空迟缓者，应选用右侧卧位，尤其是饭后练功者尤需注意此点。

胃粘膜脱垂者，应选用右侧卧位。因为右侧卧位常因胃粘膜重力关系而让病情加重。壮式虽属仰卧位的一种，但只适宜于练功的后期，可作为增强体力锻炼而采用之。

卧式练习数日后，在体力有些恢复时可改成坐势。

（二）调形

调形即是让练功前和练功中在精神秘形体上保持松弛状态。所谓的松弛是说：一全身肌肉放松，做到松而不懈。二意识放松，排除种种思想杂念，一心一意准备练功和注意练功。

（三）调息

内养功的呼吸法有些复杂，要求呼吸、停顿、舌动、默念四个动作相互结合。常用的呼吸法有三种。

第一种呼吸法（又称硬呼吸法）：闭口、鼻吸，用意念引气至小骏，吸后不呼，停顿后再呼，即吸—停—呼。停顿时默念字句，先以三字起始，然后随停顿时间耐力的延长增加字数，但最多不超几个字。词意可自由挑选，但是应当是松静、美好、健康的内容。吸气时默念第一字，停顿时默念中间的字，呼气牙默念最后一字。吸气时舌舔上腭，停顿时舌体不动，呼气时舌落下。

第二种呼吸法（又叫软呼吸法）：鼻呼鼻吸或口鼻并用，先吸不停，再慢慢呼出，呼后停顿。即吸—呼—停。默念字句和舌体的动作与第一种相同，只是舌体的动作是吸上呼下停不动。

第三种呼吸法：先鼻吸气一点儿即停，随吸气舌舔上腭，默念第一字，停顿时舌体不动默念第二字，再吸更多的气引入小腹，默念第三字，吸气完后不停即徐徐呼出，舌随上落下。即吸—停—吸—呼。

(四)意守

意守有三种方法。一意守丹田法:意想脐下一寸五分处的气海穴做中心组成一字球形,设在小腹中。二意守膻中法:意想两乳之间的膻中穴为中心组成一个圆形平面。三意守脚趾法:两眼微闭,意念随视线注意脚趾,想象脚趾的样子。

意守时以意守丹田为妥,不易出错。女性练意守丹由常出现经期延长或经量过多,应在此刻守膻中,不习惯意守丹田者可意守脚趾。但应自然,不可无意去守,也不可强守,应是似守非守。

十、慧功

慧功是传统气功禅密五步功的第五部功,是辽宁省发现、整理、推行的一种气功锻炼方法。其特征是以气为用,重在外为我用,内外合一。功法易懂易学,气感明显,收效快,元偏差,对中老年的种种慢性病有明显疗效,尤其是对培育智力,诱发增强人体潜在功能,更有独到之处。

超动式:

(1)三七式站立

七分力量用在脚跟,三分力量放于前脚掌,两脚外八字开立,与肩同宽,膝关节保持滑利,不僵硬。

(2)松在会阴

会阴部放松,保持好轻微的排尿感状态。自此点放松,可带动周身肌肉、关节放松,达到所谓"体酥"的轻松舒适感,并且可诱导精神放松入静。就是所谓的"会阴一放松,全身无不松"。

(3)呼吸自然

舌舐上腭,鼻吸鼻呼,做到吐淮细细,纳惟绵绵,意念不想呼吸,就是指气功术语里的"无意息"。

(4)动在脊柱

以松动脊柱为主,手指、脚趾、手腕、肘关节、腰、胯、膝关节等,全要轻缓地动。所谓"脊柱一动,周身无不动"。

(5)意念活动

集中精神,合目内视脊柱和各关节的活动。

功法分成"四动"、第一部功、第二部功、第三部功等四部分。

四动：

（1）蠕动：四肢放松，整个脊柱关节要上下左右前后一块蠕动，动作轻微缓慢。此节要求练三分钟。

（2）蛹动：意念渐渐由蠕动转入蛹动。蛹动是前后轻轻地松动脊柱，先自尾骨开始，逐渐上升到腰椎、胸椎、颈椎，再自颈椎下至胸椎、腰椎、尾骨，如此上下往复为一次，共做三次，约四分钟。

（3）摆动：意由蛹动转向摆动。摆动是脊柱左右横向摆动。运动顺序与蛹动相同，共做三次，约四分钟。

（4）扭动：脊柱从左至右，又从右至左的扭动，活动顺序及次数同前，约四分钟。

四动完后，站好三七式，浑身微微地动，双手向上举（不超过印堂穴），捧气如球，开始做第一部功。

第一部功（松、展、放、收）：

（1）松在会阴：全身放松，意念默想"人在气中，气在人里，近在眼前，又在身中"。要发自内心的笑不停，以达至舒展五志（即忧、怒、思、喜、恐），为"生慧"打开一条通路。

（2）展在意中：慧中也叫慧目，在两眉上方的凹陷处，用慧目展望远处，展望到无边无垠，越远越高大越好。慧目是窗目，是练功有素者从体内向体外放射某种特异物（古人称之为神光）的洞穴。所以要展望后外放。展望以后，外象丛生，尔后可达到有悟、生慧，受到功益。松会阴和展慧中是上下配合的，久而久之，任督二脉之气，自然通透。

（3）放在全身：在慧中远视和遥想外象的同时，身体躯壳也外放、扩展到无边无际的宇宙中去，达到天人合一，把身躯放至"似有似无"和"不空而空"的境界里去。按禅密宗气功说法是"真无"才是"真空真定"，这样就可以"定空久定，神通慧"。

（4）收归关元：气从这方经慧中收回关元（小腹腔内），即自远视转为内视关元。达至"神返身中气自回"，用这种先开后合的收功方法，求得气"先从内生，继而外来，外为我用"，达至"回阳不漏"。习这部功法能够得气全身。

第二部功（上冲、下贯）：

下贯，就是气贯井泉。即气顺脊柱缓缓下行，冲出会阴部，经由双足涌泉贯入地下。双雪内视脚下，好像有一井泉，下望至最深处，让意念接触到地根。这叫采阴，能养血。

上冲,指的是气冲星斗。即气顺脊柱缓缓上行,冲出百会穴,朝上内视天顶,意念想天的最高处,即接触天根。这称采阳,能补气。上冲完毕,再把气从天顶经百会穴收归关元。这时耳目兼用,内听内褪小腹腔内的声音与景象。

练习时,先下贯后上冲。

健康者下贯大概练四分钟,上冲大概练三分钟。

高血压患者,上冲的时间应尽量缩短;低血压患者,下贯时间应短。

总之,要依据实际情况灵活掌握,避免出偏。上冲和下贯要输流交替,上下来往,让元气充盈,方可祛病强身。

第三部功(向横):

先练吐纳。吐即放或呼,吐自气海;纳为收或吸,纳于关元。

意想周身的气,横向地放出体外,即上下前后左右,同时横向地放射到无边无际,达至天人合一。

这部功法是让气、神(意)、天(宇宙,天地间的浩然之气)三者结在一起,达至混元一气,互相为用。最后纳归关元,就是意想气从四面八方收西来,吸入全身,纳进小腹腔内。

收功:

神返身中气自回,此时身体由微动渐渐静止下来,两手劳宫穴相对(男的左手在上,右手在下;女的相反),合抱于小腹腔(即关元的位置)处,耳目并用,内听内视小腹腔中有什么,要耐心等候,要以文火温养,直至全身完全停止活动,周身气感消失为止。

收功一定要圆满,达至勿漏勿泄,即厨谓"回阳不漏"。

收功结束后,双眼睁开,利用手掌的余气,搓手擦面,再摩擦一下耳轮,练功完毕。

十一、陈希夷二十四节气导引坐功

立春正月节坐功图

运主厥阴初气。

时配手少阳三焦相火。

坐功:宜在每天子、丑两个时辰,双手相叠按大腿,转身拗颈,左右耸引各三五次,叩齿吐纳漱咽三次。

立春正月节坐功

治病：风气积滞，头痛，耳后痛，肩痛，背痛，肘臂痛，诸痛。

雨水正月气坐功图

运主厥阴初气。

时配三焦手少阳相火。

雨水正月气坐功

坐功：每天子、丑两个时辰，双手相叠按大腿，拗颈转身，左右偏引各三五次，叩齿吐纳漱咽。

治病：三焦经络留滞邪毒，嗌干咽肿、哕，喉痹，耳聋流脓，目锐眦痛，颊痛，诸疾。

惊蛰二月节坐功图

运主厥阴初气。

惊蛰二月节坐功图

时配手阳明大肠燥金。

坐功:每日丑、寅二时辰,空握拳转头,反肘向后,顿掣五六次,叩齿三十六次,吐纳漱咽九次。

治病:腰脊肺胃蕴积邪毒,目黄、口干、鼻衄、喉痹、面肿、暴哑、头风牙渲、目暗怕光、鼻不能闻,遍身疙瘩等症。

春分二月气坐功图

运主少阴三气。

时配手阳明大肠燥金。

春分二月气坐功图

坐功:每日丑、寅两个时辰,伸手回头,左右捶引各六七次,叩齿三十六次,吐纳漱咽九次。

治病:胸臆、肩背经络虚劳邪毒,齿痛头肿,寒战热肿,耳聋耳鸣,耳后、肩肘臂处背痛,气满,皮肤硬而不痛,瘙痒。

清明三月节坐功图

运主手少阴二气。

时配手太阳小肠寒水。

清明三月节坐功图

坐功:每天丑、寅两个时辰;正坐定神,换手左右如拉硬弓,各五十六次,叩齿,纳入清气吐出浊气,咽津各三次。

治病:腰肾、肠胃虚邪积滞,耳前热及畏寒,耳聋嗌痛,头痛不可回视,肩拔折腰

国学经典文库

中国民俗文化精粹

·养生秘笈·

图文珍藏版

软,及肘臂各种痛症。

谷雨三月气坐功图

运主手少阴二气。

时配手太阳小肠寒水。

谷雨三月气坐功图

坐功:每天丑、寅两个时辰,平坐,左右换手向上举托,移臂左右掩乳,各三十五次,叩齿吐纳漱咽。

治病:脾胃结块淤血,目黄,鼻出血,颊、颔肿,肘臂外后廉肿痛,臂外痛,掌中发热。

立夏四月节坐功图

立夏四月节坐功图

运主少阴二气。

时配手厥阴心包络风木。

坐功:每日在寅、卯两个时辰,闭息瞑目,反换两手,抑压两膝各三十五次,叩齿吐纳咽津。

治病:风湿留滞,经络肿痛,臂肘挛急,臃肿,手心热,喜笑不停,杂症。

小满四月气坐功图

小满四月气坐功图

运主少阳三气。

时配手厥阴心包络风木。

坐功:每日在寅、卯两个时辰,正坐,一手举托,一手拄按,左右各十五次,叩齿吐纳咽津。

治病:肺腑蕴滞的邪毒,胸胁支满,心中澹澹大动,面红鼻赤,目黄,心烦作痛,掌心发热,各种痛症。

芒种五月节坐功图

运主少阳三气。

时配手少阴心君火。

芒种五月节坐功图

坐功:每日寅、卯二时辰,正立,仰身,两手向上托,左右用力上举各三十五次,然后定息叩齿,吐纳咽津。

治病:腰肾蕴积,虚劳干,心痛欲饮,目黄,肋痛,消渴,善笑善惊善忘,上咳吐下气泄,身热股痛心悲,头痛,面赤。

夏至五月气坐功图

运主少阳三气。

时配手少阴心君火。

夏至五月气坐功图

坐功：每日寅、卯二时辰，跪坐，伸手叉指，屈指双足交换用力踏，左右各三十五次，叩齿，纳入清气吐出注气，然后咽津。

治病：风湿积滞；腕膝痛，臂痛，后廉痛厥，掌中热痛，两肾内痛，腰背痛，身重。

小暑六月节坐功图

运主少阳三气。

时配手太阳肺湿土。

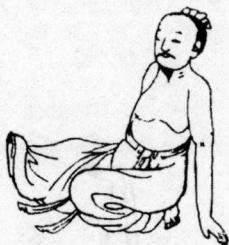

小暑六月节坐功图

坐功：每日丑、寅时辰，两手踞地，屈一足，伸直一足，用力掣十五次。叩齿、吐纳、咽津。

治病：腿、膝、腰、大腿风湿，肺胀满，嗌干，喘咳，缺盆中痛，好嚏，脐右小腹胀引腹痛，手挛急，体至半身不遂，偏风、健忘、哮喘、脱肛、腕无力，喜怒无常。

大暑六月气坐功图

运主太阴四气。

时配手太阴肺湿土。

坐功：每日丑、寅时辰，双拳踞地，回头向肩引，作虎视，左右各十五次，叩齿、吐纳、咽津。

治病：头颈胸背风毒，咳嗽，上气喘吁，心烦，胸膈胀，臑臂痛，掌中热，脐上或肩

大暑六月气坐功图

背痛,风寒汗出中风,小便数见,濡泄,皮肤麻痛,悲愁欲哭,沥淅寒热。

立秋七月节坐功图

运主太阴四气。

时配足少阳胆相火。

立秋七月节坐功图

坐功:每日丑寅时,正坐,两手托地,收缩身体闭气,纵身上踊,这样做七八次,再叩齿吞津。

治病:补虚益损,去腰肾积气,口苦,善太息,心肋痛不能反侧,面容和皮肤无光泽,足外热,头痛颔痛,目锐眦痛,缺盆肿痛,腋下肿,汗出振寒。

处暑七月气坐功图

处暑七月气坐功图

运主太阴四气。

時西己足少阳胆相火。

坐功:每日丑寅时,正坐,左右转头举引,就反两手捶背各三十五次,再叩齿吐纳吞津。

治病:风湿病,肩背痛,胸痛,脊梁骨痛,胁肋髀膝经络外至胫绝骨外踝前及诸节皆痛,少气咳嗽,喘喝上气,胸背脊梁骨积滞之病。

白露八月节坐功图

运主太阳四气。

时配足阳明胃燥金。

白露八月节坐功图

坐功:每日丑寅时,正坐,两手按膝,转头推引,各三五次,再叩齿吐纳吞津。

治病:风气滞留在腰背经络,洒洒振寒,苦伸数欠,或恶人与火,闻木声便惊、狂、虐、出汗、流鼻盅、口渴唇癃、颈肿喉痹、不能言、面黑、呕吐、呵欠,登高狂歌,弃衣裸走。

秋分八月气坐功图

运主阳明五气。

时配足阳明胃燥金。

秋分八月气坐功图

坐功:每日丑寅时,盘足而坐,两手掩耳,左右反复侧动,各三五次。叩齿吐纳吞津。

治病:风湿积滞肋肋腰股,腹大水肿,膝髌肿痛,胸乳气动。腿部伏兔骨行外廉足附诸痛,遗尿多屁,腹胀肠鸣,髀不可转,似结,瘤似裂,消谷善饥胃寒喘满。

寒露九月节坐功图

寒露九月节坐功图

运主阳明五气。

时配足太阳膀胱寒水。

坐功:每日丑寅时正坐,举两臂踊身上托,左右各三五次,叩齿吐纳吞津。

治病:诸风寒湿邪挟胁肋经络冲动头痛,眼窝深陷,颈项强直,脊痛腰折,痔,虐,狂,颠痛,头两边痛,头顶痛,目黄泪出,鼻出血,霍乱诸疾。

霜降九月气坐功图

运主阳明五气。

时配足太阳膀胱寒水。

霜降九月气坐功图

坐功:每日丑寅时,平坐,舒展双手,握两足,随意用足间的力纵而复收五七次,再叩齿吐纳吞津。

治病:风湿痹人腰足,髀不可曲,结痛,裂痛,项背腰尻阴股膝髀痛、脐腹肿,肌肉萎,下肿,便脓血,小便胀痛,欲小便不得,脏毒,筋寒足气,久痔脱肛。

立冬十月节坐功图

运主阳明五气。

时配足蹶阴肝风木。

立冬十月节坐功图

坐功:每日丑寅时正坐,用一手按膝,一手拭肘,左右顾视,两手左右托三五次,再吐纳叩齿吞津。

治病:胸胁积滞,虚劳邪毒,腰痛不可俯仰,嗌干,面容失色,胸满呕逆,飧泄,头痛,耳无闻,颊肿,肝逆面青,目赤肿痛,两肋下痛引小腹,四肢满闷,眩冒,目瞳痛。

小雪十月气坐功图

运主太阳终气。

时配足蹶阴肝风木。

小雪十月气坐功图

坐功:每日丑寅时正坐,用一手按膝,一手拭肘,左右争力各三五次,再吐纳叩齿吞津。

治病:脱肘、风湿、热毒,妇人小腹肿,男子疝狐疝,遗尿或小便不利,血睾、肿睾、疝、足逆寒、月行善、节时肿、转筋阴缩、足痉挛、洞泄、血生肋下,喘、善恐、胸中满、五淋。

大雪十一月节坐功图

运主太阳终气。

时配足少阴肾君火。

坐功:每日子丑时,起身仰膝,两手左右外托,两足左右踏地,各五七次,再叩齿吞津吐纳。

大雪十一月节坐功图

治病:足膝风湿毒气,口热舌干,咽肿上气,嗌干及肿,烦心心痛,黄疸肠澼,阴下湿,饥不欲食,面如膝,咳唾有血,渴喘,眼睛看不见,心悬如饥,常恐若有人追捕等症。

冬至十一月气坐功图

运主太阳终气。

时配足少阴肾君火。

冬至十一月气坐功图

坐功:每日子丑时,平坐,伸展两足,两手握拳按两膝,左右用力三五次,再吐纳叩齿吞津。

治病:手足经络寒湿,脊股内后廉痛,足痿阙,嗜睡,足下热,脐痛,左胁下背肩髀间痛,胸满,大小腹痛,大便难,腹大颈肿,咳嗽,腰冷如冰及肿,脐下气逆,小腹急痛泄,下肿,足月行寒而逆,冻疮、下痢、善思,四肢僵硬。

小寒十二月节坐功图

运主太阳终气。

时配足太阴脾湿土。

坐功:每日子丑时正坐,一手按足,一手上举,挽首互换,极力三五次,再吐纳叩齿漱口吾津。

小寒十二月节坐功图

治瘵:荣卫气蕴,食即呕吐,胃脘痛,腹胀,哕疟,食后中满,食减善噫,身体皆重,食不下,烦心,心下急痛,便溏瘕泄,水闭黄疸,五泄注下五色,大小便不通,面黄口干,怠惰嗜卧,心下痞,苦善饥,不嗜食。

大寒十二月气坐功图

运主厥阴初气。

时配足太阴脾湿土。

大寒十二月气坐功图

坐功:每日子丑时,两手向后,踞状跪坐,一足伸直,一足用力,左右各三五次,再叩齿吞津吐纳。

治病:经络蕴积诸气,舌根强痛,体不能动摇,或不能卧,强立,股膝内肿,尻阴足皆痛,腹胀肠鸣,歹食泄不化,足不收行,九窍不通,足月行肿若水胀。

第九章　心理健康养生

三国时的周瑜鸿才伟略,文武双全,34 岁率军破曹,赢得了赤壁之战的辉煌成就。可是,他心胸狭隘,骄傲好强,嫉贤妒能,所以年仅 36 岁,就在诸葛亮的三气之下,金疮迸裂,一命呜呼! 太和元年,魏主派王朗等率兵 20 万迎战蜀军。哪知这位名声显赫的司徒竟会在诸葛孔明的辱骂之下,恼羞成怒,气死于马下。

现代研究表明,情绪激动、精神紧张可让人体潜在性疾病急速进展,发生形态、功能、代谢方面的突变而导致迅速死亡。心血管疾病在猝死的内因中占首位,其中以冠心病为最多,其余还有脑血管疾病,上消化道出血喉头水肿、胰腺炎、过敏症等多种疾病。

盛怒可让胃酸分泌增加,酸度增高,长期发怒容易得胃溃疡,怒能让血压明显增高,假若长期郁怒不止,造成血压调节功能障碍,罹患高血压症;愤怒还可引起神经内分泌的改变,让血液中胆固醇升高,凝血时间缩短,一些脂肪类物质沉积于心脏的冠状动脉丽得心脏病;怒对脑血管的危害也非常大,可让皮层相应中枢兴奋,机体发生改变,导致思维错乱和脑血管疾病。因此,长寿应止雷霆怒,求健须息霹雳火。

为了进一步研究精神压力和人体抵抗力的因果关系,科学家们拿老鼠做实验,发现当它们受到巨大的外界压力时,血液里的荷尔蒙就会增长,这种荷尔蒙是由肾上腺分泌的,它的增高会直接影响老鼠体内抵抗疾病的机能。同时,这些受到外界压力的老鼠,其体中白细胞也会相应减少,从而影响其胸腺组织的机能。

白头翁

大量的事实表明:培养和养成良好的性格要讲究心理卫生,增强自身修养,气度宽宏,目光高远,重事业,轻私欲,顾大局,弃小利,在处理人和人之间关系时,严于律己、宽以待人。容易发火的人,要经常提醒自己不要发火,用理智驾驭感情,保持心态平衡,或转移注意力,改变一下环境,等冷静下来后再处理问题。清末林则徐容易动怒,所以,每到一处,总是把"制怒"二字写成大匾高悬梁上,以时时提醒自己。

一、心理保健歌诀

心无病,防为早,心理健康身体好。
气平衡,要知晓,情绪稳定疾病少。
调心理,寻逍遥,适应环境病少找。
练身体,动与静,弹性生活健心妙。
要食养,八分饱,脏腑轻松自疏导。
七情宜,不暴躁,气愤哀怒要去掉。
人生气,易衰老,宣泄去阻入欢笑。
待人宽,童颜少,心胸狭窄促人老。
事不急,怒不要,平和气爽神州照。
品书画,溪边钓,选择爱好自由挑。
与人交,义为高,友好往来要做到。
动脑筋,不疲劳,息睡养心玩热闹。
有规律,健身好,正常生活要协调。
生命壮,睡足觉,食喝文娱可健脑。
性情温,自身药,强身健体为至宝。

二、心理失调防范

　　社会生活中人与人之间要结成各种各样的关系,这就是常说的人际关系。良好的人际关系能产生安全、舒适和满意感,有益于身心健康。而人际关系失调的人,往往有莫名其妙的不安全感,心情抑郁,影响身心健康。那么如何防止人际关系的失调呢? 不妨从下面三方面入手:
　　首先,要正确评价自己,要了解自己的能力、兴趣、性格等主要的特点,这是建立积极心理适应的基础。对自己了解越充分,评价自己越切合实际,在与人交往中就越能处理好各种人际关系。

其次,要了解他人。尤其要了解和自己经常交往的人,了解他们的兴趣、爱好、工作习惯和生活习惯等。这样,在与他们相处时才能做到感情融洽,彼此尊重,易于被他们接受。

此外,还应注意积极参加有益的社会活动。参加社会活动可以增加与人交往的机会,不仅有利于提高人际交往的技巧,而且还可以开阔眼界。增强心理的安全感和松弛感。

三、心理老化自测

世界卫生组织给健康下的定义中既包括躯体方面的标准,也包括了心理方面的情况,后者比前者对健康的意义更重要。

哈佛大学测定心理老化的 15 个问题,列举如下,供读者自测参考:

1. 近来是不是很健康?
2. 遇到急事会很紧张吗?
3. 你是否把心思集中在以自己为中心的事情上?
4. 你喜欢谈起往事吗?
5. 你爱发牢骚吗?
6. 你对发生在眼前的事漠不关心吗?
7. 你觉得人家(包括亲人)处处干扰你,而想独自过生活吗?
8. 你感到学习新事物很困难吗?
9. 对于繁琐的事务很敏感吗?
10. 你不愿和陌生人交往吗?
11. 你感到自己跟不上时代了吗?
12. 你是否经常为自己的情感所束缚,不能为理性所制约?
13. 你常爱提起当年的辛劳事吗?
14. 你是否不想有新的建树了?
15. 你是否渐渐喜好收集不实用的东西?

如果你的答案有 7 条以上是肯定的,那么你的心理就可以说是老化了。

四、心理疏导疗法

许多人认为,健康来自持之以恒的锻炼,来自肌肤的防护保养和美容化妆。殊不知,心理状态对人之健康有至关重要的影响。如果一个人常常处于颓废、垂丧、愁闷的精神状态,那么许多疾病的发病率就要比乐观、开朗、爽直、愉快者高得多。家庭是每个人的港湾,注重家庭心理疏导,对人的心理健康极为重要。通常可采用以下各种方法。

幽默。幽默是一种奇妙的"转化剂",它可以使烦恼化为欢舒,它能让痛苦变为愉快,它会将尴尬转为融洽。因此,幽默常是夫妻知心的伴侣。幽默家庭即是幸福的驿站。

游戏。家庭经常举行各种生动活泼的游戏,不仅能活跃家庭气氛,使家庭充满欢声笑语,而且对丰富家庭生活,密切长幼、夫妻、兄弟姐妹之间的关系也大有裨益。

逗笑。是一种令人忍俊不禁的欢乐艺术,它有利调节情绪,有利于消除身心疲劳。家庭小屋若常有欢声笑语荡漾飘洒,那你的家一定少有忧愁烦恼。有位朋友,同事们称他"逗笑大王",妻子亲昵地叫他"活宝"。因为,只要有他在场,欢乐便不翼而至。他的妻子告诉人:"只要俺那'活宝'在家,家里就不知道啥叫愁!"

赏乐。经常欣赏优美动听的悦耳音乐,不仅有益陶情冶趣,舒心爽志,而且还有化干戈为玉帛,家人和睦相处的奇妙作用。生活中就不乏夫妻吵翻,靠优美动听的音乐而和好的事例很多。

观花。在阳台上或在庭院中养置数盆美艳的花草,业余闲暇时观赏玩味,任凭色彩斑斓美化的"眼界",听任雅芬佳芳抚摸心灵,置身在花丛之中,心境自然舒乐爽然。有一位姑娘不幸得了小儿麻痹症,到了十七八岁的"花季"时,常常自怜伤感起来,日复一日,青春的秀发中竟有了缕缕银丝。她父亲为她买来牡丹、月季、石榴等十几盆花,置于阳台上。从此,色彩纷呈的阳台上,成了姑娘的最好"疗养胜地"。与花为伴,与花为友,浇花、施肥、剪枝、插扦、移植,竟使她的性格变得开朗活泼起来。

保持欢乐心境有利于健康,愿人人都懂得这个道理,愿人人都拥有欢乐,拥有健康。

五、克服心理压力

现在的家庭主妇们,在生活中除了承受一般人所要承受的压力,还有大量的家务缠绕。时常睡眠不好,食欲欠佳,有时犹豫不决,甚至因小事引起伤感落泪或者健忘、易怒。这是一种现代生活派生的流行心病。因此,在生活中要注意以下几点:

1. 留心观察使你精神紧张的因素,在适当的时间有意识地处理。

2. 经常自己制定不断追求的新目标,努力学些新东西。

3. 寻找理由使自己快乐起来,让生命的一半时光从事自己真正喜欢并能不断改善个人处境的事情。

4. 不要经常和意志消沉的人在一起,可尽可能多地接触性格快活、精力充沛的人。

5. 要注意适当的休息,要安然自在地到室外散步。自然环境越好越有益于你的休息,这会使你内心深处条理化。

6. 不要掩饰自己的感情。当你感到气愤、悲伤或幸福时,就自然真实地流露,如果想哭,也不必强忍。

7. 要学会像晚上做梦一样作"白日梦"——闭目养神如入仙境,超凡脱俗。

8. 在不怎么重要的问题上不必过分苛求自己。

六、心理病态行为

日常生活中常会遇到别人似乎无缘无故地向你发火,事过之后,对方便承认是"控制不住"。实际上所有的发火都是有缘有故的,只不过对于这种心理病态一般难以识别罢了。

最常见的是转移作用。比如:在家中受了爱人的气,由于有老人在身边不便于发泄,于是在单位稍不如意就暴跳如雷,大发其火,把对爱人的一肚子怒气迁怒于他人。平常遭受挫折的情绪积累,这股不满的心理能量超过头脑能承受限度时,就开始横冲直撞,找寻出路。如果这时恰恰被你撞上,那么,不管是谁的陈年旧账都一股脑儿推到你的头上了。

生理因素造成的躁动、易激怒。如患了甲状腺功能亢进、肝病早期、月经前期以及更年期的内分泌障碍、普通人的生理情绪低潮期、焦虑症或躁郁症的易激动状态等。

病态人格。如癔症型人格障碍,也称寻求注意的病态人格,这些人往往为了引起你的注意,忽然发怒、生气,忽而又转怒为喜,直到引起你的注意为止。

七、心理平衡原则

互酬原则。人人都有一种回报的心理。在人际交往中,人与人之间的关系是相互的,人的行为具有某种互酬性。他人在付出的同时,也期待着回报。如果你一味地想索取,而从不付出,你的交往就难免陷入困境。

相似性原则。物以类聚,人以群分。在人际关系中,态度、信念和价值观念相似的人之间存在一种人际间的吸引,相似性是良好人际关系的一种推动力量。

互补性原则。当对方的需要以及对方的期望正好成为互补关系时,就会产生强烈的吸引力,从而促进良好的人际关系。

自我袒露原则。心理学家通过实验发现,人们更喜欢自我袒露人。在人际交往中,个人应该保持适当的隐私,但必要的自我袒露,是人际沟通的需要,也是对他人表示信任的一种信号。一个死封闭自己的人,是很难与别人达到一种良好的人际关系的。

八、长寿者的心理

保健的目的在于健康和长寿。综观许多长寿老人的秘诀不外乎为生活起居的规律和稳定,以及坚持锻炼等。那么从心理卫生的角度看,如何保持身心健康、延年益寿呢?

1.心理环境的稳定。在社会环境的稳定及心理的安全感会使人们的情绪稳定和愉快,老年人的家庭生活安逸是长寿和保持心理愉快的基本条件。当然,这种心理环境的稳定性往往与社会风俗、风气和舆论等大环境密切相关的。对于老人和子女而言,家庭成员之间的心理相容、适应和协调则与家庭和睦是分不开的。

2. 情绪的稳定。愉快、乐观和稳定的情绪会使人的生理功能增强与心理功能的和谐,增强人的抗病能力,有利于健康长寿。目前已有研究证实,长期的精神紧张、焦虑和抑郁,会导致人体的免疫功能下降,患病机率及死亡机率明显增高。因此,情绪的稳定意味着中枢神经系统处于相对的稳定状态,有利于身心健康和长寿。

3. 人际关系的良好适应。人在生命的历程中,由于生活与工作的需要,往往会与不同的人结成各种各样的人际关系。然而大千世界,每个人的个性不同,要处理好与各种不同个性的人际的关系,这就需要较强的人际关系的适应能力。在长寿老人中,绝大多数老者有较好的人际适应和随遇而安的心境。反之,人际关系的紧张、不睦或缺乏交往会产生心情的不悦和烦恼,以及感到孤独和缺乏理解、支持。这样的心理失去平衡是不利于健康的。

4. 自我的调节和满足。俗话说,"知足者常乐"。老年人在退休后的生活中,应该学会自我的心理调整,学会多乐观地考虑和看待问题。对于患病之后康复的老人来说,应该多学会应用一些自我调节和调侃的话语来鼓励自己,如"大难不死,必有后福"。总之,注重现实,面对未来,相信自己以及随遇而安的心境是非常必要的。

九、保持乐观的心理状态

"笑一笑,十年少",无非说明,保持乐观的心理状态可延缓衰老。但要延缓衰老,单靠保持乐观的情绪是远远不够的。"暗示"在心理衰老中可产生一定的效应。因此,积极地预防不良的心理暗示也是心理保健的重要措施之一。

人的衰老包括心理衰老和生理衰老。而心理衰老若早发于生理衰老,可促进生理的衰老。如一中年妇女给自己选择服装时,往往最先映入大脑的第一信息是款式和颜色是否与自己年龄相符。这种以年龄要求自己的心理并不是立刻产生的,而是悄悄地走进了他的意识,是一种来自诸存的暗示。这种暗示是,自己的孩子大了,效应是,要求自己树立长辈的形象。有了这种心理效应,就会不知不觉地以此作为心理活动的基础,去支配自己的语言和行动。于是。上进心理逐渐衰退,转化为以"成熟"为基础的"稳重"心理状态。这是早期心理衰老的开始。我国目前划分老年界限的年龄是,初老期45~59岁。但一般人心理衰老的早期则在40岁左右,大大早于生理衰老的发生时间。

早期心理衰老的存在加速了生理衰老的进程。当人体衰老的某些特征一旦出现又会产生心理暗示的效应,进一步促进心理衰老。这是心理衰老的中期。人的上进心理进一步衰退,追求淡化,奋斗精神大幅度减弱。

"暗示"还会来自他人,往往带有强迫性,而强迫暗示的结果可产生特殊的心理变化,造成固执、情绪低落,甚至自卑等系列衰老心理的表现。这些表现反过来又不断产生新的暗示。如老年人不易合群反认为别人嫌弃自己,为此对衰老产生逆反心理。或在看到某些老人被动的生活局面,即可产生恐老、拒老心理。这两种暗示的结果,使已经步入中期的衰老心理进一步恶化和矛盾,即自我同情又自我嫌弃。惧老、拒老等心理暗示可使老年人求知欲上进心皆灭,而且越是拒衰逆老,越是自我敏感,敏感加强了暗示频率,更加速了衰老的进程。

因此,延缓衰老要加强心理意念的锻炼和修养,减少暗示对心理不良影响是抗衰延寿的重要内容。

治疗疑病症比较有效的办法是暗示疗法、安慰疗法和行为指导疗法。心理医师的语言暗示、安慰与疏导,可以消除患者的病理心理,影响其生理机能,从而获得积极的疗效。

十、需要心理咨询的人群

在日常生活中,需要心理咨询的人主要有以下几种:

忧郁症。指一种持久性的情绪低落,常伴焦虑、躯体不适和睡眠障碍。

焦虑症。指一种持续性紧张或发作性惊恐的状态,并非有实际威胁引起,紧张惊恐程度与现实不相符。

恐怖症。指对一种特定的情景、物体或人产生强烈的恐惧或紧张感,从而不得不回避,虽明知不合理,但在相同情况下,仍反复出现,难以控制。

强迫症。指一种明知不必要,但又无法摆脱,反复呈现的观念、情绪或行为,常伴焦虑和恐惧。

疑病症。指过分的关注自己健康,怀疑身体某部或某一器官异常,尽管临床检查无客观证据,但总认为自己患了某些疾病,同时伴有焦虑不安。

癔症。指有心理因素暗示或自我暗示引起的一种疾病。表现为急性短暂的精神障碍、躯体障碍,但无器质性病变。

神经性厌食。俗称"减肥综合征"，指一种厌食、消瘦、闭经、虚弱为特点的女性心理疾病。多见于青少年与平时爱打扮者，与追求苗条而盲目节食的不正确做法有关。

神经性呕吐。指一种反复餐后呕吐，但不影响食欲、体重为重点的疾病，常具癔症性格，暗示性强。女性多见，往往在明显心理因素作用下发病。

睡眠障碍。包括入睡困难、易醒、多梦、夜惊、梦呓、夜游及梦魇等。

更年期心理问题。常称"更年期综合征"，表现为：月经紊乱、植物神经紊乱、情绪不稳定，心理紧张、焦虑、恐惧、敏感、多疑等。

多动症。指一种以注意力不集中、多动、学习困难、行为不良为特点的儿童疾病。

性心理咨询。包括阳痿、早泄、性冷淡、异装癖、恋物癖、窥阴癖、露阴癖等。

总而言之，无论什么人，只要在心理方面出现了障碍，尤其在意外事故、精神刺激、心理创伤、人际关系出现矛盾的情况下，都应及时求教于心理医生。

十一、宁静养生

在日常生活中，常看到不少老年人闭目养神，片刻后他们好像疲劳顿失，精神矍铄。这是古今中外的老年人自发进行的一种自我保健良法。现代医学认为，闭目养神是人体的一种"健康充电"。精神上的完全放松，导致体内一系列生理性的改变，脑电波稳定而有节律，能量消耗减少，心跳和呼吸频率减慢，肌肉的紧张和氧消耗降低，微循环得到改善，脑血流量增加，血压下降，作为疲劳素的血中乳酸也明显下降。在高度静默后，大脑会分泌出一种"快乐？质"——脑啡肽，其作用比海洛因强 10 至 100 倍，所以静默后人会产生一种欣愉感，头脑也特别清醒。

静默养神也应该在安静舒适的环境中进行，重要的是要做到静默，双目微闭，全身肌肉极度放松。熟练后就可以达到一种忘我入化，天人合一的境界。

静默养神时应注意防寒避风，保暖防暑，时间每次以 15 至 30 分钟为宜，一天进行 2 到 4 次。如能长期坚持下去，必有防病益寿之功效。

·养生秘笈·

图文珍藏版

十二、静养健身

人们常说"龟鹤延年",颇有道理。龟是经常静伏,最不爱活动的动物;鹤爱独处,飞行时动作轻柔。相反,动物界中虎豹的运动量最大,但寿命远不如龟鹤。生理学家认为:人在静养状态下,神经放松,呼吸、心律、血压、体温均相应降低,这种积累的效应,自然使寿命延长。

怎样方可"入静"呢?

1. 灯用小炷。《养性延命录》中说:"人寿虽有百年大限,但懂得节护之人可以活到千岁者。"这好比油灯,若用大烛燃点,很快灯就会油尽灯灭;要是用小炷,就能燃烧很长一段时间。唐代医学家孙思邈说:"养生之道,常欲小劳。"这个"小劳"似应理解为"小炷"。

2. 努力入静。入静可节约脑、体、能量等。如今还有人主张在静默状态下想象一些恬静、幽雅的环境或回忆一些惬意的往事,不仅能消除疲劳,而且能达到祛病健身的目的。

十三、专心者有益养生

医学研究专家最近提出,事业成功的快乐和潜心事业的良好心理状态,以及由此而引起的机体适应能力的提高,是人类健康长寿的一个新的重要因素。专门从事非药物研究的著名中医邹伟俊说,事业是人们为社会群体利益奋斗的社会活动。事业家以其毅力改造社会病态,从而获得精神陶冶、纠正自身不良情绪,达到解郁和扶正祛病的健身作用。

这位专家最近对中国秦汉以来的 3000 多位著名知识分子的寿命进行考察,发现他们远远超过同期人的平均寿命,达 65.18 岁。其中名医的平均寿命高达 78.6 岁,而新中国成立前我国人口的平均寿命仅 35 岁。

邹伟俊说,名医的长寿趋势除他们兼通养生之道外,还与他们从事济世救人的临床治病事业有关。现代科学发现,济世利民的善良意念能使自身分泌出有益于健康体内物质,从而使人健康长寿。

人们还发现，从 1901 年至 1939 年的诺贝尔奖奖金获得者中，有 70 多人活到 80 岁以上。1940 年以后的诺贝尔奖奖金获得者中也不乏长寿者，有 33 人活到 80 岁以上。

事业与健康这个新课题引起中外医学界人士的重视。邹伟俊说，人衰老的原因之一是机体的适应能力下降，而机体能力下降是由于神经活动机体衰退所致。大量调查研究证实，大多数从事创造性劳动事业的人都属于健壮型的神经，他的神经系统即使在耄耋之年也鼎盛不衰。

薛荔叶背表面观

十四、诵诗能延年

唐朝诗人白居易，与元稹交好，彼此都能背诵对方的佳作，活了 75 岁。他的前辈诗人杜甫则因遭逢乱世，内心抑郁，借酒浇愁，未能活到花甲之年。杜甫曾经感叹，"酒渍寻常行处有，人生七十古来稀"。他是多么赞扬长寿呀！而白居易却因写诗与背诗，活过了杜甫所羡慕的古稀之年。还有南宋的陆游，活到 86 岁，留下了数以万计的诗。白陆二人身世都颇坎坷，都以写诗、背诗破愁解闷而长寿。

背诗为什么可以长寿呢？主要因为诗人长年累月运用形象思维，脑细胞的新陈代谢，协调于预期的审美思维，心情舒畅，可以减缓老化的进程。现代科技证明：死亡的标志，不仅是心脏停止跳动，更要看脑细胞是否停止运动。而背诗或写诗都能导致脑细胞有规律的运动，纵有来自外界的突然袭击，也可以通过背诗、写诗，使错杂的神志恢复条理，获得心理平衡，导致精神爽朗，眠食正常。当代不少健在的诗人，因养成了背诗、写诗的习惯，都达到耄耋之年。众所周知的冰心老人，已过 95 岁，被称为"世纪老人"。她几十年来，一以贯之地背诵古诗，慰藉身心：一是消除孤寂；二是协调眠食。她经常睡前醒后背诵历代一些优美的抒情诗。如元末诗人唐温如的七律《题龙阳县青草湖》："西风吹老洞庭波，一夜湘君白发多。醉后不知天在水，满船清梦压星河。"就是她最爱背诵的一首诗。还有上海的施蛰存先生，身患绝症，年届九十。他的专著《唐诗百话》，可以说是他经常读诗背诗的成果。

至于以写新诗著称的臧克家,博闻强记,对唐宋诗人的名篇佳作,大多过目不忘。对毛泽东诗词,更是背诵如流。他九十华诞向来宾表示,要活到120岁。

背诗可以长寿,不可误解背诗就是灵丹妙药。要对所背之诗有较深刻的理解,与各自的感情世界的变化相吻合,才能裨益身心,对长寿起辅助作用。

鲁迅的《悼杨铨》:"岂有豪情似旧时!花开花落两由之。何期泪洒江南雨,又为斯民哭健儿?"背诗的确能振奋精神。从文艺心理学看,背诗可强化记忆力、扩大联想力、培养审美力,有助于形象思维的丰富性

冰心

和条理性,对预防老年思维混乱或痴呆症,具有明显的成效。背诗可以消愁破闷,延年益寿。

十五、欣赏有益健康

热爱生活,热爱人生,热爱大自然的人,会发现美好的东西无所不在、无所不有。而善于欣赏者,既可感受到美之熏陶,又有益于身心健康。静心欣赏是一条延年益寿妙方。

美丽广阔的天地是大自然。山峦、森林、瀑布、溪流、田野、草坪、沙滩、大海……无处不显露着独特的魅力,充满了自然古朴的风貌。欣赏自然鬼斧神工的美景奇观,沐浴着明媚的阳光,呼吸着新鲜空气,置身于花香鸟语的绿色世界中,不仅赏心悦目,而且心灵获得净化,情绪得到松弛,筋骨亦得以锻炼。时下风靡全球的假日旅游热已成为时尚。

家中的美也是随处可见,宝宝一个甜甜的笑靥,爱人一套得体的新装,老人幽默的动作以及雅致的家具,阳台上的花卉,墙壁上富于情调的摄影、画幅、书法,还有那笼中精灵的小鸟,缸中游动的金鱼,案头玲珑的摆设,都是传递美的使者。至于看电影,听音乐,看影集,读名著,或自书自画,自弹自唱,均不失为较高层次的文化娱乐享受。只要你善于捕捉,学会欣赏,都会给人一种欣快感和满足感。

漫步街头，拔地而起的高楼大厦，阳台上的红花绿叶，五光十色的橱窗，五颜六色的男男女女，花团锦簇的街心公园，入夜闪烁的五彩虹霓可谓美不胜收。如果有兴趣的话，剧院内精彩的歌舞、杂技、戏剧或相声表演，体育馆里的紧张激烈的体育比赛，健美或时装表演……只要专注的欣赏，都会给你带来美的享受、艺术的熏陶和充实的感觉。

国外有人对正在欣赏名画或静听交响乐古典名曲的人群进行测试，发现欣赏者心跳、呼吸、血压等生理指标十分稳定，体内各脏器功能处于十分平衡、协调的状态，足见欣赏可以娱心、健身和延寿。虽说欣赏者须具备一定的文化艺术素养，但只要学习欣赏，必能多方面获益。即使欣赏水平不同，但其有益身体康寿的效应却是相同的。

十六、猜谜可养生

猜谜可以陶冶情趣，提高智力，增长知识，有益于健康长寿。

通过阅读一些资料，了解到现在谜坛的长者和老将高寿者居多。如南京的陆滋源先生，虽然年过花甲仍精力旺盛，将多年从谜的经验总结出来，写下了《中华灯谜研究》一书，得到了谜界同行和广大灯谜爱好者的普遍赞誉；苏州谜界前辈王能父先生，年届七十仍然热衷于谜事活动，全国举行的各种灯谜竞赛，他都积极参加，他创作的"自小在一起，目前少联系"猜"省"字的谜在灯谜爱好者中间广为流传，奉为典范；被《文化娱乐》杂志评为"中华谜手"之一的普宁一笑老人，仍孜孜不倦地从事灯谜活动。

谜虽小道，宇宙间一谷一物，无所不包。无论制谜或猜谜，既要掌握其规律，更要按照逻辑推理，经过联想探索才能完成。这种推理、联想、探索叫思考活动，对于保护大脑清醒和正常运动，是大有裨益的。制谜和猜谜又通常在安静的环境中进行，这就适应老年人保持安静愉快的情绪，有益于延年益寿。

十七、中年人的心理卫生

从发展心理学的角度把 14～15 岁到 24～25 岁作为青年期，把 25～26 岁到 60

国学经典文库

中国民俗文化精粹

·养生秘笈·

图文珍藏版

岁作为中年期,但按一般习惯,则把 30~55 岁或 60 岁划为中年期。无论是哪种划分方法,中年期都是一个相当长的人生阶段。不难看出,一个 26~30 岁的人与 55~60 岁的人相比,不管身体或心理方面的差异相当的大,但是他们都属于中年期。

人到中年阶段,从生理功能看,人体绝大多数组织器官已经定型,脑循环代谢储量比老年人高 20%以上。因此,中年时期年富力强,充满活力。心理上日趋稳定,主要表现为认识事物、适应环境、控制自身、承受压力的程度以及实现目标的程度上全较青年时期更为深入、稳定。中年人思维发达,善于联想,分析综合与判断推理能力强,看问题比较全面、深刻,有自己独特见解;情绪稳定,自控力强,遇事一般能妥善处理,不会像青年人一样容易冲动,从个性心理特征来看,性情、气质更加鲜明。

(一)中年人的使命与意志

一个人步入中年期,正是年富力强、血气方刚的时候,也是人的一生里奠定事业基础,出成果、创奇迹的时期。此时,他们不但工作任务繁重,而且肩负着家庭生活重任,不少人上要赡养老人,下要教养儿女,所以,这个时期又是人生最艰苦的时期。此刻要想在事业上有更大的建树,要具有顽强的意志。顽强意志,是克服困难、完成预定目标的重要保证。中年人若没有顽强意志,工作稍有成绩便会骄傲自满,停滞不前;遇到挫折就怨天尤人,心灰意冷。因此,坚强意志便是中年人永葆心理上的青春,在事业上取得成就的重要保证。

国外心理学家曾对 1528 名智力超常的人进行了长达 40 年的观察研究,结果表明创造发明除需要借助一些良好的个性品质外,坚强的意志是中年人成功的必具条件。一些实验也证明,凡有杰出成就的人与无所作为的人之间最显著的差别之一,就是意志品质不同。前者的进取心、自信心、不屈不挠的精神明显地高于后者。

(二)中年人的心理生理变化

中年人因为事业的忙碌和家务负担,明显地改变着青年时期的生活习惯。他们起早贪黑,整天忙个不停,许多人忽视了体育锻炼,就连文娱活动也很少参加。这一时期的中年人生理上变化大,心理上压力大,外界环境变化大,人的情绪波动大,容易造成心理上的不平衡。随着岁月的流逝,不但改变了中年人的性格、容貌和体态,也让其身体内部各器官开始衰退。所以,特别需要注意和加强中年人的身心保健,这是顺利过渡到老年期的关键条件之一。

体质下降,疾病增加。如心脏的工作能力,从 30 岁便开始下降。中年每过 10

年心脏的输血能力就下降 6%~8%，而血压则上升 5%~6%。若不注意保健，高血压、冠心病等就会过早地发生。由于中年人活动量减少，新陈代谢功能降低，极易引起身体发胖。临床观察发现，和青年人相比，中年人得高血压的比青年人增加 8 倍，患心脏病的机会多 50%，患糖尿病的可能性大 7 倍。此外，动脉硬化和肾脏病的发病率也有所增加。体质下降，疾病增多，随之而来会影响人们的心理状态，心理压力增加。这是进入中年以后一些人出现烦躁、忧郁、悲观的一个重要原因。中年期后，在生理上进入更年期，又会反过来加重心理压力，使心理不平衡的情况更加严重。因此，中年期的生理保健和心理保健都十分重要，对于一般慢性病防治，也应注意心理卫生，要克制自己的情绪波动。

人进入中年，在工作岗位上要独当一面，工作担子较重；在家庭里上有老，下有小，全需要照顾。成熟、紧张、劳累、繁忙，这就是中年期这个群体的特点。因此，内外双方面的压力增加，必然要加重人的心理压力，造成人在心理上的不平衡。这一些变化，会给人带来一系列的困难和不适应，造成很多烦恼和心理的压力，生理上的疾病。所以正确处理切身问题，增强适应环境改变的能力，是这时期心理保健的主要任务。

根据研究，中年向老年的过渡时期（又称更年期）此年龄阶段更容易患神经忧郁症。这和更年期人体某些生理功能老化，内分泌功能衰退有密切联系。此病发病年龄，多在 40~50 岁左右，女性比男性会早几年。该病起病缓慢，开始有失眠、食欲减退、疲劳无力、眼花耳鸣、心悸气短、腰酸腿痛等症状。有些人到了这个时期就会发生健忘，工作能力减退，感觉过敏或迟钝，情绪急躁，喜怒无常或猜疑等心理症状。当然，每个人的生理与心理发展不完全是同一个模式或同一个水平，除了自然环境影响外，更重要的是取决于个人的心理素质。事实证明，只要保持生理与心理上的平衡，中年时期，生命之火就可以更加旺盛。

（三）中年人的心身保健

健康的心理寓于健康的身体。而中年人的身体，正处在由壮及老，到达顶峰复趋下坡的时期，因此，加强卫生保健对促进心理健康具有重大意义。

首先，要加强身体锻炼，坚持早操、间操，有条件时要适当参加一些户外体育活动，像太极拳、健身舞等。长期坚持健身运动，可以减缓骨质损失速度，避免骨质疏松症的发生。同时要注意饮食营养，多吃蔬菜水果，少吃动物脂肪。其次，工作时要劳逸结合，有张有弛，生活要有规律，尽量做到早睡早起，不可以熬夜，不要睡懒觉。第三，不喝酒，不吸烟、并避免喝含有咖啡因的饮料。因为烟草和咖啡中均含有损害感觉器官、神经系统功能的有毒成分。饮酒对人的精神危害也很大，大量饮

中国民俗文化

精粹

·养生秘笈·

图文珍藏版

南生鲁四乐图

酒后注意力不易集中,色彩感觉模糊,触觉不灵,思考力、判断力降低,记忆力发生障碍,对自己的控制能力降低。醉酒常常给工作造成严重影响,尤其是驾驶汽车,操纵机器等,非常容易发生事故,造成伤亡。因此,正在各种建设岗位上起骨干作用的中年人,决不可以饮酒误事,妨碍身心健康。

美国心理学家丁·朗姆士经过调查发现,人到中年可分为两种类型。一种人对工作及生活充满信心,在各方面不断进取,并且非常热衷于亲自动手动脑;另一种人30岁一过,就沉溺于平淡舒适刻板的生活,每日上班无精打采,回家吃饭睡觉,随着年龄的增加,前者越活越年轻,而后者便会未老先衰。

人至中年要保持青春长住的最好办法是自我有意识地注意心智的发展,中年勤学可以防老,积极思维可促健康。丁·朗姆士认为,用生物的眼光看,人的年龄大小不能只从度过多少生日来计算。生物时间与钟表时间不同。岁月增加,生物时间过得越慢,一个人年龄越大,衰老得就越慢。50岁的人,视力、听力也许开始下降,可心智还正年轻,并且仍在成长中。一个人的脑力活动到60岁开始达到巅峰,60岁后才逐渐衰退。所以,一个人不论是青年时代还是进入中年期及至老年阶段,只要勤学就有益于健康。勤学能帮助大脑产生一种称为神经钛的高级化学物质,使抗病细胞能力增强,有利于维持身体各组织器官的代谢,并可以推迟组织器官的老化。

中年人有较强的自我意识与意志力,只要本人注重自身的思想修养,认真分析自己,解剖自己,遇事沉着冷静,不过度焦虑与忧伤,保持有规律的生活,勤学上进,发觉心理不健康的因素,针对存在问题。及时采取各种心理卫生措施,是可以保持和促进心理健康的。

十八、老年人的心理卫生

随着时代的发展,我们的社会逐步迈向老龄化,所以老年人更是我们关注的对象。

对于"老"的年限,众说纷纭。我国古代文献,《说文》认为"七十日老",《内经》认为"人年五十以上为老"。老年期到底以什么年龄开始,西方国家一般在六十五岁退休,因此把六十五岁以上称作老年期。在我国,1964年举行第二届老年学与老年医学学术会议上,规定男女会以六十岁以上为老年期。因此,目前我国大多以六十岁为中年期和老年期的分界年龄。

(一)老年人的身心变化

人至老年,身体、心理都发生一系列变化,让老年人具有与中、青年不同的特征。

1.生理变化

人至老年身体各器官和神经系统逐渐衰老,而大脑的衰老是整个人体衰老的重要部分。大脑主要是由140亿个脑细胞组成的,自30岁左右开始脑细胞数量渐渐减少,60岁之后,减少的倾向更加明显。活到70岁,脑的重量相当于他本人青年时候脑重量的95%,80岁时下降到90%,90岁时下降到80%。随着年龄的增加,不但脑重减轻,脑体积缩小;而且脑回变窄,脑沟增宽,脑室增大,脑血管发生硬化。研究表明,个体死亡率与脑细胞的消失率有很大关系。

由于神经系统特别是大脑的退化和机能障碍,首先引起感觉能力的降低。人的视力本来从30岁开始下降,40岁以后明显感觉眼的调节机能下降。到了老年,眼睛还会发生其他病变。老年期听力也减退,说话时高音才能听清,对低音就不大感知了。记忆力越来越差,对于所有事情和学习过的内容容易遗忘。此时,思维能力低下,情绪不稳定。

在运动机能方面,大肌肉力量消退,人至60岁以上肌肉力量只为20岁的50%。此时筋肉紧张度高,不柔软,手指发抖,运动不灵活,还会出现行走障碍。据调查,行走困难的老人,60岁左右的占6%,70岁左右的占21%,而且随着年龄的增加,所占比例渐渐增大。由于身体运动机能降低,对心理也产生很大的影响,让老人产生无力感随之产生抑郁、悲观等心理状态。

2.心理变化

精神疾病发病率升高老年人除了容易患一些生理疾病外,有的还易产生老年性精神疾病,一般表现在精神活动的紊乱以及认知、情感、意志、行动等方面不同程度的异常,严重的不能维持正常人的生活。

老年期精神病可分成两类,老年前期精神病与老年性精神病。老年前期精神病发生于60岁之前,主要表现在进行性智能衰退和记忆障碍。有的可出现情绪和性格的变化,以至整个机体功能衰减,最后发展成严重痴呆,生活不能自理。而老年性精神病,一般在 60 岁之后,以缓慢进行性智能衰退为主要特性,最后出现性格变化,逐渐发展为智能障碍。

根据上海地区的调查,各种精神病患者,约占总人口的 6‰～7‰左右,其中以 60 岁之上的老人占绝大多数。由此可见,预防和减低老年性精神病,是心理卫生的一项关键任务。

3.性格的改变

由于大脑结构发生了变化,其功能随之下降。老年人智力有不同程度的衰退,随着智力的衰退,有的性格也随着发生变化,表现为情绪消极,感觉迟钝,从而产生出一种与世隔绝的心理,喜静、懒动、沉默寡言。老人的这些隔绝心理,在他们思想感情上是比较痛苦的,这是一种不良的消极情绪,这种情绪对人身健康的影响是很大的。也是许多疾病产生的主要原因。据统计,65 岁以上的失眠者约占这个年龄人口的 1%～3%,75 岁以上的人则占 4.5%。根据国外资料,老年人患高血压者占 28.7%,患呼吸系统疾病的为 12.5%,患肠胃病的占 7.4%,患心脏病的占 6.4%,患关节炎的占 5.9%;患神经痛的占 5%,患糖尿病的占 4%。当前,老年人大多死于三种疾病:脑出血(占 29.1%),癌(占 29.4%),心脏病(占 11.7%)。这三种病被视为老年人的三大死因。

(二)体弱多病,心理压力增强

因为长期疾病缠身,痛苦不堪,使老人产生一种末日感,这种没落感会给老人思想上造成持续的紧张。心理学家把这种紧张作用称为"定时炸弹"。如有记录,一门诊部所有求诊的老年病人,因情绪紧张致病者占 76%。另一份材料中说后枕部疼痛,一直疼至颈部的病人,85% 是情绪紧张造成的。所以在晚年,用心理上乐观旺盛的精神因素,去战胜和克服末日感的情绪,是抗病和延缓衰老的有效良方。

④孤独感

老年人退、离休后,可由于没有同伴交往而感到寂寞,同时也会因为不能发挥自己的余力而惆怅。其次,家庭生活环境的变化,孩子长大成人,另立门户,家里只剩下老年夫妇,也有的配偶死亡,或老年丧子。这样的老人,普遍有孤独和不安的感觉。

因为身体、环境和心理的变化,使老年人感到无力与寂寞,从而引起不安和恐惧,在对这些不安和恐惧采取本能的防卫态度时,表现在个性和行为方面的许多特征。例如,固执己见,听不进别人的意见和看法,甚至连一些生活小事,也会加以反对。由于自己不断地使用防卫机制,所以对什么事都感到怀疑。甚至有些老人由怀疑发展到妄想,认为别人要谋害自己,导致心神不安。也有的老人因为抑郁和悲伤,甚至走上自杀的道路。

(三) 老年人的身心保健

根据老年期的特点,老年的身心保健保应从以下几方着手:

正确认识衰老。一般人到 60 岁以后,因为身体、心理、生活环境等各方面的变化,而产生了衰老感。这在某种意义上讲,会让老人更好地根据自己的身体条件和精力做力所能及的事。但也有一些老人,因为不服老而莽撞行事,造成伤亡事故。在现实生活里,另有些人虽年不及半百却以老人自居,也有一些人虽年近 70 岁却有"烈士暮年壮心不已"的精神。由此可见,衰老感的发生,并不是单纯地由身体变化引起,心理因素也起很大的作用。

老年人应该注意保持多与外界接触,加强营养,有规律地作息,保持身体健康。同时,要有积极进取的精神,保持向上的态度,防止消极情绪发生。对生活要充满信心,生活起居尽量自理,不要以老自居。这样,就可延缓衰老。

1.保持良好情绪

据研究长寿者认为:"所有对人不利的影响中,最能让人短命夭亡的就是要称为不好的情绪和恶劣的心境,像忧虑、颓丧、惧怕、贪求、怯懦……。"从我国长寿之乡——广西巴马地区 90 岁以上老人的调查来看,这些老人虽然生活经历不同,习惯不同,但他们有一共同特点,即性格从容、温和乐观、直爽开朗、没有一个人是忧郁孤僻的。他们善于在劳动中获取乐趣。

老人的情绪应特别注意控制"发怒"和"狂喜",遇事不能急躁;遇到悲哀的事,不要过度伤心;遇到急事,不要过于惊慌;遇到喜事,不要过于兴奋。这样,让自己保持在愉快、轻松、和谐的情绪里生活和工作。

为了保持老人良好的情绪,防止孤独、寂寞、无聊,发扬中华民族赡养老人,孝顺父母的良好风尚,儿女婚后要多探望老人。一个和睦、美满的家庭对老年人来说,是非常重要的。

2.及时治疗各种疾病

最让老人不安的因素是威胁生命的各种疾病,因此,要加强健康管理。积极组织老年参加各种体育活动,如慢跑,太极拳,气功,各种棋类等。同时,要经常给老人检查身体,早发现疾病,早治疗,广泛开展健康咨询,让老人学会自我保健的方法。此外,家属的照顾等也很重要。对老人关心、尊重,不要使他们生气。

③丰富老年人的生活

充实老年人的生活,也是保证老年人良好情绪的措施之一。社区要建立老年人俱乐部,老年人休息之家和文化茶园之类的设施,让老年人有谈天、娱乐、开展各种活动的场所。也可组织老年辅导少年儿童学习,开展栽花养鱼养鸟,短程旅游,棋、牌类比赛,书法、绘画展览等。在国外有人调查 90% 以上的老年人喜爱学习,因此,许多国家提倡终身教育,开办长寿大学、老人学院等,以满足老人的需要,充实老年人的生活。

在人的整个生命过程里,各个阶段都存在着大量的心理卫生方面的问题有待于我们研究和解决。讲究心理卫生,能够预防各种疾病,有助于培养良好的性格。高尚的情操,美好的心灵,促使身心获得健康的发展。当前,心理卫生问题已受到国内外普遍重视,并在实践中开始运用。心理卫生工作,是关系到我国民族昌盛的大事,我们应当给予足够的重视,在社会主义文明建设里发挥其应有的作用。

第十章　中年养生

一、中年养生"三字经"

　　中年人的养生之道,除了劳逸结合,加强营养和坚持锻炼之外,还须保持心理上的平衡,概括起来就是三个字:通、达、变。

　　通,就是在繁杂的生存环境中,力保个人心情顺畅。摆脱不良氛围的干扰,使心理状态保持平衡和稳定。中年人大多上有老、下有小,而且工作、家务繁重,经济收入拮据,一旦被恶劣的外界条件所困扰而不能自拔时,便会造成心理上的"堵塞",天长日久,机体内的痼疾随之暗中形成。古人所说的"久郁难医"指的就是这个道理。

　　达,就是要保持开朗的性格。待人接物宜豁达大度,不抱成见。中年人面对着来自家庭、社会及各种人际关系的压力,是是非非、恩恩怨怨时有发生,甚至被一些繁杂琐事搞得头昏脑涨。为了适应这种环境,就要学会忘记苦闷和忧愁,树立多元的价值观和平凡的人生观,善于学习,放开眼界,不计较个人得失荣辱,达到"淡泊明志,宁静致远"的境界。

瑶池争艳(药膳)

　　变,就是要以审时度势,力戒保守,努力用探索的态度对待人生。当今社会正处于科学发展、观念更新、瞬息万变的时代,作为中年人,必须与社会的脉搏合拍、与前进的潮流同步。只有胸怀开阔、广纳新知,方能获得良好的生存条件。那种固执己见、不求进取的态度,就难免徘徊不前而影响身心健康。

二、中年"五戒"

一戒懒惰。人到中年,不知不觉感到两腿沉重,易疲劳,因而不爱运动。这表明衰老已悄悄降临,因此,中年人应力戒懒惰。

二戒过劳。中年人肩挑工作与家务两副重担,若是肌体各组织器官得不到适当休息,时间久了,就会积劳成疾,引起睡眠不好、食欲不振、体重减轻。

三戒多食。肥胖者常有"四高",即高血糖、高血压、高甘油三酯、高胆固醇血症。这"四高"又与动脉粥样硬化的形成有密切关系,动脉粥样硬化是造成心脑血管疾病的祸根。

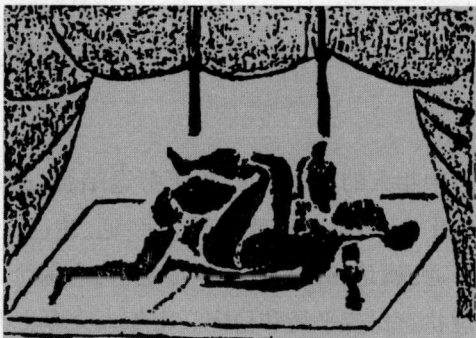

秘戏图 石刻 汉代

四戒发怒。中年人家庭琐事多,工作任务重,情绪容易波动。人在发怒时,情绪急剧变化,交感神经极度兴奋,肾上腺素分泌增加,心跳加快,血压升高,体内血液循环不调,各器官的正常生理功能受到干扰,容易诱发胃肠溃疡、高血压、冠心病等。因此,人到中年要善于控制自己的情绪。

五戒多欲。祖国医学认为:"房劳过度则伤肾。"若肾气衰,则头晕眼花,腰膝酸软,甚至危及寿命。人到中年,夫妻恩爱情深意长,但为了延寿,只可有情,不可多欲。

三、中年人的良好习惯

生活方式是指人们在衣食住行、爱好、嗜好、风俗习惯等方面的方式和行为,包括对待现实生活的心理状态。

随着社会的发展进步,医学模式已由单纯的生物医学模式转变为生物——心理——社会医学模式,威胁人类健康和生命安全的主要疾病与不良生活方式密切相关,如心脑血管疾病及癌症等。中年人为了防治这类慢性心身疾病,必须建立文明、科学和健康的生活方式,改变不良习惯和行为。据国外研究结果表明,提出下列几项生活方式可以减少疾病、延年益寿:(1)不吸烟;(2)少饮酒,不喝烈性酒;(3)每周至少有三次体育锻炼;(4)体重不超过标准体重的20%;(5)每天吃一顿丰盛的早餐;(6)不吃零食;(7)保持7至8小时睡眠。

中年人如能坚持做到上述几项,同时配合每年一次全面检查,那么健康、快乐永远伴随着您。

四、中年人"五防"

一防肥胖。人到中年容易发胖,肥胖易导致糖尿病、高血压、心脏病,肥胖已成为不能长寿的主要原因之一。防止发胖主要是积极参加体育锻炼,适当地控制饮食。

二防血压升高。一旦发现高血压,应该坚持长期治疗,按时服药,切不可因症状减轻而随意中止治疗。否则,有发生脑溢血、心肌梗塞的危险。要保持乐观情绪,劳逸结合,避免精神长期处于紧张状态,饮食宜清淡。

三防猝死。中年人应定期做健康检查,建立健康档案,特别是要注意平时无症状的隐性冠心病和其他隐伏的慢性病,以便及早治疗。

四防癌。近年来癌症发病率在中年人中有所增长。防癌从饮食、环境、防病各方面采取预防措施。特别要重视对癌前病变及早检查治疗,如慢性肝炎、肝硬化可引起肝癌,萎缩性胃炎可引起胃癌等。

五防慢性病加剧。不少中年人身患慢性病往往忙于工作而耽搁了及时治疗,或者由于自己抱无所谓的态度,大量抽烟喝酒,以致内脏功能受损而导致病情加剧。

五、中年人智力的保护

一般人年过40就容易忘事。这是脑退化的迹象。要减缓脑退化的速度,您不妨坚持做到以下10点:(1)坚持大量阅读,而且要培养各种兴趣,以保持脑子的灵活性;(2)对自己专业以外的事情,如娱乐、旅游、烹饪等,尽量保持一颗好奇心;(3)选择一项适合自己的调节大脑的活动,如散步、运动、垂钓、摄影、看书、唱歌等;(4)保持充足的睡眠时间;(5)保持稳定而乐观的情绪,培养坚强、乐观、开朗、幽默的性格;(6)经常活动手指、手腕,手指、手腕的动作可以刺激大脑,防止脑退化;(7)饮食方面要注意优质蛋白质的摄入,如鱼、蛋、瘦肉、乳制品等;(8)烟、酒对脑动脉有破坏作用,故宜尽早戒除;(9)结交一些比自己年龄小得多的朋友,让自己受到青春活力的感染,内心更充实;(10)参加适度的社交及体育活动。

六、中年人应多饮水

水是人体的重要组成部分。科学家发现,水分与冠心病发作有千丝万缕的关系。心绞痛与心肌梗塞多在睡眠时或早晨发生,其原因之一是由于经过一夜的呼吸、出汗、排尿,丧失了大量的水分,冠状动脉管相对变狭,或血液过度浓缩形成血栓,使血管闭塞,而使心肌出现急性供血不足或局部心肌坏死。

涮洗月经带的工具　清代

心血管系统的疾患是中老年人的多发病,因此,人到中年多饮水是很有好处的,每天至少饮水 1000 毫升。天气炎热,出汗多或发热腹泻时,还要相应增加。更要养成清晨起床后饮水的习惯。

美国约翰博士研究发现,煮沸后自然冷却至 20 至 25℃ 的凉开水,具有特异的生物活性,它比较容易透过细胞膜并能促进新陈代谢,增加血液中血红蛋白含量,改善免疫功能。凡是习惯喝凉开水的人,体内脱氢酶活性较高,肌肉组织中的乳酸积累减少,并不易感到疲劳,也不易患上咽炎。但如果让凉开水暴露在空气中连续 4 小时以上,这些奇妙的生物活性将丧失 70% 以上。因此,以喝迅速冷却的凉开水最好。

七、中年高血压的预防

高血压虽多见于老年人,但中年人患高血压也极为常见。据统计,高血压的发病率年龄以 30 至 60 岁为多见,而第一次发现高血压年龄高峰为 40 至 49 岁。

据调查,不少高血压病人,自儿童及青年期即已开始,到中年期才被发现。因为高血压的病理变化大多是缓慢地进展,早期无明显的器质性变化,仅有上动脉痉挛。直到血压增高持续多年后,动脉管腔逐渐狭窄,促进了动脉粥样硬化,进而引起心、胸、肾等脏器的病变。中年时发现的高血压,多数已属于第二期或接近第二期,许多病人没有明显的自觉不适症状,只是在体检时才被发现。因此,人到中年,尤其是双亲患有高血压病的,应定期测量血压。

中年时期是高血压发病的主要阶段,且大多中年人的工作较繁忙,参加体育活动的时间较少,又是身体容易发胖的年龄。一旦发现高血压,如不采取必要的防治措施,随着年龄的增长,很容易发展为动脉粥样硬化,继而引起心脏增大、冠心病等并发症。

有不少中年人,已发现血压偏高、脑率高,因暂时没有不适症状,或者对危害认识不够,通常不迅速采取防治措施,这对控制病情的发展和预防并发症的发生是非常不利的。因此,步入中年应定期测量血压,还应经常参加体育活动,减少动物脂肪的摄入,积极预防高血压的发生和发展。

八、中年保健是健康储蓄

一些中年人常认为自己年富力强,对防病保健毫不在乎,认为保健是老年人的"专利"。殊不知,健康是人类生命的第一财富。富兰克林说:保持健康是对自己的义务,甚至是对社会的义务。

身体的健康状况犹如一座银行,需要收支平衡。中年保健好比"收入",工作及生活重担好比"支出"。如一味地要求身体"支出",势必会导致支大于收,出现收支不平衡现象,导致疾病发生或埋下隐患。因此,应注意一些疾病的先兆症状,对已出现的疾病不能采取忍受、随便用点药物应付一下的态度。否则,等到疾病严重再治就为时晚矣。

很多老年性疾病,如前列腺增生症、动脉粥样硬化等病,不是到了老年后才发生的,而是在中年时就出现某些早期症状。如果从中年起就重视这些病的预防,到了老年就可避免或减少。中年人可采取"加""减""乘""除"四字法,以保持旺盛精力,使"健康银行"保持收支平衡。

加——合理加强营养,加强体育锻炼。无论是脑力劳动者还是体力劳动者,势必耗费较多的优质蛋白及各种维生素,若不注意营养,及时补给,就会使身体一天天垮下去。因此,要科学合理地安排一日三餐,荤素搭配,多食蔬菜、水果,以济其耗。要加强对营养学和保健知识的学习,增强自我保护意识。此外,还要忙里偷闲,加强体育锻炼,参加各种娱乐活动。

减——减少会引起老年性疾病的食物的摄入量。如减少烟酒、高糖、高脂肪等,减少不必要的应酬,学会张弛有度。

乘——学会生活"优选法",一举多得。如尽可能骑车或走路上班,在音乐声中做家务,在娱乐活动中广交朋友,排遣寂寞,皆为"一石数鸟"之举。

除——除却烦恼,保持乐观的心态。有了烦恼忧愁,不要闷在肚里,可找一两个知己一吐为快,也可通过听音乐、养花、赏鱼、逗鸟、下棋等活动,使自己乐而忘忧,保持心理平衡。心情愉快乃是健康的第一要义务。

当然,可根据各人具体情况而用不同的方法,但必须注意,中年保健足一种健康储蓄,它将为日后的工作、学习、生活提供重要的保障,使你活得潇洒自如。

九、中年防恐老症

人人都会老,但都又怕老,尤其是人到中年,更担心老之将至,发现脸上有皱纹往往心中不爽,头上见白发为之吃惊。这是三四十岁男女都为之伤感的事情,情绪反应特别严重者就是恐老症了。

恐老症实际上是心理老化的表现。有不少人刚刚步入中年,就陡然觉得老了,青年时代的一些兴趣和爱好逐渐淡漠,社交活动明显减少,不想参加文体活动,有的人过早地把一切希望都寄托在下一代身上,"望子成龙"。这些人有一个共同的心态——唉,老了! 这种精神上的恐惧会进一步加速生理上的衰老。

近代研究结果认为,人的年龄大小,不能以过了多少个生日来计算。生物时间与钟表时间是不相同的。岁月越增,生物时间过得越慢,一个人年龄越大,老得就越慢。一般来说,人在 45 至 50 岁之间,心身变化远不如 15 至 20 岁或者 25 至 30 岁变化大。50 岁的人视力、听力可能开始下降,但是心智还正年轻,且在继续发展。一个人的脑力活动到 60 岁始达峰巅,60 岁以后才缓慢地衰退,直到 80 岁。由此可见,中年时自称"老了"是没有科学根据的,而是一种错误的心态。

心理学家认为,人到中年防治恐老症的一个重要办法是:"注意学习新的东西,千万不可安于现状。"

十、中年保健"四防"

中年人工作繁忙,身心负荷重,如果平素忽视卫生保健,很容易"病机四伏"。那么,中年人保健宜注意些什么呢? 有专家总结了四点。

1. 防馋。少年长骨,青年长肉,中年长膘。这是人体生长发育的规律。中年人为了预防身体发胖,除了要加强锻炼外,更要忌馋,尤其要少吃高脂肪、高糖(白糖)的食物,晚餐要吃少。国外老龄问题专家研究指出,人过中年,往往会发"福",糖尿病、冠心病发病增加,除环境、生理等因素外,贪嘴是重要原因。有人试验,每天早上一次摄入 2000 千卡热量的食物对体重影响不大,而晚上摄入这么多热量,就会使体重明显增加。

2. 防懒。人到中年常常觉得两腿沉重乏力,腰膝酸软,而不爱活动,这表明衰老已悄然来临。为此,中年人应忌懒惰,根据自己体质和工作情况,经常进行体育锻炼及体力劳动。

研究表明,散步时肺呼吸比静坐多 4 倍。尤其在环境优雅、空气清新的地方散步。对大脑是一种良好的刺激,并能提高脑力劳动效率。散步姿势自然放松抬头,每分钟 120 步左右,每天 30 至 60 分钟,走到有点微汗、四肢发热效果最佳。

3. 防欲。人到中年为避免未老先衰,只可有情,不可多欲,房事过度,会伤神折寿。当然也不是说过分抑制性欲,而是最好将房事控制在生理要求的最低限度。

4. 防愁、防怒。中年人上有老、下有小,工作负担重,思想压力大,容易多愁善感,肝火旺,这种情绪易催人老。养生之道告诉我们,中年人要保持身心健康,重要的一点就是遇事不怒。

为此,做人要有长者风度。一要心胸旷达,对生活中的磕磕碰碰,不要耿耿于怀;二要随和,得糊涂处且糊涂;三要谦让,"免一句口,省一世恼"。对中年人来讲,若能乐观,消解现实中的不愉快,遇事不愁,就能找到一把保健长寿的金钥匙。

十一、中年人应定期体检

人到中年,身体内部的很多结构都已开始老化,如糖尿病、高血压、冠心病和恶性肿瘤都是在中年时埋下的祸根。因此,中年人应该学会自我保健。

定期进行体检,是预防中年人发生老年病和早期发现潜在性疾病的主要方法和手段。体格检查以一年一次为好,体检应包括如下几项最基本的内容。

1. 体重。中年人的标准体重(公斤)等于身高(厘米)减105(厘米)男或100(厘米)女。体重出现明显减轻是发生消耗性疾病的首要信号,如糖尿病和恶性肿瘤,往往是从体重减轻开始的。一些老年肥胖是从中年人开始的,定期体检就会发现有无肥胖趋势,以便能及时采取有效措施。

2. 血压。中年人正常的收缩压应为 $11.97 \sim 17.29 kP_a$(千帕)($90 \sim 130$mmhg),舒张压为 $7.98 \sim 11.97 kP_a$(千帕)($60 \sim 90$mmhg)。定期量血压可以发现血压的变化情况。中年人的高血压和低血压都会有头晕、眼花、耳鸣和乏力等表现,并且还有发生中风(脑溢血、脑血栓形成)的可能。

3. 胸部 X 线检查。肺部 X 线照片检查能发现 0.5em 左右的小肺癌、结核瘤和矽肺等病变。对于那些烟龄较长的中年人来说,如果在胸片上发现肺纹理粗乱,肺透亮度增加,心界扩大,那么,就很可能是患了肺心病。

4. 心电图检查。心电图检查是确定心脏是否正常的一种简单检查法,特别对于发现冠心病和心绞痛具有极大的诊断价值。

5. B超检查。B超检查可以确定肝内是否有点位性病变(如肝瘤、肝吸虫)以及病变的大小、位置等,对诊断较小肝癌(早期肝癌)较准确。

6. 尿化验检查。糖尿病是通过检查血糖和尿糖的含量来确诊的。同样,通过血液化验,那些"没有原因"的贫血,一些早期的恶性肿瘤也可查出。

7. 妇科检查。中年妇女是乳腺瘤和子宫颈癌的高发年龄。体检时,还应作乳房和子宫阴道的检查,以策安全。

十二、中年防惰性

世界名人富兰克林有句名言:"懒惰像生锈一样,比操劳更能消耗身体,经常用的钥匙总是亮闪闪的。"生命在于运动,懒惰则与疾病形影相随。人到中年,尤其应当克服惰性。

心理惰性:中年人心理上的惰性往往会无声无息地逐日增加。究其原因在于,这些人年轻时大多经过艰苦的登攀,在学业和事业上取得一定成功。步入中年后,如释重负,心理逐渐产生一种求稳怕变的趋势,遇事前瞻后顾,唯恐失去已经取得的成就,往昔那种"弄潮儿"的英姿

构骨叶

不复存在。此外,中年人负担较重,上要养老,下要管小。"人到中年万事休"的愁绪动辄袭上心头,"多一事不如少一事"的消极心理油然而生。心理惰性便如毒蛇缠身,导致目光短浅,甘居平庸,事业上无所作为,再难有所造就,所以,应防心理随性。

行为惰性:俗语道:"树老先老根,人老先老腿。"人到中年,其体力精力都在走下坡路,易疲劳,爱发懒,生活贪图安逸,工作上迷恋轻闲。其实惰性堪称是人类健康之敌。苏联医学博士兹马诺夫斯基认为,健康有赖于心理上的平衡,有赖于神经系统的保持一定紧张性。惰性可使人体生理变差,对外界环境适应能力低,因而疾病就容易找上门来。调查表明,平时不爱运动者,其心脏早衰 10 至 15 年,冠心病发病率要高出 1 至 3.5 倍,抵御各种传染病的抵抗能力也相应下降。所以,应防行为惰性。

十三、中年须慎酒

关于少量饮酒对身体的作用,我国古书上早有记载。李时珍在《本草纲目》中说:"少饮则活血行气,壮神御寒,遣兴消愁,避邪逐秽。"现代医学认为,少量饮酒可以扩张血管,加快心率,促进血液循环,增加胃液分泌,增进食欲,并可防止感冒。

然而,人的神经系统对酒精是极为敏感的。当血液中的酒精浓度达到 0.05%时,人就会失去自制能力,出现中毒症状。这是由于酒精降低了大脑皮质的抑制过程,使其失去了对皮质下低级中枢的控制。这时,丘脑、大脑边缘叶等部分的功能

就活跃起来,因而出现兴奋状态,实质是一种低级中枢过度兴奋的表现。如果继续把杯滥饮,当血液中酒精浓度增加到 0.2％时,人就酩酊大醉,不择地点而昏睡。当血中酒精浓度达到 0.4％时,常可因呼吸中枢麻痹而毙命。醉酒后深昏迷 12 小时以上者,死亡的危险性是很大的。据统计,在猝死者中有 27 至 37％的人与饮酒有关。长期过量饮酒,既严重损害脑功能,以致出现震颤谵妄、智力减退、记忆障碍,还会使寿命缩短 10 至 12 年。由于酒精可使心跳加快,增加心脏的氧耗量和负担,所以对冠心病患者来说,大量饮酒易发生心律失常,心力衰竭,甚至引起心绞痛或心肌梗塞。中老年高患血压者,大量饮酒可导致"酒后脑溢血"的发生。长期大量喝啤酒,心脏可扩大,医学上称之为"啤酒心"。

因酒伤身者,古今中外不乏其例。大诗人李白,终生嗜酒如命,在长江采石矶"因醉,入水中捉月而死"。白居易长期饮酒,45 岁时便"目如云遮"。一代巨匠曹雪芹年未及 50 岁就凄然离世,留下"不怨糟糠怨杜康"的哀怨。有学者提出:"酒精会慢慢地破坏人的遗传密码,给后代留下创伤。"晋代诗人陶渊明虽然文才卓尔,名篇流芳,但 5 个孩子皆呆滞愚笨,平庸无为。陶公晚年才醒悟到"征世之鲁钝,盖缘于杯中物所贻害"。

由此可见,慎酒,为养生健脑之举;滥饮,则伤身损脑,贻害后代。对于身体健康而平素又爱喝酒者,白酒每天不要超过 50 克,啤酒每天不超过 1 瓶,而且不要天天饮。此外,饮酒要注意正常进食,以免因酒废食而造成营养和维生素缺乏症。在身体不适、情绪异常时不要饮酒。那些患有心、脑、血管、肝、胃、十二指肠等疾病人不要饮酒。

第十一章 老年养生

一、老年养生概述

给自己培养一种兴趣,能解除精神和心理上的负担,驱除种种寂寞和惆怅。

让自己爱上音乐。可在茶余饭后听听音乐,哼上几句戏曲小调,学唱一两支歌曲。音乐除了能陶冶情操以外,还可通过人的心理作用来影响身心功能,促进人体代谢,协调人体各器官的正常活动。音乐还可转移病态信念和各种不正常的、消极的情绪,增进自我价值的认识和治疗信心。在康复医院中,音乐疗法是最常使用的方法。老年人欣赏或学唱自己年轻时最喜爱的曲子,可以减缓记忆力的衰退,保持老当益壮的心理,还可唤回失去的记忆。

老人练习书法,挥笔作画,可以使心情舒畅。练字前专心研墨,凝神静思,预想字形,还可使人达到入静的境地。有人认为,写字作画可起到类似气功的作用。

院子里种上几株花木,或阳台上培植几盆花草,既可美化环境,又可净化空气。花卉以它独有的色、香、姿、韵,给人以美的享受,使人感到"夕阳无限好,桑榆晚景新"。

如有兴趣,不妨买上一只精致的玻璃缸,养上几条金鱼,放入一两株水草。观看鱼儿嬉戏追逐,可使老人心情愉快,仿佛又回到活泼的童年。

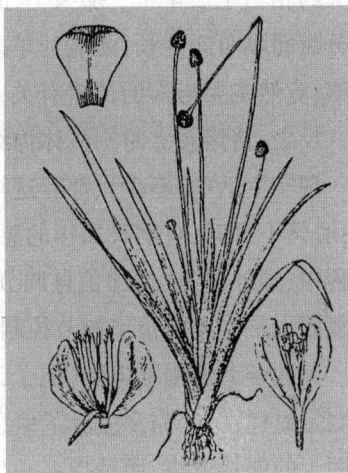

谷精珠

制作盆景也是一种高尚的有趣活动,把大自然的景色缩微于咫尺盆景之中。奇峰怪石,老干苍松,集于一盆,别有一番情趣。

收藏火花、门票,集邮等,能积累知识,开阔眼界。如能说得上每张火花、门票、邮票画面上的各种知识，便可称得上一个熟悉古今中外、知识渊博的老人了。

如果喜欢和自己的子孙或小青年一起戏玩，结"忘年之交"则更好。聊天之时，说古道今、谈科学、讲故事、介绍中外名人轶事，孩子们趣味盎然地竖着耳朵，恭听你海阔天空的议论，一定获益匪浅，你也从中得到了乐趣。

老年人如果学会钓鱼，风和日丽之日，在绿树环抱的河边悠然静坐。悠然垂钓，既能健身养神、怡性自乐，也有利于调人的各种身心疾病。

学会一两种乐器，可以抒发个人的感情，增强意志，还可作为一种情绪转移的方法，来解决心中可能存在的郁闷和烦恼。

下棋和玩牌也是一种智力竞赛，它能提高人们的组织分析和判断能力，延缓老人大脑的衰老过程。但是打扑克、玩牌不宜过久，更不要用金钱来赌博，情绪不要过分激动，特别是有心血管疾病的老人，以免发生意外。

二、老年人衰老信号

现代医学证实，人类的寿命符合海弗利克定律，即细胞可分裂 50 代。分裂一代大约相当于 2.4 年。那么，人的理论寿命应为 $50 \times 2.4 = 120$ 岁。因此，只要细胞的分裂间隔时间延长，便能延年益寿。而这种细胞的分裂延长，经科学家反复实验观察，竟然主要与人的情绪有关。这就是说，在情绪良好的状态下，细胞就不易衰亡。反之，情绪恶劣时则机体内细胞就易衰亡，即细胞分裂间隔时间缩短。

现实生活中，不少人都有这样的体会：情绪良好时，经历了两天就像只过了一天；心情不好时，有度日如年的感觉，而这种感觉就能直接渗透至人体细胞的分裂过程中，国外称为"情绪信息调节细胞功能转移模式"，即指细胞的 DNA 分子转录与复制也是受人的情绪调节控制的。这一理论一直成为近代衰老理论研究中的权威。美国学者采用脑电图（电子计算机 24 小时脑电扫描）观察人的情绪变化，并定时测定血样，结论完全应验了信息情绪模式理论。当然，影响寿命的情绪不是指一天两天的偶然情绪，而是指人一生中总的情绪趋势。因此，保持良好的情绪，对延年益寿至关重要。

通常人们都恐惧衰老，但对机体衰老的特征又是模糊不清的。笔者曾对人体各器官、组织老化的特征做过专题总结，发现人体各器官、组织一旦出现老化，便会出现相应的衰老信号，而这些早期的症状又极容易被人忽视。这些衰老信号主要表现在：眼——调节肌失去作用，晶体状体退化，引起青光眼和白内障；耳——听觉减退,尤其是对高音,平衡能力下降;舌、鼻——味觉和嗅觉迟钝;大脑——神经细胞减少,思维记忆能力减退;心脏和血循环——心输出量下降,心律不齐,瓣膜、动脉硬化、老年性高血压;淋巴器官——抗体产生减少,对病原体、微生物的抵抗力下降;肺——肺萎缩,肺活量减少;肝——肝萎缩,解毒能力下降;肾——肾萎缩,排泄废物能力下降;性腺——妇女停经,男子睾丸机能减退;肌肉——松软、萎缩;头发——变灰变白,秃顶;骨骼——骨质变脆,关节僵硬,身高降低;皮肤——失去弹性和光泽,皱纹增多。

当然,机体衰老信号在每个人身上也是千差万别的,但总是会有普遍性存在。只要掌握了上述的普遍性,便能时刻提醒我们及时发现自己的某个器官和组织出现衰老的特征,从而积极地采取相应的预防措施,尤其是要注意目前国内外学者都十分重视的"自我情绪调节疗法",这是一条有待进一步开发的天然的延年益寿的新途径。

三、老年人防老箴言

和老人接触,发现他们最关心的是"如何延缓衰老"。这里作箴言劝于人亦规于己。

1. 年龄不是衰老的指数。按生物规律,一个人的生存年龄为 100 岁左右。最近,美国、瑞典、丹麦、芬兰等国的科学家对人寿研究后得出结论:人类寿命并无先天局限,但好多 60 岁左右的老人一开口便是:"老了!""差不多了!"甚至有的人一退休,继"失落感"之后的就是等待"报到"。这种认为人的一生随着时间顺序发生的各种衰老变化是注定的想法,是错误的。比如有的百岁老人身体很健康,思维敏捷,动作利落;还有的老人出现"返老还童"现象,头发脱了还能重新生长,牙齿掉了还能再生。相反,有的人不到 40 岁就未老先衰,说明年龄不是衰老的绝对指数。芬兰一位人口学家研究了 29 个国家老年人的死亡率,自 1950 年以后,85 岁以上的老人每年稳定地上升百分之二,"延年益寿"的梦想已成为现实。有些小病的老人,不敢作长寿梦,退休后,身体休息,思想休息,这是另一种促进衰老的"等待"思想。有人做过一个有趣的统计。当一个人情绪乐观、精神焕发的时候,他的生化指标与免疫功能都是积极向上的;而当人心情悲观、思想消极的时候,同样检测几个指标就不正常,容易招致疾病。但疾病与衰老并非同义词,衰老本身不是疾病,而是一种生理过程,其特征为不稳定性增强,易受损伤,易受病理过程的侵害。有人把研究治疗老年疾病作为维持生命的关键,认为无病即长寿。1989年我国学者对2240名老人作健康抽查后,宣布疾病不是引起衰老的真正原因,而是由于衰老才易患老年病,当时还是一条爆炸性的新闻。

2. 导致衰老的"因子"。在长期研究生命科学的工作中,得出一个结论:"淤血为百病之胎。""淤血为衰老之因。"而导致淤血内生的直接原因是缘于生活环境与思想情绪的变化,不正常的饮食结构和情绪的怫逆,从而使痰瘀内积,壅滞不通,违背了"五脏通畅,人即安和"的养生大法。情绪变化可使气血不畅,血液凝滞,不符合《内经》的"气血流通为贵"之精神以及"病留恶生,在精气之郁也"(《吕氏春秋·达览篇》)的基本要素。气血逆乱是一种意外的变化,是一种随时间而积聚的"磨损",它可使维持内环境稳定的调节机制失去平衡,从而增加个体对疾病或病变过程的敏感性,促使多系统性能的渐进性衰退。

在实验室中发现一个带有共性的现象,所有老龄的动物体的血液,无论患病与否都浓稠粘滞,解剖动物则发现所有健康的老龄动物都有不同程度的血瘀现象。人体若有淤血,则各脏器机能衰退,机能衰退则进一步影响血液循环,各脏器内代谢物质就无法通过血液运出,将使血液更"浑"、更粘,粘稠的液体运行更滞缓,如此恶性循环。必然导致各脏器病变,最终使机体死亡。所以,"久病必缘淤","衰老必缘淤",而用"衡法"治疗法则破淤化瘀,消除导致衰老的"因子"——淤血,达到平衡气血,调节被破坏了的身体的阴阳平衡,重建人体内环境。这样不仅可治愈顽疾,也可延缓衰老。

3.防老八法。人的机体,"贵流不贵滞",不通则郁,郁则不通,乃养生的基本原则,也是延缓衰老的根本大法。防老八法是基于这一思想为指导而制订的。

(1)志不衰。老人退休是个重大转折,应把生活作为新起点,自觉地适应社会环境的变迁,思路要宽,信心要足,努力体现自身的价值,积极地参与社会活动,要敢于长寿。

(2)节房事。性不是老人禁区,性是生命活力的象征,适当的性生活,能使老人生活和谐,不觉老之将至,使老人仍觉有青春享受,增进生活信心。但正确的态度是房事不能绝,房事必须节。

(3)调情志。古人说:"怒伤肝,喜伤心,思伤脾,忧伤肺,恐伤肾。"可见情志失调,累及五脏,脏腑之间协调不平衡。人体的气化功能失常,造成血行迟缓,易罹疾病。故老人应保持心情舒畅,精神愉快,难得糊涂,不要斤斤计较,不要过于激动,培养对琴棋书画、花鸟鱼草等各种兴趣,陶冶性情,偶有悒郁,即宜适当宣泄,切忌闷闷不乐。气滞血淤,百病之源,最易衰老。

（4）勤运动。清代大思想家颜元说："一切动则一身强，养生莫善于习动，夙兴夜寐，振起精神，寻事去做，行之有常，并不因疲。日益精壮，但说静息将养，使日就惰弱。"包含了动而有序、静而不止的道理。

（5）慎饮食。饮食结构是构成人体衰老的一个重要方面，营养过剩与偏嗜皆有危害，老人以摄入清淡的豆腐、牛奶、瘦肉、鱼类以及新鲜蔬菜水果为主。忌咸忌甜，不吃隔餐之食。强调"胃以喜为补"，无论饭食或药物，服后舒服则说明吸收好，否则，山珍海味、人参鹿茸，服后不适，则脾胃不能消化，对人体不利。饭后不宜一吃就睡，脂肪累积，越睡越胖，"饭后百步"可以借鉴。

（6）适起居。有规律的生活，既包括"日出而作，日落而息"，还应与大自然相适应。顺天时而适寒温，重视适宜的冷暖。特别要养成良好的卫生习惯，倡每日一浴，能起到活血化瘀作用，促使气血流畅，流水不腐。

（7）忌烟酒。烟对人体有害，应绝对禁止。少饮酒活血通络，促使新陈代谢，但忌饮烈酒，忌饮过量之酒。长期饮酒而不节制，能损害大脑皮层与脏腑。

（8）药明治。中西药混合应用，药理不明，不是"情投意合"，势必互相制约；重复给药，于事无补，反而有害；化学药物能引起药源性疾病，皆当谨慎。对老人慎用攻伐，以温良和平为主，剂量适当，药味不要过多，尽量少用药，更不应乱投补药以与气血为难。即使要用补药，也应在医师指导下服用。老年人必须日服活血调气药，使气通血活，保持阴阳平衡，延缓衰老。

四、老年养生与养性

谈到养性，越是上了年纪，就越要保持愉快的情绪。忧愁烦恼易催人衰老，哀愤怒都要有所节制。

再说养生，众所周知，生命在于运动。对运动的理解是包括体力和脑力两方面。体力上坚持每天在空气清新的环境中步行一个多小时，边走边深呼吸，即吐故纳新，以助血液循环。爬楼梯也是一种好运动，一般三四层楼都不乘电梯。平时做些力所能及的家务，有助于活动手脚，调节精神。人到老年，仍发挥余热，活动思维，推迟脑子老化，使身心有所寄托。

俗话讲"知足常乐"。不争名利，不攀比，吾行吾素，粗茶淡饭，不存奢望。早睡早起，每晨如厕一次，养成习惯。一日三餐，荤素兼食，以素为主，多些吃芹菜、卷心菜等粗纤维绿菜和豆制品、水果之类。不吸烟，不饮酒，不暴食，不吃零食，但嗜茶。平时注意少盐、少糖、多醋，少吃或不吃含胆固醇较高的食品，多听新闻、相声、京剧，多读书报杂志，适当看些电视。在和睦的家庭里精神生活充实。

老年养生有"三不"之道。

1. 不要吃得太好。基本吃素好，如黄豆，500 克黄豆的植物蛋白同 500 克肉的动物蛋白差不多。吃黄豆，容易消化，不增加胃的负担；吃肉，不易消化，

荷包鹿肉

增加胃的负担。价格高的，不一定营养好；营养好的，不一定对自己好。营养不在好差，而在平衡。自己的身体，自己了解，缺什么补什么。各种食品有各自的营养成分，只有杂食才利于健康。

2.不要过量运动。生命既在于运动，生命也会毁于运动。生物学认为：新陈代谢缓慢，有助于长寿；激烈运动消耗大量体能，增加人体器官的负担，未必是好事。

3.不要过于激动。人有七情六欲，总是免不了激动。可是，太激动就不好。不激动，就是"不喜亦不惧"。怎样才能不喜亦不惧呢？关键是脑里要多一点辩证法。郑板桥的"难得糊涂"是有道理的。"糊涂"使人平静，平静使人长寿。

五、老年养生莫过分

近年来，由于不少人家庭条件日趋改善，经济好转，环境改变，在保养及饮食等方面，有些人的"保养过剩"已显露出弊端。尤其是城市的老年人，饮食结构日趋高脂、高蛋白、高热量食物，室内生活环境相对恒温、恒湿，以及闲适过分而使四肢、身体缺少必要的活动等等。谁都知道，老人尤需保养身心，但过剩则走了极端，无益于养生益寿。老年人以素食为宜，有利减轻老人胃肠负担，不致因肠胃不适而影响睡眠、休息。大量滋补药品能保健延年，可长期过量又走向反面，也会伤身。再则部分老人不到室外与大自然相融，一旦改变环境，就会弱不禁风。老人过分闲养，连家务事也不染指的，久而四肢缺少活动，对老人保养只会有害无益。家中晚辈应允许老人每日有点"小劳"，但切莫"大疲"。古今中外老人健康长寿者，绝不

是"保养过剩"者!

六、老年养生靠自己

无论是伟人,还是凡人,谁都企望长寿。然而由于各人的情况不同,找准适合自己的养生术显得尤为重要。

被评为"中国长寿之王"的贵州仡佬族老人龚来发今年已131岁,他一生务农,不喝酒,不服药,每天只吃两餐,用大米和玉米做的"二米饭"。而已经105岁的女寿星王玉英老人在某报"寿星赠言"栏中说:"每餐半斤花雕酒,吃饭两调羹,闲事都不管,益寿又延年。"印度99岁的老人辛格·乔吉德尔,1997年在荷兰举办的世界元老运动员田径运动会上,以20.82秒的成绩击败所有90岁以上的对手,荣获100米赛冠军。在谈起养生秘诀时,他透露:"不喝酒,不抽烟,不吃肉,每天四公升奶,锻炼四小时。"

由此看来,养生之道各有其术,凡是长寿者都有自己的高招。同是养生,有的说"不喝酒",而有的"每餐必有酒",这到底如何是好?由于各人所处的生活环境和条件不尽相同,对大自然的适应也不尽一样,所以找到适合自身条件的养生术是延年益寿的关键。

七、老年养生经

养生之道,古人概括为恬淡虚无,清静无为,老子称之为"不死之药"。此外,古代医学家对于房劳、惜精等问题,尤其再二强调,淫声美色是破骨之斧锯。

恬淡虚无,是要求去私欲,这是很高的境界。人而无欲,真是谈何容易!古往今来,无论帝王将相、达官贵人和平头百姓,能有几人达到恬淡虚无境界的?清静无为,是说静以养神,可以长生。这些当然都是针对老年人说的。

可是近代人都提倡"老有所为",认为老年人只要力所能及,仍应更多地接触社会,参与社会生活。这不仅是为社会创造物质和精神财富,而且可使老年人的精神有所寄托,更为充实。这比只强调恬淡虚无、清静无为似更有积极意义。因为离退休老人一旦改变原来的生活规律,离群索居,无所事事,反而会加速精神和躯体衰老,产生孤独感、失落感,这对老年养生是显然不利的。

至于说到老年性生活,现代医学认为这是充满误解的问题。西方学者多数主张顺其自然,不要有意压抑;过分的压抑不仅无益,反而有害。美国杜克大学在1972年曾做过一次社会调查证明,61至70岁的美国男性,约90%每月一次性生活,50%以上每周有一次性生活;同样年龄的女性,每月有一次性生活者占45%,每周一次者有16%。

需要说明,现代医学无非认为性生活应该顺应自然,以满足生理需求为度,同样也反对纵欲,纵欲总是有害的。事实上,即使在美国老年人的性要求仍然要受到种种限制,特别是社会偏见。青少年认为,60多岁的人再谈情说爱,再谈什么性问题,这是十分荒谬的。他们很难想象祖父母还该有性生活。

八、老年养生四件宝

以蜜代糖。老年人,由于活动量少,消化缓慢,经常发生便秘,粪便在肠道中停留时间过长,影响身体健康。以蜜代糖即可润肠促便。

金银花代茶。热性茶不利于防治高血压,而绿茶会使便秘加重;饮茶影响睡眠,而金银花可清热解毒,经常饮用对身体有益。

大蒜佐餐。大蒜含有丰富的微量元素,能防肿瘤的发生,并可杀灭口腔、肠胃消化系统的细菌,也有利于防治高血压。每次一瓣即可,不宜多吃。

使用石枕。用石枕睡觉,能降体温。祖国医学认为,头部有火,而石枕可以降之,较之其他药枕有效,长期使用,可使血压稳定。

九、老年养生注意仪表

爱美之心,人皆有之。随着时代的发展和变化,许多老年人的仪表与形象也在变化。讲究仪表美,也是文明社会的要求。一个人衣着美观、大方,既显得精神、潇洒、有风度,又显得年轻。

可是,有些老年人总觉得老了,满脸"双眼皮",还打扮什么?有的老年妇女,受传统观念影响更深,本想修饰一下自己,但又怕不顺儿女的眼,怕别人说三道四。

这想法是不对的。古语云,人凭衣裳马仗鞍。老年人衣着打扮漂亮些,既可显得年轻,又可增加晚年生活情趣,这对身心健康都很重要,它能起到延缓衰老的作用。在经济条件许可的前提下,穿着打扮好一些,是一举几得的好事,何乐而不为呢!

第十二章 道教养生

一、道教的养生观

道教勇于实践，不像其他宗教寄希望于来世。

道教的最高理想："长生不死，常欲乐生。"其内涵是把长寿、最佳养生之道作为自己的道义。他们非常珍惜《黄帝内经》所言"人以天地之重生，四时之法成"的养生之道。认为大自然的春夏秋冬，四季变化及寒暑燥湿的气候与人的生长发育、健康长寿有直接相关，人应顺应自然规律的颐养天年，死亡是最痛苦的，活在世上是最大的幸福。道教激励人们积极进行修炼，强调人要珍惜生命，人生在世应乐业、重生、贵生。如《太平经》中反复阐述的"人居天地间，人人得一生，不得重生尔"。告诫人们珍惜属于人只有一次的生命。它的乐生恶死、以生为乐的人生观，自始至终贯穿在道义中。

道教的最高境界："形与神俱，飞升成仙。"其含义是把精神修养，形体锻炼，形神合一视为与养生观密不可分的。所谓形与神俱，就是指形体与精神的统一。从医学解剖学上看，形是人体器官的总和，神即指人的精神意识。神是不能脱离人的形体而存在的，人的形体是载"神"之舟，它与人的关系是："生俱来，死俱灭。"因此，在修炼的过程中既要重视精神修养，也不要忽视形体锻炼。

清凉山道观

道教把人体视为"小宇宙"，把自然界视为"大宇宙"，大与小运转要协谐，要顺乎自然造化之道,不可违拗。提出"日、月、星"为天之三宝;"精、气、神"为人之三宝,强调"精、气、神"主宰和支配人体活动,切不可不顾护人体这"三宝"。只有如此,才能达到尽享天年的人伦之乐。

总之,道教的养生思想与养生理论极为丰富,虽然其中夹杂某些迷信色彩,但总的思想还是符合祖国医学观点的,特别是"天人相应"即四时养生要诀,强调人和自然界的密切关系,颇具有深刻的养生哲学辩证法。

二、道学家的养生术

历代许多道深寿高道学家,同时也往往是著名的养生学家。据传早在商周以前,就有赤松子、彭祖等以气功养生名世。周朝王子乔,传说以养生修炼而"登仙"。到了战国秦汉,养生术已相当发达。

梁朝刘勰把道家养生分为上、中、下三个等级,最上乘者是先秦时代老子倡导的清静无为,中乘者为秦汉方士的神仙服食,最下乘者是东汉末期的张道陵等。明、清以来,道家的养生学发展到了相当完善的地步,在精神、呼吸、形体、食物等修炼方面形成了整套方法,其中许多具有较强的生命力,作为道教的精华传习至今。

道家特别强调精神方面的修炼,把"清静无为""离境坐忘"作为养神的核心。认为自然界博大无边,欲望又无止境。要以有限的生命,去追求无穷的物质名利,势必会劳神伤身,损害健康。要做到"不以名害身,不以位易志",就必须"去物欲,简尘事"。

龙臺道观

道家所提倡的这种心理上、精神上的"清静无为",虽是不现实的,但对生活在快节奏、竞争烈的当今社会中的人们,若在紧张喧闹的现代生活中,有那么片刻的时间,使整个身心回归到自然状态,进入上乘修道境界之中,对消减疾病、净化心

·养生秘笈·

图文珍藏版

灵、启迪智慧,会有裨益的。

道家养生的另一核心是注意呼吸修炼。其最基本最重要的是服气法,它与现代气功中的调息、吐纳、内视功法、内守丹田法很相似。认为吸入天地间的四时正气,日、月、星辰的精气,就可以长生。《服气疗病论》中说,"纳气有一,吐气有六。吐气六者谓:吹、呼、唏、呵、嘘、咽。吹以去热,呼以去风。唏以去烦,呵以下气。嘘以散滞,咽以解极。"在此基础上若修炼到鼻无出入之气感觉时,就可以达到了呼吸的最高境界——胎息。如同胞儿在母腹中的状态,使身体内部的呼吸自我循环。

结合呼吸修炼,道家也很讲究形体修炼。其主要内容有按摩、导引、拳术。按摩,即循行一定的经穴,用按压、揉摩、捏推等手法作用于人体;导引、拳术则是引导四肢百骸,做各种屈伸俯仰运动,达到疏通经络、理气止痛的治疗效果。

道教的养生,以长生不老、羽化登仙为最终目标。这种对于长生不老向往的思想,早在老庄著作中就有阐述。在《庄子》的《逍遥游》和《齐物论》等篇中,有关于神仙的描述,你"肌肤若冰雪,绰约如处子。不食五谷,吸风饮露。乘云气,御飞龙,而游乎四海之外"。意思是神仙的肌肤光滑洁白得如同冰雪,姿容美丽婉转得如同少女。不吃五谷,只是吸风饮露。乘着天上的飘浮的云气,驾驭着飞龙,行游在四海之外。《庄子》还说到这些神仙,大火烧着不觉得热,江河冰着不感到冷,雷电飓风打着它也不会惊慌。《战国策·楚策》中有奉献不死之药的故事,尽管它是讽刺楚王、揭露进药人"欺王"的,但它反映我们祖先早就在寻求长生的方法,探索生死的奥秘了。《史记·始皇本纪》和《汉书·郊祀志》里都有秦始皇和汉武帝热衷于寻求仙药的记载。秦始皇在位12年,就千次派遣方士携带童男、童女。入海求取长生药。汉武帝时,方士又以炼制黄白药作为获取长生之药的手段。

历史上的帝王将相都是位尊处优的,他们追求长生都是企望永远享受人世间的荣华富贵。但是道家术士则多位卑处陋,结茅为居,靠山产和布施为生,他们追求长生就是为了实践对于"道"的信仰。道教以道名教,"道"就是道教徒的最高信仰。道的概念是由先秦的道家提出来的。道教沿用了道家的观念,将"道"解释成物质世界和精神世界的本源,先天地生的神,是天下万物的造物主,称"道"是"虚无之系,造化之根,神明之本","万象以之生,五行以之成"。同时,又将道家的"深根固柢,长生久视"之道衍化为人的长生不死,认为道可以因修而得,与天地永存。道教在东汉形成后,就逐渐把神仙方士的一系列追求长生的方术都吸收为实践"长生久视"之道的道术,并做了种种探索和发展,大致经历了四个阶段。

第一阶段,从东汉到魏晋南北朝时期。道教的养生思想随着教义思想的发展而逐渐系统化,提出了"重人贵生""天人合一""我命在我""形神相依"和"众术和修"等一系列的命题,为道教养生术的发展奠定了较完整的理论基础。

第二阶段,隋唐时期。道教的养生术在理论上吸收了部分佛教和医家的内容,进一步发展,并出现了一些新的养生方法。

第三阶段,宋元时期。除了外丹术的衰落以外,道教的各种养生方法继续得到发展,特别是内丹术成为各种养生方法中的主流。

第四阶段,明清直至现代。道教逐渐衰落,内丹术各派林立,发展迟缓。但是,道教养生术逐渐为社会所认识,进而广泛传播并得到应用。在传播过程中,又同佛教的修持方法和近代的体育方法相结合,道教养生术中的神秘主义逐渐淡化,有的代之以科学的解释。

综观道教的养生术,其主要内容有:

1. 守一。指的是在身心安静的状态中,将意念集中对于"一"(即"道")的信仰,以求得长生的养生方法。约在东汉时就广泛流行过。魏晋以后,逐渐同存思、吐纳、导引等融合在一起,成为后来内丹修炼的一个重要环节。

2. 存思。指的是在高度入静的情况下,将意念存放在体内或体外的某处,以求得到长生。魏晋时广泛流行。有的称体内各部分各有神灵居位,将意念存于体内,称为存神。存神而与神合一,即可登临仙界。有的主张存思中,应以意念内观自身脏腑,就可获得自身脏腑之形象,这就是内观。存思类文献,一般有较浓重的神秘主义色彩。

3.导引。指的是伸屈、俯仰、行卧、倚立等多种人的肢体运动。它与气息调节配合,求得血脉畅通、延年益寿和祛除百病。大约在秦汉时已有流行。其后,导引之法越来越多,并与气息调节的关系越来越密切,成为后来内丹修炼的一个内容。

4.吐纳。指的是呼吸调节中,吐出胸中的浊气,吸进新鲜空气,以长生延年。大约在秦汉时已有流行。后来的内丹功法也重视气息,强调在呼吸中获得先天之气以补后天之气。

5. 脂息。指的是呼吸调节达到一定程度时神气相结,鼻息若有似无,呼吸似在脐部进行,如同胎儿在母腹中一样。大约在秦汉时已有流行。魏晋以后,逐渐同吐纳、导引等方法融合一起。调节呼吸达到似胎之状,成为后来内丹功法的一个重要环节。

6. 服食。指的是通过服用特定的食物或药物来求长生成仙。战国时期就已流传,魏晋和唐代两度成为养生的主要方法。服食的对象大致有两类,即草木药和金石药。草木药的功效在于补救"亏缺",就是中医家们常说的补养元气,调利五脏,滋养精血,治疗疾病的意思。金石药因为来自天地之间,古人以类附比,认为服金石药即可长存不朽。

7. 外丹。指的是用炉鼎烧炼铅、汞等矿石,炼制不死丹药,以求长生。大约成于西汉时,到唐代达到鼎盛。由于服食丹药致死者甚多,因此一直受到朝野的批评,唐以后即衰微。从历史实际和现代科学的角度审视,矿物烧炼的丹药,对于人的长寿延年是没有意义或者意义极微,有些丹药则是有害的,过量即导致死亡。但是它在道教养生术的发展史上却是一项有影响的客观存在,并在客观上对于中国古化学史和古医药史产生过相当大的影响。

狭叶十大功劳原植物

8. 内丹。指的是人体作为炉鼎,以人的精气神作为对象,运有意念,经过一定步骤,使精气神在体内凝聚成丹,以求长生。内丹与外丹相对。内丹之说约起于南北朝的后期。在外丹术衰微以后,内丹术逐渐成为道教养生主要方法。从元直至明清,道教内丹术内容逐渐丰富,融会贯通了古代的守一、存思、导引、吐纳和脂息等方法,并形成了南宗、北宗、中派、东派和西派等,各派功法也各有侧重。

9. 房中。指的是男女生活节制和谐,还精补脑等房中方法,以求长生。战国时期,房中术已形成。西汉时就有较系统的理论。早期道教并不禁欲,遂将房中术纳入道术之中。后流于淫靡,在南北朝时期被斥出道术。从现存于少量文献看,其中包含的性卫生的内容,至今仍不失其科学意义。

10. 起居。指的是人生活方式和环境要求,包括饮食、言语、作息、穿着、房舍等等,要求取法自然,适应变化,顺乎天时地利,以求健康长生。对于起居摄养之道,春秋战国时期的思想家们多有论述,道教综合继承并加以系统化,形成了一套较为完整的颐养生息的起居之道。

上述几个方面的养生术是整个道家遗产中的瑰宝,也是中国传统养生方法的主干。英国著名学者李约瑟在《中国之科学与文明》一书中高度评价说:"道教思想中从一开始就有长生不死的概念。而世界上其他国家没有这方面的例子。这种不死思想对科学具有难以估计的重要性。"正因为如此,道教的养生术就成了世界传统养生方法中不可代替的宝贵财富。当然,从现代科学和医学观点来认识,道家的养生术有其糟粕和杂质,但也确实包含着许多具有科学价值、当时适用现时并不适用或今天仍然适用的东西。我们无法说明，一个健康的人通过养生方法的锻炼，能够延长多少年月日的寿命。但是，实践证明许多患慢性病的人通过养生锻炼，病情稳定了，症状减轻了，疾病痊愈了。这就证明道家养生术有治病和保健作用。因此，道家养生术已经受到医学卫生界、体育界以及一切希望健康长寿的人的普遍重视。

道家的养生术的目标是需要长期实践才能达到的。如果光读文献资料而不实践，或者三天打鱼、两天晒网，都是不可能达到养生保健的效果的。道门中人常说：知道易，行道难，坚持行道更难。这里的行道，一个方面就是指的实践养生术而言的。另外，道术传承历来采取口传口授，以师傅带徒弟的方式进行。道门中人常说：道不言道，道不外传。因此，修炼术一般很少写成著作问世，即使记录成文的，也往往采用了大量的隐语和比喻，现代人读来如坠迷雾之中，有实践经验的道门中人也往往要反复辨别，才能意会。所以，读者中如有想通过研读文献、实践道术的，若没有道门中人在旁指点，操作起来务必小心谨慎，以免走火。

三、老子的养生说

《道德经》第三十二章说："知人者智，自知者明，胜人者有力，自胜者强。"常说的"人贵有自知之明"盖源于此。老子重视向正反两方面学习，第三十七章指出："善人者，不善人之师；不善人者善人之资。"就是说，一个聪明人，要正确对待别人和自己，要善于对待别人和自己的优点和长处，见善而修身，见不善而戒己，不要总是好为人师，这样才能使自己在正反方面的学习中成为比较完善的人。

1. 清心寡欲。老于道德修养的著名三宝之一便是"俭"。对于统治者，他要求"去甚，去奢，去泰"，即不要太过分，不要太奢侈，不要走向极端。他痛斥那些利欲熏心、骄侈淫靡的统治者"是谓盗竽"——是强盗头子！他谆谆告诫人们应寡欲。他说："五色令人目盲，五音令人耳聋，五味令人口爽，驰骋畋猎令人心发狂，难得之货令人行妨。"同许多高识之士一样，老子看到了犬马声色，认为此会挫伤人们积极进取的锋芒，还可能使人们道德沦丧，因此主张"不贵难得之货"，想把人们从物质奢望的欲火中拯救出来。

2. 稀言重行。老子重道，但反对坐而论道却不行道。他痛恨那些专事空谈、巧舌如簧的人，更讨厌那些言行不一的人。他说："多言数穷，不知守中。"意思是虽令频出，但朝令夕改，信誓旦旦，但不守信用，不如守着天地自然的规律，老老实实地多做好事、实事。老子还说"希言自然",处天为之事,行不言之教,是老子所倡导的处世哲学。

综上所述,老子主张中的精华仍能给今人启迪,特别是有关道德修养方面的论述。

四、吕洞宾的长生说

吕洞宾是唐末的著名道士,姓吕名岩,字洞宾,生于唐德宗贞元十四年(798年)四月四日巳时,因出生时的年月日时都是阳数,因此号纯阳子。他是八仙中影响最大、传说故事最多的一位,被道教全真派奉为北五祖之一,通称"吕祖"或"纯阳帝君""孚佑帝君"。

传说吕祖师从汉钟离习道法,修长生之术,得道成仙。其神迹传说,家喻户晓。然其成道之基——长生健身术,却鲜为人知。为使气功爱好者得识"吕祖长生术"之真诀,早日登堂入室,故将吕祖秘诀重新编排整理。

1. 炼气总诀。修炼下列各功法之前,均就先默诵此真言七遍或九遍,以一口气(闭气)诵之为最妙,诵真言时一心一意则诸邪远避。

初练时,一口气一遍,以后可以三遍、五遍,多至九遍,则精进不少矣。炼气久之,能精神愉快,神魂出舍,袅袅荡荡,随意所至,无拘无束,宛若神仙。

2. 舒筋活血功。舒筋活血一功属于吕祖长生法术中健身之一法。行之能使全身愉快,百脉调和,四肢百骸无拘束。疾病之患且筋骨各疾医药无效,此行可显神效。

3. 补益气守功。此功亦属吕祖长生法术中能以后天修养,补先天不足,真神奇之诀。行而久之,能使人之气守,严整面目,神光焕发,有不可思议之神效。

法以甲子日(他日亦可)诵"炼气真言"后,取盘坐势,双目垂帘,露一线之光,微视鼻梁,神凝气合,默诵太乙三山咒七遍。咒曰:"九天玉女,冥冥灵灵,使吾严整,益吾精神,吾奉吕祖真人急急如律令敕。"俟后,以意观丹田,久久静定。须守静自然,在若有若无之间,庶为上乘。如稍一用意,便易入歧途魔道矣,慎之慎之。

4. 运睛明目功。此运睛明目功亦属吕祖长生法术。其法可保暮年目睛不坏,常能为之如少年,目有神光,且晕花近视赤眼流泪等有病之目,若深行此法亦可痊愈。

法于诵"炼气真言"后,闭眼以目向左右上下运用之。每日次数不限。

5. 呼吸强肺功。吸呼强肺一功亦属吕祖长生术。其法行之既久,可长肺力,强体活血,免除一些疾病。即少年瘦弱之人可一变而为强壮的体魄,免除一切疲劳之症。

其法于诵"炼气真言"后,将身子向前挺直,用鼻呼吸,不拘多少次数,尤多尤妙,此法颇有验。若清晨再诵天一神咒则效验更速。

6. 换貌易形功。易形一功亦属吕祖长生法术。行此久之,实能使人形貌变易,丑者亦化为美,实有左右造化之机,使人忘形。

7. 返老还幼功。返老一功亦属吕祖长生法术。行之既久,实能使人白发重乌,有返老还童之效,添精益神,有不可思议之功。

法于每旦澄心盘坐,行诵"炼气真言"后,默诵天罡咒不计遍数,同时垂帘存想。天庭之中,吕祖身着黄道袍,头戴道巾,鹤发童颜,慈眉善目。逐渐观其与己身合二为一,彼我无分,久久静定,则功将成。

上述诸法术为日常炼气、炼神、养心、养生之基。其要旨在绝欲念葆真元,必使心舒无邪心之犯,丹田有甘露之滋;神宁之志一,气平而虑息,万缘俱绝,一尘不染。行而久之,锻炼精进,则可修成金刚不坏身。勤行存想则保无疾病,耄耋可期,此非虚语。

五、李诚玉的长寿秘诀

湖北武当山是我国道教圣地,也是道家修仙炼丹的场所。武当山有一座玉虚宫,距今有 500 多年历史。玉虚宫内住有一位 108 岁的道姑,名叫李诚玉,人称白玉师姑。她生于清光绪年间,27 岁出家,在玉虚宫居住了 81 年。

1. 奇特的生命现象。李诚玉虽头毛稀疏,皮肤有些松弛,但白发返青,腰挺直,皮肤细白、柔嫩。据医学测试,她五脏六腑无疾患,脉跳每分钟 72 次。她不戴眼镜,能穿针引线。她身上穿的"百衲衣",是她从裁缝铺捡来的百余条小花布,用细针密线缝制而成的。在昏暗的屋里,她能将乱废纱理成粗线团,打成漂亮花色的厚线衣。她齿坚如贝,能享用黄豆、蚕豆等硬壳食物。她听觉灵敏,月色下每每有来访者,她都能首先发觉。她精力充沛,身体各部位灵活,柔韧性好。李诚玉 106 岁时,居然奇迹般地来了月经,颜色鲜红。

2. 养生有道,贵在坚持。李诚玉之所以长寿,除了注意饮食,大量食用野菜、素食外,就是坚持健身运动,且持之以恒。

坐禅(打坐):两脚放在膝盖上,五心(两只手心、脚心及百会)朝上,以运气使血脉畅通。

辟谷:辟谷不是想时强忍不吃,而是通过练功,气满不思食,使身体处于舒适状态。这同绝食是两回事。

二连环套:两胳膊肘上各套一副用木圈做成的二连环套,两臂上举,不停转动。随着两臂的转动,二连环套发出悦耳声响,提高了活动兴趣。长年累月,两对木圈已磨得光滑透亮。

武当山道观

练寿杖(木棒):寿杖重 7 两,长尺余,使用时,一只手握住寿杖头,扔在空中转 180 度,接住另一头,再扔向空中,再接住,如此反复,两手交替操练几百下几千次。有一年,她没练此棒,背上长了疮,后来又练此杖,背不驼了,疮也消了。从 1949 年练杖至今,已有 45 年。原先木棒是白颜色,现已变色成咖啡色,光滑得真像根寿杖。

"白玉齿边有泉,涓涓育我度长年。"李诚玉认为唾液是"金津玉液",与血液同样重要。因此,漱口要"连心吸",即将漱口咏咽下去,咽到肚里就是汪洋。

叩齿:她一边小解一边叩齿,说这样能起到固齿作用。

睡功:她每天倒在床上,至多睡 5 小时。睡姿是,左右手合并,搁脑袋两侧,歪头,左右侧交替着睡。此睡功有特别的调身、调心、调息作用。

3. 水到渠成,瓜熟蒂落。李诚玉的养生术很值得玩味。最近,笔者采访了中国人体科学学会理事长石云峰等专家,请他们以现代人体科学理论为依据,对李诚玉的长寿奥秘和养生术进行了剖析。

他们认为,李诚玉身上显示出的许多奇异现象,实际是养生得法,即所谓水到渠成,瓜熟蒂落。如辟谷,可使人的生理机能处于自然放松状态,对自身各器官、五脏六腑有自我调理作用;空腹便于清理肠道,减少排便,脏器负担轻,代谢率低,机能运行不感觉疲劳,辟谷还能减肥美容。专家们认为,人一生的食量是有定数的。美国的一项动物试验证明,人适当处于饥饿状态,确实能长寿。

专家们认为,肾开窍于耳。李诚玉一生未婚,肾气充足,故听力极好。齿为骨之余,肾主骨生髓,所以她牙齿好。叩齿又能护肾强肾,两者互为作用,相得益彰。

现在看来,返老还童已不是神话,人体开发是一项复杂而巨大的系统工程,更多的未知数还有待人们去解答。

六、叶宗滨大师百岁养生

《中国道教大辞典》名人录载:叶宗滨,近代道士,1922年至1941年在浙江天台山桐柏宫住持道务,精通医术,乐善施诊,为周围乡民所敬重。他率众道士,广募资金,修缮殿宇,协办学校,兴建石桥,德高望重。叶宗滨4岁失去父亲,靠行乞度日。9岁时被一道士收留,出家为道士。他自学文化,知识渊博,精通道家各派经典,倡导以自然性论为基础,注重心灵对道德价值的慧悟。他写一手好字,坚持抄写经书、史书和诗章多年,已抄写了上千万字。他说抄抄写写,一能养性,二能理解文意,手、脑并用,利于长寿。现虽百岁高龄,仍走村串户,为群众治病,从不收一文钱,他表示在有生之年,还要为道家文化、促进天台山旅游业做贡献。

七、道家长生术

道家崇尚自然,主张通过种种修炼,达到长生久视,羽化登仙的目的。道家的着眼点在于加强自身修炼以求长生不死。在我国固有的传统养生长生术中,道家的地位是最为重要的。

从历史发展看,我国道教大约兴起于东汉。后来,道教公推老子为道教的创始人。又由于秦汉时期一度出现黄老学派,因此,黄帝也列为道教的一个远祖。与老子思想一脉相承而又有所发展的是庄子。为此,庄子之归于道教也就自然而然了。其实,涉猎《道藏》所收著作,其内容可说包罗万象,十分庞杂,除《老子》《庄子》之外,仿佛是个杂书铺似的,单就医书一项而言,就有《黄帝内经》《灵枢经》和孙思邈《千金要方》等。

道家养生长生术的门类,大致有精神修炼、呼吸修炼、形体修炼、叩齿鼓漱、辟谷服饵以及炼丹、房中术等等。

1. 精神修炼。精神修炼是道家修炼的最高境界。老子哲学观的核心是清静无为,其著作《老子》第十六章说:"致虚极,守静笃。"这是说精神修炼的境界要达到思想上绝对的寂静,绝对的空无一物。为了使多数人都能达到这一境界,老子提倡"不见可欲,使民心不乱","虚其心,实其腹,弱其志,强其骨,常使民无知无欲"。否则,"五色令人目盲,五音令人耳聋,五味令人口爽,驰骋畋猎令人心发狂,难得之货令人行妨"。非但个人修炼不成,相反任其发展,还会给整个社会的安宁带来危害。为此,最好的办法就是对社会上的各种声、色视而不见,听而不闻。如果能够这样,那就达到了相当高的境界。

"绝学无忧"也是道家精神修炼的一种理论或方法。所谓"绝学",就是抛弃世界上的一切学问,"人生识字忧患始"。修炼的人们为了免于忧患,免于精神煎熬,就得下决心让自己不要在各方面懂得太多。"众人熙熙,如享太牢,如春登台。我独泊兮,其未兆;沌沌兮,如婴儿之未孩;儽儽兮,若无所归。众人皆有众,而我独若遗。我愚人之心也哉,沌沌兮!俗人昭昭,我独昏昏。俗人察察,我独闷闷。澹兮其若海,飂兮若无止。众人皆有以,而我独顽且鄙。我独异于人,而贵食母。"这就是老子在思想上自我解脱而达到清静无为的一种无上妙法。

这种精神修炼,《庄子·在宥》还引广成子推荐给黄帝的长生经验道:"至道之精,窈窈冥冥;至道之极,昏昏默默。无视无听,抱神以静,形将自正。必静必清,无动汝形,无摇汝精,乃可以长生。"这就是说,在无视无听,必静必清的精神修炼同时,还要使得整个身体木然不动,才能相得益彰。原理是"目无所见,耳无所闻,心无所知",则"汝(你)神将守形,形乃长生","慎守汝身,物将自壮"。否则,形动神动,则精也就随之而摇了。要达到形神俱静俱寂,这就是一种"离境坐忘"的功夫。然而从根本上来说,心虚决定形寂,心虚是本,形寂是标。为了心虚,司马承祯在《坐忘论》中还发挥老庄思想说:"知生之有分,不务分之所无;识事之有当,不任事之非当。任非当则伤于智力,务过分则弊于形神。"又说:"衣食虚幻,实不足营。虽有营求之事,莫生得失之心。"看来,司马承祯的话还是比较实际的。因为一个人毕竟生活在社会上,要完全没有"营求之事"是不切实际的,关键在于不要让得失之心牵着自己的鼻子走,使自己沦为"得失"的奴隶。

2. 呼吸修炼。这是一种道教气功的炼"气"之法。传统医学认为,气有与天气自然相通的呼吸之气,生而俱来的先天之气,水谷滋生的后天之气等等。而道家的呼吸修炼,正是通过对自然之气的呼吸吐纳,达到和调周身之气,并使之祛病延年。《庄子·刻意》所说"吹呴呼吸,吐故纳新",意即指此。

从养生角度看,比较实际的有:(1)鼻纳口吐,纳一吐六之法。这种方法,《服气经》介绍道:"凡行气以鼻纳气,以口吐气,微而引之,名目长息。纳气有一,吐气有六。纳气一者谓吸也。吐气六者谓吹、呼、唏、呵、嘘、呬,皆出气也。"又说:"凡人之息,一呼一吸,元有此数,欲为吐气之法,时寒可吹,温可呼。委曲治病,吹以去热,呼以去风,唏以去烦,呵以下气,嘘以散滞,呬以解极。"这里,明确指出了吐气的重要性。(2)调气之法。孙思邈《千金要方》说:"凡调气之法,夜半后日中前,气死不得调。"这是说调气的时间,要选在夜半后到日中前的这一气生阶段,而不能选在日中后到夜半前这一气死阶段。至于具体的方法,孙思邈说道:"调气之时则仰卧,床铺厚软,枕高下共身平,舒手展脚,两手握大拇指节,去身四五寸,两脚相去四五寸,数数叩齿饮玉浆,引气从鼻入腹、足,则停止。有力更取,久住气闷,从口细细吐出尽,还从鼻细细引入,出气一准前法。闭口以心中数,数气耳不闻,恐有误乱,兼以手下筹(用手指计数的意思),能至千则去仙不远矣。若天阴雾恶风猛寒,勿取气也,但闭之。"这种调气之法,还可结合吐六之法,祛除脏器疾患。方法是:"若患气冷痛,气即呼出;若热病,气即吐出;若肺病,即嘘出;若肝病,即呵出;若脾病,即唏出;若肾病,即咽出。"次数:"夜半后八十一,鸡鸣七十二,平旦六十三,日出五十四,辰时四十五,巳时三十六。"

呼吸修炼的最高境界是胎息。《后汉书·王真传》说:"年且百岁,视之面有光泽,似未五十者。自云:周流登五岳名山,悉能行胎息胎食之方,漱舌下泉咽之,不绝房室。"注解是:"《汉武内传》曰:……习闭气而吞之,名曰胎息;习漱舌下泉而饮之,名曰胎食。"晋葛洪《抱朴子·释滞》还解释胎息的方法和名词道:"得胎息者,能不以鼻口嘘吸,如有胎胞中,则道成矣。"后世《摄生三要》则认为:"须要其气,如从脐出,入从脐灭,调得极细,然后不用口鼻,但以脐呼吸,如在胎胞中,故曰胎息。"为什么要胎息呢? 这是因为用鼻呼吸,"一窍即开,元气外泄,泄而不止,劳及生命"。

在实践中,道家的胎息大致可以从这两个方面去探究。其一是在修炼时,把人体呼吸调整得极细极缓极深极匀,以致于把鸿毛放在鼻口之上也纹丝不动,同时在自己的思想上全然忘记呼吸的存在。其二是以意念想象其气由脐出入,又周流全身,循环往复,好比婴儿处在母亲腹中,鼻无呼吸,又好比龟蛇入蛰,口鼻之气几乎处于停顿状态,只体内之气周流环注而已。

对于胎息,前人还作《胎息铭》以述其秘。

三十六咽,一咽为先。

坐卧亦尔,行立坦然。

吐唯细细,纳唯绵绵。

戒于喧杂,忌以腥臊。

假名胎息,实曰内丹。

非止治病,决定延年。

久久行之,名列上仙。

看来,铭中所说"细细""绵绵",还是比较实际的。其中所谓"假名胎息",实际上与内丹有着一定的联系。

3. 形体修炼。形体修炼在道家养生术中,主要表现在按摩和导引术上。其中按摩是指用手按摩有关部位或经穴。导引是屈伸肢体,导气令和,引体令柔。其作用就是:"一则以调营卫,二财以消水谷,三则以排却风邪,四则以长进血气。"

按摩的方法有多种多样,并且常杂着一些导引的动作在内。孙思邈《千金要方》载"老子按摩法"为:(1)两手捺月比土(胃的下部),左右身手二七遍;(2)两手捻月比土,左右据肩二七遍;(3)两手抱头,左右扭腰二七遍;(4)左右挑头二遍;(5)一手抱头,一手托膝三折,左右同;(6)两手托头,三举之;(7)一手托头,一手托膝,从下向上三遍,左右同;(8)两手攀头下向,三顿足;(9)两手相提头上过,左右三遍;(10)两手相叉,托心前,推却挽三遍;(11)两手相叉,著心三遍;(12)曲腕筑肋挽肘左右,亦三遍;(13)左右挽,前后拔,各三遍;(14)舒手挽项,左右三遍;(15)反手著膝,手挽手,覆手著膝上,左右亦三遍;(16)手摸肩从上至下使遍,左右同;(17)两手空拳筑三遍;(18)外振手三遍,内振三遍,覆手振亦三遍;(19)两手相叉,反复搅各七遍;(20)摩扭指三遍;(21)两手反摇三遍;(22)两手反叉,上下扭肘无数,单用十呼;(23)两手上耸三遍;(24)两手下顿三遍;(25)两手相叉头上过,左右申肋十遍;(26)两手拳反背上,掘(揩),脊上十亦三遍;(27)两手反捉,上下直脊三遍;(28)覆掌搦腕内外振三遍;(29)覆掌前耸三遍;(30)覆掌两手相叉交横三遍;(31)覆手横直,即耸三遍;(32)若有手患冷,从上打至下,得热便休;(33)舒左脚,右手承之,左手捺脚耸上至下,直脚三遍,左手捺脚亦尔;左三右二,伸左右脚,伸缩亦三亦二也。熊戏者,正仰以两手抱膝下,举头,左僻地七,右亦七;蹲地以手左右托地。猿戏者,攀物自悬,伸缩身体,上下一七;以脚拘物自悬左右七,手钩却立按头各七。鸟戏者,双立手,翘一足,伸两臂扬眉用力,各二七;坐伸脚,手挽足趾各七也。由于做五禽戏时要任力为之,汗出为度,所以有"消谷气,益气力,除百病,能存行之者,必得延年"的效益。

古代导引在五禽戏等基础上,隋唐以来还出现了八段锦、易筋经、太极拳等武术健身养生之法,这又是导引术的延伸或变种了。

4. 叩齿鼓漱。道教有一种每日必做之功,就是所谓的"叩齿鼓漱"功法。晋代道家葛洪《抱朴子》提出:"清晨叩齿三百过者,永不动摇。"宋代王晫《道山清话》说:"人之叩齿,将以收召神观辟除外邪,其说出于道家者流,故修养之人多叩齿。"

明代高濂《遵生八笺·却病延年笺》也说："齿之有疾,乃脾胃之火薰蒸。每清晨睡醒时,叩齿三十六遍,以舌搅龈之上,不论数遍,津液满口,方可咽下,每作三次乃止。及凡小解之时,闭口咬牙,解毕方开,永无齿疾。"附阴诀曰:

热极风生齿不守,清晨叩齿自惺惺。

若教运用常无隔,还许他年老复钉。

综前人论述,叩齿鼓漱的好处既在于永无齿疾,还有收召神视、辟除外邪之功。鼓漱的整个过程,大致有叩齿、搅舌、咽津液等步骤。

五禽戏

基本做法是:清晨起坐,闭目绝虑,舌抵上腭,调匀呼吸,然后叩齿十四遍或三十六遍。叩后用舌左右前后上下沿着齿龈搅转十四遍,这样舌底两脉自然汩汩流出津液,等津液满口之时,再鼓漱十四遍,最后才把鼓漱之液,分三次用意念吞送丹田。

叩齿鼓漱的结果是咽下津液,这种津液古人又称之为玉池清水或玉泉。《千金要方》服玉泉法认为,叩齿服玉泉的作用在于法去三尸,坚齿发,除百病。从现代医药角度分析,叩齿能够促进牙周膜、牙龈腔的血液循环,改善牙齿的营养供给;而唾液则含有溶菌和淀粉等多种酶,可以在增进消化的同时,杀灭一些细菌。

此外,明郑瑄《昨非庵日纂》还说:"辟谷咽津为上,咽气为次。咽津者,肾中之水上通舌底二窍,大有真味,如小儿咯乳,滚滚不止,虽酬应交际,而终日忘饥。若咽气则闭口住息,身心俱寂,然后可。此不可岁月效也。"这里,郑瑄认为咽津的作用要远在咽气之上,并且也行之方便。

5. 辟谷服饵。在道家修炼术中,辟谷服饵之法也占有一席之地。所谓辟谷,就是断谷、绝谷,意即不吃谷物的意思。《史记·留侯世家》说:"留侯性多病,即导引不食谷。"裴驷集解:"服辟谷之药而静居行气。"为什么要辟谷呢? 道家认为,人体中有一种"三尸",也叫"三鼓"或"三虫"的邪怪,专靠五谷而生存。为了驱除"三尸",不让它留在体内兴风作浪,采用辟谷之法。辟谷者在辟谷之时大多进食一些如白术、山药、茯苓、黄精、枸杞、大枣、核桃、栗子、花生之类的药物,所以称之为"辟谷之药"。

《昨非庵日纂》说:"辟谷咽津为上,咽气为次。"说明辟谷服饵的同时,还要咽

·养生秘笈·

图文珍藏版

津咽气，咽气难而咽津易。关于咽津，《黄庭经》早就提出："玉池清水灌灵根，审能修之可长存。"对此，陶弘景有"名曰饮食自然"之说，并认为："自然者，则是华池；华池者，口中唾也。呼吸如法咽之，则不饥也。"当然，服津之外，服水是必不可少的。

第十三章　佛教养生

一、佛教养生之道

(一) 佛教养生要义

佛教养生的要义是心身健康、延长寿命、明心见性，以期修正成佛。

虽然中国佛学与发源于印度及弘扬于世界各国的佛学一脉相承，不过中国佛学有特殊的面目与系统。中国佛学的特质就在于禅。

中国佛教的养生文化与中国传统养生文化有巧妙的结合。从总体上来看，中国佛教的养生长寿方法分为南北二支。南支注重于"理义修心"养生法，北支注重于"静坐修心"养生法，两者同工异曲，都提倡禅定的修习。

1.佛教的养生长寿术——禅定

在佛教徒的修习上，禅定是关键，它不但是修身良法，而且还是养性妙方。因此，在佛门受到极度的重视。佛门弟子修习的正业是"一禅二诵"，佛教徒通过禅修去探求生存的奥秘，追寻人生本真。

中国佛教净土宗初祖慧远法师云："有灵则有情于化，无灵则无情于化。无情于化，化毕而生尽，生不由情故形朽化灭。有情于化，感物而动，动必以情，故其生不绝。"佛教的养生修行，以"灵情"修行作为修习的基础，

佛教养生强调心性的调炼提升

以期超脱世俗，达到一种高层次的修养境界。此时的"情"，不再是我们通常所说的感情，而是人体中本原的精妙之物，一种绝对的安静、无思无念的精神境界，即"涅槃"境界。

慧远法师云："反本求宗，不以生累其神；超落尘封者，不以情累其生。不以情累其生，则生可灭；不以生累其神，则神可冥。冥神绝境，故谓之泥洹（新译作"涅槃"）。"这样就可以达到养生长寿的境界。

唐玄奘法师不远万里去西天佛国取经。他提出的"唯识"修身理论，也在很大程度上影响了唐代以后的佛学界。玄奘在理论上主张从"意念现象"入手进行人体身心的修行。"心"为实有，提出了"万法唯识""一切唯识所现"的人体身心的修行方法，将人体凌驾于宇宙之上，将宇宙万物看成是意念（识）创造出来的"影像"，让人体与宇宙万物进行意念的交流，于"人体——宇宙"的交流中达到"唯识无境"的境界。在修习方法上，提出了"我"与"法"的人体身心修习方法。"我"者，生命的主体也；"法"者，生命的客体物（宇宙世界万物及其运动、生成规律）也。"法"由"我"变，"彼相皆依识所较变而假施设"，一切现象源于意识，通过人的意识力去汲取自然界诸物的营养能量，补充我体。

无论是慧远禅师还是玄奘法师，他们的修养方法都是"禅定"，由"定"而生"慧"，炼性修心以达到长寿延年。

佛门的养生修持，小乘佛教采用"戒""定""慧"三学。戒者，戒掉摒除一些不利于人的道德修养的不良之习；定者，禅定也；慧者，一种身心修养的高境界也。

大乘佛教采用"布施""持戒""安忍""禅定""精进""智慧"六学来进行养生修行。前三者实际上还是"戒"，后两者是"慧"。

2.禅的特色

"禅"是梵语 Dhyana 一词的音译，全译为"禅那"，意为"静虑"，即取"安详、反思"的意境。由《六祖坛经》中著名的传法偈（诗歌）"菩提本无树，明镜亦非台。本来无一物，何处惹尘埃"，可知禅学理论的核心内涵是"无"、是"空"：禅宗强调"众生皆有佛性，人人皆可成佛"，因此，禅宗广纳众生、普度群迷；禅宗强调"诸行无常，诸法无我"的认识观，因此，禅宗以动态观念看待客观世界和人类自身；禅宗强调"应无所住而生其心"。因此，禅宗推崇超越表象、深究缘由的认识论；禅宗强调"诸法空相，是为实相"，因此，禅文化以其深邃、活泼、灵动、辩证的"随宜方便"而著称于人类的哲学领域。

无神：禅宗崇佛而不佞佛。因为既然众生皆可成为大彻大悟的、无上正等正觉的"佛、菩萨"，故有"一念迷，一佛是众生；一念悟，众生是佛"之说。因此，就佛教而言，其所最推崇至上的佛实际上是由广大的众生而成就。佛教还同时认为从众生到佛，全在"自心觉悟"，"一切种智，随业转藏；果缘因起，境由心造"，故而佛教持无神论主张。

无常：即动态观。认为世间万物皆流转不定，处于永恒的运动与变化之中。

缘起：即因果论。认为世间万法皆"循因而起、因果相依"（属自然科学中变量——函数之间的逻辑关系之定性描述）。

故而，排除民间佛教拜忏等迷信表象形式，深究禅宗之教义理论核心，乃是介乎于唯物论与唯心论之间的"中观、唯识论"学说。近两千年来，具有博大精深之思想内涵的禅宗理论在世间广为传扬、递代继承，业已具有十分深厚而悠远的民众根基。

拈花微笑，教外别传。

(二) 禅定概论

禅定术作为佛门的养生之术，有修心、修身、居食医药三个方面的内容。

1.修心

修心，与道教的修德养性有许多共同之处。佛教十分讲究四大戒条——戒杀生、偷盗、邪淫、妄语。换成今天的话说，就是在修习禅定之前乃至修习禅定之后，都必须清净心灵、弃恶行善、约束行为、涵养道德，使人具有一种慈悲为怀的博爱胸怀。

2.修身

修身分内修与外修两个部分。禅定是修身的主要入门阶梯，有的佛修者，毕生心血花费在修身上，以求有一个健康的肉体和自在的灵魂。

坐禅威仪

3.内修

内修就是坐禅入定。

佛门的坐禅，是一种人体的元气调息活动，但它又有别于道教的气机调息。禅定又讲究参悟佛教义理，它不仅仅局限于元气的调息上，它是借助于元气调息这种手段来由静入定，由定而慧，最终修得正果。

禅定修习是佛家的奥秘，由于其义理深奥，历来不为普通人所掌握。民国初年蒋维乔先生佛道双修，尤重礼佛，根据自己的修炼经验，写了一本《因是子静坐法》公开流传，由于其接近白话，易于掌握，很受欢迎。

修习禅定要有一定的条件,包括物质和精神上的准备。所谓禅定的修习,必须做到"备六项""调五事""弃五盖"。

(1)备六项

备六项是进行禅定修习前的基础。这六项是——持戒清净、衣食俱足、闲居静处、断诸杂务、入欲知足、近善知识。分述如下:

①持戒清净

戒者,佛门的道德规范及修习者应遵守的戒律。归纳起来就是四个方面:戒杀生,戒偷盗,戒邪淫,戒妄语。

②衣食俱足

修习禅定,必须是衣食无忧,这样才能安心修禅,不为生活所发愁,当然出家的和尚要有衣食供养。

③闲居静处

修习禅定的地方,最好是昼无人、夜无声之安静之处,最好是要远离野兽虫蛇、冤家仇人,疾病瘟疫,同时要风景秀丽,气候宜人。当然,所谓"大隐隐于市",只要心静意诚,在闹市区同样也能修习禅定。

④断诸杂务

修习禅定,必须要心静,修习的过程中尽可能地断掉一些不必要的繁杂事物,尽量将当天应该做的事情做完,了结杂务心事,使心净意纯,专心修禅,这样才能很好地入定。

⑤入欲知足

修习禅定,不可多欲、事事不完足,这是修禅的一大障碍。知足常乐,是修禅的最佳心态。

⑥近善知识

修习禅定,最终目的是生"慧",而要使人获得大智大慧,就必须亲近有道德有知识的人士。

(2)调五事

修禅之初,调"五事"是一项很重要的工作。这调五事是——调饮食、调睡眠、调息、调心、调身,分述如下。

①调饮食

修习禅定,在饮食上必须做到不过饥过饱,不食不干净、不宜食之物。"食若过饱,则气急身满,百脉不通,令心闷塞,坐念不安。食若过少,则身羸心悬,意虑不固。"

②调睡眠

初修禅定，不可放纵贪睡，但又不可刻意减睡。而是适量而睡，睡醒即起。

③调身

修习禅定，要保证有充足的体力，因而在坐禅之前不宜做剧烈的运动，以免伤身。在坐禅之时，姿势要安好，不可过度紧张，亦不可过于松弛。

④调息

修习禅定，须将呼吸调练到"不声不结不粗，出入绵绵，若存若亡，资神安稳，情抱悦豫"的境界，佛教称此种呼吸为"息相"。

⑤调心

修习禅定，入定前心要做到"不沉不浮"，即坐禅时意念不要飘逸浮动，这样会引起身体不安；也不要昏暗无知，头脑低垂，这样身无生气。入定之后心要做到"不急不宽"，即入定后不要摄心太猛，这样会出现头痛、胸痛。若是发生此症状，便要放宽心，意想身中之气流向下身；也不要任心过度，这样会由于意志散漫而出现倾倚曲瘘、口中流涎或者是心暗晦不明之症状，若是发生此症状，便要敛身提念，令心住一缘。

（3）弃五盖

五盖者，修禅之障碍也，进行禅修必须将之弃掉。这五盖是——贪欲盖、瞋恚盖、睡眠盖、掉悔盖、疑盖。分述如下：

不声不结不粗，出入绵绵，若存若亡，资神安隐，情抱悦豫。

①贪欲盖

修禅时心中萌生的贪求食、色、名利、权位等念头。

②瞋恚盖

修禅时心中萌生的由于别人有负于自己而产生的愤恨、恼怒、报复等念头。

③睡眠盖

修禅时心中萌生的睡欲。

④掉悔盖

掉有三种：身掉——不喜修禅，想游走戏耍；口掉——谈天说地，歌吟辩论；心掉——心猿意马，杂念丛生。悔有两种：一是知道生"掉"之后而懊恼不安；二是心理负担沉重而悔恨怖畏，负疚悔罪。

⑤疑盖

疑盖有三种,第一疑己——怀疑自身素质低劣而非修禅之人;第二疑师——怀疑业师无功而不堪教徒;第三疑业——怀疑禅修不行而见异思迁。

(4)禅定修习的时间

禅定的修习也有一定的要求。在庙院中修习的僧尼,修禅的时间很讲究,他们必须在初夜和后夜坐禅修行,于中夜可作短暂的睡眠,在家修习的佛门信徒,修禅的时间没有僧尼这么讲究,但要求在黎明、中午、下午、日落等时辰里修禅为好。在吃饭前后半小时不宜修禅。

初习禅修者,时间要短,次数可多,而且留有余兴;久习禅修,可以坐禅2~4小时为度,不可过长。

(5)禅定出定时的注意事项

禅定修习结束时,要进行"收功",佛教称为"下座""结坐""出定"。

大乘、密乘教派坐禅结束时,须"回向",即心念口宣,上求佛道,与众生共成佛果,然后缓缓调和气息、身体,将所观想放出去的一切都收回于身心之中,最后慢慢下座。

坐禅出定时,应放下各种念头,开口放气,想从百脉随意而散。然后微微动身,次动肩膀及手、头、颈,次动二足,悉令柔软;次摩手令暖,以掩两眼,然后慢慢睁开。待身热后稍歇,方可随意出入。如果不这样做,而仓促出定,则细法未散,住在身中,令人头痛,百骨节强,犹如风劳,以后再入定时易烦躁不安。

4.外修人身

外修人身就是对筋骨肉的锻炼。这种锻炼方法多是作适度的体育锻炼,如跑步,打拳等等,但切忌做得过度疲劳。筋骨肉的锻炼最好是采用武术形式。本书所附"达摩易筋经"就比较适合修禅的人练习。

5.居食医药

佛教在居食上比道教更为讲究。生活起居上,讲究远离尘世,寻幽深之处进行修行,并有"色戒",不允许进行两性的接触。在饮食上有"斋戒",不吃肉腥之食。佛门内中的僧尼有此二戒乃是教内修行的需要,俗家弟子,或者对于佛门之外欲修禅的人来说则没有什么具体要求。远在唐初唐太宗李世民就下旨允许曾有恩于他的少林寺武僧可以开戒食荤,以增强体质。为了长寿养生的教外之士在修习禅定的时候,不必"色戒""斋戒",不可过分压抑自己而出现心理健康问题,从而影响身体健康。所以为了保证身体和心理健康,适度的营养是必须的,适度的家庭生活也是必须的,但不管是性生活还是饮食,都要有所节制。

佛门弟子十分重视医药在修身时的功用。易筋经中就有服药法:"练壮之功,外资于揉,内资于药。行功之际,先服药一丸,约药入胃将化之时,即行揉功,揉与药力两相迎凑,乃为得法,过犹或不及皆无益也。行功三日,服药一次,照此为常。"
内壮药:

佛门弟子借助药物以疗疾

"野蒺藜(炒去刺)、白茯苓(去皮)、白芍药(火煨酒炒)、朱砂(水飞)、熟地黄(酒制)、甘草(蜜炙)各五两、中参、白术(土炒)、当归(酒制)、川芎各一两为细末,炼蜜为丸,重一钱,每服一丸,温汤任下。一云:多品合丸,其力不专。另立三方任用,只需需一味任用。"

佛门弟子借助于药物的补益功效来促进修行的功力增进,也借助药物的作用来防止疾病。

(三)炼心修性术

1.修心养生

佛教与道教一样,十分讲究炼心修性,但是与道教又有很大的区别,这主要表现在"禁欲"和"来世幸福"上。

佛教认为一切众生皆有佛性,只是各人修行的深浅而决定其所达到境界的高低。只有当"无量烦恼悉除灭已,佛便现前"。佛教中的"佛",是指具有大智慧且心身自在的人,也是佛教徒修正的最终目标。

佛教认为,"人性本净",因此,"万法在自性"。在世界面前,众生之本原心性是平等的。

"譬如雨水,不从无有,元是龙能兴致,令一切众生,一切草木,有情无情,悉皆蒙润,百川众流,却入大海,合为一体,众生般若之智,亦复如是。"

要炼好心修好性,就必须放下一切而不离一切。如唐代净觉禅师说的:

"真如妙体,不离生死之中;圣道玄微,还在色身之内。色身清净,寄住烦恼之间;生死性起,权住涅槃之处。故知众生与佛性,本来共同。以水况冰,体何有异?

冰由质碍,喻众生之系缚;水性通灵,等佛性之圆净。"

在这里,净觉禅师要人们像冰释成水一样,挣脱"质"的障碍,以求得"心净""圆净",让心性清净,以证佛道。

佛门高僧慧能发展了前世的炼心修性理论,提出了"心修"学说,即"我心即佛"。他说:"我心自有佛,……菩提只向心觅,何劳向外求玄? ……佛心见者,只汝自心"。这与庄子的"心斋"是同工异曲的。为了达到"我心即佛"的炼心修性境界,他进一步提出:

心是地,性是王,王居心地上,性在王在,性去王去,性在身心存,性去身心坏。佛向性中作,莫向身外求。

佛教崇尚"善",这点与道教的思想

圣道玄微,还在色身之内。

观念是一致的。"善"是炼心修性的根本。慧能大师提出:

心地但无不善,西方去此不遥;

若怀不善之心,念佛往生难到。

慧能大师不但在理论上阐述了炼心修性,还提出了具有指导意义的方法论——内调心性,外敬他人。这是难能可贵的。佛教认为将"心"与"性"修好了,就能得"道"成"佛",从而健康长寿,大智大慧。

2.修德养生

炼心修性,首先要修养出一个好的道德情操来,只有具备良好的品德,才有可能修习出一副好的心性。

修养道德情操,关键在于自觉地在日常的生活中注意发扬人性中"善"的优点,抑制甚至最终消灭人性中"恶"的缺点。

怎样才能使人修养出一个好的品德呢?

(1)陶冶性情

陶冶性情,不是一两天就能做好的,而是一个长期的工作。在日常生活中,要求我们注意,时时保持意静神宁,遇事均以心平气和而处之,这样,喜、怒、忧、思、悲、恐、惊人性七情就不会妄动了,人体的气机也就自然畅和,人的心性也就宏达明朗了。

（2）开阔心胸

一定要有一个开阔的心胸,不管遇到什么事情,都要泰然处之,不可耿耿于怀,要做到心胸无时无处不"坦荡荡","大肚能容容天下最难之事",乐观开朗,知足常乐。

（3）克除私欲

私欲是阻碍人心性修养的桎梏,克除私欲,是涵养道德的根本。所谓私欲,并非人心中一切欲望,这里指的是那些损人利己的欲望。克除私欲是一项长期持久的功课,而且是必须做好的功课。

（4）根治陋习

人的习性有好有坏,好的习性利人利己,被誉为美德,而坏的习性损人也损己,是人炼心修性的一大障碍,必须根治。如果有自傲、任性、嫉妒、嗔恨、自卑、诡诈、奸猾、虚伪等等陋习,必须时时谨防,注意根治,否则难修正德,难成正果。

（5）助人为乐

助人为乐,是一个人具有高尚品德的衡量器。佛教教义中强调的"广行善事",实际上是要求人们助人为乐。时时先人后己,助人为乐,那么,情性也就在无形中被陶冶了,心胸也就自然而然地开阔了,私欲、陋习也就没有萌生的机会了,人的品德就在助人为乐中得到了修养。

天上天下,唯我独尊。

3.入静炼心修性

"静"是道佛二教炼心修性的主要方法。

"致虚极,守静笃。万物并作,吾以观复。夫物芸芸,各复归其根。归根曰静,静曰复命。"——《道德经》

"静"能使人心洁意纯,也就是说,能够净化人的灵魂,涵养人的道德。

炼心修性的最终目的是让人做到"相离无念",就是让心性"灵空",从而实现"万象有而非有,一心空而非空"的修持境界。

所谓"有非有","空非空",指的是人内心的一种状态,即人的意念尚存,但却无他想,不为外界诸般事物所干扰,不为内心诸般情绪所困惑。

二、佛教养生之门

(一) 因是子静坐法

1.静坐方法

(1) 身体的姿势

两脚怎样安放:少年筋骨柔软,可用"双盘膝"。就是把左脚小腿架在右股上面。使左脚掌和右股略齐,再把右脚小腿牵上,架在左股上面;这时候两脚掌向上,两股交叉,好像三角形。这叫作"双盘膝"(见图1)。它的好处是两膝盖必定紧贴在坐垫上,坐的姿势自然端正,不会向前后左右歪斜。但这种双盘膝姿势,不容易学,中年以上的人学起来更难,不必勉强。

其次是"单盘膝"。坐时把左脚小腿架在右股上面。右脚放在左股下就得了(见图2)。

这比双盘膝容易得多。它的缺点是左膝盖不能够紧贴坐垫,人坐稍久。身体要向左边歪斜;只要你

图1

图2

自己觉得歪斜,慢慢改正,也没有妨碍的。

倘若老年的人,连单盘也做不到,那就把两小腿向下面盘也可以的(见图3)。不过两膝盖都落了空,更容易歪斜,应随时注意改正。还有两腿有毛病的人,连向下盘也做不到,那就把两脚垂下平坐也可。但须把左脚跟靠在右脚背上,叫作"四肢团结":或两脚底平放地面也可,但腿与脚掌,要保持九十度直角(见图4)。

图3　　　　　　　　　　图4

初学盘腿时,人坐略为长久,必感觉两脚麻木,此时可以徐徐放开,等到不麻时再盘;或就此起身徐行,等到第二次再坐,都可以。

(2)两手怎样安放:两手应该宽松,丝毫不可着力;把右手背放在左手掌上面,轻轻搁在两小腿上,贴近小腹。但如在平坐时,也可以将两手放在两大腿上部,掌心向下,自然地放平,如图4所示。

(3)头颈、面孔、眼睛、嘴巴:头颈要平直,面孔朝前,眼睛轻轻闭合,嘴巴也要闭,不可张开,舌头抵住上腭。

(4)上文说到的行、住、坐、卧,是人们举止的四种威仪,都可以用习静的功夫。当然,行时习静为最难;住时也不容易,非到功夫很深时不办;坐时行功最合标准,所以把它作为主要的练习方法;卧时虽易致昏沉,然在不便坐或不能坐时,就不妨以卧式来代替。卧式如人们睡卧一样,有仰卧侧卧两种。仰卧姿势与平常仰卧一

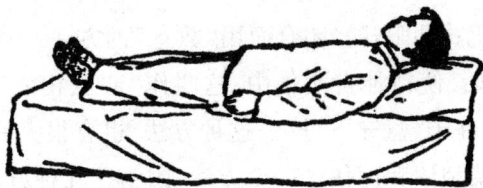

图5

样(见图 5)。但须记得将头肩等部略事垫高到自己觉得最舒服的程度,耳目口鼻等等的姿势均同前述。至于侧卧,虽然左右都可,但以作者的研究,当以右侧为宜。因左侧卧则心脏常受压迫,不是顶好。右侧卧的耳目口鼻等等的姿势也同前述,但头及上身须略前俯,上面的腿比较下面的应更加稍弯曲些,使达最舒适的程度。自膝盖以上的大腿叠于下面的腿上,膝盖以下的小腿和脚就很自然地贴放于下面小腿和脚的后面,下面的腿自然伸出,微微弯曲。上面的手也自然地伸出,掌心向下,轻轻放于髋关节上面;下面的手把掌心向上,自然伸开,放于头畔枕上,距离头部少许,须看你怎样觉得最舒适为准。这个卧法,在功夫上有个名字,叫作“狮子王卧法”(见图 6)。

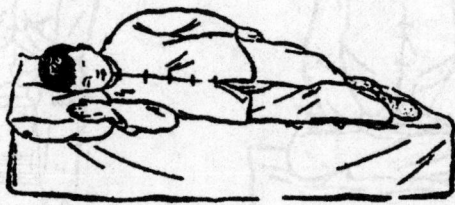

图 6

2.精神的集中

静坐的时候,要把精神集中在小腹部(即脐下约一寸三分的部位,称“下丹田”)。初学的人,对这种功夫,极难下手。人们的妄念,一起一灭,没有一秒钟停止,所以说“意马心猿”,最不容易调伏。静坐的最后功夫,就是能够调伏这些胡思乱想的妄念,妄念一旦消除,就能够出现一种无念境界。那么怎样下手呢?应该在平常行动做事时候,时刻当心,不要乱想;到静坐时候,把一切事物放下,拿全副精神集中在小腹;如果妄念又起,就再放下。这样反复练习,久而久之,妄念自然会逐渐减少,以达到无念的境界。这是最上乘的方法。如初学者觉得这种定力的根基不够,可以轻闭两眼至微露一线之光。而目观鼻准,这叫作“目若垂帘”。静静地自然以鼻呼吸,以至不闻不觉,口也须自然闭合,遇有口津多的时候,可缓缓分小口咽下。最要紧的仍在自然地意守下丹田。其方法一如上述,这样可以得到不少帮助。

还有一种方法,仍将两眼轻轻闭合而用“数息”的方法,一呼一吸叫作“一息”,从一数到十,周而复始,使精神自然集中,这叫作“心息相依”。其他姿势一如前述,而最最要点,仍是在于“意守下丹”。这种方法,也有很大的帮助。同时还有最紧要的一句话,就是要请读者记住这一个方法:因为这几种方法,都是最妥善安全的方法,可以没有流弊,读者但择哪一种方法在实地练习时经常觉得最舒服者,就是哪一种方法于他最为合宜。

初学静坐的人,常常说:"我没有学静坐的时候,妄念倒还少,一入座后即妄念反而格外多,不知是什么缘故?"这实在是一种误解。要知道人们妄念,本来随时都能有,平常时因和外面环境的接触,把注意力分散了,故不觉得多;习静以后,精神集中于内部,才觉得妄念忽起忽灭,不可捉摸,这是一种初步的自觉。能够从这下手,反观自心,妄念是怎样生起来的;练习久之,它自然渐渐会减少,不必怕它。

初学的人,又有两种境象:一是散乱。没有法子把情绪安定下来;一是昏沉,时时要打瞌睡。大概初学的人,起先都是容易散乱,无法收敛,练习的时日稍久,妄念减少,就容易昏沉。这是学静坐者的通病,不必奇怪。治散乱的毛病,应该把一切念头,完全放下,空空洞洞,什么也没有,专一注意在小腹中间,自然能够徐徐安定。治昏沉的毛病,应该把念头提起,专注意在鼻头尖端,把精神振作起来。大概说来,人们因为白天劳累的缘故,夜里入座,就容易昏沉;早上起来入座,因为夜里睡眠已足,就不至于昏沉了。

(1)静坐的原理

①静字的意思

地球一刻不息在那里转动。我们人类在地球上面,比蚂蚁还小得多。跟着地球去动,自己一点不知道:但自己无时无刻也在自由行动,即使睡眠时,心脏的跳动,也绝不能停止。这样说来,宇宙间充满动力,哪里有静的时候?所以静与动,不过相对的名称。我们自己身心有动作,与地球的动力相反,这就叫作动,我们自己没有动作,与地球的动力适应,这就叫作静。

人们在劳动以后,必须加以休息。譬如厂中劳动的工人,劳动多少时间,必有休息时间;在学校从事脑力劳动的教师,教学五十分钟,也必休息十分钟,这休息就是静。不过这种静,不是身心一致的,有时身体虽然休息,心中恰在胡思乱想,所以不能收到静字的真正效验。

素有修养的人,身心清静,没有一点私意夹在里面。

②身心的矛盾

人们有身与心两方面,不去反省,也就罢了,若一反省,那么身与心,没有一刻不在矛盾中间。例如做一件坏事,不论是好人、是坏人,在没有做的时候,他们的良心第一念,总知道这事是不应该做的;然身体不服从,良心为欲望所逼迫,就去做

·养生秘笈·

图文珍藏版

了，做后追悔，也来不及了，这就是身心的矛盾。古人说"天理与人欲交战"。若是比较好的人，在没有做的时候，以良心去制止人欲，就是良心战胜人欲，也就是矛盾的调和。这矛盾究竟从哪儿来的呢？因为宇宙间的事事物物，没有一件不是相对的。既然相对，就必定相反。举眼望空间，就有东西、南北、大小、高低、长短、方圆等等；再看时间，就有古今、去来、昼夜、寒暑等等；再看人事，就有苦乐、喜怒、爱憎、是非、善恶、邪正等等。可见我们所处的内外环境，一举一动，没有一处不是相对的，也就没有一件不是矛盾的。矛盾既是对待而有，也就能相反而成。所以素有修养的人，身心清静，没有一点私意夹在里面，碰到矛盾，就能够凭良心的指导，去把它调和，这是静坐最初步的效验。

3. 静坐与生理的关系

（1）神经

静坐能影响全部生理，外而五官四肢，内而五脏六腑，没有一处没有关系；然这里不是讲生理学，未便一一列举，只可就极有关系的神经、血液、呼吸、新陈代谢四种来说说。

向来我们总是把身与心看作两样的东西。自从生理学家巴甫洛夫发明大脑皮层统辖全身内在与外在环境的平衡而起种种反射作用，因外在环境的改变，刺激了感受器，又能影响大脑皮层的活动，因此人类精神与肉体更不是两样的。而是一个有秩序的现象，是统一的、不能分离的。

反射有无条件反射及条件反射两种方式："无条件反射"是先天性的，不学而能的，比较简单的。例如物体接近眼睛的时候，眼睑一定作急闭的反应，鼻孔受刺激引起打喷嚏，喉头受刺激要咳嗽或呕吐，手碰到热汤一定要回缩，这都是无条件反射。

无条件反射决不够应付生活上千变万化的环境，但积聚许多无条件反射，由大脑皮层作用就能前后联系起来成为"条件反射"。例如梅子味酸，吃了口中流涎，是无条件反射；后来看见梅子，不必入口，就能望梅止渴，这是"条件反射"。这样我们对内外一切事物的反应范围就扩大了。

我们的思想日益发展，又有语言文字的第二信号，去代替实际事物的第一信号的刺激，这样条件反射就可达到没有止境的广大范围了。反射具有两种作用：就是"抑制"或"兴奋"作用。神经受刺激，大脑命令全身或局部发生兴奋，兴奋到相当程度，又能发生抑制作用。

那么静坐与神经有什么关系呢？大脑反射，在我们习惯上说起来，就是妄念，妄念一生一灭，没有停止的时候，容易扰乱，非但叫心理不能安静，并且影响到身体。例如做一件秘密事体,偶然为人揭穿,必然面红耳赤;又如碰到意外惊恐,颜面必现青白色,这就是情绪影响到血管。盖惭愧时动脉管必舒张,惊恐时静脉管必舒张的缘故。又如愉快时则食欲容易增进,悲哀时虽见食物也吃不进,这是情绪影响胃肠机能的缘故。这种例子很多,所以我们必须让精神宁静,反射作用正常,使植物性神经系统两种功能对抗的平衡,庶几身心容易达到一致。然妄念实是最难控制的,唯有从静坐下手,反复练习,久而久之,可以统一全体,听我指挥。古人说:"天君泰然,百体从令。"就是此意,可见静坐与神经的关系是非常密切的。

(2)血液

血液是人们生活的根源,循环全身,没有一刻停止。这个循环系统,包括心脏与血管两大部分。心脏是中心机关,身体各部分的红色血液(动脉血)都从心脏输出,同时各部分紫色血液(静脉血)也都回归到心脏。血管是输送血液的管道,输送血液到身体各部分的叫动脉管,输送血液回归心脏的叫静脉管。这血液循环的工作,在保持全体血流的均衡,叫各部分的活动配合总体的要求而发展,所以循环的工作也随时跟着全体活动而变异。当身体某一部分活动特别强烈时,这一部分的血液循环特别旺盛,以集中多量血液。如饱食时,胃部血液比较的集中,运动后则四肢充血,反之,在活动较少部分,则血液的容积也就较少。这样在一健康身体的各部分,于一定时间内所得到的血量,既不缺乏,也不过多,方能保持正常的循环工作。

血液所以能够周流全身,继续不停,固然是靠心脏与血管有舒张及收缩性,但必在一个总的领导之下,方能没有偏颇的弊病。担负这个领导的就是中枢神经,尤其是大脑皮层。巴甫洛夫说:"从脑脊髓传至心脏与血管的神经,一为兴奋性,一为抑制性,前者令心动加速,血管口径缩小;后者令心动变弱变慢,血管口径弛张。这两种作用维持着一定的交互关系,使循环系的活动能够得到调节。"

静坐能使中枢神经宁静,完全它的指挥功能,使血液循环优良,呼吸调整,帮助新陈代谢作用,这效力是极大的。

血液循环一有停滞就会生病,所以不论中、西医生诊病时,必先指按脉搏。血液停滞,有内在的原因及外来的原因。

①内在的原因

内脏虽统辖于中枢神经,受脊髓神经及植物性神经(交感和副交感神经)的支配,与大脑是间接的,疾病潜伏时期,引起异常反射,血行也不正常;

常人全身血量,大半储于腹部,腹部筋肉柔软无力,有时不能把血尽量逼出去,以致多所郁积,使其他各部失调;

内脏器官,我们不能随意直接指挥它,血液如有迟滞,非但不知不觉,就是知道了,也只有到疾病发作时请教医生,自己别无办法;

心脏跳动,对于动脉管的发血,接近而有力,至于静脉管的血,从头部四肢回入心脏时候,距离心脏跳动较远,力量较弱,比较容易停留在腹部。

②外在的原因

由于寒暑、感冒、外伤等物理的和化学的刺激,使血液循环失调。更为显而易见。

静坐的功夫,把全身重心安定在小腹。练习日久,小腹筋肉富有弹力,就能逼出局部淤血,返归心脏,并且内脏的感觉渐渐灵敏,偶有失调,可以预先知道,因此血液循环十分优良。自然不易生病。这种医疗预防法,比较在疾病发生后再去求治其功效是不可以比拟的。

(3)呼吸

呼吸对于人们的生活机能,关系十分重要。人们都知道饮食所以维持生命,不饮不食,就要饥渴以至死亡;殊不知呼吸比饮食更加重要,人们若断食,可挨到七天尚不至死,倘一旦闭塞口鼻,断了呼吸,恐怕不到半小时就要死的,这是呼吸比饮食重要的证据。人们要得饮食,必需金钱,要得金钱,必须靠劳动,至于呼吸,可在大气中随时取得,不费一些劳力及金钱,所以常人只知饮食的重要,不知呼吸的重要,原因就在这里。

静坐的功夫,把全身重心安定在小腹。

人体活动所需要的能量与热量,主要来源是食物的氧化,胃脏好比机器的锅炉,食物消化好比锅炉的燃烧。物理学的公例,燃烧必需氧气,燃烧以后必产生二氧化碳(旧称碳酸气),氧化过程所需要的氧气与产生的二氧化碳都是来自大气中,回到空气中的。这种身体内外气体交换的过程,总称为呼吸。氧气吸入时系先到肺部,由肺部转到心脏,使静脉血变为动脉血,依动脉管的输运而分布于身体各部,然后脱离血管而入于组织,以供细胞的利用;细胞所产生的是二氧化碳,这气有毒,必须排除,就循相反的路径,由静脉管的输运回到心脏,由肺达口鼻,向外呼出。气体出入肺脏,主要依靠胸部肌肉及膈肌(横膈膜)的运动,总称为呼吸运动。这运动日夜不停,终生没有休息(照实说来,心脏一跳一停,呼吸的一出一入,中间也有极短的休息),所以能够做到这一点,全由于中枢神经的指挥,而达到气体出入的平衡。

呼吸运动:当吸气时,空气从鼻孔经咽喉而至气管,然后由支气管及小支气管而入肺部;当呼气时,肺泡中的气仍由原路而出。肺分左右两部,左肺两叶,右肺三叶,生理学者估计人肺全部的肺泡数目,为 7.5 亿个,其总面积在 70 平方米左右,约有 55 平方米的面积具有呼吸功能。这一面积,比起人

人与自然互依共存

们身体表面的总面积来,约大 30 余倍,想不到一个小小胸腔内,竟能容纳那么广大的面积,可见肺的结构之精巧了。

呼吸时气的出入,虽然也有氮气及水蒸气夹杂在内,但无关紧要,主要在吸入氧气,呼出二氧化碳,使静脉管中的紫血变成红血,再输入动脉管,所以血液循环,全靠呼吸运动来帮助。这种循环,约 24 秒钟全身一周,一昼夜 3600 周;人们呼吸次数,一昼夜 2 万余次,所吸清气,共 380 余立方尺。每人体中血液平均以二升五合计算,它所澄清的血液,有 1.5 万余斤。这种伟大的工作,人们通常竟不能觉知,真是奇妙。

一呼一吸叫"一息",人们生命寄托在此,一口气不来,便要死亡。静坐功夫,正对这生命本源下手。古往今来,无论卫生家、宗教家,均要练习呼吸,初步入门是这个,练到成功,也离不了这个。

(4)新陈代谢

新陈代谢是一切有生命的物体所共有的特性,乃是生命活动的基本特征,也是生物与非生物最重要区别的所在。进化到了人类,新陈代谢更是最基本的生理活动。只是人类的身体结构,已变得极端复杂,新陈代谢所需要的养料与氧气,都必需经过一套极复杂的过程,方才到达于组织;而组织中的新陈代谢所产生的废物,

也必须经过极复杂的过程,方能输出于体外。人体排泄的废物,也不外乎固体、液体、气体三种。固体、液体,从大小便及皮肤汗孔排出,气体则由肺部及口鼻排出,而以气体尤为重要。上文所举的血液循环及呼吸,就是完成新陈代谢的辅助活动,而中枢神经系统更是保证新陈代谢作用在各种过程能够顺利进行所必需。

新陈代谢过程分为两方面:一是组织代谢,包括身体组织的建设与修补及能量原料的储藏,未成年的人发育没有完全,建设方面多,已成年的人发育完全,则修补方面多。二是分解代谢,包括组织的分解及能量原料的分解,无论哪一种分解,都要产生动能、热能。热能产生后,一部分用来维持体温,多余的就迅速放散于体外。这样说来,新陈代谢的过程,它包括两种相连续而不可分的步骤:一是组织或养料的合成与分解,二是能量的产生与利用及放散。这新陈代谢,使我们全身的细胞,旧的时时刻刻在分解,新的时时刻刻在产生。据生理学者估计,一个人的细胞,不断地在那里更换,经历七个年头,实际上已经另换了一个身体。我们只要对镜看看自己的面孔,青年与幼年不一样,中年与青年又不一样,至老年更不一样,就可证明新陈代谢暗中在更换我们的身体,我们却一点不知道,真太呆了。

静坐能使中枢神经宁静,完全靠它的指挥功能,使血液循环优良,呼吸调整,帮助新陈代谢作用,这效力是极大的。

(四)静坐前后的调和功夫

1.调饮食

人身譬如机器,机器转动必须加油加煤,人身运动就必须饮食。饮食先经过口腔的咀嚼,与唾沫混和,再由胃液的消化变为糜粥状,转入小肠,所有各种食物,必须在小肠里消化完毕,方变成乳状的养分,入于血液,以供全身的利用,可知饮食与生命有重大关系。然吃的东西若过多,胃肠不能尽量消化、吸收,反要把未消化的余物排泄于体外,叫胃肠加倍工作,结果必致气急身满,静坐不得安宁;又吃的东西若太少,就有营养不足,身体衰弱的顾虑,也于静坐不相宜,所以饮食必需调匀。我们的习惯,总喜欢多吃,最不相宜。应该在进食以后,略有饱感,就即停止。古人说:"体欲常劳,食欲常少。"这句话极有意味。又食物不宜过于厚味,能够蔬食更好。凡在吃饱的时候,不宜静坐,通常要在食后经过两小时,方可入座,早晨起来,盥洗以后,但饮开水,空腹入座,也最适宜。

2.调睡眠

人们劳力、劳心以后,必须有休息的时间,以恢复其体力,睡眠乃是最长久的休息。常人以睡眠8小时为度,过多就叫精神困昧,于静坐极不相宜,过少则体力没有完全恢复,心境虚恍,也对静坐不宜。所以睡眠必须有定时,有节制,常常教神志保持清明，方才可以入座。每夕入睡前，可在床上入座，或者半夜睡醒后，起身入座；入座后，如觉得睡眠还不足，就再睡一下也可。总之，睡眠不可过多，也不可过少，方为合理。

3.调身

端正身体的姿势，叫作调身。调身于座前、坐时、坐后，都要注意。身体的动作，有行、住、坐、卧四种威仪。修静的人，平常行住进退，必须极其安详，不可有粗暴举动；举动若粗，则气也随之而粗，心意轻浮，必定难于入静。所以在座前，应预先把它调和，这是坐前调身的方法；到入座时，或在床上，或在特制的坐凳上，须要解衣宽带，从容入座。

古人说："体欲常劳，食欲常少。"

先安置两脚，若用趺坐（双盘）就把左脚小腿曲加右股上面，令左脚掌略与右股齐，再把右脚小腿牵上，曲加于左股，使两脚底向上，这时两股交叉呈三角形，两膝盖必紧着于褥，全身筋肉，好像张弓，不致前后左右欹斜，乃是最正确的姿势。

然年龄稍长的人恐学不来，则可改用半趺（半盘），单以左脚小腿曲置右股上，不必再把右脚小腿牵加于左股上面。

更有单盘也不能做到，可把两小腿向后交叉于两股的下面也可。

次要安置两手，把右掌的背叠在左掌上面，贴近小腹，轻放在腿上。然后把身体左右摇动7~8次，就端正其身，脊骨勿挺勿曲，头颈也要端正，令鼻与脐如垂直线相对，不低不昂。开口吐腹中秽气，吐毕，把舌头抵上腭，由口鼻徐徐吸入清气3~7次，多寡听人的便，于是闭口，唇齿相着，舌仍旧抵上腭，再轻闭两眼，正身端正，兀然不动，坐久若微觉身体或有俯仰斜曲，应随时轻轻矫正，这是坐时调身的方法。

坐毕以后。应开口吐气10数次，令身中热气外散，然后慢慢的摇动身体，再动肩胛及头颈，再慢慢舒放两手两脚；再以两大指背，互相摩擦生热以后，擦两眼皮，然后开眼，再擦鼻头两侧，再以两手掌相搓令热，擦两耳轮，再周遍抚摩头部以及胸腹、背部、手臂、足腿，至足心而止。坐时血脉流通，身热发汗，应等待汗干以后，方可随意动作，这是坐后调身的方法。

4.调息

身体的动作,有行,住,坐,卧四种威仪。修静的人,平常行住进退,必须极其安详,不可有粗暴举动;举动若粗,则气也随之而粗,心意轻浮,必定难于入静。

鼻中气体出入,入名为吸,出名为呼,一呼一吸为一息。静坐入手最重要功夫,就在调息。呼吸有四种相:

①喉头呼吸:普通的人,不知卫生,呼吸短而且浅,仅仅在喉头出入,不能尽肺叶张缩的量,因此达不到彻底吸氧吐碳的功用,血液循环不能优良。

②胸式呼吸:这比较前面稍好,气体出入能够达到胸部,充满肺叶,体操时的呼吸运动,就做到这地步。然以上两种仍不能算作调息。

③腹式呼吸:一呼一吸,气体能够达到小腹。在吸气对,空气入肺,充满周遍,肺底舒张,把膈肌压下,这时胸部空松,腹部外凸,又呼气时,腹部紧缩,膈肌被推而上,紧抵肺部,使肺中浊气尽量外散,这方是静坐的调息。学者应该注意,呼吸时丝毫不可用力,要使鼻息出入极轻极细渐渐深长自然到达腹部,连自己耳朵也不闻鼻息出入的声音,方是调息。

④体呼吸:静坐功夫,年深月久,呼吸深细,一出一入,自己不觉不知,好像入于无呼无吸的状态,虽然有呼吸器官,若无所用之,而气息仿佛从全身毛孔出入,到这地步,乃达到调息的极功。

学者在平常时候,应该注意鼻息出入,不可粗浅,宜从喉胸而渐达腹部,是为坐前调息的方法。在入座时,息不调和,心就不定,所以必使呼吸极缓极轻,长短均匀;也可用数息法,或数出息,或数入息,从第一息数至第十,然后再从第一息数起,若末数至十心想他事,以至中断,就再从第一息数起;反复练习,久久纯熟,自然息息调和,这是坐时调息的方法。

因调息的缘故,血液流通,周身温热,在座毕时,应该开口吐气,必待体中温热低减,回复平常状态后,方可随意动作,这是坐后调息的方法。

5.调心

人们自有生以来,就是妄念用事,念念生灭不停,所谓意马心猿,最不容易调伏。静坐的究竟功夫,就在能否调伏妄心。人们在四项威仪中,未入座时,除卧以外,就是行与住,应该先对这两项威仪常常检点,一言一动,总须把心意放在腔子里,勿令驰散,久久自然容易调伏,这是坐前调心的方法。

至于入座时,每有两种心象:一是心中散乱,支持不定;二是心中昏沉,容易瞌睡。大凡初学坐的人,每患散乱,练习稍久,妄念减少,就容易昏沉,这是用功人的通病。

治散乱的病,应当一切放下,看我的躯体也是外物,不去睬它,专心一念存想小腹中间,自然能够徐徐安定。

治昏沉的毛病,可把这心提起,注意鼻端,使精神振作。大抵晚间静坐,因白天劳倦,易入昏沉,早晨入座,就可避免。又可用前面数息方法,从一到十,

治散乱的病,应当一切放下,看我的躯体也是外物,不去睬它,专心一念存想小腹中间,自然能够徐徐安定。

数得不乱,久久习熟,心与息相依。则散乱昏沉两病,都可避免,这是坐时调心的方法。

坐毕以后,也要随时留意,勿再胡思乱想。这是坐后调心的方法。

以上调身、调息、调心三法,实际上是同时并用,为文字记述便利起见,乃分作三节,读者应该善于领会,切勿逐节分割去做。

(五)止观法门

静坐时候,身体四肢,安放妥当,呼吸调匀,只是这个心,最难调伏。人们的心,一向是追逐外物,如今要把它收回来,放在腔子里,真不是容易的事体,这时应该耐心练习"止观"法门。学者对前面的调和功夫,做得有点成效以后,应进一步学习

止观。就是调和功夫没有得到成效，一直学习止观也是可以的。

止是停止，把我们的妄心停止下来。妄心好比猿猴，一刻不停，怎样下手呢？我们要猿猴停止活动，只有把它系缚在木桩上面，它就不能乱跳了。

（1）修止的第一步。叫"系缘止"。

妄心的活动，必定有个对象，不是想一件事体，就是想一样东西，这依附的事物，叫作缘。妄心忽想甲，忽想乙，忽想丙、丁等等，叫作攀缘。我们把这个心念系在一处，比如把锁住猿猴，所以叫作系缘止。

这个止法有好几种，今就通常适用的举出两种：

①系心鼻端：把一切妄想抛开，专心注视鼻端，息出息入，入不见它从哪里来，出不见它从哪里去，久而久之，妄心就慢慢地安定下来。

学静坐的人，起初是心思散乱，把持不住。这叫作散乱，
散乱是心向上浮，治散乱的办法，就要用止。

②系心脐下：人们全身的重心在小腹，把心系在这个地方，最为稳妥。这时应该想鼻中出入的息像一条垂直的线，从鼻孔喉管笔直通至小腹。久后不但妄心渐停，并且可以帮助调息功夫。

（2）学习系缘止，稍微有点纯熟，就可进修"制心止"。什么是制心止呢？前说的系缘止是就心的对象方面下手，今制心止是从心的本体上下手。就是看清我们心中念头起处，随时制止它，断除它的攀缘。这比系缘止更为细密，是由粗入细，由浅入深的功夫。

（3）再进一步，要修"体真止"，更比制心止为高。前面两法，还是修止的预备工作,这法乃是真正的修止。什么叫作体真止呢? 体是体会,真是真实,仔细体会心中所想的事物,倏忽即已过去,都是虚妄,了无实在,心中不去取着,洞然虚空,所有妄想颠倒,不必有意去制它,自然止息。没有虚妄,就是真实,心止于此,故叫它"体真止"。至于修体真止的方法,应该在静坐时候,闭目反观自我的身体,自幼而壮、而老、而死,细胞的新陈代谢、刻刻变迁、刹那不停、完全虚假,并没有实在的我可以把握得住。又反观我的心念,念念迁流,过去的念已谢,现在的念不停,未来的念没到,究竟可以把住哪一个念为我们的心呢? 可见妄心一生一灭,都是虚妄不实,久久纯熟,妄心自然会停止,妄心停止,那就是真实境界。

(4)学静坐的人。起初是心思散乱,把持不住,这叫作散乱。散乱是心向上浮,治散乱的办法,就要用止。止而又止,心思渐渐收束,不知不觉,坐下不久,又要打瞌睡,这叫作昏沉,治昏沉的办法,就要用观。观不是向外观,是闭目反观自心,也有三种,其一叫空观,观宇宙中间一切一切的事物,大至世界山河,小至我的身心,都刻刻在那里变化,没有丝毫实在,都是空的。提起这心,观这空相,叫作"空观"。

观空时不去执着空,观假不去执着假,离开假两边,心中无依无着,洞然光明,这叫作"中观"。

(5)空观练习稍久,入座后再看这心。念头起处,每一念头必有一种对象,对象不是一事,就是一物。世间的事物,都是内因外缘凑合而成,今姑举一例:譬如五谷种子能够生芽,是内因,水土能够养育种子,是外缘,若把种子藏在仓里,不去播种,就永不能够生芽,因为只有内因,缺乏外缘,因缘不凑合之故。又如有田土,有水利,你若不去下种,也永不能够生芽,因为只有外缘,缺乏内因,因缘也不凑合之故。凡世间的事物,都是因缘凑合即生,因缘分散即灭,我们心中念头的起落,也是这等假象,丝毫不可执着,如此观察,叫作"假观"。

(6)从相对方面看来。空观是属于无的一边,假观是属于有的一边。功夫到此地步,还不算完全,应该再为精进。观空时不去执着空,观假不去执着假,离开空假两边。心中无依无着,洞然光明,这叫作"中观"。

上述止观法门,表面好像有些区别,实则不过在修持时候,心的运用方向,或有时偏于止,或有时偏于观罢了。照实说来,就是念念归一为"止",了了分明为"观",止时决不能离开了观,观时也决不能离开了止。学者切勿拘泥文学,应该随时活用为要。

(六)六妙法门

上文所讲的调和功夫,虽然把调身、调息、调心三者并说,仍偏重在身的方面。止观法门,则偏重在心的方面。"六妙"法门,则着重在息的方面。息是生命的本源,假如一口气不来。那时身体便是一个死物,神经不再有反射作用,心也死了,生命就此完结。唯有依靠这息,把身心两者联结起来,方能维持这个生命。鼻孔气体的出入,就依靠这个息,我们肉眼虽然看不见气体,而气体确是有形质的,有形质就是物,既是物,那就属于身体的一部分。我们知道息有出入,能够知道的就是心,它属于精神的一部分,可见这息所以能够联结身心,就因为它的本身也是身心一部分的缘故。

六妙法门专教人在这个息上用功,是静坐彻始彻终的方法。学者修习止观以后,进修这法固然可以,就是没有修习止观,一直学这法门,当然也是可以的。

六妙门有六个名称:一数、二随、三止、四观、五还、六净。

(1)什么叫数呢? 就是数息。数有两种:

①修数:学者入座后,应先调和气息,不涩不滑,极其安详,徐徐而数,从一数至十,或数入息,或数出息,听各人的便,但不应出入都数。心注在数,勿令驰散,若数不到十,心忽他想,应该赶速收回,从一重新数起,这叫"修数"。

②证数:数息日久,渐渐纯熟,从一到十,自然不乱,出息入息,极其轻微,这时觉得用不着数,这叫"证数"。

(2)此后应该舍数修随。随也有两种:

①修随:舍掉前面数法,一心跟随息的出入,心随于息,息也随于心,心息相依,绵绵密密,这叫"修随"。

②证随:心既渐细,觉息的长短,可以遍身毛孔出入,意境寂然凝静,这叫"证随"。

久而久之,又觉得随息还是嫌粗,应该舍随修止。

(3)止也有两种:

①修止:不去随息,把一个心,若有意,若无意,止于鼻端,这叫作叫"修止"。

②证止:修止以后,忽然觉得身心好像没有,泯然入定,这叫"证止"。

用功到这地步,学者应知定境虽好,必须用心光返照,令它明了,不著呆于止,这时应该修观。

（4）观也有两种：

①修观：这时于定心中细细审视，微细的息出息入，如空中的风，了无实在，这叫"修观"。

②证观：如是观久，心眼开明，彻见息的出入已周遍全身毛孔，这叫"证观"。

此处止、观两法，虽然与上面的止观名字相同，而意义略异，因为上面所说止观是从心下手的，这里的止观是从息下手的。修观既久，应该修还。

（5）还也有两种：

①修还：我们既然用心来观照这息，就有能观的心智，所观的息境。境与智对立，是相对的，不是绝对的，应该还归于心的本源，这叫"修还"。

②证还：这能观的心智是从心生，既从心生，应随心灭，一生一灭，本是幻妄，不是实在。须知心的生灭，好比水上起波，波不是水，波平方见得水的真面目；心的生灭，一如波浪，不是真心。应观真心本自不生，不生故不有，不有故即空，空故无观心，无观心也就没有观境，境智双亡，这叫"证还"。

既证已，尚存一还相，应当舍还修净。

（6）修净也有两种：

①修净：一心清净，不起分别，这叫作"修净"。

②证净：心如止水，妄想全无，真心显露，也不是妄想以外另有个真心，要知返妄就是真，犹如波平就是水一样，这叫"证净"。

以上六妙门，"数"与"随"为前修，"止"与"观"为正修行，"还"与"净"为修行的结果。因此六门中间，以止为主，观只是帮助这个止，教它了了明明，然后能够得到还与净的结果。

止观双修，寂静妙门。

第十四章　古代名人话养生

一、孔子的养生思想

孔子名丘，是春秋末期著名的思想家、教育家。

孔子认为一个完全的人，不仅要有智谋，多才多艺，能清心寡欲，而且还要有能单独与猛虎搏斗的勇敢。他给学生教授的内容有礼、乐、射、御、书、数六门课程，称作六艺。他认为射、御、乐、舞蹈等能锻炼出学生勇敢的意志，健壮的体魄，也能陶冶性情，养成良好的道德。他的门徒子路、子张、公良等都是身材魁伟的勇士。

孔子的教育内容主要是文事，偏重德行，但他不主张埋头苦读书，而不注重休息。也不赞成贪图安逸而不努力工作，而主张有逸有劳，即所谓"张而不弛，文武弗能。弛而不张，文武弗为也。一张一弛文武之道也"。（《礼记》）。《论语》《庄子》《孟子》等书中有不少孔子在课余时间领着学生旅游的记载。他认为，有知识有道德的人，应该热爱山水、动静自若、陶冶性情，得到快乐和长寿。

孔子

1. 孔子很讲究饮食卫生。《论语》记载了"食不厌精，脍不厌细"，食饮而宜馁肉败不食、色恶不食、不时不食，"肉虽多，不作胜食气"，"沽酒市铺不食"，祭肉不出三日，出三日不食。这些话的意思是霉粮馊饭、烂鱼败肉不能吃，颜色变坏的食物不能吃，席上的肉虽多也不超过自己的饭量。

孔子还重视起居有常，他在回答鲁哀公如何才能长寿的求教时说："寝处不时，饮食不节，逸劳过度者共杀之。"这就是说：凡生活没有规律，饮食不加节制，不注意劳逸结合的人，久之就会积病而死。

孔子青少年时放过羊,经历过穷困生活磨炼,又为宣传他的学说,到处奔波,周游列国多经磨难。但正由于他总结人们生活的实践经验,探索健身之道,积极倡导和参加体育活动,注意饮食起居有常,饮食有节,劳逸有度,才能经得起到处奔波、生活困窘的考验。在医疗保健和生活条件很差的春秋时代,尚能活到 73 岁的高龄,足见孔子是一位很重视体育卫生保健和懂得长寿养生之道的教育家。

2. 孔夫子与精神卫生。孔子的学生患了麻风病,孔子惋惜地说:"是人也,有是疾也"。意思是说,什么样的人,容易患什么样的病。孔夫子此言虽有点主观,但作为教育家、心理学家的孔子,可能已觉察出了疾病与人的性格、体质的关系。

半个世纪来,由于环境卫生、个人卫生的改善,生物性疾病确实减少了,精神卫生和疾病的关系,相对地暴露得更明显。目前,几种主要疾病如心脑血管病、癌症、高血压、肺心病都与精神状态息息相关。其他如溃疡病、神经性皮炎、牛皮癣、糖尿病等,也都与精神卫生密切相关。

孔子说:"君子有三戒:少之时,血气未定,戒之在色;及其壮也,血气方刚,戒之在斗;及其老也,血气既衰,戒之在得。""得"字含有贪得的意思,人到老年,在名利上还竭力追求,得到的往往是苦恼烦闷,甚至是疾病。

孔子欣赏那种清心寡欲的精神状态,对颜回的"一箪食,一瓢饮,在陋巷,人不堪其忧,回也不改其乐"表示称赞,"贤哉,回也"。

孔子反对懒惰,他说:"饱食终日,无所用心,难矣哉!不有博弈者乎,为之,犹贤乎已。"意思是说,宁可下盘棋,也比闲呆着好。

孔子喜欢音乐,在齐国听到韶(一种乐曲名),三月不知肉味。借助音乐陶冶精神,在将近绝粮时,还在"弦歌不衰",饥寒之中也不愁楚。

孔子反对患得患失、怨天尤人的精神状态,提倡心怀坦荡、刚毅坚强。他认为三种有害健康的事是:骄傲自大,游荡忘返,饥食妄淫。三种有益于健康的事是:调节行动,道人之善,交好朋友。

孔子的弟子们说:"子之燕居,申申如也,夭夭如也。"意思是说孔子在家闲居时,生活也很有规律,精神安乐舒畅。

孔子对自己的评价是:"发愤忘食,乐而忘忧,不知老之将至。"由此看来,孔夫子是个不知发愁的好老头儿。

不论后世对孔子评价如何,孔子能在一生忧患之中,做出伟大业绩,靠的是精神支柱,他的许多富有哲理的言论,也无疑会对今人提供有益的启示。

二、曹操养生诗

神龟虽寿,犹有竟时;腾蛇乘雾,终为土灰。

老骥伏枥,志在千里;烈士暮年,壮心不已。

盈缩之期,不但在天;养怡之福,可得永年。

幸甚至哉! 歌以咏志。

这是魏武帝曹操脍炙人口的言志诗。诗中既展现了曹操垂暮之年那种积极进取、壮志不衰的雄风和豪迈超脱的胸襟,也集中地体现了他的养生学思想及其对生老病死的所持的科学态度。

历史上的皇帝虽贵为"天子",但面对死亡的阴影都很害怕,秦皇、汉武、唐宗、宋祖等君主,都曾做过"不死梦",迷恋着长生不老,由此而流传不少轶闻。唯有曹操面对人生,对于死持旷达精神。连龟蛇一类的灵物尚且有一生命的极限,何况于人?因此,曹操对生与死持乐观态度,又从"盈缩之期,不但在天,养怡之福,可得永年",认为人的寿命并不完全听天安排,既取决于先天的禀赋和素质,更重要的是依靠后天的积极调摄和保养。他认为只要有恰当

曹操

的养生之道,就可以活到高龄。唯其如是,曹操在那烽烟四起、东征西战的戎马倥偬生涯中竟活了 66 岁,这显然与他的养生之道分不开。

三、嵇康的养生论

嵇康,魏时竹林七贤之一。他除文学著作外,著有《养生论》《答难养生论》等。他在《答难养生论》中倡导精神上的"大和"(认大和为至乐,则荣华不足钦也),生活上的"恬淡"(认恬淡为至味,则酒色不足饮也)。嵇康,字叔夜,谯郡铚(今安徽

宿县西南）人，与魏宗室通婚，官中散大夫，世称嵇中散，但崇尚老子和庄子，讲求养生服食之道，对后世影响颇大。

据《魏氏春秋》记载，嵇康与阮籍、山涛、向秀、阮成（阮籍之侄）、王戎、刘伶等互相友善，常结伴游乐于竹林之中，故号称"竹林七贤"。在七贤中，以嵇康和阮籍的声望最高，故常以嵇阮齐名。《晋书·嵇康传》说："康早孤，有奇才，远迈不群，身长七尺八寸，美词气，有风仪，而土木形骸，不自藻饰。"人以为"龙章凤姿，天质自然，恬静寡欲，含垢匿瑕，宽简有大量，学不师受，博览无不该通，长好老、庄……常修养性服食之事，弹琴咏诗，自足于怀"。由此可知，嵇康性格孤傲，胸怀开朗，天资聪颖，学识渊博，不修边幅。十分洒脱，可以说是一个放荡不羁的人。因受钟会诬陷而被司马昭杀害，年仅 39 岁。

嵇康在"颐性养性"方面有精辟的论述，除了《养生论》《答难养生论》等专著外，他的诗歌、书信及其他论文中，对摄生保健亦多有涉及。

在《答难养生论》中，嵇康提出了"养生有五难"的著名论断。他说："养生有五难：名利不灭，此一难也；喜怒不除，此二难也；声色不去，此三难也；滋味不绝，此四难也；神虑转发，此五难也。五者必存，虽心希难老；口诵至言，咀嚼英华，呼吸太阳，不能不回其揉，不夭其年也。五者无于胸中，则信顺日济。玄德日全，不祈喜而有福，不求寿而自延，此养生大理之所效也。"这段话的核心是要除去妨碍养生的五种有害因素，认为五者不除，即使经常，食灵丹妙药和操练气功导引也是枉然，始终无法避免夭折短命。倘若能够除掉五者，就会事半功倍，

棋趣

自然可以延年益寿。可见，养生的关键在于去害存利。

在养生的五难中，嵇康认为首先必须除去名利思想，解除精神负担，使人的情志尽可能洒脱一些。他提出，"欲与生不并立，名与身不俱存"，嗜欲和名利思想太重有可能置人于"死地"。他又提出"富贵多残"，那些达官贵人和纨绔子弟，为何

中国民俗文化精粹

·养生秘笈·

图文珍藏版

容易病残短命？那是由于嗜欲太多，名利太重，使身心备受损伤所致。乡村山野的农民为何长寿？因为他们经常参加体力劳动，没有嗜欲和名利的干扰，故"形陋体逸，心宽得志"，身心极少受到损伤，所以能够延年益寿。

除去喜怒，保持思想情志的稳定。嵇康提出这一点，确实重要。应当指出，人非草木金石，哪能没有喜怒哀乐。喜怒不可太过，太过则伤人。《黄帝内经》说："大喜伤心，大怒伤肝。"对于大喜大乐特别是狂喜狂乐的危害性，人们往往视而不见，又岂知这些可招病致死，尤其是高血压和心脑血管病患者。《儒林外史》的范进屡试不第，直到52岁才考上举人，当报子来报喜时，他始而不相信，继而狂喜，接着连声高呼："我中了，我中了！"然后口吐白沫，两眼上翻，随即昏倒在地上，不省人事。后来还是他的岳父胡屠夫打了他三记耳光，诳说考取举人的不是他，而是另外一个同名同姓的人，还采取一些急救措施，范进才逐渐清醒过来。

声色不去，这是养生的第三难。所谓声色，主要指色欲。嵇康指出："嗜欲虽出于人，而非道之正，犹木之有蝎，虽木之所生，而非木之宜也，故蝎盛则木朽，欲胜则身枯。"又说，"美色伐性"，"酒色令人枯"。

嵇康又说，滋味不绝，这是养生的第四难，甘脆肥浓乃腐肠之药，"厚味腊毒难治"，经常嗜食膏粱厚味，乃致病之阶梯。

嵇康认为，思虑过度是养生的第五难。必须指出，人的头脑是用进废退的，应当经常学习和积极进行思考，才有利于健康。如果长期不学习不思考，反而会使大脑退化，极不利于颐生养寿。当然，用头脑也不能过度。因此，应当保证充足的睡眠，以便消除身心疲劳，使脑力和体力得到充分的恢复。

嵇康又是音乐家，他认为音乐十分有利于养生保健，并以"窦公"为例，说明此人之所以能够活到180岁，主要是由于坚持以"鼓琴和其心志"的缘故。他在《琴赋》中说："余少好音声，长而玩之，以为物有盛衰，而此无变，滋味有厌，而此不倦。可以导养神气，宜和情志，处穷独而不闷者，莫近于音声也。"嵇康从小喜欢音乐，从无厌倦情绪。因为音乐可以怡情养性，解除烦恼忧闷，使身体健康。他有一诗云，"弹琴咏诗，聊以志情"，"琴诗自乐，远游可珍"。嵇康甚至临刑之前还要求弹琴。据《世说新语·雅量》记载："嵇中散临刑东市，神气不变，索琴弹之，奏《广陵散》，曲终曰：'袁孝尼尝请学此散，吾靳固不与，《广陵散》于今绝矣。'"这就说明，嵇康曾创作和演奏过一首优美的名曲叫《广陵散》，未能向人传授，终因惨遭杀害而失传。

嵇康倡导内外交养、全面养生的原则，并因之提出了节饮食、戒色欲、避风寒、饮醴泉、服灵芝、沐朝阳、赏音乐等具体养生措施。他在《养生论》中说："其自用甚者,饮食不节,以生百病;好色不倦,以致乏绝;风寒所实,百毒所伤。中道夭于众难……谓之不善持身也……然后蒸以灵芝,润以醴泉,晞以朝阳,绥以五弦。无为自约,体妙心玄,忘欢而后乐足,遗生而后生存。若此以往,庶可与羡门比寿,王乔争年。"

嵇康还把气功锻炼的"呼吸吐纳"看成与"服食养生"属同样重要的防病健身之法。嵇康在《答难养生论》中提出:"富贵多残,伐之者众也;野人多寿,伤之者寡也;今能使目与瞽者同功,口与聩者等味,远害生之具,御性之物,则始可与言性命矣。"

嵇康的气功养生思想,还反映在他如何进行养生实践的态度和认识之中,从他列举的诸多反面教训中可以清楚地看到。他认为,要想使气功养生能够达到预期的目的而受益终身,练功者必须有坚定的信心,并做到防微杜渐,掌握方法,持之以恒。这些是实施养生的要点。

四、药王孙思邈等养生经

唐代药王孙思邈认为:"善养性者,则治未治之病。"只有"安神定志,无欲无求,不慕求浮桑,不患得患失",才能达到养性的目的。

明代龚廷贤编撰的《寿世保元》总结了古代养生之道,其中《摄生三字经》说:"薄滋味,省思虑,节嗜欲,戒喜怒,惜元气,简言语,轻得失,破忧沮。"

《养生七言诗》云:"惜气存精更养神,少思寡欲少劳心;食唯半饱无兼昧,酒至三分莫过频。每把戏言多取笑,常含乐意莫生嗔;炎热变诈都休问,任我逍遥过百春。"

五、武则天养生诀

公元637年,武则天被唐太宗召入宫中,27岁开始健身,终年82岁,是高寿者。她的健身秘诀是"静坐、调养、开朗"六字。

静坐:唐高宗死后,她在深宫,盘膝静坐,每天两次,每次约30分钟。静坐时意念专一,心神安静,姿态静逸,思想凝寂,似睡非睡,似想非想,静若止水,默念数数。

在内守上,意守丹田,意守呼吸,意守涌泉。在外守上,意守青山,意守鲜花,意守浮云。用她的一句话说:静思默坐,超越一切。

调养:她的调养方法有三:一是调整呼吸,使呼吸细微深长,利心肺,易发功;二是调整心神,心静则神聚,神聚则阳生;三是调整形态,形定则真气萌动,排除杂念。腰直则精神舒畅,眼松则光透眼帘,握拳则预防惊吓。

开朗:武则天当了女皇后,有人辱骂她是人间最坏的女人。她的左肃政治御史纪先知为了维护女皇的尊严,对辱骂者当即逮捕,并向女皇建议,先在朝堂召集文武百官,大打数十大板以示教育,后送司法衙门严惩。武则天听后,不仅不同意严惩,反而笑了笑说:"只要文武百官守法清正,哪怕人家胡说八道,不抓也不惩。"武则天如此胸襟开朗,度量宏大,是她延寿的主要原因。

武则天

六、唐代诗人多高寿

诗人张浑和白居易74岁,刘真82岁,吉皎86岁,胡果89岁,僧如满96岁,李元爽136岁。他们鹤发童颜,笑声朗朗。高寿诗人还有刘禹锡、杨巨源、罗隐,均在70岁以上,秦系、贯休、吴竟、贺知章达80至96岁。

唐代诗人为何高寿呢?其中的奥秘是什么呢?原来这些高寿诗人大都心胸开阔,性情豁达,不为小事而斤斤计较,尽管他们白发满头,年事已高,但一颗童心犹在。有些诗人,不求荣华富贵,生活相当节俭朴素。他们除平日作诗外,大多有广泛的业余爱好,有的临溪垂钓,养心安神;有的驾车出游,在大自然中陶冶性情;有的栽药种花,寻求雅兴;有的抚琴舞剑,修养身心。

七、陆游的养生之道

陆游是位大诗人,通医,尤擅养生。陆游生长在兵荒马乱、饥荒不断的动荡年代,一生戎马倥偬,坎坷不平,尝自谓:"禀赋本不强,四十已遽衰,药裹不离手,对酒盘无梨。"然而,由于他养生得法,至古稀之年,耳不聋,眼不花,尚能登山、荷锄。

陆游享年86岁,是我国古代诗坛寿命最长的诗人之一。他诗作颇多,其中不少是健身养生诗。

"食粥"。诗人一生视食粥为养生之妙品,诗云:"世人个个学长年,不悟长年在目前。我得宛丘平易法,只将食粥致神仙。"

"种花"。诗人察此为老翁童心之举。诗云:"荟兰移取遍中林,余地何妨种玉簪,更乞两丛香百里,老翁七十尚童心。"

"扫地"。诗人为赞"扫地"写了一首诗:"一帚常在傍,有暇即扫地。既省课童奴,亦以平血气。按摩与导引,虽善亦多事。不如扫地去,延年直差易。"

陆游

"闲嬉"。老年空闲,闲时寻嬉,常动小劳,活跃身心。诗云:"整书拂几当闲嬉,时取曾孙竹马骑。故放小劳君会否,户栓流水即吾师。"

陆游调节情志的方法也挺特别,颇有"书卷气"。一谓赏梅怡情。陆游爱梅成癖似林逋,作《梅花绝句》云:"闻道梅花诉晓风,雪堆遍满四山中。何方可化身千亿,一树梅前一放翁。"二谓读书忘忧。陆游自称"儿时爱书百事废,饭冷千呼呼不来"(《初归杂咏》)。77岁时仍"读书犹自力,爱日似儿时"(《自勉》)。80岁时作《读书至夜分感叹有赋》云:"老人世间百念衰,惟好古书心未移。断碑残刻亦在椟,时时取玩忘朝饥。"读书忘忧,堪称颜回第二。陆游的长寿确实从赏梅和读书中获得了良好的心里安慰和心里寄托,无疑对养生是大有裨益的。现在医家研究发现,心里安慰并不是假想的虚无疗法,是有物质基础的,即人在得到安慰时,体内可产生一种结构与真吗啡相近的化学物质——"内生吗啡",从而对人体产生有益的调节作用。

野 兴

养生有妙理,省事与寡言。

与此能力守,众说皆其藩。

扰扰斫汝本,哓哓伤汝魂;

[说明]　陆游在这首诗中集中强调指出"省事与寡言"是养生的妙理。诗中说：养生所具有的妙理，关键在于明白事理不妄言说，如果能力守此道，各种妄说都该摒除了。扰扰不休就会伤害你生命的根本，晓晓不止就会伤害你的魂魄，重要的是把这些都置之度外，以真元之气深入体内，周身流畅，连脚跟也自然会温暖了。

"省事与寡言"看似简单，做起来颇不容易。所谓省事就是在养生问题上明白应该做什么，不应该做什么。无论是起居、睡卧，还是饮食、衣着；无论是居处、房帏，还是劳作、休息，都应知其节度，明其理义，而不能任意妄为。所谓寡言就是善于保养精神，惜气省语，就是要心中清静安稳。古人认为神清则骨老，多情则早衰。神在于养，情在于节。《养心录集要》曰："见理既明，嗜欲自寡；嗜欲既寡，见理自明。"省事明理与寡言静养是互相联系、互为因果的。只要抓住了这两个问题，就抓住了养生的根本，就会做到如诗中所说"息深踵自温"。

陆游一生写诗近万首，既是位高产作家，还是诗人中寿星。在兵荒马乱的年代，竟活了86岁。陆游善养生，其中有一条就是临睡之时用热水洗脚。82岁时，他有首诗就是讲热水洗脚的，我们不妨称之为"洗脚诗"。诗云："老人不复事农桑，点数鸡豚亦未忘，洗脚上床真一快，稚孙渐长鲜烧汤。"耄耋之年的陆游居住在故乡鉴湖旁的山村里，仍干一些力所能及的家务劳动，活动筋骨。他坚持在睡前做一些保健活动，如用热水洗脚。以现代医学的观点来看，脚与人体健康是息息相关的，尤其与呼吸道关系密切。当脚表温度下降到15摄氏度时，人就会着凉。这时，上呼吸道粘膜毛细血管便会随之发生收缩，使纤毛摆动减慢，抵抗力下降，潜伏在鼻咽部的病毒、细菌便乘虚而入，引起感冒、气管炎等，也有引起腰腹腿部疼痛及妇科病、消化障碍等。故日本人将脚掌称之为"第二心脏"。在我国医学理论中，人的脚掌是人的窗口，五脏六腑都在这里有相应的穴位。脚是三阴经的起始点，又是三阳经酌终止点，用针灸刺激脚部穴位，即可治疗人的全身疾病。民间亦有"头寒脚暖，四季平安"的说法。有医诀说："春天洗脚，升阳固脱；夏天洗脚，暑湿可却；秋天洗脚，肺润肠濡；冬天洗脚，丹田温灼。"老年人养生，不必尽依赖参茸归芪诸多补品，临睡前热水洗脚，使双足温暖，便是一种柔情的按摩，能起刺激穴位、舒经活络、气血通畅的作用，从而促进新陈代谢，增强脏腑的功能，达到防治杂病、延年益寿的功效。天天洗脚，延缓衰老；睡前洗脚，一副补药。

八、苏轼的养生观

　　苏轼是我国历史上享有盛名的文坛巨匠,他对医学也颇有研究。尤其可贵的是,他既把所研习的医学知识用来"独善其身",还推己及人,为民众健康服务,常通过各种途径宣传自己的见解和主张。由于深谙养生之道,他在所写的政论文《教战守策》中以人体养生为喻,论证了"知安而不知危,能逸而不能劳"的危险性:"王公贵人所以养其身者,岂不至哉?而其乎居常苦于多疾。至于农夫小民,终岁勤苦而未尝告病,此其故何也?……今王公贵人处于重屋之下,出则乘舆,风则袭裘,雨则御盖,凡所以虑患之具莫不备至,畏之太甚而养之太过,小不如意,则寒暑入之矣。是故善养生者,使之能逸而能劳。"苏轼在花甲之年,被贬到海南岛儋县。途经广州时,见当地饮水不良,人们常患疫疾。这时,他虽身处逆境,仍关心百姓疾苦,毅然写信给广州知州王敏仲,建议用竹筒引山泉入城,王敏仲采纳了他的建议。因路程甚长,日久可能堵塞,于是苏轼提出在每一根竹筒上钻一小孔"以验通塞"。到达儋县后,苏轼看到四邻从山沟污塘汲水饮用,闹肠道病的很多,就和儿子苏过打了一口井,然后向邻居们介绍饮用井水的好处。黎、汉同胞饮到清冽的井水,一时肠道病大减,至今称那口井为"东坡井",以表纪念。当时,儋县地区迷信很盛,凡有人生病,往往找来巫婆神汉,点燃沉香或屠宰耕牛祭祷鬼神,祈求神灵保佑,结果常是人死牛亡,人财两空。苏轼见状很感痛心,为此写了《书柳子厚〈牛赋〉后》,评论这类事,以期引起人们注意。

　　酒是理想的养生药物,被汉代史学家班固誉为"百药之长"。苏东坡适量饮酒,用以养心。他说:"予饮酒终日,不过五合,天下之不能饮,无在予下者。"他通过慢斟浅酌,抒发胸中浩然之气,并排遣屡遭贬谪的愁怀,他形象地把酒喻为"钓诗钩""扫愁帚"。苏东坡善于酿造,喜欢品尝甘美香醇的酒、米酒和果酒,以滋养身体。在黄州,他酿制了叫"绝醇酽"的蜂蜜酒,并赋诗曰:"巧夺天工技已新,酿成玉液长精神,迎客未道无佳物,蜜酒三杯一醉君。"现代营养分析表明,蜂蜜中富含葡萄糖、果糖和酶,易于消化吸收。是滋补益寿的佳品,又是清热、补中、润燥、解毒、止痛的良药。在海南儋县,苏东坡用白面、糯米、清水酿成香浓温和"饮之解渴而不醉人"的真一酒。此外,黄柑酒、葡萄酒、石榴酒、梅酒都是苏东坡爱饮的佳酿。苏东坡还精心酿制,经常饮用药酒,以祛病健体。在惠州,他用木桂、菌桂、牡桂之类药材浸泡成酒。他在《桂酒颂》中博引历代本草和医学家关于"桂"药用功能的论

·养生秘笈·

图文珍藏版

述,确信常喝桂酒能够"御瘴"。他酿制了又能"通治五脏六腑""久服延年轻身"的天门冬酒。此外,苏东坡还常饮罗浮春、竹叶酒、菖蒲酒、莲花酒、桑落酒等低度的养生酒。所以,苏东坡在"食无肉、病无药、居无室、出无友、冬无炭、夏无泉"的艰苦环境中,能够免时疫,拒瘴疠。可见,酒确有通血脉、温脾胃、润肌肤的养生之功。

苏东坡即苏轼,四川眉山人,是北宋时代著名的文学家。好仗义执言,不善逢迎,偏又喜爱舞文弄墨,所以常得罪权贵。42岁后经历最大的挫折,贬官而致逮捕,流放,四起四

苏轼

落,坎坷一生。但他始终对人生抱着积极态度,写诗词4000余首,被称为"乐天才子"。他善于处逆境与对待挫折,终年64岁。东坡养生法宝为"和安"二字。据他与沈括合著的《苏沈良方》记载,一位姓吴的老人给他传授养生诀,其意为一个人处在任何环境(包括自然环境、社会环境)下都要保持心境的安适随和,头脑冷静,才能适应客观外界环境的突然变化,经受得住社会生活事件与打击,以求得身体健康。因为"安则物之感我者轻,和则我之应物者顺,外轻内顺而生理备至"。有次,张先生向他询问长生秘方,他摘取四句话作答:"无事以当贵,早寝以当富,安步以当车,晚食以当肉。"《战国策》有言:"安步,缓行也;晚食,安食也。"苏东坡解释为:"已饥而食,蔬菜有过于八珍";"御食,日珍馐"。东坡的乐观、早睡、散步、晚食的四条八字养生法,很适用于当代中老年人。

苏东坡在总结古代养生法的基础上,还创造了一套保健功——"香泉功"。香泉功是体疗配合调息的功法。包括步息功、卧息功、爬行功和桥功。这四部功法,用之得当,各有一定的医疗作用。

第一部步息功:也叫行息功,是行路与调息合作的功法。通常缓缓步行,配合细微呼吸,达到吐故纳新作用,适用于脑力劳动者。此法练好,能使头脑清新,腰腿灵活,心胸开阔,食欲增加,还能诱导血液下行,循环旺盛。患有高血压、下肢麻痹、腰胯疼痛等症者,可以一试。

第二部卧息功:是卧功与调息合作的功法。也是利用卧功,细听呼吸、诱导入睡的功法,但必须排除杂念,凝神于丹田,方有疗效。卧息的姿势,左侧卧、右侧卧或直向仰卧,任选一种以身体舒适为标准,适宜失眠症的治疗。

第三部爬行功:是锻炼四肢和躯干的全身功法,室内宽大可爬行 3 分钟,室内小即在硬板床面原位模仿爬行 3 分钟,能锻炼四肢、胸肌、腹肌和腰背肌,坚持练之,还有减肥的作用。

第四部桥功:是利用上翘十指,提肛抬臀,来锻炼腰、腹、胯、肛等整体的健身功。坚持练好翘指、缩腹、提肛,可以防治胃下垂、遗精、痔疮与便秘;挺腰抬臀,可防治背痛、腰肌劳损。

上面介绍的四部"香泉功",老人选用一、二、四部,第三部爬行功运动量大,中年胖而壮者可减肥用,老人可量力而行,不要勉强。

九、苏辙与茯苓

苏辙是北宋著名文学家,唐宋八大家之一。他无意仕进,有意养生,故修身养性造诣颇深。苏辙少时多病,夏则脾不胜食,秋则肺不胜寒,而治肺则病脾,治脾则病肺,久服药而不愈,32 岁即病体难支。一次,他在和朋友交谈中得知,练气功、食茯苓可治自己的病。于是,他坚持习练气功,食茯苓,果然一年病愈。他研究茯苓入了迷,经常去松林采集茯苓,细细品尝。他说:"服茯苓可以固形养气,延年益寿,又可安魂魄而定心志。"他认真研究了前人对茯苓的记载,《神农本草经》把茯苓列为上品,并说:"久服安魂养神,不饥延年。"唐代吴融有"千年茯苓带麟光,太华峰头得最珍"之诗句。他写出《服茯苓赋并引》:茯苓,药性平和,善利水湿,既可入药,又可粥食。如与粳米煮粥食,疗效更佳。茯苓粥的做法是:用茯苓粉 15 克,同粳米 50 克同煮粥。

苏辙

十、施肩吾养生论

施肩吾,字希圣,自号栖真子,睦州分水(今浙江桐庐西北)人。他是唐代著名的诗人、道士和气功养生家。施肩吾,青少年时代苦读经书,在唐元和十五年(820年)及第进士,因惧宦海风波,终生不仕,长期隐居于洪州(今江西南昌)云西山(今新建县西,又名南昌山)修道,世称"华阳真人"。著有《养生辨疑诀》《西山群仙会真记》《太白经》《华阳真人秘诀》《黄帝阴符经解》《钟吕传道集》,另有诗集《西山集》十卷存世。施肩吾坚信"学道可长生"。因此,他的座右铭就充分体现了清静无为、恬澹虚无的道家养生思想。施肩吾所撰的座右铭说:"元气真精,能得万形。其聚则有,其散则零。我气内闭,我心长宁。如病得愈,如醉得醒。心安不惧,形劳而不倦。心澹而虚,则阳和集,意躁而欲,则阴气入。心悲则阴集,志乐则阳散,不悲不乐,恬澹无为者,谓之元和。清静无为,不以外物累心,则神全而守固。"施肩吾倡导不及不过,不偏不倚的中和养生法则,施氏将之作了简明的概括:"不欲远唾以损气,不欲疾步以损筋,不欲极视而昏睛,不欲极听而伤肾,不欲久立而伤骨,不欲久卧而伤肉。多睡浊神,频醉散气,多汗损血,力困伤形,奔车走马,乱而神惊,望高而登峻,魄散而魂飞。养形之道,安而不劳,劳而不乏。其气外有所补,内有所益。然后识五行以保全冲和之气,外固内真,两皆得趣,可以长久矣。"这是从日常生活中提炼出来的延年益寿、防病抗衰的养生之道,与我国医学所表述的养生思想是完全一致的。施肩吾为贯彻自己所领悟的道家养生思想,同时也是为加深对气功养生术的实际体验和客观认识,他做了静坐、辟谷等练功实践。他认为,无论静坐还是辟谷,做功时都需"泯思虚",这就是所谓的先修养,再修炼。首先使自己的心湖静如明镜,不能荡漾俗人尘世骚扰的波纹。只有静心顺气,才能"任神庐微",神安志定。通过调神炼气,稳定形神,协调五脏功能,长此以往,则可使"元气自然遍体",渐次臻致"外气不入,内气不出,兀然与天地同体"的上乘境界。施肩吾作为潜心修道的气功养生家,对道家清静无为、恬澹虚无的养生要则作了精妙的阐述,也从日常生活中提炼了一些合乎医理的养生经验。他还身体力行,亲自体验静坐、辟谷等具体功法。

十一、白居易的养生之道

唐代大诗人白居易之所以能活到古稀之年,与他的"形神兼养"的主张和实践是分不开的。白居易提出疾病的"十可却和十不治"。十可却:静坐观空,觉四大原从假合,一也;烦恼现前,以死譬之,二也;常将不如我者巧自宽解,三也;今日忧愁明日,一年常计百年,四也;室人聒噪,耳目尽成荆棘,五也;听信师巫祷赛,广引杀戮的重孽缘,六也;寝兴不适,饮食无度,七也;讳疾忌医,使虚实寒热妄投,八也;多肠汤者,荡涤脾胃,元气渐耗,九也;以死为苦,与六亲眷属常生难割舍之想,十也。白居易的"十可却与十不治",从饮食起居、为人处世、修身养性等方面提出精辟见解,劝告人们生活要淡泊,丢弃名利,重道德修养,轻钱财妄想,形神兼养,以达到延年益寿的目的。白居易不但乐观豁达,又爱栽树、种花、养鱼。他在忠州作刺史时,种了桃、李、柳树。在苏州时种了梅树、莲花等。白居易活到 75 高龄,这与他的善于修德养性有关。

白居易

老年人需要晒太阳,特别在冬天,这样可以多呼吸室外的新鲜空气,也可以多接收来自太阳中紫外线和负离子等有益于人的化合物。只要晒量适当,有心静入神的健身意识,就能取得冬天晒太阳的最大效果。白居易有一首《负冬日》,谈的是他老年时在冬天晒太阳的方法和体会。现抄录如下,诗云:"负冬日,杲杲东日出,照我屋南隅。负暄闭目坐,和风生肌肤。初如饮醇醪,又如蛰者苏,外融百骸畅,中适一念无。旷然志所在,心与虚空俱。"它道出了诗人在晒冬日中高湛的养生修养,诵之使人欲醉,令人神往。

十二、王怀隐与枸杞

　　王怀隐是北宋著名的医学家,专为赵氏皇族看病。他受唐代刘禹锡枸杞诗的影响,研究后深信枸杞的延龄作用。他在《太平圣惠方》中记载一个耐人寻味的故事,有一使者去西河办事,路遇一青年妇女正责打一个八九十岁的老人,使者深感气愤,问女子:"这老者是你何人?"女子说:"是我孙子。"使者又问:"为何打他?"女子道:"我家有良药,他不肯服用,故而责打。"使者问:"你家的药有几种,能否告诉我?"女子答:"药有一种,春名天精,夏名长生草,秋名枸杞子,冬名地骨。按四时采服之,可与天地同寿。"王怀隐自种枸杞树,用枸杞为百姓治病。实验证明,枸杞性平味甘,补肾益精,养肝明目,实为健身良药、滋补佳品。

十三、欧阳修与"五友"为伴

　　欧阳修才华超群,但不得志,由于心情郁闷,患了"幽忧之疾"。为治病,他多方求医不见好转,痛苦至极。为解除苦闷,他下定决心,跟友人孙道滋学琴。欧阳修学琴专心致志,勤学苦练,终日醉心于幽雅动听的琴声之中,怡然自得,身心爽快,不知不觉病已痊愈,康复如初。琴、棋、书、画、诗,素有"五友"之美称,练而习之既陶冶人的情操,还可除杂念,动元气,活筋骨,是很好的健身方法。人生在世,与"五友"为伴,必得长寿。

欧阳修

十四、张介宾养生说

张介宾主张"先养此形以为神明之宅"。他说:"吾所以有大乐者,为吾有形……是可见人之所有者唯吾,吾之所赖者唯形耳……奈人昧养形之道,不以情志伤其府舍之形,则以劳逸其筋骨之形,内形伤则神气为之消靡,外形伤则肢体为之偏废,甚至肌肉尽消,其形可知。其形即败,其命可知。然则善养生者,可不先养此形以为神明之宅,养治病者,可不先治此形以为复兴之基乎?"《景岳全书·治形论》继之提出了"精血即形"的观点。他说:"虽治形之法非止一端,而形以阴言,实精血二字足以尽之。所以,欲却外邪,非从精血不能利而达;欲固中气,非以精血不能蓄而强……脾为五脏之根本,肾为五脏之化源,不以精血,何以使之灌溉?然则精血即形也,形即精血也。"张介宾告诫后人,欲养生长寿,则当节情志,慎劳逸,以养其形。他又着重提到戒酒色以保阴精的问题。他说:"则凡孽由自作而致不可活者犹有六焉……则如酒色财气及功名之累,庸医之言,皆是也。故有困于酒者,但知米泔之味甘,安思曲蘖之性烈,能潜移祸福而人难避也,能大损寿元而人不知也……有困于色者,但图娇艳可爱,而不知倾国之说为何?伐命之说为何?故有因色而病者,则或成劳损,或染秽恶,或相思之失心,或郁结之尽命。"(《景岳全书·天年论》)总之,张介宾的养生思想主要在于认识到防治疾病尤当重视阳气,纠正了当时滥用寒凉功伐之弊。认识到形、精是人的生命之所在,强调养形在于保精。

十五、丘处机养生说

丘处机,又名丘长春,字通密,道号长春子,山东栖霞人,是著名的道教全真派创始人之一。他生于 1148 年,卒于 1227 年,死后葬于北京的白云观处顺堂。道教中人相信经过一定的修炼,人可以返本还原,达到长生久视的境界。丘处机 19 岁弃家求道,独自进仑山的烟霞洞修炼,一年后拜全真教主王重阳为师,先后在今宝鸡西南的溪边、陇州的龙门山隐居修炼 13 年,道成后名声大噪。在全真派创始人王重阳七大弟子中,丘处机的影响最大。他既是道家,也是养生学家,其主要著作有《大丹直指》《摄生消息论》等。1219 年,元太祖成吉思汗命近臣刘仲禄奉诏聘请丘处机。第二年,他偕弟子18人启程北行,历时4年,与成吉思汗相会。成吉思汗问长生久视之道,则告以清心寡欲为要,并大讲"敬天爱民以治国,慈俭清静以修身"的养生之术,颇为成吉思汗赏识,被封为国师,赐号"神仙"。丘处机对养生学颇有研究。他的养生学以"清心寡欲,四时调摄"为要旨,认为人体各方面的生理、病理变化及疾病的发生,无不受自然环境、季节气候等因素的影响。要适应自然环境的变化,就必须在生活方式、思想行动、操练身体等方面与外界协调,才能达到内外环境平衡,起到维护健康、延年益寿的作用。他强调必须掌握"四时调摄,养生治病大旨",对四季调养、精神调养、饮食调整等都做了说明。在四季调养方面,如春季"春阳初升……天气寒暄不一,不可顿去棉衣";夏季炎热,平居檐下、过廊、弄堂、破窗,皆不可纳凉;秋季"秋气燥……禁寒饮并穿寒湿内衣";冬季"宜居处密室,……不可冒触寒风"。他提出四时炼身之法:如春季"宜夜卧及平旦,叩齿三十六通,以固肾气";夏三月,"每日梳头一二百下,自然去风明目";秋三月清晨时,觉醒闭目叩齿二十一下,咽津,以两手搓热熨眼数次"极能明目坚身"等。另外,他对老年人养生有一定研究,认为"高年之人,多有宿疾","人年六十,心气衰弱,言多错忘,目也昏昏然"。老年人更要"法于阴阳,和于术数",以"避风如避箭,避色如避乱,加减逐时衣,少餐申(下午3至5时)后饭"等。

十六、钱乙行善延年

钱乙,字仲阳,北宋著名医学家,曾任太医丞。他积德行善,仁慈惜民。虽体弱多病,仍享82岁高龄。钱乙因自身有病,辞官还乡。他患风湿,全身剧痛,左手不能用。病成这样,他还让人用车子推着,去为穷人治病。钱乙大发恻隐之心,普救生灵之苦,经常抱病行医,自病日重一日,他知道自己病已无法治了,便把亲友招来诀别。他易衣待尽,含笑而终。

十七、忽必烈的长寿经

忽必烈所处的正是中国空前大统一的元代。前朝唐宋,中国的科学文化技术,包括医学在内达到新的高峰。到了元代,中医学、中药学、方剂学、养生学、食疗学以及中成药制作工艺等渐趋完善。

当忽必烈还是藩王时，身边已有两位名医为他服务。一位是阿拉伯医生爱薛，另一位是中国医生许国祯。爱薛，西域弗林（东罗马）人，精通阿拉伯医学。忽必烈上台后不久，便命他掌管西域星历、医药二事务。医药司改为广惠司后，爱薛专门负责御用回族药物的“修制”和配方。许国祯对中医非常精通，治愈庄圣太后的疾病。忽必烈做皇帝后，命他“提点太医院事”，相当于担任太医院院使的职务。从爱薛和许国祯的显赫地位，可以看出忽必烈对他们的信任程度，以及在养生保健和医疗措施方面对忽必烈的深刻影响。

忽必烈

健康和长寿的另一重要条件是科学的养生保健知识和丰富的物质保健。

宫廷饮食讲究营养自不用多说，元代宫廷尤有其特色。唐医学家孙思邈说过，羊肉、人参，乃大补之品。元代宫廷御膳，一天要用六头羊，灾荒年月减为五头。在忽必烈去世后 36 年，由忽思慧整理写成的《饮膳正要》一书中，以羊肉为原料的食疗菜肴点心占很大比重。“聚珍异馔”一节选录的 94 种汤和面食中，以羊肉及其内脏等为原料的有 71 种，占 75.5%。卷二“食疗诸病”的食疗方，含羊肉及其内脏等的也有 11 种。

十八、张从正养生说

张从正研究养生多年，是金元 40 名医之一，善用寒凉之药，妙施攻下之术，起死回生者不计其数。他常同友人麻知几、常仲明研究养生。他们认为，人的一切病因，都是邪气所致，治病应“先论攻其邪，邪去而元气自复”。从正认为，“夫病之一物，非人身素有之也，或自外而入，或由内而生，皆邪气也。邪气加身，当速攻之。邪去正自安。”一次，有位 60 多岁男人腰胯痛，多方求医不愈。无奈，求从正诊治。他用“大承气汤”攻下，病人淤血便下，秽不可近，当即痛减九分。经调理，大病痊愈。病人问从正，你用什么仙丹妙药治好我的病？从正说：世人大都是“闻攻则不悦，闻补则乐之”，你也反对攻下，所以服药前“不敢言是泻药”。实际上，我用了攻下之法。"痛随利减,不利则痛何由去!"此人日后注意用寒凉之剂调养,活了80多岁。

十九、董其昌养生十戒

明代四大书法家之一的董其昌,以自己的切身体验,撰写一则养神妙论,载于《画禅室随笔》一书。他写道:"戒浩饮,浩饮伤神;戒贪色,贪色灭神;戒厚味,厚味昏神;戒饱食,饱食闷神;戒多动,多动乱神;戒多言,多言损神;戒多忧,多忧郁神;戒多思,多思挠神;戒久睡,久睡倦神;戒久读,久读苦神。"这里概括为十戒,包含了人们日常生活中的饮食、起居、睡眠、运动、思想、学习等方面。总的精神是凡事不可过分,要适可而止,所谓"适度是健康之母"。

二十、康熙养生之道

爱新觉罗·玄烨即清圣祖,康熙皇帝。玄烨8岁登极,当了61年的皇帝,他是中国历代封建帝王中在位最久的。由于他善骑耕,重养生,执政期间,一直精力充沛地号令群臣,统治国民。康熙非常喜爱骑射,经常带领人马到南苑等地狩猎。玄烨以骑射为乐。他不但自己喜欢骑射,而且把这一活动立为祖宗家法,教育皇族子弟,自幼练习骑射,锻炼身体,不忘祖宗。康熙喜稼穑,他下旨号令全国各地,有五谷、蔬菜优良品种,要选送皇宫,玄烨要亲自耕种,观其收获。他这样做:一是表示朝廷重视农桑,二是自己坚持农家生活,不忘耕作,以利健身。

二十一、乾隆养生之道

乾隆皇帝是清朝在位久、寿命最长的皇帝。他的长寿秘诀是"吐纳肺腑,活动筋骨,十常四勿,适时进补"。所谓"十常四勿",即齿常叩,津常咽,耳常弹,鼻常揉,睛常运,面常搓,足常摩,腹常施,肢常伸,肛常提;食勿言,卧勿语,饮勿醉,色勿迷。

二十二、清代诗人多长寿

　　清朝诗人多长寿,朱彝尊80岁,沈德潜96岁,王士稹77岁,袁枚81岁,查慎行77岁,赵翼87岁,赵执信82岁,姚翼83岁。他们为何会长寿呢?从养生角度说,这是身动心静的结果。"动以养生,静以养心",这是为生命史证明行之有效的养生法,比较典型的例子是袁枚。他37岁前屡涉仕途,抱负颇高。然官场遭挫,增添了他对腐败官场的厌恶,终于弃官家居。在长达45年的家居生活中,他的主要活动是读书、游历、赋诗和教授弟子。他不饮酒,不赌钱,不流连烟花场所,也不信风水,不求神佛。"岁月花与竹,精神文与诗"是他生活旨趣的写照。他身住随园,但常去苏杭等地造访亲友,与四方名流咏诵唱和。从67岁开始,则遍游名山大川,寄情山水,宠辱皆忘,即使心境散淡愉悦,又使体力得以强健。在袁枚的生活轨迹中"劳筋骨"的训练,使他的体力得以强健,而心境旷达,尘缘渐淡,则是一种真正的超脱和潇洒。

二十三、郑板桥养生趣谈

　　清代书法家、文学家郑板桥,在自己60寿辰时写了一副楹联,上联为:"常如作客,何问康宁?但使囊有余钱,瓶有余酿,瓮有余粮,取数叶赏心旧纸,放浪吟哦;兴要阔,皮要顽,五官灵动胜千官,达到六旬犹少。"下联为:"定欲成仙,空生烦恼。只令耳无俗声,眼无俗物,脑无俗事,将几枝随意新花,纵横穿插;睡得迟,起得早,一日清闲似两日,算来百岁已多。"郑板桥的楹联阐明了人的精神状态与健康长寿有着密切联系。生活不贪求,精神不颓丧,情绪稳定,胸怀豁达,人们常说:"乐观者长寿。"养生家主张:"随遇而安。"不论遇到什么困难,都能坦然处之,笑佛弥勒佛的像旁有一副楹联:"大肚能容容天下难容之事,开口便笑笑世上可笑之人。""恬淡虚无"是我国传统的养生之道。有诗曰:"酒色财气四道墙,人人都在里面藏,若能跳出墙外去,不是神仙也寿长。"一个人能做到耳不听庸俗之声,眼不见低贱之物,胸无个人之私,这样才能跳出酒色财气的"围墙"。英国化学家法拉第因长期工作紧张头痛失眠,医生给他一条谚语:"一个丑角进城,胜过一打医生。"于是,法拉第常去看喜剧、滑稽戏,在笑中松弛了紧张的情绪,治好了头痛失眠症。

二十四、蒲松龄养生医理

清代文学家蒲松龄既擅长文学创作,还通晓中药,熟知医理,编写过一本《药崇书》。它分上、下两卷,约 18000 言,收藏药方 258 首,列出病症 207 种,分为 40 部,归纳成急救、内科、外科、妇科、幼科等 5 篇。仅急救篇就包括治疗刀伤、烫伤、吞食异物、中毒、蛇咬虫螫、霍乱吐泻、辟瘟等疾患的方剂 55 首,治病 41 种。用于内科疾患的方剂 78 首,用于外科疾患的方剂 86 首。他为自己调配一种"蜜饯桑茶",用中药菊花、桑叶,辅之以蜂蜜,具有祛暑、清热及通血脉、健心脏的功效。中医中药知识也为蒲松龄的文学创作增添了不少奇特的内容。在《聊斋志异》的 490 篇作品中,有不少医药卫生知识构成的故事情节,涉及到中医的望、闻、问、切,中药的升、降、浮、沉。如《医术》《药僧》《太医》《口技》《莲香》《顾生》等。他还写一折药名剧《草木传》,全剧以拟人化的手法写中药,以药名写

蒲松龄

景言情,共计写进了 500 多种中药,真是药寓于文,文寓于药,看文知药,知药赏文,读来妙趣横生。

众所周知,蒲松龄是清代杰出的文学家,他所著的《聊斋志异》是我国文学史上成就极高的一部文言短篇小说集。由于作品脍炙人口,故事情节曲折离奇,举世闻名。但是,关于蒲松龄颇为精通医术,善懂养生之道,知者不多。他青少年时期,不重八股文,暇时博览群书,还特别喜爱攻读中医药书籍,掌握治病除疾医术。康熙九年,他应友人江苏宝应知县孙树百之聘,充当幕宾。有次,为调查一起冤案,他乔装郎中,一边走村串庄,以看病为名,进行私访暗察;一边通过同病人交谈,收集材料,以助破案。他会医药,所配制的"菊桑茶"远近闻名。相传,他当年为收集《聊斋志异》的写作素材,在家乡柳泉设立了茅亭茶座,自号柳泉居士。他每日为过往行人供茶解渴,不收茶费,但饮茶者必须给他讲一个故事或传说。为了让行人饮上好茶水,他查阅大量医药书籍,自制了一种由菊花、桑叶和蜂蜜制成的"菊桑

茶"。医家认为,菊花入茶,具有清凉解暑、清心明目的功效。桑叶既能疏散风热,又能清肝明目。蜂蜜具有滋养补中、润肠通便、调和百药之效。三药合用,相得益彰,茶水观之碧绿,闻之清香扑鼻,饮之沁人心脾,实为茶中之上品,饮过此茶者无不赞叹。为了制作"菊桑茶",他在家旁开辟药圃,种菊栽桑,还养蜂。他把养生之道视为祛病延年、强身健体的好方法。他虽是位儒雅之人,但博览医籍,精通医术,善于养生,很少生病,始终保持了充沛的精力,进行文学创作,享年76岁。

蒲松龄的故居——"聊斋"内的几案上,陈列着许多供游人观赏的文物,其中有一块"蛙鸣石"却蕴含着蒲翁的养生之道。他重视养生,生活虽贫,但身体却健康,及至晚年仍十分硬朗。蒲松龄在王村西铺作西席时,每天早起,在"石隐园"的松柏和花木丛中,练"五禽戏"。继之,分开马步,半抬两臂,瞑目静站,久而不动,他称其为"静功"。最后,他将"蛙鸣石"连连举上几十下,直到浑身汗涔涔之时方才罢手。此外,他还在蒲家庄村东大道旁,树荫下、柳泉边、设茶馆、待客商、集"聊斋"。新鲜的空气,优美的自然环境,舒适的田园生活,心情轻松,愉快劳作,这大概是蒲翁养生之道不可缺少的组成部分。

二十五、曾国藩养生术

清代名臣曾国藩极重养生,于养生之道颇多心得了悟,留下大量论述文字。1945年商务印书馆将其汇集编纂,书名《曾国藩养生术》。

曾氏年轻时不重养生,以致30岁已显老状。《曾国藩养生术》前言引其自道:"余今年已三十,资禀顽顿,精神历损,此后岂复能有所成?"1844年7月,33岁的曾氏,奉旨充四川正考官,出北京后,行至保定即为暑气击倒,饮食困难,扶病勉强撑到西安,再无法前行。陕西巡抚李星沅把他接到署中,请医问药,耽搁数日,病愈后才得入蜀。此事对曾氏触动极大,深感精力每况愈下,再不亡羊补牢,毕生事业将付之流水。从此,曾氏揣摩养生之道,身体力行,逐渐深有所悟,其养生从精神修养、体格锻炼、眠食视息调摄入手,精神修养为养生首要,即养心,要诀为处事达观,不为外物牵累。曾氏用"清虚静泰,少私寡欲"概括。

曾国藩

他言:"凡人我之际,须看得平;功名之际,须看得淡;庶几胸怀日阔,认为如此忧虚患才不致忧人心神,而达到冲淡平和之境。"他在同治二年三月二十四日《致沅弟》书中,借古人以释其理,"自古圣贤豪杰,文人才士,其志事不同,而其豁达光明之胸,大略相同。有以诗言之,必先有豁达光明之知,而后有怡淡冲融之趣;如李白、韩退之、杜牧则豁达处多,陶渊明、孟浩然、白香山则冲淡处多。杜、苏二公,无美不备。邵尧夫虽非诗之正宗,而豁达、冲淡二者兼全。"《曾国藩养生术》于体格锻炼,说得详尽。如"吾近有二事效法祖父,一曰起早,二曰洗脚,似于身体大有裨益"。"饭后三千步,近日试行,自矢永不间断"。曾氏对好逸恶劳深恶痛绝,认为贪逸既有害身体,且"逸则无能而见弃"。他嘱其后代多劳动,道:"子侄除读书外,教之扫屋、抹桌凳、收粪、锄草是极好之事,切不可以为有损架子而不为也。"曾氏饮食节制,不吃辛辣生硬和厚味,以养脾胃,"黎明白饭一碗不沾点菜"。其睡眠讲究"眠不必甘寝鼾睡而后为佳,但能淡然无欲,旷然无累,闭目存冲,虽不成寐,亦尚足养生。"对于眼睛,他"早起洗面后,以水泡目"。曾国藩的养生之道合乎科学,可资借鉴。

特别提示:

  本书在编写过程中,参阅和使用了一些报刊、著述和图片。由于联系上的困难,和部分作品的作者(或译者)未能取得联系,对此谨致深深的歉意。敬请原作者(或译者)见到本书后,及时与本书编者联系,以便我们按照国家有关规定支付稿酬并赠送样书。

  联系电话:010-80776121 联系人;马老师